Klaus Grunwald | Andreas Langer [Hrsg.]

Sozialwirtschaft

Handbuch für Wissenschaft und Praxis

Nomos

Die Deutsche Nationalbibliothek verzeichnet diese Publikation in der Deutschen Nationalbibliografie; detaillierte bibliografische Daten sind im Internet über http://dnb.d-nb.de abrufbar.

ISBN 978-3-8487-3599-0 (Print)
ISBN 978-3-8452-7906-0 (ePDF)

1. Auflage 2018

Geleitwort

GUTES GELINGEN!!

Es war im Dezember 1997, als Ulli Arnold und ich das Vorwort zur 1. Auflage des „Lehrbuchs der Sozialwirtschaft“ verfassten. Zwanzig Jahre Forschung und Entwicklung zur Makro-, Meso- und Mikroebene Sozialwirtschaftlicher Organisationen und des Sozialmanagements sind seitdem vergangen.

Das vormalige ‚Lehrbuch der Sozialwirtschaft' hatte mit seinen vier Auflagen – ebenso wie das ‚Lexikon der Sozialwirtschaft' – wesentlich dazu beigetragen, diese Phase der Analyse, Strukturierung und Professionalisierung in dem gesellschaftlichen und staatlichen Segment Sozialer Dienstleistungen mit zu gestalten – eingebunden in den rapiden Wandel der sozialpolitischen nationalen und internationalen Rahmenbedingungen.

Eine neue Generation von Fach- und Führungskräften in den Sozialwirtschaftlichen Organisationen, in der Politik, in Wissenschaft und Lehre ist nun gefordert, die Thematik zu vertiefen und zukunftsorientiert zu gestalten. Ein Blick in das Einleitungskapitel, die Gliederung und das Autorenverzeichnis dieses neu entwickelten ‚Handbuchs für Wissenschaft und Praxis' zeigt die Dynamik und Komplexität dieses Innovationsprozesses – der Gefahr ist zu begegnen, in der Vielfalt die Einheit und damit die Übersicht sowie den Mut und die Kompetenz zur Steuerung zu verlieren.

Alle Themen stehen untereinander in einem systemischen Zusammenhang. Sie sind miteinander vernetzt, jede Veränderung eines Elements hat Auswirkungen auf alle anderen. Alle Akteure sind gefordert, Stabilisierungs- und Veränderungsprozesse so zu gestalten, dass die Qualität der Dienstleistungen kontinuierlich weiterentwickelt wird und die Sozialwirtschaftlichen Organisationen lernbereit und überlebensfähig bleiben.

In diesem Sinne wünsche ich den beiden Herausgebern Klaus Grunwald und Andreas Langer und ihren mitwirkenden Autorinnen und Autoren GUTES GELINGEN – sie alle sind Teil eines großen und langen Staffellaufs – der Stab ist übergeben.

Mit Dank und Anerkennung

Bernd Maelicke, Hamburg, im Juli 2017

Für Elke und Julia

Vorwort

Spätestens seit Mitte der 1990er Jahre werden ökonomische Fragestellungen, Konzepte, Begrifflichkeiten und Diskurse immer bedeutsamer im deutschen Sozialwesen – und zwar zunächst in der Praxis, dann im theoretischen Diskurs. Dabei wurden und werden sie sowohl unter dem Begriff ‚Sozialmanagement' als auch unter dem Begriff der ‚Sozialwirtschaft' oder der ‚Sozialökonomie' diskutiert, ohne dass die Trennungslinien zwischen den Begriffen und den dahinterliegenden Konzepten einheitlich gezogen würden.

Wir skizzieren Sozialwirtschaft für dieses Handbuch als einen Bereich des Wirtschaftens, der sich im Kern mit solchen Gütern befasst, die als ‚sozial' definiert werden. Der zentrale Gegenstand der Sozialwirtschaftslehre sind zunächst Rahmenbedingungen für die Ermöglichung sozialer Handlungen, Leistungen, Maßnahmen, Dienste, Unternehmungen bis hin zu Kooperationsformen, Strukturen und Regulationen. Sozialwirtschaft fokussiert dabei den Aspekt des Wirtschaftens, indem diese Handlungen und Strukturen als ein Teil und ein Beitrag gesellschaftlicher Wertschöpfung verstanden werden. Mit eingeschlossen sind Fragen der Leitung, Steuerung und Gestaltung – kurz: des ‚Managements' – von sozialwirtschaftlichen Organisationen, die überwiegend unter dem Konzept ‚Sozialmanagement' diskutiert werden. Insofern gehen wir von einem Begriff von ‚Sozialwirtschaft' aus, der Fragen des Sozialmanagements einschließt, aber deutlich über sie hinausgeht.

Ein Verständnis von ‚Sozialwirtschaft', das die aktuelle Situation (in) der Sozialwirtschaft reflektiert, muss bzw. sollte die unterschiedlichsten Phänomene berücksichtigen. So beobachten wir Entwicklungen der gesellschaftlichen Differenzierung, begleitet von Professionalisierung und Institutionalisierung. Der Pflegebereich beispielsweise verselbstständigt sich immer mehr und wird zu einem Impulsgeber der Sozialwirtschaft. Wir sehen sich durchsetzende Phänomene der Liberalisierung, Deregulierung und Pluralisierung, unter denen sozialwirtschaftliche Organisationsformen vermehrt in ‚hybride' Formen transformieren. Es gibt massive Veränderungen von Finanzierungsformen, unter denen das Subsidiaritätsprinzip verschoben wird. Wir beobachten schließlich Effekte der europäischen Regulationspolitik, von bedarfsorientierten Innovations- und Trägerdynamiken bis hin zur radikalen Flexibilisierung der Angebotslandschaft orientiert am Wunsch- und Wahlrecht.

Vor diesem Hintergrund ist es unserer Einschätzung nach angezeigt, nicht nur einzelne Themen der Sozialwirtschaft(slehre) zu überdenken, sondern die zentrale Begründung der Sozialwirtschaft durch einen institutionenorientierten Theorieansatz zu erweitern. Hier greifen wir auf den Forschungskontext des Neo-Institutionalismus zurück, um auf diese Weise spezifische Perspektiven auf sozialwirtschaftliche Frage- und Themenstellungen zu ermöglichen (siehe den einführenden Beitrag von Grunwald und Langer). Diese theoretische Verortung scheint auch im Aufbau des Handbuches durch. Er ist zudem maßgeblich davon geprägt, die Perspektiven unterschiedlicher Disziplinen komplementär einzubringen, etwa aus Sozialer Arbeit, Soziologie, Sozialpolitik, Rechtswissenschaft, Betriebs- und Volkswirtschaftslehre sowie Managementlehre.

Die Fülle der einzelnen Beiträge mit ihren spezifischen Blickwinkeln haben wir in thematische Teile gegliedert. Im Einzelnen geht es um

- Grundlagen der Theorie der Sozialwirtschaft
- Rahmenbedingungen der Sozialwirtschaft

- Sozialwirtschaftliche Organisationen und ihre Gestaltung
- Management sozialwirtschaftlicher Organisationen
- Sozialwirtschaftliche Kooperationsstrukturen
- Trends der Weiterentwicklung

An der Erstellung eines solchen Handbuches sind viele Personen beteiligt, denen wir danken möchten. Zunächst gilt unser Dank den rd. 50 Autorinnen und Autoren, die das Handbuch mit spannenden Beiträgen bereichert haben und bereit waren, an ihren Texten inhaltlich und redaktionell zu ‚feilen'. Weiter danken wir dem Nomos Verlag, vor allem Herrn Dr. Martin Reichinger, für das Vertrauen in uns Herausgeber, dieses Handbuch der Sozialwirtschaft neu in der wachsenden Publikationslandschaft zu Themen der Sozialwirtschaft zu platzieren, ihm und Herrn Volker Daiber für die sehr professionelle Lektoratsbetreuung sowie Herrn Achim Jander und seinem Team für die Herstellung. Insbesondere danken wir Frau Jasmin und Herrn Jonas Kabsch für die außerordentlich engagierte und kompetente Formalkorrektur der Beiträge, die Mitwirkung am Korrekturlesen der Beiträge und die Übernahme umfangreicher redaktioneller Tätigkeiten im Produktionsprozess des Werkes. Frau Dr. Claudia Hangen danken wir für das Korrekturlesen der meisten Beiträge.

Vor allem aber danken wir unseren Lebenspartnerinnen Frau Dr. Elke Steinbacher und Frau Julia Schulz. Sie haben während der Arbeit an diesem Werk öfters auf uns verzichten müssen und haben uns in vielfältiger Weise unterstützt. Ihnen widmen wir diesen Band.

Es war uns ein Anliegen, eine geschlechtergerechte Ausdrucks- und Schreibweise umzusetzen, die die Vielfältigkeit geschlechtlicher Identitäten angemessen berücksichtigt. Wir haben uns deswegen für die Verwendung des Gender-Gap mit „_innen" entschieden. Hier zeigte sich, dass dies bei den Inhalten der Sozialwirtschaft teilweise deutlich schwieriger ist als in vielen Texten der Sozialen Arbeit und dass eine diesbezügliche Vereinheitlichung nicht durchgehend möglich ist, wenn die Texte gleichzeitig lesbar bleiben sollen – hier waren viele Kompromisse nötig, die sicher unterschiedlich gut gelungen sind.

Es war uns weiter ein Anliegen, das gesamte Handbuch so zu konzipieren, dass der mit dem Titel „Sozialwirtschaft – ein Handbuch für Wissenschaft und Praxis" verbundene Anspruch, Fach- und Führungskräften sowie Forschenden und Studierenden der Sozialwirtschaft einen umfassenden Überblick über den Wissensfundus und den aktuellen Diskussionsstand des gesamten Faches ‚Sozialwirtschaft(slehre)' zu bieten, auch eingelöst wird. Dies zeigt sich zum einen in der Auswahl der Themen, zum anderen in der sprachlichen Darstellung der Inhalte. Je nach Thema sind die Beiträge teils eher für den wissenschaftlichen Diskurs, teils eher für den Bedarf der Praxis der Sozialwirtschaft formuliert. Wir hoffen sehr, dass unterschiedliche Zielgruppen in diesem Handbuch der Sozialwirtschaft relevante Inhalte und anregende Ideen finden. Das Stichwortverzeichnis am Ende des Werkes soll seinen Gebrauchsnutzen zusätzlich erhöhen.

Wir sind gespannt, wie dieses Handbuch der Sozialwirtschaft in Wissenschaft, Studium und Praxis aufgenommen wird und freuen uns über Rückmeldungen!

Im September 2017

Klaus Grunwald, Stuttgart/Tübingen — Andreas Langer, Hamburg

Inhaltsübersicht

F Trends der Weiterentwicklung

Inhaltsverzeichnis

B Rahmenbedingungen der Sozialwirtschaft

C Sozialwirtschaftliche Organisationen und ihre Gestaltung

E Sozialwirtschaftliche Kooperationsstrukturen

F Trends der Weiterentwicklung

Sozialwirtschaft – eine Einführung in das Handbuch

Klaus Grunwald/Andreas Langer

Sozialwirtschaft wird für dieses Handbuch skizziert als ein Bereich des Wirtschaftens, der sich im Kern mit solchen Gütern befasst, die als ‚sozial' definiert werden. Der zentrale Gegenstand der Sozialwirtschaftslehre umfasst zunächst Rahmenbedingungen für die Ermöglichung sozialer Handlungen, Leistungen, Maßnahmen, Dienste, Unternehmungen bis hin zu Kooperationsformen, Strukturen und Regulationen. Sozialwirtschaft fokussiert dabei den Aspekt des Wirtschaftens, in dem die eben genannten Handlungen und Strukturen als ein Teil und ein Beitrag gesellschaftlicher Wertschöpfung verstanden werden. Mit eingeschlossen sind Fragen der Leitung, Steuerung und Gestaltung – kurz: des Managements – von sozialwirtschaftlichen Organisationen, die überwiegend unter dem Begriff ‚Sozialmanagement' diskutiert werden.

Eine angemessene wissenschaftliche Beschreibung und Analyse der Sozialwirtschaft muss bzw. sollte unterschiedlichsten Phänomenen in diesem Bereich Rechnung tragen. Zu beobachten sind heute Entwicklungen der gesellschaftlichen Differenzierung, begleitet von Professionalisierung und Institutionalisierung, die z.B. den Pflegebereich immer mehr verselbstständigen und zu einem Impulsgeber von Sozialwirtschaft werden lassen. Erkennbar sind weiter sich durchsetzende Phänomene der Liberalisierung, Deregulierung und Pluralisierung, unter denen sozialwirtschaftliche Organisationsformen vermehrt in ‚hybride' Formen transformieren (Grunwald/Roß 2017; 2013). Finanzierungsformen ändern sich massiv und auf diese Weise wird das Subsidiaritätsprinzip verschoben. Zu beobachten sind weiterhin die Entwicklung und Professionalisierung einer flankierenden (Unternehmens-)Beratungslandschaft von Forschungsinstituten, Beratungsunternehmen, Einzel- bis Kleinunternehmen bis hin zu einem spezifischen Bankensektor und einer Hochschullandschaft, die sich einzig auf den Sektor der Sozialwirtschaft spezialisiert haben – und da auch ein auskömmliches Geschäftsfeld vorfinden. Schließlich: Es gibt Effekte der europäischen Regulationspolitik, bedarfsorientierte Innovations- und Trägerdynamiken bis hin zur radikalen Flexibilisierung der Angebotslandschaft, orientiert am Wunsch- und Wahlrecht.

Vor diesem Hintergrund ist es angezeigt, nicht nur einige Themen der Sozialwirtschaft zu überdenken, sondern die zentrale Begründung der Sozialwirtschaft durch einen institutionenorientierten Theorieansatz zu erweitern. Dazu soll für diesen Text, aber auch für einige Beiträge dieses Handbuches, der Forschungskontext des Neo-Institutionalismus herangezogen werden.

In diesem Beitrag beschreiben wir zunächst Hintergründe und Entwicklung des Sozialwirtschaftsdiskurses (1), um dann die Frage nach der Gegenstandsbestimmung der Sozialwirtschaft zu diskutieren (2). Hier greifen wir auf die unseres Erachtens fruchtbare neo-institutionalistische Theorieperspektive zurück und verknüpfen sie mit dem Diskurs zum Gegenstand der Sozialwirtschaft. Da die Vielfältigkeit und Breite der Theorielinien zum Thema Sozialwirtschaft für ein nicht enggeführtes Verständnis von Sozialwirtschaft und die weitere Theorieentwicklung bezüglich Begriffen und Konzepten der Sozialwirtschaft von großer Bedeutung sind, werden außerdem einige Theorielinien des Sozialwirtschaftsdiskurses knapp skizziert (3). Abschließend widmen wir uns Herausforderungen und Perspektiven der Sozialwirtschaft (4).

1. Hintergründe und Entwicklung des Sozialwirtschaftsdiskurses

Seit Mitte der 1990er Jahre gewinnen ökonomische Fragestellungen, Konzepte und Begrifflichkeiten auch im deutschen Sozial- und Gesundheitswesen, zunächst in der Praxis, dann im theoretischen Diskurs, vermehrt an Bedeutung. Sie wurden und werden sowohl unter dem Begriff des Sozialmanagements als auch unter demjenigen der Sozialwirtschaft oder der Sozialökonomie diskutiert, ohne dass die Trennlinien zwischen den Begriffen und den hinter ihnen stehenden Konzepten immer einheitlich gezogen würden (Grunwald et al. 2013; Wöhrle 2012; Grunwald 2009a). So stellt auch Halfar fest, dass der Begriff Sozialwirtschaft unter anderem deswegen bislang „relativ undeutlich blieb, weil er 1. theoretisch sehr unterschiedlich definiert werden kann, 2. von der offiziellen Statistik methodisch (bislang) nicht präzise erfasst werden konnte und deshalb 3. in seiner volkswirtschaftlichen Bedeutung lange Zeit unterschätzt wurde“ (2017, S. 962).

So verweist der „hybride“ oder „Doppelbegriff“ der „Sozial-Wirtschaft“ grundsätzlich „auf Spannungen und Vermittlungen zwischen wirtschaftlicher Rationalität und sozialer Qualität und verknüpft die betriebliche Organisation von primär ökonomischen Interessen mit den eher ideellen Interessen der Assoziationen solidarischen Engagements“ (Pankoke 2008, S. 432). Während der Begriff der ‚Wirtschaft‘ die „Rationalisierung der Produktion von Gütern, Leistungen und Diensten“ beinhaltet, bezieht sich das ‚Soziale‘ auf „Handlungs- und Deutungsmuster sozialer Lebenszusammenhänge“ (ebd.). Nach rund 20 Jahren intensiver und teils sehr kontroverser Diskussion zum Verhältnis von Sozialer Arbeit und Sozialmanagement/Sozialwirtschaft scheint sich das Spannungsverhältnis aber überwiegend zu einer selbstverständlichen gegenseitigen Erkenntnis weiterentwickelt zu haben. Als Indizien dafür könnten der Professionalisierungsprozess ökonomischer Kompetenzen in der Praxis oder auch die zunehmend erfolgte Integration adäquater Inhalte in die curricularen Ausbildungsstandards Sozialer Arbeit ausgemacht werden – auch wenn es nach wie vor kritische Stimmen zu dem genannten Spannungsfeld gibt (Otto/Ziegler 2015; Seithe 2016; 2012).

Wichtige Impulse zur Entwicklung der Bezeichnung ‚Sozialwirtschaft‘ in Deutschland wurden spätestens mit der 1970 erfolgten Umbenennung der 1923 gegründeten „Hilfskasse Bankgesellschaft mbH“ in die „Bank für Sozialwirtschaft GmbH“ gegeben, die damit die Finanzierungsnotwendigkeiten von damals noch überwiegend wohlfahrtsverbandlichen sozialen Diensten und Einrichtungen als erfolgsversprechendes Geschäftsfeld einstufte. Sie honorierte damit auch den volkswirtschaftlichen Stellenwert der freien Wohlfahrtspflege – bezüglich Beschäftigung, Vermögen, Ressourcen und zur Verfügung gestellten qualifizierten Leistungen – im gesamten Bereich der Sozialen Arbeit (Wöhrle 2013, S. 1039; Rüth 2013, S. 102; siehe Zimmer/Paul in diesem Band). Auch heute noch zählen Spitzenverbände und Einrichtungsträger der Freien Wohlfahrtspflege zu den wichtigsten Aktionären der Bank für Sozialwirtschaft (Rüth 2013, S. 102). Die Etablierung des Begriffs ‚Sozialwirtschaft‘ zeigt sich auch darin, dass es, neben dem seit 1999 im zweijährigen Rhythmus stattfindenden „Kongress der Sozialwirtschaft“, inzwischen etliche Publikationsreihen gibt, die unter dem Terminus ‚Sozialwirtschaft‘ firmieren.[1]

1 Zu nennen sind hier insbesondere die von Bernd Maelicke herausgegebene „Edition Sozialwirtschaft“ (Nomos), die von Wolf Rainer Wendt herausgegebene Reihe „Forschung und Entwicklung in der Sozialwirtschaft“ (dito), der von Armin Wöhrle herausgegebene „Studienkurs Management in der Sozialwirtschaft“ (dito), die von Klaus Grunwald und Ludger Kolhoff herausgegebenen Reihen „Basiswissen Sozialwirtschaft und Sozialmanagement“ sowie „Perspektiven Sozialwirtschaft und Sozialmanagement“ (Springer VS), die sogenannte „Blaue Reihe“ (frü-

Unabhängig davon fand der Terminus ‚Sozialwirtschaft' als Übersetzung des französischen Begriffs ‚Économie sociale' ab den 1980er Jahren Eingang in die Terminologie der europäischen Behörden, wobei vier ‚Familien' im Sinne von Organisationstypen unterschieden werden. Differenziert wird zwischen „Organisationen, die kooperative Aktivitäten (in Genossenschaften), assoziative Aktivitäten (von Vereinen), mutualistische Aktivitäten (von Vereinigungen auf Gegenseitigkeit) und Aktivitäten von Stiftungen und von Sozialunternehmen umfassen"; alle diese durchaus unterschiedlichen Organisationstypen zusammen werden als CMAF (Cooperatives, Mutuals, Associations, Foundations) bezeichnet (Wendt 2013a, S. 966).

Die aktuelle Konjunktur der Debatte über die Thematik der Sozialwirtschaft ist auf verschiedene Gesichtspunkte zurückzuführen (Merchel 2017, S. 911f.; Grunwald 2015, S. 1654ff.):

Erstens ist darauf zu verweisen, dass die ‚Branche' der Sozialwirtschaft bei einer Fokussierung auf die Leistungserbringer bezüglich Beschäftigung, Vermögen, Ressourcen und angebotenen Dienstleistungen einen erheblichen volkswirtschaftlichen Stellenwert hat. Öffentliche Träger und Nonprofit-Unternehmen, wie vor allem die Wohlfahrtsverbände, zunehmend aber auch privatgewerbliche Unternehmen, stellen einen gravierenden sozioökonomischen und arbeitsmarktpolitischen Faktor dar, der noch dazu kräftig wächst (siehe Zimmer/Paul in diesem Band; BAGFW 2014, S. 10ff.; Boeßenecker 2013b, S. 968ff.).

Trotz erheblicher Probleme der offiziellen Statistik, den gesellschaftlichen Bereich der Sozialwirtschaft methodisch präzise zu erfassen (Schilling 2012, S. 777), lässt sich die volkswirtschaftliche Bedeutung der Sozialwirtschaft zumindest grob erfassen, wie Halfar darlegt: „Im Jahr 2012 hatten die Wohlfahrtsverbände rund 105.295 Einrichtungen und Dienste mit 3.702.245 Betten/Plätzen (...). Mit 1.673.861 hauptamtlichen MitarbeiterInnen beschäftigen die Wohlfahrtsverbände ca. 4% aller Erwerbstätigen; und damit etwa so viel wie die vier belegschaftsstärksten deutschen Großunternehmen zusammen" (2017, S. 963; auch Boeßenecker/Vilain 2013, S. 48ff.). Insgesamt ergab sich bereits für das Jahr 2012 für die Behinderten-, Alten-, Sozial- und Kinder- und Jugendhilfe ein „volkswirtschaftliches Volumen von rd. 120 Mrd. Euro" (Halfar 2017, S. 963). Insofern geht es bei der Sozialwirtschaft um einen volkswirtschaftlich bedeutenden Wirtschaftsbereich mit teilweise spezifischen Problemen, der eine unverzichtbare Grundlage für „die Aufrechterhaltung der ökonomischen Potenz einer Gesellschaft wie für ihre nachhaltige und humane Entwicklung" darstellt (Wendt 2013a, S. 968).

Zweitens ändern sich die Rahmenbedingungen für die Erbringung sozialer Dienstleistungen hinsichtlich der politischen Argumentationen und deren Konkretisierung in neuen gesetzlichen Vorschriften und Regelungen sowie hinsichtlich der Finanzengpässe öffentlicher Haushalte und der spezifischen Finanzierungsmodalitäten. Insbesondere die Krise der Arbeitsgesellschaft und die „dramatische(n) Verschiebungen der demographischen Balancen" führen zu „Wachstumsgrenzen und Legitimationskrisen des Wohlfahrtsstaates" (Pankoke 2008, S. 442); der Wohlfahrtsstaat gerät zudem „im Wandel der gesellschaftlichen Leitvorstellungen hin zu neoliberalen, neokapitalistischen und neokonservativen Maximen" (Thiersch 2009, S. 13) zunehmend in die Kritik. In diesem Kontext werden Effektivität und Effizienz als zentrale Legitimationskriterien für die Zuweisung öffentlicher Mittel angesehen und wird die Notwendigkeit von Formen des Wettbewerbs betont.

her Ziel, jetzt Walhalla) sowie die (u.a. von Bernd Maelicke initiierte) Zeitschrift „Sozialwirtschaft" und der Informationsdienst „Sozialwirtschaft aktuell" (Nomos) (siehe auch Wöhrle 2011, S. 40ff.).

Die Konjunktur des Begriffes der Sozialwirtschaft (und die Titulierung von beispielsweise freigemeinnützigen Einrichtungen als „sozialwirtschaftliche Unternehmen“) ist insofern auch vor dem Hintergrund einer zunehmenden Ökonomisierung der Gesellschaft zu verstehen, wobei Ökonomisierung einen Vorgang meint, „durch den Orientierungen und Praktiken, die man gemeinhin mit einer modernen kapitalistischen Wirtschaft verbindet, gesellschaftlich wirkmächtiger werden“ (Schimank/Volkmann 2017, S. 593; auch Schimank 2008). Die Ökonomisierung der Sozialen Arbeit im Sinne einer „Unterordnung der Sozialen Arbeit unter die marktwirtschaftliche Logik“ beinhaltet Aspekte wie „Mehr Wirtschaftlichkeit“, „Re-Privatisierung“, „Refamilialisierung“, „Propagierung von Selbsthilfe“, „Ausweitung von Gratisarbeit und Niedriglohnsektor“ und „Einführung von Pflichtarbeit“ (Notz 2009, S. 208ff.; Hammerschmidt et al. 2017; Sesselmeier et al. 2017, S. 39f.; Müller et al. 2016; Wohlfahrt 2016; Schneider 2014; Seithe 2016; 2012). Dimmel bezeichnet die Ökonomisierung der Sozialen Arbeit treffend als „Vermarktlichung“ bzw. noch deutlicher als „Totalmobilmachung des Marktprinzips“ (2008, S. 218f.): „Wie die soziale Dienstleistung nunmehr als ‚Produkt‘ und eben nicht mehr als co-produzierte Inklusionsleistung beschrieben wird, so wird auch die soziale Arbeit als Tauschwerteigenschaft dieses Produktes subsumiert“ (ebd., S. 229). Der Begriff der Ökonomisierung der Gesellschaft, der Sozialpolitik und/oder der Sozialen Arbeit muss aber abgegrenzt werden gegenüber dem Terminus der „Ökonomik“. Eine „Ökonomik Sozialer Arbeit“ beinhaltet, auch die Soziale Arbeit „zum Gegenstand ökonomischen Denkens zu machen“ und ist ausdrücklich nicht mit einer „Ökonomisierung der Sozialen Arbeit“ im Sinne einer potentiellen „Reduzierung der Sozialen Arbeit auf ökonomische Aspekte“ gleichzusetzen (Finis Siegler 2009, S. 11).

Drittens wird mit der öffentlichen Debatte über deutliche Defizite in der manageriellen und ökonomischen Leitung sozialer Einrichtungen spätestens seit den 1990er Jahren eine betriebswirtschaftliche Sicht auf soziale Dienste und Einrichtungen als Unternehmen immer wichtiger, auch vor dem Hintergrund des enormen Größenwachstums vieler sozialwirtschaftlicher Unternehmen. In der sozialwirtschaftlichen Praxis spielen Fusionen zwischen Trägern, die Auslagerung von zu erbringenden Leistungen, Veränderungen in den Rechtsformen, Verknüpfungen von freigemeinnützigen und erwerbswirtschaftlichen Unternehmensteilen sowie ein verstärkter Einsatz betriebswirtschaftlicher Zugänge und Instrumente im Management von sozialwirtschaftlichen Unternehmen eine immer wichtigere Rolle.

Viertens werden die Modalitäten der Erbringung sozialer Dienstleistungen auch aus Sicht der Profession Soziale Arbeit kritisiert, beispielsweise hinsichtlich der ungenügenden Flexibilität und Transparenz in und von Organisationen, aber auch einer problematischen Selbstbezüglichkeit und zu geringen Nutzer- und Kundenorientierung von Strukturen und Angeboten sozialer Dienste und Einrichtungen sowie der ungenügenden Vernetzung derselben.

Für sozialwirtschaftliche Organisationen bedeutet dies, dass sie sich heute in einem mehrpoligen Spannungsfeld befinden zwischen

- Rahmenbedingungen, die seitens der öffentlichen Hand gesetzt werden,
- einer wachsenden Markt- und Wettbewerbsorientierung,
- einer aus unterschiedlichen Gründen zunehmend forcierten sozialräumlichen Verankerung und Einbeziehung bürgerschaftlicher Ressourcen sowie
- von sich immer weiter ausdifferenzierenden Lebenslagen und Bedarfen der Adressat_innen bzw. Kund_innen (Grunwald/Roß 2013, S. 17).

2. Gegenstandsbestimmung und Begrifflichkeit der Sozialwirtschaft aus neo-institutionalistischer Perspektive

2.1 Unterschiedliche Gegenstandsbestimmungen

Der Gegenstandsbereich der Sozialwirtschaft kann unterschiedlich weit bestimmt werden. In der Vergangenheit wurde sie zunächst überwiegend gleichgesetzt mit dem Bereich der Leistungsträger, zu denen ursprünglich vor allem Nonprofit-Organisationen (und hier in Deutschland insbesondere die freigemeinnützigen Einrichtungen der verbandlichen Wohlfahrtspflege) gezählt wurden. Zunehmend spielen jedoch privat-gewerbliche Anbieter in vielen Arbeitsfeldern der Sozialwirtschaft eine wichtige Rolle und werden ebenfalls als Teil der Sozialwirtschaft begriffen. In diesem, immer noch relativ ‚engen', Verständnis wird Sozialwirtschaft gleichgesetzt mit der Gesamtheit der Produzenten sozialer und gesundheitsbezogener Dienstleistungen wie Stiftungen, Genossenschaften, wohlfahrtsverbandlichen Einrichtungen, aber auch erwerbswirtschaftlichen Unternehmen (Pankoke 2008, S. 436ff.; siehe Zimmer/Paul in diesem Band).[2]

Diese ‚enge' Gegenstandsbestimmung – gewissermaßen der ‚Kern' der Sozialwirtschaft – lässt sich weiterhin dergestalt erweitern, dass auch Kostenträger (z.B. die Sozialversicherungsträger) bzw. öffentliche Träger als Institution der Sicherstellung, Gewährleistung und Gesamtverantwortung in die Branche der Sozialwirtschaft einbezogen werden, womit sich die Sozialwirtschaft nicht nur auf Teile des Nonprofit-Sektors und des Marktes, sondern auch auf Anteile des staatlichen Sektor ausdehnt (siehe Zimmer/Paul in diesem Band), ganz abgesehen davon, dass öffentliche Träger wie z.B. Kommunen immer noch, und in Zukunft vielleicht verstärkt wieder, selbst Erbringer sozialer Dienstleistungen sind.

Schließlich ließe sich die genannte Gegenstandsbestimmung der Sozialwirtschaft nochmals erweitern durch den Einbezug aller Personen und Gemeinschaften, die individuell oder kollektiv in Selbsthilfe Leistungen erbringen, wie es insbesondere von Wolf Rainer Wendt vorgeschlagen wird (2016, S. 2ff.). Dies ist durchaus sinnvoll, bringt aber den Nachteil mit sich, dass die Fokussierung auf Institutionen merklich unkonkreter wird.

Ausgehend von diesen Gegenstandsbestimmungen können beispielhafte Abgrenzungen getroffen werden:

Gegenseitige Unterstützungs- oder Hilfehandlungen unter Familienangehörigen oder im engsten solidarischen Kreis (z.B. unter peers) sind keine sozialwirtschaftlichen Handlungen im engeren Sinn (sehr wohl aber im weiteren Sinn). Sie können aber zum ‚Kern' der Sozialwirtschaft gerechnet werden, wenn sie eingebunden sind in sozialpolitische Konzepte, Programme, Förderlinien oder explizite bzw. implizite Strategien sozialer Unternehmen oder sozialer Dienstleistungen.

Ein Kleinunternehmer, der Beratungs- und Qualifikationsleistungen für Kindertagesstätten erbringt, eine neu gegründete gGmbH oder GmbH, die Hilfen zur Erziehung anbietet oder die Service-Gesellschaft eines diakonischen Trägers in der Behindertenhilfe sind allesamt Unternehmen der Sozialwirtschaft, weil ihr Unternehmenszweck darauf ausgerichtet ist, soziale Dienstleistungen zu erbringen. Ein großer globaler Mobiltelefonkonzern dagegen ist kein Akteur der Sozialwirtschaft, auch wenn er Tausende von Arbeitsplätzen schafft, betriebliches Gesundheits-

2 Bereits mit dieser Grenzziehung kennzeichnet ‚Sozialwirtschaft' nur eine gewisse Schnittmenge mit dem (ursprünglichen) Bereich des Dritten oder Nonprofit-Sektors.

management realisiert oder Sozialarbeiter_innen für interne Präventionsaufgaben beschäftigt. Er wird dagegen zu einem sozialwirtschaftlichen Akteur, wenn er einen staatlich geförderten Betriebskindergarten unterhält oder mittels einer Stiftung soziale Projekte fördert.

Öffentliche Träger, seien es Körperschaften öffentlichen Rechts auf Bundes,- Landes- oder Kommunalebene, Versicherungsträger oder auch Regiebetriebe, zählen nicht zu dem oben beschriebenen engeren Kern der Sozialwirtschaft. Allerdings sind sie untrennbar z.B. durch das Subsidiaritätsprinzip, durch die Gestaltung von Rahmenbedingungen (Gesetzen, Verordnungen), durch ihre Gewährleistungs- und Sicherstellungsfunktion bis hin zu Zweckbetrieben der Dienstleistungsproduktion mit der Sozialwirtschaft verbunden.

Diese Überlegungen zu einer unterschiedlich ‚engen' oder ‚weiten' Bestimmung der Sozialwirtschaft zeigen, dass die Frage der Gegenstandsbestimmung höchst unterschiedlich beantwortet werden kann. Sowohl in der Praxis als auch in der Literatur werden hier sehr verschiedene Positionen vertreten, ohne dass diese immer explizit und klar formuliert würden. Insofern muss in Theorie und Praxis immer genau geprüft werden, von welchem Verständnis von Sozialwirtschaft jeweils ausgegangen wird.

Jenseits dieser Überlegungen – und gewissermaßen ‚quer' zu ihnen – soll für dieses Handbuch die Gegenstandsbestimmung in ein theoretisch klar umrissenes Konzept der Institutionen eingebettet werden, mit dem die sozialen Dienstleistungen deutlicher in den Mittelpunkt der Sozialwirtschaft rücken. Diese institutionelle Bestimmung von Sozialwirtschaft erscheint uns deswegen produktiv, weil es bei ihr um die ermöglichenden, orientierenden und auch steuernden Rahmenbedingungen derjenigen Handlungen geht, die soziales Wohlergehen in der Gesellschaft bezwecken. Im Folgenden wird eben diese theoretisch-modellhafte Begründung mit dem soziologischen Neo-Institutionalismus kurz eingeführt.

2.2 Neo-Institutionalismus als Heuristik der Sozialwirtschaftstheorie

Stellt man nun – um den sozialwirtschaftlichen Gegenstand näher zu bestimmen – die institutionellen Rahmenbedingungen des wirtschaftlichen Handelns in den Mittelpunkt der Analyse, so bietet sich eine sozialwirtschaftliche Analyse als ‚Infrastrukturanalyse' sozialer Dienstleistungen an. Der soziologische Neo-Institutionalismus wird hier herangezogen, um die Fragestellung zu beantworten, welche Rahmenbedingungen es eigentlich ermöglichen, soziale Dienstleistungen zu erstellen, zu steuern und dauerhaft zu entwickeln. Diese Fragestellung erscheint auf den ersten Blick einfach zu beantworten, dennoch verwundert es, dass z.B. professionelle Fachlichkeit bislang kaum zu diesen institutionellen Elementen gezählt wurde.

Die Fruchtbarkeit eines neo-institutionalistischen Ansatzes als Heuristik und Begründung liegt in der gegenseitigen Bedingtheit von Handlungen und Institutionen sowie in einem weiten Institutionsverständnis. Nach Giddens – der von manchen als Grundlagentheoretiker des soziologischen Neo-Institutionalismus angesehen wird – beziehen sich die maßgeblichen Akteure in ihren „bewusst vollzogenen Handlungen (...) jeweils auf Regeln und Ressourcen" (1997, S. 77). Die Elemente einer ‚Infrastruktur' sozialer Dienstleistungen wären demnach „Regeln und Ressourcen, die rekursiv in Institutionen eingelagert sind. Institutionen sind definitionsgemäß die dauerhaften Merkmale des gesellschaftlichen Lebens" (ebd., S. 76). Dienstleistungen sind so gesehen Ausdruck und Ergebnis institutionalisierter Praktiken: „Durch das ständige

Praktizieren bestimmter Regeln und Verfahren bilden sich auch entsprechende gemeinsame Werte, Deutungsschemata und Ideologien heraus, die ebenfalls zur Stabilisierung, Legitimation und Verbreitung ähnlicher Strukturen und Handlungsmuster beitragen. Diese lösen sich zunehmend von den Akteuren und den Organisationen, werden für sie zu allgemein akzeptierten, unhinterfragt gültigen Problemlösungsmustern, zu gesellschaftlichen Institutionen in der Umwelt der Akteure“ (Wilkens et al. 2007, S. 204ff.).

Um nun die Elemente einer Infrastruktur sozialer Dienstleistungen, die im folgenden soziale Dienstleistungsstruktur genannt werden soll, näher zu bestimmen, beziehen wir uns auf drei Aspekte des Neo-Institutionalismus, die in den Beiträgen ‚soziale Dienstleistung‘ (organisationale Felder sowie Isomorphie-Konzept) und ‚Professionalisierung‘ (institutionelle Logiken) noch genauer eingeführt werden (siehe Langer in diesem Band). An dieser Stelle soll auf die Erkenntnisse der jüngeren Politikwissenschaft eingegangen werden, nach der Scott (2001) drei „institutionelle Säulen“ unterscheidet. Er differenziert ‚Institutionen‘ in regulative, normative und kognitive Orientierungen. Die regulativen Elemente sind im politikwissenschaftlichen Sinne „handlungsbegrenzende und -regulierende Aspekte (Regelsetzung, Beobachtung, Kontrolle, Verhaltenssanktionierung“ (Güntner 2007, S. 27f.). Die orientierenden Elemente auf der normativen Ebene „beziehen sich auf Werte, Standards und Normen (Leitbildfunktion)“ (ebd.), z.B. als grundlegende Leitbilder und Programmatiken (‚policy talk‘). Auf der kognitiven Ebene geht es um orientierende Muster der Problemdeutung. Damit ist die „Wahrnehmung der Wirklichkeit und deren sinnhafte Erschließung angesprochen (Problemdeutung)“ (ebd.) Nach Scott vermitteln sich die jeweiligen Säulen über spezifische Träger, wie etwa Gesetze, Verordnungen bis hin zu Organisationsstrukturen als regulative Elemente einer Institution, Werte, die zu Rollenbestimmungen und -zuschreibungen führen als normative Elemente und „akzeptierte, als selbstverständlich angesehene Kategorisierungen der wahrgenommenen Wirklichkeit“ (...) „die spezifische Identitäten ausbilden“ als das kognitive Element (ebd.).

	Regulativ (Instrumente)	Normativ (Leitbilder)	Kognitiv (Problemdeutungen)
Institutionelle Säulen	Regelsetzung, Beobachtung, Kontrolle, Verhaltenssanktionierung	Werte, Standards und Normen	Wahrnehmung der Wirklichkeit und deren sinnhafte Erschließung
Träger: Symbol- und Beziehungssysteme, Artefakte	Gesetz, Regelbefolgung, standardisierte Routinen, Organisationsstrukturen, informelle Organisation	(Unternehmens-)Kultur, Werte, Rollenzuschreibungen	Akzeptierte, als selbstverständlich angesehene Kategorisierungen, Identität
Strukturelemente sozialer Dienstleistungen	Fachpolitische Gesetze, Verordnungen, Trägerstruktur, ‚institutionalisierte‘ Organisation als formales Phänomen	Teilhabegedanke, Sozialraumsemantik, Partizipation, Behindertenrechtskonvention, Kinderrechtskonvention	Übergreifende professionelle Expertise, sozialarbeiterisches Selbstverständnis, Haltung

Tab. 1: Policy-Institutionen sozialer Dienstleistungsstruktur (eigene Darstellung nach Güntner 2007, S. 38)

Versteht man nun die ‚Infrastruktur' sozialer Dienstleistungen als ein Ensemble der Kombination und Verdichtung dieser drei institutionellen Säulen auf wesentliche Strukturelemente, die soziale Dienstleistungen ermöglichen, steuern und orientieren, lassen sich fünf wesentliche Einflussfaktoren systematisieren (Langer 2014; Langer „Dienstleistungen" in diesem Band):

- Trägerstruktur als eingebettete Organisation(en) im ‚welfare mix': Organisationen als Formelemente und Akteure im Rahmen formal beschriebener, gesetzlich verankerter Regelungen (z.B. über Refinanzierung, Leistungsrecht) und deren emergente Routinen
- Organisationsübergreifende Verfahren und Verbünde: Formelle und informelle Verfahren der Dienstleistungserbringung bzw. Verbundstrukturen überorganisationaler Arbeitsteilung in Dienstleistungsprozessen, Beteiligung nicht-institutioneller Akteure
- Governance und Mehrebenensteuerung: Politische Prozesse und regionale/kommunale Entscheidungsprozesse und Verfahren ihrer Beeinflussung, partizipative Umsetzung übergeordneter Vorgaben, Gestaltungs- und Umsetzungsprozesse der Planung und Schwerpunktsetzung
- Sozialmarkt: Marktorientierte Steuerung der Leistungsumsetzung durch Dienstleistungsmenge, -qualität, -preisbildung. Wesentliche Akteure der Begleitung von Dienstleistung, wie z.B. Finanzdienstleister, Stiftungen, Beratungsunternehmen, wissenschaftliche Institute, Wettbewerbselemente
- (Professionelle) Expertise: Standesorganisationen, akademische Expertise, geteiltes Wissen, Können, entwickelte Haltung, Ethik, Qualifikation bis hin zur Expertise von Peer-Gruppen oder Betroffenen.

Die Aufzählung stellt eine generalisierende Übersicht über die maßgeblichen institutionellen Elemente dar, die zum Verständnis der Dienstleistungserstellung und -entwicklung herangezogen werden können, ggf. müssen. Es kann Bereiche der Sozialwirtschaft geben, in denen ausgewählte Elemente dominant sind (wie z.B. Marktelemente im Dienstleistungsbereich Arbeitsförderung) oder unterrepräsentiert sind (wie z.B. Governanceaspekte im Kontext des Kita-Gutscheinsystems im Kindertagesbetreuungsbereich).

2.3 Konsequenzen für die Sozialwirtschaft(-slehre)

Mit der neo-institutionellen Heuristik auf Sozialwirtschaft wird erstens neben Organisationen der Leistungserbringung, wie Stiftungen, Genossenschaften, wohlfahrtsverbandlichen Einrichtungen, erwerbswirtschaftlichen Unternehmen und den unterschiedlichen Kostenträgern, auch das weite Feld des formellen und informellen Engagements mit einbezogen (Grunwald u. a. 2013; Roß 2012). Berücksichtigt werden weiterhin explizit die vielfältigen Schnittstellen und Übergänge zwischen den Sektoren Markt, Staat, Drittem Sektor und Gemeinschaften (Grunwald/Roß 2013; Boeßenecker 2013a, S. 968ff.). Betont wird eine funktionale Betrachtung sozialwirtschaftlichen Engagements, die zugleich soziale wie ökonomische Zwecksetzung desselben in den Blick nimmt und auch durch den Dienstleistungsbezug gegeben ist: Sozialwirtschaft dient der Gewährleistung und Herstellung sowohl individueller als auch kollektiver Wohlfahrt primär durch individuelle oder gemeinschaftliche Selbstversorgung sowie weiterhin durch verschiedene Formen von Versorgung seitens öffentlicher, frei-gemeinnütziger oder privat-gewerblicher Träger und Einrichtungen (Wendt 2013a, S. 965; Wendt 2016, S. 13ff.). Sie beabsichtigt allgemein, „in Erfüllung sozial gestellter Aufgaben (...) das Wohlergehen von Menschen einzeln und gemeinsam zu fördern und zu ermöglichen" und Solidarität insbesondere Personen oder Gruppen gegenüber walten zu lassen, die von der Teilhabe an der profitorientierten Erwerbswirtschaft ausgeschlossen sind (Wendt 2013a, S. 965). Insofern „kann die Sozialwirtschaft im Ganzen als ein institutioneller Ausdruck von Solidarität verstanden werden" (ebd., S. 967), weswegen sie ja – vor allem, aber nicht nur in Frankreich – auch als Solidarwirtschaft bezeichnet wird (siehe auch Pankoke 2008).

Mit der Bezeichnung Sozialwirtschaft wird zweitens betont, dass „auch Anbieter sozialer Dienstleistungen ‚wirtschaften' müssen; sie sind gezwungen, die ihnen zur Verfügung stehenden Ressourcen effizient einzusetzen" (so bereits Arnold/Maelicke 2009, S. 9; siehe auch Arnold et al. 2014; Grunwald et al. 2013). Sie unterstreicht damit die Bedeutung wirtschaftlichen Denkens und Handelns für Sozialbetriebe. Relevant ist dieses – im Interesse einer qualitativen Sicherung und zukunftsfähigen Gestaltung der gemeinsamen Arbeit an einer Deckung individueller und kollektiver Bedarfe – für jede Betätigungsform sozialwirtschaftlichen Handelns jenseits der Organisationsweise sowie deren Profit- oder Nonprofitorientierung. Im neo-institutionellen Zuschnitt sind dann explizit ökonomische Steuerungslogiken enthalten, von denen für die Sozialwirtschaft besonders der „*Marktzutritt* der Leistungserbringer", die „*Qualitätssteuerung* zu erbringender Leistungen" sowie die „*Preisfestsetzung* (bzw. der bedarfsgeprüften Bezuschussung von Marktpreisen)" (Dimmel 2008, S. 219, Hervorhebungen im Original) zu beachten sind. Gerade bezüglich der Gestaltung der Wettbewerbsbedingungen sind nicht nur sozial- und wirtschaftsrechtliche Zugänge, sondern „ein kompliziertes Geflecht aus Vergabe-, Gesellschafts-, Vertrags-, Arbeits-, Steuer- und Vereinsrecht sowie ausgewählten Teilen der Zivilrechtsordnung (Gewährleistung; Schadensersatz; Gehilfenhaftung; Produkthaftpflicht etc.)" von Bedeutung (Dimmel 2008, S. 220). Insofern gibt es hier ein komplexes Feld von (Quasi-)Markt (Backhaus-Maul 2009, S. 73), Wettbewerb[3] (Halfar 2017, S. 963; Hagn 2017) sowie politischer Wettbewerbssteuerung (Wallrabenstein 2009, S. 45ff.).

Als fruchtbare Analyse dieses Zugangs soll drittens noch der Aspekt der geteilten Problemdeutung durch (professionelle) Expertise als ‚Schmiermittel' und ‚Kitt' der sozialwirtschaftlichen Dienstleistungserstellung hervorgehoben werden. Professionell ist deswegen in Klammern gesetzt, weil Expertise in ihren Dimensionen als Spezialwissen, Können und wertorientierte Haltung in zweierlei Hinsicht eine bedeutsame Rolle spielt. Erstens als Professionalität im Sinne differenzierter (Fach)Kompetenzen, die eingebettet sind in Standesorganisationen, (akademisch) spezialisiertes und systematisiertes Wissen, Qualifikation bis hin zur institutionalisierten Deutungs- und Definitionsmacht. Zweitens ist damit aber auch die spezielle Alltags- und Erfahrungsexpertise gemeint, als geteiltes Wissen, Können, entwickelte Haltung von Peer-Gruppen, Betroffenen oder Felderfahrenen. Es ist sofort ersichtlich, dass gerade die Zusammenschau beider Aspekte ein enormes Konfliktpotential vorhält. Ebenso wird aber die These vertreten, dass in diesem Element nicht zu unterschätzende Potentiale der Orientierung, des Zusammenhalts (Kohäsion), sowie der Problemlösung (Resilienz) sozialer Dienstleistungserbrin-

3 Hier ist je nach Branche und sozialrechtlichen Rahmenbedingungen genau zu prüfen, welchen Stellenwert gegebenenfalls vorhandene Elemente von Markt und Wettbewerb unter dem Vorzeichen des sozialrechtlichen Dreiecksverhältnisses zwischen Kostenträger, Leistungsträger und Leistungsempfänger_in/Nutzer_in (siehe Zimmer/Paul in diesem Band; Dimmel 2008, S. 217ff.; Zacher 2009, S. 4ff.) tatsächlich haben bzw. haben sollen. Gerade die Gestaltung der Übergänge von und Überschneidungen zwischen verschiedenen sektoralen Logiken, wie sie unter dem Stichwort ‚Governance' diskutiert werden, bringen für Leitungskräfte erhebliche Anforderungen mit sich (Grunwald/Roß 2014; 2017; Grunwald/Steinbacher 2013).

gung und Organisationsentwicklung zu finden sind (siehe Langer „Professionalisierung" in diesem Band).

3. Theorielinien des Sozialwirtschaftsdiskurses

Die Theorielinien des Diskurses zum Thema Sozialwirtschaft sind ein zentraler Inhalt der Sozialwirtschaftslehre, die als Theorie der Sozialwirtschaft verstanden werden kann. Die Sozialwirtschaftslehre bedarf einer klaren Abgrenzung gegenüber der Volkswirtschaftslehre mit ihren beiden Forschungsfeldern Mikro- und Makroökonomie und gegenüber der Betriebswirtschaftslehre. Während die Mikroökonomie „das Verhalten von einzelnen Wirtschaftseinheiten und ihre Beziehungen zueinander" (Pracht 2013, S. 21) thematisiert, betrachtet die Makroökonomie gesamtwirtschaftliche Fragen, die sich nationalen oder internationalen Gebilden stellen (Woll 2011; Altmann 2009). In der Betriebswirtschaftslehre steht dagegen der Betrieb im Zentrum als „planvoll organisierte Wirtschaftseinheit, in der Produktionsfaktoren kombiniert werden, um Güter und Dienstleistungen herzustellen und abzusetzen" (Wöhe 2013, S. 27). Teilweise werden als Gegenstand der BWL auch Unternehmen[4] fokussiert als „produktionsorientierte Wirtschaftseinheiten (...), die primär der Fremdbedarfsdeckung dienen" (Pracht 2013, S. 21).

Im Gegensatz zu Volks- und Betriebswirtschaftslehre, als den beiden Zweigen der wirtschaftswissenschaftlichen Disziplin, befasst sich die Sozialwirtschaftslehre mit solchen ökonomischen Vorgängen, die „in der Selbstversorgung und Fremdversorgung von Menschen mit den ihrer Wohlfahrt dienlichen Gütern und Dienstleistungen anzutreffen sind", also mit der „soziale(n) Versorgung insgesamt (...) und den Wechselbeziehungen, die dabei zwischen individuellen, gesellschaftlichen und staatlichen Akteuren bestehen" (Wendt 2013b, S. 977). Diese weite Gegenstandsbestimmung hebt hervor, dass neben – und eigentlich vor – der Dienstleistungserbringung durch Einrichtungen und Dienste der Sozialwirtschaft die individuelle Selbstversorgung von Menschen mit ihren vielfältigen informellen Varianten und die unterschiedlichsten „Formen gemeinschaftlich organisierter Selbstversorgung" im Mittelpunkt der Sozialwirtschaftslehre stehen (Wendt 2013b, S. 978). In der Theorieentwicklung bezüglich Begriffen, Konzepten und Praxis der Sozialwirtschaft sind neben der bereits ausgeführten neo-institutionalistischen Theorieströmung insbesondere folgende sechs Theorielinien relevant, ohne dass mit dieser Aufzählung ein Vollständigkeitsanspruch erhoben würde:

- die Politische Ökonomie,
- die Forschungen zum Nonprofit- und Dritten Sektor, zu Wohlfahrtsproduktion und Governance,
- den Blick auf Ökonomie und Management von Nonprofit- und Dienstleistungsorganisationen,
- die ökosoziale Perspektive,
- die Solidarische und Soziale Ökonomie sowie
- eine Analyse der Funktionen und Institutionen der Sozialwirtschaft aus der Sicht von Politikwissenschaft und Soziologie unter Bezugnahme auf das Theorem der reflexiven Modernisierung (genauer: Grunwald 2014, S. 40ff.; 2017, S. 1657; siehe auch Wendt 2013c, S. 1042ff.; Wendt 2016, S. 4ff.).

4 Ein Unternehmen wird hier verstanden als „Betrieb im marktwirtschaftlichen Wirtschaftssystem" (Wöhe 2013, S. 30).

Bei der Theorieperspektive der *Politischen Ökonomie* geht es um die Frage, ob und auf welche Weise sich ein individueller und/oder gesellschaftlicher Bedarf ökonomisch befriedigen lässt. Grundlage und wichtige Orientierung einer sozialwirtschaftlichen Leistungserbringung sind aus dieser Sicht politische Entscheidungen und Programme. Wer diese politischen Programme realisiert (die öffentliche Hand, freigemeinnützige Organisationen, privat-gewerbliche Unternehmen, die Nutzerinnen und Nutzer individuell oder in eigenständiger Organisation im Sinne von Selbsthilfeinitiativen), ist für diese theoretische Perspektive nur von marginaler Bedeutung.

Die Theorieperspektive der Forschungen zu *Nonprofit- und Drittem Sektor* charakterisiert die Sozialwirtschaft ebenfalls durch ihre spezifische Zielsetzung. Hervorgehoben wird, dass die Sozialwirtschaft kollektives und individuelles Wohl miteinander verbindet. Zentrale Akteure der Sozialwirtschaft sind auch aus dieser Sicht nicht nur Organisationen, die Dienstleistungen erbringen, sondern auch Personen und Gruppen des informellen Sektors. Begriff und Konzept des Wohlfahrtsmix, der auch unter den Überschriften „Welfare Mix", „mixed economy of welfare" oder „Wohlfahrtspluralismus" diskutiert wird, wurden Anfang der 1990er Jahre insbesondere durch Evers und Olk (1996) in die bundesdeutsche Fachdiskussion eingeführt (Grunwald/Roß 2017, S. 172ff.; ausführlicher: 2013, S. 20ff.). Dabei bezeichnet der Begriff Wohlfahrt in einem breiten Verständnis allgemein „das Ergebnis eines Konsumptionsprozesses, im Verlaufe dessen aus dem Einsatz und dem Verbrauch von Gütern, Diensten, Zeit und Energie" eine objektiv und subjektiv wahrnehmbare „Bedürfnisbefriedigung" entsteht (Evers/Olk 1996, S. 15). *Wohlfahrtsproduktion* bezieht sich dabei „auf den Umwandlungsprozess von Ressourcen (wie Güter, Dienste und Zeit) in Endprodukte", in Beiträge zum individuellen und/ oder gesellschaftlichen Wohlbefinden (ebd.). Die Debatte um Wohlfahrtsproduktion und Wohlfahrtsmix hat eine deutliche Schnittstelle zum aktuellen Diskurs zum Konzept der *Governance* (Grunwald/Roß 2014; 2017; Grunwald 2009b, S. 120f.; siehe Roß „Governance" in diesem Band).

Der Blick auf *Ökonomie und Management von Nonprofit- und Dienstleistungsorganisationen* ist dadurch geprägt, dass er auf verschiedene disziplinäre Perspektiven zurückgreift. Von Bedeutung sind hier der volks-, aber auch der betriebswirtschaftliche sowie der soziologische Blick auf Dienstleistungen (Grunwald 2012; siehe Langer in diesem Band). Die betriebswirtschaftlich geprägte Dienstleistungsökonomie legt den Akzent klar auf die Fragen der Betriebsführung und einer enger verstandenen Ökonomie von Diensten und Einrichtungen der Sozialwirtschaft, die als „sozialwirtschaftliche Organisationen" (Arnold/Maelicke 2009), als „soziale Dienstleistungsunternehmen" (Pracht 2013) oder kurz als „Sozialunternehmen" (Schellberg 2011) begriffen werden. Während die soziologischen, politologischen und sozialpolitischen Forschungen zu Nonprofit- und Drittem Sektor stärker den gesamten Bereich der Volkswirtschaft und die in ihm ablaufenden Prozesse im Auge haben, betont die Perspektive der Dienstleistungsökonomie, dass auch sozialwirtschaftliche Dienste und Einrichtungen „Unternehmen" darstellen und insofern Gegenstand einer speziellen Betriebswirtschaftslehre werden können (Pracht 2013, S. 23ff.). Aus Sicht der Betriebswirtschaftslehre stellt sich die Sozialwirtschaft als „ökonomisch strukturiertes Feld" dar, in dem Effektivität und Effizienz entscheidende Erfolgskriterien darstellen (Halfar 2017, S. 962f.). Im Zentrum der Dienstleistungsökonomie stehen meist Themen wie Rechnungswesen, Controlling, Finanzierung, Marketing, Organisationslehre, Rechtsformen, normative, strategische und operative Unternehmensführung sowie Personalwirtschaft (Arnold et al. 2014; Pracht 2013; Helmig/Boenigk 2012; Schellberg 2011). Sie sind zu ergänzen durch und überschneiden sich mit Themen der Organisationsgestaltung und

Personalführung (Grunwald/Steinbacher 2007; Grunwald 2009b), die mit Fachkonzepten aus der Sozialen Arbeit, wie dem Konzept einer Lebensweltorientierten Sozialen Arbeit, verknüpft werden können (Grunwald 2016; 2014).

Die *ökosoziale Theorieperspektive* ermöglicht einen Rückgriff auf ein ‚frühes' Verständnis von Ökonomie, bei dem „soziales und ökonomisches Agieren" noch nicht gedanklich und disziplinär getrennt waren (Wendt 2013c, S. 1044). Aus Sicht der ökosozialen Theorie ist wirtschaftliches Denken und Handeln, das „Bedingungen der Knappheit" reflektiert, für die „soziale Sphäre" nichts Äußerliches, sondern immer schon eine wichtige Dimension des Sozialen, die der Gewährleistung einer hinreichenden Versorgung angesichts knapper Ressourcen dient: „Unter Bedingungen der Knappheit eine hinreichende Versorgung zu erreichen, ist eine soziale Aufgabenstellung" (Wendt 2013c, S. 1044). In der Übertragung des antiken „oikos" auf die heutige Zeit betont Wendt, dass die Theorie der Sozialwirtschaft sich „im *Paradigma des Haushalts* als ökonomische Struktur des Eingerichtetseins von Lebensgemeinschaften und von einzelnen Personen" verankert; insofern wird „Haushalten (...) als prinzipielle Weise ihres Zurechtkommens und der Haushalt als dessen ökonomischer Bezugsrahmen begriffen" (Wendt 2016, S. 25; Hervorhebung im Original). Hier zeigt sich, dass Wendts Verständnis einer ökosozialen Theorieperspektive auf die Sozialwirtschaft eng mit seinem theoretischen Konzept von Sozialer Arbeit verbunden ist (Wendt 2010b).

Die *Theorieperspektive der solidarischen und sozialen Ökonomie* hebt hervor, dass begriffliche „Verknüpfungen von Solidarität und Produktivität, von sozialer Kultur und ökonomischer Struktur (...) Doppelbindungen zwischen inkongruenten Perspektiven" markieren: „ökonomische Rationalität und soziale Solidarität, politische Souveränität und wohlfahrtsstaatliche Subsidiarität, Privatinteresse und öffentliche Verantwortung, Moral und Kalkül, strukturelle Zwänge und kulturelle Kräfte, System und Lebenswelt" (Pankoke 2008, S. 431; Hervorhebung im Original). Diese „zueinander inkongruente(n) Perspektiven zweckrationaler und wertrationaler Orientierung [sind] in ihren Wechselwirkungen zu betrachten", wobei sie theoretisch zu unterscheiden, in der Praxis jedoch interaktiv zu verknüpfen sind (Pankoke 2008, S. 431). Insbesondere bei solidarischer Ökonomie geht es um „Formen des Wirtschaftens, die menschliche Bedürfnisse auf der Basis freiwilliger Kooperation, Selbstorganisation und gegenseitiger Hilfe befriedigen" (Notz 2012, S. 119; Elsen 2011; 2013).[5] Aus *feministischer Sicht* und der Perspektive der *Care Economy* wird insbesondere die „gesellschaftliche Geschlechterordnung und (Gender-)Gerechtigkeit", die „Einrichtung einer Zweiklassengesellschaft", die „Vorherrschaft der Produktionsarbeit und mangelnde Anerkennung der Care- und Beziehungsarbeit", die „Beschränktheit des liberalen Menschenbilds" und die „traditionelle liberale Dichotomie zwischen Privatsphäre und Öffentlichkeit" kritisiert (Ehrwein Nihan 2013, S. 96ff.; Müller 2016; Knobloch 2013; Notz 2013).[6] Zu einer „Ökonomie für ein qualitativ besseres Leben" gehört aber auch die *Auseinandersetzung mit dem Raubbau der natürlichen Lebensgrundlagen* (Elsen 2007, S. 30; Elsen 2017).

---

5 Elsen fordert hier dezidiert eine „gestaltende Sozialpolitik", die „Möglichkeiten zur aktiven ökosozialen Gestaltung des Gemeinwesens" wie beispielsweise „Formen der Gemeinschaftsnutzung, Stadtteilwerkstätten, Seniorengenossenschaften, Zeitbanken, Reparaturkaffees, Urbane Landwirtschaft oder Familiengenossenschaften" erschließt, im Sinne einer Verknüpfung des „Recht(s) auf soziale Sicherung" mit der „Option der sozialproduktiven Teilhabe" (2017, S. 166). Sie beruft sich in diesem Zusammenhang zurecht auf den Capability-Ansatz von Sen (2007).

6 Sehr interessant ist die Charakterisierung von ‚Care' anhand verschiedener Care-Dimensionen, wie sie von Müller (2016, S. 38ff.) vorgenommen wird, sowie ihr Fazit einer „strukturelle(n) Abwertung von Care-Arbeit", welchen sie mit dem Begriff der „Wert-Abjektion" (2016, passim, besonders 174ff.) sehr treffend formuliert.

Genannt werden soll schließlich eine Analyse der Funktionen und Institutionen der Sozialwirtschaft aus der Sicht von Politikwissenschaft und Soziologie unter Bezugnahme auf das *Theorem der reflexiven Modernisierung* (Schroer 2009; Beck 1986). Diese Theorieperspektive verweist darauf, dass Organisationen, Gemeinschaften und Individuen im Zuge der „Modernisierung der Moderne“ zwar neue Wege der Problembearbeitung entwickeln (Beck et al. 1996, S. 9), aber ebenso in hohem Maße kritische Momente der Moderne offenlegen, denkt man etwa an die moderne Organisation als Vernichtungsinstrumentarium im Faschismus (Bauman 1992, S. 166ff.; siehe auch Kühl 2014) oder auch die Selbstreferentialität von Organisationen bis hin zur lebensweltlichen Fragmentierung durch flexible Arbeitsorganisation. Analysiert man unter dieser modernisierungstheoretischen Brille die besondere Rolle und Funktion der Freien Wohlfahrtspflege, so werden Thesen der „gescheiterten Modernisierung“ (Jüster 2015), der Fragmentierung und Versäulung der Sozialwirtschaft bis hin zu massiven Forderungen der De-Institutionalisierung (EU 2012) aufgeschlossen, aber natürlich auch modernisierungstheoretische Konzepte wie Rationalisierung, Individualisierung und Differenzierung (Wetzler 2009, S. 46ff.).

Diese Ausdifferenzierung verschiedener theoretischer und disziplinärer Zugänge zum Feld der Sozialwirtschaft ist rein analytischer Natur; zwischen den einzelnen Theorielinien gibt es etliche Schnittstellen und Bezüge, die auch in der Verknüpfung ihre Fruchtbarkeit erweisen: Die genannten theoretischen Perspektiven sind vielfältig miteinander verknüpft und nicht immer trennscharf zu unterscheiden. Ein wichtiges Merkmal der Sozialwirtschaft, das in den verschiedenen Theorielinien sichtbar ist, besteht darin, dass „in Theorie wie in Praxis das Soziale nicht immer ‚un-ökonomisch‘ sein muss und das Ökonomische nicht ‚un-sozial‘“ (Pankoke 2008, S. 433; siehe auch Wendt 2016, S. 2). Die Gesamtheit der genannten Theorielinien und der oben bereits dargestellte Neoinstitutionalismus verdeutlichen zudem, dass die Thematik der Sozialwirtschaft nur inter- und transdisziplinär sinnvoll zu bearbeiten ist; hier wäre eine Intensivierung des Austauschs zwischen den bestehenden Einzeldiskursen sinnvoll, die teilweise von unterschiedlichen Disziplinen und Terminologien geprägt werden. Diesbezüglich gibt es klare Parallelen zur Sozialmanagementdebatte, die ebenfalls mitunter in verschiedene Diskurslinien zu zerfallen droht (Wöhrle 2017; 2012; Grunwald 2009a).

Eine Verbindung der verschiedenen Theorielinien der Sozialwirtschaft ermöglicht darüber hinaus eine Differenzierung zwischen öffentlicher und privater Daseinsvorsorge. Ausgangspunkt einer solchen Zusammenschau ist die Feststellung, dass eine Nachhaltigkeit von Daseinsvorsorge nur gegeben ist, wenn ihre öffentliche und individuelle Form dynamisch miteinander verbunden werden. So befasst sich die öffentliche Daseinsvorsorge mit dem „Haushalt des sozialen Gemeinwesens inkl. Sozialpolitik“ und den „Versorgungsstrukturen“ im Sinne von „public serving“ und „member serving“ (Wendt 2013c, S. 1046; siehe auch Wendt „Geschichte der Sozialwirtschaft“ in diesem Band). Dieser Fokus kann mittels der Theorieperspektive der politischen Ökonomie, der Forschungen zur Ökonomie des Nonprofit- und Dritten Sektor und des betriebswirtschaftlichen Blicks auf Ökonomie und Management von Nonprofit- und Dienstleistungsorganisationen beleuchtet werden. Die private Daseinsvorsorge befasst sich dagegen zum einen mit Sorge und Fürsorge des persönlichen und familialen ökonomischen Verhaltens – dies ist u.a. die Perspektive der feministischen Ökonomie –, zum anderen mit dem „‚Lebenshaushalt‘ incl. life politics“ (Wendt 2013c, S. 1046). Diese Betrachtungsweise kann dem ökosozialen Theorieansatz zugeordnet werden.

4. Herausforderungen und Perspektiven der Sozialwirtschaft

Die Sozialwirtschaft muss sich sehr unterschiedlichen Herausforderungen stellen. Die Aktualität der Herausforderungen resultiert nicht nur aus externen Faktoren, sondern mittlerweile auch vermehrt aus Reaktionen auf die Funktion und Entwicklung der bzw. in der Sozialwirtschaft selbst.

Zu den externen Faktoren gehören nach wie vor beispielsweise

- das „europäische Wettbewerbs-, Vergabe- und Beihilferecht",
- die Veränderungen der „nationalen Steuerungsmechanismen",
- die „komplexen Stakeholder-Konstellationen",
- eine fortschreitende Modernisierung der Gesellschaft,
- fortschreitende Dynamiken der Lebensstile sowie
- Finanz- und Wirtschaftskrisen (Schulz-Nieswandt 2009, S. 89).

Als interne Effekte sind Reaktion auf spezifische Lösungsoptionen der Sozialwirtschaft bedeutsam, die wiederum zu neuen Herausforderungen der Sozialwirtschaft werden. Zu nennen sind hier vor allem

- die umgesetzte Modernisierung und Veränderung der Rollenbestimmung zwischen öffentlichen und freien Trägern und die Neugestaltung der Zusammenarbeit zwischen Kooperation und Konkurrenz (Schönig 2015),
- die Umsetzung des Wettbewerbs-, Vergabe- und Beihilferechts als massive Umstrukturierung der Anbieterstrukturen sozialer Dienstleistungen (siehe Güntner/Maucher in diesem Band),
- nichtintendierte Nebeneffekte (z.B. adressatenbezogene Verdrängungs- und Creamingeffekte u.v.m.) als induzierte Selektions-, Zugangs- und Verdrängungseffekte aufgrund von spezifischen Steuerungsmodalitäten (siehe Brink/Langer in diesem Band; Langer 2017b),
- die beobachtbare Abschottung politischer Entscheidungsprozesse gegen sozialwirtschaftliche Einflussnahme aufgrund von Legitimationsverlusten,
- die Fragmentierung, Versäulung und Innovationsfeindlichkeit in Folge sich gegenseitig verstärkender Konsolidierungspolitik und individueller Rechtsansprüche,
- die Verdrängung ehrenamtlicher Ressourcen durch Professionalisierung sowie
- Spezialisierung, Differenzierung und daraus resultierend Service-Stream-Lining und Selbstbeschaffungseffekte im Leistungsentgeltsystem.

Diese Herausforderungen stellen – in einer sicher nicht vollständigen Aufzählung – den Rahmen dar (oder beeinflussen ihn zumindest nachdrücklich), in den weitere Entwicklungen der Sozialwirtschaft eingeordnet werden müssen. Entscheidend dabei ist aber, wie und vor welchem Hintergrund diese Herausforderungen seitens der unterschiedlichen sozialwirtschaftlichen Akteure wahrgenommen, interpretiert und normativ beurteilt werden. Dies bezieht sich auf beide enthaltenen Dimensionen, die des Ökonomischen und die des Sozialen.

In Bezug auf die Ökonomisierung nicht nur der Gesellschaft und der Ökonomie (Schimank/Volkmann 2017, S. 593ff.), sondern insbesondere der Sozialwirtschaft ist zu warnen vor einer *undifferenzierten Gleichsetzung von Ökonomisierung* als Prozess *und „Ökonomismus"* als „unzweckmäßige Dominanz der ökonomischen Effizienzorientierung" (Schulz-Nieswandt 2009, S. 89) sowie der Instrumentengläubigkeit, die fachliche Arbeit fremdbestimmt. Der Kampf gegen einen in der Praxis durchaus zu beobachtenden Ökonomismus ist berechtigt, aber scheint nicht mehr in einer grundlegenden und unreflektierten Ablehnung und Negierung jeder Form der Ökonomisierung begründet, zumal bei einer solchen häufig von einem sehr verkürzten Verständnis von Ökonomie und Sozialwirtschaft ausgegangen wird. Zu fragen ist vielmehr, wie „das kulturgeschichtlich überkommene Dispositiv des fürsorglichen Handelns im Programmcode jüdisch-christlicher Liebesethik, das den Habitus der Professionen und ihre institutionellen Praxisformen nach wie vor tiefengrammatisch prägt, als organisierte, als auch sozialwirtschaftlich implementierte Sorgearbeit in einem wettbewerblichen Umfeld modernisiert werden" kann, ohne – wie hinzuzufügen ist – dass diese bis zur Unkenntlichkeit entstellt wird (Schulz-Nieswandt 2009, S. 90).

Nötig ist aber dennoch eine kritische und selbstbewusste *Auseinandersetzung mit dem Prozess der Ökonomisierung,* die immer wieder neu prüft, auf welcher Stufe der Ökonomisierung (Schimank/Volkmann 2017, S. 597ff.) oder in welcher Form (Langer 2017a) dieser Prozess konkret greift und inwieweit durch die Einführung und Durchsetzung managerieller Strategien die sozialarbeiterische Professionalität entwertet wird (Beckmann et al. 2009). Nötig ist vor allem eine klare Positionierung gegen dem am Ende der Stufenskala der Ökonomisierung zu verortenden Ökonomismus: „Gewinnmaximierung ist oberste Maxime und Muss-Erwartung" (Schimank/Volkmann 2017, S. 600; Hagn 2017, S. 92f.; Haupt 2017, S. 123ff.).

Paradoxerweise laufen eine Soziale Arbeit und Sozialwirtschaft, welche die *Ressourcendimension* und Formdimension der Finanzierung sozialarbeiterischen und sozialpädagogischen Handelns, der entsprechenden Dienste und Einrichtungen nicht ausreichend berücksichtigen, Gefahr, sich gerade durch eine grundsätzliche oder zumindest zu weit gehende Verweigerung gegenüber dieser Dimension erst der Dominanz ökonomistischen Denkens auszuliefern. Die Soziale Arbeit ist, um eigene Prinzipien und Handlungsmaximen verwirklichen und durchsetzen zu können, angewiesen auf eine kritische, kenntnisreiche und selbstbewusste Auseinandersetzung mit ökonomischen Denkfiguren und insofern auf einen *„sozialwirtschaftlichen Blick"*, der die Ressourcenfrage als Kern ökonomischen Denkens in ihrer Vielschichtigkeit selbst bearbeitet und sich auf diese Weise einer betriebswirtschaftlichen und technologischen Engführung der Sozialwirtschaft und einem neoliberalen Ökonomismus wirksam entgegenstellt (Grunwald 2011).[7] Sie steht vor der Anforderung, sprach- und argumentationsmächtig ökonomische Positionen aus ihrer spezifischen Logik heraus erfassen, einordnen und sich mit ihnen kritisch auseinandersetzen zu können. Sie sollte vor allem in der Lage sein, eine Engführung differenzierter sozialwirtschaftlicher Überlegungen, wie sie ja oben in den verschiedenen Theorielinien der Sozialwirtschaftslehre entfaltet wurden, auf eine rein betriebswirtschaftliche Sicht zu registrieren und argumentativ zu parieren.

Außerdem muss die Dimension des Sozialen als explizit politische Dimension begriffen werden (siehe dazu Langer „Soziale Dienstleistung" in diesem Band). Sozialwirtschaft ist einerseits ein aktiver Politikakteur, wenn es um die Fragen der gesetzlichen Rahmenentwicklung bis hin zu Bedarfsanalysen und Innovationen geht. Zur Problemlösungsnotwendigkeit bedarf es neben der Problemlösungsfähigkeit andererseits aber auch die Problemlösungsbereitschaft. Dabei ist es zentral, dass das Eigeninteresse organisierter Sozialwirtschaft kritisch vor dem Hintergrund

7 Das Argument ist hier, dass zu dem bekannten „sozialpädagogischen Blick" (Rauschenbach et al. 1993) ein reflektierter und informierter „sozialwirtschaftlicher Blick" hinzukommen muss, damit ein nicht betriebswirtschaftlich verengtes sozialwirtschaftliches Denken als wichtige Argumentationskraft begriffen werden kann, welche die Ressourcenfrage selbst stellt und nicht anderen Disziplinen – zum Beispiel der Betriebswirtschaftslehre – überlässt (Grunwald 2011).

der Selbstbestimmung, Autonomie und des Wunsch- und Wahlrechts der Adressat_innen reflektiert wird.

Für die Frage, welche *institutionellen Arrangements der Wohlfahrtsproduktion* wünschenswert und wie diese auszugestalten sind (Wendt 2010a), ist es entscheidend, an welcher Zielsetzung letztlich die Wohlfahrtsproduktion orientiert wird. Hier ist die grundlegende Sachzieldominanz der Sozialwirtschaft von großer Bedeutung (siehe auch Becker 2017, S. 13ff.). Die sozialwirtschaftliche Wohlfahrtsproduktion und ihre unterschiedlichen institutionellen Arrangements stehen insofern vor der Herausforderung, eine soziale Infrastruktur zu schaffen, die einerseits für die Menschen in ihren lebensweltlichen Bezügen integriert und verlässlich verfügbar, gut und kontinuierlich zugänglich, qualitativ hochwertig und akzeptiert ist (Schulz-Nieswandt 2009, S. 101; Grunwald/Thiersch 2016) und andererseits (politisch kontextualisiert) mit gesellschaftlichen Rahmenbedingungen reflektierend vermittelt wird; sei es als die Integration bis hin zur Harmonisierung der Bezüge oder aber auch als die (konflikthafte) Beanspruchung bis hin zur Eskalation unterschiedlicher Ansprüche.

5. Literatur

Altmann, Jörn (2009): Volkswirtschaftslehre. 7. Aufl., Stuttgart: Lucius & Lucius.

Arnold, Ulli/Grunwald, Klaus/Maelicke, Bernd (Hrsg.) (2014): Lehrbuch der Sozialwirtschaft. 4., erw. Aufl., Baden-Baden: Nomos.

Arnold, Ulli/Maelicke, Bernd (Hrsg.) (2009): Lehrbuch der Sozialwirtschaft. 3. Aufl., Baden-Baden: Nomos.

Backhaus-Maul, Holger (2009): Akteure in der Sozialwirtschaft: institutionalisierte Routinen und neue Gestaltungsspielräume. In: Archiv für Wissenschaft und Praxis der Sozialen Arbeit 40, H. 3, S. 62-84.

Baumann, Zygmunt (2012): Dialektik der Ordnung. Die Moderne und der Holocaust. Hamburg: CEP Europäische Verlagsanstalt.

Beck, Ulrich (1986): Risikogesellschaft. Auf dem Weg in eine andere Moderne. Frankfurt a.M.: Suhrkamp.

Beck, Ulrich/Giddens, Anthony/Lash, Scott (1996): Reflexive Modernisierung. Eine Kontroverse. Frankfurt a.M.: Suhrkamp.

Becker, Helmut E. (2017): Das Sozialwirtschaftliche Sechseck. Grundzüge. In: Becker, Helmut E. (Hrsg.): Das Sozialwirtschaftliche Sechseck. Soziale Organisationen zwischen Ökonomie und Sozialem. 2., vollst. überarb. u. erw. Aufl., Wiesbaden: Springer VS, S. 1-107.

Beckmann, Christoph/Otto, Hans-Uwe/Schrödter, Mark (2009): Management der Profession: Zwischen Herrschaft und Koordination. In: Grunwald, Klaus (Hrsg.): Vom Sozialmanagement zum Management des Sozialen? Eine Bestandsaufnahme. Baltmannsweiler: Schneider Verlag Hohengehren, S. 15-41.

Boeßenecker, Karl-Heinz (2013a): Dritter Sektor. In: Grunwald, Klaus/Horcher, Georg/Maelicke, Bernd: Lexikon der Sozialwirtschaft. 2. Aufl., Baden-Baden: Nomos, S. 267-270.

Boeßenecker, Karl-Heinz (2013b): Sozialwirtschaft als Arbeitsmarkt. In: Grunwald, Klaus/Horcher, Georg/ Maelicke, Bernd (Hrsg.): Lexikon der Sozialwirtschaft. 2. Aufl., Baden-Baden: Nomos, S. 968-977.

Boeßenecker, Karl-Heinz/Vilain, Michael (2013): Spitzenverbände der Freien Wohlfahrtspflege. Eine Einführung in Organisationsstrukturen und Handlungsfelder sozialwirtschaftlicher Akteure in Deutschland. 2. Aufl., Weinheim/Basel: Beltz Juventa.

Bundesarbeitsgemeinschaft der Freien Wohlfahrtspflege e. V. (BAGFW) (2014): Einrichtungen und Dienste der Freien Wohlfahrtspflege. Gesamtstatistik 2012. Berlin: Eigenverlag.

Dimmel, Nikolaus (2008): Recht und Wettbewerb. In: Bakic, Josef/Diebäcker, Marc/Hammer, Elisabeth (Hrsg.): Aktuelle Leitbegriffe der Sozialen Arbeit. Ein kritisches Handbuch. Wien: Löcker, S. 217-232.

Ehrwein Nihan, Céline (2013): Care Economy aus sozialethischer Sicht. Zwischen wirtschaftlicher Rationalität und Sorge für die Anderen. In: Widerspruch 32, H. 62, S. 93-104.

Elsen, Susanne (2017): Gemeinwesenökonomie und öko-soziale Entwicklung. In: Hammerschmidt, Peter/ Sagebiel, Juliane/Yollu-Tok, Aysel (Hrsg.): Die Soziale Arbeit im Spannungsfeld der Ökonomie. Neu-Ulm: AG SPAK, S. 161-178.

Elsen, Susanne (2013): Gemeinwesenökonomie – Überlegungen zu einem Handlungs- und Forschungsfeld Sozialer Arbeit. In: Stövesand, Sabine/Stoik, Christoph/Troxler, Ueli (Hrsg.): Handbuch Gemeinwesenarbeit. Traditionen und Positionen, Konzepte und Methoden. Deutschland – Schweiz – Österreich. Theo-

rie, Forschung und Praxis der Sozialen Arbeit, Bd. 4. Opladen/Berlin/Toronto: Barbara Budrich, S. 161-173.
Elsen, Susanne (Hrsg.) (2011): Ökosoziale Transformationen. Neu-Ulm.
Elsen, Susanne (2007): Die Ökonomie des Gemeinwesens. Sozialpolitik und Soziale Arbeit im Kontext von gesellschaftlicher Wertschöpfung und -verteilung. Weinheim/München: Juventa.
Evers, Adalbert/Olk, Thomas (1996): Wohlfahrtspluralismus – Analytische und normativ-politische Dimensionen eines Leitbegriffs. In: Evers, Adalbert/Olk, Thomas (Hrsg.): Wohlfahrtspluralismus. Vom Wohlfahrtsstaat zur Wohlfahrtsgesellschaft. Opladen: Westdeutscher Verlag, S. 9-60.
Europäische Union (EU) (2012): Europäische Expertengruppe zum Übergang von institutioneller Betreuung zu Betreuung in der lokalen Gemeinschaft. www.deinstitutionalisationguide.eu; siehe auch Europäische Commission Regionalpolitik, Übergang von institutionellen zu gemeindebasierten Diensten (Deinstitutionalisierung) ec.europa.eu/regional_policy/de/policy/themes/social-inclusion/desinstit/, 10.7.2017.
Finis Siegler, Beate (2009): Ökonomik Sozialer Arbeit. 2. Aufl., Freiburg i.Br.: Lambertus.
Giddens, Anthony (1997): Die Konstitution der Gesellschaft. 3. Aufl., Frankfurt/Main: Campus.
Grunwald, Klaus (2016): Management von und in Einrichtungen der Sozialen Arbeit aus der Perspektive des Konzepts Lebensweltorientierung. In: Grunwald, Klaus/Thiersch, Hans (Hrsg.): Praxishandbuch Lebensweltorientierte Soziale Arbeit. Handlungszusammenhänge und Methoden in unterschiedlichen Arbeitsfeldern. 3., vollst. überarb. Aufl., Weinheim: Beltz Juventa, S. 431-444.
Grunwald, Klaus (2015): Sozialwirtschaft. In: Otto, Hans-Uwe/Thiersch, Hans (Hrsg.) unter Mitarbeit von Klaus Grunwald, Karin Böllert, Gaby Flösser, und Cornelia Füssenhäuser: Handbuch Soziale Arbeit. Grundlagen der Sozialarbeit und Sozialpädagogik. 5., erw. Aufl., München: Reinhardt, S. 1654-1668.
Grunwald, Klaus (2014): Sozialwirtschaft. In: Arnold, Ulli/Grunwald, Klaus/Maelicke, Bernd (Hrsg.): Lehrbuch der Sozialwirtschaft. 4., erw. Aufl., Baden-Baden: Nomos, S. 33-63.
Grunwald, Klaus (2013): Soziale Arbeit, ihre Selbstverortung und ihr Verhältnis zu Fragen der Steuerung sozialwirtschaftlicher Unternehmen. In: Wöhrle, Armin/Beck, Reinhilde/Grunwald, Klaus/Schellberg, Klaus/Schwarz, Gotthart/Wendt, Wolf Rainer (Hrsg.): Grundlagen des Managements in der Sozialwirtschaft. Baden-Baden: Nomos, S. 81-115.
Grunwald, Klaus (2012): Dienstleistung. In: Enzyklopädie Erziehungswissenschaft Online, Fachgebiet: Soziale Arbeit, hrsg. von Wolfgang Schröer und Cornelia Schweppe. Weinheim/Basel: Beltz Juventa. doi: 10.3262/EEO14120220
Grunwald, Klaus (2011): Zu Notwendigkeit und Spezifika eines sozialwirtschaftlichen Blicks in der Sozialen Arbeit. In: Thiersch, Hans/Treptow, Rainer (Hrsg.): Zur Identität der Sozialen Arbeit. Neuwied: Verlag Neue Praxis, S. 171-173.
Grunwald, Klaus (2009a): Einführung. In: Grunwald, Klaus (Hrsg.): Vom Sozialmanagement zum Management des Sozialen? Eine Bestandsaufnahme. Baltmannsweiler: Schneider Verlag Hohengehren, S. 1-15.
Grunwald, Klaus (2009b): Zum Management von Einrichtungen der Sozialen Arbeit unter organisationssoziologischer Perspektive. In: Grunwald, Klaus (Hrsg.): Vom Sozialmanagement zum Management des Sozialen? Eine Bestandsaufnahme. Baltmannsweiler: Schneider Verlag Hohengehren, S. 85-138.
Grunwald, Klaus/Roß, Paul-Stefan (2017): Sozialmanagement als Steuerung hybrider sozialwirtschaftlicher Organisationen. In: Wöhrle, Armin/Fritze, Agnès/Prinz, Thomas/Schwarz, Gotthart (Hrsg.): Sozialmanagement – eine Zwischenbilanz. Wiesbaden: Springer VS, S. 171-184.
Grunwald, Klaus/Thiersch, Hans (2016): Lebensweltorientierung. In: Grunwald, Klaus/Thiersch, Hans (Hrsg.): Praxishandbuch Lebensweltorientierte Soziale Arbeit. Handlungszusammenhänge und Methoden in unterschiedlichen Arbeitsfeldern. 3., vollst. überarb. Aufl., Weinheim: Beltz Juventa, S. 24-64
Grunwald, Klaus/Roß, Paul-Stefan (2014): „Governance Sozialer Arbeit". Versuch einer theoriebasierten Handlungsorientierung für die Sozialwirtschaft. In: Tabatt-Hirschfeldt, Andrea (Hrsg.): Öffentliche und Soziale Steuerung – Public Management und Sozialmanagement im Diskurs. Baden-Baden: Nomos, S. 17-64.
Grunwald, Klaus/Horcher, Georg/Maelicke, Bernd (Hrsg.) (2013): Lexikon der Sozialwirtschaft. 2. Aufl., Baden-Baden: Nomos.
Grunwald, Klaus/Steinbacher, Elke (2013): Kompetenz und Professionalität in der Sozialwirtschaft. In: Kaufmann, Dieter/Knapp, Kornelius (Hrsg.): Demografischer Wandel in der Sozialwirtschaft – Herausforderungen, Ansatzpunkte, Lösungsstrategien. Stuttgart: Kohlhammer, S. 101-120.
Grunwald, Klaus/Steinbacher, Elke (2007): Organisationsgestaltung und Personalführung in den Erziehungshilfen. Grundlagen und Praxismethoden. Weinheim/München: Juventa.
Güntner, Simon (2007): Soziale Stadtpolitik: Institutionen, Netzwerke und Diskurse in der Politikgestaltung. Bielefeld: Transcript.

Hagn, Julia (2017): Ökonomisierung bis zur Selbstaufgabe. Soziale Arbeit unter dem Paradigma des Wettbewerbs. In: Hammerschmidt, Peter/Sagebiel, Juliane/Yollu-Tok, Aysel (Hrsg.): Die Soziale Arbeit im Spannungsfeld der Ökonomie. Neu-Ulm: AG SPAK, S. 75-96.

Halfar, Bernd (2017): Sozialwirtschaft. In: Kreft, Dieter/Mielenz, Ingrid (Hrsg.): Wörterbuch Soziale Arbeit. Aufgaben, Praxisfelder, Begriffe und Methoden der Sozialarbeit und Sozialpädagogik. 8., vollst. überarb. und akt. Aufl., Weinheim/Basel: Beltz Juventa, S. 962-964.

Hammerschmidt, Peter/Sagebiel, Juliane/Yollu-Tok, Aysel (Hrsg.) (2017): Die Soziale Arbeit im Spannungsfeld der Ökonomie. Neu-Ulm: AG SPAK 2017.

Haupt, Marlene (2017): Soziale Einrichtungen zwischen Profit und Gemeinwohlorientierung. In: Hammerschmidt, Peter/Sagebiel, Juliane/Yollu-Tok, Aysel (Hrsg.): Die Soziale Arbeit im Spannungsfeld der Ökonomie. Neu-Ulm: AG SPAK, S. 117-138.

Helmig, Bernd/Boenigk, Silke (2012): Nonprofit Management. München: Vahlen.

Jüster, Markus (2015): Die verfehlte Modernisierung der Freien Wohlfahrtspflege. Eine institutionalistische Analyse der Sozialwirtschaft. Baden-Baden: Nomos.

Knobloch, Ulrike (2013): Geschlechtsverhältnisse in Wirtschaftstheorie und Wirtschaftspolitik. In: Widerspruch 32, H. 62, S. 60-65.

Kühl, Stefan (2014): Ganz normale Organisationen. Zur Soziologie des Holocaust. Berlin: Suhrkamp.

Langer, Andreas (2017a): Management und Profession. In: Pfadenhauer, Michaela/Schnell, Christiane (Hrsg.): Handbuch Professionssoziologie. Wiesbaden: Springer VS, i.E.

Langer, Andreas (2017b): Wirtschaft- und Unternehmensethik als Kritik der Grauzonen sozialwirtschaftlichen Moralunternehmertums. In: Kolhoff, Ludger/Grunwald, Klaus (Hrsg.): Perspektiven Sozialwirtschaft und Sozialmanagement. Springer VS, i.E.

Langer, Andreas (2014): Dienstleistungsmanagement. In: Arnold, Ulli/Grunwald, Klaus/Maelicke, Bernd (Hrsg.): Lehrbuch der Sozialwirtschaft. 4., erw. Aufl., Baden-Baden: Nomos, S. 481-506.

Merchel, Joachim (2017): Sozialmanagement. In: Kreft, Dieter/Mielenz, Ingrid (Hrsg.): Wörterbuch Soziale Arbeit. Aufgaben, Praxisfelder, Begriffe und Methoden der Sozialarbeit und Sozialpädagogik. 8., vollst. überarb. u. akt. Aufl., Weinheim/Basel: Beltz Juventa, S. 911-918.

Müller, Beatrice (2016): Wert-Abjektion. Zur Abwertung von Care-Arbeit im patriarchalen Kapitalismus – am Beispiel der ambulanten Pflege. Münster: Westfälisches Dampfboot.

Müller, Carsten/Mührel, Eric/Birgmeier, Bernd (2016): Nepper, Schlepper, Sozialarbeiterfänger. Eine Einleitung in das Thema „Soziale Arbeit in der Ökonomisierungsfalle“. In: Müller, Carsten/Mührel, Eric/Birgmeier, Bernd (Hrsg.): Soziale Arbeit in der Ökonomisierungsfalle. Wiesbaden: Springer VS, S. 1-5.

Notz, Gisela (2013): Gesellschaftliches Potential der Haus- und Betreuungsarbeit. Umverteilung statt Abwälzung auf Freiwillige und Dienstbotinnen. In: Widerspruch 32, H. 62, S. 105-119.

Notz, Gisela (2012): Theorien alternativen Wirtschaftens. Fenster in eine andere Welt. 2. Aufl., Stuttgart: Schmetterling.

Notz, Gisela (2009): Solidarische Ökonomien statt Ökonomisierung des Sozialen. In: Kessl, Fabian/Otto, Hans-Uwe (Hrsg.): Soziale Arbeit ohne Wohlfahrtsstaat? Zeitdiagnosen, Problematisierungen und Perspektiven. Weinheim/München: Juventa, S. 207-222.

Otto, Hans-Uwe/Ziegler, Holger (2015): Managerialismus. In: Otto, Hans-Uwe/Thiersch, Hans (Hrsg.): Handbuch Soziale Arbeit. Grundlagen der Sozialarbeit und Sozialpädagogik. 5., erw. Aufl., München/Basel: Reinhardt, S. 991-1001.

Pankoke, Eckart (2008): Solidarwirtschaft. In: Maurer, Andrea (Hrsg.): Handbuch der Wirtschaftssoziologie. Wiesbaden: Springer VS, S. 431-450.

Pracht, Arnold (2013): Betriebswirtschaftslehre für das Sozialwesen. Eine Einführung in betriebswirtschaftliches Denken im Sozial- und Gesundheitsbereich. 3. akt. Aufl., Weinheim: Beltz Juventa.

Rauschenbach, Thomas/Ortmann, Friedrich/Karsten, Maria-Eleonora (Hrsg.) (1993): Der sozialpädagogische Blick. Weinheim/München: Juventa.

Roß, Paul-Stefan (2012): Demokratie weiter denken. Reflexionen zur Förderung bürgerschaftlichen Engagements in der Bürgerkommune. Baden-Baden: Nomos.

Rüth, Stephanie (2013): Bank für Sozialwirtschaft AG. In: Grunwald, Klaus/Horcher, Georg/Maelicke, Bernd (Hrsg.): Lexikon der Sozialwirtschaft. 2. Aufl., Baden-Baden: Nomos, S. 102-103.

Schellberg, Klaus (2011): Betriebswirtschaftslehre für Sozialunternehmen. 4. überarb. Aufl., Augsburg: Ziel.

Schilling, Mathias (2012): Die Träger der Sozialen Arbeit in der Statistik. In: Thole, Werner (Hrsg.): Grundriss Soziale Arbeit. Ein einführendes Handbuch. 4. Aufl., Wiesbaden: Springer VS, S. 777-794.

Schimank, Uwe (2008): Gesellschaftliche Ökonomisierung und unternehmerisches Agieren. In: Maurer, Andrea/Schimank, Uwe (Hrsg.): Die Gesellschaft der Unternehmen – Die Unternehmen der Gesellschaft. Wiesbaden: Springer VS, S. 220-236.

Schimank, Uwe/Volkmann, Ute (2017): Ökonomisierung der Gesellschaft. In: Maurer, Andrea (Hrsg.): Handbuch der Wirtschaftssoziologie. 2., aktual. u. erw. Aufl., Wiesbaden: Springer VS, S. 593-609.
Schneider, Ulrich (2014): Mehr Mensch! Gegen die Ökonomisierung des Sozialen. Frankfurt a.M.: Westend.
Schönig, Werner (2015): Koopkurrenz in der Sozialwirtschaft. Zur sozialpolitischen Nutzung von Kooperation und Konkurrenz. Weinheim: Beltz Juventa.
Schroer, Markus (2009): Theorie Reflexiver Modernisierung. In: Kneer, Georg/Schroer, Markus (Hrsg.): Handbuch Soziologische Theorien. Wiesbaden: Springer VS, S. 489-515.
Schulz-Nieswandt, Frank (2009): Perspektiven der Sozialwirtschaft: eine multidisziplinäre Deutung des normativ-rechtlich-ökonomischen Regimewandels. In: Archiv für Wissenschaft und Praxis der Sozialen Arbeit 40, H. 3, S. 86-102.
Scott, William Richard (2001): Institutions and organizations. London: SAGE.
Seithe, Mechthild (2016): Ökonomisierung und ihre Folgen in der Kinder- und Jugendhilfe. In: Müller, Carsten/Mührel, Eric/Birgmeier, Bernd (Hrsg.): Soziale Arbeit in der Ökonomisierungsfalle. Wiesbaden: Springer VS, S. 141-158.
Seithe, Mechthild (2012): Schwarzbuch Soziale Arbeit. 2., durchges. u. erw. Aufl., Wiesbaden: Springer VS.
Sen, Amartya (2007): Ökonomie für den Menschen. Wege zu Gerechtigkeit und Solidarität in der Marktwirtschaft. 4. Aufl., München: Deutscher Taschenbuch Verlag.
Sesselmeier, Werner/Friedrich, Brigit/Krekeler, Tino (2017): Die Perspektive der Ökonomik auf das „Soziale". In: Hammerschmidt, Peter/Sagebiel, Juliane/Yollu-Tok, Aysel (Hrsg.): Die Soziale Arbeit im Spannungsfeld der Ökonomie. Neu-Ulm: AG SPAK, S. 31-54.
Thiersch, Hans (2009): Perspektiven der Sozialen Arbeit. In: Thiersch, Hans: Schwierige Balance. Über Grenzen, Gefühle und berufsbiographische Erfahrungen. Weinheim/München: Beltz Juventa, S. 11-22.
Wallrabenstein, Astrid (2009): Wettbewerb in der Sozialwirtschaft: rechtliche Steuerung der politischen Steuerung. In: Archiv für Wissenschaft und Praxis der Sozialen Arbeit 40, H. 9, S. 36-61.
Wendt, Wolf Rainer (2016): Sozialwirtschaft kompakt. Grundzüge der Sozialwirtschaftslehre. 2. Aufl. des Buches „Sozialwirtschaft. Ein Brevier ihrer Lehre", Bd. 31 der Centaurus Paper Apps. 2., überarb. u. erw. Aufl., Wiesbaden: Springer VS.
Wendt, Wolf Rainer (2013a): Sozialwirtschaft. In: Grunwald, Klaus/Horcher, Georg/Maelicke, Bernd (Hrsg.): Lexikon der Sozialwirtschaft. 2. Aufl., Baden-Baden: Nomos, S. 965-968.
Wendt, Wolf Rainer (2013b): Sozialwirtschaftslehre. In: Grunwald, Klaus/Horcher, Georg/Maelicke, Bernd (Hrsg.): Lexikon der Sozialwirtschaft. 2. Aufl., Baden-Baden: Nomos, S. 977-979.
Wendt, Wolf Rainer (2013c): Theorieentwicklung in der Sozialwirtschaft. In: Grunwald, Klaus/Horcher, Georg/Maelicke, Bernd (Hrsg.): Lexikon der Sozialwirtschaft. 2. Aufl., Baden-Baden: Nomos, S. 1042-1046.
Wendt, Wolf Rainer (2010a): Arrangements der Wohlfahrtsproduktion in der sozialwirtschaftlichen Bewerkstelligung von Versorgung. In: Wendt, Wolf Rainer (Hrsg.): Wohlfahrtsarrangements. Baden-Baden: Nomos, S. 11-52.
Wendt, Wolf Rainer (2010b): Das ökosoziale Prinzip. Soziale Arbeit, ökologisch verstanden. Freiburg i.Br.: Lambertus.
Wetzler, Rainer (2009): Modernisierung karitativer Nonprofit-Organisationen – Modernisierungstheoretische Betrachtungen. In: Vierteljahresschrift für Heilpädagogik und ihre Nachbargebiete 78, H. 1, S. 46-54.
Wilkens, Uta/Lang, Rainhart/Winkler, Ingo (2003): Institutionensoziologische Ansätze. In: Weik, Elke/Lang, Rainhart (Hrsg.): Moderne Organisationstheorien 2. Strukturorientierte Ansätze. Wiesbaden: Gabler, S. 189-242.
Wöhe, Günter/Döring, Ulrich (2013): Einführung in die Allgemeine Betriebswirtschaftslehre. 25., überarb. und akt. Aufl., München: Vahlen.
Wöhrle, Armin (2017): Die Diskussion über das Sozialmanagement. In: Wöhrle, Armin/Fritze, Agnès/Prinz, Thomas/Schwarz, Gotthart (Hrsg.): Sozialmanagement – eine Zwischenbilanz. Wiesbaden: Springer VS, S. 17-40
Wöhrle, Armin (2013): Theoriebildung zu Sozialmanagement und Management in der Sozialwirtschaft. In: Grunwald, Klaus/Horcher, Georg/Maelicke, Bernd (Hrsg.): Lexikon der Sozialwirtschaft. 2. Aufl., Baden-Baden: Nomos, S. 1036-1042.
Wöhrle, Armin (Hrsg.) (2012): Auf der Suche nach Sozialmanagementkonzepten und Managementkonzepten für und in der Sozialwirtschaft. Eine Bestandsaufnahme zum Stand der Diskussion und Forschung in drei Bänden. Augsburg: Ziel.

Wöhrle, Armin (2011): Innovation und Management in der Sozialwirtschaft – zur Verortung von Bernd Maelicke. In: Dünkel, Frieder/Tietze, Andreas/Züngl, Peter (Hrsg.): Wertschöpfung durch Wertschätzung. Festschrift für Bernd Maelicke zum 70. Geburtstag. Baden-Baden: Nomos, S. 31-49.
Wohlfahrt, Norbert (2016): Die Ökonomisierung Sozialer Arbeit als politisches Projekt. Thesen zur Kritik der Politischen Ökonomie sozialer Dienstleistungsarbeit. In: Müller, Carsten/Mührel, Eric/Birgmeier, Bernd (Hrsg.): Soziale Arbeit in der Ökonomisierungsfalle. Wiesbaden: Springer VS, S. 9-22.
Woll, Artur (2011): Volkswirtschaftslehre. 16. Aufl., München: Vahlen.
Zacher, Johannes (2009): Wirtschaftsordnungen für die Sozialwirtschaft. In: Archiv für Wissenschaft und Praxis der Sozialen Arbeit 40, H. 3, S. 4-34.

A Grundlagen der Theorie der Sozialwirtschaft

Geschichte der Sozialwirtschaft

Wolf Rainer Wendt

Die historische Entwicklung der Sozialwirtschaft und des Verständnisses von ihr kann in drei Perioden unterteilt werden. Eine erste Phase beginnt Ende des 18. Jahrhunderts mit den englischen *friendly societies* als Versicherungsvereinigungen von Handwerker_innen und Arbeiter_innen und wenig später mit den Kooperativen als Gegenentwurf zur kapitalistischen Ausbeutung sowie in Frankreich mit den *mutuelles* und solidarwirtschaftlichen Projekten. Diese erste Periode währt das 19. Jahrhundert über. Es ist auch die Zeit der sozialwirtschaftlichen Theoriebildung insbesondere in Frankreich.

In der zweiten Phase etwa zwischen 1920 und 1980 werden die Ideen und die Praxis der Assoziation, der Genossenschaft und Solidarvereinigung in einigen Ländern durchgehalten, während allgemeine Versorgungsaufgaben im wohlfahrtsstaatlichen Rahmen behandelt werden, ohne dass man deren Erbringung über Verwaltung hinaus sozialwirtschaftlich bedachte und organisierte.

Danach nimmt sich die Europäische Union der Thematik an und beansprucht den Bereich des Wirtschaftens ‚not for profit' für die Wachstumsstrategie der Gemeinschaft. In dieser Phase findet sich die organisierte Wohlfahrtspflege im offenen Markt der Dienstleistungen wieder. Das Konzept der Sozialwirtschaft wird mit den Sozialunternehmen und den Sozialdiensten ‚in allgemeinem Interesse' neu konturiert.

In diskursiver Durchdringung der Politik und der Praxis sozialwirtschaftlichen Handelns hat sich derweil seine Theorie des ganzen Komplexes der sozialen Produktion personenbezogener Wohlfahrt angenommen. Sozialwirtschaft übergreift nun das soziale Versorgungsgeschehen in allen seinen ökonomischen Aspekten.

1. Versorgung ‚außer Haus'

Die Sozialwirtschaft hat eine Vorgeschichte, an der sich die Verwurzelung dieses Wirtschaftens in gemeinschaftlicher Selbsthilfe erkennen lässt. Wer in der Moderne nicht mehr in häuslicher Gemeinschaft aufgehoben war und bei der Akkumulation des Kapitals zu den Verlierern gehörte, blieb teils auf kommunale Armenpflege, teils auf eigene „Notbehelfe" (*makeshifts*) angewiesen. Mit einer „Ökonomie des Notbehelfs" war eine Wirtschaftsweise der Armen gegeben (den Begriff „economy of makeshifts" prägte Hufton 1974), die allerdings nicht eine soziale Ökonomie genannt werden kann, weil die armen Menschen allein für sich auskommen mussten. Sie entwickelten in England je nach örtlichen Gegebenheiten Bewältigungsstrategien in der Nutzung diverser Ressourcen aus gegenseitiger Unterstützung, Saisonarbeit, Betteln, Kleinkriminalität, Gelegenheitsprostitution und aus Quellen barmherziger Zuwendung. King und Tomkins haben die „Ökonomie des Notbehelfs" definiert als „the use of numerous, often local, resources by the poor over time to ensure the survival of individuals and families" (King/ Tomkins 2003, S. 13).

Es war gewissermaßen eine notdürftige frühe ‚gemischte Produktion von Wohlfahrt' in Selbstsorge und kommunaler Verantwortung inmitten der kommerziellen Erwerbsökonomie.

„The concept of the makeshift economy is similar to that of the mixed economy of social welfare; both include poor relief, charity in all its forms and customary rights“ (Williams 2011, S. 7). Die Behelfe, welche sich den Bedürftigen boten, waren für sie im 18. Jahrhundert verbunden mit der moralökonomischen Vorstellung eines legitimen Anspruchs auf Unterstützung und Sicherung von Subsistenz (zur *moralischen Ökonomie* Thompson 1971, Götz 2015). Was den armen Menschen recht und billig zusteht, bewegt von früh an die sozialwirtschaftlichen Vorhaben. Im 19. Jahrhundert geht es in ihnen „mainly about the (re)introduction of social justice into production and allocative systems“ (Moulaert/Ailenei 2005, S. 2037). Sozialwirtschaft setzte in ihren Anfängen Kontrapunkte zur kapitalistischen Wirtschaftsweise.

2. Sozialwirtschaft als genossenschaftliche Praxis

Diesseits des kommerziellen Geschehens haben von seiner rasanten Entwicklung betroffene Handwerker_innen und Lohnarbeiter_innen seit Ende des 18. Jahrhunderts versucht, ihr materielles Auskommen durch gegenseitige Unterstützung zu sichern. So entstanden in England die *friendly societies* in großer Zahl als Klubs, in denen sich an einem Ort Handwerker_innen, Lohnarbeiter_innen oder auch Nachbarn zur Sammlung von Beiträgen vereinigten, die zur Absicherung bei Krankheit, Not im Alter oder Tod zu verwenden waren (Cordery 2003). Als erste Lebensversicherung war diesen Vereinen in London die *Amicable Society for a Perpetual Assurance Office* von 1706 vorangegangen. Die *friendly societies* verbreiteten sich in vielfältiger Form (Gorsky 1998). Sie sicherten bis in das 20. Jahrhundert einen erheblichen Teil der britischen Bevölkerung ab. Zeitlich parallel entwickelten sich in Frankreich die *mutuelles* mit unterschiedlichen Ausformungen im Versicherungs- und Bankwesen (Toucas-Truyen 2005, Institut Montaigne 2014).

Über gegenseitige Unterstützung in Notlagen hinaus gingen die Bestrebungen der frühen Sozialisten_innen, die arbeitenden Menschen selbst über den Ertrag ihres Fleißes (ihrer ‚Industrie‘) bestimmen zu lassen, indem sie gemeinschaftlich wirtschaften. Dahin wirkte neben Saint-Simon und Charles Fourier in Frankreich insbesondere Robert Owen (1771-1858) in Schottland mit seinen Anstößen der *Kooperativ-Bewegung* ab 1820 (Wendt 2016, S. 135ff.). Owen schlug die Gründung von „villages of unity and co-operation“ vor, und seine vielen Anhänger_innen propagierten in Schriften und Veranstaltungen die Vorteile eines gemeinschaftlichen Wirtschaftens. George Mudie, Gründer einer ersten „Co-operative and Economical Society“, gab 1821 und 1822 den „Economist“ als Genossenschaftszeitschrift heraus. Ausdrücklich der Bekämpfung von Verarmung widmete William King 1828 seine Zeitschrift „The Co-operator“, eingeleitet mit den Worten: „A Co-operative Society, like all other Societies, such as benefit Clubs, Trade Societies, Savings’ Banks, is for the purpose of avoiding some evils, which men are exposed to when they act singly, and of obtaining some advantages which they must otherwise be deprived of”.

Die britische Kooperativ-Bewegung brachte vorübergehend ein Netzwerk von Gewerkvereinen zustande (1833 in der *Grand National Consolidated Trades Union*) und veranstaltete acht Genossenschafts-Kongresse zwischen 1831 und 1835. Während industrielle Produktivgenossenschaften keinen dauerhaften Erfolg hatten (mit Ausnahme einiger *Phalanstères* nach dem Entwurf von Charles Fourier), kamen Anhänger_innen von Robert Owen mit Konsumgenossenschaften voran. Eine erste gründeten 28 Weber aus den Textilfabriken von Rochdale in England 1844 mit der *Rochdale Equitable Pioneers Society*. Prinzipien der Rochdaler Pioniere waren „one member one vote“, „open membership“, „fixed and limited interest on capital“ – Prinzipien, die von der Genossenschaftsbewegung beibehalten wurden (Birchall 1994).

Parallel zu den Bemühungen von Owen und seinen Anhänger_innen um die Kooperativen suchten die französischen ‚Assoziationisten‘ wie Philippe Buchez (1796–1865) und Louis Blanc (1811–1882) unter der Devise „Organisation der Arbeit“ eine Produktionsweise zu erreichen, die der armen Bevölkerung die Verfügung über die Mittel für ihren Lebensunterhalt und über den Mehrwert ihrer Arbeit verschafft. Der Staat sollte diese Organisation regulieren und finanziell unterstützen. Als Louis Blanc im Revolutionsjahr 1848 das Konzept in den Pariser ‚Nationalwerkstätten‘ für die Arbeitslosen umsetzte, scheiterte er daran, dass die umgebende Wirtschaft den Werkstätten nur unproduktive Arbeit überließ (Thomas 1848).

Die fehlende Kapitalausstattung kam hinzu. Deshalb verlangte Pierre-Joseph Proudhon (1809–1865), eine ‚Volksbank‘ einzurichten und das bestehende Geldsystem abzuschaffen. Die Bank sollte ‚Tauschbons‘ für eingebrachte Produkte ausgeben, mit denen diese Produkte zu erwerben wären. Proudhon war im Gegensatz zu Louis Blanc gegen jede Mitwirkung des Staates und trat für eine weitreichende genossenschaftliche Selbstorganisation ein. Diese hatte anderswo in den folgenden Jahrzehnten in Form von Agrargenossenschaften, Wohnungs(bau)genossenschaften und Kreditgenossenschaften Konjunktur. Unter Anleitung von Friedrich Wilhelm Raiffeisen (1818–1888) entstand 1854 der ‚Flammersfelder Hilfsverein zur Unterstützung unbemittelter Landwirte‘, auf den Darlehensvereine für die Bauern folgten. Parallel zu Raiffeisen wirkte Friedrich Schulze-Delitzsch (1808–1883) im Handwerk. Er setzte im Unterschied zur Wohltätigkeitsorientierung von Raiffeisen auf unternehmerisch tätige Genossenschaften zum Eigennutz ihrer Mitglieder. Den Anregungen von Schulze-Delitzsch folgend wurde 1889 im deutschen „Gesetz, betreffend die Erwerbs- und Wirtschaftsgenossenschaften“ den Genossenschaften unter dem Gesichtspunkt der „Förderung des Erwerbs und der Wirtschaft ihrer Mitglieder“ die gemeinschaftliche Gewinnerzielung als Zweck zugeschrieben (Engelhardt 1985). Mit der Konzentration auf den Erwerbszweck blieben Sozialgenossenschaften, die sich auf die Unterstützung und Förderung ihrer Mitglieder konzentrieren, fortan ausgeschlossen. Erst die Anpassung an das europäische Recht 2006 änderte das in Deutschland.

3. Die Entwicklung des Diskurses zur Sozialwirtschaft

Sozialwirtschaft bezeichnet ein Handlungsfeld; der Begriff ist aber parallel zu den praktischen Projekten für einen Theoriebereich in Gebrauch gekommen. Der Terminus ‚*économie sociale*‘ steht im Französischen sowohl für eine soziale Praxis als auch für eine soziale Wissenschaft (Demoustier/Rousselière 2004, S. 2). Benutzt wird er zuerst von dem liberalen Ökonomen Charles Dunoyer 1830 in seinem Buch „Nouveau traité d'économie sociale“. In freier Verfügung über die dem sozialen Körper eigenen menschlichen Kräfte und Fähigkeiten könne sich die Produktivität entfalten, die zum Wohlstand führe. Ein gesundes Leben, ständiges Lernen und die Tugendhaftigkeit des/r Bürger_in lasse auch den Armen ökonomisch erfolgreich werden. – Die Autor_innen, die in der Folgezeit von Sozialwirtschaft sprechen, gehören entweder der liberalen, der sozialistischen oder einer konservativen Denkrichtung an, setzen sich aber alle mit der seit Adam Smith vorherrschenden, seinerzeit als Politische Ökonomie bezeichneten marktwirtschaftlichen, kapitalistischen Lehre auseinander (Gueslin 1998, S. 1).

Die Sozialwirtschaft habe für distributive Gerechtigkeit zu sorgen, postulierte François Vidal 1846. In seinem Buch „Traité d'économie sociale ou l'èconomie politique au point de vue du progrès“ bestimmt 1850 der elsässische Jurist Auguste Ott die *économie sociale* als „Wissenschaft, die danach strebt, die Arbeit zum bestmöglichen Erhalt der Gesellschaft und des Individuums und zur Realisierung von Freiheit, Gleichheit und Brüderlichkeit zu organisieren“ (Ott 1851, S. 20). Anstelle der „Assoziation des Kapitals“ könne die „Assoziation der Arbeit“ das Mittel sein, um die arbeitenden Klassen zu befreien. Die organisierte Produktion von Gütern müsse einer moralischen Zwecksetzung gehorchen und sei dem Prinzip der Gerechtigkeit verpflichtet.

Schon zuvor hat der Schotte Thomas Chalmers einer „theory of commerce“ das „moral habit of the labouring classes“ gegenübergestellt (Chalmers 1821, S. 4). Ihm entspräche eine „christliche und zivile Ökonomie“ in fürsorglichen nachbarschaftlichen Beziehungen. Von katholischer Seite hielt Villeneuve-Bargemont in seiner „Économie politique chrétienne“ (1834) empirisch fest, dass es dort, wo Unternehmen florieren, am meisten arme Arbeiter_innen gebe. Deshalb sei es angebracht, ein nationales System von Agrarkolonien zu schaffen, in denen im gemeinsamen Wirtschaften ohne Exzesse der Konkurrenz und ohne den Auswuchs an Bedürftigkeit solidarische Beziehungen zwischen den Menschen vorherrschen könnten.

Ebenfalls katholisch-konservativ inspiriert war der vielseitige Frédéric Le Play (1806–1882). Er hielt nach empirischer Untersuchung des Lebens von Arbeiterfamilien die Bindungen für das Wohlergehen von Menschen für entscheidend, die sie in ihrer Familie und in dem Betrieb haben, in dem sie tätig sind. An die Ökonomie des Familienlebens sollen die Ökonomie des Arbeitslebens und die (familienpolitische) Ökonomie des Staates anknüpfen. Als Mitglied des französischen Staatsrats beriet Le Play Napoleon III. in sozialpolitischen Fragen. Mit einer hauswirtschaftlichen Präsentation begann Le Play auf der Pariser Weltausstellung 1855 die Sozialwirtschaft darzustellen. Er gründete 1856 die *Société d'économie et des sciences sociales* und 1857 die *Société internationale des hautes études d'économie sociale* und blieb bis zu seinem Tod deren Generalsekretär.

Die Gestaltung des Wohlergehens der arbeitenden Bevölkerung gegenüber der Generierung von Reichtum blieb ein Thema des wirtschaftswissenchaftlichen Diskurses, etwa bei Léon Walras („Études d'Économie sociale: théorie de la répartition de la richesse sociale“ 1896) und vor allem bei Charles Gide (1847–1932) im Kontext des französischen *Solidarismus* (Wendt 2016, S. 389f.) Ein ethisch gerechtfertigtes Wirtschaften basiere auf „gesollter Solidarität“ (solidarité devoir) und könne sich in unterschiedlichen Formen einer

- économie du travail (de type syndical),
- économie des services (de type associatif),
- économie de prévoyance (de type mutualiste),
- économie d'indépendence (de type coopératif)

ausprägen. Schrittweise ließe sich die Wirtschaft insgesamt zu einer kooperativen umformen, schrieb Gide 1910. Für ihn konnte Sozialwirtschaft „in einem strikten Sinne“ heißen: das Studium all der Bemühungen um eine Besserstellung von Menschen (Gide 1912, S. 10).

In der sozialen Gestaltung des Wirtschaftslebens trafen sich der Solidarismus und der Protestant Charles Gide (Rognon 2016) mit der katholischen Soziallehre seit der Enzyklika „Rerum Novarum“ von Leo XIII. 1891. In Deutschland lehrte der Sozialethiker Heinrich Pesch (1854–1926) entsprechend, Menschen seien in ihrer Sozialnatur organisch miteinander verbunden und aufeinander angewiesen. Zur allgemeinen menschlichen Solidarität kämen eine „Solidarität der Staatsgenossen" und eine „Solidarität der Berufsgenossen". Gide sprach statt von Sozialwirtschaft auch von einer *„économie solidaire"*.

4. Kooperative und assoziative Praxis

Der theoretische Diskurs begleitete die Praxis des Genossenschaftswesens. 1895 war in London die *International Co-operative Alliance* (ICA) gegründet worden. 1901 erlaubte das französische Vereinsgesetz die Gründung von nicht auf Erzielung und Teilung von Gewinn ausgerichteten Assoziationen ohne vorherige Erlaubnis – Voraussetzung einer selbstständigen Entwicklung des Wirtschaftens in gemeinschaftlicher Verbindung und auf Gegenseitigkeit. 1921 gründeten Charles Gide und Bernard Lavergne die „Revue des etudes coopératives, mutualistes et associatives" (seit 1986 die „RECMA, Revue internationale de l'économie sociale") als Organ der Solidarökonomie. Wirtschaftliche Krisen belebten in den folgenden Jahrzehnten in vielen Ländern die Kooperativ- und Genossenschaftsbewegung. Ihre verschiedenen Strömungen fanden in Frankreich 1968 im *Groupement National de la Coóperation* zusammen. 1970 wurde das „Nationale Verbindungskomitee der mutualen, kooperativen und assoziativen Aktivitäten" (*Comité national de liaison des activités mutualistes, coopératives et associatives*, CNLAMCA) eingerichtet. Seit dieser Zeit bilden nach eigenem Verständnis die Genossenschaften, Gegenseitigkeitsgesellschaften, Assoziationen und Stiftungen (engl. Co-ops, Mutuals, Associations, Foundations, abgek. CMAF), die ‚vier Familien' der Sozialwirtschaft.

Es war die Zeit, da auch in Italien und Spanien sowie anderen Ländern die Bedeutsamkeit der Kooperativen als Bereich der Wirtschaft und der sozialen Betätigung erkennbar wurde, so dass sich in romanischen und frankophonen Ländern eine Verständigung über den Charakter der Sozialwirtschaft erreichen ließ. 1980 veröffentlichte das CNLAMCA seine „Charta der Sozialwirtschaft" (neu gefasst 1982) und mit einem Dekret vom 15.10.1981 verankerte die französische Regierung die *économie sociale* als Bezeichnung für „les coóperatives, les mutuelles et celles des associations dont les activités de production les assimilent à ces organismes" amtssprachlich und rechtlich. Die Sozialwirtschaft begann sich auch in Belgien und im französischsprachigen Kanada zu verbreiten (Quarter 1992) und fand dort öffentliche Anerkennung (Vaillancourt/Tremblay 2002).

Die Organisationen legten Wert darauf, ihre Leistungen ‚not for profit' zu erbringen. Sie rechneten sich deshalb dem „Dritten Sektor" der Wirtschaft zu, dessen Eigenart gerade zur Debatte stand. Über die Zuordnung der Organisationen der Sozialwirtschaft zu ihm wurde seit 1977 im CNLAMCA diskutiert. Damals plädierte Henri Desroche gegen die Negativdefinition „Nonprofit-Organisationen" und für den Begriff „Unternehmen der Sozialwirtschaft" (1991). Einige Jahre später verbreitete sich dieser Ausdruck. Er passte gut zu den Kooperativen und Gegenseitigkeitsgesellschaften, die marktwirtschaftlich im Wettbewerb mit anderen Unternehmen standen. Spanische Organisationen gründeten 1992 CEPES als „Geschäftsbündnis für die Sozialwirtschaft". In der „Charta der Sozialwirtschaft" wurde aber festgehalten: „Das erklärte Ziel der Unternehmen der Sozialwirtschaft ist der Dienst am Menschen".

5. Die Aufnahme der économie sociale in die europäische Wirtschaftspolitik

Auf der Ebene der Europäischen Gemeinschaften befasste sich das Europäische Parlament ab den 1980er Jahren mit dem Thema Sozialwirtschaft im frankophonen Verständnis. 1986 veröffentlichte der Wirtschafts- und Sozialausschuss des Europäischen Parlaments eine umfassende Studie zu den Genossenschaften, Vereinigungen auf Gegenseitigkeit, gemeinnützigen Vereinen und Selbsthilfevereinigungen in der Europäischen Gemeinschaft. 1989 richtete man in Brüssel bei der damaligen Generaldirektion XXIII ein Referat ‚Economie sociale' ein, und es gab die „Mitteilung der Kommission der Europäischen Gemeinschaften an den Rat über die Unternehmen der Economie sociale und die Schaffung des europäischen Marktes ohne Grenzen – SEK (89) 2187 endg.". Im Europäischen Parlament bildete sich 1990 eine interfraktionelle Arbeitsgruppe Sozialwirtschaft. Seitdem hat auch eine Reihe von europäischen Konferenzen zur Sozialwirtschaft stattgefunden, und es sind verschiedene Gremien, Netzwerke und Plattformen entstanden, die auf europäischer Ebene Belange der Sozialwirtschaft wahrnehmen.

Der Hauptgrund, sich in Brüssel mit der Sozialwirtschaft zu befassen, waren das Beschäftigungspotential, das sie bietet, und die Dienste, die sie „im allgemeinen wirtschaftlichen Interesse" leisten kann. Als Wirtschaftsgemeinschaft hat die EU keine Zuständigkeit in Belangen der Sozialpolitik ihrer Mitglieder. Offensichtlich erfüllen die ‚Familien' der *économie sociale* aber Aufgaben der sozialen Versorgung und partizipieren an der Bestimmung dessen, was im „allgemeinen sozialen Interesse" zu tun ist (Monnier/Thiry 1997). Je mehr sie dazu herangezogen werden, sind sie in die Infrastruktur der Daseinsvorsorge eingebunden und werden bald funktional und institutionell mit ihr identifiziert.

6. Mitgliederversorgung und öffentliche Versorgung

Kooporative und Gegenseitigkeitsgesellschaften sind gewöhnlich Organisationen, die ihre Mitglieder versorgen. In der öffentlichen Daseinsvorsorge decken sie einen sozialen oder gesundheitsbezogenen Bedarf ab. Zum Beispiel übernehmen Gegenseitigkeitsversicherer in Frankreich, Belgien und den Niederlanden einen großen Teil des Gesundheitsschutzes der Bevölkerung. (Linden 1996). Die *Mutualité Française* vertritt mehrere tausend Gegenseitigkeitsgesellschaften. Im „Code de la Mutualité" (Art. L. 111–1) werden Gegenseitigkeitsgesellschaften als gemeinnützige Zusammenschlüsse des privaten Rechts definiert, die im Wesentlichen aufgrund der Beiträge ihrer Mitglieder in deren Interesse oder im Interesse ihrer Familien Maßnahmen der Vorsorge, Solidarität und gegenseitigen Hilfe ergreifen, um insbesondere die Vorbeugung sozialer Risiken und die Absicherung gegen ihre Folgen, die Förderung der Mutterschaft und den Schutz der Kinder, der Familie, der alten oder behinderten Menschen, die kulturelle, seelische, geistige und körperliche Entwicklung ihrer Mitglieder und die Verbesserung ihrer Lebensbedingungen zu gewährleisten.

Ein anderes Beispiel bieten die italienischen *cooperative sociali*. Sie wurden in Neuordnung des traditionellen italienischen Genossenschaftswesens 1991 mit Gesetz 381/91 eingeführt. (Picciotti et al. 2014, Carini/Borzaga 2015, Borzaga/Galera 2016). Sie erfüllen ausdrücklich Gemeinschaftsaufgaben in der Versorgung der Bevölkerung. Das Gesetz sieht zwei Arten von Sozialgenossenschaften vor: Typ A bietet soziale, gesundheitliche und erzieherische Leistungen an und Typ B beschäftigt zur Eingliederung in Arbeit benachteiligte und beeinträchtigte Menschen ohne direkten Zugang zum Arbeitsmarkt. Die so Versorgten sind ebenso wie die professionell Tätigen Mitglieder der jeweiligen Sozialgenossenschaft, somit Subjekt und nicht Objekt eines Wohlfahrtsdienstes. Bis 2015 sind in Italien etwa 15.000 Sozialgenossenschaften entstanden, die einen großen Teil der öffentlichen Fürsorge abdecken.

Die internationale theoretische Diskussion hat den Übergang von „member serving" in „public serving nonprofits" (Salamon 1999, 22) wahrgenommen und damit auch das Verhältnis von gemeinschaftlicher Selbsthilfe und dienstleistenden Unternehmen, von *bottom up* entstandener Assoziation und nachbarschaftlicher Hilfe (Laville 1992) einerseits und *top down* eingerichteter Leistungserbringung andererseits. Gemeinnützige Wohlfahrtsorganisationen basieren oft auf Mitgliedervereinigungen oder wollen in Partnerschaft mit ihrer Klientel analoge Strukturen bilden: Selbsthilfegruppen, alternative Lebensgemeinschaften, Assistenzgenossenschaften usw. Die Organisationen der Wohlfahrtspflege lassen sich zivilgesellschaftlich als ein freies Engagement betrachten, das seine sozialwirtschaftliche Funktion im Wohlfahrtsregime des Staates erfüllt.

Unter europäischem Blickwinkel konnte die frei-gemeinnützige Wohlfahrtspflege deshalb ab den 1990er Jahren sozialwirtschaftlich begriffen werden, weil sie *Unternehmen* umfasst, die im Dienstleistungssektor des Gemeinsamen Marktes an der gleichen Stelle wie die Unternehmen der herkömmlichen ‚Familien' der Sozialwirtschaft einzuordnen sind und der Infrastruktur der sozialen Versorgung zugerechnet werden können. In dieser Sicht avancierte Sozialwirtschaft zum Oberbegriff für Sozialunternehmen aller Art.

Der Einordnung der Wohlfahrtspflege in die Sozialwirtschaft kam im selben Jahrzehnt die neoliberale Auffassung entgegen, dass sich Versorgungsbetriebe im Sozial- und Gesundheitswesen in einer wirksamen Steuerung ihrer Leistungserbringung zu bewähren haben. Soziale Arbeit wurde als Dienstleistung begriffen. Die Einführung von *New Public Management* brachte eine Kosten-Nutzen-Abgleichung im Geschäft der Dienste und Einrichtungen mit sich und die Ausprägung von *Sozialmanagement* in deren Betriebsführung.

7. Unternehmen unter anderen

Die Identifizierung der Sozialwirtschaft mit den Sozialunternehmen (Borzaga/Defourny 2001) war in der EU zwangsläufig. Soziales Geschehen ließ sich nur unternehmerisch im Binnenmarkt der Gemeinschaft verorten. Die Unternehmen tauchten in ihm entweder durch Umfirmierung von organisierter Selbsthilfe auf, entstanden aus privat-gewerblicher Initiative oder durch Ausgliederung aus frei-gemeinnützigen Organisationen bzw. durch deren Neuformierung. Eingetragene Vereine wandelten sich zu GmbHs oder sogar Aktiengesellschaften. International wurden den Unternehmen der Sozialwirtschaft neue Rechtsformen zugeordnet. 2004 erfolgte in Großbritannien die Institutionalisierung der *Community Interest Company*. In diesem Zusammenhang gab sich in Frankreich das CNLAMCA im Jahre 2001 den neuen Namen CEGES, *Conseil des entreprises et des groupements de l'économie sociale* (Rat der Unternehmen und Verbände der Sozialwirtschaft).

Die Entwicklung hat im Verständnis von Sozialwirtschaft zu einem Nebeneinander von Konzepten der Nonprofit-Organisationen, der Solidarwirtschaft und von im Sozialmarkt auftretenden Sozialunternehmen geführt (Chaves/Monzon 2012, S. 34ff.). „Die Sozialwirtschaft besteht aus einem breiten Spektrum von Akteuren, die zusammengenommen einen Pol der Gemeinnützigkeit zwischen der öffentlichen Hand und dem kapitalgestützten Sektor bilden. Gemäß dem europäischen Ansatz gehören alle Sozialunternehmen zur Sozialwirtschaft, jedoch gehören die meisten Unternehmen der Sozialwirtschaft nicht zur Gruppe der Sozialunternehmen." (Chaves/Monzon 2012, S. 38) In den einzelnen Ländern der EU wird dieses Verständnis durchaus nicht geteilt.

Die Tatsache, dass ein Großteil der Organisationen, von denen Aufgaben der sozialen Versorgung erfüllt werden, sich aus Mitteln oder mit Zuwendungen der öffentlichen Hand finanzieren, löste in den Gremien der EU eine anhaltende Diskussion darüber aus, welche Unternehmen der Sozialwirtschaft als Marktakteure zu betrachten sind, die den Bedingungen des freien Wettbewerbs gehorchen, und welche nicht. Wenn sie ‚nicht-marktlich' wirtschaften, gelten sie im marktwirtschaftlichen Bezugsrahmen als ‚nicht-wirtschaftlich'. Diese Paradoxie löst sich im Leistungsbereich der sozialen Versorgung (der Produktion von Wohlfahrt) bei Konzentration auf den daran beteiligten Akteuren auf. Im „welfare mix" sind das zivilgesellschaftliche, staatliche und marktliche Akteure sowie die privaten Haushalte in eigener Erbringung personenbezogener Wohlfahrt (Evers 1990). Die Handelnden sind mehrseitig aufeinander bezogen und kooperieren häufig in ‚hybriden' Organisationsformen (Billis 2010, Evers/Ewert 2010).

Die Klärung der Verbindungen und Übergänge im Versorgungsgeschehen hat den eigenständigen sozialwirtschaftlichen Diskurs gefördert (Wendt 2002). Unternehmen agieren in diesem Geschehen intermediär. Es wird gewährleistet durch öffentliche Daseinsvorsorge und kommt zu seinem Erfolg erst im Dazutun der Leistungsnehmer_innen, die ohnehin ihre Wohlfahrt zumeist und vielseitig selbst besorgen. Zu Recht betonten Chaves und Monzon in ihrer Analyse der Merkmale von Sozialwirtschaft: „Das Konzept der Sozialwirtschaft sieht in bedürftigen Menschen keine passiven Nutznießer philanthropischer Wohltätigkeit, sondern erhebt die Bürgerinnen und Bürger zu aktiven Handlungsträgern ihres eigenen Geschicks" (Chaves/Monzon 2012, S. 41).

8. Unternehmertum und Innovation

Die ökonomische Wachstumsstrategie der EU bezog den sozialwirtschaftlichen Handlungsbereich wegen seiner zunehmenden Bedeutung für Beschäftigung, für den gesellschaftlichen Zusammenhalt und auch Innovation im Wandel der Lebens- und Arbeitsverhältnisse ein. Das Wachstumspotential betrifft besonders den Gesundheitssektor. Die Erörterungen zur Sozialwirtschaft schlossen ihn nicht ein, weil die Spannweite von einem staatlichen System der medizinischen Versorgung bis zu den Ärzt_innen als Einzelunternehmern schwer zu fassen war, wiewohl die soziale Gestaltung dieses Leistungsbereichs offensichtlich ist und er in die „gemischte Produktion von Wohlfahrt" gehört (Wendt 2017).

Die Europäische Kommission setzte im Kontext ihrer 2010 verabschiedeten Wachstumsstrategie „Europa 2020" den Akzent auf *soziales Unternehmertum.* Dazu erging 2011 die Mitteilung „Initiative für soziales Unternehmertum – Schaffung eines ‚Ökosystems' zur Förderung der Sozialunternehmen als Schlüsselakteure [sic!] der Sozialwirtschaft und der sozialen Innovation" (KOM 2011). Entsprechende Förderprogramme folgten. Das Unternehmertum soll mit seinem *social business* und neuen Angeboten das überkommene Versorgungsgeschehen aufmischen. Dessen Akteure müssen sich dem erhobenen Anspruch gegenüber positionieren – unabhängig davon, wieweit soziales Unternehmertum und seine Initiativen tatsächlich reichen.

Mehr Innovation als durch einzelne Unternehmer_innen geschieht derweil durch die Ausbreitung der digitalen Kommunikation. Sozialwirtschaftliche Performanz beginnt sich in sie zu verlagern. Selbsthilfe und soziale Unterstützung erfolgen in Zeiten der Digitalisierung zunehmend auf den Wegen des Internets und der sozialen Medien. Auch auf der geschäftlichen Ebene, auf der die europäischen Gremien das sozialwirtschaftliche Geschehen verstehen wollen, erscheint das Element der „increased capacity in connecting service providers and recipients across countries" als ein Faktor, der für die Definition der Sozialwirtschaft bestimmend wird (European Parliament 2016, S. 8). Während bei den Dienstleistungen an die Angebotserweiterung in „Digital Single Market" der EU gedacht wird, bedeutet die Digitalisierung für die Beziehungen, welche die Nutzer von Versorgung eingehen, eine neue Verteilung von sozialem Kapital und immateriellem sozialem Unterhalt.

9. Das zivilgesellschaftliche Momentum

Freie Assoziation und gemeinschaftliche Selbsthilfe haben lange schon einen Strang hin zur Sozialwirtschaft gebildet. Hinzugekommen sind zivilgesellschaftliche Anstöße, Initiativen von Bürger_innen in eigener Organisation (Antoni 2016) parallel zur neoliberal fundierten Aufforderung an den Einzelnen, in eigenen Belangen selbst etwas zu unternehmen. Mit der Förderung des bürgerschaftlichen Engagements entstanden z.B. nach 1990, zuerst in Baden-Württemberg, die Seniorengenossenschaften (Otto 1992, Otto 2012, Beyer et al. 2015, in Japan: Kurimoto/Kumakura 2016). Im Bereich der Pflege haben sich mit den Betroffenen neue Wohn- und Versorgungsarrangements gebildet. Nachbarschaftsdienste werden ehrenamtlich koordiniert. In der Kinderbetreuung sind Tagesmütter aktiv. Solche ‚Unternehmen' erweitern das Potential der Sozialwirtschaft um Leistungen in den Haushalten von Nutzern.

Eine solche Erweiterung ist außerhalb des Sozialleistungsbereiches auch auf dem Gebiet alternativen Wirtschaftens erfolgt. Hier sind das in Kanada entstandene Netzwerk LETS (Local Exchange Trading System), diverse Tauschringe und andere Nutzergemeinschaften zu nennen. In Ansätzen einer lokalen Gemeinwesenökonomie (Elsen 1998) kamen in der Sozialen Arbeit verschiedene Projekte mit Menschen zur Besserung ihrer Wohn-, Arbeits- und Versorgungssituation zustande. Benachteiligten Personen und Bevölkerungsgruppen zu besserem ökonomischem Auskommen zu verhelfen, ist das allgemeine Vorhaben der *Solidarwirtschaft* (Laville 1994, Laville 2007) – ein Begriff, der teils gleichbedeutend mit Sozialwirtschaft, teils unter Betonung ihres Bezugs auf Gemeinschaft und gerechte Teilhabe in Gebrauch gekommen ist.

10. Verbreitung der Sozial- und Solidarwirtschaft im globalen Kontext

In Entwicklungsländern haben Konzepte der Sozial- und Solidarwirtschaft besonders in der Förderung bäuerlicher Kollektive und zur Schaffung von Erwerbsmöglichkeiten in der armen Bevölkerung Anwendung gefunden. (Jeantet/Poulnot 2007) Bekannt geworden ist die Vergabe von Mikrokrediten zur Existenzgründung durch die Grameen Bank in Bangladesh, deren Gründer Mohammad Yunus hierfür den Ausdruck „social business" in Umlauf brachte (Yunus 2010). In Ländern Südamerikas wurden Projekte einer „Wirtschaft des Volkes" (economia popular) in Regierungsprogramme aufgenommen (so in Brasilien) oder kamen im Widerstand gegen die herrschende Politik zustande. (Bernardi 2009, ILO 2014)

Als Gemeinschaftsaufgabe von Zivilgesellschaft und Staat hat sich die Sozialwirtschaft in Kanada ausgeprägt. Den Ausgang nahm deren Entfaltung in der Provinz Quebec, wo 1995 die öffentliche Befassung mit der Sozialwirtschaft mit einem „Marsch der Frauen gegen Armut, für Brot und Rosen" begann. Gefordert wurde ein soziales Infrastrukturprogramm unter Einbeziehung der unbezahlten Arbeit von Frauen. In der Folge trieben eine Arbeitsgruppe (*Chantier de l'économie sociale*) und eine Beratungsgruppe aus Regierungsbeamten und Frauen (*Comité d'orientation et de concertation sur l'économie sociale*) sowie eine Reihe von Konferenzen die

Entwicklung voran. Sie ist in Kanada auch Gegenstand eines breiten wissenschaftlichen Diskurses. (Vaillancourt/Tremblay 2002, Downing 2012, Gismondi et al. 2016)

In Ostasien spielt die Sozialwirtschaft seit zwanzig Jahren eine bedeutende Rolle im Ausbau des Wohlfahrtsstaates. Basierend auf dem konfuzianischen Paradigma wechselseitiger Obligationen von Familie und Staat sind die Individualhaushalte zur Selbstversorgung angehalten und der Staat unterstützt sie mit der Einrichtung von Sozialunternehmen. Sie gehören zum kommunalen Haushalt der Wohlfahrtspflege. (Jones 1990, Walker/Wong 2005, Pun et al. 2016). Es wird nach einer Balance zwischen Wirtschaftswachstum und der auf persönliches Wohl gerichteten Lebensführung gesucht. Dahin zielt das 1999 in Südkorea von einem „Komitee für Lebensqualität" unter Präsident Kim Dae-Jong entworfene Leitbild der *Produktiven Wohlfahrt* (Cho 2002, Kim 2003, Peng 2009): eine produktive soziale Teilhabe trägt zur erwerbswirtschaftlichen Teilhabe bei. Die Umsetzung des Konzepts in die Praxis zieht Erfahrungen mit der Sozialwirtschaft in Europa und Amerika heran.

11. Sozialwirtschaft in und zwischen Haushalten

Wie nicht nur in Ostasien erkennbar, wird die Stabilisierung der Personenhaushalte im fortschreitenden Wandel des Geschehens in Wirtschaft und Gesellschaft für jede Seite vorrangig. Die Sozialwirtschaft übernimmt institutionell und funktionell eine tragende Rolle in der Bewältigung dieser zugleich sozialen und wirtschaftlichen Aufgabe. Sie wird in unterschiedlicher Form und vielfältig in Angriff genommen. Dahin wirken *bottom up* zivilgesellschaftliche und unternehmerische Initiativen (Antoni 2016, Borzaga et al. 2016) und *top down* staatliche Regulative (Amyot 2010). Es zeigt sich in der internationalen Entwicklung der Sozialwirtschaft, dass mit den Mitteln aus öffentlichen Haushalten und mit dem Handlungsvermögen der Bürger_innen, intermediär und formell eingesetzt und organisiert in sozialen Unternehmungen, produktiv zur Wohlfahrt aller beigetragen wird und dass in diesem Zusammenhang das ganze sozialwirtschaftliche Geschehen den Haushalt der sozialen Versorgung prägt.

12. Literatur

Amyot, Sarah/Downing, Rupert/Tremblay, Crystal (2010): Public Policy for the Social Economy: building a people-centred economy in Canada. Victoria, BC: Canadian Social Economy Hub.

Antoni, Giacomo Degli (2016): The emergence of social enterprises through the initiative of self-organized citizens: an analysis starting from Olson's approach to the logic of collective action. In: International Review of Sociology 26, H. 1, S. 19-30.

Bernardi, Jacqueline (2009): Solidarische Ökonomie. Selbstverwaltung und Demokratie in Brasilien und Deutschland. Kassel: Kassel University Press.

Beyer, Thomas/Görtler, Edmund/Rosenkranz, Doris/Fraaß, Stefanie (2015): Seniorengenossenschaften. Organisierte Solidarität. Weinheim: Beltz Juventa.

Billis, David (2010): From Welfare Bureaucracies to Welfare Hybrids. In: Billis, David (Hrsg.): Hybrid Organizations and the Third Sector. Challenges for Practice, Theory and Policy. New York: Palgrave Macmillan, S. 3-24.

Birchall, Johnston (1994): Co-op: the people's business. Manchester: Manchester University Press.

Borzaga, Carlo/Fazzi, Luca/Galera, Giulia (2016): Social enterprise as a bottom-up dynamic: part 1. The reaction of civil society to unmet social needs in Italy, Sweden and Japan. In: International Review of Sociology 26, H. 1, S. 1-18.

Borzaga, Carlo/Galera, Giulia (2016): Innovating the provision of welfare services through collective action: the case of Italian social cooperatives. In: International Review of Sociology 26, H. 1, S. 31-47.

Borzaga, Carlo/Defourny, Jacques (2001): The Emergence of Social Enterprise. London: Routledge.

Carini, Chiara/Borzaga, Carlo (2015): La cooperazione sociale: dinamica economica ed occupazionale tra il 2008 ed il 2013. Trento: Euricsa.

Chalmers, Thomas (1821): The Christian and Civic Economy of Large Towns. Vol. I. Glasgow: Chalmers & Collins.

Chaves, Rafael/Monzon, José-Luis (2012): Die Sozialwirtschaft in der Europäischen Union. Bericht des Internationalen Forschungs- und Informationszentrums für öffentliche Wirtschaft, Sozialwirtschaft und Genossenschaftswesen (CIRIEC) für den Europäischen Wirtschafts- und Sozialausschuss. Brüssel. doi:10.2864/15657

Cho, Woo Hyun/Honc, Tae-Hee (2002): Die Reform der koreanischen Sozialpolitik und die "produktive Wohlfahrt". In: Sozialer Fortschritt 51, H. 6, S. 135-146.

Cordery, Simon, and Monmouth College (2003): British Friendly Societies, 1750-1914. Basingstoke: Palgrave Macmillan.

Demoustier, Danièle/Rousselière, Damien (2004): Social Economy as Social Science and Practice: Historical Perspectives on France. Paper. 11th World Congress for Social Economics. Albertville.

Desroche, Henri (1991): Histoires d'économies sociales. D'un tiers état aux tiers secteurs, 1791-1991. Paris: Syros.

Downing, Rupert (Hrsg.) (2012): Canadian Public Policy and the Social Economy. Victoria, BC: University of Victoria.

Dunoyer, Charles (1830): Nouveau traité d'Èconomie sociale. Paris: Sautelet et Cie.

Elsen, Susanne (1998): Gemeinwesenökonomie – eine Antwort auf Arbeitslosigkeit, Armut und soziale Ausgrenzung? Neuwied: Luchterhand.

Engelhardt, Werner Wilhelm (1985): Allgemeine Ideengeschichte des Genossenschaftswesens. Darmstadt: Wissenschaftliche Buchgesellschaft.

Europäische Kommission (KOM) (2011): Initiative für soziales Unternehmertum. Schaffung eines »Ökosystems« zur Förderung der Sozialunternehmen als Schlüsselakteure der Sozialwirtschaft und der sozialen Innovation. KOM(2011) 682 endgültig. Online: http://ec.europa.eu/internal_market/social_business/docs/COM2011_682_de.pdf, 16.7.2017.

European Parliament (Directorate General for Internal Policies) (Hrsg.) (2016): Social Economy. Study for the IMCO Committee. doi: 10.2861/582587

Evers, Adalbert (1990): Im intermediären Bereich. Soziale Träger und Projekte zwischen Haushalt, Staat und Markt. In: Journal für Sozialforschung 30, H. 2, S. 189-210.

Evers, Adalbert/Ewert, Benjamin (2010): Hybride Organisationen im Bereich sozialer Dienste. Ein Konzept, sein Hintergrund und seine Implikationen. In: Klatetzki, Thomas (Hrsg.): Soziale personenbezogene Dienstleistungsorganisationen. Wiesbaden: Springer VS, S. 103-128.

Gide, Charles (1912): Les institutions de progrès social. Paris: Librairie de la Société du Recueil Sirey.

Gismondi, Mike/Connelly, Sean/Beckie, Mary/Markey, Sean/Roseland, Mark (Hrgs.) (2016): Scaling Up. The Convergence of Social Economy and Sustainability. Edmonton, AB: Athabasca University Press.

Götz, Norbert (2015): 'Moral economy': its conceptual history and analytical prospects. In. Journal of Global Ethics 11, H. 2, S. 147-162.

Gorsky, Martin (1998): The Growth and Distribution of English Friendly Societies in the Early Nineteenth Century. In: Economic History Review 51, H. 3, S. 489-511.

Gueslin, André (1997): L'invention de l'économie sociale. Idées, pratique et imaginaires coóperatifs et mutualistes dans la France du XIXe siècle. Paris: Economica.

Hufton, Olwen H. (1974): The Poor of Eighteenth-Century France 1750-1789. Oxford: Clarendon Press.

Institut Montaigne (2014): Concilier démocratie et efficacité économique: l'exemple mutualiste. Paris: Institut Montaigne.

International Labour Organisation (ILO) (Hrsg.) (2014): Campinas 2014. Social and Solidarity Dconomy: Towards Inclusive and Sustainable Development. Turin: International Training Center of the ILO.

Jeantet, Thierry/Poulnot, Jean-Philippe (Hrsg.) (2007): L'économie sociale, une alternative planétaire: mondialiser au profit de tous. Paris: Èditions Diffusion Charles Léopold Mayer.

Jones, Catharine (1990): Hong Kong, Singapore, South Korea and Taiwan: oikonomic welfare states. In: Government and Opposition 25, H. 4, S. 446-462.

Kim, Young-Hwa (2003): Productive welfare: Korea's third way? In: International Journal of Social Welfare 12, H. 1, S. 61-67.

King, Steven/Tomkins, Alannah (Hrsg.) (2003): The Poor in England 1700-1850. An Economy of Makeshifts. Manchester: Manchester University Press.

Kurimoto, Akira/Kumakura, Yurie (2016): Emergence and evolution of co-operatives for elderly care in Japan. In: International Review of Sociology 26, H. 1, S. 48-68.

Laville, Jean-Louis (1992): Les services de proximité en Europe. Paris: Syros.

Laville, Jean-Louis (1994): L'économie solidaire. Une perspective internationale. Paris: Desclée de Brouwer.

Laville, Jean-Louis (2007): L'économie solidaire. Une perspective internationale. Paris: Hachette.

Linden, Marcel van der (Hrsg.) (1996): Social Security Mutualism. The Comparative History of Mutual Benefit Societies. Bern: Peter Lang.
Monnier, Lionel/Thiry, Bernard (Hrsg.) (1997): Mutations structurelles et intérêt general: vers quells nouveaux paradigms pour l'économie publique, sociale et cooperative? Bruxelles: De Boeck.
Moulaert, Frank/Ailenei, Oana (2005): Social Economy, Third Sector and Solidarity Relations. A Conceptual Synthesis from History to Present. In: Urban Studies 42, H. 11, S. 2037-2053.
Ott, Auguste (1851): Traité d'économie sociale ou l'èconomie politique au point de vue du progrès. Paris: Renou.
Otto, Ulrich (1992): Sozialintegration plus Dienstproduktion. Die „Seniorengenossenschaft" als altenpolitischer Innovationsversuch. In: Archiv für Wissenschaft und Praxis der sozialen Arbeit 23, H. 2, S. 112-135.
Otto, Ulrich (2012): Seniorengenossenschaften. Modell für eine neue Wohlfahrtspolitik? Wiesbaden: Springer VS.
Peng, Ito (2009): The Political and Social Economy of Care: Republic of Korea Research Report 3. Genf: UNRISD.
Picciotti, Antonio/Bernardoni, A./Cossignani, M./Ferrucci, L. (2014): Social Cooperatives in Italy. Economic antecedents and regional distribution. In: Annals of Public and Cooperative Economics 85, H. 2, S. 213-231.
Pun, Ngai/Ku, Ben Hok-bun/Yan, Hairong/Koo, Anita (Hrsg.) (2016): Social Economy in China and the World. Abingdon: Routledge.
Quarter, Jack (1992): Canada's Social Economy. Co-operatives, Non-profits and Other Community Enterprises. Toronto: J. Lorimer.
Rognon, Frédéric (2016): Charles Gide. Éthique protestante et solidarité économique. Lyon: Editions Olivétan.
Salamon, Lester M. (1999): America's Nonprofit Sector. A Primer. Second edition. New York: Foundation Center.
Thomas, Èmile (1848): Histoire des Ateliers Nationaux considérés sous le double point de vue politique et social, des causes de leur formation et de leur existence; et de l'influence qu'ils ont exercée sur les événements des quatres premiers mois de la Republique suivi des pieces justificatives. Paris: Michel Levy Frères.
Thompson, Edward P. (1971): The Moral Economy of the English Crowd in the Eighteenth Century. In: Past & Present 50, H. 1, S. 76-136.
Toucas-Truyen, Patricia (2005): Les Coopérateurs. Deux siècles de pratiques cooperatives. Paris: Editions de l'Atelier.
Vaillancourt, Yves/Tremblay, Louise (Hrsg. (2002): Social Economy: Health and Welfare in Four Canadian Provinces. Halifax: Fernwood Publishing.
Vidal, François (1846): De la repartition des richesses ou de la justice distributive en économie sociale, ouvrage contenant l'examen critique des theories exposées soit par les économistes, soit par les socialistes. Paris: Capelle.
Villeneuve-Bargemont, Jean-Paul Alban de (1834): Èconomie politique chrétienne ou recherches sur la nature et les causes du pauperisme en France et en Europe et sur les moyens de les soulager et prévenir. Paris: Paulin.
Walker, Alan/Wong, Chack-kie (Hrsg.) (2005): East Asian Welfare Regimes in Transition: from Confucianism to Globalisation. Bristol: Policy Press.
Wendt, Wolf Rainer (Hrsg.) (2017): Soziale Bewirtschaftung von Gesundheit. Gesundheitswirtschaft im Rahmen sozialer Versorgung. Wiesbaden: Springer VS.
Wendt, Wolf Rainer (2016): Geschichte der Sozialen Arbeit 1. Die Gesellschaft vor der sozialen Frage 1750-1900. Wiesbaden: Springer VS.
Wendt, Wolf Rainer (2002): Sozialwirtschaftslehre. Grundlagen und Perspektiven. Baden-Baden: Nomos.
Williams, Samantha (2011): Poverty, Gender and Life-Cycle under the English Poor Law, 1760-1834. London: The Royal Historical Society.
Yunus, Mohammad (2010): Building Social Business. The New Kind of Capitalism that Serves Humanity's Most Pressing Needs. New York: Public Affairs.

Soziale Dienstleistungen in sozialwirtschaftlichen Strukturen

Andreas Langer

1. Soziale Dienstleistung als konstitutives Element der Sozialwirtschaft

Soziale (personenbezogene) Dienstleistungen sollen im Folgenden als konstitutives Element der Sozialwirtschaft herausgearbeitet werden. Dazu ist kritisch zu bemerken, dass aus je unterschiedlichen Perspektiven beide Gegenstandsbereiche außerordentlich unterschiedlich konzeptioniert werden. In diesem Beitrag soll jedoch nicht eine konkurrierende Sichtweise eingenommen werden, sondern eine interdisziplinäre: Während soziale Dienstleistungen aus einer volkwirtschaftlichen Perspektive eher defizitär als die ‚Nichtanwesenheit' unterschiedlicher Merkmale wirtschaftlicher Güter beschrieben wurde, fokussiert eine soziologisch orientierte Perspektive eher auf konstitutive Merkmale, wie etwa der Interaktion und ihre institutionelle Einbettung. Nicht zu vergessen sind aber auch ethisch-moralische Implikationen, die soziale Dienstleistungen zu einem unverzichtbaren Bestandteil sozialer Daseinsvorsorge werden lassen. Mit Sozialwirtschaft werden selbstverständlich zentral die Trägerstruktur und die Unternehmen als Soziale Dienste fokussiert. In diesem Beitrag werden die sozialen Dienstleistungen und ihre Rahmenbedingungen in den Mittelpunkt gerückt, als ein Element, welches die Sozialwirtschaft in ihrem Kern konstituiert. Unter diesem Fokus sollen im Folgenden soziale personenbezogene Dienstleistungen definiert werden (2), um dann auf wichtige Diskurse in der sozialen Dienstleistungsdebatte eingehen zu können (3). Nur vor diesem Hintergrund sind die Elemente aber auch Leerstellen zu erkennen, die zur Konzeption eines rahmenden Institutionengefüges notwendig sind, welches als das der Sozialwirtschaft zu verstehen ist (4).

Bevor jedoch soziale Dienstleistungen dargestellt und diskutiert werden, soll zu Beginn eine erste Definition vorausgeschickt werden, die im weiteren Verlauf dieses Abschnittes dann mit Argumenten und einer Denkfigur unterlegt werden.

Soziale personenbezogene Dienstleistungen sind interaktionsbasierte Güter in institutionalisierten Kontexten mit gesellschaftlichem Nutzen. Sie entstehen durch das gemeinsame Erhandeln von Nutzer_innen in sozialpolitisch gezielt geplanten Interaktionen unter Beteiligung unterschiedlichster Dienstleistungserbringer.

Die ausführliche Definition wird zusammenfassend am Ende des zweiten Kapitels dargestellt.

2. Konstitutive Elemente sozialer personenbezogener Dienstleistungen

Soziale – personenbezogene – Dienstleistung. Diese drei Elemente werden in der sozialwirtschaftlichen Diskussion immer wieder kombiniert, um eine wesentliche Leistungsart und ein wichtiges Unterscheidungsmerkmal zu bestimmen.

2.1. Was ist das ‚Soziale' an der Dienstleistung?

Ein besonderes Merkmal sozialer Dienstleistungen ist, dass sie „vom Staat, juristischen Personen des öffentlichen Rechts oder gemeinnützigen Trägern bereitgestellt oder zumindest mitfinanziert werden" (Badura/Gross 1976, S. 77f., auch Bauer 2001, S. 68) und es sich inhaltlich

„um Hilfeakte, deren Erbringung jedoch formal organisiert und im Rahmen sozialstaatlicher Leistungsangebote“ (Bauer 2001, S. 68) erfolgt, handelt.

2.1.1 Helfend – interaktionsbasiert – problemlösend

Leistungen der Sozialwirtschaft sind ‚sozial‘, weil sie im Kern in und durch soziale Interaktionen oder Interaktionskontexte erbracht werden und im Kern das Ziel haben zu helfen, soziale Probleme zu lösen, im weitesten Sinne gesellschaftlich zu wirken. Ein soziales Bedürfnis wird in erster Linie durch Beziehung und Kommunikation bearbeitet. Die sozialen Interaktionen sind also auch immer darauf begründet, dass ein Wert verwirklicht wird. Der Sozialarbeit wird hier nicht selten auch ein ‚Helfersyndrom‘ unterstellt. Man darf dabei aber nicht vergessen, dass – ganz abgesehen davon, dass es ein Grundelement der menschlichen Agency ist, anderen zu helfen – es darum geht, durch Arbeitshandlungen oder zumindest zielgerichtete Vorhaben und Maßnahmen soziale Bedarfe zu decken. Hasenfeld (1992) unterscheidet dabei drei Arten von Dienstleistungen und von da aus Dienstleistungsorganisationen, die als ‚sozial‘ zum Zweck haben, das Wohlergehen der Nutzer_innen, aber auch der Allgemeinheit sicherzustellen, zu gewährleisten und/oder (wieder) herzustellen. Mit *people processing* meint er das (Weiter)Vermitteln von Menschen, ohne ihre Eigenschaften verändern zu wollen, wie z.B. Beratung. *People sustaining* zielt auch nicht auf Veränderung persönlicher Eigenschaften, aber auf die Erhaltung des Wohlergehens oder des körperlichen oder psychischen Zustands, wie z.B. Pflege oder Prävention. Aber auch die Veränderung persönlicher Eigenschaften kann gemeint sein, dann wäre nach Hasenfels von *people changing* zu sprechen, wie etwa pädagogische Interventionen. Real erbrachte soziale Dienstleistungen entziehen sich natürlich dieser idealtypischen Unterscheidung, es wird sich immer um eine Überschneidung der Merkmale handeln. Wesentlich ist auch noch, dass Hasenfeld unter dem ‚Sozialen‘ solche Klient_innen sieht, die durch eine Krisensituation eine Dienstleistung in Anspruch nehmen, aber auch solche, die durch abweichendes Verhalten gekennzeichnet sind. Es sind solche ‚Ausnahmesituationen‘ oder auch ‚Exklusionserfahrungen‘, durch die Menschen ihre grundlegenden Rechte nicht wahrnehmen können oder die sie vom Hilfesystem ausschließen. Die Anwaltschaftsfunktion freier Träger und vor allem Wohlfahrtverbände gründet sich vor allem auf diesen Aspekt sozialer Dienstleistungen.

Für die Sozialwirtschaft bedeutsam waren bislang vor allem personenbezogene soziale Dienstleistungen, die sich von haushaltsnahen Dienstleistungen unterscheiden lassen. Besonders durch die zunehmende Bedeutung von Assistenzsystemen werden aber auch haushaltsnahe Dienstleistungen unabhängig von Personen für eine sozialwirtschaftliche Analyse interessant, wie etwa Reinigungsarbeiten, Einkäufe, Mahlzeitenzubereitung, Reparaturen also Dienstleistungen, die „für die Aufrechterhaltung oder Gewährleistung einer größtmöglichen personalen Autonomie der Klientinnen und Klienten beispielsweise der Behinderten- oder Altenhilfe von großer Bedeutung“ (Grunwald 2014, S. 26) sind.

2.1.2 Sozial als bedarfsgerecht

Eine zweite Begriffsbedeutung des ‚Sozialen‘ verortet die Leistungen konkret in der Sozialpolitik. Stefan Lessenich (der sich auf Georg Simmel und Franz-Xaver Kaufmann bezieht) verortet (Dienst)Leistungen im Rahmen sozialstaatlicher Politik als ‚sozial‘, weil sie a) mit Handeln Bezug auf soziale Probleme nimmt; b) durch ihr Handeln gesellschaftliche Phänomene erst als

„soziale Probleme“ deklariert; c) in der politischen Lösung dieser Probleme die davon Betroffenen als Sozialfiguren und Sozialräume „gesellschaftlicher Sorge und Besorgnis definiert und d) diese „problematischen Sozialfiguren und Sozialräume dementsprechend als Objekte politischer Vorannahmen im Namen der gesellschaftlichen Gesamtheit behandelt.“ (Lessenich 2012, S. 11) Über diese Bestimmung wird Sozialwirtschaft, wenn man sie von den sozialen Dienstleistungen aus denkt, zu einer ambivalenten Akteurin der Sozialpolitik – aber kaum zu denken ohne die Sozialpolitik. Gleichzeitig wird deutlich, dass die sozialwirtschaftliche Organisation oder das Unternehmen einem Zweck folgt: den sozialen Dienstleistungen einen Ort zu geben.

Diese viergestaltige politische Standortbestimmung des ‚sozial‘ lässt jedoch einen wichtigen Aspekt offen, denn es geht im Kern um den Bedarf und um die Prozesse, wann und wie denn ein Bedürfnis zum ‚sozialen‘ Problem wird. ‚Sozial‘ könnte man hier auch übersetzen als ‚gesellschaftlich-politischer‘ Aushandlungsprozess, über den ein soziales Phänomen so konstruiert und deklariert wird, dass es als legitim erscheint, eine Dienstleistung dazu einzurichten. Althammer/Lampert (2014) betten in ihrem allgemeinen Modell der sozialpolitischen Entwicklung diesen sozialgesellschaftlichen Politikprozess als eine Auseinandersetzung mindestens zwischen drei wesentlichen Einflussfaktoren ein, bei der es der „Sozialpolitik für die Träger der hoheitlichen Gewalt darum [geht, AL], bestimmte Ziele mit knappen Ressourcen zu erreichen.“ Sie sehen „primär drei Größen“ um „die Notwendigkeit und die Möglichkeiten der Sozialpolitik [zu, AL] bestimmen“, die Problemlösungsdringlichkeit, die Problemlösungsfähigkeit und die Problemlösungsbereitschaft. (ebd., S. 144). Zwischen diesen drei Polen entscheidet es sich, ob es überhaupt zu einer sozialen Dienstleistung kommen kann. Doch obwohl es den beiden Autoren um die staatliche Sozialpolitik geht, ist es nicht ausgeschlossen, dass es in einem engeren, und einem auch nicht originär staatlichen Handlungskontext zu einer alternativen Problemdefinition kommt – wenn z.B. zivilgesellschaftliche Akteure (wie z.B. Stiftungen oder Nachbarschaften) sich (einer) bestimmten – marginalisierten – Gruppe oder Individuen widmen. Doch auch hier ist die soziale Dienstleistung eine Antwort auf das je spezifische Zusammenspiel aus Dringlichkeitsbeurteilung, Lösungsfähigkeitspotential und Handlungsbereitschaft.

2.1.3 Solidarisch finanziert

Ein drittes, gerne übersehenes Merkmal des Sozialen ist die durchgängig solidarische Finanzierung der Leistungen. Die Empfänger_innen der Dienstleistung zahlen in diesem Sinne für die bereitstellenden Akteure kein Geld, oder nur einen kleinen Anteil. Vielmehr bedeutet sozial hier, „dass die Einrichtungen und Dienste durch dritte Instanzen – vor allem durch Verwaltungen des Staates und die Träger der Sozialversicherungen – finanziert werden.“ (Klatetzki 2010, S. 8). Klassischerweise wird dies am sozialrechtlichen Dienstleistungsdreieck expliziert, der/die Leistungsnutzer_in und der Leistungsfinanzier fallen auseinander. Mit Bezug auf die Beiträge zum Leistungsrecht und Leistungserbringungsrecht (Gerlach/Hinrichs in diesem Band) ist hier kritisch anzumerken, dass die Konstellation des Dienstleistungsdreieckes nur für die Finanzierung im Leistungsentgeltmodell mit dem jeweiligen Rechtsanspruch der Person herangezogen werden sollte. Allgemeiner betrachtet ist aber das Kennzeichen der solidarischen Finanzierung bedeutungsvoller. Denn selbstverständlich sind Zuwendungen oder verwendete Beiträge ebenso solidarische Finanzierungsformen, wie auch die Ressourcenmobilisierung über Spenden, Sponsoring oder andere Formen des Fundraisings. Entscheidend bleibt, dass eine Solidargemeinschaft das finanzielle Risiko eines Individuums abfängt. Ebenso impliziert sozial hier, dass die beteiligten Organisationen – obwohl Geld fließt – gemeinnützig handeln.

2.2 Der Personenbezug der Dienstleistungen

Unter dem Begriff des Personenbezugs, es wird hier auch personennah oder personenorientiert gesagt, soll nun die zweite Perspektive dieser spezifischen Dienstleistungsart aufgefächert werden, um die Grundlage der Sozialwirtschaft weiter zu bestimmen. Leistungen der Sozialwirtschaft zielen zumeist auf ein Individuum oder auf einen bestimmten Handlungskontext. Der Personenbezug kann dabei sicherlich in mehreren Dimensionen von Bedeutung sein, im Folgenden soll mit der volkswirtschaftlichen Perspektive eine der für die Sozialwirtschaft bedeutendsten Diskussionen aufgenommen werden. Daneben soll nur sehr kurz auf den Begriffsinhalt der ‚Person' eingegangen werden.

2.2.1 Die Negativbestimmung der Volks- und Betriebswirtschaften

Insbesondere die volks-und betriebswirtschaftliche Beschäftigung mit den sozialen Dienstleistungen hat sechs Fakten herausgearbeitet, die diese Art der Dienstleistung kennzeichnen. Man könnte dies auch unter das sog. ‚uno-actu'-Prinzip zusammenfassen. Ich folge hier den Ausführungen von Arnold (2014).

- *Integration externer Faktoren*: Personenbezug bedeutet, dass die Nutzer_innen der Dienstleistung sowie relevante Beteiligte (z.B. das familiäre System) bei der Dienstleistungserstellung kooperieren müssen. Als ein Mindestmaß der Kooperation wird hier zumeist die Informationsweitergabe gehandelt, oftmals ist aber z. B. mindestens Tatsache des ‚Zulassens' wichtig, bis zur Übernahme eigener Lern- und Entwicklungsprozesse. Aber auch andere externe Faktoren spielen eine besonders große Rolle, wie z.B. die Nahbeziehungen (Familie, Peers) bis hin zur sozialräumlichen Einbettung.
- *Ko-Produktion und Individualität:* Die Kund_innen sind Ko-Produzenten. Es geht nicht nur um das Mindestmaß an Informationen, sondern es geht vielmehr darum, dass die Menschen ihr Leben selbst leben müssen bzw. sollen. Im eigentlichen Sinne können personenbezogene Dienstleistungen nur ergänzend sein, der/die Leistungsempfänger_in kann nie nur ein Objekt sein, nur wenn der Mensch es selbst will, kann die Leistung erbracht werden. Ein Mensch, der sich gegen eine Hilfe wehrt, kann nicht versorgt werden, die Herstellung einer kooperativen Arbeitsbeziehung stellt eine wichtige Voraussetzung für die Dienstleistungserstellung dar.
- *Uno-actu – Gleichzeitigkeit der Produktion und Konsumption:* Der/die Kund_in muss nicht nur anwesend sein, die Produktion und Konsumption der Dienstleistung fallen zusammen. Im Grunde ist also eine personenbezogene Dienstleistung nicht endgültig planbar, sondern ist immer auf Flexibilität, Spontaneität und Improvisationsgabe angewiesen. Spontane Anpassung der Leistungen bedeutet dann, in der direkten Interaktion auf die aktuellen Bedürfnisse des Menschen einzugehen
- *Standortgebundenheit:* Personenbezogene Dienstleistungen können nicht auf ‚Lager' im Voraus produziert werden und es gibt immer die Problematik, dass Dienstleistungspotentiale vorgehalten werden müssen, die u.U. nicht abgerufen werden, der/die Kund_in muss anwesend sein. Das klingt simpel, ist aber sehr bedeutsam – soziale Dienstleistung findet nicht sel-

ten hinter verschlossenen Türen statt, dort wo der Mensch sich aufhält und dadurch entsteht ein gemischt privater und gleichzeitig öffentlicher Raum

– *Unteilbarkeit und Vergänglichkeit:* Der Dienstleistungsprozess ist nicht unendlich (arbeits-)teilbar: Obwohl sich eine ‚Taylorisierung' durch die veränderte Rahmenbedingungen angedeutet hat und vor allem durch Digitalisierungsprozesse weitergetrieben wird, bleibt die soziale Dienstleistung doppelt personengebunden: gebunden an die Person des/r Leistungsnutzenden und gebunden an die Person des Dienstleisters. Zwischen beiden entsteht eine ‚Geschichte', viele Informationen und viel Interaktionen, die sich an vorhergegangene anschließen lassen, sich nicht von einer auf eine beliebig andere Person übertragen. Man spricht hier auch von ‚uno-actore', also der Beschränkung auf eine Person.

2.2.2 Die kryptonormativen Elemente philosophisch-sozialarbeitswissenschaftlicher Diskussion

Neben den Wirtschaftswissenschaften hat die Erziehungswissenschaft einen wichtigen Beitrag zur personenorientierten Dienstleistungskonzeption geleistet. An der Figur der ‚Person' wird die Dienstleistungsproduktion als eine „Vermittlungsarbeit" rekonstruiert, welche synthetisierend die „Besonderheit des Falles" mit der „Generalität der Bezugsnorm" zu vermitteln versucht (Schaarschuch et al. 2001, S. 270). Dies hat zwar eine gewisse Nähe zu den ‚sozialen' Kennzeichen, betont jedoch nochmals die Bedeutung, die Nutzer_innen in den Mittelpunkt der Reflexionen zu stellen. Die ‚Sozialarbeitswissenschaft' hat versucht, mit der Vermittlungsthese objektivierbar die besondere Qualität der professionellen Leistungen und der Dienstleistungsinteraktion zu konzipieren. Unter Rückgriff auf ‚starke' Demokratieverständnisse (wie z.B. Barber) wird als zentraler Bezugspunkt dieser ‚objektivierbaren' Merkmale einer „professionelle(n) Dienstleistungsorientierung" auf die Adressat_innen zurückgegriffen, die die „Rolle des Subjekts als Koproduzenten der Sozialen Dienstleistung" (Grunwald 2001, S. 124) einnehmen. An ihnen werden objektivierbare Kriterien der Co-Produktion und die Notwendigkeit der (demokratischen) Partizipation der Adressat_innen abgeleitet. Ihr Status als ‚Ko-Produzent' (Badura/Gross 1976), ‚Prosument' (Finis-Siegler 2001) oder eigentlicher ‚Produzent' (Schaarschuch 1996) der Dienstleistung soll eine funktionale Grundlage der ‚besonderen Qualität' professioneller Leistung sein. In der maßgeblich von Andreas Schaarschuch konzipierten Dienstleistungsperspektive geht es um die Ausformulierung und Integration eines reichen Subjektbegriffs eines „Erbringungsverhältnisses", welches sich als eingebettet in einen „Erbringungskontext" privatwirtschaftlicher und öffentlicher Dienstleistungsproduktion und gesellschaftlicher Bedingungen darstellt. Die Dienstleistungsprozesse der Aneignung und Verhaltensschulung in der Interaktion mit Professionellen seien „Prozesse aktiver *Produktion* von Bildung, Gesundheit etc. *auf Seiten der Subjekte*" (Schaarschuch 1996, S. 90; Hervorhebungen im Original). Der Dienstleistungserbringer (Sozialarbeiter_in) wäre im Bildungsprozess also „der Ko-Produzent, das aktiv sein Leben verändernde Subjekt hingegen der primäre Produzent" (Schaarschuch 1999, S. 554). Um diesen Kontext angemessen zu beschreiben, müsse eine weitere Radikalisierung des Interaktionsprozesses erfolgen; „der ‚eigentliche' Produzent ist das Subjekt, die professionelle Tätigkeit ist diesem nachgeordnet"(ebd.).

Kritisch zu sehen ist, dass der erziehungswissenschaftliche Zugang in seinem Versuch, aus dem (Mikro-)Erbringungskontext sozialer Dienstleistungen objektivierbare Kriterien für die Qualität Sozialer Arbeit abzuleiten, normativ bleibt. Die These der Produzentenrolle aufseiten der Dienstleistungsadressat_innen bleibt eine vorempirisch moralische Setzung.

> Die Erziehungswissenschaft geht aber auch nicht den eingeschlagenen Weg weiter, sich um die Normativität des Personenbegriffs an sich zu kümmern.

Geht man diesen Weg von der volkswirtschaftlichen Betrachtung, über die Sozialarbeitswissenschaft hin zu philosophisch-sozialwissenschaftlichen Reflexionen so trifft man auf einen Personenbegriff, der normative Setzungen enthält, die ihn zu einem Zentralbegriff zwischen Gerechtigkeit und Selbstwerdung erheben (Langer 2013). So liegt es vor allem in dem Personenstatus, dass Menschen als Nutzer_innen sozialwirtschaftlicher Leistungen eben als „Adressaten bestimmter Rechte und Pflichten" (Langer 2013, S. 15) zu behandeln sind. Ein Blick in die Philosophie, der hier nicht vertieft werden kann, zeigt auf, dass ‚Person' als Zuschreibungssubjekt der präskriptive Begriff schlechthin zu sein scheint – über den Begriff der Person werden Rechte und Pflichten zugeschrieben. Durch die bioethischen Diskussionen wurde herausgearbeitet, dass es um das Wesen des Menschen geht: „Anders als die Begriffe ‚Mensch' oder ‚Lebewesen' ist der Begriff ‚Person' eben nicht primär in deskriptiven, also auch empirisch erfassbaren Argumentations- und Begründungszusammenhängen beheimatet. Die Bezeichnung ‚Person' besagt also, „daß einem Wesen bestimmte Rechtsansprüche zukommen; sie besagt nicht, wie derjenige, dem diese Ansprüche zukommen, näherhin beschaffen ist" (Birnbacher 1997, S. 13ff.)." Die Verobjektivierung des Personenstatus via Institutionalisierung des Wertes der Person an sich arbeitet Hans Joas als ‚Sakralität der Person' heraus. Joas ‚entempirisiert' den Personen-Begriff förmlich und vergesellschaftet ihn gleichzeitig. Über den Diskurs um die Menschenrechtscharta argumentiert er, dass unabhängig von Eigenschaften, Fähigkeiten oder kognitivem Status, im Extrem auch kontrafaktisch, jeder Mensch zu einer Person erklärt wird. „Gleichzeitig wird die Geltung dieser Zuschreibung in den Kampf um die jeweilige Anerkennung verlegt. Menschen sind nicht Personen, weil sie bestimmte Eigenschaften haben, sondern weil sie Teil der Erzählung bestimmter Wertanerkennungen sind." (Langer 2013, S. 25). Personenorientierung in all ihren Konsequenzen ist also nicht nur eine Adressierung bzw. Zuschreibung, sondern gleichermaßen eine kryptonormativ eingeschriebene Verpflichtung den Dienstleistungsnutzenden gegenüber.

Beide Elemente, ‚sozial-solidarisch' und ‚personenbezogen', geben starke Argumente dafür, dass es sich mit der Kennzeichnung ‚sozial-personenbezogen' um spezifische Dienstleistungen handelt. Die wirtschaftswissenschaftliche Interpretation von Dienstleistungen im Allgemeinen wurde u.a. von Arnold und anderen bereits ausführlich geleistet, unter 2.3.1 wird kurz auf den immateriellen Charakter rekurriert. Bevor mit dem soziologischen Neo-Institutionalismus eine theoretische Einbettung geleistet wird, gilt es aber noch speziell wirtschaftswissenschaftliche (2.3) sowie sozialpolitische (3.) Argumente zu führen.

2.3 Das Gut ‚Dienstleistung'

In Bezug auf das ‚Gut' der Dienstleistung wurden vor allem von den Wirtschaftswissenschaften, aber auch von der Soziologie wesentliche Erträge geleistet. Diese lassen sich im Folgenden durch zwei Schwerpunkte überblicksartig darstellen, als volkswirtschaftliche Sektorenunterscheidung und in Form der betriebswirtschaftlichen Erkenntnisse zur Dienstleistungsproduktion.

2.3.1 Volkswirtschaftliche Sektorenunterscheidung und Wachstum des Dienstleistungssektors

Volkswirtschaftlich wird entlang an der Unterscheidung von Sach- und Dienstleistung vor allem über die Bedeutung der Klassifikation der Wirtschaftszweige gearbeitet. Vordergründig hebt sich die Dienstleistung natürlich von dem Sachgut durch seine Immaterialität bzw. Intangibilität ab. „Dienstleistungen sind grundsätzlich immateriell bzw. intangibel, ihre Kernleistung ist weder sichtbar noch greifbar. Dies bedeutet nicht, dass in den Prozess der Dienstleistungsproduktion nicht auch Sachleistungsanteile einfließen. Häufig stellen Sachleistungen sogar die Voraussetzung zur Erbringung von Dienstleistungen dar (z.B. Infrastruktur des Dienstleistungsanbieters). Die zentrale Leistung, die der Dienstleistungsanbieter erbringt, ist jedoch nicht gegenständlich“ (Arnold 2014, S. 460).

Der tertiäre Sektor – also Dienstleistungssektor – stellt sich dabei bei genauerem Hinsehen als heterogen dar: Erstens bricht die Sektoren-Unterscheidung an der unklaren Trennung von Dienst- und Sachleistung, zweitens an der meist noch unspezifischen Trennung und Zuordnung von Unternehmen zu den jeweiligen Sektoren. Beides trifft uneingeschränkt auch auf soziale Dienstleistungen zu. Trotz dieser definitorischen Unzulänglichkeiten wird die „Dienstleistungsbranche in Deutschland (als) der größte und am schnellsten wachsende Wirtschaftsbereich in Deutschland“ (Statista 2016a) angesehen. „Im Jahr 2015 wurden in den Dienstleistungsbereichen 69 Prozent der gesamtwirtschaftlichen Wertschöpfung generiert. Etwa drei von vier Erwerbstätigen sind in der Dienstleistungswirtschaft beschäftigt und leisteten im Jahr 2015 rund 42 Milliarden Arbeitsstunden. Durchschnittlich arbeiten in Deutschland auf 1.000 Einwohner_innen 265 sozialversicherungspflichtig Beschäftige im Dienstleistungssektor. In Hamburg besteht die höchste Dienstleistungsdichte. Hier kommen auf 1.000 Einwohner 433 Beschäftigte. Innerhalb des Dienstleistungssektors trägt der Bereich ‚Öffentliche Dienstleister, Erziehung und Gesundheit‘ am stärksten zur Bruttowertschöpfung bei. Insgesamt erreichte der Bereich im Jahr 2015 mehr als 497 Milliarden Euro” (Statista 2016a). Bemerkenswert ist, dass durchgehend auch über die Wirtschaftskrisen der letzten Jahre hinweg vor allem der soziale und gesundheitliche Dienstleistungsmarkt stabil geblieben ist und als weiter wachsend prognostiziert wird. Die Bruttowertschöpfung im Dienstleistungssektor im Jahr 2016 im Bereich Öffentliche Dienstleistung, Erziehung, Gesundheit liegt bei 517,9 Milliarden Euro. 2006 lag die Bruttowertschöpfung noch bei 364,45 Milliarden Euro (Statista 2016b).

Ein weiterer Indikator für die volkswirtschaftliche Bedeutung ist der Beschäftigungszuwachs: „So werden die *Öffentlichen Dienstleister, Erziehung, Gesundheit* mit +270.000 im Jahr 2017 weiterhin überdurchschnittliche Beschäftigungsgewinne erzielen. Dies liegt hauptsächlich am Ausbau der Kindertagesbetreuung und an der Alterung der Gesellschaft. Letztere führt dazu, dass die Nachfrage nach Gesundheitsdienstleistungen massiv steigt und die Beschäftigung in Senioreneinrichtungen und bei ambulanten Pflegediensten expandiert. Zudem wurde in der Branche *Öffentliche Dienstleister, Erziehung, Gesundheit* die Beschäftigung erhöht, um die Flüchtlingsversorgung zu gewährleisten” (IAB 2017, S. 6). Die Bundesagentur für Arbeit kommt zu der Einschätzung, dass sich einerseits der Arbeitsmarkt bezüglich Sozialer Arbeit positiv entwickelt hat, die Zahl der Erwerbstätigen stark zugenommen hat, ebenso wie die Nachfrage nach Fachkräften bei gleichzeitigem Rückgang der Arbeitslosigkeit im Jahr 2015. „Der demografische Wandel macht mehr soziale Betreuung und Beratung älterer Menschen notwendig. Hinzu kommen Projekte wie der Ausbau der Kinderbetreuungseinrichtungen, der Schulsozialarbeit und der Ganztagsschulen. Spätestens ab der zweiten Jahreshälfte 2015 lässt auch die Fluchtmigration den Bedarf an Beratung, Betreuung und Begleitung rasant steigen.

Für die kommenden Jahre kann mit einer weiter wachsenden Zahl an Nachwuchskräften gerechnet werden, denn die Zahl der Studierenden nimmt seit 2008 kontinuierlich zu“ (Bundesagentur für Arbeit 2016, S. 84).

2.3.2 Betriebswirtschaftliche Erkenntnisse zur Dienstleistungsproduktion

Betriebswirtschaftlich werden die Konsequenzen von Dienstleistungscharakteristika auf den Produktionsprozess hervorgehoben. Grunwald arbeitet heraus, dass die unterschiedlichen Definitionen von Dienstleistungen als Phasen des Produktionsprozesses verstanden werden sollten: „Das bedeutet, dass der Ablauf der Transaktion (Vorkontaktphase – Kontaktphase – Nachkontaktphase) und das Dienstleistungsverständnis (Potential – Prozess – Ergebnis) parallelisiert werden können, Dienstleistungen in der Vorkontaktphase als Potential verstanden werden können, in der Kontaktphase als Prozess und in der Nachkontaktphase als Ergebnis“ (Grunwald 2014, S. 11) Wesentliche Erkenntnisse sind dabei die hohe Verschränkung von Infrastrukturkomponenten als Vorkombination von Produktionsfaktoren zur Generierung der Leistungsbereitschaft und die dadurch resultierenden massiven Planungs-, Steuerungs- und Flexibilitätsanforderungen an Dienstleistungsunternehmen. „Da Dienstleistungen nur in Zusammenarbeit mit externen Faktoren hergestellt werden können, ergibt sich daraus ein Kapazitätsauslastungsproblem. Auf der einen Seite ist der Dienstleistungsanbieter daran interessiert, die Leistungsbereitschaft mit minimalem Aufwand vorzuhalten. Auf der anderen Seite muss eine etwaige Nachfrage sofort befriedigt werden können“ (Arnold 2014, S. 475).

Die besondere Bedeutung sozialer Dienstleistungen für die sogenannte Endkombination (Kontaktphase und Ergebnis) kann durch einen Exkurs zu Vertrauensgütern gezeigt werden. „Dienstleistungen sind selbständige oder produktbegleitende Leistungen, die mit der Bereitstellung und/oder dem Einsatz von Potentialfaktoren verbunden sind. Unternehmensinterne und -externe Faktoren werden im Rahmen des Dienstleistungsprozesses kombiniert, um an den externen Faktoren, an Konsumenten oder deren Objekten, nutzenstiftende Wirkungen zu erzielen“ (Meffert 2005, S. 1159). Unter Einbeziehung der Prozesskategorie wird schon länger über integrative Dienstleistungen gesprochen: „Integrative Prozesse sind alle jene Dienstleistungsaktivitäten, die unter Einbeziehung des externen Faktors vollzogen werden“ (Reckenfelderbäumer 1995, S. 119). Weiterführend ist hier die Diskussion um die Unterscheidung nach der Art des externen Faktors, nach dem Grad der Interaktion und nach der Berücksichtigung von ‚kundenbezogenen‘ Erwartungen und Aktivitäten.

Durch die beiden bislang besprochenen Konzepte wird der Charakter der sozialwirtschaftlichen Dienstleistungen bereits stark eingegrenzt und fokussiert. Im ‚sozial‘ findet sich ein Spanungsfeld unterschiedlicher Interessen, die der Nutzer_innen gegenüber denen der Dienstleistungserbringer und der Dienstleistungsplaner. Der Personenbezug macht eine Schere auf zwischen Zielen der Dienstleistungsbereitstellung und Potentialen der Dienstleistungsnutzung in der Ko-Produktion. Sehr ertragreich ist es hier, sich dieses Gut etwas genauer als Vertrauensgut zu betrachten. Soziale Dienstleistungen lassen sich dabei gut gegenüber Such- und Erfahrungsgütern abgrenzen.

Suchgut/Inspektionsgut	Qualität ist bereits vor Vertragsabschluss erkennbar – es fallen keine zusätzlichen Kosten an – der Grad der Informationsasymmetrie ist nahezu null.
Erfahrungsgut	Qualität ist erst nach Vertragsabschluss zu erkennen bzw. Qualität erweist sich durch Gebrauch – es fallen keine zusätzlichen Kosten an – der Grad der potentiellen Informationsasymmetrie liegt vor Vertragsabschluss im mittleren Bereich.
Vertrauensgut/Reputationsgut	Qualität kann kaum bewertet werden bzw. lässt sich weder durch vorheriges Prüfen noch durch Gebrauch vollständig ermitteln, sondern man muss darauf „vertrauen“, gute Qualität zu erhalten – Informationsasymmetrie ist prohibitiv hoch – es entstehen erhebliche Kosten bei der Qualitätsüberprüfung.

Abb. 1: Charakterisierung von Such-, Erfahrungs- und Vertrauensgütern (nach Kuchinke 2000, S. 4)

Sabine Fließ (2004, S. 41) grenzt Suchgüter,[1] Erfahrungsgüter und Vertrauensgüter[2] durch die Höhe ihrer Messkosten ab, also durch das Problem der Beurteilung ihrer Qualität. Die ‚Eigenschaftsbeurteilung‘ einer Leistung ist ihrer Ansicht nach mit Messkosten verbunden, diese können differenziert werden als direkte Messkosten, Messfehlerkosten und Opportunitätskosten. Dienstleistungen in der Sozialwirtschaft zeichnen sich dadurch aus, dass kaum technische Methoden zur Verfügung stehen, dass die Messkosten den Wert oder Nutzen der Leistungen übersteigen oder, wenn die Opportunitätskosten der Beurteilung so hoch sind, dass eine alternative Leistung zu einem höheren Nutzen führt (Fließ 2004, S. 35). Ist dies der Fall, dann kann von einer Dominanz von Vertrauenseigenschaften ausgegangen werden, der Vertrauensaspekt ist somit im Interaktionskontext und als Legitimation auf den Sozialmärkten höchst relevant.

Im Rahmen institutionsökonomischer Überlegungen zeigt Hardt (1996) die hohe Bedeutung von Informationsasymmetrien bei Vertrauensdienstleistungen auf.

Das uno-actu-Prinzip wird hier in die Richtung interpretiert, dass erst die Vertragserfüllung den Erstellungsprozess der Dienstleistungen in Gang setzt und dass erst dann das Problem und die Problemlösung bekannt werden (Kuchinke 2000, S. 4). Dies erfordert eine grundsätzliche Offenheit der Dienstleistungen und impliziert Vertrauenseigenschaften des Produktionsprozesses: Kund_innen oder Nutzer_innen sind mit Leistungseigenschaften konfrontiert, deren Erfüllung der/die Nutzer_in weder während noch nach Inanspruchnahme der Dienstleistung abschließend beurteilen kann. Der/die Nachfrager_in kann nicht oder nur zu sehr hohen Kosten zwischen Anbietern guter und Anbietern schlechter Qualität unterscheiden (Kuchinke 2000, S. 3; Fließ 2004, S. 34). Dies eröffnet Anbietern wie Nutzer_innen diverse Verhaltensspielräume. Die Principal-Agent Theorie konzeptioniert dies als die Probleme hidden characteristics, hidden intention und hidden action, die durch Debundling-, Visualisierungs-, Externalisierungs- bzw. Internalisierungsstrategien bearbeitbar sind (Fließ 2004, S. 41).

1 Nelson bezeichnet die erste Gutskategorie als Suchgüter. Manchmal werden diese Güter aber auch als Inspektionsgüter bezeichnet.

2 Der Begriff des Vertrauensgutes wurde von Darby/Karni eingeführt. Zu den Charakteristika der Vertrauensgüter Kuchinke 2000; Fließ 2004.

Industriell-dienstleistungsorientierte Leistungsbündel	Probleme sowie deren Lösungen sind bekannt – standardisierte Interaktionen – Kaufentscheidungen werden dominiert von Sucheigenschaften, teilweise auch von Erfahrungseigenschaften; beides ist nicht kostenlos – langfristige Vertrags Beziehungen – hohe Planungssicherheit, z.B. Wartungsleistungen technischer Geräte.
Kreativ-dienstleistungsorientierte Leistungsbündel	Probleme sind bekannt, die Lösungen jedoch nicht oder nur bedingt – intensive Interaktionen – werden von Erfahrungseigenschaften dominiert – nur geringe Planungssicherheit, z.B. Organisationsentwicklungsleistungen.
Vertrauens-dienstleistungsorientierte Leistungsbündel	Weder Problem noch Problemlösung sind bekannt – spezifische und komplexe Interaktion – dominierend sind Vertrauenseigenschaften – langfristige relationale Verträge, z.B. intensive Hilfen für Jugendliche.

Abb. 2: Charakterisierung vertrauensdienstleistungsorientierter Leistungsbündel (Hardt 1996)

Vertrauensgüter sind durch hohe Asymmetrien und Unsicherheiten gekennzeichnet. Sabine Fließ (2004, S. 40) kommt deshalb zu dem Ergebnis, dass die Steuerung von Qualität aber auch Problemdefinition und Lösungsfindung am Leistungserstellungsprozess ansetzen muss, nicht erst am Output.

Fassen wir den Argumentationsstrang des zweiten Kapitels zusammen. Soziale personenbezogene Dienstleistungen sind interaktionsbasierte Güter in institutionalisierten Kontexten. Sie entstehen durch das gemeinsame Erhandeln von

- Nutzer_innen in sozialpolitisch gezielt geplanten Interaktionen unter Beteiligung unterschiedlichster Dienstleistungserbringer,
- privatwirtschaftlichen oder staatlichen Unternehmen sowie Organisationen des sog. Dritten Sektors und deren Fachkräfte oder Ehrenamtliche,
- Peers und Selbsthilfekooperationen,
- privaten Haushalten, Angehörigen in Eigenproduktion,
- Interaktionen in dementsprechend aufbereiteten Infrastrukturen wie etwa Sozialräumen oder Gemeinwesen.

Den besonderen Charakter sozialer Dienstleistungen kennzeichnen ihr Personenbezug als „Immaterialität, Unteilbarkeit, Standortgebundenheit und ihre hohe Individualität sowie die Integration des externen Faktors: Produktion und Konsum verlaufen simultan (...). Das Soziale dieser Dienstleistungen kann sich aus den Zielgruppen und Zielsetzungen ergeben, sowie aus den Angeboten und den Anbietern. In vielen Variationen geht es um die Verbesserung der Lebenssituation von Menschen, die in der Gesellschaft Benachteiligungen erfahren. Typische Leistungsformen sind u.a. Beratung, Betreuung, Behandlung und Pflege.“ (Langer et al. 2017, Kap. 1.1).

3. Soziale Dienstleistung als Element sozialer Sicherungssysteme

Nach der begrifflichen Abgrenzung in Kapitel 2 soll nun im 3. Kapitel die soziale Dienstleistung im weiteren System der Sozialen Sicherung in der Bundesrepublik betrachtet werden. Soziale Dienstleistungen sind wesentliche Elemente nationaler Sicherungssysteme und Gegenstände supranationaler Steuerung. Dies ist für die Sozialwirtschaft deswegen von Bedeutung, weil sich daraus Handlungsfelder aber auch Einflussfaktoren ergeben (wie sich dies auch schon beim Merkmal ‚sozial' angedeutet hat).

3.1 Soziale Dienstleistungen als Element des deutschen Sicherungssystems

Das sozialpolitische Sicherungssystem in Deutschland lässt sich unter anderem durch die Unterscheidung seiner Leistungen – als wesentliches Strukturelement – beschreiben. So ist es ein probates Mittel, Geldleistungen und Sachleistungen zu differenzieren, eine wesentliche Rolle spielen aber auch Schutz- und Gleichstellungsrechte. Die oft missverständliche Abgrenzung sozialer Sachleistungen (hier oftmals als Sachleistungssystem z.B. in der Behindertenhilfe) gegenüber Geldleistungen subsumiert Dienstleistungen in den Sachleistungen. Hier soll jedoch eine genauere Abgrenzung getroffen werden (z.B. Bellermann 2011): Das Soziale Sicherungssystem gliedert sich in soziales Recht und soziales Geld, und die Leistungskategorie soziales Geld gliedert sich wiederum in drei Kernelemente, die der reinen Geldleistungen (von Lohnersatzzahlungen bis Grundsicherung), der Sachleistungen (materielle Güter) und die der sozialen Dienstleistungen (immaterielle Güter). Für die Sozialwirtschaft sind dabei soziale (Schutz-)Rechte und Dienstleistungen von besonderer Bedeutung.

Soziale Dienstleistung in der Bundesrepublik Deutschland sind integraler Bestandteil des Sozialstaatsprinzips, welches grundlegend in den Artikeln 20 und 28 Grundgesetz (GG) verankert sind. Sie bilden die rechtliche Grundlage der Daseinsvorsorge durch die Garantie der kommunalen Selbstverwaltung, die staatliche Fürsorgepflicht ist im Art. 74 Abs. 1 GG verankert. Die gesetzlich verankerten Leistungsansprüche werden für Versicherungs- als auch steuerfinanzierte Leistungen in den Sozialgesetzbüchern definiert. Aus der immer noch starken Bedeutung des Subsidiaritätsprinzips resultiert ein leistungsrechtliches Dreiecksverhältnis zwischen den öffentlichen Kostenträgeren und leistungsgewährenden Institutionen (Staat, Bundesland, Kommune, Sozialversicherungsträger), Leistungserbringern (freie, private Träger) und den Leistungsnutzern (Bürger_innen). Die gewährleistenden Akteure und Kostenträger erfüllen sozialrechtlich garantierte Leistungsansprüche und beauftragen zu deren Umsetzung in verstärktem Maße freie und private Träger und deren Einrichtungen. Dabei besteht bei den personenbezogenen Dienstleistungen ein Wunsch- und Wahlrecht der Nutzer_innen bezogen auf die zum Einsatz kommenden Leistungserbringer, zum Teil auch bezüglich Form und Art der Umsetzung. Soziale Dienstleistungen sind – als Daseinsvorsorge – geografisch an den Lebensort der Nutzer_innen aber auch den Erbringungsort der Dienstleistenden gebunden, als erster Aspekt der regionalen / kommunalen / lokalen Dimension dieser Leistungsart.

Die Dienstleistungserbringer können in der Regel erst nach Anerkennung und im Rahmen verhandelter Bedingungen (Leistungs-, Entgelt- und Prüfvereinbarungen) tätig werden. In diesem Rahmen – oder durch Gesetz – werden auch Qualitätsstandards (Qualifikation, Konzeption, bauliche Standards), Leistungsarten bis hin zu Leistungsmengen (Sozialraumbudgets) vereinbart, die allerdings keine Belegungsgarantie oder Auslastungszusagen enthalten; hier zeigt sich das zweite Element der regionalen/kommunalen/lokalen Dimension sozialer Dienstleistungen.

Soziale Dienstleistungen als Bestandteil der sozialen Daseinsvorsorge werden in der Bundesrepublik Deutschland immer noch zu einem maßgeblichen Teil von der frei gemeinnützigen

Wohlfahrtspflege getragen, obwohl die Pluralisierung und Deregulierung das Angebot in Richtung neuer und auch privatgewerblichen Anbieter geöffnet hat. Es herrscht eine zunehmende Preis-, Qualitäts- und Kostenkonkurrenz. Bei den Dienstleistungsanbietern findet sich überwiegend ein Finanzierungsmix (Maucher 2011, 522) aus Zuwendungsfinanzierung (etwa 10%), Leistungsentgeltfinanzierung (etwa 80%) und Eigenmittelfinanzierung (etwa 10%).

Trotz dem nicht mehr garantierten – und auch nicht mehr gesetzlich verankerten – Vorrang für die Leistungserbringung durch Träger und Einrichtungen der Freien Wohlfahrtspflege, nehmen diese Träger dennoch immer noch eine Vormachtstellung gegenüber kommunaler Wohlfahrtspflege und anderen Trägern ein. Diese liegt einerseits in Pfadabhängigkeiten aber auch in nach wie vor bestehenden Begünstigungen begründet. So werden diese Organisationen über den Status der Gemeinnützigkeit (§§ 51, 68 Abgabenordnung (AO)) steuerlich begünstigt. Werden die Ziele gemeinwohlorientierten Handelns anerkannt und erfüllt, so können steuerliche Befreiungstatbestände (z.B. Wegfall von Umsatz- und Gewerbesteuer), verminderte Steuersätze sowie Spendenabzug beansprucht werden.

3.2 Zum Bedeutungszuwachs von Dienstleistungen

Badura/Gross (1976) rufen mit ihrer „Dienstleistungsstrategie" den Paradigmenwechsel bei den sozialpolitischen Leistungsarten hin zu den sozialen Dienstleistungen aus. Die Abkehr von der „Einkommensstrategie" bedeutet einen grundlegenden Wandel der Zuständigkeiten, weg von der Organisation und Verteilung der Geldleistungen hin zur Möglichkeit der Leistungen als dienstleistungsbezogene Interventionen und deren (lokale) Verortung und Organisation. Gleichzeitig werden die Dienstleistungen aus dem „traditionellen System der kommunalen Zwangsarmenpflege" herausgelöst und in ein System der „professionelle(n) Bearbeitung komplexer psychosozialer Notlagen" (Olk 2008, S. 288) institutionalisiert. Im Rahmen des sozialwirtschaftlichen Steuerungsdiskures erleben Dienstleistungen einen qualitativen Bedeutungszuwachs, weil im Wandel vom ‚versorgenden' Staat zum ‚aktivierenden' Sozialstaat die Forderung der ‚Chancengleichheit' besser realisierbar erscheint. Die wichtigsten Bausteine, die auf der Möglichkeit sozialstaatlicher Intervention aufbauen, sind die Abkehr von der ‚Dekommodifizierung' der Arbeitskraft und einem ‚übertriebenen' Sozialschutz, der Wandel von Umverteilung hin zur Förderung und Befähigung von „Handlungsautonomie und Freiheit zur Risikoübernahme und selbstgesteuertem Handeln auf unsicheren Märkten" (Olk 2008, S. 294). Nicht umsonst wurde der Umbau der Arbeitsmarktpolitik mit „Moderne Dienstleistungen am Arbeitsmarkt" (sog. Hartz-Gesetze) benannt. Programmatisch steht hier auch die Vorgehensweise „Fordern und Fördern" für das anspruchsvolle Vorhaben eines aktivierenden Sozialstaates. „Während das Element des ‚Forderns' also explizit die Eigenleistungen und Selbsthilfefähigkeiten der potentiellen Leistungsempfänger fokussiert und die Hilfeempfänger zur aktiven Mitwirkung am Hilfeprozess verpflichtet, zielt das Element des ‚Förderns' auf die Bereitstellung von passförmigen und fallspezifischen Angeboten eines maßgeschneiderten Case-Managements" (Olk 2008, S. 295). Die Umgestaltung sozialer Dienstleistungen als Instrument des aktivierenden Wohlfahrtsstaates fokussiert also das Leitbild des Sozialinvestitionsstaates – aber auch die mögliche Instrumentalisierung derjenigen Akteure, Organisationen, Träger, Einrichtungen, Initiativen bis hin zum zivilgesellschaftlichen Engagement, die seit jeher für den Bereich sozialer Dienstleistungen stehen.

3.3 Soziale Dienstleistungen als Gegenstand europäischer Steuerung

Vor diesem Hintergrund werden soziale Dienstleistungen seit über 20 Jahren verstärkt in unterschiedlichen deutschsprachigen Diskursen verhandelt und seit über 15 Jahren in unterschiedlichen Gremien und Arenen im Kontext der EU diskutiert. Ein Referenzpunkt, nämlich soziale Dienstleistungen im Konzept der ‚social services of general interest' (SSGI) zu fassen, wurde im Jahr 2006 durch die Europäische Kommission vorgeschlagen (siehe dazu den Beitrag von Güntner/Maucher in diesem Band). Zusammenfassend für die weitere Diskussion soll hier aber dennoch erwähnt werden: In der EU-Diskussion sind soziale Dienstleistungen solche sozialen Unterstützungssysteme, die erstens durch Interaktionskontexte wirken, also im Gegenteil zu Geldleistungen und Sachleistungen durch face-to-face-Aspekte gekennzeichnet sind und zweitens als eingebettet im sozialstaatlichen oder wohlfahrtstaatlichen System zu verstehen sind – also in der Regel familiäre Unterstützungssysteme ergänzen oder ersetzen.

Im Anschluss an die Definition der SSGI werden Dienstleistungen auch als Sozialisationsprozesse verstanden, (1) durch die sich soziale Institutionen verantwortlich dafür zeigen, Individuen in ihrem täglichen Leben zu unterstützen, (2) in welchen Individuen nicht als isolierte Geschöpfe betrachtet werden, sondern jeweils eingebettet sind und als ein Teil sozialer Einheiten und Systeme zu betrachten sind. (3) Soziale Dienstleistungen werden aber ebenso als ökonomische Güter verstanden, die gehandelt werden können, was zumindest die Herausforderung beinhaltet, die traditionelle Sicht auf die Herstellung sozialer Gleichheit durch Dienstleistungen mit ökonomischen Überlegungen zu verbinden. In einer Übersicht über Maßnahmen zur sozialen Integration in Europa kommt Herrmann (2005, S. 12) zu folgendem Ergebnis: „Social Services are an integral part of the European Social Model and moreover of society. This means that they are *serving* not only *concerned individuals* but also *society at large*". Soziale Dienste sind tief in den nationalen, regionalen und lokalen Wohlfahrtsregimen mit ihren jeweiligen Kulturen, Traditionen und Akteurskonstellationen eingebettet.

4. Sozialwirtschaftliche Dienstleistungen zwischen Handlung und Institution: Dienstleistungsstrukturen

Der zentrale Bezugspunkt des vorliegenden Beitrags ist es, nicht nur das Phänomen der sozialen Dienstleistungen begrifflich, theoretisch und konzeptionell zu klären, sondern auch die Struktur der Planung, Steuerung, Organisation und Erbringung von sozialen Dienstleistungen, die in Dienstleistungsstrukturen reguliert, orientiert und legitimiert werden, aufzuschließen. Der konzeptionelle Vorschlag dieser Ausführungen besteht darin, in der Analyse von ‚sozialen Dienstleistungsstrukturen' die gemeinsame Entwicklung, die Interdependenz und die wechselseitige Gestaltung eines ‚organisationalen Feldes' als wesentliches Grundelement der Sozialwirtschaft zu umreißen – es geht also um die strukturellen Rahmenbedingungen im Sinne einer ‚Infrastruktur' sozialer Dienstleistungen. Die neoinstitutionellen Grundlagen werden im konzeptionellen Einleitungsartikel geklärt (siehe Grunwald/Langer in diesem Band).

4.1 Die institutionelle Einbettung der sozialen Dienstleistung in organisationalen Feldern

Die Generierung, Sicherstellung, Steuerung und (qualitative) Weiterentwicklung von sozialen Dienstleistungen im Konzert mit anderen Elementen des sozialen Sicherungssystems erweist sich als weitaus voraussetzungsvoller und anspruchsvoller als z.B. die Erstellung von Geldleistungen oder Sachleistungen. Es müssen passende Interaktionskontexte bereitgestellt werden, die Dienstleistungen müssen örtlich verfügbar sein, die Sicherstellung qualifizierten Personals und geeigneter Träger bedarf hoher Vorlaufzeiten, die Angebote müssen niedrigschwellig und vertrauensgenerierend sein, es bedarf eines komplexen Systems der (partizipativen) Bedarfsdefinition, Sozialplanung und Umsetzung bis hin zu Strategien der Integration relevanter Öffentlichkeiten zur Akzeptanzsteigerung und Ent-Stigmatisierung.

Allein diese Auflistung lässt vermuten, dass soziale Dienstleistungen als Güter in Relation zu Handlungen und Interaktionen voraussetzungsvolle Rahmenbedingungen benötigen. Erstaunlich ist dabei, dass die Beschreibung und Analyse dieser Rahmenbedingungen bislang nur wenig systematisiert vorliegt. Um nun dies zu leisten wird auf den soziologischen Neo-Institutionalismus zurückgegriffen und hier auf drei wesentliche Konzepte: 1) das Institutionenverständnis als Unterscheidung dreier Säulen (regulativ, normativ, kognitiv; dies wird im Grundlagentext Sozialwirtschaft Grunwald/Langer in diesem Band geklärt) 2) das Modell organisationaler Felder mit ihren Isomorphiephänomenen sowie 3) das Modell institutioneller Logiken. Mit diesem Instrumentarium wird im Folgenden ein Erklärungsansatz gegeben, warum Organisationen in der Sozialwirtschaft sich verhalten, wie sie es tun und wie die Funktion sozialer Dienstleistungen vor dem Hintergrund der Einbettung in einem institutionellen ‚Feld' verstanden werden kann.

Im Sinne einer Mehrebenenverflechtung ist es dabei zuerst einmal einleuchtend; diese institutionelle Struktur versteht sich im Rahmen einer Policy-Analyse als Regelungsstruktur (die Entscheidungsprozesse fokussiert) und Leistungsstruktur (Konkretisierung und Ausgestaltung von Programmen vor Ort) – denn man würde bei den wesentlichen Rahmenbedingungen aus sozialwirtschaftlicher Sicht natürlich zuvorderst an leitende Gesetze und Träger denken. Scott (2001) leitet daraus drei „institutionelle Säulen" ab (‚Institutionen' als regulative, sowie normative und kognitive Orientierungen).

Schon hier deutet sich an, dass die institutionellen Rahmenbedingungen sozialer Dienstleistungen eher als ein Ensemble aus strukturgebenden Elementen zu verstehen ist. Die Neo-Institutionalisten nehmen nun an, dass diese Strukturen ein Ergebnis ständiger Beobachtung und Beeinflussung sind und einen festgefügten aber doch beweglichen Rahmen für Regulierung, Legitimation und Orientierung sozialer Dienstleistungen bilden, aber auch des auf Dienstleistung bezogenen Handelns. „Die Neoinstitutionalisten gehen vielmehr davon aus, dass Annahmen, Vorstellungen und Erwartungen in einer Gesellschaft generell festlegen, wie Unternehmen, Schulen oder Krankenhäuser gestaltet sein sollen, warum sie nützlich sind, welche Aufgaben ihnen zukommen und welche nicht (...). Viele der in Organisationen vorzufindenden Programme, Stellen, Abteilungen und Verfahrensweisen werden in Reaktion auf die Forderungen und Erwartungen wichtiger Anspruchsgruppen in der Umwelt eingerichtet. (...) Sie werden unabhängig von ihren Auswirkungen auf das Arbeitsergebnis und die Effizienz der Organisation übernommen (adoptiert)" (Walgenbach 2014, S. 296). Vor allem auf der Leistungsstruktur findet also eine gegenseitige Beeinflussung in organisationalen Feldern statt, auch Isomorphie genannt.

Damit ist das zentrale Konzept der organisationalen Felder angesprochen. Es ist ein gängiger Begriff, in dienstleistungsbezogenen Kontexten von einem ‚Feldzugang' zu sprechen, vom ‚Feldverständnis' bis hin zu ‚Feldgestaltung'. Gemeint ist damit jeweils eine bestimmte Gestalt des Zusammenspiels verschiedener Träger, Organisationen, Institutionen, Akteure bis hin zu Kulturen, die einen bestimmten Bereich der Dienstleistungen charakteristisch kennzeichnen. Insbesondere durch den soziologischen Neo-Institutionalismus kann dieser Zugang in ein Theoriegebäude eingeordnet werden, das diese ‚Einbettung' als ‚organisationales Feld' beschreibt. Nach Dimaggio/Powell (1983) ist ein organisationales Feld die zentrale Analyseeinheit aus „jene(n) Organisationen, die gemeinsam einen abgegrenzten Bereich des institutionellen Lebens konstituieren: die wichtigsten Zuliefererfirmen, Konsumenten von Ressourcen und Produkten, Regulierungsbehörden sowie andere Organisationen, die ähnliche Produkte oder Dienstleistungen herstellen bzw. anbieten" (DiMaggio/Powell 2000, S. 149).

Zu der Analyse ‚organisationaler Felder' liegen unzählige Einzelansätze vor, jedoch erst wenige konzeptionelle Vorschläge (Bode 2013; Krone et al. 2009). Soziale Dienstleistungen als eingebettet in ‚organisationale Felder' zu betrachten behauptet, dass man mehr als nur bestimmte Sozialunternehmer bzw. freie Träger gemeinsam mit relevanten öffentlichen Trägern in einem bestimmten Policy-Bereich der kommunalen Sozialpolitik betrachten muss, um zu verstehen, wie vor dem Hintergrund bestimmter sozialer Probleme Bürger_innen zu Nutzer_innen sozialer Dienste transformiert werden, die dann in der Regel durch Interaktionszusammenhänge in Koproduktion soziale Dienstleistungen erstellen. In Bezug auf soziale Dienstleistungen lautet die zentrale Fragestellung der Analyse organisationaler Felder, welche institutionellen Rahmenbedingungen überhaupt gegeben sein müssen, um soziale Dienstleistungen als überaus anspruchsvolle Leistungsart zu generieren und sicherzustellen. Die weitergehende Fragestellung lautet davon ausgehend, wie sich die unterschiedlichen institutionellen Elemente gegenseitig bedingen und beeinflussen, um zu einem schlüssigen Verständnis der Weiterentwicklung und Steuerung organisationaler Felder und mit ihnen sozialer Dienstleistung zu kommen.

Die Regelungsstruktur strahlt aber nicht nur durch Gesetzgebung in die Isomorphieprozesse organisationaler Felder ein, sondern auch in Form von gesellschaftlichen Handlungslogiken. Damit ist das dritte leitende Konzept der institutionellen Logiken benannt, welches an die Strukturationstheorie von Giddens anschliesst, der für die Analyse gesellschaftlicher Differenzierung zwei Modelle von Systemen entwirft, einerseits das der Subsysteme und andererseits das der Expertensysteme. Letztere sind wiederum unterschieden in die technischen Systeme und die professionellen Systeme (Giddens 1996). Als Weiterentwicklung dieses neo-institutionellen Ansatzes und anschließend an diese differenzierungstheoretische Position wurden vor allem durch die Arbeiten von Thornton/Ocasio ‚institutionelle Logiken' entworfen, die bestimmte Entwicklungsmechanismen innerhalb organisationaler Felder präzisieren. So werden auf der gesellschaftlichen Makro-Ebene idealtypische Sets von Ordnungsprinzipien unterschieden („Corporation"; „Profession", „Market", „State", „Religion" und Family"; Thornton et al. 2005, S. 128, 168ff.; Thornton et al. 2012, S. 52ff.), die als institutionelle Logiken ein „Bündel an Normen sowie kulturellen und strukturellen Praktiken" (Blümel 2013, S. 83) bereitstellen, die widerum orientierungsrelevant sind.

4.2 Dienstleistungsstrukturen als Infrastruktur der DL-Produktion[3]

In sozialen Dienstleistungen – als ‚Produkt' und ‚Prozess' der (Inter-)Aktion von Personen und ausgeführten Handlungen – kommt aber darüber hinaus eine Vielzahl von Einflüssen, regulierenden und orientierenden Faktoren zum Ausdruck. Diese Faktoren sind in den strukturellen Rahmenbedingungen, sozusagen der Dienstleistungsinfrastruktur, zu finden. Mit dem hier vertretenen Ansatz wird sogar behauptet, dass jede erbrachte Dienstleistung mindestens von fünf institutionellen Strukturelementen beeinflusst wird, die zusammengenommen das ‚organisationale Feld' sozialer Dienstleistungen konstituieren: (1) Die Organisation in der Trägerkonstellation, (2) die Dienstleistungsprozesse, (3) der regulierte Dienstleistungsmarkt, (4) die Mehrebenenverflechtung in Policy-Bereichen und (5) die (professionelle) Expertise. Wenn diese institutionellen Rahmenbedingungen orientierenden Charakter auf soziale Dienstleistungen haben, so müssen sie von Dienstleistungsplanung und Dienstleistungsmanagement berücksichtigt werden. Man kann sogar so weit gehen, dass sich ein Dienstleistungsmanagement bei der Erstellung einer sozialen Dienstleistung also auf fünf idealtypisch unterscheidbare institutionelle Kontexte beziehen muss, die die Dienstleistung gleichzeitig begrenzen, wie auch ermöglichen. Aus dem Blickwinkel einer neo-institutionellen Organisations- und Politikforschung können also fünf wesentliche Strukturelemente moderner sozialer Dienstleistungskontexte unterschieden werden.

	Strukturelemente soziale Dienstleistung Wie werden soziale Dienstleistungen gesteuert, integriert, orientiert?
(1) Trägerstruktur als eingebettete Organisation(en) im ‚welfare mix'	*Organisation und Subsidiarität* als Rahmung und Einbettung der Dienstleistung als Leistungsbündel; substantielle gesetzliche Normen sozialer Daseinsvorsorge als Regelung der Subsidiarität Definition von organisationaler Zuständigkeit und Funktion in der Trägerstruktur; Finanzierungsformen, Advocacy-Funktion, gegenseitige Anpassung der aufgabenteiligen Organisationen im organisationalen Feld, organisationsinterne Isomorphiephänomene als strukturelle und emergente Organisation
(2) Trägerübergreifende Leistungsprozesse und Leistungsverbünde	*Kooperation* der Akteure in standardisierten Prozessen, wie z.B. der Bedarfsfeststellung, im Hilfeplanverfahren, Qualitätssicherung, Arbeitsteilung innerhalb der Verfahren, institutionalisierte und informelle Trägerverbünde, Sozialraummanagement, prozedurale Partizipation unterschiedlicher Stakeholdergruppen
(3) Regulierte Dienstleistungs-Märkte	*Regulierung* der Preis-Mengen-Qualitäts-Märkte auf kommunaler/regionaler Ebene, Rahmenvereinbarungen inklusive Finanzierungsmodellen, Leistungsverträge als Rahmung, temporäre Öffnungen durch Wettbewerb, Schließung der Märkte durch Pfadabhängigkeit und Vertrauenskoordinierung, flankierende DL-Akteure, Selektionsprozesse als wettbewerbsinduzierte Nebenfolgen

3 Das folgende Kapitel orientiert sich wesentlich, zum Teil wörtlich, an dem Beitrag Langer 2014.

(4) Mehrebenenverflechtung in Politikbereichen	*Prozessperspektive substantieller gesetzlicher Normen sozialer Daseinsvorsorge;* Umsetzung von Sozial- und Leistungsgesetzen, deren Gestaltung und Ausführung als Grundlage der Dienstleistungserbringung, Bedarfsdefinition und -planung; Ressourcenbereitstellung und -allokation *Politische Willensbildung* – Steuerung und Verhandlungsarenen; formelle Partizipation und Governance, informelle Planung und Lobbying, Policy-Prozesse und Agenda-Setting über die grundlegenden sozialpolitischen Ziele und Leitbilder, Einflussnahme auf politische Programme und Ausführung der gesetzlichen Grundlagen
(5) (Professionelle) Expertise	*Übergreifend akzeptiertes Deutungs- und Bewertungswissen* professioneller, politischer und interessenvertretender Akteure über Policy, Trägerstrukturen, Standards, Methoden, Instrumente, repräsentiert durch professionelle Akteure, Organisationen, feldrelevante Stakeholder

Tab. 1: Strukturelemente sozialer Dienstleistungen (eigene Darstellung)

Im etablierten Sachleistungssystem sozialer Dienstleistungen wurden bzw. werden organisationale und organisationsübergreifende Strukturen generiert, gesichert und weiterentwickelt, die durch regulative, normative und kognitive Elemente gekennzeichnet sind. Dies gilt für Dienstleistungen im stationären, teil-stationären und ambulanten Leistungsbereich des Sachleistungsprinzips bis hin zu sozialraumorientierten oder personalisierten Leistungsformen.

Zu den regulativen Elementen gehört dabei die organisationale Trägerstruktur, ebenso wie die Sozialgesetze, Standardisierungen und Rahmenordnungen. Soziale Dienstleistungen als ein Leistungsbündel sind Ausdruck und Ergebnis regulativer Strukturelemente: Sie sind ein bepreistes, in Menge und Qualität abgestimmtes und relativ gesichertes Angebot, auf welches berechtigte Nutzer_innen nach festgestelltem Bedarf zugreifen können. Die regulativen Elemente sind zumeist als äußerst heterogene kommunale, regionale Ausführung von Bundes- und Ländergesetzgebung vorzufinden. Die Regulierung der im Folgenden ausgeführten Struktur-Elemente Organisation, Leistungsprozesse und Märkte erfolgt auf der Grundlage von Gesetz und Verordnung äußerst unterschiedlich und schwer zwischen Leistungsbereichen (wie z.B. Kinder- und Jugendhilfe und Behindertenhilfe; aber auch zwischen der Freien und Hansestadt Hamburg und dem Landkreis Regensburg in der Oberpfalz) vergleichbar. Die Leistungsfähigkeit und -bereitschaft der lokalen Strukturen wird nicht nur von der Auslegung übergreifender Regelungen beeinflusst, sondern auch von der finanziellen Ausstattung der öffentlichen Träger, der Tradition und Pfadabhängigkeit ihrer Sozialleistungsbearbeitung und dem jeweiligen Einfluss diverser politischer Akteure auf die Sozialverwaltung (Banner 1982).

Im Folgenden werden nun die oben genannten Strukturelemente ausgeführt, die in der Tabelle zusammengefasst dargestellt sind.

(1) *Trägerstruktur als eingebettete Organisation(en) im ‚welfare mix‘:* Organisation als Strukturelement der Dienstleistungsbedingungen ist mindestens in zwei Perspektiven zu berücksichtigen. Erstens natürlich als ‚formale‘ Organisationen, die sich an Legitimationsanforderungen

relevanter Umwelten anpassen – und in denen sich organisationsintern emergente Strukturen herausbilden. Zweitens als die zugrunde liegenden gesetzlichen Normen als regulative Strukturelemente. Im Fall sozialer Dienstleistungen sind es also erstens öffentliche Leistungsträger und die frei-privaten Leistungsanbieter die getrennt voneinander, aber aufeinander bezogen, zu betrachten sind; sie bilden gleichzeitig füreinander relevante Umwelten. Um die Einbettung sozialer Dienstleistungen angemessen analysieren zu können, bietet es sich jedoch zweitens an, die jeweils regionalen / lokalen Konstellationen der Trägerstruktur zu berücksichtigen. Letztlich ist diese Konstellation ja durch sozialrechtliche Regelungen auf mehreren Ebenen vorgegeben, Leistungsträger und Leistungserbringer sollen zusammenwirken (z.B. §§ 4-6 SGB XII). Auf diese Weise entsteht eine jeweils eigene Trägerkonstellation, die eine Auswirkung auf die Art und Weise der Dienstleistungserbringung hat, die aber auch Konsequenzen für die jeweilige Organisation, deren Struktur, Kultur und Entwicklung beinhaltet. Dieser Prozess der Institutionalisierung findet einerseits seinen Ausdruck in der Etablierung professionellen Managements und Organisationsstrukturen, wie er auch gleichzeitig durch das professionelle Management vorangetrieben wird. Andererseits sind die Aufgabenverteilungen zwischen öffentlichen und freien Trägern im sozialrechtlichen Dienstleistungsdreieck keineswegs klar geregelt, sondern pfadabhängig und von lokalen und fachpolitischen Bedingungen geprägt. Auch spielen Organisationen der Interessensvertretung – wie zum Beispiel Selbsthilfeverbände – eine immer bedeutendere Rolle in der Formulierung und Durchsetzung von Erwartungen und Interessen. Die relevanten Dienstleistungsorganisationen werden an den Anforderungen professioneller Leistungserbringung sowie an relevanten Legitimationserwartungen – wie z. B. Effizienz und Effektivität – entlang gestaltet, die regional vollkommen unterschiedlich sein können.

(2) *Organisationsübergreifende Leistungsprozesse und Verbundstrukturen:* Soziale Dienstleistungen sind verstärkt eingebettet in organisationsübergreifende Prozesse, Verfahren und Strukturen, die aufwändig installiert und betrieben werden müssen. Zu diesen institutionalisierten Verfahren oder Prozessen gehören z. B. Hilfeplanverfahren, Formen integrierter Versorgung, Case-Management oder sozialräumliche Leistungsallianzen. Ein Kernpunkt der Leistungsprozesse ist die Integration und Partizipation der Nutzer_innen in die Dienstleistungsdefinition und -erstellung. Als Ergebnis dieses prozesshaften Zusammenwirkens können auf der Grundlage individueller Rechtsansprüche der Nutzer_innen gegenüber dem Leistungsträger zivilrechtliche Verträge zwischen Nutzer_innen und Leistungserbringer entstehen – die jeweils flankiert sind durch Leistungs-, Qualitäts- und Vergütungsvereinbarungen zwischen Leistungsträgern und -erbringern.

Insbesondere durch Weiterentwicklung der Prozessperspektive werden in jüngerer Zeit durch integrierte Leistungserstellungsmodelle oder sozialräumliche Orientierungen (exklusive) Träger- und Dienstleisterverbünde etabliert, die eine intensivere Zusammenarbeit, zum Teil auch durch Beseitigung leistungsrechtlicher Hürden (fragmentierte Finanzierung, Datenschutz, Parallelstrukturen) ermöglichen (Langer 2012). Diese zumeist temporären Verbundstrukturen stellen eine organisationsübergreifende Kooperation dar, in denen Isomorphie-Prozesse nicht nur in die jeweiligen Organisationen hineinwirken, sondern neue Organisationsstrukturen entstehen (z.B. Schubert 2017).

Das Leistungspotential der organisationsübergreifenden Dienstleistungsstrukturen liegt in der Ermöglichung von Kooperation und Bedarfsdefinition unter Wettbewerbs- und Hierarchiebedingungen sowohl in personenbezogenen Fällen als auch für die Entwicklung relevanter Infrastrukturausstattung. Gleichzeitig entstehen durch die interorganisationale Prozessorientierung Verhandlungsarenen, in denen übergreifende Regulierungen konkretisiert werden.

(3) *Governance der regulierten Dienstleistungsmärkte:* Soziale Dienstleistungen werden verstärkt über sogenannte ‚Sozialmärkte' oder ‚Quasi-Märkte' koordiniert. Die Mechanismen, die dabei zum Tragen kommen, sind nicht nur entscheidend von Angebot und Nachfrage, sondern durch formelle und informelle Regelungen geprägt. Auf der formalen Seite wird die Gleichzeitigkeit von Kooperation und Wettbewerb z. B. durch temporäre Öffnung des Wettbewerbs in Form von Ausschreibungen, Verhandlungen oder Leistungsverträgen erwartbar geregelt (Krone et al. 2009). Die informellen Mechanismen der Preis-Mengen-Qualitätsmärkte werden durch den Einsatz von Vertrauen, Bildung von Netzwerken und sozialer Schließung bestimmt. Die Aspekte der Stärkung von Konsumentenmacht der Klienten_innen, der Diversifizierung von Organisationsformen, der Pluralisierung von Anbieterstrukturen sowie des Einflusses von Nachfragemonopolen sind allesamt Aspekte von Regulierung und Planung, weniger von Preisbildung durch Angebot und Nachfrage.

Wesentlich für den Steurerungsmodus (Quasi)Marktregulierung sind dabei mindestens drei Aspekte: Finanzierungsmodelle, Selektionsprozesse und neue Akteure.

- Eine Umstellung der Sozialplanung und Angebotssicherstellung auf Marktelemente verändert radikal die staatlich-kommunal einsetzbaren Steuerungsinstrumente. Innerhalb der Transformation zu Auftragnehmer-Auftraggeber-Konstellationen (hier Jüster in diesem Band) und dementsprechenden Vertragsgestaltungen spielen anreizsetzende Finanzierungsmodelle eine immer größere Rolle, wie z.B. ausgehend vom Leistungsentgeltmodell unterschiedliche Formen der Budgets (z.B. als Sozialraumbudgets), Pauschalfinanzierung (z.B. in der Schuldnerberatung) oder Gutscheinvergabe (z.B. als Kita-Gutschein).
- In dieser Steuerungskonstellation sind massive Auswirkungen der Anreizsetzungen als Selektionsmechanismen zu berücksichtigen (hier Noll in diesem Band). Es entstehen z.B. einträglichere und risikoreiche Nutzer_innengruppen, Produktgruppen, die sich besser ‚verkaufen' lassen bis hin zu Bedarfskonstellationen, die sich vorteilhafter vermarkten lassen.
- Parallel dazu lässt sich nicht nur eine Pluralisierung der Dienstleister beobachten, sondern auch die Entstehung eines flankierenden Beratungs-, Begleitungs- und Entwicklungsmarktes aus Serviceunternehmen, zu denen z.B. Unternehmensberatungen zu zählen sind, Institute und Hochschulen, Marketing-Agenturen bis hin zu Kreditinstituten und Qualifizierungsbetrieben.

(4) *Mehrebenenverflechtung und Kontextsteuerung in und von Policy-Strukturen:* Neben der regulativen Ebene sind normative Elemente in sozialpolitischen Governance-Prozessen zu berücksichtigen. Soziale Dienstleistungen sind trotz bundesweiter oder landespezifischer Gesetzgebung auf die kommunale Erbringungs- und Regelungsebene verwiesen. Hier sind immer wieder Verschiebungen durch voranschreitende Regionalisierung und Kommunalisierung festzustellen (wie z.B. bei der Behindertenhilfe), jedoch wird die Gestaltung der normativen Strukturelemente in den Einfluss- und Interessenbereich von kommunalen Akteuren, der regional-lokalen Anbieterstruktur bis hin zur Verflechtung personeller und politischer Aktivitäten verschoben. Die Implementierung gesetzlicher Grundlagen ist faktisch auf der Umsetzungsebene zum zweiten Mal zu analysieren.

Sehr nahe an der kommunalen Regelungsstruktur liegen die (neuen) politischen Einflussmöglichkeiten in Prozessen der Planung und Definition von Dienstleistungen in kommunalen und übergreifenden Policy-Strukturen. Ein wesentlicher Faktor sind hier die jeweiligen Konstellationen der Bedarfsregulierung und Ressourcenallokation. Es geht um die entscheidende sozialplanerische Frage, welche Dienstleistungen überhaupt in welcher Qualität und Quantität erbracht werden sollen und welche Ressourcen dafür bereitgestellt werden. Im Falle sozialer Dienstleistungen sind dies allemal kommunale/regionale Entscheidungen – selbst wenn mit den Leistungen individuelle Rechtsansprüche verbunden sind.

Dabei sind mehrere Ebenen zu nennen, die mit der Interpretation und Konkretisierung gesetzlicher Regelungen befasst sind. Die politische Steuerung und die relevanten Verhandlungsarenen sind dabei nicht nur als Entscheidungskontexte aufzufassen, sondern als Arenen der normativen Orientierung, auch in Form von geplanter Stadt- und Sozialraumentwicklung, von formeller Partizipation und Governance sowie der informellen Planung und des Lobbyings, die relevant sind für die Strukturierung der Dienstleistungen. Es geht neben dem Einfluss auf Rahmenverträge um das Agenda-Setting im ‚Kampf' um neue Leistungs- und Finanzierungsformen, aber auch um direkten Einfluss auf politische Steuerungsversuche durch Lobbying und Verhandlung.

(5) *(Re)Produktion kontextspezifischer (professioneller) Expertise und Identität:* Aber ebenso müssen Strukturelemente berücksichtigt werden, die sich eher auf der kognitiven Ebene bewegen. Dabei geht es um die Wahrnehmung der Wirklichkeit und deren sinnhafte Erschließung. Deren Träger sind akzeptierte, als selbstverständlich angesehene Kategorisierungen bis hin zu Identitäten. Als ein wesentliches Strukturelement ist hier die professionelle Expertise zu nennen, der sonst bei politikwissenschaftlichen und dienstleistungstheoretischen Ausführungen kaum eine Bedeutung zugemessen wird. Die beteiligten Akteure der sozialen Dienstleistungsstruktur reproduzieren die Elemente professioneller Expertise, an der sich personale Identitäten konstituieren. Bei der Expertise handelt es sich um akzeptierte Problemdeutungen als akademisches und praktisches Wissen, um akzeptierte Methoden, Arbeitsweisen und Instrumente der Problembearbeitung (siehe hier die näheren Ausführungen von Langer in diesem Band). Als entscheidender Orientierungspunkt neben der übergreifenden professionellen Expertise ist die Haltung der Akteure als Ermöglichung geteilter Identitäten für Angehörige unterschiedlicher Berufsgruppen sowie Organisationstypen (von öffentlich über frei bis hin zu gewinnorientiert) zu nennen. Expertise als kontextspezifische(s) Wissen, Können und Identität beschränkt sich nicht mehr auf berufliches Handeln, sondern umfasst ebenso Handlungsorientierungen, die durch Betroffene, Nutzer_innen und Angehörige selbst in die Dienstleistungserstellungen eingebracht werden.

5. Fazit

Soziale personenbezogene Dienstleistungen – in diesem Beitrag skizziert in als zentraler Bezugspunkt – der Sozialwirtschaft sind eingebettet in eine ermöglichende und gleichzeitig begrenzende soziale 'Dienstleistungsstruktur' die die Infrastruktur des Leistungssystems darstellt. Diese Struktur wird konstituiert durch das gemeinsame Prozessieren und Handeln unterschiedlichster Akteure, die sich auf die Elemente der Infrastruktur beziehen, diese aber gleichzeitig gestalten und reproduzieren. Die erbrachte Dienstleistung als Ergebnis lässt sich also keineswegs vereinfachend nur aus (sozial)unternehmerischer Aktivität erklären. Vielmehr stellt sich die erbrachte Dienstleistung als komplexes Zusammenspiel der Co-Produktion in abgestimmten Rahmenbedingungen dar. Ein Dienstleistungsmanagement muss sich einerseits dieser Rahmenbedingungen und der Erbringungsfaktoren bewusst sein und gleichzeitig gestaltend auf diese Rahmenbedingungen einwirken.

6. Literatur

Althammer, Jörg/Lampert, Heinz (2014): Lehrbuch der Sozialpolitik. 9., aktual. u. überarb. Aufl., Springer Gabler.

Arnold, Ulli (2014): Besonderheiten der Dienstleistungsproduktion. In: Arnold, Ulli/Grunwald, Klaus/ Maelicke, Bernd (Hrsg.): Lehrbuch der Sozialwirtschaft. 4., erw. Aufl., Baden-Baden: Nomos, S. 460-480.

Badura, Bernhard/Gross, Peter (1976). Sozialpolitische Perspektiven. Eine Einführung in Grundlagen und Probleme sozialer Dienstleistungen. München: Piper.

Banner, Gerhard (1982): Zur politisch-administrativen Steuerung in der Kommune. In: Archiv für Kommunalwissenschaft, Nr. 21, S. 26-47.

Bauer, Rudolph (2001): Personenbezogene soziale Dienstleistungen. Begriff, Qualität, Zukunft. Wiesbaden: Westdeutscher Verlag.

Badura, Bernhard/Gross, Peter (1976). Sozialpolitische Perspektiven. Eine Einführung in Grundlagen und Probleme sozialer Dienstleistungen. München: Piper.

Bellermann, Martin (2011): Sozialpolitik. Eine Einführung für soziale Berufe. Freiburg i.Br.: Lambertus.

Blümel, Albrecht (2013): Von der Hochschulverwaltung zum Hochschulmanagement. Wandel der Hochschulorganisation am Beispiel der Verwaltungsleitung. Wiesbaden. Springer VS.

Birnbacher, Peter (1997): Das Dilemma des Personenbegriffs. In: Archiv für Rechts- und Sozialphilosophie 87, H. 37, S. 9-25.

Bode, Ingo (2013): Die Infrastruktur des postindustriellen Wohlfahrtsstaats: Organisation, Wandel, gesellschaftliche Hintergründe. Wiesbaden: Springer VS.

Bundesagentur für Arbeit (Hrsg.) (2016): Gute Bildung – gute Chancen. Der Arbeitsmarkt für Akademikerinnen und Akademiker. statistik.arbeitsagentur.de/Statischer-Content/Arbeitsmarktberichte/Akademiker/generische-Publikationen/Broschuere-Akademiker-2016.pdf, 23.4.2017.

DiMaggio, Paul J./Powell, Walter W. (2000): Das 'stahlharte Gehäuse' neu betrachtet: Institutioneller Isomorphismus und kollektive Rationalität in organisationalen Feldern. In: Müller, Hans-Peter/Sigmund, Steffen (Hrsg.): Zeit-genössische amerikanische Soziologie. Opladen: Leske &Budrich, S. 147- 173.

DiMaggio, Paul J./Powell, Walter W. (1983): The Iron Cage Revisited: Institutional Isomorphism and Collective Rationality in Organizional Fields. In: American Sociological Review 48, H. 2, S. 147-160.

Finis-Siegler, Beate (2001): Soziale Arbeit als Praxis der Wohlfahrtsproduktion – Eine Problemskizze. In: Schulz-Nieswandt, Frank (Hrsg.): Einzelwirtschaften und Sozialpolitik zwischen Markt und Staat in Industrie- und Entwicklungsländern: Festschrift für Werner Wilhelm Engelhardt zum 75. Geburtstag. Marburg: Metropolis, S. 245-256.

Fließ, Sabine (2004): Qualitätsmanagement bei Vertrauensgütern. In: Marketing. Spezialausgabe: Dienstleistungsmarketing, Nr. 25, S. 37-48.

Giddens, Anthony (1996): Konsequenzen der Moderne. Frankfurt a.M.: Suhrkamp.

Grunwald, Klaus (2012): Dienstleistung. In: Enzyklopädie Erziehungswissenschaft Online, Fachgebiet: Soziale Arbeit. Hrsg. von Wolfgang Schröer und Cornelia Schweppe, Weinheim und Basel.

Grunwald, Klaus (2001). Neugestaltung der freien Wohlfahrtspflege. Management des organisationalen Wandels und die Ziele der Sozialen Arbeit. Weinheim/München: Juventa.

Hardt, Peter (1996): Organisation dienstleistungsorientierter Unternehmen. Wiesbaden: Deutscher Universitätsverlag.

Hasenfeld, Yeheskel (1992): Theoretical Approaches to Human Service Organizations. In: Hasenfeld, Yeheskel/Abbott, Andrew Delano (Hrsg.): Human services as complex organizations. Newbury Park, Calif: Sage Publications, S. 3-23.

Herrmann, Peter (2005): Quality and Accessibility of Social Services for Inclusion – General Report. www.eurodiaconia.org/files/Publications/General_Report_-_Final.pdf, 2.5.2012.

Institut für Arbeitsmarkt und Berufsforschung (IAB) (Hrsg.) (2017): IAB Kurzbericht 9/2017. doku.iab.de/kurzber/2017/kb0917.pdf, 10.7.2017.

Klatetzki, Thomas (2010): Zur Einführung: Soziale personenbezogene Dienstleistungsorganisation als Typus. In: Klatetzki, Thomas (Hrsg.): Soziale personenbezogene Dienstleistungsorganisationen. Wiesbaden: Springer VS, S. 7-24

Krone, Sirikit/Langer, Andreas/Mill, Ulrich/Stöbe-Blossey, Sybille (2009): Jugendhilfe und Verwaltungsreform. Zur Entwicklung der Rahmenbedingungen Sozialer Dienste. Wiesbaden: Springer VS.

Kuchinke, Björn (2000): Sind vor- und vollstationäre Krankenhausleistungen Vertrauensgüter? Eine Analyse von Informationsasymmetrien und deren Bewältigung. Diskussionspapier Nr. 19. www.tu-ilmenau.de /fileadmin/media/wpo/ Diskussionspapier_Nr_19.pdf, 4.11.2011.

Langer, Andreas (2014): Dienstleistungsmanagement. In: Arnold, Ulli/Grundwald, Klaus/Maelicke, Bernd (Hrsg.): Lehrbuch der Sozialwirtschaft. 4. Aufl., Baden-Baden: Nomos, S. 481-506.

Langer, Andreas (2013): Persönlich vor ambulant und stationär. Über Personen im System sozialer Dienstleistungen am Beispiel des Persönlichen Budgets in Deutschland. Wiesbaden: Springer VS.

Langer, Andreas (2012): Professionell managen: Kompetenz, Wissen und Governance im sozialen Management. Wiesbaden: Springer VS.

Langer, Andreas/Eurich, Johannes/Güntner, Simon (2017): Innovation Sozialer Dienstleistungen- ein systematisierender Überblick auf Basis der EU Forschungsplattform INNOSERV mit illustrierenden Fallstudien und Visual Essays. Wiesbaden: Springer VS, i.E.

Lessenich, Stefan (2012): Theorien des Sozialstaat. Zur Einführung. Hamburg: Junius.

Maucher, Mathias (2011): EU und soziale Dienstleistungen von allgemeinem Interesse. In: Evers, Adalbert/ Heinze, Rolf G./Olk, Thomas (Hrsg.): Handbuch Soziale Dienste. Wiesbaden: Springer VS, S. 515-535.

Meffert, Heribert (2005): Marketing: Grundlagen marktorientierter Unternehmensführung. Konzepte, Instrumente, Praxisbeispiele. Mit neuer Fallstudie VW Golf. 9. Aufl., Wiesbaden: Gabler.

Olk, Thomas (2008): Soziale Arbeit und Sozialpolitik. In: Bielefelder Arbeitsgruppe 8 Soziale Arbeit in Gesellschaft. Wiesbaden: Springer VS, S. 287-298.

Reckenfelderbäumer, Martin (1995): Marketing-Accounting im Dienstleistungsbereich: Konzeption eines prozesskostengestützten Instrumentariums. Wiesbaden: Gabler.

Schaarschuch, Andreas (1999) Theoretische Grundelemente Sozialer Arbeit als Dienstleistung. Ein analytischer Zugang zur Neuorientierung Sozialer Arbeit. In: Neue Praxis 29, H. 6, S. 543-560.

Schaarschuch Andreas (1996) Dienst-Leistung und Soziale Arbeit. Theoretische Überlegungen zur Rekonstruktion Sozialer Arbeit als Dienstleistung. In: Widersprüche 59, S. 87-97.

Schaarschuch, Andreas/Flösser, Gabi/Otto, Hans (2001) Dienstleistung. In: Otto, Hans-Uwe/Thiersch, Hans (Hrsg.): Handbuch der Sozialarbeit/Sozialpädagogik. 2. Aufl., Neuwied/Kriftel: Rheinhardt, S. 266-274.

Scott, William R. (2001): Institutions and organizations. 2. Aufl. Thousand Oaks, Calif.: Sage.

Schubert, Herbert (2017): Kooperative Sozialplanung an der Schnittstelle zur Sozialwirtschaft im Sozialraum. Präsentation. Tagung der Bundesarbeitsgemeinschaft Sozialmanagement/Sozialwirtschaft an Hochschulen e.V. in der HAW Hamburg am 18.05.2017. www.haw-hamburg.de/fileadmin/ user_upload/WS-SozA/Department_Soziale_Arbeit/Unser_Department/Tagungen/schubert_handout_schnittstelle_sozialplanung_sozialwirtschaft.pdf, 16.07.2017.

Statistisches Bundesamt (Statista) (Hrsg.) (2016a): Statistiken zur Dienstleistungsbranche. de.statista.com/ themen/1434/dienstleistungsbranche/, 24.3.2017.

Statistisches Bundesamt (Statista) (Hrsg.) (2016b): Bruttowertschöpfung im Dienstleistungssektor. de.statista.com/statistik/daten/studie/36150/umfrage/bruttowertschoepfung-im-dienstleistungssektor/, 24.3.2017.

Thornton, Patricia/Ocasio, William/Lounsbury, Michael (2012): The Institutional Logics Perspective: A New Approach to Culture, Structure and Process. Oxford: Oxford University Press.

Thornton, Patricia/Jones, Candace/Kury, Kenneth (2005): Institutional Logics and Institutional Change in Organizations: Transformation in Accounting, Architecture, and Publishing. In: Jones, Candace/Thornton, Patricia H. (Hrsg.): Research in the Sociology of Organizations. London: JAI. S. 125-170.

Walgenbach, Peter (2006): Neoinstitutionalistische Ansätze in der Organisationstheorie. In: Kieser, Alfred (Hrsg.): Organisationstheorien. 6. Aufl., Stuttgart/Köln/Berlin: Kohlhammer, S. 353-401.

B Rahmenbedingungen der Sozialwirtschaft

Zur volkswirtschaftlichen Bedeutung der Sozialwirtschaft

Annette Zimmer/Franziska Paul

1. Einleitung

Zielsetzung des folgenden Beitrags ist eine wirtschaftliche Betrachtung der Sozialwirtschaft als spezieller Bereich der Volkswirtschaft. Dies ist kein einfaches Unterfangen, da Sozialwirtschaft keine ausgewiesene Kategorie der Volkswirtschaftlichen Gesamtrechnung darstellt.[1] Als Ursachen für die mangelnde statistische Erfassung der Sozialwirtschaft ist eine Reihe von Gründen anzuführen. An erster Stelle ist sicherlich die bisher nicht klare Begrifflichkeit zu nennen. Grosso modo lässt sich zwischen einem eher traditionellen und einem moderneren Verständnis von Sozialwirtschaft unterscheiden. Traditionell werden hierunter in Deutschland die freigemeinnützigen Produzenten sozialer und gesundheitsbezogener Dienstleistungen gefasst. Es wird somit fokussiert auf die Einrichtungen und Mitgliederorganisationen der Wohlfahrtsverbände. Insofern wird Sozialwirtschaft mit der Freien Wohlfahrtspflege gleichgesetzt. Allerdings haben in allen Bereichen der sozialen Dienstleistungserstellung in jüngster Zeit privat-kommerzielle Anbieter verstärkt Fuß gefasst, so dass Sozialwirtschaft heute in Deutschland keineswegs mehr identisch ist mit der Leistungserstellung der Wohlfahrtsverbände.

Im Unterschied zu Deutschland wird in internationalen Kontexten zunehmend auf eine zielspezifische Perspektive bei der Definition von Sozialwirtschaft rekurriert. Danach werden all jene Organisationen zur Sozialwirtschaft gerechnet, die ohne primäres Gewinnziel wirtschaften – also die Gesamtheit der gemeinnützigen oder Nonprofit-Organisationen (NPO), deren Zielsetzung in der Verbesserung der allgemeinen Wohlfahrt besteht. Diese Lesart von Sozialwirtschaft entspricht auch dem Verständnis der EU.[2] Die Sozialwirtschaft wäre demnach die Summe der von Sozialunternehmen bzw. NPOs erstellten Leistungen und Dienste und die volkswirtschaftliche Betrachtung der Sozialwirtschaft wäre gleichzusetzen mit der Erfassung des NPO-Sektors in Deutschland.

Allerdings erschwert die Systematik der Volkswirtschaftlichen Gesamtrechnung (VGR) in Deutschland auch eine Erfassung der Sozialwirtschaft als NPO-Sektor, da diese nicht gemäß der Zielsetzung der Leistungsersteller aufgebaut ist, sondern zwischen ‚*Unternehmen*', ‚*Staat*' und ‚*Private Haushalte*' unterscheidet. Leistungen etwa im Bereich soziale Dienste oder im Gesundheitswesen werden aber sowohl von staatlichen Organisationen, als auch von privat-gewerblichen Unternehmen wie von Nonprofit-Organisationen erstellt. Letztere kommen aber als Kategorie in der VGR nicht vor. Insofern ist es nicht verwunderlich, dass die wirtschaftliche Bedeutung der NPOs lange Zeit unterschätzt wurde.

Da man sich bisher noch nicht auf eine allgemein anerkannte Definition von Sozialwirtschaft einigen konnte, wird im Folgenden und gemäß einer umfassenden Auslegung von Sozialwirtschaft zunächst auf die statistische Erfassung des NPO-Sektors eingegangen und hierbei die Be-

---

1 Erfasst wird das Wirtschaftsgeschehen in Deutschland durch die *Volkswirtschaftliche Gesamtrechnung* (VGR). Das *Statistische Bundesamt* in Wiesbaden, das die VGR erstellt, veröffentlicht jährlich u.a. mit dem *Statistischen Jahrbuch der Bundesrepublik Deutschland* volkswirtschaftliche Kenngrößen nach Wirtschaftszweigen aufgeschlüsselt. Eine Branche *Sozialwirtschaft* wird hier jedoch ebenso wenig ausgewiesen wie in den vom Statistischen Bundesamt publizierten Fachserien.

2 Siehe https://ec.europa.eu/growth/sectors/social-economy_de.

schäftigungsintensität der im Bereich sozialer Dienstleistungserstellung tätigen NPOs betont. Vor diesem Hintergrund werden in der Folge Veränderungen des Welfare Mix in ausgewählten Bereichen sozialer Dienstleistungserstellung aufgezeigt, die eindeutig einen Bedeutungszuwachs privat-kommerzieller Leistungsersteller im Vergleich zu öffentlichen aber auch NPO-Anbietern erkennen lassen. Der Grund für die Veränderung des Welfare Mixes der Leistungsträger der Sozialwirtschaft ist darin zu sehen, dass privat-kommerzielle wie frei-gemeinnützige Anbieter auf den Quasi-Märkten der sozialen Dienstleistungen gleichgestellt sind und sich untereinander im Wettbewerb befinden. Ob und inwiefern die starke Stellung der Freien Wohlfahrtspflege als dominanter Anbieterin sozialer Dienstleistungen in Deutschland auch in Zukunft sichergestellt ist, wird im abschließenden Kapitel diskutiert.

2. Der Nonprofit-Sektor als Sozialwirtschaft

2.1 Statistische Erfassung und Beschäftigungsintensität des Nonprofit-Sektors

Eine erste statistische Erfassung des Nonprofit-Sektors in Deutschland leistete das *Johns Hopkins Comparative Nonprofit Sector Project* (Anheier/Seibel 2003; Zimmer/Priller 2007). Dieses wird in modifizierter Form weitergeführt durch das Projekt *Zivilgesellschaft in Zahlen* (ZIVIZ), das als Projekt des Stifterverbandes für die Deutsche Wissenschaft von einem Stiftungskonsortium getragen wird und inzwischen mit Geschäftsstelle in Berlin institutionalisiert ist.[3] *Zivilgesellschaft in Zahlen* greift auf Datenbestände des Statistischen Bundesamtes (Unternehmensregister) zurück und führt im regelmäßigen Turnus Organisationsbefragungen durch. Im Mittelpunkt stehen hierbei die Ermittlung der ökonomischen Bilanz und des gesellschaftlichen Leistungsprofils der NPOs.

Im Zuge des Johns Hopkins Projektes wurden Informationen über alle NPOs in Deutschland erfasst, d.h. alle Organisationen, die sich zwischen den Polen ‚Markt' und ‚Staat' auf der einen Seite, und ‚Familie' auf der anderen Seite befinden (Zimmer/Priller 2007, S. 32).[4] Ein zentrales Ergebnis der Deutschlandstudie des Johns Hopkins Projektes bestand in der Verdeutlichung der beachtenswerten beschäftigungspolitischen Relevanz des NPO-Sektors. Es konnte gezeigt werden, dass die Beschäftigungszugewinne im NPO-Sektor als Sozialwirtschaft proportional deutlich stärker ausgeprägt waren als in jedem anderen Bereich der Wirtschaft (Zimmer/Priller 2007, S. 55).

Zur Erfassung der Beschäftigungsintensität einzelner Bereiche des NPO-Sektors wurde analog der Systematik der Wirtschaftszweige, die sowohl international wie auch national von den statistischen Ämtern verwendet wird, im Rahmen des Johns Hopkins Projektes eine Klassifikation der Nonprofit-Organisationen erarbeitet. Diese *International Classification of Nonprofit Organizations* (ICNPO) enthält 12 Gruppen, von denen die Gruppen 3 (Gesundheitswesen) und 4 (Soziale Dienste) den gemeinnützigen Bereich der Sozialwirtschaft umfassen. Gemäß den Pro-

3 ZIVIZ im Stifterverband der Deutschen Wissenschaft.

4 Der Erhebung liegt eine pragmatische, vorrangig an deskriptiven Kriterien orientierte sog. operative Definition der Nonprofit-Organisation zugrunde. Danach werden in die Analyse des Projektes jeweils solche Organisationen und Einrichtungen einbezogen, die formal-rechtlich organisiert und institutionell vom Staat unabhängig sind, die ihre Gewinne re-investieren und somit nicht profitmaximierend arbeiten, die ihre Angelegenheiten eigenständig verwalten und auf freiwilliger Mitgliedschaft und zu einem gewissen Maße von freiwilligen Leistungen getragen werden. Das Projekt ZiviZ bezieht sich auf eine Definition der Vereinten Nationen, die in weiten Teilen inhaltsgleich ist, das Kriterium Freiwilligkeit jedoch auf Mitgliedschaft beschränkt (Spengler/Priemer 2011, S. 8f.).

jektergebnissen (Zimmer/Priller 2007, S. 89) sind diese Bereiche die mit Abstand beschäftigungsintensivsten im gesamten Nonprofit-Sektor.

Im Rahmen des Projektes ZiviZ wurde zur Ermittlung der Beschäftigungsintensität vorrangig auf das Unternehmensregister zurückgegriffen und NPOs mit jährlich mindestens 17.500 Euro steuerbarem Umsatz oder mindestens einem sozialversicherungspflichtigen Beschäftigten berücksichtigt. Trotz leicht unterschiedlicher Vorgehensweise ergibt sich in Grundzügen ein ähnliches Bild: In den Bereichen Gesundheits- und Sozialwesen samt Heimen waren zur Erhebungszeit 62% der sozialversicherungspflichtig Beschäftigten des Nonprofit-Sektors beschäftigt:

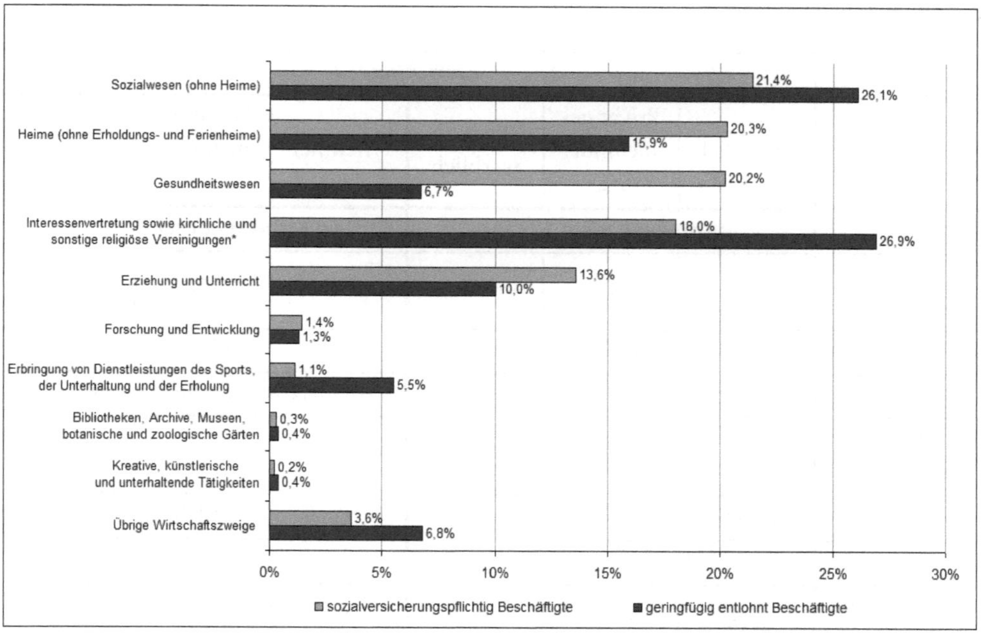

* ohne Sozialwesen und Sport

Abb. 1: Verteilung der sozialversicherungspflichtig und geringfügig entlohnten Beschäftigten des Nonprofit-Sektors nach Wirtschaftszweigen (2007/2008) (Rosenski 2012, S. 216 und eigene Berechnungen)

Damit stellen diejenigen NPOs, die in den Kernbereichen sozialstaatlicher Leistungserstellung tätig sind – nämlich im Gesundheitswesen, in den sozialen Diensten und im Bereich Bildung und Erziehung – das Gros der Arbeitsplätze des Sektors. Mehr als jedes dritte Beschäftigungsverhältnis bei NPOs in Deutschland befindet sich im Bereich der sozialen Dienste und damit in der Regel bei Einrichtungen der Freien Wohlfahrtspflege, namentlich bei Caritas, Diakonie, AWO, DRK oder DPWV (Boeßenecker/Vilain 2013; Moos 2009). Den zweiten Rang in punkto NPO-Beschäftigung kommt dem Gesundheitswesen zu. Auch hier handelt es sich mehrheitlich um Einrichtungen bzw. Krankenhäuser, die sich in gemeinnütziger Trägerschaft befinden. Weder vom Johns Hopkins Projekt noch von ZiviZ primär betrachtet wurde dagegen der Welfare Mix (Evers/Olk 1996) der einzelnen Bereiche – also der Anteil von NPOs an der Gesamtzahl der Leistungsersteller in ausgewählten Bereichen der Sozialwirtschaft im Vergleich zu öffentlichen sowie privatwirtschaftlichen Anbietern.

2.2. NPOs im Welfare Mix

Die amtliche Statistik belegt den quantitativen Stellenwert der Freien Wohlfahrtspflege und damit der NPOs im Sozialmarkt Deutschlands. In der Jugendhilfe befanden sich 2014 mehr als drei Viertel (78%) aller Einrichtungen in freier Trägerschaft (Statistisches Bundesamt 2016a, S. 243), bei den Kindertageseinrichtungen waren 2016 fast zwei Drittel in freigemeinnütziger Trägerschaft. Im Bereich der Gesundheit hatten 2013 mehr als die Hälfte aller Pflegeheime und fast zwei Drittel aller ambulanten Pflegedienste gemeinnützige Träger (Statistisches Bundesamt 2015/Pflegestatistik). Zudem waren 2015 ein Drittel der Träger von Krankenhäusern und ein Viertel der Vorsorge- und Rehabilitationseinrichtungen gemeinnützig (Statistisches Bundesamt 2016b, 2016c; Tabelle 1).

	Einrichtungen					
	Öffentlich	Privat gemeinnützig	Privat gewerblich	Öffentlich	Privat gemeinnützig	Privat gewerblich
	Krankenhäuser 2015			*Krankenhäuser 2005*		
Absolute Anzahl	577	679	700	751	818	570
%-Anteil	29,5%	34,7%	35,8%	35,1%	38,2%	26,6%
	Vorsorge und Rehabilitation 2015			*Vorsorge und Rehabilitation 2005*		
Absolute Anzahl	229	300	623	228	316	726
%-Anteil	19,9%	26,0%	54,1%	18,0%	24,9%	57,2%
	Pflegeheime 2013			*Pflegeheime 2003*		
Absolute Anzahl	618	7.063	5.349	728	5.405	3.610
%-Anteil	4,7%	54,2%	41,1%	7,5%	55,5%	37,1%
	Ambulante Pflegedienste 2013			*Ambulante Pflegedienste 2003*		
Absolute Anzahl	183	4.422	8.140	183	4.587	5.849
%-Anteil	1,4%	34,7%	63,9%	1,7%	43,2%	55,1%
	Kindertageseinrichtungen 1.3.2016			*Kindertageseinrichtungen 2006*		
Absolute Anzahl	18.108	35.103	1.660	25.263	53.372	1.202
%-Anteil	33,0%	64,0%	3,0%	31,6%	66,8%	1,5%

Tab. 1: Welfare Mix in ausgewählten Bereichen der Sozialwirtschaft. Eigene Berechnungen nach Statistisches Bundesamt 2005 (Pflegestatistik 2003); Statistisches Bundesamt 2015 (Pflegestatistik 2013); Statistisches Bundesamt 2016a, 2016b, 2016 c (Fachserie 12, Reihe 6.1.1; Fachserie 12, Reihe 6.1.2; Statistik der Kinder- und Jugendhilfe); Gesundheitsberichterstattung 2015

Allerdings zeigen sich in allen Bereichen der Sozialwirtschaft deutliche Verschiebungen des Welfare-Mix zugunsten privat-kommerzieller Anbieter. Dies ist besonders deutlich im Bereich ambulante Pflegedienste und mit zunehmender Ausprägung bei den Krankenhäusern. Waren 1991 nur 14,8% der Krankenhäuser privat-gewerblich, waren es 2015 bereits 35,8% (Statistisches Bundesamt 2016b). Zurückzuführen ist diese Entwicklung auf Veränderungen der Sozialgesetze ab Anfang der 1990er Jahre, die eine teilweise Rücknahme des Subsidiaritätsprinzips beinhalteten (Backhaus-Maul/Olk 1994). Seitdem sind NPOs mit privat-kommerziellen Anbietern sozialer Dienstleistungen in Vergabeverfahren nahezu gleichgestellt. Es ist daher nur noch bedingt richtig, den Bereich der Sozialwirtschaft mit den Einrichtungen der Freien Wohlfahrtspflege gleichzusetzen. De facto handelt es sich heute bei der Sozialwirtschaft um einen Quasi-Markt, dessen Finanzierungsmodalitäten für alle Leistungsersteller gleich sind und Einrichtungen der Wohlfahrtsverbände bzw. NPOs gegenüber der privat-kommerziellen Konkurrenz kein Vorrang mehr eingeräumt wird.

3. Finanzierung der Sozialwirtschaft

Die Finanzierung sozialer Dienstleistungen erfolgt im Wesentlichen durch leistungsbezogene Entgelte, deren Umfang und Höhe im Rahmen von Aushandlungsprozessen zwischen den beteiligten Kosten- und Leistungsträgern festgelegt werden. Insofern sind Angebot und ‚Verkauf' sozialer Dienstleistungen durch ein ‚Dreiecksverhältnis' von Leistungsträgern, Kostenträgern und Leistungsempfänger_innen gekennzeichnet, das in der nachfolgenden Abbildung 2 dargestellt ist. *Leistungsträger* sind die Anbieter sozialer Dienstleistungen, z.B. Altenheime oder Sozialstationen. *Kostenträger* sind die Finanziers, wie z.B. die Krankenkassen oder die Kommunen; der/die Kund_in bzw. Klient_in wird als *Leistungsempfänger_in* bezeichnet (Gerlach/Hinrichs in diesem Band).

Dabei zeichnet sich das sozialrechtliche Dreiecksverhältnis *modellhaft* durch folgende Elemente aus: Der/die Klient_in oder Kund_in (Leistungsempfänger_in) muss einen Anspruch auf eine Leistung (Leistungs- oder Hilfeanspruch) gegenüber einem/r Kostenträger haben. Die Leistung (z.B. Unterbringung in einem Altenheim) wird von einem Leistungsträger (z.B. gemeinnütziges Altenheim (NPO)) erstellt. Dabei besteht zwischen Leistungsträger und Leistungsempfänger_in ein privatrechtliches Vertragsverhältnis. Die Kund_innen genügen ihrer Vergütungspflicht i.d.R. dadurch, dass sie ihren sozialrechtlichen Leistungsanspruch an einen Kostenträger geltend machen. Der Leistungsträger (z.B. Einrichtung eines Wohlfahrtsverbands oder privat-kommerzielles Altenheim) bekommt dann die Kosten der Dienstleistung (Unterbringung in einem Altenheim) von dem Kostenträger erstattet. Der ‚Preis' für die Leistung wird dabei durch die allgemeinen Pflegesatzvereinbarungen bestimmt, die auf Landesebene durch Repräsentant_innen der Leistungsträger (z.B. Landesverband eines Wohlfahrtsverbandes) und Kostenträger (z.B. Kommunale Spitzenverbände) in der Pflegesatzkommission vereinbart werden und für einen bestimmten Zeitraum Gültigkeit haben.

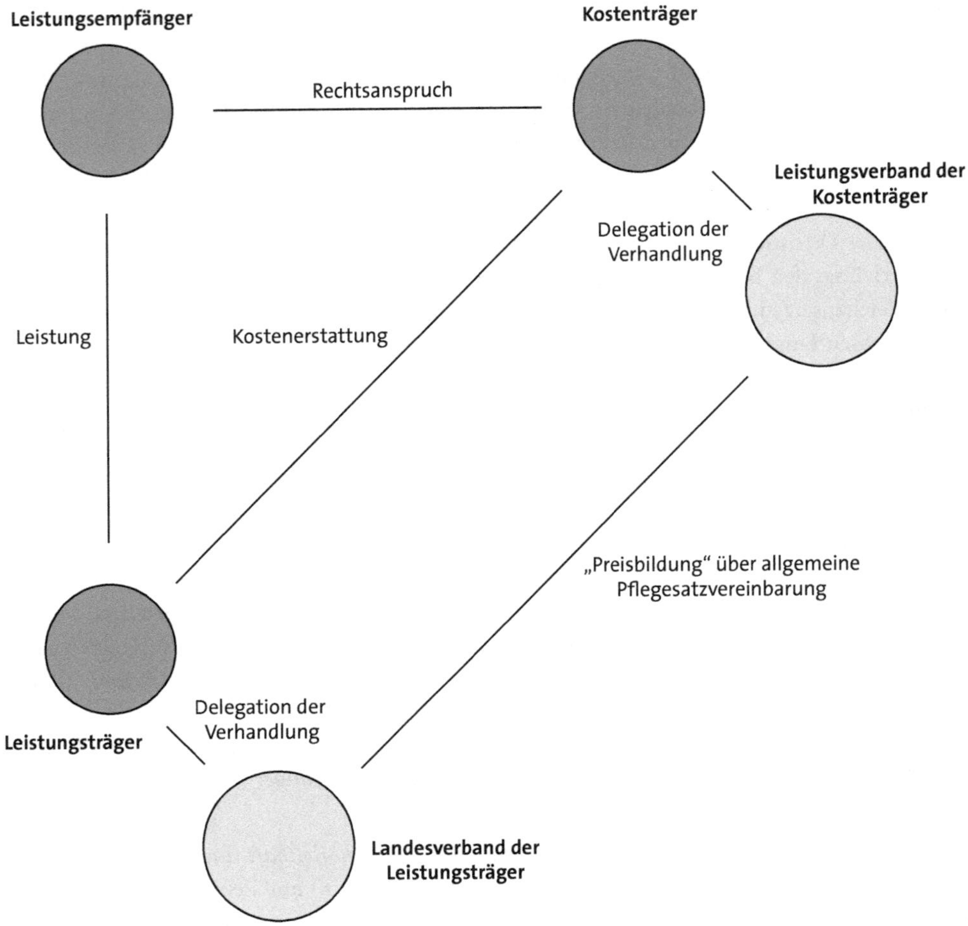

Abb. 2: Das sozialrechtliche Dreiecksverhältnis (Nährlich 1997)

Vor den grundlegenden Reformen der Sozialgesetze ab den 1990er Jahren trugen die Kostenträger das Risiko von Fehlkalkulationen und Missmanagement der Leistungsträger. Heute tragen die Leistungsträger – NPOs wie privat-kommerzielle Einrichtungen – das volle wirtschaftliche Risiko. Hierdurch soll erreicht werden, die Kosten sozialer Dienstleistungserstellung generell zu begrenzen. Um Wettbewerb zu ermöglichen, wurde die Vorrangstellung der Wohlfahrtsverbände weitgehend aufgehoben, sodass alle Anbieter sozialer Dienstleistungen heute nahezu gleichberechtigt um Leistungsaufträge konkurrieren (Backhaus-Maul/Olk 1994; Backhaus-Maul 2000; Bauer 2006). Von einem ‚echten Markt‘ sozialer Dienstleistungserstellung im Sinne des ökonomischen Referenzmodells kann jedoch nicht gesprochen werden. Wesentliche Merkmale eines Marktes, nämlich a) die Preisbildung durch Angebot und Nachfrage, b) eine Wahlmöglichkeit der Kund_innen zwischen verschiedenen Anbietern und c) die direkte Leistungsbeziehung zwischen Kund_innen und Anbietern sind kaum oder nur bedingt gegeben, weshalb man hier von einem ‚Quasi-Markt‘ spricht (Schulz-Nieswandt in diesem Band).

Infolge der demographischen Entwicklung aber auch aufgrund der Veränderung der Lebensformen ist davon auszugehen, dass die Sozialwirtschaft als Bereich der sozialen Dienstleistungserstellung weiter an Bedeutung zunehmen wird. Ob jedoch die Einrichtungen der Wohlfahrtsverbände auch in Zukunft die Sozialwirtschaft in Deutschland prägen werden, bleibt angesichts der deutlichen Zunahme privat-kommerzieller Leistungsanbieter abzuwarten. Noch ist die Freie Wohlfahrtspflege zahlenmäßig die bedeutendste Akteurin unter den Anbietern der Sozialwirtschaft.

4. Die Wohlfahrtsverbände als zentrale Akteure der Sozialwirtschaft

4.1 Die Wohlfahrtsverbände als große private Arbeitgeber

Die in den sechs Spitzenverbänden der freien Wohlfahrtspflege organisierten Einrichtungen und Dienste, die schwerpunktmäßig in den Bereichen Gesundheit und Soziales tätig sind, sind gemäß ihrer Rechtsform nahezu alle gemeinnützig oder Nonprofit-Organisationen. Diese Spitzenverbände sind die Arbeiterwohlfahrt (AWO), der Deutsche Caritasverband (DCV), der Deutsche Paritätische Wohlfahrtsverband (DPWV), das Deutsche Rote Kreuz (DRK), das Diakonische Werk (DW) und die Zentralwohlfahrtsstelle der Juden in Deutschland (ZWSt) (Boeßenecker/Vilain 2013; Jüster 2015).

Von wenigen Ausnahmen abgesehen, wie z.B. soziale Start-ups in Gründung oder kleinere Sozialunternehmen (Jansen et al 2013), ist der gemeinnützige Bereich der Sozialwirtschaft in Deutschland nahezu deckungsgleich mit der Freien Wohlfahrtspflege bzw. den Einrichtungen und Diensten der Wohlfahrtsverbände. Die beiden konfessionell orientieren Verbände – Caritas und Diakonie – sind gemessen an der Zahl der Einrichtungen und der Beschäftigten die größten Verbände (Jüster 2015, S. 335ff.; BAGFW 2014, S. 48ff.). Der Deutsche Paritätische Wohlfahrtsverband befindet sich allerdings bereits seit einigen Jahren auf Wachstumskurs. Der DPWV betreibt keine eigenen Einrichtungen und Dienste (Merchel 1989), sondern ist ausschließlich als Verband und Interessenvertretung seiner angeschlossenen Mitgliederorganisationen tätig. Da der DPWV ideologisch oder normativ nicht gebunden ist und insofern auch keinem spezifischen Milieu zugerechnet wird, ist er vergleichsweise offener für neue Mitglieder als die anderen Verbände. Unter seinen Mitgliedern finden sich daher viele Neugründungen, wie etwa Selbsthilfegruppen oder Freiwilligenzentren, aber auch die Volkssolidarität als einziger ehemaliger DDR-Sozialverband (Angerhausen et al 2002) sowie Organisationen, die an der Schnittstelle von Soziales und Bildung zu verorten sind, wie etwa Soziokulturelle Zentren.

Während die konfessionellen Wohlfahrtsverbände wie das evangelische Diakonische Werk und der katholische Deutsche Caritasverband mit jeweils rund einer halben Million Mitarbeiter_innen zu den „Sozialmultis" zu zählen sind (Caritas 2014; Diakonie Deutschland o.J.), sind der Deutsche Paritätische Wohlfahrtsverband, die Arbeiterwohlfahrt und das Deutsche Rote Kreuz als dritt- bis fünftgrößter Verband deutlich kleiner. Bei ihren Mitgliedsorganisationen finden zusammen jedoch immerhin noch mehr als eine weitere halbe Million Menschen Arbeit (BAGFW 2014, S. 16).

Als private Arbeitgeber nehmen die Wohlfahrtsverbände (Boeßenecker in diesem Band) eine Spitzenposition in Deutschland ein. Die Einzelbetrachtung der Wohlfahrtsverbände erlaubt den Vergleich mit ausgewählten Wirtschaftsbereichen sowie mit großen Unternehmen (Tabelle 2).

In Jahr 2012 gab es insgesamt über 1,67 Millionen Beschäftigte bei den Wohlfahrtsverbänden. Berücksichtigt man die Wohlfahrtsverbände in einer Übersicht großer Arbeitgeber, würden der Caritasverband und das Diakonische Werk die Plätze 1 und 2 der größten privaten Arbeitgeber

Wirtschaftszweige	*Erwerbstätige 1995*	*Erwerbstätige 2012*
Baugewerbe	3.376.000	2.456.000
Gastgewerbe	1.122.000	1.734.000
Wohlfahrtsverbände / Sozialwirtschaft	**1.121.043*	*1.673.861*
Finanz- und Versicherungsdienstleister	1.263.000	1.204.000
Energieversorgung	337.000	n.v.
Bergbau und Gewinnung von Steinen und Erden	195.000	n.v.

*Tab. 2: Ökonomische Größenmerkmale ausgewählter Bereiche 1995–2012 (Statistisches Bundesamt 2013; BAGFW 2014, S. 10, *= Angabe für 1996)*

in Deutschland belegen. In den rund 24.646 Einrichtungen des deutschen Caritasverbandes arbeiteten 2012 mehr als 559.000 voll- und teilzeitbeschäftigte Mitarbeiter_innen. Zum Vergleich: Siemens hatte im selben Jahr rund 370.000 Stellen, die Deutsche Post 474.000, Volkswagen 550.000. Bei Edeka, Metro, Bosch und Deutscher Bahn, die als größte Arbeitsplatzanbieter in Deutschland gelten, waren im gleichen Zeitraum jeweils (nur) zwischen 283.000 und 318.000 Personen beschäftigt (Die Welt 2012). Die Arbeiterwohlfahrt (AWO) als drittgrößter Verband hatte 2012 immerhin rund 180.000 Beschäftigte (BAGFW 2014, S. 48ff.). Insgesamt beschäftigen die Wohlfahrtsverbände in Deutschland mehr Menschen als die Finanz- und Versicherungsbranche, und nur geringfügig weniger als das Gast- und Tourismusgewerbe.

4.2 Zunahme der Beschäftigung

Auch ist das Arbeitsplatzangebot in der Sozialwirtschaft deutlich stärker gestiegen als in der Mehrheit der in Tabelle 2 ausgewiesenen Wirtschaftsbereiche. Die Angaben der Bundesarbeitsgemeinschaft der Freien Wohlfahrtspflege verdeutlichen die arbeitsmarktpolitische Bedeutung der Sozialwirtschaft bzw. der Einrichtungen der Wohlfahrtsverbände: 2012 waren etwa 1,67 Millionen Personen hauptamtlich bei den Wohlfahrtsverbänden beschäftigt. Das sind etwa 132.000 mehr als vier Jahre zuvor. Von 1990 bis 2012 hat sich die Zahl der Beschäftigten bei den Verbänden mehr als verdoppelt (BAGFW 2014:16). Insofern ist trotz zunehmender Konkurrenz unter den Anbietern sozialer Dienste und Leistungen die Zahl der Beschäftigten der Wohlfahrtsverbände bis in jüngste Zeit kontinuierlich gestiegen.

In der Vergangenheit trug vor allem der Ausbau der gemeinnützigen Krankenhäuser zum Beschäftigungswachstum bei. Waren 1970 lediglich 153.861 Personen im Segment Gesundheitshilfe der Wohlfahrtsverbände tätig, so hatte sich die Anzahl der Beschäftigten in diesem Bereich bis 1993 in etwa verdoppelt. Allerdings hat sich hier die Wachstumsdynamik deutlich abgeschwächt. Wie bereits ausgeführt, ist die Anzahl der Krankenhäuser in Trägerschaft der Wohlfahrtsverbände innerhalb von vier Jahren von 8.462 (2008) auf 7.481 (2012) zurückgegangen und damit um 12% gesunken. 2012 zählten die Krankenhäuer in Trägerschaft der Wohlfahrtsverbände 392.188 Beschäftigte. Es lässt sich daher immer noch eine Zunahme feststellen, doch diese ist wesentlich geringer als in den Vorjahren sowie auch im Vergleich zu anderen Segmenten der freien Wohlfahrtspflege, wie etwa im Bereich der Altenhilfe oder bei Hilfen für Menschen mit Behinderung (Tabelle 3):

Segment	Einrichtungen			Beschäftigte		
	2004	2008	2012	2004	2008	2012
Gesundheitshilfe	7.882	8.462	7.481	368.367	374.886	392.188
davon Krankenhäuser	1.422	1.451	1.112	330.248	327.533	345.503
Jugendhilfe	36.406	38.092	38.367	275.060	325.973	362.950
Altenhilfe	15.796	16.524	18.051	367.303	398.914	444.977
Hilfen für Menschen mit Behinderung und psychischer Erkrankung	14.285	15.365	16.446	242.830	291.307	316.953
Aus-, Fort- und Weiterbildung für soziale und pflegerische Berufe	1.542	1.638	1.636	16.072	13.645	25.714
Selbsthilfe und Gruppen des bürgerlichen Engagements	34.923	34.817	35.469	6.782	6.708	7.460

Tab. 3: Wachstumsdynamik in einzelnen Segmenten der freien Wohlfahrtspflege – 2004 bis 2012 (BAGFW 2014, S. 18ff.)

Im Bereich der gemeinnützigen Jugendhilfe hat sich die Zahl der Beschäftigten zwischen 1993 bis 2012 von 184.401 auf 362.950 Beschäftigte und damit um 97% erhöht. Infolge der gesetzlichen Veränderung – Stichwort: gesetzlicher Anspruch auf einen Kita-Platz – ist hier von einem weiteren Anstieg der Beschäftigungszahlen auszugehen. Schließlich ist der Bereich Pflege zu nennen, der infolge des demographischen Wandels den Wohlfahrtsverbänden auch in Zukunft – trotz Zunahme privat-kommerzieller Anbieter – steigende Beschäftigungszahlen sichern wird. In der Altenhilfe stieg die Zahl der Beschäftigten von 1970 bis 2012 von 49.970 auf 444.977 und damit auf etwa das Neunfache seit 1970 und um mehr als das Doppelte seit 1993. Eine ähnliche Dynamik weist der Bereich Hilfen für Menschen mit Behinderung und psychischen Erkrankungen auf (BAGFW 2014, S. 18f.).

Während viele Unternehmen in Produktion und Handel in den letzten Jahren aus Rationalisierungsgründen Personal abbauten, ist die Sozialwirtschaft – trotz verschiedener Eingriffe zur Kostensenkung – nach wie vor eine Wachstumsbranche. So sank im Zeitraum von 1995 bis 2015 die Zahl der Erwerbstätigen im produzierenden Gewerbe im Inland von 12.128.000 auf 10.511.000 (Statistisches Bundesamt 2016a, S. 351, Tabelle 13.2.1.). Demgegenüber stieg die Zahl der Beschäftigten der Wohlfahrtsverbände im Zeitraum 1996 bis 2012 um 49% an (BAGFW 2014, S. 16). Allein zwischen 2004 und 2012 betrug der Anstieg 18%. Allerdings ist hierbei der beachtliche Anstieg der Teilzeitbeschäftigung von rund 43% mit zu berücksichtigen, während die Zahl der Vollzeitstellen um 3% abnahm (BAGFW 2014, S. 16).

Die Gründe für das kontinuierliche Wachstum der Beschäftigungszahlen bei den Wohlfahrtsverbänden sind vielfältig. In den 1990er Jahren war das Wachstum der Beschäftigten vor allem in Verbindung mit der Wiedervereinigung zu sehen: Das Subsidiaritätsprinzip im Gesundheitswesen und den Sozialen Diensten wurde auf die neuen Bundesländer übertragen, so dass sich hier ein weites Betätigungsfeld für die Wohlfahrtsverbände erschloss (Angerhausen et al 2002; Zimmer/Priller 2007, S. 65ff.). Parallel hierzu lässt sich bereits für diesen Zeitraum eine Verschiebung der Beschäftigungsintensität bei den Wohlfahrtsverbänden vom Gesundheitsbereich hin zu den Sozialen Diensten feststellen (Zimmer/Priller 2007, S. 57). Gemäß der Deutschlandstudie des Johns-Hopkins-Projekts ging der Beschäftigtenanteil im Gesundheitswesen bereits damals von 36% im Jahr 1990 auf weniger als 31% im Jahr 1995 zurück. Dagegen nahm die Beschäftigung im Bereich Soziale Dienstleistungen von 32% im Jahr 1990 auf 39% im Jahr 1995 zu. Dieser Bereich befindet sich nach wie vor auf Wachstumskurs. Allerdings ist der Anstieg der Beschäftigtenzahlen in jüngster Zeit u.a. auch bedingt durch die zunehmende Flexibilisierung der Beschäftigungsverhältnisse (Zimmer/Priller 2007, S. 90f.)

4.3 Arbeitsverhältnisse

Bei Betrachtung der Sozialwirtschaft als Job-Motor muss beachtet werden, dass der hohe Zuwachs vor allem im Bereich geringfügiger Beschäftigung erfolgt. Die Flexibilisierung der Arbeitsverhältnisse im Sinne einer deutlichen Zunahme von Teilzeit- und anderen flexiblen Beschäftigungsformen bis hin zur Honorartätigkeit ist in der Sozialwirtschaft schon lange an der Tagesordnung. Empirische Studien zeigen (Dathe/Kistler 2005; Dathe/Priller 2010), dass sich die sozialen Dienstleistungen sowie Beschäftigung bei Einrichtungen der Wohlfahrtsverbände durch eine ausgeprägte Heterogenität der Arbeits- und Beschäftigungsverhältnisse auszeichnen, die haupt- und nebenamtliche Tätigkeiten ebenso einschließen wie Voll- und Teilzeitarbeit, Honorartätigkeit, stundenweise Beschäftigung und besondere Beschäftigungsformen. In den Einrichtungen der Sozialwirtschaft ist der Anteil der Teilzeitbeschäftigung, aber auch der befristeten Beschäftigung rund doppelt so hoch wie in der Gesamtwirtschaft, in Ostdeutschland sogar noch höher.

Von der Flexibilisierung der Beschäftigungsverhältnisse bei den Einrichtungen der Wohlfahrtsverbände wie im Nonprofit-Sektor insgesamt sind insbesondere Frauen betroffen. Die Mitarbeiterschaft der Verbände ist überwiegend weiblich. Gemäß den Ergebnissen einer Befragung des Wissenschaftszentrums Berlin (2011) ist die Beschäftigtung bei NPOs im Gesundheitswesen zu 77% sowie im Sozialwesen zu 69% weiblich (Priller et al. 2012, S. 31). Auch sind Frauen im Nonprofit-Sektor überdurchschnittlich häufig in atypischen Beschäftigungsverhältnissen: 65% arbeitet in Teilzeit-, befristeter oder geringfügiger Beschäftigung, im Vergleich zu 29% der Männer (Priller/Paul 2015, S. 16).

	Teilzeit-beschäftigte	Befristet Beschäftigte	geringfügig Beschäftigte	Ein-Euro-Jobs
privatwirtschaftlich erbrachte soziale Dienstleistungen	38	8	19	2
Öffentlicher Dienst	29	11	5	1
Dritter Sektor	49	15	13	4
Gesamtbeschäftigung in Deutschland	*25*	*7*	*12*	*1*

Tab. 4: Prekäre Beschäftigungsverhältnisse in der Sozialwirtschaft in % (2008) (Dathe et al. 2009, S. 3)

4.4 Ehrenamtliche und Freiwillige

Ein Mix von haupt- und ehrenamtlich Tätigen zählt zu den wichtigen Strukturbesonderheiten gemeinnütziger Organisationen (Priller/Zimmer 2006). Allerdings ist der Anteil der ehrenamtlichen Arbeit am Gesamtvolumen im Bereich der Sozialwirtschaft deutlich geringer als in anderen Tätigkeitsfeldern von NPOs (Krimmer/Priemer 2013, S. 39). So kommt im Bereich Soziale Dienste lediglich ein/e Ehrenamtliche/r oder freiwillige/r Helfer_in auf sechs bezahlte Kräfte. Das Verhältnis Ehrenamtliche – bezahlte Kräfte ist demgegenüber im Sport genau umgekehrt. Dennoch ist das in der Sozialwirtschaft gebundene ehrenamtliche Engagement, wie auch die Ergebnisse des aktuellen Freiwilligensurvey zeigen (Vogel et al 2017, S. 133ff.) beachtlich und rangiert in der Präferenzskala der Bundesbürger_innen an vierter Stelle nach Sport und Bewegung, Schule oder Kindergarten sowie Kultur und Musik.

Die Bundesarbeitsgemeinschaft der Freien Wohlfahrtspflege schätzt die Zahl der Bürger_innen, die sich freiwillig und ehrenamtlich in der Freien Wohlfahrtspflege engagieren – in den zahlreichen Hilfswerken, Initiativen und angeschlossenen Selbsthilfegruppen – auf 2,5 bis 3 Millionen (BAGFW 2014:10). Das *Johns Hopkins Projekt* kam für 1995 zu dem Ergebnis, dass circa 2,5 Millionen Freiwillige im Sozial- und Gesundheitswesen engagiert sind (Zimmer/Priller 2007, S. 59). Aktivitätsfelder, die in wesentlichen Teilen von Freiwilligen getragen werden, sind neben den 70.000 bis 100.000 Selbsthilfegruppen etwa Rettungsdienste – z.B. innerhalb des DRK und der Johanniter-Unfallhilfe –, die Begleitung von Schwerkranken in Hospizen und Krankenhäusern (‚Grüne Damen') und die Telefonseelsorge (Matzat 2010).

Die Ergebnisse des Johns Hopkins Projektes weisen darauf hin, dass das Engagement der ehrenamtlichen bzw. freiwilligen Helfer_innen im Durchschnitt bei knapp drei Stunden pro Woche bzw. 135 Stunden im Jahr liegt. Damit entspricht das im gesamten Nonprofit-Sektor von Freiweilligen geleistete Arbeitsvolumen etwa einer Million Vollzeitäquivalenten (Zimmer/Priller 2007, S. 60). Ehrenamtliche bzw. freiwillige Helfer_innen nehmen hauptsächlich ergänzende Funktionen wahr und sind keineswegs als Job-Killer anzusehen, wie vielfach befürchtet wird. Eher ist das Gegenteil der Fall. Während das freiwillige Engagement im Sozial- und Gesundheitsbereich in einer längerfristig-historischen Perspektive betrachtet eher rückläufig sein dürfte, hat die Anzahl der hauptamtlich Beschäftigten im Zuge des Ausbaus des Sozialstaates stark zugenommen.

Dennoch bleibt Freiwilligenarbeit eine wesentliche Ressource der Sozialwirtschaft und wird zunehmend auch von den lokalpolitischen Akteuren, gerade vor dem Hintergrund der gegenwärtigen Finanzknappheit der Kommunen, als Handlungsfeld erkannt. Im Rahmen kommunaler Engagementförderung und einer Diskussion um eine „Engagementpolitik" (Olk et al. 2009) stehen die sozialen Dienste von der Jugendarbeit bis hin zum Gesundheitswesen im Fokus der Aufmerksamkeit (Klein et al. 2011; Olk et al. 2009). Dass gleichzeitig ein Potential an engagementbereiten Personen besteht, das durch die gezielte Vermittlung an soziale Einrichtungen aktiviert werden kann, beweist der Erfolg der inzwischen zumindest in größeren Städten weit verbreiteten, von Verbänden, Vereinen oder der Kommune getragenen Freiwilligenagenturen, die oft einen Kernbaustein der lokalen engagementfördernden Infrastruktur bilden (Wolf/Zimmer 2012; Ebert/Speck 2011).

5. Abschließende Betrachtung

Generell lässt sich festhalten, dass die volkswirtschaftliche Bedeutung der Sozialwirtschaft – insbesondere des näher betrachteten Bereichs der Freien Wohlfahrtspflege – zum einen in der Zurverfügungstellung zentraler Dienstleistungen zu sehen ist, die aufgrund der demographischen Entwicklung und der zunehmenden Mobilität der Bevölkerung weiter an Relevanz gewinnen werden; zum anderen weist die Sozialwirtschaft ein hohes Beschäftigungsvolumen aus. Wie dargestellt, handelt es sich hierbei zunehmend um Teilzeitarbeitsplätze und geringfügige Beschäftigung, die mehrheitlich von Frauen wahrgenommen wird. Dennoch kann die Bedeutung der Sozialwirtschaft mit Blick auf die Vergleichszahlen der Entwicklung der Beschäftigung in den klassischen Wirtschaftssektoren gar nicht hoch genug eingeschätzt werden. Obgleich privat-kommerzielle Anbieter in der Sozialwirtschaft in den vergangenen Jahren eine zunehmende Bedeutung gewonnen haben und in einzelnen Bereichen – wie im Bereich der Pflege sowie bei den Krankenhäusern – zu ernsthaften Konkurrenten der Freien Wohlfahrtspflege geworden sind, ist die volkswirtschaftliche Bedeutung der Verbände in Deutschland immer noch beachtlich. Trotz zunehmenden ökonomischen Drucks und den damit einhergehenden Rationalisierungsmaßnahmen sind die Einrichtungen der Wohlfahrtsverbände auch immer noch in gewissem Maße attraktiv für ehrenamtliches Engagement. Bisher haben die in der Sozialwirtschaft tätigen Verbände daher noch nicht ihre Strukturbesonderheiten als Nonprofit-Organisationen gänzlich aufgegeben.

6. Weiterführende Literatur

Da in diesem Beitrag nur kurz auf bestimmte Bereiche eingegangen werden konnte, werden nachfolgend weitere Informationsquellen kommentiert angeführt. Ferner existieren neben diesen Angaben zahlreiche weitere Veröffentlichungen, die sich hauptsächlich mit Einzelbereichen der Sozialwirtschaft beschäftigen.

Als umfassende *Einführungen und Überblicksdarstellungen* zur Sozialwirtschaft bzw. der Freien Wohlfahrtspflege sowie ihrer politischen und rechtlichen Rahmenbedingungen sind die Bände von Boeßenecker/Vilain (2013), Bödege-Wolf/Schellberg (2010) sowie die Handbücher von Dahme et al. (2005) und Evers et al. (2008) zu empfehlen:

Boeßenecker, Karl-Heinz/Vilain, Michael (2013): Spitzenverbände der freien Wohlfahrtspflege. Eine Einführung in die Organisationsstrukturen und Handlungsfelder sozialwirtschaftlicher Akteure in Deutschland. Weinheim: Juventa.

Bödege-Wolf, Johanna/Schellberg, Klaus (2010): Organisationen der Sozialwirtschaft. 2. Aufl., Baden-Baden: Nomos.

Dahme, Heinz-Jürgen/Kühnlein, Gertrud/Wohlfahrt, Norbert (2005): Zwischen Wettbewerb und Subsidiarität. Wohlfahrtsverbände unterwegs in die Sozialwirtschaft. Berlin: Edition Sigma.

Evers, Adalbert/Heinze, Rolf G./Olk, Thomas (Hrsg.) (2008): Handbuch Soziale Dienste. Wiesbaden: VS Verlag für Sozialwissenschaften.

Die *Ergebnisse des Johns Hopkins Comparative Nonprofit Sector Project* für Deutschland und die Entwicklung der Systematik des Nonprofit-Sektors sind veröffentlicht in:

Salamon, Lester M./Anheier, Helmut K./ List, Regina/Toepler, Stefan/Sokolowski, S. Wojciech (Hrsg.) (1999): Global Civil Society. Dimensions of the Nonprofit Sector. Baltimore: Center for Civil Society Studies.

Zimmer, Annette/Priller, Eckhard (2007): Gemeinnützige Organisationen im gesellschaftlichen Wandel. Ergebnisse der Dritte-Sektor-Forschung. Wiesbaden: Springer VS.

Auswertungen und Informationen zu Zivilgesellschaft in Zahlen finden sich unter http://ziviz.info.

Informationen und Ergebnisse der im 5-Jahres-Turnus durchgeführten repräsentativen Untersuchung zum bürgerschaftlichen Engagement – Deutscher Freiwilligensurvey – finden sich unter www.dza.de/forschung/fws.html.

Statistiken zu den Wohlfahrtsverbänden werden alle vier Jahre durch die Bundesarbeitsgemeinschaft der Freien Wohlfahrtspflege in Bonn veröffentlicht. Hierbei handelt es sich um eine Gesamtstatistik aller Verbände, die Angaben zu den Beschäftigungs- und Einrichtungszahlen sowie zu den vorgehaltenen Betten und Plätzen in den Einrichtungen enthält. Die Statistik ist aufgeschlüsselt nach den Arbeitsbereichen. Bereits erschienen sind sie für die Jahre 2000, 2004, 2008 und 2012. Die Statistiken sind auf www.bagfw.de verfügbar. Ferner entwickeln sich die verbandseigenen Statistiken der Wohlfahrtsverbände zu relevanten Informationsquellen. Am weitesten entwickelt sind mittlerweile wohl die Statistiken des Deutschen Caritasverbandes und des Diakonischen Werkes. Diese Statistiken sind direkt bei den Verbänden zu erhalten.

Statistiken zum Sozial- und Gesundheitswesen bietet das *Statistische Bundesamt* auf der Webpräsenz an. Hier sind vor allem die Krankenhausstatistik, die Pflegestatistik und die Kinder- und Jugendhilfestatistik anzuführen, die im jährlich erscheinenden statistischen Jahrbuch und ausführlicher in den Fachserien „Gesundheitswesen“ und „Sozialleistungen“ veröffentlicht werden. Auszugsweise werden die dortigen Zahlen auch in der monatlich erscheinenden Zeitschrift „Wirtschaft und Statistik“ veröffentlicht und kommentiert.

7. Literatur

Angerhausen, Susanne/Backhaus-Maul, Holger/Offe, Claus (2002): Überholen ohne Einzuholen. Freie Wohlfahrtspflege in Ostdeutschland. Wiesbaden: VS Verlag für Sozialwissenschaften.

Anheier, Helmut K./Seibel, Wolfgang (2003): Der Nonprofit Sector in Germany. Between state, economy and society. Manchester: Manchester University Press.

Backhaus-Maul, Holger (2000): Wohlfahrtsverbände als korporative Akteure. Über eine traditionsreiche sozialpolitische Institution und ihre Zukunftsaussichten. In: Aus Politik und Zeitgeschichte 50, S. 26-27.

Backhaus-Maul, Holger/Olk, Thomas (1994): Von Subsidiarität zu „outcontracting“: Zum Wandel der Beziehungen zwischen Staat und Wohlfahrtsverbänden in der Sozialpolitik. In: Streeck, Wolfgang (Hrsg.): Staat und Verbände. Wiesbaden: VS Verlag für Sozialwissenschaften, S. 100-135.

Bauer, Ullrich (2006): Die Sozialen Kosten der Ökonomisierung von Gesundheit. In: Aus Politik und Zeitgeschichte 56, H. 8-9, S. 17-24.

Bundesarbeitsgemeinschaft der Freien Wohlfahrtspflege (BAGFW) (Hrsg.) (2014): Gesamtstatistik der Einrichtungen der freien Wohlfahrtspflege 2012. Berlin: BAGFW.

Boeßenecker, Karl-Heinz/Vilain, Michael (2013): Spitzenverbände der Freien Wohlfahrtspflege. Eine Einführung in die Organisationsstrukturen und Handlungsfelder sozialwirtschaftlicher Akteure in Deutschland. Weinheim/München: Beltz.

Caritas e.V. (Hrsg.) (2014): Einrichtungsstatistik der Caritas Deutschland. www.caritas.de/diecaritas/deutschercaritasverband/verbandszentrale/geschaeftsbericht/2013, 5.6.2017.
Dahme, Heinz-Jürgen/Kühnlein, Gertrud/Wohlfahrt, Norbert (2005): Zwischen Wettbewerb und Subsidiarität. Wohlfahrtsverbände unterwegs in die Sozialwirtschaft. Berlin: Edition Sigma.
Dathe, Dietmar/Hohendanner, Christian/Priller, Eckhard (2009): Wenig Licht, viel Schatten – der Dritte Sektor als Arbeitsmarktpolitisches Experimentierfeld. WZBrief Arbeit 03, Oktober 2009. Berlin: WZB.
Dathe, Dietmar/Kistler, Ernst (2005): Arbeit(en) im Dritten Sektor. In: Kotlenga, Sandra/Nägele, Barbara/Pagels, Nils/Ross, Bettina (Hrsg.): Arbeit(en) im Dritten Sektor. Europäische Perspektiven. Mossingen-Thalheim: Talheimer, S. 54-66.
Dathe, Dietmar/Priller, Eckhard (2010): Der Dritte Sektor in der Arbeitsmarkt- und Beschäftigungspolitik. In: Olk, Thomas/Klein, Ansgar/Hartnuß, Birger (Hrsg.): Engagementpolitik. Die Entwicklung der Zivilgesellschaft als politische Aufgabe. Wiesbaden: Springer VS, S. 525-546.
Diakonie Deutschland – Evangelischer Bundesverband Evangelisches Werk für Diakonie und Entwicklung e.V. (Hrsg.) (o.J.): Diakonie Deutschland. www.diakonie.de, 5.6.2017.
Die Welt (2012): Die 500 größten Unternehmen in Deutschland. top500.welt.de/, 5.5.2017.
Ebert, Olaf/Speck, Karsten (2011): Freiwilligenagenturen. In: Olk, Thomas/Hartnuß, Birger (Hrsg.): Handbuch Bürgerschaftliches Engagement. Weinheim: Juventa, S. 553-566.
European Commission (Hrsg.) (o.J.): Social Economy in the EU. https://ec.europa.eu/growth/sectors/social-economy_de, 5.7.2017.
Evers, Adalbert/Heinze, Rolf G./Olk, Thomas (Hrsg.) (2008): Handbuch Soziale Dienste. Wiesbaden: VS Verlag für Sozialwissenschaften.
Evers, Adalbert/Olk, Thomas (1996): Wohlfahrtspluralismus – Analytische und normativ-politische Dimensionen eines Leitbegriffs. In: Evers, Adalbert/Olk, Thomas (Hrsg.): Wohlfahrtspluralismus. Vom Wohlfahrtsstaat zur Wohlfahrtsgesellschaft. Opladen: Westdeutscher Verlag, S. 9-62.
Robert Koch Institut/Statitisches Bundesamt (DeStatis) (2016): Gesundheit in Deutschland. Gesundheitsberichterstattung des Bundes. Berlin. www.destatis.de/DE/Publikationen/Thematisch/Gesundheit/Gesundheitszustand/GesundheitInDeutschlandPublikation.pdf, 18.7.2017.
Jansen, Stephan A./Heinze, Rolf G./Beckman, Markus (Hrsg.) (2013): Sozialunternehmen in Deutschland, Wiesbaden: Springer VS.
Jüster, Markus (2015): Die verfehlte Modernisierung der Freien Wohlfahrtspflege. Baden-Baden: Nomos.
Klein, Ansgar/Fuchs, Petra/Flohé, Alexander (Hrsg.) (2011): Handbuch Kommunale Engagementförderung im sozialen Bereich. Berlin: Lambertus.
Krimmer, Holger/Priemer, Jana (2013): Zivilgesellschaft verstehen. ZiviZ-Survey 2012. Berlin: ZiviZ.
Matzat, Jürgen (2010): Ehrenamtliches Engagement, kollektive Selbsthilfe und politische Beteiligung im Gesundheitswesen. In: Olk, Thomas/Klein, Ansgar/Hartnuß, Birger (Hrsg.): Engagementpolitik. Die Entwicklung der Zivilgesellschaft als politische Aufgabe. Wiesbaden: Springer VS.
Merchel, Joachim (1989): Der Deutsche Paritätische Wohlfahrtsverband. Weinheim: Juventa.
Moos, Gabriele/Klug, Wolfgang (2009): Basiswissen Wohlfahrtsverbände. München: Reinhardt.
Nährlich, Stefan (1997): Innerbetriebliche Reformen in Nonprofit-Organisationen. Das Deutsche Rote Kreuz im Modernisierungsprozeß. Leverkusen: Leske & Budrich.
Olk, Thomas/Hartnuß, Birger (Hrsg.) (2011): Handbuch Bürgerschaftliches Engagement. Weinheim: Juventa.
Olk, Thomas/Klein, Ansgar/Hartnuß, Birger (Hrsg.) (2009): Engagementpolitik. Die Entwicklung der Zivilgesellschaft als politische Aufgabe. Wiesbaden: Springer VS.
Priller, Eckhard/Paul, Franziska (2015): Gute Arbeit in atypischen Beschäftigungsverhältnissen? Eine Analyse der Arbeitsbedingungen von Frauen in gemeinnützigen Organisationen unter Berücksichtigung ihrer Beschäftigungsformen und Lebenslagen. Studie für die Hans-Böckler-Stiftung. Berlin: Hans-Böckler-Stiftung.
Priller, Eckhardt/Alscher, Mareike/Droß, Patrick J./Paul, Franziska/Poldrack, Clemens J./Schmeißer, Claudia/Waitkus, Nora (2012): Dritte-Sektor-Organisationen heute: Eigene Ansprüche und ökonomische Herausforderungen. Ergebnisse einer Organisationsbefragung. Berlin: WZB.
Priller, Eckhard/Zimmer, Annette (2006): Arbeit als Engagement. In: Aus Politik und Zeitgeschichte 56, H. 12, S. 18-23.
Rosenski, Natalie. (2012): Die wirtschaftliche Bedeutung des Dritten Sektors. In: Statistisches Bundesamt, Wirtschaft und Statistik, März 2012. www.destatis.de/DE/Publikationen/WirtschaftStatistik/UnternehmenGewerbeanzeigen/WirtschaftlicheBedeutung3Sektor032012.pdf, 18.7.2017, S. 209-217.
Spengler, Norman/Priemer, Jana (2011): Daten zur Zivilgesellschaft. Eine Bestandsaufnahme. Zivilgesellschaft in Zahlen. Bd. 2. www.ziviz.info, 29.11.2012.
Statistisches Bundesamt (Hrsg.) (2016a): Statistisches Jahrbuch 2016. Wiesbaden: Statistisches Bundesamt.

Statistisches Bundesamt (Hrsg.) (2016b): Grunddaten der Krankenhäuser. Fachserie 12 Reihe 6.1.1 – 2015. Wiesbaden: Statistisches Bundesamt.
Statistisches Bundesamt (Hrsg.) (2016c): Grunddaten der Vorsorge- oder Rehabilitationseinrichtungen. Fachserie 12 Reihe 6.1.2 – 2015. Wiesbaden: Statistisches Bundesamt.
Statistisches Bundesamt (Hrsg.) (2015): Pflegestatistik 2013. Pflege im Rahmen der Pflegeversicherung. Deutschlandergebnisse. Wiesbaden: Statistisches Bundesamt.
Statistisches Bundesamt (Hrsg.) (2013): Statistisches Jahrbuch 2013, Wiesbaden: Statistisches Bundesamt.
Statistisches Bundesamt (Hrsg.) (2005a): Statistisches Jahrbuch 2005. Wiesbaden: Statistisches Bundesamt. www.destatis.de/DE/Publikationen/StatistischesJahrbuch/StatistischesJahrbuch_AeltereAusgaben.html, 18.7.2017.
Statistisches Bundesamt (Hrsg.) (2005b): Pflegestatistik 2003. Pflege im Rahmen der Pflegeversicherung. Deutschlandergebnisse. Wiesbaden: Statistisches Bundesamt.
Vogel, Claudia/Hagen Christine/Simonson, Julia/Tesch-Römer, Clemens (2017): Freiwilliges Engagement und öffentliche gemeinschaftliche Aktivität. In: Simonson, Julia/Vogel, Claudia/Tesch-Römer, Clemens (Hrsg): Freiwilliges Engagement in Deutschland. Der Freiwilligensurvey 2014. Wiesbaden: Springer VS, S. 91-152.
Wolf, André C./Zimmer, Annette (2012): Lokale Engagementförderung. Zivilgesellschaft vor Ort – eine Bilanz. Wiesbaden: Springer VS.
Zimmer, Annette/Priller, Eckhard (2007): Gemeinnützige Organisationen im gesellschaftlichen Wandel. Wiesbaden: Springer VS.

Sozialpolitische Entwicklungslinien in Deutschland

Holger Backhaus-Maul

1. Bedeutung und Entwicklung

1.1 Gesellschaftliche Bedeutung

Die weitreichende und grundlegende Bedeutung von Sozialpolitik in modernen Gesellschaften erschließt sich erst dann, wenn man die schlichte Verengung auf öffentliche Transferzahlungen in sozialen Risikofällen vermeidet und die gesellschaftspolitischen Dimensionen von Sozialpolitik in den Blick nimmt (zum Folgenden Kaufmann 1997, S. 34ff.):

1. Soziale Leistungen haben einen erheblichen wirtschaftlichen Nutzen, da sie zur Bildung und Pflege des Humankapitals beitragen.
2. Sozialpolitik bedeutet fortwährende Kompromissbildung zwischen antagonistischen Interessengruppen, insbesondere zwischen Kapital und Arbeit bzw. Unternehmensverbänden und Unternehmern einerseits sowie Gewerkschaften und Arbeitnehmern andererseits. Im politischen Sinn trägt Sozialpolitik folglich zur Befriedung und Akzeptanz in einer Gesellschaft bei.
3. In kultureller Hinsicht ist Sozialpolitik als Arena zu verstehen, in der sich eine Gesellschaft über ihre sozialkulturellen Grundlagen und Vorstellungen, wie etwa Gerechtigkeit, Freiheit, Solidarität und den Umgang mit dem Fremden, verständigt und auseinandersetzt.
4. Soziale Leistungen haben nicht zuletzt auch gesellschaftliche Bedeutung, da sie sozialintegrativ wirken und Bürger_innen zumindest tendenziell vom unmittelbaren Zwang, ihre Arbeitskraft verkaufen zu müssen, befreien.

1.2 Sozialpolitik als konfliktbasiertes Handlungsfeld

Sozialpolitik ein es konfliktreiches Politikfeld. Politische Konflikte und staatliche Befriedungsversuche kennzeichnen die über hundertjährige Erfolgsgeschichte der deutschen Sozialpolitik von der Arbeiterpolitik im Kaiserreich bis zur Gesellschaftspolitik im vereinten Deutschland. Dabei hat sich – bei allen politischen und sozialen Veränderungen – im Vergleich mit anderen Demokratien in Deutschland der besondere nationale Entwicklungspfad eines „konservativ-korporatistischen Sozialstaates" herausgebildet, in dessen Mittelpunkt ein ausdifferenziertes und historisch gewachsenes Geflecht von Sozialversicherungen steht (Alber 1989; Bäcker et al. 2008; Kaufmann 1997; Leibfried/Wagschal 2000; Lessenich 2003a; Lessenich/Ostner 1998; Nullmeier/Rüb 1993; Schmidt 2005).

Die Einführung von Sozialversicherungen im Deutschen Kaiserreich erfolgte zeitgleich mit politischen Repressionen gegenüber der organisierten Arbeiterklasse. Sozialversicherungen und Sozialistengesetze, soziale Sicherung und politisch-repressive Befriedung, standen am Anfang der deutschen Sozialpolitik. Unter Reichskanzler Bismarck wurden bereits in der Zeit des Deutschen Kaiserreiches in den 1880er Jahren Sozialversicherungen gegen Krankheit, Unfall, Invalidität und Altersarmut eingeführt (Schmidt 2005) und später wurde in den Artikeln 161-167 der Weimarer Reichsverfassung soziale Sicherung erstmals zum Staatsziel erhoben, ohne dass aber bereits ein ausgebautes Sozialleistungssystem zur Verfügung stand. Erst in der Bundesrepublik Deutschland wurde nicht nur das Sozialstaatspostulat in den Artikeln 20 und 28 des Grundgesetzes verankert, sondern auch mit umfangreichen Geld-, Sach- und Dienstleistungen unterlegt. Im Sinne eines konservativ-korporatistischen Sozialstaates wurden Familien die Schlüsselfunktion in der sozialen Versorgung zugewiesen und verbandliche Akteure in den Politik- und Gesetzgebungsprozess einbezogen (Backhaus-Maul/Olk 1994; Heinze/Olk 1984; Heinze et al. 1997; Sachße 1995).

In der Bundesrepublik Deutschland ist Sozialpolitik Gegenstand korporatistisch verfasster politischer Aushandlungsprozesse, in denen sich politische Akteure auf Bundes-, Landes- und Kommunalebene unter Beteiligung verbandlicher Akteure über politische Leitvorstellungen und Zuständigkeiten sowie die Verteilung von Lebenschancen und finanziellen Belastungen auseinandersetzen (Lessenich 2003b). Gleichzeitig versuchen organisierte Interessengruppen, das heißt Parteien und Verbände, Einfluss auf sozialpolitische Entscheidungs- und Gesetzgebungsprozesse zu nehmen, während öffentliche Kostenträger und freie Leistungsanbieter über Mengen, Preise und Qualitätsstandards öffentlicher Sozialleistungen verhandeln. Dieser klassisch korporatistische – auf Verflechtungen zwischen staatlichen und kommunalen Akteuren einerseits und gesellschaftlichen Verbänden andererseits basierende – Entscheidungsprozess ist wiederum eingebunden in eine medial vermittelte öffentliche Kommunikation mit eigenen sozialpolitischen Akzent- und Schwerpunktsetzungen, die in den letzten Jahren insbesondere die Vorstellungen von Armut, Familie, Geschlechterrollen und Zuwanderung sowie die entsprechenden fachpolitischen Maßnahmen wesentlich mit geprägt haben.

Im Mittelpunkt sozialpolitischer Verhandlungen stehen die Auseinandersetzungen zwischen Bundes- und Landesgesetzgebern sowie Kommunalpolitik und -verwaltungen. Der demokratische und soziale Rechtsstaat soll entsprechend dem in den Artikeln 20 und 28 Grundgesetz formulierten Sozialstaatspostulat dazu beitragen, soziale Grundrechte zu verwirklichen und die Bürger_innen in die Lage versetzen, ihre sozialen Rechte in Anspruch nehmen zu können. Das Sozialstaatspostulat ist inhaltlich nicht konkretisiert, sondern im Sinne eines Gestaltungsauftrages gesellschaftspolitisch auszuhandeln (Pitschas 2003). Der Bund ist bestrebt, deutschlandweit geltende Normen und Standards zu setzen, während die Bundesländer – unter Verweis auf den Föderalismus – darauf bedacht sind, ihre eigenen politischen Entscheidungsspielräume offenzuhalten und die Kommunen im Sinne kommunaler Selbstverwaltung darauf zu verweisen, spezifischen Bedarfen und Interessen vor Ort Rechnung zu tragen. Da die Länder und vor allem die Kommunen über eigene sozialpolitische Gestaltungsspielräume verfügen, kann folglich – trotz bundeseinheitlicher Regelungen – keinesfalls von einer monolithischen Sozialpolitik in Deutschland gesprochen werden. In der Bundesrepublik Deutschland ist Sozialpolitik vielmehr das Ergebnis eines von Kontroversen geprägten Aushandlungsprozesses zwischen Bund, Ländern und Kommunen sowie verbandlichen Akteuren (Pitschas 2003; Wollmann 1990). So wird vor allem in der kommunalen Sozialpolitik – unter bundesgesetzlichen Rahmenbedingungen – etwa über Preise, Mengen und Qualitätsstandards sozialer Leistungen die pluralistische Gestaltung der Anbieterlandschaft sowie Art und Umfang sozialer Dienste und Einrichtungen verhandelt und entschieden (Backhaus-Maul 1998, 2003; Grohs 2010; Merchel 2003).

1.3 Öffentliche Ausgaben für Sozialleistungen

Sozialpolitik erfüllt wichtige gesellschaftliche Funktionen und ist von herausragender volkswirtschaftlicher Bedeutung. Letzteres wird anhand der Sozialleistungsquote deutlich, das heißt dem Anteil der Sozialleistungen am Bruttoinlandsprodukt, der 1950 bei 17,1% und 1975 bereits bei 33,7% lag; seitdem liegt die Sozialleistungsquote relativ konstant – mit einem leichten Anstieg infolge der deutschen Vereinigung (Bäcker et al. 2008, S. 57; 2010)– bei knapp einem Drittel, das heißt im Jahr 2015 bei 29,4% (Statistisches Bundesamt 2016, S. 227). Insgesamt belief sich das deutsche Sozialbudget im Jahr 2014 auf 849,2 Mrd. € (Statistisches Bundesamt 2016, S. 228), wovon der weitaus größte Anteil (57%) allein für Leistungen der Renten- und der Krankenversicherung eingesetzt wurde. Die Finanzierung öffentlicher Sozialleistungen erfolgt anteilig durch Staat (Bund und Länder) und Kommunen, Arbeitgeber und Arbeitnehmer sowie private Haushalte.

In der Entwicklung der Sozialleistungsquote kommt sowohl die Expansion als auch die institutionelle Flexibilität des deutschen Sozialstaates zum Ausdruck. Das beachtliche Wachstum des deutschen Sozialstaates zeigt sich im Vergleich der Sozialleistungsquoten von 1950 und 1975. Die eigentliche Leistungsfähigkeit des deutschen Sozialstaates wird aber erst im Zuge des Beitritts der DDR zur Bundesrepublik Deutschland und der Integration der ostdeutschen Bevölkerung in die bestehende soziale Sicherung sowie aktuell auch in der Integration von Geflüchteten und Zugewanderten deutlich. Die weitgehend stabile Sozialleistungsquote des deutschen Sozialstaates bringt im Gegensatz zur weitverbreiteten Rhetorik vom Abbau des Sozialstaates die Gewährleistungsgarantie und das kontinuierliche Leistungsversprechen der sozialen Sicherung in Deutschland treffend zum Ausdruck. Gleichwohl erweist sich der deutsche Sozialstaat bei einem relativ gleichbleibenden Sozialbudget als flexibel und dynamisch in der Veränderung sozialpolitischer Akzente und Schwerpunkte, wie etwa der „Entdeckung des Pflegefallrisikos“ und den Bestrebungen zur frühen Förderung von Kindern (grundlegend Leibfried/Zürn 2006).

Auf kommunaler Ebene sind die Ausgaben für soziale Leistungen nach wie vor einer der größten Haushaltsposten (Deutscher Städtetag 2012a). Während sich die Gesamteinnahmen aller deutschen Kommunen (ohne Stadtstaaten) im Jahr 2015 auf 218,3 Mrd. € beliefen, wurde davon rund ein Viertel, das heißt genau 53,8 Mrd. € (24,0%) allein für soziale Aufgaben aufgewandt (Deutscher Städtetag 2016, S. 16). Die größten Ausgabenposten bildeten dabei die Sozialhilfe in Einrichtungen und die Leistungen für erwerbsfähige Arbeitslose im Rahmen des Sozialgesetzbuches II (SGB II), mit deutlichem Abstand gefolgt von der Kinder- und Jugendhilfe sowie der Sozialhilfe außerhalb von Einrichtungen, wobei Leistungen für Asylbewerber, Geflüchtete und Zugewanderte an Bedeutung gewinnen (Deutscher Städtetag 2016, S. 8).

Trotz der grundlegenden und wachsenden sozialpolitischen Bedeutung kommunaler Daseinsfürsorge ist es bemerkenswert, dass seit Mitte der 1990er Jahre die entsprechenden kommunalen Sozialausgaben relativ langsam wachsen. Als Hauptgründe hierfür sind u.a. die Einführung der Pflegeversicherung und die entsprechende Entlastung der Sozialhilfe bei Pflegeleistungen für ältere Menschen, die weitgehende Deckelung von Sozialhilfeleistungen und die Einführung der Grundsicherung für Arbeitssuchende (SGB II) zu nennen. Dadurch wurde zwar die Kostendynamik bei den kommunalen Sozialleistungen durch gesetzgeberische Eingriffe und Kostenverlagerungen gebremst, gleichzeitig haben sich aber die zugrunde liegenden sozialen Probleme und Bedarfslagen, wie etwa die Betreuung und Bildung von Kleinkindern, nicht grundlegend und dauerhaft verändert, und infolge von Flucht und Zuwanderung kommen auf Kommunen dauerhaft neue Aufgaben zu, die von Bund und Ländern nur teilweise kompensiert werden.

1.4 Gegenstandsbereiche der sozialen Sicherung

Entsprechend der Systematik des Sozialrechtlers Hans Zacher lässt sich die soziale Sicherung in die Bereiche Vorsorge (Sozialversicherungen), Entschädigung, Förderung und Hilfe untergliedern (Eichenhofer 2015).

Die soziale Sicherung ist allein schon aufgrund ihres finanziellen Volumens einer der wichtigsten öffentlichen Aufgabenbereiche. Das kontinuierliche Wachstum öffentlicher Sozialausgaben ist einerseits auf soziale, demographische und ökonomische Veränderungen, andererseits aber auch auf steigende Erwartungen von Bürgern an die Menge und die Qualität sozialer Leistungen zurückzuführen.

Im Mittelpunkt der sozialen Sicherung steht der Bereich der Vorsorge mit den Sozialversicherungszweigen Renten-, Kranken-, Unfall-, Arbeitslosen- und Pflegeversicherung. Gemessen an ihrer sozialpolitischen und finanziellen Bedeutung sind demgegenüber die Bereiche Entschädigung, Förderung und Hilfe sekundär. Die sozialen Entschädigungsleistungen gelten für die Opfer von Kriegs-, Wehr- und Zivildienst sowie von Impfschäden. Der Bereich der Förderung umfasst den Familienleistungsausgleich sowie die Ausbildungs- und die Arbeitsförderung. Die Hilfen, wie die Sozialhilfe sowie die Kinder- und Jugendhilfe, werden gegenüber den bisher genannten Sozialleistungen als rechtlich nachrangig eingestuft (weiterführend Eichenhofer 2015).

Der Stellenwert der einzelnen Sicherungszweige wird deutlich, wenn man ihre Finanzierungsstruktur eingehender betrachtet. Dabei ist zu bedenken, dass die Finanzierung der Sozialversicherung im Wesentlichen durch Beiträge von Arbeitnehmern und Arbeitgebern erfolgt, die durch Steuermittel ergänzt werden, während etwa Entschädigungen, Fördermaßnahmen und Hilfen im Wesentlichen steuerfinanziert sind. Die Gesamtausgaben für die soziale Sicherung bzw. direkte Sozialleistungen beliefen sich 2015 auf rund 888,2 Mrd. €; damit wird ein Drittel des Bruttosozialproduktes für soziale Leistungen ausgegeben (hierzu und zum Folgenden Bäcker 2017; Statistisches Bundesamt 2016; Bäcker et al. 2010). Die weitaus größten Ausgabeposten der sozialen Sicherung stellten 2015 die Rentenversicherung mit 282,5 Mrd. € und die Krankenversicherung mit 211,9 Mrd. € dar, während die Pflegeversicherung Ausgaben in Höhe von 29 Mrd. € aufwies, wurden die Ausgaben der Jugendhilfe im Jahr 2014 mit 23,9 Mrd. € (Statistisches Bundesamt 2015a, S. 9) und die der Sozialhilfe im selben Zeitraum mit 26,5 Mrd. € veranschlagt (Statistisches Bundesamt 2015b).

Im Sozialbudget sind die Aufwendungen von Unternehmen, das heißt der Arbeitgeberanteil an den Sozialversicherungsbeiträgen, und die von den Arbeitgebern allein finanzierte Unfallversicherung bereits enthalten, während betriebliche Sozialleistungen zur Altersversorgung noch hinzuzurechnen sind. Der gesamte Umfang und die Vielfalt der Aufwendungen für soziale Leistungen würden aber erst dann sichtbar werden, wenn auch die Aufwendungen privater Haushalte und die indirekte öffentliche Förderung in Form steuerlicher Vergünstigen hinzugerechnet werden würden (weiterführend Bäcker et al. 2010).

Da die soziale Sicherung in Deutschland sowohl zwischen als auch innerhalb ihrer Teilbereiche (Vorsorge, Entschädigung, Förderung und Hilfe) erhebliche Unterschiede, etwa bei Leitorientierungen, Leistungen und Finanzierungsmodi, aufweist, bildet sie kein integriertes System, sondern eher ein historisch gewachsenes und ausdifferenziertes institutionelles Geflecht.

1.5 Entwicklungsphasen der deutschen Sozialpolitik seit den 1970er Jahren

Rückblickend lässt sich die Entwicklung der Sozialpolitik in Deutschland seit den 1970er Jahren in folgende Phasen einteilen:

(1) Mit der Regierungsübernahme durch die sozial-liberale Koalition begann 1969 eine „sozialdemokratische Blütezeit" der Findung und Absicherung sozialer Risiken: Die Inklusion neuer sozialer Gruppen und Problemlagen in das System der sozialen Sicherung führte zu einer erheblichen Expansion der sozialen Sicherung (Alber 1989) sowie von sozialen Diensten und Einrichtungen (Evers et al. 2011).

(2) In den 1970er Jahren erfolgte die Expansion des deutschen Sozialstaates, über dessen Grenzen zugleich anhand von Begriffen wie ‚Bürokratisierung', ‚Verrechtlichung' und ‚Ineffektivität personenbezogener Dienstleistungen' in der Fachöffentlichkeit sowie in den Sozial- und Wirtschaftswissenschaften diskutiert wurde.

(3) Die Regierungsübernahme durch die konservativ-liberale Koalition wurde von ihren Protagonisten als der Beginn einer politisch-moralischen Wende angekündigt. Entgegen dieser Selbststilisierung zeichnete sich die ‚Ära Kohl' aber durch eine beachtliche sozialpolitische Kontinuität aus, die zwar Einschnitte, aber keine grundlegenden Änderungen in der sozialen Sicherung zur Folge hatte (Borchert 1995).

(4) Die Wirtschafts- und Wettbewerbspolitik der europäischen Union wirkt sich seit den 1990er Jahren auch auf die weitgehend nationalstaatlich regulierte Sozialpolitik aus. Die Liberalisierung von Märkten und infolgedessen auch der öffentlichen Daseinsvorsorge und sozialer Dienstleistungen wurden als notwenige Reformen im internationalen Kontext propagiert (Nullmeier 2002; Bode 2005). In der Sozialpolitik wurden vor diesem Hintergrund (betriebs-) wirtschaftliche Kriterien und Verfahren, wie etwa Effizienz und Wirkung sowie Leistungsverträgen und Budgets, eingeführt und implementiert. Handlungsleitend sind wirtschaftliche und kostenpolitische Überlegungen, die aber vor dem grundsätzlichen Problem stehen, dass sich zwar Betriebsabläufe in sozialen Diensten und Einrichtungen anhand betriebswirtschaftlicher Kriterien messen und rationalisieren lassen, nicht aber die interaktive personenbezogene Dienstleistungserbringung. Diese basieren vielmehr auf sozialpolitischen Normalitätsvorstellungen, über die anhand sozialpolitischer und professioneller Kriterien und nicht aufgrund wirtschafts- und kostenpolitischer Kriterien und Verfahren zu entscheiden ist (grundlegend Badura/Gross 1977; Evers et al. 2011; Häußermann/Siebel 1995; Olk/Otto 2003).

(5) Die ausgaben- und kostenpolitisch begründeten Versuche zur Eingrenzung des deutschen Sozialstaates werden seit Ende der 1990er Jahre ansatzweise durch Vorstellungen von einer investiven Sozialpolitik abgelöst. Nicht der Rechtsanspruch von Bürgern auf soziale Sicherung steht im Vordergrund, sondern Vorstellungen von einem vermeintlich strategischen Einsatz sozialer Leistungen als Investition in das Humankapital einer Gesellschaft (Esping-Andersen et al. 2002). In dieser Perspektive einer investiven Sozialpolitik geraten vor allem Kinder als vielversprechende Adressatengruppe und Bildungspolitik als neue Kernaufgabe von Sozialpolitik in den Mittelpunkt gesellschafts- und sozialpolitischer Konzepte und

Maßnahmen. Die Grenzen der Übertragbarkeit von wirtschaftlichen Investitionsmetaphern auf komplexe gesellschaftliche Prozesse und die bedingte Steuerbarkeit sozialpolitischer Vorhaben mit (betriebs-) wirtschaftlichen Instrumenten und Verfahren sind wesentliche Einwände gegen dieses aktuelle Sozialpolitikkonzept. So überrascht es auch nicht, dass nach einer langen Phase der Deregulierung und Ökonomisierung eine Renaissance staatlicher Regulierungspolitik beobachtbar ist, die mit klassischen staatlichen Ressourcen und Instrumenten, wie Macht und Hierarchie, versucht zu ‚regieren', wobei ihre Grenzen bereits in den 1980er Jahren aufgezeigt und analysiert wurden.
Insgesamt hat sich in den vergangenen vierzig Jahren der sozialpolitische Konsens zwischen der Mehrheit christ- und sozialdemokratischer Akteure zugunsten einer differenzierten, überwiegend beitragsfinanzierten sozialen Sicherung weitgehend stabilisiert. Auch unter wirtschaftlichen Prämissen und entsprechenden politischen Veränderungen wird deutlich, dass der konservativ-korporatistische Sozialstaat einem institutionalisierten Entwicklungspfad folgt, den Stephan Lessenich treffend als „dynamischen Immobilismus" (2003a) gekennzeichnet hat.

2. Kompetenzen und Akteure

2.1 Sozialpolitik im föderalen Staat

Das sozialpolitische Selbstverständnis der Bundesrepublik Deutschland wird in den Artikeln 20 und 28 des GG zwar genannt, nicht aber ausgeführt:

„Die Bundesrepublik ist ein demokratischer und sozialer Bundesstaat" (Artikel 20 Absatz 1 GG) und „Die verfassungsmäßige Ordnung in den Ländern muss den Grundsätzen des republikanischen, demokratischen und sozialen Rechtsstaates im Sinne des Grundgesetzes entsprechen" (Artikel 28 Absatz 1 Satz 1 GG).

Bund und Länder sind entsprechend Artikel 20 Absatz 1 und Artikel 28 Absatz 1 Satz 1 des Grundgesetzes (GG) zur Gestaltung der sozialen Verhältnisse im Bundesgebiet verpflichtet sind. Sie sollen im Rahmen ihrer Gesetzgebungskompetenzen wie auch bei der Verteilung der Finanzmittel der in Art. 72 GG in Verbindung mit Art. 106 GG geforderten Herstellung gleichwertiger Lebensverhältnisse im Bundesgebiet Rechnung tragen. Zur Umsetzung des Sozialstaatspostulats verfügen Bund und auch Länder über die entsprechenden Gesetzgebungskompetenzen, während die konkrete Leistungserbringung in erster Linie eine kommunale Aufgabe ist, die vorrangig in Einrichtungen und Diensten freier Leistungsanbieter erbracht werden soll.

Im Rahmen der konkurrierenden Gesetzgebung entsprechend Artikel 74 GG hat vorrangig der Bundesgesetzgeber das Recht, die öffentliche Fürsorge, die Kriegsopferfürsorge, die Sozialversicherungen, die Regelung der Ausbildungsbeihilfen, die wirtschaftliche Sicherung der Krankenhäuser und die Krankenhauspflegesätze gesetzlich zu regeln. In den anderen Feldern der Sozialpolitik obliegt laut Artikel 72 Absatz 6 GG den Ländern die Befugnis zur Gesetzgebung, solange der Bund von seiner Gesetzgebungskompetenz keinen Gebrauch macht. Neben der Gesetzgebungskompetenz stehen Bund und Ländern Förderprogramme und Rahmenplanungen als wesentliche Instrumente zur Verfügung, um ihre sozial- und ordnungspolitischen Präferenzen bei der Ausgestaltung der sozialen Sicherung und der sozialen Infrastruktur durchzusetzen. Zudem wird vom Instrument der Modellförderung Gebrauch gemacht, um bundes- oder landespolitisch als innovativ eingestufte Projekte befristet zu fördern. Jenseits sozialpolitischer Interventionen und Maßnahmen ist die Bundesregierung seit einigen Jahren auch bestrebt, ihre sozialpolitischen Vorstellungen durch entsprechende Kommunikationskampagnen publik und mehrheitsfähig zu machen.

Sozialstaatlichkeit ist folglich im Grundgesetz zwar festgeschrieben, die Konkretisierung dieses Sozialstaatspostulates erfolgt aber erst in den nachgeordneten und entsprechend den Bereichen der sozialen Sicherung spezifizierten Sozialgesetzbüchern (SGB) (Benda 1994). Einleitend wird im SGB I das sozialpolitische Grundverständnis der Verfassung wie folgt umschrieben: „Das Recht des Sozialgesetzbuches (SGB) soll zur Verwirklichung sozialer Gerechtigkeit und sozialer Sicherheit Sozialleistungen einschließlich sozialer und erzieherischer Hilfen gestalten. Es soll dazu beitragen, ein menschenwürdiges Dasein zu sichern, gleiche Voraussetzungen für die freie Entfaltung der Persönlichkeit, insbesondere auch für junge Menschen, zu schaffen, die Familie zu schützen und zu fördern, den Erwerb des Lebensunterhalts durch eine frei gewählte Tätigkeit zu ermöglichen und besondere Belastungen des Lebens, auch durch Hilfe zur Selbsthilfe, abzuwenden und auszugleichen."

Daran anschließend werden in den §§ 2-10 SGB I Rechtsansprüche auf soziale Leistungen und das sozialpolitische Programm des Sozialstaates entfaltet. Die soziale Sicherung lässt sich in die Bereiche Vorsorge (Sozialversicherungen), Entschädigung, Förderung und Hilfe untergliedern (Eichenhofer 2015). In den einzelnen Sozialgesetzbüchern werden die je spezifischen sozialpolitischen Gerechtigkeitsvorstellungen sowie die leistungsbegründenden Tatbestände und Leistungsarten genannt, die Ansprüche auf Sozialleistungen sachlich, zeitlich und sozial konkretisiert sowie das Verfahren der Leistungserbringung durch öffentliche Träger und freie Leistungsanbieter erläutert.

Detailfragen der Leistungsgewährung und -erbringung regelt der Bund in untergesetzlichen Bestimmungen, wie den einschlägigen Durchführungsverordnungen. Die Länder erlassen im Rahmen ihrer Mitwirkungsmöglichkeiten im Gesetzgebungsprozess eigene Ausführungsgesetze, in denen sie etwa den Rechtsanspruch auf einen Kindergartenplatz konkretisieren, die variable Höhe der Sozialhilferegelsätze festsetzen und die organisatorische Feinstruktur der öffentlichen Sozialleistungsträger im jeweiligen Bundesland regeln.

2.2 Kommunale Sozialpolitik

Die konkrete Erbringung personenbezogener sozialer Dienstleistung ist in erster Linie eine kommunale Aufgabe (Backhaus-Maul 1998; Bogumil/Holtkamp 2006; Merchel 2003; Pitschas 2003). Kommunale Sozialpolitik ist ein wesentlicher Gegenstandsbereich der kommunalen Selbstverwaltung: „Den Gemeinden muss das Recht gewährleistet sein, alle Angelegenheiten der örtlichen Gemeinschaft im Rahmen der Gesetze in eigener Verantwortung zu regeln" (Artikel 28 Absatz 2 Satz 1 GG). Damit ist nicht gemeint, dass es einen verfassungsrechtlich garantierten, verbindlich definierten Bestand an Kommunalaufgaben gibt, sondern dass Kommunen in den jeweils als örtliche Angelegenheiten geltenden Aufgabenbereichen über wesentliche Hoheitsrechte, wie die Organisations-, Personal-, Planungs-, Rechtssetzungs- und Finanzhoheit, verfügen.

Die Selbstverwaltungsgarantie ist nicht nur für die örtliche Gemeinschaft eine wichtige politische Institution, sondern auch für die Feinsteuerung von Bundes- und Landesprogrammen von

Bedeutung. Da sich sozialpolitische Programme nur bedingt standardisieren lassen und auf die Mitwirkung von Klienten und die Unterstützung freier Leistungsanbieter angewiesen sind, ist es letztlich nur auf kommunaler Ebene möglich, sozialpolitische Maßnahmen effektiv umzusetzen. Die spezifischen örtlichen Bedingungen und Bedarfe sind wichtige Faktoren für eine wirksame Implementation sozialpolitischer Maßnahmen. Die kommunalen Handlungsspielräume beziehen sich primär auf die Entwicklung sozialpolitischer Richtlinien und die konkreten Vereinbarungen von Mengen-, Kosten- und Qualitätsstandards mit freien Leistungsanbietern (Backhaus-Maul 2003). Ob die Institution der kommunalen Selbstverwaltung zur Förderung sozialer Innovationen genutzt wird, hängt insbesondere davon ab, welche sozialpolitischen Prioritäten in der kommunalen Sozialpolitik gesetzt werden und in welcher finanziellen Situation sich die jeweilige Kommune befindet. Im Falle einer defizitären finanziellen Haushaltslage sind Sozialleistungen häufig ein bevorzugter Ansatzpunkt für Mittelkürzungen: Gerade diejenigen Leistungen, auf die kein individuell einklagbarer Rechtsanspruch besteht, wie etwa Sozialpässe, Beratungsangebote, Maßnahmen der Jugendarbeit und die institutionelle Förderung von Jugend- und Wohlfahrtsverbänden, sind begehrte Objekte für Mittelkürzungen (Karrenberg/Münstermann 1996, S. 209). Folglich kommt es seit Jahren insbesondere bei den freiwilligen Selbstverwaltungsaufgaben, die sozusagen die ‚innovative Spitze' kommunaler Sozialpolitik und eine zentrale Legitimation für die Institution der kommunalen Selbstverwaltung darstellen, vielerorts zu einer fachpolitischen ‚Verödung' und interkommunalen Nivellierung. So überrascht es auch nicht, dass sich kaum noch grundlegende Differenzen in den sozialpolitischen Programmen etablierter Kommunalparteien ausmachen lassen.

Mit der Expansion sozialstaatlicher Aufgaben seit Ende der 1960er Jahre erleben Bund und Länder einen Zuwachs an Entscheidungskompetenzen, während Kommunen aufgrund der vermehrten Leistungserbringung eine gestiegene Verantwortung und finanzielle Belastung zu bewältigen haben. Die Flüchtlingspolitik des Bundes sowie die entsprechende kommunale Aufgabenbewältigung bieten hierfür reichhaltiges Anschauungsmaterial.

Die Entwicklung der sozialpolitischen Kompetenzverteilung zwischen Bund und Ländern einerseits und Kommunen andererseits lässt sich als eine Zentralisierung von Entscheidungskompetenzen und eine Dezentralisierung der Aufgabenerbringung darstellen (Wollmann 1990), wobei die Länder – je nach parteipolitischer Prägung und Koalitionskonstellation – eine Vermittlungsposition einnehmen. So sind seit den 1990er Jahren in zahlreichen Landesverfassungen Verknüpfungen zwischen Aufgaben- und Finanzverantwortung vorgenommen worden, die die Kommunen vor einer Aufgabenzuweisung ohne entsprechende Mittelzuweisung durch den jeweiligen Landesgesetzgeber schützen. Dieses sogenannte Konnexitätsprinzip ist in Artikel 104a des Grundgesetzes formuliert: „(1) Der Bund und die Länder tragen gesondert die Ausgaben, die sich aus der Wahrnehmung ihrer Aufgaben ergeben, soweit dieses Grundgesetz nichts anderes bestimmt. (2) Handeln die Länder im Auftrage des Bundes, trägt der Bund die sich daraus ergebenden Ausgaben"; zwischen Bund und Kommunen hingegen gibt es vergleichbare Regelungen der Aufgaben- und Ausgabenverteilung nicht (Heinrich-Böll-Stiftung 2016). Insofern bieten auch die mittlerweile zahlreichen Konnexitätsregelungen in den Landesverfassungen den Kommunen keinen hinreichenden Schutz gegenüber unterfinanzierten Aufgabenzuweisungen des Bundes: Nicht zuletzt die Aufgaben- und Kostenüberwälzung durch den Bundesgesetzgeber – wie etwa im Bereich der frühkindlichen Bildung und Betreuung – hat zur Folge, dass die kommunalen Gestaltungsspielräume vielerorts ‚gegen null' tendieren.

3. Herausforderungen und Perspektiven

3.1 Erfolge

Die Erfolgsgeschichte der sozialen Sicherung in Deutschland hat mehrere Facetten. So ist es u.a. gelungen,

- Staatsbürger_innen im Allgemeinen und Beitragszahler_innen im Besonderen kollektiv gegen soziale Risiken abzusichern, gegen die sich Einzelne weder wirkungsvoll noch in jedem Fall kostengünstig schützen können,
- insbesondere Mittelschichtangehörigen im Falle von sozialen Risiken erhebliche Einkommensverluste zu ersparen und
- die Umverteilung von Erwerbseinkommen, etwa zugunsten einkommensschwacher und sozialleistungsbedürftiger Personengruppen sowie mitversicherter Familienangehöriger, zu legitimieren.

Die soziale Sicherung verfügt aufgrund derartiger Erfolge über eine beachtliche institutionelle Stabilität, die unterschiedliche politische Regime, wie das Kaiserreich, die Weimarer Republik und den deutschen Faschismus, überdauert hat. Die soziale Sicherung leistet einen wesentlichen Beitrag zur sozialen Integration und Akzeptanz in der deutschen Gesellschaft. Dieses über Jahrzehnte gewachsene institutionelle Vertrauen in die soziale Sicherung ist voraussetzungsreich. Sozialpolitische Zielsetzungen, Leistungen, Kosten und Wirkungen bedürfen der aktiven Zustimmung oder zumindest eines stillschweigenden Einverständnisses aufseiten der Bürger_innen. Dieser soziale Konsens basierte bislang weniger auf individuell-rationalem Kalkül, als auf tradierten Gerechtigkeitsvorstellungen, Gewohnheiten oder auch schlichter Uninformiertheit (Offe 1990).

Seit Anfang der 1990er Jahre wird der soziale Konsens immer wieder unter Verweis auf die Grenzen von Ausgabensteigerungen für Sozialleistungen infrage gestellt. Die aktuelle Situation im Bereich der sozialen Sicherung ist durch steigende Kosten und stagnierende Budgets einerseits sowie eine sukzessive Verschlechterung der Mengenverhältnisse und Qualitätsstandards von sozialen Leistungen andererseits gekennzeichnet. Die traditionelle Lösungsstrategie einer steigenden Zufuhr öffentlicher Ressourcen in die soziale Sicherung ist politisch nicht mehrheitsfähig, so dass Reformbestrebungen auf eine erhöhte Kostenbeteiligung von Bürgern unter besonderer Berücksichtigung von kapitalmarktbasierten Finanzierungsmöglichkeiten setzend, die aber in den vergangenen Jahren aufgrund der gesunkenen Renditen am Kapitalmarkt merklich an Attraktivität verloren und eine gewisse Ratlosigkeit bei Staat und Bürgern hinterlassen haben.

3.2 Finanzpolitische Klemme

Die Weiterentwicklung der sozialen Sicherung wird folglich nicht durch eine weitere Erhöhung der öffentlichen Mittel erfolgen können. Vielmehr ist in Kenntnis der verfassungsrechtlich verankerten ‚Schuldenbremse' davon auszugehen, dass die Deckungslücke öffentlicher Haushalte auf Staats-, Landes- und Kommunalebene zukünftig nicht durch weitere zusätzliche öffentliche Mittelzuweisungen, sondern durch Einsparungen zu erwirtschaften sein wird. Vor diesem Hintergrund ist mit dauerhaften politischen Bestrebungen zu Einsparungen in den öffentlichen

Etats für soziale Sicherung auf Bundes-, Landes- und Kommunalebene, als größten staatlichen und kommunalen Auf- und Ausgabenbereichen, zu rechnen.

In der sozialen Sicherung sind Bestrebungen zugunsten von Kostenstabilisierungen oder -senkungen schwierig, da Kostensteigerungen ein immanenter Bestandteil personenbezogener Dienstleistungen sind. So tragen etwa im Bereich der gesetzlichen Krankenversicherung der wissenschaftliche Fortschritt, die begrenzte Rationalisierbarkeit personenbezogener Dienstleistungen und steigende Ansprüche von Klienten zur Kostendynamik bei. Sozialdemographische Entwicklungen, wie etwa eine allgemein steigende Lebenserwartung und eine geringe Kinderzahl, erhöhen zudem die Leistungsnachfrage und haben zugleich eine sinkende Zahl an Beitragszahlern zur Folge.

Derartigen Kosten- beziehungsweise Ausgabensteigerungen stehen aber keine entsprechenden Einnahmesteigerungen gegenüber. Die Grenzen der Belastbarkeit der Beitragszahler, das heißt sowohl von Arbeitgebern als auch von Arbeitnehmern, werden bei geringfügig steigenden oder stagnierenden Realeinkommen von Sozialpolitikern einhellig konzertiert. Die sozialpolitische Strategie der Kostenüberwälzung auf die Beitragszahler, um neue politisch präferierte, nicht aber über Beiträge finanzierte Maßnahmen in den Aufgabenbestand der Sozialversicherung zu übertragen, gilt politisch als nicht opportun. Ein Anstieg von Lohnnebenkosten und Steuern gilt derzeit als politisch nicht durchsetzbar. Gleichzeitig sind aktuell keine politischen Bestrebungen erkennbar, neben dem Erwerbseinkommen weitere Einkommensquellen, etwa von Beamten und Selbstständen, und andere Vermögensarten, wie Kapitalerträge und Reichtum, in die Finanzierung der sozialen Sicherung einzubeziehen.

3.3 Globalisierung

Die Entwicklungsoptionen sozialer Sicherungssysteme entstehen unter den Anforderungen globalisierten Wirtschaftens einerseits und spezifischen nationalen politischen Bedingungen und Traditionen andererseits. Das jeweilige nationale Wirtschaftswachstum und die Entwicklung der Erwerbseinkommen sind wichtige Bedingungen für die Entwicklung der nationalen Varianten von sozialer Sicherung. Im deutschen Fall werden die Zuwächse beim Beitrags- und Steueraufkommen auf ein erfolgreiches Handeln deutscher Unternehmen im Prozess der Globalisierung des Wirtschaftens zurückgeführt. Gleichwohl wird die wirtschaftliche Situation der deutschen Gesellschaft von namhaften Sozialwissenschaftlern kritisch gesehen (Kaufmann 1997; Offe 2016; Streeck 2015): Einseitige wirtschaftliche Vorteile bei wachsenden Disparitäten innerhalb der Europäischen Union, (Neo-) Protektionismus zulasten exportorientierten Wirtschaftens, Managementfehler und unzureichende Innovationen, politisch motivierte Investitions- und Subventionsentscheidungen sowie eine unzureichende Prioritätensetzung in den Bereichen Bildung und Forschung werden als kritische Faktoren angeführt, die mittelfristig zur Folge haben könnten, dass der nationale Wohlstand und mit ihm die soziale Sicherung verstärkt unter politischen und wirtschaftlichen Konkurrenzdruck geraten.

Kapitalismus bedeutet immer auch, dass Standortentscheidungen danach getroffen werden, wo Produkte unter gesetzten Qualitätsstandards am kostengünstigsten hergestellt werden können. Und um im Wettbewerb um kostengünstige Produktionsstandorte bestehen zu können, wird von Unternehmensvertretern argumentiert, dass der Faktor Arbeit in Deutschland günstiger werden müsse. Die hohen und weiterhin steigenden Lohnnebenkosten würden sich ihres Erachtens negativ auf die unternehmerische Investitionsbereitschaft auswirken. Dagegen wird etwa von Gewerkschaftsvertretern eingewandt, dass die im internationalen Vergleich relativ hohen Lohnnebenkosten durch die hohe Produktivität in Deutschland ausgeglichen werden würden. Offen ist aber, ob ein derartiger – nicht zuletzt bildungs- und forschungsbasierter – Produktivitätsvorsprung auch zukünftig aufrechterhalten werden kann.

3.4 Neue Wege in der sozialen Sicherung?

Vor dem Hintergrund des kosten- und wirtschaftspolitischen Handlungsdrucks einerseits und eines in der sozialen Sicherung in Deutschland bereits vor über einhundert Jahren eingeschlagenen institutionellen Entwicklungspfades sozialer Sicherung andererseits zeichnen sich sozialpolitische Veränderungen in der sozialen Sicherung in Deutschland ab. Grundsätzlich ist davon auszugehen, dass es angesichts der institutionellen Flexibilität der sozialen Sicherung in den nächsten Jahren und Jahrzehnten nicht zu einem Systemwechsel, sondern eher zu graduellen Änderungen bzw. Akzentverschiebungen kommen wird:

(1) Die deutsche Sozialpolitik steht vor der Entscheidung, in welchem Umfang und anhand welcher Kriterien sie Einwanderung in die soziale Sicherung in Deutschland zulassen und fördern will. Die innereuropäischen Wanderungsbewegungen und die globalen Flüchtlingsbewegungen erzeugen nicht nur aktuelle, sondern fortwährend gesellschafts- und sozialpolitische Entscheidungsbedarfe.

(2) Innerhalb der sozialen Sicherung ist mit einer weiteren Pluralisierung sozialrechtlich anerkannter Lebensformen und -verläufe zu rechnen. Neben dem klassischen Modell (kontinuierliche Vollerwerbstätigkeit, Ehe) werden neue Lebensformen und diskontinuierliche Erwerbsverläufe vor allem in der Renten- und in der Arbeitslosenversicherung sowie in der Arbeits- und Ausbildungsförderung und in der Sozialhilfe zunehmen. Offen ist dabei, wann und in welcher Form diese sozialen Veränderungen im System der sozialen Sicherung hinreichende Berücksichtigung finden werden. So wird etwa mit der sukzessiven rechtlichen Gleichstellung von heterosexuellen Ehen und gleichgeschlechtlichen Lebenspartnerschaften versucht, den leistungsberechtigten Personenkreis in der sozialen Sicherung zugleich zu erweitern und die bestehende Institution zu erhalten. Derartige sozial inklusive Bestrebungen werden – um Ausgabensteigerungen zu begrenzen – eine Absenkung des Leistungsniveaus in Sozialversicherungen und die weitere Verschiebung sozialer Risiken etwa in die Sozialhilfe und auch in die nicht bedarfsdeckende Pflegeversicherung zur Folge haben. Denkbar wäre mittelfristig aber auch, dass der bundespolitische Entscheider und Gesetzgeber versuchen wird, die sozialen Risiken neuer Lebensformen und Erwerbsverläufe in Abkehr vom Leistungsniveau in der sozialen Sicherung in Form einer neuartigen – im Leistungsniveau deutlich abgesenkten – Grundsicherung zu regeln (weiterführend Opielka 2004).

(3) Es ist auch in Zukunft davon auszugehen, dass immer wieder versucht werden wird, die Aufgabenbereiche der Sozialversicherungen auf vermeintlich originäre Versicherungstatbestände zurückzuführen, so dass ein zunehmender Anteil der öffentlichen sozialen Sicherung aus Steuermitteln und privatem Einkommen und Vermögen finanziert werden wird. Vor diesem Hintergrund wird sich der Stellenwert ergänzender Formen der privaten Vorsorge, insbesondere im Falle von Alter, Krankheit, Pflegebedürftigkeit und Ausbildung, in den nächsten Jahren weiter merklich erhöhen, was Fragen der individuellen Belastbarkeit und

Leistungsfähigkeit sowie der gesellschaftlichen Ungleichheit und Gerechtigkeit nach sich ziehen wird, wie die aktuelle Armuts- und Reichtumsberichterstattung verdeutlicht.

(4) Die Art und Weise der Erbringung öffentlicher Sozialleistungen ist seit den 1970er Jahren gesellschaftlicher Kritik ausgesetzt. In zivilgesellschaftlicher Perspektive rückte der Übergang vom ‚fürsorglichen' Sozialstaat zur partizipativen Wohlfahrtsgesellschaft, das heißt die verstärkte Mitentscheidung und Mitgestaltung von Bürgern und Bürgergruppen in den sie betreffenden sozialpolitischen Angelegenheiten, in den Mittelpunkt gesellschaftspolitischer Auseinandersetzungen. Dabei ist zu fragen, welche Bedeutung ‚lokale' Partizipation in sozialpolitischen Angelegenheiten unter den Bedingungen eines forcierten und globalisierten kapitalistischen Wirtschaftens zukünftig überhaupt haben kann.

(5) Mit einer „gewissen Gewissheit" ist davon auszugehen, dass Dissens und Konflikt als konstitutive Merkmale der deutschen Variante von Sozialpolitik und sozialer Sicherung wieder an Bedeutung gewinnen werden. Der prominent von Gøsta Esping-Andersen in die internationale Fachdiskussion eingespeiste Begriff des investiven Sozialstaates verdient hierbei besondere Aufmerksamkeit (Esping-Andersen et al. 2002). In Deutschland dürfte damit das Thema Bildung – als Investition in das Humankapital und die soziale Sicherung – aus den Tiefen des zu Provinzialität neigenden Kulturföderalismus gehoben und in den Mittelpunkt gesellschafts- und sozialpolitischer Diskussionen gerückt werden.

Letztlich stehen die in ihrer politischen Handlungsfähigkeit und in ihrem wirtschaftlichen Wachstum eingeschränkten und durch die Risikoüberwälzung von Teilen der Finanzwirtschaft zusätzlich stark belasteten national verfassten Sozialstaaten vor der Herausforderung, ihre soziale Sicherung nicht mehr durch Expansion wie in den 1970er Jahren einfach fortschreiben zu können, sondern Prioritätensetzungen und Auswahlentscheidungen im Sinne sozialer Investitionen und Innovationen vornehmen zu müssen und damit über nichts Geringeres als individuelle, kollektive und gesellschaftliche Lebenschancen zu entscheiden.

4. Literatur

Alber, Jens (1989): Der Sozialstaat in der Bundesrepublik 1950-1983. Frankfurt a.M./New York: Campus.

Backhaus-Maul, Holger (2003): Die Subsidiaritätsidee in den Zeiten der Kostenrechnung. Vertragsverhandlungen zwischen Sozialverwaltungen und Wohlfahrtsverbänden. In: Zentralblatt für Jugendrecht 87, H. 5, S. 194-225.

Backhaus-Maul, Holger (1998): Kommunale Sozialpolitik. Sozialstaatliche Garantien und die Angelegenheiten der örtlichen Gemeinschaft. In: Wollmann, Hellmut/Roth, Roland (Hrsg.): Kommunalpolitik. Opladen: Leske und Budrich, S. 689-702.

Backhaus-Maul, Holger/Olk, Thomas (1994): Von Subsidiarität zu 'outcontracting'. Zum Wandel der Beziehungen zwischen Staat und Wohlfahrtsverbänden in der Sozialpolitik. In: Streeck, Wolfgang (Hrsg.): Staat und Verbände, Sonderheft 25 der Politischen Vierteljahresschrift. Opladen: Westdeutscher Verlag, S. 99-134.

Badura, Bernhard/Gross, Peter (1977): Sozialpolitik und soziale Dienste. In: Ferber, Christian von/Kaufmann, Franz-Xaver (Hrsg.): Soziologie und Sozialpolitik, Sonderband 19 der Kölner Zeitschrift für Soziologie und Sozialpsychologie. Opladen: Westdeutscher Verlag, S. 361-385

Bäcker, Gerhard (Hrsg.) (2017): Finanzierung des Sozialstaates. Infografiken mit Kurzanalysen: zum Download und Ausdruck. www.sozialpolitik-aktuell.de/finanzierung-datensammlung.html, 26.5.2017.

Bäcker, Gerhard/Bispinck, Reinhard /Hofemann, Klaus/Naegele, Gerhard/Neubauer, Jennifer (2008): Sozialpolitik und soziale Lage in Deutschland. 2 Bd. 2. Aufl., Wiesbaden: Springer VS.

Bäcker, Gerhard/Bispinck, Reinhard /Hofemann, Klaus/Naegele, Gerhard (2000): Sozialpolitik und soziale Lage in Deutschland. 2 Bd. Opladen: Leske & Budrich.

Benda, Ernst (1994): Der soziale Rechtsstaat. In: Benda, Ernst/Maihofer, Werner/Vogel, Hans-Jochen (Hrsg.): Handbuch des Verfassungsrechts der Bundesrepublik Deutschland. Berlin/New York: de Gruyter, S. 719-797.

Bode, Ingo (2005): Einbettung und Kontingenz. Wohlfahrtsmärkte und ihre Effekte im Spiegel der neueren Wirtschaftssoziologie. In: Zeitschrift für Soziologie 34, H. 4, S. 250-269.
Bogumil, Jörg/Holtkamp, Lars (2006): Kommunalpolitik und Kommunalverwaltung. Wiesbaden: Springer VS.
Borchert, Jens (1995): Die konservative Transformation des Wohlfahrtsstaates. Frankfurt a.M./New York: Campus.
Deutscher Städtetag (Hrsg.) (2016): Gemeindefinanzbericht 2016. Köln: Eigenverlag.
Deutscher Städtetag (Hrsg.) (2012): Stabile Stadtfinanzen – nur mit Bund und Ländern. Schlaglichter aus dem Gemeindefinanzbericht 2012. Köln: Eigenverlag.
Eichenhofer, Eberhard (2015): Sozialrecht. Tübingen: Mohr Siebeck.
Esping-Andersen, Gøsta (1990): The Three Worlds of Welfare Capitalism. Cambridge/Princeton: Princeton University Press.
Esping-Andersen, Gøsta/Gallie, Duncan/Hemerijck, Anton/Myles, John (2002): Why We Need a New Welfare State? Oxford: Oxford University Press.
Evers, Adalbert/Heinze, Rolf G./Olk, Thomas (Hrsg.) (2011): Handbuch Soziale Dienste. Wiesbaden: Springer VS.
Grohs, Stephan (2010): Modernisierung kommunaler Sozialpolitik. Anpassungsstrategien im Wohlfahrtskorporatismus. Wiesbaden: Springer VS.
Häußermann, Hartmut/Siebel, Walter (1995): Dienstleistungsgesellschaften. Frankfurt a.M.: Suhrkamp.
Heinrich-Böll-Stiftung (Hrsg.) (2016): Kommunalwiki. kommunalwiki.boell.de/index.php/Konnexitätsprinzip, 22.12.2016.
Heinze, Rolf G./Olk, Thomas (1984): Sozialpolitische Steuerung. Von der Subsidiarität zum Korporatismus. In: Glagow, Manfred (Hrsg.): Gesellschaftssteuerung zwischen Subsidiarität und Korporatismus. Bielefeld: AJZ, S. 162-194.
Heinze, Rolf G./Schmid, Josef/Strünck, Christoph (1997): Zur Politischen Ökonomie der sozialen Dienstleistungsproduktion. Der Wandel der Wohlfahrtsverbände und die Konjunkturen der Theoriebildung. In: Kölner Zeitschrift für Soziologie und Sozialpsychologie 52, H. 2, S. 242-271.
Karrenberg, Hans/Münstermann, Eberhard (1996): Gemeindefinanzbericht 1996. In: Der Städtetag 49, H. 3, S. 119-213
Kaufmann, Franz-Xaver (1997): Herausforderungen des Sozialstaates. Frankfurt a.M.: Suhrkamp.
Leibfried, Stefan/Zürn, Michael (Hrsg.) (2006): Die Transformation des Staates? Frankfurt a.M.: Suhrkamp.
Leibfried, Stefan/Wagschal, Uwe (Hrsg.) (2000): Der deutsche Sozialstaat. Frankfurt a.M./New York. Campus.
Lessenich, Stefan (2003a): Dynamischer Immobilismus. Kontinuität und Wandel im deutschen Sozialmodell. Frankfurt a.M./New York: Campus.
Lessenich, Stefan (Hrsg.) (2003b): Wohlfahrtsstaatliche Grundbegriffe. Historische und aktuelle Diskurse. Frankfurt a.M./New York: Campus.
Lessenich, Stefan/Ostner, Ilona (Hrsg.) (1998): Welten des Wohlfahrtskapitalismus. Der Sozialstaat in vergleichender Perspektive. Frankfurt a.M./New York: Campus.
Merchel, Joachim (2003): Trägerstrukturen in der Sozialen Arbeit. Weinheim/München: Beltz Juventa.
Nullmeier, Frank (2002): Auf dem Weg zu Wohlfahrtsmärkten? In: Süß, Werner (Hrsg.): Deutschland in den neunziger Jahren. Politik und Gesellschaft zwischen Wiedervereinigung und Globalisierung. Opladen: Leske & Budrich, S. 269-281.
Nullmeier, Frank/Rüb, Friedbert W. (1993): Die Transformation der Sozialpolitik. Vom Sozialstaat zum Sicherungsstaat. Frankfurt a.M./New York: Campus.
Offe, Claus (2016): Europa in der Falle. Berlin: Suhrkamp.
Offe, Claus (1990): Akzeptanz und Legitimität strategischer Optionen in der Sozialpolitik. In: Sachße, Christoph/Engelhardt, Tristam. H. (Hrsg.): Sicherheit und Freiheit. Zur Ethik des Wohlfahrtsstaates. Frankfurt a.M.: Suhrkamp, S. 179-202.
Olk, Thomas/Otto, Hans-Uwe (Hrsg.) (2003): Soziale Arbeit als Dienstleistung. Grundlegung, Entwürfe und Modelle. München/Unterschleißheim: Luchterhand.
Opielka, Michael (2004): Sozialpolitik. Grundlagen und vergleichende Perspektiven. Reinbek: Rowohlt.
Pitschas, Rainer (2003): Kommunale Sozialpolitik. In: Maydell, Bernd Baron von/Ruland, Franz (Hrsg.): Sozialrechtshandbuch. 3. Aufl., Baden-Baden: Nomos, S. 1295-1353.
Sachße, Christoph (1995): Verein, Verband und Wohlfahrtsstaat. Entstehung und Entwicklung der dualen Wohlfahrtspflege. In: Rauschenbach, Thomas/Sachße, Christoph/Olk, Thomas (Hrsg.): Von der Wertgemeinschaft zum Dienstleistungsunternehmen. Frankfurt a.M.: Suhrkamp, S. 123-149
Schmidt, Manfred G. (2005): Sozialpolitik in Deutschland. Historische Entwicklung und internationaler Vergleich. Opladen: Leske & Budrich.

Statistisches Bundesamt (Hrsg.) (2016): Statistisches Jahrbuch 2016. Wiesbaden: Eigenverlag.
Statistisches Bundesamt (Hrsg.) (2015a): Statistiken der Kinder- und Jugendhilfe. Ausgaben und Einnahmen 2014. Wiesbaden: Eigenverlag.
Statistisches Bundesamt (Hrsg.) (2015b): Pressemitteilung 393/15 vom 23. Oktober 2015 – Sozialhilfeausgaben im Jahr 2014 um 5,9 % gestiegen. Wiesbaden: Eigenverlag.
Streeck, Wolfgang (2015): Gekaufte Zeit. Die vertagte Krise des demokratischen Kapitalismus. Berlin: Suhrkamp.
Wollmann, Hellmut (1990): Politik- und Verwaltungsinnovationen in den Kommunen? – Eine Bilanz kommunaler Sozial- und Umweltschutzpolitik. In: Ellwein, Thomas/Hesse, Joachim Jens/Mayntz, Renate/Scharpf, Fritz W. (Hrsg.): Jahrbuch zur Staats- und Verwaltungswissenschaft. Baden-Baden: Nomos, S. 69-112.

Sozialwirtschaft im Kontext von EU-Binnenmarkt und europäischer Sozialpolitik

Simon Güntner/Mathias Maucher

Der Umgang der EU-Institutionen mit Sozialwirtschaft und sozialen Diensten ist gekennzeichnet von zwei Spannungsfeldern der europäischen Integration. Inhaltlich bewegt sich die Thematisierung zwischen dem Europäischen Sozialmodell und dem Ziel der Schaffung eines europäischen Binnenmarkts. Institutionell geht es um die Kompetenzverteilung zwischen nationaler und supranationaler Ebene und die Frage einer angemessenen Regelung und Förderung sozialwirtschaftlicher Aktivitäten. Somit führt die Auseinandersetzung mit dem Verhältnis von Sozialwirtschaft, sozialen Diensten und europäischer Sozialpolitik zu grundsätzlichen Fragen des Selbstverständnisses der Branche und der Arbeitsweise der EU-Institutionen.

Im Folgenden wird daher zunächst das Feld anhand der einschlägigen Instrumente zur Fassung und Regelung sozialwirtschaftlicher Aktivitäten beschrieben. Im zweiten Schritt wird die aktuelle gemeinschaftsrechtliche Situation nachgezeichnet. Illustrierend werden zwei Beispiele für die Rechtsetzung (und den Umgang mit ihr seitens betroffener Akteuren) präsentiert, ergänzt um einige Ausführungen zur Bedeutung des europäischen Binnenmarkts für die Ausgestaltung von Sozialen Diensten und sozialwirtschaftlichen Aktivitäten. Teil 3 bezieht sich auf die Struktur- und Förderpolitik der EU und ihre Nutzung durch sozialwirtschaftliche Verbände und Unternehmen. Fachpolitische Diskurse im Vorfeld politischer Entscheidungsfindung, die für die Sozialwirtschaft vor allem von strategischem Interesse sind, werden in Teil 4 behandelt, bevor dann ein kurzer Ausblick den Beitrag beschließt.

1. Sozialwirtschaft und Soziale Dienste aus Sicht der EU-Institutionen – Perspektiven und Fragestellungen

Einerseits zeichnet sich die Sozialwirtschaft in Europa durch einen gemeinsamen Kernbestand an Werten und Zielen aus (niedergelegt in sieben Prinzipien in der Charta der Sozialwirtschaft i.d.F. von 2002, Europäischer Wirtschafts- und Sozialausschuss 2012, S. 20f.) wie auch durch spezifische Formen des Wirtschaftens im Spannungsfeld von gleichzeitig verfolgten ökonomischen und sozialen Zielen. Als besondere Stärken der Sozialwirtschaft gelten europaweit ihre Fähigkeit, ökonomische Tätigkeiten mit lokalen Bedarfen und Produktionsstrukturen zu verbinden, räumliche Ungleichgewichte bezüglich der wirtschaftlichen Entwicklung zu korrigieren, und innovative Antworten auf gesellschaftliche Problemlagen zu entwickeln (Social Economy Europe 2015). Sie vermag außerdem Pfade zur Arbeitsmarktintegration für sonst benachteiligte oder ausgegrenzte Menschen und zur Überführung von Beschäftigung aus der Schattenwirtschaft in sozialversicherungspflichtige Erwerbstätigkeit zu schaffen. So befördert sie mittelbar soziale Kohäsion und stärkt die gesellschaftliche Teilnahme benachteiligter Bevölkerungsschichten (Chavez/Monzón 2007; Europäischer Wirtschafts- und Sozialausschuss 2012). Die Erbringung von sozialwirtschaftlichen Leistungen weist häufig auch eine Gemeinwohlorientierung auf und trägt somit zur Steigerung individueller wie gesellschaftlicher Wohlfahrt bei. Auch der Beitrag zur volkswirtschaftlichen Produktion wie zur Beschäftigung ist eindrucksvoll – Schätzungen gingen für 2010 von 14,5 Mio. Erwerbstätigen bzw. 6,5% der Erwerbsbevölkerung in den EU-27 Mitgliedsstaaten aus (Europäischer Wirtschafts- und Sozialausschuss 2012, S. 51), davon in Deutschland 2,45 Mio. (ebd., S. 52).[1]

Andererseits gibt es in den Mitgliedstaaten der EU eine Vielzahl von Konzepten und Traditionen der Sozialwirtschaft (Chavez/Monzón 2007; Europäischer Wirtschafts- und Sozialausschuss 2012). Eine große Variationsbreite ergibt sich auch beim Umfang der Anerkennung der Sozialwirtschaft auf rechtlicher und politisch-administrativer Ebene und der Förderung aus öffentlichen Töpfen. In fast allen EU-Mitgliedstaaten existieren Spezialgesetze für (zumindest) einzelne Rechtsformen der Sozialwirtschaft, und alle Länder außer Estland und Schweden haben zudem (wenigstens einen Grundbestand an) Regelungen zur Förderung gemeinnütziger Tätigkeiten. Diese Regelungen differieren jedoch deutlich in ihrer Reichweite und instrumentellen Ausgestaltung (Europäischer Wirtschafts- und Sozialausschuss 2012, S. 79 ff.)[2]

Für die Sozialwirtschaft hat die Bedeutung der EU über die Vertiefung des Binnenmarkts, Gesetzgebung, Förderprogramme und als Diskursraum in den Bereichen Beschäftigung, Soziales und Gesundheit in den letzten 15 bis 20 Jahren stark zugenommen. Die Sicht der EU-Institutionen (Europäische Kommission, Rat und Parlament) auf die Sozialwirtschaft wird infolge der Logik(en) der EU-Integration, die sich vornehmlich an den Funktionsbedingungen und Grundfreiheiten des Binnenmarkts ausrichtet, von ökonomisch-unternehmerischen Fragestellungen dominiert. Diese Ausrichtung hat sich mit der Einordnung von Sozial- und Gesundheitsdienstleistungen als „wirtschaftliche Dienstleistungen" seitens der Europäischen Kommission und des Europäischen Gerichtshofs (endgültig seit 2006; Europäische Kommission 2006; Europäische Kommission 2007) konsolidiert und lässt sich auch an den Aktionsfeldern der EU im Bezug auf die Sozialwirtschaft ablesen. Dazu zählen:

- die Erarbeitung je eigener EU-Rechtsrahmen für die vier Rechtsformen ‚Genossenschaft', ‚Versicherungsverein auf Gegenseitigkeit', ‚Stiftung' und ‚Verein', die von Organisationen der Sozialwirtschaft traditionellerweise genutzt werden: Es gibt diesen bislang lediglich für Genossenschaften (2003), der entwickelt wurde, um grenzüberschreitende Aktivitäten zu erleichtern und ergänzend zu nationalen Regelungen genutzt werden kann. 2014 entschied die EU-Kommission indes, einen Vorschlag für ein Europäisches Statut für Stiftungen endgültig von der Liste der legislativen Initiativen ihres Arbeitsplans 2015 zu streichen.
- die Förderung kleinerer und mittlerer Unternehmen (KMU) als Teil der Unternehmens- und Industriepolitik: Aus Sicht der EU-Kommission bestehen hier die Hauptziele in der Schaffung fairer Wettbewerbsbedingungen für die Sozialwirtschaft im Binnenmarkt und als KMU sowie in der Entwicklung und Verankerung angepasster Instrumente der institutionellen (Europäische Statute) und finanziellen Förderung.
- die Förderung der Sozialwirtschaft als Beitrag zur sozialen Integration und Kohäsion: Die Sozialwirtschaft wird z.B. in den beschäftigungspolitischen Leitlinien erwähnt, jedoch in instrumentell verengter Weise. Auch wurden in den letzten gut 20 Jahren viele Programme zur

1 Aktuelle europaweite Zahlen für den Sektor „Gesundheit und soziale Dienste" weisen für die Jahre 2008 bis 2015 einen Beschäftigungszuwachs von 2,6 Mio. Erwerbstätigen aus, gut ¾ davon im Bereich „Soziale Dienste" (1,1 Mio. in stationären Einrichtungen und 664.000 außerhalb von Pflege- und Betreuungseinrichtungen) (Europäische Kommission 2016). In den Jahren vor der Krise hatte der Zuwachs zwischen 2000 und 2008 schon 4,2 Mio. betragen.

2 Für einen Überblick der nationalen Behandlung von Sozialunternehmen („social enterprises") siehe Europäische Kommission 2015. Teilweise nicht übereinstimmende Definitionen, Daten und Erkenntnisse im Vergleich zu den im Artikel ausgeführten haben mit konzeptionellen Unterschieden zwischen diesen und Organisationen der Sozialwirtschaft zu tun.

Integration in Arbeitsmarkt und Gesellschaft bzw. zur Verringerung von Armut und Formen sozialer Exklusion aufgelegt, die die Potentiale der Sozialwirtschaft explizit berücksichtigen.

- die EU-rechtliche Behandlung von Vorteilen für Organisationen der Sozialwirtschaft, die sich aus nationalen Regelungen zur Gemeinnützigkeit ergeben: Aus Regelungen zur Gemeinnützigkeit abgeleitete steuerrechtliche Vorteile für Organisationen der Sozialwirtschaft werden von der EU-Kommission vorrangig als ein Element der Wettbewerbsverzerrung wahrgenommen.[3]
- die Identifikation und Förderung der besonderen Stärken von Sozialwirtschaft, seit etwa 2010 verstärkt mit einem Fokus auf unternehmerisches Handeln (*social entrepreneurship*) – das sozial-, gesundheits- und beschäftigungspolitischen oder gesellschaftlichen Zwecken dient, nicht der Gewinnmaximierung von Unternehmen – bzw. auf neue Ideen/Lösungsansätze (*social innovation*), um diese Herausforderungen wirksam und kostengünstig anzugehen.
- die Definition von Dienstleistungen der Daseinsvorsorge und Entwicklung eines rechtlichen, politischen und Qualitätsrahmens auf EU-Ebene: Politische Anerkennung von Spezifika sozialwirtschaftlicher Organisationen und Unternehmen, aber kein auf sie zugeschnittener eigener Rechtsrahmen auf EU-Ebene (Collectif SSIG-FR 2007; Maucher 2011; Schulz-Nieswandt 2012; 2013).

Das Gemeinschaftsrecht ist binär aufgebaut und kennt keinen dritten Bereich zwischen staatlich-hoheitlichem und privatwirtschaftlichem Handeln. Es ist blind für ein Merkmal, das für die (traditionelle) Sozialwirtschaft konstitutiv ist: Sie orientiert sich in erster Linie an der Deckung sozialer Bedarfe und nicht an monetärem Profit. Die Voraussetzungen für ihr Tätigwerden und die ihr eigenen Modelle des Wirtschaftens werden vom EU-Wettbewerbs- und Binnenmarktrecht nicht (unmittelbar) (an)erkannt. Folglich werden die Unterschiede zum profitorientierten Wirtschaften negiert. Praktisch bedeutet dies für den Bereich der sozialen Dienste zunächst eine Anpassung an die durch EU-Recht und in der Logik des Binnenmarkts gesetzten Vorgaben (und infolge auch an privatwirtschaftliche Modelle der Unternehmensführung und Produktgestaltung, Maucher 2011; Schulz-Nieswandt 2005; 2012). Mitte der 2000er Jahre haben die EU-Institutionen dies erkannt und Versuche unternommen, das Feld ‚nachzujustieren' und dies dann auch gemeinschaftsrechtlich kompatibel zu verankern. Um die ökonomischen und rechtlichen Grundlagen für die Aktivitäten der Sozialwirtschaft unterstützend abzusichern, wurden Umweg-Konstruktionen gefunden, so z.B. der Verweis auf ihre Rolle bei der Integration benachteiligter Gruppen in den Arbeitsmarkt, ihre Bedeutung für die Entwicklung nachhaltiger lokaler und regionaler Wirtschaftskreisläufe, ihr Potential zur Demokratisierung von Wirtschaft und Gesellschaft und ihre Stärke bei der Aktivierung bürgerschaftlichen Engagements. EU-Politik und EU-Förderinstrumente setzen an diesen Zielen an, nicht jedoch ‚originär' an den Besonderheiten der Sozialwirtschaft ‚aus eigenem Recht' – wie dies z.B. in Frankreich und Spanien der Fall ist. Und eben auch nicht an Spezifika sozialer Dienste und deren Nutzer_innen, welche häufig in national, regional oder lokal ausgeformten institutionellen Strukturen oder auch Finanzierungsmodalitäten berücksichtigt werden.

3 Erst wenn ein Gemeinwohlbezug der Tätigkeiten von Unternehmen der Sozialwirtschaft begründet wird, können in den Mitgliedstaaten gesellschaftspolitisch gewollte Sonderregelungen zur Unterstützung der Sozialwirtschaft unter gewissen Umständen in Einklang mit Vorschriften des Gemeinschaftsrechts, gerade im Beihilferecht, gebracht werden, denn die EU-MWSt-Richtlinien erlauben prinzipiell Freistellungen oder Nachlässe für gemeinnützige Tätigkeiten, die in Deutschland in §§ 51-68 der Abgabenordnung geregelt sind (Maucher 2011, S. 523f.; siehe auch Europäischer Wirtschafts- und Sozialausschuss 2012, S. 83ff.).

2. Soziale Dienste und EU-Recht – keine Sonderbehandlung für die Sozialwirtschaft

EU-Recht in den Bereichen Wettbewerb, Beihilfen und öffentliche Auftragsvergabe wie auch Urteile des Europäischen Gerichtshofs haben verstärkt seit etwa 10 Jahren mittelbare und unmittelbare Rückwirkungen auf die Modalitäten der Organisation, Regulierung und Finanzierung sozialer Dienstleistungen. Dies betrifft sowohl die von lokalen und regionalen Gebietskörperschaften erbrachten Dienste wie auch die frei-gemeinnützigen Anbieter und die von ihnen getragenen Einrichtungen und Angebote. Der Ausgangsimpuls für diese Entwicklungen wurde jedoch in vielen Staaten durch nationale Regulierung gesetzt. In Deutschland stehen z.B. seit der sukzessiven Verwirklichung des Grundsatzes der Trägerpluralität in den Sozialgesetzbüchern öffentlich geförderte frei-gemeinnützige Träger mit privatwirtschaftlichen Unternehmen im Wettbewerb.[4]

Auf die Sozialwirtschaft zugeschnittene nationale politische und rechtliche Regelungen werden jedoch von EU-Regelungen bzw. Dynamiken des Binnenmarkts überformt und auch infrage gestellt. So gewinnen mit dem Entstehen von Sozialmärkten auch binnenmarktbezogene EU-Vorgaben für die Sozial- und Gesundheitswirtschaft in Deutschland stark an Gewicht und verändern die (vormals eher korporatistischen) Rahmenbedingungen für die Aktivitäten der Sozialwirtschaft tiefgreifend und nachhaltig (Boetticher/Münder 2009; Maucher 2010, Schulte 2005; Schulz-Nieswandt 2005; 2012; 2013). Ein Beispiel hierfür sind EU-weite öffentliche Ausschreibungen für soziale Dienste. Viele Fälle aus Deutschland und anderen Ländern aus den letzten Jahren illustrieren, dass bei zu großen bzw. ausschließlich überregionalen Aufträgen – z.B. für die Arbeitsmarktintegration benachteiligter Personen – kleinere Anbieter – auch die der Sozialwirtschaft –, ausgegrenzt werden, dass komplexe und auf individuelle Bedürfnisse der Nutzer zugeschnittene Angebote nicht adäquat über Vergabeverfahren abgebildet werden können und dass die Präferenz für das billigste Gebot negative Auswirkungen auf die Entlohnungs- und Arbeitsbedingungen des Fachpersonals, die Anwendung von Tariftreueklauseln, die Personalausstattung und den Zugang zu Fort- und Weiterbildung hat – und damit letztlich auch auf die Qualität der Dienstleistungen.

Der funktionale Ansatz des Gemeinschaftsrechts hat zur Folge, dass alle nicht-hoheitlichen Tätigkeiten, die im Wettbewerb stehen und prinzipiell gegen Entgelt auf einem Markt erbracht werden können, unabhängig von Trägerstruktur und Rechtsform als wirtschaftliche Aktivitäten klassifiziert werden und für bestimmte Anbieter sozialer Dienste a priori keine Bevorzugungen (z.B. auf Basis bewährter Kooperationen mit öffentlichen Stellen, aufgrund der Spezifika sozialer Dienste und ihrer Nutzer_innen bzw. durch steuerrechtliche Nachlässe oder Ausnahmen) möglich sind. Beinahe alle von der Sozialwirtschaft bereitgestellten sozialen Dienste fallen somit unter den Anwendungsbereich der Gesamtheit oder einzelner Regelungen der o.g. Bereiche des EU-Rechts – auf jeden Fall diejenigen, bei denen entlohntes Fach- und Hilfspersonal angestellt und eingesetzt wird. Zur Restkategorie nichtwirtschaftlicher sozialer Dienste zählen gemäß dieser Klassifizierung eigentlich nur noch seitens Ehrenamtlicher geleistete Angebote, denen auch EU-Institutionen keinen wirtschaftlichen Charakter zusprechen.

4 Die aktuelle Diskussion zur Reform des Kinder- und Jugendhilferechts zeigt, dass dieser Grundsatz keinesfalls eine Ewigkeitsgarantie hat, sondern von einigen Parteien abgelehnt wird.

Aus der Einbettung der Sozialwirtschaft in den europäischen Binnenmarkt ergibt sich eine Reihe an Herausforderungen. Indirekt wirken z.B. zahlreiche Regelungen der Dienstleistungsrichtlinie auf die Sozialwirtschaft als Erbringerin sozialer Dienste. In ihrer Funktion als wichtige Arbeitgeberin betrifft die 2013 revidierte Richtlinie zur Anerkennung von Berufsqualifikationen auch die Sozialwirtschaft. Seit 2014 werden nationale Bestimmungen für Berufe im Gesundheits- und Sozialbereich auf ihre Vereinbarkeit mit den Anforderungen der Binnenmarktregeln überprüft. Die verstärkte Orientierung der EU-Politik auf Verbraucherschutz sowie auf die Themen „Patientensicherheit" und „Rechte der Nutzer(innen) von Sozial- und Gesundheitsdiensten" hat über fachpolitische Diskurse und Initiativen auch Rückwirkungen auf die Sozialwirtschaft. Die Richtlinie 2011/24/EU zur Regelung der Patientenrechte bei grenzüberschreitender Inanspruchnahme von Gesundheitsleistungen entfaltet v.a. in Grenzregionen Relevanz. Und schließlich ergäben sich über die Einbindung in den Binnenmarkt nach einer Ratifizierung von Freihandelsabkommen wie CETA, TTIP oder TiSA weitreichende Auswirkungen auch auf die Sozialwirtschaft (Fritz 2016; Maucher/Gasse 2016).

Rückblickend kann festgehalten werden, dass die Akteure der Sozialwirtschaft mit der (v.a. in den Jahren 1996 bis 2006 gefahrenen) Strategie gescheitert sind, für die Sozialwirtschaft einen ‚Dritten Weg' zwischen Staat und Markt abzusichern, und dies eben auch über das Festschreiben der Nichtanwendbarkeit von Binnenmarktprinzipien und -regeln auf Gesundheits- und Sozialdiensten. Mit einer Mitteilung der Europäischen Kommission zu Sozialdienstleistungen von allgemeinem Interesse aus dem Jahr 2006 setzte sich der von der Europäischen Kommission und dem Europäischen Gerichtshof präferierte Ansatz durch, soziale Dienste konzeptionell und rechtlich als wirtschaftliche Tätigkeit auf Quasi-Märkten mit Wettbewerb zwischen verschiedenen (öffentlichen, frei-gemeinnützigen und privatgewerblichen) Anbietern zu fassen.

Diese Position wurde als ein Sieg neoliberaler Gruppierungen verstanden, und v.a. sozialpolitische Akteure (auch innerhalb der EU-Kommission) machten aus ihrer Enttäuschung kein Geheimnis. Im Verbund mit sozialwirtschaftlichen Interessensvertretern suchen sie seither nach Lösungen, die Anwendung von Europarecht auf soziale Dienstleistungen einzuschränken oder anzupassen. An zwei Beispielen aus dem Beihilferecht lassen sich diese Anstrengungen illustrieren.[5]

- Ambulanz Glöckner: Im Kern ging es bei dem 2001 vom EuGH entschiedenen Fall zu Rettungsdiensten auch um Unterschiede zwischen mit Gemeinwohlverpflichtungen „aufgeladenen" Gesundheitsdienstleistungen einerseits und Transportdienstleistungen andererseits (Europäischer Gerichtshof 2001; Wolters Kluwer o.J.). Den Anbietern des flächendeckend und rund um die Uhr sicherzustellenden Notfalltransports, DRK und ASB im konkreten Fall, wurde ein regionales Monopol (hier für die Südpfalz) zur Erbringung des Rettungsdienstes zugestanden. Hiergegen hatte ein privates Transportunternehmen geklagt. Begründet wurde die Monopolerlaubnis wie folgt: 1) Rettungsdienste erfordern kostspielige Investitionen in Ausstattung und qualifiziertes Personal. 2) Es ist zulässig, diese Kosten wenigstens teilweise durch Einnahmen aus dem nicht durch Notfall veranlassten Krankentransport zu decken. 3) Es ist zu erwarten, dass gewinnorientierte Unternehmer ihre Leistungen vorzugsweise in dichtbesiedelten Gebieten mit kurzen Wegen erbrächten, sich also auf lukrativere Fahrten konzentrierten. 4) Bei einer gegenteiligen Entscheidung bestehe ernsthaft die Gefahr, dass unvermeidbare Verluste des durch Steuern oder Krankenversicherungsbeiträge finanzierten

5 Zur Bedeutung des Wettbewerbsrechts für soziale Dienste siehe auch Bangert 2012.

öffentlichen Rettungsdienstes der Gesellschaft aufgebürdet würden, während mögliche Gewinne Privatunternehmern zuflössen, die jedoch ihre Dienstleistungen nicht in gleichem Umfang für alle Bürger_innen erbrächten. 5) Eine Beschränkung des Wettbewerbs ist erforderlich – und auch europarechtlich zulässig –, um die im Allgemeininteresse liegende Aufgabe ‚Rettungsdienst' für die damit beauftragten Organisationen unter wirtschaftlich tragbaren Bedingungen erfüllen zu können, da eben dies den Sanitätsorganisationen – hier DRK und ASB – erst durch die Erstreckung ihrer ausschließlichen Rechte auch auf den Krankentransport ermöglicht werde.

- AWO SANO gGmbH: In diesem Fall ging es um mögliche Wettbewerbsverzerrungen durch Investitionskostenzuschüsse und Steuervergünstigungen für eine von der AWO betriebene gemeinnützige Familienferienstätte in Mecklenburg-Vorpommern, aber auch um den Unterschied zwischen „Sozialdienstleistung" und „Beherbergungsdienstleistung" (Maucher 2008; Bangert 2012). Kläger war seit 2004 ein privater benachbarter Beherbergungsbetrieb. Das Verfahren endete hier im Jahr 2008 mit einer für Entscheidung der EK (Generaldirektion Wettbewerb) im Sinne der AWO (und somit auch der Sozialwirtschaft) – und dies v.a. aus den beiden folgenden Gründen: 1) Nach Vorlage eines Katalogs der spezifisch gemeinwohlorientierten Dienstleistungen von Familienferienstätten – der z.B. auch Sozialtarife für bedürftige Familien und sozialpädagogische Angebote umfasste – wurde der Betrauungsakt der zuständigen öffentlichen Stelle von der EK als ausreichend spezifiziert angesehen. 2) Auch konnte nachgewiesen werden, dass weder die Investitionszuschüsse noch eine aufgrund des Gemeinnützigkeitsstatus empfangene Steuervergünstigung über die zur Deckung der zur Erfüllung der gemeinwirtschaftlichen Verpflichtungen der Familienferienstätte erforderlichen Kosten hinausgegangen sind; zudem wurde kein Gewinn erzielt (wobei branchenübliche Gewinne vereinbar mit EU-Beihilferecht sind).

Neben dem Beihilferecht ist auch das Vergaberecht einschlägig. In der novellierten Richtlinie (2014/24/EU) wurden Möglichkeiten, Qualitätskriterien zur Unterstützung sozialer Ziele und einer nachhaltigen Entwicklung – dazu gehören u.a. Tariftreueklauseln und die Möglichkeit, Fair-Trade-Produkte zu präferieren – im Rahmen von öffentlichen Ausschreibungsverfahren zu berücksichtigen, ausgeweitet und rechtlich abgesichert (Europäisches Parlament/Europäischer Rat 2014; Clarke/Jakob 2014). Damit können Spezifika sozialer Dienste bzw. der sie nutzenden Personen(gruppen) umfänglich berücksichtigt werden.

Seit 2008 haben auf europäischer Ebene zudem Initiativen zur Qualität sozialer Dienste an Bedeutung gewonnen (Maucher 2011; Europäische Kommission 2013a). Zu nennen sind hier der 2010 vom Sozialschutzausschuss verabschiedete „Freiwillige Qualitätsrahmen für Sozialdienstleistungen" (SPC 2010), der für die EU allerdings rechtlich (und politisch) unverbindlich ist. Er definiert gemeinsame Prinzipien und Leitlinien zur Qualität der sozialen Dienste sowie eine Methodologie zum Aufbau und zur Umsetzung von Systemen der Qualitätssicherung. Für die Sozialwirtschaft von Bedeutung, von ihr auch beeinflusst und teilweise mitgetragen, sind zudem auch EU-kofinanzierte Projekte zur Identifikation guter Modelle, Initiativen und Systeme zur Verbesserung und Sicherung der Qualität sozialer Dienste und zur Stärkung der Position der Nutzer_innen (v.a. in den Jahren 2009 bis 2011). Im Rahmen einer Initiative zur Setzung (unverbindlicher) technischer EU-Standards zur Dienstleistungsqualität, die letztlich aber keine ausreichende politische Unterstützung erhielt, wurde 2009/2010 ein „Gemeinsamer Qualitätsrahmen für soziale Dienste" (EPR 2010) aus einem für den Bereich der Behindertenhilfe erarbeiteten Konzept weiterentwickelt. Zudem wurden im Rahmen der Offenen Methode der Koordinierung in für die Sozialwirtschaft relevanten Feldern Peer-Review-Prozesse durchgeführt. Seit 2012 sind jedoch keine neuen Impulse zu verzeichnen, nicht zuletzt als Folge mangelnder neuer inhaltlicher Erkenntnisse und weil sich die Europäische Kommission strategisch auf die Erläuterung des aus ihrer Sicht anwendbaren EU-Rechts (Europäische Kommission 2013a und 2013b) sowie auf Initiativen zu „Sozialer Innovation" und „Sozialunternehmen" beschränkt hat.

3. Struktur- und Förderpolitik

Neben der rechtlichen Definition und dem europäischen Regulierungsrahmen kommt die Sozialwirtschaft vor allem über Fördermittel mit den Institutionen der EU in Kontakt. Dabei lassen sich zwei große Bereiche unterscheiden, die jeweils einer eigenen Logik folgen: die Struktur- und Investitionsfonds sowie fachpolitische Fördertöpfe zur modellhaften Erprobung neuer Interventionsformen. Während erstere substantielle Mittel bereithalten, um innovative Dienstleistungen (temporär) zu finanzieren, sind die fachpolitischen Fonds weniger finanziell bedeutsam als vor allem von strategischem Nutzen, da sie eine Möglichkeit bieten, die Politikentwicklung zu beeinflussen. Beide sind eingebettet in die makroökonomische Strategie EU 2020 für „intelligentes, nachhaltiges und integratives Wachstum". EU 2020 löste 2010 die sog. Lissabon-Strategie ab und umfasst fünf Ziele, die über sieben Leitinitiativen und v.a. auch nationale Reformanstrengungen erreicht werden sollen.[6] Die Strategie kann angesichts des Wachstumsparadigmas einerseits als „alter Wein in neuen Schläuchen" angesehen werden,[7] andererseits werden die Formulierung von klaren Zielen, die inhaltliche Qualifizierung des Wachstumsgedankens und die Berücksichtigung der Armutsbekämpfung aus Sicht der Sozialwirtschaft auch positiv bewertet (BAGFW 2014).

Die Europäischen Struktur- und Investitionsfonds (Art. 174-178 AEUV) werden in jeweils siebenjährigen Programmperioden aufgelegt (für den Zeitraum 2014-2020 sind 351,8 Mrd. € vorgesehen, BMWi 2014). Von den derzeit fünf Fonds sind für die Sozialwirtschaft v.a. der Europäische Sozialfonds (ESF) und der Europäische Fonds für regionale Entwicklung (EFRE) relevant.

Der ESF ist das älteste Förderinstrument der EU und wurde schon 1957 mit der Gründung der Europäischen Wirtschaftsgemeinschaft aufgelegt.[8] Im Mittelpunkt steht bis heute die Förderung von Maßnahmen zur Beschäftigungsförderung. Über die Jahrzehnte haben sich die Modalitäten dabei immer wieder den sich verändernden Herausforderungen auf den Arbeitsmärkten angepasst und der Fonds wurde deutlich aufgestockt. In der laufenden Förderperiode summieren sich die Zuweisungen der EU an die Mitgliedstaaten zur Förderung der Beschäftigungs- und Bildungschancen, der sozialen Eingliederung und der Bekämpfung von Armut auf ca. 86 Mrd. Euro (Gesamtvolumen ca.125 Mrd. Euro).[9]

---

6 Die Koordination der nationalen Reformanstrengungen läuft über die sog. Offene Methode der Koordination und das Europäische Semester, in dem sich Kommission und Mitgliedstaaten über konkrete Reformmaßnahmen verständigen (siehe: https://ec.europa.eu/info/strategy/european-semester_en).

7 So der Titel einer Veranstaltung der Europa-Union im Vorfeld der Verabschiedung der Strategie 2010.

8 Rechtliche Grundlage des ESF ist Art. 162 des Vertrags über die Arbeitsweise der EU.

9 Angaben zu den Fördersummen von ESF und EFRE nach: https://cohesiondata.ec.europa.eu. Einen guten Überblick über Hintergrund, Schwerpunkte und Antragsmodalitäten des ESF bieten BMAS 2014 und 2017.

Ziel des EFRE ist die wirtschaftliche, soziale und territoriale Kohäsion durch die Förderung strukturschwacher Regionen.[10] Zu den zehn thematischen Schwerpunkten des 1975 geschaffenen Fonds zählen derzeit u.a. die Stärkung von Forschung, technologischer Entwicklung und Innovation, die Unterstützung kleiner und mittlerer Betriebe und die Förderung der sozialen Inklusion und der Bekämpfung von Armut und jeglicher Diskriminierung.[11] Dazu stellt die EU 2014-2020 ca. 186 Mrd. Euro bereit (Gesamtfördervolumen: 277 Mrd.). Aus diesen Zielen leiten sich Fördermöglichkeiten für sozialwirtschaftliche KMU, gemeindenahe Dienste und Sozialunternehmen ab.[12]

Für die Struktur- und Investitionsfonds gelten drei Prinzipien, die einerseits innovationsförderlich wirken, sich andererseits aber in der Abwicklung immer wieder als schwierig erweisen. Das sog. Additionalitätsprinzip besagt, dass nur Maßnahmen finanziert werden können, die die pflichtigen nationalen Aufgaben ergänzen und nicht ersetzen. Das Kofinanzierungsprinzip schreibt vor, dass Mittel der EU um Mittel aus dem jeweiligen Mitgliedstaat ergänzt werden. Die Höhe der Kofinanzierung variiert zwischen Regionen (sog. „Regionenkategorien") und Förderprioritäten („Prioritätsachsen").[13] Ein dritter Grundsatz bezieht sich auf die partnerschaftliche Planung und Durchführung der Programme. In einer zwischen Mitgliedstaat und EU Kommission ausgehandelten Partnerschaftsvereinbarung wird die strategische Ausrichtung und Ziele der Operationellen Programme (OP) zur Umsetzung der jeweiligen Fonds vereinbart. In der laufenden Förderperiode (2014-2020) werden in Deutschland jeweils 15 regionale Programme für ESF und EFRE sowie ein nationales ESF-Programm und in Niedersachsen ein kombiniertes ESF/EFRE Programm mit einer Fördersumme von 27,5 Milliarden Euro (Anteil der EU: 19,3 Milliarden Euro) umgesetzt (BMWi 2014).

Gute Beispiele für den Einsatz von Mitteln der EU Strukturförderung im Bereich der Sozialwirtschaft sind v.a. die über den ESF finanzierten Programm „rückenwind" (2007-2014) und „rückenwind+" (2015-2020). Sie wurden gemeinsam vom BMAS und der BAGFW entwickelt. Nachdem in der ersten Förderperiode über 22000 Personen in 131 Projekten mit einem Fördervolumen von 60 Millionen Euro erreicht wurden, unterstützt das aktuell laufende Programm „rückenwind+" Maßnahmen der Personal- und Organisationsentwicklung in etwa 70 Projekten mit einem Volumen von ca. 30 Millionen Euro.[14] Die von diesen Projekten ausgehenden Impulse beziehen sich u.a. auf Personalgewinnung, Qualifizierung, Gesundheitsförderung und interkulturelle Öffnung (BAGFW/ESF-Regiestelle 2014).

Neben den Struktur- und Investitionsfonds legen die Generaldirektionen der EU Kommission auch regelmäßig Förderprogramme auf, um ihre jeweiligen Politikbereiche z.B. durch Modellanwendungen oder Studien voranzubringen. Im Bereich der Sozialpolitik ist das derzeit das EU Programm für Beschäftigung und soziale Innovation EaSI (im Förderzeitraum 2014-2020 ein Gesamtbudget von 919,464,000 €; Europäische Kommission 2014). Das EaSI umfasst die Teilprogramme PROGRESS (Programm für Beschäftigung und soziale Solidarität), EURES (Programm zur Zusammenarbeit von Arbeitsverwaltungen und Förderung der Arbeitnehmer-

10 Rechtliche Grundlage des EFRE ist Art. 176 des Vertrags über die Arbeitsweise der Europäischen Union.

11 Siehe Art. 9 der Verordnung (1303) des Europäischen Parlaments und des Rates vom 17.12.2013.

12 Siehe Absatz 14 und 15 der Präambel sowie Art. 5 Absatz 9c) der Verordnung (EU) Nr. 1301/2013 des Europäischen Parlaments und des Rates vom 17.12.2013.

13 Siehe Artikel 120 der Verordnung (1303) des Europäischen Parlaments und des Rates vom 17.12.2013. Die drei Regionenkategorien orientieren sich am BIP pro Kopf und sind gem. Art. 90 Abs. 2 der Verordnung: „weniger entwickelte Regionen", „Übergangsregionen" und „stärker entwickelte Regionen".

14 Siehe hierzu BMAS 2014 sowie die Projektwebsite: www.bagfw-esf.de.

mobilität) und das PROGRESS-Mikrofinanzierungsinstrument für Kleinunternehmen. Insbesondere das Teilprogramm PROGRESS wird genutzt, um über sozialpolitische Experimente, Analysen, Austausch- und Lernprogramme sowie die strukturelle Förderung europäischer Netzwerke von Nichtregierungsorganisationen die Gestaltung der europäischen Beschäftigungs- und Sozialpolitik voranzubringen (Güntner/Harding 2015).

Die Förderung durch PROGRESS und seine Vorläufer hat dazu geführt, dass sich in Brüssel zahlreiche Vertretungen der Sozialwirtschaft etablieren konnten. Für die Europäische Kommission sind diese derzeit ca. 30 Vertretungen neben den Mitgliedstaaten wichtige Informationsquellen und Gesprächspartner zur Einschätzung und Bewertung der sozialen Lage und zur Entwicklung neuer beschäftigungs- und sozialpolitischer Ideen. Für die Sozialwirtschaft wiederum bieten diese Vertretungen einen direkten Draht in die Kommission und andere EU-Institutionen (insbesondere die Ausschüsse des Europäischen Parlaments beziehen diese zivilgesellschaftlichen Repräsentanzen in ihre Diskussionen ein). Netzwerke wie das Europäische Armutsbekämpfungsnetzwerk EAPN, SOLIDAR oder die übergreifenden Plattformen Social Services Europe und v.a. die Social Platform erweisen sich regelmäßig als wichtige Stichwortgeber in der Ideenfindung der EU-Institutionen und Partner bei der Projektumsetzung. Für ihre nationalen und regionalen Mitgliedsorganisationen bereiten sie regelmäßig Informationen über Politikentwicklungen in Brüssel und Straßburg auf. Und schließlich organisieren sie neben Positionspapieren und Analysen auch europaweite, öffentlichkeitswirksame Kampagnen.

4. Fachpolitische Diskurse und Politikberatung

Die Europäische Sozialpolitik ist eingebettet in intensive fachpolitische Diskurse, an denen sich die EU-Institutionen sowie die vielzähligen Akteure in ihrem Umfeld beteiligen. Dabei geht es einerseits um Soziallobbying, also die interessengeleitete Beeinflussung der politischen Entscheidungsfindung. Andererseits sind die Auseinandersetzungen oftmals sehr grundsätzlich angelegt und eher als inhaltliche Suchbewegungen zur Definition von komplexen Sachverhalten zu verstehen, die eine politische Entscheidungsfindung überhaupt erst ermöglichen. Die fachpolitischen Diskurse beziehen sich auch auf Themen, für die eine institutionelle Zuständigkeit bzw. Kompetenz auf EU Ebene noch ungeklärt sind. Die Institutionen und ihre Netzwerke tummeln sich in diesen Feldern, um zu sehen, ob und wie eine politische und rechtliche Befassung aussehen könnte. In dem unübersichtlichen Geflecht an Akteuren, die sich mit Positionspapieren, Stellungnahmen und Kampagnen in Stellung bringen, sind neben der EU Kommission und den schon genannten Netzwerken einige Gruppierungen fest etabliert, wie z.B. der EU Sozialausschuss, in dem sich die Vertreter der einschlägigen nationalen Ministerien treffen und der Europäische Wirtschafts- und Sozialausschuss – und hier insbesondere die sog. Gruppe III („verschiedene Interessen"), in der u.a. auch die Wohlfahrtsverbände ihren Sitz haben.

Den Takt und auch den Rahmen der Diskussion gibt oftmals die Kommission vor, indem sie sog. Grün- und Weißbücher sowie ‚Mitteilungen' verfasst, die an Rat und Parlament sowie an den Wirtschafts- und Sozialausschuss und den Ausschuss der Regionen gerichtet sind, zu denen sich aber auch andere Interessenvertreter verhalten. Die Kommission führt auch Konsultationen durch, in denen sie die allgemeine Öffentlichkeit zu konkreten Themen um Eingaben bittet. Die auf diese und andere Wege (z.B. Konferenzen, Forschungsergebnisse) gesammelten Informationen werden dann in Arbeitsdokumenten veröffentlicht, wie zum Beispiel in den Kommissionsberichten zu Sozialleistungen von allgemeinem Interesse (2008, 2010 und 2013), die in die Politikprozesse eingespeist werden. Während diese Dokumente für sich genommen keine eigenständigen Rechtsakte darstellen, dienen sie doch in politischen Entscheidungen als Bezugspunkt und Begründung. Das zeigt sich beispielsweise im Ritual langer Präambeln europäischer Gesetzestexte, wo ausführlich und akribisch die Meilensteine im vorhergehenden Politikprozess gewürdigt werden.

Wirkmächtige Diskurse entfalteten sich in der jüngeren Vergangenheit u.a. über die Definition von Sozialdienstleistungen (angestoßen durch ein Weißbuch im Jahr 2004 sowie Kommissionsmitteilung in den Jahren 2006 und 2007, siehe Europäische Kommission 2004, 2006 und 2007); eine intensive Debatte zur Qualität in sozialen Dienstleistungen mündete in einem freiwilligen europäischen Qualitätsrahmen des EU Sozialschutzausschusses (SPC 2010). Die Kommission befasste sich auch mit dem Thema ‚Soziale Innovation' und lancierte dazu Debatten sowohl im Rahmen der Innovationspolitik (EU 2020 Initiative „Innovation Union") wie auch in der Sozialpolitik (über den Sozialinvestitionspakt). Mit einer europäischen „Social Innovation Community", einem jährlichen Wettbewerb (European Social Innovation Competition) und weiteren Aktivitäten (u.a. Forschungsprojekte und Studien) wurden Räume und Anlässe geschaffen, um den Diskurs zur Sozialen Innovation lebendig zu halten.[15] Aus diesem Kontext resultierte u.a. die „Social Business Initiative" (2011), um das Sozialunternehmertum finanziell und rechtlich zu stärken und zu fördern. Erwähnenswert sind auch die zahlreichen Initiativen zu personen- und haushaltsbezogenen Dienstleistungen, die auf die zunehmende Vermarktlichung dieser Dienste an der Schnittstelle von Pflege- und Betreuungsarbeit einerseits und Komfortdiensten andererseits reagieren (u.a. das European Care Certificate,[16] Dienstleistungsgutscheine und persönliche Budgets) wie auch diverse Projekte zur Entwicklung von EU-weiten technischen Standards für betreutes Wohnen und Langzeitpflege.[17]

Von weitreichender Bedeutung sind die auf europäischer Ebene geführten Debatten insbesondere im Bereich der Behindertenpolitik. Wichtige Säulen der „Europäischen Strategie zugunsten von Menschen mit Behinderungen 2010-2020" sind Prinzipien wie Barrierefreiheit, Antidiskriminierung, Selbstbestimmung und Freizügigkeit, die sich in entsprechenden Vorgaben verschiedener Programme (u.a. die Strukturfonds) wiederfinden. Hinzu kommt das Ziel (auch für den Bereich der Langzeitpflege insg.) einer weitreichenden Deinstitutionalisierung, das den Aufbau ambulanter und wohnortnaher Angebote impliziert. Verschiedene zivilgesellschaftliche Gruppen, u.a. auch das Europäische Behindertenforum (European Disability Forum EDF) setzen sich dafür ein, dass die von der UN angemahnten Mängel in der Strategie (u.a. bezgl. der Implementierung der UN Behindertenrechtskommission auf Ebene der EU-Institutionen) in der laufenden Überarbeitung aufgegriffen werden. Die vom EDF immer wieder kritisierte Diskrepanz zwischen „Talk" und „Action" der EU-Institutionen verweist auf ein in allen sozialpolitischen Feldern zu findendes, geradezu typisches Missverhältnis von intensiver und engagierter Debatte und sparsamen Resultaten, das nicht zuletzt auf enorme inhaltliche und institutionelle Konflikte zwischen Kommission und Rat zurückzuführen ist.[18]

---

15 Siehe www.siceurope.eu

16 Siehe www.eccertificate.eu

17 Siehe für die EU-Ebene die 2012 publizierte Technical Specification FprCEN/TS 16118 Sheltered housing – Requirements for services for older people provided in a sheltered housing scheme, https://ec.europa.eu/eip/ageing/standards/home/accessibility-and-design-all/cents-161182012_en. Ihr entspricht in Deutschland DIN SPEC 7710 1:2012-06.

18 Die Unterscheidung von „Talk" und „Action" in (politischen) Organisationen geht auf die Überlegungen von Nils Brunsson zurück (1989).

5. Ausblick

In der EU besteht ein breiter Konsens darüber, dass die Bürgerinnen und Bürger einen Anspruch auf qualitativ hochwertige, allgemein zugängliche und bezahlbare soziale Dienstleistungen haben sollen, die national unterschiedlich ausgestaltet sind. Diese sind auch in den EU-Verträgen über die Definition gemeinsamer Werte, die Bestimmungen zu gemeinwohlorientierten Dienstleistungen der Daseinsvorsorge sowie die Festschreibungen der Grundrechtecharta abgesichert. Das gilt auch für das Ziel, durch Vorgaben bzw. Anforderungen des Gemeinschaftsrechts dürfte die Erreichung sozial-, gesundheits-, und beschäftigungspolitische Ziele nicht gefährdet werden.

Umstritten hingegen ist und bleibt die Frage nach den geeigneten Instrumenten, um ‚Sozialmärkte' zu regulieren und zu gestalten und inwieweit sie für die Erbringung von dem Gemeinwohl verpflichteten personenbezogenen sozialen Diensten überhaupt angemessen sind. Dasselbe gilt auch für die Frage nach der Rolle der Sozialwirtschaft, ihrer Dienstleistungen im Rahmen der nationalen Sozialschutzsysteme wie ihres Beitrags zur sozialen Integration benachteiligter Bevölkerungsgruppen im Spannungsfeld zwischen öffentlicher Regulierung, Finanzierung und Erbringung sozialer Dienste einerseits und privat-gewerblicher Leistungserbringung und Investitionen in diesem Sektor andererseits.

Derzeit sieht das binäre Gemeinschaftsrecht keine Sonderrolle für Soziale Dienstleistungen und Sozialwirtschaft und behandelt diese vornehmlich als Marktakteure. Wie soziale Rechte in nationalen Sozialschutzsystemen, die zunehmend in den Binnenmarkt „hineinwachsen" und sich teilweise schon ent-territorialisiert haben, ausgestaltet und weiterentwickelt werden (können) und welche Rahmenbedingungen für die Erbringung und Finanzierung sozialer Dienste wie auch die Rolle der Sozialwirtschaft angemessen sind, bleibt Gegenstand eines dynamischen und ergebnisoffenen Prozesses. Ein auf mehr Wettbewerb im Binnenmarkt ausgerichtetes Szenario dürfte nicht im Interesse sozialwirtschaftlicher Akteure sein, da es deren Selbstverständnis entgegensteht und den gesellschaftspolitischen Zielen wie auch wirtschaftlich tragfähiger Angebotsgestaltung zur Deckung gesellschaftlich notwendiger Bedarfe der Pflege, Betreuung, Bildung und Integration entgegensteht. Die Akteure der Sozialwirtschaft sind aufgerufen, die verschiedenen politischen und legislativen Prozesse wie auch die thematischen Initiativen und Finanzierungsinstrumente auf EU-Ebene in ihrem Sinne und im Interesse der Nutzer_innen ihrer Angebote aktiv mitzugestalten.

6. Literatur

Bundesarbeitsgemeinschaft der freien Wohlfahrtspflege (BAGFW) (Hrsg.) (2014): Konsultationspapier der BAGFW zur Strategie Europa 2020. Berlin: Eigenverlag.

Bundesarbeitsgemeinschaft der freien Wohlfahrtspflege (BAGFW)/ESF-Regiestelle (Hrsg.) (2014): Abschlussdokumentation rückenwind – für die Beschäftigten in der Sozialwirtschaft. Berlin: Eigenverlag.

Bangert, Christopher (2012): Der Fall „AWO-Sano". In: Neue Caritas, spezial 3, Oktober 2012: Europäisches Beihilfenrecht: Wettbewerbsregeln für soziale Dienste, S. 26-28. www.caritas.de/cms/contents/caritas.de/medien/dokumente/neue-caritas-spezial/nc-spezial-europaeis/nc_spezial_3_2012_eu-beihilfenrecht.pdf, 15.1.2017.

Bundesministerium für Arbeit und Soziales (BMAS) (Hrsg.) (2014): Der Europäische Sozialfonds – Chancengeber für Europa – die Förderperiode 2007-2013 im Rückblick. Bonn: BMAS.

Bundesministerium für Arbeit und Soziales (BMAS) (2017): ESF-Programmbroschüre – Der Europäische Sozialfonds – Förderperiode 2014-2020, Bonn: BMAS.

Bundesministerium für Wirtschaft und Energie (BMWi) (Hrsg.) (2014): Europa: Solidarisch. Innovativ. Fokussiert. Berlin: BMWi.

Boetticher, Arne von/Münder, Johannes (2009): Kinder- und Jugendhilfe und europäischer Binnenmarkt. Baden-Baden: Nomos.

Brunsson, Nils (1989): The Organization of Hypocrisy – Talk, Decisions and Actions in Organizations. Chichester: Wiley.

Chaves, Rafael/Monzón, José Luis (2007): Die Sozialwirtschaft in der Europäischen Union. Zusammenfassung der CIRIEC-Studie für den Europäischen Wirtschafts- und Sozialausschuss. Brüssel. www.ciriec.ul g.ac.be/wp-content/uploads/2015/12/eesc-2007-de.pdf, 15.1.2017 bzw. www.eesc.europa.eu/resources/d ocs/a_ces5925-2012_00_00_tra_etu_de.pdf, 15.1.2017.

Clarke, Penny/Jakob, Christine (2014): The new EU Directives on public procurement: a step forward for green and social public procurement. In: Quarterly Newsletter, European Institute for Construction Labour Resarch (CLR), edition 4/2014 "Trade – Procurement – Labour Standards", S. 16-32. www.eps u.org/sites/default/files/article/files/CLR_4-2014.pdf, 15.1.2017.

Collectif SSIG-FR (Hrsg.) (2007): Services Sociaux d'Intérêt Général et Utilité Sociale. Risques et opportunités pour les acteurs de l'économie sociale et solidaire. Questions Européennes N° 2 (Novembre 2007). Paris: Collectif SSIG-FR.

Europäische Kommission (Hrsg.) (2016): European Semester Thematic Fiche: Health and Health Systems, ec.europa.eu/europe2020/pdf/themes/2016/health_health_systems_201605.pdf, 15.01.17.

Europäische Kommission (Hrsg.) (2015): A map of social enterprises and their eco-systems in Europe. Brüssel.

Europäische Kommission (Hrsg.) (2014): EaSI – Neues übergreifendes Programm der EU für Beschäftigungs- und Sozialpolitik, Luxemburg: Amt für Veröffentlichungen der Europäischen Union. Brüssel.

Europäische Kommission (Hrsg.) (2013a): 3rd Biennial Report on Social Services of General Interest. Commission Staff Working Document SWD(2013)40 final, 20 February 2013. Brüssel.

Europäische Kommission (Hrsg.) (2013b): Guide to the application of the European Union rules on state aid, public procurement and the internal market to services of general economic interest, and in particular to social services of general interest. Commission Staff Working Document SWD(2013)53 final/2, 29 April 2013. Brüssel.

Europäische Kommission (Hrsg.) (2007): Begleitdokument zur Mitteilung „Ein Binnenmarkt für das Europa des 21. Jahrhunderts: Dienstleistungen von allgemeinem Interesse unter Einschluss von Sozialdienstleistungen: Europas neues Engagement", KOM(2007)725 endg., Brüssel, 20.11.2007. eur-lex.europa.eu/LexUriServ/LexUriServ.do?uri=COM:2007:0725:FIN:de:PDF, 15.1.2017.

Europäische Kommission (Hrsg.) (2006): Mitteilung „Umsetzung des Gemeinschaftsprogramms von Lissabon: Die Sozialdienstleistungen von allgemeine m Interesse in der Europäischen Union" {SEK(2006) 516}, KOM(2006) 177 endg., Brüssel, 26.4.2006. eur-lex.europa.eu/LexUriServ/LexUriServ.do?uri=COM:2006:0177:FIN:DE:PDF, 15.1.2017.

Europäische Kommission (Hrsg.) (2004): Mitteilung „Weißbuch zu Dienstleistungen von allgemeinem Interesse", KOM(2004) 374 endg., Brüssel, 12.5.2004. eur-lex.europa.eu/LexUriServ/LexUriServ.do?uri=COM:2004:0374:FIN:DE:PDF, 15.1.2017.

Europäischer Gerichtshof (Hrsg.) (2001): Pressemitteilung Nr. 53/01, 25. Oktober 2001: Urteil des Gerichtshofes in der Rechtssache C-475/99: Firma Ambulanz Glöckner/Landkreis Südwestpfalz. curia.europa.eu/de/actu/communiques/cp01/aff/cp0153de.htm, 15.1.2017.

Europäischer Wirtschafts- und Sozialausschuss (Hrsg.) (2012): Die Sozialwirtschaft in der Europäischen Union. www.eesc.europa.eu/resources/docs/qe-30-12-790-de-c.pdf, 15.01.17.

Europäisches Parlament/Europäischer Rat (Hrsg.) (2014): Richtlinie 2014/24/EU des Europäischen Parlaments und des Rates vom 26. Februar 2014 über die öffentliche Auftragsvergabe und zur Aufhebung der Richtlinie 2004/18/EG, veröffentlicht im Amtsblatt der Europäischen Union L 94 vom 28.3.2014, S. 65-242.

Europäisches Parlament/Europäischer Rat (Hrsg.) (2013a): Verordnung (EU) Nr. 1301/2013 des Europäischen Parlaments du des Rates vom 17.12.2013 über den Europäischen Fonds für regionale Entwicklung und mit besonderen Bestimmungen hinsichtlich des Ziels "Investitionen in Wachstum und Beschäftigung" und zur Aufhebung der Verordnung (EG) Nr. 1080/2006, veröffentlicht im Amtsblatt der Europäischen Union L 347 vom 20.12.2013, S. 289-301.

Europäisches Parlament/Europäischer Rat (Hrsg.) (2013b): Verordnung (1303) des Europäischen Parlaments und des Rates vom 17.12.2013 mit gemeinsamen Bestimmungen über den Europäischen Fonds für regionale Entwicklung, den Europäischen Sozialfonds, den Kohäsionsfonds, den Europäischen Landwirtschaftsfonds für die Entwicklung des Ländlichen Raums und den Europäischen Meeres- und Fischereifonds sowie mit allgemeinen Bestimmungen über den Europäischen Fonds für regionale Entwicklung, den Europäischen Sozialfonds, den Kohäsionsfonds und den Europäischen Meeres- und Fischereifonds und zur Aufhebung der Verordnung (EG) Nr. 1083/2006 des Rates, veröffentlicht im Amtsblatt der Europäischen Union L 347 vom 20.12.2013, S. 320-469.

European Platform for Rehabilitation (EPR)/Prometheus Project Consortium Partners (Hrsg.) (2010): Common Quality Framework for Social Services of General Interest. www.epr.eu/images/EPR/documents/projects/prometheus/CQF%20for%20SSGI%20-%20FINAL%20VERSION.pdf, 15.01.17.

Fritz, Thomas (2016): EPSU Working Paper "CETA and TTIP: Potential impacts on health and social services". Brüssel: EPSU. www.epsu.org/article/new-epsu-working-paper-ceta-and-ttip-potential-impacts-health-and-social-services, 15.01.17.

Güntner, Simon/Harding, Jamie (2015): Can transnational exchange in EU projects really lead to change? A differentiated analysis from an action research perspective. In: European Journal of Social Work 18, H. 4, S. 511-524.

Maucher, Mathias (2011): „EU und soziale Dienstleistungen von allgemeinem Interesse". In: Evers, Adalbert/Heinze, Rolf G./Olk, Thomas (Hrsg.): Handbuch Soziale Dienste. Wiesbaden: VS Verlag für Sozialwissenschaften, S. 515-535.

Maucher, Mathias (2010): „Europa in der Sozialwirtschaft mitdenken ... weil die EU verstärkt Politik und Förderinstrumente mitgestaltet". In: Sozial Extra 34, H. Mai/Juni, S. 31-34.

Maucher, Mathias (2008): Notes on a case from Germany concerning state aid in the field of personal social services (AWO SANO gGmbH, Rerik, Mecklenburg-Vorpommern). cms.horus.be/files/99931/Newsletter/decision-case-AWO-SANO-gGmbH-summary-info-MM-08.04.08.pdf, 15.1.2017.

Maucher, Mathias/Gasse, Philip (2016): Gesundheit und soziale Dienste sind keine Handelsware. www.zeit.de/wirtschaft/2016-05/ttip-freihandel-risiko-kapital-sozialdienste, 15.01.17.

Schulz-Nieswandt, Frank (2013): Das Privatisierungs-Dispositiv der EU-Kommission. Das ontologische Existenzial der Daseinsvorsorge, die sakrale Doxa des Binnenmarktes und die „kafkaistischen" Epiphanien der Regulationskultur. Berlin: Duncker & Humblot.

Schulz-Nieswandt, Frank (2012): „Europäisierung" der Sozialpolitik und der sozialen Daseinsvorsorge? Eine kultursoziologische Analyse der Genese einer solidarischen Rechtsgenossenschaft. Berlin: Duncker & Humblot.

Schulz-Nieswandt, Frank (2005): Daseinsvorsorge in der Europäischen Union. In: Linzbach, Christoph/Lübking, Uwe/Scholz, Stephanie/Schulte, Bernd (Hrsg.) (2005): Die Zukunft der sozialen Dienste vor der europäischen Herausforderung. Baden-Baden: Nomos, S. 397-423.

Schulte, Bernd (2005): „Europäischer Dienstleistungswettbewerb – Chance für die soziale Arbeit?". ConSozial 2005, München, Max-Planck-Institut für ausländisches und internationales Sozialrecht", unveröffentlichtes Manuskript.

Social Economy Europe (Hrsg.) (2015): Social Economy. www.socialeconomy.eu.org/social-economy, 15.1.2017.

Social Protection Committee (SPC) (Hrsg.) (2010): A voluntary quality framework for social services, SPC 2010/10/8 final, Brüssel. ec.europa.eu/social/main.jsp?catId=794, 15.1.2017.

Wolters Kluver: JURION™ (Hrsg.) (o.J.): Europäischer Gerichtshof: Urt. v. 25.10.2001, Az.: C-475/99, www.jurion.de/urteile/eugh/2001-10-25/c-475_99, 15.1.2017.

Die kommunale Ebene der Sozialpolitik

Heinz-Jürgen Dahme/Norbert Wohlfahrt

1. Zur sozialpolitischen Arbeitsteilung zwischen den Staatsebenen und zur Rolle der EU

In der Bundesrepublik Deutschland gibt es eine sozialpolitische Arbeitsteilung zwischen den verschiedenen Ebenen des Staates, die einer einheitlichen Funktionslogik folgt: Sozialpolitik ist unabhängig von ihren jeweiligen Formen dadurch gekennzeichnet, dass sie auf negative Folgen der Konkurrenzgesellschaft ordnungspolitisch und kompensatorisch reagiert (Polanyi 1944/1978; Piven/Cloward 1977; Castel 2000). Die Bürger_innen innerhalb kapitalistischer Gesellschaften unterscheiden sich als Privateigentümer sowohl nach der Größe ihres Einkommens als auch nach der Leistung, die sie für ihr Einkommen erbringen. Sozialpolitik – von der Arbeitslosenversicherung bis hin zur Fürsorge – ist ein Instrument zur Kompensation von Notlagen, die aus den Zwängen und Folgewirkungen der Konkurrenz entstehen. Sozialpolitik ist demnach adressiert an diejenigen, die nicht fähig sind, von Erwerbsarbeit zu leben oder deren Existenz aufgrund des Ausschlusses von Arbeit bedroht ist; hinzu kommt, dass Sozialpolitik auch Leistungen für Teile der Bevölkerung bereitstellt, die zwar arbeiten, aber ohne zusätzliche und ergänzende Unterstützung (in Form von Geld oder sozialen Diensten) kein eigenes Einkommen erwirtschaften können, das eine individuelle Reproduktion gewährleistet (bspw. berufstätige Frauen mit Kindern, Niedriglohnbezieher_innen). Sozialpolitik ist offiziell Gemeinwohlpolitik. Was der konkrete Inhalt des jeweiligen Gemeinwohls ist, ist Gegenstand einer sich laufend verändernden Gesetzgebung (nicht Folge irgendwelcher abstrakter Gerechtigkeitsprinzipien), die in die Definitionskompetenz des Staates bzw. der von ihm damit beauftragten Gerichte fällt. Insofern ist das Sozialstaatsprinzip der Bundesrepublik Deutschland lediglich eine Staatszielbestimmung unter anderen, bar jeden Inhalts (Forsthoff 1954). Sozialstaatlichkeit ist – so die herrschende Staatsrechtslehre im Anschluss an die Abendroth-Forsthoff-Debatte in den Gründerjahren der Bundesrepublik – variabel und deshalb auch mit Rückschritten oder Leistungsabbau verbunden. Sozialpolitik ist die Herstellung der Voraussetzungen einer Konkurrenzgesellschaft, in der Privatsubjekte mit den ihnen zur Verfügung stehenden Mitteln (Kapital, Grundbesitz und Arbeitskraft) den gesellschaftlichen Reichtum mehren (sollen) und in der die Arbeitskraft-Besitzer_innen dazu nicht in der Lage wären, würden sie sich selbst überlassen. Sozialpolitik rechnet systematisch damit, dass Bürger_innen bei der Nutzung ihrer Erwerbsquelle Arbeit scheitern und entwickelt ein dementsprechendes Set an unterstützenden Maßnahmen, die darauf abzielen, dass diejenigen, die sich durch die Ausübung ihres Berufs nicht kontinuierlich ernähren können, dies trotzdem tun können.

Auf dieser Zielsetzung aufbauend haben moderne Wohlfahrtsstaaten ein *Sozialleistungssystem* entwickelt, das grundsätzlich auf zwei Säulen aufgebaut ist (was nicht ausschließt, dass es darüber hinaus auch noch andere (bspw. ordnungs- und grundrechtspolitische) Betätigungen mit sozialpolitischer Intention gibt): Zum einen stellt der Wohlfahrtsstaat Transferleistungen zur Verfügung (sog. Geldleistungen und/oder Sachleistungen), indem er Einkommensbestandteile der erwerbstätigen Bevölkerung vergemeinschaftet. *Transferleistungen* werden gewährt bspw. bei Arbeitslosigkeit, fehlenden Rentenansprüchen im Alter, Erwerbsunfähigkeit, Pflegebedürftigkeit, chronischer Erkrankung u.v.m. Die zweite Leistungsform stellen *soziale Dienstleistun-*

gen dar, die in Form von Beratung, Betreuung, Begleitung, Pflege oder Therapie organisiert sind und durch soziale Dienste erbracht werden (Dahme/Wohlfahrt 2015).

Soziale Dienstleistungspolitik ist arbeitsteilig organisiert: Während die staatliche Ebene (Bund und Länder) – dem Sozialstaatsprinzip in Art. 20 GG folgend – gewöhnlich über Zielsetzung, Adressaten, Umfang, Standards und Qualität sozialer Dienste entscheidet, obliegt der Kommune als „dritter Ebene" bzw. „dritter Säule" des Staates (Art. 28 GG) vielfach die Organisation, Umsetzung und Durchführung (Implementation) – häufig auch die Finanzierung – der sozialen Infrastruktur (zur Entwicklung kommunaler Aufgaben Dahme/Wohlfahrt 2011).

Sozialpolitik ist auch stark von der Europäischen Kommission geprägt. Mit der Weiterentwicklung der Europäischen Union in den 1990er-Jahren (gemeinsamer Markt durch die Maastricht-Verträge) wie durch die Vorbereitung und Schaffung der Euro-Zone (seit 2002) wurde immer deutlicher, dass die Konstrukteure mit der Einführung des Euro auch eine stärkere Vereinheitlichung der europäischen nationalen Sozialpolitiken ins Auge gefasst hatten und dass dadurch für die nationale Sozialpolitik eine neue supra-staatliche Ebene etabliert wird, die zunehmend Einfluss auf die nationale Sozialpolitik ausübt, da auf der Basis der europäischen Verträge bindende Entscheidungen gefällt werden können, die Auswirkungen bis herunter zur kommunalen Ebene entfalten. Die EU folgt dabei auch hier ihren konstitutiven Prinzipien: Dezentralisierung und Wettbewerb. In der Lissabon-Erklärung von 2000 heißt es: „Im Einklang mit dem Subsidiaritätsprinzip wird nach einem völlig dezentralen Ansatz vorgegangen werden, so dass die Union, die Mitgliedstaaten, die regionalen und lokalen Ebenen sowie die Sozialpartner und die Bürgergesellschaften im Rahmen unterschiedlicher Formen von Partnerschaften aktiv mitwirken." Diese Form des *Regierens durch Dezentralität* (Dahme/Wohlfahrt 2010) ist damit verbunden, dass der das Netzwerk steuernde Staatenbund oder Nationalstaat (die EU und auf nationaler Ebene der Zentralstaat) Leitlinien, Ziele und einen Fahrplan zusammen mit den anderen Netzwerkakteuren erarbeitet, diese dann verbindlich vorgibt und auf dieser Grundlage die Umsetzung der nationalen (dezentralen) Aktionspläne einem (zentralen) EU-Monitoring sowie einer Evaluation unterzieht, ein Sachverhalt, der aus der Wirtschaft schon bekannt ist und dort Steuerung eines Zuliefernetzwerkes durch einen fokalen Akteur genannt wird. Auch die auf die Lissabon-Erklärung zurückgehenden Entscheidungen zur Restrukturierung der sozialen Sicherungssysteme im Sinne der *Flexicurity-Strategie* waren von diesen Prinzipien bestimmt. Die sog. Modernisierung der Sozialsysteme und der darauf aufbauenden Sicherungssysteme sollte primär einen Umbau der Sozialstaaten in den wohlfahrtsstaatlich fortgeschrittenen EU-Ländern einleiten, der vor allem einen entscheidenden Beitrag zur Stabilisierung der Sozialausgaben wie zur Senkung der sozialstaatlich bedingten Lohnnebenkosten darstellen sollte (Dingeldey/Rothgang 2009).

Feststellbar ist (Dahme/Wohlfahrt 2012), dass diese Entwicklungen mittlerweile Folgen auf der Ebene der nationalen sozialen Dienstleistungspolitik gezeitigt hat. Soziale Dienstleistungen, die zweite Säule des Sozialleistungssystems, haben spätestens seit der aus der Flexicurity-Strategie folgenden *aktivierenden Arbeitsmarktpolitik* einen neuen sozialpolitischen Stellenwert bekommen. Die beiden zentralen wohlfahrtsstaatlichen Teilsysteme – der sog. ‚Sozialversicherungsstaat' (das System der Sozialtransfers) wie das System der sozialen Dienstleistungen (soziale personenbezogene Hilfen) – sind enger miteinander verzahnt worden.

2. Die kommunale Sozialverwaltung und ihre Aufgaben

Die grundgesetzliche Selbstverwaltungsgarantie und die daraus folgenden Hoheitsrechte der Städte, Gemeinden und Landkreise (Dahme/Wohlfahrt 2013, S. 40ff.) haben dazu geführt, dass in der sozialen Dienstleistungspolitik eine Reihe von Aufgaben den Kommunen obliegen. Städte und Gemeinden sind sozialpolitisch betrachtet zuständig für die Kinder- und Jugendhilfe, für die Sozialhilfe, fördern den Wohnungsbau, betreiben Krankenhäuser, Kindergärten, Alten- und Behinderteneinrichtungen u.v.m., Aufgaben, die schon Ende des 19. Jh. auf Grund der Folgeprobleme der einsetzenden Industrialisierung und Verstädterung entstanden sind und in rudimentärer Form in der Armen- und Gesundheitspflege zusammengefasst waren. In der Weimarer Republik wurden einige diese Aufgaben erstmals staatlich reguliert. Die Kommunen werden seitdem zunehmend mit staatlichen Vorgaben zur Aufgabenerledigung konfrontiert und Vorschriften zur Organisation der Arbeit und Schaffung von Organisationseinheiten (z.B. Einrichtung eines Jugendamtes, Gesundheitsamtes) führen dazu, dass sich das kommunale Sozialverwaltungssystem zunehmend differenziert, die soziale Dienstleistungspolitik immer mehr verstaatlicht wird, d.h. einer „Hochzonung“ unterliegt. Die Gestaltung der sozialen Verhältnisse durch sozialpolitische Umverteilung wie durch die Schaffung sozialer Sicherungs- und Hilfesysteme ist zu einer zentralen staatlichen Aufgabe geworden. Kommunale Sozialpolitik reduziert sich vielfach auf soziale Infrastrukturpolitik im Rahmen der Sozialgesetze wie auf die Bereitstellung von den im Sozialrecht geforderten Hilfeangeboten für benachteiligte Bevölkerungsgruppen. Kommunale Sozialpolitik ist vor allem Implementationspolitik, d.h. es geht vor allem um die Finanzierung der vom Sozialgesetzgeber geforderten Hilfen sowie um die Bereitstellung einer sozialen Infrastruktur, die ebenfalls den vom Sozialgesetzgeber geforderten Standards genügt. Mit Blick auf die Kommunen wird deshalb von einer „Lückenbüßerfunktion“ gesprochen, die es nur gestattet, Probleme der kapitalistischen Wirtschaftsentwicklung nachträglich abzumildern (Naßmacher/Naßmacher 1999).

Grundlegendes Prinzip der Gestaltung der kommunalen Selbstverwaltung ist die Daseinsvorsorge. Die Aufgabe der Kommunen, “innerhalb der Grenzen ihrer Leistungsfähigkeit die für die wirtschaftliche, soziale und kulturelle Betreuung ihrer Einwohner erforderlichen öffentlichen Einrichtungen” (§ 8 der Gemeindeordnung NRW) zu schaffen, bildet die Basis für die Ausgestaltung der sozialen Infrastruktur und der lokalen Sozialpolitik.

In der Kommunalverwaltung hat sich mittlerweile ein hoch differenziertes und komplexes Sozialverwaltungssystem herausgebildet, das mit einer Vielzahl von sozialpolitischen Aufgaben befasst ist. Die kommunale Sozialverwaltung besteht vor allem aus Sozialamt, Jugendamt und Gesundheitsamt. Seit 2005 ist mit den Arbeitsgemeinschaften nach SGB II (ARGE) ein neuer lokaler Akteur im Bereich der Arbeitsvermittlung und Betreuung von Langzeitarbeitslosen hinzugekommen. – Einige ausgewählte Aufgaben dieser Ämter sollen kurz umrissen werden (Dahme/Wohlfahrt 2013, S. 61ff.).

Die Aufgaben des *Jugendamtes* werden durch SGB VIII (Kinder- und Jugendhilfe) geregelt. Die Kindertagesbetreuung ist mittlerweile ein zentraler und kostenintensivster Bereich in der Arbeit der Jugendämter, da die sich daraus ableitenden verschiedenen Formen sozialer Dienste (Krippe, Kita, Horte, Tagesmütter/-väter u.ä.) als unterstützende soziale Dienstleistungen für Eltern angesehen werden, die es ihnen ermöglichen sollen, weiterhin berufstätig zu bleiben oder eine Erwerbsarbeit aufzunehmen. Im Mittelpunkt des SGB VIII – gemessen an der Regelungsdichte – stehen die *erzieherischen Hilfen*, die sich aus dem „erzieherischen Bedarf“ ergeben, an dem der Anspruch auf Hilfe zur Erziehung festgemacht wird (§ 27, Abs. 2); die Erziehungsberatung definiert sich als Unterstützung für Kinder, Jugendliche und Erziehungsberechtigte bei Trennung und Scheidung, der Lösung von Erziehungsfragen und der Klärung und Bewältigung individueller und familienbezogener Probleme. Die sozialpädagogische Familienhilfe stellt eine Unterstützung der Familien in Erziehungsfragen und bei der Bewältigung von Konflikten dar. Formen der Hilfe zur Erziehung außerhalb der Familie sind die Vollzeitpflege, die Heimerziehung (und ihr gleichgestellte Formen des betreuten Wohnens). Neuerdings kommt vor allem, aufgrund einer prinzipiellen präventiven Orientierung der Jugendhilfe, der *Gefährdung des Wohls von Kindern und Jugendlichen* eine besondere Bedeutung zu. Das Jugendamt kann gefährdeten Kindern und Jugendlichen vorläufigen Schutz gewähren, bevor das Vormundschaftsgericht eine endgültige Entscheidung herbeigeführt hat. Die Eingriffe in das Personensorgerecht sind allerdings dem Vormundschaftsgericht vorbehalten. Als vorläufige Maßnahme zum Schutz von Kindern und Jugendlichen regelt das SGB VIII die Inobhutnahme (§ 42) und die Herausnahme. Die *Jugendgerichtshilfe* (§ 52) regelt die Pflicht des Jugendamtes, im jugendrichterlichen Verfahren mitzuwirken. Das Jugendamt hat frühzeitig zu prüfen, ob Leistungen der Jugendhilfe in Betracht kommen. Zu den Pflichten der Jugendgerichtshelfer_innen gehört es, die Staatsanwält_innen oder Richter_innen über das Ergebnis der Prüfung zu unterrichten. Weitere Aufgaben der Jugendgerichtshilfe ergeben sich nach Abschluss des Gerichtsverfahrens: die Überwachung von Weisungen und Auflagen, die Pflicht zur Zusammenarbeit mit dem Bewährungshelfer u.a.m.

Das *Sozialamt* arbeitet auf der Grundlage des SGB XII (Sozialhilfe). Im Mittelpunkt stehen die *Hilfen zum Lebensunterhalt*, die überwiegend in Privathaushalten lebende Personen erhalten, wobei zusammenwohnende Partner sowie im Haushalt lebende minderjährige Kinder als sog. Bedarfsgemeinschaft oder Einstandsgemeinschaft betrachtet werden. Der notwendige Lebensunterhalt umfasst „insbesondere Ernährung, Unterkunft, Kleidung, Körperpflege, Hausrat, Heizung und persönliche Bedürfnisse des täglichen Lebens". Zu Letzteren gehört auch die Teilnahme am kulturellen Leben. Die *Grundsicherung im Alter und bei Erwerbsminderung* dient der Verhinderung versteckter Armut bei dauerhaft voll erwerbsgeminderten Personen zwischen 18 und 64 Jahren; für ältere Personen ab 65 Jahren schuf der Gesetzgeber eine neue Leistung zur Sicherung des soziokulturellen Existenzminimums. 2005 wurde diese Grundsicherung in die Sozialhilfe eingeordnet (§§ 41ff. SGB XII). Im Gegensatz zu älteren Sozialhilferegelungen sind Kinder bzw. Eltern ihren direkten Verwandten nur dann unterhaltsverpflichtet, wenn ihr jährliches Einkommen 100.000 Euro übersteigt. Ein weiterer großer und kostenintensiver Aufgabenbereich ist die *Eingliederungshilfe für behinderte Menschen* (§§ 53-60 SGB XII): Die Eingliederungshilfe für behinderte Menschen hat die Aufgabe, „eine drohende Behinderung zu verhüten oder eine Behinderung oder deren Folgen zu beseitigen oder zu mildern und die behinderten Menschen in die Gesellschaft einzugliedern" (§ 53 Abs. 3 SGB XII). Leistungsberechtigt sind alle Personen, die dauerhaft körperlich, geistig oder seelisch wesentlich behindert oder von einer Behinderung bedroht sind. Die Leistungen der Eingliederungshilfe für behinderte Menschen sind in den Sozialgesetzbüchern IX und XII festgelegt. Durch das 2017 verabschiedete Bundesteilhabegesetz werden die Eingliederungsleistungen im SGB IX verankert, während das SGB XII die Existenz sichernden Leistungen finanziert. Diese Regelung soll nicht nur die Kommunen entlasten, sondern führt zu einer grundlegenden Änderung der Finanzierung insbesondere des stationären Wohnens (Axmann 2017). Es besteht zudem auch die Möglichkeit, Leistungen der Eingliederungshilfe als Teil eines trägerübergreifenden Persönlichen Budgets zu erbringen (§ 57 SGB XII). Mit dem *Persönlichen Budget* sollen behinderte und pflegebedürftige Menschen eigenständig bestimmen können, welche Dienstleistungen sie in welcher Form und von welchem Anbieter in Anspruch nehmen.

Die *Arbeitsgemeinschaft* (ARGE) nach § 44b SGB II zur Durchführung der Grundsicherung für Arbeitssuchende – eine gemeinsame Einrichtung der Bundesagentur für Arbeit und der kommunalen Sozialverwaltung (auch *Jobcenter* genannt) – ist seit 2003 für die Betreuung der Arbeitslosengeld II-Empfänger (sog. Langzeitarbeitslose) zuständig: Ziel dieser Einrichtung ist deren Qualifizierung und vorrangige Vermittlung in den Ersten Arbeitsmarkt; beim Vorliegen ernstafter Vermittlungshindernisse (Verhaltensauffälligkeiten, Schulden, Suchtprobleme u.ä.) sind Therapie sowie sozialpädagogische Betreuung und Begleitung zur Wiederherstellung der Beschäftigungsfähigkeit das vorrangige Ziel dieser zentralen Einrichtung der Arbeitsmarktpolitik. Der/die Erwerbslose rsp. der/die Arbeitsuchende muss sich an seiner Integration in den Arbeitsmarkt aktiv beteiligen, tut er/sie das nicht, wird die Grundsicherung (ALG-II) gekürzt, um bis zu 30 % bei Erwerbsfähigen über 25 Jahre und bis auf null bei Arbeitslosen zwischen 15 und 25 Jahren (§ 31 SGB II). Die im SGB II festgelegten Sanktionen sollen verhängt werden, wenn der/die Arbeitslose keine Eingliederungsvereinbarung abschließt, sich nicht intensiv genug bewirbt oder eine Arbeit, Weiterqualifikation oder eine Arbeitsgelegenheit zur Unterbeweisstellung seiner Integrationsabsichten ablehnt oder abbricht. Dieser Akteurtyp (gebildet aus einer Bundes- und einer kommunalen Behörde) soll (so die Intention des Gesetzgebers) das lokale Zentrum für alle Dienstleistungen am Arbeitsmarkt bilden. Leistungen des alten Arbeitsamts wurden zu einer neuen Betriebsform umgestaltet, dem Jobcenter bzw. der ARGE. Das Jobcenter integriert in sein Aufgabenspektrum (neben den originären, aus der alten Arbeitsverwaltung herstammenden Dienstleistungen am Arbeitsmarkt) eine Vielzahl arbeitsmarktrelevanter Beratungs- und Betreuungsleistungen, die in enger Kooperation mit den Ämtern der kommunalen Sozialverwaltung und anderen örtlichen Sozialen Diensten (Sozialamt, Jugendamt, Wohnungsamt, Sucht- und Schuldnerberatung u.ä.) erbracht werden und vor allem dem Ziel dienen, Beschäftigung hemmende Vermittlungshindernisse (z.B. Schulden, Suchtprobleme, fehlende Schulabschlüsse, mangelnde Qualifikationen und soziale Kompetenzen) zu beseitigen.

Nicht unerwähnt bleiben soll, dass es darüberhinaus auch noch andere Bereiche der kommunalen Sozialpolitik gibt (Dahme/Wohlfahrt 2011): So haben bspw. die *Gesundheitsämter* (deren Aufgaben durch Landesgesetze geregelt sind und sich deshalb nicht so homogen darstellen wie die oben behandelten sozialpolitischen Kernbereiche der kommunalen Sozialverwaltung) neben der zentralen Aufgabe des Gesundheitsschutzes (die vor allem aus Überwachungsaufgaben besteht) auch sog. Aufgaben der Gesundheitshilfe, deren aktuelle Schwerpunkte in der sozialpsychiatrischen und sozialpädagogischen Betreuung psychisch kranker Menschen, in der Wahrnehmung von Aufgaben im Bereich der gesundheitlichen Prävention wie der individuellen und kollektiven Gesundheitsförderung liegen. Auch die *soziale Stadtpolitik* und die Förderung des kommunalen sozialen Wohnungsbaus muss man als wichtige sozialpolitische Aufgaben der Kommunen ansehen, da Infrastrukturpolitik, Stadtentwicklung, Quartiers- und Stadtteilmanagement i.d.R. sozialpolitische Zwecksetzungen haben.

3. Finanzierung sozialer Dienste in den Kommunen

Schaffung und Weiterentwicklung der sozialen Infrastruktur und die Bereitstellung sozialer Dienste vor Ort ist in der Bundesrepublik Aufgabe der kommunalen Sozialpolitik und Sozialverwaltung. Soziale Infrastruktur und soziale Dienste sind sozialstaatlich gewollte und organisierte Handlungsvollzüge, für die die Kommunen auf Grund des kommunalen *Selbstverwaltungsprinzips* zuständig sind. Dadurch werden den Kommunen auch Hoheitsrechte zuerkannt. Mit Blick auf ihre sozialpolitische Funktion sind das vor allem die Finanz-, Organisations- und Planungshoheit, was die *Gesamtverantwortung* für alle auf ihrem Gebiet anfallenden öffentlichen Aufgaben einschließt. Die Delegation von Aufgaben an Dritte (wenn vom Gesetz nicht ausdrücklich die Durchführung durch die Kommune geregelt ist) ist zulässig und im Bereich der kommunalen Sozialpolitik aufgrund des *Subsidiaritätsprinzips* gängige Praxis. Die Delegation von Aufgaben durch Leistungsverträge an Leistungserbringer ist fest etabliert. Auch wenn freie Träger auf Grund des sozialrechtlich verankerten Subsidiaritätsprinzips ein vorrangiges „Betätigungsrecht" bei der Erbringung sozialer Dienstleistungen haben (bedingter Vorrang freier Träger), so bleibt doch die *Gesamt- und Letztverantwortung* beim öffentlichen Träger. Das im Zuge des Sozialstaatsumbaus wie der Verwaltungsmodernisierung (Dahme/Wohlfahrt 2013, S. 94ff.) eingeführte *Kontraktmanagement* (Auftraggeber-Auftragnehmer-Modell) hat sozialstaatliche und verwaltungsrechtliche Grenzen und ist deshalb lediglich in Form von subordinationsrechtlichen Verträgen simulierbar. Letztverantwortung als Teil der Gesamtverantwortung „bedeutet (...) nicht nur, ein lückenloses Netz zu knüpfen, sondern auch, dem Leistungsberechtigten gegenüber dafür einzustehen, dass die Aufgabenerfüllung durch den freien Träger der gesetzlich geforderten Qualität entspricht. Dieser Verantwortung kommt der öffentliche Träger durch Abschluss von Leistungs-, Entgelts- und Qualitätsentwicklungsvereinbarungen" nach (Kunkel 2012). Da die privat-gewerblichen Träger mittlerweile den frei-gemeinnützigen Trägern in vielen Bereichen gleichgestellt sind, gilt auch hier, dass Gesamtverantwortung und Letztverantwortung beim öffentlichen Träger verbleiben.

Die Mittel zur Erfüllung ihrer sozialpolitischen Aufgaben müssen die Kommunen aus den ihnen zur Verfügung stehenden Steuermitteln und sonstigen Einnahmen finanzieren. Die Finanzierung der Kommunen ist seit Jahrzehnten eine Dauerbaustelle, da ihnen – vor allem im Sozialbereich – durch den Sozialgesetzgeber immer mehr Aufgaben zugewiesen werden, ihre Einnahmen aber mit dem Aufgabenzuwachs nicht Schritt halten. Das hat systematische Gründe: Die Verteilung des Steueraufkommens, der sog. Gemeinschaftssteuern (bspw. Einkommens-, Körperschafts- und Umsatzsteuer) auf die drei Gebietskörperschaften Bund, Land und Gemeinde ist von Verteilungskämpfen geprägt, in denen die Gemeinde die schwächste Position innehat. Die Kommune verfügt zwar mit der *Gewerbesteuer* über eine eigene Steuerquelle, die jedoch mit Blick auf die Einnahmeseite stark konjunktur- und gewinnabhängig ist. Auch die *Lohn- und Einkommenssteuer,* an der die Kommunen anteilig beteiligt sind, unterliegt dieser Abhängigkeit: Folge ist, dass kommunales Handeln von stark schwankenden und in ihrer Entwicklung nicht vorhersagbaren Einnahmen abhängig ist. Änderungen der Steuergesetzgebung, die es in den letzten Jahrzehnten vielfach gegeben hat, können Kommunen nicht direkt beeinflussen und müssen deshalb darauf vertrauen, dass die Länder ihre Interessen im Bundesrat mit vertreten. Zwar gilt mit Blick auf die Aufgabendelegation zwischen den Ländern und den Kommunen das Konnexitätsprinzip, doch dessen Einhaltung ist laufender Gegenstand von Klagen der Kommunen bei den Verfassungsgerichten der Länder.

Längere Zeit wurde von einer chronischen Unterfinanzierung der Kommunen bei der Wahrnehmung der ihnen obliegenden pflichtigen Selbstverwaltungsaufgaben gesprochen. Bis ca. 2011 überstiegen die Ausgaben (fast) regelmäßig die Einnahmen (Einnahmen 183 Mrd. Euro, Ausgaben 185 Mrd. Euro). Ab 2012 lässt sich eine Trendwende erkennen. Die Kommunen profitierten vom Aufschwung der deutschen Wirtschaft, die trotz europäischer Wirtschafts- und Finanzkrise (besser: als Profiteur dieser Krise), stark gewachsen ist. Die Schere zwischen Einnahmen- und Ausgabenentwicklung hat sich umgekehrt: 2012 bis 2015 wurden mehr Steuern eingenommen und die Ausgaben lagen etwas (mit jährlichen Schwankungen) unter den Einnahmen (2015: Einnahmen 218 Mrd. Euro, Ausgaben 215 Mrd. Euro). Für 2016 bis 2019 prognostiziert die *Bundesvereinigung der kommunalen Spitzenverbände* eine ausgeglichene Einnahme- und Ausgabenentwicklung, bei weiterhin leicht steigenden Steuereinnahmen, aber auch weiterhin steigenden Ausgaben, insbesondere für Zinsen, Personal und soziale Leistungen.

Angesichts einer hohen Verschuldung der Kommunen und einer daraus folgenden hohen Zinsbelastung (die Zinsbelastung übersteigt die Ausgaben für Sozialleistungen) sowie eines erheblichen Investitionsrückstaus von ca. 100 Mrd. Euro lt. der staatlichen Förderbank KfW ist davon auszugehen, dass die weiterhin steigenden Ausgaben für Sozialleistungen auf kommunaler Ebene (Ausgaben in 2005: 35 Mrd. Euro, 2015: 45 Mrd. Euro, Prognose für 2019: 51 Mrd. Euro) Druck auf die kommunale Sozialpolitik ausüben werden und dass sich die Steuerung der sozialen Dienste durch den Kostenträger (wie schon in der Vergangenheit) primär als Kostenmanagement darstellen wird, vor allem weil Zinsbelastung, Personalkosten und Investitionsrückstau unmittelbare Auswirkungen auf die kommunale Sozialpolitik haben werden. Kommunen werden auch weiterhin neue Wege suchen müssen, um ihre Pflichtaufgaben weiterhin erfüllen zu können, da lt. Prognosen des Bundesfinanzministers ab 2017 erstmals wieder mit rückläufigen Steuereinnahmen zu rechnen ist. Dem Ruf nach einer Wiederbelebung staatlicher Infrastrukturpolitik (der soziale Wohnungsbau wurde in den vergangenen Jahren drastisch zurückgefahren; die Investitionslücke in Deutschland beträgt nach Berechnungen des DWI ca. 75 Mrd. Euro; die Neuordnung der föderalen Finanzverfassung ab 2020 mit dem Verbot der strukturellen Verschuldung für Bund und Länder könnte zu einer weiteren Verschiebung von Belastungen hin zu den Kommunen führen) steht entgegen, dass die Länder darauf verweisen, hierfür gegenwärtig kein Geld zu haben. Dies konstituiert eine Austeritätspolitik, die sich auf kommunaler Ebene in den sozialen Diensten und ihrer Refinanzierung besonders bemerkbar macht.

4. Aktuelle Entwicklungen in der kommunalen Sozialpolitik

Kontinuierlich steigende Sozialausgaben auf kommunaler Ebene haben schon Mitte der 1990er Jahre zu Überlegungen geführt, wie sich die Kosten besser managen lassen. Die erste Antwort auf diese Frage fand man im New Public Management (NPM) (bei uns bekannt geworden als Neues Steuerungsmodell – NSM). Diese Reformbewegung will eine effiziente und wirkungsorientierte Sozialverwaltung schaffen (Dahme/Wohlfahrt 2013). Im Unterschied zu vorangegangenen Reformbemühungen, die die fachliche und organisatorische Dimension bürokratisch-administrativen Handelns in den Blick nahmen, war die Verwaltungsmodernisierung im Geiste des NPM (Schedler/Pröller 2011) von Anfang an von einer strikten Fokussierung auf den Leitbegriff der Effizienz geprägt. Durch organisierten Wettbewerb und die Einführung marktähnlicher Prozessabläufe in die öffentliche Verwaltung versprach sich die Politik eine gehörige Steigerung der Leistung, des *Outputs* der Verwaltung. Damit war ein Maßstab für Verwaltungsänderungen formuliert und durchgesetzt (*Outputorientierung)*, der bis heute fortwirkt und sich dadurch charakterisiert, Verwaltungshandeln gleichzusetzen mit unternehmerischem Handeln, das „Produkte“ auf „Nachfragemärkten“ optimal absetzen will. Dieser

Tatbestand drückt sich auch darin aus, dass das Anliegen dieser Reformbewegung weitgehend ökonomisch kommuniziert wird. Das NPM ist kein geschlossenes Reformprojekt, lässt sich jedoch mit Maßnahmen wie Deregulierung, Privatisierung, Auslagerung und Verselbstständigung von Verwaltungsaufgaben (Dezentralisierungsprozessen), Geschäftsprozessoptimierung sowie der Einführung von Markt- und Wettbewerbselementen sowie Kundenorientierung in das Verwaltungshandeln in Verbindung bringen. Die Neujustierung des Verwaltungshandelns wie der Verwaltungsorganisation soll dabei durch die Einführung privatwirtschaftlicher Managementmethoden, marktorientierter Konzepte sowie betriebswirtschaftlicher Steuerungsinstrumente unterstützt und befördert werden, was die Leistungsmessung (z.B. durch Kennzahlen, Controlling, Evaluation) mit sich bringt (Blanke et al. 2011).

Schon frühzeitig war klar, dass das NPM nicht auf die Binnenmodernisierung der Verwaltung beschränkt bleibt, sondern auch eine Neuordnung der Kontraktbeziehungen von Kostenträgern und Leistungserbringern, insbesondere im Sozialsektor, umfasst. Der parallel dazu vom Sozialgesetzgeber angestoßene Umbau des sozialen Dienstleistungssektors hat seit den 1990er-Jahren den Erbringungskontext sozialer Dienstleistungen vollständig verändert. Die Erbringung sozialer Dienstleistungen erfolgt zwar auch weiterhin im sog. *Dreiecksverhältnis:* der öffentliche Kostenträger bezahlt die erbrachte Leistung durch den Leistungserbringer und der Nachfrager erhält nach Prüfung seiner Bedürftigkeit/Anspruchsberechtigung diese öffentlich finanzierte und durch Dritte bereitgestellte Leistung. Geändert hat sich, dass der Gesetzgeber durch die Einführung von Leistungs-, Prüf- und Qualitätsvereinbarungen den vormals herrschenden Konsens zwischen Kostenträgern und Leistungserbringern (Korporatismus) infrage gestellt hat (Jüster in diesem Band) und durch die Einführung von Markt- und Wettbewerbselementen im sozialen Dienstleistungssektor zum Ausdruck gebracht hat, dass aus seiner Sicht Kosten, Qualität und Wirkung sozialer Dienste optimiert werden sollen. Um das in der Sozialgesetzgebung zum Ausdruck gebrachte Anliegen nach niedrigeren Versorgungskosten und einer verbesserten Versorgungsqualität auch durchzusetzen, bedarf es Steuerungsinstrumente, die vor allem Kosten und Wirkungen von sozialen Diensten messen und vergleichen. Controlling und Evaluation sind mittlerweile in der kommunalen Sozialverwaltung verbreitete Steuerungsinstrumente zur Überprüfung der Umsetzung und Erreichung politisch-administrativ gesetzter Ziele (Dahme/Wohlfahrt 2013; 2015).

Die Einführung des NSM in der Sozialverwaltung war davon bestimmt, eine marktkonforme Sozialpolitik zu entwickeln, eine Entwicklung, die in allen EU- und OECD-Ländern seit den 1990er Jahren registrierbar ist. Seitdem haben sich auch überall Privatisierungstendenzen in der sozialen Dienstleistungserbringung durchgesetzt und der Wettbewerb zwischen den Dienstleistungserbringern ist konstitutives Merkmal des neuen Systems sozialer Dienstleitungen geworden. Vor allem die Privatisierung und Deregulierung der staatlich finanzierten sozialen Dienstleistungen hat dazu beigetragen, dass mittlerweile soziale Dienste nicht länger exklusiv – je nach nationalem Ordnungsrahmen – in der Trägerschaft kommunaler, freigemeinnütziger oder kirchlicher Träger sind, wie noch zu Beginn der 1990er Jahre. Der Anteil staatlicher und frei-gemeinnütziger Träger ist auf Grund der Wettbewerbsorientierung der staatlichen Sozialpolitik überall rückläufig, da privat-gewerbliche Träger die soziale Dienstleistungserbringung als profitables Betätigungsfeld entdeckt haben, nachdem die nationalen, sozialrechtlich verankerten Zugangsbeschränkungen dereguliert und liberalisiert wurden. Nicht nur die soziale *Dienstleistungspolitik* ist wettbewerblich und marktlich ausgerichtet, auch die soziale *Dienstleistungsproduktion* und die Organisation der sozialen Dienste ist mittlerweile durch Markt-

und Wettbewerbsorientierung gekennzeichnet, so dass man davon sprechen kann, dass soziale Dienste in der EU (fast) ausschließlich in einem System organisierten Wettbewerbs erbracht werden (Dahme/Wohlfahrt 2012; 2013).

Kaum gebremst wurde durch die Einführung des NPM der Trend zur Ausgliederung und Privatisierung von Aufgaben. Reichard (2006) nennt im Wesentlichen folgende durch das NPM verursachte Veränderungen:

- Kommunale Einrichtungen sind in großem Umfang verselbstständigt und die von diesen erbrachten Leistungen somit aus der Kernverwaltung ausgegliedert worden (Verselbstständigungstrend);
- Kommunen haben sich vielfach und intensiv auf die Zusammenarbeit mit anderen öffentlichen Einrichtungen eingelassen und sie haben private Unternehmen an der Leistungserbringung beteiligt (public-private-partnership);
- Kommunale Leistungen sind in wachsendem Maße auf Privatunternehmen resp. auf private Non-Profit-Organisationen ausgelagert worden (Contracting Out);
- Kommunale Leistungen wurde in gewissem Umfang materiell privatisiert, d.h. dauerhaft auf Private übertragen.

4.1 Strategisches Management: Wirkungs- und Ergebnissteuerung statt Outputsteuerung

Die KGSt hat angesichts realer Umsetzungsdefizite wie auch von Evaluationsergebnissen zum Neuen Steuerungsmodell (Holtkamp 2008) das Strategische Management zum neuen Ankerpunkt ihrer kommunalen Reformbemühungen gemacht. Strategisches Management soll die dysfunktionalen Folgen reiner outputorientierter Steuerung (Verselbständigungstendenzen, Qualitätsprobleme, Verlust des Gemeinwohlbezugs, Vernachlässigung ‚bösartiger' Probleme u.ä.) dadurch überwinden, dass auf der Basis eines normativen Managements Visionen und ein verbindliches kommunales Leitbild entwickelt werden, durch das sowohl strategische wie operative Ziele und eine langfristige Ergebnis- und Wirkungsorientierung für die Kommune realisiert werden. Ergebnissteuerung im Rahmen eines strategischen Managements geschieht auch durch begleitende (indirekte) Kontextsteuerung, die sich durch produkt- und bereichsübergreifendes Handeln innerhalb der Verwaltung wie durch strategische Kooperationen zwischen öffentlichen und privaten Akteuren auszeichnet. Zentrale Aufgabenstellung des strategischen Managements ist die Beantwortung der Frage, welche Aufgaben öffentlich überhaupt wahrgenommen werden sollen und welche davon prioritär unter Berücksichtigung der zur Verfügung stehenden Ressourcen bearbeitet werden sollen (Selektionsfunktion). Strategisches Management setzt ein gut ausgebautes Planungs- und Analysepotential voraus, durch welches das strategische Controlling in die Lage versetzt wird, Zielbildung, Entwicklungsplanung, Programmformulierung, mittelfristige Fach- und Ressourcenplanung u.ä. auf der operativen Ebene zu steuern. Das Konzept *Strategisches Management* erhebt den Anspruch, für die lokale Politik, Verwaltung und andere gesellschaftlich relevante Akteure vor Ort Steuerungsaufgaben jenseits des rein betriebswirtschaftlichen Denkens zu formulieren und eine langfristige kommunale Gesamtstrategie entwickeln zu können. Strategisches Management hat aber weiterhin einen Effizienzbias und versteht sich als Fortentwicklung der betriebswirtschaftlichen Modernisierungsstrategie, stellt also – angesichts der attestierten Defizite des NSM – keinen völligen Neuanfang dar (Dahme/Wohlfahrt 2013).

Strategisches Management versteht sich als ziel- und wirkungsorientiertes Handeln im Rahmen einer Gesamtstrategie, die auf die (fast) überall vorhandenen kommunalen Entwicklungsplanungen aufbaut. Durch diese Entwicklung kommt es gegenwärtig auch zu einer Wiederbelebung der kommunalen Sozialplanung, die zu einem Managementinstrument werden soll (Burmester 2011). Das wertet die kommunale Sozialplanung auf, instrumentalisiert sie aber auch gleichzeitig. Die ursprünglichen anwaltschaftlichen und beteiligungsorientierten Intentionen sowie die Gemeinwohlorientierung der Sozialplanung treten angesichts der Dominanz der letztendlich doch managerialistisch definierten Ziele in den Hintergrund, da die klassischen partizipatorischen Instrumente der Sozialplanung (Bürger- und Trägerbeteiligung, Sozialraum- und Ressourcenorientierung) dem Effizienzpostulat verpflichtet werden, wie dem KGSt-Bericht „Moderne Sozialplanung – ein Handbuch für Kommunen“ zu entnehmen ist.

4.2 Neue Politische Steuerung in den Kommunen: Mobilisierung der Zivilgesellschaft durch Dezentralisierungspolitik

Politische Steuerung und Verwaltungsmodernisierung haben angesichts knapper Ressourcen und wachsender Aufgabenstellung der Kommunen gegenwärtig Konjunktur. Auch die (immer noch laufenden) Umbauarbeiten am Sozialstaat stellen sowohl für die Verwaltungsorganisation als auch für das Verwaltungshandeln in den Kommunen eine große Herausforderung dar, die wiederum neue Modernisierungsprozesse mit sich bringen. Insbesondere die gegenwärtige *Dezentralisierungspolitik* (Dahme/Wohlfahrt 2010; 2015), die herrschende Sozialstaatsprinzipien infrage stellt oder stark modifiziert, bringt neue Steuerungsprobleme und Modernisierungsprozesse in den Kommunen und Sozialverwaltungen mit sich. Das Grundprinzip, das die Modernisierungsprozesse bestimmt, lautet: die Aufwertung des Lokalen benötigt eine aktivierte Stakeholder Gesellschaft, weil die Shareholder für soziale Umverteilung nicht mehr zur Verfügung stehen.

Dezentralisierungsprozesse werden unter verschiedenen Stichworten thematisiert: In der *Sozialarbeit* (insbesondere der Jugendhilfe) gibt es seit einiger Zeit eine Renaissance der sog. *Sozialraumorientierung*, hier werden Träger kommunal beauftragt, im Rahmen von jährlichen Budgets auf bestimmten Interventionsfeldern alle im Sozialraum anfallenden Fälle zu bearbeiten und dabei die Prävention im Feld auch noch mit abzudecken. In der *Behindertenhilfe* wird im Namen der neuen *Inklusionspolitik* die stationäre Versorgung zugunsten ambulanter Hilfen, die mit bürgerschaftlichem Engagement und sozialen Netzwerken zusammenwirken, zurückgefahren. In der *Bildungspolitik* lässt sich ein Trend der Verlagerung zentraler Entscheidungen auf die regionale und lokale Ebene registrieren, mit der Zielsetzung, *lokale „Bildungslandschaften“* zu schaffen und die gesamte individuelle Lernbiographie („Lebensbegleitendes Lernen“) dezentral zu steuern. Einbezogen werden dabei nicht nur die nachschulische Bildung, sondern auch das (berufsbezogene) Lernen von Anfang an: von der Schule und im Übergang von der Schule in Ausbildung bis hinein in das Arbeits- und Berufsleben (Bertelsmann Stiftung 2007). Die kommunalpolitische Aktivierung und Steuerung der Bürger_innen und ihrer Vereinigungen in den Stadtteilen soll ferner auch zur Aufrechterhaltung von *Infrastruktureinrichtungen* beitragen (Schwimmbäder, Sportstätten, Parks), die auf Grund der schlechten städtischen Finanzlage gefährdet sind und sonst geschlossen werden müssten. Auch in der Politik der *Inneren Sicherheit* lassen sich Dezentralisierungstendenzen beobachten, die den Bürger_innen und zivilgesellschaftlichen Vereinigungen Aufgaben zusprechen, die vorsehen, *ordnungs- und sicherheitspolitische Aufgaben* dezentral zu planen und zu steuern: das reicht von der Straffälligenarbeit (Marks/Steffen 2009) bis hin zu lokalen Sicherheitspartnerschaften und Präventionsräten oder die sozialräumliche Bekämpfung von sog. ‚incivilities', die Bürger_innen in die Pflicht nehmen wollen, bspw. durch Aufgaben wie Green Cops, Platzmeister, Gebietswachen (Eick 2011). – Insgesamt muss man feststellen, dass durch die Dezentralisierungspolitik, die fast immer mit der Aktivierung der Zivilgesellschaft und deren Integration in kommunalpolitische Leistungsprozesse einhergeht, anspruchsvolle Steuerungsstrukturen und neue Formen des Verwaltungshandelns entstehen, die häufig aus einem Mix aus bildungs-, beschäftigungs- und ordnungspolitischen Aufgaben mit zusätzlich präventiver Orientierung bestehen.

Dezentralisierungsprozesse und die Aktivierung der Bürgergesellschaft/Zivilgesellschaft sind zuerst in der Arbeitsmarktpolitik von der EU ins Spiel gebracht und später auch als Strategie für andere Handlungsfelder propagiert worden. Offene Koordinierung, experimentelle Governance, Regieren durch „Soft Law", so werden dezentralisierte Politikstrategien in der Wissenschaft umschrieben. Nach diesem Politikmodell schafft ein zentraler politischer Akteur ‚Gelegenheitsstrukturen' und organisiert Koproduktionsprozesse für innovative Lösungen. Die sozialpolitisch motivierte Dezentralisierungspolitik ist in allen OECD-Staaten beobachtbar (Grell 2008; Kuhlmann et al. 2011) und führt notwendigerweise zum Aufbau managerieller Steuerungssysteme, in denen es um die Schaffung einer ‚Local Governance' geht (Dahme/Wohlfahrt 2015).

Local Governance hat das Ziel, die Kommune und die örtlichen Akteure (ganz im Sinne der neuen aktivierenden Sozialstaatlichkeit) zu mehr Eigenverantwortung zu aktivieren und Ansätze für eine eigenverantwortliche lokale Problembearbeitung zu generieren. Local Governance hat das Strategische Management zu seiner Voraussetzung. Local Governance-Strategien sind Folge der Dezentralisierungspolitik und tragen dazu bei, dass das Lokale, das Gemeinwesen, der soziale Nahraum und davon abgeleitete Sachverhalte (wie bspw. bürgerschaftliches Engagement, Inklusion) eine politische Aufwertung erfahren und dadurch zu einem neuen Maßstab der Sozialpolitik werden: Sozialpolitik wird durch staatliche Rechtsetzung zu einer genuinen Aufgabe der subnationalen, substaatlichen Ebenen (im Fall der Bundesrepublik: der Kommunen) erklärt. ‚Steuern statt rudern', mit dieser Zielvorstellung ist das NPM ursprünglich angetreten. Strategisches Management und Local Governance-Strategien wollen im Kern auch nichts anderes.

Der Umbau des Sozialstaates stellt neue Anforderungen an die Kommunalverwaltung. Aktivierende Sozialpolitik, Bürgergesellschaft und Bürgerkommune, Inklusion und sorgende Gemeinschaften, Kommunalisierung von Aufgaben, all diese Konzepte und Prozesse konfrontieren die Kommunalverwaltung nicht nur mit ökonomisch-betriebswirtschaftlichen Fragen, sondern fordern sie neuerdings auch heraus, neue sozial-, gesellschafts- wie gerechtigkeitspolitische Antworten auf die durch globale Entwicklungen verursachten lokalen Veränderungen und Transformationsprozesse zu entwickeln. Dass diese Probleme lokal bearbeitet und deren „Lösung" nicht mehr zentralstaatlich normiert werden, das ist eine politische Entscheidung, die mit dem sich neu entwickelnden Sozialstaatstypus zu tun hat. Dessen durchgehendes Credo, dass der Markt und die Eigenverantwortung zur Bearbeitung sozial- und gesellschaftspolitischer Probleme Vorrang genießen (sollen), spiegelt sich auch als Herausforderung an die lokale politische

Steuerung und die Kommunalverwaltung wider. Eines zeichnet sich deutlich ab: in dem Maße, wie sich ein parteiübergreifender Konsens zum Um- und Abbau des Sozialstaates auf Bundesebene entwickelt, werden notwendig auf kommunaler Ebene (auf der Ebene der Lebenswelt der Bürger_innen) eigene, lokale sozial- und gesellschaftspolitische Leitbilder und Programme entwickelt und implementiert.

5. Wachsende Kontingenz der Daseinsvorsorge

Strategisches Management und Dezentralisierungspolitik verstärken die aufgrund der unterschiedlichen Finanzausstattung der einzelnen Kommunen schon ausgeprägten materiellen und sonstigen lokalen und regionalen Ungleichheiten. Das grundgesetzlich verankerte Ziel der *Gleichwertigkeit der Lebensverhältnisse* in der Bundesrepublik ist heute schon nicht verwirklicht. Welche Ressourcen in welchem Umfang die kommunale Ebene in den Sozialräumen für sozial- und bildungspolitische, sozialintegrative, entwicklungs- oder sicherheitspolitische Maßnahmen aufwendet, bestimmt zunehmend die Zufälligkeit vorhandener lokaler Budgets und der aktivierbare Anteil an bürgerschaftlichen Ressourcen (sozialem Kapital). Diese Entwicklung lässt sich nur schwerlich als politische Steuerung resp. strategisches Management begreifen. Vielleicht sind die christdemokratischen „sorgenden Gemeinschaften" (das Gleiche gilt für das sozialdemokratische Konzept der „Bürgergesellschaft" und „Bürgerkommune") ja als das gedacht, was sie heute schon sind, zufällige lokale Konstellationen, durch die bestimmt wird, welches Versorgungsniveau in den jeweiligen Stadtteilen und Wohngebieten gewährleistet werden kann. Kommunale Sozialpolitik produziert *Kontingenz*, die das Dezentralisierungsprimat noch befördert. Dezentralisierungspolitik und Strategisches Management folgen dem zentralstaatlichen Willen, das Ideal der „Herstellung gleichwertiger Lebensverhältnisse" zugunsten dezentraler, heterogener Lösungen aufzugeben. Dezentralisierung ist zudem vereinbar mit dem vorherrschenden Modell kommunaler Standortkonkurrenz, dessen notwendige Ergänzung, weil sie die „Lösung" sozialer Probleme dorthin zurückverweist, wo sie ihren sichtbaren Ausdruck finden: in den Kommunen und letztlich bei den Betroffenen, die neben den immer zahlreicher werdenden Suppenküchen (Tafeln) auf ihre Selbstaktivierung verwiesen werden und so die zentralstaatlich gewollte Kontingenz selber (mit)produzieren.

Eine auf *Kontingenz* setzende kommunale (Sozial-)Politik führt dazu, dass die Qualität der kommunalen Daseinsvorsorge in den Kommunen (noch stärker als bisher) auseinanderdriftet und die Gegensätze zwischen reichen und armen Gebietskörperschaften und Regionen sich verstärken. Die Produktion sozialer Diversität hat mittlerweile einen sozialpolitischen Namen: *Inklusion*. Das neue Leitbild der Inklusion bringt zum Ausdruck, dass *Teilhabe* nicht länger national, sondern nur noch lokal gestaltet werden soll und weitergehende Ansprüche, wie die auf einen Ausgleich defizitärer Lebenssituationen durch eine Politik der Umverteilung, nicht mehr realistisch erwartet werden können. Die lokale Sozialpolitik und die kommunale Sozialverwaltung, die traditionell mit immer weniger Mitteln immer größere gesellschaftliche „Integrationsaufgaben" zu bewältigen hat, setzt deshalb konsequent darauf, dass durch stärkere „Vernetzung", „Integration und Bündelung" von Ressourcen, stärkere „Aktivierung" der lokalen Bevölkerung usw. eine kompensatorische Bewältigung sozialer und materieller Problemlagen möglich ist. Inklusion ist im Gegensatz zu Integration (die gesamtgesellschaftliche und nationalstaatliche Bezüge enthält und auf der Ausdifferenzierung von Hilfesystemen basiert) eine Strategie, die die *Diversität* lokaler Lebensverhältnisse und Problemlösungen akzeptiert, wenn nicht gar unter Wettbewerbsgesichtspunkten anstrebt, da man darin einen Motor sozialen Aufstiegs durch Anstrengung sieht. Wenn es im Rahmen von Dezentralisierungs- und Inklusionsstrategien verschiedene lokale, kontingente Lösungen gibt, ist das – so die ideologische Schlussfolgerung – nicht Folge politischen Handelns, sondern Folge mangelnder Sorge, ungenügenden Engagements der Bürger_innen oder unterschiedlich ausgeprägter Sorgekompetenz. Das „Dorf in der Stadt" (Heidelberger Modell sorgender Gemeinschaften) ist nur so gut wie die sorgende Gemeinschaft im „Dorf" – so die Subbotschaft der Dezentralisierungspolitik, die gleich schon die Schuldzuweisungen für das Scheitern dieser Strategie mitliefert: Kontingenz der Daseinsvorsorge ist nicht Folge der mit der betriebswirtschaftlichen Verwaltungsmodernisierung einsetzenden und sich ausdehnenden Effizienz- und Ökonomisierungspolitik und einer zielgerichteten Politik der knappen Ressourcen, sondern Folge mangelnder Eigenverantwortung von Bürger und Zivilgesellschaft.

6. Literatur

Axmann, Jenny, (2017): BTHG und Co. – was verändert sich bei Teilhabe und Pflege? Die wichtigsten Neuerungen in der Übersicht. In: Teilhabe 56, H. 2, S. 82-89.

Bertelsmann Stiftung (Hrsg.) (2007): Leitfaden lokales Übergangsmanagement. Von der Problemdiagnose zur praktischen Umsetzung. Gütersloh: Bertelsmann.

Blanke, Bernhard/Nullmeier, Frank/Reichard, Christoph/Wewer,Göttrik (Hrsg.) (2011): Handbuch zur Verwaltungsreform. 4. Aufl., Wiesbaden: Springer VS.

Burmester, Monika (2011). Sozialraumbezogene Sozialplanung und Sozialberichterstattung. In: Dahme, Heinz-Jürgen/Wohlfahrt, Norbert (Hrsg.): Handbuch Kommunale Sozialpolitik. Wiesbaden: Springer VS, S. 306-317.

Castel, Robert (2000): Die Metamorphosen der sozialen Frage. Eine Chronik der Lohnarbeit. Konstanz: UVK.

Dahme, Heinz-Jürgen/Wohlfahrt, Norbert (2015): Soziale Dienstleistungspolitik. Wiesbaden: Springer VS.

Dahme, Heinz-Jürgen/Wohlfahrt, Nobert (2013): Lehrbuch Kommunale Sozialverwaltung und Soziale Dienste. 2., überarb. Aufl., Weinheim: Beltz Juventa.

Dahme, Heinz-Jürgen/Wohlfahrt, Norbert (Hrsg.) (2012): Produktionsbedingungen Sozialer Arbeit in Europa. Baltmannsweiler: Schneider.

Dahme, Heinz-Jürgen/Wohlfahrt, Norbert (Hrsg.) (2011): Handbuch Kommunale Sozialpolitik. Wiesbaden: Springer VS.

Dahme, Heinz-Jürgen/Wohlfahrt, Norbert (Hrsg.) (2010): Regiert das Lokale das Soziale? Die Kommunalisierung und Dezentralisierung sozialer Dienste als sozialpolitische Reformstrategie. Baltmannsweiler: Schneider.

Dingeldey, Irene/Rothgang, Heinz (Hrsg.) (2009): Governance Of Welfare State Reform. A Cross National and Cross Sectoral Comparison of Policy and Politics. Cheltenham: Edward Elgar.

Eick, Volker (2011): Lokale Kriminal- und Sicherheitspolitik. In: Dahme, Heinz-Jürgen/Wohlfahrt, Norbert (Hrsg.): Handbuch Kommunale Sozialpolitik. Wiesbaden: Spinger VS, S. 294-305.

Forsthoff, Ernst (1954): Begriff und Wesen des sozialen Rechtsstaates. In: Veröffentlichungen der Vereinigung der Deutschen Staatsrechtslehrer, Bd. 12. Begriff und Wesen des sozialen Rechtsstaates. Die auswärtige Gewalt der Bundesrepublik. Berichte und Aussprache zu den Berichten in den Verhandlungen der Tagung der deutschen Staatsrechtslehrer zu Bonn am 15. Und 16. Oktober 1953. Berlin: De Gruyter, S. 8-36.

Grell, Britta (2008): Workfare in den USA. Das Elend der US-amerikanischen Sozialhilfepolitik. Bielefeld: Transcript.

Holtkamp, Lars (2008): Das Scheitern des Neuen Steuerungsmodells. In: Der moderne Staat 1, H. 2, S. 423-446.

Kuhlmann, Sabine/Bogumil, Jörg/Ebinger, Falk/Grohs, Stephan/Reiter, Renate (2011): Dezentralisierung des Staates in Europa. Auswirkungen auf die kommunale Aufgabenerfüllung in Deutschland, Frankreich und Großbritannien. Wiesbaden: Springer VS.

Kunkel, Peter-Christian (2012): § 79 SGB VIII – Gesamtverantwortung, Grundausstattung. In: SGB VIII – Online-Handbuch. www.sgbviii.de/s128.html, 1.7.2017.

Marks, Erich/Steffen Wiebke (2009): Engagierte Bürger – sichere Gesellschaft. Ausgewählte Beiträge des 13. Deutschen Präventionstages. Godesber: Forum Verlag.

Naßmacher, Hiltrud./Naßmacher, Karl-Heinz (1999): Kommunalpolitik in Deutschland. Opladen: Westdeutscher.

Piven, Frances F./Cloward, Richard A. (1977): Regulierung der Armut. Die Politik der öffentlichen Wohlfahrt. Frankfurt a.M.: Suhrkamp.

Polanyi, Karl (1944/1978): The Great Transformation. Frankfurt a.M.: Suhrkamp.

Reichard, Christoph (2006): Öffentliche Dienstleistungen im gewährleistenden Staat. In: Gesellschaft für Öffentliche Wirtschaft (GÖW) (Hrsg.): Öffentliche Dienstleistungen für die Bürger – Wege zu Effizienz, Qualität und günstigen Preisen. Symposium der GÖW 2005. Berlin: Bundesverband Öffentliche Dienstleistungen, S. 53-79.

Schedler, Kuno/Pröller, Isabella (2011): New Public Management. 5. Auflage. Bern: Haupt UTB.

Leistungsrecht in der Sozialwirtschaft

Florian Gerlach/Knut Hinrichs

1. Einleitung

Im Folgenden soll eine knappe Einführung in Systematik und Logik einzelner exemplarischer Anspruchsgrundlagen im deutschen Sozialrecht versucht werden. Ein solcher Überblick ist wichtig einerseits für die Realisierung der in einer sozialwirtschaftlichen Einrichtung erbrachten Leistungen. Andererseits ist er wichtig dafür, dass diese Leistungen auch durch die jeweiligen Leistungsträger finanziert werden und insofern die Voraussetzung für eine verantwortungsvolle Vertretung sozialwirtschaftlicher Einrichtungen gegenüber den Leistungsträgern (siehe hierzu den Beitrag Leistungserbringungsrecht in diesem Band) darstellen.

Angesichts der Heterogenität der verschiedenen Sozialleistungen, deren Anspruchsgrundlagen über das gesamte Sozialgesetzbuch verstreut vorliegen, verwundert es nicht, dass nahezu zu jedem einzelnen Tatbestandsmerkmal und zu jeder einzelnen Maßnahme, die von einem Leistungsträger zur Erfüllung derartiger Ansprüche unternommen wird, eine Fülle von Streitfragen existieren. Auf einzelne Tatbestandsmerkmale kann im Rahmen dieser Darstellung nicht eingegangen werden. Es wird hierzu insbesondere auf die einschlägigen Kommentare und Handbücher[1] verwiesen.

2. Systematik des Sozialgesetzbuchs (SGB)

2.1 Übersicht

Das Sozialgesetzbuch in seiner heutigen Form ist in 12 nach Sachgebieten geordnete Bücher gegliedert:

SGB I	Allgemeiner Teil
SGB II	*Grundsicherung für Arbeitssuchende*
SGB III	*Arbeitsförderung*
SGB IV	Allgemeiner Teil Sozialversicherung
SGB V	*Gesetzliche Krankenversicherung*
SGB VI	*Gesetzliche Rentenversicherung*
SGB VII	*Gesetzliche Unfallversicherung*
SGB VIII	*Kinder- und Jugendhilfe*
SGB IX	Rehabilitation und Teilhabe behinderter Menschen
SGB X	Sozialverwaltungsverfahren und Sozialdatenschutz
SGB XI	*Soziale Pflegeversicherung*
SGB XII	*Sozialhilfe*

Abb. 1: Aufbau des Sozialgesetzbuches (eigene Darstellung)

1 Siehe hierzu die Literaturangaben am Ende dieses Beitrags.

Rechtsansprüche auf Sozialleistungen zugunsten von Hilfesuchenden (also Ansprüche auf Arbeitslosengeld, Krankenhilfe, Rente, Pflegegeld etc.) sind ausschließlich in den oben *kursiv* gesetzten Gesetzen enthalten. Die übrigen Gesetze enthalten grundsätzlich keine Leistungsansprüche. Sie übernehmen die Funktion sog. allgemeiner Teile, enthalten also ‚vor die Klammer gezogene' Regelungen. SGB I und SGB X gelten für alle Sozialgesetzbücher. Das SGB I regelt allgemeine Fragen, wie etwa die Form und die Struktur des SGB, die Verjährung von Ansprüchen etc., das SGB X regelt alle Fragen des Verwaltungsverfahrens, wie etwa die Beteiligung von Bevollmächtigten, den Amtsermittlungsgrundsatz, Akteneinsicht, Datenschutz etc. Das SGB IV gilt hingegen nur für die sozialversicherungsrechtlichen Teile des SGB und regelt etwa die Versicherungspflicht und den Aufbau der Sozialversicherungsträger. Das SGB IX enthält keine eigenen Anspruchsgrundlagen, sondern Definitionsnormen einzelner Rechtsbegriffe, Besonderheiten im Verwaltungsverfahren und Kooperationsverpflichtungen der Leistungsträger. Die insoweit einschlägigen Anspruchsgrundlagen finden sich über das gesamte Sozialgesetzbuch verstreut. Die Suche nach der richtigen Anspruchsgrundlage verengt sich also zumeist auf SGB II, SGB III, SGB V, SGB VI, SGB VIII, SGB XI und SGB XII.

2.2. Anspruchsnormen im Sozialgesetzbuch

Sofern es um die Finanzierung einer bestimmten sozialen Dienstleistung geht, ist stets im Blick zu behalten, auf welche Anspruchsnormen dieselbe rechtlich zu stützen ist. Nur dasjenige, worauf die Berechtigten einen Anspruch haben, muss auch finanziert werden. Dies schließt nicht aus, dass auch weitere Mittel zu mobilisieren sind; allerdings bewegt man sich dann in einem Bereich, in dem die Leistungsträger mehr oder weniger freiwillig agieren, so dass Rechtssicherheit für Leistungserbringer nur durch individuelle Verträge sicherzustellen ist.

2.2.1 Verpflichtungsgrade

Man unterscheidet die Anspruchsnormen danach, wie stark der jeweilige Verpflichtungsgrad ist, d.h. mit welcher Bestimmtheit die Behörde dem Gesetz entsprechend handeln muss. Es ergeben sich dann *Muss-, Kann- und Soll-Leistungen*. Daneben existieren auch noch sog. *objektive Rechtsverpflichtungen*, die von den Betroffenen nicht eingeklagt werden können. Um welche Leistung es sich jeweils handelt, muss durch *Auslegung* der entsprechenden Normen ermittelt werden. An erster Stelle steht dabei der unmittelbare *Wortlaut*, der in aller Regel Aufschluss darüber bietet, welchen Charakter eine Norm aufweist.

Muss-Leistungen sind solche, die der Leistungsträger erbringen muss, sofern die Voraussetzungen vorliegen; man spricht auch von *‚echten Rechtsansprüchen'* oder von *‚gebundenen Entscheidungen'*. Hier ist der Verpflichtungsgrad der Norm (die *Gesetzesbindung*) am größten. Erfüllt der Leistungsträger einen Rechtsanspruch nicht, ist diese Entscheidung ohne Weiteres rechtswidrig. Ein angerufenes Verwaltungs- oder Sozialgericht wird die Entscheidung aufheben und den Sozialleistungsträger dazu verpflichten, die Leistung zu gewähren.

Kann-Leistungen liegen vor, wenn dem Leistungsträger *Ermessen* zusteht. Dies bedeutet, dass er bei Vorliegen der Anspruchsvoraussetzungen die Leistung zwar bewilligen kann und darf, aber nicht muss; er kann die Leistung von Zweckmäßigkeitserwägungen abhängig machen, die allerdings von der Ermächtigungsgrundlage gedeckt sein müssen. Sozialleistungsträger nutzen Ermessensverpflichtungen nicht selten dazu, fiskalische Überlegungen einzubringen, wenngleich dies eigentlich unzulässig ist. Das Verwaltungs- oder Sozialgericht überprüft bei Ermessensleistungen nicht die Leistungsgewährung als solche, sondern nur, ob Ermessensfehler vorliegen. Dies ist im Wesentlichen ein Schutz vor willkürlichen Entscheidungen – mehr nicht. Solche rechtswidrigen Entscheidungen werden zwar vom Gericht aufgehoben; die Behörde wird dann jedoch nicht zu einer bestimmten Leistung verurteilt, sondern nur dazu, ihr Ermessen erneut (gegebenenfalls unter Beachtung der Rechtsauffassung des Gerichts) auszuüben.

Soll-Leistungen liegen vom Verpflichtungsgrad zwischen Muss- und Kann-Leistungen. Dabei ist umstritten, ob es sich um Regel-Rechtsansprüche handelt, die also nur in atypischen Fällen zu einem Ermessen führen, oder ob es sich um Ermessensansprüche handelt, die regelmäßig in der vom Gesetz vorgegebenen Form entschieden werden sollen (sog. *‚intendiertes Ermessen‘*). Für die Betroffenen günstiger ist die erste Auffassung, weil danach vom Gericht eine Verpflichtung in der Sache ausgesprochen werden kann, nach der zweiten nur eine Verpflichtung zur Neubescheidung.

Objektive Rechtsverpflichtungen verpflichten zwar die Behörde, räumen aber dem/r Betroffenen keinen Rechtsanspruch und daher nur minimalen Rechtsschutz (gegen grob willkürliche und rechtsvereitelnde Maßnahmen) ein.

2.2.2 Rechtsanspruch als tragendes Konstruktionsprinzip im Sozialrecht

Das tragende Konstruktionsprinzip des deutschen Sozialrechts ist der Rechtsanspruch. Dies begründet sich vor allem aus dem verfassungsrechtlichen Diskurs der Gesetzesbindung, der seinen Ausdruck in der Rechtsprechung des Bundesverfassungsgerichts zur sogenannten *‚Wesentlichkeitstheorie‘* hat. Danach setzen alle grundrechtsrelevanten Fragestellungen ein Gesetz voraus, müssen also parlamentarisch geklärt werden, wobei insbesondere das Spannungsfeld zwischen unterschiedlichen Grundrechten im Grundsatz nicht der Verwaltung (hier also den Leistungsträgern) zur Entscheidung überlassen bleiben darf.

Rechtsansprüche vermitteln vor allem Rechtssicherheit für die Betroffenen und damit auch für die zugrundeliegende Finanzierung. Ermessensleistungen und objektive Rechtsverpflichtungen überlassen hingegen größere Teile der Regelung sozialrechtlicher Fragestellungen der Einzelfallsteuerung durch die Verwaltung. Dies hat vor allem Auswirkungen auf bestimmte Bereiche innerhalb des Fürsorgerechts, namentlich bei offenen, infrastrukturellen Angeboten und bei der expliziten Einräumung eines Auswahlermessens. Darüber hinaus nehmen die Gerichte zum Teil an, dass Sozialleistungsträger, wie etwa das Jugendamt, über eine fachliche Expertise verfügen, die durch ein Gericht letztlich nicht nachgeprüft werden könne. In diesem Zusammenhang spricht man dann von einem *‚Beurteilungsspielraum‘*, der die Überprüfung durch die Gerichte auf *‚Beurteilungsfehler‘* beschränkt (Hinrichs 2006).

3. Sozialversicherungsrecht und Fürsorgerecht

Bekanntlich wird im SGB sehr grundsätzlich zwischen sozialversicherungsrechtlichen und fürsorgerechtlichen Bereichen unterschieden. Diese *Unterscheidung ist fundamental* für den jeweiligen Rechtscharakter einzelner Ansprüche und darauf aufbauend auch für die Frage der Leistungserbringung und Finanzierung.

Sozialwirtschaft verteilt sich auf beide Bereiche. Während Gesundheitswesen und Pflege ihre Rechtsgrundlagen im Sozialversicherungsrecht finden, wird Soziale Arbeit, also die psychosoziale Hilfe für Familien, Kinder und Jugendliche, Erwerbslose und Behinderte im Wesentlichen aufgrund fürsorgerechtlicher Vorschriften geleistet. Daher soll die Darstellung von vornherein beschränkt werden auf *Dienstleistungen* im Rahmen der Sozialwirtschaft; wo sozialrechtliche Ansprüche die Zahlung von schlichten Geldleistungen vorsehen (Arbeitslosengeld I, II, Sozialgeld, Hilfe zum Lebensunterhalt, Alters- und Erwerbsunfähigkeitsrenten), sind sie für unseren Zusammenhang nicht interessant. Wir können daher den Blick fokussieren:

Dienstleistungen im Sozialversicherungsrecht: Absicherung bestimmter Risiken	*Dienstleistungen im Fürsorgerecht: Vorsorge für allgemeine Risiken*
– Gesundheitswesen (SGB V, VI, private KV) – Pflege (SGB XI, private KV) – Berufliche Wiedereingliederung (SGB VI)	– Eingliederungshilfe für Behinderte (SGB XII) – psychosoziale und existenzsichernde Obdachlosenlosenhilfe (SGB XII) – Kinder- und Jugendhilfe (SGB VIII) – sonstige psychosoziale Hilfen (z.B. Suchtberatung, Frauenhäuser, Schuldnerberatung, SGB II, XII)

Abb. 2: Dienstleistungen im Sozialversicherungs- und im Fürsorgerecht (eigene Darstellung)

Für beide Bereiche des Sozialrechts existieren in Abhängigkeit von den jeweils sozialrechtlich zu begegnenden Risiken und Einschränkungen verschiedene *Anspruchsgrundlagen* und unterschiedliche sogenannte *Strukturprinzipien* und Besonderheiten bei der *Anspruchsverwirklichung*. Dies soll mit Blick auf zentrale Anspruchsgrundlagen und Zwecksetzungen beleuchtet werden, die hier selbstverständlich nur exemplarisch dargestellt werden können

3.1 Anspruchsverwirklichung in der gesetzlichen Kranken- (GKV) und Pflegeversicherung (PV)

3.1.1 Krankheit gem. § 27 SGB V

Der unbestimmte Rechtsbegriff der *Krankheit gem. § 27 SGB V (*zum Folgenden Ebsen in v. Maydell/Ruland/Becker 2012, Sozialrechtshandbuch, § 15, Rz. 75ff.) wird von den Sozialgerichten in ständiger Rechtsprechung als ein *„regelwidriger, vom Leitbild des gesunden Menschen abweichender Körper- oder Geisteszustand bestimmt, der ärztlicher Behandlung bedarf und/oder den/die Betroffene arbeitsunfähig macht"* (so das Bundessozialgericht, BSGE 100, 119-124 mit umfangreichen weiteren Nachweisen). Der/die Vertragsarzt/Vertragsärztin ist berechtigt und verpflichtet, diesen Zustand zu diagnostizieren und zu therapieren. Diagnose wie Therapie bewegen sich also im Regelfall im Fahrwasser detaillierter Vorgaben durch die medizinische Wissenschaft (Bezugnahme auf den diagnostischen Katalog der ICD-10) und auf der Rechtsfolgeseite durch die Beschränkung auf jene Untersuchungs- und Behandlungsformen, die der ‚Gemeinsame Bundesausschuss der Ärzte und Krankenkassen' (G-BA) bestimmt hat (sog. *numerus clausus der Leistungsformen*). Im Ausnahmefall (seltene Krankheiten, uneindeutige Störungsbilder, Außenseiter-Therapien) haben auch Klagen beim Sozialgericht Aussicht auf Erfolg, häufig nachdem sich der Versicherte die Leistung *selbst beschafft* hat (§ 12 Abs. SGB V).

3.1.2 Pflegebedürftigkeit gem. § 14 SGB XI

Nach dem *'Neuen Pflegebedürftigkeitsbegriff'* des seit dem 1.1.2017 geltenden § 14 SGB XI liegt *Pflegebedürftigkeit* (zum Folgenden Igl in Maydell et al. 2012, Sozialrechtshandbuch, § 18, Rz. 45ff.) vor, wenn eine Person gesundheitlich bedingte Beeinträchtigungen der Selbstständigkeit oder der Fähigkeiten aufweist und deshalb der Hilfe durch andere bedarf. Hierbei wird unterschieden nach Mobilität, kognitiven und kommunikativen Fähigkeiten, Verhaltensauffälligkeiten und psychischen Problemlagen, der Selbstversorgung (Hygiene etc.), den krankheits- und therapiebedingten Anforderungen und Belastungen sowie der Gestaltung des Alltagslebens und sozialer Kontakte. Der jeweilige *Pflegegrad* richtet sich nach § 15 SGB XI, der die o.g. sechs Bereiche in einem Punktesystem von 0 (keine Beeinträchtigung) bis 6 (schwerste Beeinträchtigung) bewertet. Auf der Rechtsfolgeseite wird unterschieden zwischen häuslicher Pflege (§ 36 SGB XI), teilstationärer und Kurzzeitpflege (§ 41 SGB XI) und vollstationärer Pflege (§ 43 SGB XI). Der *Numerus clausus der Leistungsformen*, der in der GKV immerhin im Einzelfall durchbrochen werden kann, gilt in der PV wesentlich rigider, da die einzelnen Leistungsbestandteile genau benannt sind und nur im Rahmen der wenigen Härtefallregelungen (§§ 36 Abs. 4, 43 Abs. 3 SGB XI) Ausnahmen möglich sind. Für die insoweit ungedeckten Bedarfe bleibt dann unter dem Gesichtspunkt der Menschenwürdegarantie nur die Aufstockung durch die Sozialhilfe.

3.1.3 Strukturprinzipien der gesetzlichen Kranken- und der Pflegeversicherung

Das *Versicherungszwangsprinzip* (zum Folgenden Ebsen in v. Maydell/Ruland/Becker 2012, Sozialrechtshandbuch, § 15, Rz. 57ff. u. Igl ebd. § 18 Rz. 19ff.) besagt, dass gewisse definierte Risiken durch staatlichen Zwangsakt auf die gesellschaftlichen Gruppen umgewälzt werden, denen diese Risiken zugeordnet sind. Arbeitnehmer_innen, d.h. abhängig Beschäftigte bis zur Versicherungspflichtgrenze und im Rahmen der Beitragsbemessungsgrenze haben durch gesetzliche Anordnung der gesetzlichen Krankenversicherung (GKV) bzw. der Pflegeversicherung (PV) beizutreten; ihre Arbeitgeber_innen haben ihren Anteil beizutragen und die Beiträge abzuführen (Mrozynski 2010, SGB I, § 4 Rz. 11). Dabei gilt im Grundsatz, dass ein Äquivalenzverhältnis von Beiträgen und Leistungen gelten soll, dass also Zuschüsse aus Steuermitteln oder die Umwidmungen von Beiträgen nur ausnahmsweise zulässig sind. Ferner folgt daraus, dass Sozialversicherungsleistungen zumindest partiellen Eigentumsschutz nach Art. 14 Abs. 1 GG genießen (Jarass/Pieroth 2011, Art. 14 Rz. 11). Dabei folgt die PV der GKV, was im Ergebnis heißt, dass jene, die in der GKV versichert sind, auch Mitglieder der PV sind: Wer Mitglied in einer privaten Krankenversicherung ist, hat einen Anspruch auf Abschluss eines Pflegeversicherungsvertrages (Kontrahierungszwang, § 110 SGB XI). Nach dem *Solidarprinzip* darf der Grad des individuellen Risikos (Morbidität, Alter) nicht berücksichtigt werden; die Leistungen werden unabhängig vom individuellen Beitrag allein nach dem Bedarf bemessen. Familienangehörige werden unter bestimmten Voraussetzungen mitversichert.

Das *Sachleistungsprinzip in der GKV* verbürgt, dass der/die Berechtigte die ihm/r zustehenden Leistungen im Grundsatz ohne Bewilligung durch den Leistungsträger direkt bei dem Leistungserbringer in Anspruch nehmen kann. Dieses gilt in der *PV* nur eingeschränkt als *Sachleistungsverschaffungsprinzip*: Hier bewilligt der Leistungsträger nach Begutachtung durch den Medizinischen Dienst der Krankenkassen (MDK) pflegerische Leistungen, die der/die Berechtigte dann bei einem zugelassenen Leistungserbringer in Anspruch nehmen kann. Das Sachleistungsprinzip macht deutlich, wie sehr das Leistungsrecht durch das Leistungserbringungsrechts definiert wird; denn immerhin bedarf es hierfür einer flächendeckenden Versorgung mit medizinischen Dienstleistern, die an der Versorgung teilnehmen wollen und dann auch müssen, einer Bedarfssteuerung, Kontrollmöglichkeiten durch die Leistungsträger usw. Die Berechtigten haben die *Wahlfreiheit* unter den zugelassenen Vertragsärzt_innen bzw. Anbietern.

Das *Wirtschaftlichkeitsgebot* (§ 12 Abs. 1 SGB V) verpflichtet die Leistungserbringer dazu, ausreichende und zweckmäßige Behandlungen zu leisten und dabei das Maß des Notwendigen nicht zu überschreiten. Hierbei haben sie die Richtlinien des gemeinsamen Bundesausschusses der Ärzt_innen und Krankenkassen (§ 92 SGB V) zu beachten. Damit soll erreicht werden, dass die gesamtgesellschaftlichen Kosten für die Volksgesundheit niedrig bleiben, was sich in dem *Prinzip der Beitragsstabilität* niederschlägt. Noch durchgreifender werden in der PV die Leistungen von den gesetzlich gedeckelten, also knappen Beiträgen abhängig gemacht (§ 55 SGB XI). Während in der GKV im Wesentlichen von einer – wenn auch teilweise unzureichenden, weil für die vielfältigen wirtschaftlichen Interessen instrumentalisierten – Bedarfsdeckung ausgegangen werden kann, trifft dies bei der PV auch nach Einführung des neuen Pflegebedürftigkeitsbegriffs nicht einmal im Ansatz zu: Hier führt die allgegenwärtige gewollt mangelhafte finanzielle Ausstattung des Leistungsgeschehens regelmäßig zu Einschränkungen einer menschenwürdigen Versorgung, so dass in vielen Fällen der Sozialhilfeträger Mittel nachschießen muss.

4. Anspruchsverwirklichung in der Sozialhilfe und der Kinder- und Jugendhilfe

4.1 Eingliederungshilfe gem. §§ 53ff. SGB XII

Eingliederungshilfe (zum Folgenden Trenk-Hinterberger in Maydell/Ruland/Becker 2012, SRH, § 23, Rz. 140ff.) für geistig, seelisch oder körperlich behinderte Menschen[2] (bzw. von einer solchen Behinderung bedrohte Menschen) wird im Rahmen einer komplexen Einzelfallprüfung gewährt. Die §§ 53ff. SGB XII (Sozialhilfe) stellen dabei die wichtigste Anspruchsgrundlage dar, die allerdings auf der Tatbestands- wie der Rechtsfolgeseite durch die Definitions- und Organisationsnormen des SGB IX (Rehabilitation und Teilhabe behinderter Menschen) modifiziert und ergänzt werden. Auf der Tatbestandsseite ist der Begriff der *geistigen, seelischen bzw. körperlichen Behinderung* zentral. Er zerfällt hinsichtlich aller Behinderungsarten in zwei wesentliche Teile: Zum einen geht es um eine *Störung mit Krankheitswert*, die voraussichtlich länger als sechs Monate andauern wird; diese zu diagnostizieren ist Aufgabe von Fachmediziner_innen, die dabei auf die ICF zurückzugreifen haben. Zweitens muss dadurch bedingt eine *Teilhabebeeinträchtigung* vorliegen, was von dem Sozialhilfeträger festzustellen ist. Das Drohen der Behinderung ist der Behinderung selbst gleichgestellt. Rechtsfolge ist ein Rechtsanspruch bei ‚wesentlicher' Behinderung bzw. ein Rechtsfolgeermessen bei ‚nicht wesentlicher' Behinderung. Inhalt der Leistung ist die *‚geeignete und notwendige Hilfe'*, die sich beispielhaft aus dem – nicht abschließenden – Leistungskatalog des §§ 54 ff. SGB XII in Verbindung mit SGB IX und der Eingliederungshilfeverordnung ergibt. Daher können im Ergebnis die verschiedensten pädagogischen, therapeutischen und betreuenden Leistungen miteinander

2 Für seelisch behinderte *Kinder und Jugendliche* besteht die Zuständigkeit des öffentlichen Jugendhilfeträgers gem. § 35a SGB VIII.

kombiniert werden. Es gilt der Grundsatz *‚ambulant vor stationär'* (§ 9 Abs. 2 SGB XII) sowie der Grundsatz der *Nachrangigkeit der Sozialhilfe*. Verfahrensrechtlich ist gemäß § 58 SGB XII ein Gesamtplan aufzustellen, in dem alle an der Hilfemaßnahme beteiligten Personen ihre Anstrengungen vereinheitlichen sollen. Nach § 9 Abs. 2 SGB XII ist das Wunsch- und Wahlrecht der Leistungsberechtigten zu berücksichtigen.

4.2 Erzieherischer Bedarf gemäß §§ 27ff. SGB VIII

Die nach familienrechtlichen Vorschriften des BGB Personensorgeberechtigten von Kindern und Jugendlichen (in der Regel die Eltern) haben bei Vorliegen eines erzieherischen Bedarfs Anspruch auf Hilfe zur Erziehung (zum Folgenden Münder in Maydell/Ruland/Becker 2012, SRH, § 25, Rz. 35ff.). Wann ein solcher Bedarf vorliegt, definiert das Gesetz nicht. Es handelt sich um einen *unbestimmten Rechtsbegriff*, der bezogen auf den jeweiligen Einzelfall und das zugrundeliegende normative Gefüge durch das zuständige Jugendamt auszulegen ist. Dabei ist klar, dass ein solcher Bedarf nicht erst dann vorliegt, wenn das Familiengericht (bei Kindeswohlgefährdung, § 1666 BGB) auch befugt wäre, Eingriffe in die Elternverantwortung vorzunehmen. Umgekehrt führt nicht jede erzieherische Mangellage zu einem Hilfeanspruch. Im Allgemeinen wird zur weiteren Beschreibung der Bedarfslage auf eine konkrete Gefährdung für Eigenverantwortlichkeit und Gemeinschaftsfähigkeit des Kindes oder des Jugendlichen gemäß § 1 SGB VIII abgestellt. Auf der Rechtsfolgeseite besteht – wie bei der oben beschriebenen Eingliederungshilfe – ein Rechtsanspruch auf die *‚geeignete und notwendige Hilfe'*. Dabei ist auch hier der Leistungskatalog, der sich in den §§ 28–35 SGB VIII findet (genannt sind hier Hilfemaßnahmen, die bei Erziehungsberatung anfangen und bei stationären Hilfemaßnahmen aufhören), nicht abschließend. Ausdrücklich werden weitergehende therapeutische Hilfen in § 27 Abs. 3 SGB VIII angesprochen. Das Gesetz will also eine im Grundsatz ‚maßgeschneiderte Hilfe' ermöglichen.

Nach § 36 SGB VIII ist sodann ein Hilfeplanverfahren durchzuführen, bei dem die Betroffenen unter anderem durch die Respektierung ihres Wunsch- und Wahlrechts (§ 5 SGB VIII) in den Hilfeprozess eingebunden werden sollen.

4.2.1 Offene Angebote im kommunalen Kontext gemäß §§ 11, 13, 16ff. SGB VIII und §§ 5, 11 Abs. 5 SGB XII

Neben den klassischen Sozialleistungen, auf die die Berechtigten in aller Regel einen Rechtsanspruch haben (die obigen Beispiele), existieren weitere psychosoziale Dienstleistungen, die einen eher präventiven, niedrigschwelligen Charakter aufweisen. Man denke in diesem Zusammenhang an Angebote der *offenen Kinder- und Jugendarbeit* (§§ 11, 13 SGB VIII), an *unverbindliche Beratungs- und Unterstützungsleistungen für Familien* (§ 16 SGB VIII), an *Suchtberatungsstellen und Beratungsstellen bei häuslicher Gewalt oder Frauenhäuser* (§ 5 SGB XII) oder an *Schuldnerberatungsstellen* (§ 11 Abs. 5 SGB XII). In rechtssystematischer Hinsicht handelt es sich hierbei um *objektive Rechtsverpflichtungen*, auf die die Betroffenen *keinen Rechtsanspruch* haben, so dass deren Gewährung auch nur einer sehr eingeschränkten gerichtlichen Kontrolle unterliegt. Bei den einschlägigen Normen im Sozialgesetzbuch handelt es sich dementsprechend auch eher um Befugnisnormen für die jeweilige Sozialadministration, denn um ein geschlossenes Normprogramm, bei dem im Resultat ein Recht gewährt oder versagt wird.

Es wird sich bei der Erörterung des Leistungserbringungsrechts zeigen, dass diese Differenzierung erhebliche Auswirkungen auf die Organisation und Finanzierung derartiger Angebote hat.

4.2.2 Strukturprinzipien des Fürsorgerechts

Das Fürsorgerecht, insbesondere das Sozialhilfe- und Jugendhilferecht, stellt das letzte Netz der sozialen Sicherung dar. Versagt es, regieren buchstäblich Hunger und Verelendung, Verwahrlosung und Sozialer Ausschluss, Verletzung, Krankheit und Tod. Aus diesem Grunde werden Fürsorgeleistungen auch nicht aus Sozialversicherungsbeiträgen finanziert, sondern aus *Steuermitteln*: Jeder Mensch kann und muss in den Genuss dieser Leistungen kommen, sofern nur der gesetzlich definierte Bedarf vorliegt und der/die Betreffende den Willen hat, die Leistung in Anspruch zu nehmen. Wegen dieser existenziellen Bedeutung hat die Rechtsprechung eine Reihe von Grundsätzen für diesen Bereich entwickelt, die im SGB VIII und SGB XII nur vereinzelt explizit enthalten, von den Gerichten aber in Fürsorgefällen stets beachtet werden (Berlit et al. 2012, Teil II; Grube 2014, S. 1-13.)

Fast immer setzen Rechtsansprüche auf Fürsorge eine individuelle oder pauschalierte *Bedarfsprüfung* voraus (diese fehlt in aller Regel bei objektiven Rechtsverpflichtungen). Nach dem *Bedarfsdeckungsgrundsatz* ist der insoweit *anerkannte Bedarf durch Fürsorgeleistungen vollständig zu befriedigen*. Dass dieser *Bedarf* als Rechtsbegriff nicht mit dem *Bedürfnis* der Betroffenen zusammenfällt, ist klar. Denn die Bedarfsfestsetzung verdankt sich der hoheitlichen Zuteilung, die sich am Zweck staatlicher Fürsorge orientiert: Schutz von Person und Menschenwürde sowie des Kindeswohls und Gewährleistung eines (Mindest-)Standards an Lebens- und Sozialisationsbedingungen. Insofern sich diese Zwecke aus Art. 1 Abs. 1, 6 Abs. 2 GG ableiten, ist der *Bedarfsdeckungsgrundsatz ‚verfassungsfest'*. Der *Individualisierungsgrundsatz* besagt, dass der Fürsorgeträger die Hilfe grundsätzlich als *einzelfallbezogene Hilfe* zu gewähren hat, weil der Bedarf im Zweifel – gerade wegen seiner *prekären Nähe zu menschenunwürdigen und kindeswohlgefährdenden Zuständen* – individuell auf die Lebensverhältnisse des Einzelnen zugeschnitten werden muss. Dies erklärt die große Anzahl von *unbestimmten Rechtsbegriffen* sowohl auf Tatbestands- wie auch auf der Rechtsfolgeseite. Das *Gegenwärtigkeitsprinzip* bedeutet, dass Fürsorge nur *Hilfe in einer gegenwärtigen Notlage* ist, also weder vergangene Probleme lösen, noch sich zukünftig bei dem/r Betroffenen als Vermögen niederschlagen soll. Daraus folgt, dass Fürsorgeleistungen im Zweifel hier und jetzt zu bewilligen sind. Daraus folgt aber auch, dass im Grundsatz *keine Hilfe für die Vergangenheit* geleistet wird: Diese Hilfe käme begrifflich zu spät.

Nach dem *Faktizitätsgrundsatz* sind die Gründe für eine Notlage für die Befriedigung des Bedarfs nicht maßgeblich; insbesondere wird den Betroffenen *kein Schuldvorwurf* gemacht. Denn es geht der Fürsorge um die Beseitigung der Notlage und nicht um Ausgleich oder Ahndung eines in der Vergangenheit erlittenen Unrechts. Der *Kenntnisgrundsatz* bedeutet, dass die Pflicht zum Tätigwerden nicht bei dem/r Bürger_in liegt, sondern bei der Verwaltung; Jugendhilfeleistungen müssen – wie Sozialhilfeleistungen, § 17 SGB XII – *antragsunabhängig* erbracht werden. Dies ist im öffentlichen Recht die Ausnahme, da bei Leistungsgesetzen üblicherweise ein Antragserfordernis niedergelegt ist. Grund: Die fürsorgerechtliche Bedarfslage ist so prekär, dass die Betroffenen mehr mit sich bzw. ihrer Familie zu tun haben, als Anträge beim zuständigen Sozial- oder Jugendamt zu stellen. Andererseits *darf Sozial- oder Jugendhilfe auch nicht aufgezwungen werden*; dies folgt aus der Menschenwürdegarantie bzw. dem elterlichen Erziehungsvorrecht. Erst bei einer erheblichen Eigen- bzw. Fremdgefährdung und in jedem Fall bei einer Kindeswohlgefährdung im Rahmen der Jugendhilfe können – im Regelfall nur nach richterlicher Anordnung – Zwangsmaßnahmen ergriffen werden.

Der *Nachranggrundsatz* hat im Fürsorgerecht besondere Bedeutung, weil dieses Rechtsgebiet als letztes Netz der sozialen Sicherung *per se nachrangig* ist: Sozialhilfe erhält nur, wer sich nicht selbst helfen kann und man erhält die Hilfe auch nur, um möglichst unabhängig von ihr zu leben, § 2 SGB XII. Ähnlich sieht es im Jugendhilferecht aus, § 10 SGB VIII. Dies bedeutet: Soweit Einkommen und Vermögen den Bedarf decken können, geht der Fürsorgeanspruch unter, ohne dass er überhaupt entstanden wäre. Insbesondere Unterhaltsansprüche und Leistungen anderer Sozialleistungsträger gehen dem Fürsorgeanspruch vor. Einschränkend ist allerdings zu erwähnen: Vorrangige andere Ansprüche haben im Verhältnis zur Sozial- und Jugendhilfe nur dann anspruchshindernden Charakter, wenn die Bedarfslage *kongruent* ist und es sich insoweit um sogenannte *‚bereite Mittel‘* handelt. Darüber hinaus wird in einer Vielzahl von Fällen der Nachrang erst dadurch hergestellt, dass der Sozialleistungsträger zunächst leistet und sodann Ansprüche auf Heranziehung der Berechtigten bzw. Dritter im Nachhinein geltend macht.

Man sieht: *Fürsorgeansprüche sind flüchtig und fragil*, sie sind eher Lückenbüßer als ein verlässlicher Schutz gegen Elend, Not und Verwahrlosung. Dies macht sich folgerichtig auch bei der Finanzierung derartiger Leistungen geltend: Individuelle Fallgestaltungen, bei denen die oben genannten Grundsätze missachtet wurden, führen regelmäßig zu großen Schwierigkeiten bei ihrer Finanzierung. So kommt es, dass freie Träger der Wohlfahrtshilfe nicht selten dazu gezwungen sind, ihre Klient_innen gegenüber den Sozial- und Jugendhilfeträgern in der Wahrnehmung ihrer Rechte zu unterstützen.

5. Literatur

Berlit, Uwe/Conradis, Wolfgang/Sartorius, Ulrich (2012): Existenzsicherungsrecht. Handbuch. 2. Aufl., Baden-Baden: Nomos.

Grube, Christian (2014): ‚Keine Hilfe für die Vergangenheit‘ in der Kinder- und Jugendhilfe – und andere Gemeinsamkeiten zwischen SGB VIII und SGB XII. In: Beiträge zum Recht sozialer Dienste und Einrichtungen (RsDE), H. 76, S. 1-13.

Hinrichs, Knut (2006): Jugendhilfe und verwaltungsgerichtliche Kontrolldichte – ein Überblick. In: Das Jugendamt, H. 9, S. 377-381.

Jarass, Dieter/Pieroth, Bodo (2016): Grundgesetz für die Bundesrepublik Deutschland, Kommentar. 14. Aufl., München: Beck.

Maydell, Bernd, Baron von/Ruland, Franz/Becker, Ullrich (2012): Sozialrechtshandbuch (SRH). 5. Aufl., Baden-Baden: Nomos.

Mrozynski, Peter (2010): SGB I, Kommentar. 4. Aufl., München: Beck.

6. Rechtsprechung

Bundessozialgericht, Urteil vom 28. Februar 2008 – B 1 KR 19/07 R. In: Entscheidungen des Bundessozialgerichts (BSGE) 100, S. 119-124.

Leistungserbringungsrecht in der Sozialwirtschaft

Florian Gerlach/Knut Hinrichs

1. Einleitung

Die Sozialwirtschaft zählt mit ihren öffentlichen und freien Träger der Wohlfahrtspflege in der Summe zu den größten Arbeitgebern in Deutschland. Die dort geleistete Arbeit muss finanziert werden. Die rechtlichen Rahmenbedingungen für die Finanzierung sozialer Dienstleistungen finden sich im gesamten Sozialgesetzbuch verstreut. In ihrer Gesamtheit bilden die Ansprüche auf Sozialleistungen das *Leistungsrecht*, dessen Systematik, Logik und Prinzipien anhand einiger Beispiele in dem Beitrag „Leistungsrecht“ in diesem Band dargestellt wird. Das *Leistungserbringungsrecht* beschreibt demgegenüber die Rechtsbeziehungen zwischen dem Leistung- bzw. dem Kostenträger und dem Leistungserbringer (also etwa den freien Träger der Jugend- bzw. Sozialhilfe, den Kassenärzten, den Krankenhausbetreiber, den Hebammen, den Pflegediensten).

Das Leistungserbringungsrecht steht für die Institutionen der Sozialwirtschaft häufig im Vordergrund. Dabei ist jedoch stets zu berücksichtigen, dass das *Leistungserbringungsrecht akzessorisch im Verhältnis zum Leistungsrecht* ist: Es dient insgesamt nur zur Verwirklichung der Leistungsansprüche, die der/die Berechtigte gegenüber dem Leistungsträger hat. Die Klärung des leistungsrechtlichen Grundverhältnisses bildet daher stets den Ausgangspunkt für die Klärung leistungserbringungsrechtlicher Fragestellungen. Von besonderer Bedeutung sind Leistungsansprüche, die sich auf *soziale Dienstleistungen* richten, denn sie bilden die Grundlage für die Finanzierung der Sozialwirtschaft.[1]

2. Rechtsverhältnisse im Leistungserbringungsrecht

Das Leistungserbringungsrecht wird erst dann zu einem eigens zu behandelnden Thema, wenn Leistungsträger und Leistungserbringer gegenüber dem/r Leistungsberechtigten *rechtlich auseinanderfallen:* Dann entsteht entweder das *Sozialrechtliche Dreiecksverhältnis*, oder es liegt die Inanspruchnahme einer objektiven Rechtsverpflichtung vor, die durch *Sozialsubventionen* realisiert wird.

1 Nur untergeordnete Bedeutung haben in unserem Zusammenhang die Geldleistungen (Renten, Arbeitslosengeld I und II, Hilfe zum Lebensunterhalt...) und Sachleistungen (Hilfsmittel, Medikamente...), weil mit ihnen keine Finanzierung sozialwirtschaftlicher Organisationen verbunden ist.

2.1 Rechtsansprüche im Leistungsverhältnis: Finanzierung durch Leistungsentgelte im sozialrechtlichen Dreiecksverhältnis

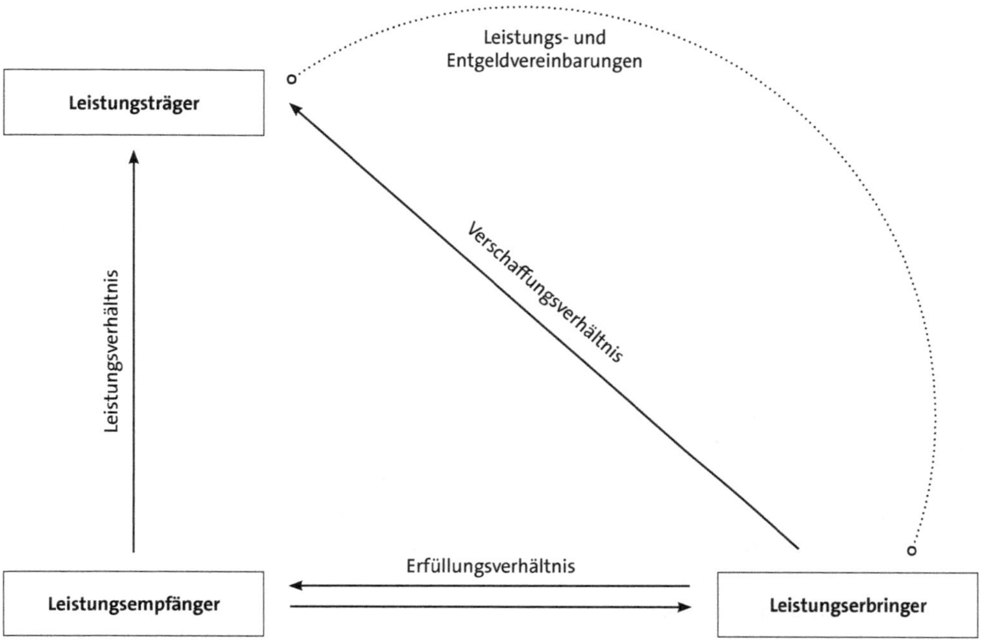

Abb. 1: Sozialrechtliches Dreiecksverhältnis (vereinfacht, eigene Darstellung)

Die Grafik zeigt zunächst die Beteiligten und ihre funktionelle Benennung. Über den *Inhalt und die Natur ihrer Rechtsbeziehungen* selbst ist hier nur so viel gesagt: Die Leistungsempfänger_innen können etwas von den Leistungsträgern fordern; diese bedienen sich dann der Hilfe von privaten Leistungserbringern, indem sie die Kosten tragen, die den Leistungserbringern wegen der Inanspruchnahme durch die Leistungsempfänger_innen in einem privatrechtlich geprägten Dienstleistungsverhältnis entstehen. Inhalt und Natur der Rechtsverhältnisse lassen sich umso genauer erschließen, je weiter man den konkreten Ausgestaltungen in den unterschiedlichen Sozialgesetzbüchern nachgeht.

Die Finanzierung durch Leistungsentgelte soll sicherstellen, dass diejenige Leistung, die die Berechtigten gegenüber den Leistungsträgern fordern können, durch Leistungserbringer zuverlässig zur Verfügung gestellt wird. Daher kommt diese Form der Finanzierung – anders als die später zu besprechende Finanzierung durch Subventionen – vor allem dort zur Anwendung, wo sich die Leistungsberechtigten auf echte Rechtsansprüche stützen können.[2]

Dabei sind zwei Extreme denkbar:

- -*Entweder* die Leistungsträger organisieren die Leistung, indem sie sie bei den Leistungserbringern ‚einkaufen', um sie sodann in Natur an die Leistungsberechtigten weiterzuvermitteln;

2 Die folgenden Skizzen stellen dar, wer gegen wen welche Rechtsansprüche hat. Dort, wo es nicht um Leistungs- oder Leistungserbringungsbeziehungen im engeren Sinne geht, oder wo gar keine Ansprüche vorhanden sind, wurde dies entsprechend deutlich gemacht.

- *-oder* die Leistungsberechtigten organisieren die Leistung, indem sie sie bei den Leistungsträgern einkaufen, selbst in Anspruch nehmen und sodann eine Erstattung der Kosten bei den Leistungsträgern erstreben.

Dem ersten Extrem am nächsten kommt das *Recht der gesetzlichen Krankenversicherung* (GKV), in dem das Sachleistungsprinzip gilt und bei dem der/die Leistungsberechtigte im Grundsatz noch nicht einmal weiß, was die an ihn erbrachte Leistung kostet, weil er/sie sie von Leistungserbringern in Natur erhält, die sowohl hinsichtlich Diagnose wie Therapie *für den Leistungsträger* tätig werden; die Leistungserbringer werden als *Verwaltungshelfer* tätig, d.h. sie handeln privatrechtlich, binden aber den Leistungsträger öffentlich-rechtlich. Das *Pflegeversicherungsrecht* folgt dem Vorbild der GKV, belässt aber die Einzelfallsteuerung bei dem Leistungsträger und erstattet pauschalisierte Kosten des Leistungsverhältnisses.

Dem zweiten Extrem am nächsten[3] kommt das *Kinder- u. Jugendhilferecht*, in dem ein eingeschränktes *Kostenerstattungs- bzw. ein Sachverschaffungsprinzip* (OVG NRW, NDV-RD 2002, S. 26) gilt. Hier erhalten die Leistungsberechtigten einen Bewilligungsbescheid mit Informationen auch über die Kosten der Leistung. Nach Beachtung des Wunsch- und Wahlrechts und des Hilfeplanverfahrens beauftragen sie einen Leistungserbringer, der dann leisten wird, wenn er sich sicher ist, dass die *gegenüber den Berechtigten* anfallenden Kosten letztlich von dem Leistungsträger übernommen werden. Hierzu erwartet der Leistungserbringer regelmäßig eine *Kostenzusage* durch den Leistungsträger, die dem Leistungserbringer einen eigenen Anspruch auf Zahlung vermittelt. Die Sicherstellung der Inanspruchnahme der Leistungen erfolgt hier also im Wesentlichen über eine Einzelfallsteuerung; dementsprechend gibt es hier keine förmliche Zulassung, keine Bedarfsplanung durch Kontrakte, keinen zwingenden Versorgungsauftrag der Leistungserbringer und nur sehr zurückgenommene Kontroll- und Prüfrechte. Das *Sozialhilferecht* ist dem Jugendhilferecht sehr ähnlich, enthält aber vereinzelte Elemente des Sachleistungsprinzips (insbesondere etwas weitergehende Kontroll- und Prüfrechte, aber auch die Modifikation des Leistungsrechts durch das Leistungserbringungsrecht, indem etwa Hilfebedarfsgruppen gem. § 76 Abs. 2 S. 3 SGB XII zugeordnet werden).

Im deutschen Sozialstaat hat das Dreiecksverhältnis seit jeher große Bedeutung: Freie Wohlfahrtspflege und Ärzteschaft haben ihre Dienste schon erbracht, als von einem Sozialstaat noch nicht die Rede sein konnte. Im Zuge dessen weiterer Institutionalisierung sind diese an sich privaten Dienste immer weiter verrechtlicht und in öffentliche (Finanzierungs-)Verantwortung übernommen worden. Hinzu kamen weitere Anbieter, wie private Krankenhausgesellschaften und privatgewerbliche Pflegedienste, die dem Interesse der öffentlichen Hand, Aufgaben aus eigener in private Verantwortung zu überführen (Outsourcing), entgegengekommen sind.

Die Sozialwirtschaft ist durch diese Verselbstständigung ökonomisch aufgewertet worden: Was früher ein Teil öffentlicher Haushalte war, trägt nun zur Geschäftstätigkeit privater Unternehmen bei, die – ob gemeinnützig oder profitorientiert – ihre Finanzierungsquellen im Blick behalten müssen. Das *Leistungserbringungsrecht* ist dabei für das gesamte Leistungsgeschehen so wichtig geworden, dass auch in jenen Bereichen, in denen die öffentliche Hand selbst Leistun-

3 Dem zweiten Extrem entspricht unmittelbar das *private Krankenversicherungsrecht*, in dem das Kostenerstattungsprinzip gilt. Hier nimmt der/die Berechtigte die Leistung bei dem Leistungserbringer in Anspruch, schießt die Kosten dafür vor und verlangt im Nachhinein Erstattung derselben bei seiner/ihrer privaten Krankenversicherung. Es fällt aus der Logik und dem Geltungsbereich des Sozialgesetzbuches heraus und spielt für die Erbringung sozialer Dienstleistungen nur eine untergeordnete Rolle.

gen erbringt, zunehmend nach Regeln abgerechnet wird, die für das Zusammenspiel von öffentlichen und freien, bzw. privat-gewerblichen Träger entwickelt wurden.

2.2 Objektive Rechtsverpflichtungen im Leistungsverhältnis: Finanzierung durch Subventionen

Es existieren eine Reihe von Sozialleistungen, auf die die Betroffenen keinen Rechtsanspruch haben, die aber die Leistungsträger gleichwohl realisieren müssen, oder die sie aus Zweckmäßigkeitserwägungen für wünschenswert halten. Derartige Sozialleistungen stehen häufig im Zusammenhang mit der allgemeinen Daseinsvorsorge und werden dementsprechend von den Kommunen als Sozial- bzw. Jugendhilfeträger zur Verfügung gestellt. Diese werden in dem rechtlichen Kontext dargestellt, wo sie am verbreitetsten sind, nämlich dem Jugendhilfe- und Sozialhilferecht unter 3.3.2.

3. Typik des Leistungserbringungsrechts

3.1 Leistungserbringung im Recht der gesetzlichen Krankenversicherung

Das Leistungserbringungsrecht in der GKV ist geregelt in den §§ 69–140e SGB V (zum Folgenden Ebsen in Maydell et al. 2012, SRH, § 15, Rz. 128ff.). Leistungsträger sind die Krankenkassen; Leistungserbringer sind Vertragsärzt_innen und Vertragszahnärzt_innen, Krankenhäuser und andere stationäre Einrichtungen, Erbringer_innen von Heil- und Hilfsmitteln (Ergotherapeut_innen, Physiotherapeut_innen, usw.), Apotheken und Pharma-Unternehmen und sonstige Leistungserbringer_innen (Haushaltshilfen, häusliche Krankenpflege, Soziotherapie, spezialisierte ambulante Palliativversorgung, Hebammen usw.). Entsprechend vielgestaltig ist das Leistungserbringungsrecht. Exemplarisch greifen wir hier die Steuerung und Finanzierung vertragsärztlicher Leistungen heraus.

3.1.1 Erbringung vertragsärztlicher Dienstleistungen

Wenn Versicherte kassenärztliche Leistungen in Anspruch nehmen, erhalten sie die ihnen zustehende medizinische Versorgung. Was *leistungsrechtlich* relativ einfach erscheint, gestaltet sich *leistungserbringungsrechtlich* als hochkomplex. Die Vertragsärzt_innen als Leistungserbringer erhalten ihre Vergütung in Abhängigkeit der Einigung verschiedener Institutionen auf bestimmte Verträge über mehrere Zwischenstationen. Es ist zwar letztlich das Geld der Versicherten, welches an die Leistungserbringer ausgekehrt wird, aber die Verteilung ist gekennzeichnet von mehreren sich überlagernden Steuerungsebenen und durch die Interessengegensätze, die im System vorhanden sind.

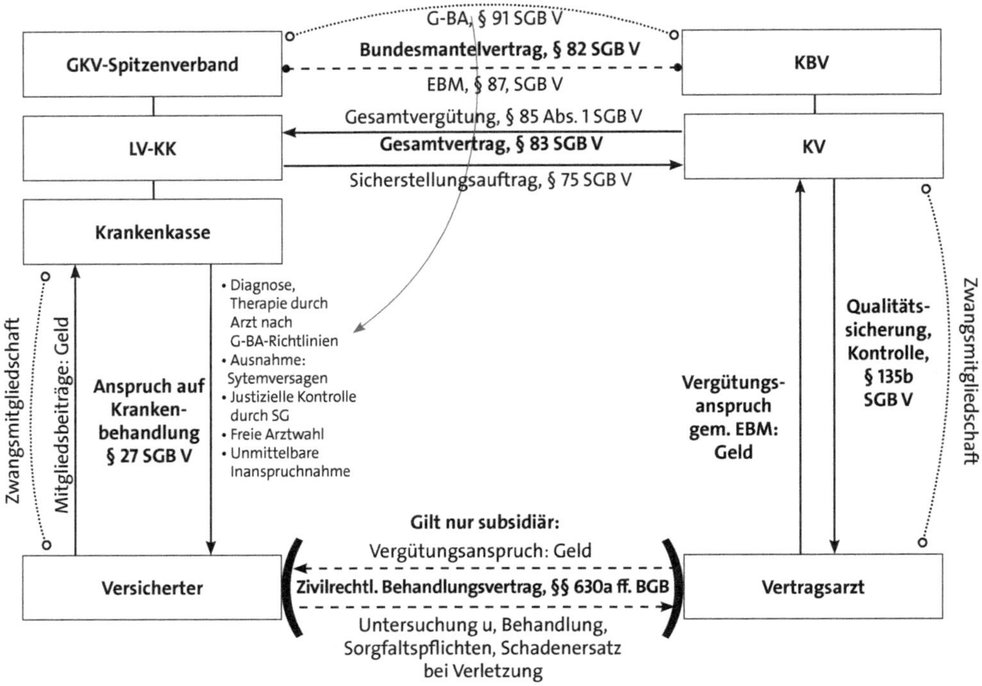

Abb. 2: Sozialrechtliche Organisation der ambulanten vertragsärztlichen Versorgung nach SGB V (eigene Darstellung)

3.1.2 Abstrakte Konkretisierung durch den Gemeinsamen Bundesausschuss (G-BA)

Für die Frage, worin im Einzelnen die richtige und anspruchsgemäße Behandlung durch einen Arzt oder eine Ärztin besteht, sind die Richtlinien des (G-BA) von entscheidender Bedeutung. Er setzt sich gem. § 91 SGB V zusammen aus Mitgliedern des *Spitzenverbands der gesetzlichen Kranken- und Pflegekassen* (GKV-Spitzenverband), der *Kassenärztlichen (und Kassenzahnärztlichen) Bundesvereinigungen* (KBV, der KZBV, der *Deutschen Krankenhausgesellschaft* (DKG), einem/r Vorsitzenden sowie zwei weiteren Mitgliedern. Ferner nehmen fünf Patientenvertreter_innen teil, die allerdings kein Stimmrecht haben. Dieses Gremium erweist sich mit seinen Richtlinien, die den Inhalt der ärztlichen Leistung vorab abstrakt konkretisieren als die eine entscheidende Steuerungsinstanz im Recht der GKV. Denn *abgerechnet* werden kann nur eine Untersuchungs- und Behandlungsmethode, die zuvor vom G-BA innerhalb einer Richtlinie *zugelassen* wurde, §§ 92 Abs. 1 S. 2 Nr. 5 i.V.m. § 135 Abs. 1 SGB V.

3.1.3 Gesamt- und Bundesmantelverträge

Die zweite Steuerungsinstanz besteht in den Gremien, die die *Gesamtverträge* und *Bundesmantelverträge* vereinbaren. Ärzt_innen, Zahnärzt_innen, psychologische Psychotherapeut_innen sowie Kinder-und Jugendlichenpsychotherapeut_innen sind, sofern sie an der vertragsärztlichen Versorgung der Versicherten teilnehmen, Pflichtmitglieder in den *Kassenärztlichen Vereinigungen* (KV).

3.1.4 Versorgungsvertrag und Sicherstellungsauftrag

Die Frage, wer überhaupt zur vertragsärztlichen Versorgung zuzulassen ist, wird nach einer Bedarfsprüfung für den jeweiligen Zulassungsbezirk entschieden. Maßgeblich ist insoweit § 95 Abs. 1 SGB V i.V.m. den gemäß § 98 SGB V erlassenen Zulassungsverordnungen sowie die nach § 99 SGB V erlassenen Bedarfspläne, die ihrerseits auf die Bedarfsplanungsrichtlinien des G-BA zurückgehen. Um eine solche Zulassung kann im Einzelfall erbittert gestritten werden, weil an ihr gewissermaßen die Geschäftsgrundlage einer Vertragsarztpraxis ‚hängt': ohne Zulassung keine Abrechnungsmöglichkeit. Ist jemand dann als Vertragsarzt zugelassen, trifft ihn der *Sicherstellungsauftrag* einschließlich des Notdienstes (§ 75 SGB V).

3.1.5 Honorarverteilung

Als Gegenleistung hierfür erhalten die KVen die Gesamtvergütung (§ 85 SGB V). Diese wird nach dem *Honorarverteilungsmaßstab* (HVM) an alle an der vertragsärztlichen Versorgung beteiligten Leistungserbringer verteilt. Nach § 87 SGB V gilt ein *einheitlicher Bewertungsmaßstab* (EBM) auf Bundesebene, der im sogenannten *Bundesmantelvertrag* durch die KBV und KZBV durch den GKV-Spitzenverband vereinbart wird. Die Punktwerte, die sich daraus ergeben, bepreisen einzelne medizinische Leistungen und versprechen eine fallbezogene Pauschalvergütung. Sie enthalten prospektive Elemente hinsichtlich eines Bereichs und eines künftigen Zeitraums.[4] Im Ergebnis kann dies auch zu einer Deckelung der Honorare für einen bestimmten Zeitraum führen.

3.1.6 Rechtsschutz

Können sich die Parteien in diesen Gremien nicht einigen, ist eine *Zwangsschlichtung* durch Schiedsämter gem. § 89 SGB V vorgesehen. Für jedes Bundesland wird ein Landesschiedsamt aus Vertreter_innen der Ärzte und der Krankenkasse, eines/r unparteiischen Vorsitzenden und zweier weiterer unparteiischer Mitglieder gebildet, § 89 Abs. 2 SGB V. Ein entsprechendes Gremium – nämlich das Bundesschiedsamt – existiert auch für Streitigkeiten zwischen den KBVen und dem GKV Spitzenverband, § 89 Abs. 4 SGB V. Für die Landesschiedsämter existieren Aufsichtsbehörden in Gestalt oberster Verwaltungsbehörden, für das Bundesschiedsamt ist dies das Bundesministerium für Gesundheit. Gegen Entscheidungen der Schiedsämter bzw. insoweit ergangene oder nicht ergangene Beanstandungen ist die Klage zum Landessozialgericht gem. § 29 Abs. 2 Nr. 1, 2 SGG gegeben.

3.2 Leistungserbringung im Recht der sozialen Pflegeversicherung

Der Gesetzgeber hat bei der Einführung der sozialen Pflegeversicherung die gesetzliche Krankenversicherung als Vorbild herangezogen (zum Folgenden Igl in Maydell et al. 2012, SRH, § 18 Rz. 90ff.). Dies gilt insbesondere im Hinblick auf das Sachleistungsprinzip, welches sehr umfassend im SGB XI verwirklicht wurde.

4 Noch weiter geht die Pauschalisierung in der Krankenhausfinanzierung, in der ein System von *Fallpauschalen und Sonderentgelten* gilt (*DRG-System* = Diagnosis-Related-Groups-System). Einspareffekte ergeben sich daraus, dass hier unabhängig von der tatsächlichen Verweildauer eines/r Patient_in im Krankenhaus für einen im DRG-System festgelegten Fall ein pauschales Honorar gezahlt wird, so dass für die Krankenhäuser ein Anreiz dafür entsteht, Patient_innen früher nach Hause zu schicken.

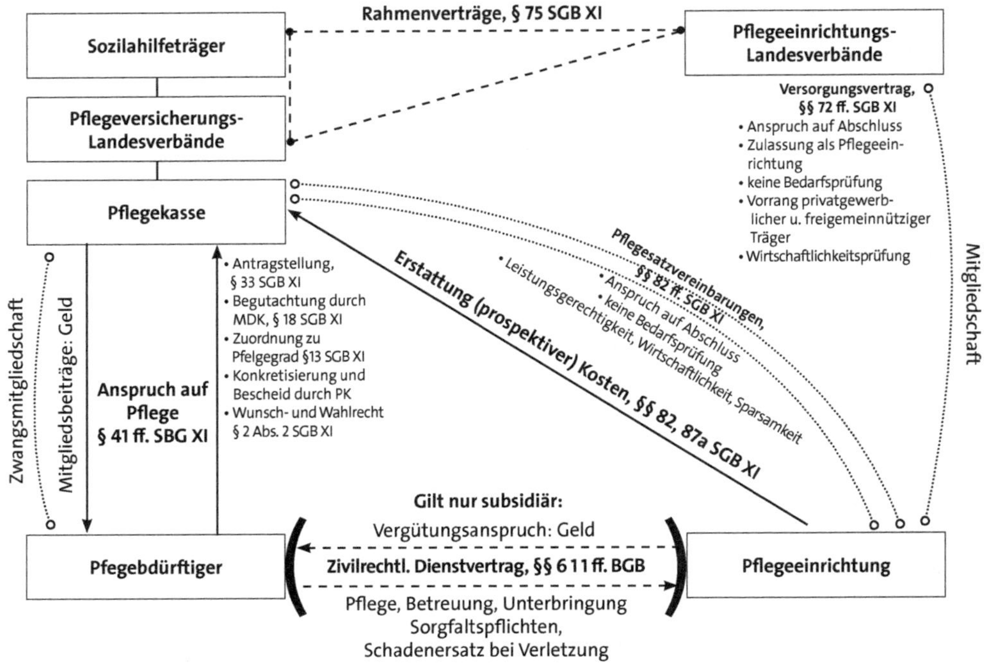

Abb. 3: Sozialrechtliche Organisation der pflegerischen Versorgung nach SGB XI (eigene Darstellung)

3.2.1 Erbringung pflegerischer Dienstleistungen

Die Zuordnung der Pflegebedürftigen zu einem bestimmten Pflegegrad (§ 13 SGB XI) erfolgt nach Antragstellung (§ 33 SGB XI) durch eine Begutachtung des Medizinischen Dienstes der Krankenkassen (MDK, § 18 SGB XI). Nach Erhalt eines entsprechenden Bescheides durch die Pflegekasse übt der/die Pflegebedürftige sein Wunsch- und Wahlrecht (§ 2 Abs. 2 SGB XI) aus und wendet sich an einen ambulanten Pflegedienst oder eine stationäre Pflegeeinrichtung. Wie im Recht der GKV sind auch hier die zivilrechtlichen Leistungsbeziehungen zwischen Pflegebedürftigen und Pflegeeinrichtungen nur von nachrangiger Bedeutung; sie werden vielfach von öffentlich-rechtlichen Regelungen verdrängt und überlagert.

3.2.2 Rahmenverträge

Zunächst bedarf es landesweit zu vereinbarender *Rahmenverträge gem. § 75 SGB XI* zwischen den Landesverbänden der Pflegekassen, den Landesverbänden der Pflegeeinrichtungen sowie der ebenfalls in der Kostentragungspflicht befindlichen Sozialhilfeträger.

3.2.3 Versorgungsverträge

Des Weiteren setzt die Inanspruchnahme von Pflegeleistungen einer bestimmten Einrichtung einen *Versorgungsvertrag gemäß §§ 72ff. SGB XI* voraus. Hierzu gehören ambulante Einrichtungen (Pflegedienste) und stationäre Einrichtungen (Pflegeheime). Es findet keine Bedarfsprüfung statt. Bei Vorliegen der Voraussetzungen des § 72 Abs. 3 SGB XI (Beachtung des Fachkräftegebots des § 71 SGB XI, Gewähr für eine leistungsfähige und wirtschaftliche pflegerische

Versorgung, Qualitätsmanagementvereinbarung gemäß § 113 SGB XI sowie die Beachtung des Expertenstandards nach § 113a SGB XI) hat eine Pflegeeinrichtung einen *Anspruch* auf Abschluss eines solchen Vertrages (Schütze in: Udsching 2015, SGB XI, § 72 Rz. 12). Er hat vor allem die Wirkung einer *Zulassung zum Markt* der Anbieter von Pflegeleistungen.

3.2.4 Pflegesatzvereinbarungen und Vergütungsregelungen

Schließlich müssen für stationäre Pflegeleistungen *Pflegesatzvereinbarungen* gemäß §§ 82ff. SGB XI vorliegen. Bei ihnen handelt es sich um die Grundlage für die Finanzierung des laufenden Betriebes; es geht also um eine leistungsgerechte Vergütung für die allgemeinen Pflegeleistungen (Pflegevergütung) sowie im Fall der stationären Pflege ein angemessenes Entgelt für Unterkunft und Verpflegung (§ 82 Abs. 1 Satz 1 SGB XI). Hiervon zu unterscheiden sind insbesondere die Investitionsaufwendungen (§ 82 Abs. 2 SGB XI), die nach Landesrecht unterschiedlich von anderen öffentlichen Stellen (teilweise) gedeckt werden, im Übrigen von dem/r Pflegebedürftigen zu tragen sind. Damit ist die sog. *duale Finanzierung* des Krankenhausfinanzierungssystems teilweise in die PV übernommen worden. Auf den Abschluss einer Pflegesatzvereinbarung hat die Einrichtung einen Anspruch, ist allerdings zu seiner Verwirklichung auf das besondere Verfahren des § 85 SGB XI verwiesen. Danach kann sie nach Ablauf einer Frist von sechs Wochen, in der keine Pflegesatzvereinbarung zustande gekommen ist, die Schiedsstelle gem. § 76 SGB XI anrufen, welche dann einen Pflegesatz festsetzt.

Pflegesätze sind grundsätzlich nur für die Zukunft (=prospektiv) abzuschließen, § 85 Abs. 3 Satz 1 SGB XI, nachträgliche Ausgleiche sind unzulässig. Die Überprüfung der Leistungsgerechtigkeit eines Pflegesatzes erfolgt nach der Rechtsprechung des BSG (BSGE 102, S. 227ff.) in einem mehrstufigen Verfahren, in welchem der Einrichtungsträger zunächst die bei ihm entstehenden Kosten *plausibel* zu machen hat. In einem nächsten Schritt ist ein sogenannter *externer Vergleich* anzustellen, bei dem nach den durch das BSG entwickelten Grundsätzen Pflegesätze, die sich im unteren Drittel vergleichbarer Einrichtungen bewegen, von vornherein als leistungsgerecht anzuerkennen sind. Bei Überschreitung dieser Grenze ist in einem dritten Schritt ein sog. *interner Vergleich* durchzuführen, d.h. eine Überprüfung der wirtschaftlichen Angemessenheit einzelner Kostenpositionen (hierzu: O'Sullivan in: Schlegel 2014, jurisPK-SGB XI, § 84 Rz. 32ff., 85 Rz. 31ff.). Dabei gilt, dass die Vereinbarung leistungsgerecht sein muss, § 84 Abs. 2 Satz 1SGB XI. Zur Vermeidung einer Abwärtsspirale hinsichtlich der vereinbarten Entgelte enthält § 84 Abs. 2 SGB XI einen Satz 4, der festschreibt, dass die Vergütung für die Einrichtung hinreichend sein muss, um ihre Aufwendungen zu finanzieren und ihren Versorgungsauftrag zu erfüllen. Dabei dürfen Vergütungsforderungen von Einrichtungsträgern, die auf der Kalkulation mit Tariflöhnen der Beschäftigten beruhen, von den Pflegekassen nicht als unwirtschaftlich abgelehnt werden, § 84 Abs. 2 S. 5 SGB XI.

Auch hier findet keine *Bedarfsprüfung* statt (Schütze in: Udsching 2015, SGB XI, § 72 Rz. 3, 10.). Der Gesetzgeber hat seinerzeit – anders als im Recht der GKV – auf einen möglichst freien Markt zur Steuerung des Angebots von Pflegeleistungen sowie der hierfür geforderten Vergütung gesetzt.

Liegen alle diese Voraussetzungen vor, so erwirbt die Pflegeeinrichtung gem. § 87a Abs. 3 SGB XI einen originären Zahlungsanspruch gegenüber der Pflegekasse, sofern sie Pflegeleistungen erbringt. Dieser Anspruch entsteht unabhängig von der zivilrechtlichen Zahlungsverpflichtung des/r Pflegebedürftigen gegenüber der Einrichtung. Insbesondere muss die Pflegekasse gegenüber der Einrichtung keinen Schuldbeitritt erklären, oder eine gesonderte Kostenzusage abgeben. Er hängt allein davon ab, dass gem. § 87a Abs. 1 SGB XI ein/e Pflegebedürftige/ im Heim tatsächlich betreut wird. Diese Regelung ist Konsequenz des im Pflegeversicherungsrechts geltenden Sachleistungsprinzips (Schütze in: Udsching 2015, SGB XI, § 87a Rz. 8).

Die Vergütungsregelungen für ambulante Pflegeleistungen nach § 89 SGB XI folgen diesem Modell weitgehend, es wird nach Zeitaufwand vor Ort (Udsching 2015, SGB XI, § 89 Rz. 13) und in Einzelfällen auch nach Einzelleistungen abgerechnet. Auch hier findet keine Bedarfsprüfung statt.

3.3 Leistungserbringung im Recht der Sozialhilfe und der Kinder- und Jugendhilfe

Diese beiden bedeutendsten Teile des Fürsorgerechts sind historisch sehr stark vom Grundsatz der institutionellen Subsidiarität geprägt, denn es waren seit dem 19. Jahrhundert die freien Träger der Wohlfahrtspflege, die sich neben den Kommunen als öffentlichen Träger der Wohlfahrtspflege um Armut, Elend und Desintegration in der Bevölkerung kümmerten. Spätestens nach dem ‚Kulturkampf' in den 1870er Jahren überließ der deutsche Staat den Kirchen die caritative Tätigkeit weitgehend, blieb jedoch „subsidiär" zuständig. So entstand das *duale System der Wohlfahrtspflege* in Deutschland (hierzu Sachße/Tennstedt 1998, S. 227ff.). Die maßgeblichen Gesetze in der Bundesrepublik – für das Sozialhilferecht zunächst das Bundessozialhilfegesetz (BSHG) und seit 2004 das SGB XII; für das Jugendhilferecht zunächst das JWG und seit 1990 das SGB VIII – folgen in ihren leistungserbringungsrechtlichen Teilen keinem eigentlichen Steuerungsmodell, sondern normieren vielmehr die *Kooperations- und Abrechnungspraxis* eines Wohlfahrtswesens, in dem freie und öffentliche Wohlfahrtsträger Soziale Arbeit organisieren, finanzieren und erbringen.

Jugendhilfe- und Sozialhilferecht sind die wichtigsten Teile des Fürsorgerechts, sie laufen rechtsystematisch und sozialpolitisch weitgehend parallel. Soziale Arbeit wird überwiegend in diesem Bereich erbracht.

3.3.1 Leistungserbringung bei Rechtsansprüchen: Das jugendhilfe-/sozialhilferechtliche Dreiecksverhältnis

3.3.1.1 Konstruktive Grundlagen

Die Stellung der freien Träger im Jugend- und dem Sozialhilferecht ist relativ stark (hierzu insbesondere Neumann 1992) gegenüber den öffentlichen Trägern, die als Leistungsträger letztlich die Finanzierungsverantwortung, aber auch das Rechtsanwendungsprivileg haben: Es herrscht das Gebot einer *kooperativen Zusammenarbeit* in einer möglichst *pluralen* Jugend- und Sozialhilfelandschaft, wobei der *Grundsatz der institutionellen Subsidiarität* gilt (§ 3, 4 SGB VIII und §§ 4, 5 SGB XII). Diese Grundentscheidung zum Verhältnis von privater und öffentlicher Fürsorge ist vom Bundesverfassungsgericht bestätigt worden (BVerfGE 22, S. 180ff.) und in den letzten Jahren anlässlich der Auseinandersetzungen zum Thema ‚Sozialraumorientierung' um die Klarstellung ergänzt worden, dass sich auch freigemeinnützige, nicht gewinnorientierte Institutionen auf die *Berufsfreiheit des Art. 12 GG* stützen können (OVG Lüneburg, DVBl 2012, S. 1123ff. und zuletzt VG Hamburg, NDV-RD 2016, S. 42ff.). Dies hat erhebliche Auswirkungen auf das aktuelle Leistungserbringungsrecht.

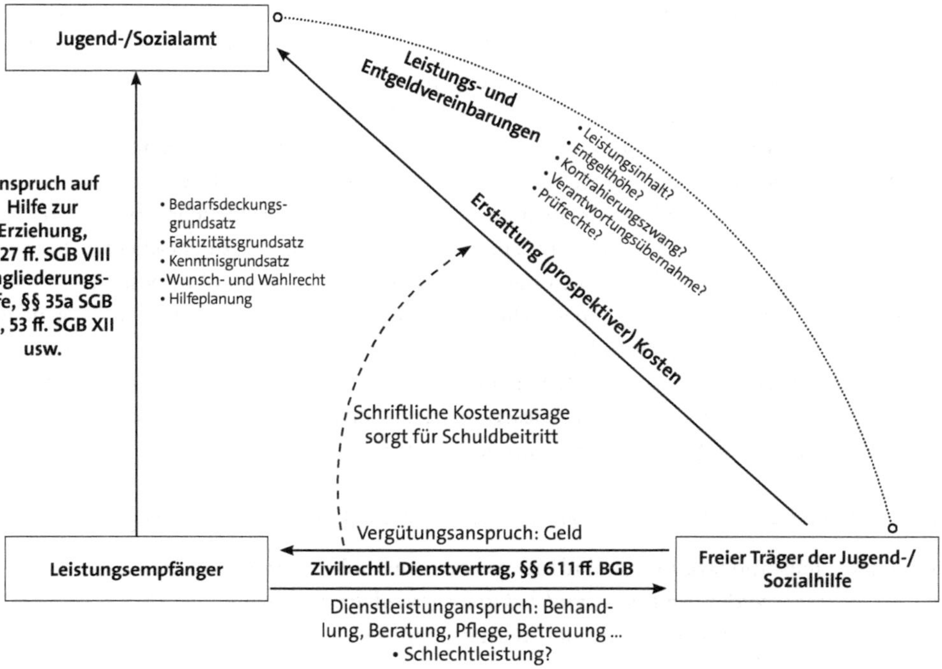

Abb. 4: Sozialrechtliche Organisation von Jugend- und Sozialhilfe nach SGB VIII und SGB XII (eigene Darstellung)

Die Erbringung von jugendhilfe- und sozialhilferechtlichen Individualleistungen, auf die ein Rechtsanspruch besteht – also insbesondere für die Leistungen der Hilfe zur Erziehung (§§ 27ff. SGB VIII) sowie der Eingliederungshilfe (§§ 53ff. SGB XII) und der Hilfe zur Pflege (§§ 61ff. SGB XII) – erfolgt im Rahmen des jugendhilfe- bzw. sozialhilferechtlichen Dreiecksverhältnisses (zum Folgenden Münder in Münder et al. 2013, FK-SGB VIII, Vor Kapitel 5, Rz. 5ff.).

Liegen die Voraussetzungen vor und wurde der Bedarf im Hilfeplan- bzw. Gesamtplanverfahren (§ 36 SGB VIII, § 58 SGB XII) unter Beachtung des Wunsch- und Wahlrechtes konkretisiert, hat der/die Hilfesuchende Anspruch auf Übernahme der in der Einrichtung bzw. bei dem Dienst entstehenden Kosten, sofern diese Kosten nicht unverhältnismäßig höher sind als diejenigen vergleichbarer Einrichtungen. Zwischen Hilfesuchendem/r und Einrichtung besteht ein privatrechtlicher *Dienstvertrag mit Leistung und Gegenleistung* (§ 611ff. BGB), der die Einrichtung zur Erbringung der sozialen Dienstleistung und den/die Hilfesuchende/n zur Zahlung verpflichtet. Dieser Vertrag kann mündlich, schriftlich oder aber auch durch konkludentes (=schlüssiges) Verhalten geschlossen werden.

Anders als im SGB V und SGB XI gilt im SGB VIII und SGB XII *nicht das Sachleistungsprinzip*, sondern das sog. Sachverschaffungsprinzip: Der öffentliche Träger muss mit seiner Finanzmacht dafür Sorge tragen, dass die Leistungsberechtigten die Leistung in Anspruch nehmen können. Daher entspricht dem Anspruch des/r Leistungsberechtigten auf Gewährung der psychosozialen Dienstleistung gegenüber Jugend- oder Sozialamt ein Anspruch auf Freistellung von der Leistungsverpflichtung, die durch den o.g. Dienstvertrag entstanden ist.

Die Träger und Einrichtungen selbst haben demgegenüber keinen unmittelbaren Leistungsanspruch gegenüber den Jugend- bzw. Sozialämtern,[5] und letztere keine unmittelbare Einwirkungsmöglichkeit – etwa in Form von Weisungen o.ä. – auf die Träger und Einrichtungen. Zu unmittelbaren Leistungsbeziehungen zwischen dem Träger der öffentlichen Jugend- bzw. Sozialhilfe und dem freien Träger kommt es nur, wenn das Jugend- bzw. Sozialamt der Einrichtung gegenüber eine Kostenzusage erteilt hat. Dies geschieht in der Regel durch einen Verwaltungsakt, der als zivilrechtlicher Schuldbeitritt zu werten ist. Alle diesbezüglichen Streitigkeiten zwischen Leistungsträgern und -erbringern sind von den Zivilgerichten zu entscheiden.[6] Liegt keine Kostenzusage vor, geht die Einrichtung das Risiko ein, Leistungen ohne gesicherte Finanzierung zu erbringen. Tauchen etwa nach Unterbringung eines Kindes aufseiten des Jugendamtes Zweifel an der Zuständigkeit auf, so hat die Einrichtung ohne Kostenzusage keinen eigenen Leistungsanspruch gegenüber dem Jugendamt. Ggf. muss die Einrichtung dann den/die Hilfeempfänger_in beim Zivilgericht und dieser wiederum den Leistungsträger beim Verwaltungs- bzw. Sozialgericht auf Abgabe einer derartigen Kostenzusage klagen.

3.3.1.2 Vereinbarungen über Leistungsentgelte zwischen öffentlichen und freien Träger

Stationäre, teilstationäre und ambulante Leistungen sind in der Sozialhilfe ausnahmslos von einer *Leistungs- und Vergütungs- und Prüfungsvereinbarung* abhängig (§ 75 Abs. 3 SGB XII), in der Jugendhilfe sind stationäre und teilstationäre Leistungen von *Leistungs-, Entgelt- und Qualitätsentwicklungsvereinbarungen* abhängig (§ 78a Abs. 2 SGB VIII), während es für die ambulanten Leistungen bei der allgemein bestehenden Soll-Vorschrift des § 77 SGB VIII bleibt. (hierzu unten 4.2).

Grundsätzlich sind Vereinbarungen über prospektive, d.h. in der Zukunft erwartete Entgelte abzuschließen, nachträgliche Ausgleiche sind unzulässig. Etwaige Überschüsse oder Verluste verbleiben also bei der Einrichtung. Es werden hier Leistungsentgelte für belegte Plätze pro Kopf und Tag (‚Pflegesätze‘) oder für einzelne Betreuungsstunden (‚Fachleistungsstunden‘) vereinbart. Es findet keine Bedarfsprüfung bei den Vereinbarungen statt, Geld erhält der freie Träger also nur für tatsächlich durchgeführte Maßnahmen, wobei etwaige Ausfälle, die durch unzuverlässige Leistungsempfänger_innen entstehen, nicht zu einem Entfall des Zahlungsanspruches führen, § 615 BGB (hierzu unten 4.4.3.). Vergütung ist bei dieser Finanzierungsart daher immer von Belegung abhängig. Es gilt das Prinzip: keine Belegung – keine Vergütung.

Die Vereinbarungen müssen *leistungsgerecht* sein, also den Grundsätzen der *Leistungsfähigkeit, Wirtschaftlichkeit und Sparsamkeit* entsprechen. Was darunter im Einzelnen zu verstehen ist, ist umstritten. Die Rechtsprechung des Bundesverwaltungsgerichts (welches früher für beide Rechtsbereiche zuständig war; nunmehr ist es dies nur noch für die Jugendhilfe) folgte sehr stark einem Konkurrenzmodell, wonach eigentlich nur dasjenige Entgelt wirtschaftlich sein sollte, das im Vergleich billiger war als das der Konkurrenz (BVerwGE 108, S. 47ff.). Das für die Sozialhilfe zuständig gewordene Bundessozialgericht verfolgt nunmehr einen Ansatz, der aus dem Pflegeversicherungsrecht stammt (oben unter 3.2.4), nämlich eine Prüfung in drei Schritten: Externer Vergleich, Unteres-Drittel-Regel, interner Vergleich (BSGE 102, S. 227ff.; hierzu auch die Darstellung unten 4.4.1).

5 Anders im SGB V und SGB XI, §§ 85, 87 SGB V (oben 3.1.4) bzw. § 87a Abs. 3 SGB XI (oben 3.2.4).
6 BGH, ZFSH/SGB 2015, S. 450ff. Dies war lange umstritten, dürfte aber nun geklärt sein.

Werden sich die Parteien über die Vereinbarungen nicht einig, steht ihnen der Gang zur Schiedsstelle und danach zum Verwaltungs- bzw. Sozialgericht offen, hierzu unsere Darstellung unten 4.8.

3.3.2 Leistungserbringung bei objektiven Rechtsverpflichtungen: Jugend-/Sozialhilferechtliche Sozialsubventionen

Auf viele niedrigschwellige soziale Angebote haben die Betroffenen keinen Rechtsanspruch. Sie sind aber gleichwohl zweckmäßig: Angebote der *offenen Kinder- und Jugendarbeit* (§§ 11, 13 SGB VIII), *unverbindliche Beratungsleistungen für Familien* (§ 16 SGB VIII), *Suchtberatungsstellen und Beratungsstellen bei häuslicher Gewalt* (SGB XII). Die meisten dieser Angebote werden von den Kommunen im Rahmen der Daseinsvorsorge bereitgestellt, aber auch andere Sozialleistungsträger legen Programme auf, zu denen sie von den Leistungsempfänger_innen mangels subjektiv-öffentlichen Rechts nicht gerichtlich verpflichtet werden können. Dies betrifft auch Modellprojekte,[7] Kooperationen mehrerer Leistungsträger usw. All dies wird im Grundsatz durch *Sozialsubventionen* finanziert.

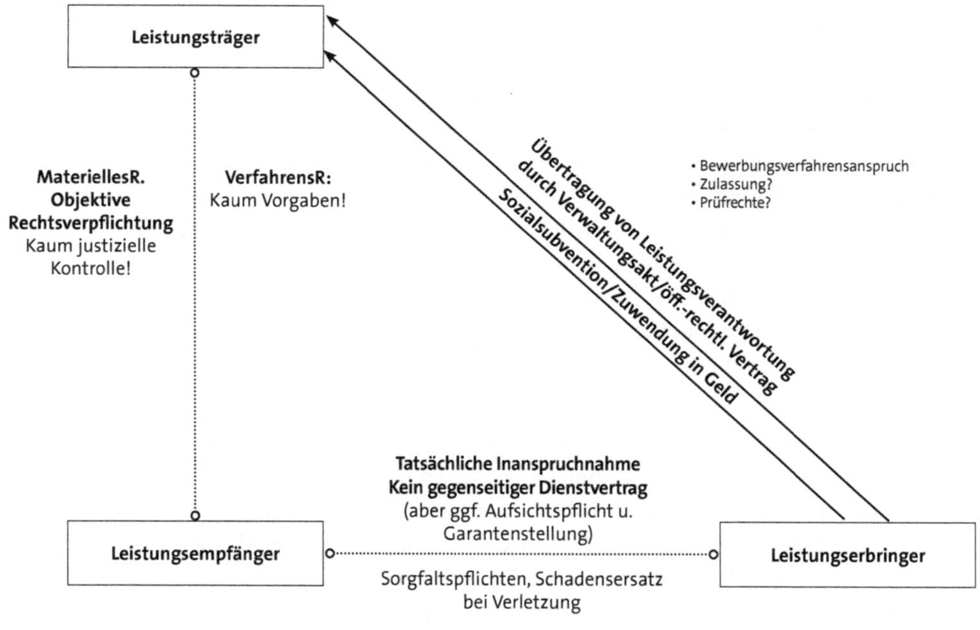

Abb. 5: Sozialsubventionen zur Realisierung von objektiven Rechtsverpflichtungen (eigene Darstellung)

Die Verpflichtung der Leistungsträger, die Leistung tatsächlich an die Empfänger_innen zu bringen, ist hier deutlich geringer ausgestaltet. Daher bedarf es hier keiner Entgeltfinanzierung über das Dreieck. Der Leistungsträger darf fiskalische und politische Erwägungen anstellen und in Abhängigkeit davon Leistungen zur Verfügung stellen, oder dies lassen; eine justizielle Kontrolle besteht nur hinsichtlich willkürlicher Entscheidungen unter dem Gesichtspunkt des allgemeinen Gleichheitssatzes (Art. 3 GG), bzw. hinsichtlich der Konsistenz des Verwaltungs-

7 Beispielhaft seien hier die *Familienhebammen* genannt, welche seit 2012 nach § 3 Abs. 4 KKG durch den Bund finanziert werden, Hinrichs/Gerlach 2011.

handelns in Bezug auf kommunale Beschlussfassungen (§ 74 Abs. 2 SGB VIII), etwa im Jugendhilfeausschuss (§ 71 SGB VIII), oder im Jugendhilfeplan (§ 80 SGB VIII). Ein Rechtsverhältnis im engeren Sinne besteht aber nur zu den Leistungserbringern, die für die Leistungsträger bestimmte Leistungen anbieten, die die Empfänger_innen auch ohne Bewilligungsbescheid unmittelbar in Anspruch nehmen. Es findet also *keine qualifizierte und einzelfallbezogene Bedarfsprüfung* durch die Leistungsträger statt, sondern eine Globalprüfung hinsichtlich Art und Umfang des Bedarfs, die den Leistungsträger dann veranlasst, Leistungserbringer mit der Leistungserbringung zu beauftragen. Für diese Beauftragung gibt es sodann zwei rechtliche Instrumente: zum einen den begünstigenden *Subventionsverwaltungsakt mit Nebenbestimmungen*; zum anderen den Abschluss öffentlich-rechtlicher Verträge, die ein Entgelt dafür versprechen, dass der Leistungserbringer Leistungen zugunsten der Leistungsempfänger_innen zur Verfügung stellt. Insbesondere niedrigschwellige Leistungen, bei denen ein umfängliches Hilfeplanverfahren ohnehin die Inanspruchnahme stören würde, kommen hier in Betracht.

Wegen der hier vorliegenden Globalsteuerung ist die Wettbewerbssituation der Leistungserbringer anders strukturiert: Während die Leistungserbringung im sozialrechtlichen Dreiecksverhältnis einen *Sozialmarkt* unterstellt, erfolgt bei Sozialsubventionen eine *Vorabauswahl.* Denn hier fließen öffentliche Mittel bestimmten Leistungserbringern zu, die getrennt vom jeweiligen Einzelfall soziale Dienstleistungen vorhalten. Die interessierten Leistungserbringer haben hier nur noch den sog. „Bewerberverfahrensanspruch“, der sich im Wesentlichen am allgemeinen Gleichheitssatz des Art. 3 GG orientiert und einen gewissen Willkürschutz vermittelt (hierzu Gerlach/Hinrichs 2015, S. 134ff.). Für die Leistungserbringer steht und fällt ihr wirtschaftliches Überleben mit ihrer (häufig exklusiven) Auswahl. Insofern entspricht die Finanzierung über Subsozialsubventionen eher dem Modell eines – vermeintlich überwundenen – Fürsorgekorporatismus, als die Finanzierung im Dreieck, die eher dem Modell eines sozialen Markts entspricht. Demgemäß haben die Leistungsberechtigten bei Sozialsubventionen regelmäßig weniger Partizipationsrechte; insbesondere das Wunsch- und Wahlrecht kann bei der Vergabe exklusiver Leistungsbereiche und/oder Leistungskontingenten nur sehr eingeschränkt Anwendung finden.

Die *Leistungsträger* neigen im Streit um den Rechtscharakter der Normen des Leistungsrechts eher dazu, objektive Rechtsverpflichtungen (= ‚freiwillige Leistungen‘) anzunehmen, jedenfalls aber Rechtsansprüche (= ‚Pflichtleistungen‘) zu negieren: Sie haben die damit verbundenen größeren Freiheiten bei der Bedarfssteuerung und -befriedigung und die damit verbundene Möglichkeit im Auge, Sozial- und Familienpolitik unter das Haushaltsrecht zu subsumieren; zum Teil stehen derartige Angebote ausdrücklich unter dem Vorbehalt ausreichender Haushaltsmittel (z.B. § 74 SGB Abs. 3 VIII). Umgekehrt neigen die *Leistungserbringer* eher dazu, Partei für die Annahme von Rechtsansprüchen zu ergreifen: Sie verstehen sich traditionell als Anwälte der Betroffenen, für die Rechtsansprüche eine größere Verbindlichkeit bedeuten und die zugleich für die Leistungserbringer eine größere ökonomische Sicherheit versprechen. Ein Beispiel hierfür mag die Auseinandersetzung um die *Sozialraumorientierung* (hierzu unter 4.1) sein.

3.4 Zusammenfassung

Das Leistungserbringungsrecht des SGB V unterliegt einer *Globalsteuerung,* die die *Bedarfsprüfung* mitumfasst. Dies ist angesichts des Sachleistungsprinzips, bei dem der Leistungserbringer selbst die Konkretisierung der Leistung vornimmt, konsequent: Weil die Ärzt_innen bzw. das Krankenhaus mit der Konkretisierung selbst Rechtsanwendung zulasten der Leistungsträger betreiben, beugt das Gesetz der Versuchung vor, eigene Profitinteressen zur Richtschnur der Behandlung werden zu lassen, indem von vornherein nur ein abgezirkeltes Instrumentarium sowie eine vorab festgelegte Honorierung zur Verfügung gestellt werden. Immer wieder auftauchende Abrechnungsskandale bezeugen, wie schwer es auch in diesem System fällt, Profitinteressen nicht als Zweck für sich, sondern nur als Hebel der Volksgesundheit wirken zu lassen. Umgekehrt bedarf es dann aber auch weitreichender Kontrollmöglichkeiten und Qualitätssicherungsmaßnahmen zur zumindest nachträglichen Korrektur und Ahndung immer wieder auftretenden Fehlverhaltens einzelner Leistungserbringer.

Das Leistungserbringungsrecht des SGB XI unterliegt einer *eingeschränkten Globalsteuerung ohne Bedarfsprüfung*: *Alle* (grundsätzlich geeigneten) Pflegeeinrichtungen sind durch Versorgungsvertrag und Pflegesatzvereinbarungen bzw. Vergütungsregelungen am Markt zu beteiligen, auf den Abschluss derartiger Vereinbarungen haben die Einrichtungen einen Anspruch. Von den Pflegekassen getragen werden dann nur die von ihnen nach Begutachtung durch den MDK gewährten Leistungen. Durch den neuen Pflegebedürftigkeitsbegriff ist das Leistungsspektrum zwar ausgeweitet worden, bleibt aber immer noch restriktiv und schließt auch eine nur lückenhafte Bedarfsdeckung ein.

Das Leistungserbringungsrecht des SGB VIII und des SGB XII unterliegt im Bereich der Rechtsansprüche keiner Globalsteuerung; vielmehr verbleibt es hier bei einer Einzelfallsteuerung durch Bewilligung und Hilfeplanverfahren bei Berücksichtigung des Wunsch- und Wahlrechts der Leistungsberechtigten. Die insoweit gebotene Entgeltfinanzierung entspricht mit ihrer hohen Verbindlichkeit und ihrer Orientierung an den prospektiven Selbstkosten der Leistungen jener Verbindlichkeit, die zwischen Leistungsträger und Leistungsberechtigten besteht: Rechtsansprüche müssen im Grundsatz zu 100% finanziert werden, dies folgt letztlich aus dem verfassungsrechtlich verbürgten Bedarfsdeckungsgrundsatz. Bei objektiven Rechtsverpflichtungen besteht demgegenüber eine Globalsteuerung, die den Leistungsträgern größere Freiheiten für eine fachliche und fiskalische Schwerpunktsetzung lässt. Die Gesamt- und Planungsverantwortung der Jugend- und Sozialhilfeträger (§§ 17 SGB I, 79, 80 SGB VIII, 5 SGB XII) hat sich dieser Mittel zu bedienen, um eine Befriedigung der gesetzlich festgelegten Bedarfe zu gewährleisten.

4. Aktuelle Rechtsprobleme im Leistungserbringungsrecht der Sozialen Arbeit

4.1 Sozialraumorientierung

Die Sozialhilfe- und Jugendhilfeträger haben in den vergangenen Jahren sozialraumorientierte Steuerungsmodelle etabliert, die zumeist auch eine Budgetierung einschließen. Dies ist rechtlich ohne Weiteres möglich im Bereich objektiver Rechtsverpflichtungen, jedenfalls aber hinsichtlich solcher Leistungen, die nicht einem Bewilligungsvorbehalt des Leistungsträgers im Einzelfall unterliegen. Bezieht sich ein solches Sozialraumbudget hingegen auf Sozialleistungen, auf die ein Rechtsanspruch besteht und die, was der Regelfall ist, bewilligt werden müssen, ist es rechtswidrig, weil insoweit eine Abwicklung im sozialrechtlichen Dreiecksverhältnisses einzelfallbezogen über Preise pro Kopf und Tag oder pro Kopf und Fachleistungsstunde zwingend ist. Gleichwohl sind entsprechende Modelle in der Praxis weitverbreitet, weil die Leistungsabwicklung im Dreiecksverhältnis als zentraler Grund für Kostenanstiege interpretiert wird. Dabei werden sozialraumbezogene Leistungskontingente über Verträge nach Durchführung von *Interessenbekundungsverfahren* an ausgewählte Leistungserbringer ‚vergeben' (unten 4.10), in der Regel als Jahresbudget. Die Leistungskontingente beziehen sich bei diesen Modellen stets auf einen bestimmten Sozialraum und verpflichten die Leistungserbringer zur Kooperation mit weiteren Akteuren im Sozialraum (Kitas, Schulen, Beratungsstellen etc.). Damit werden in Teilen der Jugendhilfe und der Eingliederungshilfe Steuerungsformen aus der kommunalen Beschaffungspraxis (z.B. Straßenbau) übernommen.

Erklärtes Ziel sozialraumorientierter Steuerungsmodelle sind Einsparungen durch Budgets sowie eine rigidere Steuerung durch die öffentliche Hand, die notwendigerweise zulasten des Vorrangs der freien Wohlfahrtspflege geht, einschließlich einer Reduzierung der Leistungserbringer (hierzu Gerlach/Hinrichs 2016a, S. 193ff.; 2016b, S. 292ff.). Sozialraumorientierte Steuerungsmodelle, die ein Budget beinhalten, sind von den Verwaltungsgerichten bislang durchweg für rechtswidrig erklärt worden.[8] Sie verstoßen gegen Art. 12 GG (Berufsausübungsfreiheit), weil sie den ‚Marktzugang' für die in den Interessenbekundungsverfahren nicht ausgewählten Träger erschweren oder ausschließen. Außerdem werden nach Ansicht der Gerichte wesentliche Strukturprinzipien des Fürsorgerechts missachtet, so insbesondere der Bedarfsdeckungsgrundsatz und das Wunsch- und Wahlrecht der Hilfesuchenden (zum Ganzen ausführlich Gerlach/Hinrichs 2016a; 2010, S. 342ff.). Im Bereich der Jugendhilfe sollen sie durch eine Gesetzesänderung legitimiert werden (Gerlach/Hinrichs 2016b, S. 292ff.).

4.2 Ambulante Leistungen

Die Inanspruchnahme von Leistungen bei Leistungserbringern setzt grundsätzlich voraus, dass die Leistungserbringer Vereinbarungen mit dem jeweiligen Sozialleistungsträger abgeschlossen haben. Diese sind also Voraussetzungen für den Marktzugang. Im Jugendhilferecht ist dieses Prinzip nur für die *stationären* Leistungen geregelt. Im Bereich der *ambulanten* Jugendhilfeleistungen enthält § 77 SGB VIII lediglich eine Regelung, wonach Vereinbarungen zwischen der öffentlichen und der freien Jugendhilfe ‚anzustreben' sind. Dies führt dazu, dass im Bereich der ambulanten Jugendhilfe die Durchsetzbarkeit von Vereinbarungen für die Leistungserbringer erheblich erschwert ist und in Ermangelung eines Schiedsstellenverfahrens langwierige Gerichtsverfahren erforderlich sind. Dazu kommt eine spezifische Abhängigkeit von dem öffentlichen Jugendhilfeträger: Anders als im stationären Bereich wird die Belegung ambulanter Jugendhilfeleistungsangebote in aller Regel vorwiegend durch das Jugendamt gesteuert. Dieses entscheidet faktisch über das Ob und Wie von Hilfen.

Anders dagegen im Bereich des SGB XII: Hier werden ambulante und stationäre Maßnahmen materiell- und verfahrensrechtlich gleich behandelt (§ 75 Abs. 1 S. 2 SGB XII). Die oben skizzierte faktische Abhängigkeit von dem Leistungsträger besteht freilich auch hier.

8 Zuletzt VG Hamburg, NDV-RD 2016, S. 42ff., davor etwa OVG Lüneburg, DVBl 2012, S. 1123ff.; weitere umfangreiche Nachweise bei Gerlach/Hinrichs 2016a.

4.3 Leistungsvereinbarungen

4.3.1 Mindestinhalte

Die zwingend notwendigen Inhalte von Leistungsvereinbarungen sind gesetzlich geregelt (§ 76 Abs. 1 SGB XII, § 78 c SGB VIII). Kernbestandteile sind

- Aussagen zur Art, Ziel und Qualität der Leistung und zum betreuenden Personenkreis,
- zur personellen Ausstattung (d.h. Aussagen zur Qualität und Quantität des Personals)[9] sowie zur
- sächlichen Ausstattung.

Für die Ausgestaltung der Leistungsvereinbarung gibt es zum Teil in den Bundesländern durch Rahmenverträge vorgegebene Muster, die allerdings rechtlich nicht bindend sind (Sächsisches LSG, Sozialrecht aktuell 2015, S. 253ff.).

4.3.2 Personal (Qualifikation und Personalmengen)

Da die Personalkosten in der Regel den größten Bestandteil (ca. 80%) des Leistungsentgeltes ausmachen, stellen diese auch den größten ‚Zankapfel' in Entgeltverhandlungen dar. Bei der Leistungsvereinbarung wird wesentlich um Personalmengen, seltener um -qualifikationen gestritten. Im Jugendhilferecht folgen die Leistungsvereinbarungen hinsichtlich der Personal*mengen* oft den Vorgaben der Landesjugendämter im Betriebserlaubnisverfahren nach § 45 SGB VIII. Die Träger der öffentlichen Jugendhilfe erkennen zumeist nur die Personalmengen an, die das Landesjugendamt als Aufsichtsbehörde festgesetzt hat. Dies erscheint fragwürdig, da der Maßstab der Landesjugendämter die *Untergrenze des Kindeswohls* beschreibt.[10] Der Leistungserbringer kann diese Mindeststandards nicht *unter*schreiten, wohl aber *über*schreiten. Es obliegt seiner Trägerautonomie, bedarfsgerechte Leistungsangebote zu schaffen, die mehr bieten, als nur das Kindeswohl abzusichern.

Auch im Bereich des SGB XII wird erbittert um Personalmengen gestritten. Eine Orientierung an der Betriebserlaubnis wie im Jugendhilferecht scheidet aus, da Leistungserbringer im Bereich des SGB XII nicht betriebserlaubnispflichtig sind. Sie unterliegen lediglich einer repressiven Aufsicht durch die Heimaufsichtsbehörden. Eine besondere Problematik stellt der Umstand dar, dass anerkannte Verfahren und Standards zur Bemessung der Personalmengen fehlen. Dies führt bei Vertragsverhandlungen zu erheblichen Konflikten zwischen Leistungserbringern und Sozialhilfeträgern.

4.3.3 Leistungsvereinbarung vor Entgeltvereinbarung

In Leistungs- und Entgelt-/Vergütungsvereinbarungen werden für definierte soziale Dienstleistungen zukunftsbezogen Preise zwischen den Leistungserbringern und den Leistungsträgern vereinbart. Kern des Verhandlungsgeschäfts ist daher das ‚Bepreisen' von Leistungen. Dieser Preisfindung ist eine abgeschlossene Verhandlung über den Leistungs*inhalt* denklogisch vorausgesetzt. Vermeintliche Streits über die Entgelt*höhe* entpuppen sich im Verlauf von Verhandlun-

9 Hierzu gehören in der Regel Aussagen zur beruflichen Qualifikation sowie Personalschlüssel oder auch Gesamtpersonalmengen.

10 Wiesner in: Wiesner, SGB VIII, § 45, Rz. 18 spricht von „Minimalstandards".

gen tatsächlich als Streit über den Leistungs*inhalt*.[11] Zu schnell landen die Verhandlungspartner vielfach bei der Preisfrage, obwohl tatsächlich ein Streit um Leistungsinhalte zu führen wäre.

4.3.4 Rechtsanspruch auf Abschluss einer Leistungsvereinbarung

Die Vorschriften des Leistungserbringungsrechtes regeln nicht eindeutig, ob der Leistungserbringer einen *Rechtsanspruch* auf Abschluss einer Leistungs- und Entgelt-/Vergütungsvereinbarung hat. Sowohl § 75 Abs. 2 SGB XII als auch § 78b Abs. 1 SGB VIII regeln, dass eine Übernahme der Vergütung bzw. des Entgeltes nur erfolgen kann, wenn zwischen den Leistungsträgern und den Leistungserbringern eine Vereinbarung über die Leistung und das Entgelt/die Vergütung getroffen wurde.

Überwiegend wird hier dem Leistungsträger ein (eng begrenztes) Ermessen eingeräumt. Dieses verdichtet sich zu einem Rechtsanspruch, wenn die Leistungsträger ihre Ablehnung auf ermessensfehlerhafte Erwägungen stützen. Insbesondere stellt danach der Wunsch der Leistungsträger nach Steuerung von Bedarfen kein zulässiges Kriterium im Rahmen der Ermessensausübung dar. Damit besteht regelmäßig ein Anspruch auf Abschluss einer Leistungs- und Entgelt-/Vergütungsvereinbarung (Münder in Münder et al. 2013, FK-SGB VIII, § 78b Rz. 22.). Dieser Anspruch folgt letztlich auch aus Verfassungsrecht: Die Leistungsträger können sich auf ihre Berufsausübungsfreiheit gem. Art. 12 GG berufen, wenn sie mit einer Vereinbarung Zugang zum Sozialmarkt erstreben (hierzu Gerlach/Hinrichs 2010, S. 342, 344f.). Eine Verweigerung würde mangels gesetzlicher Legitimation zu einer Verletzung des Grundrechts führen. In der Praxis sind Streits um das ‚Ob' des Abschlusses einer Vereinbarung selten.[12] Eine Ausnahme bilden Kommunen und Landkreise, in denen ein Sozialraumbudget vorliegt (hierzu oben unter 4.1).

4.3.5 Streit um die Inhalte der Leistungsvereinbarung (Trägerautonomie)

Ein häufiger Streitpunkt in Entgeltverhandlungen ist die Frage, in welchem Umfang der Leistungsträger Leistungs*inhalte*, die der Leistungserbringer in seiner Leistungsbeschreibung formuliert, inhaltlich mitgestalten und -bestimmen darf. Die Leistungsträger berufen sich dabei auf die Formulierung, wonach auch über die Leistung eine entsprechende ‚Vereinbarung' getroffen werden muss (§ 78b SGB VIII, § 75 SGB XII). Die Leistungserbringer wehren sich dagegen mit einem Hinweis auf ihre Trägerautonomie (§ 4 Abs. 1 S. 2 SGB VIII, § 5 Abs. 2 Satz 2 SGB XII) Der Konflikt lässt sich durch einen Rückbezug auf den gesetzlich definierten Bedarf der Berechtigten lösen: Macht der Leistungserbringer ein Leistungsangebot, für das hinsichtlich eines abstrakt bestimmbaren Kreises von Hilfebedürftigen Bedarf besteht, so liegt es in *seiner Trägerautonomie* dieses Angebot inhaltlich auszugestalten. Der Leistungsträger darf jedoch eingreifen, wenn das Leistungsangebot nicht mit einem gesetzlichen Bedarf korreliert.

---

11 Bsp.: Streit um die Frage, ob ein/e in der Einrichtung eingesetzte Psycholog_in zu teuer ist. Hinter diesem Streit kann sich sowohl eine Auseinandersetzung um die korrekte Bemessung der Lohnhöhe (dann Streit um Entgeltvereinbarung) wie auch ein Streit um die Frage verbergen, ob der Leistungserbringer überhaupt ein/e Mitarbeiter_in mit der Qualifikation „Psychologe" für die bedarfsgerechte Leistungserbringung benötigt (dann Streit um Leistungsvereinbarung).

12 zum SGB VIII Münder in Münder et al. 2013, FK-SGB VIII, § 78b Rz. 22 sowie zum Bereich des SGB XII bei Neumann in: Luthe 2016a, § 75, Rz. 22ff.

Davon zu unterscheiden ist der Fall, bei dem der Leistungsträger Änderungen im Leistungsangebot verlangt, weil die beschriebene Leistung mit den von dem Träger ebenfalls beschriebenen Personal- und Sachmitteln nicht bedarfsgerecht erbracht werden kann.[13]

4.3.6 Betriebserlaubnis und Leistungsvereinbarung

Im Jugendhilferecht bedarf der Leistungserbringer einer Betriebserlaubnis nach § 45 SGB VIII. Voraussetzung für deren Erteilung ist unter anderem, dass der Leistungserbringer auch die wirtschaftlichen Voraussetzungen für den Betrieb erfüllt (§ 45 Abs. 2 Nr. 1 SGB VIII). Die Aufsichtsbehörden verlangen daher oftmals den Nachweis von Vereinbarungen gem. §§ 78a ff. SGB VIII mit dem zuständigen Jugendamt. Umgekehrt setzen viele Jugendämter voraus, dass bereits vor Verhandlungsbeginn eine Betriebserlaubnis vorliegt – ein ‚Henne-Ei'-Problem. In manchen Bundesländern kooperieren deshalb die für die Betriebserlaubniserteilung zuständigen Behörden mit den nach § 78c SGB VIII zuständigen Jugendämtern. Dies ist bedenklich, weil der Gesetzgeber durch die Verlagerung der Aufsichtsfunktion auf die Landesjugendämter die Unabhängigkeit der Aufsichtsaufgabe von fiskalischen Überlegungen sicherstellen wollte. Es ergeben sich i.Ü. auch datenschutzrechtliche Bedenken. All dies führt zu der Forderung, beide Verfahren unabhängig voneinander zu betreiben. Hilfreich ist es, zunächst mit dem zuständigen Landesjugendamt zu klären, ob das Vorhaben grundsätzlich betriebserlaubnisfähig ist.

4.3.7 Hilfebedarfsgruppen und Leistungstypen

Nach § 76 Abs. 2 Satz 3 SGB XII kann im Eingliederungshilferecht eine Typisierung der Leistung erfolgen, indem die sogenannte *Maßnahmepauschale* nach Gruppen für Leistungsberechtigte mit vergleichbarem Hilfebedarf kalkuliert wird. In der Praxis hat sich das sogenannte *‚Metzler-Verfahren'* durchgesetzt (zum Ganzen Brünner/Philipp 2008, S. 1ff.). Hierbei werden die Hilfebedürftigen *Leistungstypen und Hilfebedarfsgruppen* zugeordnet. Das ‚Metzler-Verfahren' sieht sich insbesondere vonseiten der Leistungsträger grundsätzlicher Kritik ausgesetzt (ausführlich: Jaritz/Eicher in: Schlegel/Voelzke 2014, jurisPK-SGB XII, § 76 SGB, Rz. 71ff.). Außerdem kommt es zu zahlreichen Rechtsstreitigkeiten hinsichtlich der richtigen Eingruppierung in die jeweiligen Leistungstypen und Hilfebedarfsgruppen. Aus der Perspektive der Leistungserbringer ist problematisch, dass bei Beginn der tatsächlichen Betreuung die Eingruppierung in Leistungstyp und Hilfebedarfsgruppe oft noch nicht rechtsverbindlich erfolgt ist. Hilfebedürftige werden oft über Monate betreut, ohne dass eine entsprechende Klärung vorliegt. Die tatsächlich erbrachte und die bewilligte Leistung können daher auseinanderfallen, was ein erhebliches Risiko für die Leistungserbringer darstellt.

13 Beispiel: Der Träger macht ein Angebot für eine heilpädagogische Wohngruppe. In der Leistungsbeschreibung findet sich kein heilpädagogisches Personal. Hier passen die behauptete Leistung und das Personal nicht zusammen. Gegenbeispiel: Der Träger will ein Angebot nach § 34 SGB VIII machen, bei dem Reittherapie zur Grundleistung gehört. Kann der Träger belegen, dass Reittherapie für einen abstrakt zu bestimmenden Personenkreis ein bedarfsgerechtes Angebot darstellt, gehört es zur Trägerautonomie, ein solches Angebot zu schaffen.

4.4 Entgeltvereinbarungen

4.4.1 Grundsatz der Wirtschaftlichkeit und Sparsamkeit – externer Vergleich

Leistungsentgelte müssen den *Grundsätzen der Wirtschaftlichkeit und Sparsamkeit* genügen (§ 75 Abs. 3 Satz 2 SGB XII, § 78 b Abs. 2 SGB VIII). Nach ständiger Rechtsprechung und auch einhelliger Rechtsauffassung sowohl der Verwaltungs- als auch der Sozialgerichtsbarkeit ist Maßstab für die Frage der Wirtschaftlichkeit und Sparsamkeit der sogenannte *externe Vergleich*. Ab hier allerdings hört die Einigkeit auf.

Einerseits wird vertreten, dass der externe Vergleich lediglich ein Ergebnisvergleich ist. Leistungsentgelte sind nach dieser Rechtsauffassung dann angemessen, wenn sie sich im Rahmen der Bandbreite vergleichbarer Leistungsangebote bewegen. Interner Kostennachweise bedarf es danach nicht (dies vertritt etwa Münder in Münder et al. 2013, FK-SGB VIII, § 78 b Rz. 18). Andererseits vertritt das Bundessozialgericht (BSG) – allerdings zum Pflegeversicherungsrecht – die Auffassung (BSG, Urteil vom 29.1.2009, B 3 P 7/08 R, juris.), dass der Leistungserbringer seine Selbstkosten zunächst umfassend darzulegen habe; dieser Auffassung folgen in der Praxis eher die Leistungsträger. Dazwischen gibt es vermittelnde Lösungen (Jaritz/Eicher in: Schlegel/Voelzke 2014, § 75, Rz. 107ff.), die davon ausgehen, dass die Rechtsprechung des BSG zum Pflegeversicherungsrecht nur bedingt auf das Fürsorgerecht übertragbar sei. Auch das BSG hat nunmehr betont, dass die stringenten Vorgaben des dritten Senats des BSG zum externen Vergleich in der Pflegeversicherung wegen der andersartigen normativen Struktur des SGB XII nicht umstandslos übertragbar seien (BSG, Entscheidung vom 7.10.2015, B 8 SO 21/14 R, juris). Eine unreflektierte Übernahme der Rechtsprechung zum externen Vergleich im Pflegeversicherungsrecht im Fürsorgerecht komme deshalb nicht in Betracht (Jaritz/Eicher in: Schlegel/Voelzke 2014, Rz. 111, m.w.N. unter Hinweis auf das Sächsische LSG, Entscheidung vom 1.4.2015, L 8 SO 86/12 KL und L 8 SO 87/12 KL, juris). Die Besonderheiten des sozialhilferechtlichen Leistungserbringungsrechts erforderten einen *dreistufigen Vergleich*: Im *ersten Schritt*, die Plausibilität der vom Leistungserbringer vorgelegten Kalkulation zu prüfen; in einem *zweiten Schritt* sei die plausible Vergütung zu den Vergütungssätzen anderer Leistungserbringer mit vergleichbarem Leistungsangebot ins Verhältnis zu setzen; im *dritten Schritt* sei dann, wenn die Vergütung des Leistungserbringers höher sei, als diejenigen vergleichbarer Leistungserbringer, zu beurteilen, ob diese höhere Vergütung gleichwohl mit den Grundsätzen von Wirtschaftlichkeit und Sparsamkeit vereinbar sei.

Von erheblicher Bedeutung ist sodann die Frage, *wie* die bereits auf der ersten Stufe verlangte *Plausibilität* der Kalkulation zu prüfen ist. Hierzu wird etwa ausgeführt (ebd.), dass dies gerade *nicht auf der Basis von sog. Ist-Werten oder Gestehungskosten* zu erfolgen habe. Vielmehr könne im Rahmen dieser Plausibilitätsprüfung der internen Kostenpositionen auf *allgemeine Erfahrungs- und Richtwerte bzw. Bezugsgrößen* zurückgegriffen werden. Dieser Gedanke überzeugt sowohl für den Bereich des SGB XII wie des SGB VIII. Ein umfassender Ist-Kosten-Nachweis kann von den Leistungserbringern nicht verlangt werden. Selbst die Rechtsprechung zum Pflegeversicherungsrecht akzeptiert insoweit die Rechte der Leistungserbringer auf Schutz ihrer Geschäfts- und Betriebsgeheimnisse und beschränkt Offenbarungspflichten auf Ausnahmen, in denen Plausibilität auf andere Weise nicht dargelegt werden kann (BSGE 102 227ff.). Auch in der *jugendhilfe*rechtlichen Rechtsprechung wird diese Position gestützt. Außerdem kommt die Offenbarung interner Positionen nur dann in Betracht, wenn der Leistungsträger seine Einwendungen gegen die Kalkulation zuvor „substantiiert“ darlegt; dem unbegründeten Verlangen nach Vorlage weiterer Unterlagen muss nicht gefolgt werden (ebd.).

Ein weiterer Streitpunkt im Zusammenhang mit dem externen Vergleich ist schließlich die Frage, *welche* Einrichtungen regional als Referenzgröße heranzuziehen sind. Üblicherweise wird auf den Einzugsbereich der Einrichtung abzustellen sein. Wird die Einrichtung landesweit oder auch bundesweit belegt, gilt dies als Vergleichsmaßstab.

In der Verhandlungspraxis wird auf die ausgefeilte Dogmatik von Rechtsprechung und Literatur zum externen Vergleich kaum Rücksicht genommen. Wie selbstverständlich und den Traditionen des alten Selbstkostendeckungsprinzips folgend, werden von den Leistungsträger Kostennachweise verlangt, die tief in die Kalkulationsgrundlagen der Leistungserbringer hineinreichen. Die Praxis zeigt weiter, dass weitreichende Kostennachweise die Streitigkeiten eher beflügeln als schlichten, auch weil es zum Wesen betriebswirtschaftlicher Kalkulationen gehört, dass diese an vielen Stellen normative Wertungen, also hinterfragbare Weichenstellungen enthalten. Deshalb erscheint es ratsam, sich vermehrt an *üblichen Richtgrößen* vergleichbarer Einrichtungen als an konkreten Kosten im Einzelfall zu orientieren. Die Verwaltungspraxis der Schiedsstellen im Hinblick auf den externen Vergleich zeigt sich insgesamt nicht einheitlich. Eine Kostenkontrolle im Detail überfordert die Schiedsstellen, die in Ermangelung eines adäquaten Verwaltungsunterbaus für eine umfassende Kontrolle strukturell nicht gerüstet sind (hierzu BSGE 120, 51ff.).

4.4.2 Prospektivität

Leistungsentgelte bzw. Vergütungen sind prospektiv zu verhandeln. Anders als im alten System der sog. ‚Spitzabrechnung‘ sind nachträgliche Ausgleiche unzulässig. Abweichungen zwischen Kalkulation und später tatsächlich Erwirtschaftetem liegen daher in der Risikosphäre der Leistungserbringer. Eine Durchbrechung dieses Grundsatzes ist nur unter den sehr engen Voraussetzungen des sogenannten „Wegfalls der Geschäftsgrundlage“ zulässig. Die Verlagerung des Risikos für die Auskömmlichkeit der Leistungsentgelte und Vergütungen auf die Leistungserbringer zwingt diese dazu, vorsichtig zu kalkulieren. Es ist deshalb sachgerecht, wenn Leistungserbringer prospektive Kosten, deren Höhe sie nicht genau absehen können, in einer angemessenen Größenordnung kalkulieren. So sollte bei prospektiven Lohnkosten der Maßstab *durchschnittlicher* Lohnsteigerungen der vergangenen Jahre zugrunde gelegt werden, statt sich an einem besonders niedrigen Abschluss in einem Vorjahr zu orientieren.

4.4.3 Rückforderung von Entgelten oder Entgeltbestandteilen

Es häufen sich gegenwärtig Rückzahlungsbegehren der Leistungsträger wegen behaupteter Überzahlungen. So wird geltend gemacht, der Leistungserbringer habe seine Leistungen nicht ordnungsgemäß erbracht, etwa weil die prospektiv kalkulierten Personalmengen nicht vorgehalten würden, oder weil Personal eingesetzt worden sei, das der Qualifikation nach nicht dem in der Leistungsvereinbarung vereinbarten entsprochen habe. Solche Rückforderungsansprüche dürften im Regelfalle ausscheiden, weil im prospektiven Entgeltsystem nachträgliche Ausgleiche unzulässig sind und Rückforderungsansprüche einen Verstoß gegen dieses Prinzip darstellen.[14]

Zwar hat der Bundesgerichtshof in einer Entscheidung zum SGB XII einen auf § 812 BGB (ungerechtfertigte Bereicherung) gestützten Rückforderungsanspruch nicht grundsätzlich ausgeschlossen (BGHZ 209, 316-329.). Eine Rückforderung kommt danach freilich nur dann in Betracht, wenn der gegenüber dem Hilfesuchenden erlassene Bewilligungsbescheid zuvor zurückgenommen wurde. Da eine solche Rücknahme, zumal wenn sie rückwirkend erfolgt, den engen Bindungen der Vorschriften über die Rücknahme von Verwaltungsakten unterliegt, dürfte ein Rückforderungsanspruch nur selten durchgreifen. Vor allem aber kann der Leistungserbringer etwaigen Rückzahlungsforderungen des Leistungsträgers all diejenigen Einwendungen entgegensetzen, die er auch dem/r Hilfesuchenden aus dem privatrechtlichen Schuldverhältnis (Erfüllungsverhältnis) entgegensetzen kann.[15]

4.4.4 Spenden

Spenden und andere außerordentliche Einnahmen sind nicht entgeltmindernd zu berücksichtigen (Banafsche in: Stähr 2017, SGB VIII, § 78c, Rz. 16).

4.4.5 Miete

In der Regel entzünden sich Streitigkeiten über Mietzahlungen an Unternehmensgestaltungen, bei denen die Leistungserbringer ihren Einrichtungsbetrieb in eine Betreibergesellschaft ausgelagert und die Grundstücke z.B. in einer Stiftung halten. Sodann werden zwischen Betreibergesellschaft und Stiftung Grundstücke und Einrichtungsteile vermietet oder verpachtet. Derartige Verfahren sind grundsätzlich anerkannt, wenn die Gestaltung der Miet- und Pachtverhältnisse einem Fremdvergleich standhält. Jedoch kommt es regelmäßig zu Auseinandersetzungen über die Miethöhe. Hierbei ist zu unterscheiden: Geht es um die Angemessenheit der Flächen, so handelt es sich um einen Streit um den Leistungsinhalt und nicht um eine Frage der ‚Preisfindung'. Wird dagegen – wie häufig – die Höhe des Quadratmetermietzinses bestritten, liegt ein Streit auf der Entgeltebene vor. Entscheidend ist dann, ob der Mietzins im Fremdvergleich angemessen ist. Ein erster Maßstab kann der örtliche Mietpreisspiegel sein. Allerdings sind die kommunalen Mietpreisspiegel auch politisch beeinflusst und zum Teil auch zeitlich überholt, weshalb sie oft erheblich zu niedrige Mieten ausweisen. Weiter ist zu berücksichtigen, dass Jugendhilfe- und Sozialhilfeeinrichtungen über eine Ausstattung verfügen, die weit über die übliche Ausstattung von Wohngebäuden hinausgeht (Brandschutz, Aufzüge etc.) und einem besonderen Verschleiß unterliegen. Dementsprechend sind hier Aufschläge anerkannt (Jaritz/Eicher in: Schlegel/Voelzke 2014, jurisPK-SGB XII, § 75, Rz. 112).

14 Münder in Münder et al. 2013, FK-SGB VIII, § 78 d Rz. 1; Wiesner in: Wiesner 2015, SGB VIII, § 78d Rz. 2; Telscher 2014, jurisPK-SGB VIII, § 78d SGB VIII, Rz. 15; Banafsche in: Stähr 2017, SGB VIII, § 78d, Rz. 5, jeweils m.w.N.

15 Beispiel: Der Leistungsträger verlangt Vergütungen für nicht erbrachte Fachleistungsstunden zurück. Sie wurden nicht erbracht, weil der/die Hilfesuchende unentschuldigt fehlte. Selbst wenn der Leistungsträger im Verhältnis zum/r Hilfesuchenden den bewilligenden Verwaltungsakt zurücknähme, schied eine Rückforderung gegenüber dem Leistungserbringer aus, weil der Leistungserbringer dem/r Hilfesuchenden den Einwand des § 615 BGB entgegenhalten könnte. Diesen Einwand kann er auch dem Leistungsträger entgegenhalten, denn das Rechtsverhältnis zwischen Leistungsträger und Leistungserbringer ist durch den Schuldbeitritt geprägt.

4.4.6 Zustimmung zu Investitionen; Rückwirkung der Zustimmung

Beabsichtigen Leistungserbringer, die bereits über eine Leistungs- und Entgeltvereinbarung/ Vergütungsvereinbarung verfügen, zu investieren, bedürfen sie, wollen sie die Investitionen im Entgelt refinanziert bekommen, einer Zustimmung des Leistungsträgers (§ 78 c Abs. 2 Satz 3 SGB VIII, § 76 Abs. 2 Satz 4 SGB XII). Häufig werden hier entsprechende Anträge von den Leistungserbringern in Unkenntnis nicht gestellt. Darüber hinaus ist dem Gesetzeswortlaut nicht zu entnehmen, an welchem Maßstab sich die Zustimmungsentscheidung auszurichten hat. Es ist insoweit zu fragen, ob der Leistungserbringer die Investitionen tätigen muss, um weiterhin sein Leistungsangebot bedarfsgerecht erfüllen zu können (Beispiel: Brandschutz). Eine Klärung beim Verwaltungsgericht (Jugendhilfe) bzw. dem Sozialgericht (Eingliederungshilfe) wird vielfach gescheut: Entsprechende Klageverfahren dauern oft mehrere Jahre. Eilrechtsschutz kommt in der Regel nicht in Betracht (LSG NRW, Beschluss vom 3.11.2014 – L 9 SO 310/14 ER KL –, Rz. 24, juris).

4.4.7 Gewinn

Der Leistungserbringer kann im System des prospektiven Entgeltrechts einen sog. Risiko- oder Gewinnzuschlag geltend machen (hierzu: BVerwGE 108, 56ff., Rz. 12; BSGE 113, 258ff., Rz. 26). Hinsichtlich der Höhe des Gewinns wird unter Bezugnahme auf § 44 SGB I u.a. ein Gewinnzuschlag in Höhe von 4% ohne Weiteres für angemessen gehalten (LSG-Berlin Brandenburg, Urteil vom 29.10.2009, Az.: L 27 P 46/08, Rz. 35 – juris; Hess. Schiedsstelle nach § 76 SGB XI, Beschl. v. 15.2.2015, 18 c 07 – 13/14 – juris). In der Vergangenheit erzielte Überschüsse dürfen bei Vereinbarung eines prospektiv festzulegenden Entgeltes nicht mindernd berücksichtigt werden, da ansonsten gegen das Verbot nachträglicher Ausgleiche (§ § 78 d Abs. 1 S. 2 SGB VIII, § 77 Abs. 1 S. 1 2. Hs. SGB XII) verstoßen würde (Banafsche in: Stähr 2017, SGB VIII, § 78c, Rz. 16). Ebenso unzulässig ist die Verrechnung vergangener Verluste.

4.4.8 Eigenkapitalverzinsung

Von dem Leistungserbringer eingebrachtes Eigenkapital, z.B. in Form von Grundstücken, ist angemessen zu verzinsen. Auch Rahmenverträge enthalten inzwischen z.T. entsprechende Klauseln. Diese Eigenkapitalverzinsung ist auch sachgerecht, denn, läge etwa das Eigentum am Grund und Boden bei einem/r Dritten (Vermieter_in), muss der an diesen gezahlte Mietzins in die Refinanzierung einfließen.

4.4.9 Personalkosten

Die Rechtsprechung erkennt zur häufig umstrittenen Höhe der Personalkosten an, dass die Zahlung von Tariflöhnen stets angemessen ist (BSGE 113, 258ff.). Tariflöhne stellen die Untergrenze einer wirtschaftlich angemessenen Vergütung dar. Unerheblich ist, ob vergleichbare Einrichtungen tatsächlich geringere als tarifgerechte Vergütungen zahlen. Weiteren Konfliktstoff bieten Vergütungen für Leitungspersonal, da Leitungspersonal oft außertariflich bezahlt wird. Hier muss sich der Leistungserbringer bei den Leitungspersonalkosten an vergleichbaren Vergütungen anderer Leistungserbringer messen lassen.[16]

16 Siehe hierzu den Beschluss der Schiedsstelle LWL nach § 78 g SGB VIII vom 9.9.2008, Az. 50 51 00 78 1/08 u. 50 51 00 78 1a/08, in dem die Schiedsstelle einem Einrichtungsleiter einer privatgewerblichen Einrichtung mit

4.4.10 Sachkosten

Für die Sachkosten bestehen in der Regel pauschalierte Richtwerte. Die Sachkostenrichtwerte lassen Überschreitungen zu. Den Leistungserbringern wird es in diesem Fall jedoch zugemutet, die geltend gemachten höheren Sachkosten plausibel zu machen. Im zweiten Schritt wird dann nach deren Angemessenheit gefragt. Hierbei gelten wieder die Maßstäbe des externen Vergleichs.

4.5 Vereinbarungszeitraum und Rückwirkung

Vereinbarungen sind für einen zukünftigen Zeitraum abzuschließen (§ 78d Abs. 1 und Abs. 2 S. 1 SGB VIII, § 77 Abs. 1 SGB XII). Ein Laufzeitbeginn *vor* dem Datum der Unterschriftsleistung durch beide Parteien ist daher unzulässig. Gleichwohl wird dies praktiziert. Es ist dann fraglich, ob andere ‚belegende' Jugendämter die Kosten für die Vergangenheit übernehmen.

Das Verbot rückwirkender Festsetzungen ist durchbrochen, wenn die Schiedsstelle angerufen wird und diese über den Antrag entscheidet: Entscheidungen der Schiedsstelle treten zu dem von der Schiedsstelle bestimmten Zeitraum in Kraft. Die Schiedsstelle kann den Laufzeitbeginn der Vereinbarung auf einen in der Vergangenheit liegenden Zeitraum festsetzen (§§ 78g Abs. 2 S. 1 und 2, 78d Abs. 2 S. 2, 2. Hs. SGB VIII sowie § 77 Abs. 2 SGB XII). Dieser darf nach dem Gesetzeswortlaut jedoch nicht vor dem Tag des Antragseingangs bei der Schiedsstelle liegen.[17] Hinsichtlich des Laufzeitendes gilt Vertragsfreiheit. Können sich die Parteien nicht einigen, entscheidet die Schiedsstelle. Üblich sind Jahreszeiträume. Kurze Laufzeiten sind daher für die Leistungserbringer günstiger als längere Laufzeiten.

4.6 Örtliche Zuständigkeit

Örtlich zuständig für den Abschluss von Leistungs-, Entgelt- und Qualitätsentwicklungsvereinbarungen bzw. Vergütungsvereinbarungen ist der Leistungsträger am Sitz der Einrichtung (§ 78 b Abs. 1 Satz 1 SGB VIII, § 77 Abs. 1 Satz 2 SGB XII). Bei dezentral organisierten Einrichtungen kann die örtliche Zuständigkeit streitig werden. Richtigerweise ist darauf abzustellen, wo sich die zentrale Organisationseinheit und die verantwortliche Leitung der Einrichtung befinden (Wiesner in: Wiesner 2015, SGB VIII, § 78e, Rz. 2).

4.7 Qualitätsprüfung

Die zwischen den Leistungsträger und den Leistungserbringern geschlossenen Vereinbarungen und auch die Landesrahmenverträge enthalten regelmäßig Vorschriften über sogenannte Qualitätsprüfungen. Zum Teil sind auch Wirtschaftlichkeitsprüfungen vorgesehen. Qualitäts- und

Blick auf dessen Risiko, die sozialen Lebensrisiken eigenverantwortlich absichern zu müssen, Bruttopersonalkosten deutlich oberhalb vergleichbarer Tarifwerte zugebilligt hat.

17 In (BSGE 116, 227ff.) geht das Bundessozialgericht – entgegen dem Gesetzeswortlaut – davon aus, dass die Schiedsstelle eine Vergütungsvereinbarung auch rückwirkend auf einen Zeitraum vor Einreichung des Schiedsstellenantrages festsetzen kann.

Wirtschaftlichkeitsprüfungen bilden in der Praxis der Jugend- und Sozialhilfe eher die Ausnahme. Im Bereich der GKV und der PV kommen sie dagegen häufig vor.

Die Regelungen zur Qualitäts- und Wirtschaftlichkeitsprüfung setzen üblicherweise einen begründeten Anlass für eine entsprechende Prüfung vor. Ob ein bestimmter Vorfall einen solchen begründeten Anlass darstellt, ist oft streitig. Dann muss der Leistungsträger eine Qualitäts- und Wirtschaftlichkeitsprüfung ggf. gerichtlich durchsetzen.

Mit der Reform des Bundesteilhabegesetzes werden die Prüfrechte der Leistungsträger erheblich ausgebaut (Art. 1, §§ 128, 129 BTHG (BGBl. Teil I, Nr. 66, v. 29.12.2016, S. 3234)).

4.8 Schiedsstellenverfahren

Werden sich die Verhandlungspartner_innen nicht einig, so können beide Parteien sechs Wochen nach der schriftlichen Aufforderung zur Verhandlung die Schiedsstelle anrufen. Die Schiedsstellen sind paritätisch mit Vertreter_innen der Seite der Leistungsträger und der Seite der Leistungserbringer besetzt und werden von einem/r unparteiischen Vorsitzenden geleitet. Die Schiedsstelle entscheidet unverzüglich über diejenigen Gegenstände, über die sich die Verhandlungspartner_innen nicht einigen konnten. Die Schiedsstellenverfahren bieten damit die Möglichkeit einer raschen Klärung streitiger Punkte. Schiedsstellenverfahren werden oft durch Vergleiche beendet. Auch bei streitiger Entscheidung können Lösungen in der Regel binnen weniger Monate herbeigeführt werden. Das Schiedsverfahren erweist sich damit als Instrument des effektiven Rechtsschutzes vor Durchführung eines Klageverfahrens. Nach derzeitiger Gesetzeslage gibt es Einschränkungen im Bereich des SGB XII, weil dort nur die Vergütungsvereinbarung, nicht aber auch die Leistungsvereinbarung schiedsstellenfähig ist. Dies wird sich ab dem 1.1.2018 durch das Bundesteilhabegesetz ändern. Auch Streitigkeiten über die Leistungsvereinbarung werden dann schiedsstellenfähig (Art. 1, §§ 126 Abs. 2 BTHG (BGBl. Teil I, Nr. 66, v. 29.12.2016, S. 3234)).

Die Besetzung der Schiedsstelle mit Personen, jeweils mit Vertreter_innen der beiden ‚Lager' kann Interessenkonflikte und Befangenheitsproblematiken auslösen. Nach zutreffender Rechtsauffassung sind die Vorschriften über den Ausschluss und die Befangenheit von Personen (§§ 16, 17 SGB X) uneingeschränkt anwendbar.[18]

4.9 Klage, Eilverfahren und Beurteilungsspielraum

Schiedsstellenentscheidung können durch Klage angefochten werden. Zutreffende Klageart ist die Anfechtungsklage. Wird die Schiedsstellenentscheidung aufgehoben, lebt das alte Schiedsstellenverfahren wieder auf. Die Schiedsstelle muss dann neu entscheiden. Die Rechtsprechung billigt den Schiedsstellen aufgrund ihrer Sachkompetenz und aufgrund des Umstandes, dass es bei vielen Entscheidungen auch um normative Fragen geht, einen sogenannten *Beurteilungsspielraum* zu (BSG, Urteil vom 7.10.2015 – B 8 SO 1/14 R –, SozR 4-3500 § 77 Nr 2, Rz. 14; VG Arnsberg, Urteil vom 8.12.2009 – 11 K 3688/08 –, Rz. 27, juris). Schiedsstellenentschei-

18 Gottlieb in: Kunkel/Kepert/Pattar 2016, SGB VIII, Rz. 6, 7 sowie Wiesner, in: Wiesner 2015, SGB VIII, Rz. 3a; Telscher in: Schlegel/Voelzke 2014, jurisPK-SGB VIII, § 78g, jeweils m.w.N.; einschränkend: BSGE 120, 51ff..

dungen können daher nur auf sogenannte Beurteilungsfehler hin überprüft werden. Beurteilungsfehler sind zum Beispiel Verfahrensfehler wegen mangelnder Sachverhaltsaufklärung oder auch wegen falscher rechtlicher Wertung. Die Anzahl der Verfahren gerichtlicher Verfahren ist, gemessen an der Anzahl geschlossener Verträge, gering.

4.10 Vergabeverfahren und Interessenbekundungsverfahren

Zunächst in der Jugendhilfe, nun vermehrt auch in der Sozialhilfe wurden von den Leistungsträgern in den letzten Jahren sozialraumorientierte Steuerungsmodelle eingeführt, die im Rahmen von Budgets Leistungskontingente an ausgewählte Leistungserbringer ‚vergeben' haben. Eine Budgetierung von Rechtsansprüchen ist jedenfalls im Fürsorgerecht rechtswidrig (oben 4.1). Daher ist auch eine förmliche Vergabe solcher Kontingente nach Vergaberecht unzulässig.[19] Die Leistungsträger haben daher häufig eine Auswahl von Leistungserbringern und eine Zuweisung von Kontingenten durch ‚Interessenbekundungsverfahren', also einem ‚Vergaberecht light', vollzogen. Geheilt werden kann hierdurch allerdings nur ein fehlerhaftes Verfahren, nicht aber die im Kern rechtswidrige Zuweisung von Kontingenten.

4.11 Rahmenverträge

Im SGB V, SGB VIII, SGB XI und SGB XII werden durchgängig Rahmenverträge zwischen den Spitzenverbänden der freien Wohlfahrtspflege, den Interessenverbänden der sonstigen Leistungserbringer und den Spitzenverbänden der Sozialleistungsträger vorausgesetzt. Diese Regelungen sollen die zwischen den Leistungserbringern und den Leistungsträgern zu führenden Einzelverhandlungen durch Standardisierung bestimmter Positionen (z.B. Sachkostenrichtwerte, Regelungen zu Eingruppierungen und Personalschlüsseln, etc.) entlasten.

Die Rahmenverträge binden die Vertragsparteien der Leistungs- und Entgeltvereinbarungen bzw. Vergütungsvereinbarung und Qualitätsentwicklungsvereinbarungen nur dann, wenn beide Seiten dem Rahmenvertrag beigetreten sind. Rahmenverträge gelten also nur insofern, als die Parteien die Geltung wollen, sie können also partiell und einvernehmlich auch ausgeschlossen werden.

Rahmenverträge müssen sich an höherrangigem Recht messen lassen. Verstoßen Rahmenverträge gegen gesetzliche Regelungen oder gegen zentrale Grundsätze des Leistungserbringungsrechts, sind sie rechtswidrig und damit ungültig.

4.12 Richtlinien

Von den Leistungsträgern werden Vertragsverhandlungen häufig mit ‚Richtlinien', einer bestimmten Verwaltungspraxis oder auch ‚Rundschreiben' argumentiert. Derartige Richtlinien stellen die einseitige Rechtsauffassung der Leistungsträger dar. Bindungswirkung im Sinne eines Gesetzes entfalten sie nicht.

19 OVG NRW, ZfJ 2005, S. 484ff.; OLG Düsseldorf, RsDE Nr 59 (2005), 81-86; Neumann/Nielandt/Philipp 2004. Für eine Anwendung des Vergaberechts nun wenig überzeugend Luthe 2016b, S. 489ff..

5. Literatur

Brünner, Frank/Philipp, Albrecht (2008): Die Einstufung in Hilfebedarfsgruppen nach § 76 Abs. 2 Satz 3 SGB XII. In: Beiträge zum Recht sozialer Dienste und Einrichtungen, H. 67, S. 1-37.
Gerlach, Florian/Hinrichs, Knut (2010): Sozialraumorientierung und Sozialraumbudgetierung. Das Osnabrücker Modell. In: Zeitschrift für Kindschaftsrecht und Jugendhilfe, H. 10, S. 344.
Gerlach, Florian/Hinrichs, Knut (2011): Regelfinanzierung von Frühen Hilfen in der Kommune. In: Freese, Jörg/Göppert, Verena/Paul,Mechthild (Hrsg.): Frühe Hilfen und Kinderschutz. Wiesbaden: Springer VS, S. 53-76.
Gerlach, Florian/Hinrichs, Knut (2015): Weitere Entwicklung der Steuerung der Hilfen zur Erziehung und rechtliche Implikationen einer Förderfinanzierung von Einzelfallhilfen in der Kinder- und Jugendhilfe. In: Zeitschrift für Kindschaftsrecht und Jugendhilfe, H. 4, S. 134.
Gerlach, Florian/Hinrichs, Knut (2016a): Verwaltungsgericht Hamburg untersagt die Pauschalfinanzierung von rechtsanspruchsgebundenen Einzelhilfen in der Kinder- und Jugendhilfe – Anmerkungen zum Urteil des VG Hamburg vom 10. Dezember 2015 und Ausblick auf die geplanten Gesetzesänderungen zur Schaffung neuer Finanzierungsmodelle im Bereich sozialräumlicher Hilfen und Angebote. In: Neue Praxis, H. 2, S. 193-198.
Gerlach, Florian/Hinrichs, Knut (2016b): Eine erste Analyse des Entwurfs eines Reformgesetzes zum SGB VIII, Stand: 22.4.2016 (mit einem Nachtrag zum Stand vom 7.6.2016), oder: Wie man mit schönen Worten den Rechtsanspruch auf Hilfe zur Erziehung zurechtstutzt. In: Zeitschrift für Kindschaftsrecht und Jugendhilfe, H. 8, S. 292.
Hinrichs, Knut (2016): Verwaltungsgericht Hamburg, Urteil v. 10.12.2015 – 13 K 1532/12. In: Rechtsprechungsdienst des Deutschen Vereins für öffentliche und private Fürsorge 21, H. 2, S. 42-48.
Kunkel, Peter-Christian/Kepert, Jan/Pattar, Andreas (2016): SGB VIII, Lehr und Praxiskommentar. 6. Aufl., Baden-Baden: Nomos.
Luthe, Ernst-Wilhelm (Hrsg.) (2016a): Sozialgesetzbuch, Kommentar, Loseblattsammlung, SGB XII. Herausgegeben von Karl Hauck und Wolfgang Noftz, Stand: 06/16. Berlin: Schmidt.
Luthe, Ernst-Wilhelm (2016b): Die Vergabe sozialer Dienstleistungen nach § 130 GWB. In: Die Sozialgerichtsbarkeit, H. 9, S. 489-495.
Maydell, Bernd, Baron von/Ruland, Franz/Becker, Ullrich (2012): Sozialrechtshandbuch (SRH). 5. Aufl., Baden-Baden: Nomos.
Münder, Johannes u.a. (2013): Frankfurter Kommentar zum SGB VIII. 7. Aufl., Baden-Baden: Nomos.
Neumann, Volker (1992): Freiheitsgefährdung im kooperativen Sozialstaat. Köln/Berlin/Bonn/München: Heymanns.
Neumann, Volker/Nielandt, Dörte/Philipp, Albrecht (2004): Erbringung von Sozialleistungen nach Vergaberecht? Baden-Baden: Nomos.
Sachße, Christoph/Tennstedt, Florian (1998): Geschichte der Armenfürsorge in Deutschland. Bd. 1. 2. Aufl., Stuttgart/Berlin/Köln: Kohlhammer.
Schlegel, Rainer/Voelzke, Thomas (2017): juris Praxiskommentar SGB XI. 2. Aufl., Saarbrücken: Juris.
Schlegel, Rainer/Voelzke, Thomas (2014): juris Praxiskommentar SGB VIII. 1. Aufl., Saarbrücken: Juris.
Schlegel, Rainer/Voelzke, Thomas (2014): juris Praxiskommentar SGB XII. 2. Aufl., Saarbrücken: Juris.
Stähr, Axel (Hrsg.) (2017): Sozialgesetzbuch, Kommentar, Loseblattsammlung, SGB VIII. Herausgegeben von Karl Hauck und Wolfgang Noftz, Stand: 03/17. Berlin: Schmidt.
Udsching, Peter (Hrsg.) (2015): SGB XI, Kommentar. 4. Aufl. München: Beck.
Wiesner, Reinhard (Hrsg.) (2015): SGB VIII, Kommentar. 5. Aufl. München: Beck.

6. Rechtsprechung

Bundesgerichtshof, Urteil v. 31. März 2016 – III ZR 267/15. In: Entscheidungen des Bundesgerichtshofes in Zivilsachen (BGHZ) 209, S. 316ff.
Bundessozialgericht, Urteil v. 29.1.2009 – B 3 P 7/08 R. In: Entscheidungen des Bundessozialgerichts (BSGE) 102, S. 227ff.
Bundessozialgericht, Urteil v. 16. 05.2013 – B 3 P 2/12 R. In: Entscheidungen des Bundessozialgerichts (BSGE) 113, S: 258ff.
BSG, Urteil vom 23.7.2014 – B 8 SO 2/13 R –, Entscheidungen des Bundessozialgerichts (BSGE) 116, 227-233, SozR 4-3500 § 77 Nr 1, Rz. 16.
Bundessozialgericht, Urteil v. 7.10.2015 – B 8 SO 21/14 R. In: Entscheidungen des Bundessozialgerichts (BSGE) 120, 51ff.
Landessozialgericht Berlin Brandenburg, Urteil v. 29.10.2009, Az.: L 27 P 46/08, Rz. 35. In: juris.

Schiedsstelle des Landschaftsverbands Westfalen-Lippe nach § 78 g SGB VIII vom 9.9.2008, Az. 50 51 00 78 1/08 u. 50 51 00 78 1a/08. (unveröffentlicht).
Hess. Schiedsstelle nach § 76 SGB XI, Beschluss v. 15.2.2015, 18 c 07 – 13/14. In: juris.
Bundesverfassungsgericht, Urteil v. 18.7.1967 – 2 BvF 3/62. In: Entscheidungen des Bundesverfassungsgerichts (BVerfGE) 22, S. 180ff
Bundesverwaltungsgericht, Urteil v. 1.12.1998 – 5 C 17/97. In: Entscheidungen des Bundesverwaltungsgerichts (BVerwGE) 108, S. 47ff.
Bundesverwaltungsgericht, Urteil v. 1.12.1998 – 5 C 29/97. In: Entscheidungen des Bundesverwaltungsgerichts (BVerwGE) 108, S. 56ff.
Oberverwaltungsgericht Niedersachsen, DVBl 2012, S. 1123ff.
Oberverwaltungsgericht Nordrhein-Westfalen, Beschluss v. 21.8.2001–12 B 582/01. In: Rechtssprechungsdienst des Deutschen Vereins für öffentliche und private Fürsorge 2002, 7, H. 2, S. 26.
Oberverwaltungsgericht Nordrhein-Westfalen, Beschluss vom 18.5.2005, Az. 12 B 1931/04. In: Zentralblatt für Jugendrecht 2005, S. 484-485.
Oberlandesgericht Düsseldorf, Beschluss v. 22.9.2004, Az. VII Verg 44/04. In: Beiträge zum Recht der Sozialen Dienste und Einrichtungen 2005, H. 59, S. 81-86.
Sächsisches Landessozialgericht, Urteil vom 1.4.2015 – L 8 SO 87/12 KL. In: Sozialrecht aktuell 2015, S. 253-260.
Landessozialgericht Nordrhein-Westfalen, Beschluss v. 3.11.2014 – L 9 SO 310/14 ER KL –, Rz. 24. In: juris.

Meritorik in der Sozialwirtschaft

Beate Finis Siegler

Ausgangspunkt ist die Feststellung, dass die Sozialwirtschaft ein eigener Sektor an der Schnittstelle von Wirtschaft und Sozialbereich ist und eine eigene Steuerungslogik aufweist. Die Ressourcenallokation ist nicht konsumentengesteuert wie auf Märkten für private Güter, sondern bedarfsgesteuert, wobei der Bedarf das Ergebnis einer ökonomischen Transformation kollektiver Entscheidungen in Leistungen ist, mit denen in die Lebenslage und Präferenzen von Zielgruppen der Sozialpolitik interveniert wird. Damit ist im Kern das beschrieben, was als Meritorik bezeichnet wird.

Der Begriff selbst stammt von dem Finanzwissenschaftler Richard Musgrave (1910–2007). Er hat sich in seiner Theorie des öffentlichen Haushalts Ende der 50er Jahre mit einer Begründung für Nichtmarktsteuerung befasst. Er beschreibt neben öffentlichen Gütern eine weitere Kategorie von Gütern, bei denen politische Entscheidungen eine zentrale Rolle spielen. „Sie werden durch den Markt innerhalb der Grenzen, die die wirksame Nachfrage auferlegt, befriedigt und gelangen dann in den Bereich öffentlicher Bedürfnisse, wenn sie als so bedeutend angesehen werden, dass für ihre Befriedigung durch das öffentliche Budget über das hinaus Sorge getragen wird, was der Markt zur Verfügung stellt und was von privaten Käufern bezahlt wird“ (Musgrave 1969, S. 15). Musgrave spricht von meritorischen *Bedürfnissen*, die „ihrer Natur nach eine Einmischung des Staates in die Konsumenten*präferenzen* ein[schließen]“ (ebd., Hervorhebung FS). Mangelnde Konsumentensouveränität und Besonderheiten dieses Gütertyps begründen also die Entscheidung für eine nicht konsumentengesteuerte Ressourcenallokation bei Wohlfahrtsgütern. Da der Markt allokativ und distributiv versagt, werden in diesen Fällen Ressourcen fehlgesteuert. Während beim distributiven Marktversagen Gerechtigkeitsdefizite mit Blick auf Zahlungsfähigkeit und Zahlungsbereitschaft im Vordergrund stehen, wird das allokative Marktversagen auf informationelle Defizite, Internalisierungs- und Rationalitätsdefizite zurückgeführt. Hierzu gehören die Informationsasymmetrie zwischen Anbieter_in und Nachfrager_in, zwischen Produzent_in und Konsument_in, das Vorliegen externer Effekte und der Anreiz zum Free-rider-Verhalten und ‚moral hazard‘ sowie ‚verzerrte‘ Präferenzen bei den Konsument_innen, die eine Intervention erfordern. Anwendungsfälle sind laut Musgrave et al. (1990) Personen, denen es an Konsumentensouveränität mangelt, sog. ‚pathologische Fälle‘, die einer Vormundschaft bedürfen, die ‚Willensschwäche‘ von Entscheidungsträger_innen, Umverteilung durch Sach- und Dienstleistungen und in neueren Einlassungen die Befriedigung von Gemeinschaftsbedürfnissen.

Da die Sozialwirtschaft die oben beschriebenen Besonderheiten aufweist, eignet sich das Konzept von den *meritorischen Bedürfnissen* und den *meritorischen Gütern* zur Analyse dieses Sektors (Finis Siegler 2017). Die Sozialwirtschaft gehört zur Mesoebene der Wohlfahrtsproduktion. Sie erstellt Leistungen, die überwiegend deshalb öffentlich refinanziert werden, weil sie Probleme behandeln, die auf der Makroebene sozialpolitischer Entscheidungen als ‚soziale‘ definiert wurden. In der Konsequenz dominieren nicht- schlüssige Tauschbeziehungen, der Markt versagt und Konsumentensouveränität spielt keine Rolle. Der Bedarf ist öffentlich bestimmt, spiegelt soziale und nicht individuelle Präferenzen wider und die Nachfrage nach den Leistungen ist anbieterdominiert. Die Sozialwirtschaft ist folglich mit ökonomischen, sozialrechtlichen, sozialpolitischen und ethischen Anforderungen konfrontiert, die im Konzept der Meritorik wie in einem Brennglas gebündelt sind.

1. Die Debatte um das Konzept der Meritorik

Um das Konzept der Meritorik ist seinerzeit eine heftige Diskussion entbrannt, ob die in der Praxis stattfindenden staatlichen Eingriffe auch theoretisch zu rechtfertigen seien. Bezugspunkt ist das neoklassische Verständnis von Konsumentensouveränität und der methodologische Individualismus. Die Diskussion erfolgte zunächst in der Zeitschrift Finanzarchiv (Head 1966, 1969, 1988; Mc Lure 1968; Andel 1969, 1984; Brennan/Lomasky 1983) und fand ihre Fortsetzung in der Zeitschrift für Wirtschafts- und Sozialwissenschaften (Schmidt 1988; Priddat 1992; Tietzel/Müller 1998). Zum Teil ist die Kontroverse auch auf Unklarheiten in Musgraves eigener Beschreibung seiner Konzeption und ihrer Vereinbarkeit mit der Idee der Konsumentensouveränität zurückzuführen. Im Ergebnis halten die meisten Autor_innen das Konzept für unvereinbar und sehen die Meritorik deshalb insgesamt kritisch. So formuliert Erlei (1989), dass selbst wenn es möglich sei, dass meritorische Bedürfnisse existieren, dies nichts darüber aussagt, ob und wie sie durch die Bereitstellung von Gütern befriedigt werden sollen. Die Bereitstellung sei mit fünf Problemen verbunden: einem Erkennungs-, Entscheidungs- und Missbrauchsproblem sowie den Problemen des Umgangs mit Minderheitenpräferenzen im Kontext eines demokratischen Entscheidungsverfahrens, in dem außerdem nur über Güterbündel und nicht über einzelne Güter abgestimmt werde. Im Zuge der Auseinandersetzung mit dem Konzept wurde von Musgrave selbst, aber auch von anderen Autor_innen, eine Weiterentwicklung vorgestellt, die eine Vereinbarkeit mit den normativen Grundlagen der Konsumentensouveränität ermöglichen soll. Die verschiedenen Positionen unterscheiden sich nicht nur hinsichtlich der Bewertung des Konzepts, sondern auch hinsichtlich der Definition, was unter meritorischen Gütern zu verstehen ist.

1.1 Meritorik als paternalistischer Ansatz staatlicher Politik

Tietzel/Müller definieren meritorische Güter als solche, „bei denen der Staat den über den Marktpreis vorgenommenen Ausschluss korrigiert und ein anderes als das ‚freiwillige' Konsumverhalten der Haushalte induziert oder erzwingt, wobei die optimale Konsummenge unter Bezug auf ein fiktives (‚politisches') Präferenzsystem festgelegt wird, welches von dem tatsächlichen Präferenzsystem der Haushalte abweicht" (1998, S. 93). Sie operieren also mit einer ‚als ob'-Fiktion beim Konsum durch die Haushalte, was allerdings ihrer Ansicht nach staatliche Interventionen auf individualistischer Grundlage nicht rechtfertigen könne.

Schmidt (1988) versucht eine angebotsseitige Argumentation, bei der die meritorischen Bedürfnisse zum Grund für ein angebotsorientiertes Handeln der Akteure werden. Mit dem Leistungsangebot sollten bei den Bürger_innen neue Interessen und Wertvorstellungen erzeugt werden. Der Staat betreibe durch das Angebot der meritorischen Güter aktive Präferenzgenese bei den Konsument_innen. Bei dieser Betrachtung greife der Staat nicht auf hypothetisch bestehende Bedürfnisse zurück, sondern er schaffe sie selbst. Die Abstimmung habe aber letztlich in einem politischen Prozess unter Bürgerbeteiligung zu erfolgen, wobei allerdings gerade nicht über konkrete meritorische Güter abgestimmt werde, sodass auch dieser Rechtfertigungsversuch im Rahmen einer normativen Theorie der Konsumentensouveränität nicht weiterführe.

1.2 Meritorik als individualistisch orientierter Ansatz

Brennan/Lomasky (1983, S. 183ff.) kritisieren an der im Finanzarchiv geführten Debatte, dass dem institutionellen Aspekt zu wenig Beachtung geschenkt werde. Sie stellen die These auf, dass es zentrale Unterschiede in den Kontexten für marktliche und politische Wahlen gebe, die implizieren, dass die in den beiden institutionellen Settings bekundeten Präferenzen unterschiedlicher Natur seien. Individuelle Souveränität umfasse drei Souveränitätsarten: Konsumentensouveränität, Wählersouveränität und reflexive Souveränität, denen analog Marktpräferenzen, politische Präferenzen und reflexive Präferenzen zugeordnet werden können. Brennan/Lomasky definieren als meritorische Güter solche, „which the individual recognizes he ought to provide, but which due to weakness of will, moral turpitude or laxity he will not adequately provide in the market where the cost in ‚selfish pleasure‘ foregone is too high" (ebd., S. 199). In ihrer Analyse kommen sie zu dem Ergebnis, dass einiges dafür spreche, dass meritorische Güter politisch angeboten werden, wobei es sich um solche Güter handele, die Individuen reflexiv in größerer Menge zu konsumieren wünschen als sie selbst am Markt nachfragen würden.

Priddat kommt zu der Einschätzung, dass auch Musgraves mittlerweile erfolgter Versuch, meritorische Güter über Gemeinschaftsbedürfnisse ethisch begründen zu wollen, nicht gelinge, weil die Theorie meritorischer Güter „nur als ökonomisch-allokationspolitische Lösung allgemein akzeptierter Werte und Normen verstanden werden könne" (1992, S. 256). Er begründet dies mit dem Hinweis, dass es sich bei den von Musgrave ins Feld geführten Gemeinschaftsbedürfnissen um Grundbedürfnisse handele, die Voraussetzung für individuelle Kompetenzen seien, die ihrerseits erforderlich sind, damit Menschen überhaupt individuelle Bedürfnisse äußern und befriedigen können. Die Produktion meritorischer Güter diene deshalb keinem anderen Zweck als der Wiederherstellung der Handlungsfähigkeit der Wirtschaftssubjekte bezogen auf die Realisierung ihrer eigenen Präferenzen. „Der Staat als Produzent von Allokationskompetenz seiner Bürger erscheint notwendigerweise als meritorischer Staat, der per definitionem nicht in die Konsumenten-(und Produzenten-)souveränität der Wirtschaftssubjekte eingreift, es sei denn zur Wiederherstellung eben dieser Souveränität" (ebd., S. 254).

Die Realisierung der eigenen Präferenzen ist auch Thema verhaltensökonomischer Ansätze. Thaler/Sunstein bezeichnen ihren Ansatz, dass der Staat Institutionen und Kontexte so gestalten solle, dass sie individuell vorteilhafte Entscheidungen nahelegen, als libertär paternalistisch. „[W]ir sind dafür, dass private Institutionen, Behörden und Regierungen bewusst versuchen, die Entscheidungen der Menschen so zu lenken, dass sie hinterher besser dastehen – und zwar gemessen an ihren eigenen Maßstäben" (2015, S. 15). Über die Gestaltung der Entscheidungsarchitektur, die den Individuen nicht eine bestimmte Entscheidung aufzwinge, sondern durch ‚nudges‘ eine Entscheidungshilfe zur Verfügung gestellt werde, können Individuen in ihrer Entscheidungsfindung unterstützt werden. Dies sei der Fall bei schwierigen und eher selten zu treffenden Entscheidungen, die nicht problemlos in allen Einzelheiten und in ihrer Tragweite verstanden werden können und bei denen häufig eine sofortige Rückmeldung fehle. „Wenn die Betroffenen nicht wissen, wie ihre Entscheidungen ihr Leben beeinflussen werden, dann ist es keine Hilfe, wenn sie eine Vielzahl von Optionen haben – und vielleicht bringt es ihnen ebenso wenig, sich selbst zu entscheiden" (ebd., S. 112).

Gottschalk möchte den Ansatz der Meritorik auf solche Güter begrenzen, die sie als „meritorische Kompetenzgüter" bezeichnet, die „Vertrauen in die anbieterunabhängige Neutralität und in das höhere Fachwissen der staatlichen Planträger sowie in die Gleichbehandlung aller Mitbetroffenen" (2001, S. 166) erfordern. Sie seien mit dem Postulat der Konsumentensouveränität in Einklang zu bringen. Damit sei eine Konzeptentwicklung eingeleitet, weg vom ursprünglichen paternalistischen Ansatz, der Staat als besser informierte Gruppe greife in verzerrte Präferenzen der Konsument_innen ein, hin zu einem Ansatz der willentlich von den Konsument_innen autorisierten Eingriffe in die Präferenzen. Die Rede ist von einer individualistisch geprägten Meritorik, die auf dem Prinzip freiwilliger Delegation von Entscheidungskompetenz beruhe. Weil Menschen hierarchisch geordnete Präferenzen hätten, seien sie in der Lage, über ihre Präferenzen zu reflektieren und sich sowohl individuell selbst zu binden als auch über den politischen Prozess zu einer kollektiven Selbstbindung zu kommen. Es können somit verschiedene Mechanismen der Selbstbindung unterschieden werden: konstitutionelle Selbstbindung durch Gemeinschaftspräferenzen (Musgrave), Selbstbindung aus erkannter Willensschwäche durch Selbstmanagement (Schelling 2006) oder kollektiv durch den politischen Prozess (Brennan/Lomasky) und partnerschaftliche Selbstbindung an Expert_innen. Schröder (2007) kommt deshalb zu dem Schluss, die individualistisch orientierte Meritorik fuße, im Unterschied zur paternalistischen, auf intrapersonellen und nicht interpersonellen Präferenzkonflikten.

1.3 Meritorik als Autonomie fördernder Ansatz

Aus der Debatte um eine eher paternalistisch oder individualistisch orientierte Meritorik wird hier der Ansatz einer autonomieförderlichen Meritorik entwickelt, bei dem der Präferenzbildung in Abhängigkeit von der Lebenslage eine besondere Bedeutung zukommt.

Da in der Sozialwirtschaft mit den Leistungen in die Lebenslage von Klient_innen interveniert, in ihre Präferenzen eingegriffen und damit ihre Nutzenfunktion verändert wird, spielt die Frage der Bedürfnis- und Präferenzbildung für die Sozialwirtschaft aus legitimatorischer Sicht eine zentrale Rolle. Das Auseinanderfallen von individuellen und sozialen Präferenzen, von individuellem Bedarf und kollektiver Bedarfsbestimmung ist außerdem eine sozialwirtschaftliche Herausforderung für die tatsächliche Inanspruchnahme der Leistungen; denn die konkrete Ausgestaltung der Leistung hängt auf der Produktionsseite von der Mitwirkungsbereitschaft und Mitwirkungsfähigkeit der Zielgruppe ab und auf der Konsumtionsseite vom erwarteten Nutzen und den damit verbundenen Kosten für die Klient_innen. Für die Sozialwirtschaft stellen sich daher mehrere Fragen: eine normative, nach dem Verhältnis von Selbstbestimmung und Herstellung von Handlungs- und Entscheidungsfähigkeit der Klient_innen im jeweiligen soziokulturellen Kontext/Lebenslage, eine steuerungslogische, nach dem Verhältnis von politischem Prozess, Markt und Moral bei der Wohlfahrtsproduktion, und eine nach der Effektivität der Leistungserstellung. Es geht um Autonomie, Freiheit und Wohlergehen gegenüber paternalistischer Fremdbestimmung, sei es durch staatliche Sozialpolitik, sei es durch Philanthropie, um die Legitimation nicht schlüssiger Tauschbeziehungen und um das eigene Selbstverständnis. Auf diese Fragen kann die Meritorik eine Antwort geben, wenn sie als ein gesellschaftlicher Prozess der Konstruktion von Wohlfahrt und Nutzen verstanden wird.

Die Diskussion um die Meritorik zeigt, dass die Präferenzgenese für die Beurteilung meritorischer Prozesse und die Erzeugung meritorischer Nutzeninterdependenz eine bedeutende Rolle spielt. Im Unterschied zur Annahme stabiler, situationsunabhängiger und konsistenter Präferenzen verweisen empirische Ergebnisse darauf, dass Framing- und Ankereffekte das Entscheidungsverhalten beeinflussen (Thaler/Sunstein 2015; Enste/Hüther 2011; Enste/Eyerund 2014). Präferenzen sind kontextabhängig. Ein zentraler Kontext ist die Lebenslage. Die Lebenslage wird nach Weisser durch die *Möglichkeiten* zur Realisierung der eigenen Präferenzen zur Befriedigung eigener Interessen und nicht durch die tatsächlich erreichte Befriedigung bestimmt: „Als Lebenslage gilt der Spielraum, den die äußeren Umstände dem Menschen für die Erfüllung seiner Grundanliegen bieten, die ihn bei der Gestaltung seines Lebens leiten oder bei möglichst freier und tiefer Selbstbesinnung und zu konsequentem Verhalten hinreichender Willensstärke leiten würden“ (1978, S. 275). Damit beeinflusst die Lebenslage nicht nur die Kompetenz, Handlungspräferenzen anhand der Zielpräferenzen bewerten zu können, sondern sie wirkt auch auf die Entstehung von Zielpräferenzen ein. Präferenzen werden gelernt, in Sozialisationsprozessen erworben, und sie werden internalisiert. Vergangene Erfahrungen bilden einen Maßstab für künftiges Verhalten. „Sozialisationsbedingt erwirbt ein Konsument als lernendes Individuum in besonderer Weise strukturiertes Wissen im Sinne von bestimmten Werthaltungen und gesellschaftsbezogenen Fähigkeiten, die seine Handlungspotentiale in physischer, psychischer, sozialökonomischer und kultureller Hinsicht formen und die die Vornahme von Wahlhandlungen ermöglichen, indem sie individuelle Verhaltenssicherheit durch Handlungsorientierung stiften (...) Solche Fähigkeitenpotentiale der Bewertung, Auswahl und Kombination lassen den einzelnen Konsumenten Wahlhandlungen entsprechend seiner Lebenslage lebensstilgerecht vornehmen“ (Engelhard 1999, S. 150).

Somit hängt die Befriedigung von Bedürfnissen nicht nur von der Verfügbarkeit von ökonomischen, infrastrukturellen und sozialen Ressourcen ab, sondern auch von der Möglichkeit, Bedürfnisse artikulieren, Präferenzen entwickeln und formulieren sowie zu den eigenen Grundanliegen vordringen zu können. Die aus der Lebenslage resultierenden Beschränkungen schlagen sich folglich auch in der Entwicklung der Handlungsbefähigung „als Ausdruck von Selbstwirksamkeit in spezifischen Milieukontexten“ (Böhnisch/Schröer 2013, S. 123) nieder. „Für die Bestimmung personaler Handlungsbefähigungen ist demnach zwischen einem objektiven Möglichkeitenraum und einem subjektiv wahrgenommenen Handlungsraum zu unterscheiden“ (Grundmann 2010, S. 136f). Für eine Autonomie fördernde Meritorik muss es darum gehen, den Zirkel von lebenslageabhängiger Selbstdeutung, Wahrnehmung von Bewältigungslagen und ‚Zementierung‘ der Lebenslage durch adaptive Präferenzen zu durchbrechen, um das Wohlergehen von prinzipiell entscheidungsfähigen Akteuren zu erhöhen. Lernprozesse durch Befähigung, Bildung, Empowerment und Hilfe zur Selbsthilfe spielen hierbei eine zentrale Rolle. Sie gehören zum Repertoire Autonomie fördernder meritorischer Maßnahmen, die auf Präferenzgenese und Entwicklung reflexiver Präferenzen und damit auf eine Weitung von Handlungsspielräumen abzielen.

2. Meritorik in der Mehrebenenbetrachtung

Die Bedeutung der Meritorik in der und für die Sozialwirtschaft kann überblicksartig in nachstehender Abbildung dargestellt werden. Es sind verschiedene Analyseebenen zu unterscheiden.

Die Definition des meritorischen Bedarfs ist das Ergebnis sozialethischer Entscheidungen auf der *Makroebene* des Wohlfahrtsstaats. „The concept of merit goods argues that there are goods which are so important that people might not have a pure economic interest in a particular good or service but they have an ethical interest in that good or service“(Ver Eecke 2013, S. 73).

Ebenen	Meritorik	Kategorie	Akteure	Ökonomik	Ethik
Makro	Sozialstaatlich definierter Bedarf als moral value judgement: soziale Präferenz für Wohlfahrtsgüter Meritorischer Bedarf	Wohlfahrtsstaatsregime	Sozialpolitik	Gesellschaftliche Wohlfahrt/ Gesellschaftlicher Nutzen	Sozialethik
Meso	Ressourcenallokation, sozialstaatliche Nachfrage = ‚als ob' Nachfrage gem. Klientenpräferenzen Meritorische Nachfrage	Institutionen- Wahl	Sozialwirtschaft	Meritorische Nutzeninter- dependenz	Wirtschafts- ethik
Mikro	Umwandlung der ‚als ob' Präferenzen in Klientenpräferenzen und meritorisches Angebot	Organisation	NPO, PO	Unternehmenserfolg, Erfüllung des sozialen Auftrags, Gewinnerzielung	Unternehmensethik
Nano	Transformation bedarfsgesteuerter Ressourcenallokation in einen simultanen Prozess von Koproduktion und Prosumtion Meritorische Dienstleistung	Interaktion	Fachkraft = Koproduzent_in, Klient_in = Prosument_in	Effektive Dienstleistungsbeziehung	Berufsethik
Individuell	Meritorisierung als Spielraumerweiterung für autonomes Handeln und individuelle Wohlfahrt Meritorische Bedürfnisbefriedigung	Person	Klient_in	Individuelle Wohlfahrt/ Individueller Nutzen	Individualethik

Abb. 1: Transformation meritorischen Bedarfs in meritorische Bedürfnisbefriedigung (eigene Darstellung)

Die Sozialpolitik interveniert in die Lebenslagegestaltung, indem sie sich der Sozialwirtschaft bedient. Die Steuerung der Ressourcen zur Befriedigung des meritorischen Bedarfs erfolgt auf der *Mesoebene.* Zu diesem Zweck muss der meritorische Bedarf in meritorische Nachfrage umgewandelt werden und zwar so, ‚als ob' die sozialstaatliche Nachfrage nach meritorischen Gütern und Dienstleistungen den Klientenpräferenzen entspräche. Für diese Nachfrage erstellt die Sozialwirtschaft ein passendes Angebot. Sie organisiert die meritorische Nutzeninterdependenz, indem sie eine Doppelrolle einnimmt. Sie ist sowohl Agentin des Prinzipals Leistungsträger als auch Agentin des Prinzipals Klient. Sie bewegt sich als eigener Sektor zwischen Bedarfsdeckung, Gewinnerzielung und Wertorientierung und folgt so wirtschaftsethischen Anforderungen.

Für die sozialwirtschaftlichen Organisationen, seien es Profit- oder Nonprofitorganisationen, hängt der eigene Unternehmenserfolg auf der *Mikroebene* davon ab, dass das meritorische Angebot auch angenommen wird, was umso eher der Fall sein wird, je mehr das Angebot den Klientenpräferenzen tatsächlich entspricht. Die erfolgreiche Erfüllung des sozialen Auftrags als Unternehmenszweck wird durch die Implementierung einer unternehmensethischen Konzeption befördert, die sich mehr an den Entscheidungen der Klient_innen orientiert und weniger an den staatlich gesetzten Steuerungsanreizen (Munk o.J., S. 76 ff).

Die Passung erweist sich auf der Nanoebene als der interaktiven Ebene der konkreten Erstellung der meritorischen Dienstleistung zwischen Expert_innen/Fachkraft und Klient_in. In der personenbezogenen sozialen Dienstleistung kommt es uno-actu zu Präferenzbildung und Bedarfsspezifizierung. Sie fungiert als Transmissionsriemen zwischen kollektiv bestimmtem Bedarf und individuellen Bedürfnissen.

Erst mit der tatsächlichen Inanspruchnahme und Nutzung auf der *individuellen Ebene* ist die meritorische Bedürfnisbefriedigung möglich, sind gesellschaftliche Wohlfahrt und individuelle Wohlfahrt interdependent. Wenn sich dadurch die Spielräume der Klient_innen für autonomes Handeln in der Zukunft erhöhen, ist eine bedarfsorientierte Ressourcensteuerung durchaus mit souveränen Konsumentenentscheidungen zum Gebrauch der meritorischen Güter und Dienstleistungen kompatibel.

3. Institutionelle Implikationen der Meritorik für die Sozialwirtschaft

Die Sozialwirtschaft ist aus meritorischer Sicht eine institutionelle Alternative zu Markt und Staat, weil die Handlungskoordination nicht rein eigennutzorientiert und nicht rein normorientiert erfolgt, sondern auch Elemente moralischer Überzeugungen enthält. Für Weise liegt die Bedeutung der Meritorik im Kontext von Norm, Markt und Moral in der Tatsache, dass Individuen nicht nur Handlungen, sondern auch Formen der Handlungskoordination einer Bewertung unterziehen, so dass es „auch ökonomisch gute Gründe dafür gibt, bestimmte Güter nicht der Marktkoordination zu überlassen und die Normen und Moralkoordination vor einer Verdrängung durch die Marktkoordination zu bewahren" (2002, S. 96). Grund- und Menschenrechte sind dem Markttausch bewusst entzogen und finden in den sozialen Leistungs- und Schutzgesetzen ihren Niederschlag. Zur Substitution von Markt durch Norm kommt es bei solchen Gütern, die das Handlungsvermögen von Menschen definieren. „Wenn Nieren, Drogen, Führerscheine, Doktorurkunden, Abgeordnetenstimmen (...), menschliche Körper oder Baugenehmigungen ohne weitere Einschränkungen von denen gekauft werden können, die sie höher schätzen, spielt menschliche Autonomie keine Rolle mehr" (ebd., S. 81). Hierzu gehört aber auch der Teil staatlicher Leistungen, der den Charakter von meritorischen Gütern hat, die zur Sicherung oder Wiederherstellung von Autonomie verhaltensregulierend wirken sollen und über deren Zurverfügungstellung politisch entschieden wurde. Als Gewährleistungsstaat zieht sich der Staat mehr und mehr aus der unmittelbaren Leistungserstellung zurück und überlässt die Ausführung privaten Organisationen im Rahmen korporatistisch oder wettbewerblich ausgestalteter Regelungen auf ‚Sozialmärkten', zu denen unterschiedlich verfasste Leistungsanbieter Zugang erhalten können (Heinze et al. 2015; auch Schulz-Nieswandt, Vaudt (Marketing) und Jüster (Subsidiarität) in diesem Band). Auf der operativen Ebene treffen die Leistungsanbieter mit den jeweiligen Kostenträgern Vereinbarungen über das konkrete Angebot an Gütern und Dienstleistungen und auf der strategischen Ebene versuchen sie, Einfluss auf die Bestimmung des erforderlichen Bedarfs an Leistungen zu nehmen, so dass die Klient_innen des Sozialstaats weitgehender Fremdbestimmung unterliegen. Rollenkonflikte und Widersprüche zwischen unternehmerischen Eigeninteressen sozialwirtschaftlicher Organisationen und Anwaltschaft für die Klient_innen sind nicht auszuschließen (Cremer 2015, S. 171f.). Der Sozialstaat setzt nicht nur die rechtliche Rahmenordnung für die Erbringung der Leistungen, sondern hat als Kostenträger auch ein finanzielles Eigeninteresse daran, die Bedingungen für ein möglichst kostengünstiges Angebot zu bestimmen. Die Angebote sind zwar für die Klient_innen bestimmt, Einfluss hierauf haben sie allerdings nicht. Ihr direkter Einfluss beschränkt sich auf den kleinen Teil sozialwirtschaftlich erstellter Leistungen, der von ihnen nicht nur genutzt, sondern auch selbst gezahlt wird, weil hier schlüssige Tauschbeziehungen wie auf Märkten vorliegen. Daneben gehören zur Sozialwirtschaft aber auch solche Engagementformen, die nicht auf Rechtsnormen und/oder ökonomische Tauschregelungen zurückzuführen sind: die Arbeit der freien Wohlfahrtspflege als wohltätige Fremdhilfe. Sowohl bei der historisch sehr viel älteren wohltätigen Fremdhilfe als auch bei der staatlich regulierten Hilfe erscheinen die Klient_innen als Objekte und nicht als Subjekte des Hilfeprozesses.

3.1 Meritorische Nutzeninterdependenz und das Leistungsdreieck

Meritorik kommt in der Sozialwirtschaft in verschiedenen Konstellationen vor. Auch das sozialrechtliche Leistungsdreieck beruht auf Meritorisierung. Mit der Entscheidung, Güter und Dienstleistungen zu meritorischen zu machen, nimmt der Staat sowohl Einfluss auf die Allokation der Ressourcen als auch auf die Verteilung der Güter und Dienstleistungen. Generell meint meritorische Nutzeninterdependenz die Präferenz für In-kind-Transfers zur Sicherstellung eines bestimmten Versorgungsniveaus der Bevölkerung mit Wohlfahrtsgütern. Im Leistungsdreieck tritt der staatliche Kosten- und Leistungsträger als Entscheider im Meritorisierungsprozess auf, während die Sozialwirtschaft die Rolle als Verhandlungspartnerin von Rahmenverträgen übernimmt. Die Vertragsverhandlungen um das meritorische Angebot werden mit dem Leistungsträger geführt, der den von ihm definierten Bedarf in die Vertragsverhandlungen einbringt. Auf den ausgehandelten Leistungsinhalt, das meritorische Gut als normierte Sachleistung, haben die Klient_innen als Leistungsempfänger_innen keinen Einfluss. „Einen Menschen in einer existenziellen Lebenssituation, wie der der Abhängigkeit von fremder Hilfe, zum passiven Leistungsempfänger zu degradieren, beraubt ihn seiner Personalität. Er wird zum Objekt staatlich reglementierter Dienstleistungen" (Heinze et al. 2015, S. 136). Sozialwirtschaftliche Organisationen sind aber nicht nur Agentinnen des Prinzipals Leistungsträger, sondern auch Agentinnen des Prinzipals unmittelbare Leistungsnutzer /Leistungsempfänger (Langer 2004). In dieser letztgenannten Agentenfunktion muss es im Meritorisierungsprozess auch darum gehen, gegenüber dem Leistungsträger bislang ungehörte Bedürfnisse zu artikulieren und Bedarf von Klient_innen in die politischen Entscheidungen über meritorische Güter und Dienstleistungen einfließen zu lassen. Das setzt entsprechende Arbeit auf der Ebene konkreter Leistungserstellung voraus, auf der die Expert_innen sozialwirtschaftlicher Organisationen die Rolle von Koproduzent_innnen im Meritorisierungsprozess übernehmen. Das wiederum bedingt, die Klient_innen weniger als Objekte der Fürsorge denn als Subjekte in der Dienstleistungsbeziehung zu behandeln. „Eine dialogische Aushandlung ‚von Bedürfnisartikulation und Bedarfsdefinition in der Mikrokonstellation von Nutzer/Kunde einerseits und den Professionen andererseits' kann somit durch die Institutionalisierung von individualisierten Case Management-Gesprächen und durch die kulturelle Verinnerlichung einer ‚Ethik der Achtsamkeit' gelingen" (Munk o.J., S. 78 mit einem Zitat von Schulz-Nieswandt 2009). In einem nicht paternalistischen Meritorikverständnis kann es nicht darum gehen, die Nutzer_innen mit einer als gesellschaftlich wertvoll deklarierten Leistung zu versehen, für die sie erkennbar keinen Bedarf haben und folglich auch keine Präferenz artikulieren. Da Präferenzen in sozialer Interaktion gebildet werden, können potenzielle Leistungsnutzer_innen als Expert_innen in eigener Sache mit den Expert_innen der sozialwirtschaftlichen Organisationen im Dialog eine Klärung ihrer Präferenzen herbeiführen und es könnte gemeinsam gesichtet werden, inwiefern das bestehende meritorische Angebot von Nutzen sein könnte, bzw. welche Änderungen mit den Leistungsträgern verhandelt werden müssten. Klient_innen sind im Meritorisierungsprozess deshalb Prosument_innen von Leistungen, weil sie Leistungen konsumieren, an deren Produktion sie beteiligt sind. Hierbei sind drei Fälle idealtypisch zu unterscheiden: Im 1. Fall existiert eine Kongruenz von meritorischem Bedürfnis, individueller Präferenz und meritorischem Güter- und Dienstleistungsangebot, im 2. Fall eine Inkongruenz und im 3. Fall eine Indifferenz. Die drei Fälle stellen unterschiedliche Herausforderungen für die sozialwirtschaftlichen Organisationen mit Blick auf die tatsächliche Inanspruchnahme der Leistungen dar. Fall 1 ist weitgehend konfliktfrei, sofern die sozialwirtschaftlichen Organisationen ihr Eigeninteresse unternehmensethisch kontrollieren und vorhandene Informationsasymmetrien nicht zu ihren Gunsten ausbeuten sowie dafür Sorge tragen, dass mögliche Inanspruchnahmebarrieren räumlicher und zeitlicher Art beseitigt werden (Brink/Langer in diesem Band). Fall 2 ist eher die Regel bei Gütern und Dienstleistungen zu deren Inanspruchnahme die Klient_innen verpflichtet werden können. Hier liegen Autonomie beschränkende Interventionen vor, die mit der Vermeidung von Selbstschädigung oder Schädigung Dritter begründet werden. Das sind die Fälle von Zwangskonsum. Die Mitwirkungsbereitschaft ist eher gering, Ergebnisnutzen bleibt aus und damit fehlt ein Lernprozess, der in eine Präferenzänderung einmünden könnte. Individueller und gesellschaftlicher Nutzen klaffen auseinander. Fall 3 beschreibt die Situation, in der die Klient_innen nicht erkennen können, dass das Angebot geeignet wäre, ihre meritorischen Bedürfnisse zu erfüllen. Deshalb entwickeln sie auch keine Präferenz und artikulieren keine Nachfrage. Die Organisationen sind in diesen Fällen gefordert, gemeinsam mit den Klient_innen das Angebot vor dem Hintergrund ihrer Lebenslage zu bewerten und Handlungsoptionen zu modellieren, so dass sich für die Klient_innen eine Erweiterung ihrer Handlungsspielräume ergeben kann. Im Fall 1 liegt der Grund für die Meritorisierung in den fehlenden ökonomischen Ressourcen, im Fall 2 bleibt der/die Klient_in Objekt paternalistischer Fürsorge aufgrund von defizitären Handlungen, im Fall 3 werden seine/ihre fehlenden Kompetenzen zum Anknüpfungspunkt für eine dialogisch angelegte Kompetenzerweiterung, die zu einer Präferenzänderung führen kann.

3.2 Meritorische Nutzeninterdependenz bei freiwilligen Wohlfahrtsleistungen

Die Sozialwirtschaft agiert nicht nur als Agentin des Sozialstaats und seiner Sozialpolitik. Insbesondere die freie Wohlfahrtspflege kümmert sich aus eigenen weltanschaulichen und/oder religiösen Überzeugungen von jeher um Menschen in Notlagen. „Dritte-Sektor-Organisationen sind in ihrem Selbstverständnis jedoch nicht nur Dienstleister für den Sozialstaat. Sie übernehmen auch sozialanwaltschaftliche Funktionen und verstehen sich als Solidaritätsstifter" (Klenk 2015, S. 148). Für den Teil der Sozialwirtschaft, der nicht auf der Umsetzung sozialstaatlicher Leistungsgesetze und öffentlicher Refinanzierung beruht, können mit Collard zwei Arten von Altruismus unterschieden werden: „one where interdependence is *commodity-related* and one where it is *utility-related*" (1978, S. 7). Im erstgenannten Fall zielt der Transfer auf die Versorgung einer Person mit einem Gut/Dienstleistung, das/die aus Sicht des Altruisten als wünschenswert angesehen wird. Dem Güteraltruisten geht es um das Güterversorgungsniveau des/r Empfängers_in, dem Nutzenaltruisten um das Nutzenniveau des/r Empfängers_in. Im zweiten Fall handelt es sich um Leistungen, die aus Sicht der Empfänger_innen ihr Wohlergehen fördern. In beiden Fällen liegen soziale Präferenzen vor, die zu einer Ressourcenaufteilung führen, die den eigenen Nutzen zugunsten anderer Personen vernachlässigen (Kirchgässner 2013, S. 270f.). Die freiwilligen Wohlfahrtsleistungen gehören in die Kategorie des Güteraltruismus. Als bedürftig ausgemachte Zielgruppen erhalten kostenfrei Transfers in Form von Sach- und Dienstleistungen, die aus Sicht der Geber von der Zielgruppe genutzt werden sollten. Die wohltätige Fremdhilfe ist philanthropischer Paternalismus, bei dem die Zielgruppe mehr Objekt denn Subjekt des Hilfeprozesses ist.

4. Sozialwirtschaft zwischen Präferenz- und Güter- und Dienstleistungsorientierung

Aus der Beschäftigung mit dem Konzept der Meritorik folgt, dass die Meritorisierung sowohl als Präferenz für In-kind-Transfers, d.h. die Sicherstellung eines bestimmten Versorgungsniveaus mit Wohlfahrtsgütern, verstanden werden kann als auch als Spielraumerweiterung für autonomes Handeln und individuelle Wohlfahrt. In beiden Fällen geht es darum, das lebenslageabhängige Entscheidungs- und Inanspruchnahmeverhalten von Zielgruppen zu verändern. Individuelle Probleme im Nachfrageverhalten der Klient_innen, die durch echte Unsicherheit in Verbindung mit den sozio-kulturell strukturierten Bewältigungsmustern entstanden sind, werden als gesellschaftlich zu regulierende behandelt und lösen meritorischen Handlungsbedarf aus. Während Präferenzen die intentionale Seite von Handeln und Entscheiden betreffen, bilden die Restriktionen die strukturellen Faktoren ab, über die Handlungsergebnisse gesteuert werden, wobei gilt, dass sich Präferenzen und strukturelle Faktoren wechselseitig beeinflussen. Die präferenzprägende Wirkung struktureller Faktoren ist ein entscheidender Grund für die Meritorik in der Wohlfahrtsproduktion. Die Sozialwirtschaft sollte sich deshalb stärker als bisher auch mit der Frage beschäftigen, wie sie zur Präferenzbildung beitragen kann, um Lock-in-Effekte durch die Lebenslage aufzubrechen. Bei der Umsetzung einer verwendungszweckgebundenen Sozialpolitik durch die Bereitstellung von Gütern und Dienstleistungen sollte sie bedenken, dass „die Inanspruchnahme wohlfahrtsstaatlicher Leistungen Handlungskompetenz voraus[setzt], was genau dann problematisch ist, wenn die Herstellung von Handlungskompetenz selbst das Ziel von Maßnahmen ist" (Ferger 2015, S. 21). Durch eine stärkere Ausrichtung an der Präferenzgenese lässt sich der defizitorientierte Ansatz paternalistischer Bevormundung durch einen ressourcenorientierten der Herstellung von Handlungsspielräumen substituieren. Meritorisierung kann also Handlungsspielräume erweitern, indem sie die Ressourcenlage in Form von In-kind-Transfers verbessert und Kompetenzen im Sinne von Hilfe zur Selbsthilfe stärkt sowie als pädagogische Intervention einen Beitrag zur Präferenzbildung leistet. Ihre Ausgestaltung bewegt sich auf einem Kontinuum zwischen staatlichen Ge- und Verboten, freiwilliger Delegation von Entscheidungskompetenz und sozialem Lernen. In ihrer Mehrdimensionalität kann sie so auf unterschiedliche Weise zur Verbesserung der Lebenslage beitragen. Eine Sozialwirtschaft, die sich dieser Mehrdimensionalität bewusst ist, betrachtet die Klient_innen auch im Kontext nicht schlüssiger Tauschbeziehungen bei In-kind-Transfers oder freiwilligem Transferaltruismus als Subjekte mit eigenen Präferenzen und individuellen Wohlfahrtsvorstellungen.

5. Literatur

Andel, Norbert (1984): Zum Konzept der meritorischen Güter. In: Finanzarchiv 42, H. 3, S. 630-648.

Andel, Norbert (1969): Zur Diskussion über Musgraves Begriff der „merit wants". In: Finanzarchiv 28, H. 2, S. 209-213.

Böhnisch, Lothar/Schröer, Wolfgang (2013): Agency und die Entgrenzung des Sozialen – Bewältigungslagen als sozialpädagogisches Zugangskonzept. In: Nina Oelkers/Richter, Martina (Hrsg.): Aktuelle Themen und Theoriediskurse in der Sozialen Arbeit. Frankfurt a.M.: Peter Lang, S. 117-131.

Brennan, Geoffrey/Lomasky, Loren (1983): Institutional Aspects of „Merit Goods" Analysis. In: Finanzarchiv 41, H. 2, S. 183-206.

Collard, David A. (1978): Altruism and Economy: a study in non-selfish economy. Oxford: Robertson.

Cremer, Georg (2015): Monopolkommission 2014: Wahlrechte für hilfesuchende Bürger? Ansatz nicht durchgehalten. In: Sozialer Fortschritt 64, H. 7, S. 167-173.

Engelhard, Peter (1999): Paradigmata des Konsumentenverhaltens: Die Rolle der Nachfrage im Innovationsprozeß. Ein sozialökonomischer Beitrag zur subjektivistischen Theorie der Wahlhandlungen von Konsumenten. Berlin: Duncker & Humblot.

Enste, Dominik H./Eyerund, Theresa (2014): Editorial: Verhaltensökonomik und Sozialpolitik. In: Sozialer Fortschritt 63, H. 3, S. 41-42.

Enste, Dominik H./Hüther, Michael (2011): Verhaltensökonomik und Ordnungspolitik. Zur Psychologie der Freiheit. Köln: Eigenverlag.

Erlei, Mathias (1989): Meritorische Güter und die Problematik der Rechtfertigung meritorischer Eingriffe. In: Schumann, Jochen (Hrsg.): Der Staat in den Volkswirtschaften Polens und der Bundesrepublik Deutschland. Bad Honnef: Bock Herchen, S. 111-126.

Ferger, Florian (2015): Bildungsarmut als soziales Problem. Hrsg. von Diewald, Martin/Faist, Thomas/ Liebig, Stefan. DFG Research Center. Bielefeld SFB 882 Working Paper Series, Nr. 49. https://pub.uni-bielefeld.de/download/2716942/2716951, 10.11.2016.

Finis Siegler, Beate (2017): Meritorik in der Sozialwirtschaft. Warum die Sozialwirtschaft ein anderes Ökonomiemodell braucht. In: Grillitsch, Waltraud/Brandl, Paul/Schuller, Stephanie (Hrsg.): Gegenwart und Zukunft des Sozialmanagements und der Sozialwirtschaft. Aktuelle Herausforderungen, strategische Ansätze und fachliche Perspektiven. Wiesbaden: Springer VS, S. 35-57.

Gottschalk, Ingrid (2001): Meritorische Güter und Konsumentensouveränität – Aktualität einer konfliktreichen Beziehung. In: Jahrbuch für Wirtschaftswissenschaften/Review of Economics 52, H. 2, S. 152-170.

Grundmann, Matthias (2010): Handlungsbefähigung – eine sozialisationstheoretische Perspektive. In: Otto, Hans-Uwe/ Ziegler, Holger (Hrsg.): Capabilities – Handlungsbefähigung und Verwirklichungschancen in der Erziehungswissenschaft. 2. Aufl., Wiesbaden: Springer VS, S. 131-142.

Head, John G. (1988): On Merit Wants: Reflections on the Evolution, Normative Status and Policy Relevance of a Controversial Public Finance Concept. In: Finanzarchiv 46, H. 1, S. 1-37.

Head, John G. (1969): Merit Goods Revisited. In: Finanzarchiv 28, H. 2, S. 214-225.

Head, John G. (1966): On Merit Goods. In: Finanzarchiv 25, H. 1, S. 1-29.

Heinze, Rolf G./Klie, Thomas/Kruse, Andreas (2015): Subsidiarität revisited. In: Sozialer Fortschritt 64, H. 6, S. 131-138.

Kirchgässner, Gebhard (2013): Das schwache Rationalitätsprinzip als Grundlage einer verstehenden Sozialwissenschaft. In: Zeitschrift für Wirtschafts- und Unternehmensethik 14, H. 2, S. 259-281.

Klenk, Tanja (2015): Zur Ambivalenz der neuen Subsidiarität. In: Sozialer Fortschritt 64, H. 6, S. 144-149.

Langer, Andreas (2004): Professionsethik und Professionsökonomik. Legitimierung Sozialer Arbeit zwischen Professionalität, Gerechtigkeit und Effizienz. Kölner Schriften zur Sozial- und Wirtschaftspolitik, Bd. 48. Regensburg: Transfer.

Mc Lure, Charles E. (1968): Merit Wants: a Normatively Empty Box. In: Finanzarchiv 27, H. 3, S. 474-483.

Munk, Jörg (o.J.): Fairer Wettbewerb. Ein konstitutives Element der modernen Caritas. Berlin: Eigenverlag des Deutschen Vereins für öffentliche und private Fürsorge e.V.

Musgrave, Richard A. (1969): Finanztheorie. 2., erg. und verb. Tübingen: Mohr.

Musgrave, Richard A./Musgrave, Peggy B./Kullmer, Lore (1990): Die öffentlichen Finanzen in Theorie und Praxis. 5. Aufl. Weinheim: Beltz.

Priddat, Birger (1992): Zur Ökonomik der Gemeinschaftsbedürfnisse: Neuere Versuche einer ethischen Begründung der Theorie meritorischer Güter. In: Zeitschrift für Wirtschafts- und Sozialwissenschaften 112, H. 2, S. 239-259.

Schelling, Thomas C. (2006): Strategies of Commitment and Other Essays. Cambridge, MA: Harvard University Press.

Schmidt, Kurt (1988): Mehr zur Meritorik. In: Zeitschrift für Wirtschafts- und Sozialwissenschaften 108, H. 3, S. 383-403.

Schröder, Guido (2007): De Gustibus Disputandum Est? Thomas Schellings transdisziplinärer und meritorikfreier Ansatz zur Analyse konkreter Gesellschaftsprobleme. Sonderdruck. In: Pies, Ingo/Leschke, Martin (Hrsg.): Thomas Schellings ökonomischer Liberalismus. Konzepte der Gesellschaftstheorie, Nr. 13. Tübingen: Mohr, S. 39-61.

Thaler, Richard H./Sunstein, Cass R. (2015): Nudge. Wie man kluge Entscheidungen anstößt. 5. Aufl. Berlin: Ullstein.

Tietzel, Manfred/Müller, Christian (1998): Noch mehr zur Meritorik. In: Zeitschrift für Wirtschafts- und Sozialwissenschaften 118, H. 1, S. 87-127.

Ver Eecke, Wilfried (2013): Ethical Reflections on the Financial Crisis 2007/2008. Making Use of Smith, Musgrave and Rajan. Berlin/Heidelberg: Springer Fachmedien.

Weise, Peter (2002): Meritorik zwischen Markt, Norm und Moral. In: Prisching, Manfred (Hrsg.): „Alles käuflich". Ökonomie und Gesellschaft, Bd. 18. Marburg: Metropolis, S. 73-96.

Weisser, Gerhard (1978): Sozialpolitik. In: Katterle, Siegfried/Mudra, Wolfgang/Neumann, Lothar F. (Hrsg.): Beiträge zur Gesellschaftspolitik. Göttingen: Schwartz, S. 275-283.

Ökonomisierung und Managerialisierung

Michael Meyer/Florentine Maier

Abstract

Ökonomisierung und Managerialisierung sind Trends in der Sozialwirtschaft, die seit den frühen 1990er Jahren konstatiert werden. Obwohl die Phänomene definitorisch unscharf bleiben, wurden sie zum Fluchtpunkt von Hoffnungen, aber vor allem von Befürchtungen. Die Optimist_innen erwarten Effizienz-, Effektivitäts- und Wirksamkeitsgewinne, die Skeptiker_innen befürchten eine Kolonialisierung der Sozialwirtschaft durch eine enge ökonomische Rationalität. In Forschung und Praxis wird ein polarisiertes Bild gezeichnet. In unserem Beitrag versuchen wir, die bisherigen empirischen Befunde zusammenzufassen und konzeptionell zu verankern, wozu wir uns auf das Modell der institutionellen Logiken (Friedland/Alford 1991) sowie auf die Gesellschafts- und Organisationstheorie Niklas Luhmanns beziehen (Luhmann 1984, S. 2000).

1. Einleitung

"Like myths and mythology in ancient times, like cancer even, management has crawled into every fiber of our work and social life. It has reached hegemonic status – and it continues to spread." (Diefenbach 2009, S. 1)

Schon seit den frühen 1990er Jahren ist die Verbreitung betriebswirtschaftlicher Methoden und Denkweisen Thema der Diskussion in der Sozialwirtschaft, und zwar in Wissenschaft und Praxis (siehe z.B. Weisbrod 1998; Dart 2004; Roberts/Jones/Froehling 2005). Dabei steht die Veränderung von Nonprofit-Organisationen (NPOs) im Fokus. Gerade in korporatistischen Nonprofit-Regimen (Salamon/Anheier 1998) nehmen NPOs eine zentrale Rolle bei der Erbringung sozialer Dienstleistungen ein (Zimmer et al. 2013; Pennerstorfer et al. 2013; Schnurbein 2013), und daher wird parallel mit der Managerialisierung und Ökonomisierung von NPOs eine Transformation der gesamten Sozialwirtschaft vermutet (Evers 2006). Darüber hinaus gibt es eine Reihe von Befunden zum öffentlichen Sektor (z.B. Pollitt 1993; Cutler/Waine 2000), die diese Transformationsannahme verstärken. Dennoch gibt es überraschend wenige Studien über die Konsequenzen (Maier et al. 2016, S. 75f.). Trotz der alles andere als überzeugenden Befundlage ist die Mehrheit der wissenschaftlichen Beiträge skeptisch und kritisch (Hvenmark 2016, S. 2841).

Das hängt damit zusammen, dass Ökonomisierung und Managerialismus regelmäßig als Ideologie, Diskurs oder institutionelle Logik konzipiert werden. Damit ist ein normativer Rahmen gemeint, der ein bestimmtes Wahrnehmungsraster und einen Pool an legitimen Praktiken anbietet (Friedland/Alford 1991). Insofern ist Managerialismus nicht bloß Management, und Ökonomisierung nicht bloß das ökonomische Prinzip der effizienten Ressourcennutzung. Als institutionelle Logik werden beide zum Glaubenssystem, welches die Weltsicht von Akteuren prägt, indem sie einen Referenzrahmen für die Interpretation von Themen und Ereignissen zur Verfügung stellt, die Angemessenheit von Zielen und Werten bestimmt sowie die Eignung bestimmter Mittel zur Zielerreichung. Damit legitimieren sie bestimmte Aktivitäten und delegitimieren andere. Sie werden zur institutionellen Logik (ebd.).

Ohne explizit auf dieses neoinstitutionalistische Konzept zurückzugreifen, dominiert in der Literatur dieses Verständnis von Ökonomisierung und Managerialisierung. Immer geht es um die Vorherrschaft von Managementpraktiken und -ideen (Pollitt 1993; Grey 1996; Clarke/Newman 1997; Grey 1999; Parker 2002; Treleaven/Sykes 2005). Im Einzelnen wird dann Managerialismus anders eingeordnet: als Ideologie (Enteman 1993), als Archetyp (Carter/Mueller 2002), als Diskurs (z.B. Hancock/Tyler 2004; Skelcher et al. 2005), als Governancesystem (Cutler/Waine 2000), oder als Organisationsstruktur (Pollitt 1993).

In diesem Beitrag wollen wir zuerst die unterschiedlichen Begriffe und Konzepte ordnen, die im Umkreis von Ökonomisierung und Managerialisierung verwendet werden. Dann werden wir die Befunde zu den Ursachen dieser Entwicklung zusammenfassen und einen Überblick über die Ergebnisse zu den Folgen und Konsequenzen geben. Schließlich wollen wir den Niederschlag von Managerialismus und Ökonomisierung in Entscheidungsprämissen von Organisationen beschreiben und alternative Logiken aufzeigen.

2. Managerialismus, Ökonomisierung und verwandte Phänomene in der Sozialwirtschaft

In der Literatur wird das Vordringen von Management-Denkweisen und Praktiken sowie ökonomisch inspirierten Entscheidungskalkülen seit Langem kritisch beleuchtet. Managerialismus und Ökonomisierung sind ein vielfach erforschtes Terrain, wenngleich sich auf der Landkarte noch viele weiße Flecken befinden. In einer systematischen Analyse haben wir über 2.400 wissenschaftliche Beiträge identifiziert, von denen dann ca. 600 ausgewählt wurden (Maier et al. 2016). Seitdem diese Analyse 2014 durchgeführt wurde, sind weitere 70 wissenschaftliche Artikel erschienen, die Managerialismus oder ähnliche Phänomene in NPOs behandeln, aber nur wenige davon haben diese Konzepte direkt in ihren zentralen Forschungsfragen (z.B. Rhodes/Donnelly-Cox 2014; Bhayani 2014; Grohs et al. 2015; Bellostas et al. 2016; Mitchell 2016; Suykens et al. 2016). Die neueren Beiträge konzentrieren sich i.d.R. auf spezifische Felder, Länder oder Organisationen. Von 1990 bis 2007 stieg die Zahl der jährlich publizierten Beiträge in begutachteten wissenschaftlichen Zeitschriften kontinuierlich an, seit 2007 wird dieses Niveau gehalten und umfasst jährlich ca. 40 bis 55 wissenschaftliche Artikel.[1]

Dabei wird über unterschiedliche Phänomene berichtet. Den Rahmen, in den sich diese Phänomene einordnen lassen, wollen wir als *Verbetriebswirtschaftlichung* bezeichnen („becoming business-like“, Dart 2004; siehe auch Abb. 1). Innerhalb dieses Rahmens entwickelte sich ein eigener Forschungsstrang zu *hybriden Organisationen* (z.B. Evers 2005; Ebrahim et al. 2014), der sich überwiegend mit sozialen Unternehmen beschäftigt, welche soziale Ziele über Marktaktivitäten erreichen wollen.

Die Konzepte lassen sich drei Dimensionen zuordnen (siehe Abb. 1): *Managerialisierung*, *Ökonomisierung*, und die *symbolisch-sprachlichen Manifestationen*. In den letzten beiden Dimensionen hat sich die Forschung klar fokussiert: Bei der Ökonomisierung wird vor allem auf die Kommerzialisierung (z.B. Guo 2006; Toepler 2006) und den ‚Mission Drift‘, also die damit einhergehende Zielverschiebung, abgestellt (Jones 2007; Needleman 1999). In der dritten Dimension geht es vor allem um Angleichung in Sprache (z.B. Vestergaard 2008) und die Veränderung sprachlich und symbolisch geprägter Identitäten (Kreutzer/Jäger 2011).

1 Abfrage am 27.22.2016 in ProQuest zu den Suchbegriffen [managerialism] AND [(nonprofit*) OR (nongovern*)].

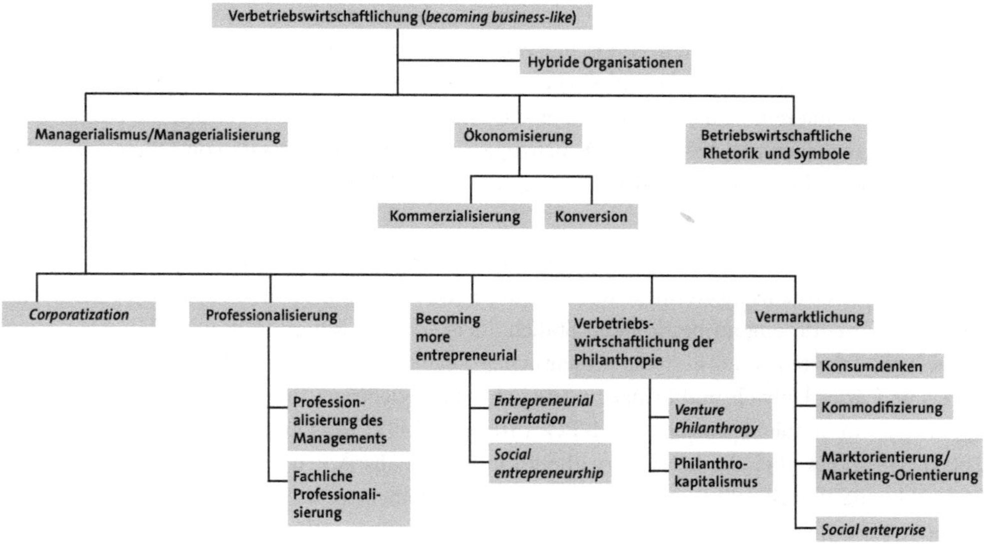

Abb. 1: Konzepte in der Forschung zum Managerialismus (Maier et al. 2016, S. 70)

Beim Managerialismus hingegen gibt es eine ganze Reihe verwandter und doch unterschiedlicher Konzepte: *Corporatization* meint dabei vor allem die Übernahme von Governance- und Organisationsstrukturen, wie sie in der Wirtschaft bei Kapitalgesellschaften üblich sind. *Marketization* bezeichnet die zunehmende Vermarktlichung von Austauschbeziehungen zu den Leistungsempfänger_innen und findet ihren Niederschlag darin, dass die Leistungen von NPOs zunehmend kommodifiziert und die Leistungsempfänger_innen als Kund_innen behandelt werden. Die Übernahme der *Investment-Logik in die Philanthropie* ist ebenso ein eigener Diskursstrang (Edwards 2008; 2009; 2011) wie das *unternehmerische Denken und Handeln in NPOs* (dazu schon Badelt 1997). *Social Entrepreneurship* hat sich zu einem eigenständigen Forschungsfeld entwickelt, wo das noch immer opake Konzept mehr und mehr scharfgestellt wird (Mair/Marti 2006; Dacin et al. 2011; Millner/Vandor 2014). Wohl am intensivsten diskutiert wird die *Professionalisierung* von NPOs, sowohl fachlich als auch vor allem im Management (Hwang/Powell 2009).

3. Ursachen von Ökonomisierung und Managerialismus

Bisherige Arbeiten unterscheiden zwischen exogenen und endogenen Faktoren, die dazu beitrugen, dass sich Denkweisen, Methoden und Konzepte aus gewinnorientierten Unternehmen zunehmend in der Sozialwirtschaft festsetzten. Die vor allem neoinstitutionalistisch geprägte Argumentation konstatiert im Sinne einer ‚Weltkultur' (Meyer 2005) ein Durchdringen aller gesellschaftlichen Bereiche und Kulturen mit Prinzipien der westlichen Rationalität, und Management ist dabei eine ihrer stärksten Manifestationen (Bromley 2010). Eine weitere, damit in Einklang stehende Erklärung findet sich im Konzept der Isomorphie (DiMaggio/Powell 1983), also der zwangsweisen, normativen oder nachahmenden Übernahme von organisationalen Praktiken und Strukturen.

Konkreter waren es dann vor allem New Public Management, das öffentliche und private NPOs gezwungen hat, ihr Management zu professionalisieren (Zimmer/Nährlich 1997; Budäus et al. 1998; Paulsen 2006). Auch Unternehmen, die im Rahmen ihrer CSR mit NPOs kooperieren wollten, bevorzugten NPOs mit professionellem Management, und öffentliche Verwaltungen forderten zunehmend Management-Kompetenz, um die Rechenschaftsbeziehungen schärfer zu definieren. Schließlich waren es die bekannten Isomorphie-Treiber, die zur Verbreitung des Managementdenkens in NPOs beitrugen: der vermehrte Einsatz von Organisationsberatern in NPOs, betriebswirtschaftlich geprägte Aus- und Weiterbildungsangebote, Regulatorien bei Leistungsverträgen etc.

Als endogene Faktoren werden die Zusammensetzung von Entscheidungsgremien genannt (Stone 1989), Organisationskultur und Ideologie (Dobkin Hall 1990; Meinhard/Foster 2003) sowie die Orientierung an bestimmten Stakeholder-Gruppen (Quarter et al. 2001). Eine ganze Reihe von Arbeiten lokalisiert die wesentlichen Gründe genau an der Schnittstelle zwischen NPOs und ihrer Umwelt und bringt für die Erklärung wiederum unterschiedliche Theorien ins Spiel: Ökonomische Theorien der NPO (Young 1998), Ressourcenabhängigkeit (LeRoux 2005), vor allem aber die bereits erwähnten institutionalistischen Erklärungen (z.B. Martens 2006; Hwang/Powell 2009): NPOs integrieren Management-Methoden, um Legitimität zu gewinnen, um gegenüber ihren Stakeholdern und einer breiteren Öffentlichkeit als rationale, effiziente, effektive und wirksame Organisationen auftreten zu können. Dabei sind die Methoden und Konzepte einem Wandel unterworfen, und Managerialismus entwickelt sich weiter. Waren es früher vor allem Effizienz und Effektivität, so sind es heute stärker Innovationskraft und Wirksamkeit, von den sich NPOs mehr Legitimität erhoffen (Meyer et al. 2013).

4. Die Folgen von Managerialismus

Zuallererst stellt sich die Frage, ob die Verbreitung von Management den erwünschten Effekt erzielt, nämlich die Leistung von NPOs verbessert. Dazu ist die Befundlage nicht einheitlich. Eine Metaanalyse zeigt, dass Marktorientierung sehr wohl die Leistung von NPOs verbessert: Marktorientierung trägt zu einer höheren Kund_innenzufriedenheit bei (Shoham et al. 2006). Skeptischer sind die Befunde zu bloßer Kommerzialisierung (Guo 2006) oder stärkerer unternehmerischer Orientierung (Coombes et al. 2011).

Ob eine managerialisierte NPO einen besseren Ressourcenzugang hat, wird ebenfalls differenziert bewertet: Bestimmte Typen von Freiwilligen werden durch managerialisierte NPOs abgeschreckt, weil damit Eckpunkte des psychologischen Vertrages verletzt werden (Vantilborgh et al. 2011). Andererseits gelingt es im Bereich sozialer Dienstleistungen besser, qualifiziertes Personal zu bekommen, wenn das Management professioneller ist (Guo 2006), und die positiven Effekte im Bereich der Akquisition finanzieller Mittel sind gut dokumentiert (Levine/Zahradnik 2012; Betzler/Gmür 2016), wenngleich die Diversifizierung der Finanzierungsquellen auch Risiken birgt (Frumkin/Keating 2011).

Bei der Beurteilung der Leistung von NPOs sind auch Primingeffekte zu beachten. So werden NPOs von Beobachtern für effizienter gehalten, wenn sie mit der Bezeichnung ‚soziales Unternehmen' versehen werden (Andersson/Self 2015). NPOs werden von Peers für effektiver gehalten, wenn sie professionalisierter sind (Mitchell 2015). Insgesamt ist die Befundlage zum Zusammenhang von Managerialismus und der Leistung alles andere als überzeugend.

Neben der Auswirkung auf die Leistung und den Erfolg von NPOs stehen die Wirkungen auf die gesellschaftliche Funktionserfüllung zur Diskussion. Nach allgemeinem Verständnis erbringen NPOs nicht nur Dienstleistungen (service-provision), sie vertreten auch Interessen (advocacy) und tragen soziales Kapital zur Gemeinschaftsbildung bei (community-building, siehe Neumayr/Schneider 2008; Neumayr et al. 2009). Es wird vermutet, dass Managerialismus besser mit der Service-Funktion harmoniert als mit den anderen Funktionen, und er daher zu einer Verdrängung dieser Funktionen in einzelnen NPOs beitragen könnte (Keevers et al. 2012). Auch innerhalb der Service-Funktion könnte es eine Verschiebung von öffentlichen zu privaten Gütern geben (Bailis et al. 2009).

Die Befunde zur Community-Building-Funktion sind uneinheitlich. Theoretische Argumente legen eher negative Effekte nahe, empirische Befunde dazu sind aber rar (Galaskiewicz et al. 2006) und bestätigen, zumindest was das Engagement von Freiwilligen in NPOs betrifft, die theoretischen Annahmen: In managerialisierten NPOs werden Freiwillige stärker durch bezahlte Mitarbeiter_innen ersetzt, und die Freiwilligen werden eher mit Hilfstätigkeiten betraut und weniger in die zentralen Entscheidungsprozesse inkludiert (Geoghegan/Powell 2006).

Ebenso uneinheitlich sind die Befunde zur Advocacy-Funktion. Auf der einen Seite sind professionellere NPOs schlagkräftiger in ihren Lobbying-Bemühungen bei politischen Entscheidungsträger_innen (Graddy/Morgan 2006; Almog-Bar/Schmid 2014), auf der anderen Seite kann es zu einer Ausdünnung von Advocacy-Tätigkeiten kommen (Öberg/Svensson 2012) und die Charakteristika von Advocacy können sich deutlich verändern: Weg von der Mobilisierung von Mitgliedern und Sympathisant_innen, hin zu professionellem Lobbying (z.B. Eizenberg 2012).

Offenkundig sind die Konsequenzen auf das intraorganisationale Machtgefüge, die Bewertung von Wissen und die subjektiven Identitätskonstruktionen von NPOs und ihrem Personal: Jenes Wissen, das einer instrumentellen Rationalität gehorcht, wird aufgewertet, während emanzipatorisches, ästhetisches, empathisches oder spirituelles Wissen an Wert verliert (Bromley 2010; Keevers et al. 2012; Treleaven/Sykes 2005). Gleichzeitig verändern sich die subjektiven Identitäten von Akteuren: Leistungsempfänger_innen werden Kund_innen, Wohltäter_innen und Spender_innen werden Investor_innen (McDermont 2007; Vestergaard 2008). Dies lässt die Machtgefüge innerhalb von NPOs nicht unberührt (Maier et al. 2016, S. 78f.).

5. Managerialismus und Ökonomisierung als Entscheidungsprämissen

Was in der Umwelt einer Organisation als institutionelle Logik Legitimität verspricht, schlägt sich in der einzelnen Organisation als Struktur und Entscheidungsprämisse nieder. Diese stellen sicher, dass Entscheidungen inhaltlich eingeschränkt werden, dass nicht jeder mit jedem entscheiden kann, und dass es auch bestimmte zeitliche Einschränkungen gibt. Organisationsstruktur reguliert die Anschlussfähigkeit von Entscheidungen in einer Organisation und sichert Selektivität (Luhmann 1984; 1992; 2000). Dieser Strukturbegriff geht deutlich über Organigramme der Aufbauorganisation hinaus. Entscheidungen werden als Kommunikationen verstanden, die ihre eigene Kontingenz (im Sinne von ‚auch anders möglich') mitkommunizieren. Die Einschränkung dieser Möglichkeiten führt zur Entwicklung von Erwartungen. Strukturen sind Erwartungsstrukturen, die bestimmte Entscheidungen wahrscheinlicher machen als andere. Ohne Struktur gäbe es keine Möglichkeit, Entscheidungen mit einer gewissen Verlässlichkeit aufeinander aufzubauen (Luhmann 1995, S. 279ff.).

Ökonomisierung heißt in diesem systemtheoretischen Verständnis die zunehmend monetäre Codierung von Entscheidungen (Krönig 2007, S. 12f.). Gesellschaftliche Subsysteme wie Wirtschaft, Politik, Recht, Erziehung und Gesundheit orientieren sich an binären Codes, die sich in symbolisch generalisierten Kommunikationsmedien ausbilden (Luhmann 1998, S. 316ff.). Diese Codes stellen Organisationen ihre Anschlusswerte zur Verfügung. Geld spielt in jeder Organisation eine Rolle, der Code zahlen/nicht-zahlen ist immer dann relevant, wenn es um Budgets, Einnahmen und Ausgaben, Aufwände und Erträge, Kosten und Leistungen geht. Ökonomisierung bedeutet, dass der Geldcode auch in Programmbereiche von NPOs vordringt, die vorher davon unbeeindruckt waren; dass bspw. Wirkungen von Sozialprojekten über den Social-Return-on-Investment gemessen werden (kritisch dazu Edwards 2011; Schober et al. 2013, S. 463ff.).

Dimension	*Zentraler Wert*	*Manifestationen des Managerialismus*
Sachlich: Welche Themen müssen entschieden werden?	Zweckrationalität	Effizienz, Effektivität, Wirksamkeit, Innovation Rationaler Managementkreislauf: – Ziele und Strategien definieren (z.B. durch SWOT-Analyse, Szenarioplanung, Portfolioanalyse) – Maßnahmen entwickeln (z.B. mithilfe von Benchmarking, Qualitätszirkeln) – Maßnahmen implementieren (z.B. mithilfe von Change Management, Personalmanagement) – Regelmäßige Evaluierung (z.B. Controlling, Kund_innenbefragungen, Mitarbeiter_innenbefragungen) – Laufende Verbesserung
Sozial: Wer entscheidet?	Eigenverantwortung	Organisation als eigenverantwortlicher Akteur Andere Organisationen als Mitbewerber_innen oder Partner_innen Managerialistische Rollen (z.B. Manager_innen, eigenverantwortliche Mitarbeiter_innen, souveräne Kund_innen) Managementabteilungen (z.B. Controlling, Marketing) Managementqualifikationen als zentrales Kriterium in den Personalpraktiken Beziehungen zur Umwelt als Marktbeziehungen oder Rechenschaftsbeziehungen
Zeitlich: Wann muss entschieden werden?	Fortschritt	Laufende Veränderung, Beschleunigung, permanente Innovation Temporalisierung der Aufgabenerfüllung durch Projektmanagement Antizipation der Zukunft durch Planung Fortschrittsorientierung; Abwertung von Vergangenheit und Gegenwart

Tab. 1: Ausprägungen des Managerialismus in den Entscheidungsprämissen von NPOs (eigene Darstellung)

Managerialismus bedeutet, dass NPOs ihre Entscheidungen an betriebswirtschaftlichen Erwartungen ausrichten. Möglicherweise gibt es keine Organisation, in der *alle* Entscheidungen auf Managerialismus beruhen. Dies ist schon daher schwer möglich, weil Managerialismus in sich Inkonsistenzen aufweist (z.B. Frant 1999; Terry 1999; Cutler/Waine 2000). Wir beschreiben in Tabelle 1 quasi den ‚maximal möglichen' Niederschlag von Managerialismus, der ‚real existierende' Managerialismus wird sich nie gleichzeitig in allen Facetten der Struktur zeigen. Phänomene des Managerialismus und der Ökonomisierung finden sich in der *Sachdimension*, der *Zeitdimension* und der *sozialen Dimension* (Luhmann 1984, S. 109ff.; Luhmann 2002, S. 238ff.).

Jede der drei Sinndimensionen ist essenziell für die Definition von Managerialismus. Würde man zum Beispiel nur die Sachdimension in Betracht ziehen, so könnte auch eine ganz andere Struktur das Ergebnis sein. Beispielsweise weisen katholische Orden in der Sachdimension große Ähnlichkeiten mit Managerialismus auf, unterscheiden sich in der Sozial- und Zeitdimension jedoch massiv davon (gottergebene Subjekte, langsamer Zeitablauf). Managerialismus verbindet zentrale Werte der ‚Weltkultur' (Meyer 2005; Drori et al. 2006): In der Sachdimension betont Managerialismus die Zweckrationalität; in der Sozialdimension betont er individuelle und kollektive Eigenverantwortung, und in der Zeitdimension den Fortschritt.

6. Alternative Logiken in der Sozialwirtschaft

Auch wenn Managerialismus und Ökonomisierung an Terrain gewonnen haben, sind in der Sozialwirtschaft andere Logiken wirksam. Diese können im Wettbewerb zueinander stehen, aber auch eine ‚friedliche' Koexistenz ist denkbar (Lounsbury 2007; Marquis/Lounsbury 2007). Wir haben vier alternative Logiken identifiziert (Maier/Meyer 2011):

1. 1.Die *familiäre Logik*. Diese findet sich sehr oft in jungen NPOs und solchen, die nach wie vor sehr stark von Gründungspersonen oder -teams dominiert werden (auch die Pionierphasen bei Glasl/Lievegoed 1993 oder Greiner 1972).
2. 2.Die *professionelle Logik*. Die klassischen Professionen in den Gesundheits-, Rechts- und Ingenieurwissenschaften werden vielfach als eigene Logik neben der marktwirtschaftlichen und der bürokratischen gesehen (Freidson 2001). Professionell ausgerichtete NPOs erbringen typischerweise komplexe Dienstleistungen, deren Qualität für Laien nicht unmittelbar einsehbar ist und bei denen eine Steuerung über reine Outputkriterien ungeeignet ist. Als sinnvolle Kriterien gelten daher die Einhaltung professioneller Standards und die positive Bewertung durch Peers. In vielen NPOs spielt das eine zentrale Rolle, sei es in der Katastrophenhilfe, in der sozialen Arbeit (Staub-Bernasconi 2007), im Sport und in der Kultur.
3. 3.Die *basisdemokratische Logik*. In manchen NPOs, besonders in jenen der alternativen Szene finden sich Elemente dieser Logik, die auf den Ideen der 1968er Bewegung aufbaut. Autonomie und konsensuales Entscheiden sind die Ideale, Rechenschaft schuldet die Organisation den Mitgliedern, die alle Entscheidungen infrage stellen können.
4. 4.Die *bürgerschaftliche Logik*. Auch hier stehen die Mitglieder im Mittelpunkt, allerdings ist nicht Basisdemokratie, sondern die repräsentative Demokratie das Ideal. Beispiele dafür finden sich vor allem in politischen NPOs und Interessenvertretungen. In Skandinavien ist der dritte Sektor durch diese Logik dominiert (Wijkström/Zimmer 2011).

Es gibt mit Sicherheit weitere Logiken in der Sozialwirtschaft und im Dritten Sektor, etwa die bürokratische oder die spirituelle Logik. Gerade in religiösen NPOs zeigt sich großes Konfliktpotential zum Managerialismus (Fischer 2004; Amirkhanyan et al. 2009; Yip et al. 2010). Zu betonen ist, dass keine Organisation sich exklusive an einer Logik orientiert, die Entscheidungsprämissen spiegeln meist mehrere Logiken wider. Insofern handelt es sich bei Organisationen der Sozialwirtschaft immer um hybride Organisationen (Brandsen et al. 2005; Evers 2005; Ebrahim et al. 2014; Hustinx/De Waele 2015).

7. Zusammenfassung und Ausblick

Wir verstehen Managerialismus als eine institutionelle Logik (Friedland/Alford 1991), die sich im marktwirtschaftlichen Umfeld entwickelt hat, aber zunehmend auf die Sozialwirtschaft und andere Felder ausstrahlt. Diese Logik prägt die Wahrnehmungs- und Entscheidungsschemata von individuellen und kollektiven Akteuren, sie gibt einen Referenzrahmen für die Interpretation von Themen und Ereignissen, bestimmt die Angemessenheit von Zielen und Werten sowie die Eignung bestimmter Mittel zur Zielerreichung. Ökonomisierung harmoniert insofern gut mit Managerialismus, als sie den Entscheidungsprogrammen die bewährten monetären Codierungen zur Verfügung stellt, die viele Management-Methoden voraussetzen. In NPOs kondensiert Managerialimus zu Entscheidungsprämissen, Strukturen und Organisationskultur. Managerialismus ist nicht unumstritten im Feld, es gibt alternative Logiken, und auf diese institutionellen Konflikte ist die Heftigkeit der Ablehnung von Managerialismus zurückzuführen, die sich durch die Literatur zieht.

Wir haben auch versucht, das weite Feld der Konzepte zu systematisieren, die unter Managerialismus rubrizieren und allesamt die Angleichung von NPOs an gewinnorientierte Unternehmen beinhalten. Auf den ersten Blick sehr unterschiedliche Konzepte wie Kommerzialisierung, Ökonomisierung, unternehmerisches Denken und Handeln, Professionalisierung u.v.m. erschweren den Überblick über die wissenschaftliche Diskussion.

Die empirische Befundlage zum Phänomen ist durchaus heterogen, und die Landkarte der Forschung weist viele weiße Flecken auf. Gut erforscht ist die Frage nach der Herkunft und den Ursachen: Ökonomische Rahmenbedingungen, im Besonderen budgetäre Restriktionen öffentlicher Geldgeber, die Ressourcenabhängigkeit, aber vor allem Tendenzen des weltweiten Isomorphismus ergeben gemeinsam ein dichtes Erklärungsmuster, das wenige Lücken offenlässt und theoretisch gut gesättigt ist.

Auch im Bereich der Folgen von Managerialismus gibt es Fragen, die gut beantwortet sind: So scheint die Marktorientierung von NPOs positive Auswirkungen auf deren Leistung zu haben, die Professionalisierung des Managements führt aber auch zu einem Bedeutungsverlust von Freiwilligenarbeit, insbesondere des ehrenamtlichen Engagements in Gremien. Managerialismus harmoniert gut mit NPOs, die vor allem Dienstleistungen erstellen und anbieten, hat aber eventuell negative Auswirkungen auf Community Building und verändert den Charakter von Advocacy.

Viele Forschungsfragen sind aber nach wie vor unbeantwortet, und wir konstatieren einen bedauerlichen Mangel an quantitativen Untersuchungen. Das gilt für die Frage eines ‚Function Drift' oder ‚Mission Drift': Führen Managerialismus und Ökonomisierung wirklich zu einer Schwerpunktverschiebung auf Dienstleistungen bei gleichzeitiger Vernachlässigung des Community Building? Welchen Einfluss hat Managerialismus auf die Innovationsfähigkeit? Wie gehen NPOs mit Konflikten zwischen unterschiedlichen Logiken um? Kommt es aufgrund dieser Logiken zu einer Entpolitisierung?

Auf Basis der derzeitigen Befundlage ist weder eine Glorifizierung noch eine Verteufelung von Managerialismus und Ökonomisierung ausreichend begründet. Vieles deutet darauf hin, dass es um das richtige Maß geht, dass aber eine Hegemonie von Managerialismus und Ökonomisierung in der Sozialwirtschaft eine ganze Reihe von unerwünschten Nebenfolgen haben kann. Die Herausforderung bleibt, unterschiedliche Logiken zu integrieren und in Balance zu halten.

8. Literatur

Almog-Bar, Michal/Schmid, Hillel (2014): Advocacy Activities of Nonprofit Human Service Organizations: A Critical Review. In: Nonprofit and Voluntary Sector Quarterly 43, H. 1, S. 11-35.

Amirkhanyan, Anna A./Kim, Hyun J./Lambright, Kristina T. (2009): Faith-Based Assumptions About Performance: Does Church Affiliation Matter for Service Quality and Access? In: Nonprofit and Voluntary Sector Quarterly 38, H. 3, S. 490-521.

Andersson, Fredrik O./Self, William (2015): The Social-Entrepreneurship Advantage: An Experimental Study of Social Entrepreneurship and Perceptions of Nonprofit Effectiveness. In: Voluntas: International Journal of Voluntary and Nonprofit Organizations 26, H. 6, S. 2718-2732.

Badelt, Christoph (1997): Entrepreneurship theories of the nonprofit-sector. In: Voluntas 8, H. 2, S. 162-179.

Bailis, Rob/Cowan, Amanda/Berrueta, Victor/Masera, Omar (2009): Arresting the killer in the kitchen: the promises and pitfalls of commercializing improved cookstoves. In: World Development 37, H. 10, S. 1694-1705.

Bellostas, Ana J./López-Arceiz, Francisco J./Mateos, Lydia (2016): Social Value and Economic Value in Social Enterprises: Value Creation Model of Spanish Sheltered Workshops. In: Voluntas 27, H. 1, S. 367-391.

Betzler, Diana/Gmür, Markus (2016): Does Fundraising Professionalization Pay? In: Nonprofit Management and Leadership 27, H. 1, S. 27-42.

Bhayani, Ali (2014): The market route to higher education in UAE: its rationales and implications. In: International Review on Public and Non-Profit Marketing 11, H. 1, 75-87.

Brandsen, Taco/Van de Donk, Wim/Putters, Kim (2005): Griffins or Chameleons? Hybridity as a Permanent and Inevitable Characteristic of the Third Sector. In: International Journal of Public Administration 28, H. 9-10, S. 749-765.

Bromley, P. (2010): The Rationalization of Educational Development: Scientific Activity among International Nongovernmental Organizations. In: Comparative Education Review 54, H. 4, S. 577-601.

Budäus, Dieter/Conrad, Peter/Schreyögg, Georg (1998): New Public Management. Berlin/New York: De Gruyter.

Carter, Chris/Mueller, Frank (2002): The 'long march' of the management modernizers: Ritual, rhetoric and rationality. In: Human Relations 55, H. 11, S. 1325.

Clarke, John/Newman, Janet (1997): The Managerial State. London: Sage.

Coombes, Susan MT/Morris, Michael H/Allen, Jeffrey A/Webb, Justin W (2011): Behavioural Orientations of Non-Profit Boards as a Factor in Entrepreneurial Performance: Does Governance Matter? In: Journal of Management Studies 48, H. 4, S. 829-856.

Cutler, Tony/Waine, Barbara (2000): Managerialism Reformed? New Labour and Public Sector Management. In: Social Policy & Administration 34, H. 3, S. 318-332.

Dacin, M. Tina/Dacin, Peter A./Tracey, Paul (2011): Social Entrepreneurship: A Critique and Future Directions. In: Organization Science 22, H. 5, S. 1203-1213.

Dart, Raymond (2004): Being "Business-Like" in a Nonprofit Organization: A Grounded and Inductive Typology. In: Nonprofit and Voluntary Sector Quarterly 33, H. 2, S. 290-310.

Diefenbach, Thomas (2009): Management and the dominance of managers. New York: Routledge.

DiMaggio, Paul J./Powell, Walter W. (1983): The Iron Cage Revisited: Institutional Isomorphism and Collective Rationality in Organizational Fields. In: American Sociological Review 48, H. 2, S. 147-160.

Dobkin Hall, Peter (1990): Conflicting managerial cultures in nonprofit organizations. In: Nonprofit Management and Leadership 1, H. 2, S. 153-165.

Drori, Gili S./Meyer, John W./Hwang, Hokyu (Hrsg.) (2006): Globalization and Organization: World Society and Organizational Change. Oxford: Oxford University Press.

Ebrahim, Alnoor/Battilana, Julie/Mair, Johanna (2014): The governance of social enterprises: Mission drift and accountability challenges in hybrid organizations. In: Research in Organizational Behaviour 34, S. 81-100.

Edwards, Michael (2008): Small Change: Why Business Won't Save the World. San Francisco: Berrett-Koehler.
Edwards, Michael (2009): Gates, Google, and the ending of global poverty: philanthrocapitalism and international development. In: Brown Journal of World Affairs 15, H. 2, S. 35-42.
Edwards, Michael (2011): Impact, Accountability, and Philanthrocapitalism. In: Society 48, H. 5, S. 389-390.
Eizenberg, Efrat (2012): The changing meaning of community space: Two models of NGO management of community gardens in New York City. In: International Journal of Urban and Regional Research 36, H. 1, S. 106-120.
Enteman, Willard F. (1993): Managerialism: The Emergence of a New Ideology. University of Wisconsin Press.
Evers, Adalbert (2005): Mixed Welfare Systems and Hybrid Organizations: Changes in the Governance and Provision of Social Services. In: International Journal of Public Administration 28, H. 9-10, S. 737-748.
Evers, Adalbert (2006): Mixed Governance: Regieren in der Sozialpolitik. In: Zeitschrift für Sozialreform 52, H. 2, S. 141-148.
Fischer, Robert L. (2004): The devil is in the details: Implementing secular outcome measurement methods in faith-based organizations. In: Nonprofit Management & Leadership 15, H. 1, S. 25-40.
Frant, Howard L. (1999): Danger, Chimeras Ahead: Comment on Terry. In: Public Administration Review 59, H. 3, S. 268.
Freidson, Eliot (2001): Professionalism: The Third Logic: On the Practice of Knowledge. Chicago: The University of Chicago Press.
Friedland, Roger/Alford, Robert R. (1991): Bringing Society Back. Symbols, Practices, and Institutional Contradictions. In: Powell, Walter W./DiMaggio, Paul J. (Hrsg.): The New Institutionalism in Organizational Analysis. London: Sage.
Frumkin, Peter/Keating, Elizabeth K (2011): Diversification reconsidered: The risks and rewards of revenue concentration. In: Journal of Social Entrepreneurship 2, H. 2, S. 151-164.
Galaskiewicz, Joseph/Bielefeld, Wolfgang/Dowell, Myron (2006): Networks and organizational growth: A study of community based nonprofits. In: Administrative Science Quarterly 51, H. 3, S. 337-380.
Geoghegan, M./Powell, F. (2006): Community development, partnership governance and dilemmas of professionalization: Profiling and assessing the case of Ireland. In: British Journal of Social Work 36, H. 5, S. 845-861.
Glasl, Friedrich/Lievegoed, Bernhard (1993): Dynamische Unternehmensentwicklung. Wie Pionierbetriebe und Bürokratien zu schlanken Unternehmen werden. Bern: Haupt.
Graddy, Elizabeth A./Morgan, Donald L. (2006): Community Foundations, Organizational Strategy, and Public Policy. In: Nonprofit and Voluntary Sector Quarterly 35, H. 4, S. 605-630.
Greiner, Larry (1972): Evolution and revolution as organizations grow. In: Harvard Business Review 50, H. 4, S. 37-46.
Grey, Christopher (1996): Towards a critique of Managerialism: The contribution of Simone Weil. In: Journal of Management Studies 33, H. 5, S. 591.
Grey, Christopher (1999): 'We are all managers now'; 'we always were': On the development and demise of management. In: Journal of Management Studies 36, H. 5, S. 561.
Grohs, Stephan/Schneiders, Katrin/Heinze, Rolf G. (2015): Social Entrepreneurship Versus Intrapreneurship in the German Social Welfare State: A Study of Old-Age Care and Youth Welfare Services. In: Nonprofit and Voluntary Sector Quarterly 44, H. 1, S. 163.
Guo, Baorong (2006): Charity for Profit? Exploring Factors Associated with the Commercialization of Human Service Nonprofits In: Nonprofit and Voluntary Sector Quarterly 35, H. 1, S. 123-138.
Hancock, Philip/Tyler, Melissa (2004): 'MOT your life': Critical management studies and management of everyday life. In: Human Relations 57, H. 5, S. 619-645.
Hustinx, Lesley/De Waele, Els (2015): Managing Hybridity in a Changing Welfare Mix: Everyday Practices in an Entrepreneurial Nonprofit in Belgium. In: Voluntas 26, H. 5, S. 1666-1689.
Hvenmark, Johan (2016): Ideology, Practice, and Process? A Review of the Concept of Managerialism in Civil Society Studies. In: VOLUNTAS: International Journal of Voluntary and Nonprofit Organizations 27, H. 6, S. 2833-2859.
Hwang, Hokyu/Powell, Walter W. (2009): The Rationalization of Charity: The Influences of Professionalism in the Nonprofit Sector. In: Administrative Science Quarterly 54, H. 2, S. 268-298.
Jones, Marshall B. (2007): The Multiple Sources of Mission Drift. In: Nonprofit and Voluntary Sector Quarterly 36, H. 2, 299-307.
Keevers, Lynne/Treleaven, Lesley/Sykes, Christopher/Darcy, Michael (2012): Made to measure: Taming practices with results-based accountability. In: Organization Studies 33, H. 1, S. 97-120.

Kreutzer, Karin/Jäger, Urs (2011): Volunteering Versus Managerialism: Conflict Over Organizational Identity in Voluntary Associations. In: Nonprofit and Voluntary Sector Quarterly 40, H. 4, S. 634-661.
Krönig, Franz Kasper (2007): Die Ökonomisierung der Gesellschaft: Systemtheoretische Perspektiven. Bielefeld: transcript.
LeRoux, K. M. (2005): What drives nonprofit entrepreneurship? A look at budget trends of metro Detroit social service agencies. In: American Review of Public Administration 35, H. 4, S. 350-362.
Levine, Helisse/Zahradnik, Anne G (2012): Online media, market orientation, and financial performance in nonprofits. In: Journal of Nonprofit & Public Sector Marketing 24, H. 1, S. 26-42.
Lounsbury, Michael (2007): A Tale of Two Cities: Competing Logics and Practice Variation in the Professionalizing of Mutual Funds. In: Academy of Management Journal 50, H. 2, S. 289-307.
Luhmann, Niklas (2002): Einführung in die Systemtheorie. Heidelberg: Carl-Auer.
Luhmann, Niklas (2000): Organisation und Entscheidung. Opladen/Wiesbaden: Westdeutscher Verlag.
Luhmann, Niklas (1998): Die Gesellschaft der Gesellschaft. Frankfurt a.M.: Suhrkamp.
Luhmann, Niklas (1995): Social Systems. Stanford: Stanford University Press.
Luhmann, Niklas (1992): Organisation. In: Küpper, Willi/Ortmann, Günther (Hrsg.): Mikropolitik: Rationalität, Macht und Spiele in Organisationen. 2., überarb. Aufl., Opladen: Westdeutscher Verlag, S. 165-185.
Luhmann, Niklas (1984): Soziale Systeme. Grundriß einer allgemeinen Theorie. Frankfurt a.M.: Suhrkamp.
Maier, Florentine/Meyer, Michael/Steinbereithner, Martin (2016): Nonprofit Organizations Becoming Business-Like: A Systematic Review. In: Nonprofit and the Voluntary Sector Quarterly 45, H. 1, S. 64-86.
Maier, Florentine/Meyer, Michael (2011): Managerialism and Beyond: Discourses of Civil Society Organization and Their Governance Implications. In: Voluntas: International Journal of Voluntary and Nonprofit Organizations 22, H. 4, S. 731-756.
Mair, Johanna/Marti, Ignasi (2006): Social Entrepreneurship research: A source of explanation, prediction, and delight. In: Journal of World Business 41, H. 1, S. 36-44.
Marquis, Christopher/Lounsbury, Michael (2007): Vive la résistance: Competing Logics and the consolidation of U.S. community banking. In: Academy of Management Journal 50, H. 4, S. 799-820.
Martens, Kerstin (2006): Institutionalizing societal activism within global governance structures: Amnesty International and the United Nations system. In: Journal of international relations and development 9, H. 4, S. 371-395.
McDermont, Morag (2007): Mixed messages: housing associations and corporate governance. In: Social and legal studies 16, H. 1, S. 71-94.
Meinhard, Agnes G./Foster, Mary K. (2003): Differences in the Response of Women's Voluntary Organizations to Shifts in Canadian Public Policy. In: Nonprofit and Voluntary Sector Quarterly 32, H. 3, S. 366-396.
Meyer, John W. (Hrsg.) (2005): Weltkultur: Wie die westlichen Prinzipien die Welt durchdringen. Frankfurt a.M.: Suhrkamp.
Meyer, Michael/Buber, Renate/Aghamanoukjan, Anahid (2013): In Search of Legitimacy: Managerialism and Legitimation in Civil Society Organizations. In: Voluntas 24, H. 1, S. 167-193.
Millner, Reinhard/Vandor, Peter (2014): Neues Unternehmertum: Social Entrepreneurship und die Rolle des Umfelds. In: Simsa, Ruth/Zimmer, Annette (Hrsg.): Forschung zu Zivilgesellschaft, NPOs und Engagement. Quo vadis? Wiesbaden: Springer VS.
Mitchell, George E. (2015): The Strategic Orientations of US-Based NGOs. In: Voluntas, 26:5, S. 1874-1893.
Mitchell, George E. (2016): Modalities of Managerialism: The "Double Bind" of Normative and Instrumental Nonprofit Management Imperatives. In: Administration & Society. doi: 10.1177/0095399716664832
Needleman, Jack (1999): Industry changes. Nonprofit to for-profit conversions by hospitals, health insurers, and health plans. In: Public Health Reports 114, H. 2, S. 108-119.
Neumayr, Michaela/Meyer, Michael/Pospíšil, Miroslav/Schneider, Ulrike/Malý, Ivan (2009): The Role of Civil Society Organizations in Different Nonprofit Regimes: Evidence from Austria and the Czech Republic. In: Comparative Social Research 26, S. 167-196.
Neumayr, Michaela/Schneider, Ulrike (2008): Nonprofit Organisationen – mehr als nur Dienstleister? Empirische Befunde zu den Funktionen von Nonprofit Organisationen in Österreich und der Tschechischen Republik In: Schauer, Reinbert/Helmig, Bernd/Purtschert, Robert/Witt, Dieter (Hrsg.): Steuerung und Kontrolle in Nonprofit Organisationen. Linz: Trauner.
Öberg, Per Ola/Svensson, Torsten (2012): Civil society and deliberative democracy: Have voluntary organisations faded from national public politics? In: Scandinavian Political Studies 35, H. 3, S. 246-271.

Parker, Martin (2002): Against Management: Organization in the Age of Managerialism. Cambridge: Polity Press.
Paulsen, Neil (2006): New public management, innovation, and the non-profit domain: New forms of organizing and professional identity. In: Veenswijk, M. (Hrsg.): Organizing innovation: New approaches to cultural change and intervention in public sector organizations. Amsterdam: IOS Press, S. 15-28.
Pennerstorfer, Astrid/Schneider, Ulrike/Badelt, Christoph (2013): Der Nonprofit-Sektor in Österreich. In: Simsa, Ruth/Meyer, Michael/Badelt, Christoph (Hrsg.): Handbuch der Nonprofit-Organisation. 5. Aufl., Stuttgart: Schäffer-Poeschel, S. 55-75.
Pollitt, Christopher (1993): Managerialism and the Public Services: Cuts or Cultural Change in the 1990s? 2. Aufl., Cambridge, M.S: Basil Blackwell.
Quarter, Jack/Sousa, Jorge/Richmond, Betty Jane/Carmichael, Isla (2001): Comparing Member-Based Organizations within a Social Economy Framework. In: Nonprofit and Voluntary Sector Quarterly 30, H. 2, S. 351-375.
Rhodes, Mary Lee/Donnelly-Cox, Gemma (2014): Hybridity and Social Entrepreneurship in Social Housing in Ireland. In: Voluntas 25, H. 6, S. 1630-1647.
Roberts, Susan M./Jones, John Paul/Froehling, Oliver (2005): NGOs and the Globalization of Managerialism. A Research Framework. In: World Development 33, H. 11, S. 1845-1864.
Salamon, Lester M/Anheier, Helmut K (1998): Social origins of civil society: Explaining the nonprofit sector cross-nationally. In: Voluntas: International Journal of Voluntary and Nonprofit Organizations 9, H. 3, S. 213-248.
Schnurbein, Georg von (2013): Der Nonprofit-Sektor in der Schweiz. In: Simsa, Ruth/Meyer, Michael/Badelt, Christoph (Hrsg.): Handbuch der Nonprofit-Organisation. 5. Aufl., Stuttgart: Schäffer-Poeschel, S. 37-54.
Schober, Christian/Rauscher, Olivia/Millner, Reinhard (2013): Evaluation und Wirkungsmessung. In: Simsa, Ruth/Meyer, Michael/Badelt, Christoph (Hrsg.): Handbuch der Nonprofit-Organisation: Strukturen und Management. Stuttgart: Schäffer Poeschel, S. 451-470.
Shoham, Aviv/Ruvio, Ayalla/Vigoda-Gadot, Eran/Schwabsky, Nitza (2006): Market orientations in the nonprofit and voluntary sector: A meta-analysis of their relationships with organizational performance. In: Nonprofit and voluntary sector quarterly 35, H. 3, S. 453-476.
Skelcher, Chris/Mathur, Navdeep/Smith, Mike (2005): The Public Governance of Collaborative Spaces: Discourse, Design, and Democracy. In: Public Administration 83, H. 3, S. 573.
Staub-Bernasconi, Silvia (2007): Soziale Arbeit als Handlungswissenschaft – Systemische Grundlagen und professionelle Praxis – ein Lehrbuch. Bern/Wien: Haupt.
Stone, Melissa M. (1989): Planning as Strategy in Nonprofit Organizations: An Exploratory Study. In: Nonprofit and Voluntary Sector Quarterly 18, H. 4, S. 297-315.
Suykens, Ben/Verschuere, Bram/De Rynck, Filip (2016): Commercial heads, social hearts? Organizational changes and effects of civil society organizations becoming more business-like: a literature review. EGPA Conference.
Terry, Larry D. (1999): From Greek Mythology to the Real World of the New Public Management and Democratic Governance (Terry Responds). In: Public Administration Review 59, H. 3, S. 272.
Toepler, Stefan (2006): Caveat Venditor? Museum Merchandising, Nonprofit Commercialization, and the Case of the Metropolitan Museum in New York. In: Voluntas 17, H. 2, S. 99-113.
Treleaven, Lesley/Sykes, Chris (2005): Loss of organizational knowledge: From supporting clients to serving head office. In: Journal of Organizational Change Management 18, H. 4, S. 353-368.
Vantilborgh, Tim/Bidee, Jemima/Pepermans, Roland/Willems, Jurgen/Huybrechts, Guy/Jegers, Marc (2011): A new deal for NPO governance and management: Implications for volunteers using psychological contract theory. In: VOLUNTAS: International Journal of Voluntary and Nonprofit Organizations 22, H. 4, S. 639-657.
Vestergaard, A. (2008): Humanitarian branding and the media. The case of Amnesty International. In: Journal of Language and Politics 7, H. 3, S. 471-493.
Weisbrod, Burton A. (1998): The Nonprofit Mission and Its Financing: Growing Links Between Nonprofits and The Rest of the Economy. In: Weisbrod, Burton A. (Hrsg.): To Profit or Not to Profit. The Commercial Transformation of the Nonprofit Sector Cambridge. Cambridge University Press, S. 1-22.
Wijkström, Filip/Zimmer, Annette (2011): Introduction: Nordic Civil Societies beyond Membership and Movements. In: Wijkström, Filip/Zimmer, Annette (Hrsg.): Nordic Civil Society at a Cross-Roads: Transforming the Popular Movement Tradition. Baden-Baden: Nomos, S. 9-24.
Yip, Jeffrey/Twohill, Edmund/Ernst, Chris/Munusamy, Vijayan P. (2010): Leadership in faith-based nonprofits: The power of identity boundaries to bind and blind. In: Nonprofit Management and Leadership 20, H. 4, S. 461.

Young, Dennis R. (1998): Commercialism in Nonprofit Social Service Associations: Its Character, Significance, and Rationale. In: Journal of Policy Analysis and Management, Special Issue: The Commercialism Dilemma of the Nonprofit Sector 17, H. 2, S. 278-297.

Zimmer, Annette/Nährlich, Stefan (1997): Krise des Wohlfahrtsstaates und New Public Management. In: Zeitschrift für Sozialreform 43, H. 9, S. 661-684.

Zimmer, Annette/Priller, Eckhard /Anheier, Helmut K. (2013): Der Nonprofit-Sektor in Deutschland. In: Simsa, Ruth/Meyer, Michael/Badelt, Christoph (Hrsg.): Handbuch der Nonprofit-Organisation. 5. Aufl., Stuttgart: Schaeffer-Poeschel, S. 15-36.

C Sozialwirtschaftliche Organisationen und ihre Gestaltung

Organisationen aus sozialwissenschaftlicher Perspektive

Klaus Grunwald

Für die Praxis der Sozialwirtschaft spielen Organisationen eine wichtige Rolle: Die sozialwirtschaftliche Dienstleistungserbringung findet in Organisationen aus verschiedenen gesellschaftlichen Sektoren des Wohlfahrtsstaates statt, sei es im Assoziativen (Dritten) Sektor, im Bereich des Staates oder des Marktes (Grunwald/Roß 2014, S. 20ff.). Einzig im Informellen Sektor erfolgt keine organisationsgebundene Wohlfahrtsproduktion. Ob es sich um wohlfahrtsverbandliche ‚Einrichtungen', um Verwaltungen und staatliche Träger oder um sozialwirtschaftliche ‚Unternehmen' handelt – immer erfolgt die Gewährleistung von Wohlfahrt in und durch Organisationen. Im Folgenden soll zunächst der Begriff der Organisation geklärt werden, bevor die Organisationen häufig unterstellte (Zweck-)Rationalität problematisiert wird. Abschließend werden einige organisationssoziologische Perspektiven diskutiert, die für die Gestaltung sozialwirtschaftlicher Organisationen produktiv sind. Dieser Beitrag befasst sich mit den Organisationen als relevanten Orten sozialwirtschaftlichen Handelns und als Gegenstand der Organisationsgestaltung und Unternehmensführung; letztere werden in dem auf diesem Artikel aufbauenden Beitrag zum Thema „Steuerung und Gestaltung sozialwirtschaftlicher Organisationen" (Grunwald in diesem Band) genauer diskutiert.[1]

1. Zum Begriff der Organisation

Das Phänomen der Organisation wird in der Organisationslehre höchst unterschiedlich beschrieben und erklärt, je nachdem, welcher organisationstheoretische Ansatz zugrunde gelegt wird. Alleine die Frage, nach welchen Kriterien die Fülle verschiedener Ansätze gegliedert werden kann und sollte, wird höchst unterschiedlich beantwortet: Sollte hier beispielsweise von den jeweiligen wissenschaftlichen Disziplinen (Ingenieurwissenschaft, Mikroökonomik, Psychologie, Arbeitswissenschaft, Soziologie, Betriebswirtschaftslehre) (klassisch: Mayntz 1963, S. 148), von der Aggregationsebene (Mikro-, Meso- oder Makrotheorien) oder eher von den zugrunde gelegten Metaphern oder ‚Bildern' (Maschine, Organismus, Gehirn, Kultur, politisches System u.a.; Morgan 1997) ausgegangen werden? Schreyögg/Geiger (2016, S. 438ff.) legen mit ihrer an der historischen Entwicklung ausgerichteten Darstellung eine mögliche und durchaus prominente Differenzierung der Vielfalt vorliegender organisationstheoretischer Ansätze vor. Sie gliedern in die klassischen Organisationstheorien (Bürokratie-Ansatz, Administrativer Ansatz, Arbeitswissenschaftlicher Ansatz), die neoklassische Organisationstheorien (Human-Relations-Ansatz und Anreiz-Beitrags-Theorie) und das eher inkonsistente Ensemble (post-)moderner Ansätze, zu denen dann so unterschiedliche Organisationstheorien wie der Human-Ressourcen-Ansatz, der Strukturalistische Ansatz, die Organisatorische Entscheidungsforschung (mit u.a. der Mikroökonomischen Organisationsanalyse), der Ressourcenbasierte Ansatz, die (Neo-)Institutionalistischen Ansätze, Systemtheoretische Ansätze, Theorieansätze der Postmoderne (z.B. Strukturationstheorie) und Ansätze Organisationaler Praktiken ge-

1 Dieser Beitrag greift passagenweise u.a. auf Grunwald 2015, Grunwald/Steinbacher 2014 sowie Grunwald 2009 zurück und führt diese weiter.

zählt werden (Schreyögg/Geiger 2016, S. 438ff.; Geiger/Koch 2008; siehe auch Balog 2008, S. 264ff.; Kieser/Walgenbach 2010, S. 29ff.).[2]

Diese vielfältigen Ansätze der klassischen, neoklassischen und (post-)modernen Organisationstheorie mit ihren spezifischen Blickwinkeln können hier nicht ausführlicher dargestellt und diskutiert werden, obwohl es – insbesondere bei den (post-)modernen Zugängen (so auch Wolff 2010, S. 285; Zängl 2015, S. 90) – genügend spannende Ansätze gibt. Das Ensemble der verschiedenen Zugänge lässt sich aber pragmatisch in unterschiedlichen Organisationsbegriffen konkretisieren: dem prozessorientierten, instrumentellen und institutionellen Organisationsbegriff (Schreyögg/Geiger 2016, S. 5ff.; Bea/Göbel 2010, S. 3ff.; Vahs 2015, S. 16ff.; Schulte-Zurhausen 2014, S. 1ff.). Da diese drei Betrachtungsweisen von Organisationen die Entwicklungen und Akzente der Organisationslehre erkennbar widerspiegeln, sollen sie im Folgenden genauer erläutert werden.

Der *tätigkeits- oder prozessorientierte (funktionale) Begriff* im Sinne von ‚organisieren' bezieht sich auf den Prozess einer zielorientierten Strukturierung von Ganzheiten, die von bestimmten Personen vorgenommen wird: Ein Unternehmen *wird* organisiert. Die ursprüngliche Idee war hier, dass den Organisationsmitgliedern durch die Leitungsebene eine verbindliche Ordnung vorgegeben wird, die die ‚Organisatoren' vorher rational und zielorientiert entworfen haben, während die Organisationsmitglieder – das wurde bzw. wird vorausgesetzt – diese Vorgaben vollständig übernehmen und sich insofern fremdorganisieren lassen. Diese Prämisse wird jedoch seit den Hawthorne-Studien massiv in Zweifel gezogen; vorgegebene formale Regeln werden in der Praxis vielfältig unterlaufen und durch eigene Regeln teils ergänzt, teils ersetzt. Angesichts dieser Relativierung der formalen Ordnung durch informale organisationale Regeln wird der prozessorientierte Organisationsbegriff in der Organisationssoziologie inzwischen im Sinne eines allgemeinen *Prozesses der Entstehung von Ordnung* ausgeweitet. Dieser Prozess der Entstehung von Ordnung schließt neben den traditionellen Mechanismen der Fremdorganisation auch Elemente der Selbstorganisation durch die Organisationsmitglieder und die selbsttätige Entstehung von Ordnung ein, wie Weick sehr schön formuliert: „Organisieren schließt gemeinsame Rezepte des Aufbauens und das Ordnen von Prozessen zu dem Zweck, mit der Mehrdeutigkeit von Erlebnisströmen fertigzuwerden, ein" (1998, S. 71; auch Göbel 2004; Pfadenhauer 2008, S. 200f.; Ortmann 2012). Damit werden auch explizit Fragen des Organisationslernens angesprochen, die gerade für sozialwirtschaftliche Organisationen von eminenter Bedeutung sind (Grunwald 2009, S. 105ff.).

Der *instrumentelle (instrumentale) Organisationsbegriff* bezeichnet das Ergebnis des Prozesses des Organisierens: Eine Organisation *hat* eine Struktur und eine Ordnung, die den Rahmen für alle Tätigkeiten in der Organisation abgibt. Ein Beispiel für diese basalen Ordnungen sind verschiedene Formen der Aufbauorganisation, wie sie in einem Organigramm bzw. in Stellenbeschreibungen festgehalten werden oder unterschiedlichste Regelungen von Prozessen und Strukturen in einem einrichtungsinternen Qualitätsmanagement. Eine Organisation ist in diesem Verständnis, das letztlich ebenfalls auf der Grundlage des traditionellen Konzepts der Fremdorganisation und einer (zweck-)rationalen Sichtweise beruht, „ein bewusst geschaffenes Instrument zur Erreichung der Unternehmensziele", welches insbesondere „die Aufgabenteilung (Spezialisierung), die Abstimmung zwischen den Teilaufgaben (Koordination), die Über-

2 Hier ist auf die „Dominanz einer ökonomistischen Perspektive" insbesondere in der US-amerikanischen Organisationswissenschaft zu verweisen (Senge 2011, S. 14ff., 33ff.).

tragung von Entscheidungsbefugnissen (Delegation) und die Über- und Unterordnung (Konfiguration) verbindlich festlegt“ (Bea/Göbel 2010, S. 5). Der Fokus dieser in der (deutschen) Betriebswirtschaftslehre bis heute stark vertretenen Sichtweise liegt auf der Wirtschaftlichkeit und sachlichen Logik der Aufgaben- und Funktionsteilung (Schulte-Zurhausen 2014, S. 3; Preisendörfer 2005, S. 79), wie auch die schlichte Definition des Begriffs der Organisation im Standardwerk von Wöhe und Döring zeigt: „Unter Organisation versteht man das Bemühen der Unternehmensleitung, den komplexen Prozess betrieblicher Leistungserstellung und Leistungsverwertung so zu strukturieren, dass die Effizienzverluste auf der Ausführungsebene minimiert werden“ (2013, S. 101).

Diese Betrachtungsweise folgt einseitig der „Dominanz des Shareholder-Ansatzes in der Unternehmenspraxis“: „Dieses Lehrbuch folgt dem Konzept traditioneller Betriebswirtschaftslehre, wonach unternehmerisches Handeln vorrangig durch die Interessen der Eigenkapitalgeber bestimmt wird. Betriebswirtschaftliche Modellbildung folgt dem Shareholder-Ansatz, weil sich dieses Konzept in der Unternehmensrealität des marktwirtschaftlichen Wettbewerbs weitgehend durchgesetzt hat“ (ebd., S. 52).[3] Sie blendet darüber hinaus den Prozess der Entstehung organisationaler Strukturen, die (Selbst-)Beobachtung dieses Prozesses durch die Mitglieder und deren (in-)offizielle Reaktionen und Änderungsbemühungen aus, womit in diesem Ansatz „sehr viele Phänomene und Funktionsbedingungen organisierter Systeme (...) unerkannt und unbearbeitet bleiben“ (Schreyögg/Geiger 2016, S. 11).

Der *institutionelle (institutionale) Organisationsbegriff* nimmt dagegen das ganze System der Organisation als Institution in den Blick. Um diesen Organisationsbegriff näher bestimmen zu können muss zunächst der Institutionsbegriff geklärt werden: In der Soziologie werden Institutionen als soziale Phänomene gefasst, „die bestimmte Formen sozialen Handelns oder bestimmte Lösungsstrategien erwartbar machen, ohne die genauen Motive der Beteiligten und ohne detaillierte Begleitumstände zu kennen“, oder, mit anderen Worten, „die Regelhaftigkeit bewirken, indem sie bestimmte Strukturelemente und Verhaltensweisen unterstützen und andere eher ausschließen“ (Hasse/Krücken 2008, S. 163f.). Institutionen beziehen sich „auf das gesamte Ordnungsgefüge einer Gesellschaft“, insbesondere auf „soziale Strukturen“, „politische und rechtliche Ordnungen“, „kulturelle Praktiken“ und „Vorlieben einzelner Gesellschaftsmitglieder“ (ebd.). Insofern kann eine Institution auch als „Sinneinheit von habitualisierten Formen des Handelns und der sozialen Interaktion“ verstanden werden, „deren Sinn und Rechtfertigung der jeweiligen Kultur entstammen und deren dauerhafte Beachtung die umgebende Gesellschaft sichert“ (Gukenbiehl 2016, S. 174).[4]

---

3 Der Stakeholder-Ansatz wird demgegenüber „sozialwissenschaftlich orientierte(n) Betriebswirte(n)“ zugeordnet, der zwar „gut gemeint, aber schlecht zu realisieren“ sei und an „unüberbrückbaren Interessensgegensätzen“ scheitere (Wöhe/Döring 2013, S. 50ff.; siehe Vilain in diesem Band.).

4 Senge formuliert dies knapp und treffend: „Institutionen gelten als soziale Regeln, aus denen sich typisierte Anweisungen für Handlungen ableiten lassen, die verbindlich, maßgeblich und dauerhaft Organisationen beeinflussen“ (2011, S. 152).
Zwischen den Begrifflichkeiten ‚Institution‘ und ‚Organisation‘ ist eine erhebliche Nähe und Unschärfe in der Trennung zu konstatieren und auch der Begriff der ‚Institution‘ selbst ist durch eine ansehnliche „Bedeutungsoffenheit“ geprägt (Göhlich 2014, S. 67). Beim Versuch, die beiden Begriffe voneinander abzugrenzen lässt sich festhalten, dass aus soziologischer und organisationspädagogischer Perspektive „die Institution etwas von den Individuen Vorgefundenes und Tradiertes, die Organisation hingegen etwas von den Individuen (zumindest teilweise) bewusst Hergestelltes ist“; anders formuliert: „Institutionen sind Regelsysteme mit gesellschaftlicher Geltung und daraus abgeleiteter Verbindlichkeit für das Handeln; Organisationen sind Sozialgebilde, die durch das Zusammenwirken ihrer Mitglieder, spezifische Zweckorientierung, geregelte Arbeitsteilung, beständige Grenzen und eine eigene Kultur gekennzeichnet sind“ (Göhlich 2014, S. 72).

Wird mit dem *institutionellen (institutionalen) Organisationsbegriff* nun der Terminus der Institution auf Organisationen bezogen, liegt der Fokus weder auf Organisieren als Prozess noch auf der Organisation als dem (formalen) Ergebnis dieses Prozesses, sondern es wird *das ganze System der Organisation als Institution* in den Blick genommen. In diesem Zusammenhang wird unter einer Institution ein System von Regeln und Normen verstanden, das in seiner Verbindlichkeit sozial akzeptiert ist und eine gewisse Stabilität aufweist. Bei dieser Betrachtungsweise geht es nicht um formale Strukturen des Unternehmens, sondern um das gesamte soziale Gebilde mit formalen *und* informalen Elementen: Ein Unternehmen *ist* eine Organisation.

Die *Merkmale einer Organisation im institutionellen Sinne* sind vor allem die spezifische Zweckorientierung, die geregelte Arbeitsteilung und die konstanten Grenzen, wobei alle drei Merkmale hinsichtlich ihrer Implikationen überprüft und gegebenenfalls modifiziert werden müssen (Schreyögg/Geiger 2016, S. 9ff.; auch Mayntz 1963, S. 58ff.; Preisendörfer 2005, S. 58ff.; Kühl 2011, S. 23ff.):

- Bei der *spezifischen Zweckorientierung* ist zu berücksichtigen, dass die Zwecke[5] der Organisation sich nicht unbedingt mit den persönlichen Zwecken der Organisationsmitglieder decken müssen; oft gibt es nur partielle Überlappungen in den Zwecken und/oder die Mitglieder begreifen die Erfüllung der Zwecke des Unternehmens utilitaristisch als Umsetzung persönlicher Zwecke. Außerdem betont die neuere Organisationslehre, dass Organisationen in aller Regel nicht durch einen einzigen Zweck oder durch einen konsistenten, in sich stimmigen Aufbau von Zwecken geprägt sind, sondern häufig mehrere Ziele verfolgen, die sich durchaus (partiell) widersprechen können (Kieser/Walgenbach 2010, S. 6ff.). Das bedeutet, dass es im Führungsalltag oft von großer Wichtigkeit ist, die unterschiedlichen Zielsetzungen der einzelnen Mitarbeiter_innen, Arbeitsbereiche und Stakeholder aufeinander abzustimmen im Sinne einer Wahrnehmung der Verschiedenheit unterschiedlicher Positionen und einer Vermittlung derselben.
- Die *geregelte Arbeitsteilung* meint die Aufteilung, Systematisierung und Verknüpfung von Aufgaben, die dann auf Organisationseinheiten, Positionen, Teams usw. verteilt werden und durch Regeln, Organigramme, Stellenbeschreibungen usw. als Erwartungsmuster formalisiert werden (Vahs 2015, S. 49ff.; Steinmann et al. 2013, S. 383). Organisationen machen dies personenunabhängig; d.h. es werden neue Rollen verteilt und über formale Positionen bekommt die Zielverfolgung eine Konstante, die auch einen Wechsel von Personen überdauert. Darin liegt eine wesentliche Bedeutung moderner Organisationen. Diese Verknüpfungen sind sicht- und damit auch diskutierbar zu machen. Sie werden auch als *formale Organisationsstrukturen* bezeichnet und mit der *Hierarchie* in Verbindung gebracht (Kieser/Walgenbach 2010, S. 15ff.).
- Beim Merkmal der *konstanten Grenzen* geht es um die Unterscheidung zwischen der organisationalen ‚Innenwelt' und der sie umgebenden ‚Außenwelt'. Die *Grenze zwischen Organisation und Umwelt* ist das Produkt eines absichtsvollen Prozesses, wobei sich die Grenzen verschieben können. Ohne eine Grenzziehung zur Umwelt kann keine Organisation existieren, aber in der Frage, wie offen, durchlässig oder geschlossen organisationale Grenzen sind, gehen die organisationstheoretischen Positionen weit auseinander. Mit der Grenzziehung verbunden ist die *Existenz von identifizierbaren Organisationsmitgliedern*, die sich dadurch

5 Im Folgenden werden die Begriffe ‚Zweck' und ‚Ziel' synonym verwendet, wie es bereits von Mayntz (1963, S. 58) vorgeschlagen wird und in Standardwerken üblich ist (Schreyögg/Geiger 2016, S. 9; auch Kühl 2011, S. 57).

auszeichnen, dass sie zumindest prinzipiell den oben genannten Erwartungsmustern des Unternehmens entsprechen und formal Mitglied sind. Die Mitgliedschaft bedeutet aber nicht, dass alle Handlungen den Erwartungsmustern der Organisation folgen; vielmehr spielen persönliche Zwecke hier eine nicht zu übersehende Rolle (Kieser/Walgenbach 2010, S. 11).[6]

Der *institutionelle Organisationsbegriff* mit seinen drei Merkmalen – spezifische Zweckorientierung, geregelte Arbeitsteilung und konstante Grenzen – verlässt also in seinen Weiterentwicklungen die ursprünglich rationalistische Beschränkung auf die Organisationsstruktur und die formale Ordnung. Er richtet sein Augenmerk auf die gesamte Organisation, „das ganze soziale Gebilde, die geplante Ordnung und die ungeplanten Prozesse, die Funktionen, aber auch die Dysfunktionen organisierter Arbeitsabläufe, die Entstehung und die Veränderung von Strukturen, die Ziele und ihre Widersprüche“ (Schreyögg/Geiger 2016, S. 10). Damit ist er anschlussfähig an die organisationssoziologische Perspektive der losen Kopplung. Diese ist – so Wolff – als eine „intellektuelle Grundhaltung“ zu verstehen, die „Ungeordnetheit, Unsicherheit und Ambivalenz zum eigentlichen Ausgangspunkt der Theoriebildung und aller praktischen Versuche des Organisierens“ macht und darauf verweist, dass Strukturen nicht etwas sind, „was Organisationen haben, sondern etwas, was Organisationen tun!“ (2010, S. 328; siehe auch Pfadenhauer 2008).

Zusammenfassend lässt sich festhalten, dass jeder der drei Organisationsbegriffe eine eigene Perspektive auf das Phänomen Organisation entfaltet, die spezifische Erkenntnisse ermöglicht: Während sich der prozessorientierte Begriff auf die Prozesse einer zielorientierten Strukturierung von Ganzheiten bezieht, bezeichnet der instrumentelle Organisationsbegriff das Ergebnis des Prozesses des ‚Organisierens‘ im Sinne einer bestimmten Struktur und Ordnung. Auch wenn diese Sichtweise im Lichte der neueren Organisationslehre deutlich relativiert wird, hat sie – wie beispielsweise das Spannungsfeld von organisationalem Lernen und organisationalen Strukturen verdeutlicht – nach wie vor ihre Berechtigung. Die Betonung liegt heute allerdings zunehmend auf dem institutionellen Organisationsbegriff, der seinen Blick auf das ganze System als Institution richtet; hier geht es nicht mehr um den Entstehungsprozess oder das Ergebnis von Strukturierungsbemühungen, sondern um das gesamte soziale Gebilde mit seinen formalen und informalen Elementen, mit den Merkmalen spezifische Zweckorientierung, geregelte Arbeitsteilung und konstante Grenzen bzw. identifizierbare Organisationsmitglieder.[7] Diese drei Organisationsbegriffe sind insofern als sich nicht ausschließende, sondern gegenseitig ergänzende Blickwinkel auf den Gegenstand ‚Organisation‘ zu begreifen, die jeweils auf unterschiedliche disziplinäre Wurzeln zwischen Betriebswirtschaftslehre sowie Organisationssoziologie und -psychologie Bezug nehmen. [8]

Eine solche integrierende Betrachtungsweise höchst unterschiedlicher theoretischer Zugänge scheint auch deswegen angebracht, weil Organisationen mit Wolff treffend als „Grenzobjek-

6 Bei der Frage, wie Organisationen Mitglieder zur Mitgliedschaft motivieren, spielt in vielen sozialwirtschaftlichen Organisationen die Kollegialität als spezifische Form von Beziehungen zu anderen Mitgliedern eine wichtige Rolle (Kühl 2011, S. 43ff.). Insofern können sozialwirtschaftliche Organisationen zutreffend (auch) als „Professionelle Organisationen“ beschrieben werden, die maßgeblich auf dem „Kollegium“ aufbauen (Klatetzki 2012).

7 Kühl fügt zur der formalen und informalen Seite von Organisationen als dritte die „Schauseite“ im Sinne der „Scheinheiligkeit der Organisation“ hinzu (2011, S. 136ff.).

8 Interessant ist auch die „Dimensionalisierung des Konstruktes ‚Organisation‘“ durch Türk, der die Komplexität von Organisationen zu fassen versucht mit den Dimensionen der „Ordnung“, des „Gebildes“ und der „Vergemeinschaftung“ (2008, S. 338ff.)

te“[9] gefasst werden können, die der „Verständigung über Gemeinsamkeiten wie über Differenzen“ dienen, „ohne wirkliches Verstehen nötig zu machen“: „Typisch für in diesem Sinne erfolgreiche Grenzobjekte sind deshalb eine gewisse Vagheit, ihr eher provisorischer Charakter und eine ausgeprägte interpretative Flexibilität“ (2015, S. 26).[10]

2. Zu den Grenzen der (Zweck-)Rationalität von und in Organisationen

Sowohl Max Weber als auch Frederick Taylor und Henri Fayol gehen davon aus, dass Organisationen stark durch eine rationale Anordnung von Zwecken und Mitteln geprägt sind. Folgt man Max Weber, so handelt derjenige *zweckrational*, der in seinen Handlungen eine Abwägung von verschiedenen Zwecken vornimmt, möglichst günstige Mittel zur Umsetzung der festgelegten Zwecke wählt und bei dieser Auswahl von Zwecken und Mitteln potentielle unerwünschte Konsequenzen berücksichtigt. *Voraussetzung* für zweckrationale Entscheidungen im Weberschen Sinne ist, dass der Entscheidungsträger sich seiner Interessen und Werte bewusst ist, über möglichst umfassende Informationen bezüglich der verschiedenen Handlungsalternativen verfügt und die möglichen Folgen der verschiedenen Alternativen sorgfältig bedenkt. Der Begriff der Zweckrationalität meint in diesem Zusammenhang nicht einfach, dass die einzelnen Organisationsmitglieder ihr Handeln an Zwecken orientieren, sondern vielmehr, dass die Organisation *im Ganzen maßgeblich* durch eine stringente Zweckorientierung geprägt ist und die gesamte Organisation letztlich in Form von Zweck-Mittel-Ketten durchdekliniert werden kann (Kühl 2015b, S. 19; Preisendörfer 2005, S. 95ff.).

In der *organisationssoziologischen Debatte* wird jedoch inzwischen die zweckrationale Begründung der Organisationslehre vielfältig kritisiert. So spricht Luhmann beispielsweise von einer „Entthronung des Zweckbegriffs“ (Luhmann 2016, S. 86; 2006, S. 444ff.) und Friedberg konstatiert eine „Demontage der klassischen Vorstellung von einer instrumentellen und versachlichten Organisation“ (Friedberg 1995, S. 95). Die Strukturierungswirkung von Zwecken in vielen Organisationen ist zwar zweifelsfrei gegeben, aber ihre Rolle ist häufig „viel komplizierter, als durch solche an Zweckerreichung orientierten Organisationsdefinitionen suggeriert wird“ (Kühl 2015b, S. 57). Dies hängt mit verschiedenen Punkten zusammen.

Häufig gibt es in Organisationen zwar Zwecke, die abstrakt für die gesamte Organisation formuliert sind. Die Integrationsfähigkeit eines Gesamtzwecks bezogen auf die verschiedenen Zielsetzungen der einzelnen Abteilungen und Bereiche einer Organisation ist jedoch begrenzt. Das zeigt sich auch in innerorganisatorischen Streitigkeiten zwischen unterschiedlichen Sektoren von Einrichtungen der Sozialwirtschaft und deren Zwecken, beispielsweise an Auseinandersetzungen zwischen den pädagogischen Bereichen und der eigenen Verwaltung. Zwecke sind häufig vor allem „Dekoration nach außen“, die „bestenfalls abstrakte Verhaltenserwartungen darstellen“, jedoch offenlassen, „welche Handlungen in einer konkreten Situation erwartet werden“ (Kühl 2011, S. 59).

9 Das Konzept des „Grenzobjekt[s]“ kommt aus der Wissenschaftssoziologie und wurde „für die Beschreibung und Analyse inter- bzw. transdisziplinärer Kommunikations- und Kooperationsprozesse entwickelt“ (Wolff 2015, S. 24).

10 Im eng gefassten Rahmen dieses Beitrages kann die Debatte um „Organisationstypen“ leider nicht vertieft werden; interessant wären hier Überlegungen beispielsweise zu den Typen der „Professionellen Organisationen“, der „Organisation öffentlicher Verwaltung“, den „Organisationen der Hilfe“, „Unternehmen als Organisation“, aber auch das „Krankenhaus als Organisation“ oder die „Schule als Organisation“ (Apelt/Tacke 2012; Kette 2017).

Hier ist grundlegend zu hinterfragen, inwieweit solche eher abstrakt formulierten Zwecke, die sich in diesem Zusammenhang durchaus auch als ‚Werte' bezeichnen lassen und die einen wesentlichen Teil der formalen Struktur einer Organisation darstellen, tatsächlich dazu da sind, Orientierungen für konkretes organisationales Handeln zu geben. Aus neoinstitutionalistischer Perspektive wird betont, dass formale Strukturen nicht primär der Zielerreichung, sondern vor allem der Legitimitätsbeschaffung dienen: „Für die Neoinstitutionalisten ist die formale Struktur einer Organisation weniger ein technisch-rationales Werkzeug zur Koordination der Austauschbeziehungen zwischen einer Organisation und ihrer Umwelt sowie zur Steuerung der Aktivitäten in der Organisation. Die Elemente der formalen Struktur sind vielmehr Manifestationen von Regeln und Erwartungen in der Umwelt der Organisation, die einen verbindlichen Charakter entfalten" (Walgenbach 2014, S. 295f.; auch Drepper 2010, S. 138f.). Hasse und Krücken spitzen es nochmals zu: „Organisationen entwickeln formal-rationale Strukturen zur Erzielung von Legitimität und nicht zur möglichst effizienten Problembearbeitung" (2005, S. 22). Rationalitätserwartungen und -ansprüche erscheinen aus der Perspektive der Neoinstitutionalisten als Mythen (Drepper 2010, S. 140): „Die provokante These lautet, dass formale Organisationsstrukturen Mythen zum Ausdruck bringen, die in ihrer gesellschaftlichen Umwelt institutionalisiert sind. Indem Organisationen diese Mythen aufgreifen, kopieren und zeremoniell zur Geltung bringen, wird eine Strukturähnlichkeit (‚Isomorphie') zwischen Organisation und Gesellschaft hergestellt. Dies sichert die organisatorische Überlebensfähigkeit eher als eine bloße Orientierung an technisch-instrumentellen Kriterien der Problembearbeitung" (Hasse/Krücken 2005, S. 22f.).

Werden formale Organisationsstrukturen und ihre Funktionen nicht primär unter dem Gesichtspunkt der zweckrationalen Zielerreichung, sondern stärker unter dem Fokus der Legitimationsbeschaffung über Rationalitätsmythen betrachtet, so heißt das, dass der Erfolg von Organisationen (unter anderem) davon abhängt, dass institutionale Regeln ‚adoptiert' (angenommen) werden (können). Dies ist aber nicht unproblematisch: Zum einen können die „institutionellen Regeln (...) mit den aufgabenbedingten Anforderungen und den Effizienzerfordernissen, denen eine Organisation genügen muss, in Konflikt geraten"; zum anderen können „die institutionalisierten Regeln und Rationalitätsmythen (...) in unterschiedlichen Umweltbereichen der Organisation entstanden sein und deshalb, zumindest vordergründig, in Widerspruch zueinander stehen" (Walgenbach 2014, S. 316). Hier gibt es nun höchst unterschiedliche Strategien, um diesen Herausforderungen gerecht zu werden, sei es durch pauschale Zurückweisung von institutionalisierten Erwartungen, durch Abbruch aller Verbindungen zur Umwelt, durch das Eingeständnis, dass die Struktur der Organisation und die institutionalisierten Erwartungen einander nicht entsprechen, durch das Versprechen von Reformen oder die Entkopplung „der strukturelle[n] Elemente untereinander und von den aufgabenbezogenen Aktivitäten der Organisation" im Kontext einer „Logik des Vertrauens" (ebd., S. 317). Eine solche Entkopplung „ermöglicht es der Organisation, legitime formale Strukturen aufrechtzuerhalten, während die tatsächlichen Aktivitäten als Reaktion auf aktuelle und technische Erfordernisse variieren"; sie wird auch als „Organisation der Scheinheiligkeit" bezeichnet (ebd., S. 317f.).

Organisationen – so Kühl (2011, S. 59) – bekennen „sich regelmäßig zu allen möglichen in der Gesellschaft gefragten Werten", während ihre konkreten Handlungen kaum von diesen beeinflusst sind. Ein zentrales Problem besteht „darin, dass sich die Maßnahmen zur Erzeugung von Akzeptanz in der externen Umwelt und die möglichst präzise Anleitung von Entscheidungen im Inneren oftmals gegenseitig ausschließen" (Kühl 2011, S. 60). Häufig lösen Organisationen dieses Problem darüber, dass sie beide Richtungen verfolgen, indem sie sich gegenüber ihrer Umwelt (beziehungsweise ihren Umwelten) zu verschiedensten, aus unterschiedlicher Perspektive anstrebenswerten Werten bekennen, während sie in der Organisation selbst solche Ziele verfolgen und vorgeben, die „bestenfalls nur noch in einer losen Verbindung zu diesen Werten stehen“ (ebd.). So bekennen sich Organisationen häufig zu Zwecken – wie z.B. der Erhöhung des Frauenanteils in Leitungspositionen – maßgeblich auch deswegen, weil sie davon ausgehen, dass das ihre Legitimität verbessert, nicht aber, weil sie von der Bedeutung dieses Ziels für die Qualität der Organisationsgestaltung wirklich überzeugt wären; welche konkreten Schritte tatsächlich zur Erreichung dieses Ziels unternommen werden, kann von der abstrakten Formulierung desselben deutlich abweichen. Insofern sind gerade abstrakte Zwecke, Ziele und Strategien nicht primär dafür da, Handlungen (rational) zu koordinieren, sondern maßgeblich auch dafür, die Organisation über formulierte Zwecke zu legitimieren.

Neben der Abstraktheit von Zwecken und deren Funktion als „Dekoration nach außen“ gibt es noch andere Schwierigkeiten im Umgang mit Zwecken (Kühl 2011, S. 59ff.): So können selbst sehr zentrale, eigentlich die Identität einer Organisation bestimmende Zwecke bewusst oder unbewusst gewechselt werden. Organisationen können weiter existieren, obwohl sie einen Zweck abschließend erreicht haben, sich also eigentlich überflüssig gemacht haben müssten oder auch obwohl zentrale Zwecke verfehlt wurden, die ursprünglich ihre Existenzberechtigung ausgemacht haben. Zwecke und Mittel können verdreht werden, die ehemaligen Mittel zum neuen (Selbst-)Zweck werden. Schließlich können Zwecke verwendet werden, um Entscheidungen nachträglich zu rechtfertigen.

Die beschriebenen Schwierigkeiten im Umgang mit Zwecken bedeuten aber nicht, dass aus organisationssoziologischer Perspektive das Vorhandensein und die Wirkmächtigkeit von Zwecken und von Zweckrationalität geleugnet würden. Zwecksetzungen gehören zum Alltag einer Organisation, das ist unbestritten.[11] Was aber durch die neuere Organisationssoziologie bestritten wird, ist die Auffassung, eine Organisation sei im Kern bestimmt durch hierarchisch aufgebaute Zweck-Mittel-Pyramiden, die der Garant der Rationalität seien, sei also quasi allein und vor allem durch ‚rationale‘ Zweck-Mittel-Zusammenhänge definiert. Vielmehr sind Zweck-Mittel-Relationen ein Merkmal von Organisationen neben anderen und nicht unbedingt das zentrale.

March hat diese *Abkehr von der Dominanz von Zweck-Mittel-Relationen* in Organisationen im Kontext seines soziologischen Konzepts realer Entscheidungsprozesse *in einem Interview* sehr prägnant auf den Punkt gebracht: „Wenn ein Manager sagt, dass Entscheidungen kein Problem seien, meint er damit, dass er eine Vorstellung davon hat, wie Entscheidungen getroffen werden *sollten*, und sie sollten getroffen werden, indem Alternativen abgewägt werden, indem deren Konsequenzen in den Blick genommen und bewertet werden und indem unter Berücksichtigung der eigenen Präferenzen schließlich die beste Wahl getroffen wird. Ich dagegen sage *nicht*, wie Entscheidungen getroffen werden sollten, ich schaue mir vielmehr an, *wie sie tatsächlich getroffen werden*. Wenn man sich anschaut, wie Entscheidungen getroffen werden, sieht man, dass sie zwar Anteile jener an Konsequenzen orientierten Rationalität enthalten, aber diese bilden nur einen kleinen Teil dessen, was tatsächlich passiert. Man sieht sehr bald,

11 Die personenunabhängige Verfolgung von Zwecken wird mitunter – trotz aller Kritik an der Zweckrationalität – sehr effektiv umgesetzt. Zygmund Baumann verweist darauf, dass die Vernichtungsmaschinerie des Naziregimes ohne die Möglichkeiten moderner Organisationen nicht möglich gewesen wären (Baumann 2012, S. 166ff.; siehe auch Kühl 2014, S. 94ff.).

dass eine rationalistische Theorie z.B. politische Erwägungen, die in Entscheidungsprozesse hineinspielen, nicht erfasst. Sie unterschätzt weiterhin die Probleme, die sich daraus ergeben, dass (sich) die Präferenzordnungen je nach Situation und Koalitionspartner ändern. Sie unterschätzt auch, wie kompliziert es ist, alle Alternativen ins Auge zu fassen und alle Konsequenzen abzuwägen. Sie unterschätzt ebenfalls das Maß, in dem Menschen eher auf der Grundlage eingespielter Regeln und eigenen Erfahrungswissens handeln, als auf der Basis durchkalkulierter Konsequenzen" (March 2001, S. 24, Hervorhebungen im Original; siehe auch Grunwald 2006, S. 189f.; Sanders/Kianty 2006, S. 127ff.; March/Simon 1993, S. 8ff., S. 157ff.; March 1990).

Insofern wird – so Baecker – die *Bedeutung von Rationalität* im zweckrationalen Sinne für Organisationen schlichtweg überschätzt (1994, S. 92). Er stellt fest, dass erstens nicht die Ziele und Zwecke vor aller Organisation vorhanden sind, die Organisation also nicht als Mittel zur Erfüllung eines Zweckes verstanden werden kann – dieses Argument wurde bereits entfaltet. Darüber hinaus kann man seiner Einschätzung nach nicht annehmen, dass die zentralen Aktionen einer Organisation in sich konsistent wären, was ein weiteres wichtiges Kriterium für Rationalität in Organisationen darstellen würde – es stimmt also die Organisation nicht grundsätzlich rational mit sich selbst überein. Drittens weist er darauf hin, dass man nicht davon ausgehen kann, dass die Argumente, die uns als rational gegenübertreten, uns eher überzeugen würden als beispielsweise Intuition oder Tradition – dieser Hinweis gewinnt angesichts der aktuellen Debatte um ‚postfaktische' Positionen immens an Bedeutung. Das Modell der rationalen Entscheidung beinhaltet insoweit mehrere Voraussetzungen, die in der postulierten Form nicht zutreffen.

Deswegen zieht Baecker provokant *die grundsätzliche Betrachtung von Organisationen als rationalen Gebilden* massiv in Zweifel: „Organisationen (...) haben nur selten etwas mit Rationalität zu tun. Genauer: Organisationen sind nicht die Verkörperung von Rationalität, wie es Organisationstheorien und Betriebswirtschaftslehre in weiten Teilen noch immer annehmen. Sondern sie benutzen Rationalität, um hinterher etwas als richtig darstellen zu können, wovon man vorher nicht wissen konnte, ob es richtig sein würde. Und noch genauer: Rationalität ist die Zumutung, die Organisationen an sich selbst herantragen, um hinterher etwas als richtig oder falsch bezeichnen zu können, was vorher weder falsch noch richtig, sondern einfach nur riskant ist" (Baecker 1994, S. 92).

Ob dieses Argument in seiner Schärfe tatsächlich ausreicht, den Begriff der Rationalität in Organisationen weitgehend zu diskreditieren, soll an dieser Stelle offenbleiben. Wichtig ist jedoch, dass die Selbstverständlichkeit, mit der Organisationen auch heute noch oft als zweckrationale Gebilde konzipiert werden, mit etlichen Fragezeichen zu versehen ist. Anders ausgedrückt: Man kann davon ausgehen, dass *die Bedeutung von Rationalität für Organisationen zumindest überschätzt* wird, Rationalität folglich als „Mythos" begriffen werden kann (Walgenbach 2014, S. 301; Drepper 2010, S. 140ff.; Tacke 2006).[12] An die Stelle einer allgemeinen Zweckbestimmung in und für Organisationen, die in ihrer Abstraktheit und Einheitlichkeit oft die Wirklichkeit an der Basis verfehlt, wie beispielsweise die Problematik von zwar sorgfältig formulierten, aber an der Basis dennoch kaum akzeptierten Leitbildern zeigt, tritt in der neueren Organisationslehre eine Vielzahl von Zweck- und Sinnbestimmungen der verschiedenen

12 Eine spannende Übertragung der neoinstitutionalistischen Figur des „Rationalitätsmythos" findet sich bei Zängl (2017, S. 163ff.).

Bereiche und Abteilungen. Diese Vielzahl von Zweck- und Sinnformulierungen wird von Cyert und March als Sammlung von *lokalen Rationalitäten* bezeichnet (Grunwald 2006, S. 190; Cyert/March 1995, S. 158; Sanders/Kianty 2006, S. 224ff.). Betont wird die Bedeutung einer „*Logik der Angemessenheit*" gegenüber einer „klassisch-rationalistischen *Logik der Folgebeziehung*" (Wolff 2010, S. 306; Hervorhebungen im Original). Außerdem wird in der neueren Organisationssoziologie das Augenmerk verstärkt auf die *Absorption von Ungewissheit* gelenkt als den fortlaufenden Prozess, bei dem die Herleitung, Begründung und verbliebene Fragwürdigkeit der Entscheidung häufig gewissermaßen verschluckt und damit Ungewissheit absorbiert wird (Grunwald 2006, S. 191ff.; Luhmann 2006).

3. Zentrale organisationssoziologische Perspektiven

Die beschriebene fundamentale Kritik an der Überbewertung von (Zweck-)Rationalität in und von (sozialwirtschaftlichen) Organisationen ist eine zentrale Voraussetzung für organisationssoziologische Perspektiven, die für das Verständnis und das Management von sozialwirtschaftlichen Organisationen von erheblicher Bedeutung sind (Grunwald 2009; 2015). Zu nennen sind hier insbesondere die Themen ‚Organisationsgesellschaft', ‚Wandel von Organisationen', ‚Politik in und von Organisationen' sowie ‚Organisationskultur(en) und ihre Gestaltung' (ausführlich: Grunwald 2009, S. 95ff.).

Die *Verbindung von Organisation und Gesellschaft* wird seit einigen Jahren, oft unter dem Label ‚Organisationsgesellschaft', zunehmend in den Blick genommen (Ortmann et al. 2000; Jäger/Schimank 2005). Ein wesentlicher Hintergrund für diese Betrachtungsweise liegt darin, dass in der Organisationstheorie „Macht, Herrschaft und ökonomische Zwänge nur eine, gelinde gesagt, unterbelichtete Rolle spielen" (Ortmann et al. 2000, S. 15). Der Begriff der „Organisationsgesellschaft" verweist darauf, dass die gesellschaftlichen Teilsysteme und die Lebenswelt in vielfältiger Hinsicht mit Organisationen verbunden und von ihnen durchdrungen sind: Seien es Schulen, Hochschulen, staatliche Verwaltungen, Kirchen, politische Verbände, Parteien usw. – sie alle sind Organisationen, die unterschiedliche gesellschaftliche Teilsysteme in starkem Maße prägen. Gemeint ist aber auch die entgegengesetzte Perspektive: Es ist nicht nur die Gesellschaft geprägt von unterschiedlichsten Organisationen, sondern letztere sind auch eng verknüpft mit gesellschaftlichen Werten und Strukturen. Die Rede von der „Organisationsgesellschaft" hebt also hervor, dass beide Elemente untrennbar miteinander verwoben und wechselseitig voneinander abhängig sind: „Organisation und moderne Gesellschaft" stehen „in einem Verhältnis rekursiver Konstitution zueinander"; Organisationen „produzieren und reproduzieren" genau die „gesellschaftlichen Strukturen und Institutionen, denen sie unterliegen" (ebd., S. 19). Insofern geht es bei der „Wiedereinbettung von Organisation und Gesellschaft" (Senge 2011, S. 147) um die „Berücksichtigung dieser gesellschaftlichen und institutionellen Einbettung *und* Rückwirkung von Organisationen – einschließlich ihrer Bedingtheit durch und ihres Einflusses auf die ökonomischen Systemzusammenhänge" (Ortmann et al. 2000, S. 20; Hervorhebung im Original).[13] Das Konzept der organisationalen Governance gewinnt vor diesem Hintergrund seine Relevanz für das Management sozialwirtschaftlicher Organisationen (Grunwald/Roß 2014, S. 43ff.; 2017).

13 Kühl formuliert deutliche Kritik an einer Überdehnung des Begriffs der Organisation durch eine Nutzung desselben für die „Beschreibung einer ganzen Gesellschaft", für eine „an Organisationen ansetzende Zeitdiagnose" unter den Begrifflichkeiten „Organisationsgesellschaft", „Gesellschaft der Organisationen" und der „organisierten Gesellschaft" (2015a, S. 73).

Eine weitere zentrale Perspektive der Organisationssoziologie betont, dass Organisationen nicht oder nur in Ansätzen auf Dauer stabil, sondern vielmehr als *dynamische Gebilde* permanent in Bewegung sind. Dieser Zugang nimmt neben der Gestaltung des geplanten organisationalen Wandels (siehe Grunwald „Organisationsentwicklung/Change Management" in diesem Band) auch die Frage in den Blick, wie Organisationen sich von selbst verändern (Luhmann 2005). Gegenstand sind mittelfristige Prozesse des Organisationswandels in einer fortdauernden Gesellschaftsformation. Hier sind Konzepte der Entwicklung, der Selektion und des Lernens zu nennen, wobei insbesondere Konzepte des organisationalen Lernens erhebliche Potentiale für eine sozialwissenschaftlich reflektierte Gestaltung von Organisationen beinhalten (siehe Schröer in diesem Band; ausführlich Grunwald 2009, S. 104ff.).

Hervorgehoben wird nicht nur bei den drei Ansätzen zur Dynamik von Organisationen, sondern auch in Konzepten der Mikropolitik und der Organisationskultur(en), dass es neben einem Verständnis von organisationalem Handeln als Ergebnis beabsichtigter organisationaler Gestaltungsmaßnahmen auch *emergente oder implizite Prozesse und Strukturen* in Organisationen gibt. Gemeint sind damit „ganz generell Handlungsmuster, die sich in Organisationen entwickeln und außerhalb oder neben den Erwartungsbahnen der formalen Struktur bewegen" (Schreyögg/Geiger 2016, S. 289). Von emergenten Phänomenen kann gesprochen werden, „wenn sie sich auf keine einzelne Intention (Ausgangsziel) zurückführen lassen (...) und wenn das Ergebnis nicht vorhersagbar ist, weil sich die das Ergebnis bestimmende Struktur erst im Laufe des Prozesses entwickelt (...)" (ebd.). Betont wird, dass es vielfältige Formen der Arbeit im organisationalen Alltag gibt, die „sowohl in *leistungsfördernder* als auch in *leistungsmindernder* Hinsicht" sehr wichtig für Abstimmungsprozesse in und die Funktionstüchtigkeit der Organisation sind, obwohl es sich bei ihnen nicht um Ergebnisse von „planmäßigen Gestaltungsentscheidungen" handelt (ebd.; Hervorhebung im Original). Seit einigen Jahren rücken insbesondere organisationale Praktiken, die sich aus dem Arbeitsalltag heraus entwickeln, mit ihrer „streng handlungsbezogenen Perspektive" in den Fokus der Aufmerksamkeit (ebd.; Geiger/Koch 2008). Grundsätzlich wird davon ausgegangen, dass emergente Phänomene lediglich partiell steuerbar sind: Sie entziehen sich nicht jeglicher Beeinflussung durch Organisationsmitglieder oder Außenstehende, sind aber auch nicht im engeren Sinne steuerbar.

Beim Fokus *Politik in und von Organisationen* können die *drei Ebenen* der Makro-, Meso- und Mikropolitik unterschieden werden (Matys 2014, S. 29ff.). Die *Makropolitik* thematisiert die gesamtgesellschaftliche Kontextualisierung der Organisationsanalyse. In den Blick genommen wird damit die Einflussnahme von Organisationen auf die staatliche Politik und die Übernahme von gesamtpolitischen Funktionen als strategische Unternehmensführung. *Mesopolitik* kann in dem Sinne als Strukturpolitik verstanden werden, dass die Strukturbildung in Organisationen beschrieben und erklärt werden soll. Aus dieser Perspektive spiegeln Organisationen gesellschaftliche, soziale Differenzierungen nach Klassen, Schichten oder Mentalitäten wider und erbringen somit strukturelle und mentale gesamtgesellschaftliche Reproduktionsleistungen. *Mikropolitik* schließlich befasst sich mit der Frage, wie Subjekte durch die Strukturen einer Organisation geprägt werden und wie sie sich zu diesen verhalten (Bogumil/Schmid 2001).

Im Mittelpunkt einer politikorientierten Perspektive steht weder das Management mit seinen Steuerungsbemühungen, noch die Organisation als zweckrational bestimmtes, statisch strukturiertes Gebilde, sondern vielmehr die politisch-soziale Arena. In dieser Arena wird nicht von vorgegebenen Normen, Strukturen und Prozessen (Abläufen) in und von Organisationen ausgegangen, sondern sie werden in ihren Entstehungszusammenhängen analysiert. Dabei werden sie als Ergebnisse sozialer Handlungen von Subjekten aufgefasst, als Resultate von interessengeleiteten Aushandlungen mit jeweils nur begrenzt gültigen Kompromissen und Konfliktlösungen (Minssen 2013, S. 334). Schicht-, klassen- oder gruppenspezifische Subkulturen mit ihren je eigenen Weltsichten, Problemzugängen und Handlungsstilen werden von den einzelnen Subjekten in die politisch-soziale Arena eingeführt und sind wichtige Elemente organisationspolitischen Handelns. Die politikorientierte Perspektive der Organisationssoziologie vertritt folglich weder ein ahistorisches und gesellschaftsindifferentes Organisationsverständnis noch eine Kontextunabhängigkeit, sondern thematisiert historisch-gesellschaftliche Problemlagen und Konflikte und ist bezogen auf Entwicklungen und Veränderungen der jeweiligen Gesellschaftsformation (Türk 1992, Sp. 1645). Sie betont, dass Entscheidungen in und Strukturen von Organisationen nicht – wie in der herkömmlichen Managementlehre unterstellt – als orientierender Handlungsrahmen angesehen werden können und auch nicht per se statisch sind. Sie sind vielmehr als temporäres Ergebnis von jeweils herrschenden Koalitionen und mit ihnen verbundenen mehr oder weniger transparenten Machtstrukturen sowie teils formellen, teils informellen Aushandlungsprozessen zu verstehen.

Organisationale Politik ist ein ubiquitäres Phänomen, das selbstverständlich auch in Diensten und Einrichtungen der Sozialwirtschaft vorzufinden ist. Entscheidungsprozesse können sich aus dieser politikorientierten organisationssoziologischen Sicht heraus nicht auf ‚wertfreie' oder ‚rationale' Begründungen und Argumente zurückziehen, die das Geschehen in Organisationen unter dem Gesichtspunkt des Verstandes (der Ratio) sehen. Entscheidungsprozesse müssen vielmehr den politischen Charakter von Entscheidungen reflektieren und mit einbeziehen (Matys 2014, S. 47). Dies gilt nicht nur für Entscheidungs- und Aushandlungsprozesse in Organisationen, sondern genauso auch für Auseinandersetzungen zwischen verschiedenen sozialen Institutionen. Zu betonen ist dabei, dass Mikropolitik „nicht dem Machiavellismus oder der subversiven Selbstsucht der Akteure geschuldet" ist, sondern vielmehr „hervorgerufen durch die unerfüllbaren Diktate der Ordnung" ist und insofern einen „Schatten der Ordnung" in und von Organisationen darstellt (Neuberger 2006, S. IV). Gerade in Situationen der Veränderung und des Wandels in und von Organisationen ist die Berücksichtigung des mikropolitischen Charakters von Kommunikations- und Strukturgestaltung besonders wichtig, da (mikro-)politisches Handeln und organisationale Veränderungen wechselseitig aufeinander bezogen sind.

Ein weiteres wichtiges Thema der Organisationssoziologie ist schließlich das der *Organisations- oder Unternehmenskultur* (Grunwald 2013).[14] Sie lässt sich mit Neubauer verstehen als „die Gesamtheit gemeinsam geteilter Grundannahmen, Werthaltungen, Normen und Orientierungsmuster, die von den Menschen in einer Organisation zur Bewältigung der Probleme äußerer Anpassung und der inneren Integration entwickelt wurden und die sich nach gemeinsamer Überzeugung so bewährt haben, dass sie an neue Mitglieder weiterzugeben sind, damit diese in der richtigen Weise wahrnehmen, denken, fühlen und handeln" (2003, S. 22; in Anlehnung an Schein 1995). Damit bezeichnet eine Organisationskultur ein Sinn und Orientierung stiftendes, sozial konstruiertes, oft unbewusstes, selbstverständliches und kollektives Phänomen, welches das Handeln in einer Organisation prägt und bis zu einem gewissen Grad vereinheitlicht (Sack-

14 Im Folgenden werden – wie in der Literatur üblich – die Begriffe ‚Organisationskultur' und ‚Unternehmenskultur' synonym verwendet (so bereits Schein 1995).

mann 2002, S. 24ff.; Matys 2014, S. 58ff.; Weick/Sutcliffe 2016, S. 120ff.). Die Kultur einer Organisation ist insofern untrennbar verbunden mit der Frage nach den ethischen Grundlagen organisationalen Handelns, wie sie zunehmend unter dem Titel „Organisationsethik“ gestellt und bearbeitet wird. Der Aufbau oder die Struktur einer Organisationskultur lässt sich anhand eines ursprünglich von Schein (1995) entwickelten Drei-Ebenen-Modells erklären, das auch als detailliertes Analyse- und Diagnoseinstrument verstanden werden kann. Diese drei Ebenen der Organisationskultur sind zum ersten Basisannahmen, zum zweiten Normen/Standards und zum dritten das Symbolsystem einer Organisation (Steinmann et al. 2013, S. 654ff.).

Die *Basisannahmen* als die unterste und zugleich abstrakteste Ebene der Organisationskultur können auch als Weltanschauung, als grundlegende, oft unbewusste, nicht mehr hinterfragte und selbstverständliche Orientierungsmuster bezeichnet werden, die Wahrnehmungen und Handlungen in Organisationen leiten. Die *Normen und Standards* als die mittlere Ebene können als Konkretisierung der ‚Weltanschauungen‘ verstanden werden. Diese Wertvorstellungen und Verhaltensstandards sind teils unbewusst, teils bewusst und umfassen organisationale Verhaltensrichtlinien, Maximen, Ge- und Verbote. Sie finden sich – wenn auch häufig in idealisierter Form – in Unternehmensphilosophien und Leitbildern wieder (Grunwald 2013). Die beiden Ebenen der Basisannahmen und der Normen/Standards sind in der Regel eng miteinander verbunden und für die Wahrnehmung und das Handeln in Organisationen von zentraler Bedeutung. Sie schlagen sich wiederum im *Symbolsystem* nieder, das die Oberflächenstruktur der Organisationskultur darstellt. Diese dritte Ebene der Symbole und Zeichen ist zwar der sichtbarste und zugänglichste Teil der Organisationskultur, aber nur in Zusammenhang mit den zugrundeliegenden Wertvorstellungen verständlich und somit interpretationsbedürftig. Das Symbolsystem äußert sich sowohl in Verhaltensweisen, Gefühlen, Sprache und Objekten und dient vor allem der Erhaltung, dem Ausbau und der Vermittlung der Basisannahmen und Normen/Standards (Sackmann 2002, S. 27ff.).

Die Organisationskultur verändert sich auf allen drei Ebenen im Laufe der Entwicklungsphasen einer Organisation (Sackmann 2002, S. 47ff.). Die Unternehmenskultur in ihren verschiedenen Facetten beeinflusst eine Organisation in verschiedenster Hinsicht, sei es in Bezug auf die Strategie und den Strategieentwicklungsprozess (Nagel/Wimmer 2014), Aufbaustrukturen und Ablaufprozesse, Controlling-, Personalmanagement- und Informationssysteme, Führungskräfte und -prozesse sowie Motivation, Identifikation und Leistung der Mitarbeitenden (Sackmann 2002, S. 65ff.).

Die Organisationskultur wird zunehmend im Sinne eines *kulturbewussten Managements* als zentraler Aspekt für das Verständnis organisationaler Prozesse und Strukturen sowie insbesondere für die Systemsteuerung von Organisationen betrachtet. Im Zentrum steht hierbei – wie auch bei der Auseinandersetzung mit dem Rationalitätsmythos (siehe oben) – die Kritik an bislang immer noch dominierenden rationalistischen Konzepten sowie die Betonung der Bedeutung organisationaler Lebenswelten (Grunwald 2016, S. 438ff.) und der Rehumanisierung der Organisations- und Managementtheorie. Für das Management von Diensten und Einrichtungen der Sozialen Arbeit von besonderer Bedeutung ist die grundsätzliche Frage, inwieweit eine Organisationskultur überhaupt zielgerichtet beeinflusst werden kann. Im Wesentlichen können hier drei Positionen differenziert werden: die Perspektive der Kulturingenieure, der Kulturalisten und der Kurskorrektur (Grunwald 2009, S. 101ff.; Schreyögg/Geiger 2016, S. 343ff.; Sackmann 2002, S. 156ff.). Zentral für die Gestaltung von Organisationskulturen ist es, die Grenzen der Veränderbarkeit von Organisationskulturen als die Grenzen organisationalen Wandels prospektiv und kontinuierlich zu reflektieren, ohne sich von ihnen paralysieren zu lassen. Organisationskulturen sind nicht instrumentalisierbar, aber dennoch offen für soziokulturelle Lernprozesse und dadurch auch in gewisser Weise veränderbar und entwicklungsfähig.

Kulturgestaltung im Sinne eines bewussten Wandels von Kulturen einer Organisation bedeutet vor dem Hintergrund dieser drei Perspektiven, angesichts des massiven gesellschaftlichen und organisationalen Wandels, die Realität der vielfältigen *Paradoxa und Dilemmata* in der Organisationsgestaltung zu akzeptieren und die sich ergebenden Spannungsfelder aktiv zu gestalten (siehe Grunwald „Management sozialwirtschaftlicher Organisationen zwischen Steuerungsskepsis, Dilemmatamanagement und Postheroischer Führung" in diesem Band). Kulturgestaltung in der Sozialen Arbeit beinhaltet aber auch, *die Grenzen der Organisation zu überschreiten* und sich der Frage der Kooperation zwischen verschiedenen Einrichtungen bzw. Organisationstypen zu öffnen. In der Sozialen Arbeit gibt es vielfach gravierende Unterschiede in der jeweiligen Identität, Organisationskultur und Marketingpositionierung zwischen Ämtern, wohlfahrtsverbandlichen Trägern und erwerbswirtschaftlich ausgerichteten Trägern sowie zwischen Einrichtungen sehr verschiedener Größe. Dies hat für die einzelnen Organisationen erhebliche Konsequenzen bezüglich der strategischen Planungen im Spannungsfeld von lang- oder kurzfristiger Zusammenarbeit, kontinuierlichem oder punktuellem fachlichen Austausch und mehr oder weniger harter Konkurrenz sowie deren konkreter Ausgestaltung. Hier ist auch das Konzept der organisationalen Governance als analytisch wie strategisch ausgerichteter Ansatz außerordentlich hilfreich (Grunwald/Roß 2014; 2017).

4. Literatur

Apelt, Maja/Tacke, Veronika (Hrsg.) (2012): Handbuch Organisationstypen. Wiesbaden: Springer VS.

Baecker, Dirk (1994): Postheroisches Management. Ein Vademecum. Berlin: Merve.

Balog, Andreas (2008): Organisationsbegriff und Organisationstheorien. In: Balog, Andreas/Schülein, Johann A. (Hrsg.): Soziologie, eine multiparadigmatische Wissenschaft. Erkenntnisnotwendigkeit oder Übergangsstadium? Wiesbaden: Springer VS, S. 263-290.

Baumann, Zygmunt (2012): Dialektik der Ordnung. Die Moderne und der Holocaust. 3. Aufl., Hamburg: CEP Europäische Verlagsanstalt.

Bea, Franz Xaver/Göbel, Elisabeth (2010): Organisation. 4. neu bearb. u. erw. Aufl., Stuttgart: UTB.

Bogumil, Jörg/Schmid, Josef (2001): Politik in Organisationen. Organisationstheoretische Ansätze und praxisbezogene Anwendungsbeispiele. Opladen: Leske & Budrich.

Cyert, Richard M./March, James G. (1995): Eine verhaltenswissenschaftliche Theorie der Unternehmung. Stuttgart: Schäffer-Poeschel.

Drepper, Thomas (2010): Soziale personenbezogene Dienstleistungsorganisationen aus neoinstitutionalistischer Perspektive. In: Klatetzki, Thomas (Hrsg.): Soziale personenbezogene Dienstleistungsorganisationen. Wiesbaden: Springer VS, S. 129-165.

Friedberg, Erhard (1995): Ordnung und Macht – Dynamiken organisierten Handelns. Frankfurt/New York: Campus.

Geiger, Daniel/Koch, Jochen (2008): Von der individuellen Routine zur organisationalen Praktik. Ein neues Paradigma für die Organisationsforschung? In: Schmalenbachs Zeitschrift für betriebswirtschaftliche Forschung 60, H. 7, S. 693-712.

Göbel, Elisabeth (2004): Selbstorganisation. In: Schreyögg, Georg/Werder, Axel von (Hrsg.): Handwörterbuch der Unternehmensführung und Organisation. 4. völlig neu bearb. Aufl., Stuttgart: Schäffer-Poeschel, Sp. 1312-1318.

Göhlich, Michael (2014): Institution und Organisation. In: Wulf, Christoph/Zirfas, Jörg (Hrsg.): Handbuch Pädagogische Anthropologie. Wiesbaden: Springer VS, 65-76.

Grunwald, Klaus (2016): Management von und in Einrichtungen der Sozialen Arbeit aus der Perspektive des Konzepts Lebensweltorientierung. In: Grunwald, Klaus/Thiersch, Hans (Hrsg.): Praxishandbuch Lebensweltorientierte Soziale Arbeit. Handlungszusammenhänge und Methoden in unterschiedlichen Arbeitsfeldern. 3., vollst. Überarb. Aufl., Weinheim: Beltz Juventa, S. 431-444.

Grunwald, Klaus (2015): Organisation und Organisationsgestaltung. In: Otto, Hans-Uwe/Thiersch, Hans (Hrsg.): Handbuch Soziale Arbeit. Grundlagen der Sozialarbeit und Sozialpädagogik. 5., erw. Aufl., München: Reinhardt, S. 1139-1150.

Grunwald, Klaus (2013). Unternehmensphilosophie. In: Grunwald, Klaus/Horcher, Georg/Maelicke, Bernd (Hrsg.). Lexikon der Sozialwirtschaft. 2., völlig überarb. Aufl., Baden-Baden: Nomos, S. 1065-1068.

Grunwald, Klaus (2009): Zum Management von Einrichtungen der Sozialen Arbeit unter organisationssoziologischer Perspektive. In: Grunwald, Klaus (Hrsg.): Vom Sozialmanagement zum Management des Sozialen? Eine Bestandsaufnahme. Baltmannsweiler: Schneider Verlag Hohengehren, S. 85-138.

Grunwald, Klaus (2006): Management von Dilemmata und Paradoxien in Organisationen der Sozialen Arbeit. In: Neue Praxis 36, H. 2, S. 186-201.

Grunwald, Klaus/Roß, Paul-Stefan (2017): Sozialmanagement als Steuerung hybrider sozialwirtschaftlicher Organisationen. In: Wöhrle, Armin/Fritze, Agnès/Prinz, Thomas/Schwarz, Gotthart (Hrsg.): Sozialmanagement – eine Zwischenbilanz. Wiesbaden: Springer VS, S. 171-184.

Grunwald, Klaus/Roß, Paul-Stefan (2014): „Governance Sozialer Arbeit". Versuch einer theoriebasierten Handlungsorientierung für die Sozialwirtschaft. In: Tabatt-Hirschfeldt, Andrea (Hrsg.): Öffentliche und Soziale Steuerung – Public Management und Sozialmanagement im Diskurs. Baden-Baden: Nomos, S. 17-64.

Grunwald, Klaus/Steinbacher, Elke (2014): Management in sozialen Organisationen im Wandel – Mikropolitik und Organisationskultur als zentrale Herausforderungen der Organisationsgestaltung in Diensten und Einrichtungen der Sozialen Arbeit. In: Faas, Stefan/Zipperle, Mirjana (Hrsg.): Sozialer Wandel. Herausforderungen für Kulturelle Bildung und Soziale Arbeit. Wiesbaden: Springer VS, S. 287-298.

Gukenbiehl, Hermann L. (2016): Lektion VIII. Institution und Organisation. In: Korte, Hermann/Schäfers, Bernhard (Hrsg.): Einführung in die Hauptbegriffe der Soziologie, Wiesbaden: 9., überarb. u. aktual. Aufl., Springer VS, S. 173-193.

Hasse, Raimund/Krücken, Georg (2008): Institution. In: Baur, Nina/Korte, Hermann/Löw, Martina/Schroer, Markus (Hrsg.): Handbuch Soziologie. Wiesbaden: Springer VS, S. 163-182.

Hasse, Raimund/Krücken, Georg (2005): Neo-Institutionalismus. Mit einem Vorwort von John Meyer. 2., vollst. überarb. Aufl., Bielefeld: Transcript.

Jäger, Wieland/Schimank, Uwe (Hrsg.) (2005): Organisationsgesellschaft. Facetten und Perspektiven. Wiesbaden: Springer VS.

Kette, Sven (2017): Unternehmen. Eine sehr kurze Einführung. Wiesbaden: Springer VS.

Kieser, Alfred/Walgenbach, Peter (2010): Organisation. 6. überarb. Aufl., Stuttgart: Schäffer-Poeschel.

Klatetzki, Thomas (2012): Professionelle Organisationen. In: Apelt, Maja/Tacke, Veronika (Hrsg.): Handbuch Organisationstypen. Wiesbaden: Springer VS, S. 165-184.

Kühl, Stefan (2015a): Gesellschaft der Organisationen, organisierte Gesellschaft, Organisationsgesellschaft. Zu den Grenzen einer an Organisationen ansetzenden Zeitdiagnose. In: Apelt, Maja/Wilkesmann, Uwe (Hrsg.): Zur Zukunft der Organisationssoziologie. Wiesbaden: Springer VS, S. 73-91.

Kühl, Stefan (2015b): Sisyphos im Management. Die vergebliche Suche nach der optimalen Organisationsstruktur. 2., aktual. Aufl., Frankfurt a.M./New York: Campus.

Kühl, Stefan (2014): Ganz normale Organisationen. Zur Soziologie des Holocaust. Berlin: Suhrkamp.

Kühl, Stefan (2011): Organisationen. Eine sehr kurze Einführung. Wiesbaden: Springer VS.

Luhmann, Niklas (2016): Zweckbegriff und Systemrationalität. Über die Funktion von Zwecken in sozialen Systemen. 7. Aufl., Frankfurt a.M.: Suhrkamp.

Luhmann, Niklas (2006): Organisation und Entscheidung. 2. Aufl., Wiesbaden: Springer VS.

Luhmann, Niklas (2005): Struktureller Wandel: Die Poesie der Reformen und die Realität der Evolution. In: Jäger, Wieland/Schimank, Uwe (Hrsg.): Organisationsgesellschaft. Facetten und Perspektiven. Wiesbaden: Springer VS, S. 409-450.

March, James G. (2001): „Wenn Organisationen wirklich intelligent werden wollen, müssen sie lernen, sich Torheiten zu leisten!" Interview mit J. G. March. In: Bardmann, Theodor M./Groth, Torsten (Hrsg.): Zirkuläre Positionen 3. Organisation, Management und Beratung. Wiesbaden: Westdeutscher Verlag, S. 21-33.

March, James G. (1990): Die Technologie der Torheit. In: March, James G. (Hrsg.): Entscheidung und Organisation. Kritische und konstruktive Beiträge, Entwicklungen und Perspektiven, Wiesbaden: Gabler, S. 281-295.

March, James G./Simon, Herbert A. (1993): Organizations. 2. Aufl., Cambridge, Mass.: Blackwell.

Matys, Thomas (2014): Macht, Kontrolle und Entscheidungen in Organisationen. Eine Einführung in organisationale Mikro-, Meso- und Makropolitik. 2., aktual. Aufl., Wiesbaden: Springer VS.

Mayntz, Renate (1963): Soziologie der Organisation. Reinbek bei Hamburg: Rowohlt.

Minssen, Heiner (2013): Mikropolitik. In: Hirsch-Kreinsen, Hartmut/Minssen, Heiner (Hrsg.): LAIS. Lexikon der Arbeits- und Industriesoziologie. Berlin: Edition Sigma, S. 334-340.
Morgan, Gareth (1997): Bilder der Organisation. Stuttgart: Klett-Cotta.
Nagel, Reinhardt/Wimmer, Rudolf (2014): Systemische Strategieentwicklung. Modelle und Instrumente für Berater und Entscheider. 6. aktual. und erg. Aufl., Stuttgart: Schäffer-Poeschel.
Neubauer, Walter (2003): Organisationskultur. Stuttgart: Kohlhammer.
Neuberger, Oswald (2006): Mikropolitik und Moral in Organisationen. 2. Aufl., Stuttgart: UTB.
Ortmann, Günther (2012): Gesteuerte Selbstorganisation – ein hölzernes Eisen? In: Eberl, Peter/Geiger, Daniel/Koch, Jochen (Hrsg.): Komplexität und Handlungsspielraum. Unternehmenssteuerung zwischen Ordnung und Chaos. Berlin: Erich Schmidt, S. 133-164.
Ortmann, Günther/Sydow, Jörg/Türk, Klaus (2000): Organisation, Strukturation, Gesellschaft. Die Rückkehr der Gesellschaft in die Organisationstheorie. In: Ortmann, Günther/Sydow, Jörg/Türk, Klaus (Hrsg.): Theorien der Organisation. Die Rückkehr der Gesellschaft. 2., durchges. Aufl., Wiesbaden: Westdeutscher Verlag, S. 15-34.
Pfadenhauer, Michaela (2008): Organisieren. Eine Fallstudie zum Erhandeln von Events. Wiesbaden: Springer VS.
Preisendörfer, Peter (2005): Organisationssoziologie. Grundlagen, Theorien und Problemstellungen. Wiesbaden: Springer VS.
Sackmann, Sonja (2002): Unternehmenskultur. Erkennen – Entwickeln – Verändern. Neuwied: Luchterhand.
Sanders, Karin/Kianty, Andrea (2006): Organisationstheorien. Eine Einführung. Wiesbaden: VS Verlag für Sozialwissenschaften.
Schein, Edgar H. (1995): Unternehmenskultur. Ein Handbuch für Führungskräfte. Frankfurt a.M./New York: Campus.
Schreyögg, Georg/Geiger, Daniel (2016): Organisation: Grundlagen moderner Organisationsgestaltung. Mit Fallstudien. 6., vollst. überarb. u. erw. Aufl., Wiesbaden: Springer Gabler.
Schulte-Zurhausen, Manfred (2014): Organisation. 6., überarb. u. aktual. Aufl., München: Vahlen.
Senge, Konstanze (2011): Das Neue am Neo-Institutionalismus. Der Neo-Institutionalismus im Kontext der Organisationswissenschaft. Wiesbaden: Springer VS.
Steinmann, Horst/Schreyögg, Georg/Koch, Jochen (2013): Management. Grundlagen der Unternehmensführung. Konzepte – Funktionen – Fallstudien. 7., vollst. überarb. Aufl., Wiesbaden: Springer Gabler.
Tacke, Veronika (2006): Rationalität im Neo-Institutionalismus. Vom exakten Kalkül zum Mythos, Senge, Konstanze/Hellmann, Kai-Uwe (Hrsg.): Einführung in den Neo-Institutionalismus. Wiesbaden: Springer VS, S. 89-101.
Türk, Klaus (2008): Organisation. In: Baur, Nina/Korte, Hermann/Löw, Martina/Schroer, Markus (Hrsg.): Handbuch Soziologie. Wiesbaden: Springer VS, S. 337-353.
Türk, Klaus (1992): Organisationssoziologie. In: Frese, Erich (Hrsg.): Handwörterbuch der Organisation. 3. Aufl., Stuttgart: Schäffer-Poeschel, Sp. 1633-1648.
Vahs, Dietmar (2015): Organisation. Ein Lehr- und Managementbuch. 9., überarb. u. erw. Aufl., Stuttgart: Schäffer-Poeschel.
Walgenbach, Peter (2014): Neoinstitutionalistische Ansätze in der Organisationstheorie. In: Kieser, Alfred/Ebers, Mark (Hrsg.): Organisationstheorien. 7., aktual. u. überarb. Aufl., Stuttgart: Kohlhammer, S. 295-345.
Weick, Karl E. (1998): Der Prozess des Organisierens. 2. Aufl., Frankfurt a.M.: Suhrkamp.
Weick, Karl E./Sutcliffe, Kathleen M. (2016): Das Unerwartete managen. Wie Unternehmen aus Extremsituationen lernen. Stuttgart: Schäffer-Poeschel.
Wöhe, Günter/Döring, Ulrich (2013): Einführung in die Allgemeine Betriebswirtschaftslehre. 25., überarb. u. aktual. Aufl., München: Vahlen.
Wolff, Stephan (2010): Soziale personenbezogene Dienstleistungsorganisationen als lose gekoppelte Systeme und organisierte Anarchien. In: Klatetzki, Thomas (Hrsg.): Soziale personenbezogene Dienstleistungsorganisationen. Wiesbaden: Springer VS, S. 285-335.
Wolff, Stephan (2015): Organisation als Grenzobjekt? In: Apelt, Maja/Wilkesmann, Uwe (Hrsg.): Zur Zukunft der Organisationssoziologie. Wiesbaden: Springer VS, S. 23-46.
Zängl, Peter (2017): Mythos Sozialmanagement? Ein Blick auf Organisationen der Sozialwirtschaft durch die neoinstitutionalistische Brille. In: Wöhrle, Armin/Fritze, Agnès/Prinz, Thomas/Schwarz, Gotthart (Hrsg.): Sozialmanagement – eine Zwischenbilanz. Wiesbaden: Springer VS, S. 155-170.
Zängl, Peter (2015): Organisation: Ansätze, Theorien und ihre Bedeutung für die Soziale Arbeit. In: Merten, Ueli/Kaegi, Urs (Hrsg.): Kooperation kompakt. Kooperation als Strukturmerkmal und Handlungsprinzip der Sozialen Arbeit. Opladen: Barbara Budrich, S. 89-118.

Organisation als pädagogisches Konzept

Andreas Schröer

Der vorliegende Beitrag geht von der Frage aus, was es bedeutet, Organisationen aus pädagogischer Perspektive zu erforschen. Hierzu wird die pädagogische Auseinandersetzung mit dem Phänomen Organisation rekonstruiert und die Entwicklung des Diskurses der Organisationspädagogik nachgezeichnet. Der Beitrag stellt als Zentralbegriff des organisationspädagogischen Diskurses das organisationale Lernen vor und diskutiert dessen Relevanz und Bezüge zu den Diskursen um Sozialwirtschaft und Sozialmanagement.

1. Organisation im pädagogischen Diskurs

Wenn im pädagogischen Diskurs von pädagogischen Einrichtungen, also etwa Schulen, Kindergärten oder Heimen die Rede ist, so werden diese gelegentlich als Organisationen bezeichnet (Göhlich 2014). Der Begriff zählte jedoch lange Zeit nicht zu den analytischen Grundbegriffen der Pädagogik.

Dennoch findet eine theoretische Auseinandersetzung mit dem sozialen Phänomen Organisation in der Pädagogik vereinzelt bereits im 19. Jahrhundert (etwa bei Humboldt, Diesterweg und Natorp), dann etwas häufiger in der ersten Hälfte des 20. Jahrhunderts statt. Organisation und Organisieren werden hier primär als Instrumente der Pädagogik begriffen, etwa als Hinweis auf die materielle Bedingtheit der Organisation der Erziehung (Bernfeld 1925) oder als äußere Struktur der Schule in Abgrenzung zum Unterricht (Lapassade 1972). Horst Rumpf (1971) verweist in ähnlicher Weise auf die Organisation der Verwaltung, die der Organisation des Unterrichts Grenzen setzt. Insgesamt zeichnet sich der pädagogische Diskurs eher durch Vernachlässigung der Organisation aus (Terhart 1986). Erst in den 1980er Jahren wurden verstärkt Forderungen nach einer pädagogischen Organisationslehre laut, um pädagogische Praxis auch in ihrem organisationalen Rahmen angemessen reflektieren zu können (Giel 1984).

Auch der Begriff der Institution findet sich in der pädagogischen Literatur der 1980er Jahre. So hebt Giesecke den dauerhaften und personenunabhängigen Charakter von Institutionen hervor (Giesecke 1987, S. 50), während Benner Institutionen als legitimierte Orte thematisiert, in denen pädagogisches Handeln stattfindet (Benner 2001, S. 201). Exemplarisch für andere pädagogische Arbeiten wird bei beiden Autoren zwischen Institutionen- und Organisationsbegriff nicht scharf unterschieden. Göhlich (2014, S. 71) interpretiert diese Unschärfe im pädagogischen Diskurs so, dass die Rede von pädagogischen Institutionen nichts anderes als Institute oder Einrichtungen meint.

Demgegenüber wird im soziologischen Diskurs deutlicher differenziert, so unterscheidet bereits Mayntz (1975, S. 587ff.) insgesamt vier Verwendungen des Organisationsbegriffs in der Soziologie, wobei gerade die Bestimmung der Organisation als soziales Gebilde, in dem eine Mehrzahl von Menschen zu einem spezifischen Zweck bewusst zusammenwirkt die Grundlage für den institutionellen Organisationsbegriff (ein Unternehmen ist eine Organisation) wurde, der sich vom instrumentellen Organisationsverständnis abgrenzt (ein Unternehmen hat eine Organisation, etwa im Sinne einer Formalstruktur). Während also die Organisation als von Menschen zur Erfüllung bestimmter Zwecke Hergestelltes verstanden wird, wird unter Institution etwas Tradiertes, von den Menschen Vorgefundenes verstanden (auch Göhlich 2014).

2. Die Entwicklung der Organisationspädagogik

In den letzten Jahrzehnten hat sich im pädagogischen Diskurs die Organisationspädagogik als ein Ort der pädagogischen Auseinandersetzung mit dem Phänomen Organisation etabliert. Der Begriff ‚Organisationspädagogik' wurde zunächst im schulpädagogischen Diskurs vom Heinz Rosenbusch (1989) geprägt, der dann unter Berücksichtigung weiterer pädagogischer Felder zunehmend ausdifferenziert wurde, wie etwa der Betriebspädagogik (Geißler 2000) und der Sozialpädagogik (Uni Hildesheim 2003) und der die verschiedenen Arbeitsfelder übergreifenden pädagogischen Organisationsforschung (Göhlich 2005).

Eine wichtige Voraussetzung für die Entwicklung organisationspädagogischer Forschung war eine Neubestimmung des Verhältnisses von Organisation und Erziehung, weg von einem rein instrumentellen Organisationsverständnis und den sich damit verbindenden pädagogischen Vorbehalten gegenüber Organisationen. Zu dieser Neubestimmung haben zum einen der weitverbreitete Diskurs zur Organisationsentwicklung in der Psychologie, Soziologie und Betriebswirtschaftslehre beigetragen, der in den 1980er Jahren auch in der Pädagogik rezipiert wurde (Göhlich 2016). Zum anderen hat Terharts (1986) Aufsatz „Organisation und Erziehung" in der Zeitschrift für Pädagogik hierzu einen wichtigen Beitrag geleistet, in dem er die Unvereinbarkeit von Organisation und Erziehung im pädagogischen Diskurs kritisch aufzeigt und darauf hinweist, dass Organisationen des Erziehungs- und Bildungswesens doch feste Bestandteile moderner Gesellschaften sind. Terhart legt seiner Argumentation ein institutionelles Organisationsverständnis zugrunde, das rationalistische wie mechanistische Organisationsvorstellungen zugunsten eines Bildes von Organisation abzubauen sucht, welches Unsteuerbarkeit, Situationsgebundenheit, Flexibilität und Undurchschaubarkeit in den Mittelpunkt rückt und so neue produktive Anschlussstellen für pädagogische Reflexion schafft.

Der Begriff ‚Organisationspädagogik' wird im schulpädagogischen Diskurs der 1990er Jahre aufgegriffen (Rolff 1995; Meyer 1997; König 1997) und von Rosenbusch (1997) selbst weiterverwendet. Dabei hält Rosenbusch an einer eher instrumentellen Verwendung des Organisationsbegriffs fest, während Geißler (1991; 2000) aus betriebspädagogischer Perspektive die Wendung zum institutionellen Organisationsbegriff und damit den Anschluss zu Theorien des organisationalen Lernens herstellt. Während Rosenbuschs (2005) Entwurf der Organisationspädagogik unter Bezug auf König und Volmer (1993) systemtheoretisch orientiert ist, rekurriert Geißlers Entwurf auf Handlungs- bzw. Diskurstheorie.

Parallel dazu setzen sich immer mehr Autor_innen aus unterschiedlichen erziehungswissenschaftlichen Subdisziplinen mit der Unterstützung von Lernprozessen von Teams und Organisationen auseinander (z.B. Schäffter 1992; König/Volmer 1993; 2002; Rolff 1995; Altrichter/Posch 1996; Schäffter/Küchler 1997; Weber 1998; Wolff 1999; Göhlich 1999; 2001; Kuper 2001; Harney 2002; Behrmann et al. 2004; Schröer 2004; Merkens 2006). So entsteht – zunächst unter der Überschrift „pädagogische Organisationsforschung" – eine wissenschaftliche Diskursgemeinschaft im Austausch über einschlägige empirische Forschung (Göhlich 2005; Göhlich/Tippelt 2008).

Zur Selbstverständigung organisationspädagogischer Forschung tragen die Diskussion und Verabschiedung des Forschungsmemorandums (Göhlich et al. 2014) und die Veröffentlichung des Handbuchs Organisationspädagogik bei, in dessen Einleitung der zentrale Forschungsgegenstand bestimmt wird: „Zentraler Gegenstand organisationspädagogischer Forschung ist das organisationale Lernen. Organisationales Lernen kann sowohl als Lernen von Individuen und/

oder Kollektiven in Organisationen als auch als Lernen von Organisationen und schließlich auch als Lernen zwischen Organisationen betrachtet werden. Dabei kommt der Organisation im ersten Fall eher kontextuelle, im zweiten eher akteurshafte und im dritten Fall beiderlei Bedeutung zu." (Göhlich et al. 2016, S. 9).[1]

Dabei bedient sich die Organisationspädagogik einerseits erziehungswissenschaftlicher, andererseits aber auch anderer organisations-, kultur-, praxis- oder systemtheoretischer ebenso wie institutions-, strukturations- und diskurstheoretischer Referenzsysteme. Die organisationspädagogische Perspektive richtet sich zwischenzeitlich auf eine Reihe vielfältiger Gegenstände. Zunächst kommen individuelle Akteure in den Blick, die als individuell Lernende an organisationalem Lernen beteiligt sind, z.B. Führungskräfte, Mitarbeiter_innen oder in besonderer Weise Organisationsberater_innen. Kollektive Akteure lernen als Gruppen oder Teams und tragen so zum organisationalen Lernen bei, z.B. Communities of Practice. Schließlich wird die Organisation selbst als soziales Gebilde hinsichtlich ihrer Inhalte und Prozesse, ihrer Struktur und Kultur thematisiert, die sich als korporativer Akteur, z.B. als lernendes Unternehmen, in der Auseinandersetzung mit anderen Organisationen und der sonstigen Umwelt lernend weiterentwickelt.

Rahmenbedingungen organisationalen Lernens sind außerhalb und innerhalb der jeweiligen Organisation gegeben. Aus der Makro-Perspektive betrachtet stehen organisationale Dynamiken im Horizont gesellschaftlicher und globaler Rahmenbedingungen. So werden suprastaatliche Einbettungen und transnationale Programmatiken als Analyseebene immer wichtiger für die Analyse organisationalen Lernens und seiner Bedingtheit. Auch die hier formulierten Programmatiken und Semantiken sind oftmals getragen, motiviert und legitimiert über politische und ökonomische Gewünschtheit, die sich in Programmen, gesetzlichen Rahmensetzungen und materiellen Anreizsystemen ausdrückt. In der Governance-Perspektive zeigen sich die Pluralisierung der Akteursgefüge und die Kämpfe um Legitimität und Richtung gesellschaftlichen und organisationalen Wandels. Im Zwischenraum zwischen gesellschaftlichen und organisationalen Programmatiken gestalten sich die organisationalen Grammatiken aus, die im Gefüge komplexer Governance als ‚Regime' des Organisierens, als kulturelle Ordnungen analysiert und interpretiert werden können.

Die inneren Rahmenbedingungen organisationalen Lernens lassen sich als spezifische Grammatiken, Regime und Ordnungen rekonstruieren. Hierarchie und Vertikalität, Dezentralität und Virtualität, verteiltes Arbeiten und Ad-hoc-basierte oder projektförmige Organisationsstrukturen stellen Bedingungen und Herstellungsverhältnisse organisationalen Lernens dar. Or-

1 Zur Institutionalisierung der Organisationspädagogik trägt ihre Etablierung innerhalb der Deutschen Gesellschaft für Erziehungswissenschaft maßgeblich bei. So nimmt die AG Organisationspädagogik in der DGfE Mitte der 2000er Jahre auf Initiative von Michael Göhlich ihre Arbeit auf. Sie versammelt Perspektiven pädagogischer Teildisziplinen (Allgemeine Pädagogik, Erwachsenenbildung, Sozialpädagogik, Schulpädagogik, Berufspädagogik) – mit einer Reihe verwandter Bezugshorizonte wie „pädagogische Organisationstheorie", „pädagogische Organisationsforschung", „erziehungswissenschaftliche Organisationsforschung", „Pädagogik der Institutionen", die nun unter der Bezeichnung Organisationspädagogik formal zusammengeschlossen werden. Die AG Organisationspädagogik wird im Jahr 2006 institutionell vorläufig der Sektion Erwachsenenbildung zugeordnet und erhält 2009 in der DGfE Kommissionsstatus. Ab dem Jahr 2008 etabliert sie mittels jährlicher Fachtagungen ein akademisches Forum. Die Jahrestagungen der Kommission münden in Publikationen und thematische Schwerpunktbände in eigener Buchreihe im Springer Verlag.
Nach einigen internationalen englischsprachigen Panels im Rahmen der deutschen Tagungen wird Anfang 2013 vom Vorstand der Kommission Organisationspädagogik gemeinsam mit Bente Elkjaer und Tara Fenwick in der European Educational Research Association (EERA) und 2014 der World Education Research Association (WERA) die jeweilige Gründung eines Netzwerks „Organizational Education" initiiert, um beide Verbände als Internationalisierungsplattformen zu nutzen.

ganisationen lassen sich hinsichtlich ihrer Aufbauorganisationen und ihrer Strukturlogik differenzieren. Organisationspädagogisch gilt es zudem, weitere innere Rahmenbedingungen zu erschließen, etwa die in ritualisierten organisationalen Praktiken wahrnehmbare Performativität der Organisationskultur. Die Erforschung ritualisierter organisationaler Praktiken, insbesondere organisationsspezifischer Interaktions- und Kooperationsmuster als verkörperlichte Gewohnheiten, legt die Untersuchung der Bedeutung der individuellen, kollektiven und organisationalen Körper nahe. Zudem wird hier die Bedeutung von Führung, Organisationsethik, Anerkennung für den Prozess des Organisierens und des organisationalen Lernens thematisiert.

Zu den Gegenständen organisationspädagogischer Forschung gehören auch die Strukturen und Prozesse der Ermöglichung und Unterstützung organisationalen Lernens. Als Ermöglichungs- und Unterstützungsstrukturen lassen sich institutionalisierte Managementsysteme untersuchen, z.B. Wissens-, Innovations-, Diversitäts-, Qualitäts-, Stakeholder- und Change Management. Wie und von welchen Professionellen mit welchen disziplinären Hintergründen solche organisationalen Strukturen begründet und konzipiert werden, stellt z.B. im Sozialmanagement eine empirische Frage dar. Ob sie als pädagogisches Proprium oder als betriebswirtschaftlich legitimiertes Terrain gelten, ist zu prüfen. Mit Blick auf ihre Lernunterstützungsfunktion sind sie generell pädagogisch relevant und organisationspädagogisch zu erschließen. Darüber hinaus lassen sich eine Reihe von Prozessen in Organisationen in Hinblick auf ihre Ermöglichungs- und Unterstützungsfunktion für organisationales Lernen untersuchen, z.B. das Lernen im Prozess der Arbeit oder das Gender Mainstreaming.

Im engeren Sinne pädagogisch begründet sind organisationspädagogische Interventionsansätze, die in ihrem Verlauf und ihrer Wirksamkeit erforscht werden. Neben den umfassenden Ansätzen der Organisations- und Personalentwicklung sind hier beispielsweise die Strategieentwicklung und die Teamentwicklung zu nennen. In diesen Ansätzen und in der organisationspädagogischen Praxis im weiteren Sinne, findet eine Vielzahl von Methodiken Anwendung, wie Großgruppenverfahren, Supervision und Coaching, Formative Evaluation und Ästhetische Interventionen. Eine Reihe dieser Methodiken stehen in der Tradition des pragmatischen Interesses an der Wirkung von Wissen und Forschung, bzw. der systematischen Verknüpfung von Forschung und organisationaler Entwicklung, wie sie exemplarisch im Survey Feedback zum Ausdruck kommt. Daher sind Methodiken organisationspädagogischer Praxis zwar einerseits für die Professionalisierung des Feldes interessant, aus organisationspädagogischer Perspektive aber gerade auch in Hinblick auf ihre transformative Wirkung von Interesse (Göhlich et al. 2016).

3. Organisationales Lernen als zentraler Gegenstand der Organisationspädagogik

Als Organisation werden im organisationspädagogischen Diskurs sowohl der Prozess des Organisierens als auch daraus hervorgehende Entitäten bezeichnet. Organisationen im letzteren Sinne lassen sich als Sozialgebilde (Gemeinschaften, Praxisstrukturgebilde) verstehen, die bestimmte Ziele verfolgen, beständige Grenzen sowie eine eigene Kultur aufweisen und auf arbeitsteilige und planvolle Kooperation ihrer Mitglieder angelegt sind. Auch erst in Entstehung befindliche, vergehende, virtuelle oder projektförmige Organisationen sowie mehr oder weniger lose gekoppelte Netzwerke sind relevante organisationspädagogisch zu untersuchende Entitäten. Besondere Organisationen und Organisationstypen sind dabei häufig Orte, denen einerseits ein besonderes Forschungsinteresse gilt, und die andererseits besondere organisationspädagogische Praxen aufweisen. Dabei befasst sich die Organisationspädagogik sowohl mit im engeren Sinne pädagogischen Organisationen (wie z.B. Kindertagesstätten, Schulen, Jugendzentren, Hochschulen etc.), die über ihren primären pädagogischen Zweck definiert sind. Ebenso befasst sie sich mit Organisationen mit nicht-primär pädagogischem Zweck wie etwa Betrieben, Krankenhäusern oder Wohlfahrtsverbänden, in denen ebenso Lernprozesse auf unterschiedlichen Ebenen stattfinden (Göhlich et al. 2016).

Der zentrale Gegenstand der Organisationspädagogik ist jedoch das organisationale Lernen, das sowohl als Lernen einzelner Organisationsmitglieder, als auch als Lernen in den Praxisgemeinschaften der Organisation, als auch als Lernen der Organisation in organisationalen Lernmechanismen bestimmt werden kann (Göhlich 2017). Die aus pädagogischer Perspektive zentrale Frage nach Unterstützungsmöglichkeiten des Lernens bezieht sich auf die jeweiligen Modi des Lernens. Das organisationale Lernen Einzelner erscheint zunächst als kognitives Problem, entsprechend erfolgt die Unterstützung in erster Linie dadurch, den Einzelnen „die Reflexion ihrer Bilder von der Organisation zu ermöglichen und sie bei der Modifikation dieser inneren Bilder und der darauf gründenden organisationalen Handlungen, d.h. v.a. Entscheidungen, zu begleiten." (Göhlich 2017). Das kollektive Lernen in Praxisgemeinschaften erscheint als praktisches Problem und kann ebenso wie das strukturelle Problem der organisationalen Lernmechanismen vor allem dadurch unterstützt werden, dass im organisationalen Alltag Zeiten und Räume geschaffen werden, in denen organisationsalltägliche Kooperationsgemeinschaften sich in wiederholender und vorausschauender Aufführung ihrer Praxismuster vergewissern und diese sowohl reflexiv als auch mimetisch nuancierend bearbeiten können.

Theorien organisationalen Lernens, die im wirtschaftswissenschaftlichen Diskurs früh aufgegriffen werden, wurden jedoch vorrangig nicht von Wirtschafts-, sondern von Sozialwissenschaftler_innen, darunter Soziolog_innen, Politolog_innen, Psycholog_innen und eben auch Pädagog_innen entwickelt (Göhlich 2017). Wobei bis in die 1970er Jahre das Thema organisationales Lernen eher ein Randthema bei dem hauptsächlichen Versuch blieb, das Phänomen Organisation besser zu verstehen. In den 1970er Jahren folgen explizite Auseinandersetzungen mit organisationalem Lernen, etwa durch March und Olsen (1975), Agyris und Schön (1978) und Duncan und Weiss (1979). In den 1990er Jahre folgte eine Verbreitung des Diskurses, im Wesentlichen angestoßen von Peter Senge's Buch „The Fifth Discipline" (1990), indem verschiedene individuelle und kollektive Beiträge zur lernenden Organisation zusammengestellt und einem breiten Publikum bekannt gemacht werden. Im Rahmen der systematisierenden Aufarbeitung durch die Handbücher zum organisationalen Lernen (Easterby-Smith/Araujo 1999; Dierkes et al 2001) und weitere wissenschaftliche Arbeiten kommt es dann zu einer weiteren Phase theoretischer Differenzierung und zu empirischen Arbeiten in der Untersuchung organisationalen Lernens (Göhlich 2017).

Obwohl bei den genannten Arbeiten durchweg vom Lernen die Rede ist, handelt es sich doch nicht um genuin pädagogische Ansätze. Vielmehr ist hier als Schwäche festzuhalten, dass der Lerninhalt und dessen Bedeutung für den Modus des Lernens vernachlässigt werden. Göhlich weist zurecht darauf hin, dass dies aus pädagogischer Sicht problematisch ist, zunächst weil dem pädagogischen Diskurs die curriculare Frage nach den für die menschliche Weiterentwicklung vorrangig wichtigen Wissens- und Könnensbeständen inhärent ist, aber auch, weil mit der Inhaltsbezogenheit menschlichen Lernens zugleich ein Verantwortungsverhältnis der Lernenden zum Gegenstand bzw. zu dem in der Auseinandersetzung mit dem Gegenstand ‚erlernten' Wissen und Können verbunden ist. Ein solches, dem menschlichen Lernen eigenes Verantwortungsverhältnis entsteht auch in Lernprozessen von Organisationen als menschliche Sozialgebilde (Göhlich 2017).

Eine organisationspädagogische Bestimmung organisationalen Lernens, müsste daher den Inhalt des organisationalen Lernens im Blick behalten, primär weil die Menschlichkeit des Lernens von der Menschlichkeit des Lerninhalts abhängt, zum anderen auch weil die Beziehungen zum Gegenstand, zu anderen und zu sich selbst, in die sich die Organisation als lernendes menschliches Sozialgebilde während des Lernprozesses begibt, sowohl je spezifische Modi des Lernens als auch die Verantwortung für die im Lernprozess eingegangenen Beziehungen mit sich bringt.

Was den Lerninhalt betrifft, so lassen sich vier Dimensionen des Lernens unterscheiden (Göhlich 2001; Göhlich/Zirfas 2007):

- Wissen-Lernen (seit der Antike in Schulen institutionalisiert; Wissen als vom Körper des/r Wissenden trennbarer Lerngegenstand, in Form schriftlicher Dokumente entäußerbar und mittels der Lektüre schriftlicher Dokumente erlernbar);
- Können-Lernen (seit dem Mittelalter in der handwerklichen Lehrzeit in Werkstätten institutionalisiert; Können als mit dem Körper des/r Könnenden untrennbar verbundener Lerngegenstand; primär durch Nachahmung und Übung erlernbar);
- Lernen-Lernen (seit der Aufklärung in Schulen und später zunehmend auch in Erwachsenenbildungseinrichtungen institutionalisiert; geht implizit mit jedem anderen Lerngegenstand einher, liegt also in gewisser Weise quer zu den anderen drei inhaltlichen Dimensionen und setzt dementsprechend auf die Multimodalität des Lernens);
- Leben-Lernen (seit dem 20. Jahrhundert in Beratungsinstituten institutionalisiert; Leben als je eigene Daseinsform und Identität, die im unsicheren Kontext der Moderne bzw. Postmoderne, vor allem in expliziten Krisen und Übergängen durch – ggf. beratungsgestützte – Reflexion neu erlernt bzw. weiterentwickelt werden muss).

Diese inhalts- bzw. gegenstandsorientierte Perspektive veranschaulicht spezifische Formen organisationalen Lernens. Beim Wissen-Lernen der Organisation (inkl. Untereinheiten, Praxisgemeinschaften und Mitglieder) kommen Details der Produktion und des Wandels organisationalen Wissens oder des innerorganisationalen Wissenstransfers ans Licht. Das Können-Lernen der Organisation legt die Erforschung aufgabenbezogener Simulationen oder Szenario-lernprozesse, aber auch von (Projekt-)Kooperationen kompetenzdifferenter Teams bzw. Untereinheiten der Organisation nahe, in denen organisationseigene Muster kooperativer Praxis aufgeführt und ggf. nuancierend weiterentwickelt, d.h. von der Organisation bzw. zunächst einer ihrer Untereinheiten mimetisch (und ggf. reflexiv) gelernt werden. Beim organisationalen Lernen-Lernen treten vor allem Aspekte der organisationalen Lernkultur in den Vordergrund, z.B. welche Lerngelegenheiten die betreffende Organisation explizit und implizit vorhält und wie sie ihr eigenes Lernen den spezifischen, insbesondere sich wandelnden Problemstellungen und Kontexten anpasst. Das organisationale Leben-Lernens schließlich kommt etwa in der Erforschung der Produktion oder des Wandels der Identität einer bestimmten Organisation oder in der Erforschung der Entwicklung eines für die betreffende Organisation charakteristischen Lebensstils zum Ausdruck.

Die gegenstandsorientierte Perspektive verdeutlicht die Art und Weise organisationalen Lernens insbesondere in zweierlei Hinsicht: organisationales Lernen wird so als dialogisch und erfahrungsbasiert verstanden. Dialogisch ist organisationales Lernen insofern, als es ein dynamisches Verhältnis zwischen der lernenden Organisation (oder einem ihrer Untergebilde) und dem Gegenstand ihres Lernens bildet. Lernen braucht demgemäß ein Gegenüber, etwas Anderes, Fremdes. Erfahrungsbasiert ist organisationalen Lernens insofern, als das Lernen mit der lernenden Organisation tut, was es mit der vorgängigen, d.h. organisationsbiographisch früheren Erfahrung der lernenden Organisation tut, und was es mit der Organisationsidentität tut, die auf der organisations- biographisch früheren Erfahrung beruht. Organisationales Lernen als erfahrungsbasiert zu erforschen bedeutet also, auf die Anerkennung und Verantwortung zu achten, die die lernende Organisation im Lernen für sich selbst übernehmen muss.

Diese maßgeblich von Göhlich (2017) entwickelte gegenstandsbezogene Perspektive lässt sich als spezifisch organisationspädagogische Sichtweise auf Organisation und organisationales Lernen verstehen.

4. Sozialwirtschaft und Sozialmanagement als Gegenstand organisationspädagogischer Betrachtung

Wie oben beschrieben fokussiert der organisationspädagogische Diskurs auf das Lernen in, von und zwischen Organisationen (Göhlich et al. 2014). So bieten eine Reihe von Arbeiten zum Sozialmanagement interessante Anschlussstellen an die organisationspädagogische Debatte, beschäftigen sie sich doch mit den Themen Personal- und Organisationsentwicklung (Möller 2012), Change Management (Brinkmann 2005), Organisationsgestaltung (Merchel 2005), organisationales Lernen und Anpassungsprozesse an veränderte Umweltbedingungen in Organisationen der sozialen Arbeit (Kessl 2013). Anders herum entstehen in der Organisationspädagogik theoretische und empirische Arbeiten, die für den Diskurs um Sozialwirtschaft und Sozialmanagement an Relevanz gewinnen könnten.

4.1 Auseinandersetzung mit gesellschaftlichen Rahmenbedingungen

Als Veränderungen der gesellschaftlichen Rahmenbedingungen für das Sozialmanagement werden Forderungen sogenannter Neuer Steuerung, eine Stärkung der Klienten- und Evidenzorientierung, Kommerzialisierung und Vergemeinschaftungsstrategien diskutiert, die zu neuen professionsbezogenen Auseinandersetzungen führen, die wiederum Konsequenzen auf das Organisationshandeln haben (Kessl 2013). Das auf fachlicher Autonomie begründete Professionalitätsmodell Sozialer Arbeit gerät unter Druck, die Steuerung der Organisationen verstärkt an allgemeinen Managementprinzipien auszurichten (Langer 2013). Dies gibt Anlass zu der Sorge, dass auch die fachliche Steuerung sozialer Arbeit durch verstärkte Managerialisierung in einen Prozess der Deprofessionalisierung gerät, wenn in organisationalen Entscheidungsprozessen zunehmend ökonomische Kriterien gegenüber fachlichen Kriterien höher gewichtet werden. Organisations- und sozialpädagogische Studien setzen sich auch empirisch mit der Frage auseinander, wie Organisationen und Management auf den erhöhten gesellschaftlichen und politischen Veränderungsdruck reagieren. Hierzu zählen Arbeiten aus der Übergangsforschung (Muche et al 2016) oder zur Organisation von Pflegearbeit in einem transnationalen Pflegemarkt (Krawietz 2014).

4.2. Veränderungen auf der organisationalen Ebene

Entwicklung und Wandel von Organisationen als elementarer Bestandteil des Managements wird systematisch in einigen Sozialmanagement-Modellen aufgriffen, so etwa in Adaptionen des St. Galler Management Modells, in dem Erneuerung (wegweisende Veränderung von Prozessen und Produkten) und Optimierung (geringe, kontinuierliche Veränderung von Prozessen und Produkten) als Entwicklungsmodi der Organisation berücksichtigt werden (Rüegg-Stürm 2003). Ebenso wird im Freiburger Management Modell für NPO die Anpassung an sich verändernde Umfeldfaktoren unter dem Stichwort Innovation systematisch berücksichtigt (Schwarz et al. 2005). Entwicklungsorientierte Managementmodelle orientieren sich – in Analogie zum biologischen Denken – an Lebenszyklen. Dabei wird von einer diskontinuierlichen Abfolge von Entwicklungsphasen im Leben einer Organisation ausgegangen, deren Übergänge kritisch und abhängig von Entscheidungen in der Organisation sind; daher können Timing und Reihenfolge der Phase durchaus variieren. Auch organisationale Lernmodelle, die davon ausgehen, dass in Organisationen die Fähigkeit aufgebaut wird, Wissen zu entwickeln, und organisationale Lernfähigkeit als managerialen Leitbegriff einsetzen, finden im Sozialmanagement Verbreitung (Grunwald 2009). Insbesondere das sozialwissenschaftlich fundierte Entwicklungsorientierte Managementmodell (EOM) geht von der Notwendigkeit von Wandel als Grundgedanken einer zeitgenössischen Managementlehre aus und basiert auf systemtheoretisch-konstruktivistischen Überlegungen (Grunwald 2012; Klimecki et al. 1994). Im Vordergrund steht darin die Verbesserung der Problemlösefähigkeit von Organisationen (Aufbau, Abläufe, Entscheidungsprozesse, Kultur), um Unvorhergesehenes besser bewältigen zu können. Management wird hier als das Gestalten von Rahmenbedingungen verstanden, die es einzelnen Organisationsmitgliedern erlauben, eigenverantwortlich und selbstorganisiert zu handeln. Das EOM zielt durchaus rationalitätskritisch auf Identifikation langfristiger, strategischer Erfolgspotentiale, die die Entwicklungskompetenz sozialer Systeme vorantreiben können. Diese Erfolgspotentiale werden weniger in den Strukturen der Organisation gesucht, als vielmehr in gemeinsamen Sinnbezügen und Wirklichkeitskonstruktionen. Als weitere Gestaltungsperspektiven werden im EOM die lose Kopplung von Organisationseinheiten und die Ermöglichung und Förderung von Prozessen der Selbstorganisation genannt. Im Sozialmanagement wurden insbesondere das entwicklungsorientierte Personalmanagement mit seinem Fokus auf die Entwicklung von Qualifikation und Motivation der Beschäftigten rezipiert (Klimecki/Gmür 2005). Empirische Arbeiten zeigen Veränderungen von Leitungspraktiken im Sozialmanagement, wie beispielhaft Böwers Studie (2012) zu organisationspraktischen Erfindungen von Leitungskräften im Allgemeinen Sozialdienst im Umgang mit erhöhten Anforderungen an Zuverlässigkeit im Umgang mit Kindeswohlgefährdung.

4.3 Entwicklung von Personal- und Führungskräften

Organisationspädagogisch relevante Analysen der Entwicklung von Fach- und Führungskräften im Sozialmanagement untersuchen primär die Aus- und Weiterbildung von Sozialmanager_innen. Hierzu plädiert Langer (2013) für ein kompetenzorientiertes Verständnis von Professionalität im Sozialmanagement. Auf der Basis einer qualitativ-empirischen Studie identifiziert er folgende acht Sozialmanagement-Kompetenzen: die soziale (Dienstleistungs-)Organisation gestalten und leiten (inkl. der ständigen Aufgabe der Organisationsentwicklung), Ressourceneinsatz und Führung von Professionalität, Programmkompetenz als fachliche Konzeption, Implementierung und Entwicklung professioneller Leistung, Planen als fachpolitische (An-)Passungskompetenz, Policy-Making (lokale Governance und politische Kompetenz), Kontextualisierung der Finanzierung (lokale Erfahrungsökonomie), Steuerung und Kontrolle als technische Rationalitätskompetenz. Diese stellt er den Curricula von Sozialmanagement-Studiengängen an deutschsprachigen Hochschulen gegenüber und identifiziert inhaltliche Schwerpunkte in den Bereichen Wirtschaftswissenschaften, Institutionenlehre (Organisation, Politik, Soziologie, Recht) und Führungshandeln. Kritisch analysiert Langer die curriculare Untergewichtung der Auseinandersetzung mit (sozial-) politischer Steuerung und der Einflussnahme auf das politische Umfeld, die maßgeblich zum Aufgabenspektrum des Sozialmanagements zu rechnen seien. Ähnlich argumentieren Boeßenecker und Markert (2014, S. 46) in ihrer Analyse der 154 Sozialmanagement-Studiengangsangebote an deutschsprachigen Hochschulen, indem sie die Notwendigkeit konstatieren, in der Sozialmanagement-Ausbildung die fachlichen und insbesondere die sozial- und fachpolitischen Grundlagen Sozialer Arbeit stärker zu betonen und in Managementstrategien reflexiv zu integrieren.

Andererseits gibt es organisationspädagogische Arbeiten zu Führung in der Personalentwicklung und in organisationalen Lernprozessen, die wiederum für den Sozialwirtschaftlichen Diskurs von Interesse sein könnten. Diese zeigen etwa, wie Praktiken von Führungskräften individuelle, kollektive und organisationale Lernprozesse fördern, unterstützen oder auch behindern können. Exemplarisch seien hier die Arbeiten von Sausele-Bayer (2011) genannt, die die Wirkmächtigkeit organisationaler Praxismuster der Führung in Sozial- und Wirtschaftsunternehmen auf das Führungshandeln zeigt, sowohl in Hinblick auf Lernblockaden wie für Muster der Lernförderung. Diese für Anschlussstudien interessante empirische Analyse von Praxismustern der Lernförderung und -verhinderung findet sich auch in Nicolas Engels Arbeiten (2014) im Kontext grenzüberschreitender Organisationen. Anja Menschings (2011) praxeologische Studie zu polizeilichen Hierarchiepraktiken im Sinne alltäglicher Praktiken der Sub- und Supraordination identifiziert zwei grundlegende Formen: Aktenpraxis und Aktionspraxis. In Bezug auf Führung gilt es dann, Subordination qua Position und Subordination in actu zu unterscheiden. Zwischen diesen beiden Praxen kann es durchaus zu Widersprüchen kommen, so können in der Aktionspraxis Sub- und Supraordination relativiert werden, die nach Aktenlage gelten. Dies birgt Gefahren für Organisationsentwicklungsprozesse, wenn diese auf der Ebene der Aktenpraxis schriftlicher Rechenschaftslegung verbleiben und nicht Teil der Aktionspraxis werden. Dann könnten diese Prozesse zu ‚Innovationsfassaden' verkümmern. Schröer (2016) plädiert für eine praxistheoretisch fundierte Betrachtung von Führung in organisationalen Lernprozessen und schlägt eine Systematisierung entsprechender Führungspraktiken vor.

5. Fazit und weitere Forschungsperspektiven

Durch seine besondere Thematisierung von Organisation und Steuerung ist das Sozialmanagement ein Gegenstand organisationspädagogischer Forschung, ebenso wie das organisationale Lernen ein wichtiger Gegenstand der Forschung im Sozialmanagement ist. Insofern ließe sich das Sozialmanagement als Grenzobjekt zwischen Organisations- und Sozialpädagogik rekonstruieren. Beide pädagogischen Subdisziplinen bieten dafür wichtige Bezugssysteme, während die jeweiligen (sub-)disziplinären Perspektiven sich wechselseitig irritieren, das Phänomen weiter erhellen und den Diskurs miteinander anregen können (Schröer/Wolff 2016). Weiterer Forschungsbedarf aus organisationspädagogischer Sicht liegt, trotz der vorliegenden Modelle des

Sozialmanagements, in der empirischen Analyse der konkreten Praxis des Sozialmanagements, gerade in Hinblick auf organisationale Lernprozesse.

Dabei drängen sich einzelne Aspekte besonders auf, zu denen erste teils explizit organisationspädagogische Arbeiten vorliegen, an die weitere organisationspädagogische Studien anschließen können. Dazu gehört etwa das Sense-Making in Organisationen (Weick 1995), dessen Praxen von Fahrenwald (2011) in ihrer Analyse der Rolle und Bedeutung des Erzählens in organisationalen Lernprozessen herausgearbeitet wurden. Sense-Making als Management-Aufgabe ist insbesondere in den Organisationen der Sozialen Arbeit von Belang, die in eine multikontextuelle Situation zwischen sozialpolitischen Vorgaben, organisationalen Steuerungsaufgaben und Klientenorientierung eingebettet sind. Daraus folgt ein Interesse an empirischen Untersuchungen zur Gestaltung multikontextueller Sinnbezüge in strategischen und organisationalen Entwicklungsprozessen (Steinthorsson/Söderholm 2002).

In Hinblick auf Führung sollte die Führungspraxis in organisationalen Lernprozessen künftig in der Performativität ihrer jeweiligen Praxis genauer untersucht werden. Gerade auch, weil Führungspraxis von unterschiedlichen Akteuren ausgeübt wird, nicht nur von formal legitimierten Führungskräften. Führung als Unterstützung organisationalen Lernens ist demnach eine in einer Organisation geteilte, überindividuelle, routine-basierte Praxis. Sie ist in den meisten Organisationen implizit und kann durch organisationale Lernprozesse bewusst gemacht und verändert werden.

Ein anderer Aspekt sind die Netzwerke und Schnittstellen zwischen Organisationen und professionellen Zuständigkeiten, in und an denen Sozialmanagement stattfindet. Tippelt et al. (2009) haben in ihrer Analyse der Lernenden Regionen die Herausforderungen für rationales Managementhandeln herausgearbeitet. Engel und Höhne (Engel/Höhne 2011) machen auf die Notwendigkeiten und Praxen kultureller Übersetzungsleistungen in der Kooperation aufmerksam. Bütow und Maurer (2013) untersuchen im organisationalen Schnittfeld von Sozialer Arbeit und Psychiatrie, „wer sowohl in der interorganisationalen Zusammenarbeit als auch innerhalb bestimmter Einrichtungen am Definitionsprozess eines zu bearbeitenden ‚Problems', an seinen professionellen Lesarten und an der Entscheidung über mögliche Bearbeitungsweisen in welcher Weise partizipieren kann" (ebd., S. 263). Analog wären Formen und Folgen der Vernetzung im Sozialmanagement zu untersuchen.

6. Literatur

AG-Antrag (Hrsg.) (2006): Antrag auf Einrichtung einer AG, Kommission oder Sektion „Organisationspädagogik" in der Deutschen Gesellschaft für Erziehungswissenschaft (DGfE). Erarbeitet auf dem Treffen der Antragsteller/innen am 09. und 10.10.2006 am Institut für Pädagogik der FAU Erlangen-Nürnberg. www.dgfe.de/sektionen-kommissionen/sektion-9-erwachsenenbildung/kommission-organisationspaedagogik/ueber-diekommission.html, 26.8.2015.

Altrichter, Herbert/Posch, Peter (Hrsg.) (1996): Mikropolitik der Schulentwicklung. Innsbruck: Studienverlag.

Argyris, Chris/Schön, Donald A. (1978): Organizational Learning. A Theory of Action Perspective. Reading: Addison Wesley.

Behrmann, Detlef/Schwarz, Bernd/Götz, Klaus (Hrsg.) (2004): Professionalisierung und Organisationsentwicklung. Bielefeld: Bertelsmann.

Benner, Dietrich (2001): Allgemeine Pädagogik. Weinheim/München: Juventa.

Bernfeld, Siegfried (1925/1971): Sisyphos oder die Grenzen der Erziehung. Frankfurt a.M.: Suhrkamp.

Boeßenecker, Karl-Heinz/Markert, Andreas (2014): Studienführer Sozialmanagement. Studienangebote in Deutschland, Österreich und der Schweiz: Befunde – Analysen – Perspektiven. Baden-Baden: Nomos.

Böwer, Michael (2012): Kindeswohlschutz organisieren. Jugendämter auf dem Weg zu zuverlässigen Organisationen. Weinheim: Beltz.

Brinkmann, Volker (Hrsg.) (2005). Change Management in der Sozialwirtschaft. Wiesbaden: Deutscher Universitätsverlag.

Bütow, Birgit/Maurer, Susanne (2013): Kontextuelle Herstellungsbedingungen von Partizipation im organisationalen Schnittfeld von Sozialer Arbeit und Psychiatrie. In: Weber, Susanne Maria/Göhlich, Michael/Schröer, Andreas/Macha, Hildegard/Fahrenwald, Claudia (Hrsg.): Organisation und Partizipation. Wiesbaden: VS Verlag für Sozialwissenschaften, S. 263-271.

Dierkes, Meinolf/Berthoin Antal, Ariane/Child, John/Nonaka, Ikujiro (2001): Handbook of Organizational Learning and Knowledge. Oxford: Oxford University Press.

Duncan, Robert/Weiss, Andrew (1979): Organizational Learning: Implications for Organizational Design. In: Staw, Barry M. (Hrsg.):Research in Organizational Behavior, H. 1, S. 75-123.

Easterby-Smith, Mark/Araujo, Luis (1999): Organizational learning: current debates and opportunities. In: Easterby-Smith, Mark/Araujo, Luis/Burgoyne, John (Hrsg.): Organizational Learning and the Learning Organization: Developments in Theory and Practice. London: Sage, S. 1-21.

Engel, Nicolas (2014): Die Übersetzung der Organisation – Pädagogische Ethnographie organisationalen Lernens. Wiesbaden: Springer VS.

Engel, Nicolas/Höhne, Thomas (2011): Führung in grenzüberschreitenden Organisationen. Zur Praxis der Kooperation einer deutsch-tschechischen Weiterbildungsorganisation. In: Göhlich, Michael/Weber, Susanne Maria/Schiersmann, Christiane/Schröer, Andreas (Hrsg.): Organisation und Führung – Beiträge der Komimission Organisationspädagogik. Wiesbaden: VS Verlag für Sozialwissenschaften, S. 301-310.

Fahrenwald, Claudia (2011): Erzählen im Kontext neuer Lernkulturen. Wiesbaden: VS Verlag für Sozialwissenschaften.

Geißler, Harald (2000): Organisationspädagogik. München: Vahlen.

Geißler, Harald (1991): Vom Lernen in der Organisation zum Lernen der Organisation. In: Sattelberger, Thomas (Hrsg.): Die lernende Organisation. Wiesbaden: Gabler, S. 79-96.

Giel, Klaus (1984): Pädagogische Verantwortung und die Verantwortlichkeit des Erziehers. In: Schwardtländer, Johannes (Hrsg.): Die Verantwortung der Vernunft in einer friedlosen Welt. Tübingen: Attempto, S. 102-122.

Giesecke, Hermann (1987): Pädagogik als Beruf. Grundformen pädagogischen Handelns. Weinheim/München: Juventa.

Göhlich, Michael (2017): Organisationales Lernen als zentraler Gegenstand der Organisationspädagogik. In: Michael Göhlich/Andreas Schröer/Susanne Maria Weber (Hrsg.): Handbuch Organisationspädagogik. Wiesbaden: Springer VS, i.E.

Göhlich, Michael (2016): Geschichte der Organisationspädagogik. In: Michael Göhlich,/Schröer, Andreas/Weber, Susanne Maria (Hrsg.): Handbuch Organisationspädagogik. Wiesbaden: Springer VS. DOI 10.1007/978-3-658-07746-4_2-1

Göhlich, Michael (2014): Institution und Organisation. In: Wulf, Christoph/Zirfas, Jörg (Hrsg.): Handbuch Pädagogische Anthropologie. Wiesbaden: Springer Fachmedien, S. 65-75.

Göhlich, Michael (2005): Pädagogische Organisationsforschung. Eine Einführung. In: Göhlich, Michael/Hopf, Caroline/Sausele, Ines (Hrsg.): Pädagogische Organisationsforschung. Wiesbaden: Springer VS, S. 9-24.

Göhlich, Michael (2001): System, Handeln, Lernen unterstützen. Eine Theorie der Praxis pädagogischer Institutionen. Weinheim: Beltz.

Göhlich, Michael/Schröer, Andreas/Weber, Susanne Maria/Engel, Nicolas (2016): Handbuch Organisationspädagogik. Wiesbaden: Springer VS.

Göhlich, Michael/Weber, Susanne Maria/Schröer, Andreas/Dollhausen, Karin/Elven, Julia/Engel, Nicolas/Pätzold, Henning/Wolff, Stephan (2014): Forschungsmemorandum der Kommission Organisationspädagogik. Deutsche Gesellschaft für Erziehungswissenschaft (49), S. 94-105.

Göhlich, Michael/Tippelt, Rudolf (2008): Pädagogische Organisationsforschung. Einführung in den Thementeil. In: Zeitschrift für Pädagogik 54, H. 5, S. 633-636.

Göhlich, Michael/Zirfas, Jörg (2007): Lernen. Ein pädagogischer Grundbegriff. Stuttgart: Kohlhammer.

Grunwald, Klaus (2012): Zur Bewältigung von Dilemmata und Paradoxien von Leitungskräften in der Sozialwirtschaft. In: Bassarak, Herbert/Noll, Sebastian (Hrsg.): Personal im Sozialmanagement. Wiesbaden: VS Verlag für Sozialwissenschaften, S. 55-79.

Grunwald, Klaus (Hrsg.) (2009): Vom Sozialmanagement zum Management des Sozialen? Eine Bestandsaufnahme. Grundlagen der Sozialen Arbeit. Bd. 21. Baltmannsweiler: Schneider Hohengehren.

Harney, Klaus (2002): Arbeit und Organisation – Die Thematik der Sichtbarkeit. Eine organisationstheoretische Einleitung. In: Barthel, Christian/Harney, Klaus (Hrsg.): Wissen und Arbeit zwischen öffentlicher Verwaltung und betrieblichem Management. Recklinghausen: Forschungsinstitut Arbeit, Bildung, Partizipation, S. 7-15.

Kessl, Fabian (2013): Soziale Arbeit in der Transformation des Sozialen. Eine Ortsbestimmung. Wiesbaden: Springer Fachmedien.

Klimecki, Rüdiger/Gmür, Markus (2005): Personalmanagement: Strategien – Erfolgsbeiträge – Entwicklungsperspektiven. Stuttgart: Lucius & Lucius.

Klimecki, Rüdiger/Probst, Gilbert/Eberl, Peter (1994): Entwicklungsorientiertes Management. Stuttgart: Schäffer-Poeschel.

König, Eckard (1997): Reformen der Schule – Ein organisationspädagogisches Thema? In: Wissinger, Jochen (Hrsg.): Schulleitung als pädagogisches Handeln. München: Oldenbourg.

König, Eckard/Volmer, Gerda (2002): Pädagogische Arbeit in Organisationen. In: Otto, Hans-Uwe/ Rauschenbach, Thomas/Vogel, Peter (Hrsg.): Erziehungswissenschaft in Studium und Beruf. Opladen: Leske & Budrich, S. 91-100.

König, Eckard/Volmer, Gerda (1993): Systemische Organisationsberatung. Weinheim: Deutscher Studienverlag.

Krawietz, Johanna (2014): Pflege grenzüberschreitend organisieren. Eine Studie zur transnationalen Vermittlung von Care-Arbeit. Frankfurt a.M.: Mabuse.

Kuper, Harm (2001): Organisationen im Erziehungssystem. In: Zeitschrift für Erziehungswissenschaft 4, H. 1, S. 83-106.

Langer, Andreas (2013): Professionell managen: Kompetenz, Wissen und Governance im Sozialen Management. Soziale Investitionen. Wiesbaden: Springer VS.

Lapassade, Georges (1972): Gruppen, Organisationen, Institutiuonen. Stuttgart: Klett.

March, James Gardner/Olsen, Johan Peder (1975): The uncertainty of the past: Organizational learning under ambiguity. In: European Journal of Political Research 3, H. 2, S. 147-171.

Mayntz, Renate (1975): Organisation. In: Bernsdorf, Wilhelm (Hrsg.): Wörterbuch der Soziologie. Bd. 2. Frankfurt a.M.: Fischer, S. 587-590.

Mensching, Anja (2011): Polizeiliches Handeln – jenseits von kopflosem Handwerk und verkopfter Profession. Auf Spurensuche nach einem vermeintlichen Widerspruch. In: Groß, Hermann/Schmidt, Peter (Hrsg.): Empirische Polizeiforschung XIII: Polizei: Job, Beruf oder Profession? Frankfurt a.M.: Verlag für Polizeiwissenschaft, S. 59-70.

Merchel, Joachim (2005): Organisationsgestaltung in der Sozialen Arbeit: Grundlagen und Konzepte zur Reflexion, Gestaltung und Veränderung von Organisationen. Reihe Votum. Weinheim/München: Juventa.

Merkens, Hans (2006): Pädagogische Institutionen. Pädagogisches Handeln im Spannungsfeld von Individualisierung und Organisation. Wiesbaden: Springer VS.

Meyer, Hilbert (1997): Schulpädagogik. Bd.1 & 2. Berlin: Zentrum für pädagogische Berufspraxis.

Möller, Heidi (2012): Personal- und Organisationsentwicklung in der Sozialen Arbeit. In: Thole, Werner (Hrsg.): Grundriss Soziale Arbeit. Wiesbaden: Springer VS, S. 735-742.

Muche, Claudia/Oehme, Andreas/Truschkat, Inga (2016): Übergang Inclusiveness Region – Eine empirische Untersuchung regionaler Übergangsstrukturen. Weinheim/Basel: Beltz.

Rolff, Hans-Günter (2001): Schulentwicklung konkret – Steuergruppen,Bestandsaufnahme, Evaluation. Hannover: Kallmeyer

Rolff, Hans-Günter (1995): Wandel durch Selbstorganisation. Theoretische Grundlagen und praktische Hinweise für eine bessere Schule. Weinheim: Juventa.

Rosenbusch, Heinz Stephan (2005): Organisationspädagogik der Schule. München: Luchterhand.

Rosenbusch, Heinz Stephan (1997): Organisationspädagogische Perspektiven einer Reform der Schulorganisation. In: Schulverwaltung Bayern 20, H. 10, S. 329-334.

Rosenbusch, Heinz Stephan (1989): Der Schulleiter – ein notwendiger Gegenstand organisationspädagogischer Reflexion. In: Rosenbusch, Heinz Stephan/Wissinger, Jochen (Hrsg.): Schulleiter zwischen Administration und Innovation. Braunschweig: SL Verlag.

Rüegg-Stürm, Johannes (2003): Das neue St Galler Management-Modell. Grundkategorien einer integrierten Managementlehre. Der HSG-Ansatz. 2. Aufl., Bern: Haupt.

Rumpf, Horst (1971): Schuladministration und Lernorganisation. In: Rumpf, Horst (Hrsg.): Scheinklarheiten. Braunschweig: Westermann.

Sausale-Bayer, Ines (2011): Personalentwicklung als pädagogische Praxis. Wiesbaden: Springer VS.

Schäffter, Ortfried (1992): Arbeiten zu einer erwachsenenpädagogischen Organisationstheorie. Ein werkbiographischer Bericht. Frankfurt a.M.: Luchterhand.

Schäffter, Ortfried/Küchler, Felicitas von (1997): Organisationsentwicklung in Weiterbildungseinrichtungen. Frankfurt a.M.: Deutscher Volkshochschul-Verband.

Schröer, Andreas (2016): Führung als organisationspädagogische Kategorie. Eine praxistheoretische Rekonstruktion von Führung in organisationalen Lernprozessen. In: Schröer, Andreas/Göhlich, Michael/Weber, Susanne Maria/Pätzold, Henning (Hrsg.): Organisation und Theorie. Beiträge der Kommission Organisationspädagogik. Wiesbaden: Springer VS, S. 221-234.

Schröer, Andreas (2004): Change Management pädagogischer Institutionen. Opladen: Leske & Budrich.

Schröer, Wolfgang/Wolff, Stephan (2016): Sozialpädagogik und Organisationspädagogik: Intradisziplinäre Bezüge. In: Göhlich, Michael/Schröer, Andreas/Weber, Susanne Maria (Hrsg.): Handbuch Organisationspädagogik. Wiesbaden: Springer VS.

Schwarz, Peter/Purtschert, Robert/Giroud, Charles/Schauer, Reinhold (2005): Das Freiburger Management-Modell für Nonprofit Organisationen. Bern: Haupt.

Senge, Peter (1990): The fifth discipline. The art and practice of the learning organization. New York: Doubleday.

Steinthorsson, Runolfur Smari/Söderholm, Anders (2002): Strategic management as multi-contextual sensemaking in intermediate organizations. Scandinavian Journal of Management 18, H. 2, S. 233-248.

Terhart, Ewald (1986): Organisation und Erziehung: neue Zugangsweisen zu einem alten Dilemma. In: Zeitschrift für Pädagogik 32, H. 2, S. 205-223.

Tippelt, Rudolf/Strobel, Claudia/Kuwan, Helmut/Szameitat, Andrea (2009): Lernende Regionen – Netzwerke gestalten. Bielefeld: Bertelsmann.

Weber, Susanne Maria (1998): Organisationsentwicklung und Frauenförderung: Eine empirische Untersuchung in drei Organisationstypen der privaten Wirtschaft. Königsstein: Ulrike Helmer, S. 309.

Weick, Karl Edward (1995): Sensemaking in Organizations. Foundations for Organizational Science. London: Sage.

Wolff, Stefan (1999): Das Krankenhaus als Organisation. In: Pelikan, Jürgen/Wolff, Stefan (Hrsg.): Das gesundheitsfördernde Krankenhaus. Konzepte und Beispiele zur Entwicklung einer lernenden Organisation. Weinheim: Juventa, S. 37-50.

Wirtschafts- und Unternehmensethik in der Sozialwirtschaft

Alexander Brink/Andreas Langer

1. Einleitung

Ethik in der Sozialen Arbeit hat gegenwärtig Konjunktur. Die Ausstrahlung dieser Diskussion auf die Sozialwirtschaft ist unklar, aber spürbar. Denn wer auch immer als Gegenwartsanalyse ethische Reflexionen oder Kritik (im kantianischen Sinne) anlegt, landet mehr oder minder bei der vielbeschworenen ‚Ökonomisierung'. Diese äußert sich beispielsweise durch die Überformung des Sozialen durch Effizienzkriterien, durch externe Leistungs- oder Sparanforderungen und jüngst auch wieder verstärkt durch politische Reformen und Programme.[1] Mit ethischen Argumenten wird die Kraft oder auch die Schwäche der Professionalität bzw. der Anwaltschaftsfunktion gegen die Wirtschaft beschworen. Seltener sind dagegen die Stimmen, die nach mehr Wirtschaftlichkeit in der Sozialwirtschaft verlangen (z.B. Halfar 1999, S. 29). Mit diesem Beitrag soll weniger auf die ethische Begründung leitender Werte oder Normen eingegangen, sondern aus ethischer Perspektive wertorientiertes Unternehmenshandeln in der Sozialwirtschaft reflektiert werden. Es geht also vor allem um eine ‚Implementierungsethik' und dann vor allem um die Interdependenz zwischen ‚Moralunternehmen' und Wirtschaftlichkeit.

Vor dem Hintergrund der skizzierten Eingangsargumentation muss es doch erst einmal paradox erscheinen, wenn genau die Akteure, deren eigene ethische Grundlagen zum Wesen der Organisation gehören, nun gesondert mit Fragen nach der Moral und Ethik ihres ‚wirtschaftlichen Handelns' gefragt werden. Und diese Verwunderung ist berechtigt, denn an mindestens zwei Stellen unterscheidet sich das wirtschaftliche Handeln in der Sozialwirtschaft deutlich von dem in der Profit-Wirtschaft. Erstens haben wir es mit ‚Moralunternehmern' zu tun, deren Zweck es ist, Sachziele zu verwirklichen und den Formalzielen als ‚Mittel' zum Zweck Genüge zu tun.

> „At the same time, the organizations themselves, especially those in a powerful position to influence social policy, also act to shape the institutional environment by the very practices that they develop. In other words, human service organizations are also 'moral entrepreneurs', influencing public conceptions via the moral categorization of their clients" (Hasenfeld 1992, S. 11).

Insofern sind sie Anwälte der guten Sache, sie sind als ‚organizational agency', was sie auch politisch umsetzen: „Finally, human service organizations form coalitions that regularly lobby for policies, programs and regulations to legitimize practices that they view as protecting and enhancing their interests" (ebd., S. 41). Zweitens eignen sich die meisten Unternehmen der Sozialwirtschaft nicht zur Kapitalisierung durch Firmenverkauf. Denn wenn schon die Eigentumsverhältnisse wie beim Verein unklar sind, so sind die Unternehmen in der Regel durch ihren Charakter der Gemeinnützigkeit aber auch der öffentlich-rechtlichen Konstitution unverkäuflich. Überschüsse können nicht ausgeschüttet werden.

Durch die Entwicklung zu Sozialmärkten, durch Wettbewerb und durch neue Finanzierungsbedingungen werden jedoch neue (wirtschafts- und unternehmens-)ethische Fragen relevant – die

1 Siehe etwa die großen Reformdiskussionen mit Effekt auf die Sozialwirtschaft, wie die SGB VIII Reform inklusive der Sozialraumorientierung und der ‚großen Lösung' oder auch der BTHG-Reform.

Frage nach der Moral stellt sich neu. So wächst die Verantwortung der ‚Moralunternehmer', weil sie nun auch insolvent gehen können und dadurch ihrer Verpflichtung gegenüber verletzlichen Klient_innen oder auch Mitarbeiter_innen nicht mehr nachkommen (können). Die Einführung von Wettbewerbs- und Vergaberegelungen lässt Lobbyismus und Korruption in einem neuen Licht erscheinen, denn es geht um die Wunsch- und Wahlfreiheit der Nutzer_innen. Die neue Umsteuerung in Richtung von Budgetierung und Pauschalfinanzierung wirft in verschärftem Maße die Frage nach der zweckmäßigen Verwendung von Mitteln auf – Mittel, die zum großen Teil solidarische Ressourcen sind, die über Steuern oder Beiträge durch sozialstaatliche Organisationen verwaltet und als Refinanzierung der Sachzielerreichung zur Verfügung gestellt werden.

Vor diesem Hintergrund ist es das Ziel dieses Beitrags, die Reflexionsarena Wirtschafts- und Unternehmensethik für die Sozialwirtschaft zu öffnen. Genauer wollen wir uns der Verhältnisbestimmung von Ethik und Ökonomie in Form einer Wirtschafts- und Unternehmensethik widmen, die konkret im Kontext der Sozialwirtschaft – sozialer Organisationen – betrachtet wird. Hier unterbreiten wir einen ersten Vorschlag, der auf governanceethischen Überlegungen basiert und der das Versprechen als Institution in den Mittelpunkt rückt. Dazu werden wir zunächst in das traditionelle Trennsystem ökonomischer und sozialer Wertschöpfung einführen. Die damit verbundene Differenzierung von Formal- und Sachzielen sowie von Profit- und Non-Profit-Unternehmen prägt unseren gegenwärtigen Blick auf Wirtschaft und Gesellschaft (Kapitel 2). Im dritten Kapitel schlagen wir eine Ethos-Ethik-Konzeption vor und liefern erste Anlässe einer sozialwirtschaftlichen Unternehmensethik. In Kapitel 4 folgt Begriffsarbeit, Theoriegeschichte und -einordnung. Zentrale Ansätze einer Wirtschafts- und Unternehmensethik schließen sich an – u.a. unser Theorieentwurf einer versprechensorientierten Wirtschafts- und Unternehmensethik. Kapitel 5 nimmt die sozialen Organisationen auf einer Mesoebene in den Blick und schlägt im Spannungsfeld von Ökonomie und Moral eine sozialwirtschaftliche Unternehmensethik des Versprechens in ersten Ansätzen vor. Einige Perspektiven runden den Beitrag ab.

Um im Bild zu bleiben: Die Zuschauerränge sollen – möglichst barrierefrei – erreichbar sein, und die relevanten Akteure sollen auf die Kampfbahn geleitet werden. Wissenschaftlich gesprochen lautet die Forschungsfrage, welche relevanten Themen, Problematiken und Instrumente der Wirtschaft- und Unternehmensethik für die Sozialwirtschaft erschlossen werden können. Als Ergebnis unserer Reflexion muss eine Warnung ausgesprochen werden. Es könnte sein, dass diejenigen, die sich seit jeher auf den Zuschauerrängen der ethischen Arena wähnten, sich unversehens in der Kampfbahn wiederfinden. Und es sind plötzlich die anderen, deren Daumen nach oben oder nach unten zeigen.

2. Trennung von ökonomischer und sozialer Wertschöpfung

Schon seit Langem bewegt die Dominanz von Sachziel- oder Formalzielerreichung in der Sozialwirtschaft die wirtschaftstheoretische Diskussion. Diese Unterscheidung dringt tief in die Substanz und in das Selbstverständnis von Unternehmen, sie bestimmt förmlich deren Identität. So definiert sich der Erfolg einer *Profit-Organisation* durch die Formalzielerreichung, also durch die Maximierung eines Gewinns bzw. des Wertes des Eigenkapitals (z.B. des Shareholder Values) bei effizientem und effektivem Einsatz knapper Ressourcen. Ökologische oder soziale sogenannte Externalitäten bleiben entweder unbeachtet oder sie werden stillschweigend toleriert. Oder man überführt sie in die ökonomische Logik. Will man beispielsweise eine zunehmende CO_2- oder Lärmbelastung, eine Menschenrechtsverletzung oder Korruption wirkungsvoll verhindern, gibt die ökonomische Sachlogik den Algorithmus vor. Handelt es sich um solch eine Verhinderung ‚negativer externer Effekte', schlägt dieser in der Regel eine Veränderung der Rahmenordnung vor. Nach einer ähnlichen Logik werden ‚positive externe Effekte' motiviert. So sind zum Beispiel positive Anreize zu setzen, um den Vertrieb nachhaltiger Produkte anzukurbeln. Ehrenamtliches Mitarbeiter-Engagement (*corporate volunteering*), für das der Mitarbeiter freigestellt wird, fällt ebenso darunter.

Das wesentliche Ziel einer *Non-Profit-Organisation* hingegen ist nicht die Maximierung eines Formalziels, sondern die Erreichung eines Sachziels. In einem Pflegeheim misst sich das Sachziel an der Qualität der Pflege, in einem Kindergarten am Kindeswohl. Die Sachzieldominanz spiegelt sich dabei auch immer noch in der Unternehmensform wider: Gerade die Gemeinnützigkeit verortet den Unternehmenszweck eben nicht im Zweck des Einkommenserwerbs des Unternehmers, sondern im Zweck der sozialen Wertschöpfung. Bei gemeinnützigen Unternehmen verbiete sich die Kapitalisierung durch die satzungsgemäße Zweckbestimmung bei Auflösung der Gemeinnützigkeit. Diese idealtypische Unterscheidung ist der identitätsbildende Kernbestand einer Unternehmung selbst – sie beschreibt das, was man in den 1980er Jahren unter dem Begriff der Corporate Identity gefasst hat und was weit darüber hinaus zentrale Felder der Unternehmenskulturforschung durchdrungen hat (Schein 1985). Unternehmen der Sozialwirtschaft sind zum Teil sogar gesetzlich verpflichtet, Sachzielerreichung dominant zu verwirklichen. Das Jugendamt hat die Aufgabe, in jeder Kommune das SGB VIII zu verwirklichen und – koste es, was es wolle – dementsprechende Leistungen zur Verfügung zu stellen.

Der Idealtypus der Sachzieldominanz ist das Sozialunternehmen. Es ist gegründet aus den wertorientierten Motiven, eine bestimmte Sozialleistung zu erbringen, Problemsituationen der Bürger zu bearbeiten, zu helfen, zu unterstützen, zu beraten. Ebenso spielt die Verwirklichung gesetzlicher Aufträge eine übergeordnete Rolle, die Unternehmen verwirklichen eine soziale *advocacy*, sie nehmen die Interessen ihres Klientels wahr. Diese Zweckerfüllung ist zumeist in ein Gewinnerwirtschaftungs- und Ausschüttungsverbot eingebettet. Im Rahmen der Gemeinnützigkeit dürfen Erträge somit nur in einem adäquaten Rahmen per Rücklage angehäuft werden und der Verwendungszweck muss definiert werden. Die Ausschüttung von Überschüssen ist ebenso untersagt, wie die Kapitalisierung des Sozialunternehmens durch Verkauf und Gehälter sowie Bezüge der Geschäftsführung sind begrenzt. In der Übersteigerung dieser funktionalen Seite der ‚Moralunternehmer' werden Soziale Arbeit und auch Sozialunternehmen in jüngeren Diskussionen selbst als eine Form der angewandten Ethik bezeichnet (Begemann et al. 2016).

Ungeachtet dessen ist durch bewusste politische Umsteuerung die Formalzielerreichung sozialer Unternehmen gestärkt worden. Was auch unter dem Begriff der ‚Ökonomisierung' verhandelt wird, ist zum Teil nichts anderes als die Stärkung der ökonomischen Kompetenzen und wirtschaftlichen Verantwortung. Die wichtigsten Elemente sind hier die Umsteuerung in Richtung Leistungsentgelt-Finanzierung, Planung und Angebotssteuerung über (hoch)regulierte Sozialmärkte, Umsteuerung der korporatistischen Aufgabenwahrnehmung in Auftraggeber-Auftragnehmerbeziehungen zwischen öffentlichen und freien Trägern, die versuchte Stärkung des Wunsch- und Wahlrechts und Formen der Kundensouveränität der Nutzer_innen, die Pluralisierung der Anbieterstrukturen bis hin zur Öffnung für Profit-Unternehmen und zur Implementierung von betriebswirtschaftlichen Elementen in der öffentlichen Verwaltung (z.B. als Elemente des neuen Steuerungsmodelles).

Damit haben wir eine *idealtypische Trennung zwischen ökonomischer und sozialer Wertschöpfung* (Brink/Bungard 2013). Profit-Organisationen streben als rationale Prototypen primär nach wirtschaftlicher Wertschöpfung, Non-Profit-Organisationen primär nach sozialer Wertschöpfung. In der Summe ergibt sich die Wertschöpfung einer Gesellschaft. Ökonomische und soziale Wertschöpfung folgen unterschiedlichen Logiken – eine Kooperation findet in einer arbeitsteiligen Wettbewerbswirtschaft idealerweise nicht bzw. nicht nur unter Wettbewerbsbedingungen statt, meist im Sinne eines Vorteilstausches (Homann 2002). Die Externalität des einen ist das Kerngeschäft des anderen. Folgende Strukturmerkmale lassen sich unterscheiden (Abbildung 1).

Strukturmerkmale	*Profit-Organisationen*	*Nonprofit-Organisationen*
Hauptzweck	Formalziel	Sachziel
Motivation	Dominanz der extrinsischen Motivation	Dominanz der intrinsischen Motivation
Präferenzen	Konstant und egoistisch	Variabel und prosozial
Zielgruppe	Kund_innen	Mitglieder, Leistungsempfänger_innen, Interessengemeinschaft
Entscheidungsgröße	Marktentwicklung, Kunden- und Konkurrenzverhalten	Mitgliederbeschlüsse, Bedürfnisse Dritter
Produzierte Güter	Private, marktfähige Individualgüter	Kollektiv- und Individualgüter, meritorische Güter
Arbeitskräfte	Hauptamtlich angestellte Mitarbeiter_innen	Haupt- und Ehrenamtliche, Zivildienstleistende und Bundesfreiwillige, Honorarkräfte etc.
Erfolgskontrolle	Gewinn, ROI, Umsatz	Kaum KPIs, Stakeholder Value, Outcome-Konzepte

Abb. 1: Strukturmerkmale von Profit- und Non-Profit-Unternehmen (eigene Darstellung)

Vor diesem Hintergrund mag es merkwürdig erscheinen, eine Wirtschafts- und Unternehmensethik in den Bereich der Sozialunternehmen zu tragen. Denn die großen Themen der Unternehmens- und Wirtschaftsethik scheinen hier nicht zu greifen, wie z.B. die Verlagerung von Arbeitsplätzen ins Ausland (NOKIA), das extreme Auseinanderdriften von Managergehältern inkl. Boni (Deutsche Bank), große Umweltskandale (BP), Korruptionsfälle (Siemens) oder etwa Bilanzskandale (Enron, Worldcom).

Bevor wir jedoch die Reflexionsarena der Wirtschafts- und Unternehmensethik für Sozialunternehmen eröffnen, möchten wir den Gegenstand der Reflexion als Graubereich zwischen Rechtsverletzung und Wertverwirklichung abgrenzen. Dazu ist es notwendig, den Gegenstand ethischer Reflexion genauer zu fokussieren (Kapitel 3.1) und die Anlässe für Wirtschafts- und Unternehmensethik beispielhaft zu systematisieren (Kapitel 3.2).

3. Grundlagen einer Unternehmensethik Sozialer Arbeit

3.1 Die Ethos-Ethik-Konzeption

Wenn man über Wirtschafts- und Unternehmensethik spricht, so sind zunächst die wichtigsten Begrifflichkeiten zu systematisieren, also Ethik, Moral und Werte. Frankena (1972, S. 20) konzipiert Ethik als „philosophische Reflexion über die Moral, moralische Probleme und moralische Urteile", nimmt aber zusätzlich noch die Frage auf, wie Moral begründet und wie sie implementiert werden kann. Diese drei ethischen Reflexionen – die der gelebten, der begründeten und der implementierten Moral – sollen hier im Anschluss an Langer verfolgt werden:

> „*Deskriptive Ethik* meint die Theorie, die die normativen Überzeugungen, Moral und Wertvorstellungen von Menschen darstellt und untersucht, wie sich die Menschen in ihren Handlungen auf diese beziehen. Die *normative Ethik* hingegen versucht Antworten auf – und Empfehlungen für – normative bzw. moralische Fragen und unklare Orientierungs- und Entscheidungssituationen zu geben. Eine *kritische/analytische/metaethische* Theorie beschäftigt sich mit den begrifflichen Differenzierungen und den methodischen Überlegungen der Ethik selbst" (Langer 2006b, S. 41).

In eine Wirtschafts- und Unternehmensethik fließen die ersten beiden Aspekte selbstverständlich mit ein, von größter Bedeutung und als eigenständiger Beitrag kann jedoch die gesonderte Betrachtung des Befolgungs- und Implementierungsproblems moralischer Normen gelten.

Vor dem Hintergrund dieser theoretischen Differenzierung kann Wirtschafts- und Unternehmensethik diesen drei Funktionen zugeordnet werden, wenn sie als Reflexionstheorie verstanden wird. Wenn Werte, Normen und Moral eine orientierende Wirkung von sozialwirtschaftlichem Handeln haben, dann ist der Beginn ethischer Reflexionen nicht schon die Begründung und Begründbarkeit von Werten, Normen oder Moral. Vielmehr muss verstehend-klärend aber auch kritisch bzw. orientierend auf bereits bestehende Werturteile und implizite Annahmen eingegangen werden, die jedes Handeln konstituieren. Dies umso mehr, als wir es mit wertorientierten Unternehmen zu tun haben. In diesem Sinne haben wir es mit einer Ethos-Ethik zu tun, die „eingespielte Selbstverständlichkeiten, das Gewohnte (ethos), lokale Wertüberzeugungen aber auch universalisierbare Geltungen mit ‚Warum-Fragen' konfrontiert und somit Legitimationen, Rechtfertigungen und Orientierungen offenzulegen sucht.[2] Ethik – in dieser Lesart als „kritische Theorie des Ethos" (Volz 1996) – legt handlungsorientierende Normen und Wertüberzeugungen frei (deskriptiv) und kritisiert Begründungen (normativ) sowie Gestaltungsempfehlungen (Implementierung und Befolgung im Sinne einer ökonomischen Ethik) als etwas, was schon in Geltung ist" (Langer 2006b, S. 226).

2 Der Ethos-Ethik „muß es (...) darum zu tun sein, für die eigene Kontextualität zu sensibilisieren, indem sie ein Bewußtsein über Struktur und Geltung der *frameworks* vermittelt. Sie expliziert das Implizite, indem sie es versprachlicht, es rekonstruiert und es rechtfertigt, und sie kritisiert die Sphäre des Geltens von Handlungsorientierungen, Rechtsnormen, Regeln und Verhaltenskodizes" (Kreuzer 1999, S. 28).

Abb. 2: Ethos-Ethik-Konzeption (in Anlehnung an Langer 2006b, S. 42)

Handlungsorientierende Normen, Werte und Moral wären demnach systematisch auf zwei strukturelle Ebenen von Gesellschaft bezogen.

> „Zum einen gibt es die soziale, politische und rechtliche Verankerung personaler Rechte in einer Rahmenordnung wie der Verfassung, den Gesetzen, der Wirtschafts- und Wettbewerbsordnung, im Justizapparat oder in Verwaltungsvorschriften; zum anderen sind sie auch im Rahmen ethisch qualifizierter Konventionen, institutionalisierter Selbstbindung oder in Form kollektiver Verhaltensnormen, sowie in sozialethisch reflektierten Regeln eines ethisch guten Zusammenlebens einer Gesellschaft festgehalten" (Mack 2002, S. 35).

Wirtschafts- und Unternehmensethik in diesem Sinne ist also Reflexionstheorie der handlungsorientierenden Moral, Werte und Normen sozialwirtschaftlicher Unternehmen und deren Entscheidungsträger_innen, also des sozialwirtschaftlichen Ethos. Unverkennbar verorten wir uns mit dieser Konzeption eher in einer aristotelischen Tradition.[3]

3.2 Anlässe sozialwirtschaftlicher Unternehmensethik

Eine Wirtschafts- und Unternehmensethik fokussiert also einerseits das sozialwirtschaftliche ‚Ethos' der Sozialunternehmen und konzentriert sich dabei sicherlich auf die Fragen der Implementierung. Wir blicken also eher auf die Grauzonen zwischen Wertorientierung (Sachzielerreichung) und gesetzeswidrigem Verhalten der Unternehmen. Ist es also ‚ethisch' unbedenklich oder vertretbar, als Unternehmen der Obdachlosenhilfe (Treberhilfe) einen kostspieligen Luxuswagen (Maserati) als Dienstwagen zu unterhalten und damit wahlweise Gäste oder den/die Geschäftsführer_in durch die Lande zu befördern – bezahlt aus Steuergeldern oder Spenden? Oder ist es ethisch vertretbar, eine/n jugendliche/n Nutzer_in einer Wohngruppe einen Monat länger als unbedingt notwendig in der Einrichtung zu versorgen, um (unter anderem) dadurch auf die 110 prozentige Auslastung zu kommen, die auch das wirtschaftlich ausreichende Ergebnis sichert? Oder ist es ethisch vertretbar, sich als langjährig etablierter Anbieter aus dem ‚Markt' der Leistungen für langzeitarbeitslose Menschen zurückzuziehen, weil die politischen Leitlinien nicht mehr mit den eigenen Prinzipien übereinstimmen? Und ist es ethisch vertretbar, sehenden Auges Drittanbieter zu engagieren oder zu generieren, die ihr Personal zu moralisch fragwürdigen Konditionen beschäftigen? Die nachfolgende Übersicht stellt eine erste Kategori-

3 Die Governancetheorie, wie sie hier zugrunde gelegt wird, folgt ebenfalls einer eher aristotelischen Sicht des „relativ Besseren" als der platonischen Perspektive des „absolut Guten". Dies schließt etwa an die Governancetheorie von Josef Wieland an, der unter Governance die „Lehre von der komparativen Analyse der moralsensitiven Gestaltung und Kommunikation der Governancestrukturen spezifischer wirtschaftlicher Transaktionen mittels Kooperationen" (Wieland 1999, S. 69) versteht.

sierung dieser ersten Anlässe zwischen rechtlicher und wertorientierter Dimension des sozialwirtschaftlichen Handelns in Unternehmen dar.[4]

(Sozial)rechtliche Sanktionierung	*Grauzone / Fragen der Ethik*	*Wertorientiertes Handeln*
Abrechnungspraxis der Sozialunternehmen		
Strafrechtliche Verstöße: Abrechnungsbetrug	*Abrechnungsstrategien*	*Wirtschaftlicher Imperativ*
AWO KV Altenkirchen / Westerwald	Quersubventionierung und strategischer Leistungs- und Finanzierungsmix	Kaufmännisch korrekte Buchführung und Abrechnungspraxis sowie wirtschaftlich unkritische Refinanzierung
Diakonie Poeing		
Gemeinnützigkeit als wirtschaftlicher Vorteil und öffentliches Versprechen		
Verstöße gegen Gemeinnützigkeitsauflagen: Zweckentfremdung öffentlicher Mittel	*Ressourcenverwendung, Anreizsetzung*	*Sachorientierung, Solidarität und Gemeinwohl*
Ehlers / Treberhilfe Berlin	Markt- und Wettbewerbsorientierung von Sozialunternehmen, Sozialmarketing als systemerhaltende Strategie	Wertgebundene Verwendung der Mittel und Ressourcen, Begrenzung von Führungs- und Vorstandsgehältern, Verpflichtung wirtschaftliches Handeln
Tebartz van Elst / katholische Kirche		
Strategisches Personalmanagement		
Tarife / Niedriglohn	*Gleich- / Ungleichbehandlung Personal*	*widerspruchsfreie Unternehmensstrategie*
Einsatz von Outsourcing/Leiharbeit	Angleichung der Löhne an Marktbedingungen unter Kostendruck; Unterstützung (neuer) Niedriglohnsektoren	(wertorientierte)(christliche) Verantwortung gegenüber der Mitarbeiterschaft; Gebot der Nichtausbeutung Erwerbsarbeit; Kapitalismus-Kritik der Träger
Ausgründung trägerinterner nichtgemeinnützige Leiharbeitsfirmen		
Personalrechtsverschärfung	Benachteiligung und Eingrenzung der Arbeitnehmerrechte durch (kirchliche) Spezialtarifverträge	

4 Aus Platzgründen wird an dieser Stelle auf eine nähere Beschreibung aller Kategorien verzichtet, diese findet sich in Langer (2017 i.E.).

Qualität und Fachlichkeit der Dienstleistungen		
Qualitätsmissstände	*Kostenfaktor Qualität*	*Bedarfsorientiertes Handeln / Anwaltschaft*
Fehler Fallbearbeitung	Transparenz und Kooperationsgebot bei der Aufklärung und Verbesserung	Fachlichkeit für die DL-Nutzer_innen; Eintreten für die Rechte der Nutzer_innen
Verfahrensmissstände	Dienstleister als politisches und fachbezogenes Korrektiv des öffentlichen Trägers	Innovationshandeln als Gebot der Bearbeitung dynamischer Bedarfe

Abb. 3: Anlässe zwischen rechtlicher und wertorientierter Dimension des sozialwirtschaftlichen Handelns in Unternehmen (eigene Darstellung)

Sehr deutlich wird durch diese Auflistung die Grauzone zwischen wertorientiertem Unternehmenshandeln in der Sachorientierung einerseits und den rechtlich gerichtsbaren Verstößen (auch wenn diese nicht erkannt oder geahndet werden) andererseits. Auffällig werden an dieser Stelle auch ‚Sach'- oder ‚Systemzwänge', die ebenso gut begründbar sind, denn Unternehmensentscheidungen orientieren sich zwischen der Rationalität der Nutzerorientierung und der Systemerhaltungsorientierung. Auf die Relevanz und Gefahr von Sachzwängen hat schon in den 1990er Jahren der Schweizer Wirtschaftsethiker Peter Ulrich eindringlich gewarnt (Ulrich 1993; 2008). Einrichtungen und Leistungen der Sozialwirtschaft sind nicht nur ‚Produkte' sondern auch gleichzeitig gewachsene Beziehungen zwischen Menschen, Lebensorte und familienähnliche Lebensformen, die sich nicht einfach ersetzen oder beliebig differenzieren lassen. Die Schließung einer Einrichtung z.B. aus ökonomischen Gründen mag wirtschaftlich rational erscheinen, für die Nutzer_innen kann dies jedoch beziehungsbezogene Folgen haben, die dem Verlust des Elternhauses, der Geschwister oder dem von Freundschaften gleichkommen. Schließungen kommen erzwungenen Umzügen gleich, die den Bezug zum Sozialraum zerstörten und bis hin zu massiven Verlusterfahrungen führen können (Langer 2006a).

Aus diesem Charakteristikum sozialer Dienstleistungen erwächst den Unternehmen die Aufgabe der ethischen Güterabwägung, die z.B. darin münden kann, Quersubventionierung zwischen Leistungsbereichen bewusst zu planen. Die daraus erwachsenden ethischen Reflexionen richten sich in mindestens gleichem Maße an eine Wirtschafts- und Unternehmensethik der Sozialwirtschaft, die dann die unternehmensübergreifenden Aspekte fokussiert, wie die leitende Gesetzgebung, Regelungen der Länder oder Kommunen bis hin zu sozialpolitischen Grundsatzregelungen (z.B. die übergreifende Umsteuerung auf Regulierung durch ökonomieorientierte Steuerungs- und Planungsinstrumente, die unter den Begriffen Ökonomisierung, New Public Management oder Neue Steuerung gehandelt werden oder auch Grundsatzentscheidungen der Ressourcenverteilung und der daraus entstehende Konsolidierungsanforderungen und Kostendrücke im Sozialsektor). Auf diesen Aspekt kann an dieser Stelle nur schlaglichtartig eingegangen werden. Im Folgenden werden einige Nebeneffekte dieser eben genannten ‚Steuerungsideologie' aufgezählt, die in unseren Arbeiten als Dilemmasituationen zwingend aus bestimmten Anreizsetzungen entstehen (z.B. Langer 2012, S. 184ff.).

Phänomen	*Anreizsetzung*	*Nichtintendierte Nebenfolge*
Creaming-up	Standardisierte Leistungsentgelte oder pauschalisierte Vergütungssysteme kombiniert bis zu einer systematischen Unterausstattung der Leistungen (Kostendruck)	Adverse Selection: Unterscheidung von ‚schicken' bzw. einfachen und ‚leistungsintensiven' Nutzer_innen; Exklusion oder Weitergabe schwieriger Adressatengruppen
Service-Streamlining	Sozialrechtliche und leistungsrechtliche Definition von leistungsauslösenden Tatbeständen und hoch differenzierte / fragmentierte Leistungssysteme	‚Schicke' Leistungen und Innovationsverlust: Festhalten an gut ausfinanzierten Leistungen und Ausgrenzung nicht passender Bedarfe
Strategische Leistungsinterpretation	Konzentration des Leistungsangebotes auf gut ausfinanzierte Leistungen (Cash-Cow-Syndrom)	Einpassung von individuellen Bedürfnissen in bedarfsgerechte Angebote
Crowding out	Setzung externer Anreize als Belohnungssysteme bestimmter Zielerreichungen oder erwünschte Verhaltensweisen (monetäre und nichtmonetäre Geschenke)	Verdrängung intrinsischer Motivation (Solidarität, Hilfsbereitschaft, Eigenverantwortung, Mitgefühl) als Verhalten, orientiert an Moral-und Werturteilen und Haltungen

Abb. 4: Dilemmasituationen zwischen Formal- und Sachzielerfüllung (eigene Darstellung)

Diese beiden Kategorien systematisierter Beispiele zeigen deutlich, dass ethische Problemstellung nicht nur durch Knappheitssituationen und Wettbewerbsdruck entsteht, sondern dass sie dem Aufeinanderprallen unterschiedlicher Erwartungen an die Unternehmen, wie z.B. der Nutzer_innen, der Organisation, der öffentlichen Träger oder der Öffentlichkeit, entspringen. In dieser Interpretation sind die Ansätze der Unternehmensethik eng betrachtet das Phänomen oder Risiko, einen Versprechensbruch zu begehen, also noch oder nicht mehr als moralisches Unternehmen zu agieren. Die dargestellten Systemzwänge sind am Beispiel ökonomischer Steuerungsmechanismen und Leitorientierungen gezeigt worden, lassen jedoch das Grundprinzip wirtschaftsethischer Arbeitsweise deutlich werden. Es geht um Folgenabschätzung. Wir üben hier also keine Kapitalismuskritik, anders gelagerte unintendierte Nebeneffekte lassen sich auch im Korporatismus oder im Regime der Zuwendungsfinanzierung (und seinen Konsequenzen der Objektfinanzierung bzw. der Kostenerstattung) analysieren. Bleiben wir im Bild der Arena; ist der Gegenstand der Wirtschafts- und Unternehmensethik die eben beschriebene Grauzone, müssen sich gegebenenfalls viele ‚Moralunternehmer' selbst als Zielgruppe der ethischen Reflexion von den Rängen in die Kampfbahn begeben.

4. Wirtschafts- und Unternehmensethik als Reflexion sozialwirtschaftlichen Handelns

4.1 Begriffs- und Problemgeschichte

Die Wirtschafts- und Unternehmensethik ist eine Teildisziplin der angewandten Ethik bzw. der praktischen Philosophie (hier und im Folgenden v.a. Brink 2016). Ihre Ursprünge reichen bis in die Antike. In der praktischen Philosophie des Aristoteles bildeten Ökonomie, Politik und Ethik eine Einheit. Auch der politische Ökonom Adam Smith kannte keine Trennung von ökonomischer und sozialer Wertschöpfung (Smith 1759/2004; 1776/1978/1996). Der neoklassische Ansatz brachte mit dem Modell des Homo oeconomicus die Trendwende in Sachen Ökonomisierung. Verstärkt wurde diese Auffassung von den Vertreter_innen einer wertfreien Wissenschaft, die Normativität von Wissenschaft ablehnten und sich einer formalen und mathematischen Theorie nach naturwissenschaftlichem Vorbild hingaben (erster Werturteilsstreit). Zwischen Vertreter_innen der Kritischen Theorie und des Kritischen Rationalismus in den 1960er Jahren verstärkte sich die Trennung der Ökonomie von der Ethik (zweiter Werturteilsstreit). Erst seit den 1980er Jahren werden normative Fragen innerhalb der Ökonomie wieder bedeutsamer und nehmen besonders die Unternehmensebene in den Blick. Eine wirtschafts- und unternehmensethische Reflexion von Sozialökonomie versteht sich daher als Reaktion auf die Zunahme gegenwärtiger, durch ökonomisches Handeln induzierter praktischer Probleme.

4.2 Zentrale Ansätze der Wirtschafts- und Unternehmensethik

Ökonomie und Ethik können – folgt man dem Trennsystem ökonomischer und sozialer Wertschöpfung – mindestens in drei Konstellationen zueinander stehen: als Primat der Ethik über die Ökonomie (u.a. Naturrecht und kategorischer Imperativ), als Primat der Ökonomie über die Ethik (u.a. ökonomische Rationalität und Gewinnprinzip) oder als Interdependenzkonzept. Diese Konstellationen erfolgen auf drei Ebenen: Die individuelle (Mikro-)Ebene bezeichnet die Führungsethik, die institutionelle (Meso-)Ebene die Unternehmensethik und die gesellschaftliche (Makro-)Ebene die Wirtschaftsethik (Enderle 1991). Die Führungsethik beschreibt beispielsweise die Moral einzelner Führungskräfte; das Verhältnis des Unternehmens zu seinen legitimen Anspruchsgruppen wird beispielsweise auf der Mesoebene diskutiert und die Bedeutung von Moral in der Rahmenordnung ist schließlich auf der gesellschaftlichen Ebene ein relevantes Forschungsfeld.

Während wirtschafts- und unternehmensethische Ansätze angloamerikanischer Provenienz einen starken Anwendungsbezug aufweisen und weniger auf philosophische Grundlagen zurückgreifen (z.B. Donaldson/Dunfee 1999 und Bowie 1999), haben sich im deutschsprachigen Raum fünf zentrale Wirtschafts- und Unternehmensethikansätze entwickelt, die wir im Folgenden skizzieren:

1. Peter Koslowski (1988) schlägt eine Ethische Ökonomie als Theorie der Kultur und Ethik der Wirtschaft vor. Diese differenziert sich in einen positiv-kulturwissenschaftlichen Teil (Wirtschaftskultur) und einen normativ-moraltheoretischen Teil (Wirtschaftsethik). Die Wirtschaftsethik umfasst Normen individuellen und sozialen Handelns. Sie gilt als Alternative zu staatlichen Interventionen und ist damit ein Korrektiv für Marktversagen. Ethik steigert somit die Effizienz der Koordination durch eine Art Vorkoordination im individuellen Entscheidungsverhalten.
2. Der korrektive Ansatz von Horst Steinmann (Steinmann/Löhr 1994) basiert auf der Erlanger konstruktivistischen Wissenschaftstheorie (Lorenzen 1987) und der Frankfurter Schule (Apel 1990; Habermas 1981). Der Frieden als freier Konsens aller Betroffenen rückt in den Mittelpunkt dieser Theorie, bei der formale und materiale Normen durch gute und rationale Argumente begründet werden (Vernunftethik). Das oberste unternehmerische Formal-

ziel ist der Gewinn, der durch effiziente Bedarfsdeckung eine friedensstiftende Funktion übernimmt. Das Gewinnprinzip darf nur in solchen Fällen eingeschränkt werden, in denen durch die Verfolgung die situationsgerechte friedensstiftende Anwendung gefährdet ist.

3. Der integrative Ansatz von Peter Ulrich (1993; 2008) versteht sich als pragmatische Sozialökonomie. Philosophisch schließt Ulrich an die Kritische Theorie der Frankfurter Schule an, die einen instrumentellen Vernunftgebrauch kritisiert. Ethik ist keine Alternative zur ökonomischen Effizienz (Zwei-Welten-Theorie aus Ethik und Ökonomie), sondern wird im Basisbereich der Ökonomie verankert (Integrative Wirtschafts- und Unternehmensethik). Es geht um die Transformation einer von außen moralisierenden Begrenzung ökonomischer Rationalität in eine von innen fundierte und legitimierte integrative Wirtschafts- und Unternehmensethik mithilfe einer kommunikativ-ethischen Vernunft.
4. Der institutionenethische Ansatz von Karl Homann (Homann/Blome-Drees 1992; Homann/Lütge 2005) befasst sich mit der Frage, wie moralische Normen und Ideale unter den Bedingungen der modernen Wettbewerbswirtschaft (von den Unternehmen) zur Geltung gebracht werden können. Sie ist damit eine ökonomische Theorie der Moral. Ethik und Ökonomik sind als wechselseitige Heuristik und Restriktionsanalyse zu begreifen, d.h. sie werden auf unterschiedlichen Ebenen simultan umgesetzt. Auf der Ebene der Rahmenordnung werden Spielregeln wirtschaftlichen Handelns festgelegt, auf der Ebene der Handlungen vollziehen sich moralfreie Spielzüge. Der systematische – aber nicht der einzige – Ort der Moral in der Marktwirtschaft ist die Rahmenordnung. Bei defizitärer Rahmenordnung fällt die Verantwortung auf die Unternehmensebene zurück.[5]
5. Aufgrund von Steuerungsdefiziten nationalstaatlicher Rahmenordnungen schreibt der governancetheoretische Ansatz von Josef Wieland (1999; 2004) dem Unternehmen als moralischer Akteur eine soziale Verantwortung zu. In einer Kooperationsökonomie herrschen Simultanität und Rekursivität von Wettbewerb und Kooperation. Die freiwillige Bindung an moralische Normen reduziert die Transaktionskosten der Kooperation. Die Ausdifferenzierung von Wirtschaft und Moral in separate Subsysteme führt dazu, dass Organisationssysteme kein semantisch geschlossenes System darstellen. Die Governanceethik gilt damit als Lehre von der komparativen Analyse der moralsensitiven Gestaltung und Kommunikation der Governancestrukturen spezifischer wirtschaftlicher Transaktionen mittels Kooperationen.

Die hier vorgeschlagenen wirtschafts- und unternehmensethischen Theorien weisen alle ihre Stärken und Schwächen auf, die hier nicht im Einzelnen erläutert werden können. In den vergangenen Jahren hat sich die Wirtschafts- und Unternehmensethik zunehmend für die Praxis geöffnet und zahlreiche moderne und anwendungsorientierte Vorschläge vorgebracht, die sich z.T. eng an dem im Folgenden von uns entfalteten Verständnis orientieren.

5 Im „Schulenstreit“ der 1990er Jahre, insbesondere zwischen Peter Ulrich und Karl Homann, ging es um die Frage, ob die Ethik eher in die Restriktionen oder in die Präferenzen einzuordnen sei. Unser Ansatz geht davon aus, dass eine Institutionenethik (restriktionentheoretischer Ansatz) um eine Individualethik (präferenztheoretischer Ansatz) ergänzt werden muss. So wird z.B. verhindert, dass intrinsische Motivation durch falsche Anreize (extrinsische Motivation) verdrängt wird (Crowding-Out, Frey 1987).

4.3 Die versprechensbasierte Theorie des Unternehmens

Vor diesem Hintergrund soll nun ein Vorschlag einer unternehmensethischen Reflexion der Sozialwirtschaft vorgestellt werden. Der versprechenstheoretische Ansatz ist eine Weiterentwicklung der Governanceethik von Wieland (Brink 2011; Wieland 1999). Im Gegensatz zur Theorie der rationalen Entscheidung (*rational choice theory)*, die oftmals als Standardtheorie der Ökonomie zur Realisierung von Formalzielen verstanden wird, ist die kleinste ökonomische Einheit in der Governanceethik nicht mehr die *Entscheidung*, sondern die *Transaktion*. Diese erfolgt durch Aushandlungsprozesse zwischen mindestens zwei Vertragspartner_innen mit jeweils eigenen Vorstellungen von der Welt, vom Unternehmen und von den präferierten Produkten. In seinem viel beachteten Aufsatz *The Theory of the Firm as Governance Structure: From Choice to Contract* greift Williamson (2002) diesen Gedanken auf. Damit zahlt der Ansatz auf eine Kooperationsökonomie ein.

Ein erster vertiefter wissenschaftlicher Hinweis auf ein solches Verständnis findet sich in dem bislang wenig rezipierten Buch des Harvard Professors Charles Fried mit dem Titel *Contract as Promise* aus dem Jahre 1981 (ähnlich später Kimel 2003). Das mag auf den ersten Blick nicht sehr überraschend wirken, hat aber nicht unbedeutende Implikationen. Konsequenterweise hat man sich dann nämlich an ein Versprechen ebenso zu halten wie an einen Vertrag. Damit wird der Vertrag eine besondere Form des Versprechens. Fried schreibt dazu:

> „The moralist of duty thus posits a general obligation to keep promises, of which the obligation of contract will be only a special case – that special case in which certain promises have attained legal as well as moral force. But since a contract is first of all a promise, the contract must be kept because a promise must be kept“ (Fried 1981, S. 17).

Vertrag und Versprechen unterscheiden sich zum Beispiel in der Stärke des Bindungsmechanismus: Bricht man einen Vertrag, so erhält man eine Strafe – bricht man ein Versprechen, so verliert man vielleicht Freunde oder hat Gewissensbisse. Es handelt sich dabei allerdings nur um einen graduellen, nicht aber strukturellen Unterschied. Der schwächere Bindungsmechanismus des Versprechens erfordert eine stärkere *Binnen*steuerung (z.B. über das Gewissen, die Einsicht, das Bewusstsein, die Überzeugung) und zugleich eine schwächere *Außen*steuerung (z.B. über Strafe, Anreize, Vergütungsoptionen). Zwischen dem Vertrag und dem Versprechen gibt es mindestens vier Parallelen, die unsere Argumentation stützen (Brink 2011).

1. Bei einem Versprechen akzeptiert der/die Empfänger_in das Versprechen freiwillig, intendiert die versprochene Handlung oder erkennt zumindest die Verpflichtung zum Versprechen an (Searle 1964). Hierzu lassen sich einige Beispiel aufführen: So erkennen Kund_innen das Markenversprechen eines Unternehmens durch ihren Kauf an; Mitarbeiter_innen durch ihren Eintritt in die Firma, ihren Verbleib oder durch gute Leistung; Lieferant_innen durch ihre Lieferantentreue und Pünktlichkeit; der/die Investor_in durch seinen/ihren Kapitaleinsatz. Verträge und Versprechen sind ihrer Anlage nach relational und implizit.
2. Als hybride Koordinationsformen sind Vertrag und Versprechen weder über den Markt noch über die Hierarchie zu steuern (Coase 1937). Es sind v.a. die inhabergeführten Unternehmen, die Start-ups oder aber Sozialunternehmen, die auf moralischem Engagement und intrinsischer Motivation basieren (Manzeschke/Brink 2010).

3. Beim Vertrag und Versprechen geht es um eine Verpflichtung zu künftigem Verhalten – und damit um Risiken und Unsicherheiten über zukünftige Zustände oder Überzeugungen (Fried 1981; Searle 1971). Verträge und Versprechen können gebrochen werden.
4. Vertrag und Versprechen basieren auf zwei distinkten Konventionsebenen: Die formelle Konventionsebene besagt, dass es eine Übereinkunft darüber gibt, sich an sein gesprochenes Wort zu halten, und zwar unabhängig vom Inhalt des Versprechens (normative Ebene). Die materiale Koordinationsebene adressiert das konkrete Koordinationsproblem (empirische Ebene) (Priddat 2003; Searle 1964; van Oosterhout et al. 2006).

Der hier nachgezeichnete Weg von der Entscheidung über den Vertrag hin zum Versprechen ist zugleich ein Weg zunehmender normativer Anspruchshaltung. Die normative Wendung in der Ökonomie wird von Fried (1981, S. 8) in die folgenden Worte gefasst: „By promising we transform a choice that was morally neutral into one that is morally compelled." Vor diesem Hintergrund können sozialwirtschaftliche Unternehmen als solche betrachtet werden, die Versprechen ins Zentrum rücken (müssen). Sie konstituieren Beziehungen zu ihren verschiedenen Anspruchsgruppen, die weit über verbindliche Vertragsklauseln wie Produktgarantien oder Mitarbeiterverträge hinausgehen. Wenn sich Sozialunternehmen auf die Erbringung von Vertrauensgüter zurückführen lassen, konstituieren sie mit jeder Leistung diverse Versprechen, die nicht durch Verträge gesichert werden können. Damit bekommt das Versprechen im Gegensatz zum expliziten Vertrag einen moralischen Verantwortungsspielraum.

5. Perspektiven für eine sozialwirtschaftliche Unternehmensethik des Versprechens

5.1 Das spezifische Versprechen im Rahmen sozialwirtschaftlicher Organisation

Die Funktionsfähigkeit der Sozialwirtschaft resultiert mindestens aus einem leistungsfähigen Trägersystem, lang erprobten Kooperationen und Verfahren, einem immer wieder zu aktivierenden partizipativem politischen Prozessieren und Planen der Stakeholder, aus Leistungs- und Qualitätsentwicklung in der Spannung zwischen Planung und Markt und einer steigenden Professionalität und Fachlichkeit. Diesen institutionalisierten Elementen einer Dienstleistungsstruktur (siehe Langer Dienstleistung in diesem Band) ist aber die hohe Reputation als wertorientierte und gemeinwohlorintierte Funktion inhärent, die in hohem Maße mit dem Versprechen der Wertorientierung der institutionalisierten Akteure der Dienstleistungsproduktion korrespondiert, das diese nach innen und nach außen gegenüber anderen Anspruchsgruppen abgeben (Manzeschke/Brink 2010).

> „Das Versprechen der Organisation richtet sich in konkreter Weise an die Mitarbeitenden (Fürsorge und Partizipation) und die Hilfebedürftigen (anwaltschaftliches Engagement und konkrete Hilfe). In unspezifischerer Weise ist es an Stakeholder im weiteren Sinne, an den Staat (Subsidiarität und Solidarität) und schließlich an die gesamte Gesellschaft (Auftrag der Kirche in der Welt) gerichtet" (Manzeschke/Brink 2010, S. 126).

Mit Blick auf soziologische Professionstheorien könnte man von einem ‚organisationalen Versprechen' der Sozialwirtschafts-Organisation gegenüber der Gesellschaft sprechen. Die Verantwortlichen, Leistungskräfte und Mitarbeitenden einer sozialwirtschaftlichen Organisation binden sich eben mit diesem Versprechen – welches nicht selten auch durch deren professionelle Identität begründet ist. Diese Bindung kann durchaus die unmittelbare Loyalität gegenüber dem Arbeitgeber (dem Sozialunternehmen) konterkarieren oder übersteigen. Diese internen und zumeist nicht explizierten Versprechen zeigen sich in einem oftmals höheren Engagement, einer höheren Loyalität – und auch eine höhere Ausbeutbarkeit der Mitarbeitenden (Speckbacher 2007, S. 586ff.). Wesen dieser Versprechen – und deshalb legen wir diesen Ansatz auch den sozialwirtschaftlichen Unternehmen zugrunde – ist es, dass sie ebenso zum Arbeitsauftrag und zur Verpflichtung der Organisation gehören, aber eben still formuliert und unausgesprochen.

> „Das ist zum Teil in der Tradition der Organisationen (Vertrauenskultur, intrinsische Motivation, Orientierung am Menschen), zum anderen Teil in der ‚Natur' ihrer Arbeit begründet, die in ihrem Kern (professionelle und personale Zuwendung zum bedürftigen Menschen) nur unvollständig beschrieben werden kann und gerade davon lebt, dass Professionelle sich situativ auf den Anderen einlassen und tun, was nötig ist" (Manzeschke/Brink 2010, S. 127).

Instrumente zur Operationalisierung dieses Versprechensansatzes sind z.B. Beschwerdestellen und Vertrauensombudschaften, Partizipation in Unternehmensentscheidungen oder ethisch-strategische Abwägungskulturen (Langer 2010). Am Beispiel dieses letzten Punktes kann gezeigt werden, dass in der unternehmensinternen Entscheidungsfindung empirisch gesehen Sach- und Formalzielorientierung als bedarfsorientierte Versprechen einerseits und strategische Versprechen andererseits existieren. Die bedarfsorientierten Versprechen speisen ihre Moral und Wertorientierungen aus der Forderung nach dem gelingenden Leben des/r individuellen Nutzer_in. Die Leistungen sollen sich an den Menschen orientieren. Die strategischen Versprechen orientieren sich an dem Erhalt und der Entwicklung der Strukturelemente der Leistungen. Als Lösungsoption dieser gegeneinander abzuwägenden Güter bietet sich die langfristige Entwicklung von Bewertungs- und Deutungsgemeinschaften zur Unterstützung partizipativer Entscheidungsfindung im Führungshandeln an, die auf unterschiedlichsten Ebenen im Unternehmen eingesetzt werden können.

Gerade die sozialwirtschaftlichen Unternehmen zeichnen sich also durch eine stark werte- und weniger durch eine restriktionsgetriebene Logik aus. *Die Einhaltung von Versprechen ist wertemotiviert, nicht rechtsmotiviert.* Als versprechensbasierte Theorie des Unternehmens und sozialwirtschaftliche Unternehmensethik moderiert sie die Graubereiche, auf die wir im zweiten Teil des Beitrags hingewiesen haben. Das ist auch offensichtlich, da die Sachzielorientierung primär über Werte und weniger über Restriktionen motiviert ist. Es geht also nicht darum, die Grauzone zu verlassen, sondern sich verantwortet in der Grauzone zu bewegen.

5.2 Corporate Responsibility als Antwort der Profit-Unternehmen

Sozialwirtschaft und Sozialmanagement beschäftigen sich nicht nur mit unternehmensinternen, sondern ebenso mit unternehmensexternen Belangen. Ein zentrales Element, neben den eben genannten wirtschaftsethischen Auswirkungen, dürfte der ethisch verantworteten Unternehmensführung im Rahmen der Sozialwirtschaft zukommen. Der rechtlichen Ausgestaltung von expliziten Verträgen (und im Zweifel justiziable Verträge) stehen die impliziten Verträge und das Versprechen (als Sonderform eines Vertrags) im Zentrum (Fried 1981). Hieraus muss sich die Governancestruktur der Sozialwirtschaft speisen. Ein zentrales Element hierfür sind Corporate Responsibility Ansätze, wie sie längst in der For-Profit-Wirtschaft etabliert sind, in der Sozialwirtschaft ist dieser Ansatz bislang noch kaum thematisiert.

Nach europäischer und weltweiter Übereinkunft versteht man unter Corporate Responsibility das verantwortliche unternehmerische Handeln in den operativen und strategischen Kernprozessen des Unternehmens, d.h. in der gesamten Wertschöpfungskette (Europäische Kommission 2011, DIN ISO 26000:2011-01). Dies bezieht sich insbesondere auf die betriebswirtschaftlichen Kernprozesse wie F&E, Logistik, Marketing und Vertrieb (Formalziel). Ebenso davon betroffen ist aber auch der Umgang mit bestimmten Anspruchsgruppen wie Mitarbeiter_innen, Kund_innen, Lieferant_innen oder lokalem Umfeld (Freeman 1984). Unter Corporate Citizenship wird darüber hinaus das freiwillige Engagement von Unternehmen am Rand oder außerhalb unternehmerischer Kernprozesse verstanden. Hierunter fallen Spenden (*corporate giving*), Sponsoring (*corporate sponsoring*) und Freiwilligenprojekte (*corporate volunteering*).

Das Anforderungsprofil unternehmerischer Geschäftstätigkeit ist damit insgesamt anspruchsvoller geworden. Vormals externe Effekte werden also nun in die Wertschöpfungskette integriert. Dies kann in Form eines *footprints* (Verhinderung von negativen externen Effekten wie z.B. CO_2-Ausstoß, Wasser- oder Energieverbrauch) erfolgen oder in Form eines *handprints* (Förderung von positiven externen Effekten wie z.B. Förderung der Gesundheit, Stärkung des sozialen Zusammenhalts, Bekämpfung von Armut). Orientierten sich die Unternehmen früher an der Maxime, „unter Einhaltung gesetzlicher Vorschriften qualitativ hochwertige und sichere Produkte zu produzieren, am Markt möglichst langfristig erfolgreich zu sein und auf dieser Basis sichere Arbeitsplätze zu schaffen" (Fries et al. 2014, S. 13), werden Unternehmen heute zunehmend in die Pflicht genommen, „Verantwortung für Umwelt und Gesellschaft zu übernehmen und sich darüber hinaus an der Lösung der ökologischen und sozialen Herausforderungen unserer Zeit zu beteiligen" (ebd., S. 13). Damit haben die Unternehmen schon längst die Diskussion um die ‚Graubereiche' zwischen Rechts- und Werteorientierung, wie wir sie hier für die Sozialwirtschaft diskutiert haben, aufgenommen. Vorreiter-Unternehmen bewegen sich gegenwärtig in eine shared value Position (Porter et al. 2012): „Das Proprium ändert sich: es geht nicht mehr um den maximalen Return des einzelnen Unternehmens (Maximierung des Shareholder Value), sondern um die Maximierung einer Kooperationsrente, die beiden Seiten Nutzen stiftet (Maximierung des Shared Values)" (Brink/Bungard 2013, S. 13). Damit ergänzen sie Formal- durch Sachziele – ein Schritt, der den Sozialunternehmen gerade bevorsteht. Automobilkonzerne ändern ihre Strategie und entwickeln sich vom Produktverkauf von Autos hin zu einem Dienstleistungsunternehmen für nachhaltige Mobilität, einige Banken erkennen ihre ursprünglichen Sachziele wieder, Gesundheits- und Pharmaunternehmen stellen sich in der Welt der Kooperation neu auf. Das neue Versprechen der Konzerne richtet sich nicht mehr allein an ihre Shareholder, es geht um viel mehr.

5.3 Fazit: Die Zukunft sozialer Organisationen

Die Sozialunternehmen stehen vor einem noch nicht abzuschätzenden Wandel. Die veränderten (politischen) Steuerungsbedingungen liefern zahlreiche Möglichkeiten der Optimierung der Geschäftsmodelle in einer Kooperationsökonomie (z.B. alternative Finanzierungsformen für Sozialunternehmen), aber es besteht auch die unmittelbare Gefahr, dass die Verfolgung von Formalzielen die Sachzielorientierung konterkariert (z.B. die genannten Nebeneffekte *crowding out*). Die Literatur zur normativen Begründung der Sozialwirtschaft ist uferlos, pragmatische Konzepte gibt es bislang kaum.

Unser Fazit: Der versprechenstheoretische Ansatz ist für die Sozialwirtschaft deswegen fruchtbar, weil sozialwirtschaftliche Unternehmen eben dadurch gekennzeichnet sind, dass sie 1. Wertorientierungen – und damit Versprechen – gegenüber sehr unterschiedlichen Stakeholdern abgeben, dass sie 2. jeweils eingebettet sind in ein Netzwerk aus Erwartungen, Verträgen, Vertrauen und Versprechen und 3. verschärft auf hochkomplexe Kooperationen in organisationalen Feldern gegründet sind. Mit der Option, die Trennung von ökonomischer und sozialer Wertschöpfung und damit die Trennung von Formal- und Sachzielverfolgung zu überwinden, liefert der versprechenstheoretische Ansatz der Sozialwirtschaft eine Brücke, indem er ein ausbalanciertes Anspruchsnetzwerk moderiert und eine Governance zur Verfügung stellt, die Begründungs- und Implementierungsbedarfe adressiert und einer pragmatischen Lösung zuführt.

6. Literatur

Apel, Karl-Otto (1990): Diskursethik als Verantwortungsethik und das Problem der ökonomischen Rationalität. In: Biervert, Bernd/Held, Klaus/Wieland, Josef (Hrsg.): Diskurs und Verantwortung. Das Problem des Übergangs zur postkonventionellen Moral. Frankfurt a.M.: Suhrkamp, S. 270-305.

Begemann, Verena/Heckmann, Friedrich/Weber, Dieter (Hrsg.) (2016): Soziale Arbeit als angewandte Ethik. Positionen und Perspektiven für die Praxis. Stuttgart: Kohlhammer.

Bowie, Norman E. (1999): Business Ethics: A Kantian Perspective. Malden, MA: Blackwell Publishers.

Brink, Alexander (2016): Unternehmensethik. In: Hübner, Jörg/Eurich, Johannes/Honecker, Martin/Jähnichen, Traugott/Kulessa, Margareta/Renz, Günter (Hrsg.): Evangelische Sozialethik. Göttingen: Vandenhoeck & Ruprecht, S. 1595-1597.

Brink, Alexander (2011): Vertrag und Versprechen: Zur Wirksamkeit moralischer Regimes. In: Grüninger, Stephan/Fürst, Michael/Pforr, Sebastian/Schmiedeknecht, Maut (Hrsg.): Verantwortung in der globalen Ökonomie gestalten. Governanceethik und Wertemanagement. Festschrift für Josef Wieland. Marburg: Metropolis, S. 55-80.

Brink, Alexander/Bungard, Patrick (2013): Vom Shareholder-Value zum Shared Value. Gedanken über die Neuorganisation unserer Wirtschaft. In: bdvd-aktuell 121, H. 3, S. 12-14.

Coase, Ronald H. (1937): The Nature of the Firm. In: Economica 4, H. 16, S. 386-405.

Donaldson, Thomas/Dunfee, Thomas W. (1999): Ties That Bind: A Social Contracts Approach to Business Ethics. Cambridge, MA: Harvard Business School Press.

Enderle, Georges (1991): Zum Zusammenhang von Wirtschaftsethik, Unternehmensethik und Führungsethik. In: Steinmann, Horst/Löhr, Albert (Hrsg.): Unternehmensethik. Stuttgart: Schäffer-Poeschel, S. 173-187.

Europäische Kommission (2011): Eine neue EU-Strategie (2011-14) für die soziale Verantwortung der Unternehmen (CSR). Brüssel: Europäische Kommission.

Frankena, William. G. (1972): Analytische Ethik. Eine Einführung. München: DTV.

Freeman, R. Edward (1984): Strategic Management: A Stakeholder Approach. Boston, MA: Pitman.

Frey, Bruno S. (1987): Moral und ökonomische Anreize, Der Verdrängungseffekt. In: Hegselmann, Rainer/ Kliemt, Hartmut (Hrsg.): Moral und Interesse. München: Oldenbourg, S. 111-132.

Fried, Charles (1981) Contract as Promise. A Theory of Contractual Obligation. Cambridge, MA: Harvard University Press.

Fries, Anne/Brink, Alexander/Riess, Birgit (2014): Corporate Responsibility Index CRI 2013. In: Forum Wirtschaftsethik online, H. 1, S. 13-16.

Habermas, Jürgen (1981), Theorie des kommunikativen Handelns. Frankfurt a.M.: Suhrkamp.

Halfar, Bernd (1999): Geld und das System sozialer Arbeit. In: Halfar, B. Finanzierung sozialer Dienste und Einrichtungen. Baden- Baden: Nomos, S. 21-42.

Hasenfeld, Yeheskel (1992): Theoretical Approaches to Human Service Organizations. In: Hasenfeld, Yeheskel/Abbott, Andrew Delano (Hrsg.): Human Services as Complex Organizations. Newbury Park, Calif: Sage Publications, S. 3-23.

Homann, Karl (2002): Vorteile und Anreize: Zur Grundlegung einer Ethik der Zukunft. Tübingen: Mohr Siebeck.

Homann, Karl/Lütge, Christoph (2005): Einführung in die Wirtschaftsethik. Münster: LIT.

Homann, Karl/Blome-Drees, Franz (1992): Wirtschaftsethik und Unternehmensethik. Göttingen: Vandenhoeck & Ruprecht.
Kimel, Denise (2003): From Promise to Contract. Towards a Liberal Theory of Contract. Oxford: Hart Publishing.
Koslowski, Peter (1988): Prinzipien der ethischen Ökonomie. Grundlegung der Wirtschaftsethik und der auf die Ökonomie bezogenen Ethik. Tübingen: Mohr.
Kreuzer, Thomas (1999): Kontexte des Selbst. Eine theologische Rekonstruktion der hermeneutischen Anthropologie. Gütersloh: Charles Taylors.
Langer, Andreas (2017): Wirtschaft- und Unternehmensethik als Kritik der Grauzonen sozialwirtschaftlichen Moralunternehmertums. In: Grunwald, Klaus/Kolhoff, Ludger (Hrsg.): Perspektiven Sozialwirtschaft und Sozialmanagement. Springer VS. i.E.
Langer, Andreas (2012): Sozialraumorientierung und Effizienz. In: Neue Praxis 42, H. 2, S. 166-191.
Langer, Andreas (2010): Ethisch-strategische Abwägungskompetenz im professionellen Management zur Bewältigung konfligierender Stakeholder-Ansprüche. In: Theuvsen, Ludwig; Schauer, Reinbert; Gmür, Markus (Hrsg.): Stakeholder-Management in Nonprofit-Organisationen.
Theoretische Grundlagen, empirische Ergebnisse und praktische Ausgestaltungen.
9. Internationales NPO-Forschungscolloquium 2010. Georg-August Universität Göttingen 18. und 19. März 2010. Eine Dokumentation. Linz: Trauner, S. 75-90.
Langer, Andreas (2006a): Dienstleistungsorientiertes Sozialmanagement. Vertrauensgüter – Führungspersonen – Professionalisierung. In: Zeitschrift für Sozialpädagogik 4, H. 3, S. 276-304.
Langer, Andreas (2006b): Der Pfarrberuf aus wirtschaftsethischer Perspektive. In: Schmidt Heinz (2006): Ökonomie und Religion, Heidelberg, DWI. S. 219-237.
Langer, Andreas/Brink, Alexander/Eurich, Johannes/Schröder, Peter (2009): The Agency Problem and Medical Acting: An Example of Applying Economic Theory to Medical Ethics. In: Medicine, Health Care and Philosophy 12, H. 1, S. 99-108.
Lorenzen, Paul (1987): Lehrbuch der konstruktiven Wissenschaftstheorie. Mannheim: Bibliographisches Institut.
Mack, Elke (2002): Gerechtigkeit und gutes Leben. Christliche Ethik im politischen Diskurs. Paderborn: Schöningh.
Manzeschke, Arne/Brink, Alexander (2010): Versprechen, Vertrag und Supererogation in Nonprofit-Organisationen. In: Theuvsen, Ludwig/Schauer, Reinbert/Gmür, Markus (Hrsg.): Stakeholder-Management in Nonprofit-Organisationen. Theoretische Grundlagen, empirische Ergebnisse und praktische Ausgestaltungen. Linz: Trauner, S. 125-141.
Porter, Michael E./Hills, Greg/Pfitzer, Marc/Patscheke, Sonja/Hawkins, Elizabeth (2012): Measuring Shared Value, How to Unlock Value by Linking Social and Business Results, FSG. www.hbs.edu/faculty/Pages/download.aspx?name=Measuring_Shared_Value.pdf, 16.7.2017.
Priddat, Birger P. (2003): Versprechen: eine Skizze zum Verhältnis von Ökonomie und Moral. In: Breuer, Markus/Brink, Alexander/Schumann, Olaf J. (Hrsg.): Wirtschaftsethik als kritische Sozialwissenschaft. Bern: Haupt, S. 293-304.
Schein, Edgar H. (1985): Organizational Culture and Leadership. A Dynamic View. San Francisco, Calif.: Jossey-Bass Publishers.
Searle, John R. (1964): How to Derive "Ought" from "Is". In: Philosophical Review 73, H. 1, S. 43-58.
Searle, John R. (1971): What is a Speech Act? In: Searle, John R. (Hrsg.): The Philosophy of Language. Oxford: Oxford University Press, S. 30-57.
Smith, Adam (1776/1978/1996): Der Wohlstand der Nationen. Eine Untersuchung seiner Natur und seiner Ursachen, herausgegeben und übersetzt von H. C. Recktenwald. München: DTV.
Smith, Adam (1759/2004): Theorie der ethischen Gefühle. Hamburg: Meiner.
Speckbacher, Gerhard (2007): Stakeholder-orientiertes Performance-Management und Nonprofit-Governance. In: Badelt, Christoph/Meyer, Michael/Simsa, Ruth (Hrsg.): Handbuch der Non-Profit-Organisationen. Strukturen und Management. Stuttgart: Schäffer-Poeschel, S. 581-595.
Steinmann, Horst/Löhr, Albert (1994): Grundlagen der Unternehmensethik. Stuttgart: Schäffer-Poeschel.
Ulrich, Peter (2008): Integrative Wirtschaftsethik. Grundlagen einer lebensdienlichen Ökonomie, 3. Aufl.Bern: Haupt.
Ulrich, Peter (1993): Transformation der ökonomischen Vernunft. Fortschrittsperspektiven der modernen Industriegesellschaft. Bern: Haupt.
van Oosterhout, J. Hans/Heugens, Pursey/Kaptein, Muel (2006): The Internal Morality of Contracting: Advancing in the Contractualist Endeavor in Business Ethics. In: The Academy of Management Review 31, H. 3, S. 521-539.
Volz, Fritz-Rüdiger (1996): Professionelle Standards in der Sozialen Arbeit zwischen Ökonomisierung und Moralisierung. Ethische Aspekte. In: Gilde Soziale Arbeit 50, H. 1, S. 24-33.

Wieland, Josef (Hrsg.) (2004): Handbuch Wertemanagement. Hamburg: Murmann.
Wieland, Josef (1999): Die Ethik der Governance. Marburg: Metropolis.
Williamson, Oliver E. (2002): The Theory of the Firm as Governance Structure: From Choice to Contract. In: Journal of Economic Perspectives 16, H. 3, S. 171-195.

Rechts- und Organisationsformen[1]

Stefan Schick

1. Übersicht

Die Rechts- und Organisationsformen in der Sozialwirtschaft sind vielfältig. Sozialwirtschaftliche Einrichtungen werden von Wohlfahrtsverbänden, Kommunen und Kirchen ebenso unterhalten wie von privaten Dritten.

Grundsätzliche Struktur-, Finanzierungs- und Haftungsfragen stellen sich bei allen Rechts- und Organisationsformen. Sie werden deshalb vorab im Einzelnen dargestellt. Abschnitt 3. ist den privatrechtlichen Rechtsformen gewidmet, Abschnitt 4. enthält einen Überblick über die öffentlich-rechtlichen Rechts- und Organisationsformen.

2. Grundlagen

2.1 Grundprinzipien

Wesentliche Grundprinzipien aller Rechts- und Organisationsformen sind die Aufbauorganisation (Organisationsverfassung), die Finanzierung (Finanzverfassung) sowie die Haftung (Haftungsverfassung).

2.1.1 Aufbauorganisation und Organisationsverfassung

Jede Organisation benötigt eine Organisationsstruktur. Diese richtet sich nach den betriebswirtschaftlichen Vorgaben. Die Organisationsverfassung regelt satzungsmäßig die Organe des Rechtsträgers, ihre Zuständigkeit und ihre Willensbildung. Die Organisationsverfassung weist den Organen Kompetenzen und Verantwortlichkeiten zu. Dabei gilt der Grundsatz: Derjenige, der Kompetenzen hat, hat auch die entsprechende Verantwortung.

Bei den Organzuständigkeiten sind die Eigentümer-/Trägerfunktion, die Aufsichts- und die Geschäftsführungsfunktion zu unterscheiden.

Im Rahmen der *Eigentümer-/Trägerfunktion* werden grundsätzliche Fragen der Organisation, wie beispielsweise Satzungsänderungen, die Auflösung oder grundsätzliche Strukturfragen, entschieden.

Die *Aufsichts- und Beratungsfunktion* wird häufig auf ein weiteres Organ übertragen. Dieses kann rein überwachenden Charakter haben oder mit Entscheidungs- und Beratungskompetenzen ausgestattet sein.

Die *Geschäftsführung und Vertretung* obliegt der Geschäftsführung bzw. dem Vorstand nach den Vorgaben eines etwaigen Aufsichtsorgans und der Gesellschafter- bzw. Mitgliederversammlung. Die Vertretung unterscheidet sich von der Geschäftsführung darin, dass die Vertretung das Außenverhältnis und die Geschäftsführung das Innenverhältnis betrifft.

1 Der Beitrag baut auf früheren Ausführungen des Autors zu den Rechts- und Organisationsformen auf und führt diese fort (insbesondere: Schick 2014).

2.1.2 Finanzierung und Finanzverfassung

Die Finanzverfassung betrifft das zur Gründung einer bestimmten Rechtsform erforderliche Kapital und die Eigenkapitalbeschaffung von außen. Bei Kapitalgesellschaften gilt ein strenger Kapitalerhaltungsgrundsatz, der es den Organen der Gesellschaft im Hinblick auf den Gläubigerschutz verbietet, das erforderliche Mindestkapital an die Gesellschafter auszukehren. Bei rechtsfähigen Stiftungen ist – um die dauerhafte Zweckerfüllung zu sichern – das sog. Grundstockvermögen grundsätzlich in seinem Bestand zu erhalten. Einen solchen strengen Kapitalerhaltungsgrundsatz gibt es jedoch bei den anderen Rechts- und Organisationsformen nicht.

2.1.3 Haftung und Haftungsverfassung

Die Haftung der Geschäftsführer_innen/Vorstände ist grundsätzlich verschuldensabhängig. Dabei ist die Haftung von Vorstandsmitgliedern von Stiftungen und Vereinen, die ehrenamtlich tätig sind oder eine Vergütung von höchstens € 720 jährlich erhalten, auf Vorsatz und grobe Fahrlässigkeit beschränkt. Sind mehrere Geschäftsführer_innen/Vorstandsmitglieder bestellt, so sind sie grundsätzlich gemeinsam zur Geschäftsführung berechtigt und verpflichtet (Gesamtgeschäftsführungsbefugnis). Dann sind alle Geschäftsführer_innen/Vorstandsmitglieder für die ordentliche Aufgabenerfüllung verantwortlich. Diese Haftung besteht auch dann, wenn eine Zuordnung von Tätigkeits- bzw. Verantwortlichkeitsbereichen erfolgt ist. Zu einer Haftungserleichterung führen aber schriftliche Geschäftsverteilungspläne, in denen klare Aufgabenzuweisungen vorgenommen werden.

Delegieren Geschäftsführer_innen/Vorstandsmitglieder Aufgaben, so sind sie verpflichtet, funktionierende Organisationsstrukturen (Aufbauorganisation) zu schaffen, das eingesetzte Personal sorgfältig auszuwählen und zu überwachen.

Ein verschuldensunabhängiges Haftungsrisiko besteht aber für den Vorstand eines nicht rechtsfähigen Vereins. Dieser haftet generell ohne Rücksicht auf Verschulden für sämtliche Verbindlichkeiten des Vereins.

Ähnliche Grundsätze wie für die Haftung von Geschäftsführungs-/Vorstandsmitgliedern gelten für die Aufsichtsorgane. Während sich die Sorgfaltspflichten der Geschäftsführer_innen/Vorstandsmitglieder darauf beziehen, die Geschäfte der Organisation sorgfältig zu führen, besteht die Aufgabe von Aufsichtsorganen in der Überwachung der Geschäftsführung.

Eine umfassende verschuldensunabhängige Gewährträgerhaftung gibt es bei Anstalten des öffentlichen Rechts. Danach muss der Gewährträger für die Verpflichtungen der Anstalt aufkommen, falls diese finanziell nicht mehr dazu in der Lage ist.

2.2 Rechtsfähige und nicht rechtsfähige Rechts- und Organisationsformen

Rechtsfähigkeit bedeutet, dass eine Organisation Trägerin von Rechten und Pflichten sein und damit selbstständig am Rechtsverkehr teilnehmen kann.

Neben natürlichen Personen können auch Organisationen rechtsfähig sein. Man spricht dann von der sog. juristischen Person. Juristische Personen sind insbesondere die Kapitalgesellschaften, eingetragene Vereine, rechtsfähige Stiftungen, aber auch rechtsfähige Anstalten und Körperschaften des öffentlichen Rechts.

Personengesellschaften und nicht rechtsfähige Vereine können dagegen nicht selbst Träger von Rechten und Pflichten sein. Die Rechtsprechung hat sie allerdings im Hinblick auf ihre Rechtsstellung stark an die juristischer Personen angenähert.

Völlig unselbstständig sind dagegen die nicht rechtsfähigen (unselbstständigen) Stiftungen: Hierbei handelt es sich um Sondervermögen, die im Eigentum eines anderen, des sog. Stiftungsträgers, stehen. Der Stiftungsträger verwaltet das Vermögen und handelt für dieses im Außenverhältnis im eigenen Namen.

2.3 Gesellschaften, Vereine und Stiftungen im Überblick

Kennzeichnend für eine Gesellschaft (Personen- oder Kapitalgesellschaft) ist, dass sich eine oder mehrere Personen zur Verfolgung eines gemeinsamen Zwecks zusammenschließen. Weiteres Grundcharakteristikum ist, dass die beteiligten Personen Gesellschaftsanteile haben. Diese sind grundsätzlich vererblich und übertragbar.

Im Gegensatz zur Gesellschaft handelt es sich bei Vereinen zwar auch um den Zusammenschluss von Personen. Diese haben aber keine Anteile. Wie bei der Gesellschaft gibt es damit zwar ebenfalls Mitgliedschaftsrechte, diese sind aber grundsätzlich nicht übertragbar.

Die Rechtsform der Stiftung kennt dagegen weder Gesellschafter_innen noch Mitglieder. Sie wird charakterisiert durch die Wesensmerkmale Zweck, Organisation und ein zur Zweckverwirklichung ausreichendes Vermögen.

3. Privatrechtliche Rechts- und Organisationsformen

Die privatrechtlichen Rechts- und Organisationsformen lassen sich unterteilen in Personen- und Kapitalgesellschaften, nicht rechtsfähige und eingetragene Vereine sowie nicht rechtsfähige (unselbstständige) und rechtsfähige Stiftungen. Daneben werden Sozialunternehmen aber auch als Einzelunternehmen – von Kaufleuten, aber auch Freiberufler_innen – geführt.

3.1 Personen- und Kapitalgesellschaften

Während Personengesellschaften Zusammenschlüsse einzelner Personen als Vertragsverhältnis sind, steht bei Kapitalgesellschaften die „Mitgliedschaft" im Vordergrund. Vor allem GmbHs sind aber oft auf wenige Gesellschafter ausgelegt, so dass dieser Unterschied in der Praxis von geringer Bedeutung ist.

3.1.1 Personengesellschaften

Bei den Personengesellschaften ist in der Sozialwirtschaft die in den §§ 705ff. BGB geregelte Gesellschaft bürgerlichen Rechts (GbR) von wesentlicher Bedeutung.

Die GbR ist ein Zusammenschluss von Personen zu einem gemeinsamen Zweck. Die Anforderungen sind sehr gering. Sie kann formlos und teilweise auch ungewollt durch das Zusammenwirken von Partner_innen, insbesondere im Rahmen von Kooperationen, entstehen. Nach dem gesetzlichen Leitbild sind bei ihr grundsätzlich alle Gesellschafter gesamtgeschäftsführungs-

und -vertretungsberechtigt. D.h., dass alle gemeinsam handeln müssen. Dies ist abdingbar und wird auch in der Praxis regelmäßig abbedungen.

Neben den gesetzlich oder vertraglich geregelten Rechten und Pflichten der Gesellschafter_innen gilt die sog. gesellschafterliche Treuepflicht. Danach schulden sich die Gesellschafter_innen untereinander ein Verhalten, das sich am Gesellschaftsinteresse, aber auch an den schutzwerten Interessen der Mitgesellschafter_innen orientiert.

Im Gesellschaftsvertrag werden in der Regel die Kündigung der Gesellschaft, die Übertragbarkeit der Anteile und die Auflösung der Gesellschaft geregelt. Bei der Ausgestaltung des Kündigungsrechts ist zu beachten, dass das außerordentliche Kündigungsrecht aus wichtigem Grund nicht ausgeschlossen werden kann.

Die GbR benötigt kein Mindestkapital; allerdings haften die Gesellschafter_innen grundsätzlich uneingeschränkt mit ihrem ganzen Vermögen.

3.1.2 Kapitalgesellschaften

Die GmbH ist im GmbH-Gesetz (GmbHG), die Aktiengesellschaft (AG) im Aktiengesetz (AktG) geregelt.

Die gesetzliche Organisationsverfassung der GmbH enthält klare Entscheidungsstrukturen und Kompetenzabgrenzungen, die einer flexiblen Führung entgegenkommen. Sie bietet ferner den Vorteil, dass von den gesetzlichen Vorgaben abgewichen werden kann: Neben Geschäftsführung und Gesellschafterversammlung können z.B. weitere Organe geschaffen werden. Außerdem ist eine Steuerung durch Weisungen der Gesellschafterversammlung möglich.

Im Gegensatz zur GmbH sind AG und Genossenschaft in der Sozialwirtschaft von nur untergeordneter Bedeutung. Sie werden deshalb nachfolgend nur kurz dargestellt.

Die *GmbH* ist eine aus einem oder mehreren Gesellschafter_innen bestehende Gesellschaft mit eigener Rechtspersönlichkeit, deren Stammkapital in Geschäftsanteile zerlegt ist.

Die gemeinnützige GmbH ist keine eigene Rechtsform: Sie ist eine GmbH, die die gemeinnützigkeitsrechtlichen Anforderungen erfüllt.

Das Stammkapital muss mindestens € 25.000,– betragen und kann in Form einer Bar- oder Sacheinlage erbracht werden. Eine Bareinlage liegt vor, wenn sich der/die Gesellschafter_in verpflichtet, die Einlage durch Einzahlung eines Geldbetrags zu leisten. Von einer Sacheinlage spricht man, wenn sich der/die Gesellschafter_in verpflichtet, Sachen oder Rechte auf die Gesellschaft zu übertragen.

Daneben kann eine GmbH auch im vereinfachten Verfahren gegründet werden, wenn ein gesetzlich vorgegebener Gesellschaftsvertrag verwendet wird, von dem nicht abgewichen werden darf. Ferner kann eine GmbH mit einem geringeren Kapital als € 25.000,– als *Unternehmergesellschaft (haftungsbeschränkt)* gegründet werden. Dann muss ¼ des um einen Verlustvortrag aus dem Vorjahr geminderten Jahresüberschusses in eine gesetzliche Rücklage eingestellt werden. Sie muss anstelle des Rechtsformzusatzes „GmbH“ die Bezeichnung „Unternehmergesellschaft (haftungsbeschränkt)“ oder „UG (haftungsbeschränkt)“ führen.

Gleichzeitig mit der Errichtung der Gesellschaft ist bzw. sind ein/e oder mehrere Geschäftsführer_innen zu bestellen.

Bei der Bestellung von Geschäftsführer_innen ist auch zu entscheiden, ob diese von den Beschränkungen des Selbstkontrahierungsverbots befreit sein sollen (§ 181 BGB). Das Selbstkontrahierungsverbot verbietet es einem/einer Geschäftsführer_in, zugleich im eigenen Namen und als Geschäftsführer_in für die GmbH zu handeln. Entsprechendes gilt, wenn der/die Geschäftsführer_in für die GmbH und einen anderen Rechtsträger handeln soll. Verschiedene Zuwendungsgeber machen ihre Förderung davon abhängig, dass die Geschäftsführer_innen nicht von den Beschränkungen des § 181 BGB befreit werden.

Von der Geschäftsführerbestellung zu unterscheiden ist die Anstellung. Die Bestellung betrifft die Rechtsstellung des/der Geschäftsführer_in zur Führung der Geschäfte und die Vertretung der Gesellschaft, die Anstellung seine/ihre dienstrechtlichen Rechtsbeziehungen zur Gesellschaft.

Zwingende Organe einer GmbH sind Geschäftsführung und Gesellschafterversammlung. Ein Aufsichtsrat ist nur zu bilden, wenn die Gesellschaft mehr als 500 Arbeitnehmer_innen beschäftigt und keinen Tendenzschutz genießt (dazu im Einzelnen noch unten).

Geschäftsführer_in einer GmbH kann – im Gegensatz zu Vereinen und Stiftungen – nur eine natürliche Person sein. Nicht Geschäftsführer_in kann sein, wer u.a. unter gesetzlicher Betreuung steht, wegen einer in § 6 Abs. 2 GmbHG genannten Straftat verurteilt oder mit einem Berufsverbot belegt wurde.

Da sich ein/e Entscheidungsträger_in nicht selbst überwachen kann, kann ein/e Geschäftsführer_in nicht gleichzeitig Mitglied eines auf freiwilliger Basis gebildeten, überwachenden Aufsichtsrats sein.

Von der Vertretung der Gesellschaft im Außenverhältnis ist die Geschäftsführung im Innenverhältnis zu unterscheiden. Nimmt ein/eine Geschäftsführer_in ein Rechtsgeschäft vor, das seine/ihre Kompetenzen überschreitet, so ist der Vertrag grundsätzlich wirksam. Der/die Geschäftsführer_in kann sich aber schadensersatzpflichtig machen.

Der/die Geschäftsführer_in ist grundsätzlich der Gesellschaft und damit vor allem der Gesellschafterversammlung gegenüber verantwortlich. Sofern der Gesellschaftsvertrag keine gegenteilige Regelung enthält, ist die Gesellschafterversammlung gegenüber dem/der Geschäftsführer_in grundsätzlich weisungsberechtigt.

Während die Geschäftsführer_innen für die Führung der laufenden Geschäfte zuständig sind, obliegen der Gesellschafterversammlung die Grundentscheidungen. Die Befugnisse der Gesellschafterversammlung sind allumfassend. Nur die Außenvertretung der Gesellschaft kann nicht auf sie übertragen werden.

Beschlüsse werden in der Regel in Gesellschafterversammlungen gefasst. Der Gesellschaftsvertrag kann aber auch Abstimmungen im Umlaufverfahren, telefonische Abstimmungen oder Abstimmungen im Wege der elektronischen Medien, wie z.B. in Videokonferenzen, vorsehen. Teilnahmeberechtigt sind auch solche Gesellschafter_innen, die nicht stimmberechtigt sind.

In der Regel richtet sich das Stimmrecht nach der Höhe der Beteiligung des Gesellschafters/der Gesellschafterin. Im Gesellschaftsvertrag können aber abweichende Regelungen getroffen werden (Stimmrechtsausschluss, Mehrstimmrechte).

Beschlüsse werden in der Regel mit einfacher Stimmenmehrheit gefasst. Für ganz gravierende Beschlüsse ist grundsätzlich eine qualifizierte Mehrheit, in der Regel eine Mehrheit von drei Vierteln der abgegebenen Stimmen, erforderlich.

Im Gegensatz zur Aktiengesellschaft, bei der ein Aufsichtsrat zwingend vorgeschrieben ist, kann die Organisationsverfassung einer GmbH grundsätzlich frei ausgestaltet werden. Ein mitbestimmter Aufsichtsrat ist nach dem Drittelbeteiligungsgesetz bzw. dem Mitbestimmungsgesetz nur dann zu bilden, wenn die Gesellschaft mehr als 500 Arbeitnehmer_innen beschäftigt und keinen Tendenzschutz genießt.

Tendenzschutz genießt die GmbH, wenn sie z.B. karitative oder kirchliche Zwecke verfolgt. Sind diese Voraussetzungen nicht erfüllt, so muss der Aufsichtsrat bei mehr als 500 Arbeitnehmer_innen zu einem Drittel, bei mehr als 2.000 Arbeitnehmer_innen zur Hälfte aus Arbeitnehmervertretern bestehen (sog. paritätische Mitbestimmung).

Bei der *Finanzverfassung* der GmbH steht die Kapitalsicherung im Vordergrund. Sie lässt sich unterteilen in Kapitalaufbringung und Kapitalerhaltung.

Die Kapitalerhaltung ist insbesondere in den §§ 30 ff. GmbHG geregelt. Danach darf an die Gesellschafter_innen das zur Erhaltung des Stammkapitals erforderliche Vermögen nicht ausbezahlt werden. Dazu zählen nicht nur offene Gewinnausschüttungen, sondern auch Auszahlungen an den/die Gesellschafter_in, denen keine entsprechende Gegenleistung des/r Gesellschafter_in gegenübersteht.

Darlehen, die Gesellschafter_innen gewährt haben, können erst nach Befriedigung aller anderen Gläubiger_innen zurückverlangt werden. Entsprechendes gilt für Sicherheiten eines/r Gesellschafter_in, die diese/r zugunsten der Gesellschaft gewährt.

Die Zuführung von Eigenkapital kann durch Gesellschafterzuschüsse ohne förmliche Kapitalerhöhung oder durch förmliche Kapitalerhöhung erfolgen. Im Einzelnen unterscheidet man bei der förmlichen Kapitalerhöhung die effektive Kapitalerhöhung – bei ihr werden zusätzliche Einlagen in das Vermögen der Gesellschaft geleistet – und die nominelle Kapitalerhöhung, auch Kapitalerhöhung aus Gesellschaftsmitteln genannt. Bei ihr werden Rücklagen, die in der Bilanz (als Eigenkapital) ausgewiesen sind, in förmliches Stammkapital (gezeichnetes Kapital) umgewandelt.

Die *Haftungsverfassung* der GmbH betrifft zunächst die Geschäftsführer_innen und ihre Sorgfaltspflicht (§ 43 GmbHG): Danach haben die Geschäftsführer_innen die Sorgfalt eines ordentlichen Geschäftsmannes anzuwenden. Weisungen der Gesellschafterversammlung, die für die Gesellschaft nachteilig sind, müssen sie ausführen, sie müssen darauf aber hinweisen. Verstoßen sie gegen ihre Sorgfaltspflicht, haften sie persönlich.

Daneben kann in seltenen Fällen eine Außenhaftung gegenüber Dritten bestehen, vor allem bei Verletzung der Insolvenzantragspflicht und bei Verletzung steuerlicher Pflichten.

Die *AG* unterscheidet sich von der GmbH insbesondere darin, dass das AktG für bestimmte Strukturfragen Vorgaben enthält, von denen nicht abgewichen werden kann. Dies betrifft insbesondere die Regelungen über den Aufsichtsrat und die Kompetenzverteilung zwischen den Gesellschaftsorganen. So ist bei der AG zwingend ein Aufsichtsrat zu bilden.

Der Vorstand ist für die Führung der laufenden Geschäfte zuständig. Er wird für vier Jahre vom Aufsichtsrat bestellt und ist von Weisungen des Aufsichtsrats unabhängig. Die Satzung kann aber vorsehen, dass der Vorstand vor der Durchführung bestimmter Maßnahmen die Zustimmung des Aufsichtsrats einholen muss.

Dem Aufsichtsrat obliegt die Überwachung des Vorstands. Ihm können keine Weisungsrechte gegenüber dem Vorstand in Geschäftsführungsfragen übertragen werden. Er hat damit eine sehr starke, von den anderen Gesellschaftsorganen unabhängige Stellung.

Auch die Hauptversammlung hat keine Weisungsrechte gegenüber Vorstand und Aufsichtsrat.

Die eingetragene *Genossenschaft* ist eine rechtsfähige Körperschaft, die die Förderung des Erwerbs oder der Wirtschaft ihrer Mitglieder oder deren sozialer oder kultureller Belange durch einen gemeinschaftlichen Geschäftsbetrieb zum Gegenstand hat und deren Mitgliederzahl nicht geschlossen ist. Mit ihrer Eintragung in das Genossenschaftsregister erlangt sie die Rechtsstellung einer „eingetragenen Genossenschaft" (e.G.). Dadurch wird sie juristische Person und gleichzeitig Vollkaufmann. Für die Verbindlichkeiten haftet den Gläubiger_innen das Vermögen der Genossenschaft.

Die Gründung erfolgt durch eine von mindestens drei Mitgliedern schriftlich abgefasste Satzung. Sie hat u.a. die Firma, den Sitz, den Gegenstand des Unternehmens, Regelungen über etwaige Nachschusspflichten, die Höhe der Einlagen, Rücklagen für Verluste und Einberufungsformalitäten der Generalversammlung zu enthalten.

Die Mitgliedschaft wird durch Gründung oder schriftlichen Beitritt erworben. Eine Kapitaleinlage ist nicht vorgeschrieben. Es ist auch möglich, die Einlagen ausschließlich als Sacheinlagen zu erbringen. Die Pflichtbeteiligung (Mindestbeteiligung) muss für alle Mitglieder gleich hoch sein.

Die Genossenschaft wird durch den aus mindestens zwei Mitgliedern bestehenden Vorstand, der von der Generalversammlung bestellt und abberufen wird, vertreten.

Der Aufsichtsrat hat den Vorstand zu überwachen. Er besteht aus mindestens drei Mitgliedern und wird von der Generalversammlung gewählt. Bei Genossenschaften mit bis zu 20 Mitgliedern kann auf die Einrichtung eines Aufsichtsrats verzichtet werden.

Die Rechte der Mitglieder bestehen primär in der Teilnahme an den wirtschaftlichen Vorteilen aus der Genossenschaftsführung. Etwaige Jahresüberschüsse werden im ersten Jahr nach den geleisteten Einlagen, später nach dem Verhältnis der Geschäftsguthaben verteilt.

Oberstes Organ der Genossenschaft ist die Generalversammlung. Sie beschließt über Satzungsänderungen sowie die Auflösung und kann dem Vorstand Weisungen erteilen. Die Generalversammlung beschließt grundsätzlich mit einfacher Mehrheit. Bei Satzungsänderungen, Abberufung von Aufsichtsratsmitgliedern und Auflösung der Genossenschaft ist eine 3/4-Mehrheit der erschienenen Mitglieder nötig.

Durch das Gesetz zum Bürokratieabbau und zur Förderung der Transparenz bei Genossenschaften wurden im Sommer 2017 Erleichterungen für Kleinstgenossenschaften in das Genossenschaftsgesetz aufgenommen, die die Attraktivität der Genossenschaft für derartige unternehmerische Initiativen, z.B. für Dorfläden, erhöhen soll. Sie betreffen vor allem Prüfungspflichten und die Verpflichtung zur Mitgliedschaft in einem genossenschaftlichen Prüfungsverband.

3.2 Vereine

3.2.1 Begriff und Arten des Vereins

Nach einer gängigen Definition ist ein Verein ein auf eine gewisse Dauer angelegter, körperschaftlich organisierter Zusammenschluss einer Anzahl von Personen, die ein gemeinschaftliches Ziel verfolgen. Körperschaftliche Struktur bedeutet, dass der Verein grundsätzlich auf einen wechselnden Mitgliederbestand ausgelegt ist. Er besteht auch nach einem Mitgliederwechsel grundsätzlich unverändert fort. Darin unterscheidet sich der Verein von der Gesellschaft, die ein gesellschaftsrechtliches Rechtsverhältnis unter bestimmten Personen ist.

Bei den Vereinen unterscheidet man nach der Zwecksetzung den Idealverein vom wirtschaftlichen Verein. Der wirtschaftliche Verein ist dadurch gekennzeichnet, dass sein Zweck auf einen wirtschaftlichen Geschäftsbetrieb gerichtet ist. Er wird nach § 22 BGB nur durch staatliche Verleihung rechtsfähig.

Des Weiteren unterscheidet man, bezogen auf die Rechtsfähigkeit, den nicht rechtsfähigen Verein und den eingetragenen Verein (rechtsfähigen Verein).

3.2.2 Für alle Vereine geltende Grundlagen

Das Vereinsrecht ist in den §§ 21 bis 79 BGB geregelt. Die allgemeinen Bestimmungen der §§ 21 bis 53 BGB gelten – soweit sie nicht speziell die Rechtsfähigkeit voraussetzen – für alle Vereine, §§ 55 bis 79 BGB nur für eingetragene Vereine.

Das BGB enthält keine Regelungen, unter welchen Voraussetzungen und in welcher Form Mitglieder in den Verein aufgenommen werden und wieder aus dem Verein ausscheiden. § 58 Nr. 1 BGB bestimmt für den eingetragenen Verein lediglich, dass die Satzung eine Regelung über den Eintritt und Austritt von Mitgliedern enthalten soll. Eine solche Bestimmung ist auch für die Satzung eines nicht rechtsfähigen Vereins zu empfehlen.

Die Satzung kann die Aufnahme in den Verein vom Vorliegen weiterer Voraussetzungen abhängig machen, z.B. nur natürliche Personen als Mitglieder zulassen oder eine bestimmte Berufs- oder Konfessionszugehörigkeit vorschreiben. Der Antragsteller hat grundsätzlich keinen Anspruch auf Aufnahme in den Verein.

Das Recht zum Austritt aus dem Verein ist – für alle Vereine – in § 39 BGB ausdrücklich geregelt. Das Gesetz stellt aber lediglich fest, dass die Mitglieder zum Austritt aus dem Verein berechtigt sind. Nach § 39 Abs. 2 BGB kann die Satzung bestimmen, dass er erst zum Ende eines Geschäftsjahres oder unter Einhaltung einer Kündigungsfrist von höchstens zwei Jahren möglich ist. Ein fristloser Austritt aus wichtigem Grund kommt im Hinblick auf diese, relativ kurze Kündigungsfrist im Regelfall nicht in Betracht.

Daneben können Mitglieder aus dem Verein ausgeschlossen werden, wenn dafür ein wichtiger Grund vorliegt, insbesondere wenn das Mitglied in schwerwiegender Weise oder dauerhaft seine Pflichten verletzt. Insoweit ist eine satzungsmäßige Regelung erforderlich und in der Praxis üblich.

Hauptpflichten der Mitglieder sind die Beitragspflicht und die Pflicht zu loyalem Verhalten gegenüber dem Verein und seinen Mitgliedern (Treuepflicht).

Hauptrechte der Mitglieder sind das Stimmrecht in der Mitgliederversammlung, das Recht, die Einberufung einer außerordentlichen Mitgliederversammlung verlangen zu können, wenn das Verlangen von mindestens 10% der Mitglieder geltend gemacht wird (§ 37 BGB), und das Recht auf Gleichbehandlung aller Mitglieder.

Für die Ausgestaltung der *Organisationsverfassung* besteht ein weiter Spielraum bei allen Vereinen. Zwingend erforderlich sind nur ein Vorstand, der den Verein vertritt, und die Mitgliederversammlung, die das wesentliche Vereinsgeschehen bestimmt.

Vorstand kann jede geschäftsfähige, natürliche oder juristische Person sein. Die Vorstandsmitglieder werden in der Regel durch die Mitgliederversammlung gewählt (§ 27 Abs. 1 BGB). In der Satzung kann aber vorgesehen werden, dass ein anderes Vereinsorgan für ihre Wahl zuständig ist (§ 40 BGB).

Bei jedem Verein ist die Bestellung des Vorstands grundsätzlich jederzeit widerruflich. Abweichende Satzungsregelungen sind möglich, doch kann die Abberufung aus wichtigem Grund nie ausgeschlossen werden.

Besteht zwischen dem Verein und dem Vorstand ein Arbeits- oder Dienstvertrag, so richten sich die beidseitigen Pflichten nach diesem. Wird ein haupt- oder nebenberufliches Vorstandsmitglied vor Beendigung seines Arbeits- oder Dienstvertrags abberufen, so können ihm Ansprüche auf Vergütung und Schadensersatz zustehen. Dies gilt nicht, wenn für seine Abberufung ein wichtiger Grund vorliegt, für den das Vorstandsmitglied verantwortlich ist.

Besteht zwischen dem Vorstand und dem Verein kein Arbeits- oder Dienstvertrag, so gilt für das Rechtsverhältnis Auftragsrecht (§ 27 Abs. 3 i.V.m. §§ 664 bis 670 BGB). Der Vorstand ist grundsätzlich an Weisungen (in der Regel der Mitgliederversammlung) gebunden, und ihm steht nach § 670 BGB ein Anspruch auf Ersatz seiner Aufwendungen zu. Soll der Vorstand eine Vergütung erhalten, so muss dies ausdrücklich in der Satzung vorgesehen sein (siehe § 27 Abs. 3 S. 2 BGB).

Kernaufgaben des Vorstands sind die Vertretung des Vereins (§ 26 BGB, zwingend) und die Führung der laufenden Geschäfte.

Vor allem für Großvereine von Bedeutung ist die Regelung des § 30 BGB. Danach kann durch die Satzung bestimmt werden, dass neben dem Vorstand für gewisse Geschäfte besondere Vertreter zu bestellen sind. Nach der gesetzlichen Regelung erstreckt sich die Vertretungsmacht des besonderen Vertreters im Zweifel auf alle Rechtsgeschäfte, die der ihm zugewiesene Geschäftskreis gewöhnlich mit sich bringt.

Neben dem Vorstand verfügt ein Verein zwingend über die Mitgliederversammlung als weiteres Organ. Die Mitgliederversammlung ist für die Regelung aller Angelegenheiten des Vereins zuständig (§ 32 Abs. 1 BGB). Das BGB enthält umfassende Regelungen über die Zuständigkeit und die Willensbildung der Mitgliederversammlung, die jedoch in weitem Umfang durch die Satzung abweichend geregelt werden können.

Die Mitgliederversammlung ist aber zwingend zuständig für Satzungsänderungen und die Auflösung des Vereins.

Für Beschlüsse, die eine Änderung der Satzung zum Gegenstand haben, ist nach § 33 BGB eine ¾-Mehrheit der erschienenen Mitglieder erforderlich. Allerdings kann die Satzung eine höhere oder niedrigere Mehrheit vorsehen.

Nach § 33 Abs. 1 S. 2 BGB bedürfen Zweckänderungen der Zustimmung aller, auch der nicht erschienenen Mitglieder. Die Vereinssatzung kann allerdings auch andere Mehrheiten für Zweckänderungen vorschreiben.

In der Gestaltungspraxis werden neben den beiden Organen Vorstand und Mitgliederversammlung häufig weitere Organe gebildet.

Hinsichtlich der *Finanzverfassung* ist zu beachten, dass (eingetragene wie nichtrechtsfähige) Vereine kein Mindestkapital benötigen.

Hauptfinanzierungsquellen von Vereinen sind Mitgliedsbeiträge und Mitgliederumlagen, Spenden, Entgelte aus Zweckbetrieben und wirtschaftlichen Geschäftsbetrieben und Zuschüsse.

Bei eingetragenen Vereinen soll die Satzung Regelungen darüber enthalten, ob und welche Beiträge von den Mitgliedern zu leisten sind (§ 58 Nr. 2 BGB). Für den nicht rechtsfähigen Verein empfehlen sich entsprechende Regelungen.

Spenden unterscheiden sich von den Mitgliedsbeiträgen darin, dass sie freiwillig und unentgeltlich erfolgen.

Zweckbetriebe im Sinne des Vereinsrechts sind wirtschaftliche Aktivitäten, mit denen der Verein seinen ideellen Vereinszweck verfolgt und die damit dem Vereinszweck dienen.

Wirtschaftliche Geschäftsbetriebe sind nur zulässig, wenn der Zweck des Vereins insgesamt nicht auf einen wirtschaftlichen Geschäftsbetrieb gerichtet ist.

In den letzten Jahren heftig umstritten war die Frage, wann der Zweck auf einen wirtschaftlichen Geschäftsbetrieb gerichtet ist. Allgemein anerkannt war und ist, dass ein wirtschaftlicher Geschäftsbetrieb, der sich dem ideellen Zweck unterordnet und ihn nur unterstützt, für die Anerkennung als Idealverein unschädlich ist (sog. Nebenzweckprivileg). Dabei ist der Begriff des wirtschaftlichen Geschäftsbetriebs i.S.d. Vereinsrechts nicht mit dem des Gemeinnützigkeitsrechts identisch. Teilweise wurde Vereinen, die Kitas betreiben, die Eintragung in das Vereinsregister verwehrt. Inzwischen hat der BGH mit Beschluss vom 16. Mai 2017 (Az: II ZB 7/16) entschieden, dass die Anerkennung eines Vereins als gemeinnützig i.S.d. §§ 51 ff. AO Indizwirkung dafür hat, dass er nicht auf einen wirtschaftlichen Geschäftsbetrieb gerichtet ist und in das Vereinsregister eingetragen werden kann.

Insbesondere in der Sozialwirtschaft sind für die Finanzierung ferner öffentliche Zuschüsse, vor allem zur Finanzierung von Investitionen, von erheblicher Bedeutung.

Im Gegensatz zur Kapitalgesellschaft enthält das Gesetz keine ausdrücklichen Vorschriften über die Rechnungslegung bei Vereinen. Die generelle Verpflichtung zur Rechnungslegung wird aus § 259 BGB abgeleitet. Dieser verpflichtet denjenigen, der fremdes Vermögen verwaltet und/ oder fremde Geschäfte besorgt, zur Aufzeichnung von Einnahmen und Ausgaben.

Da die Vorstandsmitglieder eines nicht rechtsfähigen und eines eingetragenen Vereins unter sehr unterschiedlichen Voraussetzungen haften, werden die damit zusammenhängenden Fragen bei den Besonderheiten nicht rechtsfähiger und eingetragener Vereine näher dargestellt.

Vereine können durch Zeitablauf oder einen Beschluss der Mitgliederversammlung aufgelöst werden. Für einen solchen Beschluss der Mitgliederversammlung ist nach § 41 BGB grundsätzlich eine Mehrheit von ¾ der erschienenen Mitglieder erforderlich.

Durch die *Auflösung des Vereins* wird er zum Liquidationsverein. Dies bedeutet, dass der Verein als solcher zwar fortbesteht, sein Zweck aber nur noch auf eine Abwicklung der vorhandenen Verträge und Schulden sowie die Versilberung seines Vermögens gerichtet ist. Nach Abschluss der Liquidation ist das verbleibende Vermögen auf den/die sog. Anfallberechtigte/n zu übertragen. Als Anfallrecht bezeichnet man die Rechtsstellung der natürlichen oder juristischen Person, die das nach der Liquidation verbleibende Vermögen erhalten soll. Während der Liquidation wird der Verein durch die Liquidatoren vertreten.

Die Auflösung des Vereins ist öffentlich bekannt zu machen. Das Vermögen des Vereins darf erst nach Ablauf eines Jahres, gerechnet ab der Bekanntmachung der Auflösung, auf den/die Anfallberechtigte/n übertragen werden (sog. Sperrjahr).

3.2.3 Besonderheiten bei eingetragenen Vereinen

Idealvereine werden mit ihrer Eintragung in das Vereinsregister rechtsfähig (§ 22 BGB). Bis zu ihrer Eintragung sind sie nicht rechtsfähige Vereine (sog. Vorvereine). Die in dieser Zeit für den Vorverein begründeten Rechte und Pflichten gehen mit der Eintragung in das Vereinsregister ohne Weiteres auf den eingetragenen Verein über.

Der Verein soll mindestens sieben Mitglieder haben (§ 56 BGB). Sinkt die Mitgliederzahl nach der Eintragung unter sieben, so hat dies zunächst keine rechtlichen Folgen. Hat der Verein weniger als drei Mitglieder, so ist ihm nach § 73 BGB durch das Amtsgericht die Rechtsfähigkeit zu entziehen. Verfügt der Verein über keine Mitglieder mehr, so erlischt er ohne Weiteres.

Zwingende Mindestanforderungen an die Vereinssatzung sind (§ 57 BGB) der Zweck, der Name, der Sitz des Vereins und die Tatsache, dass der Verein in das Vereinsregister eingetragen werden soll.

Die Vereinssatzung ‚soll' Bestimmungen enthalten über den Ein- und Austritt von Mitgliedern, darüber, ob und welche Beiträge von den Mitgliedern zu leisten sind, über die Bildung des Vorstands und über die Voraussetzungen, unter denen die Mitgliederversammlung einzuberufen ist, über die Form der Einberufung und über die Dokumentation der Beschlüsse (§ 58).

Satzungsänderungen werden erst mit ihrer Eintragung in das Vereinsregister wirksam.

Außer durch die Entziehung der Rechtsfähigkeit wird der Verein durch Auflösungsbeschluss und Eröffnung des Insolvenzverfahrens aufgelöst.

Einem Verein kann nach § 43 BGB die Rechtsfähigkeit entzogen werden, wenn er durch einen gesetzwidrigen Beschluss der Mitgliederversammlung oder durch gesetzwidriges Verhalten des Vorstandes das Gemeinwohl gefährdet. Die Entziehung der Rechtsfähigkeit ist auch möglich, wenn der Zweck eines Vereins nach seiner Satzung nicht auf einen wirtschaftlichen Geschäftsbetrieb gerichtet ist, der Verein aber einen wirtschaftlichen Geschäftsbetrieb verfolgt. Dann ist er zu liquidieren. Er kann auch nicht als nicht rechtsfähiger Verein fortgeführt werden.

Die Auflösung von Vereinen erfolgt in der Regel durch einen Auflösungsbeschluss, der von der Mitgliederversammlung gefasst wird. Seine Auflösung, die Liquidatoren und ihre Vertretungsbefugnis sind zur Eintragung in das Vereinsregister anzumelden (§§ 74, 76 BGB).

Mitglieder eines eingetragenen Vereins haften nicht für dessen Schulden. Die Vorstandsmitglieder sowie für den Verein handelnde Mitglieder haften grundsätzlich nur bei Verschulden, sofern sie ehrenamtlich tätig sind oder eine Vergütung von nicht mehr als € 720,– jährlich erhalten, nur bei Vorsatz und grober Fahrlässigkeit.

3.2.4 Besonderheiten bei nicht rechtsfähigen Vereinen

Auch für den nicht rechtsfähigen Verein gelten die allgemeinen Bestimmungen des Vereinsrechts – soweit diese nicht stillschweigend die Rechtsfähigkeit voraussetzen. Unbestritten ist auch, dass die *Mitglieder* eines nicht rechtsfähigen Idealvereins entgegen der Regelung in § 54 BGB nicht mit ihrem eigenen Vermögen unbeschränkt persönlich haften.

Dagegen haftet nach § 54 BGB aus einem Rechtsgeschäft, das im Namen eines nicht rechtsfähigen Vereins einem Dritten gegenüber vorgenommen wird, der/die *Handelnde* (z.B. ein Vorstandsmitglied) persönlich ohne Rücksicht auf Verschulden.

3.3 Stiftungen

Die Stiftung bildet zusammen mit der (gemeinnützigen) GmbH und dem Verein die in der Sozialwirtschaft am häufigsten vorkommende Rechtsform.

Die Grundzüge des Stiftungsrechts sind für die rechtsfähige Stiftung in den §§ 80ff. BGB festgelegt. Die Landesstiftungsgesetze regeln das Verfahren der stiftungsrechtlichen Anerkennung und die Stiftungsaufsicht.

3.3.1 Begriff und Arten der Stiftung

Nach einer gängigen Definition ist eine Stiftung eine Organisation, die bestimmte, durch ein Stiftungsgeschäft festgelegte Zwecke mithilfe eines Vermögens verfolgt, das diesen Zwecken dauernd gewidmet ist. Damit unterscheidet sich die Stiftung von Gesellschaften und Vereinen dadurch, dass es bei der Stiftung keine Gesellschafter_innen oder Mitglieder gibt. Man unterscheidet Stiftungen in rechtsfähige und nicht rechtsfähige (unselbstständige) Stiftungen sowie in Stiftungen des privaten (bürgerlichen) und des öffentlichen Rechts.

Besonderheiten gibt es bei kommunalen und kirchlichen Stiftungen des bürgerlichen Rechts.

3.3.2 Die rechtsfähige Stiftung

Die rechtsfähige Stiftung kann selbst Trägerin von Rechten und Pflichten sein. Ihre Errichtung richtet sich nach den §§ 80ff. BGB in Verbindung mit dem jeweils geltenden Landesgesetz.

Ein zentraler Grundsatz des gesamten Stiftungsrechts ist die Maßgeblichkeit des Stifterwillens. Dieser ist bei der Auslegung der Stiftungssatzung und bei der tatsächlichen Geschäftsführung durch die Stiftungsorgane zu beachten. Gibt es keine Dokumentationen zum Stifterwillen, so ist zu klären, was der/die Stifter_in gewollt hätte, wenn sich für ihn/sie die Problematik gestellt hätte (mutmaßlicher Stifterwille).

Im Stiftungsgeschäft bzw. der Stiftungssatzung muss der *Zweck der Stiftung* festgelegt werden. Die staatliche Anerkennung kann einer Stiftung nur erteilt werden, wenn der Stiftungszweck auf Dauer angelegt ist. Nach § 80 Abs. 2 BGB ist diese Voraussetzung bei Stiftungen, deren Vermögen zum Verbrauch bestimmt ist, erfüllt, wenn die Stiftung voraussichtlich mindestens zehn Jahre besteht. Bei der Wahl des Stiftungszwecks ist der/die Stifter_in grundsätzlich frei.

Die Erträge des *Stiftungsvermögens* müssen grundsätzlich zur Verwirklichung des Stiftungszwecks ausreichen und damit den dauerhaften Bestand der Stiftung sichern. Eine ausdrückliche gesetzliche Ausnahme enthält § 80 Abs. 2 BGB für sog. Verbrauchsstiftungen.

Allgemeingültige Aussagen, welches Vermögen im Einzelfall erforderlich ist, lassen sich nicht treffen: Die Höhe des erforderlichen Stiftungsvermögens ist vom Stiftungszweck abhängig. Je anspruchsvoller der Stiftungszweck ist, desto höher ist das erforderliche Vermögen. Reicht das Vermögen zur Errichtung einer rechtsfähigen Stiftung nicht aus, kommen als Alternativen die Gründung einer nicht rechtsfähigen Stiftung, einer GmbH oder eines eingetragenen Vereins in Betracht.

Die *Stiftungsorganisation* verwaltet das Stiftungsvermögen und sorgt dafür, dass mit den Erträgen der Stiftungszweck verwirklicht wird. Die erforderliche Stiftungsorganisation ist vom Stiftungszweck und dem vorhandenen Vermögen abhängig. Die Organisation einer Stiftung, die eine Einrichtung unterhält, muss anders strukturiert sein als die einer Förderstiftung, die lediglich Kapital verwaltet, aus den Kapitalerträgen andere Einrichtungen unterstützt und darüber hinaus ggf. Spenden einwirbt. Hinsichtlich der Stiftungsorganisation besteht ein weiter Gestaltungsspielraum.

Rechtsfähige Stiftungen können von natürlichen Personen unter Lebenden oder von Todes wegen sowie durch juristische Personen und Personengesellschaften errichtet werden.

Die *Errichtung einer Stiftung* setzt ein sogenanntes Stiftungsgeschäft, das unter Lebenden oder durch ein Testament bzw. einen Erbvertrag vorgenommen werden kann, und die staatliche Anerkennung voraus.

Im Stiftungsgeschäft erklärt der/die Stifter_in, eine rechtsfähige Stiftung zu errichten. Der/die Stifter_in widmet damit von ihm/ihr zur Verfügung gestelltes Vermögen auf Dauer dem/den von ihm/ihr vorgegebenen Zweck(en). Außerdem sind Name, Sitz, Zweck, Vermögen und Organe der Stiftung anzugeben (§ 81 Abs. 1 BGB).

Daneben muss bzw. soll noch eine Stiftungssatzung errichtet werden, die – über die Anforderungen an das Stiftungsgeschäft hinausgehend – weitere Regelungen enthalten muss.

Die *Errichtung von Stiftungen unter Lebenden* bedarf grundsätzlich nur der Schriftform.

Bei *Errichtung einer Stiftung von Todes wegen* sind die Formvorschriften einzuhalten, die bei Errichtung eines Testaments oder Erbvertrags zu beachten sind.

Die *stiftungsrechtliche Anerkennung* erfolgt aufgrund eines Antrags, den die Stifter_innen selbst, ihre Vertreter_innen, ihre Testamentsvollstrecker_innen oder ihre Erb_innen bei der Stiftungsbehörde stellen.

Nach § 80 Abs. 2 BGB ist eine Stiftung als rechtsfähig anzuerkennen, wenn das Stiftungsgeschäft den Anforderungen des § 81 Abs. 1 BGB genügt, die dauernde und nachhaltige Erfüllung des Stiftungszwecks gesichert erscheint und der Stiftungszweck das Gemeinwohl nicht gefährdet.

Mit der Anerkennung der Stiftung entsteht die Stiftung als juristische Person (§ 80 Abs. 1 BGB). Gleichzeitig erwirbt sie einen Rechtsanspruch gegen den/die Stifter_in auf Übertragung des zugesagten Vermögens (§ 82 S. 1 BGB). Die Anerkennung wird wirksam mit ihrer Bekanntgabe an den Stiftungsvorstand oder den/die Antragsteller_in.

Soweit im Errichtungsverfahren die Organe noch nicht bestellt wurden, sind sie jetzt zu bestellen.

Mit der Anerkennung verselbstständigt sich die Stiftung vom/von der Stifter_in. Dies bedeutet, dass der/die Stifter_in grundsätzlich keine Möglichkeit mehr hat, auf die Stiftung einzuwirken. Er/sie kann sich allerdings bestimmte Rechte vorbehalten. Diese dürfen aber nicht so weit gehen, dass der/die Stifter_in von außen die laufenden Geschäfte der Stiftung steuert. Dies schließt aber nicht aus, dass sich der/die Stifter_in selbst die Mitgliedschaft in den Stiftungsorganen vorbehält.

§ 86 BGB verweist für die *Organisation der Stiftungen* im Wesentlichen auf das Vereinsrecht. Insoweit besteht jedoch eine relativ große Gestaltungsfreiheit.

Alle Landesstiftungsgesetze sehen vor, dass das *Stiftungsvermögen grundsätzlich in seinem Bestand zu erhalten* ist. Dies gilt nur dann nicht, wenn die Stiftungssatzung eine Ausnahme zulässt oder der Stifterwille nicht anders zu verwirklichen ist.

Der Bestandserhaltungsgrundsatz hat zur Folge, dass der Stiftungszweck grundsätzlich nur mit den Erträgen des Stiftungsvermögens erfüllt werden darf. Entnahmen aus dem Stiftungsvermögen sind nur im Ausnahmefall oder bei sog. Verbrauchsstiftungen möglich.

Bei der Anlage des Stiftungsvermögens sind die Sicherheit und die Rendite der Kapitalanlage sowie die Sicherung der Liquidität der Stiftung zu beachten:

Diese Eckpunkte stehen in einem Spannungsverhältnis. Denn häufig wird eine hohe Rendite durch eine spekulative Anlage erzielt, die ein hohes Risiko in sich birgt. Eine längerfristige Anlage kann eine höhere Rendite versprechen. Gleichzeitig muss aber die Liquidität (Zahlungsfähigkeit) der Stiftung stets gesichert sein.

Die *Stiftungsaufsicht* ist nach den Landesstiftungsgesetzen als reine Rechtsaufsicht ausgestaltet. Die Stiftungsaufsicht hat dabei zu überwachen, dass die Stiftungsorgane die Gesetze, die Satzung und den Stifterwillen einhalten. Sie ist berechtigt, sich über die Angelegenheiten der Stiftung zu informieren. Daneben bestehen besondere Mitteilungs- und Anzeigepflichten. Die Einzelheiten sind in den Landesstiftungsgesetzen geregelt.

Diese regeln oft, wann Satzungsänderungen zulässig sind. Zu empfehlen ist eine Regelung darüber in der Stiftungssatzung. Diese darf allerdings nicht dazu führen, dass insbesondere der Stiftungszweck willkürlich und ohne Weiteres geändert werden kann. Sofern das betreffende Landesstiftungsgesetz keine generelle Ermächtigung enthält und auch die Satzung dies nicht regelt, kann die Stiftungssatzung nur unter den Voraussetzungen des § 87 BGB (Unmöglichkeit der Zweckerfüllung, Gemeinwohlgefährdung) durch die Stiftungsbehörde geändert werden.

Stiftungen können durch die Stiftungsaufsichtsbehörde aufgelöst (aufgehoben) werden. Die *Auflösung* erfolgt dadurch, dass die Stiftungsbehörde der Stiftung durch Verwaltungsakt die Rechtsfähigkeit entzieht. Dies ist grundsätzlich nur möglich, wenn der Zweck der Stiftung nicht mehr verwirklicht werden kann.

3.3.3 Nicht rechtsfähige (unselbstständige) Stiftungen

Im Gegensatz zu den rechtsfähigen Stiftungen, die als solche Träger von Rechten und Pflichten sein können, steht das Vermögen einer nicht rechtsfähigen Stiftung im Eigentum des Stiftungsträgers.

Während die rechtsfähige Stiftung im Bürgerlichen Gesetzbuch und in den Landesstiftungsgesetzen ausführlich geregelt ist, enthält das BGB keine Regelungen für die nicht rechtsfähige Stiftung. Wie rechtsfähige Stiftungen so können auch nicht rechtsfähige Stiftungen zu Lebzeiten des/r Stifter_in oder testamentarisch bzw. erbvertraglich errichtet werden. In allen Fällen ist es aber erforderlich, dass der/die Stifter_in das Stiftungsvermögen auf einen anderen überträgt. Es reicht also die Erklärung des/der Stifter_in nicht aus, das in seinem/ihrem Eigentum verbleibende Vermögen als nicht rechtsfähige Stiftung verwalten zu wollen. Stiftungsträger kann jede natürliche oder juristische Person sein.

Eine zu Lebzeiten des/der Stifter_in errichtete Stiftung kann – je nach Ausgestaltung – aufgrund einer Art Treuhandverhältnis (treuhänderische oder fiduziarische Stiftung, Regelfall) oder als Schenkung unter Auflage errichtet werden. Für die treuhänderische Stiftung gilt ergänzend Auftragsrecht, für die als Schenkung unter Auflage errichtete Schenkungsrecht.

Für die Errichtung einer nicht rechtsfähigen Stiftung durch Testament oder Erbvertrag gilt dagegen das Erbrecht: Es handelt sich dann entweder um eine Erbeinsetzung unter Auflage oder ein Vermächtnis unter Auflage.

Für die nicht rechtsfähige Stiftung handelt im Rechtsverkehr der Stiftungsträger. Er hat damit die gleiche Funktion wie der Vorstand einer rechtsfähigen Stiftung. Im Übrigen kann der/die Stifter_in im Stiftungsgeschäft (Vertrag mit dem Stiftungsträger) bzw. Testament oder Erbvertrag die Organisationsverfassung frei regeln. In der Regel gibt der/die Stifter_in auch einer nicht rechtsfähigen Stiftung eine Satzung. Nicht rechtsfähige Stiftungen, die gemeinnützig sein sollen, benötigen aus steuerlichen Gründen eine Satzung, die die gemeinnützigkeitsrechtlichen Anforderungen erfüllt.

4. Öffentlich-rechtliche Rechts- und Organisationsformen

Öffentlich-rechtliche Rechts- und Organisationsformen sind in der Sozialwirtschaft von großer Bedeutung. So unterhalten zahlreiche Kommunen und Kirchen Krankenhäuser und Pflegeeinrichtungen. Teilweise betreiben sie diese unmittelbar als Teil der eigenen Verwaltung in der rechtlich und organisatorisch weitgehend unselbstständigen Organisationsform des Regiebetriebs, teilweise in der rechtlich unselbstständigen, aber organisatorisch verselbstständigten Organisationsform des Eigenbetriebs.

Im kommunalen und kirchlichen Bereich sind weiterhin Stiftungen öffentlichen Rechts, die sozialwirtschaftliche Einrichtungen betreiben, von Bedeutung. Ob es sich im Einzelfall um eine Stiftung des bürgerlichen Rechts oder eine solche des öffentlichen Rechts handelt, ist häufig nicht eindeutig und oft nur auf historische Entwicklungen zurückzuführen.

Einige Bundesländer sehen in ihren Kommunalverfassungen/Gemeindeordnungen vor, dass Städte und Gemeinden auch rechtlich selbstständige Anstalten (Kommunalanstalten) errichten können. Auch diese sind in der Sozialwirtschaft von Bedeutung.

Da das Kommunalrecht Landesrecht ist und sich die rechtliche Struktur von Anstalten des öffentlichen Rechts, die vom Bund oder einem Land errichtet wurden, nach dem jeweiligen Errichtungsgesetz richtet, können nachfolgend nur die Grundlagen dargestellt werden.

4.1 Stiftungen des öffentlichen Rechts

Die Wesensmerkmale der Stiftung des öffentlichen Rechts entsprechen denen der Stiftung des bürgerlichen Rechts.

Eine Stiftung des öffentlichen Rechts liegt vor, wenn sie durch staatlichen Hoheitsakt als Stiftung des öffentlichen Rechts errichtet oder anerkannt wurde, wenn sie über einen sehr langen Zeitraum als Stiftung des öffentlichen Rechts behandelt wurde oder in das Verwaltungssystem eingegliedert ist. Bei neuen Stiftungen ergibt sich ihr Charakter als Stiftung des öffentlichen Rechts bereits aus der Errichtung oder staatlichen Anerkennung. Ein entsprechender Hoheitsakt kann insbesondere auf einem Errichtungsgesetz beruhen.

Für Stiftungen des öffentlichen Rechts und ihre Verwaltung gelten die Stiftungssatzung, die Landesstiftungsgesetze und ggf. ergänzend anwendbares Kommunal- oder Kirchenrecht. Die Bestimmungen des BGB finden keine unmittelbare Anwendung.

Zur Organisationsverfassung von Stiftungen des öffentlichen Rechts kann auf die Ausführungen zu den Stiftungen privaten Rechts verwiesen werden. Da Stiftungen des öffentlichen Rechts im Regelfall sehr eng an die öffentliche Verwaltung angebunden sind, gehören den Führungsorganen der Stiftung häufig ausschließlich Vertreter der Verwaltung bzw. der Gremien an.

4.2 Anstalten des öffentlichen Rechts einschließlich Kommunalanstalten

Die Stiftung ist dadurch charakterisiert, dass sie mit einem Vermögen einen Zweck verfolgt. Demgegenüber sind Anstalten des öffentlichen Rechts nach einer gängigen Definition von einem Hoheitsträger getragene, kraft öffentlichen Rechts gegründete, mit eigenem Personal versehene, nicht mitgliedschaftlich strukturierte Organisationen, die der Erfüllung sachlich zusammenhängender öffentlicher Zwecke dienen.

Damit ist die Anstalt des öffentlichen Rechts vor allem dadurch gekennzeichnet, dass sie Benutzer_innen hat. Wie die Stiftung so hat auch die Anstalt weder Anteilseigner_innen noch Mitglieder. Im Vergleich zwischen Stiftung und Anstalt lässt sich damit sagen, dass die Stiftung durch das erforderliche Vermögen, die Anstalt dagegen durch ein Benutzerverhältnis gekennzeichnet ist. Beide Rechtsformen lassen sich häufig schwer voneinander abgrenzen.

Anstalten des öffentlichen Rechts können nur durch ein Gesetz oder aufgrund eines Gesetzes errichtet werden. So sehen verschiedene Kommunalverfassungen vor, dass der Gemeinderat die Gründung einer Kommunalanstalt beschließen kann. Für die Anstalt des öffentlichen Rechts gelten ihre Satzung, das Gesetz, durch das oder aufgrund dessen sie errichtet wurde, sowie die jeweils einschlägigen verwaltungsrechtlichen Bestimmungen.

Anstalten des öffentlichen Rechts werden in der Regel von einem Vorstand geführt, der die Anstalt vertritt. Daneben wird ein zweites Organ (Verwaltungs- oder Aufsichtsrat) gebildet. Dieses überwacht den Vorstand und trifft wesentliche Entscheidungen.

4.3 Körperschaften des öffentlichen Rechts

Die Körperschaft des öffentlichen Rechts ist eine von einem Hoheitsträger getragene, kraft öffentlichen Rechts gegründete, mitgliedschaftlich strukturierte Organisation, die der Erfüllung sachlich zusammenhängender öffentlicher Zwecke dient. Dabei unterscheidet man Gebietskörperschaften und sonstige Körperschaften.

Gebietskörperschaften sind insbesondere der Bund, die Länder, die Stadt- und Landkreise und die Gemeinden. Ihnen gehören die Bewohner_innen eines bestimmten Gebiets gewissermaßen als Mitglied an.

Wie die Anstalt des öffentlichen Rechts, so wird auch die Körperschaft des öffentlichen Rechts durch ein Gesetz oder aufgrund eines Gesetzes errichtet. Dort und in ergänzend erlassenen Satzungen wird die Organisation geregelt.

Die Körperschaft des öffentlichen Rechts unterscheidet sich von der Stiftung und der Anstalt des öffentlichen Rechts darin, dass bei ihr weder das Vermögen (wie bei der Stiftung des öffentlichen Rechts) noch ein Benutzerverhältnis (wie bei der Anstalt des öffentlichen Rechts), sondern ein Mitgliedschaftsverhältnis im Vordergrund steht.

Körperschaften des öffentlichen Rechts können Betriebe und Einrichtungen unmittelbar als Teil der Verwaltung oder aber rechtlich unselbstständig, organisatorisch verselbstständigt betreiben. Besondere Regelungen gelten im kommunalen Bereich. Dabei ist aber zu beachten, dass das Kommunalrecht Landesrecht ist und die Einzelheiten gesetzlich unterschiedlich geregelt sind.

Kommunale Organisationsformen sind der Regiebetrieb und der Eigenbetrieb.

Der *Regiebetrieb* ist ein rechtlich, organisatorisch und wirtschaftlich unselbstständiger Teil der Kommunalverwaltung. Seine Verwaltung wird durch den Rechtsträger, dessen Teil er ist, geregelt.

Er hat keine eigenen Organe. Alle Einnahmen und Ausgaben sind Teil des allgemeinen Haushalts. Das eingesetzte Personal ist in den allgemeinen Stellenplan eingebunden. Für das Personal gilt das allgemeine Dienstrecht des Trägers.

Betreibt die Kommune im Rahmen eines Regiebetriebs ein Krankenhaus oder eine Pflegeeinrichtung, so sind ergänzend die sozialrechtlichen Vorgaben zu beachten. Diese führen insbesondere im Hinblick auf die Rechnungslegung zu einer gewissen Verselbstständigung gegenüber dem kommunalen Haushalt, die aber die Selbstständigkeit des Eigenbetriebs nicht erreicht.

Der *Eigenbetrieb* ist rechtlich ein Teil der allgemeinen Hoheitsverwaltung. Im Gegensatz zum Regiebetrieb ist er aber organisatorisch verselbstständigt: Er ist als Sondervermögen zu behandeln, das gesondert vom übrigen Kommunalhaushalt zu verwalten und auszuweisen ist, und verfügt über eine eigene Kassen- und Kreditwirtschaft sowie eine eigene Buchführung. Für ihn ist eine eigenständige Wirtschafts-, Erfolgs-, Finanz- und Vermögensplanung aufzustellen.

Eigenbetriebe werden durch Beschluss der zuständigen Hauptorgane der Kommune errichtet. Grundlage dafür bildet das jeweilige Eigenbetriebsgesetz in Verbindung mit den Ausführungsbestimmungen dazu. In der ebenfalls zu erlassenden Satzung wird auch die Organisationsverfassung festgelegt.

Der Eigenbetrieb wird durch eine Betriebsleitung verwaltet. Diese wickelt die laufenden Geschäfte der Kommune, soweit sie den Eigenbetrieb betreffen, ab.

Daneben wird in der Regel ein Betriebsausschuss eingerichtet. Ihm obliegt die Mitwirkung in grundsätzlichen Geschäftsführungsfragen. Er ist im Regelfall ein beschließender Ausschuss des Gemeinderats oder Kreistags. Die Zuständigkeiten von Betriebsleitung und Betriebsausschuss sind in den jeweiligen Landesgesetzen und in der Eigenbetriebssatzung geregelt.

Ergänzend bestehen Zuständigkeiten des/r gesetzlichen Vertreter_in der Kommune zur Wahrung der Einheitlichkeit der Verwaltung sowie des Hauptorgans bei ganz gravierenden Maßnahmen.

5. Literatur

Burhoff, Detlef (2014): Vereinsrecht. 9. Aufl., Herne: NWB.
Campenhausen, Axel Freiherr von/Richter, Andreas (2014): Stiftungsrechts-Handbuch. 4. Aufl., München: C.H.Beck.
Reichert, Bernhard/Dauernheim, Jörg/Schimke, Martin (2016): Handbuch Vereins- und Verbandsrecht. 13. Aufl., Köln: Luchterhand.
Sauter, Eugen/Schweyer, Gerhard/Waldner, Wolfram (2016): Der eingetragene Verein. 20. Aufl., München: C.H.Beck.
Schick, Stefan (2012): Rechtliche und steuerliche Grundlagen in der Sozialwirtschaft. Baden-Baden: Nomos UTB.
Schick, Stefan (2014): Rechts- und Organisationsformen. In Arnold, Ulli/Grunwald, Klaus/Maelicke, Bernd (Hrsg.): Lehrbuch der Sozialwirtschaft. 4., erw. Aufl., Baden-Baden: Nomos, S. 546-584.
Stöber, Kurt/Otto, Dirk-Ulrich (2016): Handbuch zum Vereinsrecht. 11. Aufl., Köln: Otto Schmidt.

Spitzenverbände der Wohlfahrtspflege im Transformationsprozess zu sozialwirtschaftlichen Organisationen

Karl-Heinz Boeßenecker

Freigemeinnützige Wohlfahrtsverbände sind nach ihrem aktuellen Selbstverständnis ein substanzieller Teil der demokratischen und sozialstaatlich verfassten Sozialordnung der Bundesrepublik Deutschland (Spiegelhalter 1990; BAGFW 2002). Hieraus folgende Aufgabenwahrnehmungen, Formen von Arbeitsteilung und Zuständigkeiten zwischen staatlichen Behörden und Wohlfahrtsverbänden basieren nicht zuletzt deshalb auf einer öffentlichen Subventionierung und weitgehend sozialgesetzlich geregelten Refinanzierung ihrer Leistungen. Ordnungspolitisch ist diese Ausgangslage keineswegs unumstritten (Monopolkommission 1998), was nicht nur den geschichtlichen Wurzeln und Entwicklung dieser Organisationen geschuldet ist, sondern ebenfalls ihrem ambivalenten Verhältnis gegenüber Markt und Staat. Der nachfolgende Beitrag fokussiert den letztgenannten Aspekt, sozialgeschichtliche Bezüge bleiben hierbei aus Platzgründen unberücksichtigt.

Eingebettet in einen korporatistisch verfassten Wohlfahrtsstaat agierten die in der Bundesarbeitsgemeinschaft der freien Wohlfahrtspflege (BAGFW) repräsentierten Spitzenverbände bis Ende der 1980er Jahre im Rahmen verlässlicher, kalkulierbarer und organisationssichernder Handlungsstrukturen (hier auch Jüster in diesem Band). Im Kontext umfassender sozialstaatlicher Reformen durchliefen Caritas, Diakonie, AWO, Paritätischer Wohlfahrtsverband, Rotes Kreuz und Jüdischer Wohlfahrtsverband, wenn auch in unterschiedlicher Weise, einen Wachstums- und Veränderungsprozess, der sich über mehrere Jahrzehnte nahezu konkurrenzlos vollzog (Boeßenecker 2005). Erst mit Beginn der 1990er Jahre führten sozialpolitisch neue Stellschrauben zu einer deutlichen Erosion dieser historisch gewachsenen Unikatfunktion der deutschen Spitzenverbände. Neue Wettbewerber und Akteure wurden mit wachsendem Gewicht innerhalb eines boomenden Sozialmarktes aktiv. Gleichwohl dominieren die Spitzenverbände der freien Wohlfahrtspflege – wenn auch nicht mehr unangefochten – in weiten Bereichen den Markt sozialer Dienstleistungen. Insbesondere als Teil kirchlicher Organisationsstrukturen und damit einhergehender Zwecke verfügen sie zudem über verfassungsrechtliche Schutzgarantien und Ressourcenzugänge, die anderen Organisationen nicht oder nur sehr eingeschränkt zugänglich sind (Grundgesetz, Artikel 123 und Artikel 140).

Mit Beginn der 1990er Jahre differenziert sich das wohlfahrtsverbandliche Organisationsbiotop weiter aus; neue Musterungen zeichnen sich hierbei ab und erfordern empirische Neuvermessungen. Trotz bestehender Validitätsprobleme können mehrere Befunde konstatiert werden (Boeßenecker/Vilain 2013):

Erstens: Bis Mitte der 1960er Jahre war die freie Wohlfahrtspflege ein volkswirtschaftlich gesehen marginalisierter Sektor. Weitgehend unbeachtet von den Human- und Sozialwissenschaften fristete sie im Biotop weltanschaulich eingebundener Organisationen ein Eigenleben, geprägt durch ein Selbstverständnis als selbstlose, uneigennützige Hilfe für bedürftige und ratsuchende Menschen. Mit Ausnahme des jüdischen Verbandes sind die Wohlfahrtsverbände heute bedeutsame Arbeitgeber und Dienstleister. Sie repräsentieren und dominieren einen Wirtschaftssektor, der gleichermaßen volkswirtschaftlich und infrastrukturell von hoher Relevanz ist. In diesem Veränderungsprozess entwickeln sich die Träger und ihre Einrichtungen immer stärker zu professionell geführten Sozialunternehmen; der sich hierbei herausbildende sozialwirtschaftliche Sektor bleibt gleichwohl hinsichtlich seiner Strukturen und inhaltlichen Optionen diffus.

Zweitens: Der Transformationsprozess zu sozialwirtschaftlichen Unternehmen und Organisationen verläuft keineswegs linear. Deutlich unterscheiden sich die Entwicklungen großer eigenständiger Rechtsträger von jenen der Dachverbände und deren Einrichtungen. Letztere sind immer noch durch hochgradig zersplitterte und weitgehend rechtlich selbstständige Untergliederungen und Einrichtungsträger geprägt. Was fortwirkt sind Relikte aus der Entstehungsphase der deutschen Wohlfahrtspflege im 19. und beginnenden 20. Jahrhundert. Bei den kirchlichen Verbänden gehen die Wurzeln weit früher zurück. Diese organisatorischen Zersplitterungen sind ein wesentlicher Hemmschuh im stattfindenden Modernisierungsprozess. Atomisierung und Zersplitterung blockieren in weiten Bereichen eine zeitgemäße und bedarfsorientierte Ausgestaltung sozialer Dienstleistungen in Deutschland.

Drittens: Neue Dienstleistungsstrukturen entwickeln sich vor allem im Gesundheits- und Pflegesektor. Dies zeigt sich nicht nur am Bereinigungsprozess der ehemals mehrere Tausend bestehenden Krankenkassen, sondern wird ebenfalls durch die Entwicklung neuer Trägerschaften und neuer Dienstleistungsstrukturen belegt. Der Gesundheitssektor hat in vielen Bereichen Trendsetterfunktion für den gesamten Sozialmarkt. Schon fast an der Tagesordnung ist die Bildung von größeren Verbundsystemen, sind freundliche und feindliche Übernahmen. Findige Firmenideen und Neugründungen stehen neben zahlreichen Insolvenzen und Betriebsschließungen. Die Formalziele ‚Generierung von Gewinnen' und ‚Sicherung und Ausweitung der Marktanteile' werden hierbei ökonomisch pragmatisch, ideologisch unverkrampft und mit sozialpolitisch blutleeren Konzepten verfolgt. Die Gefahr ist groß, dass sich formalzielorientierte Optionen auch in anderen Bereichen des Sozialsektors durchsetzen und sachzielbestimmte Optionen verdrängen.

Viertens: Die veränderten Rahmenbedingungen sind von hoher Komplexität und keineswegs nur von singulären Faktoren bestimmt. Die Spitzenverbände und ihre Mitgliedsorganisationen reagieren hierauf inzwischen nicht mehr nur abwehrend und ausschließlich reaktiv. Eingeleitet sind binnenorganisatorische Modernisierungsprozesse, die fast alle Verbandsebenen betreffen. Die Folgen: Gemeinnützige Verbände alter Prägung durchlaufen immer stärker eine unternehmensrechtliche Strukturanpassung. Auch das Angebots- und Wettbewerbsverhalten verändert sich: Die neuen Sozialunternehmen konkurrieren wesentlich bedarfsnaher und unideologischer um Kund_innen, Klient_innen und Marktanteile. Parallel hierzu finden strategische Neuorientierungen statt: Sie verweisen auf einen Ausstieg aus dem Korsett der früheren „freien Wohlfahrtspflege" und einen Einstieg in ein sektorales, sozialwirtschaftliches Verständnis sozialer Dienstleistungsproduktion.

Fünftens: Trotz aller Modernisierungsschritte bleiben die Wohlfahrtsverbände gleichwohl protektionistisch in doppelter Weise in alten Strukturen gefangen. Zum einen vollziehen sich Reformprozesse innerhalb der jeweiligen Verbände sehr zögerlich, meist erst nach ökonomisch schmerzhaften Erfahrungen. In der Regel begrenzen sich ihre Wirkungen auf den Handlungsrahmen innerhalb der jeweiligen Dachverbände, ohne darüber hinausreichende Kooperationsformen anzustreben. Zum anderen führt die Erkenntnis und Gewissheit, sich nicht mehr auf traditionelle Milieus und Klientengruppen und dies innerhalb regional abgeschotteter Claims begrenzen zu können, keineswegs automatisch zu einer neuen thematisch oder problemfokussierten Ausgestaltung der sozialen Infrastruktur. Nicht nur die Beharrungstendenzen föderaler

Organisationen sind hierbei ein blockierendes Element, sondern ebenso auch die lobbyistisch weitgehend erfolgreiche Verteidigung des deutschen Subsidiaritätsmodells bei der Ausgestaltung der europäischen Dienstleistungsrichtlinie.

Die vorgenannten Befunde werden im Folgenden näher belegt.

1. Von der volkswirtschaftlichen Randstellung zum relevanten Marktakteur

Waren in den 1960er Jahren noch deutlich weniger als 100.000 Menschen in der Wohlfahrtspflege hauptberuflich beschäftigt, so sind dies inzwischen knapp 1,5 Millionen Personen.

Arbeitsmarkt Sozial- und Gesundheitswirtschaft 1950–2012				
	Freie Wohlfahrtspflege (BAGFW)		Sozial- und Gesundheitsdienste (BGW)	
	Beschäftigte	Betriebe / Org.	Versicherte (bis 1990 nur VZ-Besch.)	Betriebe
1950	67.000		333.884	90.459
1960	96.000		685.707	188.230
1970	382.000		922.597	191.503
1981	593.000		1.513.219	208.144
1990	751.000		1.925.155	294.709
1994	1.000.000		5.047.508	394.186
2004	1.415.000	> 120.000	5.870.792	504.239
2008	>1.500.000	> 102.000	6.328.019	551.826
2012	> 1.600.000	> 105.000		
Abkürzungen: BAGFW – Bundesarbeitsgemeinschaft der Freien Wohlfahrtspflege; BGW – Berufsgenossenschaft für Gesundheitsdienst und Wohlfahrtspflege; VZ – Vollzeit				

Tab. 1: Arbeitsmarkt Sozial- und Gesundheitswirtschaft 1950-2012 (eigene Darstellung)

Inzwischen von hoher Relevanz ist der Beitrag der Wohlfahrtspflege zur volkswirtschaftlichen Leistung. So zum Beispiel belaufen sich die jährlichen Arbeitsleistungen auf > 50 Mrd. Euro, umfasst das in diesem Bereich gebildete Gesamtvolumen der Einkommen ca. 4,5 % der volkswirtschaftlichen Lohnsumme, liegt der jährliche Umsatz des Gesundheitssektors bei über 250 Mrd. Euro, was einem Anteil am BSP von > 11 % entspricht. Trotz vieler Veränderungen sind die von Wohlfahrtsverbänden bereitgestellten Dienstleistungen überwiegend aus einem Mix von öffentlichen Bezuschussungen und Leistungsentgelten refinanziert. Die Belastung der öffentlichen Haushalte wird als exorbitant empfunden und nötigt die Politik zu eingreifenden Kostendämpfungsstrategien.

In mehr als 130.000 Einrichtungen erbringen die in der „freien“ Wohlfahrtspflege Beschäftigten verschiedenste soziale Dienstleistungen. Das Gros dieser Mitarbeitenden ist – folgt man

Der Arbeitsmarkt Sozial- und Gesundheitswirtschaft 2008/2009					
	Unterneh-men Betriebe	Arbeitneh-mer	in VZ-Äqui-va-lente	Ehrenamt-liche	1 €-Kräfte
– BAGFW	102.293	1.541.829	708.523	> 2,5 Mio	k.A.
– BGW	53.752	2.500.264	1.717.219	811.968	154.065
– DW	13.226	744.939	501.583	197.048	40.761
– CV	12.809	730.027	482.444	210.609	20.975
– AWO	4.303	165.610	110.587	44.476	12.334
– ZWST	-	-	-	-	-
– Andere	9.485	151.175	102.321	96.819	17.647
– BGW Unternehmenszahl enthält nicht die Anzahl der Betriebsstätten – Umrechnungsfakor für VZ-Arbeitsplätze: 1.570 Std./Jahr					

Tab. 2: Der Arbeitsmarkt Sozial- und Gesundheitswirtschaft 2008/2009 (eigene Darstellung)

„Freie Wohlfahrtspflege" – Beschäftigte nach Arbeitsfeldern und Einrichtungstypen				
Arbeitsfeld	Stationär	Besch.	Ambulant	Besch.
Gesundheitshilfe	1.286	347.043	7.481	392.188
Jugendhilfe	4.530	59.013	33.837	303.937
Familienhilfe	654	4.929	3.916	26.377
Altenhilfe	7.361	312.241	10.690	132.736
Behindertenhilfe	6.432	155.842	10.014	161.111
Hilfen für bes. soz. Situationen / Weitere Hilfen	2.875	28.006	15.869	71.767
Aus/Fort/Weiterbildung *	1.636	25.714		
Insgesamt	24.774	932.788	81.807	1.088.116
* im Bereich Aus-, Fort- und Weiterbildung ist eine Differenzierung nach stationären und ambulanten Einrichtungen nicht möglich.				

Tab. 3: „Freie Wohlfahrtspflege" – Beschäftigte nach Arbeitsfeldern und Einrichtungstypen (eigene Darstellung)

den Angaben der BAGFW Gesamtstatistik 2012 (BAGFW 2014) – in den Bereichen Gesundheitshilfe, Altenhilfe und Jugendhilfe tätig.

Der Arbeitsmarkt Wohlfahrtspflege ist zusätzlich geprägt durch eine multifaktorale Problemlage: überwiegend beschäftigt sind hier Frauen (> 70%), sie repräsentieren vor allem das Gros der Teilzeitstellen (> 41%), in ihrer Mehrheit sind sie fachschulmäßig qualifiziert (> 80%) und last but not least operativ eingebunden in kleinbetriebliche Unternehmensstrukturen (durchschnittliche Betriebsgröße je nach Arbeitsfeld zwischen 3,6 und 44,3 Beschäftigte).

Deutlich wird: Seit den 1960er Jahren befindet sich die Wohlfahrtspflege auf Wachstumskurs; sie hat sich zu einem eigenständigen und volkswirtschaftlichen Marktsektor entwickelt. Im Zuge dieser Entwicklung haben sich auch traditionelle Kooperations- und Beziehungsmuster zwischen den Leistungserbringern und den öffentlichen Zuwendungsgebern, zwischen den Anbietern und Nutzern sozialer Dienste gründlich verändert. Was erodiert sind die bisherigen korporatistischen Arrangements samt ihrer paternalistischen, asymmetrischen Beziehungen gegenüber dem Gros der Klient_innen und Nutzer_innen.

2. Atomisierte Verbändestrukturen als Reformblockaden

Oftmals wird die freie Wohlfahrtspflege mit großen Konzernen verglichen. Das liegt nicht zuletzt an der Veröffentlichungspraxis über das Ausmaß der eigenen Einrichtungen und der beschäftigten Mitarbeiter_innen.

Inlandbeschäftigte in Vollzeitstellen 2010			
DCV	rd. 507.000	Volkswagen	rd. 152.300
DW	rd. 444.000	Daimler	rd. 164.000
AWO	rd. 145.000	Siemens	rd. 128.000
Paritätischer	rd. 500.000	Deutsche Telekom	rd. 76.500

Tab. 4: Inlandbeschäftigte in Vollzeitstellen 2010 (eigene Darstellung)

So kommt es dann leicht zu der Schlussfolgerung, die Wohlfahrtsverbände seien gewichtigere Unternehmen und Arbeitsmarktakteure als die Automobilindustrie oder andere for-profit geprägte Wirtschaftsbereiche. Dieser Eindruck ist allerdings ein Trugbild, an dem die Verbände bisher eifrig mitgewirkt haben, zum Teil immer noch mitwirken. Dass hinter der äußerlichen Fassade zusammengefasster Zahlenwerke jedoch eine heterogene Welt zahlreicher Organisationen existiert, die aufgrund ihres hohen Autonomiegrades bestenfalls dachverbandlich untereinander und miteinander verbunden sind, ohne von den jeweiligen „Zentralen" substanziell gesteuert werden zu können, wird durch solche Vergleiche eher verdeckt als transparent vermittelt.

Hinzu kommt: Der Aufbau der Verbände ist keineswegs einheitlich. Je nach historischer Herkunft und weltanschaulicher Ausrichtung sind die Spitzenverbände eher durch zentralistische oder föderative Prinzipien geprägt. Verbandszentralen haben hierbei keineswegs die ihnen oftmals unterstellte Fähigkeit, auf die jeweiligen Mitgliedsorganisationen überhaupt einzuwirken. Sieht man einmal von arbeitsrechtlichen Vorgaben ab, so gilt dies selbst für die konfessionellen Spitzenverbände. Das Ganze wird noch überlagert durch gebietskörperschaftlich unterschiedliche Zuständigkeiten. Der bundesrepublikanische Föderalismus gilt hierbei nur eingeschränkt für die Spitzenverbände. Bei den konfessionellen Verbänden bestehen z.T. gebietskörperschaftliche Regelungen, die auf die Neuordnung Europas während des Wiener Kongresses 1814/15 zurückzuführen sind. Und ebenso ein Relikt aus der Frühzeit der Wohlfahrtsverbände sind ortsverbandliche Zuständigkeiten, die den damaligen Lebens-, Wohn- und Arbeitsverhältnissen entsprachen, jedoch angesichts der heutigen sozialkulturellen und ökonomischen Bedingungen für die sozialräumliche Ausgestaltung sozialer Dienstleistungen kaum noch tauglich sind. Der Befund: Regionale und organisatorische Unübersichtlichkeit ist ein Systemmerkmal der deut-

Spitzenverbände in Deutschland 2010		
Deutscher Caritasverband e.V. – DCV	27	Diözesan-Caritasverbände
	6	Landes-Caritasverbände
	18	Fachverbände
	262	Ordensgemeinschaften
	rd. 25.000	Einrichtungen > 507.000 Beschäftigte
Diakonisches Werk	22	Landeskirchliche DW
der EKD e.V. – DW	9	Freikirchliche DW
	81	Fachverbände
	13	Ordensgemeinschaften
	rd. 28.000	Einrichtungen > 440.000 Beschäftigte
Arbeiterwohlfahrt Bundesverband e.V. – AWO	29	Bezirks- und Landesverbände
	480	Kreisverbände
(401.000 Mitglieder)	3.800	Ortsvereine
	> 800	korporative Mitglieder
	> 14.000	Einrichtungen > 158.000 Beschäftigte
Deutscher Paritätischer Wohlfahrtsverband e.V.	15	Landesverbände
	> 10.000	Mitgliedsorganisationen
– DPW	160	korporative Mitglieder
	280	Kreisgeschäftsstellen
	22.200	Einrichtungen > 142.000 Beschäftigte
Deutsches Rotes Kreuz e.V. – DRK	19	LandesverbändeVdS mit 34
(4,1 Mio. Mitglieder)	1	Schwesternschaften
	491	Kreisverbände
	4.616	Ortsvereine
	7	Blutspendedienste
	10.000	Einrichtungen > 91.000 Beschäftigte
Zentralwohlfahrtsstelle der Juden in Deutschland e.V. – ZWSt –	9	Zweigstellen u. Zentrale: 120
	2	Besch. Einrichtungen

Tab. 5: Spitzenverbände in Deutschland 2010 (eigene Darstellung)

schen Wohlfahrtpflege. Alleine auf der Oberflächenebene umfasst dieses Gebilde über 117.000 organisatorische Subsysteme. Weder wird es jemanden geben, der diesen Flickenteppich wirklich durchschaut, noch dürfte Dissens darüber bestehen, dass dieses Organisationsmuster kaum geeignet ist, die zukünftige qualitative Ausgestaltung der sozialen Infrastruktur nachhaltig zu gewährleisten.

Innerhalb der heute bestehenden Spitzenverbände führen diese komplexen Ausgangsbedingungen u.a. zu zentrifugalen Entwicklungen. Die Interessen der Dachverbände und ihrer rechtlich selbstständigen Mitgliedseinrichtungen sind nämlich keineswegs identisch. Insbesondere in den großen kirchlichen Anstalten und Stiftungen, zumeist Großunternehmen mit 1000 und mehr Beschäftigten, formiert sich inzwischen eine eigene Lobbypolitik, die der Auffassung ist, den Spitzenverband immer weniger zu brauchen. Gleich ob sie dem katholischen oder dem evangelischen Lager angehören, ob sie Diakonie Neuendettelsau oder Sozialwerk St. Georg heißen, ist diesen Trägern die Option gemeinsam, die Entwicklung ihrer Geschäftsfelder eigenständig, d.h. unbeeinflusst von dachverbandlichen Interessen betreiben zu wollen. Herausragendes Beispiel hierfür ist der im Jahre 2000 gegründete Brüsseler Kreis (www.bruesseler-kreis.de). Dieser Zusammenschluss großer evangelischer und katholischer Sozialunternehmen, vorwiegend im Behinderten- und Pflegebereich tätig, umfasst derzeit 13 Mitglieder. Der Zusammenschluss repräsentiert rd. 40.000 Mitarbeitende in > 35.000 Einrichtungen, erreicht > 100.000 Klient_innen und erwirtschaftet einen Jahresumsatz von rd. 1,7 Mrd. Euro. Als unternehmerische Diakonie oder unternehmerische Caritas hat man inzwischen auch keinerlei Berührungsängste mehr mit privat-gewerblichen Anbietern, die inzwischen als selbstverständlicher Teil der Sozialwirtschaft angesehen werden. Und interessant ist zu sehen, dass sich selbst beim Thema Gemeinnützigkeit bisherige „Schlachtordnungen“ verändern. Die Pro-Contra-Positionen konzentrieren sich nämlich hier keineswegs mehr auf die Vertreter der freien Wohlfahrtspflege und dort die privat-gewerblichen Lobbyisten. Die kontroversen Beurteilungen gehen inzwischen quer durch die eigenen wohlfahrtsverbandlichen Organisationen. Es sind Kennzeichen von zunehmenden Trennungs- und Separatisierungstendenzen innerhalb der sog. Freien Wohlfahrtspflege. Wird aus der spitzenverbandlichen Perspektive die Gemeinnützigkeit verteidigt, so gilt diese aus der Interessenslage großer und eigenständiger Rechtsträger geradezu als hinderlich für die weitere Ausgestaltung der eigenen Unternehmensentwicklung.

3. Der Pflege- und Gesundheitssektor als Trendsetter neuer Entwicklungen.

Am Beispiel des Gesundheitssektors zeigen sich die Folgen sozialwirtschaftlicher Transformationsprozesse am deutlichsten. Beispiele hierfür sind Insolvenzen, Auflösungen und Fusionierungen im Bereich der Krankenkassen, Gewichtsverschiebungen im öffentlichen Gesundheitswesen, das Entstehen neuer Gesundheitskonzerne sowie die Entwicklungen im Pflegebereich. So reduzierte sich die Zahl der gesetzlichen Krankenkassen auf aktuell 118. Noch Anfang der 1990er Jahre waren dies mehr als 1150! So befand sich 1995 die Krankenhausversorgung überwiegend in öffentlicher Trägerschaft. So gab es in der Bundesrepublik bis Mitte der 1980er Jahre kaum gewerbliche Gesundheitskonzerne mit nennenswerter Bedeutung im Gesamtkontext der gesundheitlichen Versorgung. So befand sich die pflegerische Versorgung bis zur Verabschiedung des Pflegeversicherungsgesetzes neben der familialen Zuständigkeit ausschließlich in der Hand öffentlicher und frei-gemeinnütziger Träger. Die damit verbundene Entwicklung eines ökonomisch ausgerichteten Pflege- und Gesundheitsmarktes hat hierbei keineswegs schon ihren Zenit erreicht. Das zeigen u.a. die durch das Rheinisch-Westfälische Wirtschaftsinstitut vorgelegten Prognosen (RWI 2009):

- Erwartet wird ein weiter sinkender Anteil öffentlicher Krankenhausträger um 15%.
- Ca. 40% der derzeitigen Bettenkapazitäten werden als überflüssig eingeschätzt und durch eine stärkere Verlagerung in den ambulanten Bereich sowie den Aufbau integrierter Versorgungssysteme schwinden.
- Zunehmen wird der Verdrängungswettbewerb zwischen großen gewerblichen Krankenhausträgern, erwartet werden hierbei weitere Fusionsprozesse und Firmenzusammenschlüsse.
- Zukunftsträchtig und chancenreich werden strategische Partnerschaften zwischen privaten Anbietern, Krankenkassen und Ärzten. Die Zukunft wird in integrierten Versorgungsketten gesehen.

Die vorgenannte Entwicklungsdynamik zeigt sich ebenso auch in den seit den 1980er Jahren auch in Deutschland erfolgten Neugründungen von profitausgerichteten Gesundheitsunternehmen und den damit verbundenen wettbewerblich Anbieter- und Leistungsstrukturen.

Gesundheitskonzerne 2010				
	Einr.	Besch.	Umsatz p.a.	Cash flow / Gewinn
Marseille-Kliniken AG Gegr. 1984	62	5.058	240 Mio.	0,66 Mio.
Asklepios GmbH Gegr. 1986	66	34.854	2,3 Mrd.	89,6 Mio.
MediClin AG Offenburg Gegr. 1996	52	6.060	487 Mio.	13,4 Mio.
Rhön-Klinikum AG Gegr. 1973	90	38.000	2,5 Mrd.	145,0 Mio.
Sana-Klinik GmbH München Gegr. 1976	43	22.500	1,5 Mrd.	113,0 Mio.
Internationaler Player:				
Fresenius Health Group, gegr. 1912		137.552	16 Mrd.	1,9 Mrd.

Tab. 6: Gesundheitskonzerne 2010 (eigene Darstellung)

Auffällig hierbei ist, dass sich diese Konzerne im Zuge ihrer Entwicklung immer stärker als vernetzte Gesundheitsdienstleister herausbilden und auf den Verbund von ambulanten, stationären Einrichtungen, den Aufbau von Medizinischen Versorgungszentren, aber auch den Entwicklungsbereich Medizintechnik setzen. Weitere Beispiele für die Dynamik des Gesundheitsmarktes sind die Entstehung von neuen Discountpraxen, wie die McZahn AG, von europäisch ausgerichteten Zahnkliniken wie Dentaltrade, der Aufbau eines eigenen Gesundheitszentrums durch die Deutsche Krankenversicherung AG. Sie alle belegen die sich abzeichnenden radikalen Umstrukturierungen im Gesundheitssektor und ein sich neues Einstellen auf demografisch-politisch-ökonomisch veränderte Rahmenbedingungen.

Ähnliche Strukturveränderungen in der Leistungserbringung lassen sich im Pflegesektor konstatieren. In der Bundesrepublik sind 2,34 Millionen Menschen pflegebedürftig. Die meisten von ihnen, nämlich 69% (1,62 Mio.) werden zu Hause; 31% (0,71 Mio.) in Heimen versorgt. Noch wird die häusliche Pflege überwiegend von Angehörigen – zumeist Frauen – realisiert. Rd. 556.000 Menschen nehmen ambulante Pflegedienste in Anspruch. Neben den 12.026 ambulanten Pflegediensten bestehen 11.600 Pflegeheime; insgesamt sind in diesem Bereich über 990.000 Beschäftigte tätig, davon 269.000 in ambulanten und rd. 621.000 in stationären Einrichtungen (Pflegestatistik, Statistisches Bundesamt 2009).

Betrachtet man die Trägerzugehörigkeit dieser Einrichtungen, so zeigen sich deutliche Ausprägungen eines stärker werdenden Wettbewerbs und eine Verabschiedung aus der traditionellen verbandlichen Wohlfahrtspflege.

Ambulante Pflegedienste 2009 – insgesamt: 12.026			
Gewerbliche	Gemeinnützige	Darunter: freie Wohlfahrtspflege	Öffentliche
7.398 (61,5%)	4.433 (36,8%)	4.075 (33,9%)	195 (1,6%)
Veränderungen zu 2007 in %			
+ 7,2	0,0	- 0,9	+ 2,2

Tab. 7: Ambulante Pflegedienste 2009 – insgesamt: 12.026 (eigene Darstellung)

Zuwachsraten zeigen sich ausschließlich im Bereich privat-gewerblicher Dienste. Etwas anders sieht es aus bei den stationären Pflegeeinrichtungen. Mehrheitlich sind hier freigemeinnützige Träger tätig. Aber auch hier zeichnet sich ein Bedeutungsverlust der freien Wohlfahrtspflege ab.

Pflegeheime 2009 – insgesamt: 11.600			
Gewerbliche	Gemeinnützige	Darunter: freie Wohlfahrtspflege	Öffentliche
4.637 (39,9%)	6.373 (54,9%)	5.581 (48,1%)	624 (5,4%)
Veränderungen zu 2007 in %			
+ 7,3	+ 5,0	+ 5,3	– 1,7

Tab. 8: Pflegeheime 2009 – insgesamt: 11.600 (eigene Darstellung)

Die Beispiele charakterisieren Entwicklungen, die sich in zumindest ähnlicher Weise auch in anderen sozialen Dienstleistungsbereichen vollziehen oder ankündigen. Dies heißt jedoch nicht, dass sich die Wohlfahrtspflege ausschließlich auf dem Weg in eine marktwirtschaftlich-wettbewerblich strukturierte Sozialwirtschaft befindet. Eine solche Bewertung wäre voreilig und substanziell auch deshalb falsch, als die Versorgungsaufgaben und damit verbundenen Strukturen auch weiterhin politisch gesteuert bleiben und neue Anbieterarrangements sich innerhalb politisch gesteuerter Teilmärkte formieren können.

4. Modernisierungsprozesse innerhalb der Verbände.

Es ist nun keineswegs so, als würden die Wohlfahrtsverbände sich den genannten gesellschaftlichen Herausforderungen nicht stellen und bestrebt sein, traditionsorientiert alte Strukturen auch in die Zukunft prolongieren zu wollen. Zu sehen sind durchaus beachtliche Modernisierungsprozesse, bei denen allerdings zu fragen ist, wie weit sie reichen und ob sie geeignet sind, unter den sozialen, demografischen und ökonomischen Rahmenbedingungen des 21. Jahrhunderts die Ausgestaltung eines gemeinnützigen Sektors bedarfsgerecht realisieren zu können (Wohlfahrt 1999). Genauer betrachtet lassen sich sowohl auf der Ebene der Dachverbände als auch bei den Mitglieds- und Trägerorganisationen durchaus beachtliche Organisationsentwicklungen erkennen. Auf operativer und strategischer Ebene konzentrieren sich diese Modernisierungen vor allem auf folgende Bereiche und Themen:

- Trennung von Mitgliederorganisation (Verein) und Betriebsorganisation (Umwandlung in GmbH-Gesellschaften),
- Diversifizierung der Dienstleistungen nach Profit- und Non-Profit-Bereichen,
- Bildung von Unternehmensverbünden in neuen Holdingstrukturen,
- Spartenbildungen durch örtliche bzw. regionale Zusammenschlüsse homogener Dienstleistungen,
- Gebietsübergreifende Fusionierungen zwischen bisher getrennten Regionalverbänden durch Aufgabe des Territorialprinzips,
- Kooperationen auch mit gewerblichen Anbietern.

Innerhalb der spitzenverbandlichen Dachverbände realisieren sich beispielsweise Organisationsreformen, die auf ein effektiveres Zusammenspiel zwischen jeweiligen Verbandszentralen und den Untergliederungen zielen. Ebenso geht es hierbei auch um eine stärkere Integration der zahlreichen und relativ autonom agierenden Einzel- und Fachverbände. Die präferierten Konzepte sind sich sehr ähnlich. Was im DRK mit der „Strategie 2010plus“ benannt wird, nennt sich bei der Diakonie „Konzept Verbandsentwicklung“, in der AWO „Verbandsentwicklung braucht Strategie“ oder firmiert in katholischen Diözesen unter der Überschrift „Zukunft heute“ o.ä. Bezeichnungen. Vergleichsweise spät finden seit etwa 2014 unter dem Signum „Wertedebatte“ analoge Diskussionen innerhalb des Paritätischen statt.

Neben diesen gesamtverbandlichen Strategieoptionen besteht eine andere Baustelle auf der Ebene der selbstständigen Mitgliedseinrichtungen. Betroffen sind hier vor allem große, rechtlich selbstständige Einrichtungsträger, die sich hinsichtlich ihrer Organisations- und Leitungsstrukturen von historischem Ballast befreien und als unternehmerische Caritas oder unternehmerische Diakonie zu neuen Sozialkonzernen mutieren. In der Regel kommt es im Verlaufe dieser Veränderungsprozesse zur Auflösung bisheriger Vereinsstrukturen und ehrenamtlich wahrgenommener Leitungsverantwortungen. Für alle Wohlfahrtsverbände gilt hier: Neu in Balance zu bringen sind die parallel bestehenden Bezugspunkte der stattfindenden Modernisierung, zumal diese in einer Zerreißprobe gleichzeitiger und gegensätzlicher Anforderungen und Erwartungen stehen.

Abb. 1: Neue Balance der Bezugspunkte der stattfindenden Modernisierung finden (eigene Darstellung)

Es gibt also durchaus Innovation und Dynamik in der freien Wohlfahrtspflege. Nur fragt sich, ob dies reicht. Denn von wenigen Ausnahmen abgesehen, verbleiben diese Modernisierungsprozesse innerhalb der Käseglocke des jeweiligen Verbandes. Auch zeichnen sich diese Reformbemühungen durch den Versuch aus, verbandsspezifische Wertetraditionen als Referenzpunkt neu beleben zu wollen, um hiermit eine Abgrenzung gegenüber anderen Verbänden zu ermöglichen. Der Satz „wo DRK drauf steht, muss auch DRK drin sein" lässt sich unterschiedslos auf alle Verbände beziehen und auszutauschen wäre in dieser Programmatik nur der jeweilige Verbandsname. Zweifel sind angebracht, ob eine solche Positionierung hilfreich ist und überhaupt gelingen kann. Denn immer deutlicher wird, dass allgemein postulierte und auf bisherige Traditionen verweisende Verbandsgrundsätze kaum geeignet sind, die organisationale Ausgestaltung sozialer Dienste wertebezogen zu normieren. Sinn würde es allerdings machen, den genannten Satz umzuformulieren, dann hieße er, „wo Gemeinnützigkeit und Zivilgesellschaft draufsteht, muss auch Sozialkapital drin sein", was allerdings ebenfalls zu konkretisieren wäre. Und hierbei die bislang tabuisierte Frage aufzugreifen, wie die Erbringung sozialer Dienstleistungen quer zu den bisherigen verbandlichen Claims denkbar und organisierbar ist.

Denn die perspektivisch auf der Agenda stehenden strategischen wie operativen Themen für die Weiterentwicklung und Finanzierung der öffentlich zu sichernden sozialen Infrastruktur bleiben durch die bislang eingeleiteten Reformschritte im Wesentlichen unbearbeitet. Ausgespart bleiben zentrale Fragen, wie beispielsweise: 1. Wie kann die Herausbildung eines sozialwirtschaftlichen Verständnisses gelingen, das sich nicht als bloße Fortschreibung eigener Organisationsmilieus und Traditionen versteht, sondern sachzielorientiert die Ausgestaltung sozialer Sicherungssysteme im Blick hat? 2. Was ist zu tun, damit der Aufbau von trägerübergreifenden Verbundsystemen und Allianzen als Teil einer öffentlich zu verantwortenden Infrastruktur gelingen kann? 3. Wie kann die bisherige i.d.R. an Organisationsinteressen ausgerichtete Bereitstellung sozialer Dienste transformiert werden in eine überzeugende und nachvollziehbare Ausrichtung an den Bedarfslagen ratsuchender und hilfebedürftiger Menschen? 4. Wie lässt sich die fachpolitisch durchaus „angekommene" Erkenntnis einer mangelnden Klientensouveränität durch die aktive Miteinbeziehung der Betroffenen ablösen? Und dies nicht nur hinsichtlich ihrer funktionalen Rolle als Koproduzenten sozialer Dienste, sondern ebenfalls bezogen auf ihre politische Rolle als mit Rechten ausgestattete Bürger_innen. Könnte in diesem Sinne mit dem neuen Genossenschaftsgesetz möglicherweise eine rechtsformverändernde kopernikanische Wende eingeleitet werden, die über bisherige betriebswirtschaftliche Neuformierungen hinausreicht und die notwendige Konvergenz von sozialpolitischer und ökonomischer Orientierung befördert?

Zusammenfassend: Der alte und ideologisch begründete Kompetenzstreit zwischen Staat einerseits und frei-gemeinnützigen (kirchlichen) Verbänden andererseits hat sich im Kontext sozialwirtschaftlicher Transformationsprozesse zunehmend auf die Frage verlagert, welche Träger und Akteur_innen geeignet und in der Lage sind, erforderliche und den jeweiligen Klient_innen bzw. Nutzer_innen angemessene Hilfeformen zu realisieren. Hier ist es vor allem eine sich allmählich durchsetzende veränderte Sichtweise von Staatsfunktionen, damit verbundener Aufgaben und Zuständigkeiten, die das bisherige Zusammenwirken von Staat und Wohlfahrtsverbände infrage stellen, zumindest aber empfindlich berühren. Was sich hierbei durchsetzte war ein weiterer Paradigmenwechsel, der auf eine gänzlich andere Form der Leistungserbringung zielt. Die Einführung von Wettbewerbselementen bei der Förderung sozialer Dienste sowie das Insistieren auf eine transparente und qualitätsorientierte Leistungserfüllung bilden dessen wesentliche Eckpfeiler. Handlungspraktisch gesehen erodiert unter diesen neuen Rahmenbedingungen zusehends auch das jeweilige ethische und normative Proprium der traditionellen frei-gemeinnützigen Träger und die auf dieser Basis korporatistisch geschlossene Zusammenarbeit mit dem Staat. Stattdesseen werden „diese Beziehungsstrukturen... tendenziell ersetzt durch eine Orientierung an sachrationalen Kategorien eines Vergleichs von ‚Inhalt, Umfang und Qualität der Leistung', wobei prinzipiell bedeutungslos wird, um welchen Träger und um welche Trägerform... es sich handelt" (Merchel 2003, S. 23). Rivalitätsbeziehungen und Machtansprüche können sich damit immer weniger auf die gesellschaftlichen Bedingungen der frühen Bundesrepublik oder gar auf die in der Weimarer Republik begründeten Traditionen beziehen. An ihnen festzuhalten, entspricht durchaus verständlichen, letztlich ideologisch begründeten Besitzstandsinteressen etablierter Wohlfahrtsverbände, nicht aber der überfälligen Suche nach neuen sozialpolitischen Lösungen.

5. Gegenströmungen außerhalb der Spitzenverbände

Die Existenz von verbandlichen Zusammenschlüssen außerhalb des BAGFW-Konsortiums dokumentiert eine organisationspraktische Kritik gegenüber dem traditionellen Alleinvertretungsanspruch der freien Wohlfahrtspflege als Garant für eine gemeinnützige Orientierung. Es sind dies der „Bundesverband privater Träger der freien Kinder-, Jugend- und Sozialhilfe e.V. – VPK" sowie der „Bundesverband privater sozialer Dienste – BPA" (www.bpa.de; www.vpk.de). Wurde der VPK schon 1953 als zunächst regionaler Zusammenschluss durch 30 Kinderheime gebildet, so konstituierte sich der BPA 1964 als ein Zusammenschluss von Einrichtungen vornehmlich aus dem Bereich privat geführter Alten- und Pflegeheime. Bis in die 1990er Jahre interessenpolitisch weitgehend marginalisiert, gewinnen beide Zusammenschlüsse mit ihren sozial-wettbewerblichen Positionierungen zunehmend an Gewicht. Ihre langjährigen und entschiedenen Forderungen nach einer förderungsrechtlichen Gleichbehandlung mit Trägern der frei-gemeinnützigen Wohlfahrtspflege findet hierbei zunehmende politische Beachtung und Akzeptanz (BPA 2015).

Inzwischen in Vergessenheit geraten ist hingegen der vor rund 30 mit großem Elan unternommene Versuch, die Bildung eines alternativen Wohlfahrtsverbandes zu betreiben. Es gilt deshalb an Bestrebungen zu erinnern, im Kontext der sich bundesweit formierenden neuen sozialen Bewegungen abseits der etablierten und wenig innovativ angesehenen Spitzenverbände neue Formen einer basisdemokratischen und die Klient_innen miteinbeziehenden Interessenspolitik aufzubauen. Veranstaltet von der Bundesarbeitsgemeinschaft „Soziales und Gesundheit – Die Grünen" wurde diese Grundsatzdebatte u.a. auf der im Juni 1985 stattfindenden 9. BAG-Tagung mit dem programmatischen Titel „Brauchen wir einen siebten Wohlfahrtsverband? Selbsthilfe, alternative soziale Dienste und grüne Sozialpolitik" geführt (BAG Soziales und Gesundheit der Grünen 1985). Über regionale Gründungen kam dieser Versuch allerdings nicht hinaus. Letztlich führten diese gesamtgesellschaftlich ambitionierten Diskussionen zu einer ablehnenden Option. Aus der Einschätzung, mit einem solchen Gründungsakt kontraproduktive Bürokratisierungs- und Verrechtlichungsprozesse sowie befürchtete Autonomieverluste basisdemokratischer Initiativen in Kauf nehmen zu müssen, wurde von einer solchen Neugründung abgesehen. Präferiert wurde stattdessen der Ausbau lokaler und regionaler Netzwerke sowie die Zusammenarbeit mit solchen Wohlfahrverbänden, die sich gegenüber den neu entstehenden Selbsthilfe- und Bürgerinitiativen als offen zeigten. Von dieser Entwicklung profitierte in besonderer Weise der Paritätische Wohlfahrtsverband, der hierdurch einen starken Mitgliederzuwachs erfuhr und sich insbesondere in großstädtischen Regionen faktisch zum wohlfahrtsverbandlichen Dachverband für Bürgerinitiativen, Selbsthilfegruppen und anderen sozialpolitischen Aktionsgruppen entwickelte (Paritätischer Wohlfahrtsverband, LV Berlin 2015).

Ungeachtet dieser vorgenannten spezifischen Entwicklung scheinen die Spitzenverbandlichen Organisationen ökonomisch, betriebswirtschaftlich gesehen zumindest mehrheitlich in der Sozialwirtschaft angekommen zu sein. Sozialpolitisch alternative Optionen stehen hierbei kaum noch zur Debatte und sind weitgehend marginalisiert. Zudem ist zu sehen, dass das Modell des vermeintlich überwundenen Verbändekorporatismus alter Prägung von einer ganz anderen Richtung eine Renaissance erfährt. Denn nicht ausgeschlossen ist es, dass es neben den Spitzenverbänden Diakonie, Caritas, Paritätischer, Rotes Kreuz, Arbeiterwohlfahrt und Jüdischer Wohlfahrtspflege bald auch einen muslimischen Spitzenverband der Wohlfahrtspflege geben wird. Noch ist die Frage nicht eindeutig beantwortet. Aber wie zu sehen ist, hat die Debatte hierüber in den letzten Jahren zunehmend an Fahrt gewonnen und den Kreis der Protagonisten einer solchen Organisierungsperspektive vergrößert. Orientiert an der beachtlichen Organisationsmacht der spitzenverbandlich organisierten deutschen Wohlfahrtspflege (BAGFW 2013) und dem hiermit vermuteten Einfluss auf Staat und Gesellschaft zeigen sich seit etwa 2013 konkrete Bestrebungen, dieses Modell im Kontext einer muslimischen Wohlfahrtspflege kopieren zu wollen (Ceylan/Kiefer 2016). Hauptinitiator ist die „Türkisch-Islamische Union der Anstalt für Religion e.V. – DITIB". Ob dieses Vorhaben mit dem erhofften Erfolg verbunden sein wird, bleibt abzuwarten. Die aus muslimischer Sicht sukzessive Annäherung und Akzeptanz gegenüber dem deutschen Referenzmodell des Wohlfahrtskorporatismus ist dabei keineswegs singulär, sondern hat wegen der türkischen Staatsnähe des DITIB interessanterweise eine konkurrierende, libertäre Variante. So gründete sich im Juni 2014 der „Verband für interkulturelle Wohlfahrtspflege, Empowerment und Diversity –VIW“ mit dem Anliegen, ergänzend und als innovatives Gegengewicht gegenüber den etablierten Trägern der BAGFW tätig zu werden (www.koriontation.de).

Abschließend: Die im Text benannten Vorgänge zeigen nicht nur gewaltige Veränderungen und Neupositionierungen im Gesamtsystem der deutschen Wohlfahrtspflege, sondern verweisen zugleich auf die Fragwürdigkeit des historisch hergeleiteten Begriffs „Freie Wohlfahrtspflege“. Als begriffliches Konstrukt ist dieser Terminus bestenfalls zur Legitimation traditioneller spitzenverbandlicher Einflusszonen und Ausgrenzung unliebsamer Konkurrenten beim Zugang um öffentliche Haushaltsmittel tauglich, nicht aber als Gesamtbezeichnung für die heute im bundesrepublikanischen Wohlfahrtssektor handelnden Akteure. Und es sind nicht nur solche auf eine gewachsene Trägerpluralität zielende Argumente, die für eine neue Semantik sprechen. Schon 1994 konstatierte eine durch den Deutschen Verein vorgelegte Studie zur Befragung leitender Mitarbeiter_innen in der Wohlfahrtspflege folgenden Befund: „Empirisch unstrittig ist bei allen Befragten die Feststellung, dass in der alltäglichen Arbeit die praktische Bedeutung christlichen Engagements vor Problemen der Professionalisierung und Organisierung des Helfens... zurücktritt.... Mit der Entscheidung, in einem kirchlichen Verband Sozialarbeit zu leisten, entscheidet man sich zwar weniger dafür, einer bestimmten Weltanschauung zu dienen, als dafür, eine bestimme sozialberufliche Tätigkeit auszuüben, mit all ihren spezifischen Chancen und Risiken für den persönlichen Werdegang.... Die Frage der Befähigung für eine Tätigkeit in einem konfessionell geprägten Verband wird eindeutig im Sinne der Professionalisierung beantwortet.“ (Frank et al. 1994, S. 147). Diese Einschätzungen wurden in der Folgezeit durch weitere Untersuchungen bestätigt. Sie alle belegen die zunehmende Relevanz von fachlichen Prinzipien für die Ausgestaltung von Sozialen Hilfen und die sich relativierende Bedeutung verbandlicher Wertemuster. Dies bedeutet nun keineswegs, dass wertgebundene Gesichtspunkte bedeutungslos würden; die Befunde verweisen vielmehr auf die schwindende Prägungskraft und Verbindlichkeit organisationsspezifisch propagierter Wertekodizes (Nübel 1994). Wertepositionierungen jedoch sektorbezogen zu revitalisieren, könnte demgegenüber dem sozialwirtschaftlichen Transformationsprozess neuen Schub verleihen, die Fragen nach der Ausgestaltung einer gemeinwohlorientierten Sachziellogik neu stellen und beantworten zu können.

6. Literatur

BAG Soziales und Gesundheit der Grünen (1985): Rundbrief Nr. 7, 15. Mai 1985. Archiv Grünes Gedächtnis. Bestand B. II. 1. Akte Nr. 3410.

Bundesarbeitsgemeinschaft der Freien Wohlfahrtspflege e.V. (BAGFW) (2014): Einrichtungen und Dienste der Freien Wohlfahrtspflege. Gesamtstatistik 2012. Berlin: Eigenverlag.

Bundesarbeitsgemeinschaft der Freien Wohlfahrtspflege e.V. (BAGFW) (2002): Die freie Wohlfahrtspflege: Profil und Leistungen. Freiburg i.Br.: Lambertus.

Boeßenecker, Karl-Heinz (2005): Spitzenverbände der Freien Wohlfahrtspflege: Eine Einführung in Organisationsstrukturen und Handlungsfelder der deutschen Wohlfahrtsverbände. Weinheim/Basel: Beltz Juventa.

Boeßenecker, Karl-Heinz/Vilain, Michael (2013): Spitzenverbände der Freien Wohlfahrtspflege. Eine Einführung in Organisationsstrukturen und Handlungsfelder sozialwirtschaftlicher Akteure in Deutschland. 2. Aufl., Weinheim/Basel: Beltz Juventa.

Bundesverband privater sozialer Dienste (BPA) (Hrsg.) (o.J.): www.bpa.de, 20.7.2017.

Ceylan, Rauf/Kiefer, Michael (2016): Muslimische Wohlfahrtspflege. Eine historische und systematische Einführung. Wiesbaden: Springer VS.

Frank, Gerhard/Reis, Claus/Wolf, Manfred (1994): „Wenn man die Ideologie wegläßt, machen wir alle das gleiche“. Das Praxisverständnis leitender Fachkräfte unter Bedingungen des Wandels der freien Wohlfahrtspflege. Frankfurt a.M.: Eigenverlag des Deutschen Vereins für Öffentliche und Private Fürsorge.

Merchel, Joachim (2003): Trägerstrukturen in der Sozialen Arbeit. Eine Einführung. Weinheim/München: Juventa.

Monopolkommission (Hrsg.) (1998): Marktöffnung umfassend verwirklichen. Hauptgutachten 1996/97. Baden-Baden: Nomos.

Nübel, Hans Ulrich (1994): Die neue Diakonie: Teilhabe statt Preisgabe. Mitarbeiterinnen und Mitarbeiter kommen zu Wort. Freiburg i.Br.: Lambertus.

Paritätischer Wohlfahrtsverband, LV Berlin/Hollweg, Gerlinde/Franke, Martin/Witten, Elfi (Hrsg.) (2015): Den Wandel im Blick – offen und innovativ. 65 Jahre Parität. Die Geschichte des Paritätischen Wohlfahrtsverbandes, Landesverband Berlin e.V. Berlin: Eigenverlag.

Statistisches Bundesamt (2009): Pflegestatistik 2009. Pflege im Rahmen der Pflegeversicherung: Kreisvergleich. Wiesbaden: Eigenverlag.

Rheinisch-Westfälisches Wirtschaftsinstitut (RWI) (Hrsg.) (2009): Pflegeheim Rating Report 2009. Konsolidierung voraus! RWI Materialien. H. 54. Essen: RWI Eigenverlag.

Spiegelhalter, Franz (1990): Der dritte Sozialpartner. Die Freie Wohlfahrtspflege – ihr finanzieller und ideeller Beitrag zum Sozialstaat. Freiburg i.Br.: Lambertus.

Wohlfahrt, Norbert (1999): Zwischen Ökonomisierung und verbandlicher Erneuerung: Die Freie Wohlfahrtspflege auf dem Weg in einen veränderten Wohlfahrtsmix. In: Theorie und Praxis der Sozialen Arbeit 50, H. 1. S. 3-8.

Banken aus sozialwirtschaftlicher Sicht

Dietmar Krüger

Banken aus sozialwirtschaftlicher Sicht... oder auch Sozialwirtschaft aus Sicht der Banken

> „Ein Banker ist ein Mann, der dir einen Regenschirm leiht, wenn die Sonne scheint und ihn in dem Moment wiederhaben möchte, wenn es anfängt zu regnen“, soll Mark Twain (1835-1910) behauptet haben.

Man erkennt unschwer, dass das Ansehen der Banker nicht erst seit der Finanzkrise 2008 (ausgelöst durch die Insolvenz der Investmentbank Lehman Brothers) bei vielen Menschen ambivalent ist. Wer im Universum Internet unter den Stichworten Ethik, ökologisch, Kirchenbanken und Finanzierung von Sozialunternehmen recherchiert, wird auf Institute stoßen, die eine ausgewogene Balance zwischen ökonomischen und regulatorischen Zwängen einerseits und Altruismus andererseits suchen. Die älteste noch existierende Bank, welche gegründet wurde, um eine Alternative zu Zinswuchern zu bieten, ist die Banca Monte dei Paschi (Monte dei Paschi di Siena o.J.) in Italien. Sie wurde 1472 gegründet zum Vorteil der regionalen Wirtschaft und des Handels. Leider ist sie wegen ihrer hohen, ausfallgefährdeten Kredite in die Schlagzeilen geraten.

Will man nun Banken aus sozialwirtschaftlicher Sicht untersuchen, aber ebenso die Sozialwirtschaft aus Sicht der Banken analysieren, so ist es notwendig, erst einmal einen Überblick über die Bankenlandschaft, deren Geschäftsmodelle und Rahmenbedingungen zu bekommen (Kapitel 1) um dann ein Verständnis dafür zu erarbeiten, wie Banken – mit ihrer eigenen Logik – die Sozialwirtschaft wahrnehmen (Kapitel 2). Erst vor diesem Hintergrund sollen die (Geschäfts-)Beziehungen zwischen Banken und Sozialunternehmen beschrieben werden (Kapitel 3).

1. Geschäftsmodelle, Kreditinstitute

Vertritt man die These, dass die Sozialwirtschaft in irgendeiner Weise ein sehr spezialisierter Wirtschaftssektor ist, könnte man sofort fragen, welche Bank zu einem solchen Sektor passen könnte. Diese Frage aber wirft das grundlegende Problem einer Klärung auf: Können Banken denn charakterisiert werden, und wenn ja, durch welche Kriterien unterscheiden sich welche Bankentypen? Und als Konsequenz, welcher Typus passt am besten zur Sozialwirtschaft?

1.1 Die Deutsche Bundesbank differenziert

Die Deutsche Bundesbank differenziert in Ihren Monatsberichten zwischen
- Kreditbanken, hauptsächlich Deutsche Bank und Commerzbank,
- Landesbanken und Sparkassen,
- Genossenschaftsbanken nebst Spitzeninstituten,
- Realkreditinstituten,
- Bausparkassen,
- Banken mit Sonderaufgaben, wie die KFW (Kreditanstalt für Wiederaufbau).

Wichtig für den/die in der Sozialwirtschaft tätigen Bankkunden_innen ist allerdings lediglich die Frage, in welchem Segment liegt der geschäftliche Schwerpunkt der Bank, für die er sich entscheiden möchte. Obwohl viele Institute als Universalbanken zugelassen sind, bestehen doch unterschiedliche Kernkompetenzen in den wesentlichen Geschäftsfeldern:

- Zahlungsverkehr, insbesondere der elektronische Zahlungsverkehr, lange Zeit als wenig ertragreiche Notwendigkeit angesehen,
- Vermögensberatung, das Wertpapiergeschäft,
- Firmenkundengeschäft, welches i.d.R. auf Sozialunternehmen anzuwenden ist,
- das in hohem Maße EDV-technisch ausgebaute Mengengeschäft inklusive Baufinanzierung überwiegend für Privatkunden, auch Retail Banking genannt (angelehnt an den englischen Begriff „retail, Einzelhandel"),
- Vermittlung oder Gewährung von anderen finanztechnischen Dienstleistungen auf Provisionsbasis (Versicherungen, Beteiligungen, Begleitung von Börsengängen etc.).

Zu den Kernkompetenzen der in der Sozialwirtschaft tätigen Banken (z.B. Bank für Sozialwirtschaft AG, kirchliche Darlehensgenossenschaften) zählen insbesondere der elektronische Zahlungsverkehr, konservative Geldanlagen, Kredite und teilweise für Mitarbeiter_innen der Sozialeinrichtungen das Retail Geschäft.

1.2 Rahmenbedingungen der Banken/interne und externe Einflüsse, Bankenaufsicht, Regulatoren, EZB – Zinspolitik

Banken in und für die Sozialwirtschaft unterliegen exakt den gleichen Rahmenbedingungen und Regulationen wie jede andere Bank. Gleichzeitig würde es den Rahmen dieses Aufsatzes sprengen, wenn alle Regulationen für Banken dargestellt werden. Ich beschränke mich deshalb im Folgenden auf einen wesentlichen, für die Sozialwirtschaft bedeutsamen, Entwicklungsstrang.

Ausgelöst durch leichtfertig vergebene Immobilienkredite in den USA, deren Risiken durch Verbriefung und Weiterverkauf (ABS = Asset Backed Securities) weltweit gestreut wurden, kam es zu der bereits o.g. Finanzkrise 2008. In deren Folge wurden und werden die aufsichtsrechtlichen Anforderungen an Kreditinstitute in mehreren Stufen angehoben. Dies gilt insbesondere für die Eigenkapitalanforderungen an die Banken und hat unmittelbar Einfluss auf die Möglichkeiten, Kredite zu vergeben, da risikobehaftete Aktiva (dazu gehören überwiegend Kredite) mit Eigenkapital unterlegt werden müssen. Neben dieser Ertragseinschränkung ist auch ein kostentreibenderes Meldewesen zu verzeichnen. Kritiker sprechen gar von einem „regulatorischen Tsunami" (Lux/Piechocki 2015). Die Bundesbank veranschlagte die Kosten der Regulierung für die deutschen Banken von 2010-2015 mit ca. 8,6 Mrd. €.

Knapp 25 % der operativen Erträge aller Bankengruppen resultierten 2014 aus dem Provisionsüberschuss. 74 % betrug der Anteil des Zinsüberschusses an den Erträgen. Dazu rechnet man auch Gewinne aus der sogenannten Fristentransformation. Hier werden langfristige Kredite in vertretbarem Rahmen durch kurzfristige Einlagen refinanziert. Diese Ertragsquelle droht den Banken wegzubrechen.

Die Geldpolitik der Europäischen Zentralbank EZB hat zu einer Erosion der Zinssätze geführt. Die FAZ schreibt: „Einerseits will sie (die EZB) die Banken retten, andererseits treibt sie

sie mit dem Niedrigzins in die Existenznot … Das Undenkbare ist in der neuen Zinswelt der EZB Alltag … Unternehmen zahlen für ihre Bankkonten Strafzinsen und Privatkunden höhere Gebühren. Immer mehr Anleihen weisen einen negativen Zins auf. Derweilen drohen in Italien Banken unter faulen Krediten zusammenzubrechen“ (Frühauf 2016a).

Was bedeutet das für Sozialunternehmen?

- Dienstleistungen, wie Zahlungsverkehr und Beratungen werden zunehmend zu bezahlen sein, sei es durch Gebühren, Provisionen oder durch Honorare.
- Durch die ‚money for nothing-Politik‘ der EZB brechen auch Zinserträge für Geldanlagen weg, z.B. resultierend aus Bau- oder Pensionsrücklagen. Das ist besonders kritisch für Stiftungen, die bekanntlich das Stiftungsvermögen erhalten müssen und nur aus den Überschüssen ihren satzungsgemäßen Aufgaben nachkommen sollen.
- Andererseits waren Kreditzinsen noch nie so niedrig wie derzeit im Jahre 2016. Gleichzeitig sind Banken jedoch angehalten, ihre Kreditnehmer_innen gründlicher denn je zu prüfen und die Rückzahlungswahrscheinlichkeit zu optimieren. Niedrigere Zinsen führen nicht zwangsläufig zu einem verbesserten Zugang zu Darlehen.
- Mangels geeigneter Alternativen sind trotz der regulatorischen Einschränkungen gute Kreditnehmer_innen bei Banken gefragt. Die Herausforderung liegt für das ‚gesunde‘ Sozialunternehmen darin, ihre Kreditwürdigkeit der Bank deutlich zu machen! Die Konsequenzen aus den eben genannten Entwicklungen sind paradox. Die Sozialwirtschaft war einerseits auch in Krisenzeiten ein Wachstumsgarant und Jobmotor. Insofern müssten Sozialunternehmen als Kreditnehmer immer attraktiver für Banken werden. Andererseits sind die Geschäftsmodelle der Sozialwirtschaft nicht immer einfach nachzuvollziehen und die Kreditwürdigkeit ist nicht immer problemlos nachzuweisen.

1.3 Kreditbestände laut Bundesbankstatistik

Die Statistiken der Deutschen Bundesbank veröffentlichen u.a. „Kredite an inländische Nichtbanken insgesamt“, im Kontext dieses Beitrags im Folgenden „Kreditportfolio“ genannt, ferner „Kredite an inländische Unternehmen nach Wirtschaftszweigen“, darunter auch Gesundheit und Sozialwesen, im Folgenden „Sozialkredit“ genannt. Die Daten zeigen für die 12 Monate von März 2015 bis März 2016 folgende Entwicklung.

Ihr Kreditportfolio reduziert haben die Großbanken (-2,6 % = - 9.144 Mio. €) und die Realkreditinstitute (-7,3 % = 151 Mio. €). Bei den Sozialkrediten betrug der Rückgang -1,7 % = 98 Mio. € bei Großbanken und beachtliche -15,9 % = 225 Mio. € bei den Realkreditinstituten.

Im Sparkassensektor ist eine starke Reduzierung sowohl im Kreditportfolio als auch bei den Sozialkrediten der Landesbanken zu sehen. Allerdings wird dieser Rückgang durch die regionalen Sparkassen kompensiert, sodass sich per Saldo für diesen Beobachtungszeitraum nur geringfügige Veränderungen von +/- 0,1 % ergeben.

Zugelegt hat dagegen der Genossenschaftssektor (Kreditgenossenschaften, DZ-Bank und WGZ), 5,1 % = 29.597 Mio. € im Kreditportfolio, 1,9 % = 632 Mio. € im Sozialportfolio.

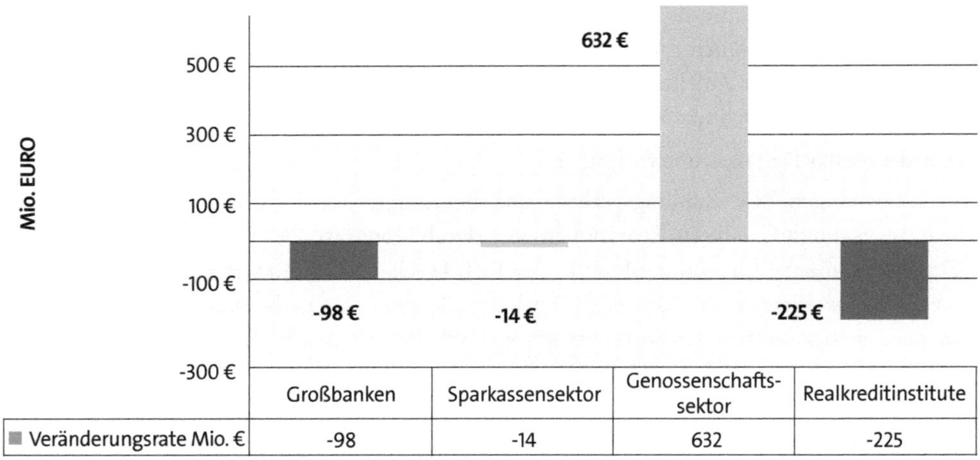

Abb. 1: Veränderung 2015-2016 Sozialkredite (Deutsche Bundesbank, Bankenstatistik, eigene Recherche)

1.4 Spezialinstitute

Für die o.a. Daten lässt sich keine längere Zeitreihe anlegen, da die Bundesbank in den Vorjahren lediglich „Organisationen ohne Erwerbscharakter" separat darstellte. Trotzdem bestätigen die Zahlen einen mehrjährigen Trend, wonach sich Großbanken, Landesbanken und Hypothekenbanken aus dem Segment Sozialunternehmen zurückziehen, während lediglich Sparkassen und insbesondere der Genossenschaftssektor Zuwachsraten ausweisen. Ein hoher Anteil dieser Werte wird beigesteuert von den konfessionellen Kreditgenossenschaften und der BFS Bank für Sozialwirtschaft AG, die ebenfalls Mitglied im Verbund der Deutschen Volks- und Raiffeisenbanken ist.

Das für Kredite an Sozialunternehmen erforderliche Spezialwissen wird in vielen Geschäftsbanken, die ein breiteres Mandantenspektrum abdecken, nicht immer vorgehalten. Hier übernehmen die Kirchenbanken und die BFS mit ihrer über Jahrzehnte gewachsenen Erfahrung eine wichtige Funktion als Spezialfinanziererinnen. 2015 betrug das Kreditvolumen der Kirchenbanken einschließlich Bank für Sozialwirtschaft mit fast 19 Mrd. €, ca. 55 % des Sozialkreditvolumens aller Kreditgenossenschaften. Da es sich hierbei i.d.R. um Teilfinanzierungen handelt, dürfte das tatsächliche, mit diesen Krediten realisierte Projektvolumen bei gut 30 Mrd. € liegen.

1.5 Braucht man Banken und wenn ja, welche?

Mittlerweile zielen Handy-Hersteller und Handelsplattformen auf die Abwicklung des Zahlungsverkehrs. Statt über Banken kann man sich Finanzmittel bzw. auf der Gegenseite Anlagemöglichkeiten auch über Schuldscheindarlehen, Anleihen oder anderweitig über den sogenannten grauen Kapitalmarkt suchen. Allerdings unterliegen die Kapitalmärkte außerhalb des Bankensektors geringeren oder keinen aufsichtsrechtlichen Anforderungen, sodass Kreditinstitute trotz Bankenkrise immer noch die sicherste Plattform für den Geld- und Kapitalverkehr bieten.

Ein kleineres oder mittleres Unternehmen braucht ferner ‚seine' Bank, die das Unternehmen kennt. Es würde auf dem anonymen Kapitalmarkt kaum zu fairen Konditionen Geld erhalten. Das gilt umso mehr für Sozialeinrichtungen, weil sie die marktwirtschaftlichen Gesetzmäßigkeiten nicht in allen Bereichen erfüllen. Die Rentabilität eines kleineren Krankenhauses in ländlicher Region mag fraglich sein, dennoch kann es zur Sicherung der Grundversorgung unverzichtbar sein.

Sinnvoll ist:

- Eine Bank vor Ort, welche die Region kennt und gut vernetzt ist. Sie sollte auch grundsätzlich in der Lage und gewillt sein, ggf. mit anderen Banken, größere Investitionen zu begleiten. Auch örtliche Spender tun sich leichter mit einer ortsbekannten Bank.
- Eine zweite Bankverbindung zu einer der o.g. Fachbanken, weil sie die Herausforderungen in der Sozialwirtschaft kennt. Die Sozialwirtschaft ist Basis ihrer Gründung, ihrer Existenz. Daher ist davon auszugehen, dass sich ihre Geschäftspolitik nicht ändert und sie als langfristige Partnerin erhalten bleibt.

2. Sozialunternehmen

2.1 Welche Wahrnehmung haben Banken von der Sozialwirtschaft?

Die Sozialwirtschaft steht im Wettbewerb um Kapital und Personal mit anderen Wirtschaftssektoren. In den volkswirtschaftlichen Abteilungen der Banken könnte man darüber grübeln, warum das Gesundheits- und Sozialwesen, welches – gemessen an der Bruttowertschöpfung – noch vor dem Baugewerbe zu den fünf größten Wirtschaftszweigen in der BRD gehört, seit Langem über gravierenden Personalmangel und hohen Investitionsstau klagt, während der Nettokapitalexport bedingt durch hohe Exportüberschüsse monatlich bei 20-30 Mrd. € liegt. Gemessen daran wirkt z.B. im Krankenhaussektor die geschätzte Lücke zwischen förderfähigem Investitionsbedarf und tatsächlichen Fördermitteln von rd. 3,4 Mrd. € jährlich wie eine geringe Herausforderung (Augurzky 2016).

Ungeachtet dessen wird eine Bank in der unmittelbaren Kundenbetreuung fokussiert auf die Mikroebene versuchen, die Bonität des einzelnen Sozialunternehmens zu beurteilen. Bei einer oberflächlichen Betrachtung kann sie sich möglicherweise nicht vorstellen, dass z.B. das Krankenhaus vor Ort, welches seit Jahrzehnten existiert, insolvent werden könnte. Bei Krankenhäusern, die von Kommunen betrieben werden, wird das auch zutreffen. Allerdings gehen viele öffentliche Träger dazu über, die Häuser rechtlich in Form einer GmbH auszugliedern, mit allen sich daraus letztlich ergebenden Konsequenzen. So könnte die Bank bei der Erkenntnis, dass es auch bei Sozialunternehmen zu Kreditausfällen kommen kann, zu überzogener Vorsicht neigen. Die Medien sind bei der Vermittlung von sachlicher Aufklärung nicht immer hilfreich: Only bad news are good news. Wie mögen Schlagzeilen auf den Durchschnittsbanker wirken, wenn er liest:

- „Krankenhäuser in der Krise: Dieses System ist Murks" (Schmidt 2012)
- „Jedem neunten Krankenhaus droht die Pleite“ (Höning 2016)
- „Der Mythos vom Pflegeheim als Top-Investment“ (Haimann 2016)

So halten sich mitunter Klischees, die nicht gerade förderlich für die Zusammenarbeit Bank-Sozialunternehmen sind, wie:

- öffentliche Anbieter = defizitär, zu starke Einflussnahme der Politik,
- frei-gemeinnützige Träger = Idealisten mit schwacher finanzieller Basis,
- privat-gewerbliche Anbieter = ausschließlich gewinnorientiert.

Der/die Banker_in wird, wenn er/sie Fachtagungen der Gesundheits- und Sozialwirtschaft besucht, oft registrieren, dass gewerbliche Anbieter eher dazu neigen, ihr Unternehmen und die Branche mit viel Potential darzustellen, während gerade Vertreter_innen gemeinnütziger Unternehmen eine schwierige, gar missliche Lage beklagen. Das ist wenig hilfreich für das Kreditgeschäft. Allerdings könnte man sich auch fragen, warum ist das so? Seit wann lassen sich Banken denn von Medien und Stimmungen beeinflussen, wenn bei ihnen doch andere Analysen deutlich im Vordergrund stehen? In der Tat stehen bei der Kreditanalyse Fakten im Vordergrund. Dennoch sollte nicht unterschätzt werden, dass diese Fakten im Zusammenhang mit einer allgemeinen Stimmungslage im Markt und den Zukunftserwartungen unterschiedlich gewertet werden können. Die Aussage, dass die Kosten im Gesundheitswesen immer stärker steigen, könnte als Hinweis auf einen Wachstumsmarkt gesehen werden oder, dass dies zwangsläufig zu signifikanten Ertragseinbrüchen führt müsste. Es kommt also immer auf die Sichtweise im Einzelfall an und darauf, die besondere Lage und Perspektive des jeweiligen Sozialunternehmens dem potentiellen Investor oder der Bank zu verdeutlichen.

2.2 Know-how-Transfer, Beziehungspflege in unkritischen wie problematischen Phasen

Wird eine Geschäftsverbindung Bank-Sozialunternehmen aufgebaut, wird in vielen Fällen zu prüfen sein, welche Vorkenntnisse der/die Kundenbetreuer_in und seine/ihre Bank von der Sozialwirtschaft haben und ob grundsätzlich auch Bereitschaft besteht, Know-how aufzubauen. Ferner ob und mit welchen Bankprodukten man grundsätzlich gewillt ist, den/die Kund_in langfristig zu begleiten. Da sich so etwas beim Wechsel von Bankvorständen, Änderungen der Geschäftspolitik, Eigenkapitalbegrenzung etc. ändern kann, macht es Sinn, sich nicht nur auf eine Bank zu verlassen, sondern eine ähnlich wertige Geschäftsverbindung zu einer zweiten Bank zu pflegen und offen damit umzugehen. Bei größeren Projekten sind diese Institute u.U. sogar froh, wenn sie die Finanzierung im Rahmen sogenannter Konsortialkredite gemeinsam stemmen können.

Der Know-how-Transfer ist kein einmaliger Vorgang, sondern ein fließender Prozess, der je nach Situation in Krisen intensiv oder in ruhigen Zeiten in größeren Abständen stattfindet. Die Bank lernt, wie das ‚Geschäftsmodell' des Sozialunternehmens funktioniert. Der/die Kund_in erfährt, was die Bank im Rahmen ihrer Möglichkeiten und nach welchen Regeln leisten kann oder darf.

2.3 Rahmenbedingungen/interne und externe Einflüsse

Eine gute Gelegenheit, das Sozialunternehmen, seine Herausforderungen und Chancen darzustellen, ist die jährliche Bilanzbesprechung. Sie ist auch nützlich, wenn kein akuter Kreditbedarf besteht. Sie schafft Vertrauen, eine Wissenshistorie und verkürzt im Bedarfsfall die Bonitätsprüfung. Hier kann in sachlicher und dezidierter Form auf die Besonderheit des Gesundheits- und Sozialwesens eingegangen werden. Das können Ausführungen sein zu den Themen:

- Höhe des Anlagevermögens in der Bilanz, falls die Immobilien Eigentum des Unternehmens sind,
- geringes Anlagevermögen bei reinen Betriebsgesellschaften,
- ggf. Trennung von Eigentum und Betrieb innerhalb eines Konzerns,
- Haftungsverhältnisse,
- Behandlung der Sonderposten,
- betriebswirtschaftlicher Eigenkapitalcharakter der öffentlichen Investitionsförderung,
- Eigenfinanzierung/Spenden,
- hoher Anteil Personalaufwand, Fachkräfte,
- Vor- und Nachteile der Abhängigkeit von Kostenträgern,
- Abschreibungen,
- Behandlung der Sonderposten in der G&V-Rechnung,
- Wettbewerb/Kostendämpfung,
- Planungen, Investitionsbedarf, Prognosen.

2.4 Faire Konditionen

Ein Aspekt der Partnerschaft ist auch die Frage, wie Konditionen ausgehandelt werden. Sie müssen für beide Parteien auf Dauer angemessen und vorteilhaft sein. Konditionenreiterei ist oft nur vordergründig erfolgreich. Wenn 0,10 % bei einem Festgeld von 1.000.000,00 € im Monat 83,33 € ausmachen, mag man abwägen, ob sich dafür der Aufwand für lange Verhandlungen und viele Telefonate lohnt. Darüber hinaus sind auch andere Aspekte zu beachten wie: Anlageform, Sicherheit, Transferzeiten, um nur drei zu nennen. Auch bei Krediten sind neben dem Effektivzins Bearbeitungsfristen, Auszahlungsmodalitäten wichtige Nebenbedingungen und die Frage, wie sieht es mit Nachfinanzierungen auf demselben Objekt aus? Eine Bank wird ungerne und nur mit Risikoaufschlägen ein Darlehen geben, wenn die erste Rangstelle im Grundbuch von einem Mitbewerber belegt ist, der keine Ambitionen hat, die Folgefinanzierung zu machen.

3. Einfluss der Banken auf Sozialunternehmen und umgekehrt, welche Dienstleistung wird nachgefragt?

Nicht alles, was Banken anbieten, können Sozialunternehmen eins zu eins nutzen. Andererseits können sie mit vertretbarem Aufwand die Voraussetzungen schaffen, dass Standardprodukte auf ihre Bedürfnisse angepasst werden. Im Folgenden sollen aus der langjährigen Erfahrung aber auch aus der Beobachtung des Sozial- und Bankensektors wichtige Felder der Kooperationsbeziehungen zwischen Banken und sozialwirtschaftlichen Unternehmen herausgearbeitet werden. Dabei soll jeweils der Aufgabenschwerpunkt dargestellt werden, die Problematik und spezifische Lösungsoptionen für die Sozialwirtschaft.

3.1 Vermögensverwaltung

Wie schon oben angesprochen, stellt vor allem die Vermögensverwaltung für Stiftungen eine besondere Herausforderung dar. Das Problem der Vermögensverwaltung in Zeiten von Finanzkrisen und Niedrigzinsen liegt auf der Hand: Nach einer Studie von J.P.Morgan Asset Management aus 2016 weisen über ein Drittel der Anleihen in den Industrienationen negative Renditen aus und fast 75 % der Anleihen haben eine Rendite unter 1 %. Ob der Begriff „mündelsichere Anlage“ bei europäischen Staatsanleihen noch uneingeschränkt gültig ist, darf nach dem Griechenlanddebakel angezweifelt werden. Die Lockerung der Geldpolitik führt ferner dazu, dass es aufgrund der Lage am Geld- und Kapitalmarkt durchaus sinnvoll ist, in einem bestimmten Umfang in Aktien zu investieren. Um nicht, mit allen Chancen und Risiken, einzelne Unternehmen suchen zu müssen (sog. Stockpicking), bieten sich börsengehandelte Fonds (ETF= Exchange-traded fund) an. Hier werden bestimmte Indizes nachgebildet, z.B. der DAX. Kursausschläge fallen nicht ganz so stark aus wie bei Einzelaktien.

Gelingt es dem Finanzvorstand oder dem ehrenamtlichen Schatzmeister eines gemeinnützigen Vereins trotz sinkender Zinsen, die Erträge aus Kapitalanlagen auf einem guten Niveau zu halten, wird das i.d.R. in der Jahresabschlussbesprechung in seinem Aufsichtsgremium bestenfalls mit einem freundlichen Kopfnicken honoriert.

Dagegen sind oft schon vergleichsweise geringe Abschreibungen Gegenstand heftigster Grundsatzdebatten darüber, was, wann, wie hoch und nur mit Gremienbeschluss hätte gekauft werden dürfen, natürlich unter den Prämissen: Hohe Sicherheit, bester Ertrag, optimale Liquidität! Einerseits ist zu begrüßen, wenn Gremien ihre Verantwortung wahrnehmen; andererseits sollte man derartige Diskussionen besonders ehrenamtlichen Vorständen nicht zumuten.

Hier bietet sich aus der Sicht einer sozialwirtschaftlich orientierten Bank eine Lösungsoption an: Entweder man bildet einen Anlageausschuss, der regelmäßig zusammentritt, nach Marktveränderungen auch sehr zeitnah, was in vielen Fällen kaum möglich sein wird. Oder alternativ erarbeitet man mit der Hausbank und dem Aufsichtsgremium Anlagerichtlinien. Das klingt oftmals einfacher, als es ist, doch führt ein solcher Prozess nicht selten zu organisationalen Lerneffekten und damit zur Professionalisierung der Vermögensverwaltung. Es kristallisiert sich heraus, was die Gremien wirklich wollen und unter welchen Bedingungen das im Rahmen eines Vermögenverwaltungsvertrages von der Bank umgesetzt werden kann. Der Vermögensberater der Bank hat die Kapitalmärkte und das zu betreuende Depot täglich im Blick, der/die Geschäftsführer_in oder Vorstand des Kunden eher nicht. Seine Kompetenz liegt in der Führung eines komplexen Sozialunternehmens mit anderen Prioritäten.

3.2 Cash Management

Vor etlichen Jahren hieß das noch schlicht Zahlungsverkehr. Da wurden körperliche Belege per Bote zur Bank getragen. Je nach Größe der Einrichtung konnten das viele Zentimeter hohe Papierbündel sein. Von der Belastung eines Betrages bis zur Gutschrift bei einer anderen Bank dauerte es mitunter eine Woche. Wenn heute eine Belastung nicht am nächsten Arbeitstag bei der Empfängerbank ist, dann ist etwas schief gelaufen. Entfernungen spielen keine Rolle mehr. Ohne EDV und aufwendige Software geht heute gar nichts mehr. Treiber dieser Entwicklung waren zunächst die Banken. Der Zahlungsverkehr wurde lange Zeit als notweniges aber wenig ertragreiches Geschäftsfeld angesehen, das durch die Fortentwicklung der Datentechnik rationeller und kostengünstiger abgewickelt werden konnte. Es bietet aber auch den Bankkund_innen Vorteile, von denen ich zwei herausgreifen möchte:

- Ohne elektronische Übertragung der Überweisungsdaten wäre beispielsweise die Verarbeitung der Spenderdaten einer Spendenorganisation undenkbar. Es würde dazu führen, dass der Verwaltungsaufwand größer wäre als der Nutzen von Kleinspenden.
- Dank sehr kurzer, kalkulierbarer Laufzeiten von Überweisungen lässt sich die Liquidität der Bankkund_innen optimal steuern. So können Eingänge der Kostenträger mit der Zahlung von Großrechnungen oder Gehältern besser aufeinander abgestimmt werden. Zinsen spielen, wenn man nicht gerade seine Kreditlinie in Anspruch nehmen muss, bei niedrigen Habenzinsen fast keine Rolle. Deutlich höher ist der Nutzen durch konsequente Berücksichtigung von Skonti. Wer z.B. eine Rechnung von 100.000,00 € unter Abzug von 2% Skonto bezahlt, könnte von dem Erlös einen Kontokorrentkredit mit 7% Sollzinsen rund 104 Tage beanspruchen.

Mittlerweile überzeugen die Vorteile und die Notwendigkeiten des elektronischen Datenaustausches für die innerbetrieblichen Abläufe auch kritische Bankkund_innen. Viele haben sich nur zögerlich von dem beleghaften Zahlungsverkehr getrennt, obwohl auch dieser seine Tücken hatte (z.B. gefälschte Unterschriften, ausgetauschte Belege bei Sammelaufträgen).

Trotzdem ist Vorsicht im Onlinebanking angezeigt. Zwischen 2011 und 2015 wurden im Durchschnitt rund 5.100 Fälle von Phising (digitaler Identitätsdiebstahl) angezeigt. Alleine hieraus lag der jährliche Schaden bei 20 Mio. €. Mit einem erheblichen Aufwand haben die Banken auf die kriminellen Attacken reagiert. 2015 sind die gemeldeten Fälle gegenüber dem Vorjahr um rd. 1.500 gesunken. Laut einer Studie des Center for Strategic and International Studies (CSIS) aus 2013 wird der weltweite Schaden durch Cyber-Kriminalität auf die unvorstellbare Summe von über 400 Mrd. US-Dollar veranschlagt (Clauß 2014). Vor diesem Hintergrund müssen die Sicherheitsstandards permanent optimiert werden.

3.3 Kapitalbedarf, Finanzierungen

3.3.1 Gesellschaftskapital, Mezzanine

Unternehmen mit einem erfolgreichen Geschäftsmodell fehlt oft für eine weitere Expansion das notwendige Eigenkapital. Dies gilt auch für gemeinnützige Vereine oder Gesellschaften, die dies nur selten durch Spenden kompensieren können. Privat-gewerbliche, steuerpflichtige Unternehmen können, ggf. auch durch Vermittlung ihrer Bank, Investor_innen als Mitgesellschafter_innen suchen, die das notwendige Eigenkapital einschießen. Als Gegenleistung sind die neuen Kapitalgeber_innen am Gewinn beteiligt und haben Mitspracherechte. Die Frage ist, ob sich hierdurch Mehrheitsverhältnisse oder Stimmrechte signifikant verschieben. Viele Kreditinstitute vereinbaren in ihren Kreditverträgen ein Kündigungsrecht, wenn sich Gesellschafterverhältnisse ändern. Man spricht dabei von einer Change-of-Control-Klausel. Damit will die Bank sicherstellen, dass sie bei einer aus ihrer Sicht nachteiligen Entwicklung den Kredit kündigen kann.

Für gemeinnützige Unternehmen ist das keine Option, da sie keine Gewinne ausschütten dürfen. Eine Alternative für sie ist das sogenannte Mezzanine-Kapital (abgeleitet aus dem Italienischen mezzo = halb), welches rechtlich gesehen eine Mischform zwischen Eigen- und Fremdkapital bzw. zwischen Gesellschafts- und Darlehensmittel darstellt:

- Eigenkapitalcharakter, weil im Falle einer Insolvenz zunächst alle anderen Gläubiger_innen und dann erst die Mezzanine-Geldgeber_innen berücksichtigt werden (Nachrangcharakter).
- Darlehenscharakter, weil ein fester Zins und Rückzahlungstermin vereinbart werden. Der etwas höhere, dem Risiko entsprechende Zins stellt kein Hindernis im Sinne des Gemeinnützigkeitsrechts dar.

In der Beurteilung der Kreditnehmerbilanz durch die Banken wird wegen des Nachrangs von Mezzaninen diese Bilanzposition wie Eigenkapital gewertet und verbessert die Kreditwürdigkeit des Unternehmens.

Die Mezzanine-Geber_innen haben zwar keine Mitspracherechte wie Mitgesellschafter_innen, dafür werden sie strenge Anforderungen an das Berichtswesen (Inhalt, Termine) stellen. Nicht unüblich ist, dass Geldstrafen vereinbart werden für den Fall, dass es nachhaltig zu Verzögerungen bei den Berichtspflichten kommt. Der erzieherische Wert einer solchen Bedingung ist mitunter bemerkenswert.

3.3.2 Unternehmensanleihen

Bei Unternehmensanleihen übernehmen die Banken eine wichtige Vermittlerrolle zwischen den Kapitalanleger_innen und dem Unternehmen. Die Anleger_innen können davon ausgehen, dass die begleitende Bank die Bonität des Unternehmens und deren Geschäftsmodell sorgfältig prüft. Ein eventuelles Ausfallrisiko trägt aber nicht sie, sondern ausschließlich die Anleger_innen, was je nach Laufzeit der Anlage bedacht werden muss. Wegen der Vertriebskosten ist es eher ein Finanzierungsinstrument für größere Player (Kapitalbedarf ab 5 Mio. €).

Vorteile:

- Anleger_innen – höhere Zinsen,
- Unternehmen – geringere Kosten, da Zinsmarge der Bank wegfällt und lediglich Provision anfällt,
- Bank – keine Risiko- und Refinanzierungskosten. Durch die steigenden aufsichtsrechtlichen Anforderungen an die Eigenkapitalausstattung der Banken haben einige Kreditinstitute eher Anleihen vermittelt und platziert, als langfristige Darlehen vergeben.

Nachteile:

- Anleger_innen – Verlustrisiko liegt bei ihm. 2016 gelten etwa 30% der Mittelstandsanleihen von ca. 6 Mrd. € als leistungsgestört.
- Unternehmen – Problem der Liquidität bei Fälligkeit, kann eine neue Anleihe platziert werden, falls notwendig?
- Bank – nur einmaliger Ertrag, Imageschaden ggf. Beratungshaftung bei Ausfall.

3.4 Partnerschaft auf Augenhöhe

Das Verhältnis Kund_in – Bank ist nicht immer frei von Vorbehalten und oder Missverständnissen, abhängig auch von der Frage, ob über Geldanlagen oder Kredite gesprochen wird. Eines steht aber fest: Kunden sind weder Bittsteller noch Könige und Banker sind weder allwissend noch Prügelknaben! Wechselseitige Wertschätzung, das Anerkennen der unterschiedlichen Kompetenzen und die Bereitschaft zum Nutzen gemeinsamer Projekte voneinander zu lernen, sind gute Voraussetzungen für eine fruchtbare Geschäftsverbindung.

Eine Bank muss verstehen, dass bei einem Sozialunternehmen eben keine Gewinnoptimierung im Vordergrund steht. Dagegen dürfen Sozialunternehmen auch nicht ihre Existenz und damit ihre eigentliche Bestimmung durch mangelnde Rentabilität gefährden. Eine Bank kann hier den Kund_innen, soweit es die wirtschaftlichen Aspekte betrifft, beratend und auch finanztechnisch unterstützend begleiten. Dazu bedarf es wechselseitigen Vertrauens und Vertrauen braucht Zeit.

3.5 Finanzierungsschwerpunkt Sozialimmobilie: Prozessoptimierung, vom Erstkontakt, der Projektprüfung bis zur Auszahlung

Bauvorhaben allgemein, in der Sozialwirtschaft wegen aufwendiger Abstimmungsprozesse mit Zuschussgeber und Kostenträger besonders, erfordern einen langen Vorlauf. Banken freuen sich zwar über jedes Neugeschäft. Bedauerlich ist allerdings, dass erste Gespräche über eine Finanzierung nicht selten erst dann stattfinden, wenn der Bagger bereits die Baugrube aushebt. Frustration tritt dann auf, wenn vom Kreditantrag über Zusage bis zur Erstauszahlung drei bis vier Monate oder länger vergehen.

1-2-3 Wochen: Unterlagen sammeln, prüfen

Nach dem ersten Gespräch werden die Unterlagen benannt, die für eine weitere Bearbeitung benötigt werden: Bautechnische Unterlagen, Wirtschaftlichkeitsberechnungen, Jahresabschlüsse (sofern nicht schon vorliegend) Kataster-, Liegenschafts-, Grundbuchauszüge usw.

2-3-4 Wochen: Externe Gutachten

Liegen alle notwendigen Unterlagen vor, beginnt bei größeren Projekten die Arbeit der Sachverständigen. Gute Fachleute, die sich mit Sozialimmobilien auskennen, sind nicht so häufig. Das heißt, ihr Terminkalender ist chronisch ausgebucht. Da in einem solchen Gutachten nicht nur die Steine bewertet werden sollen, sondern auch konzeptionelle Aspekte, Fragen des Bedarfs und des Wettbewerbs dürften zwei bis vier Wochen inklusive Termine vor Ort für einen aussagefähigen Bericht realistisch sein. Mitunter wird die Frage gestellt, warum dieser hohe Aufwand, insbesondere die Marktanalyse, erforderlich ist? Schließlich weist die Leitung eines Sozialunternehmens auf ihrem Gebiet entsprechende Kompetenzen aus, was i.d.R. unstrittig ist. Zu bedenken ist allerdings, dass die Kund_innen Erfahrungen nur aus ihren eigenen Bauvorhaben gewinnen können und die werden vielleicht nur einmalig oder in größeren Zeitabständen realisiert. Die Gutachter_innen setzen sich in deutlich kürzeren Intervallen mit mehr Projekten auseinander und können aufgrund ihres Überblicks Anregungen geben. Jede noch so gut geplante Investition beinhaltet Risiken. Die zweite Meinung eines unabhängigen Sachverständigen gibt die Sicherheit, dass die Investitionsentscheidung mit der notwendigen Sorgfalt getroffen wurde. Aussage einer Trägergesellschaft mit über 70 Einrichtungen der Altenhilfe: „Wir bauen keine neue Senioreneinrichtung ohne Standort- und Wettbewerbsanalyse.“

Was hier im Interesse des/r Kund_in liegt, deckt sich ebenso mit den Intentionen der Bank, die bei einer Baufinanzierung, wenn man so will, mit dem Projekt 20 bis 25 Jahre „verheiratet“ ist.

1-2 Wochen: Kreditbeschluss, Vertrag

Liegen alle gewünschten Unterlagen und Gutachten vor, kann der/die Kundenbetreuer_in sein/ihr internes Protokoll beenden und einem nachgelagerten Bereich, der Marktfolge, übergeben, die nach sachlicher und inhaltlicher Prüfung ein 2. Votum abgibt und ggf. weiteren Kompetenzträgern oder einem Kreditausschuss zur Bewilligung vorlegt. Fällt sie positiv aus, kann kurzfristig die Zusage versandt werden.

3-4 Wochen: Auszahlungsvoraussetzungen

Nach vielen Satzungen und Geschäftsordnungen sind die Aufnahme von bestimmten Krediten und die Belastung von Grundstücken von Aufsichtsräten des/r Kreditnehmer_in zu genehmigen. Das Einholen des Gremienbeschlusses, Notartermin, Grundstücksbelastung und Schaffung der sonstigen Auszahlungsvoraussetzungen, wie Bautenstandsbericht, sind weitere Schritte, die abzuarbeiten sind, bis das erste Geld fließt.

Wenn also alles mehr oder weniger störungsfrei durchläuft, kommen schnell drei bis vier Monate zusammen. Umfangreiche Rückfragen, fehlerhafte Unterlagen, unterschiedliche oder konträre Risikoeinschätzungen können den Prozess noch weiter verzögern. Bei Orthopäd_innen heißt es gelegentlich: „Zeit ist der beste Freund des Orthopäden“. Aber auch Kreditvorgänge, die sorgfältig und mit Ruhe durchgezogen werden können, sind für alle Beteiligten stressfrei und schaffen Vertrauen in das Vorhaben sowohl bei den Kund_innen und ihren Gremien als auch bei der Bank.

3.6 Bonitätsprüfung, Rating als Prozess

Das Feststellen der Kreditwürdigkeit eines/r Kund_in ist kein einmaliger Vorgang und wird gesetzlich in § 18 KWG Kreditwesengesetz vorgeschrieben. Der sogenannte Grundsatz ordnungsmäßiger Kreditgeschäftsführung stößt oft auf Unverständnis bei den Kreditnehmer_innen. Sie halten die Anforderungen ihrer Geldgeber_innen teilweise für übertrieben. Die Offenlegung erfordert in der Tat einen gewissen Mehraufwand, er dient aber einer langfristigen und vertrauensvollen Zusammenarbeit. Unternehmen, die routinemäßig und regelmäßige ihre Bilanzen mit der Bank besprechen, haben den großen Vorteil, dass sich die Bank, auch unabhängig von einer akuten Kreditentscheidung, ein Bild von den Chancen und Herausforderungen des/r Kund_in machen kann. Bonitätsprüfung und das Rating sind dann im Falle einer neuen Kreditanfrage kein großer Zeitfaktor.

Es kann vorkommen, dass evtl. für die Zahlung der Löhne und Gehälter Guthaben und Limit auf dem Firmenkonto nicht ausreichen, weil es Verzögerungen bei Zahlungen der Kostenträger gibt. Eine Hausbank, die ihre/n Kund_in seit Jahren kennt und bezüglich der Bonitätsprüfung stets auf dem Laufenden ist, wird ihn in der Situation keinesfalls hängen lassen.

Vom sogenannten Baseler Ausschuss wurden mehrfach erweiterte Eigenkapitalvereinbarungen für Banken vorgegeben. Basel II (2007) räumte den Kreditinstituten ein, mit internen Ratingmodellen ihre Risiken zu ermitteln. Diese bedingen Eigenkapitalbelastung und Kreditkosten und liefern die Begründung für eine größere Spreizung der Kreditzinsen zwischen guten und schlechten Engagements. Das führte damals zu lebhaften öffentlichen Diskussionen. Den Banken wurde Intransparenz vorgeworfen und gerade in der Sozialwirtschaft wurde angezweifelt, ob statistisch eine ausreichende Menge vergleichbarer Unternehmen in den Datenbanken vorläge und ob nicht Äpfel mit Birnen verglichen würden. Die Ratingmodelle differenzieren zwischen Hardfacts (hauptsächlich Bilanzen) und Softfacts (Marktpotential, Management etc.). Viele Unternehmensleitungen sind durchaus interessiert zu erfahren, wie ihre Fähigkeiten und Qualitäten von der Hausbank beurteilt werden. Da ist dann schon gelegentlich Diplomatie angesagt.

Mittlerweile liegen ausreichende Evaluierungen der Ratingsysteme vor, die Diskussionen haben sich versachlicht. Es hat sich auch gezeigt, dass sich eine ausreichende Trennschärfe zwischen guten und kritischen Engagements in den Ratingtools überwiegend aus den harten Fakten ergibt. Im Grunde genommen gelten nach wie vor „3 goldene Finanzregeln“:

1. Langfristiges Anlagevermögen langfristig finanzieren,
2. jederzeitige Zahlungsfähigkeit,
3. angemessene Überschüsse zur Erhaltung von Substanz und Entwicklungsmöglichkeiten.

Das bedeutet aber nicht, dass Banker_innen ausschließlich rational gesteuert aufgrund von Zahlen, Daten, Fakten eine Entscheidung treffen. Hier unterscheiden sie sich letztlich nicht von anderen Menschen. Was geht in einem/r Banker_in vor, wenn er/sie am Empfang gut fünf Minuten wartet, bis die zuständige Person hinter einer Glasscheibe mit Sprechklappe ganz offensichtlich das Privatprogramm fürs kommende Wochenende festgelegt hat? Wie wirkt das, wenn bei der Besichtigung einer Einrichtung die Mitarbeiter_innen und/oder Klient_innen zusammenzucken und verstummen oder wenn sie unverstellt, nachdem sie den/die Besucher_in registriert haben, ihren Beschäftigungen nachgehen? „Würde ich die Einrichtung einer mir nahestehenden Person empfehlen?“ Das klingt vielleicht banal, aber die Antwort darauf ist mitunter genauso wichtig wie Bilanzen. Letztendlich spiegeln die Bilanz und G&V-Rechnung den konzeptionellen Erfolg des Unternehmens und seiner Mitarbeiter_innen wider.

3.7 Strategisches Management als Motor und Grundlage in der Banken – Sozialunternehmenskooperation

Auch wenn strategisches Management mitunter zu einem vagen Schlagwort geworden ist, hat sich in vielen Unternehmen, auch oder gerade in Sozialunternehmen, die Erkenntnis durchgesetzt, dass ein Leitbild, die Unternehmenskultur, Personalmotivation und Personalführung ebenso wertige Elemente einer Steuerungsmatrix sind, wie Strukturen, Normen oder Controlling.

Einem Erfolg versprechendem Geschäftsmodell folgt immer die Frage:

- Welche Mitarbeiter_innen braucht man? Es wurden schon Kreditverhandlungen abgebrochen, weil kein Fachpersonal für die geplanten Einrichtungen nachgewiesen werden konnte.
- Welche Sachinvestitionen sind notwendig und zwar nicht nur einmalig, sondern auch in den nächsten Jahren? Wie sind die finanziellen Auswirkungen?

Das wird abgebildet in einer mittelfristigen Investitions- und Finanzierungsplanung und hat natürlich Auswirkungen auf die G&V-Rechnung und den sogenannten Cashflow, also Zahlungsströme und Liquidität.

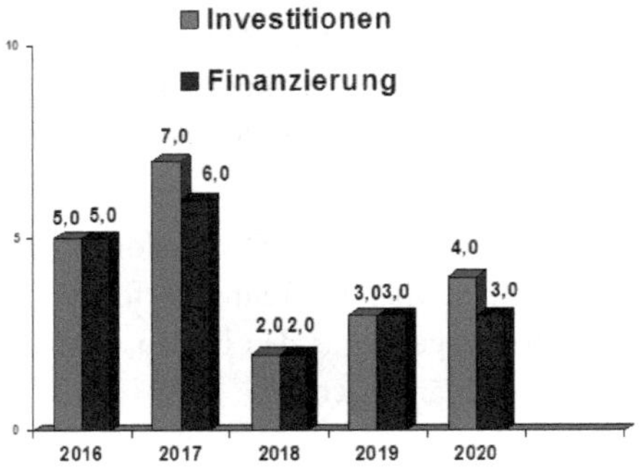

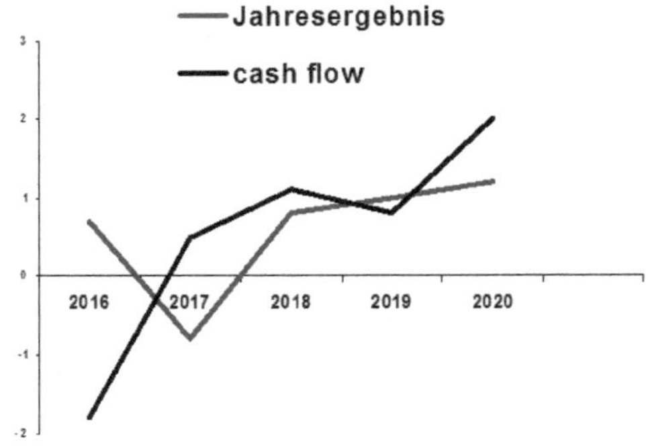

Abb. 2: Investitions- und Finanzplanung (eigene Darstellung)

Derartige revolvierende Planungen sind in Sozialunternehmen nicht überall Standard. Es scheint auch daran zu liegen, wie derartige Planungen intern diskutiert werden. Ein/e Geschäftsführer_in wird nicht gerade motiviert, wenn sein/ihr Aufsichtsrat z.B. bei einem Umsatz von 100 Mio. € eine negative Abweichung von der Prognose von 300.000 € bemängelt. Das ist absolut gesehen kein kleiner Betrag. Relativ gesehen sind es 0,3% des Umsatzes und das kommt fast einer Punktlandung gleich. Bilanzen müssen auf den Euro stimmen, Planungen nicht! Sie stützen sich zwar auf Daten des Rechnungswesens, basieren aber darüber hinaus auf Erfahrungswerten, Annahmen und nachvollziehbaren Parametern. Sie sind besonders dann bedeutend, wenn aufgrund von Anlaufverlusten neuer Einrichtungen, Umstrukturierungen oder anderer Ereignisse vorübergehend Verluste auftreten. Gerade dann möchte auch der Banker wissen, wo die Reise hingeht. Aussagen wie,

- „Das lassen Sie mal unsere Sorge sein"
- „Wir brauchen keine fremde Hilfe"
- „Bisher ist es noch immer gut gegangen" (... war auch die Auffassung nach dem Sturz aus der 30. Etage an jedem neuen Stockwerk)

helfen nicht weiter.

Es kommt vor, dass vom Erkennen der Schieflage bis zum finanziellen Exitus Jahre vergehen. Es sind Fälle bekannt, wo sich das gut zehn Jahre hinzog. Eine verlorene Zeit, die weder den Beschäftigten in den Häusern noch den Banken Spaß bereitet. Mitunter wird bei Sozialunternehmen, die gemeinnützig sind, darauf hingewiesen, dass sie aufgrund ihres Status keine Gewinne machen. Der Management-Guru Peter Drucker (1909-2005) würde sage: Falsch!

> „Gewinne sind die Kosten des Überlebens." (Drucker)

Kostenträger akzeptieren i.d.R. nur 2% Abschreibung auf Gebäude, auf Teile mit Investitionsförderung meist gar keine. In den seltensten Fällen wird eine Einrichtung 50 Jahre ohne Kernsanierung oder gar Erneuerung nutzbar sein. Das bedeutet, dass schon zur Erhaltung der Substanz eine Umsatzrendite von 2% anzustreben ist. Hinzukommt, das auch Reserven für Betriebsrisiken aufgebaut werden sollten. Auch Sozialunternehmen unterliegen als Verein, GmbH, AG, Genossenschaft oder Personenhandelsgesellschaft in Bezug auf Überschuldung und Zahlungsunfähigkeit denselben Gesetzmäßigkeiten wie eine Schraubenfabrik oder ein Supermarkt.

4. Resümee

Im Grunde sitzen Kreditnehmer und Bank im selben Boot. Dabei sitzt der Unternehmer an der Pinne und die Bank ist eher so etwas wie ein stiller Teilhaber. In der öffentlichen Meinung wird das mitunter anders gesehen. Einfluss kann die Bank letztendlich nur durch überzeugende Anregungen oder bei neuen Kreditverhandlungen durch Kreditauflagen initiieren. Darum geht es aber gar nicht. Letztendlich geht es darum, dass das Sozialunternehmen eine sozialpolitische Aufgabe erfolgreich umsetzen und durch Dienstleistungen der Bank, z.B. Bankkredite, optimieren oder überhaupt erst ermöglichen kann. Die komplexen Rahmenbedingungen erfordern den Aufbau und die Pflege einer langfristigen Partnerschaft.

Wechselseitige Wertschätzung, das Anerkennen der unterschiedlichen Kompetenzen und die Bereitschaft, zum Nutzen gemeinsamer Projekte voneinander zu lernen, sind Voraussetzungen für eine vertrauensvolle und fruchtbare Geschäftsverbindung auf Augenhöhe.

5. Literatur

Augurzky, Boris/Krolop, Sebastian/Pilny, Adam/Schmidt, Christoph M./Wuckel, Christiane (2016): Krankenhaus Rating Report 2016. Mit Rückenwind in die Zukunft? Heidelberg: medhochzwei, S. 26.

Bundeskriminalamt (BKA) (Hrsg.) (2016): Cybercrime, Bundeslagebild 2015, S. 13. www.bka.de/SharedDocs/Downloads/DE/Publikationen/JahresberichteUndLagebilder/Cybercrime/cybercrimeBundeslagebild2015.html, 19.9.2016.

Clauß, Ulrich (2014): Cybercrime schadet Deutschland am stärksten. In: WeltN24 vom 9.6.2014. www.welt.de/politik/deutschland/article128845865/Cybercrime-schadet-Deutschland-am-staerksten.html, 2.9.2016.

Deutsche Bundesbank (Hrsg.) (2016): Bankenstatistik, Juli 2016. www.bundesbank.de/Redaktion/DE/Downloads/Veroeffentlichungen/Statistische_Beihefte_1/2016/2016_07_bankenstatistik.pdf, 18.7.2017, S. 45-49.

Deutsche Bundesbank (Hrsg.) (2015): Bankenstatistik, Juli 2015. www.bundesbank.de/Redaktion/DE/Downloads/Veroeffentlichungen/Statistische_Beihefte_1/2015/2015_07_bankenstatistik.pdf, 18.7.2017, S. 28-32.

Deutsche Bundesbank (Hrsg.) (2015): Monatsbericht, September 2015. www.bundesbank.de/Redaktion/DE/Downloads/Veroeffentlichungen/Monatsberichte/2015/2015_09_monatsbericht.html, 18.7.2017, S. 43.

Deutsche Bundesbank (Hrsg.) (2015): Bankenstatistik, Juni 2015. www.bundesbank.de/Redaktion/DE/Downloads/Veroeffentlichungen/Statistische_Beihefte_1/2015/2015_06_bankenstatistik.pdf, 18.7.2017, S. 37-49.

Frühauf, Markus (2016a): Kommentar. Das Dilemma der EZB-Bankenaufsicht. In: FAZ Wirtschaft vom 12.7.2016. http://www.faz.net/aktuell/wirtschaft/wirtschaftspolitik/kommentar-das-dilemma-der-ezb-bankenaufsicht-14334353.html, 30.6.2017.

Frühauf, Markus (2016b): Der Mittelstandsanleihe droht der Todesstos. In: FAZ Finanzen, 3.8.2016, S. 23.

Haimann, Richard (2016): Der Mythos vom Pflegeheim als Top-Investment. In: Die Welt vom 15.2.2016. www.welt.de/finanzen/immobilien/article152240310/Der-Mythos-vom-Pflegeheim-als-Top-Investment.html, 19.9.2016.

Höning, Antje (2016): Auch NRW-Kliniken in der Krise – Jedem neunten Krankenhaus droht die Pleite. In: RP Online vom 10.6.2016. www.rp-online.de/wirtschaft/jedem-neunten-krankenhaus-droht-die-pleite-aid-1.6037265, 19.9.2016.

Lux, Jürgen/Piechocki, Maciej (2015): Kostentreiber Meldewesen. www.euroforum.de/news/Meldewesen-auf-Knopfdruck-%E2%80%93-Bankenaufsicht-zwischen-Wunsch-und-Notwendigkeit_570154#sthash.DtlMuMaA.dpuf, 20.8.2016.

Monte dei Paschi di Siena (Hrsg.) (o.J.): About us. english.mps.it/aboutus/Pages/default.aspx, 2.9.2016.

Schmidt, Andreas (2012): Krankenhäuser in der Krise: "Dieses System ist Murks“. In: Hamburger Abendblatt vom 15.12.2012. www.abendblatt.de/hamburg/harburg/article112035322/Krankenhaeuser-in-der-Krise-Dieses-System-ist-Murks.html, 19.9.2016.

Statistisches Bundesamt (Destatis) (Hrsg.) (2016): Bruttowertschöpfung nach Wirtschaftsbereichen. www.destatis.de/DE/ZahlenFakten/GesamtwirtschaftUmwelt/VGR/Inlandsprodukt/Tabellen/BWSBereichen.html, 2.9.2016.
(2016): 672 Mal die Leitzinsen gesenkt. In: FAZ, 29.7.2016, Finanzen, S. 25.
(2016): Der Mittelstandsanleihe droht der Todesstoß. In: FAZ Finanzen, 3.8.2016, S. 23.

Privatisierung und Outsourcing sozialer Dienstleistungsorganisationen

Susanne Vaudt

1. Ausgangspunkt: Vermarktlichung Sozialer Arbeit

Privatisierung und Outsourcing lassen sich in der Sozialen Arbeit bereits seit den 1990er Jahren beobachten. Seit dieser Zeit stellen kontinuierlich steigende Ausgaben für soziale Dienstleistungen die öffentliche Hand, insbesondere die Kommunen als Hauptverantwortliche für die soziale Daseinsvorsorge vor wachsende Finanzierungsprobleme.[1] Um mit knappen öffentlichen Mitteln eine bedarfsgerechte und qualitativ hochwertige Versorgung sicherzustellen, setzte die Sozialpolitik in der Folge auf die *Vermarktlichung* sozialer Dienstleistungen (Bäcker et al. 2010, S. 561). „Dabei ging es darum, (...) soziale Dienstleistungen als wohlfahrtsstaatliche Güter zu konstruieren, die auf (Quasi-)Märkten gehandelt oder zu Marktpreisen verrechnet werden können" (Pfau-Effinger/Ebbinghaus 2013, S. 203). Als Katalysator im Prozess der Vermarktlichung wirkte das ‚Neue Steuerungsmodell' der Kommunalen Gemeinschaftsstelle für Verwaltungsmanagement (KGSt) (siehe Aufsatz 4.2 ‚Public Management und Neue Steuerung' in diesem Band). Anfang der 1990er Jahre wurden nach diesem Reformkonzept Kommunalverwaltungen bundesweit in „zielorientierte, wirksame und wirtschaftlich handelnde Dienstleister" (KGST 2016) umgewandelt. Den Referenzrahmen bildet das aus den Niederlanden stammende Tilburger Modell, das nach Vorgaben des Lean Managements im Kern den Umbau einer Stadtverwaltung in einen Konzern favorisiert, in dem eine ‚schlanke' Holdinggesellschaft zentrale Steuerungsaufgaben übernimmt und von einem Kranz partiell selbstständiger Verwaltungs- und Betriebseinheiten umgeben ist (Boeßenecker 2014, S. 207; Nährlich 1998, S. 52 mit Bezug auf Reichard 1994, S. 58). Die Verwaltungsmodernisierung nach ‚neuer Steuerung' umfasst die Ausrichtung der Dienstleistungserbringung nach betriebswirtschaftlichen Kriterien. Dazu zählt auch die Einführung von Leistungsverträgen als sogenanntes Kontraktmanagement zwischen öffentlicher Hand als ‚Auftraggeber' und den sozialen Dienstleistungsorganisationen als ‚Auftragnehmer' mit Steuerung durch ein (Leistungs-) Controlling. Ambulante und (teil-) stationäre Angebote Sozialer Arbeit sind nun standardisierte Produkte. Ihr Preis wird von der öffentlichen Hand kostenbewusst ausgehandelt (Output-Orientierung). Soziale (Dienst-) Leistungsanbieter stellt dies vor die wirtschaftliche Herausforderung, für vergleichbare Produkte unter Effizienzgesichtspunkten, ein verbessertes Input-Output-Verhältnis zu schaffen (Grohs/Bogumil 2011). Diese Reform passte zu der bereits in den 1970er Jahren einsetzenden Liberalisierung der Arbeits-, Güter- und Kapitalmärkte und zielt drauf, einen zunehmend marktangepassten, ‚schlanken' und auf ‚Rekommodifizierung' hin ausgelegten ‚modernisierten' Wohlfahrtsstaat zu entwickeln (Streeck 2015, S. 99).

1 Nach der Wiedervereinigung galt es, den bereits in den 1980er Jahren verzeichneten Ausgabenanstieg und die Staatsverschuldung zu begrenzen (Streeck 2015, S. 114ff.). Für eine ausführlichere Darstellung siehe Boeßenecker 2014, S. 206f.

2. Privatisierung und Outsourcing als Wettbewerbseffekte

Als erwünschten Effekt stärkt Vermarktlichung den Wettbewerb zwischen sozialen Dienstleistungsorganisationen (synonym: Leistungsanbieter oder Träger Sozialer Arbeit).[2] Im Kern geht es dabei auch um Qualitätsgewinne durch die Vermeidung eigenbürokratischen Handelns, ebenso um die Erfüllung gesetzlicher Vorgaben der Erfüllung der Subsidiarität (Jüster in diesem Band) aber auch um den Einkauf externer Expertise in der Umsetzung und Erstellung von Aufgaben. Besondere Wettbewerbseffekte gehen dabei von der *Auslagerung* (engl.: Outsourcing) von Aufgaben, (Dienst-) Leistungen oder Prozessen aus. Der Auslagerungsbegriff wird in Theorie und Praxis vielschichtig verwendet. Privatisierung und Outsourcing stehen sich dabei als zwei Varianten von Auslagerung gegenüber. Privatisierung umfasst alle Formen von Auslagerungen der öffentlichen Hand. Sie ist die Folge (ordnungs-)politischer Entscheidungen mit dem Ziel, Marktstrukturen zu verändern. Damit hat Privatisierung auf der Makroebene Einfluss auf die gesamte Anbieterlandschaft innerhalb einer Versorgungsregion mit weitreichenden Konsequenzen für die freie Wohlfahrtspflege und privat-gewerblichen Leistungsanbietern (Kap. 3).

Outsourcing stellt dagegen für einen einzelnen Leistungsanbieter – unabhängig von seiner Trägerschaft – eine Option dar, seine Wettbewerbsfähigkeit zu steigern.[3] Als „Outside Ressource Using" beschreibt der Anglizismus keine ordnungspolitische Strategie, sondern unternehmerisches Handeln auf der Mikroebene der einzelnen Dienstleistungsorganisation. Outsourcing, verstanden als Auslagerung innerbetrieblicher (Teil-) Prozesse an andere (Dienstleistungs-) Anbieter hat in der Praxis häufig mehrere Ursachen, hängt aber insbesondere am Wirtschaftlichkeitsdruck. Wie in Kap. 4 dargestellt, erfolgen Auslagerungen in der Praxis nicht ausschließlich an externe Dienstleister, sondern auch an privat-gewerbliche Tochterorganisationen.

Vermarktlichungs- und Ausgliederungsprozesse sind tendenziell durch eine neoliberale Weltsicht geprägt und werden unter dem Schlagwort *Ökonomisierung* von Vertreter_innen Sozialer Arbeit äußerst kritisch beurteilt (Buestrich/Wohlfahrt 2008; Müller et al. 2016 und siehe Aufsatz ‚Ökonomisierung und Managerialisierung ' in diesem Band). Häufig wird dabei angenommen, dass bei einem Trade-off zwischen Wirtschaftlichkeit und Fachlichkeit, der steigende Effizienzdruck die Qualität Sozialer Arbeit mindert und damit für Nutzer_innen sozialer Dienste Qualitätsrisiken birgt. Eine zunehmende Wirkungsorientierung bringt für Leistungsanbieter neben Preiswettbewerb auch einen Qualitätswettbewerb ins Spiel. Dieser hat zur Folge, dass Privatisierungs- und Outsourcing-Entscheidungen nicht nur unter Effizienzgesichtspunkten zu legitimieren sind. Im Rahmen von Wirkungsanalysen stellt sich darüber hinaus die Frage, ob und wie *effektiv* solche Entscheidungen sind.

2 ‚Träger' ist ein mehrdeutiger Begriff. Hier steht Träger als Synonym für die Auftragnehmerseite, d.h. *„jedwede private oder öffentliche Organisation oder Organisationseinheit (...), ebenso aber auch eine natürliche Person, die soziale Dienstleistungen ausführt"* (Bieker 2011, S. 15). In der Praxis werden aber häufig auch die sozialrechtlichen Leistungs- oder Kostenträger verkürzt als Träger bezeichnet. Dazu zählen dann die öffentlichen Auftraggeber also kreisfreie Städte, Kommunen und öffentlich-rechtliche Körperschaften, die Soziale Arbeit finanzieren, wie z.B. die Bundesagentur für Arbeit und sonstige Träger der Sozialversicherung.

3 Begrifflich enggeführt als trägerstrategische Option, wird Outsourcing im Folgenden nicht als strategische Handlungsoption von Klient_innen angesehen, die im Rahmen von Einkaufsmodellen z.B. via Persönlichen Budget Leistungen von professionellen und nicht-professionellen Anbietern beziehen bzw. an diese ‚outsourcen' können. Im Outsourcing-Diskurs bietet diese Perspektive jedoch durchaus eine fruchtbare Ergänzung.

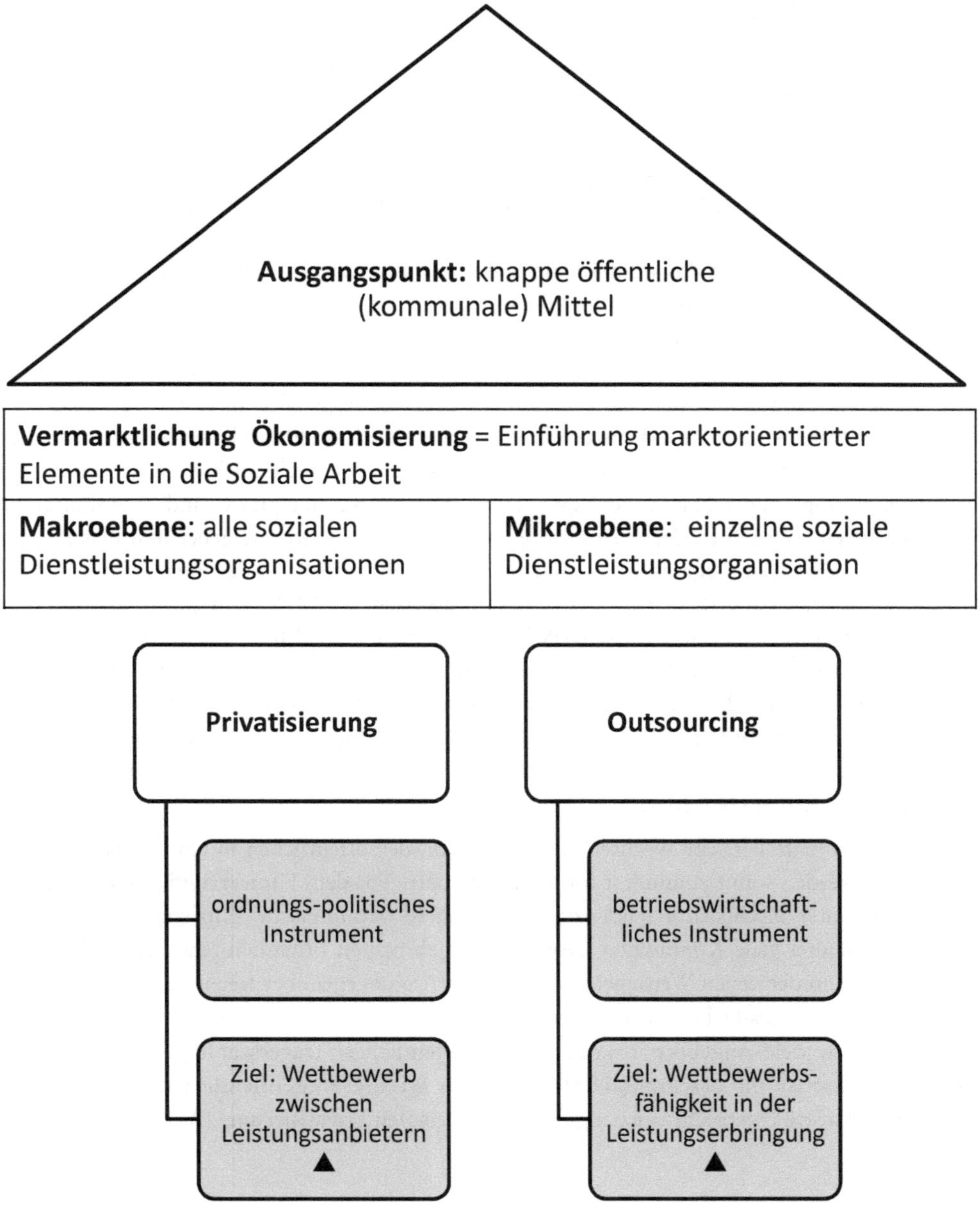

Abb. 1: Privatisierung und Outsourcing als Folge der Vermarktlichung sozialer Dienstleistungen (eigene Darstellung)

3. Privatisierung

Im Kern geht es bei Privatisierung um die Auslagerung *öffentlicher* (kommunaler) Aufgaben auf andere Träger bzw. Anbieter Sozialer Arbeit (Bäcker et al. 2010, S. 561).[4]

3.1 Kommunen in Doppelfunktion als Finanzmittelgeber und Leistungserbringer

Für die Soziale Arbeit ist das kommunale Selbstverwaltungsrecht von grundlegender Bedeutung: Kommunen und kreisfreie Städte können sich jenseits zentralstaatlicher Vorgaben eigenaktiv um soziale Probleme vor Ort kümmern und dabei flexibel eigene Schwerpunkte setzen. „Über die Vorbereitung sozialpolitischer Entscheidungen und die Gewährleistungs- und Kostenträgerschaft hinaus (...) sind die kommunalen Verwaltungsstellen in einem gewissen Umfang auch selbst als Leistungserbringer aktiv" (Bieker 2011, S. 20). D.h. sie sorgen nicht nur für Bereitstellung des Angebotes, sondern übernehmen in Eigenregie auch die Produktion. Als öffentlicher Träger unterhalten sie bspw. Frauenhäuser, Bauspielplätze und Soziokulturelle Stadtteilzentren – und üben damit eine Doppelfunktion als Finanzmittelgeber und Leistungserbringer aus. In welcher Organisations- und Rechtsform diese jeweils angeboten wird, entscheidet die Kommune nach dem Prinzip der organisatorischen Wahlfreiheit grundsätzlich nach sachgerechtem Ermessen selbst (Pitschas/Schoppa 2011, S. 109, Rdnr. 7). Ein früher Klassiker war der direkt in die öffentliche Verwaltung eingegliederte Eigen- oder Regiebetrieb. Mitte der 1990er Jahre kam mit der Neuordnung des kommunalen Wirtschaftsrechts das wirtschaftlich und rechtlich selbstständige „Kommunalunternehmen" als neue Rechtsform hinzu: Viele, der vormals in Regie- und Eigenbetrieben erbrachten Leistungen, wurden in neu gegründete Kommunalunternehmen ausgegliedert.[5]

Andere kommunale Betriebe wechselten dagegen von der öffentlichen in eine private Rechtsform – und werden somit zumindest formal privatisiert: Vor dem Hintergrund, dass Unternehmen mit privater Rechtsform tendenziell eine höhere ökonomische Effizienz zugeschrieben wird, wollten sich viele Kommunen „von den hergebrachten öffentlich-rechtlichen Zwängen lösen und (...) in der neuen Wettbewerbslandschaft [Anm.: gegenüber freien Trägern mit privaten Rechtsformen] besser bestehen" (Pitschas/Schoppa 2011, S. 108, Rdnr. 6). In der Folge organisierten sich viele Angebote in kommunaler (öffentlicher) Trägerschaft privatrechtlich als GmbH (Gesellschaft mit beschränkter Haftung). Der Wechsel eines öffentlichen Trägers in eine private Rechtsform entspricht einer sogenannten ‚formalen Privatisierung' (Abb. 2).

3.2 Formen der Privatisierung

Nach Trube/Wohlfahrt (2000a) lassen sich drei Formen von Privatisierung unterscheiden. Im Unterschied zur (1) formalen Privatisierung, handelt es sich bei der (2) materiellen und (3)

4 Neben der Privatisierung sozialer Dienste lässt sich zunehmend auch eine (Teil-) Privatisierung im Bereich sozialer Sicherung beobachten, bei der staatliche Verantwortung (teilweise) in die private Eigenvorsorge verlagert wird, z.B. im Fall von privater Altersvorsorge- oder Kranken(zusatz)versicherung (Ebbinghaus/Klenk et al. 2013, S. 51). Die Privatisierung der Risiken und privater Vorsorgeverantwortung wird im Folgenden ausgeklammert.

5 Bei dieser Auslagerung handelt es sich nicht um Privatisierung. Insofern das neu gegründete Kommunalunternehmen aber als ein *anderer* Leistungsanbieter angesehen wird, lässt sich bereits von Outsourcing sprechen – auch wenn die Produktion weiterhin in öffentlicher (kommunaler) Trägerschaft passiert.

funktionalen Privatisierung um ‚echte' Privatisierungen, bei denen ein freier Träger die Produktion bzw. Leistungserbringung übernimmt (siehe Abb. 2).

(1) formale Privatisierung	Bei der formalen Privatisierung wird eine öffentlich-rechtliche Körperschaft bzw. Teile davon in ein Unternehmen mit privater Rechtsform gewandelt, „wobei die öffentliche Hand vollständig Eigentümerin der neuen Organisation bleibt" (Trube/Wohlfahrt 2000a, S. 21). Beispiel dafür ist die Ausgliederung einer Kindertagesstätte (Kita) im städtischen Regiebetrieb in eine gemeinnützige GmbH. Die Stadt bleibt alleinige Gesellschafterin.
(2) materielle Privatisierung	Materielle Privatisierung beschreibt dagegen den *Verkauf* einer Einrichtung/eines Dienstes in öffentlicher Trägerschaft, wie z.B. eines Krankenhauses, einer Beratungsstelle oder eines (teil-) stationären Wohnangebotes für hilfe- und pflegebedürftige Menschen an eine privat-gewerbliche oder frei-gemeinnützige Organisation, ggf. auch zu einem symbolischen Preis.
(3) unktionale Privatisierung	Im Fall funktionaler Privatisierung werden öffentliche Aufgaben an private oder frei-gemeinnützige Organisationen vergeben, „wobei unter Beibehaltung der öffentlichen Aufgabenverantwortung spezielle Verträge bzw. Konzessionen die Finanzierung und Leistungserbringung regeln" (Trube/Wohlfahrt 2000a, S. 21). Beispiel hier ist die Vergabe ambulanter Fachleistungsstunden als Hilfe zur Erziehung (HzE) an anerkannte Träger der Kinder- und Jugendhilfe.

Abb. 2: Formen von Privatisierung (eigene Darstellung in enger Anlehnung an Trube/Wohlfahrt 2000a; 2000b)

Funktionale Privatisierungen können auch unter der vielgestaltigen Sammelbezeichnung Public-Private-Partnership (PPP) auftreten (Schliesky 2011, S. 249, Rdnr. 6). PPP umfasst allgemein eine langfristige, vertraglich geregelte Kooperation zwischen einem öffentlichen und privaten Partner zur Erfüllung (bisher) öffentlicher Aufgaben. „Teilweise werden als typische Aspekte auch die Beschränkung des öffentlichen Partners auf die Bestimmung von Zielen, Leistungsqualität, Preispolitik und auf die Überwachung der Einhaltung dieser Ziele genannt, außerdem eine leistungsorientierte Vergütung des privaten Partners" (Schliesky 2011, S. 248, Rdnr. 2). Die parallel zur Einführung des Neuen Steuerungsmodells in der Kommunalverwaltung seit Anfang der 1990er Jahre auftretenden PPP müssen nicht durch Gründung eines Unternehmens institutionalisiert sein (Schliesky 2011, S. 248, Rdnr. 2). Sie sind auch vorstellbar als ‚Konzessions-Modell', bei dem die öffentliche Hand einem freien Träger als Privatem eine Aufgabe überträgt, die dieser gegenüber Dritten als Nutzer_innen erledigt. „Der Private finanziert seine Leistung durch Erhebung von Nutzerentgelten oder Gebühren direkt beim Dritten, eventuell ergänzt durch eine Zuzahlung des öffentlichen Auftraggebers" (Schliesky 2011, S. 251, Rdnr. 12). Diese Form funktionaler Privatisierung entspricht der Beziehung sozialer (Dienstleistungs-) Organisationen im sozialrechtlichen Leistungsdreieck. Sie ist in der Praxis häufig dadurch gekennzeichnet, dass „die unmittelbare Leistungserbringung an nicht staatliche Träger delegiert, das Ausmaß staatlicher Regulierung und (Qualitäts-) Kontrolle [aber] sogar erhöht wird" (Evers et al. 2011, S. 16).

3.3 Subsidiaritätsprinzip und bedingter Vorrang frei-gemeinnütziger Träger

Bis in die 1990er Jahre handelte es sich bei Auslagerungen öffentlicher (kommunaler) Aufgaben ausschließlich um solche an frei-gemeinnützige Träger der Wohlfahrtspflege. Verantwortlich dafür ist das aus der Katholischen Soziallehre abgeleitete und in den gesetzlichen Grundlagen der Wohlfahrtspflege verankerte Subsidiaritätsprinzip.[6] Der dort vorgezeichnete formelle Vorrang von Trägern der freien Wohlfahrtspflege gegenüber öffentlichen Trägern wurde im Jahr 1967 durch das Bundesverfassungsgericht bestätigt. Allerdings wurde die praktische Bedeutung für Träger der freien Wohlfahrtspflege bei (Leistungs-) Auslagerungen im Kontext Jugendhilfe auch überschätzt: *„Trotz formellen Vorrang der freien Wohlfahrtspflege stieg die Zahl der Einrichtungen in öffentlicher Trägerschaft beständig an. Vor allem aber stieg der Anteil der Einrichtungen in öffentlicher Trägerschaft an der Gesamtzahl der Einrichtungen – ein angesichts der Sperrklauseln nahezu paradoxes Ergebnis"* (Sachße 2011, S. 111). Für die Träger der freien Wohlfahrtspflege resultiert aus der ‚subsidiären' Auslagerung ein starker Zwang zur Kooperation mit der öffentlichen Hand und eine enge Einbindung in die staatliche Politik, d.h. (neo-) korporatistische Strukturen (Sachße 2011, S. 111; Heinze/Olk 1981). Zugleich impliziert das Subsidiaritätsprinzip für die Träger der freien Wohlfahrtspflege bis in die 1990er Jahre eine Bestandsgarantie und ‚bedingte Vorrangrangstellung' in der Leistungserbringung gegenüber privat-gewerblichen Anbietern.

3.4 Privat-gewerbliche Leistungsanbieter und Trägermix in unterschiedlichen Feldern Sozialer Arbeit

Wesentliches Kennzeichen privat-gewerblicher Träger ist ihre Gewinn- und Renditeorientierung. In der Praxis verknüpfen sich Marktöffnungen für Private ordnungspolitisch mit der Herausforderung, das Risiko eines ‚Creamings' von Klient_innen Sozialer Arbeit zu unterbinden.[7] Im Gegensatz zu frei-gemeinnützigen Trägern sind sie an keine Rechtsform gebunden und können daher auch gewerblich tätige Einzelpersonen sein.[8] Von der Gruppe privat-gewerblicher Träger sind (privat-) freiberuflich tätige Sozialarbeiter_innen, Sozial- und Heilpädagog_innen u.ä. abzugrenzen. Diese nehmen in der Anbieterlandschaft freier Träger eine Sonderrolle ein, da ihnen aufgrund des besonderen Status freiberuflicher Tätigkeit die gewerbliche Ausrichtung fehlt. Auf der anderen Seite fehlt ihnen als natürliche Personen die Körperschafteigenschaft, um beim Finanzamt eine Gemeinnützigkeit zu beantragen. Damit bilden sie mit insgesamt geringer politischer Relevanz innerhalb der freien Träger eine dritte Gruppe (Brinkmann 2010, S. 60, 68f.).

6 Allgemein besagt das Subsidiaritätsprinzip mit prägnanter Formulierung des Jesuitenpaters Oswald von Nell-Breuning (Hilpert 1990, S. 106; Sachße 2011, S. 102): Wenn kleinere Gruppen, Instanzen, Verbände Probleme in ihrer Zuständigkeit bewältigen können, dann sollen ihnen diese nicht vom Staat oder übergeordneten Instanzen entzogen werden.

7 „Renditeorientierte bzw. unter Erlösdruck stehende Dienstleister, die pauschale Erfolgshonorare (z.B. für eine Jobvermittlung) erhalten, konzentrieren ihre Bemühungen auf jene, die sie am leichtesten fördern können" (Bode 2013, S. 290).

8 Folgende Rechtsformen sind mit der beim Finanzamt zu beantragenden Gemeinnützigkeit kompatibel: (1) der eingetragene Verein (e.V.), (2) die Stiftung, (3) die eingetragene Genossenschaft (e.G.) sowie (4) Kapitalgesellschaften wie die GmbH, AG (Aktiengesellschaft) sowie seit dem Jahr 2008 die UG haftungsbeschränkt (Unternehmergesellschaft) als ‚Mini-GmbH'.

Bereits seit Mitte der 1980er zeigten sich außerhalb der Sozialen Arbeit im Bereich der Gesundheitsversorgung frühzeitige Privatisierungstendenzen durch das Aufkommen großer gewerblicher Klinikbetreiber wie die Asklepios Kliniken GmbH, die Rhön-Klinikum AG, die Fresenius SE & Co. KGaA mit der Helios-Kliniken-Gruppe und die Stiftung-Reha-Heidelberg (SRH)-Holding als Stiftung des bürgerlichen Rechts (SdbR) mit einer Vielzahl an Kliniken und medizinischen Versorgungszentren in der Rechtsform einer GmbH (Boeßenecker 2014, S. 215). Im Zuge der Vermarktlichung (siehe Kap. 1) wurde dann in mehreren Feldern Sozialer Arbeit der bedingte Vorrang der freien Wohlfahrtspflege (als frei-gemeinnützige Träger) aufgegeben bzw. gar nicht eingeführt.

Kinder- und Jugendhilfe (SGB VIII)	Öffnung für privat-gewerbliche Träger durch die Novellierung des SGB XII (früheres BSHG) in 1996 und des SGB VIII in 1998
Altenhilfe (SGB XI)	Verabschiedung des Pflegeversicherungsgesetzes in 1994 mit gleichberechtigter Zulassung privat-gewerblicher Pflegedienstleister
Arbeitsförderung (SGB III)	Zulassung privat-gewerblicher Bildungsträger in Verbindung mit europäisch induzierter Ausschreibungspflicht durch die im Jahr 2004 in Kraft getretene AZWV (Anerkennungs- und Zulassungsverordnung – Weiterbildung)

Abb. 3: Privatisierung als (Markt-) Öffnung für privat-gewerbliche Leistungsanbieter im sozialen Bereich (eigene Darstellung angelehnt an Boeßenecker 2014, S. 215ff.)

Durch den gleichberechtigten Marktzutritt privat-gewerblicher Träger veränderten sich die Anbieterstrukturen. Die Privatisierung verlief allerdings je nach Teilbereich Sozialer Arbeit unterschiedlich (Abb. 3). In der Kinder- und Jugendhilfe bewegten sich im Jahr 2010/2011 die Marktanteile privat-gewerblicher Anbieter, bezogen auf Einrichtungen/Plätze und Personal, zwischen etwa einem und zwei Prozent und haben sich seit Beginn der 1990er Jahre nicht wesentlich verändert (Monopolkommission 2014, S. 130f.). Entsprechend bemängelte die Monopolkommission (MK) in ihrem 20. Hauptgutachten zu den Grundlagen des Wettbewerbs in der Kinder- und Jugendhilfe: „Privilegien weniger großer etablierter Anbieter wie der Liga der Spitzenverbände zulasten Dritter be- oder gar verhindern den Wettbewerb. Daraus können negative Folgen wie Überbürokratisierung, geringe Innovationen oder mangelndes Kostenbewusstsein in der Kinder- und Jugendhilfe entstehen“ (MK 2014, S. 129 – Abs. 269). Abgesehen davon, liegt der Anteil privat-gewerblicher Anbieter in solchen Teilsegmenten der Kinder- und Jugendhilfe, die ökonomisch lukrativ erscheinen, wie Jugendferienreisen, Outdoor- und Freizeitangeboten, Nachhilfebetreuungen und Kindertagesstätten, deutlich höher mit steigender Tendenz (Boeßenecker 2014, S. 219).

In der Altenhilfe waren frei-gemeinnützige und privat-gewerbliche Träger nach Einführung der gesetzlichen Pflegeversicherung von Anfang an gleichstellt. In der Folge prägten privat-gewerbliche Pflegeunternehmen die pflegerische Versorgung. „Von den insgesamt 12.700 zugelassenen ambulanten Pflegediensten befand sich [Anm. im Jahr 2013] die Mehrzahl in privater Trägerschaft (8.100 bzw. 64%)“ (Destatis 2015, S. 10). Gegenüber dem Jahr 2011 entspricht dies einer Zunahme von 4,7% (ebd., S. 12). Im Bereich stationärer Pflegeeinrichtungen lag der Anteil privat-gewerblicher Anbieter 2013 bei 41% (5.349 von insgesamt 13.030 Pflegeheimen). Ihr Anteil stieg gegenüber 2011 um 7% (ebd., S. 18, 21).

Ähnliche Privatisierungstendenzen zeigt der Bildungsbereich in der Arbeitsförderung. In 2004, dem ersten Jahr der zentralisierten Ausschreibung durch die Regionalen Einkaufszentren (REZ) der Bundesagentur für Arbeit (BA), waren „insgesamt 584 private Auftragnehmer, die sechs größten hatten einen Marktanteil von 41% der Beauftragungen und 42% der ausgeschriebenen Kapazitäten. In den Folgejahren hat sich daran nichts geändert (Boeßenecker 2014, S. 217).

4. Outsourcing

Neben Privatisierung als Auslagerung öffentlicher (kommunaler) Aufgaben auf freie Träger Sozialer Arbeit (frei-gemeinnützig *und* privat-gewerblich), stellt Outsourcing für alle Trägerformen eine Option dar, die eigene Wettbewerbsfähigkeit zu steigern. Outsourcing beschreibt die Nutzung externer Ressourcen zur Durchführung betrieblicher Leistungen. Die Erbringung sozialer personenbezogener Dienstleistungen ist komplex und besteht in der Praxis aus einer Vielzahl an (Teil-) Prozessen (Kap. 4.1). Welche (Teil-) Prozesse eine Organisation unter zunehmenden Wettbewerbsdruck selbst erbringt und in welchem Format sie (Teil-) Prozesse fremd bezieht (Kap. 4.2), muss sie als ‚make-or-buy-Entscheidung' unter verschiedenen Aspekten abwägen (Kap. 4.3) und unter sich ändernden Umwelt- und Rahmenbedingungen stets neu für sich klären.

4.1 Outsourcing von (Teil-) Prozessen

Soziale Dienstleistungen lassen sich unabhängig davon, ob sie ambulant oder stationär erbracht werden, in Kernprozesse und unterstützende Prozesse zerlegen. Zu den Kernprozessen einer stationären Einrichtung zählen bspw. alle Leistungen im Zusammenhang rund um Teilhabe, Betreuung und Pflege. Unterstützende Prozesse lassen sich je nach ihrer Nähe zum Kerngeschäft in Leistungen mit und ohne direkten Klientenkontakt bzw. in einen sekundären und tertiären Leistungsbereich differenzieren (Goedereis 2005, S. 435f., 445ff.). Zum sekundären Bereich zählen Unterstützungsleistungen im unmittelbaren Zusammenhang mit Teilhabe, Betreuung und Pflege wie z. B. alle hauswirtschaftlichen Leistungen, wie die Essensausgabe der Gemeinschaftsverpflegung, die Reinigung der Bewohnerzimmer und Verteilung der Bewohnerwäsche etc. Es zählen aber auch Verwaltungsleistungen, wie Empfangsdienst und Leistungen des/r Hausmeister_in bei technischen Problemen in Bewohnerzimmern dazu. Zum tertiären Bereich zählen die übrigen Leistungen aus dem Bereich Facility Management und Verwaltung, wie: Gartenarbeit, Management von Bauprojekten, Wartung und sonstiger Haustechnik. Leistungsabrechnung, IT/EDV und Verwaltung, Controlling u. a. (siehe Abb. 4).

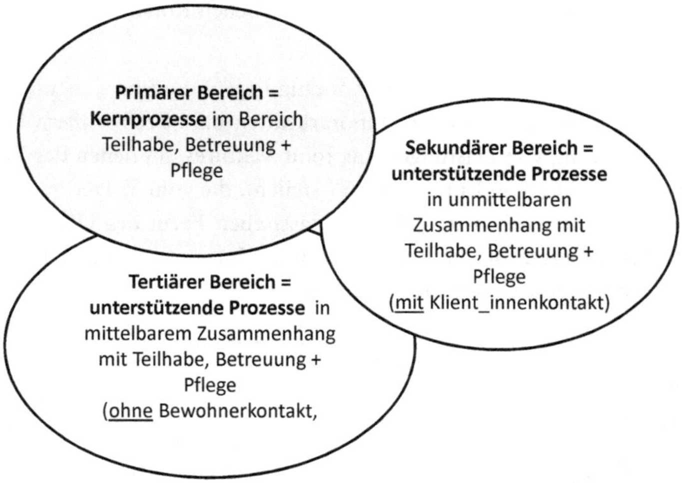

Abb. 4: Kategorisierung in Kern- und unterstützende (Leistungs-) Prozesse (eigene Darstellung)

4.2 Internes vs. externes Outsourcing

Im Rahmen einer qualitativen Studie zum Status quo von Leistungsauslagerungen bei diakonischen Trägern (Vaudt et al. 2012)[9] wurde zwischen (1) Selbsterstellung versus (2) internem und (3) externem Outsourcing unterschieden (siehe Abb. 5).

(1) Selbsterstellung kennzeichnet, dass die Leistungserstellung durch Mitarbeitende erfolgt, die direkt beim Träger angestellt sind. Dazu zählen auch Leistungen, die zentralisiert erbracht werden, z.B. in zentralen – wirtschaftlich und rechtlich unselbstständigen – Abteilungen oder Dienstleistungszentren.

Beim sogenannten (2) internen Outsourcing erfolgt die Leistungserstellung durch Mitarbeitende einer trägerinternen Service-Gesellschaft oder eines Joint Ventures, an dem der Träger über eine Mehrheitsbeteiligung verfügt und mit (mindestens einem) weiteren in der Regel privat-gewerblichen Unternehmen für die Leistungserstellung zusammengeht. In der Praxis erfolgt die Ausgründung eines Betriebsteils z.B. als nicht gemeinnützige GmbH auch im Bereich der Arbeitnehmerüberlassung (Zeitarbeit). Trennschärfe zwischen Selbsterstellung und internem Outsourcing ergibt sich durch die unterschiedlichen tarif- und arbeitsvertraglichen Bestimmungen. Arbeitsverträge in den outgesourcten Tochter-Gesellschaften unterliegen nicht derselben Tarifsystematik des Trägers (Muttergesellschaft). Sie werden in der Praxis häufig branchentariflich vergütet. Wenn Beschäftigungsverhältnisse von Mitarbeitenden auf neue (nicht-gemeinnützige) Gesellschaften wechseln, liegt ein Betriebsübergang nach § 613a BGB vor – mit weitreichenden arbeitsrechtlichen Konsequenzen. Häufig werden Betriebsübergänge durch temporäre Doppelstrukturen aus Selbsterstellung und internem Outsourcing vermieden: Nur neu angestellte Mitarbeitende sind in der ausgegründeten Tochtergesellschaft beschäftigt. Die ‚alten' Beschäftigten

9 Im Zeitraum 10/2010 bis 02/2011 wurden acht diakonische Träger aus den Regionen Westfalen, Hessen und Niedersachsen befragt. Dazu wurden leitfadengestützte Expert_inneninterviews mit Vorstandsmitgliedern und Leitungskräften geführt. Zu Einzelheiten der empirischen Untersuchung siehe Vaudt et al. 2012.

verbleiben zu den bestehenden arbeits- und tarifvertraglichen Konditionen in der Muttergesellschaft.

(3) Externes Outsourcing als klassischer Fremdbezug liegt vor, wenn Leistungen von externen Dritten, wie anderen Unternehmen oder Honorarkräften bzw. Freiberuflern bezogen werden. Dazu zählt auch der Bezug von Leistungen aus Joint Ventures, an denen der Träger eine Minderheitsbeteiligung hält oder von Unternehmen (-steilen), die vom Träger in der Vergangenheit bereits an Dritte verkauft worden sind. Dieser klassischen Form des Outsourcings, im Sinne eines kompletten Fremdbezugs der Leistung, geht in der Regel die Aufgabe bzw. Auflösung des entsprechenden Leistungsbereiches beim Träger voraus.

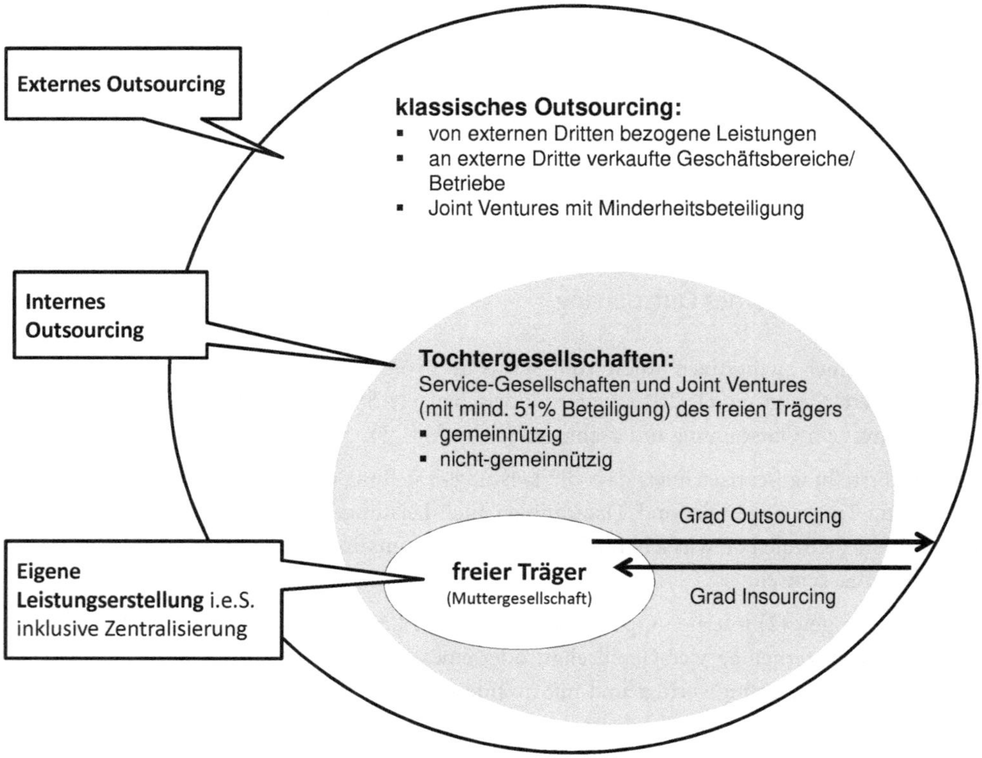

Abb. 5: Übergangsformen von der Selbsterstellung zum Fremdbezug (eigene Darstellung)

4.3 Pro/contra Outsourcing: Entscheidungsaspekte zur Gestaltung der optimalen Leistungstiefe

Je mehr Prozesse eine Organisation selbst erstellt, desto größer ist ihre sogenannte betriebliche Leistungstiefe. Ihre Vergrößerung bedingt allerdings nicht automatisch eine höhere betriebliche Wertschöpfung. Im Gegenteil: „*Neben der Tendenz zur Bildung größerer Geschäftseinheiten im Rahmen von Netzwerken und Fusionen kommen zugleich Ausgliederungsstrategien (Outsourcing) zum Tragen, mit denen unter Nutzung privatwirtschaftlicher Rechtsformen die Ausrichtung auf ‚lohnende Kernaktivitäten' forciert wird*" (Becker 2011, S. 81). Eine hohe Leistungstiefe gilt deshalb auch in der Sozialwirtschaft als Begründung für erheblichen Restrukturierungsbedarf. Eine Absenkung des Anteils selbst erstellter Prozesse durch Outsourcing impliziert Rationalisierungsvorteile und Potentiale für Wertschöpfungssteigerung. In der Praxis kann eine hohe Wertschöpfung allerdings sowohl mit einer hohen als auch mit einer niedrigen Leistungstiefe korrespondieren. Für die Ausgestaltung ihrer optimalen Leistungstiefe gibt es kein Patentrezept. Es kommt stets auf die betrieblichen Umstände des Trägers an. Wichtiger Aspekt einer Outsourcing-Entscheidung ist die Einschätzung eingesparter (Transaktions-) Kosten sowie damit verknüpfter Qualitätsrisiken:

Aspekt Kostensenkung: Traditionelle Ansätze zur Gestaltung der optimalen Leistungstiefe gehen im Wesentlichen auf Kosten- und Wirtschaftlichkeitsüberlegungen zurück. Ausgangspunkt für internes oder externes Outsourcing ist die Einschätzung, in der eigenen Leistungserstellung ‚zu teuer' zu sein. Dabei zielt Auslagerung häufig nicht auf Kostensenkung, sondern auf eine langfristige Kostenstabilisierung. In sozialen Diensten kommt den Personalkosten aufgrund ihres hohen Anteils an den Gesamtkosten besondere Bedeutung zu. Pro Outsourcing spricht unter Kostengesichtspunkten auch das entfallende Fehlzeitenrisiko.

Aspekt Senkung der Transaktionskosten: Ob und inwiefern Outsourcing wirtschaftlicher als Selbsterstellung wahrgenommen wird, hängt auch an sogenannten Transaktionskosten,[10] die mit dem Fremdbezug verbunden sind. Wechselkosten fallen als ‚Reibungsverluste' je nach internem oder externem Outsourcing in unterschiedlicher Höhe an (siehe Abb. 6).

Transaktionskosten	*bei externem Outsourcing*	*bei internem Outsourcing*
als getätigte Investitionen in Sachanlagen wie Gebäude, Betriebs- und Geschäftsausstattung, Werkzeuge etc. zur Selbsterstellung, die noch nicht vollständig abgeschrieben sind	fallen ggf. an	werden übernommen
in Form von Umsatzsteuern auf ‚outgesourcte' Leistungen und rückzahlungspflichtiger öffentlicher Zuschüsse zur Selbsterstellung	fallen ggf. an	entfallen
in Form zusätzlicher Personalkosten bei Betriebsübergang für Mitarbeitende mit Weiterbeschäftigungsanspruch	fallen an	fallen an
aufgrund steigender rechtlicher Auflagen, technisch-organisatorischer Anforderungen und/oder Kundenerwartungen	werden eingespart	fallen an

Abb. 6: Transaktionskosten bei internem vs. externem Outsourcing (eigene Darstellung)

In der Öffentlichkeit, bei Mitarbeitenden, Klient_innen und sonstigen Stakeholdern treffen Leistungstiefe-Entscheidungen, die auf rein monetären Kostenvergleichen basieren, häufig auf Akzeptanzprobleme (Picot 1991, S. 337). Neben Aspekten der (Transaktions-) Kosteneffizienz

10 Siehe vertiefend auch das 3-Phasen-Modell zur Transaktionskosten-Analyse in der Verwaltungspolitik von Kuhlmann/Wollmann (2005, S. 5).

stellt sich beim Outsourcing daher auch die Frage nach ihrer qualitativen Wirkung (Effektivität).

Aspekt Qualitätsverlust: Eine Fremdvergabe birgt stets den Verlust strategischer Stufen der Wertschöpfungskette (Hinterhuber/Stuhec 1997, S. 2) und das Risiko von Qualitätsverlusten. Im Rahmen der empirischen Studie zum Status quo von Leistungsauslagerungen bei diakonischen Trägern spielten vier Aspekte eine besondere Rolle (Vaudt et al. 2012). (1) Wegen des fehlenden Direktionsrechts und fehlender Weisungsbefugnis sahen die Befragten Auslagerungen in den Kernprozessen von Teilhabe, Pflege und Betreuung explizit als nachteilig an. (Zu) schwierig erscheint auch, die (hochkomplexe) Kernleistung in einem Leistungsvertrag abzubilden. (2) Ein weiteres Qualitätsrisiko der Leistungsauslagerung entsteht durch fehlende Kenntnis innerbetrieblicher Abläufe und Strukturen. In Kernprozessen eingesetzte Mitarbeitende, die nicht zum Stammpersonal des Trägers zählen, kennen sich erfahrungsgemäß weniger gut in den internen Abläufen, im Dokumentations- und Qualitätssystem inklusive Checklisten aus. (3) Fehlende, persönliche Beziehungen zu Klient_innen und ein fehlendes Selbstverständnis im Eingehen auf individuelle Wünsche erhöhen das Risiko einer sinkenden ‚individualisierten Leistungserbringung'. (4) Hinzu kommt das Risiko, dass die betriebliche Atmosphäre, Arbeitsmotivation und -zufriedenheit der Mitarbeitenden Schaden nimmt und durch eine Leistungsauslagerung nachhaltig gestört wird.

5. Zusammenfassung

Als sozialpolitisch erwünschten Effekt stärken Prozesse der Vermarktlichung den Wettbewerb zwischen sozialen Dienstleistungsorganisationen. Besondere Wettbewerbseffekte sind mit (Leistungs-) Auslagerungen durch Privatisierung und Outsourcing verknüpft: Privatisierung beschreibt die Auslagerung öffentlicher (kommunaler) Aufgaben an andere Träger. Dabei handelte es sich in der Sozialen Arbeit bis in die 1990er Jahre nahezu ausschließlich um frei-gemeinnützige Träger. Nach Aufgabe des bedingten Vorrangs der freien Wohlfahrtspflege veränderte sich die Anbieterstruktur zugunsten privat-gewerblicher Anbieter. Besonders sichtbar ist dies in der Altenhilfe. Trägerinternes Outsourcing bezieht sich dagegen auf die Nutzung externer Ressourcen zur Durchführung betrieblicher (Leistungs-) Prozesse. Aus Wirtschaftlichkeitsgründen gehen inzwischen auch frei-gemeinnützige Träger dazu über, Service-Gesellschaften auszugründen (internes Outsourcing) oder Leistungen durch externe Dritte klassisch fremd zu beziehen (externes Outsourcing). Kernprozesse wie Teilhabe, Pflege und Betreuung sind wegen ihres direkten Klientenkontaktes regelmäßig kein Gegenstand trägerinterner Outsourcing-Überlegungen. Auch bereits getroffene Entscheidungen zur Verringerung der Leistungstiefe sind nicht unwiderruflich. Z.B. erfordern dezentrale Wohnformen mit kleineren Platzzahlen Hauswirtschaftskräfte mit einem neuem Profil: Galt die Hauswirtschaft als klassischer unterstützender Prozess, so weist das neue Tätigkeitsprofil durch die häufigen Bewohner_innenkontakte ähnliche Eigenschaften wie die Kernprozesse Teilhabe, Pflege und Betreuung auf. Daher erstaunt es nicht, dass gerade dezentrale Wohnformen dazu beitragen, dass hier der Trend zum Outsourcing zumindest angehalten ist (Vaudt et al. 2011).

6. Literatur

Bäcker, Gerhard/Naegele, Gerhard/Bispinck, Reinhard/Hofemann, Klaus/Neubauer, Jennifer (2010): Sozialpolitik und soziale Lage. Bd. 2: Familie, Alter und Soziale Dienste. 5. durchges. Aufl., Wiesbaden: Springer VS.

Becker, Uwe (Hrsg.) (2011): Perspektiven der Diakonie im gesellschaftlichen Wandel. Eine Expertise im Auftrag der Diakonischen Konferenz des Diakonischen Werks der Evangelischen Kirche. Neukirchen-Vluyn: Neukirchener Theologie.

Bieker, Rudolf (2011): Trägerstrukturen in der Sozialen Arbeit – ein Überblick. In: Floerecke, Peter/Bieker, Rudolf (Hrsg.): Träger, Arbeitsfelder und Zielgruppen der Sozialen Arbeit. Stuttgart: Kohlhammer, S. 13-44.

Bode, Ingo (2013): Die Infrastruktur des postindustriellen Wohlfahrtsstaats. Wiesbaden: Springer VS.

Boeßenecker, Karl-Heinz (2014): Privatisierung und Outsourcing sozialer Dienstleistungen. In: Arnold, Ulli/Grunwald, Klaus/Maelicke, Bernd (Hrsg.): Lehrbuch der Sozialwirtschaft. 4. Aufl., Baden-Baden: Nomos, S. 206-223.

Brinkmann, Volker (2010): Sozialwirtschaft – Grundlagen, Modelle, Finanzierung. Wiesbaden: Gabler.

Buestrich, Michael/Wohlfahrt, Dahme (2008): Die Ökonomisierung der Sozialen Arbeit. In: APuZ – Aus Politik und Zeitgeschichte 58, H. 12-13, S. 17-24.

Evers, Adalbert/Heinze, Rolf G./Olk, Thomas (2011): Einleitung – Soziale Dienste Arenen und Impulsgeber sozialen Wandels. In: dieselben (Hrsg.): Handbuch Soziale Dienste. Wiesbaden: Springer VS, S. 9-34.

Ebbinghaus, Bernhard/Klenk, Tatjana (2013): Kap. 2 Akteure und nationale Reformprozesse. In: Busemeyer, Marius R./Ebbinghaus, Bernhard/Leibfried, Stepan/Mayer-Ahuja, Nicole/Obinger, Herbert/Pfau-Effinger, Birgit (Hrsg.): Wohlfahrtspolitik im 21. Jahrhundert. Neue Wege der Forschung. Frankfurt/New York: Campus, S. 49-74.

Goedereis, Klaus (2005): Synergiepotenziale im Krankenhausverbund. In: Eiff, Wilfried von (Hrsg.): Unternehmensverbindungen. Strategisches Management von Kooperationen, Allianzen und Fusionen im Gesundheitswesen. Wegscheid: Wikom, S. 433-466.

Grohs, Stephan/Bogumil, Jörg (2011): Management sozialer Dienste. In: Evers, Adalbert/Heinze, Rolf G./ Olk, Thomas (Hrsg.): Handbuch Soziale Dienste. Wiesbaden: Springer VS, S. 299-316.

Heinze, Rolf G./Olk, Thomas (1981): Die Wohlfahrtsverbände im System sozialer Dienstleistungsproduktion. In: Kölner Zeitschrift für Soziologie und Sozialpsychologie 33, H. 1, S. 94-114.

Hilpert, Konrad (1990): Für eine solidarische Gesellschaft – Zum 100. Geburtstag von Oswald von Nell-Breuning. In: Caritas 91, H. 3, S. 100-111.

Hinterhuber, Hans H./Stuhec, Ulrich (1997): Kernkompetenzen und strategisches In-/Out-sourcing. In: Zeitschrift für Betriebswirtschaft. Ergänzungsheft 67, H. 1, S. 1-20.

Kuhlmann, Sabine/Wollmann, Hellmut (2005): Transaktionskosten von Verwaltungsreformen – ein „missing link“ der Evaluationsforschung. In: Jann, Werner/Röber, Manfred/Wollmann, Hellmut (Hrsg.): Public Management. Grundlagen, Wirkungen, Kritik. Festschrift für Christoph Reichard zum 65. Geburtstag. Berlin: Sigma, S. 371-390.

Monopolkommission (MK) (Hrsg.) (2014): Wettbewerb in der deutschen Kinder- und Jugendhilfe Auszug aus Hauptgutachten XX (2012/2013). www.monopolkommission.de/images/PDF/HG/HG20/1_Kap_5_A_HG20.pdf, 1.8.2016.

Müller, Carsten/Mührel, Eric/Birgmeier, Bernd (2016): Soziale Arbeit in der Ökonomisierungsfalle. Wiesbaden: Springer VS.

Nährlich, Stephan (1998): Innerbetriebliche Reformen in Nonprofit-Organisationen. Das Deutsche Rote Kreuz im Modernisierungsprozess. Wiesbaden: DUV/Gabler.

Picot, Arnold (1991): Ein neuer Ansatz zur Gestaltung der Leistungstiefe. In: Schmalenbachs Zeitschrift für betriebswirtschaftliche Forschung 43, H. 4, S. 336-357.

Pfau-Effinger, Birgit/Ebbinghaus, Bernhard (2013): Kap. 11 Vermarktlichung und Privatisierung. In: Busemeyer, Marius R./Ebbinghaus, Bernhard/Leibfried, Stepan/Mayer-Ahuja, Nicole/Obinger, Herbert/Pfau-Effinger, Birgit (Hrsg.): Wohlfahrtspolitik im 21. Jahrhundert. Neue Wege der Forschung. Frankfurt/New York: Campus, S. 203-210.

Pitschas, Rainer/Schoppa, Katrin (2011): Kriterien für die Wahl der Rechtsform. In: Mann, Thomas/Püttner, Günter (Hrsg.): Handbuch der kommunalen Wissenschaft und Praxis. Bd. 2: Kommunale Wirtschaft. 3. Aufl., Berlin/Heidelberg: Springer, S. 105-148.

Reichard, Christoph (1994): Umdenken im Rathaus. Neue Steuerungsmodelle in der deutschen Kommunalverwaltung. 3. Aufl., Berlin: Sigma.

Sachße, Christoph (2011): Zur Geschichte Sozialer Dienste in Deutschland. In: Evers, Adalbert/Heinze, Rolf G./Olk, Thomas (Hrsg.): Handbuch Soziale Dienste. Wiesbaden: Springer VS, S. 94-116.

Schliesky, Utz (2011): Public Private Partnership. In: Mann, Thomas/Püttner, Günter (Hrsg.): Handbuch der kommunalen Wissenschaft und Praxis. Bd. 2: Kommunale Wirtschaft. Berlin/Heidelberg: Springer, S. 247-263.

Statistisches Bundesamt (Destatis) (Hrsg.) (2015): Pflegestatistik 2013. Pflege im Rahmen der Pflegeversicherung – Deutschlandergebnisse. www.destatis.de/DE/Publikationen/Thematisch/Gesundheit/Pflege/PflegeDeutschlandergebnisse5224001139004.pdf, 1.8.2016.

Streeck, Wolfgang (2015): Gekaufte Zeit – Die vertagte Krise des demokratischen Kapitalismus. Berlin: Suhrkamp.

Trube, Achim, Wohlfahrt, Norbert (2000a): Von der Bürokratie zur Merkatokratie?. In: Boeßenecker, Karl-Heinz/Trube, Achim/Wohlfahrt, Norbert (Hrsg.): Privatisierung im Sozialsektor: Rahmenbedingungen, Verlaufsformen und Probleme der Ausgliederung sozialer Dienste. Münster: Votum, S. 18-38.

Trube, Achim/Wohlfahrt, Norbert (2000b): Privatisierung und Ausgliederung sozialer Dienste -Qualitätskriterien für einen verantwortungsbewußten Umgang. In: Theorie und Praxis der sozialen Arbeit 71, H. 2, S. 43-48.

Vaudt, Susanne/Da-Cruz, Patrick/Schwegel, Philipp (2012): Strukturelle Aspekte und Motivationen der Leistungsauslagerung in sozialwirtschaftlichen Unternehmen. Ergebnisse einer qualitativen Befragung diakonischer Träger. In: Zeitschrift für öffentliche und gemeinwirtschaftliche Unternehmen 35, H. 4, S. 447-464.

Vaudt, Susanne/Schwegel, Philipp/Patrick Da-Cruz (2011): Insourcing statt Outsourcing. In: Wohlfahrt intern 6, H. 11, S. 44-45.

Organisationsentwicklung/Change Management in und von sozialwirtschaftlichen Organisationen

Klaus Grunwald

Die aktive Gestaltung von Prozessen geplanten organisationalen Wandels ist angesichts vielfältiger Herausforderungen für sozialwirtschaftliche Organisationen und der deutlichen Zunahme von Häufigkeit, Ausmaß und Geschwindigkeit des Wandels (in) ihrer Umwelt für diese von erheblicher Bedeutung.[1] Organisationen sind nicht als stabile, sondern vielmehr als dynamische Gebilde zu begreifen, die dauernd in Bewegung sind. Bei organisationalem Wandel ist zu unterscheiden zwischen nicht beabsichtigten, zufälligen Veränderungen und Entwicklungen (hier sind Konzepte der Entwicklung, der Selektion und des Lernens bedeutsam; zu Organisationalem Lernen siehe Schröer in diesem Band) und geplantem organisationalem Wandel, der bewusst gestaltet werden muss. Letzterer steht im Zentrum dieses Beitrages.[2]

Veränderungen können dabei *unterschiedlich ,tiefgreifend'* sein; hier wird unterschieden zwischen einem Wandel erster Ordnung und einem Wandel zweiter Ordnung. Wandel erster Ordnung ist als ,gradueller', ,evolutionärer' oder ,adaptiver' Wandel zu verstehen. Hier findet „lediglich eine inkrementale Modifikation der Arbeitsweise einer Organisation ohne Veränderung des vorherrschenden Bezugsrahmens oder des dominanten Interpretationsschemas" statt. Wandel zweiter Ordnung dagegen kann als ,fundamentaler', ,radikaler', ,revolutionärer' oder ,transformativer' Wandel bezeichnet werden, bei, dem „eine einschneidende, paradigmatische Änderung der Arbeitsweise einer Organisation insgesamt, und zwar mit Änderung des Bezugsrahmens" erfolgt (so Staehle 1999, S. 900; siehe auch Wöhrle 2013, S. 206; Müller-Stewens/Lechner 2016, S. 450ff.).[3] Häufig ist eine Entsprechung zwischen Intensität, Komplexität und Überschaubarkeit des Wandels einerseits und der Verunsicherung und Angst der vom Wandel Betroffenen andererseits festzustellen (Vahs 2015, S. 264f.). Real bewegt sich der Wandel häufig in einem Kontinuum zwischen graduellen und fundamentalen Formen organisationalen Wandels. Produktiv ist es auch, „Spielarten" organisationaler Veränderungen zu differenzieren nach (a) „Optimierung bisheriger Praxis", (b) „Krisenmanagement", (c) „Radikale[r] Transformation" und (d) „Vorausschauende[r] Selbsterneuerung" (von der Reith/Wimmer 2014, S. 146ff.).[4]

1 Für die inhaltliche Ausgestaltung der aktuellen Herausforderungen für sozialwirtschaftliche Organisationen, die Anstrengungen des geplanten organisationalen Wandels nach sich ziehen, sei auf den einführenden Beitrag „Sozialwirtschaft – eine Einführung in das Handbuch" (Grunwald/Langer in diesem Band) verwiesen.

2 Dieser Beitrag greift passagenweise u.a. auf Grunwald 2005; 2009; 2012a sowie 2013a zurück und führt diese weiter.

3 Zur Übertragung des Wandels erster/zweiter Ordnung auf Management erster/zweiter Ordnung siehe Backhausen (2009).

4 Ausgehend von einer Differenzierung zwischen eher ,weichen' (Kultur, Werte, informale Organisation) und eher ,harten' Erfolgsfaktoren (formale Organisation, Strukturen, Prozesse) können mit Vahs verschiedene „Objekte" und „Formen" des Wandels in einem „Schichtenmodell" dargestellt werden: Stehen bei einer „Restrukturierung" die „Strukturen, Prozesse, Systeme, Ressourcen" des Unternehmens im Zentrum des Interesses, geht es bei einer „Reorientierung" um die „strategische Neuausrichtung". Bei einer „Revitalisierung" stehen „grundlegende Veränderungen hinsichtlich der vorhandenen und/oder zu erwerbenden neuen Fähigkeiten und des Verhaltens der Organisationsmitglieder" im Fokus, während es bei einer „Remodellierung", als der „am tiefsten greifende(n) Form des Wandels", um die von „allen Organisationsmitgliedern geteilten, kollektiven Werte, Überzeugungen und Einstellungen" geht (2015, S. 265ff.; im Original Hervorhebungen).

Anknüpfend an die Beiträge „Organisationen aus sozialwissenschaftlicher Perspektive“ und „Management sozialwirtschaftlicher Organisationen zwischen Steuerungsskepsis, Dilemmatamanagement und Postheroischer Führung“ (beide in diesem Band) widmet sich dieser Artikel zunächst der Ausdifferenzierung verschiedener Formen geplanten organisationalen Wandels zwischen Organisationsentwicklung, Unternehmensberatung und Change Management. Diese Begrifflichkeiten werden in der Wissenschaft wie in der Praxis höchst unterschiedlich gefasst und es werden mit ihnen sehr verschiedene Konzepte verbunden, weswegen hier zu Beginn eine Einordnung vollzogen werden soll (1). Im weiteren Verlauf wird konkretisiert, wie Change Management heute begriffen werden kann und welche zentralen Punkte Change Management in der Praxis ausmachen (2). Angesichts dessen, dass die Wandelanforderungen für heutige sozialwirtschaftliche Organisationen mit projektbezogenen, oft temporären Zugängen der Organisationsentwicklung und des Change Managements nicht hinreichend aufgenommen werden können, geht es in einem letzten Schritt um das Konzept ‚Entwicklungsorientiertes Management‘ als ein weitergehendes ‚Management des organisationalen Wandels‘, das sozialwirtschaftlichen Organisationen erlaubt, sich kontinuierlich mit den vielfältigen Entwicklungen in der relevanten Umwelt und in der Organisation auseinandersetzen (3).

1. Organisationsentwicklung – Unternehmensberatung – Change Management

Der Begriff der ‚*Organisationsentwicklung*‘ bezeichnet ursprünglich eine spezifische Form des geplanten Wandels von Organisationen, die vor allem dadurch gekennzeichnet ist, dass sie sich auf sozialwissenschaftliche und sozialphilosophische Grundlagen stützt. Organisationsentwicklung in diesem Sinn meint einen geplanten, längerfristigen Wandel, dessen Bezugspunkt letztlich auf der Ebene der gesamten Organisation liegt. Dieser Veränderungsprozess hat nicht nur eine Steigerung der Produktivität der Organisation zum Ziel, sondern auch eine Verbesserung ihrer Problemlösekapazität sowie der Lebensqualität ihrer Mitglieder. Der Wandel ist partizipativ gestaltet und bezieht sich auf die Veränderung von Personen sowie der sie umgebenden Situationen und Strukturen. Das Beratungsverständnis fokussiert darauf, den zu Beratenden keine fertigen Lösungen zu präsentieren, sondern sie dazu anzuregen, die passenden Lösungen selbst, und damit auch nachhaltig, zu entwickeln (Grunwald 2005, S. 1312ff.). Organisationsentwicklung lässt sich also vorläufig bestimmen über den Objektbereich (Organisation bzw. Teile derselben), die doppelte Zielsetzung (Stärkung sowohl der Produktivität, Lernfähigkeit, Flexibilität und Innovationsbereitschaft der Organisation als auch der Selbstverwirklichung und Autonomie der Mitarbeitenden) und die Methodik (am Modell der Aktionsforschung orientierter, geplanter organisatorischer Wandel, der Personen und Situationen bzw. Strukturen in den Veränderungsprozess integriert) (Gebert 2004, S. 601f.; siehe auch Nerdinger 2014, S. 160ff.; von der Reith/Wimmer 2014, S. 142ff.; Rosenstiel/Nerdinger 2011, S. 437ff.).

Dieses ‚klassische‘ Konzept der Organisationsentwicklung ist zumindest idealtypisch von der herkömmlichen Tradition der betriebswirtschaftlichen ‚*Unternehmensberatung*‘ abzugrenzen, die ursprünglich eher auf betriebswirtschaftliche Modelle der Organisationsplanung, der Reorganisation, der Wirtschaftsberatung, des Transformationsmanagements oder der Managemententwicklung (Management Development) zurückgreift. Die hier verwendeten Ansätze unterscheiden sich hinsichtlich des zugrundeliegenden Verständnisses von organisationalem Wandel, der angestrebten Ziele, der Rolle und Funktion (externer) Berater_innen u.a. mehr (Grunwald 2005, S. 1312ff.).

Während die Tradition der sozialwissenschaftlichen Organisationsentwicklung bzw. -beratung (im Folgenden synonym gebraucht) inzwischen häufig unter dem Begriff der *‚Prozessberatung‘* fungiert, werden die betriebswirtschaftlich geprägten Modelle der Organisationsplanung und der Unternehmensberatung vermehrt mit dem Begriff der *‚Fach- oder Expertenberatung‘* oder des *‚Transformationsmanagements‘* (‚Organizational Transformation‘; siehe Mülller-Stewens/ Lechner 2016, S. 474) belegt. Es gibt zunehmend vielfältige Mischungen zwischen beiden Beratungsformen, wobei die beiden ‚Grundformen‘, die Prozess- und Expertenberatung, dennoch häufig erkennbar bleiben.

Teilweise wird auch mit dem Begriff der *‚Unternehmensentwicklung‘* gearbeitet, ohne dass dieser bis heute einheitlich definiert werden würde (Schewe 2014). Aus betriebswirtschaftlicher Sicht bezeichnet Unternehmensentwicklung „Veränderungen im Umfang und/oder der Struktur der Wertschöpfungsaktivitäten (...) eines Unternehmens über die Zeit“, wobei als Ziel klar benannt wird, den Unternehmenswert zu erhöhen (Ebers 2007, Sp. 1789f.). Die „Dynamik der Unternehmensentwicklung“ wird hier mit dem „Zusammenspiel von internen und externen Treibern“ begründet (ebd., Sp. 1794ff.). Bleicher konkretisiert ‚Unternehmensentwicklung‘ durch die Differenzierung zwischen normativem, strategischem und operativem Management (2011, S. 85ff.) und auch im Kontext Strategischen Managements wird von ‚Unternehmensentwicklung‘ gesprochen (Müller-Stewens/Lechner 2016, S. 450ff.). Gleichzeitig ist die Tendenz festzustellen, dass ‚Organisationsentwicklung‘ und ‚Unternehmensentwicklung‘ gleichgesetzt werden, wie schon in den 1990er Jahren von Trebesch (einem der Pioniere der Organisationsentwicklung)[5] (1994; Friz/Hanselmann 2010), häufig auch aus systemischer Perspektive (so Glasl/Lievegoed 2016; Heitger/Serfass 2015).

Gerade für die Organisationsentwicklung in und von sozialwirtschaftlichen Diensten und Einrichtungen sind *Ansätze der systemischen Organisationsentwicklung und -beratung* fruchtbar, die das Verständnis von ‚Prozessberatung‘ der sozialwissenschaftlichen Organisationsentwicklung mit Konzepten der systemischen Familientherapie, der systemisch ausgerichteten Organisationssoziologie und der neueren Systemtheorie verbinden (Grunwald 2013b.; zur Entstehung Krizanits 2009). Diese Ansätze haben sowohl die theoretische Fundierung von Organisationsentwicklung/-beratung, aber auch die reflexive Professionalisierung ihrer Praxis erheblich befruchtet. Sie werden durch Ansätze der soziologischen Organisationsberatung ergänzt, die sich im Kontext von Industriesoziologie, Organisationssoziologie sowie Arbeitswissenschaft/-psychologie entwickelt haben und die vielfach auf systemtheoretisch inspirierten Konzepten basieren (Schwarz 2008; Howaldt/Kopp 1998). [6] Eine Beratung sozialwirtschaftlicher Organisationen auf systemischer Grundlage intendiert eine symmetrische Beziehung von Berater_innen

5 „Unternehmensentwicklung ist durch die Notwendigkeit der strategischen Neuorientierung, der damit ausgelösten strukturellen Reorganisation und der daraus resultierenden Umgestaltung der Führungsprozesse, zu einer Bezeichnung für diese aufeinander bezogenen Entwicklungsmaßnamen geworden. (...) Unternehmensentwicklung ist nach diesem Verständnis darauf gerichtet, die ‚hard facts‘ der politischen, ökonomischen und technologischen Aspekte des strategischen Managements mit prozess- und lernorientierten, sozialen Steuerungsverfahren zu verbinden. (...) Die bewusste Öffnung der Unternehmen zum Umfeld hin und nach innen führt zu einer Veränderung der Verhältnisse und der Leistungsfähigkeit, indem die Markt- und Kundenorientierung sowie die Struktur- und Kulturentwicklung optimiert werden“ (Trebesch 1994, S. 5).

6 Es gibt – insbesondere in Bezug auf das Verständnis von Organisationen – vielfältige Querverbindungen zwischen einem systemischen Management (Grunwald 2013c; Boos/Mitterer 2014) und einer systemischen Organisationsentwicklung und -beratung (Königswieser/Hillebrand 2015; Schmid 2014; Wimmer 2011; Wimmer et al. 2014)

und Kund_innen und betont, wie auch die klassische sozialwissenschaftliche Organisationsentwicklung, die Notwendigkeit einer Transparenz des Vorgehens und einer angemessenen Beteiligung der vom Veränderungsprozess betroffenen Personen. Ziel der Interventionen ist eine kritische Überprüfung eingespielter kognitiver Wahrnehmungs-, Erklärungs- und Problemlösungsmuster sowie die Entwicklung alternativer Deutungs- und Handlungskonzepte im Interesse einer erweiterten Problemlösekompetenz der Organisationen und ihrer Teile.[7]

Der Begriff des *‚Change Managements‘*, teils auch als Veränderungsmanagement bezeichnet, wird seit den 1990er Jahren immer häufiger verwendet, allerdings auch sehr unterschiedlich gefasst. Er wird *erstens* als Terminus für betriebswirtschaftlich geprägte Modelle der Unternehmensberatung oder des Transformationsmanagements, *zweitens* als Weiterentwicklung der sozialwissenschaftlichen Organisationsentwicklung – mit einer unterschiedlich akzentuierten Neufokussierung ihrer konzeptionellen Ausrichtung – und *drittens* als Weiterführung von systemischen Ansätzen zur Gestaltung organisationalen Wandels verstanden (Wöhrle 2013, S. 207ff.). Der Begriff reagiert auf die sich seit den 1990er Jahren abzeichnenden Veränderungen der wirtschaftlichen und gesellschaftlichen Rahmenbedingungen wie „Innovationssprünge in der Informatik und Telekommunikation“, die Verknappung der Ressourcen Zeit und Geld, die Globalisierung sowie die zunehmende Komplexität von Organisationen und ihrem Umfeld (Doppler/Lauterburg 2014, S. 21ff.; auch Vahs 2015, S. 293ff.).

Ausgangspunkte waren *kritische Erfahrungen,* einerseits mit Reengineering-Projekten, andererseits mit Projekten, die dem Duktus sozialwissenschaftlicher Organisationsentwicklungsprozesse folgen. Moniert wurden bezüglich Reeingeneering-Projekten insbesondere „unklare Zielsetzungen und nicht geklärte Zielkonflikte“, die unkritische Übernahme von Veränderungskonzepten im Sinne von ‚Patentrezepten‘, die systematische Vernachlässigung ‚weicher‘ Managementfaktoren, die ungenügende Berücksichtigung von Realisierungsproblemen und die zu kurzfristige Konzeptionierung von Veränderungsprozessen (Beck 2012, S. 131ff.; auch Vahs 2015, S. 275f.; Schwarz 2008, S. 41ff.), hinsichtlich Organisationsentwicklungsprojekten der schlichte, ideologisch gespeiste Glauben, „wenn es den Menschen nur gut ginge, würde die Produktivität sich ganz von alleine einstellen“ (Doppler/Lauterburg 2014, S. 90).

Eine *Verbindung* der höchst unterschiedlichen Ansätze, die mit dem Begriff ‚Change Management‘ belegt werden, besteht darin, dass es „nicht um alltägliche Geschäfte der Veränderung geht, sondern um grundlegende und bedeutende, ja fundamentale Umbrüche und Reaktionen darauf“; gemeint sind mit ihm Konzepte, „deren gemeinsamer Nenner darin besteht, Anleitung und Orientierung für die Gestaltung und Umsetzung eines gravierenden, organisationalen

sowie zu Supervision und Coaching (König/Volmer 2014; Pühl 2009; Schmidt-Lellek/Schreyögg 2009; Kühl 2009). Ideengut und Methoden aus der Systemischen Organisationsentwicklung finden zunehmend Eingang in das Management organisationalen Wandels, wie es unter den Begriffen Organisationslernen, Change- bzw. Veränderungsmanagement, Entwicklungsorientiertes Management oder auch in Bezug auf den Wandel von Organisationskulturen und das Thema Teamentwicklung diskutiert wird. Die Nähe von systemischer Organisationsentwicklung und systemischem Management wird beispielsweise deutlich, wenn systemische Organisationsberatung im Feld der Strategieentwicklung konkret wird (Nagel/Wimmer 2014; 2015).

7 Systemische Organisationsentwicklung – insbesondere in ihrer systemisch-konstruktivistischen Ausprägung – beansprucht teilweise, „jenseits der klassischen Arbeitsteilung von Prozess- und Fachberatung“ zu agieren und die Gegensätze zwischen beiden Beratungsformen auf einer höheren Ebene aufzuheben (Wimmer 2011, S. 542). Eine spezifische Verbindung von Prozess- und Expertenberatung, als den beiden ‚Grundformen‘ der Organisationsberatung/-entwicklung, wird im Rahmen der systemischen *„Komplementärberatung“* vorgenommen, die darauf abzielt, ein „Zusammenspiel von Fach- und Prozess-Know-how“ zu ermöglichen (Königswieser et al. 2006; 2012). Inwieweit sie diesem Anspruch gerecht wird, wird jedoch insbesondere aus systemischer Perspektive kontrovers diskutiert (Wimmer 2011, S. 542ff.; Wimmer 2010).

Wandels zu geben" (Wöhrle 2013, S. 205; Müller-Stewens/Lechner 2016, S. 450ff.). Handlungsfelder des Change Managements sozialwirtschaftlicher Dienste und Einrichtungen sind dementsprechend die Strategie, die Organisation, die Kultur und die Technologie (Vahs 2015, S. 316ff.).[8]

Ein solch *weites Verständnis von Change Management*, das höchst unterschiedliche theoretische und methodische Zugänge berücksichtigt, lässt sich mit Doppler/Lauterburg (2014, S. 21ff.) als Konzept eines geplanten organisationalen Wandels *konkretisieren*, das zwar an die Grundphilosophie der klassischen Organisationsentwicklung anknüpft, aber deutlich über sie hinaus geht und *folgende Gesichtspunkte stärker akzentuiert* (ebd., S. 93f.):

- Veränderungsprozesse, die häufig längerfristig und eher unspezifisch ausgerichtet wurden, werden in überschaubare und stringent strukturierte Prozesse umgewandelt.
- Der bislang oft im Fokus stehenden Prozessorientierung wird eine zielführende Ergebnisorientierung an die Seite gestellt, die konsequent am verfolgten, konkret beschreibbaren Resultat ausgerichtet wird.
- Das gesamte „Umfeld von Markt, Politik und Gesellschaft" wird intensiv beobachtet und mit einbezogen, da es „durch seine Einflüsse die Chancen und Risiken jedes bestehenden Systems maßgeblich mitbestimmt" (ebd.).
- Die Betroffenen müssen von vornherein auch auf die Schattenseiten der Veränderungsprozesse und die mit ihnen verbundenen Zumutungen und Verunsicherungen eingestimmt werden.
- Das in der Organisationsentwicklung bekannte Prinzip ‚Hilfe zur Selbsthilfe' für die Organisation und ihre Mitglieder wird ergänzt durch das ‚Prinzip Selbstverantwortung' (ebd.).

‚Change Management' wird hier als konzeptionelle Weiterentwicklung des Ansatzes der sozialwissenschaftlichen Organisationsentwicklung begriffen, bei der unter Bezugnahme auf betriebswirtschaftliche Zugänge die Gestaltung des (durchaus auch fundamentalen) Organisations- und Unternehmenswandels als integrativer und ganzheitlicher Ansatz von Veränderungsmanagement verstanden wird (ebd.).[9]

2. Change Management konkret

Im Folgenden soll das Konzept des Change Managements exemplarisch konkretisiert werden durch die Aufnahme der „Charta des Managements von Veränderungen", wie sie Doppler und Lauterburg (2014, S. 185ff.) entwickelt haben. Dieser ‚Klassiker' steht stellvertretend für eine Fülle unterschiedlicher Zugänge, die zentralen Aspekte, die für das Ge- oder Misslingen von Veränderungsprozessen verantwortlich sind, zusammenzufassen und teilweise in ‚Schritte der

8 Wandel als Gestaltungsaufgabe im Kontext strategischer Initiativen kann hinsichtlich vier Gestaltungsdimensionen ausdifferenziert werden; zu nennen sind hier (1) das „Timing (Wann?)", bei dem es um die „Entwicklungslogik des Systems" geht, (2) die „Akzente (Was?)", hier steht der „Entwicklungsfokus" im Zentrum, (3) die „Akteure (Wer?)", die „für die Entwicklungsdynamik des Systems" stehen und (4) die „Gestaltungsräume (Wo?)", die das „Entwicklungsobjekt" repräsentieren (Müller-Stewens/Lechner 2016, S. 476).

9 Der Begriff des ‚Unternehmens' wird unterschiedlich definiert und eingegrenzt, je nach disziplinärer Perspektive. So wird der Begriff in der Organisationssoziologie anders verwendet als in der Betriebswirtschaftslehre (Kette 2017; siehe auch Grunwald „Organisationen aus sozialwirtschaftlicher Sicht" in diesem Band). Im Folgenden werden die Begriffe wie in der Literatur zu Organisations- und Unternehmensentwicklung sowie zu Organisations- und Unternehmensberatung (trotz aller damit verbundenen Unschärfen) als Synonym verwendet.

Veränderung' zu übertragen.[10] Diese Grundsätze eines effektiven (und damit auch effizienten) Change Managements sind – wie die Autoren selbst formulieren – „aus der Praxis für die Praxis" geschrieben (ebd., S. 15), dürfen aber mitnichten als schlichte ‚Rezepte' missverstanden werden.

Sie gehen von der Erfahrung aus, dass die Entwicklung von Konzepten bei Veränderungsprozessen zwar ein erster Anfang ist, der Schwerpunkt aber auf der Übertragung von Konzepten in die Praxis zu legen ist („Primat des Transfers"; ebd.). Die im Folgenden dargestellten Prinzipien des Change Managements dienen vor allem dazu, dass die spätere Realisierung der konzeptionellen Überlegungen gesichert wird.

Der Grundsatz *„Zielorientiertes Management"* betont, dass ein „Projekt, das brauchbare Ergebnisse zeitigen soll, (...) zielorientiert geführt werden" (ebd., S. 187) und sich an Visionen orientieren muss (Kotter 2011, S. 59ff.; Gerkhardt/Frey 2006, S. 53; Bachert/Vahs 2007, S. 303). Es handelt sich um geplante und gelenkte Prozesse, die von bestimmten Personen und Positionen (Hierachieebenen, Abteilungen etc.) einer Organisation ausgehend gestartet werden und damit wechselnden Einflüssen von verschiedenen Gruppen oder Personen unterliegen, die auch zu höchst unterschiedlichen Definitionen von ‚Erfolg' führen können. Berücksichtigt werden muss, inwiefern die beim ‚Change' Beteiligten über ausreichend Kapazitäten verfügen, sich zusätzlich zum Alltagsgeschäft im Veränderungsprozess zu engagieren und inwiefern „Zeit, Raum und finanzielle Ressourcen" vorhanden sind (Roehl 2017, S. 256). Hier gibt es verschiedene Strategie-Modelle, bspw. die top-down-, bottom-up-, bipolare, Keil- oder Multiple Nucleus-Strategie, die auf die jeweilige Situation anzupassen sind und unterschiedliche „Kommunikationsverläufe im Change" nach sich ziehen (Deutinger, 2017, S. 81ff.; Grunwald 2005, S. 1319). Konkret muss zu Beginn des Projektes geklärt werden, wie die Ausgangslage zu beschreiben ist, welche konkreten Zielsetzungen erreicht werden sollen, an welchen Kriterien später der Erfolg bemessen werden kann, wie das Projekt organisiert (Aufgabenverteilung, Steuerungsverantwortung), geplant (Phasen der Projektarbeit, abzuarbeitende Meilensteine, terminliche Fixierung) und kontrolliert (Kriterien, durch wen) werden soll (Doppler/Lauterburg 2014, S. 187). Ein solches aktives Gestalten und Planen des Veränderungsprojekts, das auch als „Proaktives Change Management" bezeichnet wird, ist für den Erfolg eines Veränderungsvorhabens essentiell wichtig (Frey et al. 2014, S. 556ff.; Gebauer 2017). Dies beinhaltet, den Auftrag an die (internen oder externen) Berater_innen sauber zu klären (siehe auch Noll in diesem Band), aber auch, die Projektarchitektur und -konzeption sorgfältig zu planen und sie von Anbeginn des Veränderungsprojektes bewusst zu gestalten und konsequent umzusetzen, ohne die Offenheit gegenüber neuen Entwicklungen im Veränderungsprozess zu verlieren (Doppler 2017, S. 114ff.; Berner 2015, S. 460f.; Schiersmann/Thiel 2014, S. 27ff.). Der Erfolg von Prozessen des Change Managements kann, so Bachert und Vahs, „als die Summe oder das Produkt von systematischer, zielgerichteter Projektarbeit und kreativer Suche nach gangbaren Lösungswegen gekennzeichnet werden (...). Systematik *und* Kreativität bilden damit die

---

10 Besonders interessant in der vergleichenden und bündelnden Zusammenschau von unterschiedlichen Theorien und Modellen zu den Erfolgsfaktoren von Change Management sind Beiträge von Gerkhardt/Frey (2006) und Frey et al. (2014), die für ihre Analyse auf wichtige empirische Studien zu Change Management und auf ‚Klassiker' wie Kotter (2011) und Dopper/Lauterburg (2014) zurückgreifen. Spannend sind u.a. Roehl (2017); Doppler (2017); Doppler/Voigt (2017); Glasl/Lievegoed (2016); Müller-Stewens/Lechner (2016, S. 468ff.); Berner (2015, S. 457ff.); Schiersmann/Thiel (2014); Lauer (2014, S. 65ff.); Kotter (2011); Bachert/Vahs (2007) und Becker/Langosch (2002); hier gibt es viele Parallelen zu der „Charta des Managements von Veränderungen" nach Doppler/Lauterburg (2014, S. 185ff.). Bei den spezifischen, im Folgenden beschriebenen Grundsätzen des Change Managements werden die Formulierungen von Doppler/Lauterburg (2014) verwendet.

Grundlage für den erfolgreichen Wandel der harten und weichen Faktoren", wobei sie ‚harte Faktoren' mit Zielen/Strategien, der Organisation und den Systemen, ‚weiche Faktoren' mit Mensch und Unternehmenskultur identifizieren (2007, S. 300f.; Hervorhebung im Original). Zur zielorientierten Gestaltung gehört auch, den durch das Veränderungsprojekt entstehenden Komplexitätszuwachs „rechtzeitig in Entscheidungen umzumünzen", um die Beteiligten nicht „in einem Meer aus selbsterzeugter Komplexität" ertrinken zu lassen (Roehl 2017, S. 257). Wichtig ist hier, den angestrebten Wandel strategisch in den Entwicklungsprozess der gesamten Organisation und ihrer Bereiche einzuordnen; hier ist die Differenzierung der „Entwicklungsphasen eines Unternehmens" in eine „Pionierphase", „Differenzierungsphase", „Integrationsphase" und „Assoziationsphase" hilfreich (Glasl/Lievegoed 2016, passim).[11]

Die Maxime *„Keine Maßnahme ohne Diagnose"* – Gerkhardt/Frey nennen sie „Umfassende Symptombeschreibung und Diagnose der Ist-Situation" (2006, S. 52) – verweist auf die zwingende Notwendigkeit einer sorgfältigen Beurteilung der Ausgangssituation in der Organisation oder dem entsprechenden Bereich derselben. Hier ist es in aller Regel sinnvoll, die Sichtweise derjenigen zu erkunden, die dort arbeiten und die jeweiligen Fach- und Führungskräfte dazu zu befragen. Die Diagnose gliedert sich meist in die Schritte (a) Datenerhebung, (b) Datenverdichtung (Reduktion auf das Wesentliche), (c) Datenfeedback (Information der Beteiligten) und (d) Datenanalyse, in der Zusammenhänge analysiert, Schwachstellen herausgearbeitet und Lösungsansätze entwickelt werden (Doppler/Lauterburg 2014, S. 189f.).

Der Grundsatz *„Ganzheitliches Denken und Handeln"* geht davon aus, dass Organisationen als offene oder teilgeschlossene Systeme angesehen werden (hier gibt es unterschiedliche Positionen, entsprechend dem jeweiligen Verständnis von ‚System'), die durch wechselseitige Abhängigkeit verschiedenster Faktoren wie Umwelt, Strukturen, Technologie und Ziele der Organisation sowie Verhalten und Kommunikation der Mitglieder geprägt sind (Grunwald 2005, S. 1317).[12] Er beinhaltet, dass alle „technischen, strukturellen und ökonomischen Aspekte" genauso berücksichtigt werden wie menschliche und zwischenmenschliche Aspekte, also „Arbeitsklima, Motivation, Führungsstil, Entscheidungsvorgänge, Zusammenarbeit innerhalb und zwischen den einzelnen Organisationseinheiten" (Doppler/Lauterburg 2014, S. 190). Anknüpfend an die Differenzierung zwischen einem tätigkeitsorientierten, instrumentellen und institutionellen Organisationsbegriff (siehe dazu Grunwald „Organisation aus sozialwissenschaftlicher Sicht" in diesem Band) ist zu betonen, dass ein ganzheitlicher Blick auf Organisationen die strukturelle (Aufbau- und Prozessorganisation, Führungssysteme), die kulturelle und die Verhaltensdimension („Motivation und Identifikation, Kommunikation und Kooperation") jeweils für sich und in ihrer Vernetzung (z.B. bezüglich möglicher Dysfunktionalitäten im Zusammenwirken) berücksichtigen sollte – und zwar „bei der Beurteilung der *Ausgangslage*, bei der Gestaltung der *Projektarbeit* und bei der Gestaltung neuer *Konzepte*" (ebd., S. 192; Hervorhebungen im Original).[13] Gerade aus systemischer Perspektive wird betont, dass Organisa-

11 Sehr ergiebig ist immer noch die Darstellung von Gomez/Zimmermann, die im Kontext des St. Galler Managementmodells zwischen dem „Pionier-Unternehmen", dem „Wachstums-Unternehmen", dem „Reife-Unternehmen" und dem „Wende-Unternehmen" unterscheiden und diese Entwicklungsdynamik mit verschiedenen Organisationsprofilen verknüpfen (1993).

12 Glasl/Lievegoed reduzieren hier auf die Faktoren „Menschen, Organisationen und Umwelten in Wechselwirkung" (2016, S. 183ff.). Ausgesprochen spannend ist diesbezüglich das St. Galler Managementmodell in seiner vierten Generation (Rüegg-Stürm/Grand 2014).

13 Dementsprechend ganzheitlich muss die Gestaltung von organisationalem Wandel ausgelegt sein. Von der Reith/Wimmer differenzieren zwischen der Sach-, der Sozial- und der Zeitdimension der Veränderungsgestaltung (2014, S. 154ff.).

tionsentwicklung grundsätzlich als Kulturentwicklung begriffen und realisiert werden muss, sofern sie nachhaltig sein möchte (Schmid 2014). Organisationen der Sozialwirtschaft werden so als Gebilde verstanden, deren Produktivität untrennbar mit den Fähigkeiten zur Problemlösung und zu stetigem Wandel aus eigener Kraft verbunden ist. Sie sollen zu einem Lernprozess angeregt werden – hier ist die Schnittstelle zum Konzept der Lernenden Organisation markiert (siehe Grunwald „Management sozialwirtschaftlicher Organisationen" und Schröer in diesem Band) – der sowohl die Ebene der Individuen und Gruppen als auch die Ebene der Gesamtorganisation sowie ihrer Strukturen und Kulturen miteinschließt. Da sich ein wirklicher Wandel von Organisationen nur realisieren lässt, sofern die Veränderung der Kompetenzniveaus, Einstellungen und Verhaltensweisen von Organisationsmitgliedern einerseits und der Strukturen im allgemeinen Sinne andererseits (dazu zählen Verfahren, Prozesse, Basisannahmen, Normen usw., also auch kulturelle Elemente) letztlich gleichrangig angegangen werden, wird die genaue analytische Bestimmung der Kontexte und Bedingungen des Verhaltens der Individuen zu einer grundlegenden methodischen Handlungsweise eines Change Managements. Anders formuliert: Es geht darum, die Existenz ‚multipler Rationalitäten' zu akzeptieren (Schedler/Rüegg-Stürm 2013) und die spezifischen ‚lokalen Rationalitäten' der einzelnen Bereiche, Abteilungen, (Wohn-)Gruppen usw. wahrzunehmen und zu berücksichtigen, dass der „Wandel von Abteilungszuschnitten, hierarchischen Zuordnungen oder Standardprozessen" zu einer Veränderung dieser lokalen Rationalitäten und damit zu einem langsamen Wandel der „Denkgebäude" und der „Interessen der Akteure", aber auch zu Veränderungen in den Machtverhältnissen führt (Kühl 2017, S. 52).

Die *„Beteiligung der Betroffenen"* gehört einerseits zu den Grundprinzipien und methodischen Herangehensweisen einer sozialwissenschaftlichen Organisationsentwicklung (Grunwald 2005, S. 1319), ist andererseits aber durchaus umstritten. Argumente für die aktive, rechtzeitige und zeitlich begrenzte Einbeziehung von betroffenen (nicht von allen!) Mitarbeitenden bestehen darin, dass (a) auf diese Weise sowohl sinnvollere Entscheidungen als auch praxistauglichere Lösungen zustande kommen, (b) die an der Entwicklung der Lösungen aktiv Beteiligten sich auch eher für deren Realisierung einsetzen und (c) sich die in die Projektarbeit und die Entscheidungsvorbereitung Einbezogenen ernster genommen fühlen und sich insofern stärker mit dem Unternehmen identifizieren, was gerade in der Sozialwirtschaft gilt (Bachert/Vahs 2007, S. 303). Vor allem geht es darum, ein „gemeinsames Problembewusstsein" zu schaffen (Gerkhardt/Frey 2006, S. 53) oder, mit Kottler, bei den Mitarbeitenden ein „Gefühl für Dringlichkeit" zu erzeugen (2011, S. 31; siehe auch Doppler 2017, S. 129ff.; Lauer 2014, S. 145ff.). Berner formuliert schlicht, aber zutreffend ein Plädoyer für „größtmögliche Einbeziehung: Verändern macht mehr Spaß als verändert werden!" (2015, S. 464). Die dafür fraglos notwendige Zeit wird – so Doppler und Lauterburg – „während und nach der Realisierung um ein Mehrfaches wieder hereingeholt" (2014, S. 193). Hilfreich ist gerade in sozialwirtschaftlichen Unternehmen, wenn die Veränderungsprozesse so rechtzeitig eingeleitet werden, dass genügend Handlungsspielräume vorhanden sind und Zeitdruck vermieden werden kann, der „für eine ausreichende Partizipation und Kommunikation" nachteilig ist (Bachert/Vahs 2007, S. 302f.). Die Schaffung eines gemeinsamen Bewusstseins ist damit verknüpft, dass der seitens der Führung gesehene Änderungsbedarf erläutert wird, Änderungsmöglichkeiten aufgezeigt und Ängste, Risiken und Sorgen berücksichtigt werden (Frey et al. 2014, S. 552). Die Beteiligung der Mitarbeitenden sollte sich auf die konkreten Fragen beziehen und beschränken, bei denen die Mitarbeitenden „in ihrer täglichen Arbeit direkt betroffen sind und zu denen sie aufgrund ihrer Kenntnisse und Erfahrungen auch etwas Sinnvolles beitragen können" (Doppler/Lauterburg 2014, S. 193). Dies bedeutet für die Kompetenzen von Führungskräften, dass sie über gruppendynamische Basiskenntnisse verfügen sollten, sofern sie bei innovativen Projekten Leitungsfunktionen übernehmen (Faßnacht et al. 2010).

Der Grundsatz *„Hilfe zur Selbsthilfe"* bezieht sich darauf, die Mitarbeitenden einzeln und in Gruppen bei der Projektarbeit zu unterstützen – Kotter nennt dies „Mitarbeiter auf breiter Basis befähigen", um den Wandel realisieren zu können (2011, S. 87). Gerade weil die Arbeit in Changeprozessen häufig jenseits der vertrauten Hierarchien, Bereichsgrenzen und Zuständigkeiten wie auch der fachlichen Routinen angesiedelt ist und die Projektarbeit Einzelne oder Teams sowohl bezüglich Fachwissen als auch der in Projekten geforderten methodischen und kommunikativen Kompetenzen stark fordern kann, kann hier eine partielle und temporäre (!) Unterstützung seitens der Führungskräfte notwendig sein (beispielsweise durch professionelles Feedback, die Organisation von Schulungsmaßnahmen oder Coaching-Einheiten, die Moderation von Projektteamsitzungen oder auch nur schlicht die Bereitstellung von Ressourcen), die dann aber so rasch wie möglich wieder beendet werden sollte, um die für das Gelingen eines Projektes trotz zielorientierter Steuerung auch notwendige Selbstorganisation der Mitarbeitergruppen nicht zu behindern. Wird dieser Grundsatz konsequent weitergedacht, führt er dazu, dass auch strukturelle Hindernisse, die zu permanenter Demotivierung der Mitarbeitenden führen, in den Blick genommen (Kotter 2011, S. 88) und explizit Qualifikationsmaßnahmen in Betracht gezogen werden, um den Mitarbeitenden die notwendigen Fähigkeiten und Fertigkeiten zu vermitteln (Frey et al. 2014, S. 555).

Die Maxime *„Prozessorientierte Steuerung"* knüpft an den Grundsatz des zielorientierten Managements an und berücksichtigt, dass es sich bei Wandelprozessen nicht nur um selbstgesteuerte und beteiligungsorientierte, sondern auch um bewusst angestrebte Veränderungen handelt, die mehr oder weniger klar umrissene Ziele verfolgen. Der Prozess bedarf einer sorgfältigen und detaillierten Steuerung, die transparent ist und die grundsätzlichen Grenzen der Lenkungsmöglichkeiten von und in Systemen mitbedenkt. Gerade ein Verständnis von Organisationen als ‚lose gekoppeltes System' verweist darauf, dass angesichts der Unterschiedlichkeit und wechselseitigen Autonomie der Elemente lose gekoppelter Systeme „es sich als schwierig [erweist], ein derartiges System als Ganzes zu verändern: es ist *beharrlich*"; Wandlungsprozesse „in bzw. von lose gekoppelten Systemen" sind „eher längerfristig, graduell und auf einzelne Bereiche bezogen, während Wandel von eng gekoppelten Systemen eher kurzfristig, schubweise und großflächiger erfolgt" (Wolff 2010, S. 291; Hervorhebung im Original; siehe dazu die Auseinandersetzung mit dem Thema ‚Steuerung' in Grunwald „Management von sozialwirtschaftlichen Organisationen" in diesem Band). Konkret beinhaltet die prozessorientierte (Fein-)Steuerung ein „sorgfältiges Zeitmanagement", eine „professionelle Projektorganisation" mit klaren Verantwortlichkeiten sowie gleichermaßen „Flexibilität im Prozess" und ein genaues „Monitoring und Controlling des Prozesses" (Gerkhardt/Frey 2006, S. 53f.; siehe auch Frey et al. 2014, S. 555f.). Wichtig sind weiterhin die „Dosierung des Tempos" und die „laufende Entstörung" von Veränderungsprozessen (Doppler/Lauterburg 2014, S. 196), damit die Motivation der Mitarbeitenden erhalten bleibt, aber auch die bewusste Gestaltung der Phasen und die Fixierung von (erreichten oder zu erreichenden) Meilensteinen in Prozessen. Kotter verweist in diesem Zusammenhang explizit auf die Notwendigkeit, „schnelle Erfolge (zu) erzielen", um die Motivation der Mitarbeitenden zu fördern (2011, S. 99). Bei Veränderungsprozessen darf der ‚Bogen aber auch nicht überspannt' werden, da das „Engagement der Menschen im Wandel (...) eine Vorleistung" darstellt, die „von begrenzter Dauer ist. Wird dieses Engagement nicht mit sichtbaren, sinnvollen Veränderungen belohnt, versanden die Unterstützung und schließlich der Wandel selbst", wie Roehl betont (2017, S. 257). Es geht um eine regelmäßige Analyse des Prozesses und damit verbundene Rückkopplungen, die Arbeit an Widerständen und Konflikten und eine kontinuierliche ‚rollende Planung', bei der Aspekte wie wichtige Verbündete und Unterstützer_innen in und jenseits der Hierarchien, fördernde und hinderliche Einflussfaktoren sowie sinnvolle Vernetzungen mit dem Umfeld des Projekts oder der Organisation zu bedenken sind (Doppler/Lauterburg 2014, S. 197f.). Widerstand gegenüber gravierenden Veränderungen ist dabei „im Grunde kein Störfaktor, sondern eine Chance, neue Erkenntnisse zu gewinnen und blockierte Energien frei zu setzen" (Doppler 2017, S. 140; siehe auch Frey et al. 2014, S. 547ff.). Soll der Wandel gelingen, muss mit ihm produktiv und authentisch umgegangen werden: „Nur das aufrichtige Interesse für die Situation und die persönliche Meinung der Betroffenen kann die notwendige Vertrauensbasis schaffen, damit auch heiklere Gedanken und Empfindungen frei geäußert werden" (ebd., S. 141).[14]

Die Maxime der prozessorientierten Steuerung ist zu vermitteln mit einem Verständnis von Change Management als „Förderung von Problemlöse- und Selbstorganisationsprozessen", das in der Tradition der Organisationsentwicklung tief verwurzelt ist und auch für heutiges Change Management (insbesondere gruppendynamischer, systemischer oder psychodynamischer Ausrichtung) eine wichtige Rolle spielt (Schiersmann/Thiel 2014, S. 53; siehe auch Lohmer/Möller 2014; Giernalczyk/Lohmer 2012). Müller-Stewens/Lechner formulieren bezogen auf Strategieentwicklungsprozesse: „Führung muss also auch dafür Sorge tragen, dass die Entfaltung des Neuen so wenig wie möglich behindert wird. Organisation behindert Selbstorganisation" (2016, S. 458). Damit beziehen sie sich auf das Dilemma der Steuerung von Selbstorganisation: Maßnahmen des Managements zur Förderung der Selbstorganisation können sich hemmend auf in der Organisation bereits vorhandene Formen der Selbstorganisation auswirken (siehe Grunwald „Management sozialwirtschaftlicher Organisationen" in diesem Band).

„Lebendige Kommunikation" als weiterer Grundsatz des Change Managements ist von nicht zu unterschätzender Bedeutung für die Steuerung und das Gelingen eines Veränderungsprozesses. Hier ist zu berücksichtigen, dass (Sach-)Information nicht identisch mit (Face-to-face-)Kommunikation ist und dass es immer wieder Dialogveranstaltungen bedarf, in denen größere Mitarbeiter- und Führungskreise „alle das Gleiche hören, sofort ihre Fragen stellen können und den Dialog mit der Führung ‚live' miterleben" (Doppler/Lauterburg 2014, S. 199ff.). Gerade angesichts oft gegebener Widerstände in Organisationen ist es wichtig, dass die Führungskräfte mit gutem Vorbild vorangehen und Vertrauen schaffen; dies beinhaltet, dass sie klar, offen und verständlich kommunizieren (Frey et al. 2014, S. 553; siehe auch Doppler 2017, S. 98ff., S. 130ff.). Eine *„transparente und authentische Informations- und Kommunikationspolitik* [ist] sehr wichtig für den Veränderungserfolg" (Bachert/Vahs 2007,

14 Kühl zieht das Konstrukt des ‚Widerstands' nachdrücklich in Zweifel. Der „Identifizierung von ‚Widerständlern' und Entwicklung von Strategien im Umgang mit ihnen" setzt er den „Verzicht auf das Konzept des ‚Widerstandes' gegen Wandel" entgegen, weil die „Routinelogik" genau wie die „Innovationslogik" nur „eine lokale Rationalität innerhalb der Organisation" ist und es „keinen Anlass" gebe, „die Logik der Innovatoren im Vergleich zur Logik der Routine-Vertreter als die bessere einzuschätzen" (2017, S. 53ff.). Nur durch die Auseinandersetzung zwischen den Vertreter_innen einer „Rationalität der Innovation" und den Vertreter_innen einer „Rationalität der Routine" auf dem „Terrain der Veränderungsprojekte" kommt es zu einer Vermittlung der beiden Logiken, die ermöglicht, „dass die Innovationen nicht ein Hirngespinst von Topmanagern, Stabsstellen oder Beratern bleiben, sondern – wenn auch in veränderter Form – Niederschlag in den alltäglichen Praktiken der Organisation finden" (ebd., S. 56).

S. 303; Hervorhebungen im Original). Bei größeren Projekten muss ein spezifisches Kommunikationskonzept erarbeitet werden, muss regelmäßig über Aktivitäten, anzugehende Aufgaben und Erfolge informiert werden und müssen vor allem Führungskräfte regelmäßig den Kontakt mit den Mitarbeitenden, der ,Basis' oder wichtigen Stakeholdern suchen und halten. Dieser Grundsatz wirkt in viele andere hinein. So muss die Vision, die hinter dem Veränderungsprozess steht, gut formuliert und kommuniziert werden, muss kommunikativ Verständnis und Unterstützung für den Prozess ,eingeworben' werden, müssen Mitarbeitende kommunikativ befähigt werden, sich auf Veränderungen einzulassen und müssen zu erreichende bzw. schon erreichte Meilensteine motivierend und klar kommuniziert werden (Deutinger 2017).

Wichtig ist darüber hinaus die Maxime *„Sorgfältige Auswahl der Schlüsselpersonen"* oder – wie Kotter es nennt, eine „Führungskoalition aufzubauen" (2011, S. 45; siehe auch Gerkhardt/Frey 2006, S. 53; Roehl 2017, S. 255f.). Zu berücksichtigen ist zunächst, dass jeder Wandel auch eine Machtdimension hat, worauf insbesondere im Rahmen der Diskussion um den mikropolitischen Charakter von Organisationen hingewiesen wird (Ameln/Heintel 2016, S. 203ff.; siehe Grunwald „Organisationen aus sozialwissenschaftlicher Sicht" in diesem Band). Die gegenwärtig in einer Organisation bestehenden Arbeits- und Interaktionsstrukturen lassen sich als manifestierte, unterschiedlich wahrgenommene und bewertete Macht(un)gleichgewichte verstehen. Insofern erfordert die Veränderung bestehender Arbeits- und Interaktionsstrukturen nicht nur ein zielorientiertes Management, sondern auch, die Interessenslagen und Machtrelationen genau zu wahrzunehmen und zu bestimmen und sowohl formelle als auch informelle Schlüsselpersonen – Macht- und Fachpromotoren – auf Arbeitgeber_innen- und Arbeitnehmer_innenseite rechtzeitig und in angemessenem Umfang in den Prozess zu integrieren. „Konstruktive Machtpolitik" beinhaltet, so Berner, „Unterstützer und Verbündete [zu] gewinnen" (2015, S. 465). Gerade in sozialwirtschaftlichen Unternehmen, so eine empirische Untersuchung von Bachert/Vahs, sind die *„Angehörigen der mittleren Führungsebene"* besonders wichtig für den Veränderungserfolg, weil sie „gewissermaßen den ,Transmissionsriemen' zwischen den visionären Vorstellungen der Unternehmensführung und den von Machbarkeitsüberlegungen geprägten Verhaltensweisen der unteren Führungskräfte und der Ausführungsebene" darstellen (Bachert/Vahs 2007, S. 303; Hervorhebung im Original). Neben dem Machtaspekt ist aber auch zu bedenken, dass gerade Entwicklungs- und Veränderungsprozesse stark an Personen und deren nicht nur fachliche, sondern auch kommunikative Kompetenzen gebunden sind – siehe den Grundsatz der „lebendigen Kommunikation". Hilfreich sind hier u.a. eine offene, ehrliche und unkomplizierte Kommunikation, Teamfähigkeit, Empathie, Entscheidungsfähigkeit und der Mut, diese auch zu vertreten sowie eine hohe Akzeptanz in der Organisation (Doppler/Lauterburg 2014, S. 202ff.). Bei der „Gestaltung von Interaktionen" zwischen unterschiedlichen, am Change beteiligten Personen ist jedoch zu hinterfragen, ob die Strategie einer „diskursive[n] Aufdeckung der bestehenden Macht-, Verständigungs- und Vertrauensverhältnisse" als Elementen einer ,lateralen Führung' immer erfolgversprechend und angemessen ist; Kühl wirbt hier eher dafür, die kommunikative „Latenz von Macht-, Verständigungs- und Vertrauensverhältnissen" zu akzeptieren (2017, S. 53). Sowohl innerhalb einer Organisation (zwischen den Hierachieebenen, zwischen unterschiedlichen Abteilungen) als auch vor allem zwischen Kooperationspartnern „sind die existierenden Macht-, Vertrauens- und Verständigungsprozesse nur in einem sehr begrenzten Rahmen ansprechbar", und es ist gut zu überlegen, welche Konsequenzen für das Machtgefüge und die Zusammenarbeit eine Aufdeckung derselben hätte (ebd., S. 58f.).

Diesen Grundsätzen eines effektiven (und damit auch effizienten) Change Managements stellen Doppler/Lauterburg – wie oben ja bereits angedeutet – ein *grundsätzliches „Primat des Transfers"* voraus (2014, S. 185ff.; Hervorhebung KG). Sie betonen, dass die Entwicklung von Konzepten des Wandels nicht mit der Realität verwechselt werden darf und werben nachdrücklich dafür, bei allen genannten Prinzipien des Change Managements immer sofort mitzudenken, wie die „Umsetzung der geplanten Maßnahmen" im Sinne einer Übertragung von Konzepten in die Praxis gelingen kann (Bachert/Vahs 2007, S. 303). Die Bedeutung dieser „Verankerung der Veränderung" (Gerkhardt/Frey 2006, S. 54) als übergeordnetes Prinzip und als Stufe eines Veränderungsprozesses kann gar nicht genug hervorgehoben werden, so beispielsweise Kotter mit den Formulierungen „Erfolge konsolidieren und weitere Veränderungen einleiten" und „Neue Ansätze in der Kultur verankern" (2011, S. 111ff. bzw. S. 123ff.; zu Organisations- als Kulturentwicklung siehe Schmid 2014).

Zu fragen ist hier aber, ob der schlichte Grundgedankengang, der vielen Implementierungen von Lösungen zu Grunde liegt, bei dem das Offenhalten unterschiedlicher Möglichkeiten „lediglich in der Phase der Problemlösung und der Lösungserarbeitung" ‚gestattet' ist und danach die Offenheit für Kontingenz geschlossen wird und die einmal verabschiedeten Lösungen ‚plangemäß' umgesetzt werden, tatsächlich immer Sinn macht (Kühl 2017, S. 53).[15] Eine Alternative hierzu kann sein, die *Kontingenz so lange wie möglich offenzuhalten* und *Lösungen lediglich als Erprobungen zu verstehen*, so dass bei einer Erprobung „mehrere unvollständige, auch widersprüchliche Konzepte gleichzeitig angestoßen werden" können und die Organisation herausgefordert wird, auch mit widersprüchlichen Herangehensweisen umgehen zu können (Kühl 2017, S. 61); Doppler nennt dies „Handeln im experimentellen Modus", bei dem es darum geht, „in einem Change-Projekt verschiedene Teilaspekte (...) gleichzeitig zu bearbeiten": „Eine Idee verfolgen, in der Umsetzung bereits ausprobieren und parallel dazu weitere Alternativen entwickeln, um auf mögliche Überraschungen gefasst zu sein" (2017, S. 68ff.).

Wesentliche *Bedingungen für den Erfolg von Prozessen des Change Managements* – so lassen sich die methodischen Hinweise zusammenfassen – liegen in

- einer weitgehend geteilten Einsicht in die Notwendigkeit des Veränderungsprozesses,
- der Existenz bzw. Entwicklung und in der Folge der Kommunikation klarer Zielvorstellungen für den angestrebten Wandel,
- dessen klarer strategischer Einordnung in den gesamten Entwicklungsprozess der jeweiligen Organisation und Entwicklungen in der relevanten Umwelt,
- der Transparenz der Perspektiven der verschiedenen Akteure,
- der angemessenen Berücksichtigung der Komplexität des sozialen Systems der Organisation und der Problemstellung,
- der Gründlichkeit und Multiperspektivität der Diagnose,
- der Abstimmung mit relevanten Interessensgruppen in und außerhalb der Organisation sowie deren kontinuierlicher Einbindung,
- der echten Kommunikation mit ihnen und der Auseinandersetzung mit ihren ‚mentalen Modellen',

15 ‚Kontingenz' meint, so Kühl, dass „ein Ereignis nicht zwangsläufig so ist, wie es ist, sondern dass es auch anders möglich wäre": „Aus der Analyse eines Problems A ergibt sich nicht zwangsweise die Lösung X, sondern möglicherweise auch die Lösung Y oder die Lösung Z" (2017, S. 60).

- der Ausgewogenheit von Prozess- und Ergebnisausrichtung sowie von Person-, Kultur-, Strategie- und Strukturorientierung,
- der Akzeptanz von ‚Widerstand' und der konstruktiven, wertschätzenden Auseinandersetzung mit ihm und den Personen, die ihn zeigen,
- der Klärung der Ansiedlung der externen und/oder internen Berater_innen und die Unterstützung ihrer Kooperation,[16]
- deren professionellen Rollenvielfalt und Multiperspektivität zwischen Sozialwissenschaften und Betriebswirtschaftslehre, zwischen Prozess- und Fachberatung sowie in
- der Entwicklung und nachhaltigen Implementation spezifischer, auf den jeweiligen Bedarf tatsächlich zugeschnittener Prozessdesigns und Lösungen.

Für *Führungskräfte* stellen sich insbesondere Herausforderungen wie

- die aktive Unterstützung des Prozesses seitens der Führungsspitze und die Ernsthaftigkeit des Veränderungswillens,
- eine klare Position über einen angemessenen Zeit- und Finanzrahmen und die notwendige Kontinuität des Veränderungsprozesses,
- die Bereitschaft, die materiellen und immateriellen Kosten auf sich zu nehmen,
- eine gewisse Akzeptanz und Offenheit gegenüber strukturbezogenen *und* personbezogenen Vorgehensweisen sowie
- eine realistische Einschätzung der Grenzen des zu erwartenden Erfolgs und der machbaren Schritte.[17]

Aus *führungspsychologischer Sicht* ist für die Mitarbeitenden besonders wichtig und deswegen für einen Erfolg von organisationalem Wandel relevant, dass

- „Sinn und Notwendigkeit" von Veränderungen wahrnehmbar sind,
- Transparenz herrscht und Ereignisse hervorsehbar sind,
- die Mitarbeitenden „Beeinflussbarkeit und Kontrolle" von Situationen erleben in dem Sinne, dass sie selbst über Handlungsoptionen verfügen, „unangenehme Ereignisse reduzieren zu können",
- die Ziele klar benannt werden, damit die Menschen „wissen, was angesagt ist und wohin es geht" und neben dem Sinn auch den Nutzen von angestrebten Veränderungen wahrnehmen können,
- „Gerechtigkeit und Fairness" gelten sowie
- die Mitarbeitenden „der eigenen Unternehmensführung vertrauen" und deswegen auch die von ihnen vorgeschlagenen oder vorgegebenen Wege akzeptieren können (Gerkhardt/Frey 2006, S. 54ff.; siehe auch Doppler 2017, S. 162ff.).

16 Siehe hierzu Noll in diesem Band.

17 Die Basis für diese beiden Zusammenstellungen liegt insbesondere in Roehl (2017); Doppler (2017); Doppler/Voigt (2017); Glasl/Lievegoed (2016); Müller-Stewens/Lechner (2016, S. 468ff.); Berner (2015, S. 457ff.); Dopper/Lauterburg (2014); Frey et al. (2014); Schiersmann/Thiel (2014); Lauer (2014); Kotter (2011); Bachert/Vahs (2007); Gerkhardt/Frey (2006); Grunwald (2005, S. 1324) und Becker/Langosch (2002). Zur Rollenbestimmung von Change Manager_innen und Führungskräften siehe auch Doppler (2017, S. 175ff.), zu Herausforderungen an die Professionalität von Change Manager_innen Berner (2015, S. 457ff.).

3. ‚Management organisationalen Wandels' jenseits der Begrenzung auf Projektförmigkeit: Das Konzept ‚Entwicklungsorientiertes Management'

Ein ‚Change Management', das – wie das beschriebene Konzept von Doppler und Lauterburg (2014) – teils an betriebswirtschaftlich geprägte Modelle der Unternehmensberatung, teils an die gruppendynamische Tradition der sozialwissenschaftlichen Organisationsentwicklung, teils an Ansätze der systemischen Organisationsentwicklung/-beratung anknüpft, konzipiert den geplanten Wandel von Organisationen überwiegend als projektbezogene, im Prinzip temporär begrenzte Interventionen.[18] Ein solches Verständnis von Change Management reicht aber nicht aus, um den immer tiefergehenden und steigenden *Anforderungen an einen ‚fundamentalen', ‚radikalen' oder ‚transformativen' Wandel*, vor denen Organisationen heute stehen, gerecht zu werden.

Diese Herausforderungen werden aktuell auch diskutiert unter der Überschrift *‚VUKA'* (bzw. englisch ‚VUCA'), wobei ‚VUKA' eine Welt beschreibt, die gekennzeichnet ist durch (1) Volatilität (volatility), (2) Unsicherheit (uncertainty), (3) Komplexität (complexity) und (4) Ambiguität (ambiguity) (Scheller 2017, S. 20; Eppler 2015, S. 54f.; Lemoine 2015, S. 4ff.). Gemeint ist, dass die Welt, in der wir leben, starken Schwankungen in kurzer Zeit unterworfen ist (volatil), Sicherheiten zunehmend in Frage gestellt werden, die Komplexität vieler Phänomene gestiegen ist (zur Begrifflichkeit ‚Komplexität' siehe Hieronymi/Eppler 2015) und die Mehrdeutigkeit (‚Ambivalenz') unserer Umwelt zugenommen hat.

Angesichts dieser gravierenden Herausforderungen, die sich auch für sozialwirtschaftliche Organisationen und ihr Management stellen (zur Qualifizierung von Führungskräften: Evenett et al. 2015), ist jenseits von konkreten Projekten des Change Managements und über sie hinaus ein *weitergehendes ‚Management des organisationalen Wandels'* notwendig, das sich kontinuierlich und permanent mit den vielfältigen Entwicklungen in der relevanten Umwelt und in der Organisation auseinandersetzt, die die Einrichtungen immer wieder neu mit erheblichen Herausforderungen konfrontieren und die in der Regel nicht durch singuläre und zeitlich limitierte Aktionen gelöst werden können.

Management des organisationalen Wandels soll nun konkretisiert werden als *‚Entwicklungsorientiertes Management'* (zum Folgenden Grunwald 2012a; 2013a). Das Konzept des Entwicklungsorientierten Managements (EOM) wurde in den 1990er Jahren von Klimecki, Probst und Eberl entwickelt (1994; Probst 1992) und später in verschiedene Richtungen weitergeführt (Klimecki 2004; Eberl 2009; Gmür 2009a). Es wurde mit dem Ansatz des Entwicklungsorientierten Personalmanagements (EOPM) (Klimecki/Gmür 2005; 2004; Gmür 2009b) auf einen Teilbereich der Managementlehre übertragen. Diese Übertragung auf Fragen des Personalmanagements ist gleichzeitig als Konkretisierung und Fortführung des EOM zu verstehen.[19]

18 An dieser Stelle sei darauf hingewiesen, dass teilweise – je nach Enge oder Weite des Begriffsverständnisses – ein Management des organisationalen Wandels durchaus auch als eine Form von ‚Change Management' – gewissermaßen in einem weiten Sinn – bezeichnet wird. In diesem Beitrag wird ‚Change Management' jedoch als ein letztlich projektbezogener Ansatz unterschieden von einem Management des organisationalen Wandels im Sinne einer grundlegenden Managementaufgabe und -dimension, auch wenn die Begriffsverwendung in der Theorie uneinheitlich und Übergänge in der Praxis der Organisationsgestaltung mitunter fließend sind.

19 Zu Darstellung und Kritik siehe Grunwald (2013a, S. 292f.).

Das Konzept des Entwicklungsorientierten Managements ist ein produktiver und theoretisch ausgewiesener sozialwissenschaftlicher Ansatz, der zentrale Motive der Organisationssoziologie bündelt und sich auf die managerielle Gestaltung organisationaler Strukturen, Prozesse und Kulturen in (sozialwirtschaftlichen) Organisationen bezieht. In diesen „konzeptionellen Rahmenentwurf für die Managementlehre“ lassen sich „verschiedene theoretische Strömungen und Handlungsansätze integrieren“ (Eberl 2009, S. 5). Sein Ziel ist, unterschiedliche „theoretische Strömungen vor dem Hintergrund ihrer Tauglichkeit für die Erklärung der Entwicklungsfähigkeit von Organisationen zu beurteilen und entsprechende Handlungsempfehlungen in den Vordergrund zu rücken“ (ebd.). In seinem Zentrum steht die grundsätzliche Fragestellung, wie Organisationen sich „auf dynamische Umweltveränderungen einstellen“ sollen (ebd., S. 6). Der Ansatz formuliert und fokussiert wichtige Gedanken schlüssig, die heute (wieder) unter anderen, teils modischen Begriffen diskutiert werden und für die heutige Managementlehre relevant sind, wie auch Eberl verdeutlicht: EOM liefert „nach wie vor eine tragfähige konzeptionelle Klammer für grundlegende Fragen der Managementtheorie und des Managementhandelns“ (2009, S. 5). Deswegen wird der Ansatz im Folgenden als ein Ansatz eines umfassenden, über projektförmigen Wandel hinausgehenden ‚Managements des organisationalen Wandel‘ genauer ausgeführt.

Grundlage des EOM sind drei „Basistheorien“. Dabei wird die *konstruktivistische Perspektive* für den Gegenstand der „Problemlösungspotenziale als organisationale Wirklichkeitskonstruktion“ herangezogen („Inhaltskomponente“), Theorien der *Selbstorganisation* „beschreiben das Steuerungsprinzip des Lernens und der Konstruktion von Organisationswirklichkeiten“ im Sinne einer „Funktionskomponente“ und Ansätze des *Organisationslernens* erfassen als „Prozesskomponente“ die „Veränderung der organisationalen Wissensbasis“ (Klimecki 2004, Sp. 919; siehe auch Eberl 2009, S. 5ff.). Das Konzept geht beim Wandel in und von Organisationen von natürlichen, emergenten organisationalen Veränderungs- und Wandlungsprozessen aus und knüpft in starkem Maße an die Lernmodelle an (siehe Grunwald 2009).

Der „Ausgangspunkt der Organisationsgestaltung im Entwicklungsorientierten Management ist der durch wachsende Umweltkomplexität sprunghaft steigende Bedarf an Systementwicklung zur Sicherung der Problemlösungsfähigkeit von Organisationen“ (Klimecki 2004, Sp. 919; Klimecki et al. 1994; Eberl 2009). Damit ist auch markiert, dass es sich um einen Ansatz handelt, der in spezifischer Weise organisationssoziologische und organisationspädagogische Perspektiven, insbesondere die der Lernenden Organisation, und die sozialwissenschaftliche Organisationsentwicklung zu einem umfassenden Managementkonzept weiterführt (siehe Schröer in diesem Band).

Der *Begriff „Entwicklungsorientierung“* meint allgemein die Verbesserung der Problemlösefähigkeit einer Organisation sowie den Aufbau von freier, noch nicht verplanter Problemlösungskapazität, die der Bewältigung des Unvorhersehbaren dient. Betont wird, dass „in erster Linie überlegene Problemlösungspotenziale und nicht Produkt-Markt-Kombinationen das langfristige Überleben von Organisationen sicherstellen“ (Eberl 2009, S. 7). Die Organisation soll grundsätzlich in die Lage versetzt werden, den eigenen Aufbau, die eigenen Abläufe und Entscheidungsprozesse und die eigene Kultur permanent so zu optimieren, dass sie sich gegenüber neuen Anforderungen immer wieder neu behaupten kann (siehe auch Schmid 2014; Schmidt 2014, S. 210ff.; Grunwald 2009, S. 99ff.). Das zu erhöhende Problemlösungspotential bezieht sich dabei auf die soziale, technische und ethische Dimension.

Der *Begriff „Management“* bezeichnet beim Konzept des Entwicklungsorientierten Managements nicht eine Sicherstellung eines bestimmten gewünschten Verhaltens mithilfe passender Instrumente, sondern vielmehr das Gestalten von Rahmenbedingungen, die es den einzelnen Akteuren ermöglichen, eigenverantwortlich und selbstorganisiert zu handeln: „Management ist gleichzusetzen mit Kontextgestaltung“ (Klimecki et al. 1994, S. 26). Insofern kann Management in einem weiten Sinne als Systemeigenschaft verstanden werden, die alle Handlungen umfasst, die bei einer systemischen Gestaltung von Organisationen mitwirken. Damit sollen Perspektiven eröffnet werden für eine aktive und „selbstbewusste“ Transformation von Veränderungsprozessen der Umwelt in systemische Entwicklungsprozesse einer Organisation, um damit eine „proaktive Auseinandersetzung sozialer Systeme mit ihren komplexen Umwelten“ zu ermöglichen (ebd., S. 22).

Dieses sozialwissenschaftlich fundierte Verständnis von Management ist charakterisiert durch eine *grundlegende Abkehr vom traditionellen Managementbegriff.* Entwicklungsorientiertes Management distanziert sich von den beinahe mythischen Verklärungen des traditionellen Managementbegriffs, also erstens von der Ideologie der technologischen Machbarkeit, zweitens von der mehr oder weniger indirekt vorausgesetzten Überlegenheit der Führungsspitze und drittens von dem Postulat eines wertfreien Managements (Grunwald 2012a, S. 192). Damit knüpft es an die Rationalitätskritik der neueren Organisationssoziologie genauso an, wie an Überlegungen zu den Themen Dynamik, Kultur und Mikropolitik in und von Organisationen (Grunwald 2009, S. 85ff.; siehe Grunwald „Organisationen aus sozialwissenschaftlicher Sicht“ in diesem Band).

Die *Kritik an dem ‚Mythos Rationalität',* wie sie beispielsweise im Zusammenhang mit Konzepten des Managements von Dilemmata und Paradoxien formuliert wird, ist für das Entwicklungsorientierte Management von großer Relevanz (Grunwald 2012b). Betont wird hier, dass Gestalter_innen – egal auf welcher Hierarchieebene – nur über „beschränkte Rationalität“ (Kühl 2017, S. 44; Grunwald 2006, S. 290ff.; March 1990) oder anders formuliert: über lediglich „lokale Rationalitäten“ (Schedler/Rüegg-Stürm 2013) verfügen, weil sie in ihren Handlungen prinzipiell erheblichen kognitiven Begrenzungen ausgesetzt sind, und zwar sowohl bezüglich ihres Wissensstandes als auch bezüglich ihrer Befähigungen zur Verarbeitung von Informationen. Für Führungskräfte bedeutet dies, sich den Herausforderungen eines ‚Postheroischen Managements‘ zu stellen (Grunwald 2015; siehe Grunwald „Management sozialwirtschaftlicher Organisationen“ in diesem Band).

Aus Sicht des Konzepts des EOM verlieren zudem die Maximen der Beherrschbarkeit als letztlich vollständige Kontrolle über systeminterne Vorgänge, der Prognosefähigkeit als Möglichkeit exakter Vorhersagen und der exakten Planung im Interesse einer optimalen Ressourcenallokation immer mehr an Bedeutung. Zur Bewältigung der heute vorherrschenden fundamentalen Veränderungsprozesse mit ihrer Vielfalt, Dynamik und Diskontinuität bedarf es vielmehr *grundlegender und dauerhaft ausgelegter ‚Erfolgspotentiale‘*, die die Entwicklungskompetenz sozialer Systeme vorantreiben können. Gegenüber einer im Managementalltag häufig gegebenen Betonung operativer Aufgaben- und Problemstellungen für die Unternehmensführung wird aus Sicht des EOM die Ausrichtung der Handlungsprogramme an den langfristigen, strategischen Erfolgspotentialen der Organisation und ihrer normativen Verortung hervorgehoben. Zu diesen ‚Erfolgspotentialen‘ gehört zum ersten die adäquate Konstruktion von Wirklichkeit als die „Schnelligkeit und Zuverlässigkeit ‚Weltbilder zu erzeugen‘, die der jeweiligen Problemlage angemessen sind“, zum zweiten das organisationale Lernen als „Fähigkeit, interne Ressourcen problemgerecht zu mobilisieren und Wissen aufzubauen sowie organisational verfügbar zu gestalten, das zur Bewältigung der aktuellen Problemlagen geeignet ist“ sowie zum dritten die Kompetenz zur Selbstorganisation als „Autonomie, die eigenen Kräfte jeweils problemgerecht konzentrieren zu können“ (Klimecki et al. 1994, S. 3; ebd. S. 51ff., S. 78ff.; Probst 1992, S. 457ff.; Eberl 2009, S. 7f.; siehe auch Schiersmann 2017; Grunwald 2009, S. 105ff.; Probst et al. 2006; Göbel 2004).

Diese ‚Erfolgspotentiale‘ eines EOM richten sich an *drei grundlegenden Perspektiven für die Gestaltung von Organisationen* aus, die im Folgenden entfaltet werden (Klimecki 2004, Sp. 919f.; Klimecki et al. 1994, S. 79ff.; Probst 1992, S. 491ff.).

In Abgrenzung zu einer traditionell stark strukturbezogenen Ausrichtung der Managementlehre wird zunächst unter Bezugnahme auf konstruktivistische Ansätze besonders die Ausrichtung an der Identität des organisationalen Systems und am Sinnbezug von Handeln in Organisationen hervorgehoben: „Soziale Systeme benötigen einen gemeinsamen Sinnbezug (geteilte Wirklichkeitskonstruktionen), um sich als Einheit zu konstituieren“ (Klimecki et al. 1994, S. 79; siehe aktuell im Kontext der 4. Generation des St. Galler Managementmodells auch Rüegg-Stürm/Grand 2014, S. 95ff.). Angesichts der besonderen *Bedeutung von kollektiv geteilten Wert- und Sinnorientierungen* stehen Organisationen vor der Aufgabe, eine gemeinsame Abstimmung über zentrale Werthaltungen und den Sinnzusammenhang der Handlungen in der Organisation herbeizuführen (siehe auch Weick 1995). Die Ergebnisse dieser Abstimmung müssen dann auch nach außen vermittelt werden, beispielsweise durch ein Leitbild oder eine Corporate Identity. Damit gewinnt die Berücksichtigung und Förderung der Unternehmenskultur im Konzept des EOM eminent an Bedeutung (Grunwald 2009, S. 99ff.). Jenes wird dann auch als „kulturbewusstes Management“ bezeichnet (Klimecki et al. 1994, S. 81; siehe auch Schmid 2014).

Eine zweite Gestaltungsperspektive stellt unter der Maßgabe der „Flexibilisierung“ die Auflösung von starren Kopplungsbeziehungen und das Plädoyer für eine lose Kopplung von Organisationseinheiten in den Mittelpunkt (Klimecki et al. 1994, S. 82ff.; siehe auch Wolff 2010). Ausdrücklich wird die *Flexibilisierung* nicht nur auf die strukturelle, sondern auch auf die kognitive Ebene von Organisationen bezogen. Damit geraten Prozesse organisationalen Lernens und ihre bewusste und reflektierte Gestaltung in den Blick (Grunwald 2016, S. 434f.; 2009, S. 104ff.). Organisationen werden im Konzept des EOM als Wissenssysteme verstanden, die durch Lernprozesse neues Wissen erwerben oder selber generieren, um auf diese Weise ihre Wissensbasis und ihre Struktur kontinuierlich zu erweitern und zu erneuern (so schon in dem ‚Klassiker‘ von Probst/Büchel 1994, S. 35ff.; siehe auch Probst et al. 2006) und die eigenen Potentiale zur Lösung von Problemen zu optimieren (Eberl 2009, S. 7f.). Lernprozesse in Organisationen können insbesondere durch ein ansehnliches Maß an Flexibilität „sowohl auf der kognitiven als auch auf der materiellen Ebene“ ermöglicht und gefördert werden (Klimecki et al. 1994, S. 79).

Dieses ‚inkrementelle‘ Verständnis des organisationalen Lernens oder, mit Wolf/Hilse, der ‚organisationalen Wissenstransformation‘, wird ergänzt durch das sogenannte ‚disruptive Lernen‘, das deutlich radikaler als inkrementelles Lernen ist und in dem die „in einer Organisation vorhandenen Routinen und Erfahrungen explizit gemacht“ werden und „bewusst über sie hinausgegangen und experimentiert“ wird (2014, S. 174f.). Eberl beschreibt diese wichtige Differenzierung mit anderen Begriffen sehr treffend: „Während es bei explorativen Lernprozessen um eine fundamentale Veränderung der Wissensbasis geht, steht bei exploitativen Lernprozessen die marginale Verfeinerung der bestehenden Wissensbasis im Vordergrund" (2009, S. 8). Im Rahmen des EOM wird „die Notwendigkeit explorativer Lernprozesse" betont, weil, so die Begründung, eine „qualitative Verbesserung des organisationalen Problemlösungspotentials (...) ohne Exploration nicht möglich" ist (ebd.).

Die dritte Gestaltungsperspektive eines Entwicklungsorientierten Managementverständnisses richtet den Fokus auf das Konzept der Selbstorganisation (Eberl 2009, S. 9). Während das klassische Managementverständnis häufig einseitig an statischen Gleichgewichtssituationen orientiert ist, erfordert ein EOM grundsätzlich eine prozesshafte Perspektive, die den Wandel als wesentliche Konstante in Organisationen betrachtet. So wird die *Ermöglichung und Förderung von Prozessen der Selbstorganisation* zu einem zentralen Kriterium für die Entwicklungsorientierung von Organisationen (so auch Göbel 2004; Schiersmann 2017).[20] Diese Sichtweise hebt hervor, dass aktuell „persönliche Abstimmungsprozesse jenseits von Hierarchien und Routinen in den Vordergrund rücken" (Eberl 2009, S. 9), was auch im Konzept des ‚Lateralen Führens' diskutiert wird (Kühl 2017). Sie betont weiter, dass Managementaufgaben in organisationalen Systemen durch unterschiedlichste Akteure wahrgenommen werden können, worin bedeutende Managementpotentiale liegen. Um diese aber auch „ausschöpfen zu können, sind *heterarchische Strukturen* notwendig, die innovative und kreative Wirklichkeitskonstruktionen nicht bürokratisch ‚verpuffen' lassen" (Klimecki et al. 1994, S. 79, Hervorhebung im Original). Dabei versteht man unter „Heterarchie (...) das Prinzip fluktuierender hierarchischer Beziehungen zwischen Individuen oder Systemen" (so bereits Probst 1992, S. 495). Diese Gestaltungsperspektive ist insofern durch das „Eröffnen von *Interaktionsspielräumen* durch Heterarchie" gekennzeichnet (Klimecki et al. 1994, S. 79, Hervorhebung im Original), ohne dass die Grenzen von solchen „fluktuierenden Hierarchien" übersehen werden dürfen: „Formale und stabile Hierarchien sind z.B. für die Repräsentation des Systems (etwa gegenüber Kunden) unverzichtbar, und außerdem verlangen Gesetzesvorschriften nach einer eindeutigen, auch personell zurechenbaren Klärung der Verantwortlichkeiten. (...) Die Fluktuation sollte deshalb dort einsetzen, wo die Problemlage eine andere Hierarchie erfordert. Zu erkennen, wann und wo dies der Fall ist und welche alternativen Hierarchien eingesetzt werden können, ist deshalb ein zentrales Gestaltungsproblem", das sich „umso besser lösen" lässt, „je mehr Management als Systemeigenschaft anerkannt wird" (ebd., S. 88). Probst hebt in diesem Zusammenhang hervor, dass Heterarchie eine „Fluktuation hierarchischer Strukturen" bedeutet und keinesfalls meint, „dass Hierarchie überhaupt nicht vorhanden ist" (1992, S. 495). Hier ergeben sich nicht nur Konsequenzen für die Dezentralisierung der Organisation sowie für den Aufgabenzuschnitt der einzelnen Organisationseinheiten, sondern ebenfalls für die Personalführung und -entwicklung.

Die zuletzt benannte Gestaltungsperspektive der fluktuierenden Hierarchie sieht deutliche Beziehungen zwischen der Ebene der Struktur und derjenigen der Beziehungen, die die Akteure untereinander pflegen. Die notwendige Arbeit an der – ja auch im Kontext von Organisationsentwicklung zentralen – Optimierung dieser Beziehungen beinhaltet die Dimensionen der ‚Proaktivität', der ‚Prosozialität' und der ‚Partizipation' (Klimecki et al. 1994, S. 88ff.; Probst 1992, S. 503ff.). Dabei betont die *‚proaktive Dimension'* „die aktive, vorausschauende Rolle,

20 Kaltenecker verknüpft in seinem Werk „Selbstorganisierte Unternehmen. Management und Coaching in der agilen Welt" die Themen ‚Selbstorganisation' und ‚Agilität' miteinander (2017).

die Management bei der Gestaltung von Entwicklungsprozessen spielen muss" und beinhaltet sowohl die Unterstützung von „aktive(m) und verantwortliche(m) Handeln in und von sozialen Systemen" als auch eine Vorwegnahme von Erwartungen der Umwelt an das eigene Handeln, die dann wieder auf die eigenen Erwartungen zurückwirkt (Klimecki et al. 1994, S. 89; siehe auch Gebauer 2017). ‚*Prosozialität*' wird verstanden als Ensemble der „positiven Formen des Sozialverhaltens", wobei prosoziale Interaktionsprozesse geprägt sind von „wechselseitiger fachlicher und personeller Akzeptanz, gegenseitigem Vertrauen und dem Willen zur Zusammenarbeit" (ebd., S. 90). Als eine wesentliche Vorbedingung für „prosoziale Arbeits- und Sozialbeziehungen" wird der „Einbezug aller Beteiligten" gesehen, der nicht in „pseudo-partizipatorische Maßnahmen" abgleiten darf, sondern den Beteiligten im Kommunikationsprozess „eine symmetrische Verteilung der Chancen" ermöglichen soll (ebd., S. 91). *Partizipation* wird dabei „als regulative Idee aufgefasst (...), mit der allen Gestaltungsinstrumenten die Richtung gewiesen wird", ohne dass sie immer und lückenlos zu realisieren wäre (ebd., S. 91). In der Sozialwirtschaft darf sich Partizipation zudem nicht nur auf die Mitarbeitenden beziehen, sondern muss ebenfalls die Adressat_innen und sonstigen Anspruchsgruppen mit einschließen, wie sich aus der Perspektive des Konzepts einer Lebensweltorientierten Sozialen Arbeit begründen lässt (Grunwald 2016, S. 432). In den genannten Dimensionen Proaktivität, Prosozialität und Partizipation scheint deutlich auf, welcher Stellenwert einer „motivationsgerechte[n] Organisationsgestaltung" beigemessen wird (Klimecki 2004, Sp. 915).

Auch das Konzept des Entwicklungsorientierten Managements strebt die Effektivität (Wirksamkeit) und Effizienz (Wirtschaftlichkeit) eines sozialwirtschaftlichen Unternehmens an. Allerdings geht es nicht von einer grundsätzlichen Steuerbarkeit von Organisationen aus, sondern sieht vor dem Hintergrund organisationssoziologischer Überlegungen Organisationen als Gebilde an, die zwar beeinflussbar, aber nicht im engeren Sinn steuerbar sind (siehe Grunwald „Management sozialwirtschaftlicher Organisationen" in diesem Band).

Dieses Verständnis von Organisationen und die daraus abzuleitenden Anforderungen an das Management sozialwirtschaftlicher Organisationen wird aktuell auch mit dem Begriff der ‚*Agilität*' umschrieben. So definiert Luczak ‚Agilität' als die „Fähigkeit eines Unternehmens, sich proaktiv auf Unsicherheiten vorzubereiten und sich so in die Lage zu versetzen, innerhalb kürzester Zeit auf Veränderungen über die gesamte Wertschöpfungskette hinweg zu reagieren, um wirtschaftliche Chancen zu realisieren" (2017, S. 19). Scheller fokussiert: „Der Kern von Agilität ist Lernen, und zwar auf zwei Ebenen:

- *Kontext und Inhalt:* durch schnelles Feedback vom Kunden zu Produkt oder Leistung und
- *eigene Vorgehensweise:* Eigenreflexion des methodischen Vorgehens"

und fasst zusammen: „Agilität bedeutet daher *Anpassen durch schnelles Lernen*" (2017, S. 53; Hervorhebungen im Original). Dieses Verständnis von ‚agilen' Organisationen als lernenden Organisationen deutet darauf hin, dass das Konzept des Entwicklungsorientierten Managements – seit seiner Entwicklung Anfang der 1990er Jahre – viele Motive aufnimmt, die heute mit den Begriffen ‚Agilität' und ‚VUCA' thematisiert werden, als zentrale Fragen der Gestaltung organisationalen Wandels aber bereits viel länger diskutiert werden (Kühl 2015). Interessant ist insbesondere, dass die *Abkürzung ‚VUCA'* nicht nur als Beschreibung einer „turbulenten Welt" gesehen werden kann, sondern – wie Eppler verdeutlicht – auch als *Ansatz möglicher Lösungen*, um mit den beschriebenen Herausforderungen umzugehen:

- „Volatilität erfordert eine *Vision* wohin sich ein System bei aller Fluktuation hinbewegt oder bewegen soll.
- Unsicherheit erfordert *‚Understanding'*, also ein vertieftes Verständnis darüber, wie ein System auf Veränderungen reagieren kann.
- Complexity erfordert *Clarity* im Sinne von klarer Kommunikation, um die wesentlichen Problem-Elemente und deren Wechselwirkungen transparent zu machen.
- Ambivalenz (engl. ambiguity) erfordert *Agilität* (agility) um auf Kippeffekte – etwa wenn sich etwas vermeintlich Positives als negativ erweist – rasch reagieren zu können" (2015, S. 55).

Auch wenn durchaus kritisch diskutiert werden kann, welchen Neuigkeitswert die Begriffe ‚Agilität' und ‚VUCA' – gerade auch gegenüber einem theoretisch ausgewiesenen Konzept wie dem EOM – tatsächlich darstellen (Kühl 2015), zeigt die intensive Debatte über sie und die mit ihnen verbundenen inhaltlichen Bestimmungen, dass die Bedeutung der Probleme und der Gestaltung organisationalen Wandels an sich keineswegs nachgelassen hat, sondern umgekehrt die *Frage des Umgangs mit gravierenden Wandelanforderungen* gerade heute einen hohen Stellenwert hat.

Vor diesem Hintergrund lässt sich abschließend festhalten, dass Entwicklungsorientiertes Management – als Konkretisierung eines Managements des organisationalen Wandels – ein gerade unter heutigen Bedingungen geeignetes Managementkonzept ist, um über Projekte des Change Managements hinaus in der Sozialwirtschaft allgemein den steigenden Herausforderungen gerecht zu werden, insbesondere der Komplexität des sozialen Systems der Organisation, ihrer organisationalen sowie sozialpolitischen Einbettung (siehe Grunwald/Langer in diesem Band; siehe Roß „Governance" in diesem Band) und der zu bearbeitenden Problemstellungen der Adressat_innen und ihrer Lebenswelten.

4. Literatur

Ameln, Falko von/Heintel, Peter (2016): Macht in Organisationen. Denkwerkzeuge für Führung, Beratung und Change Management. Stuttgart: Schäffer Poeschel.

Bachert, Robert/Vahs, Dietmar (2007): Change Management in Nonprofit-Organisationen. Stuttgart: Schäffer Poeschel.

Backhausen, Wilhelm J. (2009): Management 2. Ordnung. Chancen und Risiken des notwendigen Wandels. Wiesbaden: Gabler.

Beck, Reinhilde (2012): Leitkonzepte für die Gestaltung und Steuerung von Change-Prozessen und erfolgskritische Veränderungsprinzipien mit Blick auf ihre Anschlussfähigkeit und Relevanz für den Sozialbereich. In: Wöhrle, Armin (Hrsg.): Auf der Suche nach Sozialmanagementkonzepten und Managementkonzepten für und in der Sozialwirtschaft, Bd 3. Augsburg: Ziel, S. 126-163.

Becker, Horst/Langosch, Ingo (2002): Produktivität und Menschlichkeit. Organisationsentwicklung und ihre Anwendung in der Praxis. 5. neu bearb. u. erw. Aufl., Stuttgart: Lucius & Lucius.

Berner, Winfried (2015): Change! 20 Fallstudien zu Sanierung, Turnaround, Prozessoptimierung, Reorganisation und Kulturveränderung. 2., aktual u. erw Aufl., Stuttgart: Schäffer-Poeschel.

Bleicher, Knut (2011): Das Konzept integriertes Management. Visionen – Missionen – Programme. 8., überarb. u. erw. Aufl. Frankfurt a.M./New York: Campus.

Boos, Frank/Mitterer, Gerald (2014): Einführung in das systemische Management. Heidelberg: Carl Auer.

Deutinger, Gerhild (2017): Kommunikation im Change. Erfolgreich kommunizieren in Veränderungsprozessen. 2., aktual. u. vollst. überarb. Aufl., Wiesbaden: Springer Gabler.

Doppler, Klaus (2017): Change. Wie Wandel gelingt. Frankfurt a.M.: Campus.

Doppler, Klaus/Voigt, Bert (2017): Change Management. In: Deutscher Verein für öffentliche und private Fürsorge e. V. (Hrsg.): Fachlexikon der Sozialen Arbeit. 8., völlig überarb. u. aktual. Aufl., Baden-Baden: Nomos, S. 150.

Doppler, Klaus/Lauterburg, Christoph (2014): Change Management. Den Unternehmenswandel gestalten. 13., aktual. u. erw. Aufl., Frankfurt a.M.: Campus.

Eberl, Peter (2009): Die Idee des Entwicklungsorientierten Management. In: Gmür, Markus (Hrsg.): Entwicklungsorientiertes Management weitergedacht. Kassel: Univ. Press, S. 5-10.

Ebers, Mark (2007): Unternehmensentwicklung. In: Köhler, Richard/Küpper, Hans-Ulrich/Pfingsten, Andreas (Hrsg.): Handwörterbuch der Betriebswirtschaft. 6., vollst. neu gestal. Aufl., Stuttgart, Sp. 1789-1801.

Eppler, Martin J. (2015): VUCA-Vokabular. In: Organisationsentwicklung 34, H. 4, S. 54-55.

Evenett, Simon/Höfliger, Ralph/Kammerlander, Nadine/Böhm, Stephan/Hieronymi, Andreas (2015): Qualifizierung für die VUCA-Welt. Ein Fachgespräch über Managementbildung in turbulenten Zeiten. In: Organisationsentwicklung 34, H. 4, S. 15-20.

Faßnacht, Michael/Kuhn, Hubert/Schrapper, Christian (Hrsg.) (2010): Organisation organisieren. Gruppendynamische Zugänge und Perspektiven für die Praxis. Weinheim/München: Juventa.

Frey, Dieter/Gerkhardt, Marit/Peus, Claudia/Traut-Mattausch, Eva/Fischer, Peter (2014): Veränderungen managen – Widerstände und Erfolgsfaktoren der Umsetzung. In: Rosenstiel, Lutz von/Regnet, Erika/Domsch, Michel E. (Hrsg.): Führung von Mitarbeitern. Handbuch für erfolgreiches Personalmanagement. 7., überarb. Aufl., Stuttgart: Schäffer Poeschel, S. 547-559.

Friz, Albrecht/Hanselmann, Paul Gerhardt (2010): Wandel begleiten, Veränderung gestalten. Arbeitsbuch zu einer wertbezogenen und Organisations- und Unternehmensentwicklung. Stuttgart: Kohlhammer.

Gebauer, Annette (2017): Kollektive Achtsamkeit organisieren. Strategien und Werkzeuge für eine proaktive Risikokultur. Stuttgart: Schäffer Poeschel.

Gebert, Dieter (2004): Organisationsentwicklung. In: Schuler, Heinz (Hrsg.): Lehrbuch Organisationspsychologie. 3. vollst. überarb. u. erg. Aufl., Bern: Huber, S. 601-616.

Gerkhardt, Marit/Frey, Dieter (2006): Erfolgsfaktoren und psychologische Hintergründe in Veränderungsprozessen. Entwicklung eines integrativen psychologischen Models. In: Organisationsentwicklung 25, H. 4, S. 48-59.

Giernalczyk, Thomas/Lohmer, Mathias (Hrsg.) (2012): Das Unbewusste im Unternehmen. Psychodynamik von Führung, Beratung und Change Management. Stuttgart: Schäffer-Poeschel.

Glasl, Friedrich/Lievegoed, Bernard (2016): Dynamische Unternehmensentwicklung: Grundlagen für nachhaltiges Change Management. 5., erw. u. aktual. Aufl., Bern: Haupt.

Gmür, Markus (Hrsg.) (2009a): Entwicklungsorientiertes Management weitergedacht. Zur Erinnerung an Prof. Dr. Rüdiger Klimecki. Kassel: University Press.

Gmür, Markus (2009b): Entwicklungsorientiertes Personalmanagement: eine Zwischenbilanz. In: Gmür, Markus et al. (Hrsg.): Entwicklungsorientiertes Management weitergedacht. Kassel: University Press, S. 53-60.

Göbel, Elisabeth (2004): Selbstorganisation. In: Schreyögg, Georg/Werder, Axel von (Hrsg.): Handwörterbuch der Unternehmensführung und Organisation. 4. völlig neu bearb. Aufl., Stuttgart: Schäffer-Poeschel, Sp. 1312-1318.

Gomez, Peter/Zimmermann, Tim (1993): Unternehmensorganisation. Profile, Dynamik, Methodik. 2., rev. u. erw. Aufl., Frankfurt a.M./New York: Campus.

Grunwald, Klaus (2016): Management von und in Einrichtungen der Sozialen Arbeit aus der Perspektive des Konzepts Lebensweltorientierung. In: Grunwald, Klaus/Thiersch, Hans (Hrsg.): Praxishandbuch Lebensweltorientierte Soziale Arbeit. Handlungszusammenhänge und Methoden in unterschiedlichen Arbeitsfeldern. 3., vollst. überarb. Aufl., Weinheim: Beltz Juventa, S. 431-444.

Grunwald, Klaus (2015): Postheroisches Management als Herausforderung für Fach- und Leitungskräfte aus der Perspektive einer Lebensweltorientierten Sozialen Arbeit. In: Zeitschrift für Sozialpädagogik 13, H. 2, S. 178-185.

Grunwald, Klaus (2013a): Entwicklungsorientiertes Management. In: Grunwald, Klaus/Horcher, Georg/Maelicke, Bernd (Hrsg.): Lexikon der Sozialwirtschaft. 2., aktual. u. vollst. überarb. Aufl., Baden-Baden: Nomos, S. 291-293.

Grunwald, Klaus (2013b): Systemische Organisationsentwicklung/-beratung. In: Grunwald, Klaus/Horcher, Georg/Maelicke, Bernd (Hrsg.): Lexikon der Sozialwirtschaft. 2., aktual. u. vollst. überarb. Aufl., Baden-Baden: Nomos, S. 1010-1012.

Grunwald, Klaus (2013c): Systemisches Management. In: Grunwald, Klaus/Horcher, Georg/Maelicke, Bernd (Hrsg.): Lexikon der Sozialwirtschaft. 2., aktual. u. vollst. überarb. Aufl., Baden-Baden: Nomos, S. 1012-1017.

Grunwald, Klaus (2012a): Entwicklungsorientiertes Management als Konzept für Organisationsgestaltung und Personalmanagement in Einrichtungen der Sozialwirtschaft. In: Wöhrle, Armin (Hrsg.): Auf der Suche nach Sozialmanagementkonzepten und Managementkonzepten für und in der Sozialwirtschaft. Bd 2. Augsburg: Ziel, S. 188-204.

Grunwald, Klaus (2012b): Zur Bewältigung von Dilemmata und Paradoxien als zentrale Qualifikation von Leitungskräften in der Sozialwirtschaft. In: Bassarak, Herbert/Noll, Sebastian (Hrsg.): Personal im Sozialmanagement. Wiesbaden: Springer VS, S. 55-79.

Grunwald, Klaus (2009): Zum Management von Einrichtungen der Sozialen Arbeit unter organisationssoziologischer Perspektive. In: Grunwald, Klaus (Hrsg.): Vom Sozialmanagement zum Management des Sozialen? Baltmannsweiler: Schneider Verlag Hohengehren, S. 85-138.

Grunwald, Klaus (2006): Management von Dilemmata und Paradoxien in Organisationen der Sozialen Arbeit. In: Neue Praxis 36, H. 2, S. 186-201.

Grunwald, Klaus (2005): Organisationsentwicklung und -beratung. In: Otto, Hans-Uwe/Thiersch, Hans (Hrsg.): Handbuch Sozialarbeit/Sozialpädagogik. 3. Aufl., München/Basel: Reinhardt, S. 1312-1329.

Heitger, Barbara/Serfass, Annika (2015): Unternehmensentwicklung. Wissen, Wege, Werkzeuge für morgen. Stuttgart: Schäffer Poeschel.

Hieronymi, Andreas/Eppler, Martin J. (2015): Kleines Komplexitäts-ABC. In: Organisationsentwicklung 34, H. 4, S. 21-32.

Howaldt, Jürgen/Kopp, Ralf (Hrsg.) (1998): Sozialwissenschaftliche Organisationsberatung. Auf der Suche nach einem spezifischen Beratungsverständnis. Berlin: Edition Sigma.

Kaltenecker, Siegfried (2017): Selbstorganisierte Unternehmen. Management und Coaching in der agilen Welt. Heidelberg: dpunkt.

Kette, Sven (2017): Unternehmen. Eine sehr kurze Einführung. Wiesbaden: Springer VS.

Klimecki, Rüdiger (2004): Motivationsorientierte Organisationsmodelle. In: Schreyögg, Georg/Werder, Axel von (Hrsg.): Handwörterbuch der Unternehmensführung und Organisation. 4. völlig neu bearb. Aufl., Stuttgart: Schäffer-Poeschel, Sp. 915-922.

Klimecki, Rüdiger/Gmür, Markus (2005): Personalmanagement. Strategien – Erfolgsbeiträge – Entwicklungsperspektiven. 3. erw. Aufl., Stuttgart: Lucius & Lucius.

Klimecki, Rüdiger/Gmür, Markus (2004): Evolutionstheoretische Ansätze des Personalmanagements. In: Gaugler, Eduard/Oechsler, Walter/Weber, Wolfgang (Hrsg.): Handwörterbuch des Personalwesens. 3. überarb. u. ergänzte Aufl., Stuttgart: Schäffer Poeschel, Sp. 742-750.

Klimecki, Rüdiger/Probst, Gilbert/Eberl, Peter (1994): Entwicklungsorientiertes Management. Stuttgart: Schäffer Poeschel.

Klimecki, Rüdiger/Probst, Gilbert/Eberl, Peter (1991): Systementwicklung als Managementproblem. In: Staehle, Wolfgang H./Sydow, Jörg (Hrsg.): Managementforschung 1: Selbstorganisation und systemische Führung. Berlin/New York: de Gruyter, S. 103-162.

König, Eckard/Volmer, Gerda (2014): Handbuch Systemische Organisationsberatung. Grundlagen und Methoden. 2., komplett überarb. Aufl., Weinheim: Beltz.

Königswieser, Roswita/Hillebrand, Martin (2015): Einführung in die systemische Organisationsberatung. 8. Aufl., Heidelberg: Carl Auer.

Königswieser, Ulrich/Burmeister, Lars/Keil, Marion (Hrsg.) (2012): Komplementärberatung in der Praxis. Schnelle Optimierung bei nachhaltiger Entwicklung. Stuttgart: Klett-Cotta.

Königswieser, Roswita/Sonuc, Ebru/Gebhardt, Jürgen/Hillebrand, Martin (Hrsg.) (2006): Komplementärberatung. Das Zusammenspiel von Fach- und Prozeß-Know-how. Stuttgart: Klett-Cotta.

Kotter, John P. (2011): Leading change. Wie Sie Ihr Unternehmen in acht Schritten erfolgreich verändern. München: Vahlen.

Krizanits, Joana (2009): Die systemische Organisationsberatung – wie sie wurde was sie wird. Wien: Facultas.wuv.

Kühl, Stefan (2017): Laterales Führen. Eine kurze organisationstheoretisch informierte Handreichung. Wiesbaden: Verlag für Sozialwissenschaften.

Kühl, Stefan (2015): Wie demokratisch können Unternehmen sein? In: Wirtschaft und Weiterbildung 28, H. 6, S. 18-24.

Kühl, Stefan (2009): Über die Funktion personenorientierter Beratung in Organisationen. In Pühl, Harald (Hrsg.): Handbuch Supervision und Organisationsentwicklung. 3. aktual. u. erw. Aufl., Wiesbaden: Verlag für Sozialwissenschaften, S. 123-144.

Lauer, Thomas (2014): Change Management. Grundlagen und Erfolgsfaktoren. 2. Aufl., Wiesbaden: Springer Gabler.

Lemoine, Jim (2015): Angemessen antworten. Ein Gespräch mit Jim Lemoine über den Einfluss von VUCA auf das Führungsverhalten. In: Organisationsentwicklung 34, H. 4, S. 4-6.

Lohmer, Mathias/Möller, Heidi (2014): Psychoanalyse in Organisationen. Einführung in die psychodynamische Organisationsberatung. Stuttgart: Kohlhammer.

Luczak, Dominik (2017): Agil – Erfolgsfaktor agiles Unternehmenssystem. In: Ramsauer, Christian/Kayser, Detlef/Schmitz, Christoph (Hrsg.): Erfolgsfaktor Agilität. Chancen für Unternehmen in einem volatilen Marktumfeld, Weinheim: Wiley-VCH, S. 17-32.

March, James G. (1990): Beschränkte Rationalität, Ungewißheit und die Technik der Auswahl. In: March, James G. (Hrsg.): Entscheidung und Organisation. Kritische und konstruktive Beiträge, Entwicklungen und Perspektiven. Wiesbaden: Gabler, S. 297-328.

Müller-Stewens, Günter/Lechner, Christoph (2016): Strategisches Management. Wie strategische Initiativen zum Wandel führen. 5., überarb. Aufl., Stuttgart: Schäffer Poeschel.

Nagel, Reinhart/Wimmer, Rudolf (2015): Einführung in die systemische Strategieentwicklung. Heidelberg: Carl Auer.

Nagel, Reinhart/Wimmer, Rudolf (2014): Systemische Strategieentwicklung. Modelle und Instrumente für Berater und Entscheider. 6. aktual. u. ergänzte Aufl., Stuttgart: Schäffer-Poeschel.

Nerdinger, Friedemann W. (2014): Organisationsentwicklung. In: Nerdinger, Friedemann W./Blickle, Gerhard/Schaper, Niclas (Hrsg.): Arbeits- und Organisationspsychologie. 3., vollst. überarb. Aufl., Berlin/Heidelberg: Springer, S. 159-169.

Probst, Gilbert J. B. (1992): Organisation. Strukturen, Lenkungsinstrumente, Entwicklungsperspektiven. Landsberg a.L.: Verlag Moderne Industrie.

Probst, Gilbert J. B./Raub, Steffen/Romhardt, Kai (2006): Wissen managen. Wie Unternehmen ihre wertvollste Ressource optimal nutzen. 5. überarb. Aufl., Wiesbaden: Gabler.

Probst, Gilbert J. B./Büchel, Bettina S. T. (1994): Organisationales Lernen. Wettbewerbsvorteil der Zukunft. Wiesbaden: Gabler.

Pühl, Harald (Hrsg.) (2009): Handbuch Supervision und Organisationsentwicklung. 3. aktual. u. erw. Aufl., Wiesbaden: Verlag für Sozialwissenschaften.

Reith, Frank von der/Wimmer, Rudolf (2014): Organisationsentwicklung und Change-Management. In: Wimmer, Rudolf/Meissner, Jens O./Wolf, Patricia (Hrsg.): Praktische Organisationswissenschaft. Lehrbuch für Studium und Beruf. 2., überarb. u. erw. Aufl., Heidelberg: Carl Auer, S. 139-166.

Roehl, Heiko (2017): Wandel klug gestalten. In: Roehl, Heiko/Asselmeyer, Herbert (Hrsg.): Organisationen klug gestalten. Das Handbuch für Organisationsentwicklung und Change Management. Stuttgart: Schäffer Poeschel, S. 253-262.

Rosenstiel, Lutz von/Nerdinger, Friedemann W. (2011): Grundlagen der Organisationspsychologie. Basiswissen und Anwendungshinweise. 7., überarb. Aufl.,.Stuttgart: Schäffer Poeschel.

Rüegg-Stürm, Johannes/Grand, Simon (2014): Das St. Galler Management-Modell. 4. Generation – Einführung. Bern: Haupt.

Schedler, Kuno/Rüegg-Stürm, Johannes (Hrsg.) (2013): Multirationales Management. Der erfolgreiche Umgang mit widersprüchlichen Anforderungen an die Organisation. Bern: Haupt.

Scheller, Torsten (2017): Auf dem Weg zur agilen Organisation. Wie Sie Ihr Unternehmen dynamischer, flexibler und leistungsfähiger gestalten. München: Vahlen.

Schewe, Gerhard (2014): Gespräch mit der Wissenschaft. Organisations-Kaleidoskop: vier Fragen an fünf Wissenschaftler. In: Zeitschrift für Führung und Organisation 83, H. 3, S. 136-140.

Schiersmann, Christiane (2017): Veränderungsprozesse von Organisationen als selbstorganisierte Problemlöseprozesse. In: Roehl, Heiko/Asselmeyer, Herbert (Hrsg.): Organisationen klug gestalten. Das Handbuch für Organisationsentwicklung und Change Management. Stuttgart: Schäffer Poeschel, S. 104-111.

Schiersmann, Christiane/Thiel, Heinz-Ulrich (2014): Organisationsentwicklung. Prinzipien und Strategien von Veränderungsprozessen. 4., überarb. u. aktual. Aufl., Wiesbaden: Springer VS.

Schmid, Bernd (Hrsg.) (2014): Systemische Organisationsentwicklung. Change und Organisationskultur gemeinsam gestalten. Stuttgart: Schäffer Poeschel.

Schmidt, Siegfried J. (2005): Lernen, Wissen, Kompetenz, Kultur. Vorschläge zur Bestimmung von vier Unbekannten. Heidelberg: Carl Auer.

Schmidt-Lellek, Christoph J./Schreyögg, Astrid (Hrsg.) (2009): Praxeologie des Coaching. Wiesbaden: VS Verlag für Sozialwissenschaften.

Schwarz, Stefan (2008): Strukturation, Organisation und Wissen. Neue Perspektiven in der Organisationsberatung. Wiesbaden: VS Verlag für Sozialwissenschaften.

Staehle, Wolfgang H. (1999): Management: Eine verhaltenswissenschaftliche Perspektive. Überarbeitet von P. Conrad und J. Sydow. 8. Aufl., München: Vahlen.

Trebesch, Karsten (1994): Unternehmensentwicklung – Ein Konzept für die Praxis. In: Organisationsentwicklung 12, H. 2, S. 4-26.

Vahs, Dietmar (2015): Organisation. Ein Lehr- und Managementbuch. 9., überarb. u. erw. Aufl., Stuttgart: Schäffer Poeschel.

Reith, Frank von der/Wimmer, Rudolf (2014): Organisationsentwicklung und Change-Management. In: Wimmer, Rudolf/Meissner, Jens O./Wolf, Patricia (Hrsg.): Praktische Organisationswissenschaft. Lehrbuch für Studium und Beruf. 2., überarb. u. erw. Aufl., Heidelberg: Carl Auer, S. 139-166.

Weick, Karl E. (1995): Sensemaking in Organizations, Foundations for Organizational Science. London: Sage Publications.

Wimmer, Rudolf (2011): Die Steuerung des Unsteuerbaren. In: Pörksen, Bernhard (Hrsg.): Schlüsselwerke des Konstruktivismus. Wiesbaden: VS Verlag für Sozialwissenschaften, S. 520-547.
Wimmer, Rudolf (2010): Systemische Organisationsberatung – jenseits von Fach- und Prozessberatung. In: Revue für postheroisches Management 4, H. 7, S. 88-103.
Wimmer, Rudolf/Meissner, Jens O./Wolf, Patricia (Hrsg.) (2014): Praktische Organisationswissenschaft. Lehrbuch für Studium und Beruf. 2., überarb. u. erw. Aufl., Heidelberg: Carl Auer.
Wöhrle, Armin (2013): Change Management. In: Grunwald, Klaus/Horcher, Georg/Maelicke, Bernd (Hrsg.): Lexikon der Sozialwirtschaft. 2., aktual. u. vollst. überarb. Aufl., Baden-Baden: Nomos, S. 204-210.
Wolf, Patricia/Hilse, Heiko (2014): Wissen und Lernen. In: Wimmer, Rudolf/Meissner, Jens O./Wolf, Patricia (Hrsg.): Praktische Organisationswissenschaft. Lehrbuch für Studium und Beruf. 2., überarb. u. erw. Aufl., Heidelberg: Carl Auer,, S. 167-191.
Wolff, Stephan (2010): Soziale personenbezogene Dienstleistungsorganisationen als lose gekoppelte Systeme und organisierte Anarchien. In: Klatetzki, Thomas (Hrsg.): Soziale personenbezogene Dienstleistungsorganisationen. Wiesbaden: VS Verlag für Sozialwissenschaften, S. 285-335.

Beratungsunternehmen als Dienstleister der Sozialwirtschaft

Sebastian Noll

1. Ausgangssituation

„Sozialunternehmen brauchen vor allem Beratung“ (Sozialwirtschaft-Redaktion 2016, S. 5) – an dieser Überschrift in der ‚Sozialwirtschaft aktuell‘ vom Juli 2016 wird deutlich, dass heutzutage auch im Sozialsektor Managementberatung kein Sakrileg mehr darstellt. Voraussetzung hierfür war der Einzug betriebswirtschaftlicher Denk- und Handlungsweisen in den Sozialbereich, der nicht zuletzt deshalb auch als Sozialwirtschaft bezeichnet wird. Und dies trifft neben der wachsenden Zahl privatgewerblicher Dienste auch auf den weiterhin hohen Anteil der freigemeinnützigen oder auch der öffentlich-rechtlichen Leistungserbringer zu.[1] Die Privatwirtschaft bedient sich bei Veränderungsprozessen in ausgeprägtem Maße der Hilfe von externen Managementberater_innen; dieses Muster haben soziale Dienstleister aus dem Public- und Nonprofit-Bereich übernommen, so dass es mittlerweile einen kaum überschaubaren Markt von Beratungsunternehmen gibt, die die Sozialwirtschaft in ihr Kundenportfolio aufgenommen haben oder sich sogar auf diese konzentrieren. Und die Fülle an Dienstleistern wächst von Jahr zu Jahr, wie sich bspw. auf der jährlichen Consozial in Nürnberg als der Leitmesse der Sozialwirtschaft feststellen lässt.

Beratungsunternehmen sind also in den letzten Jahrzehnten zu einem wichtigen Akteur im organisationalen Feld sozialwirtschaftlicher Organisationen geworden und werden deshalb nachfolgend genauer betrachtet. Dabei erfolgt explizit eine Konzentration auf die Beratung in Managementfragen.[2] Zunächst wird ein Überblick über Innenwelt, Typen und Entwicklung der Beratungsunternehmen gegeben. Anschließend wird eruiert, zu welchen Themen sich Organisationen überhaupt externe Unterstützung holen und welche Aufgaben den Berater_innen bei ihren Kund_innen zukommen. Der Schwerpunkt der Ausführungen liegt auf der Beziehung zwischen Sozialorganisation und Berater_in – das Verhältnis wird mit seinen Herausforderungen und Problemstellungen beschrieben, für die dann im nächsten Schritt Lösungsmöglichkeiten aufgezeigt werden. Neben der analytischen Reflexion dieses Verhältnisses soll damit insbesondere den Praktiker_innen in der Sozialwirtschaft Hilfestellung bei der Arbeit mit Berater_innen geboten werden. [3]

---

1 Anmerkung zur Trägerpluralität: In der Kinder- und Jugendhilfe (Statistisches Bundesamt 2014/2016) oder in der Eingliederungshilfe als Beispiele kommt vor allem freigemeinnützigen Diensten weiterhin quantitativ hohe Bedeutung zu, verglichen mit privatgewerblichen Einrichtungen. In der Pflege ist das Bild gespalten: Stationäre Einrichtungen sind zu 53% in freigemeinnütziger Trägerschaft, während sich ambulante Pflegedienste zu 65% in privatgewerblicher Trägerschaft befinden. (Statistisches Bundesamt 2015, S. 10ff.).

2 Daneben gibt es natürlich eine Fülle weiterer möglicher Beratungsfelder, z.B. technische Beratung für den IT-Bereich oder die Evaluation politischer Programme.

3 Die folgenden Ausführungen beruhen auch auf den berufspraktischen Erfahrungen des Autors aus Jahren der NPO-Managementberatung in Deutschland und der Schweiz.

2. Die Beraterbranche

2.1 Die Unternehmen der Berater_innen

Die Consultingbranche in Deutschland hatte laut ihrem Branchenverband BDU (Bundesverband Deutscher Unternehmensberater) im Jahr 2015 27 Milliarden Euro umgesetzt, für 2016 ist wie die Jahre zuvor ein kräftiges Umsatzplus zu erwarten (BDU 2016a). Die Sozialwirtschaft trägt zu dieser enormen Summe sicherlich nur einen kleinen Teil bei (Daten dafür stehen nicht zur Verfügung), obwohl Beratung heute auch in der Sozialbranche der Normalfall ist und aufgrund ihres Wachstums ein immer lukrativeres Geschäftsfeld wird. Die Beratung der Privatwirtschaft dominiert allerdings insgesamt immer noch mit deutlichem Abstand. Während die Managementberatung im anglo-amerikanischen Sprachraum schon früh eine wichtige Dienstleistung vor allem für die freie Wirtschaft darstellte, ist die Branche in Deutschland erst seit etwa Mitte des letzten Jahrhunderts nennenswert aktiv. Zwischenzeitlich arbeiten laut einer Studie des BDU ca. 130.000 Personen in diesem Bereich (BDU 2016b, S. 5).

Beratungsunternehmen sind unabhängig von ihrer Mitarbeiter_innenzahl in den meisten Fällen nach dem gleichen Prinzip aufgebaut: Das Gros bilden die ‚einfachen' Berater_innen, die die Beratungsdienstleistung für und vor allem bei dem/r Kund_in ausführen. Neben der zentralen Präsenz bei dem/r Kund_in spielt auch die Arbeit im Büro eine wichtige Rolle (diese wird als ‚back office'-Arbeit bezeichnet, da sie nicht bei dem/r Kund_in stattfindet). Sie besteht meistens in Vor- und Nachbereitungsarbeiten für Projekttermine, wie das Ausarbeiten von Workshop-Präsentationen, die Zusammenfassung von Ergebnissen oder die Recherche von Daten und Hintergrundinformationen. Obschon viele Beraterfirmen mit der interdisziplinären Zusammensetzung ihrer Teams werben und damit eine große Bandbreite in ihrer Problemanalyse und Lösungsfindung suggerieren wollen, dominieren in der Praxis doch die Betriebswirtschaftler.

Ein Kennzeichen der Branche ist die kollektive Führungs- und Besitzstruktur. Geführt werden die meisten Unternehmensberatungen von der Riege der Partner_innen, die je nach Unternehmensgröße und spezifischen Regelungen als Miteigentümer fungieren und deshalb auch am Gewinn beteiligt sind. Sie rekrutieren sich meist aus dem Kreis der Berater_innen. Obwohl es einen geschäftsführenden Partner als Geschäftsführer der Beraterfirma gibt, werden in dieser Struktur Grundsatzentscheidungen der Unternehmensentwicklung kollektiv im Partnerkreis gefällt. Partner_innen sind gleichzeitig Führungskräfte der Berater_innen und haben die Funktion der Projektleitung aufseiten der Beratungsunternehmen inne, obwohl das Gros der Projektarbeit wie Workshop-Moderationen und deren Vor- und Nachbereitung von den Berater_innen wahrgenommen wird. Eine zentrale Funktion der Partner_innen besteht zudem in der Akquise von neuen Beratungsaufträgen, für die sie ihre in den Jahren aufgebauten Kontakte als Berater_innen zu ehemaligen Kund_innen und anderen wichtigen Austauschpartner_innen und Multiplikatoren wie Verbänden, Kammern oder Hochschulen nutzen.

Beraterstamm und Partnerebene werden durch die Servicebereiche unterstützt, dazu gehört das Sekretariat und je nach Unternehmensgröße Stabstellen für besondere Fragestellungen. In der Praxis sind diese Stabstellen meist mit Jurist_innen besetzt. Projekte in der Managementberatung tangieren neben ihren betriebswirtschaftlichen Kerninhalten mitunter auch juristische Aspekte, beispielsweise bei Fusionen ehemals rechtlich selbständiger Einheiten zu einer Organisation oder bei der Klärung arbeitsrechtlicher Fragen. Eigene Projekte verfolgen diese Stabsstellen meist nicht, sondern sind in ihrem Selbstverständnis interne Dienstleister_innen für Berater_innen und Partner_innen.

2.2 Typologie von Beratungsunternehmen

Die Beraterbranche in Deutschland lässt sich in Bezug auf ihre Klienten aus der Sozialwirtschaft in drei Typen unterteilen:

- Die bekannten Groß-Beratungsunternehmen in Deutschland (‚McKinsey und Co.'), deren Muttergesellschaften meist im anglo-amerikanischen Raum sitzen, haben in den vergangenen Jahren neue Abteilungen eingerichtet. Diese befassen sich mit den Kundenkreisen ‚Public Sector' oder ‚Healthcare', die Sozialwirtschaft als Kunde wird – analytisch unscharf – in eines dieser beiden Felder gepresst und spielt im Vergleich mit den anderen Kundensegmenten aus der Privatwirtschaft weiterhin eine eher unbedeutende Rolle.[4]
- In den letzten Jahren ist eine zunehmende Anzahl mittelständischer Beratungsfirmen entstanden, die sich als ‚Spezialberater' auf den Sozialbereich ausrichten und sich damit grundlegend von den erwähnten Großberatungen unterscheiden. Ihr Selbstverständnis ist es, durch die Konzentration auf diesen Bereich von Projekt zu Projekt ihr Branchen-Know-how zu erweitern und sich damit immer stärker von Mitbewerbern, die unterschiedliche Zweige beraten, nicht zuletzt bei der Neukundenakquise abzusetzen.
- Einen wichtigen Platz im Branchenüberblick nehmen ‚Einzelmasken' – so werden im Beraterjargon Berater_innen genannt, die selbstständig und alleine tätig sind – sowie kleinere Beraterfirmen aus zwei bis drei Mitarbeiter_innen ein. Genaue Zahlen über die Managementberatung der Sozialwirtschaft existieren nicht, es steht aber zu vermuten, dass diese kleinen Einheiten bezogen auf den Umsatz der Gesamtbranche durch ihre schiere Anzahl die größte Rolle spielen. Viele Akteure aus dieser Kategorie haben ihr berufliches Vorleben im Sozialbereich verbracht und können bei der Auftragsakquise darauf zurückgreifen. Zudem kennen sie die Eigenheiten der Branchen und werden deshalb von Sozialorganisationen gerne engagiert. „Als Ergebnis haben wir heute hervorragende freiberufliche BeraterInnen für die Sozialwirtschaft und Beratungsfirmen, die auf diesem Sektor durch ihre Praxis ausgewiesen sind" (Wöhrle 2005, S. 132).

2.3 Weitere Entwicklung der Beraterbranche

Diese grobe Typologie umreist den gegenwärtigen Stand in der Beratungsbranche. Das aktuelle und prognostizierte Wachstum der Sozialwirtschaft lässt auch eine weitere Expansion der Beraterbranche erwarten. Spannend wird sein zu beobachten, ob sich, wie in so manch anderem Wirtschaftszweig unter Wachstumsbedingungen, auch hier allmählich Konzentrationsprozesse durchsetzen werden. Die Großberater mit anglo-amerikanischen Wurzeln könnten die Chance und das Umsatzpotential entdecken und sich, ernsthafter als gegenwärtig, mit dem Aufbau von mehr feldspezifischem Know-how und Beraterpersonal um die Sozialwirtschaft bemühen. Dagegen spricht allerdings die Beobachtung, dass die Eigenheiten der in der Sozialwirtschaft stark

4 Laut Bundesverband Deutscher Unternehmensberater macht die Beratung des öffentlichen Sektors etwa 10 % des Beraterumsatzes aus (BDU 2016c).

vertretenen Organisationsform der Nonprofit-Organisation wie eine ehrenamtliche Führung oder eine demokratische Entscheidungsfindung in Mitgliederversammlungen vielen Berater_innen immer noch fremd, wenn nicht sogar suspekt erscheint. Gegen ein stärkeres Engagement der ‚Großen' spricht auch, dass diese Expansion in den der Sozialwirtschaft verwandten Feldern, dem öffentlichen Sektor und dem Gesundheitswesen, bereits stattfindet, ohne dass dies auf den Sozialbereich eine Sogwirkung entfalten würde. Denn Großeinheiten wie Krankenhäuser als Kundenkreis liegen von ihrer Struktur und ihrer Funktionslogik viel näher am bisherigen Erfahrungshintergrund von Berater_innen, die es sonst mit Industriebetrieben oder Handelsunternehmen zu tun haben. Im öffentlichen Bereich locken Aufträge vor allem bei Bundes- oder Landesverwaltungen, die zum einen alleine durch Größe beträchtliche Umsätze mit sich bringen und zum anderen als Sprungbrett für weitere Aufträge in diesem Segment dienen. Beispielsweise hat das Beratungsunternehmen McKinsey den Umbau der Bundesagentur für Arbeit im Rahmen der Hartz-Gesetzgebung im letzten Jahrzehnt maßgeblich konzipiert und seine Umsetzung unterstützt; und auch in der aktuellen Flüchtlingskrise greift die Bundesverwaltung auf die Unterstützung namhafter Unternehmensberatungen zurück. Das Nachrichtenmagazin ‚Der Spiegel' berichtete kürzlich über entsprechende Aufträge beim Bundesamt für Migration und Flüchtlinge (BAMF) und kritisiert dabei die Praxis der Auftragsvergabe: „McKinsey hilft dem Staat in der Flüchtlingskrise. Dafür verzichtet die Politik auf Ausschreibungen und zahlt fürstliche Tageshonorare (...) Auch Roland Berger und Ernst & Young sicherten sich bald ein Mandat des Bamf. Auf eine Ausschreibung wurde in allen drei Fällen verzichtet" (Becker/ Wiedmann-Schmidt 2016, S. 38). Vermutlich ist dieses Vorgehen der Politik dem Prestige der Großberatungen geschuldet.

Bei den beiden anderen Kategorien in der Beratertypologie – den mittelständischen Unternehmen und den ‚Einzelmasken' – kann mit steigenden Umsätzen und Wachstum gerechnet werden. Die Gründe hierfür sind in ihrem Know-how und ihrer Sensibilität für die Belange und Eigenheiten der Sozialbranche zu finden. Während ‚Einzelmasken' als Berater_innen immer eine starke Rolle spielen werden, könnten sich für spezialisierte und versierte mittelständische Berater_innen große Chancen auftun. Der Beratungsbedarf wird weiter zunehmen, Gründe hierfür liegen beispielsweise in immer komplexer werdenden und sich überdies schnell wandelnden Finanzierungsformaten begründet, die die vielen Träger zu raschen Veränderungen ihrer Strukturen und Aufgaben zwingen. Für die Eingliederungshilfe beispielsweise könnte das Anfang 2017 in Kraft getretene Bundesteilhabegesetz durch eine Umstellung der Finanzierung die Auflösung des bisherigen Dreiklangs aus stationären, teilstationären und ambulanten Strukturen bedeuten. Hier werden Berater_innen als Begleiter_innen verstärkt gefragt sein.

3. Beratungsfelder und Beratungsarbeit im Sozialbereich

Die Fragen und Bedürfnisse, die Organisationen der Sozialwirtschaft veranlassen, sich beraten zu lassen, unterscheiden sich auf den ersten Blick nicht sonderlich von denen anderer Unternehmen. Sie umfassen die breite Palette betriebswirtschaftlicher Themen, von der Erarbeitung einer neuen Strategie über Organisations- und Personalentwicklung sowie Marketing bis hin zum Qualitätsmanagement. Die Gründe für das Engagement eines/r Berater_in können vielfältig sein und beispielsweise im Fehlen des entsprechenden Know-hows zur Gestaltung und Moderation von Projekten liegen. Oftmals ist aber schlicht Zeitmangel ausschlaggebend. Auch ist Managementberatung von externer Seite „das ‚Instrument', mit dem über den ‚Tellerrand' des geschlossenen Systems der eigenen Organisation hinausgeschaut werden kann" (Wöhrle 2005,

S. 121). Es besteht also der Wunsch, einmal eine neue und/oder neutrale Perspektive auf eine Managementthematik zu bekommen.

Wenn sich Organisationen der Sozialwirtschaft dafür entscheiden, externe Beratung in Anspruch zu nehmen, geschieht dies meist in Form von Projekten. Damit bekommt die Organisation für eine befristete Zeit und für eine vorher umrissene Aufgabenstellung externe Unterstützung. Die Gestaltung des Projektes liegt bei dem/r externen Berater_in. Im Einzelnen sollte er/sie neben der Planung für die wesentlichen Schritte in der Durchführung (z.B. für die Gestaltung und Moderation von Einzelinterviews oder gemeinsamen Workshops) sowie für die Dokumentation der Fortschritte und Ergebnisse zuständig sein. Dem/r Berater_in kommt dabei auch die Rolle des/r Moderator_in zu, der/die in die einzelnen Themen einführt, Diskussionen leitet und Ergebnisse zusammenfasst. Oftmals geht es in der Praxis darum, dass mithilfe des/r Berater_in die spezifischen Fragestellungen erst identifiziert werden, bevor unter seiner/ihrer Anleitung an Lösungsmöglichkeiten dafür gearbeitet werden kann. Der/Die Berater_in macht also Probleme für die Organisation handelbar. Die inhaltlichen Inputs kommen von den Projektgruppenmitgliedern der Organisation, denn diese sind auch die Expert_innen für ihre Organisationen und deren Aufgaben. In entsprechenden Situationen kann allerdings ein stärker eingreifendes statt begleitendes Engagement des/r Berater_in notwendig werden, Eingriffe können beispielsweise geboten sein bei Konflikten in den Workshops oder inhaltlichen Barrieren, die weitere Hintergrund- oder Recherchearbeit durch den/die Berater_in erfordern. Die Umsetzung gefundener Lösungen ist in der Post-Projektphase wiederum Aufgabe des Managements.

Ein Beispiel: Eine Evangelische Stadtmission will sich eine Strategie für ihre Arbeit in den nächsten 10–15 Jahren geben. Als Ausgangspunkt wird in einem Workshop mit dem Management eine Umfeldanalyse erstellt, in der die Entwicklungen von wesentlichen Faktoren wie Bevölkerung, Arbeitskräftepotential, absehbare politische und rechtliche Veränderungen herausgearbeitet werden. Der/die Berater_in stellt dazu die Daten und Arbeitsgrundlagen bereit. Die Ergebnisse werden in die Kategorien ‚Chancen und Gefahren' für die Organisation gefasst und mit den gegenwärtigen internen Stärken und Schwächen der Stadtmission in Verbindung gebracht.[5] Daraus werden wesentliche Pfeiler einer zukünftigen Strategie abgeleitet. Moderation, Vor- und Nachbereitung der Sitzungen liegen in der Verantwortung des/r Berater_in. Die von dem/r Berater_in in ein Paper überführten Strategievorschläge werden in der Folge dem Vorstandsgremium vorgelegt und nach Diskussion beschlossen.

Ein derartiges Projekt ist heute eine typische Aufgabenstellung für ein externes Beratungsunternehmen in der Sozialwirtschaft.

4. Beziehung Sozialorganisation – Berater

4.1 Problemstellungen

Die Beauftragung einer externen Unternehmensberatung stellt für Sozialorganisationen jeweils ein größeres Unterfangen dar, aus finanzieller und organisatorischer Hinsicht.

Das Engagement eines/r externen Berater_in bedeutet jeweils die Gestaltung einer Auftraggeber-Auftragnehmer-Beziehung, in der die Dienstleistung Beratung eingekauft wird. Die Kom-

5 Das Verfahren wird als SWOT-Analyse bezeichnet: Stärken (Strengths), Schwächen (Weaknesses), Chancen (Opportunities) sowie Bedrohungen (Threats).

plexität dieser Beziehung soll nachfolgend mithilfe der in alternativen Kontexten bewährten Agenturtheorie (Principal-Agent-Theorie) analysiert werden, mit der Sozialorganisation als Auftraggeber_in (Prinzipal) und dem/r Berater_in als Auftragnehmer_in (Agent_in). Dabei wird die Perspektive des Prinzipals/der Organisation eingenommen.

Die Theorie benennt unterschiedliche Problemfelder, die die genaue Beurteilung de/r Agent_in und seiner/ihrer Arbeit durch den Prinzipal als Auftraggeber erschweren:

Sozialorganisation (Prinzipal)	hidden characteristics	hidden intentions	hidden knowledge & information	hidden action	Berater_in (Agent_in)

Abb. 1: Problemfelder zwischen Kundenorganisation und Berater (eigene Darstellung)

Im Folgenden werden diese Problemfelder näher beschrieben, bevor dafür Lösungsmöglichkeiten vorgestellt werden.

4.1.1 Hidden characteristics

Aufseiten der Organisation ist zunächst das zu behandelnde Problem zu analysieren und einzugrenzen. Der/die externe Berater_in soll nicht als neue/r Co-Geschäftsführer_in engagiert werden, sondern seine/ihre Beratungsleistung ist ein zeitlich begrenztes Intervall. Wie vor jeder größeren Anschaffung empfiehlt es sich für die Organisation, sich zunächst einen Marktüberblick zu verschaffen. Welche Berater_innen gibt es und wer könnte für die Aufgabenstellung geeignet sein? Das Problem besteht darin, dass es für die Organisation nicht möglich ist, die Geeignetheit der Berater_innen hinsichtlich ihrer fachlichen Eigenschaften, ihrer Motivation und ihrer persönlichen Fähigkeiten in Gänze vor dem Vertragsabschluss zu beurteilen – im Gegenteil: für die Organisation (den Prinzipal) „ist die Auswahl eines Agenten mit Qualitätsunsicherheit und dem Risiko einer Fehlentscheidung behaftet" (Ebers/Gotsch 2014, S. 211) – in der Agenturtheorie als ‚adverse selection' bezeichnet.

Diese Problematik ist letztlich bei jeder Kaufhandlung gegeben, da der/die Käufer_in (der Prinzipal) im Vorhinein nie genau wissen kann, ob sich das Produkt, das er/sie erwirbt, für seine/ihre Zwecke auch bewähren wird. Bei Sachgütern stellt sich aber diese Problematik im Gegensatz zu Dienstleistungen in geringerem Ausmaß, da man als Käufer_in diese sieht, sie ggf. anfassen und so ein (vermeintlich) sicheres Urteil über ihre Geeignetheit fällen kann. Bei Dienstleistungen besteht das Problem, „dass zum Zeitpunkt der Entscheidung die tatsächliche Qualität der zu erstellenden Dienstleistung nicht bekannt ist bzw. bekannt sein kann" (Arnold 2014, S. 477), denn die Beratungsleistung entsteht ja erst während der Beratung selbst und wird überdies (ein weiterer Unterschied zu handfesten Produkten) auch durch den zu Beratenden und seine Motivation mitgeprägt. Daher ist es wichtig, dass sich der/die Berater_in in das Innenleben der Organisation einfühlen kann, also dafür die nötige Empathie besitzt. Denn die Rücksicht auf die vorgefundene Organisationskultur sowie die Qualität der zwischenmenschlichen Beziehungen im Beratungsprojekt sind entscheidende Erfolgsfaktoren. Ob ein/e auszuwählende/r Berater_in dies leisten kann, ist ein Stück weit ein Risiko, das der Prinzipal zu tragen hat.

4.1.2 Hidden intentions

Eine weitere grundsätzliche Problematik sieht die Principal-Agent-Theorie wiederum aufseiten des Prinzipals, die Agent_innen und ihre Ziele vollumfänglich beurteilen zu können. Verschärft wird diese Situation speziell in der Beratungssituation durch den Umstand, dass Erfolg bzw. Misserfolg eines Beratungsprozesses aufgrund der ihm innewohnenden Komplexität der Wechselbeziehung zwischen Kund_in und Berater_in letztlich nur schwer einem/r Partner_in zugeordnet werden kann. Als ‚hold up'-Problematik wird die Möglichkeit bezeichnet, dass „der Agent absichtlich die Abhängigkeitssituation des Prinzipals ausnutzt, die sich infolge eingegangener Vertragsbindung … stellt" (Ebers/Gotsch 2014, 212). Denn letztlich haben auch fähige und geeignete Berater_innen neben der Bearbeitung des Auftrags eigene Zielsetzungen, die nicht selten im Streben nach Folgeaufträgen durch den/die gerade betreute/n Kund_in bestehen können. Schätzungsweise mehr als 50% der aktuellen Kunden einer Beraterfirma waren in der Vergangenheit schon einmal Kunde bei ihr. Natürlich kommuniziert ein/e Berater_in nicht all seine/ihre Ziele offen. Für eine Kundenorganisation ist es ratsam, auch für derartige Absichten sensibel zu sein.

4.1.3 Hidden knowledge & information

Zunächst ist zu betonen, dass die Organisation Unterstützung von externer Seite sucht, sei es für eine fachlich-inhaltliche oder eine methodische Fragestellung – sie sucht also eine/n Berater_in, der/die im Feld ihrer Problemstellung mehr Kompetenz als sie besitzt und ihr deshalb weiterhelfen kann. In der Projektpraxis kommt der/die Berater_in meist in eine einflussreiche Position, bei ihm/r sammeln sich die entscheidenden Informationen und Erfahrungen beispielsweise aus den Arbeiten verschiedener Projektteams in Workshops. Problematisch wird es allerdings, sobald der/die Berater_in in seiner/ihrer Agentenfunktion diesen Wissens- und Erfahrungsvorsprung nicht an die Organisationsführung als Auftraggeber_in weitergibt und vor allem für seine/ihre Zwecke benutzt, „Nutzenmaximierung als Handlungsmotiv beim Agenten vorausgesetzt, kann dieser seine Vorteile als Experte gegenüber seinem Auftraggeber ausspielen" (Noll 2014, S. 170f.). Seine Ziele könnten wie erwähnt darin bestehen, durch Ausnutzung seines Informationsmonopols einen Folgeauftrag zu ergattern oder seine Gewinnmargen zu steigern.

4.1.4 Hidden action

In einem Beratungsprojekt bleiben die Handlungen und Verhaltensweisen der Berater_innen, die zu den (gewünschten) Ergebnissen geführt haben, verborgen. Dies trifft vor allem auf größere Sozialorganisationen zu, bei denen die Geschäftsführung und/oder der Vorstand bei Nonprofit-Organisationen nicht gleichzeitig Mitglied in den Projektteams oder Teilnehmer an Workshops sein können. In diesen Fällen kann es also geschehen, dass für die maßgeblichen Instanzen der Projektverlauf mit seinen Details der Suche nach Ergebnissen und Kompromissen eine Blackbox bleibt. Diese Informationsdefizite können sich spätestens dann negativ auswirken, wenn es gilt, für die Umsetzung der Projektergebnisse in der Organisation oder gegenüber anderen Austauschpartnern zu werben. Dann wäre das Wissen über den Verlauf und die Diskussionen in den Projektgremien für die eigene Argumentation hilfreich.

Wenn der/die Berater_in als Agent_in seine/ihre Informations- und Wissensvorteile im Sinne von hidden knowledge, information oder action gegenüber seinem/r Auftraggeber_in ausnutzt, wird dies in der Theorie als „moral hazard" tituliert, „da dieses Verhalten als unmoralisch angesehen wird" (Kortendieck 2016, S. 123).

4.2. Lösungsmöglichkeiten[6]

4.2.1 Hidden characteristics

Die Verpflichtung eines/r Berater_in gehört zum Ausnahmefall der Managementtätigkeiten, nicht zuletzt aufgrund des finanziellen Aufwandes. Gerade kleine und mittelgroße Organisationen, die im Feld der Sozialen Arbeit aktiv sind, können deshalb auf wenig oder gar keine Vorerfahrung bei der Beraterauswahl zurückgreifen, und „dann sind sie in der Situation, eine Laienspieler(innen)truppe von einer seriösen Beratungsfirma bzw. noch übende von erfahrenen BeraterInnen unterscheiden zu müssen" (Wöhrle 2005, S. 133). Vor diesem Hintergrund fällt es umso schwerer, den/die passende/n Berater_in mit inhaltlichen Kenntnissen, Erfahrungen und Empathie für die spezifische Situation der Organisation und ihrer Mitarbeiter_innen zu identifizieren.

Allerdings sind Sozialorganisationen tendenziell gut vernetzt, beispielsweise durch ihre Mitgliedschaft in einem Spitzenverband oder durch ihre zahlreichen Kontakte in ihrem Wirkungskreis z.B. zu anderen Leistungserbringern, den Leistungsträgern, Politik und Verwaltung, zur örtlichen Wirtschaft als Geschäftspartner oder Sponsoren und zur Bevölkerung.[7] Für das Management ergibt sich so ein enormes Potential an Möglichkeiten, Informationen und Erfahrungen über potentielle Berater_innen bei diesen Austauschpartnern zu erhalten und damit die Gefahr einer ‚adverse selection' zu senken. So kann es sich einen ersten Pool möglicher Berater_innen zusammenstellen, deren Eigenschaften von anderen positiv eingeschätzt werden. Dies ersetzt aber natürlich nicht den eigenen ersten Eindruck, daher bietet es sich an, in einem nächsten Schritt denkbare Beraterfirmen zu unverbindlichen Vorgesprächen einzuladen. Bei diesen Gelegenheiten kann das vorher eingegrenzte Problem präsentiert und der/die Berater_in nach möglichen Lösungsideen befragt werden. Neben dieser inhaltlichen Komponente stellt sich dabei auch heraus, ob die persönliche Ebene stimmt: Kann man sich die oftmals langwierige Zusammenarbeit, bei der es auch zu Meinungsverschiedenheiten kommen kann, wirklich vorstellen? Auch mögliche Referenzen der Berater_innen sollten Beachtung finden. Nicht zu unterschätzten ist deren Feldkompetenz speziell im Falle von Nonprofit-Organisationen, denn „Berater, die bislang nur im Profitbereich tätig waren, sind oft konsterniert, angesichts der komplexen Strukturen (...) sowie von den komplizierten und langwierigen Entscheidungsgängen und der Fülle von Geschäftsfeldern in den Verbänden der Freien Wohlfahrtspflege" (Becher 2000, S. 233). Sind überzeugende Erfahrungen im Sozialbereich vorhanden, kann das Management durchaus die Gelegenheiten nutzen und sich bei ehemaligen Kund_innen des/r Berater_in gezielt Informationen einholen. Für die Auswahl eines/r Berater_in spielt letztlich auch das Preis-Leistungs-Verhältnis eine wichtige Rolle.

6 Um eine bessere Übersicht zu gewährleisten, wird bei der Darstellung der Lösungsmöglichkeiten die gleiche Einteilung wie bei den Problemstellungen gewählt. Allerdings helfen einzelne, unter einer Überschrift genannte Maßnahmen vermutlich auch bei anderen Problemen weiter.

7 Zur Einbindung von sozialen Organisationen und deren aktiver Beziehungsgestaltung im Sinne des Governance-Ansatzes siehe Grunwald/Roß 2014.

4.2.2 Hidden intentions

Die Ziele und Absichten der Beratungs- als Profit-Unternehmen liegen systembedingt in der Gewinnmaximierung oder der Generierung von Folgeaufträgen, hier ergibt sich zwangsläufig eine Interessendivergenz zur Organisation als Auftraggeber bzw. Prinzipal. Dem Streben einer Gewinnmaximierung durch eine Minimierung der aufgewendeten Zeit für den Kunden kann allerdings durch eine detaillierte Gestaltung des Beratervertrags begegnet werden. Zentral ist es dabei, zunächst die Ziele des Auftrags eindeutig festzulegen und in Teilziele zu untergliedern. Mit dem/r Berater_in ist gemeinsam im Vorfeld zu eruieren, wie im Projekt diese Teilziele erreicht werden können, d.h. welche Arbeitsschritte und welche Methoden dafür notwendig sind, und welche Honorarkosten für diese einzelnen Teilschritte entstehen.

Beispiel: Für eine Optimierung der Abläufe in einer Organisation ist als erster Schritt eine sogenannte Ist-Analyse notwendig, in der die jetzigen Probleme benannt werden. In der Folge werden neue Prozesse gestaltet (2. Schritt), danach müssen diese umgesetzt (3. Schritt) und nach einem Zeitkorridor (4. Schritt) evaluiert werden.

Indem jeder dieser vier Teilschritte detailliert vorgeplant und auch mit Honorarkosten belegt wird, besteht für den/die Agent_in weniger Spielraum und der Prinzipal behält die Übersicht. Mit dieser Steigerung der Transparenz kann die Leistung des/r Berater_in offensichtlicher und damit auch besser durch den/die Auftraggeber_in beurteilbar werden; so lässt sich die Gefahr des ‚hold up' durch den/die Berater_in eingrenzen. In der Praxis ist hier natürlich auf die Balance zwischen Vorfestlegungen und dem sich erst ergebenden realen Projektablauf zu achten – letztlich sind komplexe Projekte immer ein Stück ergebnisoffen. Um Ausgewogenheit dahingehend zu wahren, können die Zeit- und damit Kostenangaben für die einzelnen Arbeitsschritte auch in Korridoren erfolgen.

4.2.3 Hidden knowledge & information

Während der Projektlaufzeit besteht ein Informationsdefizit zulasten des Managements. Dieses steckt wie geschildert in der Natur der Beratung, trotzdem sollte die gefühlte Schieflage aus Sicht der zu beratenden Organisation nicht zu groß werden. Auch hier kann ein möglicher Ansatz bereits bei der Ausarbeitung des Vertrags liegen, denn „eine Ursache für asymmetrische Informationsverteilung sind unspezifizierte Verträge" (Kortendieck 2016, S. 123). Da die Führung der Kundenorganisation, auch alleine aus Zeitgründen, nicht Dauerteilnehmer in allen Projektgruppen-Sitzungen sein kann, muss trotzdem der Informationsfluss wenigstens über die wesentlichen Projektfortschritte zu ihr als letztlich verantwortliche Instanz sichergestellt sein. Damit „reduziert sich für den Agenten die Möglichkeit zur Täuschung des Prinzipals und zur opportunistischen Ausnutzung der Situation" (Ebers/Gotsch 2014, S. 214). Es bietet sich an, eine Steuerungsgruppe für das Projekt zu installieren. Während die eigentliche inhaltliche Arbeit in den Workshops oder anderen Formen der Projektarbeit geschieht, wird in den Sitzungen der Steuerungsgruppe über Ergebnisse, Fortschritte und Hemmnisse durch den/die Berater_in informiert und der weitere Projektverlauf wird geplant, ggf. angepasst.

Eine weitere Möglichkeit, die Informationsasymmetrie zu begrenzen, liegt im Abschluss von möglichst kurzen Verträgen mit den Berater_innen. Auch ein größeres Vorhaben wie eine Umorganisation kann in sinnvolle Teilschritte aufgeteilt werden, für die jeweils eigene Verträge geschlossen werden. Um an das eben genommene Beispiel anzuknüpfen, könnte zunächst ein separater Vertrag für die Ist-Analyse der Organisation geschlossen werden, bevor über den weiteren Fortgang entschieden wird. Auf diese Weise hat die Organisationsführung nach dem Erreichen eines solchen Meilensteins des Gesamtvorhabens prinzipiell die Möglichkeit, den/die Berater_in zu wechseln. Obgleich muss bedacht werden, dass ein gewisses Informationsniveau für eine effektive Beratung wichtig ist, und neue Berater_innen wiederum Einarbeitungszeit benötigen.

4.2.4 Hidden action

Die Problemstellung ‚versteckter Handlungen' ist mit der ‚versteckter Informationen' in diesem Kontext eng verwandt und kann zur ‚moral hazard'-Problematik führen. Allerdings geht es beim Vermeiden von ‚hidden action' weniger um die konkreten Fakten, die im Projekt erarbeitet werden und in der Steuerungsgruppe weitergegeben werden können (s.o.). Für die Organisationsführung ist auch die kontinuierliche Einschätzung vonseiten des eigenen Personals wichtig, sein „Feedback über den inhaltlichen Projektverlauf, über das Akzeptanzniveau und eventuelle Schwierigkeiten sind wichtige Rückmeldungen für die Geschäftsführung" (Noll 2012, S. 33). Auf diese Weise können Stimmungen und eventuelle Hemmnisse ausgemacht und abgeschätzt werden. Um demnach dem Problem „versteckter Handlungen" entgegenzuwirken, sollten Vertreter des Managements (oder von Führungsebenen darunter in größeren Einrichtungen) Teilnehmer in den Projektgruppen sein. Dabei geht es nicht um ein Ausspionieren – Projektgruppen sollten insgesamt möglichst repräsentativ besetzt sein, um zum einen das Wissen der Gesamtorganisation nutzen zu können und zum anderen die Akzeptanz der Umsetzung der gefundenen Lösungen zu steigern.

Zur Veranschaulichung sind in der folgenden Tabelle Problemstellungen und Lösungsmöglichkeiten zusammengefasst:

		Beziehung Organisation – Berater_in	
		Problemstellungen	Lösungsmöglichkeiten
Probleme gemäß Principal-Agent-Theorie	Hidden characteristics	– Vor Auftragsvergabe weder Fachwissen noch weitere Kompetenzen des/r Berater_in einschätzbar (adverse selection)	– Organisation greift über ihre Netzwerke auf Erfahrungen und Empfehlungen Dritter zurück – Vor Vertragsschluss genaue Prüfung der potentiellen Berater_innen
	Hidden intentions	– Beratungserfolg schlecht einschätzbar, Streben des/r Berater_in nach Folgeaufträgen (hold up)	– Mehr Transparenz und damit Beurteilungsmöglichkeit der Beraterleistungen, z.B. durch detaillierte Projektplanung mit Teilzielen, Methoden und Honorarkorridoren
	Hidden knowledge & information	– Informationsgefälle zulasten der auftraggebenden Führung der Organisation (moral hazard)	– Projektsteuerungsgruppe – Kurzfristige Verträge, auch bei größeren Vorhaben
	Hidden action	– Projektverlauf bleibt im Dunkeln (moral hazard)	– Breite Zusammensetzung der Projektteams, auch mit Führungskräften

Abb. 2: Problemstellungen und Lösungsmöglichkeiten in der Beziehung Organisation – Berater_in (eigene Darstellung inspiriert durch Tabelle in Kortendieck 2016, S. 124)

5. Ausblick

In den letzten Jahrzehnten hat es einen gewaltigen Boom von Studiengängen der Sozialwirtschaft bzw. des Sozialmanagements gegeben, laut den kontinuierlichen Erhebungen von Boeßenecker/Markert existierten „zum Wintersemester 2013/2014 (…) an deutschsprachigen Hochschulen 155 Studienangebote im Bereich Sozialmanagement / Sozialwirtschaft“ (2014, S. 41). Auch in Studiengängen Sozialer Arbeit sind wirtschaftswissenschaftliche Inhalte in den Curricula auf der Bachelor- und ausgeprägter auf der Masterebene fest verankert. Durch die Absolvent_innen dieser Studiengänge wird folglich entsprechender Sachverstand in die sozialwirtschaftlichen Organisationen gebracht, so dass von einer zunehmenden ökonomischen Professionalisierung dieser Organisationen ausgegangen werden kann. Doch was bedeutet das für die Beratungsunternehmen? Ist ihre Expertise deshalb umso weniger gefragt?

Nach der Erfahrung des Autors aus der Beratungspraxis von Sozialorganisationen ist das Gegenteil der Fall: Zunehmende ökonomische Professionalisierung geht einher mit erhöhter Nachfrage nach externer Beratung. Zu vermuten ist, dass erst die entsprechende Ausbildung den Führungskräften in der Sozialwirtschaft verdeutlicht, welche Potentiale Managementinstrumente und -verfahren für die Weiterentwicklung ihrer Organisationen bereithalten. Diese Vielfalt zeigt dem verantwortlichen Sozialmanager aber auch gleichzeitig seine eigenen methodischen und zeitlichen Beschränkungen auf. Auch aus diesen Motiven werden Berater_innen als Impulsgeber, Unterstützer und Begleiter für die strategische, organisatorische oder technische Weiterentwicklung engagiert. Vor diesem Hintergrund ist stark davon auszugehen, dass die Bedeutung der Beratungsunternehmen als Akteure im Umfeld der Sozialwirtschaft noch steigen wird.

6. Literatur

Arnold, Ulli (2014): Besonderheiten der Dienstleistungsproduktion. In: Arnold, Ulli/Grunwald, Klaus/Maelicke, Bernd (Hrsg.): Lehrbuch der Sozialwirtschaft. 4. Aufl., Baden-Baden: Nomos, S. 460-480.

Becker, Sven/Wiedmann-Schmidt, Wolf (2016): Guter Rat ist teuer. In: Der Spiegel 69, H. 32, S. 38-39.

Boeßenecker, Karl-Heinz/Markert, Andreas (2014): Studienführer Sozialmanagement. Studienangebote in Deutschland, Österreich und der Schweiz. Befunde – Analysen – Perspektiven. 3. Aufl., Baden-Baden: Nomos.

Bundesverband Deutscher Unternehmensberater (BDU) (Hrsg.) (2016a): Unsere Branche. www.bdu.de/wie-wir-sie-unterstuetzen/wie-wir-unternehmen-unterstuetzen/unsere-branche/, 17.8.2016.

Bundesverband Deutscher Unternehmensberater (BDU) (Hrsg.) (2016b): Facts & Figures zum Beratermarkt 2015. www.bdu.de/media/174319/facts-figures-zum-beratermarkt-2015.pdf, 22.1.2017.

Bundesverband Deutscher Unternehmensberater (BDU) (Hrsg.) (2016c): Öffentlicher Sektor. www.bdu.de/wer-wir-sind/unsere-fachverbaende/oeffentlicher-sektor/, 17.8.2016.

Becher, Berthold (2000): Beratung bei Veränderungsprozessen sozialwirtschaftlicher Organisationen. In: Maelicke, Bernd (Hrsg.): Veränderungsmanagement in der Sozialwirtschaft. Baden-Baden: Nomos, S. 227-240.

Ebers, Mark/Gotsch, Wilfried (2014): 6. Institutionenökonomische Theorien der Organisation. In: Kieser, Alfred/Ebers, Mark (Hrsg.): Organisationstheorien. 7. Aufl., Stuttgart: Kohlhammer, S. 195-225.

Grunwald, Klaus/Roß, Paul-Stefan (2014): „Governance Sozialer Arbeit". Versuch einer theoriebasierten Handlungsorientierung für die Sozialwirtschaft. In: Tabatt-Hirschfeldt, Andrea (Hrsg.): Öffentliche und Soziale Steuerung – Public Management und Sozialmanagement im Diskurs. Baden-Baden: Nomos, S. 17-64.

Kortendieck, Georg (2016): Wir sind die Guten: Braucht es Kontrollen im Sozialen Bereich? In: Wöhrle, Armin (Hrsg.): Moral und Geschäft. Positionen zum ethischen Management in der Sozialwirtschaft. Baden-Baden: Nomos, S. 111-136.

Noll, Sebastian (2014): Steuerung in Zeiten der Modernisierung – quo vadis ehrenamtliche Führung? In: Tabatt-Hirschfeldt, Andrea (Hrsg.): Öffentliche und Soziale Steuerung – Public Management und Sozialmanagement im Diskurs. Baden-Baden: Nomos, S. 162-175.

Noll, Sebastian (2012): Veränderungsmanagement. Klare Rollen sorgen für Akzeptanz. In: Sozialwirtschaft 22, H. 1, S. 32-33.

Sozialwirtschaft-Redaktion (2016): Sozialunternehmen brauchen vor allem Beratung. In: Sozialwirtschaft aktuell, H. 12, S. 5.

Statistisches Bundesamt (2014/2016): Publikationen im Bereich Kinder- und Jugendhilfe. www.destatis.de/DE/Publikationen/Thematisch/Soziales/KinderJugendhilfe/HeimerziehungBetreuteWohnform.html, 22.1.2017.

Statistisches Bundesamt (2015): Pflegestatistik – Pflege im Rahmen der Pflegeversicherung – Deutschlandergebnisse – 2015. www.destatis.de/DE/Publikationen/Thematisch/Gesundheit/Pflege/PflegeDeutschlandergebnisse5224001159004.pdf?__blob=publicationFile, 22.1.2017.

Wöhrle, Armin (2005): Den Wandel managen. Organisationen analysieren und entwickeln. Baden-Baden: Nomos.

D Management sozialwirtschaftlicher Organisationen

Management sozialwirtschaftlicher Organisationen zwischen Steuerungsskepsis, Dilemmatamanagement und Postheroischer Führung

Klaus Grunwald

Dieser Beitrag widmet sich den Fragen des Managements und der Gestaltung sozialwirtschaftlicher Organisationen.[1] Er knüpft an den Beitrag „Organisationen aus sozialwissenschaftlicher Sicht" an, in dem verschiedene Organisationsbegriffe thematisiert, die Organisationen häufig unterstellte (Zweck-)Rationalität problematisiert und zentrale organisationssoziologische Perspektiven diskutiert werden (siehe Grunwald in diesem Band). Auch wenn die teilweise sehr scharfe Kritik der neueren Organisationssoziologie am zweckrationalen Organisationsverständnis durchaus berechtigt ist, sollte daraus nicht geschlossen werden, dass jegliche Steuerungsbemühungen in Organisationen obsolet wären. Im Gegenteil: Die Aufgabe aller, die Managementfunktionen (egal auf welcher Hierarchieebene!) wahrnehmen, besteht genau darin, trotz aller Kritik an einem zweckrational begründeten Organisations- und Managementverständnis, ‚Steuerung' wahrzunehmen.

Vor diesem Hintergrund wird im Folgenden zunächst das immer noch vorzufindende, relativ schlichte Verständnis von Management als ‚Steuerung' einer sozialwirtschaftlichen Organisation kritisch hinterfragt, um Konsequenzen für ein organisationssoziologisch reflektiertes Steuerungsverständnis zu ziehen. In einem zweiten Kapitel werden fünf grundsätzliche Probleme bzw. Grundfragen eines Managements als Organisationsgestaltung diskutiert, die sich in allen Organisationen, also auch in sozialwirtschaftlichen Diensten und Einrichtungen, stellen und produktiv bearbeitet werden müssen, um aktuellen Herausforderungen (in) der Sozialwirtschaft gewachsen zu sein. Sowohl bei der Reflexion des Steuerungsverständnisses als auch bei den Grundfragen der Organisationsgestaltung zeigt sich, dass das Management sozialwirtschaftlicher Organisationen auf vielfältige Spannungsfelder, Dilemmata und Paradoxien[2] trifft, die wahrgenommen und bearbeitet werden müssen. Sie stehen im Zentrum des dritten Kapitels.

1. Zum Verständnis der ‚Steuerung' von sozialwirtschaftlichen Organisationen

Häufig wird davon gesprochen, dass eine Organisation der Sozialwirtschaft ‚gesteuert' wird oder werden soll(te). Steuerungsbereiche in sozialwirtschaftlichen Organisationen sind insbesondere die fachliche Steuerung, die ökonomische bzw. betriebswirtschaftliche Steuerung, die organisationale Steuerung, die mitarbeiterbezogene Steuerung und „Reflexion und Gestaltung der Außenbezüge" sozialwirtschaftlicher Organisationen (Merchel 2015, S. 107ff).[3] Offen

1 Der Beitrag greift passagenweise u.a. auf Grunwald 2016, 2015a, 2015b, 2012 sowie Grunwald/Steinbacher 2013 zurück und führt diese weiter.

2 Nicht vertieft werden können hier die unterschiedlichen Differenzierungen, die in der Literatur zwischen „Dilemmata" und „Paradoxien" vorgenommen werden (ausführlich Grunwald 2012b, S. 58ff.). In diesem Text werden die Begriffe „Dilemmata" und „Paradoxien" trotz möglichen Unterschieden synonym verwendet und gemeinsam auch als Spannungsfelder bezeichnet.

3 Zu den daraus sich ableitenden Führungskompetenzen siehe Grunwald/Steinbacher (2007, S. 114ff.).

bleibt jedoch meist, von welchem Verständnis von ‚Steuerung' jeweils ausgegangen wird. Deswegen soll im Folgenden geklärt werden, wie die ‚Steuerung' von und in Einrichtungen der Sozialwirtschaft zu konzipieren ist, um der Komplexität von Organisationen gerecht zu werden. Es lassen sich vier verschiedene Steuerungskonzepte unterscheiden, die in der Organisations- und Führungslehre, aber auch darüber hinaus diskutiert werden (Kirsch/Seidl 2004, Sp. 1369ff.). In aller Regel beziehen sie sich allgemein auf soziale Systeme, etliche von ihnen wurden in der Soziologie entwickelt.[4]

1. Ansätze der *„plandeterminierten Steuerung"* gehen davon aus, dass die zentralen Steuerungsfunktionen bei einer vorauslaufenden, möglichst umfassenden Planung liegen. Alle weiteren Steuerungsaktivitäten sollen sich von dieser „Totalplanung" ableiten lassen, weshalb dieser Zugang – in der Betriebswirtschafts- und Managementlehre gewissermaßen das ‚klassische' Steuerungskonzept – auch als „plandeterminierte Unternehmenssteuerung" bezeichnet wird (Steinmann et al. 2013, S. 127ff.; Schreyögg 2007, Sp. 1815). Die dem „klassischen Managementprozess" zugrunde liegende *plandeterminierte Steuerung* wird heute mit dem Hinweis auf ‚Implementationsprobleme' verstärkt in Frage gestellt, weil weder die Umwelt der Organisation „in ihren relevanten Wirkungszusammenhängen erfassbar, verstehbar und in ihrer Entwicklung prognostizierbar" ist, noch das „Handlungssystem Unternehmung (...) als solches (...) vollständig durchdringbar und beherrschbar" ist – beide Annahmen sind „Idealisierungen, die im krassen Widerspruch zum praktischen Alltag stehen" (Steinmann et al. 2013, S. 130).
2. Ansätze der *„inkrementalistischen Steuerung"* lehnen eine umfassende Totalplanung ab und propagieren stattdessen im Sinne eines Gegenpols „eine Steuerung in kleinen, überschaubaren und dadurch leicht revidierbaren Schritten" (Kirsch/Seidl 2004, Sp. 1370). Sie gehen zurück auf Popper (Konzept der „Stückwerk-Sozialtechnik") und Lindblom (Konzept des „disjointed incrementalism" bzw. des „muddling through") und wurden von beiden ursprünglich als gesellschaftstheoretische Ansätze, in Abgrenzung zu plandeterminierten Steuerungskonzepten, entwickelt (ebd., S. 1371).
3. Der Ansatz der *„geplanten Evolution"* strebt an, eine Synthese von plandeterminierten und inkrementalistischen Steuerungskonzepten zu bilden und sich damit weder auf die Seite der „Totalplanung" noch auf die Seite des „Durchwurstelns" zu schlagen (Kirsch et al. 2009, S. 180). Ideen von Etzioni aufgreifend hat Kirsch ein Steuerungskonzept entwickelt, das Planung „als Abfolge inkrementaler, am Status quo ansetzender Schritte vor dem Hintergrund je aktueller Ereignisse" fasst, die kontinuierlich auf eine „konzeptionelle Gesamtsicht der Systementwicklung" bezogen werden (Kirsch/Seidl 2004, Sp. 1371f.; auch Kirsch et al. 2009, S. 177ff.). Dabei wird die Gesamtsicht selbst permanent weiterentwickelt, durch die Berücksichtigung der Erfahrungen, die bei den einzelnen Planungsschritten gemacht werden sowie neuer grundsätzlicher Ideen und Werte.
4. Vor dem Hintergrund der Entwicklung von der Kybernetik 1. zur Kybernetik 2. Ordnung ist der Ansatz der *„Kontextsteuerung"* von Bedeutung, der die Entwicklungen in der neueren Systemtheorie aufgreift und in spezifischer Weise zuspitzt. Willke, der diesen Ansatz maßgeblich entwickelt und vorangetrieben hat, spricht genauer von „dezentraler Kontextsteuerung" (1997, S. 89; 2001, S. 130). „Dezentrale Kontextsteuerung" meint dabei, dass direkte steuernde Eingriffe in ein komplexes System aufgrund der Selbstbezüglichkeit des-

4 Die Differenzierungen zwischen Steuerung und Regelung sowie zwischen Steuerungstheorie und Kybernetik können hier nicht diskutiert werden (dazu Grunwald 2013, S. 86ff.).

selben nicht möglich sind und stattdessen eine indirekte Steuerung über die Variation von Kontextbedingungen angestrebt werden sollte. Die „Dezentralität" der Kontextsteuerung beinhaltet, dass nicht eine zentrale Stelle in der Hierarchie Handlungen und Orientierung steuert, sondern andere Akteure. Insofern sind Kontext- und Selbststeuerung eng miteinander verknüpft: Die „Möglichkeiten der Steuerung komplexer Systeme" sind stark eingeschränkt „auf die beiden Formen der (internen) Selbststeuerung und der (externen) Kontextsteuerung" (Willke 2001, S. 358; Moser 2017; kritisch dazu: Ortmann 2012, S. 145f.).

Diese *vier steuerungstheoretischen Ansätze* zeigen eine Entwicklung, die von einer klar auf Planung setzenden und deswegen auch „plandeterminierten" Steuerungskonzeption über das Gegenkonzept der „inkrementalistischen Steuerung" und den Ansatz der „geplanten Evolution" bis zum Konzept der „dezentralen Kontextsteuerung" reicht, welche der Möglichkeit einer Steuerung komplexer (sozialer) Systeme durchaus skeptisch gegenübersteht. Angesichts der Komplexität, der mangelnden Durchschau- und Verstehbarkeit wie auch der Notwendigkeit permanenten Wandels und permanenter Flexibilität sozialer Systeme, kann die ‚Steuerung' von sozialwirtschaftlichen Einrichtungen nicht (plan-)deterministisch gedacht werden, sondern es ist in Steuerungsfragen – auch vor dem Hintergrund rationalitätskritischer Überlegungen – ein erhebliches Maß an Skepsis angeraten. Eine vergleichbare Skepsis wird ebenfalls für die Steuerungsmöglichkeiten in und von Netzwerken formuliert (Sydow 2012). Diese steuerungskritische Position bedeutet aber nicht, dass jede Steuerungssituation die Komplexität des gesamten Systems zu berücksichtigen habe: „Teilaspekte können durchaus übersichtlich und prägnant genug sein, um unkomplexes Steuerungshandeln zu rechtfertigen oder sogar zu erfordern" (Kopp 2009, S. 836). Die Effektivität von Steuerungshandeln erhöht sich jedoch, mit je größerer Sorgfalt relevante komplexe Kontexte berücksichtigt werden und je weniger zentralistischen Steuerungs- und Planungsillusionen Raum gegeben wird.

Wenn „Steuerung (...) möglich, aber kompliziert und immer prekär" ist (Ortmann 2012, S. 159), geht es für das Management von Organisationen der Sozialwirtschaft um einen *paradoxen Zusammenhang*, den Wimmer mit der Formulierung bezeichnet, dass es notwendig ist, „das Unsteuerbare zu steuern", und dass genau darin eine zentrale Aufgabe von Führung liegt (2011, S. 522). Eine wesentliche Strategie, mit diesem Paradoxon „Nicht-Steuerbarkeit zu steuern" produktiv umzugehen, kann die Einführung von *Selbststeuerung* sein, als ein wirksames Element, das „Mitdenken und die Verantwortung auf die Ebene der Betroffenen" zu verlagern und damit nicht einer „monolithischen Omnikompetenz, sondern einer erweiterten Bandbreite an Steuerungsmöglichkeiten" zu vertrauen (ebd.). Damit verbunden ist die Anforderung an Führungskräfte, mit dieser Grundparadoxie von Leitungshandeln – wie auch mit vielen anderen Dilemmata und Paradoxien – produktiv umzugehen (siehe unten). – Nach diesen Ausführungen zum Verständnis von ‚Steuerung' (sozialwirtschaftlicher) Organisationen stehen im folgenden Abschnitt einige Probleme eines Managements als Organisationsgestaltung sozialwirtschaftlicher Organisationen im Fokus.

2. Grundfragen bzw. Probleme des Managements sozialwirtschaftlicher Organisationen

Hier ist zunächst zu klären, in welcher Beziehung die – in der Literatur wie in der Praxis höchst unterschiedlich gefassten – *Begriffe ‚Management', ‚Unternehmensführung', ‚Organisation' und ‚Organisationsgestaltung'* zueinanderstehen. In Abgrenzung von Management/Unternehmensführung im institutionalen Sinn – gemeint sind alle Personen oder Personengruppen, die Managementaufgaben wahrnehmen sowie ihre Tätigkeiten und Rollen – bezieht sich Management/Unternehmensführung im funktionalen Sinn auf alle Aufgaben, Prozesse und Funktionen, die für die Steuerung und Leitung arbeitsteiliger Organisationen nötig sind. Unter Management oder (Unternehmens-)Führung im funktionalen – und weiten – Sinn wird sowohl allgemein die Leitung und Steuerung von ganzen Unternehmen (Führung als Unternehmensführung) als auch in einem spezifischeren Sinn die Beeinflussung und Steuerung von Personen (Führung als Personalführung) verstanden (so bereits der ‚Klassiker' Staehle 1999, S. 71ff.; auch Steinmann et al. 2013, S. 6ff.).

Im funktionalen Verständnis kann analytisch getrennt werden zwischen übergreifenden sachbezogenen Managementaufgaben (Unternehmensführung oder Organisationsgestaltung; üblicherweise Planung, Entscheidung, Organisation sowie Kontrolle) und ihrer personenbezogenen Entsprechung in Form von Willensbildung, -durchsetzung und -sicherung (Personalführung) (Schreyögg 2007, Sp. 1812ff.). Beide Aspekte sind nur analytisch trennbar, in Wirklichkeit jedoch eng miteinander verbunden: Eine bestimmte Sicht auf das sachbezogene Management einer Einrichtung und die bewusste Gestaltung der Organisation ist untrennbar verbunden mit einer entsprechenden Sicht auf Fragen der Personalführung. Die Unternehmensführung ist bestrebt, auf die Organisation als Ganzes steuernd und gestaltend einzuwirken, weswegen sie auch als Organisationsgestaltung bezeichnet wird (Steinmann et al. 2013). Die Begriffe Management, Unternehmensführung und Organisationsgestaltung werden auf der Basis in diesem Text synonym verwendet.

Im Folgenden werden fünf *‚Grundfragen bzw. Probleme der Organisationsgestaltung'* dargestellt und auf organisationssoziologische Fragestellungen bezogen, die für alle Organisationen und insofern auch für sozialwirtschaftliche Organisationen Geltung beanspruchen (Schreyögg/Geiger 2016, S. 18ff.) und durch Bezüge zu einem systemisch geprägten „General Management" ergänzt (Wimmer/Schumacher 2014). Hier ist zu betonen, dass ein solches Verständnis von Management als Organisationen nicht vereinfachend auf einen „Entwurf zweckdienlicher Strukturformen" im Sinne einer schlichten ‚Steuerung' von Handlungen zu beschränken ist (Schreyögg/Geiger 2016, S. 18), sondern den Schwerpunkt vielmehr auf den prozessualen Aspekt der Entwicklung von organisationaler Ordnung, sprich auf den Prozess des Organisierens (Weick 1988; siehe auch Feld/Seitter 2017), legt.[5] Damit wird die Kritik der neueren Organisationssoziologie an einer instrumentellen Engführung des Organisationsbegriffs aufgenommen und produktiv mit dem institutionellen Organisationsbegriff verbunden (siehe Grunwald „Organisationen aus sozialwissenschaftlicher Sicht" in diesem Band).

Gerade – so Wimmer/Schumacher – angesichts (1) der immer größer werdenden Dynamik und Komplexität in und von Organisationen, (2) der zunehmenden Bedeutung der „Gestaltung der langfristigen Überlebensfähigkeit" der gesamten Organisation als zentraler Führungsaufgabe (2014, S. 219) sowie (3) der wachsenden Widersprüchlichkeit des organisationalen Alltags und der in ihm zu treffenden Entscheidungen wächst die Bedeutung von ‚Grundfragen der Organisationsgestaltung' und eines ganzheitlichen Verständnisses von „General Management" im Sinne einer „wirkungsvolle(n) Steuerungs- und Gestaltungsfunktion zur Gewährleistung des lang-

5 Die Ausführungen von v. Werder zum Thema „Organisatorische Gestaltung" im Sinne eines „Organization Designs" im renommierten „Handwörterbuch Unternehmensführung und Organisation" zeigen, dass diese Betrachtungsweise in der Betriebswirtschaftslehre nach wie vor verbreitet ist (2004, Sp. 1088ff.).

fristigen Überlebens der Gesamtorganisation“ (ebd., S. 217). Damit wird auch eine klare Abgrenzung gegenüber einem „ausschließlich individualistische[n] Zugang zur Beschreibung und Erklärung von Management in heutigen Organisationen“ vorgenommen sowie ein unreflektierter „Veränderungs- und Steuerungsoptimismus“ zurückgewiesen (ebd., S. 222) und stattdessen der Fokus auf die Gestaltung der (Gesamt-)Organisation gelegt.

1. Das Problem der *formalen ‚Strukturierung von Aufgaben‘* schließt an die insbesondere in der Betriebswirtschaftslehre betonte Zweckrationalität von Organisationen an. Hier geht es darum, auf formaler Ebene eine Erfüllung von Aufgaben sicherzustellen, die angesichts der Zielorientierung von Organisationen bewältigt werden müssen. Keinesfalls gilt, dass die Zielerreichung umso besser gesichert ist, je höher der Formalisierungsgrad im Einzelnen ist! Die Herausforderung liegt hier darin, immer wieder neu zu prüfen, inwieweit, welches Maß und welche Art und Weise von Formalisierung im konkreten Fall angebracht ist. Üblicherweise werden hier zwei Strategien analytisch unterschieden und in der Praxis miteinander verknüpft: Zum einen geht es um die „organisatorische Differenzierung“, zu der Aspekte wie Aufgabenanalyse, -synthese und die Formen organisatorischer Arbeitsteilung gehören (Schreyögg/Geiger 2016, S. 29ff.). Letztere gliedern sich auf nach ‚Verrichtungen‘ (im Sinne von Tätigkeiten) bzw. Funktionen, nach Objekten (z.B. Produkte, Märkte, Güter, Dienstleistungen) oder nach organisatorischer Aufteilung der Entscheidungsprozesse in Entscheidungsvorbereitung (durch Stäbe) und die eigentliche Entscheidung (durch Linienstellen). Die Formen der organisatorischen Arbeitsteilung werden vielfältig miteinander verbunden und verdeutlichen sich im Organigramm der jeweiligen Organisation. Zum anderen geht es um die „organisatorische Integration“ als Frage danach, wie Einzelprozesse in Organisationen zusammengeführt werden können (Schreyögg/Geiger 2016, S. 66ff.). Möglichkeiten der Strukturierung von Abstimmungsprozessen sind (1) Hierarchie (die wiederum im Organigramm sichtbar wird), (2) formulierte Programme und Pläne (z.B. im Management by Objectives, Qualitätsmanagement oder Leitbild), (3) „horizontale Selbstabstimmung“ (ebd., S. 83ff.) (z.B. durch Ausschüsse, Bereichsleitungskonferenzen, eine Matrixstruktur, aber auch Projektorganisation), (4) eine „laterale Integration“ (ebd., S. 103ff.) durch Netzwerkstrukturen sowie „nicht-organisatorische Integrationsmechanismen“, die auf organisatorische Integrationsformen weitgehend verzichten und sie durch „Substitute mit weniger komplexitätskritischen Konsequenzen“ partiell ersetzen (ebd., S. 108ff.) (z.B. in Form einer starken Organisationskultur als System gemeinsam geteilter Normen und Werte oder sog. „interner Märkte“). Welches Maß an organisationaler Differenzierung tatsächlich zielführend ist, ab wann die Binnenkomplexität durch organisationale Differenzierung erneut und ‚unnötig‘ gesteigert wird und auf welchen Wegen dieses Problem angegangen werden könnte, wird kontrovers diskutiert, u.a. unter den Termini der Prozessorganisation oder des Business Reengineerings (ebd., S. 109ff.).
2. Gerade angesichts der Schwierigkeiten, die mit der Bearbeitung der ersten Grundfrage der Organisationsgestaltung verbunden sind, gewinnt das Problem der *‚Berücksichtigung emergenter Phänomene und Prozesse‘* immens an Bedeutung für die Gestaltung von (sozialwirtschaftlichen) Organisationen. Hier wird darauf verwiesen, dass informale Regeln eine wichtige Funktion für die Stabilität der Organisation und die Qualität von Leistungsprozessen haben. So ist nicht nur die formale Struktur einer Organisation, sondern sind ebenso auch die Gestaltung der informalen Kultur und der Umgang mit gelebter Mikropolitik für

den Erfolg oder Misserfolg von Organisationen entscheidend (siehe auch Grunwald „Organisationen aus sozialwissenschaftlicher Sicht“ in diesem Band).
Hervorzuheben ist zunächst, dass informale Prozesse (z.B. Organisationslernen) und Dimensionen (z.B. Organisationskultur) notwendige Ergänzungen und Korrektive der formalen Strukturen von Organisationen darstellen, ohne diese aber überflüssig machen zu können. Kulturgestaltung im Sinne einer fachlichen und humanen Pflege und Prägung der Kultur einer sozialwirtschaftlichen Einrichtung ist eine Kernaufgabe des Managements sozialwirtschaftlicher Organisationen. Sie muss berücksichtigen, dass die eigene Organisation nicht nur für die Adressat_innen, sondern auch für die Mitarbeitenden eine wichtige Lebenswelt darstellt, die es menschlich und produktiv zu gestalten gilt.
Gleichzeitig ist aber auch zu betonen, dass das Spannungsfeld zwischen Fremd- und Selbstorganisation klug auszubalancieren ist: Es gibt in Organisationen nicht nur eine „Fremdsteuerung“ von außen (Umwelt) oder oben (Hierarchie), sondern es existieren auch Prozesse der Selbstorganisation, die ausgesprochen wichtig für die Erreichung der Organisationsziele sind (Göbel 2004). Das Konzept der Selbstorganisation hebt hervor, dass Ordnung in Organisationen aus spontanen Interaktionen der Systemelemente entsteht und damit letztlich nicht nur ungeplant, sondern in ihrer Ausformung auch unvorhersehbar ist. Die Logik des ‚Organisierens‘ ist so gesehen nicht primär Ergebnis von bewusster Planung, sondern entwickelt sich erst im Laufe des Prozesses des Organisierens (Weick 1998; siehe auch Feld/Seitter 2017). Anders formuliert: Organisationen der Sozialwirtschaft als soziale Systeme sind maßgeblich durch autonome und selbst organisierte Prozesse (z.B. die Kommunikation und Kooperation im Team) geprägt, die bei der alltäglichen Organisationsgestaltung grundsätzlich zu berücksichtigen sind. Dabei können etliche der vom Management angestoßenen Maßnahmen zur Förderung der Selbstorganisation eine Bedrohung für die in der Organisation bereits vorhandenen Formen der Selbstorganisation darstellen; Kühl bezeichnet dies zutreffend mit dem „Organisier-dich-selbst-aber-nicht-so-Paradox“ und dem „Entscheide-selbst-aber-nur-unter-Vorbehalt“ (2015a, S. 38ff.). Diese können insbesondere in Einrichtungen der Sozialwirtschaft als (zumindest teilweise) professionelle Organisationen (Klatetzki 2012) eine wichtige Rolle spielen (siehe auch Langer 2013, S. 134).[6]

3. Das Problem der *‚Integration von Individuen und Organisation‘* – oder anders formuliert: der Vermittlung von Organisationsstrukturen und Verhalten der Mitglieder in diesen Strukturen – als dritter Grundfrage der Organisationsgestaltung war im instrumentellen Verständnis von Organisation in aller Regel nicht als Problem begriffen worden, weil hier implizit davon ausgegangen wurde, dass die Mitglieder den mit formalen Regeln verbundenen Erwartungen nicht nur zu folgen haben, sondern diesen auch tatsächlich nachkommen. Diese Voraussetzung ist aber wirklichkeitsfremd. In Organisationen werden keineswegs alle formalen Regeln befolgt – und oft sind nicht einmal die formalen Regeln diejenigen, die primär über Erfolg und Misserfolg, über Existenz oder Scheitern entscheiden (Schreyögg/

6 Der *Organisationstyp der „professionellen Organisation“* bezeichnet Organisationen, deren Personal „von Berufsgruppen gestellt“ wird, „die als Professionen bezeichnet werden“ können; als Beispiele werden „Anwaltskanzleien, Krankenhäuser und Kirchen“ genannt (Klatetzki 2012, S. 165). Dieser Organisationstyp wird dadurch gekennzeichnet, dass aufgrund der Beschäftigung von Professionellen die Herausbildung egalitärer Formen von Organisation insbesondere durch die Form des ‚Kollegiums‘ befördert wird, die „nicht ohne weiteres im Einklang steht mit der für Organisationen üblicherweise hierarchischen Staffelung des Personals“ (ebd.). Angesichts der zunehmenden Bedeutung von Hierarchien in sozialwirtschaftlichen Organisationen muss im Einzelfall geprüft werden, inwieweit eine Organisation angemessen durch den Typ der „professionellen Organisation“ beschrieben werden kann (siehe dazu auch Oestereich/Schröder 2017).

Geiger 2016, S. 16f.)! Vor diesem Hintergrund legt die institutionelle Perspektive auf Organisationen ihr Augenmerk vermehrt auf Prozesse der Motivation: Für die Erhaltung und Weiterentwicklung einer Organisation ist ein autonomes, engagiertes Verhalten der Mitarbeitenden unabdingbar, jenseits aller vorschriftsgemäßen Regelerfüllung. Damit steht der Prozess des Organisierens vor der Anforderung, nicht primär das Verhalten der Mitarbeitenden durch entsprechende formale Vorgaben zu lenken, sondern vielmehr einen Rahmen zu schaffen, in dem sie sich eigenverantwortlich an der Bearbeitung von organisationalen Problemen beteiligen können und wollen (Comelli et al. 2014, S. 235ff.).

Mit den Grundfragen der ‚Integration von Individuen und Organisationen' und der ‚Berücksichtigung emergenter Phänomene und Prozesse' lässt sich das Managementkonzept des *„Lateralen Führens"* verbinden, das auf Macht, Verständigung und Vertrauen als Grundfesten eines organisationstheoretisch reflektierten Managements beruht und so einen spezifischen Zugang zum Umgang mit den genannten Grundfragen bietet. Es konzipiert Verständigung als Überwindung verfestigter Denkmuster (Kühl 2017, S. 20ff.), Macht als „Kontrolle von Unsicherheitszonen" (ebd., S. 23ff.) und Vertrauen als Ermöglichung von Kooperation trotz Kontingenz (ebd., S. 27ff.) als die drei zentralen und gleichrangigen „Mechanismen der Einflussnahme" (ebd., S. 19) insbesondere in Situationen, in denen angesichts lokaler Rationalitäten „in Organisationen Routinen verlassen werden müssen, wo Verhalten nicht vorgeschrieben werden kann, wo man quer zu den Funktionen zusammenarbeitet" (ebd., S. 43). Entscheidend ist beim Managementkonzept des „Lateralen Führens", dass dieses nicht allein auf emergenten Phänomenen beruht, sondern zurückgebunden ist an die Formalstruktur von Organisationen. Letztere bedingt angesichts des „Paradox des Organigramms" – formale Strukturen erzeugen Probleme, weil sie nicht „alle Anforderungen des Alltagsgeschäfts abdecken und deshalb abweichendes informales Verhalten nicht verhindern können (oder dürfen)" – die Notwendigkeit, flexibel mit ihr umzugehen (Kühl 2017; dazu interessant Gruber 2017 und grundlegend Schreyögg/Conrad 1994).

Die Frage der ‚Integration von Individuen und Organisationen' wird ebenfalls thematisiert im Konzept der Governance, genauer der *„Organizational Governance"* (Grunwald/Roß 2014, S. 43ff.): Letztere „beinhaltet intra- und interorganisatorische institutionelle Arrangements, die im weitesten Sinne der Steuerung des Verhaltens von Organisationsmitgliedern dienen. Zentrale Elemente dieser institutionellen Steuerungsstrukturen sind Mechanismen, die sowohl die Partizipation von Organisationsmitgliedern und externen Anspruchsgruppen an der Zielbildung festlegen als auch die Allokation der Ressourcenkontrolle sowie die Implementation der Organisationsziele bestimmen" (Schneider 2004, S. 189f.). Diese „intraorganisatorische Governance" fragt insofern danach, „wie Organisationen die Interdependenzbewältigung auf der Mesoebene leisten, also vor allem eine hinreichende Fügsamkeit ihrer Mitglieder mit den Organisationszielen herstellen" (Schimank 2007, S. 200).[7]

4. Eine weitere wichtige Grundfrage einer organisationssoziologisch reflektierten Organisationsgestaltung wird markiert durch das Problem, wie die ‚*Beziehung zwischen Organisation*

7 Sie ist zu unterscheiden von einem gesellschaftsbezogenen Fokus auf Organisationen; hier lässt sich fragen, „welchen Beitrag Organisationen zur gesellschaftlichen Interdependenzbewältigung leisten, also vor allem zur Abstimmung zwischen den verschiedenen Teilsystemen der modernen Gesellschaft" (Schimank 2007, S. 200; siehe „Organisationen aus sozialwissenschaftlicher Sicht" in diesem Band). Diese Differenzierung zwischen einer intraorganisatorischen und einer gesellschaftsbezogenen Governance bezieht sich damit einerseits auf die Frage, welche Muster einer Bewältigung gegenseitiger Abhängigkeiten in Organisationen zwischen Strukturen und Personen identifiziert werden können, andererseits auf die Frage, welche Muster der Interdependenzbewältigung in Bezug auf gesellschaftliche Fragen Organisationen selbst darstellen (ebd.).

und Umwelt' bewältigt werden kann. Hier geht es darum, den Bezug zwischen dem System der Organisation und ihrer Umwelt (oder besser: den unterschiedlichen Umwelten) permanent neu herzustellen und zu reflektieren. Die Organisation muss immer wieder prüfen, welche Veränderungen sich in ihrer Umwelt vollziehen und welche Konsequenzen diese Veränderungen für die eigene interne Organisationsgestaltung nach sich ziehen. Das bedeutet, dass auch Einrichtungen der Sozialwirtschaft ein Sensorium für Prozesse des Wandels in der Umwelt und die daraus resultierenden Anforderungen für die interne Organisationsgestaltung entwickeln und pflegen müssen.[8] Die Auseinandersetzung mit Fragen der Leitung und der Organisationsgestaltung darf insofern nicht bei einer innerorganisatorischen Betrachtungsweise stehen bleiben, um sich nicht den vorhandenen Spezialisierungen der Einrichtungen, den damit verbundenen Trägeregoismen und der oft zu konstatierenden Versäulung der Hilfestrukturen unterzuordnen. Vielmehr ist – das meint die auf Flösser/Otto zurückgehende Formel „vom Sozialmanagement zum Management des Sozialen" – die Überschreitung der eigenen Grenzen der Organisation im Interesse einer sozialpolitischen Akzentuierung wichtig (dazu Grunwald 2009).
Eine besondere Herausforderung für die Organisationsgestaltung (und die Personalführung) in sozialwirtschaftlichen Organisationen besteht dabei darin, dass sie unterschiedlichen Stakeholdern und ihren jeweiligen Interessen gerecht werden müssen (siehe Vilain „Stakeholdermanagement" in diesem Band). Diese unterschiedlichen Interessen der Anspruchsgruppen spiegeln wieder, dass soziale Dienstleistungen in wohlfahrtspluralistischen Arrangements immer stärker in einem Mix aus Eigeninitiative der primär Betroffenen, privaten Unterstützungsleistungen informeller Netze, staatlichen Unterstützungsleistungen, beruflich erbrachten Dienstleistungen öffentlicher, freier oder privat-gewerblicher Träger sowie freiwilligem Engagement erbracht werden (Grunwald/Roß 2014, S. 19). Damit können sozialwirtschaftliche Einrichtungen in aller Regel nicht nur der wettbewerbsorientierten Handlungslogik des Marktes folgen, sondern müssen als hybride Organisationen genauso der hierarchisch-legalistischen Steuerungslogik des Staates und der auf Solidarität bauenden Logik des dritten (assoziativen) Sektors entsprechen (ebd., S. 43ff.). Eine wesentliche Aufgabe in der bewussten Gestaltung der Beziehungen zwischen Organisation und Umwelt besteht also darin, die Erwartungen unterschiedlichster Stakeholder mit den dahinterstehenden Logiken von Markt, Staat und drittem Sektor zu berücksichtigen und produktiv zu verarbeiten, um auf diese Weise „organisationale Governance" zu realisieren (ebd.).

5. Das Problem von ‚*Organisationswandel und Transformation*' ist eine weitere wichtige Grundfrage der Organisationsgestaltung, die an zentrale organisationssoziologische Perspektiven (siehe Grunwald „Organisationen aus sozialwissenschaftlicher Sicht" in diesem Band) anknüpft. Hier wird betont, dass der Prozess des Organisierens als mehr oder weniger kontinuierlicher Weg der Veränderung von Strukturen, Prozessen, Wissensbeständen, Kultur(en) und anderem mehr zu verstehen ist. Die verschiedenen Einflusskräfte in Organisationen (also auch die mikropolitischen Prozesse und Taktiken) müssen genau wie die un-

8 Diese Herausforderung für sozialwirtschaftliche Organisationen wird auch diskutiert unter Bezug auf „Organisationale Resilienz"; sie wird definiert als „das komplexe Ergebnis aus dem Zusammenwirken von Ressourcen, Kompetenzen und Performanzen individueller, intersubjektiver und organisationaler Art (...), in dessen Folge in Interaktion mit der Umwelt fortdauernd differenzielle Resilienzen gegenüber spezifischen, die organisationale Identität gefährdenden Ereignissen oder dauerhaft bestehenden ungünstigen Umweltbedingungen ausgebildet werden und so durch angemessene Situationsanpassung den dauerhaften Bestand einer Organisation oder Organisationseinheit als soziales System absichern und darüber hinaus deren Weiterentwicklung ermöglichen" (Hoffmann 2017, S. 97f.; siehe auch Porrini/Kipouros 2016).

terschiedlichen Interessen, denen die Organisation von außen ausgesetzt ist, im Prozess des Organisierens immer wieder neu wahrgenommen und berücksichtigt werden. Das Ziel ist nicht (mehr) die Erarbeitung oder Aufrechterhaltung einer permanenten und stabilen Ordnung, sondern die bewusste Gestaltung kontinuierlichen organisationalen Wandels. Dementsprechend sind sozialwirtschaftliche Unternehmen nicht als statische, sondern – im Sinne eines Entwicklungsorientierten Managements (Grunwald 2012a) – als prozessorientierte Gebilde zu verstehen, die fähig sind, Verhaltensmöglichkeiten aufzubauen und bereitzuhalten für zukünftige, noch nicht vorhersagbare und damit unbestimmbare Entwicklungen in der Umwelt und in der eigenen Organisation.[9] Der Punkt, von dem alle Organisationsgestaltung im Konzept des Entwicklungsorientierten Managements ausgeht, ist „der durch wachsende Umweltkomplexität sprunghaft steigende Bedarf an Systementwicklung zur Sicherung der Problemlösungsfähigkeit von Organisationen“ (Klimecki 2004, Sp. 919). Diesem Bedarf muss auch das Management sozialwirtschaftlicher Unternehmen gerecht werden, ohne die Grenzen eines gesteuerten Organisationswandels zu übersehen. Im Rahmen der kontinuierlichen Berücksichtigung von Wandelnotwendigkeiten im Rahmen eines solchen Managements des organisationalen Wandels kann es nötig sein, konkrete Projekte eines Change Managements oder einer Organisationsentwicklung zu verwirklichen (siehe Grunwald „Change Management und Organisationsentwicklung in sozialwirtschaftlichen Organisationen“ in diesem Band). Da Probleme in und von Organisationen in der Regel nicht durch einmalige Aktionen gelöst werden können, ist eine permanente Auseinandersetzung mit ihnen notwendig, ohne dass sich damit Projekte der Organisationsentwicklung oder des Change Managements erübrigen würden.

Ergänzend und kontrastierend zu den Problemen der Organisationsgestaltung sollen nun abschließend *„Aufgabenfelder von Führung“* im Kontext eines organisationstheoretisch und systemisch reflektierten *„General Managements“* knapp skizziert werden, soweit sie über die beschriebenen Probleme der Organisationsgestaltung hinausgehen oder diese variieren (Wimmer/Schumacher 2014, S. 224ff.). Sie sind geprägt durch grundlegende Spannungsfelder und Paradoxien des Managements und damit durch „organisationale Entscheidungsprozesse, bei denen sich für die Beteiligten widersprüchliche und bei der Wahl zwischen Alternativen schwierige und auf den ersten Blick unlösbare Situationen ergeben“ (ebd.).

1. Ein Aufgabenfeld liegt in der *Strategieentwicklung*, bei der verschiedene Formen differenziert werden können: die „intuitive“, die „expertenorientierte“, die „evolutionäre“ und die systemische Strategieentwicklung (Nagel/Wimmer 2014, S. 29ff.). Das zentrale Paradox und der tiefere Grund für die Notwendigkeit einer systemischen Herangehensweise liegt darin, dass „gerade den Erfolgsrezepten der Vergangenheit der Keim für das Scheitern in der Zukunft innewohnt“ (ebd., S. 100). Insofern geht es darum, strategische Positionierungen der Vergangenheit und Einschätzungen zukünftiger Entwicklungen lediglich als Hinweise zu nehmen, die immer wieder neu zu hinterfragen sind. Entscheidungen für zukünftige Entwicklungen sind in dem Wissen zu treffen, dass die vermeintlich sichere Wissensbasis problematisch und unvollständig etc. sein kann, sich die angenommenen Umweltbedingungen binnen kürzester Zeit signifikant ändern können und so getroffene, auch weitreichende

9 Dieses Verständnis von Organisationen und die daraus abzuleitenden Anforderungen an das Management sozialwirtschaftlicher Organisationen wird aktuell auch mit dem Begriff der ‚Agilität' umschrieben (siehe Luczak 2017; Scheller 2017; Oestereich/Schröder (2017); siehe Grunwald „Changemanagement und Organisationsentwicklung in sozialwirtschaftlichen Organisationen“ in diesem Band.

Entscheidungen erneut intensiven Lern- und Veränderungsprozessen unterzogen werden müssen.

2. Im Zusammenhang mit der oben erwähnten Grundfrage der ‚Beziehung zwischen Organisation und Umwelt' legen Wimmer/Schumacher den Akzent auf *„Marketing und Branding"*, weil – so ihre Argumentation – die Sicherung der Existenz einer Organisation eng damit verbunden ist, „klare und stabile Einschätzungen des Geschäftsumfeldes" treffen zu können und so „eine lebendige Austauschbeziehung" mit den relevanten Märkten realisieren zu können (2014, S. 228). Dafür müssen auf der einen Seite „verlässliche Bilder des eigenen Geschäftsumfeldes" generiert werden, während auf der anderen Seite ein großes Maß an Offenheit für neue, in der Gegenwart noch nicht absehbare Entwicklungen gepflegt werden muss um so im Zuge der Weiterentwicklung des eigenen Leistungsangebots neue Märkte erschließen und ‚erfinden' zu können (ebd.).
3. Ein wichtiges Aufgabenfeld von Führung ist das *„Ressourcenmanagement"*, das sich entweder stärker am „historisch eingespielten Eigenbedarf" oder an der „wertschöpfungsorientierten Verwendung der Ressourcen" ausrichten kann; die Gefahr ist hier, dass die Orientierung am gewohnten Eigenbedarf diejenige an einem ökonomischen Kalkül in unguter Weise dominiert (Wimmer/Schumacher 2014, S. 229ff.). Konkrete Gestaltungsaufgaben sind die Verankerung von Kostenbewusstsein in den verschiedenen Abteilungen und Bereichen, die Eliminierung von Verschwendung, das strategiegeleitete Treffen von Investitions- und Finanzierungsentscheidungen, die flexible Gestaltung von Budgetplanungen und die kontinuierliche Beobachtung des Ressourceneinsatzes sowie die Realisierung eines proaktiven Risikomanagements (ebd.; siehe Vilain „Ressourcenmanagement" in diesem Band).
4. Beim Aufgabenfeld *Organisationsentwicklung* betonen Wimmer/Schumacher ergänzend zu den obigen Ausführungen zu ‚Organisationswandel und Transformation', dass die Zunahme der Häufigkeit und Schnelligkeit, in der Veränderungen angestoßen werden, gleichzeitig dazu führt, dass „das Bedürfnis nach Stabilität bei allen Beteiligten" immer stärker wird (2014, S. 231; siehe Grunwald „Change Management und Organisationsentwicklung in sozialwirtschaftlichen Organisationen" in diesem Band). Anknüpfend an das beschriebene Problem der ‚Integration von Individuen und Organisation' fokussieren sie (5) beim Aufgabenfeld *Personalmanagement* angesichts der „Unsicherheit in der Beziehung zwischen dem Unternehmen und den Mitarbeitern" die Notwendigkeit, Mitarbeitenden- und Organisationsinteressen sorgfältig zu justieren und die wechselseitigen Erwartungen auszubalancieren (ebd., S. 233ff.; siehe Kolhoff „Personalmanagement und -führung" in diesem Band).
5. Ein Aufgabenfeld, das über die genannten Probleme der Organisationsgestaltung hinausgeht, besteht schließlich darin, *„Mechanismen der Selbstbeobachtung und Selbstbeschreibung/Controlling"* zu etablieren und zu pflegen (ebd., S. 235ff.). Gerade angesichts der wachsenden Komplexität ist es wichtig, „eine tragfähige Einschätzung des aktuellen wirtschaftlichen wie organisationalen Zustandes einer Gesamtorganisation" vornehmen zu können (ebd.). Auch hier wird wieder ein grundlegendes Paradox ausgemacht: Einerseits müssen Organisationen in der Lage sein, sich selbst zeitnah beobachten und beschreiben zu können, um auf festgestellte Abweichungen reagieren zu können. Andererseits muss der damit häufig verbundenen Illusion entgegengetreten werden, das unternehmerische Risiko könne über optimierte Rückmeldeverfahren (weitestgehend) eliminiert werden (ebd.).

3. Dilemmatamanagement als zentrale Herausforderung für die Gestaltung sozialwirtschaftlicher Organisationen

Sowohl bei der Reflexion des Steuerungsverständnisses als auch bei den ausgeführten Problemen der Organisationsgestaltung und den Aufgabenfeldern von Führung im Kontext eines General Managements spielen *Führungs- und Organisationsdilemmata* eine wichtige Rolle. Sie bewusst wahrnehmen und mit ihnen produktiv umgehen zu können ist eine wichtige Kompetenz von Leitungskräften in der Sozialwirtschaft. Insgesamt müssen sich Organisationen in „ungewissen Zeiten" (Geramanis/Hermann 2016) „zunehmend mit gegensätzlichen, paradoxen Anforderungen auseinandersetzen: Sie sehen den Zwang, ihre Komplexität gleichzeitig zu steigern und zu reduzieren. (...) Sie müssen sowohl kreatives Chaos als auch Ordnung organisieren, sie müssen flexibel und stabil sein" (Kühl 2015b, S. 129f.). Kurz: Es wird immer deutlicher, dass „der Umgang mit Dilemmata, Ambiguitäten und Widersprüchlichkeiten zu einem entscheidenden Erfolgsfaktor für Organisationen wird" (ebd., S. 130; siehe auch das Beispiel bei Tuckermann 2013). Deswegen wird dieses Konzept im Folgenden vorgestellt und abschließend auf seine Implikationen für Organisationen der Sozialwirtschaft diskutiert (Grunwald 2006; 2012b; Grunwald/Steinbacher 2013, S. 113ff.).

Zunächst soll jedoch geklärt werden, was unter einem *Dilemma* zu verstehen ist. Blessin/Wick definieren ein Dilemma auf der Grundlage der führungstheoretischen Diskussion unter Rückgriff auf Neuberger folgendermaßen: „Es muss eine Entscheidung getroffen werden zwischen mindestens zwei gegebenen, gleichwertigen und gegensätzlichen Alternativen" (2014, S. 458). Das bedeutet, es besteht ein Zwang zu Entscheidungen („muss"), der auch nicht durch reine Analyse oder Reflexion erledigt werden kann („Entscheidung"). Die Formulierung „gegebenen, gleichwertigen und gegensätzlichen Alternativen" meint, dass es um eindeutig bezeichnete Alternativen geht, die auch tatsächlich existent sind („gegeben"), und dass beide Seiten der Alternativen prinzipiell anzustreben („gleichwertig") und konträr („gegensätzlich") sind. Die Herausforderung, die mit Dilemmata verbunden ist, wird bereits von Müller-Stewens/Fontin sehr schön beschrieben: „Grundsätzlich beschreibt ein Führungsdilemma eine Situation, in der ein Entscheidungsträger vor die Schwierigkeit der Wahl zwischen zwei einander widersprechenden Handlungslogiken gestellt wird, wobei für beide i.a. gute Gründe sprechen" (1997, S. 3). Und sie formulieren bereits eine Idee, warum Dilemmata als schwierig erlebt werden: „Das, was als unangenehm empfunden wird, sind nicht die Optionen, sondern die notwendig erscheinende Wahl. Dies rührt daher, dass – nach dem Prinzip ‚Entweder-Oder' – ein Dilemma im Sinne einer unversöhnlichen Opposition unterstellt wird" (ebd.).

Ein Dilemma, das in der Literatur häufig beschrieben wird und das sich gut eignet, grundsätzliche Charakteristika von Dilemmata zu verdeutlichen, ist die *Dualität von Effizienz und Slack*. Sie meint, dass im Interesse einer Optimierung der Effizienz Personalressourcen und Sachmittel maximal ausgelastet werden und insofern „Strukturen und Prozesse so weit wie möglich standardisiert und vereinfacht werden" müssen, wie bereits Stahl (1999, S. 183) ausführt. Allerdings ist unter diesen Voraussetzungen „kein Platz für ‚Slack', also für überschüssige Ressourcen und Pufferkapazitäten, für Mehrfachbesetzungen von Funktionen oder die bewusst parallele Einrichtung von Stellen, Abteilungen oder Teams", weil Slack „unter dem Gesichtspunkt *kurzfristiger* Effizienz immer Verschwendung" ist (ebd., S. 184; Hervorhebungen im Original). Die Reduzierung von Slack in einer Organisation führt in aller Regel zu kurzfristigen Einsparungen, bringt aber längerfristig oft auch eine Schwächung der Organisation mit sich, die sich z.B. in zunehmendem Stress der Mitarbeiter_innen und/oder in einer zurückgehenden organisationalen Problemlösekapazität der Gesamteinrichtung niederschlägt.

Ein Spannungsfeld, das mit der Dualität von Effizienz und Slack verbunden ist, aber unabhängig von ihr Bedeutung hat, besteht in der *Spannung zwischen enger und loser Kopplung: „Enge* Kopplung bedeutet viele kurze, eher geregelte Interaktionen mit anderen Subsystemen des Unternehmens, *lose* Kopplung hingegen seltene, lange, eher spontane Interaktionen (...). Beide können funktional, örtlich und situativ unterschiedlich miteinander kombiniert werden. Dadurch wird versucht, positiven Slack einzubauen, ohne gleich auf Effizienz in Bausch und Bogen zu verzichten“ (Stahl 1999, S. 185, Hervorhebungen im Original; siehe auch Wolff 2010).

Neben den genannten Dualitäten wird häufig das Gegensatzpaar *Stabilität versus Wandel* (oder: Bewahrung versus Veränderung) aufgegriffen, weil für das Überleben einer Organisation oftmals sowohl tiefgreifende Veränderungen als auch verlässliche Kontinuitäten notwendig sind und die Führungskraft oft einerseits den Wandel initiieren und fördern soll, andererseits aber auch die notwendige Stabilität im Wandelprozess garantieren muss (Kühl 2015b, S. 128ff.). *Weitere dilemmatische Konstellationen* in Organisationen sind beispielsweise die Gegensatzpaare Kontrolle versus Autonomie, Expansion versus Konzentration, Integration versus Differenzierung, Kooperation versus Konkurrenz, Innovation versus Konzentration auf Bewährtes, Homogenität versus Heterogenität von Teams, Spezialisierung versus Generalisierung und Eindeutigkeit versus Mehrdeutigkeit (Blessin/Wick 2014, S. 460ff.; Gebert 2004, Sp. 196; Gebert 2002, S. 153; Müller-Stewens/Fontin 1997, S. 42ff.). Stärker auf Führungssituationen bezogen werden u.a. genannt Distanz (Sachlichkeit) versus Nähe (Emotionalität), Gleichbehandlung aller versus Eingehen auf den Einzelfall, Ziel- versus Verfahrensorientierung sowie Belohnungs- versus Wertorientierung (Blessin/Wick 2014, S. 460ff.).[10] All diese grundsätzlichen Dilemmata in Organisationen stellen – oft gravierende – Herausforderungen für das Management sozialwirtschaftlicher Einrichtungen dar. Sie lassen sich für sozialwirtschaftliche Organisationen konkretisieren und anreichern. So verweist Langer (2013, S. 135ff.) beispielsweise auf Qualifizierungsparadoxien im Personalmanagement,[11] auf paradoxe Nebenfolgen von delegativ-partizipativen Führungsstrukturen, eine potentielle „Unvereinbarkeit der Aufgabe mit den strukturellen Voraussetzungen“ (ebd., S. 136) sowie einen hohen „Anreiz zum Opportunismus in Form der Weitergabe hoher Risiken und gleichzeitig zur Leistungs- und Angebotskonzentration auf ‚ergiebige‘ Nutzergruppen“ (ebd., S. 137).

Ein wichtiger Hintergrund für Dilemmata in Organisationen besteht laut Gebert in der *Existenz partiell gegensätzlicher Zielorientierungen* der Unternehmensführung. So stehen Unternehmen auf der einen Seite im Zeichen des zunehmenden und sich verschärfenden Wettbewerbs vor der Aufgabe, „Innovativität, Wandlungsfähigkeit und Kreativität“ zu fördern (Gebert 2004, Sp. 195f.). Auf der anderen Seite stehen sie angesichts eines steigenden Effizienz-

10 *Mintzberg* unterscheidet in seinem Werk „Managen“ insgesamt *13 Dilemmata*, die relativ nah am Führungsalltag sind. Er nennt beispielsweise ein „Oberflächlichkeitssyndrom“ („Wie kann man in die Tiefe gehen, wenn der Druck so groß ist, die Arbeit vom Tisch zu bekommen?“), ein „Planungsdilemma“ („Wie kann man in einem so hektischen Job planen, Strategien bilden oder einfach nur nachdenken, geschweige denn vorausdenken?“) oder ein „Kontrollparadox“ („Wie kann man den notwendigen Zustand kontrollierter Unordnung aufrechterhalten, wenn der eigene Manager einem Ordnung aufzwingt?“) (2011, S. 207).

11 Gemeint ist hier das „Phänomen, dass gerade Flexibilisierungs- und Individualisierungsmaßnahmen für Klient_innen (ambulante Wohnformen u.ä.), die der Leistungsoptimierung dienen, an Grenzen der Flexibilisierung der Arbeitszeiten stoßen“ und damit die „paradoxe Nebenfolge (...), dass sich Qualitätsverluste beim Personal abzeichnen, wenn die Arbeitskonditionen in Teilzeit so unvorteilhaft werden, dass gerade gutes Personal nicht gewonnen werden kann“ (Langer 2013, S. 135).

und Qualitätsdrucks vor der Anforderung, die „Einhaltung von Zeit- und Kostenbudgets" und die „Zuverlässigkeit und Stabilität der Prozesse" zu gewährleisten (ebd.). Steht beim Zielbündel der „Innovativität" eine Erweiterung von Aktionsspielräumen im Mittelpunkt der Handlungsstrategien, so geht es beim Zielbündel der „Effizienz" – primär um Zuverlässigkeit, Termintreue und Prozessstabilität, d.h. den Einsatz von „ordnenden Regelwerken und Kontrollstrategien", die eine Einschränkung von Handlungsspielräumen mit sich bringen (ebd.). Es stehen sich also Handlungsmuster gegenüber, die zumindest teilweise in Form der Vergrößerung oder der Verkleinerung von Freiräumen gegensätzlich sind.[12] Anthropologisch gesehen benötigen Menschen auf der einen Seite „regelnde Strukturen", die „ihnen Sicherheit und Orientierung geben", auf der anderen Seite aber auch Freiräume, die „ihnen die Chance zu Individualität und Selbstbestimmung" bieten (ebd.).

Vor dieser Folie lassen sich Dilemmata in Organisationen laut Gebert in einem theoretischen Bezugsrahmen zusammenbinden in die beiden gegensätzlichen *Grundorientierungen der offenen und der geschlossenen Organisation* (Gebert 2004, Sp. 196ff.). Mit dem Begriff der „Geschlossenheit" verbindet sich dabei „Stabilität, Vorausschaubarkeit, Harmonie, ein festes Rollengefüge, Sicherheit, Ordnung und Eindeutigkeit", die alle die Undurchlässigkeit einer Systemgrenze fördern (Stahl 1999, S. 189). Mit dem Begriff der „Offenheit" verbindet sich dagegen „Innovation, Vielfalt, Individualität, Freiheit, Toleranz und Lernen", die eher im Zeichen einer offenen und durchlässigen Systemgrenze stehen (ebd.). (Diese beiden Grundorientierungen lassen sich beispielsweise am Konzept der Organisationskultur konkretisieren: So schlägt sich eine geschlossene Organisationskultur in einem großen Zusammenhalt der Mitglieder nieder, der einerseits eine Stärke, andererseits aber auch eine gewisse Blind- oder Borniertheit gegenüber Umweltanforderungen und/oder -veränderungen bedeuten kann (ebd.). Eine offene Unternehmenskultur dagegen zeigt sich in einer Vielfalt und Flexibilität der Einrichtung, die einerseits positiv gewendet eine hohe Lernfähigkeit und Kreativität, andererseits aber auch ein beträchtliches Maß an Instabilität, aufwändigen Interaktionen, Konfliktgeladenheit und Unordnung mit sich bringen kann.) Bei den Grundorientierungen der offenen und geschlossenen Organisation gibt es weder *die* geschlossene noch *die* offene Organisation; Organisationen sind vielmehr in aller Regel als Gemengelagen aus geschlossenen und offenen Strukturmustern zu kennzeichnen. Die geschlossene oder die offene Organisation sind Idealtypen von Organisationen im Sinne von Polen, zwischen denen sich eine konkrete Einrichtung im Zeitverlauf und in Bereichen immer wieder neu und unterschiedlich zu verorten hat.

Dilemmatische Konstellationen in Organisationen konkretisieren sich in *zwei Erscheinungsformen*, zum einen in gleichzeitigen Mischungsverhältnissen unterschiedlicher Pole eines Dilemmas bzw. gleichzeitigen Mischungsverhältnissen zwischen positiven intendierten Merkmalen und ungeplanten negativen Sekundäreffekten, zum anderen in der zeitlichen Entwicklung der verschiedenen Ausprägungen der benannten Mischungsverhältnisse: „Führung hat es insofern nicht nur mit dilemmatischen Konstellationen und entsprechenden Mischungen aus offenen und geschlossenen Anteilen zu tun, sondern mit im Fluss befindlichen Mischungen" (Gebert 2002, S. 160). Ein managerieller Umgang mit Dilemmata hat dabei grundsätzlich einen *Kompromisscharakter*. Die den Dilemmata zugrundeliegenden Dualitäten werden zwar bearbeitet

12 Die Polarität der genannten Zielbündel zwischen Innovation und Effizienz verschärft sich in Organisationen der Sozialwirtschaft dadurch zusätzlich, dass diese nicht nur der eigenen Wirtschaftlichkeit Rechnung tragen müssen, sondern auch die Erwartungen von Klient_innen, Angehörigen, Kostenträgern usw. erfüllen müssen, was die Qualität der Interventionen und die erforderliche Finanzierung angeht.

und in gewissem Sinne handhabbar gemacht, aber sie werden nicht im strengen Sinne aufgelöst. Dilemmatamanagement bleibt so eine prozessbezogene Aufgabe der Unternehmensführung, die eher der Strategie des „Sowohl-Als-Auch“ als der des „Entweder-Oder“ folgt (Stahl 1999). Insofern ist – wie das Beispiel der offenen versus geschlossenen Organisationskultur zeigt – ein die Pole ausbalancierender und von Lernprozessen geprägter Umgang mit dem Grunddilemma „offene versus geschlossene Organisationsformen“ notwendig.

Wichtig ist dabei, dass „trotz aller Balancierungsbemühungen ungeplante negative Sekundäreffekte der jeweiligen Mischungen“ verbleiben – und „genau in diesen verbleibenden negativen Sekundäreffekten“ liegen „die Wurzeln dafür, dass im Zuge der Balancierungsprozesse ‚Anpassungen an die Anpassungen‘ erforderlich sind“, wodurch der *Balanceprozess* nicht als einmaliger, sondern als immer wieder neu notwendiger Vorgang zu verstehen ist (Gebert 2002, S. 165). Alle Mischungsverhältnisse beinhalten letztlich einen Kompromisscharakter, womit die „Antriebskräfte der Eigenregulation sozialer Systeme virulent“ bleiben und „immer wieder neue ungeplante Nachfragen erzeugt“ werden, die wieder neu ausbalanciert werden müssen (ebd.). Insofern lässt sich festhalten: „Führen heißt dann im Ergebnis: balancieren in Permanenz“; dies stellt gleichermaßen eine Herausforderung für Führungskräfte und Mitarbeitende als auch eine Chance für die permanente Initiierung und Gestaltung von Innovationen in Organisationen dar (ebd.). Führung ist insofern gerade unter dem Fokus des Dilemmatamanagements als kontinuierliche Gestaltung organisationaler Lernprozesse zu verstehen, wie es im Konzept des Entwicklungsorientierten Managements hervorgehoben wird (Grunwald 2012a).

Für die Führungskräfte in sozialwirtschaftlichen Organisationen bedeutet dies, dass eine wichtige Existenzberechtigung des Managements darin liegt, allgemeine und diffuse Paradoxien und Widersprüche der Organisation in *formulier- und greifbare Spannungsfelder und Dilemmata* zu überführen (siehe auch Gebauer 2017, S. 123ff.). Führungskräfte bürgen dafür, den Umgang mit den Paradoxien und Dilemmata in Organisationen in eine kanalisierte und damit bearbeitbare Form zu bringen. Die von Führungskräften angestoßene Auseinandersetzung mit der Komplexität der Umwelt einer Organisation ist dabei nicht irgendwann einmal abgeschlossen, sondern stellt vielmehr eine immer wieder neu anzugehende Herausforderung dar. Die Frage, was neu bedacht und entschieden werden kann und an welchen Stellen die Organisation auf bestehende Muster im Umgang mit Paradoxien und Dilemmata zurückgreifen kann – also: wo kann ‚Ungewissheit absorbiert‘ werden und wo muss sie wieder neu integriert werden –, muss immer wieder neu gestellt und bearbeitet werden (genauer Grunwald 2006, S. 191).

Dabei ist zum Einen zu berücksichtigen, dass Dilemmata und Paradoxien von Organisationen nicht permanent thematisiert werden können, weil dies zu einer Überforderung von Organisation, Personal und Umfeld führen würde. Zum anderen ist darauf hinzuweisen, dass die Verarbeitung von Dilemmata und Paradoxien keinesfalls immer als Reduktion von Komplexität, sondern durchaus auch als Erhöhung derselben verstanden werden muss: Leitungskräfte müssen die Komplexität teilweise auch systematisch erhöhen, indem sie Dilemmata und Paradoxien so entfalten, dass sie in der Organisation wahrgenommen und bearbeitet werden können. Manager_innen können somit auch als „Paradoxieentfaltungsinstanz“ verstanden werden, deren Aufgabe darin besteht, widersprüchliche Anforderungen nicht komplett von der eigenen Organisation oder Abteilung fernzuhalten, sondern sie immer wieder neu in einer bearbeitbaren Form in die Einrichtung eindringen zu lassen (Kühl 2015a, S. 28).

Leitungskräfte in Einrichtungen der Sozialen Arbeit sind insofern vor dem Hintergrund eines im Konzept des Dilemmatamanagements implizierten systemischen Organisations- und Managementverständnisses gut beraten, sich nicht von einem „heroische[n] Führungsideal“ leiten zu lassen, das der Komplexität von Organisationen der Sozialen Arbeit mit allen Dilemmata und Paradoxien keinesfalls gerecht werden kann. Erfolgreiches Management in sozialwirtschaftlichen Einrichtungen zeichnet sich gerade durch das Wahr- und Ernstnehmen und die ausdauernde Arbeit an Paradoxien und Dilemmata und den Verzicht auf schnelle ‚Lösungen‘ aus. Leitungskräfte in der Sozialwirtschaft müssen für diese Herausforderung on und off the job sensibilisiert und qualifiziert werden, ohne dass die strukturellen Rahmungen, die bei Dilemmata und Paradoxien und ihrer Bearbeitung immer eine Rolle spielen, entweder überbetont (die Führungskraft als „Opfer“ struktureller „Zwänge“) oder übergangen werden (die Führungskraft als „Held“, der unbeeinflusst durch jegliche strukturelle Rahmenbedingungen agiert).

4. Ausblick: Postheroische Führung sozialwirtschaftlicher Organisationen als lose gekoppelte Systeme und organisierte Anarchien

Genau dies meint der Begriff des „postheroischen Managements“ bzw. der „postheroischen Führung“, wie er insbesondere von Baecker (ursprünglich 1994, weiter geführt 2007 und 2011) geprägt und von Simon (2007) ausdifferenziert worden ist; ersterer versteht „postheroisches Management“ als „die Fähigkeit, Irritationen in Ordnungen und Verfahren umzusetzen, die für weitere Irritationen empfänglich und empfindlich bleiben“ sowie als „die Fähigkeit, mit Ungewissheit auf eine Art und Weise umzugehen, die diese bearbeitbar macht, ohne das Ergebnis mit Gewissheit zu verwechseln“ (Baecker 1994, S. 9).[13] Postheroisches Management beinhaltet darüber hinaus u.a., keine einsamen Entscheidungen zu treffen, ohne auf die Ressourcen der Organisation zurückzugreifen, sondern stattdessen „das Wissen und die Erfahrung von Mitarbeitern der unterschiedlichen Hierarchieebenen zu nutzen“ und „den Widerspruch zur eigenen Meinung einzufordern“ (Simon 2007, S. 86f.). Alle Personen mit Managementverantwortung – unabhängig davon, wie sich in ihrer Stelle konkret sozialpädagogische Fachlichkeit und Leitungskompetenz schneiden, unabhängig davon, ob sie eine ‚Leitungs-‘ oder eine ‚Fachkraftstelle‘ oder eine Mischung aus beiden innehaben – sollten wissen, dass sie nicht die Aufgabe haben, „im Sinne einer Entweder-oder-Logik, sondern zwischen *verschiedenen* rationalen Optionen zu entscheiden“ – nichts Anderes bedeutet Ambiguitätstoleranz; sie sollten „sich *nicht* von kontextfreien, vermeintlich absolut gültigen Prinzipien oder Kategorien“ leiten lassen, sondern immer von „der *Funktion* und *Funktionalität*, dessen, was zur Wahl steht“; sie sollten schließlich „*Unentscheidbarkeit* als einen Normalfall“ ansehen und dennoch in der Lage sein, dafür zu sorgen, dass – auf welchem Wege auch immer – Entscheidungen getroffen werden (ebd., Hervorhebungen im Original; siehe auch Wüthrich 2016).

Organisationen der Sozialwirtschaft stehen angesichts der ‚neuen Unübersichtlichkeit‘ bezüglich der Erbringung sozialer Dienst- und Unterstützungsleistungen im Kontext von Welfare-Mix und Governance (Grunwald/Roß 2014; siehe auch Roß „Governance“ in diesem Band) aktuell vor der Notwendigkeit, dass ihre ‚Steuerung‘ unterschiedliche ‚Logiken‘ und ‚Rationali-

13 Auf die Differenzierung zwischen „postheroischem Management“ und „postheroischer Führung“ kann an dieser Stelle nicht eingegangen werden (Baecker 1994, 2007 und 2011).

täten' in einem „multirationale[n] Management" aufnehmen und produktiv verarbeiten kann (Schedler/Rüegg-Stürm 2013; siehe auch das „St. Galler Management-Modell" in der „4. Generation" nach Rüegg-Stürm/Grand 2014). Postheroisches Management lässt sich so als ‚professionelle Haltung' beschreiben,[14] Dilemmata und Paradoxien bewusst wahrzunehmen und genauso reflektiert wie ausdauernd zu bearbeiten, ohne sich von ihnen paralysieren zu lassen oder sich falschen Hoffnungen auf eine (noch dazu schnelle) ‚Lösung' derselben hinzugeben.

Postheroisches Management ist auch inspiriert von einem Verständnis *sozialwirtschaftlicher Organisationen als „lose gekoppelte Systeme und organisierte Anarchien"* (Wolff 2010, S. 285), in denen Entscheidungen auch nach dem „Papierkorb-Modell" der Entscheidung getroffen werden (Cohen et al. 1990). Dieses spezifische, an die bisherigen Ausführungen gut anschließbare Organisationsverständnis soll abschließend kurz beschrieben und hinsichtlich seiner Konsequenzen für die Gestaltung und das Management sozialwirtschaftlicher Organisationen fokussiert werden.

Die theoretischen Perspektiven der lose gekoppelten Systeme und der organisierten Anarchien sind eng miteinander verbunden und befassen sich beide damit, wie Organisationen mit Offenheiten, Vieldeutigkeiten und Unsicherheiten – also auch Dilemmata und Paradoxien – umgehen, wobei bei der ‚losen Kopplung' die Struktur und der Prozess der Strukturierung von Organisationen im Mittelpunkt steht, während die Rede von der ‚organisierten Anarchie' die Findung von Entscheidungen fokussiert (Wolff 2010, S. 286; Weick 2001, S. 126): Organisierte Anarchien sind „eine besondere Klasse von Entscheidungssituationen, nämlich solche, in denen viele und wechselnde Präferenzen gegeben sind, in den die verfügbaren Mittel zur Zielerreichung von den Mitspielern kaum verstanden werden, wo fluktuierende Anwesenheiten und wechselndes Engagement herrschen, sodass die Grenzen der Organisation unscharf sind und die Rollen der Beteiligten changieren" (Wolff 2010, S. 301f.). In ihnen steht nicht die „klassisch-rationalistische Logik der Folgebeziehung", sondern eine „Logik der Angemessenheit" im Zentrum (Wolff 2010, S. 306). Rationalität wird als Prozess verstanden, Organisation unter dem Fokus des „Prozesses des Organisierens" gesehen (Weick 1998). Statt einer Optimierung „eingeschränkter Rationalität" geht es stärker um eine selbstkritisch reflektierte Lernfähigkeit von Organisationen, um eine „Technologie der Torheit" (March 1990) im Sinne einer „Theorie der vernünftigen Nicht-Rationalität" (Wolff 2010, S. 300) und um die „Orientierungs- und Legitimationsfunktion von Rationalität" und mit ihr verbundene Prozesse der Sinngebung (‚sensemaking') (so Weick, zitiert nach Wolff 2010, S. 317; siehe auch Weick 2001, S. 128ff.).

Führung bzw. Management in ‚organisierten Anarchien' und angesichts ‚loser Kopplung' schließt an das Konzept des ‚Postheroischen Managements' an. Da vor dem Hintergrund begrenzter Kapazitäten häufig eine ständige Überlastung von organisatorischen Kommunikations- und Entscheidungssystemen bei einer gleichzeitig oft sehr schmalen Informationsbasis vorliegt (Weick/Sutcliffe 2016), können Steuerungsinterventionen durchaus nicht beabsichtigte Resultate oder gravierende Nebenfolgen produzieren. Insofern macht es Sinn, zwischen den

14 Hier ist es spannend, dass Schütze ausdrücklich „Paradoxien des professionellen Handelns" benennt, die aus seiner Sicht für professionelles Handeln unvermeidbar sind: „Die systematischen Fehlerpotentiale sind zusammen mit den unaufhebbaren Kernproblemen professionellen Handelns immer und unvermeidbar gegeben" (1996, 187f.). Eine Berücksichtigung und Bearbeitung derselben ist für professionelles Handeln – in der Fachlichkeit der Sozialen Arbeit wie im Management sozialwirtschaftlicher Organisationen – zwingend notwendig: „Nur wenn der Professionelle sich offen mit den unaufhebbaren Kernproblemen seines Arbeitsfeldes als Handlungsparadoxien auseinandersetzt, kann er die Fehlerpotentiale der Profession bewusst und wirksam kontrollieren" (ebd.).

Bestrebungen, das organisationale System zu *lenken* und solchen, es zu *pflegen*, zu unterscheiden. Diese *„Pflege des Systems“* beinhaltet alle Versuche, die Organisation „trotz aller Inkonsistenzen, Interessengegensätze, Auffassungsunterschiede und Schnittstellen *arbeitsfähig* zu halten“ sowie eine Beschränkung von Kontrollmaßnahmen auf wichtige Kennwerte, die innerhalb definierter Sicherheitszonen bleiben sollten (Wolff 2010, S. 319ff.; Hervorhebungen im Original). Einer der wichtigsten Grundsätze erfolgreicher Führung in organisierten Anarchien besteht darin, „‚den Betrieb in Bewegung zu halten‘“, also kontinuierliche Veränderungsprozesse zu begleiten, die Eigendynamik der lose gekoppelten Systeme zu nutzen und „ggf. bereits laufende Anpassungsprozesse im Hinblick auf gerade anstehende innere und äußere Erfordernisse zu reorientieren“ (ebd., S. 320f.). Von Bedeutung ist es zudem, die Organisationskultur zu pflegen und die Prozesse der Sinngebung zu unterstützen, z.B. durch die „Konstruktion neuer und Elaborierung alter Geschichten“ über die ganze Organisation oder bestimmte Bereiche oder Projekte (ebd., S. 322).

Sozialwirtschaftliche Organisationen und alle, die auf verschiedenen Ebenen und in unterschiedlichem Umfang Führung wahrnehmen, sind gefordert, ihr Verständnis von Management und Führung im Lichte der in diesem Beitrag diskutierten Steuerungs- und Managementkonzepte – zwischen unterschiedlichen Steuerungskonzepten, Grundfragen der Organisationsgestaltung bzw. Themen eines General Managements, Strategien des Dilemmatamanagements, Postheroischer Führung sowie dem Management in organisierten Anarchien und angesichts loser Kopplung – immer wieder neu zu reflektieren.

5. Literatur

Baecker, Dirk (2011): Postheroische Führung. In: Baecker, Dirk: Organisation und Störung. Aufsätze. Berlin: Suhrkamp, S. 269-288.

Baecker, Dirk (2007): Postheroisches Management 2.0. In: Revue für postheroisches Management 1, S. 121-123.

Baecker, Dirk (1994): Postheroisches Management. Ein Vademecum. Berlin: Merve.

Bleicher, Knut (2011): Das Konzept integriertes Management. Visionen – Missionen – Programme. 8., überarb. u. erw. Aufl., Frankfurt a.M./New York: Campus.

Blessin, Bernd/Wick, Alexander (2014): Führen und führen lassen. Ansätze, Ergebnisse und Kritik der Führungsforschung. 7., vollst. überarb. Aufl., Konstanz/München: UVK Verlagsgesellschaft.

Cohen, Michael D./March, James G./Olsen, Johann P. (1990): Ein Papierkorb-Modell für organisatorisches Wahlverhalten. In: March, James G. (Hrsg.): Entscheidung und Organisation. Kritische und konstruktive Beiträge, Entwicklungen und Perspektiven. Wiesbaden: Gabler, S. 329-372.

Comelli, Gerhard/von Rosenstiel, Lutz/Nerdinger, Friedemann W. (2014): Führung durch Motivation. Mitarbeiter für Unternehmensziele gewinnen. 5., überarb. Aufl., München: Vahlen.

Feld, Timm C./Seitter, Wolfgang (2017): Organisieren. Stuttgart: Kohlhammer.

Gebauer, Annette (2017): Kollektive Achtsamkeit organisieren. Strategien und Werkzeuge für eine proaktive Risikokultur. Stuttgart: Schäffer Poeschel.

Gebert, Diether (2004): Dilemma-Management. In: Schreyögg, Georg/von Werder, Axel (Hrsg.): Handwörterbuch der Unternehmensführung und Organisation. 4. völlig neu bearb. Aufl., Stuttgart: Schäffer-Poeschel, Sp. 195-204.

Gebert, Diether (2002): Führung und Innovation. Stuttgart: Kohlhammer.

Geramanis, Olaf/Hermann, Kristina (Hrsg.) (2016): Führen in ungewissen Zeiten. Impulse, Konzepte und Praxisbeispiele. Wiesbaden: Springer VS.

Göbel, Elisabeth (2004): Selbstorganisation. In: Schreyögg, Georg/Werder, Axel von (Hrsg.): Handwörterbuch der Unternehmensführung und Organisation. 4. völlig neu bearb. Aufl., Stuttgart: Schäffer-Poeschel, Sp. 1312-1318.

Gruber, Alexander (2017): Kreuz und quer: Top-down-, Bottom-up- und laterale Führung in Organisationen. In: Roehl, Heiko/Asselmeyer, Herbert (Hrsg.): Organisationen klug gestalten. Das Handbuch für Organisationsentwicklung und Change Management. Stuttgart: Schäffer-Poeschel, S. 219-224.

Grunwald, Klaus (2016): Management von und in Einrichtungen der Sozialen Arbeit aus der Perspektive des Konzepts Lebensweltorientierung. In: Grunwald, Klaus/Thiersch, Hans (Hrsg.): Praxishandbuch Lebensweltorientierte Soziale Arbeit. Handlungszusammenhänge und Methoden in unterschiedlichen Arbeitsfeldern. 3., vollst. überarb. Aufl., Weinheim: Beltz Juventa, S. 431-444.

Grunwald, Klaus (2015a): Organisation und Organisationsgestaltung. In: Otto, Hans-Uwe/Thiersch, Hans (Hrsg.): Handbuch Soziale Arbeit. Grundlagen der Sozialarbeit und Sozialpädagogik. 5., erw. Aufl., München: Reinhardt, S. 1139-1150.

Grunwald, Klaus (2015b): Postheroisches Management als Herausforderung für Fach- und Leitungskräfte aus der Perspektive einer Lebensweltorientierten Sozialen Arbeit. In: Zeitschrift für Sozialpädagogik 13, H. 2, S. 178-185.

Grunwald, Klaus (2013): Soziale Arbeit, ihre Selbstverortung und ihr Verhältnis zu Fragen der Steuerung sozialwirtschaftlicher Unternehmen. In: Wöhrle, Armin/Beck, Reinhilde/Grunwald, Klaus/Schellberg, Klaus/Schwarz, Gotthart/Wendt, Wolf Rainer (Hrsg.): Grundlagen des Managements in der Sozialwirtschaft. Baden-Baden: Nomos, S. 81-115.

Grunwald, Klaus (2012a): Entwicklungsorientiertes Management als Konzept für Organisationsgestaltung und Personalmanagement in Einrichtungen der Sozialwirtschaft. In: Wöhrle, Armin (Hrsg.): Auf der Suche nach Sozialmanagementkonzepten und Managementkonzepten für und in der Sozialwirtschaft. Band 2. Augsburg: Ziel, S. 188-204.

Grunwald, Klaus (2012b): Zur Bewältigung von Dilemmata und Paradoxien als zentrale Qualifikation von Leitungskräften in der Sozialwirtschaft. In: Bassarak, Herbert/Noll, Sebastian (Hrsg.): Personal im Sozialmanagement. Neueste Entwicklungen in Forschung, Lehre und Praxis. Wiesbaden: Springer VS, S. 55-80.

Grunwald, Klaus (Hrsg.) (2009): Vom Sozialmanagement zum Management des Sozialen? Eine Bestandsaufnahme. Baltmannsweiler: Schneider Verlag Hohengehren.

Grunwald, Klaus (2006): Management von Dilemmata und Paradoxien in Organisationen der Sozialen Arbeit. In: Neue Praxis 36, H. 2, S. 186-201.

Grunwald, Klaus/Steinbacher, Elke (2013): Kompetenz und Professionalität in der Sozialwirtschaft. In: Kaufmann, Dieter/Knapp, Kornelius (Hrsg.): Demografischer Wandel in der Sozialwirtschaft. Herausforderungen, Ansatzpunkte, Lösungsstrategien. Stuttgart: Kohlhammer, S. 101-120.

Grunwald, Klaus/Steinbacher, Elke (2007): Organisationsgestaltung und Personalführung in den Erziehungshilfen. Grundlagen und Praxismethoden, Weinheim: Juventa.

Hoffmann, Gregor Paul (2017): Organisationale Resilienz. Kernressource moderner Organisation. Wiesbaden: Springer.

Kirsch, Werner/Seidl, David/van Aaken, Dominik (2009): Unternehmensführung. Stuttgart: Schäffer-Poeschel.

Kirsch, Werner/Seidl, David (2004): Steuerungstheorie. In: Schreyögg, Georg/Werder, Axel von (Hrsg.): Handwörterbuch der Unternehmensführung und Organisation. Stuttgart: Schäffer-Poeschel, Sp. 1365-1374.

Klatetzki, Thomas (2012): Professionelle Organisationen. In: Apelt, Maja/Tacke, Veronika (Hrsg.): Handbuch Organisationstypen. Wiesbaden: Springer VS, S. 165-184.

Klimecki, Rüdiger G. (2004): Motivationsorientierte Organisationsmodelle. In: Schreyögg, Georg/Werder, Axel von (Hrsg.): Handwörterbuch der Unternehmensführung und Organisation. 4. völlig neu bearb. Aufl., Stuttgart: Schäffer-Poeschel, Sp. 915-922.

Kopp, Botho von (2009): Steuerung. In: Andresen, Sabine/Casale, Rita/Gabriel, Thomas/Horlacher, Rebekka/Larcher Klee, Sabina/Oelkers, Jürgen (Hrsg.): Handwörterbuch Erziehungswissenschaft. Weinheim/Basel: Beltz, S. 834-849.

Kühl, Stefan (2017): Laterales Führen. Eine kurze organisationstheoretisch informierte Handreichung. Wiesbaden: Springer VS.

Kühl, Stefan (2015a): Sisyphos im Management. Die vergebliche Suche nach der optimalen Organisationsstruktur. 2., aktual. Aufl., Frankfurt a.M./New York: Campus.

Kühl, Stefan (2015b): Wenn die Affen den Zoo regieren. Die Tücken der flachen Hierarchien. 6. aktualisierte Aufl., Frankfurt a.M./New York: Campus.

Kühl, Stefan (2015c): Wie demokratisch können Unternehmen sein? In: Wirtschaft und Weiterbildung 28, H. 6, S. 18-24.

Langer, Andreas (2013): Professionell managen. Kompetenz, Wissen und Governance im Sozialen Management. Wiesbaden: Springer VS.

March, James G. (1990): Die Technologie der Torheit. In: March, James G. (Hrsg.): Entscheidung und Organisation. Kritische und konstruktive Beiträge, Entwicklungen und Perspektiven, Wiesbaden: Gabler, S. 281-295.

Merchel, Joachim (2015): Management in Organisationen der Sozialen Arbeit. Eine Einführung. Weinheim: Beltz Juventa.

Mintzberg, Henry (2011): Managen. 2. Aufl., Offenbach: Gabal.

Moser, Michaela (2017): Hierarchieloses führen. Anforderungen an eine moderne Unternehmens- und Mitarbeiterführung. Wiesbaden: Springer Gabler.

Müller-Stewens, Günter/Fontin, Mathias (1997): Management unternehmerischer Dilemmata. Ein Ansatz zur Erschließung neuer Handlungspotentiale. Stuttgart: Schäffer-Poeschel.

Nagel, Reinhardt/Wimmer, Rudolf (2014): Systemische Strategieentwicklung. Modelle und Instrumente für Berater und Entscheider. 6. aktual. und erg. Aufl., Stuttgart: Schäffer-Poeschel.

Oestereich, Bernd/Schröder, Claudia (2017): Das kollegial geführte Unternehmen. Ideen und Praktiken für die agile Organisation von morgen. München: Vahlen.

Ortmann, Günther (2012): Gesteuerte Selbstorganisation – ein hölzernes Eisen? In: Eberl, Peter/Geiger, Daniel/Koch, Jochen (Hrsg.): Komplexität und Handlungsspielraum. Unternehmenssteuerung zwischen Ordnung und Chaos. Berlin: Erich Schmidt, S. 133-164.

Luczak, Dominik (2017): Agil – Erfolgsfaktor agiles Unternehmenssystem. In: Ramsauer, Christian/Kayser, Detlef/Schmitz, Christoph (Hrsg.): Erfolgsfaktor Agilität. Chancen für Unternehmen in einem volatilen Marktumfeld. Weinheim: Wiley-VCH, S. 17-32.

Porrini, Elvira/Kipouros, Antonios (2016): Resilienz als organisationale Leistung. Tragfähige Entscheidungen durch Etablierung kontinuierlicher Reflexions-, Lern- und Anpassungsprozesse. In: Geramanis, Olaf/Hermann, Kristina (Hrsg.): Führen in ungewissen Zeiten. Impulse, Konzepte und Praxisbeispiele. Wiesbaden: Springer Gabler, S. 373-390.

Rüegg-Stürm, Johannes/Grand, Simon (2014): Das St. Galler Management-Modell. 4. Generation – Einführung. Bern: Haupt.

Schedler, Kuno/Rüegg-Stürm, Johannes (Hrsg.) (2013): Multirationales Management. Der erfolgreiche Umgang mit widersprüchlichen Anforderungen an die Organisation. Bern: Haupt.

Scheller, Torsten (2017): Auf dem Weg zur agilen Organisation. Wie Sie Ihr Unternehmen dynamischer, flexibler und leistungsfähiger gestalten. München: Vahlen.

Schimank, Uwe (2007): Organisationstheorien. In: Benz, A. u.a. (Hrsg.): Handbuch Governance. Theoretische Grundlagen und empirische Anwendungsfelder. Wiesbaden: Springer VS, S. 200-211.

Schneider, Volker (2004): Organizational Governance – Governance in Organisationen. In: Benz, Arthur (Hrsg.): Governance – Regieren in komplexen Regelsystemen. Eine Einführung. Wiesbaden: Springer VS, S. 173-192.

Schreyögg, Georg (2007): Unternehmensführung/Management. In: Köhler, Richard/Küpper, Hans-Ulrich/Pfingsten, Andreas (Hrsg.): Handwörterbuch der Betriebswirtschaft. Stuttgart: Schäffer-Poeschel, Sp. 1812-1821.

Schreyögg, Georg/Geiger, Daniel (2016): Organisation: Grundlagen moderner Organisationsgestaltung. Mit Fallstudien. 6., vollst. überarb. u. erw. Aufl., Wiesbaden: Springer Gabler.

Schreyögg, Georg/Conrad, Peter (Hrsg.) (1994): Managementforschung 4: Dramaturgie des Managements – Laterale Steuerung. Berlin/New York.

Schütze, Fritz (1996): Organisationszwänge und hoheitsstaatliche Rahmenbedingungen im Sozialwesen. In: Combe, Arno/Helsper, Werner (Hrsg.): Pädagogische Professionalität. Frankfurt a.M.: Suhrkamp, S. 183-275.

Simon, Fritz B. (2007): Paradoxiemanagement oder: Genie und Wahnsinn der Organisation. In: Revue für postheroisches Management 1, S. 68-87.

Staehle, Wolfgang H. (1999): Management: Eine verhaltenswissenschaftliche Perspektive. überarb. von P. Conrad und J. Sydow. 8. Aufl., München: Vahlen.

Stahl, Heinz K. (1999): Unternehmensführung als Balanceakt. Der schwierige Übergang vom „Entweder-Oder" zum „Sowohl-Als-auch". In: Heitger, Barbara/Schmitz, Christoph/Gester, Peter (Hrsg.): Managerie. 5. Jahrbuch für systemisches Denken und Handeln im Management. Heidelberg: Carl Auer, S. 179-195.

Steinmann, Horst/Schreyögg, Georg/Koch, Jochen (2013): Management. Grundlagen der Unternehmensführung. Konzepte – Funktionen – Fallstudien. 7., vollst. überarb. Aufl., Wiesbaden: Springer Gabler.

Sydow, Jörg (2012): Netzwerksteuerung als Systemsteuerung: Managementpraktiken zwischen Pfadabhängigkeit und Unsicherheit. In: Eberl, Peter/Geiger, Daniel/Koch, Jochen (Hrsg.): Komplexität und Handlungsspielraum. Unternehmenssteuerung zwischen Ordnung und Chaos. Berlin: Erich Schmidt, S. 269-283.

Tuckermann, Harald 2013: Multirationales Management im Spital. In: Schedler, Kuno/Rüegg-Stürm, Johannes (Hrsg.): Multirationales Management. Der erfolgreiche Umgang mit widersprüchlichen Anforderungen an die Organisation. Bern: Haupt, S. 93-114.

Weick, Karl E. (2001): „Drop your Tools!". In: Bardmann, Thedor/Groth, Torsten (Hrsg.): Zirkuläre Positionen 3. Organisation, Management und Beratung. Wiesbaden: Westdeutscher Verlag, S. 123-138.
Weick, Karl E. (1998): Der Prozess des Organisierens. 2. Aufl., Frankfurt a.M.: Suhrkamp.
Weick, Karl E./Sutcliffe, Kathleen M. (2016): Das Unerwartete managen. Wie Unternehmen aus Extremsituationen lernen. Stuttgart: Schäffer-Poeschel.
Werder, Axel von (2004): Organisatorische Gestaltung (Organization Design). In: Schreyögg, Georg/Werder, Axel von (Hrsg.): Handwörterbuch der Unternehmensführung und Organisation. 4. völlig neu bearb. Aufl., Stuttgart: Schäffer-Poeschel, Sp. 1088-1101.
Willke, Helmut (2001): Systemtheorie III: Steuerungstheorie. Grundzüge einer Theorie der Steuerung komplexer Sozialsysteme. 3., bearb. Aufl., Stuttgart: UTB.
Willke, Helmut (1997): Supervision des Staates. Frankfurt a.M.: Suhrkamp.
Wimmer, Rudolf (2011): Die Steuerung des Unsteuerbaren. In: Pörksen, Bernhard (Hrsg.): Schlüsselwerke des Konstruktivismus, Wiesbaden: Springer VS, S. 520-547.
Wimmer, Rudolf/Schumacher, Thomas (2014): Führung und Organisation. In: Wimmer, Rudolf/Meissner, Jens O./Wolf, Patricia (Hrsg.): Praktische Organisationswissenschaft. Lehrbuch für Studium und Beruf. 2., überarb. u. erw. Aufl., Heidelberg: Carl Auer, S. 217-240.
Wolff, Stephan (2010): Soziale personenbezogene Dienstleistungsorganisationen als lose gekoppelte Systeme und organisierte Anarchien. In: Klatetzki, Thomas (Hrsg.): Soziale personenbezogene Dienstleistungsorganisationen. Wiesbaden: Springer VS, S. 285-335.
Wüthrich, Hans A. (2016): Resilienzzentrierte Führung. In: Geramanis, Olaf/Hermann, Kristina (Hrsg.): Führen in ungewissen Zeiten. Impulse, Konzepte und Praxisbeispiele. Wiesbaden: Springer VS, S. 17-31.

Sozialmanagement

Ludger Kolhoff

Das Sozialmanagement hat die Aufgabe in einer sich verschärfenden Wettbewerbssituation eine Steigerung der fachlichen und wirtschaftlichen Effektivität und Effizienz zu erreichen (Grunwald 2001). Doch die Einrichtungen der Sozialwirtschaft haben nicht nur wirtschaftliche Ziele im Blick, sondern orientieren sich auch an einer Vielzahl von Sachzielen wie Bildung, Gesundheit oder Selbstständigkeit (Klatetzki 2010, S. 14). Folglich sind die Anforderungen an das Management hoch.

Ein Management, das sich lediglich als Betriebsführung versteht, reicht unter den heutigen Bedingungen nicht mehr aus. Die Spannweite des Sozialmanagements reicht von den Lebenswelten der Menschen bis zur Sozialpolitik. In der Folge geht es nicht nur darum, im Innenverhältnis Einrichtungen der Sozialwirtschaft zu managen, sondern auch im Außenverhältnis Anschlussfähigkeiten zu den relevanten Funktionssystemen der Gesellschaft herzustellen.

1. Im Innenverhältnis: Die Organisation managen

Die Wurzeln des Wortes ‚Management' sind im Italienischen der Renaissance zu finden. Maneggiare sagte man, wenn wilde Pferde einzureiten und dabei zu zügeln waren. Wenn man ein Pferd ‚im Zaum halten will' so, ‚dass es nicht durchgeht', muss man permanent handeln. Auch von Manager_innen wird in Analogie hierzu erwartet, dass sie durch Entscheidungen und Handlungen, durch Beobachtungen der Auswirkungen des Handelns und durch erneutes Handeln Situationen im Griff behalten und Organisationen gestalten. Da 70-90% der Arbeit von Manager_innen aus Gesprächen besteht (Steinmann et al. 2013, S. 15), kann Management als Entscheidungshandeln auf der Basis von Kommunikation verstanden werden.

1.1 Management als Entscheidungshandeln

Um entscheiden zu können, müssen Manager_innen Beziehungspflege betreiben, Informationen einholen, Situationen beobachten und sich z.B. fragen: Was läuft gut, was läuft schlecht? Ist jemand engagiert oder nicht? Liegen die Kosten im Rahmen oder sind sie zu hoch? Wird Hilfe geleistet oder nicht geleistet?

Informationen und Beobachtungen führen zu Unterscheidungen, auf deren Basis Sozialmanager_innen Entscheidungen auf den für die Sozialwirtschaft relevanten Steuerungsebenen Macht (Recht), Geld und sozialarbeiterisches Wissen treffen, die wiederum die Grundlage für neue Entscheidungsprozesse sind. Die Fähigkeit zum Entscheidungshandeln geht auch mit der Fähigkeit einher, auf der Basis von unvollständigen Informationen zu entscheiden und Unsicherheiten aushalten zu können.

Jede Entscheidung beruht auf einer Unterscheidung. Wenn man sich für eine bestimmte Option festgelegt hat, so hat man sich in der Regel gegen eine andere entschieden. Durch die Entscheidung werden bestimmte Optionen unwiderruflich verbaut, aber auch neue Wege eröffnet. Gemäß dem konstruktivistischen Imperativ „Erhöhe deine Optionen" sollten Wege beschritten werden, die nicht in Sackgassen führen, sondern wiederum viele neue Verzweigungen und Optionen aufweisen. Dabei sind blinde Flecken zu beachten, bspw. bei betriebswirtschaftlich ausgerichteten Sozialmanager_innen, die stark in Geldkategorien denken, politisch sozialisierten Sozialmanager_innen, die stark in Kategorien von Macht und Herrschaft und bei sozialarbeiterisch ausgerichteten Sozialmanager_innen, die stark in Kategorien von Hilfe und Nichthilfe denken. Um blinde Flecken zu vermeiden, sollten Sozialmanager_innen sowohl über betriebswirtschaftliche, wie auch über politische und sozialarbeiterische Kompetenzen verfügen. Eine hohe Reflexionsfähigkeit ist erforderlich, des Weiteren die Fähigkeit, das Handeln überschaubar und überprüfbar zu gestalten, aus Fehlern zu lernen und kontinuierliche Verbesserungsprozesse einzuleiten und durchzuführen.

Je nach Entscheidungszeitraum lässt sich eine Unterteilung vornehmen (Schubert 2005, S. 78f.; Bleicher 2011, S. 87ff.) in ein

- Langfristiges normatives Management:
  Es geht um die Unternehmensphilosophie, um Leitbilder, Werte, Normen und Regeln, die das Selbstverständnis der Unternehmung kennzeichnen und langfristig das Handeln der Organisation bestimmen. Es handelt sich um ein grundlegendes Strukturmuster, das mit dem systemtheoretischen Begriff des Codes des Systems beschrieben werden kann. Ein Beispiel hierfür ist der Inklusionsansatz in der Behindertenhilfe, um Menschen mit Behinderung zu ermöglichen, mit ihren spezifischen Fähigkeiten und Nicht-Fähigkeiten ein selbstbestimmtes Leben zu führen.
- Mittelfristiges strategisches Management:
  Es geht darum, mittels einer Unternehmensstrategie über einen längeren Zeitraum die Einhaltung oder Verwirklichung dieser Codes zu betreiben und eine Balance der Unternehmung mit der Umwelt herzustellen. Um das Unternehmen entsprechend auszurichten, gilt es, strategische Ziele zu beschreiben und darzustellen, was bewirkt werden soll und was wie getan werden muss. In der Behindertenhilfe geht es z.B. um das Ziel, differenzierte Wohnangebote zur Verfügung zu stellen, um den Anforderungen der Inklusion Rechnung zu tragen.
- Kurzfristiges operatives Management:
  Es bezieht sich auf kurze Entscheidungsräume mit einem beträchtlichen Anteil an Erledigungen. Es handelt sich um die Ausführungs- und Prozessebene. Gesteuert wird die konkrete Umsetzung von Angeboten, z.B. das eigenständige Wohnen für Menschen mit Behinderung.

Unabhängig vom Entscheidungszeitraum lässt sich Management klassischerweise wie folgt unterscheiden:

- funktionell: als Kranz von Aufgaben, die in arbeitsteiligen Organisationen notwendig sind, und
- institutionell: als Gruppe von Personen, die in einer Organisation mit Anweisungsbefugnissen betraut sind (Steinmann et al. 2013, S. 6).

1.2 Management als Funktion

Unter Management als Funktion werden Ausführungen verstanden, die zur Gestaltung von Leistungsprozessen und zur Aufgabenerfüllung notwendig sind (Steinmann et al. 2013, S. 6). Managementfunktionen werden auf unterschiedlichen Managementebenen erbracht. Die Prozesse sind unpersönlich und auswechselbar und umfassen die Schritte Planung (planning), Organisation (organizing), Personaleinsatz (staffing), Führung (directing) und Kontrolle (controlling) (Wöhrle 2013, S. 173f.).

1.2.1 Planung (planning): Normative, strategische und operative Planung

Im Rahmen der Planung wird festgelegt, welche Ziele wie erreicht werden sollen. Dies ist eine der wichtigsten Aufgaben des Managements (Drucker 2005). Denn nur dann, wenn bekannt ist, welche Aufgaben die Organisation hat, kann jeder Mitarbeiter auch klar sagen, welchen Beitrag er einbringt. Deshalb ist es wichtig, dafür zu sorgen, dass den Mitarbeiter_innen klar ist, welchen Beitrag sie liefern, um die Ziele der Organisation zu erreichen. In der Folge geht es darum, eine Übereinstimmung zwischen den individuellen Zielen der Mitarbeiter_innen und denen der Organisation herzustellen. (Ein Beispiel ist die Inklusion. Wenn z.B. deutlich gemacht wird, dass es nun zur Aufgabe einer Institution der Behindertenhilfe gehört, Menschen mit Behinderung die Teilhabe am Arbeitsleben im ersten Arbeitsmarkt zu ermöglichen, sind beispielsweise Mitarbeiter_innen in einer WfbM eher bereit, ihr herkömmliches Handeln zu verändern. Zurzeit ist es noch oft so, dass die Produktion im Mittelpunkt steht und deshalb leistungsfähige Menschen mit Behinderung eher davon abgehalten werden, in den ersten Arbeitsmarkt zu wechseln, da sie für die Produktion in der WfbM benötigt werden.)

Wenn die Ziele von Mitarbeiter_innen und Organisation übereinstimmen, dann kann die Zusammenarbeit reibungslos verlaufen. Wenn es Zielkonflikte gibt, gilt es diese nach Möglichkeit aufzulösen. Deshalb sollten Ziele, zumindest auf der operativen Ebene gemeinsam entwickelt und abgestimmt werden.

Ziele sollen operationalisierbar sein und gemäß der Smart-Formel

- s-pezifisch (Klarheit, Genauigkeit des Ziels)
- m-essbar (Überprüfbarkeit der Zielerreichung)
- a-kzeptabel (Akzeptanz des Ziels innerhalb der Organisation)
- r-ealistisch (tatsächliche Umsetzbarkeit),
- t-erminiert (Angabe des Zeitpunktes der Zielerreichung),

sein.

Dabei dürfen sie den Lösungsweg selbst nicht vorschreiben, denn Ziele sind keine Maßnahmen. Mit der Zielbestimmung wird festgelegt, was erreicht werden soll, wie das Ziel überprüft werden kann, wann es realisiert werden soll und wer verantwortlich ist. Bei den Maßnahmen geht es darum, Ziele umzusetzen. In diesem Kontext wird gefragt, welche Wege beschritten werden können, welche Ressourcen zur Umsetzung der Ziele benötigt werden (Finanzen, Personal, Sachmittel, Räume etc.) und welche Termine und Meilensteine einzuhalten sind. Ziele können als quantitative oder qualitative Ziele formuliert werden. Quantitative Ziele sind mess- und operationalisierbar, und können in Zahlen ausgedrückt werden wie Kosten, Finanzvolumen, Umsatz (monetäre Zielangaben) oder Arbeitsstunden, Tätigkeitsdauer, Verbrauch etc. (nicht monetäre Zielangaben). Allerdings können im sozialen Sektor viele Ziele nicht in Zahlen ausgedrückt werden. Dazu gehören Ziele wie Kundenfreundlichkeit, partizipativer Ansatz, Sozialraumorientierung, Lebensweltorientierung, Berücksichtigung des Gender- oder Nachhaltigkeitsaspekts. Um hier Aussagen über den Grad der Zielerreichung machen zu können, benötigt man Indikatoren (‚Hinweisgeber'). Als Indikator für die Kundenfreundlichkeit eines Sozialen Dienstes kann z.B. die Zahl der Menschen genommen werden, die mit einer Beratung zufrieden war. Als Indikator für die Lebensweltorientierung eines Angebotes kann die Zahl der

Jugendlichen dienen, die die lokale Jugendeinrichtung regelmäßig in Anspruch nehmen und sich mit ihren Bedürfnissen dort offenbar gut aufgehoben fühlen.

Die Planung kann in eine normative, strategische und operative Planung unterteilt werden. Zur normativen Planung gehört die Leitbildentwicklung, in der die Unternehmensphilosophie festgehalten wird. Hier werden die langfristigen Grundsatzziele der Organisation bestimmt.Die strategische Planung hat einen mittelfristigen Horizont und legt entsprechende Rahmenziele fest. Die operative Planung formuliert Ergebnisziele für einen kurzfristigen Zeitraum. Die Zuordnung bestimmter Ergebnisziele (EZ) zu Rahmenzielen (RZ), die ihrerseits Grundsatzzielen (GZ) untergeordnet werden, führt zu einer Zielpyramide, wie sie bereits in den 90er Jahren von Müller-Schöll/Priepke (1992, S. 49) für das Sozialmanagement benannt wurde.

Auf die Planung folgt die Umsetzung. Es werden Abläufe und Verfahrenswege festgelegt und Zuständigkeiten und Zeitpläne erstellt. (Puch/Westermeier 1999, S. 27). Es geht darum, die soziale Dienstleistungsproduktion zu organisieren.

1.2.2 Organisation (organizing)

Zur Organisation gehört die Gestaltung der Hierarchie (Aufbauorganisation) und der Arbeitsabläufe (Ablauforganisation) (Kolhoff 2003).

Bei der Aufbauorganisation werden Handlungsgefüge erstellt, die eine zuverlässige Realisierung der Pläne gewährleisten sollen. Es wird ein Gefüge von Stellen geschaffen, die durch Kommunikationswege miteinander verbunden sind. Am wichtigsten ist das Leitungssystem, das ein hierarchisches Gefüge darstellt, in dem die einzelnen Stellen in einer Organisation unter dem Gesichtspunkt der Weisungsbefugnis miteinander verbunden sind. Die Rangverhältnisse der einzelnen Stellen, die Zuordnung von Teilaufgaben und der Anordnungs- und Berichtswege lassen sich als Über-, Unter- oder Gleichordnungsverhältnisse ausdrücken und grafisch darstellen. Die folgende Abbildung zeigt vier Grundtypen.

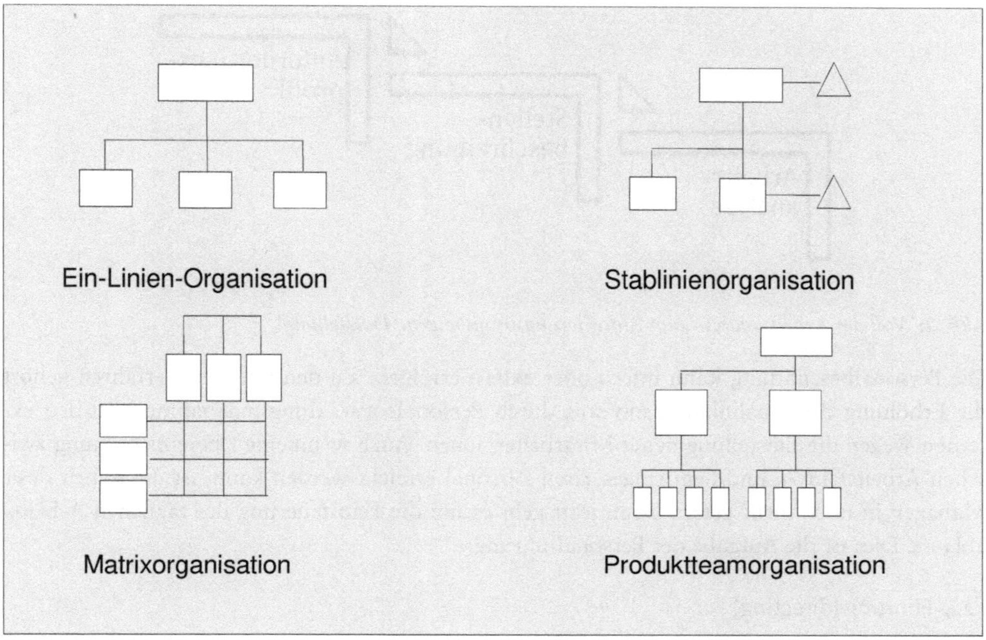

Abb. 1: Vier Grundtypen der Aufbauorganisation (eigene Darstellung)

Neben dem hierarchischen Aufbaugefüge gilt es auch die Prozesse, die Arbeitsabläufe in einer Organisation zu gestalten, um die Ziele, die in der Planungsphase formuliert worden sind, zu erreichen. Es werden Teilaufgaben definiert und Struktur-, Ablauf-, Kosten- und Ressourcenpläne erstellt. Außerdem werden die Verantwortlichkeiten festgelegt. Zur Ablauforganisation gehört auch die Erstellung von Handlungsplänen, um den Personaleinsatz vorzubereiten.

1.2.3 Personaleinsatz (staffing)

Das Personal ist die wichtigste Ressource der Sozialwirtschaft. Folglich ist der Personaleinsatz eine der wichtigsten Aufgaben des Sozialmanagements. Um Stellen mit Personal zu besetzen, wird gefragt, wie viele Mitarbeiter_innen benötigt werden (quantitativ), welche Qualifikationen erforderlich sind (qualitativ), wann sie gebraucht werden (zeitlich) und wo sie eingesetzt werden sollen (örtlich).

Die Anforderungen an das Personal ergeben sich aus einer Analyse der zu erledigenden Arbeiten und der Struktur der Organisation und ihrer Abläufe. Es ergeben sich folgende Schritte:

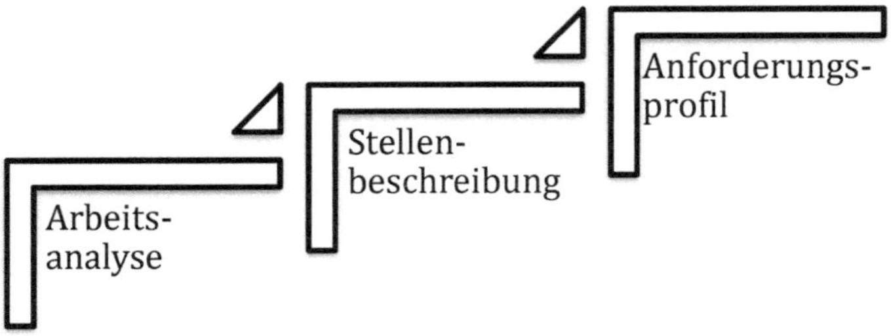

Abb. 2: Von der Arbeitsanalyse zum Anforderungsprofil (eigene Darstellung)

Die Personalbeschaffung kann intern oder extern erfolgen. Zu den internen Verfahren gehört die Erhöhung des Qualifikationsniveaus durch Personalentwicklungsmaßnahmen, zu den externen Wegen die Einstellung neuer Mitarbeiter_innen. Auch wenn eine Übereinstimmung zwischen Arbeitsfeldern und dem eingesetzten Personal erreicht werden kann, ist die Arbeit des/r Manager_in noch nicht getan. Denn jetzt geht es um die Feinsteuerung des täglichen Arbeitsablaufs. Dies ist die Aufgabe der Personalführung.

1.2.4 Führung (directing)

Bei der Personalführung geht es um die direkte personale Beeinflussung des Verhaltens der Mitarbeiter_innen. Hierzu kann man Anreize einsetzen wie z.B. Gehaltszulagen, Zusatzurlaub, Delegation von Verantwortung (Staehle 1999). Personalführung ist aber auch stark vom Führungsstil der Manager_innen abhängig.

Während mit Führungsstilen Verhaltensmuster gekennzeichnet werden, die stark von der Persönlichkeit der Führungskraft und Mitarbeiter_innen abhängig sind, abstrahieren Führungstechniken hiervon und orientieren sich lediglich an der Führungssituation. Sie sind deshalb von unterschiedlichen Charakteren einsetzbar. Die wichtigsten Techniken sind:

- ‚Management by Exception':
  Beim ‚Management by Exception' greift die Führungskraft nur in Ausnahmefällen ein. Ziel der Führungstechnik ist es, die Führungskraft von Routinetätigkeiten zu entlasten und gleichzeitig den Mitarbeiter_innen den Entscheidungsspielraum zu geben, den sie benötigen, um ihre Arbeit effizient bewerkstelligen zu können.
- ‚Management by Delegation':
  Beim ‚Management by Delegation' werden nicht nur Routineaufgaben übertragen, sondern auch anspruchsvolle Aufgabenbereiche delegiert. Somit geht der Ansatz über das Management by Exception hinaus.
- ‚Management by Objectives' (Führen durch Zielvereinbarungen):
  Beim ‚Management bei Objectives' werden Ziele in einem partizipativen Prozess im Rahmen von Zielvereinbarungsgesprächen vereinbart. Wichtig ist, dass die Ziele nicht vorgegeben, sondern gemeinsam entwickelt werden. Für die Erreichung der Ziele und die Umsetzung der erforderlichen Maßnahmen sind dann die Mitarbeiter selbst verantwortlich (Kolhoff 2006, S. 62).

1.2.5 Kontrolle (controlling)

Beim Controlling erfolgt ein Soll-Ist-Vergleich, um zu überprüfen, ob die Pläne in die Tat umgesetzt worden sind. Es werden die erreichten Ergebnisse mit den Plandaten verglichen (Steinmann et al. 2013, S. 13), Abweichungen von den entsprechenden Soll-Werten, z.B. zu den Kosten, der Arbeitszeit, der Arbeitsmenge usw. werden registriert, bewertet und ggf. Gegenmaßnahmen eingeleitet, so dass sich der Managementkreis schließt, denn nun gilt es ggf. neu zu planen, zu organisieren, Personal einzusetzen, zu führen und wiederum zu kontrollieren.

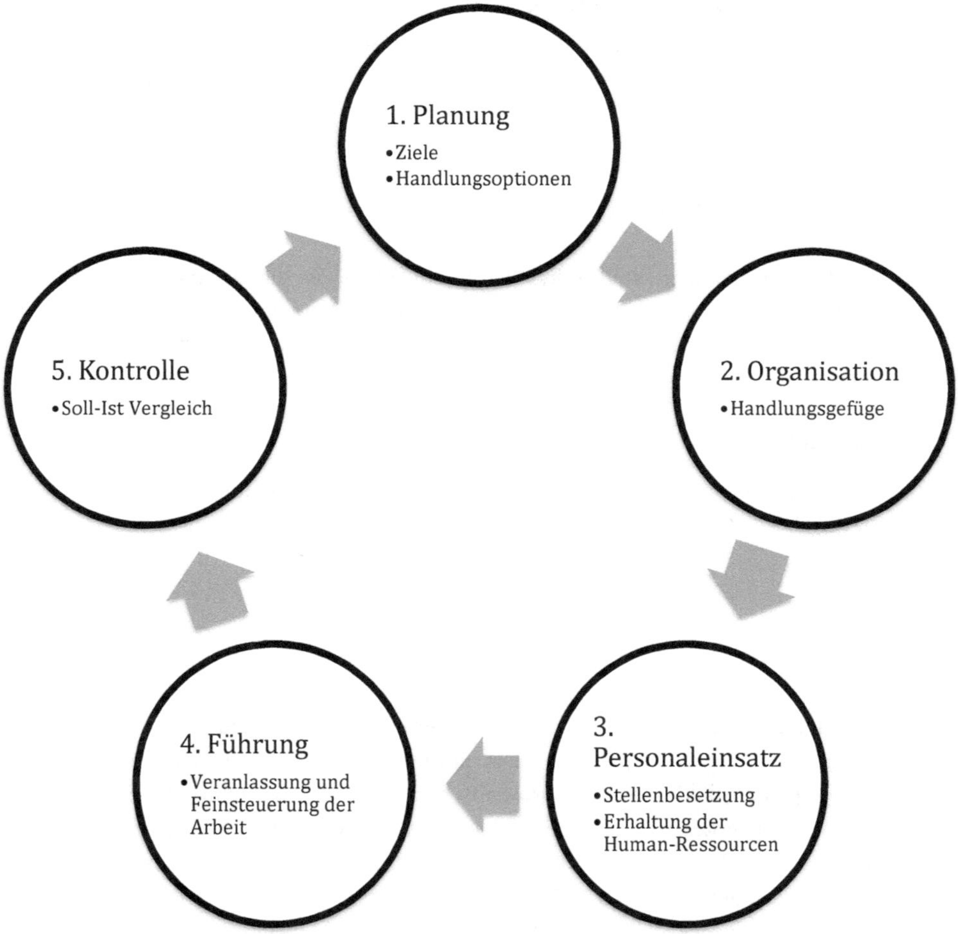

Abb. 3: Klassische Managementfunktionen, dargestellt als Kreislaufmodel (eigene Darstellung in Anlehnung an Steinmann et al. 2013, S. 9ff.)

Der Managementkreislauf findet sich in modifizierter Form im Case-Management, im Projekt-, Qualitäts-, Pflege- oder Quartiersmanagement und in vielen weiteren Bereichen wieder, denn in allen Feldern der Sozialwirtschaft muss geplant, organisiert, umgesetzt und kontrolliert werden.

Zwar ist der funktionale Managementansatz in sich logisch und nachvollziehbar, doch das, was Manager_innen tagtäglich machen, lässt sich oftmals nur begrenzt durch die klassischen Managementfunktionen kennzeichnen (Mintzberg 1975, S. 49). Denn die tägliche Arbeit besteht nicht aus einer Abfolge der funktionalen Schritte von Planung, Organisation, Personaleinsatz, Personalführung und Kontrolle. Manager_innen betreiben Multitasking und springen zwischen verschiedenen Aufgaben hin und her, wobei im Durchschnitt für die jeweilige Tätigkeit nur neun Minuten zur Verfügung stehen. Zwar werden die funktionalen Managementaspekte umgesetzt, allerdings nicht im Sinne eines sequentiellen Modells. Die Aufgaben überlappen sich vielmehr (Steinmann et al. 2013, S. 14ff.). Die tägliche Arbeit von Manager_innen besteht aus offenen Zyklen und vielen unvorhergesehenen Störungen, so dass Aufgaben oftmals nicht zu Ende gebracht werden können und erst zu einem späteren Zeitpunkt wieder aufgenommen werden.

1.3 Management als Institution

Beim institutionellen Ansatz geraten Individuen ins Blickfeld, die die Organisation verkörpern (Puch/Westermeier 1999, S. 27). Es wird gefragt, welche Individuen, welche Entscheidungs-, und Anweisungskompetenzen sie haben und auf welchen Ebenen diese Kompetenzen zur Geltung kommen.

1.3.1 Managementebenen

Management reicht von der unteren Ebene bis zur Unternehmensleitung. Es ergibt sich eine Stufenleiter, die als

- oberes,
- mittleres und
- unteres Management

bezeichnet wird.

Beim oberen Management geht es um Fragen der Mittelbeschaffung, um politische Strategien, Personalbeschaffung, Wirtschaftspläne etc. Das mittlere Management widmet sich der Erstellung von Projektplänen, inklusive Ressourcenabschätzungen, Meilensteinvorschlägen und der Verhandlung von Angeboten und Leistungen, inklusive Vorkalkulation. Weiterhin der Führung von Mitarbeiter_innen, Verdichtung von Informationen und es übernimmt Teilverantwortung für bestimmte Managementprozesse. Auf der Ebene der unteren Managementebene geht es um die Handhabung von Projektplänen, die Planung von Leistungsbeschreibungen, Generierung von Informationen und um Teamleitungen und die Mitwirkung in Managementprozessen.

Sowohl auf der oberen, wie auch auf der mittleren und auf der unteren Ebene sollten Lenkungsmöglichkeiten und Weisungsbefugnisse bestehen und Aufgabenbereiche so festgelegt werden, dass primär die Interessen der Organisation verfolgt werden, da Manager_innen neben den Interessen der Unternehmung auch eigene Interessen verfolgen (Wöhrle 2015, S. 1564). Auch Heuberger weist mit Jork auf Interessen wie Eigennutz, Bequemlichkeit oder Prestige gerade in der oberen Ebene hin. Für ihn ist das obere Management durch eine starke Machtorientierung, das mittlere Management durch Leistungsorientierung und das untere Management und die Mitarbeiterebene durch ein Zugehörigkeitsdenken gekennzeichnet. Für Heuberger bedeutet dies, dass das obere Management über die Machtebene (Neuberger 2006; Küpper/ Ortmann 1992; Bosetzky 1992) beeinflusst werden kann. Falls man hierzu nicht in der Lage ist, so sollte man deutlich machen, dass das Managementpersonal nicht um seine Machtposition fürchten muss und man lässt ihm besser den „Vortritt am Futtertrog“. Das mittlere Management reagiert auf Leistung und ist motivierbar, wenn Leistung erbracht werden kann und auf der Mitarbeiterebene ist es für Heuberger besonders sinnvoll, menschliche Nähe zu signalisieren (Heuberger 2007, S. 25). Gerade im Bereich der Sozialen Arbeit benötigen Mitarbeiter_innen Wertschätzung.

Machtorientiert: Vorstände, Geschäftsführer_innen, oberes Management		
Eigennutz: Geldgewinn, Bequemlichkeit: Zeitgewinn	Prestige: Status, Einfluss Terrain: Abgrenzen	Gutes Benehmen: jovial Schlechtes Benehmen: Unhöflich
Leistungsorientiert: Mittleres Management		
Hin zu: Erreichen: Chancen Chaos: Kreativität Prozessorientierung: Treiber	Risikofreude: Neues Struktur: Prozesse Extrovertiert: Redselig, gesellig	Visuell: Klarheit, Orientierung in der Zeit: Zukunft
Zugehörigkeitsorientiert: Mitarbeiter_innen		
Soziales Bewusstsein: Fürsorge, Nähe Ordnung: Struktur Introvertiert: Verschlossen, vorsichtig	Weg von: Vermeiden Anerkennung: Wertschätzung Kinästhetisch: Gefühl, Wohlfühlen	Sicherheit: Kein Risiko, Vorliebe für Bekanntes Orientierung in der Zeit: Vergangenheit

Abb. 4: Die Verteilung der Persönlichkeitsdynamik in deutschen Unternehmen nach Jork (Heuberger 2007, S. 24)

Den Aktivitäten von Manager_innen liegen drei Basiskonzepte zugrunde:

1. Aufbau und Entwicklung eines Orientierungsrahmens für das eigene Handeln;
2. Knüpfen eines Kontaktnetzwerkes und
3. Realisierung von Handlungsentwürfen (Steinmann et al. 2013, S. 18).

Dem Aufbau und der Pflege eines Netzwerks kommt dabei eine Schlüsselrolle zu. Es dient der Informationsgewinnung und der Mobilisierung von Unterstützung zur Realisierung gesteckter Ziele.

1.3.2 Rollen

Mit Mintzberg (1973) können die Arbeitsweisen von Manager_innen als Ausdruck eines Rollenverhaltens interpretiert werden. Er analysiert zehn unterschiedliche Rollen.

1. Gallionsfigur (figure head):
   Der/die Manager_in vertritt und symbolisiert das Unternehmen nach außen. Seine/Ihre Person, seine/ihre Gegenwert und nicht seine/ihre reale Tätigkeit ist von Bedeutung.

2. Vorgesetzter (leader):
   Hier steht die Auswahl, Leitung und Motivierung der Mitarbeiter_innen im Vordergrund.
3. Vernetzer (liaison):
   Es geht um den Aufbau und die Erhaltung eines Beziehungsnetzwerkes innerhalb des Unternehmens aber auch mit relevanten Stakeholdern nach außen.
4. Radarschirm (monitor):
   Der/die Manager_in sammelt Informationen über für das Unternehmen relevante interne und externe Entwicklungen.
5. Sender (disseninator):
   Der/die Manager_in interpretiert und vermittelt relevante Informationen an die Mitarbeiter_innen.
6. Sprecher (spokesman):
   Der/die Manager_in informiert Externe und vertritt die Organisation nach außen.
7. Innovator (entrepreneuer):
   Der/die Manager_in sucht und vermittelt innovative Ansätze und Lösungen.
8. Problemlöser (disturbance handler):
   Der/die Manager_in löst Probleme, schlichtet Konflikte und beseitigt Störungen
9. Ressourcenzuteiler (ressource allocator):
   Der/die Manager_in verteilt Aufgaben, Ressourcen und Kompetenzen.
10. Verhandlungsführer (negotiator):
   Der/die Manager_in verhandelt in der eigenen Organisation oder mit anderen Organisationen (Steinmann et al. 2013, S. 19ff.).

Diese unterschiedlichen Rollen können den Managementfunktionen: Planung, Organisation, Personaleinsatz, Personalführung und Kontrolle zugeordnet werden.

- zur Funktion Planung: die Rollen Innovator, Radarschirm und Ressourcenzuteiler;
- zur Funktion Organisation: die Rollen Ressourcenzuteiler und Vernetzer;
- zur Funktion Personaleinsatz: die Rolle Vorgesetzte/r und
- zur Funktion Führung: die Rollen Vorgesetzter, Sender und Problemlöser;
- zur Funktion Kontrolle: die Rolle Radarschirm (Steinmann et al. 2013, S. 21).

Die Rollen können auch den Aufgabenbereichen einer Organisation zugeordnet werden, wie im folgenden Schaubild gezeigt wird.

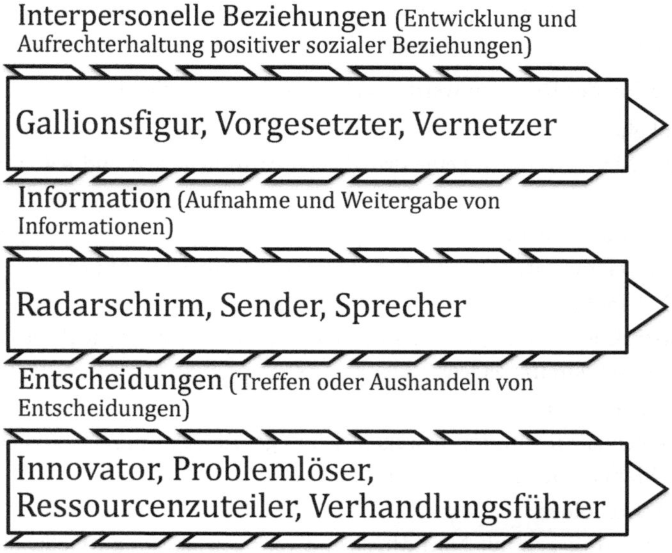

Abb. 5: Aufgabenbereiche und zugeordnete Rollen (eigene Darstellung in Anlehnung an Steinmann et al. 2013, S. 19).

Nun können Manager_innen nicht alle Rollen ausfüllen, da viele Rollen typabhängig sind.

Maccoby unterscheidet folgende Managertypen:

- Fachmann: Typ Wissenschaftler, sucht ein gesichertes Nest.
- Dschungelkämpfer: Typ Löwe, Fuchs, einsamer Cowboy. Er ist misstrauisch, meist verstohlen, explizit verschwörerisch und unfähig, mit stark Gleichgestellten zusammenzuarbeiten.
- Firmenmensch: Typ Funktionär, Sicherheit geht vor allem, Veränderungen wird er sich widersetzten.
- Spielmacher: Typ Netzwerker, Feindseligkeit ist für ihn ein Zeichen von Nichtprofessionalität (Maccoby 1979, S. 34).

Es gibt nicht den einen erfolgreichen Managertyp. Je nach Situation kann ein Typ erfolgreich sein oder auch nicht. Genauso wichtig wie die Persönlichkeit ist das Zusammenspiel in und mit den für eine Organisation relevanten Akteuren.

1.3.3 Stakeholder

Die Organisation der Sozialwirtschaft ist von öffentlichen Ressourcen abhängig, die in einem komplexen Prozess verhandelt und festgelegt werden. Deshalb spielen das politische Umfeld ebenso wie die Verwaltung eine wichtige Rolle. Intern sind Kund_innen, Mitglieder und auch Ehrenamtliche zu berücksichtigen. Deshalb ist es Aufgabe des Sozialmanagements, Kontakte zu internen und externen Stakeholdern (Interessengruppen) zu pflegen und ihre Interessen und Erwartungen bei relevanten Entscheidungen zu berücksichtigen.

Stakeholder treffen Entscheidungen, die Wirkungen auf die Organisationen der Sozialwirtschaft haben oder sind durch die Entscheidungen der Organisationen der Sozialwirtschaft betroffen. Je nach Einflussmöglichkeiten und Bedeutung für das Handeln der eigenen Unternehmung kann man den Einfluss von Stakeholdern analog zu Mitchell, Agle und Wood (1997, in:

Theuvsen 2001, S. 10) anhand der Kriterien Macht, Dringlichkeit und Legitimität kategorisieren und beurteilen.

Je nach Kombination der Kriterien werden sieben Typen unterschieden:

1. Ruhende Stakeholder
   verfügen über Macht, bringen keine dringlichen Ansprüche vor und wären auch nicht legimitiert dazu.
2. Vernachlässigbare Stakeholder
   verfügen über Legitimität, haben weder Macht nach dringende Anliegen.
3. Fordernde Stakeholder
   bringen lautstark ihre Anliegen vor, sind weder dazu legitimiert noch besitzen sie Macht, um ihre Interessen durchzusetzen.
4. Dominante Stakeholder:
   Ihre Beziehungen zur Institution bewegen sich in geordneten, durch vertragliche oder organisatorische Maßnahmen abgesicherten Bahnen.
5. Gefährliche Stakeholder
   verfolgen eigene Anliegen mit Nachdruck und verfügen über die Macht, diese durchzusetzen, ohne dazu legitimiert zu sein.
6. Abhängige Stakeholder
   bringen legitime und dringende Forderungen vor, besitzen aber nicht die Macht, ihre Anliegen gegen den Willen anderer durchzusetzen.
7. Definitive Stakeholder:
   besitzen die Macht, ihre legitimen Interessen unter besonderer Dringlichkeit durchsetzen zu lassen. (Theuvsen 2001, S. 10f.)

Ampelfarben sollen die Bedeutung der Stakeholder signalisieren.

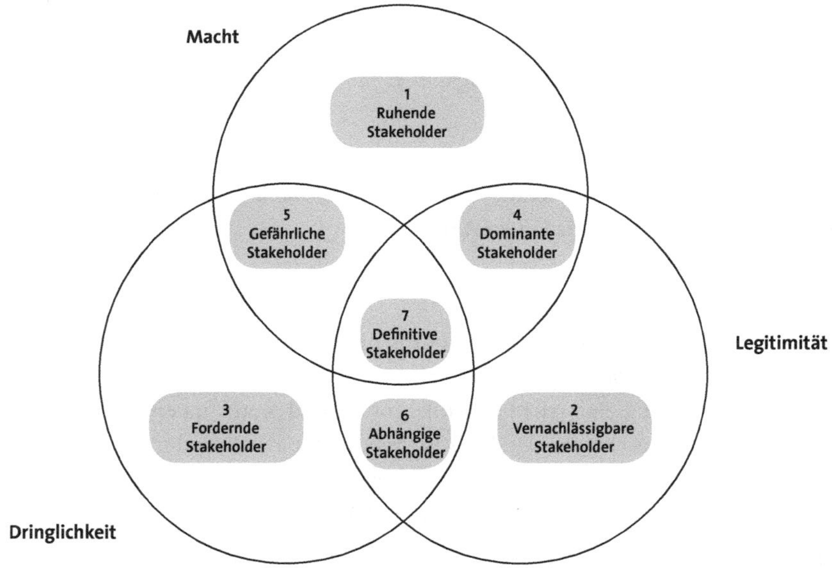

Abb. 6: Stakeholder-Typologie (nach Mitchell et al. 1997, in: Theuvsen 2001, S. 10)

Für das Management eines sozialwirtschaftlichen Unternehmens ist es von großer Bedeutung, die relevanten Stakeholder zu kennen, einschätzen zu können und ggf. mit ihnen in einer guten Kooperation zu stehen. Wird auf die Belange wichtiger Stakeholder nämlich nicht angemessen eingegangen, können sie der Unternehmung auch schaden, da sie ggf. Macht ausüben, die Legitimität des Unternehmens und seiner Handlungen infrage stellen oder durch dringliche Anliegen das Unternehmen sehr unter Druck setzen können. Aus diesem Grund gehören die Stakeholderanalyse und das Stakeholdermanagement zu den zentralen Aufgaben des Sozialmanagements.

2. Im Außenverhältnis: Anschlussfähigkeiten zu gesellschaftlichen Funktionssystemen herstellen

Der Code der Sozialen Arbeit ist die Hilfe oder Nichthilfe im Sinne einer Inklusion bzw. Exklusion. Aufgabe der Sozialen Arbeit ist es, Hilfe für Menschen in Not sicherzustellen. Es geht darum, Menschen in die Gesellschaft zu integrieren oder zu reintegrieren. Die Option der Hilfe schließt immer die Option der Nichthilfe ein.

Für das Sozialmanagement ist die Ebene der Reflexion und Gestaltung der Außenbezüge, d.h. der Abstimmung der eigenen Position mit den Anforderungen der Umwelt von entscheidender Bedeutung. Denn im Gegensatz zu anderen Dienstleistungsmärkten sind diejenigen, die Leistungen des sozialen Sektors in Anspruch nehmen, i.d.R. nicht in der Lage, die hierfür notwendigen Ressourcen zur Verfügung zu stellen. Der soziale Markt ist – wie schon erwähnt – ein Quasi-Markt. Soziale Einrichtungen sind von öffentlichen Kostenträgern abhängig, die Leistungsentgelte bezahlen oder aber Zuwendungen gewähren (Kolhoff 2017). Um Ressourcenzuflüsse sicherzustellen, müssen sozialpolitische Entwicklungen und Vorgänge rechtzeitig und bewusst wahrgenommen und für die eigene Organisation ausgewertet und genutzt werden (Merchel 2017, S. 151). Hierzu gilt es, Anschlussfähigkeiten zu den Funktionssystemen der Politik, Verwaltung und Wirtschaft herzustellen.

2.1 Funktionssystem Politik

Der Code der Politik ist die Macht, die im demokratischen Gemeinwesen durch Wahlen legitimiert wird. Da die Sozialwirtschaft von öffentlichen Mitteln abhängig ist, müssen Sozialmanager_innen, wenn sie Ressourcenflüsse sicherstellen wollen, politisch agieren, d.h. politische Entwicklungen wahrnehmen und mitgestalten, beispielsweise in Form von Lobbyarbeit in Verbänden und in der Zusammenarbeit mit politischen Akteuren oder Vertreter_innen der Zivilgesellschaft, die Einfluss auf politische Prozesse haben. Besonders wichtig sind Kontakte zu Entscheidungsträgern, aber auch gute Kontakte zu den Medien können sich positiv auswirken, wenn es gelingt, durch eine öffentliche Berichterstattung auf die Vorteile der eigenen Arbeit hinzuweisen. Deshalb ist die Öffentlichkeitsarbeit von Bedeutung, um Einfluss nehmen zu können.

Gleichzeitig gilt es, gesellschaftliche Entwicklungen mit aufzunehmen. So führte die Diskussion nach dem Pisa Schock dazu, dass z.B. Themen wie „das Recht auf einen Kindergartenplatz“, „Ausbau der Ganztagsschule“, „informelle Bildung“, „kommunale Bildungslandschaften“, „Vereinbarkeit von Familie und Beruf“ etc. einen hohen Stellenwert bekamen. Soziale Einrichtungen und Dienste, die anschlussfähig an diesen Diskurs waren, konnten mit entsprechenden Ressourcenzuflüssen rechnen. Eine ähnliche Diskussion ergab sich im Zuge der Inklusion in der Behindertenhilfe oder auch im Rahmen der Integration von Flüchtlingen, die 2015 nach Deutschland strömten. Soziale Einrichtungen und Dienste, die mithelfen, den gesellschaftlichen und politischen Kontext zu stabilisieren, können mit entsprechenden Ressourcen rechnen.

2.2 Funktionssystem Verwaltung

Neben der Politik ist insbesondere das Funktionssystem der Verwaltung zu beobachten und zu beachten. Sozialmanager_innen sollten die Strukturen der öffentlichen Transfersysteme kennen (Kolhoff 2017). Um von den öffentlichen Trägern Gelder für die eigene Einrichtung erhalten zu können, müssen Sie sich mit Gesetzen, Erlassen, Verordnungen und Förderprogrammen auseinandersetzen. Es gilt, die Regeln des öffentlichen Haushaltsrechts, Fristen für Förderanträge, Auflagen für die Mittelverwendung, Formvorschriften bei der Erstellung von Finanzierungsanträgen etc. zu beachten. Wichtig ist die frühzeitige und kontinuierliche Fühlungnahme mit Vertretern der Verwaltung, um die eigenen Planungen und Entscheidungen rechtzeitig auf neue Entwicklungen ausrichten zu können und Chancen für die eigene Organisation zu erkennen. Dies ist ein Prozess der immer wieder neu gestaltet werden muss, wie an den oben genannten Beispielen aus den Bereichen Kindheit, Bildung, Behinderung und Flüchtlingsintegration deutlich wird.

2.3 Funktionssystem Wirtschaft

Neben öffentlichen Mitteln ist die Sozialwirtschaft zunehmend auch auf nichtöffentliche Mittel angewiesen. D.h. es geht auch darum, Anschlussfähigkeiten zum Funktionssystem Wirtschaft herzustellen, das sich am Code Gewinn/Verlust orientiert.

Wenn soziale Einrichtungen und Dienste mithelfen, beispielsweise im Rahmen des Sponsorings Marketingaktivitäten von Unternehmen zu befördern oder im Rahmen von Public Private Partnership gemeinsame Vorhaben auf den Weg bringen, können Sie auch entsprechende Ressourcen von der gewinnorientierten Wirtschaft erhalten.

3. Schlussbetrachtung

Sozialmanager_innen müssen im Innenverhältnis agieren und im Außenverhältnis Anschlussfähigkeiten zu den Funktionssystemen der Gesellschaft herstellen. Dabei gilt es, die Steuerungsmedien Macht (Recht) und Geld zu berücksichtigen.[1] Die Steuerungsmedien sind miteinander verschränkt. So drückt sich die Macht von Sozialmanager_innen im Innenverhältnis insbesondere über die Verfügung von Ressourcen (Geld) aus, auf die sie einen Zugriff haben. Weitere Bedingungen bestehen in den Regeln der Sinnkonstruktion sowie in den bevorzugten Interpre-

1 Für Thomas Hobbes ist die Angst vor Gewalt und Tod die Basis für die machtbasierte Steuerung und die Begierde nach den angenehmen Dingen des Lebens die Basis der geldorientierten Steuerung (Willke 1998, S. 181). Macht (verstanden als „ jede Chance innerhalb einer sozialen Beziehung den eigenen Willen auch gegen Widerstreben durchzusetzen, gleichviel, worauf diese Chance beruht“ (Weber 1922/1972, S. 28)) ist mit glaubhafter Gewalt verbunden und Geld an das glaubhafte Versprechen einer Zahlung.

tationsschemata (Definitionsmacht) (Giddens 1997) und den Regeln der Sanktionierung der Organisation. Macht im Innenverhältnis kann als subjektiv erfahrene Einschränkung von Selbstbestimmung erlebt werden. Doch nicht nur Einschränkungen, sondern jedes Vorenthalten von handlungsunterstützenden und entwicklungsfördernden Bedingungen kann als Ausübung von Macht erlebt werden. Individuen können sich hilflos und ohnmächtig fühlen, wenn sie keine Strukturen, keine Orientierung und keinen Halt vorfinden (Beispiele sind Mitarbeiter_innen in schlecht geführten Teams, oder wenn Mobbingprozessen kein Einhalt geboten wird). Zwar ist die Machtebene von entscheidender Bedeutung, um Entscheidungen treffen zu können, die Ordnungen im Innenverhältnis prägen. Folglich agieren viele Sozialmanager_innen politisch und mikropolitisch (Mintzberg 1983; Neuberger 1995; Bosetzky 1977; Küpper/Ortmann 1992), doch gibt es auch klare Grenzen. So sind bspw. viele hochqualifizierte Mitarbeiter_innen kaum durch Befehle zu beeindrucken und haben leichtes Spiel, diese zu umgehen. Es reicht nicht aus, dass Vorgesetzte nur Befehle erteilen. „Wer heute seine Mitarbeiter zwingen muss, hat schon verloren“ (Willke 1998, S. 170).

Sozialmanager_innen müssen im Innenverhältnis interagieren und die Auswirkungen von Interventionen wahrnehmen, über Macht und Geld verfügen und interpersonelle Motivatoren berücksichtigen, wenn sie ihre Organisationen beeinflussen wollen. Da die Unternehmen der Sozialwirtschaft von öffentlichen Subventionierungen und somit von Gesetzen und Verordnungen, aber auch von einzelnen Entscheidungsträger_innen abhängig sind, müssen Sozialmanager_innen im Außenverhältnis Anschlussfähigkeiten zu den für die Soziale Arbeit wichtigen Funktionssystemen der Gesellschaft herstellen, sich aber auch im Wettbewerb behaupten. Auch hier gilt es neben den Steuerungsmedien, Macht (Recht) und Geld, Interessen (der Stakeholder) zu berücksichtigen.

Die Sozialwirtschaft wird gemanagt. Dabei gibt es Unterschiede zur gewinnorientierten Erwerbswirtschaft, denn Einrichtungen der Sozialwirtschaft haben neben der ökonomischen Ebene auch Sachziele zu berücksichtigen. Das Feld ist komplex und es können sich Double-Bind-Situationen herausbilden, wenn die klassische Botschaft des sozialen Sektors gilt: „Hilf Menschen in Not“ und gleichzeitig der Markt fordert „Sei billiger als die anderen, wenn du eine Chance haben willst“.

Hinzu kommt, dass von vielen der in der Sozialen Arbeit Tätigen das Wirtschaftliche und das Soziale als Gegensätze erlebt werden. Denn die Erwerbswirtschaft wird oftmals gleichsetzt mit der Welt, die soziale Probleme schafft (z.B. Arbeitslosigkeit), deren Opfer dann zu Klienten der Sozialen Arbeit werden. Weiterhin wird Managementdenken mit Gewinndenken und Sozialmanagement mit einer Unterordnung Sozialer Arbeit unter die Grundsätze des Gewinndenkens gleichgesetzt (Horak/Heimerl 2007, S. 167). Das Sozialmanagement trifft folglich auf starke Vorbehalte und löst Ängste aus. Eine der häufigsten Ängste ist die Furcht, dass die ideellen Ziele der Sozialen Arbeit aufgegeben werden könnten. D.h. es wurde und wird befürchtet, dass Entscheidungen unter dem Blickwinkel ökonomischer Rationalität und nicht unter dem des Bedarfs der Klient_innen erfolgen. Dem ist entgegenzuhalten, dass wirtschaftliches Denken nicht zwangsläufig Gewinndenken bedeutet, sondern in erster Linie die effiziente Verwendung knapper Ressourcen umfasst, um ein möglichst gutes Ergebnis zu erzielen. Zwar muss das Sozialmanagement dabei insbesondere auch die Vorgaben der Auftrags- und Finanzierungsgebern berücksichtigen, doch hat es im Gegensatz zu einem ausschließlich am Gewinn orientierten Management ethisch-moralischen Grundsätzen zu folgen und eine Balance zwischen unterschiedlichen Interessenslagen herzustellen (Wöhrle 2015, S. 1562f.). Das doppelte Mandat der

Sozialen Arbeit wird zu einem dreifachen Mandat mit der neuen Ebene Wirtschaftlichkeit und Rentabilität.

4. Literatur

Bleicher, Knut (2011): Das Konzept integriertes Management. Visionen – Missionen – Programme. 8., aktual. u. erw. Aufl., des Standartwerks. Frankfurt a.M./New. York: Campus.

Bosetzky, Horst (1992): Mikropolitik, Machiavellismus und Machtkumulation. In: Küpper, Willi/ Ortmann, Günther (Hrsg.): Mikropolitik. 2. Aufl., Opladen: Westdeutscher Verlag. S. 27-37

Bosetzky, Horst (1977): Machiavellismus, Machtkumulation und Mikropolitik. In: Zeitschrift für Organisation 46, S. 121-125.

Drucker, Peter Ferdinand (2005): Managing the Nonprofit-Organization. Principals and Practices. New York: Harper Collins.

Giddens, Anthony (1997): Jenseits von Links und Rechts. Die Zukunft radikaler Demokratie, Frankfurt a.M.: Suhrkamp.

Grunwald, Klaus (2001): Neugestaltung der freien Wohlfahrtspflege. Management organisationalen Wandels und die Ziele der Sozialen Arbeit. Weinheim/München: Juventa.

Heuberger, Andreas (2007): Networking- durch interessante Kontakte zum Erfolg. Berlin: Cornelsen.

Horak, Christian/Heimerl Peter (2007): Management von NPOs – Eine Einführung. In: Badelt, Christoph/ Meyer, Michael/Simsa, Ruth (Hrsg.): Handbuch der Nonprofit Organisation. Strukturen und Management. 4. Aufl., Stuttgart: Schäffer-Poeschel, S. 167-177.

Klatetzki, Thomas (2010): Zur Einführung: Soziale personenbezogene Dienstleistungsorganisation als Typus. In: Klatetzki, Thomas (Hrsg.): Soziale personenbezogene Dienstleistungsorganisation. Wiesbaden: Springer VS.

Kolhoff, Ludger (2017): Finanzierung der Sozialwirtschaft. Eine Einführung. 2., überarb. U. aktual. Aufl., Wiesbaden: Springer VS.

Kolhoff, Ludger (2006): Personalmanagement. In: Kolhoff, Ludger/Kortendieck, Georg (Hrsg.): Personalmanagement und Personalwirtschaft. Baden-Baden: Nomos, S. 25-67.

Kolhoff, Ludger (2003): Analyse und Entwicklung von Organisationen im sozialen Sektor. Augsburg: Ziel.

Küpper, Willi/Ortmann, Günther (Hrsg.) (1992): Mikropolitik. 2. Aufl, Opladen: Westdeutscher Verlag.

Maccoby, Michael (1979): Die neuen Chefs – Die erste sozialpsychologische Untersuchung über Manager in Großunternehmen. Reinbek bei Hamburg: Rowohlt.

Merchel, Joachim (2017): Sozialmanagement. In: Kreft, Dieter/Müller, C. Wolfgang (Hrsg.): Methodenlehre in der Sozialen Arbeit. 2. Aufl., München: Reinhardt, S. 149-152.

Mintzberg, Henry (1983): Power in and around Organizations. Englewood Cliffs: Prentice Hall.

Mintzberg, Henry (1975): The managers's job: Folklore and fact. In: Harvard Business Review 53, S. 49-58.

Mintzberg, Henry (1973): The nature of managerial work. New York: Harper and Row.

Mitchell, Ronald K./Agle, Bradley R./Wood, Donna J. (1997): Toward a Theory of Stakeholder Identification and Salience: Defining the Principle of Who and What Really Counts, in: Academy of Management Review 22, H. 4, S. 853-896.

Müller-Schöll, Albrecht/Priepke, Manfred (1992): Sozialmanagement. 3. Aufl., Neuwied/Kriftel/Berlin: Luchterhand.

Neuberger, Oswald(1995): Mikropolitik. Stuttgart: Enke.

Puch, Hans-Joachim/Westermeyer, Katharina (1999): Managementkonzepte. Eine Einführung für soziale Berufe. Freiburg i.Br.: Lambertus.

Schubert, Herbert (2005): Zur Logik des modernen Managementbegriffs. In: Schubert, Herbert (Hrsg.): Sozialmanagement. Zwischen Wirtschaftlichkeit und fachlichen Zielen. 2. Aufl., Wiesbaden : VS Verlag für Sozialwissenschaften, S. 63-86

Staehle, Wolfgang H. (1999): Management. Eine verhaltenswissenschaftliche Perspektive. überarb. von Peter Conrad/Jörg Sydow. 8. Aufl., München: Vahlen.

Steinmann, Horst/Schreyögg, Georg/Koch, Jochen (2013): Management. Grundlagen der Unternehmensführung. Konzepte – Funktionen – Fallstudien. 7., vollst. überarb. Aufl., Wiesbaden: Springer Gabler.

Theuvsen, Ludwig (2001): Stakeholder-Management – Möglichkeiten des Umgangs mit Anspruchsgruppen, Münsteraner Diskussionspapiere zum Nonprofit-Sektor 16/2001. www.aktive-buergerschaft.de/fp_files/Diskussionspapiere/2001wp-band16.pdf, 20.1.2017.

Weber, Max (1922/1972): Wirtschaft und Gesellschaft. Jubiläumsausgabe zum 50. Jahrestag des Erscheinens der Erstausgabe. Vollst. nachdr. der Erstausg., Tübingen: Mohr.

Willke, Helmut (1998): Systemtheorie III, Steuerungstheorie. 2. Aufl., Konstanz: UVK.

Wöhrle, Armin (2015): Sozialmanagement. In: Otto, Hans-Uwe/Grunwald, Klaus/Thiersch, Hans (Hrsg.): Handbuch Soziale Arbeit. 5. Aufl., München: Reinhardt.
Wöhrle, Armin (2013): Organisationstheorien und Managementlehre. In: Wöhrle, Armin/Beck, Rheinhilde/Grunwald, Klaus/Schellberg, Klaus/Schwarz, Gotthardt/Wendt, Wolf Rainer: Grundlagen des Managements in der Sozialwirtschaft. Baden-Baden: Nomos, S. 157-190.

Verbandsmanagement

Annette Zimmer/Friedrich Paulsen

Aufgabe des Managements ist die zielorientierte Gestaltung und Steuerung von Organisationen. Dies gestaltet sich bei Verbänden insofern schwierig, als sich diese durch einen Verbundcharakter auszeichnen und ihr Aktionsrahmen sich – gerade in einem föderal aufgebauten Staatswesen wie dem der Bundesrepublik Deutschland – über verschiedene Organisationsebenen erstreckt. Ferner weisen Verbände ein komplexes Aufgaben- und Funktionsspektrum auf, das die Interessenvertretung und Dienstleistungserstellung ebenso umfasst wie die Sozialintegration der Mitgliedschaft der dem Verband angeschlossenen Mitgliederorganisationen. Bei dem Management von Verbänden handelt es sich um einen interessanten, aber auch komplexen Gegenstandsbereich. Im Folgenden wird daher zunächst auf die Rechts- und Organisationsform von Verbänden eingegangen, daran anschließend ihre Multifunktionalität und ihr intermediärer Charakter behandelt sowie die sich hieraus ergebenden Herausforderungen an das Management thematisiert.

1. Rechtsform und Begrifflichkeiten

Die Bezeichnung Verband bezieht sich weder auf eine kodifizierte Rechtsform, noch auf eine spezifische Form der Organisation bzw. der Anordnung von Gremien und Entscheidungsforen. Vielmehr handelt es sich beim Verband um einen Begriff, der sich im allgemeinen Sprachgebrauch eingebürgert hat und fließende Grenzen insbesondere zum Begriff des Vereins aufweist. Gemäß umgangssprachlicher Verwendung sind Vereine eher kleinere mitgliederbasierte Organisationen, die primär auf der lokalen Ebene tätig sind (Klein 2001). Im Unterschied hierzu wird mit Verband umgangssprachlich eine größere und in sich differenzierte Organisation bezeichnet, deren Tätigkeit sich über mehrere Ebenen (lokal, regional, Landes-, Bundes- und EU-Ebene) erstreckt und die über angeschlossene Mitgliederorganisationen verfügt.

Die Ebenengliederung und damit die Binnenstrukturierung der Verbände sind in der Regel analog zur administrativen Ausdifferenzierung des politisch-administrativen Systems gestaltet. Verbände in föderalen Systemen weisen daher mehr Untergliederungen auf als Verbände in zentralistischen Systemen. Nicht immer folgt die innerverbandliche Struktur jedoch den aktuellen politischen Gegebenheiten. Eine ganze Reihe von Verbänden weist auch heute noch eine Gliederung auf, die sich an den territorialen Strukturen Deutschlands im 19. Jahrhundert orientiert. Dies trifft z.B. auf die konfessionellen Wohlfahrtsverbände – Caritas und Diakonie – aber auch auf den Deutschen Turnerbund als eine Mitgliederorganisation des Deutschen Olympischen Sportbundes zu.

Somit sind Verbände in sich differenzierte Organisationen mit ebenenspezifischen Untergliederungen und angeschlossenen Mitgliederorganisationen. In der Regel ist man Mitglied eines Verbandes über persönliche Mitgliedschaft in der Verbandsgliederung vor Ort. Doch auch hiervon gibt es Ausnahmen. Einige Verbände lassen auch direkt individuelle Mitgliedschaft zu. Andere Verbände haben dagegen nur eine ‚vermittelte Mitgliedschaft' oder eine sog. Fördermitgliedschaft. Hier wird die auf der Bundesebene tätige ‚Zentrale' mit einer regelmäßigen Zahlung unterstützt, ohne dass das Fördermitglied weiter in den ‚Verbandsalltag' eingebunden ist.

Rechtsform der Verbände

In Deutschland ist die Mehrheit der Verbände in der Rechtsform des Vereins organisiert. Im Gegensatz zum Verband bezeichnet ‚Verein' eine Rechtsform, die erstmals 1872 im BGB festgelegt wurde. Die Rechtsform Verein ist in den §§ 21–79 BGB und damit bundeseinheitlich geregelt. Der Verein als Rechtsform ist ein freiwilliger, auf gewisse Dauer angelegter, körperschaftlich organisierter Zusammenschluss von mehreren natürlichen oder juristischen Personen, die unter einem Gesamtnamen bestimmte gemeinsame Zwecke verfolgen wollen (Rawert/Gärtner 2004). Wenn umgangssprachlich von Verein die Rede ist, wird jedoch weniger auf die Rechtsform Bezug genommen, sondern auf ein vielfältiges Spektrum von Mitgliederorganisationen im Sport-, Freizeit- oder Geselligkeitsbereich, demgegenüber wird mit Verband umgangssprachlich herausgestellt, dass es sich um ein ‚Dach' bzw. eine in der Regel überlokale Organisation mit angeschlossenen Mitgliederorganisationen und/oder auch individuellen Mitgliedern handelt.

Die Rechtsform des Vereins dient daher der Organisation vielfältiger Anliegen und Interessen, wobei gemäß BGB der Zweck des „Idealvereins" (§ 21) darin besteht, sich für die Allgemeinheit und die Erreichung ideeller Ziele einzusetzen. Vereine/Verbände, die vorrangig wirtschaftliche Interessen vertreten, werden dabei nicht als gemeinnützig anerkannt (Schick/Rüd 1988), während Verbände, die sich für Dritte bzw. das Gemeinwohl einsetzen und primär advokatorisch oder wissenschaftlich tätig sind, eingetragene Vereine und damit gemeinnützig sind.

Ein Grund für die definitorische Unschärfe ist u.a. darin zu sehen, dass bei der Beschäftigung mit Verbänden im deutschsprachigen Raum gleichzeitig auf die einflussreiche Charakterisierung von Max Weber wie auch auf ein eher angloamerikanisch geprägtes Verständnis von Verband Bezug genommen wird. Max Weber konzeptualisierte Verband vor allem als „*Herrschaftsverband*", für den die Momente Organisation, Führung und Gefolgschaft konstitutiv sind (Weber 1976, § 12). Kontrastierend hierzu steht das Verständnis von Verband im angelsächsischen Kontext, wobei Aspekte des Zusammenschlusses von Freien und Gleichen als Gruppe *(association)*, der Freiwilligkeit *(voluntary association)* (Sills 1968) sowie der Druckausübung gegenüber dem Staat *(pressure group)* im Zentrum stehen. Werden in der Tradition von Max Weber mit Verbänden eher große Organisationen mit bürokratischem Apparat und professioneller Führung assoziiert, so rücken aus angelsächsischer Perspektive auch kleinere sowie weniger fest gefügte Organisationen und Gruppen in den Blick.

Neben den klassischen Termini ‚Verband' und ‚Verein' sind in jüngster Zeit weitere Bezeichnungen angelsächsischer Provenienz hinzugekommen, und zwar die *Nongovernmental Organization* (NGO) und die *Nonprofit Organization* (NPO). Diese Bezeichnungen nehmen auf unterschiedliche Qualitäten von Verbänden Bezug. So ist NPO in etwa mit gemeinnütziger Organisation zu übersetzen. Herausgestellt wird hierbei, dass Verbände in ihrer Qualität als NPOs nicht zum Bereich des Marktes zu rechnen sind und sie dem Verbot der Ausschüttung von Gewinnen an Organisationsteilnehmer unterliegen (Zimmer/Priller 2007, S. 33). Die Bezeichnung NGO fokussiert dagegen auf die Nichtzugehörigkeit der Organisation zum Sektor Staat. Häufig findet sich die Bezeichnung NGO auch für NPOs, die international tätig sind. Schließlich wird auch der Begriff der *intermediären Organisation* zur Charakterisierung von Verbänden herangezogen. Allerdings wird dieser vorrangig im wissenschaftlichen Kontext verwandt (Klein 2001, S. 705). Als intermediäre Organisationen sind Verbände – analog zu Parteien und sozialen Bewegungen – Teil des Systems der politischen Interessenvermittlung, wobei sie zwischen der Privatsphäre des Einzelnen und dem politisch-administrativen System vermitteln und als Transmissionsriemen und Lautverstärker der Anliegen und Bedürfnisse von Bürger_innen dienen. Verbände werden in diesem Sinn bzw. einflusstheoretisch als Lobbyorganisationen der Interessenvertretung betrachtet. Auf die intermediäre Qualität von Verbänden wird aber auch aus funktionalistischer Sicht Bezug genommen. Danach besteht die Besonderheit von Verbänden darin, dass sie keinem System – weder Staat und Politik, noch der Wirtschaft oder der Familie/Gemeinschaft – eindeutig zuzurechnen sind. In der funktional ausdifferenzierten Welt der Moderne sind sie ein Relikt der Vormoderne. Keinem Funktionsbereich eindeutig zuzuordnen, haben Verbände unterschiedliche Handlungslogiken unter dem Dach einer Organisation zu vereinen. Gleichzeitig stattet sie dies mit der Kompetenz und dem Potential aus, zwischen den verschiedenen Systemen – Staat, Markt, Gemeinschaft – zu vermitteln und daher auch in diesem Sinne ‚intermediär' tätig zu werden.

2. Funktionsspektrum von Verbänden

2.1 Multifunktionalität und Handlungsfelder

Das Funktionsspektrum von Verbänden ist komplex und umfasst die Vertretung und Vermittlung von Interessen gegenüber dem politischen System (Interessenvertretung/Lobbying), die Integrationsleistung und affirmative Bündelung von Werten gegenüber dem sozial-kulturellen System und somit die Sozialintegration der Mitglieder des Verbandes in den gesellschaftlich-politischen Kontext und schließlich die Dienstleistungserstellung als Austauschprozess mit dem ökonomischen System. Als Dienstleistungsorganisationen sind Verbände am Markt tätig. Als Interessenvertreter und Lobbyisten haben sie gleichzeitig Anteil am Sektor Staat bzw. am politisch-administrativen System. Und über ihre lokal tätigen Mitgliederorganisationen sind sie auch sozial-integrativ wirksam, übernehmen Funktionen der affirmativen Bindung und haben Anteil an lebensweltlichen bzw. sozialen Gemeinschaften vor Ort (Abb. 1).

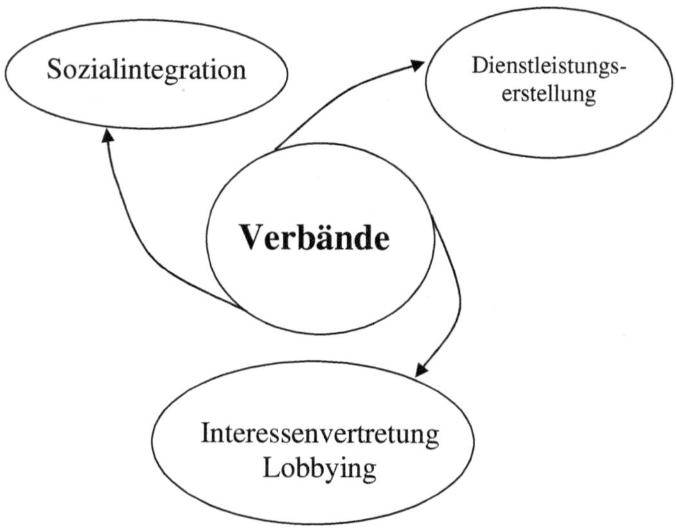

Abb. 1: Multifunktionalität von Verbänden (eigene Darstellung)

Die verschiedenen Funktionsbereiche von Verbänden werden nicht im Verbund, sondern jeweils spezifisch-disziplinär in den Blick genommen. So fokussiert die Politikwissenschaft insbesondere auf Verbände als Organisationen der Interessenvertretung und -vermittlung sowie des Lobbyings. Die Soziologie nimmt sich in erster Linie der sozialintegrativen Funktion von Verbänden an und thematisiert Fragen der Mitgliederrekrutierung und -bindung. Und die Betriebswirtschaftslehre nimmt sich Fragen der internen Steuerung sowie der Dienstleistungserstellung von Verbänden an (Velsen-Zerweck 1998; Zechlin, J. 1999; Witt et al. 2006; Heilmair et al. 2011).

Lange Zeit thematisierte die Verbändeforschung ausschließlich Wirtschaftsverbände und Gewerkschaften. Unter dem Einfluss der Dritte Sektor- bzw. NPO-Forschung hat sich dies inzwischen grundlegend geändert (Simsa et al. 2013), so dass gemäß einer einflussreichen Typologie von von Alemann Verbände als „organisierte Interessen" in nahezu allen Bereichen des gesellschaftlichen Lebens Gegenstand der wissenschaftlichen Analyse sind (Abb. 2).

Typologie von Verbänden als organisierte Interessen nach Handlungsfeldern:

1. Wirtschaftsbereich und Arbeitswelt
- *Unternehmer- und Selbstständigenverbände*
- *Gewerkschaften*
- *Konsumentenverbände*

2. Sozialer Bereich
- *Sozialanspruchsvereinigungen (z.B. Blindenvereine)*
- *Sozialleistungsvereinigungen (z.B. Wohlfahrtsverbände)*
- *Selbsthilfegruppen (z.B. Anonyme Alkoholiker)*

3. Freizeit und Bildung
- *Sportvereine und -verbände*
- *Geselligkeits- und Hobbyvereine*

4. Religion, Kultur und Wissenschaft
- *Kirchen und Sekten*
- *Wissenschaftliche Vereinigungen*
- *Bildungswerke, Kunstvereine*

5. Gesellschaftspolitischer Querschnittsbereich
- *ideelle Vereinigungen (z.B. Humanistische Union, AI)*
- *gesellschaftspolitische Vereinigungen (z.B. für Umwelt, Frieden, Frauenemanzipation usw.)*

Abb. 2: Typologie von Verbänden als organisierte Interessen nach Handlungsfeldern (in Anlehnung an Alemann 1989, S. 71)

2.2 Verbände als Interessenvertreter, Dienstleister und Sozialintegratoren

Die Multifunktionalität von Verbänden ist mit erheblichen Anforderungen an das Management verbunden, da die verschiedenen Funktionen bzw. Handlungsbereiche jeweils unterschiedlichen Handlungslogiken unterliegen. Während im Staat Hierarchie als Steuerungslogik gilt, wird im Sektor Markt über Wettbewerb und Konkurrenz gesteuert. Demgegenüber gilt in der lebensweltlichen Umwelt vor Ort vor allem Solidarität und Reziprozität als Handlungslogik und Steuerungsmodus.

So hat sich Interessenwahrnehmung und -vermittlung von Verbänden zu einer hochkomplexen Aufgabe entwickelt, für die inzwischen in Großverbänden eigene Stabsstellen zuständig sind. Im Besonderen gilt dies für die Weiterentwicklung der Interessenvertretung zum Public Affairs Management. Hierunter versteht man das Management der externen Beziehungen von Organisationen, und zwar speziell der Beziehungen mit Regierungen, Behörden und zentralen Stakeholdern (Speth/Zimmer 2015; Köppl 2003, S. 28ff.; Lianos/Kahler 2006). Im Unterschied zur klassischen Interessenvertretung zeichnet sich Public Affairs Management durch einen strategischen Ansatz aus. Ausgehend von einer umfassenden Umfeld- und Stakeholderanalyse als Bestandsaufnahme der ‚Großwetterlage' und ihres kontinuierlichen Monitorings erfolgt im Rahmen eines strategischen Prozesses die Entscheidung für den situationsadäquaten Instrumenteneinsatz bzw. die Wahl der Beeinflussungsmethoden, einschließlich Kampagnen und allgemeiner Public Relation. Hinzu kommen der Aufbau von Kontaktnetzwerken und ihre Pflege, was auch Beratungs- und Serviceleistungen für Stakeholder/Akteure in Politik und allgemeiner Öffentlichkeit, wie etwa in Form von Expertisen oder Positionspapieren, einschließt. Die Bedeutungszunahme des Lobbyings und Public Affairs Managements lässt sich nicht zuletzt an der Konjunktur der eher handbuchartig angelegten Arbeiten, die über das ‚Werkzeug' wie auch den Alltag des Lobbyisten informieren, ablesen (z.B. Vondenhoff/Busch-Janser 2012; Falk et al. 2006; Köppl 2003; Bender/Reulecke 2003; Strauch 1993).

Neben der Interessenvertretung sind Verbände in einem ganz erheblichen Umfang als Produzenten von Gütern und Dienstleistungen tätig. Sowohl die Dachorganisation wie die angeschlossenen Mitgliederorganisationen erstellen ein umfangreiches Spektrum von Produkten und Leistungen. Hiermit richten sich Verbände sowohl nach außen an die allgemeine Öffentlichkeit als auch nach innen und damit an ihre Mitgliederorganisationen wie auch an Individualmitglieder. Produkte und Leistungen von Verbänden, die für den innerverbandlichen Binnenmarkt bestimmt sind, haben in der Regel insofern Exklusivcharakter, als Erwerb und Nutzung nur der Mitgliedschaft möglich ist. Klassische ‚Produkte' von Verbänden für den Binnenmarkt der Mitgliedschaft sind u.a. die Mitgliederzeitschrift, der zentrale Kongress sowie Angebote der Fort- und Weiterbildung wie auch das Monitoring der aktuellen bereichsspezifischen Gesetzgebung in Land, Bund und auf EU-Ebene.

Demgegenüber besteht die ‚nach außen' gerichtete Dienstleistungserstellung von Verbänden vor allem in der Zurverfügungstellung von Expertenwissen, wie etwa im Rahmen der Erstellung von Expertisen oder der Teilnahme bei Hearings. Eine Sonderrolle kommt hier den Wohlfahrtsverbänden zu, die in Deutschland Träger von zahlreichen Einrichtungen der sozialen Arbeit sowie des Gesundheitswesens sind. In der Wohfahrtsverbändeforschung wird primär die Dienstleistungsfunktion unter Vernachlässigung des Stellenwerts der Verbände als Interessenvertreter und Advokatoren für schwache Interessen herausgestellt (Boeßenecker/Vilain 2013). Zweifellos sind jedoch gerade die Wohlfahrtsverbände multifunktional tätige Organisationen.

Sie sind in die wohlfahrtsstaatliche Politikgestaltung eingebunden und erhalten für die Wahrnehmung ihrer advokatorischen Funktion immer noch öffentliche bzw. infrastrukturelle Unterstützung, wenngleich diese in den letzten Jahren auch erheblich zurückgefahren wurde (Boeßenecker/Vilain 2013; Hammerschmidt 2005; Sachße 1995; Heinze/Olk 1981).

Die dritte Funktion von Verbänden, die Sozialintegration erfolgt bisher im Wesentlichen über die Bindung der Mitgliedschaft (Witt et al. 2006, S. 24; Schulz-Walz 2006), und zwar vermittelt durch die lokal tätigen Mitgliederorganisationen. Der Mitgliederwerbung, -betreuung und -entwicklung kommt in der Verbandsarbeit insofern ein zentraler Stellenwert zu, als Mitglieder (Organisationen wie Einzelpersonen) eine wichtige Ressource von Verbänden darstellen. Verbandsmitglieder sichern in einem doppelten Sinn die Existenz der Verbandsorganisation, und zwar durch Beitragszahlungen die wirtschaftliche Basis und durch freiwillige Mitarbeit und ehrenamtliche Tätigkeit in Führungs- und Leitungsgremien die Effizienz und Effektivität des Verbandes. Mittels seiner lokalen Mitgliederorganisationen übernimmt der Verband in gewisser Weise auch ‚Familienfunktion'. Das sozial-integrative Leistungsspektrum war bisher von beachtlicher Relevanz für die Attraktivität von Verbänden, da hierüber das Verbandsklima, die Verbandskultur und der interne Zusammenhalt garantiert wurden. Man wollte sich treffen, Informationen austauschen, Tipps bekommen und sich im Verband heimisch fühlen. Allerdings sind Verbände infolge von Veränderungen ihres Kontextes immer weniger sozialintegrativ tätig, sondern profilieren sich zunehmend entweder als reine Lobbyisten oder aber als Dienstleister.

3. Herausforderungen an das Verbandsmanagement: Klassische Analysen und aktuelle Entwicklungen

3.1 Klassische Analysen

Obwohl sich die organisationstheoretische Literatur dem Gegenstand Verbände eher weniger angenommen hat, sind dennoch einige ‚Klassiker' zu nennen, die Managementprobleme und -herausforderungen von Verbänden herausgearbeitet haben. Hierzu zählt zweifellos die Studie von *Robert Michels* (1925), der am Fallbeispiel der Deutschen Sozialdemokratie gezeigt hat, dass Mitgliederorganisationen trotz formal demokratischer Strukturen, d.h. Wahlämter, sich durch eine Tendenz zur *Oligarchisierung* und damit zur Herrschaft der Minderheit der Funktionsträger_innen über die Mehrheit der Mitglieder auszeichnen. Mit diesem Befund war eine wesentliche Anforderung an das Management von Verbänden festgestellt, die in der politikwissenschaftlichen Forschung unter dem Stichwort „innerverbandliche Demokratie" und in der betriebswirtschaftlichen Literatur unter interner bzw. Binnenkommunikation behandelt wird (Hoffjann/Stahl 2010). Bis heute hat dieses Managementproblem nicht an Aktualität verloren: In der Regel ist der Dachverband bzw. die Bundesebene für die strategische Ausrichtung und die politische Positionierung des Verbandes zuständig. Zur Zielerreichung bedarf die Verbandsspitze in der Regel aber der Legitimierung wie der Unterstützung durch die Mitgliederorganisationen. Prozedural abgesichert wird dies durch die Voten der Delegiertenversammlungen. Hier kommen die gewählten Vertreter_innen der jeweils niedrigeren Verbandsgliederungen zusammen. Doch trotz der Wahlämter, so Michels, bestimmt letztlich die Verbandsspitze den Kurs. Da jedoch bei vielen Verbänden die Verbandsspitze insofern keine ‚Durchgreifmöglichkeiten' auf die angeschlossenen Mitgliederorganisationen hat, als diese sowohl in ihrer Ressourcenausstattung wie auch in ihren strategischen Entscheidungen unabhängig sind, kommt der internen Kommunikation im Verband ein zentraler Stellenwert zu. Die Gestaltung der Kommunikationspolitik innerhalb des Verbands zählt inzwischen zu einer Kernaufgabe des Verbandsmanagements (Witt et al. 2006, S. 94ff.). Selbstverständlich ist es für die Verbandsspitze um so schwieriger, den Verband ‚auf Kurs zu halten‘, je größer der Grad an Autonomie und Selbstständigkeit der Mitgliederorganisationen ist, und diese gegenüber der ‚Zentrale‘ nicht weisungsgebunden sind und auch hinsichtlich der Rekrutierung ihres Führungspersonals ohne Rückkoppelung entscheiden können. Dies ist in Deutschland bei der Mehrheit der Verbände, einschließlich der Wohlfahrtsverbände, der Fall.

Mitgliederbeiträge sind fraglos eine der zentralen Ressourcen von Verbänden. Bei Mitgliederschwund ist das Management der Verbände daher mit einem gravierenden Problem konfrontiert. Mit der Ressourcensicherung als Managementproblem von Verbänden hat sich u.a. *Mancur Olson* auseinandergesetzt und auf die Frage, wie man Mitglieder gewinnt und auch dauerhaft als wichtige Ressource an den Verband bindet, in seinem Klassiker *„Die Logik des kollektiven Handelns“* (1965/1985) eine eindeutige Antwort gegeben. Danach ist nicht das politische oder soziale Anliegen ausschlaggebend für Beitritt und Mitgliedschaft in einem Verband, sondern der „selektive Anreiz“: D.h. die Möglichkeit der Nutzung oder des Erwerbs eines vom Verband exklusiv für die Mitgliedschaft bereitgestellten Produktes oder Dienstleistungsangebots. Er oder sie wird Mitglied, da mit der Mitgliedschaft besondere Vergünstigungen – angefangen bei bestimmten Versicherungsleistungen bis hin zu besonderen Reiseangeboten – verbunden sind. Insofern gewinnen Mitgliederwerbung und -bindung mittels Produkt- und Dienstleistungserstellung als Aufgabe des Verbandsmanagements an Stellenwert. Hierbei besteht die Managementherausforderung auch darin zu verhindern, dass die Dienstleistungsproduktion nicht die Kernaufgabe der Verbandstätigkeit überlagert. Je nach Tätigkeit befinden sich Verbände hier insofern in einem Dilemma, als ihr Kernprodukt keine exklusive Leistung für Mitglieder darstellt. Doch zur Erzielung des Ergebnisses ist die „Macht der Mitgliedschaft“ notwendig. So hat Olson am Beispiel der Gewerkschaften gezeigt, dass es für rational handelnde und damit ihren Nutzen maximierende Individuen eigentlich keinen Sinn macht, Organisationen mittels Mitgliedergebühren oder anderen freiwilligen Leistungen zu unterstützen, die „Kollektivgüter“ erstellen, von deren Gebrauch, wenn sie einmal erstellt sind, niemand ausgeschlossen werden kann. In Deutschland gelten die Tariflöhne auch für Nicht-Gewerkschaftsmitglieder. Mitgliedschaft und Engagement in der Gewerkschaft machen daher eigentlich keinen Sinn. Wenn aber die Gewerkschaften kaum noch Mitglieder haben, so haben sie auch kaum noch Lobbymacht bzw. Voice im Rahmen von Tarifverhandlungen. Entsprechendes gilt auch für andere Verbände. Wenn ein Umweltverband z.B. wesentlich dazu beigeträgt, dass Industrieabfälle nicht mehr ungeklärt und ungefiltert in die Umwelt gelangen, so profitieren alle von der ‚gesunden Luft‘ und den sauberen Flüssen, auch diejenigen, die nie eine Umweltorganisation unterstützt haben. Anders verhält es sich etwa beim ADAC. Hier hat der ‚selektive Anreiz‘ des exklusiven Zugangs zur Pannenhilfe die eigentliche Zielsetzung des Verbandes, nämlich Interessenvertretung der Autofahrer_innen, als Grund für Mitgliedschaft in gewisser Weise längst überlagert.

Während Olson aufgezeigt hat, warum sich Verbände verstärkt am Markt betätigen, wurden auch am Beispiel der Gewerkschaften von *Wolfgang Streeck* (1987) die Managementherausforderungen der strategischen Entscheidungsfindung der Verbandspitzen thematisiert. Verbände sind Intermediäre: Sie sind mittels der lokal tätigen Mitgliederorganisationen lebensweltlich verankert, gleichzeitig sitzen sie als Experten in politischen Entscheidungsrunden mit am Tisch.

Verbände wirken daher sowohl ‚nach unten' im Hinblick auf die soziale Integration ihrer Mitglieder, als auch ‚nach oben' mit Zielrichtung auf das politisch-administrative System. Die Verbandsspitzen haben bei ihren Kursentscheidungen jeweils die *Mitgliedschaftslogik* wie auch die politische *Einflusslogik* zu berücksichtigen. So verlangt die Mitgliedschaft von einem schlagkräftigen Umweltverband ein hohes Maß an Aktivismus und Konfliktbereitschaft, während die Spitze des Verbandes sich gerade darum bemüht, von der Ministerialbürokratie als Experte und Referenz erster Wahl anerkannt zu werden. Da heute viele Verbände sowohl als ‚Aktivisten' wie auch als ‚Experten' und ‚Mitentscheider' tätig sind, kommt der Austarierung von Mitgliedschafts- und Einflusslogik ein zentraler Stellenwert im Kontext des Verbandsmanagements zu. Richtet die Verbandsspitze ihre Entscheidungen zu sehr nach der Einflusslogik aus, läuft der Verband Gefahr, dass die Mitglieder sich abwenden; dominiert das Verbandshandeln die Mitgliedschaftslogik kann es sein, dass der Verband als Mitentscheider im Prozess der Politikgestaltung nicht mehr ernst genommen wird.

Auch die Folgen der gesellschaftlichen Großtrends Individualisierung und Pluralisierung für Verbände wurden frühzeitig von *Wolfgang Streeck* thematisiert. Schon in den 1980er Jahren wurde von Streeck die griffige Formel vom *Aussterben des Stammkunden* (1987, S. 474) geprägt. Gemeint ist hiermit die „nachlassende Bindungsfähigkeit formal organisierter gesellschaftlicher Aggregate gegenüber ihrer sozialen Basis" (ebd.) bzw. die Erosion der sog. klassischen sozialen Milieus. Wurde man früher in einen Verband oder eine Gewerkschaft quasi hineinsozialisiert, wobei Mitgliedschaft und Mitmachen bei Verband oder Gewerkschaft zum sozialen Leben einfach dazugehörten und hierdurch die Verankerung in einem spezifischen sozialen Milieu nicht nur zum Ausdruck gebracht, sondern auch nachhaltig stabilisiert wurde, ist dies schon lange nicht mehr der Fall. Vor allem das sozialdemokratische Milieu, aber mit Abstrichen auch das katholische, jeweils zusammengehalten durch eine ganze Reihe von Organisationen, darunter Partei, Gewerkschaft, Wohlfahrtsverband sowie lokale Vereine, ist in der traditionellen Form, als Gesellschaft in hohem Maße strukturierendes Moment nicht mehr existent. Insbesondere die Gewerkschaften weisen seit nunmehr drei Jahrzehnten sinkende Mitgliederzahlen und Organisationsgrade auf (Alscher et al. 2009, S. 53; Schroeder et al. 2011). Aber auch andere klassische, Gesellschaft strukturierende Organisationen, wie etwa die Kirchen, sind von diesem Trend betroffen.

Schließlich sind als ‚Klassiker' der Verbändeforschung noch jene Arbeiten anzuführen, die die Managementherausforderungen des Organisationswandels und der Organisationsmodernisierung bis hin zur Organisationsfusion thematisieren. So wurde in der amerikanischen Literatur schon sehr früh am Beispiel des YMCA der Wandel eines Verbandes von einer lebensweltlich verankerten Bewegung hin zu einer stärker strukturierten und damit auch formalisierten bürokratischen Organisation beschrieben (Zald/Denton 1963/64). Wiederum am Beispiel der Gewerkschaften hat Streeck (1981) die Zwitterstellung von Verbänden als sowohl advokatorische Interessenvertreter wie auch Dienstleister herausgearbeitet. Während Verbände als advokatorische Organisationen und Interessenvertreter Charakteristika *charismatischer Herrschaft* aufweisen und sich insofern durch einen Bewegungscharakter und geringe Formalisierung auszeichnen, führt ihre Indienstnahme für politische Gestaltungsaufgaben und für die Produktion sozialer Dienstleistungen gleichzeitig zu Veränderungsprozessen in Richtung zunehmender *Bürokratisierung*.

Auch hier ist der Blick auf die für Deutschland typischen Verbände der Wohlfahrtsproduktion aufschlussreich. Die Entstehung der deutschen „Verbändewohlfahrt" (Backhaus-Maul 2000;

Schmid 1996; Sachße 1995) ist ein Beispiel für die Transformation einer sozialen Bewegung und ihrer Mitgliederorganisationen. Die in der zweiten Hälfte des 19. Jahrhunderts als Reaktion auf die ‚soziale Frage' entstandenen und zunächst nur lokal tätigen sozialen Einrichtungen wurden erst auf kommunaler Ebene und anschließend im Zuge des Ausbaus der Sozialstaatsbürokratie auch auf regionaler und föderaler Ebene in einen sozialpolitischen Planungsverbund integriert und damit in ein eher bürokratisches Organisationsmodell eingebettet. In der Folge wurden aus den von Charismatikern gegründeten karikativen Einrichtungen vor Ort eher bürokratieähnlich gesteuerte Organisationen, die sich vor allem ab den 1970er Jahren zunehmender Kritik ausgesetzt sahen (Bauer 1978).

3.2 Aktuelle Entwicklungen

Die gesellschaftlichen und politischen Großtrends der vergangenen Jahrzehnte haben die Rahmenbedingungen einer erfolgreichen Verbandstätigkeit gravierend verändert (Sack/Strünck 2016): So erschweren lebensweltliche Veränderungen – Pluralisierung und Individualisierung – Mitgliederbindung und Sozialintegration. Interessenvertretung und Lobbying der Verbände hat sich verändert infolge der zunehmenden Bedeutung der neuen Medien sowie der Fragmentierung und Ausdifferenzierung der Verbändelandschaft – Stichwort Entstehung kleiner konfliktfähiger Verbände, z.B. die Pilotenvereinigung Cockpit. Auch haben Verbände als klassische Organisationen der Interessenvertretung kommerzielle Konkurrenz bekommen. In diesem Feld sind zunehmend nicht mitgliederbasierte Akteure, wie etwa auf bestimmte Sachgebiete spezialisierte Rechtsanwaltskanzleien oder Public Affairs Agenturen aktiv. Schließlich ist noch die Interessenvertretung, sozusagen ‚von langer Hand', zu nennen. Hier engagieren sich zunehmend Stiftungen, die strategisch spezifische Themen setzen und diese mit vergleichsweise langen Zeithorizonten verfolgen, wie dies etwa die Bertelsmann Stiftung im Bildungsbereich erfolgreich betreibt (Speth/Zimmer 2015). Nicht zuletzt hat sich auch das Umfeld der Dienstleistungserstellung von Verbänden, insbesondere der Wohlfahrtsverbände in den letzten Jahrzehnten gravierend verändert. Dieser Trend wird unter dem Stichwort Ökonomisierung gefasst (in diesem Band).

Insgesamt lässt sich festhalten, dass auf die veränderten Kontextbedingungen Verbände mit Institutionalisierung, Professionalisierung und Ökonomisierung reagiert haben. Sie haben sich infolgedessen von ehemals mitgliedschaftlich basierten freiwilligen Vereinigungen, die wie etwa die Umweltverbände den sozialen Bewegungen nahestanden, zu top-down geführten Organisationen entwickelt, die überwiegend mit hauptamtlichen Mitarbeitern arbeiten, und die in ihrem Management zunehmend unternehmensähnlicher geworden sind. Pioniere waren hier die aus den neuen sozialen Bewegungen entstandenen NGOs – Non-Governmental Organizations – die, wie der Klassiker Greenpeace, sich schon frühzeitig am Organisations- und Managementmodell des Wirtschaftsunternehmens orientierten (Zimmer 2014).

Die Veränderung der Verbände in Richtung Unternehmen zeigt sich u.a. auch anhand der Personalstrukturen. Generell lässt sich ein nachhaltiger Trend zur Professionalisierung bzw. Verberuflichung sowohl der Leitungspositionen wie auch der im Verband Aktiven feststellen. Die ehrenamtliche Leitung, wie sie für eingetragene Vereine als die häufigste Organisations- und Rechtsform von Verbänden typisch ist, war lange Zeit die charakteristische Governancestruktur von Verbänden. Dies hat sich inzwischen insofern geändert, als die ‚Doppelspitze' – eine hauptamtliche Geschäftsführung kombiniert mit einem ehrenamtlichen Vorstand – die dominante Governancestruktur von Verbänden darstellt. Allerdings hält auf der Leitungsebene der Trend zur weiteren Professionalisierung an. Insbesondere neuere Organisationen verfügen über eine voll-professionalisierte Governance. Solche Verbände sind meist auch nicht mehr als e.V., sondern in der Rechts- und Organisationsform der GmbH organisiert (Zimmer 2014; Zimmer et al. 2013).

4. Ausblick: Zunehmende Fragmentierung

Vor diesem Hintergrund ist es allzu verständlich, dass Verbandsmanagement – also die Frage der organisationalen Steuerung der Verbände – längst kein Nischenthema mehr ist (Wöhler 2015; Simsa et al. 2013; Boeßenecker/Markert 2011). Systematisch behandelt werden Fragen der Ressourcensicherung und Finanzierung (Vilain 2006), Herausforderungen der Leitung und Führung (Beher et al. 2007) sowie die Austarierung von Checks and Balances in Gremien und Kontrollinstanzen der Verbände (Siebart 2006). Letzteres dürfte durch Korruptionsvorwürfe, wie z.B. bei den großen Sportverbänden (Hamm 2011) oder auch im Hinblick auf den Vorwurf fließender Übergänge zwischen Gemeinnützigkeit und Veruntreuung, wie z.B. jüngst beim größten deutschen Automobilclub ADAC, zu verstärkten Bemühungen um *compliance* und *corporate citizenship* im Verbandsmanagement führen.

Immer wieder kommt es in Verbindung mit Verbänden zu Negativschlagzeilen. Doch gerade im Rahmen der Herausforderungen der Flüchtlingsunterbringung konnten vor allem die Wohlfahrtsverbände in jüngster Zeit ihr Potential herausstellen, schnell zu reagieren und insbesondere dank freiwilligen Engagements an Ort und Stelle öffentliche Strukturen zu unterstützen. Es zeigte sich, dass dem *Schwund der Stammkunden* durchaus eine Bereitschaft zum issue-spezifischen Ad-hoc-Engagement in spezifischen Situationen entgegensteht. Allerdings stellt auch dieses Engagement das Management vor nicht unerhebliche Herausforderungen (Kegel 2011).

Vor allen den großen alten Verbänden machen neuere Entwicklungen, wie etwa der Mitgliederschwund, zu schaffen. Doch die Schlagkraft eines Verbandes resultiert inzwischen weniger aus seiner Mitgliederstärke. Kommt es auf der einen Seite zu Konzentrationstendenzen – beispielsweise bei den Gewerkschaften –, ist auf der anderen Seite eine starke Ausdifferenzierung feststellbar (Jun 2009). Abspaltungen und Neugründungen sind an der Tagesordnung und die Zahl der Verbände wächst (Winter/Willems 2007, S. 26f.). Es ist daher nicht zu viel behauptet, dass Verbände sich auf Wachstumskurs befinden und eine Durchprofessionalisierung der Verbandsarbeit erfolgt ist. So existiert – zum Teil sogar branchenspezifisch – handbuchartige Literatur, die davon ausgeht, dass auch politische Einflussnahme eine Frage des Managements ist (Allgäuer/Larisch 2011).

Als zunehmend wichtiger Bereich des Managements entwickelt sich die Verbandskommunikation, nicht zuletzt durch den Einfluss der neuen Medien. So wird unter Digital Public Affairs die Erweiterung der Verbandskommunikation mittels sozialer Netzwerke – Stichwort Facebook –, mobilisierender Stakeholderkommunikation – Stichwort Twitter – und Issue Management verstanden. Dies betrifft sowohl auf externe Wirkung angelegte Kampagnen als auch die interne Kommunikation mit den Mitgliedern. Verbände versuchen so direkt mit ihren Zielgruppen – der Politik als auch ihrer eigenen Community –zu kommunizieren und diese zu informieren und zu mobilisieren (Petrich 2015). Ferner ist die Anpassung der Verbandskommunikation an ein sozial-aktiv interpretiertes Internet zu erwarten. Handbücher für Verbandspraktiker legen nahe, dass Verbänden die Präsenz in sozialen Netzwerken dringend zu empfehlen ist (Lietzau 2011). So bietet Klauß (2014) bereits anwendungsorientiertes Wissen zu Maßnahmen interner und externer Verbandskommunikation, Multi Channel Kommunikations- und Contentmanagement, digitale Services, Inhouse- und Cloud-Lösungsmodelle, Dokumenten- und Wissensmanagement sowie digitale Zusammenarbeit für Verbände.

Ferner ist Verbandstätigkeit voraussetzungsvoller geworden. Dies hat mit den veränderten Bedingungen des ‚politischen Geschäfts' zu tun. Ministerien rufen bei nahezu allen Gesetzesvorhaben in frühzeitigen Stadien Informationen und Stellungnahmen von Verbänden ab. Diese Exekutivlastigkeit der Verbandsarbeit führt zwangsläufig zu einer weiteren Spezialisierung und Professionalisierung des Verbandspersonals. Noch ausgeprägter ist diese Tendenz in Brüssel (Shotton/Nixon 2015; Lösche 2007). Vor diesem Hintergrund ist perspektivisch von einer weiteren Bedeutungszunahme professioneller Lobbydienstleister, wie Rechtsanwaltskanzleien oder Wirtschaftsprüfer auszugehen (Dialer/Richter 2014; Jun 2009; Speth/Zimmer 2015), die „Fach-, Organisations- oder Vermittlungskompetenz" sowie issue-spezifisches „Projektlobbying" (Speth/Zimmer 2015; Jun 2009; Winter/Willems 2007) anbieten.

Doch die Professionalisierung, Ausdifferenzierung und Ökonomisierung der Verbandsarbeit wird vermehrt auch kritisch kommentiert (Chari et al. 2010) und hat inzwischen zur Hinterfragung von Meinungs- und Willensbildungsprozessen der politischen und medialen Eliten geführt (Wendt et al. 2016; Classen 2015). So fordern LobbyControl und Transparency International Deutschland e.V. Regulierung durch Einführung eines Lobbyregisters; sie machen sich für einen Beauftragten für Transparenz und Lobbykontrolle sowie für Begrenzung und Transparenz hinsichtlich der Mitwirkung Externer an Gesetzesentwürfen stark. Mit dem Lobby Planet Berlin wurde ein lobbykritischer Stadtführer herausgegeben (LobbyControl 2014). Geraten einerseits Verbände als Lobbyorganisationen unter Druck, übernehmen Verbände als Organisationen des Dritten Sektors gleichzeitig Korrektivfunktionen (Leitschuh 2012).

5. Literatur

Alemann, Ulrich von (1989): Organisierte Interessen in der Bundesrepublik. Opladen: Leske & Budrich.

Allgäuer, Jörg/Larisch, Matthias (2011): Public Relations von Finanzorganisationen. Ein Praxishandbuch für die externe und interne Organisation. Wiesbaden: Springer Gabler.

Alscher, Mareike/Dathe, Dietmar/Priller, Eckhard/Speth, Rudolf (2009): Bericht zur Lage und zu den Perspektiven des bürgerschaftlichen Engagements in Deutschland. Berlin: WZB.

Backhaus-Maul, Holger (2000): Wohlfahrtsverbände als korporative Akteure. Über eine traditionsreiche sozialpolitische Institution und ihre Zukunftsaussichten. In: Aus Politik und Zeitgeschichte 50, H. 26-27, S. 22-30.

Bauer, Rudolf (1978): Wohlfahrtsverbände in der Bundesrepublik Deutschland. Weinheim/Basel: Beltz.

Beher, Karin/Krimmer, Holger/Rauschenbach, Thomas/Zimmer, Annette (2007): Die vergessene Elite – Führungskräfte im Dritten Sektor. Weinheim: Juventa.

Bender, Gunnar/Reulecke, Lutz (2003): Handbuch des deutschen Lobbyisten. Frankfurt a.M.: FAZ.

Boeßenecker, Karl-Heinz/Markert, Andreas (2011): Studienführer Sozialmanagement – Sozialwirtschaft an Hochschulen in Deutschland, Österreich, Schweiz. 2. Aufl., Baden-Baden: Nomos.

Boeßenecker, Karl-Heinz/Vilain, Michael (2013): Spitzenverbände der Freien Wohlfahrtspflege. Eine Einführung in die Organisationsstrukturen und Handlungsfelder sozialwirtschaftlicher Akteure in Deutschland. Weinheim/München: Beltz Juventa.

Chari, Raj/ Hogan, John/Murphy, Gary (2010): Regulating Lobbying: A Global Comparison. Manchester: Manchester Univ. Press.

Classen, Alexander (2015): Interessenvertretung in der Europäischen Union. Zur Rechtmäßigkeit politischer Einflussnahme. Wiesbaden: Springer VS.

Dialer, Doris/Richter, Margarethe (Hrsg.) (2014): Lobbying in der Europäischen Union: Zwischen Professionalisierung und Regulierung. Wiesbaden: Springer VS.

Falk, Svenja/Römmele, Andrea/Rehfeld, Dieter/Thunert, Martin (Hrsg.) (2006): Handbuch Politikberatung. Wiesbaden: Springer VS.

Hamm, Mario (2011): Finanzreporting von Fußballunternehmen. Aachen: Shaker.

Hammerschmidt, Peter (2005): Wohlfahrtsverbände in der Nachkriegszeit. Reorganisation und Finanzierung der Spitzenverbände der freien Wohlfahrtspflege 1945 bis 1961. Weinheim/München: Beltz Juventa.

Heilmair, Astrid/Russ, Yvonne/Sturm, Hilmar/Zitzmann, Thomas (Hrsg.) (2011): Perspektiven des Verbandsmanagements: Festschrift für Dieter Witt zum 70. Geburtstag. Wiesbaden: Springer Gabler.

Heinze, Rolf G./Olk, Thomas (1981): Die Wohlfahrtsverbände im System sozialer Dienstleistungsproduktion. In: Kölner Zeitschrift für Soziologie und Sozialpsychologie 33, H. 1, S. 94-114.

Hoffjann, Olaf/Stahl, Roland (Hrsg.) (2010): Handbuch Verbandskommunikation. Wiesbaden: Springer VS.

Jun, Uwe (2009): Wandel des Parteien- und Verbändesystems. In: Aus Politik und Zeitgeschichte 51, S. 28-34. www.bpb.de/apuz/31874/wandel-des-parteien-und-verbaendesystems?p=all, 18.7.2017.

Kegel, Thomas (2011): Freiwilligenmanagement. In: Olk, Thomas/Hartnuß, Birger (Hrsg.): Handbuch Bürgerschaftliches Engagement. Weinheim: Juventa, S. 591-610.

Klauß, Thomas (2014): Verbände digital: Grundlagen, Strategie, Technologie, Praxis. Berlin: Springer Vieweg.

Klein, Hans Joachim (2001): Vereine. In: Schäfers, Bernhard/Zapf, Wolfgang (Hrsg.): Handwörterbuch zur Gesellschaft Deutschlands. Opladen: Leske & Budrich, S. 705-716.

Köppl, Peter (2003): Power Lobbying. Wien: Linde.

Leitschuh, Heike (2012): Neue Organisationen aktivieren die Zivilgesellschaft. www.heike-leitschuh.de/downloads/txt_neueNROs.pdf, 29.11.2016.

Lianos, Manual/Kahler, Tobias (2006): Die Rolle der Public-Affairs-Agenturen in Berlin. In: Leif, Thomas/Speth, Rudolf (Hrsg.): Die fünfte Gewalt. Lobbyismus in Deutschland. Wiesbaden: Springer VS, S. 290-302.

Lietzau, Wolfgang/Bender, Jens/Richter, Tim (Hrsg.) (2011): Praxishandbuch Social Media in Verbänden: Grundlagen, Praxiswissen, Fallbeispiele. Bonn: DGVM business forum.

LobbyControl (Hrsg.) (2014): LobbyPlanet Berlin. Reiseführer durch den Lobbydschungel. Berlin: LobbyControl.

Lösche, Peter (2007): Verbände und Lobbyismus in Deutschland. Stuttgart: Kohlhammer.

Michels, Robert (1925) (1989): Zur Soziologie des Parteienwesens in der modernen Demokratie. Untersuchungen über die oligarchischen Tendenzen des Gruppenlebens. Stuttgart: Kröner.

Olson, Mancur (1965/1985): Die Logik des kollektiven Handelns. Tübingen: Mohr Siebeck.

Petrich, Juliane (2015): Digital Public Affairs oder verpflichtendes Lobbyregister: Was sorgt für mehr Transparenz? politik-digital.de/news/digital-public-affairs-147677/, 29.11.2016.

Rawert, Peter/Gärtner, Janne (2004): Nonprofit Organizations in Germany – Permissible Forms and Legal Framework. In: Zimmer, Annette/Priller, Eckhard (Hrsg.): Future of Civil Society, CD-Materialiensammlung. Wiesbaden: Springer VS.

Sachße, Christoph (1995): Verein, Verband und Wohlfahrtsstaat. Entstehung und Entwicklung der dualen Wohlfahrtspflege. In: Rauschenbach, Thomas/ Sachße, Christoph/Olk, Thomas (Hrsg.): Von der Wertgemeinschaft zum Dienstleistungsunternehmen. Frankfurt a.M.: Suhrkamp, S. 123-149.

Sack, Detlef/Strünck, Christoph (Hrsg.) (2016): Verbände unter Druck. Protest, Opposition und Spaltung in Interessenorganisationen. Sonderband der Zeitschrift für Politikwissenschaft. Wiesbaden: Springer VS.

Schick, Stefan/Rüd, Eberhard (1988): Stiftung und Verein als Unternehmensträger. Stuttgart: Fachverlag für Wirtschaft und Steuern.

Schmidt, Josef (1996): Wohlfahrtsverbände im modernen Wohlfahrtsstaat. Opladen: Westdeutscher Verlag.

Schroeder, Wolfgang/Kalass, Viktoria/Greef, Samuel (2011): Berufsgewerkschaften in der Offensive. Vom Wandel des deutschen Gewerkschaftsmodells. Wiesbaden: Springer VS.

Schulz-Walz, Franziska (2006): Mitgliederorientierte Organisationsgestaltung in Wirtschaftsverbänden. Wiesbaden: Gabler.

Shotton, Paul A./Nixon, Paul G. (2015): Lobbying the European Union. Changing Minds, Changing Times. Farnham/Burlington: Routledge.

Siebart, Patricia (2006): Corporate Governance von Nonprofit-Organisationen. Bern: Haupt.

Sills, David L. (1968): Voluntary Associations. In: Sills, David L. (Hrsg.): International Encyclopedia of the Social Sciences, Bd. 6. New York: Macmillan and Free Press, S. 362-379.

Simsa, Ruth/Meyer, Michael/Badelt, Christoph (Hrsg.) (2013): Handbuch der Nonprofit-Organisation. 5. Aufl., Stuttgart: Schäffer-Pöschel.

Speth, Rudolf/Zimmer, Annette (Hrsg.) (2015): Lobby Work. Interessenvertretung als Politikgestaltung. Wiesbaden: Springer VS.

Strauch, Michael (1993): Lobbying. Frankfurt a.M.: FAZ.

Streeck, Wolfgang (1987): Vielfalt und Interdependenz. Überlegungen zur Rolle der intermediären Organisationen in sich ändernden Umwelten. In: Kölner Zeitschrift für Soziologie und Sozialpsychologie 39, H. 3, S. 471-495.

Streeck, Wolfgang (1981): Gewerkschaftliche Organisationsprobleme in der sozialistischen Demokratie. Königstein: Athenäum.

Velsen-Zerweck, Burkhard von (1998): Dynamisches Verbandsmanagement. Wiesbaden: Deutscher Universitätsverlag.

Vilain, Michael (2006): Finanzierungslehre für Nonprofit-Organisationen. Wiesbaden: Springer VS.

Vondenhoff, Christoph/Busch-Janser, Sandra (2012): Praxishandbuch Lobbying. Berlin: Polisphere.

Weber, Max (1976): Wirtschaft und Gesellschaft – Grundriss der verstehenden Soziologie. Tübingen: Mohr Siebeck.

Wendt, Björn/Klöckner, Marcus B./Pommrenke, Sascha / Walter, Michael (Hrsg.) (2016): Wie Eliten Macht organisieren. Bilderberg & Co.: Lobbying, Thinktanks und Mediennetzwerke. Hamburg: VSA.

Winter, Thomas von/Willems, Ulrich (Hrsg.) (2007): Interessenverbände in Deutschland. Wiesbaden: Springer VS.

Witt, Dieter/Velsen-Zerweck, Burkhard von/Thiess, Michael/Heilmair, Astrid (2006): Herausforderung Verbändemanagement. Handlungsfelder und Strategien. Wiesbaden: Gabler.

Wöhler, Claudia (2015): Verbandsmanagement mit Zukunft. Non-Profit-Organisationen professionell und erfolgreich führen. Wiesbaden: Gabler.

Zald, Mayer N./Denton, Patricia (1963/1964): From Evangelism to General Service: The Transformation of the YMCA. In: Administrative Science Quarterly 8, H. 2, S. 214-234.

Zechlin, Hans-Jürgen (1999): Verbandsmanagement im Strukturwandel. Köln: Fossil.

Zimmer, Annette (2014): Ökonomisierung und die Folgen für NPOs. In: Zimmer, Annette/Simsa, Ruth (Hrsg.): Forschung zu Zivilgesellschaft, NPOs und Engagement. Quo vadis? Wiesbaden: Springer VS, S. 163-180.

Zimmer, Annette/Priller, Eckhard (2007): Gemeinnützige Organisationen im gesellschaftlichen Wandel. Wiesbaden: Springer VS.

Zimmer, Annette/Priller, Eckhard/Anheier, Helmut (2013): Der Nonprofit-Sektor in Deutschland. In: Simsa, Ruth/Meyer, Michael/Badelt, Christoph (Hrsg.): Handbuch der Nonprofit-Organisation. 5. Aufl., Stuttgart: Schäfer-Poeschel, S. 15-36.

Public Management und Neues Steuerungsmodell

John Siegel

1. Einleitung

Öffentliche Verwaltung und Sozialwirtschaft stehen in einem engen Verhältnis zueinander. Sozialwirtschaftliche Einrichtungen werden beispielsweise durch Behörden von Bund, Ländern und Kommunen, beauftragt, finanziert, beaufsichtigt und auf vielfältige Weise beeinflusst, etwa durch Vorschriften, die in Ministerien entworfen werden, durch Finanzplanungen, in denen Mittel für sozialpolitische Programme und Maßnahmen verbindlich festgelegt werden, oder durch Vereinbarungen, die Kooperationsverhältnisse regeln. Andererseits sind Verwaltungen auf leistungsfähige sozialwirtschaftliche Einrichtungen angewiesen, insbesondere wenn zur Erfüllung öffentlicher Aufgaben oder zur Umsetzung politischer Vorhaben der Verwaltung selbst keine ausreichenden Kapazitäten oder Kompetenzen zur Verfügung stehen. Folglich beeinflussen sich öffentliches und sozialwirtschaftliches Management gegenseitig und sind, zumindest teilweise, durch ähnliche Rahmenbedingungen geprägt – nicht zuletzt dadurch, dass sie anspruchsvollen und zunehmenden Erwartungen ihrer Anspruchs-, Interessen- und Zielgruppen bei gleichzeitig begrenzten Ressourcen gerecht werden müssen. Was also ist Public Management? Was ist in diesem Zusammenhang unter dem oft genannten Neuen Steuerungsmodell zu verstehen? Und in welchem Verhältnis stehen Public Management und Sozialwirtschaft zueinander? An diesen drei Fragen orientiert sich dieser Beitrag.

2. Was ist Public Management?

Public Management ist zunächst einmal die Praxis, Lehre und Erforschung der (primär betriebswirtschaftlichen) Steuerung und Führung von und in Organisationen der öffentlichen Verwaltung. Wissenschaftlich handelt es sich damit um ein Teilgebiet der Betriebswirtschaftslehre und der Verwaltungswissenschaften mit engen Beziehungen (und teilweise Schnittmengen) zur politikwissenschaftlichen, organisationssoziologischen und finanzwissenschaftlichen Verwaltungsforschung, den meisten funktionalen Teilen der Betriebswirtschaftslehre (u.a. dem Personal- und Finanzmanagement oder der Organisationslehre) sowie – *last but not least* – der Sozialwirtschaft bzw. im weiteren Sinne dem Non-Profit-Management. Public Management als wissenschaftliche Teildisziplin soll Wissen über die Spezifika der Steuerung von Organisationen im öffentlichen Sektor generieren und in der akademischen Lehre an (zukünftige) Fach- und Führungskräfte vermitteln. Insofern spielt sie auch eine zentrale Rolle in der Professionalisierung des Managements öffentlicher Einrichtungen. Als „öffentlich" werden Organisationen insbesondere dann charakterisiert, wenn sie aus Steuermitteln oder (unfreiwilligen) Abgaben, Beiträgen oder Gebühren finanziert werden, im gesetzlichen bzw. politischen Auftrag handeln, „hoheitliche" Aufgaben wahrnehmen sowie entweder eine öffentliche Rechtsform haben (z.B. Körperschaften oder Anstalten des öffentlichen Rechts) oder sich als privatrechtliche Gesellschaft ganz oder überwiegend in öffentlichem Eigentum befinden. Typisch für die öffentliche Verwaltung ist die Tatsache, dass in der Regel (schwer messbare) Dienstleistungen, Leistungsempfänger_innen nicht (direkt) für deren Leistungen bezahlen und bestimmte Leistungen (Zwangsmaßnahmen) auch gegen den Willen der Betroffenen durchgeführt werden. Oft – aber nicht immer – haben öffentliche Organisationen für die Erbringung ihrer Leistungen ein Monopol bzw. die Leistungsempfänger_innen keine (echten) Wahlmöglichkeiten. Die Gesamtheit der Organisationen, also vor allem die („Kern“-)Verwaltungen öffentlicher Gebietskörperschaften (Bund, Länder, Landkreise, Städte und Gemeinden) sowie deren Beteiligungsunternehmen, werden als „öffentlicher Sektor“ bezeichnet.

Öffentliche Verwaltungen und öffentliche Unternehmen können grundsätzlich als Betriebe charakterisiert werden, sofern man darunter zweckgebundene produktive soziale Systeme versteht, die mit knappen Ressourcen wirtschaften müssen. Sie produzieren eine fast unüberschaubare Vielfalt öffentlicher oder meritorischer Güter. Die Heterogenität der *Aufgaben* (von Abfallentsorgung bis Zoll) ist ebenso wie jene der *Tätigkeiten* (Informieren, Beraten, Genehmigen, Kontrollieren, Regulieren, Verhandeln, Vermitteln, Qualifizieren, Organisieren, Analysieren, Planen, Entscheiden, Bewachen, Schützen uvm.) beträchtlich, insofern gibt es auch weder *die* öffentliche Verwaltung noch *das* Public Management. Kernproblem des Public Management ist letztlich (im Sinne des ökonomischen Prinzips) das Dilemma, einerseits tendenziell unbegrenzte Bedürfnisse (hier verstanden als Bedarf an – qualitativ hochwertigen und wirksamen – öffentlichen Dienstleistungen und Infrastrukturen) mit andererseits (ökonomisch, politisch und rechtlich!) begrenzten Ressourcen befriedigen zu sollen.

Öffentliches Management unterliegt spezifischen Regeln und Restriktionen. So sind Entscheidungsträger_innen in diesem Kontext an besonderes (und jeweils überaus komplexes) öffentliches Verfahrens-, Tarif- und Dienst-, Vergabe-, Organisations- und Haushaltsrecht gebunden. Je nach Aufgabenbereich kommen etwa noch das Sozial-, (Hoch-)Schul-, Polizei-, Steuer-, Baurecht usw. hinzu. Grundsatzentscheidungen über die Zuweisung von finanziellen und personellen Ressourcen werden durch die Verwaltung zwar vorbereitet, aber (in demokratischen Staaten) von Parlamenten bzw. kommunalen Vertretungskörperschaften beschlossen und haben damit einen politischen, (quasi-) gesetzlichen und verbindlichen Charakter. Insofern ist die politische und gesellschaftliche Legitimation gleichermaßen Ziel und auch Voraussetzung des Verwaltungshandelns. Ohne Akzeptanz der Gesellschaft und oft auch Mitwirkung der Bürger (als „Ko-Produzenten“) können Verwaltungen ihren Zweck in der Regel nicht (optimal) erfüllen. Hinzu kommen allgemeine Rahmenbedingungen und Entwicklungen, die erheblichen Einfluss auf Verwaltungshandeln und -steuerung haben können, wie die Megatrends demografischer Wandel, Migration oder Digitalisierung.

Insofern ist Public Management weit mehr als die Einführung und Anwendung betriebswirtschaftlicher Instrumente und Verfahren in der öffentlichen Verwaltung. Vielmehr geht es um nicht weniger als die Bewahrung und Verbesserung der Handlungs- und Leistungsfähigkeit der Verwaltung und um eine Optimierung der Ergebnisse ihres Handelns („Performance“) unter oft sehr schwierigen externen und internen Voraussetzungen – bei relativ beschränkten Handlungsspielräumen der Akteure. Darüber hinaus ist zu beachten, dass öffentliche Organisationen mit anspruchsvollen, sich verändernden und oft widersprüchlichen Erwartungen konfrontiert sind.

Im deutschsprachigen Raum hat das Public Management seinen Ursprung vor allem in der Öffentlichen Betriebswirtschaftslehre, die (zumindest an den Universitäten) jedoch stets ein Schattendasein führte. In Deutschland war und ist die Verwaltungslehre und -forschung primär eine juristische Angelegenheit, analog zu einer Dominanz juristisch qualifizierter Führungskräfte insbesondere in der Ministerialverwaltung („Juristenmonopol“). Auch in den Fachhochschulen dominieren juristische Inhalte. Dies entspricht der Beschreibung der deutschen Verwaltung als

Vertreterin einer „Rechtsstaats"-Kultur, in der Probleme und Lösungen der Verwaltung in der Regel aus juristischer Perspektive wahrgenommen werden. Das Public Management stellt (wie die Verwaltungswissenschaft und die Politikfeldforschung) den Versuch dar, die in ökonomischer Hinsicht unterbelichteten Aspekte der Steuerung öffentlicher Organisationen zu betonen und entsprechende Lösungsansätze zu entwickeln.

Public Management bedeutet auch *Reform*wissenschaft und -praxis. Sie geht dabei traditionell eher präskriptiv vor und versucht zunehmend auch, ihre empirische Basis zu verbessern, was ihr angesichts der geringen Kapazitäten und Verankerung im deutschen Wissenschaftssystem jedoch kaum gelingt. Anders als in der allgemeinen BWL sind im deutschsprachigen Public Management mehr Fragen offen als beantwortet. Insofern ist die empirische Basis für (ja oft recht weitreichende) präskriptive Managementkonzepte recht schmal. Demgegenüber steht eine enorme Nachfrage nach Modellen, Instrumenten bzw. „Lösungen", wobei nicht selten eine solide Problemanalyse fehlt. Diese Nachfrage (auch nach Absolventen einschlägiger Studiengänge) kommt nicht nur aus der Verwaltungspraxis, sondern seit zwei Jahrzehnten vor allem auch aus dem stetig wachsenden Beratungsmarkt. Die Formulierung, Umsetzung und Evaluation von Reformkonzepten ist daher nicht nur wissenschaftliches Erkenntnisobjekt des Public Management, sondern auch eine wesentliche Legitimationsgrundlage in der Praxis. Insofern gehört es eben auch zu den Funktionen des Public Management, den Studierenden verwaltungsbezogener Studiengänge das betriebswirtschaftliche Grundlagenwissen und Handwerkszeug zu vermitteln, mit dem man ökonomische bzw. Managementherausforderungen in der öffentlichen Verwaltung bewältigen kann.

Der Bedarf an betriebswirtschaftlichen Kompetenzen ergibt sich vor allem aus den „managerialistisch" bzw. ökonomisch geprägten Verwaltungsreformen. Das wichtigste Stichwort in diesem Zusammenhang ist „New Public Management" (NPM). Es wurde vor allem durch einen Aufsatz geprägt, in dem Christopher Hood (1991) – analytisch und auch sehr kritisch – Entwicklungen in der Verwaltungssteuerung zusammenfasste, die etwa seit Ende der 1970er Jahre verstärkt zu beobachten waren, in Ländern wie Großbritannien, Neuseeland oder Australien in den 1980er Jahren zu einer teilweise grundlegenden Transformation des öffentlichen Sektors führten und die in den 1990er Jahren – aus verschiedenen Gründen und unter sehr unterschiedlichen Rahmenbedingungen – weltweit die Steuerung öffentlicher Organisationen, teilweise die Rolle und Funktionsweise des öffentlichen Sektors, spürbar veränderten. Zentrale Elemente des NPM waren laut Hood (1991, S. 4ff.) vor allem

- Pragmatisches („*hands-on*") professionelles Management (aktive, sichtbare Steuerung der Organisationen von Personen an der Spitze mit erheblichen Handlungsspielräumen);
- Explizite Performance-Messung und -Standards (Definition von Zielen und Erfolgsindikatoren, v.a. für professionelle Dienstleistungen);
- Größerer Nachdruck auf die Steuerung von Outputs (Ressourcenallokation und Anreize verknüpft mit der gemessenen Performance; Dezentralisierung des Personalmanagements);
- Veränderung zur Auflockerung („*disaggregation*") von Organisationseinheiten (Aufbrechen monolithischer Blöcke, Schaffung eigenständiger Einheiten mit Globalbudgets);
- Verschiebung hin zu mehr Wettbewerb im öffentlichen Sektor (Bewegung hin zu Verträgen und Ausschreibungsverfahren);
- Nachdruck auf privatwirtschaftliche Managementmethoden;

- Betonung von größerer Disziplin und Sparsamkeit im Einsatz von Ressourcen (direkte Kostenreduzierung, Erhöhung der Arbeitsdisziplin, Begrenzung des Erfüllungsaufwands für die Wirtschaft).

Das NPM war also – anders als gerade im deutschsprachigen Raum oft suggeriert – zunächst kein (präskriptives oder normatives) Reform*modell*, sondern ein (deskriptiv-analytisches) *Muster*. Sofern es sich um eine Strategie handelte, dann war es bis Anfang der 1990er Jahre eher eine emergente als eine beabsichtigte Strategie, eher eine Reaktion auf wahrgenommene Steuerungs- oder angenommene Effizienzprobleme und sicherlich Ausdruck relativ schwerwiegender Legitimationsprobleme der klassisch-„bürokratischen" Verwaltung. NPM wurde aber auch zunehmend als Allheilmittel betrachtet und letztlich zum Inbegriff einer „modernen", effizienten und bürgernahen Verwaltung in einem demokratischen Rechtsstaat. Es wurde insofern auch zu einem *Rationalitätsmythos*, dessen Elemente institutionalisiert und insofern zu professionellen Standards erfolgversprechender Verwaltungsführung und -steuerung.

Von Anfang an wurden die entsprechenden Veränderungen wissenschaftlich untersucht; die mehrdeutigen Befunde wurden kontrovers diskutiert (Pollitt/Bouckaert 2017). So sahen Public-Management-Forscher in vielen Elementen einerseits „alten Wein in neuen Schläuchen", erkannten im NPM-„*Hype*" aber auch eine günstige Gelegenheit (bzw. ein „*window of opportunity*"), ihrer (bisher eher randständigen) Disziplin, ihren Themen und ihren Lösungsansätzen Aufmerksamkeit und Geltung verschaffen zu können. Letztlich war NPM aber ein Ansatz, der weniger durch die Wissenschaft oder (vermeintlich neoliberale) Politik, sondern vor allem durch die Verwaltungspraxis selbst, aber auch *Think Tanks*, internationale Organisationen (v.a. IWF, Weltbank und OECD) und die Beratungsbranche getrieben war. Hinzu kamen unterschiedliche Ereignisse und Entwicklungen, die Gelegenheiten für die Durchsetzung der NPM-inspirierter Reformen boten, wie etwa Regierungswechsel, Wirtschaftskrisen, die Systemtransformation in Mittel- und Osteuropa oder die zunehmende Europäische Integration.

Während in der Schweiz und in Österreich die Verwaltungsmodernisierung unter der Überschrift „New Public Management" konzipiert und umgesetzt wurde, fand dieses *Label* in Deutschland eigentlich erst durch das populäre Lehrbuch von Schedler/Proeller (2000/2011) Verbreitung in Lehre und Praxis. Sowohl in den Kommunen als auch in staatlichen Verwaltungen repräsentierte stets das „Neue Steuerungsmodell" (NSM) die deutsche Variante des NPM.

Zu den aktuellen Herausforderungen für das Public Management hierzulande gehören vor allem das Finanzwesen (insbesondere die Reform des öffentlichen Haushalts- und Rechnungswesens), das Personalmanagement (angesichts des Fachkräftemangels und der Pensionierungswelle) und die Herausforderungen der Digitalisierung („*Electronic Government*"). Hinzu kommen organisatorische Themen wie die Prozessoptimierung, alternative Organisationsformen öffentlicher Aufgabenwahrnehmung und Veränderungsmanagement. Nach wie vor eine große „Baustelle" in der Praxis ist das *Performance Management*, v.a. hinsichtlich der Steuerung mit Zielen und Kennzahlen sowie der oft geforderten, aber selten tatsächlich realisierten Wirkungsorientierung. Zunehmend rücken auch wieder Aspekte der Führung in den Blickpunkt des Interesses.

3. Was ist das Neue Steuerungsmodell?

Das Neue Steuerungsmodell (NSM) war das dominante Leitbild für die Modernisierung des Verwaltungsmanagements in Deutschland seit Mitte der 1990er Jahre. Es galt primär der kommunalen Verwaltung in Deutschland, wurde aber auch in staatlichen Verwaltungen rezipiert sowie umfassend wissenschaftlich begleitet und evaluiert. Das NSM war der zentrale Orientierungsrahmen und Bezugspunkt für die Diskurse zur Verwaltungsmodernisierung in Deutschland. Es wurde Anfang der 1990er Jahre durch die Kommunale Gemeinschaftsstelle für Verwaltungsvereinfachung (inzwischen: -management; KGSt) entwickelt und publiziert. Schlüsseldokument ist der KGSt-Bericht 5/1993, in dem das Modell in Grundzügen skizziert und begründet wurden; in der Folge wurde das Modell vertieft und verbreitert. Insofern ist es auch problematisch, von *dem* NSM zu sprechen, denn das Konzept wurde kontinuierlich weiterentwickelt. Hinzu kommt, dass das jeweilige *Sensemaking* in der Verwaltungspraxis zu einer Vielfalt an Reformansätzen führte, für die das NSM eher eine zusammenfassende Überschrift darstellt.

Worum geht es nun im Neuen Steuerungsmodell? „Die Forderung lautet: Leistungssteigerung statt Größenwachstum. Zu verwirklichen ist sie nur um den Preis tiefgreifender Struktur- und Verhaltensänderungen, nicht nur in den Verwaltungen, sondern auch in der Kommunalpolitik und im Verhältnis zu den Bürgern. Die Kommunalverwaltung muss sich von der Behörde zum politisch gesteuerten Dienstleistungsunternehmen entwickeln. Dies ist die zentrale Gestaltungsaufgabe der kommenden Jahre“ (KGSt 1993, S. 7). Grundsätzlich kann das NSM also als sehr ambitionierter, ganzheitlicher Ansatz zur Modernisierung der kommunalen Verwaltungssteuerung mittels neuartiger Managementverfahren und -instrumente betrachtet werden. Ausgangspunkt war die auch in den Kommunen selbst geteilte Wahrnehmung gravierender, systematischer „Steuerungsmängel“ (die Rede war insbesondere von einer Strategie-, Management-, Attraktivitäts- und Legitimitätslücke), welche die Anpassungs- und damit die Handlungsfähigkeit der Verwaltung bedrohten. Tatsächlich ist das NSM nicht zuletzt vor dem Hintergrund der wahrgenommenen Beschränkungen der internen Steuerungsfähigkeit in den westdeutschen Großstadtverwaltungen jener Zeit zu verstehen, was auch die anfängliche Fokussierung auf die Binnenmodernisierung der Verwaltung erklärt.

Zentrale Elemente des NSM in seiner ursprünglichen Form (KGSt 1993; Bogumil et al. 2007) waren vor allem:

- *Dezentrale Fach- und Ressourcenverantwortung*: Die Entmachtung der Querschnittseinheiten durch die Verlagerung von Befugnissen in der Ressourcensteuerung – vor allem durch (Global-)Budgets für Produktbereiche – auf die auch fachlich weitergehend autonomen Fachbereiche sollte eine integrierte Steuerung und Ergebnisverantwortung ermöglichen;
- *Kontraktmanagement*: Verwaltungshandeln sollte verstärkt über Ziel- und Leistungsvereinbarungen zwischen Politik und Verwaltung, aber auch innerhalb der Verwaltung gesteuert werden, um eine klare Rollenteilung und Verantwortungsabgrenzung zu erreichen und den Verwaltungseinheiten verbindliche Vorgaben zu machen, innerhalb derer sie weitgehend autonom agieren können;
- *Outputorientierung*: Steuerung über die Ergebnisse des Verwaltungshandelns statt über Inputs (Ressourcen, Recht, Verfahrensanweisungen), gewährleistet über Leistungsziele und -kennzahlen, auch im Haushaltswesen;

- *Kunden- und Dienstleitungsorientierung*: Neuausrichtung der Verwaltung an Bedürfnissen der explizit als „Kundinnen und Kunden" verstandenen Zielgruppen und bewusste Verbesserung der Dienstleistungsqualität;
- *Wettbewerb*: Einführung von Verfahren interkommunaler Leistungsvergleiche (*Benchmarking*), Markttests (Vergleich mit Privaten durch Einholung von Angeboten) und Verbesserung der Wettbewerbsfähigkeit, um als Verwaltung bei Ausschreibungen bestehen zu können.

In Kern ging es also um mehr Kundenorientierung und Kostenbewusstsein durch Handlungsfreiheit und Entscheidungsautonomie für die Fachbereiche einerseits und dafür mehr Transparenz bei Leistungsergebnissen und Kosten andererseits. Nicht nur aufgrund der konzeptionellen Gemeinsamkeiten ist es legitim, das NSM als deutsche Variante des NPM zu betrachten. Schließlich argumentierten seine Verfechter explizit mit internationalen Beispielen und einem relativen Reformrückstand, nicht zuletzt bezüglich der Kommunalverwaltung in den Niederlanden („Tilburger Modell").

Letztlich wurde das NSM von einem anspruchsvollen Reformansatz zu einem *catch all*-Konzept, der spätestens seit Anfang der 2000er Jahre für die Verwaltungsmodernisierung in Deutschland insgesamt stand und seitdem weitgehend als Standard für zeitgemäßes Public Management institutionalisiert ist. Dabei sollte übrigens berücksichtigt werden, dass das NSM oft mit maßgeblicher Unterstützung der Personalvertretungen umgesetzt wurde – nach dem Motto: „Reformieren statt privatisieren".

Um die Umsetzung des NSM und dessen (beabsichtigte und unbeabsichtigte) Wirkungen des NSM entspann sich eine der interessantesten verwaltungswissenschaftlichen Diskussionen, nämlich jene über das vermeintliche Scheitern des NSM. Grundlage und Ausgangspunkt dieser Debatte war eine umfassende Evaluation, deren Ergebnisse in dem Buch „Zehn Jahre Neues Steuerungsmodell" 2007 von Bogumil et al. veröffentlicht wurden. Einige zentrale Befunde werden hier kurz zusammengefasst:

- Tatsächlich umgesetzt wurden vor allem organisatorische Veränderungen, v.a. im Sinne der Dezentralisierung und des Hierarchieabbaus, Maßnahmen zum Ausbau der Kundenorientierung, in der Ressourcensteuerung und zur Aufgabenkritik und Konsolidierung. Das angestrebte Kontraktmanagement zwischen Politik und Verwaltung wurde hingegen kaum realisiert, häufiger jenes innerhalb der Verwaltung zwischen deren Spitze und den Fachbereichen.
- Als Wirkungen der organisatorischen Veränderungen wurde festgestellt, dass Aufgabenbereiche klarer nach inhaltlichen Gesichtspunkten geordnet sind, die Strukturen sich stärker an Kundenbedürfnissen orientieren und Doppelarbeiten reduziert werden konnten. Verantwortlichkeiten sind klarer geregelt, Organisationseinheiten haben mehr Entscheidungsspielraum und es werden Anreize zum wirtschaftlicheren Umgang mit Ressourcen gesetzt. Veränderungen in der Ressourcenbewirtschaftung (Budgetierung, dezentrale Fach- und Ressourcenverantwortung, KLR usw.) schlugen sich teilweise in Einsparungen nieder.
- Einsparungen und Effizienzverbesserungen wurden vor allem dann erreicht, wenn das NSM weitgehend vollständig umgesetzt, betriebswirtschaftliche Instrumente eingeführt und die dezentrale Fach- und Ressourcenverantwortung realisiert wurden. Dies war mit spürbarem Personalabbau (durchschnittlich fast 10% innerhalb von fünf Jahren) und trotz erheblichen Aufwands für die Reformen selbst verbunden.

- Sofern Maßnahmen zur outputorientierten Steuerung umgesetzt wurden, hat dies auch zu einem höheren Kostenbewusstsein, einer stärkeren Orientierung am Leistungsergebnis sowie dazu geführt, dass Fehlentwicklungen früher erkannt werden.
- Veränderungen im Personalmanagement konzentrieren sich vor allem auf die Fort- und Weiterbildung, den Ausbau von Mitarbeitergesprächen und Teamarbeit sowie eine ganzheitliche Sachbearbeitung. Als Wirkungen entsprechender Maßnahmen wurden höhere Kundenorientierung, Leistungsqualität, Chancengleichheit und Leistungsbereitschaft festgestellt, aber auch eine Zunahme der Arbeitsbelastung und eine abnehmende Arbeitszufriedenheit.
- Im Sinne der Kundenorientierung wurden vor allem Sprechzeiten erweitert, Bürgerämter eingerichtet, Kunden- und Bürgerbefragungen durchgeführt und Bearbeitungszeiten verkürzt. Wirkungen dieser Ansätze sind eine positive Resonanz der Bürger_innen, verringerte Wartezeiten, dass Bürger_innen weniger Anlaufstellen aufsuchen müssen, die Beratungsqualität gestiegen ist und Beschwerden zurückgegangen sind.
- Maßnahmen zur Privatisierung wurden in verschiedenen Aufgabenreichen realisiert, spielen im Sinne einer vollständigen Übertragung auf Private auf vertraglicher Basis (materielle Privatisierung) oder wesentlicher Elemente der Aufgabenerfüllung (z.B. Betreibermodelle) nur eine untergeordnete Rolle, nämlich insgesamt jeweils deutlich unter 20% in den Bereichen ÖPNV, Abfallentsorgung, Wasserwirtschaft und Energieversorgung. Etwas häufiger ist die formale Privatisierung (Überführung kommunaler Einrichtungen in private Rechtsform). Jenseits der festgestellten Entlastung für den Haushalt gehen die Einschätzungen zu sonstigen Wirkungen stark auseinander.
- Hinsichtlich der Gesamteinschätzung der Modernisierungsanstrengungen wurde festgestellt, dass der Aufwand dafür als lohnend betrachtet wird, das Verhältnis von Kosten und Leistungen verbessert wurde, die Bürger_innen die Verwaltung nunmehr als Dienstleisterin sehen und Wettbewerbsfähigkeit erhöht werden konnte. Allerdings ist auch „Reformmüdigkeit“ eingekehrt, teilweise werden die Reformen vor allem als Personalabbau wahrgenommen; eine bessere politisch-demokratische Kontrolle des Verwaltungshandelns wurde ebenso wenig erreicht wie eine Steigerung der politischen Strategiefähigkeit.

Ist das Neue Steuerungsmodell nun gescheitert? Und welche Wirkungen haben das Konzept und in seinem Lichte realisierte Reformen? Welche Rolle spielt es heute noch?

In der bereits angesprochenen Kontroverse über das vermeintliche Scheitern des NSM gibt es, stark vereinfacht, zwei Denkschulen. Die eine interpretiert die Ergebnisse im Sinne einer Verbesserung der Effizienz und Sparsamkeit als eher zweifelhaft und ernüchternd. Auch wenn spürbare Verbesserungen bei der Bürger- und Kundenorientierung zu konstatieren sind und anerkannt werden muss, dass NSM-aktive Kommunen Leistungen, Kosten und Wirtschaftlichkeit ihres Verwaltungshandelns besser kennen, ließen sich jedoch Effekte auf die Steuerung oder „Performanz“ nicht überzeugend nachweisen. Von einem Paradigmenwechsel weg vom klassischen Bürokratiemodell hin zum „New Public Management“ könne keine Rede sein. Die angestrebte neue Arbeitsteilung zwischen Politik und Verwaltung im Sinne eines entsprechenden Kontraktmanagements sei nicht konzeptionell problematisch, sondern wurde auch praktisch kaum umgesetzt.

Die Befürworter_innen bzw. Verteidiger_innen des NSM argumentieren hingegen, dass es sich bei der kommunalen Verwaltungsmodernisierung nicht um einen abgeschlossenen Prozess handelt, zumal dessen Elemente weiterhin auf der Reformagenda stehen. Die Kritiker_innen würden ihre skeptische Einschätzung auf einem stark verkürzten Verständnis des NSM gründen, mehrdeutige Forschungsergebnisse einseitig negativ interpretieren und die ökonomische Dimension (insbesondere die Haushaltskonsolidierung) überbewerten. Auch könne von einem Scheitern schon deshalb nicht ausgegangen werden, weil trotz einiger unbestrittener Defizite im Einzelnen die Forschungsergebnisse grundlegende Veränderungen von Managementroutinen und -kultur belegt seien (zusammenfassend Proeller/Siegel 2012).

Letztlich dürfte es vom Standpunkt des/r Betrachter_in abhängen, ob das sprichwörtliche Glas halb voll oder halb leer ist. Sicherlich wird gerade auch in der kommunalen Praxis kaum jemand bestreiten, dass das NSM nicht nur lange das dominante Reformleitbild war, sondern auch konkrete Veränderungen und Verbesserungen bewirkt hat. Richtig ist aber auch, dass wesentliche externe Faktoren für die Entwicklung der kommunalen Handlungs- und Leistungsfähigkeit, die sich dem Einfluss kommunaler Akteure weitgehend entziehen, ebenfalls berücksichtigt werden müssen. Letztlich muss man Effekte des NSM primär daran messen, ob die jeweils lokal relevanten Absichten für die Einführung einzelner Elemente des Konzepts erfüllt wurden – und insofern ist die Bilanz eher positiv. Dabei ist immer zu berücksichtigen, dass das NSM – oft bewusst selektiv und an die jeweiligen Problemwahrnehmungen und Möglichkeiten angepasst – freiwillig (!) angewendet wurde.

Auch wenn der Fokus der Verwaltungsmodernisierung sich etwa seit Mitte der 2000er Jahre spürbar in Richtung Digitalisierung verschoben hat und das NSM in Wissenschaft und Praxis inzwischen weitgehend „abgehakt" ist, sollte dessen längerfristige Bedeutung nicht unterschätzt werden. Hervorzuheben ist hier vor allen die Reform des öffentlichen Haushalts- und Rechnungswesens, oft auch als „Neues Kommunales Finanzmanagement" (NKF) bezeichnet. Neben der aufwändigen Einführung der kaufmännischen Buchführung gehören dazu mit Produkthaushalt, Budgetierung, Controlling und Kosten- und Leistungsrechnung vier Kernelemente, die dem NSM entspringen. Die entscheidende Veränderung ist allerdings, dass diese Steuerungsverfahren entweder mit Zwang (durch Änderungen des Haushaltsrechts) oder normativen Druck (als Standards professionellen öffentlichen Finanzmanagements) institutionalisiert werden. Mit anderen Worten: Die Einführung dieser Instrumente ist de facto nicht mehr freiwillig, sondern verbindlich. Mit dem Produkthaushalt soll die Finanzplanung jeweils auch an leistungsbezogene Ziele und Kennzahlen gebunden werden. Mit der Budgetierung wird die Steigerung der Effizienz durch eine Stärkung der Autonomie der Fachbereiche bei der Mittelverwendung angestrebt. Die Budgetierung ist ein zentraler Ansatz zur Schaffung dezentraler Fach- und Ressourcenverantwortung – einschließlich einer entsprechenden *„accountability"* (Rechenschaftspflichtigkeit). Mit der nunmehr flächendeckenden Einführung der Kosten- und Leistungsrechnung soll darüber hinaus die interne Kostentransparenz und -steuerung auf eine solide Informationsbasis gestellt werden. Auch wenn die Umsetzung dieser Reformen noch relativ weit von ihrem theoretischen und rechtlichen Anspruch entfernt ist und sich die entsprechenden Managementroutinen nur langsam ändern, sind die Erfahrungen trotz des hohen Aufwands für die Reform tendenziell positiv (Fischer/Lasar 2014).

4. Welche Zusammenhänge zur Sozialwirtschaft gibt es?

Aufgrund der vielfältigen Beziehungen, Wechselwirkungen und Abhängigkeiten zwischen Organisationen im öffentlichen Sektor und sozialwirtschaftlichen Einrichtungen ist es notwendig, wesentliche Merkmale der Steuerung und Reformen öffentlicher Organisationen zu verstehen.

Veränderungen im Public Management haben direkte und indirekte Auswirkungen auf Einrichtungen der Sozialwirtschaft. Das Abgrenzungsproblem von öffentlichen und Nonprofit-Organisationen ist bekannt, zumal in der englischsprachigen Fachliteratur erhebliche Überschneidungen zwischen diesen (ohnehin nicht sehr trennscharfen) Kategorien angenommen werden (Helmig/Boenigk 2012, S. 17ff.) und bei bestimmten Organisationsformen (etwa gemischtwirtschaftliche Unternehmen) auch offenkundig sind. Die Diskussionen in der Governance-Literatur (Stichwort: „Wohlfahrts-Mix") weisen auf die Komplexität der entsprechenden Zusammenhänge hin.

Hinsichtlich grundlegender Veränderungen, die sowohl Public Management als auch Sozialwirtschaft prägen, springt zunächst der Begriff der „Ökonomisierung" ins Auge. Gerade die zuvor beschriebenen Entwicklungen im Zusammenhang mit dem New Public Management bzw. dem NSM werden zu Recht in diesen Zusammenhang gestellt, da sie zweifellos (zumindest teilweise) wirtschaftliche Ziele verfolgen und durch die Einführung betriebswirtschaftlich ausgerichteter Steuerungsinstrumente und Managementmethoden ökonomischer Handlungsrationalität folgen. Ob damit eine grundlegende Transformation im Sinne eines weitgehenden Ersetzens traditioneller (bspw. sozialarbeiterischer oder „bürokratischer" bzw. juristischer) durch ökomische Zwecke, Entscheidungskriterien und kulturelle Artefakten (etwa der Sprache) verbunden ist, ist jedoch eine ganz andere Frage. Jedenfalls ist Horcher (2003, S. 421) zuzustimmen, wenn er feststellt: „Die Entwicklung der freien Wohlfahrtspflege mit ihrer besonderen Stellung im System der sozialen Dienstleistungsproduktion ist eng mit der Entwicklung des öffentlichen Sektors verknüpft, einmal durch ihre (...) privilegierte Rolle als Garant für die Gewährleistung der Sozialstaatlichkeit zusammen mit den öffentlichen Trägern und zum anderen durch ihre als Leistungserbringer mit der weitreichenden Übernahme sozialer Dienste und deren finanziellen Förderung aus öffentlichen Kassen."

Ökonomisierung ist ein zentraler Begriff in der Sozialwirtschaft, der auch auf ein ambivalentes Selbstverständnis hindeutet. Er steht für die Einführung an betriebswirtschaftlichen Maßstäben ausgerichteten Steuerungsverfahren und -instrumenten, was mit den entsprechenden, eben betrachteten Entwicklungen im Public Management korreliert und teilweise durch diese verursacht oder beeinflusst wird. Gerade die Einführung neuer Steuerungsmodelle in der kommunalen Sozialverwaltung hat unmittelbare, aber auch indirekte Auswirkungen auf Organisationen in der Sozialwirtschaft. Anknüpfungspunkte in diesem Zusammenhang sind Wettbewerb, Kontraktmanagement, Outputorientierung, Privatisierung und Budgetierung sowie „bürokratische" Berichts- und Nachweispflichten (Tabatt-Hirschfeld 2014). Die NPM-typische Idee des Gewährleistungsstaats, in dem Politik und Verwaltung zwar die Verantwortung dafür tragen, *dass* öffentliche Leistungen finanziert und gesteuert, aber nicht unbedingt durch die öffentliche (Kern-) Verwaltung *selbst* erbracht werden, ist dafür der Ausgangspunkt. Die Auswirkungen der Verwaltungsmodernisierung im Sinne des NSM auf sozialwirtschaftliche Organisationen können im Einzelnen erheblich sein:

- Es entsteht ein zunehmender *Wettbewerbsdruck*. Die Beauftragung mit der Erbringung sozialer Dienstleistungen durch die „öffentliche Hand" ist keine Selbstverständlichkeit, sondern Ergebnis eines komplexen und anspruchsvollen Vergabe- und Verhandlungsverfahrens. Für sozialwirtschaftliche Organisationen besteht dabei immer die (zumindest latente) Gefahr, Aufträge an andere Anbieter zu verlieren, verstärktem Kostendruck ausgesetzt zu sein und Wettbewerbsvorteile entwickeln, behaupten und bewahren zu müssen.

- Dabei wird deutlich intensiver als vor der Einführung des *Kontraktmanagements* als NSM-Kernelement über Menge und Qualität der geplanten und tatsächlich erbrachten Dienstleistungen und deren Kosten bzw. Preise verhandelt. Damit sind erhebliche Transaktionskosten verbunden, zumal es bei Dienstleistungen naturgemäß Grenzen der Mess- und Beurteilbarkeit gibt. Außerdem wird der „bürokratische" Aufwand für Vergabeverfahren, Abrechnung, Leistungsnachweise usw. als unproduktiv empfunden, weil dafür Kapazitäten gebunden werden, die der eigentlichen sozialen Arbeit entzogen sind.
- Im Verhältnis zu den öffentlichen Einrichtungen führt dies zu einem eigentümlich *widersprüchlichen Verhältnis* im Spannungsfeld von leistungs- und kostenorientierter Steuerung einerseits und vertrauensvoller, langfristiger und an ähnlichen Sachzielen ausgerichteter Kooperation andererseits. Dieses Problem verschärft sich, wenn bspw. eine Kommune selbst als Anbieter entsprechender Leistungen auftritt, um dasselbe Fachpersonal konkurriert wird oder de facto ein gegenseitiges Abhängigkeitsverhältnis besteht (etwa um Ansprüche von Leistungsberechtigten erfüllen zu können).
- Ein für die soziale Arbeit spezifisches, aber nicht zu unterschätzendes Problem ist der Widerspruch zwischen institutioneller und leistungsbezogener *Finanzierung* (sowie im Übrigen auch persönlichen Budgets). Je nach Finanzierungsform werden sozialarbeiterische und sozialunternehmerische Handlungsspielräume vergrößert oder verringert. So ist es bspw. aus sozialunternehmerischer Perspektive sinnvoll, mit Quasi-Gewinnen aus öffentlichen Aufträgen an einer Stelle Defizite oder nicht auskömmlich finanzierte Angebote an anderer Stelle auszugleichen. Aus Sicht der Verwaltung ist genau diese Quersubventionierung eigentlich zu vermeiden, da sie im Sinne der NSM-Logik einen möglichst günstigen Preis für eine optimale Menge und Qualität der Leistung erzielen sollte.

Die Liste möglicher Aus- und Nebenwirkungen der Verwaltungsmodernisierung im Sinne des NSM kann problemlos erweitert werden. Für ein grundlegendes Verständnis der Zusammenhänge von Public Management und NSM einerseits und Sozialwirtschaft andererseits ist jedoch vermutlich interessanter, sich wesentliche Gemeinsamkeiten und Unterschiede zwischen diesen beiden „organisationalen Feldern" bewusst zu machen.

So bestehen erhebliche *Ähnlichkeiten* zwischen Verwaltungs- und sozialwirtschaftlichen Organisationen:

- Beiden fehlt das Gewinnerzielungsmotiv, stattdessen dominieren *Sachziele*. Hierin liegt der zentrale Unterschied zur allgemeinen Management- bzw. Betriebswirtschaftslehre, die sich nach wie vor fast ausschließlich an gewinnorientierten Unternehmungen orientiert. Konzept- und Erkenntnistransfers aus der allgemeinen Managementlehre und -forschung sind daher problematisch und nur begrenzt möglich.
- Sowohl Verwaltung als auch Sozialwirtschaft erleben seit einiger Zeit eine *Professionalisierung* und einen Bedeutungszuwachs des Managements, der gegenüber den traditionellen Kerndisziplinen des jeweiligen Gebiets (insbesondere Soziale Arbeit und (Verwaltungs-)Rechtswissenschaft) legitimiert und (etwa bei Anteilen in der Ausbildung) durchgesetzt werden muss.
- Die *Legimitation* des Managements als erfolgskritische Funktion für beide Arten von Organisationen wächst langsam, aber kontinuierlich. Heute ist kaum noch vorstellbar, dass vor zwei Jahrzehnten in Verwaltung und sozialer Arbeit teilweise erbittert über Notwendigkeit, Rolle und Begriff des Managements diskutiert wurde.

- Public Management und Sozialwirtschaft sind sehr stark durch komplexe und spezifische *Regulierungen* geprägt, nicht zuletzt hinsichtlich formeller Vorgaben bei der Aufgabenerfüllung und der Finanzierung. Hier spiegeln sich auch politische und gesellschaftliche Rahmenbedingungen und entsprechende Veränderungen.
- Verwaltung und wirtschaftliche Organisationen sind in vielfältiger Weise *voneinander abhängig* und beeinflussen sich gegenseitig. Im Governance-Mix moderner Sozialstaaten ist ein konstruktives und partnerschaftliches Miteinander unabdingbar, um die Systemanforderungen und oft widersprüchlichen Erwartungen erfüllen zu können.
- Beide Arten von Organisationen sind durch den *Dienstleistungscharakter* ihrer Aufgaben geprägt. Der Bedarf an hoch qualifiziertem und motiviertem Personal ist dementsprechend hoch; Verwaltung und Sozialwirtschaft arbeiten sich mühsam an den Grenzen der Mess- und Beurteilbarkeit ihrer Leistungen (*Performance Measurement*) und Wirkungen (siehe bspw. die Diskussionen über ‚*public value*' und ‚*social impact*') ab.

Allerdings sind auch bedeutsame *Unterschiede* zwischen Public Management und Sozialwirtschaft zu beachten:

- Sozialwirtschaftliche Organisationen verfügen über ein relativ hohes Maß an *Autonomie* – jedenfalls im Vergleich zur Verwaltung. Auch wenn es in der Sozialwirtschaft vielfältige (u.a. politische, rechtliche, wirtschaftliche) Zwänge und Beschränkungen gibt, sind diese in der Verwaltung ungleich stärker ausgeprägt. Daran hat auch die Dezentralisierung der Verwaltung durch das NSM wenig geändert. Besonders gravierend ist dieser Unterschied in der Ressourcensteuerung, v.a. im Personal- und Finanzmanagement sowie in der Beschaffung.
- Verwaltungen kennen allerdings eigentlich auch kein echtes *Bestandsrisiko* – weder im Allgemeinen noch im Besonderen. Öffentliche Aufgaben nehmen tendenziell zu und werden anspruchsvoller, damit ist die Existenz öffentlicher Verwaltungen und auch einzelner Organisationseinheiten langfristig gesichert und stabil. In der Sozialwirtschaft ist ein Existenzrisiko immer gegeben, erst recht auf der Ebene einzelner Geschäftsbereiche. Insofern kommt in der Sozialwirtschaft etwa der Innovations- und Anpassungsfähigkeit oder dem Marketing eine besondere Bedeutung zu.
- Entsprechendes gilt für die *Beschäftigungsverhältnisse*. Unbefristete Arbeitsplätze in der öffentlichen Verwaltung sind sehr sicher, in der Sozialwirtschaft resultiert aus dem allgemeinen Existenzrisiko oder auch aus befristeten Leistungsaufträgen heraus immer eine mehr oder weniger ausgeprägte Gefahr des Arbeitsplatzverlustes.
- Das Bestandsrisiko in der Sozialwirtschaft hängt maßgeblich von der *Konkurrenz- bzw. Wettbewerbssituation* ab, die hier deutlich stärker ausgeprägt ist als in der Verwaltung. Zwar befinden sich öffentliche Einrichtungen teilweise auch im Wettbewerb um Ressourcen oder Kund_innen (z.B. im interregionalen Standortwettbewerb oder im Gesundheits- und im Bildungswesen). Allerdings ist der entsprechende Druck erheblich geringer als in der Sozialwirtschaft.
- Ein konstitutives Problem in der Sozialwirtschaft ist der Umgang mit der *Ehrenamtlichkeit* – sowohl in der Leistungserbringung als auch in Entscheidungsgremien. Zwar gibt es in Kommunen auch ehrenamtliche Vertretungskörperschaften, die operative Aufgabenerfüllung liegt jedoch fast ausnahmslos in der Hand hauptamtlicher Fachleute. Die strategische Grundfrage nach einer Balance zwischen Ehren- und Hauptamtlichkeit und der problematischen Steuerbarkeit ehrenamtlicher Tätigkeit stellt sich hier insofern nicht annähernd in dem Maße wie in der Sozialwirtschaft.

- Auf der normativ-strategischen Ebene stellt sich zudem die Frage nach den grundsätzlichen *Erfolgskriterien* für die jeweiligen Organisationen. Im Verwaltungskontext dominiert vermutlich nach wie vor die Rechtmäßigkeit als ultimativer Maßstab; hinzukommen politisch-gesellschaftliche Legitimität (inklusive Kundenorientierung) und die fachlich-professionelle Wirksamkeit des Verwaltungshandelns; die Wirtschaftlichkeit spielt trotz des NSM nur eine untergeordnete Rolle. In der Sozialwirtschaft dürfte die Effektivität im Sinne zweckmäßiger individueller Hilfen, Interventionen, Unterstützung der Klient_innen usw. ausschlaggebend sein, gefolgt von der notwendigen Wirtschaftlichkeit bei angemessener Berücksichtigung der Erwartungen wesentlicher Anspruchsgruppen und (sozial-)politischer Prämissen sowie rechtlicher Vorgaben.
- Wesentlich stärker dürfte in der Sozialwirtschaft auch daher die *Wirkungsorientierung* sein. Zwar gibt es in der Verwaltung im NPM-Kontext auch entsprechende Ansätze und Konzepte, aber in der Praxis sind diese immer noch unterentwickelt. Anders in der Sozialwirtschaft: Hier sind Sozialraum- und Lebensweltorientierung oder auch entsprechende praktische Ansätze wie z.B. aufsuchende Hilfen selbstverständlich und Bestandteil der professionellen Kultur. Hier kann Verwaltung übrigens noch sehr viel von der Sozialwirtschaft lernen.
- Ein weiterer Unterschied liegt in der Parteilichkeit bzw. einem *grundsätzlich kritischeren Ansatz* in der sozialen Arbeit und der Sozialwirtschaft. Dazu gehört – ebenfalls mit einer gewissen Selbstverständlichkeit – das Hinterfragen gesamtgesellschaftlicher Zusammenhänge sozialer Problemlagen und ihrer Ursachen. Eine solche Herangehensweise ist dem Public Management (auch als wissenschaftliche Teildisziplin) eigentlich wesensfremd, jedenfalls im Mainstream. Ansätze etwa im Sinne der „*Critical Management Studies*" stellen hier die absolute Ausnahme dar.

Hinzukommen weitere offensichtliche Unterschiede, etwa die ausgeprägte Mitwirkung der (Ministerial-)Verwaltung an der politischen Willensbildung und Entscheidungsfindung, die spezifische Interventionslogik hoheitlichen Verwaltungshandelns in der Eingriffsverwaltung (ggf. unter Anwendung unmittelbaren Zwanges) oder die Bedeutung von Spenden als Finanzierungsgrundlage in der Sozialwirtschaft, die der Verwaltung weitgehend fremd ist. Nichtsdestotrotz sind sowohl Verwaltung als auch sozialwirtschaftliche Einrichtungen gegenwärtig teilweise mit ähnlichen Herausforderungen konfrontiert, deren Bewältigung Aufgabe des jeweiligen Managements ist. Dazu gehören unter anderem

- die Weiterentwicklung gesamtgesellschaftlicher Strukturen und Prozesse zur Lösung grundlegender sozialer und ökonomischer Probleme im Spannungsfeld von Staat, Markt und Zivilgesellschaft bzw. Hierarchie, Wettbewerb und Netzwerken („*Governance-Mix*");
- sich vertiefende soziale Problemlagen (beispielsweise als Folgen der Migration und sozialer Exklusion) bei begrenzten Ressourcen, nicht zuletzt im Sinne der verschärften „Schuldenbremse";
- die Integration von Menschen mit Migrationshintergrund in die Gesellschaft, aber auch in die Organisationen und ihre Aufgabenerfüllung selbst (interkulturelle Öffnung);
- das Personal als zentraler Erfolgsfaktor im Spannungsfeld hohen Bedarfs an spezifisch-professionell qualifizierten und motivierten Beschäftigten einerseits bei angesichts der demografischen Situation und Entwicklung (Fachkräftemangel, Altersstruktur der Beschäftigten) begrenzter Verfügbarkeit ebenjener Fachkräfte andererseits;
- die digitale Transformation der Gesellschaft, der Verwaltung und der Sozialwirtschaft.

5. Fazit

Öffentliche Organisationen erfüllen anspruchsvolle, politisch festgelegte Aufgaben, gewährleisten, finanzieren oder erbringen Leistungen, bearbeiten Probleme und befriedigen Bedürfnisse, bei denen Markt und Zivilgesellschaft ganz oder teilweise versagen. Die dafür zur Verfügung stehenden Ressourcen (etwa über Steuern, Abgaben oder Beiträge gewonnene finanzielle Mittel, aber auch qualifiziertes Personal) sind unvermeidlich begrenzt. Die Notwendigkeit zu wirtschaften ist damit ebenso konstituiert wie das Erfordernis, das Handeln und die Entwicklung öffentlicher Organisationen zu steuern, zu koordinieren und ihre Mitglieder (in der Regel hauptamtliche Beschäftigte) zu führen. Die Bewältigung der damit verbundenen Herausforderungen ist der zentrale Gegenstand des Public Management.

Die Steuerung öffentlicher Organisationen unterliegt nicht nur umfassenden Veränderungen, etwa im Sinne des Neuen Steuerungsmodells, sondern steht auch in vielfältigen, wechselseitigen Beziehungen zur Sozialwirtschaft. Dafür stehen nicht nur Entwicklungen im Sinne einer vermeintlichen Ökonomisierung von sozialer Arbeit und Verwaltungshandeln, etwa durch die Verbreitung betriebswirtschaftlicher Steuerungsinstrumente, sondern auch eine zunehmende Professionalisierung des Managements. Diese ist auch geboten, um den anspruchsvollen Herausforderungen im jeweiligen Kontext gerecht zu werden. Im Kern geht es im Management sowohl von öffentlichen als auch sozialwirtschaftlichen Organisationen darum, deren Handlungs- und Leistungsfähigkeit zu gewährleisten und zu verbessern, dabei den widersprüchlichen Erwartungen wesentlicher Stakeholder gerecht zu werden und sich stetig an dynamische Rahmenbedingungen anzupassen. Gerade diese Kernaufgabe macht einen Dialog zwischen Public Management und Sozialwirtschaft lohnenswert.

6. Literatur

Bogumil, Jörg/Grohs, Stephan/Kuhlmann, Sabine/Ohm, Anna (2007): Zehn Jahre Neues Steuerungsmodell. Eine Bilanz kommunaler Verwaltungsmodernisierung. Berlin: Edition Sigma.

Fischer, Edmung/Lasar, Andreas (2014): Steuerungswirkungen des Neuen öffentlichen Haushalts- und Rechnungswesens, In: Verwaltung und Management 20, H. 3, S. 130-134.

Helmig, Bernd/Boenigk, Silke (2012): Nonprofit Management. München: Vahlen.

Hood, Christopher (1991): A Public Management for All Seasons? In: Public Administration 69, H. 1, S. 3-19.

Horcher, Georg (2003): Neue Steuerung und Budgetierung, In: Arnold,Ulli/Maelicke, Bernd (Hrsg.): Lehrbuch der Sozialwirtschaft. 2. Aufl., Baden-Baden: Nomos, S. 401-431.

Kommunale Gemeinschaftsstelle für Verwaltungsmanagement (KGSt) (Hrsg.) (1993): Das Neue Steuerungsmodell: Begründung, Konturen, Umsetzung. Bericht 5/1993. Köln.

Pollitt, Christopher/Bouckaert, Geert (2017): Public Management Reform. A Comparative Analysis: New Public Management, Governance, and the Neo-Weberian State. 4. Aufl., Oxford: Oxford University Press.

Proeller, Isabella/Siegel, John (2012): Vom Versuch, über die Ergebnisse kommunaler Verwaltungsreformen zu diskutieren. Anmerkungen zur Debatte über das (vermeintliche) Scheitern des NSM und des NKF, In: Verwaltung und Management 18, H. 3, S. 136-140.

Schedler, Kuno/Proeller, Isabella (2011): New Public Management. 5. Aufl., Bern: Haupt.

Tabatt-Hirschfeld, Andrea (2014): Die Ökonomisierung der sozialen Arbeit. Interdisziplinäre, internationale und kritische Perspektiven zum Sozialmanagement und Public Management. In: Tabatt-Hirschfeld, Andrea (Hrsg.): Öffentliche und soziale Steuerung – Public Management und Sozialmanagement im Diskurs. Baden-Baden: Nomos, S. 105-124.

Ressourcenmanagement

Michael Vilain

Als ‚Ressource‘ werden allgemein Bestände an materiellen und immateriellen Gütern bezeichnet, die bestimmten (produktiven) Zwecken dienen. Jedes System ist grundsätzlich abhängig von der Zufuhr spezifischer Ressourcen (Input), die es mit einem bestimmten Ziel weiterverarbeitet und so ein Ergebnis (Output) produziert. Dementsprechend kommt der Generierung der benötigten Ressourcen hohe Bedeutung zu. Aus dieser Perspektive lässt sich Ressourcenmanagement (R) als die auf die effiziente Zielerreichung eines Systems ausgerichtete Beschaffung, Verwaltung, Verwendung und ggf. Entsorgung benötigter Güter definieren.

1. Ressource

Die vielfältigen Formen von R. in der Praxis liegen nicht zuletzt in der breiten Aufnahme des Ressourcen-Begriffs in Wissenschaft und Praxis begründet. Betriebs- und Volkswirtschaftslehre, Soziologie, Informatik, Psychologie, Medizin, Gesundheitswissenschaften, Umweltwissenschaften, Geologie, Geographie u.a.m. haben sich diesen Begriff für ihre jeweiligen fachspezifischen Fragestellungen zu eigen gemacht. Auch im Management sozialwirtschaftlicher Organisationen finden sich dabei verschiedene Zugänge:

Im betrieblichen Gesundheitsmanagement hat sich insbesondere ein *psychologisch* und *salutogenetisch* geprägtes Verständnis von Ressourcen (Salutogenese) durchgesetzt. Zentrale Gestaltungsaufgabe ist hier vor allem das Wohl des Individuums. Die Organisation bildet dabei den Rahmen, der sowohl krankmachende als auch gesund erhaltende Faktoren erzeugt. Dementsprechend sind aus dieser Perspektive Ressourcen jene Kompetenzen und Unterstützungsfaktoren, über die eine Person verfügen kann, um Hilfe oder Entlastung zu schaffen. Unterschieden werden regelmäßig materielle (z.B. Einkommen, Vermögen, Eigentum, Versicherungen), soziale (z.B. Familie, Freunde, Netzwerke) und psychische Ressourcen (z.B. Kohärenzgefühl, Ambiguitätstoleranz, Selbstwert, Aussehen, Anspruchsniveau) (Antonovsky 1997).

Aus der Sicht der *Umweltwissenschaften* sind Ressourcen in der Regel Bestandteile der natürlichen Umwelt von Mensch und Organisation. Natürliche Ressourcen wie Luft, Wasser, Pflanzen, Tiere, Rohstoffe, Boden etc. werden entweder direkt durch den Menschen oder im Rahmen von Produktionsprozessen verbraucht. Dabei werden einige Ressourcen, sofern sie nicht nachwachsen (wie fossile Brennstoffe), endgültig aufgezehrt. In jedem Fall erzeugen Gewinnung und Abbau, Verarbeitung und Entsorgung dieser natürlichen Ressourcen (meist) negative Nebenwirkungen, mit denen sich das betriebliche Umweltmanagement mit dem Ziel einer nachhaltigen Bewirtschaftung der Ressourcen befassen muss (Engelfried 2004).

In den *Wirtschaftswissenschaften* mit ihrem Fokus auf produktive Systeme werden Ressourcen auch als Produktionsfaktoren bezeichnet. Zählten in der frühen Nationalökonomie vor allem Arbeit, Boden und Kapital zu den zentralen Ressourcen, wurde diese Liste immer weiter um Faktoren wie Energie, Wissen, Umwelt etc. vergrößert. Gemeinsam ist allen, dass es sich um knappe Güter handelt, die folglich einen Preis haben. Ihr Einsatz unterliegt der Notwendigkeit einer effizienten Verwendung und optimalen Allokation. Auch wenn diese nationalökonomische Vorstellung gleichermaßen prägend für die Betriebswirtschaftslehre war, hat sich in letzterer aufgrund der einzelbetrieblichen Perspektive früh ein wesentlich differenzierterer Blick auf

Ressourcen entwickelt. Eine klassische und bis in die Gegenwart anerkannte Einteilung der betrieblichen Produktionsfaktoren stammt von Gutenberg und Heinen (Gutenberg 1982, S. 3f.; Heinen 1983, S. 191, 223). Demnach lassen sich Elementarfaktoren und dispositive Faktoren unterscheiden, wobei Elementarfaktoren basale, unmittelbar an der Herstellung eines Produktes beteiligte Ressourcen sind. Dies wiederum können einerseits Potenzialfaktoren sein, die dem Betrieb während der Produktion grundsätzlich erhalten bleiben und dabei nur einen Teil ihres Leistungspotenzials verlieren. Typische Potenzialfaktoren sind materielle und immaterielle Betriebsmittel wie beispielsweise technische Anlagen, Gebäude und Grundstücke sowie Geldmittel (materiell) oder Rechte, Lizenzen und Informationen (immateriell). Dazu zählt auch die menschliche Arbeitskraft, sofern sie unmittelbar mit der Erstellung der Produkte befasst ist. Im Gegensatz dazu gehen andererseits sogenannte Repetier- oder Verbrauchsfaktoren wie Roh-, Hilfs- und Betriebsstoffe unmittelbar im Herstellungsprozess unter und müssen dann neu beschafft werden. Dispositive Faktoren kombinieren die Elementarfaktoren. Dies betrifft vor allem die nicht mit der Produktion (am Objekt) befasste, dispositive menschliche Arbeitskraft, die sich mit der Leitung, Planung, Organisation und Kontrolle von Produktionsprozessen bzw. Betrieben befasst.

Einen besonderen Stellenwert hat der Ressourcenbegriff im Zusammenhang mit der strategischen Ressourcenanalyse. Hier lassen sich in Anlehnung an Hofer und Schendel (1978) sogar fünf Arten von Ressourcen unterschieden: Finanzielle Ressourcen (Cashflow, Kreditwürdigkeit etc.), humane Ressourcen (Arbeiter, Angestellte, Führungskräfte etc.), organisatorische Ressourcen (Informationssysteme, Integrationsabteilungen etc.), physische Ressourcen (Gebäude/Immobilien, Anlagen, Servicestationen etc.) und technologische Ressourcen (Qualitätsstandards, Markennamen, Forschungs-Know-How etc.) (Steinmann/Schreyögg 2013, S. 194).

Referenzfolie für diese Art der Ressourceneinteilung war jedoch vor allem der industrielle Fertigungsbetrieb. Mit der Expansion des Dienstleistungssektors wurden diese Ressourceneinteilungen daher weiterentwickelt. Insbesondere die geringere Bedeutung von Werkstoffen und Betriebsmitteln bei zeitgleich höherer Bedeutung der menschlichen Arbeitskraft führten zu zahlreichen branchenspezifischen Änderungen und Erweiterungen. Dies gilt auch für die Sozialwirtschaft und ihren Fokus auf die Erstellung personennaher Dienstleistungen. Vor diesem Hintergrund haben sich eine Reihe weiterer Zugänge zum Ressourcenbegriff entwickelt. Beispielhaft kann hier das Freiburger Management-Modell genannt werden, welches in seiner Akzentuierung ein wenig von der klassischen betriebswirtschaftlichen Unterteilung abweicht, indem es sowohl die dispositive als auch objektorientierte menschliche Arbeitskraft zu den ‚Humanressourcen' bündelt, der geringeren Bedeutung von Repetierfaktoren im Dienstleistungssektor Rechnung trägt und auf den gesonderten Ausweis von Roh-, Hilfs- und Betriebsstoffen verzichtet sowie schließlich ‚Kooperationen' als eigene Ressourcen ausweist (Abb.).

	Ressourcen (Beschaffungsbereich)			
	Human Ressourcen	Betriebsmittel		Kooperationen
		Finanzmittel	Sachmittel	
Elemente	– Mitglieder – Ehrenamtliche – hauptamtliches Management – hauptamtliche Mitarbeiter – Freiwillige Helfer	– Beiträge – Preise – Gebühren – Spenden – Subventionen – Leistungsentgelte – Vermögenserträge	– Informatik (Hard- und Software) – Administrative Hilfsmittel – Infrastruktur (Bauten, Anlagen)	– Dach- / Spitzenverbände – Arbeitsgemeinschaften – Kooperative Betriebe

Abb. 1: Ressourcen und Elemente von Nonprofit-Organisationen (in Anlehnung an Lichtsteiner et al. 2015, S. 230)

2. Ressourcentheorien

Mit der Ressourcentheorie bzw. treffender „Ressource-based-View“ oder „ressourcenorientierten Perspektive“ (ROP) findet der bis dahin vielfach eher operativ-praktisch definierte Umgang mit Ressourcen seit Ende der 1970er-Jahre langsam Eingang in die Managementlehre. Dabei handelt es sich genau genommen nicht um eine einzige, sondern um eine Vielzahl von Theorien zur Erklärung von Wettbewerbsvorteilen von Unternehmen.

Die strategische Dimension von Ressourcen hat sich spätestens seit den Veröffentlichungen Barneys zur „Resource-based View“ in den 1990er-Jahren als Denkmuster in der Managementtheorie etabliert (Barney 1991; 2001). Die Forderung besteht darin, Strategien zu finden, die eine marktwirksame Kombination der jeweils spezifischen Ressourcen einer Organisation befördern, um so nachhaltige Wettbewerbsvorteile zu generieren. Damit findet eine bewusste Abkehr von den dominierenden Wettbewerbsstrategien der 1970er- und 1980er-Jahre statt. Diese propagierten eine einseitige Ausrichtung der Organisation am Absatzmarkt und somit letztlich eine ausgeprägte Wettbewerbs- und Umweltorientierung (Porter 1980; 1985). Der Erfolg war aus dieser Perspektive in besonderer Weise davon abhängig, wie es Organisationen gelang, sich an externe Faktoren anzupassen oder diese zu beeinflussen. Im Gegensatz dazu erklären ROP „die Einzigartigkeit des Unternehmens – die Wettbewerbsvorteile gegenüber anderen Anbietern – nicht durch seine Stellung am Produktmarkt, sondern durch die Qualität der Ressourcen“ (Knyphausen-Aufseß 1995, S. 82).

Die Anfänge des ressourcenbasierten Ansatzes liegen jedoch früher. So rücken beispielsweise Pfeffer und Salancik im Rahmen ihres Ressourcenabhängigkeitsansatzes basierend auf systemtheoretischen Überlegungen die Umwelt-System-Beziehung einer Organisation und ihre Abhängigkeit von verschiedensten Inputs bzw. Ressourcen in den Mittelpunkt der Überlegungen (Pfeffer/Salancik 1978). Dass die Verfügbarkeit und der geschickte Einsatz von Ressourcen strategische Bedeutung hat, wurde jedoch viel eher erkannt und wird allgemein mit Edith Penrose's 1959 erschienenem Werk „The Theory of the Growth of the Firm" verbunden. In ihrem Modell sieht Penrose ein Unternehmen als ein Bündel materieller und immaterieller Ressourcen. Dementsprechend ist das Management eines Unternehmens nichts anderes als das Management derartiger Ressourcenbündel (Penrose 1959/2013, S. 21f.). Diese sind jedoch für jede Organisation einzigartig. Dem Management einer Organisation kommt die Aufgabe zu, für ihr Wachstum ungenutzte Ressourcen zu entdecken, zu entwickeln und in das bestehende Ressourcenbündel zu integrieren. Da in dieser Sicht auch das Management eine Ressource ist, begrenzt oder befördert es letztlich das Wachstum der Organisation.

Aufbauend auf diesen Erkenntnissen haben sich vielfältige Strategieempfehlungen entwickelt, wie beispielsweise das weit verbreitete Konzept der „Kernkompetenz" und des „Alleinstellungsmerkmals" von Prahalad und Hamel (Prahalad/Hamel 1990). Ziel ist es, möglichst einzigartige Fähigkeiten oder Tätigkeiten, die ein Unternehmen im Vergleich zur Konkurrenz besser ausführen kann, zu identifizieren und auszubauen, um so einen Wettbewerbsvorteil zu realisieren. Strategisches Unternehmensziel ist dann die Erlangung eines Alleinstellungsmerkmals. Verfügungsgewalt über Ressourcen haben letztlich jedoch natürliche Personen. An dieser Stelle erweist sich eine ROP als hochgradig anschlussfähig an das Stakeholderkonzept. Diese gilt es demnach entsprechend ihres möglichen Ressourcenbeitrags auszuwählen und so einzubinden, dass eine einzigartige Ressourcenkombination und somit ein Wettbewerbsvorteil entsteht (siehe Stakeholdermanagement).

Weder der market-based- noch der resource-based-view sind jedoch allein geeignet, den Rahmen für das strategische Ressourcenmanagement in sozialwirtschaftlichen Organisationen abzustecken. Vielmehr bedarf es beider Perspektiven zur Gestaltung einer sinnvollen Beziehung zwischen Organisation und Umwelt. Dies gilt sowohl für gewerbliche wie frei-gemeinnützige Organisationen.

Darüber hinaus bedarf es mit Blick auf die verbreitete Unternehmensliteratur einiger weitergehender Überlegungen, insbesondere für die große Zahl der steuerbegünstigten sozialwirtschaftlichen Organisationen. Historisch betrachtet sind sie nicht zur Versorgung ihrer Inhaber entstanden, sondern zur Lösung gesellschaftlicher oder sozialer Problemlagen. In der Folge haben sie bis heute eine sachzieldominierte Steuerungslogik. Für den Markt bedeutet dies, dass Wettbewerb und Konkurrenz (beispielsweise um knappe staatliche Mittel) zwar denkbar und auch empirisch beobachtbar sind, jedoch kein konstitutives Merkmal für die Umwelt und das Verhalten von Nonprofit-Organisationen darstellen. Vielmehr lassen sich trotz Konkurrenz regelmäßig unterschiedliche Formen von Kooperation beobachten. Dementsprechend sind Ansätze, deren Kernpostulat die Erringung strategischer Wettbewerbsvorteile zulasten anderer ist, nur begrenzt hilfreich. Und auch wenn weitgehend Einigkeit darin besteht, dass Effektivität und Effizienz durchaus Kategorien zur Beurteilung des Erfolgs des Managements in steuerbegünstigten sozialwirtschaftlichen Organisationen sind, so bleibt die Operationalisierung der Erfolgsgrößen schwierig. So lässt sich der Erfolg eines gelungenen Ressourcenmanagements nicht anhand des monetären Gewinns ablesen. Gewinnsteigerungen können dabei sogar Indikatoren abnehmender Effektivität oder einer Zielverschiebung sein, indem sich beispielsweise die Versorgung der Kund_innen bzw. Klient_innen als eigentliches Ziel verschlechtert.

3. Ressourcenmanagement

Entsprechend der vielfältigen theoretischen Zugänge zum Ressourcenbegriff hat sich die Bezeichnung Ressourcenmanagement (R.) für verschiedenartige Gestaltungsbereiche in sozialwirtschaftlichen Organisationen in unterschiedliche Richtungen entwickelt.

R. als Teilaspekt des *betrieblichen Gesundheitswesens* zielt vor allem auf die Aktivierung und Steuerung von Unterstützungspotenzialen zur gesunden Bewältigung der Anforderungen des Arbeitslebens von Mitarbeiter_innen ab. Im Rahmen des Gesundheitsmanagements kommt dem R. damit die Aufgabe zu, Rahmenbedingungen zu schaffen, die helfen, individuelle (z.B. Konfliktlösungsstrategien), soziale (z.B. kollegiale Unterstützung) und betriebliche Ressourcen (z.B. Supervision) zu aktivieren oder bereitzustellen.

Das *betriebliche Umweltmanagement* betrachtet dahingegen vor allem das Verhältnis zwischen Organisation und natürlicher Umwelt. R. dient hier vor allem zur Sicherung einer nachhaltigen Umweltverträglichkeit der betrieblichen Produkte und Prozesse einerseits sowie der Verhaltensweisen der Mitarbeiter_innen und Anspruchsgruppen andererseits.

Besondere Verbreitung hat R. auch als Teilaufgabe des *Projektmanagements* gefunden. Dabei werden alle für ein Projekt benötigten Ressourcen wie Arbeitszeit, Geld oder Sachmittel identifiziert und einzelnen Projekten zugewiesen. Im späteren Verlauf wird der tatsächliche Ressourcenverbrauch sowohl mit dem geplanten als auch im Rahmen eines Multiprojektmanagements mit den Erfordernissen anderer Projekte abgeglichen.

Daneben kann sich R. auch auf die gesamte Organisation beziehen. Dabei realisiert es sich nur selten als konkrete organisatorische Einheit wie eine Abteilung oder Stabstelle, sondern dient vielmehr als gedankliche Klammer für eine Vielzahl betrieblicher Aufgaben im Zusammenhang mit der Beschaffung und dem Einsatz benötigter Ressourcen. Aus der Genese des R.-Ansatzes wird bereits deutlich, dass die dem R. inhärente Zielfunktion strategischer Natur ist. Im Kern geht es demnach um die Realisierung eines Wettbewerbsvorteils oder gar Alleinstellungsmerkmals. Dies kann jedoch nur durch die geschickte und effiziente Beschaffung und Verknüpfung der Ressourcen im Bereich des operativen Managements gelingen. Dabei sind aber auch die rechtlichen, ethisch-moralischen und gesellschaftlich-politischen Rahmenbedingungen zu berücksichtigen, sodass R. letztlich einen Bezug zu allen Managementdimensionen aufweist.

Aufgrund der Heterogenität der benötigten Ressourcen haben sich früh ressourcenbezogene Managementansätze herausgebildet, die zwar jeweils nur Teilaspekte des R. abdecken, jedoch meist als Begriff bekannter sind als das R. selbst und sich vielfach auch organisatorisch in Form eigener Organisationsstrukturen etabliert haben. In Anlehnung an das Freiburger Management-Modell lassen sich dabei Humanressourcen, Finanz- und Betriebsmittel sowie Kooperationen unterscheiden.

Aufgrund der enormen Bedeutung von Arbeitskraft im Zusammenhang mit personennahen Dienstleistungen kommt dabei der Humanressource in sozialwirtschaftlichen Organisationen eine herausragende Rolle zu. Charakteristisch für viele (aber nicht alle) sozialwirtschaftliche Organisationen ist dabei eine heterogene Mitarbeiterstruktur, die sich mindestens in hauptamtliche, bezahlte Mitarbeiter_innen einerseits und ehrenamtliche, unbezahlte Mitarbeiter_innen, Helfer_innen bzw. Engagierte andererseits aufteilen lässt. Die erste Gruppe ist dabei Gegenstand des betrieblichen *Personalmanagements*. Ziel ist die Bereitstellung und der zielorientierte Einsatz von Mitarbeiter_innen durch eine gestaltete Personalbedarfsplanung, Personalgewinnung, Personalauswahl, Personalentwicklung, Personalführung und Mitarbeitermotivation. Aufgrund der abweichenden Voraussetzungen ist das Management der zweiten Gruppe überwiegend im Rahmen des Freiwilligenmanagements bzw. der Freiwilligenarbeit angesiedelt. Bedingt durch die fehlenden monetären Anreize beim freiwilligen Engagement spielen hier andere Motive eine Rolle. Im Fokus stehen vor allem die Gewinnung, Motivation und Bindung freiwillig Engagierter. Gerade für sehr kleine und junge Organisationen der Sozialwirtschaft sind Freiwillige aufgrund der oftmals schlechten materiellen Ausstattung eine vitale Ressource und haben auch historisch in der Entwicklung zahlreicher Organisationen eine große Rolle gespielt. Eine Besonderheit der Sozialwirtschaft sind nach wie vor die vielfach vorzufindenden ehrenamtlichen Leitungsstrukturen, die ebenfalls Gegenstand des Freiwilligenmanagements sind oder unter dem Begriff Vorstandsarbeit bearbeitet werden.

Neben der menschlichen Arbeitskraft ist Geld eine wesentliche Ressource sozialwirtschaftlicher Organisationen. Kennzeichnend ist dabei die als Finanzierungs-Mix bezeichnete Vielfalt der Einnahmequellen. Im Gegensatz zu Unternehmen besteht die Finanzierung sozialwirtschaftlicher Organisationen unter anderem aus Zuwendungen, Spenden, staatlichen Leistungsentgelten, Verkauf von Dienstleistungen auf Märkten und Vermögenserträgen. Dadurch, dass die verschiedenen Finanzierungsarten jeweils in unterschiedliche institutionelle Settings eingebettet sind, unterteilt sich auch das Finanzmanagement in mehrere Management-Arenen, von denen wiederum Einzelne wie das Spendenmanagement bzw. Fundraising mittlerweile eine ausgeprägte eigene Fachlichkeit und organisationale Präsenz entwickelt haben. Aufgabe des Finanzmanagements ist die zielgerichtete Gestaltung von Zahlungsströmen in und aus der Organisation. Dabei sollten langfristig mindestens so viele Mittel in die Organisation fließen wie heraus. Ziele sind dabei die Sicherung der Liquidität und effizienten Missionserfüllung, die Bewahrung der Unabhängigkeit der Organisation sowie die Risikoerkennung und -vermeidung (Vilain 2006, S. 106ff.).

Auch die Verwaltung der Sachmittel hat mittlerweile verschiedene Arbeitsfelder hervorgebracht. So befasst sich das Facility Management mit der Beschaffung, Verwaltung und Bewirtschaftung von Gebäuden sowie technischen Anlagen und Einrichtungen. Dabei geht es vor allem darum, die betriebsnotwendigen Sachmittel möglichst kostengünstig zur Verfügung zu stellen. Darüber hinaus kann bei großen Fuhrparks das Flottenmanagement eine Rolle spielen. Es umfasst die Beschaffung, Verwaltung, Planung, Steuerung und Kontrolle von Fahrzeugflotten. Besondere Relevanz hat im Zuge der zunehmenden Computerisierung und Digitalisierung auch das Informationstechnikmanagement (IT-Management) erlangt, das die Konzeption, Beschaffung und Wartung der kommunikations-technischen Infrastruktur betreibt. Dies vor allem, weil die kommunikationstechnische Infrastruktur anders als andere Sachmittel Auswirkungen auf nahezu alle Ebenen des Managements hat und tief in die Prozesse einer Organisation einwirken kann.

Sozialwirtschaftliche Organisationen sind in vielfacher Weise in kooperative Strukturen eingebunden, sei es als unmittelbarer Teil eines mehrstufigen Verbandsystems, als Akteurin in Arbeitsgruppen der Wohlfahrtspflege, in Branchen-, Berufs- oder Klientelvereinigungen, in politischen Konsultationsprozessen (z.B. Runde Tische), in Form gemeinsam betriebener Einrichtungen oder in den Sozialräumen ihrer Klient_innen. Insofern kommt Kooperation als Ressource in asymmetrischen Austauschsituationen besonderer Stellenwert zu. Ein eigens entwickeltes ‚Kooperationsmanagement' jenseits des in der Praxis beliebten Networkings hat sich jedoch erst recht spät entwickelt. Dabei ist durchaus entscheidend, ob es sich um strategische Partnerschaften, thematische Netzwerke, Interessengruppen oder um individuelle Kooperationen auf Leitungs- oder Mitarbeiterebene geht. Jede Form der Kooperation bedarf unterschiedlicher Bearbeitungsstrategien.

Grundlage des R. ist die detaillierte Analyse von Ressourcen. Dementsprechend wird über die genannten Kernbereiche betrieblichen Managements hinaus eine Vielzahl weiterer Ressourcen in die Betrachtung einbezogen. In dieser Lesart ist das Management selbst eine Ressource, welche die anderen Ressourcen bündelt und auf das Ziel der Organisation ausrichtet. Dazu gestaltet es Strukturen, Prozesse und Regeln. Im Freiburger Management-Modell werden diese Aufgaben hingegen nicht dem Ressourcen-, sondern dem System-Management zugeordnet. Dazu zählen Managementaufgaben wie Planung, Controlling, Qualitätsmanagement, Führung, Organisation oder Innovation.

Die Ressourcensituation ist jedoch nur für wenige sozialwirtschaftliche Organisationen im Zeitablauf stabil. Dabei haben vor allem Höhe und Modus der Finanzierung erhebliche Auswirkungen auf andere Ressourcen und das Management einer Organisation. So mussten sozialwirtschaftliche Organisationen beispielsweise in den letzten Jahrzehnten den Übergang vom Selbstkostendeckungsprinzip zur Finanzierung über Leistungsentgelte gestalten. Der Fluss an finanziellen Mitteln, die daran gebundenen Voraussetzungen und Verwaltungsanforderungen aber auch Risiken haben sich dadurch erheblich verändert. Das Ressourcenmanagement wurde in der Folge komplexer und erforderte die Einführung betriebswirtschaftlicher Steuerungsinstrumente. Gleiches gilt für die Abkehr von der institutionellen Förderung im Rahmen der Zuwendungsfinanzierung. War die pauschale Förderung einer Organisation bis in die 1990er-Jahre gängige Praxis in verschiedenen Feldern der Sozialen Arbeit, wurde diese nicht zuletzt aus Kosten- und Steuerungsgründen weitgehend durch eine staatliche Projektförderung verdrängt. Von einer vergleichsweise trägen institutionellen Logik mussten sich viele Organisationen auf eine volatilere Projektkultur, bis hin zum Projekt-Hopping umstellen. Seitdem gehören Antragstellung, Mittelabruf, Mittelverwaltung, Projektberichte, Mittelverwendungsnachweise etc. zu den regelmäßigen Aufgaben in vielen sozialwirtschaftlichen Organisationen. Die vergleichsweise hohe Unsicherheit und kurze Laufzeit der Mittel hat dabei auch Auswirkungen auf die Mitarbeiter_innen. Nicht immer gelingen Anschlussprojekte, um die Stellen von Mitarbeiter_innen abzusichern und nicht selten werden Stellen aus den Mitteln mehrerer zeitversetzt laufender Projekte finanziert. Die Anforderungen an Mitarbeiter_innen und Management steigen im Vergleich zu einer pauschalen institutionellen Finanzierung erheblich.

4. Literatur

Antonovsky, Aaron (1997): Salutogenese: Zur Entmystifizierung der Gesundheit. Tübingen: dgvt-Verlag.

Barney, Jay B. (2001): Is the resource-based "view" a useful perspective for strategic management research? Yes. In: Academy of Management Review 26, H. 1, S. 41-56.

Barney, Jay B. (1991): Firm resources and sustained competitive advantage. In: Journal of Management 17, H. 1, S. 99-120.

Engelfried, Justus (2004): Nachhaltiges Umweltmanagement, 2. Aufl., München: R. Oldenbourg Verlag.

Gutenberg, Erich (1982): Grundlagen der Betriebswirtschaftslehre, Band 1: Die Produktion. 18. Aufl., Berlin/Heidelberg/New York: Springer VS.

Heinen, Edmund (1983): Betriebswirtschaftliche Kostenlehre, 6. Auflage. Wiesbaden: Gabler.

Hofer, Charles W./Schendel, Dan (1978): Strategy formulation. Analytical concepts. St. Paul: West Publ. Co.

Knyphausen-Aufseß, Dodo zu (1995): Theorie der strategischen Unternehmensführung: State of the Art und neue Perspektiven. Wiesbaden: Gabler.

Lichtsteiner, Hans/Gmür, Markus/Giroud, Charles/Schauer, Reinbert (2015): Das Freiburger Management-Modell für Nonprofit-Organisationen. 8. Aufl., Bern: Haupt.

Penrose, Edith E. (1959/2013): The Theory of the Growth of the Firm. John Wiley and Sons: New York. 4., überarb. Aufl.Oxford: Oxford University Press.

Pfeffer, Jeffrey/Salancik, Gerald R. (1978): The External Control of Organizations. New York: Harper & Row.

Porter, Michael E. (1985): Competitive advantage: creating and sustaining superior performance. London: Collier Macmillan.

Porter, Michael E. (1980): Competitive strategy: techniques for analyzing industries and competitors. New York: Free Press.

Prahalad, Coimbatore K./Hamel, Gary (1990): The Core Competence of the Corporation, Harvard Business Review May/June, S. 79-91.

Steinmann, Horst/Schreyögg, Georg (2013): Management. Grundlagen der Unternehmensführung. Konzepte – Funktionen – Fallstudien. 7. Aufl., Wiesbaden: Gabler.

Vilain, Michael (2006): Zwischen Auftrag und ökonomischer Notwendigkeit. Eine Finanzierungslehre für Nonprofit-Organisationen. Zugleich Dissertation zur Erlangung des Doktorgrades der Philosophischen Fakultät der Westfälischen Wilhelms-Universität zu Münster. Wiesbaden: Springer VS.

Stakeholdermanagement

Michael Vilain

Der englische Begriff des ‚Stakeholder' wird im deutschsprachigen Raum überwiegend mit ‚Anspruchsgruppe' mitunter auch als ‚Beteiligte' oder ‚Betroffene' übersetzt. Ausgangspunkt des Stakeholdermanagements (S.) ist die Erkenntnis, dass es einer Organisation nicht möglich ist, losgelöst von ihrem Umfeld zu existieren. Vielmehr steht sie in einem engen Austausch- und Einflussverhältnis zu Personen und Gruppen, die einerseits Ansprüche (‚*stakes*') an die Organisation und dieser andererseits Ressourcen zu Verfügung stellen. Im Rahmen des S., gelegentlich auch als *Stakeholder-Relationship-Management* bezeichnet, wird versucht, die Beziehungen der Organisation und ihrer Einheiten zu den relevanten Anspruchsgruppen zielgerichtet zu erfassen und zu steuern.

1. Stakeholder: eine begriffliche Annäherung und Abgrenzung

Der Erfolg des Stakeholderbegriffes hängt unter anderem auch mit seiner inhaltlichen Unbestimmtheit zusammen. Seine Aufnahme in der Wissenschaft – maßgeblich durch *Freemans* 1984 erschienenes Werk „Strategic Management. A Stakeholder Perspective" befördert – hat in der Folge zu einer erheblichen Ausdifferenzierung des Gegenstandsbereichs geführt (zur Übersicht Friedman/Miles 2006, S. 5ff.). Im Kern unterscheiden sich Definitionen nach Art und Umfang der berücksichtigten Akteure, die auf der Grundlage verschiedener Kriterien wie Möglichkeiten oder Wille zur Einflussnahme, Legitimität der Ansprüche, Betroffenheit, Interesse, Verfügbarkeit von Ressourcen etc. ermittelt werden. Stakeholder im engeren Sinn sind demnach lediglich strategisch relevante Ressourcengeber_innen, während in einem erweiterten Verständnis nahezu jede Gruppe einbezogen werden kann, die theoretisch Interesse am Geschehen der Organisation haben könnte. Aufgrund differierender Rahmenbedingungen zwischen Nonprofit-Organisationen (asymmetrische Austauschbeziehungen) und Unternehmen der gewerblichen Wirtschaft (symmetrische Austauschbeziehungen) hat sich im Management sozialwirtschaftlicher Organisationen ein erweiterter Begriff als sinnvoller erwiesen (Theuvsen 2001, S. 2). In dieser Perspektive kann nach *Freeman* unter einer Anspruchsgruppe jede Gruppe oder Person verstanden werden, die von der Zielerreichung einer Organisation beeinflusst wird oder diese beeinflusst (Freeman 1984, S. 46). Typische Stakeholder einer sozialwirtschaftlichen Organisation sind dann Klient_innen, Kund_innen, hauptamtliche Mitarbeiter_innen, Ehrenamtliche, Geschäftsführung, Vorstand, Staat bzw. Kommune, Lieferant_innen, Banken, Medien etc. Ausgehend von einer gedachten Entität, z.B. Organisation oder Projekt, werden um diese herum im Rahmen der weitverbreiteten Darstellung in Form einer *Stakeholder-Map* Personen oder Gruppen verteilt (Abb. 1). In dieser Sichtweise werden auch die Geschäftsführung, die Mitarbeiter_innen oder der Vorstand zu Anspruchsgruppen einer Organisation.

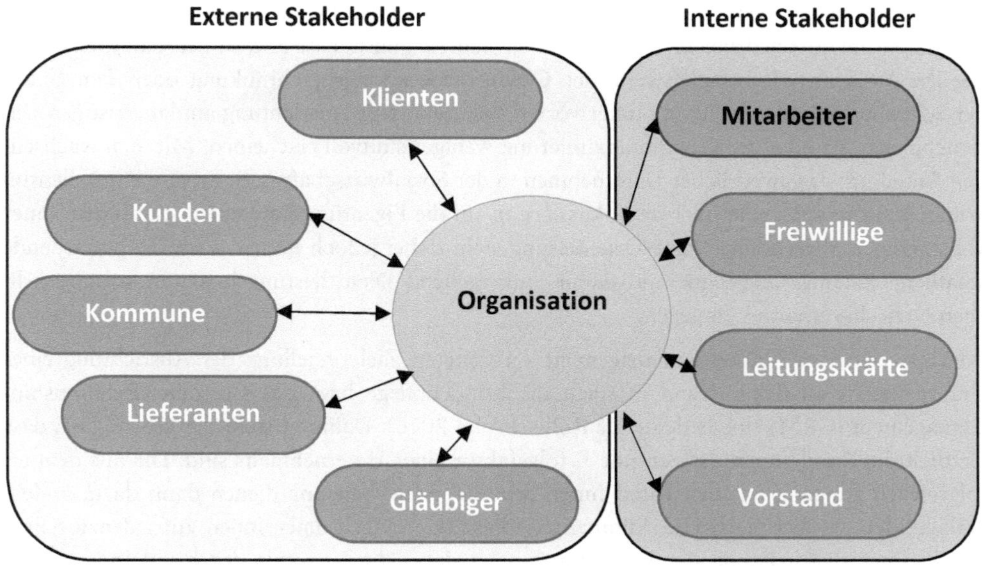

Abb. 1: Beispielhafte Stakeholder-Map einer sozialwirtschaftlichen Organisation (eigene Darstellung)

In der Betrachtung eines solchen mehrdimensionalen Settings aus verschiedenen Anspruchsgruppen mit gleichermaßen komplementären wie divergierenden Interessen grenzt sich das S. von eindimensionalen Managementansätzen ab, die vor allem die Beziehung zu einer ganz bestimmten Anspruchsgruppe wie den Eigentümer_innen oder den Kund_innen betrachten. Eine besondere Stellung als Anspruchsgruppe nimmt in der wirtschaftswissenschaftlichen Theorie dabei der Eigentümer_innen einer Organisation (auch „Shareholder") ein. In kommerziellen Unternehmen begründen sie in Form von Anteilseigner_innen, Gesellschafter_innen oder Aktionär_innen die Entstehung und den Fortbestand des Unternehmens. Als Eigenkapitalgeber sind sie an den unternehmerischen Entscheidungen beteiligt und haben Anspruch auf einen Anteil des Gewinns. Die herausragende Stellung dieser Stakeholdergruppe wird in besonderer Weise in *Rappaports* Shareholder-Value-Ansatz zum Ausdruck gebracht. Ziel dieses Ansatzes ist die Erhöhung des langfristigen Unternehmenswertes durch Gewinnmaximierung und Steigerung der Eigenkapitalrendite durch das Management eines Unternehmens (Rappaport 1986; 1999). Die Befriedigung der Ansprüche der Eigentümer wird damit zum obersten Managementziel und dominiert die Beziehung zu anderen Stakeholderguppen wie beispielsweise Mitarbeiter_innen, Umweltverbänden oder Gläubigern. Wenngleich die langfristige Sicherstellung des Shareholder-Values letztlich jedoch ohne die Berücksichtigung anderer Stakeholder nicht denkbar ist und dies ursprünglich auch nicht postuliert wurde, wurde der Shareholder-Value-Ansatz zum Inbegriff eines kurzfristig orientierten, rücksichtslosen Profitstrebens und ist daher zum Gegenstand vielfacher Kritik geworden (Rickens 2009). S. wird vor diesem Hintergrund vor allem in der normativen Stakeholdertheorie zur bewussten Abgrenzung von dieser Engführung verwendet, da dieser im Gegensatz zum Shareholder-Value-Prinzip versucht, die gesamte sozialökonomische Umwelt einer Organisation zu erfassen und die Bedürfnisse der verschiedenen Gruppen soweit wie möglich zu harmonisieren. Die besonderen Eigentumsverhältnisse der Mehrzahl sozialwirtschaftlicher Organisationen (keine natürlichen Personen als Eigentümer_innen, Gewinnverwendungsbeschränkung) haben dazu geführt, dass die Shareholder-Perspektive hier bisher wenig Beachtung gefunden hat. Die Tatsache, dass nach wie vor ein großer Teil der sozialwirtschaftlichen Organisationen steuerbegünstigt ist und so den damit einhergehenden Auflagen wie beispielsweise der Gewinnverwendungsbeschränkung oder dem Gebot der zeitnahen Mittelverwendung unterworfen sind, lässt eine Ausrichtung am langfristigen Unternehmenswert oder der Gewinnmaximierung weniger sinnvoll erscheinen. Mit dem wachsenden Anteil privat-gewerblicher Unternehmen in der Sozialwirtschaft (z.B. private Pflegedienste) könnte künftig auch eine stärkere Fokussierung auf die Eigentümerinteressen stattfinden. Einer vollständigen Shareholder-Value-Orientierung steht dabei jedoch immer noch die herrschende staatliche Finanzierungslogik und damit einhergehend Dienstleistungslogik im sozialrechtlichen Dreiecksverhältnis entgegen.

Im Zuge einer im Marketingmanagement verbreiteten Zielvorstellung der Ausrichtung eines Unternehmens an dem/r Kund_in spielt die Kundenpflege bzw. das Customer-Relationship-Management (CRM) eine bedeutende Rolle (Bruhn 2016). Dahinter steht die Vorstellung, dass letztlich die Kund_innen der zentrale Erfolgsfaktor eines Unternehmens sind. Die aus dem erfolgreichen Umgang mit den Kund_innen resultierenden Gewinne dienen dann dazu, andere Stakeholder wie beispielsweise Mitarbeiter_innen oder Eigentümer_innen zufriedenzustellen. Die Bedürfnisbefriedigung der Kund_innen setzt dabei die Kenntnis der Kund_innen sowie eine systematische Gestaltung der Kundenbeziehung voraus. Auch in diesem Ansatz wird eine Stakeholdergruppe in besonderer Weise fokussiert. Für sozialwirtschaftliche Organisationen erweist sich die Engführung auf den Kundenbegriff auch jenseits fachpolitischer Debatten als schwierig. Dies nicht zuletzt aufgrund der Tatsache, dass als Folge der asymmetrischen Austauschbeziehungen im Rahmen des sozialrechtlichen Dreiecksverhältnisses Kund_innen bzw. Klient_innen vielfach zwar Leistungsempfänger_innen sind, diese Leistungen jedoch staatlich finanziert werden.

2. Stakeholdertheorie

Verbindendes Merkmal aller Stakeholderansätze ist demnach die vergleichsweise breite Berücksichtigung verschiedener Anspruchsgruppen und die damit verbundene Vorstellung einer kontingenten Umweltbeziehung der Organisation. Über diese Gemeinsamkeit hinaus hat sich eine Vielzahl unterschiedlicher Theorien und Ansätze ausgebildet, die sich grob, aber keinesfalls trennscharf in normative, analytische und praxisorientierte Stakeholderansätze unterteilen lassen.

Umfang und Art der Berücksichtigung unterschiedlicher Gruppen in Managemententscheidungen ist nicht nur für die einzelne Organisation relevant, sondern hat auch eine gesellschaftspolitische und ethisch-moralische Dimension. Sie berührt beispielsweise die Frage, ob die Interessen von Umweltgruppen, Verbraucherschützer_innen oder Nachbarn entscheidungsrelevant für das Management sein sollen oder nicht, ob Kinderarbeit bei Zulieferern, Umweltverschmutzung, Diskriminierung, Korruption etc. jenseits der Einhaltung rechtlicher Regelungen von der Unternehmensleitung abgelehnt wird oder nicht. *Normative Stakeholdertheorien* propagieren auf der Grundlage einer jeweils spezifischen Moralvorstellung und eines damit einhergehenden Gesellschaftsverständnisses unterschiedliche Handlungsempfehlungen (beispielsweise Friedman/Miles 2006, S. 36ff.). Diese reichen vom bloßen Wunsch nach einem respektvollen Umgang mit Stakeholdern, über die moralische Verpflichtung zur Beteiligung bestimmter Anspruchsgruppen bis hin zur Forderung nach Gesetzesänderungen zur Erzwingung von Mitspracherechten einzelner Gruppen (Übersicht bei Hendry 2001). Die Stakeholdertheorie ist insofern eng mit der vielschichtigen Debatte um nachhaltiges und verantwortungsvolles unternehmerisches Verhalten (Corporate Social Responsibility) verbunden. Diese befasste sich anfangs vor allem mit Verhaltensvorschriften für die gewerbliche Wirtschaft und hier insbesondere für international agierende Konzerne, wendet sich aber zunehmend auch dem Mittelstand und der Sozialwirtschaft zu (Vilain 2008). Niederschlag finden normative Stakeholdertheorien hier in Form einer sehr verbreiteten kritischen Sicht auf eindimensionale, eigentümerzentrierte Denk- und Handlungsweisen. Diese findet sich seltener in den Stakeholderdiskurs als vielmehr in allgemein sozialpolitische Debatten eingebettet. Mit Verweis auf die Marktlogik und die Marktversagensproblematik (beispielsweise Schellberg 2012, S. 54ff.) wird die Beteiligung des Staates als Marktpartner dabei selten grundsätzlich infrage gestellt. Insofern sind aus dieser Sicht neben den Eigentümer_innen/dem Management einer Organisation auch die Kund_innen und Klient_innen sowie die staatlichen Ressourcengeber einzubeziehen. Verschärft wird diese Sichtweise zusätzlich durch die im Vergleich zu US-amerikanischen Unternehmen umfassenden betrieblichen Mitbestimmungsrechte in deutschen Unternehmen. Diese erzwingt zusätzlich eine Einbeziehung der Mitarbeiter_innen. Insofern lässt sich in der deutschen Sozialwirtschaft ganz überwiegend ein – aus Sicht der angelsächsischen Stakeholdertheorie – sehr deutliches Plädoyer für eine umfassende Einbeziehung unterschiedlicher Stakeholdergruppen feststellen (Theuvsen 2001).

Im Gegensatz dazu befassen sich *analytische und deskriptive Stakeholdertheorien* mit der Beschreibung, Erklärung und Gestaltung der Beziehung von Stakeholdern und Organisation. Ein häufig zu findender Ausgangspunkt ist dabei die Klassifikation der Stakeholder nach unterschiedlichen Kriterien und eine darauf aufbauende Herleitung möglicher Entscheidungsalternativen. Je nach Detaillierungsgrad kann die Auflistung aller Stakeholder einer Organisation zu einer unübersichtlichen Zahl denkbarer Anspruchsgruppen und -personen führen, so dass eine Reduktion erfolgen muss. Diese erfolgt im Rahmen der Stakeholderanalyse mittels unterschiedlicher Differenzierungs- und Priorisierungskriterien. In der Literatur hat sich dabei eine Vielzahl möglicher Kriterien gebildet. So kann beispielsweise nach der Zugehörigkeit zur Organisation in interne (z.B. Mitarbeiter_innen, Leitung) und externe (z.B. Klient_innen, Kommune, Interessengruppen, Medien) Stakeholder unterschieden werden. Dabei werden interne Stakeholder eher als Leistungs- und externe Stakeholder als potenzielle Ressourcenerbringer gesehen. Denkbar ist auch eine Priorisierung der Stakeholder nach ihrer Relevanz für die Existenzsicherung der Organisation. Kund_innen, Geldgeber_innen, Mitarbeiter_innen und Lieferant_innen sichern in dieser Sichtweise das Überleben der Organisation unmittelbar (primäre Stakeholder), während Interessengruppen, Medien, Gesellschaft, Konkurrenten nur mittelbaren Einfluss auf die Existenz haben (sekundäre Stakeholder). Konsequenterweise käme dann im Management der ersten Gruppe größere Aufmerksamkeit zu als der zweiten. Mit Blick auf die Charakteristik der Stakeholder können natürliche Personen, Gruppen oder Körperschaften unterschieden werden. Neben solchen eindimensionalen Differenzierungsvorschlägen sind zahlreiche zwei- und mehrdimensionale Ansätze zur Identifikation und Klassifikation relevanter Stakeholder entstanden. So entwickelten beispielsweise *Freeman* (1984) oder *Savage et al.* (1991) eine Vierfelder-Matrix, die aus der Gegenüberstellung des Kooperationspotenzials und des Konkurrenzpotenzials vier generische Stakeholderstrategien ableitet. Der weitverbreitete Ansatz von *Mitchell, Agle und Wood* (1997) wiederum schafft aus den Kriterien Macht, Legitimität und Dringlichkeit einen in sich geschlossenen Ansatz und gibt auf der Grundlage der daraus folgenden Klassifikation Handlungsempfehlungen für das Management (siehe Abbildung).

Stakeholder	Beiträge	Anreize
Mitarbeiter	Arbeitskraft, Zeit, Engagement, Ideen, Erfahrung...	Entlohnung, Anerkennung, soziale Einbindung ...
Klienten	Legitimation, Geld, Koproduktion...	Problemlösung, soziale Einbindung, Verbesserung der Lebensbedingungen...
Kommune	Geld, Sachmittel, Kontakte...	Problemlösung kommunaler Aufgaben in Form von Dienstleistungen ...
Freiwillige	Engagement, Ideen, Know-how, Beziehungen...	Anerkennung, Sinnstiftung, Prestige, Einfluss, Gestaltungmöglichkeiten...
Leitungskräfte	Verantwortungsübernahme, Zeit, Arbeitskraft, Engagement, Kontakte, Ideen...	Entlohnung, Prestige, Erprobungs- und Gestaltungsmöglichkeiten...
Vorstandsmitglieder	Zeit, Kontakte, Erfahrung, Legitimation...	Anerkennung, Prestige, Einfluss...
Zulieferer	Produkte und Dienstleistungen, Spenden, Sponsoring, Image...	Geld, Image...

Abb. 2: Anreiz-Beitrags-Matrix einer sozialwirtschaftlichen Organisation (eigene Darstellung)

In der Folge lassen sich aus den drei Merkmalen und ihren Schnittmengen insgesamt sieben Stakeholdertypen entwickeln. Stakeholder, die nur eines der unterliegenden Merkmale erfüllen (ruhende, diskretionäre und fordernde Stakeholder), werden in diesem Zusammenhang als „latente Stakeholder" bezeichnet. Ihnen widmet das Management nur begrenzte Ressourcen und Aufmerksamkeit. Stakeholder, die zwei Merkmale erfüllen (gefährliche, dominante und abhängige Stakeholder), rücken als „erwartungsvolle Stakeholder" in der Priorisierung nach oben. Im Mittelpunkt der Aufmerksamkeit stehen jedoch die „definitiven Stakeholder". Sie verfügen sowohl über die Macht als auch Legitimität und haben eine hohe Dringlichkeit ihrer Anliegen.

Praxisorientierte Ansätze richten sich vor allem an den Forderungen und Interessen konkreter Anspruchsgruppen mit Blick auf die konkrete Zukunftssicherung einer Organisation aus. Handlungsempfehlungen zielen dann vor allem ab auf die Aufrechterhaltung der Kooperationsbereitschaft der Beteiligten und der Akzeptanzsicherung einflussreicher Betroffener (Rüegg-Stürm 2003, S. 29). Die Vielzahl der empirisch beobachtbaren Ansätze resultiert dabei vor allem aus der Bedeutung, die das Stakeholderkonzept in der Organisationsberatung erlangt hat. Die Ansätze bestehen hier meist aus einer Mischung von erfahrungsbasiertem Wissen und theoretischen Versatzstücken und sind mit konkreten Instrumenten unterlegt. Praxisorientierte Ansätze dominieren auch Literatur und Praxis der Sozialwirtschaft. Dort, wo es um die Beziehung zu einzelnen Gruppen geht, wird das Stakeholderkonzept fallweise mit Ansätzen der Sozialen Arbeit zur Einbeziehung von Klienten, mit kommunikationswissenschaftlichen oder betriebswirtschaftlichen Instrumenten verknüpft.

Der Stakeholderansatz wurde mit einer Vielzahl von Organisationstheorien beispielsweise aus der Netzwerktheorie (z.B. Rowley 1997) oder der Neuen Institutionenökonomie (Bei Hill/Jones 1992 z.B. mit der Principal-Agent-Theorie) verknüpft. Mit Blick auf die praktische Gestaltung der Stakeholderbeziehungen hat sich dabei die Verbindung von Stakeholdertheorie und Ressourcenabhängigkeitsansatz (resource-dependence theory) sowie der Anreiz-Beitrags-Theorie als besonders fruchtbar erwiesen. Während der Ressourcenabhängigkeitsansatz basierend auf systemtheoretischen Überlegungen die Umwelt-System-Beziehung fokussiert und die Abhängigkeit eines Unternehmens von verschiedensten Inputs bzw. Ressourcen sowie möglicher Kontrollstrategien in den Mittelpunkt stellt (Pfeffer/Salancik 1978), betrachtet die Anreiz-Beitrags-Theorie als verhaltenswissenschaftlich orientierte Organisationstheorie vor allem den Interessenausgleich zwischen unterschiedlichen Personen(-gruppen) und der Organisation (Barnard 1938; Simon 1997; March/Simon 1993). Gemäß dieser Vorstellung besitzen Akteure Ressourcen wie beispielsweise Geld, Zeit, Aufmerksamkeit oder Dienstleistungen, die sie einer Organisation zur Verfügung stellen können (Beiträge). Voraussetzung dafür ist jedoch, dass ihnen die Organisation im Gegenzug materielle (z.B. Produkte, Entlohnung) oder immaterielle Güter (z.B. Anerkennung, Prestige) als Anreiz bietet. Das Überleben einer Organisation hängt aus dieser Perspektive davon ab, dass es einer Organisation als kooperatives System gelingt, durch die gesetzten Anreize ausreichende Beiträge zu generieren. Im Rahmen der Stakeholderanalyse wird dieses Austauschverhältnis häufig im Rahmen einer Anreiz-Beitrags-Matrix (siehe Abbildung) abgebildet.

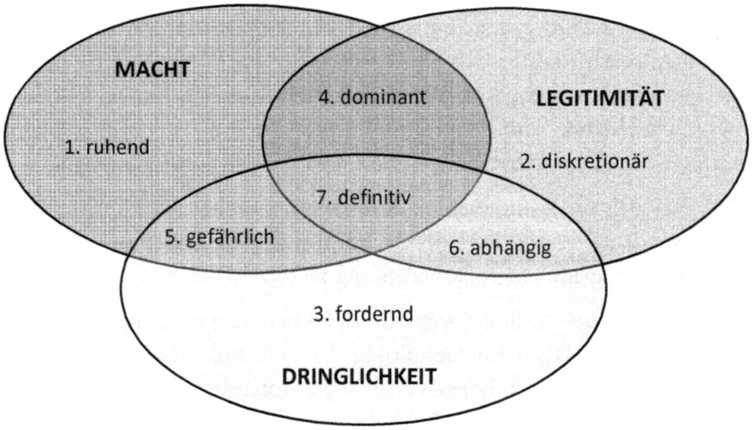

Abb. 3: Stakeholder-Typisierung (in Anlehnung an Mitchell et al. 1997, S. 874)

Ziel der Gegenüberstellung ist die Abwägung möglicher Maßnahmen, um letztlich ein Gleichgewicht zwischen den Anreizen der Organisation und den Beiträgen der Stakeholder zu erzielen. Dabei ist zu beachten, dass es sich dabei um einen zirkulären Zusammenhang handelt, d.h., dass die Beiträge von Anspruchsgruppen zugleich auch wieder Anreize darstellen.

3. Stakeholdermanagement

Die Gestaltung der Beziehung zwischen einer zielgerichteten Entität und ihren Anspruchsgruppen ist zentraler Gegenstand des S. Bezugspunkt kann dabei sowohl die gesamte Organisation, wie auch eine einzelne Organisationseinheit, ein strategisches Aufgaben- bzw. Geschäftsfeld, ein Prozess, Projekt oder sogar eine einzelne Person sein. Besondere Verbreitung hat das S. im Projektmanagement gefunden. So wird im Rahmen der ISO-Normen 9000ff. und 10006 (Qualitätsmanagement) sowie 21500 (Projektmanagement) die Einbeziehung sogenannter „interested parties" für ein professionelles Projektmanagement ausdrücklich gefordert. Damit sind alle Personen oder Personengruppen angesprochen, die am Projekt beteiligt, am Projektablauf interessiert oder von den Auswirkungen eines Projektes betroffen sind. Die Einbeziehung der Stakeholder gilt als zentraler Erfolgsfaktor für einen erfolgreichen Projektstart sowie die Zielerreichung. Sie erfolgt planerisch sowohl im Rahmen der Definition der Projektanforderungen und -ziele, der Chancen-Risiko-Analyse sowie dem Aufbau der Projektorganisation. Ihren Niederschlag findet sie praktisch vor allem in der Einbindung und Kommunikation mit den Anspruchsgruppen. Abgesehen von der Bedeutung des S. im Projektmanagement ergeben sich mit Blick auf die Rollen- und Ressourcenerwartungen an die Stakeholder und die funktionale Differenzierung von Organisationen zahlreiche *Schnittstellen* zu anderen sozialwirtschaftlichen Arbeitsfeldern und betrieblichen Managementfunktionen, je nachdem ob ein Stakeholder beispielsweise Kund_in (Marketing), Klient_in (Soziale Arbeit, Beratungswissenschaften), Spender_in oder Sponsor_in (Fundraising), Mitarbeiter_in (Personalmanagement), Ehrenamtliche/r (Freiwilligenmanagement) oder Geldgeber_in (Finanzierung) ist.

Auch wenn Freeman das S. vor allem dem strategischen Management zuweist (Freeman 2010, S. 46), so sind doch letztlich alle Gestaltungsdimensionen des Managements berührt: Im Rahmen des *normativen S.* wird die Bedeutung und Rolle von Stakeholdern im Hinblick auf die Mission und Organisationsziele sowie auf die Organisationspolitik und -kultur in den Blick genommen. Hier werden grundlegende und dauerhafte Entscheidungen über die Beziehungen zwischen der Organisation und ihren Anspruchsgruppen getroffen, wie sie beispielsweise bei der satzungsbestimmten Besetzung von Vorstandsämtern durch geborene Mitglieder oder der Wahrnehmung von Aufsichts- und Kontrollfunktionen durch existenziell erforderliche Stakeholder im Zusammenhang von Governance-Entscheidungen diskutiert werden.

Mit Blick auf die langfristige Zielerreichung kommt der Etablierung konsistenter und stabiler Verhaltensmuster sowie der Ausbildung der dazugehörigen Strukturen und Prozesse gegenüber den relevanten Anspruchsgruppen große Bedeutung zu.

Im Rahmen des *strategischen S.* findet sich wie oben bereits angedeutet in der Literatur eine Vielzahl von Strategievorschlägen zur Gestaltung der Stakeholderbeziehungen. So unterscheidet beispielsweise *Mendelow* im Rahmen seiner Power-Interest-Grid vier Stakeholdergruppen, die sich aus den zwei Dimensionen Macht und Interesse sowie den jeweils zwei zugehörigen Ausprägungen ‚hoch' und ‚niedrig' ergeben (Mendelow 1981). Demnach sind Stakeholder mit wenig Macht und geringem Interesse strategisch nicht relevant und sollten daher nur mit minimalem Aufwand bearbeitet werden, während interessierte, aber zugleich wenig machtvolle Stakeholder wenigstens informiert werden sollten. Machtvolle Akteure mit wenig Interesse an den Ergebnissen der Organisation sollten hingegen als potenzieller Störfaktor oder Unterstützer_innen zufrieden gehalten werden. Stakeholder mit großer Macht und hohem Interesse sind hingegen als ‚Key Player' zentraler Gegenstand des S.

Das *operative S.* schließlich gestaltet den konkreten Austauschprozess mit den Stakeholdern und vollzieht sich insofern innerhalb der Setzungen des normativen und strategischen S. Aufgrund der besonderen Bedeutung interpersoneller Kommunikation zeigt sich das operative S. besonders anschlussfähig an sozialwissenschaftliche Theorie. So lässt sich beispielsweise der

Grad der Einbeziehungen der Stakeholder praktisch anhand von *Arnsteins* Partizipationsleiter bestimmen (Arnstein 1969). Diese unterscheidet zwischen zwölf Stufen der Beteiligung (von Stakeholdern), die von Nicht-Partizipation (z.B. Manipulation) über symbolische Beteiligung (z.B. Anhörung oder Information) bis hin zu vollständiger Beteiligung (z.B. Mitbestimmung) reichen. In der Praxis dominieren hier jedoch nicht selten intuitive Vorgehensweisen, die vielfach geprägt sind durch langjährige Erfahrungen oder Sozialisation der Leitungskräfte.

Das S. ist jedoch kein isolierter Teil des Managements einer Organisation. In der Literatur wird es üblicherweise in den im Management weitverbreiteten einfachen kybernetischen Regelkreis aus Analyse und Planung, Umsetzung, Kontrolle und Anpassung sowie erneuter Planung eingebunden. So betrachtet lässt sich S. in verschiedene *Phasen* einteilen: Identifikation und Analyse der Stakeholder, Ableitung von Stakeholderstrategien, Planung in Form von Handlungsprogrammen sowie deren Umsetzung mit einer abschließenden Kontrolle (Abbildung Phasen des Stakeholdermanagements).

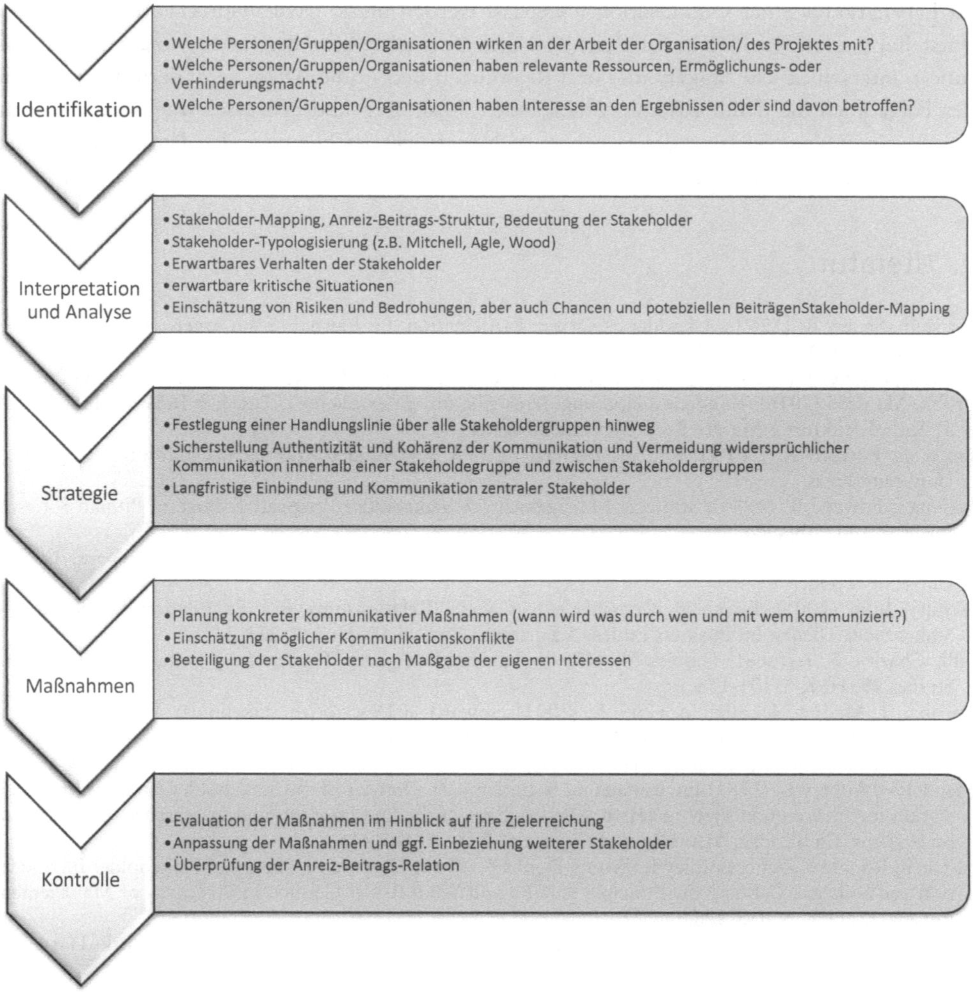

Abb. 4: Phasen des Stakeholdermanagements (eigene Darstellung)

Das zugrunde liegende Referenzmodell ist dabei das eines hierarchisch geführten Unternehmens. Es unterstellt eine Planungs- und Entscheidungshoheit in der Leitung einer Organisation sowie einen einfachen zirkulären Entscheidungsprozess. Die Rahmenbedingungen in vielen bundesdeutschen Nonprofit-Organisationen unterscheiden sich jedoch deutlich: So sind die vertikalen Strukturen häufig durch einen dezentralen, subsidiären Aufbau und fehlende Durchgriffsrechte höherer Verbandseinheiten gekennzeichnet, während die horizontalen Strukturen enge Verflechtungen mit unterschiedlichen Stakeholdern (z.B. Lokalpolitik, Behörden, lokale Arbeitsgemeinschaften der Wohlfahrtspflege) und dem sozialen Umfeld aufweisen. Die Eigenwilligkeit freiwillig Engagierter und umfassende betriebliche Mitbestimmungsregelungen tun ein Übriges, so dass die Realität des S. vielfach durch zufällige, emergente oder komplexe partizipative Prozesse gekennzeichnet ist. Darüber hinaus sind die Beziehungen zu zentralen Anspruchsgruppen nicht selten stark personengebunden und entziehen sich insofern der langfristigen Planung Dritter. Ergänzen müsste man das S. schließlich auch um eine dynamische Komponente. So fordern beispielsweise Jawahar und McLaughlin (2001), dass das S. an die Phasen im Lebenszyklus einer Organisation angepasst werden muss. Dementsprechend haben in der Entstehung, dem Wachstum, der Reife und dem Untergang bzw. der Erneuerung einer Organisation unterschiedliche Stakeholder und Ressourcen Bedeutung. Diese verändern das S. und in der Folge auch die damit zusammenhängenden Strukturen und Prozesse. Wachsende Ansprüche an eine Dynamisierung des S. gehen auch von sich beschleunigenden Umweltdynamiken sowie veränderten Wertschöpfungsstrukturen (z.B. in Netzwerken) aus.

4. Literatur

Arnstein, Sherry R. (1969): A Ladder of Citizen Participation. In: Journal of the American Planning Association 35, H. 4, S. 216-224.

Barnard, Chester I. (1938): The Functions of the Executive. Cambridge (MA): Harvard University Press.

Bruhn, Manfred (2016): Kundenorientierung: Bausteine für ein exzellentes Customer Relationship (CRM). 5. Aufl., Frankfurt a.M.: dtv Beck Wirtschaftsberater.

Freeman, Edward R. (2010): Strategic Management. A Stakeholder Approach. Cambridge: Cambridge University Press.

Freeman, Edward R. (1984): Strategic Management. A Stakeholder Perspective. Boston: Pitman Series in Business and Public Policy.

Friedman, Andrew L./Miles, Samantha (2006): Stakeholders. Theory and Practice. New York: Oxford University Press.

Hendry, John (2001): Economic Contacts versus Social Relationships as a Foundation for Normative Stakeholder Theory. In: Business Ethics: A European Review 10, H. 3, S. 223-232.

Hill, Charles W. L./Jones, Thomas W. (1992): Stakeholder-Agency Theory. In: Journal of Management Studies 29, H. 2, S. 131-154.

Jawahar, I. M. Jim/McLaughlin, Gary. L. (2001): Towards a Descriptive Stakeholder Theory: An Organizational Life Cycle Approach. In: Academy of Management Review 26, H. 3, S. 397-414.

March, James G./Simon, Herbert A. (1993): Organizations. 2. Aufl., Oxford: Wiley-Blackwell.

Mendelow, Aubrey L. (1981) Environmental Scanning – The Impact of the Stakeholder Concept. In: Association for Information Systems (Hrsg.): Proceedings of the 2nd International Conference on Information Systems. Cambridge, MA: Harvard University Press, S. 407-418.

Mitchell, Ronald K./Agle, Bradley R./Wood, Donna J. (1997): Towards a Theory of Stakeholder Identification and Salience. Defining the Principle of Who and What Really Counts. In: Academy of Management Review 22, H. 4, S. 853-886.

Pfeffer, Jeffrey/Salancik, Gerald R. (1978): The External Control of Organizations. New York: Harper & Row.

Rappaport, Alfred (1999): Shareholder Value. Stuttgart: Schäffer-Poeschel.

Rappaport, Alfred (1986): Creating Shareholder Value Creating Shareholder Value. The New Standard for Business Performance. New York: Free Press.

Rickens, Christian (2009): Die nächste Krise wird kommen. Alfred Rappaport über die ewige Gier nach dem schnellen Geld. In: Managermagazin. www.manager-magazin.de/magazin/artikel/0,2828,591846,00.html, 19.02.17.

Rowley, Timothy J. (1997): Moving Beyond Dyadic Ties: A Network Theory of Stakeholder Influences. In: Academy of Management Review 22, H. 4, S. 887-910.

Rüegg-Stürm, Johannes (2003): Das neue St. Galler Management-Modell. Grundkategorien einer integrierten Managementlehre. Der HSG-Ansatz. 2. Aufl., Bern: Haupt.

Savage, Grant T./Nix, Timothy W./Whitehead, Carlton J./Blair, John D. (1991): Strategies for assessing and managing organizational stakeholders. In: The Academy of Management Executive 5, H. 2, S. 61-75.

Schellberg, Klaus (2012): Betriebswirtschaftslehre für Sozialunternehmen. 5. Aufl., Augsburg: Ziel.

Simon, Herbert A. (1997): Administrative Behaviour. A Study of Decision-Making Processes in Administrative Organizations. 3. Aufl. New York: Free Press.

Theuvsen, Ludwig (2001): Stakeholder-Management – Möglichkeiten des Umgangs mit Anspruchsgruppen. Münster: Münsteraner Diskussionspapiere zum Nonprofit-Sektor – Nr. 16, 08/2001.

Vilain, Michael (2008): Corporate Social Responsibility – ein Thema für die Sozialwirtschaft? In: Markert, Andreas/Vilain, Michael/Biebricher, Martin/Buckley, Andrea (Hrsg.): Soziale Arbeit und Sozialwirtschaft. Beiträge zu einem Feld im Umbruch. Festschrift für Karl-Heinz Boeßenecker. Berlin: Lit, S. 135-158.

Personalmanagement und -führung

Ludger Kolhoff

Das Personal ist die wichtigste Ressource der Sozialwirtschaft. Fragen des Personalmanagements sind deshalb von entscheidender Bedeutung für den Erfolg sozialer Einrichtungen und Dienste.

Das Personalmanagement kann nach Institutionen oder nach Funktion unterschieden werden. Beim institutionenbezogenen Personalmanagement im Sinne einer Beziehungsgestaltung und Verhaltenssteuerung handelt es sich um personale Führungstätigkeiten. Das funktionenbezogene Personalmanagement im Sinne einer Systemgestaltung umfasst z.B. die Personalbeschaffung, den Personaleinsatz und die Personalentwicklung. Dieser Beitrag widmet sich schwerpunktmäßig dem institutionenbezogenen Personalmanagement, also personalen Führungstätigkeiten, um das Verhalten von Mitarbeiter_innen im Kontext einer Arbeitssituation zu beeinflussen.

1. Führungsverhalten

Die Theorien zum Führungsverhalten gehen davon aus, dass Mitarbeiter_innen in ihrem Verhalten durch Führungskräfte beeinflusst werden können. Ein konsistentes, typisiertes und wiederkehrendes Führungsverhalten wird als Führungsstil bezeichnet (Wunderer 2003, S. 204). Im Folgenden werden eindimensionale, zweidimensionale und dreidimensionale Führungsstile vorgestellt. Eindimensionale Führungsstile behandeln das Verhältnis von Führungspersonen und Mitarbeiter_innen. Zweidimensionale Führungsstile nehmen zusätzlich den Faktor Mitarbeiter-/ Aufgabenorientierung mit auf und bei dreidimensionalen Führungsstilen werden auch situative Komponenten mit berücksichtigt.

1.1 Eindimensionale (klassische) Führungsstile (autokratisch bis demokratisch)

Klassische eindimensionale Führungsstile gehen davon aus, dass Verhaltungsweisen der Mitarbeiter_innen direkt vom Verhalten der Führungspersonen beeinflusst werden können. Diese Verhaltensmuster lassen sich unter Bezugnahme auf Lewin et al. (1939) klassischerweise als autoritär, demokratisch oder Laissez-faire bzw. unter Bezugnahme auf Weber (1921) als charismatisch oder bürokratisch kategorisieren.

1.1.1 Der autoritäre Führungsstil

Der autoritäre Führungsstil ist dadurch gekennzeichnet, dass die Führungskraft eindeutige Anordnungen gibt, so dass die Mitarbeiter_innen wissen, was sie zu tun und zu unterlassen haben, man denkt unwillkürlich an Befehl und Gehorsam. Die Führungskraft legt durch ihre Autorität die Richtung fest und schränkt somit die Kreativität und Eigenentwicklung der Mitarbeiter_innen stark ein. Da die Konsequenzen bei einer Nichtbeachtung von Anweisungen klar und eindeutig sind, vermeiden die Mitarbeiter_innen eigenständige Problemlösungen und orientieren sich nur noch an der Führungskraft. Wenn der/die Führende ausfällt, kommt es oftmals zu einer Verunsicherung der Mitarbeiter_innen.

Merkmale	*Auswirkungen*
– Aufbietung der vollen Autorität nach der Devise: „Ich aber sage euch: Das sollt ihr tun!" – Eindeutigkeit der Anordnungen und Regeln – Führungskraft bestimmt über alle Maßnahmen, bestimmt das gesamte Handeln und die Techniken und verteilt alle Teilaufgaben. – Das Ziel ist häufig nicht klar definiert. – Die Führungskraft übernimmt die Verantwortlichkeit für das Verhalten der Gruppe und den Erfolg des Vorhabens. – Die Führungskraft hält Abstand.	– Unsicherheit in der Gruppe, wenn die Führungsperson ausfällt. – Die Möglichkeit der Kreativität, Gestaltungskraft und Eigenentwicklung ist gering. – Geäußerte Kritik ist oft wenig objektiv und nutzbringend. – Keine Verantwortung für die einzelnen Mitarbeiter_innen – Geringer Gruppenzusammenhalt – Das Leistungsverhalten der Gruppe ist quantitativ hoch, qualitativ eher gering. – Gespannte Gesamtatmosphäre –

Anhand der Auflistung wird deutlich, dass die autoritäre Verhaltungsweise der Führungsperson zu Motivationsproblemen und in der Folge zu einem schlechten Leistungsverhalten der Mitarbeiter_innen führen kann. Doch sollte man achtgeben, mit dem Begriff autoritärer Führungsstil ein aufgabenorientiertes Führungsverhalten abzuwerten, dass in vielen Gebieten der Sozialwirtschaft erforderlich ist. So sind klare und deutliche Anweisungen von einer hierfür eindeutig zuständigen Führungsperson in vielen Gebieten der Sozialwirtschaft erforderlich. Denn jeder von uns wäre sehr erstaunt und gar nicht belustigt, wenn bspw. beim Rettungsdienst zunächst ausdiskutiert würde, wer denn nun für den nächsten Einsatz zuständig sei.

1.1.2 Der demokratische Führungsstil (kooperativ-integrativ)

Beim demokratischen Führungsstil versucht man, partizipative und sachbezogene Ansätze miteinander zu verbinden. Die Führungskraft delegiert und die Mitarbeiter_innen übernehmen Verantwortung. Dies geht allerdings nur, wenn sie die Ziele der Organisation kennen und ihre Aufgaben entsprechend abstimmen können. Zwar werden auch hier klare Entscheidungen getroffen, allerdings unter Beteiligung der Mitarbeiter_innen, die ihre Fähigkeiten mit einbringen können. Eigeninitiative und Spontanität der Gruppenmitglieder werden aktiviert. Das Verhalten der Gruppenmitglieder ist produktiv und konstruktiv.

Merkmale	*Auswirkungen*
– Die Führungskraft vermittelt zunächst nur einen groben, vorläufigen Überblick über das Vorhaben. – Festlegung der Regeln, Arbeitsschritte, Techniken und Maßnahmen ist das Ergebnis von Gruppendiskussionen und -entscheidungen. – Die Führungskräfte ermuntern und regen an. – Die Gruppe trägt die Verantwortung für die Aktion und die Resultate. – Die Gruppenmitglieder bestimmen selbst, mit wem sie arbeiten wollen. – Die Führungskraft provoziert Selbstständigkeit. – Objektive und nutzbringende Einschätzung durch die Führungskraft. – Die Führungskraft erscheint weitgehend als Gruppenmitglied, das Verhalten ist partnerschaftlich und sozialintegrativ. – Gruppenorientierte Eingriffe, entwicklungsorientierte Forderungen – Einfallsreiche Bestrebungen werden mit der notwendigen Sachdisziplin verbunden.	– Eigeninitiative und Spontaneität der Gruppenmitglieder – Handlungsweise der Gruppenmitglieder ist mannigfaltig, spezifisch, leistungsfähig, nutzbringend. – Gegenseitige Anerkennung, Toleranz und konstruktive Absichten innerhalb der Gruppe – Es wird ein Gefühl der Sicherheit und des Freiheitserlebens in der Gruppe erzeugt. – Es herrscht Gleichberechtigung in der Gruppe. – Bessere Arbeitsmoral, stärkere Arbeitsbereitschaft, Standhaftigkeit – Ausgeglichene Stimmung – Beständiger Gruppenzusammenhalt – Beziehung zur Führungskraft positiv und frei, folglich keine Unterwürfigkeit und Aggressivität. – Zielerreichung benötigt viel Zeit, jedoch bessere Qualität der Ergebnisse und Erfolgserlebnisse für alle.

Der demokratische Führungsstil hat Vorteile. Die Mitarbeiter_innen sind motiviert und die Führungskraft wird entlastet. Doch es können auch situative Nachteile auftreten, denn der Führungsstil benötigt sehr viel Zeit. So kann es passieren, dass Führungspersonen und Mitarbeiter_innen viel Zeit für Partizipationsprozesse und Konsensfindungen benötigen und somit stark mit sich selbst beschäftigt sind oder aber über Randbereiche der Arbeit lange diskutieren, so dass für die Kernfelder der eigentlichen Arbeit zu wenig Zeit bleibt.

1.1.3 Der Laissez-faire-Führungsstil

Beim Laissez-faire-Führungsstil nimmt die Führungskraft ihrer Aufgabe nicht wahr. Es ist somit ein Nichtführungsstil. Nach dem Motto: „Macht, was ihr wollt", ist „jeder Weg der richtige".

Merkmale	*Auswirkungen*
– Motto: „Macht doch, was ihr wollt, Bedürfnisse sind frei“. – Die Führungskraft beeinflusst die Gruppe wenig oder gar nicht. – Der Führungsanspruch wird durch Inaktivität freigegeben. – Die Führungskraft weist nur auf Arbeitsmaterial hin. – Auskünfte von der Führungskraft nur auf ausdrückliche Forderung – Das Vorgehen wird allein der Gruppe überlassen. – Freundliches Beziehungsverhältnis der Führungskraft zur Gruppe	– Starke Persönlichkeiten können „die Sache in die Hand nehmen“, was schnell zu einem autoritären Führungsstil führen kann. – Frustration der Gruppenmitglieder, da nichts zustande kommt. – Die Planung und Realisierung einer Aufgabe ist kaum möglich, da nur schwache Übereinstimmungen in der Gruppe bestehen. – Gruppe wegen unzureichender Steuerung unzufrieden – Qualitativ und quantitativ geringe Erfolge – Gereiztes Klima

Zu den eindimensionalen klassischen Führungsstilen, die das Verhältnis von Führungspersonen zu Mitarbeiter_innen im Blick haben, gehören auch der charismatische und bürokratische Führungsstil, die auf Weber (1921) zurückgehen.

1.1.4 Der charismatische Führungsstil

„Charisma ist die spezifische Ausstrahlungskraft einer Führungsperson, die unabhängig von fachlichen Fähigkeiten eine Akzeptanz und letztlich Werteänderung bei der „geführten Person bewirkt“ (Scholz 2000, S. 954). Bei diesem Führungsstil kommt es wesentlich darauf an, wie die Ausstrahlung der Führungskraft von den geführten Personen beurteilt wird. In der folgenden Darstellung sind Merkmale und Auswirkungen des charismatischen Führungsstils aufgelistet.

Merkmale	*Auswirkungen*
– Motto: „Wir lieben und verehren dich – sage uns, was wir tun sollen, wir handeln danach“. – Aufgrund ihrer Persönlichkeit gewinnt die charismatische Führungskraft ‚die Herzen‘ der anderen und setzt ihre Ziele durch.	– Objektivität der Gruppenmitglieder schrumpft, alles, was die Führungskraft sagt, ist Gesetz. – Andere Standpunkte werden nicht mehr akzeptiert. – Charismatische Führer_innen leben nicht selten ‚gefährlich‘.

Anhand der Aufstellung wird verständlich, dass der charismatische Führungsstil nicht ungefährlich ist. Er fußt im Wesentlichen darauf, dass die Führungsperson andere beeindruckt. Scheitert dieser Ansatz, werden charismatische Führungskräfte destruktiv, launisch und despotisch (Scholz 2000, S. 957).

1.1.5 Der bürokratische Führungsstil

Weber (1921) bezeichnet die legale bürokratische Herrschaft im Vergleich zur traditionellen und charismatischen Herrschaft als die stabilste und effektivste Form der Herrschaftsausübung. Der bürokratische Führungsstil findet sich oft bei öffentlichen Trägern, die normorientiert und hierarchisch aufgebaut sind. Kommunikations- und Informationswege sind festgelegt, Mitarbeiter_innen den Vorgesetzten untergeordnet und Ziele werden durch kontrollierte Verwaltungsakte bestimmt. Somit wird jede Eigeninitiative unterdrückt.

Die folgende Übersicht fasst Merkmale und Auswirkung des bürokratischen Führungsstils zusammen.

Merkmale	*Auswirkungen*
– Ziele der Mitarbeiter_innen werden durch den Verwaltungsakt bestimmt, der die Erfüllung der Ziele kontrolliert und mechanistisch von einer Ebene zur anderen weitergibt. – Individuelle Bemühungen der Mitarbeiter_innen werden weitgehend ausgeschaltet.	– Eigeninitiative wird unterdrückt. – Die Führungskraft ist oft unbeliebt. – Meist unbefriedigende Erlebnisse

Die klassischen „Führungsstile", wie gerade skizziert, wird man idealtypisch in der Praxis nicht anfinden, oftmals gibt es Mischformen. Auch ist es nicht immer sinnvoll, nur einen „Führungsstil" zu pflegen. So gibt es Situationen, in denen z.B. ein autoritärer „Führungsstil" effektiver und effizienter ist als ein demokratischer oder umgekehrt.

1.2 Zweidimensionale Führungsstile (Mitarbeiter- und Aufgabenorientierung)

Zweidimensionale Führungsstile erweitern die Perspektive der eindimensionalen Stile um den Faktor Mitarbeiter-/Aufgabenorientierung. Das, was beim eindimensionalen Führungsstil erst interpretiert werden muss, ergibt sich hier aus einer Matrix.

1.2.1 Das Verhaltensgitter von Blake/Mouton

Im zweidimensionalen Matrix-Ansatz von Blake/Mouton (1968) werden unterschiedliche Führungsstile anhand der Ebenen: Betonung des Menschen *(Concern for People)* und Betonung der Produktion *(Concern for Production)* gekennzeichnet. In der Matrix werden auf der Horizontalen die Betonung der Produktion, d.h. die Aufgabenorientierung und auf der Vertikalen die Betonung des Menschen, d.h. die Mitarbeiterorientierung aufgelistet.

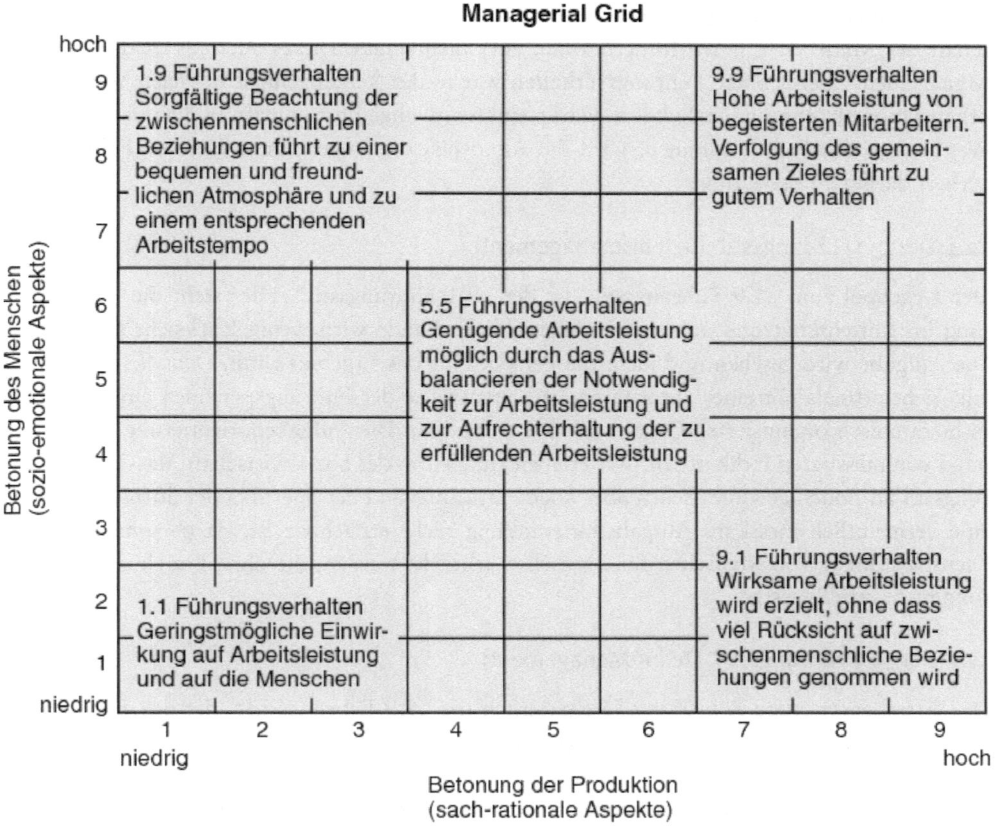

Abb. 1: Verhaltensgitter (Managerial Grid) nach Blake/Mouton (Springer Gabler Verlag o.J.b)

Die Skalenwerte reichen von 1 bis 9. Die 1 kennzeichnet einen geringen Wert und die 9 einen hohen Wert. Diese Matrix ermöglicht 81 Kombinationsmöglichkeiten. Es werden von Blake/Mouton aber nur die fünf wichtigsten Verknüpfungen, die jeweiligen Eckpunkte und der Mittelpunkt des Verhaltensgitters herausgearbeitet (Hentze et al. 2005, S. 227ff.).

1.2.2 Der „1.1 Führungsstil" (Überlebensmanagement)

Dieser Führungsstil ist dadurch gekennzeichnet, dass nicht nur die Mitarbeiter-, sondern auch die Aufgabenorientierung gering ist. Er ist mit dem eindimensionalen Laissez-faire-Führungsstil vergleichbar. Die Führungskraft benimmt sich gleichgültig, apathisch, passiv. Sie betreibt einen minimalen Aufwand und engagiert sich weder für die Ziele des Unternehmens noch für die Belange der Mitarbeiter_innen. Die Mitarbeiter_innen reagieren auf diesen Führungsstil, der ein Nichtführungsstil ist, mit Apathie und Resignation.

1.2.3 Der „1.9 Führungsstil" (Country Club Management)

Dieser Führungsstil ist dadurch gekennzeichnet, dass die Aufgabenorientierung gering und die Beziehungsorientierung hoch ist. Es stehen persönliche Belange im Vordergrund und Aufgaben werden vernachlässigt. Durch das hohe Interesse der Führungskraft an den Belangen der Mitarbeiter_innen kann eine gute Arbeitsatmosphäre geschaffen werden, die die Leistungsbereitschaft der Mitarbeiter_innen fördern kann, aber nicht muss. Dieses auch als „Country Club Management“ bezeichnete Führungsverhalten war in der Vergangenheit in vielen Wohlfahrtsorganisationen vorzufinden. Seitdem Marktstrukturen eingeführt wurden und Konkurrenz und Wettbewerb das Feld bestimmen, wird die Atmosphäre unangenehmer. Der 1.9 Führungsstil verliert darum an Bedeutung.

1.2.4 Der „9.1 Führungsstil“ (Befehlsmanagement)

Der Gegenpol zum „1.9 Führungsstil“ ist der „9.1 Führungsstil“. Hier steht die Arbeitsleistung im Mittelpunkt und auf zwischenmenschliche Bande wird wenig Rücksicht genommen. Die Aufgabe wird gesehen und nicht die Person. Nur das Ergebnis zählt. Der „9.1 Führungsstil“ geht oftmals mit einer autoritären Verhaltensweise der Führungspersonen einher und ist in hierarchisch organisierten Organisationen auffindbar. Die Aufgabenorientierung erfolgt anhand von messbaren Indikatoren. Wir erleben zur Zeit in der Sozialwirtschaft, dass dieser Führungsstil an Boden gewinnt, sehen aber auch, dass aufgrund der Spezifika der Sozialwirtschaft, eine vermeintlich messbare Aufgabenorientierung nicht erreichbar ist, da personenbezogene Dienstleistungen von Menschen für Menschen erbracht werden, die ohne Beziehungsorientierung nicht erfüllbar sind.

1.2.5 Der „9.9 Führungsstil“ (Team-Management)

Der erstrebenswerteste Führungsstil ist natürlich der „9.9 Führungsstil“, der durch eine hohe Mitarbeiter- und Aufgabenorientierung gekennzeichnet ist. Dieser Führungsstil führt zu hohen Arbeitsleistungen *und* zufriedenen Mitarbeiter_innen, da das Arbeitsklima gut ist und die Ziele des Unternehmens und der Mitarbeiter_innen übereinstimmen. Doch gibt es in der Realität Zielkonflikte, so dass dieser Führungsstil eher einem Idealtypus entspricht.

1.2.6 Der „5.5 Führungsstil" (Middle of the Road-Management)

Beim „5.5 Führungsstil“ wählt die Führungsperson einen Mittelweg zwischen Leistungs- und Beziehungsorientierung. Dieser als „Middle of the Road“ bezeichnete Führungsstil ist durch ein ständiges Pendeln zwischen den Zielen des Unternehmens und dem Bemühen, die Mitarbeiter_innen zufriedenzustellen, gekennzeichnet. Gerade in der Sozialwirtschaft ist dieser Führungsstil üblich. Die Ergebnisse sind befriedigend.

1.2.7 Fazit

Das Verhaltensgitter nach Blake/Mouton ergänzt in übersichtlicher Form die eindimensionalen Ansätze. Doch werden Zielkonflikte und andere situative Komponenten nicht beachtet. So erleben wir zur Zeit in der Sozialwirtschaft, dass Führungskräfte, die in der Vergangenheit einen „Country club“ oder „Middle of the Road“ Führungsstil pflegten, in einer schwieriger werdenden Lage, äußere Zwänge weiterleiten und zunehmend autoritär auftreten. Solche situativen Komponenten werden im „3 D Modell“ von Reddin oder in der „Reifegradtheorie“ von Hersey/Blanchard berücksichtigt.

1.3 Dreidimensionale (situative) Führungsstile

Im dreidimensionalen Führungsstil werden neben der ersten Dimension (Verhältnis: Führungskraft/Mitarbeiter_in) und der zweiten Dimension (Aufgaben-/Mitarbeiterorientierung) als dritte Dimension, situative Komponenten beachtet.

1.3.1 Das 3 D-Modell von Reddin

Kerngedanke des 3 D-Modells von Reddin (1970; 1981) ist, dass die *Effektivität* eines Führungsstils von der Situation abhängig ist. Ein bestimmter Führungsstil kann also in der einen Situationen effektiv und in der anderen ineffektiv sein.

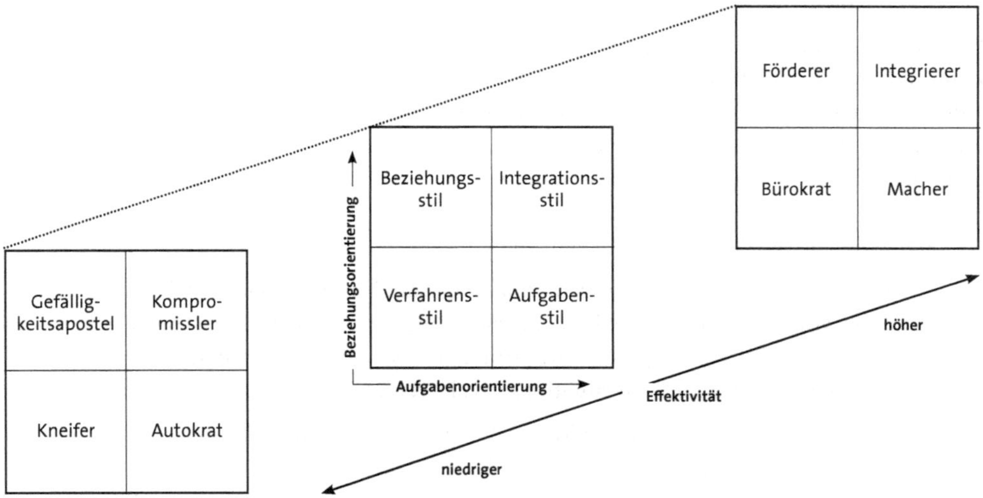

Abb. 2: Das 3 D-Modell der Führung nach Reddin (Staehle 1999, S. 843)

Reddin unterscheidet folgende Basisstile:

- Verfahrensstil *(Separated)*
- Beziehungsstil *(Relationships)*
- Aufgabenstil *(Task)* und
- Integrationsstil *(Integrated)*

Jeder dieser Stile kann je nach Situation effektiv oder ineffektiv genutzt werden.

Verfahrensorientierte Manager_innen orientieren sich primär an Verfahren, Methoden und Systemen. Dieser Führungsstil ist in bürokratischen Strukturen sinnvoll und effektiv („Bürokrat"). In anderen Zusammenhängen, z.B. in teamorientierten Strukturen, dagegen weniger effektiv. Menschen, die den Verfahrensstil partizipieren, können hier schnell zu ineffektiven „Kneifern" werden, die sich, sobald Probleme auftreten, auf formale Verfahren zurückziehen.

In teamorientierten Strukturen sind *beziehungsorientierte* Manager_innen erfolgreicher. Idealtypisch werden sie zu „Förderern", berücksichtigen Mitarbeiterbedürfnisse und betonen gute zwischenmenschliche Bande. Doch besteht die Gefahr, dass beziehungsorientierte Manager_innen schnell in Situationen kommen, in denen sie zu „Gefälligkeitsaposteln" werden, die den

Belangen und Erwartungen der Mitarbeiter_innen und ihrer Zufriedenheit zu breiten Raum geben und die Aufgabenerreichung vernachlässigen.

Auch in der Sozialwirtschaft sind zurzeit ‚Macher' d.h. *aufgabenorientierte* Manager_innen gefragt, die sich an Leistungsergebnissen orientieren. Sie setzen sich idealtypische, anspruchsvolle aber dennoch wirklichkeitsnahe Ziele. Doch auch dieser Führungsstil ist situationsabhängig. So besteht die Gefahr, dass aufgabenorientierte Manager_innen Mitarbeiter_innen schnell verprellen und zu ‚Autokraten' werden.

Als Letztes treten *integrationsorientierte* Manager_innen auf die Bühne. Als „Integrierer" versuchen sie, eine Balance von Menschen und Aufgaben herzustellen und partizipieren einen kooperativen Führungsstil im Lewinschen Sinne. Doch besteht hier die Gefahr, dass sie schnell zu „Kompromisslern" werden.

Führungsstile sind nicht per se gut oder schlecht, sondern unter bestimmten Bedingungen effizient und unter anderen Bedingungen ineffizient. Zu diesen Bedingungen gehören die Arbeitsanforderungen, Führungsstile der Vorgesetzten oder das Verhalten von Kolleg_innen und Mitarbeiter_innen. Eine Erkenntnis der Forschungen von Reddin besteht darin, dass Führungsstil und Führungssituation zueinander passen müssen, um gute Ergebnisse zu erzielen.

1.3.2 Die Reifegradtheorie von Hersey/Blanchard

Der Ansatz der situativen Führung *(Situational Leadership)* nach Hersey/Blanchard (1977) knüpft an die Vorstellungen von Reddin an, und berücksichtigt neben den Dimensionen Aufgaben- und Personenorientierung, als dritte situative Ebene die Effektivität. Für Hersey/Blanchard sind Manager_innen, die sich situationsgerecht verhalten, automatisch effektiv.

Unter situationsgerechtem Verhalten wird ein Verhalten verstanden, das den „Reifegrad" der Mitarbeiter_innen berücksichtigt und sich an den Fähigkeiten und dem Willen der Mitarbeiter_innen orientiert. Die „Reife" *(Maturity)* der Mitarbeiter_innen, wird bspw. durch Indikatoren wie Leistungswille und -fähigkeit, Ausbildung und Erfahrung, arbeitsrelevante Kenntnisse oder Selbstsicherheit und -achtung (psychologische „Reife") benannt.

Für Mitarbeiter_innen mit geringer „Reife", die wenig motiviert sind und denen Wissen und Fähigkeiten fehlen, fordern Hersey/Blanchard einen autoritären Führungsstil *(Directing)* und den Einsatz von Macht durch Bestrafung. Die Führungskraft sollte einen Führungsstil pflegen, der durch eine hohe Aufgaben- und eine geringe Personenorientierung gekennzeichnet ist und die Mitarbeiter_innen unterweisen *(Telling)*.

Motivierte Mitarbeiter_innen, denen Fähigkeiten fehlen, die also eine geringe bis mäßige „Reife" haben, sollen geführt werden, indem Macht durch Belohnung eingesetzt wird. Es kommt der integrierende Führungsstil *(Coaching)* mit einer hohen Personen- und Aufgabenorientierung zum Tragen. Im Schaubild ist er durch das Schlagwort „Verkaufen" *(Selling)* benannt.

Mitarbeiter_innen mit mäßiger bis hoher „Reife" mit hohen Fähigkeiten, aber fehlender Motivation sollen durch Vorbildmacht mit einem partizipativen Führungsstil *(Supporting)* geführt werden. Dieser Führungsstil hat eine hohe Personen- und eine geringe Aufgabenorientierung und ist in der Grafik durch das Schlagwort „Partizipieren" *(Participating)* gekennzeichnet.

Mitarbeiter_innen mit hoher „Reife", die hochmotiviert sind und ein hohes Wissen und ausgeprägte Fähigkeiten haben, sollen durch Expertenmacht *(Delegating)* geführt werden. In dem

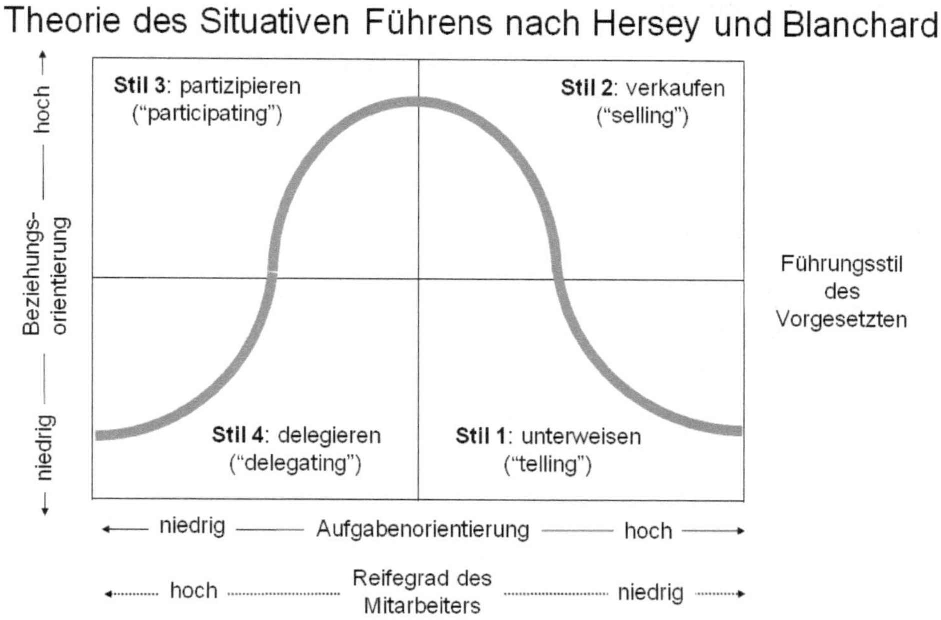

Quelle: Pelz, W., Kompetent führen, Wiesbaden 2004

Abb. 3: Das situative Führungsstilmodell nach Hersey/Blanchard Institut für Management-Innovation Pelz (o.J.) www.management-Innovation.com

durch eine geringe Aufgaben- und Personenorientierung gekennzeichneten Quadranten kommt der Delegationsstil zum Tragen.

Das „Reifegradmodell" stellt hohe Anforderungen an die Führungskraft und geht davon aus, dass Führungskräfte in der Lage sind, je nach „Reifegrad" der Mitarbeiter_innen einen passungsfähigen Führungsstil zu pflegen. Dies ist in der Praxis aber kaum umsetzbar. Daneben gibt es aber auch noch andere situative Bedingungen, die nicht nur von den Fähigkeiten und der Motivation der Mitarbeiter_innen abhängig sind. Beispielsweise können auch hochmotivierte und sehr fähige Mitarbeiter_innen in schwierigen Situationen alleine keine entsprechenden Ergebnisse erbringen, sondern nur, wenn sich die Führungskraft entsprechend engagiert und handelt. Ein reines Delegieren ist in schwierigen Situationen oftmals kontraproduktiv.

Menschliches Verhalten in Typologien zu strukturieren bringt immer Schwierigkeiten mit sich, wenn man sie rigide anlegen will. Menschen handeln nicht immer rational oder nach Typologien, daher sind die vorgestellten Führungsstile nur als strukturierte Orientierung und nicht als Rezepte zu verstehen.

Während die Führungsstile die Persönlichkeit von Führungskraft und Mitarbeiter_innen berücksichtigen, abstrahieren Führungstechniken hiervon und orientieren sich lediglich an der Führungssituation.

2. Führungstechniken

Es gibt eine Vielfalt von Führungstechniken, die aber oftmals lediglich Varianten der Führungstechniken ‚Management by Exception', ‚Management by Delegation' und ‚Management by Objectives' sind, die im Folgenden vorgestellt werden.

2.1 Management by Exception

Mit dem Begriff ‚Management by Exception' wird eine sehr gebräuchliche Führungstechnik benannt, bei der die Führungsperson nur in Ausnahmefällen eingreift.

Ziel der Führungstechnik ist es, die Führungskraft von Routinetätigkeiten zu befreien und gleichzeitig den Mitarbeiter_innen Entscheidungsspielräume zu ermöglichen, damit sie ihre Arbeit effizient bewältigen können.

Voraussetzung sind eine wirkliche Delegation von Aufgaben, eine klare und eindeutige Definition von Regeln und Ausnahmefällen, eine Festlegung des Handlungs- und Ermessensspielraums der Mitarbeiter_innen, eine Übertragung der notwendigen Kompetenzen und eine klare Abstimmung darüber, wie die Führungskraft zu informieren ist.

Der Ablauf ist wie folgt geregelt:

Mitarbeiter_innen erhalten einen Vorgang. Sie prüfen, ob es sich um einen Regel- oder einen Ausnahmefall handelt. Im Regelfall entscheiden die Mitarbeiter_innen, im Ausnahmefall wird die Führungskraft kontaktiert, die dann entscheidet.

Ein Vorteil dieser Technik liegt darin, dass die Führungsebene entlastet wird und sich somit auf ihre eigentliche Aufgabe, das Entscheidungshandeln, konzentrieren kann. Weiterhin sind selbstständig arbeitende Mitarbeiter_innen oftmals motivierter, als Mitarbeiter_innen, die detaillierte Anweisungen erhalten.

Doch es gibt auch Nachteile, denn die Abgrenzung von Regel- und Ausnahmefällen ist nicht immer eindeutig machbar. So kann es passieren, dass Mitarbeiter_innen sich permanent rückversichern oder Führungskräfte immer wieder intervenieren und es praktisch nur noch Ausnahmefälle gibt. Weiterhin kann auch sehr viel Zeit und Energie in die Abgrenzung von Regel- und Ausnahmefällen gehen, so dass Mitarbeiter_innen und Führungskraft nicht ent-, sondern zusätzlich belastet werden.

Eine weitere Gefahr besteht darin, dass Mitarbeiter_innen sich nur noch auf Routineprozesse konzentrieren und jeder neue Ansatz als negativer Ausnahmefall und als Störung wahrgenommen wird. Damit werden Innovationen und positive Entwicklungen inhaltlicher Art oftmals unmöglich gemacht, denn es geht dann nicht mehr darum, etwas Sinnvolles zu tun, sondern es so zu tun, wie es in der Routineanweisung festgelegt wurde.

Eine Grundvoraussetzung des ‚Managements by Exception' ist die Bereitschaft zur Delegation, denn wenn eine Führungskraft versucht, alles alleine zu erledigen, wird sie unproduktiv. Die Delegation steht im Mittelpunkt der Führungstechnik ‚Management by Delegation'.

2.2 Management by Delegation

Bei dieser Führungstechnik werden nicht nur Routineaufgaben übertragen, sondern auch anspruchsvolle Aufgabenbereiche, nebst Kompetenzen und Handlungsverantwortungen an die Mitarbeiter_innen delegiert. Was delegierbar ist, ist von der Bereitschaft der Führungskraft und von den Qualifikationen und Fähigkeiten der Mitarbeiter_innen abhängig. Zu beachten ist, dass die Verantwortung weiterhin bei der Führungskraftkraft bleibt. Nicht delegiert werden sollten typische Führungsfunktionen und Aufgaben mit weitreichenden Konsequenzen.

Entscheidungen werden auf der jeweils zuständigen Ebene getroffen. Wesentlich für die Technik ist der Ausschluss der Zurück- oder Weiterdelegation und dass die Führungskraft nur in klar begrenzten Ausnahmefällen eingreift. Zur Steuerung und zur Selbst- und Erfolgskontrolle dient ein zu schaffendes Informations-, Controlling- und Evaluationssystem

Die Struktur der Organisation ist zu berücksichtigen. Das ‚Management by Delegation' ist in hierarchischen Organisationen mit klaren Zuständigkeiten eher einsetzbar als in teamorientierten Strukturen.

Durch die Führungstechnik ‚Management by Delegation' sollen Führungspersonen entlastet und Mitarbeiter_innen motiviert werden, Eigeninitiative zu entwickeln und Verantwortung zu übernehmen. Idealtypisch kommt es zu einer Aufgabenverteilung der unterschiedlichen Hierarchiestufen, in der die jeweils zuständige Hierarchiestufe eigenverantwortlich handelt und die übergeordnete Ebene nicht mehr beansprucht. Da Entscheidungen von den im jeweiligen Kontext am besten informierten Mitarbeiter_innen getroffen werden, kommt es idealtypisch zu schnelleren und sachgerechteren Entscheidungen und somit zu einer Verbesserung der Effektivität der Organisation.

Doch in der Praxis zeigt sich oft, dass viele Mitarbeiter_innen nicht gewillt sind, sich öffnende Spielräume zu nutzen und viele Führungskräfte nicht gewillt sind, Aufgaben zu delegieren und Verantwortungen und Kompetenzen zu übertragen. Dennoch gehört das ‚Management by Delegation' in der Sozialwirtschaft zu den erprobtesten und bewährtesten Führungstechniken, die oftmals durch das ‚Management by Objectives' ergänzt wird.

2.3 Management by Objectives

Beim ‚Management by Objectives' (Führen durch Zielvereinbarungen) erfolgt die Personalführung auf der Grundlage von Zielen. Kern des Ansatzes ist die Vereinbarung von Zielen in einem partizipativen Prozess, im Rahmen von Zielvereinbarungsgesprächen. Dabei sollen die Ziele nicht von der Führungskraft vorgegeben, sondern gemeinsam entwickelt und formuliert werden. Für die Erreichung der Ziele und die Umsetzung der erforderlichen Maßnahmen sind die Mitarbeiter_innen im Rahmen ihrer Arbeitsbereiche selbst verantwortlich. Die Führungskräfte überprüfen nicht die Einzelmaßnahmen, sondern lediglich die Zielerreichung. Ihre Aufgabe besteht darin, die Mitarbeiter_innen bei der Zielerfüllung zu unterstützen. Sie führen Förder- und Beratungsgespräche durch und versuchen bei Nichterreichung von Zielen, mit den Mitarbeiter_innen die entsprechenden Gründe zu erforschen.

‚Management bei Objectives' funktioniert nur, wenn die Mitarbeiter_innen klar begrenzte Arbeitsbereiche haben und wenn Ihnen nicht nur Aufgaben, sondern auch die entsprechenden

Kompetenzen übertragen werden. ‚Management bei Objectives' ist ein Prozess, dessen Ablauf nach *Ordione* in folgender Weise dargestellt werden kann:

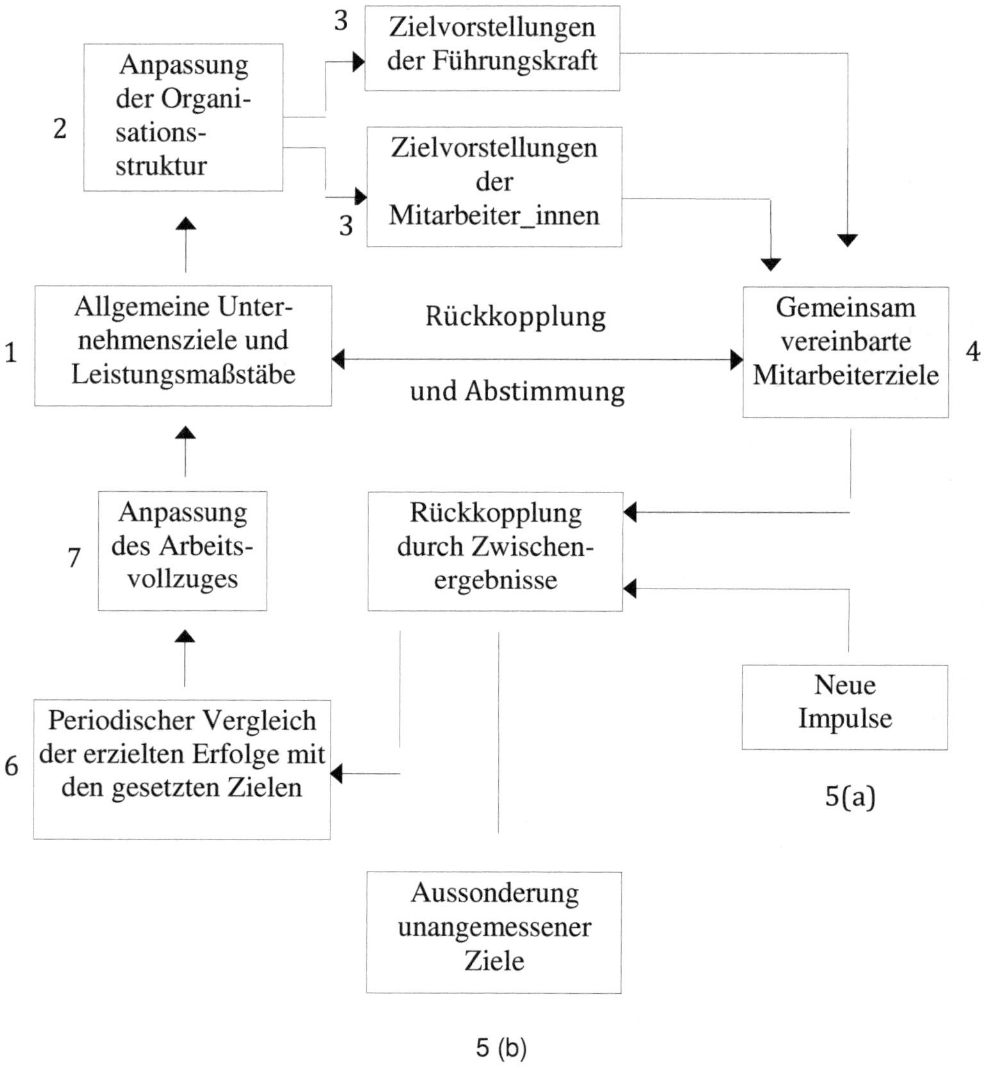

Abb. 4: , Management by Objectives' als Kreislaufschema (in Anlehnung an Odiorne 1967, S. 102)

Wie in dem Schaubild zu sehen ist, erfolgt die Entwicklung der jeweiligen Ziele, auf der Basis der allgemeinen Unternehmensziele, in einem Prozess, an dem Mitarbeiter_innen und Führungskräfte beteiligt sind. Die Organisationsstruktur und die Abläufe sind dann so zu gestalten, dass die Mitarbeiter_innen befähigt werden, die abgestimmten Ziele selbstständig zu erreichen. Hierzu gehört auch der Aufbau eines Berichtswesens, um zum Beispiel Zwischenergebnisse zurückkoppeln zu können, so dass Erfolge und Misserfolge kommuniziert und die Arbeitsprozesse entsprechend angepasst werden können. Weiterhin sollten Ziele, die nicht zu erreichen sind, aussortiert oder angepasst werden. Neben den Zielen werden auch Maßnahmen und Qualitätsstandards, beispielsweise auf der Basis von Indikatoren, Ressourcen, Zeitplänen und Zuständigkeiten festgelegt, ebenso wie Verfahren, die bei Nichterfüllung von Zielen greifen. Ziele sollten gemäß der Smart-Formel: spezifisch, messbar, akzeptabel, realistisch und terminiert formuliert werden. Nur dann sind sie überprüfbar. Doch sollten die Ziele nicht starr sein, sondern sich an veränderte Strukturen anpassen.

Je nach Arbeitsfelder und Organisationsform ergeben sich unterschiedliche Zielsysteme. So können Zielpyramiden mit Grundsatz – Rahmen- und Ergebniszielen und Meilensteinen zur Zielüberprüfung festgelegt werden. Wenn die Ergebnisziele erreicht werden, können die Rahmenziele erfüllt und wenn die Rahmenziele erreicht werden, die Grundsatzziele erfüllt werden. Folglich können sich die Mitarbeiter_innen auf ihre Ergebnisziele konzentrieren, während die Führungskräfte auf der mittleren Ebene die Rahmenziele, und die Führungskräfte auf der oberen Ebene die Grundsatzziele im Blick haben.

Für Mitarbeiter_innen in Linienfunktionen können auch zeitlich strukturierte Zielsysteme entwickelt werden. Sie bestehen aus Jahres- und Monats- bzw. Quartalszielen. Hierzu dienen entsprechende Zielvereinbarungsgespräche.

2.3.1 Jahresziele

Im Rahmen von Jahreszielgesprächen werden, auf der Basis einer Evaluation der Zielerreichung des vergangenen Jahres, die Ziele des kommenden Jahres festgelegt. Die Gespräche dienen auch der Beurteilung der Mitarbeiter_innen und sind oftmals auch die Basis einer leistungsbezogenen Vergütung. Die individuelle Karriere baut somit auf Ergebnissen und nicht auf dem Dienstalter oder formalen Ausbildungsabschlüssen auf.

2.3.2 Monats- oder Quartalsziele

Auf der Grundlage der Jahreszielplanung wird in monatlich bzw. quartalsweise stattfindenden Mitarbeitergesprächen evaluiert, welche Ziele des Vormonats/Quartals erreicht und welche nicht erreicht werden konnten (Soll/ Ist-Abgleich) und wie im Weiteren zu verfahren ist. In einem zweiten Schritt werden die Ziele für den Folgemonat, bzw. das Folgequartal festgelegt.

Das ‚Management by Objectives‘ hat Vor- und Nachteile.

Ein Vorteil besteht darin, dass Führungskräfte entlastet werden und Mitarbeiter_innen eigenverantwortlich tätig werden können, so dass ihre individuelle Motivation gesteigert werden kann. Sie sind für die Umsetzung der Maßnahmen selbst verantwortlich und können entsprechende Initiativen selbst entwickeln. Sie haben einen höheren individuellen Freiraum als in anderen Managementsystemen und sind somit auch eher in der Lage, ihre individuellen Ziele zu verfolgen. Durch die Technik kann die Identifikation mit dem Unternehmen verbessert werden und die Eigeninitiative, Leistungsmotivation und Verantwortungsbereitschaft der Mitarbeiter_innen gefördert werden.

Ein Nachteil besteht darin, dass oftmals nur die Dinge umgesetzt werden, die in den jeweiligen Zielvereinbarungen vereinbart wurden und an denen auch festgehalten wird, obwohl sich die Rahmenbedingungen verändert haben. Hinzu kommt, dass nicht alle Mitarbeiter_innen bereit sind, Verantwortung zu übernehmen. Dies kann dazu führen, dass sie nur noch an den messbaren Zielen arbeiten und sich inhaltlich nicht mehr mit der Arbeit identifizieren. Dann werden beispielsweise viele Klient_innen beraten, auch wenn dies gar nicht notwendig ist, oder die

Mitarbeiter_innen tun nur dann etwas, wenn sie einen Bonus erhalten. Dies kann intrinsische Motivationen zerstören. Zu beachten ist auch, dass die jeweiligen Ziele einer Abteilung, mit den Zielen anderer Abteilungen im Gesamtunternehmen abgestimmt werden müssen. D.h. es müssen komplexe Zielkataloge entwickelt und auch entsprechend überprüft werden. Dies kann dazu führen, dass sehr viel Energie in die Formulierung, Abstimmung und Kontrolle von Zielen fließt und die eigentliche Arbeit aus dem Blickfeld gerät. Eine Voraussetzung der Technik ist, dass es realisierbare, exakte und überprüfbare Ziele gibt. dies ist in der Sozialwirtschaft oftmals, aufgrund struktureller Rahmenbedingungen nicht möglich, denn wir haben es mit menschlichen Beziehungen zu tun, die sich einer Messung entziehen.

3. Mitarbeitermotivation

Um Mitarbeiter_innen beeinflussen zu können, gilt es ihre Motive zu erkennen. In der Regel haben die Mitarbeiter_innen der Sozialwirtschaft bestimmte Motive, warum sie im jeweiligen Bereich tätig geworden sind. Wenn diese Motive erkannt und befriedigt werden und in Übereinstimmung mit den Zielen der Einrichtung der Sozialwirtschaft gebracht werden können, ist ein für beide Seiten erfolgreiches Handeln möglich.

Unter Motiven wird ein Beweggrund menschlichen Handelns und unter Motivation ein „Zustand des inneren „Angetriebenseins" einer Person" (Wunderer 2003, S. 105) verstanden. Es geht um das Warum und nicht um das Wie des Handelns.

Warum nun genau ein Mensch handelt, lässt sich nur schwer herausfinden. Oftmals muss interpretiert werden. Dabei ergeben sich natürliche Grenzen, denn jede Interpretation erfolgt auf dem Hintergrund des Weltbildes der interpretierenden Person.

Die Aussagekraft der motivationstheoretischen Ansätze, die im Folgenden vorgestellt werden, ist folglich begrenzt. Oftmals wissen wir selbst nicht genau, was uns eigentlich motiviert hat und warum wir etwas tun oder getan haben, wie wollen wir dann sicher beurteilen, was andere antreibt und motiviert. Es ist deshalb eine Herausforderung für das Personalmanagement, Motive und Bedürfnisse von Mitarbeiter_innen wahrzunehmen und auf bewusste und unbewusste Motive der Mitarbeiter_innen so zu reagieren, dass die Ziele des Unternehmens möglichst effektiv erreicht werden.

3.1 Was motiviert Mitarbeiter_innen?

In diesem Kontext stellen sich drei Fragen:

1. Was motiviert einen Menschen, in ein Unternehmen der Sozialwirtschaft einzutreten und zu bleiben (Teilnahmeentscheidung)?

Viele Mitarbeiter_innen in der Sozialwirtschaft haben eine ganz andere Motivation als Mitarbeiter_innen in anderen Wirtschaftszweigen. Dies gilt es zu berücksichtigen. Wenn beispielsweise Mitarbeiter_innen ihre Teilnahmeentscheidung gefällt haben, um Menschen mit Behinderung zu helfen oder in der Jugendarbeit tätig zu werden und dann vorwiegend mit administrativen Aufgaben betraut werden, sind sie natürlich nicht besonders motiviert. Hierauf gilt es zu achten, wenn man die zweite Motivationsfrage beantworten will:

2. Was motiviert Mitarbeiter_innen, sich anzustrengen und mehr als Dienst nach Vorschrift zu leisten (Leistungsentscheidung)?

Für viele Mitarbeiter_innen in der Sozialwirtschaft sind inhaltliche Aspekte entscheidende Motivationskriterien. Materielle Anreizsysteme, die in der gewinnorientieren Erwerbswirtschaft eingesetzt werden, wie Sonderzahlungen, die Nutzung eines Dienstwagens etc., sind nur begrenzt als Motivationsmittel anwendbar, wenn die Arbeitsinhalte die Quelle der Arbeitszufriedenheit sind. Dies gilt es zu beachten. So sollten Instrumente gewählt werden, die mit einer Erweiterung des Tätigkeits- und Entscheidungsspielraums der Mitarbeiter_innen einhergehen. Es sollten in der Sozialwirtschaft Modelle zur attraktiven Gestaltung der Arbeitsumgebung, zur Erweiterung der Arbeitsvarietät und der Arbeitsanreicherung wie Job-Rotation, Job-Enlargement oder Job-Enrichment verstärkt zum Einsatz kommen. (Bei Job-Rotation wechseln die Mitarbeiter_innen nach bestimmten Zeit- und Reihenfolgen ihren Arbeitsplatz. Beim Job-Enlargement werden verschiedene Bereiche zusammengefasst, während das Job-Enrichment sich auch auf den Entscheidungs- und Kontrollspielraum bezieht.)

Jede soziale Einrichtung hat einen gesellschaftlichen Handlungsauftrag, aus dem sich die Zielsetzung des Arbeitsfeldes ergibt. Folglich gilt es bei der Auswahl der Motivationsinstrumente folgende Kernfrage zu beantworten:

3. Wie kann ich Mitarbeiter_innen so beeinflussen, dass sie mithelfen, die Ziele des Unternehmens effektiv zu erreichen?

Es stellt sich die Frage, wie durch Kommunikation und Verhandlungen Vereinbarungen erzeugt werden können, die den Interessen der Mitarbeiter_innen und des Unternehmens entsprechen und die Prozesse so gestalten werden können, dass die Arbeit für die Mitarbeiter_innen einen Belohnungscharakter bekommt, da sie dem entspricht, was sie wollen.

3.2 Motivationstheorien

Es existieren zahlreiche Motivationstheorien, die in Inhalts- und Prozesstheorien unterschieden werden können. Inhaltstheorien fragen, *was* motiviert und Prozesstheorien, *wie* Motivation initiiert und erhalten werden kann. Im Folgenden werden je ein Beispiel für eine Inhalts- und Prozesstheorie vorgestellt:

3.2.1 Inhaltstheorien

Die Inhaltstheorien gehen davon aus, dass die Menschen Bedürfnisse haben, die es zu befriedigen gilt. Die bekannteste Bedürfnistheorie ist die nach Maslow.

Maslow (1954/2016) geht davon aus, dass der Mensch sich selbst verwirklichen will („self-actualisation"). Für ihn ist der Mensch ein „wanting animal", der sich durch Bedürfnisse motivieren lässt. Er geht von einer Hierarchie der menschlichen Bedürfnisse aus, die er in fünf Klassen unterteilt. An der Basis befinden sich die grundlegenden körperlichen Bedürfnisse, während an der Spitze das Bedürfnis nach Selbstverwirklichung steht, das aber erst dann verwirklicht werden kann, wenn alle grundlegenderen Bedürfnisse befriedigt worden sind. Folglich sind die einzelnen Ebenen der Hierarchie nach ihrer „Dringlichkeit der Erfüllung" geordnet. Ist z.B. sein Basisbedürfnis nach Nahrung, Kleidung und Schlaf befriedigt, sucht der Mensch nach in der Hierarchie höher stehenden Bedürfnissen und versucht nun diese zu befriedigen.

Abb. 5: Bedürfnis-Pyramide nach Maslow (eigene Darstellung)

Während die Bedarfe der obersten Bedürfnisstufe als Wachstumsbedürfnisse charakterisiert werden, werden die Erfordernisse der anderen Bedürfnisstufen als Defizitbedürfnisse bezeichnet.

Die Befriedigung der Defizitbedürfnisse der niedrigen Stufen haben eine höhere Priorität als die der höher angeordneten Stufen. Eine teilweise Nichterfüllung von Defizitbedürfnissen ruft Krankheiten körperlicher und /oder seelischer Art hervor. Mit der vollen Befriedigung eines Defizitbedürfnisses wird es verhaltensunwirksam. Je mehr Bedürfnisse mit hoher Priorität befriedigt werden, umso größere Bedeutung erlangen die Bedürfnisse geringerer Priorität.

Doch sollten die Grenzen des Ansatzes beachtet werden. Denn das Modell ist zwar dank seiner Klarheit und Einfachheit kraftvoll und überzeugend, doch sind die Begriffe unscharf und folglich nur schwer zu operationalisieren. Auch trifft die lineare Hierarchie nicht auf alle Menschen zu. So überspringen beispielsweise asketische Menschen untere Stufen der Maslowschen Bedürfnispyramide. Weiterhin klammert der humanistische Ansatz Maslows äußere Realitäten wie Gewalt und Zerstörung aus und führt Selbstverwirklichung lediglich auf individuelle Bedürfnisbefriedigungen zurück. Doch exzessive Bedürfnisbefriedigung führt nicht unbedingt zur Selbstverwirklichung, sondern kann auch psychische Defekte zur Folge haben. Auch ist die sich aus dem Ansatz ergebende Folgerung, dass ein Mensch so lange motivierbar ist, solange seine Bedürfnisse noch nicht gestillt sind, nicht eindeutig umsetzbar. So kann diese Folgerung einerseits so interpretiert werden, dass die Organisation zur Bedürfnisbefriedigung beitragen soll, um dem Mangel abzuhelfen und andererseits so, das die Mangelsituation zu konservieren sei, da die Erfahrung von Mangel die Quelle der Motivation ist.

Folgt man dem Maslowschen Ansatz, so ist es Aufgabe des Personalmanagements, zur Bedürfnisbefriedigung beizutragen. Dies kann wie folgt geschehen:

Selbstverwirklichungsbedürfnisse

Viele Mitarbeiter_innen in der Sozialwirtschaft haben sich aus inhaltlichen Gründen für dieses Arbeitsfeld entschieden. Soweit wie möglich sollten deshalb die Arbeitsbeziehungen so gestaltet werden, dass die Mitarbeiter_innen ihre jeweiligen Fähigkeiten einbringen können und Selbstverwirklichung und Selbstentfaltung möglich werden. Es geht darum, persönliche Entfaltungsmöglichkeiten zu schaffen, indem zum Beispiel Kompetenzen übertragen und Mitarbeiter_innen in die Verantwortung eingebunden werden.

Wertschätzungsbedürfnisse

Weiterhin gilt es, Wertschätzung und Anerkennung für geleistete Arbeit zu vermitteln. So sollte beispielsweise das Instrument der öffentlichen Belobigung zum Tragen kommen. Auch die Schaffung von Aufstiegsmöglichkeiten ist hier einzuordnen. Doch unterscheidet sich das Statusdenken im sozialen Sektor von dem in anderen Bereichen. So kann es für Mitarbeiter_innen bspw. wichtig sein, zu einer bestimmten Szene oder Gruppe zu gehören.

Soziale Bedürfnisse

Für viele Mitarbeiter_innen in der Sozialwirtschaft sind gute persönliche Beziehungen zu Vorgesetzten, Mitarbeiter_innen und Kolleg_innen ein wichtiger Motivator. Ein gutes Betriebsklima und die Förderung persönlicher Kontakte dienen dazu, diese sozialen Bedürfnisse zu befriedigen. Viele Mitarbeiter_innen der Sozialwirtschaft sind beziehungsorientiert und haben ein Bedürfnis nach Zugehörigkeit, das es zu befriedigen gilt. Sie benötigen Anerkennung, Zuwendung, das Gefühl gebraucht zu werden, wichtig zu sein und etwas Sinnvolles zu tun.

Sicherheitsbedürfnisse

Soziale Einrichtungen und Dienste, die in Lage sind, ihren Mitarbeiter_innen eine Zukunftsperspektive zu bieten, befriedigen wichtige Sicherheitsbedürfnisse. Im Zuge aktueller Ökonomisierungstendenzen werden weiterhin auch Gehaltsfragen immer wichtiger, und es wächst bei vielen Menschen die Angst davor, nicht mehr mithalten zu können. Hierauf gilt es zu reagieren.

Physiologische Bedürfnisse

Gleiches gilt für Fragen der Arbeitsbedingungen, die im Zuge einer zunehmenden Arbeitsverdichtung auch in der Sozialwirtschaft an Bedeutung gewinnen. Gute Arbeitsbedingungen entsprechen den physiologischen Bedürfnissen der Menschen, die in der Sozialwirtschaft tätig sind.

3.2.2 Prozesstheorien

Die Prozesstheorien gehen davon aus, dass neben den Motiven und Bedürfnissen der Mitarbeiter_innen auch andere Faktoren zu berücksichtigen sind, um Motivation zu initiieren und zu erhalten. Sie konzentrieren sich nicht auf die Motivationsinhalte, sondern die Motivationsprozesse. Sie fragen also nicht, *was* eine Person motiviert, sondern *wie* sie zu motivieren ist.

Die *Erwartungs-Valenz-Theorien* gehören zu den Prozesstheorien und gehen davon aus, dass Menschen sich bei mehreren Handlungsalternativen für die Alternative entscheiden, die ihnen den größten Nutzen (Valenz) verspricht. So geht *Vroom* (1964) in seiner *Valenz-Instrumentalitäts-Erwartungs-(VIE) Theorie* davon aus, dass die Leistungsbereitschaft der Mitarbeiter_innen, im Gegensatz zu den inhaltstheoretischen Vorstellungen, nicht nur von individuellen Bedürfnissen und Prädispositionen, von Werten und Einstellungen oder von Motivstrukturen, sondern insbesondere auch von der Wahrnehmung des individuellen Nutzens *(Valenz)* abhängt. Dieses Mittel-Zweck-Denken wird als *Instrumentalität* bezeichnet. Da die meisten Entscheidungssituationen Risikoelemente mit beinhalten, hängt das Wahlverhalten der Mitarbeiter_innen aber auch von der Wahrscheinlichkeit des Eintritts der gewählten Alternative *(Erwartung)* ab.

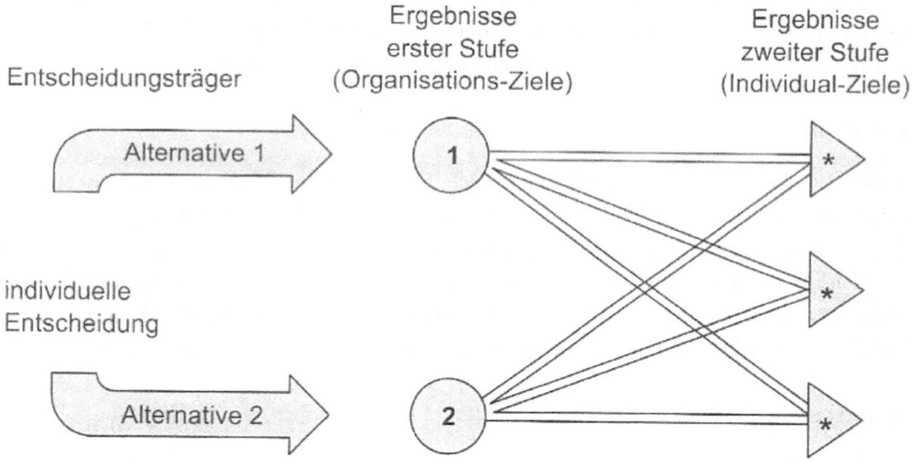

Abb. 6: Grundstruktur des Vroom Modells (Steinmann et al. 2013, S. 487)

Für das Personalmanagement bedeutet dies, dass Aufgabenziele und das dazugehörige Anreizsystem so auszulegen sind, dass mit ihrer Erreichung zugleich die individuellen Ziele und Wünsche der Mitarbeiter_innen erfüllbar werden[1] (Steinmann et al. 2013, S. 487ff.). Die Führungskraft hat die Aufgabe, „dem Mitarbeiter Mittel und Wege zur Optimierung seines individuellen Nutzens aufzuzeigen" (Wunderer 2003, S. 287).

1 „Die motivationale Aufgabe des/r Führer_in besteht im Ausbau der Anzahl und Art der persönlichen Vorteile der Untergebenen für ihren Arbeitseinsatz und darin, die Wege zu ebnen, dass diese Vorteile leichter erreicht werden dadurch, dass die Wege geklärt werden, Behinderungen und Beschränkungen reduziert und die Gelegenheiten zur Erhöhung der Zufriedenheit beim Zurücklegen des Weges anwachsen" (House/Mitchel 1974, zit. in Wunderer 2003, S. 287f.).

	Individuum	*Führungskraft*
Valenz	Wie wichtig sind mir die Ziele?	Mitarbeiterziele identifizieren, Anreizsystem entsprechend ausrichten
Instrumentalität	Welches meiner Ziele kann ich mit welchem Einsatz erreichen?	Kopplung von Leistung und Anreiz
Erwartung	Kann ich mein Ziel/ die Leistung erreichen?	Klärung der Leistungsziele Personalauswahl Personalentwicklung

Abb. 7: Auswirkungen des VIE Modells (in Anlehnung an Steinman et al. 2013, S. 494)

Eine wichtige Rolle in prozessorientierten Motivationsmodellen spielen Anreizstrukturen. Wenn die Erbringung von Leistungen belohnt wird, hat dieses wiederum Auswirkungen auf die einzelnen Elemente des Systems.

Reichhard versucht diesen Zusammenhang in Form eines Regelkreises darzustellen.

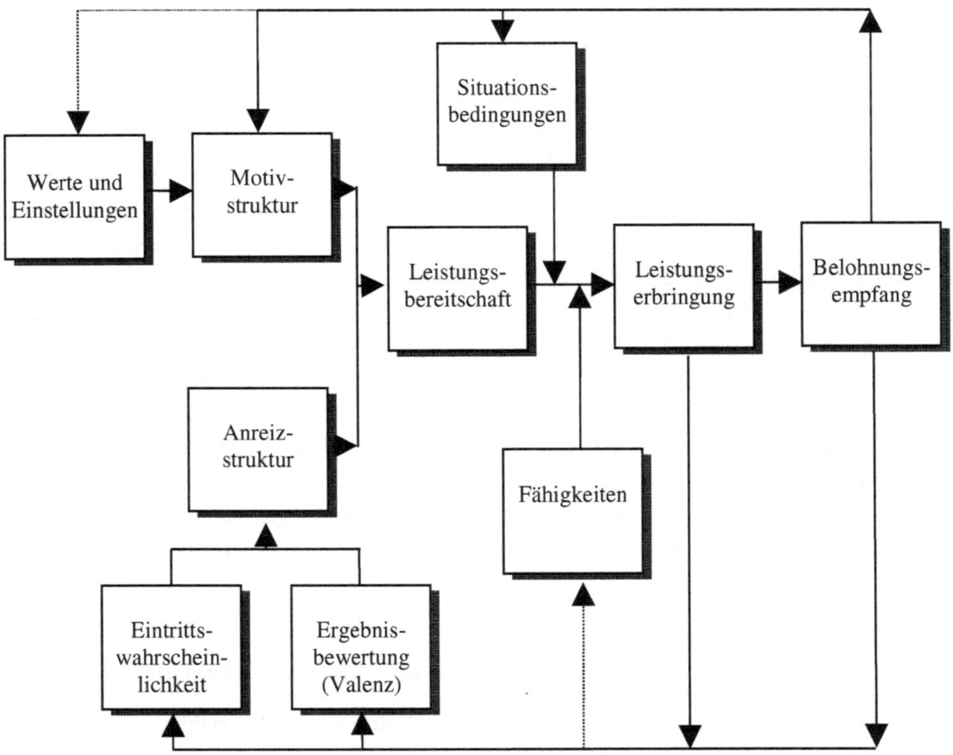

Abb. 8: Regelkreismodell (Reichard 1987, S. 201)

Reichard weist darauf hin, dass die Leistungsbereitschaft (das Wollen) nicht mit der Leistung an sich gleichzusetzen ist (Reichard 1987, S. 200). Denn es gibt Menschen, die zwar eine hohe Leistungsbereitschaft aufweisen, aber dennoch nur geringe Leistungen erbringen (können). So können Personen mit hoher Motivation und mittleren Fähigkeiten die gleichen Leistungen erbringen wie Personen mit hohen Fähigkeiten und mittlerer Motivation. Folglich sollte das Personalmanagement bei Personen, die hohe Fähigkeiten haben, bei der Motivation ansetzen, während es bei Personen, die mittlere Fähigkeiten haben und hoch motiviert sind, bei den Fähigkeiten ansetzen sollte.

Neben den Fähigkeiten der Mitarbeiter_innen (ihrem Können) sind auch die gesellschaftliche und organisatorische Situationsbedingungen (z.B. die Organisationsstrukturen – oder die finanziellen Rahmenbedingungen) zu beachten.

Ein weiterer Bestandteil des Modells ist die Verknüpfung von Leistungserbringung und Belohnung. Wenn die Belohnung der Leistungserbringung direkt zuzuordnen ist, kann dies gegebenenfalls sogar zu einer Änderung der Motivstruktur führen. Die Führungskraft sollte deshalb gewünschte Verhaltensweisen durch positive Rückmeldungen verstärken. Anerkennung, Bestätigung aber auch sachliche Korrektur und verständnisvolle Kritik können motivieren. Einfache Formen der Bestätigung sind Kopfnicken, ein bloßes „Ja", eine zufriedene Mine, ein ehrliches „Danke".

4. Veränderungen des Führungsverständnisses

Das Führungsverständnis ist abhängig von gesellschaftlichen Rahmenbedingungen, die sich kontinuierlich ändern. Wunderer fasst diese Veränderungen des Personalmanagements treffend in einer Analyse zur Tier-Mensch-Beziehung zusammen.

In der Zeit des Wiederaufbaus wurde sehr aufgabenorientiert geführt. Fragen der Mitarbeitermotivation waren untergeordnet. In technostrukturierten Organisationen herrschte ein autokratisches, befehlsorientiertes *(Sitz! Platz!) Schäferhundverhalten* der Führungskraft. Es wurde durch ein an der Auftragstaktik orientiertes *Jagdhundverhalten* abgelöst, bei dem die Mitarbeiter_innen einen größeren Entscheidungsspielraum erhielten *(Apportiere das Wild!)*. In den siebziger und den achtziger Jahren gewann die teamorientierte *Huskyführung* an Bedeutung *(Lass uns gemeinsam den Schlitten ins Ziel bringen!)* bei der die Führungskraft auch operativ unterstützend tätig ist. Seit den *neunziger Jahren* werden selbstständige Mitarbeiter_innen im Sinne einer *Katzenführung* (*Die Katze kann selbst entscheiden wo, wann und wie die Maus gefangen wird*) delegativ geführt und *heute* sind *gestiefelte Kater* gefragt, die, wie im Märchen, immer wieder neue Problemlösungen entwickeln. (Wunderer 2003, S. 190ff.)

5. Literatur

Blake, Robert R./Mouton, Jane S. (1968): Corporate Excellence through Grid Organization Development. Houston, Texas: Gulf Publishing Co.

Hentze, Joachim/Kammel, Andreas/Lindert, Klaus/Graf, Andrea (2005):Personalführungslehre, 4. Aufl., Stuttgart: UTB/Haupt.

Hentze, Joachim/Kammel, Andreas (2001): Personalwirtschaftslehre 1. 7. Aufl., Stuttgart : UTB/Haupt.

House, Robert J./Mitchell, Terence R. (1974): Path-goal theory of leadership. In: Journal of Contemporary Business 9, H. 3: S. 1-97.Lewin, Kurt/Lippitt, Ronald/White, Ralph K. (1939): Patterns of Aggressive Behavior in Experimental Created Social Climates. In: Journal of Social Psychology 10, H. 2, S. 271-299.

Maslow, Abraham H. (1954/2016): Motivation and Personality. deutsch: Motivation und Persönlichkeit. 14. Aufl., Reinbeck: Rowohlt.

Odiorne, George S. (1967): Management by objectives : Führung durch Vorgabe von Zielen / George S. Odiorne. Aus d. amerikan. übertr. von Edgar W. Uherek. München: Verlag Moderne Industrie.

Reddin, William (1981): Das 3-D-Programm zur Leistungssteigerung des Managements = Managerial effectiveness. Aus d. amerikan. übers. von Ursel Reineke. Landsberg a.L. : Verlag Moderne Industrie

Reddin, William J. (1970): Managerial Effectiness. New York: McGraw Hill.

Reichard, Christoph (1987): Betriebswirtschaftslehre der öffentlichen Verwaltung. 2., völlig neubearb. u. erw. Aufl., Berlin/New York: de Gruyter.

Scholz, Christian (2000): Personalmanagement. 6., neubearb. und erw. Aufl., München: Vahlen.

Springer Gabler (Hrsg.) (o.J.a): Gabler Wirtschaftslexikon, Stichwort: Bedürfnishierarchie. wirtschaftslexikon.gabler.de/Archiv/77711/beduerfnishierarchie-v 6.html, 1.4.2017.

Springer Gabler (Hrsg.) (o.J.b): Gabler Wirtschaftslexikon, Stichwort: Managerial Grid. wirtschaftslexikon.gabler.de/Archiv/85866/managerial-grid-v 7.html, 1.4.2017.

Staehle, Wolfgang H./Conrad, Peter/Sydow, Jörg (2014): Management. 8. Aufl., München: Vahlen.

Steinmann, Horst/Schreyögg, Georg/Koch, Jochen (Hrsg.) (2013): Management. Grundlagen der Unternehmensführung. Konzepte – Funktionen – Fallstudien. 7., vollst. überarb. Aufl., Wiesbaden: Springer Gabler.

Vroom, Victor H. (1964): Work and Motivation. New York: Wiley.

Watzka, Klaus (2011): Zielvereinbarungen in Unternehmen. Grundlagen, Umsetzung, Rechtsfragen. Wiesbaden: Gabler.

Weber, Max: (1921): Wirtschaft und Gesellschaft. Grundriß der verstehenden Soziologie, Tübingen: Mohr.

Wunderer, Rolf (2003): Führung und Zusammenarbeit. 9. Aufl., Köln: Luchterhand.

Arbeitsrecht in der Sozialwirtschaft

Michael Kriegsmann

Die Einrichtungen der sozialen Arbeit und Sozialwirtschaft erbringen ihre Dienstleistungen auf dem Gebiet der Pflege, Versorgung, Behandlung und Betreuung von Kindern und alten Menschen, Pflegebedürftigen und kranken Menschen, behinderten Menschen und sozial Bedürftigen mithilfe *erwerbstätiger Mitarbeiter_innen.* Den rechtlichen Rahmen für die Beschäftigung dieser Mitarbeiter_innen setzt das *Arbeitsrecht.*

1. Das Arbeitsrecht – „Schutzrecht der Arbeitnehmer" oder: Für wen es gilt und wie es strukturiert ist

1.1 Der Arbeitnehmerbegriff

Das Arbeitsrecht regelt das Recht der abhängig erwerbstätigen Personen, der Arbeitnehmer_innen (AN). Die Anwendung seiner komplexen Regelungen, die vielen Arbeitgebern (AG) als bürokratische Beschränkung ihrer unternehmerischen Freiheit erscheinen, setzt also die *Arbeitnehmereigenschaft* des Dienstleisters voraus.

Beispiel: Die Befristung eines Vertrages unterliegt nur dann den Einschränkungen des TzBfG, wenn es sich um die befristete Einstellung eines/r AN handelt. Die Kündigung eines/r Mitarbeiter_in unterliegt nur dann der Schriftform, wenn der Beschäftigung ein Arbeitsverhältnis zu Grunde liegt. Urlaub kann nur beanspruchen, wer AN ist. Das MiLoG gilt nur für AN. Nur der/die AN hat Anspruch auf Entgeltfortzahlung im Krankheitsfall etc.

1.1.1 Legaldefinition: § 611a BGB

Erst seit Kurzem ist der Arbeitnehmerbegriff gesetzlich definiert. In § 611a BGB (Bürgerliches Gesetzbuch) findet sich seit dem 1.4.2016 folgende Begriffsbestimmung:

> „Arbeitnehmer ist, wer auf Grund eines privatrechtlichen Vertrags im Dienste eines anderen zur Leistung weisungsgebundener, fremdbestimmter Arbeit in persönlicher Abhängigkeit verpflichtet ist. Das Weisungsrecht kann Inhalt, Durchführung, Zeit, Dauer und Ort der Tätigkeit betreffen. Arbeitnehmer ist derjenige Mitarbeiter, der nicht im Wesentlichen frei seine Tätigkeit gestalten und seine Arbeitszeit bestimmen kann; der Grad der persönlichen Abhängigkeit hängt dabei auch von der Eigenart der jeweiligen Tätigkeit ab. Für die Feststellung der Arbeitnehmereigenschaft ist eine Gesamtbetrachtung aller Umstände vorzunehmen. Zeigt die tatsächliche Durchführung des Vertragsverhältnisses, dass es sich um ein Arbeitsverhältnis handelt, kommt es auf die Bezeichnung im Vertrag nicht an."

Mit dieser Definition übernimmt der Gesetzgeber die seit Jahrzehnten in der Rechtsprechung der Arbeit- und Sozialgerichte entwickelte Vorgabe, wonach bei der Abgrenzung zwischen selbstständiger und abhängiger Tätigkeit im Wesentlichen auf die Weisungsgebundenheit des/r Mitarbeiter_in abzustellen ist. Dabei ist bei der *„Gesamtbetrachtung aller Umstände"* umso eher von dem Vorliegen der AN-Eigenschaft auszugehen, je mehr die andere Vertragspartei dem/r Mitarbeiter_in vorgeben kann, wie, wo, wann und wie lange er/sie zu arbeiten hat (Bundesverfassungsgericht (BVerfG) 20.5.1996 – 1 BvR 21/96 = NZA 1996, 1063). Sind diese

Umstände hingegen vertraglich soweit festgelegt, dass Weisungen nicht mehr erteilt werden können, spricht dies u.U. für eine selbstständige Tätigkeit. Von Gewicht bei der Beurteilung des AN-Status ist außerdem der Grad der Eingliederung des/r Mitarbeiter_in in den Betrieb des Dienstgebers und das Vorhandensein eines unternehmerischen Risikos (siehe zuletzt: Bundesarbeitsgericht (BAG), Urteil vom 14.6.2016 – 9 AZR 305/15).

1.1.2 Exkurs: Begriff des „Beschäftigten" im Sozialversicherungsrecht, § 7 Abs. 1 SGB IV

*Die Qualifikation eines/r Mitarbeiter_in als AN führt nicht nur zur Anwendung des Arbeitsrechts auf das zugrunde liegende Vertragsverhältnis: Mit dem Begriff des/r AN korrespondiert vielmehr auch der sozialversicherungsrechtliche Begriff des Beschäftigten, § 7 Abs. 1 SGB IV (*Sozialgesetzbuch). *Danach ist Beschäftigung*

> „... die nichtselbstständige Arbeit, insbesondere in einem Arbeitsverhältnis. Anhaltspunkte für eine Beschäftigung ist eine Tätigkeit nach Weisungen und eine Eingliederung in die Arbeitsorganisation des Weisungsgebers."

Der sozialversicherungsrechtliche Begriff des/r Beschäftigten ist mithin weiter zu fassen, als der arbeitsrechtliche Begriff des/r AN („insbesondere in einem Arbeitsverhältnis"). Beschäftigte/r ist beispielsweise auch der/die Geschäftsführer_in einer GmbH – es sei denn, er/sie ist an der Gesellschaft maßgeblich beteiligt und hat so die Möglichkeit, Weisungen zu widersprechen. Es ist deswegen auch festzustellen, dass die sozialgerichtliche Rechtsprechung sehr viel eher geneigt ist, ein Beschäftigungsverhältnis anzunehmen, als die arbeitsgerichtliche Rechtsprechung gewillt ist, die AN-Eigenschaft zu bejahen.

Das Vorliegen eines sozialversicherungsrechtlichen Beschäftigungsverhältnisses hat weitreichende wirtschaftliche Konsequenzen: Es sind Sozialversicherungsbeiträge für die Renten-, Kranken- und Pflegeversicherung sowie für die Arbeitslosenversicherung abzuführen. Schuldner_in ist der/die Dienstgeber_in/Weisungsgeber_in, also nicht der/die Beschäftigte. Je nach Grad des Verschuldens (Vorsatz oder Fahrlässigkeit) können vom Sozialversicherungsträger Beiträge für 30 Jahre (!) oder 4 Jahre nachgefordert werden. Ein Rückgriff bei dem/r Beschäftigten ist praktisch ausgeschlossen.

Beachte: Bei Unsicherheiten über den Beschäftigtenstatus des/r Mitarbeiter_in besteht die Möglichkeit, ein Statusfeststellungsverfahren bei der sogenannten Clearingstelle der Deutschen Rentenversicherung (DRV) einzuleiten. Zwar sind mit der Einleitung eines solchen Verfahrens einige nicht unerhebliche Begünstigungen des/r Antragteller_in verbunden. Leider lehrt die Praxis aber, dass die Antragsverfahren sehr viel eher zu einer Feststellung eines Beschäftigtenverhältnisses führen, als die (alle vier Jahre durchzuführenden) regelmäßigen Betriebsprüfungen. Es bedarf daher im Einzelfall der intensiven Prüfung und unter Umständen fachanwaltlicher Beratung, ob das Risiko eingegangen werden soll, mit dem Antrag schlafende Hunde zu wecken oder lieber der kommenden Dinge zu harren.

1.1.3 Abgrenzung: Freier Dienstvertrag, Werkvertrag, ehrenamtliche Tätigkeit etc.

Nicht dem Arbeitsrecht unterworfen sind mithin freie Mitarbeiter_innen, die auf Grundlage eines Dienstvertrages tätig sind. Auch der- und diejenige, der einen Arbeitserfolg (Werk) schuldet, ist als Werkunternehmer_in kein AN. Übt allerdings der Empfänger der Werkleistung das Weisungsrecht hinsichtlich Durchführung, Inhalt, Zeit und Ort dieser Leistung aus, liegt rechtlich betrachtet ein Arbeitsverhältnis vor. Den zahlreichen Versuchen, die Anwendbarkeit des Arbeitsrechts durch abweichende Vertragsgestaltung zu umgehen, stellt die Rechtsprechung den nunmehr auch in § 611a BGB normierten Rechtssatz entgegen, dass es bei der Qualifikation des Vertragsverhältnisses nur in zweiter Linie auf die Bezeichnung ankommt. Maßgeblich ist, wie das Vertragsverhältnis „gelebt" wird.

Dieser Grundsatz gilt auch für den ehrenamtlich Tätigen: Die Ausübung eines Ehrenamts unterfällt dann nicht dem Arbeitsrecht, wenn die Tätigkeit erkennbar nicht zum Zwecke des Erwerbs übernommen wurde, sondern beispielsweise aufgrund der Mitgliedschaft in einer gemeinnützigen Einrichtung und zur Förderung eines gemeinnützigen Zweckes dient.

Auch die familiäre Mithilfe im Betrieb eines Familienmitglieds unterfällt dann nicht dem Arbeitsrecht, wenn sie in Erfüllung gesetzlicher Unterhaltspflichten oder aufgrund familiärer Nähe erfolgt. Der/die Beamt_in unterliegt zwar einer weitreichenden Weisungsbefugnis des Dienstherren, steht aber in einem öffentlich-rechtlichen Vertragsverhältnis und keinem Arbeitsverhältnis; er/sie schuldet nicht seine/ihre Arbeitskraft, sondern Treue.

1.2 Struktur und Systematik des Arbeitsrechts – die „Normenpyramide"

1.2.1 Rechtsquellen

Das Arbeitsrecht erscheint Außenstehenden als außerordentlich unübersichtliche Rechtsmaterie: Sie haben es nicht nur mit gesetzlichen Regelungen zu tun, die noch dazu in zahlreichen Einzelgesetzen zu finden sind. Nicht selten eine Rolle spielen auch Verfassungsrecht und Vorgaben der EU (Richtlinien). Zu berücksichtigen sind gegebenenfalls auch Tarifverträge und Betriebsvereinbarungen. Und dann gibt es da ja auch noch einen Arbeitsvertrag, an den sich die Arbeitsvertragsparteien halten sollen. Spätestens wenn sich feststellen lässt, dass sich die genannten Regelungen inhaltlich widersprechen, stellt sich die Frage nach deren Verhältnis zueinander.

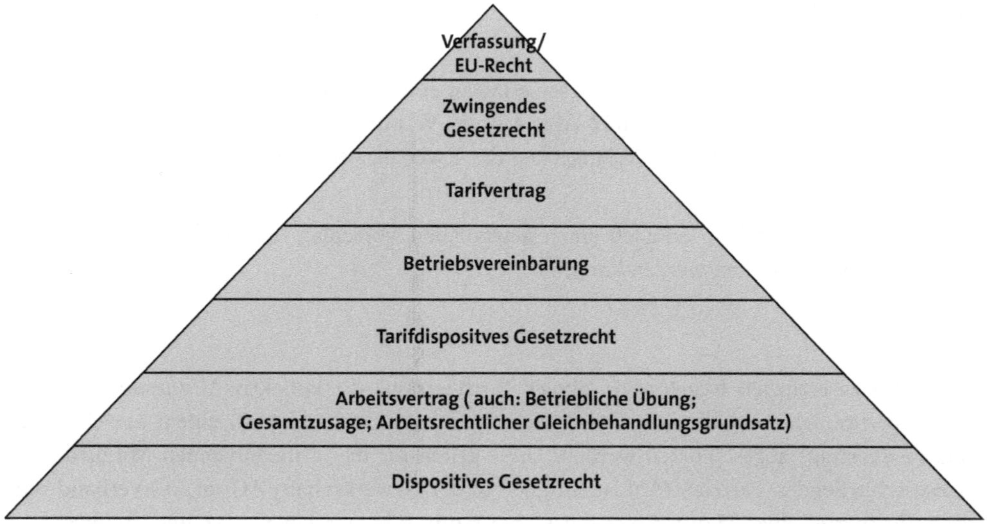

Abb. 1: Normenpyramide im Arbeitsrecht (eigene Darstellung)

a. Verfassung (Grundgesetz)/EU-Recht

Den allgemeinen Rahmen der Rechtsordnung setzt die Verfassung: Alle weiteren Rechtsquellen müssen sich in deren Rahmen bewegen. Dies gilt auch im Arbeitsrecht. Arbeitsrechtlich unmittelbar relevant ist insbesondere der die Koalitionsfreiheit regelnde Art. 9 Abs. 3 GG, aus dem unter anderem das nicht ausdrücklich normierte Streikrecht abgeleitet wird.

Auf der gleichen Ebene angesiedelt sind die EU-Richtlinien, die die Vorgaben für so bedeutende Regelungen wie beispielsweise das Befristungsrecht (TzBfG), das Arbeitszeitrecht (ArbZG) oder das allgemeine Gleichbehandlungsgesetz (AGG) gesetzt haben.

b. Gesetz

Das Arbeitsrecht kennt zahlreiche Einzelgesetze, in denen wesentliche Fragen wie das Zustandekommen des Arbeitsvertrages (BGB), die Reichweite des Direktionsrechts (Gewerbeordnung, GewO), der Urlaub (Bundesurlaubsgesetz), die Entgeltfortzahlung (EFZG), die Kündigung (KSchG), die Beteiligung des Betriebsrats (BR) Betriebsverfassungsgesetz (BetrVG) etc. geregelt sind. Der Versuch, ein *einheitliches Arbeitsgesetzbuch* zu schaffen, ist in den letzten Jahrzehnten ein ums andere Mal gescheitert.

Zu unterscheiden ist zwischen zwingenden Gesetzen, halbzwingenden/tarifdispositiven sowie dispositiven Gesetzen:

Von zwingenden Gesetzen darf durch nachrangige Regelungen nicht zuungunsten des/r AN abgewichen werden. Sie sind meist schon daran zu erkennen, dass sie ihren Schutzcharakter im Namen tragen (Kündigungsschutzgesetz, KSchG; Mutterschutzgesetz, MuSchG; Mindestlohngesetz, MiLoG) bzw. an ihrem offensichtlichen Schutzzweck. Im Zweifel hilft ein Blick in den Kommentar [1]

Halbzwingende oder tarifdispositive Gesetze lassen eine Abweichung auch zuungunsten des/r AN durch Tarifvertrag zu (z.B. § 622 Abs. 4 BGB: Verkürzung des gesetzlichen Kündigungsfristen; § 14 Abs. 1 S. 3 TzBfG: Verlängerung der Zweijahresfrist für sachgrundlose Befristungen).

Dispositive Gesetze stellen lediglich einen gesetzlichen Vorschlag dar, durch die auch in Arbeitsverträgen abgewichen werden kann.

c. Tarifvertrag

Neben den gesetzlichen Regelungen gibt es Tarifverträge, die kollektiv *Mindestarbeitsbedingungen* bestimmen, und die von Gewerkschaft und AG-Verband bzw. einem einzelnen AG (Haustarifvertrag) abgeschlossen werden. Diese gelten für die tarifgebundenen Mitglieder der vertragsschließenden Parteien (AN ist Mitglied in der Gewerkschaft; AG im AG-Verband oder selbst Tarifpartei eines Haustarifvertrages) *normativ*, d.h. wie ein Gesetz und *zwingend*, so dass von ihnen durch die Arbeitsvertragsparteien nur zugunsten des/r AN abgewichen werden kann (*Günstigkeitsprinzip*). Davon zu unterscheiden ist die – in der Praxis weitaus häufiger anzutreffende Konstellation, dass bei fehlender Tarifgebundenheit im Arbeitsvertrag auf einen Tarifvertrag Bezug genommen wird: Dann wirkt der in Bezug genommene Tarifvertrag nur *schuldrechtlich* zwischen den Parteien des Arbeitsvertrages, so dass dessen Bestimmungen auch einvernehmlich zum Nachteil des/r AN verändert werden können.

d. Betriebsvereinbarung/Dienstvereinbarung

Ebenfalls kollektiv, mithin für die gesamte Betriebsbelegschaft, gelten *Betriebsvereinbarungen*, die zwischen AG und BR abgeschlossen werden. Auch sie wirken *normativ* auf das Arbeitsverhältnis ein – bedürfen also keiner Umsetzung durch die Arbeitsvertragsparteien. Im Personalvertretungsrecht spricht man von Dienstvereinbarungen zwischen Personalrat (PR) und Dienstgeber. Das kirchliche Mitarbeitervertretungsrecht kennt die Dienstvereinbarung zwischen Mitarbeitervertretung und kirchlicher Einrichtung.

e. Arbeitsvertrag

Wesentliches Regelungsinstrument ist schließlich der Arbeitsvertrag zwischen AN und AG, der zu seiner Wirksamkeit keiner besonderen Form bedarf, also auch mündlich abgeschlossen werden kann. Allerdings hat der/die AN einen Anspruch auf Verschriftlichung der wesentlichen Arbeitsbedingungen (Nachweisgesetz, NachweisG).

In der Praxis begegnen sich Erzieher_innen, Krankenpfleger_innen, Sozialarbeiter_innen, Pflegekräfte, kurz: die in der sozialen Arbeit Erwerbstätigen und der AG, die Einrichtung, die die soziale Leistung organisiert, auf dieser arbeitsvertraglichen Ebene. Hier wird das Vertragsverhältnis angebahnt, hier werden die Bedingungen des Arbeitsverhältnisses konkret ausgehandelt und festgeschrieben und ausgestaltet. Sie bedarf daher einer näheren Betrachtung.

---

1 *Kommentare* bilden ein *Hilfsmittel* für die Erschließung der Bedeutung und die Auslegung von Gesetzen. Darüber hinaus geben sie eine Übersicht über die Streitstände und die Rechtsprechung zu den einzelnen Gesetzestexten. Standardwerk im Arbeitsrecht ist insofern der *Erfurter Kommentar zum Arbeitsrecht* (derzeit 17. Aufl., 2017).

2. Der Arbeitsvertrag – Anbahnung, Abschluss, Form und Inhalt

2.1 Anbahnung des Arbeitsverhältnisses

Um neue Mitarbeiter_innen zu gewinnen, bedient sich der AG üblicherweise einer Stellenausschreibung (via Annonce in der Presse oder im Internet). Zu beachten ist insofern, dass diese Stellenausschreibungen wie auch die anschließenden Bewerbungsverfahren diskriminierungsfrei verlaufen müssen. Es gilt insofern das AGG, das nicht unerhebliche Sanktionen (z.B. Entschädigungszahlung in Höhe von einem bis zu drei Bruttogehältern) für den Fall vorsieht, dass ein/e Bewerber_in wegen seines/ihres Alters, Rasse, Religion, sexuellen Ausrichtung, Geschlechts oder Behinderung benachteiligt worden sein sollte. Eine solche Benachteiligung wird gegenüber einem schwerbehinderten Menschen (Grad der Behinderung mindestens 50), beispielsweise bereits dann vermutet, wenn es der AG versäumt, die Agentur für Arbeit von einer vorhandenen freien Stelle in Kenntnis zu setzen (BAG, Urteil vom 17.8.2010 – 9 AZR 839/08). Eine Altersdiskriminierung ist nach der Rechtsprechung beispielsweise dann gegeben, wenn ein „Young professionell“ für ein „junges, dynamisches Team“ gesucht wird (BAG, Urteil vom 11.8.2016 – 8 AZR 406/14).

Im Bewerbungsgespräch wird dem AG daran gelegen sein, möglichst weitgehende Informationen über den/die zukünftige/n Mitarbeiter_in zu erhalten. Auf der anderen Seite wird der/die Bewerber_in nicht daran interessiert sein, sein/ihr Privatleben vor dem zukünftigen AG auszubreiten und diesen auch nicht unbedingt darüber in Kenntnis zu setzen, ob er/sie beispielsweise Gewerkschaftsmitglied ist, eine Schwerbehinderung vorliegt oder eine Schwangerschaft. Fragen sind deswegen nur dann zulässig, wenn sie mit der zu erbringenden Tätigkeit in unmittelbarem Zusammenhang stehen und Aufschluss über die Leistungsfähigkeit des/r AN geben können. Fragen hingegen, die diskriminierend sind oder den AN-Schutz unterminieren könnten, sind unzulässig. Da dem/r AN wenig damit gedient wäre, Antworten auf derartige Fragen zu verweigern, erkennt die Rechtsprechung ein *„Recht zur Lüge“* zu.[2]

Beantwortet hingegen ein/e AN eine zulässige Frage unrichtig (unterlässt ein/e zukünftige/r Kraftfahrer_in beispielsweise den Hinweis, dass er/sie gegenwärtig nicht über eine Fahrerlaubnis verfügt), kann der AG den Arbeitsvertrag anfechten und sich so von dem Arbeitsverhältnis lösen.

2.2 Form des Arbeitsvertrages

Der Arbeitsvertrag unterliegt keiner Formvorgabe. Er kann daher mündlich, aber auch durch schlüssiges Verhalten zustande kommen. Allerdings hat der/die AN einen Anspruch darauf, dass die wesentlichen Vertragsbedingungen verschriftlicht werden (NachweisG).

2.3 Inhalt des Arbeitsvertrages

Der Grundsatz der Vertragsfreiheit – es ist allein dem freien Willen der Vertragsparteien überlassen, was und worüber sie kontrahieren wollen – unterliegt im Arbeitsrecht aufgrund der

2 BVerfG, Beschluss vom 4.6.1985 – 2 BVR 1703/83; BAG, Urteil vom 18.11.1986 – 7 AZR 274/85.

strukturellen Unterlegenheit der Verhandlungsmacht des/r einzelnen AN einer ausdrücklichen gesetzlichen Relativierung: In § 105 GewO heißt es insofern, dass AG und AN *„Inhalt und Form des Arbeitsvertrages frei vereinbaren“* können, *„soweit nicht zwingende gesetzliche Vorschriften, Bestimmungen eines anwendbaren Tarifvertrages oder einer Betriebsvereinbarung entgegenstehen.“*

Beispiel: *Unzulässig wäre also eine vertragliche Verkürzung des Entgeltfortzahlungszeitraumes von sechs auf vier Wochen; unzulässig wäre die Verkürzung der Frist zur Erhebung einer Kündigungsschutzklage von drei auf zwei Wochen; unwirksam wäre auch eine arbeitsvertragliche Klausel, die dem/r Mitarbeiter_in die Mitgliedschaft in der Gewerkschaft untersagt; unzulässig wäre es auch (selbst in einer kirchlichen Einrichtung), von einer Reinigungskraft den Beitritt zu einer Religionsgemeinschaft zu verlangen, etc (*BAG, Urteil vom 29.6.2016 – 5 AZR 716/15).

Ein besonderes Korrektiv ergibt sich aus der sogenannten „AGB-Kontrolle“ (AGB: Allgemeine Geschäftsbedingungen) der §§ 305-310 BGB. Danach sind Klauseln in Arbeitsverträgen, die von einer Vertragspartei vorformuliert worden sind, unwirksam, wenn sie überraschend und mehrdeutig bzw. nicht klar und verständlich sind. Auch solche arbeitsvertraglichen Regelungen, die eine *„unangemessene Benachteiligung*“ dadurch erhalten, dass sie von wesentlichen Grundgedanken der gesetzlichen Regelung abweichen, sind unwirksam.

Eine solche Unwirksamkeit fällt besonders deswegen ins Gewicht, weil die Rechtsprechung dem Klauselverwender untersagt, sich auf die unwirksame Klausel zu berufen, es der anderen Vertragspartei – dem/r AN – aber gestattet, diese Klausel zu seinem/ihrem Vorteil zu reklamieren.

Beispiel: *Ist eine arbeitsvertragliche Ausschlussklausel, die die Vertragsparteien anhält, ihre Ansprüche gegeneinander zur Vermeidung eines Verfalls innerhalb einer vereinbarten Frist geltend zu machen, zu kurz bemessen (sie muss nach der Rechtsprechung mindestens drei Monate betragen), kann sich nur der/die AN auf deren Unwirksamkeit berufen, nicht aber der AG. Der/die AN könnte mithin beispielsweise Überstundenansprüche bis zur Verjährungsfrist (drei Jahre zum Jahresende) nachfordern; dem AG hingegen könnte einem etwaigen Schadensersatzanspruch oder einem Rückforderungsanspruch von überzahltem Lohn die verkürzte Verfallsfrist wirksam entgegengehalten werden.*

Beachte: Bei der Ausgestaltung von Arbeitsverträgen ist daher hohe Sorgfalt geboten. Die häufig anzutreffende Praxis gerade kleinerer Einrichtungen, sich eines Musterarbeitsvertrages (z.B. aus dem Internet) zu bedienen, kann im Zweifel- und Streitfall zu erheblichen Problemen führen – und für den AG teuer werden!

3. Hauptpflichten im Arbeitsverhältnis

3.1 Ohne Arbeit kein Lohn

Die Hauptpflichten des Arbeitsverhältnisses benennt § 611 BGB: Danach ist der/die AN *„zur Leistung der versprochenen Dienste“* verpflichtet, der AG *„zur Gewährung der vereinbarten Vergütung“*. Es gilt der Grundsatz: *„Ohne Arbeit kein Lohn“*.

3.1.1 Arbeitsleistung

Die Arbeitsleistung wird nach Inhalt, Ort und Zeit im Arbeitsvertrag üblicherweise nur grob bestimmt. Soweit der Arbeitsvertrag überhaupt eine Tätigkeitsbestimmung enthält – je einfacher die Tätigkeit, desto allgemeiner die Bezeichnung (wird eingestellt „als Hilfsarbeiter“, „als gewerblicher AN“, „als Produktionsarbeiterin“), finden sich dort berufsbildartige Bezeichnungen, wonach der/die Mitarbeiter_in „als Erzieher“ oder „als Pflegefachkraft“ beschäftigt wird. In diesem Falle ist der Tätigkeitsbereich immerhin seinem Rahmen nach bestimmt.

Ähnlich verhält es sich mit dem Ort der Arbeitsleistung. Meist heißt es im Arbeitsvertrag, dass der Mitarbeiter „in Hamburg“ oder „im Großraum Frankfurt“ beschäftigt wird.

Die Arbeitszeit wird üblicherweise nur nach ihrem wöchentlichen Umfang festgelegt („40 Stunden/Woche“), nicht aber nach ihrer zeitlichen Lage.

Diesen Rahmen in inhaltlicher, örtlicher und zeitlicher Hinsicht auszufüllen, obliegt dem AG durch die Wahrnehmung seines *Direktionsrechts*: Nach § 106 GewO kann der AG *„Inhalt, Ort und Zeit der Arbeitsleistung nach billigem Ermessen näher bestimmen“* und hat sich insofern lediglich an die Vorgabe der Gesetze, einer Betriebsvereinbarung oder eines anwendbaren Tarifvertrages zu halten.

Das Direktionsrecht oder Weisungsrecht des AG ist – wie bereits dargelegt – das wesentliche Charakteristikum eines Arbeitsvertrages. Es stellt die rechtliche Grundlage für die Verfügung des AG über die „eingekaufte“ Dienstleistung dar. Wie, wann und wo gearbeitet wird, unterliegt also – im vorgenannten Rahmen – den Vorgaben durch den AG. Er hat dabei allerdings nach *„billigem Ermessen“* zu verfahren. Dies bedeutet beispielsweise, dass er bei der Festlegung der täglichen Arbeitszeit zu berücksichtigen hat, ob die alleinstehende Mutter ihr Kleinkind schon um 7:00 Uhr in der Kita abgeben kann oder erst um 8:00 Uhr. Stehen mehrere Einsatzorte zur Auswahl, müssen die Wegezeiten des/r AN Berücksichtigung finden. Kann der/die AN bei der Ausübung seiner Arbeitsleistung in Gewissensnöte geraten (Weisung des Alkoholausschanks durch den gläubigen Muslim auf Betriebsfeier), muss diese Weisung unterbleiben.

Beachte: Darüber hinaus ist die Freiheit des Direktionsrechts des AG in kollektivrechtlicher Hinsicht durch die Mitbestimmungsrechte des BR, des PRs sowie Arbeitervertretung beschränkt!

3.1.2 Sonderformen der Arbeit

„Überstunden“ leistet der/die AN, wenn er/sie über die vertraglich vereinbarte Arbeitszeit hinaus tätig wird. Zur Leistung von Überstunden ist der/die AN nur verpflichtet, wenn dies vertraglich vereinbart ist.

Von *„Mehrarbeit“* spricht man üblicherweise dann, wenn die Vorgaben des ArbZG überschritten werden sollen. Häufig werden die Begrifflichkeiten allerdings auch synonym verwendet.

Auch zur Leistung von Schichtarbeit, Nachtarbeit, Sonn- und Feiertagsarbeit ist der/die AN nur bei entsprechender vertraglicher Vereinbarung verpflichtet.

Dies gilt auch für die Leistung von Bereitschaftsdiensten und Rufbereitschaft.

3.2 Gehalt/Lohn und ihre besonderen Formen

3.2.1 Höhe der Vergütung

Erst seit dem Inkrafttreten des MiLoG zum 1.1.2015 gibt es eine gesetzliche Untergrenze der Lohnhöhe. Sie liegt derzeit bei 8,84 € und darf nur durch gesetzlich vorgesehene Ausnahmen (z.B. Pflegearbeitsbedingungsverordnung, allgemeinverbindliche Tarifverträge) unterschritten werden.

Abgesehen davon unterliegt die Höhe der Vergütung dem Verhandlungsgeschick der Vertragsparteien. Dort, wo Tarifverträge (zwingend) gelten, regeln diese die Lohnuntergrenzen.

3.2.2 Besondere Formen der Vergütung

Gerade die Sonderformen der Arbeit (Überstunden, Schichtarbeit, Nachtarbeit etc.) werden üblicherweise durch Zulagen entgolten. Auch diese sind – bis auf eine Ausnahme: Nachtarbeitsausgleich gemäß § 6 Abs. 5 ArbZG – nicht gesetzlich geregelt. Werden also Überstunden geleistet und es besteht keine vertragliche Regelung einer zusätzlichen Vergütung dieser Überstunden über den Grundlohn hinaus, besteht auch kein Anspruch auf Zahlung einer solchen Zulage.

3.2.3 Exkurs: Bereitschaftsdienst und Rufbereitschaft

Besondere Probleme bereitet die Frage, wie Bereitschaftsdienst und Rufbereitschaft vergütungsrechtlich zu behandeln sind. Diese beiden Sonderformen der Arbeit sind dadurch gekennzeichnet, dass der/die AN während dieser Zeit keine Vollarbeit leistet. Er wartet vielmehr – möglicherweise auch ruhend oder schlafend – auf den Abruf seiner Tätigkeit. Um Bereitschaftsdienst handelt es sich dann, wenn er sich in dieser Wartezeit an einem Ort befindet, der ihm von seinem AG angewiesen worden ist. Hält er sich dagegen zu Hause oder an einem Ort seiner Wahl auf, handelt es sich bei dieser Ruhenszeit um Rufbereitschaft.

Während für geleistete Arbeitszeit im Bereitschaftsdienst das MiLoG gilt (BAG, Urteil vom 9.12.2015 – 10 AZR 156/15), eine Stunde Bereitschaftsdienst mit mindestens 8,84 € vergütet werden muss, gilt diese Vorgabe für die Rufbereitschaft nicht. Die geleistete Rufbereitschaft muss lediglich „angemessen“ vergütet werden, üblicherweise mit einem Prozentsatz von 10–25% der Vollarbeit.

Neben dem Zeitlohn (Zahlung des Entgelts nach Zeitabschnitten: Stunden, Wochen- oder Monatslohn) verdient der Prämienlohn als besondere Form der Leistungsentlohnung Erwähnung. In der Praxis meist als Zulage zum Zeitlohn gewährt, tritt diese Lohnform als besonderer Anreiz zu einem bestimmten Leistungserfolg hinzu. Als Bezugsgröße kommt die Umsatzentwicklung ebenso in Betracht, wie die Kundenzufriedenheit und oder die Auftragsentwicklung.

Vom echten Prämienlohn zu unterscheiden ist die Pünktlichkeit- oder Anwesenheitsprämie, mit der nicht die Arbeitsleistung belohnt, sondern Fehlzeiten reduziert werden sollen.

4. Ausnahmen vom Grundsatz: „Ohne Arbeit kein Lohn" – Urlaub, Krankheit, vorübergehende Verhinderung

4.1 Urlaub

Der/die AN hat Anspruch auf bezahlten Erholungsurlaub. Dieser beträgt bei einer 5-Tage-Arbeitswoche 20 Urlaubstage. Durch Arbeitsvertrag oder Tarifvertrag kann ein Mehrurlaubsanspruch vereinbart werden.

Der Urlaub muss im laufenden Kalenderjahr gewährt und genommen werden. Eine Übertragung des Urlaubs auf das nächste Kalenderjahr kann aus betrieblichen Gründen vereinbart werden. Der gesetzliche Mindesturlaub verfällt aber spätestens am 31.03. des folgenden Kalenderjahres. Einzelarbeitsvertraglich und tarifvertraglich kann ein längerer Zeitraum vereinbart werden.

Nur dann, wenn der Urlaub aus Krankheitsgründen nicht genommen werden konnte, erfolgt eine Übertragung über diesen Zeitpunkt hinaus (höchstens jedoch 15 Monate zum Ende des Kalenderjahres) (siehe hierzu: Erfurter Kommentar, § 7 BurlG (Bundesurlaubsgesetz), Gallner, Randnummer (Rdnr.) 50f., S. 51). Endet das Arbeitsverhältnis und kann der Urlaub nicht in natura gewährt und genommen werden, wandelt er sich in einen Abgeltungsanspruch.

Der Urlaubsanspruch entsteht erstmals nach sechs Monaten. Scheidet der/die AN vorher aus dem Arbeitsverhältnis aus, wird der Urlaubsanspruch gezwölftelt. Erfolgt der Austritt aus dem Arbeitsverhältnis nach Ablauf der 6-monatigen Wartezeit und in der 2. Hälfte des Kalenderjahres, entsteht der volle Anspruch auf den (Mindest-)Urlaub.

4.2 Krankheit

Im Falle der Arbeitsunfähigkeit kann der/die AN seine Arbeitsleistung nicht erbringen und behält gleichwohl für den Zeitraum von sechs Wochen seinen Entgeltfortzahlungsanspruch. Die Höhe des Entgeltfortzahlungsanspruchs richtet sich nach dem Durchschnittsverdienst der letzten 13 Wochen (ohne Überstunden, inklusive Zulagen).

Erstreckt sich die Arbeitsunfähigkeit über einen längeren Zeitraum als sechs Wochen, erhält der/die AN Krankengeld von der Krankenkasse in Höhe von 70% des letzten Nettoentgelts bzw. 90 % des letzten Bruttoentgeltes.

Der/die AN ist verpflichtet, die Arbeitsunfähigkeit unverzüglich anzuzeigen. Dies kann mündlich, in Textform oder schriftlich erfolgen. Darüber hinaus hat er innerhalb von drei Tagen die Arbeitsunfähigkeitsbescheinigung vorzulegen. Der AG ist berechtigt, die AU-Bescheinigung auch schon am ersten Tag der Erkrankung zu verlangen.

Der Entgeltfortzahlungsanspruch entsteht erstmals nach vierwöchiger ununterbrochener Dauer des Arbeitsverhältnisses. Er endet mit Ablauf des Arbeitsverhältnisses.

4.3 Vorübergehende Verhinderung, § 616 BGB

Ist der/die AN an der Erbringung der Arbeitsleistung für kurze Zeit aus einem anderen Grund als der Arbeitsunfähigkeit verhindert, ohne dass ihn an der Verhinderung ein Verschulden trifft, behält er/sie ebenfalls den Vergütungsanspruch, § 616 BGB. Solche persönlichen Leistungshindernisse können sein:

- die eigene Hochzeit,
- Begräbnisse im engen Familienkreis,
- persönliche Unglücksfälle wie Einbruch, Brand und verschuldete Verkehrsunfälle etc.

Auch die Pflege naher Angehöriger kann einen Vergütungsanspruch nach § 616 BGB auslösen. Dies gilt grundsätzlich für Kinder bis zum 12. Lebensjahr. Das Pflegezeitgesetz gibt darüber hinaus einen Freistellungsanspruch für einen längeren Zeitraum – allerdings ohne Vergütungsfortzahlung.

4.4 Vergütung bei Annahmeverzug und bei Betriebsrisiko

4.4.1 Annahmeverzug

Nimmt der AG unberechtigterweise die Arbeitsleistung nicht an, gerät er in Annahmeverzug. Der/die AN kann also dann den Lohn gleichwohl verlangen und muss sich nur das anrechnen lassen, was er/sie zwischenzeitlich (während der Nichtarbeit) verdient.

Beim Hauptanwendungsfall des Annahmeverzugs – dem Ausspruch einer unwirksamen Kündigung – bedarf es noch nicht einmal eines Angebots vonseiten des/r AN, um den Vergütungsanspruch entstehen zu lassen: Voraussetzung ist insofern nur, dass der/die AN leistungswillig und leistungsfähig ist. Letzteres ist beispielsweise bei einem/r Kraftfahrer_in, der/die über keine Fahrerlaubnis mehr verfügt, nicht der Fall. Der Leistungswille hingegen ist nicht dadurch infrage gestellt, dass der/die AN einen Rentenantrag wegen Berufs- oder Erwerbsunfähigkeit gestellt hat.[3]

Der Vergütungsanspruch des/r AN mindert sich allerdings, wenn ihm der AG während des Kündigungsrechtsstreits eine anderweitige, zumutbare Beschäftigung angeboten hat und der/die AN diese ablehnt: Er/Sie muss sich dann anrechnen lassen, was er/sie insofern zu verdienen böswillig unterlassen hat.

4.4.2 Betriebsrisiko

Der AG trägt schließlich das Betriebs- und Wirtschaftsrisiko: Kann der/die Mitarbeiter_in nicht beschäftigt werden, weil im Betrieb der Strom ausfällt oder die zu betreuenden Klienten wegen eines Verkehrsstaus nicht in der Einrichtung erscheinen, bleibt der Vergütungsanspruch gleichwohl erhalten.

3 Strittig: siehe Erfurter Kommentar, Preis, § 615, Rdnr. 46, 47.

4.5 Weitere Nebenpflichten und die Folgen ihrer Verletzung

4.5.1 Fürsorgepflicht des AG

Der AG hat den Arbeitsablauf so zu gestalten, dass Gefährdungen des/r AN an Leib, Leben und Gesundheit ausgeschlossen werden. Verstößt der AG gegen die diesbezüglich bezüglichen gesetzlichen Regelungen (Arbeitsstättenverordnung, Arbeitsschutzgesetz, Arbeitssicherheitsgesetz etc.), hat der/die AN die Möglichkeit, die Leistung unter Aufrechterhaltung des Vergütungsanspruchs zu verweigern.

4.5.2 Treuepflicht des/r AN

Der/die AN hat darauf zu achten, dass die Arbeitsmittel, an denen er/sie tätig wird, nicht beschädigt werden. Er hat darüber hinaus auch die Verpflichtung, den Betriebsfrieden und die Geschäftsinteressen des AG zu wahren. So darf er/sie beispielsweise dem eigenen AG nicht dadurch Konkurrenz machen, dass er auf demselben Gebiet einen eigenen Geschäftsbetrieb eröffnet oder aber für ein konkurrierendes Unternehmen tätig wird.

Kommen AN bei Ausführung ihrer betrieblichen Tätigkeit gesundheitlich zu Schaden, greifen die Sondervorschriften der gesetzlichen Unfallversicherung: Um den betrieblichen Ablauf und den Betriebsfrieden nicht durch Streitigkeiten über den Ausgleich von Personenschaden zu belasten, ordnen die Regelungen des SGB VII an, dass der Schädiger nur bei Vorsatz haften muss. Fahrlässig verursachte Personenschaden werden daher durch die gesetzliche Unfallversicherung reguliert. Ein Rückgriff auf den/die Schädiger_in erfolgt nicht.

4.6 Eingeschränkte AN-Haftung und innerbetrieblicher Schadensausgleich

Der/die AN hat sich im Betrieb an Arbeitsmitteln, die im Eigentum des AG stehen, zu betätigen. Hierbei bleiben Schäden nicht aus. Da der Umgang mit dem Betriebsmitteln im Interesse und im Auftrag des AG erfolgt, hat die Rechtsprechung daher eine Haftungsprivilegierung der AN entwickelt: Verursachen diese im Betrieb einen Schaden, haften sie bei leichter Fahrlässigkeit nicht, bei mittlerer Fahrlässigkeit anteilig und nur bei grober Fahrlässigkeit vollständig – wobei auch im letzteren Fall die Haftung der Höhe nach meist (abhängig von der Schadenshöhe: auf ein mehrfaches Bruttogehalt) beschränkt wird.

Problematisch bleibt allerdings der Fall, dass der/die AN Eigentum eines Kunden oder fremden Unternehmens bei Ausführung seiner/ihrer Tätigkeit beschädigt. Dann sieht sich der/die AN einem Schadensersatzanspruch eines/r Dritten ausgesetzt, für den er in vollem Umfang verantwortlich ist. Für diesen Fall gewährt die Rechtsprechung dem/r AN zwar einen Freistellungsanspruch: Der Schaden muss also vom AG übernommen und gegenüber dem geschädigten Dritten erstattet werden. Dieser Freistellungsanspruch greift allerdings dann ins Leere, wenn der AG leistungsunfähig bzw. insolvent ist: Dann bleibt die Außenhaftung des/r AN gegenüber dem geschädigten Dritten erhalten. Hier kann nur eine betriebliche Haftpflichtversicherung schützen.

5. Die Beendigung des Arbeitsverhältnisses durch Kündigung, Befristung oder Aufhebungsvertrag

Hauptschauplatz arbeitsrechtlicher Auseinandersetzungen ist das Feld der Beendigung des Arbeitsverhältnisse.[4] Da dem/r Mitarbeiter_in mit Wegfall des Beschäftigungsverhältnisses seine/ihre Erwerbsquelle genommen wird, unterliegt die Beendigung des Arbeitsverhältnisses durch den AG zahlreichen formellen und materiellen Schranken.

5.1 Kündigung

5.1.1 Form der Kündigungserklärung

Um Rechtssicherheit zu schaffen und die Vertragsparteien vor übereilten Erklärungen hinsichtlich des Bestandes des Arbeitsverhältnisses zu bewahren, gilt bei Ausspruch einer Kündigung des Arbeitsverhältnisses das Schriftformgebot: Danach ist eine Kündigung nur dann wirksam, wenn sie dem/r Erklärungsempfänger_in als verkörperte Willenserklärung versehen mit der Unterschrift des Kündigenden zugeht. Nicht ausreichend zur Einhaltung des Formgebots ist mithin ein Faxschreiben, eine SMS, eine E-Mail, eine Fotokopie des Originals etc..[5]

Den Zugang der Erklärung hat der/die Kündigende zu beweisen: Er/Sie tut also gut daran, dafür zu sorgen, dass die Kündigungserklärung an den/die Empfänger_in persönlich oder per Boten ausgehändigt wird. Jede andere Form der Übermittlung des Kündigungsschreibens birgt für den/die Kündigenden, den Zugang der Kündigung im Streitfall nicht nachweisen zu können.

Die Erklärung selbst muss so eindeutig gefasst werden, dass Zweifel am Sinngehalt der Erklärung ausgeschlossen sind. Es muss auch deutlich gemacht werden, ob eine ordentliche, fristgemäße Kündigung beabsichtigt ist oder eine fristlose, außerordentliche Kündigung. Wird in dem Kündigungsschreiben lediglich eine Frist für die Beendigung des Arbeitsverhältnisses genannt (*„Hiermit kündigen wir das Arbeitsverhältnis zum 31.12.2017“*), wäre diese Kündigungserklärung unwirksam, da insofern die Frist falsch berechnet ist. Eine Kündigungserklärung sollte also immer auch den Hinweis enthalten, ob sie ordentlich bzw. fristgemäß, *„hilfsweise zum nächst zulässigen Datum“*, oder außerordentlich bzw. fristlos erfolgt.

Beachte: Das Kündigungsschreiben muss die Gründe für die Beendigung des Arbeitsverhältnisses nicht nennen. (Und zur Vermeidung von Fehlern ist hiervon auch dringend abzuraten!) (BAG, Urteil vom 23.7.2014 – 6 AZR 457/14). Von diesem Grundsatz gibt es allerdings zwei Ausnahmen: Im Falle der außerordentlichen Kündigung einer werdenden Mutter müssen alle Gründe, aufgrund derer die Kündigung ausgesprochen wird, bereits im Kündigungsschreiben vollständig aufgeführt werden. Gleiches gilt für die außerordentliche Kündigung eines Auszubildenden nach Ablauf der Probezeit.

4 Nach einer Statistik des Bundesministerium für Arbeit und Soziales (BMAS) (Ergebnisse der Statistik der Arbeitsgerichtsbarkeit 2015) waren bei den deutschen Arbeitsgerichten im Jahre 2015 479.795 Klagen anhängig. Davon betrafen 204.498 Bestandsschutzstreitigkeiten; 143.217 Streitigkeiten betrafen Zahlungsklagen.

5 § 623 BGB lautet: *„Die Beendigung von Arbeitsverhältnissen durch Kündigung oder Auflösungsvertrag bedarf zu ihrer Wirksamkeit der Schriftform; die elektronische Form ist ausgeschlossen“.*

5.1.2 Materielles Kündigungsrecht

a. Freie Kündigung

Arbeitsverhältnisse, die nicht unter das KSchG fallen (dieses gilt nur für AN in Betrieben mit mehr als zehn Mitarbeitern und Ablauf der Wartefrist von sechs Monaten), können jederzeit frei unter Beachtung der Kündigungsfrist gekündigt werden. Dieses freie Kündigungsrecht ist lediglich beschränkt durch das Verbot sittenwidriger, offen sozialwidriger oder diskriminierender Kündigungen (keine Kündigung wegen des Alters!) (BAG, Urteil vom 23.7.2014 – 6 AZR 457/14). Unwirksam wäre auch eine Kündigung, die gegen Treu und Glauben verstößt oder zur Unzeit erfolgt (wobei die Übergabe eines Kündigungsschreibens am Heiligen Abend eine „Ungehörigkeit“ der Kündigung nicht begründet) (BAG, Urteil vom 14.11.1984 – 4 AZR 174/83).

b. Allgemeiner Kündigungsschutz

Im Anwendungsbereich des KSchG ist eine Kündigung dagegen nur dann wirksam, wenn sie sozial gerechtfertigt, d.h. auf betriebsbedingten, personenbedingten oder verhaltensbedingten Gründen beruht.

aa. betriebsbedingte Gründe

Eine Kündigung ist dann aus betriebsbedingten Gründen gerechtfertigt, wenn die Beschäftigungsmöglichkeit aufgrund einer unternehmerischen Entscheidung wegfällt. Führt die Einführung einer neuen Bürosoftware beispielsweise dazu, dass die Buchhaltung ihre Leistung in deutlich kürzerer Arbeitszeit erbringen kann, bestünde die Möglichkeit, eine Kündigung auszusprechen, sofern die verbleibenden Mitarbeiter die nunmehr erforderliche Arbeitsleistung ohne Überstunden erbringen können. Dabei ist allerdings zu überprüfen, ob dem/r zu kündigenden AN nicht eine anderweitige, vertragsgemäße Beschäftigung in Betrieb zur Verfügung gestellt werden kann. Schließlich muss der-/diejenige AN ausgewählt werden, der/die sozial am wenigsten schutzwürdig ist: Dabei kommt es auf das Lebensalter, die Betriebszugehörigkeit, den Familienstand (Unterhaltspflichten etc.) sowie die Schwerbehinderteneigenschaft der *vergleichbaren* AN an. Im Beispielsfall wären mithin nur die Mitarbeiter_innen der Buchhaltung in den Vergleich miteinzubeziehen.

bb. personenbedingte Gründe

Auch Gründe in der Person des/r AN können eine Kündigung rechtfertigen, wenn der/die AN aufgrund persönlicher Fähigkeiten, Eigenschaften oder nicht vorwerfbarer Einstellungen nicht mehr in der Lage ist, seine vertraglich geschuldete Leistung zu erbringen. Paradefall ist die krankheitsbedingte Kündigung. Hier unterscheidet man Kündigungen wegen Langzeiterkrankungen, häufiger Kurzzeiterkrankungen oder krankheitsbedingter Leistungseinschränkungen. Die von der Rechtsprechung gesetzten Hürden für die Wirksamkeit einer solchen Kündigung sind hoch: Dem AG wird abverlangt, dass er im Streitfall nachweisen muss, dass mit Störungen des Arbeitsverhältnisses aufgrund der Erkrankungen des/r AN auch in der Zukunft gerechnet werden muss (*negative Prognose*). Darüber hinaus muss er erhebliche betriebliche Beeinträchtigungen durch die Erkrankung darlegen und beweisen. Schließlich kann eine krankheitsbedingte Kündigung nur dann sozial gerechtfertigt sein, wenn es in einer weiteren Beschäftigungsmöglichkeit fehlt. Ist also ein freier und vergleichbarer Arbeitsplatz vorhanden, muss dem/r AN dieser angeboten werden.

cc. verhaltensbedingte Gründe

Schließlich kann eine Kündigung gerechtfertigt sein, wenn der/die AN gegen arbeitsvertragliche Pflichten in vorwerfbarer Weise verstoßen hat. Voraussetzung ist zum einen, dass ein Pflichtenverstoß von nicht nur unerheblichem Gewicht vorliegt und dass damit zu rechnen ist, dass der Vertrag auch in Zukunft durch ein solches Verhalten gestört werden könnte (*negative Prognose*). Letztere Voraussetzung ist in der Regel nur dann erfüllt, wenn der/die AN vor Ausspruch der Kündigung für einen ähnlichen Pflichtenverstoß (Wesensgleichheit) abgemahnt worden ist. Eine solche Abmahnung ist an keine Form und keine Fristen gebunden; sie sollte aber schriftlich und möglichst zeitnah zum gerügten Verstoß erfolgen. Im Rahmen der Verhältnismäßigkeitsprüfung wird schließlich eine Abwägung zwischen dem Interesse des AG an der Beendigung des Arbeitsverhältnisses und dem Interesse des/r AN an dessen Fortsetzung durchgeführt. Dabei spielt insbesondere die Dauer des beanstandungsfreien Bestands des Arbeitsverhältnisses eine wesentliche Rolle.

c. besonderer Kündigungsschutz

Daneben besteht ein besonderer Kündigungsschutz für bestimmte Personengruppen und Funktionsträger: Werdenden Müttern kann nur außerordentlich bei Vorliegen eines wichtigen Grundes und der Zustimmung des Amtes für Mutterschutz gekündigt werden (MuSchG). Ähnliches gilt für die gewählten AN-Vertreter im Betrieb: Auch diesen kann während ihrer Amtszeit nur außerordentlich und unter Zustimmung der AN-Vertretung (Betriebsrat, PR, Mitarbeitervertretung) gekündigt werden. Die Kündigung eines schwerbehinderten Menschen bedarf der Zustimmung des Integrationsamts. Besonderen Kündigungsschutz können auch der Datenschutzbeauftragte und Abfallbeauftragte für sich in Anspruch nehmen.

d. Änderungskündigung

Eine Sonderform der Kündigung stellt die Änderungskündigung dar: Sie hat den Zweck, nicht das Arbeitsverhältnis als Ganzes zu beenden, sondern lediglich Arbeitsbedingungen zu modifizieren. Es handelt sich dabei um den Ausspruch einer Beendigungskündigung verbunden mit dem vertraglichen Angebot, das Arbeitsverhältnis nach Ablauf der Kündigungsfrist zu den geänderten Arbeitsbedingungen fortzusetzen. Eine solche Änderungskündigung kommt beispielsweise dann infrage, wenn der AG eine Anweisung umsetzen will, die den Rahmen seines Direktionsrechts überschreitet: Will er den als Buchhalter eingestellten Mitarbeiter zukünftig im Einkauf einsetzen, kann er dies einseitig nur über die Änderungskündigung durchsetzen. Die Änderungskündigung ist dabei in formeller und materieller Hinsicht an die gleichen Voraussetzungen gebunden wie eine Beendigungskündigung. Auf das mit ihr verbundene Angebot kann der/die AN in dreierlei Weise reagieren: Er nimmt das Angebot an; damit ist die Sache erledigt. Er nimmt das Angebot unter Vorbehalt an und lässt im Wege einer Änderungsschutzklage prüfen, ob die Änderung der Arbeitsbedingungen sozial gerechtfertigt ist. Oder aber er lehnt das Angebot ab und erhebt Klage gegen die Beendigung des Arbeitsverhältnisses. – Selbstverständlich kann der/die AN es auch geschehen lassen, die Angebotsfrist verstreichen lassen und die Beendigung des Arbeitsverhältnisses akzeptieren.

Wichtigster Anwendungsfall der Änderungskündigung ist die Konstellation, dass der bisherige Arbeitsplatz wegfällt, aber ein anderer mit schlechteren Konditionen verbundener Arbeitsplatz vorhanden ist: In diesem Fall darf der AG keine Beendigungskündigung aussprechen, sondern muss – als milderes Mittel – die Änderungskündigung anbieten (BAG, Urteil vom 20.8.1998 – 2 AZR 84/98).

5.1.3 Beteiligung von Betriebsrat/Personalrat/Mitarbeitervertretung

Vor Ausspruch einer jeden Kündigung durch den AG muss die im Betrieb vorhandene Mitarbeitervertretung beteiligt werden.

Existiert ein Betriebsrat, muss dieser *angehört* werden. Dies bedeutet, dass er vor Ausspruch der Kündigung über die Person des zu kündigenden AN, dessen Sozialdaten sowie die Kündigungsgründe informiert werden muss. Die Anhörung ist zwar an keine Form gebunden, sollte aber zu Beweissicherungszwecken schriftlich erfolgen. Bei einer ordentlichen Kündigung hat der BR eine Stellungnahmefrist von einer Woche, bei einer außerordentlichen Kündigung von drei Tagen. Dies bedeutet, dass eine Kündigung nur dann vor Ablauf der Stellungnahmefrist ausgesprochen werden darf, wenn sich der BR vorher abschließend geäußert hat. Eine Kündigung ohne (ordnungsgemäße) Anhörung des BR ist unwirksam.

Dem PR und der Mitarbeitervertretung stehen bei Ausspruch einer Kündigung noch weitergehende Beteiligungsrechte insofern zu, als dass das Personalvertretungsgesetz des Bundes und der Länder sowie das Mitarbeitervertretungsgesetz bzw. die Mitarbeitervertretungsordnung die Wirksamkeit der Kündigung von der *Zustimmung* des PR bzw. der MAV abhängig machen.

5.1.4 Kündigungsschutzklage

Will ein/e AN gegen eine Kündigung vorgehen, so hat er/sie wenig Zeit: Das KSchG ordnet an, dass eine Kündigung dann als wirksam gilt, wenn sie nicht innerhalb von drei Wochen nach Zugang durch Erhebung einer Kündigungsschutzklage beim Arbeitsgericht angegriffen wird. Diese Vorgabe gilt für jede Kündigung, egal ob Kündigungsschutz besteht oder nicht. Versäumt der/die AN diese Frist, hatte zur Folge, dass er/sie seinen/ihren Arbeitsplatz verloren hat und mit Einwendungen gegen die Wirksamkeit der Kündigung nicht mehr gehört wird. Eine Ausnahme gilt nur für eine Kündigung, die zu ihrer Wirksamkeit der Zustimmung einer Behörde bedarf.

5.2 Befristung

Mit dem Teilzeit- und Befristungsgesetz (TzBfG) begegnet der Gesetzgeber dem Bedürfnis des AG, die Schranken des Kündigungsrechts durch den Abschluss befristeter Arbeitsverträge zu umgehen. Gleichzeitig soll dem/r AN damit eine gewisse Planungssicherheit hinsichtlich des Bestandes des Arbeitsverhältnisses gewährleistet werden.

Das Gesetz unterscheidet zwischen der sachgrundlosen und der Befristung aus einem sachlichen Grund:

5.2.1 Sachgrundlose Befristung

Eine Befristung ohne Sachgrund ist bis zu einer Dauer von zwei Jahren bei einer dreimaligen Verlängerungsmöglichkeit zulässig. Voraussetzung ist, dass keinerlei Vorbeschäftigung bestanden hat. Dabei soll eine Vorbeschäftigung, die länger als drei Jahre zurückliegt, außer Acht bleiben. So sieht es jedenfalls das BAG, dessen Auslegung der maßgeblichen Vorschrift allerdings höchst umstritten ist.[6] Die Befristung ist schriftlich vor Beginn der Tätigkeit zu vereinbaren.

Eine weitergehende Befristungsmöglichkeit besteht bei der Beschäftigung von Mitarbeiter_innen, die das 52. Lebensjahr vollendet haben, sofern diese vorher mindestens vier Monate arbeitslos gewesen sind oder aus einer Beschäftigungsmaßnahme nach SGB II oder SGB III kommen. Dabei spielt eine Vorbeschäftigung keine Rolle. Auch Existenzgründer können längere Befristungszeiten nutzen: Vier Jahre und mehrfache Verlängerungsmöglichkeit.

Beachte: Die Verlängerungsvereinbarung darf keine Regelungen enthalten, durch die die bisherigen Arbeitsbedingungen verändert werden. Andernfalls läge eine Vorbeschäftigung vor, was zu einem unbefristeten Arbeitsverhältnis führen wird (BAG, Urteil vom 23.8.2006 – 7 AZR 12/06).

5.2.2 Befristung mit Sachgrund

Das Gesetz nennt katalogartig acht Gründe, die eine Befristung rechtfertigen können. Der Katalog ist nicht abschließend, weitere Gründe sind denkbar.

Wichtigster Grund ist die Befristung zur Vertretung eines/r anderen AN, der/die beispielsweise wegen Krankheit, Sonderurlaub, Erziehungsurlaub, Freistellung etc. ausfällt. Dabei muss der/die Vertreter_in nicht unbedingt die Tätigkeit ausführen, die bisher der/die Vertretene bekleidet hat. Maßgeblich ist insofern nur, dass der AG die Versetzungskette nachweisen kann und der Vertreter dort eingesetzt wird, wo auch der vertretene (im Rahmen des Direktionsrechts) hätte eingesetzt werden können (mittelbare Vertretung).

Ein befristeter Arbeitsvertrag kann auch zum Zwecke der Erprobung abgeschlossen werden: Allerdings darf die Probezeit in aller Regel nicht mehr als sechs Monate betragen.

5.2.3 Kalenderbefristung und Zweckbefristung

Bei der kalendermäßigen Befristung nennt der Arbeitsvertrag ein konkretes kalendermäßiges Enddatum.

Beispiel: *„Das Arbeitsverhältnis beginnt am 1.5.2017 und endet am 30.4.2019."*

Die Zweckbefristung zeichnet sich dadurch aus, dass im Vertrag ein bestimmtes Ereignis genannt wird, bei dessen Eintritt das Arbeitsverhältnis enden soll.

Beispiel: *„Das Arbeitsverhältnis endet mit Ablauf der Elternzeit des Mitarbeiters xy"*.

---

6 BAG, Urteil vom 6.4.2011 – 7 AZR 716/09; anders unter Verweis auf den Wortlaut des § 14 Abs. 2 S. 2 TzBfG: Landesarbeitsgericht (LAG) Baden-Württemberg, Urteil vom 21.2.2014 – 7 Sa 64/13 u.a.

Da beim zweckbefristeten Arbeitsverhältnis dessen Ende gerade nicht kalendermäßig feststeht, muss für den/die AN Klarheit geschaffen werden, wann das Arbeitsverhältnis konkret endet. Deswegen sieht das Gesetz vor, dass der/die AN durch entsprechende Erklärung bei Eintreten des Ereignisses (hier: Ende der Elternzeit des Mitarbeiters xy) über das Ende des Arbeitsverhältnisses informiert werden muss. Das Arbeitsverhältnis endet dann erst 14 Tage nach dieser Mitteilung.

Möglich ist auch die Kombination von kalendermäßiger Befristung und Zweckbefristung.

Beispiel: *„Das Arbeitsverhältnis endet mit Ablauf der Elternzeit des Mitarbeiters xy, spätestens jedoch am 31.12.2017."*

Dies bietet die Gewähr, dass das Arbeitsverhältnis in jedem Falle zum kalendermäßig bestimmten Datum endet.

5.2.4 Einzelfragen

Wird das Arbeitsverhältnis nach Ablauf der Zeit, die eingegangen ist, fortgesetzt, ohne dass der AG dieser Fortsetzung widerspricht, wird aus dem befristeten ein unbefristetes Arbeitsverhältnis.

Will der AG während der Laufzeit des befristeten Arbeitsverhältnisses ordentlich kündigen, so ist dies nur zulässig, wenn eine solche Kündigungsmöglichkeit im befristeten Arbeitsvertrag vorgesehen ist. Hierauf ist bei der Abfassung des befristeten Arbeitsvertrages dringend zu achten!

Auch Kettenbefristungen (mehrere Befristungen über mehrere Jahre hinweg) sind zulässig, solange sie nicht rechtsmissbräuchlich sind (BAG, Urteil vom 4.12.2013 – 7 AZR 290/12).

5.2.5 Entfristungsklage

Will der/die AN die Unwirksamkeit der Befristung des Arbeitsvertrages geltend machen, so muss er/sie spätestens innerhalb von drei Wochen nach dem vereinbarten Ende des befristeten Arbeitsvertrages Klage beim Arbeitsgericht erheben. Andernfalls ist die Möglichkeit entfallen, die Wirksamkeit der Befristung überprüfen zu lassen. Bei einer Kettenbefristung kann nur die jeweils letzte (laufende) Befristung angegriffen werden.

5.2.6 Besondere gesetzliche Befristungsregeln

Besondere Befristungsregeln finden sich im *Gesetz über befristete Arbeitsverträge mit Ärzten in der Weiterbildung*. Dort sind die Voraussetzungen für die Beschäftigung eines Arztes oder Facharztes bis zu einer Dauer von acht Jahren genannt.

Das *Gesetz über befristete Arbeitsverträge in der Wissenschaft* regelt Befristungsmöglichkeiten für wissenschaftliches und künstlerisches Personal an staatlichen und staatlich anerkannten Hochschulen.

Praxisrelevant sind außerdem das *Pflegezeitgesetz* sowie das *Gesetz über die Familienpflegezeit*.

5.3 Aufhebungsvertrag

Der Arbeitsvertrag kann – wie fast jeder andere Vertrag auch – durch Aufhebungsvertrag beendet werden. Dieser stellt für den AG die attraktivste, weil für ihn bis auf den verpflichtenden Inhalt des Aufhebungsvertrages selbst folgenlose Art und Weise dar, sich von dem/r AN zu trennen. Meist weit weniger attraktiv, weil folgenreicher, ist diese Beendigungsvariante für den/die AN.

5.3.1 Form

Der Aufhebungsvertrag bedarf zu seiner Wirksamkeit der Schriftform. Dies bedeutet, dass beide Vertragspartner auf demselben Formular in die Vereinbarung räumlich abschließender Form unterschrieben haben müssen.[7] Übermittelt daher der AG dem/r AN per Fax ein mit seiner Unterschrift versehenes Vertragsexemplar, fehlt es an der Einhaltung der Schriftform.

5.3.2 Wirksamkeit

a. Anfechtbarkeit bei widerrechtlicher Drohung oder Täuschung

Der/die AN gibt mit dem Aufhebungsvertrag sein Arbeitsverhältnis auf. Nur wenn er diese Entscheidung freiwillig, d.h. ohne Druck ausgesetzt oder getäuscht worden zu sein, gefällt hat, muss er sich daran festhalten lassen. Andernfalls hat er die Möglichkeit, den Aufhebungsvertrag binnen Jahresfrist anzufechten.

Eine solche Anfechtungsmöglichkeit besteht insbesondere dann, wenn dem/r AN bei Abschluss des Aufhebungsvertrages widerrechtlich in der Weise gedroht wird, beispielsweise dadurch, dass ihm/r eine (fristlose) Kündigung in Aussicht gestellt wird, obwohl ein verständiger AG davon ausgehen konnte, dass ein Kündigungsgrund nicht gegeben ist.

Die Anfechtungsmöglichkeit ist allerdings auch dann gegeben, wenn er/sie durch den AG nicht ausreichend über die sozialversicherungsrechtlichen Konsequenzen des Aufhebungsvertrages belehrt wird: Ein/e AN hat nämlich mit einer Sperrzeit für den Bezug von Arbeitslosengeld von zwölf Wochen zu rechnen, wenn er sein Arbeitsverhältnis „versicherungswidrig" freiwillig aufgibt. Wird mit dem Aufhebungsvertrag darüber hinaus die Kündigungsfrist verkürzt, kann der/die AN auch noch mit einer Ruhensanordnung vonseiten der Bundesagentur rechnen.

Dieses Anfechtungsrecht des/r AN wird allerdings dadurch relativiert und prozessual entwertet, dass der AG vor Gericht darlegen und beweisen muss, dass der AG widerrechtlich gedroht oder getäuscht hat. Dies wird ihm in der Regel schwerfallen, da es ihm an Zeugen für seine Behauptung mangeln wird.

b. unangemessene Benachteiligung

Die Rechtsprechung hat diesen Beweisschwierigkeiten in gewisser Weise dadurch Rechnung getragen, dass sie von einer Unwirksamkeit der Aufhebungsvereinbarung dann ausgeht, wenn diese den/die AN allein unangemessen benachteiligt (BAG, Urteil vom 25.9.2014 – 2 AZR 788/13). Da der/die AN mit Abschluss der Aufhebungsvereinbarung die Möglichkeit aufgibt, eine in Aussicht gestellte Kündigung auf ihre Wirksamkeit überprüfen zu lassen und jeglichen

7 BGH, Urteil vom 24.9.1997 – XII ZR 234/95; BGH, Urteil vom 20.11.1990 – XI ZR 107/89.

Kündigungsschutz verliert, soll eine Aufhebungsvereinbarung dann unwirksam sein, wenn sie keinerlei Gegenleistung, wie eine Abfindung, eine Freistellung oder ein anderweitiges Entgegenkommen, enthält. Anders verhält es sich selbstverständlich, sofern der Aufhebungsvertrag auf Betreiben des/r AN zustande kommt.

6. Betriebliche Mitbestimmung

Im Rahmen der betrieblichen Mitbestimmung werden die AN über unterschiedlich abgestufte Beteiligungsrechte in Willensbildung und Entscheidungen des AG miteinbezogen. Die betriebliche Mitbestimmung soll dazu beitragen, jene Abhängigkeit auszugleichen oder zumindest abzumildern, in die sich jeder begibt, der Arbeit innerhalb von fremdbestimmten Organisationsformen leistet (Erfurter Kommentar, Koch, § 1 BetrVG, Rdnr. 1).

In den Betrieben der Privatwirtschaft gilt das BetrVG. In Betrieben, deren Inhaber eine juristische Person des öffentlichen Rechts ist, ist das Personalvertretungsgesetz (PersVertrG) anzuwenden und in den Religionsgemeinschaften sowie deren karitativen und erzieherischen Einrichtungen gelten die dortigen Mitarbeitervertretungsordnungen.

6.1 Betriebsverfassungsrecht

Betriebsräte, die bereits in Betrieben mit mindestens fünf Mitarbeitern gebildet werden können, stehen bei vielen AG in dem Ruf, sie würden lediglich unternehmerische Entscheidungen behindern und Kosten verursachen. Dieses Vorurteil verkennt die Chancen und Spielräume, die sich aus einem konstruktiven Zusammenwirken von BR und Unternehmen ergeben können. Die Beteiligung und Einbeziehung des Betriebsrates bei der Vorbereitung und Umsetzung unternehmerischer Entscheidungen kann nämlich ganz wesentlich dazu beitragen, die Sachgerechtigkeit und soziale Angemessenheit solcher Entscheidungen zu vermitteln und damit deren Akzeptanz und Umsetzung zu gewährleisten. Um diese Chancen im Umgang mit dem BR nutzen zu können, ist es unerlässlich, die Grundsätze und Grundzüge des Betriebsverfassungsrechtes zu kennen.

6.1.1 Grundlagen der Zusammenarbeit

Die Betriebsparteien haben *„zum Wohl der Arbeitnehmer und des Betriebs“* zusammenzuarbeiten und *„über strittige Fragen mit dem ernsten Willen zur Einigung zu verhandeln“*. So definiert es das BetrVG. Dazu sollen sie mindestens einmal im Monat zu einer Besprechung zusammentreten. Damit diese Besprechungen nicht zu einem bloßen Pflichtprogramm werden, sind beide Seiten dringend aufgerufen, diese Termine so vorzubereiten, dass in ihnen tatsächliche praktische und betriebliche Probleme thematisiert werden.

6.1.2 Arten der Mitbestimmung

Gerade neu gebildete Betriebsräte neigen dazu, sich als gewissermaßen „allzuständig“ für die Angelegenheiten der Kollegen zu betrachten. So möchten sie mit dem AG über Lohnhöhe, Arbeitszeitverkürzung, zusätzlichen Urlaub u.Ä. verhandeln, was der AG allerdings (zu Recht) verweigern kann: Zuständig ist der BR nämlich nur für jene Angelegenheiten, die ihm durch das BetrVG zugewiesen sind und nicht für solche, die Leistung und Gegenleistung der Arbeitsvertragsparteien betreffen und (üblicherweise) von den Gewerkschaften verhandelt werden. Zudem ist die Zuständigkeit und damit die Qualität der Mitbestimmung – also aus AG-Sicht: der Eingriff in die unternehmerische Freiheit – graduell abgestuft:

Die schwächste Stufe bilden die *Informations-, Antrags- und Beratungsrechte*. Der BR kann Maßnahmen im Rahmen von Angelegenheiten dieses Zuständigkeitsbereichs nicht verhindern oder erzwingen. Er hat aber beispielsweise das Recht, sich die Lohn- und Gehaltslisten des Betriebes vorlegen zu lassen.

Die nächste Stufe bilden die *Anhörungsrechte*, deren Verletzung die Unwirksamkeit der beabsichtigten Maßnahmen nach sich ziehen können; so bei Ausspruch einer Kündigung, siehe oben.

Ein schärferes Schwert stellen die *Mitwirkungsrechte* dar: Hier kann die beabsichtigte Maßnahme ohne Mitwirkung des BR (Zustimmung) nicht umgesetzt, aber gegebenenfalls gegen dessen Willen mit gerichtlicher Hilfe durchgesetzt werden. Beispiel: Einstellung eines Mitarbeiters (bei Betrieben mit mehr als 20 Mitarbeitern).

Der intensivste Eingriff in die unternehmerische Entscheidungsfreiheit erfolgt über die *Mitbestimmungsrechte*: Hier kann die Maßnahme nur dann durchgeführt werden, wenn der BR nach Verhandlungen sein Einverständnis erklärt hat. Sofern eine Einigung nicht möglich ist, ist die – notfalls vom Gericht auf Antrag des BR oder der AG-Seite einzusetzende – Einigungsstelle anzurufen. Dies betrifft insbesondere Angelegenheiten wie die Anordnung von Überstunden, die Urlaubsplanung oder betriebliche Lohngestaltung. In allen Bereichen dieser sogenannten zwingenden Mitbestimmung hat der BR auch ein *Initiativrecht*. Das bedeutet, er kann von sich aus tätig werden und die AG-Seite auffordern, Verhandlungen zur Regelung dieser Angelegenheiten aufzunehmen. An deren Ende steht – idealerweise – eine Betriebsvereinbarung, die dann für alle Mitarbeiter_innen des Betriebes Wirkung entfaltet. Beispiel: Betriebsvereinbarung über die Urlaubsplanung, durch die für alle Mitarbeiter_innen verbindlich vierwöchige Betriebsferien im Sommer angeordnet wird.

a. soziale Angelegenheiten

Die Mitbestimmung in sozialen Angelegenheiten stellt den Kernbereich der Mitbestimmung nach dem BetrVG dar. Eine unternehmerische Maßnahme, die eine in dem Katalog von § 87 BetrVG abschließend aufgezählte Angelegenheit betrifft, darf also nur nach Beteiligung des Betriebsrates durchgeführt werden.

Will der AG beispielsweise Nachtarbeit einführen, muss er sich dazu mit dem BR ins Benehmen setzen. Tut er dies nicht, kann der BR ihn nicht nur auf Unterlassung in Anspruch nehmen. Die Nichtbeteiligung des Betriebsrates schlägt vielmehr auch auf das einzelne Arbeitsverhältnis durch: Das bedeutet, dass sich auch jede/r einzelne von der Anordnung zur Nachtarbeit betroffene AN berechtigterweise weigern könnte, der Anweisung Folge zu leisten (BAG, Urteil vom 9.12.2015 – 10 AZR 423/14). Es ist also dringend zu empfehlen, die Mitbestimmungstatbestände der sozialen Angelegenheiten aufmerksam zu studieren und den BR bei deren Umsetzung zu beteiligen.

b. personelle Angelegenheiten

Im Rahmen der personellen Angelegenheiten ist insbesondere die Mitbestimmung bei personellen Einzelmaßnahmen von großer praktischer Bedeutung: In Betrieben mit mehr als 20 Mitarbeitern muss der AG vor jeder Einstellung, Versetzung, Eingruppierung und Umgruppierung die Zustimmung des Betriebsrates einholen. Dieser darf allerdings seine Zustimmung nur bei Vorliegen bestimmter, im Gesetz genannter Gründe versagen. Verweigert der BR seine Zustimmung, kann deren Ersetzung beim Arbeitsgericht beantragt werden.

Will beispielsweise ein Rettungsdienst eine/n Mitarbeiter_in von der Rettungswache A auf die 30 km entfernte Rettungswache B umsetzen, handelt es sich um eine Versetzung, über die der BR rechtzeitig vorher unterrichtet werden muss. Er hat dann eine Woche Zeit zu überprüfen, ob ein Verweigerungsgrund vorliegt. Rührt der BR sich nach Ablauf einer Woche nicht, gilt die Zustimmung als erteilt und die Versetzung darf vorgenommen werden. Widerspricht der BR berechtigterweise innerhalb der Frist, kann sich der/die betroffene Mitarbeiter_in unter Berufung darauf weigern, der Versetzung Folge zu leisten.

c. wirtschaftliche Angelegenheiten

Die Mitbestimmung in wirtschaftlichen Angelegenheiten betrifft nur Betriebe mit mindestens 20 Mitarbeitern. Von großer praktischer Relevanz sind insbesondere die Regelungen über die Mitwirkung des Betriebsrates bei Betriebsänderungen. Hierzu zählt auch ein quantitativ nicht nur geringfügiger Personalabbau, der die Verpflichtung des AG nach sich zieht, Verhandlungen über einen Sozialplan mit dem BR aufzunehmen.

6.1.3 Kosten des BR

Der BR selbst hat naturgemäß kein eigenes Budget. Die Kosten für die sachliche Ausstattung (Telefon, Faxgerät, Computer, Büroraum, Literatur etc.) hat der AG zu erstatten – soweit diese *erforderlich* sind. Auch Kosten, die dadurch entstehen, dass der BR für die Geltendmachung seiner Rechte aus dem BetrVG gerichtliche Hilfe und anwaltliche Unterstützung beanspruchen muss, sind vom AG zu übernehmen. Beansprucht oder verursacht der BR aber Kosten, die nicht erforderlich sind, hat er diese – bzw. die BR-Mitglieder persönlich – selbst zu tragen.[8]

Das Amt des BR stellt ein Ehrenamt dar, das demgemäß auch nicht zu vergüten ist. Da das BR-Mitglied aber für die Ausübung seines Amtes von seiner Arbeitspflicht freizustellen ist, behält es selbstverständlich den für die Freistellungszeit entstandenen Vergütungsanspruch. Dies bedeutet aber auch, dass die BR-Mitglieder keine Vergütung für jene Zeit verlangen können, in der sie ihr Amt außerhalb der Arbeitszeit ausüben.

6.1.4 Funktionsweise des BR

Der BR fast seinen Willen durch Beschlüsse, die zu protokollieren sind. Das einzelne BR-Mitglied kann also nicht für den BR handeln, ohne durch Beschluss legitimiert zu sein. Vertretungs- und zeichnungsberechtigt für den BR ist der BR-Vorsitzende. Auch dieser entscheidet aber nicht allein, sondern nur im Rahmen des Gremiums.

---

8 Sogenannte „*Theorie der Wirksamkeitsvoraussetzung*“: Wer sich betriebsverfassungswidrig verhält, soll sich Dritten gegenüber nicht auf diese Verletzung berufen dürfen (BAG, E des Großen Senats vom 3.12.1991 – GS 1/90.).

6.1.5 Exkurs: Tendenzbetrieb

Einrichtungen der sozialen Arbeit dürften regelmäßig karitativen oder erzieherischen Bestimmungen dienen. Es handelt sich bei ihnen dann um sog. *Tendenzbetriebe (*Bundesgerichtshof (BGH), Urteil vom 25.10.2012 – III ZR 266/11). Für sie gilt daher das Betriebsverfassungsrecht insoweit nicht, als dies der „Eigenart des Unternehmens oder des Betriebes entgegensteht". Die im BetrVG normierten Beteiligungsrechte des BR sollen also dann ausgeschlossen sein, wenn sie der Realisierung des „Tendenzzwecks" entgegenstehen, also die Einrichtungen bei ihrer karitativen oder erzieherischen Zwecken behindern.

Praktische Relevanz hat dies allerdings lediglich im Bereich der personellen Einzelmaßnahmen und dort bei der Einstellung von sogenannten „Tendenzträgern": Will eine Einrichtung, die karitativen oder erzieherischen Zwecken dient, eine/n Mitarbeiter_in einstellen, der den „Tendenzzweck" nicht nur unmaßgeblich mitgestaltet und -trägt, ist das Mitbestimmungsrecht des Betriebsrates ausgeschlossen. Der AG muss also in diesem Falle nicht die Zustimmung des Betriebsrates zu der beabsichtigten Einstellung einholen.

6.2 Personalvertretungsrecht

Das Personalvertretungsrecht ist in ähnlicher Weise aufgebaut wie das Betriebsverfassungsrecht. Allerdings ist die Mitbestimmung im Bereich der sozialen Angelegenheiten weniger weitgehend ausgestaltet, während die Mitbestimmung im Bereich der personellen Einzelmaßnahmen teilweise weiterreicht.

7. Kirchliches Arbeitsrecht

Die Religionsgemeinschaften haben das grundgesetzlich verbürgte Recht, ihre Angelegenheiten selbstständig innerhalb der Schranken der für alle geltenden Gesetze zu ordnen und zu verwalten (Selbstbestimmungsrecht). Soweit sie sich entschieden haben, Arbeitsverträge abzuschließen, gilt für sie infolge dieser Rechtswahl das staatliche Arbeitsrecht, mithin die oben dargestellten Grundsätze – mit den nachstehenden Ausnahmen.

7.1 Individuelles Arbeitsrecht im Bereich der Kirche

Für das kirchliche Arbeitsverhältnis prägend sind besondere Loyalitätspflichten, deren Grad von der Verkündungsnähe der ausgeübten Tätigkeit bestimmt werden. Dabei gilt der von den Arbeitsgerichten anerkannte Grundsatz, dass es die Kirchen sind, die die kirchlichen Grundverpflichtungen bestimmen, welche die Rechtsbeziehungen prägen sollen, was also „die Glaubwürdigkeit der Kirche und ihrer Verkündung erfordert" bzw. was „spezifisch kirchliche Aufgaben" sind.[9] Dies bedeutet, dass im kirchlichen Arbeitsrecht der Kirchenaustritt ebenso eine

9 Beispiele für Betriebe/Unternehmen mit karitativer Zielsetzung: Deutsches Rotes Kreuz (ausgenommen Blutspendedienst); Arbeiterwohlfahrt, private Fürsorgevereine, Muttergenesungswerk, Deutsche Krebshilfe, Werkstätten für Menschen mit Behinderung etc.
Beispiele für Betriebe/Unternehmen mit erzieherischer Zielsetzung: Privatschulen, Berufsförderungswerke zur Wiedereingliederung Behinderter, Kindertageseinrichtungen, Internate, u.a., siehe auch: Fitting, Komm. z. BetrVG, 27. Auflage, § 118, Rdnr. 18ff.

Kündigung sozial rechtfertigen kann, wie der Eintritt von Ärzt_innen eines katholischen Krankenhauses für den Schwangerschaftsabbruch (BVerfG, Beschluss vom 22.10.2014 – 2 BvR 661/12). Ähnliches gilt für Verstöße gegen das kirchliche Eherecht.

7.2 Kollektives Arbeitsrecht im Bereich der Kirche

Das Selbstbestimmungsrecht der Kirche wird gewährleistet durch die Schaffung besonderer Verfahren und Instrumente des kollektiven Interessenausgleichs:

7.2.1 Tarifrecht und kirchenspezifische Regelungsverfahren

Da der Arbeitskampf von den Kirchen als unvereinbar mit ihrem kirchlichen Selbstverständnis abgelehnt wird – er gilt als Ausdruck eines antagonistischen Interessenkonflikts und widerspreche dem kirchlichen Leitbild der Dienstgemeinschaft (Thüsing 2006, S. 22) –, steht ihnen zur Regelung der kollektiven Arbeitsordnung ein sogenannter *„Dritter Weg"* zur Verfügung. Die im außerkirchlichen Bereich mit den Gewerkschaften abgeschlossenen Tarifverträge werden ersetzt durch *Dienstvertragsordnungen*, deren Inhalt durch paritätisch besetzte Kommissionen festgesetzt wird.

Von der katholischen Kirche abgelehnt und nur von einem Teil der evangelischen Kirche praktiziert wird der sogenannte *„Zweite Weg"*: Dieser sieht die Regelung von Arbeitsbedingungen durch Tarifvertrag vor, wobei sich die Gewerkschaft vorher zur absoluten Friedenspflicht (kein Streikrecht) sowie einem Schlichtungsabkommen verpflichtet hat.

7.2.2 Betriebliches Mitbestimmungsrecht

Die Kirchen haben für ihren Bereich ein eigenes Mitarbeitervertretungsrecht geschaffen. Im Bereich der evangelischen Kirche gilt das Mitarbeitervertretungsgesetz (MVG), im Bereich der katholischen Kirche die Mitarbeitervertretungsordnung (MAVO). Insbesondere in sozialen Angelegenheiten bleibt das Mitbestimmungsrecht der Mitarbeitervertretungen in Umfang und Reichweite hinter den Mitbestimmungsrechten des BR zurück. Bei Streitigkeiten zwischen den Betriebsparteien der Dienstgemeinschaft entscheidet auf Antrag eine Schlichtungsstelle.

8. Arbeitsgerichtliches Verfahrensrecht

Gegenüber den für das allgemeine Verfahren geltenden Regelungen der Zivilprozessordnung enthält das Arbeitsgerichtsgesetz einige Besonderheiten. Insbesondere ist jeder streitigen Verhandlung obligatorisch eine selbstständige Güteverhandlung vorgeschaltet.

8.1 Urteilsverfahren/Beschlussverfahren

In für alle individualrechtlichen Streitigkeiten anwendbaren Urteilsverfahren gilt der Beibringungsgrundsatz – wie im allgemeinen Zivilprozess. Der/die Richter_in befasst sich also nun mit dem Tatsachenvortrag, den die Parteien geleistet haben. Demgegenüber steht im Beschlussverfahren, dass beispielsweise auf Streitigkeiten zwischen den Betriebsparteien Anwendung findet, der Amtsermittlungsgrundsatz. Hier muss das Gericht also selbst Ermittlungen führen, wenn es dies für den Ausgang des Prozesses als erforderlich ansieht.

8.2 Kosten

Eine Besonderheit gilt im arbeitsgerichtlichen Urteilsverfahren hinsichtlich der Kosten in erster Instanz: Hier hat jede Partei die Kosten ihres Prozessvertreters (Rechtsanwalt/-anwältin) selbst zu tragen. Anders als im allgemeinen Zivilprozess erhält die obsiegende Partei ihre Kosten von der unterlegenen also nicht erstattet. Dies stellt für AN insbesondere bei der gerichtlichen Geltendmachung rückständiger Lohnanteile eine nicht unerhebliche Belastung dar, da er damit rechnen muss, dass ein Teil des nachzuzahlenden Lohnes für die Prozesskosten verloren geht. Eine gewisse Entlastung stellt die Möglichkeit für weniger betuchte Prozessparteien dar, Prozesskostenhilfe zu beanspruchen. Schutz vor diesen Kosten gewährt darüber hinaus eine Rechtsschutzversicherung oder die Mitgliedschaft in der Gewerkschaft, respektive im AG-Verband.

Auch die Erstattung außergerichtlicher Kosten durch die unterlegene Prozesspartei ist nicht möglich, da vom Gesetz ausdrücklich ausgeschlossen.

Ratio dieser Kostenregelung ist, die AN-Seite im Unterliegensfall davor zu schützen, mit den Anwaltskosten der AG-Seite belastet zu werden. Dies mag in Zeiten, in denen die meisten AN noch gewerkschaftlich organisiert waren und über die Gewerkschaft Rechtsschutz erhielten, Sinn gemacht haben. Bei einem Organisationsgrad von heute gerade einmal bis zu 20% relativiert sich diese Überlegung.

Im Beschlussverfahren stellt sich für den Betriebsrat/PR bzw. die Mitarbeitervertretung in der Regel die Kostenfrage nicht: Beauftragt der Betriebsrat/PR bzw. die Mitarbeitervertretung einen Rechtsanwalt, sind dessen Kosten in aller Regel *erforderlich* und von der AG-Seite zu erstatten.

9. Literatur

Rudi Müller-Glöge/Ulrich Preis/Ingrid Schmidt (2017): Erfurter Kommentar zum Arbeitsrecht. 17. Aufl., München: C.H. Beck.

Fitting, Karl (2014): Kommentar zum Betriebsverfassungsgesetz. 27. Aufl., München: Vahlen.

Thüsing, Gregor (2006): Kirchliches Arbeitsrecht. Tübingen: Mohr Siebeck.

Finanzierung in der Sozialwirtschaft

Klaus Schellberg

1. Definition von Finanzierung

Finanzierung kann im weitesten Sinne definiert werden als die „Ausstattung eines Unternehmens mit finanziellen Ressourcen" (Wöhe 1993, S. 722) oder im weiteren Sinne von Ressourcen mit „geldwertem Vorteil" (also z.B. zur Verfügung gestellte Gebäude oder Personal) (Becker 2009, S. 113).

Aus ökonomischer und auch systemtheoretischer Sicht ist Finanzierung Ergebnis einer arbeitsteiligen bzw. einer in verschiedene Subsysteme differenzierten Gesellschaft. Benötigt ein Subsystem Ressourcen eines anderen Subsystems, so ist die finanzielle Vergütung dieser Ressourcen ein Koppelungsmechanismus. Dies gilt für soziale Organisationen in beide Richtungen: Soziale Organisationen arbeiten in der Regel nicht mit eigenen Ressourcen, sondern mit fremden Ressourcen (Personal, Sachmittel, Gebäude etc.), für die die abgebenden Systeme (Arbeitnehmer_innen, Produzent_innen, Bauunternehmen) eine Vergütung erwarten. Die Finanzierung der sozialen Organisationen ist die Gegenseite: Hier werden die finanziellen Mittel bereitgestellt, die für die Vergütung der Ressourcen benötigt werden.

Die Menge an finanziellen Mitteln begrenzt in der Regel auch die Handlungsfähigkeit der sozialen Organisation und die soziale Organisation ist – anders als ein Wirtschaftsunternehmen nicht in der Lage, durch den „Verkauf" ihrer Leistungen (bzw. Produkte) ihre eigene Arbeit zu finanzieren. Vielmehr bedarf es eines eigenen Finanziers, meist dem öffentlichen Sozialleistungsträger, um die Finanzierung der Leistungen sicherzustellen. Insofern kann die Finanzierung als die dominante Engpassfunktion einer sozialen Organisation bezeichnet werden.

Im betriebswirtschaftlichen Kontext wird als Finanzierung die Bereitstellung von Kapital (die rechte Passivseite der Bilanz) für die Finanzierung von Investitionen (die linke Aktivseite der Bilanz) verstanden.[1] Die Finanzierung des Leistungsprozesses geschieht im Rahmen eines schlüssigen Tauschverhältnisses aus dem Absatz der Produkte oder Leistungen.

Insofern ist die betriebswirtschaftliche Finanzierungslehre stark auf die Kapitalbeschaffung und Investition fokussiert, während die „Leistungsfinanzierung" (bzw. der Umsatzprozess) aus betriebswirtschaftlicher Sichtweise eher eine Frage der Produktion und des Vertriebs/Marketings ist.

Sozialunternehmen, die Leistungen erbringen, die nicht direkt von dem/r Leistungsempfänger_in (dem/r Kund_in) bezahlt werden, sondern von Dritten, entsteht zusätzlich der Finanzierungsbedarf der Leistungen.

Dies betrifft sowohl die Unternehmen, die Dienstleistungen im Rahmen der öffentlichen Sozialleistungsgesetze erbringen, die öffentlichen Verwaltungen als auch die Organisationen, die über Spenden und andere Finanziers finanziert werden.

1 Anmerkung: Der „Investitionsbegriff" soll hier weiter gefasst werden als die enge Fassung einer handelsrechtlichen Bilanz. Es dreht sich hier um alle einmaligen, längerfristig in der Organisation verbleibenden Güter oder Leistungen. Der Bilanzbegriff dient hier in erster Linie zur Veranschaulichung.

Diese Finanzierungsaufgabe ist durchaus speziell und komplex, so dass sie inhaltlich weit weg vom betriebswirtschaftlichen Marketing-Verständnis liegt. Weiterhin legt das betriebswirtschaftliche Marketingverständnis stets eine Austauschbeziehung Leistung gegen Geld zugrunde (Meffert et al. 2015, S. 3). Dies ist bei der sozialwirtschaftlichen Finanzierung nicht zwingend der Fall, vielmehr kann es auch darum gehen, die für eine Leistung notwendigen Mittel zu generieren. Insofern ist die sozialwirtschaftliche Finanzierungsfunktion wohl eine der Differenzierungsmerkmale der Sozialwirtschaft von anderen Wirtschaftsbereichen.

Eine soziale Organisation hat insofern beide Finanzierungsfragen zu lösen – sowohl die betriebswirtschaftliche als auch die sozialwirtschaftliche.

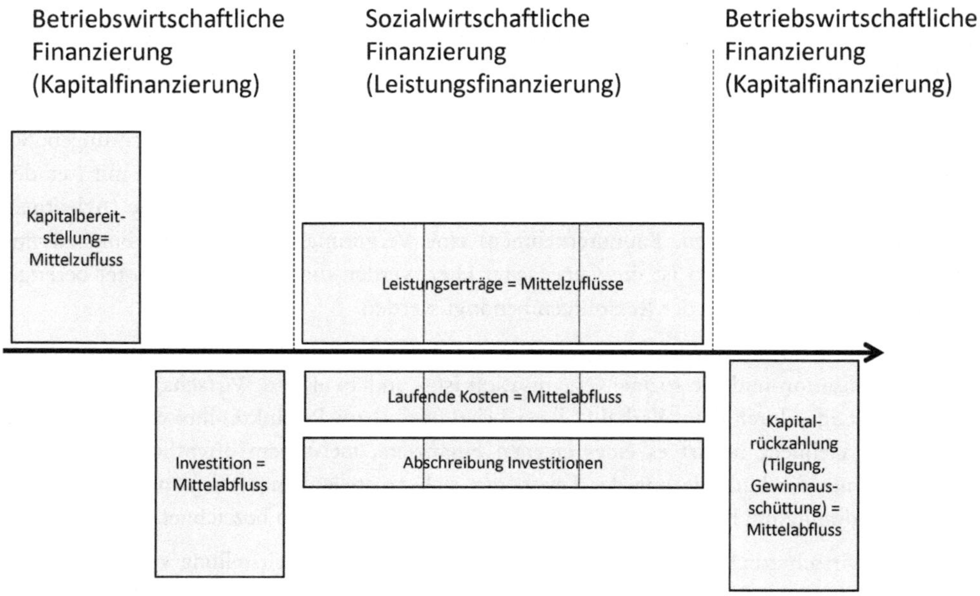

Abb. 1: Betriebswirtschaftliche und sozialwirtschaftliche Finanzierungslogik im chronologischen Ablauf (eigene Darstellung)

Die betriebswirtschaftliche Finanzierungsfunktion legt den Fokus auf die Bereitstellung von Kapital, um Investitionen zu ermöglichen. Durch die Kapitalbereitstellung erfolgt ein Mittelzufluss, durch die Investition fließen diese Mittel wieder ab.

Es wird nun die Geschäftstätigkeit möglich und es entstehen laufende Kosten (Mittelabflüsse) sowie Abschreibungen für Investitionen (kalkulatorisch). Durch die sozialwirtschaftliche Finanzierung werden nun die Leistungserträge generiert (Mittelzuflüsse). Durch die Abschreibungen kann das eingesetzte Kapital wieder zurückgezahlt werden. Möglicherweise entstehen auch Gewinne, die (bei nicht-gemeinnützigen Unternehmen) auch ausgeschüttet werden können.

2. Betriebswirtschaftliche Finanzierung in der Sozialwirtschaft

Bei der betriebswirtschaftlichen Finanzierung geht es um die Finanzierung der Investitionen eines Unternehmens, die den Leistungserstellungsprozess erst ermöglichen. Insbesondere die Finanzierung von Gebäuden, Fahrzeugen, Betriebs- und Geschäftsausstattung und ein ausreichender Zahlungsmittelbestand sind Aufgaben der betriebswirtschaftlichen Finanzierung in der Sozialwirtschaft.

2.1 Grundfragen

Mit der betriebswirtschaftlichen Finanzierung werden für das Unternehmen eine Reihe grundlegender Weichenstellungen getroffen:

Mit der Kapitalbereitstellung gehen in unserem Wirtschaftssystem auch bestimmte Eigentums- und Verfügungsrechte einher. Mit der Bereitstellung von Eigenkapital ist das „Eigentum“ am Unternehmen verknüpft. Daraus ergeben sich hohe Einflussmöglichkeiten und das Recht auf Gewinnbeteiligung. Mit der Bereitstellung von „Fremdkapital“ (Krediten) wird auf Eigentumsrechten verzichtet, jedoch wird in der Regel ein Zinssatz für die Kapitalbereitstellung gefordert.

Mit dem Eigentum am Unternehmen ist stets auch das unternehmerische Risiko verbunden. Eigenkapitalgeber haften für das Unternehmen, je nach Rechtsform nur für das eingesetzte Kapital (GmbH, gGmbH, AG, gAG, Genossenschaft) oder auch mit dem gesamten Vermögen (Personengesellschaften). Haftung bedeutet dabei die Übernahme des unternehmerischen Verlusts bis hin zum Totalverlust. Ein Fremdkapitalgeber kann hingegen sein Kapital zurückfordern (wenngleich er es im Insolvenzfall nicht immer erhält).

Ziel der Finanzierung ist es, ausreichend Kapital für eine in der Regel längere Zeit bereitzustellen. Der Umfang der Finanzierung und ihre Nachhaltigkeit sind zwei weitere Kernfragen. Die betriebswirtschaftliche Finanzierung wird sich um eine ausreichend große Finanzierungsbasis und eine ausreichend lange Finanzierungsdauer bemühen. Die „goldene Finanzierungsregel“ besagt, dass die Dauer der Finanzierung der Dauer der Mittelbindung in der Investition entsprechen soll (Thommen 2007, S. 567).

Eng damit ist ein ökonomisches Kalkül verbunden: Finanzierung kostet Geld – es müssen Zinsen gezahlt werden oder es wird Eigenkapital gebunden, das dann nicht anderweitig verwendet werden kann. Eine zu hohe oder zu langfristige Finanzierung sorgt daher für Stabilität, ist jedoch mit einem hohen Aufwand verbunden.

Speziell in der Sozialwirtschaft stellt sich bei steuerbegünstigten („gemeinnützigen“) Unternehmen die Frage nach der Möglichkeit der Rücklagenbildung, also der Finanzierung durch nicht ausgeschüttete Gewinne. Diese Rücklagenbildung unterliegt gewissen Begrenzungen und muss als Nebenbedingung der Finanzierung berücksichtigt werden.

2.2 Finanzierungsanlässe

Grundsätzlich hat die Kapitalfinanzierung eine höhere Bedeutung bei investitionsintensiven Unternehmen, bei denen es darum geht, Investitionen zu finanzieren. Hierzu gehören in der Sozialwirtschaft insbesondere die stationären Einrichtungen sowie die Werkstätten und Arbeitseinrichtungen. Weiterhin entsteht bei Unternehmen mit sehr unregelmäßigen Zahlungen ein höherer Kapitalbedarf. In der Sozialwirtschaft sind dies insbesondere die Unternehmen, die am

Ende von Projekten Schlusszahlungen erhalten oder einmalige Zahlungen am Ende des Jahres. Ambulante Dienste, gesetzliche Betreuer, Beratungsstellen etc. hingegen arbeiten mit einem deutlich geringeren Investitionsvolumen und die Bedeutung der Kapitalfinanzierung ist geringer.

Ein zentraler Finanzierungsanlass ist die Gründung eines Unternehmens. Mit der Gründung des Unternehmens werden die zentralen Strukturen festgelegt (Finanzierungsform, Einflussmöglichkeiten, Risiken) und eine erste Kapitalausstattung verbunden. Eine typische solche Gründungskonstellation in der Sozialwirtschaft ist die Gründung einer operativ tätigen gGmbH eines Trägervereins oder die Erstausstattung einer Stiftung im Rahmen des Stiftungsgeschäfts.

Ein weiterer Finanzierungsanlass ist die Erweiterung der vorhandenen Tätigkeit, z.B. der Aufbau eines neuen Standorts, der Erweiterungsbau oder der Eintritt in ein neues Geschäftsfeld. Es entsteht so ein Finanzierungsbedarf auf der Ebene einer existierenden Organisation. Aus der Perspektive des einzelnen Erweiterungsprojekts werden Mittel der existierenden Organisation quasi wie Eigenkapital (in der Sozialwirtschaft häufig mit dem unscharfen Begriff Eigenmittel bezeichnet) zur Verfügung gestellt.

Weitere Finanzierungsanlässe sind die Verlängerung oder Umschuldung von Krediten, die Verwendung von Gewinnen (die zumindest bei gemeinnützigen Organisationen nicht ausgeschüttet werden dürfen), die Fusion oder Auflösung von Unternehmen.

2.3 Eigen- und Beteiligungsfinanzierung

Bei der Eigen- und Beteiligungsfinanzierung wird dem Unternehmen Kapital durch Gesellschafter (analog: Aktionäre, Genossenschaftsmitglieder) zugeführt. Dieses bildet das gezeichnete Eigenkapital und stellt gewissermaßen den „Kapitalkern" des Unternehmens dar. Dies kann bei der Gründung des Unternehmens erfolgen (Eigenfinanzierung) oder durch Hinzunahme weiterer Gesellschafter (Beteiligungsfinanzierung) nach der Gründung.

Grundsätzlich werden durch die Eigen- und Beteiligungsfinanzierung Finanzmittel „von außen" zugeführt und es wird die Eigenkapitalbasis verstärkt. Eigenkapital ist tendenziell eine kostengünstigere Finanzierungsform als Kredite (keine Zinsen) und verbessert die Kreditwürdigkeit. Es beansprucht jedoch die Mittel der Gesellschafter, erhöht das Risiko für die Gesellschafter und bei Hereinnahme neuer Gesellschafterbasis wird die Möglichkeit zur Mitsprache verbreitert.

Die Beteiligungsfinanzierung ist bei Kapitalgesellschaften (GmbH, Genossenschaft, AG) eng mit der Gründung des Unternehmens verbunden; eine Kapitalgesellschaft kann nicht ohne Einlage gegründet werden.[2] Bei Personengesellschaften (Einzelfirma, OHG, KG) gibt es kein festes Mindestkapital. In der Sozialwirtschaft finden wir aus steuerrechtlichen Gründen nur selten Personengesellschaften, sondern meist Kapitalgesellschaften (insbesondere GmbHs bzw. gGmbHs), jedoch keine Personengesellschaften.

2 An dieser Stelle soll nicht auf die einzelnen Kapitalgesellschaften eingegangen werden; diese finden sich ausreichend in den einschlägigen Abhandlungen beschrieben, siehe etwa Becker 2016, S. 138ff.

In den betriebswirtschaftlichen Finanzierungslehrbüchern werden börsennotierte Aktiengesellschaften und der damit verbundene (organisierte) Kapitalmarkt als Finanzierungsquelle breit dargestellt. In der deutschen Sozialwirtschaft finden sich bislang nur im Krankenhausbereich börsennotierte Unternehmen. Stattdessen investieren in der Regel Organisationen der Wohlfahrtspflege oder private Investoren direkt, ohne Zwischenschaltung der Kapitalmärkte.

In der Sozialwirtschaft finden sich weiterhin eine Reihe weiterer Rechtsformen, die anderen Finanzierungsformen folgen:

Der Verein als Rechtsform kennt kein „gezeichnetes Kapital", weder sind die Mitglieder zu einer Kapitaleinlage verpflichtet, noch halten sie „Geschäftsanteile" an ihrem Verein. Insofern kann ein Verein bei der Gründung nur über Umwege mit Kapital ausgestattet werden, etwa über Kredite der Mitglieder oder rückzahlbare Zuschüsse.

Die Stiftung ist eine Organisation, die mit Kapital von einem Stifter ausgestattet wird. Der/die Stifter_in gibt jedoch mit der Stiftung das Eigentum am Kapital auf; die Stiftung gehört praktisch sich selbst. Sie hat keine Gesellschafter_innen, Eigentümer_innen oder Mitglieder. Der/die Stifter_in regelt mit der Stiftung auch den Stiftungszweck, der auf Dauer festgelegt ist. Dabei darf nicht das Kapital der Stiftung angetastet werden; der Stiftungszweck kann nur aus den Erträgen verfolgt werden. Damit ist die Stiftung grundsätzlich auf Dauer angelegt.

Die Körperschaften des öffentlichen Rechts, zu denen neben einzelnen Einrichtungen auch die Kommunen und die Kirchen zählen, werden durch gesetzliche Regelung durch die öffentliche Hand gezielt eingerichtet oder es können existierende Organisationen als Körperschaft des öffentlichen Rechts anerkannt werden (wie etwa die Kirchen). Eingerichtete Körperschaften werden mit Vermögen ausgestattet, andere Körperschaften verwalten das vorhandene Vermögen eigenständig.

2.4 Selbstfinanzierung durch Rücklagenbildung

Eine weitere Form ist die Finanzierung durch nicht ausgeschüttete Gewinne, die im Unternehmen als Rücklagen verbleiben. Sie wird auch als Selbstfinanzierung bezeichnet, d.h. das Unternehmen finanziert sich durch die eigene Geschäftstätigkeit. Dies stärkt die Eigenkapitalbasis und zeigt ein wirtschaftlich leistungsfähiges Unternehmen an.

Bei nicht steuerbegünstigten, wirtschaftlich orientierten Unternehmen wird zum Ende des Jahres der Jahresgewinn festgestellt. Dieser kann dann an die Eigentümer_innen ausgeschüttet werden oder im Unternehmen verbleiben („thesauriert werden"). Diese werden dann im Folgejahr den Gewinnrücklagen zugeführt. Die Zuführung zu den Rücklagen wird mit Körperschaftssteuer belastet.

In der Sozialwirtschaft treffen wir größten Teils auf steuerbegünstigte („gemeinnützige") Körperschaften im Sinne der Abgabenordnung (AO). Steuerbegünstigung bedeutet eine Befreiung von der Körperschaftssteuer und einer Reihe weiterer Steuern, wenn ein gemeinnütziger Zweck verfolgt wird und die Gewinne nicht ausgeschüttet werden (§ 55 AO Selbstlosigkeit). Unter diese Regelung fallen insbesondere die gemeinnützige GmbH (gGmbH), die meisten Vereine sowie die meisten Stiftungen im Sozialbereich.

Insgesamt wird durch diese Regelung die Selbstfinanzierung begünstigt: Es können keine Gewinne ausgeschüttet werden und es entfällt die Körperschaftssteuer. Allerdings ist die Rücklagenbildung im gemeinnützigen Bereich begrenzt und unterliegt gewissen Begrenzungen. So dürfen Betriebsmittelrücklagen für jährliche Schwankungen gebildet werden (Regelfall bis zu drei Monate). Weiterhin können Rücklagen für die Investition in gemeinnützige Zwecke gebildet werden, also etwa eine Rücklage für den Bau eines für den gemeinnützigen Zweck genutzten Gebäudes. Letztlich gibt es die Möglichkeit, Rücklagen aus Vermögensverwaltung zu bilden und zehn Prozent der Gewinne in eine freie Rücklage zu überführen. Die Rücklagen können allerdings nicht mehr aus der gemeinnützigen Sphäre herausgezogen werden.

2.5 Kreditfinanzierung

Der Kredit ist die Überlassung von Fremdkapital, das nicht mit unternehmerischen Einflussrechten verbunden ist und das in der ursprünglichen Höhe, unabhängig von der unternehmerischen Entwicklung, zurückzuzahlen ist. Der Kreditgeber haftet nicht für Verluste oder Verbindlichkeiten des Unternehmens. Der Kreditgeber erwartet in der Regel eine Verzinsung des Kreditbetrags.

Kredite haben den Vorteil, dass sie in der Regel leichter zu beschaffen sind als Eigenkapital. Allerdings sind sie tendenziell mit höheren Kosten verbunden und das Volumen ist begrenzt. Kreditgeber werden stets die Kreditwürdigkeit des/r Kreditnehmer_in im Blick haben und jeder neue Kredit belastet die Kreditwürdigkeit.

Kredite werden meist nach ihren Kosten (Höhe der Zinsbelastung) und der Dauer ihrer Gewährung beurteilt. Grundsätzlich sollte der Kredit mindestens so lange zur Verfügung stehen wie das Kapital gebunden ist (also bei Immobilienkrediten etwa über die Nutzungsdauer der Immobilie).

In der Industrie und bei der öffentlichen Hand wird dabei häufig auch der formalisierte Kapitalmarkt in Anspruch genommen. Es werden hier Kredite in Form von Anleihen, Obligationen oder Schuldverschreibungen gestückelt und am Kapitalmarkt platziert und gehandelt. In der deutschen Sozialwirtschaft sind solche Formen derzeit kaum anzutreffen.

Der Regelfall in der Sozialwirtschaft ist die Finanzierung über Bankkredite von auf die Sozialwirtschaft spezialisierten Geldinstituten oder allgemeinen Banken und Sparkassen. Gegenstand sind hier meist die Immobilienkredite oder Investitionskredite, bei denen ein konkretes Investitionsprojekt beliehen wird. Weiterhin finden sich jedoch auch Projektfinanzierungen und allgemeine Geschäftskredite zur Liquiditätssicherung.

Ein Sonderfall der Kreditfinanzierung sind die Förderbanken der öffentlichen Hand, von denen Kredite innerhalb bestimmter Programmlinien zu günstigeren Konditionen vergeben werden.

Als Kreditgeber kommen jedoch auch verbundene Unternehmen infrage, also etwa der Kredit eines Trägerverbandes an seine Untergliederungen. Eine weitere Kreditform sind Kundenanzahlungen oder Abschlagszahlungen, die meistens eher formlos gewährt werden. Lieferantenkredite werden gewährt durch die aufgeschobene Zahlung beschaffter Waren.

Mit der Frage nach Krediten ist in der Regel auch die Frage nach der Kreditwürdigkeit und der Sicherheiten verbunden. Meist werden als Sicherheiten die beliehenen Immobilien oder Investitionsgüter verwendet (Sachsicherheit). In der Sozialwirtschaft sind auch die verschiedenen Formen von Patronatserklärungen anzutreffen, also etwa wenn Trägerverbände sich für ihre Untergliederung verbürgen.

2.6 Investitionszuschüsse

Eine Sonderform der betriebswirtschaftlichen Finanzierung in der Sozialwirtschaft sind die Investitionszuschüsse der öffentlichen Hand. Insbesondere zum Bau von Gebäuden gewährt die öffentliche Hand in manchen Fällen (abhängig von Sozialleistungsträger, Arbeitsgebiet, Förderrichtlinie) Zuschüsse.

Diese werden auf Antrag meist als Prozentsatz des Betrags der Kostenschätzung für das Bauvorhaben gewährt. Sie werden mit einer Zweckbindung und Bindungsdauer versehen, in der das Gebäude anschließend für den Zweck genutzt werden muss. Der Investitionszuschuss wird dann in der Regel als korrigierender Sonderposten auf der Passivseite der Bilanz ausgewiesen.

Dem Charakter nach sind Investitionszuschüsse teils Eigenkapital (der Zuschuss steht wie Eigenkapital zur Verfügung), teils Fremdkapital (bei Unternehmensauflösung oder Verkauf muss zurückgezahlt werden).

Insgesamt werden Investitionszuschüsse inzwischen seltener vergeben, da hierdurch Angebotsstrukturen und nicht direkt Sozialleistungen oder Personen finanziert werden. Stattdessen werden bei Leistungsentgelten auch die Investitionskosten vergütet.

2.7 Gründungsfinanzierung

Ein besonderes Problem der betriebswirtschaftlichen Finanzierung ist die Gründungsfinanzierung, wie sie beim Start in die Selbstständigkeit oder in neue soziale Projekte auftritt (Social Entrepreneurship). Die Gründer_innen bzw. Projektinitiator_innen sind selbst häufig nicht sehr kapitalkräftig und haben keine langjährige geschäftliche Erfahrung vorzuweisen. Das Unternehmen existiert noch nicht und oft sind die Projektideen nicht bekannt.

Hier setzen verschiedene Instrumente der Finanzierung an, die sich zwischen Eigen- und Fremdkapital bewegen (mezzanine Finanzierung). Zum einen kann es für Existenzgründer_innen Förderkredite geben. Weiterhin kann es Kreditformen geben, bei der Tilgung und Zinszahlung aufgeschoben werden oder die auf Sicherheiten verzichten. Dies geschieht oft durch Nachrangdarlehen. Stattdessen wird den Kreditgebern eine spätere Beteiligung am hoffentlich erfolgreichen Unternehmen zugesagt. Manchmal werden auch Gegenleistungen in Form von Naturalien oder Dienstleistungen zugesagt.

Als Kreditgeber kommen hier auch nicht-staatliche Förderorganisationen oder Crowdfunding infrage.

3. Leistungsfinanzierung

Die Leistungsfinanzierung bzw. sozialwirtschaftliche Finanzierung beinhaltet die Finanzierung des Leistungsangebots, d.h. in betriebswirtschaftlicher Hinsicht der Umsätze der Sozialunternehmen. Sie wird oft auch als „Refinanzierung“ (der vorfinanzierten Leistungen) bezeichnet (Diakonisches Werk der EKD 1993).

Dabei geschieht der Großteil der Finanzierung unter den Bedingungen des sozialrechtlichen Dreiecksverhältnisses, d.h. Nutzung (Leistungsempfänger_innen) und Finanzierung (öffentlicher Leistungsträger) fallen auseinander.

Für das einzelne Sozialunternehmen bekommt die sozialwirtschaftliche Finanzierungsfrage eine strategische Bedeutung: Leistungserbringung und Finanzierung der Leistungen sind nicht automatisch gekoppelt, wie in einem System mit zahlenden Kund_innen (Nutzer_innen). Die Finanzierungsmöglichkeiten limitieren die Möglichkeiten, durchaus auch als notwendig erachtete soziale Leistungen zu erbringen. Die sozialwirtschaftliche Finanzierung kann daher durchaus als Engpassfunktion des Managements in Sozialunternehmen bezeichnet werden.

Es können so zwei idealtypische „Geschäftsmodelle“ der sozialwirtschaftlichen Unternehmen herausgearbeitet werden:

- Das ideelle Sozialunternehmen stellt den sozialen Auftrag in den Mittelpunkt und sieht die Beschaffung von Finanzmitteln als hierfür notwendige Funktion. Nicht gedeckte Mittel werden aus Eigenmitteln zur Verfügung gestellt, es werden Spenden und freiwilliges Engagement akquiriert und politische Einflussnahme auf eine höhere Finanzierung ausgeübt.
- Das erwerbswirtschaftliche Sozialunternehmen erbringt Leistungen (durchaus auch qualitativ gute Leistungen) gegen Geld. Stehen Mittel zur Verfügung, werden Dienstleistungen erbracht, ohne Mittel wird die Dienstleistung eingestellt.

3.1 Überblick über den Finanzierungsmix

Konzentrieren wir uns im Weiteren auf die typische Konstellation eines freien Trägers der Sozialwirtschaft, der einem Wohlfahrtsverband angehört: Er ist als professioneller Leistungsanbieter tätig, setzt hierfür jedoch auch Eigenmittel ein und unterhält möglicherweise noch wirtschaftliche Geschäftsbetriebe (z.B. Werkstätten).

Die Finanzierung lässt sich dann in drei Bereiche teilen:

- Einen Bereich der Finanzierung durch die öffentliche Hand (also als Leistungsanbieter);
- Einen Bereich der Finanzierung durch wirtschaftlichen Betrieb (als wirtschaftliches Unternehmen),
- Einen Bereich der Finanzierung durch Eigenmittel (als philanthropische Organisation).

Der Anteil der öffentlichen Finanzierung der freien Träger wird mit über 60 % (Puch/Schellberg 2010, S. 25) bis 75 % (Thüringer Ministerium für Wirtschaft, Arbeit und Technologie 2012, S. 18) genannt. Die Anteile variieren jedoch nach Arbeitsfeld – so gibt es etwa in der Pflege oder bei der Kindertagesbetreuung durchaus hohe Anteile an Selbstzahler_innen. Im Rahmen der Sozialgesetze, also unter Berücksichtigung der Selbstzahler_innen, dürfte der Finanzierungsanteil bei über 90 % liegen.

Die Finanzierung durch die Selbstzahler_innen erfolgt in Form von durch die Sozialgesetze regulierten Preisen. Wenn sie jedoch hier umgesetzt werden, sind sie der Finanzierung durch den wirtschaftlichen Betrieb zuzuordnen, der in diesem Bereich jedoch eine hohe Nähe zum entgeltfinanzierten Bereich hat.

Abb. 2: Finanzierungselemente eines Sozialunternehmens (eigene Darstellung)

Die Finanzierung durch den wirtschaftlichen Betrieb umfasst ein weites Spektrum. Viele Leistungsanbieter kennen „Selbstzahler_innen“, etwa im Bereich Pflege, wenn SGB XI-Leistungen aufgebraucht sind und der Bereich der privaten Zuzahlung beginnt, jedoch der Sozialhilfeträger noch nicht einspringen muss. Dieses Angebot ist in der Regel streng durch die Sozialgesetze reglementiert und die Entgelte entsprechen den Entgelten der öffentlichen Hand. Darüber hinaus kann es soziale Zusatzleistungen und „Nebenangebote“ geben, die nicht sozialgesetzlich abgedeckt sind und privat zu zahlen sind. Weiterhin gehören zu den wirtschaftlichen Betrieben die Arbeitseinrichtungen, etwa die Werkstätten für Menschen mit Behinderung, die einerseits sozialwirtschaftlich finanziert sind, deren Arbeitsinhalt eben die Schaffung von Arbeitsplätzen und die damit verbundene Teilnahme am Wirtschaftsleben ist. Letztlich gibt es immer wieder Sozialunternehmen, die wirtschaftliche Betriebe unterhalten und die dann (hoffentlich) Überschüsse erwirtschaften und als Möglichkeit der Quersubvention zur Verfügung stehen. Hierzu gehört der Waffelbackstand am Weihnachtsmarkt (eigentlich ein gastronomischer Betrieb), der selbst betriebene Kiosk in der Einrichtung oder aber der Brauereibetrieb im Eigentum eines Klosters.

Die Finanzierung durch Eigenmittel erfolgt faktisch in jedem Unternehmen, wenn Verluste auftreten und zum Verlustausgleich Rücklagen eingesetzt werden müssen.

Hier ist natürlich der akzeptierte oder gar gewollte Eigenmitteleinsatz aus philanthropischen Motiven gemeint, der trotz effizienter Leistungserbringung notwendig ist. Zu den typischen Finanzierungsformen aus Eigenmitteln (der Katalog ist sicherlich nicht abschließend) gehören die Spenden und sonstigen Zuwendungen (etwa privater Fördereinrichtungen), die Mitgliedsbeiträge, die Entnahme aus Rücklagen (also faktisch der Verlustausgleich) sowie speziell bei der großen Gruppe der konfessionellen Träger der Einsatz von Kirchensteuermitteln. Der Anteil der eingesetzten Eigenmittel wird bei dem typischen Sozialunternehmen, das seinen Schwerpunkt im öffentlich finanzierten Bereich hat, bei unter fünf Prozent Anteil liegen. Dabei kann meist schwer unterschieden werden, ob der Eigenmitteleinsatz auf ideellen Motiven oder auf Unwirtschaftlichkeit beruht – oder ob eben bestimmte Ineffizienzen aus ideellen Motiven akzeptiert sind.

Es gibt natürlich Sozialunternehmen, deren Schwerpunkt auf Fundraising liegt oder die rein mitgliedsbeitrags- oder kirchensteuerfinanziert sind.

3.2 Finanzierung durch die öffentliche Hand

Die Finanzierung durch die öffentliche Hand ist der größte Finanzierungsbereich der Sozialunternehmen. Die Besonderheit der Sozialwirtschaft ist der nicht funktionierende oder fehlende Markt und die besonders mächtige Rolle der öffentlichen Hand als (nahezu) Nachfragemonopolist. Die öffentliche Hand ist bei den meisten Angeboten der Sozialunternehmen der einzige Nachfrager oder zumindest der größte Nachfrager. Gleichzeitig gibt es für soziale Dienstleistungen kaum Vergleichsangebote aus dem „freien Markt", so dass es weder „marktübliche" Qualitätsstandards noch Vergleichspreise gibt.

Dabei bewegt sich die Finanzierung von Sozialunternehmen in einer Reihe von Spannungsfeldern:

Die Finanzierung setzt Anreize und Rahmenbedingungen für die Erbringung sozialer Dienstleistungen und kann insofern die sozialpolitische Steuerung unterstützen. Gleichzeitig soll die eigene Zielsetzung und Autonomie der freien Träger gewahrt werden. Der öffentliche Träger hat auf einen sparsamen Mitteleinsatz zu achten, gleichzeitig hat er den Auftrag, ausreichend Angebote vorzuhalten, also die Existenz einer ausreichenden Zahl von Anbietern zu sichern. Die öffentliche Hand ist zur Überprüfung der wirtschaftlichen Verwendung ihrer Mittel verpflichtet, andererseits können individuelle Situationen von Leistungsempfänger_innen und individuelle Leistungen nur schwer kontrolliert werden.

Insgesamt gibt es hier wohl nicht den einen Königsweg der Finanzierung von Sozialunternehmen, sondern jede Finanzierungsform ist als eine Balance und ein Austarieren dieser verschiedenen Anforderungen zu sehen.

Innerhalb der Finanzierung durch die öffentliche Hand sind drei Sphären zu unterscheiden: Zuschüsse, Vergabeverfahren und Leistungsentgelte.

3.2.1 Zuwendungen

Zuwendungen der öffentlichen Hand an private Institutionen („Zuschüsse") sind Leistungen der öffentlichen Hand, die dann erfolgen können, wenn die öffentliche Hand ein erhebliches Interesse an der Leistung hat und sie ohne den Zuschuss nicht erbracht wird (sinngemäß nach Bundeshaushaltsordnung BHO § 23). Im Bereich der Sozialwirtschaft sind Zuschüsse inzwischen nur noch in Einzelbereichen anzutreffen, etwa bei der Finanzierung von Jugendzentren, Beratungsstellen, Modellprojekten und speziellen Angeboten. Die EU-Förderung ist eine Form des Zuschusses, die ähnlichen Bedingungen wie die Zuschüsse nach deutschem Haushaltsrecht unterliegen.

Zuschüsse werden üblicherweise in Form von Betriebskosten- oder Projektzuschüssen für einen bestimmten Zeitraum geleistet und sind an die Bereitstellung der Leistung (Nachweis von Stellen, Angeboten o.ä.) geknüpft, nicht jedoch an die konkrete Leistungserbringung (also etwa Inanspruchnahme). Für die Gewährung eines Zuschusses ist ein Antrag erforderlich, der den Förder- oder Programmrichtlinien des jeweiligen Zuschussgebers entsprechen muss. Der Zuschuss wird als Bescheid oder in Form eines Zuwendungsvertrags bewilligt.

Bei der Zuschussgewährung sind die geplanten Kosten offenzulegen. Die Kalkulation muss den Haushaltsvorgaben entsprechen, also z.B. Wirtschaftlichkeit und Sparsamkeit zu beachten. Die Kosten dürfen also nicht das „notwendige Maß“ überschreiten und in der Regel wird eine Eigenbeteiligung der Zuschussempfänger_innen erwartet.

Der Zuschuss wird dann gewährt als Festbetrag, als Anteils- oder Vollfinanzierung oder als Fehlbetragsfinanzierung (der anderweitig nicht finanzierte Betrag wird übernommen). Weiterhin werden die Betriebskostenzuschüsse im Sozialbereich üblicherweise als nicht rückzahlbare Zuschüsse („verlorene Zuschüsse“) gewährt; es gibt jedoch auch Fälle von rückzahlbaren Zuschüssen (also letztlich eine Form des Kredits).

Am Ende der Laufzeit eines Zuschusses wird der Verwendungsnachweis geführt, also eine Schlussabrechnung erstellt. Hier muss nachgewiesen werden, dass die Kosten tatsächlich in der Höhe aufgetreten sind.

Die Zuschussfinanzierung ist aus Sicht der öffentlichen Hand gewissermaßen eine „Verlängerung der Verwaltung“; der/die Zuschussempfänger_in ist weitgehend an das öffentliche Haushaltswesen und die Vorgaben der öffentlichen Hand gebunden. Es ist eine geeignete Form, um wenig standardisierte Leistungen oder die Vorhaltung von Infrastruktur bei freien Trägern zu finanzieren. Zuschüsse ermöglichen jedoch keine „Preisvergleiche“ und es werden wenig Leistungs- oder Kostensparanreize bei freien Trägern gesetzt.

Aus Sicht der freien Träger ist der Zuschuss insofern eine einfache Finanzierungsform, da er nicht unter Wettbewerbsbedingungen gewährt wird und die Kosten als Ausgangsbasis gesehen werden. Er ist jedoch mit einer Einbindung in Verwaltungsverfahren verbunden, der die eigenständige Mittelbewirtschaftung erschwert. Weiterhin werden zusätzliche bürokratische Anforderungen durch Anträge, Berichte, Verwendungsnachweise und Rechnungsprüfung gestellt. Manche Träger geraten auch in eine falsche Sicherheit, in dem sie einerseits für einen längeren Zeitraum die Finanzierung gesichert sehen, aber auch langfristige Verpflichtungen (z.B. Arbeitsverträge) eingegangen sind. Es muss dann rechtzeitig während der Zuschussphase bereits in Folgeprojekte investiert werden.

3.2.2 Vergabeverfahren

Der übliche Weg der Beschaffung von Gütern und Leistungen durch die öffentliche Hand außerhalb der Sozialwirtschaft sind die Vergabeverfahren. Ein Vergabeverfahren muss nach dem Gesetz gegen Wettbewerbsbeschränkungen (GWB) für alle öffentlichen Aufträge durchgeführt werden (§ 103). In der Sozialwirtschaft werden Vergabeverfahren in erster Linie im Bereich des SGB II und SGB III durch die Bundesagentur für Arbeit durchgeführt. In den übrigen sozialen Leistungsbereichen sind Vergabeverfahren für die Beschaffung von sozialen Dienstleistungen nur selten anzutreffen.[3]

Das Vergabeverfahren an sich ist keine Finanzierungsform, jedoch ermöglicht es anschließend den Abschluss eines Vertrags, bei dem eine Leistung gegen Entgelt erbracht wird. Die Finanzierungsform ist insofern leistungsbezogen.

3 Die Reform des Vergaberechts sieht explizit auch die Konzessionsvergabe bei sozialen Dienstleistungen vor, die im Anhang IV der EU-Richtlinie 2014/23 (EU-Richtlinie 2014/23) genannt sind (§ 153 GWB). Inwieweit dies Einfluss auf die Bedeutung von Vergaben in Deutschland haben wird, kann an dieser Stelle juristisch nicht beurteilt werden.

Bei einem Vergabeverfahren werden seitens des öffentlichen Auftraggebers eine Leistungsbeschreibung und ein Bewertungsschema vorgegeben. Diese werden veröffentlicht (z.B. der elektronischen Vergabeplattform des Bundes) und alle Anbietern können sich hierauf bewerben mit ihrer Angebotsbeschreibung und dem Preis. Die Angebote werden dann eröffnet und anhand des Bewertungsschemas bewertet. Das wirtschaftlichste Angebot (mit dem günstigsten Preis-Leistungsverhältnis) bekommt dann den Zuschlag.

Das Vergabeverfahren ist für die öffentliche Hand ein Verfahren, dass einer Marktsituation sehr nahekommt: Es können verschiedene Angebote im Hinblick auf Preis und Qualität verglichen werden. Allerdings sind Vergabeverfahren administrativ sehr aufwendig. Insbesondere muss eine sehr klare und im Zweifelsfall rechtlich handhabbare Leistungsbeschreibung vorab erfolgen. Die (partnerschaftliche) Entwicklung von Angeboten wird so nicht möglich. Weiterhin garantieren Vergabeverfahren nicht die ausreichende Bereitstellung von Anbieterstrukturen, was insbesondere im Hinblick auf die Wahlrechte der Leistungsempfänger_innen oder auf regionale Sicherstellung von Angeboten Verwerfungen bringt.

Aus Sicht des Leistungsanbieters ist ein Vergabeverfahren stets ein wettbewerbliches Verfahren, es gibt keine Auftragssicherheit. Es wirkt sich dann auch die geringe Flexibilität der Sozialunternehmen, in andere Wirtschaftsbranchen oder Regionen zu wechseln, nachteilig aus.

Ein zentrales Problem der Sozialunternehmen ist die Füllung der Leistungs- und Qualitätskriterien, die in den Bewertungsschemas zwar gefordert sind, jedoch bei den Angeboten oftmals nicht ausreichend belegt werden können, so dass sie bei der Bewertung ins Gewicht fallen. Andere als die ausgeschriebenen Bewertungskriterien dürfen in der Regel nicht herangezogen werden.

3.2.3 Leistungsentgeltsysteme

Leistungsentgeltsysteme sind die am weitesten verbreitete Finanzierungsform im Bereich der Sozialwirtschaft. Sie ist beherrschend für die Bereiche des SGB VIII, XI und XII sowie dem künftigen SGB IX (nach Umsetzung des Bundesteilhabegesetzes BTHG). Sie sind in den jeweiligen Sozialleistungsgesetzen im vertragsrechtlichen Teil geregelt (§§ 78aff. SGB VIII, §§ 82ff. SGB XI, §§ 75ff. SGB XII, §§ 123ff. SGB IX nach BTHG).

Ein Leistungsentgeltsystem besteht aus einer allgemeinen und einer fallbezogenen Ebene: Es werden zunächst grundsätzlich die Leistungen abstrakt beschrieben und eine hierfür fällige Vergütung zwischen Leistungsträger und dem Leistungsanbieter vereinbart. Bei der Inanspruchnahme der Leistung im Einzelfall wird dann die entsprechende Vergütung abgerechnet.

Leistungsentgeltsysteme sind somit ein leistungszeitbezogenes Entgelt (Tagessätze, Fachleistungsstundensätze) oder umfassen sogar inhaltlich und nicht zeitlich beschriebene Leistungen (Leistungskomplexe oder Leistungsmodule in der ambulanten Pflege). Die Leistungsentgeltsysteme sind damit subjektorieniert (Brinkmann 2010, S. 161), d.h. die Finanzierung folgt dem/r Leistungsempfänger_in.

Bei einem Leistungsentgeltsystem werden zunächst Leistungsvereinbarungen zwischen dem öffentlichen Träger und dem Leistungsanbieter geschlossen. Hier werden die Leistungen und allgemeine Bedingungen der Leistung, der Entgeltkalkulation und der Abrechnung beschrieben. Dies geschieht über Rahmenvereinbarungen auf Landesebene und konkrete Leistungsvereinbarungen auf Einrichtungsebene. Die Leistungsvereinbarungen sind in der Regel auf Dauer geschlossen. Anschließend werden für die einzelne Einrichtung Entgeltvereinbarungen (Vergütungsvereinbarungen, Pflegesatzvereinbarungen) geschlossen, die die konkrete Höhe der Vergütung regeln. Diese werden für eine bestimmte Laufzeit abgeschlossen und dann neu verhandelt (wobei manchmal die Verhandlung nur in einer pauschalen Anpassung der vorherigen Vergütungen besteht).

Grundlage der Vergütungsvereinbarung ist eine Entgeltverhandlung. Bei der Entgeltverhandlung werden die erwarteten („prospektiven") Kosten und die erwartete Leistungsmenge nach einem einheitlichen Schema ermittelt. Sozialleistungsträger und Leistungsanbieter verhandeln dann die Höhe. Die Verhandlungen sind nicht völlig frei, so müssen etwa die Entgelte „leistungsgerecht" sein, also die Leistungserbringung überhaupt ermöglichen (kein Dumping), es müssen ortsübliche Tariflöhne gezahlt werden, es müssen die in den Leistungsvereinbarungen geforderten Mindestanforderungen erfüllt und auch vergütet werden etc.

Aus Sicht der öffentlichen und der freien Träger ist das Leistungsentgeltsystem wohl am ehesten geeignet, die Partnerschaftlichkeit zwischen freien und öffentlichen Trägern herzustellen. Je nach Verhandlungsführung werden ein Dialog und eine gemeinsame Entwicklung möglich.

Gegenstand der Leistungsentgelte sind derzeit in der Regel Tages- oder Stundensätze. Sie setzen damit finanzielle Anreize in Richtung einer Mengenexpansion. Durch geeignete Wahl der Inhalte der Leistungsentgelte – Maßnahmepauschalen, Einzelleistungen etc. – können die Anreize in andere Richtungen gelenkt werden. In diesem Zusammenhang dürfte in Zukunft die Berücksichtigung von Wirkungen bei Finanzierungssystemen interessant werden (wie es etwa im künftigen SGB IX § 125 Abs. 1 Satz 1).

Für den freien Träger bedeutet ein Leistungsentgeltsystem einen begrenzten Wettbewerb: Die Leistungsvereinbarung an sich wird zwar nicht unter Wettbewerbsbedingungen geschlossen, jedoch müssen die Entgelte auch dem Vergleich anderer Entgelte standhalten. Außerdem sind die Inanspruchnahme des Leistungsanbieters und damit die konkrete Finanzierung nicht garantiert, sondern Ergebnis des Wahlrechts des/r Leistungsempfänger_in (oder der Zuweisung des Leistungsanbieters).

3.3 Weitere Finanzierungsformen

Hier nicht näher behandelt wird die Finanzierung durch Spenden, Förderinstitutionen und Eigenmittel im Rahmen der philanthropischen Finanzierung („Fundraising"). Hier geht es vorrangig um die Gewinnung von freiwillig zur Verfügung gestellten Mitteln, in der Regel aus ideellen, moralischen Motiven. Diese Finanzierungsform ist – anders als die sozialwirtschaftliche Finanzierungsform – stark auf ein Kommunikationskonzept gebaut („Marketing für den guten Zweck").

Im Rahmen eines wirtschaftlichen Geschäftsbetriebs arbeiten insbesondere die Arbeitseinrichtungen – Werkstätten für Menschen mit Behinderung, Jugendwerkstätten, Integrationsfirmen etc. Sie nehmen am gewerblichen Wirtschaftsleben teil und erfüllen ihre soziale Aufgabe durch die Integration ihrer Klientel in Arbeit. In diesen Unternehmen findet sich in der Regel eine Mischfinanzierung, bei der entweder Lohnkostenzuschüsse für die Beschäftigten (Integrationsfirmen) gezahlt werden oder aber eine Teilfinanzierung durch Leistungsentgelte (WfbM) erfolgt. Im zweiten Fall ist eine rechnerische Trennung von öffentlich und wirtschaftlich finanziertem Bereich notwendig, um eine versteckte Subventionierung des wirtschaftlichen Geschäftsbetriebs zu vermeiden.

In öffentlichen Unternehmen ist die Finanzierung in der Regel abhängig von der Unternehmensform: Bei öffentlichen (kommunalen) Unternehmen, etwa einer GmbH in öffentlicher Trägerschaft, erfolgt die Finanzierung wie bei anderen Sozialunternehmen. Bei öffentlichen Verwaltungen erfolgt die Finanzierung durch die Zuweisung interner Haushaltsmittel.

4. Finanzierung als Suchprozess und als strategische Entscheidung

Die Finanzierung von Sozialunternehmen entsteht nicht auf einem Markt durch „unsichtbare Hand" und es gibt nicht das einzig wahre Finanzierungsmodell. Vielmehr ist das Finanzierungssystem Resultat der handelnden Akteure und ihrer Interessen, teils gezielt gesteuert, teils emergent. Jedes Finanzierungssystem hat Steuerungseffekte und Nebenwirkungen, etwa finanzielle Mehrbelastung, Bürokratieaufwand, Überversorgung, fehlende Infrastruktur usw. Sie sind teils durch das Finanzierungssystem gewollt, teils wird die Wirkung erst nach Einführung des Finanzierungssystems deutlich. Es entsteht so ein Problem- und Handlungsdruck, durch den sich die Akteure wieder auf den Weg zu neuen Finanzierungssystemen machen.

So ist die verstärkte Einführung von Leistungsentgeltsystemen in den 90er Jahren durch die fehlenden Leistungsanreize und Sparanreize bei der Vollkostenfinanzierung durch Zuschüsse zu erklären, die Einführung von Fallpauschalen im Krankenhausbereich aus den zu langen Liegezeiten und das Nachdenken über personenzentrierte Vergütungen aus der pauschalen Versorgung in stationären Einrichtungen.

Finanzierung ist jedoch nichts, was durch die Gesellschaft oder die öffentliche Hand dem Sozialunternehmen „zustößt". Vielmehr ist die Finanzierung eben auch Teil der strategischen Entscheidung des einzelnen Leistungsanbieters, wobei sich inhaltliche Strategie und Finanzierungsstrategie gegenseitig bedingen. Durch die Wahl der eigenen Geschäftsfelder bzw. des Portfolios begeben sich Unternehmen in bestimmte Finanzierungsregimes. Durch die Gestaltung der inhaltlichen Angebote und Kostenstrukturen werden die eigenen Handlungsspielräume im Finanzierungsregime bestimmt. Durch neue Angebote bis hin zu neuen Geschäftsmodellen können jedoch auch neue Finanzierungssysteme aufgebaut werden.

5. Literatur

Ariely, Dan (2008): Denken hilft zwar, nützt aber nichts. München: Droemer.
Bachert, Robert/Schmidt, Andrea (2010). Finanzierung von Sozialunternehmen. Freiburg i.Br.: Lambertus.
Becker, Hans-Paul (2016): Investition und Finanzierung. Wiesbaden: Springer.
Becker, Hans-Paul (2009): Investition und Finanzierung. Wiesbaden: Gabler.
Brinkmann, Volker (2010): Sozialwirtschaft. Wiesbaden: Gabler.
Diakonisches Werk der EKD (Hrsg.) (1993): Leitfaden zur wirtschaftlichen Führung diakonischer Einrichtungen. Stuttgart: Verlagswerk der Diakonie.
EU-Richtlinie 2014/23. (2014): Richtlinie 2014/23/EU des Europäischen Parlaments und des Europäischen Rates.
Gabler (Hrsg.) (2013): Gabler Wirtschaftslexikon. Wiesbaden: Gabler.
Kaspers, Uwe/Kennerknecht, Sonja/Schellberg, Klaus (2017) Kostenmanagement in Sozialunternehmen. Regensburg: Walhalla.
Meffert, Herbert/Kirchgeorg, Manfred/Burmann, Christoph (2015): Marketing. Wiesbaden: Gabler.
Puch, Hans-Joachim/Schellberg, Klaus (2010): Sozialwirtschaft Bayern. Umfang und wirtschaftliche Bedeutung. Nürnberg.
Rock, Joachim (2015): Nicht Teil des Problems, sondern der Lösung sein. In: Sozialwirtschaft 26, H. 3, S. 24-25.

Thommen, Jean-Paul (2007): Betriebswirtschaftslehre. Zürich: Versus.
Thüringer Ministerium für Wirtschaft, Arbeit und Technologie (Hrsg.) (2012): Sozialwirtschaftsbericht Thüringen. Erfurt: Eigenverlag.
Wendt, Wolf Rainer (2003): Sozialwirtschaft – eine Systematik. Baden-Baden: Nomos.
Wöhe, Günter (1993): Einführung in die Betriebswirtschaftslehre. München: Vahlen.

Rechnungswesen in Sozialunternehmen

Klaus Schellberg

1. Rechnungswesen und Soziale Arbeit

Rechnungswesen und Soziale Arbeit – es sind zwei Welten, die auf den ersten Blick nicht viel gemeinsam haben. Auf der einen Seite gibt es systemisches Denken, Empathie, Haltung. Auf der anderen Seite gibt es Ziele, werden Wirtschaftlichkeit und Ergebnisse beurteilt. Die Währung der einen sind Menschenrechte, Nächstenliebe und Solidarität, die Währung der anderen sind Geld und Wirkung. Die Klischees und Vorurteile könnten noch lange fortgesetzt werden.

Und dennoch sind diese beiden Disziplinen eng miteinander verwoben – und sich in vielen Bereichen sogar ähnlich. Soziale Arbeit, wenn sie in einem professionellen Umfeld erfolgt und durch irgendjemanden bezahlt wird, hat eine finanzielle Seite. Sie verbraucht bezahlte Ressourcen und muss hierfür Erträge erwirtschaften. Das Rechnungswesen ist die finanzielle Abbildung der realen Aktivitäten einer Organisation – in der Sozialen Arbeit ebenso wie in der Industrie, in einer Werbeagentur, einem Architekturbüro, in der Arztpraxis oder in der Justiz.

Dies lässt sich an folgender Grafik darstellen:

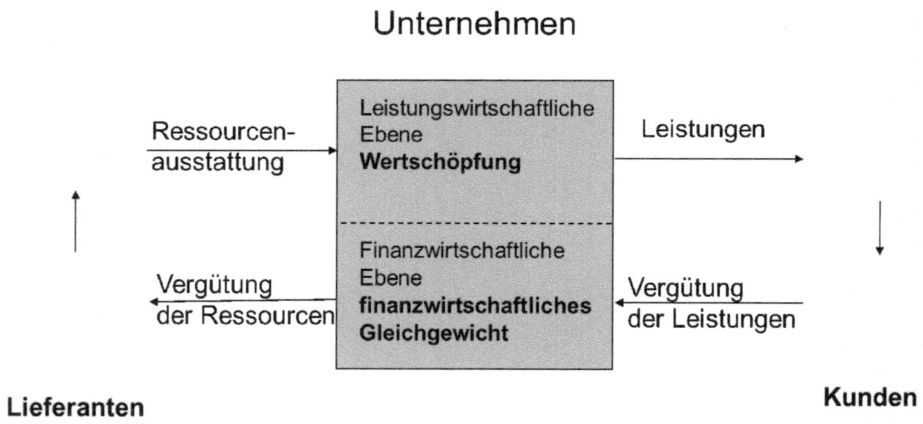

Abb. 1: Unternehmensmodell (eigene Darstellung)

Ein Unternehmen ist davon geprägt, dass es Leistungen an die Umwelt abgibt. Diese Leistungen können materielle Produkte sein, aber auch soziale, pädagogische, pflegerische Dienstleistungen. Manchmal kann die Leistung eines Unternehmens auch sehr abstrakt sein, indem die Vorhaltung eines Angebots alleine schon eine Leistung darstellt, wie z.B. bei einer Feuerwache, einer Krisenberatungsstelle oder der ‚offenen Tür' einer Kirche. Für die Erstellung dieser Leistungen wird eine Ressourcenausstattung benötigt, also haupt- und ehrenamtliches Personal, Lebensmittel, Energie, Räumlichkeiten etc. Diese werden im Wertschöpfungsprozess so miteinander kombiniert, dass hieraus Leistungen entstehen. Aus einzelnen Ressourcen entsteht also in diesem Prozess ein Wert, der höher als die einzelnen Ressourcen zusammen bewertet wird. Dies ist der ‚Produktionsprozess' im Sinne der betriebswirtschaftlichen Lehrbücher, bei dem z.B. aus Einzelteilen, menschlicher und maschineller Arbeit durch einen Kombinationsprozess ein Kugelschreiber entsteht (Weiteres zum Unternehmensmodell: Schellberg 2011, S. 31ff.)

In unseren Organisationen der Sozialwirtschaft sind dies die fachlichen Prozesse der Sozialen Arbeit. Wir nennen dies künftig allgemein ‚reale Geschäftsprozesse'. Auch hier entsteht durch eine systematische Kombination von Ressourcen eine Leistung, die mehr Wert ist als die Summe der einzelnen Ressourcen. Nur dieser Mehrwert legitimiert die Existenz eines Unternehmens. – Gibt es diesen Mehrwert nicht, bräuchte die Gesellschaft das Unternehmen nicht.

Abb. 2: Wertschöpfungsprozess (eigene Darstellung)

Diesem Wertschöpfungsprozess steht spiegelbildlich eine finanzwirtschaftliche Seite gegenüber. Die eingesetzten Ressourcen müssen vergütet werden, also Gehälter und Stromrechnungen bezahlt werden. Hierzu bedarf es einer Vergütung der Leistungen in Form von Leistungs- oder Pflegeentgelten, öffentlichen Zuschüssen oder Spenden. Um langfristig überhaupt Ressourcen beschaffen zu können, müssen die Zuflüsse mindestens so hoch sein wie die Abflüsse für Ressourcen. Dies zu analysieren ist Aufgabe des Rechnungswesens.

Das Rechnungswesen hat dabei stets eine untergeordnete Bedeutung: Es hat kaum eigene Funktionen und Steuerungsmöglichkeiten. Vielmehr werden die Kosten und die Erträge weitgehend durch die leistungswirtschaftliche Ebene determiniert. Die Soziale Arbeit legt z.B. den erforderlichen Personaleinsatz und den Inhalt der erbrachten Leistungen fest. Das Management legt zentrale Organisationsstrukturen fest, Tarifverträge und Vergütungsvereinbarungen mit der öffentlichen Hand. Das Rechnungswesen kann diese Festlegungen nur nachvollziehen. Kosten- und Ertragssteuerung erfolgen weitgehend in der realen Welt. Nur in kleinen Bereichen, etwa bei der Gestaltung von Abschreibungen, von Umlageschlüsseln o.ä. kann das Rechnungswesen mitsteuern.

2. Aufgabenbereiche des Rechnungswesens

Das Rechnungswesen im weiteren Sinne umfasst folgende Aufgaben:

- Die Buchhaltung (Rechnungswesen im engeren Sinne) erfasst die laufenden Geschäftsvorfälle
- Die (Bilanz-)Buchhaltung erstellt aus den Buchhaltungsdaten einen Jahresabschluss oder Haushaltsabschluss für externe Partner (Steuerbehörden, Banken, Geschäftspartner)
- Die sozialwirtschaftliche Finanzierung erfolgt über die ‚Entgeltabteilungen', die aus den Buchhaltungsdaten die Kalkulationsgrundlagen für Entgeltverhandlungen (oder auch Zuschüsse, Vergaben etc.) erstellen

- Die Kapitalfinanzierung sorgt für die Bereitstellung des Eigen- und Fremdkapitals; sie hat eine gewisse eigene Realität und schafft eine wechselseitige Beeinflussung zu den realen Geschäftsvorfällen und der Buchhaltung
- Die interne Kosten- und Leistungsrechnung baut auf den Buchhaltungsdaten auf und ermittelt hieraus die Daten für die interne Analyse der finanziellen Situation
- Das Controlling baut auf der Kosten- und Leistungsrechnung sowie eigenen Erfassungen auf und liefert hier Managementinformationen
- Speziell im öffentlichen Bereich ist die Haushaltsplanung eine wichtige Funktion durch die Erstellung und Bewirtschaftung des Haushaltsplans. In anderen, nicht-öffentlichen Großorganisationen, wird das durch die Budgetierung ersetzt

Der Zusammenhang lässt sich wie folgt darstellen:

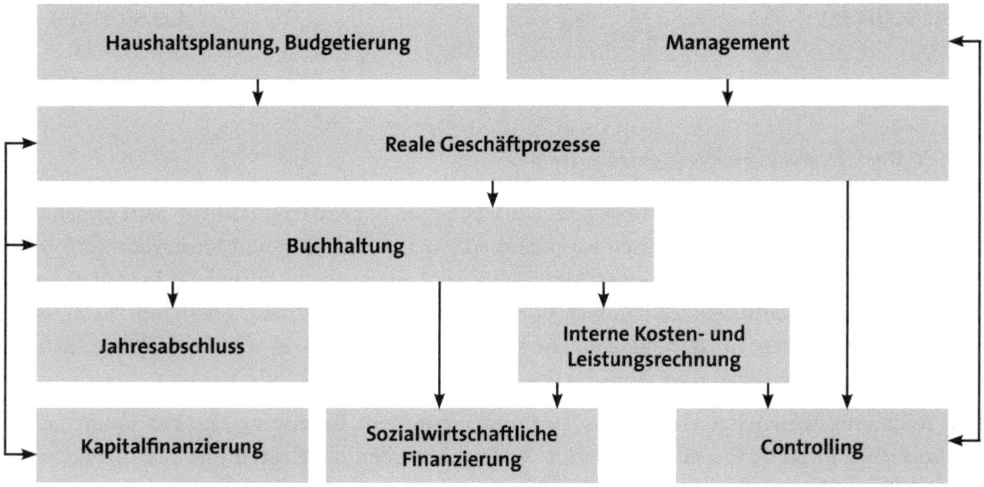

Abb. 3: Aufgabenbereiche des Rechnungswesens im weiteren Sinne (eigene Darstellung)

In diesem Beitrag werden speziell die Aufgaben der Buchhaltung, des Jahresabschlusses und der internen Kosten- und Leistungsrechnung behandelt werden.

3. Die Welten des Rechnungswesens

Das Rechnungswesen bewegt sich im Prinzip in zwei großen Welten, die sich weniger im Hinblick auf ihre Grundverfahren als auf ihre Zielrichtung unterscheiden:

Das kaufmännische Rechnungswesen (‚doppelte Buchhaltung') ist das Rechnungswesen der ‚Kaufleute' im Sinne des Handelsgesetzbuches. Diese Form des Rechnungswesens ist streng abschlussorientiert, d.h. jedes Jahr beginnt gewissermaßen ‚auf der grünen Wiese' und am Ende des Jahres soll der Jahresabschluss feststellen, wie wirtschaftlich erfolgreich das Jahr war. Der Jahresabschluss in Form von Bilanz und Gewinn- und Verlustrechnung stehen im Mittelpunkt.

Das kameralistische Rechnungswesen ist das Rechnungswesen der öffentlichen Hand. Dies sind die Verwaltungen und die Körperschaften des öffentlichen Rechts, die soziale Dienstleistungen erbringen. Die Kameralistik stellt den Haushaltsplan in den Mittelpunkt über den ein (demokratisches) Gremium einen Beschluss fasst und dann eine Vorgabe für die Verwaltung ist. Das Ergebnis ist eher nachrangig.

Beide Formen des Rechnungswesens haben ihre wichtigen Aspekte:

Im kaufmännischen Rechnungswesen herrscht der ‚wertmäßige Kostenbegriff' vor. So wird mit Abschreibungen der Verbrauch von Investitionen über die Nutzungsdauer verteilt. Mit Rückstellungen werden in der Zukunft aufgebaute Verbindlichkeiten abgebildet usw. Weiterhin hat das kaufmännische Rechnungswesen Vorteile durch die Darstellung von Vermögen in der Bilanz, zusätzlich zur Erfolgsrechnung (Gewinn- und Verlustrechnung). Letztlich hat sich im kaufmännischen Denken ein umfangreiches Instrumentarium der Kostenrechnung mit dem Ziel der Zuordnung von Kosten zu einzelnen Kostenstellen und Produkten herausgebildet. Diese Aspekte werden durch die Einführung der Doppik, einer Adaption des kaufmännischen Rechnungswesens für die öffentliche Hand, mit berücksichtigt.

Das kameralistische Rechnungswesen hat seinen Vorteil in der Planungsorientierung, mit der ein Entscheidungsgremium das Handeln der Organisation transparent vorplant – und zum Teil sogar zum Gegenstand demokratischer Willensbildung macht. Dies ist in der öffentlichen Hand durch die klare Bindung der Verwaltung an Gesetzesvollzug und im Umgang mit fremdem Geld zwingend notwendig. Anders als im kaufmännischen Bereich gibt es hier keine/n frei, in eigener Verantwortung handelnde/n Unternehmer.

Allerdings herrscht mittlerweile auch in der Privatwirtschaft eine Trennung zwischen Eigentümer (Aktionär, Gesellschafter) und administrativer Ebene (Manager) vor. Hinsichtlich der Planungsrechnung werden zwar im kaufmännischen Bereich ebenso verschiedene Formen wie Budgetierung, Plankostenrechnung und Wirtschaftspläne verwendet, jedoch sind sie kein verbindlicher und integraler Bestandteil des Rechnungswesens.

Beiden Rechnungsformen ist dagegen gemeinsam, dass Geschäftsvorfälle in finanzielle Größen übersetzt und in geeigneter Form dokumentiert werden. In diesem Beitrag wird im weiteren Verlauf das kaufmännische Rechnungswesen behandelt.

4. Buchhaltung und Jahresabschluss

4.1 Die Pflichten zur Rechnungslegung

Buchhaltung und Jahresabschluss sind rechtlich stark regulierte Bereiche. Die zentralen Normen stammen aus dem Handelsgesetzbuch (HGB) und gelten zunächst nur für Kaufleute. Kaufmann/-frau ist, wer eine kaufmännische Rechtsform wählt (z.B. GmbH, gGmbH, AG, Genossenschaft) oder einen kaufmännisch eingerichteten Geschäftsbetrieb unterhält, wozu soziale Einrichtungen auch zählen können. Ein Kennzeichen hierfür ist etwa der eingerichtete, auf Austausch angelegte Betrieb (z.B. Pflegedienstleistung gegen Pflegevergütung).

Es gibt eine Reihe weiterer Rechnungslegungspflichten, die zwar nicht die streng formalisierte Rechnungslegung nach HGB vorsehen. Es bietet sich jedoch an, sich an den handelsrechtlichen Vorgaben weitgehend zu orientieren, um diesen Pflichten nachzukommen.

In bestimmten Arbeitsbereichen der Sozialwirtschaft wird eine Rechnungslegung gefordert, die sich am HGB orientiert (Pflege- und Krankenhausbuchführungsverordnung, Werkstättenverordnung).

Die steuerlich relevante Abgabenordnung (AO), die die Gemeinnützigkeit regelt, fordert von den Unternehmen ebenfalls eine Rechnungslegung, entweder für die Steuererklärung oder den Nachweis der Gemeinnützigkeit. Für gemeinnützige Unternehmen müssen hier nur Einnahmen und Ausgaben nachgewiesen werden und nicht zwingend die kaufmännische Rechnungslegung angewendet werden.

Das Vereinsrecht fordert von den Vereinen ebenfalls ein Rechnungswesen mit gewissen Mindestanforderungen. Dies dient zunächst der Transparenz und Rechenschaft in der Mitgliederversammlung. Vereine sind aber auch verpflichtet, eine drohende Insolvenz zu erkennen und gegebenenfalls Insolvenzantrag zu stellen. Durch die kaufmännische Rechnungslegung kann dieser Pflicht, eine Insolvenz rechtzeitig zu erkennen, nachgekommen werden.

Weiterhin werden die Banken als Kreditgeber in der Regel auf einen kaufmännischen Jahresabschluss, im Idealfall von dem/r Wirtschaftsprüfer_in testiert, zurückgreifen, um die Kreditwürdigkeit ihrer Schuldner_innen zu überprüfen. Jede Bank ist aufgrund des Kreditwesengesetzes (KWG) verpflichtet, bei einer Kreditsumme von mehr als 750.000 Euro in jedem Jahr Einblick in die Bilanz des/r Kreditnehmer_in zu nehmen.

Sicherlich hat auch die Entwicklung von IT-Lösungen für die Buchhaltung dazu geführt, dass das kaufmännische Rechnungswesen mittlerweile zum ‚Standard' geworden ist.

4.2 Buchhaltung

Der erste Schritt des Rechnungswesens ist die Buchhaltung. Die Buchhaltung erfasst die Geschäftsvorgänge in finanziellen Größen. Sie ist die Schnittstelle zwischen den realen Prozessen und den finanzwirtschaftlichen Prozessen. Die Erfassung erfolgt dabei über Belege und über die Inventur (die physische Erfassung von Beständen und Investitionsgütern). Die Qualität dieser ersten Erfassung entscheidet auch über die spätere Aussagekraft der Daten des Rechnungswesens. Ein an dieser Stelle falsch zugeordneter Rechnungsbetrag wird in allen späteren Auswertungen an falscher Stelle erscheinen.

Die Buchung erfolgt dann in Buchungssätzen, die in der kaufmännischen Buchhaltung stets zwei Konten berührt, jeweils eine auf der Soll- und eine auf der Habenseite. Dies ermöglicht insbesondere, durch die Buchungssätze einen Bezug zwischen der Vermögensrechnung (Beständen) und der Erfolgsrechnung (Ertrag und Aufwendungen) herzustellen. So wird beispielsweise die Überweisung einer Rechnung als Überweisung auf das Konto Bank gebucht (Soll) und die ‚Herkunft' auf das Konto Leistungserträge gebucht (Haben).

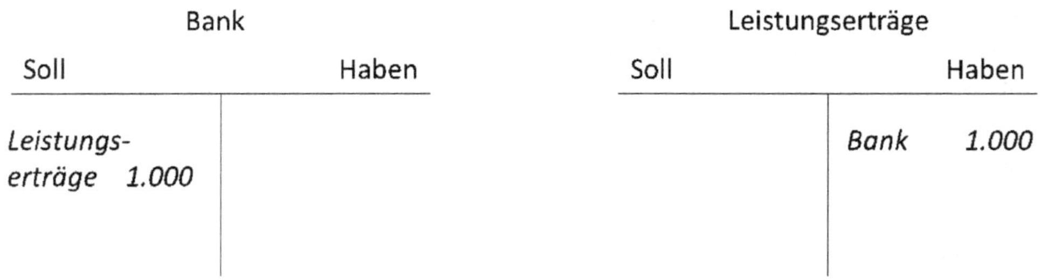

Abb. 4: Buchungsvorgang auf der Soll- und Habenseite (eigene Darstellung)

Das Bankkonto ist ein typisches Bestandskonto, die Leistungserträge ein typisches Erfolgskonto. Bestandskonten erfassen alle Positionen, die Bestände darstellen, die im Unternehmen verbleiben. Hierzu gehören beispielsweise die Forderungen, die Bankkonten, die Kredite. Erfolgskonten sind alle Aufwands- und Ertragskonten, also solche, die Zu- und Abflüsse ins bzw. vom Unternehmen darstellen.

Die Konten der Buchhaltung werden in einem Kontenplan sortiert; die Kontenpläne der einzelnen Unternehmen orientieren sich dabei in der Regel an einem bestehenden Kontenrahmen, der dann betriebsindividuell angepasst wird. Die Logik des Kontenplans und die korrekte Zuordnung der Geschäftsvorfälle bestimmen im weiteren Verlauf auch die Auswertungsmöglichkeiten der Kostenrechnung. Daten, die hier nicht getrennt erfasst wurden (also z.B. Fachbücher und Zeitschriften werden auf einem Konto erfasst), können später nicht oder nur mit besonderem Aufwand wieder getrennt werden.

Insbesondere wird zu entscheiden sein, ob nach Kostenstellen (Organisationseinheiten im betriebswirtschaftlichen Sinn) gebucht werden soll. In dem Fall würden eigene Konten für die Kostenstellen benötigt. Die Komplexität in der Buchhaltung nimmt zu – ebenso wie die Auswertungsmöglichkeiten.

Die Buchungen im Laufe eines Jahres werden am Ende des Jahres in der Bilanz und der Gewinn- und Verlustrechnung aggregiert. Hier befindet sich dann die Ermittlung des wirtschaftlichen Ergebnisses eines Jahres. Die Bestandskonten werden in der Bilanz, die Erfolgskonten in der Gewinn- und Verlustrechnung abgeschlossen. Mit dieser doppelten Erfassung und der Verknüpfung von Bestandskonten und Erfolgskonten ist es möglich, das wirtschaftliche Ergebnis auf zwei Wegen, einem Vermögensvergleich und dem Saldo von Erträgen und Aufwand sozusagen ‚doppelt' zu ermitteln. Daher wird diese Form der Buchhaltung auch ‚doppelte Buchhaltung' genannt.

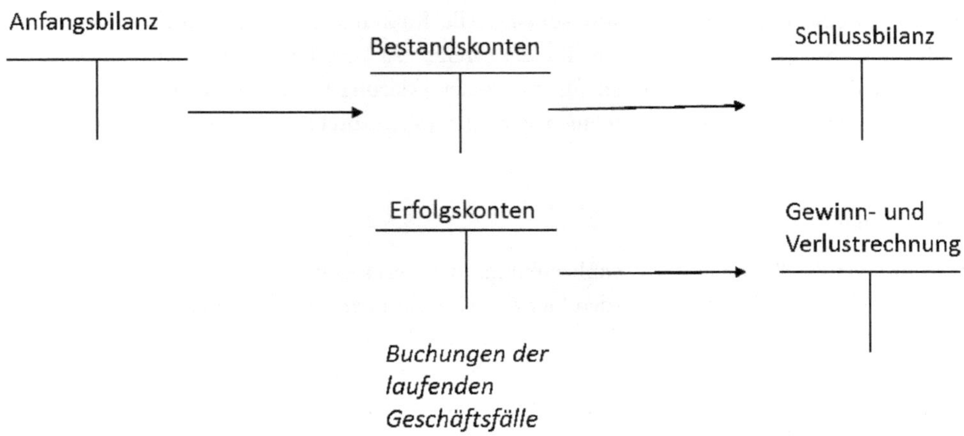

Abb. 5: Laufende Geschäftsvorfälle und Jahresabschluss (eigene Darstellung)

Die Schlussbilanz des laufenden Jahres wird zur Anfangsbilanz des Folgejahres, nachdem über die Gewinnverwendung (Ausschüttung oder Verbleib im Unternehmen) entschieden wurde.

Eine Gewinnausschüttung ist in gemeinnützigen Unternehmen (der Regelfall in der Sozialwirtschaft) nicht zulässig.

4.3 Der wertmäßige Kostenbegriff

Eine zentrale Verständniskategorie für die kaufmännische Buchhaltung ist der ‚wertmäßige Kostenbegriff'. Dies bedeutet, dass Kosten stets dann als Kosten gebucht werden, wenn der Werteverbrauch stattfindet und nicht dann, wenn das Geld fließt. Ein Beispiel: Wird ein neues Fahrzeug angeschafft, so fließt in dem Jahr des Kaufes Geld. Allerdings wird damit nur der Wert ‚Geld' in den Wert ‚Fahrzeug' getauscht. Das Gebäude steht dann als Wert zur Verfügung (auf der Aktivseite der Bilanz). Erst über die Jahre hinweg wird das Fahrzeug älter und die Abnützung wird als Werteverbrauch verbucht. Dies ist die Abschreibung. Der Kauf des Fahrzeugs ist zwar ein Abfluss von Zahlungsmitteln, jedoch kein Werteverlust. Mit der Abschreibung entsteht ein Werteverlust, jedoch kein Abfluss von Zahlungsmitteln.

Analog entstehen Erträge erst, wenn die Wertschöpfung erfolgt, nicht beim Zufluss von Zahlungsmitteln.

4.4 Jahresabschluss

Das Handelsgesetzbuch verpflichtet die Kapitalgesellschaften, einen Jahresabschluss, der insbesondere aus Bilanz, Gewinn- und Verlustrechnung (GuV), Anhang und Lagebericht besteht, vorzulegen. Diese Jahresabschlüsse werden auch publiziert, so dass die wirtschaftliche Lage für Außenstehende einsehbar ist. Dies dient der Transparenz und der Verlässlichkeit im Geschäftsverkehr. Insbesondere für Kreditgeber (Banken) oder bei Aktiengesellschaften für Aktionär_innen ist dies eine wichtige Informationsquelle. Alle Kapitalgesellschaften (nicht Vereine) sind verpflichtet, ihre Jahresabschlüsse im Bundesanzeiger zu veröffentlichen. Weiterhin wird der Jahresabschluss den Steuerbehörden für die Steuererklärung vorgelegt. Im Fall der steuerbegünstigten, gemeinnützigen Unternehmen wird der Jahresabschluss benötigt, um die Gemeinnützigkeit zu überprüfen.

4.4.1 Die Bilanz

Im Prinzip ist die Bilanz eine Gegenüberstellung der Vermögensgegenstände und des Kapitals des Unternehmens. Als Kapital werden hier die Mittel tituliert, mit denen das Vermögen finanziert wurde. Auf der Aktivseite (linke Seite) wird das Vermögen, auf der Passivseite (rechte Seite) das Kapital erfasst. Die Bilanz hat stets auf beiden Seiten die gleiche Summe – alle Vermögensgegenstände sind durch Kapital abgedeckt und umgekehrt. Eine Bilanz könnte dann wie folgt aussehen (siehe Abb. 6).

Die Aktivseite bestimmt alle Vermögenswerte, die sich im Eigentum der Sozialwerke gGmbH befinden. Die Vermögenswerte werden regelmäßig über eine Inventur, eine physische Bestandsaufnahme, mit den Bilanzwerten verglichen. Grundsätzlich werden alle Vermögensgegenstände, die über einem Wert von 150 Euro liegen, längerfristig (länger als ein Jahr) im Unternehmen verbleiben und sich im Eigentum des Unternehmens befinden, ‚aktiviert' (also auf die Aktivseite der Bilanz geschrieben). Bei der Bewertung der Vermögensgegenstände bestehen gewis-

Bilanz der Sozialwerke Übungsstadt gGmbH zum 31.12.20...

Aktivseite			*Passivseite*
Immaterielle Vermögenswerte	10.000	Gezeichnetes Kapital	50.000
Gebäude	565.000	Rücklagen für satzungsmäßige Zwecke	300.000
Finanzanlagen	50.000	Bilanzverlust	-10.000
Forderungen	25.000	Sonderposten aus Investitionszuschüssen	200.000
Forderungen	50.000	Rückstellungen	100.000
Bankguthaben	100.000	Kredite	160.000
Summe Aktiva	*800.000*	*Summe Passiva*	*800.000*

Abb. 6: Beispielbilanz (eigene Darstellung)

se Spielräume, wobei grundsätzlich das ‚Vorsichtsprinzip' angewendet wird: Die Vermögensgegenstände werden zu dem niedrigsten möglichen Wert angesetzt, um nicht eine Überschätzung der Vermögenslage zuzulassen. Bestes Beispiel hierfür ist die Immobilienbewertung: Eine Immobilie in bester Lage in der Stadt wurde vor 25 Jahren angeschafft und ist zur Hälfte abgeschrieben. Mittlerweile ist der mögliche Verkehrswert der Immobilie gestiegen. Dennoch wird die Immobilie zu dem niedrigeren Anschaffungswert abzüglich der bisher getätigten Abschreibungen angesetzt.

Das Gebäude wird zum Anschaffungs- oder Herstellungswert angesetzt. Die Positionen des Anlagevermögens werden jedes Jahr um die Abschreibungen (periodisierter Verbrauch von Investitionen) verringert.

Unter ‚Finanzanlagen' finden sich im Sozialbereich in der Regel die Beteiligung an (Tochter-) Unternehmen, manchmal auch Anleihen oder Aktien.

Die Sozialwerke gGmbH verfügt über immaterielle Vermögenswerte, dies sind bei Unternehmen des Sozial- und Gesundheitswesens in der Regel Software-Lizenzen. Zum Umlaufvermögen gehören der Bestand an Vorräten (z.B. Rohmaterial einer Werkstatt, Lebensmittel einer stationären Einrichtung), die ausstehenden Forderungen (von Kund_innen bzw. öffentlichen Sozialleistungsträgern nicht beglichene Rechnungen) und das Bankguthaben oder Kassenbestände.

Die Passivseite der Bilanz klärt gewissermaßen die Kapital- und Eigentumsverhältnisse an den Vermögensgegenständen. In diesem Fall wurde die Gesellschaft mit einem gezeichneten Kapital (‚Stammkapital') von 50.000 Euro gegründet. In den Erläuterungen wird in der Regel auch dokumentiert, welche Gesellschafter_innen welchen Kapitalanteil gezeichnet haben. Diese Position klärt letztendlich die Eigentumsverhältnisse an der Gesellschaft.

Die zweckgebundenen Rücklagen sind in der Regel nicht ausgeschütteter Gewinn der Vorjahre. Da die Sozialwerke eine gemeinnützige GmbH (‚gGmbH') sind, dürfen sie keinen Gewinn ausschütten. Stattdessen werden Rücklagen für den gemeinnützigen Zweck („Rücklagen für satzungsmäßige Zwecke") gebildet. Diese können für die (gemeinnützigen) Investitionen, die sich auf der Aktivseite wiederfinden, verwendet werden oder für den Ausgleich von Schwankungen oder künftigen Verlusten. Insgesamt ist bei gemeinnützigen Unternehmen die Rücklagenbildung steuerrechtlich reglementiert. Bei nicht-gemeinnützigen Unternehmen sind die Gewinnrücklagen frei verwendbar.

Der Bilanzgewinn wird aus der Gewinn- und Verlustrechnung übernommen. Er steht zur Ausschüttung oder zum Verbleib in der Gesellschaft zur Verfügung. Ein Bilanzverlust wird als negativer Gewinn angetragen und wird dann von den Rücklagen abgezogen und wenn diese aufgebraucht sind, vom Eigenkapital. Statt der Zuführung des Bilanzgewinns oder -verlustes zu den Rücklagen wird er oft auch als Gewinn- oder Verlustvortrag gebucht. Dies macht speziell bei gemeinnützigen Unternehmen, die ohnehin keinen Gewinn ausschütten dürfen, keinen Unterschied.

Sonderposten aus Investitionszuschüssen sind Zuschüsse für Investitionen aus frühen Jahren, die noch mit einer Zweckbindung versehen sind. Rückstellungen sind Verbindlichkeiten in der Zukunft, die jedoch in früheren Perioden verursacht wurden z.B. die Zahlungsverpflichtung für Ersatzkräfte für nicht genommenen Urlaub oder die Auszahlung von Überstunden.

Verbindlichkeiten sind Kredite. Üblicherweise wird hier zwischen Kreditgeber (Lieferanten, Bank, andere Unternehmen) und kurz- und langfristigen Krediten unterschieden.

Die entscheidende Größe in der Bilanz ist das Eigenkapital (gezeichnetes Kapital + Rücklagen + Gewinn-/Verlustvortrag + Bilanzgewinn/-verlust). Dies zeigt an, zu welchem Anteil das Unternehmen wirklich sich selbst bzw. seinen Gesellschafter_innen gehört. Um dies zu verdeutlichen: Im Fall einer Auflösung der Gesellschaft würden die Vermögenswerte verkauft, aus den Verkaufserlösen die Verbindlichkeiten zurückgezahlt und die verbleibenden Mittel bleiben dann als für die Gesellschafter_innen zur Endausschüttung übrig.

4.4.2 Die Gewinn- und Verlustrechnung

Die Gewinn- und Verlustrechnung ist die Gegenüberstellung der Erträge und Aufwendungen eines Geschäftsjahres. Sie versucht dabei, Wertschöpfung und Werteverzehr abzubilden und nicht nur reine Zahlungsströme (siehe oben).

Die Gewinn- und Verlustrechnung summiert die Werte des ganzen Jahres auf (01.01.-31.12.), während die Bilanz eine Stichtagsbetrachtung ist (31.12.).

Die Gewinn- und Verlustrechnung für die Sozialwerke Übungsstadt gGmbH könnte wie folgt aussehen

	Gewinn- und Verlustrechnung der Sozialwerke Übungsstadt gGmbH		*Erläuterung (Z = Zeile)*
	vom 01.01. bis 31.12.20xx		
1	Leistungserträge Sozialleistungsträger	580.000	
2	Leistungserträge Selbstzahler_in	20.000	
3	Auflösung Sonderposten	30.000	
4	*Summe Erträge*	*630.000*	*Summe Z 1 – 3*
5	Personalkosten	-510.000	
6	Fahrzeugkosten	-25.000	
7	Verwaltungsbedarf	-45.000	
8	Gebäudekosten	-25.000	
9	AfA (Abschreibung)	-40.000	
10	*Summe Aufwendungen*	*-645.000*	*Summe Z 5 – 9*
11	*Betriebsergebnis*	*-15.000*	Z 4 + Z 10
12	Zinserträge	0	
13	Zinsaufwand	-5.000	
14	*Finanzergebnis*	*-5.000*	Z 12 + Z 13
15	*Ergebnis der gewöhnlichen Geschäftstätigkeit*	*-20.000*	Z 11 + Z 14
16	außerordentlicher Ertrag	10.000	
17	außerordentlicher Aufwand	0	
18	*außerordentliches Ergebnis*	*10.000*	Z 16 + Z 17
19	*Jahresergebnis*	*-10.000*	Z 15 + Z 18

Abb. 7: Beispiel Gewinn- und Verlustrechnung (eigene Darstellung)

Die auch im Handelsgesetzbuch vorgesehene Form der Darstellung ist die Staffelform. Dabei wird zunächst das Betriebsergebnis (Zeile 11) ermittelt. Das Betriebsergebnis erfasst den betrieblichen Bereich, also den Bereich, in dem die Leistungen erstellt werden, die zu Umsätzen des Unternehmens führen. Hier werden die Umsatzerlöse angetragen, d.h. die diversen Leistungserträge des Sozialunternehmens sowie weitere, betriebliche Erträge (auch z.B. regelmäßige Betriebskostenzuschüsse oder Projektzuschüsse). Davon werden die betrieblich verursachten Kosten abgezogen.

Dem Betriebsergebnis folgt das Finanzergebnis (Zeile 14), das sind die Aufwendungen und Erträge, die mit Finanz- und Kapitalanlagen oder der Schuldenaufnahme zusammenhängen. In einem Seniorenwohnstift werden die Erträge und Aufwendungen aus Pflegeleistungen sowie die Vermietung der Wohnungen dem Betriebsergebnis zugeordnet. Die Anlage von Vermögen bei der Bank oder die Beteiligung an anderen Gesellschaften wird dagegen dem Finanzergebnis zugerechnet. Betriebs- und Finanzergebnis zusammen ergeben das Ergebnis der gewöhnlichen Geschäftstätigkeit (Zeile 15), d.h. das Ergebnis, das üblicherweise regelmäßig zu erwarten ist. Dem steht das außerordentliche Ergebnis (Zeile 18), das heißt außergewöhnliche, regelmäßig nicht zu erwartende Erträge und Aufwendungen gegenüber. Typische Fälle für außerordentliche Erträge sind der Verkauf von Immobilien über dem in der Bilanz ausgewiesenen Wert oder Spendenerträge. Das Ergebnis der gewöhnlichen Geschäftstätigkeit und das außerordentliche

Ergebnis ergeben zusammen das Jahresergebnis (Zeile 19). In unserem Beispiel haben wir eine gemeinnützige GmbH vorgefunden, die keine Körperschafts- und Gewerbesteuer zahlt. Ansonsten würden vor Ermittlung des Jahresergebnisses noch die Steuern vom Ertrag abgezogen.

Die entscheidende Größe in einer Gewinn- und Verlustrechnung sind die Ergebnisse. Üblicherweise wird das „Ergebnis der gewöhnlichen Geschäftstätigkeit" als das Ergebnis, das vermutlich langfristig (ohne außerordentliche Einflüsse) zu erreichen ist, herangezogen. Das Betriebsergebnis fokussiert dabei auf den eigentlichen Betriebszweck (also dort, wo der Pflegedienst pflegt und nicht von Geldanlagen lebt).

Üblicherweise wird das Ergebnis (Jahresergebnis oder Ergebnis der gewöhnlichen Geschäftstätigkeit) in Relation zum Umsatz (Summe der Erträge) oder in Relation zum Eigenkapital gesetzt. Es ergeben sich dann die Umsatz- bzw. die Eigenkapitalrendite.

4.4.3 Lagebericht und Erläuterung

Kapitalgesellschaften müssen zusätzlich zu Bilanz und Gewinn- und Verlustrechnung einen Anhang an den Jahresabschluss anfügen, in dem einige Positionen aus der Bilanz und der Gewinn- und Verlustrechnung näher erläutert werden, wie z.B. die angewendeten Bewertungsgrundsätze oder die Zusammensetzung der Rückstellungen.

Mittelgroße und größere Kapitalgesellschaften (nach den Größenklassen des Handelsgesetzbuches) müssen zudem einen Lagebericht erstellen. Im Lagebericht werden der Geschäftsverlauf und die Lage der Gesellschaft dargestellt. Weiterhin wird die voraussichtliche Entwicklung mit ihren wesentlichen Chancen und Risiken beurteilt und erläutert. Hier finden sich inhaltliche Informationen über die strategische Situation des Unternehmens. Während Bilanz und Gewinn-und Verlustrechnung rein vergangenheitsorientiert sind, wird hier auch eine Beurteilung für die Zukunft vorgenommen – wenngleich dies in der Regel nicht mit Zahlen hinterlegt ist.

4.4.4 Die Aussagekraft des Jahresabschlusses

Der Jahresabschluss richtet sich primär an externe Partner, die Bank, das Finanzamt, Geschäftspartner oder Anleger_innen. Sie richtet sich zum Teil auch an die Gesellschafter_innen, die nicht direkt mit der Geschäftsführung befasst sind. Dementsprechend gibt es auch ein gewisses Interesse an einer nicht vollkommenen Transparenz und an einer Umsetzung der eigenen Interessen gegenüber diesen externen Stakeholdern: Gegenüber der Bank will das Unternehmen tendenziell als kreditwürdig erscheinen, gegenüber dem Finanzamt tendenziell mit wenig (steuerpflichtigem) Gewinn. Es gibt hier begrenzte Gestaltungsspielräume, die hierfür auch genutzt werden (und werden sollten).

Weiterhin orientiert sich der Jahresabschluss am Gesamtunternehmen, nicht an einzelnen Kostenstellen, Abteilungen oder Arbeitsbereichen.

Für eine differenzierte Beurteilung des Unternehmens für Managementzwecke ist der Jahresabschluss insofern nicht geeignet. Hierfür ist eine differenzierte Kostenrechnung notwendig, wie sie die interne Kosten- und Leistungsrechnung bietet (Bachert 2004, S. 26).

4.5 Das interne Rechnungswesen (Kosten- und Leistungsrechnung)

Das interne Rechnungswesen richtet sich an das Management mit folgenden Zielen:

- Informationen über die Wirtschaftlichkeit verschiedener Arbeitsbereiche/Geschäftsfelder oder Produkte/Leistungen zu generieren;
- Kalkulationsgrundlagen für den Verkaufspreis – im Sozialbereich die Entgelte oder zu erzielenden Vergütungen – zu schaffen;
- Informationen und Entscheidungsgrundlagen für unternehmerische Entscheidungen zu schaffen, etwa über die Wirkung von Kostenmanagement, die Schließung oder Eröffnung neuer Arbeitsbereiche/Geschäftsfelder;
- Grundlagen für die Steuerung des Unternehmens zu schaffen, z.B. Grundlagen für Budgets oder Kennzahlen. Dieser Aspekt des internen Rechnungswesens reicht in das Controlling hinein (Schellberg 2011, S. 95).

Der Aufbau des internen Rechnungswesens richtet sich insofern nach Unternehmensstruktur, Arbeitsformen und Führungskonzept und ist nicht einheitlich festgelegt. So wird beispielsweise eine sehr zentralistische Unternehmensführung detaillierter Informationen über jeden Arbeitsbereich benötigen, während ein eher dezentrales Konzept stärker mit Budgets und Deckungsbeiträgen arbeiten wird.

Für den Sozial- und Gesundheitsbereich prägend sind insbesondere die Anforderungen an Entgeltkalkulationen. Die Sozialleistungsträger fordern in der Regel eine Offenlegung der Kalkulationsbasis für Entgelte oder Zuschüsse. Hierfür gibt es oft sehr detaillierte Vorgaben (etwa über durchschnittliche Arbeitszeiten, Personalkosten, Umlageschlüssel), die je nach Sozialleistungsträger, Bundesland oder Kommune und Leistungsbereich variieren. Die Kosten- und Leistungsrechnung hat eine Grundlogik, die unten dargestellt wird. Darüber hinaus gibt es Einzelinstrumente für einzelne Fragestellungen, die hier nicht näher dargestellt werden sollen.

4.5.1 Grundverfahren der Kosten- und Leistungsrechnung

Das Grundverfahren der Kosten- und Leistungsrechnung geht in drei Stufen vor:

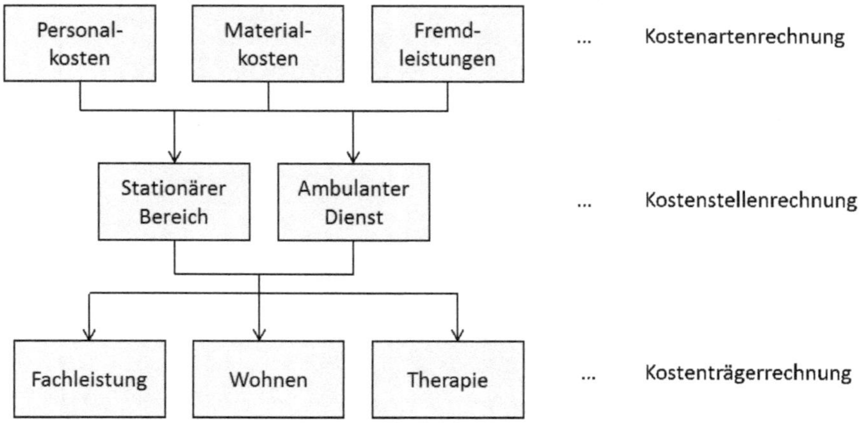

Abb. 8: Ablauf der Kostenrechnung (Schellberg 2011, S. 87)

4.5.2 Kostenartenrechnung

Die erste Stufe ist die Kostenartenrechnung, in der die einzelnen Kostenarten (Personalkosten, Materialkosten, Abschreibungen etc.) erfasst und zusammengefasst werden. Die entscheidenden Fragen sind hier die Vollständigkeit der Kosten sowie ihre Zusammenfassung und Gruppierung zu überschaubaren Größen.

4.5.3 Kostenstellenrechnung

In der zweiten Stufe wird die Kostenstellenrechnung durchgeführt, bei der die Kostenarten auf die einzelnen Kostenstellen aufgeteilt werden. Einzelne Kosten können dabei direkt zugerechnet werden (Einzelkosten), andere Kosten müssen über Umlageverfahren verteilt werden (Gemeinkosten). In kleinen Organisationen mit nur einer Kostenstelle kann auf eine Kostenstellenrechnung verzichtet werden. Im Rahmen der Kostenstellenrechnung geht es in besonderer Weise um die verursachungsgerechte Zuordnung von Kosten. Bei nicht direkt zurechenbaren Kosten, insbesondere dem ‚Overhead' (Leitungs- und Verwaltungskosten), stellt sich die Frage nach Umlageschlüsseln oder Verrechnungsverfahren.

Mit der Kostenstellenrechnung verbunden ist oft auch eine dezentrale Kostenverantwortung der Leitungskräfte der einzelnen Kostenstellen (Kostenstellenverantwortlichen). Sie erhalten dann Budgets und Auswertungen für ihre Kostenstelle und müssen eigenverantwortlich wirtschaften. Dabei ist die Frage der von der Kostenstelle zu verantwortenden Kostenpositionen entscheidend.

4.5.4 Kurzfristige Erfolgsrechnung

Das Ergebnis einer Kostenstellenauswertung kann eine „Betriebswirtschaftliche Auswertung" oder „kurzfristige Erfolgsrechnung" sein. Die Darstellungslogik entspricht der Gewinn- und Verlustrechnung. An die Stelle von Finanzergebnis und außerordentlichem Ergebnis tritt das ‚neutrale', nicht mit dem Betrieb zusammenhängende Ergebnis. Es werden – soweit möglich – auch Abschreibungen, jährliche Einmalzahlungen etc. unterjährig gebucht. Da dies aber mit zusätzlichem Aufwand verbunden ist und oftmals nicht genau möglich ist, wird die kurzfristige Erfolgsrechnung nicht vollständig sein und nur auf den vorläufigen Zahlen beruhen.

Beispiel: Kurzfristige Erfolgsrechnung „Ambulanter Dienst" Januar–Mai

	Jahr		Vorjahr		Abweichungen	
	Mai	kumuliert	Mai	kumuliert	Monat	kumuliert
Leistungserträge Sozialleistungsträger	19.000	75.000	10.000	70.000	190%	107%
Leistungserträge Selbstzahler_innen	3.200	14.000	1.100	5.000	291%	280%
Auflösung Sonderposten	600	3.000	600	3.000	100%	100%
Spenden	2.000	2.000	0	2.500		80%
Summe	*24.800*	*94.000*	*11.700*	*80.500*	212%	117%
Personalkosten Leitung/Verwaltung	-2.400	-12.000	-2.400	-12.000	100%	100%
Personalkosten Betreuungspersonal	-11.000	-53.000	-9.800	-52.000	112%	102%
Verwaltungsbedarf	-600	-3.000	-650	-3.250	92%	92%
....	...	...	...	...	...	...
AfA Gebäude	-600	-3.000	-600	-3.000	100%	100%
Summe Aufwand	*-20.600*	*-95.800*	*-17.450*	*-93.500*	118%	102%
Betriebsergebnis	*4.200*	*-1.800*	*-5.750*	*-13.000*	-73%	14%
Zinserträge	60	300	100	500	60%	60%
sonstige neutrale Erträge	2000	2.500	0	3.500		71%
Zinsaufwand	-100	-100	0	-100		100%
sonstiger neutraler Aufwand	0	-400	0	-400		100%
Neutrales Ergebnis	1960	2.300	100	3.500	1960 %	66%
Ergebnis	*6.160*	*500*	*-5.650*	*-9.500*	-109%	-5%

Abb. 9: Beispiel Kurzfristige Erfolgsrechnung (eigene Darstellung)

In der Regel werden dann in den Spalten Monatswerte und kumulierte Jahreswerte (also die bis zu diesem Zeitpunkt aufgelaufenen Werte) ausgewiesen sowie die vergleichbaren Vorjahreswerte, im Fall von Budgetierung auch die Budgets.

Es kann dann eine Abweichungsanalyse vorgenommen werden und damit auf mögliche Ursachen für Gewinne oder Verluste geschlossen werden.

In diesem Beispiel zeigt sich etwa, dass sich im laufenden Monat insbesondere die Steigerung der Leistungserträge auswirkt, während die Personalkosten unterdurchschnittlich gestiegen sind. Im Vergleich zu den kumulierten Zahlen des Vorjahres sind die Abweichungen nicht so stark. Insbesondere der Monat Mai läuft deutlich besser.

4.5.5 Kostenträgerrechnung

Am Ende der Kostenrechnung steht dann die Kostenträgerrechnung. Als Kostenträger wird die Leistung (das Produkt) bezeichnet, das am Ende die Kosten erwirtschaften (‚tragen') muss. Bei sozialwirtschaftlichen Unternehmen wird das in der Regel die abrechenbare Leistung sein. Dies ist besonders klar im entgeltfinanzierten Bereich. Hier werden z.B. der Leistungstag oder die

Fachleistungsstunde berechnet als Kostenträger und die Kosten pro Stück ermittelt. Letztlich ist die Kostenträgerrechnung der Anschlusspunkt zur Entgeltfinanzierung. Im zuschussfinanzierten Bereich muss die Kostenrechnung etwas umdenken und eine Kostenträgerzeitrechnung anstellen, also die Kosten für die zuschussfinanzierte Leistung für den Zuschusszeitraum ermitteln.

Die Kostenträgerrechnung wird in der Wirtschaft oft als Rechnung für den wirtschaftlichen Beitrag eines Produkts herangezogen. Dahinter steht die Frage, welchen Beitrag der Artikel x in meinem Sortiment zum Erfolg bringt. In der Sozialwirtschaft sind die Kostenstellen und die Kostenträger öfter identisch (also etwa die Fachleistungsstunde als einziger Kostenträger in der Kostenstelle „Ambulanter Bereich"), so dass die beiden Rechnungen nicht trennscharf sind.

In der Sozialwirtschaft ist die Kostenträgerrechnung ein Element der Entgeltkalkulation. Mit der Kostenträgerrechnung wird das Rechnungswesen die für die Kalkulation relevanten Größen in einer Kostenträgerstückrechnung auf der Basis der Ist-Kosten vergangener Jahre zusammenstellen, so dass anschließend mithilfe einer Plankostenrechnung das Kalkulationsblatt ausgefüllt werden kann. Hier können dann Preisänderungen, Auslastungsänderungen, Verbrauchsabweichungen etc. berücksichtigt werden.

5. Die Entwicklung des Rechnungswesens in der Sozialwirtschaft

Nach der Darstellung der Grundzüge des Rechnungswesens können wir uns nun der Frage widmen, wie das Rechnungswesen für die Aufgaben der Sozialwirtschaft geeignet ist und welchen Entwicklungsbedarf es gibt. Grundsätzlich ist das kaufmännische Rechnungswesen nicht für einzelne Branchen entwickelt, sondern für das Wirtschaftsleben im Allgemeinen. Es hat sich darüber hinaus in weite Bereiche außerhalb des Wirtschaftslebens als ein geeignetes Verfahren durchgesetzt. Es zeigt sich auch, dass die Sozialwirtschaft grundsätzlich gut mit dem kaufmännischen Rechnungswesen umgehen kann.

Eine Besonderheit des Rechnungswesens ist sicherlich die Gemeinnützigkeit, d.h. die Steuerbefreiung zahlreicher sozialwirtschaftlicher Unternehmen, was sich insbesondere auf die Gestaltung des Jahresabschlusses auswirkt. Dieser Bereich ist ausreichend entwickelt und es besteht kein Handlungsbedarf.

Eine zweite Besonderheit sind die Übergänge des Rechnungswesens zwischen kameralistischem Rechnungswesen, einfacher Einnahme-Überschussrechnung in Vereinen und kaufmännischer Buchführung in den meisten sozialwirtschaftlichen Organisationen. Hier bestehen immer noch ‚Mischformen' der Jahresabschlüsse, Umstellungsprobleme zwischen den Systemen und ‚Übersetzungsprobleme' bei der Kommunikation zwischen den Welten. Ein größerer Entwicklungsbedarf besteht hier nicht (mehr), vielmehr müssen diese Probleme in der konkreten praktischen Situation beachtet und gelöst werden.

Eine Besonderheit ist die Finanzierung von Sozialunternehmen zu zwei Dritteln oder mehr durch die öffentliche Hand über Leistungsentgelte, Vergabeverfahren oder Zuschüsse. Die öffentliche Hand erwartet von den Sozialunternehmen in der Regel eine Offenlegung ihrer Kostenkalkulationen („Open-Book-Kalkulation"). Darüber hinaus gibt es in den Rahmenvereinbarungen und den Förderrichtlinien in der Regel klare Vorgaben, wie die Kosten gegliedert sind und welche Kosten in welchem Umfang ‚entgeltfähig' sind. Während ein Unternehmen in der Regel die eigene Kostenrechnung ausschließlich nach internen Analyseinteressen ausrichtet, müssen die Sozialunternehmen daher die Kalkulationsvorgaben in die eigene Kostenrechnung integrieren. Dies kann z.B. auch darin bestehen, dass bestimmte Kostenarten nur bis zu Kostenobergrenzen berücksichtigt werden können oder die Verteilung von Overheadkosten auf Kostenstellen nach vorgegebenen Schlüsseln erfolgt. Bei der Kostenrechnung ist daher zu entscheiden, ob die Entgeltkalkulation parallel zur Kostenrechnung erfolgt oder die interne Kostenrechnung entsprechend aufgestellt wird – mit der Konsequenz, dass die Aussagekraft für Managementzwecke abgeschwächt wird.

Bei der Kostenrechnung von Sozialunternehmen ist der Dienstleistungscharakter der sozialen Dienste zu berücksichtigen. Aufgrund der fehlenden Lagerfähigkeit ist insbesondere der Leerlauf bei plötzlicher Nichtinanspruchnahme durch Kund_innen („No-Show") oder fehlender Auslastung mit zu berücksichtigen. Dies betrifft bei der Ist-Kostenrechnung insbesondere den Zusammenhang zwischen Personal und Leistung. Es betrifft aber insbesondere die Plan-Kostenrechnung bei der geeigneten Bestimmung von Kapazitäten und Dienstleistungsbereitschaft.

Letztlich muss die besondere Zielsetzung der meist ideell motivierten Sozialunternehmen mitberücksichtigt werden. Die Wirtschaftlichkeit ist in diesen Unternehmen in der Regel nicht das Ziel, sondern nur eine Nebenbedingung ihres Handelns. Es gilt also, eine Form des Umgangs des Spannungsfelds von ideeller Zielsetzung und der hieraus resultierenden wirtschaftlichen Situation herzustellen. Die Lösung besteht nicht darin, ein ausschließliches Primat der ideellen Zielsetzung zu fordern – ohne Rücksichtnahme auf die finanziellen Möglichkeiten.

Das Sozialunternehmen erzielt einen sozialen, gesellschaftlichen Nutzen, der bei den Leistungsempfänger_innen und/oder bei der Gesellschaft entstehen. Die Leistung wird auf der Basis eines weitgehend administrativen oder politischen Prozesses bewertet und führt zu einer bestimmten Finanzierung der Leistungen. Diese Finanzierung ist in aller Regel weniger als der Betrag, den die Leistung wert ist. Die Finanzierung tritt dann in Form von ‚Erträgen' oder ‚Umsätzen' im Sozialunternehmen auf.

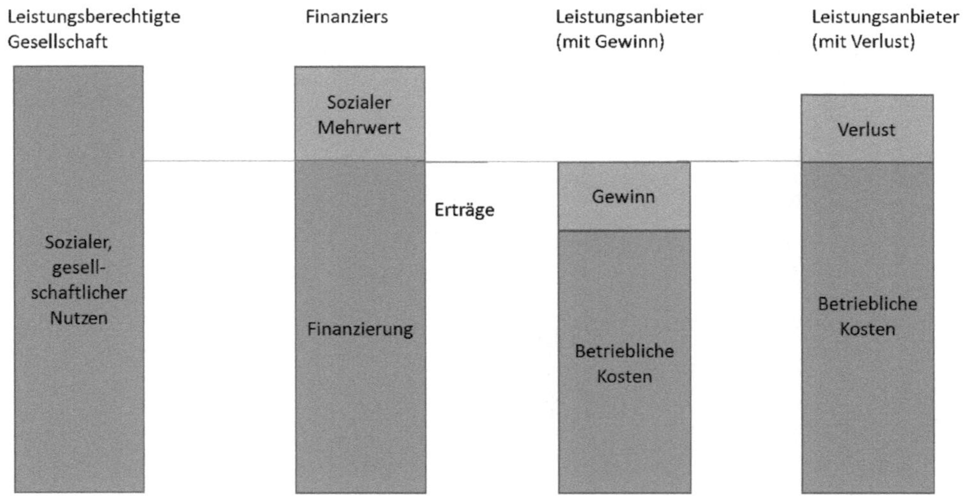

Abb. 10: Wert, Finanzierung, Erträge, Kosten (eigene Darstellung)

Das Sozialunternehmen wird demgegenüber Kosten für die Leistungserstellung (betriebliche Kosten) haben. Diese werden im Idealfall nicht höher sein als die Erträge sein und es kann ein Gewinn entstehen. Möglicherweise sind die Kosten höher als bei einer maximal effizienten Produktion. Wir haben bestimmte akzeptierte Ineffizienzen. Die treten in Sozialunternehmen in vielfältiger Form auf, so wird das Haus des/r Gründer oder die Hauskapelle erhalten, es werden nicht refinanzierte Angebote für Klient_innen gemacht, es werden Personalstellen erhalten, weil sie mit ansonsten nicht weiter beschäftigbaren Mitarbeiter_innen besetzt sind. Im Extremfall übersteigen die Kosten die Erträge – es entsteht Verlust.

Der Gewinn oder Verlust an sich trifft jedoch keine Aussage über die ideelle Zielerreichung. Diese muss gesondert beschrieben werden – und hier beginnen die Probleme. Während die Kostenrechnung eine klare Maßgröße findet, hat die Sozialwirtschaft bislang immer noch Schwierigkeiten, die eigene Wirkung zu bestimmen. Es beginnt daher das ‚Kaffeesatzlesen' aus Gewinnen und Verlusten. Ist der Gewinn nun dem ideellen Zweck vorenthalten worden oder wurden dadurch unnötige Ineffizienzen vermieden? Ist der Verlust ein Beleg für besonders selbstloses, ideelles Handeln oder wurde hier einfach nur ineffizient gearbeitet? Da diese Diskussion wenig zielführend ist, wird sie meistens mit der Überlegung enden, dass eine Organisation eben auf Dauer keinen Verlust machen kann, da irgendwann das finanzielle Gleichgewicht verletzt ist oder klarer formuliert ‚irgendwann das Geld einfach aus ist'. Und Gewinne sind erforderlich, um Risiken abzudecken, Spielräume und Innovationen zu ermöglichen. Akzeptierten Ineffizienzen an einer Stelle müssen also hohe Effizienzen an anderer Stelle und nicht-akzeptierte Ineffizienzen gegenüberstehen.

6. Literatur

Bachert, Robert (2005): Buchführung und Bilanzierung: Controlling und Rechnungswesen in Sozialen Unternehmen. Weinheim: Juventa.

Bachert, Robert (2004): Kosten- und Leistungsrechnung: Controlling und Rechnungswesen in Sozialen Unternehmen. Weinheim: Juventa.

Kaspers, Uwe/Kennerknecht, Sonja/Schellberg, Klaus (2017): Kostenmanagement. Regensburg: Walhalla.

Schellberg, Klaus (2011): Betriebswirtschaftslehre von Sozialunternehmen. Regensburg: Walhalla.

Sprinkart, Karl-Peter (2015): Nachhaltigkeit messbar machen. Regensburg: Walhalla.

Controlling und Wirkungscontrolling

Bernd Halfar/Katharina Heider

1. Controlling: Grundfunktionen

Organisationen sind eigentlich Maschinen, die unentwegt Entscheidungen produzieren und von und mit getroffenen Entscheidungen leben. In sozialwirtschaftlichen Organisationen werden Entscheidungen über Personal getroffen, über Dienstpläne, über Therapieformen, über Öffnungszeiten, über Softwareanschaffungen, über Fortbildungen, über Investitionen, über Immobilien, über Verträge, über Konzepte, über Dienstleistungsprozesse, über Qualitätsstandards, über die Blumenpflanzungen im Eingangsbereich, über Speisepläne, über Managementinstrumente oder über die Frage, ob man einen Weihnachtsbaum aufstellen soll. Von früh bis tief in die Nacht läuft diese Entscheidungsmaschine auf vollen Touren.

Solche Entscheidungen werden in Organisationen auf verschiedenen Ebenen produziert. Nun besteht eigentlich immer der Verdacht, dass diese Entscheidungen zwischen den verschiedenen Ebenen und Instanzen einer Organisation untereinander nicht immer gut koordiniert sind. Weiterhin besteht ebenso immer der Verdacht, dass manche Entscheidungen auf mangelhafter Informationsbasis getroffen werden. Die Alternative zur mangelhaften Informationsbasis ist im Alltagsgeschäft sicherlich nicht eine perfekte Informationsbasis, wohl aber eine akzeptable Second Best Lösung. Überaus plausibel ist auch die dritte Vermutung, dass nicht alle Entscheidungen aus Sicht der Organisation die vereinbarten Ziele der Organisation fördern oder zumindest nicht klar ist, welchen Wertbeitrag die einzelnen Entscheidungen für die Organisation leisten. Entscheidungen bleiben häufig ohne Rückmeldung darüber, ob sie eher positiv oder negativ oder eher gar nicht gewirkt haben. Organisationen befinden sich also immer, mehr oder weniger, im Blindflug durch den Entscheidungsnebel und entfernt von der perfekten Organisation.

Um das gesamte Entscheidungsverhalten einer Organisation rationaler zu gestalten, beobachtet sich die Organisation durch das Controlling selbst. Controlling ist insofern die organisationsinterne Reflexionsinstanz, ob das Management funktioniert, ob und in welchem Grad die Ziele der Organisation erreicht werden. Das Controlling beobachtet die Rationalität und Funktionalität der Entscheidungsströme, indem es die Differenz zwischen den diversen Zielen einer Organisation und dem realisierten Zielerreichungsgrad misst und darüber berichtet.

Durch zu viel und zu wenig Information über Zielerreichungsgrade kann eine Organisation kollabieren. In welchem Ausmaß, in welcher Präzision und in welchem zeitlichen Rhythmus das Controlling informiert, richtet sich nach dem Entscheidungsbedarf und dem daran ansetzenden Informationsbedarf. Der Vorstand einer bundesweit tätigen Pflegeheimkette benötigt für seine Entscheidungen andere Informationen in einem anderen Zeitraum als die Heimleitung vor Ort, und die Pflegedienstleitung benötigt wiederum in einem anderen Zeittakt andere Informationen aus dem Controlling. Es geht also um die Informationen als Entscheidungsbasis, um die zeitliche Frische der Informationen und um die Lesbarkeit der Informationen. Manchmal ist eine lange Zahlentabelle notwendig, mit Vergleichsdaten früherer Perioden, mit detaillierter Tiefenschärfe, in anderen Fällen reicht dem Entscheidungsträger schon eine „Ampelnachricht" mit der „Grünen Lampe: läuft alles, wie geplant."

Entsprechend lassen sich die Funktionen des Controllings so darlegen:[1]

1.1 Controlling als Informationsversorgung

Controlling versorgt die Entscheidungsstellen der Organisation mit aufbereiteten Informationen, in der Regel mit Zahlen. „Das Controlling deckt den Informationsbedarf der Organisation über Ist-Soll-Beobachtungen, die mit Kosten- und Investitionsrechnungen, Planungs- und Kontrollrechnungen und Kennzahlenanalysen vorgenommen werden. In der Wirklichkeit vieler sozialer Organisationen wird das Controlling entsprechend eng mit dem Rechnungswesen und der Budgetkontrolle verbunden und auf Wirtschaftlichkeitsdaten reduziert" (Halfar 2009, S. 664ff.).

1.2 Controlling als Koordination

In diesem Verständnis koordiniert das Controlling die Führungsteilsysteme einer Organisation. Die Funktion des Controllings liegt „in der ergebnisorientierten Koordination von Planung und Kontrolle sowie Informationsversorgung" (Horvath 1998, S. 143). Das Controlling trifft auch in dieser Funktion keine Entscheidungen, sondern unterstützt als interner Dienstleister die diversen Teilbereiche des Führungssystems durch Vorschläge, wie sich die einzelnen Entscheidungen des Planungssystems, das Kontrollsystems, das Informationssystems, das Personalführungssystems und des Organisationssystems so verzahnen lassen, dass zielführende Ergebnisse entstehen.

1.3 Controlling als Verdoppelung der Zweckrationalität

Organisationen sind per se zweckrationale Gebilde. Dem Controlling wird die Aufgabe zugewiesen, die Zweckrationalität einer Organisation zu verdoppeln, indem es die einzelnen internen Prozesse der Entscheidungsvorbereitung strukturiert, unterstützt und zielgerichtet kanalisiert. „Entscheidungen prägen die Kontingenz von Folgeentscheidungen; und diese Folgeentscheidungen engen oder erweitern wiederum den Spielraum für deren Folgeentscheidungen. Das Rationalitätsniveau einer Entscheidung bezieht sich somit auf die Steuerung der nächsten Entscheidung; und das Controlling sorgt dafür, dass diese Entscheidungsketten so koordiniert und aufeinander abgestimmt verlaufen, dass die Organisation im Detail und in der Summe möglichst effizient und effektiv ist" (Halfar 2009, S. 665). Controlling wäre demnach die informative Sicherung, dass rationale Folgeentscheidungen möglich sind.

Zusammenfassend entlastet Controlling das Management durch Informationsversorgung und Ziel-Abweichungsanalysen; das Controlling verbessert die Entscheidungsrationalität durch den Einsatz spezifischer Methoden und das Controlling ist die systematische Erinnerungsinstanz, sich an den strategischen Zielen der Organisation auszurichten.[2]

1 Zu Controllingkonzeptionen siehe auch: Horak (1995); Horvath (1998); Horvath & Partner (2000); Küpper (2005); Schauer (2000) Schubert (2000); Weber (2004); Halfar (2009); Küpper et al. (2013); Fischer et al. (2012); Webe/Schäffer (2011).

2 Hierzu: Badelt et al. (2007); Barth/Barth (2008).

1.4 Zeiträume und Sprache des Controllings

Mit Blick auf die durch das Controlling beobachteten Zeiträume werden das strategische und das operative Controlling unterschieden. Im strategischen Controlling wird die strategische Unternehmensplanung mit einem langfristigem Zeithorizont von fünf Jahren und mehr abgebildet. Entsprechend tauchen im strategischen Controlling Instrumente wie die Balanced Score Card, Swot-Analysen und strategische PKI-Systeme auf. Das operative Controlling konzentriert sich auf die kurzfristigere Unternehmensanalyse; hier werden Monats-, Quartals- und Jahresberichte erstellt, die wesentlich an der Kosten- und Leistungsrechnung ansetzen und das Management kurzfristig über Soll-Ist-Differenzen und Zielinkonsistenzen informieren.

Das Controlling spricht in Kennzahlen. Damit Zahlen kurz und knapp und präzise über wichtige betriebliche Sachverhalte informieren können, besteht die Kunst des Controllers darin, aussagekräftige Kennzahlen zu bilden. In der Regel stammen die Kennzahlen aus der Bilanz, der Gewinn- und Verlustrechnung (GuV) sowie der Liquiditätssteuerung. Methodisch noch defizitär ist das sozialwirtschaftliche Controlling bei der Bildung von Kennzahlen, mit denen sich die Qualität, Produktivität und Wirksamkeit sozialer Dienstleistungsunternehmen abbilden lassen. Dieses Defizit ist verwunderlich, da soziale Unternehmen mittlerweile ja richtige Datensilos geworden sind, in denen große Datenmengen über die Qualität der Leistungen, über Klientenentwicklungen, Klientenzufriedenheit oder Pflege- und Hilfepläne existieren. Solche Daten mit Finanzdaten zu verknüpfen, um daraus Aussagen über die tatsächliche Wirtschaftlichkeit sozialer Einrichtungen zu gewinnen, scheint methodisch kompliziert zu sein, zumindest steckt das sozialwirtschaftliche Controlling hier noch in den Kinderschuhen.

Auffällig ist im üblichen Reporting sozialer Träger auch ein gewisser Überhang von banalen Kennzahlen, die sich darauf konzentrieren, über Mengenangaben die Öffentlichkeit zu beeindrucken. Berichtet wird über die Anzahl der Mitarbeiter und Klienten, über die Anzahl an Beratungsstunden oder an Ferienreisen oder über die Geburten in der eigenen Kinderklinik. Über den Fortbildungssektor einer sozialen Einrichtung wird gerne mit den Kennzahlen „Ausgaben für Fortbildung“ oder „Anzahl der Fortbildungstage“ berichtet, obwohl es doch viel interessanter wäre, wenn das Controlling Bescheid wüsste, ob sich Fortbildung überhaupt lohnt. Gibt es pro Fortbildungsmenge einen gewissen Ertrag an Verbesserungsvorschlägen? Oder sind vermiedene Qualitätskosten eine Folge von Fortbildungen? Gibt es einen Zusammenhang mit Beschwerden oder Mängelanzeigen durch Aufsichtsbehörden und den Ausgaben für Fortbildung?

Welche Kennzahlen man einsetzt, entscheidet über den Informationsgehalt im Controlling. Welche Kennzahlen man im Controlling einsetzen kann, ist natürlich auch eine Folge der zur Verfügung stehenden Datenquellen. In der Regel stammen die Kennzahlen aus der Kosten- und Leistungsrechnung, dort mit Schwerpunkt auf der Kostenartenrechnung und der Kostenstellenrechnung. Die Anwendung der Prozesskostenrechnung und Kostenträgerrechnung bilden in sozialwirtschaftlichen Einrichtungen eher die Ausnahme.

Bei Kennzahlen unterscheidet man absolute Zahlen (z.B. Anzahl der Mitarbeiter und Mitarbeiterinnen, Umsatz, Personalkosten, Erlöse durch Leistungsverträge) und relative Zahlen.

Bei absoluten Zahlen lassen sich wiederum Einzelzahlen (z.B. Klientenzahlen), Summenzahlen (z.B. Gewinn als Differenz von Ertrag und Aufwand) und Durchschnittszahlen (z.B. durchschnittliche Mitarbeiterzahl) unterscheiden.

Relative Kennzahlen setzen mehrere absolute Zahlen miteinander in Beziehung. Dabei werden die zu messende Größe im Zähler und der Bezugswert im Nenner des Bruches abgebildet. Zu unterscheiden sind drei Arten relativer Kennzahlen: Beziehungszahlen, Gliederungszahlen und Indexzahlen.

Bei Beziehungszahlen stehen im Zähler und im Nenner zwei unterschiedliche Größen. Es könnte interessant sein, die Produktivität der Sozialarbeit zu ermitteln. Dann stünde zum Beispiel im Zähler „Leistungsentgelte im Heim A", im Nenner „Anzahl der Sozialarbeiter und Sozialarbeiterinnen". Bei Gliederungskennzahlen ist die Zahl im Zähler eine Teilgröße der im Nenner eingesetzten Gesamtgröße. Die Personalkostenquote wäre dann der Quotient aus „Personalkosten" durch „Gesamtkosten". Indexzahlen beobachten die zeitliche Entwicklung einer Größe. Man setzt die Größe in einem zu bestimmenden Basisjahr = 100, im Zähler steht dann der Wert des aktuellen Jahres, im Nenner der Basiswert.[3]

2. Das wirkungsorientierte Controlling: Grundkonzept

Sozialwirtschaftliche Unternehmen, ob Non-Profit-Organisationen oder gewinnorientierte Anbieter sozialer Dienstleistungen, können ihren Erfolg nicht nur an Kennzahlen der Rentabilität ablesen. Die Rentabilität interessiert im Sozialunternehmen zwar die Eigentümer, vielleicht auch die Finanzierungsträger, diese interessieren sich aber vielleicht aus anderen Gründen für den Jahresgewinn und die Rücklagen. Die Verbände, in denen sich die Unternehmen zusammengeschlossen haben, verstehen sich als Anwälte der Klienten und achten als Erfolgskriterium einer sozialen Einrichtung vielleicht auf deren Qualität und die Klientenzufriedenheit. Und so orientieren sich die Erfolgskriterien, die das Controlling aufnehmen muss, an den durchaus unterschiedlichen Erwartungen verschiedener Stakeholdergruppen. Aber richtig kompliziert wird es für das Controlling, diese unterschiedlichen Ergebniserwartungen, die ja im Zweifel durchaus widersprüchlich und konträr sein können, in die verschiedene Wirkungsdimensionen so zu integrieren, dass ein halbwegs konsistentes Zielsystem entsteht.

2.1 Wirkungsdimensionen

Sozialwirtschaftliche Unternehmen produzieren Wirkungen in verschiedenen Dimensionen. Die auf Obdachlosenhilfe spezialisierte Organisation ermöglicht pro Jahr zehntausende Übernachtungen (Output), sie verhilft vielen ihrer Klienten dazu, wieder in der Gesellschaft Tritt zu fassen, eine eigene Wohnung zu beziehen, Arbeit zu finden (Effect), sie vermittelt in ihren Einrichtungen den Menschen Gefühle der Geborgenheit, der Akzeptanz und des Neubeginns (Impact) und produziert für die Sozialversicherungen und das Steuersystem vermiedene Kosten (Outcome).

Die International Group of Controlling schlägt für das Wirkungscontrolling folgende Systematik vor:

- *Output:* quantitative Leistungsmenge, die letztlich die Basis für qualitative Wirkungseffekte (Impact, Outcome, Effect) darstellt. Der Output ist das mengenmäßige Produktionsergebnis der sozialwirtschaftlichen Unternehmen. Output ist eigentlich ein begrifflicher Zwitter: Er

3 Siehe Eisenreich et al. (2008, S. 22ff.); Halfar et al. (2014).

bezeichnet sowohl eine Seite der (quantitativen) Wirkung und gibt gleichfalls, in Bezug auf die Inputs, einen Hinweis auf die interne Effizienz der Organisation.

- *Outcome:* gesellschaftliche Wirkungen und Nutzen (objektive kollektive Effektivität), den die erstellten Güter oder Dienstleistungen haben. Die Leistungen der Organisation wirken sich bei verschiedensten Adressatengruppen, bei Dritten, in der Gesellschaft, allgemein: im Gemeinwohl, aus. Outcome bezieht sich auf „the wider effects on the organization or the society".
- *Effect:* unmittelbare, objektiv ersichtliche und nachweisbare Wirkung (objektive Effektivität) für einzelne Stakeholder. Abgebildet werden hier zielgruppenspezifische, intendierte, von der Wahrnehmung und Deutung der Zielgruppen unabhängig bestehende Wirkungen.
- *Impact:* subjektiv erlebte Wirkung des Leistungsempfängers bzw. der Stakeholder (subjektive Effektivität) und somit eine Reaktion der Zielgruppen auf Leistungen (Output) und/oder auf die (objektiven) Wirkungen (Effects) der Leistungen. Impacts als subjektive Reaktionen sind Einstellungen, Urteile, Zufriedenheitsäußerungen, aber auch die Änderung bzw. Stabilisierung von Verhaltensweisen[4] (siehe hierzu: IGC/Halfar 2008, S. 47ff.; Bono 2006, S. 150).

2.2 Das IGC Spinnenmodell: die spezifische Effizienz

Auch wenn die Literatur voller Definitionsversuche ist: NPOs lassen sich nicht einheitlich definieren.[5] Besonders kompliziert wird es schon dadurch, dass sozialwirtschaftliche Unternehmen manchmal ‚Not for Profit', manchmal ‚For Profit' orientiert sind, aber beide gleiche Dienstleistungen erbringen können. Die Unterscheidung von ‚profit' und ‚non-profit' liegt nicht einmal in der Gewinnorientierung, sondern eigentlich nur in der Gewinnverwendung. Selbst die gesellschaftlichen ‚Nebenwirkungen' beider Sphären sind ähnlich, nur in einem Fall gehören sie zum Leitbild und im anderen Fall können sie als positive Nebenwirkungen aufgefasst werden. NPOs haben keine einheitlichen Organisationsmerkmale, keine gemeinsame Funktionsbasis, keine typischen disjunkten Aufgabenfelder, keine zwingend besondere Finanzierungsstruktur; NPOs sind mehrdimensionale Kompositionen verschiedener Komponenten. Die Vielfalt von Kompositionsmöglichkeiten macht es für das Controlling schwierig, auf einen Zusammenhang zwischen einer typischen NPO-Organisationsstruktur und NPO-Wirkungen abzuzielen. Das Controlling wird für den Non-Profit-Sektor fruchtbar, wenn es methodisch in der Lage ist, die organisationsindividuellen Motive, Strukturen und Wirkungen miteinander in Beziehung zu setzen. Jede NPO, zumindest jede ‚NPO-Branche', hat ein eigenes ‚Wirkungsfeld', das in das Controlling integriert werden muss.

Mit dem „Spinnenmodell", das von einer Arbeitsgruppe der International Group of Controlling entwickelt wurde, kann das NPO-Controlling die Differenz zwischen den „Soll-Werten" des Selbstverständnisses der einzelnen NPO und den „Ist-Werten" beobachten. Über die „Spinne" werden nicht die Wirkungen der NPO gemessen, sondern zwei Aspekte beobachtet: Die Übereinstimmung der tatsächlichen Organisationswerte mit dem Proprium und der Mission und zweitens die Funktionalität der NPO-Konstruktion im Hinblick auf die gewünschten Wirkungen.

4 Bono (2006, S. 150); IGC/Halfar (2008, S. 47ff.).

5 Der folgende Abschnitt zum Spinnenmodell stammt aus IGC/Halfar 2008; siehe auch Berens et al. (2004).

Das Spinnenmodell soll verdeutlichen, dass die Non-Profit-Organisation als „NOT FOR PROFIT“ Organisation möglicherweise definitorisch das ‚Gegenteil‘ der Profit-Organisation darstellt, aber empirisch eher durch andere Akzentuierungen, andere Gewichtungen, andere Mixes gekennzeichnet ist, was zu anderen Effizienzmustern führen und andere Wirkungsgrade erzeugen kann.

Nicht alle Spinnen-Dimensionen werden auf jede NPO anwendbar sein, aber unsere Vermutung ist, dass die vorgelegten Dimensionen erschöpfend zur Charakterisierung des Selbstverständnisses und Mission jeder NPO sind. Wenn die Ausprägungen auf einzelne Dimensionen Effizienz versprechen und somit die Produktionsfunktion verbessern, sind sie eigentlich nicht NPO-spezifisch. NPO-spezifisch sind nur diejenigen Ausprägungen, die ‚in Kauf genommenen‘ werden, obwohl sie relativ ineffizient sind. Und dann springt das klassische Problem auf, das man als „rent seeking“ kennt: die politische Verteidigung ineffizienter Unternehmensteile. Soll die Förderung von Kohle aus dem Wettbewerbsmechanismus ausgeklammert werden?

Da NPOs sich aus diesen Spinnen-Dimensionen nicht nur empirisch typisieren und beschreiben, sondern auch in ihrer Zielorientierung charakterisieren lassen, gehört die Beobachtung der entsprechenden Differenzen zu einer typischen Aufgabe für das NPO-Controlling.

Diese Dimensionen bilden gleichsam das Proprium ab. Es sind implizite Organisationsziele, die output-, outcome-, effect- und impactorientierte, explizite Organisationsziele steuern.

2.2.1 Spinnen Dimensionen

Als ersten Ansatzpunkt für das Controlling schlagen wir neun Dimensionen zur Charakterisierung von NPOs vor:

Dimension 1:	Voice Funktion ________	Dienstleistung
Dimension 2:	Autonomie ________	Hoher Fremdregulierungsgrad
Dimension 3:	Bedarfs-/Werteorientierung ________	Nachfrage-/(Erlös-) orientierung
Dimension 4:	interne Zielvorgaben ________	externe Zielvorgaben
Dimension 5:	Beitrags- und spendenfinanziert ________	erlösfinanziert
Dimension 6:	solidarisch ________	kompetitiv
Dimension 7:	Freiwilligkeit ________	Zwangsmitgliedschaft
Dimension 8:	Geringer Formalisierungsgrad ________	hoher Formalisierungsgrad
Dimension 9:	Ehrenamtlichkeit ________	Hauptamtlichkeit

Erläuterung Dimension 1:

Voice Funktion ________ Dienstleistung

NPOs können ihr Aufgabenfeld unterschiedlich definieren. Denkbar sind am einen Ende der Skala Organisationen, die sich auf die Herstellung und Verteilung von Dienstleistungen konzentrieren, während wir am anderen Ende der Skala NPOs finden, die nichts anderes herstellen als Aufmerksamkeit für ein besonderes Anliegen.

Erläuterung Dimension 2:

Autonomie ________________ *Hoher Fremdregulierungsgrad*

NPOs können in ihrer Aufgabenstellung, Organisationsform und in ihren Tätigkeiten von Vorstellungen anderer Organisationen vollständig unabhängig sein. Denkbar sind aber auch NPOs, die weder ihre Mission, ihre Organisation noch ihr Tun selbst bestimmen können, sondern auf Weisungen Dritter angewiesen sind.

Erläuterung Dimension 3:

Bedarfs-/Werteorientierung __ *Nachfrage-/(Erlös)orientierung*

NPOs orientieren sich in einem Spannungsfeld zwischen Bedarfs-/Werteorientierung und einer Nachfrage- bzw. Erlösorientierung. Im einen Fall ist denkbar, dass sich eine NPO vollständig aus ihrem Wertekanon erklärt und organisiert, während auch eine NPO denkbar ist, deren Existenz komplett von Erlösen aus marktförmigen Tätigkeiten abhängig ist.

Erläuterung Dimension 4:

interne Zielvorgaben ______________ *externe Zielvorgaben*

Das Selbstverständnis als NPO kann ebenso mit zwei konträren Freiheitgraden in der Formulierung von Organisationszielen verknüpft sein. So werden NPOs in großer Zahl vorhanden sein, die ihre Ziele und Zieloperationalisierungen in Eigenregie definieren, aber ebenso treten NPOs auf, die bei der Zielformulierung kaum eigene Spielräume besitzen.

Erläuterung Dimension 5:

Beitrags- und spendenfinanziert ____________ *erlösfinanziert*

Die NPO-Welt kennt eine Vielfalt von Finanzierungsformen und Finanzierungsmixes. Die Spannweite reicht von Organisationen, die sich ‚aus sich heraus' durch Spenden und Mitgliedsbeiträge finanzieren bis zu Organisationen, deren gesamtes Budget durch Kundenzahlungen zustande kommt.

Erläuterung Dimension 6:

solidarisch ________________________________ *kompetitiv*

Auch hinsichtlich der Solidaritäts- und Wettbewerbsorientierung zeigt der NPO-Sektor ein breites Spektrum. Manche NPOs konkurrieren in ihrem Handlungsfeld mit anderen NPOs, mit staatlichen Regiebetrieben, öffentlichen Einrichtungen und Profit-Unternehmen um Kunden, Aufträge und Einnahmen, andere NPOs hingegen sind geradezu wettbewerbsavers und betont solidarisch hinsichtlich ‚potenzieller Marktteilnehmer'.

Erläuterung Dimension 7:

Freiwilligkeit ____________________ *Zwangsmitgliedschaft*

Zwischen der völlig freiwilligen Mitgliedschaft in einer NPO, die man jederzeit durch Austritt beenden kann und der Zwangsmitgliedschaft, die in der Regel an eine berufsständische oder durch wirtschaftliche Aktivität verknüpfte Kammer verbunden ist, existieren weitere Bindungsgrade von Mitgliedschaften. Auch wenn die Mitgliedschaft in den allermeisten NPOs rechtlich freiwillig ist, bestehen doch kulturelle Unterschiede in dem normativen Kohäsionsgrad. Wir finden eine Vielzahl von NPOs, deren Mitglieder einem gewissen kulturellen, sozialen oder religiösen Zwang unterliegen, einer spezifischen NPO anzugehören.

Erläuterung Dimension 8:

Geringer Formalisierungsgrad ___ hoher Formalisierungsgrad

Aus dem Not-for-Profit-Charakter einer Organisation lässt sich noch kein entsprechender Formalisierungsgrad ableiten. Im Gegensatz zum ‚Profitsektor' tummeln sich alle möglichen Rechtsformen, Selbst- und Fremdbindungen der Verfahren, formelle und informelle Regelungen, definierte und undefinierte Arbeitsweisen.

Erläuterung Dimension 9:

Ehrenamtlichkeit ___ Hauptamtlichkeit

Ein wichtiges Unterscheidungsmerkmal zum Profitsektor, aber nicht für alle NPOs typisch, ist die Tätigkeit von Ehrenamtlichen. Es lassen sich NPOs finden, deren personelle Ressourcen ganz auf ehrenamtliche Kapazitäten abgestellt sind und NPOs, die ohne eine/n einzige/n Ehrenamtliche/n funktionieren. Und neben diesen ‚Reinformen' existieren die meisten NPOs als entsprechende Personalmischungen aus Hauptamtlichen und Nebenamtlichen.

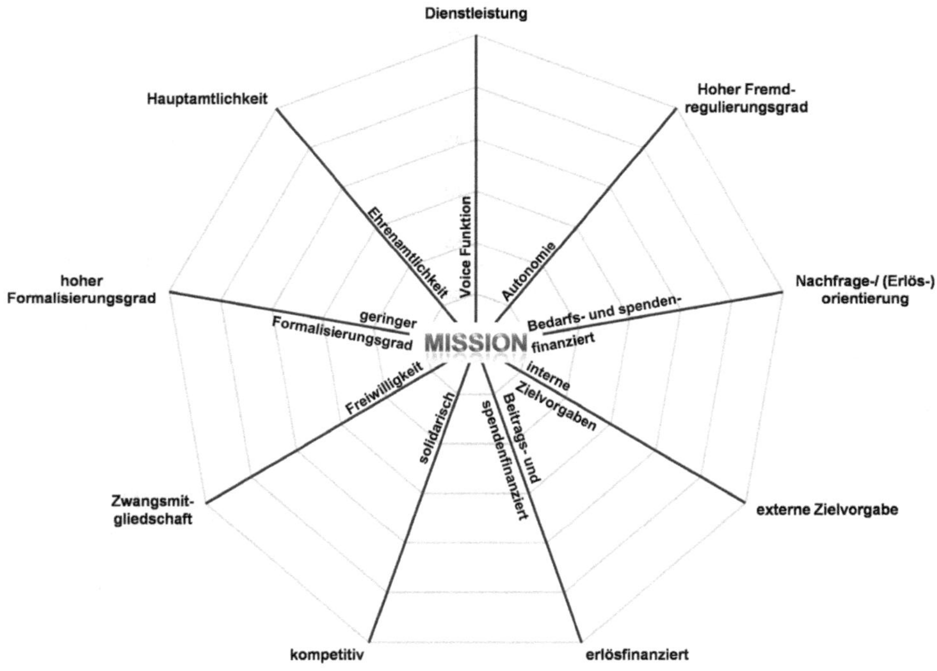

Abb. 1: Das IGC Spinnenmodell (International Group of Controlling)

Die beschriebenen Dimensionen bilden eine Spinne. In der Mitte der Spinne steht, als Ausgangspunkt für alle dimensionalen Entscheidungen der NPO, eine Mission. Ohne eine klar formulierte Mission, in der Auftrag, Wesen und Ziele der NPO gebündelt sind, gibt es kein vernünftiges Controlling. Das Controlling darf an dieser Stelle kein wirtschaftliches Rentabilitätsziel erwarten, sondern eine qualitative Mission, die klar und unmissverständlich verfasst ist.

Vielfach wird der Controller jedoch nicht auf eine strikte, operationalisierte Mission, sondern auf ein eklektisch zusammengesetztes Zielsammelsurium von Missionsbausteinen stoßen. Solche konfliktaversen Missionsformulierungen sind für das Controlling methodisches Gift, weil man sich mit Kompromissen auf die Frage „Wozu sind wir als Organisation da?“ die bei der Missionsformulierung vermiedenen Konflikte als ‚Kollateralschaden‘ in das Controlling selbst hineinholt.

Wenn eine NPO keine einheitliche Mission formulieren kann/will, kann das Controlling die Dimensionen der „Spinne“ im „organisationsbezogenen Reporting“ nicht beobachten und es kann im Zweifel auch nicht die stakeholderbezogenen ‚Wirkungen‘ beurteilen.

Das Controlling kann mit Kompromissen im „Missionskern“ nicht leben, aber es kann Spielräume in der Operationalisierung der Mission auf den einzelnen „Spinnendimensionen“ akzeptieren.

Insofern wird es eher die Regel als die Ausnahme darstellen, wenn sich eine NPO auf einer Dimension, beispielsweise zwischen „Voice und Dienstleistung“, nicht auf einen ‚Punkt‘, sondern auf einen Korridor zwischen zwei naheliegenden Punkten als Zielwert verständigt. Und doch bleibt für jede NPO die Aufgabe, ihre Mission möglichst präzise zu operationalisieren.

Solche ‚Korridore‘ können auch das Resultat von „Konzernstrukturen“ im NPO-Feld sein. Sobald eine NPO eine gewisse Vielfalt an Einrichtungen, Aufgaben und Services umfasst, wird es für das Controlling nicht möglich sein, für alle Arbeitsfelder präzise gemeinsame „Dimensionspunkte“ zu definieren. Insofern muss das Controlling bei „NPO-Konzernstrukturen“ entweder „Korridore“ auf den einzelnen Spinnendimensionen akzeptieren und/oder die Methode auf einzelne Organisationsbereiche beziehen.

Auch wenn in unserem Spinnenmodell die Vision als Mittelpunkt gezeichnet ist, von dem aus die verschiedensten Dimensionen sich entfernen, darf dieses Modell nicht so interpretiert werden, dass eine größere Nähe zur Mitte auch eine größere Nähe zur Mission wäre. Die Pole der Dimensionen sind neutral; nicht der Abstand zur Mitte, sondern der Abstand zwischen „Soll-Punkt“ und „Ist-Punkt“ sind für das Controlling relevant.

2.3 Wirkungscontrolling: ein Beispiel

Erst wenn es dem Controlling gelingt, Finanzdaten mit Wirkungsdaten zu verknüpfen, lassen sich Aussagen über die Produktivität sozialer Einrichtungen machen. Es gehört zur Besonderheit von Produktionsfunktionen im Sektor personenbezogener Dienstleistungen, dass nicht, wie in der Güterproduktion bei steigender Inputmenge der Output bei gleichbleibender Qualität steigt, sondern dass sich auch Qualitätsveränderungen einstellen. Die übliche „Constant Quality Assumption“ gilt bei Produktionsfunktionen im Dienstleistungsunternehmen nicht.

Produktivität bei sozialen Dienstleistungen bedeutet aber nicht nur ein mengenmäßiges Verhältnis von Leistungsmenge zu Leistungsentgelt, sondern bei sozialen Dienstleistungen ist Produktivität auch als Verhältnis von Wirkung und Leistungsentgelt zu verstehen (Abb. 2; Halfar et al. 2016).

Produktivität bei sozialen Dienstleistungen bedeutet nicht nur …

… mengenmäßig: $$\frac{\text{Leistungsmenge}}{\text{Leistungsentgelt}}$$

… sondern auch: $$\frac{\text{Wirkung}}{\text{Leistungsentgelt}}$$

Abb. 2: Produktivität bei sozialen Dienstleistungen (eigene Darstellung)

Wenn man in sozialen Einrichtungen also Controlling betreiben und Aussagen zur Dienstleistungsproduktivität treffen will, benötigt man (auch) klientenspezifische Zielwerte. In dem hier geschilderten Projekt wurden die Lebensqualität und Teilhabechancen von Menschen mit Behinderung als Zieldimensionen gewählt. Die Inputgrößen, also Mitarbeiterqualifikation, Mitarbeiterzahl, Entgelthöhe, Immobilienstruktur, Konzepte etc. waren gegeben, die Wirkungen wurden methodisch sauber erhoben.

Aber es fehlte noch ein Zwischenschritt, um das wirkungsorientierte Controlling starten zu können. Es stellte sich die Frage: welches Maß an Lebensqualität und Teilhabechancen ist für die einzelnen Klienten bzw. Klientencluster zu erwarten? Gerade im Hinblick auf fachliche Wirkungen fehlen häufig qualifizierte Erwartungs- oder Prognosewerte. Ohne diese empirische Prognosefähigkeit, aus der sich dann Wirkungsziele ableiten lassen, bleibt wirkungsorientiertes Controlling allerdings amputiert. Es geht bei der Wirkungsanalyse im Kern um die Ermittlung von Produktivitätsaussagen für spezifische Einrichtungen. Die zum Zeitpunkt x gemessenen Ist-Werte können eigentlich sinnvoll nur im Controlling analysiert werden, wenn auch der Abstand zu den Werten bekannt ist, die man erreichen könnte. Diese ‚Erwartungswerte' sind wiederum nur dann fruchtbar im Controlling einsetzbar, wenn sie nicht aus Brainstorming Runden oder fachlich unterstützten Bauchgefühlen entstammen, sondern aus Berechnungen.

Die allgemeine Formel des wirkungsorientierten Controllings lautet:

$$\frac{\text{(Wirkung „Ist" – Wirkung „Erwartungswert")}}{\text{Summe Leistungsentgelt}}$$

Abb. 3: Formel des wirkungsorientieren Controllings (eigene Darstellung)

Mit dieser Kennzahl läuft die Information in das Controlling, ob die erwartbaren Wirkungswerte erreicht oder gar übertroffen wurden bzw. verfehlt worden sind. Die geltende Währung ist die Lebensqualität der Klientinnen und Klienten. Wenn das wirkungsorientierte Controlling informiert, dass die Erwartungswerte kosteneffizient erreicht oder übertroffen wurden, gibt es keine Steuerungsaufgabe. Wenn die Leitungsverantwortlichen allerdings durch das Controlling die Kennzahl erhalten, – und zwar ohne große Informationssuchkosten, dass eine Einrichtung fachlich unter Wasser läuft, entsteht Managementbedarf. Stimmt die Dienstleistungskonfiguration vor Ort? Warum unterscheiden sich die Produktivität und Nachhaltigkeit einzelner Organisationseinheiten?

„Damit können Leitungsverantwortliche zielorientiert in den Diskurs treten und Veränderungsmöglichkeiten erarbeiten, die wiederum in der nächsten Runde des wirkungsorientierten Controllings auf ihre Wirksamkeit überprüft werden können. Die sozialen Dienstleistungen sollen mit Hilfe des wirkungsorientierten Controllings eine gute Balance zwischen der sozialen und ökonomischen Säule der Nachhaltigkeit erreichen“ (Halfar et al. 2016).

3. Datengrundlage und Methoden[6]

Damit ein wirkungsorientiertes Controlling funktionieren kann, benötigt man zwei Voraussetzungen: zum einen valide und reliable Messinstrumente, mit denen die Wirkungen sozialer Dienstleistungen erfasst werden; zum zweiten ein Modell, mit dem man berechnen kann, welcher Anteil an Lebensqualität und Teilhabe durch die Einrichtung beeinflussbar ist. Im Folgenden wird das Messinstrument Personal Outcomes Scale vorgestellt sowie das methodische Design und zugrunde liegende Daten.

3.1 Die Personal Outcomes Scale

Um die Wirkung von Wohneinrichtungen für Menschen mit Behinderung sichtbar zu machen, setzen wir die sog. „Personal Outcomes Scale“ als Messinstrument ein (van Loon et al. 2012).[7] Die Personal Outcomes Scale (POS) ist eines der tragenden Elemente, die die Quality of Life-Bewegung zurzeit zur Verfügung stellt. Sie ist Teil eines Gesamtkonzepts, das dazu dient, die individuellen Anforderungen von Menschen mit den Möglichkeiten und Rahmenbedingungen einer Organisation in Einklang zu bringen – die Teilhabebegleitung.

Mit der Personal Outcomes Scale (POS) wird die individuelle Qualität des Lebens einer Person als Ergebnis einer Entwicklung beschrieben und sie wird für die individuelle Förder- und Hilfeplanung genutzt. Die Beschreibung Qualität des Lebens erfolgt mit einem Instrument, welches zu jeweils sechs Sachverhalten in acht definierten Lebensbereichen (Domänen) Fragen stellt:

1. Persönliche Entwicklung
2. Selbstbestimmung
3. Soziale Beziehungen
4. Soziale Inklusion
5. Rechte
6. Emotionales Wohlbefinden
7. Physisches Wohlbefinden
8. Materielles Wohlbefinden

6 Die folgende Textpassage stammt ebenfalls aus diesem Text, der auf dem NPO-Forschungskolloquium im Frühjahr 2016 an der Universität Göttingen vorgetragen wurde und im Kongressband erscheinen wird.

7 Die Begriffe „Outcome, Impact, Effect“ werden in der Literatur unterschiedlich gebraucht. Im IGC-Kontext müsste die POS-Skala eigentlich „Personal Impact Scale“ heißen.

Es ist nun Aufgabe der (geschulten) Interviewer, jede der 48 Fragen methodisch so zu kommunizieren, dass der/die Befragte den Sinn versteht und seine/ihre Antwort inhaltlich sicher einer der zur Verfügung stehenden Antwortmöglichkeiten zugeordnet werden kann. Zu jedem der 48 Indikatoren gibt es jeweils drei Antwortmöglichkeiten. Jede Antwort wird mit einem Punktwert von 1, 2 oder 3 auf einer Skala hinterlegt – daher Personal Outcomes Scale. Die Punktwerte werden über alle Fragen aufsummiert (Wertebereich 48–144 Punkte) und ergeben den POS-Wert, der die individuelle Qualität des Lebens der befragten Person auf der Personal Outcomes Scale angibt.

Das Sozialwerk St.Georg setzt seit 2011 die Personal Outcomes Scale ein. Einmal jährlich werden alle Klientinnen und Klienten mit dem POS-Instrument befragt. Die Ergebnisse der Abfrage spiegeln eine subjektive Bewertung der erlebten Teilhabe und Lebensqualität der Klientinnen und Klienten des Sozialwerks St. Georg wider.

3.2 Methodisches Design und Datengrundlage

Die POS-Daten werden als quasi-metrische Daten interpretiert. Auch wenn die für große Stichproben sehr sensiblen Tests auf Normalverteilung (Sharpio-Wilk-Test, Sharpio-Franca-Test) der Residuen sich für eine Ablehnung der Normalverteilungshypothese aussprechen, so zeigt die optische Analyse, dass die Verteilung der Residuen einer Normalverteilung gleicht. Deshalb wurde zur Analyse des Einflusses der soziodemographischen und strukturellen Merkmale auf die Lebensqualität ein lineares Regressionsmodell gewählt.

Im Regressionsmodell werden folgende soziodemographische und strukturelle unabhängige Merkmale berücksichtigt: Alter, Geschlecht, Familienstand (ledig, verheiratet, geschieden, verwitwet, getrenntlebend), Unterbringungsdauer, Wohnform (klassisches Wohnheim, Außenwohnbereich), Klientengruppe (geistige Behinderung, seelische Behinderung, Suchterkrankung, Autismus), Geschäftsbereich (Ruhrgebiet, Westfalen-Nord, Westfalen-Süd).

Auf Basis der Regressionsergebnisse können auch Werte für die abhängige Variable – hier der POS-Wert – für jede Klientin und jeden Klienten geschätzt werden, für den noch kein POS-Wert vorliegt. Dabei werden die Merkmale Alter, Geschlecht etc. und deren ermittelter Einfluss (Koeffizient) zur Prognose des POS-Erwartungswerts genutzt.

In das Projekt sind die POS-Daten von rund 1.340 Klientinnen und Klienten in stationären Wohnsettings (Kerneinrichtung und Außenwohnbereich (AWB), Jahr: 2013) eingeflossen.

4. Ergebnisse

Auf Grundlage der POS-Werte der 1.339 berücksichtigten Klientinnen und Klienten des Sozialwerks St. Georg wurde (mittels linearer Regression) zunächst geprüft, ob soziodemographische und strukturelle Merkmale einen signifikanten Einfluss auf die Höhe des POS-Wertes haben. Die lineare Regression zeigt, dass viele der unabhängigen Merkmale einen eigenständigen, signifikanten Einfluss auf die subjektive Lebensqualität haben (unter Konstanthalten aller anderen Merkmale, Tab. 1):

- Mit dem Lebensalter sinkt die Lebensqualität signifikant: Erhöht sich das Alter um ein Jahr, so verringert sich der POS-Wert um 0,123 Punkte.

- Frauen haben unter Konstanthalten aller anderen Merkmale einen um 1,16 Punkte geringeren POS-Wert als Männer. Dieser Effekt ist leicht signifikant.
- Getrenntlebende Personen haben einen signifikant höheren POS-Wert als ledige Personen bei sonstigen gleichen Merkmalen
- Je länger eine Person in Einrichtungen des Sozialwerks St. Georg lebt, desto geringer die Lebensqualität.
- Vergleicht man Personen, die sich lediglich hinsichtlich ihrer Wohnform – Außenwohngruppe oder klassisches stationäres Wohnen – unterscheiden, so wird deutlich, dass Personen in Außenwohnbereich eine signifikant höhere Lebensqualität haben (+6,1 Punkte).
- Menschen mit einer seelischen Behinderung haben im Schnitt einen um 3,2 Punkte geringeren POS-Wert als Menschen mit geistiger Behinderung, wenn ansonsten alle betrachteten Merkmale gleich sind.

Lineares Regressionsmodell (Abhängige Var. POS-Wert)	Modell Koeffizienten
Alter	-0,123***
Geschlecht (Ref. Männer)	-1,160*
Familienstand (Ref. ledig)	
Geschieden	-0,248
Verheiratet	-2,151
Verwitwet	1,523
Getrenntlebend	4,512**
Unterbringungsdauer	-0,118***
Wohnform (Ref. Stationäres Wohnen)	6,138***
Klientengruppe (Ref. Geistige Behinderung)	
Seelische Behinderung	-3,195***
Suchterkrankung	0,469
Autismus	-4,318
Geschäftsbereich (Ref. Ruhrgebiet)	
Westfalen-Nord	4,840***
Westfalen-Süd	-0,818
Konstante	115,6***
N	1339
R^2	0,222

* $p < 0.05$, ** $p < 0.01$, *** $p < 0.001$, Ref.=Referenzkategorie.

Tab. 1: Regressionsergebnisse, POS-Wert (eigene Darstellung)

Diese soziodemographischen und strukturellen Merkmale können, bezogen auf alle Klientinnen und Klienten, etwa 20 % der Varianz der POS-Werte erklären. Umgekehrt bedeutet dies aber auch: das Sozialwerk St. Georg kann durch seine Arbeit im Durchschnitt bis zu 80 % der

Ausprägungen des POS-Wertes beeinflussen. „Bis zu" bringt hier zum Ausdruck, dass es auch weitere Faktoren gibt, die das Sozialwerk St. Georg nicht beeinflussen kann (z.B. Situation in der Familie).

Wie gut können die POS-Werte mit diesem Regressionsmodell vorhergesagt werden? Um diese Frage zu beantworten wurden 500 Personen zufällig von der Regression ausgeschlossen, um zu simulieren, dass für sie noch keine Befragungsergebnisse vorliegen. Für diese Stichprobe wurden die erwarteten POS-Werte prognostiziert und mit den tatsächlichen POS-Werten verglichen.

Die POS-Werte können auf individueller Ebene für knapp 25% der Klientinnen und Klienten sehr gut (akzeptierte Abweichung +/-3 Punkte) bzw. für 38 % gut (akzeptierte Abweichung +/-5 Punkte) vorhergesagt werden. Allerdings gibt es auch Personen, bei denen der tatsächliche POS-Wert auf Basis von soziodemographischen und strukturellen Merkmalen nicht treffend vorhergesagt werden kann. Bei diesen (wenigen) Fällen ergeben sich deutlich höhere Differenzen (-33 bis +25 Punkte).

Für das wirkungsorientierte Controlling bilden nicht die Individuen an sich, sondern die Wohngruppen und Einrichtungen die zentralen Steuerungseinheiten. Hierfür wird der durchschnittliche POS-Wert über alle Klientinnen und Klienten der Wohngruppe hinweg berechnet. Auf der Ebene von Einrichtungen und Wohngruppen liegt die Differenz zwischen erwartetem und tatsächlichem POS-Wert bei mehr als der Hälfte der zufällig ausgewählten Organisationseinheiten bei plus/minus zwei Lebensqualitätspunkten. Die Tabelle 2 zeigt, dass die Abweichungen auf Einrichtungsebene relativ gering sind. Bei einigen Einrichtungen liegen geschätzter und tatsächlicher durchschnittlicher POS-Wert (fast) aufeinander. Nur bei fünf von 25 Einrichtungen weicht der tatsächliche POS-Wert vom geschätzten um fünf Punkte ab. Für diese Einrichtungen kann bereits jetzt eine Detailanalyse gestartet werden, um die Ursachen zu analysieren.

Für das wirkungsorientierte Controlling kann im nächsten Schritt die Differenz zwischen erwartetem und tatsächlichem POS-Wert mit den Leistungsentgelten in Beziehung gesetzt werden. Damit lässt sich im Prinzip mit Eurowerten die Produktivität der Einrichtung aufzeigen. Leitungskräfte können nun bei Einrichtungen mit großen negativen Abweichungen gezielt nach Gründen suchen und Maßnahmen durchführen, um die Lebensqualität der Klientinnen und Klienten zu erhöhen.

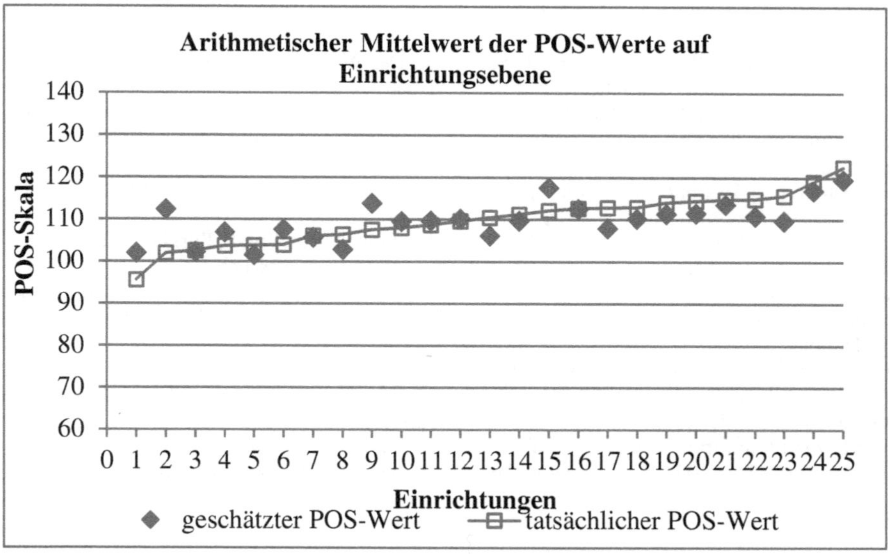

Tab. 2: Durchschnittliche tatsächliche und erwartete POS-Werte für eine Stichprobe von 25 Einrichtungen (eigene Darstellung)

5. Ausblick

Das Controlling in sozialwirtschaftlichen Einrichtungen ist in den letzten Jahren methodisch deutlich vorangekommen. Insbesondere die Verknüpfung des Finanzcontrollings mit dem Wirkungscontrolling zeigt, dass es methodisch möglich ist, die Produktivität und Wirksamkeit einzelner sozialer Einrichtungen zu ermitteln und zu vergleichen.

6. Literatur

Badelt, Christoph/Meyer, Michael/Simsa, Ruth (Hrsg.) (2007): Handbuch der Nonprofit Organisation. 4., überarb. Aufl., Stuttgart: Schäffer-Poeschel.

Barth, Thomas/Barth, Daniela (2008): Controlling – Managementwissen für Studium und Praxis. 2., überarb. Aufl., München: Oldenburg.

Berens, Wolfgang/Mosiek, Thomas/Röhring, Andreas/Gerhardt, Birgit (2004): Outcome-orientiertes Management in der öffentlichen Verwaltung. In: Betriebswirtschaftliche Forschung und Praxis, H. 4, S. 323-341.

Bono, Maria Laura (2006): NPO-Controlling. Professionelle Steuerung sozialer Dienstleistungen. Stuttgart: Schäffer-Poeschel.

Eisenreich, Thomas/Halfar, Bernd/Moos, Gabriele (2008): Steuerung sozialer Betriebe und Unternehmen mit Kennzahlen. Baden-Baden: Nomos.

Fischer, Thomas M./Möller,Klaus/Schultze, Wolfgang (2012): Controlling. Grundlagen, Instrumente und Entwicklungsperspektiven. Stuttgart: Schäffer-Poeschel.

Horak, Christian (1995): Controlling in Nonprofit-Organisationen. Erfolgsfaktoren und Instrumente. 2. Aufl., Wiesbaden: Deutscher Universitätsverlag.

Halfar, Bernd (2009): Controlling in sozialwirtschaftlichen Organisationen. In: Arnold, Ulli/Maelicke, Bernd (Hrsg.): Lehrbuch der Sozialwirtschaft, 3.Aufl., Baden-Baden: Nomos, S. 664-681.

Halfar, Bernd/Heider, Katharina/Meyer, Wolfgang (2016): Wirkungsorientiertes Controlling – Verknüpfung von Wirkungen und Ressourcen bei sozialen Dienstleistungen. Tagungsband der 12. Internationalen NPO-Forschungskonferenz. Göttingen: Universität Göttingen, i.E.

Halfar, Bernd/Moos, Gabriele/Schellberg, Klaus (2014): Controlling in der Sozialwirtschaft. Baden-Baden: Nomos.

Horváth, Péter (2006): Controlling. 10., überarb. Aufl., München: Vahlen.
Horváth, Péter (1998): Controlling. 7., überarb. Aufl., München: Vahlen.
Horvath & Partners (Hrsg.) (2000): Das Controllingkonzept. Der Weg zu einem wirkungsvollen Controllingsystem. 4. Aufl., München: Deutscher Taschenbuch-Verlag.
International Group of Controlling/Halfar, Bernd (2008) Wirkungsorientiertes NPO-Controlling. Leitfaden zur Zielfindung, Planung und Steuerung in gemeinnützigen Organisationen. Freiburg/Berlin/München: Haufe.
Küpper, Hans-Ulrich (2005): Controlling. Konzeption, Aufgaben, Instrumente. 4. Aufl., Stuttgart: Schäffer-Poeschel.
Küpper, Hans-Ulrich/Friedl, Gunther/Hofmann, Christian/Hofmann, Yvette/Pedell, Burkhard (2013): Contolling. Konzeption, Aufgaben, Instrumente. 6. Aufl. Stuttgart: Schäffer-Poeschel.
Schauer, Reinbert (2000): Rechnungswesen für Nonprofit-Organisationen: ergebnisorientiertes Informations- und Steuerungsinstrument für das Management in Verbänden und anderen Nonprofit-Organisationen. Bern: Haupt.
Schubert, Bernd (2000): Controlling in der Wohlfahrtspflege. Münster: Lit.
van Loon, Joost/Bernshausen, Gitta/Löbler, Frank/Buchenau, Manja (2012): POS – Personal Outcomes Scale: Individuelle Qualität des Lebens. Norderstedt: Books on Demand.
Weber, Jürgen (2004): Einführung in das Controlling. 10.Aufl., Stuttgart: Schäffer-Poeschel.
Weber, Jürgen/Schäffer, Utz (2011): Einführung in das Controlling. 12.Aufl., Stuttgart: Schäffer-Poeschel.

Risikomanagement

Gabriele Moos

1. Einführung

Als Ausgangspunkt ist der Begriff des Risikos näher zu bestimmen. Etymologisch geht der Begriff auf das italienische Wort „rischiare“, „Gefahr laufen“, und weiter auf das lateinische „risicare“, „Klippen umschiffen“ bzw. „etwas wagen“, zurück (Zapp 2011, S. 5). Als weiterer etymologischer Zweig kann der Risikobegriff auf das griechische Wort „riza“ zurückgeführt werden. Übersetzt wird es mit „Lebensunterhalt, der von Gott abhängt“ (Zapp 2011, S. 5). In diesem Verständnis wird Risiko als etwas Vorgegebenes interpretiert. Im Rahmen dieses Beitrags wird Risiko als ein geplantes oder ungeplantes unerwünschtes Ereignis verstanden, welches eine Organisation, einen Prozess, ein Projekt oder ein gesetztes Ziel beeinträchtigen kann. Risiken beruhen immer auf Wertungen, was sie schwer greifbar macht. Jegliche unternehmerische Tätigkeit birgt Risiken. Risiken sind Bestandteil unternehmerischer Geschäftstätigkeit und beinhalten die Gefahr, dass durch Ereignisse – seien diese externer oder interner Natur – Störprozesse auftreten, die im Ergebnis das Überleben einer sozialen Organisation gefährden können.

1.1 Wachsende Bedeutung von Risikomanagement

Die Erfordernisse und die Notwendigkeit, ein Risikomanagement für sozialwirtschaftliche Unternehmen zu etablieren, sind vielseitig. In einem immer komplexer werdenden ökonomischen, gesellschaftlichen und politischen Umfeld steigen die Informationsbedürfnisse der Anspruchsgruppen sozialwirtschaftlicher Organisationen. Sozialwirtschaftliche Unternehmen müssen sich den steigenden Anforderungen an eine gute und verantwortungsvolle Unternehmensführung in differenzierter Form stellen. Zu diesen Anforderungen gehört auch der professionelle Umgang mit Risiken (Bachert et al. 2009, S. 11ff.). In jüngster Zeit führen auch Missmanagement, Missbrauch von Kompetenzen und eine Reihe von teilweise spektakulären Betrugsfällen innerhalb der Unternehmen der Sozialwirtschaft zu einer verstärkten Kritik an Führungskräften, Aufsichtsräten und Abschlussprüfer_innen. Ziel des Risikomanagements ist die Unterstützung der Unternehmensführung bei der Risikobewältigung, indem zukünftig risikobehaftete Entwicklungen identifiziert, beurteilt, gesteuert und kontrolliert werden (Moos 2014, S. 732ff.). Die Gesamtheit der organisatorischen Regelungen und Maßnahmen zur Risikoerkennung und zum Umgang mit diesen Risiken nennt man Risikomanagement. Es ergeben sich grundsätzlich zwei Forderungen: Zum einen müssen betriebliche Risiken analysiert und bewertet, zum anderen konkrete Maßnahmen festgelegt werden, um betriebliche Risiken zu reduzieren. Auf der Grundlage eines Risikomanagementsystems sollen wesentliche Risiken erkannt und Zeit für unternehmerisches Handeln gewonnen werden. Risikomanagement soll eine frühzeitige Bewertung und Bewältigung von Risiken ermöglichen. Von daher unterstützt das Risikomanagement die strategische Steuerung eines sozialen Unternehmens (Moos/Peters 2015, S. 84ff.). Es geht nicht um die Schaffung absoluter Sicherheit, da ein solches Vorgehen auch keine unternehmerischen Chancen mehr zulässt.

1.2 Risikopolitik und Risikostrategie

Ausgangspunkt des Risikomanagements ist die Risikopolitik, die einen groben Handlungsrahmen darstellt, Verhaltensregeln und Verantwortlichkeiten festlegt und im Einklang mit der allgemeinen Unternehmenspolitik zu erstellen ist und sich aus ihr ableiten sollte. Die Risikopolitik bildet die Basis für die Risikokultur und gibt die Art der Risikohandhabung im Unternehmen vor (Bachert/Sandritter 2012, S. 23).

Neben den unternehmensindividuellen Vorgaben zur Risikopolitik lassen sich weitere Inhalte aus gesetzlichen Anforderungen ableiten. Die unternehmensspezifisch auszugestaltende Risikostrategie stellt die Basis für den gesamten Risikomanagementprozess dar. Sie bestimmt das Verhältnis von Chancen und Risiken für das gesamte Unternehmen und welche maximalen Risiken eingegangen werden dürfen. Darüber hinaus werden Grundsätze für die Risikoprävention und die anzuwendenden Verfahren und Methoden vorgegeben.

Ziel ist nicht immer die Minimierung des Unternehmensrisikos, sondern vielmehr eine Optimierung des Chancen-/Risiko-Profils, das von der Unternehmensstrategie und der Risikobereitschaft des Unternehmens bestimmt wird.

Mögliche Risikostrategien sind:

- Risikovermeidung (z.B. Vorhaben stoppen)
- Risikoverminderung (z.B. Qualitätsmanagement)
- Risikobegrenzung (z.B. durch Diversifikation oder definierte Obergrenzen)
- Risikoabwälzung (z.B. durch Versicherung)
- Risikoakzeptanz (z.B. durch Übernahme von Risiken)
- Risikoprävention (z.B. Vorhalten zusätzlicher Personalressourcen)

1.3 Gesetzliche Rahmenbedingungen

Bereits im Jahr 1998 wurden mit dem Gesetz zur Kontrolle und Transparenz im Unternehmensbereich (*KonTraG*) zahlreiche Regelungen in Kraft gesetzt, mit dem Ziel, die Kontrolle und Transparenz im Bereich der börsennotierten Aktiengesellschaften zu verbessern. Auslöser waren neben den Informationsbedürfnissen der internationalen Anleger vor allem spektakuläre Unternehmenskrisen in den 1990er Jahren. Es war offensichtlich, dass die unternehmensbezogenen Überwachungssysteme mit Mängeln behaftet waren. Mit dem Gesetz zur Kontrolle und Transparenz im Unternehmensbereich (KonTraG) macht der Gesetzgeber deutlich, dass es zu den organisatorischen Pflichten des Managements gehört, geeignete betriebsinterne Überwachungsmaßnahmen zu ergreifen, um Risiken zu erkennen und diesen entgegenzuwirken.

Der Gesetzgeber hat in der Gesetzesbegründung eindeutig darauf hingewiesen, dass auch GmbHs und andere Organisationen (Vereine, Stiftungen etc.) von den Änderungen betroffen sind. Das KonTraG ist somit aufgrund seiner Ausstrahlungswirkung auch für Unternehmen der Sozialwirtschaft relevant.

Im Jahr 2002 wurde der *Deutsche Corporate Governance Kodex* (DCGK) verabschiedet, der ebenfalls für Sozialunternehmen von hoher Relevanz ist. Der Kodex fordert mehr Transparenz der unternehmerischen Tätigkeit und die Offenlegung von potentiellen Interessenkonflikten

(Seibt 2003, S. 2107). Der DCGK liefert über die gesetzlichen Vorschriften zur Leitung und Überwachung deutscher börsennotierter Aktiengesellschaften (AG) hinaus auch konkrete Handlungsempfehlungen und Standards für die Unternehmensführung und Aufsicht im Nonprofit-Bereich (Bachert 2006, S. 19).

1.4 Anforderungen an Aufsichtsgremien

Der Überwachungsaufgabe durch das Aufsichtsgremium wurde durch das KonTraG mehr Gewicht verliehen. Die Kernaufgabe der *Corporate Governance* besteht darin, die Führung und Überwachung so zu gestalten, dass die Existenz der Organisation langfristig gesichert wird. Ist ein Marktanteilsverlust, ein Umsatzrückgang bzw. eine deutliche Ergebnisverschlechterung erkennbar, so muss auch die Überwachungstätigkeit durch das Aufsichtsgremium angemessen ausgeweitet werden. Es ist offensichtlich, dass in kritischen Situationen (z.B. Insolvenz) Intensität und Frequenz der Tätigkeit in einem Aufsichtsgremium erheblich zunehmen (Solidaris 2003, S. 39).

Der fünfte Abschnitt des DCGK enthält Regelungen, welche die Pflichten von Aufsichtsratsmitgliedern in Nonprofit-Unternehmen verdeutlichen. Auch wenn der DCGK für gemeinnützige Einrichtungen rechtlich nicht bindend ist, sollte er, gerade weil die Unternehmen steuerliche Privilegien genießen, eine normative Vorgabe für das Managementhandeln sein.

Von zentraler Bedeutung ist die Aufgabe des Aufsichtsrates, die Unternehmensführung regelmäßig zu beraten und zu überwachen, wobei er in Entscheidungen von grundlegender Bedeutung für das Unternehmen einzubinden ist (Seibt 2003, S. 2107). Der Aufsichtsrat soll hierzu regelmäßig Kontakt mit der Führung des Unternehmens halten und mit ihr die Strategie, die Geschäftsentwicklung und das Risikomanagement des Unternehmens beraten (DCGK 2016, o.S.).

Das Aufsichtsgremium ist einerseits dazu angehalten, sich über die Risikolage und das Risikomanagement des Unternehmens zu informieren, andererseits ist das Aufsichtsgremium selbst ein wichtiger Bestandteil eines Risikomanagementsystems. Diese Doppelrolle kann beispielsweise dazu führen, dass ein schlecht qualifiziertes und unorganisiertes Aufsichtsgremium aus Sicht des Risikomanagements zu negativen Konsequenzen führt. Probleme können sich beispielsweise ergeben, wenn die Risikolage falsch eingeschätzt wird oder die zur Risikosteuerung notwendigen Maßnahmen nicht eingeleitet werden (Solidaris 2000, S. 28).

1.5 Zunehmende Regelungskomplexität und Compliance

Es stellt sich auch die Frage, inwieweit Konzepte der Compliance verstärkt in das Risikomanagement integriert werden müssen (Grambow 2015, S. 34). Der Begriff der Compliance kommt ursprünglich aus dem Bereich des Gesundheitswesens und bezeichnet die Konformität zu allgemein anerkannten Behandlungsverfahren. Corporate Compliance bezeichnet die Beachtung aller rechtlichen Verpflichtungen aus Gesetzen, Verträgen und Selbstverpflichtungen durch ein Unternehmen mit dem Ziel der Schadensvermeidung oder -minderung. Insbesondere sind auch die Compliance-Erwartungen der verschiedenen Stakeholder an jedes sozialwirtschaftliche Unternehmen ernst zu nehmen und angemessen umzusetzen. Sozialwirtschaftliche

Empfehlungen des DCGK	
Berichtspflicht des Vorstandes	Der Aufsichtsrat sollte die Informations- und Berichtspflichten des Vorstandes näher festlegen; der Vorstand stimmt die strategische Ausrichtung des Unternehmens mit dem Aufsichtsrat ab und erörtert mit ihm in regelmäßigen Abständen den Stand der Strategieumsetzung.
Verschwiegenheit	Die Mitglieder von Aufsichtsrat und Vorstand sollten sicherstellen, dass alle von ihnen eingeschalteten Mitarbeiter_innen die Verschwiegenheitspflicht in gleicher Weise einhalten.
Kreditgewährung	Die Gewährung von Krediten an Mitglieder des Vorstandes und des Aufsichtsrates sowie ihre Angehörigen bedarf der Zustimmung des Aufsichtsrates.
Zusammenarbeit im Vorstand	Wenn der Vorstand aus mehreren Personen besteht, sollte er einen Vorstand oder eine/n Sprecher_in haben. Eine Geschäftsordnung soll die Geschäftsverteilung und die Zusammenarbeit im Vorstand regeln.
Zusammenarbeit im Aufsichtsrat/Effizienz	Der Aufsichtsrat soll sich eine Geschäftsordnung geben. Der/Die Aufsichtsratsvorsitzende koordiniert die Arbeit im Aufsichtsrat und leitet dessen Sitzungen. Falls ein Mitglied des Aufsichtsrats in einem Geschäftsjahr an weniger als der Hälfte der Sitzungen teilgenommen hat, soll dies im Bericht des Aufsichtsrats vermerkt werden. Der Aufsichtsrat soll regelmäßig die Effizienz seiner Tätigkeit überprüfen.
Zusammenarbeit zwischen Vorstand und dem/r Aufsichtsratsvorsitzendem/n	Der/Die Aufsichtsratsvorsitzende sollte mit dem Vorstand bzw. mit dem/r Vorsitzenden oder dem/r Sprecher_in regelmäßig Kontakt halten und mit ihm die Strategie, die Geschäftsentwicklung und das Risikomanagement des Unternehmens beraten. Er ist auch über wichtige Ereignisse, die für die Beurteilung der Lage und Entwicklung sowie der Leitung des Unternehmens von wesentlicher Bedeutung sind, unverzüglich zu informieren. Der/Die Aufsichtsratsvorsitzende soll sodann den Aufsichtsrat unterrichten und erforderlichenfalls eine außerordentliche Aufsichtsratssitzung einberufen.

Abb. 1: Empfehlungen des DCGKs (eigene Darstellung)

Unternehmen sind deshalb gefordert, die Geschäftstätigkeit und die interne Organisation laufend auf die Einhaltung der verbindlichen Integritätsstandards hin zu überprüfen.

Es leuchtet auf den ersten Blick ein, dass sich ein sozialwirtschaftliches Unternehmen an geltendes Recht zu halten hat. Bei der Beschäftigung mit den konkreten Bestimmungen und Vorgaben wird jedoch schnell deutlich, dass diese Aufgabe keineswegs trivial ist. Es gibt eine große Anzahl von Vorschriften, die sich laufend ändern, deren Relevanz für die eigene Organisation nicht immer leicht zu erkennen ist und zu deren Verständnis ggf. Spezialwissen erforderlich ist. Je höher die Regelungskomplexität einer Branche ist, desto höher ist das Risikopotential eines Unternehmens dieser Branche. Aufgrund der Regelungsdichte in der Sozialwirtschaft hat die Sicherstellung der Compliance (regelkonformes Handeln) im Rahmen des Risikomanagements eine hohe Bedeutung. Bei den meisten sozialwirtschaftlichen Unternehmen verbleibt die Verantwortung unmittelbar bei der Unternehmensführung, die bei der Umsetzung auf weitere Fachkräfte und ggf. externe Experten_innen zurückgreift. Konkret umfasst Corporate Compliance die folgenden Aufgaben:

- Relevante rechtliche Regelungen benennen und ausreichend kennen
- Rechtsbereiche bewerten und besonders kritische Rechtsverstöße identifizieren
- Maßnahmen zur Sicherstellung der Compliance einleiten
- Bewertung von Rechtsbereichen und Maßnahmen im Compliance regelmäßig aktualisieren.

Für sozialwirtschaftliche Organisationen gibt es keine verbindlichen gesetzlichen Compliance-Richtlinien. Folgende Schwerpunktbereiche sind häufig von besonderer Bedeutung:

- Organisationsrecht und Organisationsgestaltung, insbesondere Außenkommunikation, Einhaltung rechtsformspezifischer Pflichten, Internetauftritt einschließlich Datenschutz
- Einhaltung von Anzeige- und Veröffentlichungspflichten und Vermeidung strafrechtlich relevanter Handlungen
- Vertragsmanagement (Vertragsprüfung, Vertragsgestaltung, Versicherungsschutz)
- Zuwendungs- und Kostenrisiken, insbesondere Einhaltung von Zuwendungsvorgaben, Aufzeichnungspflichten, Bewertung von Abrechnungsrisiken
- Einhaltung der gemeinnützigkeitsrechtlichen Vorschriften, insbesondere satzungsmäßige Betriebsführung, Mittelansammlung und Mittelverwendung
- Korrekte steuerliche Zuordnung von Ein- und Ausgaben sowie die einwandfreie umsatzsteuerrechtliche Behandlung von Zuschüssen und Mitgliedsbeiträgen
- Einhaltung der arbeitsrechtlich relevanten Regelungen, insbesondere zur Arbeitszeit, zum Arbeitsschutz, zum Arbeitsentgelt und zu den Fragen rund um das Thema Arbeitnehmerüberlassung

2. Elemente eines Risikomanagementsystems

Die inhaltliche Ausgestaltung eines Risikomanagements ist gesetzlich nicht vorgeschrieben. Allerdings gibt es bestimmte Bestandteile, die in einem Risikomanagementsystem berücksichtigt werden müssen. Grundsätzlich lassen sich folgende *Elemente* eines Risikomanagementsystems unterscheiden (Lück 1998, S. 9):

- Internes Überwachungssystem
- Controlling
- Frühwarnsystem

2.1 Internes Überwachungssystem

Hauptbestandteil eines Risikomanagementsystems ist das *Interne Überwachungssystem.*

Das Interne Überwachungssystem setzt sich aus organisatorischen Sicherungsmaßnahmen, der Internen Revision und Internen Kontrollen zusammen. Es umfasst alle Überwachungsmaßnahmen, Prüfungs- und Kontrollmaßnahmen im Hinblick auf rechtliche Vorgaben (Compliance) und organisatorische Regelungen zur Sicherung zielorientierten Unternehmensgeschehens. Im Rahmen des Internen Überwachungssystems spielen sowohl prozessabhängige Kontrollmaßnahmen als auch prozessunabhängige Kontrollen, bspw. im Rahmen der Internen Revision, eine große Rolle (Moos 2014, S. 734ff.).

Aufgabe der *Internen Revision* im Rahmen des Risikomanagements ist es, durch periodisch wiederkehrende und ad hoc ausgeführte Prüfungen die Wirksamkeit des Risikomanagements sicherzustellen. Da in vielen sozialen Unternehmen eine Interne Revision nicht vorhanden ist, sollte mit dieser Aufgabe ein Team von im Risikomanagement erfahrenen Experten_innen betraut werden.

Es ist festzustellen, dass sich das Interne Überwachungssystem nicht nur auf den Zahlungsverkehr, die Buchhaltung und das Rechnungswesen im engeren Sinne, sondern auf alle betrieblichen Funktions- und Dienstleistungsbereiche bezieht. In sozialen Einrichtungen kann dem Internen Überwachungssystem auch die Qualitätssicherung zugeordnet werden.

Das Interne Überwachungssystem beinhaltet zahlreiche Elemente, die hier nur beispielhaft aufgeführt werden:

- *Grundsatz der Funktionstrennung*: Dieser Grundsatz verlangt, dass bspw. ein/e Mitarbeiter_in nicht alle Phasen eines Geschäftsvorfalls alleine freigeben kann.
- *Organisatorische Sicherungsmaßnahmen in der EDV*: Diese umfassen bspw. Zugriffsbeschränkungen auf Daten (z.B. Passwörter) oder den Schutz bestimmter Datenfelder.
- *Organisatorische Sicherungsmaßnahmen durch Arbeitsanweisung*: Hiermit sind bspw. Organisationspläne mit Festlegung der Kompetenz- und Verantwortungsverteilung innerhalb der Organisation sowie Zahlungs- und Investitionsrichtlinien gemeint.
- *Sicherungsmaßnahmen durch innerbetriebliches Belegwesen*: Hierunter fällt die Festlegung von einheitlichen Standards, die das innerbetriebliche Belegwesen koordinieren (Gestaltung des Belegflusses sowie die Sicherung der Belegablage).

2.2 Controlling

Ein vorhandenes Controlling ist die Voraussetzung für die Bewertung, Planung, Steuerung und Kontrolle von Risiken (Halfar et al. 2014, S. 35ff.). „Controlling wird als ein Verfahren verstanden, das die Entscheidungsstellen der Organisation mit aufbereiteten Informationen, in der Regel mit Zahlen, versorgt" (Halfar 2014, S. 768). Das Controlling in Organisationen der Sozialwirtschaft sollte über zwei wesentliche Aspekte informieren: Über die wirtschaftliche Situation und über die pädagogische, pflegerische bzw. medizinische Leistungsfähigkeit des Unternehmens. Die Organisation informiert und steuert sich in ihrem Controlling im Wesentlichen durch eine systematische Beobachtung der Differenzen zwischen Soll-Größen und Ist-Größen. Für diese Feststellung von Planabweichungen benötigt das Controlling ausgewählte Kennzahlen.

In der Sozialwirtschaft geht es im *Risiko-Controlling* auch darum, die aggregierten, qualitativ-fachlichen Wirkungsdaten mit betriebswirtschaftlichen Daten aus der Kostenrechnung, der Bilanz und der Gewinn- und Verlustrechnung so zu verknüpfen und anzureichern, dass sich für die verschiedenen Ebenen einer Organisation Kennzahlen bilden lassen, welche die wichtigsten Risikofelder widerspiegeln (Halfar et al. 2014, S. 30ff.).

Aufgrund der speziellen Anforderungen an das Risiko-Controlling ist es zwingend erforderlich, dass Verantwortlichkeiten innerhalb der Organisation klar geregelt sind. Zudem ist festzulegen, welche Maßnahmen bei Überschreitung der Risikogrenzen ergriffen werden. Besonders hervorgehoben wird die Existenz eines konkreten Maßnahmenplans, welcher festlegt, wie bei einem Überschreiten von Risikoschwellen zu reagieren ist. Ein kontinuierliches Berichtswesen in Verbindung mit einem Risikoinformationssystem komplettiert das Risikocontrolling.

2.3 Frühwarnsystem

Hauptaufgabe des Frühwarnsystems ist die frühzeitige Erkennung und Sammlung von Informationen über mögliche Chancen und Risiken. Das Frühwarnsystem umfasst Instrumente, die Risiken für ein Unternehmen so rechtzeitig identifizieren sollen, dass Reaktionen zur Abwehr der Risiken noch möglich sind. Die Kernaufgabe des Frühwarnsystems ist die Erkennung und Operationalisierung von Risiken sowie deren Bewältigung (Lück 1998, S. 11).

Die *Risikofrüherkennung* soll die Leitung eines Unternehmens in die Lage versetzen, Unternehmensrisiken auf ein bewusst akzeptiertes ‚Restrisiko' (Unternehmerrisiko) zu reduzieren. Mithilfe eines Frühwarnsystems sollen durch eine mehr oder minder systematische Auswertung von Informationen für ausgewählte Beobachtungsbereiche maßgebliche Entwicklungen (z.B. in der Gesundheits- und Sozialpolitik) frühzeitig erkannt und Toleranzgrenzen festlegt werden.

Von besonderer Bedeutung beim Aufbau eines Frühwarnsystems ist die Festlegung von Beobachtungsbereichen. Solche *Beobachtungsbereiche* können bspw. die Tarifentwicklung, die Mitarbeiterqualifikation oder die Mitarbeiterzufriedenheit sein.

Beobachtungsbereiche	Frühwarnindikatoren
Tarifentwicklung	z.B. % Anstieg der Löhne und Gehälter im Vergleich zum Vorjahr
Mitarbeiterqualifikation	z.B. Anteil der Fachkräfte mit spezifischen Examina
Mitarbeitermotivation	z.B. Krankenstand

Abb. 2: Beobachtungsbereiche und Frühwarnindikatoren (eigene Darstellung)

Für jeden Beobachtungsbereich sind Frühwarnindikatoren (z.B. Kennzahlen) zu bestimmen, die Gefährdungen oder kritische Entwicklungen in dem jeweiligen Bereich frühzeitig signalisieren sollen. Um die kritischen Entwicklungen in den Beobachtungsbereichen erkennen zu können, sind Sollwerte und Toleranzgrenzen für die einzelnen Indikatoren festzulegen, bei deren Überschreitung eine Warnmeldung erfolgen soll.

3. Der Risikomanagementprozess

Um die Kontinuität des Risikomanagements gewährleisten zu können, ist es erforderlich, die *Ablauforganisation* derart zu gestalten, dass die durchzuführenden Maßnahmen in einem systematischen, sich kontinuierlich wiederholenden Prozess eingebettet sind. Der Risikomanagementprozess besteht aus verschiedenen *Phasen*: Risikoidentifikation, Risikobewertung, Risikosteuerung, Risikokommunikation (inkl. Berichterstattung, Dokumentation) und Risikoüberwachung.

3.1 Risikoidentifikation

Ziel der Risikoidentifikation ist die Ermittlung und Erfassung der Entwicklungen in den unternehmerischen Risikobereichen. Dazu ist eine systematisierte *Risikobeobachtung* in verschiedenen Marktbereichen und Organisationseinheiten nötig. Der Prozessschritt der Risikoidentifikation verfolgt eine möglichst strukturierte, detaillierte, vollständige und kontinuierliche Erfassung aller wesentlichen Risiken unternehmerischer Aktivitäten. Grundvoraussetzung für die Risikoidentifikation ist die Sensibilisierung und das Risikobewusstsein aller Beteiligten. Verfolgt ein sozialwirtschaftliches Unternehmen bspw. eine kostenintensive Wachstumsstrategie, so muss der vorhandenen Liquidität im Rahmen der Risikoidentifikation besondere Aufmerksamkeit geschenkt werden. Da die *Risikoerfassung* die Grundlage der späteren Bewertung der Risiken bildet, ist darauf zu achten, dass eine möglichst vollständige und präzise Informationsauswertung erfolgt. Ausgangspunkt des Risikomanagements ist die Operationalisierung der Risiken. Unterschieden werden in der Regel *reine Risiken* (z.B. Feuer oder Überschwemmungen) und *spekulative Risiken*. Die reinen Risiken sind im Gegensatz zu den spekulativen Risiken nicht auf ein unternehmerisches Handeln zurückzuführen (Graumann 2008, S. 550). Der *weiter gefasste Risikobegriff* umfasst zusätzlich die Chancen eines Unternehmens. Risiko wird demnach als mögliche Abweichung von den Erwartungen aufgefasst. Hierin enthalten sind sowohl die Gefahr negativer Abweichungen als auch die Chance positiver Abweichungen. Dieser weiter gefasste Risikobegriff impliziert somit die Auffassung, dass sich Risiken auch aus nicht genutzten Chancen ergeben können (Lück 1999, S. 29).

In der Literatur gibt es zahlreiche Ansätze zur Systematisierung von Risiken. Eine grundlegende Unterscheidung stellt die Systematisierung nach externen und internen Risiken dar. *Externe Risiken* liegen dann vor, wenn die Ursachen in der Unternehmensumwelt (z.B. Einführung des Persönlichen Budgets) zu finden sind. *Interne Risiken* (Moos 2014, S. 737) resultieren aus dem innerbetrieblichen Prozess der Leistungserstellung (z.B. Pflegefehler). In Abhängigkeit von der Entscheidungsebene lassen sich *strategische* (langfristig, global), *taktische* (mittelfristig) oder *operative Risiken* (kurzfristig) unterscheiden. Zur Vorbereitung auf die Risikoanalyse sollte regelmäßig (z.B. jährlich) eine *Risikoinventur* stattfinden. Im Rahmen der Risikoinventur werden die für die Geschäftsfelder relevanten Risikobereiche ermittelt.

Wettbewerbsrisiko – Inländischer Wettbewerb – Privater Wettbewerb – Europäischer Wettbewerb – Internationaler Wettbewerb	Betriebsrisiko – Fehlerhafte Behandlung – Fehlerhafter Informationsfluss – Mangelnde Dokumentation
Rechtliche Risiken – Veränderte gesetzliche Vorgaben – Rechtsprechung – Europäisches Recht	Erfüllungsrisiko – Die Vertragspartner_innen zahlen die erbrachte Leistung nicht oder nicht vollständig – Freie Finanzierung von Immobilien
Liquiditätsrisiko – Veränderte Zahlungsbedingungen – Neue Kreditvergaberichtlinien der Banken	Personalrisiko – Nicht zu besetzende Stellen – Personelle Ausfälle

Abb. 3: Beispiele für Risikobereiche (eigene Darstellung)

3.2 Risikobewertung

Die Risikobewertung basiert auf den Ergebnissen der Risikoidentifikation. Üblicherweise erfolgt die Bewertung des Risikos durch die Erfassung einer *Qualitätsdimension* (Höhe des maximal drohenden Vermögensverlustes) und einer *Intensitätsdimension* (Ermittlung der Eintrittswahrscheinlichkeit). In der Praxis gestaltet sich eine exakte Quantifizierung von Risiken oft schwierig. Es sollte versucht werden, als Hilfsgröße zumindest das *Gefährdungspotential* abzuschätzen.

Die Risikobewertung kann durch die jeweiligen Risikobeobachter_innen in folgenden Schritten erfolgen:

- *Einschätzung der Schadenshäufigkeit*: Der/Die Risikobeobachter_in schätzt die Häufigkeit des Schadens auf einer Skala, z.B. von eins (nie) bis fünf (sehr häufig), ein.
- *Schätzung des Schadensausmaßes*: Der/Die Risikobeobachter_in schätzt das Schadensausmaß auf einer Skala, z.B. von eins (sehr gering) bis fünf (sehr hoch), ein.
- *Ermittlung des Risikogrades*: Der Risikograd ergibt sich aus der multiplikativen Verknüpfung von Schadensausmaß und Schadenshäufigkeit.

Häufig wird ein *Risikoerfassungsbogen* verwendet. Hierbei handelt es sich um eine vereinfachte Darstellung, in der jedes Risiko anhand einer Kombination aus Eintrittswahrscheinlichkeit und Schadenshöhe abgebildet wird.

Im Rahmen der Risikobewertung ist ein besonderes Augenmerk auf schwerwiegende oder gar existenzgefährdende Verlustpotentiale zu legen. Die Ergebnisse der Risikobewertung müssen kontinuierlich erfasst und bei Überschreiten eines Schwellenwerts, z.B. im Rahmen eines Warnberichts, zeitnah an die Entscheidungsträger_innen weitergeleitet werden.

3.3 Risikosteuerung

Gegenstand der Risikosteuerung ist die *aktive Beeinflussung* der identifizierten und bewerteten Risiken mit dem Ziel, alle wesentlichen Schadensgefahren und Verlustpotentiale der unternehmerischen Tätigkeit zu kontrollieren.

Die Maßnahmen lassen sich wie folgt unterteilen:

- *Risikovermeidung*: Das Unternehmen verzichtet teilweise oder vollständig auf risikobehaftete Aktivitäten. Die Risikovermeidung ist die effektivste Art, sich einem Risiko zu entziehen. Es entsteht kein Risiko. Allerdings gehört das Risiko zum unternehmerischen Handeln, so dass ein Unternehmen bei konsequenter Anwendung dieser Strategie seine Geschäftstätigkeit einstellen müsste. Die Risikovermeidung muss demnach selektiv erfolgen.
- *Risikoreduzierung*: Diese Strategie soll die Wahrscheinlichkeit des Risikoeintritts verringern oder das Ausmaß eines möglichen Schadens begrenzen. Im Gegensatz zur vollkommenen Risikovermeidung werden auch risikobehaftete Aktivitäten durchgeführt. Den identifizierten Risiken wird jedoch mit geeigneten Steuerungsmaßnahmen entgegengetreten. Zu diesen Maßnahmen gehören z.B. personelle Maßnahmen in Form von Schulungen oder aktiver Personalauswahl.
- *Risikoüberwälzung*: Diese Strategie beinhaltet die Übertragung von Risiken auf Dritte. Das Risiko wird also nicht eliminiert, sondern wechselt nur den Träger. Zu den Methoden der Risikoüberwälzung gehört der Abschluss von Versicherungen.
- *Risikovorsorge:* Es werden finanzielle Deckungsmassen zurückgelegt, um mithilfe derer mögliche Risiken auszugleichen. Das Unternehmen geht in diesem Fall das Risiko bewusst ein und trägt die Kosten im negativen Fall selbst. Zur Absicherung dienen in der Regel Liquiditätsreserven, Eigenkapital oder die Bildung von Rückstellungen.

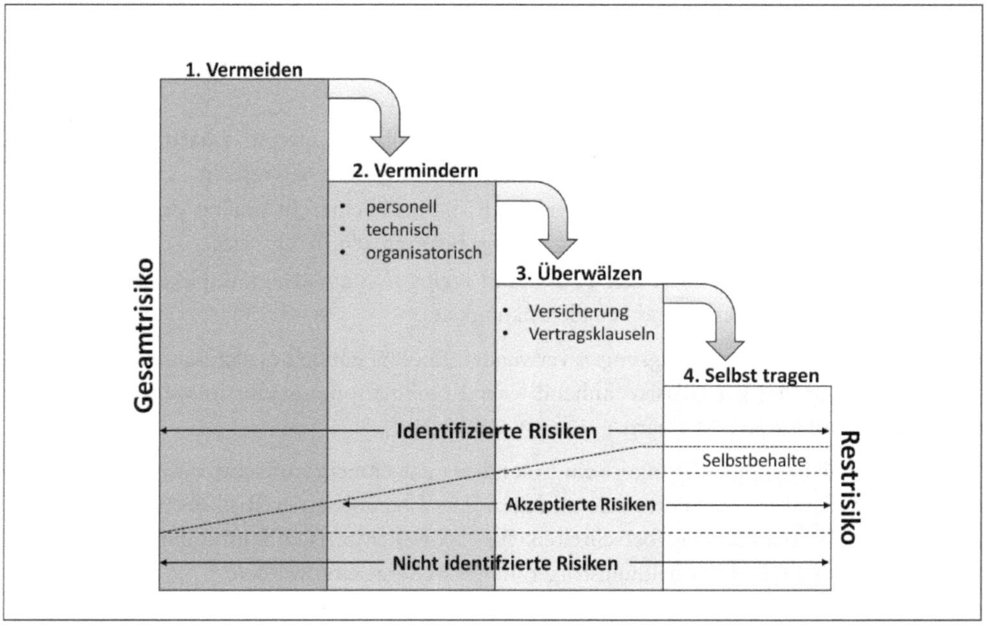

Abb. 4: Maßnahmen zur Risikosteuerung (eigene Darstellung)

3.4 Risikokommunikation, Berichterstattung und Dokumentation

Die Erfahrungen zeigen, dass die Einführung eines Risikomanagements nur dann funktioniert, wenn eine *Risikokommunikation* erfolgt. Mitarbeiter_innen sind für die Umsetzung und die aktive Unterstützung eines Risikomanagementsystems von zentraler Bedeutung. Aus diesem Grund sollten sie aktiv in die Diskussion eingebunden werden. Es ist darauf zu achten, dass es zu keiner Informationsüberflutung kommt. Die Informationen (z.B. Daten aus dem Controlling) sind nutzerorientiert aufzubereiten. Verbesserungsvorschläge sollten aktiv mit allen Berufsgruppen diskutiert werden.

Die *Dokumentation* des Risikomanagementsystems beinhaltet in einem ersten Schritt die Darstellung der identifizierten Risiken. Die Dokumentation erfolgt zum einen durch Aufzeichnungen der einzelnen Prozesse und deren Ergebnisse und zum anderen in Form eines Handbuches. In dem *Handbuch* werden Maßnahmen dargestellt, die eine Aufdeckung und Steuerung von Risiken gewährleisten. Die Informationen sollten so aufgearbeitet sein, dass sich sachverständige Dritte (z.B. Wirtschaftsprüfer_innen) in angemessener Zeit ein Bild über die Maßnahmen im Rahmen des Risikomanagements machen können. Der konkrete Umfang und Inhalt des Handbuches hängt von der Größe und Komplexität des Unternehmens ab. Für Krankenhäuser bietet sich zum Beispiel eine Orientierung an den Handbüchern aus dem Qualitätsmanagement an. Die Daten aus dem Qualitätsmanagement sollten für die Risikodokumentation genutzt werden.

Eine gute Dokumentation ist aber auch deshalb erforderlich, weil die Mitarbeiter_innen auf diese Weise die verschiedenen Aufgaben im Rahmen des Risikomanagements nachvollziehen und umsetzen können. Die Arbeitsabläufe müssen regelmäßig dahingehend überprüft werden, ob sich die Risiken verändert haben. Eine entsprechende Aktualisierung des Handbuchs ist notwendig.

3.5 Risikoüberwachung

Die Risikoüberwachung schließt den *Kreislauf* des Risikomanagementprozesses. Im Rahmen dieser Prozessphase werden alle Risiken hinsichtlich ihres Eintritts und alle ergriffenen Maßnahmen zur Bewältigung im Hinblick auf ihre Wirkungsweise überprüft. Da sich die Risiken im Zeitverlauf ändern, ist die Durchführung einer kontinuierlichen Überwachung der wesentlichen Risiken wirtschaftlich sinnvoll, um die rechtzeitige Einleitung von Sicherungsmaßnahmen zu gewährleisten. Die hieraus gewonnenen Erkenntnisse sollten im Rahmen eines *Risikoberichtswesens* an die verantwortlichen Entscheidungsträger_innen in einem sozialen Unternehmen weitergeleitet werden. Auf diese Weise wird die Transparenz über die Risikolage hergestellt.

4. Zusammenfassung

Um den ständig wachsenden Anforderungen im Sozialbereich begegnen zu können, ist die Einführung eines Risikomanagements von zentraler Bedeutung. Das Vermeiden von Fehlern und die Reduzierung von Risiken können zu einer Schadensminimierung führen, die wiederum zu einer Erhöhung der Wirtschaftlichkeit beitragen kann. Die Instrumente und Methoden des Risikomanagements sind weder ein abgeschlossenes System noch eine Sammlung verbindlicher

Handlungsweisen für die Praxis. Risikomanagement muss als dynamischer Prozess verstanden werden, der kontinuierlich stattfindet und aus systematisch miteinander verbundenen Prozessen besteht. Wie aufwändig die Einführung eines Risikomanagementsystems ist, hängt davon ab, welche Elemente eines Risikomanagementsystems bereits vorhanden bzw. welche Elemente neu eingeführt werden müssen. Risikomanagement berührt alle Mitarbeiter_innen in einer Organisation. Jede/r Verantwortliche hat letztlich die Aufgabe, Störungen im betrieblichen Ablauf zu vermeiden. Damit ist aber noch nicht die Frage beantwortet, wer die Verantwortung für das Risikomanagement trägt. Das Risikomanagement ist *Aufgabe der Leitung* und der Überwachungsgremien (z.B. Aufsichtsräte). Das Risikomanagementsystem muss sich immer an der Unternehmensstrategie ausrichten, da durch diese in großem Umfang vorgegeben ist, wie stark die unternehmerischen Aktivitäten mit Risiken behaftet sind. Bei vielen Unternehmen reift erst als Konsequenz aus einer Krise die Erkenntnis, dass Einzelrisiken nur in ihrer Wechselwirkung mit anderen Risiken realistisch bewertet werden können. Viele sozialwirtschaftliche Unternehmen verfolgen deshalb verstärkt einen ganzheitlichen Ansatz (Reinecke et al. 2015, S. 22). Risiken sollen nicht mehr isoliert, sondern mit ihren Wechselwirkungen identifiziert und gesteuert werden. Es ergeben sich folgende Merkmale einer effektiven Risikosteuerung

- *Unternehmensweit:* Risiken werden in allen Abteilungen und auf allen Hierarchieebenen nach einheitlichen Vorgaben identifiziert, bewertet und gesteuert.
- *Integriert:* Das Risikomanagement ist in alle Geschäftsprozesse, bestehende Strukturen und Systeme eingebettet und vernetzt.
- *Wertorientiert:* Das Risikomanagement ist auf das Erreichen der Unternehmensziele sowie die Stärkung der Unternehmenswerte und Unternehmenskultur ausgerichtet.
- *Nachhaltig:* Das Risikomanagement orientiert sich daran, den größtmöglichen Nutzen (Effektivität) bei möglichst geringen Kosten (Effizienz) zu erzielen.
- *Dynamisch:* Die Strukturen des Risikomanagements ermöglichen es, sich flexibel und zeitnah auf neue Risiken einzustellen.

Die Herausforderung für sozialwirtschaftliche Unternehmen besteht darin, die etablierten Teilsysteme zusammenzuführen und zu einem integrierten, unternehmensweiten Risikomanagement mit dynamischen Strukturen weiterzuentwickeln (Reinecke et al. 2015, S. 22). Damit das Risikomanagement funktioniert, muss es sich nicht nur an den Zielen des Unternehmens, sondern auch an dessen Vision, Strategie und Kultur orientieren. Die Ziele, die ein Unternehmen mit seiner Risikostrategie verfolgt, müssen mit den übergeordneten Unternehmenszielen im Einklang stehen (Fünfgeld et al. 2012, S. 24). Andererseits können wichtige Erkenntnisse aus dem Risikomanagement auch zu einer Anpassung der Unternehmensziele und der Strategie führen.

5. Literatur

Bachert, Robert (2006): Corporate Governance in Nonprofit-Unternehmen. Planegg: WRS.

Bachert, Robert/Peters, Andre/Speckert, Manfred (2009): Bevor die Krise kommt. Freiburg i.Br.: Lambertus.

Bachert, Robert/Sandritter, Luisa (2012): Handeln, bevor es zu spät ist. In: Sozialwirtschaft 22, H. 6, S. 23-25.

Baums, Theodor (2001): Bericht der Regierungskommission Corporate Governance. Köln: Schmidt.

Fünfgeld, Jonas/Schwarz, Thomas/Schwien, Bernd (2012): Risiken bannen, Chancen wahrnehmen. In: Sozialwirtschaft 22, H. 2, S. 24-27.

Grambow, Tobias (2015): Compliance-Systeme für die Sozialwirtschaft. In: Sozialwirtschaft 25, H. 1, S. 34-35.

Graumann, Mathias (2008): Controlling. Begriffe, Elemente, Methoden und Schnittstellen. 2. vollst. überarb. Aufl., Düsseldorf: IDW-Verlag.

Halfar, Bernd (2014): Controlling in sozialwirtschaftlichen Organisationen. In: Arnold, Ulli/Grunwald, Klaus/Maelicke, Bernd (Hrsg.): Lehrbuch der Sozialwirtschaft. 4., überarb. Aufl., Baden-Baden: Nomos, S. 768-788.

Halfar, Bernd/Moos, Gabriele/Schellberg, Klaus (2014): Controlling in der Sozialwirtschaft. Baden-Baden: Nomos.

Lück, Wolfgang (1999): Risikomanagementsysteme und Überwachungssysteme einrichten. In: FAZ v. 25. Januar 1999. S. 29.

Lück, Wolfgang (1998): Elemente eines Risiko-Managementsystems. Die Notwendigkeit eines Risiko-Managementsystems durch den Entwurf eines Gesetzes zur Kontrolle und Transparenz im Unternehmensbereich (KonTraG). In: Der Betrieb 52, H. 1, S. 8-12.

Moos, Gabriele (2014): Risikomanagement. In: Arnold, Ulli/Grunwald, Klaus/Maelicke, Bernd (Hrsg.): Lehrbuch der Sozialwirtschaft. 4., überarb. Aufl., Baden-Baden: Nomos, S. 732-742.

Moos, Gabriele/Peters, Andrè (2015) BWL für soziale Berufe. 2., überarb. Aufl., München: UTB.

Niewiarra, Kathrin/Segschneider, Dorette (2016): Balanceakt Compliance. Frankfurt a.M.: CPI-Books.

Regierungskommission Deutscher Corporate Governance – Kodex (DCGK) (2016) Deutscher Corporate Governance – Kodex. Regierungskommission. www.corporate-governance-code.de/ger/kodex/index.html, 17.7.2017.

Reinecke, Francesca/Koch, Thilo/Schwien, Bernd (2015): Das Ganze im Blick. In: Sozialwirtschaft 25, H. 3, S. 21-23.

Seibt, Christoph (2003): Effizienzprüfung der Aufsichtsratstätigkeit. Hinweise zur Anwendung von Ziff. 5.6 Deutscher Corporate Governance Kodex. In: Der Betrieb 32, H. 39, S. 2107-2112.

Solidaris (Hrsg.) (2000): Arbeitshilfe KonTraG – Auswirkungen auf die Arbeit von Geschäftsführungen und Aufsichtsgremien gemeinnütziger Organisationen. Köln: Caritas Werkstätten.

Solidaris (Hrsg.) (2003): KonTraG, TransPuG, DCGK, Auswirkungen auf die Arbeit von gemeinnützigen Organisationen. 2. Aufl., Köln: Caritas Werkstätten.

Zapp, Winfried (2011): Risikomanagement in stationären Gesundheitsunternehmen. Heidelberg: Medhochzwei.

Grundlagen des Gemeinnützigkeitsrechts[1]

Stefan Schick

Zahlreiche soziale Einrichtungen werden von steuerbegünstigten Körperschaften betrieben. Für sie stellt sich die Frage nach den Vorteilen der Gemeinnützigkeit (unten 1.). Für ihre Anerkennung müssen Satzung und Betätigung bestimmte Voraussetzungen erfüllen (unten 2.). Die Tätigkeit steuerbegünstigter Körperschaften kann sehr vielfältig sein. Um diese zutreffend steuerlich zu erfassen, wurde die sog. Vier-Sphären-Theorie entwickelt (unten 3.). Wesentliche Vorgaben, die von steuerbegünstigten Körperschaften erfüllt werden müssen, sind die Grundsätze der Vermögensbindung und der zeitnahen Mittelverwendung (unten 4.).

Es folgen Überblicke über die Rechnungslegung (unten 5.), die Anerkennung, Überwachung und Entziehung der Gemeinnützigkeit (unten 6.) und das Spendenrecht (unten 7.).

1. Die Vorteile der Gemeinnützigkeit

Die steuerlichen Vorteile betreffen

- die Körperschaft (unten 1.1)
- Tätigkeiten für die Körperschaft (unten 1.2)
- Zuwendungen an die steuerbegünstigte Körperschaft (unten 1.3).

1.1 Die Steuerbefreiung der Körperschaft

Steuerbegünstigte Körperschaften sind mit ihren Gewinnen grundsätzlich von der *Körperschaft- und Gewerbesteuer* befreit. Überschüsse, die mit steuerpflichtigen wirtschaftlichen Geschäftsbetrieben (nachfolgend wGB) erzielt werden, sind dagegen steuerpflichtig.

Steuerbegünstigte Körperschaften sind dagegen mit Grundstückskäufen nicht von der *Grunderwerbsteuer* befreit. Soweit eine steuerbegünstigte Körperschaft ein Grundstück unentgeltlich erwirbt, fällt aber keine Grunderwerbsteuer an (§ 3 Nr. 2 GrEStG).

Steuerbefreiungen gibt es bei der *Erbschaft- und Schenkungsteuer* (§ 13 Abs. 1 ErbStG). Besonderheiten gelten für Zuwendungen in einen wGB und die Zuwendung eines wGB. Werden Vermögensgegenstände, die unentgeltlich erworben worden sind, innerhalb von 24 Monaten einer steuerbegünstigten rechtsfähigen oder unselbstständigen Stiftung zugewendet, so erlischt die Steuer mit Wirkung für die Vergangenheit (§ 29 Abs. 1 Nr. 4 ErbStG).

Bei der *Umsatzsteuer* gibt es dagegen keine generelle Befreiung steuerbegünstigter Körperschaften. Bestimmte, für die Sozialwirtschaft wichtige Betätigungen sind aber von der Umsatzsteuer befreit (siehe § 4 Nrn. 14 ff. UStG). Dem ermäßigten Umsatzsteuersatz von 7 % können Lieferungen und Leistungen steuerbegünstigter Körperschaften unterliegen, die im Rahmen der Vermögensverwaltung oder eines Zweckbetriebs erbracht werden (§ 12 Abs. 2 Nr. 8 a) UStG).

---

1 Der Beitrag baut auf früheren Ausführungen des Autors zum Gemeinnützigkeitsrecht auf und führt diese fort (insbesondere Schick 2012).

1.2 Die Steuerbegünstigung von Tätigkeiten für eine steuerbegünstigte Körperschaft bei der Einkommensteuer

Mit dem sog. Übungsleiterfreibetrag (§ 3 Nr. 26 EStG) wird die nebenberufliche Tätigkeit für steuerbegünstigte Körperschaften begünstigt. Danach sind steuerfrei Aufwandsentschädigungen von bis zu 2.400 Euro jährlich für nebenberufliche Tätigkeiten u.a. als Übungsleiter_in, Ausbilder_in, Erzieher_in oder die nebenberufliche Pflege alter, kranker oder behinderter Menschen v.a. für juristische Personen des öffentlichen Rechts und steuerbegünstigte Körperschaften. Übersteigen die Aufwandsentschädigungen den Freibetrag, so ist nur der darüber hinausgehende Betrag steuerpflichtig. Voraussetzung ist, dass die Tätigkeit nicht mehr als ein Drittel der Tätigkeit einer Vollzeitkraft betragen hat.

Daneben sind Einnahmen aus nebenberuflichen Tätigkeiten für juristische Personen des öffentlichen Rechts und steuerbegünstigte Körperschaften bis zu insgesamt 720 Euro jährlich steuerbefreit (§ 3 Nr. 26a) EStG).

1.3 Die Steuerbegünstigungen für Zuwendungen an steuerbegünstigte Körperschaften

Bei Zuwendungen an steuerbegünstigte Körperschaften steht der Spendenabzug im Vordergrund (unten 7.). Weitere Vergünstigungen gibt es für die Entnahme von Wirtschaftsgütern aus Betriebsvermögen mit Zuwendung an steuerbegünstigte Körperschaften (§ 6 Abs. 1 Nr. 4 EStG) und beim Wechsel einer steuerpflichtigen Körperschaft in die Gemeinnützigkeit (§ 13 KStG).

2. Die Voraussetzungen für die Anerkennung der Gemeinnützigkeit

Diese Vorteile, die die Einzelsteuergesetze gewähren, setzen eine steuerbegünstigte Körperschaft i.S.d. §§ 51ff. AO voraus:

- Es muss ein Körperschaftsteuersubjekt vorliegen (unten 2.1).
- Dieses muss gemeinnützige, mildtätige oder kirchliche Zwecke verfolgen (unten 2.2).
- Dabei muss es selbstlos handeln (unten 2.3).
- Es muss ausschließlich steuerbegünstigte Zwecke verfolgen (unten 2.4).
- Es muss die steuerbegünstigten Zwecke grundsätzlich unmittelbar verfolgen (unten 2.5).

2.1 In Betracht kommende Steuersubjekte

Als steuerbegünstigte Körperschaften kommen v.a. in Betracht:

- Kapitalgesellschaften, vor allem die (gemeinnützige) GmbH, eine GmbH, die zusätzlich die Anforderungen des Gemeinnützigkeitsrechts erfüllt
- Rechtsfähige Stiftungen des Privatrechts
- Eingetragene Vereine

- Nichtrechtsfähige Stiftungen
- Nichtrechtsfähige Vereine

Besonderheiten gelten für juristische Personen des öffentlichen Rechts.

Da die Personengesellschaft – v.a. die Gesellschaft bürgerlichen Rechts, aber auch GmbH & Co. KG und OHG – keine Körperschaft ist, kann sie keine steuerbegünstigte Körperschaft i.S.d. §§ 51ff. AO sein.

2.2 Der steuerbegünstigte Zweck

Nach § 51 S. 1 AO verfolgt eine Körperschaft steuerbegünstigte Zwecke, wenn sie ausschließlich und unmittelbar gemeinnützige, mildtätige oder kirchliche Zwecke verfolgt.

2.2.1 Die gemeinnützigen Zwecke

Gemeinnützige Zwecke werden verfolgt, wenn die Tätigkeit darauf gerichtet ist, die Allgemeinheit auf materiellem, geistigem oder sittlichem Gebiet selbstlos zu fördern (§ 52 Abs. 1 S. 1 AO). Gemeinnützige Körperschaften müssen einen offenen Personenkreis fördern.

Die gemeinnützigen Zwecke sind in § 52 Abs. 2 AO grundsätzlich abschließend aufgeführt. Für die Sozialwirtschaft von wesentlicher Bedeutung sind die Förderung der Jugendhilfe (Förderung von Personen, die ihr 27. Lebensjahr noch nicht vollendet haben), die Förderung der Altenhilfe (bei Frauen ab Vollendung des 60. Lebensjahrs, Männern ab Vollendung des 65. Lebensjahrs) und die Förderung der Wohlfahrtspflege (§ 66 Abs. 2 AO).

2.2.2 Förderung mildtätiger Zwecke

Nach § 53 AO verfolgt eine Körperschaft mildtätige Zwecke, wenn ihre Tätigkeit darauf gerichtet ist, Personen selbstlos zu unterstützen, die infolge ihres körperlichen, geistigen oder seelischen Zustandes auf die Hilfe anderer angewiesen sind (persönliche Hilfebedürftigkeit, u.a. ab Vollendung des 75. Lebensjahrs, AEAO Nr. 4 zu § 53.) oder deren Bezüge bestimmte Beträge nicht übersteigen (wirtschaftliche Hilfebedürftigkeit).

Im Gegensatz zur Gemeinnützigkeit ist bei den mildtätigen Zwecken die Förderung eines offenen Personenkreises nicht erforderlich.

2.2.3 Förderung kirchlicher Zwecke

Nach § 54 AO verfolgt eine Körperschaft „kirchliche Zwecke, wenn ihre Tätigkeit darauf gerichtet ist, eine Religionsgemeinschaft, die Körperschaft des öffentlichen Rechts ist, selbstlos zu fördern."

Zwar unterhalten zahlreiche kirchliche Träger soziale Einrichtungen, doch sind diese wegen Förderung der Wohlfahrtspflege als steuerbegünstigt anerkannt, denn die Förderung kirchlicher Zwecke bezieht sich auf den Kernbereich kirchlicher Betätigung (z.B. Bau und Unterhalt von Kirchen, Besoldung Geistlicher).

2.2.3.1 Selbstlosigkeit der Zweckerfüllung

Die Steuerbefreiung setzt voraus, dass die Zwecke selbstlos verfolgt werden, v.a. dass nicht in erster Linie eine Gewinnerzielungsabsicht zugrunde liegt. Werden trotzdem Gewinne erzielt, ist dies grundsätzlich unschädlich. Die Gewinne dürfen aber nicht an Gesellschafter_innen / Mitglieder ausgeschüttet werden; sie müssen zu steuerbegünstigten Zwecken verwendet werden (sog. Grundsatz der Vermögensbindung, siehe 4.).

Verfolgt eine steuerbegünstigte Körperschaft auch eigenwirtschaftliche Zwecke, so entsteht ein wGB, der besteuert wird. Dieser darf aber kein eigenständiger Zweck der steuerbegünstigten Körperschaft sein, d.h. er muss sich im Rahmen der Gesamtbetätigung funktional unterordnen.

Im Einzelnen bedeutet das:

- Die Mittel dürfen nur für satzungsmäßige Zwecke verwendet werden (§ 55 Abs. 1 Nr. 1 AO).
- Mitglieder / Gesellschafter_innen dürfen keine Gewinnanteile und keine sonstigen Zuwendungen erhalten (§ 55 Abs. 1 Nr. 1 AO). Im Gegensatz zur GmbH muss die Vergütung von Vorstandsmitgliedern von Vereinen und Stiftungen in der Satzung ausdrücklich zugelassen sein. Zulässig sind weiter angemessene Aufmerksamkeiten für Mitglieder, die sich an den lohnsteuerlich zulässigen Beträgen orientieren sollten.
- Die Mitglieder / Gesellschafter_innen dürfen bei ihrem Ausscheiden, bei Auflösung oder Aufhebung der Körperschaft nicht mehr erhalten als ihre eingezahlten Kapitalanteile und den gemeinen Wert ihrer Sacheinlagen (§ 55 Abs. 1 Nr. 2 AO). Sofern der/die Zuwendende von der steuerbegünstigten Körperschaft Vermögenswerte zurückerhält, müssen Wertsteigerungen steuerbegünstigten Zwecken zugutekommen.
- Das Vermögen ist auch dann zu steuerbegünstigten Zwecken zu verwenden, wenn die Körperschaft keine steuerbegünstigten Zwecke mehr verfolgt (§ 55 Abs. 1 Nr. 4 AO).

2.2.3.2 Ausschließlichkeit der Erfüllung steuerbegünstigter Zwecke

Steuerbegünstigte Körperschaften müssen ihre steuerbegünstigten Zwecke ausschließlich verfolgen. Davon gibt es die folgenden Ausnahmen:

- Verfolgt eine steuerbegünstigte Körperschaft in untergeordnetem Umfang eigenwirtschaftliche Zwecke, so schließt dies die Anerkennung der Gemeinnützigkeit nicht aus; es entsteht ein wGB, der besteuert wird.
- Die Beschaffung von Mitteln für eine andere steuerbegünstigte Körperschaft ist gemeinnützigkeitsunschädlich (§ 58 Nr. 1 AO). Dies muss allerdings in der Satzung verankert sein.
- Die *teilweise* Weiterleitung von Mitteln an eine andere steuerbegünstigte Körperschaft ist – auch ohne entsprechende Satzungsregelung –zulässig (§ 58 Nr. 2 AO).
- § 58 Nr. 3 AO lässt unter engen Voraussetzungen die Verwendung zeitnah zu verwendender Mittel für die Vermögensausstattung einer anderen steuerbegünstigten Körperschaft zu.
- Nach § 58 Nr. 4 AO darf eine steuerbegünstigte Körperschaft Arbeitskräfte anderen Personen, Unternehmen oder Einrichtungen zu steuerbegünstigten Zwecken überlassen.
- Es ist nach § 58 Nr. 5 AO für die Anerkennung als steuerbegünstigte Körperschaft unschädlich, wenn eine Körperschaft ihr gehörende Räume einer anderen steuerbegünstigten Körperschaft für steuerbegünstigte Zwecke zur Nutzung überlässt.

- Stiftungen dürfen nach § 58 Nr. 6 AO einen Teil ihres Einkommens, jedoch höchstens ein Drittel, zum angemessenen Unterhalt des/r Stifter_in und seiner/ihrer nahen Angehörigen verwenden.
- Gesellige Zusammenkünfte sind gemeinnützigkeitsunschädlich, wenn sie von untergeordneter Bedeutung sind (§ 58 Nr. 7 AO).

Nach dem Grundsatz der Ausschließlichkeit darf eine steuerbegünstigte Körperschaft

- mehrere steuerbegünstigte Zwecke verfolgen.
- nur solche Zwecke verfolgen, die in der Satzung enthalten sind.

2.3 Unmittelbarkeit der Zweckerfüllung

2.3.1 Unmittelbares Tätigwerden und Hilfsperson

Der Grundsatz der Unmittelbarkeit (§ 57 AO) verlangt, dass die steuerbegünstigte Körperschaft ihre Zwecke selbst verwirklicht. Dafür reicht es aus, dass sie sich einer sog. Hilfsperson bedient. Die Hilfsperson muss von ihren Weisungen abhängig sein.

Eine besondere Problematik stellt sich, wenn die Hilfsperson ihrerseits eine steuerbegünstigte Körperschaft ist.

2.3.2 Generelle Ausnahmen vom Grundsatz der Unmittelbarkeit

Eine Dachorganisation, in der nur steuerbegünstigte Körperschaften zusammengeschlossen sind, wird wie eine Körperschaft, die selbst steuerbegünstigte Zwecke verfolgt, behandelt (§ 57 Abs. 2 AO).

Eine weitere Ausnahme vom Grundsatz der Unmittelbarkeit enthält § 58 Nr. 1 AO, wonach sog. Mittelbeschaffungskörperschaften keine eigenen steuerbegünstigten Zwecke verfolgen müssen. Bei ihnen reicht die Mittelbeschaffung für eine andere steuerbegünstigte Körperschaft oder Körperschaft des öffentlichen Rechts zu steuerbegünstigen Zwecken aus. Dies muss Satzungszweck sein.

2.3.3 Einzelausnahmen

Weitere Ausnahmen vom Grundsatz der Unmittelbarkeit ergeben sich aus

- § 58 Nr. 2 AO: teilweise – nicht überwiegende – Mittelweiterleitung an eine steuerbegünstigte Körperschaft
- § 58 Nr. 3 AO: Einsatz zeitnah zu verwendender Mittel zur Vermögensaustattung anderer steuerbegünstigter Körperschaften
- § 58 Nr. 4 AO: Überlassung von Arbeitskräften für steuerbegünstigte Zwecke
- § 58 Nr. 5 AO: Überlassung von Räumen für steuerbegünstigte Zwecke.

Dabei darf sich die Tätigkeit der steuerbegünstigten Körperschaft nicht in der Mittelweiterleitung, Überlassung von Arbeitskräften und/oder Räumen erschöpfen.

3. Die vier gemeinnützigkeitsrechtlichen Sphären

Um die Betätigung steuerbegünstigter Körperschaften steuerlich korrekt erfassen zu können, wurden die vier gemeinnützigkeitsrechtlichen Sphären entwickelt:

- Den Kernbereich bildet der *ideelle Bereich*. In ihm gibt die Körperschaft ihre Mittel zur Verwirklichung ihres Satzungszwecks aus, sie erbringt keine Leistung an einen Dritten, die dieser bezahlt.
- In der *Vermögensverwaltung* nutzt sie ihr Vermögen. Sie erzielt dabei Einnahmen, die sie für ihre Zwecke einsetzt.
- Erbringt sie im Rahmen ihres Satzungszwecks Leistungen gegen Entgelt, liegt ein *Zweckbetrieb* vor.
- Sofern eine steuerbegünstigte Körperschaft gegen Entgelt Leistungen erbringt, die weder dem ideellen Bereich, der Vermögensverwaltung noch einem Zweckbetrieb zuzuordnen sind, liegt ein *wGB* vor.

3.1 Der ideelle Bereich

Im ideellen Bereich erbringt die steuerbegünstigte Körperschaft unentgeltliche Leistungen. Einnahmen des ideellen Bereichs sind v.a. Mitgliedsbeiträge, Spenden, öffentliche Fördermittel, Schenkungen, Erbschaften, Vermächtnisse, bei Stiftungen die Ausstattung mit dem Grundstockvermögen.

3.2 Die Vermögensverwaltung

Ist im Einzelfall eine Maßnahme nicht dem ideellen Bereich zuzurechnen, so ist zunächst die Zuordnung zur Vermögensverwaltung zu prüfen. Nach § 14 S. 3 AO liegt „...eine Vermögensverwaltung (...) in der Regel vor, wenn Vermögen genutzt, zum Beispiel Kapitalvermögen verzinslich angelegt oder unbewegliches Vermögen vermietet oder verpachtet wird." Kennzeichnend für die Vermögensverwaltung ist die Vermögensnutzung und kein aktives Tun.

Die Zuordnung zur Vermögensverwaltung führt v.a. dazu, dass

- nach Auffassung der Finanzverwaltung Verluste nur unter engen Voraussetzungen mit gemeinnützigkeitsrechtlich gebundenen Mitteln abgedeckt werden dürfen (unten 4.1.2).
- in ihr grundsätzlich nur nicht zeitnah zu verwendende Mittel eingesetzt werden dürfen (unten 4.2.1).
- Überschüsse von der Körperschaft- und Gewerbesteuer befreit sind.

3.3 Der Zweckbetrieb

Die Begriffe ‚wirtschaftlicher Geschäftsbetrieb' und ‚steuerpflichtiger wirtschaftlicher Geschäftsbetrieb' werden häufig gleichgesetzt. Dies ist aber nicht richtig. Denn es gibt

- steuerbegünstigte wirtschaftliche Geschäftsbetriebe, die sogenannten Zweckbetriebe, die satzungsmäßigen, steuerbegünstigten Zwecken der Körperschaft dienen

- steuerpflichtige wirtschaftliche Geschäftsbetriebe (wGB), die in der Regel nur der Mittelbeschaffung dienen.

Ein wirtschaftlicher Geschäftsbetrieb als Oberbegriff von Zweckbetrieb und wGB ist nach § 14 S. 1 und 2 AO „... eine selbstständige, nachhaltige Tätigkeit, durch die Einnahmen oder andere wirtschaftliche Vorteile erzielt werden und die über den Rahmen der Vermögensverwaltung hinausgeht. Die Absicht, Gewinn zu erzielen, ist nicht erforderlich."

3.3.1 § 65 AO als generelle Zweckbetriebsdefinition

Die generelle Definition des Zweckbetriebs enthält § 65 AO:

„Ein Zweckbetrieb ist gegeben, wenn

1. der wirtschaftliche Geschäftsbetrieb in seiner Gesamtrichtung dazu dient, die steuerbegünstigten satzungsmäßigen Zwecke der Körperschaft zu verwirklichen,
2. die Zwecke nur durch einen solchen Geschäftsbetrieb erreicht werden können und
3. der wirtschaftliche Geschäftsbetrieb zu nicht begünstigten Betrieben derselben oder ähnlicher Art nicht in größerem Umfang in Wettbewerb tritt, als es bei der Erfüllung der steuerbegünstigten Zwecke unvermeidbar ist."

Neben dieser allgemeinen Zweckbetriebsdefinition gibt es Sonderregelungen, die dem Zweckbetrieb i.S.d. § 65 AO vorgehen. Dies bedeutet, dass zunächst zu klären ist, ob die Voraussetzungen einer Sonderregelung der §§ 66 ff. AO erfüllt sind, bevor auf die allgemeine Regelung des § 65 AO zurückgegriffen wird.

Besonders wichtig ist, dass es bei den Sonderregelungen grundsätzlich ohne Bedeutung ist, ob eine Wettbewerbssituation zu nicht begünstigten Wettbewerbern vorliegt.

3.3.2 Einrichtungen der Wohlfahrtspflege (§ 66 AO)

Einrichtungen der Wohlfahrtspflege sind unter den Voraussetzungen des § 66 AO Zweckbetriebe.Wohlfahrtspflege ist danach „... die planmäßige, zum Wohle der Allgemeinheit und nicht des Erwerbes wegen ausgeübte Sorge für notleidende oder gefährdete Mitmenschen. Die Sorge kann sich auf das gesundheitliche, erzieherische oder wirtschaftliche Wohl erstrecken und Vorbeugung oder Abhilfe bezwecken." Eine Einrichtung der Wohlfahrtspflege liegt vor, wenn ihre Leistungen zu mindestens zwei Dritteln persönlich oder wirtschaftlich hilfebedürftigen Personen i.S.d. § 53 AO (Mildtätigkeit) zugutekommen.

Die Einrichtung der Wohlfahrtspflege (§ 66 AO) darf nicht „des Erwerbes wegen" betrieben werden. Ggf. erzielte Gewinne sind gemeinnützigkeitsunschädlich, soweit sie betriebswirtschaftlich erforderlich sind und nur zur Finanzierung von Zweckbetrieben der Wohlfahrtspflege verwendet werden.

3.3.3 Sonderregelungen in § 68 AO

Weitere Sonderregelungen enthält v.a. § 68 AO. Diese betreffen insbesondere

- Alten-, Altenwohn- und Pflegeheime, Erholungsheime, Mahlzeitendienste, wenn sie zu mindestens zwei Dritteln persönlich oder wirtschaftlich Hilfebedürftigen zugutekommen (§ 68 Nr. 1 a) AO).

- Kindergärten, Kinder-, Jugend- und Studentenheime, Schullandheime und Jugendherbergen (§ 68 Nr. 1 b) AO).
- sog. Selbstversorgungseinrichtungen (§ 68 Nr. 2 AO), wenn die Außenlieferungen dem Wert nach 20% nicht übersteigen und die Außenlieferungen nur unregelmäßig in Spitzenzeiten erfolgen, also nicht geplant sind.
- bestimmte Einrichtungen für behinderte Menschen (§ 68 Nr. 3 AO, Werkstätten für behinderte Menschen i.S.d. SGB III, Einrichtungen für Beschäftigungs- und Arbeitstherapie, Inklusionsprojekte i.S.d. SGB IX).
- Einrichtungen zur Durchführung von Blindenfürsorge und Fürsorge für Körperbehinderte (§ 68 Nr. 4 AO).
- genehmigte Lotterien und Ausspielungen, die eine steuerbegünstigte Körperschaft zu ausschließlich gemeinnützigen, mildtätigen oder kirchlichen Zwecken veranstaltet (§ 68 Nr. 6 AO).

3.4 Der steuerpflichtige wirtschaftliche Geschäftsbetrieb

3.4.1 Die Entstehung des wGB

Sofern eine Zuordnung zu ideellem Bereich, Vermögensverwaltung und Zweckbetrieb nicht möglich ist, liegt ein wGB vor. Diesen kann die steuerbegünstigte Körperschaft unmittelbar betreiben. Ein wGB entsteht aber grundsätzlich auch bei einer Beteiligung an einer Mitunternehmerschaft im Sinne des Einkommensteuerrechts und an einer gewerblich tätigen Kapitalgesellschaft, auf deren laufende Geschäftsführung die steuerbegünstigte Körperschaft Einfluss nehmen kann.

3.4.2 Die Besteuerung des wGB

Alle wGB werden als ein wGB behandelt (§ 64 Abs. 2 AO). Mit diesem verliert die steuerbegünstigte Körperschaft grundsätzlich ihre Steuerbefreiungen (§ 64 Abs. 1 AO). Dies betrifft insbesondere die Körperschaft- und Gewerbesteuer (wenn die jährlichen Einnahmen mehr als 35.000 Euro betragen; er wird dann insgesamt steuerpflichtig), aber auch die Erbschaft- und Schenkungsteuer. Bei der Umsatzsteuer tritt an die Stelle des ermäßigten Umsatzsteuersatzes von derzeit 7 % grundsätzlich der Regelsteuersatz von derzeit 19 % (§ 12 Abs. 2 Nr. 8a) S. 2 UStG).

Außerdem werden für Zuwendungen in einen wGB der Spendenabzug und für Tätigkeiten für einen wGB der Übungsleiterfreibetrag nicht gewährt.

3.4.3 Ergebnisermittlung im wGB

Dadurch, dass alle wGB als *ein* wGB zu behandeln sind (§ 64 Abs. 2 AO), sind zunächst die Ergebnisse aller wGB zu saldieren.

Die Ergebnisermittlung im Einzelnen, insbesondere die Zuordnung von Einnahmen und Ausgaben zum wGB, wird im Zusammenhang mit der Rechnungslegung (unten 5.2) noch dargestellt.

3.4.4 Rücklagenbildung und zeitnahe Verwendung von Überschüssen

Die Überschüsse des wGB sind grundsätzlich zeitnah für steuerbegünstigte Zwecke zu verwenden. Nur ausnahmsweise ist die Bildung von Rücklagen im wGB zulässig (siehe Anwendungserlass zur AO Nr. 1 zu § 62: „Die Rücklagen müssen bei vernünftiger kaufmännischer Beurteilung wirtschaftlich begründet sein (entsprechend § 14 Nr. 4 KStG). Für die Bildung einer Rücklage im wirtschaftlichen Geschäftsbetrieb muss ein konkreter Anlass gegeben sein, der auch aus objektiver unternehmerischer Sicht die Bildung der Rücklage rechtfertigt (z.B. eine geplante Betriebsverlegung, Werkserneuerung oder Kapazitätsausweitung). Eine fast vollständige Zuführung des Gewinns zu einer Rücklage im wirtschaftlichen Geschäftsbetrieb ist nur dann unschädlich für die Steuerbegünstigung, wenn die Körperschaft nachweist, dass die betriebliche Mittelverwendung zur Sicherung ihrer Existenz geboten war…“).

3.4.5 Verlustabdeckung

Die Abdeckung von Verlusten im wGB ist grundsätzlich gemeinnützigkeitsschädlich (unten 4.1).

4. Die Mittelverwendung für steuerbegünstigte Zwecke

Die Mittel steuerbegünstigter Körperschaften sind für steuerbegünstigte Zwecke einzusetzen. Mit umfasst ist die Verpflichtung, sie zeitnah, d.h. grundsätzlich im Jahr des Zuflusses oder spätestens in den beiden Folgejahren, für steuerbegünstigte Zwecke zu verwenden (§ 55 Abs. 1 Nr. 5 AO). Verstöße gegen diese beiden Verpflichtungen können es rechtfertigen, dass die Finanzverwaltung die Anerkennung als gemeinnützig versagt. Bei einem Verstoß gegen den Grundsatz der Vermögensbindung kann die Finanzverwaltung die steuerbegünstigte Körperschaft sogar bis zu zehn Jahre rückwirkend besteuern (§§ 61, 63 AO).

Nachfolgend wird zunächst der Grundsatz der Vermögensbindung im Allgemeinen (unten 4.1), danach die Verpflichtung zur zeitnahen Mittelverwendung dargestellt (unten 4.2).

4.1 Der Grundsatz der Vermögensbindung im Allgemeinen

Nach § 55 AO sind die „Mittel“ der steuerbegünstigten Körperschaft für steuerbegünstigte Zwecke zu verwenden. Mittel sind alle Vermögenswerte, die eine steuerbegünstigte Körperschaft hat. Dazu zählen alle Einnahmen, gleichgültig ob sie Spenden oder Überschüsse aus wGB (nach Steuern) sind.

Eine Mittelverwendung ist gegeben, wenn die Mittel liquiditätsmäßig für satzungsmäßige Zwecke abfließen (§ 55 Abs. 1 Nr. 5 Satz 2 AO).

Der Grundsatz der Vermögensbindung ist vor allem bei Leistungen an Organmitglieder, Vereinsmitglieder und Außenstehende (unten 4.1.1), aber auch im Zusammenhang mit den vier steuerlichen Sphären von Bedeutung (unten 4.1.2).

4.1.1 Leistungsbeziehungen mit Organmitgliedern, Mitgliedern und Außenstehenden

Die wesentlichen Gesichtspunkte bei solchen Leistungen sind:

- Angemessene Vergütungen an Organmitglieder sind zulässig (§ 55 Abs. 1 Nr. 3 AO), müssen bei Stiftungen und Vereinen aber in der Satzung vorgesehen sein.
- Mitglieder/Gesellschafter_innen dürfen keine Gewinnanteile und keine sonstigen Zuwendungen erhalten (§ 55 Abs. 1 Nr. 1 AO). Solche Zuwendungen sind ausnahmsweise zulässig, wenn der/die Empfänger_in seinerseits/ihrerseits eine steuerbegünstigte Körperschaft ist (Mittelweitergabe nach § 58 Nr. 2 AO). Dies gilt auch bei Auflösung steuerbegünstigter Körperschaften. Dann ist die Vermögensübertragung auf ein steuerbegünstigtes Mitglied/einen steuerbegünstigten Gesellschafter zulässig.

4.1.2 Auswirkungen des Grundsatzes der Vermögensbindung auf den Mitteleinsatz in den vier Sphären

In ideellem Bereich und Zweckbetrieb werden die steuerbegünstigten Zwecke unmittelbar verfolgt. Die dort eingesetzten Mittel werden daher zweckentsprechend verwendet.

Im Gegensatz dazu dienen Vermögensverwaltung und wGB lediglich der Mittelbeschaffung. Nach Auffassung der Finanzverwaltung (AEAO Nrn. 3 bis 9 zu § 55 Abs. 1 Nrn. 1 bis 9) ist daher der Verbrauch von Mitteln in Vermögensverwaltung und wGB grundsätzlich gemeinnützigkeitsschädlich mit folgenden Konsequenzen:

- Die in einem Jahr insgesamt erwirtschafteten Verluste aus Vermögensverwaltung können durch Überschüsse aus der Vermögensverwaltung ausgeglichen werden, die die steuerbegünstigte Körperschaft in den sechs vorangegangenen Jahren erzielt hat. Ein Ausgleich von Verlusten aus Vermögensverwaltung mit Überschüssen aus wGB und umgekehrt kommt nicht in Betracht.
- Verbleibt danach ein Verlust, so muss er in dem Jahr, das auf den Zeitpunkt der Verlustentstehung folgt, mit Überschüssen aus der Vermögensverwaltung oder Zahlungen Dritter ausgeglichen werden, für die keine Zuwendungsbestätigungen ausgestellt werden dürfen.

Beim Aufbau eines neuen wGB ist eine Verwendung von Mitteln des ideellen Bereichs für den Ausgleich von Verlusten unschädlich, wenn mit Anlaufverlusten zu rechnen war. Allerdings müssen die Mittel dem ideellen Bereich innerhalb von drei Jahren nach dem Ende des Verlustentstehungsjahrs wieder zugeführt werden (AEAO Nr. 7 zu § 55 Abs. 1 Nr. 1).

4.2 Das Gebot der zeitnahen Mittelverwendung

Steuerbegünstigte Körperschaften müssen ihre Mittel grundsätzlich zeitnah für steuerbegünstigte Zwecke verwenden. Dabei kann eine Dreiteilung erfolgen in

- Mittel, die überhaupt nicht zeitnah verwendet werden müssen (unten 4.2.1),
- Mittel, die mittelfristig verwendet werden müssen (unten 4.2.2)
- Mittel, die zeitnah verwendet werden müssen (unten 4.2.3).

4.2.1 Nicht der zeitnahen Mittelverwendung unterliegende Mittel

Nach § 62 Abs. 3 AO unterliegen nicht der Verpflichtung zur zeitnahen Mittelverwendung:

- Zuwendungen von Todes wegen, wenn der/die Erblasser_in nicht vorgeschrieben hat, dass die Zuwendung für den laufenden Aufwand der steuerbegünstigten Körperschaft einzusetzen ist (§ 62 Abs. 3 Nr. 1 AO),
- Zuwendungen, bei denen der/die Zuwendende ausdrücklich erklärt, dass sie zur Ausstattung der Körperschaft mit Vermögen oder zur Erhöhung des Vermögens bestimmt sind (§ 62 Abs. 3 Nr. 2 AO).
- Zuwendungen aufgrund eines Spendenaufrufs der Körperschaft, wenn aus dem Spendenaufruf ersichtlich ist, dass Beiträge zur Aufstockung des Vermögens erbeten werden (§ 62 Abs. 3 Nr. 3 AO),
- Sachzuwendungen, die ihrer Natur nach zum Vermögen gehören (§ 62 Abs. 3 Nr. 4 AO).

Nicht zeitnah zu verwenden sind außerdem freie Rücklagen (§ 62 Abs. 1 Nr. 3 AO) sowie Überschüsse aus Vermögensverwaltung und Gewinne aus Zweckbetrieben, die eine Stiftung im Jahr ihrer Errichtung und in den drei Folgejahren zulässigerweise ihrem Vermögen zuführt (§ 62 Abs. 4 AO).

Nach § 62 Abs. 1 Nr. 3 AO können höchstens ein Drittel des Überschusses aus Vermögensverwaltung und 10 % der übrigen zeitnah zu verwendenden Mittel einer freien Rücklage zugeführt werden. Die freie Rücklage ermöglicht Maßnahmen, für die keine zeitnah zu verwendenden Mittel eingesetzt werden dürfen, z.B. in Vermögensverwaltung und wGB.

Ebenfalls dauerhaft nicht zu verwenden ist die Rücklage zur Erhaltung der prozentualen Beteiligungsquote an (steuerpflichtigen) Kapitalgesellschaften (§ 62 Abs. 1 Nr. 4 AO). Eine ergänzende Regelung, die die Zuwendung zeitnah zu verwendender Mittel durch andere steuerbegünstigte Körperschaften zur Vermögensausstattung einer steuerbegünstigten Körperschaft zulässt, enthält § 58 Nr. 3 AO.

Sind Mittel nicht zeitnah zu verwenden, so gilt dies auch für etwaige Umschichtungsgewinne.

4.2.2 Mittelfristig zu verwendende Mittel

Mittelfristig zu verwenden sind Mittel, die zulässigerweise in eine Rücklage – ausgenommen die Rücklagen nach § 62 Abs. 1 Nr. 3 und 4 AO – eingestellt werden:

- Projekt- oder Zweckerfüllungsrücklagen § 62 Abs. 1 Nr. 1 AO)
- Betriebsmittelrücklagen (§ 62 Abs. 1 Nr. 1 AO)
- Wiederbeschaffungsrücklagen (§ 62 Abs. 1 Nr. 2 AO)
- Rücklagen in der Vermögensverwaltung (AEAO Nr. 3 zu § 55 Abs. 1 Nr. 1 AO)
- Rücklagen im wGB (AEAO Nr. 2 zu § 55 Abs. 1 Nr. 1 AO)

Nach § 62 Abs. 1 Nr. 1 AO kann eine steuerbegünstigte Körperschaft ihre Mittel ganz oder teilweise einer Rücklage zuführen, um ihre steuerbegünstigten Zwecke nachhaltig erfüllen zu können. Allerdings darf die Rücklage nicht dazu dienen, „ganz allgemein" ihre Leistungsfähigkeit zu erhalten oder zu erhöhen. Danach kommt die Bildung von Rücklagen nur für die unmittelbare gemeinnützige Zweckerfüllung in Betracht.

Projekt- oder Zweckerfüllungsrücklage können v.a. gebildet werden, wenn die steuerbegünstigte Körperschaft ein größeres Projekt verwirklichen will und dafür die Mittel erst ansparen muss.

Vor allem bei unsicheren Einnahmen und sicheren Ausgaben kann die steuerbegünstigte Körperschaft sog. Betriebsmittelrücklagen bilden. Insoweit gilt der Grundsatz: Je unsicherer die Einnahmen und je sicherer die Ausgaben sind, desto höher ist die zulässige Rücklage.

4.2.3 Zeitnah zu verwendende Mittel

Sofern zeitnah zu verwendende Mittel nicht in eine Rücklage eingestellt werden dürfen, sind sie nach § 55 Abs. 1 Nr. 5 AO zeitnah, d.h. im Jahr des Zuflusses oder bis spätestens nach Ablauf der beiden Folgejahre zu verwenden.

Der Einsatz zeitnah zu verwendender Mittel zur Darlehensgewährung ist ausnahmsweise dann zulässig, wenn sie satzungsmäßigen Zwecken dient. Der von der steuerbegünstigten Körperschaft verlangte Zins muss hinter dem allgemeinen Kapitalmarktzins zurückbleiben; die Mittel müssen in der Rechnungslegung als zeitnah zu verwendende Mittel gekennzeichnet werden.

5. Steuerliche Aspekte der Rechnungslegung

In steuerlicher Hinsicht hat die Rechnungslegung v.a. zwei Aufgaben:

- Sie muss die zutreffende Besteuerung der Ergebnisse der wGB sicherstellen.
- Die Rechnungslegung dient der Prüfung der Ordnungsmäßigkeit der Mittelverwendung, d.h. der Grundsätze von Vermögensbindung und zeitnaher Mittelverwendung.

5.1 Allgemeine steuerliche Grundsätze für die Rechnungslegung

Die allgemeinen steuerrechtlichen Buchführungs- und Bilanzierungspflichten ergeben sich zunächst aus § 141 AO. Dieser setzt voraus, dass die steuerbegünstigte Körperschaft als gewerblicher Unternehmer, Land- oder Forstwirt tätig wird. Die Buchführungs- und Bilanzierungspflicht besteht, wenn alle wGB insgesamt die in § 141 AO genannten Größenmerkmale erfüllen (siehe AEAO Nr. 3 S. 2 zu § 141 AO), wobei es ausreicht, wenn ein Größenmerkmal überschritten wird.

Die Rechnungslegung muss der Finanzverwaltung auch die Überprüfung ermöglichen, ob bei der laufenden Geschäftsführung die gemeinnützigkeitsrechtlichen Vorgaben eingehalten wurden. Zum Nachweis der zeitnahen Mittelverwendung haben steuerbegünstigte Körperschaften daher grundsätzlich eine sog. Mittelverwendungsrechnung zu erstellen, in der der Zeitpunkt der Vereinnahmung von Mitteln und der Zeitpunkt ihrer Verausgabung darzustellen sind.

Steuerbegünstigte Körperschaften haben außerdem durch ordnungsgemäße Aufzeichnungen den Nachweis zu führen, dass ihre tatsächliche Geschäftsführung den gemeinnützigkeitsrechtlichen Vorschriften entspricht (§ 63 Abs. 3 AO), und einen Tätigkeits- oder Geschäftsbericht zu erstellen. In diesem haben sie zu berichten, wie sie ihre steuerbegünstigten Zwecke verwirklicht haben.

5.2 Die Ergebnisermittlung bei wGB

Ausgangspunkt für die Ergebnisermittlung bei wGB bildet die Einnahmen-/Ausgabenrechnung. Obwohl nach § 64 Abs. 2 AO mehrere wGB als ein wGB zu behandeln sind, muss die Ergebnisermittlung für jeden einzelnen wGB gesondert durchgeführt werden. In einem zweiten Schritt sind dann die Ergebnisse aller wGB zu saldieren.

Für die Zuordnung der Einnahmen zu einem wGB gilt der Grundsatz, dass eine Einnahme zu einem wGB gehört, wenn sie durch die den Geschäftsbetrieb begründende Tätigkeit veranlasst ist.

Zur Zuordnung von Ausgaben zu einem wGB akzeptiert die Finanzverwaltung dann eine – ggf. auch anteilige – Kostenzuordnung zum wGB, wenn dies betriebswirtschaftlich nachvollziehbar ist.

Sonderregelungen zur Pauschalierung des Gewinns finden sich in wGB § 64 AO. Danach ist die Pauschalierung des Gewinns möglich bei der

- Verwertung unentgeltlich erworbenen Altmaterials außerhalb einer ständig vorgehaltenen Verkaufsstelle (§ 64 Abs. 5 AO).
- Werbung für Unternehmen, die im Zusammenhang mit der steuerbegünstigten Tätigkeit einschließlich der Zweckbetriebe steht (§ 64 Abs. 6 Nr. 1 AO).

5.3 Die Mittelverwendungsrechnung bei steuerbegünstigten Körperschaften

Aus § 64 Abs. 3 AO ergibt sich auch die Verpflichtung zur Erstellung einer Mittelverwendungsrechnung. Aus dieser müssen sich Zufluss, Abfluss, Zuführung zu und Verwendung von Rücklagen sowie ein Vortrag noch nicht verwendeter, aber zeitnah zu verwendender Mittel (Mittelvortrag) ergeben.

Die Finanzverwaltung gibt für die Mittelverwendungsrechnung kein bestimmtes Schema vor. Gängige Gliederungsschemata finden sich bei Thiel (1992) sowie Buchna et al. (2015, S. 170).

5.4 Die Bilanzierung bei einem Wechsel in die Steuerpflicht bzw. Steuerbefreiung

Weitere Vorgaben für die Bilanzierung ergeben sich beim Wechsel einer steuerpflichtigen Körperschaft in die Steuerbegünstigung und beim Wechsel aus der Steuerbegünstigung in die Steuerpflicht. Dabei gilt, dass stille Reserven, die während der Steuerbefreiung entstanden sind, nicht versteuert werden müssen.

6. Verfahrensfragen im Zusammenhang mit der Anerkennung der Steuerbegünstigung und ihrem Entzug

In verfahrensrechtlicher Hinsicht sind die Anerkennung (unten 6.1) und die Aberkennung der Steuerbegünstigung (unten 6.2) von zentraler Bedeutung.

6.1 Antrags- und Überwachungsverfahren bei steuerbegünstigten Körperschaften

Die erstmalige Anerkennung der Steuerbegünstigung setzt voraus, dass ein Körperschaftsteuersubjekt entstanden ist.

Diese Voraussetzung ist mit Gründung des Vereins, mit Beurkundung des Gesellschaftsvertrags einer GmbH, bei unselbstständigen Stiftungen mit der Unterzeichnung der Vereinbarung über ihre Errichtung und bei rechtsfähigen Stiftungen mit der staatlichen Anerkennung erfüllt.

Zur gesonderten Feststellung der satzungsmäßigen Voraussetzungen der Gemeinnützigkeit erlässt das Finanzamt einen Bescheid nach § 60a AO. Dort wird auch festgestellt, ob und ggf. für welche Zwecke die Körperschaft Zuwendungsbestätigungen ausstellen darf.

Eine steuerbegünstigte Körperschaft muss aber nicht nur die satzungsmäßigen Voraussetzungen erfüllen, die das Gemeinnützigkeitsrecht vorschreibt. Ihre Geschäftsführung muss auch auf die ausschließliche und unmittelbare Erfüllung der steuerbegünstigten Zwecke gerichtet sein und den Bestimmungen entsprechen, die die Satzung über die Voraussetzungen für Steuervergünstigungen enthält (§ 63 Abs. 1 AO).

Die laufende Überwachung erfolgt im Rahmen des im Abstand von jeweils drei Jahren durchzuführenden sog. Freistellungsverfahrens – sofern die steuerbegünstigte Körperschaft keine nennenswerten wGB hat – oder der Körperschaftsteuerveranlagung.

6.2 Die Aberkennung der Steuerbegünstigung

Verstößt die steuerbegünstigte Körperschaft gegen das Gemeinnützigkeitsrecht, kann sie ihre Anerkennung als steuerbegünstigte Körperschaft (§§ 60 ff. AO) verlieren:

Hat sie unzulässigerweise zeitnah zu verwendende Mittel angesammelt, so kann ihr das Finanzamt eine Frist für die Mittelverwendung setzen. Verwendet die steuerbegünstigte Körperschaft dann die Mittel innerhalb der gesetzten Frist, gilt die tatsächliche Geschäftsführung als ordnungsgemäß (§ 63 Abs. 4 AO).

Verstößt sie gegen den Grundsatz der Vermögensbindung, gilt die Vermögensbindung als nicht ausreichend (§§ 61 Abs. 3, 63 Abs. 2 AO). In diesem Falle kann die Finanzverwaltung nach § 61 Abs. 3 S. 2 AO Steuerbescheide erlassen, aufheben oder ändern, soweit sie Steuern betreffen, die innerhalb der letzten zehn Kalenderjahre vor dem Verstoß gegen den Grundsatz der Vermögensbindung entstanden sind.

7. Spenden

Spenden sind von zentraler Bedeutung für steuerbegünstigte Körperschaften.

Daher werden nachfolgend dargestellt:
- der Begriff der Spende (unten 7.1)
- die Arten der Spende (Geldspenden und Sachspenden, unten 7.2)
- die Höhe des Spendenabzugs (unten 7.3)
- die Sonderregelungen für Zuwendungen an Stiftungen (unten 7.4)
- die formalen Anforderungen an Zuwendungsbestätigungen (unten 7.5)

- die Fälle, in denen auf eine Zuwendungsbestätigung verzichtet werden kann (unten 7.6)
- der Vertrauensschutz und die Haftung bei Ausstellung unrichtiger Zuwendungsbestätigungen (unten 7.8)

7.1 Der Begriff der Spende

Nach einer gängigen Definition (Buchna et al. 2015, S. 420) sind Spenden „freiwillige und unentgeltliche Wertabgaben, also Geld- oder Sachzuwendungen (Ausgaben), die das geldwerte Vermögen des Spenders mindern (ein freiwilliges Vermögensopfer)."

Spenden können nach § 10 b Abs. 1 S. 2 EStG an juristische Personen des öffentlichen Rechts, an öffentliche Dienststellen im Europäischen Wirtschaftsraum, an steuerbegünstigte Körperschaften sowie an Körperschaften, Personenvereinigungen und Vermögensmassen mit Sitz im Europäischen Wirtschaftsraum, die die Voraussetzungen des deutschen Gemeinnützigkeitsrechts erfüllen, geleistet werden, sofern bei ausländischen Zuwendungsempfängern der Sitzstaat Amtshilfe gewährt.

Nutzungen und Leistungen sind nicht spendenfähig. Ihre Berücksichtigung kann aber dann erreicht werden, wenn ein Anspruch auf die Vergütung der Nutzung oder Leistung, z.B. ein Aufwendungsersatzanspruch für die Nutzung eines Pkw, vereinbart und auf diesen Anspruch verzichtet wird.

Damit ist die Freiwilligkeit der Zuwendung die erste Voraussetzung für eine Spende.

- Freiwillig gegeben sind auch solche Zuwendungen, die aufgrund einer *freiwillig begründeten Rechtspflicht* gewährt werden.
- Auf einer freiwillig begründeten Rechtspflicht beruhen auch *Mitgliedsbeiträge und Mitgliederumlagen*. Nicht als Spende abzugsfähig sind aber Mitgliedsbeiträge an Körperschaften, die einen der in § 10 b Abs. 1 S. 3 EStG aufgeführten Zwecke verfolgen. Dies betrifft insbesondere den Bereich der sog. steuerbegünstigten Freizeitzwecke (z.B. Sport, Musik).
- Zahlungen aufgrund eines Strafverfahrens als *Bewährungsauflage oder Sühnezahlung* erfolgen nicht freiwillig und sind deshalb nicht als Spende abzugsfähig.

Weitere Voraussetzung einer Spende ist ihre Unentgeltlichkeit. Diese Voraussetzung kann zu Problemen bei der Abgrenzung zu Sponsoring führen (siehe auch AEAO Nr. 7 zu § 64 Abs. 1 AO). Denn beim Sponsoring erbringt die steuerbegünstigte Körperschaft eine (Kommunikations-) Leistung an den Sponsor.

Weitere Voraussetzung einer Spende ist die Ausgabe, ein Abfluss aus dem Vermögen des Zuwendenden.

Für den Spendenabzug beim Zuwendenden ist es grundsätzlich ohne Bedeutung, ob die Zuwendung vom Empfänger zeitnah zu verwenden ist. Entscheidend ist insoweit allein, dass ein definitiver Vermögensabfluss beim Zuwendenden vorliegt, dem keine Gegenleistung des Empfängers gegenübersteht.

7.2 Die Arten der Spende: Geldspende und Sachspende

Geldspenden sind in der Zuwendungsbestätigung mit ihrem Nennbetrag anzugeben. Für den Zuwendungszeitpunkt ist der Zeitpunkt des Abflusses beim Spender maßgebend. Ebenfalls als (abgekürzte) Geldspenden werden die sog. Aufwandsspenden behandelt, obwohl es sich bei ihnen eigentlich um Sachspenden handelt. Gegenstand der Aufwandsspende – bei dieser sind noch weitere Voraussetzungen zu beachten – ist der Verzicht auf einen Aufwendungsersatzanspruch (§ 10 b Abs. 3 S. 5 EStG).

Zahlreiche Fragen stellen sich vor allem im Zusammenhang mit Sachspenden:

Als Gegenstand einer Sachspende kommen vor allem in Betracht

- eine Übereignung von Sachen im engeren Sinne
- ein Verzicht auf Forderungen.

Sachspenden sind grundsätzlich mit dem vorsichtig geschätzten Verkehrswert (gemeiner Wert) zu bewerten. Dabei muss sich die steuerbegünstigte Körperschaft den Wert nachweisen lassen.

Eine Ausnahme von der Bewertung mit dem gemeinen Wert gilt dann, wenn das Wirtschaftsgut vor der Spende zum Buchwert aus einem Betriebsvermögen entnommen wurde (§ 6 Abs. 1 Nr. 4 EStG). Dann ist in der Zuwendungsbestätigung der Buchwert anzugeben, zu dem das Wirtschaftsgut entnommen wurde.

7.3 Die Höhe des Spendenabzugs

Nach § 10 b Abs. 1 EStG können Ausgaben zur Förderung steuerbegünstigter Zwecke bis zur Höhe von insgesamt 20 % der Einkünfte oder 4 v.T. der Summe der gesamten Umsätze und der im Kalenderjahr aufgewendeten Löhne und Gehälter als Sonderausgaben abgezogen werden.

Dies gilt auch für die Körperschaft- (§ 9 Abs. 1 Nr. 2 KStG) und die Gewerbesteuer (§ 9 Nr. 5 GewStG).

7.4 Sonderregelungen für Zuwendungen an Stiftungen

Die besonderen steuerlichen Vergünstigungen für Zuwendungen an Stiftungen sind davon abhängig, dass die Zuwendung an eine rechtsfähige oder unselbstständige Stiftung erfolgt; die Zuwendung an eine Stiftungs-GmbH oder einen Stiftungsverein ist nicht begünstigt.

Zuwendungen in den Vermögensstock sind bei Errichtung einer Stiftung zusätzlich zum normalen Spendenabzug in Höhe von 1 Mio. Euro begünstigt (§ 10 b Abs. 1a EStG). Sie können auf Antrag des/r Steuerpflichtigen im Jahr der Zuwendung und in den folgenden neun Jahren steuerlich geltend gemacht werden. Dabei kann der zugewendete Betrag auf den genannten Zeitraum willkürlich verteilt werden, d.h. er muss nicht in gleichen Teilbeträgen geltend gemacht werden.

Dieser zusätzliche Abzugsbetrag wird nur (auch bei der Gewerbesteuer) Einkommensteuer-, nicht aber Körperschaftsteuersubjekten gewährt.

7.5 Die formalen Anforderungen an Zuwendungsbestätigungen

Zuwendungsbestätigungen müssen auf einem amtlich vorgeschriebenen Vordruck ausgestellt werden. Dieser darf nicht verändert werden. Ein Doppel der Zuwendungsbestätigung ist vom Zuwendungsempfänger aufzubewahren (§ 50 Abs. 4 EStDV).

7.6 Der Verzicht auf die Ausstellung von Zuwendungsbestätigungen

In folgenden Fällen kann auf die Ausstellung einer Zuwendungsbestätigung verzichtet werden (§ 50 Abs. 2 EStDV):

- Die Zuwendung erfolgt zur Hilfe in Katastrophenfällen innerhalb eines von den obersten Finanzbehörden der Länder im Benehmen mit dem Bundesminister der Finanzen festzulegenden Zeitraums auf ein Sonderkonto einer inländischen juristischen Person des öffentlichen Rechts, einer inländischen öffentlichen Dienststelle oder eines Spitzenverbands der freien Wohlfahrtspflege einschließlich seiner Mitgliedsorganisationen erfolgen.
- Die Zuwendung übersteigt den Betrag von 200 Euro nicht. Empfänger muss eine juristische Person des öffentlichen Rechts, eine inländische öffentliche Dienststelle oder eine steuerbegünstigte Körperschaft i.S.d. § 5 Nr. 9 KStG sein. Die Angaben über die Freistellung des Empfängers von der Körperschaftsteuer müssen auf einem von ihm hergestellten Beleg aufgedruckt sein. Darauf muss angegeben sein, ob es sich bei der Zuwendung um eine Spende oder einen Mitgliedsbeitrag handelt.

7.7 Der Vertrauensschutz und die Haftung bei Ausstellung unrichtiger Zuwendungsbestätigungen

Ein/e Steuerpflichtige/r genießt grundsätzlich Vertrauensschutz für Zuwendungsbestätigungen. Es gibt folgende Ausnahmen:

- Der/die Steuerpflichtige hat die Zuwendungsbestätigung durch unlautere Mittel oder falsche Angaben erwirkt. Darunter fällt es beispielsweise, wenn der/die Zuwendende den/die Aussteller_in täuscht, bedroht oder ihn/sie besticht.
- Dem/der Steuerpflichtigen war die Unrichtigkeit der Zuwendungsbestätigung bekannt oder infolge grober Fahrlässigkeit nicht bekannt.

Sofern der/die Zuwendende Vertrauensschutz genießt, kann unter folgenden Voraussetzungen eine Haftung des/der Aussteller_in eintreten:

- Die zur Ausstellung einer Zuwendungsbestätigung befugte Person stellt vorsätzlich oder grob fahrlässig eine unrichtige Zuwendungsbestätigung aus (sog. Ausstellerhaftung).
- Es wird vorsätzlich oder grob fahrlässig veranlasst, dass die Zuwendung nicht für die in der Bestätigung angegebenen Zwecke verwendet wird (sog. Veranlasserhaftung).

8. Literatur

Buchna, Johannes/Leichinger, Carina/Seeger, Andreas/Brox, Wilhelm (2015): Gemeinnützigkeit im Steuerrecht. 11. Aufl., München: C.H.Beck.

Schauhoff, Stephan (2010): Handbuch der Gemeinnützigkeit. 3. Aufl., München: C.H.Beck.

Schick, Stefan (2012): Rechtliche und steuerliche Grundlagen in der Sozialwirtschaft. Baden-Baden: Nomos UTB.
Thiel, Jochen (1992): Die zeitnahe Mittelverwendung – Aufgabe und Bürde gemeinnütziger Körperschaften. In: Der Betrieb, H. 38, S. 1900-1907.
Wallenhorst, Rolf/Halaczinsky, Raymond (2017): Die Besteuerung gemeinnütziger und öffentlich-rechtlicher Körperschaften. 7. Aufl., München: C.H.Beck.

Sozialmarketing

Susanne Vaudt

Im Zuge der Ökonomisierung der Sozialen Arbeit hat sich durch Implementierung von Wettbewerbselementen das wirtschaftliche Risiko auf die Seite der Leistungsanbieter verlagert. Durch die Abkehr vom Selbstkostendeckungsprinzip und Einführung neuer Finanzierungsformen ist die wirtschaftliche Ertragslage seit den 1990er Jahren in sozialen Organisationen stark abhängig von der Nachfragesituation und dem Auslastungsgrad. Inzwischen ist Sozialmarketing als Instrument der Nachfragesteuerung nahezu selbstverständlich geworden. Sein praktischer Anwendungsbereich geht dabei weit über die visuelle Gestaltung von Einrichtungs-Flyern hinaus (Kap. 1). Allerdings wird die mit dem Marketingbegriff induzierte Dienstleistungs- und vor allem Produkt- und Kundenorientierung in der Sozialen Arbeit nicht unkritisch gesehen (siehe u.a. Schaarschuch 2003, S. 158).[1] Der folgende Beitrag will dazu keine Gegenrede aufmachen, aber die funktionalen Effekte näher ausleuchten: Es werden sowohl Unterschiede zum klassischem (Konsumgüter-)Marketing aufgezeigt (Kap. 2). als auch kreative Analyse- und Planungsinstrumente des Sozialmarketings beschrieben (Kap. 3), mit denen sich bestehende Leistungsangebote ggf. weiter verbessern lassen.

1. Welche Gegenstände umfasst das Sozialmarketing?

Sozialmarketing umfasst den Vermarktungsprozess der vielfältigen Angebote sozialer personenbezogener Dienstleistungen. Darin eingeschlossen sind Marketing-Aktivitäten *aller* sozialwirtschaftlichen Organisationen. Unabhängig von der Trägerform zählen dazu sowohl (teil-)stationäre Einrichtungen als auch ambulante Dienste, die steuerbegünstigt wirtschaften oder nicht.[2] Im Unterschied zum *Nonprofit-Marketing*[3] beschränkt sich Sozialmarketing in diesem Beitrag nicht nur auf Marketing gemeinnütziger Organisationen der freien Wohlfahrtspflege. Es bezieht auch öffentliche und privat-erwerbswirtschaftliche Träger sowie freiberuflich tätige Sozialarbeiter_innen mit ein. Insofern es in der Sozialen Arbeit trägerübergreifend jeweils um dieselben *Produkte*[4] geht, erscheinen diesbezüglich marktspezifische Gemeinsamkeiten größer als die trägerspezifischen Unterschiede: So wird z.B. im Rahmen der Marktanalyse für eine Kita (Kindertagesstätte) jeweils mit denselben theoretischen Marketing-Instrumenten

---

1 Im Unterschied zu *Kund_innen* kommerzieller Konsumprodukte erhalten Adressat_innen der Sozialen Arbeit Leistungen, die zum Teil unfreiwillig bzw. gesetzlich verordnet sind, wie z.B. Leistungen des schulpsychologischen Dienstes, der Arbeitsvermittlung, der Bewährungshilfe oder der Schwangerschaftskonfliktberatung. Der mit dem Marketing eng verknüpfte Kundenbegriff erscheint daher im Kontext Sozialer Arbeit deplatziert und wird im Folgenden weitestgehend vermieden.

2 Der Einfachheit halber werden im Folgenden die unterschiedlichen wirtschaftlichen Einheiten auf Anbieterseite synonym als *soziale* bzw. *sozialwirtschaftliche Organisationen* bezeichnet.

3 Nonprofit-Marketing zielt (nur) auf die Vermarktung von Angeboten in steuerbegünstigten Organisationen. Das können Träger Sozialer Arbeit sein aber auch Organisationen aus dem Bereich Tier- und Naturschutz, Kultur, und Sport.

4 Aus kritischer Perspektive kommerzialisiert der Produktbegriff die Soziale Arbeit und degradiert sie damit zur „Ware“ (u.a. Seithe 2015). Aus betriebswirtschaftlicher Perspektive bietet er jedoch ein nützliches Konstrukt. Begrifflich umfasst er das gesamte Angebots- bzw. Produktionsspektrum sozialer Träger, d.h. sowohl immaterielle (Dienst-) Leistungen als auch materielle Güter (siehe Abb. 1).

und Konzepten gearbeitet, unabhängig davon, ob es sich um einen privat-gewerblichen, freigemeinnützigen oder öffentlich-rechtlichen Kita-Träger handelt.[5]

Insgesamt bezieht sich Sozialmarketing auf sehr heterogene Produkte (siehe Abb. 1). Im Mittelpunkt stehen dabei (1) die sozialen personenbezogenen Dienstleistungen wie z.B. Beratung, Betreuung, Assistenz und sonstige Gewährung von sozialer Teilhabe. Dieser Bereich weist eine große Schnittstelle zum *Dienstleistungsmarketing* auf. Alternativ können aber auch (2) materielle Güter Gegenstand des Sozialmarketings sein. Dies ist z.B. der Fall, wenn Werkstätten für Menschen mit Behinderung (WfbM) Selbstgefertigtes ihrer Beschäftigten verkaufen. Insbesondere die ältere Social Marketing-Literatur legt ihren Fokus wiederum (3) auf die Vermarktung von Ideen, Interessen und Werten (siehe u.a. Bruhn/Tilmes 1989; Kotler/Roberto 1989). Als Marketing-Kampagnen, die auf einen sozialen Wandel zielen bzw. sich erfolgreich für soziale Veränderungen einsetzen, setzt sich das ‚Social Marketing' vom Güter- und Leistungsmarketing Sozialer Arbeit ab.

Abb. 1: Gegenstände des Sozialmarketings – Produkttypologie (Eigene Darstellung angelehnt an Bruhn 2012, S. 30)

2. Sozialmarketing: Hintergründe und Anwendungsfelder

Es lassen sich unterschiedliche Marketing-Anwendungsfelder differenzieren. Die zentrale Aufgabe des *Produkt- bzw. Leistungsmarketings* (siehe Abb. 2) ist, die Attraktivität respektive das Image[6] eines Anbieters und seines Angebotes zu verbessern.

Vielfach reichen im Fall einer knappen öffentlichen Finanzierung selbst bei voller Auslastung bzw. hoher Inanspruchnahme die erwirtschafteten (öffentlichen) Erlöse nicht aus, um die Betriebskosten eines Trägers vollständig zu decken. In diesem Fall zielt Sozialmarketing darauf, alternative Einnahmequellen mittels *Fundraising* zu erschließen (siehe Abb. 2). Fundraising be-

5 Einen anderen Ansatz wählt Arnold (2014, S. 655f.), der Sozialmarketing begrifflich enger fasst und als Unterkategorie des Nonprofit-Marketings auf den Trägertyp der steuerbegünstigten Organisation reduziert, damit aber andere Trägertypen Sozialer Arbeit ausschließt.

6 Zum Stichwort ‚Image' siehe Kap. 2.2

schreibt die systematische Ressourcenbeschaffung sozialer Organisationen bei Privatpersonen, Unternehmen, Stiftungen und öffentlichen Institutionen. Zentrale Aufgabe bildet die Akquise von Spenden als steuerbegünstigte Zuwendungen ohne Gegenleistung. Sponsoring als Zuwendung mit vertraglich vereinbarter Gegenleistung kann dagegen auch in nicht-gemeinnützigen Organisationen Anwendung finden. Zu beachten ist, dass Fundraising nicht nur die Geldakquise, sondern auch die systematische Beschaffung von Sach- und Dienstleistungen miteinschließt (Urselmann 2014, S. 1). Ziel ist, die benötigten Ressourcen stets zu möglichst geringen Kosten zu beschaffen. Dies können Geldmittel sein, müssen es aber nicht.

Vor dem Hintergrund zunehmend knapper finanzieller und personeller Ressourcen gewinnen sowohl Fundraising als auch Personalmarketing in der Praxis sozialer Organisationen an Bedeutung. Der Schwerpunkt der folgenden Kapitel liegt jedoch auf der Analyse, strategischen Konzeptionierung und operativen Umsetzung des Leistungsmarketings.

Abb. 2: Marketing-Anwendungsfelder in sozialen Organisationen (eigene Darstellung)

2.1 Welche Kennzeichen sozialer personenbezogener Dienstleistungen sind II. Marketing-relevant?

Marketingrelevant für soziale personenbezogene Dienstleistungen ist neben typischen Dienstleistungsmerkmalen[7] der hohe Grad an Informationsasymmetrie zwischen Angebot- und Nachfrageseite. Die Anbieterseite ist über die Qualität der Leistung wesentlich besser informiert als die Adressat_innen Sozialer Arbeit und Kostenträger. Analog anderen komplexen Dienstleistungen wie Rechtsberatungen und Arztbesuchen kennzeichnet Angebote der Sozialen Arbeit ein hoher Anteil an Vertrauensguteigenschaften (*engl.*: *credence goods*) insbesondere im

7 Dienstleistungen sind nicht lager- und transportfähig. Produktion und Konsum fallen deshalb zeitlich und räumlich zusammen (Uno-actu-Prinzip). Zugleich übernehmen Nachfragende die Rolle von Co-Produzent_innen: Ohne sie gelingt keine erfolgreiche Produktion. Wenn Klient_innen einer Schuldnerberatungsstelle bei der Aufstellung des Gläubigerverzeichnisses nicht mitwirken wollen oder können (z.B. bei Sucht- oder sonstigen Erkrankungen), wird sich der Beratungsdienst (Sozialarbeiter_in) vergeblich anstrengen.

Hinblick auf die mit der Leistung verknüpften Wirkung. Sozialhilfeträger und Beschäftigte einer WfbM sollten bspw. ihr Vertrauen in die Beschäftigungsqualität einer Werkstatt auch dann nicht verlieren, wenn mit der dort gebotenen Teilhabe am Arbeitsleben eine angestrebte Entwicklung in Richtung 1. Arbeitsmarkt nicht im erwarteten Umfang gelingt.

2.2 Marketing-Implikationen für ‚Vertrauensgüter'

Implikation für ein vertrauensorientiertes Marketing ist daher, der Nachfragerseite[8] ein überzeugendes (Qualitäts-)Signal zu senden. Dies reduziert die zum Nachfragezeitpunkt bestehende Unsicherheit bzw. das Risikoempfinden: Anerkannte (Qualitäts-)Zertifikate bzw. Akkreditierungen, Gütesiegel, Referenzen von zufriedenen Kund_innen und Ergebnisse von Test-Instituten sind auch deshalb in der Sozialwirtschaft angekommen, weil sie Qualitätsunsicherheit für die Nachfrager_innen abbauen (Meffert et al. 2015a, S. 53).[9]

Des Weiteren kommt einem guten *Image* auf Anbieterseite als psychologische Wirkungsgröße große Bedeutung zu. Der Begriff Image (Reputation) beschreibt „die aggregierte und subjektive Form sämtlicher Einstellungen[10] des Kunden" gegenüber seinem Anbieter (Meffert et al. 2015a, S. 99). Es ist *ein* wesentlicher Indikator zur Beurteilung der Qualität einer Dienstleistung. Ähnlich den genannten Garantien und Zertifikaten reduziert es das Risikoempfinden bei Nachfrager_innen (Meffert et al. 2015a, S. 100). Empirische Studien zeigen, dass ein gutes Image im Unterschied zu einer guten Qualität sowohl die Kundenzufriedenheit als auch direkt die Kundenbindung erhöht (u.a. Andreassen/Lindestad 1998; Lai et al. 2009, S. 984). Skandale im Kontext fachlicher Qualitätsmängel aber auch Korruptionsverdacht oder das Bekanntwerden der Veruntreuung von Geldern, die eine Organisation in der Öffentlichkeit diskreditieren, vermögen, in kürzester Zeit ein langfristig aufgebautes Image zu zerstören. Unter der Annahme, die durchschnittliche Leistungsqualität der Organisation ist gleichbleibend (gut), steigt dennoch die Wahrscheinlichkeit, dass langjährige Nutzer_innen abwandern: Ein Imageverlust bedeutet immer auch einen Vertrauensverlust: Anbieter von Leistungen mit hohen Vertrauenseigenschaften *und* einem schlechten Image befinden sich damit in einer prekären Situation: Wie lassen sich Qualitätsunsicherheit und wahrgenommene Kaufrisiken auf Nachfragerseite für *Vertrauensgüter* kompensieren, wenn den Anbietern das Image als Brücke zum Vertrauen nicht mehr zur Verfügung steht? Dies verdeutlicht die zentrale Bedeutung der Image*pflege* in der professionellen Öffentlichkeitsarbeit (siehe Kap. 3.3.1)

8 Zu den Nachfrager_innen zählen neben den Adressat_innen der Sozialen Arbeit immer auch die öffentliche Hand als ‚Kostenträger'.

9 Die Einordnung eines Produktes in das Dreieck zeigt zugleich dynamische Effekte: Mit der Dauer einer bestehenden Kundenbeziehung verändert sich die Einordnung einer Leistung oder eines Gutes: Überwiegen bei Neukunden vielfach die Erfahrungs- und Vertrauensguteigenschaften, so steigt mit wachsender Vertrautheit zwischen Kunde und Anbieter der Anteil der Sucheigenschaften (detailliert nachzulesen bei Bruhn 2012, S. 49).

10 Nach Trommsdorff (2004, S. 159) bildet ein Image die kognitive und emotionale Grundlage für eine Einstellung. Ansonsten können die Begriffe Image und *Einstellung* dabei als weitgehend deckungsgleich angesehen werden. Einstellung umfasst die innere Bereitschaft eines Menschen, auf einen Umweltreiz konsistent positiv oder negativ zu reagieren. Objekte, zu denen Menschen Einstellungen haben, können Sachen, andere Personen oder Themen sein. Zur Erklärung des Käuferverhaltens wird von allen möglichen Variablen die Einstellung am häufigsten herangezogen (Meffert et al. 2015b, S. 118).

3. Marketing-Management als Prozess

Marketing bedeutet *mehr* als Öffentlichkeitsarbeit und Werbung: Die American Marketing Association (AMA) gab 2013 die folgende erweiterte Marketing-Definition heraus:

> „Marketing is the activity, set of institutions, and processes for creating, communicating, delivering, and exchanging offerings that have value for customers, clients, partners, and society at large" (AMA 2013).

Nach dieser Auffassung liefert Marketing im Rahmen eines kreislaufförmigen Management-Prozesses für unterschiedliche Anspruchsgruppen[11] einen Beitrag zur unternehmerischen Wertschöpfung. Nach dem Ansatz von Meffert (1982, S. 60 sowie Meffert et al. 2015b, S. 20) umfasst der *Marketing-Management-Prozess* zyklisch die folgende Aufgabenschritte, die in den folgenden Kap. näher erläutert werden:

1. Marktanalyse (Marktforschung) und Festlegung der Marketingziele
2. Strategische Angebotsentwicklung
3. Marketing-Mix: Welche operativen Marketing-Instrumente kommen wie zum Einsatz?
4. Marketing-Controlling

Marketing-Controlling als Feststellung der Effizienz und Effektivität aller Marketing-Aktivitäten in einer Organisation ist aufwändig zu operationalisieren. Dies gilt umso mehr, wenn neben *quantitativen* unternehmensgerichteten Marketingzielen wie Marktanteile, Umsatzerlöse und Gewinn auch *qualitative* Erfolgsgrößen angestrebt werden (Image, Bekanntheitsgrad, Kundenzufriedenheit und -bindung etc.).

3.1 Marktanalyse

Die Marktanalyse beantwortet die Frage: Wo steht die soziale Organisation und wohin geht ihre Entwicklung? Als strategische Bestandsaufnahme und Bewertung mündet sie in die Formulierung von Markt- und Absatzprognosen. Gerade im Dienstleistungsbereich zielt Marketing auf längerfristige Beziehungen zwischen Unternehmen und ihren Kund_innen. Je nach Art der Kund_innenbeziehung unterscheidet das sogenannte *Relationship Marketing* (Beziehungsmarketing) drei Phasen:

- Die (Neu-)Kundenakquise,
- die Kundenbindung bestehender Kunden
- und die Kundenrückgewinnung.[12]

In jeder Phase unterscheiden sich die Marketingziele, -strategien und Maßnahmen erheblich (Bruhn 2013). Kundenakquise zielt insbesondere auf eine Erhöhung des Bekanntheitsgrades. Dagegen fokussiert Kundenbindung verhaltensbezogen nicht nur auf einen Wiederkauf desselben Produktes bzw. anderer Produkte desselben Anbieters (sogenanntes ‚Cross Buying'), sondern auch auf die Weiterempfehlung bzw. ‚Mundpropaganda' (Bruhn 2013, S. 97).

Professionelles Marketing wendet sich nicht nur an *Kund_innen im engeren Sinn.* Es geht um die „konsequente Ausrichtung sämtlicher Aktivitäten (...) an den Erwartungen der verschiede-

11 Zum Konzept der Anspruchsgruppen (*engl.: Stakeholder*) siehe Kap. 3.1.
12 Kundenrückgewinnung koppelt sich in der Praxis häufig an ein Beschwerde-Management.

nen internen und externen Beziehungspartner“ (Bruhn 2012, S. 33) einer Organisation bzw. eines Unternehmens, die den unternehmerischen Erfolg mit beeinflussen. Diese Anspruchsgruppen bzw. (engl.) Stakeholder verstanden als *Kund_innen im weiteren Sinne* sind u.a. Mitarbeitende des Unternehmens, die Öffentlichkeit bestehend aus Nachbar_innen und Medien aber auch staatliche Institutionen und Zulieferer. Das Marketing-Paradigma der Anspruchsgruppenorientierung (Bruhn 2012, S. 31) ist eng verknüpft mit dem o.g. Konzept *Relationship Marketing*. Eine umfassende Stakeholder-Orientierung beschreibt die konsequente Ausrichtung sämtlicher Aktivitäten eines Leistungsanbieters an seinen internen und externen Beziehungspartnern.

Abb. 3 visualisiert eine Stakeholder-Analyse am Beispiel eines ABW (Ambulant betreutes Wohnen)-Dienstes der Eingliederungshilfe gem. §§ 53 SGB XII. Zur Vielzahl an Anspruchsgruppen zählen die hier als ‚Kunden im engeren Sinn‘ bezeichneten ABW-Nutzer_innen und der zuständige (über-) örtliche Sozialhilfeträger. Weitere Stakeholder als ‚Kunden im weiteren Sinn‘ sind Mitarbeitende und die Öffentlichkeit. Diese umfasst Nachbar_innen, sozialräumliche Treffpunkte, Vereine und Initiativen, Lokalmedien, allgemein die öffentliche Verwaltung bzw. ‚den Staat‘. Die Gruppe der Lieferanten umschließt alle externen Dienstleister, z.B. im hauswirtschaftlichen Bereich. Es zählen aber auch solche dazu, die keine monetäre Gegenleistung für ihren Einsatz erwarten, wie ehrenamtliche Mitarbeiter_innen, sonstige (Geld- und Sach-)Spender_innen oder Sponsor_innen. Eine besondere Rolle nehmen Kooperationspartner bzw. Multiplikator_innen ein, die das Angebot explizit an die Zielgruppe der Nutzer_innen weiter empfehlen (Stichwort: Kundenbindung, s.o.). Angehörige, gesetzliche Betreuer_innen, ‚Alt-Klient_innen‘, Beratungsstellen, regionale Werkstätten (WfbM), Therapeut_innen und Ärzt_innen werden damit zu besonderen Adressat_innen der Kommunikations- und Produktpolitik (Kap. 3.3). Aber auch Mitwettbewerber wie andere regionale ABW-Dienste sowie alternative stationäre §§ 53 SGB XII-Wohneinrichtungen haben durch attraktive(re) Gestaltung ihres Angebotes einen Einfluss auf die aktuelle und zukünftige Nachfragesituation.

Marktanalysen mit einem besonderen Fokus auf die Mitwettbewerbersituation werden auch als Konkurrenzanalysen bezeichnet. Dazu ist eine Kenntnis des relevanten Marktes notwendig. Dieser liefert die Basis für die Identifizierung der jeweiligen Wettbewerber.[13]

3.2 Strategische Angebotsentwicklung mit der Produkt-Markt-Matrix

Die Produkt-Markt-Matrix, die nach ihrem Entwickler auch unter dem Namen Ansoff-Matrix bekannt ist (Ansoff 1957), bietet Organisationen mittel- und langfristig vier strategische Entwicklungsmöglichkeiten. Die Festlegung auf eine strategische Option wird als *Marktfeldstrategie* bezeichnet. Die Matrix unterscheidet einerseits zwischen aktuellen und neuen Leistungen bzw. Produkten und andererseits zwischen aktuellen und neuen Zielgruppen bzw. Adressat_innen (Märkte).[14]

13 Sinnvoll ist eine Marktabgrenzung, die Leistungsalternativen aus Stakeholder-Sicht miteinbezieht: „Dies bedeutet, dass der relevante Markt (...) alle Leistungen umfasst, die von den Anspruchsgruppen als subjektiv gleichwertig gesehen werden“ (Bruhn 2012, S. 154).

14 Für eine ausführliche Darstellung siehe u.a. bei Meffert et al. 2015a, S. 164ff.; Meffert et al. 2015b, S. 254ff.

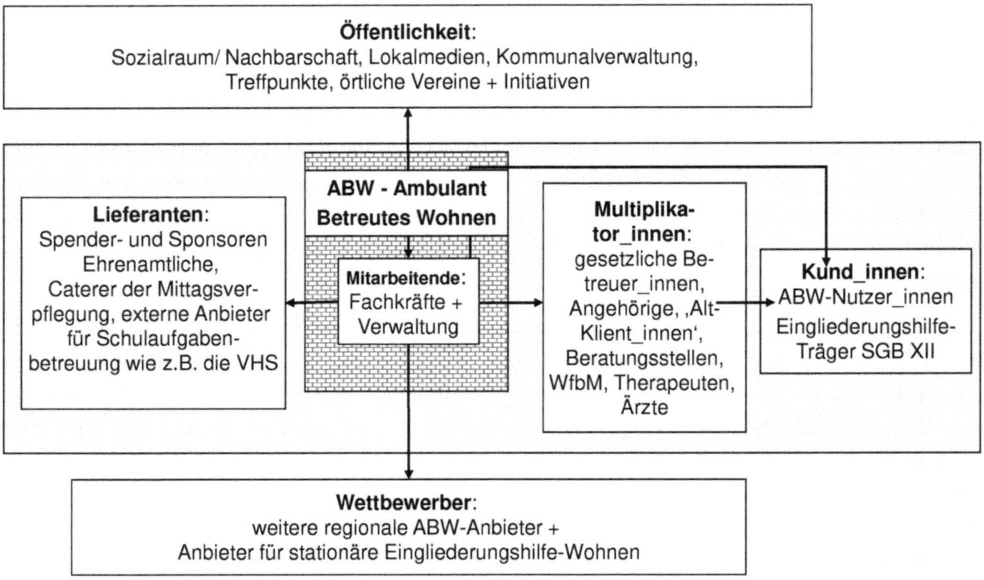

Abb. 3: Anspruchsgruppen des Marketings am Bsp. Ambulant Betreutes Wohnen (ABW) (eigene Darstellung in Anlehnung an Meffert 2000, S. 27)

Ambulant Betreutes Wohnen	bisherige Zielgruppe/ Adressat_innen	neue Zielgruppe/ Adressat_innen
bisherige Leistungen/ Produkte	**(1) Leistungsintensivierung:** **Ambulante Betreuung für Menschen mit Eingliederungshilfeanspruch §§ 53ff.** – Kernleistung Betreuung: Assistenz, Förderung + Begleitung – Kernleistung Pflege – Zugang zu Beratungs- und sozialen Teilhabeangeboten	**(3) Empfängerentwicklung** **Öffnung des ambulanten Betreuungsangebotes für Menschen mit 24/7-Unterstützungsbedarf** - Übergang stationäres Wohnen in Ambulant Betreutes Wohnen "intensiv" ermöglichen
neue Leistungen/ Produkte	**(2) Leistungsentwicklung** **Probe- und Trainingswohnplätze** - Trainingswohnung einrichten **neue Kern- + Zusatzleistungen** – Peer-to-peer Beratung - Kontaktbörse - Angebot von häuslicher Sicherheit	**(4) Diversifikation** **neue Angebote durch Kooperationen: trägerinterne- und -externe Vernetzung** – Einrichtung sozialräumlicher Wohntreffs mit interessanten Angeboten

Abb. 4: Transfer der Ansoff-Matrix zur Produkt-Markt-Entwicklung auf ein ABW-Angebot (eigene Darstellung angelehnt an Bruhn 2012, S. 177)

1. Die Strategie der *Leistungsintensivierung* ist Ausgangspunkt für alle anderen strategischen Stoßrichtungen. Dazu werden verstärkt Instrumente des Marketing-Mix (siehe Kapitel 3.3) angewendet, um bereits gewonnenen Kund_innen mehr Leistungen zu verkaufen sowie Neu-Kund_innen auch durch Abwerbung von Mitwettbewerbern zu akquirieren. Im Bsp. bietet das ABW-Angebot Menschen mit Behinderung entsprechend §§ 53 SGB XII Eingliederungshilfe-Leistungen im Bereich Betreuung, persönliche Assistenz, Pflege etc. an und versucht, am etablierten Standort neue Klient_innen zu gewinnen.
2. Die Strategie der *Leistungsentwicklung* zielt darauf, der aktuellen Zielgruppe ,Menschen mit Eingliederungshilfeanspruch nach §§ 53 SGB XII' innovative Produkte bzw. neu entwickelte Leistungen[15] anzubieten. Im Bsp. erweitert der ambulante Dienst sein Angebot an Zusatzleistungen im Bereich Hauswirtschaft und soziale Teilhabe. Außerdem bietet er Interessierten die Möglichkeit, im Rahmen eines dreiwöchigen Aufenthalts in einer Trainingswohnung zu testen, ob ABW individuell infrage kommt.
3. Die *Empfängerentwicklung* erschließt strategisch neue (Absatz-)Märkte oder neue Zielgruppen. Im Bsp. bietet der soziale Dienst Bewohner_innen der stationären Eingliederungshilfe an, ins ABW zu wechseln und erweitert dazu seine Pflege- und Betreuungszeiten: Als ABW „intensiv" sind Leistungen jetzt auch nachts und am Wochenende verfügbar.
4. Die *Diversifikation* kennzeichnet eine gleichzeitige Weiterentwicklung von Leistungsprogramm/Produkten und Zielgruppen/Märkten. Im Bsp. vernetzt sich der ambulante Dienst mit anderen regionalen Leistungsanbietern und sie eröffnen gemeinsam einen Wohntreff mit niederschwelligen Info- und Gruppenangeboten, um Menschen mit und ohne Eingliederungshilfeanspruch sozialräumliche Teilhabeangebote zu machen.

Die Auswahl der Strategien knüpft sich an die Möglichkeit der Organisation: Ein hoher Bekanntheitsgrad innerhalb der Zielgruppe bietet viele Absatzvorteile und spricht für innovative strategische Leistungsentwicklung. Betriebliche Kostenvorteile durch steigenden Absatz lassen sich aber auch – weniger produkt-innovativ – dadurch erreichen, dass gleiche Leistungen neuen Zielgruppen bzw. auf neuen Märkten angeboten werden (Empfängerentwicklung) (Macharzina/Wolf 2008, S. 341).

3.3 Marketing Mix

Nach Festlegung der quantitativen und qualitativen Marketingziele, Durchführung von Marktanalysen und der strategischen Angebotsentwicklung sind nun konkrete Marketinginstrumente auszuwählen, die dazu beitragen, die Ziele und Strategien operativ umzusetzen. Diese lassen sich nach McCarthy (1960) als ,4 P's' kategorisieren:

1. Kommunikationspolitik (promotion policy)
2. Produktpolitik (product policy)

15 Dabei beschränkt sich die Innovation ggf. darauf, dass sie jetzt (auch) von einem bestimmten Anbieter als Nachahmerprodukt (*engl. Me too-Produkt*) angeboten wird. Der Planung des Markteintritts bzw. der Festlegung, ab wann ein Produkt am Markt angeboten werden soll, kommt eine große strategische Bedeutung zu. Je nach Timing-Strategie ist der Anbieter damit entweder Pionier, früher oder später Folger. Letztes entweder als echter Nachahmer („me too") oder sogenannter Nischenanbieter (siehe ausführlich z.B. bei Meffert et al. 2015b, S. 406 ff.).

3. Preispolitik (price policy).
4. Distributionspolitik (place policy).

Die Instrumente Kommunikations- und Produktpolitik werden in den folgenden Abschnitten näher ausgeführt. Die Instrumente der Preis- und Distributionspolitik haben für Angebote Sozialer Arbeit wenig Praxisrelevanz. Auf eine ausführliche Darstellung wird deshalb im Folgenden verzichtet.

3.3.1 Kommunikationspolitik

Kommunikationspolitik umfasst alle Kommunikationsinstrumente und -maßnahmen einer sozialen Organisation, um mit den verschiedenen Stakeholdern (siehe Kap. 3.1) in Interaktion zu treten (Bruhn 2012, S. 344). Da es schwerfällt, die Wirkung der Kommunikationspolitik direkt am Umsatz oder Gewinn einer Organisation festzumachen, orientiert sich erfolgreiche Kommunikationspolitik an kundengerichteten Marketing-Zielen. Dazu zählt die Steigerung des Bekanntheitsgrades eines Produktes, die Differenzierung gegenüber anderen Wettbewerbern am Markt sowie die Erzielung eines bestimmten Images bzw. einer bestimmen Einstellung auf Kundenseite, die sich dann in Form einer gestiegenen Kaufabsicht, Loyalität oder Weiterempfehlung offenbart (Meffert et al. 2015b, S. 572).

Zu den Adressat_innen der Kommunikationspolitik zählen neben *externen* auch *interne Stakeholder* wie die Mitarbeitenden. Eine intensive interne Kommunikation, z.B. über eine „Haus-Zeitung" und Intranet kann sowohl dazu beitragen, ihre (Arbeits-)Motivation zu verbessern als auch eine stärkere Identifikation mit den Organisationszielen entstehen lassen. Nach außen ergibt das Verhalten der Mitarbeitenden ein abgerundetes, geschlosseneres Bild: Mit anderen Worten: Das Corporate Behaviour[16] wird verbessert (Brömmling 2010, S. 109).

Zu den wichtigsten Kommunikationsinstrumenten zählen Werbung, Öffentlichkeitsarbeit und persönliche Kommunikation. (Media-)Werbung erfordert je nach Design und Platzierung des Werbeträgers in der Öffentlichkeit ein hohes Budget. Sie enthält unpersönlich formulierte und an sämtliche Stakeholder der Organisation adressierte emotionale Botschaften. Werbung zielt online[17] und offline auf die Erhöhung des Bekanntheitsgrades und Vermittlung eines positiven Images der Organisation (Bruhn 2012, S. 364). In der Praxis lässt sich Werbung häufig mit Instrumenten der Verkaufsförderung verknüpfen, d.h. kleinen Werbegeschenken (‚give-aways'), Preisausschreiben, Gewinnspielen u.a.

Öffentlichkeitsarbeit oder Public Relations (PR) kennzeichnet dagegen die gezielte Kommunikation mit *ausgewählten* Stakeholdern.[18] Im Bsp. eines Dienstes mit ABW-Angebot sind Adres-

16 Corporate Behaviour (CB) ist neben Corporate Design und Corporate Communications ein Instrument zur Gestaltung von Corporate Identity in einem Unternehmen. CB beschreibt ein auf dem Unternehmensleitbild basierendes, erwünschtes Verhalten von Mitarbeitenden (Bruhn 2012, S. 386). Wird z.B. eine stärkere Anspruchsgruppen- und Dienstleistungsorientierung gewünscht, erfordert dies eine entsprechende Unternehmenskultur und -identität. Eine gute interne Kommunikation kann mit dazu beitragen. Handbücher alleine reichen dafür nicht aus.

17 Zur Online-Werbung zählt insbesondere die Bannerwerbung im Internet, z.B. auf vielfrequentierten Seiten. Eine passive Variante enthält oft den Hyperlink zur Internetseite des werbenden Unternehmens (pull-Variante), auf der dann zusätzliches Werbematerial (wie Imagefilme, -broschüren etc.) abrufbar ist. Eng verwandt damit ist die Suchmaschinenwerbung. Hier zahlt die Organisation dafür, auf Trefferlisten in Suchmaschinen möglichst weit oben gelistet zu werden. Die aktive Variante der Bannerwerbung (push-Variante) sind dagegen – von Kund_innen allerdings oft als störend wahrgenommenen – Pop-up-Fenster.

18 Je nach Stakeholder lassen sich Nachrichten und Neuigkeiten aus der Organisation über unterschiedliche Medien öffentlichkeitswirksam kommunizieren. Neben Presse- und Geschäftsberichten, zählen dazu regelmäßige

sat_innen aus dem Bereich Öffentlichkeit z.B. Vertreter_innen der Presse als Empfänger_innen von Pressemitteilungen u.a. Gesetzliche Betreuer_innen erhalten als Multiplikator_innen dagegen Rundbriefe oder Einladungen zu Info- und Fachtagen etc. Für die öffentlichkeitswirksame Ansprache von ‚Kund_innen im engeren Sinn' wie (potentielle) ABW-Klient_innen und den (über-)örtlichen Sozialhilfeträger empfehlen sich Einladungen zum direkten persönlichen Austausch, d.h. persönliche Informations- und Beratungstermine ‚face-to-face'. Ziel der Öffentlichkeitsarbeit ist, bei den ausgewählten Anspruchsgruppen Vertrauen zu gewinnen und zu erhalten. Bedingt durch den hohen Anteil an Vertrauensguteigenschaften der Soziale Arbeit kommt ihr daher große Bedeutung zu (siehe Kap. 2.2). Die Öffentlichkeitsarbeit hat informativen Charakter und ist – im Unterschied zur Werbung – nur bedingt geeignet, emotionale Botschaften zu übermitteln (Jefkins 1998, S. 6; Bruhn 2012, S. 365). Öffentlichkeitswirksame Kommunikation gelingt einer Organisation durch positive Berichterstattung in den unterschiedlichsten Medien respektive den Informationen auf der eigenen Website und in sozialen Netzwerken. Das Social Web 2.0 konfrontiert Organisationen aber auch mit einer neuartigen Krisenform. Fälle, in denen eine „massenhafte öffentliche Entrüstung von Internet-Nutzern über ein Unternehmen, Institutionen, Produkte oder Personen" (Meffert et al. 2015a, S. 316) in Form eines sogenannten ‚Shitstorms' stattfindet und die zudem durch eine große Eigendynamik gekennzeichnet sind, erfordern eine professionelle ‚Krisen-PR'.

In der Praxis knüpft sich Öffentlichkeitsarbeit vor allem an berichtenswerte Ereignisse, sogenannte Events wie z.B. den ‚Tag der offenen Tür'. Events kennzeichnet das Außergewöhnliche, d.h. eine besondere Stimmung, Festlichkeit und Erlebnischarakter. Sie werden kreiert und inszeniert: Den Ausgangspunkt bildet ein saisonaler, historischer (Jubiläum) oder sonstiger Anlass. Ähnlich eines Theaterstücks weisen sie einen Spannungsbogen auf und lassen sich gezielt auf spezielle Wünsche und Bedürfnisse eines ausgewählten Zielpublikums zurechtschneiden. Sie sind kurzfristig und vergänglich. Häufig dauern sie wie Konzerte, Basare und Sportwettbewerbe nur wenige Stunden[19] und werden in größerem Abstand wiederholt. Die Besucher_innen soll der Event aus ihrem Alltag herausholen, sie aktivieren und analog Werbung (positiv) emotionalisieren (Kiel 2004, S. 71).

3.3.2 Produktpolitik

Die Produktpolitik kann als ‚Herz des Marketings' bezeichnet werden (Meffert et al. 2015b, S. 361).[20] Produktpolitisches Ziel einer Organisation ist, alle Angebote an den Bedürfnissen ihrer Stakeholder auszurichten, um daraus Wettbewerbsvorteile zu ziehen.

Echte Wettbewerbsvorteile sind sowohl wahrnehmbar, als auch bedeutsam und dauerhaft. Sie sind umso größer, je besser es dem Anbieter gelingt, sich von seinen Mitwettbewerbern abzusetzen. Die drei klassischen Kategorien der Angebotsdifferenzierung sind Qualität, Zeit und Kosten im Sinne von ‚besser, schneller und preisgünstiger' (Bruhn 2012, S. 182).

Im Kontext sozialer personenbezogener Dienstleistungen spielen qualitative Wettbewerbsvorteile *die* bedeutende Rolle. Sie zielen auf eine hohe Produktqualität, einen hohen Innovationsgrad, zuverlässigen Service, engagierte und kompetente (Fach-) Mitarbeitende sowie ein gutes

---

Newsletter (Infobrief, Rundbriefe). Der klassische ‚Flyer' zur Darstellung der Organisation und ihren Angeboten kann je nach Design und Inhalt sowohl Elemente von Werbung (emotionalisierte Bilder von glücklichen Referenzkund_innen oder Mitarbeitenden) als auch Öffentlichkeitsarbeit (Sachinformationen) enthalten.

19 Selten beträgt die Dauer eines Events länger als einige Tage (Jubiläumswochen, Festival, Turniere).

20 Zur Produkttypologie siehe auch Abb. 1.

Image (siehe Kap. 2.2). Durch ihren direkten Nutzer_innen-Kontakt steckt in den Mitarbeitenden in sozialen Organisationen ein besonderes Differenzierungspotential (Kotler/Bliemel 1995, S. 470ff., 485). Welcher Wettbewerbsvorteil jeweils am meisten zum organisationalen Erfolg beiträgt ist auch abhängig von der jeweiligen Marktsituation. Bei einer Vielzahl an Wettbewerbern mit Konzentration auf qualitativen ‚Service' mag es für eine soziale Organisation sinnvoll erscheinen, einen Wettbewerbsvorteil zusätzlich über ‚Innovation' oder ‚Zeit' anzustreben (Bruhn 2012, S. 188).

Der Begriff der (Markt-) Positionierung wurde von Ries/Trout (1982) geprägt. Die provokante Ausgangsfrage dazu lautet: Kann eine Organisation dauerhaft erfolgreich sein, wenn ihr Image (Reputation) ein eher zufälliges Ergebnis ihres unternehmerischen Handelns ist? Positionierung beschreibt die zielgerichtete und planmäßige Steuerung des Images dahingehend, dass eine Organisation so gesehen wird, wie sie auch gesehen werden will. Wenn es gelingt, in den Köpfen der Nachfragerseite eine positive, relevante und unverwechselbare Vorstellung (Image) für eine Leistung aufzubauen und fest zu verankern, dann handelt es sich bei diesem Produkt um eine Marke. Eine Marke ist mehr als ein rein physisches Kennzeichen der Herkunft des Produktes. Sie entspricht einem, in den Köpfen der Nachfrager_innen fest verankerten Vorstellungsbild des Anbieters bzw. seiner Leistungen (Esch et al. 2006, S. 405; Meffert et al. 2015b, S. 328 f.).[21] Eine erfolgreiche Positionierung als Versuch, eine Marke mit einem ‚einzigartigen' Eindruck unverwechselbar zu machen, dient daher zugleich der Profilierung (Trommsdorff 2004, S. 175).

Neben den bereits beschriebenen Möglichkeiten der Differenzierung (qualitativ, zeitlich und preislich) ist das Angebot von kostenlosen *Zusatzleistungen*[22] besonders interessant. Diese versprechen Nachfrager_innen einen zusätzlichen Nutzen. Kern- und Zusatzleistungen bilden zusammen das sogenannte Leistungsprogramm.

Die Kernleistung des modular unterteilten Leistungsprogramms einer beruflichen Rehabilitations-Einrichtung für Menschen mit einer seelischen Erkrankung und psychischen Behinderung liegt in der (Re-)Integration in den Arbeitsmarkt (siehe Abb. 5). Idealerweise gelingt eine nahtlose Vermittlung der Rehabilitand_innen in ein sozialversicherungspflichtiges Beschäftigungsverhältnis.

---

21 Es lassen sich sowohl Waren, Dienstleistungen aber auch Institutionen, Unternehmen, Personen, Städte und Länder als Marke positionieren (Klenk 2008, S. 6; Köhler 2001, S. 45). Meffert et al. (2015a, S. 269, 283) sowie Bruhn (2012, S. 307ff.) sehen in der Markenpolitik ein eigenständiges Instrument der Produktpolitik.

22 Zusatzleistungen werden auch als Sekundärleistungen oder Value-Added-Service bezeichnet (so z.B. bei Meffert et al. 2015b, S. 421).

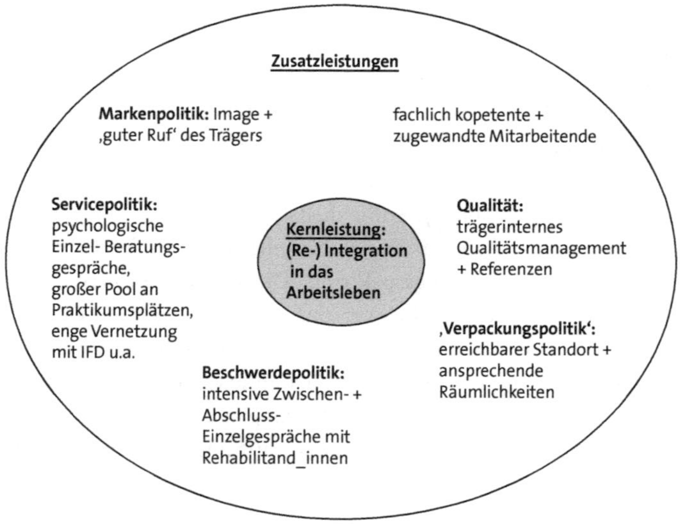

Abb. 5: Leistungsprogramm einer Einrichtung für berufliche Rehabilitation mit einem modularen Angebot für Menschen mit einer seelischen Erkrankung/psychischen Behinderung (eigene Darstellung angelehnt an Palmer 2001, S. 129 und Meffert/Bruhn 2006, S. 392)

Zur Profilierung des Reha-Anbieters reicht der Grundnutzen der Kernleistung regelmäßig nicht aus. Dies gilt besonders, wenn im nahen Umkreis weitere Reha-Einrichtungen einen ähnlichen Integrationskurs im Angebot haben. Die Entscheidung für oder gegen einen Leistungsanbieter hängt damit stark an den Zusatzleistungen seines Leistungsprogramms. Unter Marketing-Aspekten mag sich der Zugang zu kostenlosen Serviceleistungen als besonders werbewirksam herausstellen, wie im Bsp. (nicht vom Kostenträger refinanzierter) psychologischer Einzel-Beratungsgespräche, einem großen Pool an Praktikumsplätzen sowie einer engen Vernetzung mit dem IFD (Integrationsfachdienst) u.a.

4. Fazit

Die Entwicklung und Implementierung einer stärkeren Marketing-Orientierung hängt in sozialen Organisationen von vielen Faktoren ab. Ausgangspunkt ist jedoch stets ein gesteigerter (Preis- und Qualitäts-) Wettbewerb. Gleichzeitig wird deutlich: Der Prozess des Marketing-Managements umfasst mehr als Öffentlichkeitsarbeit und Werbung. Er beginnt auf Nachfrageseite bereits mit der Erfassung der Wünsche und Bedürfnisse.

Gelingt es einem Anbieter Sozialer Arbeit nicht, sich mit seinem Angebot differenziert bei seinen Adressat_innen, dem zuständigen Kostenträger und weiteren wichtigen Stakeholdern zu profilieren, wird er absehbar Absatz, Auslastung und Marktanteile verlieren. Insbesondere den Mitarbeitenden respektive professionellen Fachkräften kommt als interne Stakeholder durch die Besonderheiten der (Dienst-)Leistungserstellung im Hinblick auf Kundenzufriedenheit und Kundenbindung eine zentrale Rolle zu. Das spiegelt sich im Marketing operativ in der Produktpolitik: Die Mitarbeitenden wirken sowohl bei der Erstellung der Kernleistung als auch bei den für die Profilierung wichtigen Zusatzleistungen mit. Öffentlichkeitsarbeit richtet sich daher nicht nur nach ‚draußen', sondern erfüllt auch im Unternehmen eine Schlüsselfunktion.

Ob betriebliche Marketing-Aktivitäten tatsächlich ihre strategische und operative Zielsetzung erfüllen, lässt sich in der Praxis dabei schwer erfassen: „Weshalb ein Produkt oder eine Dienstleistung gekauft wird, ist nämlich in der Regel nicht allein auf eine einzelne Marketing-Maßnahme zurück zu führen“ (Rese/Herter 2005, S. 1010). Häufig sind ‚wahre' Kaufgründe unbewusste Entscheidungen und nicht einmal den Kund_innen selbst bekannt. Aber auch sogenannte Verbundeffekte verzerren die verursachungsgerechte Zurechnung von Erlöses zu einzelnen Marketing-Maßnahmen. (Mehr) Öffentlichkeitsarbeit und Werbung für die *eine* Leistung bzw. das *eine* Angebot Sozialer Arbeit beeinflusst immer auch den Verkaufserfolg anderer Angebote aus dem trägerinternen Leistungsspektrum. Die Zurechnung erschwert sich weiterhin dadurch, dass der Marketing-Erfolg zeitlich verzögert eintritt und dann gar nicht mehr mit der Marketing-Maßnahme in Zusammenhang gebracht wird. Auch hängen Erfolge wie eine gestiegene Auslastung oder Nachfrage sehr häufig parallel an externen Einflüssen: Neue sozialrechtliche (Förder-)Regeln und demographische Veränderungen etc. vermögen eine Nachfrage mitunter kurzfristig stärker zu steigen, als parallel dazu stattfindende Marketing-Maßnahmen.

5. Literatur

Arnold, Ulli (2014): Sozialmarketing. In: Arnold, Ulli/Grundwald, Klaus/Maelicke, Bernd (Hrsg.): Lehrbuch der Sozialwirtschaft. 4. erw. Aufl., Baden-Baden: Nomos, S. 650-706.

American Marketing Association (AMA) (Hrsg.) (2013): Definition of Marketing. www.marketingpower.com/AboutAMA/Pages/DefinitionofMarketing.aspx, 1.11.2016.

Andreassen, Tor Wallin/Lindestad, Bodil (1998): Customer loyality and complex services. he impact of corporate image on quality, customer satisfaction and loyality for customers with varying degrees of service expertise. In: International Journal of Service Industry Management 9, H. 1, S. 7-23.

Ansoff, Harry Igor (1957): Strategies for Diversification. In: Harvard Business Review 35, H. 5, S. 113-124.

Brömmling, Ulrich (2010): Nonprofit-PR. 2. Aufl., Konstanz: UVK.

Bruhn, Manfred (2013): Relationship Marketing. Das Management von Kundenbeziehungen. 3. Aufl., München: Vahlen.

Bruhn, Manfred (2012): Marketing für Nonprofit-Organisationen. Grundlagen – Konzepte – Instrumente. 2. akt. u. überarb. Aufl., Stuttgart: Kohlhammer.

Bruhn, Manfred/Tilmes Jörg (1989): Social Marketing. Stuttgart: Kohlhammer.

Esch, Franz-Rudolf/Strödter, Kristina/Fischer, Alexander (2006): Behavioral Branding. Wege der Marke zu Managern und Mitarbeitern. In: Strebinger, Andreas/Wolfgang Mayerhofer/Helmut Kurz (Hrsg.): Werbe- und Markenforschung. Meilensteine – State of the Art – Perspektiven. Wiesbaden: Gabler, S. 403-434.

Jefkins, Frank (1998): Public Relations. 5. Aufl, London: Financial Times.

Kiel, Hermann-Josef (2004): Inszenierung von Events. Eventmarketing als modernes Kommunikati-onsinstrument. In: Haase, Frank/Mäcken, Walter (Hrsg.): Handbuch Event-Management. München: Kopaed, S. 69-127.

Klenk, Volker (2008): Unternehmenspositionierung. Ein strategisches PR-Instrument zum Aufbau von Wettbewerbsvorteilen. In: Bentele, Günter/Manfred Piwinger/Gregor Schönborn (Hrsg.): Handbuch Kommunikationsmanagement. Strategie, Wissen, Lösungen. Neuwied: Luchterhand, S. 1-22.

Köhler, Richard (2001): Erfolgreiche Markenpositionierung angesichts zunehmender Zersplitterung von Zielgruppen. In: Köhler, Richard/Wolfgang Majer/Heinz Wiezorek (Hrsg.): Erfolgsfaktor Marke. Neue Strategien des Markenmanagements. München: Vahlen, S. 45-61.

Kotler, Philip/Bliemel, Friedhelm (1995): Marketing-Management. 8. Aufl., Stuttgart: Schäffer-Poeschel.

Kotler, Philip/Roberto, Eduardo (1989): Social Marketing. Düsseldorf: Econ.

Lai, Fujun/Griffin, Mitch/Babin, Barry. J. (2009). How Quality, Value, Image, and Satisfaction Create Loyalty at a Chinese Telecom. In: Journal of Business Research 62, H. 10, S. 980-986.

Macharzina, Klaus/Wolf, Joachim (2008): Unternehmensführung. 6. Aufl., Wiesbaden: Gabler.

McCarthy, Jerome E. (1960): Basic Marketing. A Managerial Approach. Homewood, Ill.: R.D. Irvin.

Meffert, Heribert (2000): Marketing. Grundlagen marktorientierter Unternehmensführung. Konzepte, Instrumente, Praxisbeispiele. 9. Aufl., Wiesbaden: Gabler.

Meffert, Heribert (1982): Marketing. Einführung in die Absatzpolitik. 6. Aufl., Wiesbaden: Gabler.

Meffert, Heribert/Bruhn, Manfred/Hadwich, Carsten (2015a): Dienstleistungsmarketing. 8. vollst. erw. u. überarb. Aufl., Wiesbaden: Gabler.
Meffert, Heribert/Burmann, Christoph/Kirchgeorg, Manfred (2015b): Marketing. Grundlagen marktorientierter Führung. 12. Aufl., Wiesbaden: Gabler.
Palmer, Adrian (2001): Principles of Services Marketing. London: McGraw-Hill.
Rese, Mario/Herter, Valerie (2005): Erfolgsbeurteilung und -kontrolle im Marketing. In: Wisu 34, H. 8/9, S. 1010-1011.
Ries, Al/Trout, Jack (1982): Positioning. The battle for your mind. How to be seen and heard in the overcrowded market place. New York: Mc Graw Hill.
Schaarschuch, Andreas (2003): Die Privilegierung des Nutzers. Zur theoretischen Begründung sozialer Dienstleistung. In: Olk, Thomas/Otto, Hans-Uwe (Hrsg.): Soziale Arbeit als Dienstleistung. Grundlegungen, Entwürfe und Modelle. München/Unterschleißheim: Luchterhand, S. 150-169.
Seithe, Mechthild (2015): Problematische Entwicklungen in der Sozialen Arbeit in Zeiten des Neoliberalismus. Vortrag vom 19.11.2015. Bern. zukunftswerkstatt-soziale-arbeit.de/2015/11/22/907/, 2.7.2017.
Trommsdorff, Volker (2004): Konsumentenverhalten. 6. Aufl., Stuttgart: Kohlhammer.
Urselmann, Michael (2014): Fundraising. Professionelle Mittelbeschaffung für steuerbegünstigte Organisationen. 6. Aufl., Wiesbaden: Springer VS.

Social Entrepreneurship

Jantje Halberstadt/Heike Hölzner

1. Definition und Abgrenzung

Social Entrepreneurship ist kein neues Phänomen, gewinnt aber zunehmend an Bedeutung. Sowohl in der Forschung als auch in der universitären Ausbildung und der Praxis spielt Social Entrepreneurship eine immer größere Rolle (Zarah et al. 2014; Dacin et al. 2010). Und die Erwartungen sind hoch: Dees (1998, S. 6) beispielsweise fordert: *„We need social entrepreneurs to help us to find new avenues toward social improvement"*. Die Zeit betitelte einen Artikel über Social Entrepreneurs mit *„Weltretter unter sich."* (Werdes 2012) Oft werden Social Entrepreneurs auch als (charismatische) Helden bezeichnet (Quentrall-Thomas 2013; Ziegler 2011).

Ob der steigenden Relevanz des Themas stellt sich umso mehr die Frage, was Social Entrepreneurship eigentlich ausmacht. In der Literatur wird der Begriff durchaus unterschiedlich definiert. Boschee und McClurg (2003, S. 1) betonten sogar: *„Social entrepreneurship is one of the most misunderstood phrases in the nonprofit sector today. Everybody, it seems, has a different definition of what it means."* Peattie und Morley (2008, S. 96) sprechen von einem „Definitiorial Minefield". Bis heute ist man sich weder in der Praxis noch in der Wissenschaft einig, was genau unter Social Entrepreneurship zu verstehen ist (Rummel 2011; Nicholls 2010).

Die Definitionsproblematik ist inzwischen nicht nur erkannt und zum Teil kritisiert, sondern auch bereits zum Gegenstand wissenschaftlicher Arbeit geworden. Brouard und Larivet (2011) beispielsweise untersuchen über 30 Definitionen für Social Enterprises, Dacin et al. (2010) berücksichtigen über 30 Social-Entrepreneurship-Definitionen. Aus der Perspektive verschiedener Schulen stellen Bacq und Janssen (2011) 17 Definitionen für den „Social Entrepreneur" zusammen und 30 in einem Bereich, den sie „Social Entrepreneurship Organizations" nennen, davon 12 für „Social Entrepreneurship" und 18 für „Social Enterprise".

Ein wesentlicher Grund für die Schwierigkeiten bei der Abgrenzung von Social Entrepreneurship liegt sicher darin, dass schon der Entrepreneurship-Begriff nicht eindeutig abgegrenzt wird (Ripsas 2013; Tan et al. 2005). Aus dem Französischen abgeleitet (entreprendre = etwas selbst in die Hand nehmen/etwas unternehmen) wird im Deutschen auch von Unternehmertum oder unternehmerischem Handeln gesprochen (Fallgatter 2013). Oft wird Entrepreneurship auf die Gründung eines kommerziellen Unternehmens verengt (Estrin et al. 2013; Barber 1998). Andere Autoren stellen Kriterien für Entrepreneurship heraus, die es zulassen, dass auch Aktivitäten, die nicht zu einer Unternehmensgründung führen, unter Entrepreneurship subsumiert werden können (Grohs et al. 2016; Carland et al. 2015; Faltin 2011; Dees 1998): Es geht darum,

- Gelegenheiten zu erkennen, zu evaluieren und wahrzunehmen,
- um Veränderungen zu initiieren und Werte zu schaffen sowie dabei
- strategisch,
- innovationsorientiert und
- unter Inkaufnahme von Risiken zu handeln.

Während also im alltäglichen Sprachgebrauch Entrepreneurship bzw. Unternehmertum oft mit der Gründung eines Unternehmens gleichgesetzt wird, das darauf ausgerichtet ist, Einnahmen zu generieren und Gewinne zu erzielen (Business Entrepreneurship), erscheint es zur Erläuterung des Begriffs Social Entrepreneurship ratsam, auch den Zugang über die o.g. Kriterien zu berücksichtigen (Faltin 2011). So könnten dann auch Unternehmungen eingeschlossen werden, deren Ziel die Entwicklung und Umsetzung innovativer Lösungsansätze, nicht aber die Erzielung von Gewinnen ist. Auch ist es möglich, dass sozialunternehmerische Aktivitäten innerhalb bestehender Organisationsstrukturen, z.B. aus bestehenden Unternehmen heraus, entwickelt werden. In dem Fall wird von Social Intrapreneurship gesprochen (Grohs et al. 2016).

Zusätzlich kann noch über die Bedeutung von „Social“ diskutiert werden. Mair und Marti (2004) führen die Uneinigkeit in der Begriffsauslegung von Social Entrepreneurship auf die Kombination *beider* Termini zurück. Ein Blick in die Literatur zeigt, dass man sich jedoch zumindest dahingehend einig ist, dass es durch den Zusatz „Social“ um die gesellschaftliche Relevanz der unternehmerischen Tätigkeit geht. Es geht darum, zu helfen und gesellschaftliche Probleme zu lösen bzw. gesellschaftlichen Mehrwert zu schaffen (Brooks 2009; Mair/Marti 2006; Prahbu 1999).

Zahlreiche Autoren benennen eine Reihe von gesellschaftlichen Problemfeldern, die je nach Umfeld (z.B. gesetzlichen, kulturellen oder geografischen Gegebenheiten) unterschiedlich ausgeprägt sein können und sich zum Teil überschneiden (Rummel 2011; Nicholls 2010; sowie die von Förderorganisationen angeführten Beispiele).[1] Dazu zählen insbesondere:

- Arbeit, z.B. Arbeitslosigkeit, Kinderarbeit
- (Aus-)Bildung, z.B. ungleicher Zugang
- Ernährung, z.B. Hungersnot
- Finanzen, z.B. Armut
- Gender, z.B. ungleiche Rechte
- Gesundheit, z.B. HIV/AIDS
- Land- und Forstwirtschaft, z.B. nicht artgerechte Tierhaltung
- Menschenrechte, z.B. Ausbeutung
- Umwelt,[2] z.B. Umweltverschmutzung, globale Erwärmung

Zudem kann die Frage gestellt werden, ob bereits sozialunternehmerische Tätigkeit vorliegt, wenn der Versuch unternommen wird, gesellschaftliche Probleme zu lösen oder erst, wenn tatsächlich gesellschaftlicher Mehrwert generiert wird. Es kann angenommen werden, dass die Ausrichtung der unternehmerischen Tätigkeit, also das Ziel, maßgeblich ist. Business Entrepreneurs, die langfristig Verluste statt Gewinne machen, bleiben schließlich ebenfalls Business Entrepreneurs – wenn auch keine erfolgreichen.

Als wesentliche Unterscheidung zwischen Social und Business Entrepreneurship werden unterschiedliche Ziele betont. Während Business Entrepreneurship primär auf die Erzielung von Gewinnen ausgerichtet ist, strebt Social Entrepreneurship in erster Linie Gemeinwohlorientierung an. *„Social entrepreneurs are one species in the genus entrepreneur. They are entrepreneurs with a social mission.“* (Dees 1998, S. 3) Der Kern von sozialunternehmerischer Tätigkeit ist demnach die Erwirtschaftung von gesellschaftlichem Mehrwert. Einnahmen bzw. Gewinne zu generieren, ist dabei Mittel, nicht Zweck.

1 etwa Ashoka (www.germany.ashoka.org) oder Schwab Foundation (www.schwabfound.org/entrepreneurs).
2 Darauf, ob und inwiefern auf ökologische Veränderungen bezogene unternehmerische Tätigkeit zu Social Entrepreneurship gehört oder einen eigenen Bereich darstellt, wird später detaillierter eingegangen.

Gleichwohl sehen Mair und Marti (2006) Social Entrepreneurship als eine Praxis, die die Erzielung von gesellschaftlichem und ökonomischem Nutzen vereint. Robinson (2006, S. 95) fasst aus seiner Sicht zusammen: *„I define social entrepreneurship as a process that includes the identification of a specific social problem and a specific solution (...) to address it; the evaluation of the social impact, the business model and the sustainability of the venture; and the creation of a social mission-oriented for-profit or a business-oriented nonprofit entity that pursues the double (or triple) bottom line."* Mit der Double (oder Tripple) Bottom Line ist hier gemeint, dass ökonomische und gesellschaftliche (soziale bzw. auch ökologische) Ziele verfolgt werden.

In einer weiter gefassten Definition schlagen Mair und Marti (2004, S. 3) vor: *„We view social entrepreneurship broadly, as an process involving the innovative use and combination of resources to pursue opportunities to catalyze social change and/or address social needs."* In dieser Definition wird nicht auf eine etwaige Gewinnorientierung abgestellt. Auch Zarah et al. (2009, S. 519) definieren: *"[S]ocial entrepreneurship encompasses the activities and processes undertaken to discover, define, and exploit opportunities in order to enhance social wealth by creating new ventures or managing existing organizations in an innovative manner"*.

Eine andere, häufig zitierte, noch weiter gefasste Definition ist die von Dees (1998, S. 4), welche er selbst als „idialized" bezeichnet: *„Social entrepreneurs play the role of change agents in the social sector, by:*

- Adopting a mission to create and sustain social value (not just private value),
- Recognizing and relentlessly pursuing new opportunities to serve that mission,
- Engaging in a process of continuous innovation, adaptation, and learning,
- Acting boldly without being limited by resources currently in hand, and
- Exhibiting a heightened sense of accountability to the constituencies served and for the outcomes created."

Somit bleibt festzuhalten: Sozialunternehmerische Tätigkeit kann sich durch Aktivitäten begründen, die auch ökonomische Ziele verfolgen, sie kann aber auch auf Unternehmertum im Sinne der nicht gewinnorientierten Kriterien für Entrepreneurship (s.o.) fußen. Während einige Autoren die Generierung von Einnahmen (zum Zweck der sozialen Zielerreichung) als entscheidendes Merkmal für Social Entrepreneurship sehen, beziehen andere auch Ansätze ohne Einkommenserzielung in den Terminus ein (Achleitner et al. 2007). Erstere, durch Einkommenserzielungsabsicht eingeschränkte Form, wird hier auch als Social Entrepreneurship im engeren Sinne bezeichnet, während die anderen Formen als Social Entrepreneurship im weiteren Sinne gelten können.

2. Gestaltungsdimensionen

2.1 Die Rolle ökonomischer Ziele

Es kann als Konsens der unterschiedlichen Definitionsansätze von Social Entrepreneurship betrachtet werden, dass dieses Phänomen dann vorliegt, wenn unternehmerische Ansätze genutzt werden, um gesellschaftliche Probleme zu lösen bzw. gesellschaftlichen Impact zu generieren. Die Frage, die sich daran anschließend jedoch stellt ist, wie diese unternehmerische Tätigkeit aussehen kann und wo die Grenzen liegen. Wann ist etwas „unternehmerisch genug", um unter Social Entrepreneurship gefasst zu werden, und wann ist es „zu unternehmerisch", um noch zu Social Entrepreneurship zu gehören?

Basierend auf den Arbeiten von Achleitner et al. (2007) und John (2006) zeigt die folgende Abbildung eine Möglichkeit der Beantwortung dieser Fragen und damit Abgrenzung von sozialunternehmerischen Ansätzen.

<table>
<tr><td colspan="6">Primärziel: gesellschaftlich</td><td colspan="2">Primärziel: monetär</td></tr>
<tr><td colspan="6">Ggf. Social Entrepreneurship i.w.S.</td><td colspan="2" rowspan="2">Business Entrepreneurship</td></tr>
<tr><td></td><td colspan="5">Social Entrepreneurship i.e.S.</td></tr>
<tr><td colspan="2">Wohltätigkeits-Organisationen
(Charities)</td><td colspan="4">Sozialunternehmen
(Revenue Generating Social Enterprises)</td><td>Soziale Unternehmen
(Socially Responsible Business)</td><td>Klassische Unternehmen
(Traditional Business)</td></tr>
<tr><td>Kein eigenes Einkommen, ausschließlich Spenden</td><td>Spenden und zusätzlich eigenes Einkommen</td><td>Großteil der Kosten werden durch eigene Einnahmen gedeckt</td><td>100% der Kosten werden durch eigene Einnahmen gedeckt</td><td>Gewinn-erzielung ohne Ausschüttung an Investoren</td><td>Gewinn-erzielung mit (Teil-)Gewinn-ausschüttung an Sozial-investoren</td><td>Gesellschaftlich verantwortlich handelndes Unternehmen</td><td>Gewinn-maximierung</td></tr>
</table>

Abb. 1: Abgrenzung verschiedener Formen von Social Entrepreneurship (eigene Darstellung in Anlehnung an Achleitner et al. (2007) und John (2006))

Am linken Rand sind jene Organisationen genannt, deren primäres Ziel die Generierung gesellschaftlichen Nutzens ist, die aber kein oder nur ein geringes eigenes Einkommen generieren. Diese Wohltätigkeitsorganisationen oder auch Charities finanzieren ihre Aktivitäten hauptsächlich über Spenden oder staatliche Förderung (Hyndman/McDonnnell 2009; John 2006). Die Ausrichtung der Kerntätigkeit auf die Erreichung gesellschaftlichen Mehrwertes (Social), als erste Bedingung für Social Entrepreneurship, ist in diesen Fällen erfüllt. Fraglich bleibt aber, ob sie den Kriterien für Entrepreneurship entsprechen. Erzielen sie kein eigenes Einkommen, kann es der Fall sein, dass sie sozialunternehmerisch im weiteren Sinne handeln. Social Entrepreneurship im engeren Sinne können zumindest die sozialunternehmerischen Aktivitäten zugeordnet werden, durch die zusätzlich Gelder über den Verkauf von beispielsweise Produkten oder Dienstleistungen generiert werden. Von Sozialunternehmen oder Revenue Generating Social Enterprises wird allerdings erst dann gesprochen, wenn die entstehenden Kosten maßgeblich durch eigene Einnahmen gedeckt werden. Die Mindesthöhe der selbst generierten Einnahmen liegt bei John (2006) und Achleitner et al. (2007) bei mindestens 75%. Andere schlagen eine Grenze von mindestens 50% vor (Momberger 2015; Defourny/Nyssens 2010).

Meist unstrittig ist die Zuordnung, wenn alle Kosten durch eigene Einnahmen gedeckt werden. Weniger unstrittig ist hingegen die Frage, ob Gewinne gemacht werden dürfen oder nicht. Einerseits wird argumentiert, dass die Konzentration auf Gewinnerzielung der Erreichung des gesellschaftlichen Ziels entgegenstünde oder gar unmoralisch sei und bestenfalls dann als sozialunternehmerisch gelten könne, wenn die Gewinne nicht ausgeschüttet, sondern für das Gemeinwohl reinvestiert würden (Spiegel 2011; Galera/Borzaga 2009). Andererseits werden auch Gründe für die Ausschüttung von Gewinnen genannt. So werden dann zum Beispiel zusätzlich

Investoren angesprochen, die finanzielle Mittel zur Lösung des gesellschaftlichen Problems zur Verfügung stellen. Auch wird der bessere Zugang zu hoch qualifizierten Mitarbeiter_innen angeführt. Zudem kann sich der Druck erhöhen, effizienter zu arbeiten und innovative Lösungen zu entwickeln (Cummings 2012; Achleitner et al. 2007). Dadurch kann die Diffusion von Lösungsansätzen unterstützt werden, so dass sich letztlich der gesellschaftliche Beitrag erhöht.

Hier zeigt sich erneut die Problematik, wenn versucht wird, sich an Erfolgskriterien zu orientieren und den tatsächlichen gesellschaftlichen Beitrag zur Abgrenzung zugrunde legt. So kann es durchaus sein, dass ein For-Profit-Unternehmen sogar eine höhere gesellschaftliche Rendite erzielt als ein Non-Profit-Unternehmen (Achleitner et al. 2007). Viele Autoren sprechen sich daher dafür aus, sich bei der Einordnung an dem vorrangigen Unternehmenszweck zu orientieren (Dacin et al. 2011). Demnach sind alle primär auf die Generierung gesellschaftlichen Mehrwert ausgerichteten Unternehmen Sozialunternehmen, auch wenn das nicht immer einfach zu bestimmen ist. Ein Indiz dafür kann es sein, wenn nur ein Teil der Gewinne ausgeschüttet wird und bei Sozialinvestitionen zugunsten des gesellschaftlichen Nutzens auf einen Teil der sonst höheren Verzinsung des investierten Kapitals verzichtet wird. Das wird daher von einigen Autoren als eine Art Kompromisslösung vorgeschlagen (Spiegel 2011; Galera/Borzaga 2009).

Sobald das Kernziel der unternehmerischen Tätigkeit die Gewinnerzielung ist, wird von Business Entrepreneurship oder klassischem Unternehmertum gesprochen. Das heißt jedoch nicht, dass diese Unternehmen keine gesellschaftliche Verantwortung tragen. So wird vermehrt gefordert, dass Unternehmen diese Verantwortung auch wahrnehmen und soziale und umweltorientierte Belange im Rahmen ihrer unternehmerischen Tätigkeit sowie in der Wechselbeziehung mit Stakeholdern berücksichtigen (Boulouta/Pitelis 2014; Mohr et al. 2001). In diesem Fall wird von Corporate Social Responsibility (CSR) gesprochen (Schaltegger 2016; Matten/Moon 2008; McWilliams, 2000). Unternehmen können (und sollen) also durchaus einen gesellschaftlichen Beitrag leisten und werden dann mitunter auch als soziale Unternehmen bezeichnet, jedoch dem Business Entrepreneurship zugeordnet.

2.2 Entrepreneurship als soziales Ziel

Während bislang der „unternehmerische Aspekt“ in Bezug auf die Organisationsformen bzw. die Möglichkeiten und Grenzen der Generierung finanzieller Mittel zur Erreichung eines gesellschaftlichen Ziels im Vordergrund stand, soll nun die Art des gesellschaftlichen Engagements betrachtet werden. So können die durch unternehmerische Tätigkeit erzielten Mittel in unterschiedliche Arten der Lösung sozialer Probleme „investiert“ werden. Und oft wird der Erfolg nachhaltiger oder der gesellschaftliche Impact größer, je unternehmerischer auch die Lösung ausgerichtet ist. Die folgende Abbildung zeigt zur Verdeutlichung zwei Stufen unternehmerischer Lösungsansätze am Beispiel der bekannten Aussage: *„Give a man a fish, and you feed him for a day. Teach a man to fish, and you feed him for a lifetime.“*[3] Im Schritt vom reinen Charity-Ansatz zur ersten unternehmerischen Stufe wird bereits deutlich, dass es wirksamer ist, Fischen zu lehren als lediglich eine einzelne Mahlzeit bereitzustellen. Ein solches Prinzip ist

3 So bekannt diese Aussage auch ist, so unterschiedlich sind die Angaben zur Urheberschaft. So wird die Aussage auf verschiedene Personen zurückgeführt oder auch als (chinesisches) Sprichwort bezeichnet.

auch als Hilfe zur Selbsthilfe bekannt und kann bereits als sozialunternehmerisch im weiteren Sinne gelten (Harbrecht 2010).

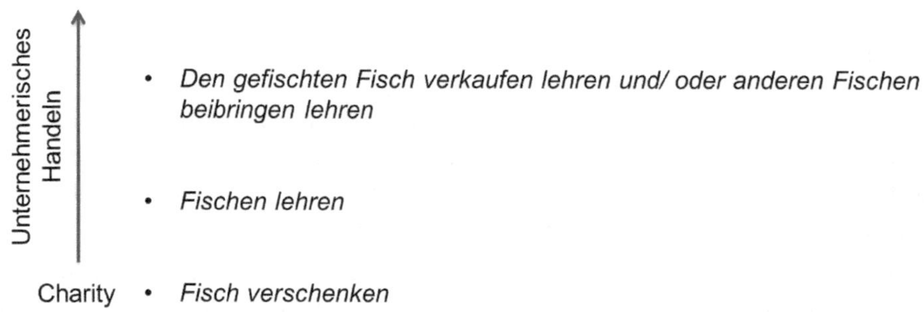

Abb. 2: Social Entrepreneurship durch Förderung unternehmerischer Tätigkeit (eigene Darstellung)

Noch unternehmerischer wird es, wenn sich eine Maßnahme/eine Lösung durch die Förderung von Unternehmertum verbreitet. Um bei dem Beispiel zu bleiben, könnte die nächst höhere unternehmerische Stufe erreicht werden, indem z.B. nicht nur dieser einen Person das Fischen beigebracht wird, sondern der- oder diejenige befähigt wird, das Wissen weiterzugeben (und dadurch Einnahmen zu generieren), oder indem er oder sie geschult wird, den Fisch zu verkaufen.

Es ist daher nicht überraschend, dass es im Bereich Social Entrepreneurship zahlreiche Beispiele dafür gibt, dass durch die Förderung von Unternehmertum (mithilfe unternehmerischer Ansätze) soziale Probleme, wie beispielsweise Armut, bekämpft werden. Das betont auch die Schwab Foundation, als eine bedeutende Förderinstitution von Social Entrepreneurship:

„Social entrepreneurs drive social innovation and transformation in various fields including education, health, environment and enterprise development."

Das wohl bekannteste Beispiel ist die Vergabe von Mikrokrediten zu besonderen Bedingungen durch die von Yunus gegründete Grameen-Bank (Yunus 2003; Bornstein 1997). Hier wird insbesondere unternehmerische Tätigkeit im Sinne der Hilfe zur Selbsthilfe in Entwicklungsländern gefördert (Ringle 2008; Mair/Marti 2006). Dieser Ansatz hat sich inzwischen weitverbreitet und findet auch in der wissenschaftlichen Literatur Berücksichtigung (Kabir et al. 2012; Basargekar 2009).

Aktivitäten zur Förderung von Unternehmertum sind jedoch nicht nur in Entwicklungsländern zu beobachten. Auch in Industrieländern gibt es insofern sozialunternehmerische Konzepte zur Gründungsförderung, als sie Menschen zur Selbständigkeit ermutigen und sie bei ihrer Gründung unterstützen, um Arbeitslosigkeit (als gesellschaftlichem Problem) entgegenzuwirken (Defourny/Nyssens 2010; Carter 2004). In diesen Fällen wird entweder argumentiert, dass durch die Förderung von Unternehmertum zusätzliche Arbeitsplätze geschaffen werden oder dass arbeitsuchenden Menschen durch die Selbstständigkeit einen Weg aus der Arbeitslosigkeit finden. Dabei gibt es allgemeine Maßnahmen und jede, die sich an bestimmte Gruppen richten, z.B. Senior_innen oder Geflüchtete (Sahut et al. 2015; Kautonen 2013; Wauters/Lambercht 2008).

Es kann also festgestellt werden, dass auch Aktivitäten zur Förderung von Unternehmertum als Lösung für soziale Probleme unter den Begriff Social Entrepreneurship subsumiert werden können – unabhängig davon, ob sie sich unternehmerischer Ansätze bedienen, um dies zu ermöglichen.

2.3 Verwandte Ansätze

Zusätzlich zum Social-Entrepreneurship-Begriff gibt es zwei Termini, die dem Social Entrepreneurship sehr nahe stehen: Eco Entrepreneurship (oder auch Ecopreneurship oder Ecology Entrepreneurship) und Sustainability Entrepreneurship. Hier kommen verschiedene Möglichkeiten der Abgrenzung infrage, die im Folgenden kurz skizziert werden.

Wie in Abbildung drei dargestellt, können nach Meinung einiger Autoren drei voneinander getrennte Bereiche unterschieden werden. Social Entrepreneurship fokussiert dann ausschließlich die Lösung sozialer Probleme bzw. ist auf die Generierung sozialen Mehrwertes ausgerichtet, während Eco Entrepreneurship sich speziell mit Umweltthematiken auseinandersetzt (Schaltegger/Wagner 2011; Schaltegger 2005, 2002). Sustainability Entrepreneurship liegt hier vor, wenn gleichzeitig soziale und ökologische Probleme mit unternehmerischen Ansätzen bekämpft bzw. in beiden Bereichen Mehrwert generiert wird (Parrish/Foxon 2006). Schaltegger und Wagner (2011) geben Beispiele für erfolgreiche Sustainable Entrepreneurs, darunter Klaus Hipp (Hipp, Babynahrung) Annita Roddik (The Body Shop, Kosmetik), denen es gelungen ist, soziale Ziele und Umweltziele mit ihrer unternehmerischen Tätigkeit zu verfolgen. Alle drei Formen sind Ausprägungen von Entrepreneurship.

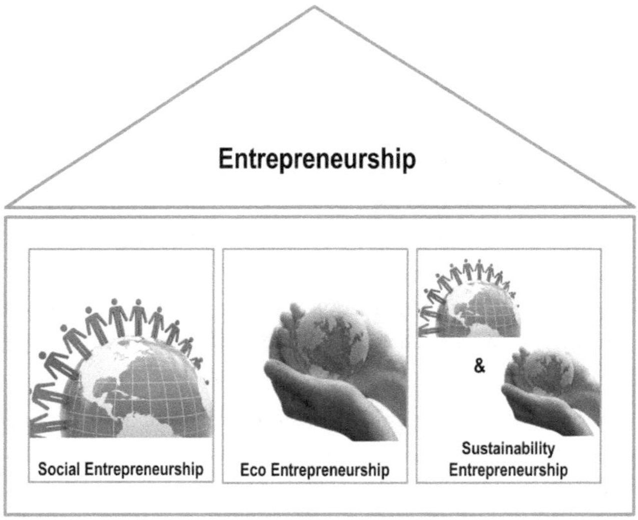

Abb. 3: Social Entrepreneurship als eine von drei Entrepreneurship-Ausprägungen (eigene Darstellung)

Eine andere Sichtweise, dargestellt in Abbildung vier, ordnet Social und Eco Entrepreneurship dem Bereich Sustainability Entrepreneurship unter. Sustainability Entrepreneurship ist dann der übergeordnete Begriff. Oder anders ausgedrückt, von Sustainability Entrepreneurship wird gesprochen, wenn in irgendeiner Form nachhaltigkeitsbezogene Probleme (soziale oder ökologische) mit unternehmerischen Ansätzen gelöst werden (Pascual et al. 2011; Abrahamson

2007). Alle Social oder Ecopreneurs sind dann auch Sustainability Entrepreneurs: *„Sustainable entrepreneurship is focused on the preservation of nature, life support, and community in the pursuit of perceived opportunities to bring into existence future products, processes, and services for gain, where gain is broadly construed to include economic and non-economic gains to individuals, the economy, and society."* (Sheperd/Patzelt 2001, S. 137) In dem Fall, dass gleichzeitig die Lösung von sozialen und Umweltproblemen angestrebt wird, sprechen Clifford und Dixon (2006, S. 215) von „Social Ecopreneurship".

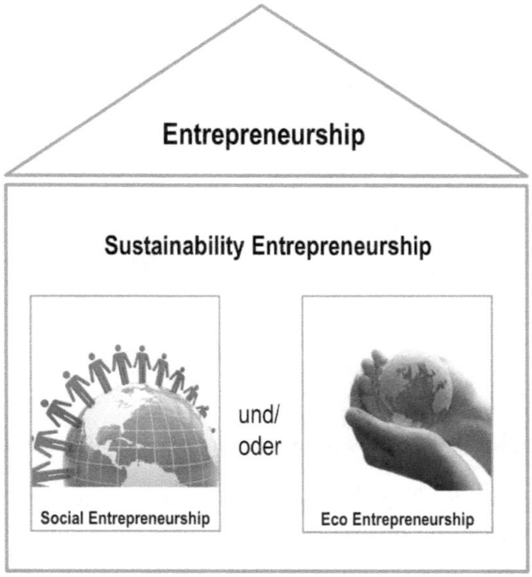

Abb. 4: Social und Eco Entrepreneurship als Unterformen von Sustainability Entrepreneurship (eigene Darstellung)

Während wir bislang Social und Eco Entrepreneurship als zwei getrennte Bereiche betrachtet haben, kann – letztlich – auch argumentiert werden, dass Eco Entrepreneurship eher eine besondere Form von Social Entrepreneurship darstellt. Es ist nicht nur so, dass Umweltprobleme auch zu (weiteren) gesellschaftlichen Problemen führen können, sondern sich die Umwelt auch direkt auf die Gesellschaft auswirkt. So wird beispielsweise das menschliche Bedürfnis nach sauberem Wasser und sauberer Luft angeführt und diese (direkt von der Umwelt abhängigen) Grundbedürfnisse als einzufordernde Menschenrechte gesehen (Mair 2010; Sen 2001). Dann sind Umweltprobleme Probleme der Gesellschaft, wenn auch gesellschaftliche Problem nicht ausschließlich Umweltprobleme sind. Daher ist es nicht verwunderlich, wenn einige Definitionen für Social Entrepreneurship Eco Entrepreneurship als eine Unterform verstehen.

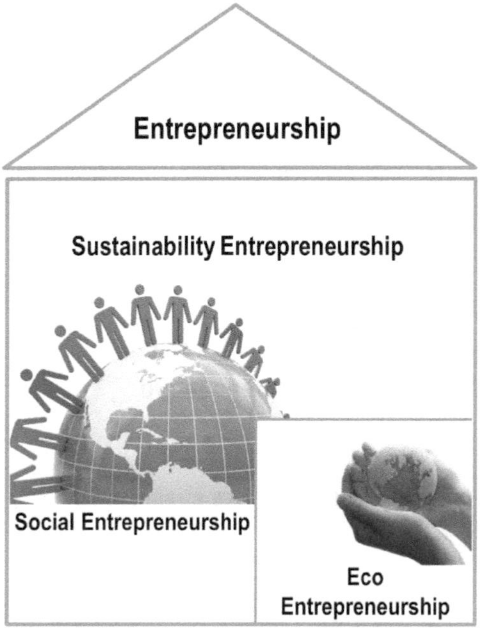

Abb. 5: Eco Entrepreneurship als eine Form von Social Entrepreneurship (eigene Darstellung)

Nun könnte ob der Vielfalt der Begrifflichkeiten und unterschiedlichen Auslegungen argumentiert werden, dass letztlich nicht ausschlaggebend ist, wie ein Phänomen heißt, sondern ob es erfolgreich ist. Solange also über unternehmerische Ansätze soziale und/oder ökologische Probleme gelöst werden, sollte das im Vordergrund stehen und nicht die Frage nach dem/n „korrekten" Begriff(e) dafür. Andererseits ist es von Bedeutung zu wissen, dass nicht von einem einheitlichen Begriffsverständnis ausgegangen werden kann und in der Auseinandersetzung mit der Thematik zunächst geklärt werden muss, was genau zum Gegenstand der Diskussion gemacht wird. Das betrifft auch und insbesondere die wissenschaftliche Arbeit, in der z.B. bei Ergebnisvergleichen empirischer Studien im Bereich Social Entrepreneurship in besonderem Maße darauf geachtet werden muss, welche Ausprägung sozialunternehmerischen Handelns und/ oder verwandter Bereiche zum Forschungsgegenstand gemacht wurden.

3. Die Zukunft des Social Entrepreneurship

In wissenschaftlicher wie in nicht-wissenschaftlicher Literatur gibt es zahlreiche Überlegungen zur zukünftigen Relevanz und Entwicklung von Social Entrepreneurship (z.B. Gopak 2016; Lotter 2017; Zur 2015; Smith/Darko 2014; Fayolle/Matlay 2010; Short et al. 2009). Darauf basierend lassen sich die folgenden Social-Entrepreneurship-Trends ableiten.

1. Social Entrepreneurship wird weiter an Bedeutung gewinnen.

„Social entrepreneurship is trendy!" (Mair 2010, S. 15). Dieser Trend ist inzwischen auch in Deutschland angekommen. Das Thema ist vermehrt von öffentlichem Interesse und verbreitet sich in Praxis wie Wissenschaft mit zahlreichen Beispielen für innovative sozialunternehmerische Modelle. Social Entrepreneurship spielt mittlerweile sowohl in den Curricula als auch in der Forschung an immer mehr Universitäten eine Rolle, z.B. der Leuphana Universität Lüne-

burg oder der Social Entrepreneurship Akademie als Netzwerk-Organisation der vier Münchner Hochschulen. Auch die Förderung von und Auszeichnungen für Sozialunternehmertum durch öffentliche Träger oder Stiftungen nimmt zu. Und dieser Trend wird sich fortsetzen. *„Social entrepreneurship is becoming more like mainstream entrepreneurship, and that's a good thing."* (Little in Witchnell 2015)

2. Neue Probleme erfordern neue sozialunternehmerische Lösungen.

Leider deutet bislang nichts darauf hin, dass der Gesellschaft die Probleme ausgehen. Wenn auch Probleme gelöst werden, entstehen oft an anderer Stelle neue. In jüngster Zeit ist zum Beispiel die europäische Flüchtlingskrise zu nennen. Hier gibt es eine Reihe sozialunternehmerischer Aktivitäten, z.B. im Bereich Sprachförderung und kultureller Austausch, aber auch zur Integration von Geflüchteten in den Arbeitsmarkt. Doch nicht nur die Problemstellungen sind neu, sondern es entstehen auch zusätzliche Möglichkeiten zur Entwicklung innovativer sozialunternehmerischer Lösungswege. Unter anderem kann von technologischem Fortschritt profitiert werden. So gibt es aktuell beispielsweise innovative IKT-Ansätze zur Aus- und Weiterbildung oder Drohnen, die lebenswichtige Medikamente oder Blutkonserven in kurzer Zeit in entlegene Gebiete liefern.

3. Social-Entrepreneurship-Forschung wird sich etablieren.

Social Entrepreneurship ist eine junge Disziplin mit vielen offenen Fragen an die Wissenschaft. Doch die Forschung im Bereich Social Entrepreneurship entwickelt sich derzeit dynamisch weiter. Weltweit wurden an vielen Universitäten bereits entsprechende Schwerpunkte gesetzt, ein Anstieg wissenschaftlicher Publikationen ist zu verzeichnen und wissenschaftliche Zeitschriften mit Social-Entrepreneurship-Bezug sind entstanden. Mit Blick auf die Praxisrelevanz der Thematik dürften zukünftig insbesondere Forschungsbereiche von Bedeutung sein, die sich auf die Entstehung und Verbreitung erfolgreicher sozialunternehmerischer Konzepte beziehen. Neben der Verbreitung durch Imitation werden auch die Wachstumsstrategien und die damit verbundene Steigerung des gesellschaftlichen Nutzens eine wichtige Rolle spielen. In diesen und weiteren Bereichen des Social Entrepreneurship ist in Zukunft vermehrt mit Forschungsaktivität und Output zu rechnen.

4. Das Umfeld für Social Entrepreneurship wird sich verbessern.

Mit steigendem Interesse an der Thematik und mithilfe der Erkenntnisse aus der Forschung wird es möglich sein, ein besseres Umfeld für die Entstehung und Umsetzung sozialunternehmerischer Konzepte zu schaffen. Das bezieht sich beispielsweise auf die rechtlichen und politischen Rahmenbedingungen. So gilt es unter anderem mögliche Rechtsformen, wie etwa in Deutschland die gGmbH (Winheller/Jansen 2016), für Sozialunternehmen zu diskutieren. In Bezug auf finanzielle Förderung von sozialunternehmerischer Aktivität werden ebenfalls verschiedene Möglichkeiten infrage kommen. Insbesondere scheint die Rolle von Sozialinvestments eine immer größere Rolle zu spielen. Zudem sind Fortschritte in der Aus- und Weiterbildung von Social Entrepreneurs zu erwarten.

5. Die Grundlage für Social Entrepreneurship liegt im Bewusstsein für gesellschaftliche Missstände.

Inzwischen wurde erkannt, dass Social Entrepreneurship nicht nur durch die Vermittlung bestimmter Kenntnisse und Fähigkeiten gefördert wird. Als Basis für die Entstehung sozialunternehmerischer Ideen wird die Sensibilisierung für gesellschaftliche Problemstellungen gesehen. *„Poverty is not only a lack of money, it's a lack of sense of meaning."* (Bornstein 2007) Hieraus werden sich Konsequenzen für die curriculare Einbindung von Social Entrepreneurship in universitäre Curricula ergeben. Neben Einführungsveranstaltungen in die Thematik bieten sich hier z.B. Service-Learning-Formate an, die sich dadurch auszeichnen, dass in der praktischen Ausübung gesellschaftlichen Engagements gelernt wird. Darüber hinaus wird angeregt, Social Entrepreneurship nicht erst im Studium, sondern schon zuvor in den Schulen zu berücksichtigen. Ein wichtiger Schritt wird es daher sein, gesellschaftliche Problemstellungen und das Potenzial von Social Entrepreneurship auch vermehrt in die Lehrerbildung zu integrieren. Nur wenn das Bewusstsein für gesellschaftliche Probleme geschärft wird, können sie erkannt und zu sozialunternehmerischen Möglichkeiten werden.

6. Auch die Schwierigkeiten und Grenzen sozialunternehmerischer Lösungen werden thematisiert.

Die ganzheitliche Betrachtung des Phänomens Social Entrepreneurship erfordert auch eine kritische Auseinandersetzung. Bislang erfolgt Kritik zum Beispiel insofern als davor gewarnt wird, dass der Begriff ob der Definitionsvielfalt verwässert und ausgenutzt wird. *„Wenn sich alles Social Entrepreneurship nennt, ist die Gefahr groß, dass der originale Beitrag des Konzepts verloren geht oder durch opportunistische oder wenig durchdachte, auf populäre Trends setzende Aktionen diskreditiert wird.“* (Faltin 2008, S. 28) Außerdem wird es von einigen Autoren als problematisch erachtet, dass Social Entrepreneurship meist einer bestimmten Marktlogik folgt. Humphries und Grant (2005) beispielsweise kritisieren eine implizite Normalisierung des kapitalistischen Marktmodells. Außerdem wird auf die Herausforderung verwiesen, gesellschaftlichen und ökonomischen Erfolg langfristig zu vereinen. Auch die damit verbundene besondere Schwierigkeit der Erfolgsmessung findet bereits Erwähnung. Ansätze, die auf klassischen Wachstumsperspektiven basieren, stoßen hier oft an ihre Grenzen. Skalierungs- und Diffusionsstrategien werden nicht ohne Weiteres aus dem Business Entrepreneurship auf Social Entrepreneurship übertragbar sein. Zudem wird auf die Gefahr hingewiesen, dass Social Entrepreneurship als Allheilmittel gesehen und alternativen Lösungen oder auch bestimmten Ausprägungen sozialunternehmerischen Handelns, z.B. in bestehenden Organisationen und Unternehmen (Social Intrapreneurship), weniger Aufmerksamkeit zuteilwird. Es ist anzunehmen, dass zukünftig vermehrt diese sowie weitere mit Social Entrepreneurship verbundene Probleme thematisiert und auch Misserfolgsfaktoren untersucht werden. Damit wird nicht das Ziel verfolgt, Social Entrepreneurship abzuwerten, sondern das Phänomen realistisch einschätzen zu können und aufgedeckte Probleme zu lösen, um das Potenzial sozialunternehmerischer Ansätze langfristig noch besser nutzen zu können. *„The pessimist sees difficulty in every opportunity. The optimist sees the opportunity in every difficulty.“* (Winston Churchill)

4. Literatur

Achleitner, Ann-Kristin/Heister, Peter/Stahl, Erwin (2007): Social Entrepreneurship – Ein Überblick. In: Achleitner, Ann-Kathrin/Pöllath, Reinhard/Stahl, Erwin (Hrsg.): Finanzierung von Sozialunternehmen – Konzepte zur Unterstützung von Social Entrepreneurs. Stuttgart: Schäffer-Poeschel, S. 3-25.

Bacq, Sophie/Janssen, Frank (2011): The multiple faces of social entrepreneurship: A review of definitional H.s based on geographical and thematic criteria. In: Entrepreneurship & Regional Development 23, H. 5/6, S. 373-403.

Basargekar, Prema (2009): Microcredit and a Macro Leap: An Impact Analysis of Annapurna Mahila Mandal (AMM), an Urban Microfinance Institution in India. In: IUP Journal of Financial Economics 7, H. 3/4, S. 1051-20.

Bornstein, David (2007): How to change the world. Social entrepreneurs and the power of new ideas. 2. überarb. Aufl., Oxford: Oxford University Press.

Bornstein, David (1997): The price of a dream. The story of the Grameen Bank and the idea that is helping the poor to change their lives. University of Chicago Press.

Boschee, Jerr/McClurg, Jim (2003): Toward a better understanding of social entrepreneurship. Some important distinctions. The Institute for Social Entrepreneurs. www.caledonia.org.uk/papers/Social-Entrepreneurship.doc, 2.7.2017.

Boulouta, Ioanna/Pitelis, Christos N (2014): Who needs CSR? The impact of corporate social responsibility on national competitiveness. In: Journal of Business Ethics 119, H. 3, S. 349-364.

Brooks, Arthur C (2009): Social entrepreneurship: A modern approach to social value creation. Upper Saddle River, NJ: Pearson Prentice Hall.

Brouard, François/Larivet, Sophie (2011): Social Enterprises: Definitions and boundaries. In: ANSER ARES (Hrsg.): Conference Association for non-profit and Social Economy Research. Conference Proceedings. Canada.

Carland, JoAnn C./Carland, James W./Stewart, Wayne H. (2015): Seeing what's not there: The enigma of entrepreneurship. In: Journal of small business strategy 7, H. 1, S. 1-20.

Carter, Les W. (2004): Entrepreneurship: an alternative to unemployment. In: Journal of Applied Management and Entrepreneurship 9, H. 2, S. 119.

Clifford, Anne/Dixon Sarah EA (2006): Green-Works: a model for combining social and ecological entrepreneurship. In: Mair, Johanna/Robinson, Jeffrey/Hockerts, Kai (Hrsg.): Social entrepreneurship. New York: Palgrave Macmillan, S. 214-234.

Cummings, Briana (2012): Benefit corporations: How to enforce a mandate to promote the public interest. In: Columbia Law Review 112, H. 3, S. 578-627.

Dacin, M. Tina/Dacin, Peter A./Tracey, Paul (2011): Social entrepreneurship: A critique and future directions. In: Organization science 22, H. 5, S. 1203-1213.

Dacin, Peter A./Dacin, M. Tina/Matear, Margaret (2010): Social entrepreneurship: Why we don't need a new theory and how we move forward from here. In: The academy of Management Perspectives 24, H. 3, S. 37-57.

Dees, Gregory (1998): The meaning of social entrepreneurship. entrepreneurship.duke.edu/news-item/the-meaning-of-social-entrepreneurship/, 8.2.2017.

Defourny, Jacques/Nyssens, Marthe (2006): Defining social enterprise. In: Nyssens, Marthe (Hrsg.): Social enterprise: At the crossroads of market, public policies and civil society. Abingdon: Routledge, S. 3-26.

Estrin, Saul/Mickiewicz, Tomasz/Stephan, Ute (2013): Entrepreneurship, social capital, and institutions: Social and commercial entrepreneurship across nations. In: Entrepreneurship Theory and Practice 37, H. 3, S. 479-504.

Fallgatter, Michael J. (2013): Theorie des Entrepreneurship. Perspektiven zur Erforschung der Entstehung und Entwicklung junger Unternehmungen, Vol. 299. Wiesbaden: Springer VS.

Faltin, Günther (2011): Social Entrepreneurship–Zwischen Entrepreneurship und Ethik. In: Jähnke, Petra/ Christmann, Gabriela B./Balgar, Karsten (Hrsg.): Social Entrepreneurship. Perspektiven für die Raumentwicklung. Wiesbaden: Springer VS, S. 75-88.

Faltin, Günther (2008): Social Entrepreneurship. Definitionen, Inhalte, Perspektiven. In Braun, Gerald/ French, Martin (Hrsg.): Social Entrepreneurship. Unternehmerische Ideen für eine bessere Gesellschaft. Rostock. HIE-RO.

Fayolle, Alain/Matlay, Harry (2010): Handbook of Research on Social Entrepreneurship. Cheltenham: Edward Elgar.

Galera, Giulia/Borzaga, Carlo (2009): Social enterprise: An international overview of its conceptual evolution and legal implementation. In: Social Enterprise Journal 5, H. 3, S. 210-228.

Gopak, Arthur (2016): A Deeper Look At Social Entrepreneurship: Key Trends In 2016 (And Beyond). yfsmagazine.com/2016/07/06/a-deeper-look-at-social-entrepreneurship-key-trends-in-2016-and-beyond/?utm_source=email&utm_medium=social&utm_campaign=yfswf, 8.2.2017.

Grohs, Stephan/Schneiders Katrin/Heinze, Rolf (2016): Outsiders and Intrapreneurs: The Institutional Embeddedness of Social Entrepreneurship in Germany. In: Voluntas 27, H. 4, S. 1-23.

Harbrecht, Armin (2010): Social Entrepreneurship-Gewinn ist Mittel, nicht Zweck: eine Untersuchung über Entstehung, Erscheinungsweisen und Umsetzung. Vol. 19. KIT Scientific Publishing, Karlsruhe.

Humphries, Maria/Grant, Suzanne (2005): Social Enterprise and Re-Civilization of Human Endeavors: Re-Socializing the Market Metaphor or Encroaching Colonization of the Lifeworld? In: Current Issues in comparative education 8, H. 1, S. 41-50.

Hyndman, Noel/McDonnell, Paul (2009): Governance and charities: An exploration of key themes and the development of a research agenda. In: Financial Accountability & Management 25, H. 1, S. 5-31.

John, Rob (2006): Venture philanthropy: The evolution of high engagement philanthropy in Europe. Oxford: Said Business School.

Kabrir, Mohammad/Xuexi, Hou/Akther, Rahima/Jing, Wang/Lijia, Wang (2012): Impact of Small Entrepreneurship on Sustainable Livelihood Assets of Rural Poor Women in Bangladesh. In: International Journal of Economics & Finance 4, H. 3, S. 265-280.

Kautonen, Teemu (2013): Senior entrepreneurship. A background paper for the OECD Centre for Entrepreneurship, SMEs and Local Development. www.oecd.org/cfe/leed/senior_bp_final.pdf, 2.7.2017.

Lotter, Anika (2017): Social Entrepreneurship in NRW – Herausforderungen im deutschen Kontext. In: CSR in Nordrhein-Westfalen. Springer: Berlin Heidelberg, S. 113-131. Mair, Johanna (2010): Social entrepreneurship: taking stock and looking ahead. In: Fayolle, Alain/Matlay, Harry H. (Hrsg.): Handbook of research on social entrepreneurship. Cheltenham: Edward Elgar, S. 15-28.

Mair, Johanna/Marti, Ignasi (2006): Social entrepreneurship research: A source of explanation, prediction, and delight. In: Journal of World Business 41, H. 1, S. 36-44.

Mair, Johanna/Marti, Ignasi (2004): Social entrepreneurship: What are we talking about? A framework for future research (No. D/546). Barcelona: IESE Business School.

Matten, Dirk/Moon, Jeremy (2008): “Implicit” and “explicit” CSR: A conceptual framework for a comparative understanding of corporate social responsibility. In: Academy of management Review 33, H. 2, S. 404-424.

McWilliams, Abagail (2000): Corporate social responsibility. In: Wiley Encyclopedia of Management 12. New York: John Wiley and Sons, S. 1-4.

Mohr, Lois A./Webb, Deborah J./Harris, Katherine E. (2001): Do consumers expect companies to be socially responsible? The impact of corporate social responsibility on buying behavior. In: Journal of Consumer Affairs 35, H. 1, S. 45-72.

Momberger, Benjamin (2015): Social entrepreneurship: im Spannungsfeld zwischen Gesellschafts-und Gemeinnützigkeitsrecht. Schriftenreihe des Instituts für Stiftungsrecht und das Recht der Non-Profit-Organisationen Bd. II/18. Hamburg: Bucerius Law School Press.

Nicholls, Alex (2010): The legitimacy of social entrepreneurship: reflexive isomorphism in a pre-paradigmatic field. In: Entrepreneurship Theory and Practice 34, H. 4, S. 611-633.

Parrish, Bradley D./Foxon, Timothy J. (2006): Sustainability Entrepreneurship and Equitable Transitions to a Low-Carbon Economy. In: Greener Management International, H. 55, S. 47-62.

Pascual, Oriol/Van Klink, Arjen/Roso Grisales, Julio Andrés (2011): Create Impact! Handbook for Sustainable Entrepreneurship.

Peattie, Ken/Morley, Adrian (2008): Eight paradoxes of the social enterprise research agenda. In: Social Enterprise Journal 4, H. 2, S. 91-107.

Prabhu, Ganesh N. (1999): Social entrepreneurial leadership. In: Career development international 4, H. 3, S. 140-145.

Quentrall-Thomas, Lara (2013): Social Entrepreneurs – The new heroes. www.guardian.co.tt/business/2013-11-17/social-entrepreneurs-new-heroes, 8.2.2017.

Ringle, Günther (2008): Muhammad Yunus und die Armutsbekämpfung durch Mikrokredite: Eine Neubelebung des Raiffeisen-Modells. In: Zeitschrift für das gesamte Genossenschaftswesen 58, H. 3, S. 207-221.

Ripsas, Sven (2013): Entrepreneurship als oekonomischer Prozeß. Perspektiven zur Förderung unternehmerischen Handelns. Wiesbaden: Springer VS.

Robinson, Jeffrey (2006): Navigating social and institutional barriers to markets: How social entrepreneurs identify and evaluate opportunities. In Mair, Johanna/Robinson, Jeffrey/Hockerts, Kai (Hrsg.): Social entrepreneurship. Basingstoke UK: Palgrave Macmillan, S. 95-120.

Rummel, Miriam (2011): Wer sind die Social Entrepreneurs in Deutschland? Soziologischer Versuch einer Profilschärfung. Wiesbaden: Springer VS.

Sahut, Jean-Michel/Gharbi, Sami/Mili, Mehdi (2015): Identifying factors key to encouraging entrepreneurial intentions among seniors. In: Canadian Journal of Administrative Sciences/Revue Canadienne des Sciences de l'Administration 32, H. 4, S. 252-264.

Schaltegger, Stefan (2016): CSR, Nachhaltigkeit und Controlling–Zwischen Praxislücke und Forschungskonzepten. In: Günther, Edeltraud/Steinke, Karl-Heinz (Hrsg.): CSR und Controlling. Berlin: Springer Gabler, S. 55-69.

Schaltegger, Stefan (2005): A framework and typology of ecopreneurship. Leading bioneers and environmental managers to ecopreneurship. In: Schaper, Michael (Hrsg.): Making ecopreneur. Developing sustainable entrepreneurship. Aldershot: Ashgate Publishing, S. 43-60.

Schaltegger, Stefan (2002): A framework for ecopreneurship. In: Greener Management International 38, H. 1, S. 45-59.

Schaltegger, Stefan/Wagner, Marcus (2011): Sustainable entrepreneurship and sustainability innovation: categories and interactions. In: Business Strategy and the Environment 20, H. 4, S. 222-237.

Sen, Amartya (2001): Development as freedom. Oxford: Oxford Paperbacks.

Shepherd, Dean/Patzelt, Holger (2011): The new field of sustainable entrepreneurship: studying entrepreneurial action linking "what is to be sustained" with "what is to be developed". In: Entrepreneurship Theory and Practice 35, H. 1, S. 137-163.

Short, Jeremy/Moss, Todd/Lumpkin, Tom (2009): Research in social entrepreneurship: Past contributions and future opportunities. In: Strategic Entrepreneurship Journal 3, H. 2, S. 161-194.

Smith, William/Darko, Emily (2014): Social enterprise: constraints and opportunities–evidence from Vietnam and Kenya. ODI-Report. www.odi.org/sites/odi.org.uk/files/odi-assets/publications-opinion-files/8877.pdf, 20.7.2017.

Spiegel, Peter (2011): Social Business-Perspektive der innovativen Versöhnung von Ökonomie und sozialen Anliegen. In: Jähnke, Petra/Christmann, Gabriela B./Balgar, Karsten (Hrsg.): Social Entrepreneurship. Perspektiven für die Raumentwicklung. Wiesbaden: Springer VS, S. 55-74.

Tan, Wee-Liang/Williams, John/Tan, Teck-Meng (2005): Defining the 'social' in 'social entrepreneurship': Altruism and entrepreneurship. In: International entrepreneurship and management journal 1, H. 3, S. 353-365.

Wauters, Bram/Lambrecht, Johan (2008): Barriers to refugee entrepreneurship in Belgium: Towards an explanatory model. In: Journal of Ethnic and Migration Studies 34, H. 6, S. 895-915.

Werdes, Alexandra (2012): Weltretter unter sich. www.zeit.de/2013/01/netzwerk-soziale-unternehmer, 8.2.2017.

Winheller, Stefan/Jansen, Lothar (2016): Die gemeinnützige GmbH. Berlin: DWS.

Yunus, Muhammad (2003): Banker To The Poor: Micro-Lending and the Battle Against World Poverty. Press. 2. Aufl., New York: New York Times

Zahra, Shaker A./Newey, Lance R./Li, Yong (2014): On the frontiers: The implications of social entrepreneurship for international entrepreneurship. In: Entrepreneurship Theory and Practice 38, H. 1, S. 137-158.

Zahra, Shaker A./Gedajlovic, Eric/Neubaum, Donald O./Shulman, Joel M. (2009): A typology of social entrepreneurs: Motives, search processes and ethical challenges. In: Journal of business venturing 24, H. 5, S. 519-532.

Ziegler, Rafael (2011): An introduction to social entrepreneurship. Cheltenham: Edward Elgar Publishing.

Zur, Agniezka (2015): Social Problems as Sources of Opportunity: Antecedents of Social Entrepreneurship Opportunities. In: Entrepreneurial Business and Economics Review 3, H. 4, S. 73-87.

Gesundheitsförderung und Sozialwirtschaft

Eva Hungerland

Sozialwirtschaft will – unabhängig davon, wie sie im spezifischen Fall organisiert ist – gesellschaftlich nützliche Dienstleistungen erbringen, die die individuelle und kollektive Wohlfahrt eines Gemeinwesens reproduzieren und weiterentwickeln (Wendt 2013a, S. 965). Diese humandienstliche Bedarfsdeckung gelingt umso optimaler, je besser die Sozialunternehmen und v.a. die in und mit ihnen tätigen ‚Produzenten' sozialwirtschaftlichen Engagements, dazu in der Lage sind. Ein wesentliches Moment für das Gelingen des sozialen Versorgungsauftrags ist die kollektive und individuelle gesundheitliche Verfasstheit der Beteiligten bzw. der Beschäftigten (Badura 2009, S. 1ff.; Hartkamp/Meckmann 2012, S. 7f.).

Gesundheitsförderung kommt hier eine zentrale Bedeutung zu. In dem Maße, wie sie auf die Sozialwirtschaft positiv Einfluss nehmen kann, wird diese ihr zur „Doppelnatur" gewordenes Anforderungskriterium, humandienstliche Vorhaben sollen wirtschaftlich leistungsfähig erbracht werden (Wendt 2013a, S. 966), produktiv bewältigen. Denn: „*Soziale Wohlfahrtproduktion* erfolgt im Zusammenwirken von Menschen unter förderlichen Bedingungen, für die institutionell gesorgt werden muss." (Wendt 2014, S. 252, Hervorhebung im Original) Insbesondere die Prozesse der „Ökonomisierung" erfordern die Entwicklung eines „sozialwirtschaftlichen Blicks" (Grunwald 2014, S. 58); für die in diesem Spannungsfeld von „Rechnen und Sparen" einerseits und „Leisten" andererseits agierenden Institutionen und deren Beschäftigte kann Gesundheitsförderung einen positiven Beitrag leisten.

Zum Verhältnis von Gesundheitsförderung und Sozialwesen, gesundheitsbezogener Sozialarbeit und ihres Beitrags zur klientenbezogenen „gesundheitsfördernden Sozialarbeit" in den spezifischen Sektoren und Systemen der Sozialwirtschaft sei hier u.a. auf Blättner/Waller (2011, S. 228ff.), Brieskorn-Zinke/Köhler-Offierski (1997, S. 75ff.), Franzkowiak et al. (2011, S. 230ff.), Homfeldt/Sting (2015, S. 626ff.) sowie Ortmann/Waller (2005, S. 102ff.) verwiesen. Im Folgenden soll die *prinzipielle Relevanz* der konzeptionellen Idee der Gesundheitsförderung für die sozialwirtschaftliche Organisation und die Beschäftigten sozialer Dienste im Vordergrund stehen. Als eine zentrale Handlungsebene der Gesundheitsförderung wird insbesondere der Settingansatz, also die Gestaltung von Lebenswelten von Betrieben und Institutionen, in den Fokus genommen.

1. Sozialwirtschaft: Zentrale Momente und Herausforderungen

Entsprechend soll der Gegenstands- und Handlungsbereich der Sozialwirtschaft umrissen werden. Vom Standpunkt ihrer *Zwecksetzung* kann man Sozialwirtschaft funktional mit „Aufgaben der sozialen Reproduktion und Entwicklungsarbeit" (Wendt 2010, S. 12) bzw. der Erzeugung von Lebensqualität und Humanvermögen (ebd.) identifizieren. Diese betreffen über die Deckung des individuellen Bedarfs hinaus „nicht zuletzt (…) die Aufrechterhaltung der ökonomischen Potenz einer Gesellschaft" und „ihre nachhaltige und humane Entwicklung." (Wendt 2013a, S. 968).

Eine *institutionelle Einordnung* differenziert Sozialwirtschaft nach den Einrichtungen der Leistungserbringung und bezieht Felder des formellen und informellen Engagements (Grunwald 2014, S. 36) mit ein. In Anlehnung daran können unterhalb des politischen bzw. staatlichen

Wohlfahrtsarrangements vier Akteursgruppen (Wendt 2014, S. 251) bzw. vier organisationstypologische „Familien“, die unter dem Akronym CMAF (Cooperatives, Mutuals, Associations, Fondations) auftreten (Wendt 2013a, S. 966), unterschieden werden. Nimmt man die „vielfältigen *Schnittstellen und Übergänge* zwischen den Sektoren Markt, Staat, Drittem Sektor und Gemeinschaften“ (Grunwald 2015, S. 1656, Hervorhebung im Original) hinzu, so ist Sozialwirtschaft auf der Makro-, Meso- und der Mikroebene (Wendt 2010, S. 11; 2014, S. 250) tätig. Angesichts der Perspektive, die sich auf die Schnittmengen und Interdependenzen von Sozialwirtschaft und Gesundheitsförderung konzentriert, sind diese Systeme und Akteure der Meso- und Mikroebene von besonderem Interesse, da sie den konkreten „vorgefundenen Handlungsrahmen“ (Boeßenecker 2013, S. 971) und damit die „eigentliche identitätsstiftende Referenzbasis für die Beschäftigten“ (ebd.) bilden.

Die „Doppelnatur“ der Konzepte gesellschaftlich nützlicher Dienstleistungen, ausgedrückt in den beiden Seiten des „hybriden“ Terminus „Sozial-Wirtschaft“ (Grunwald 2014, S. 33), verweist auf die Notwendigkeit der Vermittlung und Bewältigung beider Seiten dieses Spannungsfeldes. Sie verdeutlicht, dass auch humandienstliche Leistungen ökonomischen Kriterien genügen müssen, dass also im Zuge ihrer Erbringung effizient über den Einsatz von knappen Ressourcen zu entscheiden ist. Diese implizite Herausforderung wird von den Leistungsträgern, -erbringern und -nehmer_innen (Wendt 2013b, S. 23) zunehmend wahrgenommen und erfahren. Hinzu kommen neue volkswirtschaftliche, sozialpolitische, wettbewerbliche oder demografische externe Einflüsse, die die Anforderungen an Sozialwirtschaft erhöhen. Dadurch sind die in ihr Tätigen herausgefordert, die Balance im Sinne eines „Wohlfahrtsmix“ (Wendt 2014, S. 251) ständig neu zu (er)finden. Sie müssen die „Ressourcendimension“ (Grunwald 2014, S. 58) berücksichtigen, damit sozialwirtschaftliche Professionalität nicht von ökonomistischen Leitvorstellungen und Effizienzstrategien ausgehebelt wird und damit diese gleichzeitig im Konkurrenzumfeld bestehen kann. (Zum Verhältnis Ökonomisierung und Sozialwirtschaft siehe Grunwald 2014, S. 57f.)

2. Gesundheitsförderung: Handlungsfelder und Ansätze

Die Diskussion über den Begriff der Gesundheit, also auch über den der Gesundheitsförderung, ist Bestandteil eines gesellschaftlichen, sich wandelnden Prozesses, der in den damit befassten sozial- und gesundheitspolitischen Kreisen und Wissenschaftsdisziplinen unterschiedliche Befunde hervorbringt (Blättner/Waller 2011, S. 51ff.; Franke 2012, S. 35ff.; Hurrelmann/Franzkowiak 2015; Schwartz et al. 2012, S. 37ff.*)*. Verglichen mit der ersten, im Zuge der Gründung der Weltgesundheitsorganisation (WHO) angestoßenen und politisch initiierten idealtypischen Definition von Gesundheit, die dieser den Status eines Menschenrechts verleiht (Naidoo/Wills 2010, S. 19), hat sich in der Jahrzehnte andauernden Debatte ein Paradigmenwechsel bei der Betrachtung von Gesundheit und Krankheit vollzogen (Kickbusch 2006, S. 31ff.). In dessen Zentrum steht das Salutogenesekonzept von Aaron Antonovsky, der Gesundheit und Krankheit als einen dynamischen Prozess, als ein Kontinuum zwischen zwei Polen beschreibt. Dieser Wechsel der wissenschaftlichen Grundauffassung „führt (...) dazu, die dichotome Klassifizierung von Menschen als gesund oder krank zu verwerfen, und diese statt dessen auf einem multidimensionalen Gesundheits-Krankheits-Kontinuum zu lokalisieren.“ (Antonovsky 1997, S. 29). Demgemäß konzentriert sich Antonoysky auf die Suche nach Faktoren, die dazu beitragen, sich in Richtung des Gesundheitspols zu bewegen (ebd., S. 33). „Gesundheit wird zu einer aktiven, dynamischen Kategorie, auf die Handeln, Lebensweise und Lebensverhältnisse der Subjekte wesentlichen Einfluss haben." (Homfeldt/Sting 2015, S. 622).

Dieser Ansatz prägt die 1986 in Ottawa von der WHO verabschiedete Charta zur Gesundheitsförderung, die in ein Aktionsprogramm „Gesundheit für alle bis zum Jahr 2000" mündet. „Die Charta wird so zum Schlüsseldokument und Grundsatzpapier für die weitere Entwicklung" (Kaba-Schönstein 2017). Sie deklariert: „Gesundheitsförderung zielt auf einen Prozess, allen Menschen ein höheres Maß an Selbstbestimmung über ihre Gesundheit zu ermöglichen und sie damit zur Stärkung ihrer Gesundheit zu befähigen" (WHO 1986). Erstmals wird so politisch-programmatisch gefordert, dass sich „alle Menschen" zum Subjekt ihrer Gesundheit machen. Auch die Adressaten werden mit „Gesundheit für alle" umfassend definiert. Für Gesundheitsförderung sind folglich nicht nur die gesellschaftlich bzw. staatlich initiierten und getragenen Gesundheitssysteme verantwortlich, sondern sämtliche Bereiche der Politik.

Diese Prinzipien prägen das Konzept der Gesundheitsförderung nachhaltig: „Den Kern von Gesundheitsförderung bildet die Analyse und Stärkung von Gesundheitsressourcen und gesundheitlichen Potentialen von Menschen, ihren Lebenswelten und den übergreifenden gesellschaftlichen Strukturen" (Franzkowiak 2006, S. 18). Als „Setting", also Lebenswelt, „Schauplatz" und kontextuelle Bedingung für Gesundheitsförderung, werden in der Konsequenz z.B. die Bereiche „Arbeitsplatz, Wohnumfeld, Schule oder Freizeiteinrichtungen" (Faller 2017, S. 40) in gesundheitsfördernde Vorhaben mit einbezogen. Im SGB-V verankert, werden seit 1990 Präventionsmaßnahmen in Settings durchgeführt. „Gesundheitsförderung hat in der Gesellschaft als Begriff und als gesetzliche Norm Karriere gemacht" (Trojan 2011, S. 126).

Gesundheitsfördernde Strategien konzentrieren sich in der Folge zunehmend auf die Schaffung gesundheitsförderlicher Rahmenbedingungen, auf Partizipation sowie auf die Bereitstellung und Herstellung *gesundheitsfördernder Settings*, die als Dreh- und Angelpunkte die Umsetzung von Gesundheitsförderung gemäß der WHO-Charta in alle Bereiche, die jeweilige Lebenswelt, integrieren wollen (Hurrelmann et al. 2014, S. 45ff.; Naidoo/Wills 2010, S. 310). „Der Settingansatz fokussiert die Lebenswelt von Menschen und damit die Rahmenbedingungen, unter denen Menschen leben, lernen, arbeiten und konsumieren." (Hartung/Rosenbrock 2015) Die Gesundheitskonferenzen der WHO „nach Ottawa" greifen diese Entwicklung auf und rücken die Erschließung von Settings für die Gesundheitsförderung zunehmend in den Fokus (WHO 2017). Dabei wird unterschieden zwischen einer Gesundheitsförderung *im* Setting und einer *des* Settings. Im ersten Fall ist das Setting, z.B. ein Unternehmen, Ausgangspunkt, in ihm Maßnahmen durchzuführen, die für die Gesundheit der Beschäftigten förderlich bzw. stärkend sind. Im zweiten Fall, der Gesundheitsförderung *des* Settings, handelt es sich um einen „Prozess der systemischen Organisationsentwicklung" (Hartung/Rosenbrock 2015). Ausführliche Darstellungen zum Settingansatz als Strategie der Gesundheitsförderung finden sich u.a. bei Bals et al. 2008; Conrad 2013; Engelmann/Halkow 2008 sowie bei Grossmann/Scala 2011.

Bezogen auf das Setting „Betrieb" bzw. „Institution", das in der Sozialwirtschaft auf der Mesoebene anzusiedeln ist, steht „im Zentrum der Betrieblichen Gesundheitsförderung eine gesunde und gesundheitsfördernde Gestaltung der Arbeit und weniger eine Korrektur des individuellen Verhaltens." (Faller 2017, S. 26) Das bedeutet, „dass sich Gesundheitsförderung v.a. darauf richten muss, die Sichtweisen und Bedarfslagen von abhängig Beschäftigten zu identifizieren und sie in die Lösungsentwicklung einzubeziehen." (ebd., S. 30).

Die Kernstrategien der Gesundheitsförderung lassen sich aus den fünf Handlungsfeldern bzw. -ebenen ableiten (Kaba-Schönstein 2017), auf die sich die Unterzeichnerstaaten der „Ottawa-Charta" verpflichtet haben:

- Mitwirkung an einer gesundheitsförderlichen Gesamtpolitik; derart wirkt Gesundheitsförderung im und in den Bereich der Makroebene hinein;
- Schaffung gesundheitsförderlicher Lebenswelten (Settingansatz) und
- Unterstützung gesundheitsbezogener Gemeinschaftsaktionen; beides bildet die Basis für die betriebliche Gesundheitsförderung sowie die Partizipation der Beschäftigten auf der Mesoebene;
- Entwicklung persönlicher Kompetenzen bzw. Abbau der gesundheitlichen Unterschiede in der Gesellschaft; dies impliziert das Konzept des „Empowerment", also die Schaffung von Voraussetzungen seitens der Politik und der Betriebe, damit besonders die Akteure der Mikroebene ihre eigenen Möglichkeiten und Stärken erkennen und so Einfluss auf ihre Lebensumstände und damit Gesundheit nehmen können;
- Orientierung der Gesundheitsdienste bzw. Institutionen und ihrer Mittel in Richtung Gesundheitsförderung.

3. Herausforderungen für Organisationen und Einrichtungen der Sozialwirtschaft

Marktliberale Politikkonzepte, Sparpolitik, Haushaltsdisziplin und Konkurrenzprinzipien dominieren länderübergreifend die Handlungslogik im sozialpolitischen und sozialwirtschaftlichen Bereich (Stadler/Steinke 2014, S. 87f.; Grunwald 2014, S. 57). „Der Spar- und Privatisierungsdruck ist bei den Trägern und Einrichtungen der Wohlfahrtsverbände schon lange in Form umfassender Ökonomisierungstrends angekommen" (Stadler/Steinke 2014, S. 88). Unter dem Eindruck der Finanz- und Staatsschuldenkrise in Europa beschleunigt sich die von der Europäischen Union verfolgte „Politik einer Öffnung des Sozialbereichs für marktwirtschaftliche Investitionen" (Burmester/Wohlfahrt 2014, S. 428). Diese „Verbetriebswirtschaftlichung" (Kessl 2013) manifestiert sich z.B. in der Verpflichtung der Kinder- und Jugendhilfe in Deutschland auf die „Berücksichtigung der Grundsätze der Leistungsfähigkeit, Wirtschaftlichkeit und Sparsamkeit zur Erbringung der Leistung" (§ 78b SGB VIII). „Neben den veränderten gesetzlichen Rahmenbedingungen (...) wurden neue Steuerungsmodi eingeführt, in erster Linie neue Finanzierungsmodelle und Vertragsformen. Entstanden sind ‚Quasi-Märkte', also Handlungsfelder, in denen Marktmechanismen eingeführt wurden, ohne dass dabei jedoch ein freier Markt geschaffen wird." (Stadler/Steinke 2014, S. 88).

Diese „Ökonomisierung des Sozialen" (Buestrich/Wohlfahrt 2008, S. 17) konfrontiert insbesondere die Verantwortlichen der Meso- und Mikroebene der Sozialwirtschaft mit zusätzlichen Herausforderungen:

- So führt der gesteigerte Wettbewerbs- und Kostendruck zu (neuen) Qualitätsanforderungen unter veränderten Bedingungen und sich wandelnden Kundenanforderungen (Fersahoglu-Weber/Steinhardt 2016, S. 158);
- damit Innovationen gelingen, sind kontinuierliche Veränderungsprozesse sowie eine für den Wandel prinzipiell offene Unternehmenskultur geboten (ebd.);

- vergütungs- und tarifvertragliche Rahmenbedingungen müssen auf die von der Wettbewerbslogik ausgehenden Belastungen und kostenorientierten Kalkulationen reflektieren und diese konzeptionell miteinbeziehen (Voss 2015, S. 350);
- die prognostizierte Fachkräftelücke, vornehmlich in Erziehungs-, Sozial- und Gesundheitsberufen, stellt den ganzen sozialwirtschaftlichen Sektor vor die Aufgabe, systematisch Fachkräfte zu sichern, um auch wirtschaftlichen Risiken begegnen zu können (BMAS 2013a, S. 22);
- und nicht zuletzt der demografische Wandel wird auf die Wechselwirkung von Ökonomisierung und dadurch möglicher De-Professionalisierung starken Einfluss nehmen (Knapp 2013, S. 14ff.).

Speziell die bevölkerungsstrukturellen Entwicklungen machen neue Ansätze auf organisationaler und personaler Ebene immer dringlicher. „Demografiefeste Unternehmen" (Eierdanz et al. 2014) sind verlangt, die „hinsichtlich ihrer Unternehmenskultur, ihrer strukturellen Voraussetzungen und Prozesse so aufgestellt [sind], dass sie die Veränderungen durch den Demografischen Wandel bewusst gestalten, die auftretenden Herausforderungen bewältigen und sich bietende Chancen bewusst nutzen können" (ebd.). Allein die Tatsache des Nachlassens der biologischen Leistungsfähigkeit im Alternsverlauf, die viele sozialwirtschaftliche Träger wegen der tendenziellen Erhöhung des Durchschnittsalters der Bevölkerung überproportional betrifft (Töpsch 2014, S. 213), verlangt eine innovative Gestaltung der Beschäftigung bzw. Strategien einer altersgerechten Personalentwicklung (Ham 2013, S. 14ff.). Da die in der Sozialwirtschaft Beschäftigten im Durchschnitt immer älter werden und gleichzeitig weniger junge Fachkräfte nachrücken, wird eine lebensphasenorientierte Personalpolitik zunehmend unausweichlich.

Die überwiegend klein- und mittelständisch strukturierten Institutionen der Sozialwirtschaft (Boeßenecker 2013, S. 971) zeichnen sich dadurch aus, dass die Kompetenzen stark an Personen gebunden sind. Hinzu kommen in der Regel knappe Ressourcen für strategische Planungen und hohe Erwerbsunfähigkeitsraten (BMAS 2013a, S. 49). Der hohe Frauenbeschäftigungsanteil (Boeßenecker 2013, S. 972), die steigende Quote älterer Arbeitnehmer_innen und der damit einhergehende Wissensverlust beim altersbedingten Ausscheiden sind weitere Spezifika. Parallel dazu bilden sich mit dem Entstehen von „Sozialkonzernen" großbetriebliche Trägerstrukturen (ebd.) mitsamt deren Besonderheiten heraus. Eine auf die Wechselwirkungen und Gemeinsamkeiten fokussierte Betrachtung von Sozialwirtschaft und Gesundheitsförderung wird beide Erscheinungsformen im Blickfeld haben müssen.

4. Herausforderungen für die Beschäftigten der Sozialwirtschaft

Betriebswirtschaftliche Konzepte entfalten ihre Wirksamkeit nicht zuletzt auf personeller Ebene. „Folglich setzen betriebswirtschaftliche Reorganisationskonzepte im Sozialbereich gezielt an der Effektivierung der Einsatzbedingungen des Faktors ‚Personal' an." (Buestrich/Wohlfahrt 2008, S. 22). Die damit einhergehenden Maßnahmen führen u.a. zu einer neuen Struktur der „Arbeits(ver)teilung", bewirken eine „Steigerung der Arbeitsextensität und -intensität", fordern eine „Rund-um-die-Uhr-Bereitschaft", eine „Flexibilisierung des gesamten Arbeitszeitmanagements" mit zunehmender „Deregulierung der Arbeits(zeit)bedingungen" und forcieren die „Einführung atypischer, respektive ‚prekärer' Beschäftigungsformen" (ebd., S. 22f.).

Der Ökonomisierungsdruck und die Organisation der Arbeit unter Kostengesichtspunkten bewirken so bei den Trägern und Beschäftigten eine Zunahme der Planungsrisiken. Gleichzeitig führen diese strukturellen Tendenzen bei den unmittelbaren Akteuren und Leistungserbringern der „sozialen Wohlfahrtsproduktion“ (Wendt 2014, S. 252) zu neuen bzw. steigenden gesundheitlichen Anforderungen: Die dadurch entstehenden „Belastungssituationen im Betrieb, die durch komplizierte Abläufe oder enge Zeitvorgaben verursacht werden, wirken sich auf die Gesundheit der Beschäftigten aus.“ (BMAS 2013b, S. 3). Dieser Trend wird durch eine empirische Untersuchung aus dem Jahr 2012 belegt (Hielscher et al. 2013). Sie konstatiert eine Steigerung der quantitativen und qualitativen Arbeitsanforderungen, „die Akteure klagen vielfach über eine zunehmende Leistungsverdichtung und verschlechterte Rahmenbedingungen für die Erbringung der Dienstleistungen“ (Hielscher et al. 2013, S. 14). Zunehmende Komplexität, Umstrukturierungen, Einsparungen, Personalengpässe sowie ständig steigende Fallzahlen bei zunehmender Verantwortung charakterisieren die Arbeit in sozialen Berufen (Gunkel et al. 2014, S. 257; Trunk/Damke 2014, S. 16ff.; Lohmann-Haislah 2012, S. 11). Entwicklungen im Zusammenhang mit „Arbeit 4.0“, die auch auf sozialwirtschaftliche Arrangements übergreifen, verstärken den Druck zur permanenten Erreichbarkeit, damit zur quantitativen Ausdehnung der Arbeitszeit; Flexibilität wird zum Prinzip, die „Entgrenzung der Arbeit“ zu ihrer neuen Qualität (BMAS 2015; Karsten/Dienel 2017, S. 478). Daher unterliegen Beschäftigte im Gesundheits- und Sozialbereich einem hohen Risiko, psychisch zu erkranken (Kliner et al. 2015, S. 20). Die dazu gehörenden Krankheitsbilder nehmen in den Arbeitsunfähigkeitsstatistiken der Krankenkassen aufgrund ihrer langen Dauer den ersten Rang ein (Busch 2015, S. 559).

Innerhalb der Hierarchien der Institutionen entwickeln sich spezifische Belastungsfaktoren und -szenarien, die es aus gesundheitsfördernder Perspektive zu erkennen und zu berücksichtigen gilt. Leitungskräfte sind anderen Belastungen ausgesetzt als Fachkräfte, und diese wiederum anderen als Mitarbeiter_innen, die „an der Basis“ sozialwirtschaftlich engagiert sind (Hungerland 2016, S. 405). Um Belastungen einschätzen und einordnen zu können, ist also die Kenntnis der jeweiligen Rolle und Zuständigkeit erforderlich; Methoden der betrieblichen Gesundheitsförderung helfen hierbei. Leitbilder, wie „Gute Arbeit für gute Versorgung“ (Voss 2015, S. 350), haben in diesem Kontext ihre Berechtigung. Vor allem aber brauchen Mitarbeiter_innen Bedingungen und Voraussetzungen, um gute Qualität in der humandienstlichen Arbeit erbringen zu können. Dies erfordert eine konzeptionelle und umsetzungsorientierte Kombination aus Risikovermeidung und Ressourcenstärkung, beides ein zentrales Anliegen des Arbeitsschutzes und der Gesundheitsförderung. Eine Risikoanalyse des Beschäftigtenverhaltens sowie der Prozesse und Strukturen ihrer sozialwirtschaftlichen Organisationen und Institutionen, sollte in Ansätze der Ressourcenstärkung der Mitarbeiter_innen und der dazu gehörenden Rahmenbedingungen münden.

5. Konkrete Handlungsfelder für Gesundheitsförderung in der Sozialwirtschaft

„Gesundheitsförderung gilt seit seiner Konzeptionierung auf der 1. Weltkonferenz für Gesundheitsförderung 1986 in Ottawa (...) als Leitorientierung moderner gesundheitlich und sozialer Sicherungssysteme. Mit der Gesundheitsförderung haben die Gesundheitswissenschaften begleitend zu ihrer theoretischen Fortschreibung als ‚New Public Health‘ auch eine praxisbezogene Strategie zur Umsetzung der Modernisierungsanforderung.“ (Geene 2014). Diese abstrakte Verortung ist angesichts der oben explizierten Herausforderungen der Sozialwirtschaft in konkrete gesundheitsfördernde Rahmenbedingungen, Prozesse und Handlungen zu überführen.

Auf der *Makroebene* können Umfeld, Abläufe und Aktionen der Gesundheitsförderung von sozialpolitischen Entscheidungen und gesetzlichen Bestimmungen beeinflusst werden. In Deutschland legt das seit Juli 2015 gültige „Gesetz zur Stärkung der Gesundheitsförderung und der Prävention“ (Präventionsgesetz–PrävG) u.a. die darin relevanten Zuständigkeitsbereiche und Leistungen fest. Dementsprechend werden die Leistungen der Krankenversicherungen in drei Bereiche klassifiziert:

- Leistungen zur verhaltensbezogenen Prävention;
- Gesundheitsförderung und Prävention in Lebenswelten und
- Betriebliche Gesundheitsförderung.

Bei der betrieblichen Gesundheitsförderung betont das PrävG das enge Verhältnis zwischen dem Arbeitsschutz und der Gesundheitsförderung im Betrieb (Geene/Reese 2016, S. 38f.). Gleichzeitig will das PrävG „die zielgerichtete Zusammenarbeit der Akteure in der Prävention und Gesundheitsförderung“ (Kuhn 2017, S. 45), also vor allem der gesetzlichen Kranken-, Unfall- und Rentenversicherung, sicherstellen. Eine Nationale Präventionskonferenz (NPK) beschließt im Februar 2016 erstmals bundeseinheitliche Rahmenempfehlungen, um die Ziele der verschiedenen Anbieter und finanziellen Unterstützer von Prävention und Gesundheitsförderung zusammenzufassen. (Geene/Reese 2016, S. 302).

Mit dem staatlichen Arbeitsschutzrecht (u.a. dem 1996 eingeführten und 2015 modifizierten Arbeitsschutzgesetz) sowie dem Unfallversicherungsrecht existieren weitreichende Rechtsvorgaben. Diese verpflichten die Betriebe bzw. Institutionen dazu, die „Arbeitsschutzgesetze und -verordnungen zu erfüllen und u.a. Arbeit menschengerecht zu gestalten“ (NPK 2016, S. 17), um „Unfälle, Berufskrankheiten und arbeitsbedingte Gesundheitsgefahren zu verhüten“ (ebd.); zudem werden die Betriebe dazu angehalten, „ein geeignetes Setting für Maßnahmen der Gesundheitsförderung“ (ebd.) zu etablieren. Die Reichweite dieser Gesetzesbestimmungen wird auch dadurch deutlich, dass das Arbeitsschutzgesetz „nicht nur eine Prozessorganisation zur kontinuierlichen Verbesserung mit entsprechender Entscheidungsstruktur [fordert], sondern Gesundheit als eine Organisationsleistung [begreift], die vertikal wie horizontal als ‚Querschnittsaufgabe‘ zu etablieren ist“ (Blume 2009, S. 124). Wegen der unterschiedlichen Organisationen, Institutionen und Akteure in der Sozialwirtschaft ist daraus keine spezifische praktische „one best way“-Umsetzung für die jeweilige betriebliche Gesundheitsförderung abzuleiten. Es liegen aber langjährige umfassende Kenntnisse und Erfahrungen aus Arbeits-, Gesundheitsschutz und der Gesundheitsförderung vor, die in die Bereiche der Sozialwirtschaft transformiert werden können.

Vor allem auf der *Mesoebene* der sozialwirtschaftlichen Systeme ist Gesundheitsförderung – unter Berücksichtigung, dass „der Begriff der Betrieblichen Gesundheitsförderung oft sehr unterschiedlich interpretiert“ wird (Faller 2017, S. 27f.) – konkretisiert und umsetzbar zu organisieren. Als Managementaufgabe definiert, zielt die „Organisation der Gesundheit im betrieblichen Kontext“ (Bamberg et al. 2011, S. 128) auf die „Entwicklung von Strategien, die sich an den Unternehmenszielen orientieren“ (ebd.). Damit wird vorrangig eine „Reduktion der gesundheitlichen Belastungen sowie [eine] Stärkung gesundheitsförderlicher Ressourcen bzw. der psychischen Widerstandskraft (Resilienz) der Mitarbeiter und Führungskräfte“ (Hungerland 2016, S. 407) angestrebt. Die erforderliche Stärkung salutogener Faktoren setzt sowohl an den Lebensbedingungen im Sinne einer System- und Verhältnisprävention als auch am Verhalten der Beschäftigten selbst mittels Verhaltensprävention an.

Hieraus lassen sich substanzielle Maßnahmen einer gesundheitsförderlichen Organisationsentwicklung ableiten, um „gesundes Arbeiten“ auf der *Meso- und Mikroebene* zu gestalten:

- Gesundheit sollte in den Rang der „Kultur“ erhoben werden, in den Leitlinien der Organisationen und Institutionen verankert sein und Teil des Führungsverhaltens werden (Armutat et al. 2014, S. 28ff.);
- insbesondere auf Leitungs- und Führungsebene ist personenbezogen Verantwortung für die gesundheitsfördernden Bedingungen zu übernehmen und zu propagieren (Stilijanow/Richter 2017, S. 233ff.; Ramon 2013, S. 239ff.);
- verhältnispräventive Maßnahmen im Bereich der Arbeitsorganisation und Aufgabenbewältigung müssen vorrangig eingeleitet werden (Pieck 2017, S. 179);
- Personalpolitik und -entwicklung muss Gesundheit als „benchmark“ etablieren; eine lebensphasenorientierte Personalpolitik kann hier ihren Stellenwert entfalten (Sabath 2014, S. 215f.);
- im Rahmen von z.B. Gefährdungsbeurteilungen sind periodische Analysen über die tatsächlichen physischen und psychischen Belastungen durchzuführen (Schleicher 2009, S. 213ff.);
- zur Stärkung der Human-Ressource sind Mitarbeiterbefragungen als partizipatives Instrument der Unternehmensführung durchzuführen (Rixgens 2009, S. 205ff.);
- aus den Analysen sind partizipativ angemessene, auf die jeweiligen Ebenen zugeschnittene gesundheitsfördernde Maßnahmen und Angebote wie z.B. Gesundheitszirkel zu generieren;
- subjektive Bewältigungsstrategien sollten im Rahmen verhaltensorientierter Prävention ergänzend unterstützt werden (Schlicht/Zinsmeister 2015, S. 152ff.).

„Um eine Organisation gesundheitsförderlich zu gestalten, muss deren potenzieller Entwicklungsprozess in ein Interventions- oder Veränderungsdesign übersetzt werden. Es empfiehlt sich, ein für die Organisation angepasstes Vorgehensmodell zu entwickeln.“ (Pieck 2017, S. 180). Dies erfordert das aktive Bekenntnis der Leitungsebene sowie die Bereitstellung der finanziellen und personellen Ressourcen. Grossmann und Scala (2011) regen eine Implementierung der Organisationsentwicklung als Projekt in einem zyklischen Prozess der „Planung, Entscheidungen, Beobachtungen, Evaluation und neuen Entscheidungen“ (S. 109) an. Zur systematischen Umsetzung siehe u.a. Armutat et al. (2014), Ghadiri et al. (2016), Kaminski (2013) oder Schlicht/Zinsmeister (2015).

6. Literatur

Antonovsky, Aaron (1997): Salutogenese. Zur Entmystifizierung der Gesundheit. Dt. erw. Hrsg. von Alexa Franke. Deutsche Gesellschaft für Verhaltenstherapie. Tübingen: DGVT-Verlag.

Armutat, Sascha/Birner, Ulrich/Grauer, Swen/Kraemer, Roland/Krause, Andreas//Nickel, Uwe/Rinke, Waltraud/Rohrbeck, Uwe (2014): DGFP e.V. (Hrsg.): Integriertes Gesundheitsmanagement – Konzept und Handlungshilfen für die Wettbewerbsfähigkeit von Unternehmen. Bielefeld: Bertelsmann.

Badura, Bernhard/Walter, Ulla/Hehlmann, Thomas (2009): Betriebliche Gesundheitspolitik. Der Weg zur gesunden Organisation. 2., überarb. Aufl., Heidelberg: Springer.

Bals, Thomas/Hanses, Andreas/Melzer, Wolfgang (Hrsg.) (2008): Gesundheitsförderung in pädagogischen Settings. Ein Überblick über Präventionsansätze in zielgruppenorientierten Lebenswelten. Weinheim: Juventa.

Bamberg, Eva/Ducki, Antje/Metz, Anna-Marie (Hrsg.) (2011): Gesundheitsförderung und Gesundheitsmanagement in der Arbeitswelt. Ein Handbuch. Göttingen: Hogrefe.

Blättner, Beate/Waller, Heiko (2011): Gesundheitswissenschaft. 5., überarb. Aufl., Stuttgart: Kohlhammer.

Blume, Andreas (2009): Arbeitsrechtliche und arbeitswissenschaftliche Grundlagen. In: Badura, Bernhard/Walter, Ulla/Hehlmann, Thomas (2009): Betriebliche Gesundheitspolitik. 2., überarb. Aufl., Heidelberg: Springer, S. 105-132.

Boeßenecker, Karl-Heinz (2013): Sozialwirtschaft als Arbeitsmarkt. In: Grunwald, Klaus/Horcher, Georg/ Maelicke, Bernd (Hrsg.): Lexikon der Sozialwirtschaft. 2., überarb. Aufl., Baden-Baden: Nomos, S. 968-977.

Bundesministerium für Arbeit und Soziales (BMAS) (Hrsg.) (2015): Arbeit weiterdenken. Grünbuch Arbeiten 4.0. www.bmas.de/SharedDocs/Downloads/DE/PDF-Publikationen-DinA4/gruenbuch-arbeiten-vier-null.pdf 26.2.2017.

Bundesministerium für Arbeit und Soziales (BMAS) (Hrsg.) (2013a): Arbeitsmarktprognose 2030. Eine strategische Vorausschau auf Angebot und Nachfrage in Deutschland. www.bmas.de/SharedDocs/Downloads/DE/PDF-Publikationen/a756-arbeitsmarktprognose-2030.pdf, 1.3.2017.

Bundesministerium für Arbeit und Soziales (BMAS) (Hrsg.) (2013b): Erhalt der Beschäftigungsfähigkeit – Arbeitsmedizinische Empfehlung. www.bmas.de/SharedDocs/Downloads/DE/PDF-Publikationen-DinA4/a452-erhalt-beschaeftigungsfaehigkeit.pdf, 3.3.2017.

Brieskorn-Zinke, Marianne/Köhler-Offierski, Alexa (1997): Gesundheitsförderung in der Sozialen Arbeit. Eine Einführung für soziale Berufe. Freiburg i.Br.: Lambertus.

Buestrich, Michael/Wohlfahrt, Norbert (2008): Die Ökonomisierung der Sozialen Arbeit. In: APuZ 2008, S. 17-24. www.bpb.de/shop/zeitschriften/apuz/31331/wandel-der-sozialen-arbeit, 31.1.2017.

Burmester, Monika/Wohlfahrt, Norbert (2014): Social Return on Investment. In: Theorie und Praxis der Sozialen Arbeit 65, H. 6, S. 428-437.

Busch, Klaus (2015): Die Arbeitsunfähigkeit in der Statistik der GKV. In: Badura, Bernhard/Ducki, Antje/ Schröder, Helmut/Klose, Joachim/Meyer, Markus (Hrsg.): Fehlzeiten-Report 2015. Berlin/Heidelberg: Springer, S. 549-560. doi 10.1007/978-3-662-47264-4_31

Conrad, Günter (2013): Schwerpunkt Settingansatz. In: Journal für Gesundheitsförderung 1, H. 1, S. 10-25.

Eierdanz, Frank/Ottersböck, Nicole/Herzog-Buchholz, Esther (2014): 25. ITA-Jahrestagung „Fit für den Demografischen Wandel – Demografiefestigkeit messen und steigern“. www.ita-kl.de/aktuelles/pressemitteilungen/presse-detail/artikel/dokumentation-der-25-ita-jahrestagung-fit-fuer-den-demografischen-wandel-demografiefestigkeit-m.html?cHash=bfb2d1275aa09035a6ceb897a4532d43, 12.1.2017.

Engelmann, Fabian/Halkow, Anja (2008): Der Settingansatz in der Gesundheitsförderung. In: Veröffentlichungsreihe der Forschungsgruppe Public Health. Wissenschaftszentrum Berlin Forschung für Sozialforschung (WZB). www.ssoar.info/ssoar/handle/document/29406, 03.03.2017.

Faller, Gudrun (Hrsg.) (2017): Lehrbuch Betriebliche Gesundheitsförderung. 3., überarb. Aufl., Bern: Hogrefe. doi.org/10.1024/85569-000

Fersahoglu-Weber, Rifat/Steinhardt, Nadine (2016): Tradition und Innovation. Strategien für die Zukunft der Sozialwirtschaft. Bericht über den 9. Kongress der Sozialwirtschaft 2015 in Magdeburg. Bd. 40, Baden-Baden: Nomos.

Franke, Alexa (2012): Modelle von Gesundheit und Krankheit. 3., überarb. Aufl., Bern: Huber.

Franzkowiak, Peter (2006): Präventive Soziale Arbeit im Gesundheitswesen. München: Reinhardt.

Franzkowiak, Peter/Homfeldt, Hans Günther/Mühlum, Albert (2011): Lehrbuch Gesundheit. Weinheim: Juventa.

Geene, Raimund (2014): Gesundheitsförderung und Frühe Hilfen. Kongress Armut und Gesundheit: Gesundheit nachhaltig fördern, 13./14.3.2014, TU Berlin, www.fruehehilfen.de/fileadmin/user_upload/fruehehilfen.de/pdf/19_Kongress_Armut_und_Gesundheit_Vortrag_Geene_2014.pdf, 30.1.2017.

Geene, Raimund/Reese, Michael (2016): Handbuch Präventionsgesetz. Neuregelungen der Gesundheitsförderung. Frankfurt a.M.: Mabuse.

Ghadiri, Argang/Ternès, Anabel/Peters, Theo (Hrsg.): Trends im Betrieblichen Gesundheitsmanagement. Wiesbaden: Springer. doi 10.1007/978-3-658-07978-9

Grossmann, Ralf/Scala, Klaus (2011): Gesundheit durch Projekte fördern. 5. Aufl., Weinheim: Juventa.

Grunwald, Klaus (2015): Sozialwirtschaft. In: Otto, Hans-Uwe/Thiersch, Hans (Hrsg.): Handbuch Soziale Arbeit. 5. Aufl., München: Reinhardt, S. 1654-1668. doi 10.2378/ot4a.art113

Grunwald, Klaus (2014): Sozialwirtschaft. In: Arnold, Ulli/Grunwald, Klaus/Maelicke, Bernd (Hrsg.): Lehrbuch der Sozialwirtschaft. 4. Aufl., Baden-Baden: Nomos, S. 33-63.

Gunkel, Ludwig/Böhm, Sandra/Tannheimer, Nicole (2014): Resiliente Beschäftigte – eine Aufgabe für Unternehmen, Führungskräfte und Beschäftigte. In: Badura, Bernhard/Ducki, Antje/Schröder, Helmut/ Klose, Joachim/Meyer, Markus (Hrsg.): Fehlzeiten-Report 2014. Berlin/Heidelberg: Springer, S. 257-268. doi 10.1007/978-3-662-43531-1_25

Ham, Daniel (2013): Altersgerechte Personalpolitik als Not wendende Strategie. In: Ham, Daniel/Ramon, Birgit (Hrsg.): Altersgerechte Personalentwicklung. Freiburg i.Br.: Lambertus, S. 14-22.

Hartkamp, Matthias/Meckmann, Friedrich (2012): Betriebliches Gesundheitsmanagement. Ressourcen finden, Ressourcen fördern. In: Sozialwirtschaft aktuell 22, H. 6, S. 7-11.
Hartung, Susanne/Rosenbrock, Rolf (2015): Settingansatz/Lebensweltansatz. In: Bundeszentrale für gesundheitliche Aufklärung (BzgA) (Hrsg.): Leitbegriffe der Gesundheitsförderung. www.bzga.de/leitbegriffe/?uid=5bcbbc64cd40b536ec3f93ad1a578094&id=angebote&idx=131 20.2.2017.
Hielscher, Volker/Nock, Lukas/Kirchner-Peters, Sabine/Blass, Kerstin (2013): Zwischen Kosten, Zeit und Anspruch. Das alltägliche Dilemma sozialer Dienstleistungsarbeit. Wiesbaden: Springer.
Homfeldt, Hans Günther/Sting, Stephan (2015): Gesundheit und Krankheit. In: Otto, Hans-Uwe/Thiersch, Hans (Hrsg.): Handbuch Soziale Arbeit. 5. Aufl., München: Reinhardt, S. 620-633.
Hungerland, Eva (2016): Kinder- und Jugendhilfe. Eine gesundheitliche Belastung für Leitungs- und Fachkräfte? In: Unsere Jugend 68, S. 402-410. doi 10.2378/uj2016.art55d
Hurrelmann, Klaus/Klotz, Theodor/Haisch, Jochen (Hrsg.) (2014): Lehrbuch Prävention und Gesundheitsförderung. 4., überarb. Aufl., Bern: Huber.
Hurrelmann, Klaus/Franzkowiak, Peter (2015): Gesundheit. In: Bundeszentrale für gesundheitliche Aufklärung (BzgA) (Hrsg.): Leitbegriffe der Gesundheitsförderung. www.bzga.de/leitbegriffe/?uid=68834ce5b55fa2ee0b48a667b9da30e0&id=angebote&idx=143, 12.2.2017.
Kaba-Schönstein, Lotte (2017): Gesundheitsförderung 3: Entwicklung nach Ottawa. In: Bundeszentrale für gesundheitliche Aufklärung (BzgA) (Hrsg.): Leitbegriffe der Gesundheitsförderung. www.bzga.de/leitbegriffe/?uid=58d4349ed5af7f718fd7df24ea2fd892&id=angebote&idx=202, 9.3.2017.
Kaminski, Martin (2013): Betriebliches Gesundheitsmanagement für die Praxis. Wiesbaden: Springer. doi 10.1007/978-3-658-01274-8
Karsten, Hartmut/Dienel, Christiane (2017): Sicherheit und Gesundheit bei der Arbeit als Politikfeld in Deutschland. In: Faller, Gudrun (Hrsg.): Lehrbuch Betriebliche Gesundheitsförderung. 3., überarb. Aufl., Bern: Hogrefe, S. 477-486.
Kessl, Fabian (2013): Sozialpädagogik und Ökonomisierung. In: Höhne, Thomas (Hrsg.): Glossar Ökonomisierung von Bildung. www.gloeb.de/index.php?title=Sozialp%C3%A4dagogik, 2.3.2017.
Kickbusch, Ilona (2006): Die Gesundheitsgesellschaft. Gamburg: Verlag für Gesundheitsförderung.
Kliner, Karin/Rennert, Dirk/Richter, Matthias (Hrsg.) (2015): BKK Gesundheitsatlas 2015. Berlin: Medizinisch Wissenschaftliche Verlagsgesellschaft.
Knapp, Kornelius (2013): Gesundes Arbeiten in der Sozialwirtschaft gestalten. Antworten auf den demografischen Wandel. Stuttgart: Kohlhammer.
Kuhn, Karl (2017): Der Betrieb als gesundheitsförderndes Setting: Historische Entwicklung der Betrieblichen Gesundheitsförderung. In: Faller, Gudrun (Hrsg.): Lehrbuch Betriebliche Gesundheitsförderung. 3., überarb. Aufl., Bern: Hogrefe, S. 39-56. doi.org/10.1024/85569-000
Lohmann-Haislah, Andrea (2012): Stressreport 2012. Psychische Anforderungen, Ressourcen und Befinden. BAuA Bundesanstalt für Arbeitsschutz und Arbeitsmedizin, Dortmund/Berlin/Dresden. www.baua.de/de/Publikationen/Fachbeitraege/Gd68.html, 19.2.2017.
Naidoo, Jennie/Wills, Jane (2010): Lehrbuch der Gesundheitsförderung. Herausgegeben von der Bundeszentrale für gesundheitliche Aufklärung. 2., überarb. Aufl., Grafling: Conrad.
Nationale Präventionskonferenz (NPK) (Hrsg.) (2016): Bundesrahmenempfehlungen der Nationalen Präventionskonferenz nach § 20d abs. 3 SGB V. www.gkv-spitzenverband.de/media/dokumente/presse/pressemitteilungen/2016/Praevention_NPK_BRE_verabschiedet_am_19022016.pdf, 12.2.2017.
Ortmann, Karheinz/Waller, Heiko (2005): Gesundheitsbezogene Sozialarbeit. Eine Erkundung der Praxisfelder. Grundlagen der Sozialen Arbeit. Bd. 13. Baltmannsweiler: Schneider.
Pieck, Nadine (2017): Betriebliche Gesundheitsförderung umsetzen – ein Überblick. In: Faller, Gudrun (Hrsg.): Lehrbuch Betriebliche Gesundheitsförderung. 3., überarb. Aufl., Bern: Hogrefe, S. 179-188. doi.org/10.1024/85569-000
Ramon, Birgit (2013): Der Faktor „Führung" – Die Rolle der Führungskraft in sozialen Einrichtungen vor dem Hintergrund des demografischen Wandels. In: Ham, Daniel/Ramon, Birgit (Hrsg.): Altersgerechte Personalentwicklung. Freiburg i.Br.: Lambertus, S. 239-252.
Rixgens, Petra (2009): Mitarbeiterbefragung. In: Badura, Bernhard/Walter, Uta/Hehlmann, Thomas (2009): Betriebliche Gesundheitspolitik. Der Weg zur gesunden Organisation. 2., überarb. Aufl., Heidelberg: Springer, S. 205-212.
Sabath, Bettina (2014): Lebensphasenorientierte Personalpolitik als wichtige Strategie im Unternehmen. In: Rump, Jutta/Eilers, Silke (Hrsg.): Die Lebensphasenorientierte Personalpolitik. Stuttgart: Springer, S. 215-226.
Schleicher, Robert (2009): Gefährdungsbeurteilung. In: Badura, Bernhard/Walter, Ulla/Hehlmann, Thomas (2009): Betriebliche Gesundheitspolitik. Der Weg zur gesunden Organisation. 2., überarb. Aufl., Heidelberg: Springer, S. 213-222.

Schlicht, Wolfgang/Zinsmeister, Marcus (2015): Gesundheitsförderung systematisch planen und effektiv intervenieren. Heidelberg: Springer. doi 10.1007/978-3-662-46989-7

Schwartz, Friedrich W./Walter, Ulla/Siegrist, Johannes/Kolip, Petra/Leidl, Reiner/Dierks, Marie-Luise/Busse, Reinhard/Schneider, Nils (Hrsg.) (2012): Public Health. Gesundheit und Gesundheitswesen. 3., überarb. Aufl., München: Urban & Fischer.

Stadler, Wolfgang/Steinke, Joß (2014): Die Freie Wohlfahrtspflege in Europa: Perspektiven in schwierigen Zeiten. In: Theorie und Praxis der Sozialen Arbeit 65, H. 2, S. 87-94.

Stilijanow, Ulrike/Richter, Gabriele (2017): Gesunde Führung. In: Faller, Gudrun (Hrsg.): Lehrbuch Betriebliche Gesundheitsförderung. 3., überarb. Aufl., Bern: Hogrefe, S. 233-242. doi.org/10.1024/85569-000

Töpsch, Karin (2014): Gesundheit und Alter managen? Erkenntnisse aus Theorie und Praxis. In: Beschäftigung innovativ gestalten. Bericht über den 8. Kongress der Sozialwirtschaft 2013 in Magdeburg. Bd. 37. Baden-Baden: Nomos, S. 211-218.

Trojan, Alf (2011): Interview. In: Ruckstuhl, Brigitte: Gesundheitsförderung. Entwicklungsgeschichte einer neuen Public Health-Perspektive. Weinheim: Juventa, S. 120-127.

Trunk, Janine/Damke, Christian (2014): Arbeitszeitgestaltung in sozialen Handlungsfeldern. In: Soziale Arbeit 63, H. 1, S. 16-21.

Voss, Dorothea (2015): Was sich ändern muss für mehr gute Arbeit im Sozialsektor. In: Theorie und Praxis der Sozialen Arbeit 66, H. 5, S. 349-351.

Wendt, Wolf Rainer (2014): Was ist Sozialwirtschaft? In: Jugendhilfe 52, H. 4, S. 249-253.

Wendt, Wolf Rainer (2013a): Sozialwirtschaft. In: Grunwald, Klaus/Horcher, Georg/Maelicke, Bernd (Hrsg.): Lexikon der Sozialwirtschaft. 2., überarb. Aufl., Baden-Baden: Nomos, S. 965-968.

Wendt, Wolf Rainer (2013b): Sozialwirtschaft. In: Wöhrle, Armin/Beck, Reinhilde/Grunwald, Klaus/Schellberg, Klaus/Schwarz, Gotthart/Wendt, Wolf Rainer: Grundlagen des Managements in der Sozialwirtschaft. Baden-Baden: Nomos, S. 11-34.

Wendt, Wolf Rainer (2010): Wohlfahrtsarrangements. Neue Wege in der Sozialwirtschaft. Baden-Baden: Nomos.

Weltgesundheitsorganisation (WHO) (Hrsg.) (2017): Introduction to Healthy Settings. www.who.int/healthy_settings/about/en/, 1.2.2017.

Weltgesundheitsorganisation (WHO) (Hrsg.) (1986): Ottawa-Charta zur Gesundheitsförderung, autorisierte deutsche Übersetzung, Kopenhagen: WHO. tinyurl.com/lvn7sk6, 6.2.2017.

Qualitätsmanagement in der Sozialwirtschaft

Klaus Grunwald

Ihren Stellenwert für Theorie und Praxis der Sozialwirtschaft erhält die Debatte um ‚Qualität' insbesondere angesichts von drei Entwicklungen in Sozialwirtschaft und Sozialer Arbeit. Zunächst ist hier der Wandel ökonomischer Rahmenbedingungen zu nennen, der eine verstärkte Verankerung betriebswirtschaftlicher Zugänge in sozialwirtschaftlichen Einrichtungen und sozialen Diensten mit sich brachte und bringt. Ein zweiter wesentlicher Aspekt ist die umfassende Verankerung des Themas ‚Qualität' in für sozialwirtschaftliche Einrichtungen relevanten Sozialgesetzen. Insofern hat der Gesetzgeber die Bedeutung des Themas für die Sozialwirtschaft massiv gefördert (Dahme/Wohlfahrt 2015, S. 1279ff.). Ein dritter und nicht zu vernachlässigender Gesichtspunkt ist eng mit dem Professionalisierungsdiskurs (in) der Sozialen Arbeit – genauer: mit der Stellung der Sozialen Arbeit „zwischen Profession und Organisation" – verbunden (Dewe/Otto 2015, S. 1237ff.). Trotz (und gerade wegen) der erheblichen Expansion, Verwissenschaftlichung und Professionalisierung der sozialen Berufe und des Ausbaus des sozialstaatlichen Hilfesystems gab es spätestens seit den 1990er-Jahren und gibt es bis heute immer wieder deutliche Zweifel an der Effektivität sozialstaatlicher Leistungen sowie an dem Erfolg sozialpädagogischen (methodischen) Handelns. Vor diesem Hintergrund werden Forderungen nach einer „Bewertung der fachlichen Arbeit", nach einer „Behebung arbeitsfeldspezifischer Mängel" und nach „verbesserter Legitimation Sozialer Arbeit durch den Nachweis von ‚Wirksamkeit'" erhoben, die die Konjunktur des Themas ‚Qualität(smanagement)' deutlich verstärkt haben (Merchel 2017a, S. 762; siehe auch Bleck 2016).

Aus *neo-institutionalistischer Sicht* ist die Konjunktur der Qualitätsdebatte maßgeblich darauf zurückzuführen, dass es institutionalisierte Erwartungen der Umwelt gibt, die eine explizite und systematisierte Bearbeitung des Themas ‚Qualität' fordern. Organisationen – so Walgenbach/Beck – werden „weniger auf der Basis der technischen Erfordernisse der Produktion und des Tausches ausgestaltet (...), sondern vielmehr entsprechend den institutionalisierten Anforderungen und Erwartungen in der Umwelt der Organisation: Organisationen adoptieren Elemente, die von Anspruchsgruppen in der Umwelt als rationale Mittel zur Erreichung bestimmter Zwecke angesehen werden, und zwar unabhängig von deren Auswirkungen auf die Effizienz der Produktions- und Tauschprozesse der Organisation" (2000, S. 325; siehe auch Walgenbach 2001).[1] Dies bedeutet, dass die Erwartung der Umwelt, dass eine Organisation sich intensiv, systematisch und erkennbar mit dem Thema ‚Qualität' befasst und „das Erzeugen von Qualität nicht personellen Zufälligkeiten innerhalb der Organisation" überlässt, berücksichtigt werden muss, um nicht den Verlust der Legitimation seitens der Umwelt (Politik, Öffentlichkeit, Auftraggeber) zu riskieren (Merchel 2017b, S. 362). Die legitimatorische Bedeutung des Themas ‚Qualität' ist hoch und Einrichtungen der Sozialwirtschaft tun gut daran, dies – unabhängig vom realen ‚Gewinn' einer Beschäftigung mit dem Thema – zu berücksichtigen.

Angesichts der legitimatorischen Bedeutung des Themas ‚Qualität' für sozialwirtschaftliche Organisationen besteht aber die *Gefahr*, dass diese sich zwar „auf der semantischen Ebene der Qualitätsanforderung" öffnen, „ohne sich jedoch dem Sinn dieser Anforderungen zu stellen"

1 Zur Produktivität dieser Theorieperspektive, die sich in vielen Beiträgen dieses Handbuchs widerspiegelt, sei verwiesen auf Walgenbach (2014, S. 295ff.); Drepper (2010); siehe Grunwald/Langer in diesem Band.

(Merchel 2017b, S. 363f.). Unterschiedlichste Vorgänge werden ,umetikettiert' zu Prozessen des Qualitätsmanagements (so werden z.B. kollegiale Beratung und Supervisionen zu Formen der Evaluation, Teamgespräche zu Qualitätszirkeln o.a.m.), was durch die semantische Unbestimmtheit des Begriffes ‚Qualität' befördert wird. Viele Handlungsweisen in der Organisation werden an einem relativ schlichten Verständnis von Qualitätsmanagement ausgerichtet, ohne die reflexive ‚Sinn'-Ebene zu berücksichtigen. Entscheidend für die Legitimität von Handeln wird, ob die Mitarbeitenden geltende Verfahrensregeln ‚korrekt' – gewissermaßen als „Ausführungsorgane bürokratischer Regeln" – umsetzen und nicht, ob sie in der Lage sind, berufliches Handeln trotz (und evtl. gerade wegen) eines gewissen Handlungsspielraumes als fachlich angemessen begründen können (ebd.). ‚Standards' drohen auf diese Weise notwendige informelle Handlungsspielräume zu beschneiden und Strategien und Verfahren zu sinnentleerten Qualitätsmanagement-Routinen zu werden, womit die potentiellen Chancen einer intensiven Auseinandersetzung mit dem Thema Qualitätsmanagement und seiner möglichen Bedeutung für die eigene Organisation verspielt werden (ebd.).

Insofern werden in diesem Beitrag zunächst die Begriffe ‚Qualität' und ‚Qualitätsmanagement' geklärt (1), um dann ‚Qualitätssicherung', ‚Qualitätsentwicklung' und ‚Qualitätsmanagement' genauer voneinander abzugrenzen (2). Abschließend werden Spezifika und Herausforderungen des Qualitätsmanagements in der Sozialwirtschaft diskutiert (3).[2]

1. Begriffliche Klärungen: ‚Qualität' – ‚Qualitätsmanagement'

Bei der Auseinandersetzung mit dem Themengebiet des ‚Qualitätsmanagements' liegt eine zentrale Problematik darin, dass die Begrifflichkeiten, die in der Qualitätsdebatte verwendet werden, höchst unterschiedlich gefüllt und mit sehr verschiedenen Intentionen verbunden werden: Konzepte des Qualitätsmanagements haben Sozialwirtschaft und Soziale Arbeit seit Mitte der 90er Jahre zwar deutlich geprägt, jedoch ohne dass immer klar wäre, von welchem Verständnis von ‚Qualität' – und darauf aufbauend von ‚Qualitätsmanagement' – eigentlich ausgegangen wird.

Aus *dienstleistungsökonomischer Perspektive* kann sich der Begriff der ‚Qualität' u.a. auf (1) die Beschaffenheit eines Produktes oder einer Dienstleistung (absoluter Qualitätsbegriff), (2) die Orientierung an bestimmten Kriterien der Herstellung des Produktes beziehungsweise der Dienstleistung (produktbezogener Qualitätsbegriff), (3) die Tauglichkeit desselben/derselben aus der Perspektive der Kund_innen (kundenbezogener Qualitätsbegriff) oder (4) die Relation zum zu entrichtenden Preis (wertorientierter Qualitätsbegriff) beziehen (Bruhn 2016, S. 29ff.). Diese allgemeine Betrachtungsweise wird von Flösser/Westheide für soziale Dienstleistungen konkretisiert (2016, S. 1129ff.). Sie unterscheiden die heute diskutierten Modelle danach, „ob die Qualität der zu erbringenden Dienstleistungen eher aus der Perspektive der Anbieter oder aus der Perspektive der Nachfragenden definiert wird" und differenzieren zwischen „anbieterorientierter Qualitätsbemessung" („produktbezogener", „fertigungsbezogener" oder „expertokratischer Ansatz"), „nachfrageorientierter Qualitätsbemessung" (zu ihnen zählen auch „konsumeristische Ansätze") und „phasenbezogener Qualitätsbemessung" (z.B. die Differenzierung von Donabedian in Struktur-, Prozess- und Ergebnisqualität) (ebd.).

2 Dieser Beitrag greift passagenweise u.a. auf Grunwald (2016) zurück und führt diesen Beitrag weiter.

Der Begriff der ‚Qualität' kann aus *erziehungswissenschaftlicher Perspektive* eine „deskriptiv-analytische" Dimension (Um welchen Sachverhalt geht es? Wie lässt er sich wertneutral beschreiben?), eine „evaluative" (Wie kann ein Gegenstand unter Bezug auf bestimmte Kriterien/Maßstäbe bewertet werden?) oder/und eine „operative" Dimension (Wie lässt sich ein Gegenstand, Vorgang oder Sachverhalt ‚herstellen', verändern oder ‚optimieren'?) beinhalten (Köpp/Neumann 2003, S. 138).[3] Dabei können „unterschiedliche Handlungs- und Gestaltungsebenen" differenziert werden: „die Ebene der Interaktion, der Organisation und der Gesellschaft" (Hartz 2012, S. 51; Zech 2015, S. 27ff.).

Während ‚Qualität' umgangssprachlich häufig im Zusammenhang mit der theoretisch vorstellbaren höchsten Güte oder dem Vergleich mit der Leistungsqualität konkurrierender Anbieter verstanden wird (‚absoluter Qualitätsbegriff'), legt *modernes Qualitätsmanagement* den Schwerpunkt auf die Gewichtung derjenigen Anforderungen, die einen dauerhaften Nutzen für die Kund_innen in den Mittelpunkt stellen (Wächter 2004, Sp. 1221): „Vor allem die Betonung der Kundenperspektive, die Orientierung am Kunden und seinen Erwartungen an Güter und Dienstleistungen, sorgt dafür, dass ingenieurszentrierte expertokratische, professionelle oder paternalistische Qualitätsdefinitionen in den Hintergrund treten (...). Der neue Qualitätsbegriff beinhaltet – nicht nur auf die Soziale Arbeit bezogen – eine Kampfansage des Managerialismus an Experten und Professionen" (Dahme/Wohlfahrt 2015, S. 1279).

Die deutsche Gesellschaft für Qualität e.V. sowie das Deutsche Institut für Normung e.V. (DIN) definieren die *‚Qualität' von Dienstleistungen oder Produkten* dementsprechend als „die Gesamtheit von Merkmalen (und Merkmalswerten) einer Einheit bezüglich ihrer Eignung, festgelegte und vorausgesetzte Erfordernisse zu erfüllen" (nach Bruhn 2016, S. 29; siehe auch Deutsche Gesellschaft für Qualität e.V. 2016, S. 29f.). In der aktuell geltenden Begriffsnorm zum Qualitätsmanagement der ISO 9000:2015 wurde der Qualitätsbegriff neu gefasst als der „Grad, in dem ein Satz inhärenter Merkmale eines Objekts Anforderungen erfüllt" (Herrmann/Fritz 2016, S. 30). Diese Definition weist darauf hin, dass ‚Qualität' nicht „essenzialistisch" als „unveränderliches (und daher als unproblematisch messbares) Merkmal von Gegenständen" zu begreifen ist, das „ihnen wesensmäßig anhaftet" (Beckmann et al. 2004, S. 10). Qualität ist vielmehr ‚relational' und als ‚Maßstabsbegriff' zu verstehen (Zollondz 2016b, S. 857) und die gegebenen Erfordernisse werden vorausgesetzt, ohne dass sie immer ausdrücklich benannt würden.

Qualität ist also keine Wesenseigenschaft oder absolute Größe, sondern immer auf Kriterien bezogen. Diese *Kriterien differieren von Anspruchsgruppe zu Anspruchsgruppe*, was gerade angesichts der Vielfalt derselben in der Sozialwirtschaft von besonderer Bedeutung ist. Die Definition von Qualität ist nicht nur von den tatsächlich am Leistungsprozess Beteiligten (Leistungsanbieter, unmittelbare Empfänger_innen), sondern auch von anderen Interessensträgern wie Angehörigen, Politik, Öffentlichkeit, Träger oder konkurrierenden Einrichtungen abhängig. Sie alle haben häufig unterschiedliche Vorstellungen, an denen sich ihre Qualitätserwartungen orientieren (Merchel 2013, S. 39ff.). Flösser/Westheide konkretisieren diese Sichtweise für die Frage, wer als ‚Kund_in' Sozialer Arbeit in Frage kommt und benennen als mögliche Kund_innen sozialer Dienstleistungen „erstens die Auftraggeber, zweitens die Finanziers, drittens die Mitarbeiterinnen und Mitarbeiter und viertens die Bürgerinnen und Bürger" (2016,

3 Honig (2002) benennt zusätzlich noch eine „normative Dimension", bei der es darum geht, wie ein Vorgang oder ein Produkt beurteilt wird.

S. 1131). Dies bedeutet, dass die professionelle Perspektive, die den (häufig auch nicht einheitlichen) Stand der Fachdiskussion wiedergibt, konkurriert mit der „adressatenbezogenen Sichtweise der Leistungsempfänger, der Sichtweise der Leistungsfinanzierer und der organisationsbezogenen Perspektive der Leistungserbringer", wobei „eine Kongruenz der Perspektiven bei der Definition von Qualität und bei der Bewertung der Leistung nach solchen Kriterien sehr unwahrscheinlich ist" (Merchel 2017a, S. 763).

Zu berücksichtigen ist schließlich, dass die für die unterschiedlichen Anspruchsgruppen als gültig formulierten Kriterien, die zu ihrer jeweiligen Konkretisierung von ‚Qualität' führen, grundsätzlich *dynamisch und variabel* sind: Fachliche Positionen können sich in Abhängigkeit von professionellen oder disziplinären Diskursen und ihren ‚Erkenntnissen' wandeln und auch die unterschiedlichen Anspruchsgruppen können ihre Kriterien mehr oder weniger schnell und umfassend verändern (ebd.).

Diese Qualitätsvorstellungen sind darüber hinaus abhängig von der *Definitionsmacht* der jeweiligen Kundengruppe, womit sich die Frage der *Marktmacht* einer Anspruchsgruppe und ihrer Einflussmöglichkeiten auf die Definition der Qualität der Dienstleistung stellt. Hier ist zu betonen, dass gerade die Sicht derjenigen, die eine relativ schwache Position einnehmen, bei Strategien und Verfahren des Qualitätsmanagements gestärkt werden sollte. Wenn Qualität demnach durch die Übereinstimmung der Anforderungen mit der realisierten Leistung definiert wird, müssen jene Kriterien oder Standards zwischen den beteiligten Anspruchsgruppen ausgehandelt werden, wobei die häufig höchst unterschiedliche Verhandlungsposition der einzelnen Kundengruppen zu berücksichtigen ist.

In der Alltagssprache wird der Qualitätsbegriff häufig mit einer positiven Bewertung verknüpft. Deswegen wird er „gewöhnlich mit normativen Setzungen verkoppelt", die sich in Relationen zwischen den „Erwartungen an eine Leistung einerseits und dem Erleben des Leistungsprozesses und seiner Ergebnisse andererseits" widerspiegeln (Merchel 2017a, S. 763). Diese *normativen Setzungen* sind nicht allgemein gültig, sondern abhängig von den Interessen und den Sichtweisen derjenigen, die sie vornehmen; in der Sozialwirtschaft gehen diese zwischen der Profession, den Financiers, den (häufig verschiedenen) Adressat_innen und den „Akteure(n) der leistungserbringenden Organisation (möglicherweise differenziert nach Berufsgruppen oder nach hierarchischer Position innerhalb der Organisation)" meist deutlich auseinander (ebd.). Insofern sind bei der Bestimmung der Qualität sozialer Dienstleistungen *ethische und normative Fragen* von großer Bedeutung, wie Heiner schon am Beginn des Qualitätsdiskurses in der Sozialwirtschaft festgestellt hat: „Die Qualität von Humandienstleistungen hängt entscheidend davon ab, welche Vorstellungen eine Gesellschaft und dabei auch die zuständigen Berufe davon haben, wie man mit Menschen umgehen sollte, was man ihnen zumuten darf und was man ihnen schuldet" (1996, S. 228; Grunwald 2015b, S. 122; Zech 2015, S. 35; Maaser 2004). Vor diesem Hintergrund lässt sich die Begriffsbestimmung von ‚Qualität' erweitern und konkretisieren. Unter *„sozialer Qualität"* ist dann mit Speck „der Wert oder die Güte professionellen sozialen Handelns bzw. einer sozialen Organisation im Sinne ihrer Zweckbestimmung auf der Basis anerkannter fachlicher Normen und eines humanen Wertesystems" zu verstehen (2004, S. 23; Hervorhebung KG). *‚Qualität'* kann also allgemein begriffen werden als „ein Konstrukt, bei dem Personen sich (implizit oder explizit) in einem Vorgang der Normsetzung auf Bewertungsmaßstäbe verständigt haben und diese unter Einbeziehung ihrer Erwartungen auf einen Gegenstand oder einen Prozess beziehen" (Merchel 2017a, S. 763f.; siehe auch Zollondz 2016b, S. 857ff.). Damit ist ‚Qualität' eine „reflexive, substantiell auf Diskurs verwiesene Kategorie" und grundsätzlich mit dem Dialog zwischen Beteiligten verbunden.

‚*Qualitätsmanagement*' umfasst vor diesem Hintergrund zunächst einmal die Gesamtheit aller Anstrengungen in einer Organisation, die Qualität der Dienstleistungen zu entwickeln, aufrecht zu erhalten und zu fördern. Wenn ‚Qualität' als reflexive, dialogische und diskursorientierte Kategorie verstanden wird, bedeutet dies für ‚Qualitätsmanagement', dass es grundsätzlich – unabhängig von spezifischen Modellen – „elementar mit Aushandlungsvorgängen verbunden" ist, die sich „gleichermaßen auf die Konstruktion von Bewertungsmaßstäben für Qualität wie auf die Verfahren der Qualitätsbewertung beziehen müssen" (Merchel 2017a, S. 763f.).

Konzepte des Qualitätsmanagements haben eine eindrucksvolle geschichtliche *Entwicklung* durchlaufen, die von der Fehlersuche durch Spezialist_innen bis zur Philosophie des Total Quality Management (TQM) reicht (Grunwald 2013e; Herrmann/Fritz 2016, S. 261ff.; Zollondz 2016a; Malorny 2014).[4] Qualitätsmanagement wird heute oft eingeordnet in den Zusammenhang „Integrierter Managementsysteme" (IMS) (Schnauber 2016; Schreiber 2014).[5] Sie können konkretisiert werden in *branchenübergreifenden Modellen* wie der Differenzierung von Donabedian zwischen Struktur-, Prozess und Ergebnisqualität,[6] der DIN EN ISO 9000ff. oder dem EFQM.[7] Ebenfalls im Kontext von Qualitätsmanagement diskutiert werden Fragen der Evaluation und Selbstevaluation sowie teilweise das Konzept der Balanced Scorecard (Grunwald 2013a; Grunwald/Steinbacher 2013a; 2013b). Neben Konzepten speziell für Dienstleistungen im Kontext des Dienstleistungsmanagements (Bruhn 2016) und arbeitsfeldübergreifenden Verfahren wie der „Kundenorientierten Qualitätstestierung für Soziale Dienstleistungsorganisationen" (Zech 2014) oder der „Partizipativen Qualitätsentwicklung" (König 2009) gibt es vielfältige *spezifische Modelle* beispielsweise für die Felder Öffentliche Verwaltung, ambulante und (teil-)stationäre Pflege, Akutpflege, Altenhilfe, Behindertenhilfe, Rehabilitation, Kinder- und Jugendhilfe, Erziehungshilfen, Jugendarbeit, Kindertageseinrichtungen, (Sozial-)Psychiatrie, Schule oder Erwachsenenbildung.[8]

Modelle des Qualitätsmanagements bauen dabei auf unterschiedlichen sozialgesetzlichen Regelungen auf, die allgemein eine nachzuweisende Qualitätsorientierung oder spezielle Verfahren des Qualitätsmanagements fordern (Merchel 2013, S. 23ff.; Vomberg 2010, S. 36ff.). In manchen Arbeitsfeldern der Sozialwirtschaft (beispielsweise für Kindertageseinrichtungen) gibt es eine große Anzahl von Modellen, bei denen Qualitätsmanagement nicht nur die Gestaltung der Organisation in den Blick nimmt, sondern, ausgehend von einer inhaltlich bestimmten Vorstel-

4 Zur Differenzierung zwischen ‚Konzepten', ‚Modellen' und ‚Systemen' des Qualitätsmanagements siehe auch Friedli et al. (2014).

5 Ein spezifisches Qualitätsmanagementmodell ist das „St. Galler Modell Integriertes Qualitätsmanagement" (Seghezzi 2016), in dem Qualitätsmanagement als Teil „Integrierter Managementsysteme" mit dem St. Galler Managementkonzept und seinem Qualitätsverständnis verknüpft werden; siehe auch das „Konzept Integriertes Management" (Bleicher 2011, S. 453).

6 In manchen Feldern von Sozialwirtschaft und Sozialer Arbeit wird auch von ‚Konzeptqualität' oder von ‚Orientierungsqualität' gesprochen, beispielsweise in Kindertageseinrichtungen (Tietze/Viernickel 2016).

7 Weiterführende Hinweise zu branchenübergreifenden Modellen finden sich bei Grunwald (2013b; 2013d); Grunwald/Otto (2013a; 2013b); Grunwald/Wallenwein (2013a; 2013b); Kuhn (2017); Zollondz et al. (2016); Deutsche Gesellschaft für Qualität e. V. (2016); Brugger-Gebhardt (2016); Herrmann/Fritz (2016, S. 203ff.); Zollondz (2011, S. 231ff.); Vomberg (2010, S. 73ff.); kritisch insbesondere Dahme/Wohlfahrt (2015, S. 1281ff.); Zech (2015, S. 7ff.).

8 Weiterführende Hinweise zu spezifischen Modellen finden sich u.a. bei Zollondz et al. (2016); Schmidt-Hertha/Tippelt 2016; Emanuell (2015, S. 117ff.); Dahme/Wohlfahrt (2015, S. 1283f.); Merchel (2013a, S. 131ff.); Wright (2010); Gerull (2007, S. 79ff.); Dubs (2006); Görres et al. (2006).

lung einer ‚qualitätsvollen Dienstleistung', Aussagen zur Organisationsgestaltung mit Aussagen zu einer ‚guten Praxis' verbindet (siehe u.a. Tietze/Viernickel 2016; Preissing/Heller 2014).

Die verschiedenen *Ansätze des Qualitätsmanagements* lassen sich mit Merchel *vergleichen* hinsichtlich der Polaritäten Selbstbewertung (Verfahren der Selbstevaluation) versus Fremdbewertung (Zertifizierung von außen), quantitativer (Bezug auf Kennzahlen) versus qualitativer Methodik (Moderation von Qualitätsdiskursen), der Begrenzung auf die einzelne Organisation versus den Vergleich mit anderen Einrichtungen (z.B. Methoden des Benchmarkings), der Fokussierung auf fachliche Aspekte (eher als Thema der Sozialen Arbeit) versus Steuerung der gesamten Organisation (als ein Thema der Unternehmenssteuerung neben anderen zentralen Managementthemen) sowie der Betonung spezifischer Qualitätsaspekte versus der „gesamten Qualitätsabläufe der Organisation" (2013, S. 146f.), beispielsweise im Zeichen von ‚Total Quality Management' (Grunwald 2013e).

2. Zur Differenzierung von ‚Qualitätssicherung', ‚Qualitätsentwicklung' und ‚Qualitätsmanagement'

Qualitätsmanagement ist deutlich zu unterscheiden von Qualitätssicherung und Qualitätsentwicklung; diese Begriffe werden teilweise sehr unscharf und mit vielfältigen Überschneidungen verwendet.

Der Begriff der *Qualitätssicherung* nimmt idealtypisch vor allem die Frage in den Blick, mit welchen formalen Methoden und Instrumenten Qualität ‚gemessen' und ‚(ab-)gesichert' – im Sinne von ‚geplant' und ‚dauerhaft erhalten' – werden kann. Durch die Aufnahme dieses Begriffes in das Sozialrecht (z.B. SGB III, SGB V, SGB VIII, SGB IX, SGB XI) wurde die Fachdebatte in vielen Arbeitsfeldern beeinflusst. Er ist allerdings aufgrund seiner technologischen Implikationen auch umstritten. Im Prinzip wird davon ausgegangen, dass nur ‚gesichert' werden kann, was bereits eindeutig definiert und formuliert ist. Genau diese Voraussetzung ist aber in vielen Feldern der Sozialwirtschaft nicht gegeben, sondern es ist oft unklar, wie denn genau Qualität bestimmt werden kann und wie allgemeine ‚Konzeptbegriffe' (Empowerment, Lebensweltorientierung, Lebensqualität, Normalisierung, Integration, Inklusion, Prävention usw.) so ausbuchstabiert werden können, dass mess- und bewertbare Qualitätsmaßstäbe als Grundlage für eine fundierte Qualitätsarbeit entstehen (Grunwald 2015b, S. 122ff.; Merchel 2013, S. 32).[9] Insofern geht es häufig nicht primär um die Sicherung einer statischen Qualität, sondern um die Entwicklung von Qualität. Außerdem besteht im Zusammenhang mit Anstrengungen der Qualitätssicherung die Gefahr, dass das Bemühen um die möglichst genaue und konkrete Festschreibung von fachlichen Standards im Sinne der Qualitätssicherung ihre Weiterentwicklung – insbesondere bei einer Beschränkung auf strukturelle oder quantitative Aspekte – behindert oder sogar verunmöglicht.[10]

9 Das Konzept der Lebensweltorientierten Sozialen Arbeit beispielsweise kann als eine Folie betrachtet werden, die für die Reflexion von Fachfragen der Sozialen Arbeit im Rahmen von Qualitätsentwicklung produktiv genutzt werden kann. Dies bedeutet nicht, dass Lebensweltorientierte Soziale Arbeit ‚Rezepte' vorgeben könnte, wie *fachliches Qualitätsmanagement* ‚erfolgreich' ist, wie es ‚gelingt'. Lebensweltorientierte Soziale Arbeit kann aber als Konzept Reflexionsanregungen geben und Fragen formulieren, die in den jeweils konkreten Praxiskontexten vor Ort dazu dienen können, Praxis reflexiv und kommunikativ zu einem ‚gelingenderen Alltag' weiterzuentwickeln (Grunwald 2016).

10 Struck formuliert hier bezogen auf die Kinder- und Jugendhilfe, aber gut übertragbar auch auf andere Arbeitsfelder, sehr pointiert, dass pädagogische Prozesse als „sensibel und störanfällig" zu charakterisieren sind, die „durch unsensible Formen äußerer Kontrolle eher behindert als befördert" werden (1999, S. 10).

Der Begriff der Qualitätssicherung ist in gewisser Hinsicht gerade unter den aktuellen sozialpolitischen Vorzeichen für die Realität in vielen Einrichtungen aber sehr wohl zutreffend, soweit die Qualitätsdebatte nicht primär unter sozialpädagogisch-professionellen, sondern vor allem unter *ökonomischen Vorzeichen* geführt wird. Viele Einrichtungen stehen unter Legitimationsdruck und müssen die Güte ihrer Dienstleistungen unter Konkurrenzbedingungen nachweisen, wie auch Flösser/Westheide formulieren: „Es ist selbstverständlich geworden, dass Einrichtungen und Dienste Qualitätsstandards formuliert haben, die dazu geeignet sein sollen, die extern eingeforderten Legitimierungen der Dienstleistungsproduktion, also das Kontrollbedürfnis des Staates unter Wettbewerbsbedingungen, zu befriedigen wie auch die Güte der Dienstleistungsproduktion intern zu steigern. Gerade die extern geforderten Effizienznachweise reduzieren allerdings die professionelle und disziplinär geführte Debatte um die Qualität Sozialer Arbeit alleinig auf Aspekte der Kostenersparnis" (2016, S. 1128; siehe auch Dahme/Wohlfahrt 2015, S. 1285).

Insofern besteht eine grundsätzliche Gefahr darin, dass die Qualitätsdiskussion sich im Rahmen eines *„Etikettenschwindels"* entgegen allen offiziellen und programmatischen Beteuerungen als eines der betriebswirtschaftlichen Elemente erweisen könnte, in deren Folge es zu einem Abbau von fachlichen Qualitätsstandards kommt, wie Meinhold schon früh formuliert hat: „Der Qualitätsbegriff scheint sich in gleicher Weise dafür zu eignen, sowohl Mittelkürzungen im Sozialbereich zu legitimieren als auch Kostenforderungen zu begründen" (2001, S. 137; Böllert 2004). Beckmann et al. pointieren dieses Argument, wenn sie darauf hinweisen, dass es unstrittig ist, dass „den neuen Anforderungen im Zuge der Qualitätsvereinbarungen nicht das Bestreben nach fachlicher Innovation, sondern der Versuch der Kostenersparung zu Grunde liegt" (2004, S. 9). Herrmann/Bolay benennen ein „Spannungsverhältnis des Qualitätsthemas zwischen professioneller Selbstvergewisserung und externer Kontrolle mit fachfremden Methoden" sowie „durch andere Professionen (Verwaltungsfachleute, JuristInnen, BetriebswirtInnen etc.) und politische EntscheidungsträgerInnen" (2015, S. 520). Zech hebt in diesem Zusammenhang hervor, dass „die in Industrie und Dienstleistung gebräuchliche Form des Qualitätsmanagements nicht Qualität managt, sondern die möglichst reibungslose Anpassung der Arbeit an ökonomische Erfolgskriterien" (2015, S. 1). Angesichts dieser Kritik an einer ökonomischen Instrumentalisierung von Qualitätsmanagement ist es wichtig, den Einsatz von Strategien des Qualitätsmanagements permanent mit professioneller und kritischer Distanz zu prüfen (Dahme/Wohlfahrt 2015).

Der Terminus der *Qualitätsentwicklung* „verweist auf eine systematisierende Vorgehensweise der kontinuierlichen Bewertung und prozesshaften Weiterentwicklung der Qualität" bezogen auf die Organisation (‚Strukturqualität'), die Handlungen und Vorgänge (‚Prozessqualität') sowie die Resultate derselben (‚Ergebnisqualität') (Merchel 2017a, S. 764; siehe auch Grunwald 2013d; Grunwald/Otto 2013a; 2013b). Dieser die Dynamik in den Mittelpunkt stellende Begriff knüpft häufig an fachliche Ansätze zur Beförderung von Qualität an, zu denen beispielsweise spezifische Kommunikations- und Entscheidungsstrukturen, Prozesse einer einzelfallbezogenen Hilfe-, Betreuungs- oder Förderplanung, verschiedene Formen der Praxisberatung, Supervision oder der Fort- und Weiterbildung, aber auch infrastrukturbezogene Verfahren wie die integrierte Versorgung oder die Jugendhilfeplanung gehören. Der Begriff betont diese fachlichen, dynamischen und kommunikativ ausgerichteten Verfahren gegenüber den eher formalen, instrumentenbezogenen und statischen Ansätzen der Qualitätssicherung und entwickelt erstere praxisfeld- und einrichtungsspezifisch kontinuierlich weiter (Merchel 2017a, S. 764).

Gerade diese organisationsbezogene Formulierung, Konkretisierung und dauerhafte Weiterentwicklung dessen, was in spezifischen organisationalen und fachlichen Situationen als ‚gute Qualität' der Dienstleistungserbringung angesehen werden kann, ist sehr zu betonen – alle Manuale und Handbücher, die für unterschiedliche Praxisfelder der Sozialwirtschaft ausgearbeitet wurden, erhalten ihre Relevanz und ‚Wirkung' erst durch die permanente Anpassung an und Übertragung auf einrichtungsinterne Gegebenheiten. Dies gilt für den Kern fachlich-sozialpädagogischen Arbeitens, also für „Ziele, pädagogische Konzepte, für tauglich erachtete, erprobte und von den Akteuren sinnhaft verwendete methodische Handlungsweisen, [für] Traditionen in der Organisation, Kooperationsweisen zwischen verschiedenen Akteuren, [für die] Verarbeitung von als spezifisch wahrgenommenen Anforderungen der jeweiligen Adressaten u.a.m." (Merchel 2017a, S. 764). Eine so verstandene Qualitätsentwicklung geht stets mit Organisations- und Personalentwicklung sowie Prozessen des Organisationslernens einher (Zech 2017; siehe Grunwald „Organisationsentwicklung/Change Management in und von sozialwirtschaftlichen Organisationen" in diesem Band; Schröer in diesem Band).

Der Begriff des *Qualitätsmanagements* bezeichnet schließlich die gesamten Anstrengungen einer Organisation, den Qualitätsgedanken in den unterschiedlichen Bereichen, Strukturen, Prozessen und Ergebnissen einer Organisation zu verankern: „Qualitätsmanagement (...) bezieht sich auf alle miteinander abgestimmten Tätigkeiten zur Steuerung einer Organisation unter der Perspektive von Qualität" (Hartz 2012, S. 52). Nach Meinhold/Matul lässt sich Qualitätsmanagement als Gesamtheit aller Aktivitäten definieren, die „darauf zielen, die Erwartungen aller Beteiligten zu erkunden und im Verhältnis zu den Ressourcen aufeinander abzustimmen. (...) Der Begriff ‚Management' verdeutlicht, dass die Entwicklung und Sicherung von ‚Qualität' vorrangig eine Führungsaufgabe ist und alle Mitarbeiter und Ereignisse in einem Unternehmen betrifft" (2011, S. 30). Zu den Beteiligten gehören als zentrale Akteure die Geldgeber und Träger, die Klient_innen oder Nutzer_innen, die Mitarbeitenden und die (internen wie externen) Kooperationspartner. Die Abstimmungsprozesse sind dabei in keiner Weise selbstverständlich oder einfach herstellbar, sondern erfordern viel mikro- und sozialpolitisches wie auch kommunikatives Fingerspitzengefühl (Merchel 2013, S. 175ff.; Moldaschl 2001). Kritisch zu reflektieren sind neben der Gefahr der technologischen Fixierung von Qualitätsmanagement die Herausforderungen der Steuerung von Organisationen und ihrem Qualitätsmanagement (Grunwald 2013c, S. 86ff.) sowie die Notwendigkeit der Berücksichtigung der vielfältigen „paradoxe[n] Effekte und ungewollte[n] Nebenfolgen des Qualitätsmanagements" (Kühl 2015, S. 77ff.). Qualitätsmanagement geht dabei über den Ansatz der Qualitätssicherung heraus, insoweit es nicht nur Ergebnisse mit den gesetzten Standards abgleicht, sondern auch systematisch überprüft, ob die Standards als solche tatsächlich Sinn machen, wie bereits Heiner betont hat: „Jedes Qualitätsmanagement muss also zuerst die Ziele der Intervention begründen und dabei die Kriterien der Beurteilung von Entwicklungen klären" (1996, S. 214). Eine solche systematische Klärung von Zielen und Kriterien ist nur in solchen Settings möglich, in denen eine offene und wertschätzende Kommunikation zwischen ungleichen Gesprächspartner_innen gepflegt sowie Argumentationen unterstützt und herausgefordert werden, wie dies beispielsweise in Qualitätszirkeln gegeben sein kann.

Mit der Differenzierung zwischen Qualitätssicherung, -entwicklung und -management verbunden ist die Frage nach der *zentralen Ausrichtung* von Qualitätsmanagement. Merchel unterscheidet hier sehr treffend „zwei elementare Intentionen": Bei der ersten Intention wird nach dem Muster der Standardisierung von Verfahren „die ‚Herstellung' von Qualität über die Definition von ‚qualitätsförderlichen' Verhaltensanforderungen und über die Überprüfung von deren Einhaltung" beabsichtigt (Qualitätsmanagement eher als Qualitätssicherung verstanden). Bei der zweiten Intention herrscht das Bemühen vor, nach dem Muster einer „kriteriengeleiteten Evaluation" „fachlich bedeutsame Maßstäbe (Qualitätskriterien) für die eigene Arbeit" gemeinsam zu definieren und zu versuchen, „über eine systematische Untersuchung der eigenen Arbeit anhand dieser Maßstäbe Ansatzpunkte für die Verbesserung der eigenen Arbeit zu gewinnen" (Qualitätsmanagement eher als Qualitätsentwicklung verstanden) (2013, S. 142; siehe auch Merchel 2017a, S. 765; Herrmann/Bolay 2015, Grunwald 2015b und bereits früh Heiner 1996). Die dafür notwendigen Begründungen sind transparent zu machen. Beide Intentionen haben ihre Berechtigung, wobei aber genau geprüft werden muss, welche Chancen und Risiken mit ihnen verbunden sind und in welcher (Misch-)Form sie in konkreten Situationen sinnvoll einzusetzen sind. Zu berücksichtigen sind die „grundlegenden Probleme der Messbarkeit von Qualität in nur begrenzt methodisierbaren sozialpädagogischen Handlungsvollzügen, der Vergleichbarkeit und der Zurechenbarkeit koproduktiv gestalteter Prozesse und koproduktiv erstellter Ergebnisse", die sich für die Bewertung der Qualität der Erstellung sozialer Dienstleistungen im Allgemeinen und des sozialpädagogischen Handelns im Besonderen ergeben (Merchel 2017a, S. 766). Dahme/Wohlfahrt heben hervor, dass die „der Standardisierbarkeit zu Grunde liegende Objektivierung der Dienstleistung (...) sich dabei umso schwieriger" gestaltet, „je intensiver der Nachfrager als externer, ‚subjektiver' Faktor in den Prozess der Dienstleistungserstellung eingebunden ist" (2015, S. 1284). Besonders die erstgenannte Intention von Qualitätsmanagement muss dahingehend reflektiert werden, inwieweit ihre Realisierung eine ‚Steuerbarkeit' von Organisationen voraussetzt und welches – mehr oder weniger ‚herorische' – Managementverständnis damit implizit vertreten wird (Grunwald 2013c, S. 86ff.; siehe Grunwald „Management sozialwirtschaftlicher Organisationen" in diesem Band).

3. Spezifika und Herausforderungen des Qualitätsmanagements in der Sozialwirtschaft

Neben der Differenzierung zwischen der Sicherung, der Entwicklung und dem Management von Qualität ist es für das Verständnis der Qualitätsdebatte in der Sozialwirtschaft wichtig, die *Kontexte* zu markieren, die den Rahmen für die Auseinandersetzung mit Fragen des Qualitätsmanagements bilden. Hier kann mit Struck zwischen einem sozialrechtlichen, einem legitimatorischen und einem fachlichen Kontext der Qualitätsdiskussion differenziert werden (1999, S. 13ff.; siehe auch Merchel 2013, S. 17ff.). Die *sozialrechtliche* Dimension nimmt dabei die Notwendigkeit einer Orientierung an den Anforderungen von Gesetzgeber und Kostenträgern in den Blick. Hier wird die Auseinandersetzung mit Instrumenten und Verfahren des Qualitätsmanagements eher bestimmt durch äußeren Druck (Meinhold 2001). Damit eng verbunden ist zum zweiten die *legitimatorische* Dimension. Im Mittelpunkt dieser Betrachtungsweise steht die Verbindung der Qualitätsdebatte mit der Politik als der Instanz, die grundlegende Entscheidungen hinsichtlich der Ressourcenbereitstellung trifft sowie mit der Öffentlichkeit, die diese Entscheidungen maßgeblich beeinflussen kann. Unter der Überschrift des „Qualitätsmanagements" werden insofern „theoretische wie pragmatische Auseinandersetzungen um einen angemessenen Nachweis der Leistungen und ihrer Wirkungen" in der Sozialwirtschaft geführt, weil „unter sich verschärfenden sozialpolitischen Bedingungen die Leistungsanbieter verstärkt herausgefordert werden, Qualitätsnachweise ihrer Arbeit zu erbringen, um sich die Förderung durch öffentliche Mittel und damit ihre eigene Existenz zu sichern" (Flösser/Westheide 2016,

S. 1125f.; zur Differenzierung zwischen ‚Qualität', ‚Wirkung' und ‚Nutzen' siehe Bleck 2016). Die *fachliche* Dimension dagegen steht im Vordergrund, wenn die Auseinandersetzung mit der Qualitätsdebatte gewissermaßen „von innen" kommt und die Beteiligten hoffen, „über Qualitätsbeschreibungen verbindliche Regeln und Klarheit für die interne Kommunikation" und die fachlichen Entscheidungen zu gewinnen (Meinhold 2001, S. 144f.). Bei dieser Dimension liegt der Fokus auf der Orientierung an den Interessen und Blickwinkeln der Nutzer_innen, ohne dass davon ausgegangen werden kann, dass diese Nutzerorientierung tatsächlich in dem Maße realisiert wird, wie dies beabsichtigt und postuliert wird. Gerade deswegen ist zu betonen, dass eine Organisation mit ihren Strukturen, Regeln und Wirkungen immer wieder neu aus der Sicht der Nutzer_innen betrachtet und auf ihre diesbezügliche Veränderungsnotwendigkeit befragt werden sollte (Merchel 2013, S. 197ff.). Zu dieser fachlichen Dimension gehört außerdem, die (insbesondere in der Betriebswirtschaftslehre) häufig vorzufindende Engführung der Qualitätsdebatte auf binnenorganisatorische Zusammenhänge zugunsten einer *Berücksichtigung infrastruktureller, sozialräumlicher und sozialpolitischer Fragen* aufzugeben, wie das im Kontext des Managements sozialer Organisationen bereits seit längerem unter der Überschrift „Vom Sozialmanagement zum Management des Sozialen" diskutiert wird (Grunwald 2009).

Eine gravierende *Gefahr bei einem primär instrumentell konzipierten Qualitätsmanagement* besteht nach Flösser/Westheide darin, dass „profunde Erkenntnisse über das, was eine gute Arbeit in den unterschiedlichen Arbeitsbereichen ausmacht, durch den programmatischen Verweis auf die Existenz eines Qualitätssicherungskonzepts ersetzt werden" und damit keine ernsthaften Beiträge „zu dem, was die ‚Güte' der erbrachten Dienstleistungen ausmacht" erbracht werden (2016, S. 1133). Insgesamt, so stellen die Autorinnen fest, setzen die Konzepte der Qualitätssicherung und des Qualitätsmanagements „einen Schwerpunkt ihrer Bemühungen auf die Herstellung von Transparenz im Produktionsprozess sozialer Dienstleistungen", und zwar „gemeinhin über die Methoden der Standardisierung und der Normierung", beispielsweise mit dem Formulieren von Produktbeschreibungen und Kennziffern, über Systeme der Rechenschaftslegung und der Dokumentation (ebd.). Auf diese Weise laufen sie Gefahr, sich in den „Fallstricke[n] einer Taylorisierung der Arbeitsabläufe" sozialwirtschaftlicher Organisationen zu verstricken und den Aspekt der Zufriedenheit und Motivation von Mitarbeitenden genauso wie die Entwicklung und Umsetzung von Innovationen aus den Augen zu verlieren (ebd.).

Auch bei einem Qualitätsmanagement, das die Sicherung der Qualität sozialer Dienstleistungen expertokratisch stark mit der Professionalität von Fachkräften verknüpft, also die „Relevanz professioneller Kompetenzen für die Güte sozialer Dienstleistungen" unterstreicht, gibt es deutliche Probleme angesichts der „sich in den letzten Jahren *zuspitzenden Trends der Absenkung von Qualitätsstandards in den Arbeitsbedingungen und Anstellungsverhältnissen*" der Fachkräfte (Flösser/Westheide 2016, S. 1134f., Hervorhebung KG; siehe auch Kessl et al. 2016; Beher/Fuchs-Rechlin 2013; Eichinger 2009; auf europäischer Ebene: Wohlfahrt 2016). Hier geht es zum einen um die Frage, wie Arbeitsverträge ausgestaltet sind sowie zum anderen um „die Bedingungen unter denen die tägliche Arbeit stattfindet und die eine gute Arbeit ermöglichen sollen" (ebd.). Zunehmende Berichte über Burnout-Erkrankungen von Professionellen, über steigende Arbeitsbelastung bei sich erhöhenden Fallzahlen, eine zunehmende qualitative und quantitative Arbeitsdichte und öffentlich diskutierte „Skandalfälle", bei denen „die Frage nach den Gründen für nicht gelingende Interventionen und Fehlverhalten der Fachkräfte aufgeworfen wurde", haben hier die (Fach-)Öffentlichkeit zunehmend sensibilisiert (ebd.). Angesichts der in diesen Trends deutlich werdenden „Geringschätzung des gesellschaftlichen Stellenwerts und der Arbeitsleistung der sozialen Berufe“ kann hier von einer „Rückkehr der Sozialpolitik in die Qualitätsdebatte“ gesprochen werden (ebd.). Für Einrichtungen der Sozialwirtschaft stellt sich die Aufgabe, „gute Arbeit – also Qualität – durch gute und umfassende Inputqualität (Qualifikation, Arbeitsverträge und Rahmenbedingungen der Arbeit) zu gewährleisten“ (ebd., S. 1137).

Die Frage nach den Herausforderungen für ein Qualitätsmanagement in sozialwirtschaftlichen Organisationen muss ausgehen von der *spezifischen Bedeutung des Qualitätsdiskurses für Organisationen der Sozialwirtschaft*. Hier ist zunächst festzuhalten, dass die Standards einer qualitativ guten fachlichen Arbeit in der Sozialen Arbeit und die Notwendigkeit deren ständiger Neuformulierung und Überprüfung bereits lange vor der Qualitätsdebatte – beispielsweise unter der Überschrift „Neue Praxis“ – intensiv diskutiert wurden, sei es im Rahmen des Professionalisierungsdiskurses (Dewe/Otto 2015), bestimmter Konzepte wie der Lebensweltorientierten Sozialen Arbeit (Grunwald/Thiersch 2016), der Dienstleistungs- (Grunwald 2012) oder der Methodendebatte (Galuske 2013): „Der Sache nach sind Qualitätsdiskurse immer schon Bestandteile einer reflexiven Disziplin und Profession“ (Dahme/Wohlfahrt 2015, S. 1278). Das eigentlich Neue – und damit auch für die Sozialwirtschaft Bedeutsame – am Qualitätsdiskurs kann darin gesehen werden, dass in diesem Zusammenhang neben den Klient_innen der Sozialen Arbeit, den Professionellen, den sozialen Bewegungen oder dem Sozialstaat – die immer schon Themen waren – die Organisationen als eigenständige Akteure in den Blick genommen werden. Hartz formuliert diesen Gewinn aus erziehungswissenschaftlicher Perspektive: So „bietet die über die Qualitätsdebatte erfolgte Aufwertung und Fokussierung der organisationalen Ebene für die Erziehungswissenschaft die Chance, dass organisationstheoretische Fragestellungen in ihrer Bedeutung für die Disziplin stärker ins Bewusstsein geraten“ (Hartz 2012, S. 52). Die Organisation wird so nicht mehr primär als fremde, beinahe feindliche Macht – insbesondere bei einer Gleichsetzung von Organisation und Bürokratie oder Organisation und Ökonomie – verstanden, sondern ihre Gestaltung wird als notwendiger Bestandteil einer ganzheitlichen sozialpädagogischen Fachlichkeit angesehen.

Eine *erste Anforderung* für ein reflektiertes Qualitätsmanagement in sozialwirtschaftlichen Diensten und Einrichtungen besteht insofern darin, dass im Rahmen von Bestrebungen des Qualitätsmanagements explizit die Verbindung und wechselseitige Bezogenheit von Fachlichkeit der Dienstleistungserbringung und organisationaler Gestaltung hervorgehoben wird und die Schwachstellen der eigenen Organisation als Phänomene von Organisationskulturen und -strukturen ausdrücklich thematisiert und methodisch bearbeitet werden (können). [11]

Zentral ist die Herausforderung, den *„Sinnbezug im Qualitätsmanagement“* zu verbinden mit einer *„reflektierten Steuerungserwartung“* (Merchel 2013, S. 208ff.; Hervorhebung KG; siehe auch Merchel 2017b). Entscheidend ist, dass in Organisationen Klarheit darüber herrscht, (1) warum und mit welcher Zwecksetzung Strategien und Verfahren des Qualitätsmanagements entwickelt, eingesetzt und optimiert werden (sollen) und (2) wo die Grenzen einer organisationalen Steuerung mithilfe von Strategien und Methoden des Qualitätsmanagements liegen. Nur wenn Mitarbeitende verstehen, welcher Sinn dem Einsatz von Aufwand und Ressourcen für

11 Bezüglich der Verbindung von Qualitätsmanagement und Fachlichkeit Sozialer Arbeit wird teilweise davon ausgegangen, Qualitätsmanagement könne als eine dringend notwendige Form der Professionalisierung der Sozialen Arbeit verstanden werden. Die Behauptung der postulierten Einheit von Qualitätsmanagement und Professionalisierung der Sozialen Arbeit hält aber einer genaueren Überprüfung nicht stand (Grunwald 2016, S. 453f.).

Qualitätsmanagement zugrunde liegt, und wie dieser begründet wird, können sie motiviert werden, bei der Qualitätsentwicklung (und ggf. -sicherung) aktiv mitzuwirken und die entsprechenden Vorgaben umzusetzen. Umgekehrt gilt aber auch: Nur wenn Mitarbeitende eingebunden und beteiligt werden, haben sie die Chance, die Bedeutung des Themas und seiner Realisierung für die eigene Einrichtung zu verstehen. Qualitätsmanagement sollte nicht primär betrieben werden, um die Legitimität der Organisation angesichts der Erwartungen der Umwelt sicherzustellen, sondern es sollte intern geklärt und kommuniziert werden, welcher Sinn mit dem Einsatz von Strategien und Verfahren des Qualitätsmanagements verbunden wird. Es muss begründet und transparent gemacht werden, warum der (teilweise hohe) Aufwand betrieben wird und warum bestimmte Verfahren und Zugänge genutzt werden (sollen) – auch um die Mitarbeitenden der unterschiedlichen Bereiche und Hierachieebenen zu gewinnen und um zu verhindern, dass das Thema Qualitätsmanagement technologisch ausgehöhlt wird. Merchel nennt zentrale Fragen, die in Einrichtungen der Sozialwirtschaft gestellt werden sollten, um die Sinnhaftigkeit des Einsatzes von Qualitätsmanagement nachvollziehbar zu machen: „Welchen Sinn ordnen wir den QM-Prozessen zu? Mit welchen QM-Verfahren kommen wir dieser von uns konturierten Sinnhaftigkeit am ehesten nahe? Welchen Aufwand müssen wir beim Qualitätsmanagement betreiben, um uns unseren organisationsspezifischen Sinn-Erwartungen an Qualitätsmanagement auf der Handlungs- und Effektebene anzunähern?" (2017b, S. 366). Wichtig ist aber auch die offene Auseinandersetzung mit den Grenzen einer organisationalen Steuerung – allgemein (siehe Grunwald „Management sozialwirtschaftlicher Organisationen" in diesem Band) und konkret bezogen auf Steuerung mittels Methoden des Qualitätsmanagements. Es muss klar sein, welche Effekte erreicht werden können und welche Effekte vielleicht wünschenswert wären, aber doch eher auf eine Steuerungseuphorie als auf einen Steuerungsrealismus zurückgehen.[12]

Eine große Gefahr insbesondere bei unzureichender Begründung und Kommunikation von Verfahren des Qualitätsmanagements besteht darin, dass diese als „Ausweitung von Kontrolle oder als Mittel zur disziplinierenden Bewertung" erlebt werden und sie so „Gegenstand und Werkzeug mikropolitischer Interventionen" werden auf der Basis der „dem Qualitätsbegriff inhärenten Bewertungsdimension" (Merchel 2017b, S. 367; siehe auch Herrmann/Bolay 2015, S. 520; Moldaschl 2001). Da die *mikropolitische Besetzung und Belastung von Qualitätsmanagement* nicht grundsätzlich verhindert werden kann, muss sie zumindest durch eine offene, explizite und kooperative Erzeugung von Sinn für Strategien und Verfahren des Qualitätsmanagements eingegrenzt werden. Die soziale Dynamik, die durch den Einsatz von Qualitätsmanagement in sozialwirtschaftlichen Organisationen hervorgerufen wird, ist bei der Gestaltung

12 Kühl diskutiert allgemein und jenseits der Sozialwirtschaft, welcher ‚Sinn' – er spricht von ‚Zweck' – hinter Bestrebungen zur Einführung und Legitimation von Qualitätsmanagement stecken mag. Dabei ordnet er Qualitätsmanagement in „Zweck-Mittel-Konstruktionen" ein und stellt fest, dass Qualitätsmanagement „als das zentrale Mittel zur Erfüllung der beiden vermeintlichen Metazwecke der Organisation – ‚Existenzsicherung' und (...) ‚Mitarbeiterbefriedigung'" betrachtet wird (2015, S. 110). Eine solche Einordnung von Qualitätsmanagement zieht er nachdrücklich in Zweifel, wenn er darauf hinweist, dass inzwischen nicht mehr davon ausgegangen wird, „dass eindeutige Zweck-Mittel-Ketten es auch nur annähernd ermöglichen (würden), die Abläufe in Organisationen zu verstehen", dass stattdessen „ein wesentlich komplexeres Verhältnis von Zwecken und Mitteln angenommen" wird und dieses „sich in der organisatorischen Realität gerade auch beim Einsatz von Qualitätsmanagementmethoden beobachten" lässt (ebd., S. 111). Ein Argument unter anderen ist für ihn, dass auch der Einsatz von Methoden des Qualitätsmanagements „nicht nur zur Erfüllung der angestrebten Zwecke" führt, sondern vielmehr „auch eine Vielzahl von ungewollten Nebenfolgen und paradoxen Effekten" entstehen (ebd.) und „die praxisorientierte Qualitätsmanagementdiskussion durch die stärkere Beobachtung von paradoxen Effekten und ungewollten Nebenfolgen und deren Einordnung in ein komplexes Organisationsmodell wichtige Impulse erhalten könnte" (ebd., S. 113).

der Prozesse des Qualitätsmanagements sorgfältig zu berücksichtigen – Qualitätsmanagement verstanden als Qualitätsentwicklung ist immer auch Organisationsentwicklung und hat Konsequenzen für die Personalentwicklung und -führung.

Um den Erfolg der Sinnerzeugung zu gewährleisten, sind *dialogische Zugänge* zu Qualitätsmanagement notwendig, bei denen den Mitarbeitenden nicht bestimmte Maßnahmen ‚vorgesetzt', sondern mit ihnen – und wo immer möglich: auch mit den Adressat_innen – gemeinsam (weiter-)entwickelt werden. Gerade das Thema der *strukturellen Einbindung von Adressat_innen* in die Konstruktion und Optimierung von Angeboten sozialwirtschaftlicher Organisationen wird in der Sozialen Arbeit seit langer Zeit intensiv diskutiert, sei es im Rahmen einer Lebensweltorientierten Sozialen Arbeit (Grunwald/Thiersch 2016), sei es im Kontext einer (radikalisierten) Dienstleistungsorientierung (Grunwald 2012, S. 31ff.; siehe auch Dahme/Wohlfahrt 2015, S. 1284; Schaarschuch 2003). Soll diese Perspektive für Qualitätsmanagement in sozialwirtschaftlichen Organisationen fruchtbar gemacht werden, dann ist in erster Linie zu klären – so sehr prägnant Struck –, was aus der Perspektive der Nutzer_innen ‚gute' bzw. ‚schlechte' fachliche Arbeit ausmacht und wie dies methodisch ohne allzu große Verfälschungen in Erfahrung gebracht werden kann (1999, S. 17ff.). Es geht gerade bei ‚Qualitätsentwicklung' darum, „die Institution, ihre Strukturen, Regeln und Wirkungen immer wieder aus der Perspektive der Nutzer und Betroffenen zu ‚lesen' und entsprechend diesen Erkenntnissen zu verändern" (ebd., S. 14).

Weiterhin ist zu überlegen, welche *Verfahren* genutzt werden können, um die gegebene Praxis einer gründlichen und multiperspektivischen Reflexion zu unterziehen und wie diese Verfahren kontinuierlich optimiert und im Sinne eines dauerhaften Qualitätsmanagements systematisiert werden können, ohne dabei einer neuen Bürokratisierung und Technisierung Tür und Tor zu öffnen (Struck 1999, S. 17ff.). Das Verhältnis von Aufwand und Nutzen sollte angemessen sein und Mitarbeitenden nachvollziehbar gemacht werden können. Zentrale Anforderungen für das Qualitätsmanagement in sozialwirtschaftlichen Einrichtungen sind hier die *Praktikabilität* von Verfahren des Qualitätsmanagements sowie ihre *Passung* auf die jeweiligen Arbeitsfelder der Sozialen Arbeit mit ihren spezifischen Fragen und Notwendigkeiten, auf die Größe, Struktur und Kultur der Organisation und auf die gewünschte Funktion der Verfahren in der jeweiligen Einrichtung. Die Dienste und Einrichtungen sollten dabei unterstützt werden, unter ausdrücklicher *Partizipation* der Adressat_innen, der Mitarbeiter_innen und der Leitungsebene eigene Fragen zu stellen und diese fachlich – nicht primär formal! – qualifizierten Fragen zu einem wesentlichen Ausgangs- und Zielpunkt der jeweiligen Qualitätsbemühungen zu machen (Merchel 2013, S. 209ff.). Die Erfahrungen, die Mitarbeitende und Adressat_innen mit Modellen und Instrumenten des Qualitätsmanagements sammeln, sollten regelmäßig erhoben sowie explizit und einrichtungsöffentlich zum Thema gemacht werden und für die Optimierung, vielleicht aber auch Umsteuerung von Zugängen und Verfahren des Qualitätsmanagements genutzt werden. Auf diese Weise wird „das Motiv der Kontrolle und der unmittelbaren Verhaltenssteuerung von Mitarbeitern" in den Hintergrund gedrängt (Merchel 2013, S. 209) und werden stattdessen individuelle und organisationale Lernprozesse befördert (siehe Schröer in diesem Band), ganz im Sinne eines ‚Entwicklungsorientierten Managements' (siehe Grunwald „Organisationsentwicklung/Change Management in und von sozialwirtschaftlichen Organisationen" in diesem Band).

Damit dies gelingt ist es wichtig sehr genau zu überlegen, *welche Methoden* des Qualitätsmanagements für welche organisationalen Ziele geeignet sind. Je nachdem, ob es in erster Linie –

insbesondere bei einem eher administrativen Charakter der Aufgaben – um die Standardisierung von Verfahren oder ob es primär – insbesondere bei interaktiven und adressatenorientierten Aufgaben sowie sozialpädagogischen Prozessen – um eine an formulierten Kriterien ausgerichtete Evaluation geht, ist der Einsatz der Methoden und Instrumente unterschiedlich auszurichten, auch hinsichtlich der Reduktion von Komplexität (Merchel 2017b, S. 367f.).[13] Zu berücksichtigen ist, dass auch standardisierte Verfahren nicht „quasi automatisch eine angestrebte Qualität" erzeugen und deswegen kontinuierlicher systematisierter Bewertung im Sinne einer kriteriengeleiteten Evaluation bedürfen, um die verschiedenen impliziten Annahmen kritisch zu reflektieren (Merchel 2017a, S. 765f.).

Die Sinnerzeugung ist wiederum eng verknüpft mit einer internen Verständigung, wie die Beteiligten ‚gute Arbeit' definieren und inhaltlich füllen, sowohl bezüglich der zu erbringenden Leistungen als auch bezüglich der dazu nötigen Verfahren; Zech/Dehn sprechen hier zutreffend von „Qualität als gutes Gelingen" (2017, S. 18ff.). Die *Definition von ‚guter Arbeit'* sollte immer auch die „fachliche Legitimation der Qualitätsinhalte" einschließen (Merchel 2013, S. 209). Damit diese hergestellt werden kann ist es nötig, dass die Arbeit an fachlichen Qualitätsstandards nicht auf der Ebene allgemeiner ‚Konzeptbegriffe' (Empowerment, Lebensweltorientierung, Lebensqualität, Normalisierung, Integration, Inklusion, Prävention usw.) stehen bleibt, sondern diese so konkretisiert werden, dass mess- und bewertbare Qualitätsmaßstäbe als Grundlage für eine fundierte fachliche Qualitätsarbeit vorhanden sind, auf die im organisationalen Alltag zurückgegriffen werden kann (Grunwald 2015b, S. 122ff.; Merchel 2013, S. 32). In diesem Zusammenhang ist nicht nur eine Schulung von Qualitätsmanagementbeauftragten, sondern eine breite Qualifizierung der Mitarbeitenden und Leitungskräfte für die aktive Gestaltung von Qualitätsentwicklungsprozessen von besonderer Bedeutung.[14]

Eine weitere Herausforderung für ein so umrissenes Qualitätsmanagement besteht darin, die *Breite verschiedener Qualitätsdimensionen* zwischen Struktur-, Prozess- und Ergebnisqualität systematisch zu berücksichtigen (Merchel 2013, S. 208ff.).[15] Thematisiert werden müssen nicht nur Rahmenbedingungen (wie finanzielle, personelle, räumliche und organisationsstrukturelle Ausstattung), sondern es müssen auch die Prozesse fachlichen und organisationalen Handelns (die ‚Regeln der Kunst') und die ‚Ergebnisse' (seien sie in der Organisation, im Gemeinwesen oder in der sozialen Infrastruktur verortet) in Überlegungen der Qualitätsentwicklung einbezogen werden.

Dies alles kann nur gelingen, wenn – wie es in der DIN EN ISO 9000ff. heißt – die ‚oberste Leitung', also die Personengruppe, die eine Organisation letztverantwortlich führt, tatsächlich

13 Ein Beispiel für ein Verständnis von Qualitätsmanagement als „Modus der Komplexitätsbewältigung" stellen Zertifizierungen dar (Grunwald/Wallenwein 2013b), die in der Sozialwirtschaft insbesondere auf der Basis der DIN EN ISO 9000ff. erfolgen (Grunwald/Wallenwein 2013a). Hier „besteht die Gefahr, dass Audits und Zertifizierungen nicht als Lernanlässe gestaltet werden, sondern als formalisierte Überprüfungen", die dann abgehakt und stolz präsentiert werden und erst angesichts des nächsten Audits wieder praktische Relevanz erhalten (Merchel 2017b, S. 364f.).

14 Hier ist – so Meinhold – eine Art „Forschungskompetenz" der Fach- und Führungskräfte der Sozialwirtschaft gefragt, als Fähigkeit zum systematischen Beobachten sowie Sammeln und Kombinieren von Informationen, zum reflexiven Umgang mit komplexen Problemen, zur partizipativen Gestaltung von Forschungsprozessen und zum (selbst-)kritischen Hinterfragen von gewonnen Ergebnissen (Meinhold 2001, S. 149). Angesichts der Notwendigkeit, unterschiedliche Perspektiven sowie Qualitätsdefinitionen und -ziele der verschiedenen Anspruchsgruppen zusammenzubringen, sind die „Fähigkeit zur Verarbeitung widersprüchlicher Informationen, das Ertragen von Mehrdeutigkeit (...) anstelle von vereinfachten Entweder-Oder-Urteilen" und die Bereitschaft zur Akzeptanz der Prioritäten Anderer ebenfalls zentrale Kompetenzen (ebd., S. 151).

15 Dies wird beispielsweise von Müller (2015) für die Altenpflege und von Merchel (2012) für den Allgemeinen Sozialen Dienst (ASD) entfaltet.

ihre *Steuerungsverantwortung* in einer für die Mitarbeitenden erkennbaren Weise wahrnimmt. Diese Steuerungsverantwortung beinhaltet die persönliche ‚Haltung' gegenüber Qualitätsmanagement und seiner Relevanz – seines ‚Sinnes' – für die konkrete Organisation in der jeweils spezifischen Situation und eine klare Position, welcher Aufwand für welche Verfahren angemessen ist und wie dieser kommuniziert werden kann und muss. Leitungskräfte sollten in der Lage sein, den Einsatz von Methoden kritisch einschätzen zu können und zu übersehen, welche Kompetenzen für diese benötigt werden und welche Unterstützung durch Qualitätsmanagementbeauftragte oder andere (leitende) Mitarbeitende gebraucht wird, um die Prozesse sorgfältig und zielorientiert zu gestalten (siehe Grunwald „Organisationsentwicklung/Change Management" in diesem Band). Sie sollten schließlich fähig sein, die „paradoxen Effekte und ungewollten Nebenfolgen des Qualitätsmanagements" (Kühl 2015, S. 77ff.) zu berücksichtigen, ohne sich von ihnen lähmen zu lassen und die Steuerung des Qualitätsentwicklungsprozesses als Ganzen zu verantworten, ohne die Grenzen der (eigenen) Steuerungsfähigkeit zu übersehen (Grunwald 2015a; siehe Grunwald „Management sozialwirtschaftlicher Organisationen" in diesem Band).

Abschließend kann festgehalten werden, dass es schwer zu sagen ist, inwieweit der Einsatz von Strategien und Verfahren des Qualitätsmanagements in Einrichtungen der Sozialwirtschaft *tatsächlich zu produktiven Qualitätsdiskursen und damit zu einem Zuwachs an Fachlichkeit führt*. Auch wenn sicherlich mit einer strukturierten Qualitätsentwicklung die Chance besteht, Reflexionsprozesse bezüglich des fachlichen und methodischen Handelns sowie des organisationalen und sozialpolitischen Rahmens zu begünstigen, bleibt doch zu fragen, ob und inwieweit Qualitätsmanagement Einrichtungen der Sozialwirtschaft nachhaltig unterstützt (bzw. grundsätzlicher: unterstützen kann), Risiken und Spannungsfeldern in Sozialpolitik und Organisationsgestaltung produktiv zu gestalten (Merchel 2017a, S. 766; siehe auch Herrmann/Bolay 2015, S. 520). Dahme/Wohlfahrt spitzen zu: „Qualitätsmanagement in sozialen Diensten, in einem staatlich regulierten Bereich, auch wenn er sich selbst neuerdings mit Markt- und Wettbewerbskategorien beschreibt, stößt an objektive Grenzen und erscheint vielfach lediglich als ideologische Beigabe zur effizienzorientierten Leistungssteuerung" und verweist darauf, „dass die Qualitätsdiskussion im Bereich sozialer Dienstleistungen vor dem Hintergrund sozialpolitischer Entscheidungen gesehen werden muss, in denen unternehmerisches Handeln, Kundenorientierung und die Beschäftigung mit Qualitätssicherungs- und Qualitätsmanagementmaßnahmen für die sozialen Dienstleister zur Notwendigkeit gemacht wurden" (2015, S. 1285).

Da es jedoch eine unbestreitbare Aufgabe des Managements sozialwirtschaftlicher Organisationen ist, Qualitätsmanagement in ihnen bewusst zu gestalten, sollen nun auf der Basis der bisherigen Ausführungen einige *zusammenfassende Empfehlungen* für ein reflektiertes Qualitätsmanagement in sozialwirtschaftlichen Organisationen gegeben werden. Qualitätsmanagement in der Sozialwirtschaft sollte sich in einer Weise auf Fragen einer Organisationsqualität und auf Fragen einer fachlichen Ausgestaltung der Dienstleistungserbringung beziehen, dass beide Dimensionen sich gegenseitig ergänzen und keine der beiden die andere dominiert. Sozialökonomische, sozialpolitische, sozialrechtliche, organisationale und fachlich-sozialpädagogische Kontexte produzieren spezifische, teils öffentliche Sinngehalte und stellen sozialwirtschaftliche Organisationen vor erhebliche Anforderungen der ‚Steuerung' von ‚Qualität', denen offensiv, explizit und dialogisch mit Prozessen organisationalen Lernens zu begegnen ist. Wichtig ist, weder einer politischen Instrumentalisierung des Qualitätsthemas im Zeichen von

Sparprogrammen noch einer technologischen Engführung desselben zu erliegen. Steuerung im Rahmen von Qualitätsmanagement ist angesichts vielfältiger Dilemmata und Paradoxien nur eingeschränkt möglich, aber unverzichtbar. Strategien und Zugänge der Qualitätsentwicklung – mit Konsequenzen für Organisations- und Personalentwicklung – sollten im Vordergrund stehen, ohne das Thema der Qualitätssicherung zu übergehen. Dabei sollten multiperspektivische Modelle und Verfahren eines Qualitätsmanagements im Sinne von Qualitätsentwicklung so realisiert werden, dass der Sinn, der mit ihnen verbunden wird, gemeinsam entwickelt, getragen und breit kommuniziert wird. Ausgangspunkt muss die Perspektive der Nutzer_innen sein, ohne dass die Interessen anderer interner und externe Anspruchsgruppen und deren teilweise widersprüchliche Qualitätskonstrukte übergangen würden. Qualitätsmanagement sollte professionelles sozialpädagogisches Handeln mit seinem Wertebezug nicht unterlaufen, sondern im Interesse der Adressat_innen begleiten und unterstützen.

4. Literatur

Beckmann, Christof/Otto, Hans-Uwe/Richter, Martina/Schrödter, Mark (2004): Negotiating Qualities – Ist Qualität eine Verhandlungssache? In: Beckmann, Christof/Otto, Hans-Uwe/Richter, Martina/Schrödter, Mark (Hrsg.): Qualität in der Sozialen Arbeit. Wiesbaden: VS Verlag für Sozialwissenschaften, S. 9-31.

Beher, Karin/Fuchs-Rechlin, Kirsten (2013): Wie atypisch und prekär sind die Beschäftigungsverhältnisse in sozialen Berufen? In: Sozialmagazin 38, H. 1-2, S. 52-64.

Bleck, Christina (2016): "Qualität", "Wirkung" oder "Nutzen"? Zentrale Zugänge zu Resultaten Sozialer Arbeit in professionsbezogener Reflexion. In: Borrmann, Stefan/Thiessen, Barbara (Hrsg.): Wirkung Sozialer Arbeit. Potenziale und Grenzen der Evidenzbasierung für Profession und Disziplin. Opladen: Barbara Budrich, S. 107-124.

Bleicher, Knut (2011): Das Konzept integriertes Management. Visionen – Missionen – Programme. 8., überarb. u. erw. Aufl., Frankfurt a.M./New York: Campus.

Böllert, Karin (2004): Qualität und Wettbewerb sozialer Dienste. In: Beckmann, Christof/Otto, Hans-Uwe/Richter, Martina/Schrödter, Mark (Hrsg.): Qualität in der Sozialen Arbeit. Wiesbaden: VS Verlag für Sozialwissenschaften, S. 121-132.

Brugger-Gebhardt, Simone (2016): Die DIN EN ISO 9001:2015 verstehen. Die Norm sicher interpretieren und sinnvoll umsetzen. 2., akt. u. überarb. Aufl., Wiesbaden: Springer Gabler.

Bruhn, Manfred (2016): Qualitätsmanagement für Dienstleistungen. Handbuch für ein erfolgreiches Qualitätsmanagement. Grundlagen – Konzepte – Methoden. 10., vollst. überarb. u. erw. Aufl., Wiesbaden: Springer Gabler.

Dahme, Heinz-Jürgen/Wohlfahrt, Norbert (2015): Qualität. In: Otto, Hans-Uwe/Thiersch, Hans (Hrsg.): Handbuch Soziale Arbeit. Grundlagen der Sozialarbeit und Sozialpädagogik. 5., erw. Aufl., München: Reinhardt, S. 1278-1287.

Deutsche Gesellschaft für Qualität e. V. (Hrsg.) (2016): Qualitätsmanagement in der sozialen Dienstleistung. Nützlich – lebendig – unterstützend. Weinheim/Basel: Beltz Juventa.

Dewe, Bernd/Otto, Hans-Uwe (2015): Profession. In: Otto, Hans-Uwe/Thiersch, Hans (Hrsg.): Handbuch Soziale Arbeit. Grundlagen der Sozialarbeit und Sozialpädagogik. 5., erw. Aufl., München: Reinhardt, S. 1233-1244.

Drepper, Thomas (2010): Soziale personenbezogene Dienstleistungsorganisationen aus neoinstitutionalistischer Perspektive. In: Klatetzki, Thhomas (Hrsg.): Soziale personenbezogene Dienstleistungsorganisationen. Wiesbaden: VS Verlag für Sozialwissenschaften, S. 129-165.

Dubs, Rolf (2006): Qualitätsmanagement. In: Buchen, Herbert/Rolff, Hans-Günter (Hrsg.): Professionswissen Schulleitung. Weinheim: Beltz, S. 1206-1270.

Eichinger, Ulrike (2009): Die Restrukturierung der Rahmenbedingungen Sozialer Arbeit aus der Beschäftigtenperspektive. In: Neue Praxis 39, H. 2, S. 117-128.

Emanuel, Markus (2015): Die Qualitätsentwicklung in der Kinder- und Jugendhilfe. Eine institutionsökonomische Analyse. Baden-Baden: Nomos.

Flösser, Gaby/Westheide, Linda (2016): Qualität. In: Schröer, Wolfgang/Struck, Norbert/Wolff, Mechthild (Hrsg.): Handbuch Kinder- und Jugendhilfe. 2., überarb. Aufl., Weinheim: Beltz Juventa, S. 1125-1139.

Friedli, Thomas/Seghezzi, Hans Dieter/Mänder, Christian/Lützner, Richard (2014): Konzepte – Modelle – Systeme. In: Pfeifer, Tilo/Schmitt, Robert (Hrsg.): Masing Handbuch Qualitätsmanagement. München: Hanser, S. 162-178.

Galuske, Michael (2013): Methoden der Sozialen Arbeit. Eine Einführung. 10., von Karin Bock und Jessica Fernandez Martinez bearbeitete Aufl., Weinheim: Beltz Juventa.

Gerull, Peter (2007): Sozialwirtschaftliches Qualitätsmanagement. Saarbrücken: VDM Verlag Dr. Müller.

Görres, Stefan/Roes, Martina/Mittnacht, Barbara/Biehl, Maria/Klün, Silvia (2006): Strategien der Qualitätsentwicklung in Pflege und Betreuung. Genesis, Strukturen und künftige Ausrichtung der Qualitätsentwicklung in der Betreuung von Menschen mit Pflege- und Hilfebedarf. Heidelberg: C. F. Müller.

Grunwald, Klaus (2016): Qualitätsmanagement im Kontext einer Lebensweltorientierten Sozialen Arbeit. In: Grunwald, Klaus/Thiersch, Hans (Hrsg.): Praxishandbuch Lebensweltorientierte Soziale Arbeit. Handlungszusammenhänge und Methoden in unterschiedlichen Arbeitsfeldern. 3., vollst. überarb. Aufl., Weinheim: Beltz Juventa, S. 445-459.

Grunwald, Klaus (2015a): Postheroisches Management als Herausforderung für Fach- und Leitungskräfte aus der Perspektive einer Lebensweltorientierten Sozialen Arbeit. In: Zeitschrift für Sozialpädagogik 13, H. 2, S. 178-185.

Grunwald, Klaus (2015b): Qualitätsmanagement als methodisch gestütztes und auf Kriterien bezogenes Konzept. In: Bolay, Eberhard/Iser, Angelika/Weinhardt, Marc (Hrsg.): Methodisch Handeln – Beiträge zu Maja Heiners Impulsen zur Professionalisierung der Sozialen Arbeit. Wiesbaden: Springer VS, S. 119-131.

Grunwald, Klaus (2013a): Balanced Scorecard. In: Grunwald, Klaus/Horcher, Georg/Maelicke. Bernd (Hrsg.): Lexikon der Sozialwirtschaft. 2., akt. u. vollst. überarb. Aufl., Baden-Baden: Nomos, S. 99-102.

Grunwald, Klaus (2013b): EFQM. In: Grunwald, Klaus/Horcher, Georg/Maelicke. Bernd (Hrsg.): Lexikon der Sozialwirtschaft. 2., akt. u. vollst. überarb. Aufl., Baden-Baden: Nomos, S. 277-279.

Grunwald, Klaus (2013c): Soziale Arbeit, ihre Selbstverortung und ihr Verhältnis zu Fragen der Steuerung sozialwirtschaftlicher Unternehmen. In: Wöhrle, Armin/Beck, Reinhilde/Grunwald, Klaus/Schellberg, Klaus/Schwarz, Gotthard/Wendt, Wolf Rainer: Grundlagen des Managements in der Sozialwirtschaft. Baden-Baden: Nomos, S. 81-115.

Grunwald, Klaus (2013d): Strukturqualität. In: Grunwald, Klaus/Horcher, Georg/Maelicke. Bernd (Hrsg.): Lexikon der Sozialwirtschaft. 2., akt. u. vollst. überarb. Aufl., Baden-Baden: Nomos, S. 999-1000.

Grunwald, Klaus (2013e): Total Quality Management. In: Grunwald, Klaus/Horcher, Georg/Maelicke. Bernd (Hrsg.): Lexikon der Sozialwirtschaft. 2., akt. u. vollst. überarb. Aufl., Baden-Baden: Nomos, S. 1047-1050.

Grunwald, Klaus (2012): Dienstleistung. In: Enzyklopädie Erziehungswissenschaft Online, Fachgebiet: Soziale Arbeit, hrsg. von Wolfgang Schröer und Cornelia Schweppe. Weinheim/Basel: Beltz Juventa. doi: 10.3262/EEO14120220

Grunwald, Klaus (Hrsg.) (2009): Vom Sozialmanagement zum Management des Sozialen? Baltmannsweiler: Schneider Verlag Hohengehren.

Grunwald, Klaus/Thiersch, Hans (Hrsg.) (2016): Praxishandbuch Lebensweltorientierte Soziale Arbeit. Handlungszusammenhänge und Methoden in unterschiedlichen Arbeitsfeldern. 3., vollst. überarb. Aufl., Weinheim: Beltz Juventa.

Grunwald, Klaus/Otto, Ulrich (2013a): Ergebnisqualität. In: Grunwald, Klaus/Horcher, Georg/Maelicke. Bernd (Hrsg.): Lexikon der Sozialwirtschaft. 2., akt. u. vollst. überarb. Aufl., Baden-Baden: Nomos, S. 293-295.

Grunwald, Klaus/Otto, Ulrich (2013b): Prozessqualität. In: Grunwald, Klaus/Horcher, Georg/Maelicke. Bernd (Hrsg.): Lexikon der Sozialwirtschaft. 2., akt. u. vollst. überarb. Aufl., Baden-Baden: Nomos, S. 809-811.

Grunwald, Klaus/Steinbacher, Elke (2013a): Evaluation. In: Grunwald, Klaus/Horcher, Georg/Maelicke. Bernd (Hrsg.): Lexikon der Sozialwirtschaft. 2., akt. u. vollst. überarb. Aufl., Baden-Baden: Nomos, S. 323-325.

Grunwald, Klaus/Steinbacher, Elke (2013b): Selbstevaluation. In: Grunwald, Klaus/Horcher, Georg/Maelicke. Bernd (Hrsg.): Lexikon der Sozialwirtschaft. 2., akt. u. vollst. überarb. Aufl., Baden-Baden: Nomos, S. 864-866.

Grunwald, Klaus/Wallenwein, Elke (2013a): DIN EN ISO 9000ff., In: Grunwald, Klaus/Horcher, Georg/Maelicke. Bernd (Hrsg.): Lexikon der Sozialwirtschaft. 2., akt. u. vollst. überarb. Aufl., Baden-Baden: Nomos, S. 262-264.

Grunwald, Klaus/Wallenwein, Elke (2013b): Zertifizierung. In: Grunwald, Klaus/Horcher, Georg/Maelicke. Bernd (Hrsg.): Lexikon der Sozialwirtschaft. 2., akt. u. vollst. überarb. Aufl., Baden-Baden: Nomos, S. 1135-1136.

Hartz, Stefanie (2012): Qualität. In: Horn, Klaus-Peter/Kemnitz, Heidemarie/Marotzki, Winfried/Sandfuchs, Uwe (Hrsg.): Klinkhardt Lexikon Erziehungswissenschaft, 3 Bände. Bd. 3. Bad Heilbrunn: Klinkhardt, S. 51-52.

Heiner, Maja (1996): Ziel- und kriterienbezogenes Qualitätsmanagement in der Sozialen Arbeit. In: Merchel, Joachim/Schrapper, Christian (Hrsg.): „Neue Steuerungsmodelle". Münster:, S. 210-230.
Herrmann, Franz/Bolay, Eberhard (2015): Qualitätsmanagement in der Sozialen Arbeit durch Praxisforschung und reflexives methodisches Handeln. In: Neue Praxis 45, H. 5, S. 519-538.
Herrmann, Joachim/Fritz, Holger (2016): Qualitätsmanagement. Lehrbuch für Studium und Praxis. 2., überarb. u. erw. Aufl., München: Hanser.
Honig, Michael-Sebastian (2002): Pädagogische Qualität als erziehungswissenschaftliches Problem. In: Neue Praxis 32, H. 3, S. 216-231.
Kessl, Fabian/Polutta, Andreas/van Ackeren, Isabell/Dobischat, Rolf/Thole, Wolfgang (Hrsg.) (2016): Prekarisierung der Pädagogik – Pädagogische Prekarisierung? Erziehungswissenschaftliche Vergewisserung. Weinheim/Basel: Beltz Juventa.
König, Joachim (2009): Wie Organisationen durch Beteiligung und Selbstorganisation lernen. Einführung in die Partizipative Qualitätsentwicklung. Opladen: Barbara Budrich.
Köpp, Christina/Neumann, Sascha (2003): Sozialpädagogische Qualität. Problembezogene Analysen zur Konzeptualisierung eines Modells. Weinheim: Juventa.
Kühl, Stefan (2015): Sisyphos im Management. Die vergebliche Suche nach der optimalen Organisationsstruktur. 2., akt. Aufl., Frankfurt a.M./New York: Campus.
Kuhn, Andreas (2017): Qualitätsmanagement. In: Deutscher Verein für öffentliche und private Fürsorge e. V. (Hrsg.): Fachlexikon der Sozialen Arbeit. 8., völlig überarb. u. akt. Aufl., Baden-Baden: Nomos, S. 684-685.
Maaser, Wolfgang (2004): Werteorientierung und Qualitätssicherung im Kontext Sozialer Arbeit. In: Beckmann, Christof/Otto, Hans-Uwe/Richter, Martina/Schrödter, Mark (Hrsg.): Qualität in der Sozialen Arbeit. Wiesbaden: VS Verlag für Sozialwissenschaften, S. 235-250.
Malorny, Christian (2014): Total Quality Management als Grundlage für die Entwicklung der Unternehmenskultur. In: Pfeifer, Tilo/Schmitt, Robert (Hrsg.): Masing Handbuch Qualitätsmanagement. München: Hanser, S. 1042-1054.
Meinhold, Marianne (2001): Die transparente Darstellung der Qualität und Leistungsfähigkeit Sozialer Arbeit – Teil der Handlungskompetenz der Sozialen Arbeit. In: Pfaffenberger, Hans (Hrsg.): Identität – Eigenständigkeit – Handlungskompetenz der Sozialarbeit/Sozialpädagogik als Beruf und Wissenschaft. Münster: LIT, S. 137-152.
Meinhold, Marianne/Matul, Christian (2011): Qualitätsmanagement aus der Sicht von Sozialarbeit und Ökonomie. 2., überarb. u. akt. Aufl., Baden-Baden: Nomos.
Merchel, Joachim (2017a): Qualitätsentwicklung. In: Kreft, Dieter/Mielenz, Ingrid (Hrsg.): Wörterbuch Soziale Arbeit. Aufgaben, Praxisfelder, Begriffe und Methoden der Sozialarbeit und Sozialpädagogik. 8., vollst. überarb. u. akt. Aufl., Weinheim/Basel: Beltz Juventa, S. 762-766.
Merchel, Joachim (2017b): Worum geht es eigentlich beim Qualitätsmanagement? Zur Kritik an Sinndefiziten in der Praxis des Qualitätsmanagements. In: Roehl, Heiko/Asselmeyer, Herbert (Hrsg.): Organisationen klug gestalten. Das Handbuch für Organisationsentwicklung und Change Management. Stuttgart: Schäffer-Poeschel, S. 362-370.
Merchel, Joachim (2013): Qualitätsmanagement in der Sozialen Arbeit. 4., akt. Aufl., Weinheim: Beltz Juventa.
Merchel, Joachim (2012): Qualitätskriterien: Was macht einen „guten ASD" aus? In: Merchel, Joachim (Hrsg.): Handbuch Allgemeiner Sozialer Dienst (ASD). München: Reinhardt, S. 430-439.
Moldaschl, Manfred (2001): Qualität als Spielfeld und Arena: Das mikropolitische Verständnis von Qualitätsmanagement – und seine Grenzen. In: Wächter, Hartmut/Vedder, Günther (Hrsg.): Qualitätsmanagement in Organisationen. DIN ISO 9000 und TQM auf dem Prüfstand. Wiesbaden: Gabler, S. 115-138.
Müller, Herbert (2015): Arbeitsorganisation in der Altenpflege. Ein Beitrag zur Qualitätsentwicklung und Qualitätssicherung. 5., akt. Aufl., Hannover: Schlütersche.
Preissing, Christa/Heller, Elke (Hrsg.) (2014): Qualität im Situationsansatz. Qualitätskriterien und Materialien für die Qualitätsentwicklung in Kindertageseinrichtungen. 3. Aufl., Berlin: Cornelsen.
Schaarschuch, Andreas (2003): Die Priveligierung des Nutzers. Zur theoretischen Begründung sozialer Dienstleistung. In: Otto, Hans-Uwe/Olk, Thomas (Hrsg.): Soziale Arbeit als Dienstleistung. Grundlegungen, Entwürfe, Modelle. Neuwied: Luchterhand, S. 150-169.
Schmidt-Hertha, Bernhard/Tippelt, Rudolf (2016): Erwachsenen- und Weiterbildung? Sicherheit durch Qualitätsentwicklung. In: Kessl, Fabian/Polutta, Andreas/van Ackeren, Isabell/Dobischat, Rolf/Thole, Wolfgang (Hrsg.): Prekarisierung der Pädagogik – Pädagogische Prekarisierung? Erziehungswissenschaftliche Vergewisserung. Weinheim/Basel: Beltz Juventa, S. 129-137.
Schnauber, Herbert (2016): Integrative Managementsysteme (IMS). In: Zollondz, Hans-Dieter/Ketting, Michael/Pfundtner, Raimund (Hrsg.): Lexikon Qualitätsmanagement. Handbuch des Modernen Ma-

nagements auf der Basis des Qualitätsmanagements. 2., komplett überarb. u. erw. Aufl., Berlin/Boston: De Gruyter, S. 489-490.

Schreiber, Franz (2014): Integrierte Managementsysteme: QM – UM – SIM. In: Pfeifer, Tilo/Schmitt, Robert (Hrsg.): Masing Handbuch Qualitätsmanagement. München: Hanser, S. 212-252.

Seghezzi, Dieter (2016): Integriertes Qulitätsmanagement, der St. Galler Ansatz. In: Zollondz, Hans-Dieter/Ketting, Michael/Pfundtner, Raimund (Hrsg.): Lexikon Qualitätsmanagement. Handbuch des Modernen Managements auf der Basis des Qualitätsmanagements. 2., komplett überarb. u. erw. Aufl., Berlin/Boston: De Gruyter, S. 490-493.

Speck, Otto (2004): Marktgesteuerte Qualität – eine neue Sozialphilosophie? In: Peterander, Franz/Speck, Otto (Hrsg.): Qualitätsmanagement in sozialen Einrichtungen. 2., völlig neu bearb. Aufl., München: Reinhardt, S. 15-30.

Struck, Norbert (1999): Die Qualitätsdiskussion in der Jugendhilfe in Deutschland. In: Sozialpädagogisches Institut im SOS-Kinderdorf e.V. (Hrsg.): Qualitätsmanagement in der Jugendhilfe. München: Eigenverlag, S. 6-21.

Tietze, Wolfgang/Viernickel, Susanne (Hrsg.) (2016): Pädagogische Qualität in Tageseinrichtungen für Kinder. Ein nationaler Kriterienkatalog. vollst. überarb. u. akt. Aufl., Berlin: Cornelsen.

Vomberg, Edeltraud (2010): Praktisches Qualitätsmanagement. Ein Leitfaden für kleinere und mittlere Soziale Einrichtungen. Stuttgart: Kohlhammer.

Wächter, Hartmut (2004): Qualitätsmanagement. In: Schreyögg, Georg/Werder, Axel von (Hrsg.): Handwörterbuch der Unternehmensführung und Organisation. 4., völlig neu bearb. Aufl., Stuttgart: Schäffer Poeschel, S. 1219-1226.

Walgenbach, Peter (2014): Neoinstitutionalistische Ansätze in der Organisationstheorie. In: Kieser, Alfred/ Ebers, Mark (Hrsg.): Organisationstheorien. 7., akt. u. überarb. Aufl., Stuttgart: Kohlhammer, S. 295-345.

Walgenbach, Peter (2001): Historisch-Institutionalistische Analyse der QM-Entwicklung. In: Wächter, Hartmut/Vedder, Günther (Hrsg.): Qualitätsmanagement in Organisationen. DIN ISO 9000 und TQM auf dem Prüfstand. Wiesbaden: Gabler, S. 3-25.

Walgenbach, Peter/Beck, Nikolaus (2000): Von statistischer Qualitätskontrolle über Qualitätssicherungssysteme hin zum Total Quality Management – Die Institutionalisierung eines neuen Managementkonzepts. In: Soziale Welt 51, H. 3, S. 325-354.

Wohlfahrt, Norbert (2016): Zur Qualität pädagogischer Beschäftigungsverhältnisse in der europäischen Sozialwirtschaft. In: Kessl, Fabian/Polutta, Andreas/van Ackeren, Isabell/Dobischat, Rolf/Thole, Wolfgang (Hrsg.): Prekarisierung der Pädagogik – Pädagogische Prekarisierung? Erziehungswissenschaftliche Vergewisserung. Weinheim/Basel: Beltz Juventa, S. 155-166.

Wright, Michael T. (Hrsg.) (2010): Partizipative Qualitätsentwicklung in der Gesundheitsförderung und Prävention. Bern: Huber.

Zech, Rainer (2017): Qualitätsentwicklung als Organisationsentwicklung und Professionalisierung. In: Roehl, Heiko/Asselmeyer, Herbert (Hrsg.): Organisationen klug gestalten. Das Handbuch für Organisationsentwicklung und Change Management. Stuttgart: Schäffer-Poeschel, S. 337-342.

Zech, Rainer (2015): Qualitätsmanagement und gute Arbeit. Grundlagen einer gelingenden Qualitätsentwicklung für Einsteiger und Skeptiker. Wiesbaden: Springer.

Zech, Rainer (2014): Kundenorientierte Qualitätstestierung für Soziale Dienstleistungsorganisationen. Leitfaden für die Praxis. Modellversion 2. Hannover: Expressum.

Zech, Rainer/Dehn, Claudia (2017): Qualität als Gelingen. Grundlegung einer Qualitätsentwicklung in Bildung, Beratung und Sozialer Dienstleistung. Göttingen: Vandenhoeck & Ruprecht.

Zollondz, Hans-Dieter (2016a): Entstehung des Qualitätsmanagements. In: Zollondz, Hans-Dieter/ Ketting, Michael/Pfundtner, Raimund (Hrsg.): Lexikon Qualitätsmanagement. Handbuch des Modernen Managements auf der Basis des Qualitätsmanagements. 2., komplett überarb. u. erw. Aufl., Berlin/ Boston: De Gruyter, S. 267-275.

Zollondz, Hans-Dieter (2016b): Qualität als Fachbegriff des Qualitätsmanagements. In: Zollondz, Hans-Dieter/Ketting, Michael/Pfundtner, Raimund (Hrsg.): Lexikon Qualitätsmanagement. Handbuch des Modernen Managements auf der Basis des Qualitätsmanagements. 2., komplett überarb. u. erw. Aufl., Berlin/Boston: De Gruyter, S. 857-861.

Zollondz, Hans-Dieter (2011): Grundlagen Qualitätsmanagement. 3., überarb., aktual. u. erw. Aufl., München: Oldenbourg.

Zollondz, Hans-Dieter/Ketting, Michael/Pfundtner, Raimund (Hrsg.) (2016): Lexikon Qualitätsmanagement. Handbuch des Modernen Managements auf der Basis des Qualitätsmanagements. 2., komplett überarb. u. erw. Aufl., Berlin/Boston: De Gruyter.

Evaluation

Joachim Merchel

1. Evaluation als allmählich sich institutionalisierende Erwartung der Umwelt an Organisationen der Sozialen Arbeit

Die Forderung nach Evaluation hat die Soziale Arbeit in einer Weise erreicht, dass kaum jemand sich dieser Anforderung legitimerweise entziehen kann. Mit der Akzeptanz der Evaluationsanforderung ist nicht ohne Weiteres eine entsprechende Praxis in Organisationen der Sozialen Arbeit verbunden, aber auf der Ebene der Proklamation wird sich vernünftigerweise kaum jemand dieser Forderung widersetzen können. Kaum ein Projekt wird gefördert, ohne dass die Anforderung zu einer Evaluation mit der Förderung verkoppelt würde; nicht immer wird bei solchen Auflagen deutlich, zu welchen Fragestellungen die Evaluation erfolgen soll oder was mit welchem genaueren Ziel evaluiert werden soll, aber die Forderung zu evaluieren erscheint irgendwie selbstlegitimierend. Mit der stärkeren Ausrichtung an der Wirkungsfrage (siehe Merchel 2015a, S. 128ff.; Otto et al. 2010; Borrmann/Thiessen 2016) geraten Evaluation als Grundsatz und evaluative Verfahren quasi automatisch in den Blick (Baumgartner/Sommerfeld 2010), und zwar sowohl einzelfallbezogen (Sind Ziele erreicht worden? War die Hilfe effektiv? oder auch: War angesichts des Nutzens der Aufwand gerechtfertigt?) als auch im Hinblick auf Programme (Hat ein bestimmtes Verfahren Wirkungen erzeugt? Waren Wirkungen bei diesem Programm markant anders oder besser als bei anderen Verfahren?) oder im Hinblick auf Organisationen (Hat eine bestimmte Einrichtung bei einer bestimmten Zielgruppe Wirkungen erreichen können? Wodurch unterscheiden sich Einrichtungen im Hinblick auf die von ihnen erzielten Wirkungen bei den Adressat_innen?). In einer erheblichen Anzahl von Methodenbüchern wird Evaluation als ein notwendiger Bestandteil für eine als ‚professionell' geltende Praxis der Sozialen Arbeit hervorgehoben (u.a. von Spiegel 2013, S. 132ff.; Müller 2009, S. 163ff.; Christa 2007; Stimmer 2012). „Evaluationskompetenz" wird nicht nur zu einem bedeutsamen Teil von Handlungskompetenz in der Sozialen Arbeit (Heiner 2010, S. 64ff.), sondern auch als Bestandteil eines kompetenten Managementhandelns proklamiert (Merchel 2010 und 2015b, S. 203ff. und S. 287ff.). ‚Evaluation' institutionalisiert sich zunehmend als Erwartung der Umwelt an Organisationen der Sozialen Arbeit und an die in ihnen tätigen Fachkräfte.

Die Forderung, Evaluationen zu realisieren, wird immer stärker zum Teil der Umwelterwartungen, denen sich Organisationen der Sozialen Arbeit ausgesetzt sehen. Solchen institutionalisierten Erwartungen kann sich eine Organisation kaum entziehen, wenn sie nicht Legitimationseinbußen erleiden will. Werthaltungen und kulturelle Praktiken aus der Umwelt werden aufgegriffen und in die internen Normen, Regelungen und Handlungsweisen eingebaut. Viele Handlungsmuster und Veränderungen in Organisationen werden herausgebildet, vornehmlich vor dem Hintergrund des Motivs, mit externen, ‚institutionellen' Erwartungen konform zu gehen (Walgenbach 2002; Drepper 2010). Sie stehen in Verbindung zu Erwartungen im Umfeld einer Organisation, also zu dem, was sich im ‚Common Sense' des jeweiligen Bezugsfeldes als allgemein akzeptiert, als vermeintlich vernünftig herausgebildet hat. Es hat den Anschein, als sei auch Evaluation in solche Institutionalisierungsdynamiken mit den entsprechenden Auswirkungen auf Organisationen einbezogen.

Die Auswirkungen solcher Institutionalisierungsprozesse sind jedoch ambivalent. Einerseits werden Organisationen und in ihnen wirkende personale Akteure veranlasst, sich mit einem legitimatorisch bedeutsamen Thema – hier: mit Evaluation als einer die fachliche Entwicklung anregenden Anforderung – auseinanderzusetzen und dieses Thema innerhalb der Organisation zu verarbeiten. Andererseits ist das Hineinnehmen institutioneller Erwartungen nicht immer gleichbedeutend mit einer tatsächlichen praktischen Ausrichtung an solchen Erwartungen und mit einer realen Umsetzung der damit verbundenen Konzepte. Bisweilen bleibt es auch bei dem Versuch, Legitimation durch eine symbolische Integration der Erwartungen auf einer rein sprachlichen Ebene zu erreichen, z.B. indem ein Teamgespräch zur ‚kollegialen Beratung' umdefiniert, eine Supervision zur ‚Qualitätsentwicklung' gemacht oder auch ein fallbezogenes kollegiales Auswertungsgespräch zur ‚Evaluation' stilisiert wird. Oder es werden entsprechende legitimatorische Vokabeln in Konzepte eingesetzt, auf die man im Zweifelsfall zur Verdeutlichung, dass man sich im ‚Mainstream Evaluation' bewegt, verweisen kann, ohne jedoch konsequent die Praxis an diesen Konzepten auszurichten. Kritisch kann man hier von einem Etikettenschwindel sprechen, analytisch ist dies als ein Versuch zu werten, der Organisation Legitimation gegenüber ihrer Umwelt zu verschaffen sowie dabei Umwelterwartungen und interne Dynamiken in irgendeiner Weise verträglich zueinander zu halten, also Balancen herzustellen. Kühl (2011, S. 90f.) spricht in diesem Zusammenhang anschaulich von der ‚Fassade', vom ‚Schaufenster' der Organisation, die einen Eindruck erzeugen soll, durch den die Organisation in den Augen von Umweltakteuren als ‚recht ordentlich' erlebt werden kann und daher auf die zu ihrer Existenz notwendige Ressourcenzufuhr (Legitimation als politische und fachliche Anerkennung sowie in deren Gefolge Zuerkennung sachlicher, personeller und finanzieller Ressourcen) hoffen kann.

Mit einer solchen Eingliederung von ‚Evaluation' als ‚Schaufenster' geht einher, dass die methodischen Anforderungen an Evaluation heruntergeschraubt werden, und dies möglicherweise auf ein methodisches Niveau, das selbst unter der Maßgabe, dass aufgrund des „Primat der Praxis vor der Wissenschaft" (Kromrey 2000, S. 22) und der damit markierten Praxisausrichtung von Evaluation enge methodische sozialwissenschaftliche Maßstäbe nicht anzulegen sind, die als ‚Evaluation' etikettierten Handlungen unterhalb der für Gültigkeit von Daten zu veranschlagenden Mindestkriterien liegen (z.B. wenn einfache Zufriedenheitsbefragungen als ‚Wirkungsevaluation' ausgegeben werden). Der Sinn von Evaluation wird dann einer Erosionsdynamik ausgesetzt: Man tut etwas, was die Umwelt als scheinbar selbstverständlich erwartet, und genügt mit einem als ‚Evaluation' etikettierten Verfahren den Legitimationserwartungen, aber die Frage nach dem Sinn des Verfahrens, nach den Absichten, die mit Evaluationsverfahren verbunden werden, bleiben weitgehend unreflektiert (ähnlich wie vielfach beim Qualitätsmanagement zu beobachten; Merchel 2017). Das Verfahren wird zu einem Routine-Element, dessen Sinnhaftigkeit nur noch wenig reflektiert wird – mit Folgen für das Evaluationshandeln selbst: methodische Nachlässigkeit macht sich möglicherweise breit, die produktiven Entwicklungspotentiale, die in Evaluation enthalten sind, dringen wenig in den Evaluationsalltag ein, sie bleiben unbeachtet. In Hochschulen und in der Weiterbildung sind bisweilen solche sinnentleerten Routinehandlungen zu beobachten: so z.B. bei ritualisierten ‚Seminarevaluationen', die primär als Adaptionen von Anforderungen aus der Umwelt (z.B. Akkreditierungsagenturen) zu Legitimationszwecken (Legitimation über Verfahren) erfolgen und weniger aus einem tatsächlichen, inhaltlich markierten Evaluationsinteresse.

2. Zum Begriff ‚Evaluation'

Angesichts der skizzierten Tendenz, Anforderungen der Umwelt dadurch zu absorbieren, dass verschiedene Handlungsweisen mit dem Etikett ‚Evaluation' belegt werden, um durch solchermaßen erfolgte Anpassungen an die Erwartungen Legitimation zu gewinnen, bedarf es der genaueren Bestimmung dessen, was legitimerweise als ‚Evaluation' gelten soll und kann (zum Folgenden Merchel 2015a, S. 14ff.):

Als ‚Evaluation' kann gelten: ein – in der Regel organisational verankertes – systematisiertes und transparentes Vorgehen der Datensammlung zu einem bestimmten Gegenstandsbereich/ Sachverhalt mittels intersubjektiver und gültiger Erhebungsverfahren, das auf der Basis vorher formulierter Kriterien eine genauere Bewertung des Gegenstands/Sachverhalts ermöglichen und für die Praxis verwertbare Diskussions- und Entscheidungshilfen zur Verbesserung bzw. Weiterentwicklung des untersuchten Gegenstands/Sachverhalts liefern soll.

In dieser Begriffsverwendung sind vier zentrale Definitionselemente enthalten:

1. Evaluation ist eine Form des Bewertens, und dies setzt voraus, dass dafür Kriterien oder Maßstäbe herausgearbeitet werden. Dieser elementare Bewertungscharakter macht Evaluation immer zu einem ‚politischen' Vorgang: zu einem Prozess, in dem Wertmaßstäbe zur Geltung gebracht werden, in dem Interessen und darauf bezogene Hoffnungen und Befürchtungen aktualisiert werden und in dem daher mit strategischen Kalkülen verschiedener Interessenträger gerechnet werden muss. Evaluation als Bewertungsvorgang löst deswegen in der Regel eine soziale Dynamik aus, weil Interessen von Beteiligten angesprochen werden, Handlungsmöglichkeiten von Einzelnen oder Gruppen möglicherweise infrage stehen (eingeschränkt oder ausgeweitet werden können), Gewinne oder Verluste von materiellen und nichtmateriellen Ressourcen (finanzielle Förderung, Ausstattungen mit Arbeitsmaterial; Ansehen, Geltung etc.) drohen. Daher ist Evaluation nicht nur als ein sachlicher Vorgang, sondern auch als ein Prozess mit einem hohen sozial dynamisierenden Potential zu betrachten. Evaluation ist somit immer – neben ihren methodischen Implikationen – auch eine soziale Intervention, sie löst Prozesse im sozialen Gefüge einer Organisation aus. Evaluation muss insofern immer als eine ‚Zumutung' für Betroffene und Beteiligte verstanden werden: Man wird dem Risiko des Bewertet-Werdens ausgesetzt, und die Folgen der Verarbeitung solcher Bewertungen sind ungewiss.
2. Die Bewertung erfolgt auf der Basis einer systematisierten Informationsgewinnung. Die für die Bewertung eines Sachverhalts erforderlichen Informationen werden nicht zufällig erhoben, sondern in systematischen, methodisch angeleiteten und transparenten Verfahren, die aus der empirischen Sozialforschung stammen (Fragebogenerhebungen, systematische Beobachtungen, Datenanalysen, Dokumentenanalysen, Interviews etc.). Um von ‚Evaluation' sprechen zu können, bedarf es somit der kriteriengeleiteten, im Hinblick auf ein Wissensziel strukturierten Auswahl von Informationen, die durch diese Kriterien und durch die methodisch systematisierte Form der Informationssammlung zu ‚Daten' werden. Die gewonnenen Daten sind nur dann tauglich, wenn sie in einer an wissenschaftlichen Mindeststandards orientierten Weise gewonnen wurden: nach bestimmten Verfahrensregeln, in einem transparenten, überprüfbaren Vorgehen und nach fachlich akzeptierten Gütekriterien (z.B. Validität, Verlässlichkeit etc.). Die Datensammlung muss mittels intersubjektiver und für den zu evaluierenden Sachverhalt aussagefähiger Kriterien und Messverfahren er-

folgen. Dieses methodische Profil unterscheidet Evaluation von anderen Reflexionsverfahren in der Sozialen Arbeit (insbes. Supervision, Coaching, kollegiale Beratung).

3. Die systematisierte Informationsgewinnung dient einem spezifischen praktischen Erkenntnis- und Verwertungsinteresse. Es gilt das „Primat der Praxis vor der Wissenschaft" (Kromrey 2000, S. 22). Evaluation erfolgt immer im Hinblick auf bestimmte Verwendungszwecke. Es werden Daten erhoben, die als Planungs- und Entscheidungshilfen genutzt werden zur Überprüfung und Verbesserung des untersuchten Gegenstandsbereichs. Es sollen Handlungen, Maßnahmen, Handlungsprogramme, Verfahrensweisen überprüft und verbessert werden, Entscheidungsalternativen verdeutlicht werden, Folgen und Nebenfolgen von Handlungen genauer in den Blick genommen werden, Grundlagen für eine rationalere Entscheidungsfindung gefunden werden. Dies setzt voraus, dass die Akteure der Sozialen Arbeit, die eine Evaluation in ihrem Handlungsbereich initiieren, Ziele für diesen Handlungsbereich definieren. Ohne definierte Ziele ist keine sinnvolle Evaluation möglich; erst über definierte Ziele erhält Evaluation eine Richtung. In dieser praxisbezogenen Ziel- und Zweckorientierung unterscheidet sich Evaluation nicht nur von anderen, in der Sozialen Arbeit praktizierten Bewertungsmodalitäten (Supervision etc.), sondern auch von anderen Kontexten empirischer Forschung, bei der die praxisbezogene Verwendbarkeit der Forschungsergebnisse in der Regel nicht so deutlich im Mittelpunkt steht. Weil die Akteure der Sozialen Arbeit an pragmatischen Verfahren und an der Lösung praktischer Probleme interessiert sind, wird die Gültigkeit der Ergebnisse von Evaluationen häufig mit ihrer praktischen Bewährung gleichgesetzt – anders als in der wissenschaftlichen Evaluationsforschung, die stärker an „soweit wie möglich verallgemeinerbaren Aussagen interessiert" ist (Haubrich/Lüders 2004, S. 326).
4. Evaluation ist in der Regel eingebettet in einen organisationalen Zusammenhang; sie erfolgt in einer Organisation oder in Verbindung zu mehreren Organisationen. Evaluation ist nicht nur als ein methodisches Arrangement, sondern immer auch im Zusammenhang einer Organisation (oder auch mehrerer Organisationen) zu sehen. Dies ist zum einen verdeutlicht in dem bereits erwähnten Charakter von Evaluation als einer ‚sozialen Intervention', die ihre Dynamik erhält durch die mit Evaluationen unweigerlich verknüpften Bewertungsvorgänge. Zum anderen sind Organisationen angewiesen auf systematische Informationen über den Grad der Zielerreichung, über die Effektivität ihrer Handlungsprogramme, über das Verhältnis von Aufwand und Nutzen ihres Handelns, über den bei ihren Adressat_innen und/oder Interessenträger_innen wahrgenommenen Nutzen ihrer Aktivitäten etc. Ohne solche Informationen sind Entscheidungen zur innengerichteten Steuerung, differenzierte Beurteilungen zur Leistungsfähigkeit von Organisationsteilen etc. und glaubwürdige Aktivitäten zur außengerichteten Legitimation nur schwer möglich. Je prekärer die Situation für eine Organisation wird, je störungsanfälliger also innere Abläufe und je bedrohlicher die Legitimationsanfragen von außen werden, desto eher benötigt die Organisation solche Informationen, die u.a. durch Evaluation erzeugt werden können. Die wachsenden Legitimationsanfragen an Organisationen Sozialer Arbeit (‚Welche Effekte erzeugt Ihr eigentlich mit dem Geld, das Ihr von der Gesellschaft erhaltet?') sowie der Druck zu größerer Flexibilität und zu größerer Wirtschaftlichkeit können als ein Erklärungsfaktor angesehen werden für die wachsende Bedeutung des Evaluationsthemas in den letzten Jahren.

Mit der Einbettung in einen organisationalen Kontext geht auch eine potentielle Instrumentalisierbarkeit von Evaluationen einher. Heiner (2001, S. 42) spricht hier – neben anderen Funktionen – von einer ‚demonstrativen Funktion', mit der eine Evaluation verbunden werden kann. Wenn eine Evaluation bereits bei der Planung darauf ausgerichtet ist, dass mit bestimmten Ergebniserwartungen ein Sachverhalt legitimiert werden oder ein bestimmtes Interesse besser durchsetzbar gemacht werden soll, erfolgt Evaluation nicht ergebnisoffen, sondern in der Kalkulation, über als ‚objektiv' erscheinende Daten eine Position in einer Auseinandersetzung zu verbessern oder solche Daten zur Legitimation bestimmter Entscheidungen zu verwenden. Eine solche Instrumentalisierung von Evaluation ist zu beobachten sowohl in außengerichteten Evaluationsaktivitäten als auch in Verwendungen von Evaluationen innerhalb von Organisationen. Ein plastisches Beispiel für Instrumentalisierungen von Evaluation in außengerichteten Kommunikationen sind Modellprojekte: Wenn bei Modellprojekten Evaluationen in Auftrag gegeben werden, so steht zumeist das Interesse der Projektakteure an einer Weiterführung von grundlegenden Intentionen und Handlungsformen der Projekte (Verstetigung) im Mittelpunkt; daher weisen die meisten Evaluationen von Modellprojekten positive Erfolgsaussagen auf. Auch innerhalb von Organisationen können Evaluationen so angelegt sein, dass sie nicht ergebnisoffen konzipiert, sondern interessenbezogen ausgerichtet sind und damit instrumentalisiert werden können für bestimmte, nicht transparent dargelegte Interessen. Die Instrumentalisierbarkeit von Evaluationen resultiert aus der Tatsache, dass Evaluationen immer in einem organisationalen Kontext verortet, dadurch stets mit Interessen verbunden sind und bestimmte Akteure größere Möglichkeiten (Kompetenzen, Macht, informellen Einfluss) zur Interessendurchsetzung haben als andere Akteure. Evaluationen können dadurch weniger anfällig für Instrumentalisierungen gemacht werden, dass (a) die Interessen transparent und damit verhandelbar gemacht werden und (b) dass sie methodisch sorgfältig, nach den methodischen Regeln der empirischen Datenerhebung konzipiert und durchgeführt werden.

Managementhandeln, das sich versteht als der immer wieder praktizierte Versuch, das Geschehen in einer Organisation und die Bezüge einer Organisation zu ihrer spezifischen Umwelt zu steuern, ist auf systematisch erhobene und für Bewertung zugänglich gemachte Daten angewiesen. Sicherlich ist ein großer Teil des Managementhandelns erfahrungsbasiert und wird durch weniger systematische Beobachtungen geleitet, jedoch bedarf es zur Prägung und zur Reflexion bedeutsamer Steuerungsentscheidungen einer genaueren Datenbasierung, die über die Zufälligkeiten von ‚Eindruck, Gefühl und ungefährer Wahrnehmung' hinausgeht. Evaluationen, die den genannten Begriffselementen folgen, bieten eine Grundlage für genauere Reflexionen zu dem, was in einer Organisation geschieht, mit welchen Folgen (und Nebenfolgen) dieses Geschehen verbunden ist und an welchen Stellen eine Weiterentwicklung des methodischen Handelns oder der organisationalen Strukturen und Prozesse ansetzen kann.

3. Evaluation als Reflexionsmodus und als methodisches Instrument der Qualitätsentwicklung

Evaluation zielt auf das Erzeugen von Wissen, um Handlungsweisen und Handlungsergebnisse in einer Organisation bzw. die Modalitäten und Ergebnisse der Umsetzung von organisationalen Handlungsprogrammen genauer bewerten sowie auf dieser Grundlage gezielt Überlegungen zu einer Weiterentwicklung von Programmen und Handlungsbedingungen anstellen zu können. Im Mittelpunkt des Interesses an Evaluation steht somit – möglicherweise neben oder in Konkurrenz zum Interesse an Legitimierung (s.o.) – die Vergewisserung über das, was Akteure tun und mit welchen Folgen sie es tun. Eine solche Vergewisserung erfolgt nicht ‚nach Gefühl', sondern auf der Grundlage systematisch erhobener und ergebnisoffen aufgearbeiteter

Daten. Evaluation soll eine reflexive Distanz ermöglichen, mit deren Hilfe die Akteure genauer ihr Handlungsfeld betrachten und analysieren und aus einer solchen Analyse begründete Schlussfolgerungen ziehen können. Eine solche Intention koppelt sich unmittelbar an Verfahren der reflexiven Qualitätsentwicklung.

Die Verbindung der Evaluation zum Qualitätsmanagement ist offenkundig: Beide sind Bestandteil der fachlichen und organisationsbezogenen Steuerung, die in jeder Organisation der Sozialen Arbeit als Teil eines verantwortlichen Managements zu realisieren ist. Der Zweck, für den die Akteure die Mühe der Evaluation auf sich nehmen, besteht primär darin, genauere Informationen zur Bewertung der Qualität der Arbeit und Hinweise für eine gezielte Verbesserung von Strukturen, Prozessen und Ergebnissen des Handelns zu erhalten. Zwar ist nicht bei jeder Evaluation explizit das Thema ‚Qualität' angesprochen, jedoch spielen Aspekte der Qualität implizit immer eine Rolle, auch dann, wenn z.B. ‚lediglich' im Rahmen einer Konzeptevaluation Erwartungen von Interessenträger_innen erfragt werden oder wenn eine Evaluation nicht präzise in die methodische Abfolge einer systematisierten Qualitätsentwicklung eingebunden wird.

Bereits in der zentralen Frage, dem zentralen Anliegen des Qualitätsmanagements wird die Verbindung zur Evaluation deutlich erkennbar. Denn Qualitätsmanagement vollzieht sich in einer organisierten und gemeinsam zwischen Organisationsmitgliedern stattfindenden Suche nach der Antwort auf die Fragen ‚Wann ist unsere Arbeit gut?' und ‚Was können wir tun, um die Wahrscheinlichkeit einer guten Leistungserbringung zu gewährleisten und kontinuierlich weiterzuentwickeln?'. Qualitätsmanagement ist der Sammelbegriff für diejenigen strukturierten Vorgehensweisen in Einrichtungen und Diensten der Sozialen Arbeit, bei denen es um die gezielte und methodisch strukturierte Bewertung sowie um eine gezielte und reflektorisch begleitete Weiterentwicklung der ‚Güte' sozialarbeiterischer oder sozialpädagogischer Handlungsweisen geht (Merchel 2013). Mit einer systematisierten Datensammlung und Datenaufbereitung im Rahmen einer Evaluation werden Grundlagen geschaffen, um das o.g. zentrale Anliegen des Qualitätsmanagements methodisch basiert zu realisieren.

Selbst bei Standardisierungsverfahren bedarf es der Evaluation, um die Effekte einer Verfahrensstandardisierung genauer in den Blick nehmen zu können. Verfahrensstandards, die Qualität darüber gewährleisten wollen, dass Prozessabläufe relativ genau festgelegt und dementsprechend gewünschte Verhaltensweisen der Prozessbeteiligten normiert werden, enthalten Annahmen: (a) dass die festgelegten Verfahrensstandards im Alltag realisierbar sind und (b) dass das Einhalten solcher Verfahrensstandards die erwünschten Qualitätseffekte nach sich zieht. Ob diese hypothetischen Annahmen zutreffen, bedarf der systematischen Beobachtung, d.h. der Evaluation. Denn Verfahrensstandardisierungen, das sog. „Prozessmanagement", die Konstruktion von mehr oder weniger umfassenden prozessregulierenden QM-Handbüchern etc. können zum einen im Alltag der Organisation unterlaufen werden, wodurch Umsetzung und deren Folgen zu untersuchen wären. Zum anderen können sie neben den oder gar gegen die gewünschten Effekte problematische, meist unbeabsichtigte Nebenfolgen mit sich bringen: äußerliche Routinisierung des Handelns, Erzeugen einer „Mentalität der Absicherung" (statt der „Mentalität eines professionsbezogenen Begründens"), Tendenz zur Überregulierung und Bürokratisierung bei gleichzeitiger Einschränkung professioneller Reflexivität, Reduktion von funktional notwendigen informellen Handlungsspielräumen, ausgeweitete Verhaltenskontrolle statt Klima der Unterstützung und Ermöglichung etc. (Merchel 2017). Somit wird auch und gerade bei Verfahren, in denen Qualität gewährleistet werden soll mithilfe von Verfahrensstandards und damit einhergehenden Verhaltensnormierungen, eine systematische Evaluation zu einem unentbehrlichen Instrument der Qualitätsentwicklung.

Evaluation ist nutzbar und zu konzipieren als Teil einer reflexiven Steuerung in einer Organisation. Evaluation kann helfen, das von Wimmer (2011) formulierte Paradox praktisch anzugehen, demzufolge Management als ein an eine spezifische Organisation ausgerichteter Modus zu entwickeln ist, um die Notwendigkeit einer „Steuerung des Unsteuerbaren" zu bewältigen. Die Komplexität und die Dynamik von und in Organisationen erzeugen eine Steuerungskomplexität, bei der unklar bleiben muss, zu welchem Zeitpunkt welche Impulse bei welchen Akteuren in welcher Weise aufgenommen, interpretiert und verarbeitet werden. Angesichts dieser Konstellationen von Managementakteuren zu erwarten, sie sollen ‚ihren Laden im Griff haben', zeugt von einer illusionären, verfehlten Vorstellung. Steuerung besteht im Entwickeln von gut durchdachten Steuerungsimpulsen, die aus einer guten Beobachtung und Reflexion der Kommunikationsmodalitäten und der Dynamik einer Organisation erwachsen (Merchel 2015b, S. 56ff.). Evaluation schafft Möglichkeiten zur genaueren Beobachtung solcher Dynamiken und der in diesen Dynamiken ausgelösten Effekte und Nebeneffekte. Auf der Basis solcher Beobachtungen und Erkenntnisse lassen sich Bewertungen und begründete Handlungsorientierungen ableiten. Diese sind jedoch wiederum als Hypothese insofern zu verstehen, dass man sich davon bestimmte Wirkungen verspricht. Ob solche Wirkungserwartungen tatsächlich eintreffen, bedarf wiederum der Beobachtung. Ein methodisches Mittel zur Herstellung einer größeren Genauigkeit solcher Beobachtungen bietet Evaluation.

4. Anlässe und Motive für Evaluationsaktivitäten

Wie bereits erwähnt, wird Evaluation elementar geleitet von einem praktischen Erkenntnis- und Verwertungsinteresse. Es werden Daten erhoben, die als Planungs- und Entscheidungshilfen genutzt werden zur Überprüfung, Verbesserung und/oder Legitimierung eines untersuchten Gegenstandsbereichs. Es sollen Handlungen, Maßnahmen, Handlungsprogramme, Verfahrensweisen überprüft, legitimiert oder und verbessert werden, Entscheidungsalternativen verdeutlicht werden, Folgen und Nebenfolgen von Handlungen genauer in den Blick genommen werden, Grundlagen für eine bewusstere, ‚rationalere' Entscheidungsfindung gefunden werden.

Die Fülle darin eingebundener möglicher Motive lässt sich zu drei Motivbündeln zusammenfassen, die verschiedenen Auslöserkonstellationen zugeordnet werden können:

- *organisationsextern, durch Vorgänge außerhalb der Organisation veranlasste Evaluationen.* Anlässe dieser Art können gegeben sein durch Anforderungen von Finanzierungsträger (z.B. zum Nachweis von Wirksamkeit, zum Nachweis der Angemessenheit des Ressourceneinsatzes, zur Verdeutlichung der sozialpolitischen Bedeutung bestimmter Konzeptionen oder Handlungsansätze, zur Verdeutlichung der Reformbedürftigkeit bisher praktizierter Förderungs- oder Handlungsprogramme etc.) oder durch (eventuell gar existenzgefährdende) kritische Anfragen aus der Umwelt einer Organisation (z.B. öffentlich geäußerte Zweifel am Nutzen eines Hilfeangebots, Nachteile einer Organisation in der Konkurrenz zu anderen Organisationen im gleichen Handlungsfeld, markante Störungen in interorganisationalen Kooperationsbezügen etc.).
- *organisationsintern, durch Vorgänge innerhalb der Organisation veranlasste Evaluationen.* Jede organisationsinterne Dynamik enthält vielfältige Anlässe für Störungen oder Konflikte, zu deren Bewältigung man sich von einer Evaluation verbesserte Grundlagen erhofft. Dies

können z.B. das Arbeitsklima belastende Konflikte zwischen Mitarbeiter_innen oder Mitarbeiter_innengruppen sein oder empfundene Mängel bei der Umsetzung von methodischen Handlungsprogrammen oder das widerständige Verhalten oder die Beschwerden von Leistungsnutzern oder beobachtete Differenzen im Handeln zwischen verschiedenen Teams u.v.a.m. Wenn solche Probleme so deutlich werden, dass sie den Alltag beeinträchtigen, und wenn sie ein solches Ausmaß erreicht haben, dass sie einen relevanten Teil der Akteure unzufrieden machen, wird bisweilen Evaluation eingesetzt als ein Mittel, das helfen soll, den störenden Sachverhalt genauer (auf einer verbesserten Datengrundlage) zu betrachten und daraus Ansatzpunkte für eine sachliche angemessene Entscheidungsfindung zur Behebung des störenden Sachverhalts zu gewinnen. Evaluationen sollen hier genauere organisationsbezogene Steuerungsaktivitäten ermöglichen.

- *daneben und quer dazu – Gründe, die in den spezifischen Konstitutionsbedingungen und in Bemühungen um Aufrechterhaltung von Sozialer Arbeit als Profession liegen.* Eine zentrale Anforderung an die Professionalität in der Sozialen Arbeit liegt in der Anforderung, kompetent mit dem elementaren Merkmal ‚Unsicherheit' umgehen zu können, das in der Struktur der Anforderungen, mit denen Organisationen und Fachkräfte der Sozialen Arbeit konfrontiert sind, prägend enthalten ist. Organisationen der Sozialen Arbeit müssen Hilfepotentiale organisieren für Situationen, deren Umrisse die Akteure zwar kennen, die aber in den konkreten Einzelfällen stark divergieren. Häufig ist zu Beginn einer Hilfe nicht einmal das Problem eindeutig bestimmbar; es kann in mehreren Interpretationen verstanden werden, muss als Problemdefinition zwischen verschiedenen Beteiligten ausgehandelt werden, und auch dann bleibt die Problemdefinition immer noch eine vorläufige Hypothese, die im Hilfeverlauf immer wieder überprüft werden muss (so z.B. die Anforderungen an Hilfeplanung; Merchel 2006; Schreiber 2010). Routinehandeln ist dementsprechend in der Sozialen Arbeit nur in engen Grenzen möglich. Routinehaftigkeit bei den Handlungsvollzügen ist meist schädlich, weil dadurch die erforderliche Individualität und Flexibilität in der Hilfegestaltung verloren gehen. Die Akteure der Sozialen Arbeit müssen sich bewusst sein, dass bei einem Großteil ihrer beruflichen Aufgaben „die sinnhaften Handlungsentwürfe, die das Handeln orientieren, sich zeitlich auch in Ungewissheit, sozial auch in der Fremde und sachlich auch im Unbestimmten bewegen" (Hörster 1995, S. 38). Professionalität in der Sozialen Arbeit bedeutet somit auch, kompetent mit Unsicherheit umgehen zu können und dabei eine eigene, durch Sensibilität, Aufmerksamkeit und Reflexion geprägte Handlungssicherheit gewinnen zu können. Zur Bewältigung dieser partiell paradoxen Anforderung, eine begrenzte Handlungssicherheit herauszubilden in einem strukturell durch Ungewissheit geprägten Anforderungsfeld, hat Evaluation ihren Stellenwert als methodische Reflexionshilfe. Evaluation kann dadurch zu einem kompetenten Umgang mit Unsicherheit beitragen, dass sie hilft, einen Teil von Ungewissheit zu absorbieren, ohne dies gleich mit überzogenen und daher trügerischen Gewissheitserwartungen zu verwechseln.

5. Methodische und organisatorische Arrangements für Evaluationen

Evaluation kann in verschiedenen Arrangements stattfinden (*Schaubild*). Sie kann als *externe Evaluation* stattfinden, bei der Evaluatoren von außen in die Organisation geholt und mit einem Evaluationsauftrag versehen werden, und sie kann als *interne Evaluation* organisiert sein, bei der die Evaluator_innen innerhalb der Organisation angesiedelt sind.

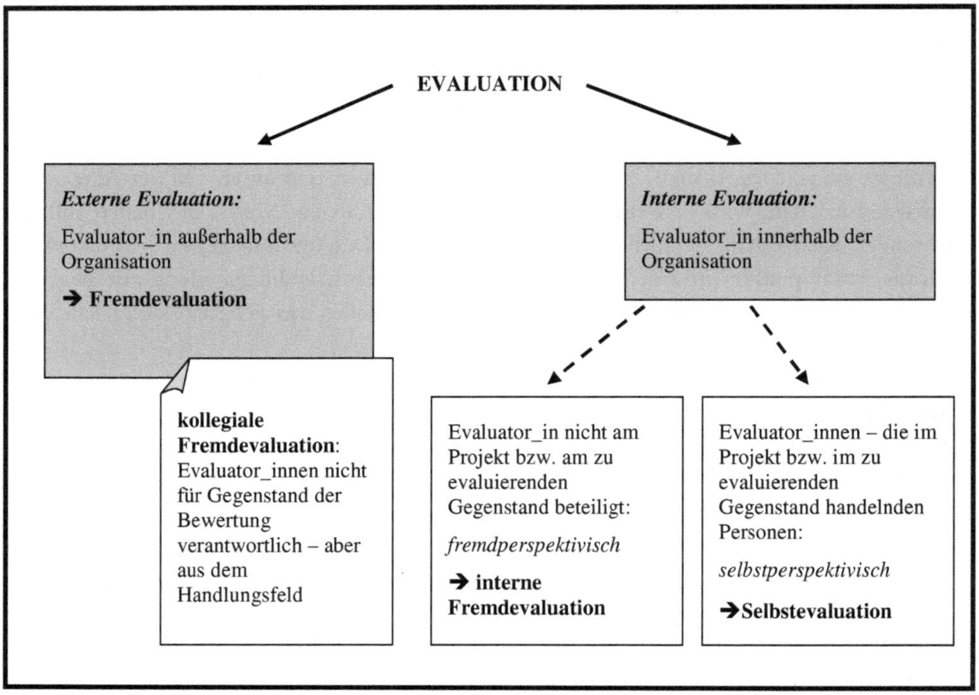

Abb. 1: Arten der Evaluation (Merchel 2015a, S. 45)

Als eine Sonderform der externen Evaluation kann die *kollegiale Fremdevaluation* angesehen werden: Diese Evaluationen werden „einerseits primär von Fachkräften aus demselben Handlungsfeld durchgeführt ... (Aspekt der Kollegialität), die andererseits für den jeweiligen Gegenstand der Bewertung nicht unmittelbar verantwortlich, also bspw. in anderen Einrichtungen tätig sind (Aspekt der Fremdheit)" (Projekt eXe 2008, S. 7). Der Vorteil, dass die Evaluator_innen die Gegebenheiten des Handlungsfeldes kennen, wird hier verknüpft mit dem Bestreben, einen fremden evaluatorischen Blick von außen auf die Vorgänge in einer Einrichtung zu nutzen, um dadurch anschlussfähige Bewertungsimpulse zu erzeugen. Die interne Evaluation kann in methodischer Hinsicht selbstperspektivisch ausgerichtet sein: Diejenigen Personen, die in der Organisation handeln, sind auch diejenigen, die die Arbeit evaluieren; Praxisakteure und Evaluationsakteure sind identisch – ein Arrangement der *Selbstevaluation*. Bei der Selbstevaluation schaffen sich die Praxisakteure die Datengrundlage für eine Bewertung ihres Handelns und damit eine Wissensbasis für ihre fachlichen Reflexionen. Interne Evaluation kann aber auch fremdperspektivisch organisiert sein: Hier wirken Organisationsmitglieder (also Personen innerhalb der Organisation), die nicht unmittelbar in die zu evaluierenden Gegenstände/Sachverhalte/Prozesse involviert sind, als Evaluationsakteure. Bei der *internen Fremdevaluation* wirken Praxisakteure und Evaluationsakteure voneinander getrennt, obwohl beide als Mitglieder in der Organisation tätig sind; die Evaluationsakteure haben zwar Kenntnis von dem Handlungsbereich, in dem evaluiert wird, aber sie gehören nicht zu diesem Handlungsbereich, sondern zu einem anderen Organisationsteil.

Solche Arrangements enthalten verschiedene Vorteile und Chancen, aber auch jeweils Nachteile und Risiken. So ermöglichen Fremdevaluationen einen kritischen, distanzierten Blick von außen auf den zu evaluierenden Gegenstand, können aber bei den Praxisakteuren auf Akzeptanzhürden stoßen. Selbstevaluationen erhöhen die reflexiven Fähigkeiten der Praxisakteure und zielen auf unmittelbaren Nutzen für die Praxis, gehen jedoch einher mit dem Risiko eines mangelnd kritischen Blicks auf das eigene Handeln; denn wenn kaum Distanz existiert zwischen der Evaluatorenrolle und der Rolle der Praxisverantwortlichen, besteht die Gefahr, dass die Evaluation vorwiegend so ausgerichtet wird, dass die Praxis und die in dieser Praxis Handelnden nicht allzu sehr der Kritik und dem Zweifel ausgesetzt werden (ausführlicher dazu Merchel 2015a, S. 46ff.). Je nach den spezifischen Konstellationen in einer Organisation (u.a. Konfliktbelastung, Intensität angesprochener Interessen, ‚Klima' bzw. ‚Kultur' in der Organisation etc.), je nach Komplexität der Evaluationsaufgabe und je nach Verfügbarkeit von Evaluationskompetenz in einer Organisation muss entschieden werden, welches Evaluationsarrangement mit einer größeren Wahrscheinlichkeit dazu führt, dass die Ergebnisse einer Evaluation anschlussfähig für die Verarbeitung in einer Organisation aufgearbeitet und genutzt werden können und wie gut der mit der Evaluation beabsichtigte Reflexionsimpuls für die fachliche Arbeit und für die Organisationsgestaltung realisiert werden kann.

6. Managementaufgaben im Kontext ‚Evaluation'

Die Anforderungen an Managementhandeln, damit Evaluationsverfahren reflexionsförderndes Steuerungselement produktiv in Organisationen praktiziert werden, können hier nur kurz skizziert werden; insbesondere sind folgende Aspekte zu beachten (Merchel 2015a, S. 156ff.):

- Das Herstellen von Transparenz bildet eine Grundvoraussetzung, um innerhalb einer Organisation eine elementare Akzeptanz für Evaluationsvorhaben zu schaffen. Dafür ist der organisatorische Rahmen für Evaluationen zu klären: Zuständigkeiten, zeitliche Abläufe, Arbeitskapazitäten, Orte und Zeitpunkte der Datenerhebung etc. Die jeweiligen Evaluationsfragestellungen sind in transparenten Verfahren festzulegen bzw. zwischen den Beteiligten (und ggf. ‚Betroffenen') auszuhandeln. Ferner sind ‚Spielregeln' zu vereinbaren, die den Umgang mit Evaluation und ihren Ergebnissen für alle Beteiligte kalkulierbar machen: zum Umgang mit Daten, zur Aufbereitung der Ergebnisse, zur Art der Datenrückmeldung, zu den Modalitäten des Einbringens und der Diskussion von Ergebnissen und daraus abzuleitenden Schlussfolgerungen. Das Erzeugen von Transparenz und das Sorgen für Ergebnisoffenheit reduzieren die Möglichkeit, Evaluationen einseitig für bestimmte Interessen und Zwecke zu instrumentalisieren.
- Es ist eine Managementaufgabe, für die methodischen Qualifikationen in der Organisation zu sorgen, die für die Planung, Durchführung und organisationale Verankerung von Evaluationen erforderlich sind. Methodisch und organisational mangelhaft realisierte Evaluationen können zu einer ablehnenden Haltung der Organisationsakteure gegenüber dem Verfahren ‚Evaluation' generell führen und dadurch das methodische Reflexionspotential der Organisation beeinträchtigen. Daher bedarf es der Herausbildung und sorgfältigen Verankerung von Evaluationskompetenzen innerhalb der Organisation. Basiskompetenzen, die für ein Verstehen des Sinns von Evaluation und des Sinns von Verfahrenselementen dringend benötigt werden, sind in der gesamten Organisation zu gewährleisten, damit eine evaluationsförderliche Organisationskultur entstehen kann. Darüber hinaus kann es sich als sinnvoll erweisen, in einer Organisation ein spezielles ‚Kompetenzzentrum Evaluation' (z.B. durch eine/n ‚Fachberater_in Evaluation') zu schaffen, das methodische Hilfen leisten und einzelne Organisationsakteure oder Teams bei Fragen der Evaluation beraten kann.

- Ein für Evaluationen förderliches Klima in der Organisation, eine „evaluationsförderliche Organisationskultur“ entsteht nicht von selbst, sondern muss angeregt, in ihrem Nutzen immer wieder verdeutlicht sowie auch bei Schwierigkeiten in der methodischen Umsetzung und bei organisationsinternen Spannungen immer wieder in die organisationsinternen Kommunikationen eingebracht werden (Merchel 2015a, S. 151ff.). Eine datenbasierte Reflexion, wie sie durch Evaluationen ermöglicht wird, als Teil eines professionellen Handelns muss in der Organisationskultur verankert werden. Hier bedarf es entsprechender Impulse durch die Leitungspersonen.
- Managementakteure sollten die Tatsache im Blick behalten, dass Evaluation immer eine ‚soziale Intervention‘ in eine Organisation bedeutet, dass Evaluation angesichts der Bewertung der Arbeit eine ‚Zumutung/Herausforderung‘ für die Organisationsmitglieder darstellt und dass Evaluation als ein Instrument eingesetzt werden kann zur Markierung von Einfluss und Interessen. Leitungspersonen, die Evaluationsprozesse als Teil der fachlichen Steuerung nutzen, sollten sorgfältig analysieren und in ihre Verfahrensentscheidungen einbeziehen: Wer (Personen und/oder Gruppen) innerhalb der Organisation könnte in welcher Weise und unter welchen Gesichtspunkten die Evaluation in besonderer Weise als eine ‚Zumutung‘ empfinden? Welche Personen und/oder Gruppen innerhalb der Organisation könnten durch die Evaluation eher gewinnen und wer könnte von Verlusten bedroht sein? Solche mikropolitisch ausgerichteten Analysen und Erwägungen sind notwendig, um Methoden und Verfahren der Evaluation so ausrichten zu können, dass der Evaluationsprozess nicht allzu stark behindert wird und stattdessen das produktive Lernpotential und das fachliche Steuerungspotential von Evaluation zur Geltung gebracht werden können.
- Managementakteure sollten sensibel beobachten, ob, zu welchem Zeitpunkt und bei welchen methodischen Arrangements Evaluation in ein ‚Ritual‘ abzurutschen droht, das den eigentlichen Sinn von Evaluation unterläuft, nämlich das Lernen durch Rückmeldung über die eigene Arbeit zu ermöglichen. Zu beobachten sind solche ‚Evaluationsrituale‘ häufig bei Zufriedenheitsbefragungen oder Befragungen der Teilnehmer_innen an Bildungsveranstaltungen (‚Seminarkritik‘ durch Fragebögen). Irgendwann werden solche Instrumente nur noch ritualisiert eingesetzt, ohne dass die Organisationsakteure noch ernsthaft an der Rückmeldung interessiert wären und aus den Ergebnissen Schlussfolgerungen ziehen wollten. Für solche ‚Evaluationen‘, die offenkundig nur noch dem ‚Schaufenster‘ dienen, erscheint auch ein geringer Aufwand zu hoch, und es besteht darüber hinaus die Gefahr, dass dadurch insgesamt das Thema Evaluation innerhalb der Organisation diskreditiert wird. Managementakteure sollten solche Tendenzen der Ritualisierung frühzeitig wahrnehmen, ritualisierte Evaluationsmodalitäten beenden und durch die Gestaltung von Evaluationsmodalitäten dafür sorgen, dass Evaluation von den Organisationsmitgliedern als ein lebendiger Lernmodus erlebt wird.

7. Literatur

Baumgartner, Edgar/Sommerfeld, Peter (2010): Evaluation und evidenzbasierte Praxis. In: Thole, Werner (Hrsg.): Grundriss Soziale Arbeit. 3. Aufl., Wiesbaden: Springer VS, S. 1163-1173.

Borrmann, Stefan/Thiessen, Barbara (Hrsg.) (2016): Wirkungen Sozialer Arbeit. Potentiale und Grenzen der Evidenzbasierung für Profession und Disziplin. Opladen/Berlin/Toronto: Barbara Budrich.

Christa, Harald (2007): Evaluation. In: Michel-Schwartze, Brigitta (Hrsg.): Methodenbuch Soziale Arbeit. Basiswissen für die Praxis. Wiesbaden: Springer VS, S. 317-343.

Drepper, Thomas (2010): Soziale personenbezogene Dienstleistungsorganisationen aus neoinstitutionalistischer Perspektive. In: Klatetzki, Thomas (Hrsg.): Soziale personenbezogene Dienstleistungsorganisationen. Soziologische Perspektiven. Wiesbaden: Springer VS, S. 129-165.
Haubrich, Karin/Lüders, Christian (2004): Evaluation – mehr als nur ein Modewort? In: Recht der Jugend und des Bildungswesens 52, H. 3, S. 316-337.
Heiner, Maja (2001): Planung und Durchführung von Evaluationen – Anregungen, Empfehlungen, Warnungen. In: Heil, Karolus/Heiner, Maja/Feldmann, Ursula (Hrsg.): Evaluation sozialer Arbeit. Frankfurt a.M.: Eigenverlag des Deutschen Vereins für öffentliche und private Fürsorge, S. 35-58.
Heiner, Maja (2010): Kompetent handeln in der Sozialen Arbeit. München/Basel: Reinhardt.
Hörster, Reinhard (1995): Pädagogisches Handeln. In: Krüger, Heinz-Hermann/Helsper, Werner (Hrsg.): Einführung in Grundbegriffe und Grundfragen der Erziehungswissenschaft. Opladen: Leske & Budrich, 35-42.
Kromrey, Helmut (2000): Die Bewertung von Humandienstleistungen. Fallstricke bei der Implementations- und Wirkungsforschung sowie methodische Alternativen. In: Müller-Kohlenberg, Hildegard/Münstermann, Klaus (Hrsg.): Qualität von Humandienstleistungen. Evaluation und Qualitätsmanagement in Sozialer Arbeit und Gesundheitswesen. Opladen: Leske & Budrich, S. 19-57.
Kühl, Stefan (2011): Organisation. Eine sehr kurze Einführung. Wiesbaden: Springer VS.
Merchel, Joachim (2006): Hilfeplanung bei den Hilfen zur Erziehung § 36 SGB VIII. 2. Aufl., Stuttgart/München: Boorberg.
Merchel, Joachim (2010): Leiten in Einrichtungen der Sozialen Arbeit. München/Basel: Reinhardt.
Merchel, Joachim (2013): Qualitätsmanagement in der Sozialen Arbeit. Eine Einführung. 4. Aufl., Weinheim/Basel: Beltz Juventa.
Merchel, Joachim (2015a): Evaluation in der Sozialen Arbeit. 2. Aufl., München/Basel: Reinhardt.
Merchel, Joachim (2015b): Management in Organisationen der Sozialen Arbeit. Eine Einführung. Weinheim/Basel: Beltz Juventa.
Merchel, Joachim (2017): Worum geht es eigentlich beim Qualitätsmanagement? Zur Kritik an Sinndefiziten in der Praxis des Qualitätsmanagements. In: Roehl, Heiko/Asselmeyer, Herbert (Hrsg.): Organisationen klug gestalten: Das Handbuch für Organisationsentwicklung und Change Management. Stuttgart: Schaeffer-Poeschel, S. 362-370.
Müller, Burkhard (2009): Sozialpädagogisches Können. Ein Lehrbuch zur multiperspektivischen Fallarbeit. 6. Aufl., Freiburg i.Br.: Lambertus.
Otto, Hans-Uwe/Polutta, Andreas/Ziegler, Holger (Hrsg.) (2010): What Works – Welches Wissen braucht die Soziale Arbeit? Zum Konzept evidenzbasierter Praxis. Opladen: Barbara Budrich.
Projekt eXe (Hrsg.) (2008): Kollegiale Fremdevaluation in der Kinder- und Jugendhilfe. Perspektiven für ein neues Konzept. München: Deutsches Jugendinstitut.
Schreiber, Thomas (2010): Individuelle Hilfeplanung in der Praxis. Reihe: Psychosoziale Arbeitshilfe, Bd. 27. Bonn: Psychiatrie-Verlag.
Spiegel, Hiltrud von (2013): Methodisches Handeln in der Sozialen Arbeit. 5. Aufl., München/Basel: Reinhardt.
Stimmer, Franz (2012): Grundlagen des Methodischen Handelns in der Sozialen Arbeit. 3. Aufl., Stuttgart: Kohlhammer.
Walgenbach, Peter (2002): Institutionalistische Ansätze in der Organisationstheorie. In: Kieser, Alfred (Hrsg.): Organisationstheorien. 5. Aufl., Stuttgart: Kohlhammer, S. 319-353.
Wimmer, Rudolf (2011): Die Steuerung des Unsteuerbaren. Über den Konstruktivismus in der Organisationsberatung und im Management. In: Pörksen, Bernhard (Hrsg.): Schlüsselwerke des Konstruktivismus. Wiesbaden: Springer VS, S. 520-547.

Wissenschaftliche Begleitung

Susanne Schäfer-Walkmann

1. Begriffliche Klärung

W. B. meint die planvolle, systematische und methodengeleitete flankierende Unterstützung und Evaluation von (Modell-)Projekten, Programmen und (sozialen) Innovationen. Ein wesentliches Merkmal ist dabei die Prozesshaftigkeit des Geschehens, an welcher sich die Gesamtkonzeption der w. B. ausrichten muss: Üblicherweise werden die Phasen Invention/Einführung, Diffusion/Implementation und Evaluation/Bewertung (Hauschildt 2004) unterschieden.

Eine einheitliche Definition von w. B. gibt es nicht, allerdings verweist eine funktionelle Unterscheidung in „w. B. von (Praxis)Forschungsprojekten", „w. B. als Interventionsforschung", „w. B. als Evaluationsforschung" und „w. B. als Politikberatung" auf vielfältige Ausprägungsformen. Nähert man sich über die Beschreibung der Aufgaben, integriert eine w. B. idealerweise vier komplexe Funktionen, die in der Praxis – je nach Projektvorhaben – ungleich gewichtet und miteinander verwoben sind und sich außerdem überlagern können:

- „Theoretische und methodische Fundierung in der Planungsphase (inkl. Bedarfsdiagnose, wissenschaftliche Anbindung und Präzisierung des Designs, Feinabstimmung von Zielen, Aktivitäten, Umsetzungsbedingungen und Bewertungskriterien);
- Prozessorientierte Begleitung und Optimierung der Gestaltung und Implementation neuer Lernkonzepte (Dialog, Beratung, Moderation, Mediation – Mitwirkung beim Aufbau und der Stabilisierung kooperativer Netzwerke – formative Evaluation);
- Dokumentation (Beschreibung, Analyse und Bewertung von Verlauf und Ergebnissen), Öffentlichkeitsarbeit (Außenwirkung, Verbreitung, Transfer), Nachweis der Relevanz und Wirksamkeit des Vorhabens – summative Evaluation;
- Kooperative Gewinnung neuer Erkenntnisse" (Schemme 2003, S. 31).

2. Disziplinäre Verortung

‚Moderne' Begleitforschung hat ihre Wurzeln in der Praxisforschung der 1970er Jahre, die als Aktions- und Handlungsforschung mit dem Anspruch angetreten war, sich an der Umsetzung von Reformerwartungen in soziale Realität zu beteiligen. Ihr Wissenschaftsprogramm versprach eine adressatengerechte Analyse sozialer Veränderungsprozesse und deren Stimulierung, also eine Verbindung von Forschen und Handeln im Dienste der Benachteiligten in gesellschaftsverändernder Absicht (Moser 1995; Thole 1999; Beiträge in Mühlum 2004). Folglich ist die Entwicklung dieses Typs von Forschung nur vor dem Hintergrund der Kritik am quantitativen (empirischen) Paradigma der Sozialforschung („empirical sciences") und seinem einseitigen Modell empirischer Wirklichkeitsaneignung zu verstehen (Beck/Bonß 1989). Die Verlässlichkeit der Ergebnisse konventioneller Forschung wie auch deren praktischer Nutzen wurden infrage gestellt und öffneten den Horizont für alternative Forschungsansätze. Als besonders fruchtbar für die Entwicklung der Praxisforschung hat sich außerdem eine Forschungsperspektive erwiesen, die nicht nur der reinen Erkenntnisgewinnung dient, sondern eine kritische Rekonstruktion sozialer Praxis impliziert, die auf Gestaltung, Entwicklung und Veränderung abzielt und gegebenenfalls Unterstützung und Beratungsleistungen einschließt (z.B. Beiträge in Eppler et al. 2011).

Der Terminus ‚Praxisforschung' steht also für Forschungsprojekte, bei denen Wissenschaftler_innen und Praktiker_innen Fragestellungen oder Projekte dokumentieren, analysieren, evaluieren, beraten und weiterentwickeln. Es ist der Versuch, Theorie und Praxis, Forschen und Handeln zu verbinden. In diesen wechselseitigen Zyklen werden Theorien entwickelt, praktisches Handeln angeleitet, der Einsatz von Ressourcen bewertet, Qualität gemessen, Grundlagen für einen Rollout von Projekten geschaffen und empirisch gesicherte Entscheidungshilfen zur Verfügung gestellt.

Folglich ist die w. B. von Projekten, Programmen oder (sozialen) Innovationen „einmal ausgerichtet auf wissenschaftliche Erkenntnisse und zum anderen bezogen auf die Praxis im Feld" (Luchte 2005, S. 189), wenngleich der hohe Komplexitätsgrad sozialer Praxen, die erheblich gestiegene Bedeutung von Evaluationen bzw. Wirkungsmessung im Zuge einer Ökonomisierung des Sozialen und die Widersprüche und Dilemmata der Förderpraxis in einer globalen Welt „einen anderen Begleitforschungstyp [erfordern] als zu Beginn der Modellversuche Anfang der 70er Jahre" (Schemme 2003, S. 31).

3. Typen und Anforderungen

Zunehmend fungiert w. B. als eine Art Hybrid, der empirische Sozialforschung, Interventionsforschung und wissenschaftliche (Politik)Beratung im Begleitforschungsprozess miteinander vereint. „Dabei werden drei Arten von Intervention unterschieden: „Primäre Intervention: Bereitstellung und Einsatz von Forschungsinstrumenten, Sekundäre Intervention: Rückmeldung von Analyseergebnissen und empirischen Daten. ... Tertiäre Intervention: Systemische Intervention und Beratung" (Jutzi et al. in Luchte 2005, S. 186). Im Sinne von ‚Forschung mit der Praxis' und ‚Forschung für die Praxis' ist die Einbettung der w. B. in Praxiszusammenhänge inhärent, wobei die Professionalisierung auf allen Ebenen weiter voranschreitet und die Debatte über die Angemessenheit von Begleitforschungskonzepten, Qualitätsstandards oder auch die Ergebnisverwertung mehr oder weniger heftig geführt wird. Schließlich ist „[a]ller modernen Wissenschafts- und Expertenskepsis zum Trotz ... wissenschaftliche Expertise nach wie vor die wichtigste Ressource für die Politik, wenn es um riskante und kontroverse Entscheidungen geht" (Bogner/Torgersen 2005, S. 7); Gleiches gilt für Entscheidungen in Unternehmen und sozialen Organisationen.

An die w. B. werden in der Regel eine Vielzahl nicht selten konfligierender Interessen und Nutzenerwartungen gestellt, die weitreichende praktische, wissenschaftliche und – insbesondere im Bereich der sozialen Dienstleistungen – auch normativ-ethische Herausforderungen mit sich bringen. Am Beispiel der Versorgungsforschung lässt sich das gut darstellen: seitens der Medizin wird ‚Evidenzbasierung' der Methoden gefordert, seitens der medizinischen, (sozial)therapeutischen und pflegerischen Praxis ‚Anwenderfreundlichkeit' bzw. ‚Praktikabilität'. Die Probanden sind oftmals durch Krankheit oder Behinderung geschwächt bzw. nicht in der Verfassung, sich an einer Datenerhebung zu beteiligen, die i.d.R. auf gesunde und junge Menschen zugeschnitten ist. Die Politik wiederum benötigt möglichst valide Datengrundlagen, um Entscheidungen zu treffen, beispielsweise hinsichtlich der Finanzierung neuer Versorgungskonzepte oder neuer Gesetze. Im Rahmen der Erprobung ist die

w. B. gefordert, diese unterschiedlichen Standpunkte herauszuarbeiten und die Forschungsmethodik der Gesamtkonzeption so auszubalancieren, dass möglichst alle Beteiligten das Ergebnis der Begleitforschung mittragen (können) (Badura/Siegrist 2002). „Ein solcher Projekttyp erfordert erweiterte multidimensionale Bewertungs- bzw. Gütekriterien. Neben den ‚wissenschaftlichen Gütekriterien‘ treten Fragen nach der praktischen Bedeutung der Projektergebnisse, ihrer Nützlichkeit für die beteiligten Akteure aus Unternehmen, Beratung, Politik in den Vordergrund des Interesses“ (Howaldt 2001, S. 24). Und häufig geht es auch um die Abschätzung von Folgen für das (Zusammen)Leben der Menschen.

Hilfreich für eine Systematisierung der Ziele von w. B. ist eine Typologie, wie sie vornehmlich in der Forschungsförderung, beispielsweise im Rahmen von Forschungsprogrammen, realisiert wird (Defila/Di Giulio 2016, S. 13ff.):

- „Begleitforschung als Ergänzung (‚Komplementär‘)“: In diesem Fall zielt die w. B. darauf ab, inhaltliche Lücken zu schließen und weiterführende Forschungsfragen zu beantworten, die im Rahmen der geförderten Projekte nicht beantwortet werden. Die w. B. ist hierbei ein weiteres Projekt neben anderen geförderten Projekten und bildet die Klammer um das thematische Forschungsprogramm und die praktischen Modellerprobungen, agiert jedoch weitgehend eigenständig und von den Projekten unabhängig.
- „Begleitforschung zur Erforschung stattfindender Prozesse (‚Meta‘)“: W. B. untersucht in einer solchen Konstellation die Forschungsprozesse ebenso wie die Zusammenarbeit innerhalb der Projekte und ist somit auf der Meta-Ebene angesiedelt. Auch hier ist die w. B. weitgehend unabhängig und agiert parallel zum Praxisgeschehen, allerdings werden die geförderten Projekte und deren Passung in das Gesamtprogramm zum Gegenstand der Forschung, was von deren Seite eine Mitwirkungsnotwendigkeit und -bereitschaft erforderlich macht.
- „Begleitforschung zur Verstärkung von Synergie und Diffusion (‚Synthese‘)“: Dieser Typ w. B. hat neben der Analyse und Bewertung die Aufgabe, „Prozesse der Vernetzung und Synthesebildung (…) zu fördern sowie ergänzend zu den Aktivitäten der Projekte die Diffusion und Sichtbarkeit (…) nach außen zu verstärken“ (Defila/Di Giulio 2016, S. 15).

Von diesen drei Typen zu unterscheiden ist eine w. B. mit dem Schwerpunkt ‚Evaluation‘, welche in erster Linie die Effizienz und Effektivität von Projekten, Maßnahmen oder Programmen misst und aus Expertensicht Parameter wie Qualität oder fiskalische Wirkungen kritisch bewertet. Auch die Evaluationsforschung ist demnach eine „praxis- und anwendungsbezogene Wissenschaft“ (Kromrey 2003), allerdings mit dem konkreten Auftrag, entweder den Output (Leistungen) oder/und den Outcome (Wirkungen) zu messen und im Ergebnis empirisch gesicherte Aussagen über mögliche Kausalzusammenhänge zu treffen. Evaluationen finden auf allen Ebenen statt und reichen von der Wirksamkeitsmessung einzelner, konkreter Maßnahmen (z.B. die Einführung eines neuen Standards für Mitarbeitergespräche) bis hin zur Bewertung komplexer Interventionen oder Projekte. „Die Evaluationsforschung hat sich im Laufe der letzten 40 Jahre weiter ausdifferenziert. Es gibt ein großes Spektrum umsetzungsorientierter Evaluationsansätze, die direkt auf Innovationen und Optimierung der Praxis zielen und sich lediglich bezüglich ihrer präferierten Methoden, der Art der Auftragsvergabe, der Finanzierung und der Beteiligung der Fachkräfte unterscheiden“ (Spiegel 2008, S. 277).

4. Aktuelle Entwicklungen

Typisch für Begleitforschungsprojekte jedweder Couleur ist demzufolge eine enge Verzahnung von wissensbasierter Dienstleistung und empirischer Sozialforschung bzw. eine im kooperativen Forschungsprozess angelegte „Kombination von Erkenntnis- und Veränderungsinteressen“ (Schemme 2003, S. 32). Neben formal festgelegten (Wissens-)Zielen, die das Ergebnis eines Begleitforschungsprozesses konturieren, richtet sich der Fokus zunehmend auf die Entwicklung neuer Wissensbestände und deren Nutzung, die Weitergabe von Wissensbeständen sowie den Austausch und die Analyse von Informationen und (Teil-)Ergebnissen im Rahmen der w. B. Folglich ist ein zielgerichtetes Wissensmanagement für eine erfolgreiche w. B. ebenso unverzichtbar geworden wie ein ausgefeiltes Methodenrepertoire an quantitativen und qualitativen Forschungsmethoden, eine hohe analytische und kommunikative Kompetenz und die Bereitschaft zur trans- und interdisziplinären Zusammenarbeit.

W. B. ist keinesfalls unumstritten oder frei von Konflikten und Abhängigkeiten. Der beschriebene Aufgaben- und Zielekanon erzeugt ein Spannungsfeld unterschiedlicher Interessen, mit denen sich die w. B. im Rahmen einer Begleitforschung konfrontiert sieht. Strobl/Lobermeier (2012) sehen das Verhältnis von Wissenschaft und Praxis in der Begleitung und Evaluation von Programmen und Projekten „zwischen Akzeptanz und Abwehr“ und begründen dies mit den unterschiedlichen Funktionslogiken beider Systeme. Um die Kluft zu überwinden, „muss die Praxis stärker als bisher bereit sein, die Wirksamkeit ihrer Maßnahmen und Handlungsstrategien zu überprüfen und zu verbessern, und die Wissenschaft muss sich intensiver als bisher bemühen, hierfür nützliches und nutzbares Wissen bereitzustellen“ (Stobl/Lobermeier 2012, S. 221), wobei gerade die „Frage der Wirksamkeit … in vielen Fällen die Achillesferse von Programmen und Projekten im Non-Profit-Sektor [ist]“ (ebd., S. 222). W. B. stößt dann an deutliche Grenzen, wenn seitens der Auftraggeber_innen, Förder_innen, Politik, Verwaltung und der Praxis – verdeckte oder offene – Einflussnahme geschieht: Das reicht von einer „Instrumentalisierung der Experten“ (Bogner/Torgersen 2005, S. 7), beispielsweise durch die Erstellung von „Gefälligkeitsgutachten“ oder die „Nichtveröffentlichung von kritischen Forschungsergebnissen“, bis hin zu einer „erkauften Glaubwürdigkeit durch scheinbar unabhängige Wissenschaft“ (Kreiß 2015) im Rahmen der Diskussion um Drittmittelforschung und „Wissenschaftslobbyismus“. Und auch Ansprüche seitens Politik und/oder Verwaltung wie „Nützlichkeit, Zeitgerechtigkeit, politische Opportunität, Anschlußfähigkeit, Sparsamkeit, Praktikabilität und Korrektheit“ (Widmer 2000, S. 83) führen das mögliche Konfliktpotential vor Augen.

Insbesondere die Nähe zum Forschungsgegenstand ebenso wie die Anwendungsorientierung zeigen im Begleitforschungsprozess der w. B. immer wieder Grenzen auf, vor allem dort, „wo sie z. B. aufgrund der i.d.R. schmalen empirischen Basis weder klassische Wissenschaftsstandards noch die Standards der Deutschen Gesellschaft für Evaluation (DegEVAL) vollständig einhalten“ (Schemme 2003, S. 33) kann. Methodische Aspekte der Objektivität, Repräsentativität, Reliabilität, Validität und Generalisierbarkeit der Ergebnisse müssen in jedem Begleitforschungsprozess geklärt, offengelegt, hinterfragt und sorgfältig dokumentiert werden. Neben diesen methodischen Klärungen bedarf es außerdem einer kritischen Auseinandersetzung mit der eigenen und fremden Rolle(n) im Begleitforschungsprozess, einer Offenlegung von Partikularinteressen, eines Verfahrens im Umgang mit Problemen und Fehlerquellen sowie einer frühzeitigen Abschätzung möglicher Konsequenzen hinsichtlich der Ergebnisverwertung. Deshalb besteht eine der größten Herausforderungen darin, Ziele, Fragestellungen, Rolle und Funktion der w. B. fortlaufend transparent zu machen und die unterschiedlichen Interessen und Logiken der jeweiligen Anspruchsgruppen und Bezugssysteme (Projektnehmer, Förderer, Träger, Mitarbeitende) während des gesamten Begleitforschungsprozesses im Blick zu halten bzw. diese gegebenenfalls auszutarieren und sich gegenüber einseitiger Einflussnahme deutlich abzugrenzen.

5. Literatur

Badura, Bernhard/Siegrist, Johannes (Hrsg.) (2002): Evaluation im Gesundheitswesen. Ansätze und Ergebnisse. 2. Aufl., Weinheim/München: Juventa.

Beck, Ulrich/Bonß, Wolfgang (Hrsg.) (1989): Weder Sozialtechnologie noch Aufklärung? Analysen zur Verwendung sozialwissenschaftlichen Wissens. Frankfurt a.M.: Suhrkamp.

Bogner, Alexander/Torgersen, Helge. (2005): Sozialwissenschaftliche Expertiseforschung. Zur Einleitung in ein expandierendes Forschungsfeld. In: Bogner, Alexander/Torgersen, Helge (Hrsg.): Wozu Experten? Ambivalenzen der Beziehung von Wissenschaft und Politik. Wiesbaden: Springer VS, S. 7-29.

Defila, Rico/Di Giulio, Antoinetta (Hrsg.) (2016): Transdisziplinär forschen – zwischen Ideal und gelebter Praxis. Hotspots, Geschichten, Wirkungen. Frankfurt a.M./New York: Campus.

Eppler, Natalie/Miethe, Ingrid/Schneider, Armin (Hrsg.) (2011): Qualitative und quantitative Wirkungsforschung. Ansätze, Beispiele, Perspektiven. Theorie, Forschung und Praxis Sozialer Arbeit, Bd. 2. Opladen: Budrich.

Hauschildt, Jürgen (2004): Innovationsmanagement. 3. Aufl., München: Vahlen.

Howaldt, Jürgen (2001): „Wissensproduktion in Netzwerken. In: Heinz, Walter R./Kotthoff, Hermann/Peter, Gerd (Hrsg.): Beratung ohne Forschung – Forschung ohne Beratung? Münster: LIT.

Kreiß, Christian (2017): Gekaufte Tatsachen: Lobbyismus in der Forschung. www.bpb.de/dialog/netzdebatte/212941/gekaufte-tatsachen-lobbyismus-in-der-forschung, 14.03.2017.

Kromrey, Helmut (2003): Evaluation in Wissenschaft und Gesellschaft. In: Zeitschrift für Evaluation 2, H. 1, S. 1-17.

Luchte, Katja (2005): Wissenschaftliche Begleitung als empirische Forschung und Beratung. In: Report 28, H. 1, S. 189-195. www.die-bonn.de/doks/luchte0501.pdf;: 14.03.2017.

Moser, Heinz (1995): Grundlagen der Praxisforschung. Freiburg i.Br.: Lambertus.

Mühlum, Albert (Hrsg.) (2004): Sozialarbeitswissenschaft. Wissenschaft der Sozialen Arbeit. Freiburg i.Br.: Lambertus.

Schemme, Dorothea (2003): Wissenschaftliche Begleitung und Evaluation in Wirtschaftsmodellversuchen. BiBB. BWP 6/2003, S. 31-35. (Download: https://www.bibb.de/veroeffentlichungen/de/bwp/show/1678).

Spiegel, Hiltrud von (2008): Evaluation. In: Kreft, Dieter/Mielenz, Ingrid (Hrsg.): Wörterbuch Soziale Arbeit. 6. überarb. u. aktual. Aufl., Weinheim/München: Beltz Juventa, S. 275-279.

Strobl, Rainer/Lobermeier, Olaf (2012): Zwischen Akzeptanz und Abwehr: Das Verhältnis von Wissenschaft und Praxis am Beispiel der Begleitung und Evaluation von Programmen und Projekten. In: Unzicker, Kai/Hessler, Gudrun (Hrsg.): Öffentliche Sozialforschung und Verantwortung für die Praxis. Zum Verhältnis von Sozialforschung, Praxis und Öffentlichkeit. Wiesbaden: Springer VS, S. 217-233.

Thole, Werner (1999): Sozialpädagogik und ihre Forschung. In: Neue Praxis 29, H. 3, S. 224-244.

Widmer, Thomas (2000): Qualität der Evaluation – Wenn Wissenschaft zur praktischen Kunst wird. In: Stockmann, Reinhard (Hrsg.): Evaluationsforschung. Grundlagen und ausgewählte Forschungsfelder. Opladen: Leske & Budrich, S. 77-102.

Social & Health Service Design

Astrid Herold-Majumdar

1. Service Design – ein kreativer und partizipativer Ansatz

Fachkräftemangel, hohe Krankheitsraten mit einem hohen Anteil an psychischen Erkrankungen und vorzeitiger Berufsausstieg kennzeichnen die Personalsituation in der Sozial- und Gesundheitswirtschaft. Diese Situation hat nachweislich Auswirkungen auf die Ergebnisse bei den Nutzer_innen von sozialen und gesundheitsbezogenen Leistungen (u.a. König et al. 2012; Marschall et al. 2016; Ausserhofer 2014). In der Pflege wurde der Zusammenhang zwischen der Personalsituation und dem Patientenoutcome (Ergebnisse bei dem/r Patient_in, z.B. Komplikationen, Risiko zu sterben, Qualitätswahrnehmung durch den/die Patient_in) nachgewiesen (Scotti/Harmon 2014; Ausserhofer 2014). Die erhöhte Stressbelastung des Personals führt u.a. zur Abnahme der Empathiefähigkeit (Martin et al. 2015), eine wichtige Kompetenz für die Arbeit mit rat-/hilfesuchenden und kranken Menschen. Zu der beschriebenen Personalsituation kommt hinzu, dass die Versorgungsbedarfe aufseiten der Nutzer_innen immer komplexer werden, durch Multimorbidität, das Zusammenwirken von sozialer, wirtschaftlicher und gesundheitlicher Situation sowie tiefgreifende Veränderungen in den Sozialstrukturen (z.B. Familienstruktur). Um für den Menschen dienliche und nachhaltige Lösungen zu entwickeln, sind neben wissenschaftlichen, auch kreative und diskursive Methoden einzusetzen. Das Design kann hier einen wichtigen Beitrag leisten.

Bevor nun das Service Design (SD) auf die Leistungsgestaltung in der Sozial- und Gesundheitswirtschaft übertragen wird (Social & Health Service Design), muss zunächst geklärt werden, was das Spezifische der Sozial- und Gesundheitswirtschaft ist und ob die Haltung hinter dem Service Design, dessen Prinzipien und Methoden überhaupt auf die sozialen und gesundheitsbezogenen Dienstleistungen angewandt werden können. Die Dimension der Zuwendungsbeziehung[1] und die häufig von dem/r Nutzer_in wahrgenommene und/oder bestehende existentielle Bedrohung im Zusammenhang mit dem Bedarf an einer sozialen oder gesundheitsbezogenen Leistung kennzeichnen und unterscheiden die Sozial- und Gesundheitswirtschaft von anderen Wirtschaftszweigen.

Mit dem Fallbeispiel ‚Frau Müller' wird nun nachfolgend eine sog. ‚Persona' entwickelt, d.h. ‚Frau Müller' kann für eine bestimmte Zielgruppe mit besonderen Anforderungen an die Pflegeleistung im Krankenhaus stehen. Es werden die stationäre Aufnahme und die Behandlung eines/r demenzkranken, pflegebedürftigen Patient_in in einem Krankenhaus skizziert, wie sie aussehen könnten, nachdem das Leistungsangebot für demenzkranke Patient_innen mithilfe des Service Design weiterentwickelt und evaluiert wurde. ‚Frau Müllers' komplexer Versorgungsbedarf erfordert ein Zusammenwirken von Leistungen und Strukturen sowohl des Sozial- als auch des Gesundheitssystems. Das Beispiel muss im Rahmen dieses Beitrags jedoch auf

1 Die *Zuwendungsbeziehung* stellt eine zweckfreie, wirksame und wertschaffende Dimension der sozialen und gesundheitsbezogenen Dienstleistung dar (Herold-Majumdar 2016, S. 34). Sie kann sich nur spontan entwickeln und braucht Raum und Zeit. Somit entzieht sich diese für die Wirksamkeit und Wertschöpfung wichtige Dimension einer gezielten Planung von Qualität und Realisierungsprozessen. Sie erfordert ein besonderes Maß an Balance zwischen nutzenorientiertem und zweckfreiem Handeln und kann nicht dem Prinzip der Nutzenmaximierung untergeordnet werden. Wird die ‚Effizienzschraube' zu fest angezogen und bleibt zu wenig Raum für die menschliche Zuwendung, werden soziale und gesundheitsbezogene Dienstleistungen sinnentleert und unwirksam.

eine Sequenz, die Überleitung von der häuslichen Pflege ins Krankenhaus und der Aufenthalt von ‚Frau Müller' im akutstationären Setting, beschränkt werden.

Persona ‚Frau Müller'

‚Frau Müller' wird nach einem Oberschenkelhalsbruch ins Krankenhaus eingewiesen. Aufgrund ihrer Demenz findet sie sich in der neuen Umgebung nicht zurecht und wird unruhig. Sie schreit in der Notaufnahme nach Hilfe. Da reicht ihr eine freundliche Dame die Hand und setzt sich zu ihr an die Behandlungsliege. Sie stellt sich vor und nennt den Namen ihres Sohnes, der sie geschickt habe. Sie deckt ‚Frau Müller' mit ihrer Decke, die von der Pflegekraft des ambulanten Pflegedienstes eingepackt und ins Krankenhaus mitgegeben wurde, zu und versprüht den Geruch ihres Lieblingsparfüms. Als Frau Müller auf das Zimmer der Station verlegt wird, helfen ihr klare farbliche Kontraste bei der Orientierung. An der Türe hängt ein Bild von Ihrem Elternhaus. Auf dem Nachtkästchen steht schon das Familienbild aus ihrer Wohnung bereit und ihre Lieblingsmusik wird über das Audiosystem abgespielt. Der Sohn, der einige Hundert Kilometer entfernt wohnt, meldet sich über Video und redet ihr gut zu, an der Behandlung mitzuwirken. Eine Kanne Fenchel-Anistee, den sie sich auch zu Hause kocht, steht bereit und verbreitet seinen Duft. Die Bezugspflegekraft, die sich um ‚Frau Müller' schwerpunktmäßig während des Krankenhausaufenthaltes kümmern wird, hilft ihr, das eigene Bettjäckchen von zu Hause anzuziehen. ‚Frau Müllers' Bezugspflegefachperson ‚Claudia' vom ambulanten Pflegedienst kommt vorbei, zu der Zeit, zu der sie auch zu ‚Frau Müller' nach Hause kommen würde und spricht mit ihr (Sicherstellung der Pflege bei Krankenhausaufenthalt, Becker 2015, S. 8f.). Sie hat das Fotobuch, das die Enkelkinder zusammengestellt haben, von zu Hause mitgebracht. Außerdem stellt sie den Rollator von ‚Frau Müller' ans Bett und ihre Hausschuhe dazu. ‚Frau Müller' beruhigt sich und fühlt sich wie zu Hause. Sie kann gut bei der Behandlung mitmachen und hat Vertrauen geschöpft. Bevor ‚Claudia' die Station wieder verlässt, um ihre Tour fortzusetzen, redet sie noch mit der zuständigen Pflegefachperson und übergibt ihr die wichtigsten Informationen in Bezug auf ‚Frau Müller'. Der Sohn ist beruhigt und kann seine Arbeit noch zu Ende bringen, bevor er sich auf den Weg in die Klinik macht. Ihm wird von der Stationsleitung Rooming-in angeboten, um bei seiner Mutter im Krankenhaus bleiben zu können. Im Rahmen des Service Design Prozesses könnte eine wissenschaftlich fundierte Evaluation ergeben, dass sich die Lebensqualität und Zufriedenheit demenzkranker Menschen und ihrer Angehörigen sowie die Qualität des Arbeitslebens und die Arbeitszufriedenheit des Personals durch das neue Leistungsangebot für demenzkranke und pflegebedürftige Patient_innen verbessern. Wenn sich zudem die durchschnittliche Verweildauer, die ‚Drehtüreffekte' und die Komplikationsraten verringern, könnte dies gegenüber den Kostenträgern eine Argumentationsgrundlage bilden, um in das neue Behandlungsprogramm zu investieren.

Im SD-Prozess wird häufig mit solchen Persona gearbeitet, wobei überwiegend qualitative und kreative Methoden eingesetzt werden, um sich möglichst gut in die Persona einzufühlen und nachempfinden zu können, wie die Nutzer_innen den Leistungserstellungsprozess erleben.

Service Design ist ein ganzheitlicher, multi-disziplinärer und integrativer Ansatz. Der Fokus liegt auf dem Erleben des Dienstleistungsprozesses sowie auf der Interaktion und der Austauschbeziehung zwischen Nutzer_in und Kundenkontaktperson. Dabei werden auch die Infrastruktur, die tangiblen Elemente, wie beispielsweise die räumliche Umgebung, eingesetzte Materialien und Hilfsmittel sowie die Bedingungen hinter der Sichtbarkeitslinie (engl. line of visibility, Shostack 1982, S. 60) beleuchtet. Shostack hat schon vor 40 Jahren den Begriff der

„Evidence“ (Shostack 1977, S. 76) im Zusammenhang mit Dienstleistungen geprägt, der u.a. zum Ausdruck bringen soll, dass die intangiblen Elemente der Dienstleistung sich in der sinnlichen Wahrnehmung durch den/die Endverbraucher_in manifestieren können. In diesem Fall ist „Evidence“ mit dem deutschen Wort ‚Evidenz‘ zu übersetzen, denn es ist damit nicht gemeint, dass die Dienstleistung hinsichtlich ihrer Wirkung wissenschaftlich überprüft ist (evidence-based), was ja v.a. bei den gesundheitsbezogenen Leistungen eine große Rolle bzgl. Qualität und Patientensicherheit spielt. Das *Social & Health Service Design* (Herold-Majumdar 2016) bezieht sich dabei auf die sozialen und gesundheitsbezogenen Dienstleistungen und auf deren spezifische Dimensionen der Zuwendungsbeziehung und der existentiellen Bedeutung für die Nutzer_innen. In Abgrenzung dazu ist noch der Begriff des *Social Design* einzuführen, der die partizipative Gestaltung gesellschaftlicher, räumlicher und organisationaler Strukturen und Aufgaben zum Nutzen des Menschen beschreibt und sich damit eher auf die Meso- und Makroebene bezieht. Durch soziale Innovation sollen im Social Design Inklusion und Teilhabe gefördert werden. Somit bildet das Social Design eigentlich die Grundlage und den Rahmen für sinnstiftende und wertschaffende Leistungsprozesse in der Sozial- und Gesundheitswirtschaft auf der Mikroebene.

Im Fall von ‚Frau Müller‘ könnte die soziale Innovation (Social Design) einer IT-gestützten Tourenplanung des ambulanten Pflegedienstes mit Vernetzung zum Patienteninformationssystem des Krankenhauses (unter Berücksichtigung datenschutzrechtlicher Aspekte) eine zeitnahe und individuelle Unterstützung von ‚Frau Müller‘ durch die Bezugspflegefachperson des ambulanten Pflegedienstes im Krankenhaus ermöglichen. Service Design umfasst die Leistungsgestaltung zwischen Kundenkontaktperson und Endverbraucher_in. Dabei können ‚Rohlinge‘ für Anspruchsgruppen entwickelt und dann an das individuelle Leistungsgeschehen angepasst werden. Service Design wird häufig auf seine Technologie und Tool-Kits (Sammlung von Werkzeugen und Methoden) reduziert. SD ist jedoch im Wesentlichen eine Denkhaltung (Design Thinking) und Philosophie, die von der Leitung und allen nachfolgenden Ebenen getragen werden muss, und Organisationen umfassend prägen kann. Service Design setzt ganzheitlich, auch am gefühlsmäßigen Erleben des Prozesses aus Sicht der wesentlichen Anspruchsgruppen an, die von Anfang an, schon in der Produktentwicklung, aktiv eingebunden werden (engl. „co-creation“ nach Ramaswamy/Gouillart 2010, S. 103). Lego© war hier mitunter Pionier und hat die Kinder schon bei der Entwicklung von Spielrobotern und Konstruktionsmodellen aktiv beteiligt (Ramaswamy/Gouillart 2010, S. 102). Die Nutzer_innen der so entwickelten Produkte und Leistungen erfahren einen höheren Gebrauchswert (engl. user-perceived value) und erleben schon das Leistungsgeschehen positiv, d.h. nicht nur nutzenstiftend, sondern die ganze Person fördernd. Am Service Encounter (Meffert/Bruhn 2012, S. 368) konstruieren Nutzer_in und Kundenkontaktperson für beide Seiten einen Sinn (engl. sense-making, Olsson 2009; Dervin 1998) und schaffen einen Wert, der sich über den Zweck und Nutzen hinaus in einer sinnstiftenden, menschlichen Interaktion manifestiert (Exkurs Theorie der Wertkonstruktion in der Sozial- und Gesundheitswirtschaft). Neben der Interaktion mit der Kundenkontaktperson formen sich Raum, Maschinen, Hilfsmittel, Atmosphäre, Licht, Farbe, Geruch und Temperatur zu einem Gesamteindruck, von dem auf wichtige Eigenschaften für die Qualität der Dienstleistung (u.a. Kompetenz, Zuverlässigkeit, Sicherheit) und auf die Organisation als Ganzes geschlossen wird. Der Service Design Ansatz integriert dabei das Erleben des/r Kund_in *und* der Kundenkontaktpersonen, also derjenigen Vertreter_innen des Leistungserbringers, die unmittelbar mit den Nutzer_innen der Leistung arbeiten. ‚Kund_innen‘ müssen dabei nicht immer die unmittelbaren Nutzer_innen der Leistung sein, sondern können auch Vertreter_innen einer Anspruchsgruppe sein, wobei hier auch die Interaktionen unter den verschiedenen Interessengruppen betrachtet werden.

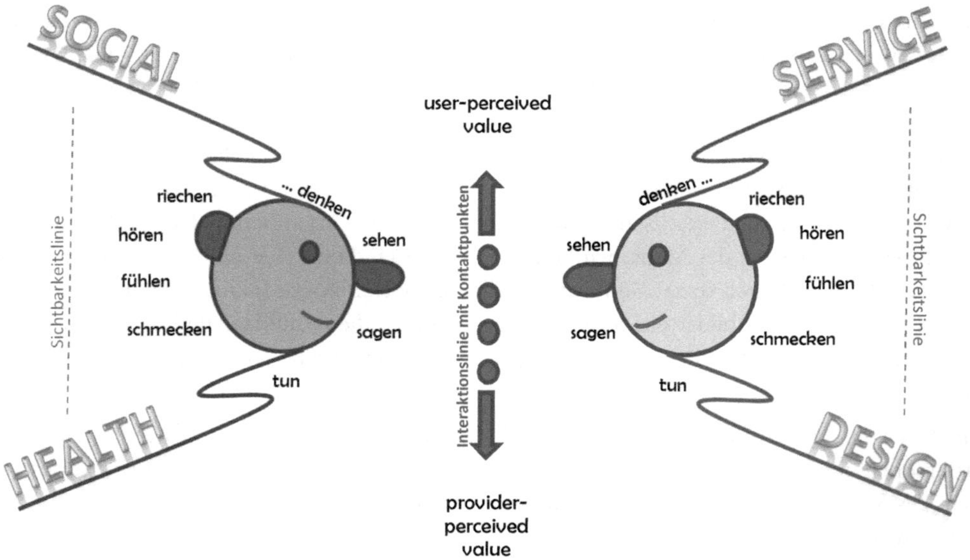

Abb. 1: Gegenstandsbereich des Social Service Design (eigene Darstellung)

Schauen wir hier auf das Beispiel von ‚Frau Müller' zurück, bedeutet dies, dass sich z.B. die Pflegefachperson in der Notaufnahme, in die Lage von ‚Frau Müller' hineinversetzt, um zu verstehen, wie die demenzkranke Frau das Geschehen erlebt. Demenzkranke Menschen können den Schmerz, der hier höchstwahrscheinlich durch den hüftnahen Oberschenkelhalsbruch ausgelöst wird, zwar wahrnehmen, aber nicht mehr sinnvoll dem Sturz und der Verletzung zuordnen. Schmerz wird dann häufig durch sog. herausfordernde Verhaltensweisen geäußert, weil er verbal nicht mehr für Außenstehende verständlich mitgeteilt werden kann. Dies kann dazu führten, dass ‚Frau Müller' monoton und rezidivierend nach Hilfe ruft. Kommt dann noch, wie in dem Fall von ‚Frau Müller', ein Ortswechsel mit einer Veränderung der Umgebung hinzu, reagieren demenzkranke Menschen häufig mit erhöhtem Stress. Das Design Team würde sich in diesem Fall aber auch in die Lage der Klinikmitarbeiter_innen versetzen und reflektieren, was für sie die Arbeit mit ‚Frau Müller' bedeutet. Die kritischen Punkte im Kontakt mit dem/r Patient_in, die das Erleben des Leistungsgeschehens z.B. aus Sicht der Pflegefachperson in der Notaufnahme prägen, werden herausgearbeitet. So kann das laute Rufen von ‚Frau Müller', die sich nicht beruhigen lässt, für die Mitarbeiter_innen der Notaufnahme und für die anderen Patient_innen eine hohe Belastung darstellen. Die Unterstützung durch die sog. ‚Grüne Dame', die sich an die Behandlungsliege von ‚Frau Müller' setzt, sie mit ihrer Lieblingsdecke von zu Hause zudeckt, könnte ein Ergebnis der Bearbeitung eines kritischen Kontaktpunktes im Rahmen des Design Prozesses sein. Kritische Kontaktpunkte werden im SD auch als „Moments of Truth" bezeichnet, also als Momente der Wahrheit, die über die Qualitätswahrnehmung der Dienstleistung entscheiden. Das Leistungsgeschehen wird in einzelne Sequenzen zerlegt (engl. sequencing, Stickdorn/Schneider 2013, S. 40f.), um gezielt an den kritischen Kontaktpunkten zu arbeiten. Dabei soll der Gebrauchswert für den/die Nutzer_in erhöht und das Erleben des Leistungsgeschehens auch aufseiten der Kundenkontaktperson (engl. provider-perceived value) positiv beeinflusst werden.

Ziele des wirtschaftlichen Handelns sind in erster Linie ein gutes Leben und die Wertschaffung (engl. value creating process), wobei der Begriff des Wertes insbesondere im Dienstleistungsbereich auch nicht-monetäre Dimensionen, wie Energie und Gefühl, einschließt (siehe u.a. Kotler 1979; Novatorov 2010). Bei sozialen und gesundheitsbezogenen Dienstleistungen kommt die Dimension des subjektiven Erlebens, wie Sinn finden und Person-sein dazu, weil der Bedarf in diesen Bereichen meist in existenziell bedeutungsvolle Dimensionen (z.B. Gesundheit, Teilhabe, wirtschaftliche Existenz) reicht. Der Begriff „Wert" wird hier nach der *Theorie der Wertkonstruktion in der Sozial- und Gesundheitswirtschaft* (Herold-Majumdar 2016, S. 47 ff.) als das Ergebnis eines, zwar bedarfs- und nutzenorientierten, aber auch menschlichen Interaktions- und Zuwendungsprozesses zwischen HelferIn und rat-/ hilfesuchender Person gesehen. Somit umfasst er mehr als den reinen Tauschwert. Wert wird gleichzeitig auf beiden Seiten konstruiert, indem mindestens zwei Bedeutungssysteme von handelnden Personen im Leistungserstellungsprozess aufeinandertreffen und Bedeutungen in Bezug auf den Beziehungs- und Leistungsprozess ausgetauscht werden. Das nebulöse „Intangible " wird etwas aufgelöst, ohne es vollständig greifbar und verstehbar machen zu können. Der durch die EndverbraucherIn erfahrbare Nutzen der Leistung im Sinne eines Gebrauchswertes (engl. customer-perceived value, Zeithaml 1988 zit. in Horbel/Weismann 2013, S. 185) wird durch ein spontanes und sinnstiftendes Element erweitert. Die Simultanität des Austausches von Bedeutungszuschreibungen bedeutet immer auch einen Wert auf Seiten der LeistungsanbieterIn (engl. provider-perceived value), die unmittelbar mit der KundIn interagiert. Wert wird in der Interaktion gemeinsam konstruiert und kann nur bedingt in der Potentialphase geplant werden. In der Service-Dominant Logic ist die KundIn stets „integraler Bestandteil der Wertentstehung" (Vargo et al. 2011, S. 143 f. zit. in Horbel/Weismann 2013, S. 189). In der Theorie der Wertkonstruktion wird auch die interne Kundenkontaktperson als immanent bei der Wertentstehung gesehen. Die Simultanität von Produktion und Absatz (Uno-actu-Prinzip) wird um die Simultanität der Wertkonstruktion auf Seiten der KundIn und der internen Kundenkontaktperson erweitert. Die austauschtheoretisch begründete Handlungslogik des Homo Oeconomicus und die Begründung der Notwendigkeit des Wirtschaftens mit der Knappheit der Güter liefern für viele Bereiche der Sozial- und Gesundheitswirtschaft keine adäquaten und weiterführenden Erklärungsansätze. Durch die größtenteils unaufschiebbaren Bedarfe und Bedürfnisse von Menschen, die soziale und gesundheitsbezogene DL beanspruchen und sich häufig in Notlagen befinden, und durch die, in großen Teilen der Sozial- und Gesundheitswirtschaft herrschende Preisbindung und Angebotsregelung versagen Marktmechanismen. Die Komponente der menschlichen Zuwendungsbeziehung, die soziale und gesundheitsbezogene Dienstleistungen von Natur aus innehaben, wird in den ökonomischen Theorien vernachlässigt. Sie stellt aber als zweckfreies und spontanes Element einen wichtigen Aspekt der wirksamen und menschenwürdigen Leistungsgestaltung (Soziale Arbeit als „Menschenrechtsprofession", Staub-Bernasconi 2007) dar. Sie bildet häufig die eigentliche Motivation der Kundenkontaktpersonen. Angesichts der in weiten Teilen der Sozial- und Gesundheitswirtschaft herrschenden Angebots- (Leistungskatalog der Sozialversicherung) und Preisbindung (Budgetierung, Pauschalierung) kann nur über die Qualität und den Wert steuernd eingewirkt werden kann. Selbst die Qualität wird auf das notwendige und wirtschaftliche Maß gesetzlich beschränkt, ohne das Notwendige von Seiten der NutzerInnen und Versicherten ausreichend zu beleuchten. Die Erlebensdimension des Leistungsgeschehens liefert hier einen Gestaltungsraum, der zur Differenzierung und Profilierung der Leistungsanbieter, zur Humanisierung und Demokratisierung einlädt. Nachhaltige Wertentwicklung erfolgt vor allem über sinnstiftende und die Person fördernde Erfahrungen auf Seiten der NutzerInnen und der Kundenkontaktpersonen, die daraus die Motivation und den Mut schöpfen, sich auf den Leistungsprozess einzulassen. Die neoklassischen Ansätze sind in der Sozial- und Gesundheitswirtschaft durch eine Interaktionsökonomik zu ergänzen und stellenweise zu ersetzen. Das Ziel der gesellschaftlichen Zusammenarbeit zum gegenseitigen Vorteil über die Generationen hinweg in der Interaktionsökonomik, benötigt für die Beurteilung der Wirtschaftlichkeit einen langen Zeithorizont und einen ganzheitlichen Ansatz. Nach Suchanek (o.J.) können dadurch Anreizprobleme entstehen. Durch die zunehmende Entwicklung und Verbesserung von Nachhaltigkeitsindikatoren (Beal/Rueda-Sabater 2014) können diese jedoch wieder ausgeglichen werden.

Abb. 2: Exkurs „Theorie der Wertkonstruktion in der Sozial- und Gesundheitswirtschaft" (eigene Darstellung)

Gemeinsam dem Krankenhausaufenthalt einen Sinn zu geben, bedeutet, dass nicht nur die medizinisch-therapeutische Behandlung und Pflege nach den Regeln der Kunst und orientiert an Standards ausgeführt werden. ‚Frau Müllers' hüftnahe Fraktur soll nicht nur behandelt werden, sondern der Krankenhausaufenthalt soll von ‚Frau Müller' positiv erlebt werden. Sie soll ihn in ihren Lebenslauf einordnen können und Mut schöpfen, um die Behandlung mitzutragen und den, in der Regel langwierigen Rehabilitationsprozess durchzuhalten. Das kann bedeuten, dass sie sich trotz ihrer kognitiven Einschränkungen als Person wertgeschätzt und anerkannt und in der ungewohnten Umgebung sicher und geborgen fühlt. Für den Genesungsprozess sind das wichtige Voraussetzungen. Die Persona ließe sich noch vielschichtig weiterentwickeln, was im Rahmen dieses Beitrags leider nicht möglich ist. Der/die Leser_in kann hier weiter kreativ werden und sich für den Sozialdienst, für die Überleitung und die Rehabilitation von ‚Frau Müller' Gestaltungselemente überlegen, die das Krankheitsgeschehen und die damit verbundenen gesundheitsbezogenen und sozialen Leistungen für ‚Frau Müller' möglichst sinnstiftend gestalten. Hinter diesen Überlegungen und möglichen Gestaltungselementen steht eine Haltung, die als „Design Thinking" bezeichnet wird. Fünf wesentliche Prinzipien (Stickdorn/Schneider 2013, S. 34) prägen dieses Denken, die in Tab. 1 erläutert werden.

Prinzip	*Erläuterung*
User-centered	Im Desing-Thinking Ansatz wird konsequent aus der Sicht der EndverbraucherIn und NutzerIn einer Dienstleistung gedacht und sich empathisch eingefühlt. Zahlreiche Tools unterstützen das Hineindenken in die Perspektive der NutzerIn und die Ausrichtung des Leistungserstellungsprozesses an der NutzerIn.
Co-creative	Die End-VerbraucherInnen werden ermächtigt, indem sie selbst die Dienstleistung mitgestalten, je nach Mitwirkungs- und Entscheidungsmöglichkeiten. Auch die Anspruchsgruppen werden in den Service Design Prozess aktiv eingebunden und integriert. Damit übernehmen NutzerInnen nicht nur die Rolle der Co-ProduzentIn sondern bestimmen darüber hinaus aktiv und selbstbestimmt das Leistungsgeschehen. Die DesignerIn verantwortet dabei nicht nur die Form sondern setzt ihre Entwurfstechniken und Gestaltungsmittel dafür ein, dass auch gesellschaftspolitische Aufgaben, die sich u.a. in den Anforderungen des Einzelnen zeigen, kreativ und nachhaltig gelöst werden.
Sequencing	Der Begriff „NutzerIn" (engl. user oder end-user) soll den Prozess des Gebrauchs eines Produktes oder einer DL verdeutlichen, denn der Gebrauchswert steht im SD im Mittelpunkt. Die DL wird in einzelne Sequenzen zerlegt, die für die NutzerIn von Bedeutung sind und in denen es zu bedeutungsvollen Kontakten zwischen DL-AnbieterIn und NutzerIn kommt. Entlang dieser, für die Wahrnehmung der DL durch die VerbraucherIn bedeutungsvollen Kontaktpunkten wird das Leistungsgeschehen dann gestaltet.
Evidencing	Dienstleistungen zeichnen sich u.a. dadurch aus, dass sie in weiten Teilen wenig greifbar sind. Schon das Leistungsgeschehen ist oft von außen nicht sichtbar. Insbesondere bei sozialen und gesundheitsbezogenen Dienstleistungen entscheiden oft die Art und Weise, wie sich die Leistungsanbieterin der NutzerIn annähert, wie sie ihr zuhört oder wie der körperliche Kontakt stattfindet darüber, wie die NutzerIn die Leistung erfährt und ob sie die Leistung überhaupt weiter in Anspruch nimmt. Nicht greifbare, intangible Anteile der Leistung, die für das Qualitätsempfinden der Leistung und für das Erleben des Leistungsgeschehens durch die NutzerIn von Bedeutung sind, werden im SD sichtbar gemacht. Auch hierfür stellt das SD zahlreiche Tools zur Verfügung.
Holistic	Das Design Thinking ist ein ganzheitlicher Ansatz, in dem unterschiedliche Ebenen des menschlichen Seins, unterschiedliche Anspruchsgruppen und die Umgebung mit einbezogen werden. Die ganze Person in ihrem Personsein und mit ihren lebensgeschichtlich gewachsenen Bedeutungszuschreibungen wird einbezogen, um sinnstiftende Momente zu gestalten. Design schafft eine positive Verbindung zwischen Mensch und Umwelt.

Tab. 1: Die fünf Prinzipien des Service-Design-Thinking (nach Stickdorn/Schneider 2013, S. 34 mit eigenen Erläuterungen)

2. Die Methoden des Service Design

Sich in die Lage des/r Nutzer_in empathisch hineinzuversetzen, ist eine wichtige Voraussetzung, um Dienstleistungen so zu gestalten, dass sie sinn- und wertstiftend sind. Dazu nutzt das Service Design vielfältige Methoden. Dieser Methodenpool wird nicht nur bei der Ermittlung der Kundenanforderungen eingesetzt, sondern im Verlauf des gesamten Service Design Prozesses. Curedale hat für die Neuanlage und Weiterentwicklung einer (Dienst-)Leistung ein sechsstufiges, Prozessmodell (Abb. 1) entwickelt (Curedale 2013).

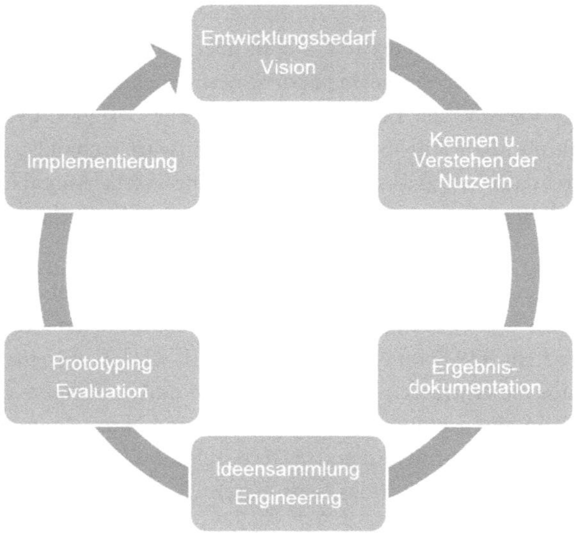

Abb. 3: Sechs-stufiger Service Design Prozess (in Anlehnung an Curedale 2013)

Es handelt sich um einen iterativen Prozess, in dem die Schritte nicht immer linear nacheinander folgen, sondern auch Rückkoppelungsschleifen wirken. Bei der pilothaften Testung des neuen DL-Angebots (Prototyping) müssen beispielsweise die Ansprüche und Bedürfnisse der Nutzer_innen wie im ersten Prozessschritt ermittelt werden, ggf. kann auch dabei ein neuer Entwicklungsbedarf festgestellt werden. Wir kennen solche Prozesse aus der Pflegeprozess- und Hilfeplanung.

Der Methodenpool speist sich vor allem aus diskursiven Verfahren, kreativen Techniken und Praktiken der Dramaturgie. Es wird auch auf quantitative und vor allem qualitative Methoden der (Sozial-) Wissenschaft zurückgegriffen. Im Rahmen dieses Beitrags kann nur ein Ausschnitt beispielhaft dargestellt werden, um zu verdeutlichen, wo die Potentiale des SD für die Wertentwicklung, die Demokratisierung, das Wohlergehen und die Gesundheitsförderung liegen. Das Empathy Mapping (Gray et al. 2010, S. 65f.) kann einem Entwicklungsteam helfen, durch die Brille des/r Nutzer_in einer sozialen oder gesundheitsbezogenen Dienstleistung zu schauen. Die Empathie-Karte unterstützt das Design Team darin, sich in die Sichtweise und in die Gefühle des/r Kund_in hineinzuversetzen. Dabei wird strukturiert und moderiert vorgegangen. Im Mittelpunkt der Betrachtung kann eine Person, eine Gruppe oder ein Typus (‚Persona') stehen. Das Entwicklungsteam sollte aus mindestens drei und höchstens zehn Mitgliedern bestehen. Für die Durchführung sind ca. 15-20 Minuten Zeitbedarf zu rechnen. Als Erstes wird in die

Mitte eines Flipchartpapiers oder einer Metaplanwand ein Kreis in Form eines Kopfes gezeichnet. Dem symbolischen Kopf sollen Augen, eine Nase, Mund und ggf. auch Ohren gegeben werden, um die ‚Mitspieler_innen' auf die Kundenperspektive einzustimmen und die unterschiedlichen Wahrnehmungskanäle aufzuzeigen. Die Gruppe entscheidet, welche unterschiedlichen Dimensionen der Wahrnehmung bearbeitet werden sollen. Dabei können je nach Dienstleistung und Situation Schwerpunkte gesetzt werden. Gray und Kolleg_innen (2010) geben folgende Dimensionen vor: Denken (engl. thinking), Sehen (engl. seeing), Hören (engl. hearing) und Fühlen (engl. feeling). Nun werden die Teammitglieder aufgefordert, aus der Sicht der Person im Zentrum die Wahrnehmungen, Gedanken und Gefühle zu beschreiben. Dabei sollen Zweifel darüber, ob die Einschätzung dieser Wahrnehmungen auch tatsächlich mit denen des/r Kund_in übereinstimmen, durch die Moderation konstruktiv aufgenommen werden. Die Beiträge werden den jeweiligen Sektoren zugeordnet. Die Formulierungen sollen so gewählt werden, dass die Kundenwahrnehmung möglichst plastisch und authentisch zum Ausdruck kommt. Bildaufnahmen oder Ausschnitte aus Berichten oder Kundenmitteilungen (z.B. aus dem ‚Beschwerdekasten') können die Authentizität erhöhen und den/die Kund_in für das Team erlebbar machen. In einem weiteren Schritt sind die beschriebenen Wahrnehmungen, Gedanken und Gefühle den Kategorien „pain " (depersonalisierende, schmerzhafte Wahrnehmungen, negatives Erleben des Leistungsgeschehens) und „gain" (sinnstiftende, positive und wertschaffende Wahrnehmungen, positives Erleben des Leistungsgeschehens) zuzuordnen. Schließlich kann mit der Empathie-Karte weitergearbeitet werden und es können Vorschläge für Verbesserungen (Weiterentwicklung der Dienstleistung in Richtung sinnstiftendes Erleben des/r Kund_in, „gains") entwickelt werden.

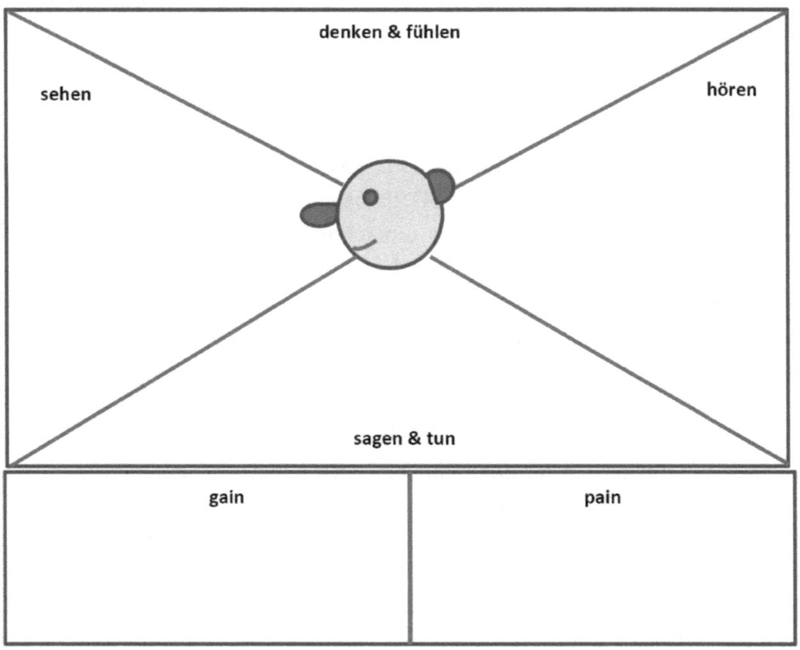

Abb. 4: Aufbau einer Empathy Map (in Anlehnung an Gray et al. 2010)

3. Demokratisierung und besseres Arbeitsklima durch Service Design

Im Rahmen der BMBD-Studie („Betreuung von Menschen mit Behinderung in Deutschland") wurden bundesweit 400 Betreuungskräfte in Behinderten-Wohneinrichtungen u.a. dazu befragt, wie sie das Arbeitsklima in ihrer Einrichtung einschätzen. Es wurden verschiedene Einflussfaktoren auf das Arbeitsklima und Wirkungszusammenhänge untersucht. Im Ergebnis wurde festgestellt, dass das Arbeitsklima in Behinderten-Wohneinrichtungen in besonderem Maße von den Arbeitsbedingungen abhängt. Von großer Bedeutung seien nach Habermann-Horstmeier und Limbeck (2015) dabei eine schlechte Personalausstattung und eine mangelhafte Arbeitszeitplanung. Diese Faktoren sind sozialpolitisch und durch die Selbstverwaltung stark beeinflusst und können auf der Ebene des Service Design ggf. beeinflusst, aber nicht grundlegend verändert werden. Weiter wurde in der Studie aber auch festgestellt, dass das Arbeitsklima v.a. dort schlecht ist, wo neben der körperlichen Belastung der Betreuer_innen die Mitwirkungsmöglichkeiten fehlen. Nach Habermann-Horstmeier und Limbeck (2015) habe das Arbeitsklima erheblichen Einfluss auf die Arbeitsfreude der Beschäftigten und wirke sich hierüber auf ihre Gesundheit und auf das Wohlbefinden und die Gesundheit der Bewohner_innen aus (Habermann-Horstmeier/Limbeck 2015, S. 50). Hier kann effektiv mit dem Service Design angesetzt werden.

Das Beispiel der Empathy Mapping in seiner Umsetzung im Entwicklungsteam zeigt das Potential des SD für die Förderung der Mitwirkungsmöglichkeiten und der Demokratisierung sowie für die Verbesserung des Klimas eines Betriebes. Im Service Design arbeiten alle auf Augenhöhe an dem Ziel, den/die Nutzer_in der Dienstleistung besser zu verstehen und in die Leistungsgestaltung selbstbestimmt einzubeziehen. Auf die Gestaltung des Raums, in dem das Design Team arbeitet, ist deshalb großer Wert zu legen. Statt der klassischen, hierarchiefördernden festen Sitzordnung mit Vorsitz, sollen Tische und Sitzmöglichkeiten flexibel sein und das Arbeiten auf Augenhöhe fördern. Materialien müssen für jeden zugänglich sein. Ungeachtet der Funktion im Betrieb, gilt derjenige Beitrag eines Teammitglieds als besonders wertvoll, der die Nutzersicht am besten abbildet. Anhand des Beispiels der Empathy Map und des Fallbeispiels von ‚Frau Müller' wird auch deutlich, dass SD zu mehr Humanisierung beitragen kann und die Nutzer_innen von sozialen Dienstleistungen ermächtigt (empowerment), indem die Anforderungen des/r Nutzer_in systematisch und methodisch unterstützt in die Leistungsgestaltung einbezogen werden. Dabei muss auf die unterschiedlichen Möglichkeiten des/r Nutzer_in, wie sie sich aktiv an dem Prozess beteiligen kann, Rücksicht genommen werden. Denken wir an die demenzkranke Patientin ‚Frau Müller', dann muss ggf. stellvertretend für sie eine Persona sprechen. Eine Person aus dem Entwicklerteam könnte dazu eine Maske aufsetzen und andere Requisiten tragen, um die Rolle eines/r demenzkranken Patient_in zu übernehmen. Diese Person sollte Erfahrung mit demenzkranken Patient_innen haben und Hintergrundwissen zu dem Phänomen ‚Demenz', um die Rolle möglichst authentisch und respektvoll zu gestalten sowie wichtige Anforderungen anschaulich darzustellen. Passgenaue und dem/r Nutzer_in zugewandte Leistungsangebote können das Leistungsgeschehen sowohl für den/die Nutzer_in als auch für die Kundenkontaktperson, sinnstiftend und angenehm erleben lassen. Gerade in der Sozial- und Gesundheitswirtschaft tragen Vertrauen und Sinnhaftigkeit zu mehr Wohlergehen und dazu bei, dass Leistungsangebote auch zu den gewünschten Effekten führen. Dass sich Patient_innen behandeln lassen und bei der Behandlung aktiv mitwirken, dass sich Schuldner_innen beraten lassen, dass sich Jugendliche von einem Hilfs- oder Bildungsangebot ansprechen lassen und dieses annehmen, ist wesentlich davon abhängig, wie wir uns den rat- und hilfesuchenden Menschen zuwenden und ihr Vertrauen gewinnen.

Sollen die Potentiale der Tools des SD ausgeschöpft werden, ist es wichtig, dass der SD-Prozess mit einer guten und erfahrenen Moderation umgesetzt wird. Hierbei empfiehlt es sich, vor allem auf externe, vom Betrieb unabhängige Moderator_innen zurückzugreifen. Um in einem heterogen zusammengesetzten Design-Team mit Teilnehmer_innen aus unterschiedlichen Betriebsbereichen, Hierarchieebenen und Disziplinen, zu einem Arbeiten auf Augenhöhe zu kommen und Kreativität und Spontanität zu entfalten, bedarf es geeigneter Rahmenbedingungen und einer Moderation, die darauf achtet, dass insbesondere die Kundenkontaktpersonen und die Nutzer_innen selbst zu Wort kommen.

Abschließend soll nun noch die Seite der Leistungsanbieter genauer beleuchtet werden. Das Potential, das Service Design für mehr Gesundheit und Arbeitszufriedenheit am Arbeitsplatz und damit für eine nachhaltige Mitarbeiterbindung und Wertentwicklung bietet, wird unter Punkt 4. herausgearbeitet.

4. Potentiale für mehr Gesundheit und Arbeitszufriedenheit in der Sozial- und Gesundheitswirtschaft

Die unter Punkt 1 erläuterte Personalsituation in der Sozial- und Gesundheitswirtschaft erfordert ein schnelles Handeln. Epidemiologische Daten und die Fehlzeitenstatistiken der gesetzlichen Krankenkassen liefern zahlreiche Belege über die Bedeutung der psychischen Belastungen am Arbeitsplatz und hier insbesondere in den spezifischen Branchen der Sozial- und Gesundheitswirtschaft (Marschall et al. 2016). Potentiale für mehr Gesundheit und Arbeitszufriedenheit sind zu identifizieren und auszuschöpfen. Service Design liefert Ansätze für die Leistungsgestaltung und innerbetriebliche Kommunikation, kann jedoch die politische Verantwortung für bessere Rahmenbedingungen nicht ersetzen. Zudem sind Beanspruchungssituationen sehr individuell hinsichtlich möglicher, krankmachender Belastungen zu betrachten (Rohmert 1984; Roßbach et al. 2007).

4.1 Gesundheitsförderliche Faktoren in der Sozialwirtschaft

Epidemiologische Studien und die Fehlzeitenanalysen der gesetzlichen Krankenkassen belegen einen hohen Anteil der psychischen Erkrankungen an den Fehltagen insgesamt. Nach dem DAK-Gesundheitsreport gingen im Jahr 2015 16,2 Prozent aller Fehltage auf das Konto von psychischen Erkrankungen, die damit auf Platz 3 der Ursachen für Fehlzeiten liegen (Marschall et al. 2016, S. 20). Die psychischen Erkrankungen sind besonders kostenintensiv, u.a. weil die Krankheitsdauer bei psychischen Erkrankungen im Durchschnitt höher liegt als bei somatischen Erkrankungen. Der Trend der Zunahme psychischer Erkrankungen setzt sich fort (Marschall et al. 2016, S. 20), sodass es neben dem Leid der Betroffenen nicht nur eine betriebswirtschaftliche, sondern auch eine bedeutende volkswirtschaftliche Frage geworden ist, wie diesem Trend entgegengewirkt werden kann.

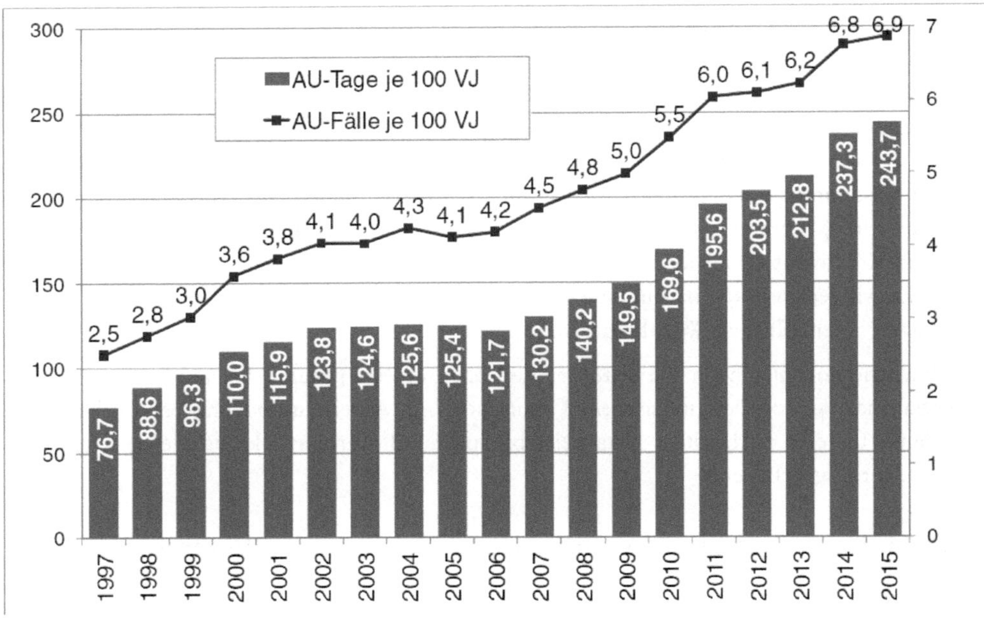

Abb. 5: AU-Tage und AU-Fälle pro 100 Versichertenjahre aufgrund psychischer Erkrankungen, Quelle: AU-Daten der DAK-Gesundheit 1997-2015 (Marschall et al. 2016, S. 22)

Der Fehlzeitenreport der AOK vom Jahr 2016 (Badura et al. 2016) betont die bedeutende Rolle der Unternehmenskultur und der Zusammenarbeit für die Gesundheit der Mitarbeiter_innen. Die Zusammenarbeit wird dabei auf verschiedenen Ebenen betrachtet, die Beziehungen von Unternehmen zu den Mitarbeiter_innen insgesamt, die Beziehung der Führungskräfte zu ihren Mitarbeiter_innen sowie die kollegialen Beziehungen. SD bietet eine Philosophie und zahlreiche Instrumente, wie diese Zusammenarbeit, auch mit Fokus auf die Interaktion mit den Kund_innen und anderen Anspruchsgruppen, verbessert werden kann. Mit dem Co-creation-Prozess ist stets auch ein intensiver Diskurs verbunden, der die Beziehungen auch in der Belegschaft vertieft. Wenn im Quality Function Deployment QFD (Akao 2004) am Ende entschieden werden muss, was die zentralen Anforderungen der Kund_innen sind und wie diese im Zusammenhang mit den Dienstleistungseigenschaften stehen, bleibt eine Diskussion und eine Reflexion nicht aus. Dabei können auch unterschiedliche Wertvorstellungen und Prioritäten zur Sprache kommen, die ggf. für Konflikte sorgen können, wenn diese nicht, wie im QFD-Prozess offengelegt und besprochen werden. Das Sequencing bietet eine gute Möglichkeit der Analyse der Prozesse in Bezug auf das Erleben der Mitarbeiter_innen, die im direkten Kundenkontakt arbeiten. Dadurch, dass das Leistungsgeschehen insbesondere auch auf der emotionalen Ebene analysiert wird, können auf der Mikroebene Ansatzpunkte für eine gefühlsmäßige Entlastung, ja sogar für eine Bestärkung positiver Gefühle, wie das Gefühl einem Menschen wirklich geholfen zu haben, identifiziert werden. Auch wenn buttom-up aus dem SD-Prozess heraus Potentiale für die gesundheitsförderliche Leistungsgestaltung entstehen, sind diese durch das Management, die Einrichtungsleitung und letztlich auch durch die Selbstverwaltung und die Sozialpolitik aufzunehmen, indem beispielsweise entsprechende Rahmenbedingungen für eine personenzentrierte Leistungsgestaltung geschaffen werden. Nach diesem Prinzip wurde mithilfe des Service Blueprinting (Shostack 1982, S. 54f.; Fließ 2009, S. 194) und der Empathy

Mapping in einem gemeinnützigen Verein gearbeitet, der u.a. Grundschullehrer_innen im Rahmen eines Präventionsprogramms ausbildet. Durch die konsequente Einbeziehung der Beziehungs- und Gefühlsebene konnte im Design-Team die Erkenntnis gewonnen werden, dass die Grundschullehrer_innen durch das Präventionsangebot für Schüler_innen sich in ihrer Kompetenz nicht wertgeschätzt und ggf. sogar angegriffen fühlen. Dieses Gefühl hat wiederum auf die Trainer_innen negative Auswirkungen, die bei sich in dem Moment des Erstkontaktes, in dem die Lehrer_innen für das Präventionsprogramm gewonnen werden sollen, ebenfalls negative Gefühle und Stress wahrnehmen. Diese Erfahrungen wurden im Design Team mit dem Vorstand des Vereins ausgetauscht, um darauf aufbauend Ideen für das Konzept der Akquise zu entwickeln, damit die Zielgruppe von Beginn an in wertschätzender Weise angesprochen wird. Das kurz skizzierte Beispiel macht deutlich, dass es am Service Encounter zu Wechselwirkungen kommen kann, die sowohl für die Qualitätswahrnehmung der Kund_innen als auch für die Arbeitszufriedenheit und Gesundheit der Kundenkontaktpersonen von Bedeutung sind. Arbeitszufriedenheit und Gesundheit sind wichtige Faktoren für die langfristige Mitarbeiterbindung, die angesichts des Fachkräftemangels in der Branche von hoher Bedeutung ist.

4.2 Zufriedenheitsfaktoren in der Sozialwirtschaft

Eine Studie zum Fachkräftemangel in Deutschland in der Sozialwirtschaft von 2012 beruht auf einer empirischen Untersuchung, die ‚akquinet business consulting GmbH', die Universität St. Gallen und die Beuth Hochschule für Technik Berlin im Januar/Februar 2012 bundesweit durchgeführt haben. Die Studie deckt eine breite Palette der Branchen in der Sozialwirtschaft ab, die Behindertenhilfe, die Werkstätten für Menschen mit Behinderung, die Kindergärten, Kindertagesstätten, die Kinder-, Jugend-, Familienhilfe sowie die stationäre Altenpflege und die ambulante Pflege. 82 % der Unternehmen gaben an, vom Fachkräftemangel betroffen zu sein. Dieser Wert sei nach den Herausgeber_innen der Studie unabhängig von der Größe, der Gesellschaftsform der teilnehmenden Organisationen oder deren inhaltlichem Handlungsfeld. Am stärksten betroffen seien die Bereiche Arbeit und Beschäftigung sowie ambulante Pflege mit jeweils 94 %. Der Fachkräftemangel ziehe sich durch die gesamte Sozialwirtschaft (König et al. 2012). Mangelnde Zufriedenheit und gesundheitliche Belastungen sind wichtige Gründe für den frühzeitigen Berufsausstieg oder für die Kündigung einer Stelle. Deshalb ist es erforderlich, neben Gesundheitsförderungspotentialen die Zufriedenheitsfaktoren herauszuarbeiten, um diese im Human Ressource Management zu berücksichtigen.

Der Deutsche Paritätische Wohlfahrtsverband, Landesverband Sachsen e.V. hat 2014 die Motive von Auszubildenden, einen sozialen Beruf zu erlernen, untersucht. Das Projekt wurde mit Mitteln des Europäischen Sozialfonds geförderte. ‚SequiSax' folgte unmittelbar dem Vorgängerprojekt ‚profi – personal professionell', welches die Paritätischen Landesverbände Sachsen, Brandenburg, Sachsen-Anhalt und Thüringen von 2009 bis 2012 als Netzwerkprojekt gemeinsam umsetzten. Die Befragung von 616 derzeit in einer Ausbildung befindlichen Nachwuchskräften zeigte, dass 73,1 % (% von n= 420) einen sozialen Beruf wählten, weil sie Menschen helfen möchten. Gleich an zweiter Stelle mit 70,5 % wird als Motivation angeführt, dass der Beruf abwechslungsreich ist. Dem Interesse an der zukünftigen Aufgabe (44,3%) und der guten Beschäftigungsmöglichkeiten (27,4 %) folgt der Wunsch nach einer Arbeit mit besonderer Verantwortung (26,2%). Gute Verdienstmöglichkeiten gaben nur 13,3 % als Motiv an. Bei den befragten Studierenden nimmt hingegen der Abwechslungsreichtum bzw. die Tätigkeitsvielfalt mit großem Abstand die erste Stelle ein (75,0%). Es folgen das Interesse an der zukünftigen Aufgabe (53,6%), der Wunsch, Menschen zu helfen (52,6%) und der Wunsch nach einer Änderung der gesellschaftlichen Verhältnisse (46,9%) (Deutscher Paritätischer Wohlfahrtsverband Landesverband Sachsen e.V. 2014, S. 22f.).

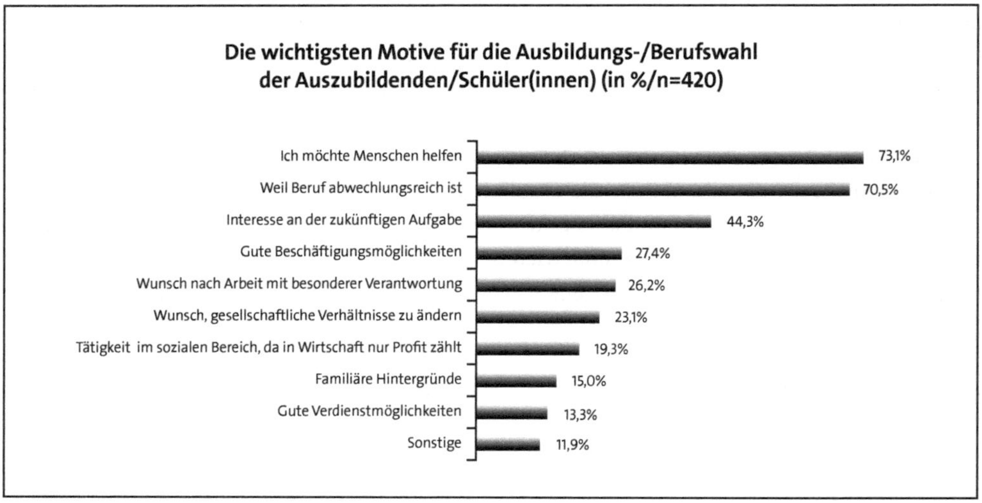

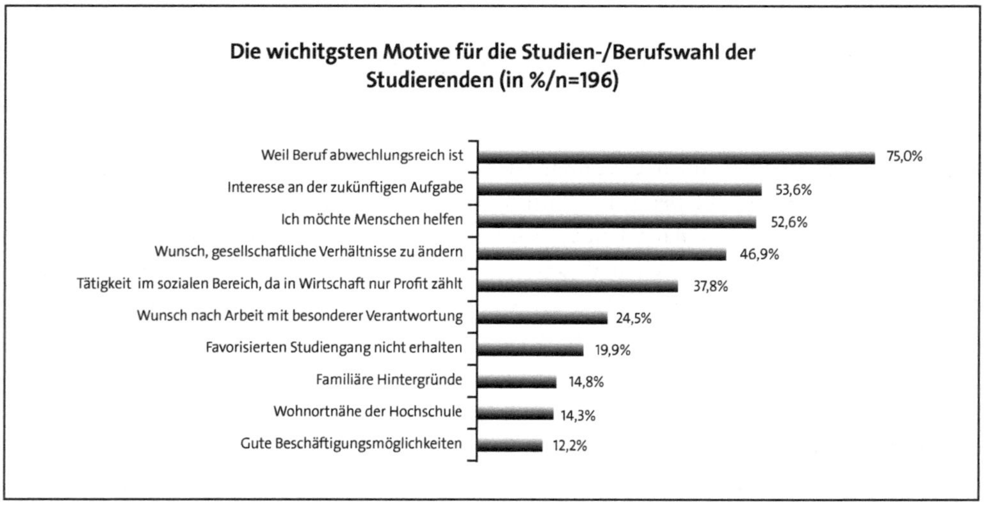

Abb. 6: Die wichtigsten Motive für die Wahl eines sozialen Berufes der Studierenden und der Auszubildenden (Deutscher Paritätischer Wohlfahrtsverband Landesverband Sachsen e.V. 2014, S. 22f.)

Auch wenn ein sozial erwünschtes Antwortverhalten nicht ausgeschlossen werden kann, so zeigt die von den Auszubildenden geäußerte Motivationslage, dass intrinsische Motive, wie den Menschen zu helfen und Sinn in einer abwechslungsreichen Tätigkeit zu finden, überwiegen. Wenn diese Motivation unter den gegebenen Arbeitsbedingungen in der Sozial- und Gesundheitswirtschaft nicht oder nur sehr eingeschränkt umgesetzt werden kann, kommt es zur Demotivation und nicht selten zur Frustration, was eine psychische Belastung und einen vorzeitigen Berufsausstieg bedeuten kann. SD kann dazu beitragen, dass sich der Betrieb und die Mitarbeiter_innen wieder verstärkt den eigentlichen, wertschaffenden und sinnstiftenden Aufgaben mit den Nutzer_innen zuwenden. Durch die systematische Einbeziehung der Nutzerperspektive und der Erlebensdimension wird das Leistungsgeschehen abwechslungsreich und das Gefühl, den Menschen wirklich zu helfen, steigt. Durch die Einbeziehung von Social Design kann dem Wunsch, gesellschaftliche Verhältnisse zu ändern und soziale Verantwortung zu übernehmen, Rechnung getragen werden. Mit den kreativen und dramaturgischen Methoden und Tools des Service Design kommt Abwechslung in den Arbeitsalltag. Zugleich kann der Betrieb die Erfahrungen der Kundenkontaktpersonen gezielt in den Qualitätsentwicklungsprozess einbeziehen und die Teamentwicklung mit diesen Tools fördern. Die Mitarbeiter_innen, die direkt mit den Kund_innen arbeiten und meist in der Hierarchie weiter unten stehen, werden mit ihrer Leistung wertgeschätzt und erfahren Anerkennung. Sie können ihre Anliegen in Bezug auf die Arbeit mit den Nutzer_innen in den Organisationsentwicklungsprozess direkt einbringen und sich in den heterogenen Entwicklungsteams mit Vorgesetzten austauschen. Viele Tools sind zeitlich wenig aufwändig und können gut in die bestehenden Besprechungsstrukturen integriert werden. Lediglich ein kleiner Aufwand an (Moderations-) Material ist erforderlich.

5. Menschliche Zuwendung und Sorge im Leistungsgeschehen erlebbar machen

Den sozialen und gesundheitsbezogenen Dienstleistungen werden meist die Attribute menschliche Zuwendung und Sorge zugeschrieben. In der Sozial- und Gesundheitswirtschaft kommt hinzu, dass es sich dabei nicht nur um ein ‚Firmenimage' handelt, sondern um den Ausdruck einer Kultur, eines Berufsethos und einer gesellschaftlichen Verantwortung. Wenn wir diese Kultur erlebbar machen und unsere Verantwortung ernsthaft wahrnehmen wollen, reicht es nicht aus, wenn sich die Betriebe der Sozial- und Gesundheitswirtschaft Slogans über die Menschlichkeit auf die Fahnen schreiben. Für die rat- und hilfesuchenden Menschen und für die Leistungsanbieter müssen menschliche Zuwendung und Sorge im Leistungsgeschehen erlebbar werden. Sozial- und gesundheitswirtschaftliche Organisationen müssen mit der gleichen Sorgfalt ihre Unternehmenskultur gestalten und das Erleben ihrer Mitarbeiter_innen ernst nehmen wie das Erleben der Kund_innen, wenn sie ihre Mitarbeiter_innen langfristig binden wollen. Im Service Design wird von ‚Erleben' gesprochen, um die Bedeutung der menschlichen Interaktion und der unmittelbaren Prozessergebnisse (Output) hervorzuheben. Das Leistungsgeschehen soll sinnstiftend in den Lebenslauf integriert werden können und zu einer nachhaltigen Wertentwicklung beitragen, die sich beispielsweise in einer langfristigen Kunden- und Mitarbeiterbindung oder in einem Social Return on Invest (SROI) zeigen kann. Wenn Mitarbeiter_innen und vor allem Kundenkontaktpersonen selbst für sich einen Wert und einen Sinn im Leistungsgeschehen mit dem/r Kund_in erfahren, sind sie zufriedener, erleben eine höhere Lebensqualität in der Arbeit und werden stärker an das Unternehmen gebunden, was die Fluktuationsrate und damit die Kosten senken kann (Lee Yohn 2016, S. 4). Wenn Nutzer_innen eine vertrauensvolle Beziehung zu den Kundenkontaktpersonen aufbauen können, ist ihre Adhärenz zum Leistungsangebot, vor allem wenn es um Interventionen in sehr persönliche Bereiche, wie die Gesundheit oder die Erziehung der Kinder, geht, höher (Stavropoulou 2011). Diese Wirkungen von Service Design werden zunehmend wissenschaftlich untersucht und belegt.

Es hat sich hier ein eigener Forschungsbereich (Service Design Research) entwickelt (Stickdorn/Schneider 2013, S. 308f.), dem sich die Sozial-, Gesundheits- und Pflegewissenschaft anschließen kann. Das Potential, das SD bietet, kann aber jetzt schon von den sozial- und gesundheitswirtschaftlichen Betrieben genutzt werden, wozu dieser Beitrag ermuntern will.

6. Literatur

Akao, Yoji (2004): QFD: Quality Function Deployment – Integrating Customer Requirements into Product Design. New York: Productivity Press.

Ausserhofer, Dietmar (2014): Die RN4CAST-Studie – Lessons (to be) learned. In: Pflege 27, H. 3, S. 149-151.

Badura, Bernhard/Ducki, Antje/Schröder, Helmut (2016): Fehlzeiten-Report 2016. Unternehmenskultur und Gesundheit – Herausforderungen und Chancen. Fehlzeiten-Report, Vielfalt managen: Gesundheit fördern – Potenziale nutzen. dx.doi.org/10.1007/978-3-662-49413-4, 24.3.2017.

Beal, Douglas/Rueda-Sabater, Enrique (2014): Building Well-being into National Strategies. The 2014 Sustainable Economic Development Assessment. Hrsg. v. The Boston Consulting Group. www.bcgperspectives.com/Images/Building_Well-Being_into_National_Strategies_SEDA_Feb_2014_tcm80-156479.pdf, 4.5.2015.

Becker, Clara (2015): Assistenzleistungen im Krankenhaus. Im Lichte des Grundgesetzes und der UN-Behindertenrechtskonvention. Im Rahmen des Projektes: „Keine Angst vorm Krankenhaus!". Hrg. v. Interessenvertretung Selbstbestimmt Leben in Deutschland e.V. ISL. gefördert durch Bundesministerium für Gesundheit. Berlin. isl-ev.de/attachments/article/1447/Rechtsgutachten_%20Assistenz%20im%20Krankenhaus.docx, 24.3.2017.

Curedale, Robert (2013): Service Design. 250 essential methods. Los Angeles: Design Community College.

Dervin, Brenda (1998): Sense-making theory and practice: an overview of user interests in knowledge seeking and use. In: Journal of Knowledge Management 2, H. 2, S. 36-46.

Deutscher Paritätischer Wohlfahrtsverband Landesverband Sachsen e.V. (Hrsg.) (2014): SequiSax. generationenwandel. erfolgreich. gestalten. Abschlussbericht und Befragungsergebnisse. Dresden. https://parisax.de/fileadmin/user_upload/archiv/Service/Publikationen/15-03-18_Abschlussbericht_SequiSax/SequiSax_Abschlussbericht_und_Befragungsergebnisse_web.pdf, 12.4.2017.

Fließ Sabine (2009): Dienstleistungsmanagement. Kundenintegration gestalten und steuern. Wiesbaden: Gabler.

Gray, Dave/Brown, Sunni/Macanufo, James (2010): Gamestorming. A Playbook for Innovators, Rulebreakers, and Changemakers. Sebastopol, CA: O'Reilly Media, Inc.

Habermann-Horstmeier, Lotte/Limbeck, Kira (2015): Arbeitsklima in Behinderten-Wohneinrichtungen in Deutschland. In: Arbeitsmed Sozialmed Umweltmed 51, H. 1, S. 50-63.

Herold-Majumdar, Astrid (2016): Social Service Design & Marketing. Theorie und Kreativwerkstatt sozialer und gesundheitsbezogener Dienstleistungen – für mehr Wert und Wohlergehen in der "Helfer"-Branche. 2. Aufl., Regensburg: Walhalla.

Horbel, Chris/Weismann, Friederike (2013): Wert für den Kunden – Ein Überblick über begriffliche Konzeptionen. In: Roth, Stefan (Hrsg.): Aktuelle Beiträge zur Dienstleistungsforschung. Wiesbaden: Springer Gabler, S. 173-191.

König, Matthias/Clausen, Hartmut/Schank, Christoph/Schmidt, Matthias (2012): Studie zum Fachkräftemangel in Deutschland in der Sozialwirtschaft 2012. Eine empirische Studie 2012. Hrsg. v. akquinet business consulting GmbH. akquinet business consulting GmbH, Universität St.Gallen, Beuth Hochschule für Technik Berlin. Hamburg. www.sonderpaedagogik.uni-wuerzburg.de/fileadmin/06040030/Downloads/Ratz/Studie_Fachkraeftemangel_2012_Ergebnisse_Langfassung_01.pdf, 17.3.2017.

Kotler, Philip (1979): Strategies for Introducing Marketing into Nonprofit Organizations. In: Journal of Marketing 43, H. 1, S. 37-44.

Lee Yohn, Denise (2016): Design Your Employee Experience as Thoughtfully as You Design Your Customer Experience as Thoughtfully as You Design Your Customer Experience. In: Harvard Business Review, H. Dec. 08, S. 2-4.

Marschall, Jörg/Hildebrandt, Susanne/Sydow, Hanna/Nolting, Hans-Dieter (2016): Gesundheitsreport 2016. Analyse der Arbeitsunfähigkeitsdaten. Schwerpunkt: Gender und Gesundheit. Hrsg. v. Herbert Rebscher. DAK, IGES Institut. Hamburg. Beiträge zur Gesundheitsökonomie und Versorgungsforschung, Bd. 13. www.dak.de/dak/download/gesundheitsreport-2016---warum-frauen-und-maenner-anders-krank-sind-1782660.pdf, 16.3.2017.

Martin, Loren J./Hathaway, Georgia/Isbester, Kelsey/Mirali, Sara/Acland, Erinn L./Niederstrasser, Nils (2015): Reducing social stress elicits emotional contagion of pain in mouse and human strangers. In: Current Biology 25, H. 3, S. 326-332.

Meffert, Heribert/Bruhn, Manfred (2012): Dienstleistungsmarketing. Grundlagen – Konzepte – Methoden. 7. Aufl. Wiesbaden: Springer Gabler.

Novatorov, Edouard V. (2010): A Critical Appraisal of the Concept of Non-profit Services Marketing. In: Service Science 2, H. 3, S. 146-153.

Olsson, Michael R. (2009): Re-Thinking Our Concept of Users. In: Australian Academic & Research Libraries 40, H. 1, S. 22-35. doi: 10.1080/00048623.2009.10721376

Potter, Sharyn J./McKinlay, John B. (2005): From a relationship to encounter: an examination of longitudinal and lateral dimensions in the doctor–patient relationship. In: Social Science & Medicine 61, S. 465-479. doi: 10.1016/j.socscimed.2004.11.067

Ramaswamy, Vencat/Gouillart, Francis (2010): Building the Co-Creative Enterprise. Give all your stakeholders a bigger say, and they'll lead you to better insights, revenues, and profits. In: Harvard Business Review 88, H. 10, S. 100-109.

Rohmert, Walter (1984): Das Belastungs-Beanspruchungs-Konzept. In: Zeitschrift für Arbeitswissenschaft 38, H. 4, S. 193-200.

Roßbach, B./Löffler, K.I./Mayer-Popken, O./Konietzko, J./Dupius, H. (2007): Belastungs- und Beanspruchungskonzept. In: Letzel Stephan, Nowak Dennis (Hrsg.): Handbuch Arbeitsmedizin. Arbeitsphysiologie, Arbeitspsychologie, Klinische Arbeitsmedizin, Gesundheitsförderung und Prävention, Loseblattwerk,1. Erg. Lfg. 3/07, A II-1, Landsberg: ecomed Medizin.

Scotti, Dennis J./Harmon, Joel (2014): Linkages between organization climate and work outcomes: perceptual differences among health service professionals as a function of customer contact intensity. In: Journal of Health & Human Services Administration 36, H. 4, S. 417-459.

Shostack, Lynn G. (1982): How to Design a Service. In: European Journal of Marketing 16, H. 1, S. 49-63. doi: 10.1108/EUM0000000004799

Shostack, Lynn G. (1977): Breaking free from product marketing. In: The Journal of Marketing 41, H. April, S. 73-80.

Staub-Bernasconi, Silvia (2007): Soziale Arbeit : Dienstleistung oder Menschenrechtsprofession? Zum Selbstverständnis Sozialer Arbeit in Deutschland mit einem Seitenblick auf die internationale Diskussionslandschaft. In: Lob-Hüdepohl, Andreas/Lesch, Walter (Hrsg.): Einführung in die Ethik der Sozialen Arbeit. Paderborn: UTB, S. 20-53.

Stavropoulou, Charitini (2011): Non-adherence to medication and doctor–patient relationship: Evidence from a European survey. In: Patient Education and Counseling 83, S. 7-13. doi: 10.1016/j.pec.2010.04.039

Stickdorn, Marc/Schneider, Jakob (2013): This is service design thinking. Basics-Tools-Cases, Nachdruck, Amsterdam: BIS Publishers.

Suchanek, Andreas (2004): Überlegungen zu einer interaktionsökonomischen Theorie der Nachhaltigkeit. Diskussionspapier Nr. 04-7. Forschungsinstitut des Wittenberg-Zentrums für Globale Ethik, Halle-Wittenberg. Wittenberg-Zentrum für Globale Ethik. www.wcge.org/images/wissenschaft/publikationen/DP_04-7_Suchanek_-_Nachhaltigkeit.pdf, 31.8.2015.

Bürgerschaftliches Engagement und seine Förderung

Paul-Stefan Roß

‚Engagement' – hier zunächst sehr allgemein verstanden als Dachbegriff für ein Tätigwerden von Menschen für eigene und/oder fremde Belange jenseits von Erwerbsarbeit – hat in Deutschland in den zurückliegenden zwei Dekaden wachsende Aufmerksamkeit erfahren. Systematische Förderung freiwilligen Engagements ist nicht nur in vielen sozialwirtschaftlichen Organisationen als Aufgabenbereich fest verankert, sondern befindet sich zugleich auf dem Weg, ein explizites Politikfeld in Bund, Land und Kommunen zu werden (Olk et al. 2010). Gleichwohl ist der Gegenstand, um den es geht, keineswegs eindeutig. Dies zeigt bereits die Fülle der verwendeten Begriffe: ‚Ehrenamt', ‚Freiwilliges Engagement', ‚Freiwilligenarbeit', ‚Bürgerschaftliches Engagement', ‚Bürgerengagement', ‚Bürgerarbeit' usw. Die Vielfalt der Terminologie verweist dabei auf die Vielfalt von – in höchst unterschiedlichen Traditionen und sozio-kulturellen Kontexten verankerten – Verständnissen und konkreten Formen von Engagement in einer ausdifferenzierten Gesellschaft (Evers et al. 2015).

Diese verschiedenen Engagementverständnisse und -formen bzw. die jeweils zuzuordnenden Begriffe werden zunächst in einer knappen Skizze nachgezeichnet (1.). Erst dann können empirische Befunde zur aktuellen Situation freiwilligen Engagements in Deutschland referiert (2.) und die Bedeutung eines solchen Engagements diskutiert (3.) werden, um schließlich konkrete Ansatzpunkte einer systematischen, professionellen Engagementförderung in und durch sozialwirtschaftliche Organisationen zu benennen (4.).

1. Bedeutung und Verständnis von Engagement im Kontext gesellschaftspolitischer Wandlungsprozesse

Wie Engagement verstanden und konkret praktiziert wird, welche Bedeutung ihm beigemessen und wie es bezeichnet wird, steht in engem Zusammenhang mit den jeweiligen gesellschaftlichen, ökonomischen und politischen Kontextbedingungen. Wenn im Folgenden – stark schematisiert – die deutsche Engagementgeschichte der vergangenen zweihundert Jahre nachgezeichnet wird, so geschieht dies nicht primär aus historischem Interesse. Es geht v.a. um die Gegenwart. Im ‚Genom' dessen, was wir heute als Engagement vorfinden, haben unterschiedliche geschichtliche, politische und gesellschaftliche Entwicklungen prägende Spuren hinterlassen. Dieses Genom zu entschlüsseln ist daher wichtig, um Engagement erstens angemessen zu verstehen und zweitens erfolgversprechend fördern zu können.

1.1 ‚Ehrenamt', ‚freiwilliges Engagement', ‚Bürgerschaftliches Engagement' – deutsche Engagementtraditionen vom 19. bis 21. Jh.

Im Kontext der *administrativen Reformen zu Beginn des 19. Jh.* (Verankerung der ‚kommunalen Selbstverwaltung' mit der Preußischen Städteordnung vom 19.11.1808), der *sozialen Reformen und Bewegungen in der Mitte des 19. Jh.* (Armenbesuche durch männliche Honoratioren im sog. ‚Elberfelder System', Gründung von Wohltätigkeitsorganisationen durch bürgerliche Frauen, männliche Kirchenvertreter oder aus der Arbeiterbewegung heraus) sowie des sich in diesem Zeitabschnitt vollziehenden *Aufblühens des Vereinswesens* (Sport, Musik, Wohltätigkeit, Geselligkeit) schlägt „die Geburtsstunde des bürgerlichen Ehrenamtes" (Sachße 2011, S. 18). Aus dieser Konstellation heraus entwickelt sich unter dem Begriff *‚Ehrenamt'*, zu dem es bereits rein sprachlich in anderen Ländern kein direktes Pendant gibt, ein Typus von Engagement, der mit Amtlichkeit, gesellschaftlichem Ansehen, Staatsnähe und Patrimoniat zu tun hat (Sachße 2011; Embacher/Lang 2008, S. 289ff.). Charakteristisch für das hier thematisierte und praktizierte Engagement ist ein Changieren zwischen emanzipatorischen und obrigkeitlichen Tendenzen – eine Spannung, die dem ‚Engagement auf Deutsch' bis heute anzuhaften scheint. ‚Ehrenamt' bleibt bis Mitte der 1980er Jahre die unbestrittene Bezeichnung für Engagement im Sinne einer regelmäßigen, im Prinzip unentgeltlichen und gemeinwohlorientierten Tätigkeit, die in einem organisierten Rahmen stattfindet. Diese Traditionen rahmen und prägen bis heute das Selbstverständnis vieler ‚Ehrenamtlicher'.

Im *Nationalsozialismus* gerät Engagement in den ideologischen *Sog des Dienstes an der ‚gesunden Volksgemeinschaft'* und wird dementsprechend ‚gleichgeschaltet'. Die Akteure des Ehrenamts, das bis dahin ganz überwiegend in den die deutsche Gesellschaft des Kaiserreichs und der Weimarer Republik kennzeichnenden weltanschaulich geprägten sozio-kulturellen Großgruppen-Milieus verankert war, reihen sich entweder bereitwillig in diesen Strom ein, suchen die innere Emigration oder gehen in kleinen Teilen in den Widerstand. Nach dem Ende der nationalsozialistischen Herrschaft ist auch im organisierten Engagement die Tendenz zu beobachten, einen ‚Schlussstrich' ziehen zu wollen und ohne schmerzhafte Reflexion darüber, wie es zur Mitwirkung an einer zutiefst menschenverachtenden Politik kommen konnte, relativ umstandslos an Ehrenamts-Traditionen der Weimarer Zeit anzuknüpfen.

Mitte des 20. Jhs. verstärkt sich die *Pluralisierung der sozio-kulturellen Milieus und der individuellen Werteinstellungen*. In der Arbeitswelt steigen die Flexibilitätserwartungen an die Menschen, ‚prekäre Beschäftigung' nimmt zu. Es kommt zur Ablösung der lange Zeit vorherrschenden Modelle von ‚Normalbiografien' und ‚Normalfamilien', an deren Stelle ‚Patchwork-Biografien' und ‚Patchwork-Familien' treten. Diese Entwicklungen führen dazu, dass auch der Typus des „formstabilen Dauerengagements" (Müller/Rauschenbach 1992), der für das Ehrenamt kennzeichnend war, zunehmend erodiert. Nun treten die Freiwilligkeit und die relative Verbindlichkeit von Engagement jenseits fester weltanschaulicher Einbettungen in den Vordergrund. Engagement wird zum ‚Lebensabschnittsengagement'. Traditionell altruistische Orientierungen werden abgelöst vom Wunsch nach einer Tätigkeit, die dem individuellen Anspruchsniveau entspricht und auch Selbstentfaltung ermöglicht (Balance von Eigennutz und Gemeinwohl).Was in den 1980er Jahren zunächst als ‚Krise des Ehrenamts' thematisiert wird, erweist sich bei genauerem Hinschauen als Strukturwandel des Engagements: Der zurückgehenden Bereitschaft, ehrenamtliche Tätigkeiten in den großen gesellschaftlichen Organisationen und Verbänden (Kirchen, Wohlfahrtsverbände, Gewerkschaften, Parteien) und traditionellen Vereinen zu übernehmen, steht ein hohes Interesse an zeitlich begrenzten, projekthaften, selbstbestimmten und weniger normativ imprägnierten Engagementformen gegenüber. Vielen der in diesen Formen aktiven Menschen erscheint daher der Begriff des *‚freiwilligen Engagements'* angemessener. Was sie praktizieren, hat in ihrer Selbstdeutung weder mit ‚Amt' noch mit ‚Ehre' zu tun. Traditionelle Engagementformen bleiben gleichwohl bestehen.

Indem seit den 1990er Jahren die *Transformationsprozesse der politischen und sozialstaatlichen Systeme* den Blick auf die Bedeutung von Engagement für die Stärkung der Demokratie, für eine nachhaltige Entwicklung, für den gesellschaftlichen Zusammenhalt und für Daseinsvorsorge insgesamt lenken, wird mit der Rede von *,Bürgerschaftlichem Engagement'* an republikanische Denktraditionen und den Diskurs zur Zivilgesellschaft angeknüpft (Enquête-Kommission 2002, S. 7, 57ff.). Damit wird die gesellschaftspolitische Bedeutung freiwilliger Betätigung in den Mittelpunkt gestellt und der Beitrag betont, den bürgerschaftliches Engagement „zu den demokratischen Qualitäten der Gesellschaft" leistet (Klein 2001, S. 260). Dieses erweiterte Verständnis von Engagement als *bürgerschaftliches* Engagement führt nicht nur zu einer grundsätzlichen Aufwertung des Themas. Es schafft zugleich die Möglichkeit, jenen Entwicklungsstrang, der mit ,Ehrenamt' und ,freiwilligem Engagement' assoziiert ist, mit drei weiteren Linien zusammenzudenken:

- mit *,Selbsthilfe'*, die seit den 1970er Jahren auch in Deutschland stark an Bedeutung gewinnt und gegenüber der ,Kompetenz professioneller Expert_innen' eine ,Kompetenz der Betroffenheit' reklamiert;
- mit *,politischer Partizipation'*, *,Bürgerbeteiligung'* und *,Bürgerinitiativen'*, die in der Tradition der sozialen und politischen Bewegungen Ende der 1960er und der 1970er Jahren (Anti-Atomkraft-, Friedens-, Umwelt- und Frauen-Bewegung) mit ihren Engagementformen des Protests, des aktiven Widerstands und der Selbstorganisation stehen;
- mit gemeinwohlorientiertem Engagement von Unternehmen und Betrieben, das auch in Deutschland unter den englischen Begriffen *,Corporate Citizenship'* bzw. *,Corporate Social Responsibility'* diskutiert und forciert wird.

Spätestens seit der Arbeit der Enquête-Kommission Zukunft des Bürgerschaftlichen Engagements des Deutschen Bundestags ist der Begriff des bürgerschaftlichen Engagements in der Bundesrepublik fest etabliert. Auch der Erste und Zweite Engagementbericht der Bundesregierung von 2011 bzw. 2016 (BMFSFJ 2012; 2017) arbeiten durchgängig mit diesem Begriff.

1.2 Vielfalt, Spannungen, Widersprüche – ,Engagement' in der Gegenwart

Vieles spricht dafür, dass heute – in der zweiten Dekade des 21. Jhs. – ein weiterer Schub gesellschaftlicher Entwicklung einen weiteren Typ von Engagement induziert:

- Jene Trends, die bereits im Zusammenhang mit der Entwicklung hin zum Freiwilligen Engagement thematisiert worden sind (s.o. 1.1), setzen sich fort: Empirisch ist feststellbar, dass sich zunehmend mehr Menschen engagieren – aber sie tun es weniger umfänglich, weniger in Leitungsaufgaben und eher in selbstorganisierten Formen (s.u. 2.).
- Die Vielfalt der Formen, in denen Menschen sich engagieren, nimmt kontinuierlich zu: Mitentscheiden wollen steht neben Mitmachen wollen; Engagement, dem es um Protest und gesellschaftliche Veränderung geht, steht neben Engagement, das Traditionen bewahren möchte; klar organisierte Engagementformen neben bestenfalls lose organisiertem Engagement, das die eigene Gruppe stabilisieren möchte, neben Engagement, dem es um Brückenschläge geht.
- Angekommen in einer Zuwanderungsgesellschaft, erfährt Deutschland eine weitere Pluralisierung nicht nur seiner sozio-kulturellen Strukturierung insgesamt, sondern auch seiner ,Engagement-Landschaft' hinsichtlich Motiven, Deutungen, Sozialformen usw. von Engagement (Roß/Steiner 2014). Insbesondere gewinnen Engagementformen, die weniger stark formal organisiert sind, an Bedeutung.

- Die Digitalisierung der Kommunikation im virtuellen Raum des World Wide Web und in den den Social Media durchdringt in verschiedenster Weise auch das Engagement: Erweiterte Möglichkeiten und ‚Entörtlichung' von Wissensbeschaffung, Meinungsartikulation und Mobilisierung gehören ebenso dazu wie Beschleunigung und Entpersönlichung (Ovey/Pfisterer 2012).
- Die Entwicklung hin zu einer Tätigkeitsgesellschaft führt dazu, dass zwischen existenzsichernder beruflicher Erwerbsarbeit hier und freiwilligem, unentgeltlichem, gemeinwohlorientiertem Engagement dort ein fließendes Kontinuum mit zunehmend schwierigen Abgrenzungen entsteht (ZZE 2010).
- Wo – wie in jüngster Zeit zu konstatieren – ‚Inklusion', ‚Teilhabe' und ‚Sozialraumorientierung' in verschiedenen Feldern zu Leitbegriffen der sozialpolitischen und sozialarbeiterischen Debatten werden, wird auch der potentielle Beitrag diskutiert, den Engagement zur Erreichung dieser Ziele leisten kann oder soll. Damit wird auf der einen Seite zunehmend der ‚Ernstfallcharakter' von Engagement erkannt und anerkannt (Teilhabe an der Gesellschaft ist nicht möglich ohne Engagement seitens der Gesellschaft). Auf der anderen Seite wird zunehmend versucht, Engagement systematisch in sozialwirtschaftliche Leistungsketten einzubinden (z.B. im Vor- und Umfeld von Pflege).
- Gerade im Zusammenhang mit der Zuwanderung geflüchteter Menschen nach Deutschland wird Engagement in neuer Weise ‚politisiert', aber auch ‚polarisiert': Engagieren sich die einen Bürger_innen für eine ‚Willkommenskultur', setzen sich die anderen gegen den Zuzug von Migranten_innen ein.

Noch ist nicht klar abzusehen, wie dieser gerade entstehende Engagement-Typ genau aussehen wird. Auch ist offen, ob es (einmal mehr) zu einer neuen Begriffsbildung kommen wird. Dieser noch gegebenen Offenheit Rechnung tragend – und eingeordnet in den Entwicklungsstrang vom ‚Ehrenamt' (1.0) über das ‚freiwillige Engagement' (2.0) und das ‚bürgerschaftliche Engagement' (3.0) – ließe sich vorläufig von einem ‚Engagement 4.0' sprechen. Kennzeichnend für diese neue Evolutionsstufe ist auf jeden Fall, dass es sich um ein Engagement handelt, das

- von vielen Menschen getragen ist und in seinem Umfang nicht abnimmt;
- das ausgesprochen vielfältig, damit aber auch spannungsreich und widersprüchlich ist;
- sich durch einen klaren Selbstbestimmungsanspruch auszeichnet;
- in vielfältiger Weise mit professionellen Tätigkeiten in Bürger-Profi-Mixes, die durchaus Konfliktpotential bergen, verknüpft ist;
- politisiert und an seinen Rändern polarisiert ist.

Alle oben skizzierten Stränge von Engagement (1.0 bis 3.0) sind im ‚Genom' dieses Engagements 4.0 vorhanden – aber nur als ein Strang unter vielen. Deshalb ist es angemessen, im Folgenden mit einem breiten Begriff von *‚Engagement'* zu arbeiten, der als zunächst noch offener Dachbegriff fungiert und diese Vielfalt abbildet (so auch der Zweite Engagementbericht, BMFSFJ 2017, S. 65ff.).

2. Engagement: Aktuell und potentiell in hohem Maße vorhanden

Die Überlegungen in Teil 1 machen deutlich: Zu welchen Ergebnissen eine empirisch-statistische Erfassung gelangt, hängt in hohem Maße davon ab, was überhaupt als Engagement betrachtet wird – und was nicht.

Eine einigermaßen zuverlässige Datenbasis zur Frage nach dem *Umfang des freiwilligen Engagements in Deutschland*, v.a. aber nach der *quantitativen Entwicklung* (zunehmend, abnehmend, gleichbleibend?) bietet seit gut 15 Jahren der sog. ‚Freiwilligensurvey'. Diese bundesrepräsentative Erhebung (zuletzt fast 30.000 befragte Bürger_innen ab 14 Jahren) wird erstmals 1999 durchgeführt. Wiederholungen 2004, 2009 und 2014 ermöglichen eine Längsschnittstudie zum freiwilligen Engagement in Deutschland.[1] Zentrale Ergebnisse werden durch einen 2008 erschienenen Engagementatlas, für dessen Erstellung 44.000 Personen ab 16 Jahre befragt wurden, bestätigt und ergänzt (Prognos-AG/Generali Deutschland AG 2008). Weitere Hinweise liefern die bislang zwei Engagementberichte von 2012 (BMFSFJ 2012) und 2016 (BMFSFJ 2017), die nicht nur eine Fülle an vorliegendem empirischem Datenmaterial aufarbeiten, sondern zu jeweils wechselnden Kernperspektiven systematische Konzepte der Engagementförderung entwickeln.

Die genannten Studien nehmen im Wesentlichen die Engagementtypen ‚Ehrenamt', ‚freiwilliges Engagement' und ‚bürgerschaftliches Engagement' in den Blick, mit dem Freiwilligensurvey 2014 auch ‚politische Partizipation' und ‚informelle Unterstützung im sozialen Nahraum'. Die Mitarbeit in einer Selbsthilfegruppe versteht der Freiwilligen-Survey 2009 dann als ‚freiwilliges Engagement', wenn es sich dabei nicht um die reine Mitgliedschaft in einer Gruppe handelt, sondern um das regelmäßige Übernehmen von Aufgaben.

2.1 Wie viele Menschen engagieren sich und in welchen Bereichen?

Eine erste zentrale Größe ist die *Engagementquote*.[2] Der 2016 veröffentlichte Vierte Freiwilligensurvey kommt für 2014 zu dem Ergebnis, dass 43,6% der in Deutschland lebenden Menschen ab 14 Jahren in irgendeiner Weise freiwillig engagiert sind (Simonson et al. 2016, S. 15), d.h. in einer gewissen Regelmäßigkeit bestimmte Aufgaben übernehmen, die über eine reine Mitgliedschaft (z.B. in Vereinen) hinausgehen.[3] Dies entspricht knapp 31 Mio. Engagierten. Hinsichtlich der Entwicklung in den zurückliegenden 15 Jahren kann mit hoher Sicherheit davon ausgegangen werden, dass in Deutschland der Anteil freiwillig Engagierter in der Bevölkerung in dem genannten Zeitraum nicht zurückgegangen, sondern tendenziell gestiegen ist.[4]

Das zusätzliche, von den Befragten signalisierte *Engagementpotential* wird seit 2004 relativ konstant auf 32% bis 33% geschätzt: Ein Drittel der Befragten gibt an, sich unter bestimmten

1 Da im Survey 2014 (Simonson et al. 2016) gegenüber den drei Vorgängerstudien sowohl mit Blick auf die Datenerhebung als auch die Datenauswertung einige Modifikationen vorgenommen wurden, sind die Ergebnisse nur eingeschränkt miteinander vergleichbar. Der damit markierte Vorbehalt gilt für alle Zahlenangaben, die im Folgenden aus dem 4. Freiwilligensurvey referiert werden.

2 Die Ermittlung dieser Quote (und weiterer Daten zum freiwilligen Engagement) ist keineswegs trivial, sondern hängt von vielfältigen normativen Setzungen (v.a. Klärung des Engagementverständnisses) und forschungsmethodologischen Vorentscheidungen ab. Insofern verwundert es auch nicht, wenn die Zahlen von Studie zu Studie erheblich divergieren, siehe hierzu BMFSFJ 2017, S. 125ff.

3 Konkret: „Jugendtrainer sein" ist eine freiwillige Tätigkeit i.S. der Studie; „Fußballspielen" ist eine (Vereins-)Aktivität, aber kein freiwilliges Engagement. Allerdings wird diese Unterscheidung nicht stringent durchgehalten; z.B. dann, wenn die Befragten dezidiert eine andere Eigenzuordnung vertreten.

4 Diese gilt trotz einiger nicht zu leugnender forschungsmethodologischer Schwierigkeiten hinsichtlich des Freiwilligensurveys 2014 und der von ihm konstatierten Engagementquote von 43,6%. Die vorausgehenden drei Surveys hatten für 1999 eine Quote von 34% ausgewiesen, für 2004 und 2009 jeweils gleichbleibend 36%. Dass damit die Engagementquote zwischen 2009 und 2014 – also noch vor der hohen Engagementbereitschaft für nach Deutschland geflüchtete Menschen in 2015 und 2016 – ein Sprung um 7,5 Prozentpunkte gemacht haben soll, gilt Kritiker_innen des vierten Surveys als extrem unwahrscheinlich und als durch ein verändertes methodologisches Vorgehen erzeugt (s.o. Anm. 2).

Bedingungen erstmals oder wieder engagieren zu wollen (Simonson et al. 2016, S. 152). Dies ist mehr als die Hälfte der aktuell nicht-engagierten Personen. „Sicher" zur Neuaufnahme eines Engagements bereit sind allerdings nur ca. 6% der Befragten bzw. 11,6% der derzeit Nicht-Engagierten (ebd. 165).

Neben diesem Engagement, das in verschiedene Formen von Organisationen eingebunden ist, kommt mehr und mehr auch Engagement im Sinne von *informellen Unterstützungsleistungen* in den Blick, die im Freundes- und Bekanntenkreis, der Nachbarschaft oder dem erweiterten Verwandtschaftsnetzwerk erbracht werden (Kinderbetreuung, Einkaufen, Pflege, Betreuung usw.). Der Freiwilligensurvey 2014 gelangt zu der Einschätzung, dass 26,3% der Wohnbevölkerung ab 14 Jahren in den letzten zwölf Monaten in dieser Weise Unterstützung geleistet hat, und zwar durchschnittlich ca. zwei Stunden pro Woche (Simonson et al. 2016, S. 259ff.).

Betrachtet man die *Themenbereiche*, in denen bzw. für die sich Menschen engagierten, ergibt sich folgendes Bild (Simonson et al. 2016, S. 110):

Abbildung 3-10: Anteile freiwillig engagierter und öffentlich gemeinschaftlich aktiver Personen in vierzehn Bereichen 2014

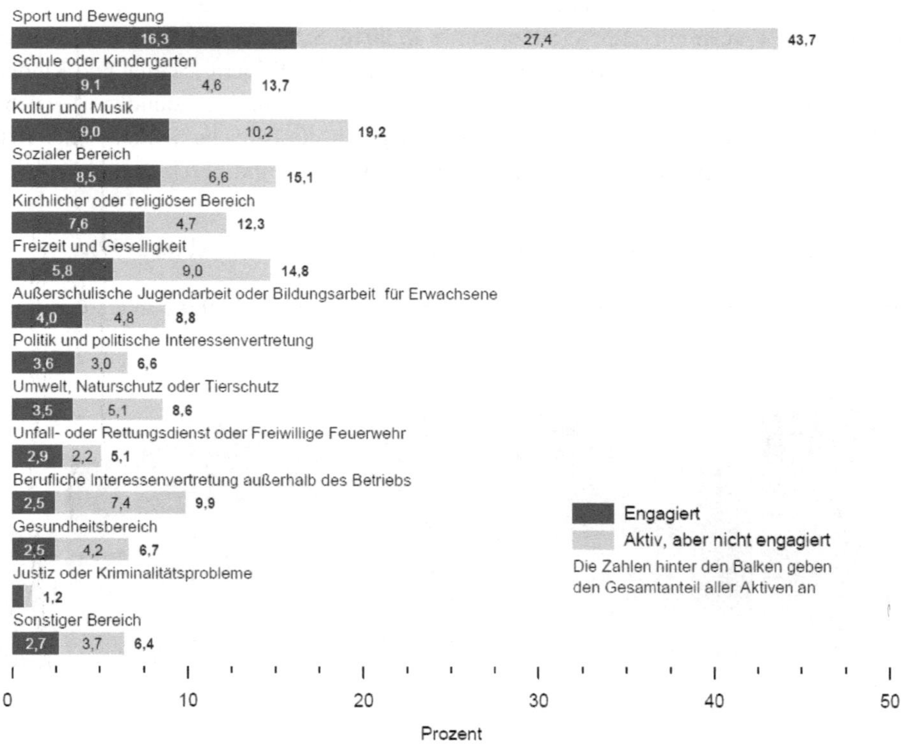

Quelle: FWS 2014, gewichtet, eigene Berechnungen (DZA). Basis: Alle Befragten (n = 28.689).
Hinweis: Die Zahlen neben den Balken geben den jeweiligen Anteil aller öffentlich gemeinschaftlich Aktiven an.

Abb. 1: Engagement nach Engagementbereichen

Der Freiwilligensurvey macht darüber hinaus Aussagen, welchen dieser Bereiche sich potentielle engagementbereite Menschen tendenziell zuwenden würden (Simonson et al. 2016, S. 169f):

Insbesondere für die Engagementfelder „Sozialer Bereich“ und „Umwelt, Naturschutz oder Tierschutz“ wird ein steigender Zuspruch prognostiziert.

Engagementquote und potentielle Engagementbereitschaft weisen deutschlandweit höchst unterschiedliche *regionale Verteilungen* auf (Kausmann et al. 2016, S. 38). Während – bezogen auf das Jahr 2014 – Rheinland-Pfalz und Baden-Württemberg mit einer Engagementquote von 48,3% bzw. 48,2% die Spitzenposition einnehmen, kommen z.B. Sachsen-Anhalt auf 37,1% und Hamburg auf 36,0% Engagierte ab 14 Jahre. Insgesamt gesehen weisen die westdeutschen Flächenländer tendenziell eine höhere Engagementquote auf als die ostdeutschen Länder und die Stadtstaaten.[5] In Gemeinden zwischen 2.000 und 5.000 Einwohner_innen ist das Engagement am höchsten, mit zunehmender Größe der Kommunen sinkt die Engagementquote (Prognos-AG/Generali Deutschland AG 2008, S. 26; Simonson et al. 2016, S. 550ff.).

2.2 Wer engagiert sich?

Die Unterschiede gelten nicht nur für Regionen, sondern auch für *Bevölkerungsgruppen.*

Was den *Genderaspekt* betrifft, so sind 2014 insgesamt die Männer mit 45,7% stärker freiwillig engagiert als die Frauen mit 41,5% (Simonson et al. 2016, S. 95). Allerdings gibt es je nach Engagementbereich erhebliche Unterschiede (ebd., S. 111): In den Feldern „Schule und Kindergarten“ „kirchlicher oder religiöser Bereich“, „sozialer Bereich“ und „Gesundheitsbereich“ sind v.a. Frauen engagiert. „Männerdominiert“ sind dagegen die Bereiche „Unfall- oder Rettungsdienst sowie Freiwillige Feuerwehr“, „Sport und Bewegung“ und „Freizeit und Geselligkeit“.

Auch was die *Altersverteilung* betrifft, zeigen sich durchaus Unterschiede (ebd., S. 99).

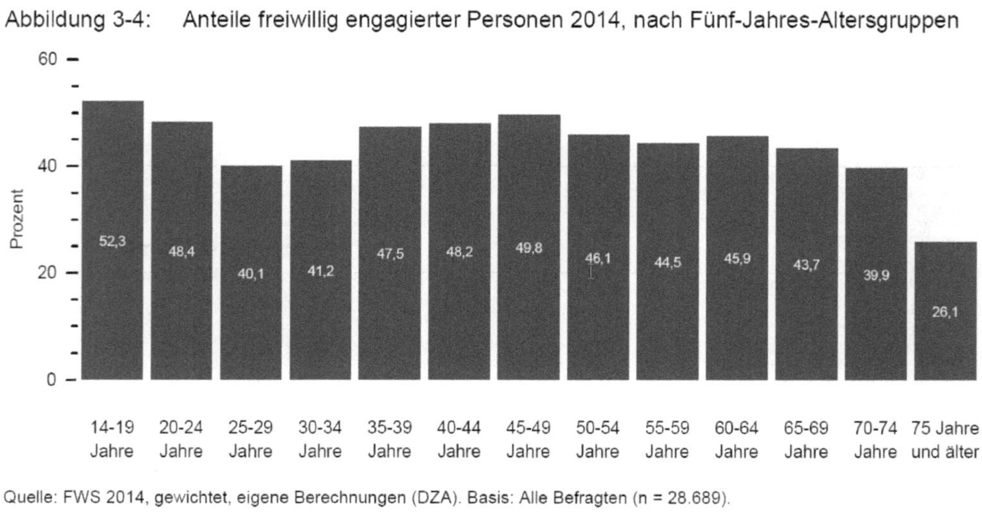

Abb. 2: Freiwillig Engagierte nach Altersgruppen

5 Zur Gesamtthematik der Unterschiede zwischen den ost- und westdeutschen Ländern (ausführlich Simonson et al. 2016, S. 559ff.).

Die Engagementquote ist am höchsten – und dies wird vielleicht überraschen – bei der jüngsten Altersgruppe der 14–19jährigen und der mittleren Altersgruppe der 45-49-jährigen. Hier bestätigt sich das auch in Jugendstudien nachgewiesene hohe Interesse Jugendlicher bzw. junger Erwachsener an einem Engagement. Und für die 45-49-jährigen scheint zu gelten: Beruf und Familie eröffnen vielfältige Engagementmöglichkeiten. Der Freiwilligensurvey 2009 hatte in diesem Zusammenhang von einem „Familiengipfel" (BMFSFJ 2010, S. 162) des Engagements gesprochen.

Zuwächse im Engagement hat es zwischen 1999 und 2009 v.a. in den höheren Altersgruppen gegeben, nämlich bei den 60-69-jährigen und den über 70-jährigen (BMFSFJ 2010, S. 17). Ganz offenbar birgt der demografische Wandel auch Chancen: Noch nie gab es in unserer Gesellschaft so viele vergleichsweise gesunde und v.a. gesellschaftlich interessierte – und zu einem Engagement bereite – ältere Menschen.

Zu beobachten ist, dass es bestimmte Bevölkerungsgruppen gibt, die in unterdurchschnittlichem Umfang freiwillig engagiert sind. „Empirische Studien belegen einen eindeutigen Zusammenhang zwischen den befragten Formen von Engagement und dem Erwerbsstatus, dem Einkommen und dem Bildungsstatuts", fasst Chantal Munsch zusammen (Munsch 2003, S. 7f.): *Angehörige sozial benachteiligter Bevölkerungsgruppen* beteiligen und engagieren sich signifikant weniger, als gut ausgebildete, finanziell abgesicherte, sozial und berufliche integrierte Menschen.

So besteht ein klarer Zusammenhang zwischen Engagementquote und *Bildungsstatus*: Während von Personen mit hoher Bildung (d.h. mit einem höchsten Bildungsabschluss ab Fachhochschulreife oder Abitur) 52,3% engagiert sind, sind es bei Personen mit niedriger Bildung (d.h. mit Bildungsabschlüssen bis einschließlich Volks- und Hauptschule) nur 28,3% (Simonson et al. 2016, S. 97). Das Gleiche gilt für – eng mit den Bildungsressourcen zusammenhängend – die *finanzielle Situation*: „Nahezu jede zweite Person, die ihre eigene finanzielle Lage als sehr gut oder gut einschätzt, engagiert sich. Bei den Personen mit einer als sehr schlecht eingeschätzten finanziellen Lage engagiert sich dagegen nur etwa jede beziehungsweise jeder Vierte" (ebd., S. 444). Als unterdurchschnittlich engagiert erweisen sich zudem Menschen, die als *arbeitslos* gemeldet sind: Während 2014, wie oben angeführt, insgesamt 43,6% der Bundesbürger_innen über 14 Jahren freiwillig engagiert sind, liegt die Quote bei den Arbeitslosen bei nur 26,1% (ebd., S. 440f.). Auch andere Untersuchungen zeigen: Wer um seine Existenzsicherung kämpfen muss, hat offenbar wenig Freiraum für ein Engagement.

Mit Blick auf die Situation von *Menschen mit Zuwanderungsgeschichte* gelangt der Freiwilligensurvey 2014 zu einem differenzierten Befund. Bei Menschen, von denen mindestens ein Elternteil nicht aus Deutschland stammt (und die damit einen sog. ‚Migrationshintergrund' haben), die aber selbst in Deutschland geboren sind und die deutsche Staatsangehörigkeit besitzen, liegt die Engagementquote bei 43,2% und damit fast im Bundesdurchschnitt von 43,6% (Simonson et al. 2016, S. 579). „Dagegen ist der Anteil der Engagierten unter den Menschen mit Migrationshintergrund, die zwar in Deutschland geboren sind, aber nicht die deutsche Staatsangehörigkeit haben, deutlich geringer (31,1%). Am geringsten ist der Anteil der Engagierten bei Personen mit eigener Migrationserfahrung (mit deutscher Staatsangehörigkeit: 26,4%; ohne deutsche Staatsangehörigkeit: 21,7%)" (ebd., S. 579).

Die Gründe für diese Unterschiede sind vielfältig. Zum einen hängen sie mit Faktoren wie durchschnittlichem Bildungsniveau, Erwerbs- und Einkommensstatus zusammen. Hinzu kommen unterschiedliche Verständnisse von Engagement: So sind oft bereits die verwendeten Begriffe nicht kompatibel, und es finden sich höchst unterschiedliche, von den gesellschaftlichen, politischen und kulturellen Gegebenheiten der Herkunftsorte mit geprägte Vorstellungen darüber, welche Aktivitäten als ‚freiwilliges Engagement' betrachtet werden (Huth 2012; Roß/ Steiner 2014).

Nimmt man die aktuellen wissenschaftlichen Studien zusammen, so lassen sich bestimmte *begünstigende und hemmende Faktoren für freiwilliges Engagement* herausdestillieren.

Faktoren, die die Engagementbereitschaft eher begünstigen	*Faktoren, die die Engagementbereitschaft eher hemmen*
– gute soziale Einbindung/viele Freunde – Leben in einer Familie mit mehreren Kindern – hohe Bildung – religiöse Bindung – gesichertes Erwerbseinkommen – Leben in einer kleineren oder mittelgroßen Stadt – ‚Einstieg' ins Engagement bereits als junger Mensch	– Arbeitslosigkeit – niedrige Bildung – schwache religiöse Bindung – unsichere finanzielle Situation – Leben in einer Großstadt

Tab. 1: Gunst- und Hemm-Faktoren für freiwilliges Engagement (eigene Darstellung)

2.3 Warum engagieren sich Menschen?

Was gibt den *Anstoß*, sich freiwillig zu engagieren? Ein erster Befund des Freiwilligensurveys 2014 lautet: Fast die Hälfte der Engagierten – nämlich 47,2% – ist aus Eigeninitiative aktiv geworden, während 52,8% seitens anderer dazu angefragt worden ist (und zwar insbesondere durch leitende Personen aus den jeweiligen Gruppen oder Organisationen bzw. durch bereits engagierte Familienmitglieder, Freundinnen und Freunde oder Bekannte[6] (Simonson et al. 2016, S. 413f). „Besonders bei Frauen und jungen Menschen, also 14-29-jährigen, ist der Anteil der aus eigener Initiative Engagierten hoch" (ebd., S. 412).

Vom konkreten Anstoß für ein Engagement sind die *Engagementmotive* zu unterscheiden. Im Freiwilligensurvey 2014 wurden diejenigen Personen, die sich als freiwillig engagiert bezeichneten, danach befragt, inwiefern acht Grundmotivationen für freiwilliges Engagement für sie selbst zutreffen oder nicht. Im Ergebnis zeigt sich, dass „Spaß zu haben" an der freiwilligen Tätigkeit eindeutig im Vordergrund steht – was interessanterweise für alle Altersgruppen gilt (Simonson et al. 2016, S. 419ff.). Es folgen drei in etwa gleich bedeutsame Motive, die mit sozialen Aspekten des Engagements (Kontakte zu anderen Menschen) oder im weiteren Sinne politischen Aspekten (Gesellschaft gestalten) zu tun haben. Motive, die sich auf einen individuel-

6 Simonson et al. 2016, S. 413f. Spezielle Informations- und Kontaktstellen für Engagement spielen eine untergeordnete, aber kontinuierlich wichtiger werden Rolle: Gaben 1999 noch 2,8% der Befragten an, über eine solche Stelle zu ihrem Engagement gekommen zu sein, waren es 2014 immerhin bereits 9,5% (ebd., S. 418).

len Nutzen für die Engagierten selbst beziehen, spielen zwar insgesamt gesehen eine deutlich geringere Rolle; gerade für junge Menschen zwischen 14 und 29 Jahren haben sie aber eine überdurchschnittliche Bedeutung (ebd., S. 422). Ein Blick in die drei früheren Freiwilligensurveys zeigt im Übrigen, dass diese Gewichtung der Motive in den vergangenen 15 Jahren konstant geblieben ist.

Abbildung 15-8: Angaben der freiwillig Engagierten zu den Motiven für ihr Engagement, 2014, gesamt

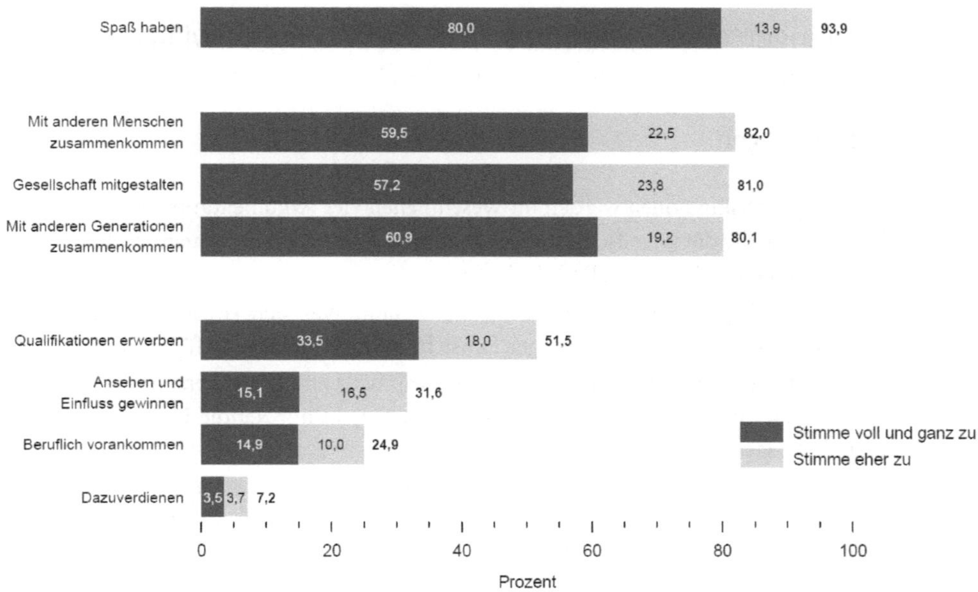

Quelle: FWS 2014, gewichtet, eigene Berechnungen (DZA). Basis: Alle Engagierten (n = 11.651-12.506).

Abb. 3: Motive der freiwillig Engagierten

Die Autor_innen des Surveys fassen zusammen: „Für die große Mehrheit der Engagierten steht also im Mittelpunkt, etwas zu tun, das ihnen Freude bereitet, dass sie etwas mit anderen Menschen zusammen tun können und dabei einen kleinen Beitrag für die Gesellschaft leisten können. Dabei ist ihnen weniger wichtig, ihre Stellung in der Gesellschaft oder auf dem Arbeitsmarkt zu verbessern oder finanziell zu profitieren, auch wenn diese Motive trotzdem für viele eine – wenn auch untergeordnete – Rolle spielen“ (ebd., S. 419).

2.4 Fazit: Strukturwandel des freiwilligen Engagements vor dem Hintergrund gesellschaftlichen Wandels

Die während der vergangenen Jahre konstante und in verschiedenen Untersuchungen bestätigte Engagementquote von mindestens einem Drittel der Bundesbevölkerung zeigt, dass von einem Rückgang der Engagementbereitschaft keine Rede sein kann. Wohl aber hat sich in den vergangenen Jahren ein deutlicher *Strukturwandel* des freiwilligen Engagements vollzogen, der (wie in Teil 1 skizziert) vor dem Hintergrund gesellschaftlicher Entwicklung zu verstehen ist.

Festzuhalten bleibt: Freiwilliges Engagement ist zwar auch heute in erheblichem Umfang vorhanden. Aber es ist keineswegs selbstverständlich, ist nicht ‚naturwüchsig' vorhanden, sondern in seinem Entstehen und Bestehen an vielfältige Voraussetzungen geknüpft. Hier setzen Konzepte zur systematischen Engagementförderung im kommunalen Raum oder in sozialwirtschaftlichen Organisationen an. Bevor entsprechende Konzepte vorgestellt werden (s.u. 4), ist die Grundsatzfrage zu klären: Weshalb sollten insbesondere sozial(wirtschaftliche)e Organisationen überhaupt systematisch freiwilliges Engagement einbeziehen und unterstützen?

3. Begründungen einer systematischen Einbindung freiwilligen Engagements in sozial(wirtschaftlich)e Organisationen

3.1 Kernbegründungen

In den einschlägigen Diskussionen werden im Wesentlichen vier Argumentationen vorgetragen, weshalb Engagement für die Gesellschaft unverzichtbar sei und folglich systematisch und dauerhaft gefördert werden sollte (Roß 2012, S. 44ff.):

- *Personenbezogene* Begründung: Engagement stiftet Sinn. Wer sich engagiert, zieht daraus (zumindest im günstigen Fall) in vielfältiger Hinsicht auch selbst Nutzen für sich selbst.
- *Soziale* Begründung: Engagement schafft Soziales Kapital. Durch Engagement entstehen soziale Beziehungen, die ein ‚Kapital' darstellen, von dem nicht nur der/die Einzelne profitiert, sondern auch die Gesellschaft insgesamt.
- *Politische* Begründung: Engagement stärkt die Demokratie. Mit einer Stadt oder Gemeinde, die die Möglichkeit bietet, sich aktiv einzubringen und zu beteiligen, identifizieren sich die Bürger_innen weit stärker als mit einer, die dies nicht bietet.
- *Fachliche* Begründung: Engagement führt zu einer höheren Qualität von sozialen Unterstützungsangeboten, aber auch von Leistungen der Daseinsvorsorge insgesamt.

Die Hoffnung, Engagement führe zur Einsparung von Finanzmitteln öffentlicher oder freier Träger (*fiskalische* Begründung), erfüllt sich dagegen in der Praxis selten – und wenn, dann sozusagen als Nebeneffekt einer primär fachlich oder politisch motivierten Engagementförderung. Dies hängt mit der gewachsenen Sensibilität der Menschen gegenüber Versuchen, ihr Engagement zu instrumentalisieren, zusammen.

Für sozial(wirtschaftlich)e Dienste und Einrichtungen ist insbesondere die fachliche Begründung von Interesse. Untersuchungen (Strasser/Stricker 2007; Fritz et al. 2010; Roß 2010) zeigen: Freiwilliges Engagement stiftet einen *identifizierbaren Nutzen* sowohl für die jeweilige *soziale Einrichtung* als auch und vor allem für die *Adressat_innen der Organisation.*

3.2 Nutzen für die Adressat_innen sozialwirtschaftlicher Organisationen

Der Nutzen, den freiwilliges Engagement für die *Adressat_innen* sozialer Einrichtungen stiftet, liegt – quer zu verschiedenen Feldern der Sozialwirtschaft – insbesondere in folgenden vier Aspekten:

1. *Erweiterung der Angebote und Kontakte für die Klient_innen.* Die Mitwirkung von Freiwilligen ermöglicht die quantitative Erweiterung des Angebots an Aktivitäten und Kontak-

ten. Ein breiteres Spektrum möglicher Aktivitäten bedeutet wiederum ein Mehr an sozialen Kontakten und damit ein Plus an Lebensqualität.

2. *Begegnungen von Mensch zu Mensch.* Freiwillige, die sich in einer sozialen Einrichtung engagieren, ermöglichen den Adressat_innen zusätzliche, persönliche Beziehungsangebote von ‚Mensch zu Mensch'. Dabei ist es gerade die ‚Normalität' und ‚Alltäglichkeit' der Beziehung, die als wertvolle Ergänzung zu den professionellen Beziehungen erlebt wird, die den institutionellen Alltag sozialer Dienste dominieren.
3. *Brücken in den lokalen Sozialraum.* Durch freiwillig Engagierte ergeben sich intensivere Kontakte in die Gemeinde, den Stadtteil oder die Kommune insgesamt. Weitere alltagsweltliche und für die Adressat_innen in verschiedener Hinsicht nützliche Kontakte (zu Vereinen, Betrieben usw.) können erschlossen und dadurch die Teilhabechancen der Klient_innen am Leben in der Gesellschaft verbesserten werden. Insofern geht es auch um einen Beitrag zur Öffnung von Einrichtungen, die allen Anstrengungen zum Trotz immer wieder Gefahr laufen, für ihre Adressat_innen zu ‚totalen Institutionen' zu werden. Von ‚außen' kommende Freiwillige wirken gegen eine mögliche ‚Verinselung'.
4. *Politische und gesellschaftliche Lobbyarbeit.* Freiwillige können sich für die Menschen, denen ihr Engagement gilt, oft mit größerer Autonomie stark machen, als Hauptberufliche dies aufgrund ihrer Einbindung in institutionelle Hierarchien oder politische Loyalitäten können. Durch ihre unmittelbaren Erfahrungen können sie zudem in ihrem gesellschaftlichen Umfeld für Verständnis und Akzeptanz gegenüber den Adressatengruppen werben.

Die Einbeziehung freiwillig Engagierter in soziale Einrichtungen stiftet für die Klient_innen der Dienste einen klaren Nutzen, der empirisch belegbar ist und im Kern mit einer verbesserten Lebensqualität zu tun hat. Ihn *monetär* zu bewerten, ist jedoch weder sinnvoll noch möglich.

In diesem Zusammenhang ist die derzeit zu beobachtende Tendenz, freiwilliges Engagement über die Zahlung von Stundenhonoraren in die Nähe geringfügiger Beschäftigung zu rücken (‚Monetarisierung' – Zentrum für zivilgesellschaftliche Entwicklung 2010) kritisch zu betrachten: Auf diese Weise wird nicht nur die o.g. spezifische Bedeutung freiwilligen Engagements für die Adressat_innen geschmälert, sondern zugleich eine Deprofessionalisierung beruflich erbrachter sozialer Dienstleistungen befördert.

3.3 Nutzen für sozialwirtschaftliche Organisationen als solche

Organisationsbezogene Nutzenaspekte der Einbeziehung freiwilligen Engagements sind u.a.:

1. *Verbesserung der Qualität der Dienstleistungen der Einrichtung* – nichts anderes bedeutet ja die gerade aufgezeigte Steigerung der Lebensqualität der Adressat_innen, die durch die Einbeziehung freiwillig Engagierter ermöglicht wird.
2. *Erweiterung des Angebots.* Sind Freiwillige eingebunden, können die Einrichtungen ihr Dienstleistungsportfolio ausweiten. Zudem decken Freiwillige bereits heute Bereiche ab, die von den Hauptberuflichen aufgrund des Personalschlüssels immer weniger leistbar, für die Qualität des Angebots jedoch wesentlich sind (z.B. im Bereich der Freizeitgestaltung).
3. *Stärkere Verankerung im lokalen Sozialraum.* Diese Durchlässigkeit ist – wie oben gesehen – wichtig für die Lebensqualität der Adressat_innen im Sinne von sozialräumlicher Alltags-

einbindung und Schutz vor Verinselung. Sie ist aber auch, wie in den folgenden Punkten dargestellt, in mehrfacher Hinsicht nutzbringend für die Einrichtung.

4. *Werbung für die Einrichtung, Imagepflege und verbesserte Akzeptanz.* Die Engagierten sorgen dafür, dass die Einrichtung mit ihrem Angebot und ihrem Anliegen im öffentlichen Bewusstsein des jeweiligen Sozialraums präsent ist. Zu einem *positiven* Image führt dies freilich nur dann, wenn das Angebot und die internen Prozesse tatsächlich qualitativ hochwertig sind.
5. *Beitrag zur Qualitätssicherung und Zugang zu kreativen Potentialen.* Von ‚außen' hinzukommende Freiwillige bringen neue Ideen ein, hinterfragen gewohnte Abläufe und machen Verbesserungsvorschläge.
6. *Höhere Belegzahl bzw. Nachfrage und verbesserte Kundenbindung.* Wird über die Freiwilligen ein positives Image transportiert, führt dies dazu, dass die Leistungen der Einrichtung signifikant stärker nachgefragt werden. Dies gilt insbesondere in der Altenhilfe (‚Versicherung für hohe Auslastung'), aber auch in anderen Bereichen.
7. *Unterstützung von Fundraising-Aktivitäten.* Ein weiterer Sekundäreffekt einer positiven ‚Öffentlichkeitsarbeit' durch Freiwillige: die Engagierten werben im Bekanntenkreis für Spenden zugunsten ‚ihrer' Einrichtung oder erschließen persönliche Kontakte zu potentiellen Sponsoren.

Dieser Nutzen ist nicht primär, wohl aber sekundär in monetären Kategorien zu beschreiben, da es um geldwerte Vorteile für die Einrichtungen und Dienste geht.

Ob die Einbeziehung freiwillig Engagierter in die Dienstleistungserbringung einer sozialen Einrichtung tatsächlich den o.g. empirisch klar nachweisbaren Nutzen entfaltet, hängt jedoch davon ab, dass in der jeweiligen Institution eine systematische, professionelle Freiwilligenarbeit geleistet wird. Stellt man den dafür notwendigen Investitionen die betriebswirtschaftlichen Effekte der genannten einrichtungs-bezogenen Nutzenaspekte gegenüber, zeigt sich: Durch die Einbeziehung Freiwilliger wird das Angebot einer sozialen Einrichtung nicht preisgünstiger. Aber es wird besser, ohne teurer zu sein. Die Einziehung Freiwilliger verschafft einer sozialen Einrichtung einen plausibel darstellbaren wirtschaftlichen Return of Investment (Wasel 2010).

4. Engagement: Notwendigkeit und Möglichkeiten einer systematischen Förderung und Unterstützung

Ausgehend von dieser dreifachen Einsicht bzw. den gerade genannten Adressat_innen- und organisationsbezogenen Überlegungen entwickeln seit einigen Jahren sozial(wirtschaftlich)e Träger verstärkt professionelle Strategien, wie freiwilliges Engagement systematisch – und nicht eher zufällig bzw. ‚nebenbei' – in ihre Dienstleistungserbringung eingebunden werden kann (Samariterstiftung/Stiftung Liebenau 2007; Günthner/Mohn 2007; Roß/Tries 2012). Die Einbeziehung Freiwilliger in einen ‚Bürger-Profi-Mix' im Sinne von Koproduktion (Roß 2013b) und Wohlfahrtsmix (Roß 2013a) wird zum integralen Bestandteil der Geschäftsstrategie.

Konsequenz auf der operativen Ebene ist die Entwicklung von Instrumenten eines professionellen *‚Freiwilligenmanagements'*. Dazu, wie eine solche systematische Freiwilligenarbeit konkret aussehen und tatsächlich gelingen kann, liegen mittlerweile fundierte Erfahrungen und ausgearbeitete Konzepte vor (Schöffler 2006; Wagner 2006; Reifenhäuser et al. 2009; Rosenkranz/Weber 2012; Caritas in NRW 2013). Einigkeit besteht darin, dass professionelles Freiwilligenmanagement sowohl Aspekte der *Personalentwicklung* (bezogen auf die freiwillig Engagierten) als auch der *Organisationsentwicklung* umfassen muss.

4.1 Organisationsbezogene Aspekte eines systematischen Freiwilligenmanagements

Sollen freiwillig Engagierte systematisch einbezogen werden, muss die jeweilige Einrichtung durch eine entsprechende *Organisationsentwicklung* adäquat gestaltet werden; sie ist die notwendige Voraussetzung einer erfolgreichen Freiwilligenarbeit. Eine Organisation muss insgesamt anschlussbereit und anschlussfähig sein für die Mitwirkung freiwillig Engagierter; sonst bleiben die in 5.2 erläuterten methodischen Vorgehensweisen aufgesetzt und ohne dauerhafte Wirkung. Mit Blick auf diese organisationalen Rahmenbedingungen sind vier Aspekte zu berücksichtigen:

- *Leitbild/Handlungskultur*: die Einbindung und Unterstützung Freiwilliger als begründete Zielsetzung im Leitbild der Organisation verankern und innerhalb der Institution als selbstverständlich gelebte Kultur verstetigen und pflegen.
- *Strukturen und Prozesse*: sich innerhalb der Organisation darüber verständigen, wo und wie Freiwillige eingebunden werden sollen; Strukturen und Verfahrensabläufe verankern, die es erlauben, die u.g. operativen Aspekte des Freiwilligenmanagements umzusetzen; die Arbeit mit Freiwilligen in bestehende Standardprozesse (z.B. der Qualitätssicherung oder Evaluation) regelhaft einbinden.
- *Mitarbeiterentwicklung*: alle beruflich tätigen Fachkräfte der Organisation zu einer konstruktiven Zusammenarbeit mit den Freiwilligen anleiten; einige Fachkräfte als ‚Freiwilligen-Koordinatoren‘ qualifizieren und sie mit einem entsprechenden Arbeitsauftrag sowie Zeitbudget ausstatten.
- *Lokale Vernetzung*: Vernetzungen mit Akteuren aller gesellschaftlichen Felder im lokalen Sozialraum aufbauen, um auf diese Weise potentielle Freiwillige ansprechen und gewinnen zu können; insbesondere die Kooperation mit ggf. vorhandenen Infrastruktureinrichtungen der Engagementförderung (Freiwilligenagenturen usw.) suchen.

4.2 Freiwilligenbezogene Aspekte eines systematischen Freiwilligenmanagements

Teil 1 hatte deutlich gemacht, das Engagement heute ausgesprochen vielfältig und vielgestaltig ist. In Teil 2 waren die Erwartungen, Motive und Präferenzen der Menschen, die heute zu freiwilligem Engagement bereit sind, skizziert worden. Ein Konzept systematischen Freiwilligenmanagements, das vor diesem Hintergrund erfolgversprechend sein will, hat auf der operativen Ebene der konkreten Arbeit mit freiwillig Engagierten insbesondere folgende sieben Aspekte zu berücksichtigen:

- *Gewinnung*: die Gewinnung Freiwilliger systematisch und kontinuierlich betreiben; vielfältige verschiedene Engagementmöglichkeiten benennen; die Aufgaben der Freiwilligen klar und präzise beschreiben (Inhalt, Umfang, Ort, Dauer Voraussetzungen) und die Leistungen der Organisation definieren (Ansprechpartner_innen, Fortbildungen, Auslagenerstattung, Versicherungen usw.); verschiedene Wege der Ansprache potentieller Engagierter gehen (Printmedien, persönliche Ansprache, Social Media, Freiwilligenagenturen usw.); vor Aufnahme des Engagements Klärungsgespräche zum Abgleich der gegenseitigen Erwartungen und Möglichkeiten führen (‚Clearing', ‚Matching').

- *Einführung*: Vereinbarungen über die Rahmenbedingungen der freiwilligen Mitarbeit treffen (ggf. als schriftlicher Kontrakt); für eine angemessene fachliche Einführung sorgen; ‚Einführungs-Rituale' entwickeln (z.B. i., S. einer offiziellen Vorstellung und Begrüßung).
- *Begleitung und Unterstützung*: durch klar benannte/n Ansprechpartner_in aus den Reihen der hauptamtlichen Mitarbeiter_innen; durch Fortbildungen; durch finanzielle Ressourcen (für Auslagenersatz, für Projekte usw.); durch relevante Informationen; durch regelmäßige Mitarbeiter-Gespräche auch mit Freiwilligen; durch Gelegenheiten zum Austausch der Engagierten untereinander und mit beruflichen Mitarbeiter_innen.
- *Beteiligung*: sowohl an der Gestaltung der konkreten Aufgabe als auch an der Weiterentwicklung der Organisationen; Beteiligung über punktuelle Verfahren (z.B. gemeinsame Zukunftswerkstatt zur Weiterentwicklung der Einrichtung) oder fest institutionalisierte Formen (‚Beirat', regelmäßige gemeinsame Teamsitzungen von Haupt- und Ehrenamtlichen, Freiwilligen-Sprecher_in usw.).
- *Fortbildung*: In-house- oder externe Veranstaltungen zur Vermittlung notwendigen fachlichen Wissens, aber auch zur Auseinandersetzung mit der eigenen Person anbieten; dabei die Fortbildungsgruppe nutzen als Ort des Voneinander-Lernens, des Erfahrungsaustausches und der gegenseitigen Unterstützung.
- *Würdigung*: eine ‚Anerkennungskultur' entwickeln i.S. eines die Organisation prägenden Stils sowie i.S. einer Vielfalt kreativer, individueller Formen (von traditionellen Formen wie Ehrennadeln, Urkunden oder Plaketten über kostenfreie Fortbildungen und Mitarbeiter -Ausflüge bis zur selbstverständlichen Erstattung von Fahrt-, Telefon-, Portoauslagen usw.); finanzielle Aufwendungen, die im Zusammenhang mit dem Engagement entstehen, selbstverständlich erstatten.
- *Verabschiedung*: würdigende Formen der Verabschiedung etablieren (im Team, am Schwarzen Brett, im internen Mitteilungsorgan o.Ä.), ggf. verbunden mit der Übergabe eines Geschenks; Bestätigungen über das Engagement ausstellen.

Die Realisierung eines solchen Freiwilligenmanagements erfordert Investitionen. Aufgrund des Nutzens, der von einer professionell betriebenen Einbeziehung freiwillig Engagierter mit Blick auf die Qualität der jeweiligen sozialen Dienstleitung zu erwarten ist (s.o. 3.2 und 3.3), stellen diese Investitionen jedoch ein Gebot klugen sozialunternehmerischen Handelns dar.

5. Literatur

Bundesministerium für Familie, Senioren, Frauen und Jugend (BMFSFJ) (Hrsg.) (2017): Bericht der Sachverständigenkommission an das Bundesministerium für Familie, Senioren, Frauen und Jugend für den Zweiten Engagementbericht „Demografischer Wandel und bürgerschaftliches Engagement: Der Beitrag des Engagements zur lokalen Entwicklung". Freiburg i.Br. im April 2016. Berlin: Eigenverlag. www.bmfsfj.de/blob/115624/d6da5ce2163c59600f48a7a5d360a3b2/2-engagementbericht-und-stellungnahme-br-data.pdf, 30.3.2017.

Bundesministerium für Familie, Senioren, Frauen und Jugend (BMFSFJ) (Hrsg.) (2012): Erster Engagementbericht 2012. Für eine Kultur der Mitverantwortung. Berlin: Eigenverlag.

Bundesministerium für Familie, Senioren, Frauen und Jugend (BMFSFJ) (Hrsg.) (2010): Hauptbericht des Freiwilligensurveys 2009. Zivilgesellschaft, soziales Kapital und freiwilliges Engagement in Deutschland 1999 – 2004 – 2009. Ergebnisse der repräsentativen Trenderhebung zu Ehrenamt, Freiwilligenarbeit und Bürgerschaftlichem Engagement. München: TNS Infratest Sozialforschung.

Caritas in NRW (Hrsg.) (2013): Praxishandbuch Ehrenamtskoordination. Aachen/Essen/Köln/Münster/Paderborn: Eigenverlag.

Embacher, Serge/Lang, Susanne (2008): Lern- und Arbeitsbuch Bürgergesellschaft. Eine Einführung in zentrale bürgergesellschaftliche Gegenwarts- und Zukunftsfragen. Bonn: Dietz.

Enquête-Kommission "Zukunft des Bürgerschaftlichen Engagements" des Deutschen Bundestages (Hrsg.) (2002): Bericht. Bürgerschaftliches Engagement: Auf dem Weg in eine zukunftsfähige Bürgergesellschaft. Schriftenreihe Bd. 4. Opladen: Leske & Budrich.

Evers, Adalbert/Klie, Thomas/Roß, Paul-Stefan (2015): Die Vielfalt des Engagements. Eine Herausforderung an Gesellschaft und Politik. In: Aus Politik und Zeitgeschichte 65, H. 14-15, S. 3-9.

Fritz, Sigrun/Pietrzyk, Ulrike/Möltgen, Thomas (2010): Welchen Nutzen bringt ehrenamtliche Tätigkeit? Forschungsprojekt im Auftrag des Diözesan-Caritasverbandes für das Erzbistum Köln. In: Möltgen, Thomas (Hrsg.): Wert und Nutzen ehrenamtlichen Engagements. Reader zur Caritas-Sommeruniversität Ehrenamt 2009. Köln/Kevelar: Butzon & Bercker, S. 165-204.

Günthner, Armin/Mohn, Wolfgang (2007): Wohnen in der Gemeinde – Hilfemix ehrenamtlicher und professioneller Assistenzhilfen. In: Kerbe 25, H. 1, S. 23-24.

Huth, Susanne (2012): Freiwilliges Engagement von Migrantinnen und Migranten. Vergleichende Fallstudien in multiethnischer Perspektive. In: Bundesministerium für Familie, Frauen, Senioren und Jugend (BMFSFJ) (Hrsg.): Erster Engagementbericht 2012. Für eine Kultur der Mitverantwortung. Berlin: Eigenverlag.

Kausmann, Corinna/Simonson, Julia/Ziegelmann, Jochen P./Vogel, Claudia/Tesch-Römer, Clemens (2016): Länderbericht zum Deutschen Freiwilligensurvey 2014. Berlin, September 2016. www.dza.de/fileadmin/dza/pdf/fws/FWS_Laenderbericht_ges_2016.09.13.pdf, 1.10.2016.

Klein, Ansgar (2001): Der Diskurs der Zivilgesellschaft. Politische Kontexte und demokratietheoretische Bezüge in der neueren Begriffsverwendung. Bürgerschaftliches Engagement und Non-Profit-Sektor Bd. 4. Opladen: Leske & Budrich.

Müller, Siegfried/Rauschenbach, Thomas (Hrsg.) (1992): Das soziale Ehrenamt. Nützliche Arbeit zum Nulltarif. 2. Aufl., Weinheim/München: Juventa.

Munsch, Chantal (2003): Lokales Engagement und soziale Benachteiligung. In: Munsch, Chantal (Hrsg.): Sozial Benachteiligte engagieren sich doch. Über lokales Engagement und soziale Ausgrenzung und die Schwierigkeiten der Gemeinwesenarbeit. Weinheim/München: Juventa, S. 7-28.

Olk, Thomas/Klein, Ansgar/Hartnuß, Birger (Hrsg.) (2010): Engagementpolitik. Die Entwicklung der Zivilgesellschaft als politische Aufgabe. Wiesbaden: Springer VS.

Ovey, Joey-David/Pfisterer, Petra (2012): Bürgerschaftliches Engagement im WorldWideWeb. In: BBE-Newsletter 2012, Ausg. 5.

Prognos-AG/Generali Deutschland AG (2008): Engagementatlas 09. Daten, Hintergründe, Volkswirtschaftlicher Nutzen. Berlin/Aachen (Manuskript).

Reifenhäuser, Carola/Hoffmann, Sarah G./Kegel, Thomas (2009): Freiwilligen-Management. Augsburg: Ziel.

Rosenkranz, Doris/Weber, Angelika (Hrsg.) (2012): Freiwilligenarbeit: Einführung in das Management von Ehrenamtlichen in der sozialen Arbeit. 2. aktual. Aufl. Weinheim: Beltz Juventa.

Roß, Paul-Stefan (2013a): Wohlfahrtsmix. In: Grunwald, Klaus/Horcher, Georg/Maelicke, Bernd (Hrsg.): Lexikon der Sozialwirtschaft. 2., aktual. u. vollst. überarb. Aufl., Baden-Baden: Nomos, S. 1117-1121.

Roß, Paul-Stefan (2013b): Koproduktion. In: Grunwald, Klaus/Horcher, Georg/Maelicke, Bernd (Hrsg.): Lexikon der Sozialwirtschaft. 2., aktual. u. vollst. Überarb. Aufl., Baden-Baden: Nomos, S. 567-570.

Roß, Paul-Stefan (2012): Demokratie weiter denken. Reflexionen zur Förderung bürgerschaftlichen Engagements in der Bürgerkommune. Baden-Baden: Nomos.

Roß, Paul-Stefan (2010): Ehrenamt. Nutzen für alle. In: Sozialwirtschaft 20, H. 6, S. 32-36.

Roß, Paul-Stefan/Steiner, Iren (2014): Vielfalt des Engagements in einer offenen Gesellschaft. Warum wir die Diskussion über „Freiwilliges Engagement von Menschen mit Migrationshintergrund" hinter uns lassen sollten. In: Newsletter Wegweiser Bürgergesellschaft 21/2014.

Roß, Paul-Stefan/Tries, Hilli (2012): Freiwilliges Engagement in der BruderhausDiakonie. Zentrale Ergebnisse der wissenschaftlichen Evaluation zur Implementierung des Konzepts in der Gesamteinrichtung. In: Bauer, Lothar/Eurich, Johannes/Schmidt, Heinz (Hrsg.): Zukunft verantworten – Teilhabe gestalten. Zivilgesellschaftliche Impulse Gustav Werners. Veröffentlichungen des Diakoniewissenschaftlichen Instituts an der Universität Heidelberg Bd. 43. Heidelberg: Winter, S. 217-244.

Sachße, Christoph (2011): Traditionslinien bürgerschaftlichen Engagements in Deutschland. In: Olk, Thomas/Hartnuß, Birger (Hrsg.): Handbuch bürgerschaftliches Engagement. Wiesbaden: Springer VS, S. 17-27.

Samariterstiftung/Stiftung Liebenau (Hrsg.) (2007): Das Zusammenspiel von hauptamtlicher Arbeit und Bürgerengagement. Bürger und Profis gemeinsam für die Zukunft der Alten- und Behindertenarbeit und der Sozialpsychiatrie. Eine gemeinsame Position der Stiftung Liebenau und der Samariterstiftung Nürtingen. Nürtingen-Meckenbeuren: Eigenverlag.

Schöffler, Mona (2006): Ehrenamtliche Mitarbeit organisieren. Hannover 2006.

Simonson, Julia/Vogel, Claudia/Tesch-Römer, Clemens (Hrsg.) (2016): Freiwilliges Engagement in Deutschland. Der Deutsche Freiwilligensurvey 2014. Berlin: Bundesministerium für Familie, Senioren, Frauen und Jugend (BMFSFJ) www.bmfsfj.de/blob/93916/af9d3caa4c878c55adb40790013a262d/freiwi lligensurvey-2014-langfassung-data.pdf, 1.10.2016.

Strasser, Hermann/Stricker, Michael (2007): Bürgerschaftliches Engagement und Altersdemenz: Auf dem Weg zu einer neuen Pflegekultur? Eine vergleichende Analyse. Duisburger Beiträge zur Soziologischen Forschung No. 2/2007, Duisburg.

Wagner, Stephan F. (2006): Das Ehrenamt managen. Der faire Einsatz freiwilliger Helfer verändert eine Organisation nachhaltig. In: Blätter der Wohlfahrtspflege, H. 153, S. 209-211.

Wasel, Wolfgang (2010): Rentabilität und Sozialraumorientierung. Überlegungen anhand einer Untersuchung zum Social Return on Investment. In: Nachrichtendienst des deutschen Vereins für öffentliche und private Fürsorge 90, H. 1, S. 25-32.

Zentrum für zivilgesellschaftliche Entwicklung (ZZE) (2010): Geld im Ehrenamt. Das Wissensmagazin aus Baden-Württemberg. Zahlen, Daten, Fakten zum bürgerschaftlichen Engagement. hrsg. v. Ministerium für Arbeit und Soziales Baden-Württemberg, Ausg. 1. Stuttgart.

E Sozialwirtschaftliche Kooperationsstrukturen

Transformation der Subsidiarität

Markus Jüster

„Moderne »Wohlfahrtskultur« entwickelte sich in Deutschland in der Gewaltenteilung von »öffentlicher und privater Fürsorge«: Die Souveränität wohlfahrtsstaatlicher Verantwortung fand institutionelles Gegengewicht im Prinzip der Subsidiarität – als dem institutionalisierten und subventionierten Vorrang »sozialer Nähe«. Die duale Struktur spiegelt sich auch in den Modernisierungspfaden wohlfahrtsstaatlicher Systembildung: als Rationalisierung einer universell regulierten Daseinsvorsorge und als Aktivierung der partikularen Kräfte der Fürsorge, Solidardienst und Selbsthilfe."

Pankoke (1995, S. 54)

1. Einleitung

Fürsorge in Deutschland ist ein gegliedertes wie geschachteltes System, welches Aufgaben an unterschiedliche Gebietskörperschaften und Versicherungssysteme bindet. Es unterscheidet nicht nur Leistungssystem und Gruppen von Anspruchsberechtigten, es ordnet auch die sozialpolitische Macht wie gesellschaftspolitische Stellung unterschiedlicher Akteursgruppen. Im Kern geht es dabei um das Maß, die Steuerung sowie Ausführung sozialpolitischer Leistungen. Wesentliche Akteure dabei sind die Wohlfahrtsverbände und der Sozialstaat. Deren Verhältnis zueinander ist durch eine Doppelbeziehung gekennzeichnet, welche durch die Begriffe Subsidiarität sowie (Post-)(Neo-)Korporatismus zu beschreiben sind. Während der Begriff des Korporatismus das direkte Verhältnis zwischen Wohlfahrtspflege und Sozialstaat beschreibt, bemüht der Begriff Subsidiarität einen Steuerungsmodus, welcher zunächst tief im katholischen Verständnis des Helfens und der Fürsorge verankert ist.

Dieser fußt auf zwei Enzykliken der Päpste Leo XIII. und Pius XI. Im Ausgang des 19. Jhs. beschäftigte sich Leo XIII. in der Enzyklika Rerum novarum (1891) mit den Auswirkungen des damaligen Wirtschaftsliberalismus. Auf diesen Gedanken aufsetzend verkündet Papst Pius XI 1931 die Sozialenzyklika Quadragesimo anno, welche auch als Magna Charta christlicher Sozialarbeit bezeichnet wird (siehe Roos 2010). Hier heißt es (Pius XI 1931, S. 120/121):

„5. Die neue Gesellschaftsordnung
79. Wenn es nämlich auch zutrifft, was ja die Geschichte deutlich bestätigt, daß unter den veränderten Verhältnissen manche Aufgaben, die früher leicht von kleineren Gemeinwesen geleistet wurden, nur mehr von großen bewältigt werden können, so muß doch Allzeit unverrückbar jener höchst gewichtige sozialphilosophische Grundsatz festgehalten werden, an dem nichts zu rütteln oder zu deuten ist: wie dasjenige, was der Einzelmensch aus eigener Kraft leisten kann, ihm nicht entzogen und der Gesellschaftstätigkeit zugewiesen werden darf, so verstößt es gegen die Gerechtigkeit, das, was die kleineren und untergeordneten Gemeinwesen leisten und zum guten Ende führen können, für die weitere und übergeordnete Gemeinschaft in Anspruch zu nehmen; zugleich ist es überaus nachteilig und verwirrt die ganze Gesellschaftsordnung. Jedwede Gesellschaftstätigkeit ist ja ihrem Wesen und Begriff nach subsidiär; sie soll die Glieder des Sozialkörpers unterstützen, darf sie aber niemals zerschlagen oder aufsaugen."

Damit ist zunächst das Prinzip des Helfens zwischen Individuum, Gemeinschaft und Gesellschaft benannt, Nell-Breuning (1985, S. 57) führt es dann auch als Rechtsprinzip weiter aus:

> „Nach allem erweist das Subsidiaritätsprinzip sich als Zuständigkeitsprinzip und ist als solches eindeutig ein Rechtsprinzip; es sagt aus, wer im Verhältnis von Ganzem und Glied etwas zu tun, eine bestimmte Leistung zu erbringen hat, sei es unmittelbar im Verhältnis von Gliedgemeinschaft und übergeordneter Gemeinschaft."

Zu erkennen sind folglich zwei Dinge: zum einen geht es um das Verhältnis zwischen den Dienstleister_innen der Wohlfahrt und dem Staat und zum andern zum Verhältnis zwischen Wohlfahrtsverbänden und bürgerschaftlichem Engagement, so auch in den verbandlichen Gliederungen und der Durchführung von Sozialer Arbeit in den Gemeinden.

Dabei ist Subsidiarität die historisch gewachsene Konstitution der Erbringung von Sachleistungen im deutschen Wohlfahrtssystem und unterscheidet es in weiten Teilen von anderen Wohlfahrtsregimes: Es will lokale Selbsthilfe stärken und baut auf die Verbände der Freien Wohlfahrtspflege als zentralem Träger wohlfahrtlicher Leistungen. Im Kern steht dabei die Dualität der Gewährleistung der Hilfen durch den Sozialstaat und die Ausführung dieser gerade durch kirchliche Träger (Diakonie und Caritas).

Subsidiarität wird jedoch, wie der folgende Abschnitt zeigen will, je nach Schwerpunktsetzung und politischer Reform, je unterschiedlich gefüllt. Ein Gang durch die Genese und Transformation von Subsidiarität als ein leitendes sozialpolitisches Strukturprinzip soll zeigen, wie sich die Grundbausteine der Sozialwirtschaft wandeln, aber auch welche Beharrungskräfte erklärt werden können.

2. Die gemeinsame Genese der Steuerungsmodi Subsidiarität und Korporatismus

Historisch gesehen geht die Idee des helfenden Handelns mit der Menschheitsgeschichte Hand in Hand. Alle großen monotheistischen Religionen gehen darauf ein, so befasst sich auch die Apostelgeschichte mit den Anfängen der organisierten Notdurft (Liese 1922).

In der Moderne tritt die Kirche aus dem bestehenden Staatsgefüge heraus, sie wird Teil der Gesellschaft und steht zum Staat in einem dualistischen Verhältnis. Dabei kümmern sich die z.B. Kirchengemeinden nicht nur um ihre jeweils eigenen Mitglieder, vielmehr gilt Caritas ebenso als leitendes Prinzip für die gesamte Hilfe am anderen Menschen, wie die ‚Innere Mission' allgemeine Aufgabe der Diakonie ist. Erste Spannungen in der Versorgung bedürftiger Menschen ereigneten sich nicht nur in Elberfeld (Sachße/Tennstedt 1998; sowie Landwehr/Baron 1995), Prinzipien zwischen staatlicher Fürsorge und freier Wohlfahrtspflege mussten gestaltet werden.

Beginnend mit der bürgerlichen Revolution 1848 nahm die Innere Mission ihre Aufgaben auf, wurde in der Sozialpolitik Wilhelms II. die Stellung der Freien Wohlfahrtspflege von staatlicher Seite definiert und war es das RJWG, welches die besondere Stellung der Freien Wohlfahrtspflege in der Weimarer Republik hervorhob.

Auf dem Blinkwinkel des Subsidiaritätsgedankens vollzog sich die Bildung der Caritas nahezu idealtypisch. Die deutsche Caritasbewegung formierte sich in der letzten Dekade des 19. Jh. Im Frühjahr 1895 konnte Lorenz Werthmann erstmals eine Caritaszeitschrift herausgeben, im gleichen Jahr kam es zu einer Konferenz in Bingen am Rhein. Ab 1896 erschien die Zeitschrift dann regelmäßig, am 14.10.1896 fand der erste Caritastag in Schwäbisch Gmünd statt. Im

März 1897 wurde in der Zeitschrift ‚Caritas' ein „Aufruf zur Gründung eines Caritasverbandes für das katholische Deutschland" abgedruckt. Die Gründung selbst erfolgte – gegen den Willen eines Teiles des Klerus – am 9.11.1897 anlässlich des 2. Caritastages in Köln (siehe Liese 1928, S. 139ff.). *„Als Frucht des zweiten Caritastages ist vor allem die Gründung des Caritasverbandes zu bezeichnen."* (Liese, 1928, S. 320)

Zwar erfolgte die Gründung des Caritasverbandes 1897, dies war allerdings nicht gleichzusetzen mit der Ausbreitung seiner Tätigkeit im gesamten deutschen Reichsgebiet. Liese (1928, S. 217f.) schreibt:

> „Dem ersten Ortsverband folgte 1897 der erste Diözesanverband für Limburg, den Werthmann auf dem Caritastag in Wiesbaden freundlich willkommen hieß. (...) Dieser so freudig begrüßte Diözesanverband (...) hatte das tragische Geschick, bald darauf spurlos zu verschwinden, so daß 1904 Caritassekretär Weydmann Straßburg die Ehre zuerteilte, den ersten Diözesanverband ins Leben gerufen zu haben. Der Straßburger Verband entstand erst 1903 (Juni), im gleichen Jahr (November) auch der Freiburger, so daß beide 1928 das Silberjubiläum feiern konnten. Die Gründung der Diözesanverbände ging auch fernhin nur langsam voran; Oktober 1913 konnte Werthmann erst sechs aufzählen, 1915, S. 8; dann aber ging es infolge der Fuldaer Beschlüsse so rasch voran, daß 1917 bereits 17 bestanden; im Jahr nach Werthmanns Tod, bei der Silberfeier des Verbands in Köln (November 1922) war der Caritasdom vollendet: alle 26 Bistümer und Bistumsanteile Deutschlands hatten Diözesanverbände."

Die Caritas gründete sich aus den Bistümern heraus, dies geschah asynchron ohne Direktive einer zentralen Steuerung. Erst in der Weimarer Republik wurde sie dann der Bischofskonferenz unterstellt. Die Bildung der Caritas folgt somit klar dem Gedanken der Subsidiarität.

Das Verhältnis zwischen Caritas und Sozialstaat kann nahezu von Anbeginn an als sehr eng beschrieben werden. Dabei ging es nicht alleine um einen subsidiären Nachrang wohlfahrtlichen Tuns, vielmehr wird eine enge Verflechtung deutlich. Der Caritas gelang es, durch die Positionierung entsprechender Personen unmittelbaren Einfluss auf die Weimarer Sozialpolitik zu nehmen. Oswald von Nell-Breuning (1980, S. 109) beschreibt dies wie folgt:

> „Im Bismarckreich war der soziale Katholizismus voll und ganz, aber auch noch in den Jahren der Weimarer Republik weitgehend mit dem sog. politischen Katholizismus personell identisch, nicht nur mit ihm verfilzt, sondern schlechthin ein und dasselbe und stand infolgedessen nicht bloß im vorparlamentarischen Raum, sondern war unmittelbar an der Gesetzgebung beteiligt und verfügte damit über beispiellose Aktionsmöglichkeiten."

In der Zusammenarbeit mit dem Wohlfahrtsstaat war es nicht alleine die Übernahme von sozialwirtschaftlichen Aufgaben, welche die Kooperation prägte. Vielmehr nutzte die Caritas den Zugang über die Zentrumspartei aktiv, um auf die Gesetzgebung Einfluss zu nehmen. Zu nennen ist hier die Entstehung des RJWG unter Federführung der Zentrumspartei (siehe Hammerschmidt 1999, S. 104), welche dauerhaft die Sonderstellung der Freien Wohlfahrtspflege sicherstellte.

Hier zeigt sich deutlich das zweite Strukturprinzip, welches zunehmend zwischen der Wohlfahrtspflege und dem Sozialstaat galt: der Korporatismus. Während die Subsidiarität den Nachrang staatlicher Stellen vor gesellschaftlichem Engagement beschreibt, beschreibt der Korporatismus die gegenseitige Verflechtung der beiden Akteure. Die Wohlfahrtspflege übernimmt die Aufgabe helfenden Handelns und sichert sich im Umkehrschluss den Einfluss auf sozialstaatliche Gesetzgebung. Dadurch verschafft sie sich Zugang zu sozialstaatlichen Ressourcen.

Die ‚Reichsgemeinschaft von Hauptverbänden der freien Wohlfahrtspflege' wurde im März 1921 von der Caritas mit gegründet, im Dezember 1924 folgte dann die ‚Deutsche Liga der freien Wohlfahrtspflege'. Die Caritas war gleichzeitig Motor der Zusammenschlüsse der Wohlfahrtsverbände, wie sie es auch schaffte, durch politischen Einfluss deren Stellung in der korporatistischen Verflechtung gegenüber dem Staat zu sichern.

3. Sozialpolitische Steuerung subsidiärer Aufgabenwahrnehmung als Neo-Korporatismus

Unterbrochen vom NS-Regime wurde mit der Stunde null erneut die verbandliche Wohlfahrtspflege aufgenommen und zementierten in den frühen 1960er Jahren KJHG und BSHG den Neo-Korporatismus in der Bundesrepublik.

Entscheidenden Einfluss auf das Verhältnis zwischen staatlicher und verbandlicher Fürsorge nahm der am 30.6.1961 verabschiedete § 93 BSHG. Hierin wird der Vorrang der Freien Wohlfahrtspflege wiederum im doppelten Sinne festgeschrieben: Zunächst werden die Mitgliedsverbände der Bundesarbeitsgemeinschaft der Freien Wohlfahrtspflege als einzige Arbeitspartner in der Vergabe von Wohlfahrtseinrichtungen akzeptiert und diesen wird dann noch Vorrang vor staatlichen Institutionen zugestanden. Das Prinzip der Subsidiarität wird zum Proprium sozialstaatlicher Organisation.

Der Korporatismus zwischen den beiden Sphären wird wie folgt festgeschrieben:

„§ 93 BSHG Einrichtungen

(1) Die Träger der Sozialhilfe sollen darauf hinwirken, daß die zur Gewährung der Sozialhilfe geeigneten Einrichtungen ausreichend zur Verfügung stehen. Sie sollen eigene Einrichtungen nicht neu schaffen, soweit geeignete Einrichtungen der in § 10 Abs. 2 genannten Träger der freien Wohlfahrtspflege vorhanden sind, ausgebaut oder geschaffen werden können."

Weiterhin galt der § 10 BSHG, auf welchen sich der § 93 BSHG bezieht, in dem es heißt:

„§ 10 Abs. 1 BSHG: Verhältnis zur freien Wohlfahrtspflege

(1) Die Stellung der Kirchen und Religionsgesellschaften des öffentlichen Rechts sowie der Verbände der freien Wohlfahrtspflege als Träger eigener sozialer Aufgaben und ihre Tätigkeit zur Erfüllung dieser Aufgaben werden durch dieses Gesetz nicht berührt.

(2) Die Träger der Sozialhilfe sollen bei der Durchführung dieses Gesetzes mit den Kirchen und Religionsgesellschaften des öffentlichen Rechts sowie den Verbänden der freien Wohlfahrtspflege zusammenarbeiten und dabei deren Selbstständigkeit in Zielsetzung und Durchführung ihrer Aufgaben achten.

(3) Die Zusammenarbeit soll darauf gerichtet sein, daß sich die Sozialhilfe und die Tätigkeit der freien Wohlfahrtspflege zum Wohle des Hilfesuchenden wirksam ergänzen. Die Träger der Sozialhilfe sollen die Verbände der freien Wohlfahrtspflege in ihrer Tätigkeit auf dem Gebiet der Sozialhilfe angemessen unterstützen.

(4) Wird die Hilfe im Einzelfalle durch die freie Wohlfahrtspflege gewährleistet, sollen die Träger der Sozialhilfe von der Durchführung eigener Maßnahmen absehen; dies gilt nicht für die Gewährung von Geldleistungen.

(5) Die Träger der Sozialhilfe können allgemein an der Durchführung ihrer Aufgaben nach diesem Gesetz die Verbände der freien Wohlfahrtspflege beteiligen oder ihnen die Durchführung solcher Aufgaben übertragen, wenn die Verbände mit der Beteiligung oder Übertragung einverstanden sind. Die Träger der Sozialhilfe bleiben dem Hilfesuchenden gegenüber verantwortlich."

Zunächst wird die Selbstständigkeit der Freien Wohlfahrtspflege durch § 10 Abs. 1 (2) BSHG garantiert, daran anschließend in § 10 Abs. 1 (3) BSHG deren Unterstützung in einem sich ergänzenden System festgelegt und schlussendlich in § 10 Abs. 1 (4) BSHG der Vorrang der Einrichtungen der Freien Wohlfahrtspflege sichergestellt.

Dieser Vorrang wird als Subsidiarität bezeichnet, dahinter liegt jedoch auch die juristische Absicherung des neokorporatistischen Verhältnisses: Der Staat räumt nicht allen sozialen Initiativen einen Vorrang ein, lediglich die Freie Wohlfahrt kann von der gesetzlichen Regelung profitieren. Folglich gilt die Subsidiarität nicht gegenüber allen sozialen Bewegungen und Selbsthilfen, sondern nur gegenüber denen, welche in der Freien Wohlfahrtspflege organisiert sind.

Mit den §§ 10 und 93 BSHG wurde der Neokorporatismus endgültig in eine gesetzliche Form gegossen. Föcking (2007, S. 394) bemerkt:

> „Der Vorrang, der der freien Wohlfahrtspflege gegenüber den kommunalen Trägern eingeräumt wurde, ist für Teile der sozial- und politikwissenschaftlichen Forschung einmal mehr Nachweis für einen Sonderweg des deutschen Wohlfahrtssystems, der seinen Ausgang im ersten Weltkrieg nahm und zumindest die Spitzenverbände der freien Wohlfahrtspflege auch im vereinigten Deutschland zu einer im internationalen Vergleich nahezu einmaligen wohlfahrtspolitischen Einflussgröße werden ließ. Die zunehmende Einbindung dieser Verbände in die Formulierung und Implementierung staatlicher bzw. kommunaler Fürsorge- und Sozialpolitik erscheint demnach als ‚neokorporatistisches Verflechtungssystem', in dem die Autonomie der Verbände faktisch aufgehoben wurde. Während der Staat von den personellen und materiellen Ressourcen der Verbände, ihren wirksamen Strategien zur fachlichen Konsensbildung im außer- und vorparlamentarischen Raum profitiert, erlangen die Verbände umgekehrt hohe öffentliche Subventionen und ein Vertretungsmonopol gegenüber dem Staat im Bereich der Armenpolitik."

Dies lässt sich auch als Institutionalisierung des Gedankens der Subsidiarität verstehen, welche den freien Trägern den Vorrang in der Bildung von Einrichtungen (und auch damit verbunden Trägerstrukturen) zusprach. Von Nell-Breuning schreibt hierzu (1980, S. 117):

> „Besondere Aufmerksamkeit würdig sind zwei andere Gesetze aus der Zeit der absoluten Bundestagsmehrheit der CDU/CSU-Fraktion und der CDU/CSU-Alleinregierung, das Bundesozialhilfegesetz (BSHG) vom 30.6.1961 und das Jugendwohlfahrtsgesetz vom 11.8.1961, wodurch das 1922er Gesetz gleichen Namens wesentlich umgestaltet und völlig neu gefasst wurde. In beiden Gesetzen wurde unter Berufung auf ein Prinzip der katholischen Soziallehre, nämlich das Subsidiaritätsprinzip, den Trägern der freien Hilfe, insbesondere den Kirchen, eine Vorzugsstellung, ja im großem Ausmaß eine Vorrangstellung vor der öffentlichen, d.i. staatlichen und vor allem gemeindlichen Stellen als Trägern der Soziallhilfe und Jugendwohlfahrt eingeräumt."

Die Adenauer-Regierung installiert folglich gleichzeitig das Subsidiaritätsprinzip wie den Neo-Korporatismus in Deutschland. Staatliche Aufgaben der Fürsorge wurden nun überwiegend durch die Einrichtungen und Träger der freien Wohlfahrtsverbände erbracht.[1] Dies geschah nicht nur als Strukturprinzip in der Sozialhilfe, Gleiches galt in der Jugendhilfe und konnte sich als durchgängiges Strukturprinzip in der Gestaltung des Verhältnisses zwischen Sozialstaat und Freier Wohlfahrtspflege etablieren.

Die Neokorporatismusdebatte wurde in der Bundesrepublik verstärkt seit den späten 1970er Jahren geführt. Angeführt wurde die Debatte zunächst von G. Lehmbruch. Er postuliert folgende Grundaussage:

> „Die Verbände werden dermaßen in den Staat „inkorporiert, daß ihre institutionalisierte Abstimmung Funktionen der Interessenaggregation übernehmen kann, die herkömmlicherweise dem traditionellen Staatsapparat oblagen. (...) Offenbar geht es dabei – und dies wäre eine zweite Grundthese – vornehmlich um die Regulierung von Verteilungskonflikten, die für die staatliche Verantwortung für wirtschaftliche und gesellschaftliche Stabilität und wirtschaftliches Wachstum relevant sind. Es handelt sich dabei insbesondere um den Verteilungskonflikt zwischen Kapital und Arbeit: der liberale Korporatismus stellt primär eine neue Form der staatlich gelenkten Regulierung des Klassenkonflikts dar.“ (Lehmbruch 1981, S. 55)

Im Zentrum der Betrachtung steht die Befriedung von Verteilungskonflikten, welche über Einbindung der Verbände gelöst wurde. Die Aufgabe der Verbände kann dabei als Interessenaggregation gesehen werden, welche dadurch dem Staat den Zugang zur Regulierung von Konflikten, hier dem des Klassenkampfes, ermöglichte. Weitere Regulationen divergierender Interessenlagen in anderen gesellschaftlichen Konfliktfeldern werden bei Lehmbruch an dieser Stelle nicht erwähnt.

Es findet sich allerdings in der Aussage Lehmbruchs eine Reihe von Argumenten, welche so für das Verhältnis zwischen den Verbänden der Freien Wohlfahrtspflege und dem Wohlfahrtsstaat ebenso konstitutiv waren. So entstand um die staatliche Wohlfahrt ein Puffer an Einrichtungen der Alten-, Behinderten, Jugend- und Gesundheitshilfe, die auf der einen Seite Ansprüche und Interessen der jeweiligen Gruppen aufnahmen und diesen Hilfeleistungen anboten. Auf der anderen Seite ermöglichte der Korporatismus in der Wohlfahrtspflege dem Sozialstaat, das soziale Engagement weiterer gesellschaftlicher Gruppen zu nutzen und seine eigenen Haushalte zu schonen.

4. Neuinterpretation von Subsidiarität und Korporatismus unter dem Regime neuer Steuerung

Die Neufassung des § 93 BSHG Mitte der 1990er Jahre läutete dann die nächste Zäsur im Verhältnis zwischen den Spitzenverbänden der Freien Wohlfahrtspflege und dem Sozialstaat ein: Der Neo-Korporatismus wurde zugunsten einer Marktorientierung aufgegeben.

1 Pfadenhauer (2011, S. 54) zitiert Gabriel (1998) wie folgt: „Nie zuvor und niemals danach – dies scheint schon der erste Blick zu lehren – haben die Katholiken einer Zeit in Deutschland so sehr ihren Stempel aufgedrückt wie der Epoche vom Beginn der Bundesrepublik bis zum Ende der Kanzlerschaft Adenauers.“.

4.1 Grundlagen der ‚ökonomischen Transformation'

Setzt man an dieser Stelle auch eine Analyse des damals bestehenden Verhältnisses aus der Sicht der Subsidiarität an, so hat sich auch diese durch die Sozialgesetzgebung der 1990er Jahre grundlegend geändert. Franz Segbers beschreibt dies wie folgt (2008, 33):

> „Für das System der sozialen Dienstleistungserbringung ist das Zusammenwirken von Öffentlichen und Freien Trägern nah dem Subsidiaritätsprinzip lange prägend gewesen und hat zur Einbindung der Freien Wohlfahrtspflege in die sozialstaatliche Leistungserbringung geführt. Spätestens aber mit der Einführung der Pflegeversicherung ist diese Zusammenarbeit zunehmend in eine Wettbewerbskonstellation überführt worden, die seitdem systematisch auf weitere Bereiche Sozialer Dienstleistungen ausgedehnt wird."

Im März 1993 wurde das „Gesetz über Maßnahmen der Bewältigung der finanziellen Erblasten im Zusammenhang mit der Herstellung der Einheit Deutschlands, zur langfristigen Sicherung des Aufbaus in den neuen Ländern, zur Neuordnung des bundesstaatlichen Finanzausgleichs und zur Entlastung der öffentlichen Haushalte (Gesetz zur Umsetzung des Föderalen Konsolidierungsprogramms – FKPG)" im Bundestag verabschiedet.[2]

Hinter dieser Wortschöpfung verbirgt sich die größte Wende des gewährenden Sozialstaates in der strukturellen Zusammenarbeit mit der Freien Wohlfahrtspflege. Der juristische Rahmen zur Beendigung des neokorporatistischen Modells wurde folglich festgeschrieben. Das bisher gültige Kostendeckungsprinzip wurde zugunsten von prospektiven Vereinbarungen aufgegeben. Weiterhin wurden die Leistungen entindividualisiert, sprich es wurden Budgets (Pflegesätze) und Kontrakte eingeführt, welche in weiten Teilen der Wohlfahrtspflege einen ‚geregelten' Markt[3] kreierten. Dies hatte auch zur Folge, dass die direkte Einrichtungsfinanzierung zugunsten indirekter Vergütungssysteme (Rahmenvereinbarungen über Pflegesätze und Fachleistungsstundenentgelte) umgestellt wurde. So wurde dann auch das Prinzip des unbedingten Vorrangs der Freien Wohlfahrtspflege zugunsten einer möglichen Anbietervielfalt aufgegeben.

Als wesentliche Ereignisse in dem Prozess sind zu nennen:

a) die Einführung der Pflegeversicherung (SGB XI), (Pflegebudgets) 1993,

b) die Reform des § 93 BSHG (Abkehr vom Kostendeckungsprinzip, Hinwendung zu prospektiven pauschalierten Kostensätzen) 1996 und

c) die Einführung des Neuen Steuerungsmodells in vielen Kommunen (Kontraktmanagement).

Der institutionalisierte Vorrang der Freien Wohlfahrtspflege gegenüber dem Sozialstaat (Subsidiarität) wurde im Binnenverhältnis durch die sozialgesetzgeberisch induzierten Veränderungen der 1990er Jahre in einen Zustand der Transformation gebracht. Sieht man hingegen den Binnenzustand zwischen Wohlfahrtsstaat und Wohlfahrtsverbänden aus gesellschaftspolitischer Sicht, so kann man zu dem Urteil gelangen, dass die 1990er Jahre der Beginn der Entflechtung des Neo-Korporatismus waren.

Diese Entflechtung wird als Möglichkeit einer Modernisierung der Wohlfahrtspflege angesehen, aus der gegenseitigen Umklammerung von Wohlfahrtspflege und Sozialstaat soll nun nach dem rationalen Prinzip des Marktes das Hilfesystem neu geordnet werden. Die Präferenzen in

2 BGBl. I Nr. 30, S. 953, vom 26.9.1993.

3 Der Markt kann als „geregelt" bezeichnet werden, da Zugangsbarrieren für Wettbewerber vorhanden sind, die zu erbringenden Leistungen begrenzt werden, die Preise durch Budgets festgelegt sind und die Konsumenten der Leistung nur bedingt ein Wunsch- und Wahlrecht wirklich in Anspruch nehmen (konnten).

der Zusammenarbeit werden von der politischen Dimension der Subsidiarität zur ökonomischen Dimension des Marktes verschoben.

Die Ökonomie kennt allerdings nicht den bindenden Charakter der Nähe und die Solidarität – gerade kleiner Gemeinschaften – als Ordnungsprinzip, Hilfen sollen anhand von Budgets und Entgeltgruppen gestaltet werden.

Einige Fragen gilt es nun im Zusammenhang der Transformation der Subsidiarität zu beantworten:

Letztlich kommt es zur Frage, ob durch die ökonomische Transformation die gewünschten Modernisierungseffekte erzielt werden können? [4]

- Kommt es daher nun zu einer Pluralisierung der Wohlfahrtspflege?
- Wird das Helfende Handeln in kleinen Einrichtungen in direkter Nähe zum Klienten erbracht?
- Wie organisiert sich diese veränderte Subsidiarität in den Wohlfahrtsverbänden?

4.2 Konsequenzen der transformierten Subsidiarität

Aufseiten der Caritas vollziehen sich Prozesse der Konzentration, der Zentralisierung und der Entkommunalisierung von Hilfen. Dieser Prozess ist bereits seit den 1980er Jahren zu beobachten und wird durch eine Stärkung von Diözesanstrukturen getragen.

Die Gründung von Caritas-Betriebsführungs- und Trägergesellschaften ist dabei ein bundesweites Phänomen, welches in Köln 1979 seinen Anfang nahm und in den späten 1980er Jahren und in den 1990er Jahren als bundesweite Erscheinung zu beobachten ist. Zu nennen sind u.a. die CBM Münster, die Caritas-Trägergesellschaft West (Düren), Caritas-Trägergesellschaft Saarbrücken, Caritas-Trägergesellschaft Mauritius (Magdeburg), Caritas-Trägergesellschaft ‚St. Elisabeth' (Erfurt), Caritas Wohn- und Werkstätten im Erzbistum Paderborn und die cusanus trägergesellschaft trier (ehemals caritas trägergesellschaft trier).

Die CBT ist ein Zusammenschluss von Diensten und Einrichtungen im Stadtgebiet Köln. Als Rechtsform innerhalb der Caritas spielt sie eine entscheidende Vorreiterrolle, sie firmiert als GmbH bereits seit dem Jahre 1979 und verfügt im Jahre 2013 über folgende Struktur (CBT o.J.):

> „Die CBT-Caritas-Betriebsführungs- und Trägergesellschaft mbH wurde 1979 als erste katholische Gesellschaft in dieser Rechtsform vom Diözesan-Caritasverband für das Erzbistum Köln e.V. gegründet. Seit 1982 ist das Erzbistum Köln Mitgesellschafter. Die CBT verantwortet an 23 Standorten u.a. 29 Altenheime und Altenwohnheime, 5 Häuser für Menschen mit geistiger Behinderung, 1 Klinik für Rehabilitation und Prävention für Mütter und Kinder, zwei Mehrgenerationenwohnhäuser und ein Haus mit Wohngemeinschaften für ältere Menschen. Mehr als 5000 Menschen leben in den CBT-Häusern, über 1.800 Mitarbeitende haben hier einen anspruchsvollen und sicheren Arbeitsplatz. Unterstützt werden sie von über 1.000 ehrenamtlich Mitarbeitenden."

4 An dieser Stelle sei erneut auf die Worte von Papst Pius (1931) hingewiesen: „so verstößt es gegen die Gerechtigkeit, das, was die kleineren und untergeordneten Gemeinwesen leisten und zum guten Ende führen können, für die weitere und übergeordnete Gemeinschaft in Anspruch zu nehmen".

Die CBT-Köln ist folglich eine Organisation, welche als Gesellschafter die Caritas (DiCV) sowie das Erzbistum selbst verzeichnet. Aufgrund des frühen Gründungsdatums gilt sie als Rollenmodell für weitere Caritas-Gesellschaften mit beschränkter Haftung (GmbH). Mit 1.800 Mitarbeiter_innen gehört sie zwar zu den großen Verbünden, wird allerdings quantitativ noch von weiteren Verbünden/Holdings übertroffen (Stiftungen und Ordensgemeinschaften). Das Angebotsspektrum der CBT Köln umfasst Altenheime, Rehabilitationseinrichtungen, Wohngemeinschaften für Senioren sowie Wohneinrichtungen für Menschen mit einer Behinderung. Folglich ist sie im Bereich stationärer/teilstationärer Versorgung tätig. Offene Hilfen betreibt sie nicht.

Die Aufgaben, die vormals in kommunalen Caritas-Organisationen innerhalb der Kirchengemeinden vollzogen wurden, werden zunehmend durch Diözesancaritasverbände auf Bistumsebene organisiert. Der Transformationsprozess innerhalb der Subsidiarität führt zu einer Stärkung zentraler Einheiten bei weiterhin gleichzeitiger kommunaler Präsenz.

Darüber hinaus bestehen große – zum Teil überregional oder gar bundesweit agierende – Trägerstrukturen, Stiftungen und Ordensverbünde mit ihren Einrichtungen. Hier kann exemplarisch für die Entwicklung dieser Organisationen die Stiftung Liebenau genannt werden.

Die Stiftung Liebenau geht auf deren Gründer Adolf Aich zurück, welcher 1866 den St. Johann Verein mit sozial engagierten Tettnanger Bürger_innen gründete und 1870 das Schloss Liebenau kaufte. Die Stiftung wuchs seitdem kontinuierlich und wurde 1995 in eine Holding mit fünf gemeinnützigen Gesellschaften überführt. Ihre Kennzahlen haben sich im vergangenen Jahrzehnt wie folgt verändert:[5]

	2002	2003	2004	2005	2006	2007	2008	2009	2011
Umsatz/	Werte der Kapitalsummen in 1000 €								
Erträge	186.693	193.291	201.610	201.313	217.617	232.122	246.789	259.334	266.289
Bilanz	393.669	409.656	464.500	506.709	522.812	562.616	572.416	603.585	609.437
Investition	25.708	23.869	39.983	47.752	35.545	37.435	26.045	27.096	23.468
Mitarbeiter	3.770	3.868	3.884	4.544	4.885	5.207	5.502	5.784	5.863

Tab. 1: Kennzahlen Stiftung Liebenau

Zu erkennen ist ein deutliches Wachstum der Stiftung Liebenau, welches relational das Wachstumsszenario der Gesamtcaritas deutlich übertrifft. Die Verbünde und mit ihnen auch die großen Einrichtungen wachsen dynamischer als die Caritas selbst.

Die Caritas beruft sich in vielen Darstellungen auf das Subsidiaritätsprinzip und die Einbindung in kommunale Strukturen. Sie sieht das Arbeiten der Caritas-Einrichtungen direkt geknüpft an die Seelsorge in den Gemeinden. Wie allerdings sieht das Größenverhältnis der Einrichtungen und Dienste aus? Die Zahl der Beschäftigten ist hier ein gutes Maß zur Darstellung dieser Relation. Die Caritas kommt zu folgender Darstellung:

5 Die Daten gelten für den Stiftung Liebenau Verbund. Die Daten stammen aus den Geschäftsberichten der Stiftung Liebenaus. (Stiftung Liebenau 2004; 2005; 2006; 2007; 2008; 2009; 2010; 2011)

Größenklasse nach hauptberuflichen Mitarbeiter(innen)	% Anteil Rechtsträger	% Anteil hauptberuflicher Mitarbeiter(innen)
Kleiner 50	83,9 %	16,1%
50 bis 100	5,8 %	6,2 %
101 bis 500	7,3 %	24,4 %
größer 500	3,1%	53,4 %

Tab. 2: Größenklasse der Beschäftigung (Daten aus: Deutscher Caritas-Verband 2012, S. 2)

Zu erkennen ist, dass nahezu 80% der Beschäftigung innerhalb des Caritasverbandes in Einrichtungen mit einer Größe von mehr als 100 Beschäftigten geschieht.

Sr. Basina Kloos[6] beschreibt die Ursachen des Konzentrations-Prozesses innerhalb der Diözesan Caritasverbände bereits im Jahre 2001 (Kloos 2001, S. 57) wie folgt:

> „In den letzten Jahren haben sich in der Caritas Trägergesellschaften gebildet, in denen Einrichtungen des Sozial- und Gesundheitswesens zusammengeschlossen sind. Diese sind eine Antwort auf die geänderten Rahmenbedingungen im Sozial- und Gesundheitsmarkt."

Der Wandel und die Konzentrationslogik werden auch von den deutschen Bischöfen unterstützt. So schreibt Karl Kardinal Lehmann (2006, S. 43):

> „Lassen Sie mich zu einem aktuellen Thema im Kontext des Wettbewerbs noch einige Anmerkungen machen. In den zurückliegenden Monaten ist der verstärkte Druck zu Kooperationen und Fusionen, insbesondere im Krankenhausbereich, feststellbar. Solche Kooperationen und Fusionen sind gerade zwischen den Einrichtungen und Häusern katholischer Konfession oft notwendig und sinnvoll. Sie sind übrigens auch über Regionen und Bistumsgrenzen hinweg vorstellbar. Dies ist aus meiner Sicht begrüßenswert und sollte verstärkt betrieben werden."

Da beide Bereiche – Gesundheit und Pflege – gleichermaßen dynamisch wachsen, wie sie auch zunehmend zu Konzentrationsprozessen neigen, entstehen hier innerhalb der DiCVe eigene Machtzentren, welche das wirtschaftliche Handeln (so etwa in der Personalwirtschaft) deutlich mit beeinflussen können.

Die Kommunikation des Anpassungsprozesses an die ökonomischen wie rechtlichen Rahmenbedingungen wird dabei als Modernisierungsdebatte geführt. Hejo Manderscheid (2003, S. 81/82) beschreibt dies aus seiner Innensicht wie folgt:

> „Auf Bistums- wie auf Bundesebene lassen sich Merkmale einer defensiven Modernisierung in Form der Stärkung einer Steuerungsphilosophie beobachten, die grundlegend von der Prämisse ausgeht, die durch sozialwirtschaftliche Rahmenbedingungen sich partikularisierende Basis wäre durch Nachbesserungen der Steuerungsinstrumente und -verfahren nach wie vor erfolgreich zentralistisch steuerbar. So gibt es auf Bundesebene Versuche, die Illusion eines Gesamtvereines, der quasi Konzernstruktur habe, zu stärken; es wird über

6 B. Kloos war Geschäftsführerin der Marienhaus Stiftung Neuwied, welche 2013 ca. 14.000 Menschen beschäftigt und über 20 Krankenhäuser, 29 Senioreneinrichtungen, 5 Kinder- und Jugendhilfeeinrichtungen, 9 Hospize, 10 Bildungseinrichtungen und 9 weitere Einrichtungen verfügt.

die Stärkung von Verbindlichkeit für alle Gliederungen des Verbandes, über Ausschlusskriterien für Mitglieder und über nachhaltigen Markenschutz diskutiert."

5. Quo Vadis? Revitalisierung der Subsidiarität

Allerdings kann an dieser Stelle die Frage gestellt werden, wie denn Subsidiarität neu gedacht werden kann. Die durch die veränderte Gesetzgebung seit den 1990er Jahren verstärkt einsetzende Konzentration der Wohlfahrtspflege führt eben nicht zu einer Trägervielfalt, sondern zu einer Trägerkonzentration. Der klassische Gedanke der Subsidiarität ist auf dem Rückzug.

Zur Revitalisierung bedarf es gesellschaftlichen Engagements, welches an der Basis vor Ort zu leisten ist. In seiner politischen Dimension beschreibt Alexis de Tocqueville (1840/1985, S. 52) dies wie folgt:

> „Und doch ruht die Kraft der Völker in der Gemeinde. Die Gemeindeinstitutionen sind für die Freiheit, was die Volksschulen für die Wissenschaft sind; sie machen sie dem Volk zugänglich; sie wecken in ihm den Geschmack an friedlichem Gebrauch und gewöhnen es daran. Ohne Gemeindeinstitutionen kann sich ein Volk eine freie Regierung geben, aber den Geist der Freiheit besitzt es nicht."

Um dies zu bewerkstelligen, bedarf es engagierter Personen vor Ort, welche – oft im Ehrenamt (als Mitarbeitende oder in Vorstandsfunktionen) – kommunale Strukturen aufrechterhalten. Dezentralisierung funktioniert nur durch kommunales Engagement. Folglich ist Subsidiarität nur als bottom-up-Prozess denkbar, der aus den Gemeinden wächst. Wie sieht es aber hier aus?

Der bereits in den 1950er und 1960er Jahren zu beobachtende Weg der inneren Säkularisierung der Kirchen in der Bundesrepublik verstärkt sich. Dabei spielt nicht nur der zunehmende Verlust an Ordensangehörigen eine Rolle. Auch die Anzahl der katholischen Laien in den Pfarrgemeinden schwindet stetig. Dies gilt im Übrigen auch für die Priesterschaft. Folglich fällt die Besetzung des Amtes der Diakonie in den katholischen Kirchengemeinden zunehmend schwer.

Dieser Trend hält ungebrochen an. Insgesamt ist zu beobachten, dass die katholischen Milieus wegbrechen, während die Caritas als solche sich stetig vergrößert. K. Anheier (2001, S. 15) kommt daher zu folgendem Schluss:

> „Eine katholische Einrichtung, die wertorientiert im Sinne des Leitbildes der Caritas arbeitet, braucht eine identifizierte Bevölkerung, die die katholische Einrichtung als Alternative nicht nur akzeptiert, sondern sie auch bevorzugt. In diesem Zusammenhang sind die Kirchenaustritte zu nennen, 150.000 pro Jahr bei der katholischen Kirche Mitte der 90er Jahre, fast doppelt so viele wie bei den protestantischen Kirchen. Dies entspricht der Einwohnerzahl einer mittleren Großstadt, die den öffentlich verfassten Kirchen jedes Jahr verloren geht. Gerade fünf Prozent der evangelischen Kirchenmitglieder und 19 Prozent der Katholiken gehen wöchentlich zum Gottesdienst. Der Rückzug der verfassten Kirche ist gepaart mit Priester- und Schwesternmangel und einer Professionalisierung des gesamten Dienstleistungsbereichs, der sich um die Kirche angesiedelt hat. Professionalisierung bedeutet aber nicht unbedingt Wertegebundenheit, sondern oft das Gegenteil."

Diese Veränderungen sind Teil einer gesamtgesellschaftlichen Veränderung, welche als Risikogesellschaften (Beck) einem zunehmenden Druck der Globalisierung ausgesetzt sind.

In einem Zeitalter der Nebenfolgen (Beck) hat sich nicht nur das Leben der Individuen und der Zusammenhalt von Gemeinschaften verändert, Prozesse der Individualisierung und Globalisierung verändern Staat und Gesellschaft. Beck (1996, S. 20f.) beschreibt dies wie folgt:

> „Im Sicherheitsmilieu des Wohlfahrtsstaates brechen überall neue Unsicherheiten ein und hervor. Es wird nötig, auch im Deutschen zwischen insecurities (sozialen – im Sinne sozialstaatlicher – Unsicherheiten), lack of safety (Bedrohung von Gesundheit und Leben durch Gifte, Kriminalität und Gewalt) sowie uncertainties (Verlust von Gewißheit, zum Beispiel des Fortschritts-, Wissenschafts- und Expertenglaubens) zu unterscheiden. Die Folge ist: Es entsteht – auch hinter den Fassaden etablierten Wohlstands – eine Zerbrechlichkeit sozialer Lagen und Biographien. Wie diese zu verstehen, bestehen und erforschen ist, weiß so recht niemand."

Aus Sicht des Wohlfahrtsstaates stehen die ‚insecurities' im Zentrum des Interesses. So zeigen die Daten seit Mitte der 1990er Jahre eine steigende Beanspruchung der Leistungssysteme an, gleichzeitig jedoch ist die Leistungsqualität für die Nutzer weiterhin rückläufig. Parallel dazu macht sich jedoch auch eine uncertaines breit, in dem Sinne, dass Staat und Gesellschaft keine klaren langfristigen Perspektiven mehr anbieten (können), sprich das Individuum ist multiplen Mobilitäten ausgesetzt.

So befindet sich vieles in Bewegung, Sicherheiten gehen verloren und auch die klaren Zuordnungen gesellschaftlicher Institutionen erodieren. Davon sind die Wohlfahrtsverbände an unterschiedlichen Stellen betroffen. Die Zeit des neokorporaristischen Gefüges ist im Grunde genommen vorbei, gleichzeitig brechen die Mitgliederbasis und das Engagement in kommunalen Bezügen weg. Parallel dazu entstehen erhebliche Inanspruchnahmen der Leistungssysteme, werden Gesundheit, Pflege und neuerdings auch Bildung und Erziehung zu Aufgaben, welche vom Staat eingefordert und von den Wohlfahrtsverbänden erbracht werden. Bei gleichzeitiger Expansion der Leistungen kommt es zunehmend intern zu einer Erosion alter Selbstverständlichkeiten. Eine neue Subsidiarität in kleinen – oft homogenen – Gefügen ist kaum ersichtlich.

Daraus entwickelt sich dann die Frage, ob gerade Diakonie und Caritas in einer sich zunehmend säkularisierenden Welt nicht nur expandierender Anbieter von Dienstleistungen, sondern auch Kristallisationspunkte freien Engagements sein können? Sind die Wohlfahrtsverbände generell attraktiv genug, um Engagement zu binden, soziale Fragen neu zu diskutieren und gesellschaftlichen Zusammenhalt zu fördern? Ist dies überhaupt noch eine – auch selbstgestellte Aufgabe – oder aber handelt es sich bei den Wohlfahrtsverbänden zukünftig nur noch um Wirtschaftsunternehmen im Sozialen Sektor?

Der Gedanke der Kommunalisierung ist nicht neu. Die Debatte um die Entwicklung von Gemeinwesen, Wohlfahrtspflege, Bürgergesellschaft und Demokratie beschäftigt sich in langer Tradition (u.a. Toqueville (1840), Papst Pius XI (1931)) mit den Gedanken der lokalen Einbindung von Bürger_innen, Verbänden und Solidarität.

Die Wohlfahrtsverbände stehen diesbezüglich zunächst in einem Dilemma: Ihre Dienste sind bundesweit tätig, sie verfügen über verbandliche Strukturen und Infrastrukturen, welche sie zwar lokal tätig werden lassen, sie jedoch nicht als lokale Spieler kennzeichnen. Neue soziale Bewegungen und zivilgesellschaftliches Engagement binden sich nur schwer an die Wohlfahrtsverbände.

Allerdings bleiben die Wohlfahrtsverbände weiterhin auch auf lokaler Ebene präsent. Ihre Aufgabe kann es sein, zwischen spontanem und themengebundenem Engagement auf der einen Seite und dauerhaft angelegter Fürsorge auf der anderen Seite zu vermitteln. Schulz-Nieswandt (2013, S. 9) erläutert dies aktuell vor dem Hintergrund des demographischen Wandels wie folgt:

> „Diese Integrationsprobleme verdichten sich im kommunalen Raum. Im lokalen Raum, dort, wo die Menschen leben: wohnen, arbeiten, sich bewegen, lieben und leiden, muss das Problem der integrierten, vernetzten Landschaften der Versorgung, Behandlung, Betreuung, Begleitung, Förderung, Aktivierung gelöst werden. Hierbei müssen die Akteure des Staates, des Marktes, der ‚Moralökonomie' von Familie und Verwandtschaft sowie der Freundschaft, die Nachbarschaft, die Non-Profit-Organisationen und das dort eingebundene oder auch ‚autonome' bürgerschaftliche Engagement in seinen verschiedenen Formen, die Selbsthilfeorganisationen und -gruppen, die neuen ‚Sozialgenossenschaften' etc. zusammenwirken. Die Bewältigung des sozialen Wandels ist eine gesamtgesellschaftliche Aufgabe. Das Thema bettet sich somit in die fragende Perspektive nach integrierten Sozialräumen ein."

Dadurch haben die Wohlfahrtsverbände auch eine Chance der Weiterentwicklung: Wenn es ihnen gelingt, gerade im lokalen Raum moderierend wie integrierend wirken zu können und sie dabei Reflexivität als zentrales Wesensmerkmal ihrer Kommunikation entwickeln, werden sie als attraktiver Partner für soziale Bewegung und bürgerschaftliches Engagement wahrgenommen.

6. Fazit: Das Lokale als Perspektive einer Neuen Subsidiarität?

So gesehen macht der Gedanke einer neuen Subsidiarität, welche auch außerhalb der Wohlfahrtsverbände stattfindet, auch gesellschaftspolitisch einen Sinn. Die wesentliche Perspektive scheint hier die Lokale zu sein, ist es bindende Nähe, welche sinnstiftend wirkt. Insofern kann eine Perspektive in einer neuen Form der Subsidiarität liegen, welche gleichermaßen sozial bindend, wie Sinn stiftend Soziale Fragen beantworten kann. Allerdings wird diese Perspektive im Spannungsfeld zwischen Mobilität und Kommunalität zu entwickeln sein, sprich eine Perspektive darstellen, welche nicht einfach einzulösen ist.

7. Literatur

Anheier, Helmut K. (2001): Caritas muss neue Wege gehen. In: Lehner, Markus/Manderscheid, Michael (Hrsg.): Anwaltschaft und Dienstleistung. Organisierte Caritas im Spannungsfeld. Freiburg i.Br.: Lambertus, S. 13-24.

Beck, Ulrich (1996): Das Zeitalter der Nebenfolgen und die Politisierung der Moderne. In: Beck, Ulrich/ Giddens, Anthony/Lash, Scott: Reflexive Modernisierung. Eine Kontroverse. Frankfurt a.M.: Suhrkamp, S. 19-112.

Caritas-Betriebsführungs- und Trägergesellschaft mbH (CBT) (Hrsg.) (o.J.): Daten und Fakten. Köln. www.cbt-gmbh.de/ueber-uns/daten-fakten.html, 20.4.2013.

Deutscher Caritasverband (Hrsg.) (2012): Unternehmen Caritas. Fact Sheet. Freiburg i.Br.: Eigenverlag.

Föcking, Frederike (2007): Fürsorge im Wirtschaftsboom. Die Entstehung des Bundessozialhilfegesetzes von 1961. München: R. Oldenbourg.

Hammerschmidt, Peter (1999): Die Wohlfahrtsverbände im NS-Staat. Die NSV und die konfessionellen Verbände Caritas und Innere Mission im Gefüge der Wohlfahrtspflege des Nationalsozialismus. Opladen: Leske & Budrich.

Kloos, Sr. Basina (2001): Große Träger machen mobil. In: Lehner, Markus/Manderscheid, Michael (Hrsg.): Anwaltschaft und Dienstleistung. Organisierte Caritas im Spannungsfeld. Freiburg i.Br.: Lambertus, S. 57-65.

Landwehr, Rudolf/Baron, Rüdeger (Hrsg.) (1995): Geschichte der Sozialarbeit. Weinheim: Beltz.

Lehmann, Karl (2006): Kirchliches Profil eines Rechtsträgers und seiner Einrichtungen und Dienste – Erwartungen und Herausforderungen aus Sicht der Kirche. In: Manderscheid, Hejo/Hake, Joachim (Hrsg.): Wie viel Caritas braucht die Kirche – wie viel Kirche braucht die Caritas? Stuttgart: Kohlhammer, S. 33-42.

Lehmbruch, Gerhard (1981): Wandlungen der Interessenpolitik im liberalen Korporatismus. In: Aleman, Ulrich von/Heinze, Rolf (Hrsg.): Verbände und Staat. Vom Pluralismus zum Korporatismus. Analysen, Pläne, Dokumente. Opladen: Westdeutscher Verlag, S. 50-71.

Liese, Wilhelm (1922): Geschichte der Caritas. Bd. 1. Freiburg i.Br.: Caritasverlag.

Manderscheid, Hejo (2003): Was bedeutet Werteorientierung für die modernisierte Freie Wohlfahrtspflege? In: Grünewald, Volker (Hrsg.): Freie Wohlfahrtspflege im Modernisierungsprozess Organisations- und personalpolitische Herausforderungen und Konsequenzen. Dokumentation des Workshops vom 14. März 2003 in Düsseldorf. Düsseldorf: Hans Böckler Stiftung, S. 76-8.

Nel-Breuning, Oswald von (1985): Gerechtigkeit und Freiheit. Grundzüge katholischer Soziallehre. München: Olzog.

Nell-Breuning, Oswald von (1980): Der Beitrag des Katholizismus zur Sozialpolitik der Nachkriegszeit. In: Langner, Albrecht (Hrsg.): Katholizismus, Wirtschaftsordnung und Sozialpolitik, 1945-1963. Paderborn/München/Wien/Zürich: Schöningh, S. 109-122.

Pankoke, Eckart (1995): Subsidiarität, Solidarität und freies Engagement. Zur anderen Modernität der Wohlfahrtsverbände. In: Rauschenbach, Thomas/Sachße, Christoph/Olk, Thomas (Hrsg.): Von der Wertgemeinschaft zum Dienstleistungsunternehmen. Jugend- und Wohlfahrtsverbände im Umbruch. Frankfurt a.M.: Suhrkamp, S. 54-83.

Pfadenhauer, Björn (2011): Das Wunsch und Wahlrecht der Kinder- und Jugendhilfe. Entwicklungslinien, rechtliche Grundlegung und institutionelle Bedingungen. Wiesbaden: Springer VS.

Pius XI (1931): Quadragesimo anno. In: Bundesverband der Katholischen Arbeitnehmer-Bewegung Deutschlands (KAB) (Hrsg.) (1975): Texte zur Katholischen Soziallehre. München: Olzog, S. 91-153.

Roos, Lothar (2010): Die Sozialenzykliken der Päpste als Grundlage der Sozialverkündigung der Kirche. In: Unterberg, Peter (Hrsg.): Kurze Einführung in die Katholische Soziallehre. Freiburg i.Br.: Herder, S. 15-26.

Sachße, Christoph/Tennstedt, Florian (1998): Geschichte der Armenfürsorge in Deutschland, Band 1: Vom Spätmittelalter bis zum 1. Weltkrieg. Stuttgart: Kohlhammer.

Schulz-Nieswandt, Frank (2013): Wohnen im Alter in der Gemeinde – zwingende Gründe und kulturelle Barrieren der De-Institutionalisierung. In: Informationsdienst Altersfragen 40, H. 4, S. 9-15.

Segbers, Franz (2008): Sozialwirtschaft ist mehr als Sozialmarkt. In: Bedform-Strohm, Heinrich/Jähnichen, Traugott/Reuter, Hans-Richard/Reihs, Sigrid/Wegner, Gerhard: Von der ‚Barmherzigkeit' zum ‚Sozial-Markt'. Zur Ökonomisierung der sozialdiakonischen Dienste. Gütersloh: Gütersloher Verlagshaus, S. 33-51.

Stiftung Liebenau/Stiftung Hospital zum Heiligen Geist/Stiftung Helios – Leben im Alter (Hrsg.) (2005): Anstifter mit dem Jahresbericht 2004. Meckenbeuren: Eigenverlag.

Stiftung Liebenau/Stiftung Hospital zum Heiligen Geist/Stiftung Helios – Leben im Alter (Hrsg.) (2006): Anstifter mit dem Jahresbericht 2005. Meckenbeuren: Eigenverlag.

Stiftung Liebenau/Stiftung Hospital zum Heiligen Geist/Stiftung Helios – Leben im Alter (Hrsg.) (2007): Anstifter mit dem Jahresbericht 2006. Meckenbeuren: Eigenverlag.

Stiftung Liebenau/Stiftung Hospital zum Heiligen Geist/Stiftung Helios – Leben im Alter (Hrsg.) (2008): Anstifter mit dem Jahresbericht 2007. Meckenbeuren: Eigenverlag.

Stiftung Liebenau/Stiftung Hospital zum Heiligen Geist/Stiftung Helios – Leben im Alter (Hrsg.) (2009): Anstifter mit dem Jahresbericht 2008. Meckenbeuren: Eigenverlag.

Stiftung Liebenau/Stiftung Hospital zum Heiligen Geist/Stiftung Helios – Leben im Alter (Hrsg.) (2010): Anstifter mit dem Jahresbericht 2009. Meckenbeuren: Eigenverlag.

Stiftung Liebenau/Stiftung Hospital zum Heiligen Geist/Stiftung Helios – Leben im Alter (Hrsg.) (2011): Anstifter mit dem Jahresbericht 2010. Meckenbeuren: Eigenverlag.

Stiftung Liebenau/Stiftung Hospital zum Heiligen Geist/Stiftung Helios – Leben im Alter (Hrsg.) (2012): Anstifter mit dem Jahresbericht 2011. Meckenbeuren: Eigenverlag.

Tocqueville, Alexis, de (1840/1985): Über die Demokratie in Amerika. Stuttgart: Reclam.

Kooperation sozialwirtschaftlicher Organisationen

Martin Bellermann

1. Zum Begriff: Kooperation als freiwillige Verbindlichkeit

Kooperation und Vernetzung in und zwischen sozialwirtschaftlichen Organisationen sind in aller Munde. Vor allem bei Projekten, die auf eine bessere Versorgung mit sozialen Gütern in den Feldern Gesundheit und Pflege, Beschäftigungsförderung sowie Kinder- und Jugendhilfe abzielen, wird die Kooperation der unterschiedlichen Beteiligten als wichtiger, um nicht zu sagen wichtigster Kristallisationspunkt angesehen. Da es keine durch Recht oder politische Beschlüsse gesetzte allgemeingültige Definition gibt, ist der Begriff der Kooperation unscharf und schwimmend. So wird jede Form der sachbezogenen Interaktion, z.B. der gelegentliche Datenaustausch schon als Kooperation angesehen, oder Kooperation wird mit Vernetzung gleichgesetzt. Aus soziologischer Perspektive ist die Kooperation zwischen Organisationen zweifellos als spezifische Form der Interaktion anzusehen, während ein informelles Netz wiederum eine spezifische Variante der Kooperation ist (Windeler 2005, S. 211ff.). Als Handlungsform und Steuerungstyp grenzt sich Kooperation von Konkurrenz und Hierarchie ab, die ihrerseits in Wirtschaft und Gesellschaft eine größere Bedeutung haben dürften, wenngleich die Kooperation aufgrund der sich ausdifferenzierenden Funktionen und wachsender Verflechtung der wirtschaftlichen Betriebe oder auch der privaten Gemeinschaften (Familien) notwendiger und tendenziell stärker und verbreiteter wird. Innerhalb und zwischen Organisationen „verschiebt sich die governance von Koordination auf Kooperation“ (Priddat 2010, S. 61).

Die Genossenschaft gilt als Idealform der Kooperation von Personen, denn sie vereint die Merkmale Freiwilligkeit, Handlungskoordination bzw. Arbeitsteilung und Zielorientierung der Betroffenen (Schöning 2015, S. 68). Im Gegensatz zur personalen Kooperation gibt es keinen Prototypen der Kooperation von Organisationen, weder für politische noch für gewerbliche oder sozialwirtschaftliche Organisationen. Aber auch für sie müssten die genannten Merkmale gelten. Wenn man davon ausgeht, dass die Freiwilligkeit ein notwendiges Merkmal für Kooperation ist, dann stellt sich die Frage nach der Motivation. Die häufigste Annahme hierzu ist, dass sich der Kooperierende Vorteile erhofft: „Sind individueller Nettovorteil, ein kollektives Kooperationsbewusstsein und eine zureichende Infrastruktur vorhanden, so spricht prima facie nichts gegen eine langfristige stabile Kooperation“ (Schöning 2015, S. 70).

Im Blick auf sozialwirtschaftliche Organisationen soll unter Kooperation die strukturierte Zusammenarbeit von Trägern und Leistungserbringern sowie von Trägern und Leistungserbringern untereinander verstanden werden. Diese Zusammenarbeit ist freiwillig, zweckgerichtet, auf Dauer bzw. auf einen verabredeten Zeitrahmen ausgelegt und zumindest durch klare informelle Absprachen, wenn nicht durch schriftliche Vereinbarungen geregelt.

Motive können bessere Versorgung, Einsparung der Kosten (synergetische Kooperation) oder auch klarere Arbeitsteilung bzw. Abbau von Wettbewerbslagen zwischen Anbietern gleicher Leistungen (additive Kooperation) sein. Anstöße, Kooperationen aufzubauen, können von Gesetzgeber oder Verwaltung kommen, aber auch von Professionellen innerhalb und außerhalb der sozialwirtschaftlichen Organisationen; auch von Nutzer_innen bzw. deren sozialpolitischen Anwälten (Sozialverbände, Organisationen von Patientinnen und Patienten u.a.).

Die Formen der Kooperationen sind äußerst variabel. Wesentlich aber ist, dass die beteiligten Organisationen ihre Eigenständigkeit behalten, dass sie also durch die Zusammenarbeit nicht inkorporiert werden. Zwar ist Kooperation freiwillig, es kann aber Druck oder indirekt auch Kooperationszwang dadurch entstehen, dass Gesetzgeber, Verwaltung oder Kostenträger die Kooperationsverweigerung mit Ausschluss von der öffentlichen Finanzierung sanktionieren kann.

Kooperation setzt nicht voraus, dass die Kooperationspartner den gleichen sozialwirtschaftlichen Rang haben müssen, z.B. kann das Jugendamt mit Kleinanbietern von Kinderbetreuung kooperieren. Man könnte hier von einer Art hierarchischer Kooperation sprechen. Inhalte, Zweck oder die Rolle der Beteiligten werden in der Regel durch informelle oder formelle Vereinbarungen festgehalten.

2. Notwendigkeit und Relevanz

Die Notwendigkeit von Kooperationen zwischen sozialwirtschaftlichen Organisationen ergibt sich aus der Struktur des deutschen Sozialstaates mit seiner starken horizontalen und vertikalen Fragmentierung.

Die horizontale Fragmentierung betrifft das Verhältnis der Trägerorganisationen untereinander, also die Beziehungen der öffentlich-rechtlichen Organisationen wie der gesetzlichen Pflegekassen oder Rentenversicherungsträger oder der kommunalen Träger wie Jugend- oder Sozialämter untereinander. Sie sind aufgrund der rechtlichen, finanziellen und organisatorischen Versäulung durch Abgrenzung gekennzeichnet. Die Träger und ihre Leistungserbringer gewähren die Leistungen nach den gesetzlichen Funktionszuweisungen (z.B. Pflege- oder Krankenleistungen, Sozialhilfe oder Grundsicherung) je getrennt voneinander bzw. haben unterschiedliche Ziel- oder Berechtigtengruppen und Umfang (z.B. Krankenleistungen vs. Pflegeleistungen oder Sozialhilfe vs. Asylbewerberleistungen). Hinzu kommen unterschiedliche Vergabelogiken wie das Sozialversicherungs- oder Fürsorgeprinzip. Da die Leistungen überwiegend kausal und reaktiv gewährt werden, geht der Leistungserbringung die Klärung der Zuständigkeit und ggf. der Verweis auf den zuständigen Träger voraus. Damit gilt als Grundmuster eher das ‚passive Zuwarten' und weniger das vorsorgende und abgestimmte Handeln. Da alle sozialen Sicherungssysteme unter starkem Kostendruck stehen, der die Reduzierung der Fallzahlen zur Priorität macht, ist die Kooperationsbereitschaft niedrig, weil eine strukturierte Zusammenarbeit unkontrollierbare Leistungserweiterungen nach sich ziehen könnte, und die Haltung häufig vorherrschend, Fälle anderen Trägern zu überlassen bzw. Antragsteller auf andere Träger zu verweisen. Beispiele sind Versorgungs- bzw. Schnittstellenprobleme von psychisch Kranken zwischen Sozialpsychiatrischen Diensten (kommunal) und stationärer Behandlung (gesetzliche Krankenversicherung) oder die Zuständigkeitsprobleme bei Hilfen für junge Erwachsene zwischen Arbeitsagenturen, Jobcentern, Jugend- und Sozialämtern. Nur in den Systemen, in denen die Leistungen aus einer Hand erbracht werden – von Gesundheitsversorgung über Teilhabeleistungen bis zur Rente –, in der gesetzlichen Unfallversicherung und dem Bundesversorgungs- bzw. Opferentschädigungsgesetz gibt es diese Probleme nicht.

Innerhalb der versäulten Trägerstrukturen finden sich in fast allen Rechtskreisen Bestimmungen, die die Zuständigkeit regeln, etwa als Vorgang-Nachrang-Gebote, so im SGB VIII (§ 10) oder SGB II (§ 5), die aber, wie im Falle der jungen Erwachsenen, die Zuständigkeit nicht immer klar genug regeln.

Seltener sind kooperationsfördernde Regelungen zur funktionalen Arbeitsteilung zwischen Trägersystemen. Die bekannteste dürfte die Suchtvereinbarung von 1978 (seit 2001 Vereinbarung Abhängigkeitserkrankungen) sein, die von den Verbänden der Krankenkassen und Rentenversicherungsträgern mit dem Ziel geschlossen wurde, die Leistungen Entgiftung und Entwöhnung miteinander zu verzahnen und zwischen gesetzlicher Krankenversicherung (Entgiftung) und Rentenversicherung (Entwöhnung) eine Arbeitsteilung zu organisieren. Ähnlich stellen Kooperationen auf kommunaler Ebene zwischen kommunalen Ämtern und dem Jobcenter zur gemeinsamen Ausführung der Schuldnerberatung gem. § 16a SGB II verbindliche Formen der Zusammenarbeit auf der horizontalen Ebene dar (Abgeordnetenhaus Berlin 2010) dar. Da es keinen rechtlichen Zwang zur Kooperation in diesem Aufgabenfeld gibt, hängt es vom politischen Willen der beteiligten Träger ab, ob bzw. wie sie betrieben wird. Dass sich hierdurch regionale Versorgungsdisparitäten ergeben – denn die kooperierenden Kommunen und Jobcenter können so verlässlichere Beratungsdienste schaffen – liegt auf der Hand.

Weil in den meisten Systemen der sozialen Sicherung Trägerschaft und Leistungserbringung nicht in einer Hand liegen, sondern gemäß dem Subsidiaritätsprinzip die ‚kleinen Gemeinschaften' (Organisationen der freien Wohlfahrtspflege oder gewerbliche Anbieter) Vorrang vor staatlichen Leistungserbringern haben sollen, sind die Beziehungen zwischen Trägern und Leistungserbringern – und damit die vertikale Ebene – anders gestaltet als auf der horizontalen Ebene.

Der regelmäßige Beziehungstyp zwischen Trägern und Leistungserbringern ist der des Vertrages, und zwischen den Leistungserbringern die Konkurrenz. Konkurrenz ergibt sich aus dem Bestreben, möglichst große Anteile der öffentlichen Mittel zu erlangen bzw. möglichst viele Patienten/Klienten/Fälle betreuen oder bearbeiten zu können, um die eigenen Einkünfte zu erhöhen bzw. die Verbandsmacht zu stärken. Die Konkurrenzorientierung unter den Leistungserbringern steht somit im Widerspruch zu Abgrenzungsorientierung bzw. Zuständigkeitspurismus unter den Trägern, was die Kooperationsbedingungen erschwert, aber gleichzeitig Notwendigkeit und Relevanz erhöht. Der Vertrag zwischen Träger und Leistungserbringer regelt Leistungen, Vergütung, Qualitätsstandards u.a. Der Vertrag ist die Bedingung dafür, an dem betreffenden System teilzunehmen. Insoweit ist diese Vertragsbeziehung zwischen Trägern und Leistungserbringern nicht freiwillig. Man kann sagen, dass sie die Fundamentalachse des Sozialwirtschaftlichen Dreiecks aus Trägern, Leistungserbringern und Nutzern darstellt. Die Vertragsbeziehungen werden durch die Verbände der Träger und Leistungserbringer geregelt, aber auf lokaler Ebene auch direkt zwischen Trägern und Leistungserbringern, und stehen unter öffentlicher Kontrolle bzw. Aufsicht. Sie gelten als Musterbeispiel für das korporatistische Regelungs- und Steuerungsmodell des deutschen Sozialstaates. Bei den Leistungserbringern hatten die Non-Profit-Organisationen der freien Wohlfahrtspflege, vor allem in der Kinder- und Jugendhilfe, aber auch im Bereich Krankenversorgung vor 1990 ein rechtliches und politisches Prä gegenüber den erwerbswirtschaftlichen For-Profit-Organisationen, das inzwischen weitgehend durch „Welfare mix" (multiple Formen von Leistungserbringern) (Evers/Olk 1996, S. 23) abgelöst worden ist. Zum Beispiel in Feldern wie ambulanter Pflege oder auch im Bereich Qualifikation/Ausbildung im Rahmen der Ausbildungsförderung haben die gewerblichen Organisationen eine starke, um nicht zu sagen, dominierende Stellung.

Dass es im Rahmen der Beziehungen durch Leistungsverträge auch freiwillige Kooperationen gibt, ist sozialpolitisch erwünscht. So können sich Krankenhäuser, niedergelassene Ärzte und Pflegeeinrichtungen zu Medizinischen Versorgungszentren (MVZ) zusammenschließen, und zwar in variablen Konstellationen, womit sowohl eine rechtskreis- wie auch trägerübergreifende Kooperation ermöglicht wird. Inzwischen gibt es gut 1200 MVZ in Deutschland.

3. Kooperationsgebote im Sozialrecht

Im allgemeinen Teil des Sozialgesetzbuches I (SGB I) gibt es kein generelles Kooperationsgebot für die Trägerorganisationen der sozialen Sicherungssysteme. Aber im Blick auf das Neben- und Miteinander von öffentlichen Trägern und privaten Leistungserbringern heißt es in § 17, Abs. 3 SGB I: „In der Zusammenarbeit mit gemeinnützigen und freien Einrichtungen und Organisationen wirken die Leistungsträger darauf hin, dass sich ihre Tätigkeit und die der genannten Einrichtungen und Organisationen zum Wohl der Leistungsempfänger wirksam ergänzen". Die Formulierung auferlegt den Beteiligten also keine Pflicht, sondern ist appellativ.

Eine umfassende Kooperationspflicht gibt es im § 86 Sozialgesetzbuch X, das das Sozialverwaltungsverfahren und die Datenschutzbelange regelt, wenn es dort heißt, dass die Leistungsträger eng zusammenzuarbeiten hätten. Wird hier die Art der Kooperation nicht weiter bestimmt, so ergibt sich aus dem Kontext, dass es sich um Zusammenarbeit bei Auf- und Abrechnung erbrachter Leistungen unter den Trägern (§ 87 SGB X) sowie um die Beauftragung eines anderen Trägers durch den zuständigen geht (§§ 88 ff. SGB X). Damit erstreckt sich die Kooperationspflicht nicht auf eine Pflicht zur gemeinsamen, z. B. arbeitsteiligen bzw. integrierten Gestaltung von Leistungen durch unterschiedliche Träger. Wenn sich Träger dazu entschließen sollten, integrierte Leistungen aufzubauen, werden sie sich auf dieses Gebot wohl berufen können, aber umgekehrt gibt es hierdurch diesbezüglich keine Impulse zur Gestaltungs-Zusammenarbeit.

In den einzelnen Rechtskreisen gibt es eine Vielzahl von sich in Verbindlichkeitsgraden und Formulierung unterscheidenden Kooperationsgeboten, die hier kurz dargestellt werden sollen.

In den beiden arbeitsmarktrelevanten Rechtskreisen der Gesetzbücher II und III finden sich zunächst gleichlautende Regelungen zur örtlichen Zusammenarbeit (§ 18 SGB II) bzw. ortsnahen Leistungserbringung (§ 9 SGB III). Diese besagen, dass die Leistungserbringer der Grundsicherung bzw. der Arbeitsförderung mit den anderen Trägern und Leistungserbringern wie dem öffentlichen Gesundheitsdienst sowie mit Kammern und berufsständischen Organisationen, Ausländerbehörden und den Sozialparteien zusammenarbeiten. Die Zusammenarbeit erfolgt „auf Gegenseitigkeit, insbesondere, um eine gleichmäßige und gemeinsame Durchführung von Maßnahmen zu beraten oder zu sichern" (SGB II § 18, Abs. 2 Nr. 1 bzw. § 9 Abs. 3, Nr. 1) und um Leistungsmissbrauch zu verhindern oder aufzudecken. Die Zielrichtung der Kooperation, die nur appellativ eingefordert wird, ist demnach nicht die gemeinsame Gestaltung der Grundsicherungs- und Arbeitsförderungsleistungen, sondern Konsultation oder Abstimmung. Die Bestimmung hält die Träger und Leistungserbringer nicht zu verbindlicher und dauerhafter Kooperation an, aber sie bietet die Möglichkeit dazu.

Darüber hinaus gibt es im SGB III (§ 9 a) eine verpflichtende Kooperationsbestimmung in den Fällen, wo Leistungsempfänger und Leistungsempfängerinnen neben Grundsicherungsleistungen auch Arbeitsförderungsleistungen erhalten. Dieses Gebot bezieht sich allerdings auf Informationspflichten zum Leistungsbezug und zu Sperrzeiten. Ein weiteres Gebot zur Zusammenarbeit findet sich im § 18 a SGB II bei der Förderung schwer zu erreichender junger Menschen, das appellativ eine Abstimmung zwischen Arbeitsagenturen und Jugendämtern erreichen will: „Über die Leistungserbringung stimmen sich die Agentur für Arbeit und der örtlich zuständige Träger der öffentlichen Jugendhilfe ab." Man wird sicherlich auch sagen können, dass die gemäß SGB II einzurichtenden Gremien auf lokaler Ebene (Örtlicher Beirat bei Gemeinsamen Einrichtungen, § 18 d) sowie auf Bund-Länder-Ebene (Kooperationsausschuss gem. § 18 b und Bund-Länder-Ausschuss gem. 18 c), die Träger, Leistungserbringer und auch die Sozialparteien einbinden, trotz ihrer auf Beratung und Information beschränkten Kompetenz kooperationsfördernd sein können, Kooperationen aber nicht initiieren.

Im Recht der gesetzlichen Krankenversicherung gibt es jenseits der Vertragskooperation mit den Leistungserbringern niedergelassene Ärzte oder Krankenhäuser, Bestimmungen im Aufgabenfeld der Prävention (§§ 20 ff.) sowie Bestimmungen zur Zusammenarbeit auf horizontaler Ebene. Bei der betrieblichen Gesundheitsförderung gem. § 20a SGB V können die Krankenkassen den Unternehmen gemeinsame regionale Koordinierungsstellen anbieten. Auch hier ist der Verpflichtungsgrad niedrig. Dem eher appellativen Gebot zur Zusammenarbeit zwischen Krankenkassen und Unfallversicherungsträgern nach § 20 c SGB V folgt dort die Bestimmung, dass die Verbände der beteiligten Träger und Leistungserbringer regionale Arbeitsgemeinschaften bilden sollen. Im § 20 d SGB V wird bestimmt, dass die Krankenkasse und die Träger der gesetzlichen Renten-, Unfall- und Pflegeversicherung eine gemeinsame nationale Präventionsstrategie entwickeln. Nach § 20 f SGB V schließen die Landesverbände der gesetzlichen Krankenkassen mit den Renten- und Unfallversicherungsträgern Rahmenverträge zur Umsetzung der erarbeiteten Strategie, womit sich dieses Kooperationsgebot, das nach der Formulierung keinen Pflichtcharakter hat, als etwas konkreter erweist als die Gremienregelungen im Rechtskreis SGB II.

Im Rechtskreis SGB VI finden sich bei den Bestimmungen zur medizinischen Rehabilitation und Teilhabe keine Kooperationsgebote. Dies mag daran liegen, dass bei der gesetzlichen Rentenversicherung Trägerschaft und Leistungserbringung im Wesentlichen in einer Hand liegen und dass die Vertragsbeziehungen mit externen Leistungserbringern als ausreichend angesehen werden.

Auch Koordinierungsgebote im Rechtskreis zur gesetzlichen Pflegeversicherung (SGB XI) sind nicht klar und verbindlich genug, um eine allgemeine und geregelte Zusammenarbeit zwischen den Pflegekassen und anderen Trägern zu gewährleisten. So wird es im § 7 a zur Aufgabe der Pflegeberatung, dann, „insoweit Leistungen nach sonstigen bundes- oder landesrechtlichen Vorschriften erforderlich sind,... die zuständigen Leistungsträger frühzeitig mit dem Ziel der Abstimmung einzubeziehen.“ Auch die nach § 7c zu errichtenden Pflegestützpunkte, deren Trägerschaften bei Leistungserbringern oder Kassen liegen können, haben Koordinierungsaufgaben: „Koordinierung aller für die wohnortnahe Versorgung in Betracht kommenden gesundheitsfördernden, präventiven, kurativen rehabilitativen und sonstigen medizinischen sowie pflegerischen und sozialen Hilfs- und Unterstützungsangebote...“, weil es kein verbindliches und multiples Gebot der Trägerzusammenarbeit (Krankenkassen, Renten- und Unfallversicherungsträger) gibt. So gibt der Gesetzgeber den Pflegekassen (§ 12, Abbs. 2 SGB XI) auf, die Pflegeberatung so anzulegen, dass die gesundheitlichen und anderen sozialen Leistungen „nahtlos und störungsfrei in einander greifen“ und zur Koordinierung der Leistungen lokale und regionale Arbeitsgemeinschaften zu bilden.

Im Rechtskreis SGB VIII (Kinder- und Jugendhilfe) gibt es neben dem allgemeinen Gebot zur partnerschaftlichen Zusammenarbeit zwischen öffentlicher und freier Jugendhilfe (§ 4 SGB VIII) nur gelegentlich einschlägige Bestimmungen zur Kooperation. Und diese stellen Abstimmungskooperation dar, und zielen nicht auf die Entwicklung gemeinsamer Leistungen. So heißt es zu den Leistungen zur Jugendsozialarbeit (§ 13 SGB VIII): „Die Angebote sollen mit den Maßnahmen der Schulverwaltung, der Bundesagentur für Arbeit, der Träger betrieblicher und außerbetrieblicher Ausbildung sowie der Träger von Beschäftigungsangeboten abgestimmt werden“. Auch die Regelung des § 78, die Bildung von Arbeitsgemeinschaften von Leistungserbringern und öffentlicher Jugendhilfe „anzustreben“, zielt, wenn es flächendeckend Arbeitsgemeinschaften geben sollte, auf Abstimmung untereinander und auf eventuelle Ergänzung. Die Regelungen zum Hilfeplanverfahren gemäß § 38 SGB VIII fordern nicht nur eine Kooperation zwischen dem Jugendamt und den Personensorgeberechtigten, sondern auch Zusammenarbeit in den Fällen, wo andere Leistungserbringer als das Jugendamt beteiligt sind. Ob und inwieweit diese fallbezogene vertikale Kooperation zu strukturierten und dauerhaften Kooperationsbeziehungen zwischen den Organisationen führt, bleibt rechtlich unbestimmt. In der Praxis der Umsetzung des § 38 gibt es sie natürlich, wenngleich in unterschiedlicher Intensität und Verbindlichkeit. Der 2005 eigeführte Paragraph 36 a SGB VIII stärkt indes die Steuerungsmacht der Jugendämter, wenn er vorschreibt, dass dann, wenn niedrigschwellige Angebote anderer Leistungserbringer in Anspruch genommen werden sollen, die Jugendämter mit ihnen Vereinbarungen abschließen müssen, die neben der Kostenregelung auch die Art der Leistungsgestaltung festlegen sollen.

Ähnlich wie im SGB III gibt es auch im SGB XII ein appellatives Kooperationsgebot: „Die Träger der Sozialhilfe arbeiten mit anderen Stellen, deren gesetzliche Aufgaben dem gleichen Ziel dienen oder die an Leistungen beteiligt sind oder beteiligt werden sollen, zusammen...“ (§ 4 SGB XII). Damit bleiben Art, Form und Verbindlichkeit offen und es kommt auf die lokalen sozialpolitischen Konstellationen an, ob die Träger und Leistungserbringer zusammenarbeiten und ggf. wie sie es tun. Wenn es das Ziel der Zusammenarbeit nach § 4 SGB XII ist, „Beratung und Sicherung der gleichmäßigen, gemeinsamen und ergänzenden Erbringung von Leistungen“ zu gewährleisten, dann müssten die Bestimmungen um die Angabe der Verantwortlichen und vor allem im Blick auf die Verbindlichkeit konkretisiert werden, wollte man nicht aufgrund unterschiedlicher Handhabung des Gebots Versorgungsdisparitäten zwischen den Kommunen und Landkreisen wenn nicht schaffen, so doch vergrößern.

Am konkretesten sind die rechtlichen Regelungen zur Kooperation von Trägern und Leistungserbringern im Rechtskreis SGB IX. Dies liegt sicher zuerst daran, dass das SGB IX kein Leistungsgesetz ist, sondern – im ersten Teil – im Wesentlichen Verfahren und Zuständigkeit der beteiligten Träger regelt und ordnet. Anders ausgedrückt: Weil das SGB IX seinerseits im Blick auf die Teilhabeleistungen auf die Handhabung der System-Versäulung angewiesen ist, ist plausibel, dass der Gesetzgeber hier die Kooperationsgebote konkretisiert: Zum einen wird im § 10 SGB IX – nach dem neuen Bundesteilhabegesetz § 14 – klar gesagt, dass der vorläufig oder endgültig zuständige Rehabilitationsträger dafür verantwortlich ist, dass der Bedarf durch die sonst beteiligten Träger festgestellt, schriftlich fixiert und die Leistungen so zusammengestellt werden, „dass sie nahtlos ineinander greifen“. Weiter gibt es das Gebot an alle Rehabilitationsträger, dass die im Einzelfall erforderlichen Leistungen zur Teilhabe „nahtlos, zügig sowie nach Gegenstand, Umfang und Ausführung einheitlich erbracht werden“ (§ 25 SGB IX, Abs. Nr. 1, Neufassung Bundesteilhabegesetz). Auch die Neuregelungen zum Gesamtplanungsverfahren gem. §§ 117 ff. schreiben die fallbezogene Kooperation der Leistungserbringer vor.

Insgesamt ergibt sich bei der Betrachtung der Kooperationsgebote in den Sozialgesetzbüchern folgendes Bild: Dort, wo Trägerschaft und Leistungserbringung nicht oder kaum voneinander getrennt ist, im Rechtskreis SGB VI, gibt es keine ausdrücklichen Kooperationsgebote, unbeschadet vertraglicher Kooperation wie zur Drogenbehandlung mit der GKV. Bei der gesetzlichen Unfallversicherung aber sind die Gebote zur horizontalen Kooperation gegeben, wenngleich sie allgemein bleiben.

Dort, wo Trägerschaft und Leistungserbringung nicht in einer Hand liegen, z.B. bei Pflege oder Kinder- und Jugendhilfe, sind die Gebote allgemein bis appellativ und beziehen sich zuerst auf die vertikale Ebene des Umgangs mit den Leistungserbringern und dann erst auf die horizontale Kooperation mit anderen Trägern. So werden die Schnittstellenprobleme zwischen den SGB II und III, bei den Präventionsakteuren im Kontext der gesetzlichen Krankenversicherung, die Schnittstellen zwischen dem SGB VIII und dem SGB II bzw. III oder zwischen gesetzlicher Kranken- und Pflegeversicherung nicht durch klare und verbindliche Kooperationsregeln konkretisiert. Nur dort, wo das System selbst keine Leistungen erbringt, sondern auf andere Leistungsträger und Erbringer verweisen muss, SGB IX, sind die rechtlichen Kooperationsregeln konkreter. Es bliebe also gesetzgeberisch und damit sozialpolitisch viel zu tun, wollte wenn man die Kooperationsregeln in den Sozialgesetzbüchern genauer und allgemein verbindlicher fassen.

4. Kooperationen und Verbünde am Beispiel dreier Handlungsfelder

Nimmt man die Freiwilligkeit als Abgrenzungsmerkmal für Kooperation gegenüber anderen Formen der organisierten Verbindung von sozialwirtschaftlichen Organisationen, so wird deutlich, dass es jenseits der umfangreichen Vertragsverflechtungen zwischen Leistungserbringern und Trägern zum Zweck der Teilnahme an den gesetzlichen Sicherungssystemen sowie der korporatistischen Einbindung von Trägern und Leistungsbringern in öffentliche Gremien nur vergleichsweise wenige – eben freie – Kooperationen gibt. Es gibt sie in handlungsbezogenen Projekten, also im grundsätzlich zeitlich begrenztem Rahmen, und auch in auf Dauer angelegten Formen der arbeitsteiligen Zusammenarbeit von Trägern und Leistungserbringern. Da eine umfassende Übersicht über und Analyse dieser Kooperationsformen nicht vorliegt, können hier nur Beispiele dargestellt werden. Nachfolgend soll anhand der sozialpolitischen Handlungsfelder Gesundheitswesen, Frühförderung und Arbeitsförderung für junge Erwachsene – es sind Felder, wo es in nennenswerter Form Kooperation gibt – gezeigt werden, wie Stand und Entwicklungsperspektiven bei Kooperationen von sozialwirtschaftlichen Organisationen sind.

4.1 Kooperationen an Versorgungsschnittstellen im Gesundheitswesen

Projekt-Kooperationen gibt es vor allem im Gesundheitssektor, nicht zuletzt auch deshalb, weil es sowohl im SGB V (§ 63 ff.) wie im SGB XI (u.a. § 8) Bestimmungen zur Förderung von innovativen Modellvorhaben gibt, die die Versorgungsqualität verbessern und vor allem die Schnittstellenprobleme zwischen den Leistungserbringern sowie in den Versorgungseinheiten selbst mindern oder gar lösen könnten. Auch wurden im SGB V durch das Wettbewerbsstärkungsgesetz 2009 die Möglichkeiten zur Vertragsgestaltung zwischen Kassen und Leistungserbringern, so erweitert, dass neue Kooperationsformen entstehen konnten.

Die Kooperation sozialwirtschaftlicher Organisationen hier kann rechtskreis- und sektorenübergreifend zugleich sein. So gibt es bereits seit 1998 ein Kooperationsprojekt in Berlin und Brandenburg, bei dem Krankenkassen und Kassenärztliche Vereinigung zur Verbesserung der

Versorgung chronisch kranker, multimorbider und psychisch kranker Menschen in stationären Pflegeheimen zusammenarbeiten, an welchem sich (2008) insgesamt 37 von 286 Berliner Pflegeheimen beteiligten, meist Einrichtungen mit angestellten Ärzten, aber auch 12 Einrichtungen, wo die ärztliche Versorgung durch niedergelassene Ärzte geleistet wurde. Die niedergelassenen Ärzte betreuen in den Modelleinrichtungen zwischen 30 und 40 Patienten, garantieren eine Rufbereitschaft außerhalb der sprechstundenfreien Zeiten, führen Fallbesprechungen in multiprofessionellen Teams (Ärzte, Pflege, Therapeuten) durch und beteiligen sich an der Dokumentation im Rahmen der Qualitätssicherung und des Kostencontrollings. Betreut werden rund 3.500 Bewohner/innen.

Das Projekt verbindet also Leistungserbringer der Rechtskreise SGB V und XI. Die Kooperationsbeziehungen der Leistungserbringer sind über Leistungsverträge geregelt, während die Kooperation zwischen den Trägern (Kassen), die vor allem die Vergütung betreffen, durch sogenannte Selektivverträge (gemäß § 140a SGB V) geregelt sind, die Abweichungen von den nach § 75 SGB geregelten Kollektivverträgen zwischen den Kassen und den Leistungserbringern bzw. deren Verbände ermöglichen (Schmidt/Enders 2015, S. 10ff.). Allerdings sind die ökonomischen Rahmenbedingungen für nicht wenige Pflegeeinrichtungen offenbar nicht stabil genug, um einen Handlungsverbund auf Dauer aufrechtzuhalten, denn inzwischen sind fünf Pflegeheime aus Kostengründen wieder ausgetreten (Schmidt/Enders 2015, S. 4).

Eine organisatorisch wie thematisch weiter gefasste Kooperation zwischen stationären Pflegeeinrichtungen, niedergelassenen Ärzten und Krankenhäusern initiierte die AOK Bayern in dem Projekt ‚Pflegenetz AOK Bayern', um die Übergänge zwischen den Versorgungsbereichen schlüssiger zu machen bzw., um Krankenhausaufenthalte für Pflegebedürftige nach Möglichkeit zu vermeiden. Auch hier wurde von der Möglichkeit, Selektivverträge abzuschließen, Gebrauch gemacht. 2001 gab es auf diese Weise Kooperationen von 14 Krankenhäusern und 83 stationären Pflegeinrichtungen an sieben Standorten in Bayern (Schmidt/Enders 2015, 5. 10ff.).

Insgesamt sind die Fortschritte im Blick auf Kooperationen zwischen Ärzten und Leistungserbringern nur sehr klein: Nach einer Infratest-Umfrage aus dem Jahre 2009 nahm zwischen 1994 und 2005 der Anteil der Pflegeeinrichtungen mit einem eigenen Arzt von 0,4 % auf 1% zu; Kooperationen mit dem Krankenhaus hatten 2 % der befragten Einrichtungen (1994: 0 %), während der Anteil der Einrichtungen mit Kooperationen mit niedergelassenen Ärzten zwischen 1994 und 2005 von 40% auf 18% zurückging. Bei allen anderen befragten Einrichtungen wurde die – häufig als unzureichend und intransparent kritisierte – Versorgung durch die individuellen niedergelassenen Ärzte vorgenommen (Schmidt/Enders 2015, 16). Die durch das Pflegeweiterentwicklungsgesetz (2008) eröffnete Möglichkeit der Teilnahme von Pflegeinrichtungen an der Integrierten Versorgung gemäß § 140 SGB V hat offenbar nicht zu einer nennenswert breiteren sektoralen Kooperation zwischen Pflege- und Krankenversorgung geführt; und ob die Änderungen im SGB V (§ 119 b) infolge des Pflegeneuausrichtungsgesetzes (2012), nach der die Kassenärztlichen Vereinigungen dann auf einen Kooperationsvertrag mit niedergelassenen Ärzten hinwirken müssen, wenn die Pflegeinrichtung dies wünscht, nachhaltige Fortschritte bringen, bleibt abzuwarten. Auch durch die Einrichtung eines Innovationsfonds zur Förderung der Integrierten Versorgung und Versorgungsforschung nach dem GKV-Versorgungsstärkungsgesetz (2015), nach dem von 2016 bis 2019 jeweils 225 Mio. Euro in die Förderung von sektorenübergreifenden Projekten fließen sollen, zeigen den Willen des Gesetzgebers an, die sektoren- und trägerübergreifenden Handlungsverbünde zu stimulieren, nicht aber sie in Verbindlichkeiten zu überführen.

Auch das Unternehmen Gesundheit Oberpfalz Mitte (UGOM), ein 2002 gegründeter Handlungsverbund von knapp 90 niedergelassenen Ärzten, drei Kliniken mit unterschiedlicher Trägerschaft, einem Medizinischen Versorgungszentrum (MVZ) in der Rechtsform einer GmbH & Co KG bedient sich der Möglichkeit, Selektivverträge mit Krankenkassen abschließen zu können. Es erweitert aber die die unmittelbare Krankenversorgung betreffenden Kooperationsbeziehungen auch auf informeller Ebene durch Gründung von Fach- und Gesundheitszirkeln oder durch organisierte Kontakte zu wissenschaftlichen Einrichtungen oder Anbietern von Leistungen zur Verhaltensprävention zu einem „strategischen Gesundheitsnetzwerk“ (Zeichhardt/Voss 2009, S. 240).

Anders angelegt ist das Projekt ‚Gesundes Kinzigtal‘ (gegründet 2005). Es stellt ein Angebot für populationsbezogene Integrierte Versorgung für Mitglieder zweier großer Krankenkassen im Kinzigtal (rund 50 % der Bevölkerung) dar. Die Kooperation geschieht über eine Managementgesellschaft in GmbH-Form, an der ein Netzwerk niedergelassener Ärzt_innen und die Optimedis-AG, Mediziner_innen, Repräsentant_innen der pharmazeutischen Industrie und Verbandsvertreter aus den Bereichen Krankenkassen und niedergelassene Ärzt_innen beteiligt sind, sowie über einen Lenkungsrat, in welchem die Kassen und die Managementgesellschaft paritätisch vertreten sind. Die Geschäftsführung der Gesellschaft ist die Koordinations- und Steuerungseinheit des Projekts, das sich neben einem besseren Informationsaustausch zwischen den Leistungserbringern einschließlich Unterstützungsleistungen im IT-Bereich zur Aufgabe gemacht hat, zusätzliche Angebote wie Präventionsleistungen oder Gesundheitschecks bereitzustellen, wofür mit den beteiligten Krankenkassen Sondervergütungen ausgehandelt wurden. Es sollen auf diese Weise die medizinischen Leistungen verbessert und trotz der Zusatzleistungen insgesamt Kosten eingespart werden. Kommen am Ende Einsparungen zustande, werden die Summen anteilig an die beteiligten Ärztinnen und Ärzte ausgeschüttet. Dies setzt eine entsprechende „Vertragsökonomie“ zwischen der Managementgesellschaft und den beteiligten Krankenkassen voraus (Siegel et al. 2009, S. 229).

Insgesamt ist die Verbreitung von IV-Verträgen mit inzwischen mehr als 5000, meist krankheitsbezogenen, seit 2000 vorangekommen, aber es gibt „nur eine Handvoll Lösungen, bei denen Ärzte, verbunden mit der Managementkompetenz einer gesundheitswissenschaftlich ausgerichteten Firma, die Organisationsverantwortung für alle Erkrankungen übernommen haben“ (med-intern.com, SVR 2012, Ziff. 207 ff.; med-intern.com 20.12.2016).

4.2 Kooperation im Handlungsfeld Frühförderung

Sowohl aus funktionalen Gründen wie auch deshalb, weil die Frühförderung behinderter und von Behinderung bedrohter Kinder nicht durch ein Leistungsgesetzgesetz, sondern durch die funktionale Klammer des Sozialgesetzes IX der Rechtkreise SGB V, VIII und XII geregelt wird, ist hier der Koordinationsbedarf besonders hoch. Hinzu kommt, dass die wichtigsten Leistungserbringer, die etwa 1000 Frühförderungsstellen und 120 Sozialpsychiatrischen Zentren, die meist freigemeinnützigen Organisationen angehören, nach unterschiedlichen Handlungsansätzen und Methoden arbeiten.

Demgegenüber ist die organisierte Kooperation zwischen den Leistungserbringern und sonstigen Einrichtungen wie Kindergärten, Schulen oder Jugendhilfeeinrichtungen wenig ausgebildet. So sind die Beziehungen zwischen dem Rechtskreis SGB V angehörigen Sozialpsychiatrischen Zentren (SPZ) und den Frühförderstellen, die vorwiegend aus Steuermitteln der Länder und Kommunen mischfinanziert sind, sind eher von Abgrenzung und Konkurrenz (Höfer/Behringer 2009, S. 14) gekennzeichnet. Bei einer Befragung 2005 gaben nur 9 % der Frühförderstellen an, mit den anderen Akteuren formelle, vertragliche Kooperationsbeziehungen zu unterhalten.

Die rechtlichen Kooperationsgebote sind schwach. Zwar ergeben sich aus der Bestimmung des § 30 SGB IX sowie aus der Frühförderverordnung gem. § 30 SGB IX, nach der die Leistungen als „Komplexleistung" erbracht werden müssen, Kooperationspflichten. Die Verordnung bestimmt aber nur appellativ, dass Frühförderstellen und SPZ's zusammenarbeiten und regelt ansonsten Zuständigkeiten, Qualitätsstandards und Finanzierungsrahmen. Die im Nachgang zur Frühförderungsverordnung in den Ländern beschlossenen Rahmenempfehlungen, in Nordrhein-Westfalen gibt es eine Vereinbarung zwischen den Krankenkassen und den kommunalen Spitzenverbänden, verpflichten ebenfalls nicht zu organisierten Kooperationen zwischen den Leistungserbringern und den anderen Akteuren.

Auf der informellen Ebene von Kommunen bzw. Landkreisen gibt es natürlich eine Vielzahl von Kooperationen, deren Intensität und Wirkung unterschiedlich ist, von Ad-hoc-Fallbesprechungen bis hin zu verabredeten gemeinsamen Handlungskonzepten. Letzteres dürfte dann eher vorhanden sein, wenn sich die Leistungserbringer in einer Trägerhand, etwa dem Diakonischen Werk, befinden.

4.3 Kooperationsprojekt Jugendberufsagenturen

Auf die Schnittstellenprobleme zwischen den Rechtskreisen Arbeitsförderung (SGB III), Grundsicherung (SGB II) und Kinder- und Jugendhilfe mit unklaren und uneinheitlichen Hilfestrukturen hatte nicht nur die Bund-Länder-Kommission für Bildungsplanung schon 2000 hingewiesen, sondern auch der Bundesrechnungshof hatte 2009 die unübersichtliche Förderungssituation in diesem „sozialpolitischen Bermudadreieck" (Nüsken/Bellermann 2012) kritisiert. Ausgehend von freiwilligen Arbeitsbündnissen ‚Jugend und Beruf' (2010) zwischen Jugendhilfe- und Schulträgern sowie Arbeitsagenturen bzw. Jobzentern wurde im Koalitionsvertrag der Regierungsparteien die flächendeckende Einrichtung von Jugendberufsagenturen beschlossen, um eine bessere Integration am Übergang von der Schule zur Erwerbstätigkeit bzw. Berufsausbildung zu gewährleisten. Da zur Ausgestaltung keine konkreten organisatorischen und finanziellen Vorgaben gemacht wurden, sind die inzwischen etablierten 218 (2015) Jugendberufsagenturen im Blick auf die Kooperationsformen und -intensität sehr verschieden. Sie reichen von Informationsaustausch (z.B. Internetbasiertes Informationsportal) zwischen den drei Akteuren mit dem niedrigsten Verbindlichkeitsgrad über die Etablierung eines abgestimmten Fallmanagements bis zum Aufbau einer gemeinsamen Anlaufstelle (‚One-Stop-Goverment') mit dem größten Verbindlichkeitsgrad. Dieser, dem die größte Wirkungskraft im Blick auf das Übergangsmanagement Schule-Beruf beigemessen wird, wird offenbar bei den wenigsten Jugendberufsagenturen erreicht, und zwar vorwiegend in großen Städten, wie im Vorzeigemodell der Jugendberufsagentur Hamburg, wo die Etablierung durch einen Senatsbeschluss verbindlich geregelt wurde (Manthey 2015; Neisis 2016). Der strittige Punkt, der die One-Stop-Lösung verhindert, ist die Tragung der Kosten einer gemeinsamen Anlauf- bzw. Servicestelle. So wird es auch nach Vollausbau der Jugendberufsagenturen qualitative Unterschiede mit unterschiedlichen Wirkungsgraden beim Übergangsmanagement von Schule zu Beruf geben, indes der Ausbau als solcher sozialpolitisch als Erfolg gewürdigt wird: Die legitimatorische Funktion steht über Wirkungserwägungen.

5. Fazit

Insgesamt lässt sich sagen, dass der Aufbau von Kooperationsbeziehungen zwischen sozialwirtschaftlichen Organisationen in Deutschland nur langsam vorankommt. Die sozialrechtlichen Gebote sind allgemein-appellativ bis schwach und es gibt keine Anreize, den Weg zwischen Hierarchie und Konkurrenz mit dem Handlungsrahmen Kooperation zu beschreiten. Nur dort, wie im Falle der Integrierten Versorgung mit Gesundheitsgütern, wo es möglich ist, finanzielle Gratifikationen (Vergütung von Zusatzleistungen) zu erlangen, und dort, wo klare politische Beschlüsse dafür sorgen, dass die Frage der Mehrkosten durch kooperatives Handeln geregelt ist wie bei manchen Jugendberufsagenturen, kommt sie voran.

6. Literatur

Abgeordnetenhaus Berlin. Drucksache 16/3035, 8.3.2010.

Borrs, Linda (2016): Jugendberufsagenturen und ihre Vermittlung von jungen Erwachsenen in Ausbildung und Arbeit. In: Institut für Arbeitsmarkt- und Berufsforschung (Hrsg.): IAB Aktuelle Berichte. doku.iab.de/aktuell/2016/aktueller_bericht_1615.pdf, 26.5.2017.

Evers, Adalbert/Olk, Thomas (Hrsg.) (1996): Wohlfahrtspluralismus. Vom Wohlfahrtsstaat zur Wohlfahrtsgesellschaft. Opladen: Westdeutscher Verlag.

Höfer, Renate/Behringer, Luise (2009): Interdisziplinäre Frühförderung. Angebot und Leistungen. Expertise zum 13. Kinder- und Jugendhilfebericht der Bundesregierung. In: Sachverständigenkommission des 13. Kinder- und Jugendberichts (Hrsg.): Mehr Chancen für gesundes Aufwachsen. Materialien zum 13. Kinder- und Jugendbericht. München: Verlag Deutsches Jugendinstitut. S. 257-310.

Manthey, Dana (2015): Diskussionsstand Jugendberufsagenturen/Arbeitsbündnisse Jugend und Beruf. Informationsmaterial/Arbeitsmaterial im Workshop mit den Modellprojekten des Türöffner-Programms. www.f-bb.de/fileadmin/Materialien/LOK_27.11.2014_Workshop_Neuruppin/141127 _Arbeitspapier_zum_Modell_Jugendberufsagentur_Dana_Manthey.pdf, 26.5.2017.

Neises, Frank/Nuglisch, Frank (2016): Jugendberufsagenturen. Gemeinsam mehr erreichen. In: Konrad-Adenauer-Stiftung/Hoffmann, Elisabeth (Hrsg.): Konrad Adenauer Policy Paper II. Paderborn: Bonifatius Druck.

Nüsken, Dirk/Bellermann, Martin (2012): Junge Erwachsene mit Unterstützungsbedarf. Verschollen im sozialstaatlichen Bermudadreieck? In: Sozial Extra 36, H. 11/12, S. 18-24.

Priddat, Birger P. (2010): Organisation als Kooperation. Wiesbaden: Springer VS.

Sachverständigenrates zur Begutachtung der Entwicklung im Gesundheitswesen (SVR) (Hrsg.) (2012): Wettbewerb an der Schnittstelle zwischen ambulanter und stationärer Gesundheitsversorgung. Sondergutachten 2012. Göttingen: Hogrefe.

Schmidt, Roland/Enders, Antje (2015): Ärztliche Versorgung in der voll- stationären Pflege: Defizite und aktuelle Impulse zur (überfälligen) Optimierung der Versorgung. In: KWA Kuratorium Wohnen im Alter gAG (Hrsg.): Themen & Positionen 5. Heidelberg: Medhochzwei, S. 11-40.

Schöning, Werner (2015): Koopkurrenz in der Sozialwirtschaft. Weinheim/Basel: Beltz Juventa.

Siegel, Achim/Stößel, Ulrich/Geßner, Detlev/Knittel, Reinhold/Beckebans, Franziska/Hildebrandt, Helmut/Hermann, Christopher/Trojan, Alf/Pfaff, Holger (2009): Kooperation und Wettbewerb im integrierten Versorgungssystem ‚Gesundes Kinzigtal'. In: Amelung, Volker E./Sydow, Jörg/Windeler, Arnold (Hrsg.): Vernetzung im Gesundheitswesen. Wettbewerb und Kooperation, Stuttgart: Kohlhammer, S. 223-235.

Windeler, Arnold (2005): Netzerktheorien: Vor einem relationalen Wandel? In: Zentes, Joachim/Swoboda, Bernhard/Morschett, Dirk (Hrsg.): Kooperationen, Allianzen und Netzwerke. Grundlagen – Ansätze – Perspektiven. Wiesbaden: Springer VS Gabler, S. 211-233.

Windeler, Arnold (2001): Unternehmensnetzwerke. Konstitution und Strukturation. Wiesbaden: WD Verlag.

Zeichhardt, Rainer/Voss, Hanswerner (2009): Integrierte Gesundheitsversorgung im Spannungsfeld von Hierarchie, Kooperation und Wettbewerb – Der Netzwerkfall UGOM. In: Amelung, Volker E./Sydow, Jörg/Windeler, Arnold, (Hrsg.): Vernetzung im Gesundheitswesen. Wettbewerb und Kooperation. Stuttgart: Kohlhammer, S. 237-259.

Infrastruktur und Sozialraum

Christian Reutlinger

Soziale Probleme seien dort zu „lösen, wo sie entstehen", gemeint ist „vor Ort", im territorialen Nahraum (Gemeinde, Stadtteil) (siehe beispielhaft Kuhn 2010, S. 20), – so lässt sich seit den 1990er Jahren die Denkweise einer ganzen Generation von sozialpolitischen und sozialen Stadtentwicklungsbemühungen auf den Punkt bringen. Für die daran anschließenden sozialwirtschaftlichen Organisationen bedeutet die Fokussierung auf Problemorte respektive „soziale Brennpunkte" (kritisch van Santen 2010, S. 45ff.), dass „[a]n Stelle standardisierter Vollversorgungsangebote (...) eine differenzierte Palette von flexiblen Dienstleistungsmodulen [tritt], die personenorientiert von niedrigschwelligen, ambulanten Hilfen über teilstationäre Angebote bis zu kleinstrukturierten stationären Formen reichen kann. Im Sinne der Einbindung des Gemeinwesens wirken die Träger darüber hinaus an der Entwicklung des jeweiligen Sozialraums mit, (...) fördern bürgerschaftliches Engagement und koordinieren Hilfenetzwerke aus Bürgern und Profis." (Kuhn 2010, S. 21) Hinter diesem nahräumlichen (Neu-)Ordnungsschema liegt ein Reformprogramm, welches vor allem in der Bundesrepublik Deutschland eine veränderte Fachlichkeit durch die *Umgestaltung von Organisationen* (d.h. dezentrale, kleinteilige, ausdifferenzierte Einheiten und (Neu-)Ordnung der Kooperationsstrukturen) sowie die *Aktivierung von nahräumlichen Ressourcen* (d.h. Einbezug der nahräumlichen Beziehungsstrukturen und angrenzender Hilfsangebote der sozialpädagogischen Einzelfallhilfe) anstrebt (siehe ausführlich Kessl/Reutlinger 2017) – beide Elemente lassen sich aus der Wolke herausdestillieren, welche sich um den Begriff *Sozialraumorientierung* gebildet hat. Trotz der begrifflichen Unschärfe und dem vielstimmigen Bedeutungsgehalt (siehe unten) wird Sozialraumorientierung heute als ein „Reformmodell in den Bereichen Soziales, Gesundheit und Bildung" beschrieben, „von dem kein Handlungsfeld mehr ausgeschlossen ist" (Spatscheck/Wolf-Ostermann 2016, S. 12).

Der Zugang zu dieser Begriffswolke soll in den folgenden Überlegungen über die *Verhältnisbestimmung von Infrastruktur und Sozialraum* erfolgen. Dieses Verhältnis ließe sich einfach bestimmen, indem man entweder beantwortet, d.h. quantitativ messbar macht (Boettner 2009), was (an Infrastruktur) *in* einem Sozialraum vorhanden sein muss, damit das eine oder andere oder gar beide Elemente ermöglicht bzw. möglich werden. Gleichzeitig bleibt in der Regel unklar, was Infrastruktur und was Sozialraum genau meint (kritisch Schreier/Reutlinger 2013). Ein unreflektierter Umgang kann jedoch leicht dazu führen, dass die Defizite der verfügbaren sozialen Infrastruktur nicht beseitigt, sondern verstärkt werden (Dahme/Wohlfahrt 2015, S. 113). Deshalb unterstreichen kritisch-reflexive Positionen, dass sich die Bekämpfung von Benachteiligungen „nicht zwingend in Infrastrukturmaßnahmen niederschlagen" muss, dies „kann auch durch nicht ortsgebundene Aktivitäten, etwa durch Förderung der Akzeptanz lebensweltlicher Heterogenität, erfolgen" (van Santen 2010, S. 51). Oder ein zweiter Weg läge in der Definition vom Sozialraum selbst als Infrastruktur, der als lebensweltliche Ressource per se niedrigschwellig(er) und damit zugänglicher ist für die Klient_innen als die Organisationen und Dienste der Sozialwirtschaft (kritisch Reutlinger 2017a) Letztere Herangehensweise würde zwar eine rasche Antwort liefern, d.h. im Sinne von „[n]ieder mit den Einrichtungen, raus in den Sozialraum!", doch würden beide Begriffe in der völligen Konturlosigkeit verschwimmen – eine schlechte Grundlage für eine fachliche Position, die Orientierung in Zeiten von Spardiktat und Effizienzterror bieten soll.

Alle Wege führen nach Rom, viele zum Sozialraum. Im Wissen darum, dass es entscheidend ist, sich bewusst für den einen oder anderen Weg zu entscheiden, beginnt der Beitrag mit einer Vergewisserung darüber, was Infrastruktur aus einer sozialwirtschaftlichen Perspektive bedeutet. Indem sich daran Gedanken anschließen, wie Infrastrukturen zu entwickeln sind, wird die Perspektive der bundesdeutschen Sozialplanung angesprochen. Ausgehend davon werden die Gestaltungszusammenhänge des Sozialen Raumes erschlossen, was mithilfe eines Denkmodells ausgeführt wird. Abschließend werden Grundlagen skizziert, mit denen die verschiedenen Warnrufe ernst genommen werden.

1. Infrastruktur – eine physisch-materielle, soziale oder institutionelle Basis professionellen Handelns?

Heute ist der Infrastrukturbegriff in alltäglichen Bezügen weitverbreitet, indem man z.B. die Urlaubsdestination nicht nur aufgrund der Lage eines Ortes, sondern auch aufgrund der dort vorhandenen Installationen, Einrichtungen oder Dinge auswählt. Der Weg des Infrastrukturbegriffs in die Alltagssprache führte über wirtschaftlich-militärisch geprägte Verwendungszusammenhänge und ist eng verbunden mit einem positivistisch geprägten Verständnis technologischer und wirtschaftlicher Entwicklung (Reutlinger 2008). Nachgewiesen wurde er in den 1875er Jahren in Frankreich („infra-structure"), wo der Begriff den Unterbau von Eisenbahn-Konstruktionen bezeichnete, als Gegenstück zu „super-structure" (van Laak 2001, S. 367), also sowohl die Gleisanlagen, Bahnhöfe, Industriewerke etc., oberhalb des Erdreichs. Diesen innovativ-modernisierenden Charakter behielt dieses „Plastikwort" der wissenschaftlich-technologischen Zivilisation (van Laak 2001, S. 367) im Kontext wirtschaftlicher und militärischer Expansion nach dem Zweiten Weltkrieg bei, indem die Infrastruktur als entscheidend für die (wirtschaftliche) Entwicklung eines Landes betrachtet wurde. Infrastruktur verweist einerseits auf die „Gesamtheit militärischer Anlagen"[1]. Andererseits bezeichnet Infrastruktur „die Grundeinrichtungen und das Grundpotential (Verkehrswege, Fernsprechnetz usw.) eines organisatorischen Gebildes, z.B. eines organisierten Territoriums" (Ökonomisches Lexikon 1970, zit. in Schwab/Becker 1972, S. 178). Neben dieser wirtschaftlichen Bedeutung wird heute Infrastruktur auch im zivilen Bereich verwendet, wenn es um die Basis von rechtlicher Ordnung, die Entwicklung der sozialen Sicherung von Bildung und Wissenschaft, Raumordnung, Verkehrserschließung etc. geht und der sogenannte „eigentliche Unterbau" der wohlfahrtstaatlichen Gesellschaftsformation, seine „Hardware", betrachtet werden soll (Bode 2013, S. 35). „Dabei wird zwischen *materiellen, personellen und institutionellen Komponenten der Infrastruktur* unterschieden: die materielle steht für stoffliche Elemente (Gebäude, Gerätschaften etc.); die personelle bezieht sich auf bestehendes Humankapital (z.B. berufliche Kompetenzen); die institutionelle umfasst politisch gesetzte oder natürlich gewachsene soziale Normen, welche den ‚Geist' derjenigen durchdringen, die die Infrastruktur verwalten und pflegen" (Bode 2013, S. 36, Hervorhebungen Ch.R.). Angesichts dieser Bandbreite an Bedeutungen und Verwendungszusammenhängen verwundert es nicht, dass keine scharfe Begriffsdefinition, sondern lediglich Sammlungen von Elementen und Phänomenen vorliegen, die Infrastruktur beschreiben.

Für eine sozialwirtschaftliche Betrachtung von Infrastruktur ist die Überlegung hilfreich, dass „alle Infrastrukturen (...) auch Wohlfahrtswirkungen [haben], indem sie den Bürgern das Leben erleichtern und ihnen die Teilhabe am Gemeinwesen ermöglichen" (Wendt 2013, S. 477).

1 www.duden.de/rechtschreibung/Infrastruktur, 5.12.2016.

Daraus abgeleitet wird *soziale Infrastruktur* als „Gesamtheit der öffentlich bereitgestellten und in unterschiedlicher Trägerschaft unterhaltenen Einrichtungen zu Zwecken der direkten sozialen Versorgung der Bevölkerung“ (ebd.). Im Einzelnen gehören hierzu alle Strukturen, die soziale Dienstleistungen und zivile Aktivitäten ermöglichen und zwar in den Bereichen der Bildung, der öffentlichen Sicherheit, der Gesundheit, der Sozialen Arbeit, des Rechtes und der öffentlichen Verwaltung (ebd.).

Die Frage nach der Infrastruktur und ihrer Entwicklung, d.h. die Ausstattung eines bestimmten Territoriums mit bestimmten ermöglichenden Elementen, deren Rückkopplung zu den Bedarfen der da lebenden Menschen, aber auch die Anpassung an Veränderungen, ist Gegenstand kommunaler und regionaler Sozialplanung. Diese hat in den vergangenen Jahren in räumlicher Hinsicht einen Paradigmenwechsel erfahren (siehe genauer Böhmer 2015), sichtbar wird dies im veränderten Vorgehen beim Abbau sogenannter Disparitäten.

2. Räumliche und soziale Disparitäten – Raumorientierung in der Sozialplanung

Lebensverhältnisse entwickeln sich nicht gleichwertig, sondern unterschiedlich und dies führt zu (einer laufenden Verstärkung von) Ungleichheiten. Ohne ein Zutun von außen verfestigt sich das Nebeneinander von Ungleichem auch geographisch-räumlich: Als Ergebnis unterschiedlicher erdräumlicher Voraussetzungen bilden sich Gebiete, in denen Personen und Personengruppen mit ganz unterschiedlichen Ressourcen und damit sozialen Voraussetzungen leben. Konkretisiert werden diese Ungleichheiten in gesellschaftlichen Teilhabemöglichkeiten oder anhand der Zugänge zum Arbeitsmarkt, zum Bildungs- oder Gesundheitssystem oder zu Dienstleistungen. Die stadtsoziologische Segregationsforschung versucht, diese gesellschaftlichen und räumlichen Entmischungs- und Konzentrationsprozesse greif- und verstehbar zu beschreiben (Farwick 2012), in den wirtschaftsgeographischen Traditionen werden Erklärungen für ihre Entstehung respektive deren räumlichen Ausprägungen gesucht (Meusburger 2007). Hierzu werden erdräumliche Einheiten voneinander abgegrenzt, ihre naturräumliche Ausstattung respektive sozialen Bedingungen objektiviert und zueinander ins Verhältnis gesetzt (Frankenfeld 2005, S. 185). Untersucht man die ungleichen Entwicklungen hinsichtlich ihrer räumlich-geographischen Ausprägung (Ausstattung etc.), spricht man von räumlichen oder regionalen Disparitäten. Soziale Disparitäten beziehen sich auf soziale Aspekte, wie sozioökonomische oder demographische Kennzahlen (Sozialhilfedichte, Armutsbetroffene oder Alleinerziehende, Anteil Bevölkerung mit Migrationshintergrund) in diesen Gebieten.

Auf die Disparitäten-These baut auch die kommunale Sozialplanung auf, indem angenommen wird, dass sich die soziale Polarisierung einer Bevölkerung auch räumlich-geographisch niederschlägt (kritisch Klagge 2001). Heute wird an der sozialplanerischen Grundidee festgehalten, in den Gemeinden „innerhalb der Grenzen ihrer Leistungsfähigkeit die für die wirtschaftliche, soziale und kulturelle Betreuung ihrer Einwohner erforderlichen Einrichtungen“ (Schubert et al. 2015, S. 132) zu schaffen. Doch der Weg dahin hat sich grundlegend verändert: Bis in die zweite Hälfte des 20. Jahrhunderts lautete der Grundsatz „*räumliche Standardisierung*“ (ebd., S. 133). Räumliche und soziale Disparitäten und Benachteiligungen sollten flächendeckend abgebaut (Kühn 1983) und überall die *gleichen* Lebensverhältnisse (d.h. soziale Infrastruktur) geschaffen werden.

Seit der Jahrtausendwende ist die Vorstellung von *gleichwertigen* Lebensverhältnissen und damit von Zugängen zu Einrichtungen und Diensten handlungsleitend. „[D]ie Sozialplanung verteilt Maßnahmen nicht mehr gleichmässig in Stadt und Kreis, vielmehr nimmt sie (...) die Ausgangssituation eines Sozialraums unter die Lupe und schneidet Maßnahmen auf die örtlich vorgefundene Situation zu“ (Schubert et al. 2015, S. 134). Mit diesem Paradigmenwechsel begann der sogenannte Siegeszug der Sozialraumorientierung (Riege/Schubert 2012). Da man Segregationsprozessen heute mit sozialraumorientierten Strategien entgegenwirken will, wird darauf in der Folge genauer eingegangen. Ziel ist es, auf der Basis von Sozialindikatoren möglichst differenzierte Profile von kleinräumigen städtischen Teilgebieten (Stadtquartieren) zu zeichnen. Gleichzeitig verändert sich die Steuerungsperspektive, indem die moderne Sozialplanung „die soziale Lage und Entwicklung im Sozialraum, in der Kommune und in ihrem Umfeld [analysiert]. Sie formuliert unter Beteiligung der Betroffenen und der Stakeholder Vorschläge für Ziele und Kennzahlen kommunaler Sozialpolitik. (...) Sie ist Grundlage einer ziel- und wirkungsorientierten Sozialpolitik sowie einer bedarfsgerechten sozialen Infrastruktur.“ (Schubert et al. 2015, S. 134f.)

3. Sozialraumgestaltungsperspektiven: professioneller Zugang über Orte, Menschen oder institutionelle Gefüge

Deutlich wurde in den bisherigen Ausführungen, aus welcher Perspektive man „zum Sozialraum“ gelangt, wenn Infrastruktur(-entwicklungs)fragen den Ausgangspunkt bilden und der Weg über eine sozialplanerische Neujustierung Sozialer Arbeit führt. Hat man diesen Pfad und die damit verbundene Gestaltungsperspektive einmal klar vor Augen, so gelingt es eher, für die eigene fachliche Position und deren Weiterentwicklung Orientierung gebende Stimmen herauszuhören (Reutlinger 2017b) aus der mittlerweile vielschichtigen und mitunter dissonanten sozialpädagogischen „Rede von der Sozialraumorientierung“ (Kessl/Reutlinger 2010, S. 39ff.). In der bundesdeutschen Kinder- und Jugendhilfe Anfang der 1990er Jahre beginnend (z.B. Sandermann/Urban 2007, S. 43ff.; Spatscheck/Wolf-Ostermann 2016, S. 11ff.) nimmt dieser „Catch-All-Begriff“ (Kessl/Reutlinger 2010, S. 39) heute in unterschiedlichsten Handlungsfeldern der Sozialen Arbeit, Gesundheit und der Bildung eine „diskursive Dominanz“ ein (Bingel 2011, S. 11). Auch stimm[t]en mittlerweile die unterschiedlichsten Akteure, politischen Lager und Stakeholder(-gruppierungen) mit den verschiedensten fachlichen, strategischen und auch handlungsfeldspezifischen Positionen und Ideologien, jedoch auch disziplinären Hintergründen, mit in diese Rede ein. Trotz dieser Allgegenwärtigkeit macht es Sinn, sich zu vergegenwärtigen, wie die Entwicklungen in der bundesdeutschen Kinder- und Jugendhilfe vonstattengingen. Denn in diesem Hilfebereich wurde Sozialraumorientierung als Erstes modellhaft eingesetzt und entsprechend stark konturieren sich heute die Ausprägungen, Herausforderungen und insbesondere auch die Probleme. Auch ist die Korrespondenz zwischen Sozialraumrede und Reformprozess in diesem Feld besonders gut sichtbar, denn die fachlich intendierten Veränderungen – lebensweltlicher, ressourcenorientierter Bezug als Reaktion auf Versäulungs- und Fragmentierungstendenzen – fanden parallel zum neuen Steuerungsmodell in der öffentlichen Verwaltung und dem verstärkten Auftreten von Ökonomierungs- und Kostensenkungseffekten statt. Zudem wurde das KJHG fast zeitgleich umgesetzt (bspw. Merten 2002; Düring 2011; Patjens 2017). Die Zuspitzungen und damit Probleme wurden in Zusammenhang mit der kontroversen Diskussion um das sogenannte „A-Länderpapier“ (A-Länder = SPD-regierte Bundesländer) aus dem Jahr 2011 sichtbar, in welchem der Anstieg von Ausgaben und Fallzahlen in den Hilfen zur Erziehung kritisiert, sozialräumliche Alternativen propagiert und die Änderungen der Rechtsgrundlagen im SGB VIII angestrebt wurden. Auch wenn die Entrüstung in der Fachdiskussion groß war ob dieses (verdeckten) Angriffs auf die Stellung freier Träger und dem Umbau des individuellen Rechtsanspruches mittels Sozialraumorientierung (Neuffer 2013) als „trojanisches Pferd“ für „weitere Kürzungen und fachfremde Steuerungen“ (Seithe/Heintz 2014, S. 201), ist der Tenor in der aktuellen Diskussion um die Reform des SGB VIII geblieben: „Künftig sollen ‚infrastrukturelle Angebote oder Regelangebote‘ Vorrang vor den Einzelfallhilfen erhalten (§ 36b Abs. 2-E). (…) Sozialräumliche Hilfen und Einzelfallhilfen werden damit künftig nicht mehr nur aufeinander bezogen, sondern gegeneinander ausgespielt.“ (Wiesner 2016, S. 5f.) In dieser Steuerungsdiskussion verkommt Sozialraumorientierung nur noch zum Sinnbild für fachlichen Abbau und Spardiktat. Ein wesentlicher Faktor hierfür liegt in der Tatsache, dass es „die Sozialraumorientierung“ in der Kinder- und Jugendhilfe nicht gibt und auch nicht gab, „sondern vielmehr kontroverse Positionierungen, Programmformeln und -inhalte. (...). [D]ie Perspektiven (...) treten in unterschiedlichen ‚Gemengelagen‘ ebenso wie in drastischen Verkürzungen mit Signalwirkung (‚Vom Fall zum Feld!‘, ‚Regeleinrichtung vor Spezialeinrichtung’ o.Ä.) und angereichert mit fremden (...) Diskurselementen auf“ (Düring/Peters 2016, S. 1067f.). Als Ergebnis resultieren heute quer zueinander liegende Verständnisse zu Sozialraum und möglichen Orientierungsweisen, die zusammen betrachtet nicht verschiedene Aspekte eines Ganzen beleuchten, sondern sie stehen „einander bei konsequenter Nachverfolgung der jeweiligen Argumente teils sogar widersprüchlich entgegen“ (Sandermann/Urban 2007, S. 50). Diese Beobachtung lässt sich auf eine Polarisierung von Sozialraumorientierung als fachliches Grundkonzept Sozialer Arbeit einerseits und andererseits als Metapher für alle möglichen Reformbestrebungen, die auf ganz andere Logiken (wie Kosteneffizienz) zielen, zuspitzen.

Deshalb ist neben einer Begriffsklärung auch die Klärung des jeweiligen Gestaltungsanspruches – bezogen auf bildungs-, gesundheits- und/oder soziale Fragen – wichtig. Neben nicht mehr so leicht überschaubaren Paletten an Rezepten und Methoden (siehe z.B. unter www.sozialraum.de) stehen heute verschiedenste Angebote an Sortierungsvorschlägen zur Verfügung (z.B. Sandermann/Urban 2007). In der Folge soll mit dem sogenannten „St.Galler Modell zur Gestaltung des Sozialraums“ ein solches Angebot genauer ausgeführt werden (Reutlinger/Wigger 2010). Aus der Analyse bestehender Praxen und Konzepte wurde ein Ordnungsmodell vom Sozialraum entwickelt, das als analytisches Denkinstrument hilfreich sein kann, um Problemstellungen und Ansatzpunkte für die Gestaltung des Sozialraumes zu identifizieren (Reutlinger/Wigger 2010, S. 9f.). Zentral ist vorgängig anzumerken, dass es sich bei diesem Angebot weder um ein sozialwissenschaftliches Raummodell, noch um ein (alternatives) Fachkonzept oder einen weiteren Methodenkoffer handelt.

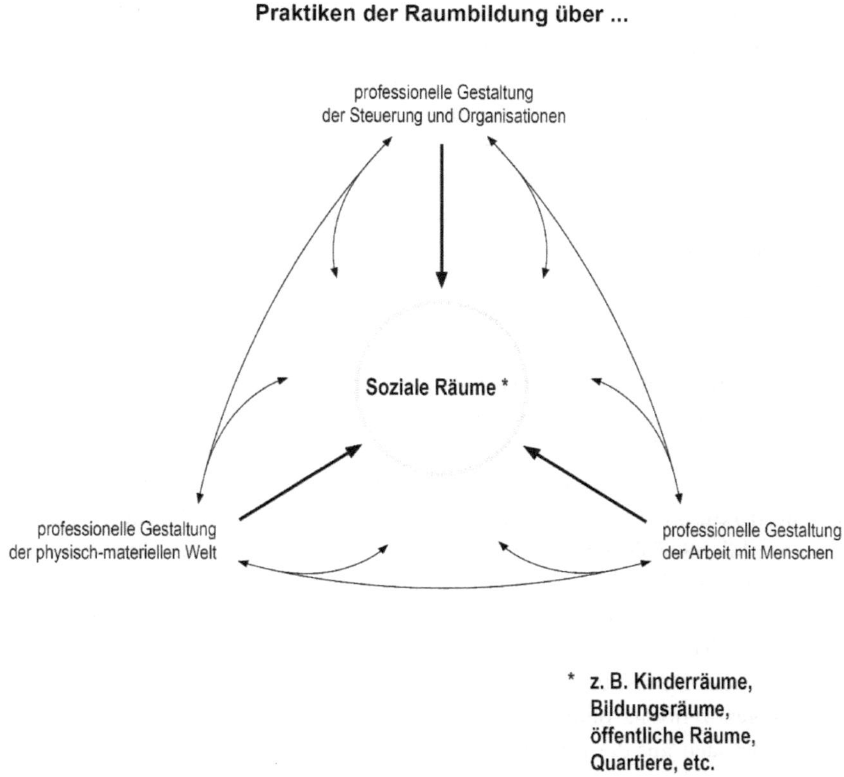

Abb. 1: St.Galler Modell zur Gestaltung des Sozialraums (eigene Darstellung in Anlehnung an Reutlinger/Wigger 2010, S. 46)

An den Ausgangspunkt wird eine relationale Raumvorstellung gesetzt, bei der es darum geht, die professionellen „raumbezogenen Praktiken" respektive „Praktiken der Raumbildung" (Reutlinger 2017c) und ihre Veränderungen zu rekonstruieren (siehe auch Dirks et al. 2016). Hinter den professionellen raumbezogenen Praktiken liegen unterschiedliche Raumbegriffe und Vorstellungen des Sozialen, die wiederum mit unterschiedlichen Gestaltungsvorstellungen verbunden sind. Dabei geht es entweder darum, das Soziale über die Veränderung der physisch-materiellen Welt zu gestalten, über die Arbeit mit Menschen zu bearbeiten oder über (veränderte) Steuerungsprozesse zu (re-)organisieren (Reutlinger/Wigger 2010). Entsprechend lassen sich beim „St. Galler Modell zur Gestaltung des Sozialraums" drei Gestaltungszugänge ableiten.

Erster Zugang über die professionelle Gestaltung durch die Veränderung der physisch-materiellen Welt, um einen Zuwachs an Infrastruktur zu ermöglichen. Diese Gestaltungsperspektive setzt die Möglichkeit voraus, über die Gestaltung und (Neu-)Ordnung der physisch-materiellen Welt (durch Bauen, Abreißen etc.) die in bestimmten Gebieten lebenden Menschen zu beeinflussen bzw. Einfluss auf das Interaktionsgefüge zwischen Menschen zu nehmen, aber auch strukturelle oder organisationale Zusammenhänge zu gestalten (siehe Abb. 1). „Dieser Gestaltungszugang unterstellt, dass die die Menschen umgebende vergegenständlichte Welt Auswirkungen auf das individuelle Selbstverständnis, Selbstwertgefühl und Weltbild, auf Gesundheit und biographische Perspektiven und damit auf die individuellen, aber auch kollektiven Handlungs- und Interaktionsspielräume hat" (Reutlinger/Wigger 2010, S. 46f.). Allerdings darf dieses Verhältnis nicht deterministisch verstanden werden, denn die Erschließung von Welt und eigenem Selbst, gerade auch in ihrer Körperlichkeit, ist aus Subjektperspektive immer ein Wechselspiel von Aneignungs- und Vergegenständlichungsprozessen (Hüllemann et al. 2017). Gestaltungsansätze, die dieser ersten Perspektive zugeordnet werden können, unterstellen „dialektische Wechselwirkungen (...) zwischen der Segregation/Konzentration bestimmter sozialer Gruppen einerseits, den materiellen Gegebenheiten des Wohngebiets (Wohnen, Wohnumfeld, lokale Ökonomie, Infrastruktur, Freizeitbedingungen etc.) andererseits" (Krummacher et al. 2003, S. 12), was im Ergebnis zu einer „Sozialraumspaltung" führen würde (ebd., S. 17ff.). Als Konsequenz wird bei der Bearbeitung „sozialer Brennpunkte" angesetzt (siehe Einleitung dieses Beitrags). Soziale Stadtentwicklungsprogramme setzen zwar heute nicht mehr nur auf die physische Erneuerung, sondern vielmehr bedarf es „der Kombination von baulichen Modernisierungen (investive Maßnahmen) und anderweitigen sozialen, wirtschaftlichen, kulturellen und ökologischen Förderpolitiken, die Entwicklungsprozesse im Viertel anstoßen und bleibende Selbsthilfestrukturen aufbauen (nicht-investive Maßnahmen)" (Werner 2012, S. 27f.). Gleichzeitig wird der Sozialraum gleichgesetzt mit der Welt, „die sich objektiv erfassen und beschreiben lässt. Dazu gehören u.a. verfügbare ökonomische Ressourcen, die (ungleiche Verteilung von) Lebensressourcen, dazu gehören der Sozialraum und das Gemeinwesen als Orte, in denen der Mensch lebt, dazu gehört die soziale und kulturelle Infrastruktur; das (Nicht-)Vorhandensein von Bildungsinstitutionen oder Angeboten und Dienstleistungen der Kinder- und Jugendhilfe, Jugendzentren, Bildungs-, Beratungs- und Unterstützungsangebote." (Bettinger 2013, S. 410) Bezogen auf die Infrastrukturentwicklungsfrage wird eine sozialräumliche Entwicklung dann möglich, wenn einem (benachteiligten) Gebiet materielle Infrastruktur zugefügt respektive die vorhandene besser genutzt wird. Zentral ist dabei, die unterschiedlichen Personengruppen zu bestimmen, welche Infrastruktur nutzen und Bedarfe haben, aber auch die Professionellen, die proaktiv über die Gestaltung von Gebäuden, Orten und Dingen Einfluss auf das Soziale nehmen wollen – eine Perspektive, die in wirtschaftlich geprägten Infrastrukturdiskussionen zu verschwinden droht.

Zweiter Zugang über Arbeit mit Einzelnen oder Gruppen bzw. Sozialitäten, um Zugänge zu Infrastruktur zu ermöglichen. „Hier scheint es möglich, über die Anknüpfung an individuelle oder gruppenspezifische Deutungen von Welt die Gestaltung des Sozialräumlichen zu initiieren. In diesem Zugang stehen nicht Orte, Plätze oder die physisch-materielle Welt in ihrer *sozialen Dinglichkeit* und Wirkmächtigkeit im Vordergrund, sondern entscheidend sind die jeweiligen Aneignungsprozesse von Menschen bzw. einzelnen Gruppierungen, das heißt, welche Deutungen sie mit bestimmten Orten und Situationen verknüpfen und welchen Handlungsbedarf sie daraus ableiten. Damit ist der Anspruch verbunden, über die Erschließung von Deutungsmustern, die Lebensbedingungen bestimmter Gruppen an konkreten Orten zunächst einmal bewusst zu machen, um dadurch Gestaltungsoptionen zu ermöglichen." (Reutlinger/Wigger 2010, S. 47f.). Konsequenterweise resultiert aus diesem Rekonstruktionsprozess kein einheitliches und dinghaftes Verständnis eines Sozialraums, sondern vielmehr unterschiedliche lebensweltlich geprägte Aneignungs- und Gestaltungsräume. Aus einer professionellen Perspektive besteht die Herausforderung darin, mit geeigneten Methoden die individuellen oder gruppenspezifischen Deutungen von Welt und damit Soziale Räume als subjektive Konstrukte zu erschließen (Deinet 2009b).

Bezogen auf die Infrastrukturfrage wird durch diesen aneignungs-subjektorientierten Zugang (Sandermann/Urban 2007, S. 47ff.) die Entwicklungsfrage der „personellen Infrastruktur" vollkommen anders angegangen, indem Menschen nicht zu Nummern verkommen (in wirtschaftlich geprägten Diskursen geht es bspw. um die Anzahl von Personen resp. ihre produktiven oder konsumtiven Fähigkeiten), sondern in ihren lebensweltlichen Bezügen ernst genommen werden. Über die Rekonstruktion der subjektiven (Welt-)Deutungen soll die physisch-materielle Welt ebenso gestaltet wie die institutionellen Zusammenhänge angepasst respektive verändert werden (Deinet 2009a, S. 18ff.).

Dritter Zugang über die professionelle Gestaltung von Steuerung und Organisation institutioneller Zusammenhänge, um Infrastruktur passgenauer zu gestalten. Ansatzpunkt sind vorherrschende strukturell-organisatorische Bedingungen (wie z.B. die Verwaltungs- und Steuerungslogik), in die Akteure der Sozialwirtschaft eingebunden sind und welche das professionelle Handeln beeinflussen. Die Steuerungsprozesse werden selbst im Hinblick „auf optimalere *Zugriffe auf den Sozialen Raum* zum Gegenstand der Gestaltung. (...) Die Bearbeitung der Sozialen Räume wird aus dieser Perspektive durch veränderte gesetzliche Rahmenbedingungen und/oder Organisationsstrukturen, Steuerungs- und Verteilungsmechanismen ermöglicht." (Reutlinger/Wigger 2010, S. 47) Die daraus abgeleiteten Einflussnahmen sind vielfältiger Art, indem z.B. durch veränderte Ressourcenverteilung Einfluss auf die Gestaltung der physisch-materiellen Welt oder die Arbeit mit Menschen an konkreten Orten genommen wird, oder mittels dieses Zugangs direkt in das soziale Geschehen eingegriffen wird. In der Folge soll dieser Gestaltungszugang genauer ausgeführt werden, da die Vertretenden der Sozialwirtschaft ihn bezüglich der Infrastrukturentwicklungsfrage intensiv nutzen: Die Gestaltung institutioneller Zusammenhänge über Sozialraumorientierung findet in den bundesdeutschen Reformdiskussionen seit 20 Jahren statt, indem „infrastrukturell angesetzt" und ein Agieren „auf nahräumlicher Ebene verhältnis- statt verhaltensverändernd" stattfinden soll (Sandermann/Urban 2007, S. 44). Über die Veränderung der strukturellen Bedingungen soll der Alltag der Adressat_innen sozialwirtschaftlicher Angebote selbstbestimmt und gelingend(-er) sein (Bestmann 2013 in Anlehnung an Thiersch; siehe z.B. Grunwald/Thiersch 2016). Deshalb ist das grundlegende Ziel, nicht „Menschen zu verändern, sondern Lebensbedingungen so zu gestalten, dass Menschen dort entsprechend ihren Bedürfnissen zufrieden(er) leben können" (Hinte/Treeß 2007, S. 34). Damit ist der Gestaltungszugang, mit welchem das Ziel erreicht werden soll, festgesetzt und der gesamte Reformvorschlag bezieht sich fast ausschließlich auf strukturelle Veränderungen. „[M]ithilfe veränderter Steuerungskonzepte und neuer ökonomischer Anreizsysteme auch durch entsprechende Organisations- und Managementstrukturen der sozialen Dienste" (Fehren 2011, S. 442) – also „an den gesellschaftlich verursachten Verhältnissen des Adressat_innenumfeldes [ansetzend] und verändernd auf diese Verhältnisse [einwirkend]" (Sandermann/Urban 2007, S. 53) – sollen „die fachlichen Ziele einer Lebenswelt- und Adressatenorientierung, einer Stärken- und Ressourcenlogik nachhaltig und wirkungsvoll in die Praxis Sozialer Arbeit" implementiert werden (Fehren 2011, S. 442). Auf den Punkt gebracht lautet die Logik, durch die Gestaltung der Lebensverhältnisse Handlungsfreiheiten zu ermöglichen und auszubauen.

4. Verengter und verengender Sozialraumbegriff – Kritische Betrachtung der steuerungsdominierten Sichtweise auf Infrastrukturentwicklung

Wohlfahrtsstaatliche Überlegungen zur Infrastrukturentwicklung (Bode 2013) in Kombination mit dem veränderten Paradigma der Steuerung (Dahme/Wohlfahrt 2015) bewirken, dass die aufgezeigte Gestaltungslogik über die strukturelle Steuerung derzeit eine so dominante Stimme in der Rede von der Sozialraumorientierung einnimmt: „Was letztlich entscheidet bzw. strukturbildend wirkt, ist die *institutionelle* Basis des Unterbaus" (Bode 2013, S. 37). Die „institutionelle Infrastruktur" umfasst, wie oben ausgeführt, „politisch gesetzte oder natürlich gewachsene soziale Normen, welche den ‚Geist' derjenigen durchdringen, die die Infrastruktur verwalten und pflegen" (ebd., S. 36). Genau diesen „Geist" gilt es zu bearbeiten, will man sozialräumliche Zusammenhänge verändern und den Menschen ans Ziel führen – und genau hier treffen sich sozialplanerische Reformbestrebungen und Reformhoffnungen der Sozialwirtschaft, indem sie zur Veränderung der strukturellen Ebene eine fixe Ausgangsbasis benötigen, zu diesem Zweck ein *Planungsgebiet als Steuerungsgröße* festlegen und sich dann fast ausschließlich um Steuerungs- und Strukturfragen kümmern. „Als Grundlage dient die geografische Abgrenzung des Sozialraums, die Analyse der Raum- und Sozialstruktur anhand von Sozialindikatoren, des Weiteren eine Bestandsaufnahme der Infrastruktur und Netzwerke vor Ort sowie deren Angebote" (Rostock 2009, S. 55).

Kritisch ist anzumerken, dass durch die Gleichsetzung von Planungsgebiet und Sozialraum der Raumbegriff verengt wird. „Das Soziale soll sich im Raum finden lassen. Der Raum wird dadurch zum Steuerungsraum Sozialer Arbeit erhoben und mit einem Stadtteil oder einer ganzen Region assoziiert. Die dort lebenden Menschen werden verwaltungstechnisch vermessen, ‚eingezäunt' und in die Schublade kameralistischer Vorstellungen verpackt. Der Raum wird so zum unsozialen, zweidimensionalen Planungsparameter, welcher sich in der Dreidimensionalität der (un)sozialen Wirklichkeit beweisen muss. Die gewünschte Steuerung des sozialen Raumes erliegt dabei der administrativen Fiktionsfalle." (Biesel 2007, S. 72) Die Aufwertung der lokalen Ebene und der „Sozialräume" als steuerungsrelevante Ebene wird darüber hinaus als ein „international zu beobachtender Trend" beschrieben, „der wesentlich darin besteht, die lokale bzw. regionale Ebene als kompensatorische Ressource wachsender Armutsprobleme und sozialer Gegensätze ins Spiel zu bringen. Ziel dieser Politik ist nicht nur, durch Verlagerung von Verantwortung die Legitimität des kommunalpolitischen Handelns zu erhöhen, sondern auch die Integration unternehmerischer, zivilgesellschaftlicher und ehrenamtlicher Kräfte in eine dezentrale sozialpolitische Strategie der Abfederung der armutsverschränkenden Auswirkungen zentralstaatlicher Wachstums- und Standortpolitik." (Dahme/Wohlfahrt 2011, S. 12f.) Damit scheinen das dominante Sozialraumverständnis und der gewählte Zugang nicht zwingend zu besseren infrastrukturellen Verhältnissen und damit zum erstrebten Zuwachs an Handlungsmöglichkeiten zu führen, sondern es droht die Gefahr, dass sich die Sozialraumverheißungen ins Gegenteil drehen. Nach einem systematischen Abbau von Infrastrukturangeboten in vielen Stadtteilen muten die erwähnten Reformbestrebungen im Rahmen des SGB VIII und der Verweis auf finanziell gegenüber der Einzelfallhilfe günstigere Infrastrukturangebote jedenfalls sarkastisch an.

Ansetzend an diesem kritischen Szenario verfolgt die sogenannte *Sozialraumarbeit* eine „reflexiv-räumliche Haltung": „Diese zielt auf eine *Kontextualisierung* situationsspezifischer Raumbezüge Sozialer Arbeit und eine *explizite (politische) Positionierung* der Beteiligten, insbesondere der Fachkräfte innerhalb solcher raumbezogener Vorgehensweisen bzw. den damit verbundenen Diskussionen um eine Sozialraumorientierungsdebatte der Sozialen Arbeit. (...) Eine reflexive räumliche Haltung bietet den Beteiligten in den Feldern der Sozialen Arbeit zwar keine grundsätzlich alternative Vorgehensweise im Sinne einer ‚neuen' oder ‚anderen Sozialraumorientierung' an. (...) Sozialraumarbeit begreift den Bezug auf soziale Räume insofern immer im Bourdieu'schen Sinne als Bezug auf die eingeschriebenen Macht- und Herrschaftsverhältnisse, in die sie eingewoben ist und die sie damit unweigerlich mit formt." (Kessl/Reutlinger 2010, S. 19, 126)

Damit impliziert eine reflexiv-räumliche Haltung einen analytischen Zugang, bei dem auch das eigene professionelle Tun und die eigene Rolle als Akteurin oder Akteur aus dem Gesundheits-, Bildungs- oder Sozialbereich kritisch-reflexiv betrachtet wird (indem immer eine Vergewisserung über die Gestaltungszugänge stattfindet). Es gilt, diese sozialwirtschaftlich relevanten Praktiken und die damit verbundenen Begrifflichkeiten in den Blick zu nehmen, denn Infrastrukturen stellen keine unverrückbaren und in Stein gemeißelten Bauwerke dar. Indem die raumbildenden Praktiken der unterschiedlichen Personengruppen ins Zentrum gerückt werden, können die Zugänge und Ausschlüsse – auf allen Ebenen, physisch-materiell, institutionell oder sozial – heraus- und gegebenenfalls bearbeitet werden. Hierzu gilt es, die einem professionellen Erbringungszusammenhang inne liegenden Machtverhältnisse aufzudecken sowie die Interessen, Ansprüche und Bedürfnisse der Beteiligten zu benennen. Die Sensibilität für Differenzkriterien gilt es hierzu zu schärfen, indem z.B. der Einfluss von Gender, Klasse, Ethnie, Milieus oder die Kapitalien der Adressat_innen (in sozialer, kultureller oder ökonomischer Hinsicht) betrachtet werden. Auch spielen körperliche und kognitive Voraussetzungen eine Rolle. Neben diesen adressatenbezogenen Analysefolien gilt es, die Professionellen selber kritisch zu betrachten, indem ihre fachlichen Kompetenzen und biographischen Voraussetzungen, aber auch ihre institutionelle Einbindung hinterfragt werden. Ebenso müssen die politischen Programmatiken sowie die rechtlichen Rahmenbedingungen in den Blick genommen werden. Doch immer gilt, dass sozialwirtschaftliche Akteure selber in die jeweiligen Macht- und Herrschaftsverhältnisse eingebunden sind – aus denen sie prinzipiell nicht entkommen können. „Sie [sind] (...) Teil derselben und auch an ihrer (Re)Produktion beteiligt" (Kessl/Reutlinger 2010, S. 126).

5. Literatur

Bestmann, Stefan (2013): Finden ohne zu suchen. Einzelfallunspezifische Arbeit in der sozialräumlichen Kinder- und Jugendhilfe. Wiesbaden: Springer VS.

Bettinger, Frank (2013): Widerstand an allen Fronten! Plädoyer für eine selbstbestimmte, politische und kritische Soziale Arbeit. In: Zimmermann, Ingo/Rüter, Jens/Wiebel, Burkhard/Pilenko, Alisha/Bettinger, Frank (Hrsg.): Anatomie des Ausschlusses. Theorie und Praxis einer Kritischen Sozialen Arbeit. Wiesbaden: Springer VS.

Biesel, Kay (2007): Sozialräumliche Soziale Arbeit. Historische, theoretische und programmatische Fundierungen. Diplomarbeit Alice-Salomon-Fachhochschule für Sozialarbeit und Sozialpädagogik, 2006. Wiesbaden: Deutscher Universitäts-Verlag.

Bingel, Gabriele (2011): Sozialraumorientierung revisited. Geschichte, Funktion und Theorie sozialraumbezogener Sozialer Arbeit. Wiesbaden: Springer VS.

Bode, Ingo (2013): Die Infrastruktur des postindustriellen Wohlfahrtsstaats. Organisation, Wandel, gesellschaftliche Hintergründe. Wiesbaden: Springer Fachmedien Wiesbaden: Springer VS.

Boettner, Johannes (2009): Sozialraumanalyse – soziale Räume vermessen, erkunden, verstehen. In: Michel-Schwartze, Brigitta (Hrsg.): Methodenbuch soziale Arbeit. Basiswissen für die Praxis. Wiesbaden: Springer VS, S. 259-291.

Böhmer, Anselm (2015): Konzepte der Sozialplanung. Grundwissen für die Soziale Arbeit. Wiesbaden: Springer VS.
Dahme, Heinz-Jürgen/Wohlfahrt, Norbert (Hrsg.) (2011): Handbuch Kommunale Sozialpolitik. Wiesbaden: Springer VS.
Dahme, Heinz-Jürgen/Wohlfahrt, Norbert (2015): Soziale Dienstleistungspolitik. Eine kritische Bestandsaufnahme. Wiesbaden: Springer Fachmedien.
Deinet, Ulrich (2009a): Grundlagen und Schritte sozialräumlicher Konzeptentwicklung. In: Deinet, Ulrich (Hrsg.): Sozialräumliche Jugendarbeit. Grundlagen, Methoden und Praxiskonzepte. Wiesbaden: Springer VS, S. 13-25.
Deinet, Ulrich (Hrsg.) (2009b): Methodenbuch Sozialraum. Wiesbaden: Springer VS.
Dirks, Sebastian/Fritsche, Caroline/Lippelt, Maike/Reutlinger, Christian (2016): Zur pädagogischen Herstellung städtischer Räume zwischen Ort und Klient*in. Empirische Einblicke und theoretische Rückschlüsse. In: Zeitschrift für Pädagogik 62, H. 1, S. 20-33.
Düring, Diana (2011): Kooperation als gelebte Praxis. Steuerungshandeln in Sozialraumteams der Kinder- und Jugendhilfe. Wiesbaden: Springer VS.
Düring, Diana/Peters, Friedhelm (2016): Sozialraumorientierung. In: Schröer, Wolfgang/Struck, Norbert/Wolff, Mechthild (Hrsg.): Handbuch Kinder- und Jugendhilfe. Weinheim/Basel: Beltz Juventa.
Farwick, Andreas (2012): Segregation. In: Eckardt, Frank (Hrsg.): Handbuch Stadtsoziologie. Wiesbaden: Springer VS, S. 381-419.
Fehren, Oliver (2011): Sozialraumorientierung sozialer Dienste. In: Evers, Adalbert/Heinze, Rolf G./Olk, Thomas (Hrsg.): Handbuch Soziale Dienste. Wiesbaden: Springer VS, S. 442-457.
Frankenfeld, Peter (2005): Disparitäten, regionale. In: Akademie für Raumforschung und Landesplanung (ARL) (Hrsg.): Handwörterbuch der Raumordnung. Hannover: Akademie für Raumforschung und Landesplanung, S. 185-190.
Grunwald, Klaus/Thiersch, Hans (Hrsg.) (2016): Praxishandbuch Lebensweltorientierte Soziale Arbeit. Handlungszugänge und Methoden in unterschiedlichen Arbeitsfeldern. 3. Aufl., Weinheim: Juventa.
Hinte, Wolfgang/Treeß, Helga (2007): Sozialraumorientierung in der Jugendhilfe. Theoretische Grundlagen, Handlungsprinzipien und Praxisbeispiele einer kooperativ-integrativen Pädagogik. Weinheim: Juventa.
Hüllemann, Ulrike/Reutlinger, Christian/Deinet, Ulrich (2017): Aneignung als strukturierendes Element des Sozialraums. In: Kessl, Fabian/Reutlinger, Christian (Hrsg.): Handbuch Sozialraum. Grundlagen für den Bildungs- und Sozialbereich. Wiesbaden: Springer VS, i.E.
Kessl, Fabian/Reutlinger, Christian (Hrsg.) (2010): Sozialraum. Eine Einführung. Wiesbaden: Springer VS.
Kessl, Fabian/Reutlinger, Christian (2017): Sozialraumorientierung. In: Böllert, Karin (Hrsg.): Kompendium Kinder- und Jugendhilfe. Wiesbaden: Springer VS, i.E.
Klagge, Britta (2001): Räumliche Disparitäten des Sozialhilfebezugs in Deutschland. Ein Überblick. In: Raumforschung und Raumordnung 59, H. 4, S. 287-296. doi:10.1007/BF03183028
Krummacher, Michael/Kulbach, Roderich/Waltz, Viktoria/Wohlfahrt, Norbert (Hrsg.) (2003): Soziale Stadt, Sozialraumentwicklung, Quartiersmanagement. Herausforderungen für Politik, Raumplanung und soziale Arbeit. Opladen: Leske & Budrich.
Kuhn, Ulrich (2010): Den Sozialraum gestalten: Sozialunternehmen. In: Sozialwirtschaft 20, H. 4, S. 20-23.
Kühn, Dietrich (1983): Städtische Sozialplanung und soziale Infrastruktur. In: Akademie für Raumforschung und Landesplanung (ARL) (Hrsg.): Grundriss der Stadtplanung. Hannover: Vincentz, S. 428-441.
Merten, Roland (Hrsg.) (2002): Sozialraumorientierung. Zwischen fachlicher Innovation und rechtlicher Machbarkeit. Weinheim/München: Juventa.
Meusburger, Peter (2007): Macht, Wissen und die Persistenz von räumlichen Disparitäten. In: Kretschmer, Ingrid (Hrsg.): Das Jubiläum der Österreichischen Geographischen Gesellschaft. 150 Jahre (1856 – 2006). Wien: Österreichische Geographische Gesellschaft.
Neuffer, Manfred (2013): Hamburger Jugendhilfe auf einem Irrweg. Stellungnahme zur Diskussion und Entwicklung der Kinder- und Jugendhilfe in Hamburg. In: Forum Erziehungshilfen 19, H. 1, S. 50-54.
Patjens, Rainer (2017): Förderrechtsverhältnisse im Kinder- und Jugendhilferecht. Wiesbaden: Springer VS.
Reutlinger, Christian (2008): Raum und soziale Entwicklung. Kritische Reflexion und neue Perspektiven für den sozialpädagogischen Diskurs. Eine Diskursperspektive für die Sozialpädagogik. Weinheim/München: Juventa.
Reutlinger, Christian (2017a): Der Sozialraum – niedrigschwellig per se? In: Arnold, Helmut/Höllmüller, Hubert (Hrsg.): Niederschwelligkeit in der Sozialen Arbeit. Weinheim/Basel: Beltz Juventa, i.E.

Reutlinger, Christian (2017b): In Seenot?! Wer oder was durch Sozialraum Orientierung findet. In: Sozialpädagogische Impulse, H. 4, S. 22-24.

Reutlinger, Christian (2017c): Machen wir uns die Welt, wie sie uns gefällt? Ein sozialgeographisches Lesebuch. Zürich: Seismo.

Reutlinger, Christian/Wigger, Annegret (Hrsg.) (2010): Transdisziplinäre Sozialraumarbeit. Grundlegungen und Perspektiven des St. Galler Modells zur Gestaltung des Sozialraums. Berlin: Frank & Timme.

Riege, Marlo/Schubert, Herbert (2012): Sozialraumanalyse. Grundlagen – Methoden – Praxis. 3., neu bearb. u. erg. Aufl., Köln: Verl. Sozial – Raum – Management.

Rostock, Sandra (2009): Soziale Räume managen. In: Kluschatzka, Ralf E./Wieland, Sigrid (Hrsg.): Sozialraumorientierung im ländlichen Kontext. Wiesbaden: Springer VS /GWV Fachverlage GmbH.

Sandermann, Philipp/Urban, Ulrike (2007): Zur „Paradoxie" der sozialpädagogischen Diskussion um Sozialraumorientierung in der Jugendhilfe. In: Neue Praxis 37, H. 1, S. 42-58.

Schreier, Maren/Reutlinger, Christian (2013): Sozialraumorientierung Sozialer Arbeit: Folge Österreich. Wer drückt die Stopp-Taste? In: Soziales Kapital, H. 10, S. 1-16. www.soziales-kapital.at/index.php/sozialeskapital/article/view/300/501, 2.7.2017.

Schubert, Herbert/Abels, Stephanie/Papenfuss, Karin/Spieckermann, Holger/Veil, Katja (2015): Neuer Infrastrukturansatz für die sozialräumliche Altenhilfe. In: van Rießen, Anne/Bleck, Christian/Knopp, Reinhold (Hrsg.): Sozialer Raum und Alter(n). Zugänge, Verläufe und Übergänge sozialräumlicher Handlungsforschung. Wiesbaden: Springer VS, S. 131-156.

Schwab, Rudolf/Becker, Wolfgang (Hrsg.) (1972): Jahrbuch der Hafenbautechnischen Gesellschaft. Zweiundreissigster Band 1969/71. Berlin/Heidelberg: Springer.

Seithe, Mechthild/Heintz, Matthias (2014): Ambulante Hilfe zur Erziehung und Sozialraumorientierung. Plädoyer für ein umstrittenes Konzept der Kinder- und Jugendhilfe in Zeiten der Nützlichkeitsideologie. Opladen/Berlin/Toronto: Barbara Budrich.

Spatscheck, Christian/Wolf-Ostermann, Karin (2016): Sozialraumanalysen. Ein Arbeitsbuch für soziale, gesundheits- und bildungsbezogene Dienste. Opladen/Toronto: Barbara Budrich.

van Laak, Dirk (2001): Infra-Strukturgeschichte. In: Geschichte und Gesellschaft: Zeitschrift für historische Sozialwissenschaft 27, H. 3, S. 367-393.

van Santen, Eric (2010): Brennpunkt. In: Reutlinger, Christian/Fritsche, Caroline/Lingg, Eva (Hrsg.): Raumwissenschaftliche Basics. Eine Einführung für die Soziale Arbeit. Wiesbaden: Springer VS, S. 45-53.

Wendt, Wolf R. (2013): Infrastruktur, soziale. In: Grunwald, Klaus/Horcher, Georg/Maelicke, Bernd (Hrsg.): Lexikon der Sozialwirtschaft. Baden-Baden: Nomos, S. 477-478.

Werner, Stefan (2012): Steuerung von Kooperationen in der integrierten und sozialen Stadtentwicklung. Machtverhältnisse und Beteiligung im Prozessraum. Diss. Univ. Passau, 2012. Wiesbaden: Springer VS.

Wiesner, Reinhard (2016): Reform oder Rolle rückwärts? Zu den Ankündigungen des BMFSFJ hinsichtlich der Weiterentwicklung des Kinder- und Jugendhilferechts. kijup-sgbviii-reform.de/wp-content/uploads/2016/07/Wiesner_Schlaglichter-22.9.2016-1.pdf, 2.7.2017.

Governance

Paul-Stefan Roß

Governance als Begriff und Konzept hat Konjunktur in den Sozial- und Wirtschaftswissenschaften und findet zunehmend Eingang in die Praxis politischen und unternehmerischen Handelns. Dabei wird der Terminus, für den es keine exakte deutsche Übersetzung gibt, keineswegs einheitlich verwendet.

Von ‚Governance' ist in unterschiedlichsten Kontexten und Verwendungsweisen die Rede. Zum einen geht es aus einer *analytischen* Perspektive heraus darum, „veränderte Realitäten der politischen Steuerung angemessen darstellen zu können" (Lahner/Zimmermann 2005, S. 223), d.h. um die Beschreibung und Erklärung von Entwicklungen im Bereich des Regierens, des Politikmachens (Governance als analytisches Konzept). Zum anderen wird mit dem Governance-Begriff eine *normative* bzw. *strategische* Perspektive verbunden (Governance als Reformkonzept), also Aussagen darüber, wie ‚gutes Regieren' (Good Governance) in komplexen nachmodernen Gesellschaften aussehen kann und soll, aber auch darüber, was eine angemessene Steuerung öffentlicher, gemeinnütziger oder privatwirtschaftlicher Organisationen (Corporate Governance) ausmacht.

Im Kern werden unter Governance „Koordinations- und Steuerungsmechanismen" verstanden, die „Elemente von Markt, Hierarchie, Netzwerken und Gemeinschaften enthalten" und „Wettbewerb, Tausch, einseitige Machtausübung, Verhandlungen, Vertrauen, einseitige bzw. wechselseitige Anpassung u.a. in unterschiedlichen Kombinationen" (Benz/Dose 2010, S. 11) miteinander verbinden.

Von hoher Relevanz für die Sozialwirtschaft ist der Governance-Diskurs in doppelter Hinsicht (Grunwald/Roß 2014; Roß/Rieger 2015): Erstens, weil sich die politische Steuerung der Rahmenbedingungen von Wohlfahrtsproduktion auf allen föderalen Ebenen zunehmend in Form von Governance-Regimen vollzieht; zweitens, weil sich Sozialmanagement zunehmend als Steuerung hybrider sozialwirtschaftlicher Organisationen, d.h. als organisationale Governance, darstellt.

1. Governance als politische Steuerung im mix of modes

1.1 Governance als analytisches Konzept

Insbesondere in der Politikwissenschaft, aber auch in der Verwaltungswissenschaft, steht Governance zunächst „für eine analytische Perspektive, die angesichts scheinbar undurchschaubarer und überkomplex gewordener Strukturen und Verfahren kollektiven Handelns in Staat, Wirtschaft und Gesellschaft für Übersicht sorgen soll" (Benz/Dose 2010, S. 32). Beschrieben werden Regelungsstrukturen und Regelungsweisen auf unterschiedlichen Ebenen (z.B. Organizational Governance, Local Governance, Governance im Staat und Global Governance) und für unterschiedliche Felder (z.B. Educational Governance, Welfare Governance usw.). Dabei geht es im Wesentlichen um zwei Phänomene: Erstens werden *zunehmende – und zunehmend komplexere – gesellschaftliche Verflechtungen* in den Blick genommen. Analysiert wird die immer stärkere Auflösung der Grenzen a) zwischen kommunaler, nationaler und internationaler Ebene; b) zwischen verschiedenen Funktionssystemen; c) zwischen

Staat, Markt und Assoziationen; d) zwischen Politikfeldern. Dabei handelt es sich bei den unter b) und c) genannten Punkten um jene Phänomene, bei denen auch die Theorie des Wohlfahrtspluralismus (s.u.) ansetzt. Zweitens und hauptsächlich geht es um das Phänomen von *Veränderungen bei der Steuerung solcher komplexen Interdependenzen.*

Zunächst sei das Modell skizziert, das der Beschreibung und Analyse dieser Veränderungen zugrunde liegt (Roß 2012, S. 314ff.).

Moderne ausdifferenzierte Gesellschaften lassen sich darstellen „als prekäres Gefüge aus verschiedenen Teilsystemen mit unterschiedlichen rivalisierenden und konkurrierenden Ordnungsprinzipien" (Evers 2004, S. 5). Unterschieden werden können der *Informelle Sektor*, der *Assoziative (Dritte) Sektor* freier Vereinigungen, der *Staat* sowie der *Markt* (Evers 2011; Roß 2012, S. 317). Diese Sektoren stellen keine klar voneinander abgegrenzten ‚Territorien' dar, sondern sind vor allem gekennzeichnet durch je eigene Systemlogiken, Zugangsregeln und Zentralwerte.

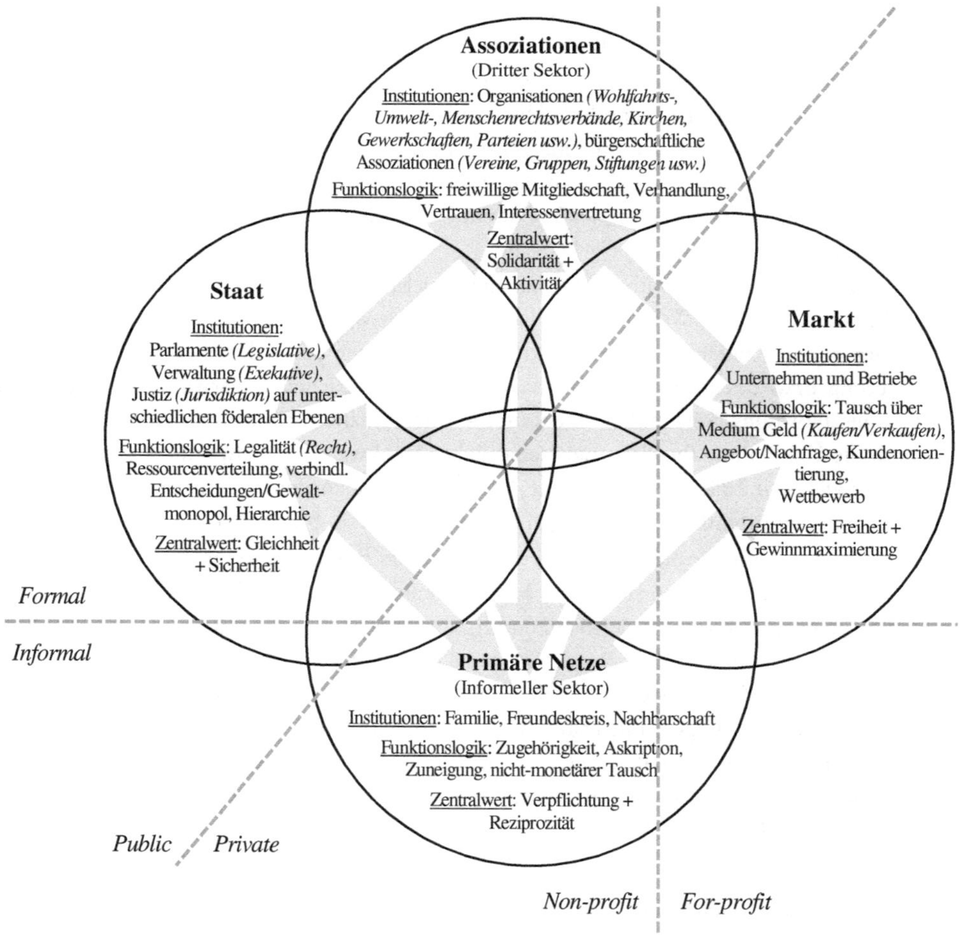

Abb. 1: Gesellschaftliche Sektoren von gemischter Wohlfahrtsproduktion und Politiksteuerung (Roß 2012, S. 317)

Die vier gesellschaftlichen Sektoren sind in sich keineswegs homogen. Zudem lassen sie sich nicht völlig trennscharf gegeneinander abgrenzen, sondern überlappen einander teilweise. Zwar sind in den einzelnen Sektoren jeweils bestimmte Grundformen der Steuerung dominant (Staat – Hierarchie; Markt – Wettbewerb; Assoziationen – Mitgliedschaft; Gemeinschaften – Reziprozität usw.), aber kein Teilbereich ist mithilfe einer der Grundformen allein zu verstehen. Die Sektoren setzen sich wechselseitig Kontextbedingungen und sind zugleich auf – seitens der jeweils anderen Bereiche gesetzte – Rahmenbedingungen angewiesen, die sie selbst nicht schaffen können. In Bezug auf politische Steuerung hat jeder dieser Sektoren einerseits spezifische Leistungsfähigkeiten und andererseits spezifische systemimmanente Leistungsgrenzen. Daher kann keiner der Teilbereiche beanspruchen, *allein* mittels seiner ‚eigenen' Institutionen und Funktionslogiken Politik zu gestalten. Eine stetige latente Gefahr besteht darin, dass die spezifische Funktionslogik eines der Sektoren die anderen Bereiche dominiert. Galt Politiksteuerung lange Zeit als staatliche Domäne, so wird spätestens seit Ende der 1990er Jahre eine einseitige Dominanz der Marktlogik beklagt, die die anderen Bereiche zu kolonialisieren droht.

Auf Basis dieses Modells lassen sich mehrere Aspekte jener Veränderungen bei der Steuerung komplexer Interdependenzen aufzeigen, die unter der Chiffre Governance thematisiert werden.

1. Politische Steuerung erfolgt immer weniger allein durch den (vermeintlich souveränen) Staat und dessen Steuerungsmodus „Hierarchie"; also zunehmend weniger durch ‚Government'. Dies hängt damit zusammen, „dass Problemzusammenhänge vielfach Kompetenzgrenzen der Regierungs- und Verwaltungseinheiten überschreiten, Formen der autoritativen Steuerung angesichts der Komplexität öffentlicher Aufgaben häufig versagen" (Benz/Dose 2010, S. 29).
2. Politische Steuerung kann aber offenbar auch nicht allein nach dem zentralen Steuerungsmodus des Marktes (‚Wettbewerb', ‚Konkurrenz' usw.) konzipiert werden. Insbesondere mit der in den 1990er Jahren auf allen föderalen Ebenen unter dem Leitbegriff der Neuen Steuerung bzw. des New Public Management vorangetriebenen Verwaltungsreform hatte sich die Hoffnung verbunden, Steuerungs- und Effizienzprobleme staatlicher Lenkung durch die Übernahme (betriebs-)wirtschaftlicher Denkweisen und Instrumente zu lösen. Jedoch erwies sich bald, „dass (…) eine Verlagerung von Aufgaben auf den Markt nur für Teilaspekte der öffentlichen Leistungen möglich ist" (ebd., S. 29).
3. Politische Steuerung erfolgt also nicht mehr exklusiv durch den Staat, lässt sich aber auch nur begrenzt den Mechanismen des Marktes anheimstellen. Vielmehr erfolgt sie zunehmend in einem Mix verschiedener Steuerungsmechanismen, d.h. in komplexen „Kombinationen aus unterschiedlichen Regelsystemen (Vertragsregeln, Kompetenzregeln und Kontrollbefugnisse, Mehrheitsregeln, Verhandlungsregeln)" (ebd., S. 25). Im Vordergrund stehen dabei Aushandlungen, innerhalb derer „Entscheidungen (…) nicht oktroyiert, sondern in direkter Interaktion der Beteiligten vereinbart" (Mayntz 2010, S. 41) werden. Damit unterscheiden sich Governance-Strukturen sowohl von staatlichen (hierarchiebasierten) als auch von marktlichen (konkurrenzbasierten) Systemen.

Die damit skizzierten Veränderungen der politischen Steuerung werden in der Governance-Debatte überwiegend als *adäquate Antwort auf gesellschaftliche Komplexität* gedeutet, insbesondere als „Reaktion auf funktionale Erfordernisse komplexer Gesellschaften" (Papadopoulos 2010, S. 227). An dieser Stelle wird die analytische Perspektive überschritten.

1.2 Governance als Reformkonzept

Im Sinne eines normativen Reformkonzepts ist Governance erstens in den Wirtschaftswissenschaften verwendet worden. Dabei ging es u.a. um die Erkenntnis, dass für effiziente ökonomische Transaktionen – neben der Marktsituation – auch die Form der Organisation des Unternehmens von Bedeutung ist (Lütz 2010, S. 138; Benz/Dose 2010, S. 17).

Zweitens taucht der Begriff Governance mit normativer Konnotation in politischen Kontexten auf. Im Zusammenhang mit Kriterien, die von der Weltbank für die Kreditvergabe an Staaten definiert werden, ist ausdrücklich von ‚Good Governance' die Rede (Benz/Dose 2010, S. 20; Adam 2000; ESCAP 2006).

Drittens beziehen sich Diskussionen unter dem Stichwort ‚Corporate Governance' auf die konkrete Ausgestaltung einer angemessenen Steuerung privatwirtschaftlicher Unternehmen, aber auch gemeinnütziger und öffentlicher Organisationen. Anschließend an den 2002 in einer ersten Fassung verabschiedeten Deutschen Corporate Governance (Regierungskommission 2015), haben in den vergangenen Jahren auch zahlreiche Wohlfahrtsorganisationen und -verbände entsprechende Kodizes erarbeitet und im Sinne von Selbstverpflichtungen verabschiedet (etwa Diakonisches Werk 2005; Brockhoff 2012; Der Paritätische Sachsen-Anhalt 2011). Im Sinne von Grundsätzen guter und transparenter Führung geht es einerseits um klare, effiziente und ‚gewaltenteilige' Leitungsstrukturen und andererseits um Transparenz hinsichtlich der Verwendung öffentlicher und privater Gelder.

Viertens wird in der Politik- und Verwaltungswissenschaft Governance als ein „neuartiges Konzept des Regierens" (Jann/Wegrich 2010, S. 175) explizit auf Basis der oben skizzierten Governance-Analysen formuliert. Governance sei nicht nur ein *faktisch* gegebenes Phänomen, sondern scheine „*unabdingbar* für das Regieren moderner Gesellschaften zu sein" (Papadopoulos 2010, S. 227; Hervorh. P.-S.R.). Die als Governance bezeichneten neuen „Formen der Kooperation zwischen staatlichen und nicht-staatlichen Akteuren (…) gelten als Chance für die Gewinnung politischer Gestaltungsspielräume" (Jann/Wegrich 2010, S. 175). In dieser Weise als Leitbild und „Reformkonzept der Verwaltungspolitik" (ebd., S. 176) verstanden, stellt Governance zugleich eine konzeptionelle Alternative „zu dem die 80er und 90er Jahre prägenden Reformmodell des New Public Management (NPM)" (ebd., S. 176) dar. In Abgrenzung zum Neuen Steuerungsmodell müsse jetzt der Weg „von Management zu Governance" (ebd., S. 183ff.) beschritten werden. Mit Blick auf die wesentlichen Inhalte von ‚Governance als Reformkonzept' sind insbesondere folgende Aspekte zentral:

1. Governance als (normativ begründetes) strategisches Konzept fokussiert v.a. auf die *interorganisatorische Perspektive*, also auf die Beziehungen und Prozesse zwischen Organisationen und Akteursgruppen (Jann/Wegrich 2010, S. 186f.).
2. Governance als strategisches Konzept setzt auf die gezielte Bildung und Pflege von sektorübergreifenden *Politiknetzwerken* als neuen Institutionalisierungsformen politischer Steuerung – im Unterschied zu einer primär staatlich-hierarchischen und einer primär ökonomisch-wettbewerblich orientierten Steuerung (Jann/Wegrich 2010, S. 187f.).
3. Governance als normatives Konzept zielt damit explizit auf eine *Kombination von Steuerungsformen* (mix of modes) aus den verschiedenen gesellschaftlichen Teilbereichen Staat, Markt und Assoziationen. „Stichworte in diesem Zusammenhang sind *Public-Private-Partnerships* oder Koproduktion" (Jann/Wegrich 2010, S. 188, Hervorhebung im Original).

Insbesondere die Bürger_innen erscheinen explizit „als Ko-Produzenten öffentlicher Güter" (ebd., S. 193).

4. Eine wichtige normative Begründung sowohl für die Forderung, Politiknetzwerke aufzubauen, als auch für die Forderung nach gemischter Steuerung ist das *Stakeholder-Prinzip*: „[A]usgehend von der einfachen Überlegung, dass soziale Probleme auch durch eine noch so effiziente Verwaltung nicht grundlegend zu lösen sind" (ebd., S. 184), gehe es darum, „gesellschaftliche Akteure in die Problembewältigung einzubinden, sie zu motivieren und zu aktivieren, um sie nicht länger von oben herab, top down, zu steuern oder zu versorgen" (ebd., S. 184).
5. Im Kontext eines strategischen Governance-Konzepts erfolgt Entscheidungsfindung wesentlich durch *Verhandlung und Beratung*, jedenfalls nicht allein auf dem Wege von Abstimmungen, die sich an der Mehrheitsregel orientieren. Insofern wird hier ein konsensdemokratisches Modell gegenüber einem konkurrenzdemokratischen Modell in den Vordergrund gestellt.
6. Dienstleistungsorientierung und Effizienz – Kernziele des New Public Managements – werden nicht aufgegeben, aber durch ein weiteres, letztlich *zivilgesellschaftliches Zielbündel* ergänzt und v.a. balanciert: „Die neuen Ziele lauten also (...) Stärkung von sozialer, politischer und administrativer Kohäsion, von politischer und gesellschaftlicher Beteiligung, von bürgerschaftlichem und politischem Engagement" (ebd., S. 184). Die mit Governance-Strukturen tendenziell verbundene Exklusion bestimmter gesellschaftlicher Gruppen (ebd., S. 184) zu überwinden, wird damit zu einer wichtigen Herausforderung normativer Konzepte von Governance (s.u.).
7. Von einer exklusiven Verantwortung des Staates für politische Steuerung und Koordination ist zunehmend weniger auszugehen – so das zentrale Ergebnis von Governance-Analysen. Wo versucht wird, Governance als normatives Konzept zu formulieren, wird der Staat dennoch nicht schlicht als ‚Gleicher unter Gleichen' aufgefasst: Ihm wird sehr wohl eine besondere Funktion zugewiesen, die u.a. mit den Begriffen *‚Systemverantwortung'*, *‚Interdependenzmanagement'*, *‚Gewährleistungsverpflichtung'* und *‚Aktivierung'* beschrieben wird. Auch im Kontext von Governance-Strukturen ist eine Instanz nötig, „die wenigstens dem Anspruch nach Verantwortung für das Ganze trägt, eine Art Systemverantwortung. Auch in einem demokratischen Gemeinwesen ist und bleibt diese Verantwortung die grundsätzliche Staatsfunktion" (Mayntz 2010, S. 44). Denn die Verantwortung dafür, was im weitesten Sinne als ‚Allgemeinwohl' (im Unterschied zu Partikularinteressen) bezeichnet werden kann, wird letztlich nur beim Staat in guten Händen gesehen. Zudem ist allein der Staat in der Lage, Grundrechte verbindlich zu gewährleisten (Meyer 2009).

1.3. Kritische Aspekte von Governance

Wird Governance als normatives Reformkonzept verstanden, so tauchen – gerade aus der Perspektive der Sozialen Arbeit – mindestens drei kritische Fragen auf.

Erstens stellt sich die Frage nach der „Vereinbarkeit von Governance-Regimen mit einigen fundamentalen Grundsätzen der Legitimation öffentlicher Entscheidungen" (Papadopoulos 2010, S. 229). Denn die für Governance-Regime typischen Verhandlungssysteme und Kooperationsnetzwerke drohen repräsentativdemokratische Institutionen zu umgehen und tendieren dazu, ein *Eigenleben gegenüber parlamentarischen Strukturen* zu führen. Hier werden die (indirekten) Einwirkungs- und Kontrollmöglichkeiten aller Bürger_innen – eine entscheidende Errungenschaft der auf einem allgemeinen und freien Wahlrecht beruhenden Demokratie – eingeschränkt (Walk 2009, S. 26). Vereinfacht ausgedrückt: In Governance-Arrangements erfolgen wesentliche politische Weichenstellungen durch Personen bzw. in Strukturen, denen nie durch Wahl ein entsprechendes Mandat erteilt wurde und deren Arbeit sich weitgehend der Kontrolle durch gewählte Parlamente entzieht. Governance-Strukturen entziehen sich aber nicht nur einer Kontrolle durch die gesetzgebende staatliche Gewalt, sondern auch durch die rechtsprechende Gewalt. Gegen Akte der staatlichen Administration können in einem demokratischen Gemeinwesen ebenso Rechtsmittel eingelegt werden wie gegen die von Parlamenten beschlossenen Gesetze. Governance-Regime dagegen werden begleitet von einer „Entformalisierung von Recht“ (Papadopoulos 2010, S. 234).

Zweitens erweisen sich die von parlamentarischen Arenen abgekoppelten Politiknetzwerke als *elitär sowie mit ausgesprochen selektiven Zugängen ausgestattet*. Diese Governance-Strukturen eigene „Tendenz zu einer demokratischen Eliteherrschaft“ (ebd., S. 229) sieht Papadopoulos dabei als nahezu zwangsläufig verbunden mit dem für Governance charakteristischen Modell einer deliberativen Entscheidungsfindung: „Deliberation zwischen freien Repräsentanten ist notwendig, um gemeinsames Lernen mit dem Ziel der Bewältigung von Interdependenzen zu ermöglichen. Sie beinhaltet allerdings unvermeidlich einen undemokratischen Zug, da sie in geschlossenen und begrenzten Gremien stattfinden muss“ (ebd., S. 232). In einer gerade für die Soziale Arbeit und deren Adressat_innen beunruhigenden Weise deutet also „einiges darauf hin, dass in Governance-Arrangements die besser organisierten und besser finanziell ausgestatteten Akteure beziehungsweise solche, die einen besseren Zugang zum politischen System haben, eher beteiligt werden als andere Interessengruppen“ (Walk 2009, S. 25). ‚Schwache Interessen‘ bzw. Akteure, die weniger gut mobilisieren können, werden dagegen systematisch an den Rand gedrängt (Clement et al. 2010; Rieger 2012).

Drittens schließlich gibt es Zweifel an der tatsächlichen Leistungsfähigkeit von Governance-Regimen. Konkrete Forschungsergebnisse deuten darauf hin, „dass wir nicht allzu große Erwartungen in die Leistungsfähigkeit von Governance haben sollten“ (Grande 2012, S. 576). Strukturelle Grenzen von Governance seien insbesondere mit Blick auf Umverteilungskonflikte mit spezifischen Adressatengruppen und kurzfristigen Zeithorizonten (ebd., S. 585f.) auszumachen.

Governance-Strukturen bedürfen deshalb notwendig demokratischer Kritik und aktiver politischer wie sozialarbeiterischer Gestaltung. Um das in ihrer partizipatorischen Ausrichtung und hierarchieskeptischen Grundhaltung angelegte Demokratiepotenzial von Governance zur Geltung zu bringen, werden im Wesentlichen drei Strategien *vorgeschlagen* (Roß/Rieger 2015, S. 653f.): Selbstorganisation und Selbstvertretung der Adressat_innen sozialwirtschaftlicher Dienstleistungen fördern *(Partizipation, user involvement)*, für eine schwache Interessen berücksichtigende Gestaltung politischer Prozesse eintreten und – wo notwendig und gewünscht – advokatorische Interessenvertretung wahrnehmen.

2. Governance und Sozialwirtschaft

Mit Blick auf die Sozialwirtschaft leisten Governance-Analysen einen wichtigen Beitrag, um Organisation und Verfassung des Sozialstaats (welfare governance) sowie die „einzelnen Bereiche sozialer Dienste zu erfassen, analytisch aufzuschlüsseln und dadurch auch genauer zu bestimmen, welche Reformen welche Folgen nach sich ziehen" (Nullmeier 2011, S. 292).

2.1 Governance und Welfaremix im Wohlfahrtsstaat

Grundlegend geht es darum zu verstehen, wie unterschiedliche Sektoren der Wohlfahrtsproduktion (Staat, Markt, Assoziationen, Familie und andere Formen der Gemeinschaft) im Wohlfahrtsmix zusammenwirken und welche möglichen Auswirkungen Gewichtsverlagerungen zugunsten bestimmter Steuerungsformen haben (Bode 2007; Evers 2011).

Vertikal gestaltet sich (nationale) Sozialpolitik heute in einem komplexen Mehrebenensystem von der Kommune über den Staat zur Europäischen Union und zu internationalen Zusammenhängen (multilevel governance). Dabei sind sowohl die vielfältigen Wechselwirkungen und Abhängigkeiten der einzelnen Ebenen wohlfahrtsstaatlicher Sicherung im Sinne Scharpfscher „Politikverflechtung" (Scharpf 1985) zu berücksichtigen, als auch die je eigenen Regelsysteme und Regelungsdynamiken auf den unterschiedlichen Ebenen (Benz 2010, S. 112).

Horizontal erfolgt die Produktion wohlfahrtsstaatlicher Leistungen traditionell im Zusammenwirken unterschiedlicher gesellschaftlicher Sektoren (Staat, Markt, Dritter Sektor, primäre Netze bzw. Gemeinschaften (Abb.1)). Letzteres wird seit Ausgang der 1990er Jahre mit dem v.a. durch Adalbert Evers und Thomas Olk geprägten Begriff und Konzept des „Wohlfahrtsmix" (auch ‚Welfare Mix', ‚mixed economy of welfare' oder ‚Wohlfahrtspluralismus') erfasst (Evers/Olk 1996). Als analytisches wie reformorientiertes Konzept richtet sich ‚Wohlfahrtspluralismus' gegen einseitig etatistische oder marktliberale sozialpolitische Konzepte. Der Begriff fasst „die *Pluralität* der Ressourcen und Instanzen, die für Lebensqualität und Konzepte des guten Lebens von Bürgern eine Rolle spielen; es geht um Staat, Markt, den dritten Sektor von Assoziationen verschiedenster Art und um Gemeinschaftsformen auch jenseits der Familie" (Evers 2011, S. 265). Ohne einem dieser Sektoren einen absoluten Vorrang in der Wohlfahrtsproduktion einzuräumen, wird der je spezifische Beitrag der einzelnen Sektoren sowie ihr Zusammenwirken in der Daseinsvorsorge betont. „Die Programmierung und die Implementierung von wohlfahrtsstaatlich vermittelten Transfers und Dienstleistungen erfolgen dementsprechend über ein komplexes Ineinandergreifen verschiedener Handlungsorientierungen" (Bode 2007, S. 403). Sozialpolitische Steuerung muss deshalb prinzipiell unterschiedliche Steuerungslogiken berücksichtigen: bürokratisch-administrative, marktnahe, netzwerkförmige und solidarische Steuerungslogiken. Governance – i.S. der in 1.2 vorgenommenen Differenzierung verstanden als alternatives Konzept des Regierens – bietet hier ein komplementäres politiktheoretisches Konzept, das dazu dient zu untersuchen und zu verstehen, wie unter den Bedingungen einer gemischten Wohlfahrtsproduktion sozialpolitische Entscheidungen zustande kommen und wie der Beitrag der unterschiedlichen Sektoren in Prozessen des Regierens, Planens und Steuerns aufeinander abzustimmen ist.

Das Interesse richtet sich in diesem Fall insbesondere auf den Wandel der ‚Governance of Welfare'. So wird die Entwicklung des bundesrepublikanischen Sozialstaats in der Fachdiskussion regelmäßig in drei Phasen gezeichnet. Bis in die 1980er Jahre dominiert die als „korporatisch bezeichnete Governance-Konstellation" (Bode 2007, S. 404):

„Von Sozialpartnern verwaltete Transfersysteme garantieren Unterstützungsansprüche im kodierten Leistungsfall (vor allem, aber nicht nur für Kerngruppen am Arbeitsmarkt), und im Bereich sozialer Dienste trafen Politik und Verwaltung verbindliche Arrangements mit gemeinnützigen Anbietern. Kostenträger vergaben Ressourcen und Vertrauen, die Leistungserbringer lieferten Kostennachweise für die von Ihnen unterhaltene Infrastruktur (Personal, Einrichtungen). Dies korrespondierte mit expandierender Sozialstaatlichkeit sowie (...) einer vergleichsweise weitreichenden Regulierung der Marktwirtschaft durch Politik und Verbände“ (ebd., S. 404f.).

Dieses Arrangement gerät seit Mitte der 1970er Jahre zunehmend unter Druck. Individualisierung und Wertewandel, nationaler wie internationaler Wandel von Produktionsbedingungen und Marktökonomien fordern den Sozialstaat heraus (Kaufmann 1997). Die in diesem Zusammenhang konstatierte Krise und Überforderung des (Sozial-)Staates führt im Rahmen neoliberaler Reformkonzepte der Privatisierung, der Vermarktlichung und Dezentralisierung zu einer markorientierten Governance-Konstellation. Schließlich erzeugen aber die mangelnde Umsetzung und offensichtliche Begrenzung ökonomischer Lösungsstrategien und betriebswirtschaftlich inspirierter Konzepte der ‚Neuen Steuerung‘ weiteren Reformdruck in Richtung einer als „new governance“ bezeichneten „Herausbildung eines dritten Weges zwischen Top-down-Steuerung und Quasimarktherrschaft“ (Bode 2007, S. 406). Hier wird nun Governance wieder in seiner engeren Bedeutung als Konzept der Analyse und Reform für eine spezifische Konstellation des Regierens, Planens und Koordinierens im Wohlfahrtsstaat verwendet, welche im Allgemeinen mit einem Rückzug des Staates zugunsten des Marktes und der Zivilgesellschaft assoziiert wird. Unscharf bleibt dabei, inwiefern Governance konkret beobachtbare Veränderung in der Steuerung der Wohlfahrtsregime lediglich *beschreibt* oder/und inwiefern das Konzept auch eine normativ zu präferierende *Reform*strategie sozialpolitischer Steuerung darstellt.

2.2 Hybridisierung sozialwirtschaftlicher Organisationen

Der oben skizzierte Wandel der Governance of Welfare bzw. das parallele Phänomen einer grundlegenden Pluralisierung der Erbringung von Wohlfahrt (Welfaremix) bleiben nicht ohne Auswirkungen auf sozialwirtschaftliche Organisationen. Innerhalb des deutschen Sozialstaatregimes ist es für soziale Dienste und Einrichtungen lange Zeit selbstverständlich gewesen, sich primär einem gesellschaftlichen Teilbereich, seiner Handlungslogik und seinen Leitzielen zuzuordnen. Die Organisationen haben sich also z.B. entweder als ‚öffentlicher‘ (= staatlicher) oder als ‚freier‘ Träger verstanden und sind dementsprechend im Wesentlichen entweder der Handlungslogik des Staates (hierarchische Steuerung) oder der des Bereichs der Assoziationen (Steuerung über Meinungsbildung der Mitglieder) gefolgt. Auch die Finanzierung von Wohlfahrtsdienstleistungen hat sich – abgesehen von Spenden – aus wenigen zumeist staatlichen Quellen gespeist (Leistungsentgelte, Zuschüsse).

Spätestens seit Mitte der 1980er Jahre sehen sich sozialwirtschaftliche Einrichtungen und Dienste im Kontext des soeben beschriebenen Wandels des Wohlfahrtsregimes zunehmend mit der Anforderung konfrontiert, Ressourcen, Zielvorgaben und Entscheidungsmodi verschiedener gesellschaftlicher Teilbereiche in unterschiedlichsten Mixturen miteinander zu kombinieren. Dabei geht es erstens um die Forderung, sich verstärkt ökonomischen Denkweisen und Instrumentarien zu öffnen, zweitens um die (u.a. im Kontext sozialraum- und teilhabeorientierter Fachkonzepte forcierte) verstärkte Einbeziehung lokaler Ressourcen und insbesondere bürgerschaftlichen Engagements sowie drittens um eine verstärkte Orientierung an den sich immer stärker individualisierenden Bedarfen potentieller Adressat_innen (Personenzentrierung). Hinzu kommt, dass immer mehr privat-gewerbliche Anbieter sozialer Dienstleistungen entstehen.

Die oben skizzierten Phänomene der Entwicklung hin zu Governance und Welfaremix bilden sich auf Ebene sozialwirtschaftlicher Organisationen ab in der Entstehung von „organisationaler Governance" (Schubert 2010), „hybrider Organisation" (Billis 2010; Evers 2013), der „organisationalen Hybridität" (Glänzel/Schmitz 2012, S. 183) oder – prozesshaft – der „Hybridisierung" (Evers et al. 2002; Heinze et al. 2011). Abgehoben wird auf „Verschränkungsmöglichkeiten" von Einflussfaktoren, „die nicht nur die von außen einwirkenden Kräfte im Spannungsfeld von Staat, Markt und Gesellschaft/Gemeinschaft, sondern die *internen Organisationsstrukturen selbst betreffen*" (Evers et al. 2002, S. 22f., Hervorhebung im Original).

Dabei geht es erstens um die Veränderung von bestehenden Organisationen, die ursprünglich klar dem staatlichen Sektor (Schule, Stadttheater, Bibliothek usw.) oder dem assoziativen Sektor (Diakoniestation, Nachbarschaftshilfeverein usw.) zuzuordnen sind und für die die spezifische Handlungsrationalität dieser Sektoren jeweils die ‚Stammlogik' darstellt (zu empirischen Studien Evers et al. 2002, S. 45ff. und Hämel 2011, zur Beschreibung von Hybridität Evers 2005; Evers/Ewert 2010; Glänzel/Schmitz 2012; Roß 2016). Indem die Organisationen nun zusätzlich Logiken zu integrieren versuchen, die ursprünglich für andere Bereiche spezifisch sind, werden sie von ‚Ein-Sektor-Organisationen' zu ‚hybriden Organisationen'.

Zweitens wird auf die Entstehung eines neuen Typs von Organisation verwiesen: Soziale Unternehmungen, „Social enterprises" (Evers 2013, S. 470) oder „social entrepreneurship organizations" (Heinze et al. 2011, S. 90ff.). Diese Organisationen sind sozusagen von vornherein in hohem Maße ‚hybrid' und kombinieren – bei relativer Dominanz der marktlichen Logik – verschiedene Handlungsrationalitäten transsektoral miteinander: „staatliche, öffentliche, forprofit- und non-profit-Elemente" (Glänzel/Schmitz 2012, S. 181). Freilich gibt es auch traditionsreiche Organisationen, die von Beginn an hybrid waren und es weiterhin sind: z.B. öffentliche Unternehmen wie kommunale Wohnungsbaugesellschaften oder Genossenschaften.

Sowohl der Begriff der ‚Organizational Governance' als auch derjenige der ‚hybriden Organisation' steht insofern also für den Versuch sozialwirtschaftlicher Organisationen, die verschiedenen – zunächst jeweils für unterschiedliche Teilbereiche von Gesellschaft charakteristischen – Handlungslogiken miteinander zu verschränken. ‚Hybride Organisationen' sind, kurz gesagt, Organisationen, „die in ihren Strategien und Dienstleistungen Merkmale kombinieren, die normalerweise eindeutig dem Staat, dem Markt oder dem dritten Sektor zugeschrieben werden" (Wasel/Haas 2012, S. 588).

3. Organisationale Governance: Steuerung hybrider Organisationen

Wenn also sowohl die Steuerung der politischen Rahmenbedingungen der Sozialwirtschaft (Kap. 2.1) als auch die Steuerung sozialwirtschaftlicher Einrichtungen (Kap. 2.2) zunehmend in einem ‚mix of modes' (d.h. in einer Kombination staatlicher, ökonomischer, assoziativer und gemeinschaftlicher Funktionslogiken) erfolgen, dann liegt es nah, Sozialmanagement grundlegend als Steuerung hybrider Organisationen zu verstehen und zu konzipieren (Grunwald/Roß 2017).

Die oben als ‚Hybridisierung' bezeichneten Veränderungen lassen sich für das Management hybrider sozialwirtschaftlicher Organisationen präzisieren mit Blick auf die vier Dimensionen ‚Ressourcen', ‚Zielvorgaben', ‚Einfluss- bzw. Entscheidungsstrukturen' und ‚Identitäten' (Evers et al. 2002, S. 23ff.; Evers 2013; Glänzel/Schmitz 2012).

(1) Sozialwirtschaftliche Organisationen und ihr Management sind herausgefordert, Strategien zu entwickeln, um *Ressourcen* nicht nur im Sinne staatlicher Finanzierungslogik – dem bei Organisationen des staatlichen und des assoziativen Sektors bislang dominierenden Weg – einzuwerben: Hinzukommen müssen Strategien, die auf ökonomisches Handeln setzen (also durch den Verkauf von Dienstleistungen auf einem mehr oder weniger freien Markt), die die Erschließung von Sozialem Kapital (freiwilliges Engagement, Vernetzung usw.) anstreben oder die das Engagement von Wirtschaftsunternehmen einbinden (Public Private Partnerships).

(2) Sie sind aufgefordert, Strategien zu entwickeln, um *Zielvorgaben*, die unterschiedlichen gesellschaftlichen Sektoren entstammen und für diese jeweils charakteristisch sind, in ein „Zielbündel", in ein „Ensemble von Handlungs- und Organisationszielen" (Evers et al. 2002, S. 29) bzw. ein „Amalgam" (Glänzel/Schmitz 2012, S. 181) zu integrieren: also etwa die allgemeine Zugänglichkeit von Leistungen und Einhaltung bestimmter Qualitätsstandards (staatliche Zielvorgaben), die Erwirtschaftung von Überschüssen zur Erhaltung von Handlungs- und Dispositionsfreiheit (wirtschaftliche Ziele) sowie den Aufbau lokaler Netzwerke und Partizipation der Adressat_innen (zivilgesellschaftliche Ziele).

(3) Die Organisationen und ihr Management haben Strategien zu entwickeln, um *Einfluss- und Entscheidungsstrukturen*, die zunächst unterschiedlichen Sektorlogiken entsprechen und u.U. in Konkurrenz zueinander stehen, miteinander zu kombinieren: die hierarchisch durchgesetzten Vorgaben des Staates (Gesetze, Förderrichtlinien, Qualitätsstandards usw.), die Entscheidungslogik des Marktes (Angebot-Nachfrage-Relation, Wettbewerb, Rentabilität der Dienstleistungsproduktion usw.) sowie die formelle oder informelle Einflussnahme von Stakeholdern im Sinne „interessierter Beteiligter und Betroffener" (Evers et al. 2002, S. 32).

(4) Schließlich sind sie herausgefordert, verschiedene *Identitäten* miteinander zu verknüpfen: etwa die Identität einer staatlichen Einrichtung, die eines lokalen Gemeinschaftsprojekts oder die einer unternehmerisch geführten Organisation (Evers 2013).

Hybridisierung umfasst darüber hinaus *extra-organisationale* und *intra-organisationale* Aspekte, die seitens der Leitungskräfte im Blick zu behalten sind.

In ihren *Außenbeziehungen* muss eine hybride sozialwirtschaftliche Organisation (gleichgültig welchem Sektor sie ursprünglich bzw. primär zugehört) in der Lage sein, mit ihren verschiedenen relevanten Stakeholdern – also denjenigen Akteuren, die in irgendeiner Weise eigene Interessen mit dem Handeln der jeweiligen Organisation verbinden – angemessen und entsprechend deren je spezifischer Funktionslogik zu interagieren (Schubert 2010, S. 215); sie muss also sowohl die Ressourcen dieser Stakeholder nutzen als auch auf sie Einfluss nehmen können. Denn es sind „gerade die Beziehungen zu den Stakeholdern, die den Reichtum einer gemeinnützigen Einrichtung ausmachen" (Reiser 2010, S. 14). In diesem Zusammenhang müssen die Leitungskräfte in der Lage sein, in den für die Organisation relevanten Governance-Strukturen – also in Verhandlungsnetzwerken zwischen staatlichen, wirtschaftlichen, assoziativen und informellen Akteuren – agieren zu können. Sozialwirtschaftliche Dienste und Einrichtungen sind so zunehmend als ‚Multi-Stakeholder-Organisationen' zu begreifen, (Evers et al. 2002, S. 33), die nicht länger nur auf eine/n Interessenträger_in ausgerichtet sind (die Kommune, die Kirche, die Partei, die Gründerpersönlichkeit usw.), sondern sich als hybride Organisationen in Netzwerkbeziehungen orientieren müssen.

Intern besteht eine wesentliche Herausforderung darin, dass Aufbauorganisation, organisationale Prozesse und Organisationskultur(en) so gestaltet sein müssen, dass eine sozialwirtschaftliche Organisation in dieser Weise als ‚Multi-Stakeholder-Organisation' handeln kann. Es gilt, intra-organisationale Governance-Strukturen herauszubilden, die geeignet sind, a) strukturelle Koppelungen zu den verschiedenen Stakeholdern der Organisation herzustellen (Schubert 2010, S. 215) und b) die spezifischen und komplexen Transaktionen zu bewältigen, die mit der ‚gemischten' Produktion sozialer Dienstleistungen unter gegenwärtigen gesellschaftlichen Bedingungen verbunden sind (a.a.O.). Konkrete, in diesen Zusammenhang einzuordnende intraorganisationale Entwicklungen sozialer Träger sind nach Schubert (ebd., S. 215) beispielsweise der Wandel von der stabilen „Palastorganisation" hin zur flexiblen „Zeltorganisation" (Gomez/Zimmermann 1993), der Wandel von einem festen Portfolio langfristiger Dienste hin zur „temporären Projektförmigkeit von Dienstleistungen" (Schubert 2010, S. 215) und von weitgehend einheitlichen Angeboten zur Individualisierung von Dienstleistungen.

4. Fazit

Die Aufnahme der theoretischen Konzepte von Welfaremix und organisationaler Governance bietet sozialwirtschaftlichen Organisationen eine zweifache Orientierung.

Mit Blick auf die Außenbeziehungen wird der Blick für die Governancestrukturen geschärft, innerhalb derer die Organisation auf verschiedenen föderalen Ebenen agiert: Es lassen sich nicht nur die virulenten Funktionslogiken der beteiligten Akteure analysieren und verstehen, sondern es eröffnet sich auch die Möglichkeit gezielter Interventionen, etwa zum Schutz der i.d.R. nur schwach repräsentierten Interessen der Adressaten_innen Sozialer Arbeit.

Hinsichtlich der eigenen Dienstleistungserbringung werden sozialwirtschaftliche Organisationen aufgefordert, a) einen ‚mix of modes' zu realisieren, b) eine interne organisationale Governance zu entwickeln, die genau dies ermöglicht. Bei diesem Mix handelt es sich, so ist mit Rekurs auf die Theorie des Welfaremix in Erinnerung zu rufen, um eine Kombination von spezifischen, keineswegs immer kompatiblen und gelegentlich auch widerstreitenden Funktionslogiken bzw. Leitwerten der angesprochenen vier Teilbereiche. Die Produktion von Dienstleistungen im Sinne einer ‚gemischten' Gewährleistung von Daseinsvorsorge basiert nicht auf einer harmonisierenden Angleichung dieser Logiken, sondern darauf, die Systemrationalitäten in ihrer Unterschiedlichkeit auszubalancieren und durchaus auch wechselseitig zu ‚bändigen'. Insofern dies bedeutet, einerseits Komponenten zu integrieren, die der genuinen Marktlogik entsprechen (Kennzahlenvergleiche, Budgetierung, Output-Orientierung usw.), andererseits nicht *einseitig* auf die Logik des Marktes zu setzen, wird damit ein Grundverständnis grundgelegt, das Sozial-‚Management' nicht ‚manageralistisch' engführt (Grunwald/Roß 2017).

5. Literatur

Adam, Markus (2000): Die Entstehung des Governance-Konzepts bei Weltbank und UN. Die EZ wird politischer. In: Entwicklung und Zusammenarbeit 41, H. 10, S. 272-274.

Benz, Arthur (2010): Multilevel Governance – Governance in Mehrebenensystemen. In: Benz, Arthur/ Dose, Nicolai (Hrsg.): Regieren in komplexen Regelsystemen. Eine Einführung. 2., aktual. u. veränd. Aufl., Wiesbaden: Springer VS, S. 111-136.

Benz, Arthur/Dose, Nicolai (2010): Governance – Modebegriff oder nützliches sozialwissenschaftliches Konzept? In: Benz, Arthur/Dose, Nicolai (Hrsg.): Regieren in komplexen Regelsystemen. Eine Einführung. 2., aktual. u. veränd. Aufl., Wiesbaden: Springer VS, S. 13-36.

Billis, David (Hrsg.) (2010): Hybrid Organizations and the Third Sector. Challenges for Practice, Theory an Policy. Basingstoke: Palgrave Macmillan.

Bode, Ingo (2007): Wohlfahrt. In: Benz, Arthur/Lütz, Susanne/Schimank, Uwe/Simonis, Georg (Hrsg.): Handbuch Governance. Theoretische Grundlagen und empirische Anwendungsfelder. Wiesbaden: Springer VS, S. 401-412.

Brockhoff, Rainer (2012): Corporate Governance ist Teil der Unternehmenspolitik. In: Neue Caritas 113, H. 2, S. 16-20.

Clement, Ute/Nowak, Jörg/Scherrer, Christoph/Ruß, Sabine (Hrsg.) (2010): Public Governance und schwache Interessen. Wiesbaden: Springer VS.

Der Paritätische Sachsen-Anhalt (Hrsg.) (2011): Corporate Governance Kodex. Grundsätze guter und transparenter Führung, Magdeburg. In: www.paritaet-lsa.de/cms/files/brosch__re_grunds__tze_guter_und_transparenter_f__hrung.pdf, 29.6.2016.

Diakonisches Werk der Evangelischen Kirche in Deutschland (Hrsg.) (2005): Diakonischer Corporate Governance Kodex (DGK) – mit Erläuterungen. In: www.diakonie-rwl.de/cms/media//pdf/service/infomaterial/Diakonie-CGK.pdf, 29.6.2016.

ESCAP – United Nations Economic and Social Commission for Asia and the Pacific (Hrsg.) (2006): What is Good Governance? In: www.unescap.org/pdd/prs/ProjectActivities/Ongoing/gg/governance.asp, 11.1.2013.

Evers, Adalbert (2013): Hybride Organisationen. In: Grunwald, Klaus/Horcher, Georg/Maelicke, Bernd (Hrsg.): Lexikon der Sozialwirtschaft. 2., völlig überarb. Aufl., Baden-Baden: Nomos, S. 470-471.

Evers, Adalbert (2011): Wohlfahrtsmix und soziale Dienste. In: Evers, Adalbert/Heinze, Rolf Georg/Olk, Thomas (Hrsg.) (2011): Handbuch Soziale Dienste. Wiesbaden: Springer VS, S. 265-283.

Evers, Adalbert (2005): Mehr als Regulierung. Zur Rolle kommunaler Politik und Verwaltung am Beispiel der Kindertagesstätten. In: Forschungsjournal Neue Soziale Bewegungen 18, H. 3, S. 39-47.

Evers, Adalbert (2004): Sektor und Spannungsfeld. Zur Politik und Theorie des Dritten Sektor. Diskussionspapiere zum Nonprofit-Sektor 27. Manuskript. Berlin.

Evers, Adalbert/Ewert, Benjamin (2010): Hybride Organisationen im Bereich sozialer Dienste. Ein Konzept, sein Hintergrund und seine Implikationen. In: Klatetzki, Thomas (Hrsg.): Soziale personenbezogene Dienstleistungsorganisationen. Wiesbaden: Springer VS, S. 103-128.

Evers, Adalbert/Olk, Thomas (1996): Wohlfahrtspluralismus. Vom Wohlfahrtsstaat zur Wohlfahrtsgesellschaft. Wiesbaden: Springer VS.

Evers, Adalbert/Rauch, Ulrich/Stitz, Uta (2002): Von öffentlichen Einrichtungen zu sozialen Unternehmen. Hybride Organisationsformen im Bereich sozialer Dienstleistungen. Berlin: Edition Stigma.

Glänzel, Gunnar/Schmitz, Björn (2012): Hybride Organisationen – Spezial- oder Regelfall? In: Anheier, Helmut/Schröer, Andreas/Then, Volker (Hrsg.): Soziale Investitionen. Interdisziplinäre Perspektiven. Wiesbaden: Springer VS, S. 181-203.

Gomez, Peter/Zimmermann, Tim (1993): Unternehmensorganisation. 2. Aufl., Frankfurt a.M.: Campus.

Grande, Edgar (2012): Governance-Forschung in der Governance-Falle? – Eine kritische Bestandsaufnahme. In: Politische Vierteljahresschrift 53, H. 4, S. 565-592.

Grunwald, Klaus/Roß, Paul-Stefan (2017): Sozialmanagement als Steuerung hybrider sozialwirtschaftlicher Organisationen. In: Schwarz, Gotthard/Wöhrle, Armin/Fritze, Agnès/Prinz Thomas (Hrsg.): Sozialmanagement. Die Bilanz des Steuerns der Sozialen Arbeit zwischen Sozialpolitik und Sozialwirtschaft. Eine kritische Reflexion nach 25 Jahren. Wiesbaden: Springer VS, S. 171-184.

Grunwald, Klaus/Roß, Paul-Stefan (2014): „Governance Sozialer Arbeit". Versuch einer theoriebasierten Handlungsorientierung für die Sozialwirtschaft. In: Tabatt-Hirschfeldt, Andrea (Hrsg.): Öffentliche und Soziale Steuerung – Public Management und Sozialmanagement im Diskurs. Baden-Baden: Nomos, S. 17-64.

Hämel, Kerstin (2011): Öffnung und Engagement. Altenpflegeheime zwischen staatlicher Regulierung, Wettbewerb und Zivilgesellschaft. Wiesbaden: Springer VS.

Heinze, Rolf Georg/Schneiders, Katrin/Grohs, Stephan (2011): Social Entrepreneurship im deutschen Wohlfahrtsstaat – Hybride Organisationen zwischen Markt, Staat und Gemeinschaft. In: Hackenberg, Helga/Empter, Stefan (Hrsg.): Social Entrepreneurship – Social Buisness: Für die Gesellschaft unternehmen. Wiesbaden: Springer VS, S. 86-102.

Jann, Werner/Wegrich, Kai (2010): Governance und Verwaltungspolitik: Leitbilder und Reformkonzepte. In: Benz, Arthur/Dose, Nicolai (Hrsg.): Regieren in komplexen Regelsystemen. Eine Einführung. 2., aktual. u. veränd. Aufl. Wiesbaden: Springer VS, S. 175-200.

Kaufmann, Franz-Xaver (1997): Herausforderungen des Sozialstaates. Frankfurt a.M.: Suhrkamp.

Lahner, Mario/Zimmermann, Karsten (2005): Integrierte Stadtteilentwicklung: Bedeutung, Zusammenhang und Grenzen von Place-making, Sozialkapital und neuen Formen der Local Governance. In: Greiffenhagen, Sylvia/Neller, Katja (Hrsg.): Praxis ohne Theorie? Wissenschaftliche Diskurse zum Bund-Länder-Programm „Stadtteile mit besonderem Entwicklungsbedarf – die soziale Stadt". Wiesbaden: Springer VS, S. 219-236.
Lütz, Susanne (2010): Governance in der politischen Ökonomie In: Makro- und Mesoperspektiven. In: Benz, Arthur/Dose, Nicolai (Hrsg.): Regieren in komplexen Regelsystemen. Eine Einführung. 2., aktual. u. veränd. Aufl. Wiesbaden: Springer VS, S. 137-173.
Mayntz, Renate (2010): Governance im modernen Staat. In: Benz, Arthur/Dose, Nicolai (Hrsg.): Regieren in komplexen Regelsystemen. Eine Einführung. 2., aktual. u. veränd. Aufl. Wiesbaden: Springer VS, S. 37-48.
Meyer, Thomas (2009): Soviel Markt, soviel Zivilgesellschaft wie möglich. In: Die Zeit vom 7.9.2009.
Nullmeier, Frank (2011): Governance sozialer Dienste. In: Evers, Adalbert/Heinze, Rolf Georg/Olk, Thomas (Hrsg.) (2011): Handbuch Soziale Dienste. Wiesbaden: Springer VS, S. 284-298.
Papadopoulos, Yannis (2010): Governance und Demokratie. In: Benz, Arthur/Dose, Nicolai (Hrsg.): Regieren in komplexen Regelsystemen. Eine Einführung. 2., aktual. u. veränd. Aufl. Wiesbaden: Springer VS, S. 225-250.
Regierungskommission Deutscher Corporate Governance Kodex (Hrsg.) (2015): Deutscher Corporate Governance Kodex. in der Fassung vom 05. Mai 2015, o. O. www.dcgk.de//files/dcgk/usercontent/de/download/kodex/2015-05-05_Deutscher_Corporate_Goverance_Kodex.pdf, 29.6.2016.
Reiser, Brigitte (2010): Koproduktion. Vom Klienten zum Bürger. In: Sozialwirtschaft 20, H. 6, S. 13-15.
Rieger, Günter (2012): Schwache Interessen in Governanceprozessen. In: Effinger, Herbert/Borrmann, Stefan/Gahleitner, Silke Birgitta/Köttig, Michaela/Kraus, Björn/Stövesand, Sabine (Hrsg.): Diversität und Soziale Ungleichheit. Analytische Zugänge und professionelles Handeln in der Sozialen Arbeit. Berlin: Barabara Budrich, S. 193-203.
Roß, Paul-Stefan (2016): Governance als Steuerungskonzept für Versorgungsgestaltung im Alter. In: Schäfer-Walkmann, Susanne/Traub, Franziska (Hrsg.) (2016): Evolution durch Vernetzung. Beiträge zur interdisziplinären Versorgungsforschung. Wiesbaden: Springer VS, S. 19-46.
Roß, Paul-Stefan (2012): Demokratie weiter denken. Reflexionen zur Förderung bürgerschaftlichen Engagements in der Bürgerkommune. Baden-Baden: Nomos.
Roß, Paul-Stefan/Rieger, Günter (2015): Governance. In: Otto, Hans-Uwe/Thiersch, Hans/Treptow, Rainer/Ziegler, Holger (Hrsg.): Handbuch Soziale Arbeit, 5. Aufl., München: Reinhardt, S. 644-657.
Scharpf, Fritz W. (1985): Politikverflechtungs-Falle: Europäische Integration und deutscher Föderalismus im Vergleich. In: Politische Vierteljahresschrift 26, H. 4, S. 323-356.
Schubert, Herbert (2010): Governance sichert Legitimität. Organisationale Aspekte in der Sozialwirtschaft. In: Blätter der Wohlfahrtspflege 157, H. 6, S. 214-216.
Walk, Heike (2009): Krise der Demokratie und die Rolle der Politikwissenschaft. In: Aus Politik und Zeitgeschichte 59, H. 12, S. 22-27.
Wasel, Wolfgang/Haas, Hanns-Stephan (2012): Hybride Organisationen – Antworten auf Markt und Inklusion. In: Nachrichtendienst des Deutschen Vereins für öffentliche und private Fürsorge 92, S. 586-593.

Märkte der Sozialwirtschaft

Frank Schulz-Nieswandt

1. Einleitung

Obwohl tautologisch anmutend, sei Sozialwirtschaft (Grunwald et al. 2013; Arnold et al. 2014; Wendt 2015; Bödege-Wolf/Schellberg 2010; Lingenfelser 2011) definiert als Wirtschaften im sozialen Feld.

Damit ist aber das Phänomen nicht hinreichend beschrieben. Denn das Soziale ist externes Objekt wie auch interne Logik des Gebildes Sozialwirtschaft. Es geht demnach um soziales Wirtschaften im sozialen Feld. Ich identifiziere die Sozialwirtschaft somit zwar als weitgehend deckungsgleich mit den Unternehmen/Betrieben der freien Wohlfahrtpflege (Wendt 2010; 2015). Gleichwohl sind (in Abgrenzung zu freien Trägern) private Unternehmen – wie im Teilbereich der Pflege (siehe weiter unten in Abschnitt 5.3) – als äquifunktionale Akteure im Markt tätig.

1.1 Unternehmensmorphologische Vorüberlegungen

Dies folgt auch der unternehmensmorphologischen Position, wonach das Feld der Ökonomik öffentlich relevanter gemeinwirtschaftlicher Aufgaben a) entweder institutionalistisch mit Blick auf die öffentliche Trägerschaft oder b) funktionalistisch mit Blick auf die Erfüllung gemeinwirtschaftlicher Aufgaben, dabei freie und private Träger differenzierend, analysiert werden kann. Auch bei nichtöffentlichen Aufgaben privater erwerbswirtschaftlicher Unternehmen kann durch widmungswirtschaftliche Akzente gemeinwirtschaftlicher Nutzen gestiftet werden.

Zieht man die privaten Träger der Erfüllung relevanter Aufgaben (wie im Pflegemarkt oder auch im Fall des Trägerpluralismus im Krankenhaussektor) hinzu, dann erhöht sich die Dichte der Marktangebote. Je nach Teilgebiet der Sozialwirtschaft dominiert die freigemeinwirtschaftliche Unternehmenskultur. Ist bei privaten erwerbswirtschaftlichen Trägern eine widmungswirtschaftliche Selbstbindung nicht ausgeschlossen, so ist diese bei ausgeprägter Shareholder-Value-Ausrichtung eher unwahrscheinlich. Weder theoretisch noch empirisch überzeugt die altliberale Idee, der Markt sei ohnehin die beste Form der bedarfsdeckenden Gemeinwirtschaft.

Und insofern der Begriff des Unternehmens über die Rechtsform (z.B. der [g]GmbH) oder über die letztendliche unternehmenspolitische Führung (etwa in Holdingstrukturen) bestimmt wird, sind mit der Bezeichnung ‚Betriebe' die eigentlichen Produktionsstätten sozialer Leistungen gemeint. Aufgrund der Eigenheiten personenbezogener Dienstleistungen können aber auch hier nochmals Sitz des Betriebes und Ort der letztendlichen Leistungserstellung verschieden sein.

1.2 Wertorientierte morphologische Vorüberlegungen

Aufschließender wertorientierter Bezugspunkt zum Verständnis des Phänomens ist die Kategorie der Sorge (Ruffing 2011; Wendt 2014), in den letzten Jahren zu einer Kategorie einer facettenreichen affirmativen wie auch kritisch de-konstruktiven Nacherzählung der Fürsorge (und der Prozesse der Gabe (Schulz-Nieswandt 2014b; Trenkwalder-Egger 2016) als Ursprung solidarischen Handelns, des Teilens und Umverteilens) in allen Teilbereichen der Sozialpolitik geworden. Diese Neuorientierungen und Neuvermessungen der Logik des sozialen Helfens betreffen alle Ebenen in einer Mehr-Ebenen-Schichtung der Sozialpolitik: die Paradigmenentwicklung in den normativ-rechtlichen Regimen (Schulz-Nieswandt 2016a; 2016b) im Völkerrecht, im Europarecht und im deutschen Recht als Makroebene. Betroffen sind auch die Mesoebene der Organisationen (als Orte der Einrichtungen der Leistungserstellung) sowie die Mikroebene des sozialen Helfens als soziales Interaktionsgeschehen in Medizin, Rehabilitation, Eingliederung, Pflege, Beratung etc.

Infolge dieser analytischen Bindung des Verständnisses der Sozialwirtschaft knüpft die Analyse die Themenentfaltung nicht nur an spezifische externe Handlungsfelder, die die Märkte der Sozialwirtschaft bezeichnen. Dann könnte sich das vorliegende Handbuchkapitel auf die Synopse einiger Branchenstrukturziffern reduzieren. Stattdessen wird, auch mit Blick auf eine auf die Kategorie der Sorgearbeit abstellenden internen sozialen Produktionsfunktion, die Sozialwirtschaft zu einem in spezifischer Weise kulturell eingebetteten Marktgeschehen. Der kritische Blick auf die Soll-Ist-Differenz (Koch 2014) in dieser oftmals explizit auf Menschenbild und Moral abstellenden Praxis der organisierten Sorgearbeit gehört mit zur Bilanz dieser Handlungsfelder.

1.3. Zur Logik der Analysestruktur der ‚Märkte der Sozialwirtschaft'

In der nachfolgenden Entfaltung der Problematik ‚Märkte der Sozialwirtschaft' kommt diese doppelte Analysestruktur

a) externe Marktfelder der Sozialwirtschaft einerseits und

b) Logik des sozialwirtschaftlichen Handelns in diesen Märkten andererseits

zum Ausdruck.

Die ‚Marktanalyse' ist also transaktional und expliziert den Wirkungskreislauf zwischen Organisationen als Akteure und Umwelt.

Dadurch weist das vorliegende Kapitel erhebliche Integrationseffekte im Querschnitt zu den anderen Kapiteln des Handbuchs auf.

Angesprochene, aber nicht tiefer reflektierte Aspekte können ferner zum großen Teil mit dem „Lexikon der Sozialwirtschaft" (Grunwald et al. 2013) oder auch dem „Fachlexikon der Sozialen Arbeit" des Deutschen Vereins (2016) erschlossen werden.

Das Kapitel ist durch eine übergreifende Hypothese in der Tiefenstruktur der Analyse geprägt, die sich wie folgt formulieren lässt: Die Analyse der ‚Märkte der Sozialwirtschaft' ist einerseits als Branchenstruktur angesichts der Daseinsaufgaben der menschlichen Person im Lebenslauf aus den Lebenslagen der Menschen (kollektiv aus dem demographischen und epidemiologischen Wandel) heraus bedarfswirtschaftlich bestimmt. Andererseits werden Nachfrage und Angebot – sieht man von ‚reinen' (aber auch hier nicht völlig unregulierten) Selbstzahlerteilmärkten ab – anatomisch als Quasi-Märkte konstruiert durch das Leistungs-, Ordnungs- und Vertragsrecht im Zuge der gewährleistungsstaatlichen Mechanismen. Dies sichert im Durchschnitt und im Trend solide und dauerhafte Low-Profit-Perspektiven für freie und private Anbieter. Insofern drängen private Higher-Profit-Anbieter als Shareholder-Value-Akteure nur in Teilmärkte vor. Dies kann partiell im Pflegemarkt beobachtet werden (Abschnitt 5.3). Auch im Wohnungsmarkt (Seniorenwohnanlagen) ist dies der Fall. Für die „Sozialversicherungsbevölkerung" mit ergänzenden Sozialhilfeansprüchen sieht die soziale Wirklichkeit als Ordnung personalen Erlebnisgeschehens (Schulz-Nieswandt 2016a) anders aus.

Die Hypothese lautet also: Sozialwirtschaft ist soziales Wirtschaften in re-distributiv finanzierten, regulierten Märkten für die Mehrheit der Bürger und Bürgerinnen als „Sozialversicherungsbevölkerung mit ergänzenden Sozialhilfeansprüchen". Diese Hypothese konstituiert die Logik des Kapitels.

In Grenzen gehaltene produktive Redundanzen innerhalb des vorliegenden Handbuchs sind aber erforderlich, um die Problematik „Märkte der Sozialwirtschaft" nicht nur deskriptiv zu entfalten, wozu eine Link-Sammlung mit dichter Daten-Synopse reichen würde. Insofern stelle ich als Teil der Analyse der „Märkte der Sozialwirtschaft" auch die Unternehmensphilosophie der freien Wohlfahrtsproduktion – von der die faktisch gelebte Unternehmenskultur signifikant abweichen mag – vor.

Durch die analytisch reflektierte Gegenstands- und Themenbestimmung werden die Handlungsfelder (Kapitel 5) nicht nur entlang des Lebenszyklus des Menschen,

a) Kindheit/Jugend,
b) mittleres Erwachsenenalter,
c) nachberufliche Phase,

jeweils mit Binnendifferenzierungen wie

- z.B. frühe Kindheit, Schulkinder, Jugend,
- junge Familien bzw. ältere Arbeitnehmer_innen oder
- junge Alte bzw. hochaltrige Menschen

anzuordnen sein, sondern auch als Themen der altersklassenunabhängigen Daseinsbewältigung der Menschen (Kapitel 5.2). Hier sind Gliederungspunkte nach sozialen Risiken möglich:

- Arbeit,
- Bildung,
- Armut,
- Migration,
- Gesundheit,
- Pflege,
- Behinderung,
- Wohnen,
- Überschuldung etc.

Letztendlich werden die Branchenstruktur und auch die von Einrichtungen und Diensten geprägten Versorgungslandschaften aus den Bedarfsfeldern der individuellen und sozialen Alterungsprozesse unter der Bedingung sozialer Differenzierungen, sozialer Ungleichheit und sozialer Ausgrenzung bestimmt.

Das Verständnis dieser Daseinsbewältigungsaufgaben erfolgt im Rahmen des Konzepts der Lebenslage (Schulz-Nieswandt 2006), definiert als Wechselspiel von An- und Herausforderungen als Entwicklungsaufgaben der Person in der Lebenspanne einerseits und den zur Bewältigung

(Coping) dieser Aufgaben erforderlichen bzw. faktischen Kompetenzen und externen Ressourcen andererseits. Der Capability-Ansatz (Neuhäuser 2014) verknüpft in ähnlicher Weise Abilities und Capacities.

Die ‚Ordnung der Dinge' erfolgt im komplexen Kontext einer komplizierten rechtlichen Konstruktion des sozialwirtschaftlichen Feldes (Kapitel 3), deren ‚Anatomie' zumindest dicht skizziert werden muss. Sozialwirtschaft wird zu diesem Zwecke im Rahmen einer Clusterdifferenzierung der Einordnung sozialwirtschaftlichen Handelns in den Dritten Sektor (Schulz-Nieswandt 2008) im Rahmen einer Mehr-Sektoren-Theorie der Produktion von ökonomischer und sozialer Wohlfahrt morphologisch eingeordnet (Kapitel 4).

Zunächst dienen kurze Bemerkungen zur ‚Genealogie' des sozialen Helfens der Hinführung (Kapitel 2).

2. Lange Vorgeschichte als Vektor der Konturierung des sozialwirtschaftlichen Feldes

Soziales Helfen gehört im Lichte der Evolution zum pro-sozialen Verhaltenspotential des Menschen. Neben der Brutpflege entfalteten sich seit (Schulz-Nieswandt 2003) der „Achsenzeit" der Hochkulturen (und ihren „Hochreligionen") im Kontext der sog. „neolithischen Revolution" der Sesshaftigkeit und Siedlungsgründung im Zuge der erweiterten gemeinschaftlichen und gesellschaftlichen Gesellungsformen ausdifferenzierte moralische und rechtliche Praktiken der Dispositive der Gerechtigkeit und der Solidarität. Hier liegen die archetypischen Wurzeln noch aktuellster Debatten, sei es der Begriff der Uneigennützigkeit im Steuerfreigemeinnützigkeitsrecht oder in den Diskursen über die Forschung zu Spiegelneuronen und Empathie in ihrer Relevanz zum Verständnis von pro-sozialem Verhalten im Lichte der verhaltenswissenschaftlichen, evolutionspsychologischen oder auch bindungspsychologischen Forschungen. Das Thema ist in Kontexten früher Hilfen in prekären Familienmilieus ebenso relevant wie in Diskursen zur Professionalisierung sozialen Helfens oder in der Diskussion zur Ethik der Achtsamkeit.

Für moderne liberale Demokratien, die als sozialer Rechtsstaat wie im Fall der Bundesrepublik Deutschland verfasst organisiert sind, wird diese lange Vorgeschichte noch in der konstitutiven Wertestruktur der „Sattelzeit" der Französischen Revolution zum Ausdruck gebracht, denn neben der Freiheit ist dort bindend von Gleichheit (der Chance zur Freiheit: also distributive Gerechtigkeit) und Solidarität (genderneutral die Übersetzung von Brüderlichkeit), also von redistributiver (umverteilender) Gerechtigkeit die Rede (Schulz-Nieswandt 2006). Und im Monat November 2016, in dem dieser Text geschrieben ist, ist mir angesichts der St. Martinsfeiern wieder diese „Archäologie" des gestellten Themas vor Augen geführt worden.

Wesentliche – keineswegs alle, denkt man z.B. an die Arbeiterbewegung des 19. und frühen 20. Jahrhunderts – Wurzeln des modernen sozialwirtschaftlichen Handelns berühren daher die lange Geschichte von Caritas und Diakonie in ihren alt- und neutestamentlichen Wurzeln sowie der realen Machtgeschichte der Anstaltskirchen. In der neueren (historischen und international vergleichenden) Forschung zum Wohlfahrtsstaat wird der Zusammenhang zur Religions- und Kirchengeschichte deutlich akzentuiert. Auch die Ausbildung und Ausdifferenzierung der sozialen Dienste und Einrichtungen im Dritten Sektor hängen miteinander zusammen, vergleicht man die kontinentale mit der nordeuropäischen Staatenbildung nach den Reformationskriegen mit der jeweils spezifischen Kirchengeschichte und Konfessionsstruktur der Bevölkerung (Fix/Fix 2005; Wendt 1995). Anders wird man die noch aktuell verbreiteten Selbstbeschreibungen der Sozialwirtschaft als Dienst am Menschen und als Sorgearbeit als Gabe (als Haltung zum offenen Geben) – man blicke hermeneutisch einmal auf das soziale Marketing im Spendenmanagement der Wohlfahrtsorganisationen – für den Menschen, der im Mittelpunkt stünde, nicht verstehen können. Dies gilt auch für die engagementpolitischen Dispositive der Förder- und Anerkennungskulturen.

Am Bahnhof Köln-Deutz habe ich eine Beobachtung machen können. Die Diakonie wirbt dort für ihre Dienstleistungsarbeit. Ein Plakat zeigt eine junge weibliche Fachkraft, die einer alten Dame ihre langen weißen Haare kämmt. Auf Kopfhöhe der Fachkraft und oberhalb des Kopfes der Dame liest man: „Mein Beruf ist, die Würde des Menschen zu pflegen." Hier kommt diese lange Geschichte fokussiert zum Ausdruck. Im Hintergrund laufen die aktuellen Diskurse. Insbesondere die diakonische Praxis ist in Dynamik. Dies indizieren zwei Schriftenreihen zur Diakoniewissenschaft/Diakoniemanagement bei Nomos und Diakonie (Bildung – Gestaltung – Organisation) bei Kohlhammer. Die Nomos-Reihe scheint mir wie die dort verlegte Fachzeitschrift „Sozialwirtschaft" eher pragmatisch; die Reihe bei Kohlhammer ist signifikanter auf Fragen der strategischen Ideenorientierung ausgerichtet.

Diese historischen und kultur- wie mentalitätsgeschichtlichen Anmerkungen führen direkt zum 3. Kapitel. Denn zur Vorgeschichte gehört auch die mit der sog. „Päpstlichen Revolution" des 12. Jahrhunderts strukturell eingeleitete Trennung von Staat und Kirche. In diesem Kontext sind die in Deutschland ausgeprägten sozialstaatsarchitektonischen Prinzipien der (von der Sicherstellung begrifflich und real abgetrennten) Gewährleistung und der Subsidiarität zu verstehen. Erst dann kann vermessen werden, was unter dem Thema „Märkte der Sozialwirtschaft" zu verstehen ist.

3. Anatomie der rechtlichen Konstruktion des sozialwirtschaftlichen Feldes

Der deutsche soziale Rechtsstaat versteht sich vor dem Hintergrund von Art. 20 GG im Lichte von Art. 1 (die Würde als „Sakralität der Person" (Joas 2011; Schulz-Nieswandt 2017b) ist als heilige Grundlage auch des säkularen Rechtsstaates zu verstehen) und 2. GG – konkretisiert im § 1 SGB I als übergreifend fundierendes Verständnis für das System der SGB – weitgehend als Gewährleistungsstaat.

3.1 Daseinsvorsorge und Quasi-Märkte

Er kennt zwar auch im Lichte der kommunalen Daseinsvorsorge gemäß Art. 28 GG (aktuell brisant angesichts der Unterversorgungsdiskussion in strukturschwachen, schrumpfenden Teilräumen auch in Verbindung mit dem Gebot der „Gleichwertigkeit der Lebensverhältnisse im Raum" gemäß Art. 72 GG) eigene öffentliche (oder öffentlich zweckdominierte gemischtwirtschaftliche) Unternehmen, aber Subsidiarität meint hier die Vorrangigkeit der Erledigung öffentlicher (öffentlich relevanter, z.B. meritorischer) Güter durch nicht-staatliche Akteure im vorstaatlichen Raum regulierter und öffentlich mitfinanzierter Quasi-Märkte.

Die Differenz zwischen Märkten und Quasi-Märkten ist nur schwer zu bestimmen. Definiert man Quasi-Märkte aus den Kriterien der rechtlichen Regulierung, so ist fraglich ob, es je freie

Märkte in der Wirtschaftsgeschichte gegeben hat. Freie und in diesem Sinne optimale Märkte hat es nie gegeben. Sicherlich differieren die Grade und Formen – insgesamt die Intensität – der Marktregulierung in der Geschichte und im Branchen- und Sektorenvergleich. Zieht man ferner das Kriterium der öffentlichen (Mit-)Finanzierung heran, so könnte sich schon deutlicher jener Teil der Volkswirtschaft abbilden lassen, der als Quasi-Märkte zu bezeichnen ist. Trotzdem bleibt der Begriff der Quasi-Märkte eine problematisierbare Hilfskonstruktion. Ihm haftet einerseits eine zugeschriebene Schwäche an. Echte (*eigentliche*) Märkte sind die Referenz, unechte (*uneigentliche*) Märkte sind die Quasi-Märkte. Das ist ein versteckter wirtschaftsliberaler Normativismus. Denn demnach seien Quasi-Märkte *‚politisch verschmutzt‘* und in der Folge ineffizienter. Die Annahme reiner Märkte ist aber eine ideologische Referenz eines sog. Modellplatonismus. Andererseits ist das Konstrukt der Quasi-Märkte wohl in der Fachdiskussion aufgekommen, um die noch stärkere (nicht nur europarechtlich getriebene) Marktöffnung – etwa infolge der Präzisierungen der Ausschreibungsregime und des sonstigen Vergaberechts – begrifflich abzubilden.

Diese Quasi-Märkte sind Wettbewerbsräume privater (erwerbswirtschaftlicher) und freier (gemeinwirtschaftlich orientierter) Unternehmen. Öffentliche Leistungserstellung kennt man residual, meist dort, wo Marktversagen auch durch Regulierung (z.B. durch Qualitätsmanagement als Verbraucherschutzpolitik: Maier-Rigaud 2013) nicht abgestellt werden kann oder Märkte erst gar nicht entstehen. Ein relevantes Phänomen ist hier z.B. die Unterversorgung schlechter Risikostrukturen als negative Selektionswirkung erwerbswirtschaftlich dominierter Unternehmen. Damit verbunden sind soziale Kosten (negative externe Effekte) für das Gemeinwohl der Gesellschaft. Vor diesem Hintergrund sind z.B. kommunale Krankenhäuser sowie Landespsychiatriekliniken ebenso zu verstehen wie öffentliche Bildungseinrichtungen.

3.2 Marktregulativer Kontext

Die öffentliche Trägerschaft der Erledigung öffentlicher Aufgaben ist aber nach herrschender Meinung deutlich eingeschränkt, nicht nur im Rahmen der nationalen Regelungen der kommunalen Selbstverwaltungswirtschaft im Wirkkontext des jeweiligen Landeswirtschaftsrechts, sondern vor allem durch das europarechtliche Binnenmarktwettbewerbsrecht, also vor allem hier das Vergaberecht, damit die Ausschreibungs-, Betrauungs- und Beihilferegelungen (zuletzt auch das Dienstleistungskonzessionsrecht) betreffend (Schulz-Nieswandt 2013; 2014a). Hier dominieren die obersten Rechtsprinzipien der Nichtdiskriminierung und der Transparenz. Auch die sich ausdifferenzierenden Formen institutioneller oder finanzieller Public-private-Partnerships (PPP) sind hier eingefügt. Die Problematik resultiert aus den Grundfreiheiten der Freizügigkeit im Binnenmarkt. Daher ist auch die europarechtliche Kontroverse um die Wettbewerbsverzerrungen des Phänomens der Steuerfreigemeinnützigkeit (Droege 2010) hier einzuordnen.

3.3 Gewährleistung, staatliches Kontraktmanagement, Sicherstellung

Daraus resultiert, dass nicht nur öffentliche, sondern auch sozialwirtschaftliche Unternehmen bei der Erfüllung öffentlicher Aufgaben den Status funktioneller Unternehmen im Sinne des

Marktbezugs aufweisen. Die subsidiäre Vorrangigkeit privater und freier Träger im Marktwettbewerb vor der staatlichen Erledigung eben dieser Aufgaben hat die Sozialwirtschaft in ein kompliziertes Regulierungsgeflecht des staatlichen Kontraktmanagements im Zuge von Ausschreibungsmechanismen eingefügt.

Gewährleistung und Sicherstellung werden also weitgehend getrennt. Der bundesdeutsche Staat ist hier Kontraktmanager. Er hat die Pflicht zur Gewährleistung öffentlich relevanter Güter im Rahmen der Daseinsvorsorge und im Lichte des Grundrechts auf freien Zugang zu den Dienstleistungen von allgemeinem Interesse gemäß Art. 34 der Grundrechtscharta, nunmehr Teil des EUV/AEUV im Lichte des Gebots sozialer Marktwirtschaft gemäß Art. 3 EUV (Schulz-Nieswandt 2012). Aber er hat die Sicherstellung als Grundlage der Erledigung marktorientiert an nicht-staatliche Unternehmen im Wettbewerb zu delegieren (dazu auch Dahme/Wohlfahrt 2014).

Damit ist der marktregulative Kontext sozialwirtschaftlichen Handelns skizziert.

4. Sozialwirtschaft im Rahmen der Morphologie der multisektoralen Wohlfahrtsproduktion

Ich greife nunmehr die Frage der hinreichenden Definition der Sozialwirtschaft und damit die Bestimmung der „Märkte der Sozialwirtschaft“, nun aber (theoretisch fundiert) kontextualisiert, wieder auf. Dazu ist es zweckdienlich, die Theorie(n) des Dritten Sektors zu nutzen.

Die Anatomie dieses Modells ist mehrdimensional binär aufgeschlüsselt. Die Vektoren sind

- {öffentlich : privat},
- {gemeinwirtschaftlich : erwerbswirtschaftlich},
- {informell : formell},
- {de-zentral : zentral}.

U.a. kann ich im Rahmen des Modells die sozialwirtschaftlichen Unternehmen von ihren Verbänden (Hammerschmidt 2005; Boeßenecker/Vilain 2013) abgrenzen, da ich drei Cluster im Bestimmungsraum des Dritten Sektors differenzieren werde.

Insgesamt gesehen unterscheide ich vier Sektoren:

Sektor 1: Staat,

Sektor 2: Markt,

Sektor 3: Dritter Sektor, mit der Binnendifferenzierung

- Cluster I: staatsnaher Cluster,
- Cluster II: Wettbewerb zwischen freien Trägern/Non-Profit-Unternehmen und privaten Trägern/For-Profit-Unternehmen,
- Cluster III: Raum der Übergänge zwischen Familie, Nachbarschaft und informellem Engagement, wobei das Ehrenamt in Organisationen durchaus in Cluster I und II hineinreicht.

Sektor 4: Familie.

Und dabei und dadurch wird das staatsnahe Cluster I, in dem die Verbände der freien Wohlfahrtspflege – aber auch andere advokatorische Organisationen (BAG SH, DAG SHG, BBE) – angesiedelt sind (Vaske 2016), nicht zum Thema.

4.1 Dritter Sektor

Unter Dritter Sektor verstehe ich einen Sektor (3) der mehrsektoralen Wohlfahrtsproduktion, intermediär angesiedelt zwischen den Sektoren Staat (1), Markt (2) und Familie (4). Familie ist nur exemplarische Signatur für informelle Formen des moralökonomischen Handelns im Sinne primärer Vergemeinschaftungsformen, zu denen auch die erweiterte bzw. künstliche Verwandtschaft und die Freundschaft gehören können. Methodologisch ist der Status der Sektorbestimmung nicht ganz klar, da ideal- und realtypologische Eigenschaften sich eigentümlich mischen.

Alle vier Sektoren sind über soziale Tauschprozesse charakterisiert, die einer jeweiligen Logik von Reziprozität folgen. Der Staat (1) tauscht vertikal – da er mit dem Monopol auf legitime physische Gewalt Herrschaftscharakter hat – politische Güter gegen Steuern, Gebühren und Sozialabgaben. Die Familie (4) tauscht aus spezifischen Motiven der Liebe (unbedingte Gabe) im Sinne einer Logik einer Moralökonomik verschiedenartige Ressourcen aus. Der Markt wird hier äquivalenztauschökonomisch als erwerbswirtschaftlicher For-Profit-Markt definiert. Der Dritte Sektor ist in diesem Dreieck intermediärer Art. Er ist (Kolhoff 2016) der mischfinanzierte (Steuern, Sozialabgaben, Markterlöse, Gebühren, Spenden) Ort organisierter Sorgearbeit, wo sich, wie noch zu zeigen ist, formelle (Professionen) und informelle (freiwilliges Engagement) Ressourcen mischen.

Cluster I: Die Verbände der Sozialwirtschaft zähle ich zu einem staatsnahen Cluster I. Verbände sind Teil des politischen Systems, das nicht auf staatliche Regierungslehre reduziert werden kann. Die Verbände haben zivilgesellschaftliche Aufgaben mit Blick auf Agenda-Setting und Partizipation in der Zweikammergesetzgebung auf allen Ebenen des föderalen Staates mit eigengesetzlichem Bund und eigengesetzlichen Ländern.

Unter Sozialwirtschaft verstehe ich aber die Unternehmen und deren Betriebe. Analytisch wirkt diese Sektorenlehre bei näherer Betrachtung zunächst nicht konsistent, weil diese Unternehmen als Sektor (3) im Markt (2) stehen bzw. dort eingelassen sind. Insofern kann ich dieses Non-for-Profit-Marktsegment vom soeben differenzierten Marktsektor insgesamt gar nicht trennen. Allerdings fundiert die Differenz der Logiken von Non-for-Profit und For-Profit genau diese Differenz. Dies gilt analytisch. Empirisch kann auch diese Differenz einer Erosion unterliegen. Hier hat sich eine eigene Forschung zu Transformationsgebilden zum Thema marktwirtschaftslogische Konvergenz des Managementverhaltens frei-gemeinwirtschaftlicher (auch öffentlicher, öffentlich-rechtlicher und genossenschaftlicher) Unternehmen entwickelt.

Cluster II: Diese gemischte Zone zwischen frei-gemeinwirtschaftlichen Unternehmen des Dritten Sektors (3) und erwerbswirtschaftlichen Unternehmen des Sektors Markt (2) ist Cluster II. Und genau dieses Cluster II ist Thema der Analyse der „Märkte der Sozialwirtschaft".

Cluster III: Aber auch ein Cluster III ist hier hineinreichend und daher von Bedeutung. Unter Cluster III verstehe ich die Schnittmengen zwischen Familie (4) und Nachbarschaft, als Ort lokaler Sorgegemeinschaften unter Einbezug der Formen des bürgerschaftlichen Engagements, wobei ich morphologisch das individuelle Ehrenamt als freiwillige Fremdhilfe für Dritte (Altruismus von Ego zu Alter Ego) in Organisationen einerseits und die selbstorganisierten, selberverwalteten Gebilde der sozialen Selbsthilfe auf der Grundlage der genossenschaftsartigen Gegenseitigkeitshilfe (Mutualität zwischen Ego und Alter Ego) andererseits unterscheide (Schulz-Nieswandt/Köstler 2011). Dieses Cluster stellt also Übergangsräume dar zwischen den Formen primärer Vergemeinschaftung durch Moralökonomik (4) einerseits und den sekundären Formen der Moralökonomik im Zuge von sozialem Engagement andererseits. Diese sekundären Formen des Ehrenamts und der gemeinschaftlichen Selbsthilfe auf Gegenseitigkeit gehören jedoch zum Dritten Sektor (3).

Sofern nun das individuelle Ehrenamt als freiwillige Hilfe für Dritte innerhalb der Organisationen und der Unternehmen/Betriebe der Sozialwirtschaft als Ressource einbezogen wird (Backhaus-Maul et al. 2014; Klöckner 2015), haben wir es mit einer Verschachtelung von Cluster II und III des Dritten Sektors zu tun. Gerade deshalb wird durch den auf den Zweiten Sektor im Sinne funktioneller Unternehmen bezogenen Cluster II des Dritten Sektors wiederum eine Wettbewerbsverzerrung durch den Einbezug des Ehrenamts in die Not-for-Profit-Unternehmen diskutiert.

Hinzugefügt werden muss (auch in Jüster 2015), dass der Wettbewerb natürlich nicht nur in der Gemengelage zwischen Not-for-Profit und For-Profit-Unternehmen besteht, sondern auch zwischen den Unternehmen der verschiedenen Träger der freien Wohlfahrtspflege.

Schließlich muss ergänzt werden, dass ein großer Teil der freien Wohlfahrtspflege immer noch Schwierigkeiten mit selbstorganisierter und selbstverwalteter sozialer/gemeinschaftlicher Selbsthilfe als genossenschaftliche/genossenschaftsartige Gegenseitigkeitshilfe im lokalen Sozialraum hat, da hier durchaus wirtschaftliche Konkurrenzeffekte auftreten.

4.2 Sachzieldominanz und Formalziele

Ein Punkt muss noch – sofern es sich ohnehin nicht um rechtsformspezifische Ausgründungen zur Erzielung von Gewinnen handelt – geklärt werden: (Steuerfreigemeinnützige) Not-for-Profit-Unternehmen machen Gewinne.

Dieser Punkt lässt sich klären durch die klassische These der Dominanz der Sachzielorientierung gegenüber den Formalzielen (Schulz-Nieswandt 2016a, S. 63f.). Das Sachziel ist die bedarfsgerechte Versorgung der Zielgruppen, die in der Regel sozialpolitisch definiert werden. Es geht im Lichte von sozialen Risiken und Vulnerabilitäten des *Homo patiens* um – auf die eingangs formulierte Anthropologie der personalen Freiheit durch Für-Sorge (Theorem der Capability: Neuhäuser 2014) zurückkommend – Versorgung, Behandlung, Betreuung, Beratung, Förderung. Formalziele (Gewinnerzielung, Unternehmens-, Umsatz- und Beschäftigungswachstum) sind hier nur Nebenziele.

In erwerbswirtschaftlichen Unternehmen, vor allem im ausgeprägten Modus der Shareholder-Value-Konstruktion börsennotierter Kapitalgesellschaften, ist die Hierarchie zwischen Sach- und Formalziel genau umgekehrt.

Insofern hat bereits die ältere, klassische deutsche Gemeinwirtschaftstheorie (Thiemeyer 1970; Schulz-Nieswandt 2015) Gewinnerzielung nicht ausgeschlossen. Es kommt eben auf die Humanität der Bedingungen der Gewinnerzielung und auf die gemeinwohlorientierte Gewinnverwendung an. Insofern kennt ja auch die Steuerfreigemeinnützigkeit die notwendige Gewinnerzielung, diese aber nur mit Blick auf die satzungsgebundene zeitnahe Re-Investition.

Die Not-for-Profit-Wirtschaft ist also gar nicht Not-for-Profit-Wirtschaft. Die Formulierung Low-Profit-Ökonomik ist aber auch nicht optimal und frei von analytischen Problemen.

4.3 Private Träger und Erwerbswirtschaft

So ist nun die Sozialwirtschaft als Markt morphologisch bestimmt:

- als Unternehmen und Betriebe der Not-for-Profit-Wirtschaft im Wettbewerb untereinander,
- mit For-Profit-Unternehmen und deren Betriebe im Markt.

Am Ende ist die Abgrenzung zu neuerdings sogenannten „Sozialunternehmen“ (Grohs et al. 2014; Jansen et al. 2013) durchzuführen. Der Sprachgebrauch ist nicht einheitlich. Ich verstehe unter Sozialunternehmen erwerbswirtschaftliche Unternehmen, die aber stakeholderorientiert aufgestellt sind. Nach außen betreiben sie Aktivitäten im Sinne von Corporate Social Responsibility (CSR: Curbach 2009), auch in der Form von Corporate Citizenship (CC). Nach innen betreiben sie z.B. eine nachhaltige Personalentwicklung durch Strategien, Methoden und Instrumente des Demographiemanagements.

Nun können wir die Märkte der Sozialwirtschaft bestimmen. Denn die Sozialwirtschaft ist dazu zunächst selbst als Marktunternehmen – allerdings eigener Art – definiert worden. Sozialwirtschaftliche Marktunternehmen können daher nur im Rahmen einer Sonder-Betriebswirtschaftslehre angemessen verstanden werden. Formal werden auch hier alle Teilbereiche der allgemeinen Betriebswirtschaftslehre benötigt. Aufgrund der gemeinwirtschaftlich orientierten Sachzieldominanz kann aber sowohl die Besonderheit des sozialen Marketings wie auch die besondere politische Dimension im (erweiterten, gesellschaftlichen) Rechnungswesen und daher im Controlling gemeinwohlförder- oder widmungswirtschaftlich verstanden werden. Auch Führungsfragen werden im Lichte der sorgenden Dienstgesinnung in sittlicher Achtsamkeit codiert.

4.4 Sozialwirtschaft und soziale Wohlfahrt

Diese Sicht auf die Sozialwirtschaft ist wohlfahrtstheoretisch bedeutsam.

In der folgenden Konkretisierung ist mit Blick auf den politischen Charakter der Problematik das Konstrukt der Kosten-Effektivität Ω von zentraler Bedeutung. Denn es geht gemäß minimax-Prinzip nicht allein um die betriebstechnische Effizienz von Input zu Output. Sodann ist die Sicht auf die abstrakte, aber zur Klärung zweckdienliche Ebene der Wohlfahrtsökonomik zu heben. Gefragt wird nach der Optimierung ($\rightarrow$ max!) der sozialen Wohlfahrt (SW) als Funktion (F) aller individueller ($n = 1 \ldots n$) Nutzenfunktionen U. Dabei besagt das Wohlfahrtskriterium nach Pareto (Fritsch 2011, S. 21ff.; siehe auch Schulz-Nieswandt 2017b), dass sich eine Person oder eine Gruppe von Personen als Teilmenge j von n solange verbessern darf, wie sich dadurch ursächlich keine Personen aus der Restmenge n-j verschlechtern. Und hierbei wiederum wird nun die Teilmenge der Pareto-Lösungen präferiert, die nach Rawls (Kersting 2015; siehe auch Schulz-Nieswandt 2017b) *Win-win*-Situationen realisieren. Am Ende kann der Schluss gezogen werden, dass durch die Berücksichtigung von gemeinwirtschaftlichen Aufgaben eine andere Präferenzaggregation im Zuge der SWF realisiert wird, da in dem Wohlfahrtsoptimum WO^{GW} einer gemeinwirtschaftlichen (GW) Funktion SWF eine andere soziale Welt verwirklicht wird als in dem Wohlfahrtsoptimum WO^{EW} einer rein erwerbswirtschaftlichen (EW) Funktion SWF.

Ohne dies in methodisch formaler Art umfassend darzulegen, kann sowohl einzelwirtschaftlich mit Blick auf die Kosten-Effektivität

$\Omega = Outcome/Input\text{-}Output \rightarrow max!$

als auch volkswirtschaftlich mit Blick auf die soziale Wohlfahrt (SW) abstellende Allokationsbilanz der Problemstellung

$SWF = SFW\ (U_i) \rightarrow max!$

nach dem Pareto-Prinzip in seiner (sowohl effizienten als auch sozial fairen) Rawlschen Teilmenge

$\partial SW/\partial U_i > 0$ *für alle i,*

gezeigt werden, dass sich die Optima (WO) in sachzieldominierten Gemeinwirtschaften von formalzieldominierten Erwerbswirtschaften unterscheiden müssen:

$WO^{gw} \neq WO^{ew}$.

Denn da sich die Zielfunktionen unterscheiden, unterscheiden sich sowohl die Semantik der Outcomes als auch die Semantik sozialer Wohlfahrt (SW) auf der Grundlage der individuellen Wohlfahrtsfunktionen (U) für alle Personen i = 1 bis n. Dies ist nicht überraschend, wenn man die meritorische Bedarfsdeckung sowie die Deckung von Bedarfslagen, die von For-Profit-Märkten negativ selektiert werden (soziale Exklusion), als positive soziale Externalitäten in das erweiterte Social Accounting einbezieht. Dann fallen auch das politische, weil Outcome-orientierte Controlling jeweils anders aus.

Nehmen wir zur Analyse der Unternehmensphilosophie die AWO (Schulz-Nieswandt 2016a, S. 51). Die Werteorientierung z.B. der AWO stammt aus der Tradition des demokratischen Sozialismus. Eine genealogische Verbundenheit mit der sozialdemokratischen Tradition ist daher prägend, wenngleich sich die AWO heute als politisch unabhängig definiert. Als Grundwerte fungieren Freiheit, Gleichheit, Solidarität sowie Toleranz und Gerechtigkeit, also die modernen Eckwerte aus der Sattelzeit der Französischen Revolution fortführend. Die habituelle Haltung des sozialen Helfens wird aber nicht im Dispositiv des Almosens – eine archäologisch mehrdeutige Kategorie der Deutung des Helfens – verankert verstanden, sondern als soziale Praxis der Befähigung der Menschen zur Teilhabe an der Gesellschaft.

Auf dieser Basis können nun die konkreten Märkte, in denen sich sozialwirtschaftliches Handeln im Wettbewerb abspielt, analytisch verstanden werden.

5. Analyse der Märkte der Sozialwirtschaft

In dem oben breit hergeleiteten unternehmensmorphologischen und sektorenmorphologischen Analyseansatz eingebettet, kann man zu einer deskriptiven Analyse der Märkte der Unternehmen der wohlfahrtspflegerischen Sozialwirtschaft gelangen.

Dazu kann man sich der „Gesamtstatistik" der Einrichtungen und Dienste der freien Wohlfahrtspflege, herausgegeben von der BAG der Freien Wohlfahrtspflege (2012), bedienen (dazu auch der Jahresbericht 2015 „Von Menschen für Menschen", BAGFW 2016). Im Hintergrund müssen im Lichte der beträchtlichen und breit diskutierten (methodischen) Probleme der Definition und Messung der Not-Profit-Wirtschaft[1] innerhalb des Dritten Sektors andere Gebilde von Sozialwirtschaft außerhalb dieser „Sozialkonzerne" ausgeblendet werden. Natürlich kann eine Leistungsanalyse auch für einzelne Wohlfahrtsverbände – z.B. der AWO (Schulz-Nieswandt 2016a, S. 51) – dargelegt werden (Mühlhausen 2016, S. 40f.; Cremer 2016, S. 174; Schneider 2016, S. 178f.; Pohl 2016, S. 183f.; Teske 2016, S. 190f.)

Zu den einzelnen Verbänden und ihren Tätigkeitsprofilen liegt eine Fülle von Studien und Lehrbüchern vor, die das Gesamtfeld leicht erschließen. Dieses Feld wird aus den Erkenntnisinteressen verschiedener Disziplinen – unterschiedlich kritisch – jeweils anders eruiert. Die Gesamtdarstellung der BAGFW kann natürlich über die Homepages der jeweiligen Verbände eigens tiefer erschlossen werden. Zweckmäßig ist es sicherlich, alternative statistische Quellen – je nach Themenfeld – in kritisch-komparativer Absicht heranzuziehen. Beim Statistischen Bundesamt findet man ebenso Zahlen z.B. zum Krankenhaussektor wie in der Pflegestatistik zum pflegerischen Geschehen. Für die Analyse des empirischen Versorgungsgeschehens – das hinter den Statistiken steht – wird man aber andere Quellen heranziehen müssen. Der Reichtum an Quellen ist nicht unbeträchtlich. Nur Beispiele: Für den Pflegesektor liegen Pflegebranchenberichte der Bank für Sozialwirtschaft ebenso vor wie von der Sparkassen-Finanzgruppe (unten in 5.3). Die relevanten Felder werden von diversen Reports (Versorgungsreport: Klauber et al. 2015; Pflegereport: Jacobs et al. 2016; Krankenhausreport: Klauber et al. 2016) jährlich publiziert, ebenso unter die Lupe genommen wie durch die feld- oder themenzentrierten Sozialberichterstattungen des Bundes und der Länder (Kinder- und Jugendbericht, Familienbericht, Altenbericht, Behindertenbericht etc.) oder von Stiftungen (Bertelsmann; Generali Zukunftsfonds), ebenso von den Krankenkassenverbänden.

5.1 Analysedimensionen

Abstrakt ausgedrückt – es interessieren verschiedene Analysedimensionen: Wertschöpfung, Arbeitsmarkt bzw. Beschäftigung, Branchenstruktur, regionalwirtschaftliche Struktureffekte, Produkt- und Dienstleistungsportfolio u.a.m.

Es ergibt sich das Bild von einem volkswirtschaftlichen Schlüsselsektor. Vor allem der Beschäftigungseffekt ist volkswirtschaftlich beträchtlich. Durch wohnortnahe Sicherstellung liegen regionalwirtschaftliche Standorteffekte nahe.

Die Bruttowertschöpfung der Sozialwirtschaft wird zu Beginn dieser Dekade auf ca. 152 Mrd. Euro geschätzt (BAGFW 2010). Das sind rd. 7% der gesamten Bruttowertschöpfung.

Die Gesamtstatistik der BAGFW (2012, S. 10) kommt zum Ergebnis, dass 105.295 Einrichtungen und Dienste mit 3.702.245 Betten bzw. Plätzen zu zählen sind. Hier arbeiten 1.673.861 Menschen (davon 727.694 Vollzeitbeschäftigte und 946.167 Teilzeitbeschäftigte). In Ehrenamt und Selbsthilfe seien ca. 2,5-3,0 Mio. Menschen engagiert.

Das Feld der Jugendhilfe dominiert die Tätigkeit, gefolgt von Altenhilfe und Behindertenhilfe. U.a. die Hilfen in besonderen sozialen Situationen (Zahl der Einrichtungen und Dienste) haben im Vergleich zur letzten Erhebung von 2008 um 8% zugenommen.

1 Damit beschäftigt sich das CSI an der Universität Heidelberg (2017). auch international-komparativ die weltweite John Hopkins Studie zum Dritten Sektor: Center for Civil Society Studies (o.J.).

5.2 Wohlfahrtsproduktion der Sozialwirtschaft zwischen Lebenslagen im Lebenszyklus der Menschen und den Funktionssektoren des Sozialstaates

Im Rahmen dieser dichten Marktporträts der Tätigkeitsfelder der freien Wohlfahrtspflege (der AWO, der Caritas, des Paritätischen, des DRK, der Diakonie und der Zentralwohlfahrtsstelle der Juden in Deutschland) – wobei auch die muslimische Wohlfahrtspflege (Ceylan/Kiefer 2015) zu beachten ist – in Märkten wird auch eine Differenzierung nach Handlungsfeldern vorgenommen, die auf sozialpolitische Zielgruppen abstellt, die wiederum einerseits (Jugendhilfe, Familienhilfe, Altenhilfe) entlang der Abschnitte im Lebenszyklus der Menschen, andererseits themen- oder problemzentriert angeordnet sind (Gesundheit, Behinderung, besondere soziale Situationen, Bildung, Engagement/Selbsthilfe).

Beide Achsen der Feldklassifikation kreuzen sich und führen zur Kombination von Lebenslagemerkmalen und Altersklassenzugehörigkeit. Damit werden ähnliche Gliederungsprobleme der Darstellung deutlich wie im Fall der Sozialbudgetberichte der Bundesregierung.

Die AWO (Schulz-Nieswandt 2016a, S. 51) z.B. ist föderativ aufgebaut. Diese Struktur umfasst 30 Landes- und Bezirksverbände, 404 Kreisverbände, 3.662 Ortsverbände. Die AWO zählt 362.000 Mitglieder, 197.000 Beschäftigte, integriert 75.000 Freiwillige, involviert 800 selbstständige Einrichtungen, Organisationen sowie Initiativen als korporative Mitglieder auf verschiedenen Ebenen und betreibt ca. 14.000 Dienste und Einrichtungen (AWO 2014). Das Leistungsspektrum ist breit gefächert: Heime und Wohngemeinschaften, Tagesstätten, Beratungseinrichtungen, Gesundheitshilfeeinrichtungen, Kooperationen mit Gruppen bürgerschaftlichen Engagements. Die Daseinsthemen umfassen den Menschen im ganzen Lebenszyklus, von Kindheit und Jugend bis ins hohe Alter. Dabei kapriziert die AWO diese Daseinsthemen zielgruppenorientiert auf die ganze Komplexität der Sozialstruktur, die von den Vektoren Schicht, Ethnie, Alter und Geschlecht bestimmt wird. Daseinsthemen sind Arbeit, Armut, Wohnen, Pflege, Behinderung und Gesundheit. 1919 gründete Marie Juchacz (1879–1956) die AWO als „Hauptausschuss für die Arbeiterwohlfahrt in der SPD". Im Prinzip wurde die AWO als Selbsthilfe der Arbeiterschaft konzipiert. Die Hilfe für die Arbeiterschaft entwickelte sich zu einem System der Hilfe für alle sozial bedürftigen Lebenslagen der gesamten Bevölkerung fort; hier die Logik der Entwicklung der Sozialpolitik des Staates, heute auch der Logik des Europäischen Sozialmodells folgend: Bezugssystem der Sozialpolitik sind die Lebenslagen der gesamten Bevölkerung über die gesamte Lebensspanne hinweg.

Paraphrasiert man diese Statistik der BAGFW, so sind die sozialwirtschaftlichen Unternehmen multithematisch (Gesundheit, Pflege, Behinderung), multisektoral (Gesundheitswesen, Pflegewesen, Eingliederungshilfe etc.) und auf vielfache Ziele ausgerichtet in sehr unterschiedlichen Settings (ambulant, teilstationär, stationär) unterwegs. Gerade die Settings differenzieren sich dynamisch und sind im Wandel, so dass vielfach Leistungs-, Ordnungs- und Vertragsrecht nicht (mehr) zu den innovativen Ausdifferenzierungen oftmals hybrider (Schulz-Nieswandt 2017a) Gebilde weder (klassisch) ambulant noch (klassisch) stationär passen.

Die Versorgungslandschaft ist mit Blick auf die Betriebsgebilde und Versorgungsformen, die Re-Finanzierungs-Geschäftsmodelle – zum Beispiel die sozialgesetzbuch-übergreifenden Mischfinanzierungen von Komplexgebilden – in einem schwer überschaubaren Wandel.

Die Märkte der Sozialwirtschaft zu beschreiben käme daher Analysen der sozialstaatlichen Teilgebiete – Kinder- und Jugendhilfe, Familienhilfe, Gesundheitswesen, Pflegewesen und Altenhilfe, Arbeit mit Menschen mit Behinderungen/Eingliederungshilfe, Bildungsarbeit, Arbeit mit Menschen mit Migrationshintergrund, neuerdings vermehrt die sog. Flüchtlingshilfe etc. – gleich. Andere Bereiche gehen in diese Berichterstattung ein: Bereiche der Suchthilfe oder auch der Schuldnerberatung (Schulz-Nieswandt/Kurscheid 2007). Das ist hier nicht zu leisten. Dazu liegen natürlich zahlreiche und sich konzeptionell durchaus oftmals ergänzende Lehrbücher zur gesamten Sozialpolitik vor.

Zum Themenfeld Engagement stehen Produkte der Engagementberichterstattung, u.a. des Bundes, zur Verfügung. Zum schwer übersichtlichen Feld der Selbsthilfe kann – um das angesprochene Themen- oder Zielgruppenspektrum der Gesamtstatistik der BAGFW zu komplettieren – u.a. auch auf die neuere SHILD-Forschung (Kofahl et al. 2016; Schulz-Nieswandt/Langenhorst 2015) verwiesen werden.

5.3 Exemplarische Analyse: der stationäre Pflegemarkt im Umbruch

Die Sparkassen-Finanzgruppe Branchendienst legt regelmäßig einen Branchenreport zum Bereich der ‚Heime' vor; 2012 liegt ein Bericht vor, der Renditeberechnungen für 2010 beinhaltet (Sparkassen-Finanzgruppe 2012). Die Zusammenhänge werden auch vom 2013er Bericht (für das Jahr 2011) bestätigt.

Die Renditesituation ist vor dem Hintergrund wachsender Überkapazitäten (Auslastung 2001: 89,8%, 2007: 87,6%, 2009: 86,6%) zu sehen. 2011 sei jede 7. Einrichtung von der Insolvenz bedroht. Die Mindestauslastung wird auf 91% geschätzt. Die Analyse der Bank für Sozialwirtschaft (BfS 2012) sieht hier eine Determinante der Renditeentwicklung vorliegen.

Probleme seien:

- Wettbewerbsdruck,
- steigende Lohnkosten,
- defizitäre Managementkompetenzen,
- Überalterung der Immobilien,
- aber auch Substitutionseffekte durch Ambulantisierung im Kontext neuer (sozialraumorientierter) Wohnformen im Alter.

Marktbeherrschend sind die freigemeinnützigen Anbieter. Der Deutsche Caritasverband ist Marktführer. Hier liegen keine Konzernstrukturen vor, sondern viele kleine, wirtschaftlich selbstständige Einrichtungen. Wirtschaftlichkeitsreserven schöpfen vor allem private Mischkonzerne, die im Gesundheits- und Pflegewesen tätig sind. Die Prozesse sind datenmäßig sehr intransparent. Hier werden jedenfalls Verbundvorteile im Konzern genutzt und zu regionalen Clustern entwickelt. Der Marktanteil dieser Betreiber ist insgesamt aber noch relativ gering.

Insgesamt gilt die Ertragslage in dieser Branche als angespannt. Die Umsatzrentabilität liegt insgesamt im Median bei 2,3%. Je kleiner die Einrichtung, desto besser die Rentabilität. Heime der Umsatzklasse 0,5 bis 2,5 Mio. Euro wiesen 2010 einen Wert von 4,8% auf; er sinkt dann mit zunehmender Größe des Umsatzes auf 0,6% (bei Umsatzgröße von 12,5 Mio. Euro). Kleine Heime weisen eine kleinere Personalaufwandsquote auf. Über alle Größenklassen hinweg gibt es eine gewisse Streuung. Auch der insgesamt positive *Return of Investment* (ROI) streut, was auf Kapiteleffizienzprobleme einiger Heime verweist. Allgemein gilt die Branche als liquide, funktionierend und hinsichtlich der Risiken als relativ gut kalkulierbar.

Herangezogen werden kann auch der BFS-Marktreport Pflege 2012 der Bank für Sozialwirtschaft (2012). Die Entwicklungstrends werden ziemlich analog zur Analyse der Sparkassen-Finanzgruppe dargelegt. Hervorgehoben wird der sinkende Auslastungsgrad. Das Auslastungsrisiko steigt mit der beobachtbaren Wettbewerbsintensität. Im Hintergrund differenzieren sich komplexe Bedarfslagen der Menschen, ebenso die Versorgungs- und Wohnformen sowie die Angebotsportfolios und die Geschäftsmodelle insgesamt. Neben steigenden Personalkosten thematisiert die Analyse der Bank für Sozialwirtschaft auch steigende Energiekosten. Hier könnte ein Stressfaktor auch in dem bereits weiter oben angedeuteten baulichen Modernisierungsbedarf vieler Immobilien bestehen.

Die Rentabilitätsanalyse der Bank für Sozialwirtschaft beruht auf der Auswertung von Bilanzdaten aus dem Kundenkreis der Bank für Sozialwirtschaft für die Jahre 2003 bis 2010 (354 Anbieter, die vorwiegend vollstationäre Leistungen anbieten). 112 Anbieter wurden aus Gründen der Vollständigkeit der Daten berücksichtigt. Alle Bundesländer sind berücksichtigt, Bayern und Baden-Württemberg sind hierbei etwas unterrepräsentiert. Ergänzt werden die Daten durch Ergebnisse des BFS-Frühindikatorensystems (369 Datensätze von 144 vollstationären Einrichtungen 2006 bis 2010 aus dem BFS-Kundenkreis).

Hauptergebnis: „Im Detail hat sich der Median der Umsatzrendite von 1,35% im Jahr 2003 auf 2,0% im Jahr 2010 erhöht, die Eigenkapitalrendite ist von 3,44% auf 4.76% und die Gesamtkapitalrendite von 2.71% auf 3.32% gestiegen. Die ‚Spitzengruppe‘ (3. Quartil) der Anbieter konnte sogar noch deutlich höhere Werte erreichen. Sie wiesen im Jahr 2010 eine Umsatzrendite von 4,78% und mehr, eine Eigenkapitalrendite von 10,91% und mehr sowie eine Gesamtkapitalrendite von 5,57% und mehr auf." (BfS 2012, S. 95) Dennoch wird konstatiert, dass bei ca. 25% der Anbieter die wirtschaftliche Situation als kritisch eingeschätzt wird. Dabei ist die Auslastung ein wichtiger Faktor, aber nicht hinreichend für die Erklärung der Zusammenhänge. Kritisch wird die Fähigkeit vieler Marktanbieter eingeschätzt, die notwendigen baulichen Modernisierungsinvestitionen zu finanzieren.

6. Resümee

Die einzelnen Felder, die bedarfswirtschaftlich Nachfrage und Angebot der sozialwirtschaftlichen Märkte bestimmen, sind jeweils hochkomplexe Systeme. Diese abzuhandeln käme einem ‚Handbuch der Sozialpolitik‘ gleich. Die volkswirtschaftlich erheblich bedeutsamen Wertschöpfungen und Beschäftigungswirkungen der Sozialwirtschaft lassen sich in der deskriptiven Statistik (oben vor allem mit Bezug auf die Daten der BAGFW) nachvollziehen. Wichtig ist es aber, diese Märkte theoretisch fundiert systematisch zu charakterisieren. Dies ist geschehen einerseits

a) im Rahmen einer Darstellung des konstitutiven Zusammenspiels von Gewährleistungsstaat und Quasi-Märkten, andererseits
b) im Rahmen einer durch das hoch komplex verschachtelte System von Leistungs-, Ordnungs- und Vertragsrecht konstituierte Phänomen der Sozialwirtschaft als ein soziales Wirtschaften für den Kern der Sozialversicherungsbevölkerung mit dem Rest der Sozialhilfeempfänger (Riedmüller/Olk 1995).

Daraus resultierte ferner

c) die These einer im Durchschnitt und im Trend soliden Low-Profit-Branchenstruktur.

7. Literatur

Arnold, Ulli/Grunwald, Klaus/Maelicke, Bernd (Hrsg.) (2014): Lehrbuch der Sozialwirtschaft. Baden-Baden: Nomos.
Arbeiterwohlfahrt (AWO) (Hrsg.) (2014): Zahlen und Fakten. www.awo.org/wir-ueber-uns/zahlen-und-fakten, 17.3.2015.
Backhaus-Maul, Holger/Speck, Karsten/Hörnlein, Miriam/Krohn, Maud (2014): Engagement in der Freien Wohlfahrtspflege. Wiesbaden: Springer VS.
Bank für Sozialwirtschaft (BfS) (Hrsg.) (2012): BFS-Marktreport Pflege 2012. Pflegeheime unter Druck. Köln: Bank für Sozialwirtschaft.
Bödege-Wolf, Johanna/Schellberg, Klaus (2010): Organisationen der Sozialwirtschaft. Baden-Baden: Nomos.
Boeßenecker, Karl-Heinz/Vilain, Michael (2013): Spitzenverbände der Freien Wohlfahrtspflege. Weinheim/Basel: Beltz Juventa.
Bundesarbeitsgemeinschaft der Freien Wohlfahrtspflege (BAGFW) (2016): Jahresbericht 2015. Von Menschen für Menschen. Berlin: Eigenverlag.
Bundesarbeitsgemeinschaft der Freien Wohlfahrtspflege (BAGFW) (2012): Gesamtstatistik 2012. Berlin: Eigenverlag.
Bundesarbeitsgemeinschaft der Freien Wohlfahrtspflege (BAGFW) (Hrsg.) (2010): Sozialwirtschaft – mehr als Wirtschaft? Baden-Baden: Nomos.
Center for Civil Society Studies/ Johns Hopkins University (Hrsg.) (o.J.): Comparative Nonprofit Sector Project (CNP). Baltimore. ccss.jhu.edu/research-projects/comparative-nonprofit-sector-project, 5.6.2017
Ceylan, Rauf/Kiefer, Michael (2015): Muslimische Wohlfahrtspflege in Deutschland. Wiesbaden: Springer VS.
Cremer, Georg (2016): Artikel Caritas. In: Deutscher Verein für öffentliche und private Fürsorge (Hrsg.): Fachlexikon der Sozialen Arbeit. Baden-Baden: Nomos.
Curbach, Janina (2009): Die Corporate-Social-Responsibility-Bewegung. Wiesbaden: Springer VS.
Dahme, Heinz-Jürgen/Wohlfahrt, Norbert (2014): Soziale Dienstleistungspolitik. Wiesbaden: Springer VS.
Droege, Michael (2010): Gemeinnützigkeit im offenen Steuerstaat. Tübingen: Mohr Siebeck.
Fix, Birgit/Fix, Elisabeth (2005): Kirche und Wohlfahrtsstaat. Soziale Arbeit kirchlicher Wohlfahrtsorganisationen im westeuropäischen Vergleich. Freiburg i.Br.: Lambertus.
Fritsch, Michael (2011): Marktversagen und Wirtschaftspolitik. München: Vahlen.
Grohs, Stephan/Schneiders, Katrin/Heinze, Rolf G. (2014): Mission Wohlfahrtsmarkt. Baden-Baden: Nomos.
Grunwald, Klaus/Horcher, Georg/Maelicke, Bernd (Hrsg.) (2013): Lexikon der Sozialwirtschaft. 2., aktual. u. vollst. überarb. Aufl. Baden-Baden: Nomos.
Hammerschmidt, Peter (2005): Wohlfahrtsverbände in der Nachkriegszeit. Basel/Weinheim: Beltz Juventa.
Jacobs, Klaus/Kuhlmey, Adelheid/Greß, Stefan/Klauber, Jürgen/Schwinger, Antje (Hrsg.) (2016): Pflege-Report 2016. Stuttgart-New York: Schattauer.
Jansen, Stephan A./Heinze, Rolf G./Beckmann, Markus (Hrsg.) (2013): Sozialunternehmen in Deutschland. Wiesbaden: Springer VS.
Joas, Hans (2011): Die Sakralität der Person. Eine neue Genealogie der Menschenrechte. Frankfurt a.M.: Suhrkamp.
Jüster, Markus (2015): Die verfehlte Modernisierung der Freien Wohlfahrtspflege. Baden-Baden: Nomos.
Kersting, Wolfgang (2015): John Rawls zur Einführung. Hamburg: Junius.
Klauber, Jürgen/ Günster, Christian/Gerste, Bettina/ Robra, Bernt-Peter/Schmacke, Norbert (Hrsg.) (2015): Versorgungs-Report 2015/2016. Stuttgart/New York: Schattauer.
Klauber, Jürgen/Günster, Christian/Gerste, Bettina/Robra, Bernd-Peter/Schmacke, Norbert (Hrsg.) (2016): Krankenhaus-Report 2016. Stuttgart/New York: Schattauer.
Klöckner, Jennifer (2015): Freiwillige Arbeit in gemeinnützigen Vereinen. Wiesbaden: Springer VS.
Koch, Christian (2014): Wie wirtschaftet die Sozialwirtschaft? Freiburg i.Br.: Lambertus.
Kofahl, Christopher/Schulz-Nieswandt, Frank/Dierks, Marie-Luise (Hrsg.) (2016): Selbsthilfe und Selbsthilfeunterstützung in Deutschland. Berlin: LIT.
Kolhoff, Ludger (2016): Finanzierung der Sozialwirtschaft. Wiesbaden: Springer VS.
Lingenfelser, Stefanie (2011): Freie Wohlfahrtspflege in Deutschland. Marburg: Metropolis.
Maier-Rigaud, Remi (2013): Der Patient als rationaler Verbraucher? In: Sozialer Fortschritt 62, H. 2, S. 51-60.
Mühlhausen, Marius (2016): Artikel Arbeiterwohlfahrt (AWO). In: Deutscher Verein für öffentliche und private Fürsorge (Hrsg.): Fachlexikon der Sozialen Arbeit. Baden-Baden: Nomos.
Neuhäuser, Christian (2014): Amartya Sen zur Einführung. Hamburg: Junius.

Pohl, Susanne (2016): Artikel Deutsches Rotes Kreuz e. V. (DRK). In: Deutscher Verein für öffentliche und private Fürsorge (Hrsg.): Fachlexikon der Sozialen Arbeit. Baden-Baden: Nomos.
Riedmüller, Barbara/ Olk, Thomas (1995): Grenzen des Sozialversicherungsstaates. Wiesbaden: Springer VS.
Ruffing, Reiner (2011): Der Sinn der Sorge. Freiburg i.Br.: Alber.
Schneider, Ulrich (2016): Artikel Deutscher Paritätischer Wohlfahrtsverband (Der Paritätische). In: Deutscher Verein für öffentliche und private Fürsorge (Hrsg.): Fachlexikon der Sozialen Arbeit. Baden-Baden: Nomos.
Schulz-Nieswandt, Frank (2017a): Hybride Heterotopien. Metamorphosen der „Behindertenhilfe". Ein Essay. Baden-Baden: Nomos.
Schulz-Nieswandt, Frank (2017b): Menschenwürde als heilige Ordnung. Eine Re-Konstruktion sozialer Exklusion im Lichte der Sakralität der personalen Würde. Bielefeld: Transcript.
Schulz-Nieswandt, Frank (2016a): Im alltäglichen Labyrinth der sozialpolitischen Ordnungsräume des personalen Erlebnisgeschehens. Eine Selbstbilanz der Forschungen über drei Dekaden. Berlin: Duncker & Humblot.
Schulz-Nieswandt, Frank (2016b): Inclusion and Local Community Building in the Context of European Social Policy and International Human Social Right. Baden-Baden: Nomos.
Schulz-Nieswandt, Frank (2015): Metamorphosen zur gemeinwirtschaftlichen Genossenschaft. Grenzüberschreitungen in subsidiärer Geometrie und kommunaler Topologie. Baden-Baden: Nomos.
Schulz-Nieswandt, Frank (2014a): EU-Binnenmarkt ohne Unternehmenstypenvielfalt? Die Frage nach den Spielräumen (dem modalen WIE) kommunalen Wirtschaftens im EU-Binnenmarkt. Baden-Baden: Nomos.
Schulz-Nieswandt, Frank (2014b): Onto-Theologie der Gabe und das genossenschaftliche Formprinzip. Baden-Baden: Nomos.
Schulz-Nieswandt, Frank (2013): Das Privatisierungs-Dispositiv der EU-Kommission. Das ontologische Existenzial der Daseinsvorsorge, die sakrale Doxa des Binnenmarktes und die „kafkaistischen" Epiphanien der Regulationskultur. Berlin: Duncker & Humblot.
Schulz-Nieswandt, Frank (2012): „Europäisierung" der Sozialpolitik und der sozialen Daseinsvorsorge? Eine kultursoziologische Analyse der Genese einer solidarischen Rechtsgenossenschaft. Berlin: Duncker & Humblot.
Schulz-Nieswandt, Frank (2008): Zur Morphologie des Dritten Sektors im Gefüge zwischen Staat, Markt und Familie. Ein Diskussionsbeitrag zur Ciriec-Studie „Die Sozialwirtschaft in der Europäischen Union". In: Zeitschrift für öffentliche und gemeinwirtschaftliche Unternehmen 31, H. 3, S. 323-336.
Schulz-Nieswandt, Frank (2006): Sozialpolitik und Alter. Stuttgart: Kohlhammer.
Schulz-Nieswandt, Frank (2003): Herrschaft und Genossenschaft. Berlin: Duncker & Humblot.
Schulz-Nieswandt, Frank/Langenhorst, Francis (2015): Gesundheitsbezogene Selbsthilfe in Deutschland. Zu Genealogie, Gestalt, Gestaltwandel und Wirkkreisen solidargemeinschaftlicher Gegenseitigkeitshilfe und Selbsthilfeorganisationen. Berlin: Duncker & Humblot.
Schulz-Nieswandt, Frank/Köstler, Ursula (2011): Bürgerschaftliches Engagement im Alter. Stuttgart: Kohlhammer.
Schulz-Nieswandt, Frank/Kurscheid, Clarissa (2007): Die Schuld an der Schuld. Hamburg: Merus.
Sparkassen-Finanzgruppe Branchendienst (2012): Heime. BranchenReport 2012. WZ-Code 87. Stuttgart: Deutscher Sparkassen Verlag.
Teske, Wolfgang (2016): Artikel Diakonie Deutschland – Der Evangelische Bundesverband. In: Deutscher Verein für öffentliche und private Fürsorge (Hrsg.): Fachlexikon der Sozialen Arbeit. Baden-Baden: Nomos.
Thiemeyer, Theo (1970): Gemeinwirtschaftlichkeit als Ordnungsprinzip. Berlin: Duncker & Humblot.
Trenkwalder-Egger, Andrea (2016): Sharing & Caring. Das Phänomen der Gabe in der Sozialen Arbeit. Opladen: Budrich.
Universität Heidelberg (Hrsg.) (2017): Projekte. Heidelberg. www.csi.uni-heidelberg.de/projekte.htm, 5.6.2017.
Vaske, Sebastian (2016): Die Freie Wohlfahrtspflege als politischer Akteur im modernen Sozialstaat. Frankfurt a.M.: Lang.
Wendt, Wolf Rainer (2015): Sozialwirtschaft kompakt. Wiesbaden: Springer VS.
Wendt, Wolf Rainer (Hrsg.) (2014): Sorgen für Wohlfahrt. Moderne Wohlfahrtspflege in den Verbänden der Dienste am Menschen. Baden-Baden: Nomos.
Wendt, Wolf Rainer (2010): Wohlfahrtsarrangements. Baden-Baden: Nomos.
Wendt, Wolf Rainer (1995): Geschichte der Sozialen Arbeit. 4., neu bearb. Aufl. Stuttgart: Enke.

Public Private Partnership

Georg Horcher

Normalerweise würde ein Beitrag zum Thema ‚Public-Private-Partnership' (PPP) mit dem Versuch einer Definition und der Beschreibung von Modellen und Verfahren beginnen. Um die Entstehung und Wirkmechanismen von PPP besser verstehen zu können, ist es jedoch erforderlich, sie mit dem Wandel der (Sozial-)Staatlichkeit in Beziehung zu setzen.

1. Der Wandel des Sozialstaats

Public Private Partnerships (PPP) oder auf Deutsch ‚Öffentlich Private Partnerschaften' (ÖPP) etablieren sich in Deutschland, Österreich und der Schweiz seit Mitte der 1990er Jahre als Instrument zur Finanzierung und Organisation öffentlicher Aufgaben mit privaten Finanzmitteln, vor allem im den Bereichen Hoch- und Straßenbau und Verkehr. Bis 2011 wurden in der Bundesrepublik Deutschland etwa 160 Projekte von Bund, Bundesländern und Kommunen begonnen, 120 waren in Planung (Rügemer 2011, S. 8). Die Projektdatenbank des Bundesministeriums der Finanzen (BMF) weist 198 Projekte mit Vertragsabschluss, 35 Projekte mit PPP-Elementen und 27 Projekte in der Ausschreibung aus. Insgesamt sind das 233 Projekte (BMF 2017). Davon lassen sich der Sozialwirtschaft 34 Projekte zurechnen, wenn man den Gesundheitsbereich einbezieht. Im Zuge der Finanz- und Bankenkrise 2008 wurde 2010 die Schuldenbremse in das Grundgesetz (GG) aufgenommen, die den Zwang zum Abschluss weiterer PPP-Verträge erhöhen wird. Die in den 1980er Jahren angesichts der gewachsenen öffentlichen Schulden und der gleichzeitig ausstehenden öffentlichen Investitionen durch die öffentliche Hand begonnene Debatte über die Rolle des Staates in der Wirtschaft und der Debatte über die Krise des Wohlfahrtsstaates führte zu einer Politik des Neoliberalismus, wie sie schon vorher von Margaret Thatcher in Großbritannien und Ronald Reagan in den USA propagiert und umgesetzt wurde. Die von Helmut Kohl begonnene und von Gerhard Schröder und Angela Merkel fortgeführte neoliberale Sozialpolitik führte unverkennbar dazu, „dass das ‚wohlfahrtsstaatliche Arrangement' (Kaufmann 1997) der westlich-spätindustriellen Gesellschaften eine Phase nachhaltiger Umbrüche durchlebt" (Lessenich 2008, S. 12).

Die Krise des Sozialstaats und sein merklicher Wandel werden unter zwei Sichtweisen diskutiert. Einmal unter dem Label ‚Sozialabbau' und einmal unter dem Stichwort ‚neoliberaler Wandel'. Zwar gibt es nicht zu leugnende Hinweise auf erfolgten Sozialabbau, dennoch kann angesichts steigender Sozialausgaben und gleichbleibender Sozialleistungsquote[1] keine Rede davon sein, dass der Sozialstaat als Ganzer zur Disposition stünde. Anders sieht es aus mit dem neoliberalen Wandel des Sozialstaates. Der neoliberale Wandel muss als Prozess der Ökonomisierung und Vermarktlichung des Sozialen beschrieben werden, in dessen Transformation der Wohlfahrtsstaat[2] zum Wettbewerbsstaat mutiert.

Neoliberales Denken geht davon aus, dass individuelle Freiheit und „ein durch Konkurrenz und Gewinnstreben regulierter Markt sowie das Prinzip der Leistungsgerechtigkeit zum Gemeinwohl aller führen wird" (Spetsmann-Kunkel 2016, S. 7). Je schlanker der Staat, je weniger

1 Die Sozialleistungsquote ist eine volkswirtschaftliche Kennzahl, die angibt, welchen Anteil am Bruttoinlandsprodukt (BIP) ein Staat für Sozialleistungen ausgibt.
2 Die Begriffe ‚Wohlfahrtsstaat' und ‚Sozialstaat' werden synonym verwendet.

er in das Marktgeschehen eingreift, desto stärker und besser entwickelt sich der Wohlstand für alle. Die neoliberale Ideologie entkoppelt individuelles Wohl und gelingende Lebensführung von strukturellen Faktoren und macht sie zum ausschließlich individuellen Projekt. Als politische Folge stellen Colin Crouch (2008; 2011) und Cristoph Butterwegge (2001; 2005) eine Untergrabung und Aushöhlung der demokratischen Ordnung und die Unterwerfung demokratischer Prinzipien unter das Diktat des Marktes, des Lobbyismus und der Privatisierung öffentlicher Güter fest. Die Wirtschaftsjournalistin Ursula Weidenfeld schreibt im Cicero: „Zu Beginn des Jahres 2017 geht es Deutschland so gut wie nie ... Parlament und Volk wurden zugunsten der Regierung entmachtet" (Weidenfeld 2017, S. 16). Finanzkrise, Schuldenkrise, Bankenkrise, Flüchtlingskrise usw. sind nicht die Stunden der demokratischen Gremien, sie sind „die Stunde der Exekutive", so Ronald Röttgen (ebd.).

Stephan Lessenich beschreibt den gegenwärtigen Wandel der Sozialpolitik als „neosozialen" Umbau des Sozialstaates (Lessenich 2008). „Die Entfesselung des Finanzmarktkapitalismus und die Umbrüche der Arbeits- und Produktorganisation; der Zusammenbruch des Staatssozialismus [1990 G.H.] und der fortschreitende Prozess der Europäischen Integration; die verfestigte Massenarbeitlosigkeit [in Europa, G.H.] und die permanente Krise der öffentlichen Haushalte, der Übergang zur Dienstleistungsgesellschaft und ‚informationstechnologische Revolution'; die nachhaltigen gesellschaftlichen Demokratisierungs- und Emanzipationstendenzen und der Aufstieg individualistischer Wert- und Lebensführungsmuster" (ebd., S. 16) sind für Lessenich die makrostrukturellen „tiefgreifenden ökonomischen, politischen und kulturellen Verschiebungen, die ... die Krisenkonstellationen des wohlfahrtsstaatlich regulierten Kapitalismus regulieren" (ebd.). Damit einher geht ein „neuer Geist des Kapitalismus", der geprägt ist von Mobilität, Aktivität, Flexibilität, Eigenständigkeit und Selbststeuerung. Der sorgende Sozialstaat der Nachkriegszeit wird so zum aktivierenden Sozialstaat, in dessen Mittelpunkt nicht mehr primär das Wohlergehen der einzelnen Bürgerinnen und Bürger steht, sondern das Wohl der gesellschaftlichen Gemeinschaft. „‚Sozial' ist hier, was im Interesse der Allgemeinheit geschieht" (Lessenich 2008, S. 17), oder in den Worten von Franz-Josef Jung (CDU) in seiner Antrittsrede als Arbeitsminister 2009: „Sozial ist was Arbeit schafft" (Spiegel ONLINE 11.11.2009). Sowohl zu viel Demokratie wie auch zu viel Kapitalismus gefährden den Sozialstaat. Der Sozialstaat der Gegenwart ist geprägt von einer Beschleunigung der Ökonomisierung des Sozialen und „dem Umschalten von einer stärker politisch induzierten auf eine eher ‚ökonomisch programmierte Form der Selbstbeschreibung der Gesellschaft'" (Lessenich 2008, S. 135).

Diese „Wandlung der Staatlichkeit" (Ziekow 2011) bildet neben der Unterstellung, dass die bürokratischen staatlichen Verwaltungen korruptionsanfällig, nicht ausreichend kompetent und zu träge agieren und damit den Erfordernissen modernen Wirtschaftens nicht gewachsen sind, den Bezugsrahmen für die Einordung der PPP.[3] Zwar behält der Staat die Letztverantwortung für die Erbringung normativer Güter des Sozialstaats (z.B. soziale Gerechtigkeit), allerdings teilt er die Entscheidungsverantwortung im Rahmen der Europäischen Integration und der Globalisierung mit internationalen Institutionen und die Organisationsverantwortung im Rahmen der Ökonomisierung mit privaten Akteuren. Sozialpolitisch hat sich der „Wandel der

3 Die Feststellung, dass die klassischen bürokratischen Verwaltungen, den modernen Erfordernissen des Marktes nicht gewachsen sind, führte in den 1990er Jahren zur Einführung neuer Steuerungsmodelle (New Public Management) mit dem Ziel, öffentliche Verwaltungen so umzubauen, dass sie nach analogen Regeln erfolgreicher Wirtschaftsunternehmen arbeiten.

Staatlichkeit" vom Fürsorge- zum Gewährleistungsstaat vollzogen, der sich in der Verschiebung zwischen staatlicher und gesellschaftlicher, sprich privater Aufgabenerfüllung abbildet. Das Leitbild des ‚aktivierenden' Staates der ersten Regierung Schröder von 1998-2002 sollte den Blick „auf eine Partnerschaft zwischen Staat und Gesellschaft zur Aktivierung spezifisch bürgerschaftlicher Problemlösungskompetenzen richten und sie im Sinne einer Anregung und Förderung der Wahrnehmung von Aufgaben für das Gemeinwohl dynamisieren" (Ziekow 2011, S. 47). Die Aktivierung zielte auf eine Verantwortungsteilung zwischen Staat und Bürger_innen. Aufgaben, die nicht grundsätzlich durch den Staat wahrgenommen werden müssen, sog. Kernaufgaben, sollen vom Staat gewährleistet werden. Von größter Bedeutung für die Akzeptanz des Konzeptes des Gewährleistungsstaates ist die Berücksichtigung sozialstaatlicher und neoliberaler Ansätze, „indem sowohl die Rolle privaten Engagements bei der Übernahme bisher durch den Staat wahrgenommener Aufgabenerfüllungen als auch die fortbestehende Verantwortung des Staates betont wird" (Ziekow 2011, S. 48). Damit wird das Konzept des Gewährleistungsstaates unmittelbar anschlussfähig an die Privatisierungsdiskussion staatlicher Leistungen und die Verantwortungsverteilung zwischen Politik und Verwaltung im Rahmen des New Public Managements und der Governance-Debatte. Das Konzept des Gewährleistungsstaats geht davon aus, dass es kein Monopol des Staates zur Formulierung des Gemeinwohls gibt, sondern staatliche und private Akteure bei der Konkretisierung des Gemeinwohls zusammenwirken. Dieses Zusammenwirken basiert auf einer Verantwortungsteilung zwischen Staat und privaten Institutionen und Organisationen bei der Erledigung der Aufgaben, die in öffentlichem Interesse liegen. Die Verantwortungsteilung führt aber nicht dazu, dass sich der Staat von der Aufgabenerfüllung vollständig zurückzieht. Die Rollen der staatlichen und privaten Akteure im Rahmen der gemeinsamen Aufgabenverantwortung und -wahrnehmung bildet sich im Konzept der Verantwortungsstufung ab, das davon ausgeht, dass Aufgabenverantwortung und Aufgabenwahrnehmung nicht unbedingt in einer Hand vereint sein müssen. Die Verantwortungsstufen unterscheiden die Erfüllungsverantwortung, die Gewährleistungsverantwortung und die Auffangverantwortung. Im Rahmen der Erfüllungsverantwortung erfüllt der Staat in eigenen Einrichtungen und in eigener Verantwortung öffentliche Aufgaben. Bei der Gewährleistungsverantwortung übernimmt ein privater Akteur die Aufgabenwahrnehmung, der Staat erfüllt die Aufgabe nicht selbst, gewährleistet aber die Aufgabenerfüllung durch steuernde Maßnahmen und Vorgaben. Der Typus der Auffangverantwortung kommt dann zum Tragen, wenn der Erfolg der Aufgabenerfüllung durch Private ausbleibt und der Staat nachsteuernd eingreifen muss. Die Debatte um das Konzept des Gewährleistungsstaates ist im Zusammenhang mit der Diskussion über den überforderten Staat zu sehen, der sich möglichst wenig einmischen und die Gemeinwohlentwicklung dem freien Spiel der Marktkräfte überlassen sollte, getreu den Vorstellungen des Liberalismus, dass sich allgemeine Wohlfahrt für alle quasi automatisch mit dem Markterfolg einstellt. Der Gewährleistungsstaat beruht auf der (vermeintlichen) Erkenntnis, der Staat verfüge nicht über ausreichend Fähigkeiten zur Erfüllung aller öffentlichen Aufgaben. Deshalb müssen langfristig wirkende Konzepte und Instrumente entwickelt werden, die private und staatliche Akteure zu einer leistungsfähigen Einheit werden lassen.

2. Public Private Partnership (PPP)

Auch wenn es für PPP keine allgemein anerkannte Definition gibt, lassen sich für die verschiedenen PPP-Ansätze charakteristische Merkmale beschreiben. Charakteristisch für PPP ist die ganze oder teilweise Übertragung der Erfüllungsverantwortung vom Staat auf private Akteure, ohne den Staat aus seiner Gewährleistungsverantwortung zu entlassen. „Der Private trägt so in Verfolgung seines privaten Gewinninteresses zugleich zum Gemeinwohl bei“ (Ziekow 2011, S. 56). Die Idee des Gewährleistungsstaates beinhaltet, dass sich in PPP-Projekten Staat und Private das Investitionsrisiko teilen. Die Risikoverteilung ist ein Kernbestandteil von PPP-Prozessen. PPP ist eine auf vertraglicher Basis geregelte Zusammenarbeit zwischen der öffentlichen Hand (Bund, Länder, Kommunen) und privatwirtschaftlichen Unternehmen. Mit diesen Verträgen sollen gemeinwohlorientierte Projekte effizienter und effektiver realisiert werden, indem die Vertragspartner ihre unterschiedlichen Stärken einbringen und bündeln. So die Idee von PPP.

Die vertraglich vereinbarte Zusammenarbeit ist meist langfristig auf 25 Jahre und länger angelegt. Die öffentlichen und privatwirtschaftlichen Partner bringen in eine gemeinsame Organisation die projektnotwendigen Ressourcen ein, wie Know-how, Kapital, Betriebsmittel, Personal usw. Die Projektrisiken werden entsprechend der Risikomanagementkompetenz der Projektpartner verteilt. Rechtlich sind PPP zwischen der materiellen Privatisierung von Aufgaben und der formellen Privatisierung von Organisationen anzusiedeln. Bei der materiellen Privatisierung wird eine hoheitliche Aufgabe ganz oder teilweise dem Markt übertragen, wobei die staatliche Aufsicht bestehen bleibt (z.B. private Haftanstalten). Bei der formellen Privatisierung bedient sich der öffentliche Auftraggeber zur Aufgabenerledigung einer privatrechtlichen Gesellschaft (Auslagerung von [Teil-]Aufgaben in eigene private Unternehmen).

In Deutschland werden im Wesentlichen drei PPP-Modelle unterschieden:

1. Das sog. Betreibermodell, bei dem öffentliche Auftraggeber private Betreiber_innen mit Planung, Bau, Finanzierung und dem Betrieb einer Einrichtung oder Anlage beauftragen. Im Betreibermodell plant, baut, finanziert und betreibt der/die private Unternehmer_in in der Regel ein Infrastrukturprojekt auf eigenes wirtschaftliches Risiko. Meist gründet der private hierfür eine Zweckgesellschaft. Betriebskosten und Kapitaldienst werden meist durch Gebühren der Nutzer_innen finanziert. In einer weiteren Form des Betreibermodells erstellt der/die private Unternehmer_in eine Infrastrukturanalyse einschließlich der Finanzierung der Vorlaufkosten und der Betriebsübernahme in der Anlaufphase. Am Ende der Projektlaufzeit, die bis zu 50 Jahre dauern kann, wird das Objekt an den auftraggebenden öffentlichen Träger zurückgegeben (z.B. Travetunnel in Lübeck und Warnowtunnel in Rostock, in Rügemer 2011[2], S. 132 ff.). Eine andere dem Betreibermodell zuzurechnende Form ist das Erwerbsmodell. Dabei übernimmt der/die private Auftragnehmer_in auf einem eigenen Grundstück Planung, Finanzierung, Bau und Betrieb einer Immobilie, die vom öffentlichen Träger genutzt wird. Dafür entrichtet der öffentliche Träger regelmäßig Zahlungen, die die Planungs-, Bau-, Finanzierungs- und Betriebskosten einschließlich eines betriebswirtschaftlichen Gewinns und den Erwerb der Immobilie plus Grundstück am Ende der Vertragslaufzeit decken. Am Ende der Vertragslaufzeit geht das Objekt einschließlich Grundstück in den Besitz des öffentlichen Trägers über. Eine weitere Form des Betreibermodells kann als Inhabermodell beschrieben werden. Der/die private Auftragnehmer_in übernimmt Planung, Bau, Finanzierung und Betrieb einer Infrastruktureinrichtung, z.B. Teilstück einer Autobahn, die sich im Besitz der öffentlichen Hand befindet. Dafür erhält der/die private Unternehmer_in ein Entgelt, das seine Planungs-, Bau-, Finanzierungs- und Betriebskosten und einen Teil der Risikoabdeckung plus eines betriebswirtschaftlichen Gewinns deckt. (Bei den Autobahnen sind das die Einnahmen des Staates aus der LKW-

Maut.) Die Höhe des Entgelts wird mit Vertragsabschluss festgelegt. Dem Inhabermodell ähnlich ist das Betriebsführungsmodell, bei dem der öffentliche Partner Eigentümer des Objektes bleibt. Der/die private Partner_in betreibt gegen Entgelt als Betriebsführer_in im Namen des öffentlichen Auftragsgebers eine Einrichtung, wobei die Betriebsführung den Betrieb, Wartung und Instandhaltung umfasst. Beim Leasingmodell übernimmt der/die private Auftragnehmer_in ebenfalls Planungs-, Bau-, Finanzierungs- und Betriebskosten und nach Ende der Vertragslaufzeit die Verwertung des Objektes, wenn es am Ende nicht auf den öffentlichen Auftraggeber übergeht. Private Auftragnehmer_innen haben in der Regel ein Optionsrecht, das Objekt zurückzugeben oder zu einem vereinbarten Restwert zu übernehmen. Der öffentliche Auftraggeber zahlt Leasingraten, für die (Teil-)Amortisation der Gestehungskosten und für den Betrieb inklusive eines Risikozuschlags. Das Mietermodell entspricht dem Leasingmodell weitgehend. Das Betriebsüberlassungsmodell ist eine Zwischenform zwischen Betreiber- und Betriebsführungsmodell.

2. Das sog. Konzessionsmodell, bei dem die öffentliche Hand einem privaten Unternehmen das Vorrecht zur Erbringung einer Bau- oder Dienstleistung erteilt, ist das zweite wesentliche PPP-Modell. Der/die private Unternehmer_in finanziert sich unmittelbar durch Nutzungsgebühren (z.B. Eintritt- und Parkgebühren).
3. Beim sog. Kooperationsmodell schließen sich ein öffentlicher und ein privater Träger in einem gemeinsamen Unternehmen zur Leistungserbringung zusammen. Das ist die intensivste PPP-Form. Es handelt sich dabei um gemischt-wirtschaftliche Unternehmen mit öffentlichen und privaten Anteilseigner_innen.

Diese nicht abschließende Auflistung und Beschreibung manchmal nur in Nuancen unterschiedlicher PPP-Modelle macht deutlich, warum sich bisher keine Definition finden lässt.

Träger von PPP-Projekten sind in der Regel Projektgesellschaften, privatrechtlich organisiert, die als Kreditnehmerinnen auftreten. Diese treten ihre Forderungen gegen die öffentlichen Auftraggeber an eine Bank ab oder verkaufen sie an eine Bank (Forfaitierung),[4] gleichzeitig verzichten die öffentlichen Auftraggeber vollständig auf Einrede. Der Einredeverzicht bedeutet, dass bei Leistungsstörungen – das können Schlechtleistungen, Leistungsverweigerung oder Aufrechnungen durch den öffentlichen Drittschuldner sein – zwischen der öffentlichen Hand und der Projektgesellschaft das forfaitierende Kreditinstitut unberührt bleibt. Dabei muss die Forfaitierung der Höhe der Kreditbedienung entsprechen. Dadurch wird das Kreditinstitut so gestellt, als hätte es den Kreditvertrag direkt mit der öffentlichen Hand abgeschlossen. Mit anderen Worten: Bei der Forfaitierung mit Einredeverzicht handelt es sich quasi um die Gewährung eines Kredits an einen öffentlichen Träger, auch wenn eine privatrechtliche Projektgesellschaft Kreditnehmerin ist. Damit soll ein Teil des Projektrisikos des/r privaten Auftragnehmer_in gegen das geringere Kreditrisiko der öffentlichen Hand getauscht werden. Letztendlich bedeutet das einen Risikotransfer von den privaten Auftragnehmer_innen auf die öffentlichen Auftraggeber.

Worin liegt für die öffentlichen Auftraggeber der Vorteil von PPP-Projekten, wenn letztlich das finanzielle Risiko bei ihm verbleibt? Die Forfaitierung mit Einredeverzicht ist rechtlich genehmigungsfähig, wenn ein PPP-Projekt nachgewiesen wirtschaftlicher ist als die konventionelle

4 Forfaitierung ist der Ankauf von Forderungen eines/r Gläubiger_in durch eine Bank. Unterschieden wird zwischen der echten Forfaitierung, bei der ein Rückgriff auf den/die Verkäufer_in bei Zahlungsausfall des/r Schuldner_in ausgeschlossen ist und der unechten Forfaitierung, die einen Rückgriff auf den/die Schuldner_in zulässt.

Abwicklung eines Vorhabens und der öffentliche Auftraggeber nachweisen kann, dass er in der Lage ist, die langfristigen Ratenverpflichtungen zu tragen. Die rechtliche Genehmigung eines PPP-Vertrages stellt den Abschluss eines kreditähnlichen Rechtsgeschäftes dar. Als Vorteile werden immer wieder ins Feld geführt die Entlastung der öffentlichen Haushalte durch zehn bis fünfzehn Prozent Kostenersparnis und eine angebliche Reduzierung des Finanzbedarfs und eine verbesserte Planungs- und Kalkulationssicherheit. Außerdem wird die Forfaitierung nicht auf den begrenzten Bürgschaftsrahmen des öffentlichen Haushalts angerechnet, weil sie formal keine solche ist. Für die stark verschuldete öffentliche Hand kann ein PPP-Vorhaben einen zeitlichen Vorzieheffekt haben, weil eine eigene erneute Kreditaufnahme entfällt. Zusätzlich versprechen PPP-Projekte eine schnellere, termin- und budgetgetreue Fertigstellung und eine Effizienzsteigerung durch ein besseres Management des/r privaten Auftragnehmer_in bei Wartung und Betrieb der Vorhaben. PPP sollen so eine wirtschaftlichere Leistungserbringung ermöglichen. Private Unternehmen und Finanzwirtschaft versprechen sich von PPP-Projekten neue profitable Geschäftsfelder. Der Staat verspricht sich von PPP die Möglichkeit, frei von Neuverschuldungen zu investieren. Damit macht sich die öffentliche Hand stärker als bisher von privaten Investoren abhängig. Hinzu kommt, dass in der Regel diejenigen, die politisch PPP-Vorhaben beschließen, wegen der Laufzeit von 20 und mehr Jahren am Projektende häufig nicht mehr in der politischen Verantwortung stehen und sich für die Folgen nicht mehr rechtfertigen müssen, falls die finanzwirtschaftlichen Erwartungen nicht in Erfüllung gehen. Da die privatrechtlichen PPP-Verträge in der Regel der Geheimhaltung unterliegen, sind sie oft auch nicht überprüfbar hinsichtlich ihrer Rentabilität für die öffentliche Hand. Gemäß dem Prinzipal-Agent-Problem[5] besteht häufig eine asymmetrische Informationsverteilung zulasten der öffentlichen Auftraggeber und ihrer politischen Gremien und ein Legitimationsdefizit. Das geht soweit, dass verfassungsrechtlich nicht legitimierte Private das Gemeinwohl betreffende Entscheidungen treffen. Wie Rügemer in seinem Buch „Heuschrecken im öffentlichen Raum“ (2011) an zahlreichen Beispielen nachweist, führen PPP nicht selten dazu, dass öffentliche Mittel statt dem Gemeinwohl den privaten Partner_innen zugutekommen. Da die im Rahmen der PPP durch den Staat eingegangenen Zahlungsverpflichtungen nicht auf die Schuldenquote angerechnet werden, kann man diese auch als verdeckte Staatsverschuldung betrachten. Rügemer führt die nicht eingelösten Versprechen vieler PPP-Projekte auf die Strukturelemente des PPP-Verfahrens zurück. Dazu zählen hochkomplexe, umfangreiche und damit undurchschaubare Verträge und deren Geheimhaltung, die Forfaitierung mit Einredeverzicht, hohe Transaktions- und Beraterkosten, die Zugehörigkeit der privaten Berater_innen und Vertragsverhandler zur organisierten PPP-Lobby, private Schiedsgerichte zur Klärung von Vertragskonflikten u. a. Wie viele Beispiele zeigen verdienen Banken, Berater_innen und private Konzerne das große Geld mit PPP, weil es ihnen gelungen ist, gemeinsam mit der öffentlichen Hand ein völlig intransparentes System zu schaffen, vor allem zulasten der Steuerzahler (Rügemer 2011).

3. Public Social Private Partnership (PSPP)

Neben den genannten kritischen Einwänden wird außerdem die Propagierung einer angeblichen Win-win-Situation für den Staat und für die beteiligten privaten Investoren und die Ausweitung der PPP auf den Bereich der Daseinsvorsorge kritisiert mit der Begründung, dass das Handeln der öffentlichen Hand dem Gemeinwohl verpflichtet ist, während primäres Hand-

5 Die Prinzipal-Agent-Theorie besagt, dass Informationsasymmetrien zwischen Geschäftspartner_innen zu Ineffizienzen führen können, sowohl bei der Vertragsverhandlung als auch bei der Vertragsausführung.

lungsziel privatrechtlicher Unternehmen die Gewinnmaximierung für ihre Shareholder ist. Gemeinwohlverpflichtung bedeutet die Zuordnung öffentlicher Ressourcen an den Interessen derer, die nicht in der Lage sind, ihre Bedürfnisse nicht oder nicht zureichend durch eigene Kaufkraft zu befriedigen. Diesen Zielkonflikt begleitet die Debatte um die Ausweitung der Idee der PPP auf den Tätigkeitsbereich der Sozialwirtschaft.

Mit der Public Social Private Partnership (PSPP) sollen soziale Interessen und Ziele realisiert werden, die ohne PSPP zu diesem Zeitpunkt nicht oder nicht so realisiert werden könnten. An PSPP-Projekten ist neben den öffentlichen Trägern und privaten Unternehmen und Organisationen auch die Sozialwirtschaft beteiligt. Die Rolle des öffentlichen Trägers ist in der Regel dabei die Gewährleistung und Koordination sozialer Leistungen, die Rolle der Sozialwirtschaft die der Umsetzung und Erbringung der Sozialleistung und die Rolle der Privatwirtschaft ist die der Planung, des Baus und der Finanzierung der erforderlichen Infrastruktur. Auch hier wird eine Win-win-Situation für alle versprochen, für die öffentliche Hand, die Sozial- und Privatwirtschaft und für die Leistungsadressat_innen. PSPP dient der Generierung von zusätzlichen Ressourcen für Produkte und Dienstleistungen zur Verbesserung der Lebenssituation benachteiligter Menschen und Gruppen. Wobei der Begriff ‚euphemistisch' erscheint, weil im Rahmen von PPP-Vorhaben der öffentliche Träger die Finanzierung durch Forfaitierung und Einredeverzicht absichert. Aufbauend auf der Idee der PPP ist die PSPP durch soziale Zielsetzungen und partnerschaftliche Durchführung charakterisiert. Begründet wird die PSPP mit dem Argument, dass benachteiligte Personen nicht dauerhaft von gesellschaftlicher Teilhabe ausgeschlossen bleiben und deren Bedarfe langfristig und stetig befriedigt werden sollen. Das wiederum bedarf einer kontinuierlichen und langfristigen finanziellen Sicherstellung der sozialen Aktivitäten, die im Rahmen von PSPP-Vorhaben erfolgen soll. PSPP wird so zu einem Instrument der Finanzierungs- und Ressourcengenerierung für die Daseinsvorsorge und für benachteiligte Menschen. Bei der Debatte wird häufig übersehen, dass PPP eine Form funktionaler Privatisierung öffentlicher Leistungen ist, mit der meist Infrastrukturleistungen, die allen Bürgerinnen und Bürgern zur Verfügung stehen, finanziert werden. Im Gegensatz dazu handelt es sich bei sozialen Leistungen für benachteiligte Menschen oder besondere Bedarfsgruppen nicht um allgemeine Leistungen für alle. Zu fragen ist, worin liegt der Vorteil, wenn soziale Leistungsansprüche durch PSPP-Vorhaben privatisiert, d. h. einem Markt zugänglich gemacht werden, für die der Staat als öffentlicher Träger im Rahmen seiner Gemeinwohlverpflichtung bürgt? Es spricht nichts dafür, dass mit PSPP-Projekten die Erbringung sozialer Leistungen effizienter und/oder effektiver wird.

Der Leitbildwechsel vom fürsorgenden zum aktivierenden Sozialstaat folgt dem hayekschen Glauben an die Überlegenheit der Markt- und Wettbewerbssteuerung einer vom Staat „entfesselten" sozialen Leistungsproduktion. Wie kam es zu diesem Leitbildwechsel? Nach dem Scheitern der sozial-liberalen Koalition 1982 haben sich auch in Deutschland der ‚Thatcherismus' und die ‚Reaganomics' durchgesetzt mit dem schlichten Rezept: Der Markt kann alles besser als der Staat. Mit dieser Ideologie wurden die staatlichen sozialen Leistungen und Angebote öffentlich schlechtgeredet, mit ihnen auch die Wohlfahrtspflege. Der soziale Leistungsbereich war schon immer eine leichte Verfügungsmasse des Zeitgeistes und der Regierenden. Darüber täuscht auch nicht hinweg, dass im Bereich sozialer Leistungsproduktion in den letzten 25 Jahren ein Beschäftigungs- und Ausgabenboom stattgefunden hat, bei stabil bleibender Sozialleistungsquote.

4. PSPP und freie Wohlfahrtspflege

Im sozialen Bereich gibt es bisher nur wenig Erfahrungen mit PPP-Projekten, allerdings gibt es eine lange Tradition der Kooperation zwischen öffentlichen Trägern und der freien Wohlfahrtspflege und eine noch nicht so alte Tradition mit privaten Trägern. Der unter dem Begriff ‚Ökonomisierung des Sozialen' beschriebene Wandel der Kooperationsformen zwischen öffentlichen Trägern und der freien Wohlfahrtspflege hat nicht nur deren Vorrangprinzip infrage gestellt, sondern die freie Wohlfahrtspflege längst in ein Konkurrenzverhältnis mit privaten Trägern und in marktanaloge Verhältnisse gezwungen. „Von einem Paradigmenwechsel ist die Rede, der die historisch gewachsene Kooperation zwischen den [meist, G.H.] kommunalen Leistungsträgern und den Wohlfahrtsverbänden in Frage stellte und die Wohlfahrtsarbeit in ein Spannungsfeld zwischen den Anforderungen des Marktes für soziale Dienstleistungen und den Verpflichtungen von Anbietern und Nachfragern auf eigene ideelle Motive führte" (Pitschas 2007, S. 8). Der Wandel der Kooperationsformen als Ausdruck der politischen Veränderung des Sozialstaates beruht neben der neoliberalen Ideologie und dem damit verbundenen Vorwurf des überdehnten oder ausufernden Sozialstaats auf dem Liberalismus, der das Recht auf Freiheit, Eigenverantwortung und freier Entfaltung des Individuums betont, mit möglichst geringer Kontrolle oder Bevormundung durch staatliche Stellen, weil der einzelne Mensch bei der Verfolgung seiner eigennützigen Ziele nach Wohlstand wie von unsichtbarer Hand geleitet, gleichzeitig, quasi unabsichtlich, dem Gemeinwohl dient. Mit dem gleichen Argument werden auch staatliche Eingriffe in die Wirtschaft abgelehnt. Demgegenüber betont der Kommunitarismus die Verantwortung des Individuums gegenüber seiner Umgebung, seiner Community, für das Gemeinwohl. Da der Wohlfahrtsstaat an Grenzen stößt, ist der Kommunitarismus der Auffassung, dass eine Rücknahme staatlicher Leistungen eine Zunahme an Gemeinsinn auslöst. Diese Entwicklungsdimension des Sozialstaatswandels führt dazu, dass der/die Einzelne stärker in die Bewältigung sozialer Aufgaben einbezogen wird und eine Bürgergesellschaft als Kooperation zwischen Bürger_innen in der Gesellschaft und der Wirtschaft begründet und gestärkt wird, indem dem/r Einzelnen mehr Eigenverantwortung und mehr gemeinwohlbezogenes Engagement übertragen wird. Neben das Leitbild der ‚Bürgergesellschaft' tritt das Leitbild des ‚effizienten Staats'. Die so entstehende Verantwortungspartnerschaft zwischen Bürgergesellschaft, Wirtschaft und Staat begründet einerseits die Verbindung von sozialstaatlicher Aufgabenwahrnehmung und bürgerschaftlichem Engagement und andererseits die Neujustierung der freien Wohlfahrtspflege und ihrer Konkurrenz mit den privaten Leistungsanbietern auf dem Sozialleistungsmarkt. Zwar ist das Kooperationsprinzip für das Verhältnis zwischen öffentlichem Leistungsträger und der freien Wohlfahrtspflege in § 17 Abs. 3 S. 1 Sozialgesetzbuch Erstes Buch (SGB I)[6] beschrieben, gleichzeitig befinden sich die Wohlfahrtsverbände durch ihre Teilnahme an den sozialen Dienstleitungsmärkten in einem Spannungsverhältnis zwischen der Rolle als Marktteilnehmer und ihrer sozialpolitischen anwaltschaftlichen Rolle. Unter der Annahme, dass es sich bei der freien Wohlfahrtspflege um gemeinwohlorientierte, wertgebundene Organisationen handelt und nicht „um unzureichend legitimierte Formen privater Einflussnahme" ist es ihre „Aufgabe, betriebswirtschaftliche Instrumente und Methoden einzusetzen und gleichwohl an der eigenständigen Bedeutung der Wohlfahrtsarbeit festzuhalten, also eine Ba-

6 SGB I § 17 Abs. 3 S. 1: In der Zusammenarbeit mit gemeinnützigen und freien Einrichtungen und Organisationen wirken die Leistungsträger darauf hin, dass sich ihre Tätigkeit und die der genannten Einrichtungen und Organisationen zum Wohl der Leistungsempfänger wirksam ergänzen. Sie haben dabei deren Selbstständigkeit in Zielsetzung und Durchführung ihrer Aufgaben zu achten.

lance von Ethik und Zuwendung, Effektivität und Effizienz in korporativen Arrangements zu finden“ (Pitschas 2007, S. 14). Ob das im Rahmen von PSPP durchzuhalten ist, muss bezweifelt werden.

5. Der soziale Wirkungskredit

Als eine besondere Form des PSPP kann der seit einigen Jahren propagierte soziale Wirkungskredit betrachtet werden, der auch unter den Begriffen „social impact investment“ oder „social impact bond“ diskutiert wird. Der Abschlussbericht des National Advisory Boards (NAB), eines Expertengremiums, das 2013 während der britischen G8-Präsidentschaft eingerichtet wurde, um Empfehlungen für den Aufbau und für die Weiterentwicklung von internationalen Märkten, „auf denen Angebote und Nachfrage für wirkungsorientiertes Investitionskapital effektiv zusammenfinden“ (NAB 2014, S. 4), zu erarbeiten, definiert wirkungsorientiertes Investieren oder social impact investment als „private Kapitalanlagen, die über die reine Orientierung an Rendite und Risiko hinausgehen. Mit eingeschlossen ist die Absicht, auch positive soziale und ökologische Wirkung zu ermöglichen. Diese Wirkung soll möglichst explizit festgelegt (vertraglich vereinbart, G. H.) und möglichst nachweisbar erbracht werden. Kernidee wirkungsorientierter Investition ist somit der Brückenschlag zwischen positiver sozialer Wirkung und Kapitalbereitstellung“ (NAB 2014, S. 8).

Der deutsche NAB wurde durch die Bertelsmann Stiftung in Zusammenarbeit mit dem Bundesministerium für wirtschaftliche Zusammenarbeit (BMZ) und dem Bundesministerium für Familie, Senioren, Frauen und Jugend (BMFSFJ) einberufen. Vorsitzende war Brigitte Mohn. Die Bertelsmann Stiftung übernahm die konzeptionelle Begleitung. Vor dem Hintergrund der Verschärfung vor allem der kommunalen Finanzsituation – die Kommunen sind für die Finanzierung sozialer Dienst überwiegend zuständig – der bestehenden Unterfinanzierung sozialer Dienste mit ihren negativen Auswirkungen auf die Arbeitsbedingungen und die Entlohnung des Fachpersonals geriet die staatliche Finanzierung kritisch ins Visier der Vertreter eines neoliberalen Staatsverständnisses. Da ausreichende Mittel zur Finanzierung der Sozialwirtschaft nicht zur Verfügung stehen, muss die „Leistungsfinanzierung in ihrer qualitativen Ausrichtung“ (Burmester/Wohlfahrt 2015, S. 559) korrigiert werden und zwar durch social impact investment. „Angesichts der wachsenden demografischen und sozialen Herausforderungen und der sich ändernden Finanzlage wird augenfällig, dass insbesondere die Finanzierung von präventiven Maßnahmen zur Verhinderung der Folgekosten, von Innovationen zur Entwicklung neuer Problemlösungen sowie die Finanzierung der Skalierung [Verbreitung, G.H.] erprobter Ansätze zu kurz kommen“ (NAB 2014, S. 14).

Das Konzept wirkungsorientierten Investierens sieht vor, dass privatwirtschaftliche Unternehmen oder Stiftungen Geld im Sozialbereich in Projekten anlegen, in der Absicht, neben der Erzielung einer finanziellen Rendite auch eine soziale in Form einer gesellschaftlichen Wirkung zu erzielen. Das setzt voraus, dass die Wirkung kalkulierbar und messbar ist. Die Investitionen sind Kredite auf erwartete Wirkungen (Wirkungskredite – social investment bonds). Mit dem Investitionskapital werden Projekte vorfinanziert. Die Investoren erhalten, wenn die vereinbarten Wirkungen eingetreten und nachgewiesen sind, ihr Kapital und eine vereinbarte Rendite vom öffentlichen Sozialleistungsträger zurück. Werden die Wirkungsziele nicht erreicht, entfällt die Rückerstattungspflicht. Das wird dazu führen, dass die sozialen Investoren bemüht sein werden, ihr Risiko zu minimieren und wirkungsorientiert in den Bereichen und für die Zielgruppen investieren, die nach menschlichem Ermessen eine Rendite versprechen.

Wie bei den PPP auch treten auch bei den PSPP in der Regel Intermediäre auf, die potenzielle Investoren, Leistungserbringer und öffentliche Re-Finanzierer zusammenbringen, die Verhandlungsprozesse moderieren, Verträge entwerfen und die Projekte begleiten. Gelegentlich übernehmen sie auch die Durchführung und Prüfung des Wirkungsnachweises.

Der NAB kommt zum Schluss, dass die leistungsrechtlich gesicherte Einzelfallarbeit zwar weitgehend durchfinanziert sei, Prävention und Innovation dagegen nicht. Deshalb hätten die Leistungserbringer auch keine Motivation für die Entwicklung innovativer und präventiver Arbeitsansätze, da bei ihnen kein ökonomischer Nutzen anfällt. Burmester und Wohlfahrt kommen zum Ergebnis: „Es geht um nicht mehr und nicht weniger als die Ablösung des gegenwärtigen Systems fallbezogener und rechtlich fundierter Dienstleistungserbringung und dessen Ersetzung durch ein mittels neuer Finanzierungsformen erzeugtes wirkungsorientiertes vorwiegend präventiv ausgerichtetes Handeln in der Sozialwirtschaft“ (Burmester/Wohlfahrt 2015, S. 561). Die direkte staatliche Finanzierung der Dienstleistungsproduktion soll durch private kapitalfinanzierte ergänzt oder ersetzt werden. Die verbandliche gemeinnützige Leistungserbringung wird durch „sozialunternehmerisches Handeln“ und social entrepreneurship[7] ersetzt. Wirkungsorientierte Finanzierungsformen sollen Zug um Zug „anlassbezogene bzw. bedarfsbegründete Finanzierungen sozialer Dienste“ ergänzen und letztlich ersetzen (ebd.).

Die Ausrichtung sozialer Dienste auf kapitalfinanzierte Maßnahmen wird durch die Europäische Union (EU) unterstützt. Die EU hat in ihrer Social Business Initiative und dem Europäischen Fonds für Soziales Unternehmertum (EuSEF) die Finanzierung sozialer Dienstleistungen unmittelbar mit der Wirkungsfrage verknüpft. Der Social Business Initiative folgend hängen Sozialunternehmen künftig von Investoren und Fondsmanager_innen ab, die die Wirkungsziele definieren und die Wirkungen selbst bewerten oder bewerten lassen. Die gewünschte und erwartete Zielerreichung wird so über Kapitalströme und die finanzielle Ausstattung sozialwirtschaftlicher Unternehmen gesteuert. Hierfür sammeln Fondsgesellschaften anlagewilliges Kapital und investieren es in Projekte mit entsprechenden Erfolgsaussichten. Die Erfolgsaussichten und sozialen Wirkungen werden durch Erfolgsmanager_innen bewertet, die auch die Methoden der Wirkungsmessung festlegen (EU 2013).

Abgesehen von zu erwartenden Creamingeffekten entziehen sich die Anlageentscheidungen der demokratischen Kontrolle durch die Gremien der öffentlichen Träger – und somit der Sozialplanung. Außerdem sind mit der wirkungsorientierten Finanzierung erhebliche Transaktionskosten verbunden, die der fachlichen Arbeit entzogen werden. Nicht mehr sozialpolitische Entscheidungen und sozialpädagogische Fachlichkeit bestimmen die Angebote, sondern die renditeinteressierten Investoren. Sollten sich diese Finanzierungsmodelle flächenendeckend durchsetzen, ist mit erheblichen Konsequenzen für die Sozialwirtschaft und die Soziale Arbeit zu rechnen. Erstens wird mit Bezug auf die ökonomische Handlungslogik den Non-Profit-Organisationen und der staatlichen Steuerung unterstellt, dass weniger effektiv, effizient und wirkungsvoll handeln als private Investoren sozialer Leistungen. Damit wird zweitens den öffentlichen Trägern die Steuerungskompetenz abgesprochen. Weil Märkte besser funktionieren, treten an die Stelle des Staates private Investoren, die nicht nur eine finanzielle, sondern auch eine soziale (gesellschaftliche) Rendite erzielen wollen. Unterstellt wird, dass in der Domäne des Sozial-

7 Entrepreneure sind neue innovative Unternehmensgründer_innen, Start-Ups. Entrepreneurship steht für einen neuen und innovativen Unternehmergeist, für eine neue Unternehmensgründungskultur und Gründerszene. Eine solche soll auch in der Sozialwirtschaft entstehen und gefördert werden.

staats private Anleger_innen erfolgreicher sind, weil sie konsequent und uneingeschränkt ergebnis- und wirkungsorientiert handeln. Sozialpolitik wird so reduziert auf die Sicherung und Gewährleistung des Marktes sozialer Dienstleistungen. Drittens verändert wirkungsorientierte Finanzierung die Arbeitsprozesse in der Sozialen Arbeit. Damit erhöhen sich nicht nur Dokumentations- und Nachweispflichten der Sozialarbeitenden, sondern es erfolgt eine rigorose Orientierung auf die zu erzielenden Wirkungen anstatt auf die Bedarfslagen und Interessen der Klient_innen. Die Korrektur des Verhaltens und der individuellen Lebensführung der Leistungsadressaten rückt ins Zentrum sozialarbeiterischen Handelns. Die zu erzielenden Wirkungen werden sowohl für die Sozialarbeitenden als auch für die Leistungsbezieher_innen quasi als alternativlos präsentiert. Strukturelle Bedingungen als Auslöser für Benachteiligung und Deprivation werden ausgeblendet. Die Befähigung der Klient_innen zu einer selbstbestimmten Lebensführung und zur kollektiven Veränderung ihrer Lebensumstände wird einer konsequenten Verhaltensorientierung geopfert. Die Tatsache, dass es sich in der Sozialen Arbeit um interaktive und ko-produktive Arbeitsprozesse handelt, in denen die Adressat_innen die Zielerreichung wesentlich mitbestimmen und kausaltechnologische Verfahren nicht zur Verfügung stehen, wird in der ökonomisch geführten Wirkungsdebatte ausgeblendet. Die Fachkräfte der Sozialen Arbeit haben sich der Logik des Systems der Wirkungskredite zu fügen und ihre Fälle unter Kosten-Nutzen-Aspekten zu bearbeiten. Die Mess- und Vergleichbarkeit der Leistungsergebnisse werden die Arbeit mit den Adressat_innen zwangsläufig spürbar normieren und standardisieren. Die Fachkräfte sollen ihre Klient_innen im Rahmen professioneller Selbststeuerung und einzelfallbezogener Expertise nicht mehr nur betreuen und sozial integrieren, sondern auch die Probleme der Transferleistungs- und Finanzierungssysteme lösen. „Das Ideal, die Nachfrage nach sozialen Dienstleistungen ebenso wie der Hilfebedarf standardisiert bestimmen zu können, korrespondiert mit einer Sichtweise, in der der Blick auf die Ursachen für Notlagen und Hilfebedarfe ausgelöscht ist“ (Burmester/Wohlfahrt 2015, S. 569). Bisher galten Märkte nicht zu Unrecht eher als Ursachen für soziale Probleme, mit der wirkungsorientierten Investition sollen sie nun zu Problemlösern werden. „Dass der »Markt« besser funktioniert ist das unverkennbare Ideal der ‚Messbarkeit‘ sozialer Wirkungen“ (ebd., S. 570).

6. Fazit

Auch wenn der NAB betont, dass wirkungsorientiertes Investieren das einzelfallorientierte Sozialleistungssystem nicht ersetzen, sondern nur ergänzen soll und die Umsetzung von PSPP-Projekten in Deutschland eher zögerlich erfolgt, bleibt die Debatte nicht ohne Folgen für die Diskussion über die Zukunft des Sozialstaats und die sozialwirtschaftlichen Akteure. Eine der stärksten Promotoren wirkungsorientierter Investitionen ist die Bertelsmann Stiftung, die entgegen dem Anschein, den sie zu erwecken versucht, keine gesellschafts- und sozialpolitisch neutrale Organisation zur Verfolgung ausschließlich uneigennütziger Zwecke ist. Die Bertelsmann Stiftung und ihr Gründer Reinhard Mohn stehen in der globalisierten wirtschaftsliberalen Welt für eine korporatistische Unternehmenskultur auch in der Sozialwirtschaft, die den Sozialstaat als überdehnt, wenn nicht gar als überholt betrachtet und die eine über den Markt und Wettbewerb hergestellte effiziente Steuerung an die Stelle von Partizipation und demokratischer Gestaltung setzen will. Reinhard Mohn sagte schon 1996 in einem Stern-Interview: „Es ist ein Segen, dass uns das Geld ausgeht. Anders kriegen wir das notwendige Umdenken nicht in Gang“ (Bertelsmann Stiftung 1996, S. 15).

Die Umsetzung des neoliberalen Projektes der PSPP hat sowohl Folgen für das Mandatsverständnis Sozialer Arbeit als auch für das Verständnis und Bild vom Sozialstaat. Durch privatwirtschaftliche unternehmerische Impulse soll der Staat aus seiner Verantwortung für die Daseinsvorsorge weitgehend enthoben werden. Mit PSPP und wirkungsorientierten Investitionen sollen nachhaltig Ausgaben gesenkt werden. Soziale Arbeit soll nicht mehr Klienteninteressen gegenüber dem Staat vertreten, wie es lange sozialpolitischer Anspruch der Sozialen Arbeit und der freien Wohlfahrtspflege war. „Die Wirkungsorientierung soll sicherstellen, dass mit öffentlichen [und privaten, G.H.] Mitteln eingekaufte Aktivitäten sich instrumentell maximal dem Willen des Auftraggebers unterordnen. Damit werden Partizipation und Einflussnahme der Adressaten*innen der Arbeit systematisch marginalisiert“ (Koch 2014, S. 53). So entsteht für neue soziale Entrepreneure ein Markt für Wirkungen. Durch die Fokussierung auf vom Auftraggeber vorgegebene Wirkungsziele gehen ganzheitliche und systemische Sicht- und Handlungsweisen verloren. Grundsätzlich ist nichts gegen genauere Ziel- und Wirkungsdefinitionen und ihre Messbarkeit einzuwenden, zu kritisieren ist allerdings, wenn Ziel- und Wirkungsdefinitionen ohne Beteiligung der Adressat_innen oder gar zu deren Lasten erfolgen. So ist es durchaus bedenklich, wenn junge Arbeitslose nur unter dem Gesichtspunkt der Employability gefördert und gefordert werden, Hauptsache sie sind auf dem Arbeitsmarkt untergebracht, gleich wie.

Die neoliberale Ideologie, nach der der Markt alle sozialen Probleme einschließlich Armut und Prekarisierung löst, weil er der staatlichen Steuerung überlegen ist, wird als ‚Ökonomisierung des Sozialen‘ bezeichnet. Das Prinzip, begrenzte Ressourcen mit maximalem Nutzen einzusetzen, ist nicht nur ein ökonomisches, sondern auch ein moralisches Gebot. Allerdings wird es kritisch, wenn das ökonomische Prinzip in der Sozialwirtschaft dazu dient, Kosten zugunsten von wirtschaftlichen Sachzielen zu minimieren und das zulasten der Adressat_innen oder des Staates. Zum Ausbalancieren unterschiedlicher Interessen durch öffentliche Diskurse und demokratische Entscheidungsprozesse gibt es im demokratischen Sozialstaat keine Alternative. Mit Ausweitung von PPP, PSPP und wirkungsorientierten Investitionen wird der Sozialstaat und seine Gemeinwohlverpflichtung ausgehöhlt und einseitig dem investiven Kapital und dessen Besitzern übereignet. Dabei droht die Gemeinwohlorientierung, die Einbeziehung bürgerschaftlichen Engagements und der korporativen Problemlösung im Zusammenspiel von öffentlichen Trägern, Zivilgesellschaft und den Einrichtungen und Organisationen der freien Wohlfahrtspflege verloren zu gehen. Die Unterfinanzierung vor allem der Kommunen und in Folge vieler Leistungsanbieter und ihrer Leistungen ist kein Geldmengen-, sondern ein Verteilungsproblem. In den PPP-/PSPP-Projekten gehen Millionen an Intermediäre und damit den Projekten und ihren Adressat_innen verloren. Nicht der überdehnte Sozialstaat und seine Zielgruppen sind für die Misere verantwortlich, verantwortlich sind eine kraftlose Sozialpolitik und deren Profiteure. Wirkungsorientierte Investitionen, seit 2008 als neue Wege zur Überwindung der Finanzkrise gepriesen, sind Ausdruck des Versagens staatlicher Austeritätspolitik.[8] Die Rückkehr des Sozialen muss mehr sein als ein rhetorischer Trick oder eine Werbekampagne. Diese muss durch neue sozialpolitische Konzepte und neue soziale Bewegungen für mehr gesellschaftliche und staatliche Verantwortung und weniger Marktlogik und Markthandeln ersetzt werden.

8 Austeritätspolitik, Bezeichnung für eine strenge staatliche Haushaltspolitik, die einen ausgeglichenen Staatshaushalt und eine Verringerung der Staatsschulden durch restriktive Fiskalpolitik und Sparpolitik anstrebt.

7. Literatur

Bertelsmann Stiftung (Hrsg.) (1996): Ein Segen, dass uns das Geld ausgeht – Interview mit Reinhard Mohn, Gütersloh. www.bertelsmann-stiftung.de/fileadmin/files/BSt/Publikationen/GrauePublikationen/GP_Ein_Segen_dass_uns_das_Geld_ausgeht.pdf, 15.2.2017.

Braem, Henning (2015): Der Europäische Fonds für Soziales Unternehmertum. Hintergrund Stand und Perspektiven. In: Blätter der Wohlfahrtspflege 162, H 3, S. 100-102.

Bundesministerium der Finanzen (BMF) (Hrsg.) (2017): PPP-Projektdatenbank. www.ppp-projektdatenbank.de, 9.2.2017.

Burmester, Monika/Wohlfahrt, Norbert (2015): Der soziale Wirkungskredit – die Lösung sozialer Probleme durch wirkungsorientiertes Investieren? In: Neue Praxis 45, H. 6, S. 559-571.

Butterwegge, Christoph (2005): Globalisierung: Herrschaft des Marktes – Abschied vom Wohlfahrtsstaat?, Folgen der neoliberalen Hegemonie für die Krise und Renaissance des Sozialen. In: Kurt Imhof/Thomas S. Eberle (Hrsg.): Triumph und Elend des Neoliberalismus. Zürich: Sesimo, S. 111-126.

Butterwegge, Christoph (2001): Wohlfahrtsstaat im Wandel. Problem und Perspektiven der Sozialpolitik. 3. Aufl., Opladen: Leske & Budrich.

Crouch, Colin (2011): Das befremdliche Überleben des Neoliberalismus. Berlin: Suhrkamp.

Crouch, Colin (2008): Postdemokratie. Frankfurt a.M.: Suhrkamp.

Eisenreich, Thomas (2015): Geldquellen gesucht. Alte und neue Finanzierungsinstrumente für die Soziale Arbeit. In: Blätter der Wohlfahrtspflege 162, H 3, S. 83-85.

Europäische Union (EU) (Hrsg.) (2013): Verordnung Nr. 346/2013 des Europäischen Parlaments und des Rates vom 17. April 2013 über Europäische Fonds für soziales Unternehmertum. Amtsblatt der Europäischen Union L 115/18. publications.europa.eu/resource/oj/JOL_2013_115_R.DEU, 10.12.2016.

Kaufmann, Franz-Xaver (1997): Herausforderungen des Sozialstaates. Berlin: Suhrkamp.

Koch, Christian (2014): Wie wirtschaftet die Sozialwirtschaft? Eine Abrechnung. Berlin: Deutscher Verein für öffentliche und private Fürsorge e.V.

Küpper, Hans-Ulrich/Semper, Lothar (Hrsg.) (2012): Chancen und Risiken von PPP: Eine Betrachtung aus ökonomischer und juristischer Perspektive. München: Ludwig-Fröhler-Institut. www.lfi-muenchen.de/lfi/moe_cms/main/ASSETS/bwl_pdfs/LFI_bwl_PPP.pdf, 15.1.2017.

Lessenich, Stephan (2008): Die Neuerfindung des Sozialen. Der Sozialstaat im flexiblen Kapitalismus. Bielefeld: Transcript.

National Advisory Board Deutschland (NAB) (Hrsg.) (2014): Wirkungsorientiertes Investieren: Neue Finanzierungsquellen zur Lösung gesellschaftlicher Herausforderungen. Abschlussbericht. www.bertelsmann-stiftung.de/fileadmin/files/Projekte/59_Social_Investment/NAB-Abschlussbericht_Wirkungsvolles_Investieren.pdf, 6.12.2016.

Pitschas, Rainer (2007): Öffentlich-private Finanzierungs- und Kooperationsformen im Spannungsfeld zum Vorrangprinzip der freien Wohlfahrtspflege. In: Hoffer, Heike/Piontkowski, Kerstin (2007): PPP: Öffentlich-private Partnerschaften. Erfolgsmodelle auch für den sozialen Sektor? Berlin: Deutscher Verein für öffentliche und private Fürsorge. www.deutscher-verein.de/de/der-buchshop-des-dv-fachbuecher-sozialhilfe-und-sozialpolitik-1552.html, 9.12.2016, S. 8-16.

Rügemer, Werner (2011): »Heuschrecken« im öffentlichen Raum. Public Private Partnership. Anatomie eines globalen Finanzinstruments. 2. aktual. u. erw. Aufl., Bielefeld: Transcript.

Spetsmann-Kunkel, Martin (2016): Soziale Arbeit und Neoliberalismus. Baden-Baden: Nomos.

Scheuerle, Thomas (2015): Sozialunternehmen als soziale Investitionen. Wie man soziale und ökonomische Rendite zugunsten ihrer Zielgruppe verknüpfen kann. In: Blätter der Wohlfahrtspflege 162, H 3, S. 94-96.

Spiegel Online (2009): Jungs Antrittsrede im Parlament. „Sozial ist was Arbeit schafft“. In: Spiegel online vom 11.11.2009. www.spiegel.de/wirtschaft/soziales/jungs-antrittsrede-im-parlament-sozial-ist-was-arbeit-schafft-a-660712.html, 10.2.2017.

Weidenfeld, Ursula (2017): Deutschland, das bin ich. In: Cicero, H. 2, S. 14-25.

Weizsäcker, Ernst Ulrich von/Young, Oran R./Finger, Matthias (Hrsg.) (2006): Grenzen der Privatisierung. Wann ist es des Guten zu viel? Bericht n den Club of Rome. Stuttgart: Hirzel.

Ziekow, Jan (2011): Wandel der Staatlichkeit und wieder zurück? PPP im Kontext der deutschen Diskussion um die Rolle des Staates. In: Ziekow, Jan (Hrsg.) (2011): Wandel der Staatlichkeit und wieder zurück? Die Einbeziehung Privater in die Erfüllung öffentlicher Aufgaben (Public Private Partnership) in/nach der Weltwirtschaftskrise. Baden-Baden: Nomos, S. 43-65.

Sozialarbeitspolitik und Soziallobbying

Günter Rieger

1. Einleitung

Wirtschaftsunternehmen machen Politik. Von der Betriebswirtschaftslehre meist vernachlässigt, wenn überhaupt nur in seiner unternehmenspolitischen Binnenperspektive erkannt, bleibt die politische Dimension managerialen Handelns wenig erforscht (Scheurer 2001). Unternehmenspolitik wird als Teil des strategischen Managements zunächst und vor allem als die grundsätzliche Ausrichtung des Unternehmens hinsichtlich seines Zwecks, seiner Ziele, seiner Organisationform und seiner Unternehmenskultur (Binnenaspekt) verstanden. Insofern gestaltet Unternehmenspolitik die Organisation und positioniert das Unternehmen am Markt. Darüber hinaus dient Unternehmenspolitik aber auch der Vertretung des Unternehmens nach außen (Außenaspekt). Unternehmen repräsentieren ihre Interessen im Rahmen kommunaler Standortpolitik und schließen sich in Verbänden (Schroeder/Weßels 2017) zusammen, um auf Landes- und Bundesebene ebenso wie auf europäischer Ebene Lobbying zu betreiben. Stets geht es darum, politische Entscheidungen zugunsten ihrer Unternehmung bzw. ihrer Branche zu beeinflussen. Dazu gehört die Akquise öffentlicher Aufträge und Subventionen ebenso wie die Einflussnahme auf marktregulierende bzw. -verändernde wirtschaftspolitische, arbeitsmarktpolitische und umweltpolitische Gesetzgebung und Verwaltungsentscheidungen. Vertreten werden die Unternehmen und ihre Verbände hier durch die jeweiligen Vorstände bzw. Geschäftsführer_innen sowie ggf. durch professionelle Lobbyist_innen.

Auch Sozialunternehmen machen Politik. Auch sie brauchen ein strategisches Management, um Zweck, Ziele und Organisationsform der Einrichtung zu bestimmen und Leitbild wie Einrichtungskultur zu formen. Auch sie gestalten ihre je spezifische Unternehmenspolitik als Mikropolitik der Einrichtung. Damit jedoch endet die Analogie zu Wirtschaftsunternehmen. Während für diese stets der Markt Fluchtpunkt aller Managementaktivitäten ist, muss Sozialmanagement seine Unternehmenspolitik multiperspektivisch an unterschiedlichen gesellschaftlichen Sektoren ausrichten. Als intermediäre Organisationen gehören soziale Einrichtungen weder ausschließlich dem Markt, noch der Politik, noch der Zivilgesellschaft an. Damit aber gewinnt auch ihr nach außen, auf die Politik gerichtetes Handeln eine andere Bedeutung. Während für Wirtschaftsunternehmen Politik nur insofern relevant ist, als sie die Rahmenbedingungen des Marktes beeinflusst, steht Soziale Arbeit in unmittelbarer Abhängigkeit zur Politik. Die Rahmenbedingungen ihres Handelns wie die Lebenslagen ihrer Klientel sind wesentlich politisch konstituiert. Qualität wie Quantität sozialer Dienstleistungen regeln sich nicht über Angebot und Nachfrage zwischen Anbieter und Kund_innen, sondern stets im Dreiecksverhältnis von Leistungserbringern, Hilfebedürftigen und öffentlichen Leistungs- bzw. Kostenträgern. Bedarfe müssen erst politisch anerkannt werden, damit entsprechende Dienstleistungen zu ihrer Befriedigung über die öffentlichen Haushalte finanziert werden. Dabei fehlt es den Klient_innen an Kundensouveränität und ihre Interessen sind politisch schwache Interessen. Soziale Arbeit (als Leistungserbringerin) findet sich deshalb in einer spannungsvollen Doppelrolle. Einerseits setzt sie Sozialgesetzte und politische Unterstützungsprogramme um. Sie ist „angewandte Sozialpolitik" (Lorenz 2006). Gleichzeitig muss sie versuchen, Politik in Richtung auf die Anerkennung von Bedarfen und bessere Bedarfsdeckung (im Namen und mit den Klient_innen) zu beeinflussen. Soziale Arbeit bewegt sich hier im Spannungsverhältnis von Politikimplementation und Politikgestaltung.

Im Folgenden gilt es zunächst den spezifischen auf die gesellschaftliche Funktion Sozialer Arbeit zurückzuführenden Zusammenhang zwischen Sozialer Arbeit und Politik zu klären. Im Zentrum steht dabei der Begriff der Sozialarbeitspolitik. Dieser Anfang der 80er Jahre geschaffene Begriff bezeichnet treffend das politische Handeln der Akteur-innen Sozialer Arbeit, verweist damit auf ihren politischen Auftrag sowie die Methoden politischen Handelns und grenzt thematisch spezifische, die Soziale Arbeit und ihre Klientel betreffende Politikinhalte ab. Schließlich soll Soziallobbying als wichtige Aufgabenstellung des Sozialmanagements intensiver beleuchtet werden.

2. Sozialarbeitspolitik revisited

Der Begriff Sozialarbeitspolitik wird erstmals 1981 von Siegfried Müller, Thomas Olk und Hans-Uwe Otto in einem Aufsatz für das Sonderheft 6 der Neuen Praxis verwandt. In ihrem Text „Sozialarbeitspolitik in der Kommune" präsentieren sie „Argumente für eine aktive Politisierung der Sozialarbeit". Anfang der 80er Jahre beharren sie mit dieser Begriffsschöpfung gegen eine zunehmende „Pädagogisierung" und „Therapeutisierung" auf der *„Politikimmanenz der Sozialarbeit"* (ebd., S. 7; Hervorhebung im Original). Es geht ihnen darum, Soziale Arbeit, die sich vor dem Hintergrund eines Wandels „sozialpolitischer Interventionen von der Einkommens- zur Dienstleistungsstrategie" (ebd., S. 5) zunehmend als Beziehungsarbeit versteht, an ihre politische Funktionen, Aufgaben und Möglichkeiten zu erinnern. Die Wortschöpfung *Sozialarbeitspolitik* bringt diese politische Dimension auf den Begriff: „Da auf verschiedenen Ebenen des politischen und administrativen Systems immer schon nach Maßgabe politischer Interessen über Sozialarbeit diskutiert und entschieden und auf diese Weise das Berufshandeln von Sozialarbeit in bestimmte Richtungen festgelegt wird, sind die im Bereich sozialer Arbeit Tätigen angehalten, sich über ihre Interessenlage, ihre beruflichen und gesellschaftspolitischen Zielsetzungen, Versorgungskonzepte etc. klar zu werden und diese dann aktiv und bewußt in ihre berufliche Praxis und den politischen Prozeß einzubringen" (ebd., S. 7). Sozialarbeitspolitik gilt ihnen als integraler Bestandteil des beruflichen Handelns Sozialer Arbeit. Sie plädieren für eine „kommunale Sozialarbeitspolitik".

Auch fast 40 Jahre nach seiner Einführung kann der Begriff der Sozialarbeitspolitik für den spezifischen Zusammenhang zwischen Sozialer Arbeit und Politik stehen. Die Notwendigkeit, über die „politischen Implikationen und Folgen sozialarbeiterischen Handelns" (ebd., S. 5) zu reflektieren, besteht weiterhin. Politisches Handeln muss als integraler Bestandteil des beruflichen Handelns Sozialer Arbeit erkannt und in seinen spezifischen, dem Auftrag Sozialer Arbeit geschuldeten Strukturen verstanden werden. Als professionelles politisches Handeln hat Sozialarbeitspolitik einen Innen- und einen Außenaspekt. Einerseits muss man sich „die Ebene der unmittelbaren Sozialarbeit als politische Arena vorstellen" (ebd., S. 11). „Sozialarbeiter sind in ihrem Berufsalltag ständig damit befaßt, zentral festgelegte sozialpolitische Programme, Maßnahmen und Gesetze zu realisieren und umzusetzen" (ebd., S. 8). Hier machen sie, indem sie ihre Ermessensspielräume in die ein oder andere Richtung nutzen (Lipsky 2010/1980) oder aber auch verkennen, „täglich (auch ohne es immer zu wissen) Politik" (Müller et al. 1981, S. 8). Andererseits müssen Sozialarbeiter_innen versuchen, die Rahmenbedingungen ihrer unmittelbaren Praxis zu beeinflussen. Dazu gilt es, sich „in kommunalpolitische Konsensbildungsprozesse“ (ebd., S. 8) einzumischen. Aufgrund ihres „privilegierten Zugang(s) zu den konkreten Ausformungen sozialer Probleme und defizitärer Lebenslagen“ kommt Sozialer Arbeit „die Aufgabe zu diese Problemlagen zu erfassen, aufzugreifen und an den kommunalpolitischen Aushandlungs- und Umsetzungsprozeß von Programmen und Maßnahmen weiterzugeben“ (ebd., S. 19). Sie praktiziert hier primär „stellvertretende(n) Einmischung“ (ebd.) im Sinne einer „Strategie der Einmischung“ (Mielenz 1981). „(S)trukturbezogene(.) Interventionsformen“ (Müller et al. 1981, S. 18) dürfen aber nicht nur auf die unmittelbare Verbesserung der Lebenslagen mit einer „Angleichung der Zugangschancen zu materiellen und symbolischen Ressourcen aus unterschiedlichen gesellschaftlichen Verteilungssystemen“ (ebd., S. 19) zielen, sondern müssen ebenso auf eine „grundlegende(.) Revision der Verfahrensweisen, Verhandlungssysteme und Institutionen, in deren Rahmen kommunale Politik... formuliert und umgesetzt wird“ (ebd., S. 17), achten. Denn Sozialarbeitspolitik legitimiert sich nicht allein über die konkreten Verbesserungen des Hilfesystems und der Lebenslagen der Klient_innen, sondern immer auch darüber, ob und inwiefern sie dazu beiträgt, Partizipation und Selbstvertretung (self-advocacy) der Adressat_innen Sozialer Arbeit zu stärken.

3. Sozialarbeitspolitik professionalisiert

Der Begriff der Sozialarbeitspolitik muss vor dem Hintergrund gesellschaftlichen Wandels wie der Professionalisierung Sozialer Arbeit allerdings aus zeitbedingten Engführungen gelöst werden und zu den Entwicklungen in Profession und Disziplin aufschließen. Müller/Olk/Otto konzentrieren ihren Begriff von Sozialarbeitspolitik auf die kommunale Ebene und die praktizierende Sozialarbeiter_in. Diese beiden Einschränkungen gilt es zu überwinden, indem einerseits auch andere für die Soziale Arbeit bedeutsame Politikebenen in den Blick genommen werden und andererseits professionelle Sozialarbeit stärker als *organisierte* Hilfe verstanden wird. Beide Aspekte hängen eng zusammen. Erst wenn angemessen berücksichtigt ist, dass sich Soziale Arbeit „nur im Kontext und mit ihrer organisatorischen Struktur professionalisieren (kann)“ (Müller 2010, S. 963), wird der Blick frei auf die arbeitsteilige Produktion der Dienstleistung Soziale Arbeit.

Sozialarbeitspolitik als Teil des professionellen Handelns wird immer in und mit Organisationen Sozialer Arbeit gestaltet. Führungskräfte Sozialer Arbeit bestimmen deshalb Sozialarbeitspolitik über die Leitung und Ausrichtung von Einrichtungen und Verbänden nicht weniger als die praktizierenden Sozialarbeiter_innen. Entsprechend betont Langer die notwendige politische Kompetenz von Sozialmagementakteuren. „Die Sozialmanagementakteure handeln aktiv im Sinne einer Kontextsteuerung in den komplexen sozialpolitischen Rahmenbedingungen. Sie beeinflussen und steuern kommunalpolitische Definitions- und Politik-Prozesse, können (Einfluss-)Macht erkennen und gewinnen, haben die Kenntnis- und die Fähigkeit der Pflege und Aktivierung von wesentlichen politischen Akteuren, sie haben die Fähigkeit eines politik-strategischen Handelns, über die Kenntnis und Beeinflussung der Sozialmarktregeln bis hin zur Beherrschung von Öffentlichkeits- und Gremienarbeit“ (2013, S. 117). Deutlich wird dabei, dass für die Sozialarbeitspolitik weiterhin die kommunale Ebene von zentraler Bedeutung ist. Denn Soziale Arbeit wird als angewandte Sozialpolitik nun einmal wesentlich auf kommunaler Ebene realisiert und gestaltet (Rieger 2014b). Gleichzeitig wird aber sichtbar, dass Sozialarbeitspolitik als organisiertes Interesse sich über ihre Vereinigungen und Verbände auch auf Landes-, Bundes- und Europaebene einmischen muss. Sozialarbeitspolitik ist also keineswegs auf die kommunale Ebene beschränkt und liegt mit Blick auf ihre professionelle Performanz sowohl bei den Sozialarbeitenden im direkten Klientenkontakt wie auch bei ihren Führungskräften (Geschäftsführer_innen, Vorstände, Vorsitzende, Bereichsleiter_innen, Amtsleiter_innen, Sachgebietsleiter_innen, Referent_innen). Und dies erneut sowohl nach innen auf die mikropolitische Gestaltung der eigenen Einrichtungen und Verbände wie nach außen auf die Beeinflussung politischer Rahmenbedingungen gerichtet.

Darüber hinaus muss das Verständnis von und Wissen um Sozialarbeitspolitik weiterentwickelt werden (Benz/Rieger 2015). Insbesondere gilt es, in Disziplin und Profession, daran zu arbeiten, dass Sozialarbeitspolitik als Teil des beruflichen Handelns zum inzwischen erreichten Professionalisierungsniveau Sozialer Arbeit aufschließt und dadurch die Politikfähigkeit Sozialer Arbeit gesteigert wird. Hierzu muss Sozialarbeitspolitik dezidiert als methodisches Handeln ausgewiesen werden. Es gilt, Sozialarbeitspolitik sowohl in ihrer Handlungs- (a) als auch in ihrer Inhaltsdimension (b) zu entfalten.

3.1 Methodisches Arbeiten

Sozialarbeitspolitik als professionelles Handeln ist methodisches Handeln. Ein Blick in die Praxis genügt, um festzustellen, dass Soziale Arbeit viele Wege kennt, um Politik zu beeinflussen. Sie nutzt Methoden der Politikberatung (Rieger 2015), der Öffentlichkeitsarbeit, des Lobbyings (s. IV.) oder der Gremienarbeit (Rieger 2013b). Sie betreibt politische Bildung und unterstützt Prozesse des politischen Empowerments. Eine Systematisierung ihres politisch methodischen Arbeitens ergibt sich aus der die Profession kennzeichnenden, spezifischen Stellung im Hilfeprozess. Soziale Arbeit hat sowohl eine politikimplementierende wie eine politikgestaltende Funktion und handelt politisch im Sinne stellvertretender Einmischung oder über Partizipationsförderung. Es kann also einerseits zwischen politischer Arbeit in der Phase der Politikimplementation und der Phase der Politikgestaltung und andererseits zwischen direkten politischen Interventionen der Akteure Sozialer Arbeit und indirekter politischer Arbeit, die auf die Ermächtigung (Empowerment) der Klient_innen zur Selbstorganisation und Selbstvertretung zielt, unterschieden werden. (Tabelle 1).

Politisches Handeln ist strategisches Handeln (Raschke/Tils 2013). Als professionelles Handeln der Sozialen Arbeit bedarf es jedoch der berufsethischen Begründung und *kritischen Reflexion*. In einem politisierten Umfeld mit anwaltschaftlichem Auftrag für abhängige Klient_innen unterliegt Soziale Arbeit stets der Gefahr, instrumentalisiert zu werden oder eigene berufs-, verbands- oder unternehmenspolitische Interessen in den Vordergrund zu stellen und dabei die Interessen ihrer Klient_innen zu verfehlen. Es gilt in ideologiekritischer Absicht, sorgfältig argumentierend, gerechtfertigte sozialpolitische Ziele und Strategien Sozialer Arbeit herauszuarbeiten und gleichzeitig mögliche Vereinnahmungen aufzuzeigen. Dies reicht von der Aufdeckung verdeckter Zusammenhänge, Interessen und politischer Strategien (Dahme/Wohlfahrt 2005) bis hin zu grundlegenden Analysen politisch gesellschaftlicher Machtstrukturen und der Verstrickung Sozialer Arbeit bei der Erzeugung und Aufrechterhaltung benachteiligender und ausgrenzender Verhältnisse (Anhorn et al. 2012).

	indirekte politische Intervention	direkte politische Intervention
Politikimplementation	– *Politische Bildung* (bildungsferner Schichten in der Kinder- und Jugendhilfe sowie Erwachsenenbildung) – *Partizipationsförderung* (Empowerment von Einzelnen und Gruppen, Consumer Involvement, Institutionengestaltung (Werkstattrat, Heimbeirat usw.))	– *politisch reflektierte Fallarbeit* (mit Einzelnen, in Gruppen und mit dem Gemeinwesen) – *Mikropolitische (Beiträge zur) Organisationsentwicklung* (Leitbildentwicklung, strategische Ausrichtung der Organisation (Organisationspolitik), Personalpolitik, organisationsinterne Gremienarbeit (z.B. in internen Arbeitsgruppen, Steuerungsgruppen, Qualitätszirkeln, Teambesprechungen usw.))
Politikgestaltung	– *Politische Bildung und Aktivierung* (z. B. aktivierende Befragung; gem. pol. Aktionen in Sozialer Gruppenarbeit; Planning for Real usw.) – *Empowerment und Unterstützung der Selbstorganisation von Betroffeneninteressen* (materielle Unterstützung, Beratung, als Mitarbeiter_in von Betroffenenorganisationen; Organisationsberatung; Political Consulting)	– *Politikberatung* (einschl. Sozialplanung und Sozialberichterstattung) – *Gremienarbeit* (in organisationsexternen AGs, Steuerungsgruppen, Planungsgruppen, Ausschüssen usw.) – *Soziallobbying* (einschließlich politischer Öffentlichkeitsarbeit (public affairs))

Tab. 1: Methoden der Sozialarbeitspolitik (Rieger 2014a)

3.2 Politikfeld

Politikmachen als Teil professionellen Handelns braucht gesichertes, empirisches Wissen zu politischen Institutionen, Prozessen und Inhalten von Sozialarbeitspolitik. Damit tritt die inhaltliche Dimension des Begriffs in den Vordergrund. Es gilt, den Untersuchungsgegenstand abzugrenzen. In der Politikwissenschaft wird dafür das analytische Konzept des Politikfeldes (Schubert/Bandelow 2014) genutzt. Bislang wird *Sozialarbeitspolitik* aber kaum (Rieger 2012; 2013a) als eine Forschung orientierende bzw. ordnende Einheit wahrgenommen. Sucht man nach für die Soziale Arbeit relevanten, politikwissenschaftlichen Forschungsergebnissen so sind diese dem Politikfeld „Sozialpolitik" zugeordnet. Das Politikfeld Sozialpolitik erweist sich bei genauerem Hinsehen aber als ausgesprochen fragmentiert und mit Blick auf Inhalte, Akteure, Problemwahrnehmung und Leitvorstellungen vielfältig gegliedert. Als eigenständige Handlungs- und Untersuchungsbereiche werden beispielsweise Gesundheitspolitik, Arbeitsmarktpolitik, Rentenpolitik, Familienpolitik inzwischen aber auch Pflegepolitik oder Engagementpolitik unterschieden. Allein Sozialarbeitspolitik kommt hier bislang als analytische Einheit nicht vor. Die sie betreffenden Politiken werden entlang der verschiedenen Handlungsfelder der Sozialen Arbeit als Altenhilfepolitk, Behindertenhilfepolitik, Drogen(hilfe)politik, Jugendhilfepolitik (Lindner/Pletzer 2017), Sozialhilfepolitik, Wohnungslosenhilfepolitik oder/und Integrationspolitik verhandelt (Dahme/Wohlfahrt 2011). Dies hat einerseits seine Berechtigung, weil sich diese Politiken in ihren Inhalten, Institutionen, Deutungsmustern und beteiligten Akteuren durchaus unterscheiden. Andererseits geht dabei der für die Soziale Arbeit als Profession wichtige Gesamtblick verloren. Es erscheint deshalb sinnvoll, die Soziale Arbeit besonders betreffenden Teilgebiete der Sozialpolitik als zusammenhängend zu begreifen, die sozialarbeitsspezifischen Subpolitikfelder mithin zu einem Metapolitikfeld Sozialarbeitspolitik innerhalb der Sozialpolitik zusammenzufassen. Wichtig ist, „Social welfare policy" als ein „subset of social policy" (Popple/Leighniger 2011, S. 27) zu begreifen, das sich in eine Vielzahl von Teilbereichen (Altenhilfepolitik, Drogen(hilfe)politik, Jugendhilfepolitik usw.) gliedert und mit angrenzenden Politikfeldern (Bildungspolitik, Kriminalpolitik, Staatsbürgerpolitik) überlappt.

Historisch in der klassischen Trennung von Arbeiter- und Armutspolitik wurzelnd, lässt sich Sozialarbeitspolitik nämlich durchaus als spezifischer Teil von Sozialpolitik mit eigenen Problemlagen, Inhalten und Institutionen unterscheiden: „Social Welfare Policy concerns those interrelated, but not necessarily logically consistent, principles, guidelines, and procedures designed to deal with the problem of dependency in our society" (ebd.). Ein inhaltlich abgegrenztes Feld sozialpolitischer Maßnahmen also, die dort greifen, wo selbstständige Lebensführung gefährdet scheint oder schon ein Zustand eingetreten ist, der eigenständige und selbstverantwortliche Alltagsbewältigung verhindert. Das Metapolitikfeld Sozialarbeitspolitik unterscheidet sich aber nicht nur inhaltlich hinsichtlich der wahrgenommenen Problemlagen und bevorzugten politischen Lösungsstrategien, sondern ist auch von spezifischen Prinzipien, Institutionen und Akteuren geprägt. Während das Versicherungsprinzip (Krankenversicherung, Unfallversicherung, Rentenversicherung, Arbeitslosenversicherung und Pflegeversicherung) und das Versorgungsprinzip (Beamtenversorgung, Kindergeld usw.) in den quantitativ bedeutendsten Bereichen der Sozialpolitik leitend sind, prägt im Bereich der Sozialarbeitspolitik das individualisierende, auf Einzelfallhilfe, Nachrangigkeit und Bedarfsprüfung ausgerichtete Fürsorgeprinzip das soziale Leistungssystem. Hier dominieren die personenbezogenen Dienstleistungen – auch dort, wo sie mit Geld- und Sachleistungen einhergehen. Der Sozialstaat interveniert pädagogisch, weil die Zuteilung generalisierter Leistungen nicht ausreicht, um Exklusionsdynamiken aufzuhalten.

Institutionell ist das Fürsorgesystem einerseits durch die dominante Rolle der kommunalen Ebene des politischen Systems geprägt (Rieger 2014b). Selbstverständlich ist auch Sozialarbeitspolitik eingebunden in das komplexe sozialstaatliche Mehrebenensystem. Kommunale Sozialpolitikgestaltung erfolgt im Rahmen bundesstaatlicher Gesetzgebung (Sozialgesetzbücher (z. B. SGB VIII, XII), ist ggf. auf Ausführungsgesetzte und Programme der Länder verwiesen und muss mit Blick auf Finanzierung und institutionelle Gestaltung zunehmend europäische Richtlinien beachten (Europäischer Sozialfond; Europäische Dienstleistungsrichtlinie usw.). Aber gerade im Bereich der Fürsorgeleistungen behalten die Kommunen als ausführende Organe (örtliche Träger) mit Selbstverwaltungsgarantie (Art. 28 Abs. 2 GG) erheblichen Gestaltungsspielraum, der angesichts der im aktivierenden Sozialstaat forcierten Kommunalisierung der Sozialpolitik eher noch gewachsen ist (Dahme/Wohlfahrt 2010).

Gleichzeitig unterscheidet sich die Arena der Sozialarbeitspolitik auch hinsichtlich ihrer zentralen Akteure. Während in der Sozialpolitik insgesamt die Sozialversicherungsträger als quasistaatliche, bundesweit organisierte Selbstverwaltungskörperschaften öffentlichen Rechts und die Verbände der Arbeitgeber sowie Gewerkschaften die politische Arena prägen, spielen im Bereich der Sozialarbeitspolitik als öffentliche Träger Ausschüsse (Jugendhilfeausschuss, Sozialausschuss usw.), Dezernate/Referate (z.B. Sozial- und Gesundheitsreferat) und Ämter der Kommunen (Jugendamt, Sozialamt, Gesundheitsamt usw.) (sowie entsprechende Vereinigungen auf Landes- und Bundesebene) eine zentrale Rolle. Gleichzeitig ist die Arena der Sozialarbeitspolitik von der Allgegenwart der Verbände der freien Wohlfahrtspflege (Boeßenecker/Vilain 2013) gekennzeichnet. Sie treten in ihren Gliederungen und Zusammenschlüssen einerseits als (anwaltschaftliche) Lobbyorganisationen auf und sind andererseits mit ihren Mitgliedseinrichtungen unverzichtbar für die Implementierung von Jugendhilfe, Sozialhilfe, Behindertenhilfe usw.

4. Soziallobbying

Weit stärker als profitorientierte Wirtschaftsunternehmen sind Non-Profit-Organisationen abhängig von Politik. Aufträge, Ressourcenausstattung und Handlungsspielraum Sozialer Arbeit sind wesentlich das Ergebnis politischer Entscheidungen. Einrichtungen und Verbände Sozialer Arbeit müssen deshalb versuchen, politische Prozesse mit Blick auf die Verbesserung ihrer Arbeitsbedingungen wie auch der Lebenslage ihrer Klient_innen zu beeinflussen (Speth/Zimmer 2015). Entsprechende Versuche der Einflussnahme durch Einrichtungen und Verbände lassen sich unter dem Begriff des Soziallobbyings einordnen. Lobbying gehört zum Aufgabenbereich des Sozialmanagements (Kramer 2002).

Allgemein meint Lobbying systematische Aktivitäten zur Beeinflussung von Politik und Verwaltung durch gesellschaftliche Gruppen. Lobby bezeichnet ursprünglich die vor dem Plenarsaal des Parlaments gelegene Wandelhalle, als Ort, an dem Interessenvertreter versuchen, Abgeordnete im persönlichen Gespräch mit Blick auf anstehende Gesetzgebungsprozesse für sich und ihre Ziele einzunehmen (Lobbyismus). Die ursprüngliche örtliche und institutionelle Fixierung auf das Parlament hat das Lobbying der Gegenwart abgelegt. Lobbying bezieht sich heute auf alle Phasen (Problemdefinition, Agenda-Setting, Politikformulierung, Politikimplementierung, Politikevaluierung), Ebenen (Kommune, Land, Bund, EU) und Entscheidungsträger des politischen Prozesses (Administration, Regierung, Parlament usw.). Stets geht es darum, politische Entscheidungen inhaltlich im Sinne der eigenen Vorstellungen zu beeinflussen bzw. den Gang der Entscheidungen zu beschleunigen, zu verzögern oder eine Entscheidung ganz zu verhindern. Der Begriff des Lobbyings steht damit „für sämtliche Formen der direkten, informellen, überwiegend öffentlich nicht direkt beobachtbaren Versuche von Vertretern gesellschaftlicher Interessen, auf die Akteure des politischen Entscheidungsprozesses einzuwirken, um kurz-, mittel- und langfristig Politikergebnisse in ihrem Sinne zu verändern“ (Wehrmann 2007, S. 40). Zu unterscheiden ist zwischen „Beschaffungs-“ und „Gesetzes-Lobbyismus“ (ebd., S. 38). Beschaffungs-Lobbyismus akquiriert öffentliche Mittel (Zuschüsse, Projektgelder usw.). Gesetzes-Lobbyismus dagegen nimmt Einfluss auf die rechtlichen Rahmenbedingungen.

Eine herausgehobene Position im Rahmen des Soziallobbyings haben die Wohlfahrtsverbände inne (Boeßenecker/Vilain 2013; Vaske 2016). Demgegenüber fällt Betroffenenorganisationen der Klient_innen und Angehörigen (self advocacy) sowie Berufsverbänden (z.B. DBSH) und Fachorganisationen (z.B. DGSA, DGfE, BAG OKJE usw.) eine nachgeordnete Rolle zu. Verbände und Einrichtungen sozialer Arbeit sind dabei niemals nur Anwälte für Betroffeneninteressen, sondern immer auch Lobbyist_innen in eigener Sache. Im Feld der Sozialen Arbeit sind drei Interessenssphären zu unterscheiden: Betroffenen-/Klienteninteressen, Einrichtungsinteressen und Mitarbeiterinteressen.

4.1 Lobbying als Tauschgeschäft

Erfolgreiches Lobbying funktioniert als Tauschgeschäft. Interessenvertreter erhoffen sich von der Politik Entscheidungen, über materielle Ressourcen, rechtliche Regelungen und Programme, die die Ausgangs- und Rahmenbedingungen sozialer Hilfe verbessern. Die Politik bietet „Geld“, „Gesetze“ und „Gute Worte“. Umgekehrt benötigt Politik materielle wie immaterielle Ressourcen und Legitimation. Die Verbände, Einrichtungen und Organisationen Sozialer Arbeit haben hier insbesondere (1) Informationen und Wissen zu sozialen Problemen ((Früh-)Warnfunktion), (2) Know-how (Fachwissen) bezüglich sozialpolitischer und sozialarbeiterischer Interventionen (Problemlösungsfunktion) zu bieten; eröffnen (3) durch ihre Organisationen (Infrastruktur und Humankapital) Umsetzungs- bzw. Verwirklichungschancen (Implementationsfunktion) und beschaffen (4) als religiöse, weltanschauliche und mildtätige soziale Hilfsorganisationen Anerkennung und Legitimation (Legitimationsfunktion). Im Rahmen des Wohlfahrtsstaates sind sozialarbeitspolitische Interessenvertreter also keinesfalls Bittsteller, die einseitig Forderungen an die Politik stellen, sondern soziale/moralische Unternehmer, welche zentrale Beiträge zur Bewältigung sozialer Problemlagen liefern.

Soziallobbying tritt dabei wesentlich in der Gestalt der Politikberatung (Rieger 2014a) auf. Vonseiten der Beratenden ist sie interessengeleitet. Sie versorgt die Politik mit Know-how zu sozialen Problemlagen, ihrer Entstehung und Entwicklung sowie möglichen Lösungsstrategien. Dabei ist sowohl den intervenierenden sozialen Organisationen wie der rezipierenden Politik bewusst, dass es sich hier nicht um eine, um Neutralität bemühte wissenschaftliche Politikberatung (durch Hochschulen und unabhängige Institute) handelt, sondern dass Politikberatung hier auf der Grundlage spezifischer gesellschaftlicher und wirtschaftlicher Interessen erfolgt. Allerdings kann diese interessegeleitete Politikberatung bei Gefahr der Selbstentwertung nicht ohne die Orientierung an wissenschaftlichen und professionellen Standards auskommen. Die Wissenschaftlichkeit und Professionalität der Expertisen Sozialer Arbeit ist ein wesentlicher Faktor, damit die Einflussnahme gelingt.

Als interessegeleitete Politikberatung folgt Lobbying heute weitgehend einem pragmatischen Modell von Politikberatung (Rieger 2015). Sie muss fachlich, sozial und politisch robust sein, wenn sie Erfolg haben will. Fachliche Robustheit meint einerseits die wissenschaftliche Güte der Daten, Informationen und Interpretationen sowie fachlich durchdachte, ethisch begründete als auch wirtschaftlich gerechnete Lösungsvorschläge und Konzepte (Argumentationsfähigkeit) und andererseits die Klarheit und Prägnanz in der Darstellung dieser Expertise (Kommunikationsfähigkeit). Soziale Robustheit fragt danach, inwiefern die relevanten Stakeholder (Betroffene, Expert_innen, weitere zivilgesellschaftliche Akteure) bei der Erstellung von Expertisen einbezogen und berücksichtigt wurden. „Politische Robustheit bezieht sich auf die Akzeptabilität und damit die politische Umsetzbarkeit der Empfehlungen“ (Weingart/Lentsch 2008, S. 50, zitiert nach Lindner 2010, S. 352). Denn eine pragmatische, interessengeleitete Politikberatung kann sich nicht auf die wissenschaftliche Güte ihrer Expertisen beschränken, sondern muss Akzeptanz- und Durchsetzungsprobleme in Gesellschaft und Politik mit reflektieren.

4.2 Rahmenbedingungen erfolgreichen Lobbyings

Aktives Lobbying in Form interessegeleiteter Politikberatung kann aber nur gelingen, wenn im Vorfeld die entsprechenden Rahmenbedingungen geschaffen wurden (passives Lobbying). Dabei geht es darum, dass einerseits die organisatorischen Ressourcen (Personal, Ausstattung und Organisationsstrukturen) vorhanden sind, um Lobbying als Politikberatung professionell zu betreiben und andererseits (1) kontinuierliches Monitoring und (2) Vernetzung frühzeitige Reaktion und vielfältige Zugangskanäle ermöglichen, sowie (3) Lobbying und Öffentlichkeitsarbeit aufeinander abgestimmt sind.

(1) Monitoring meint die kontinuierliche Beobachtung von Politikprozessen. Dabei gilt es, Politik sowohl hinsichtlich ihrer Inhalte (policy) als auch hinsichtlich der Entscheidungsstrukturen (polity) und Abläufe (politics) im Blick zu haben. Es geht einerseits darum, frühzeitig auf Themenkonjunkturen, Programmüberlegungen, Reformvorhaben usw. aufmerksam zu werden und sich so einen Informationsvorsprung zu sichern. Nur wer frühzeitig wahrnimmt, was in Rat und Verwaltung, in Gremien, Arbeitsgemeinschaften, Koordinierungskreisen oder der Öffentlichkeit gedacht und diskutiert wird, hat (a) überhaupt ausreichend Zeit, um zu reagieren und kann (b) zu einem möglichst frühen und damit erfolgversprechenderen Zeitpunkt intervenieren. Gleichzeitig gilt es jederzeit, über Entscheidungssystem und -prozesse informiert zu sein. Wer ist an welchen Stellen mit welchen Themen befasst? Wer hat welchen Einfluss auf die Behandlung des Themas und die zu treffenden Entscheidungen? Wie sind die Entscheidungswege? Wer sind potentielle Verbündete oder Gegner (in der (Sozial-)Verwaltung/Ministerialbürokratie, den Regierungen, den Parteien, im Parlament usw.) in einem Themenfeld? Gleichzeitig ist es notwendig, wichtige Daten hinsichtlich sozialer Problemlagen sowie zur Durchführung und Wirkung von Maßnahmen und Interventionen zu erheben (Sozialmonitoring), um sie im Lobbyingprozess präzise und rechtzeitig zur Verfügung zu haben.

(2) Netzwerkarbeit bezeichnet den für ein erfolgreiches Lobbying unverzichtbaren Aufbau von Beziehungen. Politische Netzwerke zu schaffen, die einen raschen direkten Zugang zu Entscheidungsträgern eröffnen oder schnell gemeinsame Aktivitäten und Stellungnahmen organisieren lassen und die auf wechselseitigem Vertrauen beruhen, gehört zusammen mit Monitoring zu den notwendigen Vorfeldarbeiten erfolgreichen Lobbyings. Die Pflege von Kontakten zu Bürokratie und Mandatsträger_innen ist eine ständige Aufgabe. Es gilt über persönliche Gespräche, Briefe, Mails und Telefonate Kontakt zu halten und über die Organisation von Empfängen, Tagen der offenen Tür, Fachtagungen usw. Foren des Austauschs und Kennenlernens zu schaffen. Nur wenn zwischen den Akteuren ein Verhältnis wechselseitigen Respekts und Vertrauens herrscht, ist gewährleistet, dass (a) Informationen frühzeitig an die jeweilige Interessengruppe fließen und (b) ihre Stellungnahmen entsprechend zur Kenntnis genommen werden.

(3) Schließlich unterstützt und ergänzt Öffentlichkeitsarbeit die Lobbyarbeit (indirektes Lobbying). Dabei geht es weniger um die Erzeugung von Druck bei entsprechender Mobilisierung von Öffentlichkeit. Den Druck auf die Politik über Medien und Öffentlichkeit zu erhöhen, wird in der Regel erst dann versucht, wenn Möglichkeiten des direkten Lobbyings (persönliches Gespräch, Stellungnahme, Gutachten, Anhörung usw.) erschöpft sind. Allerdings gibt es in jüngster Zeit eine Tendenz, über Massenbriefe, Massenfaxe oder Massenmails breitere Bevölkerungsschichten in den Lobbyingprozess einzubinden („Grasroots Lobbying“ (Althaus 2007)). Wichtiger scheint aber die kontinuierliche, begleitende Öffentlichkeitsarbeit (Public Af-

fairs Management, Kampagnen) zur Schaffung eines für die jeweiligen Klient_innengruppen, sozialarbeiterischen Interventionen und Projekte förderlichen Meinungsklimas. Es gilt, das Ansehen der eigenen Organisation zu pflegen und die Aufklärung der Öffentlichkeit hinsichtlich Problemwahrnehmung und Wertorientierung voranzutreiben. Dies gelingt weniger durch ausgefeilte Web-Auftritte und Hochglanzjahresberichte, sondern eher durch persönliche Kontaktpflege, Präsenz im Sozialraum und zivilgesellschaftliche Einbindung.

Lobbying steht immer wieder unter dem Generalverdacht, demokratische Werte der Partizipation, Transparenz und Gleichheit zu unterlaufen. Lobbyisten genießen wenig Ansehen. Mächtige einflussreiche Lobbyorganisationen scheinen sich den Staat zur Beute zu machen (Leif/Speth 2006). Aber Demokratie braucht Lobbying (Lösche 2007). Hochkomplexe moderne Massendemokratien funktionieren nicht ohne pluralistische Verbändelandschaft und entsprechende Interessenvertretung. Es gilt also weniger, den Lobbyismus abzuschaffen als seine Auswüchse einzudämmen. Dazu gilt es, Transparenz sicherzustellen und dafür Sorge zu tragen, dass alle relevanten gesellschaftlichen Interessen entsprechend vertreten werden können. Insofern ist es ebenso notwendig wie legitim, wenn soziale Verbände und Einrichtungen professionelles Lobbying betreiben. Ihre Funktion insbesondere als advokatorische Interessenvertreter ist unverzichtbar.

Genau diese Funktion wird im Zeichen jüngster Entwicklungen aber zunehmend problematisiert (Vaske 2016). Denn im Rahmen der fortschreitenden Ökonomisierung Sozialer Arbeit laufen die advokatorisch zu vertretenden Interessen und die wirtschaftlichen Bestandsinteressen der Einrichtungen auseinander. Längst hat in den Verbänden die Diskussion begonnen, wie die auseinanderstrebenden Interessen wieder in Einklang zu bringen sind (Dietz/Gillich 2013), ob einheitliche Vertretung oder institutionelle Trennung von Anwaltsfunktion und (unternehmenspolitischer) Lobbyfunktion zielführender sind (Manderscheid 2006). In diesem Zusammenhang ist dann aber auch die anwaltschaftliche Interessenvertretung grundsätzlich zu problematisieren, ist das Verhältnis zu Betroffenenorganisationen und sozialen Bewegungen zu klären und sind die politischen Willensbildungsprozesse in den Verbänden und Organisationen zu überprüfen. Wie werden die Fachkräfte einbezogen und vor allem, wie kann die Partizipation der Betroffenen gestärkt werden (Ombudspersonen, Vertretung der Klient_innen in Gremien, Patientenräte, Service User Involvement usw.). Die Legitimität des Soziallobbying bleibt stets abhängig von fachlicher Expertise und klientenbezogener Responsivität.

5. Literatur

Althaus, Marco (2007): Kampagne! 3. Neue Strategien im Grasroots Lobbying für Unternehmen und Verbände. Public Affairs und Politikmanagement. Berlin: Lit.

Anhorn, Roland/Bettinger, Frank/Horlacher, Cornelis/Rathgeb, Kerstin (Hrsg.) (2012): Kritik der Sozialen Arbeit – kritische Soziale Arbeit. Wiesbaden: Springer VS.

Benz, Benjamin/Rieger, Günter (2015): Politikwissenschaft für die Soziale Arbeit. Eine Einführung, Wiesbaden: Springer VS.

Bößenecker, Karl-Heinz/Vilain, Michael (2013): Spitzenverbände der freien Wohlfahrtspflege. Eine Einführung in Organisationsstrukturen und Handlungsfelder sozialwirtschaftlicher Akteure in Deutschland. Weinheim/München: Beltz Juventa.

Dahme, Heinz-Jürgen/Wohlfahrt, Norbert (Hrsg.) (2011): Handbuch kommunale Sozialpolitik. Wiesbaden: Springer VS.

Dahme, Heinz-Jürgen/Wohlfahrt, Norbert (Hrsg.) (2010): Regiert das Lokale das Soziale. Kommunalisierung und Dezentralisierung sozialer Dienste als sozialpolitische Reformstrategie. Hohengehren: Schneider.

Dahme, Heinz-Jürgen/Wohlfahrt, Norbert (Hrsg.) (2005): Aktivierende Soziale Arbeit. Theorie – Handlungsfelder – Praxis. Hohengehren: Schneider.
Dietz, Alexander/Gillich, Stefan (Hrsg.) (2013): Barmherzigkeit drängt auf Gerechtigkeit. Anwaltschaft, Parteilichkeit und Lobbyarbeit als Herausforderung für Soziale Arbeit und Verbände. Leipzig: Evangelische Verlagsanstalt.
Kleinfeld, Ralf/Zimmer, Annette/Willems, Ulrich (Hrsg.) (2007): Lobbying. Strukturen. Akteure. Strategien. Wiesbaden: Springer VS.
Kramer, David (2002): Lobbyismus im Sozialmanagement. Studienbrief 2-020-2103 Fachhochschul-Fernstudienbrief der Länder. 2. Aufl., Berlin.
Langer, Andreas (2013): Professionell managen. Kompetenz, Wissen und Governance im Sozialen Management. Wiesbaden: Springer VS.
Leif, Thomas/Speth, Rudolf (Hrsg.) (2006): Die fünfte Gewalt. Lobbyismus in Deutschland. Wiesbaden: Springer VS.
Lindner, Werner (2010): Soziale Arbeit zwischen reflexiver Re-Politisierung und Politikberatung. Kinder- und Jugendarbeit als exemplarisches Beispiel. In: Neue Praxis 40, H. 4, S. 245–358.
Lindner, Werner/Pletzer, Wilfried (Hrsg.) (2017): Kommunale Jugendpolitik. Weinheim/Basel: Beltz Juventa.
Lipsky, Michael (1980/2010): Street Level Bureaucracy. Dilemmas of the Individual in Public Services. 30th Anniversary Expanded Edition. New York: Russell Sage Foundation.
Lorenz, Walter (2006): Soziale Arbeit als angewandte Sozialpolitik – eine europäische Perspektive. In: Böllert, Karin/Hansbauer, Peter/Hasenjürgen, Brigitte/Langenohl, Sabrina (Hrsg.): Die Produktivität des Sozialen – den sozialen Staat aktivieren. Wiesbaden: Springer VS, S. 261–271.
Lösche, Peter (2007): Verbände und Lobbyismus in Deutschland. Stuttgart: Kohlhammer.
Manderscheid, Hejo (2006): Modernisierungsstrategien und Organisationsentwicklung innerhalb der verbandlichen Caritas. In: Manderscheid, Hejo/Hake, Joachim (Hrsg.): Wie viel Caritas braucht die Kirche – wie viel Kirche braucht die Caritas? 2. Aufl., Stuttgart: Kohlhammer, S. 45-80.
Mielenz, Ingrid (1981): Die Strategie der Einmischung – Soziale Arbeit zwischen Selbsthilfe und kommunaler Politik. In: Müller, Siegfried/Olk, Thomas/Otto, Hans-Uwe (Hrsg.): Sozialarbeit als soziale Kommunalpolitik. Ansätze zur aktiven Gestaltung lokaler Lebensbedingungen. In: Neue Praxis Sonderheft 6, S. 57-66.
Müller, Burkhardt (2010): Professionalität. In: Thole, Werner (Hrsg.): Grundriss Soziale Arbeit. Ein einführendes Handbuch. 3. Aufl., Wiesbaden: Springer VS, S. 955-974.
Müller, Siegfried/Olk, Thomas/Otto, Hans-Uwe (1981): Sozialarbeitspolitik in der Kommune – Argumente für eine aktive Politisierung der Sozialarbeit. In: Müller, Siegfried/Olk, Thomas/Otto, Hans-Uwe (Hrsg.): Sozialarbeit als soziale Kommunalpolitik. Ansätze zur aktiven Gestaltung lokaler Lebensbedingungen. In: Neue Praxis Sonderheft 6, S. 5-25.
Popple, Philip R./Leighninger, Leslie (1998/2011): The Policy-Based Profession. An Introduction to Social Welfare Policy for Social Workers. 5. Aufl., Boston: Pearson.
Raschke, Joachim/Tils, Ralf (2013): Politische Strategie. Eine Grundlegung. 2. Aufl., Wiesbaden: Springer VS.
Rieger, Günter (2015): Politikberatung. In: Otto, Hans-Uwe/Thiersch, Hans (Hrsg.): Handbuch Soziale Arbeit. 5. Aufl., München/Basel: Reinhardt, S. 1203-1209.
Rieger, Günter (2013a): Das Politikfeld Sozialarbeitspolitik. In: Benz, Benjamin/Rieger, Günter/Schönig, Werner/Többe-Schukalla, Monika (Hrsg.): Politik Sozialer Arbeit. Bd. 1. Weinheim/Basel: Beltz Juventa, S. 54-69.
Rieger, Günter. (2013b): Gremienarbeit. In: Grunwald, Klaus/Horcher, Georg/Maelicke, Bernd (Hrsg.): Lexikon der Sozialwirtschaft. Baden-Baden: Nomos, S. 441-443.
Rieger, Günter. (2014a): Soziallobbying und Politikberatung. In: Benz, Benjamin/Rieger, Günter/Schönig, Werner/Többe-Schukalla, Monika (Hrsg.): Politik Sozialer Arbeit. Bd. 2. Weinheim/Basel: Beltz Juventa, S. 329-350.
Rieger, Günter (2014b): Die lokale Ebene der Sozialpolitik. In: Arnold, Ulli/Grunwald, Klaus/Maelicke, Bernd (Hrsg.): Lehrbuch der Sozialwirtschaft. 4. Aufl., Baden-Baden: Nomos.
Rieger, Günter (2012): Die Politik Sozialer Arbeit und ihre Disziplin. In: Standpunkt: Sozial, H. 1+2, S. 23-29.
Scheurer, Axel (2001): Repräsentationsaufgaben von Führungskräften. Eine empirische Analyse. Wiesbaden: Gabler.
Speth, Rudolf/Zimmer, Annette (Hrsg.) 2015: Lobby Work: Interessenvertretung als Politikgestaltung. Wiesbaden: Springer VS.
Schroeder, Wolfgang/Weßels, Bernhard (Hrsg.) (2017): Handbuch Arbeitgeber- und Wirtschaftsverbände in Deutschland. 2. Aufl., Wiesbaden: Springer VS.

Schubert, Klaus/Bandelow, Nils C. (Hrsg.) (2014): Lehrbuch der Politikfeldanalyse. 3. Aufl., München: Oldenbourg.

Vaske, Sebastian (2016): Die freie Wohlfahrtspflege als politischer Akteur im modernen Sozialstaat. Ein Beitrag zum Wandel der Inkorporierung von Wohlfahrtsverbänden in die staatliche Sozialpolitik. Bern: Peter Lang.

Wehrmann, Iris (2007): Lobbying in Deutschland – Begriff und Trends. In: Kleinfeld, Ralf/Zimmer, Annette/Willems, Ulrich (Hrsg.): Lobbying. Strukturen. Akteure. Strategien. Wiesbaden: Springer VS, S. 36-64.

Willems, Ulrich/Winter, Thomas von (Hrsg.) (2000): Politische Repräsentation schwacher Interessen. Opladen: Leske & Budrich.

Netzwerke in der Sozialwirtschaft

Monika Sagmeister

Wer sich die Frage stellt, was ein Netzwerk ausmacht, wird mit einer Fülle von Antwortmöglichkeiten konfrontiert. Die unterschiedlichsten wissenschaftlichen Disziplinen machen sich den Netzwerkbegriff zu eigen. Medial präsent ist derzeit der *technologische Blickwinkel* auf Netzwerke. Man denkt hier an Schlagworte wie Daten- und Computernetzwerke, an soziale Netzwerke im Internet und Messenger-Dienste, das vernetze Zuhause (‚smart home') oder die Digitalisierung der Industrie, bekannt als ‚Industrie 4.0'. Soziale Arbeit scheint hier derzeit noch ein interessierter Zuschauer dieser technologischen Entwicklungen zu sein. Technische Netzwerke stehen derzeit wenig im Fokus Sozialer Arbeit. Aus diesem Grund wird im Beitrag diese Perspektive nicht weiter verfolgt, wenngleich technologische Netzwerke einen sinnvollen Beitrag zur Optimierung von Geschäftsprozessen beitragen können (Faiß/Kreidenweiß 2016). Netzwerke werden auch unter einer *ökonomischen Perspektive* betrachtet. Speziell in der Institutionenökonomie werden Netzwerke als dritte Ebene zwischen Markt und Hierarchie, als „Modus der Koordinierung sozialer Handlungen" (Dahme 2000, S. 48) beschrieben. Netzwerke senken unter bestimmten Voraussetzungen Transaktionskosten (Salditt 2008, S. 123), also Kosten, die mit der Abwicklung von Transaktionen am Markt verbunden sind. Unternehmen reduzieren durch Netzwerke Risiken und werden aneinander gebunden, ohne in der Autonomie eingeschränkt zu sein (Weyer 2014, S. 43). Die Unterscheidung zwischen Markt, Hierarchie und Netzwerk erfolgt durch die Ordnungsmechanismen. Der Markt folgt der Logik von Tausch, Vertrag und Recht; in der Hierarchie dominieren Ordnung und Macht. Ein Netzwerk ist dagegen durch Vertrauen und Verhandlung determiniert (Quilling et al. 2013, S. 10f.; Weyer 2014, S. 44). Um eine *politikwissenschaftliche Perspektive* erweitert, kann „Hierarchie" mit „Staat" ersetzt werden, in dem Macht- und Herrschaftsverhältnisse in hierarchischen Strukturen der Bürokratie Anwendung finden (Weyer 2014, S. 44f.). Ebenfalls thematisiert werden Netzwerke neben der Ökonomie und der Politik auch in anderen *Sozialwissenschaften,* insbesondere in der Soziologie, der Psychologie und der Pädagogik. In diesen Disziplinen steht der Beziehungsaspekt im Vordergrund. Dabei stellen die im Netzwerk koordinierten Beziehungen Ressourcen in Form von Sozialem Kapital zur Verfügung (Jansen 2007, S. 1ff.). In der Soziologie werden somit Netzwerke „neutral als eine Menge von Akteuren betrachtet, die über eine Menge von Beziehungen mit einem bestimmbaren Inhalt verbunden sind" (Wald/Jansen 2007, S. 93). Dieser bestimmbare Inhalt kann Wertschätzung, Freundschaft, Information, Kommunikation oder der Transfer und Austausch von Ressourcen wie Wissen sein (Jansen 2007, S. 1ff.).

So widmen sich also verschiedene wissenschaftliche Disziplinen der Netzwerkperspektive. Doch was eint nun diese verschiedenen Disziplinen? Laut Weyer (2014, S. 47) handelt es sich bei einem Netzwerk um ein Phänomen, das sich nicht mit den Begriffen System, Organisation und Interaktion gleichsetzen lässt. Systeme und Organisationen werden als operativ geschlossen mit klaren Außengrenzen beschrieben (Schönig/Franken 2015, S. 147; Schreyögg 2008, S. 8 ff.). Netzwerke sind dagegen strukturell und operativ offen, mit ebenfalls offenen Außengrenzen (Schönig/Franken 2015, S. 147)[1] . Im Mittelpunkt steht die grenzüberschreitende Ko-

1 Die Ansicht, dass Netzwerke und Systeme zwei getrennte Phänomene sind, wird nicht durchgängig geteilt. Siehe dazu die Aufstellung von Fuhse (2014, S. 303), der verschiedene systemtheoretische Versionen des Netzwerkbegriffs verglichen hat.

operation, die nicht in das bestehende Bezugsystem integrierbar und deshalb nur über Kommunikationskanäle erreichbar ist. Zur Erläuterung nennt Weyer (2014, S. 47) folgende Beispiele:

- „die Kommunikation über Systemgrenzen hinweg (Politik und Wirtschaft),
- die Koordination unterschiedlicher Funktionen (Fertigung und Vertrieb),
- die Überbrückung kultureller Barrieren (Konzern und Bürgerinitiative) oder
- die Verknüpfung unterschiedlicher Interessen (Unternehmen mehrerer Branchen bzw. Stufen der Wertschöpfungskette)."

Netzwerke bestehen dabei aus Knoten und Kanten. Knoten repräsentieren Akteure im Netzwerk (Rank 2015, S. 17 in Anlehnung an Jansen 2006). Ein Akteur kann dabei eine einzelne Person, aber auch ein Team oder ein ganzes Unternehmen sein. „Es können Individuen mit Individuen, Institutionen mit Institutionen und auch Individuen mit Institutionen analytisch verbunden sein" (Nowack 2013, S. 630). Im Verständnis dieses Beitrags werden Akteure als Handelnde verstanden, die mit ihren Handlungen die Umwelt absichtsvoll beeinflusst (Pätzold 2016, S. 296).[2] Die Kanten stellen die Verbindungen zwischen den Akteuren dar. Kanten sind die Beziehungen, die ein Netz zwischen den verschiedenen Akteuren knüpfen. Netzwerke sind somit gekennzeichnet durch Kommunikation. Es handelt sich dabei um „diskursive Austauschbeziehungen" (Dahme 2000, S. 50), bei der mehrere Akteure ihre Interaktion koordinieren und aufeinander Rücksicht nehmen, „weil sie auf diese Weise ihre partikularen Ziele besser realisieren können als durch nicht-koordiniertes Handeln" (Weyer 2014, S. 48).

Somit kann festgestellt werden, dass sich viele verschiedene wissenschaftliche Disziplinen des Begriffs „Netzwerk" bedienen. Im Zentrum stehen hierbei „Akteure". Vernetzung kann dabei auf verschiedenen Ebenen stattfinden, je nachdem ob es sich bei dem Akteur um ein Individuum, eine Gruppe oder eine Organisation handelt. Vernetzung verfolgt dabei meist ein Ziel und ist geprägt durch verschiedene Rahmenbedingungen. Im weiteren Verlauf werden nun die Ebenen von Vernetzung näher beleuchtet. Es wird auf die im Netzwerk gebundenen Ressourcen sowie die Struktur eingegangen. Abschließend werden Möglichkeiten der Netzwerksteuerung angedeutet.

1. Ebenen von Vernetzung

Netzwerke finden sich auf der Mikro-, Meso- und Makroebene Sozialer Arbeit wieder.

Auf der *Mikroebene* steht die einzelne Person als Akteur_in im Mittelpunkt. Betrachtet werden deren interpersonelle Netzwerke. Hier spielen familiäre und freundschaftliche Unterstützungsnetzwerke eine große Rolle, die neben Unterstützung in Form von Sicherheit und Rückhalt auch einen Kontrollaspekt durch Normen und der Übermittlung von Werten aufweisen (Röhrle 1994, S. 16). In solchen Unterstützungsnetzwerken werden aber auch Ressourcen generiert. So dienen Netzwerke z.B. der emotionalen Unterstützung. Dort wird Rat vermittelt und können persönliche Probleme besprochen werden. Das Unterstützungsnetzwerk gibt neben emotionaler auch instrumentelle Unterstützung wie etwa beim Umzug, der Wohnungsrenovierung,

2 In der Akteur-Netzwerk-Theorie kann auch ein nichthandelndes Objekt zum Akteur werden, sofern dieser Gegenstand den entscheidenden Unterschied ausmacht. So wird der Fels, der den Weg blockiert, zum Akteur, weil er Menschen zwingt, einen anderen Weg zu nehmen, ebenso ein Computerprogramm, das Menschen nötigt, sich in der einen oder anderen Weise zu verhalten (Pätzold 2016, S. 296f.).

bei PC-Problemen oder es findet sich im Netzwerk jemand, der materielle Hilfe leistet und aus einer finanziellen Notlage hilft (Wolf 2009, S. 36).

Auch auf einer weniger persönlichen Mikroebene können Netzwerke sinnvolle Ressourcen generieren. So ist heute die Funktion von Netzwerken als Austauschplattform für Wissen und somit als Basis für informelles Lernen unbestritten (Hennig 2010, S. 176). Nach Björk und Magnusson (2009, S. 669) führen Netzwerkkontakte durch den Austausch von Ideen zu innovativen Lösungen. Dahinter steckt die Vorstellung, dass ein Eingebettetsein in ein Netzwerk und der vorhandene Wissensaustausch bei Wissensarbeitern eine Art „black box" füllt (Fliaster 2007, S. 145). Netzwerke unterstützen die Adressat_innen Sozialer Arbeit, da sie die professionelle soziale Dienstleistung ergänzen und möglicherweise sogar ersetzen können. Wissensnetzwerke dienen den Sozialarbeiterinnen und Sozialarbeitern selbst. Sie sorgen für Austausch von Informationen und Wissen und tragen somit im besten Fall als Ort des informellen Lernens zur Professionalisierung von Fachkräften bei. Dies lässt sich auch auf Führungskräfte in der Sozialwirtschaft übertragen. Wie in einer eigenen Studie zur Vernetzung von Führungskräften in der Freien Wohlfahrtspflege deutlich wurde, nutzen Führungskräfte persönliche Netzwerke auf der Mikroebene zu Kolleginnen und Kollegen, um sich einerseits emotional zu entlasten, aber auch, um sich fachlich weiterzuentwickeln und an wesentliche Informationen zu gelangen. Besonders geschätzt werden an den Kontaktpersonen spezielles Know-how und Erfahrung im Umgang mit Problemen (Sagmeister 2014, S. 167ff.).

Auf der *Mesoebene* vernetzen sich sozialwirtschaftliche Organisationen. Es werden Verbindungen zu Organisationseinheiten außerhalb des eigenen Unternehmens hergestellt (Rosenberg 2014, S. 21). Diese interorganisationalen Netzwerke dienen ebenfalls der Bündelung von Ressourcen, verbunden mit der Annahme, dass durch diese Netzwerke Ziele von Unternehmen, Abteilungen und Individuen besser erreicht werden können (Rank 2015, S. 2). Auch soziale Einrichtungen sind angehalten zu wirtschaften, sprich ein optimales Verhältnis zwischen Faktoreinsatz und sozialer Dienstleistung herzustellen. So werden Netzwerke mit dem Ziel genutzt, betriebliche Funktionen wie die Beschaffung oder das Personalmanagement zu optimieren, ohne die Qualität der sozialen Dienstleistung aus den Augen zu verlieren. Die Intensität dieser Verbindungen kann dabei sehr unterschiedlich sein. Eine lose Form der Kooperation liegt vor, wenn ein Unternehmen an ein anderes etwas leistet, wie die gegenseitige Überlassung von Personal, Räumen oder Daten im Rahmen des Benchmarkings (Wörle-Himmel/Neubert 2014, S. 5). Auch gemeinsame Pflegesatzverhandlungen bedingen keine intensive Zusammenarbeit, aber doch ein gemeinsames Vorgehen. Ein engeres Netzwerk besteht bei Einkaufgemeinschaften. Aber auch hier kann der Austausch über Informationen eine wichtige Netzwerkressource darstellen. Netzwerke ermöglichen es Akteuren, an Informationen zu gelangen, die sie ohne dieses Netzwerk nicht hätten generieren können. Informationen über Aktivitäten der Konkurrenz, neue pädagogische Konzepte, geplante Ausschreibungen für Maßnahmen oder geeignete Fachkräfte usw. stellen für sozialwirtschaftliche Organisationen relevante Informationen dar, die nicht immer nur der Fachliteratur entnommen werden können. Hierzu braucht es Kontakte, die über das eigene Unternehmen hinausgehen.

Auf der *Makroebene* bilden sich Netzwerke, die neben Individuen und Organisationen beispielsweise auch politische Akteure einschließen. In diese Ebene sind sogenannte Policy-Netzwerke einzuordnen. Policy-Netzwerke haben zum Ziel, Lösungen und kollektiv verbindliche Entscheidungen in einem Politikfeld auszuhandeln. Mit Policy-Netzwerken können somit öffentliche Angelegenheiten geregelt werden (Knill/Schäfer 2014, S. 183). Staatliche Institutionen haben dabei den Auftrag der „kooperativen oder diskursiven Koordinierung“ (Dahme 2000, S. 50). Es agieren anders als in interpersonellen oder organisationalen Netzwerken auch staatliche Akteure gemeinsam mit nichtstaatlichen Akteuren. Somit können natürliche und juristische Personen, sowie „korporative oder kollektive Akteure in beliebiger Kombination vertreten sein“ (Knill/Schäfer 2014, S. 185). Wie bei allen anderen Netzwerken auch, ist die Mitgliedschaft freiwillig und umfasst Akteure, die von einem bestimmten Politikfeld betroffen sind und ein Interesse daran haben, sich in politische Entscheidungen einzubringen (ebd., S. 185). Den Kommunen kommt hierbei eine Schlüsselposition zu. In den Kommunalverwaltungen ist dies anhand des sich etablierenden Steuerungsmodells der „Governance“ abzulesen. In der sogenannten Bürgerkommune können sich Akteure aktiv in den politischen Gestaltungsprozess einbringen z.B. im Rahmen des Bürgerhaushalts. Wesentlich ist laut Tabatt-Hirschfeldt (2013, S. 78) „dabei das Zusammenwirken zwischen Kommunalverwaltung und externen Akteuren wie den ortsansässigen NPO`s [sic!] sowie der Wirtschaft aber auch mit EU, Bund, Ländern sowie die interkommunale Zusammenarbeit“. Auf diese Weise wird Soziale Arbeit zur Mitgestalterin, versehen mit der Aufgabe, anwaltschaftlich für die Klientel einzutreten, damit Risiken der Überrepräsentanz bestimmter Gruppen vermieden werden, die zudem noch in der Lage sind, ihre Interessen besser zu artikulieren als die Adressat_innen Sozialer Arbeit (Tabatt-Hirschfeldt 2013, S. 75).

Einen wichtigen Beitrag auf der Makroebene leistet Soziale Arbeit mit der Methode der Gemeinwesenarbeit. Die Orientierung am Sozialraum unter Einbezug von Betroffenen und anderen Akteuren stellt ein solches Netzwerk auf der Makroebene dar. Hier ist Soziale Arbeit eine entscheidende Akteurin, um die Lebensverhältnisse von Adressat_innen zu verbessern. Daran ist auch die öffentliche Verwaltung beteiligt, die laut Schubert (2016a, S. 7) im Rahmen der „Neuen Steuerung“ Verantwortlichkeiten ins Quartier auslagert und die Dienstleistungsproduktion im Sozialraum in die Hände der beteiligten Stakeholder im Netzwerk legt. Dabei gehe es in erster Linie um die Überwindung der Versäulung von Hilfen (Bellermann in diesem Band). Akteure der Sozialen Arbeit, aus dem Gesundheitswesen, der Schule und Kommunalverwaltung bilden gemeinsame Allianzen und räumliche Netzwerke. Beispielhaft sei hier das Netzwerk „Lernen vor Ort“ genannt, bei dem ganzheitliche kommunale Bildungsbestrebungen im Vordergrund stehen, an denen auch Soziale Arbeit beteiligt ist (Rahnfeld 2015, S. 112ff.).

Neben dieser Betrachtung von Netzwerken auf Mikro-, Meso- und Makroebene lassen sich Netzwerke auch in die vier Sektoren Sozialer Arbeit einordnen (Grunwald/Roß 2014, S. 20ff.). Im primären Sektor finden sich auf informeller Ebene Verwandtschafts- und Freundschaftsnetzwerke. Auf der Ebene der Assoziationen lassen sich die Vernetzungsaktivitäten zwischen sozialen Non-Profit-Organisationen einordnen. Doch auch gewinnorientierte und staatliche Anbieter sozialer Dienstleistungen nutzen Netzwerke zur Lösung sozialer Probleme. Netzwerke sind somit in allen Sektoren sozialer Arbeit vertreten, wobei die Vernetzung auch intersektoral stattfinden kann, wenn beispielsweise in sozialräumlichen Netzwerken öffentliche und freigemeinnützige Träger zusammen mit den Betroffenen Menschen einer Selbsthilfeorganisation nach Lösungen für die sozialen Herausforderungen im Quartier suchen.

Zusammenfassend lässt sich feststellen, dass sich die Effekte von Netzwerken auf der Mesoebene in etwa mit denen der Mikroebene decken. Im Vordergrund stehen die Aktivierung von materiellen und immateriellen Ressourcen, etwa in Form von sozialer Unterstützung oder engerer Zusammenarbeit, sowie der Austausch von Informationen, um neues Wissen zu generieren. Auf der Makroebene werden diese Ziele erweitert. Hier sollen Entscheidungsstrukturen dezentralisiert und Betroffene einbezogen werden, sowie der Versäulung von Hilfen entgegengewirkt werden. Diese Ziele lassen sich ebenso auf Netzwerke in den Sektoren übertragen und gelten vor allen Dingen für intersektorale Netzwerke.

2. Ressource Soziales Kapital

Auf der Suche nach dem verbindenden Element aller wissenschaftlichen Disziplinen und Ebenen von Netzwerken stößt man unweigerlich auf den Begriff des „Sozialen Kapitals“ oder „Sozialkapitals“. In der wissenschaftlichen Auseinandersetzung werden über das Sozialkapital meist Bezüge zu den Arbeiten von Bourdieu (1983, S. 191ff.) sowie Coleman (1998, S. 97) und Burt (1992, S. 12) hergestellt (Fliaster 2007, S. 107 ff.; Gruber/Rehrl 2009, S. 971; Jansen/Diaz-Bone 2014, S. 73). Sozialkapital ist kein Wesenszug einer einzelnen Person, sondern stellt die Beziehung zu anderen Personen in den Vordergrund (Marbach 2008, S. 189). Nach Fliaster (2007, S. 119) ist Sozialkapital „die Gesamtheit von Ressourcen (vor allem Wissen, aber etwa auch emotionale Unterstützung, Rückendeckung usw.), die ein Akteur dank

- der spezifischen Beschaffenheit des sozialen Netzwerkes, bzw. seiner strukturellen Position in diesem Netzwerk (...)
- der Eigenschaft seiner dyadischen Netzwerkbeziehungen (Vertrauen usw.) und
- der Eigenschaften der anderen Netzwerkakteure (ihrer Ressourcen) usw. grundsätzlich in Anspruch nehmen kann, um seine Handlungsziele zu erreichen.“

Investiert eine Person in eine soziale Beziehung, besteht die Annahme, dass diese Beziehung einen meist positiven Nutzen nach sich zieht. Soziale Beziehungen werden damit zum Sozialkapitel (Hennig 2010, S. 177). Der Nutzeneffekt wird ebenfalls auf zwei Ebenen diskutiert. So gilt Sozialkapital sowohl als individuelles Gut als auch als Kollektivgut (Hennig 2010, S. 178). Beim Sozialkapital als individuellem Gut steht die Annahme im Vordergrund, dass Individuen den Zugang und die Ressourcen eines Netzwerkes in instrumentelle Handlungen umsetzen können. Über Netzwerke können z.B. die eigenen Kinder betreut oder kann ein attraktiver Arbeitsplatz gefunden werden. Eine Person investiert in soziale Beziehungen in einem Netzwerk und nutzt als Gegenleistung die im Netzwerk eingebetteten Ressourcen (ebd.). Überträgt man diese Vorstellung auf die Ebene von Gruppen, in den Sozialraum oder auf Staatsebene, erhält das Sozialkapital den Charakter eines kollektiven Gutes (Marbach 2008, S. 189). Das Engagement im Netzwerk ist aber nicht als Reaktion auf eine im Vorfeld der Vernetzung erfolgreich vorgenommene Kosten-Nutzen-Analyse zu betrachten. Sozialkapital lässt sich nämlich nicht ausschließlich bewusst herstellen oder steuern. Meist liegt der Fokus der im Netzwerk beteiligten Personen gar nicht auf der Produktion des Sozialkapitals, sondern auf einem Sachziel. Das gemeinsame Ziel eint die Gruppe. Soziale Verbundenheit und Sozialkapital entstehen als Nebeneffekt dabei eher zufällig. Zudem ist soziales Kapital nicht durch eine/n Akteur_in alleine zu generieren und liegt deshalb nicht in der Hand einer Person. Soziale Netzwerke bestehen aus dyadischen Beziehungen, also Beziehungen, zu denen mindestens zwei Personen gehören. Sozialkapital generiert sich aus allen direkten und indirekten Beziehungen der Akteure eines sozialen Netzwerkes. Die Ressourcen entstehen also nicht nur im direkten, sondern auch im indirekten Kontakt. Die Information über eine freie Arbeitsstelle etwa erhält eine Person, weil Akteur A Akteur B davon erzählt hat, der es bei einer Gelegenheit, bei der zufällig über den Wechselwunsch gesprochen wurde, an Akteur C weitertragen kann. Zu guter Letzt kann Sozialkapital nicht frei übertragen, also an Dritte veräußert werden. Ebenso existieren auch keine Eigentumsrechte an Sozialkapital (Jansen/Diaz-Bone 2014, S. 73).

Hennig (2010, S. 183) stellt fest: „Zusammenfassend bleibt festzuhalten, dass Sozialkapital mehr ist als soziale Beziehungen und Netzwerke: es umfasst die eingebetteten Ressourcen und den Zugang zu diesen“. Sozialkapital entsteht somit durch Akteure, die Ressourcen und Ziele in eine dyadische Beziehung einbringen. Die Akteure profitieren von dieser Verbindung. Durch diese Verbindungen entwickelt sich ein Netzwerk, das eine bestimmte Struktur aufweist, in der ein Akteur eine bestimmte Position einnimmt (Fliaster 2007, S. 119).

3. Netzwerkstrukturen

Unter Netzwerkstruktur ist die Darstellung des Beziehungsgeflechts der Akteure im Netzwerk zu verstehen. Die Akteure bilden die Knoten eines Netzwerkes, die durch Kanten miteinander verbunden werden. Ein wichtiger Aspekt hierbei ist die Intensität des Kontaktes zwischen den Akteuren. Dazu wird unter anderem der Parameter „Stärke der Beziehung“ herangezogen, um Netzwerkeigenschaften darzustellen. Beziehungen werden in starke, sogenannte „strong ties“, und schwache Beziehungen „weak ties“, unterschieden. Stärke wird durch die Art des Kontaktes und dessen Häufigkeit definiert:

„The strength of a tie is a (probably linear) combination of the amount of time, the emotional intensity, the intimacy (mutual confiding), and the reciprocal services which characterize the tie. Each of these is somewhat independent of the other, though the set is obviously highly intracorrelated" (Granovetter 1973, S. 1361).

Über die Vor- und Nachteile von *starken und schwachen Beziehungen* herrscht in der wissenschaftlichen Diskussion keine Einigkeit. Ob ein starker oder eher ein schwacher Kontakt mehr Ressourcen generiert, hängt wohl davon ab, welches Ziel das Netzwerk verfolgt und in welchem Kontext das Netzwerk steht. Im Bereich der Familie oder Nachbarschaftshilfe sind strong ties sinnvoll, da sie von hoher Zugehörigkeit, Zuverlässigkeit und gegenseitigen Verpflichtungen geprägt sind. Die untereinander verbundenen Akteure weisen meist eine gewisse Ähnlichkeit auf oder werden sich durch Selektion nach und nach ähnlicher (Jansen 2007, S. 6). Enge Beziehungen bergen jedoch die Gefahr, dass sich die Akteure nach außen abschotten und Querdenker nicht willkommen sind. Somit bleiben die Netzwerkpartner unter sich, wodurch Informationen und Einflüsse außerhalb der eigenen Werte und Normen nicht an sie herangetragen werden können (Sagmeister 2014, S. 80). Strong ties haben durchaus Auswirkungen auf soziale Dienstleistungen, da der informelle Beitrag bei vorhandenen strong ties die professionelle soziale Dienstleistung überflüssig macht. Pflege, Kinderbetreuung oder Einkaufshilfen werden von den Angehörigen, Freunden und Nachbarn geleistet und nicht von professionellen Anbietern. Im unternehmerischen Kontext stehen der Aspekt des Wissensaustausches und damit zusammenhängende Effekte wie ‚Kreativität‘ und ‚Innovation‘ im Vordergrund. Dieses Potential wird eher weak ties zugeschrieben. Je mehr sich das Profil der Akteure unterscheidet und je geringer die Häufigkeit und Intensität der Begegnung ist, desto höher ist die Wahrscheinlichkeit, im Austausch zusätzliche und neue Informationen zu erhalten. Voraussetzung ist aber, dass es einen gemeinsamen Wortschatz gibt und geteilte Werte und Normen vorhanden sind, die den Informationsaustausch erleichtern (Zboralski/Gmünden 2009, S. 295). Durch weak ties können auch große Distanzen überbrückt werden, sie sind von lockerer Natur und deshalb bedeutungsvoll in Modernisierungs- und Innovationsprozessen (Jansen 2007, S. 6).

Burt (1992, S. 25ff.) geht einen Schritt weiter und macht darauf aufmerksam, dass nicht nur Kontakthäufigkeit und die Schwäche der Beziehung ein entscheidendes Kriterium für den Informationsfluss darstellen, sondern auch, ob es einem/r Akteur_in gelingt, in sich geschlossene Netzwerke zu überbrücken. Eine Person etwa, die mit anderen Personen Kontakte unterhält, die sich nicht unmittelbar kennen, überbrückt ein sogenanntes *strukturelles Loch*. Es eröffnet sich der Zugang zu verschiedenen, nicht redundanten Informationen. Dieses Verbindungsglied befindet sich in einer strategisch günstigen Position und erfährt also etwas wirklich Neues und nicht immer nur eine Bestätigung der immer gleichen Nachrichten. Diese nicht redundanten Informationen erhält diese/r Akteur_in zudem noch schneller als andere und kann sie anschließend ins eigene Netzwerk weitertragen. Der/die Akteur_in kann aus seiner günstigen Stellung also Vorteil ziehen. Die Stellung im Netzwerk entscheidet somit mit über die Einflussmöglichkeiten auf die Netzwerkakteure. Besonders gewinnbringend wird somit die Position beurteilt, die zwei voneinander unabhängige Netzwerke miteinander verbindet, laut Burt (1992) den sogenannten „Broker", der eine Brücke zwischen zwei Netzwerken spannt (Jansen 2007, S. 8). Dieses strukturelle Loch hat sich für den sozialen Bereich Schubert (2016b, S. 10f.) zunutze gemacht, um im Sozialraum die Erreichbarkeit der kommunalen Seniorenberatung für ältere, zurückgezogen lebende Menschen zu erhöhen. So wurden im Wohnumfeld Broker gesucht, die diese älteren Menschen auf Hilfeangebote aufmerksam machen können. Als besonders hilfreich haben sich hier Ärzt_innen, Mitarbeiter_innen in Apotheken, Friseurläden und Bäckereien erwiesen. Sie konnten die älteren Menschen ansprechen und einen Hinweis auf die kommunale Seniorenberatung geben.

Das strukturelle Loch, das über Broker überbrückt werden kann, basiert auf der Idee der „Stärke von schwachen Beziehungen" (Granovetter 1973, S. 1360ff.). Doch diese auf „Stärke" reduzierte Sichtweise kann auch als sehr reduktionistisch beurteilt werden. Erweitert wurde das Konzept der strong und weak ties durch Harrison White (1992). Er distanzierte sich von der Dimension der auf „Stärke" reduzierten Beziehung. White betrachtet Beziehungen als multidimensional, geprägt von vielfältigen Dimensionen, wie positiven und negativen Beziehungen, Kontrolle oder Solidarität. Je nach Sachverhalt kann ein und dieselbe Beziehung sich von ihrer starken oder schwachen Seite zeigen (Stegbauer 2008, S. 113).

Neben der Stärke der Beziehung werden Netzwerke noch durch andere Parameter beschrieben. Beispielhaft seien hier Attribute genannt wie Größe, Dichte, Zentralität und Prestige (Hennig 2010, S. 182). Die Größe des Netzwerks umfasst die Anzahl der beteiligten Akteure. Bei der Dichte wird berechnet, wie viele Personen sich im Netzwerk untereinander kennen. Kennt jede/r Akteur_in jede/n, handelt es sich um ein sehr dichtes Netzwerk. In engem Zusammenhang mit der Dichte steht die Erreichbarkeit einzelner Personen. In einem dichten Netzwerk kann ein/e Akteur_in zu jedem anderen unmittelbar Kontakt aufnehmen. Je geringer die Dichte in einem Netzwerk, umso mehr Schritte bedarf es, damit ein/e Akteur_in eine/n andere/n erreichen kann, da eine weitere Person nötig ist, die die Verbindung zwischen den beiden herstellt. Mit der Zentralität wird ausgedrückt, wie zentral die Stellung eines/r einzelnen Akteur_in in einem Netzwerk ist. Ebenso kann dargestellt werden, über wie viele eingehende und ausgehende Beziehungen Akteure im Netzwerk verfügen. Haben Akteure viele eingehende Beziehungen, verfügen sie über ein hohes Prestige (Wassermann/Faust 1994; Trappmann et al. 2011). Multiplexe Netzwerke verfügen über mehrere inhaltliche Ebenen, uniplexe Netzwerke widmen sich nur einem Thema (Nowack 2013, S. 630).

Wenn die Struktur eines Netzwerkes erhoben und beschrieben werden kann, schließt sich daran die Frage an, ob und wie Netzwerkstrukturen und deren Ergebnisse beeinflusst, verändert, sprich gemanagt werden können.

4. Netzwerksteuerung

Der Wunsch nach Steuerung ist bei informellen Netzwerken auf der Mikroebene ein absolut untergeordneter Aspekt und wird kaum diskutiert. Allenfalls werden Aspekte wie Vertrauen, Kontakthäufigkeit und räumliche Nähe und deren Auswirkungen für die Ressourcengenerierung beleuchtet (Sagmeister 2017). Die Steuerung von Netzwerken im klassischen Sinne des Managements wird somit mehr für Netzwerke diskutiert, die auf Meso- bzw. auf der Makroebene agieren. Der Wunsch nach Steuerung entsteht hier aus der Erkenntnis, dass Netzwerke auch im sozialen Bereich nicht immer ausschließlich auf Solidarität gründen können. Dies wird unter dem Begriff der „Koopkurrenz" diskutiert, der darlegen soll, dass Kooperationen und Konkurrenz in der Sozialwirtschaft gleichzeitig existieren (Schönig 2016, S. 19ff.), was ein Ausloten von Loyalitätskonflikten und Handlungsblockaden nach sich zieht. Wenngleich durch die Governance-Steuerung der öffentlichen Verwaltung Kooperationen in Netzwerken forciert werden, sind diese somit nicht frei von Defiziten. Mit zunehmender Anzahl an Akteuren steigt die Notwendigkeit, zu verhandeln und sich abzustimmen sowie die Aktivitäten zu koordinieren. Dieser Abstimmungsbedarf stellt hohe Anforderungen an die Ressourcen der Netzwerkpartner_innen. Da diese Abstimmung auch Zeit bedarf, können Netzwerke auch eine Konsenskultur begünstigen, wodurch gegebenenfalls suboptimale Ergebnisse erzielt werden. Ebenso müssen Aspekte der Verteilungsgerechtigkeit im Netzwerk berücksichtigt werden, die das Gesamtergebnis ebenfalls negativ beeinflussen können. Zudem sind Akteure an das Netzwerk gebunden. Kennen sich alle Akteure gut, sind die psychischen Kosten eines Ausstiegs sehr hoch. Man bleibt also lieber Mitglied, ist aber möglicherweise nicht mehr bereit, Kompromisse einzugehen. Deshalb müssen Netzwerke nicht zwangsläufig eine Quelle von Innovation sein, sondern können auch durch Blockadehaltungen nahezu zum Stillstand gezwungen werden. Die Anforderungen an Motivation sind hoch und nur dann hochzuhalten, wenn die Akteure sich über die Verteilung von Kosten und Gewinnen materieller und immaterieller Art einigen können. Dazu bedarf es offener Kommunikation. Ebenso sind Netzwerke nicht frei von ungleichen Machtverhältnissen und Konflikten. Dennoch besteht die Hoffnung, dass gerade das Dilemma zwischen Konflikt und Kooperation in Netzwerken besonders gut gelöst werden kann (Messner 1994, S. 563ff.).

Deutlich wird hierdurch, dass die individuellen und organisationalen Interessen in Netzwerken zwar dem Ziel untergeordnet sein sollen, dies aber nicht zwangsläufig immer der Fall sein muss. Aus diesem Grund kann die Steuerung von Netzwerken durchaus angezeigt sein. Die oben dargestellten Aspekte sollten durch das Steuerungsmodell berücksichtigt werden. Doch die Diskussion darüber, wie ein Netzwerk gesteuert werden kann, ist nicht abgeschlossen, wenngleich hierzu einige Vorschläge existieren.

Für den sozialen Bereich hat sich hier unter anderem Schubert (2008) geäußert. Er unterscheidet drei verschiedene Steuerungsmodi. Beim Marktmechanismus erfolgt die Zusammenarbeit in der Tradition des Marktes. Diese Zusammenarbeit sei von hoher Autonomie, aber geringer Verlässlichkeit der Kooperationspartner gekennzeichnet. Ein weiterer Steuerungsmodus ist – laut Schubert – das hierarchisch gesteuerte Netzwerk. Die einzelnen Kooperationspartner ordnen sich hier einer zentralen Instanz unter, die mit klassischen Managementinstrumenten das Netzwerk stabilisiert. Bei der Selbstorganisation hingegen handeln die Akteure ihr Verhalten untereinander aus und koordinieren und überwachen sich selbst (Schubert 2008, S. 43f.). Schwarz und Weber (2011, S. 41) unterscheiden hingegen drei andere Steuerungsmodi. So sei die sogenannte „Netzwerkkoordination" einem institutions- bzw. organisationsbezogenem Konzept zuzuordnen. „Netzwerkmanagement" hingegen stelle die akteurs- und professionsbezogene Perspektive in den Vordergrund. Die methodisch technisch fokussierte Sicht drücke sich in der „Netzwerkmoderation" aus. Schubert (2008, S. 55) beschreibt Planen, Organisieren und Kontrollieren als Aufgabe der Netzwerksteuerung und ist damit sehr nah an der funktionalen Aufgabe von Management.

Konkreter formuliert die Anforderungen Nowack (2013). Er fordert folgende Maßnahmen, die hiermit gleichzeitig als Schlusswort dienen sollen: „erstens Sammlung aller Informationen, welche Sozialen Dienste wann für was wie zuständig sind, zweitens deren Koordination durch Abstimmung der Aktivitäten und Schwerpunkte der Arbeit untereinander und drittens Kooperation i.S. des Versuchs, inhaltlich zusammenzuarbeiten. Eine solche Kooperation setzt die Bereitschaft voraus, sich miteinander auszutauschen, nicht auf eigene Legitimationspositionen zu beharren und auch mit ‚schwierigen' Partnern zusammenzuarbeiten" (Nowack 2013, S. 631).

5. Literatur

Björk, Jennie/Magnusson, Mats (2009): Where do good innovation ideas come from? Exploring the influence of network connectivity on innovation idea quality. In: Journal of Product Innovation Management 26, H. 6, S. 662-670.

Bourdieu, Pierre (1983): Ökonomisches Kapital, kulturelles Kapital, soziales Kapital. In: Kreckel, Reinhardt (Hrsg.): Soziale Ungleichheit. Göttingen: Schwartz, S. 193-198.

Burt, Ronald S. (1992): Structural holes: the social structure of competiton. Cambridge, Mass.: Harvard University Press.

Coleman, James S. (1988): Social Capital in the creation of human capital. In: American journal of sociology 94, S. 95-120.

Dahme, Heinz-Jürgen (2000): Kooperation und Vernetzung im sozialen Dienstleistungssektor. In: Dahme, Heinz-Jürgen/Wohlfahrt, Jürgen (Hrsg.): Netzwerkökonomie im Wohlfahrtsstaat. Wettbewerb und Kooperation im Sozial- und Gesundheitssektor. Berlin: Edition Sigma, S. 47-67.

Faiß, Peter/Kreidenweiß, Helmut (2016): Geschäftsprozessmanagement in sozialen Organisationen. Leitfaden für die Praxis. Baden-Baden: Nomos.

Fliaster, Alexander (2007): Innovationen in Netzwerken. Wie Humankapital und Sozialkapital zu kreativen Ideen führen. München: Rainer Hampp.

Fuhse, Jan (2014): Verbindungen und Grenzen. Der Netzwerkbegriff in der Systemtheorie. In: Weyer, Johannes (Hrsg.): Soziale Netzwerke. Konzepte und Methoden der sozialwissenschaftlichen Netzwerkforschung. 3. überarb. Aufl., Oldenburg: De Gruyter, S. 291-313.

Granovetter, Mark S. (1973): The strength of weak ties. In: American journal of sociology 78, H. 1, S. 1360-1380.

Gruber, Hans/Rehrl, Monika (2009): Netzwerkforschung. In: Trippelt, Rudolf/Schmidt, Bernhard (Hrsg.): Handbuch Bildungsforschung. 2. überarb. Aufl., Wiesbaden: Springer VS, S. 967-981.

Grunwald, Klaus/Roß, Paul-Stefan (2014): „Governance Sozialer Arbeit". Versuch einer theoriebasierten Handlungsorientierung für die Sozialwirtschaft. In: Tabatt-Hirschfeldt, Andrea (Hrsg.): Öffentliche und soziale Steuerung – Public- und Sozialmanagement im Diskurs. Baden-Baden: Nomos.

Hennig, Marina (2010): Soziales Kapital und seine Funktionsweise. In: Stegbauer, Christian/Häußling, Roger (Hrsg.): Handbuch Netzwerkforschung. Wiesbaden: Springer VS, S. 177-192.

Jansen, Dorothea (2006): Einführung in die Netzwerkanalyse: Grundlagen, Methoden, Forschungsbeispiele. 3. Aufl., Wiesbaden: Springer VS.

Jansen, Dorothea (2007): Theoriekonzepte in der Analyse sozialer Netzwerke. Entstehung und Wirkungen, Funktionen und Gestaltung sozialer Einbettung (FÖV Discussion Papers Nr. 39). Deutsches Forschungsinstitut für öffentliche Verwaltung Speyer. dopus.uni-speyer.de/frontdoor/index/index/docId/519, 4.7.2017.

Jansen, Dorothea/Diaz-Bone, Rainer(2014): Netzwerkstrukturen als soziales Kapital. Konzepte und Methoden zur Analyse struktureller Einbettung. In: Weyer, Johannes (Hrsg.): Soziale Netzwerke. Konzepte und Methoden der sozialwissenschaftlichen Netzwerkforschung. 3. überarb. Aufl., Oldenburg: De Gruyter, S. 71-104.

Knill, Christoph/Schäfer, Ansgar (2014): Policy-Netzwerke. In: Weyer, Johannes (Hrsg.): Soziale Netzwerke. Konzepte und Methoden der sozialwissenschaftlichen Netzwerkforschung. 3. überarb. Aufl., Oldenburg: De Gruyter, S. 183-210.

Marbach, Jan (2008): Sozialkapital in Zeiten des Wandels. Entwicklung der Netzwerkressourcen von Familien in Deutschland nach der Vereinigung. In: Bien, Walter/Marbach, Jan H. (Hrsg.): Familiale Beziehungen, Familienalltag und soziale Netzwerke. Ergebnisse der drei Wellen des Familiensurvey. Wiesbaden: Springer VS, S. 185-222.

Messner, Dirk (1994): Fallstricke und Grenzen der Netzwerksteuerung. In: Prokla 24, H. 4, S. 563-596.

Nowack, Jürgen (2013): Netzwerke, soziale. In: Kreft, Dieter/Mielenz, Ingrid (Hrsg.): Wörterbuch Soziale Arbeit. Aufgaben, Praxisfelder, Begriffe und Methoden der Sozialarbeit und Sozialpädagogik. 7. überarb. Aufl. Weinheim/Basel: Beltz Juventa, S. 629-632.

Pätzold, Hennig (2016): Akteur-Netzwerk-Theorie als Theorie und/oder Methode in der Organisationspädagogik. In: Schröer, Andreas/Göhlich, Michael/Weber, Susanne/Pätzold, Hennig (Hrsg.): Organisation und Theorie. Beiträge der Kommission Organisationspädagogik. Wiesbaden: Springer, S. 295-304.

Quilling, Eike/Nicolini, Hans J./Graf, Christine/Starke, Dagmar (2013): Praxiswissen Netzwerkarbeit. Gemeinnützige Netzwerke erfolgreich gestalten. Wiesbaden: Springer VS.

Rahnfeld, Claudia (2015): Zum Wandel professioneller Arbeitsfelder in der Sozialen Arbeit – Warum kommunales Bildungsmanagement und -monitoring SozialarbeiterInnen vor neue berufliche Handlungsfelder stellen wird. In: Kölner Journal 3, H. 1, S. 110-133.

Rank, Olaf N. (2015): Unternehmensnetzwerke. Erfassung, Analyse und erfolgreiche Nutzung. Wiesbaden: Springer Gabler.

Röhrle, Bernd (1994): Soziale Netzwerke und Soziale Unterstützung. Weinheim: Psychologie Verlags Union.

Rosenberg, Timo (2014): Intraorganisationale Netzwerke multinationaler Unternehmen. Eine empirische Untersuchung aus der Perspektive von in Deutschland ansässigen Auslandsgesellschaften. Wiesbaden: Springer Gabler.

Sagmeister, Monika (2017): Organisationale und interpersonelle Netzwerke. Chancen und Risiken für soziale Unternehmen. In: Grillitsch, Waltraud/Brandl, Paul/Schuller, Stephanie (Hrsg.): Gegenwart und Zukunft des Sozialmanagements und der Sozialwirtschaft. Aktuelle Herausforderungen, strategische Ansätze und fachliche Perspektiven. Wiesbaden: Springer VS, S. 245-260.

Sagmeister, Monika (2014): Netzwerke in der Freien Wohlfahrtspflege. Umgang mit Veränderungen durch Vernetzung der Führungskräfte. Hamburg: Verlag Dr. Kovač.

Salditt, Thomas C. (2008): Netzwerkmanagement im Handel. Prozessinnovationen im Handel am Beispiel der RFID-Technologie. Wiesbaden: Gabler.

Schönig, Werner (2016): Über die Gleichzeitigkeit von Kooperation und Konkurrenz. In: Sozialwirtschaft 26, H. 1, S. 19-21.

Schönig, Werner/Franken, Rabea (2015): Netzwerk und System: der operative Unterschied. Begriffliche Grundfragen und Illustrationen an Fallskizzen familiärer Gewalt. In: Neue Praxis 45, H. 2, S. 145-159.

Schreyögg, Georg (2008): Organisation. Grundlagen moderner Organisationsgestaltung. Mit Fallstudien. 4. überarb. Aufl., Wiesbaden: Gabler.

Schubert, Herbert (2016a): Netzwerkdesign im Sozialraum. In: Sozialwirtschaft 26, H. 3, S. 7-9.

Schubert, Herbert (2016b): Sozialräumliche Netzwerke in der Praxis. In: Sozialwirtschaft 26, H. 3, S. 10-13.

Schubert, Herbert (2008): Netzwerkkooperation – Organisation und Koordination von professionellen Vernetzungen. In: Schubert, Herbert (Hrsg.): Netzwerkmanagement. Koordination von professionellen Vernetzungen – Grundlagen und Praxisbeispiele. Wiesbaden: Springer VS, S. 7-105.

Schwarz, Jörg/Weber, Maria Susanne (2011): Netzwerksupport durch Netzwerkberatung. In: Report 34, H. 4, S. 37-45.

Stegbauer, Christian (2008): Weak und Strong Ties. Freundschaft aus netzwerktheoretischer Sicht. In: Stegbauer, Christian (Hrsg.): Netzwerkanalyse und Netzwerktheorie. Ein neues Paradigma in den Sozialwissenschaften. Wiesbaden: Springer VS, S. 105-119.

Tabatt-Hirschfeldt, Andrea (2013): Abhandlung zu Public Management Schwerpunkt Public Governance. In: Kölner Journal 1, H. 1, S. 60-92.

Trappmann, Mark/Humell, Hans J./Sodeur, Wolfgang (2011): Strukturanalyse sozialer Netzwerke. Konzepte, Modelle, Methoden. 2. überarb. Aufl. Wiesbaden: Springer VS.

Wald, Andreas/Jansen, Dorothea (2007): Netzwerke. In: Benz, Arthur/Lütz, Susanne/Schimank, Uwe/Simonis, Georg (Hrsg.): Handbuch Governance. Theoretische Grundlagen und empirische Anwendungsfelder. Wiesbaden: Springer VS, S. 93-105.

Wassermann, Stanley/Faust, Katherine (1994): Social Network Analyses. Methods and Applications. New York: Cambridge University Press.

Weyer, Johannes (2014): Zum Stand der Netzwerkforschung in den Sozialwissenschaften. In: Weyer, Johannes (Hrsg.): Soziale Netzwerke. Konzepte und Methoden der sozialwissenschaftlichen Netzwerkforschung. 3. überarb. Aufl., Oldenburg: De Gruyter, S. 39-68.

White, Harrison C. (1992): Identity and Control. A structural theory of social action. Princeton (New Jersey): Princeton University Press.

Wörle-Himmel, Christof/Neubert, Anka (2014): Die Zusammenarbeit gemeinnütziger Organisationen – rechtliche und steuerliche Aspekte. www.sozialbank.de/fileadmin/2015/documents/3_Expertise/3.3.6_Fachbeitraege/2014/Fachbeitrag_BFS-Info2014-9_Kooperationen.pdf, 10.12.2016.

Wolf, Christof (2009): Netzwerke und soziale Unterstützung. Der Vorschlag eines Moduls für die Panelerhebung „Arbeitsmarkt und soziale Sicherung“ des IAB (GESIS-Working Papers 2009|09). Mannheim: GESIS-Leibniz-Institut für Sozialwissenschaften. www.gesis.org/angebot/publikationen/archiv/gesis-working-papers, 4.7.2017.

Zboralski, Katja/Gmünden, Hans G. (2009): Kommunikation und Innovation. Die Rolle von Communities of Practice. In: Zerfaß, Ansgar/Möslein, Kathrin M. (Hrsg.): Kommunikation als Erfolgsfaktor im Innovationsmanagement. Strategien im Zeitalter der Open Innovation. Wiesbaden: Gabler, S. 289-303.

Community Organizing und Gemeinwesenarbeit

Michael Rothschuh

1. Community Organizing und Gemeinwesenarbeit

1939 wurde Community Organization mit dem „Lane Report“ als Feld innerhalb der Sozialen Arbeit in den USA verankert (Mohrlok et al. 1993, S. 30); im gleichen Jahr gab es den ersten Bürgerkongress des Back of the Yards Neighborhood Council (BYNC) in Chicago, mit dem der 30-jährige Saul Alinsky seine außerhalb der Sozialen Arbeit liegende Tätigkeit des Community Organization bzw. Community Organizing (CO) begann (Alinsky 1969; 2010; Szynka 2006). Diesen Wurzeln entspringt das vorwiegende Verständnis von Gemeinwesenarbeit (GWA), wie Community Organization seit den 1960er Jahren in Deutschland übersetzt wird (Ross 1955, englische Fassung; Ross 1968, deutsche Übersetzung) ebenso wie das aktuell diskutierte Bild des auf Bürgerorganisationen bezogenen Community Organizing (Müller et al. 2014).

„Community“ ebenso wie „Gemeinwesen“ meinen soziale Formen des menschlichen Zusammenlebens, die über Partnerschaften und Familien hinausgehen. Community wird häufig und in unterschiedlicher Bedeutung in der Alltagssprache benutzt, der Begriff Gemeinwesen findet sich eher in feierlichen Reden und in philosophischen Abhandlungen. Mit Gemeinwesen wird Einheit, Harmonie, gemeinsames Wirken sowie staatliche Verfasstheit assoziiert, Communities können Nachbarschaften sein ebenso wie Zusammenhänge von Interessen, Religionen, Freundschaften oder sonstigen Merkmalen.

Beide Begriffe beinhalten den Bezug zu Gemeinsamkeit. Aber Gemeinwesen sind auch geprägt von Ungleichheiten in Bezug u.a. auf Einkommen, Klassen, Milieus, Familienstruktur, Wohnverhältnisse, Religion, Migrationsstatus und politische Einstellungen. Dies ist mit dem Community-Begriff leichter auszudrücken, weil es „Communities“ ganz selbstverständlich auch im Plural gibt, während selten von „den Gemeinwesen“ die Rede ist. Dies gilt auch für die Zugehörigkeit von Menschen zu mehreren Orten, wie beispielsweise Arbeitsort und Wohnort oder gegenwärtiger Lebensmittelpunkt und Herkunftsort.

Communities und Gemeinwesen sind keine fest gefügten Formen, sondern sie sind unaufhörlich in Veränderung begriffen. In der Gemeinwesenarbeit wie im Community Organizing werden die Menschen als durch ihren eigenen Willen bestimmte Handelnde angesehen und nicht als Klient_innen von Professionellen. CO und GWA sind Facilitators, Ermöglicher des gemeinschaftlichen Handelns der Menschen.

Im Folgenden wird zunächst CO als ein nicht der Sozialarbeit zugeordnetes Tätigkeitsfeld vorgestellt. Die Modelle in den USA gelten als Muster für die Möglichkeiten des CO, skizziert werden soll auch ein aktueller Ansatz des CO in England. Für Deutschland geht es um die Frage, ob CO an die US-Vorbilder gebunden ist oder auch in den deutschen Sozialen Bewegungen gefunden und entwickelt werden kann.

Gemeinwesenarbeit im deutschsprachigen Raum wird vorwiegend als Teil der Sozialen Arbeit angesehen. Für die Perspektive von CO und GWA stellt sich aber die Frage nach einer eigenständigen Disziplin und Profession Community Organizing/Gemeinwesenarbeit.

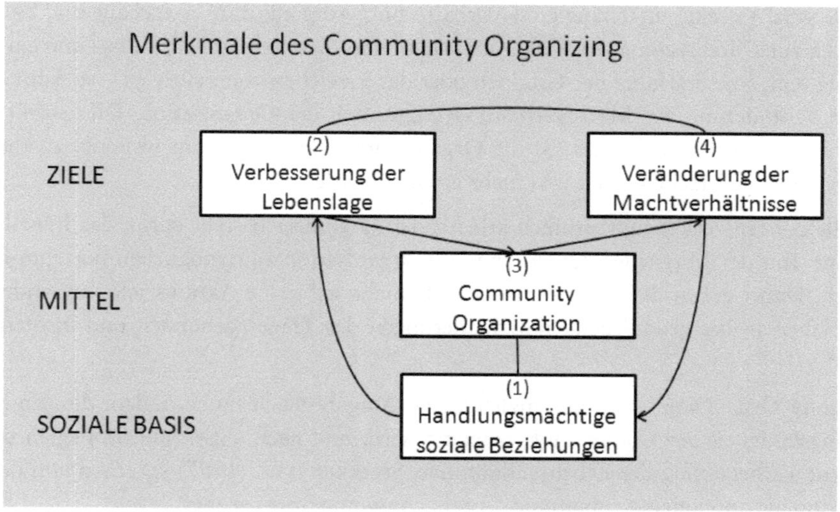

Abb. 1: CO als zirkulärer Prozess (eigene Darstellung)

Ein Akzent wird auf Berührungspunkte von CO und GWA zur Sozialwirtschaft im Denkmodell von Zivilgesellschaft, Staat und Markt gelegt.

2. Community Organizing

„Community Organizing is the process of building power through involving a constituency in identifying problems they share and the solutions to those problems“ (Beckwith 1997).

Freiwillige Organisationen von Bewohner_innen gibt es in der ganzen Welt, unter unterschiedlichen politischen, wirtschaftlichen und rechtlichen Bedingungen, mit verschiedenen Zielen, Mitgliedschaften und Organisationsformen. Jede hat ihre eigene Handlungsweise und Geschichte mit Erfolgen und Niederlagen. Der Begriff „Community Organizing“ wird, ausgehend von den USA, vor allem für den Aufbau und die Entwicklung von dauerhaften Bürgerorganisationen in unterprivilegierten Stadtteilen, Städten und Regionen verwendet.

CO dient dazu, Macht zur Umsetzung konkreter von den Bewohner_innen identifizierter Interessen zu gewinnen (Bobo 2001). „Community“ bezieht sich dabei auf die soziale Dimension einer Nachbarschaft, eines Quartiers, einer Stadt oder Region und auf Bevölkerungsgruppen mit gemeinsamen Interessen oder Lebenssituationen. Zum „Organizing“ gehört wie in anderen Organisationen Verantwortung für Versammlungen, Finanzierung, Entscheidungsstrukturen und Mitarbeiter_innen. Spezifischer meint Organizing aber den sozialen und Kommunikationsprozess beim Aufbau und der Entwicklung der Organisation, ihrer Strategien und Kampagnen sowie der Förderung von Menschen in zumeist informellen Führungsrollen. Macht wird verstanden als Fähigkeit zu gemeinschaftlichem Handeln und auch als Chance, den eigenen Willen auch gegen Widerstreben durchzusetzen. Im Unterschied zu vielen „Bürgerbeteiligungen“ sollen die Betroffenen selbst die Themen bestimmen und einen gleichberechtigten Platz am Verhandlungstisch der Entscheidungsträger erringen (Rothschuh 2013).

CO ist ein zirkulärer Prozess, in dem Menschen auf der (1) Ebene der sozialen Basis Beziehungen zueinander entwickeln. Das Ziel ist (2) die konkrete Verbesserung der Lebenslage. Als Mittel dafür wird (3) eine unabhängige dauerhafte Bürgerorganisation aufgebaut und es werden Methoden zur Durchsetzung der Ziele entwickelt. Sind diese erfolgreich, – das kann ein medialer Erfolg sein, eine Stärkung der Gruppen oder das Erreichen von Teilzielen – so führt dies (4) zu einer Veränderung der Machtverhältnisse zugunsten der Organisation. Dies stärkt wiederum ihre Handlungs-Macht und (3) die Organisation selbst. In einem weiteren Zyklus kann die so gewonnene Macht vertieft und mehr erreicht werden.

Die Rolle der teilweise hauptberuflich arbeitenden Organizer besteht darin, das freiwillige gemeinsame Tun der Mitglieder der Community Organisation zu ermöglichen und ihm Impulse zu geben. Dabei geben die Organizer einerseits nicht selbst die Aktionsziele vor, andererseits sind sie aber an die grundlegenden Orientierungen der Träger gebunden und insofern nicht ‚neutral'.

Community Organizing ist immer zugleich eine Aufgabe nach innen, indem die gemeinsame Handlungsfähigkeit der Community erarbeitet wird, und nach außen mit Strategien und Aktionen zur Verbesserung der Lebensverhältnisse. Stoecker et al. (1997) sprechen von der Doppelfunktion als „organizing community" und „community organizing".

CO hat sich von den USA aus in viele Länder verbreitet, im Folgenden wird es für die USA, Großbritannien und Deutschland skizziert. Zur Vielfalt der Ansätze sowie konkreten Praxisbeispielen auch in anderen europäischen Ländern ist auf das Handbuch Community Organizing zu verweisen (Müller et al. 2014).

2.1 CO in den USA

Unter wesentlichem Einfluss von Saul Alinsky (1909-1972) sind Konzepte entwickelt worden, die das Bild von Community Organizing geprägt haben. Alinsky hat zum einen Nachbarschaftsorganisationen entwickelt, die teilweise bis heute existieren, und zum anderen mit Personen aus Unternehmen, der Kirche sowie der Gewerkschaft das Netzwerk Industrial Areas Foundation (IAF) aufgebaut, das jetzt auch in Großbritannien und Deutschland präsent ist.

Ein Vorbild war gewerkschaftliches Organizing: In Gewerkschaften schließen sich Menschen zur Verbesserung ihrer Arbeitssituation zusammen, die als Individuen ohnmächtig gegenüber den Unternehmern sind. Gegenmacht können sie durch gemeinschaftliches Handeln, insbesondere durch Streiks, erwerben, weil sie mit bloßer Verweigerung ihrer Arbeitsleistung die Eigentümer zu Verhandlungen auf Augenhöhe zwingen können. Das Ergebnis ist dann nicht nur z.B. eine Erhöhung der Löhne, sondern auch die Anerkennung der organisierten Arbeiterschaft als starker Verhandlungspartnerin.

In den Stadtteilen, Städten und Regionen, auf die sich CO bezieht, muss diese Anerkennung erst errungen werden. Es haben sich zwei Formen des CO mit unterschiedlichen Mobilisierungskulturen herausgebildet: das Broad Based Organizing oder Faith Based Organizing (FBCO) (Wood et al. 2012), wie es wegen der überragenden Rolle der religiösen Organisationen genannt wird, sowie das unmittelbare Organizing von Nachbarschaften, wie es insbesondere die Association of Community Organizations for Reform Now (ACORN) von 1970 bis 2010 praktiziert hat (Atlas 2010).

Beim FBCO gilt in der Regel eine dreistufige Struktur: Organisiert werden nicht unmittelbar die Bewohner_innen, sondern lokale religiöse Gemeinden, teilweise auch Schulen und lokale

Gewerkschaften. Diese werden Mitglieder einer auf der Ebene von Stadtteilen, Städten oder Regionen gebildeten Community-Organisation, die die Ziele und Methoden erarbeitet und mit gut inszenierten Großveranstaltungen, Demonstrationen und Aktionen ihre Stärke nach außen zeigt. Diese wiederum ist Mitglied in einem der USA-Netzwerke des CO, wie z.B. der Industrial Areas Foundation (IAF).

Finanziert wird FBCO durch Beiträge der Mitgliedsorganisationen, Spenden von Unternehmen sowie Stiftungen, teilweise auch von der Dienstleistungsgewerkschaft SEIU. Eine Finanzierung durch die öffentliche Hand wird in der Regel abgelehnt, staatliche Gelder fließen aber bei inhaltlichen Programmen wie beispielsweise der Errichtung von Schulen oder Wohnungen. Da das FBCO unterschiedliche Gemeinden, Stadtteile und Organisationen zusammenführt, ist nach Swarts (2008) eine elaborierte Organisations- und Mobilisierungskultur notwendig. Leader würden sorgfältig ausgesucht und ausgebildet; das Konzept von Macht, Selbstinteresse und Wertebezogenheit sei ausgearbeitet; ausgefeilte Eins-zu-eins-Gespräche trügen zur Entwicklung öffentlicher Beziehungen bei. Damit könnte Solidarität über Bruchlinien zwischen Klassen, Ethnien, Religionen sowie konservativen und progressiven Ideologien aufgebaut werden.

Zur Mobilisierungskultur gehört dabei nicht unbedingt eine basisdemokratische Deliberationskultur. Entscheidungen werden oft von einem kleinen Zirkel bewusst getroffen; inszenierte Großveranstaltungen sollen Einigkeit demonstrieren, so dass freie Diskussionen beim IAF-Modell durch gezielte Einladungs- und Ausschließungsmechanismen ausdrücklich vermieden werden.

ACORN hat im Neighborhood-Based Organizing (NBCO) einzelne Personen und Familien in benachteiligten Gebieten als zahlende Mitglieder der örtlichen ACORN-Abteilungen geworben, sie mit Hilfe von lokalen Leadern, mit Door-Knocking, Nachbarschaftstreffen und Aktionen mobilisiert, und für Mitglieder direkte Vorteile ausgehandelt, z.B. bei dem Zugriff auf neue Arbeitsplätze und Wohnungen. Mit zuletzt 400.000 Mitgliedern war sie die politisch stärkste Community-Organisation und nicht zuletzt deshalb Hassobjekt der politischen Rechten. Nach Swarts hat ACORN die Lebensbedingungen der Leute in ärmeren Quartieren als selbstevidente Motivation hervorgehoben, Wut und Ärger als kollektive Emotion generiert und sich als Aktionsorganisation gesehen. Deshalb hätte es weniger Aufmerksamkeit auf den Prozess der Bildung von Solidarität als auf die unmittelbaren Kampagnen und Erfolge gegeben (Swarts 2008).

ACORN wuchs vor allem nach 2000 schnell und war nach Swarts (Swarts 2008, S. 84) eine Pressure-Group, eine Gewerkschaft, ein Wohnungsbauträger, ein Schulträger und vieles mehr. Dies bedeutete geringere Kontrolle der Mitglieder über den Apparat und eine größere Abhängigkeit von staatlicher Finanzierung zur Erfüllung der übernommenen Aufgaben. So war ACORN verletzlich, als nach den Wahlen 2008 eine Kampagne der politischen Rechten gegen ACORN letztlich ACORN 2009 zum Konkurs zwang (Atlas 2010). Übrig blieben einzelne örtliche Gruppen unter neuem Namen sowie u.a. ACORN Canada mit 110.000 Mitgliedern.

Nach dem Ende von ACORN verbindet vor allem die People`s Action (1972-2016 „National People`s Action") Teile des CO mit den sozialen Bewegungen, u.a. dem links stehenden und dem Alinsky-Ansatz gegenüber kritischem Transformativen Organizing des Labor/Community Strategy Center (Mann 2011; Maruschke 2014).

Obama hat während der Wahlkampagne 2008 auf eine Organisation mit örtlichen Abteilungen aufgebaut, die sein Wahl- und dann Regierungsprogramm mit Aktionen gegen die im Laufe seiner Amtszeiten immer stärkere Übermacht der Republikaner im Kongress unterstützt hat. Seit 2012 trägt sie den Namen „Organizing for Action“ (OFA) und ist seit 2017 Teil einer außerparlamentarischen Oppositionsbewegung.

Inhaltlich gibt es im CO viele Gemeinsamkeiten, vor allem in den sozialpolitischen und ökologischen Zielsetzungen wie Gesundheitsversorgung, Living Wage, Schutz vor Umweltvergiftung und der Forderung nach erschwinglichem Wohnen. Unterschiedlich verhalten sich die Organisationen zur Frage des direkten politischen Einflusses auf Wahlen und Abstimmungen sowie bei den für religiöse Gruppen heiklen Themen wie z.B. dem Recht auf Abtreibung oder auf eine gleichgeschlechtliche Ehe.

Gerade bei dem Bau von Wohnungen gehen Organisationen wie IAF und ACORN über die Organisation der Menschen hinaus, indem sie selbst in die Planung, Vergabe, Verkauf und den Bau von Wohnungen involviert sind

2.2. Staatlich induziertes CO in England

Überraschend hat der von 2010–2016 regierende konservative Premierminister David Cameron die Ausbildung von Community Organizern zum Teil des politisch-ökonomischen Regierungsprogramms unter dem Leitbild einer „Big Society“ erklärt (Fisher et al. 2016). 5.000 Organizer sollten in England durch Aktivierung lokaler Interessenten insbesondere zum Wachstum des Social Investment Market beitragen, bei gleichzeitiger Reduktion öffentlicher Mittel für zentral organisierte soziale Dienste (Cabinet Office 2011). Zur Umsetzung wurden 2012 bis 2015 fünfhundert Bewerber_innen jeweils ein Jahr lang bezahlt und als Community Organiser ausgebildet, die dann ihrerseits 4.500 unbezahlte Organiser werben und einarbeiten sollten. Das Programm wurde nach einer Evaluation (Cameron et al. 2015) 2017 erweitert mit dem Ziel von insgesamt 10.000 Organizern. Die Organisation „Community Organisers“, die seit 2015 das Programm des Community Organising weiterführt, weist als Erfolg des Programms auf das Wachstum des Community Business Marktes hin (Hull et al. 2016). Zu ihm werden über 7.000 nicht auf individuell verfügbaren Gewinn orientierte und von Gruppen der Community geführte Community-Einrichtungen gezählt, mit 36.000 Mitarbeiter_innen und nahezu 200.000 Freiwilligen.

2.3. CO in Deutschland

Neben dem gewerkschaftlichen Organizing (Wetzel 2013) lassen sich drei Kontexte des CO in Deutschland feststellen (Müller et al. 2014):

- CO als Empowerment der Gemeinwesenarbeit,
- CO als Organisation von Organisationen nach dem IAF-Modell,
- CO als Teil der sozialen Bewegungen.

2.3.1 CO als Empowerment der Gemeinwesenarbeit

CO wurde in den 1970er Jahren als besondere Form der GWA vor allem von Sozialarbeiter_innen propagiert, die nach einer Verbindung von politischem Handeln und Sozialarbeit suchten. Diese explizit politisch verstandene GWA aber wurde nur in wenigen Projekten umgesetzt.

Seit 1993 führt das aus der GWA entstandene „Forum Community Organizing“ (FOCO) Trainings im Community Organizing durch und begleitet Projekte der GWA und der Selbstorganisation mit intensiver Unterstützung des amerikanischen Organizers und Pastors Paul Cromwell. Bei FOCO geht es nicht um die Umsetzung eines Modells, sondern eher um Empowerment von Projekten der GWA und der Selbstorganisation mithilfe von Konzepten aus dem CO.

2.3.2 CO als Organisation von Organisationen nach dem Modell des IAF

Der aus New York kommende Organizer, Priester und Professor Leo Penta hat 2006 das „Deutsche Institut für Community Organizing“ (DICO), als Hochschulinstitut der Katholischen Hochschule Berlin und zugleich als Teil des IAF-Netzwerks, gegründet (Penta 2007). Dieses initiiert nach dem Vorbild von IAF Bürgerplattformen, in denen sich Organisationen zusammenschließen. 1999 wurde die erste Plattform in Berlin-Schönweide aufgebaut, 2016 organisieren sich 80 Gruppen in drei Berliner Bürgerplattformen, seit 2015 auch eine in Köln. CO wird dabei verstanden als Aufbau und Bündelung der örtlichen Zivilgesellschaft von innen und von unten. DICO sucht mit gut vorbereiteten Großveranstaltungen die Anerkennung von Staat und Wirtschaft und vor allem von Unternehmensstiftungen auch die materielle Unterstützung.

2.3.3 CO im Kontext der sozialen Initiativen und Bewegungen

Community Organizing wird in Deutschland selten im Kontext der sozialen Bewegungen diskutiert (Rothschuh 2014; 2015; Maruschke 2014; 2016). Tatsächlich aber stehen hinter den sozialen Bewegungen (z.B. Anti-Atom-Bewegung, Frauenbewegung, auf Stadtplanung und gegen Gentrifizierung gerichtete Bewegungen, „Recht-auf Stadt“-Bewegung) zumeist langfristig arbeitende lokale Organisationen und Netzwerke, wie Susan Stall und Randy Stoecker es ausgedrückt haben. „Behind every successful social movement is a community, or a network of communities“ (Stoecker et al. 1997). „Recht auf Stadt“ in Hamburg ist zudem ein Beispiel für die Organisierung von Organisationen, die gemeinsam die Lebensverhältnisse in Hamburg besonders für die Benachteiligten verbessern wollen (Rothschuh 2015).

Im Zusammenhang mit der Ankunft von Geflüchteten haben sich seit 2015 ungezählte Organisationen gebildet, viele davon als Nachbarschaftsorganisationen an Orten, wo Geflüchtete untergebracht werden sollten. Initiiert wurden sie durch Nachbarschaften sowie bestehende und neu gebildete soziale, religiöse, politische oder wirtschaftliche Organisationen. Es gibt formelle und informelle Führungspersonen, Personen mit Organizer-Funktionen und Zusammenschlüsse von Organisationen. Die Standpunkte reichen dabei von dem Einsatz für das Bleiberecht aller Geflüchteten über das breite Feld von konkreter Hilfe bis hin zur Abwehr von Geflüchteten in der eigenen Nachbarschaft. Community Organizing zeigt sich hier in seiner ganzen Bandbreite, mit Nachbarschaftsgruppen und großen Organisationen, mit Erfolgen und Niederlagen und auch mit sehr unterschiedlichen Zielen. Notwendig ist ein wissenschaftlicher, praktischer, politischer und menschenrechtlicher Diskurs über diese teilweise neuen Formen des Community Organizing.

3. GWA im deutschsprachigen Raum

Im Unterschied zu CO wird GWA ganz überwiegend als professionelle Arbeit vorrangig von Sozialarbeiter_innen angesehen. GWA wird seit den 1970er Jahren in vielen Fachhochschul-Studiengängen der Sozialen Arbeit gelehrt, aber zumeist mit geringem Stundenumfang. Bezeichnet wird GWA als Methode, als Arbeitsprinzip, als Konzept oder als Handlungsfeld; seit einigen Jahren steht der Begriff des Sozialraums in Konkurrenz zum Begriff Gemeinwesen (Stövesand et al. 2013; Holubec et al. 2005; Deutsche Gesellschaft für Soziale Arbeit 2010). Intensive Lehre der GWA fördert oft die Entwicklung von GWA-Praxis im Einzugsbereich der Hochschule und umgekehrt.

3.1 Lokale Projekte der GWA

Erste Arbeitsfelder der GWA in den 1960er Jahren waren Not-, Flüchtlings- und Obdachlosenunterkünfte, die für viele Familien zum Dauerzustand geworden waren, was besonders die Entwicklungsmöglichkeiten der Kinder beeinträchtigte. Caritative und individualpädagogische Ansätze wurden durch sozialkritische und strukturbezogene GWA-Konzepte abgelöst, die den komplexen Zusammenhang der Ausgrenzungsprozesse in den Blick nahmen. In den 1970er Jahren folgten große Neubausiedlungen und Sanierungsgebiete vor allem in Ballungszentren.

Der Mittelpunkt der in den 1970er und 1980er Jahren entstandenen GWA-Projekte war oft ein zentral gelegenes Haus oder z.B. ein ehemaliger Laden, mit für alle zugänglichen Räumen, vielfältigen Informationsmöglichkeiten sowie Räumen für Versammlungen ebenso wie für selbst organisierte Gruppen, Angebote und Beratung. Die Leitung hatten Gemeinwesenarbeiter_innen, meistens aus der Sozialarbeit und oft begleitet durch studentische Projektgruppen und besonders aktive Bewohner_innen.

Den Entwicklungsstand in der Bundesrepublik vor der deutschen Vereinigung 1990 haben Mohrlok et al. mit einer empirischen Untersuchung von 70 der ihnen damals 123 bekannten Projekte der GWA festgehalten (Mohrlok et al. 1993, S. 114ff.), in der sie, gestützt auf standardisierte Befragungen sowie Interviews, die institutionellen, finanziellen und personellen Bedingungen sowie die Infrastruktur, Bevölkerungsstruktur und Problemlagen der Stadtteile dargestellt haben. Viele der in den 1970er und 1980er Jahren gegründeten Gemeinwesenprojekte z.B. im Saarland, Hessen, Hannover oder Hamburg sind bis heute aktiv und Teil der lokalen Tradition geworden. Nach 1990 wurden auch in den östlichen Bundesländern Projekte der GWA entwickelt, zumeist mit weniger großen Erwartungen und auch Konflikten als im Westen.

Träger der lokalen Projekte sind Wohlfahrtsverbände, Vereine, Kirchen, Kommunen, Kooperationen verschiedener Träger sowie zunehmend auch Wohnungsbaugesellschaften. Der Schwerpunkt der Finanzierung liegt bei der öffentlichen Hand, wobei die Globalförderung von Gemeinwesenprojekten gegenüber der Förderung von zeitlich begrenzten Programmen eher in den Hintergrund tritt. Es fehlt allerdings ein aktueller empirisch gesicherter Überblick, der zumindest den Kriterien der studentischen (!) Untersuchung von Mohrlok et al. von 1989 gerecht wird.

3.2 Kontexte der GWA

„Die Saat geht auf" war die „Werkstatt Gemeinwesenarbeit" des Burckhardthauses 2003 überschrieben (Gillich 2004). GWA hätte den Samen gelegt für Handlungsansätze, in denen GWA neben unterschiedlichen Unternehmen und Berufsgruppen tätig ist. Dabei sind drei Bereiche zu erkennen, in die auch nationale und supranationale Vereinbarungen, Programme und Gesetze eingeflossen sind, oft ohne dass der Begriff Gemeinwesenarbeit darin vorkommt: Soziale Stadtteilentwicklung, Sozialraumorientierung sowie Partizipation und Selbstorganisation (Rothschuh et al. 2010).

Abb. 2: Kontexte der Gemeinwesenarbeit (eigene Darstellung)

3.2.1 GWA als soziale Stadtteilentwicklung

In den 1980er Jahren entwickelten sich, bedingt durch globale Arbeitsteilung wie auch regionale Deindustrialisierung, eine Reihe von Arbeiter- zu Arbeitslosenquartieren. Nicht zuletzt die Unruhen beispielsweise in Banlieues in Frankreich erhöhten die Aufmerksamkeit auf Gebiete, in denen der Zugang zur Arbeit nicht mehr der Normalzustand war. Eine Studie im Auftrag des Bundesverbandes deutscher Wohnungsunternehmen identifizierte „Überforderte Nachbarschaften" (GdW 1998). Diese wurde zum Auslöser für das 1999 beschlossene bundesweite Programm „Soziale Stadt – Stadtteile mit besonderem Entwicklungsbedarf". Als Risiko galt die Fluktuation der Mieterschaft und des Sozialgefüges, zugleich aber auch die schwindende Attraktivität und Vermietbarkeit der Wohnungen sowie das Image der Städte. Das später in das Baugesetzbuch aufgenommene Programm Soziale Stadt schuf eine bundeseinheitliche Grundlage für ein die Baumaßnahmen begleitendes Quartiersmanagement mit dessen Überschneidung zur GWA (BMUB 2016b). Am Programm „Soziale Stadt" haben jeweils auf begrenzte Zeit bis 2015 über siebenhundert Gebiete in mehr als vierhundert Städten und Gemeinden teilgenommen, die anhand sozialer und raumbezogener Indikatoren identifiziert und räumlich abgegrenzt wurden (BMUB 2016a).

Quartiersentwicklung ist mittlerweile in nationalen Programmen und transnationalen Vereinbarungen wie der Leipzig-Charta zur nachhaltigen europäischen Stadt (BMVBS 2012) vorgesehen.

Gebiets- bzw. Quartiersmanagement sind Geschäftsbereiche von Wohlfahrtsverbänden und nur teilweise gemeinnützigen Stadtentwicklungsunternehmen sowie Wohnungsbaugesellschaften geworden. Beschäftigt sind u.a. Absolventen aus der Stadt- und Freiraumplanung, dem Bauwesen, der Wirtschaft und der Sozialen Arbeit.

3.2.2 GWA als Sozialraumorientierung

Vor allem die Kritik der 1970er und 1980er Jahre an der am Einzelfall orientierten Jugendhilfe, bei der ‚Problem-Jugendliche' in Heime weitab vom bisherigen Lebensumfeld abgeschoben wurden, führte zur Forderung der kritischen Sozialarbeit nach gemeinwesenorientierter Jugendhilfe. Seit den 1980er-Jahren wurde der sozialräumliche Ansatz befördert u.a. durch das sehr wirksam agierende Institut für Stadtteilentwicklung, Sozialraumorientierte Arbeit und Beratung (ISSAB) von Wolfgang Hinte und ist vor allem in der Jugendhilfe, der Arbeit mit älteren Menschen und Menschen mit Behinderungen zu einem anerkannten Handlungsgrundsatz der Sozialen Arbeit geworden.

GWA bedeutet immer, die Menschen in ihren lokalen und sozialen Zusammenhängen zu sehen. Für die Verwaltung der Sozialen Arbeit ist Sozialraumorientierung attraktiv, wenn und soweit sie Kosten und Reibungsverluste einzusparen verspricht sowie die Regie gegenüber Freien Träger erleichtert. Dabei identifiziert die Verwaltung den ‚Sozialraum' i.d.R. mit einem Gebiet der Zuständigkeiten; Soziale Arbeit weiß, dass Sozialräume sich als Aktionsräume der Menschen nicht an Verwaltungsgrenzen ausrichten.

Ein Beispiel für eine GWA, die mit sozialräumlicher Jugendhilfe gleichgesetzt wird, ist die GWA des Landkreises Verden (Landkreis Verden 2015).

Professionelle Akteure sind anders als in der sozialen Stadtteilentwicklung vorrangig Sozialarbeiter_innen und Sozialpädagog_innen.

3.2.3 GWA als Partizipation und Selbstorganisation

GWA heißt, den Blick auf das zu richten, was die betroffenen Menschen selbst wollen und können sowie die Förderung ihrer selbstbewussten Interessenartikulation.

Verbunden mit der öffentlichen und während der städtischen Bewegungen auch durch Hausbesetzungen unterstrichenen Kritik an Kahlschlagsanierungen wurden im Städtebauförderungsgesetz erste Regelungen der Öffentlichkeitsbeteiligung festgeschrieben, die teilweise von Projekten der GWA begleitet wurden. Aarhus-Deklaration, Kinderrechtskonvention, Naturschutzrecht, Baugesetzbuch und SGB VIII (Kinder- und Jugendhilfe), verankern Beteiligungsrechte der Öffentlichkeit und der Betroffenen im geltenden Recht.

Projekte der Partizipation sind keinem Beruf eindeutig zugeordnet. Tätig sind Akademiker_innen aus den Geistes- und Sozialwissenschaften, der sozialen Arbeit, aber auch des Bauwesens, die sich in Weiterbildungen für Moderatorenrollen qualifizieren. Die Ausbildung von ‚Moderator_innen' und Durchführung von ‚Bürgerbeteiligung' übernimmt eine Vielzahl von Unternehmen, von Wohlfahrtsverbänden über gemeinnützige sowie gewinnorientierte Institute bis hin zu Planungs- und Baugesellschaften

Zur GWA als Bürgerbeteiligung ist die GWA der Landeshauptstadt Magdeburg (2011) zu zählen, die vor allem ehrenamtliche Arbeitsgruppen in den Stadtteil umfasst, die Stadtteilthemen beraten sowie Projekte mit einem zugewiesenen Budget finanzieren.

Die GWA der Evangelischen Gemeinde zu Düren dagegen ist wesentlich Aufbau und Unterstützung der Selbstorganisation in den Stadtteilen durch die Gründung und fachliche Begleitung von unabhängigen Bewohnervereinen (Schaaf 2014).

3.3 GWA in Gemeinwesen im Umbruch

Die Zuwanderung von Millionen Menschen aus von Krisen, Krieg und Armut geprägten Gebieten verändert viele Orte und auch solche, in denen zuvor kaum Menschen nicht-deutscher Herkunft gelebt haben. Der neue Ort ist in der Regel für die Geflüchteten nicht frei gewählt, vielen wird der Nachzug der Familien verwehrt, viele müssen auch mit Ausweisung und Abschiebung rechnen oder leben ohne jeden aufenthaltsrechtlichen Status. Das Leben der Angekommenen ist viel mehr als bei früheren Migrationswellen von Unsicherheit bestimmt und kann von ihnen selbst nur in engen Grenzen gestaltet werden. Hoffnung der einen, Angst und Unsicherheit der anderen – sowohl bei den Neuangekommen als auch den Einheimischen – prägt nicht nur das Leben der Betroffenen, sondern wird ein Merkmal der sich neu konstituierenden Gemeinwesen. Es entstehen Gemeinwesen der Unsicherheit.

GWA ist dort von Anfang an erforderlich und hat die komplexe Aufgabe, Kontakt zwischen Einheimischen und Neuangekommenen zu schaffen, aufeinander prallende Positionen in Dialog zu führen, Selbstorganisation zu fördern und bei alledem die Wahrung der Menschenrechte und den Schutz vor Diskriminierung zu leisten (Riede et al. 2017).

4. Perspektiven von GWA und CO

4.1 CO und GWA zwischen Staat, Wirtschaft und Zivilgesellschaft

CO und GWA verstehen sich in aller Regel nicht als Teil des Staates, der Wirtschaft oder auch der Sozialwirtschaft. Vielmehr versuchen sie Unabhängigkeit zu wahren, um kritikfähig zu bleiben. Denn für beide gilt: „It is by nature a critique of and a confrontation with the existing economic and political establishment" (Kahn 1995).

Das Verständnis des Deutschen Institut für Community Organizing (DICO) scheint diese Unabhängigkeit zu gewährleisten. DICO geht von einem Drei-Säulen-Modell von Staat, Markt und Bürgergesellschaft aus, die mit Zivilgesellschaft gleichgesetzt wird:

> *„Eine Bürgergesellschaft nach dem Prinzip des CO ist ‚von innen und von unten' her strukturiert, nicht ‚von außen und von oben'. Ziel solcher Selbstorganisationsprozesse ist es, als anerkanntes Gegenüber von Staat und Markt öffentlich mitwirken zu können. Eine auf den drei Säulen Staat, Markt, Zivilgesellschaft ruhende Gesellschaft kann nur gedeihen, wenn sich neben einem starken Staat und einer leistungsfähigen Wirtschaft eine unabhängige, handlungsfähige Zivilgesellschaft entwickelt"*. (Penta/Düchting 2014, S. 55).

Tatsächlich zeigt aber die Geschichte von GWA und CO eher ein dynamisches Spannungsverhältnis zwischen Selbstorganisation und Abhängigkeiten vom Markt und politischen Entscheidungen als ein Nebeneinander in einer ‚ruhenden' Gesellschaft. Oft genug müssen sich GWA und CO bei Konflikten mit den öffentlichen (u.a. Kommune, Staatliche Förderungsprogramme), sozialwirtschaftlichen (u.a. Wohlfahrtsorganisationen, Stiftungen) oder privatwirtschaftlichen (u.a. Unternehmen und private Spenden) Geldgebern in ihrer Zielsetzung einschränken.

Die Frage der Verortung von GWA und CO in der Beziehung zum Staat und Markt zeigt sich besonders bei den Finanzströmen von langfristig aktiver GWA und CO: zum einen beim Input, der Finanzierung von GWA und CO, zum anderen beim Outcome, den kurzfristigen und langfristigen Wirkungen. Beides ist bisher nicht umfassend erforscht.

Kann ein Bürgerverein sich selbst tragen, bleibt er unabhängig. Deshalb hat ACORN auch vorwiegend auf Mitgliedsbeiträge der Familien mit niedrigem Einkommen gesetzt. IAF erhebt ebenfalls Mitgliedsbeiträge, aber von Institutionen wie den Kirchen statt von Einzelpersonen.

Mögliche Finanzierungsquellen sind neben Mitgliedsbeiträgen u.a. Staat und Kommune, Wohlfahrtsverbände, Stiftungen, Profit- und Nonprofit-Unternehmen, persönliche und institutionelle Spenden und Erbschaften.

Wege der Mittelbeschaffung sind die Durchführung von gesetzlich vorgesehenen Leistungen z.B. in der Jugendhilfe, Teilnahme an zeitlich oft sehr eng befristeten und sachlich festgelegten Programmen und Wettbewerben sowie Fundraising.

Die Finanzierung über Stiftungen schafft eine Veränderung der Abhängigkeiten, aber sie löst diese nicht auf – ebenso wenig wie die Anlehnung an den Staat. So unterstützt die für CO in den USA wichtige Catholic Campaign for Human Development keine Organisationen, die sich direkt oder indirekt für das Recht auf Abtreibung oder die Gay-Ehe einsetzen.

In den USA werden Erfolge des CO häufig auch mit finanziellen Summen quantifiziert (z.B. Swarts 2008, S. 201ff.). Für England wird das Community Business, das der Sozialwirtschaft zugerechnet werden kann, entsprechend evaluiert. Bei den Projekten in Deutschland gibt es keine solche Übersicht.

Man kann deshalb nur allgemein eine vermutliche mittelfristige Wirkung benennen: Aus ehrenamtlichen oder durch zeitlich begrenzte Projektmittel entstandenen Vorhaben werden zum Teil eigenständige kleine Unternehmen in verschiedener Rechtsform. Sie können aber auch von Großunternehmen aufgesogen werden. Wahrscheinlich ist es, dass sich im Umfeld von GWA und CO neue bezahlte Tätigkeiten und vor allem kleinere Unternehmen entwickeln. Dabei gibt es auch Übergänge von freiwilliger zu bezahlter Arbeit.

Nur selten werden aus der GWA heraus Genossenschaften gegründet, wie sie Elsen aufgrund ihrer Erfahrungen in der GWA Trier sowie Forschungen in benachbarten Ländern empfohlen hat (Elsen 2007).

4.2 CO und GWA zur Profession und Disziplin entwickeln

In Deutschland gibt es an den meisten Hochschulen lediglich eine Schmalspurlehre zur Gemeinwesenarbeit als Teilbereich der Sozialen Arbeit, Community Organizing wird oftmals überhaupt nicht erwähnt. Es gibt keine Profession und Disziplin, in der wissenschaftlich und praxisbezogen Wege erforscht und entwickelt werden, wie Menschen, die nicht über ein hohes soziales, ökonomisches, kulturelles und symbolisches Kapital verfügen, bei politischen, wirtschaftlichen und sozialen Entscheidungen ihre Lebensvorstellungen und Interessen gemeinschaftlich zur Geltung bringen können.

Miller (in Miller/Schutz 2015, S. 326ff.) kritisiert die Trainingsangebote zum CO in den USA, weil sie jeweils die organisationsspezifischen Erfahrungen als ‚Wahrheit' zugrunde legen und so keine Organzier ausbilden, die flexibel sind. Er schlägt deshalb interdisziplinäre Studien vor quer zu den Netzwerken. Die Erfahrungen in England zeigen, dass mit dem Aufbau einer fundierten Ausbildung CO auch in der Praxis vorangebracht werden kann.

Ich schlage deshalb vor, dass in Deutschland im Verbund mehrerer Hochschulen jeweils ein Bachelor- und ein Master-Studiengang zu Community Organizing und Gemeinwesenarbeit erprobt wird.

5. Literatur

Alinsky, Saul David (2010): Call me a radical. bearb. u. aktual. Neuaufl., Göttingen: Lamuv.

Alinsky, Saul David (1969): Reveille for Radicals. New York: Vintage.

Atlas, John (2010): Seeds of change: The story of ACORN, America's most controversial antipoverty community organizing group. Nashville: Vanderbilt University Press.

Beckwith, Dave (1998): Community Organizing: People Power from the Grassroots comm-org.wisc.edu/papers97/beckwith.htm, 1.1.2017.

Bobo, Kimberley A./Kendall, Jackie/Max, Steve (2001): Organizing for social change. Midwest Academy manual for activists. 3. Aufl., Santa Ana Calif.: Seven Locks Press.

Bundesministerium für Bau, Stadtentwicklung und Verkehr (BMVBS) (Hrsg.) (2012): 5 Jahre Leipzig Charta – Integrierte Stadtentwicklung als Erfolgsbedingung einer nachhaltigen Stadt. Bonn: Bundesinstitut für Bau-, Stadt-und Raumforschung (BBSR).

Bundesministerium für Umwelt, Naturschutz, Bau und Reaktorsicherheit (BMUB) (Hrsg.) (2016a): Soziale Stadt-Programgebiete. www.staedtebaufoerderung.info/StBauF/DE/Programm/SozialeStadt/Programmgebiete/programm_node.html, 1.1.2017.

Bundesministerium für Umwelt, Naturschutz, Bau und Reaktorsicherheit (BMUB) (Hrsg.) (2016b): Quartiersmanagement. Eine Arbeitshilfe für den Umgang vor Ort. Berlin: BMUB.

Cabinett Office (Hrsg.) (2011): Growing the Social Investment Market: A vision and strategy. www.gov.uk/government/uploads/system/uploads/attachment_data/file/61185/404970_SocialInvestmentMarket_acc.pdf, 1.1.2017.

Cameron, Daniel/Rennick, Kimberley/Maguire, Rosemary/Freeman, Alison (2015): Evaluation of the Community Organisers Programme. London: Ipsos MORI.

Deutsche Gesellschaft für Soziale Arbeit (DGSA, Sektion Gemeinwesenarbeit) (Hrsg.) (2010): Gemeinwesenarbeit Deutschland Schweiz Österreich. DVD-Film. www.youtube.com/watch?v=xs4W1AQIm4E, 10.7.2017. mit Beiheft. www.dgsainfo.de/fileadmin/Dokumente/Sektionen/Gemeinwesenarbeit/GWA_cd_heft_16s.pdf, 1.1.2017.

Elsen, Susanne (2007): Susanne Elsen: Die Ökonomie des Gemeinwesens. Sozialpolitik und soziale Arbeit im Kontext von gesellschaftlicher Wertschöpfung und -verteilung. Weinheim: Juventa.

Fisher, Robert/Dimberg, Kristin (2016): The Community Organisers Programme in England. In: Journal of Community Practice 24, H. 1, S. 94-108.

Gesamtverband der Wohnungswirtschaft e.V. (GdW) (Hrsg.) (1998:) Überforderte Nachbarschaften: zwei sozialwissenschaftliche Studien über Wohnquartiere in den alten und neuen Bundesländern. GdW-Schriften 48. Köln: Eigenverlag.

Gillich, Stefan (Hrsg.) (2004): Nachbarschaften und Stadtteile im Umbruch. Gründau-Rothenbergen: TRIGA.

Hinte, Wolfgang/Lüttringhaus, Maria/Oelschlägel, Dieter (Hrsg.) (2001): Grundlagen und Standards der Gemeinwesenarbeit. Münster/Weinheim: Juventa, S. 263-267.

Holubec, Brott/Markewitz, Silvio/ Götze, Robert (2005): Die Entwicklung der Gemeinwesenarbeit in Deutschland – Ihre Einflüsse und Ursprünge. E-Learning-Programm. www.stadtteilarbeit.de/themen/theorie-stadtteilarbeit/lp-stadtteilarbeit.html, 19.7.2017.

Hull, Doug/Davies, Tom/Swersky, Adam (2016): The Community Market in 2016, Hg: Power for Change Trust. www.socialfinance.org.uk/wp-content/uploads/2016/11/The-Community-Business-Market-in-2016-Digital.pdf, 20.5.2017.

Kahn, Si (1995): Community Organization, The Social Work Reference Library, Encyclopedia of social work. 19. Aufl., Washington: NASW Press.

Landeshauptstadt Magdeburg (Hrsg.) (2016): Treffen der Arbeitsgruppen Gemeinwesenarbeit. www.magdeburg.de/Start/B%C3%BCrger-Stadt/Verwaltung-Service/Gemeinwesenarbeit, 1.1.2017.

Landkreis Verden (Hrsg.) (2016): Gemeinwesenarbeit im Landkreis Verden. www.landkreis-verden.de/portal/seiten/gemeinwesenarbeit-im-landkreis-verden-901000802-20600.html, 1.1.2017.

Mann, Eric (2011): Playbook for Progressives. Boston: Beacon Press.

Maruschke, Robert (2014): Community Organizing. Zwischen Revolution und Herrschaftssicherung; eine kritische Einführung. Münster: Edition Assemblage.

Maruschke, Robert/Kratzsch, Claudia (2016): Basisorganisierung verändert die politische Landschaft. In: sub\urban, Bd. 4, H. 2/3, S. 103-112.

Miller, Mike/Schutz, Aaron (Hrsg.) (2015): People Power, The Community Organizing Tradition of Saul Alinsky. Nashville: Vanderbilt University Press.

Mohrlok, Marion/Neubauer, Michaela/Neubauer, Rainer/Schönfelder, Walter (1993): Let's Organize! Gemeinwesenarbeit und Community Organization im Vergleich. München: AG SPAK.

Müller, Carsten/Richers Hille/Sippel Hans-Jörg (Hrsg.) (2014): Handbuch Community Organizing. Theorie und Praxis in Deutschland. 2. Aufl., Bonn: Stiftung Mitarbeit.

Penta, Leo Joseph (2007): Community Organizing. Menschen verändern ihre Stadt. Hamburg: Edition Körber-Stiftung.

Penta, Leo Joseph/Düchting, Frank (2014): Für eine lebendige Zivilgesellschaft-Community Organizing in Bürgerplattformen. In: Müller, Carsten/Richers Hille/Sippel, Hans-Jörg (Hrsg.): Handbuch Community Organizing. Theorie und Praxis in Deutschland. 2. Aufl., Bonn: Stiftung Mitarbeit, S. 53-58.

Riede, Milena/Noack, Michael (Hrsg.). (2017): Gemeinwesenarbeit und Migration. Bonn: Stiftung Mitarbeit.

Ross, Murray (1968): Gemeinwesenarbeit. Theorie Prinzipien Praxis. Freiburg i.Br.: Lambertus.

Ross, Murray G. (1955): Community Organization. Theory and Principles. New York: Harper and Brothers Publishers.

Rothschuh, Michael (2015): Community Organizing und das Recht auf Stadt. www.stadtteilarbeit.de/themen/theorie-stadtteilarbeit/communityorganizing-76/400-community-organizing-und-das-recht-auf-stadt.html, 1.1.2017.

Rothschuh, Michael (2014): Community Organizing im Kontext der Sozialen Bewegungen. In: Müller, Carsten/Richers Hille/Sippel Hans-Jörg (Hrsg.): Handbuch Community Organizing. Theorie und Praxis in Deutschland. 2. Aufl., Bonn: Stiftung Mitarbeit, S. 21-30.

Rothschuh, Michael (2013): Community Organizing. Macht gewinnen statt beteiligt werden. In: Stövesand, Sabine/Stoik, Christoph/Troxler, Ueli (Hrsg.): Handbuch Gemeinwesenarbeit. Opladen/Berlin/Toronto: Barbara Budrich, S. 375-383.

Rothschuh, Michael/Spitzenberger, Elfa (2010): Auf dem Weg zu handlungsbezogenen Theorien der Gemeinwesenarbeit. In: Gahleitner, Silke Birgitta/Effinger, Herbert/Kraus, Björn/Miethe, Ingrid/Stövesand, Sabine/Sagebiel, Juliane (2010): Disziplin und Profession Sozialer Arbeit, Bd. 1. Opladen: Barbara Budrich, S. 77-94.

Schaaf, Hermann (2014): Den aufrechten Gang organisieren- Community Organizing und Gemeinwesenarbeit: frühe Erfahrungen in der Tradition von Saul D. Alinsky. In: Müller, Carsten/Richers Hille/Sippel Hans-Jörg (Hrsg.): Handbuch Community Organizing. Theorie und Praxis in Deutschland. 2. Aufl., Bonn: Stiftung Mitarbeit, S. 69-75.

Stoecker, Randy/Stall, Susan (1997): Community Organizing or Organizing Community? Gender and the Crafts of Empowerment. comm-org.wisc.edu/papers96/gender2.html, 10.7.2017.

Stövesand, Sabine/Stoik, Christoph/Troxler, Ueli (Hrsg.) (2013): Handbuch Gemeinwesenarbeit. Opladen/Berlin/Toronto: Barbara Budrich.

Swarts, Heidi J. (2008): Organizing Urban America: Secular and Faith-based Progressive Movements. Minneapolis: University of Minnesota Press.

Szynka, Peter (2006): Theoretische und empirische Grundlage des Community Organizing bei Saul D. Alinsky (1909-1972). Bremen: Akademie für Arbeit und Politik der Universität Bremen.

Wetzel, Detlef (Hrsg.) (2013): Organizing. Die Veränderung der gewerkschaftlichen Praxis durch das Prinzip Beteiligung. Hamburg: VSA.

Wood, Richard L./Fulton, Brad/Partridge, Kathryn (2012): Building Bridges, Building Power: Developments in Institution-Based Community Organizing. community-wealth.org/sites/clone.community-wealth.org/files/downloads/report-wood-et-al.pdf, 1.1.2017.

6. Websites von Organisationen

Deutschland

Bundesarbeitsgemeinschaft Soziale Stadtentwicklung und Gemeinwesenarbeit: www.bagsozialestadtentwicklung.de (Dort auch Verzeichnis der Websites von Landesarbeitsgemeinschaften)
Deutsche Gesellschaft für Soziale Arbeit, Sektion Gemeinwesenarbeit: www.dgsa.de/sektionen/gemeinwesenarbeit
Deutsches Institut für Community Organizing: www.dico-berlin.org/aktuelles.html
Forum Community Organizing e.V.: www.fo-co.info
Institut für Stadtentwicklung, Sozialraumorientierte Arbeit und Beratung (ISSAB): www.uni-due.de/biwi/issab
Stadtteilarbeit, Wolfgang Prauser (Hrsg.): www.stadtteilarbeit.de

USA

Center for Community Change: www.communitychange.org
Direct Action and Research Training Center: thedartcenter.org
Gamaliel: www.gamaliel.org
Gather the People: www.gatherthepeople.org
Industrial Areas Foundation: www.industrialareasfoundation.org
Organizing for Action: www.ofa.us
People's Action: peoplesaction.org
PICO National Network – unlocking the power of people: www.piconetwork.org
Portal zum Community Organizing von Randy Stoecker, Wisconsin/USA: comm-org.wisc.edu

Großbritannien

Community Organisers Ltd.: www.corganisers.org.uk
Citizens UK: www.citizensuk.org
Locality: locality.org.uk

Gesundheitswirtschaft

Wolf Rainer Wendt

In der auf die Wohlfahrt der Bevölkerung gerichteten personenbezogenen Versorgung bildet der Gesundheitssektor den nach Umfang und Mitteleinsatz größten Teil. Unter dem Titel *Gesundheitswirtschaft* fasst man ihn gewöhnlich als eine Branche unter anderen in der Wirtschaft insgesamt auf. Der Gesundheitsbranche werden alle die Unternehmen zugerechnet, die mit der Erstellung und Vermarktung gesundheitsbezogener Güter und Dienstleistungen befasst sind. Sofern der Begriff nicht nur die Geschäftsfelder von Gesundheitsunternehmen abdeckt, ist in der Gesundheitswirtschaft auf die Strukturen und Funktionen zu sehen, in denen der gesellschaftliche Auftrag der Gesundheitsversorgung erfüllt wird. Unter Einbeziehung der Stakeholder und Nutzer_innen dieser Versorgung erfolgt generell eine *soziale Bewirtschaftung von Gesundheit* im Streben nach individueller und gemeinschaftlicher Wohlfahrt.

1. Von der medizinischen Policey über das Gesundheitswesen zur Gesundheitsökonomie

Die Anfänge einer organisierten gesundheitsbezogenen Versorgung außerhalb häuslichen Zusammenlebens sind in der obrigkeitlichen „medizinischen Policey“ im 18. Jahrhundert zu finden (Wahrig/Sohn 2003; Möller 2005; Wendt 2016, S. 228f.). Der Staat nahm sich des Gesundheitswesens zur Abwehr großer Gefährdungen der Allgemeinheit durch Seuchen und Mangel an Hygiene an. Dazu musste man sich mit den konkreten Lebensumständen insbesondere der armen Menschen befassen. Nur wenn sie gesund blieben, konnten sie als fleißige Arbeiter_innen zur Mehrung des Wohlstandes beitragen. Gesundheitsfürsorge war von Anfang an ökonomisch bedacht. (Thakkar-Scholz 1998)

Entwickelt haben sich aus der einstigen medizinischen Policey erst die öffentlichen Gesundheitsdienste und später der Gegenstandsbereich von *Public Health*, also Gesundheitsschutz, Gesundheitsförderung, Bewältigung chronischer gesundheitlicher Belastungen und Sicherstellung der medizinischen Versorgung der Bevölkerung bzw. von einzelnen Gruppen der Bevölkerung. Es geht um ihre Gesunderhaltung und gesundheitsbezogene Lebensqualität. Dazu rückt unter dem Titel *New Public Health* das ganze Leistungsspektrum des Versorgungssystems in den Fokus (Rosenbrock 2001; Tulchinsky/Varavikova 2014). Es wird in seinen Stärken und Schwächen und in seiner Ressourcenverteilung im Hinblick auf Gesundheitsbelastungen und ungleiche Gesundheitschancen erforscht. Über seine Funktionalität, und wie sie zu verbessern wäre, wird Bericht erstattet. Wobei festzustellen ist, dass in den Debatten zur Gesundheitswirtschaft Public Health gewöhnlich ausgeklammert wird, weil und solange es kein Geschäftsfeld von Gesundheitsunternehmen ist.

Die Begriffsbildung ‚Gesundheitswirtschaft‘ ist jungen Datums. Ihr ging die Erörterung von nötigen Veränderungen im System der gesundheitlichen Versorgung angesichts ständig wachsender Aufwendungen für sie voraus. Die wirtschaftswissenschaftliche Diskussion dieses Themas führte zur Ausprägung einer *Gesundheitsökonomik*. Nach amerikanischen Anfängen in den 1960er Jahren (Arrow 1963; Klarman 1965; Fuchs 1986) wurde die Forschungsrichtung in Deutschland von der sozialpolitischen Seite her mit Philipp Herder-Dorneichs „Sozialökonomischer Grundriß der gesetzlichen Krankenversicherung“ begründet (Herder-Dorneich

1966) und vorangetrieben von der seinerzeit bemerkten „Kostenexplosion“ im Gesundheitswesen (Ehrlich 1975, Herder-Dorneich 1976). Ab 1978 bahnten die Kolloquien der Robert-Bosch-Stiftung die Wege der Gesundheitsökonomie (Herder-Dorneich 1980; Sieben/Thiemeyer 1981), auf denen es seither eine ständige Beschäftigung mit der Thematik gibt (zur Entwicklung Ulrich 2012).

Im wirtschaftswissenschaftlichen Diskurs wird terminologisch oft nicht zwischen Gesundheitsökonomik oder Gesundheitsökonomie als Theorie und Fachgebiet und Gesundheitswirtschaft als Handlungsfeld und disziplinäres Objekt unterschieden. Die Gesundheitsökonomik soll sich als eine Anwendung der Wirtschaftswissenschaft auf das System der gesundheitlichen Versorgung mit den Versorgungsmustern und mit der Wirtschaftlichkeit im Gesundheitswesen befassen. „Gesundheitswirtschaft oder auch Gesundheitsökonomie ist die Wissenschaft von der Disposition über knappe Mittel zur Bereitstellung von Gütern – Gesundheitsleistungen – für die Befriedigung von Bedürfnissen – Gesundheitsbedürfnissen“ (Burchert/Hering 2002, S. 3). Analysiert werden das Angebot an gesundheitsbezogenen Dienstleistungen und die Nachfrage nach ihnen sowie die Beziehung beider aufeinander, insbesondere unter dem Gesichtspunkt von Kosten und Nutzen. Im Fokus der Betrachtung stehen auf der Mesoebene und auf der Mikroebene der Gestaltung und Erbringung von Gesundheitsleistungen insbesondere die möglichen Weisen ihrer Rationalisierung und Rationierung (Gutmann/Schmidt 2002).

Das weite Feld des Gesundheitswesens erlaubt eine Spezifizierung seiner ökonomischen Erörterung. So gibt es eine *Medizinökonomie* als „Anwendung ökonomischer Methoden auf die Medizin, insbesondere die medizinische Versorgung“ (Thielscher 2015, S. 18) Zweck ist der optimale Mitteleinsatz in der medizinischen Behandlung. Kostenträger sind in erster Linie die gesetzlichen Versicherungen; als Branche reicht die *Versicherungswirtschaft* (Koch 2005) über den Bereich der Sozialversicherung weit hinaus; die *Versicherungsökonomie* hat ein generelles Risikomanagement zum Gegenstand (Zweifel/Eisen 2003). Auf der Seite der Erbringer von Gesundheitsleistungen widmet sich dem Mitteleinsatz in Sonderheit eine *Krankenhausbetriebswirtschaftslehre* (Burchert/Hering 2002, S. 161ff.). Nicht fern liegt eine *Rehabilitationsökonomie* (Neubauer/Nowy 2000, S. 251). Mit dem Titel *Pflegeökonomie* oder auch *Pflegewirtschaftslehre* (Thiele et al. 2010) wird die „Ökonomie des Pflegesystems“ behandelt und in Beziehung zur Gesundheitsökonomie gesetzt (Thiele/Güntert 2014, S. 127ff.). Als ein Dienstleistungsbereich umfasst die *Pflegewirtschaft* alles, was zur stationären und ambulanten Versorgung von Pflegebedürftigen unternommen wird. Die häusliche Pflege kommt hinzu. Erkennbar ist hier der Übergang zur Sozialwirtschaft, in der die Ökonomie der Dienstleistungen in das soziale *continuum of care* eingebettet erscheint.

Das in der Praxis der Gesundheitsversorgung vertretene Verständnis von *Gesundheitswirtschaft* ist nun nicht auf dem Boden der Theorie entstanden. Es hat seinen Ausgang von der Einführung des Managements in die Krankenhäuser, neuer Abrechnungsverfahren, des Wettbewerbs zwischen den Krankenkassen und insgesamt von der ‚Vermarktlichung‘ der Leistungserbringung im Gesundheitswesen genommen. 1996 sprach sich der Sachverständigenrat für die Konzertierte Aktion im Gesundheitswesen für einen Paradigmenwechsel bei Einbindung des Gesundheitswesens in die soziale Marktwirtschaft aus (Sachverständigenrat 1996). Im Zuge neoliberaler Wirtschaftspolitik weitete sich die privat-gewerbliche Betätigung in diesem Bereich aus, der als sehr entwicklungsfähiges Geschäftsfeld gilt und als ‚Jobmotor‘ und mit seiner Wertschöpfung gesamtwirtschaftlich ständig an Bedeutung gewinnt. Das Gesundheitswesen ist zum Standortfaktor wirtschaftlicher Entwicklung und zur ‚Zukunftsbranche‘ geworden. In ihr sind es die ‚Gesundheitsunternehmer', die ihren Aktionsraum mit dem Begriff Gesundheitswirtschaft ins rechte ökonomische Licht setzen.

2. Der erwerbswirtschaftliche Charakter der Gesundheitswirtschaft

Der Tatbestand der Gesundheitswirtschaft lässt sich einerseits aus der unternehmerischen Perspektive des Erwerbs auf Märkten betrachten und andererseits aus der Perspektive der sozialen Deckung humanen Bedarfs begreifen. Beide Sichten negieren einander nicht, sind aber gegensätzlich ausgerichtet. Gesundheit ist ein Geschäftsfeld, in dem viel Geld zu verdienen ist, und Dienste für Gesundheit sind eine humane Aufgabe, deren Erfüllung wirtschaftlich ermöglicht und gestaltet sein will. Dem erwerbswirtschaftlichen Konzept der *Gesundheitswirtschaft* als Aktionsbereich von Gesundheitsunternehmen bzw. als Geschehen auf dem *Gesundheitsmarkt* tritt – nachdem sich dieses Verständnis verbreitet hat – ein sozialwirtschaftliches Konzept der *Bewirtschaftung von Gesundheit* gegenüber (Wendt 2017).

Beide Auffassungen setzen die Prämisse, dass es sich hier volkswirtschaftlich nicht um einen Bereich bloß des Konsums und der Kosten handelt, sondern um einen produktiven Handlungsbereich mit einer umfangreichen Wertschöpfung. Von den Diensten und Einrichtungen im Gesundheitssektor wird nicht einfach verbraucht, was anderswo gewerblich erwirtschaftet wird. Es lässt sich ein Perspektivenwechsel vom negativ konnotierten Gesundheitswesen zur wirtschafts- und beschäftigungspolitisch positiv konnotierten Gesundheitswirtschaft feststellen (Fretschner et al. 2002, S. 34). Das Gesundheitswesen mutiert „von der Last zur Chance" (Goldschmidt/Hilbert 2009, S. 20ff.), wenn nicht mehr der Kostenfaktor im Vordergrund steht, sondern seine Perspektive als Zukunftsbranche (Sachverständigenrat 1996). Ihre volkswirtschaftliche Produktivität (Henke et al. 2011) lässt sich auch in die Volkswirtschaftliche Gesamtrechnung einbeziehen und neuerdings in einer speziellen „Gesundheitswirtschaftlichen Gesamtrechnung" darstellen (Henke et al. 2010; Schneider et al. 2014).

In der volkswirtschaftlichen Branche der Gesundheitswirtschaft waren 2015 in Deutschland 6,8 Mill. Menschen erwerbstätig. Sie erbrachten (größtenteils in den Gesundheitsdienstleistungen) einen Anteil von 12% an der Bruttowertschöpfung der Wirtschaft insgesamt (BMWi 2016, S. 2). Die Branche wächst seit Jahren stärker als die übrige Wirtschaft. Dafür sorgen der demographische Faktor der alternden Gesellschaft und der medizinische Fortschritt. Diese Entwicklung ist international zu beobachten und das Wachstum betrifft, wie aus den Statistiken zu entnehmen ist, die Humandienste insgesamt. Die Gesundheitswirtschaft stützt die Erwerbswirtschaft mancher Region in hohem Maße. Wegen des Umfangs an Arbeitsplätzen in dieser Branche wird vornehmlich deren beschäftigungspolitische Bedeutung betont (Ostwald et al. 2013; Bogai et al. 2015). Regionen werben für sich als innovative Gesundheitsstandorte. Seit 2008 gibt es zur weiteren Kompetenzentwicklung das „Netzwerk Deutsche Gesundheitsregionen". Es will den Ausbau der gesundheitsbezogenen Angebote fördern und überregional und international die Nachfrage nach ihnen mobilisieren.

3. Der engere und weitere Geschäftsbereich Gesundheit

Gesundheitswirtschaft wird geschäftsseitig als Dienstleistungsbranche und als das Betätigungsfeld von Gesundheitsunternehmen betrachtet. Sie leisten etwas für Gesundheit bzw. zur Behebung von Beeinträchtigungen der Gesundheit, indem sie einen Input an materiellen und immateriellen Ressourcen in einen Output an Gesundheit und Krankheit beeinflussenden Gütern bzw. Vorgängen umwandeln. „Von Gesundheitswirtschaft wird hier im Kontext der Produktion, Verteilung und Ausführung von Dienstleistungen für, an und mit Kranken und Behinderten gesprochen sowie in Bezug auf spezifische präventive Leistungen, die nachweisbare und an Zielen messbare Effekte haben." (Niehoff 2008, S. 30). Erfasst sind die Anbieter von Gesundheitsgütern, die gemäß dem Marktmodell des Verhältnisses von Angebot und Nachfrage agieren.

Je nachdem, wie man ihn eingrenzt, erscheint der Wirtschaftssektor unterschiedlich groß. Auf Kongressen der Gesundheitswirtschaft (BMWi 2014) werden die Grenzen der Branche naturgemäß weit gezogen. Bemerkenswert ist, dass gewöhnlich die Sozialleistungsträger außen vor gelassen werden, obwohl die Kassen als Kostenträger bei Krankheit, Unfall, Rehabilitation und Pflege gewichtige Akteure sind, aber eben nicht als anbietende Unternehmen im Wettbewerb um Absatz und Gewinn (wobei es darum im betriebswirtschaftlichen Verhältnis von Kassen, Krankenhäusern und Ärzten durchaus gehen mag – wie etwa bei ‚Optimierung' der Diagnosestellung zur Erzielung von Einnahmen über den morbiditätsorientierten Risikostrukturausgleich der Kassen erkennbar). Sozialwirtschaftlich sind die Leistungsträger durchaus nicht nur ‚payer' sondern ‚player', und die Fragestellungen der Gesundheitsökonomie waren zuerst auf sie statt auf einzelne leistungserbringende Dienste bezogen.

Man kann von einem *Kernbereich* der Gesundheitswirtschaft mit der medizinischen und paramedizinischen Versorgung, hauptsächlich solidarisch finanziert im Sozialleistungssystem, eine „erweiterte Gesundheitswirtschaft" unterscheiden. Im Kernbereich ist die gesundheitsbezogene Daseinsvorsorge in Diensten im allgemeinen Interesse angesiedelt. Unternehmensseitig erfolgt eine Zuordnung des engeren Bereichs der Gesundheitswirtschaft – Krankenhäuser, Pflege- und Reha-Einrichtungen, Haus- und Facharztpraxen, Apotheken – zu einem „Ersten Gesundheitsmarkt", während der übrige Bereich privat finanzierter und kommerzieller Angebote einem „Zweiten Gesundheitsmarkt" zugerechnet wird (Kartte/Neumann 2007; Henke et al. 2010). An der Finanzierung (erstattungsfähig vs. nicht erstattungsfähig) orientiert, umfasst der „Erste Gesundheitsmarkt" die Güter und Dienstleistungen, für welche die gesetzlichen und privaten Krankenkassen zahlen, während der „Zweite Gesundheitsmarkt" die Güter und Dienstleistungen enthält, die zum privaten Konsum gerechnet und deren Kosten nicht von den Kassen übernommen werden.

Eine gebräuchliche Einteilung und Zuordnung wird im „IAT-Gesundheitszwiebelmodell" vorgenommen, das aus dem Gelsenkirchener Institut Arbeit und Technik (Fretschner et al. 2002, S. 36) stammt. Die Gesundheitswirtschaft hat in diesem Modell einen inneren Bereich und um ihn herum zwei weitere Bereiche. Es gibt somit

- „den Kernbereich der Gesundheitswirtschaft (stationäre und ambulante Akutversorgung und Altenhilfe sowie die Gesundheitsverwaltung)
- den Vorleistungs- und Zulieferbereich (Pharmaindustrie, Medizintechnik, Gesundheitshandel, Großhandel mit medizinischen Produkten)
- den gesundheitsrelevanten Randbereich, also etwa den Fitness- und Wellnessbereich, das Betreute Wohnen oder den Gesundheitstourismus"

(Goldschmidt/Hilbert 2009, S. 24). Genannt werden am Rand auch „gesunde Ernährung" sowie „Freizeit und Sport". Hier ist das Angebot vielfältig; was von ihm gesundheitsbezogen wirksam wird, hängt davon ab, wie es von den Nutzer_innen wahrgenommen wird. Jenseits des Marktgeschehens erzeugen und erhalten sie ihre Gesundheit mit dem, was sie unternehmen, tun und lassen.

Die Zwiebelringe um den Kern werden zumeist in den „Zweiten Gesundheitsmarkt" eingeordnet. In ihm haben die Pharmaindustrie und die Medizintechnik mit ihren Produkten Platz, aber auch alles, was ansonsten an Handel und Gewerbe mit Gesundheit zu tun hat und gesundheitsbezogen in der Fitness- und Wellnessbranche, im Gesundheitstourismus oder in der Nahrungsmittelbranche angeboten und nachgefragt wird. Manchmal wird die Gesundheitswirtschaft gar nicht mit den Diensten und Einrichtungen der personenbezogenen Versorgung identifiziert, sondern als Geschäft wahrgenommen, das zu dieser Versorgung beiträgt. So in der Aussage „Zur Gesundheitswirtschaft gehören in erster Linie Arzneimittel- und Medizinproduktehersteller" (Eble 2013, S. 451). Das Wirtschaften mit Gütern wird hier quasi dem Gesundheitswesen angelagert, dem als solchem kein Unternehmenscharakter zugemutet wird.

Tatsächlich bieten die Zulieferer Waren an, die im Produktionsbereich der direkten personenbezogenen Gesundheitsversorgung gebraucht werden. Deren Geschehen in *cure* und *care* ist in seinem Charakter ein anderer als der Charakter der Geschäftstätigkeit dort. Die in einem Forschungsprojekt des Bundesministeriums für Wirtschaft und Energie 2015 erstellte „Gesundheitswirtschaftliche Gesamtrechnung II" hebt die „industrielle Gesundheitswirtschaft" von den gesundheitsbezogenen Dienstleistungen ab. In der getroffenen Klassifikation (BMWi 2015, S. 10) zählen zur „industriellen Gesundheitswirtschaft inkl. Handel"

- (dem Kernbereich zuzurechnen) Humanarzneiwaren, medizintechnische Produkte, Einzelhandelsleistungen und Großhandelsleistungen des Kernbereichs,
- (dem Erweiterten Bereich zuzurechnen) Waren zur Gesundheitsversorgung, Handelsleistungen des erweiterten Bereichs, Bauinvestitionen im Gesundheitswesen, Geräte für E-Health,

während zu den Dienstleistungen gerechnet werden

- (dem Kernbereich zugeordnet) Krankenversicherungen, Dienstleistungen stationärer Einrichtungen, Dienstleistungen nichtstationärer Einrichtungen,
- (dem Erweiterten Bereich zugeordnet) Sport, Wellness- und Tourismusdienstleistungen, sonstige Dienstleistungen der Gesundheitswirtschaft, Investitionen, E-Health.

Analog unterscheidet das Bundeswirtschaftsministerium 2016 von der „Dienstleistungsorientierten Gesundheitswirtschaft" mit Dienstleistungen des Kernbereichs und des Erweiterten Bereichs die „Industrielle Gesundheitswirtschaft" mit den Teilbereichen Produktion sowie Vertrieb und Großhandel. Zum Erweiterten Bereich heißt es nun, er umfasse „Waren und Dienstleistungen, die nicht in den Kernbereich fallen, jedoch einen objektiven Gesundheitsnutzen besitzen und aufgrund einer subjektiven Kaufentscheidung in Hinblick auf Gesundheit erworben werden" (BMWi 2016, S. 15).

4. Die soziale Natur der Gesundheitswirtschaft

Die Bewirtschaftung der gesundheitlichen Versorgung beginnt bei den Allokationsentscheidungen, die über den Einsatz von Mitteln und Kräften auf sozial- und gesundheitspolitischer Makroebene und ihr gegenüber auf der Mikroebene des individuellen gesundheitsbezogenen Verhaltens getroffen werden. Der Staat sucht das gesundheitliche Wohl der Bevölkerung infrastrukturell zu gewährleisten und er zieht die Bürger_innen dazu per gesetzlicher Kranken-, Unfall- und Pflegeversicherung heran. Etabliert ist eine solidargemeinschaftliche Versorgung. Normativ wird zum sozialen Charakter der gesetzlichen Krankenversicherung in § 1 SGB V ausgesagt:

> Die Krankenversicherung als Solidargemeinschaft hat die Aufgabe, die Gesundheit der Versicherten zu erhalten, wiederherzustellen oder ihren Gesundheitszustand zu bessern. Das umfasst auch die Förderung der gesundheitlichen Eigenkompetenz und Eigenverantwortung der Versicherten. Die Versicherten sind für ihre Gesundheit mitverantwortlich; sie sollen durch eine gesundheitsbewusste Lebensführung, durch frühzeitige Beteiligung an gesundheitlichen Vorsorgemaßnahmen sowie durch aktive Mitwirkung an Krankenbehandlung und Rehabilitation dazu beitragen, den Eintritt von Krankheit und Behinderung zu vermeiden oder ihre Folgen zu überwinden.

Der/die Einzelne ist als gesundheitswirtschaftliche/r Akteur_in gefragt. Tatsächlich achtet jede/r in seiner/ihrer Lebensführung mit mehr oder weniger Bedacht auf seine Gesundheit und wird dazu spätestens dann angehalten, wenn er gesundheitsbezogen Hilfe, Behandlung und Pflege benötigt und dazu die vorgehaltene Infrastruktur nutzt.

Der *formellen* Bewirtschaftung von Gesundheit im staatlichen Wohlfahrtsregime und im System der Versorgung steht somit eine *informelle* Bewirtschaftung im sozialen Leben gegenüber. Menschen sorgen füreinander mit präventiven, kurativen und rehabilitativen Wirkungen und bringen dafür oft viel Zeit, Kraft und auch materiellen Einsatz auf. Der gesundheitsbezogene Aufwand, den eine einzelne Person betreibt, erfolgt unter sozialen Einflüssen, beginnend in ihrer Erziehung und Bildung, anhaltend in dem Milieu, in dem sie lebt und sich orientiert, und wird bestätigt oder unterlaufen in den Medien, über die sie an Informationen und Meinungen zum Gesundheitsverhalten teilhat. Insoweit zum Versorgungssystem Maßnahmen des Gesundheitsschutzes und der Prävention von Krankheiten gehören, wird öffentlich auf die informelle Weise eingewirkt, in der Menschen ihr Verhalten steuern.

Die Ökonomie des gesundheitsbezogenen Verhaltens betrifft den *Konsum* von Gütern und Leistungen und die *Produktion* von Gesundheit. Alltäglich konsumieren Menschen individuell und lebensgemeinschaftlich ihrem Wohl zuträgliche oder abträgliche Güter und nehmen in unterschiedlichem Maße in der Infrastruktur der Versorgung Dienste in Anspruch, die ihnen bei gesundheitlichen Beschwerden oder im Notfall Abhilfe leisten. Alltäglich werden in der persönlichen Lebensweise und Lebensführung Entscheidungen mit Auswirkungen auf den eigenen körperlichen Zustand und das psychische Befinden getroffen. Der einzelne Mensch ist insoweit immer auch Produzent seiner Gesundheit, als er sie mit seinen inneren und äußeren Dispositionen bewirkt. Darauf kommt es besonders an, wenn er sich in medizinischer Behandlung befindet und er zu deren Erfolg kooperativ beitragen kann. Kosten und Nutzen des Medizinsystems hängen in nicht geringem Maße von der Selbstsorge und Mitwirkung derer ab, die es in Anspruch nehmen.

Die Bewirtschaftung von Gesundheit stellt sich in der Gestaltung von Versorgung auf eigenes Sorgen der Menschen ein, indem ihnen Rat geboten wird, selbst zurechtzukommen, indem sie zu Hygiene angehalten werden und indem um sie herum Arrangements getroffen werden, die ein Leben mit chronischer Krankheit erlauben, betrieblichen Gesundheitsschutz gewährleisten, die häusliche Pflege gestatten oder eine soziale und berufliche neben medizinischer Rehabilitation ermöglichen. Zur Patientenorientierung wird im engeren Bereich direkter Versorgung ein Care Management und ein Case Management gebraucht, das ihren zielgerichteten Prozess steuert. (Wendt 2015) Ökonomisch beinhaltet es eine flexible soziale Bewirtschaftung von

Kräften, Mitteln und Möglichkeiten der Patient_innen einerseits und des Versorgungssystems andererseits.

Zur sozialen Bewältigung des Sorgens und der Versorgung bietet sich auf beiden Seiten die Bildung von Gemeinschaft und Vernetzung an. Betroffene Menschen finden sich in Selbsthilfegruppen zusammen und lassen sich von Unterstützerkreisen und in anderen informellen Netzwerken helfen. Im Idealfall kommen Sorgende Gemeinschaften (*caring communities*) zustande, die im sozialen Raum das Zusammenleben mit Menschen bei Pflegebedürftigkeit und Behinderung zu tragen imstande sind (BMAS 2016, S. 214ff.). Medizinprofessionelle Akteure bilden *health cooperatives*, Verbünde von Ärzt_innen, auch mit anderen Gesundheitsberufen. Zur Gewährleistung örtlicher Versorgung kümmern sich Kommunen darum, dass medizinische Netzwerke und Zentren zustande kommen. In ländlichen Regionen können die Bewohner_innen eine Genossenschaft gründen, die das medizinische Personal beschäftigt. Die Kooperative bietet eine Grundlage für eine produktive Gesundheitspflege durch alle Beteiligten. (Girard 2014). In einigen Ländern gibt es mit *Medizingenossenschaften* langjährige Erfahrungen (zu Japan Hürtmann 2003, S. 328ff., zu Kanada MacKay 2007). Hier findet die soziale Sorge zu einer die benötigte gesundheitliche Versorgung einbindenden Organisation.

In einer Genossenschaft der Nutzer_innen wird die Gesundheitswirtschaft *bottom-up* betrieben. Die gemeinschaftliche Selbsthilfe ersetzt nicht die Erfüllung der sozialstaatlichen Aufgabe gesundheitlicher Daseinsvorsorge. In ihrer *top-down* betriebenen Bewirtschaftung von Gesundheit lässt sich über die Aufgabenerfüllung aber in der Wechselbeziehung von selbstsorgenden Akteuren, Sozialleistungsträgern, gemeinwohlorientierten Leistungserbringern und privatgewerblichen Unternehmen disponieren. Es handelt sich um eine *soziale Bewirtschaftung* in dem Sinne, dass in gesellschaftlicher Öffentlichkeit über den Ressourceneinsatz, über seine Schwerpunkte, über Engpässe, Fehlentwicklungen und notwendigen Wandel befunden wird und dass die Allokation und Distribution von Mitteln auf politischer Ebene demokratisch legitimiert entschieden wird. Gesundheitsunternehmen mögen sich im Wettbewerb um Aufträge bemühen, mit Innovationen hervortreten oder sich an ihrem Standort und in ihrem Handlungsbereich durch eine verlässliche Versorgung auszeichnen, sie sind Agenten und nicht die Prinzipale im Haushalt gesundheitlicher Wohlfahrt.

5. Gesundheit und ihre Bewirtschaftung in gemeinschaftlicher Verantwortung

Die Regulierung der Gesundheitsversorgung in einem Land erfolgt im Rahmen seines Wohlfahrtsregimes, das darüber bestimmt, inwieweit sie in staatlicher, kommunaler, frei-gemeinnütziger oder privatunternehmerischer Hand ist bzw. in welcher Kombination, Konkurrenz und Kooperation sie erfolgt. Gesundheitsversorgung ist auf die eine oder andere Weise Teil der ‚gemischten Wohlfahrtsproduktion'. In ihr tragen alle Akteure Verantwortung nicht nur im Bereich ihres Handelns, sondern auch in der Gestaltung ihres Zusammenwirkens zur Deckung des gesundheitsbezogenen Bedarfs.

In Bezug auf die Ermittlung, Bewertung und angemessene Bedienung von Bedarf sind Gesundheitsprojekte soziale, oft zivilgesellschaftlich forcierte Projekte. Als Beispiel seien die Hereinnahme der Betreuung von Demenzkranken in den Leistungsbereich der Pflegeversicherung, der Aufbau der Palliativversorgung und der Hospizdienste oder die Komplexleistung zur Frühförderung behinderter oder von Behinderung bedrohter Kinder (gemäß § 30 SGB IX) genannt.

Für solche Vorhaben müssen Ressourcen erschlossen und bereitgestellt werden und ihre Allokation und Distribution wird im zivilen Rahmen, in der politischen Interessenvertretung und in der Fachöffentlichkeit ständig neu zu diskutieren sein.

Der sozialen Gestaltungsaufgabe kommt das Konzept einer „Sozialen Gesundheitswirtschaft" der Friedrich-Ebert-Stiftung nach, das ab Ende 2009 von einer Projektgruppe erstellt worden ist (Hilbert et al. 2011). Dem unternehmerischen Verständnis von Gesundheitswirtschaft mit seiner Markt- und Angebotsorientierung wird eine Patientenorientierung gegenübergestellt, die den Bedarf der Bevölkerung ins Zentrum der Überlegungen rückt. Statt eine Ausweitung des Angebots anzustreben, wird in der Nutzerperspektive primär auf die Angemessenheit der Leistung geachtet. „Die soziale Gesundheitswirtschaft zielt nicht nur auf ein rein quantitatives Wachstum, sondern zuerst auf mehr gesunde Lebensjahre und eine bessere Lebensqualität, auf gute Arbeit und auf qualitatives Wachstum. Ziel ist ein Wachstum der gesamtgesellschaftlichen Wohlfahrt." (Hilbert et al. 2011, S. 5)

Das Land Niedersachsen hat auf der genannten konzeptionellen Basis einen ressortübergreifenden „Masterplan Soziale Gesundheitswirtschaft" erstellt und setzt ihn seit 2016 um. Seine Schwerpunkte sind

- eine sektorenübergreifende Versorgung
- die Zukunftssicherung der Pflege
- Stärkung der ärztlichen Versorgung im ländlichen Raum
- E-Health
- gute Beschäftigungsbedingungen (Fachkräftesicherung).

Es gelte in der gesundheitsbezogenen Daseinsvorsorge die Lebensqualität der Bevölkerung zu sichern und zu verbessern und gleichzeitig die Gesundheitswirtschaft als Standortfaktor der wirtschaftlichen Entwicklung wahrzunehmen und zu nutzen. „Die Soziale Gesundheitswirtschaft ist als ein gesellschaftliches und wirtschaftliches Leitbild zu verstehen, das Gesundheit und Wirtschaft als komplementäre Elemente versteht. Dabei gilt es den Fokus gleichzeitig auf das wirtschaftliche Potential, auf die soziale Gerechtigkeit und die Prinzipien ‚guter Arbeit' in den gesundheitswirtschaftlichen Einrichtungen zu richten. Eine bedarfsorientierte, anspruchsvolle und sozial gerechte Gesundheitsversorgung für alle Niedersachsen ist nicht nur wünschenswert, sondern ein sozialpolitisches Muss." (NMSGG et al. 2016, S. 17)

Im Rahmen des Konzepts der „Sozialen Gesundheitswirtschaft" wird auf die Förderung vorhandener und neu auftretender Gesundheitsunternehmen und ihres Geschäfts viel Gewicht gelegt, ebenso im „Netzwerk deutscher Gesundheitsregionen"; indes soll sich die soziale Funktion der Versorgung in der Kooperation der Beteiligten, unter Stakeholdern und in Partnerschaft mit den Nutzer_innen, auch mit bürgerschaftlich Engagierten und mit zivilen Organisationen erweisen. Die zu fördernde wirtschaftliche Leistungsfähigkeit der Gesundheitsunternehmen wird auf die sozialen Anforderungen an die Versorgung (bezahlbar, solidarisch, partizipativ usw.) und auf die gesundheitlichen Zielsetzungen (in Lebensqualität, Wohlbefinden, Patientenorientierung usw.) abgestellt.

Zu planen und zu steuern ist die strukturelle und prozessuale Qualität des Versorgungssystems nicht durch die einzelnen Gesundheitsunternehmen und nicht per Selbstregulierung im Markt der ihre Leistungen anbietenden Akteure. ‚Im allgemeinen Interesse' an der Versorgungsgestaltung bleibt eine demokratische Vertretung und Aushandlung der gesundheitsbezogenen Belange geboten. Der Bezugsrahmen ist ein *sozialwirtschaftlicher*, weil mit den Budgets, Zahlungen und Zuwendungen aus öffentlichen und privaten Haushalten und mit dem Einsatz von Kräften und Kompetenzen vieler Menschen Gesundheit gewonnen oder erhalten und somit dem persönlichen und gemeinsamen Wohlergehen gedient wird.

6. Literatur

Arrow, Kenneth J. (1963): Uncertainty and the Welfare Economics of Medical Care. In: American Economic Review 53, H. 5, S. 941-973.

Bogai, Dieter/Thiele, Günter/Wiethölter, Doris (Hrsg.) (2015): Die Gesundheitswirtschaft als regionaler Beschäftigungsmotor. IAB-Bibliothek 355. Bielefeld: Bertelsmann.

Bundesministerium für Arbeit und Soziales (BMAS) (Hrsg.) (2016). Siebter Bericht zur Lage der älteren Generation in der Bundesrepublik Deutschland: Sorge und Mitverantwortung in der Kommune – Aufbau und Sicherung zukunftsfähiger Gemeinschaften. Berlin: Bundestagsdrucksache 16/10210.

Bundesministerium für Wirtschaft und Energie (BMWi) (Hrsg.) (2014): 4. Gesundheitswirtschaftskonferenz. Die deutsche Gesundheitswirtschaft stärken. Berlin: BMWi.

Bundesministerium für Wirtschaft und Energie (BMWi) (Hrsg.) (2015): Die Gesundheitswirtschaftliche Gesamtrechnung für Deutschland. Zusammenfassung des Forschungsprojekts des Bundesministeriums für Wirtschaft und Energie, April 2015. Berlin: BMWi.

Bundesministerium für Wirtschaft und Energie (BMWi) (Hrsg.) (2016): Die Gesundheitswirtschaft in Ost- und Westdeutschland. Fakten und Zahlen 2015. Berlin: BMWi.

Burchert, Heiko/Hering, Thomas (2002): Gesundheitswirtschaft. Aufgaben und Lösungen. München: Oldenbourg.

Eble, Susanne (2013): Die Gesundheitswirtschaft als Mitgestalter der integrierten Versorgung. In: Luthe, Ernst-Wilhelm (Hrsg.): Kommunale Gesundheitslandschaften. Wiesbaden: Springer VS, S. 451-465.

Ehrlich, David A. (Hrsg.) (1975): The Health Care Cost Explosion. Which Way Now? Bern: Hans Huber.

Fretschner, Rainer/Grönemeyer, Dietrich/Hilbert, Josef (2002): Die Gesundheitswirtschaft – ein Perspektivenwechsel in Theorie und Praxis. In: Institut Arbeit und Technik (Hrsg.): Jahrbuch 2001/2002. Gelsenkirchen: Eigendruck, S. 33-47.

Fuchs, Victor R. (1986): The Health Economy. Cambridge, MA: Harvard University Press.

Girard, Jean-Pierre (2014): Better Health & Social Care. How are Co-ops & Mutuals Boosting Innovations & Access Worldwide? An international survey of co-ops and mutuals at work in the health and social care sector (CMHSC14). Montréal: LPS Productions.

Goldschmidt, Andreas J.W./Hilbert, Josef (Hrsg.) (2009): Gesundheitswirtschaft in Deutschland – Die Zukunftsbranche. Wegscheid: Wikom Verlag.

Gutmann, Thomas/Schmidt, Volker H. (2002): Rationierung und Allokation im Gesundheitswesen. Weilerswist: Velbrück.

Henke, Klaus-Dirk/Neumann, Karsten/Schneider, Markus et al. (2010): Erstellung eines Satellitenkontos für die Gesundheitswirtschaft in Deutschland. Forschungsprojekt im Auftrag des Bundesministeriums für Wirtschaft und Technologie. Baden-Baden: Nomos.

Herder-Dorneich, Philipp (1980): Gesundheitsökonomik. Systemsteuerung und Ordnungspolitik im Gesundheitswesen. Baden-Baden: Nomos.

Herder-Dorneich, Philipp (1976): Wachstum und Gleichgewicht im Gesundheitswesen. Die Kostenexplosion in der gesetzlichen Krankenversicherung. Opladen: Westdeutscher Verlag.

Herder-Dorneich, Philipp (1966): Sozialökonomischer Grundriß der gesetzlichen Krankenversicherung. Stuttgart: Kohlhammer.

Hilbert, Josef/Mickley, Birgit/Evans, Michaela (2011): Soziale Gesundheitswirtschaft. Mehr Gesundheit – gute Arbeit – qualitatives Wachstum. Expertise im Auftrag der Abteilung Wirtschafts- und Sozialpolitik der Friedrich-Ebert-Stiftung. Bonn: Friedrich-Ebert-Stiftung.

Hürtmann, Peter J. (2003): Konsumgenossenschaften in Japan: Alternative oder Spiegelbild der Gesellschaft. München: Judicium Verlag.

Kartte, Joachim/Neumann, Karsten (2007): Der zweite Gesundheitsmarkt. Die Kunden verstehen, Geschäftschancen nutzen. München: Roland Berger Strategy Consultants.

Klarman, Herbert E. (1965): The Economics of Health. New York: Columbia University Press.

Koch, Peter (2005): Versicherungswirtschaft. Ein einführender Überblick. 6. Aufl., Karlsruhe: Verlag Versicherungswirtschaft.

MacKay, Lee (2007): Health cooperations in BC: The unmet potential. British Columbia Medical Journal 49, H. 3, S. 139-142.

Möller, Caren (2005): Medizinalpolizei. Die Theorie des staatlichen Gesundheitswesens im 18. und 19. Jahrhundert. Frankfurt a.M.: Vittorio Klostermann.

Neubauer, Günter/Noey, Roland (2000): Ökonomische Aspekte der Rehabilitation. In: Bengel, Jürgen/Koch, Uwe (Hrsg.): Grundlagen der Rehabilitationswissenschaften. Theorien, Strategien und Methoden der Rehabilitationsforschung. Berlin: Springer, S. 239-251.

Niedersächsisches Ministerium für Soziales, Gesundheit und Gleichstellung (NMSGG)/Niedersächsisches Ministerium für Wirtschaft, Arbeit und Verkehr (NMWAV)/Niedersächsisches Ministerium für Wissenschaft und Kultur (NMWK) (Hrsg.) (2016): Masterplan Soziale Gesundheitswirtschaft Niedersachsen. Stand: 1.6.2016.

Niehoff, Jens-Uwe (2008): Gesundheitssicherung – Gesundheitsversorgung – Gesundheitsmanagement. Grundlagen, Ziele, Aufgaben, Perspektiven. Berlin: MWV Medizinisch Wissenschaftliche Verlagsgesellschaft.

Ostwald, Dennis Alexander/Henke, Klaus-Dirk/Hesse, Sebastian (2013): Das Gesundheitssatellitenkonto: Der zweite Schritt: Wertschöpfungs- und Beschäftigungseffekte der regionalen Gesundheitswirtschaft. In. Luthe, Ernst-Wilhelm (Hrsg.): Kommunale Gesundheitslandschaften. Wiesbaden: Springer VS, S. 431-450.

Rosenbrock, Rolf (2001): Was ist New Public Health? In: Bundesgesundheitsblatt 44, H. 8, S. 753-762.

Sachverständigenrat für die Konzertierte Aktion im Gesundheitswesen (Hrsg.) (1996): Sondergutachten 1996 – Gesundheitswesen in Deutschland. Kostenfaktor und Zukunftsbranche. Baden-Baden: Nomos.

Schneider, Markus/Karmann, Alexander/Braeseke, Grit (2014): Produktivität der Gesundheitswirtschaft. Gutachten für das Bundesministerium für Wirtschaft und Technologie. Wiesbaden: Springer Gabler.

Thakkar-Scholz, Arnim (1998): Der Wert des Menschen. Der Wert des Menschen in der Diskussion der Medizin von der Entdeckung des gesunden, arbeitsamen Menschen in der „Peuplierungspolitik" bis zur „Gesundheitswirtschaftslehre" Pettenkofers als Verbindung von Nationalökonomie und kommunaler Gesundheitsfürsorge. Diss. Düsseldorf.

Thiele, Günter/Güntert, Bernhard J. (2014): Sozialökonomie. Pflege- und Gesundheitsökonomik. München: De Gruyter Oldenbourg.

Thiele, Günter/Büche, Volker/Roth, Monika/Bettig, Uwe (2010): Pflegewirtschaftslehre für Krankenhäuser, Pflege-, Vorsorge- und Rehabilitationseinrichtungen. 3. Aufl., Heidelberg: Medhochzwei.

Thielscher, Christian (Hrsg.) (2015): Medizinökonomie 1. Das System der medizinischen Versorgung. 2. Aufl., Wiesbaden: Springer Gabler.

Tulchinsky, Theodore H./Varavikova, Elena A. (2014): The New Public Health. Third edition. San Diego, CA: Academic Press.

Ulrich, Volker (2012): Entwicklung der Gesundheitsökonomie in Deutschland. In: Bundesgesundheitsblatt 55, H. 5, S. 604-613.

Wahrig, Bettina/Sohn, Werner (Hrsg.) (2003): Zwischen Aufklärung, Policey und Verwaltung. Zur Genese des Medizinalwesens 1750-1850. Wiesbaden: Harrassowitz.

Wendt, Wolf Rainer (Hrsg.) (2017): Die soziale Bewirtschaftung von Gesundheit. Wiesbaden: Springer VS.

Wendt, Wolf Rainer (2016): Geschichte der Sozialen Arbeit I. Die Gesellschaft vor der sozialen Frage 1750-1900. Wiesbaden: Springer VS.

Wendt, Wolf Rainer (2015): Case Management im Sozial- und Gesundheitswesen. Eine Einführung. 6. Aufl., Freiburg i.Br.: Lambertus.

Zweifel, Peter/Eisen, Roland (2003): Versicherungsökonomie. 2. Aufl., Berlin: Springer Fachmedien.

F Trends der Weiterentwicklung

Innovation in der Sozialwirtschaft

Simon Güntner/Andreas Langer

Innovation ist ein elementarer Aspekt jeglichen wirtschaftlichen Handelns. Mit Neuerungen und Anpassungen reagieren die Anbieter von Dienstleistungen und Produkten an sich ändernde Bedarfe und Interessen ihrer Zielgruppen (Rennings 2000; Aderhold 2005; John 2005). Auch in der Sozialwirtschaft sind Innovationen keine Randerscheinung, sondern längst im Management großer wie kleiner Dienstleister und Einrichtungen verankert. Die professionellen Fachkräfte im Interaktionskontext behaupten dagegen nicht selten, dass jede methodische Interaktionsform eine leere Hülle sei, die durch fallbezogene ‚Innovation', also die individuelle Ausgestaltung von Angebot zu Bedarf, erst zum Leben erweckt werden muss. Das Innovationshandeln kann sich dabei auf alle Aspekte der Dienstleistungserbringung beziehen: auf die Dienstleistung bzw. das Produkt, den Prozess ihrer Herstellung oder auch auf die Organisationsform (z.B. durch Aus- oder Neugründungen eines Unternehmens, sog. ‚Social Entrepreneurship'). Ein geradezu typisches Format von Innovation in der Sozialwirtschaft und Sozialplanung sind Projekte und Modellvorhaben, mit denen zeitlich begrenzt neue Handlungsansätze erprobt und begleitend evaluiert werden, oftmals finanziert von privat-öffentlichen Allianzen durch spezielle Förderprogramme – die gelingende ‚Überführung in Regelangebote' wird dabei nicht selten als zentrales Element in der Projektlandschaft verhandelt. In diesem Zusammenhang wird auch von „sozialer Innovation" gesprochen, um zu betonen, dass die jeweiligen Aktivitäten einen gesellschaftlichen Mehrwert haben und sich damit von rein profitorientierten Neuerungen unterscheiden (Young Foundation 2012). Aber wie lässt sich Innovation organisieren? Sind es Zufälle oder individuelle Kreativität, die hier greifen, oder lassen sich auch Faktoren finden, die über Einzelfälle hinausweisen? Diese Fragen sollen im Folgenden beantwortet werden.

1. Innovation und soziale Innovation

Innovation ist ein schillernder Begriff und analytisch schwer zu fassen, da die Bewertung eines Phänomens als ‚innovativ' immer auch subjektiv geprägt ist. Eine der Versachlichung dienliche Definition lässt sich aus der Techniksoziologie herleiten, die eben diesen Aspekt der persönlichen Bewertung berücksichtigt. Ihr zufolge sind es v.a. zwei Aspekte, die eine Innovation ausmachen: ihre Neuartigkeit und das damit verbundene Versprechen auf Verbesserung in Abgrenzung zum Bisherigen (Rammert 2010; Braun-Thürmann 2005; Rogers 2003):

> „Innovationen können (...) als diejenigen Variationen von Ideen, Praktiken, Prozessen, Objekten und Konstellationen begriffen werden, die durch kreative Umdeutung und Umgestaltung geschaffen oder durch zufällige Abweichung und Rekombination hervorgebracht worden sind, die als Verbesserung in einer akzeptierten Hinsicht erfahren und gerechtfertigt werden und die durch Imitation und Diffusion einen Bereich der Gesellschaft mit nachhaltiger Wirkung verändern" (Rammert 2010, S. 39).

Wie in diesem Zitat betont, geht es bei Innovationen selten um gänzlich neue, nie da gewesene Phänomene, sondern um die Weiterentwicklung von Bestehendem durch eine neue – Routinen verändernde – Kombination von bekannten Bestandteilen. Auch Schumpeter hat in seiner klassischen Definition von Innovation als „schöpferischer Zerstörung" hierauf Bezug genommen

(Schumpeter 2005, S. 134). Dass solch weitreichende Veränderungen gerade in Feldern, die durch geregelte Abläufe und Verbindlichkeiten gekennzeichnet sind, nicht konfliktfrei verlaufen, ist naheliegend. Damit sich eine Veränderung auch durchsetzt, muss sie ausreichend kommuniziert werden, durch Innovationshandeln demonstriert und von Dritten dann auch übernommen werden (Rammert 2010). Wenn sich eine neue Idee nicht durchsetzt, ist auch nicht von einer Innovation zu sprechen. Der Innovationsforscher Everett Rogers sieht hier eine entscheidende Wegmarke im Innovationsprozess, die er als „Diffusion" bezeichnet. Ihm zufolge lässt sich die Verbreitung einer Innovation in fünf Phasen unterteilen: Zunächst müssen zukünftige Anwender_innen von der Innovation erfahren und auch verstehen, worum es dabei geht und wie sie funktioniert. Dann müssen sie sich auch nach Abwägung von Risiken von ihr überzeugen. Überdies müssen sie sich auch dafür entscheiden, die Innovation zu übernehmen (diese Entscheidung, das ist zu betonen, kann durchaus auch durch Handlungsdruck oder Vorgaben erzwungen werden und ist nicht immer freiwilliger Natur, was auf eine brisante Ambivalenz von Innovation verweist). Und schließlich muss sich die Innovation, um nachhaltig zu wirken, auch in wiederholter Anwendung bestätigen (Rogers 2003).

Wenn sich Innovationsprozesse eher durch soziale als durch technische oder ökonomische Referenzen kennzeichnen und somit ein gesellschaftlicher Nutzen ersichtlich ist, wird von „sozialer Innovation" gesprochen (Young Foundation 2012; BEPA 2011; Gillwald 2000; kritisch hierzu: Swyngedouw 2005). Für den Bedeutungsgewinn der Sozialen Innovation gerade für die Sozialwirtschaft spielt die Europäische Union eine entscheidende Rolle, in ihren Institutionen wird soziale Innovation folgendermaßen definiert:

> „Innovationen, die sowohl in Bezug auf ihre Zielsetzung als auch ihre Mittel sozial sind, insbesondere diejenigen, die sich auf die Entwicklung und Umsetzung neuer Ideen (für Produkte, Dienstleistungen und Modelle) beziehen, die gleichzeitig einen sozialen Bedarf decken und neue soziale Beziehungen oder Kooperationen schaffen und dadurch der Gesellschaft nützen und deren Handlungspotenzial eine neue Dynamik verleihen" (Europäisches Parlament und Europäischer Rat 2013, S. 243; ebenso: BEPA 2011).

Gerade in der Sozialwirtschaft wird es indes in der Praxis Überschneidungen geben, da Veränderungen in der Leistungserbringung auch Entsprechungen in der Finanzierung haben und auch die Technisierung und Digitalisierung der Branche in vielen Handlungsfeldern in vollem Gange ist. Dass sich Innovationsprozesse dabei auch als Schauplätze von Interessenskonflikten und Machtkämpfen erweisen, zeigt sich immer wieder, wenn z.B. die Einführung einer neuen Technik oder Software mit Einsparungen einhergeht oder sogar begründet wird.

Innovationen in Sozialen Dienstleistungen und damit auch in der Sozialwirtschaft lassen sich v.a. dann im Feld der Sozialen Innovationen verorten, wenn sie über rein ökonomische oder technische Neuerungen hinausweisen. Dies ist z.B. der Fall, wenn die Leistung und damit die Nutzer_innen von der Änderung betroffen sind (wenn es hingegen ‚nur' um veränderte Abrechnungsverfahren o.ä. geht, wäre dies nicht als ‚soziale' sondern eher als ‚technische' oder ‚administrative' Innovation zu bewerten). Damit kommt die Frage der Partizipation in den Blick: Werden die Adressat_innen und die Fachkräfte in den Prozess eingebunden und haben sie dort eine Stimme? Oder werden sie per Anordnung zur Übernahme neuer Ansätze verpflichtet, ggf. auch gegen ihren Wunsch oder ihre Überzeugung? Hier ist der Diskurs bemerkenswert klar: Die Fürsprecher der sozialen Innovation, wie z.B. die britische Young Foundation, aber auch die EU Kommission, schreiben den Adressat_innen eine zentrale Position zu, da sie über entscheidendes Wissen verfügen, um die Bedarfe zu decken und Probleme zu lösen (Young Foundation 2012). In der Praxis zeigt sich indes ein differenzierteres Bild. Durchaus werden sog. soziale Innovationen auch über die Köpfe derjenigen hinweg durchgesetzt, die auf sie angewiesen sind (Langer et al. 2017). Soziale Innovation kann vor diesem Hintergrund als kryptonormatives Konzept der Verbesserung bezeichnet werden: Es trägt und transportiert normative, vorempirische Annahmen und Schwerpunktsetzungen (z.B. von Förderprogrammen), die aber nicht notwendiger Weise auch offengelegt werden. Der Zugang zu den Räumen, in denen diese Themen beraten und verhandelt werden, kann als sozialpolitische Schlüsselressource angesehen werden, die artikulationsschwachen Gruppen und Bedarfen selten zur Verfügung steht (als Beispiel erfolgreicher Interessenspolitik seitens einer Bedarfsgruppe, die eine Reihe sozialer Innovationen in ihrem Sinne ermöglichte, kann die UN-Behindertenrechtskonvention genannt werden, siehe Langer 2012). Insofern ist die Koordinierung unterschiedlicher Interessen eine Kernaufgabe eines sozialwirtschaftlichen Innovationsmanagements. Die Abstimmung und ggf. Konfliktlösung (z.B. zwischen Qualitäts-, Effektivitäts- und Effizienzzielen) ist Voraussetzung dafür, dass eine innovative Lösung akzeptiert, angewandt und nicht in der Umsetzung blockiert oder subvertiert wird. Eine wichtige Funktion kommt dabei neben den Initiatoren der Neuerung (die auch manchmal als „Social Entrepreneurs" bezeichnet werden, wenn damit z.B. eine Firmengründung einhergeht) sog. „Change Agents" zu (mehr dazu in Kapitel 3). Dies sind Akteure, die sich für eine Neuerung einsetzen, für ihre Akzeptanz werben und für ihre Durchsetzung eine zentrale Rolle einnehmen (Rogers 2003). Im Kontext von Sozialwirtschaft und Sozialen Dienstleistungen sind „Change Agents" auf vier Ebenen zu verorten: Auf regulativer Ebene (z.B. in zuständigen Ministerien, sog. „framework setter"), auf Managementebene (u.a. in Behörde, Verband oder Sozialunternehmen), auf Ebene der Leistungserbringung durch Fachkräfte (hier auch professions- und berufspolitische Zusammenschlüsse) oder auf Seiten der Adressat_innen und ihrer Angehörigen (z.B. durch Selbstorganisation, hierzu sind auch soziale Bewegungen zu zählen) (Langer et al. 2017).

Die Innovationsakteure agieren typischerweise nicht allein; vielmehr bilden sie zur Durchsetzung der Neuerung strategische Allianzen. Hierbei zeichnet sich in einer EU-weiten Auswertung zahlreicher Innovationsprozesse ein interessantes Muster ab: Zwar dehnen und überschreiten die Akteure in der Kooperation systematisch als „Boundary Spanners" (Williams 2012) die Grenzen von Abteilungen und Zuständigkeiten, Organisationen, Disziplinen und Rollen. Sie verbleiben jedoch meist auf einer Ebene der Einflussnahme (Steuerung, Management oder Umsetzung), eher selten umfassen die Allianzen z.B. Fachkräfte und Leitungsebene. Gerade hier, in der Kommunikation und Koordination zwischen den relevanten Ebenen, zeigt sich eine wichtige Aufgabe für das Innovationsmanagement.

2. Produkt-, Prozess- und Kontextinnovationen

Innovationsprozesse in der Sozialwirtschaft können sich auf drei Aspekte der Leistungserbringung beziehen, auf die Produkte bzw. die Dienstleistung, auf die Verfahren der Produktion bzw. Gestaltung der Leistung und auf den Kontext, in dem diese erbracht wird (Langer/Eurich 2014). Die von der EU geförderte Forschungsplattform ‚Innoserv' identifizierte einige aktuelle Trends und Herausforderungen, die sich diesen drei Bereichen zuordnen lassen (Langer et al. 2017).

Mit Blick auf *Produkte bzw. Leistungen* sind v.a. zwei Trends zu nennen: Die Personalisierung von Leistungen (und damit verbunden auch die De-Institutionalisierung) sowie die Digitalisierung und Technisierung, v.a. durch IT-gestützte Lösungen. Beide Trends bedeuten durchaus radikale Veränderungen für alle beteiligten Akteure im Dienstleistungsgefüge und bergen eine Reihe von Herausforderungen, Konflikten und Risiken. Im Zuge der Personalisierung erhöht sich die Bedeutung von Interaktion, Kommunikation und Kooperation zwischen Professionellen, Nutzenden, Freiwilligen und Angehörigen (Needham 2011; Langer 2013a; siehe auch Franz in diesem Band). Bisherige Rollenverständnisse, Abläufe, Erwartungen und Ansprüche werden dabei in Frage gestellt und neue Risiken entstehen: Die Nutzenden müssen nun in der Lage sein, Aufträge präzise zu erteilen, die Fachkräfte müssen ihr Handeln erläutern und begründen können. Für alle Parteien wird Kooperationsfähigkeit im Koproduktionsprozess zur Schlüsselkompetenz. Langer (2009; auch Krone et al. 2009) verweist in diesem Zusammenhang auch auf sog. „De-Codierungskosten", da (Fach-)Sprache und Termini, gewohnte Standards und (Selbst-)Verständnisse der beteiligten Personen sehr unterschiedlich sein können. Transdisziplinäre Zusammenarbeit kann indes auch mit einer neuen inter-professionellen Haltung, Kultur und Identität einhergehen, wie z.B. in Projektzusammenhängen, die oft für die Teilnehmenden viel ‚cooler' erscheinen als die dahinter liegenden ‚langweiligen' Organisationen, auch wenn sie auf diese Trägerstrukturen angewiesen sind (Grabher 2002).

Die Digitalisierung hingegen fordert die Überzeugung in sozialen Dienstleistungen heraus, dass direkte Interaktion ein wertvolles Gut an sich wäre – insbesondere wenn technikgestützte Lösungen bzw. Innovationen den Einsatz von Fachkräften ersetzen. Digitalisierung und IT-Technisierung spielen dabei für den Interaktionskontext und für den ‚Back-Office-Bereich' ähnlich zentrale Rollen (siehe auch Deckert/Langer in diesem Band). Da die Entwicklung, Erprobung, Einführung und Durchsetzung neuer Technologien mit hohem Ressourceneinsatz verbunden sind, spielen gerade hier öffentliche Programme zur Innovationsförderung eine zentrale Rolle, die über Ausschreibungsmodalitäten und Schwerpunktsetzungen das Feld strukturieren. Zwar kommt die Erprobung nicht ohne Nutzerbeteiligung aus, diese wird jedoch von den Rahmensetzungen der Organisationen und Verwaltungen beeinflusst und in gewissem Maße auch vorentschieden. Ambivalent und problematisch wird die Durchsetzung neuer Lösungen vor allem dann, wenn den Nutzer_innen keine Alternativen bleiben und sie im Zusammenhang mit der Technisierung Benachteiligung oder eine Verschlechterung der Dienstleistungsqualität sehen (u.a. Mollenkopf 2011).

Neue Produkte und Dienstleistungen betreffen konsequenterweise auch die *Prozesse* der Leistungserbringung und bedingen neue institutionelle Arrangements und Steuerungsmodelle. Hier sind v.a. zunehmend projektbasierte Verfahren zu nennen, wie auch ein Bedeutungsgewinn von Wirkungsmessung und Qualitätsmanagement. Da Innovationen immer auch Risiken mit sich bringen, sind Manager_innen darauf angewiesen, dass diese von den betroffenen Mitarbeiter_innen mitgetragen und nicht sabotiert werden – Innovation lässt sich nicht verordnen. Sowohl Teamfähigkeit wie auch Führungskompetenz sind gefragt. Die Führungskräfte müssen ihrem Team beratend zur Seite stehen, Raum geben für eigene Initiativen der Fachkräfte, offen sein für Anregungen der Nutzer_innen und auch die Zusammenarbeit mit externen Akteuren ermöglichen und fördern (Langer 2013b).

Kontextinnovationen beziehen sich v.a. auf die Beeinflussung von rechtlichen und finanziellen Rahmenbedingungen. So gehen z.B. die eben genannten Trends ‚Personalisierung' und ‚Digitalisierung' mit weitreichenden gesetzlichen Veränderungen und auch neuen Finanzierungsmodellen (z.B. persönlichen Budgets) einher. Beispielhaft kann hier auch auf den Inklusionsdiskurs hingewiesen werden, der sich nicht nur auf die Behindertenpolitik, sondern insbesondere auch auf die Bildungspolitik bezieht. Instrumente der Kontextinnovation sind in erster Linie Kampagnen, die sich an Politik, Fachöffentlichkeit oder die Allgemeinheit richten können (als Beispiel kann z.B. die Aktion „Demenzfreundliche Kommune“ genannt werden, Wißmann et al. 2008), sowie Modellvorhaben, mit denen die Machbarkeit neuer Ansätze demonstriert werden soll.

3. Sozialwirtschaftliches Innovationsmanagement

Aus dem kursorischen Überblick über Dimensionen der Innovation in Sozialen Dienstleistungen lassen sich konkrete Anforderungen für ein Innovationsmanagement ableiten. Ziel des Innovationsmanagements ist es, neue Ideen zu entwickeln, zu fördern und einen Prozess zu gestalten, der ihre Durchsetzung sichert. Dass dies gerade in komplexen Arrangements mit vielen unterschiedlichen Bedarfen und Interessen nur mit einem partizipativen Führungsstil möglich ist, erscheint naheliegend. In Betriebswirtschaft und Managementlehre finden sich zahlreiche Ansätze, die aufgegriffen, angepasst und weiterentwickelt werden können (siehe auch die Beiträge und Beispiele in Moos/Peters 2015). Besonders geeignet erscheint uns der Ansatz von Goffin, Herstatt, und Mitchell (2009). Sie identifizieren sechs wichtige Gestaltungselemente für ein Management von Innovation in Unternehmen, die folgende Abbildung zeigt dies im Überblick.

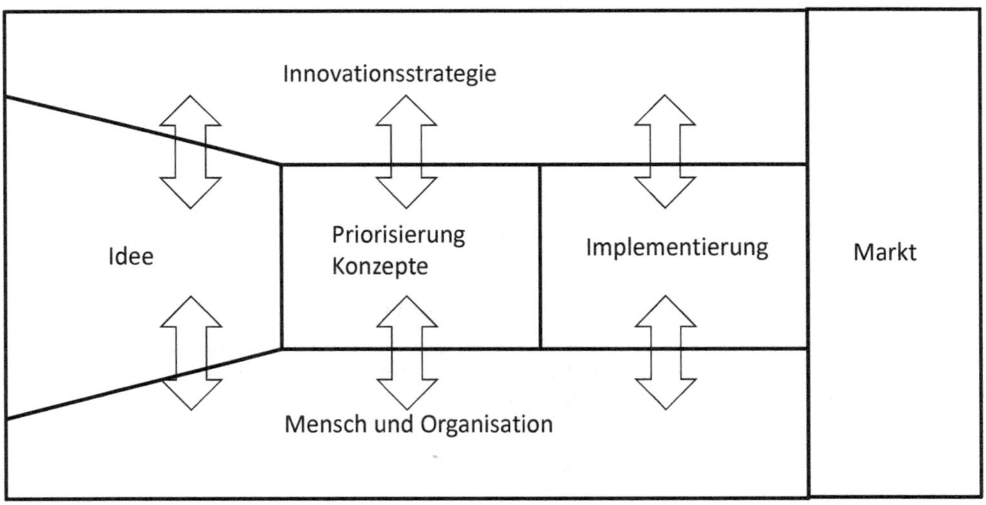

Abb. 1: Gestaltungselemente von Innovation (nach Goffin et al. 2009)

Aus unserer Sicht entscheidende Elemente des Innovationsmanagements nach diesem Modell sind folgende:

- Innovationsmanagement gehört als Aufgabe und Funktion in den Bereich des strategischen Managements. Innovation unterstützt und fordert die Arbeit an langfristigen Zielen zur Entwicklung des Gesamtunternehmens.
- Nur wenn ein Innovationsmanagement ein integraler Bestandteil der Unternehmensstrategie ist, können die wichtigsten Phasen eines Innovationsprozesses (Ideengenerierung, Ideenpriorisierung, Konzeptualisierung, Implementierung) überhaupt an die entscheidenden Einfluss-

faktoren angebunden werden, an Organisation (organisationale Faktoren) und Mensch (personale Faktoren und Team).

- Innovation ist abhängig von der Entwicklung einer innovationsfreundlichen und -fördernden Organisations- und Unternehmenskultur. Dieses Betriebselement verbindet Mensch und Organisation und fördert die Haltung des Personals, eher unternehmerisch zu denken.
- Innerbetriebliche Innovation basiert auf der Stärkung und Funktionsfähigkeit von Teamarbeit und gleichzeitig auf der Umsetzung von Innovationen durch Projekte.
- Innovation birgt unternehmerische Risiken und Kosten. So ist z.B. die Kopie von Innovationen nach dem Marktgang oftmals kostengünstiger als die Investition in Innovation. Der Vorteil niedrigerer Marktpreise durch Kopie kann nur durch Marketing und eine adäquate Produktplatzierung kompensiert werden.

Wendet man dieses (für profitorientierte Unternehmen formulierte) betriebswirtschaftliche Modell auf soziale Dienstleistungen an, so lassen sich Grundzüge eines Innovationsmanagements konturieren, die auch die Besonderheiten der Sozialwirtschaft erfassen. Zentrale Elemente sind: Strategische Allianzen, innovationsrelevante Strukturierung und Steuerung des Felds, in dem die Innovation zum Einsatz kommt (‚Governance'), die adäquate Positionierung von Innovationsakteuren (bzw. ‚Change Agents') und die Einbindung externer Expertise. Ein weiterer Aspekt, der Berücksichtigung finden muss, ist der Kontext in Form von bestehender Praxis und zurückliegenden, aber ggf. noch nachwirkenden (evtl. gescheiterten) Projekten und Erfahrungen (Innovationshistorie). Mit der Berücksichtigung und sorgfältigen Planung dieser Punkte lässt sich die Innovation in einer Organisation einbetten und in der Dienstleistungsstruktur verankern (Langer 2013b). Abbildung 2 knüpft mit den typischen Elementen des sozialen Innovationsmanagements an das o.g. Modell an.

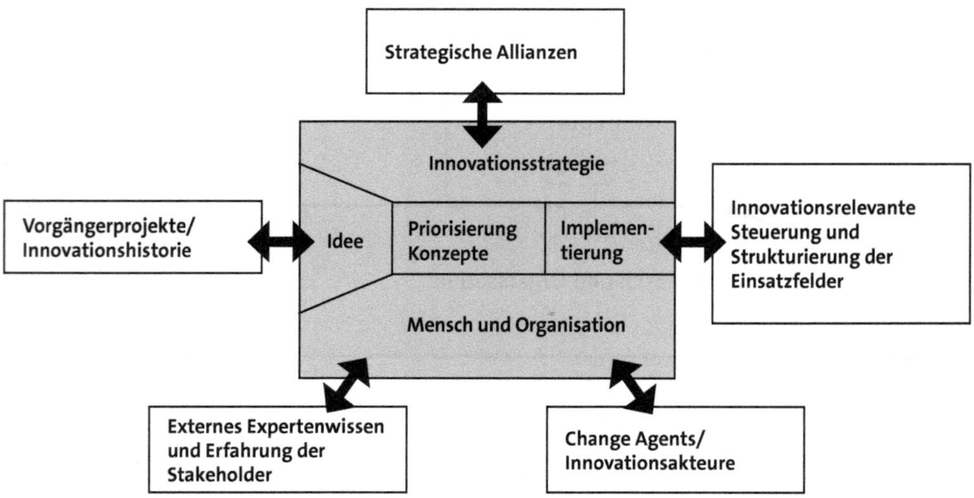

Abb. 2: Einflussfaktoren auf Innovation in sozialen Unternehmen (eigene Darstellung, nach Goffin et al. 2009)

Strategische Allianzen: Innovation in der Sozialwirtschaft entsteht eher selten aus einer ausschließlich unternehmerischen Innovationsstrategie heraus, obwohl dies mit dem Konzept des „Intrapreneurship" (Grohs et al. 2015) nochmals verstärkt wurde. Die empirischen Ergebnisse der EU-Forschungsplattform „Innoserv“ deuten eher darauf hin, dass Innovationen im Rahmen von oder durch strategische Trägerallianzen generiert werden (Langer et al. 2017). Typische Formen sind intersektorale Management-Allianzen, subversive Praxisallianzen sowie träger- bzw. feldübergreifende, auf Kontextinnovation zielende Kampagnen (ebd.).

Innovationsrelevante Steuerung und Strukturierung der Einsatzfelder: Bei Dienstleistungsinnovationen sind regionale Einflussfaktoren zu berücksichtigen. Vor deren Hintergrund bilden sich spezifische Governanceformen heraus, die die Felder, in denen sich die entsprechenden Aktivitäten entfalten (sollen) gestalten oder beeinflussen – mit dem Ziel, im Sinne eines ‚Innovationsregimes‘ Ressourcen, Zuständigkeiten, Aufgaben und Kooperation für die Innovation zu bündeln. Innovationen sind insofern mit der Strukturierung dieser Felder verbunden, als Finanzierungsmodalitäten, spezifische Formen und Traditionen säulenübergreifender Zusammenarbeit und andere Faktoren darüber entscheiden können, ob Innovationsakteure Ressourcen und Verbündete bekommen oder nicht.

Change Agents / Innovationsakteure: Die Prozessschritte des unternehmerischen Innovationsmodelles der Ideengenerierung, Priorisierung, Konzeptualisierung bis hin zur Umsetzung der Innovation finden sich auch im Bereich der sozialen Dienstleistung. Den Innovationsakteur_innen (und insbesondere den ‚Change Agents‘) kommt die Aufgabe zu, die Übergänge zwischen diesen Phasen so zu gestalten, dass eine Idee auch reifen, angepasst und sich schließlich durchsetzen kann. Dazu müssen die jeweils relevanten Akteure und Ressourcen mobilisiert und zusammengebracht werden. Denn Innovation ist auf Konnektivität und Interdependenzen, Kooperation und das Teilen von Informationen und Vertrauen angewiesen (Jalonen/Juntunen 2011). Wie schon gezeigt wurde, gibt es dabei keine/n festen oder typische/n Innovationsakteur_in. Entscheidend ist aus unserer Sicht, dass er/sie erkannt und auf einer adäquaten Position platziert und mit angemessenen Mitteln ausgestattet wird, die ihm bzw. ihr v.a. die Legitimation verleihen, andere Akteure einzubinden.

Externes Expertenwissen und Erfahrung der Stakeholder: Dass soziale Dienstleistungen in Ko-Produktion auch von externen Faktoren und auch externer Expertise geprägt sind, kann als Allgemeinwissen der Sozialwirtschaft angesehen werden. In der Innovationsforschung rückt aber gerade durch Prozesse der Personalisierung, Flexibilisierung, Partizipation der Nutzer_innen bis hin zu Sozialraumorientierung eine neue Kategorie der Expertise in das Zentrum der Aufmerksamkeit, nämlich Ressourcen und Wissen, die eine Organisation gar nicht mehr oder nur noch zeitweilig an sich binden kann (z.B. als Mitgliedschaft, Kundschaft, Mitarbeiterschaft). Mit dem Konzept der „Co-Creation“ und der Schaffung von „Dienstleistungserlebnissen“ (Jacobsen/Jostmeier 2010, S. 225) wird darüber hinaus die These vertreten, dass eben die Integration dieser organisationsexternen Expertise zukünftig unter Umständen kein gangbarer Weg mehr ist, weil sich diese Ressourcen dann verändern würden. Vielmehr zeichnet sich ab, dass die Schaffung temporärer, zeitlich begrenzter Formen der Kooperation immer bedeutungsvoller wird. Wie Jacob und Jostmeier ausführen, sind es „nicht mehr nur die Unternehmen, die aus eigener Handlungsmacht den Konsumentinnen und Konsumenten Angebote machen, sondern die Letzteren werden selbst aktiv, um die für sie passenden Angebote zu kreieren“ (Jacobsen/Jostmeier 2010, S. 226). Zu denken ist hier auch an die vielen Modelle der ‚sharing economy‘, die in jüngerer Zeit unter Nutzung digitaler Medien entstanden sind und sich gerade auch auf sozialwirtschaftliche Themen beziehen (insbesondere im Bereich der Pflege, aber auch nachbarschaftliche Hilfe, Fahrdienste etc.).

Innovationshistorie: Innovationsprozesse beginnen selten mit einer völlig neuen Idee. Die Akteure bringen Vorwissen und Erfahrungen ein, aus denen heraus sie die Elemente der Innovation neu komponieren. Diese Vorgeschichte kann z.B. die Auswahl der beteiligten Akteure beeinflussen, wenn über gemeinsame Erfahrungen Vertrauen aufgebaut werden konnte oder eben nicht. In diesem Zusammenhang ist auch die „Modell-Projektitis“ zu nennen, die sich in jenen Handlungsfeldern etabliert, die über Jahre hinweg von Modellprogrammen getragen werden. Hier haben so manche Trägerkonsortien eine geradezu kunstvolle Form des „Umtopfens“ entwickelt (und sich damit an die Förderlandschaft angepasst), indem sie ihre Projekte zum Ende einer Förderperiode so umdefinieren, dass sie mit den Anforderungen neuer Fördervorgaben kompatibel sind (Schweitzer 2010).

4. Fazit: Innovationsmanagement im Netzwerk

Aus der Übertragung betriebswirtschaftlicher Innovationsmodelle auf die Sozialwirtschaft ergibt sich ein Dilemma: Die Adressat_innen rücken mit ihrem Wissen, ihren Ressourcen, ihrer Expertise sowie ihren Bedarfen und Wünschen immer mehr in den Mittelpunkt der Innovation. Diese müssen integriert werden, entziehen sich aber weitgehend dem Einflussbereich der Organisation. Daraus resultiert die Relativierung des ‚innovierenden‘ sozialen Dienstleistungsunternehmens als dominierender und maßgeblich gestaltender Akteur. Das Innovationsmanagement muss – im Sinne eines Netzwerkmanagements – die Grenzen der Organisation überschreiten, die organisationale Umwelt einbeziehen und dazu adäquate Kommunikations- und Anreizstrukturen bereitstellen.

Abschließend ist darauf hinzuweisen, dass sich Innovationshandeln auch erschöpfen kann. Wenn sich keine Anwendungskontexte öffnen und neue Routinen nicht etabliert werden können, laufen Neuerungen ins Leere. Gerade für soziale Dienstleistungen, die auf Verlässlichkeit und Vertrauen zwischen Trägern und Nutzer_innen aufbauen, unterstreicht dies die Notwendigkeit einer partizipativen bzw. partnerschaftlichen Gestaltung des Innovationsprozesses. Dies verstärkt auch die Erkenntnis, dass Innovation in sozialen Dienstleistungen vor allem bei der Übertragbarkeit und Ausbreitung an ihre Grenzen gelangt; denn weder Partizipation noch örtlich gebundene Kontextfaktoren (bzw. das lokale Innovationsregime) lassen sich übertragen, obgleich sie für die Implementierung von entscheidender Bedeutung sind. Somit gilt bis auf weiteres für Innovation in der Sozialwirtschaft: Dieses Rad muss immer wieder neu erfunden werden.

5. Literatur

Aderhold, Jens (2005): Gesellschaftsentwicklung am Tropf technischer Neuerungen. In: Aderhold, Jens/John, René (Hrsg.): Innovation. Sozialwissenschaftliche Perspektiven. Konstanz: UVK, S. 13-32.

Braun-Thürmann, Holger (2005): Innovation. Bielefeld: Transcript.

Bureau of European Policy Advisors (BEPA) (2011): Empowering people, driving change. Social Innovation in the European Union. Luxemburg: Publications Office of the European Union.

Eurich, Johannes/Langer, Andreas (2016): Social Innovations as Opportunities: How Can Innovations in Social Services Be Stimulated and Managed? In: Diaconia 7, H. 2, S. 174-190.

Europäisches Parlament und Europäischer Rat (2013): Verordnung (EU) Nr. 1296/2013 des Europäischen Parlaments und des Rates vom 11. Dezember 2013 über ein Programm der Europäischen Union für Beschäftigung und soziale Innovation (EaSI) und zur Änderung des Beschlusses Nr. 283/2010/EU über die Einrichtung eines europäischen Progress-Mikrofinanzierungsinstruments für Beschäftigung und soziale Eingliederug. In: Amtsblatt der Europäischen Union L 347 vom 20.12.2013.

Gillwald, Katrin (2000): Konzepte sozialer Innovation Berlin. Papier der Querschnittsgruppe Arbeit und Ökologie P00-519. Berlin: Wissenschaftszentrum Berlin für Sozialforschung.
Goffin, Keith/Herstatt, Cornelius/Mitchell, Rick (2009) Innovationsmanagement: Strategien und effektive Umsetzung von Innovationsprozessen mit dem Pentathlon-Prinzip. München: Finanzbuch-Verlag.
Grabher, Gernot (2002): Cool Projects, Boring Institutions – temporary collaboration in social context. In: Regional Studies, H. 36.3, S. 205-214. doi: 10.1080/00343400220122025
Grohs, Stephan/Schneiders, Katrin/Heinze, Rolf G. (2015): Social Entrepreneurship Versus Intrapreneurship in the German Social Welfare State – A Study of Old-Age Care and Youth Welfare Services. In: Nonprofit and Voluntary Sector Quarterly 44, H. 1, S. 163-180.
Jacobsen, Heike/Jostmeier, Milena (2010): Dienstleistungsinnovation als soziale Innovation: neue Optionen für produktive Aktivität der NutzerInnen. In: Howaldt, Jürgen/Jacobsen, Heike (Hrsg.): Soziale Innovation. Auf dem Weg zu einem postindustriellen Innovationsparadigma. Wiesbaden: Springer VS, S. 219-235.
Jalonen, Harri/Juntunen, Pekka (2011): Enabling Innovation in Complex Welfare Service Systems. In: Journal of Service Science and Management, H. 4, S. 401-418. doi: 10.4236/jssm.2011.44046
John, René (2005): Innovationen als irritierende Neuheiten. Evolutionstheoretische Perspektiven. In: Aderhold, Jens/John, René (Hrsg.): Innovation. Sozialwissenschaftliche Perspektiven. Konstanz: UVK, S. 49-64.
Krone, Sirikit/Langer, Andreas/Mill, Ulrich/Stöbe-Blossey, Sybille (2009): Jugendhilfe und Verwaltungsreform. Zur Entwicklung der Rahmenbedingungen Sozialer Dienste. Wiesbaden: Springer VS.
Langer, Andreas (2013a): Persönlich vor ambulant und stationär. Wiesbaden: Springer Fachmedien.
Langer, Andreas (2013b): Professionell managen. Kompetenz, Wissen und Governance im Sozialen Management. Wiesbaden: Springer VS.
Langer, Andreas (2012): Transnationale Professionalisierung oder Behinderte Transnationalisierung? Professionelles Wissen und professionelles Handeln im Lichte lokaler Sozialpolitik und selbst bestimmten Menschen mit Behinderung. In: Verhandlungen des 35. Kongresses der Deutschen Gesellschaft für Soziologie in Frankfurt 2010. Nachmittagsveranstaltung Professionssoziologie. Frankfurt a.M.: Campus.
Langer, Andreas (2009): Zur Professionalisierung der SozialmanagerInnen. Neue Kunden (Klienten) – Handlungskompetenzen – politische Anreize. In: Rehberg, Karl-Siegbert (Hrsg.): Die Natur der Gesellschaft. Verhandlungsband des 33. Soziologiekongresses 2006. Ad-hoc Gruppe Professionssoziologie. Frankfurt a.M.: Campus.
Langer, Andreas/Eurich, Johannes/Güntner, Simon (2017): Innovation Sozialer Dienstleistungen – ein systematisierender Überblick auf Basis der EU Forschungsplattform INNOSERV mit illustrierenden Fallstudien und Visual Essays. Wiesbaden: Springer VS, i.E.
Langer, Andreas/Eurich, Johannes (2014): Innovation in Social Work and its Impacts on Social Management. In: International Journal of Innovation, Creativity and Change 1, H. 4, S. 1-14.
Mollenkopf, Heidrun (2011): Technische Unterstützungssysteme für alte Menschen : Empowerment oder Isolation? In: Archiv für Wissenschaft und Praxis der sozialen Arbeit : Vierteljahresheft zur Förderung von Sozial-, Jugend- und Gesundheitshilfe 42, H. 3, S. 29-39.
Moos, Gabriele/Peters, André (Hrsg.) (2015): Innovationsmanagement in der Sozialwirtschaft. Baden-Baden: Nomos.
Needham, Catherine (2011): Personalising public services. Understanding the personalisation narrative. Bristol: Policy.
Rammert, Werner (2010): Die Innovationen der Gesellschaft. In: Howaldt, Jürgen/Jacobsen, Heike (Hrsg.): Soziale Innovation. Auf dem Weg zu einem postindustriellen Innovationsparadigma. Wiesbaden: Springer VS, S. 21-51.
Rogers, Everett M. (2003). Diffusion of Innovations. 5. Aufl., New York: Free Press.
Schumpeter, Joseph A. (2005): Kapitalismus, Sozialismus und Demokratie. 8. Aufl., Stuttgart: UTB.
Schweitzer, Helmuth (2010): Das „System Modellprojekte“ – von der nachhaltigen Wirkung eines Alibis in der Sozial- und Bildungspolitik. In: Sozial Extra 34, H. 7/8, S. 14-19.
Swyngedouw, Eric (2005): Governance Innovation and the Citizen. The Janus Face of Governance-beyond-the-State. In: Urban Studies 42, H. 11, S. 1991-2006.
Williams, Paul M. (2012): Collaboration in public policy and practice. Perspectives on boundary spanners. Bristol: Policy.
Wißmann, Peter/Gronemeyer, Reimer/Whitehouse, Peter J./Klie, Thomas (2008): Demenz und Zivilgesellschaft – eine Streitschrift. Frankfurt a.M.: Mabuse.
Young Foundation (2012): Social Innovation Overview: A deliverable of the project: “The theoretical, empirical and policy foundations for building social innovation in Europe” (TEPSIE), European Commission – 7 th Framework Programme. Brussels: European Commission, DG Research.

De-Institutionalisierung und Personenzentrierung

Daniel Franz

1. Einleitung

De-Institutionalisierung und Personenzentrierung benennen verwandte, aber nicht identische Reformkonzepte, die in der Sozialen Arbeit, der Sozialpsychiatrie und Behindertenhilfe in den letzten 40 Jahren massive Veränderungen nach sich gezogen haben. Im ersten Schritt waren dies v.a. äußere Reformen und strukturelle Veränderungen, später auch inhaltliche Neu-Ausrichtungen (Beck 2002, S. 196). Der vorliegende Beitrag zeichnet diese Veränderungen nach, die hier vorgestellten Ergebnisse wurden exemplarisch am Bereich Behindertenhilfe erarbeitet (Franz 2014) und durch Quellen aus den Bereichen Sozial- und Gemeindepsychiatrie ergänzt.

Ziel eines Überblicksartikels kann nicht sein, Erkenntnisse über eine sich stetig verändernde Praxis zu gewinnen. Diese ist geprägt von nationalen und regionalen Besonderheiten, sozialrechtlichen Bedingungen, dem Zeitgeist, dem Handeln von Betroffenen, Profis und Politiker_innen etc. (Kardorff 2017, S. 4). Die konkrete Durchführung unterscheidet sich je nach Ausgangslage, Problemwahrnehmung und Zielformulierung. Insbesondere aus letzterer leiten sich dann unterschiedliche Handlungsschritte ab. Daraus ergibt sich ein Feld, das sich aus theoretischen Arbeiten, empirischer Forschung, Praxisberichten, Regierungsdokumenten etc. speist. Als Ausgangspunkt für eine Übersicht ist das eine denkbare ungünstige Position. Ziel dieses Artikels ist daher die Erschließung einer analytischen Perspektive, die es ermöglicht, die differenten Teilaspekte in einer Weise (an) zu ordnen, dass sie als Teile eines Ganzen gelesen werden können.

1.1 Zur Nomenklatur

1.1.1 De-Institutionalisierung

In der Fachdiskussion kursieren verschiedene Begriffe zur Beschreibung der Veränderungsprozesse: Enthospitalisierung, Dezentralisierung, Entpsychiatrisierung u.v.m. Die häufig an dieser Stelle vorgenommenen etymologischen und theoriegeschichtlichen Ableitungen sind zwar nicht ohne Erkenntnisgewinn, bleiben in ihrer Reichweite aber beschränkt. So verweist z.B. De-Institutionalisierung etymologisch auf „Institution" und bezieht sich auf Goffmans Begriff der „totalen Institution" (1973). Jedoch wurde mehrfach darauf hingewiesen, dass häufig weder der Institutionenbegriff in seiner grundlegenden Konnotation noch der analytische Gehalt von Goffmans Analyse in Betracht gezogen wurden (Beck/Greving 2011, S. 31). Es kann also nicht davon ausgegangen werden, dass die Begriffe einheitlich und trennscharf verwendet werden. Vielmehr überlagern und verschieben sie sich in ihrer Bedeutung, nehmen neue Elemente in sich auf oder kommen schlichtweg aus der Mode.

Auf eine detaillierte Begriffsabgrenzung im Vorhinein wird daher verzichtet (die Frage der Begriffsabgrenzung wird aber unter 2.3.3 nochmals aufgegriffen). Als Arbeitsdefinition soll für das Folgende gelten: De-Institutionalisierung (sowie die verwandten Begriffe) meint die Abkehr von zunächst klinikhaften fremdbestimmten Lebensbedingungen hin zu mehr Selbstbestimmung und Partizipation im Alltag. Häufig, aber nicht immer, geht damit eine formale Umwandlung einer Einrichtung oder ein Um- oder Auszug einher. Auf der semantischen Ebene ist häufig von „Auflösung/Abschaffung“ die Rede. Praktisch stehen i.d.R. jedoch Reformen bestehender Einrichtungen im Vordergrund. Im Folgenden wird in direkten Zitaten der Originalbegriff beibehalten, eigene Formulierungen verwenden immer „De-Institutionalisierung“.

1.1.2 Personenzentrierung

Personenzentrierung (auch: personenorientierte Hilfen) ist ein ähnlich schillernder Begriff wie De-Institutionalisierung – verwandte Begriffe wären hier Ressourcen- oder Subjektorientierung. Z. T. wird der Begriff als rein organisationsbezogenes Prinzip verstanden. Das greift jedoch zu kurz, Bleidick et al. haben die damit einhergehenden Veränderungen als eine „kopernikanische (…) Wende“ (1995, S. 248) gekennzeichnet. Gemeint ist, dass Personenzentrierung als Gegensatz zu Institutionenzentrierung das *gesamte Hilfesystem* umkrempelt und sich in der Folge Angebote auf „Bedarfslagen vor Ort, und nicht umgekehrt die Adressaten auf (...) Angebote einzustellen haben“ (Beck 2007, S. 27). Eingeführt wurde der Begriff als schlagwortartige Verdichtung durch Thimm (2001; auch: Beck 2002), um eine Vielzahl von Veränderungen zu benennen. Dies betrifft u.a.

- grundlegende Kategorien wie z.B. Behinderung oder psychische Erkrankung;
- Leitziele des Handelns wie Normalisierung, Selbstbestimmung, Inklusion, Partizipation;
- die Einrichtungen und Dienste im Sinne des Auf- und Ausbaus veränderter Hilfeformen, der Dezentralisierung sowie der Ausrichtung auf die sozialräumlichen Strukturen vor Ort sowie
- die praktisch pädagogische Tätigkeit im Sinne einer Ressourcen- und Subjektorientierung, die auf Förderung von Bewältigungskompetenzen, Selbstbestimmung, sozialer Eingebundenheit und Partizipation ausgerichtet ist.

Die Gründe für diesen Wandel sind vielfältig, es lassen sich gesellschaftliche und sozialrechtliche Veränderungen, fachliche Entwicklungen sowie das Erstarken der Selbsthilfebewegung ausmachen (Franz 2014; Franz et al. 2011). De-Institutionalisierung kann dabei als „Grundbedingung“ (Hanses 2015, S. 515) für Personenzentrierung verstanden werden.

1.2 Methodisches Vorgehen

Zusätzlich zur uneinheitlichen Begriffsverwendung hat sich auch kein methodischer Standard für die Analyse und Einschätzung dieser Reformprozesse ausgebildet (Kallert et al. 2006; Franz 2014). Angesichts a) einer Vielzahl unterschiedlicher Regelungen fehlt es an trennscharfen Begriffen, die einer Analyse zugrunde gelegt werden können (Böcker 2005). Zudem stehen b) diverse grundlegende Zugänge (und davon abgeleitet Designs) nebeneinander: klassische „Vorher-Nachher“-Evaluationen und nachgelagerte Forschung, quantitative Studien und qualitative Einzelfallanalysen. Außerdem mangelt es c) an Eindeutigkeit in der Frage, anhand welcher Kriterien Erfolg oder Misserfolg zu messen wären. Je nach Erkenntnisinteresse stehen unterschiedliche Indikatoren im Mittelpunkt:

- Geht es um sozialplanerische Fragen, stehen eine Reduzierung von Platzzahlen oder Verweildauer, die Umsetzung veränderter rechtlicher Regelungen, der Aufbau alternativer Unterstützungsformen und Veränderungen in der Finanzierung im Mittelpunkt.

- Geht es hingegen primär um klientenbezogene Fragen, beziehen sich die Arbeiten auf die Verbesserung von Lebensqualität, sozialer Eingebundenheit, auf Grade von Selbstständigkeit oder Selbstbestimmung sowie auf Verhaltensänderungen.
- Je nach Zuschnitt der Studie kommen zudem andere Akteure in den Fokus, z.B. Mitarbeiter_innen, Angehörige, ggfs. auch Nachbar_innen. Dementsprechend tauchen z.T. Themen wie Arbeitszufriedenheit, Qualifikationsprofile, Belastungen im Alltag oder Einstellungsveränderungen auf.

Diese unterschiedlichen Blickwinkel korrespondieren mit einem Verständnis von Sozialwirtschaft, das über soziale Dienstleistungen im engeren Sinne hinausgeht und auch Kostenträger, Verbände, Betroffene und andere Akteure als „Stakeholder" im Prozess der Leistungserbringung fasst (Grunwald 2015, S. 1655ff.).

Die vorliegenden Ergebnisse entziehen sich daher einer Sekundäranalyse im klassischen Sinne. Um dennoch zu übergreifenden Ergebnissen zu gelangen, wird ein analytischer Zugang gewählt, der Ähnlichkeiten zur Diskursanalyse, wie sie u.a. von Keller (2011) vorgestellt wurde, hat. Im Vordergrund stehen dabei: die Frage, wie in den jeweiligen Quellen das *Problem* wahrgenommen wird, was das *Ziel* der Veränderungen ist und welche *Instrumente* dabei zum Einsatz kommen. Dieses Vorgehen ermöglicht es, einen hinsichtlich des disziplinären Zugangs, des Abstraktionsgrades, des methodischen Vorgehens und nicht zuletzt der Intention der Autor_innen hochgradig heterogenen Textkorpus strukturiert darzustellen (ausführlich Franz 2014). Diese analytische Verdichtung hat jedoch zur Folge, dass nicht alle Nuancen des jeweiligen Ansatzes abgebildet werden können.

2. Veränderungen durch De-Institutionalisierung

De-Institutionalisierung lässt sich allgemein gesprochen als eine Veränderung des Hilfesystems als Ganzes fassen. Im ersten Schritt lassen sich Fragen im Umgang mit den Konstruktionen „Behinderung/psychische Erkrankung" von praktischen Reformen unterscheiden. Letztere lassen sich weitgehend den unterschiedlichen sozialwirtschaftlich relevanten Ebenen zuordnen: „der *Makroebene* der staatlichen Wohlfahrtsarrangements, der *Mesoebene* der sozialwirtschaftlichen Organisationen und der *Mikroebene* der Wohlfahrtsproduktion der Individuen" (Grunwald 2015, S. 1656). Stehen im ersten Fall eher sozialplanerische Aspekte im Vordergrund, sind es im zweiten Fall eher organisationsbezogene und im dritten fachlich-reflexive Aspekte.

Bevor diese im Folgenden vorgestellt werden, ist auf eine Eigentümlichkeit des Diskurses hinzuweisen: U.a. von Dörner wurde die Maxime aufgestellt, „mit den schwierigsten und abgelehntesten Bürgern einer Region zu beginnen und gerade hier am meisten zu investieren" (1999, S. 318). Diese Maxime durchzieht mantraartig fast alle Arbeiten, der damit verbundene Anspruch wird jedoch praktisch extrem selten eingelöst. Weitaus häufiger dominieren Formen, die Menschen mit komplexem Unterstützungsbedarf systematisch benachteiligen und in denen sie von Reformen nicht oder nur in geringerem Ausmaß profitieren (Lindmeier/Lindmeier 2011, S. 145f.). Dass es sich dabei keineswegs um eine der Vergangenheit zuzuordnende Problematik handelt, zeigen auch aktuellere Studien (Franz/Beck 2015; Wienberg 2008). Auf diese Problematik wird unter 3. nochmals einzugehen sein.

2.1 Veränderungen in den Begriffen

Die Debatte um De-Institutionalisierung kann als veränderter gesellschaftlicher Umgang mit den Phänomenen „Behinderung/psychische Erkrankung“ gefasst werden. Im Kern geht es darum, diese „grundlegend nicht mehr nur als Ausdruck endogener (...) Phänomene (...), sondern auch in ihren Verursachungen als Ausdruck sozialer und gesellschaftlicher Strukturen und Prozedierungen“ (Hanses 2015, S. 516) zu verstehen.

Bezieht man sich grundlegend auf den Institutionen-Begriff – als „Regelungen insbesondere für bedeutsame Bereiche des menschlichen Zusammenlebens“ (Beck/Greving 2011, S. 31) – kann De-Institutionalisierung als Prozess der Veränderung dieser „Regelungen“ begriffen werden. Sie benennt einen veränderten Umgang mit der Frage, wie eine Gesellschaft mit denjenigen ihrer Mitglieder umgehen will, die nicht den (gesellschaftlich gesetzten) Erwartungen hinsichtlich der Konstruktionen „Gesundheit“, „Normalität“ oder „Vernunft“ entsprechen (Hanses 2015). Dass es sich hierbei um mehr als eine theoretische Spitzfindigkeit handelt, zeigt sich in

1. der Wirkung, die die veränderten Konzeptionen auf internationaler Ebene entfaltet haben, z.B. in der Neu-Formulierung des Behinderungsbegriffs in der ICF und in der UN-Konvention über die Rechte von Menschen mit Behinderung (DIMDI 2005; Beauftragte der Bundesregierung für die Belange behinderter Menschen 2017) sowie
2. der Aufmerksamkeit, die diesen Fragen in den konkreten Reformen zukam. Gerade in der Begleitung und Unterstützung von Mitarbeitenden spielte die Auseinandersetzung mit Behinderungsverständnis und Menschenbild eine große Rolle (2.3. bis 2.4).

Dennoch muss kritisch angemerkt werden, dass dieses veränderte Verständnis primär den Fachdiskurs geprägt hat, es aber kaum gelungen ist, über diesen hinaus eine gesellschaftspolitische Debatte anzustoßen. So kritisiert z.B. Kardorff: „Der noch zu Beginn der Reformdiskurse vorhandene Bezug psychischer Erkrankungen zum Leiden an den gesellschaftlichen Zuständen wurde im weiteren Verlauf der Modernisierung des Systems bestenfalls zum Randthema“ (2017, S. 4). Trotz eines sozialwissenschaftlich geprägten Verständnisses fehlt es an einer breiten Thematisierung des Zusammenhangs von gesellschaftlichen Bedingungen (z.B. im Arbeitsleben) und dem Auftreten von Erkrankungen/Behinderungen.

2.2 De-Institutionalisierung als sozialplanerisches Instrument

Ein erster Strang der konkreten Reformen ist v.a. durch sozialplanerisches Denken geprägt. Angestrebte Veränderungen zielen auf einen Umbau des Dienstleistungssystems, die Problemwahrnehmung ist häufig eine der Fehlplatzierung bzw. „falschen“ Leistungsform. Dabei wird davon ausgegangen, dass die Unterstützung in einer dem Bedarf angemessenen Leistungsform zu einer Verbesserung der Lebensqualität führt. Die erste Formulierung dieses Ansatzes erfolgte im Abschlussbericht der »Psychiatrie-Enquête«, der auch zeitlich als Ausgangspunkt für De-Institutionalisierung in der BRD gilt (Droste 2000; Hanses 2015). Unter der Problembeschreibung einer unzureichenden Versorgungslage, der Fehlplatzierung von Menschen in psychiatrischen Langzeitkrankenhäusern sowie des damit einhergehenden Hospitalismusrisikos wird der Aufbau eines gemeindenahen, bedarfsgerechten und differenzierten Versorgungssystems angestrebt (Deutscher Bundestag 1975). Die mit einem solchen Verständnis einhergehenden auf der Makro-Ebene angesiedelten Veränderungen beziehen sich i.d.R. auf (für die Aufzählung exemplarisch: Kruckenberg et al. 1995):

1. *das Hilfesystems insgesamt*: Das kann den *Auf- und Ausbau* alternativer Strukturen (z.B. ambulanter Formen) bezeichnen, aber auch die Einführung neuer Leistungsformen (z.B. persönliches Budget) oder eine verstärkte Ausrichtung der Hilfen auf den Sozialraum. Dies zieht häufig Veränderungen in *Kooperation und Koordination* nach sich und nicht zuletzt sind damit Fragen der *Finanzierung(sformen)* verbunden. Im Fokus der Veränderungen stehen dementsprechend häufig Steuerungsfragen.
2. *eine sozial- bzw. kommunalpolitische Verankerung*: Veränderungen dieses Ausmaßes bedürfen der sozialpolitischen Verankerung (Droste 2000) sowie der Zusammenarbeit von Betroffenen, Leistungserbringern und -trägern.
3. *veränderte organisatorische Bedingungen*: Im Sinne einer Dezentralisierung von Leistungen (und nicht bloß einer Regionalisierung) sollen Mitarbeiter_innen vor Ort veränderte Gestaltungsspielräume gegeben werden. Damit einher geht häufig eine Verkleinerung der Einrichtungen.

Während der Bericht der Enquête-Kommission im Feld der Sozial- und Gemeindepsychiatrie tiefgreifende Veränderungen auslöst, wird die Behindertenhilfe zwar erreicht, „aber deutlich langsamer und quantitativ geringer" (Beck 2007, S. 24). Das hängt mit der Zielsetzung der Enquête-Kommission zusammen, die Lebenssituation von Menschen mit (v.a. geistiger) Behinderung gerät nur z.T. in den Fokus. Ablesen lässt sich dies an der Einführung einer regionalen Versorgungsverpflichtung. Ist diese im Bereich der Psychiatrie zwar auch nur z.T. umgesetzt, hat sie aber gerade in der Akutversorgung massive Wirkung entfaltet (Kunze 2015, S. 29). In den Hilfen für Menschen mit Behinderung bildet eine regionale Versorgungsverpflichtung hingegen nach wie vor eine absolute Ausnahme.

Diese Form eines primär sozialplanerisch geprägten Denkens bildet zwar den ältesten Teil der Diskussion ab, ist aber keineswegs obsolet. Sie findet sich bis heute an vielen Stellen wieder (z.B. Wienberg 2008) und prägt auch aktuelle Reformvorhaben (exemplarisch Franz/Beck 2015). De-institutionalisierung wird in diesem Argumentationsstrang als Mittel verstanden, neben diesem stehen der Aufbau einer gemeindenahen Versorgung und die (Re-)Integration/-Inklusion in die Strukturen des Alltags (Hanses 2015, S. 516f.). Z.T. werden diese Veränderungen explizit in den Wandel hin zu einem personenzentrierten Hilfesystem verortet (Droste 2000, S. 130; Kruckenberg et al. 1995, S. 8).

2.3 De-Institutionalisierung als organisatorische Veränderung

In den meisten Fällen wird nicht rein strukturbezogen argumentiert, sondern der Begriff auch fachlich-inhaltlich gefüllt. Schlüsselbegriffe sind hier Integration, Normalisierung, Lebensqualität, Selbstbestimmung, später auch Inklusion und Partizipation. Leitend ist die Erkenntnis, dass eine Veränderung der Lebens*bedingungen* nicht automatisch eine Verbesserung der Lebens*qualität* mit sich bringt. Unter den Begriffen Um- oder Transinstitutionalisierung werden Effekte diskutiert, in denen es entweder in neuen Einrichtungen zu einer weitgehend unveränderten Praxis kommt (Hoffmann 1999) oder die Menschen in andere hochinstitutionalisierte Einrichtungsformen ‚verlegt' werden – je nach Personengruppe z.B. Pflege-/Altenheime oder auch Justizvollzugsanstalten (Wienberg 2008, 3ff.). Eine echte De-Institutionalisierung geht daher immer auch mit konkreten Veränderungen in der praktischen Arbeit einher (z.B. Gromann-Richter 1991b; Dörner 1991).

Hierbei kommt es zu einer ersten Verschiebung von Problemwahrnehmung und Zielsetzung. Standen bisher strukturelle Probleme am Beginn der Überlegungen, verschiebt sich die Problemwahrnehmung hier zu der unzureichender Lebensqualität. Veränderungsimpulse differenzieren sich in:

a) formale De-Institutionalisierung, mit der strukturelle Aspekte wie Dezentralisierung, Regionalisierung oder später auch Ambulantisierung beschrieben werden und
b) inhaltliche De-Institutionalisierung, die fachliche Aspekte in den Vordergrund rückt.
c) (Hoffmann 1999; Droste 2000).

Damit einher geht eine Ausdifferenzierung der Strategien: Auszug/Auflösung sind nur noch eine mögliche Antwort, daneben tritt gleichberechtigt die interne Reform. Die Umkehr der Argumentation – weg von der Struktur der Unterstützung und hin zur Frage nach der Qualität – führt dazu, dass viel stärker die auf der Meso-Ebene angesiedelten internen Abläufe in Einrichtungen und Diensten in den Fokus der Aufmerksamkeit geraten. Die damit einhergehenden Veränderungen beziehen sich auf:

2.3.1 Pädagogische Aufladung

Die Betonung der fachlich-inhaltlichen Aspekte des Prozesses führt dazu, dass sich der Blick auf die konkrete Arbeit vor Ort richtet und sich v.a. mit Fragen des (sozial- oder behindertenpädagogischen) Handelns befasst. Dabei stehen verschiedene Aspekte im Vordergrund:

- *Individualisierung der Unterstützung*: Basierend auf der Orientierung an sozial- oder behindertenpädagogischen Leitzielen, z.B. dem Normalisierungsprinzip (Dalferth 2000; Gromann-Richter 1991a) oder dem Empowerment-Gedanken (Theunissen 1998), erfolgt eine Ausrichtung des Handelns weniger im Hinblick auf (unterstellte) gruppenbezogene Bedarfslagen hin zu einem Blick auf die konkrete, individuelle Lebenssituation vor Ort. Zentrales Werkzeug sind hierbei pädagogisch und qualitativ ausgerichtete Werkzeuge zur individuellen Hilfe-, Förder-, Reha- oder Teilhabeplanung (exemplarisch Franz 2014, S. 48ff.). Die damit einhergehenden Impulse können tiefgreifende Veränderungen im organisationalen Gefüge nach sich ziehen, z.B. in Teamstrukturen oder Dienstplangestaltung.
- Wie eingangs entfaltet, stellt das *veränderte Verständnis* von Behinderung/psychischer Erkrankung einen Eckstein der De-Institutionalisierung dar. Es gilt, sog. Verhaltensauffälligkeiten als Wechselwirkungen mit der Umwelt und als sinnvolles Verhalten zu re-interpretieren. Zum Einsatz kommen dabei Verfahren der Biografiearbeit bzw. der verstehenden Diagnostik (z.B. Dalferth 2000; Theunissen 1998).
- Zur inhaltlichen Neu-Ausrichtung zählen auch der Ausbau von *Selbst- und Mitbestimmungsmöglichkeiten* und der Einflussnahme auf die alltägliche Lebensführung (Gromann-Richter 1991b). Betroffene werden als „Experten in eigener Sache" angesehen. Statt einer Planung über, bzw. für die Person, soll „von ihr aus und mit ihr zusammen" (Theunissen 1998, S. 84) gearbeitet werden.
- All diese Veränderungen haben deutliche Auswirkungen auf die *Beziehungsgestaltung* zwischen Mitarbeiter_innen und Klient_innen, wie sie sich schlagwortartig in der Formel „Vom Betreuer zum Begleiter" (Hähner et al. 2016) niederschlagen.

2.3.2 Fokussierung auf Mitarbeitende

Die Zielsetzung verbesserter Lebensqualität rückt verstärkt prozessbezogene Elemente in den Fokus der Aufmerksamkeit. Darüber wird das direkte Handeln von Mitarbeiter_innen zu einem wesentlichen Anhaltspunkt für De-Institutionalisierung, denn: „Qualität entsteht in der direkten Interaktion zwischen Mitarbeiter und Adressat (...) und zwar in der Art und Weise, wie der individuelle Bedarf verstanden und erfüllt wird" (Beck 2006, S. 186).

Zudem zeigten die durchgeführten Reformen, dass De-Institutionalisierung immer auch Kritik an etablierten Mitarbeitenden beinhaltet. Diese kann zu Verunsicherungen führen, kommt zu diesen – z.B. angesichts einer (Teil-)Auflösung – die Sorge um den eigenen Arbeitsplatz hinzu, kann dies zu massiven Blockaden in Reformprozessen werden (detailliert: Gromann-Richter 1991b). Mitarbeitende brauchen – neben einer sicheren Perspektive, was ihren Arbeitsplatz betrifft – Begleitung und Unterstützung „in der Entwicklung einer neuen Sichtweise, die es ihnen erlaubt (...), auch die eigene Position kritisch und mit konstruktiven Änderungsideen zu betrachten" (Halfmeyer 1991, S. 35). Instrumente können hier Qualitätszirkel, Fortbildungen, aber auch Supervision und gemeinsame Teambesprechungen sein.

Zentral ist hierbei die Erkenntnis, dass die Lebensqualität massiv von der Qualität der Unterstützung abhängt. Es ist jedoch anzumerken, dass sich diese Erkenntnis i.d.R. auf die konkrete Unterstützung vor Ort bezieht. Mit der Konzentration auf das Innenleben der Einrichtungen geraten die eher auf der Makroebene angesiedelten Fragen zunehmend in den Hintergrund.

2.3.3 Enthospitalisierung oder De-Institutionalisierung?

V.a. in der Behindertenpädagogik dominiert im deutschsprachigen Raum bis in die 90er Jahre der Begriff „Enthospitalisierung". Dieser wird i.d.R. wörtlich verstanden und bezieht sich auf die Fehlplatzierung von Menschen in psychiatrischen Kliniken (Hoffmann 1999; Theunissen 2007). Veränderungen zielen dementsprechend auf das Verlassen dieser Strukturen. De-Institutionalisierung ist – begrifflich – etwas weiter gefasst und versteht „Institutionalisierung" als zentrales Problem. Im Mittelpunkt steht hierbei die „totale Institution" nach Goffmann, die i.d.R. mit dem Leben in Großeinrichtungen gleichgesetzt wird.

Wie eingangs erwähnt, erfolgt die Begriffsverwendung nicht immer systematisch, z.T. kommt es aber zu deutlichen Differenzierungen: Dörner kennzeichnet Enthospitalisierung als „Etikettenschwindel zwecks egoistischem Machterhalt der Mächtigen zu der Ohnmächtigen" (Dörner 1999, S. 311) und kritisiert eine sozialtechnologische Ausrichtung der Diskussion, die die Belange der betroffenen Menschen zu wenig ins Auge fasst. De-Institutionalisierung verortet er hingegen stärker im politischen Prozess der Nutzung bürgerlicher Rechte (ebd.). Diese veränderte Akzentuierung kann als Ausgangspunkt einer zweiten Verschiebung gelesen werden: Im Kern wohlfahrtsstaatliche Fragen treten in den Hintergrund, als zentrales Problem erscheint vielmehr der erschwerte Zugang zu Rechten – damit tritt auch zunehmend die Mikro-Ebene – im Vordergrund.

2.4 De-Institutionalisieren als Reflexion von Macht und Abhängigkeit

Ausgangspunkt dieser Argumentationslinie ist, dass „die Wirkweise totaler Institutionen (...) nicht an eine Organisationsform (...) gebunden [ist], sondern vielmehr an Positionierungen im

Feld von Macht und Ohnmacht" (Jantzen 1999, S. 195). Die verkürzende Gleichsetzung von „totaler Institution" mit „Großeinrichtung" führt zu einer einseitigen Verortung der Probleme in der Vergangenheit, anstatt das Konzept analytisch auf die eigene Situation anzuwenden (Jantzen 2003).

De-Institutionalisierung zielt dementsprechend auf den Abbau des totalen Charakters, die Wiederherstellung von Menschen- und Bürgerrechten sowie auf eine Veränderung von Macht- und Gewaltstrukturen (Jantzen 2007; auch: Hoffmann 1999; Theunissen 2007). Um der Prozesshaftigkeit des Geschehens besser gerecht zu werden, führt Weber den Begriff des „De-Institutionalisierens" (2004) ein. Im Kern dieser dritten Linie steht „eine Reflektion über den Gegenstand, d.h. eine Auseinandersetzung mit den (sozialen) Wirkweisen, die (...) Behinderung konstruieren" (a.a.O., S. 19f.). Im Unterschied zu vorherigen Ansätzen werden Fragen nach dem Behinderungsverständnis jedoch nicht nur (mit-)behandelt, sondern stellen Ausgangs- und Kernpunkt dar.

2.4.1 Kritik an der Praxis der De-Institutionalisierung

Jantzen kritisiert die „Sackgassen der De-Institutionalisierung", die aus der Ausblendung des Problems struktureller Gewalt entstehen: „Ersichtlich ist es die Anstalt mit ihren Akten der Gewalt, ist es überhaupt Gewalt in der Lebensgeschichte, welche jene Folgen produziert, die wir zunächst leichthin dem Defekt zuschreiben" (Jantzen 2003, S. 66). Sog. Verhaltensauffälligkeiten müssten dementsprechend als „für die Insassen sinnvolle Resultate des Einrichtens in einer Welt der extremen Beschränkungen" (Jantzen 2003, S. 66) verstanden werden. Damit ist eine radikale Kritik der bisherigen Hilfeformen verbunden, die sich fragen lassen müssen, welche Funktion sie in der (Re-)Produktion des Konstrukts „Behinderung" im Allgemeinen und von „Verhaltensauffälligkeiten" im Besonderen übernehmen.

Auf dieser Basis ergibt sich ein Verständnis von De-Institutionalisierung, in dessen Kern die Aufarbeitung der „Mikrostrukturen von Gewalt und Herrschaft" (Jantzen 1998, S. 113) steht und das auf die Aufhebung von kultureller, sprachlicher und dialogischer Isolation zielt (Weber 2004, S. 22f.). Die damit verbundenen Interventionen stellen die „Wiedergewinnung der Lebensperspektive der Betroffenen" (Jantzen 2003, S. 11) unabhängig von einer Veränderung des Wohnsettings in den Mittelpunkt. Damit einher geht auch ein neues Verständnis des Prozesses: Stand bis dato die Idee im Vordergrund, dass die Durchführung von Reformen linear zu mehr Lebensqualität führt, wird diese Logik infrage gestellt. De-Institutionalisieren wird vielmehr als reflexiver Prozess gefasst: Da sich strukturelle Gewalt an vielen Stellen des gesellschaftlichen Lebens nicht abschaffen lassen wird, muss es um die Erschließung einer veränderten *Haltung* gehen, „insofern findet der Prozess der Deinstitutionalisierung im eigenen Kopf statt" (Jantzen 2007, S. 157).

2.4.2 Fortbildung und Beratung als Intervention

Die sich aus einem solchen Verständnis ableitenden Interventionsformen fokussieren die Sichtweisen und das Handeln von Mitarbeiter_innen in Form von Fortbildung, Fachberatung und rehistorisierender Diagnostik. In den Fachberatungen geht es darum, die (Lebens-)Geschichte der Bewohner_innen wieder zu erschließen und das, was vorher als unveränderlicher „Defekt" erschien, als Folge sozialer Verhältnisse neu zu deuten (Jantzen 2003, S. 78ff.). Die Fortbildungen befassen sich primär mit Fragen des Menschenbilds und des Behinderungsverständnisses (Weber 2004, S. 83ff.).

Im Kern geht es um eine „Enthospitalisierung der Helfer“ (Böcker 2005, S. 24), deren Unterstützung als „Schlüssel zur Deinstitutionalisierung“ (Jantzen 2003, S. 70) gefasst wird. Gemeinsam ist all diesen Interventionsformen, dass sie den Schwerpunkt auf einen reflexiven Zugang zum eigenen Handeln legen und dementsprechend strukturelle Fragen hinten angestellt werden.

3. Neu-Kontextualisierung durch Ökonomisierung

Neben fachlichen Entwicklungen wird die Diskussion um De-Institutionalisierung immer auch vor dem Hintergrund von Kostenüberlegungen geführt. Kraus und Rerrich verweisen bereits Anfang der 80er Jahre darauf, dass es aufgrund der primär sozialplanerischen Ausrichtung der Diskussion v.a. „um staatliche Sozialpolitikstrategien unter fiskalischen Gesichtspunkten“ (1982, S. 165) geht. Eine solche Überlagerung fachlicher und fiskalischer Ziele – mit der die Diskussion „neu kontextuiert“ (Dahme/Wohlfahrt 2009, S. 164) wird – ist in den letzten Jahren zu beobachten, wenn „der sachlich begründete Innovationsbedarf für eine ökonomistische Umstrukturierung des Sozial- und Gesundheitssystems genutzt wird“ (Dederich 2008, S. 294). Der starke Einfluss ökonomischer Faktoren auf die Diskussion hat praktische Folgen: auf der Ebene der Klient_innen führt er zu einer strukturellen Benachteiligung der Personengruppe der Menschen mit komplexem Unterstützungsbedarf, die als „am teuersten“ gelten; für Mitarbeitende zieht er häufig eine Verschlechterung ihrer Arbeitsbedingungen nach sich (Dederich 2008, S. 294ff.)

Wie sich Kosten im Rahmen von Reformen tatsächlich verschieben und welche Leistungsform mehr oder weniger Kosten verursacht, entpuppt sich als komplexe Fragestellung. Angesichts veränderter Kostenverteilung durch Reformprozesse, regional unterschiedliche Kostenregelungen und -sätze kommen z.B. Metzler und Pracht zu dem Schluss, „dass eine objektive Erfassung von Konversionskosten schwierig, wenn nicht sogar unmöglich ist“ (2016, S. 48). Zudem plädieren die Autor_innen auch aus wirtschaftlicher (!) Perspektive für eine Strategie, die es auch Menschen mit komplexem Unterstützungsbedarf ermöglicht, an den Reformen zu partizipieren und von ihnen zu profitieren (Metzler/Pracht 2016, S. 62). Aus fachlicher Perspektive stehen definitiv die Leitziele Inklusion und Partizipation im Vordergrund – hier wäre eher kritisch zu reflektieren, wie sehr „Ökonomismus“ (Grunwald 2015, S. 1665) in fast alle Bereiche des Lebens vordringt und auch das Denken prägt und ggf. umformt (Dederich 2008, S. 289).

4. Ausblick

Eingangs wurde Personenzentrierung als eine „kopernikanische Wende“ (Bleidick et al. 1995) gekennzeichnet. Als solche hat sie Auswirkungen auf alle Elemente des Hilfesystems: Angefangen bei Ziel- und Leitbegriffen über rechtliche Rahmenbedingungen, Finanzierungs- und Organisationsformen bis hin zu Handeln und Haltungen von Mitarbeiter_innen. Die Vielfältigkeit und Reichweite dieser Veränderungen lassen sich an den verschiedenen Stoßrichtungen des Diskurses um De-Institutionalisierung nachzeichnen: eher makrotheoretisch ausgerichtete sozialplanerische Veränderungen, organisationsbezogene Veränderungen unter (sozial- oder behinderten-)pädagogischen Impulsen auf der Meso-Ebene und eine bis in die Mikro-Ebene von Haltungen reichende reflexiv-machtkritische Perspektive.

Betrachtet man die drei Stoßrichtungen im Einklang miteinander, lesen sie sich wie die Grundbausteine einer Personenzentrierung im Hilfesystem:

1. ein regional ausgerichtetes, bedarfsdeckendes und vielseitiges System von Hilfen, das sich an den Bedarfslagen vor Ort ausrichtet (und nicht umgekehrt) und kooperativ mit benachbarten Hilfeformen zusammenarbeitet (z.B. Pflege, therapeutische Leistungen);
2. flexible, am individuellen Bedarf ausgerichtete Organisation von Hilfen, die sich an (behinderten- oder sozial-)pädagogischen Leitzielen orientiert und in der Lage ist, Selbstbestimmung, -ständigkeit, -wirksamkeit und Partizipation zu unterstützen.
3. ein Verständnis von „Behinderung/psychischer Erkrankung" als sozialer Konstruktion, sowie selbstkritisch-reflexive Haltung, die um die eigene Rolle in der (Re-)Produktion dieser Strukturen weiß.

Auf der Ebene der Leistungsplanung und -erbringung geht es dabei um eine Verschiebung von Machtverhältnissen und Gestaltungsspielräumen. Unter den Bedingungen sog. Anbieterdominanz – verstanden als die „Kontrolle der Leistungsträger und -erbringer über die Definition, was als Problem gilt, wie es zu lösen ist und wie Erfolg zu definieren ist" (Beck/Greving 2011, S. 60) – muss die Position der Betroffenen strukturell „als schwach und gefährdet angesehen werden" (Grunwald 2015, S. 1664). Personenzentrierte Hilfen zielen darauf, diese Logik zu durchbrechen und vielmehr die konkrete Bedarfslage, die persönlichen Lebensbedingungen und nicht zuletzt auch die jeweilige Subjektivität zum Ausgangspunkt der Hilfen werden zu lassen. Hierzu zählt auch das Aufkommen und Erstarken von Selbsthilfestrukturen, die es Betroffenen ermöglichen, die eigenen Erfahrungen als relevante und wertwolle Wissensvorräte in die Praxis einzubringen (z.B. in Form von Peer-Beratungen).

Verschiedentlich gemachte Vorstöße hinsichtlich einer Re-Institutionalisierung des Hilfesystems im Sinne seiner Umgestaltung (exemplarisch: Brachmann 2011) lesen sich wie eine Reformulierung personenzentrierter Hilfen. Die Fokussierung auf Re-Institutionalisierung kommt hierbei durch eine verkürzte Rezeption des De-Instituionalisierungskonzepts als Auflösung von Anstalten zustande. Wie die bisherigen Ausführungen gezeigt haben, stand diese fast nie zur Debatte. Vielmehr ging es um eine Reform und Neu-Ausrichtung im Sinne personenzentrierter Hilfe (Franz et al. 2011).

Eine heutige Betrachtung zeigt zudem, dass die in den 70er Jahren des 20. Jahrhunderts aufgeworfenen Fragen keineswegs endgültig beantwortet sind. Es hat zwar deutliche Veränderungen gegeben, z.B. sind an vielen Stellen die ehemaligen Anstalten nicht mehr vorhanden. Es kann aber keineswegs davon ausgegangen werden, dass damit allen Exklusionsrisiken begegnet werden konnte. Die immer wieder aufkommenden Kennzeichnungen von Heimen als „Hinterhöfe der Sozialpsychiatrie" (Böcker 2005, S. 19), bzw. vom Leben in „ambulanten Ghettos" (Kardorff 2017, S. 6) sowie „die bedrückende Armutslage vieler Psychiatrie-Erfahrender" (ebd.) – eine Beobachtung, die sicher auch auf andere Personengruppen übertragen werden kann – verweisen auf zweierlei: Zum einen muss davon ausgegangen werden, dass vorerst „kein Ende der Ausgrenzung Ver-rückter in Sicht" (Kardorff 2008) ist. Manche Exklusionsformen mögen subtiler geworden sein, sind deshalb aber nicht weniger wirkmächtig. Davon sind – nicht nur, aber in besonderer Weise – die Menschen mit komplexem Unterstützungsbedarf betroffen. Zum anderen zeigt sich eine gewisse Beharrlichkeit aufseiten des Hilfesystems: Es ist – auch wenn hier Differenzierungen hinsichtlich des Leistungsbereichs und der Höhe des Hilfebedarfs vorgenommen werden müssen – in 40 Jahren nicht wirklich gelungen, die Dominanz von Heimen als primäre Form der Unterstützung zu durchbrechen (z.B. Wienberg 2008, S. 5). Welche Auswirkungen die aktuellen Reformen auf rechtlicher Ebene entfalten werden (z.B. durch die Reform des SGB IX), bleibt abzuwarten.

5. Literatur

Beauftragte der Bundesregierung für die Belange behinderter Menschen (Hrsg.) (2017): UN-Behindertenrechtskonvention. Übereinkommen über die Rechte von Menschen mit Behinderungen. Berlin. www.behindertenbeauftragter.de/SharedDocs/Publikationen/DE/Broschuere_UNKonvention_KK.pdf, 17.4.2017.

Beck, Iris (2007): „25 Jahre Entwicklung in der Behindertenhilfe". In: Landschaftsverband Rheinland (Hrsg.): Dokumentation: Fachtagung 25 Jahre HPH – von Heilpädagogischen Heimen zum Netzwerk Heilpädagogischer Hilfen. Köln: Landschaftsverband Rheinland, S. 19-32.

Beck, Iris (2006): Qualität in der Arbeit von Menschen mit schweren Behinderungen. In: Bundesvereinigung Lebenshilfe e.V. (Hrsg.): Schwere Behinderung – eine Aufgabe für die Gesellschaft! Teilhabe von Menschen mit schweren Behinderungen als Herausforderung für Praxis, Wissenschaft und Politik. Marburg: Lebenshilfe-Verlag, S. 183-193.

Beck, Iris (2002): Die Lebenslagen von Kindern und Jugendlichen mit Behinderung und ihrer Familien in Deutschland: soziale und strukturelle Dimensionen. In: Sachverständigenkommission Elfter Kinder- und Jugendbericht (Hrsg.): Gesundheit und Behinderung im Leben von Kindern und Jugendlichen. Materialien zum Elften Kinder- und Jugendbericht. München: Verlag Deutsches Jugendinstitut, S. 175-316.

Beck, Iris/Greving, Heinrich (2011): Institution und Organisation. In. Beck, Iris/Greving, Heinrich (Hrsg.): Gemeindeorientierte pädagogische Dienstleistungen. Stuttgart: Kohlhammer. S. 31-69.

Bleidick, Ulrich/Rath, Waltraud/Schuck, Karl Dieter (1995): Die Empfehlungen der Kultusministerkonferenz zur sonderpädagogischen Förderung in den Schulen der Bundesrepublik Deutschland. In: Zeitschrift für Pädagogik 41, H. 2, S. 247-264.

Böcker, Felix (2005): Kommunale Psychiatrie und die Zukunft der Heime. In: Krankenhauspsychiatrie 16, H. 1, S. 18-24.

Brachmann, Andreas (2011): Re-Institutionalisierung statt De-Institutionalisierung in der Behindertenhilfe. Neubestimmung der Funktion von Wohneinrichtungen für erwachsene Menschen mit geistiger Behinderung aus sonderpädagogischer Perspektive. Wiesbaden: VS Verlag für Sozialwissenschaften.

Dahme, Heinz-Jürgen/Wohlfahrt, Norbert (2009): Zwischen Ökonomisierung und Teilhabe. Zum aktuellen Umbau der Eingliederungshilfe für behinderte Menschen. In: Teilhabe 48, H. 4, S. 164-171.

Dalferth, Matthias (2000): Enthospitalisierung konkret: soziale Eingliederung von langzeithospitialisierten, schwerst geistig behinderten Menschen mit autistischen Verhaltensweisen in eine heilpädagogische Einrichtung. Ein Forschungsbericht zur Praxis der Enthospitalisierung. Heidelberg: C. Winter.

Dederich, Markus (2008): Die Universalisierung der Ökonomie – Ursachen, Hintergründe und Folgen. In: Vierteljahresschrift für Heilpädagogik und ihre Nachbargebiete 77, H. 4, S. 288-300.

Deutscher Bundestag (1975): Bericht über die Lage der Psychiatrie in der Bundesrepublik Deutschland – Zur psychiatrischen und psychotherapeutischen/psycho-somatischen Versorgung der Bevölkerung. Zusammenfassung, Auszug aus dem Bericht der Sachverständigenkommission. Bonn. Bundes-Drucksache 7/4200.

Deutsches Institut für Medizinische Dokumentation und Information (DIMDI) (2005): ICF – Internationale Klassifikation der Funktionsfähigkeit, Behinderung und Gesundheit. Stand Oktober 2005. Hrsg. World Health Organization. www.dimdi.de/dynamic/de/klassi/downloadcenter/icf/stand2005/icfbp2005 .zip. 17.4.2017.

Dörner, Klaus (1999): Ende der Enthospitalisierung? In: Geistige Behinderung 38, H. 4, S. 311-318.

Dörner, Klaus (Hrsg.) (1991): Aufbruch der Heime. Gütersloh: Jakob von Hoddis.

Droste, Thomas (2000): Leitlinien für die Enthospitalisierung schwer geistig behinderter Menschen aus der Psychiatrie. Ein Resümee der bisherigen Entwicklungen. Geistige Behinderung 39, H. 2, S. 125-137.

Franz, Daniel (2014): Anforderungen an MitarbeiterInnen in wohnbezogenen Diensten der Behindertenhilfe. Veränderungen des professionellen Handelns im Wandel von der institutionellen zur personalen Orientierung. Marburg: Lebenshilfe Verlag.

Franz, Daniel/Beck, Iris (2015): Evaluation des Ambulantisierungsprogramms in Hamburg. In: Arbeitsgemeinschaft der Freien Wohlfahrtspflege (AGFW) Hamburg e. V. Hamburg (Hrsg.): Hamburg: agfw-hamburg.de/AGFW/Detail.aspx?id=16514, 17.4.2017.

Franz, Daniel/Lindmeier, Bettina/Ling, Karen (2011): Personenorientierte Hilfen, Netzwerkförderung und Nahraumorientierung. In: Beck, Iris/Greving, Heinrich (Hrsg.): Gemeindeorientierte pädagogische Dienstleistungen. Stuttgart: Kohlhammer, S. 100-109.

Goffman, Erving (1973): Asyle. Über die soziale Situation psychiatrischer Patienten und anderer Insassen. Frankfurt a.M.: Suhrkamp.

Gromann-Richter, Petra (1991a): Was hat sich an unserer Arbeitsweise verändert? In: Dies. (Hrsg.): Was heißt hier Auflösung? Die Schließung der Klinik Blankenburg. Bonn: Psychiatrie-Verlag, S. 148-159.

Gromann-Richter, Petra (Hrsg.) (1991b): Was heißt hier Auflösung? Die Schließung der Klinik Blankenburg. Bonn: Psychiatrie-Verlag.

Grunwald, Klaus (2015): Sozialwirtschaft. In: Otto, Hans-Uwe/Tiersch, Hans (Hrsg.): Handbuch Soziale Arbeit. München/Basel: Reinhardt, S. 1654-1668.

Hähner, Ulrich/Niehoff, Ulrich/Sack, Rudi/Walther, Helmut (2016): Vom Betreuer zum Begleiter. Eine Handreichung zur Leitidee der Selbstbestimmung. 9. Aufl., Marburg: Lebenshilfe-Verlag.

Halfmeyer, Peter (1991): Die Veränderungen innerhalb der Mitarbeiterschaft der Klinik. In: Gromann-Richter, Petra (Hrsg.) (1991b): Was heißt hier Auflösung? Die Schließung der Klinik Blankenburg. Bonn: Psychiatrie-Verlag, S. 28-38.

Hanses, Andreas (2015): Gemeindepsychiatrie und Soziale Arbeit. In: Otto, Hans-Uwe Otto/Thiersch, Hans (Hrsg.): Handbuch Soziale Arbeit. München/Basel: Reinhardt, S. 516-522.

Hoffmann, Claudia (1999): Enthospitalisierung und Deinstitutionalisierung – Einführung in die Leitterminologie. In: Theunissen, Georg/Lingg, Albert (Hrsg.): Wohnen und Leben nach der Enthospitalisierung: Perspektiven für ehemals hospitalisierte und alte Menschen mit geistiger und seelischer Behinderung. Bad Heilbrunn: Klinikhardt, S. 16-27.

Jantzen, Wolfgang (2007): Deinstitutionalisierung. In: Greving, Heinrich (Hrsg.): Kompendium der Heilpädagogik. Band 1: A-H. Troisdorf: Bildungsverlag EINS, S. 149-159.

Jantzen, Wolfgang (2003): „...die da dürstet nach der Gerechtigkeit". Deinstitutionalisierung in einer Großeinrichtung der Behindertenhilfe. Berlin: Edition Marhold.

Jantzen, Wolfgang (1999): Deinstitutionalisierung als Kern von Qualitätssicherung. In: Jantzen, Wolfgang/Lanwer-Koppelin, Willehad/Schulz, Kristina (Hrsg.): Qualitätssicherung und Deinstitutionalisierung: niemand darf wegen seiner Behinderung benachteiligt werden. Berlin: Wissenschaftsverlag Spiess, S. 191-197.

Jantzen, Wolfgang (1998): Die Zeit ist aus den Fugen. Marburg: BdWi-Verlag.

Kallert, Thomas/Looks, P./Leiße, M./Hoffmann, K./Franz, M. (2006): Enthospitalisierungsprozesse in deutschen psychiatrischen Großkrankenhäusern. Eine kritische Übersicht zur durchgeführten Begleitforschung. In: Fortschr Neurol Psychiat 74, H. 6, S. 309-328.

Kardorff, Ernst von (2017): 40 Jahre gesellschaftliches Projekt »Psychiatriereform« – Was ist daraus geworden? In: Soziale Psychiatrie 41, H. 1, S. 4-8.

Kardorff, Ernst von (2008): Kein Ende der Ausgrenzung: Ver-rückter in Sicht? In: Anhorn, Roland/Bettinger, Frank/Stehr, Johannes (Hrsg.): Sozialer Ausschluss und Soziale Arbeit. Positionsbestimmungen einer kritischen Theorie und Praxis Sozialer Arbeit. Wiesbaden: VS Verlag für Sozialwissenschaften, S. 292-317.

Keller, Reiner (2011): Diskursforschung. Eine Einführung für SozialwissenschaftlerInnen. 4. Aufl. Wiesbaden: Springer VS.

Kraus, Wolfgang/Rerrich, Dodó (1982): Deinstitutionalisierung. In: Hrsg. Keupp, Heinrich/Rerrich, Dodó (Hrsg.): Psychosoziale Praxis – gemeindepsychologische Perspektiven. München/Wien/Baltimore: Urban & Schwarzenberg, S. 157-167.

Kruckenberg, Peter/Fabian, Agnes S./Henning, Jörg (1995): Modellprojekt Integration von Patienten einer psychiatrischen Langzeitklinik in dezentrale gemeindenahe Versorgungseinrichtungen. Endbericht des Evaluationsprojektes zur Entwicklung der psychiatrischen Versorgungsstrukturen in Bremen im Zuge der Auflösung. Baden-Baden: Das Bundesministerium für Gesundheit.

Kunze, Heinrich (2015): Psychisch krank in Deutschland. Plädoyer für ein zeitgemäßes Versorgungssystem. Stuttgart: Kohlhammer.

Lindmeier, Bettina/Lindmeier, Christian (2011): Dienstleistungen für das Wohnen und die soziale Teilhabe. In: Beck, Iris/Greving, Heinrich (Hrsg.): Gemeindeorientierte pädagogische Dienstleistungen. Stuttgart: Kohlhammer, S. 140-148.

Metzler, Heidrun/Pracht, Arnold (2016): BeB-Evaluationsprojekt. Umwandlung von Groß- und Komplexeinrichtungen in differenzierte gemeindenahe Wohnangebote im Rahmen des UGK-Programms der Aktion Mensch. Berlin: Bundesverband evangelische Behindertenhilfe e.V.

Theunissen, Georg (2007): Hospitalisierung/Enthospitalisierung. In: Greving, Heinrich (Hrsg.): Kompendium der Heilpädagogik. Bd. 1: A-H. Troisdorf: Bildungsverlag EINS, S. 384-390.

Theunissen, Georg (1998): Empowerment und Enthospitalisierung. In: Theunissen, Georg (Hrsg.): Enthospitalisierung – Ein Etikettenschwindel? Neue Studien, Erkenntnisse und Perspektiven der Behindertenhilfe. Bad Heilbrunn: Klinikhart, S. 62-93.

Thimm, Walter (2001): Leben in Nachbarschaften. Struktur und Konzeption eines gemeindenahen Systems besonderer pädagogischer Förderung. In: Zeitschrift für Heilpädagogik 52, H. 9, S. 354-359.
Weber, Erik (2004): De-Institutionalisieren: Konzeptionen, Umsetzungsmöglichkeiten und Perspektiven zwischen fachwissenschaftlichem Anspruch und institutioneller Wirklichkeit. Köln: VdM.
Wienberg, Günther (2008): Gemeindepsychiatrie heute: Erreichtes, aktuelle Herausforderungen und Perspektiven. In: Sozialpsychiatrische Informationen 38, H. 1, S. 2-13.

Professionalisierung und Expertise (in) der Sozialwirtschaft

Andreas Langer

1. Einleitung

Das Thema Profession und Professionalisierung wird in sozialwirtschaftlichen Diskussionen zumeist mitgedacht, ohne jedoch systematisch eingebunden zu sein. Gerade der mit ‚Professionalisierung' intendierte Aufwertungsgedanke von beruflichem Handeln oder feldspezifischer Expertise wird gerne auch auf sozialwirtschaftliche Entwicklungen in Anschlag gebracht. Professionalisierung beinhaltet jedoch unter anderem die Entwicklung und Institutionalisierung wissenschaftlich begründeter aber auch differenziert-exklusiver Expertise. So stellt die ‚Theoriebildung' der Sozialwirtschaft seit den 90er Jahren selbst eine Professionalisierung dar, weil ein Gegenstandsbereich durch einen akademischen, systematisierten Wissenskorpus untermauert wird. Die Entwicklung professioneller Expertise im Sozialmanagement als ein Teil der Sozialwirtschaft wird zum Teil als zweiter Professionalisierungsschub der Sozialen Arbeit bezeichnet. Die bezahlte Erbringung von Hilfe-, Beratungs-, Unterstützungs- bis hin zu Erziehungs- und Bildungsleistungen rückt die Fachkräfte und vermehrt auch den Fachkräftemangel in der Sozialwirtschaft in den Mittelpunkt – wiederum eine Folge durchgreifender Professionalisierung. Aber auch die Schattenseiten von Professionalisierung werden gerne thematisiert, z.B. als Verdrängung ehrenamtlichen, zivilgesellschaftlichen Engagements durch berufliches Handeln oder als eine voranschreitende – kontraproduktiv wirkende – Differenzierung und Spezialisierung von Leistungen.

Weniger bedacht wurde dagegen bislang die 1) stabilisierende bzw. integrierende Funktion professioneller Expertise, also des gemeinsam geteilten Wissens, Könnens und Haltung 2) die Wirkung von formaler oder informeller Selbstorganisation oder auch 3) die steuernd-gestaltende Wirkung der Professionalität innerhalb der Sozialwirtschaft – diese drei Punkte stellen die leitenden Fragestellungen für diesen Abschnitt dar.

Eben diese ‚Funktion' von Profession und von Expertise wird aber in modernen Gesellschaften auch gerne den formalen Organisationen unterstellt. Professionalität der und in der Sozialwirtschaft soll aber im Folgenden in zwei Richtungen durchdacht werden, einerseits als Funktion der Professionalität in der Sozialwirtschaft (womit einzelne Berufsgruppen gemeint sind) aber auch als Professionalisierung der Sozialwirtschaft, womit wir einen Blick auf die Entwicklung eines ganzen organisationalen Feldes erlangen.

Dazu ist es fruchtbar, den Professionalisierungsdiskurs in den soziologischen Professionsdiskurs einzubetten (Kap. 2), um dann die Konsequenzen für die Sozialwirtschaft herauszuarbeiten (Kap. 3). Im Ergebnis lässt sich zusammenfassen, dass Professionalität und Professionalisierung als Formen der institutionellen Logik ‚Professionalität' leitende Problemdeutungsmuster und Identität bereitstellen, die Elemente der Steuerung, Stabilität und Funktion sozialwirtschaftlicher Dienstleistungserstellung sind.

2. Profession und Expertise zwischen institutioneller Logik und exklusiver Organisiertheit

Im klassischen Verständnis leiste(te)n Professionen unverzichtbare Beiträge zur Realisierung gesellschaftlicher Werte (Gesundheit (Medizin), Durchsetzung von Bürgerrechten (Recht), Sinnstiftung durch Religion (Theologie)). Diese Leistung der Professionen gründet sich im Kern auf eine spezifische Expertise und exklusiv selbstorganisierte Organisationsformen. Beides wird der Sozialen Arbeit und einer Profession(alisierung) in der Sozialwirtschaft seit jeher streitig gemacht oder zugesprochen, die kontroverse Diskussion um Profession begleitet die Analyse der Sozialwirtschaft ebenso wie der gleichnamigen Soziologie. Um über Profession(alisierung) im Rahmen der Sozialwirtschaft sprechen zu können, muss dieser Streit zumindest Erwähnung finden. Dennoch lohnt es sich, Professionalisierung in (post)modernen Wissensgesellschaften in den Kontext von ‚professionell' oder ‚Professionalität' zu stellen, wenn eine ‚Qualität' der Leistungserbringung betrachtet werden soll, oder wenn Entwicklungsprozesse als ‚Professionalisierung' identifizierbar sein sollen, z.B. als Kompetenzentwicklung, Expertisegenerierung, Statusbehauptung oder höhere Berufsentwicklung.

Vor dem Hintergrund angloamerikanischer Ansätze um ‚professionalism' arbeiten Pfadenhauer und Sander (2010) eine Kennzeichnung von Profession(alität) heraus, die hier als erste Orientierung vorangestellt werden soll. Professionalität meint also

1. das berufsbezogene, mithin ‚professionelle' – teilweise als ‚theoretisch' spezifizierte – Wissen,
2. die eindeutige, meist formalrechtliche Definition des Tätigkeitsfeldes im Verbund mit einer Monopolisierung dieses Tätigkeitsfeldes auf Basis dieses Wissens, oftmals in seiner institutionalisierten Form (Bildungstitel), sowie
3. die Herausbildung von Berufsverbänden zur Selbstverwaltung der Profession, ihrer typischen Wissensbestände und Praktiken der Berufsausübung und/oder
4. eine (teils altruistisch verstandene) Gemeinwohlorientierung (Pfadenhauer/Sander 2010, S. 362).

Diese erste Definition wird hier gewählt, weil damit sowohl eine besondere Kompetenz und Qualität des Handelns angesprochen wird als auch die Entwicklung dementsprechender Strukturen.

2.1 Professionell, Profession, Professionalität, Professionalisierung

Obwohl wissenschaftlich kontrovers diskutiert, feiert die Begriffsverwendung *‚professionell'* eine ungebremste Konjunktur, denn mit ihr wird umgangssprachlich eine aufgewertete oder auch exzellente Beruflichkeit behauptet. Sie ist professionell, weil sie unter anderem hoch spezialisiert ist, weil sie sich irgendwie qualitativ abhebt und ein Können, ein Wissen und eine Haltung erfordert, die weder von Laien noch von weniger versierten Berufstätigen erwartbar erscheint.

Professionalität als Wert spielte dagegen in der Gesellschaftsanalyse des beginnenden 19. Jahrhunderts – und hier vor allem im angloamerikanischen Raum – eine entscheidende Rolle. Es ging um die Erklärung von Stabilität, Integration und Steuerung in Zusammenhang mit Zivilgesellschaft (z.B. Carr-Saunders/Wilson 1933; Marshall 1950). Die wichtigsten Kerne der Diskussion um ‚professionalism' sind dabei sicherlich berufsständische Selbstverwaltung (inklusive der Ausbildung), Handlungsbegründung in ausgewiesener Wissenschaftlichkeit, funktionale Spezialisierung, Abgrenzung und Schließung von Definitionsmacht und Arbeitsmärkten (Parsons 1951; Hughes 1958), Universalitätsanspruch, generalisierbare Standards bis hin zu Autonomie der Berufsausübung (Evetts 2004, 2005).

Mit *Profession* werden dagegen der Fokus der (Selbst)Organisation professioneller Leistung und die spezifische Expertise, also das Wissen, Können und die Identität verstärkt. So lässt sich die Aufwertung von Arbeit über Beruf (Beruflichkeit) bis hin zur Profession lesen „als Geschichte der Ablösung von Laienlösungen durch Formen rationalisierter Expertenlösungen von Problemen" (Luckmann/Sprondel 1972, S. 15). Vor dem Hintergrund des Professionsideals werden bei den Passagen vor allem folgende Elemente fokussiert und kontrovers diskutiert:

- „soziale Verfestigung von Berufsrollen und Herausbildung einer beruflichen Identität,
- Systematisierung von Wissensgebieten und Entwicklung einer (akademisch begründeten) professionellen Expertise,
- Länge, Komplexität und Regelung der Ausbildung und Einsozialisierung in das berufliche Handeln,
- Lizenzierung (Legitimierung) der Berufsausübung und Kontrolle des Arbeitsmarktes, zumeist über Exklusivität der Zuständigkeit und soziale Schließung,
- Geflecht von Sonderwissen, beruflichem Status und der exklusiven Deutungs- bzw. Definitionsmacht eines bestimmten Arbeitsgebietes,
- kollektive Organisiertheit des Handelns als Absicherung und Unterordnung des individuellen Handelns unter institutionalisierte Standards, Regeln, Verfahren,
- Kontrolle des beruflichen Handelns über eine professionelle Ethik." (Langer 2015, S. 171)

Diese unvollständige Liste umschreibt nochmals in fast unverantwortlicher Kürze den Hintergrund eines ‚engen' Professionsbegriffs (mehr dazu Langer 2015) und nicht zu vergessen die machttheoretische Reflexion über die Wirkungen der Professionalisierung.

Schon Luckmann/Sprondel legen aber bereits 1972 einen Analyse-Fokus der *Professionalisierung* in modernen Gesellschaften vor, wenn es ihnen um die Bearbeitung sozialer Probleme geht, „aufgrund der Art, sie zu lösen" (1972, S. 15) und auch die Legitimation dieser Problemlösungen.

Im Gegensatz zum angloamerikanischen Beispiel ist die Professionalisierung in Deutschland aufs Engste verbunden mit den „Bedingungen eines etablierten und sich modernisierenden Wohlfahrtsstaates" (Combe/Helsper 1999, S. 17). Gleichermaßen Professionalisierungsprozess und -phänomen sind hier die Kombination von staatlichen Anerkennungen von Berufen mit geregelten Ausbildungsgängen (zusammenfassend Merten/Olk 1999), Berufsaufwertung durch Standardisierung, Akademisierung sowie „die staatliche Anerkennung von Examensabschlüssen, Diplomen, Titeln und Berechtigungen" (Combe/Helsper 1999, S. 17), die Akademisierung des angewandten Wissens, die „Herausbildung und Konsolidierung kommunaler Hilfeagenturen, [die] Gründung eines Berufsverbandes" (ebd.) und die Mitgestaltung von Rahmen- und Leistungsgesetzgebung bis hin zu regionalen Rahmenvereinbarungen.

2.2 Expertise: Disziplin und Inversion als professionelle Steuerungs-, Organisations- und Orientierungselemente

2.2.1 Expertise als Sonderwissen

Richtet man nun den Blick auf die Expertise, so fließen darin mindestens zwei Argumentationsstränge zusammen, erstens die Bedeutung der (wissenschaftlich begründeten) Expertise bei der professionellen Leistung und zum anderen die spezifischen institutionellen Orientierungs-, Legitimations- und Steuerungselemente der institutionellen Logik, als Legitimationsressourcen, Autoritäts- und Machtressourcen, Identität, normative Begründungen, Basis der Versorgung, strategische Basis und Kontrollmechanismus. Abbott (1988) analysiert dabei sehr deutlich, dass Expertise nicht nur Handlungsorientierung ist, sondern auch Zuständigkeiten und Verantwortungsübernahme regelt. Expertise als professionelles Sonderwissen besteht nach Abbott aus zwei Elementen: einerseits dem – praxisinduzierten – Arbeitswissen und andererseits dem systematisierten wissenschaftlichen Wissen.[1] Als Aspekte des Könnens und der Haltung meint Expertise das systematisierte und wissenschaftlich begründete Set an Methoden, Konzepten und einsozialisierter Identität.

Beides ist in gewisser Weise exklusiv verwaltet, aber insbesondere die ‚professional expertise' als akademisch systematisiertes und durch Ausbildung zugangsbeschränktes Wissen, ist hoch voraussetzungsvoll und eher reflektierend zur Praxis der Professionellen zu verstehen. So dient die Expertise in mehrerer Hinsicht der Legitimation professionellen Handelns:

- Durch Expertise werden einerseits Leistungsgrundlagen und andererseits Leistungsfähigkeit geklärt, der Bezug zu wesentlichen gesellschaftlichen Werten und Gütern wird geordnet und somit (berechtigte) Erwartungen angelegt.
- Ein System wissenschaftlichen Sonderwissens leistet die Weiterentwicklung und Standardisierung (neuer) Diagnostik-, Behandlungs- und Interventionsmöglichkeiten, von Methoden, Verfahren bis hin zur Innovationsbegleitung.
- Expertise dient der Orientierung und Handlungskontrolle mittels Reflexion und damit einem „reshaping of practical knowledge" (Abbott 1988, S. 55).
- Der Rückbezug vor allem auf die formal fixierte wissenschaftliche Expertise ist der zentrale Begründungszusammenhang von Entlastung individueller Verantwortung durch Zuschreibung und Zuweisung der Verantwortung auf professionelle Selbstorganisation. Eben die definierten Handlungsvorgaben, Standards, Verfahren bis hin zu den validierten Methoden bieten den Rahmen, dass deren Einhaltung die individuellen Akteure entlasten und die Standesorganisation in die Pflicht nehmen. Diese Funktion kann deutlich in der Medizin beobachtet werden, aber auch in der Sozialen Arbeit wird vermehrt von ‚Systemversagen' gesprochen.
- Direkt anschließend daran werden aber auch über Expertise die Zuständigkeit und der Marktzugang geregelt, nicht zuletzt in der Abgrenzung von konkurrierenden Professionen oder Akteuren.
- Nicht zuletzt gründet sich in der Kombination aus wissenschaftlichem Spezialwissen und praxisbezogener Expertise eine organisationsübergreifende Identität.

1 Dies wird in der Diskussion um Professionalisierung zumeist als die Herausentwicklung und Institutionalisierung der Disziplin verhandelt, im Anschluss an Konzepte von „ideal typical position of professionalism", die „a foundation in abstract concepts and formal learning" (Freidson 2001, S. 34) kennzeichnet.

Etwas quer zu der Kombination Professionalität und Expertise liegt die Figur des/r Expert_in, denn hier wird eher eine professionelle Leistung als Kompetenz an eine/n Akteur_in gebunden, es geht um die „Anwendung einer hoch spezialisierten, wissenschaftlichen Fachkompetenz" (Dröge 2003, S. 253). Es ist insbesondere die Wissenssoziologie, die Professionalität ohne Profession näher beleuchtet hat und Expertise als Wissen der Professionellen in der Sozialform Expert_innen umreißt. „Der Experte ist ein Akteur, dem attestiert wird, dass er über Kompetenzen verfügt, auf die sich andere angewiesen sehen, welche als nicht kompetent gelten, über diese Kompetenzen (adäquat) zu befinden" (Hitzler 1994, S. 27). Der/die Expert_in „kennt (also) typischerweise den Wissensbestand, der für ein bestimmtes Gebiet ‚bezeichnend' bzw. ‚relevant' ist, er hat sozusagen einen Überblick über einen Sonderwissensbestand und kann innerhalb dessen prinzipielle Problemlösungen anbieten bzw. auf Einzelfragen applizieren" (Hitzler 1994, S. 26).

Es ist deutlich zu spüren, dass diese professionstheoretischen Debatten – meist orientiert an den traditionellen Professionen – sich sehr stark am beruflichen Handeln abarbeiten. Allerdings findet man in der Sozialwirtschaft hier eine grundlegend davon unterscheidbare Situation vor. Denn mindestens zwei wesentliche Akteursgruppen, die als ‚Expertise-Träger' vielleicht auch als ‚Experten' bezeichnet werden müssen, finden hier bislang keine Erwähnung: (a) die Betroffenen bzw. (Dienst)Leistungsnutzer_innen und (b) die zivilgesellschaftlichen Akteure, seien es Ehrenamtliche, Angehörige, Nachbarschaften oder einfach Bürger_innen. Auf die Figur der Expert_innen wird im Weiteren unter den jeweiligen kontextspezifischen Reflexionen eingegangen.

2.2.2 Handlungsbezogene Bedeutung der Expertise als Inversion

Expertise als hochspezialisiertes und exklusives Wissen und als Kompetenz dürfte einerseits als Zugangsvoraussetzung zum professionellen Arbeitsmarkt durch akademische Ausbildungen bedeutsam sein und andererseits als die Bereitstellung wissenschaftlich-akademischer Reflexions- und Orientierungsressourcen für professionelles Handeln. Der kurze Exkurs auf die Figur des/r Expert_in lässt jedoch schon erahnen, dass Expertise und professionelles Handeln in ihrer Wechselseitigkeit berücksichtigt werden müssen. Einen Ansatz dazu stellt Andrew Abbotts als ‚Inversion' in seinem Werk „Systems of Profession" (1988) dar. Für ihn ist Expertise zutiefst mit der Organisationsfrage professioneller Leistung verbunden. Er konzentriert durch seine Ausführungen die Funktion von Professionalität auf „berufliche *Zuständigkeit* für Aufgaben, die gesellschaftlich relevant sind, die Expertenwissen zur Voraussetzung haben und bei denen sich die professionelle Expertise auf die Definition der Art der Behandlung eines Problems bezieht, nicht nur auf die Diagnose und auf die Maßnahme." (Langer 2015, S. 177) Inversion ist für Abbotts das exklusive ‚Hoheitsgebiet' professionellen Handelns als Zwischenschritt zwischen Diagnose und Maßnahme.

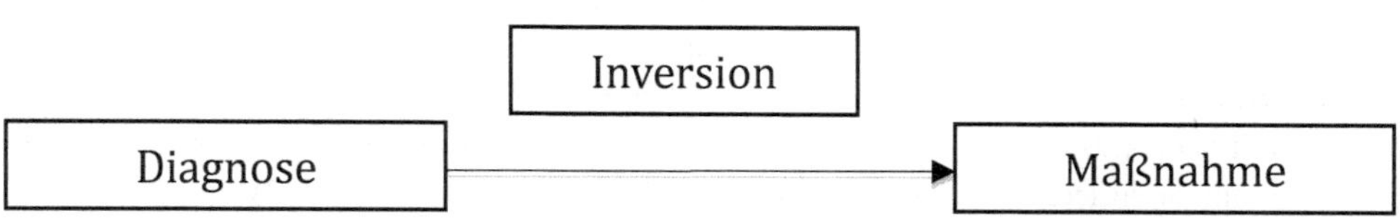

Abb. 1: Professionelle Inferenz (nach Mieg 2005)

In der „Inversion" (Abbott 1988, S. 48ff.; Mieg 2005) verortet Abbott die eigentliche professionelle Definitionshoheit und einen mehr oder minder exklusiven Entscheidungsraum. Es geht bei der professionellen Expertise darum, welche Maßnahme einer Diagnose zu folgen hat. Der innere Zusammenhang für professionelles Handeln ist durch zwei Elemente der Inversion gegeben. Diagnose und Maßnahme können an weitere Spezialist_innen delegiert werden, die Inversion kennzeichnet dagegen die exklusive Deutungsmacht und Zuständigkeit professioneller Leistung (Mieg 2005). Für die Sozialwirtschaft ist diese Lesart anschlussfähig, weil sie das Zusammenwirken unterschiedlicher Disziplinen zu professionellem Handeln auf mehreren Ebenen ordnet und so der Interdisziplinarität oder auch Intersektionalität eine handlungstheoretische Einordung gibt.

Für Abbott ist es nun das ‚System of Professions', durch welches diese Entscheidungsmacht bzw. Definitionshoheit abgesichert wird. Dies können nach herkömmlicher Lesart „soziale Schließung der Berufsausübung durch exklusive Ausbildung, Sicherung der Expertise, Herstellung von Definitions- und Deutungsmacht, berufliche Selbstorganisation und Verlagerung der Kontrolle auf Berufsverbände und Professionsorganisationen" (Langer 2015, S. 178) sein, aber eben auch andere Organisationsformen. Für die sozialwirtschaftliche Diskussion ist die Offenheit der Lesart wiederum anschlussfähig, weil die Frage zu stellen ist, durch welche Absicherungsmechanismen die ‚professionelle Logik' in der Sozialwirtschaft gekennzeichnet ist.

Im Kern geht es bei der Expertise um die Inferenz, in der die spezifische professionelle Leistung deutlich wird, nämlich die (exklusive) Definitionshoheit zwischen Diagnose und Maßnahme – oder auch zwischen den Handlungskomponenten „Anamnese", „Diagnose", „Intervention", „Evaluation", wie sie etwa Müller (1993) in seinem selbstreflexiven Entwurf vorstellt. Dass eben diese Definitionshoheit für die Sozialwirtschaft einen ebenso hervorgehobenen wie auch problematischen Stellenwert ausmacht, ist sofort plausibel. Im Weiteren wird dieses Spannungsfeld noch ausgeführt.

2.3. Professionalität als institutionelle Logik

Mit den Punkten 2.1 und 2.2 wurde der grundlegende ‚State of the art' der Professionsforschung kurz in seinen Konsequenzen für die Sozialwirtschaft skizziert. Sozialwirtschaft bewegt sich, wie auch Soziale Arbeit, jenseits der traditionellen Professionen zwischen Profession (als Statusorganisation) und Professionalität (als spezifische Kompetenz). Das Modell der Statusorganisation scheint ein Modell zu sein, welches starken Veränderungen unterworfen ist und an Legitimität verliert. Das Kompetenzmodell lässt die gesellschaftsstrukturelle Einbettung vermissen, es ist letztlich von den Interaktionskontexten her gedacht.

Eine Weiterführung dieser Modelle findet sich im neo-institutionellen Modell der institutionellen Logiken. Diese Theorie der Orientierung und Steuerung von Handeln wurde im Einleitungsabschnitt (Grunwald/Langer in diesem Band) sowie in der Konzeption von Dienstleistungsstrukturen (Langer in diesem Band) als Policy-Institution bereits erwähnt und wird bedeutsam mit Scott (2001), der ja drei „institutionelle Säulen" benennt. Bei der kognitiven Säule geht es um orientierende Muster der Problemdeutung. Damit ist die „Wahrnehmung der Wirklichkeit und deren sinnhafte Erschließung angesprochen (Problemdeutung)" (Güntner 2007, S. 27f.) Nach Scott materialisieren sich die jeweiligen institutionellen Säulen über spezifische Träger, wie etwa Gesetz, Verordnung bis hin zu Organisationsstruktur bei den regulativen

Elementen einer Institution; Werte, Kulturen bis hin zu Rollenbestimmungen und -zuschreibungen bei den normativen Elementen und „akzeptierte, als selbstverständlich angesehene Kategorisierungen der wahrgenommenen Wirklichkeit (...) die spezifische Identitäten ausbilden" als kognitive Elemente (ebd.). Schon in den Anfängen der Modell- und Theoriebildung wurden hier Professionen mitgedacht.

Eine Weiterentwicklung dieses neo-institutionellen Ansatzes findet sich in den Arbeiten von Thornton/Ocasio als ‚institutionelle Logiken', die Orientierungs-, Steuerungs- und Problemdeutungsmechanismen innerhalb organisationaler Felder präzisieren. So werden auf der gesellschaftlichen Makro-Ebene idealtypische Sets von Ordnungsprinzipien unterschieden („Corporation"; „Profession", „Market", „State", „Religion" und Family"; Thornton et al. 2005, S. 128, 168ff.; Thornton et al. 2012, S. 52ff.), die als institutionelle Logiken ein „Bündel an Normen sowie kulturellen und strukturellen Praktiken" (Blümel 2013, S. 83) darstellen. Zentral für die Bedeutung der Profession und Expertise in der Sozialwirtschaft sind hier nun vier abgeleitete Annahmen:

- Von zentraler Bedeutung für den Ansatz institutioneller Logiken ist die Annahme eines „inter-institutional systems" auf der gesellschaftlichen Makro-Ebene und der darauf aufbauenden konzeptionellen Unterscheidung zentraler gesellschaftlicher Teilsektoren mit ihren je spezifischen Sets von Ordnungsprinzipen, die als institutionelle Logiken verstanden werden (Thornton et al. 2012, S. 52ff.).
- Jede der sechs übergreifenden institutionellen Ordnungen bzw. Logiken stellt eigene institutionelle Orientierungs-, Legitimations- und Steuerungselemente bereit („sources of legitimacy, sources of authority; sources of identity; basis of norms, basis of attention, basis of strategy; control mechanisms") (Thornton et al. 2012, S. 56).
- Institutionelle Logiken der Makro-Ebene werden in „dominante institutionelle Logiken in spezifischen Organisationsfeldern" (Blümel 2013, S. 84) übersetzt, die „innerhalb organisationaler Felder auch mit „archetypischen" Vorstellungen für die Gestaltung und Funktionsweise von Organisationen verbunden [sind AL], die sich auch auf entsprechende Erwartungen und Strukturen an „legitime" Organisationspraxis" (ebd.) auswirken.
- Es wird aber auch verdeutlicht, dass organisationale Felder durch unterschiedliche, auch konfligierende Logiken charakterisiert sein können. „Dies impliziert, dass das Aufeinandertreffen und der Rückgriff von Akteuren auf unterschiedliche institutionelle Logiken innerhalb eines organisationalen Feldes Widersprüche und Adaptionen hervorbringt, die – wenn überhaupt – erst im Zuge längerer Institutionalisierungsprozesse aufgelöst bzw. sedimentiert werden." (ebd., S. 84) Nicht überraschend dürfte dementsprechend sein, dass z.B. im Gesundheitssektor die Logik der medizinischen Professionen, staatlichen Gewährleister und des Marktes prägend sind, aber auf der organisationalen Ebene eine manageriale Logik dominanter wird (Scott et al. 2000).

Diese Lesart von Profession(alität), Profession und Expertise löst sich maßgeblich einerseits vom ‚State of the Art' soziologischer Professionsforschung und weist einen fruchtbaren Weg für die Bearbeitung konzeptioneller Probleme, die sich speziell für die Sozialwirtschaft ergeben. Denn innerhalb institutioneller Logiken kann z.B. die Berücksichtigung einer Expertise der Professionslaien gut konzeptionalisiert werden. Der fruchtbare Ansatz besteht darin, ein erstes Schema einer Mehrebenenbetrachtung von Professionalität als institutionalisiertes Steuerungs- und Orientierungselement weiterentwickeln zu können, auch jenseits der Diskussion um Profession, Semi-Erscheinung unvollkommener Professionalisierung und rein beruflichem Handeln.

3. Sozialwirtschaftliche Professionalität und...

Wenn in den vorangehenden Kapiteln die begriffliche Eindeutigkeit und Präzisierung erarbeitet wurde, werden nun Profession(alität), Professionalisierung und Expertise konkreter in der Sozialwirtschaft eingebettet. Dabei werden drei Diskurse aufgenommen, Sozialpolitik, Organisation und Dienstleistungs-Interaktion, die allerdings keine Ebenenunterscheidung darstellen, sondern eher unterschiedliche Wirkungsaspekte der professionellen Logik in je unterschiedlich ausgeprägten Kontexten organisationaler Felder analysieren. Es werden in diesen drei Diskursen jeweils Elemente der Professionalisierung *der* Sozialwirtschaft und *in der* Sozialwirtschaft angesprochen.

3.1 ... die Sozial- und Bildungspolitik

Besonders im Blick auf die Sozialpolitik – aber auch mit einem Seitenblick auf die Bildungspolitik – kann das eröffnete Spannungsverhältnis von Expertise, Professionalität und Entscheidung konkretisiert werden. In Bezug auf sozialpolitische Entscheidungsfindung wird deutlich, dass Sozialwirtschaft in den letzten 30 Jahren einen Professionalisierungsprozess durchlaufen hat. Wesentliche Elemente dabei sind die Generierung eines Systems wissenschaftlich-fachlicher Expertise und Erfahrungswissen, die Systematisierung von Sonderwissensbeständen und die Entwicklung, Legitimierung und (Teil)Durchsetzung feldbezogener Deutungshoheit. Dies soll an drei jüngeren Debatten um Gesetzgebungsverfahren konkretisiert werden, die Reform des SGB VIII, das Bundesteilhabegesetz inklusive des Einflusses von Betroffenenorganisationen bis hin zur Etablierung von Qualifikationsstandards.

Die Reform des SGB VIII (aktuell verhandelt unter dem Begriff „Kinder- und Jugendhilfestärkungsgesetz KJSG") nahm ihre Initialzündung wohl in dem A-Staatssekretäre-Treffen 2011. Ausgehend von den dort besprochenen – und nie offiziell veröffentlichten – Thesen um die „Wiedergewinnung kommunaler Handlungsfähigkeit" ist eine breite Debatte insbesondere um individuelle Rechtsansprüche, sozialräumliche Hilfen und Finanzierungsformen entstanden. Mit viel Gegenargumentation wurden über die unterschiedlichsten Kommunikationswege Widerspruch und fachliche Kritik geäußert, insbesondere über zentrale Publikationsorgane (wie z.B. die neue praxis), über Fachtagungen (wie z.B. Jugendhilfetage), über Gutachten bezüglich die anfängliche Umsetzung in Hamburg, über Stellungnahmen der Fachverbände und Dachverbände und auch über Konsultationen im politischen Prozess. Sehr deutlich wurde in diesem Prozess, dass es anders als bei der letzten strukturgreifenden Reform, der Einführung des SGB VIII (KJHG-Reform), nicht die Praxis war, die Treiber der Reform war und deren längst und über weite Bereiche etablierte Handlungspraxis in ein bundesweites Gesetz gegossen wurde. Stattdessen ist es hier die Politik, die am Ende in der Gestalt des BMFSFJ die Reform vorantrieb. Am Beispiel der ‚großen Lösung', also der Integration von Eingliederungshilfeleistungen in das SGB VIII, wurde auch deutlich, wie schlecht die Kooperation und Abstimmung mit dem BMAS war, aber auch wie der massive Widerstand aus der Praxis den Prozess mit beeinflusst hat. Will man nun die Spitzenverbände der Wohlfahrt, die hochschulseitig akademisierte Forschung aber auch die institutsbasierte Beratung als Elemente der Standesorganisation der

Sozialwirtschaft begreifen, so kann man diesem System of Profession keine alleinige Deutungsmacht in Form der ‚Inversion' unterstellen, aber zumindest einen entscheidenden Einfluss auf diese Entscheidung.

Bei den Debatten um das Bundesteilhabegesetz (BTHG) waren ähnliche Prozesse zu beobachten, mit einem entscheidenden Unterschied. Der (politische) Druck, der den Gesetzgebungsprozess entscheidend mit vorantreibt, dürfte ohne Frage die Ratifizierung der UN-BRK sein. An der UN-BRK kann aber in hervorragender Weise der neue und erstarkte Einfluss – vor allem auf internationaler Ebene – der Betroffenenorganisationen der Menschen mit Behinderung gezeigt werden.

Spätestens vor diesem Hintergrund muss die Frage nach Professionalisierung und Expertise neu gerahmt werden. Denn die klassischen Professionsmodelle, und die Ansätze im Bereich der Sozialwirtschaft und Sozialen Arbeit, die sich darauf beziehen, würden dieses Wissen als nicht ‚professionell' werten, da es ja nicht den Kriterien Expertenwissen, Gemeinwohlorientierung und Autonomie entspräche (Oevermann 1996, S. 70). Ansätze einer theoretischen Einbettung dieser Adressaten-Expertise könnten die Entwürfe Kunstreichs (1975; 1998) oder Heiners (2004) sein. Mit der Dienstleistungsorientierung, wie sie z.B. in der Theoriebildung Sozialer Arbeit aufgenommen wurde, werden die Expertise von Betroffenen und die Hilfe von Erfahrenen berücksichtigt. Über Konzepte des ‚user-involvment' (Oelerich/Schaarschuch 2005) bzw. strategisch konzipierter „antihegemonialer Responsivität" und „transversaler Aktivierung" (Kunstreich 1998, S. 404ff.; May 2005, S. 223ff.) wird eine eher gleichgewichtige Bedeutung dreier Orientierungselemente professioneller Logik in der Sozialwirtschaft entworfen, die eine fruchtbare und notwendige institutionalisierte Form der Professionalisierung darstellen: die organisatorischen Komponenten (als formale Organisation in der Trägerstruktur), die fach-professionellen Komponenten (als Fach- und Selbstorganisationen) als auch die adressatenbezogenen Komponenten (als Betroffenenorganisationen). Nicht zu vergessen ist der immense Einfluss bspw. der disability-studies als wissenschaftliche Expertise aus der Betroffenen-Perspektive.

Zu den fach-professionellen Elementen sind mittlerweile auch Hochschul-Fachorganisationen zu zählen, zu deren Gestaltungsbereich vor allem die Systematisierung des akademischen Sonderwissens und die Standardisierung der Ausbildung zu zählen ist. Besondere Bedeutung kommen hier dem Fachbereichstag Soziale Arbeit[2] zu, der Deutschen Gesellschaft für Soziale Arbeit (DGSA), der Hochschulrektorenkonferenz, den internationalen Fachgesellschaften aber auch den Peer-Verfahren in Akkreditierungsprozessen. Aus deren Arbeit entspringen mittlerweile Kerndokumente, die entscheidend einen Mindeststandard an professioneller Expertise als Qualifikationsstandard definieren, wie z.B. das Kern-Curriculum Soziale Arbeit, Modulkataloge für das BA-Studium verschiedener Hochschulen oder der Qualifikationsrahmen Soziale Arbeit. Mit diesen Elementen, die hier als Elemente professioneller Logik verstanden werden, wird die (akademische) Struktur der Ausbildung, Qualifikation und staatlichen Anerkennung wesentlicher sozialwirtschaftlicher Berufsgruppen definiert. Die staatliche Anerkennung erfährt letztlich auch vor dem Hintergrund steigender Nachfrage und wachsendem Fachkräftemangels im Bereich rechtsansprüchlicher Leistungen an Bedeutung, weil zum Teil die Fachkräfte-Quoten in der Leistungserbringung nicht mehr gesichert werden können und Träger im Risiko stehen, die vereinbarten Qualitätsstandards nicht mehr halten zu können.

2 Siehe z.B. www.fbts.de/wir-ueber-uns/der-fachbereichstag.html, 29.06.2017.

Die Professionalisierung *der* Sozialwirtschaft hat also einen massiven, aber nicht exklusiven Einfluss auf Sozialpolitik. Im Denkmodell sozialstaatlicher Entwicklung nach Althammer/ Lampert (2014) spielt professionelle Expertise – ohne dass die Autoren dies erwähnen – eine gewichtige Rolle bei 1) der Definition von sozialpolitischer ‚Problemlösung', also in der Bedarfserhebung, Bedarfsplanung und auch bei der Diskussion um die Dringlichkeit der Problemlösung (Problemlösungsdringlichkeit), 2) bei der Bereitstellung von Lösungsoptionen (Problemlösungsfähigkeit) sowie 3) bei der Diskussion um die tatsächliche Implementierung (Problemlösungsbereitschaft): Hier geht es ja um die Mit-Gestaltung der Umsetzung von Problemlösungsoptionen im Kampf um Ressourcen und politisch-gesellschaftlicher Wahrnehmung, Akzeptanz und Relevanz. Noch gewichtiger ist die Phase der Implementierung, die aber deutlicher auf die Kontexte der Sozialunternehmen und der Interaktion hinweist.

3.2 ... die Sozialunternehmen

Einen zentralen Diskussionskern um die Professionalisierung *der* Sozialwirtschaft und *in der* Sozialwirtschaft stellen die Sozialunternehmen – und die Sozialadministration – selbst dar. Hier geht es einerseits um die Entwicklung der Einrichtungen der Wohlfahrtsverbände sowie der Sozialadministrationen zu einem System moderner Dienstleistungsunternehmen sowie andererseits um die Professionalisierung der Managementfunktionen (von der Differenzierung eindeutiger Führungspositionen über mehrere Ebenen bis hin zur Etablierung wesentlicher Bereiche wie Qualitätsmanagement, Projektmanagement, strategisches Management usw.) in der Sozialwirtschaft sowie des adäquaten spezifischen sozialwirtschaftlichen Wissensbestandes (auch Grunwald 2009).

Sozialwirtschaft und Sozialmanagement in seiner Pionierphase ab ca. den 1990er Jahren war gekennzeichnet durch die Übertragung von For-Profit-Ansätzen in den Kontext der Sozialwirtschaft. Erst später wurde eine empirische Überprüfung der Annahmen vorangetrieben. Zu einer Konjunktur der Studien über Sozial-Management hat dabei sicherlich das Modell der Neuen Steuerung beigetragen. Unter dem Begriff des „Dienstleistungsmanagement" (Krone et al. 2009; Langer 2012) werden Managementkompetenzen diskutiert, die die These verstärken, dass eine reine Adaption betriebswirtschaftlicher Modelle für das Sozial-Management nicht zielführend ist – weitergeführt werden diese Studien z.B. durch Analysen der Tätigkeit im ASD und umweltinduzierte Veränderungen von Leitungshandeln. Die zentralen Kriterien einer Professionalisierung sind einerseits die Analyse der jeweiligen organisationalen Verortung und der Trägerstruktur und andererseits der Eigenart der Dienstleistung. Interessanterweise macht schon der Gegenstand der empirischen Forschung Probleme. Während Cornelia Bader 100 ‚Mitarbeiter der Leitungsebene' ambulanter und stationärer Einrichtungen freier Träger befragte (Bader 1999), sind es bei Sandra Nüß und Herbert Schubert Stellenanzeigen und Telefonbefragung von Führungskräften in der Sozialen Arbeit (Nüß/Schubert 2001). Karin Beher, Holger Krimmer, Thomas Rauschenbach und Annette Zimmer greifen wiederum auf Telefoninterviews mit über 2000 haupt- und ehrenamtlichen Führungskräften gemeinnütziger Organisationen zurück (Beher et al. 2007). Die Studie „Berufsbild und Qualifizierung von Leitungskräften in der Sozialen Arbeit" (Biesenkamp/Merchel 2007) nimmt die bekannte Kompetenzheuristik nach Sozial-, Methoden-, Fach- und Persönlichkeitskompetenz zum Ausgangspunkt und erarbeitet wesentliche Aufgabenbereiche im sozialen Management. Es finden sich darüber hinaus eine Unmenge von eher zufälligen Ergebnissen (Flad et al. 2007) und viele analytische Arbeiten zum Thema. Der empirisch-analytische Wissensstand zur Professionalisierung des Sozialmanagements als Element *der* und *in der* Sozialwirtschaft lässt sich in einigen Punkten zusammenfassen:

- Die Theoriebildung um den Begriff der Sozialwirtschaft selbst stellt einen Prozess der Professionalisierung dar. Neben Nuancen in den Lehrmeinungen hat sich eine Systematisierung des Wissensgebietes etabliert, die zum Beispiel die selbstverständliche Akzeptanz auch der Disziplinen Betriebswirtschaft und Volkswirtschaft als Bezugswissenschaften der Sozialen Arbeit zur vollkommenen Legitimation geführt hat. Aber auch in den sozialmanagerialen und sozialwirtschaftlichen Wissenschaften zeichnet sich nicht ab, dass sich Management als eigene Profession bzw. Professionalität von Sozialer Arbeit emanzipieren würde.
- Abgeleitet davon – oder auch in wechselseitig beobachtender Entwicklung – hat sich mittlerweile eine Art Kerncurriculum der Sozialmanagement-/Sozialwirtschaft-Ausbildung an Hochschulen herausentwickelt (Langer 2012), ebenso gehören sozialmanageriale und sozialwirtschaftliche Inhalte zum Kerncurriculum Sozialer Arbeit (DGSA 2016).
- Ökonomische und manageriale Kompetenzen sind – mehr und mehr – im Selbstverständnis der professionellen Fachkräfte etabliert.
- Die Positionen in Sozialunternehmen werden verstärkt nach Fachkräften und Leitungskräften differenziert, es werden verstärkt auch parallel zum organisationalen Feld Leitungspositionen in Organisationsstrukturen geschaffen.
- Parallel dazu schälen sich auch Spezialthemen der sozialmanagerialen Modellbildung heraus, dazu dürften die Entscheidungstheorie zählen (Langer 2012); Umgang mit Dilemmata und Paradoxien (ebd.; Grunwald 2012); Themen systemischer Managementpraktiken (wie z.B. Projektmanagement, Qualitätsmanagement, Personalmanagement (Sausele 2011); sowie Governance und sozialpolitisch orientiertes Führungshandeln (dazu Langer 2012).

Vor diesem Hintergrund ist aber noch nichts über die Art und Weise der inhaltlichen Füllung von Sozialmanagement und Führungshandeln gesagt. Die auch noch konflikthaft geführte Diskussion zwischen Management und Profession der Sozialen Arbeit lässt sich auch hier am Einfluss ökonomischer Prinzipien und managerialer ‚Überformung' führen, neben dem Begriff der Ökonomisierung wird dann gerne normativ auf den Begriff der Managerialisierung zurückgegriffen.

Im organisationssoziologischen Kontext der Non-Profit-Forschung hat das Team um Michael Meyer unterschiedliche Idealtypen der NPO-Führung herausgearbeitet, im Folgenden werden managementorientierte und professionsorientierte Ordnungs- und Steuerungsmechanismen modellhaft gegeneinander gestellt. Dies ist für das Thema der Professionalisierung von Bedeutung, weil hier die Hybridisierung von Management der Sozialwirtschaft zum Ausdruck kommt. Es liegt nicht an der Herausbildung einer standesorganisierten Berufsgruppe, sondern an der Anschlussfähigkeit an eine ‚institutionelle Logik'. Diese Logik beinhaltet die Option einer Entwicklung von Management als Hybrid beider ‚Idealtypen'. Die Herausforderung einer solchen Professionalität besteht in der Verbindung beider Elemente.

Kriterien		Managementorientiert	Professionsorientiert
Kern-Themen		Effektivität, Effizienz, Ressourcen, Strategie	Herausforderungen und Qualität der Leistungserbringung
Struktur		Strukturbezogen, klare Differenzierung Leitung/Mitarbeit, hohe Aufgabenteilung	Kollegial, Vermischung von Leitung und Mitarbeit, geringe Bedeutung administrative Positionen
Organisationsform		Strategische Auswahl der Organisationsform, hohe Bedeutung Organisationskultur, zielgerichtete Organisationsentwicklung	Nachgelagerte Bedeutung Organisationsform, schwache Organisationsidentität, diskursive Organisationsentwicklung
Weisungs- und Steuerungsideal		Stab-Linien-Ordnung, top-down Befehlsstruktur	Lose Koppelung, zirkuläre Aushandlungsstruktur
Entscheidungsfindung		Dem rationalen Management-Zirkel folgend: Strategie – Planung – Umsetzung – Controlling	Dezentrale Entscheidungsfindung, orientiert durch professionelle Ideale, Werte und Standards
Handelnde Akteure, Akteurskonstruktion		Selbst-interessiert, autonom, instrumentell zielorientiert, selbstbestimmte Wettbewerber_innen, Kund_innen, Investor_innen, Manager_innen	Expert_innen und Laien, starke professionelle Identität, gemeinwohlorientierter Wertbezug
Kooperationsstrukturen zwischen den Akteuren		Märkte, Tauschbeziehung auf Augenhöhe, Wettbewerb, Anreize, Empowerment	Kollegiale Kooperation mit Professionsmitgliedern, Abgrenzung gegenüber anderen Professionsmitgliedern, Distanzierung gegenüber Klient_innen, kollegiale Kontrolle, wissensbasierter Status
Kommunikationswege		Pragmatisch zweckbestimmt, flexibel, klar, marktorientiert	Über die Organisation hinaus zu Professionsmitgliedern Teamwork
Personalwesen	Personalgewinnung	Externe oder interne Bewerber_innen, transparente Verfahren	Präferenz für externe Bewerber_innen, transparente Verfahren
	Auswahlkriterien	Leistungsfähigkeit	(Weiter-)Bildungserfolg, Kenntnisse und Erfahrung
	Entwicklung	Systematisches Training und Entwicklung für Managementtechniken	Standardisierte Ausbildung außerhalb der Organisation
	Bewertung	Messung an gesetzten Zielen	Schwache und indirekte Kontrolle und Rückmeldung, regelmäßige kollegiale Kritik
	Entlohnung	Befriedigung individueller Ziele (volunteers), leistungsbezogene Bezahlung(Angestellte)	Feststehende Bezahlung, Anerkennung als Expert_in durch Kolleg_innen und Laien, work-life balance
	Ehrenamt Hauptamt	Instrumenteller Blick auf bezahlte oder unbezahlte Arbeit	Betonung auf bezahlter Arbeit
	Legitimer Organisationsaustritt	Karriereentwicklung, schlechte Leistung	Wechsel im gleichen Arbeitsfeld, um sich weiterzuentwickeln
Zeit-Konzept		Schnelllebigkeit, zukunftsorientiert, ständiger Wandel	Kontrolliertes Tempo, zukunftsorientiert, ständiger Wandel

Tab. 1: Langer 2017a (i.E.) nach Maier/Meyer 2011, S. 739f. mit eigenen Ergänzungen

Anstatt nun aber weitergehend von einer Überformung sozialunternehmerischer Leitung durch ökonomisch-manageriale Logikelemente zu sprechen, wird der Erkenntnisgewinn des Managerialisierungsansatzes hervorgehoben, es geht um die Analyse in der Unterscheidung zwischen „ ‚business-like' form" oder „‚business-like' substance" (Dart 2004). Professionalisierung der Unternehmensführung bedeutet eine doppelte – oder auch hybride – Formgebung und Strukturierung (also materielle Gestaltwerdung), nämlich im Sinne von Management- und Professionselementen. Vor diesem Hintergrund ist die sozialwirtschaftliche Professionalität und Expertise als hybrid zwischen diesen beiden dargestellten Typen organisationaler Steuerung zu verstehen. Das Besondere an der organisations- oder auch unternehmensbezogenen Professionalität ist

- bezogen auf die Organisationgestaltung nach innen die Konzentration auf Entscheidungsgenerierung,
- bezogen auf das organisationale Feld die Einbettung der Organisation und Gestaltung eben dieser in den Träger- und Institutionenkontexten und
- nach außen die politische Mitgestaltung der Rahmenbedingungen der Dienstleistungsproduktion (Langer 2012).

Die Professionalität der Führungskräfte in der Sozialwirtschaft zeichnet sich durch diese drei Komponenten als fachpolitisch-ökonomische Gestaltungsexpertise aus. Der Kern der Professionalität ist auch hier das Ringen um Strukturen, in denen die Deutungshoheit als Inferenz gesichert wird.

3.3 … die Dienstleistungs-Interaktion

Noch am wenigsten beforscht dürfte die Wirkung fortschreitender Professionalisierung der Sozialen Arbeit auf die Sozialwirtschaft und die sozialwirtschaftlichen Organisationen bzw. die Rahmenbedingungen sein. Damit wird als letzter Diskussionskern die Professionalisierung in der Sozialwirtschaft thematisiert. Neben der Kontroverse, ob Soziale Arbeit nun eine Semi-, Bescheidene-, Quasi- oder Gar-nicht-Profession sei, stellt sich auch das Problem der Heterogenität der Berufsgruppen in der Sozialwirtschaft (man denke nur an Sozialarbeiter_innen, Betriebswirt_innen, Psycholog_innen, Heilerziehungspfleger_innen, Erzieher_innen, Assistent_innen bis hin zu Peers, Angehörigen und Menschen aus dem Nahbereich). In der Sozialen Arbeit hat sich dazu eine professionstheoretische Debatte etabliert und fortgesetzt, wesentliche Vertreter_innen dürften hier Burkhart Müller sein, Bernd Dewe und Hans-Uwe Otto, Wilfried Ferchhoff, Regine Gildemeister, Thomas Olk, Fritz-Rüdiger Volz, Fritz Schütze, Timm Kunstreich, Maja Heiner oder auch Andreas Schaarschuch. Einen Weg neben Status und wissenschaftlicher Expertise will Michael May aber auch Andreas Langer (2012) aufzeigen.

Vollkommen ungeklärt ist bei dem Großteil dieser Ansätze die Frage nach der beruflichen Identitätsbildung zwischen Organisation und Profession(alität) der Berufs- und Akteursgruppen. Dieser Frage liegt zutiefst das Problem der institutionellen Steuerung und Orientierung individuellen Handelns zugrunde, eine der wesentlichen Fragen des soziologischen Neo-Institutionalismus. Selbstverständlich finden diese Orientierungen immer zwischen Strukturbezug und Strukturreproduktion statt (unter Vielen verweise ich hier auf Giddens; Langer 2017b). Wie stark, orientierend und bindend allerdings die institutionellen Bezüge auf die institutionelle Logik ‚Profession' sind, gerade auch im Gegensatz zu denen formaler Organisation, ist ungeklärt.

Es weist allerdings einiges darauf hin, dass die steuernde Wirkung von Organisation und Managerialism überschätzt wird und die Orientierung an der ‚institutionellen Logik' Profession bedeutungsvoll für die Identitätsbildung und Handlungsorientierung ist. Dabei geht es dann aber nicht um die Professionalität bestimmter, spezifischer Berufsgruppen, sondern um die Professionalität im Sinne einer ‚institutionellen Logik', die gekennzeichnet ist durch eine feldbezogene Expertise und Kompetenz.

- Im Rahmen der Einführung der neuen Steuerung zeigen Krone et al. (2009), dass die Professionellen ein hohes Potential haben und dieses auch einsetzen, um neue Rahmenbedingungen innerhalb ihrer Autonomie für ihre Zwecke einzusetzen und umzudeuten. So werden gerade ökonomische Instrumentarien selbst gerne instrumentalisiert und – im Blick auf die Advocacy – im Interesse der Nutzer_innen gedehnt.
- Gerade in hochkomplexen Situationen sind es die Professionellen, die Organisationsstrukturen selbst generieren und informelle Selbstorganisations-Strukturen oder Ad-hoc-Organisation herbeiführen und funktional aufrechterhalten. Dies bezieht sich z.B. auf gemeinsame Entscheidungsprozesse, auf die Herstellung von Deutungs- und Bewertungsgemeinschaften (Langer 2012), Entwicklung lose gekoppelter Organisationspraktiken (Wolff 2010) bis hin zu Kontexten der Selbstorganisation in Teams. Ein entscheidender Faktor scheint hier die – qualifikationsbegründete und feldbezogen erfahrungsbasierte – fachliche Identität zu sein.
- Die soziale Innovationsforschung zeigt des Weiteren sehr deutlich, dass die professionelle Logik ein hohes Maß an Innovationskraft vorhält und dass die organisationale Logik eher konservativ-reaktiv sozialen Innovationsprozessen gegenübersteht. So gehen soziale Entrepreneur- und Intrapreneurprozesse (Grohs et al. 2015) entscheidend auf professionelle Akteure und strategische Allianzen der professionellen Change-Agents zurück.

Geht man von einer feldsensiblen professionellen Expertise aus, die sich als inklusiver Bestandteil der institutionellen Logik ‚Professionalität' versteht, lassen sich hier Thesen ableiten, die weiterführender Forschung geprüft werden müssten.

- Organisationaler Felder und Dienstleistungsstrukturen konstituieren – und bilden heraus – Elemente spezifischer professioneller Logiken, die durch spezifische Expertise und Kompetenz gekennzeichnet sind.
- Die feldbezogenen professionellen Logiken können die Professionalität unterschiedlichster Berufsgruppen und Akteure in gemeinsam geteilten Deutungs-, Bewertungs- und Problemlösungsschemata, also der Wahrnehmung der Wirklichkeit und deren sinnhafte Erschließung zusammenbinden. Nicht zu übersehen ist allerdings, dass innerhalb solch abgrenzbarer Deutungs- und Orientierungskontexte ebenso massive Kämpfe um die Erlangung individueller Deutungshoheit und exklusiver Zuständigkeit toben.
- Die geteilte und gegenseitig akzeptierte Expertise, Kompetenz und Problemdeutung liefert Ressourcen und Optionen der Resilienz (Problembewältigung), Kohärenz (Zusammenhalt) und Innovation (Weiterentwicklung), die für die Sozialwirtschaft fruchtbar gemacht werden können.
- Die Funktion und Wirkung (Resilienz, Kohärenz, Innovation) gehen über die Integrationsfunktion sozialwirtschaftlicher Unternehmen hinaus, ergänzen diese, können aber auch zu

dieser in Konflikt stehen. Insofern sind sie als eigener professioneller Organisationsmodus zu verstehen.

4. Fazit

Profession(alität) und Expertise der und in der Sozialwirtschaft ist letztlich durch kaum lösbare Paradoxien gekennzeichnet. Einerseits ist die Sozialwirtschaft selbst ein Produkt voranschreitender Professionalisierung und Differenzierung der Disziplin Sozialer Arbeit, aber auch anderer Bezüge. Auf der anderen Seite speist sich die Funktionsfähigkeit, Kohäsion und Steuerung sozialer Dienstleistungen aus Professionalisierung und Expertise, die sich dem Zugriff sozialwirtschaftlicher Unternehmen sowie deren Einrichtungen entziehen.

Professionalität ist vor dem Hintergrund der begrenzten Steuerbarkeit sozialer Dienstleistungen, der notwendigen Freiräume und fallspezifischen Anpassungsleistungen zwischen bedarfsdeckenden Angeboten und bedürfnisbefriedigenden Interaktionen ein nicht zu unterschätzendes Element von Kohäsion der Sozialwirtschaft. Die Vernetzung durch Kompetenz und Expertise gibt der Professionalität der Sozialwirtschaft einen träger-organisationsübergreifenden Charakter. Die Beeinflussungsversuche politischer Prozesse zeigen aber auch deutlich die Schwäche dieser professionellen Form.

5. Literatur

Abbott, Andrew (1988): The System of Professions: An Essay on the Division of Expert Labor. Chicago: University of Chicago Press.

Althammer, Jörg/Lampert, Heinz (2014): Lehrbuch der Sozialpolitik. 9., akt. u. überarb. Aufl., Wiesbaden: Springer Gabler.

Bader, Cornelia (1999): Sozialmanagement. Anspruch eines Konzepts und seine Wirklichkeit in Non-Profit-Organisationen. Freiburg i.Br.: Lambertus.

Beher, Karin/Krimmer, Holger/Rauschenbach, Thomas/Zimmer, Annette (2007): Die vergessene Elite. Führungskräfte in gemeinnützigen Organisationen. Weinheitm: Juventa.

Biesenkamp, Rainer/Merchel, Joachim (2007): Berufsbild und Qualifizierung von Leitungskräften in der Sozialen Arbeit. Bielefeld: Eigenverlag Deutscher Verein.

Blümel, Albrecht (2013): Von der Hochschulverwaltung zum Hochschulmanagement. Wandel der Hochschulorganisation am Beispiel der Verwaltungsleitung. Wiesbaden. Springer VS.

Carr-Saunders, Alexander M./Wilson, Paul A. (1933): The Professions. Oxford: Clarendon Press.

Combe, Arno/Helsper, Werner (1999): Einleitung: Pädagogische Professionalität. Historische Hypotheken und aktuelle Entwicklungstendenzen. In: Combe, Arno/Helsper, Werner (Hrsg.): Pädagogische Professionalität. Untersuchungen zum Typus pädagogischen Handelns. 3. Aufl., Frankfurt a.M.: Suhrkamp, S. 9-48.

Dart, Raymond. (2004): Being "business-like" in a nonprofit organization. A grounded and inductive typology. In: Nonprofit and Voluntary Sector Quarterly 33, H. 2, S. 290-310.

Deutsche Gesellschaft für Soziale Arbeit (DGSA) (Hrsg.) (2016): Kerncurriculum Sozialer Arbeit. www.dgsa.de/ueber-uns/kerncurriculum-soziale-arbeit/, 10.7.2017.

Dröge, Kai (2003): Wissen – Ethos – Markt. Professionelles Handeln und das Leistungsprinzip. In: Mieg, Harald A./Pfadenhauer, Michaela (Hrsg.): Professionelle Leistung – Professional Performance. Positionen zur Professionssoziologie. Konstanz: UVK, S. 249-266.

Evetts, Julia (2004): Organizational or Occupational Professionalism: Centralized Regulation or Occupational Trust. In: Manuskript, ISA RC52 Interim Conference, 22.-24.9.2004. Versailles, Frankreich.

Evetts, Julia (2005): The Management of Professionalism: a Contemporary Paradox. In: Manuskript. DGS Section Sociology of Professions, Workshop Dezember 2005. Gelsenkirchen. www.tlrp.org/dspace/retrieve/1858/paper-evetts.pdf, 24.9.2014, S. 1-18.

Flad, Carola/Schneider, Sabine/Treptow, Rainer (2007): Handlungskompetenz in der Jugendhilfe. Eine qualitative Studie zum Erfahrungswissen von Fachkräften. Weinheim: Juventa.

Freidson, Elliot (2001): Professionalism: The Third Logic. Chigago: University of Chigago Press.

Grohs, Stephan/Schneiders, Katrin/Heinze, Rolf G. (2015): Social Entrepreneurship Versus Intrapreneurship in the German Social Welfare State. A Study of Old-Age Care and Youth Welfare Services. In: Nonprofit and Voluntary Sector Quarterly 44, H. 1, S. 163-180.

Grunwald, Klaus (2012): Dienstleistung. In: Enzyklopädie Erziehungswissenschaft Online, Fachgebiet: Soziale Arbeit, hrsg. von Wolfgang Schröer und Cornelia Schweppe. Weinheim und Basel: Beltz Juventa. doi: 10.3262/EEO14120220

Grunwald, Klaus (2009): Einführung. In: Grunwald, Klaus (Hrsg.): Vom Sozialmanagement zum Management des Sozialen? Eine Bestandsaufnahme. Baltmannsweiler: Schneider Verlag Hohengehren, S. 1-15.

Güntner, Simon (2007): Soziale Stadtpolitik. Institutionen, Netzwerke und Diskurse in der Politikgestaltung. Bielefeld: Transkript.

Heiner, Maja (2004): Professionalität in der Sozialen Arbeit. Theoretische Konzepte, Modelle und empirische Perspektiven. Stuttgart: Kohlhammer Verlag.

Hitzler, Ronald (1994): Wissen und Wesen des Experten. Ein Annäherungsversuch – zur Einleitung. In: Hitzler, Ronald/Honer, Anne/Maeder, Christoph: Expertenwissen. Opladen: Westdeutscher Verlag, S. 13-30.

Hughes, Everett C. (1958): Men and their Work. Glencoe: Free Press.

Krone, Sirikit/Langer, Andreas/Mill, Ulrich/Stöbe-Blossey, Sybille (2009): Jugendhilfe und Verwaltungsreform. Zur Entwicklung der Rahmenbedingungen Sozialer Dienste. Wiesbaden: Springer VS.

Kunstreich, Timm (1975): Der institutionalisierte Konflikt: Eine exemplarische Untersuchung zur Rolle des Sozialarbeiters in der Klassengesellschaft am Beispiel der Jugend- und Familienfürsorge. Offenbach: Sozialistisches Büro.

Kunstreich, Timm (1997/1998): Grundkurs Soziale Arbeit. Sieben Blicke auf Geschichte und Gegenwart Sozialer Arbeit. Bd. I & II. Hamburg: Eigenverlag.

Langer, Andreas (2017a): Management und Profession. In: Pfadenhauer, Michaela/Schnell, Christiane (Hrsg.): Handbuch Professionstheorie. Weinheim/München: Beltz Juventa, i.E.

Langer, Andreas (2017b): Zugangspunkte zu professioneller Expertise oder Konstitution (abstrakter) Expertensysteme. Profession(alität) bei Anthony Giddens. In: Pfadenhauer, Michaela /Schnell, Christiane (Hrsg.): Handbuch Professionstheorie. Weinheim/München: Beltz Juventa, i.E.

Langer, Andreas (2015): Professionalisierung in und für Evaluation. In: Zeitschrift für Evaluation 14, H. 2, S. 163-194.

Langer, Andreas (2012): Professionell managen: Kompetenz, Wissen und Governance im sozialen Management. Wiesbaden: Springer VS.

Luckmann, Thomas/Sprondel, Walter M. (1972): Berufssoziologie. In: Luckmann, Thomas/Sprondel, Walter M. (Hrsg.): Berufssoziologie. Köln: Kiepenheuer & Witsch.

Maier, Florentine/Meyer, Michael (2011): Managerialism and Beyond. Discourses of Civil Society Organization and Their Governance Implications. In: Voluntas 22, H. 4, S. 731-756.

Marshall, Thomas H. (1950): Citizenship and Social Class, and Other Essays. Cambridge: Cambridge University Press.

May, Michael (2005): Wie in der Sozialen Arbeit etwas zum Problem wird. Versuch einer pädagogisch gehaltvollen Theorie sozialer Probleme. Münster: Lit.

Merten, Roland/Olk, Thomas (1999): Sozialpädagogik als Profession. Historische Entwicklung und künftige Perspektiven. In: Combe, Arno/Helsper, Werner (Hrsg.): Pädagogische Professionalität. Untersuchungen zum Typus pädagogischen Handelns. 3. Aufl., Frankfurt a.M.: Suhrkamp, S. 570-613.

Mieg, Harald A. (2005): Professionalisierung. In: Rauner, Felix (Hrsg.): Handbuch Berufsbildungsforschung. Bielefeld: Bertelsmann, S. 342-349.

Müller, Burkhardt (1993): Sozialpädagogisches Können. Freiburg i.Br.: Lambertus.

Nüß, Claudia/Schubert, Herbert (2001): Managementkonzeptionen in der sozialen Arbeit – was verlangt die Praxis? Zur Logik des modernen Managementbegriffs. In: Schubert, Herbert. (Hrsg.): Sozialmanagement: zwischen Wirtschaftlichkeit und fachlichen Zielen. Opladen: Leske & Budrich, S. 143-171.

Oelerich, Gertrud/Schaarschuch, Andreas (Hrsg.) (2005): Soziale Dienstleistungen aus Nutzersicht – Zum Gebrauchswert Sozialer Arbeit. München: Reinhardt.

Oevermann, U. (1996): Theoretische Skizze einer revidierten Theorie professionalisierten Handelns. In: Combe, Arno/Helsper, Werner (Hrsg.): Pädagogische Professionalität. Zum Typus pädagogischen Handelns. Frankfurt a.M.: Suhrkamp, S. 70-182.

Parsons, Talcott (1951): The Social System. New York: Free Press.

Pfadenhauer, Michaela/Sander, Tobias (2010): Professionssoziologie. In: Kneer, Georg/Schroer, Markus (Hrsg.): Handbuch Spezielle Soziologien. Wiesbaden: Springer VS, S. 361-378.

Sausale-Bayer, Ines (2011): Personalentwicklung als pädagogische Praxis. Wiesbaden: Springer VS.

Scott, William R. (2001): Institutions and organizations. 2. Aufl., Thousand Oaks, Calif.: Sage.

Scott, William R./Ruef, Martin/Mendel, Peter J./Caronna, Carol A. (2000): Institutional Change and Healthcare Organizations. From Professional Dominance to Managed Care. Chicago: University of Chicago Press.

Thornton, Patricia/Ocasio, William/Lounsbury, Michael (2012): The Institutional Logics Perspective: A New Approach to Culture, Structure and Process. Oxford: Oxford University Press.

Thornton, Patricia/Jones, Candace/Kury, Kenneth (2005): Institutional Logics and Institutional Change in Organizations: Transformation in Accounting, Architecture, and Publishing. In: Jones Candace, Thornton Patricia H. (Hrsg.): Research in the Sociology of Organizations. London: JAI, S. 125-170.

Wolff, Stephan (2010): Soziale personenbezogene Dienstleistungsorganisation als lose gekoppelte Systeme und organisierte Anarchien. In: Klatetzki, Thomas (Hrsg.): Soziale personenbezogene Dienstleistungsorganisationen. Wiesbaden: Springer VS, S. 285-336.

Soziale Investitionen, Wirkungsorientierung und ‚Social Return'

Konstantin Kehl/Volker Then

1. Einleitung

> „Der Weg vom Individuum zur Gesellschaft ist weit; damit er begehbar wird, muß er in Etappen aufgeteilt werden."

Mit diesem Satz hat Wolfgang Streeck (1987) seinen vielbeachteten Aufsatz „Vielfalt und Interdependenz" über die Rolle von Verbänden und nichtstaatlichen Organisationen in sich ausdifferenzierenden Gesellschaften eingeleitet. Demzufolge sind Individuen nicht per se Teil einer Gesellschaft, sondern Vergesellschaftung benötigt Zwischenschritte der Kollektivierung in Gruppen, in denen Individuen Interessen, Werte oder räumliche Identitäten aggregieren. „Gesellschaft", so Streeck, „entsteht als Aggregat von Aggregaten, nicht von Individuen" (ebd.).

Diese Erkenntnis gilt 30 Jahre später womöglich mehr noch als damals. Aller Beschwörungen einer vermeintlichen ‚Individualisierung' zum Trotz ist es auch heute noch so, dass sich Menschen zusammentun, weil sie im Kollektiv ihre Ansprüche gegenüber der Gesellschaft und ihre Vergewisserung, ein Teil eben dieser zu sein, besser zur Geltung bringen können als alleine. Für die Sozialwirtschaft handelt es sich hierbei um ein Gebot der täglichen Arbeit, da in personenbezogenen sozialen Diensten keine Vertragsbeziehungen zwischen Kund_innen und Dienstleister existieren, sondern wir es typischerweise mit einem Zusammenwirken von Fachkräften, Klient_innen, Angehörigen und weiteren Stakeholdern (z.B. Behörden oder Freiwilligen) zu tun haben – also mit einem Beziehungsgeflecht von Akteuren, die ein Interesse an hoher Leistungsqualität, Wirkung und einer kooperativen Verzahnung der unterschiedlichen Kompetenzen haben, die für die Leistungserstellung notwendig sind..

Das Streeck entliehene Zitat ist aber nicht nur passend, um die Struktur und das Wesen der Sozialwirtschaft als Intermediär- und Integrationsinstanz zu beschreiben, sondern es drängt sich umso mehr in den Sinn, als in den zurückliegenden zwei Jahrzehnten zunehmend darüber diskutiert wird, wie sich die Arbeit sozialwirtschaftlicher Organisationen über individuelle Rechtsansprüche hinaus gesellschaftlich legitimieren lässt.

Nach der Götterdämmerung des New Public Managements und effizienzgetriebener Neoliberalismen verstehen sich Akteure der Politik und Verwaltungen ebenso wie Entscheider in sozialwirtschaftlichen Organisationen verstärkt als Investoren in das Gemeinwohl. Sie beanspruchen, nicht primär im Rahmen von Recht und Gesetz Steuer- und Sozialversicherungsmittel zu verausgaben, sondern durch die Bereitstellung von Gütern, Dienstleistungen, Bildungsangeboten oder auch Zeitsouveränität Chancen der Entfaltung, Inklusion und Selbsthilfe zu eröffnen. Vielfach liegt dabei der Akzent darauf, durch präventive Angebote, Innovation und die Verbreitung neuartiger (effektiverer) Problemlösungen soziale Risiken zu minimieren, bevor sie sich verselbstständigen und kaum noch einzudämmen sind.

Mit dieser *sozialinvestiven Sichtweise* geht die Vorstellung einher, dass entsprechendes Handeln nicht per se gut und richtig sein muss, solange es sich auf Rechts- und Haushaltstitel oder die Autonomie eines/r Stifter_in (oder eines/r zahlenden Kund_in) berufen kann, sondern – wo sinnvoll möglich – Nachweis darüber abzulegen ist, dass die aus öffentlichen Budgets, Entgelten und ggf. Freiwilligenressourcen gespeisten Investitionen einen effektiven Beitrag zur Lösung sozialer Probleme oder Linderung von Notlagen leisten. Das ist die paradigmatische Grundlage der im Sozialwesen grassierenden Debatte zur ‚Wirkungsorientierung' und zur Entwicklung von Instrumenten der Wirkungsanalyse, respektive Wirkungsmessung. Sie dreht sich darum, Steuerungsentscheidungen nicht ausschließlich mit bürokratischen Vorgaben zu begründen, sondern die Mittelzuweisung und Entwicklung von Angeboten *auch* von gesicherter sozialer Wirksamkeit abhängig zu machen. Eine Triebfeder des Diskurses ist neben der Ablösung des Effizienzparadigmas durch die Kategorie der *Effektivität* eine Interpretation von Wirkung, die sich jenseits von Output-Kategorien (Anzahl versorgter Klienten, Summe von Arbeitsstunden usw.) für die Lebensumstände der Zielgruppen interessiert.

Dieser Anspruch stellt die Sozialwirtschaft vor neue Fragen und Herausforderungen, mitunter überfordert er sie – zumal, wenn ‚Wirkungsorientierung' bzw. Wirkungsmessung von außen (z.B. Mittelgeber) an die Praxis der sozialen und pflegerischen Arbeit herangetragen werden. Organisationen reagieren zurückhaltend, wenn sie mit Ideen konfrontiert werden, die nicht ihre eigenen sind oder im Verdacht stehen, zentrale Werte der Organisation zu unterlaufen. Die Analyse von gesellschaftlicher Wirkung geht zudem über das hinaus, was über viele Jahre hinweg in Beratungen über fachliche Qualitätsstandards und Leistungs- bzw. Ergebnisqualität mit Blick auf Individuen entwickelt wurde. Schließlich erzwingt die Wirkungsdiskussion auch eine Auseinandersetzung mit dem eigenen Selbstverständnis und eine Prüfung dessen, was mit Blick auf die Integration von Dienstleistungen in den lokalen ‚Welfare Mix' einerseits und die Gestaltung von Problemlösungsstrukturen in gesellschaftlicher Hinsicht andererseits zum Aufgabenportfolio (und Gegenstand von Wirkungsanalysen) zählt.

Das Sozialwesen im Allgemeinen, aber vor allem kleinere Träger und Einrichtungen vor Ort haben Mühe, die damit verbundenen Fragen zu beantworten. Nicht zuletzt deshalb hat die Bundesarbeitsgemeinschaft der Freien Wohlfahrtspflege (BAGFW) in Deutschland ein Transparenzgutachten zum Thema veröffentlicht (Kehl et al. 2016). Die Studie stellt Bezüge zu den gesellschaftlichen Rollen der Wohlfahrtspflege im sozialpolitischen Kontext her, vergleicht unterschiedliche Methoden und gibt Handlungsempfehlungen. Sie macht deutlich, dass die von Streeck formulierte Erkenntnis auch heute und insbesondere für die Sozialwirtschaft Aktualität besitzt: Will sie sich nicht darauf reduzieren, einzelne Lebenslagen zu verbessern, sondern ihre Arbeit durch die effektive Gestaltung von Gesellschaft und sozialen Räumen legitimieren, bedarf es der Aneignung und kontinuierlichen Weiterentwicklung von Instrumenten, die den langen Weg vom Individuum zur Gesellschaft begehbar machen und eine evidenzbasierte Entwicklung aus überindividueller Perspektive ermöglichen. Hierfür ist zentral, Dienstleistungen der Sozialwirtschaft in den Kontext der sozialen, kulturellen und politischen Kontexte zu stellen, in denen diese stattfinden.

2. Sozialwirtschaft und soziale Investitionen: Drei sozialwissenschaftliche Begründungszusammenhänge

Das sozialinvestive Paradigma, das der an Fahrt gewinnenden Wirkungsdebatte zugrunde liegt, verweist in der einfachsten Umschreibung auf eine Gewichtsverschiebung weg vom Begriff des Konsums hin zu einem Verständnis, nach dem Ressourcen *investiert* werden. Damit ist zunächst gemeint, dass vorhandene Mittel nicht verausgabt werden mit dem Ziel, sie bis zur Absenz jeglicher Handlungsfähigkeit zu *ver*brauchen, sondern sie strategisch dafür zu *ge*brauchen, ihren Wert in der Zukunft zu erhöhen und einen entsprechenden Ertrag zu generieren.

Geht es um *soziale* Investitionen, lautet das Ziel, dass dieser Ertrag in erster Linie der Gesellschaft zugutekommen sollte.

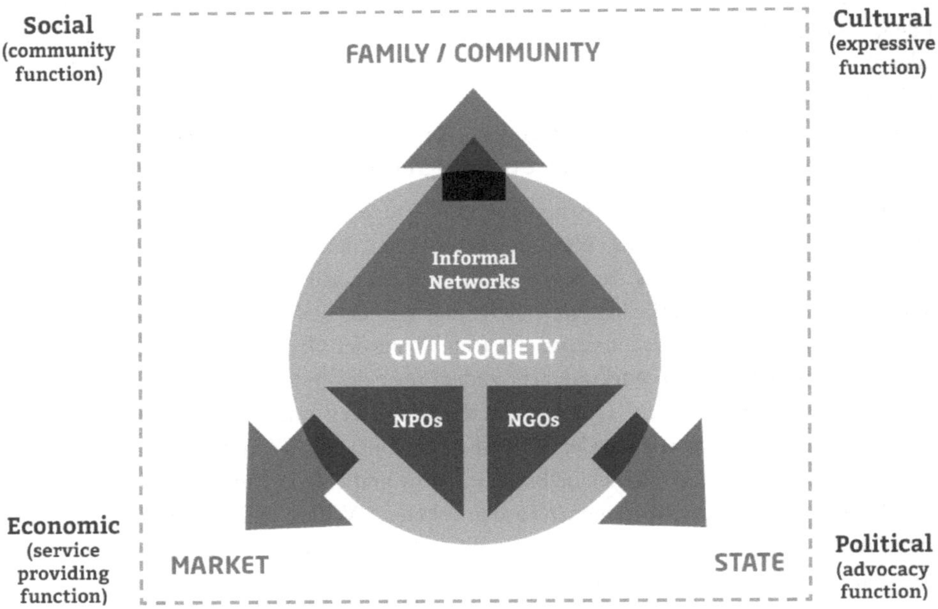

Abb. 1: Soziale Investitionen als Phänomen an den Grenzen der Sektoren (System Innovation Lab 2016, S. 29; adaptiert von Then/Kehl 2012, S. 60)

Diese Lesart wurde von Then/Kehl (2012) zunächst im Sinne eines alternativen Konzepts für das Verständnis gemeinwohlorientierten Handelns im Spannungsfeld der Handlungsmodi von Staat, Ökonomie und der gemeinschaftlichen Sphäre von Familien, Privathaushalten und lokalen Gemeinschaften formuliert. Die Autoren beabsichtigten, analytische Artefakte wie das des Dritten Sektors und die formaljuristischen Kategorien des Gemeinnützigkeitsrechts zu überwinden, indem sie nicht – wie sonst oft üblich – lineare Abgrenzungen tätigten, sondern das, was zivilgesellschaftliche Akteure und ihre Anliegen ausmacht, auf einen gemeinsamen Nenner brachten. Sie argumentierten aus der soziologischen Fachdebatte über Sozialkapital hinaus und kombinierten den Theoriestrang mit wirtschafts- und sozialwissenschaftlichen Diskursen im Fahrwasser der Erkenntnis, dass langfristige ökonomische Handlungsfähigkeit mit sozialer und ökologischer Nachhaltigkeit Hand in Hand geht. Darüber hinaus wurde neben der kulturellen (Werte-) die Reform- und Anwaltschaftsfunktion sozialer Investoren akzentuiert, die aus dem Aufgabenspektrum zahlreicher Organisationen der Sozialwirtschaft – wie insbesondere der Freien Wohlfahrtspflege in Deutschland und funktional äquivalenter Akteure in der Schweiz und Österreich – nicht wegzudenken ist, da sie die Rahmenbedingungen ihres Handelns innerhalb eines sozialgesetzlichen Rahmens auf reglementierten (Quasi-)Märkten ohne Instrumente der politischen Einflussnahme nur unzureichend mitgestalten können.[1]

1 Angesichts dieser Ausführungen beruht die Einschätzung, dass das Konzept der sozialen Investitionen die Multifunktionalität der Freien Wohlfahrtspflege negiere (Wohlfahrt 2017, S. 231) und das Denken in Kategorien von

Das so beschriebene Konzept war in seinen Grundzügen dialektisch: Während auf der einen Seite Wirtschaft soziale Kategorien in sich aufnahm und Märkte ‚moralisiert' wurden, stand auf der anderen Seite die Beobachtung, dass Freiwillige, Stifter_innen und andere Investor_innen in das Gemeinwohl nicht ausschließlich altruistisch handeln, sondern daran orientiert sind, was aus ihren Bemühungen resultiert. Etwas unterbelichtet blieb die Tatsache, dass das sozialinvestive Paradigma längst Teil der politischen Steuerungsdiskurse ist. Wenn man es genau besieht, wird das investive Leitbild von allen drei gesellschaftlichen Sektoren an das Handeln in Zivilgesellschaft und in der Sozialwirtschaft herangetragen: von der Politik, von der Wirtschaft und den auf Solidarität und Gemeinschaft beruhenden sozialen Handlungsformen, die das Tätigkeitsfeld der Sozialwirtschaft aufgrund ihres stark wertegeleiteten und in lokalen Sozialräumen verankerten Charakters ebenso prägen wie die Logik des Markts und der Politik bzw. des Verwaltungshandelns. Sie befindet sich somit in einem produktiven Spannungsfeld der Sektoren, die durch den Investitionsbegriff verknüpft werden: Während eine soziale Investition zum einen auf verschiedenartige Ressourcen angewiesen ist, die für die Wirtschaft (Geld), die Politik (Einfluss bzw. Macht) und das gemeinschaftliche Handeln in Familien und sozialen Räumen (soziale Netzwerke, Werte und Vertrauen) charakteristisch sind, führt sie zum anderen zu entsprechenden gesellschaftlichen Erträgen: Beiträge zur Willensbildung und zum Reformhandeln, Dienstleistungen, Sozialkapital und sozio-kulturelle Entfaltung. Demzufolge befindet sie sich in Abbildung 1 an den Übergängen zwischen den Sektoren Markt, Staat und Familie/Gemeinschaft einerseits und der Zivilgesellschaft andererseits.

2.1 Sozialinvestive Politik und wirkungsorientierte Steuerung

Dass das investive Paradigma und die Orientierung an messbarer Wirkung keine Erfindung von Social Entrepreneurs oder „Philanthrokapitalisten" ist, wie es die Diskussion innerhalb der Sozialwirtschaft von Zeit zu Zeit Glauben macht, zeigt eine Auseinandersetzung mit der Entwicklung wohlfahrtspolitischer Leitbilder und Instrumente. Sie verdeutlicht, dass das Bild des fürsorgenden und umverteilenden Wohlfahrtsstaats der Nachkriegszeit spätestens mit den Krisen der 1970er Jahre einem Verständnis Platz gemacht hat, nach dem die Bereitstellung von Wohlfahrt und Gemeinwohl einem kooperativen Zusammenwirken einer Vielzahl öffentlicher und privater Akteure obliegt. Damit geht ein Wandel der politischen Instrumente einher, mit denen eine effiziente und effektive Verteilung von Gütern und Dienstleistungen gesteuert werden soll. Nicht mehr nur Rechtsansprüche und ihre bürokratische Durchsetzung sind – idealtypisch gesprochen – maßgeblich, sondern die Verknüpfung mit ökonomischen und symbolischen Anreizen und Erfolgskriterien.

Die klassische Sicht des Wohlfahrts*staats* ist in den zurückliegenden Dekaden der Konzeption von Wohlfahrts*regimen* (Esping-Andersen 1990) gewichen, die auf Recht und Regularien beruhen, aber gleichzeitig von Bedingungen leben, die der Staat nicht ohne Weiteres diktieren – ge-

Wirkung den Verbänden abverlange, „alle nur denkbaren Effizienzvorteile bei der Leistungserstellung [zu] nutzen" (ebd., S. 233), auf einem Missverständnis. Das Gegenteil ist der Fall: Der Investitionsbegriff wurde von den Autoren dergestalt kontextualisiert, dass er zwischen unterschiedlichen Ressourcen (finanzielles Kapital, Know-how, Werte, Freiwilligenengagement etc.) und einer Vielzahl Erträge (soziale Dienste, Solidarität, Mitwirkung an der politischen Willensbildung usw.) vermittelt. Daraus leitet sich ab, dass es *nicht* um Effizienz, sondern um die effektive Bereitstellung und Kombination von Gütern und Dienstleistungen geht, auf die moderne Wohlfahrtsgesellschaften angewiesen sind.

schweige denn durch Güter und Dienstleistungen alleine garantieren – kann (Kehl 2016, S. 90ff.). Das liegt nicht nur an den Sozialversicherungen, die als selbstständige und selbstverwaltete Körperschaften individuelle Leistungsansprüche verwalten und sich dem gebieterischen Zugriff des Staats entziehen, sondern ist nicht zuletzt dem Sachverhalt geschuldet, dass gewichtige Leistungserbringer der Sozialwirtschaft gemeinnützige Akteure sind, die bewusst eine Antithese zur „Staatswohlfahrt" darstellen. Hinzu kommt, dass in privaten Haushalten und im freiwilligen Engagement Beiträge geleistet werden, ohne die gesellschaftliche Wohlfahrt, wie wir sie kennen, nicht denkbar wäre (Evers/Olk 1996).

Die Diskussion hierzu wurde, beginnend in den 1970er und 1980er Jahren, nicht primär aus der Warte von Privatanbietern geführt, die sich ihren Teil vom „Wohlfahrtskuchen" zu sichern versuchten, sondern mit emanzipatorischem Anspruch. Beispiele hierfür sind Selbsthilfebewegungen: Postuliert wurde, dass nicht ausschließlich der Staat wissen kann, was „gut und recht" ist, und nicht staatlicherseits bestellte Agenten für das Wohl der Bürger alleinverantwortlich sein sollten, sondern den betroffenen Menschen ein Mitsprache- und Mitgestaltungsrecht einzuräumen sei. Eine Grundannahme war dabei – vor allem in der Diskussion ab den 1990er Jahren – dass der traditionelle Wohlfahrtsstaat zu sehr an Defiziten orientiert ist, d.h. er reagiert, wenn Probleme schon eingetreten sind, anstatt präventive Maßnahmen zu entwickeln (Hemerijck 2013, S. 134ff.).

Im Zuge der Abkehr vom „Staatszentrismus" wurden neue Steuerungsmodelle entwickelt, die der Feststellung Rechnung tragen sollten, dass Wohlfahrt nicht bürokratisch verordnet werden kann, sondern sie auf die Kooperation unterschiedlicher gesellschaftlicher Akteure mit verschiedenen Handlungs- und Entscheidungsmechanismen angewiesen ist, und der Bedarf nach Leistungen gesenkt werden kann, wenn Notlagen und Probleme gar nicht erst entstehen. Das ist der Kern von *sozialinvestiver Politik*, der es darum geht, Grundlagen für eigenverantwortliche Lebensläufe, Selbsthilfe und privates Engagement zu schaffen (Kehl 2016, S. 17, 89ff.). Hierfür kommen neben ökonomischen Anreizen – d.h. der Gewährung oder dem Entzug von Geld, beispielsweise in der Familienpolitik durch Kindergeld (Deutschland), Familienzulage (Schweiz) und Familienbeihilfe (Österreich) – politische Instrumente zum Zuge, die in förderliche Infrastrukturen und individuelle Zeitsouveränität (z.B. zum Zwecke der Kombinierbarkeit von Familie und Beruf, etwa durch staatlich geförderte Teilzeitarbeitsmodelle und Lohnersatzleistungen) investieren.

Ihren Ursprung hat die Diskussion um den *Social Investment State* in der internationalen Diskussion zur Bildungspolitik (Esping-Andersen 2002), nachdem sich zeigte, dass eine auf Zwang und ökonomische Aktivierung ausgelegte (z.B. Arbeitsmarkt-) Politik die Ursachen von prekären Lebenslagen und sozialer Ungleichheit nicht beheben kann (Kehl 2016, S. 97ff.). Deshalb wurde ab der Jahrtausendwende europaweit verstärkt in Infrastrukturen investiert, von denen angenommen wurde, dass sie für mehr Bildungs- und Chancengleichheit sorgen. Der sozialinvestive Staat hat sich damit losgelöst von der Logik kontrollierender Hierarchien. Anstelle dessen haben Steuerungsformen an Gewicht gewonnen, die der Funktionsweise des Markts und des Systems der gesellschaftlichen Aushandlung zwischen Werten und Interessen entgegenkommen. Neben materiellen Investitionen wurden dabei Interaktionsformen des Überzeugens und Übereinkommens gestärkt.

Angesichts der hohen Bedeutung von Transparenz im digitalen Zeitalter bedarf es guter Argumente zur Abwägung strategischer Handlungsalternativen. Legitimation entsteht im öffentlichen Diskurs und lässt sich immer schlechter dadurch herbeiführen, dass eine Autorität bekundet, dass dieses oder jenes ‚gut' sei. Gerade im Sozialwesen, in dem Werte von Fachlichkeit, Ethik und Qualität im Zentrum stehen, stellen Daten und Fakten – so sie denn abbilden, was sie abzubilden vorgeben – ein gutes Rezept dar, um öffentliche Legitimation herzustellen. Auch ohne überbordende Fachbildung kann die Öffentlichkeit dann ermessen, ob Gelder dort ankommen, wo sie die Lebenslagen von Bedürftigen verbessern.

Evidenzbasierte Steuerungskonzepte wie beispielsweise die Wirkungsorientierte Verwaltungsführung in der Schweiz können in diesem Kontext interpretiert werden. Deformationen des New Public Managements, nach dem der öffentliche Sektor wie ein Unternehmen zu führen ist, tun ihr Übriges, wenn ‚Performance Indicators' eingefordert werden, um knappe Sozialbudgets und Leistungsaufträge zu steuern.

2.2 Soziales Unternehmertum und ‚Moralisierung' der Märkte

Die Diskussion über Wirkung und Effektivität ist ein Kind der zuvor genannten Entwicklungen. Das Sozialwesen sollte ihr mit Aufmerksamkeit begegnen, ohne den kritischen Geist deshalb kruden Messphantasien preiszugeben, die die Vielfalt des Sozialen auf wenige Kennzahlen herunterbrechen. Umgekehrt sollte nicht übersehen werden, dass das Denken in Kategorien von Investition und Wirkung mindestens teilweise mit einer stärkeren Akzentuierung unternehmerischer Haltungen zusammenhängt: Haltungen, die sich auf den Beitrag zur effektiven Problemlösung und nicht das in der Regelfinanzierung Machbare konzentrieren.

Investives Denken, die Orientierung an sozialer Wirkung und übrigens auch die kaum zu bändigende „Innovationspredigt" sind Resultate einer Entwicklung, die als *gleichzeitige* „Ökonomisierung" des Sozialen und als „Sozialisierung" bzw. „Moralisierung" (Stehr 2007) von Märkten umschrieben werden kann. Gemeint ist, dass spätestens seit den 1990er Jahren zwei vormals unvereinbar erscheinende soziale Handlungs- und Interaktionsmodi, die von Sozialwissenschaftlern vereinfachend als Markt und Gemeinschaft (siehe Abbildung 1) beschrieben werden, schrittweise aufeinander zugehen. Obwohl die Sozialwirtschaft Teil des ökonomischen Systems ist, verstand sie sich immer als Akteurin, die ‚für die Menschen' in gemeinschaftlichen (Sozial-)Räumen agiert. Deshalb führt die Aufwertung wirtschaftlicher Kategorien zu Spannungen, die sich zeigen, wenn hinsichtlich des Themas Wirkung Kontroversen zwischen Fach- und Führungskräften entstehen. Nichtsdestotrotz hat sich der soziale und gemeinwohlorientierte Sektor für unternehmerische Konzepte geöffnet, während umgekehrt die Ökonomie ihr ‚soziales Gewissen' entdeckt hat.

Um mit Letzterem zu beginnen, ist heute gemeinhin anerkannt, dass die Denkfigur des Homo oeconomicus aufgrund von unvollkommener Information, begrenzten Ressourcen und kognitiven Beschränkungen weitgehend ausgedient hat (Simon 1959). Autoren wie Granovetter (1985) haben gezeigt, dass es den anonymen Markt neoklassischer Modelle nicht gibt, da wirtschaftliches Handeln auf Vertrauen, Netzwerke und Kooperation angewiesen ist. Es ist kein Wunder, dass die Kleinunternehmer_innen und Handwerksmeister_innen in dörflichen Gemeinden oft die größten ‚Vereinsmeier' sind. Hinzu kommt ein normatives Programm des Wirtschaftens unter Berücksichtigung von Kategorien der Nachhaltigkeit, das sich seit den 1990er Jahren – und noch einmal verstärkt durch die globale Finanzkrise – immer mehr durchsetzt und den betriebswirtschaftlichen Erträgen soziale und ökologische Komponenten zur Seite stellt. Die Ausdrucksformen davon rücken vom Bereich der Corporate Social Responsibility in den Mittelpunkt von Geschäftsmodellen, besonders bei Social Start-ups und Sozialunternehmen.

Hier zeigt sich, dass der Markt durchaus an Werten ausgerichtet und jedenfalls zum Teil ‚kolonisiert' bzw. ‚moralisiert' werden kann: indem Integrationsbetriebe Personen Perspektiven auf dem Arbeitsmarkt bieten, die aufgrund von Behinderungen oder biographischen Brüchen sonst keine Chance erhielten, Fair-Trade- und Bio-Firmen auf dem Nährboden sozialer Bewegungen tradierte Markt- und Interessenstrukturen auf die Probe stellen oder wirkungsorientierte Investitionsinstrumente (Social Impact Investment) die Funktionsweise von Kapitalmärkten für ökologische oder genuin soziale Ziele nutzen. Letzteres ist ein vorläufiger Höhepunkt der skizzierten Entwicklung, weil die intendierte Gewinnung privaten Kapitals für die Erfüllung sozialer und ökologischer Zwecke angesichts des Verzichts von Investoren auf einen Teil ihrer potentiell erzielbaren Rendite zugunsten eines gesellschaftlichen Rückflusses die Tektonik der Finanzmärkte in den entsprechenden Teilsegmenten deutlich verändert.

2.3 Sozialkapital und Wertebasis als soziale Investitionen

Die zuvor skizzierten sozialen Investitionen sind „private Beiträge zum Gemeinwohl" (Then/Kehl 2012, S. 40). Allerdings mag ein ökonomisch verkürzter, wenngleich landläufig verwendeter Investitionsbegriff zu Missverständnissen führen. Die Betriebswirtschaftslehre hat kein Patent auf die Investition. Auch in der Soziologie als einer Wissenschaft des Zusammenlebens von Menschen (nicht von Finanzmarkttiteln) wird die Kapital- und Investitionsmetapher seit vielen Jahren bemüht.

Die Forschung zum *Sozialkapital* hat das deutlich hervorgehoben: Sie postuliert, dass Sozialkapital, in der einfachsten Fassung definiert als „die Gesamtheit der aktuellen und potentiellen Ressourcen, die mit dem Besitz eines dauerhaften Netzes von mehr oder weniger institutionalisierten Beziehungen gegenseitigen Kennens oder Anerkennens verbunden sind" (Bourdieu 1983, S. 190), von elementarer Bedeutung für individuelle Lebensläufe, aber auch für die Qualität von Gemeinwesen ist. Einfacher gesagt: Sozialkapital ist das Resultat von Investitionen in Beziehungs- und Vertrauensstrukturen, für deren Bestand und Verdichtung es reinvestiert werden muss (Offe 1999). Der Diskussion über soziale Investitionen geht es insoweit nicht einfach um ein neues ‚Label' für Altbekanntes, sondern um die Betonung ihrer gemeinschaftlichen und vermittelnden Elemente.

Soziale Investitionen umfassen nach dieser Lesart weit mehr als monetäre Aufwendungen oder Ausgaben für soziale Zwecke. Sie umfassen die Bereitstellung jedweder Ressourcen in Zeit, Geld und Kompetenzen, um einem Gemeinwohlzweck zu dienen – auch politisches Kapital (Einfluss- und Machtressourcen) und kulturelles Kapital im Sinne gemeinsam vertretener Werte, die oftmals die Grundlagen für kollektives Handeln darstellen (Then/Kehl 2012). Man denke an die vielen religiös motivierten Formen der *caritas*, also der im Wortsinne gelebten Nächstenliebe und Wohltat, die ohne das Investieren gemeinsamer Werthaltungen in Wertegemeinschaften kaum denkbar (und von ihren historischen Wurzeln aus gesehen Sozialunternehmen par excellence) sind.

Zugleich kommt im Begriff der Investition zum Ausdruck, dass Investoren ins Soziale genauso ein Ertragsinteresse haben wie wirtschaftliche Investoren: Sie wollen etwas erreichen, sehen, dass aus ihrer Investition etwas resultiert. Das ist das wiederholte Ergebnis von Studien zur Motivation von Stiftern (etwa Bundesverband deutscher Stiftungen 2015) oder freiwillig Engagierten (für Deutschland: Simonson et al. 2016, für die Schweiz: Freitag et al. 2016). Die Konjunktur effektiver sozialer Problemlösungen – und nicht nur der effizienten Problembearbeitung, gelegentlich auch Problemverwaltung – ebenso wie die Dynamik innovativer Kapitalmarktinstrumente werden von einer gemeinsamen Basis der Werteveränderung getragen. Zu dieser Veränderung gehört ein Misstrauen gegenüber alten Gewissheiten und zunehmende Transparenz-Anforderungen: Was in der Flüchtlingskrise zu Beginn der 1990er Jahre gut war, muss heute längst nicht mehr funktionieren; alte und neue Instrumente müssen getestet werden, damit aus Fehlern Schlüsse gezogen und Missstände behoben werden können (‚Fehlerkultur'); wenn man von der eigenen Leistungsfähigkeit überzeugt ist, warum dann nicht Wirksamkeit thematisieren? Diese Werthaltungen mögen bei Führungskräften und Unternehmern ausgeprägter sein als in der Praxis der Sozialarbeit, jedoch sehen auch ihre Fachkräfte zunehmend Chancen auf Würdigung der eigenen Arbeit.

3. Soziale Investitionen und Messung

In den vorangegangenen Abschnitten haben wir gezeigt, dass sich der Wirkungsdiskurs keineswegs um eine „Ökonomisierung" dreht, sondern um Antworten auf Werteentwicklungen und einen Wandel der politischen Steuerung.[2] Wirkungsmessung gewinnt damit eine emanzipatorische Konnotation: Es geht darum, die Debatte über Investitionen und Ertrag aus ihrer betriebswirtschaftlichen Engführung zu befreien und die Aufmerksamkeit auf die umfassenden und systemisch relevanten Zusammenhänge von Effektivität und Wirkung jenseits des Geldes – d.h. in Abgrenzung von Effizienz – zu lenken.

Eine solche Perspektive muss die komplexen Rollenkombinationen und Tätigkeitsfelder der Sozialwirtschaft berücksichtigen. Auf einer grundsätzlichen Ebene geht es dabei um die Kombination von dienstleistender und anwaltschaftlicher (politischer) Rolle mit einem soziokulturellen Auftrag. Darüber hinaus sollten die Orientierungen von Managern auf der einen Seite und Sozialarbeitenden oder Pflegekräften auf der anderen Seite bestmöglich aufeinander bezogen werden:

- Der oder die Managerin möchte eine Organisation ‚gut führen', sie gegenüber Partnern und Mittelgebern gewinnbringend positionieren, Ressourcen akquirieren und für die Gesamtheit der Organisation am Ende des Jahres mindestens eine ‚schwarze Null' in den Tätigkeitsbericht schreiben.
- Auf der Fachkräfteebene ist Wirkung stärker an Klientinnen und Klienten ausgerichtet. Im Zentrum stehen Fallbeziehungen und das, was ‚gute Praxis' in der Altenhilfe, in der Behindertenhilfe oder in der Quartiers- bzw. Gemeinwesenarbeit ausmacht.

Tatsächlich handelt es sich allenfalls um einen Scheinkonflikt, der in vielen Fällen eher ein Kommunikationsproblem darstellt. Wirkungen auf der organisationalen und gesellschaftlichen Ebene ergeben sich empirisch als Aggregat und Extrapolation von Einzelbeobachtungen. Es gibt keine Organisation im sozialen und gemeinnützigen Bereich, die erfolgreich wäre, ohne

2 Hierzu die deutliche Kritik von Burmester/Wohlfahrt (2016), die missverständlich argumentiert und die Zusammenhänge des kritisierten Wirkungsgutachtens ignoriert.

dass ihre Klientel einen konkret lokalisierbaren Nutzen erfährt. Umgekehrt wird der individuelle Nutzen durch die strategischen und operativen Anstrengungen des Managements gemehrt.

Es gilt auch deshalb, vor dem Hintergrund normativer Entwicklungen in der Gesellschaft den Blick für Wirkungszusammenhänge zu schärfen, die durch Begriffe wie Inklusion, Dezentralisierung oder Quartiersarbeit gekennzeichnet sind und von Organisationen durch strategische Entscheide und innovative Angebote in die Realität des Sozialwesens übersetzt werden müssen. Kurzum: Es geht um Wirkungszusammenhänge, in denen sich die Leistungen ausdifferenzieren und zu den Menschen mit Unterstützungsbedarf kommen (und nicht nur umgekehrt), in denen Innovationsansätze über die Grenzen von Handlungsfeldern – „Silos" –, fachlichen Zuständigkeiten und abgegrenzten Funktionsmodi der einzelnen Sozialmärkte (und der sie regelnden Gesetze) hinweg Lösungen bereithalten bzw. Folgeprobleme vermeiden helfen.

Organisationen in den sozialen Diensten müssen sich in diesen Entwicklungen zurechtfinden und die richtigen Fragen stellen. Die allermeisten Sozialorganisationen wollen eine Veränderung unerwünschter Zustände erreichen. Zu diesem Zweck erstellen sie Leistungen unterschiedlichster Art, um die in der Satzung definierten Wirkungen zu erzielen. Treten neue Probleme und komplexere Lebenslagen von Menschen auf, können Organisationen entweder an ihrem angestammten Leistungsportfolio festhalten – in aller Regel die bequemere, nicht notwendigerweise nachhaltigste Option – oder sie können innovative Angebote kreieren. Soll für solche Innovationen nach einiger Zeit überprüft werden, ob es sich bei den gewählten Innovationen tatsächlich um effektivere Lösungen handelt, leistet die Wirkungsanalyse vergleichsweise zuverlässige Dienste. Hierbei ist es sinnvoll, neben den intendierten auch nicht-intendierte Wirkungen zu erfassen. Es sollte zudem beachtet werden, dass Irritationen und Iteration im Kontext von Innovationsprozessen besonderes Augenmerk verdienen, d.h. Schleifen der Reflexion eingezogen und ggf. Prozesse verändert werden müssen (Kehl et al. 2017). Die im nächsten Abschnitt thematisierte Wirkungsmodellbildung ist in solchen Situationen als Teil der Organisationsentwicklung zu verstehen.

Ein anderer Weg besteht darin, sich über öffentliche Kommunikation und politisch-bürokratische Einflusskanäle Zugang zu Entscheidungsarenen zu verschaffen, in denen Rahmenbedingungen der Sozialwirtschaft gesetzt werden. In der Disziplin des anwaltschaftlichen Handelns und des Policy Entrepreneurships (Kingdon 1995) sind manche Organisationen erfolgreich, jedoch versuchen die wenigsten Akteure, ihr diesbezügliches Handeln systematisch nachzuvollziehen. Das ist insofern verwunderlich, als sich die Sozialwirtschaft in zahlreichen Bereichen professionalisiert hat, aber sich ausgerechnet beim Lobbying auf persönliche Netzwerke einiger weniger ‚Politikunternehmer' verlässt. Wirkungsanalysen können helfen, zu erhellen, in welchen Koalitionen Entscheidungen vorbereitet und getroffen werden, und wie es (besser) gelingt, Verbündete für die eigenen Interessen und Ziele zu gewinnen. Denn die politische Herausforderung der Sozialwirtschaft besteht nicht primär darin, dass sich der Staat aus der Finanzierung und Organisierung des Sozialen zurückziehen würde, sondern in sich zuspitzenden Verteilungskämpfen zwischen ‚alten' und ‚neuen' sozialen Risiken bzw. dem Wettrennen zwischen traditionellen und neuartigen Lösungen.

4. Instrumente der Wirkungsmessung

Wir prüfen nachfolgend Instrumente der Wirkungs*analyse* (Wirkungs*messung*) und nicht nur der „Wirkungsorientierung". Es ist zwar für die Sozialwirtschaft unabdingbar, das eigene Handeln am Bemühen um bzw. einer Orientierung an Wirkung auszurichten. Dabei geht es aber um den konstruktiven Anschluss der Wirkungsdiskussion an zwei verwandte, vorgelagerte Ebenen:

- Einerseits stehen die Organisationen schon seit vielen Jahren in einem Austausch um Instrumente der Qualitätssicherung und des Qualitätsmanagements.
- Andererseits berührt das gesteigerte Interesse an Wirkung Grundlagen der Organisationsentwicklung und der organisationalen Leistungsfähigkeit.

Entsprechend ist zu konstatieren, dass Wirkungsanalyse auf diesen beiden Grundlagen aufbaut, aber nicht mit denselben Instrumenten arbeiten kann. Qualitätsmanagementverfahren richten das Handeln der Organisation und ihrer professionellen (und ggf. freiwilligen) Mitarbeiter an Leistungsqualität und damit an individuellen Output-/Outcome-Dimensionen aus. Organisationale Leistungsfähigkeit interessiert sich für Parameter der Governance, der Managementstrukturen, der Prozessabläufe, der Effizienz, Nachhaltigkeit und Verlässlichkeit (bzw. im wirtschaftlichen Sinne Bonität) des Organisationshandelns, kann damit aber keine Aussagen zur Wirksamkeit bzw. zur Wirkung des Leistungsangebots selbst treffen.

Damit sind weitere Anforderungen an Wirkungsmessung in der Sozialwirtschaft benannt: Es geht um mehrdimensionale Wirkung auf mehreren Ebenen. Es lohnt, nach Stakeholdern differenziert die Wirkung auf individuelle Adressaten, auf der organisationalen und der gesamtgesellschaftlichen Ebene zu betrachten. Es ist erforderlich, in zeitlicher Hinsicht kurz-, mittel-und langfristige Effekte zu unterscheiden. Und es ergibt sich aus der Argumentation zu sozialen Investitionen eine Unterscheidung mehrerer Wirkungsdimensionen: Mindestens eine soziale, eine kulturelle und eine politische Wirkungsdimension lassen sich von der ökonomischen Dimension unterscheiden (Then/Kehl 2015). Geht es um Organisationen, die nicht im Bereich der sozialen Dienste verortet sind, kommt ggf. eine ökologische Dimension zu ihrem Recht. Effekte auf der psychologischen und physiologischen Ebene (die beispielsweise Aussagen über Gesundheitsverläufe, psychosoziale Merkmale oder die Wohnsituation von Klienten erlauben) sind konstitutiv. Diese individuellen Indikatoren, für deren Messung auf vielfältige Fachdisziplinen oder Konzepte wie Quality of Life (QoL) zugegriffen werden kann (Schalock 2004), bilden in aller Regel die empirische Grundlage für Aussagen über Projekte und Organisationen oder gesellschaftliche Wirkung (Kehl/Then 2015). Die folgende Tabelle verdeutlicht diese Mehrdimensionalität schematisch.

Prüft man, inwieweit Ansätze der Wirkungsanalyse in dieses Anforderungsprofil passen, wird deutlich, dass die verfügbaren Instrumente jeweils Defizite für das Anliegen aufweisen, Wirkung (in) der Sozialwirtschaft umfassend zu messen. Zu diesem Zweck sieht die Mehrheit der Instrumente keine geordnete Ausarbeitung von Wirkungsmodellen vor.

Die Strukturierung der für eine Intervention maßgeblichen Wirkungsdimensionen und -ebenen stellt für jeden Versuch der Messung eine eigene Leistung dar, die wir in sozialwissenschaftlicher Terminologie als Modellbildung beschreiben. Eine solche Modellbildung bildet die Grundlage für ein Denken in Wirkungsketten, die für unterschiedliche Stakeholder identifiziert werden können, und deren Überprüfung Gegenstand empirischer Analysen ist. In der einfachsten Fassung handelt es sich bei einer solchen Kette um die Abfolge von Input (Ressourceneinsatz), konkreten Aktivitäten und Interventionen, Output (direkt messbare Leistungen und Güter), Outcomes (mittel- bis langfristiger Effekt der Outputs bzw. einer Kombination von Out-

	Wirkungsebenen			
	Mikro (Individuen)		*Meso* (Organisation, Programm)	*Makro* (Gesellschaft)
Wirkungsdimensionen	Physiologisch/ psychologisch (Lebensqualität, Zufriedenheit) *Gesundheit, Wohnsituation, Selbstvertrauen*	Ökonomisch	Aggregierte Mikro-Wirkungen	Ökonomisch
		Politisch		Politisch
		Kulturell		Kulturell
		Sozial		Sozial
				Ggf. Ökologisch
				(...)

Tab. 1: Wirkungsdimensionen und Wirkungsebenen (Kehl et al. 2016, S. 3)

puts) und Impact – also der Teil des Outcomes, welcher der Intervention kausal zugerechnet werden kann (Rauscher et al. 2015).

Diese Anstrengungen können mit einem unterschiedlichen Anspruch an methodische Rigorosität unternommen, mit qualitativen oder quantitativen Mitteln und mit unterschiedlichem Ressourcenaufwand – einmalig oder wiederholt – betrieben werden. Die Entscheidung darüber hängt von den gewünschten Verwendungszusammenhängen der Ergebnisse ab (interne Entscheidungen, öffentliche Rechenschaftsfunktion usw.). Darüber hinaus unterscheiden sich Ansätze der Wirkungsmessung dadurch, ob sie mit einer oder mit mehreren zentralen Variablen arbeiten. Für eine Reihe von Ansätzen steht die Variable Geld im Mittelpunkt, ihre Anwendung erfordert also die Monetarisierung von nicht-monetären Effekten, wofür besondere methodische Vorkehrungen bzw. Annahmen notwendig sind (Schober 2015). Und schließlich sind die Ansätze dadurch geprägt, dass sie sich vorrangig an bestimmte Stakeholder richten und deren Informationsbedürfnisse in den Mittelpunkt stellen (Kehl et al. 2016, S. 54ff.).

Ein Grundsatzproblem besteht in der Zurechenbarkeit von Wirkung auf die Intervention, deren Effekte gemessen werden sollen. Dies erfordert methodische Vorkehrungen, die den Ressourcenaufwand und die benötigte fachliche Kompetenz bestimmen. Insbesondere lässt sich das Problem der Zurechenbarkeit nur jeweils spezifisch lösen, z.B. indem ein quasi-experimentelles Design zur empirischen Prüfung des hypothetisch formulierten Wirkungszusammenhangs verwendet wird. Die anspruchsvollste Methode muss nicht das Mittel der Wahl sein, da das Interesse der Praxis an Wirkungsmessung einer anderen Logik folgt als das wissenschaftliche Interesse: Es geht nicht nur um einmalige, in einem Forschungsprojekt erzielbare Exaktheit, sondern auch um die Gewinnung einer Grundlage für das Alltags-Monitoring. In diesem Verständnis dient Wirkungsmessung der Validierung von Proxy-Variablen, anhand derer wiederkehrend identifiziert werden kann, ob die intendierten Wirkungen eingetreten sind oder Nachsteuerungsbedarf besteht (Kehl/Then 2015).

Für die Sozialwirtschaft ist im Lichte dieser Anforderungen weitere Entwicklungsarbeit vonnöten. Betrachten wir stellvertretend für Cluster jeweiliger Ansätze einige Vorgehensweisen beispielhaft, so lässt sich erkennen, dass keiner der Ansätze die genannten Kriterien vollständig erfüllt. Deshalb sei hier nur knapp skizziert, wo die jeweiligen Schwerpunkte bzw. Defizite von fünf Ansätzen, die nähere Analyse verdienen, liegen. Dazu haben wir Cost-Benefit-Analysen

(CBA), Quality-of-Life-Ansätze (QoL), Impact Reporting and Investment Standards (IRIS), die Politische Diskursnetzwerkanalyse (Pol-DNA) und den Social Return on Investment (SROI) verglichen.

Zusammengefasst ergibt sich:

- Die CBA bleibt weitgehend auf der Ebene des Input-Output-Vergleichs stehen, kann den Zusammenhang aber nur unter Zuhilfenahme anderer Ansätze wie QoL, die wiederum methodisch weitreichende Annahmen erfordern, herstellen. Zudem bleibt sie weitgehend auf die individuelle Ebene beschränkt und blendet Makro-Effekte aus.
- Die QoL-Analyse kann mindestens drei der vier funktionalen Wirkungsdimensionen abbilden; es fehlt die Prüfung der Indikatoren dahingehend, ob und inwiefern Wirkung auf den verschiedenen Ebenen (d.h. über die Lebensqualität von Individuen hinaus) eintritt.
- IRIS liefert eine Methodik, mit der vor allem ökonomische und soziale Indikatoren hinsichtlich ihrer Mehrdimensionalität schnell für einzelne Arbeitsbereiche gefiltert und spezifisch ausgerichtet werden können. Dies dürfte für eine ressourcenschonende Verstetigung künftiger Wirkungsmessung von Vorteil sein.

Während die beiden Letztgenannten kaum Indikatoren zur Messung wertebildender/-festigender sowie partizipativ-anwaltschaftlicher Beiträge bereitstellen, können diese aus anderen bestehenden und erprobten Ansätzen wie dem OECD Better Life Index bzw. der Pol-DNA gewonnen und nach dem ‚Baukastenprinzip' zu einer der IRIS-Logik folgenden Indikatorik oder dem SROI hinzugefügt werden. Dies gilt auch für Indikatoren der Akzeptanz und Legitimität sozialwirtschaftlicher Arbeit, die mittelbar an die Stellung einer Organisation in Diskursen geknüpft werden kann:

- Auf diesen für sozialwirtschaftliche Organisationen nicht unwichtigen Aspekt legt die Politische Diskursnetzwerkanalyse ihren Akzent. Sie ist ein Ansatz, der es ermöglicht, strukturiert zu untersuchen, wie sich Akteure in politisch-öffentlichen Diskursen positionieren und welcher Koalition von Akteuren sie angehören.
- Dagegen ist der SROI ein Konzept, das die Berechnung des gesellschaftlichen Nutzens von sozialen Interventionen durch vermiedene Kosten einerseits und zusätzliche soziale Wertschöpfung andererseits zum Ziel hat.

Der SROI kann als ‚konzeptionelle Hintergrundfolie' verstanden werden, die sich mittlerweile stark von dem gelöst hat, was vor rund 20 Jahren als SROI eingeführt wurde. Von den vorgestellten Ansätzen handelt es sich beim Social Return on Investment um den Zugang zur Wirkungsanalyse, der am ehesten einem umfassenden sozialwissenschaftlichen Forschungsansatz folgt und potentiell am offensten für eine entsprechend mehrdimensionale Messung ist. Identifizierte Wirkungen werden bei einer SROI-Rechnung nicht per se der analysierten Intervention zugerechnet, sondern es wird versucht, zu identifizieren, was möglicherweise ohnehin passiert wäre. Elaborierte SROI-Analysen tun dies auf einer quantitativen und qualitativen Basis mit geeigneten Forschungsdesigns und statistischen Mitteln. Hierfür intendiert der SROI, ein breites Spektrum (sozio-)ökonomischer und sozialer Effekte abzudecken. Er bildet (optional) einen Index of Return, der die Sozialrendite pro eingesetzte Geldeinheit beschreibt (und hierfür, wenn möglich, non-monetäre Effekte monetarisiert), kann sich aber auch auf quantitative Variablen beschränken (für Effekte, die nicht in Geld umgerechnet werden können oder sollen) oder anderen Darstellungsformen für sozioökonomische Wertschöpfung (z.B. Kosten-Nutzen-Differenzen) den Vorzug geben (Schober/Then 2015).

Im Sinne eines zu erweiternden ‚Werkzeugkastens' lässt sich der SROI als Grundlage dafür verwenden, von einem standardisierten und strukturierten Vorgehen (und insbesondere der Entwicklung eines Wirkungsmodells) ausgehend über die Wahl der konkreten Instrumente und des Untersuchungsgegenstands im Detail zu entscheiden. Einen praxisorientierten Überblick über die essenziellen Schritte des SROI geben Schober/Then (2015). Das dort präsentierte Vorgehen speist sich aus langjähriger Erfahrung mit angewandten SROI-Analysen und zeigt sich flexibel gegenüber unterschiedlichen Erwartungen und Ansprüchen an die Wirkungsanalyse.

5. Schluss

Der vorliegende Beitrag plädiert dafür, das Handeln der Sozialwirtschaft aus einer sozialinvestiven Perspektive zu betrachten, die dem Umstand Rechnung trägt, dass sich das Umfeld sozialer und gemeinnütziger Organisationen verändert hat. Diese von der Politik und Wirtschaft forcierte, aber auch von Klienten, Angehörigen und Freiwilligen mitgetragenen Veränderungen erfordern, das Handeln der Sozialwirtschaft angesichts von Transparenz- und Legitimationsanforderungen digitaler Öffentlichkeit und moderner politischer Steuerung neu zu denken und sich mit Debatten zur „Wirkungsorientierung“ und Instrumenten der Wirkungsanalyse auseinanderzusetzen. Der Beitrag argumentiert zugunsten eines mehrdimensional verstandenen, über die ökonomische Sphäre hinausreichenden Investitionsbegriffs, der Grundlagen für ein Verständnis von Wirkung legt, das ebenfalls mehrdimensional angelegt ist und Wirkungen auf mehreren Ebenen – vom Individuum bis zur Gesellschaft – betrachtet. Da kein konsolidiertes und hinreichend erprobtes Instrumentarium bereitsteht, erfordert die Messung innovative methodische Anstrengungen.

6. Literatur

Bourdieu, Pierre (1983): Ökonomisches Kapital, kulturelles Kapital, soziales Kapital. In: Kreckel, Reinhard (Hrsg.): Soziale Ungleichheiten. Soziale Welt Sonderbd. 2. Göttingen: Schwartz, S. 183-198.

Bundesverband deutscher Stiftungen (Hrsg.) (2015). Stifterstudie 2015. Stifterinnen und Stifter in Deutschland: Engagement – Motive – Ansichten. Berlin: Bundesverband deutscher Stiftungen.

Burmester, Monika/Wohlfahrt, Nobert (2016): Wirksamkeit der Freien Wohlfahrtspflege. Anmerkungen zu einem Gutachten zur Wirkungsmessung in der Freien Wohlfahrtspflege. In: Theorie und Praxis der Sozialen Arbeit 67, H. 4, S. 272-281.

Esping-Andersen, Gøsta (2002): Why We Need a New Welfare State. Oxford/New York: Oxford University Press.

Esping-Andersen, Gøsta (1990): The Three Worlds of Welfare Capitalism. Cambridge: Polity Press.

Evers, Adalbert/Olk, Thomas (1996): Wohlfahrtspluralismus – Analytische und normativ-politische Dimensionen eines Leitbegriffs. In: Evers, Adalbert/Olk, Thomas (Hrsg.): Wohlfahrtspluralismus: Vom Wohlfahrtsstaat zur Wohlfahrtsgesellschaft. Opladen: Westdeutscher Verlag, S. 9-60.

Freitag, Markus/Manatschal, Anita/Ackermann, Kathrin/Ackermann, Maya (2016): Freiwilligen-Monitor Schweiz 2016. Zürich: Seismo.

Granovetter, Mark (1985): Economic Action and Social Structure: The Problem of Embeddedness. In: The American Journal of Sociology 91, H. 3, S. 481-510.

Hemerijck, Anton (2013): Changing Welfare States. Oxford: Oxford University Press.

Kehl, Konstantin (2016): Sozialinvestive Pflegepolitik in Deutschland: Familiäre und zivilgesellschaftliche Potenziale im Abseits wohlfahrtsstaatlichen Handelns. Wiesbaden: Springer VS.

Kehl, Konstantin/Then, Volker/Rauscher, Olivia/Schober, Christian (2017): Wirkung und Wirkungsmessung von Innovation in Organisationen des Sozialwesens. In: Parpan-Blaser, Anne/Eurich, Johannes/Schröer, Andreas (Hrsg.): Gestaltung von Innovation in Organisationen des Sozialwesens. Wiesbaden: Springer VS, i.E.

Kehl, Konstantin/Glänzel, Gunnar/Then, Volker/Mildenberger, Georg (2016): Möglichkeiten, Wirkungen (in) der Freien Wohlfahrtspflege zu messen. Transparenzgutachten für die Bundesarbeitsgemeinschaft

der Freien Wohlfahrtspflege (BAGFW). Berlin/Heidelberg: Centrum für soziale Investitionen und Innovationen (CSI).
Kehl, Konstantin/Then, Volker (2015): Können die vermuteten Wirkungen belegt werden? Analyse in quantitativer Hinsicht. In: Schober, Christian/Then, Volker (Hrsg.): Praxishandbuch Social Return on Investment: Wirkung sozialer Investitionen messen. Stuttgart: Schäffer-Poeschel, S. 109-124.
Kingdon, John W. (1995): Agendas, Alternatives and Public Policies. 2 Aufl., New York: Longman.
Offe, Claus (1999): Sozialkapital. Begriffliche Probleme und Wirkungsweise. In: Kistler, Ernst/Noll, Heinz-Herbert/Priller, Eckhard (Hrsg.): Perspektiven gesellschaftlichen Zusammenhalts. Berlin: edition sigma, S. 113-120.
Rauscher, Olivia/Mildenberger, Georg/Krlev, Gorgi (2015): Wie werden Wirkungen identifiziert? Das Wirkungsmodell. In: Schober, Christian/Then, Volker (Hrsg.): Praxishandbuch Social Return on Investment: Wirkung sozialer Investitionen messen. Stuttgart: Schäffer-Poeschel, S. 41-57.
Schalock, Robert L. (2004): The Emerging Disability Paradigm and Its Implications for Policy and Practice. In: Journal of Disability Policy Studies 14, H. 4, S. 204-215.
Schober (2015): Wie können Wirkungen monetarisiert werden? In: Schober, Christian/Then, Volker (Hrsg.) (2015): Praxishandbuch Social Return on Investment: Wirkung sozialer Investitionen messen. Stuttgart, S. 125-160.
Schober, Christian/Then, Volker (Hrsg.) (2015): Praxishandbuch Social Return on Investment: Wirkung sozialer Investitionen messen. Stuttgart: Schäffer-Poeschel.
Simon, Herbert A. (1959): Theories of decision-making in economics and behavioral science. In: The American Economic Review 49, H. 3, S. 253-283.
Simonson, Julia/Vogel, Claudia/Tesch-Römer, Clemens (2016): Freiwilliges Engagement in Deutschland: Der Deutsche Freiwilligensurvey 2014. Berlin: BMFSFJ.
Stehr, Nico (2007): Die Moralisierung der Märkte: Eine Gesellschaftstheorie. Frankfurt a.M.: Suhrkamp.
Streeck, Wolfgang (1987): Vielfalt und Interdependenz. Überlegungen zur Rolle von intermediären Organisationen in sich ändernden Umwelten. In: Kölner Zeitschrift für Soziologie und Sozialpsychologie 39, H. 3, S. 471-495.
System Innovation Lab (Hrsg.) (2016): System Innovation Lab: Shaping Europe's Energy Future. Handbook. Heidelberg/Berlin: Wuppertal Institut für Klima, Umwelt, Energie/Centrum für soziale Investitionen und Unnovationen (CSI).
Then, Volker/Kehl, Konstantin (2015): Wie können Wirkungsdimensionen operationalisiert werden? in: Schober, Christian/Then, Volker (Hrsg.): Praxishandbuch Social Return on Investment: Wirkung sozialer Investitionen messen. Stuttgart: Schäffer-Poeschel, S. 59-76.
Then, Volker/Kehl, Konstantin (2012): Soziale Investitionen: ein konzeptioneller Entwurf. In: Anheier, Helmut K/Schröer, Andreas/Then, Volker (Hrsg.): Soziale Investitionen: Interdisziplinäre Perspektiven. Wiesbaden: VS Verlag für Sozialwissenschaften, S. 39-86.
Wohlfahrt, Norbert (2017): Strategische Neuausrichtung der Freien Wohlfahrtspflege in Folge von Ökonomisierung. In: Ceylan, Rauf/Kiefer, Michael (Hrsg.): Ökonomisierung und Säkularisierung. Wiesbaden: Springer VS, S. 211-237.

Digitalisierung und Technisierung sozialer Dienstleistungen

Ronald Deckert/Andreas Langer

Als einer der Megatrends der Wirtschaft aber auch der Sozialwirtschaft wird seit einiger Zeit die Technisierung und Digitalisierung diskutiert. So wird auch in einigen Forschungsprojekten zu sozialen Dienstleistungen deutlich herausgestellt, dass Digitalisierung und Personalisierung von Dienstleistungen als die größten Herausforderungen der Zukunft für die Sozialwirtschaft zu betrachten sind. Die Realität der Umsetzung von Digitalisierungsstrategien zeigt jedoch sehr deutlich, wie schwierig und steinig der Weg in die digitale Welt sein kann. Unter ethischen Gesichtspunkten wird die Digitalität bei klientennahen Digitalisierungsstrategien äußerst kritisch diskutiert.

Generell wird mit Digitalisierung vor allem die Umwandlung und Veränderung der Kommunikation – von manuell oder einfach maschinell unterstützt in digital unterstützt – verbunden oder aber auch die Modifikation von Instrumenten, Geräten oder Verfahrensweisen durch Informationstechnologie bzw. Computerunterstützung. Die Auswirkungen dieser Art der Digitalisierung waren zumeist Erhöhung der Effektivität und Effizienz sowie Veränderung der Kommunikation. Automatisierung und Optimierung, Modernisierung von Privathaushalt und Arbeitsplatz sowie Einführung und Umstellung von Computernetzen und Softwareprodukten zur Prozessplanung und Unterstützung sind hierbei Grundgedanken. Seit Anfang des 21. Jahrhunderts werden mit einer zweiten Bedeutung von Digitalisierung „disruptive Technologien und innovative Geschäftsmodelle sowie Autonomisierung, Flexibilisierung und Individualisierung in der Digitalisierung" in den Vordergrund gestellt. „Diese hat eine neue Richtung genommen und mündet in die vierte industrielle Revolution, die wiederum mit dem Begriff der Industrie 4.0 (auch ‚Enterprise 4.0') verbunden wird." (Gabler Wirtschaftslexikon 2016) In dieser zweiten Begriffsfassung wird auch vom *‚digitalen Imperativ'* gesprochen, mit dem radikale Umwälzungen verbunden sind. Übergreifend werden dabei unterschiedliche Phänomene fokussiert, die (1) eine Umdeutung vom Verständnis von Gütern und Produkten hin zu deren Verbindung zu und Einbettung in Dienstleistungen umfassen und die (2) zu einer vielfältigen Informationsverteilung und -erstellung bis hin zur Transformation der Arbeitswelt und der „Verschmelzung von Virtualität und Realität" führen (Gabler Wirtschaftslexikon 2016). In management- und industrienahen Diskussionen werden unterschiedliche Prinzipien dieser Transformation genannt, wie z.B.

- digitale Anwendungen, Softwarelösungen und zusammenführende Applikationen;
- Cloud-Technologien und internetbasierte Daten-Management-Plattformen;
- Netzwerke: Vernetzung von Arbeitsplatz, Datenplattformen und Anwendungen;
- digitales Dienstleistungsmanagement;
- Mobilisierung und Flexibilisierung von Arbeitsplätzen.

Der folgende Beitrag soll einen Einblick in eben dieses Thema eröffnen. So werden wir zuerst Digitalisierung(sstrategie) allgemein umreißen, insbesondere dazu, was unter Industrie 4.0 diskutiert wird (1). Dann wird in die wichtigsten Entwicklungslinien der Digitalisierung und Technisierung in sozialen Dienstleistungen eingeführt (2). Zuletzt wird ein Blick in die Handlungskontexte digitaler und technisierter Kontexte unter dem Blickwinkel der Digitalität eröffnet (3).

1. Digitalisierung und Industrie 4.0: Dimensionen, Geschichte und Bedeutung

Beginnend im 20. Jahrhundert ist eine Entwicklung festzustellen, die (1) eine durch Menschen subjektiv *analog* erfahrbare Lebenswelt *digital* abbildbar macht und (2) durch die *Nutzung von sich rasant entwickelnder Informationstechnologie* zur Erzeugung, Speicherung und Verarbeitung von Information gekennzeichnet ist. Zentrale Einheiten für Information sind hier „binary digits" oder kurz „*bits*", die nach C. E. Shannon (1948) auf J. W. Tukey zurückgehen. *Teile unserer Lebenswelt mittels Bits und Bytes (1 Byte = 8 Bit) digital zu erfassen* bedeutet, dass *kontinuierlich und stufenlos gedachte (analoge) Wertebereiche von Merkmalen unserer Lebenswelt auf diskrete (gestufte) Wertebereiche abgebildet werden.* Hierbei entstehen beispielsweise „gepixelte" Bilder, die je nach Auflösung mehr oder weniger wie das Originalbild aussehen. Unsere Lebenswelt stufenlos – also „ungepixelt" – zu denken, ist im makroskopischen Bereich eine erfahrungsnahe, hilfreiche Vereinfachung. Die uns aus der Quantentheorie und dem 20. Jahrhundert (Simonyi 1990, S. 425ff.) bedingt durch *Quantisierung* und *Unschärfen* bekannten Grenzen für Veränderung und Genauigkeit sind makroskopisch für gewöhnlich nicht erfahrbar. Wir nehmen beispielsweise Sonnenlicht nicht bewusst als einzelne Lichtteilchen (Photonen) wahr. Im makroskopischen Bereich kann die Abbildung in die – bildlich formuliert – „digitale Welt" vereinfacht als *bezüglich ihrer Genauigkeit gestaltbar* gelten. Je informatorisch weniger reichhaltig die digitale Abbildung verglichen zum „analogen Original" ist, umso weniger Informationsspeicher ist nötig. Gezielte Informationsverarbeitung liefert Erkenntnisse zu realem (bzw. Kontrolle über reales) Geschehen, die mit „bloßem Auge" (bzw. auf andere Weise) kaum oder nicht erlangt werden. Für Individuen und Institutionen sind hiermit vielfältige Fragen verbunden, wie sich nachfolgend zeigt.

Zunächst ist für die Darstellung der Geschehnisse rund um die Begriffe *Digitalisierung* und *Industrie 4.0* – „Industrie 4.0" entstand im Jahre „2011 als Zukunftsprojekt im Rahmen der Hightech-Strategie" (BMBF 2017), siehe QR-Code links für ein Video mit einigen Grundgedanken – eine Struktur zu wählen, um die Entwicklung zu beschreiben. Hierfür sollen Begriffe dienen, die Lübbecke (2015) mit Hinweis auf Beschreibungen von Industrievertretern zum Begriff Industrie 4.0 als zentrale Elemente angibt: *Digitalisierung*, *Vernetzung* und *Intelligenz*. Unter dem QR-Code rechts können per Link die Beschreibungen dieser Industrievertreter eingesehen werden. Nachfolgend findet die Dreiteilung *Digitalisierung*, *Vernetzung* und *Intelligenz* zur Strukturierung der Ausführungen Verwendung und zwar bei vielfältigen Verknüpfungen zwischen den diesen Begriffskategorien zugeordneten Themenstellungen. Unter dem Stichwort *Digitalisierung* wird auf *informationstechn(olog)ische Grundlagen* bis hin zu *mobilen Computern*, unter dem Stichwort *Vernetzung* auf das *Internet* bis hin insbesondere zum *Internet der Dinge* (englisch: Internet of Things, auch: IoT) und unter dem Stichwort *Intelligenz* auf *Künstliche Intelligenz* eingegangen. Bei der Darstellung komplexer Phänomene in einer Struktur wie dieser Dreiteilung wird das eine mehr betont als das andere.

1.1 Digitalisierung

Seit dem ersten von Konrad Zuse entwickelten und im *Jahre 1941* vorgeführten *Digitalrechner Z3* (siehe QR-Code rechts zur Internetseite seines Sohnes Prof. Dr.-Ing. habil. H. Zuse) hat die Computertechnologie eine rasante Entwicklung genommen, die eng mit dem Mooreschen Gesetz in Verbindung gebracht wird. Wie am 4.3.2017 unter www.intel.com/content/www/us/en/history/museum-gordon-moore-law.html auf der Internetseite von Intel angegeben ist, soll der Intel-Mitbegründer Gordon Moore dies wie folgt gefasst haben: „The number of transistors incorporated in a chip will approximately double every 24 months".
Vor einigen Jahrzehnten war „*A computer in every home*“ eine herausfordernde Vision von Bill Gates und heute finden sich insbesondere Prognosen dazu, wie viele Milliarden *(mobile) Computer* es in einigen Jahren und Jahrzehnten geben wird. Viele Menschen sind heute bereits über mehrere Computer (Mobiltelefone, Tablets, Desktop PCs zu Hause, Desktop PCs am Arbeitsplatz, Smart Watch etc.) technisch vernetzt.

1.2 Vernetzung

Mit *Digitalisierung* geht die Unterscheidung *analog/digital* einher und mit *Vernetzung* die Unterscheidung *online/offline*. Grundlegend für die Möglichkeit, heute online beispielsweise einkaufen zu können, ist das *Internet*. Bei MIT OpenCourseWare ist die *Geschichte des Internets* in Videos zweier Lectures von Balakrishnan (2012a, 2012b) zu erfahren (siehe Link zum ersten Video anhand QR-Code rechts). Balakrishnan (2012a) beginnt in den späten 1950er Jahren und kommt von analoger Telefonie insbesondere über das *ARPANET*, die *Erfindung des E-Mail-Zeichens „@“* und *offene Standards* zum *Beginn des Internetzeitalters mit Etablierung des World Wide Web im Jahre 1991 initiiert durch Tim Berners-Lee*. Balakrishnan (2012a) verknüpft hierin die Entwicklung hin zum Internet insbesondere mit folgendem Satz von Antoine de Saint-Exupery in englischer Übersetzung: „Perfection is achieved, not when there is nothing more to add, but when there is nothing more left to take away“ und stellt für Netzwerkarchitekturen die Bedeutung von Flexibilität heraus. Der QR-Code links führt zu einem Bild vom *World Wide Web Browser von Tim Berners-Lee* vom Forschungszentrum CERN bei Genf. Was ausgehend vom analogen Telefonnetz begann, setzt sich heute durch Nutzung von *Mobilfunknetzen* – und weiteren Vernetzungsmöglichkeiten wie beispielsweise WLAN (Wireless Local Area Network) – fort, so dass das Internet mobil verfügbar ist. Die Mobiltelefonie ist – neben anderen wie beispielsweise Onlinehandel, digitale Photographie oder Digitaldruck im Verständnis von Christensen (2016, S. xxix) eine disruptive Technologie, in diesem Fall bezogen auf die Technologie der Festnetztelefonie.

Mit dem *Internet der Dinge* kann zunächst die Vernetzung von allem angesprochen sein, das einen „An und Aus"-Schalter" besitzt, wobei bis zur Vernetzung insbesondere ganzer Städte (Smart Cities) auch zwecks optimalen Einsatzes von Ressourcen gedacht wird (Myers 2016). Dinge ohne einen „An- und Aus"-Schalter können darüber im Internet der Dinge vernetzt werden, dass diese mit einem Computer wie beispielsweise einem vernetzbaren Sensor versehen werden. Wie sich unter dem Link per QR-Code links nachlesen lässt, könnte das erste „Ding" im Internet der Dinge ein Cola-Automat im Jahre 1982 an der Carnegie Mellon University im damaligen Netzwerk gewesen sein. Der *Vernetzungsgedanke* findet einen über das Internet der Dinge weit hinausreichenden Kontext, wie die folgenden Auszüge der Angaben von Industrievertretern zu Ihrem Verständnis von Industrie 4.0 aus der Umfrage von Nördinger (2015) zeigen: „Vernetzung von Menschen, Maschinen und Systemen" (Schulemann 2015), „Modernste Information und Kommunikation vereinen reale und virtuelle Welt" (Sträb 2015), „interaktive Verzahnung über alle Lebenszyklen und Geschäftsprozesse" (Sträb 2015), „vernetzt alle Elemente von der Produktionsplanung, über die Ausführung bis zur vorausschauenden Wartung" (Kaeser 2015), „vertikale Vernetzung vom Sensor bis zum ERP genauso wie horizontale Vernetzung von Fabriken zu einem Wertschöpfungsnetzwerk, aber auch konsistente Verwaltung aller mit einem Produkt verbundenen Daten über den ganzen Lebenszyklus des Produkts" (Adolphs 2015), „Industrie 4.0 beschreibt makroperspektivisch die Vision der weltweiten Vernetzung von Geschäftsprozessen" (Molka 2015), „Industrie 4.0 bietet die Möglichkeit, intelligente Produkte zu vernetzen" (Klaiber 2015), „Industrieunternehmen gelten danach nicht mehr bloß als Produktlieferanten, sondern werden durch die Verbindung ihrer Anlagen und Geräte mit Internet-basierten Funktionen zu innovativen Dienstleistern" (Schmeding 2015) oder „Entwicklungen hin zur vollständigen Digitalisierung und Vernetzung der Produktion (...). Dies vollzieht sich evolutionär entlang der kompletten Wertschöpfungskette, von Maschinen und Komponenten bis hin zu Fabriken und Lieferantennetzwerken" (Schäfer 2015). Mit den Überlegungen zur *Smart Service Welt* legt die Deutsche Akademie der Technikwissenschaften (2015) ihre Vorstellungen für die Zeit um das Jahr 2025 herum vor (siehe QR-Code rechts zum zugehörigen Bericht aus 2015), wobei im entsprechenden Bericht die Entwicklung aufgrund der Transparenz für den/die Nutzer_in als disruptiv beschrieben wird. In diesem Zusammenhang insgesamt ist offensichtlich, dass Vernetzung nicht als Vernetzung von Dingen – also von unbelebter Materie – allein, sondern auch als Vernetzung von Menschen – also von belebter Materie – sowie als Vernetzung von Dingen und Menschen gedacht werden muss. Beispielsweise lässt die Kenntnis des Ortes eines Mobiltelefons sicherlich nicht selten (genau genommen: je nach Vernetzung von Mobiltelefon und dem/r Nutzer_in) eine recht valide Vermutung über den Aufenthaltsort von dessen Nutzer_in zu, um hier nur ein Beispiel zu nennen. Daher ist es konsequent, die Vernetzung belebter und unbelebter Materie und deren Auswirkungen insgesamt verknüpft zu denken (siehe eine Illustration zu diesem Gedanken auf Seite 15 der Präsentation unter dem QR-Code links). Es ist sicherlich richtig, gut zu überlegen, wozu genau Menschen Dinge ins Internet der Dinge bringen und sich hiermit verbinden sollten.

Es erscheint erwähnenswert, dass die zu Beginn des 21. Jahrhunderts aufkommende Lerntheorie des *Connectivism*, auf die in Abschnitt 1.4 kurz eingegangen wird, an den Gedanken zur Vernetzung Anschluss findet. Zudem kann Vernetzung als für die *Koordination von Gemeinschaftsaufgaben* zur Bewältigung großer Herausforderungen – als Beispiel diene hier die Bewältigung des Klimawandels (IPCC 2014) – *durchaus positiv gewertet werden*. Allerdings ist in einer medial vernetzten Welt insbesondere die Klima- und Wissenschaftskommunikation durchaus auch kritisch zu betrachten (siehe Vortrag von Brüggemann erreichbar per QR-Code rechts). Menschen vernetzen sich heute im Web 2.0 anhand von Internetplattformen wie beispielsweise XING, LinkedIn, facebook, Twitter oder Instagram. Erwähnenswert ist, dass bereits vor dem Internetzeitalter Fragestellungen zur Vernetzung von Mensch zu Mensch über wenige Stationen – bekannt als „*Small World Problem*" (Travers/Milgram 1969) – untersucht wurden.

1.3 Intelligenz

Die Entwicklungen der vergangenen Jahrzehnte haben verbunden mit dem Begriff der *Künstlichen Intelligenz (KI)* in gewisser Weise „intelligente" Algorithmen hervorgebracht, die beispielsweise auf *Fuzzy Logic*, *Neuronalen Netzen* oder *Evolutionären Algorithmen* beruhen. Künstliche oder maschinelle Intelligenz ist nach Wahlster (2017) in einigen Teilbereichen (1) *kognitiver Intelligenz* der menschlichen Intelligenz überlegen (schnelle Analyse extrem vieler Daten und Handlungsoptionen), während bei (2) *sensomotorischer Intelligenz* der Mensch Überlegenheit in Sensorfusion und Feinmotorik zeigt. Bei der (3) *emotionalen* und (4) *sozialen Intelligenz* „gibt es bei KI-Systemen noch große Schwächen und erst einfache Modelle für die Erkennung von Emotionen und sozialem Verhalten" (Wahlster 2017, o.S.). Beispiele für die Überlegenheit von Computern im Bereich *kognitiver Intelligenz* sind die Spiele Schach und Go des Menschen, in denen Computer menschliche Champions besiegen (Wahlster 2017). Anfang des Jahres 2017 wird aus der Carnegie Mellon University in Pittsburgh, Pennsylvania, berichtet, dass Professor Tuomas Sandholm und Ph.D.-Student Noam Brown mit dem Programm Libratus gegen sehr gute menschliche Spieler im Poker (Heads-up, No-Limit Texas Hold'em) gewonnen haben, womit ein Computer Fähigkeiten von strategischem Handeln bei unvollkommener Information zeigt (Spice 2017). Am Rande einer Veranstaltung des Fachbereichs Technik der HFH · Hamburger Fern-Hochschule im Februar 2017 in Stuttgart prägt Frau A. Sichlidou diesbezüglich den Begriff „binäres Pokerface". Wie im Video bei der Deutschen Welle zum Roboter „Handle" per QR-Code links zu sehen ist, gibt es auch im Bereich *sensomotorischer Intelligenz* bereits Beachtliches anzusehen.

Wolfgang Wahlster (2017) vom Deutschen Forschungszentrum für Künstliche Intelligenz (DFKI) schreibt in seinem Beitrag „Künstliche Intelligenz für den Menschen: Digitalisierung mit Verstand": „Künstliche Intelligenz (kurz KI) realisiert intelligentes Verhalten und die zugrundeliegenden Fähigkeiten auf Computern. KI ist heute im Alltag angekommen: Ob wir auf dem SmartPhone Sprachassistenzsysteme wie Siri oder Cortana nutzen, um ein Restaurant in der Nähe zu finden, mit Google Translate eine koreanische Webseite auf Deutsch übersetzen lassen, in unserem Fahrzeug Autopilotfunktionen aktivieren oder ob der Versuch einer betrügerischen Nutzung unserer Kreditkartendaten vereitelt wird, immer steckt KI dahinter. (...) Unser Ziel in der KI ist es, eine unsere menschliche Intelligenz unterstützende, ergänzende oder auch komplementäre maschinelle Intelligenz zu entwickeln, sodass menschlicher und maschineller Intellekt zusammen Probleme lösen, die uns Menschen beschäftigen. Es sollen dabei auch bekannte Defizite menschlicher Intelligenz durch KI kompensiert werden." Es wird kontrovers diskutiert, ob und inwieweit künstliche Intelligenz in der Zukunft menschliche Intelligenz übertreffen können wird; verbunden damit sind Begriffskategorien wie Superintelligenz, Intelligenzexplosion und technologische Singularität (Bostrom 2014). Persönlichkeiten wie Bill Gates, Steve Wozniak und Stephen Hawking haben schon vor den Gefahren künstlicher Intelligenz gewarnt (Ludwig 2015).

1.4 Ausblick auf gesellschaftliche Wirkungsfelder und Handlungsfelder einer Welt 4.0

Unter „Industrie 4.0" wird eine Entwicklung nach – hier grob charakterisiert – Mechanisierung, Elektrifizierung und (erster) Automatisierung verbunden mit dem *Internet der Dinge* (Botthoff 2014; Forschungsunion Wirtschaft und Wissenschaft 2013) und *cyber-physischen Systemen* Forschungsunion Wirtschaft und Wissenschaft 2013) verstanden. „Unternehmen werden zukünftig ihre Maschinen, Fertigungsanlagen und Fabriken als cyber-physische Produktionssysteme (CPPS) weltweit vernetzen und produktionsrelevante Prozesse punktgenau aufeinander abstimmen können. CPPS umfassen demnach intelligente Maschinen, Lagersysteme und Betriebsmittel, die durchgängig von der Eingangslogistik über die Produktion, das Marketing und die Ausgangslogistik bis zum Service informationstechnologisch miteinander verknüpft sind. CPPS eröffnen die Möglichkeit, Steuerungs- und Regelungsprozesse sehr viel differenzierter auszugestalten. Für das verarbeitende Gewerbe bedeutet dies einen Epochenumbruch." (Forschungsunion Wirtschaft und Wissenschaft 2013, S. 56). Dieser produktionsnahe Fokus weitet sich zunehmend begrifflich aus: *„Arbeitswelt 4.0"* (Tödter et al. 2014; Stifterverband für die Deutsche Wissenschaft 2016), *„Arbeiten 4.0"* (BMAS 2016), *„Wirtschaft 4.0"* (BIBB 2016), *„Bildung 4.0"* (BIBB 2016), *„Hochschulbildung 4.0"* und *„akademischer Arbeitsmarkt 4.0"* (Stifterverband für die Deutsche Wissenschaft 2016) oder das durch Stifterverband und Carl-Zeiss-Stiftung geförderte Programm *„Curriculum 4.0"* (Stifterverband für die Deutsche Wissenschaft 2016). Im Frühjahr 2017 findet sich auf der Internetseite der ETH Zürich abgerufen am 5.3.2017 unter www.ethz.ch/de/news-und-veranstaltungen/veranstaltungen/treffpunkt/onlineprogramm.html ein Onlineprogramm betitelt mit: „Frühjahr 2017: Arbeiten in der *Welt 4.0*" (Hervorhebungen R.D.)". Dem Stifterverband für die Deutsche Wissenschaft (2016, S. 6) folgend gilt: „Der Wandel erfolgt oft schnell und grundlegend: Produktions- und Logistikketten sowie Produkte und Dienstleistungen verändern sich. Innovationszyklen werden kürzer. Digitalisierung und Technisierung verändern aber auch grundlegend bislang technikferne, wissensintensive Berufsbilder, wie zum Beispiel im *Journalismus*, in der *Jurisprudenz*, in der *Bildung* oder in der *Verwaltung*. (...) Neu ist, dass die Technik nicht mehr nur manuelle Tätigkeiten ergänzt oder ersetzt, sondern zunehmend analytisch-intellektuelle Aufgaben übernimmt oder unterstützt" (Hervorhebungen R.D.). Vor diesem Hintergrund werden nachfolgend ausgewählte Hinweise zu den Wirkungs- und Handlungsfeldern Arbeit und Bildung gegeben:

- *Wirkungs- und Handlungsfeld „Arbeit"* – Es kann ein mehr oder weniger deutlicher Wegfall von bestimmten Arbeitsplätzen insbesondere bedingt durch Automatisierung und durch den Einsatz von Cloud-Lösungen – Letzteres mit der Folge des Abbaus unternehmenseigener Rechenzentren – einsetzen. Bezüglich ersterer Auswirkung wird einer OECD-Studie von 2016 zufolge (siehe Link unter dem QR-Code rechts) der „Share of People at High Risk" für Deutschland mit 12% angegeben (bei mittlerer Automatisierbarkeit von 43% insgesamt), wobei in dieser Studie weitere Studien benannt und auch kommentiert werden, die bezüglich der sich in Gefahr befindlichen Arbeitsplätze auch deutlich höhere Werte ausweisen (Arntz et al. 2016). Vor diesem Hintergrund wird kritisch zu beobachten sein, ob sich die Aussage „Infolge des technologischen und wirtschaftlichen Wandels wird es keine massenhafte Automatisierung von Arbeitsplätzen geben" aus dem Diskussionsentwurf zum Weißbuch Arbeiten 4.0 des Bundesministeriums für Arbeit und Soziales (BMAS, 2016) bewahrheiten wird. Dengler und Matthes (2015, S. 6, 23) gehen im IAB-Forschungsbericht 11/2015 davon aus, dass ein tatsächlicher Ersatz menschlicher Arbeit nicht nur von der technischen Machbarkeit abhängt, sondern insbesondere auch davon, ob „Investitionen in digitale Technologien (...) sich aus betriebswirtschaftlicher Sicht lohnen" sowie von ethischen und rechtlichen Fragen. Sie ermitteln bei einer Unterscheidung nach Helfer, Fachkraft, Spezialist und Experte das höchste Substituierbarkeitspotential für Helfer und Fachkraft – für beide in einer Höhe von ca. 45 % – und weisen (Weiter-)Bildung, beginnend bei der Schulausbildung, zur Schaffung von Voraussetzungen Bedeutung zu (Dengler/Matthes 2015). Durch Automatisierung an einer Stelle entfallene Arbeitsplätze können auch an anderer Stelle entfallen, weshalb in diesen Fällen die Vorbereitung auf neue Anforderungen entscheidend für den Erhalt der individuellen Beschäftigungsfähigkeit sein wird.

Mit der These „Lernen prägt das neue Arbeiten und Arbeiten prägt das neue Lernen" des Stifterverbandes für die Deutsche Wissenschaft (2016, S. 20) findet sich die Überleitung zum nächsten Handlungsfeld. Diese Überleitung spiegelt sich beispielsweise in der Kompetenzentwicklungsstudie Industrie 4.0 von acatech in Kooperation mit Fraunhofer IML und equeo (2016) wider, in der sich Informationen sowohl zum Status quo der Digitalisierung von Kernprozessen unterschieden zwischen Großunternehmen und KMU ebenso wie zur Strukturierung von Kompetenzanforderungen finden. Mittels QR-Code rechts ist das Industrie 4.0-Lab-Center des Fraunhofer IML zu erreichen. Wie zu Beginn des Jahres 2017 der ZukunftsMonitor des Bundesministeriums für Bildung und Forschung zeigt, stimmt eine weit überwiegende Mehrheit der Deutschen Bevölkerung folgender Aussage zu: „Im Jahre 2030 wird es unerlässlich sein, sich fortwährend weiterzubilden und sich ständig neue Fähigkeiten anzueignen, um beruflich erfolgreich zu sein" (siehe QR-Code links).

– *Wirkungs- und Handlungsfeld „Bildung"* – Nach einem Modell des World Economic Forum (2015, 2016) in Kooperation mit BCG kommt auch in Zukunft grundlegenden Bereichen wie Lesen, Schreiben, Mathematik, wissenschaftlichem Arbeiten, Information/Kommunikation/Technologie, Finanzen und Kultur/Zivilgesellschaft hohe Bedeutung zu, zugleich aber auch Kompetenzen wie *Kritischem Denken und Problemlösungsfähigkeiten*, *Kreativität*, *Kommunikation* und *Zusammenarbeit.* Laut Stifterverband für die Deutsche Wissenschaft (2016) in Kooperation mit McKinsey&Company gehen auf die folgende Frage „Wenn Sie überblickartig die Hochschullandschaft beurteilen, welche Fähigkeiten und welche Wissensinhalte gewinnen in der Hochschulbildung im Hinblick auf die Arbeitswelt der Zukunft an Bedeutung?" 71% der befragten Unternehmen davon aus, dass *überfachliche Kompetenzen* wichtiger werden und zwar vor spezialisiertem Wissen (54%), methodischen Kompetenzen (43%) und Grundlagenfachwissen (32%). In Quellen, in denen sich Überlegungen zu zukünftigen Anforderungen finden, sind auch technisch fokussierte Empfehlungen und zudem kurzfristig relevante Anforderungen festzustellen wie bei Smith (2017) mit Blick auf Cloud and Distributed Computing, Statistical Analysis and Data Mining, Web Architecture and Development Framework, Middleware and Integration Software, User Interface Design,

Network and Information Security, Mobile Development, Data Presentation, SEO/SEM Marketing oder Storage Systems and Management. Neben diesen Empfehlungen wird hier der in Abschnitt 1.2 angekündigte Hinweis auf den Connectivism nach Siemens (2005) gegeben, über den unter dem Link, der mittels dem QR-Code rechts zu erreichen ist, nachgelesen werden kann. Mit dem Connectivism (Siemens 2005) – als nach den Lerntheorien Behaviourism, Cognitivism und Constructivism des 20. Jahrhunderts aufkommende Lerntheorie des 21. Jahrhunderts (Campbell/Schwier 2014) – verändert sich das Verständnis von Lernen recht grundlegend.

Im Positionspapier des Wissenschaftsrats (2015, S. 30) findet sich: „Die Bewältigung großer gesellschaftlicher Herausforderungen hat sich in den letzten Jahren zu einer weiteren wissenschaftspolitischen Zielvorstellung entwickelt, die den Gedanken, Grundlagenforschung als Fortschrittsmotor zu fördern sowie Innovationsprozesse zu unterstützen, ergänzt“, wobei der „zunehmend als Bedrohung empfundene Klimawandel“ als eine „weitere Wurzel des Diskurses um große gesellschaftliche Herausforderungen“ (Wissenschaftsrat 2015, S. 7) gelten kann. Die Forschungsunion Wirtschaft und Wissenschaft (2013) führt im Perspektivenpapier „Wohlstand durch Forschung – Vor welchen Aufgaben steht Deutschland?“ folgende Bedarfsfelder an:

- Klima und Energie,
- Gesundheit und Ernährung,
- Nachhaltige Mobilität,
- Kommunikation und IT,
- Sicherheit und
- Weitere mögliche Missionen,

wobei die Überlegungen zu Industrie 4.0 zunächst bei „Kommunikation und IT“ zugeordnet sind. Beachtenswert ist die Bewertung des Physikers und Präsidenten von acatech, Prof. Dr. Henning Kagerman: „Das Internet der Dinge und Dienste wird in der digitalen Wirtschaft und Gesellschaft *für alle fünf Bedarfsfelder zum zentralen Innovationstreiber* werden. Mit dem Zukunftsprojekt ›Industrie 4.0‹ hat die Forschungsunion erste Umsetzungsschritte erfolgreich initiiert, um Deutschlands Zukunft als Produktionsstandort zu sichern. Intelligente Produkte werden zu innovativen Plattformen für neue internetbasierte Dienstleistungen und Geschäftsmodelle. Mit dem zweiten Zukunftsprojekt ›Internetbasierte Dienste für die Wirtschaft‹ kann ein entscheidender Impuls für die Internetökonomie in Deutschland gegeben werden“ (Forschungsunion Wirtschaft und Wissenschaft 2013, S. 54; Hervorhebung RD/AL). An dieser Stelle soll folgender Gedankengang Betonung finden: Ohne moderne Informationstechnologie wäre die Untersuchung des Klimawandels und der möglichen Auswirkungen wie heute vorliegend nicht möglich gewesen wären. Aus dieser Perspektive ist Informationstechnologie als ein großer Gewinn für die Menschheit anzusehen. Ein Teil der Lösung für dieses, nach allem was wir wissen, folgenschwere Handlungsfeld mag durch Technologie entstehen können. Daran, dass der Klimawandel im Rahmen der globalen Entwicklungen allein – oder auch nur vornehmlich – durch Technologie erfolgreich bekämpft werden kann, bestehen allerdings erhebliche Zweifel.

Vor dem Hintergrund der weitreichenden Veränderungen, die sich mit den aufgezeigten Entwicklungen rund um Digitalisierung und Industrie 4.0 ergeben, wird hier ein weiteres Wirkungs- und Handlungsfeld eröffnet:

Wirkungs- und Handlungsfeld „Verantwortung“ – In einer zunehmend digitalisierten Welt besteht für Individuen und Institutionen eine große Verantwortung. Seitens von Unternehmen wird diese durch folgendes Zitat aus der Special Collection des MIT Sloan Management Review mit dem Titel „Frontiers: Exploring the Digital Future of Management” aus dem Jahre 2016 deutlich: „The power and responsibility that companies have to help build a thriving, resilient world has never been greater“ (Winston 2016, S. 19), wobei sich allein in dieser speziellen Ausgabe des MIT Sloan Management Review andeutet, wie vielfältig die Auswirkungen für das Management von Unternehmen insgesamt sein können. Seitens der Politik setzt sich insbesondere der Bundestag in Form des *Ausschusses Digitale Agenda* mit Digitalisierung auseinander (siehe QR-Code rechts).
Die Vielschichtigkeit und Vernetzung der Problemfelder insgesamt verweist auf eine hohe Bedeutung vernetzten und disziplinübergreifenden Denkens und Handelns in einem komplexen Umfeld. Dies gilt auch mit Blick auf die Erkundung neuer Anwendungsfelder und Dienstleistungen in Bereichen wie Beschäftigung, Mobilität, Wohnen und Grundversorgung, die unter dem Titel „Smart Service Welt II – neue Anwendungsbereiche für digitale Dienste und Plattformen“ vom Bundesministerium für Wirtschaft und Energie unterstützt werden.

2. Neue Technologien als Innovation in sozialen Dienstleistungen

Digitalisierung umschreibt also ein komplexes und breit wirksames Phänomen, mit dem radikale Umwälzungen in Wirtschaft, Dienstleistung und Gesellschaft verbunden sind. Soziale Dienstleistungen sind als Spezialisierung personennaher Dienstleistungen zu verstehen. Neben ihrem grundlegend einigenden Charakter der Intangibilität, Ko-Produktion, Ortsgebundenheit und Kundenintegration zeichnen sie sich durch ihren bislang hohen Grad sozialstaatlicher Institutionalisierung aus (Sachleistungen), ihre beschränkte Marktgängigkeit (Quasimärkte), Steuerung durch Bedarfsplanung, Exklusivität der Berufsausübung durch lizensierte Qualifikationen, sowie ein hoher Grad an staatlicher oder sozialer Refinanzierung. Ihr Merkmal als Vertrauensgut verweist auf die hohe Bedeutung von Verlässlichkeit und Qualitätsmanagement.

In diesem Kapitel soll es also nun um eine Zusammenschau zur Digitalisierung in diesem komplexen und spezifischen Dienstleistungsbereich gehen. Dabei wird mit einem kurzen Seitenblick auf den Gesundheitssektor deutlich werden, dass die Umsetzung von Digitalisierung und Technologie in der Sozialwirtschaft ein eher neues Phänomen ist (Leys 2009; Harlow/Webb 2003; Perron et al. 2010). Technologiebasierte Lösungen in der Sozialwirtschaft sind voraussetzungs- und spannungsvoll, insbesondere, wenn es sich nicht nur um ‚back-office'-Prozessunterstützung handelt, sondern direkt in Interaktionsgeschehen eingegriffen wird (Augusto et al. 2012): „Technologien und Techniken werden hier als nicht-menschliche Entitäten in Form materieller und immaterieller Artefakte verstanden. In der Tradition der Technographie wird zwischen einem „Tat-Aspekt“ (Technisierung der Handlung) und einem „Sach-Aspekt“ (Materialität der Trägermedien) von Technik (Rammert 2008, S. 350f.) unterschieden. Technikbezogenes Tun umfasst dabei das „Machen *von* Technik (...), das Machen *mit* Technik (...) sowie das Mit*machen* der Technik“ (Rammert 2008, S. 344, Hervorhebungen im Original). In der Analyse von Innovationsprozessen sind insbesondere zwei Aspekte der Technisierung von sozialen Dienstleistungen von Interesse: Die Einführung neuer Technologien an sich, sowie die Konsequenzen der Technisierung auf das Dienstleistungshandeln.“ (Langer et al. 2017, i.E.)

2.1 Digitalisierung als technische Unterstützungs- und Assistenzsysteme

Unter die Kategorie der technischen Unterstützungs- und Assistenzsysteme fallen solche Anwendungen, welche die soziale Dienstleistung in Teilen ersetzen, ergänzen oder erweitern. Das können sein:

- Mobilitäts- und Kommunikationshilfen (z.B. AAC – augmentative and alternative communication, Mirenda 2003; Linnenschmidt 2016; Pelizäus-Hoffmeister 2013);
- Therapiehilfen bis hin zur Robotik (z.B. AAL – ambient assisted living, Hilbert und Paulus 2011; Gaden 2011; Karbach/Driller 2011; auch Arbeitsgruppe Bestandsaufnahme BMBFNDE Innovationspartnerschaft AAL 2011; BMBFNDE Innovationspartnerschaft AAL 2012);
- Haus- und Wohnungstechnik, also übergreifend die Gebäudeautomation. Das klassische Beispiel ist der Hausnotruf bis hin zu smart home-Technologie (Oswald/Wahl 2016);

Technische Unterstützungs- und Assistenzsysteme spielen eine besondere Rolle im Kontext der Sozialwirtschaft, wenn man dies eigenbettet in gesellschaftliche und demografische Entwicklung versteht. So sind die Digitalisierungsaspekte direkt verbunden mit einem Umdenken von passiv konsumierenden Klient_innen hin zu aktiven, gestaltenden Nutzer_innen und Kund_innen, und dies zugleich in vielen europäischen Ländern und Dienstleistungsbereichen (Windrum/Garcia-Goni 2008). Technologie und Digitalisierung unterstützt die Prozesse und Zielsetzungen der Personalisierung, Deinstitutionalisierung sowie Qualitäts- und Bedarfssteigerung der bzw. für die Dienstleistungen. Dieser Statuswandel (Franz in diesem Band) der Nutzer_innen von Dienstleistungen von Konsument_innen zu steuernden Co-Creator_innen (und allen Zwischenabstufungen im Grau-Bereich) begründet sich in einem Zuwachs der Selbstbestimmung der Nutzer_innen, klientenzentrierter Steuerungsautonomie sowie Übertragung der Planungs- und Definitionsmacht von den Gewährleistern (öffentliche Träger) bzw. Dienstleister hin zu der Gestaltungsmacht der Nutzer_innen. Dies kann zu Effektivitätssteigerungen führen aber auch Kosteneinsparungen ermöglichen (Inno-Serv: Hawker/Frankland 2012).

2.2 Systeme der IT und Digitalisierung zur besseren Erreichbarkeit und Zugänglichkeit sozialer Dienstleistungen

Ein wesentlicher Aspekt sozialer Teilhabe und politischer Partizipation besteht in der Erreichbarkeit und Niedrigschwelligkeit des Zugangs zu wichtigen gesellschaftlichen Bereichen (Innoserv: Crepaldi et al. 2012, S. 34). Digitalisierung wird in diesem Kontext als Ergänzung und ‚Treiber' bereits etablierter oder stark vorangetriebener Maßnahmen wie etwa die Förderung von Barrierefreiheit im öffentlichen und privaten Raum gesehen. Hier steht die Verbesserung des Zugangs zu Informationen, neuen Kommunikationsmöglichkeiten und verbesserter Koordination von Leistungen im Mittelpunkt. Bekannte Beispiele sind Hilfen, um Computer und Internet barrierefrei zu gestalten, E-Government-Lösungen und allgemein die „universal design" Prinzipen. Ein Beispiel dafür ist auch die Plattform für Soziale Arbeit „soziago.de". Die hier genannten technischen Systeme sind dabei als solche Anwendungen systematisiert, die eine soziale Dienstleistung in ihrer Form nicht tiefgreifend verändern, aber eben die Erreichbarkeit verbessern oder auch erst ermöglichen (u.a. in physischer, virtueller und zeitlicher Hinsicht). So ist es fast selbstverständlich, dass bekannte Anwendungen aus dem alltäglichen Leben oder der Produktion auch im Kontext sozialer Dienstleistungen Anwendung finden. Die Herausforderung besteht wie gesagt in der Barrierefreiheit technischer Systeme, im E-Government bis hin zum „universal design“ (The Center for Universal Design 1997) sind zu erwähnen.

Bereits hier zeigt sich, dass diese Umsetzungen voraussetzungsvoll sind und gleichzeitig (unintendiert) zur Exklusion einzelner Personengruppen beitragen, wenn z.B. weder Computer noch Computerkenntnisse vorhanden sind.

Einige Bereiche der etablierten Digitalisierung sind dabei:

- Telemedizin: Hier werden Behandlungen auch über geografische Distanzen hinweg ermöglicht. Vor allem in strukturschwachen Gegenden kann durch Telemedizin eine Versorgung gesichert oder können Qualitätsverbesserungen erreicht werden. Telemedizin wird auch zu Qualifikations- und Trainingszwecken eingesetzt (zahlreiche Beispiele finden sich in Duesberg 2010).
- E-Health/E-Care: In der Telebetreuung scheint Potential für die Qualitätsverbesserung z.B. der Pflege insbesondere durch Steigerung des Selbstmanagements zu liegen (Pols/Willems 2011), sowie durch die Befähigung zum Selbstmanagement – eine gute Versorgung im eigenen Haushalt kann länger gewährleistet werden (Bayer et al. 2007).
- Informationsplattformen: Über das Internet werden mittlerweile wichtige Informationsquellen bereitgestellt, hier zeichnen sich drei Schwerpunkte ab: (1) Befähigung der DL-Nutzer_innen zur Selbstdiagnose bis hin zu eigenständigen Behandlung, Bildung von Online-Communities zum Erfahrungsaustausch und gegenseitigem Ratschlag (Hawker/Frankland 2012, S. 23) (2) Erweiterung des eigenen Wissens über den Gesundheitszustand und gesteigerte Mitwirkung am Behandlungsprozess (Crepaldi et al. 2012, S. 68) (3) Entstehung von peer-to-peer Patientengemeinschaften (Coye et al. 2009, S. 129; Kuenne et al. 2011) sowie (4) die ortsunabhängige Verfügbarkeit von Informationen durch Smartphones und App-basierte Produkte.

2.3 Digitalisierung und IT-Unterstützung im Management und bei Verwaltungsabläufen in sozialen Dienstleistungen

Dieser Bereich umfasst technische Anwendungen, die unterstützenden Charakter in Management-Aufgaben haben, sich also auf die Prozesse und das ‚back-office' einer Dienstleistungsorganisation beziehen. Gemeint sind hier IT-basierte Planungs-, Dokumentations- und Controllinginstrumente, die sich auf die Dienstleistungserbringung beziehen, auch als Sozialinformatik bezeichnet (Kreidenweis 2012). Diese Technikanwendungen können weitreichende Auswirkungen auf das Dienstleistungshandeln haben, wie z.B. die Diskussion um Fallmanagement-Software in der Kinder-und Jugendhilfe zeigt (White et al. 2009; Huuskonen/Vakkari 2015; Ley 2008). Hier ist auch das Aufschreiben bzw. Registrieren von Fällen in Datenbanken anzusprechen (O'Rourke 2010). Aus administrativer Sicht spielen IT-basierte Lösungen vor allem im Hinblick auf Datenmanagement eine bedeutende Rolle. Der E-Health-gestützte Übergang zu elektronischen Patientenakten bspw. (mit Diagnose, Behandlung, Medikation) und die Nutzung von IKT ermöglichen einen schnellen, allerdings in der Handhabung oft anspruchsvollen Austausch von Informationen und damit auch Kosteneinsparungen. Neben den Auswirkungen auf die Interaktion mit Dienstleistungsnutzenden können IKTs interne Arbeitsabläufe, Marketing, Management und Personalwirtschaft radikal verändern. Aus einer ethischen Perspektive werden die Risiken der Digitalisierung sozialer Dienstleistungen erst anfänglich diskutiert.

2.4 Internet der Dinge, Datenanalyse und soziale Dienstleistungen

Nicht direkt als Veränderung sozialer Dienstleistungen, sondern eher als Herausforderung für soziale Dienstleistungen der Sozialwirtschaft sind Phänomene zu verstehen, die unter dem Stichwort ‚Internet der Dinge' zusammengefasst werden. Gemeint ist damit, dass Kommunikationen von Menschen, Geräten, Sensoren und Maschinen zusammenspielen. Krotz fasst dies als eine Verschmelzung der kommunikativen Welten zusammen „Wir werden von Gegenständen umgeben sein, die alle ein Abbild im Internet haben und die ohne Internet nicht mehr richtig funktionieren" (Krotz 2008, S. 58). Besonders interessant für eben diese indirekte Wirkung auf soziale Dienstleistungen wird hier sein, dass digitale Strukturierungen von Daten, insbesondere größeren Datenmengen nicht nur die ‚offline'-Sphäre abbilden, sondern neu strukturieren, durch eine Übertragung der ‚online'-Strukturen. Die Funktionalität dieses Prozesses lässt sich über Data- bzw. Big-Data-Analysen nachvollziehen. Wie bereits oben erwähnt lassen es die ‚Maschinen' mittlerweile zu, enorme Datenmengen zu verarbeiten, also bestimmte Inhalte in einer Online-Sphäre zu ordnen, zu systematisieren und dementsprechend neu zu strukturieren. Es herrscht aktuell ein Streit darüber, ob es um Data- oder Big Data geht.

Die Zielrichtung des Umgangs mit großen Datenmengen hat mindestens zwei Richtungen:

- Erstens geht es um den Erkenntnisgewinn durch große Datenmengen: „Auch in der medizinischen Forschung besteht die Hoffnung, mit Hilfe von Big Data-Anwendungen umfangreiche und komplexe Datenmengen effizient zu analysieren, um so die Diagnose und Therapie von Erkrankungen zu verbessern" (TMF 2016).
- Zweitens geht es um die schon genannte strukturierende Wirkung der Offline-Sphäre: „Als Innovationen sind im Kontext der Rückwirkungen von Internetkommunikation Elemente zu verstehen, die offline bisher nicht realisiert wurden oder generell nicht realisiert werden können." (Papsdorf 2013, S. 234)

Konkret wird dieses Phänomen zum Beispiel für die Schuldnerberatung und für neue Phänomene der Überschuldung. So ist zu erwarten, dass Bonitätsprüfungen sich verstärkt auf Big Data Analysen gründen könnten: „Mit der Auswertung immer größerer Mengen (persönlicher) Daten lassen sich immer exakter Rückschlüsse auf persönliche Eigenschaften wie Geschlecht, Alter, sexuelle Orientierung, ethnische Zugehörigkeit, politische Einstellung, Religion, Beziehungsstatus oder Nikotin-, Alkohol- oder Drogenkonsum ziehen" (Rosenkranz 2017, S. 8). Diese Daten werden verstärkt auch aus sozialen Medien gewonnen. In die Beurteilung von Kreditwürdigkeit können dann aber auch noch Faktoren einfließen, wie z.B. die ‚Freundesstruktur' in Online-Plattformen (wie viele Akademiker zählen zu den facebook-Freunden?), das Konsumverhalten via Bankbewegungen bis hin zum Schreib-Verhalten beim Ausfüllen von Onlineformularen (Wie oft werden Eingaben widerrufen? Wie lange brauchen die Kund_innen, um die Daten ihrer Arbeitgeber einzugeben? Welche Daten werden unchronologisch eingegeben?)

Werden über diese Daten Rückschlüsse auf die Kreditwürdigkeit geschlossen, werden virtuelle Sphären zu realen Entscheidungs- und Handlungsstrukturen, zu denen sich letztlich die soziale Schuldnerberatung verhalten muss.

3. Digitalität mit ihren Chancen und Grenzen für die Sozialwirtschaft? Zentrale Themen um Wirkung und Nebenfolgen neuer Technologien

Wie werden nun aber im Rahmen der Digitalisierung soziale Dienstleistungen erhandelt und wie wird Digitalisierung im Rahmen sozialer Dienstleistungen erhandelt? Diese empirisch zu beantwortende Forschungsfrage schließt an die These von Felix Stalder an, der die ‚Kultur der Digitalität' (2016) als ein an drei Prinzipien orientiertes Handeln begreift. Die Kultur der Digitalität zeichnet sich aus durch (1) Referentialität, also den Anschluss an bestehende Praxen, Deutungs- und Bewertungsformen, durch (2) Gemeinschaftlichkeit, also die Herstellung und Stabilisierung kollektiver Referenzrahmen, sowie durch (3) Algorithmizität als Automatisierung von Entscheidungshandeln und Informationsverarbeitung. Durch drei vertiefende Studien gewinnen wir Einblick über Ausformungen der Digitalität in sozialem Dienstleistungshandeln. Diese Studien sind als empirisch geleitete Fallbeschreibungen und „workplace studies" (Knoblauch/Heath 1999) angelegt und orientieren sich an der vorläufigen Systematik digitalen Dienstleistungshandelns und an der These der Kultur einer Digitalität.

Vor diesem Hintergrund zeichnen sich mindestens sechs Perspektiven der Umsetzung und des Erhandelns digitaler Lösung ab, die im Folgenden nur kurz angerissen werden:

- Ambivalenzen der Einführung: Technologien versprechen zwar Effektivitäts- und Qualitätsverbesserungen, aber ihre Einführung erfordert professionelles Projektmanagement und nicht selten auch begleitende Organisations- und Personalentwicklungsprozesse. Nicht selten werden neue Lösungen als Pilotprojekte entwickelt und getestet, die dann aber ein hohes Risiko haben, nicht verstetigt zu werden (Clark/Goodwin 2010, S. 14). Der Grund dafür ist in Kosten und Geschäftsmodellen zu suchen. Es müssen beträchtliche Investitionen getätigt werden. Insbesondere in der Sozialwirtschaft können diese Kosten außerhalb öffentlicher Förderprogramme kaum aufgebracht werden und können nicht über Einpreisung weder auf Nutzer_innen noch auf Kostenträger umgelegt werden
- Gleichberechtigte Nutzung: Digitalisierte Lösungen werfen zwangsläufig das Problem des gleichberechtigten Zugangs auf (West/Miller 2006). So kann das Angebot von webbasierten Dienstleistungen gleichzeitig zur besseren Erreichbarkeit aber auch zur Exklusion von einigen Personen-Gruppen führen. Im Risiko stehen hier paradoxerweise vor allem solche Bevölkerungsgruppen, für die eben die Gesundheits- und Wohlfahrtsdienstleistungen geplant werden oder die diese dringend benötigen, wie z.B. Menschen mit Behinderung oder ältere Menschen, die durch hohe Barrieren an der Teilhabe gehindert sind. Auch zeichnet sie z.B. durch ihren beschränkten Zugang zu Bildung oder finanziellen Ressourcen gleichzeitig ein beschränkter Zugang zu Informations- und Kommunikationstechnologien aus, dies gilt auch für ältere Menschen. Als 'digital divide' wird diese Entwicklung bereits im Rahmen der internationalen Sozialarbeitswissenschaft reflektiert (Steyaert/Gould 2009).
- Sicherheitsfragen: Während Digitalisierung, IKTs und andere Technologien im Kern Teilhabe, Accessability, Transparenz und Partizipation erhöhen und die Selbstbestimmung der Nutzer_innen stärken und befähigen sollen, werden durch die Nutzung von IKTs Sicherheitsfragen aufgeworfen. Dies gilt in Hinsicht auf die Verarbeitung von Daten aber auch die Gerätenutzung (Hardware). An der elektronischen Gesundheitskarte in Deutschland entzünden sich Diskussionen über die Zugangsberechtigung zu den gespeicherten Patientendaten und deren Schutz. (Sunyaev et al. 2010, S. 187ff.). Ebenso handelt es sich bei sozialen Dienstleistungen oftmals um sensible personenbezogene Daten, die einen hohen Grad an

Datensensibilität benötigen bis dahin, dass hohe bürokratische Hürden in der zielgerichteten Datennutzung bestehen. Auf der Seite der Gerätesicherheit ist das Risiko von Technikversagen nicht zu unterschätzen. Es wird betont, dass die Notwendigkeit, jeweils alternative Lösungen vorzuhalten, umso höher ist, je mehr die Abhängigkeit von der technischen Lösung ansteigt, immer für den Fall, dass Technologien versagen (Pesce/Ispano 2013, S. 17f.).
- Infrastrukturerhalt: Die Aspekte der Sicherheit und der gleichberechtigten Nutzung haben zur Konsequenz, dass trotz gutem und hilfreichem Einsatz von Technologien ein Bedarf besteht, die bereits bestehende Infrastruktur – zumindest in Teilen – aufrechtzuerhalten. Dass damit erhöhte Kosten und verminderte Einsparungseffekte verbunden sind, liegt auf der Hand.
- Bürokratisierung: Ein nichtintendierter Begleiteffekt der Einführung neuer Informations- und Kommunikationstechnologien und der ausgeweiteten Datenspeicherung ist eine fortschreitende Bürokratisierung. Es wird angemerkt, dass die Pflege der digitalen Systeme zum Teil von Fachkräften geleistet werden muss, deren Zeit dann nicht mehr für die Pflege und Betreuung der Adressat_innen zur Verfügung steht.
- Isolation und Beziehungsabbruch: Insbesondere der Aspekt sozialer Dienstleistungen als Beziehungs- und Vertrauensgut wird von professionell-fachlicher Seite angebracht. Technologisierte Lösungen können zu einer radikalen Beziehungsverschiebung bis hin zu Beziehungsabbruch in der Dienstleistungsinteraktion führen und Phänomene sozialer Isolation und Vereinzelung der Nutzer_innen verschärfen.

Den Entwicklungen zu Digitalisierung und Industrie 4.0 ist das Potential zuzusprechen, die Überlegungen zu diesen Perspektiven weiter zu ergänzen und ggf. auch zu verschärfen.

4. Fazit

Vor allem aus den angedeuteten Themen der Ambivalenzen so nicht intendierter Nebenfolgen eröffnet sich ein Handlungsdruck nach angemessenen Regulierungen und Rahmenbedingungen beim Einsatz der Technisierung – nicht zuletzt deswegen, „weil es um Menschen geht, die zu den verwundbarsten unserer Gesellschaft gehören und deren Einfluss auf die für sie oft lebensbestimmende Dienstleistungsgestaltung eher gering ist." (Langer et al. 2017 i.E.) Insbesondere ist offen und unterliegt weiteren Forschungs- und Entwicklungsbemühungen, wie eine freiwillige Nutzung der digitalisierten und technologisierten Angebote seitens der Nutzer_innen realisiert werden kann, um einerseits gesetzlich vorgeschriebene Wunsch- und Wahlrechtsoptionen aufrechtzuerhalten aber auch – im Sinne einer Gewährleistungsverantwortung –- im Versagensfall eine ‚analoge' Versorgungs-Option beibehalten zu können. Nutzer_innen sollten, müssten oder könnten also zwischen zwei Systemen auswählen. Letztlich gilt es insbesondere dann, wenn soziale Dienstleistungen in Kombination mit Technologien tief in die Intimsphäre und das individuelle Leben der Menschen eingreifen, zu bedenken, wie ‚voice'- und ‚exit'-Optionen erhalten und verwirklicht werden können.

5. Literatur

Adolphs, Peter (2015): Zitat zur Industrie 4.0. In: Nördinger, Susanne (Hrsg.): Umfrage: So definieren Industrievertreter Industrie 4.0. www.produktion.de/veranstaltungen/fachkongress-industrie-4-0/umfrage-so-definieren-industrievertreter-industrie-4-0.html, 5.3.2017.

Arbeitsgruppe Bestandsaufnahme BMBFNDE Innovationspartnerschaft (Hrsg.) (2012): Arbeitsgruppe Bestandsaufnahme BMBFNDE Innovationspartnerschaft AAL 2011, BMBFNDE Innovationspartnerschaft AAL 2012.

Arntz, Melanie/Gregory, Terry/Zierahn, Ulrich (2016): The Risk of Automation for Jobs in OECD Countries: A Comparative Analysis, OECD Social. In: Employment and Migration Working Papers, Nr. 189. Paris: OECD Publishing. dx.doi.org/10.1787/5jlz9h56dvq7-en, 4.3.2017.

Augusto, Juan Carlos/Huch, Michael/Kameas, Achilles / Maitland, Julie / McCullagh, Paul (Hrsg.) (2012): Handbook of Ambient Assisted Living, Technology for Healthcare, Rehabilitation and Well-being. Amsterdam/Berlin/Tokio/Waschington DC: IOS Press.

Balakrishnan, Hari (2012a): Lecture 23: A Brief History of the Internet. Introduction to EECS II: Digital Communication Systems. Fall 2012. MITOPENCOURSEWARE. ocw.mit.edu/courses/electrical-engineering-and-computer-science/6-02-introduction-to-eecs-ii-digital-communication-systems-fall-2012/ lecture-videos/lecture-23-a-brief-history-of-the-internet/, 3.3.2017.

Balakrishnan, Hari (2012b): Lecture 23: History of the Internet cont'd, Course Summary. Introduction to EECS II: Digital Communication Systems. Fall 2012. MITOPENCOURSEWARE. ocw.mit.edu/courses/ electrical-engineering-and-computer-science/6-02-introduction-to-eecs-ii-digital-communication-systems-fall-2012/lecture-videos/lecture-24-history-of-the-internet-contd-course-summary/, 3.3.2017.

Bayer, Steffen/Barlow, James/Curry, Richard (2007): Assessing the impact of a care innovation. Telecare. In: Syst. Dyn. Rev. 23, H. 1, S. 61-80. doi: 10.1002/sdr.361

Bostrom, Nick (2014): Superintelligence – Paths, Dangers, Strategies. Oxford: University Press.

Botthoff, Alfons (2014): Zukunft der Arbeit im Kontext von Autonomik und Industrie 4.0. In: Botthoff, Alfons/Hartmann Ernst Andreas (Hrsg.): Zukunft der Arbeit in Industrie 4.0. Berlin/Heidelberg: Springer Vieweg, S. 3-8.

Bundesinstitut für Berufsbildung (BIBB) (Hrsg.) (2016): „Wirtschaft 4.0 braucht Bildung 4.0" – Medienkompetenz von Ausbildungspersonal und Auszubildenden stärken. Pressemitteilung 48/2016. www.bib b.de/de/pressemitteilung_54914.php, 4.3.2017.

Bundesministerium für Arbeit und Soziales (BMAS) (Hrsg.) (2016): Weißbuch Arbeiten 4.0 – Diskussionsentwurf. Zusammenfassung der Erkenntnisse. www.arbeitenviernull.de/dialogprozess/weissbuch/zusam menfassung-der-ergebnisse.html, 4.3.2017.

Bundesministerium für Bildung und Forschung (BMBF) (Hrsg.) (2017): Zukunftsprojekt Industrie 4.0. www.bmbf.de/de/zukunftsprojekt-industrie-4-0-848.html, 5.3.2017.

Campbell, Katy/Schwier, Richard A. (2014): Major Movements in Instructional Design. In: Zawacki-Richter, Olaf/Anderson, Terry (Hrsg.): Online Distance Education. AU Press, S. 345-380. www.aupress.ca/in dex.php/books/120233, 4.3.2017.

Center for Universal Design (Hrsg.) (1997): The Principles of Universal Design. Version 2.0. Raleigh, NC: NC State University.

Christensen, Clayton M. (2016): The Innovator's Dilemma – When New Technologies Cause Great Firms to Fail. Boston: Harvard Business Review Press.

Clark, Mike/Goodwin, Nick (2010): Sustaining innovation in teleheatlh and telecare. WSDAN briefing paper. www.kingsfund.org.uk/sites/files/kf/Sustaining-innovation-telehealth-telecare-wsdan-mike-clark-nic k-goodwin-october-2010.pdf, 11.7.2017.

Coye, Molly Joel/Haselkorn, Ateret/DeMello, Steven (2009): Remote patient management: technology-enabled innovation and evolving business models for chronic disease care. In: Health affairs (Project Hope) 28, H. 1, S. 126-135. doi: 10.1377/hlthaff.28.1.126

Crepaldi, Chiara/Rosa, Eugenia de/Pesce, Flavia (2012): Literature review on innovation in social services in Europe. Report. Innoserv. innoserv.philnoug.com/de, 17.7.2017.

Deckert, Ronald (2017): Lernen & Arbeiten im 21. Jahrhundert. Vortrag für die Hamburger Fern-Hochschule anlässlich der Nacht des Wissens. https://sinnwissen.files.wordpress.com/2017/10/ vortrag_wissen_und_arbeiten_im_21_jhrdt_rd_v 03.pdf, 29.10.2017.

Dengler, Katharina/Matthes, Britta (2015): Folgen der Digitalisierung für die Arbeitswelt – Substituierbarkeitspotenziale von Berufen in Deutschland. IAB-Forschungsbericht 11/2015. doku.iab.de/forschungsbericht/2015/fb1115.pdf, 4.3.2017.

Deutsche Akademie der Technikwissenschaften (acatech) (Hrsg.) (2015) SMART SERVICE WELT – Umsetzungsempfehlungen für das Zukunftsprojekt Internetbasierte Dienste für die Wirtschaft, Abschlussbericht (Langversion). www.acatech.de/fileadmin/user_upload/Baumstruktur_nach_Website/Acatech/root/ de/Projekte/Laufende_Projekte/Smart_Service_Welt/Smart_Service_Welt_2015/BerichtSmartService2015 _D_lang_bf.pdf, 5.3.2017.

Deutsche Akademie der Technikwissenschaften (acatech)/Fraunhofer IML/equeo (Hrsg.) (2016): Kompetenzentwicklungsstudie Industrie 4.0 – Erste Ergebnisse und Schlussfolgerungen. April 2016. www.acate

ch.de/fileadmin/user_upload/Baumstruktur_nach_Website/Acatech/root/de/Publikationen/Sonderpublikationen/acatech_DOSSIER_neu_Kompetenzentwicklung_Web.pdf, 9.3.2017.
Duesberg, Frank (Hrsg.) (2010): e-Health 2010 – Informationstechnologien und Telematik im Gesundheitswesen. Solingen: Medical Future.
Forschungsunion Wirtschaft und Wissenschaft (Hrsg.) (2013) Perspektivenpapier der Forschungsunion – Wohlstand durch Forschung – Vor welchen Aufgaben steht Deutschland? www.forschungsunion.de/pdf/forschungsunion_perspektivenpapier_2013.pdf, 5.3.2017.
Gabler Wirtschaftslexikon (2016): Digitalisierung. In: Springer Gabler (Hrsg.): Gabler Wirtschaftslexikon. wirtschaftslexikon.gabler.de/Archiv/-2046143105/digitalisierungv 2.html, 28.2.2017.
Gaden, Udo (2011): Neue Technologien in Assistenz und Pflege. Erfahrungen aus Schottland, den Niederlanden und den USA. In: Archiv für Wissenschaft und Praxis der sozialen Arbeit 42, H. 3, S. 18-28.
Harlow, Elizabeth/Webb, Stephen A. (Hrsg.) (2003): Information and Communication Technologies in the Welfare Services. London: Jessica Kingsley Publishers.
Hawker, Chris/Frankland, Jane (2012): Theoretical trends and criteria for 'innovative service practices'in social services within the EU. Report. Innoserv. innoserv.philnoug.com/de, 17.7.2017.
Hilbert, Joseph/Paulus, Wolfgang (2011): Vom Hausnotruf zu AAL. Geschichte, Stand und Perspektiven des Einsatzes von Technikern in Medizin und Pflege. In: Archiv für Wissenschaft und Praxis der sozialen Arbeit 42, H. 3, S. 4-17.
Huuskonen, Saila/Vakkari, Pertti (2015): Selective Clients' Trajectories in Case Files – Filtering out Information in the Recording process in Child protection. In: British Journal of Social Work 45, H. 1, S. 792-808.
IPCC (2014): Fifth Assessment Report (AR5). www.ipcc.ch/report/ar5/, 18.7.2017.
Kaeser, Thomas (2015): Zitat zur Industrie 4.0. In: Nördinger, Susanne (Hrsg.): Umfrage: So definieren Industrievertreter Industrie 4.0. www.produktion.de/veranstaltungen/fachkongress-industrie-4-0/umfrage-so-definieren-industrievertreter-industrie-4-0.html, 5.3.2017.
Karbach, Ute/Driller, Elke (2011): Chancen und Risiken technischer Assistenz für Menschen mit Behinderung. In: Archiv für Wissenschaft und Praxis der sozialen Arbeit 42, H. 3, S. 60-69.
Klaiber, Markus (2015): Zitat zur Industrie 4.0. In: Nördinger, Susanne (Hrsg.): Umfrage: So definieren Industrievertreter Industrie 4.0. www.produktion.de/veranstaltungen/fachkongress-industrie-4-0/umfrage-so-definieren-industrievertreter-industrie-4-0.html, 5.3.2017.
Knoblauch, Hubert/Heath, Christian (1992): Technologie, Interaktion und Organisation: die Workplace Studies. In: Schweizerische Zeitschrift für Soziologie 25, H. 2, S. 163-181.
Kreidenweis, Helmut (2012): Lehrbuch Sozialinformatik. 2. Aufl., Baden-Baden: Nomos.
Krotz, Friedrich (2008): Kultureller und gesellschaftlicher Wandel im Kontext des Wandels von Medien und Kommunikation. In: Thomas, Tanja (Hrsg.): Medienkultur und soziales Handeln. Wiesbaden: Springer VS, S. 43-62
Kuenne, Christoph W./Adamczyk, Sabrina/Rass, Matthias/Bullinger, Angelika C./Moeslein, Kathrin M. (2011): IT-based interaction platforms to foster virtual patient communities. In: Meißner, Klaus/Engelien, Martin (Hrsg.): Virtual enterprises, communities & social networks. Workshop GeNeMe '11 – Gemeinschaften in Neuen Medien, TU Dresden, 07./8.9.2011. Dresden: TUDpress, S. 153-162.
Langer, Andreas/Eurich, Johannes/Güntner, Simon (2017): Innovation Sozialer Dienstleistungen – ein systematisierender Überblick auf Basis der EU Forschungsplattform Innoserv mit illustrierenden Fallstudien und Visual Essays. Wiesbaden: Springer VS, i.E.
Ley, Thomas (2008): Eingeführt gleich umgesetzt? Zum Stand von Informationstechnologien in den Jugendämtern. In: Jugendhilfe aktuell, H. 1, S. 6-9.
Leys, Mark (2009): Technology and innovation in the elderly care. Care symposium. Aalst.
Linnenschmidt, Katja (2016): Der Zusammenhang von Mobilität und Technik im Alter – Ergebnisse eines europäischen Projektes. In: Naegele, Gehrhard/Olbermann, Elke/Kuhlmann, Andrea (Hrsg.): Teilhabe im Alter gestalten. Aktuelle Themen der Sozialen Gerontologie. Wiesbaden: Springer VS, S. 311-321.
Lübbecke, Marco (2015): Industrie 5.0. mluebbecke. wordpress.com/2015/12/16/industrie-5-0/, 3.3.2017.
Ludwig, Thomas (2015): Citizen Science – Big Data und Natürliche Intelligenz, Vortrag am 10.10.2015, Vorveranstaltung zum Ball der Universität Hamburg 2015.
Mirenda, Pat (2003): Toward functional augmentative and alternative communication for students with autism: Manual signs, graphic symbols, and voice output communication aids. In: Language, Speech, and Hearing Services in Schools, H. 34, S. 203-216.
Molka, Hans-Joachim (2015): Zitat zur Industrie 4.0. In: Nördinger, Susanne (Hrsg.): Umfrage: So definieren Industrievertreter Industrie 4.0. www.produktion.de/veranstaltungen/fachkongress-industrie-4-0/umfrage-so-definieren-industrievertreter-industrie-4-0.html, 5.3.2017.
Myers, Joe (2016): Explainer: The internet of things. www.weforum.org/agenda/2016/07/the-internet-of-things-explained, 5.3.2017.

Nördinger, Susanne (2015): Umfrage: So definieren Industrievertreter Industrie 4.0. www.produktion.de/veranstaltungen/fachkongress-industrie-4-0/umfrage-so-definieren-industrievertreter-industrie-4-0.html, 5.3.2017.

O'Rourke, Liz (2008): Recording in Social Work. Not just an Administrative Task. Bristol: Policy Press.

Oswald, Frank/Wahl, Hans-Werner (2016): Alte und neue Umwelten des Alterns – Zur Bedeutung von Wohnen und Technologie für Teilhabe in der späten Lebensphase. In: Naegele, Gehrhard/Olbermann, Elke/Kuhlmann, Andrea (Hrsg.): Teilhabe im Alter gestalten. Aktuelle Themen der Sozialen Gerontologie. Wiesbaden: Springer VS, S. 113-129.

Papsdorf, Christian (2013): Internet und Gesellschaft. Wie das Netz unsere Kommunikation verändert. Frankfurt a.M./New York: Campus.

Pelizäus-Hoffmeister, Helga (2013): Zur Bedeutung von Technik im Alltag Älterer. Theorie und Empirie aus soziologischer Perspektive. Wiesbaden: Springer VS.

Perron, Brian E./Taylor, Harry O./Glass, Joseph E./Margerum-Leys (2010): Information and Communication Technologies in Social Work. In: Adv Soc Work 11, H. 2, S. 67-28.

Pesce, Flavia/Ispano, Michele (2013): Pushing research further – a comparative analysis from local feedbacks. Innoserv WP 8 Report. www.dwi.uni-heidelberg.de/md/dwi/Innoserv/a_comparative_analysis_from_local_feedbacks.pdf, 22.6.2014.

Pols, Jeannette/Willems, Dick (2011): innovation and evaluation: Taming and unleashing telecare technology. In: Sociology of Health and Illness 33, H. 3, S. 484-489.

Rammert, Werner (2008): Technographie trifft Theorie – Forschungsperspektiven einer Theorie der Technik. In: Kalthoff, Herbert/Hirschauer, Stefan/Lindemann, Gesa (Hrsg.): Theoretische Empirie – zur Relevanz qualitativer Forschung. Frankfurt a.M.: Suhrkamp, S. 341-367.

Rosenkranz, Simon (2017): Schuldnerberatung in Zeiten zunehmender Digitalisierung, Vortrag Jahresfachtagung der Bundesarbeitsgemeinschaft Schuldnerberatung 2017. www.soziale-schuldnerberatung-hamburg.de/2017/material-bag-sb-jahresfachtagung-2017, 5.6.2017, S. 8.

Schäfer, Wilfried (2015): Zitat zur Industrie 4.0. In: Nördinger, Susanne (Hrsg.): Umfrage: So definieren Industrievertreter Industrie 4.0. www.produktion.de/veranstaltungen/fachkongress-industrie-4-0/umfrage-so-definieren-industrievertreter-industrie-4-0.html, 5.3.2017)

Schmeding, Marius (2015): Zitat zur Industrie 4.0. In: Nördinger, Susanne (Hrsg.): Umfrage: So definieren Industrievertreter Industrie 4.0. www.produktion.de/veranstaltungen/fachkongress-industrie-4-0/umfrage-so-definieren-industrievertreter-industrie-4-0.html, 5.3.2017.

Schulemann, Fred (2015): Zitat zur Industrie 4.0. In: Nördinger, Susanne (Hrsg.): Umfrage: So definieren Industrievertreter Industrie 4.0. www.produktion.de/veranstaltungen/fachkongress-industrie-4-0/umfrage-so-definieren-industrievertreter-industrie-4-0.html, 5.3.2017.

Schwab, Klaus (2016): The Fourth Industrial Revolution: what it means, how to respond. www.weforum.org/agenda/2016/01/the-fourth-industrial-revolution-what-it-means-and-how-to-respond/, 4.3.2017.

Shannon, Claude E. (1948): A Mathematical Theory of Communication. In: Reprinted with corrections from The Bell System Technical Journal 27, H. July, October, S. 379-423, 623-656. math.harvard.edu/~ctm/home/text/others/shannon/entropy/entropy.pdf, 3.3.2017.

Siemens, George (2005): Connectivism: A Learning Theory for the Digital Age. In: International Journal of Instructional Technology and Distance Learning 2, H. 1. www.itdl.org/journal/jan_05/article01.htm, 4.3.2017.

Simonyi, Károly (1990): Kulturgeschichte der Physik. Aus dem Ungarischen von Klara Christoph. Gemeinschaftsausgabe: Thun/Frankfurt a.M.: Harri Deutsch, Leipzig/Jena/Berlin: Urania-Verlag, Budapest: Akademiai Kiado.

Smith, Jacquelyn (2017): Mastering these skills could get you hired in 2017. www.weforum.org/agenda/2016/10/2017s-most-in-demand-skills-according-to-linkedin, 4.3.2017.

Spice, Byron (2017): Carnegie Mellon Artificial Intelligence Beats Top Poker Pros – Historic win at Rivers Casino is first against best human players. www.cmu.edu/news/stories/archives/2017/january/AI-beats-poker-pros.html, 4.3.2017.

Steyaert, Jan/Gould, Nick (2009): Social Work and the Changing Face of the Digital Divide. In: British Journal of Social Work 39, H. 4, S. 740–753.

Stifterverband für die Deutsche Wissenschaft (Hrsg.) (2016): Hochschulbildung für die Arbeitswelt 4.0, Hochschulbildungsreport 2020. Jahresbericht 2016, in Kooperation mit McKinsey&Company. www.stifterverband.org/download/file/fid/1720, 4.3.2017.

Sträb, Martin (2015): Zitat zur Industrie 4.0. In: Nördinger, Susanne (Hrsg.): Umfrage: So definieren Industrievertreter Industrie 4.0. www.produktion.de/veranstaltungen/fachkongress-industrie-4-0/umfrage-so-definieren-industrievertreter-industrie-4-0.html, 5.3.2017.

Sunyaev, Ali/Leimeister, Jan Marco/Krcmar, Helmut (2010): Open Security Issues in German Healthcare Telematics. In: Proceedings of the Third International Conference on Health Informatics (HealthInf 2010), 20.-23. Januar 2010, Valencia, Spanien, S. 187-194.

Technologie- und Methodenplattform für die vernetzte medizinische Forschung e.V. (TMF) (Hrsg.) (2016): „Das Problem heißt nicht Big Data, sondern Data". www.tmf-ev.de/News/articleType/ArticleView/articleId/2959.aspx, 6.6.2017.

Tödter, Joachim/Viereck, Volker/Krüger-Basjmeleh, Tino/Wittmann, Thomas (2014): Steigerung des Autonomiegrades von autonomen Transportrobotern im Bereich der Intralogistik – technische Entwicklungen und Implikationen für die Arbeitswelt 4.0. In: Botthoff, Alfons/Hartmann Ernst A. (Hrsg.): Zukunft der Arbeit in Industrie 4.0. Berlin/Heidelberg: Springer Vieweg. S. 69-76.

Travers, Jeffrey/Milgram, Stanley (1969): An Experimental Study of the Small World Problem. In: Sociometry 32, H. 4, S. 425-443.

Wahlster, Wolfgang (2017): Künstliche Intelligenz für den Menschen: Digitalisierung mit Verstand. www.uni-mainz.de/downloads_presse/freunde_stiftungsprofessur2017_expose.pdf, 4.3.2017.

West West, Darrell M./Miller, Edward Alan (2006): The digital divide in public E-health: Barriers to accessibility and privacy in state health department websites. In: Journal of Health Care for the Poor and Underserved 17, S. 652-666.

White, Sue/Hall, Chris/Peckover, Sue (2009): The Descriptive Tyranny of the Common Assessment Framework. Technologies of Categorization and Professional Practice in Child Welfare. In: British Journal of Social Work 39, H. 7, S. 1197-1217. doi: 10.1093/bjsw/bcn053

Windrum, Paul/Garcia-Goni, Manuel (2008): A neo-Schumpeterian Model of Health Services Innovation. In: Research Policy 37, H. 4, S. 649-672.

Winston, Andrew S. (2016): Tackling the World's Challenges With Technology. In: MIT Sloan Management Review. Special Collection "Frontiers: Exploring the Digital Future of Management". Fall 2016. S. 19-20. marketing.mitsmr.com/offers/FR2016/MITSMR-Frontiers-collection.pdf, 3.3.2017.

Wissenschaftsrat (Hrsg.) (2015): Zum wissenschaftspolitischen Diskurs über Große gesellschaftliche Herausforderungen – Positionspapier. Drs. 4594-15. Verabschiedet in Stuttgart, April 2015. www.wissenschaftsrat.de/download/archiv/4594-15.pdf, 3.3.2017.

World Economic Forum (Hrsg.) (2016): New Vision for Education: Fostering Social and Emotional Learning through Technology. Prepared in collaboration with BCG. www3.weforum.org/docs/WEF_New_Vision_for_Education.pdf, 4.3.2017.

World Economic Forum (Hrsg.) (2015): New Vision for Education: Unlocking the Potential of Technology. Prepared in collaboration with BCG. www3.weforum.org/docs/WEFUSA_NewVisionforEducation_Report2015.pdf, 4.3.2017.

Hybridisierung und Modernisierung der Sozialwirtschaft

Adalbert Evers

1. Einleitung: Hybridisierung – ein Alltagsphänomen in allen gesellschaftlichen Bereichen und eine spezielle Herausforderung an Sozialwirtschaft und freie Träger

Hybridisierung ist ein Phänomen, das sich in allen Bereichen der Gesellschaft findet, nicht nur im Dritten Sektor und bei Dritte Sektor Organisationen (DSOs). Eine Organisation ist hybrid, wenn sie „Elemente, Wertsysteme und Handlungslogiken von verschiedenen Sektoren, d.h. des staatlich-öffentlichen Sektors, des Privatsektors und des Dritten Sektors mischt" – so die Definition bei Wikipedia (Übersetzung A.E.). Sie ist ein guter Ausgangspunkt, weil offen für das gesamte weite Feld verschiedener Organisationen, wo Hybridität und Hybridisierung eine Rolle spielen können.

Eine besonders enge Bedeutung bekommt der Begriff, wo er für die Analyse der Verschränkung verschiedener Steuerungselemente in privatwirtschaftlichen Organisationen verwendet wird (z.B. von hierarchischen Unternehmensentscheidungen und Lenkung durch aggregierte Kundenwünsche). Unternehmensorganisationen können sich aber vom Stereotyp des Privatunternehmens auch dadurch entfernen, dass sie durch Druck aus der Zivilgesellschaft und/oder auf Initiative von Unternehmensleitungen auch ohne gesetzliche Verpflichtung soziale und ökologische Ziele und Aktionsformen internalisieren (corporate social responsibility). Diskutiert wird auch die Rolle von Sozialunternehmern (social entrepreneurs) und deren Möglichkeit, nicht nur im staatlichen und gesellschaftlichen, sondern auch im Marktbereich selbst die jeweiligen Organisationen als Sozialunternehmen (social enterprises) zu profilieren.

Die Untersuchung von Hybridität hat aber auch noch einen anderen Fokus als den des Marktbereichs. Sehr oft bezieht man sich auf Organisationen im Dritten Sektor, also etwa auf Träger und Anbieter von Diensten, die nicht staatlich aber auch nicht ‚for-profit' angeboten werden. Aber auch auf öffentliche staatliche und kommunale Dienste und Einrichtungen – Schulen, Theater oder Museen sind in die Debatte um Hybridität und Hybridisierung mit eingebunden worden (Evers et al. 2002). Thematisiert wird, wie in diesen beiden Feldern von Staat/Kommune und Drittem Sektor sowohl marktwirtschaftliche Prinzipien (Wettbewerb, new public management, unternehmerische Organisationsführung) und/oder auch zivilgesellschaftliche Elemente (freiwillige Mitarbeit, mehr Autonomie, Selbstverwaltung und gesellschaftliche (Mit)trägerschaft) integriert werden können.

Insgesamt gilt jedoch, dass Forschung und Diskussion zu Hybridisierung und hybriden Organisationen nicht nur das Organisationsfeld des Dritten Sektors betrifft. Zur Debatte steht, inwieweit die mit der Bildung von Idealtypen verbundenen eindimensionalen Zuschreibungen an Sektoren und Organisationen (staatliche Anbieter, Privatunternehmen, DSOs) realhistorisch Geltung beanspruchen können.

Aus zwei Gründen liegt es nahe, im Folgenden die Debatte zu Hybridität und Hybridisierungsprozessen bei sozialwirtschaftlichen Organisationen insbesondere mit Bezug auf DSOs (umgangssprachlich: ‚freie Träger der Wohlfahrtspflege') zu führen. Zum einen zeichnet es den deutschen Wohlfahrtsstaat aus, dass insbesondere im Gesundheits- und Sozialbereich dieser

Organisationstypus immer noch dominiert. Außerdem war und ist das Profil von DOS oft weit weniger eindeutig als das kommerzieller Betriebe oder einer staatlichen Versorgungseinrichtung. Unterschiede betreffen nicht nur Größenstrukturen, sondern auch die Nähe zu staatlichen, kommerziellen oder community-nahen Organisationsfeldern. Hybridität und Hybridisierung werden in diesem Beitrag folglich vor allem mit Bezug auf den Dritten Sektor thematisiert.

In einem ersten Schritt soll dabei die vielfach geläufige Hybridisierungsdebatte skizziert werden, bei der sich dieser Begriff auf *intersektorale* Mischformen zwischen Staat, Markt, Drittem Sektor und dem gemeinschaftlichen (community) Bereich bezieht.

Daran anschließend soll auf eine in der deutschen Debatte zwar prinzipiell bekannte, im Unterschied zu Strängen der angelsächsischen Debatte aber nie als eine eigene Art von Hybridität verstandene Besonderheit vieler DSOs verwiesen werden – die der *Kombination verschiedener Funktionen* wie die der Themenanwaltschaft/Interessenvertretung und der Erbringung von Versorgungsleistungen.

In einem dritten Teil soll dann dargestellt werden, dass unter dem zuerst genannten orthodoxen Begriff von Hybridität/Hybridisierung durchaus verschiedene Schwerpunkte analytischer und normativer Art gesetzt werden. Unterschiedliche Konzepte von (intersektoraler) Hybridität verweisen auf unterschiedliche Vorstellungen davon, was Modernisierung der Sozialwirtschaft bedeuten sollte – eine Öffnung vor allem zu Marktlogiken oder in erster Linie eine Aufwertung von Elementen aus der Zivilgesellschaft und dem Bereich von Gemeinschaft und informellen Netzen.

Dieser letzte Teil schließt mit einem Rekurs auf die Bedeutung ‚funktionaler' Hybridität bei freien Trägern im sozialwirtschaftlichen Bereich ab. Argumentiert wird, dass insbesondere dann, wenn man Hybridisierungskonzepte verfolgt, die nicht dem dominanten Trend zur Kommerzialisierung folgen, es zur Konsolidierung und Verbreiterung solcher innovativen Ansätze mehr als ‚beispielhafter' Dienstleistungsangebote bedarf. Es geht auch um die Fähigkeit der jeweiligen Träger und Organisationen, selbst den eigenen Anliegen öffentlichkeitswirksam Stimme und Gewicht zu geben und das nicht einfach der institutionalisierten Politik zu überlassen.

2. Intersektorale Hybridisierung und Sozialwirtschaft im dritten Sektor

Der Vorteil des Begriffs Hybridisierung liegt darin, dass unter diesem Signum Einzelphänomene – auch solche konträrer Art, wie etwa Kommerzialisierung und Entwicklung lebenswelt-naher niedrigschwelliger Angebote – zusammenfassend thematisiert werden können. Innerorganisatorisch wird aufgenommen, was an Impulsen aus verschiedenen Umwelten/Sektoren herangetragen wird. Entsprechende systematisierte Beobachtungen, Studien und Forschungen aus der internationalen und auch der deutschen Debatte benennen eine Vielzahl von Faktoren und Prozessen, die darauf verweisen, wie Elemente (Handlungslogiken, Verfahren, Prinzipien, Organisations- und Managementformen), die typisch sind für andere Organisationsfelder, DSOs und deren Angebote (nicht nur) in der Sozialwirtschaft mitprägen. Bezugspunkte sind dabei die drei angrenzenden Sektoren Staat, Markt und der community-/Familienbereich (Evers et al. 2002; Billis 2010; Evers/Ewert 2010; Skelcher/Rathgeb Smith 2015).

Im Hinblick auf den *Marktsektor* geht es um die verschiedenen Formen einer Entwicklung hin zu sozialen Unternehmen – sowohl in der Form kleiner Neugründungen als auch in Form der pro-aktiven oder erzwungenen Übernahme unternehmerischer und managerieller Handlungsweisen: Beschaffung von Kapital für Aufbau und Gründung neuer Angebote, Verwaltung nach Prinzipien des new public management, Bestimmung des Angebotszuschnitts nach Maßgabe erwartbarer Vergütungen; außerdem geht es um die Übernahme von Techniken der Selbstbehauptung in einem Umfeld, das auch aufgrund veränderter staatlicher Regulative immer mehr als Wettbewerbsmarkt wahrgenommen werden muss; diese veränderten Umwelten und entsprechenden Verschiebungen im Wohlfahrtsmix erzeugen innerorganisatorische Effekte in Richtung Hybridisierung (Henriksen et al. 2015).

Im Hinblick auf den *staatlichen Bereich* geht es um die Folgen einer Verschiebung weg von selbst definierten Hilfen und Aktionen hin zur Übernahme standardisierter öffentlicher Leistungen und die wachsende Bedeutung einer für den staatlichen, marktlichen und DSO-Bereich gleich geltenden Professionalität, mit der eigene bereichsspezifische Konzepte und Verfahren und Freiheiten zu ihrer Entwicklung oft an Bedeutung verlieren

Im Hinblick auf den *informellen Bereich* sozialer Netzwerke, Nachbarschaften, communities und Familien sind im Unterschied zu einer Vergangenheit, in der oft die strikte Abgrenzung formalisierter professioneller Verfahren von informellen Hilfen im Vordergrund stand (wie etwa beim Entweder/Oder von professionalisierter stationärer Altenhilfe und informeller familialer Selbsthilfe) Mischformen getreten, „niedrigschwellige“ und auf die einzelne Person zugeschnittene Interventionen und Angebote, bei denen „Ko-produktion“ ganz verschiedene Bedeutungen annehmen kann (Ewert/Evers 2012), die von der Verpflichtung der Adressaten auf vorgefertigte Muster des Mitvollzuges (wie etwa bei der Herstellung von ‚employability‘) bis hinüber zu lebensweltfreundlichen Arrangements (wie etwa der Förderung von Alten-WGs) reichen

2.1 Dimensionen und Formen intersektoraler Hybridisierung

Verschiedene Untersuchungen zu Hybridisierung als einem intra-organisatorischen Effekt von intersektoralen Dynamiken haben die Prinzipien und Dimensionen der Übernahme von Elementen aus jeweils anderen Organisationsfeldern/Sektoren unterschiedlich kategorisiert. Evers et al. (2002, S. 20f.) haben z.B. unterschieden zwischen

- Hybridisierung von *Wirtschaftsformen* in DSOs (der Ökonomie der Gabe (caritas), der solidarischen Ökonomie wechselseitiger Unterstützung wie in Genossenschaften, der Ökonomie staatlicher Versorgung (verrechtlichte Zuteilung von Geld und Diensten) und der Ökonomie von Marktbeziehungen und Erwerbswirtschaft,
- Hybridisierung der *Ressourcen* von DSOs: sozial-staatlich begründete Zuwendungen und Steuererleichterungen; Ressourcen aus der Zivilgesellschaft und dem Gemeinschaftsbereich, die unterschiedliche Formen von sozialem (Vertrauens)Kapital darstellen (Spenden, freiwillige unentgeltliche Mitarbeit, Mitgliedsbeiträge); an Wettbewerbsmärkten erworbene Ressourcen (Einkommen aus Übernahme sozialstaatlicher/kommunaler Aufgaben und Dienste und aus Entgelten von Klient_innen),
- Hybridisierung von *Zielsetzungen und Einflussfaktoren/Vorgaben* – solchen, die weitgehend selbst bestimmt und erarbeitet sind, anderen, die von staatlicher Seite vorgegeben/übernommen werden, und solchen, die aus der Marktsituation im jeweiligen Operationsbereich re-

sultieren (der Orientierung und den Wahlentscheidungen potentieller Adressaten und dem Einfluss der Marktmacht und Strategien konkurrierender Anbieter),

- Hybridisierung von *Organisationskultur und Handlungsstilen bei Dienstleistungen*: bei Verwaltung und Management etwa durch die Balance von lokaler Einbindung und Vernetzung, von Übernahme allgemein üblicher administrativer Routinen der öffentlichen Verwaltung und des Managements im kommerziellen Bereich,
- Hybridisierung von *Identitäten,* etwa der einer öffentlichen ‚hoheitlichen' Einrichtung, eines ‚kundenorientierten' Service-Unternehmens, einer Organisation, die sich auf eine bestimmte lokale, religiöse oder fachliche Ideologie stützt; Begriffe wie ‚Sozialkonzern' oder auch ‚Gemeinschaftsschule' und ‚Dorfladen' verweisen auf diese Dimension.

Hybridisierung muss dabei nicht zu einer ‚Legierung' der verschiedenen Elemente oder Komponenten führen. Es gibt unterschiedliche Formen eines mehr oder minder synergetischen oder konfliktträchtigen innerorganisatorischen Nebeneinanders verschiedener Prinzipien. Skelcher und Rathgeb Smith (2014, S. 8) sind bei ihren Untersuchungen in den USA auf vier verschiedene Typen gestoßen:

- *Segmentierte* hybride Organisationen, wo in Suborganisationen durchaus verschiedene Logiken maßgeblich sind – also etwa eine lokale Dachorganisation, die ihr Betreuungsangebot für Kinder oder alte Menschen durch eine erwerbwirtschaftlich betriebene Cafeteria mitfinanziert,
- *Segregierte* Hybride, wo in einer Art cluster von verbundenen Einzelbereichen auf der einen Seite Mitgliedervereine, auf der anderen Seite davon weitgehend unabhängig agierende Serviceanbieter agieren (man denke mit Blick auf die Bundesrepublik etwa an einen Wohlfahrtsträger wie die AWO, eine Art Zwitter von lokalen Mitgliedern und Traditionspflege und dem Operieren mit AWO-Unternehmen),
- *Assimilierte* Hybride, Organisationen, wo es eine klar dominierende zentrale Logik gibt, aber kleinere, nach anderen Logiken funktionierende Einheiten angebaut werden (man denke etwa an Schulen mit Fördervereinen aber auch einem Verpflegungsangebot, das durch einen vertraglich eingebundenen Caterer besorgt wird),
- ‚blended hybrids' mit einer *Legierung* verschiedener Prinzipien, die in der gesamten Organisation und allen ihren Funktionsbereichen gelten (man denke etwa an einen Integrationsbetrieb oder eine Beschäftigungsgesellschaft), bilden also nur einen möglichen Typus hybrider DSOs und öffentlicher Einrichtungen.

Mit Blick auf die Bundesrepublik ließen sich Betrachtungen zu Hybriden und Hybridisierungsprozessen ausweiten auf Verbände, die unterschiedlich operierende und strukturierte Einzelorganisationen fest verklammern (und, wie lokale Wohlfahrtsverbände oder städtische AGs, Quersubventionierungen zwischen sich selbst finanzierenden und zuschuss- oder investitionsbedürftigen Organisationen und Projekten erlauben).

2.2 Der theoretische Bezugspunkt des Neo-Institutionalismus

Das Konzept der Hybridität, aber auch Konzepte wie die des Wohlfahrtsmix können zurückgeführt werden auf einen Denkansatz, der in der politischen Theorie und Soziologie eine große Rolle spielt – den Neo-Institutionalismus (Drepper 2010). Folgt man einer seiner neueren Varianten, dem Ansatz „institutioneller Logiken" (Thornton et al. 2012), so ist davon auszugehen, dass Gesellschaften (genauer: solche mit Märkten und demokratischen Systemen) durch ein Set institutionalisierter Sektoren und deren Logiken geprägt sind, also durch Werte und Leitlinien, die in den jeweiligen Bereichen den Akteuren Identität und Orientierung geben. Das sind (a) im Bereich von Familie und Gemeinschaften persönliche Verbundenheit, Vertrauen und gemeinschaftliche Unterstützung; im (b) staatlichen Bereich Mechanismen demokratischer Beteiligung und administrativer Herrschaftsausübung; im Bereich (c) des Marktes Konkurrenz und unternehmerische Aktivität. Claus Offe hat in einem Aufsatz zu Staat, Markt und Gemeinschaft (2002) anschaulich gezeigt, inwieweit diese drei institutionellen Sektoren und Logiken aufeinander verwiesen sind und in Gesellschaftsentwürfen verschieden kombiniert werden. Für den Bereich der Wohlfahrts- und Sozialpolitik ist ein derartiger Denkansatz in Konzepten des Wohlfahrtsmix (Evers 2010) aufgegriffen worden. Das Konzept der Hybridität schreibt die dort intersektoral verhandelten Fragen der Mischung, Spannung, aber auch des wechselseitigen Ausgleichs von Sektor-Logiken auf der Ebene innerorganisatorischer Entwicklungen in Organisationsfeldern fort.

Allerdings kennen neo-institutionalistische Konzepte nicht nur Gemeinschaft, Staat und Markt, sondern als Bezugsfelder auch Religion (Glaube und Charisma), Profession (das angewandte Wissen) und marktliche Großorganisation (corporations) mit ihrem Bild von (Markt)führerschaft (Thornton et al. 2012, S. 73). Was der Neo-Institutionalismus jedoch nicht bereithält, ist ein Konzept des dritten Sektors als distinktem Wert- und Organisationsbereich. In den bekannten Ansätzen zu seinem Verständnis haben sich bereits seit Jahrzehnten die Wege geteilt. Hier finden sich einerseits Positionen, die diesem Sektor eine eigene Logik (der Solidarität, der freiwilligen Assoziation) zuschreiben (etwa im Sinne der Konstruktion eines „zivilgesellschaftlichen Sektors“ oder eines Sektors der Assoziationen (dazu Roß 2012)). Auf der anderen Seite steht der Ansatz derjenigen, die es vorziehen, von einer öffentlichen Sphäre zu sprechen, in der verschiedene Auffassungen und Formen von einer (guten) Verschränkung von Markt, Staat, Gemeinschaft (und institutionalisierter Religion) kursieren und verhandelt werden. Tätigkeiten, Ziele und Formen von Organisationen in diesem Bereich sind damit besonders vielfältig und nicht a priori festgelegt (zu diesen unterschiedlichen Deutungen Evers/Ewert 2010, S. 104f.).

Von den beiden Positionen her muss Hybridität verschieden begriffen werden: Im ersten Fall ist sie ein Phänomen von Rand- und Überlappungsbereichen an den Nahtstellen zu anderen Sektoren; im zweiten Fall sind alle Organisations- und Handlungsformen in diesem Sektor hybrid. Sie teilen miteinander bestenfalls das Organisationsprinzip des freiwilligen Zusammenschlusses, das sich in der Form der Partei aber auch im staatlich-politischen Bereich oder als GmbH im Marktsektor findet. Die Einflüsse und Logiken, von denen sie am stärksten geprägt werden, sind jedoch sehr verschieden (Glänzel/Schmitz 2012).

Sozialwirtschaftliche Organisationen, die als DSOs soziale Dienste oder auch Gemeingüter im Bereich Mobilität, Energie, Wasser etc. anbieten, werden sich dabei mehr oder minder stark auf staatlichen Rückhalt (finanziell, regulativ) und gesamtgesellschaftliche Verpflichtungen stützen. Sie werden sich zu den Logiken des Marktes und den in lokalen und in einzelnen ideellen Gemeinschaften vorherrschenden – gesamtgesellschaftlich jedoch minoritären – Gemeinwohlkonzepten mehr oder weniger öffnen. Sozialwirtschaftliche DSOs können damit beides sein – zivilgesellschaftliche Basis von Wohlfahrts-Staatlichkeit und Repräsentanten einer Vielfalt von Gemeinwohlorientierungen, ohne die Innovationen nicht möglich sind.

3. Hybridisierung von Funktionen und Sozialwirtschaft im Dritten Sektor

Hybridität und Hybridisierung als innerorganisatorische Verschränkung von Leitprinzipien verschiedener Sektoren zu denken – das scheint gegenwärtig ‚the only game in town' zu sein. Dabei wird jedoch übersehen, dass in der lebhaften internationalen Debatte zu DSOs verschiedentlich eine ganz andere Art von Hybridität angesprochen worden ist, die der Verfasser dieses Beitrags als ‚functional hybridity' bezeichnet hat.

3.1 Was meint funktionale Hybridität?

Dies ist etwas, das uns in Deutschland speziell aus der Geschichte der Wohlfahrtsverbände bekannt ist. Caritas, Diakonie und AWO waren eng mit kirchlichen, religiösen bzw. politischen Lagern, Milieus und Bewegungen verbunden. Traditionell verdankten sie ihre Stärke dem, was Olk (1996) als „Multifunktionalität" bezeichnet hat. Bei ihnen mischen sich drei verschiedene Funktionen: sozialwirtschaftliche Dienste anzubieten; mit ihrer Vereinskultur als „Wertgemeinschaften" eine eigene kulturelle und soziopolitische Identität zu pflegen und mit Programmen, Aktionen Kampagnen sowie vor allem auch der Partizipation in verschiedensten Gremien eine organisierte sozialpolitische Interessenwahrnehmung zu betreiben. Ähnliches kann man für Deutschland und international aber auch mit Blick auf neue soziale Bewegungen und Organisationen feststellen – z.B. die Umweltbewegungen und -organisationen und im sozialpolitischen Bereich bei Phänomenen wie der Hospizbewegung oder der Independent Living Movement von Menschen mit Behinderungen. Bereits vor mehr als zwei Jahrzehnten hat in den USA Minkoff (2002) anhand der Untersuchung von Organisationsformen neuer sozialer Bewegungen, speziell von Frauen- und Minderheitenorganisationen zur Zeit der Reagan-Regierung „Multifunktionalität" unter dem Titel „The emergence of hybrid organizational forms" thematisiert Die von ihr untersuchten Organisationen verquicken zwei Vorhaben, eine öffentlichkeitsbezogene Anwaltschaft für die Anliegen und Probleme der jeweiligen Gruppe und die Bereitstellung praktischer Hilfen und Dienste. Ähnlich gelagert ist der Ansatz von Hasenfeld und Gidron. In einem Aufsatz unter dem Titel „Understanding Multi-purpose Hybrid Voluntary Organizations" (2005) geht es um Hybridität im Sinne der Verschränkung verschiedener Aufgabenstellungen: (a) die Propagierung von kulturellen Werten, die vom dominierenden institutionalisierten Kanon abweichen; (b) die Organisierung von Diensten und Hilfen, die mit diesen speziellen Wertorientierungen verbunden sind und damit auch als Katalysatoren sozialen Wandels dienen; (c) die Stärkung der Identität ihrer Mitglieder in Verfolgung derartiger Aufgaben. Entsprechende Organisationsformen verknüpfen nach Auffassung der Autoren Merkmale von Assoziationen, die sich stark auf freiwilliges Engagement von Mitgliedern stützen, von sozialen Bewegungen und von gemeinwirtschaftlichen Non-Profit-Organisationen.

Während also die Diskussion über intersektorale Hybridität sich auf die Frage konzentriert, wie eine bestimmte Funktion, das Vorhalten sozialwirtschaftlicher Versorgungsangebote, in verschiedenen Sektoren unterschiedlich erfolgt und die Sektoren dabei voneinander lernen können, wird in dem gerade skizzierten Verständnis von Hybridität die Verbindung verschiedener Funktionen in einer Organisation thematisiert – als eine Besonderheit von Organisationsformen im dritten Sektor.

3.2 Funktionale Hybridität – eine Verlustgeschichte?

Wer würde sich in Deutschland mit Blick auf die gerade skizzierten Definitionen und Beschreibungen funktionaler Hybridität nicht an die Geschichte von Wohlfahrtsverbänden und ihrer Mitgliederorganisationen, aber auch an die Geschichte der vielen vergleichsweise jungen Organisationen erinnert fühlen, die in Deutschland im Gefolge der Studentenrevolte etwa im Bereich Jugendhilfe, der Sozialpsychiatrie, der Assistenz für Menschen mit Behinderungen oder der Selbstorganisation und Hilfe für alte Menschen entstanden sind? Sie alle sind „multi-purpose-organisations", etwas, was sie von staatlichen Agenturen oder auch Wirtschaftsunternehmen unterscheidet.

Festzustellen ist aber auch, dass in dem Maße, wie intersektorale Hybridität zugenommen, diese funktionale Hybridität, die speziell DSOs auszeichnet, vielfach geschwächt oder verloren gegangen ist. Das gilt in Deutschland in erheblichem Maße für viele der Organisationen, die in den Wohlfahrtsverbänden zusammengeschlossen sind. Ursachen und Erscheinungen können hier nur mit Stichworten angedeutet werden. Zu nennen wären: gewachsene inter-organisatorische und intersektorale Arbeitsteilung und Spezialisierung, bei der Interessenvertretung an Verbände ausgelagert wird und umgekehrt Organisationen mit Diensten zu Dienstleistern schrumpfen, die für politische und kulturelle Selbstvergewisserung von Mitgliedern und Engagierten kaum mehr Raum bieten; die mit der Entfaltung von Sozialstaaten einhergehende großflächige Standardisierung von Einrichtungen und, damit verbunden, eine für alle Organisationsfelder geltende Professionalität; ein wachsender Konformismus quer zu den Sektoren, der – positiv gelesen – mit dem Mainstreaming vormals abweichender und oppositioneller Orientierungen und deren Verwandlung zu Rechten und Diensten der sozial-staatlichen Mehrheitskultur zu tun hat.

Zu erinnern ist aber auch daran, dass es gegenwärtig eine große Vitalität von Bewegungen gibt, bei denen die Herausbildung identitätsstützender kultureller Orientierungen und Lebensstile, eine Vielfalt von Beteiligungs- und Engagementformen, das Experimentieren mit den entsprechenden sozialwirtschaftlichen Angeboten und die Entwicklung von neuartigen Formen von Anwaltschaft, Kampagnen und medialer Vermittlung miteinander verwoben sind. Sie reichen von Bewegungen im Bereich Gesundheit, Ernährung und Lebensstil bis zum urban gardening, von Kollektiven, die sich mit neuen Formen urbaner Mobilität beschäftigen bis zu solchen, die für andere Wohn- und Lebensformen auch andere sozialwirtschaftliche Mittel suchen – etwa bei der Neuentdeckung von Genossenschaftskonzepten. Wenn der Augenschein nicht trügt, geht es dabei in den jeweiligen öffentlichen Sphären, Milieus und Organisationsfeldern allerdings weniger um innerorganisatorische als vielmehr um Formen inter-organisatorischer Vernetzung im zivilgesellschaftlichen Bereich.

Wenn es um theoretische Bezüge bei der Analyse solcher Entwicklungen hin zu aktuellen Formen funktionaler Hybridität geht, dann muss der zuvor skizzierte neo-institutionalistische Bezugsrahmen nicht unbedingt verlassen werden. Wohl aber gälte es, seiner Fixierung auf die Dienste und Leistungen produzierende Funktion von Organisationen zu begegnen. Mehr Aufmerksamkeit bräuchte es also für kulturelle und politische Ausdrucksformen, die Verbindungen zwischen ‚Organisation' und ‚Bewegung', den Einfluss lokal variierender Kontexte und für die Bedeutung der im Drei-Sektoren-Schema oft vernachlässigten Rolle von Religion und Profession, insbesondere von De- und Re-Professionalisierungstendenzen, wie sie mit dem Wachstum neuer Bedarfe und Medien in der Kommunikations- und Dienstleistungsgesellschaft einhergehen.

Die Empfehlung, die sich aus dieser Skizze zwei verschiedener Formen von Hybridisierung ableiten lässt, würde etwa so lauten: Statt allein die sozialwirtschaftliche Dimension von DSOs und deren intersektorale Hybridisierung zu betrachten, käme es darauf an, auch Formen der Mitprägung/Hybridisierung dieser sozialen Dienstleistungsfunktion durch andere Funktionen – die der Gewinnung von Engagierten und Mitgliedern, der Stärkung von den eigenen Organisations- und Dienstleistungsstil prägenden Werten und Orientierungen und der öffentlichkeitswirksamen Anwaltschaft für solche Anliegen – Aufmerksamkeit zu schenken (dazu auch Evers 2017).

4. Hybridisierung und Modernisierung der Sozialwirtschaft

Im Hinblick auf die Modernisierung der Sozialwirtschaft lautet die gängige These, dass Hybridisierung eine ihrer wesentlichen Dimensionen ist – insbesondere wenn es um das Organisationsfeld des dritten Sektors geht.

Modernisierung ist allerdings kein eindeutiger Begriff. Er kann zum Beispiel sowohl Prozesse bezeichnen, bei denen ein/e Akteur_in oder ein Bereich nachvollzieht, was Entwicklungen in anderen Bereichen vorgeben. Modernisierung kann aber auch bedeuten, in Reaktion auf Veränderungen in der gesellschaftlichen Umwelt ganz bewusst ein abweichendes oder alternatives Veränderungskonzept zu verfolgen. Zwischen diesen beiden Extremen ist viel Raum. Das bedeutet aber auch, dass es eine grobe Vereinfachung wäre Modernisierung nur im Singular zu formulieren. Gesellschaftliche und politische Entwicklungen verlaufen widersprüchlich und ungleichzeitig. Insbesondere in demokratischen Gesellschafen gab und gibt es Raum für Alternativen und abweichende Entwicklungspfade.

Vor diesem Hintergrund sind auch intersektorale Hybridisierungsprozesse zu unterscheiden. Die Aufwertung von marktlichen und staatlichen Elementen bei freien Trägern kann in vieler Hinsicht als Anpassungsprozess verstanden werden. Sie sind zu unterscheiden von vereinzelten Abweichungen und Gegenbewegungen im Sinne einer Öffnung sozialwirtschaftlicher Einrichtungen und Dienste zum ‚Sozialraum' und den dortigen zivilgesellschaftlichen und gemeinschaftsbezogenen Elementen.

4.1 Mehr Markt oder mehr Zivilgesellschaft? Unterschiedliche Modelle intersektoraler Hybridität

Die Entwicklung der Sozialwirtschaft, die sich historisch im deutschen Modell subsidiärer Wohlfahrtsstaatlichkeit auf den Dritten Sektor konzentrierte, war schon immer von Tendenzen zu einer zunehmenden intersektoralen Verschränkung begleitet. Bis zum Ende des letzten Jahrhunderts dominierte der staatliche Einfluss: Eine stärkere Regulierung der Tätigkeit freier Träger, und ihrer Dienste, Professionalisierung und damit die Vorgabe entsprechender Qualitätskonzepte begannen spätestens seit den zwanziger Jahren die ‚freie Wohlfahrtspflege' zu prägen, etwas das in Begriffen wie der ‚Vertrustung' freier Träger (schon damals waren private Großorganisationen Vorbild für eine effizientere Staatsorganisation) kritisiert oder später unter Begriffen wie ‚Mütterlichkeit als Beruf' (Sachße 1991) nachgezeichnet wurde.

Auch mit Blick auf semi-autonome kommunale Betriebe ließ sich Hybridisierung über ein Jahrhundert hinweg vor allem als Etatisierung lesen. Seit den 80er Jahren des vorigen Jahrhunderts hat sich das deutlich verändert. Die Sozialwirtschaft besteht seitdem zu einem wachsenden Teil aus kommerziellen Organisationen; das gilt insbesondere für den großen Gesundheits- und auch den Pflegebereich. Es kommt hinzu, dass alle größeren sozialwirtschaftlichen Organisationen seitdem in einem veränderten diskursiven und regulativen Rahmen operieren. Auf organisatorischer Ebene ist dieser Rahmen von der Übernahme privatwirtschaftlicher Managementmodelle („new public management") geprägt. Bezogen auf das gesamte Feld der Sozialwirtschaft sind die Effekte der Installierung verschiedener Varianten regulierter Märkte bestimmend (Wettbewerb um Zuteilung einer Position als exklusive Anbieter oder Wettbewerb von Anbietern aus Staat/Kommune, Marktbereich und drittem Sektor um die mit staatlichen Versicherungsleistungen hergestellte zahlungskräftige Nachfrage von Klient_innen/Kund_innen). Der größte Teil der Literatur der letzten Jahrzehnte zur Entwicklung der Sozialwirtschaft beschäftigt sich dementsprechend mit Hybridisierung als Übernahme marktlicher und damit verbunden auch dazu passender staatlicher Elemente. Wie überall in der Sozialpolitik sind die Analysen dieser Trends mit mehr oder minder deutlichen normativen Vorzeichen versehen. Was für die einen Reduktion (Simic/Predovic 2014) und Demontage (z.B. Bode 2014) ist, erscheint vielen anderen als Chance. Die zuletzt genannte Position wird in zwei Varianten vertreten.

Da ist zum einen die Diskussion zur corporate social responsibility (CSR) auch von privatwirtschaftlichen Akteuren (Hüther et al. 2015). Bezogen auf sozialer Leistungen lautet hier das zentrale Argument etwa so: Was sie als staatliche Einrichtungen oder privilegierte freie Träger verloren haben sollen sie als Privatorganisationen im Wettbewerb durch den Druck öffentlich artikulierter und in Patientenvereinigungen organisierter Kritik von Bürger_innen und Konsument_innen zurückgewinnen. Eine Kultivierung sozialer Verantwortung soll also bei einem System, in dem Marktorganisationen dominieren, vor allem dadurch ermöglicht werden, dass die Wahlentscheidungen der Adressat_innen als Verbraucherbürger (consumer citizens) hier mehr Gewicht bekommen. Klare diesbezügliche Erfolgsmeldungen – etwa bezüglich der Qualität von Gesundheitsversorgung in den Krankenhäusern börsennotierter Träger – liegen aber bislang nicht vor.

Hoffnungen auf neue hybride Organisationsformen sind außerdem mit neuen ‚start ups' von Sozialunternehmer_innen und Sozialunternehmen verbunden. Unternehmerisch orientierte Organisationen sollen als Pioniere einen Kulturwandel auch und gerade im Bereich sozialer Dienste und Leistungen anstoßen (Jansen et al. 2013). Die Befunde zu Umfang, Entwicklung und innovativen Effekten solcher Ansätze, mit social entrepreneurship etwas „für Gesellschaft zu unternehmen", (Hackenberg/Empter 2011) sind allerdings unklar oder stimmen skeptisch (Heinze et al. 2011).

Eine andere Blickrichtung herrscht bei Untersuchungen und Konzepten vor, die Hybridität und Hybridisierung als strategisches Konzept nicht zuerst als Öffnung zur Logik des Marktes, sondern in einem umfassenden Sinne als Öffnung hin zum Sozialraum und den dort vermuteten Ressourcen an Sozialkapital definieren. In den Blick kommen dabei Versuche, vor allem Elemente und Logiken des Gemeinschaftsbereichs (Familie, informelle Netze) und des (zivil)gesellschaftlichen Bereichs (Unterstützung und Förderung durch Bürgerengagement, wie etwa Fördervereine, Kooperation mit verschiedenen Vereinen und Trägern zur Entwicklung reichhaltiger Angebote, organisierte Netzwerke verschiedener Vereine) einzubinden und aufzuwerten.

Ausgangspunkte solcher Überlegungen zu einer Hybridisierung, die auf wirksame Formen sozialer Einbettung zielt, sind nicht nur freie Träger und deren Einrichtungen, sondern auch staatlich/kommunale Organisationen. Die frühe Untersuchung von Evers et al. (2002) hat z.B. entsprechende Hybridisierungstendenzen bei Schulen und Sozialstationen, aber auch bei kulturellen Einrichtungen wie Theatern, Museen und Schwimmbädern untersucht. Analysen und Befunde mit einer solchen Blickrichtung z.B. im Hinblick auf entsprechende Formen der Ko-Produktion haben für den Bereich persönlicher sozialer Dienstleistungen Loeffler et al. (2013), für den Bereich der Kindertagesbetreuung Riedel (2009), für den Bereich Altenpflege Hämel (2012) und mit Blick auf Aufgaben bei dementiellen Erkrankungen Roß (2017) vorgelegt. Dabei wird diese Hybridisierung in den normativen Kontext eines entsprechenden Wandels von Wohlfahrtsmix und Governance gestellt. Auch in diesen Untersuchungen ist die Rede von einem Wandel von öffentlichen Einrichtungen zu sozialen Unternehmen. Aber durch die doppelte Öffnung (a) zu Unterstützern in Gesellschaft, Gemeinde und dem familiären Umfeld der Adressaten und (b) die Einbeziehung und Mitarbeit (Koproduktion) der unmittelbaren Adressaten werden Management und unternehmerische Orientierungen als eine Komponente und nicht als Angelpunkt derartiger Hybridisierungsprozesse verstanden.

4.2 Wirksamkeit nicht nur durch beispielhafte Sozialangebote. Zur Bedeutung funktionaler Hybridität

Mit Blick auf die gerade skizzierten, sehr unterschiedlichen Vorstellungen davon, wo der Schwerpunkt und die Richtung intersektoraler Öffnungen/Hybridisierung in sozialwirtschaftlichen Organisationen liegen sollte, drängt es sich geradezu auf, zu diskutieren, welche Rolle Macht und Herrschaftsverhältnisse bei so unterschiedlichen Modernisierungsvorstellungen spielen. Im Rahmen des neo-institutionalistischen Ansatzes ist das in einem vieldiskutierten Beitrag von DiMaggio und Powell (1983) bereits vor Jahrzehnten versucht worden. Veränderungen in einem Sektor werden hier aus den Machtbeziehungen zu anderen abgeleitet; die dort vorherrschenden Rationalitäten und Interessen führen zu Anpassungsprozessen in anderen, zu einem ‚Isomorphismus'. Die Autoren unterscheiden drei Formen solcher Anpassungsprozesse: (a) erzwungene (coercive), etwa aufgrund einer staatlich-politischen Entscheidung; (b) durch Nachahmung (mimetic) erfolgende und (c) normative Anpassungen, hier vor allem solche, die sich durch dominierende Konzepte von Professionalität (z.B. ein medikalisiertes Pflegeverständnis) in verschiedene Sektoren hinein übertragen.

Sehr vereinfacht könnte man also sagen, dass politische Konjunkturen (neo-liberale Denkrichtungen und Politiken) und Megatrends (wie Professionalisierung und Monetarisierung) gesellschaftlichen Sektoren mit abweichenden, rückständigen Merkmalen oder mit Gegentendenzen wenig Chancen lassen, sich gegenüber dominierenden Logiken und Organisationsfeldern zu behaupten oder gar zu Gegenpolen zu entwickeln. Gesellschaftlich vorherrschende Mächte und Trends setzen ihre Logiken jedoch nicht mechanisch in anderen Sektoren – hier etwa dem Dritten Sektor – um. Diskursive und politische Gegenmachtentwicklung ist möglich und zudem auch der Fortbestand nicht angepasster Praktiken, Akteure und Organisationsfelder. DiMaggio und Powell selbst stellen in ihrer Untersuchung einige Hypothesen zu Schlüsselfaktoren auf, von denen die Resilienz eines Sektors oder Organisationsfeldes gegenüber einer Hybridisierung als Isomorphismus abhängt. Anpassungsbewegungen sind i. E. vor allem dort und dann zu erwarten, wo

- eine Organisation sehr stark von einer anderen abhängig ist (z.B. von einer staatlichen Organisation) und deren Ressourcenstruktur durch eine Quelle dominiert wird,
- die Auswahl Professioneller in Schlüsselpositionen sich nach Kriterien bestimmt, die universell sind und damit sektor-spezifische Anforderungen beiseitelassen,
- die Unsicherheit darüber groß ist, mit welchen Mitteln die eigenen Ziele am besten erreicht werden können,
- das jeweilige Feld durch wenige gleichartige fest strukturierte anstatt durch eine Vielzahl sehr verschiedener Organisationen geprägt wird,
- es für das Handeln der Organisationen nur wenig gut sichtbare, attraktive Konzepte und ansonsten vor allem das gibt, was in dominanten Bereichen als erfolgreich vorgeführt wird (DiMaggio/Powell 1983, S. 74f.).

Es lohnt sicherlich, unter diesen Gesichtspunkten Resilienz und Anpassungsbereitschaft gegenüber Einflüssen von Staat und Markt zu diskutieren. Von dort kann man weitergehen zu der Frage, welchen Einfluss auf die Entwicklungsrichtung von Modernisierungen sozialwirtschaftlicher DSOs funktionale Hybride haben können, also Organisationen und Organisationsgeflechte, wo

- es nicht allein um die Erstellung von Diensten, sondern damit verbunden auch um die Entwicklung und Bezugnahme auf kulturelle Orientierungen und Lebensmodelle geht, mitsamt solcher Bewegungen und Organisationen, in denen sie Ausdruck finden,
- bei den jeweiligen Leistungen derartige kulturelle Leitorientierungen auch ausdrücklich und nachweisbar die Art der Dienste und der Einbeziehung der Adressaten prägen,
- die Organisationsansätze jenseits bezahlter professionalisierter Mitarbeit auch weitere Anschluss- und Engagementmöglichkeiten bieten,
- die Organisationen in der Lage sind, für ihre Konzepte zu werben, Unterstützer zu gewinnen, als Anwälte von Adressat_innen und Bürger_innen die sie betreffenden Interessen und Themen zu vertreten – sei es in Kampagnen oder anderen Formen eigener Einmischung in die öffentliche sozialpolitische Auseinandersetzung.

Kurz gefasst: Organisationen, die sich nur in ihrer Funktion als sozialwirtschaftliche Versorgungsinstitutionen begreifen und im Hinblick darauf gedacht werden, dürften erhebliche Schwierigkeiten haben, eine inter-sektorale Hybridität praktisch werden zu lassen, die (wie es z.B. Grunwald/Roß 2016 fordern) mehr und anderes meint als die Anpassung an marktliche und staatliche Logiken. Eine weiterführende Frage für kritische Untersuchungen könnte also so lauten: Inwieweit hängt speziell bei DSOs die verbreitete Präferenz für Hybridisierung als Einbezug staatlicher und marktlicher Logiken mit der Schwächung funktionaler Hybridität im Sinne der inner- und inter-organisatorischen Verbindung verschiedener eigener Aufgaben zusammen? Oder, ganz simpel gefragt: Orientiert man sich nicht auch in dem Maße an anderen Organisationstypen, wie man sich seiner selbst nicht mehr gewiss ist?

5. Literatur

Billis, David (2010): Towards a theory of hybrid organizations. In: Billis, David (Hrsg.): Hybrid Organizations and the Third Sector. Challenges for Practice, Theory and Policy. Basingstoke: Palgrave Macmillan, S. 46-69.

Bode, Ingo (2014): Wohlfahrtsstaatlichkeit und Dritter Sektor im Wandel: Die Fragmentierung eines historischen Zivilisationsprojekts. In: Zimmer, Annette/Simsa, Ruth (Hrsg.): Forschung und Zivilgesellschaft, NPOs und Engagement. Quo vadis? Wiesbaden: Springer VS, S. 81-96.

DiMaggio, Paul J./Powell, Walter W. (1983): The iron cage revisited: Institutional isomorphism and collective rationality in organizational fields. In: American Sociological Review 48, H. 2, S. 147-160.

Drepper, Thomas (2010): Soziale personenbezogene Dienstleistungsorganisationen aus neoinstitutionalistischer Perspektive. In: Klatetzki, Thomas (Hrsg.): Soziale personenbezogene Dienstleistungsorganisationen. Wiesbaden: Springer VS, S. 129-166.

Evers, Adalbert (2017): Inter-sectoral and multi-purpose. Two different kinds of hybridity and ways of dealing with them. In: Billis, David/Rochester, Colin (Hrsg.): Handbook on Hybrid Organisations, Edward Elgar Cheltenham Northampton: Edward Elgar, i.E.

Evers, Adalbert (2010): Wohlfahrtsmix im Bereich sozialer Dienste. In: Evers, Adalbert/Heinze Rolf G./Olk, Thomas (Hrsg.): Handbuch Soziale Dienste. Wiesbaden: VS Verlag für Sozialwissenschaften, S. 265-283.

Evers, Adalbert/Ewert, Benjamin (2010): Hybride Organisationen im Bereich sozialer Dienste. Ein Konzept, sein Hintergrund und seine Implikationen. In: Klatetzki, Thomas (Hrsg.): Soziale personenbezogene Dienstleistungsorganisationen. Wiesbaden: Springer VS, S. 103-128.

Evers, Adalbert/Ulrich Rauch, Ulrich/Stitz, Uta (2002): Von öffentlichen Einrichtungen zu sozialen Unternehmen. Hybride Organisationsformen im Bereich sozialer Dienstleistungen. Berlin: Sigma.

Ewert, Benjamin/Evers, Adalbert (2012): Co-Production: Contested Meanings and Challenges for User Organisations. In: Pestoff, Victor/Brandsen, Taco/Verschuere, Bram (Hrsg.): New Public Governance, The Third Sector and Co-Production. New York: Routledge, S. 61-78.

Glänzel, Gunnar/Schmitz, Björn (2012): Hybride Organisationen – Spezial- oder Regelfall? In: Anheier, Helmut K./Schröer, Andreas/Then, Volker (Hrsg.): Soziale Investitionen. Interdisziplinäre Perspektiven. Wiesbaden: Springer VS, S. 181-203.

Grunwald, Klaus/Roß, Paul-Stefan (2016): Sozialmanagement als Steuerung hybrider sozialwirtschaftlicher Organisationen. In: Wöhrle, Armin/Fritze, Agnès/Prinz, Thomas/Schwarz, Gotthart (Hrsg.): Sozialmanagement – Eine Zwischenbilanz. Wiesbaden: Springer VS, S. 171-186.

Hackenberg, Helga/Empter, Stefan (Hrsg.) (2011): Social Entrepreneurship – Social Business: Für die Gesellschaft unternehmen. Wiesbaden: Springer VS.

Hämel, Kerstin (2012): Öffnung und Engagement: Altenpflegeheime zwischen staatlicher Regulierung, Wettbewerb und zivilgesellschaftlicher Einbettung. Wiesbaden: Springer VS.

Hasenfeld, Yeheskel/Gidron, Benjamin (2005): Understanding Multi-purpose Hybrid Voluntary Organizations: The Contributions of Theories on Civil Society, Social Movements and Non-profit Organizations. In: Journal of Civil Society 1, H. 2, S. 97-112.

Heinze, Rolf G./Schneiders, Katrin/Grohs, Stephan (2011): Social Entrepreneurship im deutschen Wohlfahrtsstaat – Hybride Organisationen zwischen Markt, Staat und Gemeinschaft. In: Hackenberg, Helga/Empter, Stefan (Hrsg.) (2011): Social Entrepreneurship – Social Business: Für die Gesellschaft unternehmen. Wiesbaden: Springer VS, S. 86-104. www.ssoar.info/ssoar/handle/document/35907, 3.2.2017.

Henriksen, Lars S./Rathgeb Smith, Steven/Zimmer, Annette (2015): Welfare Mix and Hybridity. Flexible Adjustments to Changed Environments. In: Voluntas 26, H. 5, S. 1591-1600.

Hüther, Michael/Bergmann, Knut/Enste, Dominik (Hrsg.) (2015): Unternehmen im öffentlichen Raum. Zwischen Markt und Mitverantwortung. Wiesbaden: Springer VS.

Hybrid organization. en.wikipedia.org/wiki/Hybrid_organization, 3.2.2017.

Jansen, Stephan/Heinze, Rolf G./Beckmann, Markus (Hrsg.) (2013): Sozialunternehmen in Deutschland. Wiesbaden: Springer VS.

Loeffler, Elke/Timm-Arnold, Peter/Bovaird, Tony/Van Ryzin, Gregg. (2013): Koproduktion in Deutschland. www.bertelsmann-stiftung.de/fileadmin/files/user_upload/Studie_Koproduktion_in_Deutschland_Web.pdf, 3.2.2017.

Minkoff, Debra C. (2002): The Emergence of Hybrid Organizational Forms: Combining Identity-Based Service Provision and Political Action. In: Nonprofit and Voluntary Sector Quarterly 31, H. 3, S. 377-401.

Offe, Claus (2002): Staat, Markt und Gemeinschaft. Gestaltungsoptionen im Spannungsfeld dreier politischer Ordnungsprinzipien. In: Meyer, Thomas/Weil, Reinhard (Hrsg.): Die Bürgergesellschaft. Perspektiven für Bürgerbeteiligung und Bürgerkommunikation, Bonn: Dietz, S. 65-84.

Olk, Thomas (1995): Zwischen Korporatismus und Pluralismus. Zur Zukunft der Freien Wohlfahrtspflege im bundesdeutschen Sozialstaat. In: Rauschenbach, Thomas/Sachße, Christoph/Olk, Thomas (Hrsg.): Von der Wertgemeinschaft zum Dienstleistungs-unternehmen. Jugend- und Wohlfahrtsverbände im Umbruch. Frankfurt a.M.: Suhrkamp, S. 98-122.

Roß, Paul Stefan (2017): Governance als Steuerungskonzept für Versorgungsgestaltung im Alter. In: Schäfer-Walkmann, Susanne/Traub, Franziska (Hrsg.): Evolution durch Vernetzung. Beiträge zur interdisziplinären Versorgungsforschung. Wiesbaden: Springer VS, S. 19-46.

Roß, Paul-Stefan (2012): Demokratie weiter denken. Reflexionen zur Förderung bürgerschaftlichen Engagements in der Bürgerkommune. Baden-Baden: Nomos.

Sachße, Christoph (1991): Mütterlichkeit als Beruf. Frankfurt a.M.: Suhrkamp

Simic, Zana/Predovic, Fiona (2014): Managerialismus und Hybridisierung von NPOs – Veränderungen und Folgen. In: Zimmer, Annette/Simsa, Ruth (Hrsg.): Forschung zu Zivilgesellschaft, NPOs und Engagement. Quo vadis? Wiesbaden: Springer VS, S. 357-372.

Skelcher, Chris/Rathgeb Smith, Steven (2015): Theorizing Hybridity: Institutional Logics, Complex Organizations, and Actor Identities: The Case of Nonprofits. In: Public Administration 93, H. 2, S. 433-448.

Thornton, Patricia H./Ocasio, William/Lounsbury, Michael (2012): The Institutional Logics Perspective: A New Approach to Culture, Structure, and Process. Oxford: Oxford University Press.

Ökologie und Nachhaltigkeit

Andreas Tietze

1. Nachhaltigkeit

Nachhaltigkeit, ein Begriff der alles andere als glasklar ist, der inflationäre Gebrauch dieses Begriffes ist typisch für unsere Zeit. In der politischen Auseinandersetzung ist das Wort Nachhaltigkeit zu einem medialen Feuerwerk geworden und fast jede Partei in der Bundesrepublik führte ihn an prominenter Stelle in die Parteiprogramme ein. Es gibt kein Unternehmen, welches nicht mit einer ausgeklügelten Marketingstrategie darauf hinweist, dass seine Produkte besonders ‚nachhaltig' hergestellt wurden. Wenn ein Begriff seiner Substanz beraubt ist – lässt sich damit wenig – oder alles machen. Das Wort ‚nachhaltig' führt in unserer Sprache quasi ein Doppelleben, einmal als allgemeinsprachliches Wort, dann als politischer Begriff. Eine allgemein verbindliche Definition von Nachhaltigkeit gibt es nicht – dafür ist der Begriff zu komplex und dynamisch – im Wörterbuch der deutschen Sprache von 1809 von Joachim Heinrich Crampe, dem Lehrer Alexander von Humboldts, heißt es: *„Nachhalt ist das, woran man sich hält, wenn alles andere nicht mehr hält"* (Campe 1809). Das klingt tröstlich und hat mit ‚Haltung' zu tun. Haltung fällt allerdings nicht vom Himmel, sondern hat mit Werten und ethischen Grundlagen zu tun, die wir im Laufe unseres Lebens lernen.

Die Ebenen verwischten sich aber mit der Zeit. Besonders in den 80er Jahren wurde der Nachhaltigkeitsbegriff *ökologisch* aufgeladen. Die gesellschaftliche Krise brauchte eine neue Antwort – das Wort nachhaltig bot sich geradezu an. Nach der Finanzkrise 2008 gewann der Nachhaltigkeitsbegriff auch in der Finanzwelt eine hohe Bedeutung, eine schlichte Gewinnerwartung mutierte nun zu einer nachhaltigen, aufgeladenen ökologisch verantwortlichen, sozialen Rendite. Ein solch aufgeladener Begriff verliert schnell seine Kontur, mit nachhaltig wird heute jeder noch so plumpe Vorgang bezeichnet, der jedoch im Grunde unseren Planeten rücksichtslos ausplündert.

Gehen wir also zurück auf den Ursprung des Nachhaltigkeitsgedankens. Er geht zurück auf Hans Carl von Carlowitz (1645-1714), der in seinem Buch „Sylvicultura oeconomica" darüber schrieb. Durch ihn fand der Begriff Einzug in viele andere forstwirtschaftliche Texte des 18. Jahrhunderts. Von Carlowitz übertrug den Gedanken der Nachhaltigkeit auf die Waldwirtschaft. Nachhaltiges Handeln bedeutete für ihn bereits im 17. Jahrhundert, nur so viel Holz in einem Wald abzuholzen, wie auf natürliche Weise wieder nachwuchs. Er erschuf damit das Prinzip der Nachhaltigkeit. Es soll nur so viel einem Nutzen zugeführt werden, dass ein natürliches System möglichst langfristig erhalten bleibt (Hardtke/Prehn 2001).

Der Nachhaltigkeitsgedanke wurde in den Jahrzehnten weiterentwickelt und ist seit vielen Jahren bei uns, ein Leitbild für ökologisches, wirtschaftliches und politisches Handeln geworden. Eine der meist gebrauchten Definitionen des Nachhaltigkeitsbegriffes ist die Definition des Brundtland-Berichtes der Vereinten Nationen. Die Brundtland Kommission unter dem Vorsitz der norwegischen Ministerpräsidentin Gro Harlem Brundtland, auch Weltkommission für Umwelt und Entwicklung genannt, veröffentlichte 1987 den Report „Unsere gemeinsame Zukunft", in dem erstmals das Konzept der nachhaltigen Entwicklung formuliert und definiert wurde und damit der Anstoß für einen weltweiten Diskurs und öffentliche Aufmerksamkeit für das Thema Nachhaltigkeit war. Die Kommission verfolgte das Ziel, Handlungsempfehlungen zur Erreichung einer dauerhaften Entwicklung zu erreichen. Durch die Arbeit dieser Kommission gelang es, ein Nachhaltigkeitsverständnis zu entwickeln, welches bis heute breit akzeptiert ist und zur Grundlage zahlreicher konkreter Strategien wurde. Die Kommission brachte eine explizit ethische Komponente in die Debatte ein. Viele angesprochene Problembereiche, wie z.B. der Raubbau an der Natur, wachsende Ungleichheit bei der weltweiten Einkommen- und Vermögensverteilung, die zunehmende Anzahl von Menschen, die in absoluter Armut lebenden Menschen sowie die Bedrohung von Frieden und Sicherheit wurden angesprochen. Die Brundlandt-Kommission stellte in ihrem Bericht das Prinzip der Verantwortung in den Mittelpunkt, diese Verantwortung gilt sowohl für die heute lebenden Menschen wie auch für zukünftige Generationen.

In dem Bericht heißt es: *„Humanity has the ability to make development sustainable – to ensure that it meets the needs of the present without compromising the ability of future generations to meet their own needs."* (Hardtke/Prehn 2001, S. 58). Frei übersetzt bedeutet dies: *„Nachhaltige Entwicklung ist eine Entwicklung, die gewährt, dass künftige Generationen nicht schlechter gestellt sind, ihre Bedürfnisse zu befriedigen als gegenwärtig lebende."* (Hauff 1987, S. 46).

1987 gilt also als das Geburtsjahr des modernen Nachhaltigkeitsbegriffes. Im Rahmen der UNCED-Konferenz von Rio 1992 wurde der Nachhaltigkeitsbegriff auf den politischen Ebenen international verankert. Nachhaltigkeit wird laut dieser Definition als eine Art Entwicklung beschrieben, die sowohl auf die Gegenwart als auch die Zukunft ausgerichtet ist. Allerdings bietet diese Definition auch oft Material für Diskussionen, da sie Raum für unterschiedliche Interpretationen bietet. Der in Rio geführte Nachhaltigkeitsdiskurs war als fundamentale Kritik an der in den reichen Industrienationen dominierten Lebensweise gedacht. In diesem Sinne forderte die Agenda 21, ein Kerndokument der UN-Konferenz, einen tiefgreifenden Wandel unserer Verbrauchergewohnheiten von Industrie, Handel, Staat und Individuen. Den Delegierten ging es nicht so sehr darum (um in einem gewohnten Bild zu bleiben), die Geschwindigkeit des Zuges zu reduzieren, sondern es ging vielmehr darum, seine Richtung zu ändern. Aus diesem Grund ist es nicht verwunderlich, dass mittlerweile zahlreiche Begriffsdefinitionen kursieren. In Abhängigkeit ihres Ursprungs beziehen sich die jeweiligen Definitionen allerdings häufig nur auf Teilaspekte der Nachhaltigkeit (Hardtke/Prehn 2001, S. 58).

Ein ökologisch geprägter Erklärungsversuch erfolgte durch Herman Daly. Der ehemalige Senior Economist im Environment Department der Weltbank nahm in Anbetracht der Definitionsflut einen Versuch, vor die zentralen Elemente der Nachhaltigkeit zu präzisieren. (Lexikon der Nachhaltigkeit, https://www.nachhaltigkeit.info/artikel/definitionen_1382.htm, 21.1.2017):

Für Daly galt:

- Das Niveau der Abbaurate erneuerbarer Ressourcen darf ihre Regenerationsrate nicht übersteigen.
- Das Niveau der Emissionen darf nicht höher liegen als die Assimilationskapazität.
- Der Verbrauch nicht regenerierbarer Ressourcen muss durch eine entsprechende Erhöhung des Bestandes an regenerierbaren Ressourcen kompensiert werden. (Hardtke/Prehn 2001, S. 58).

Durch diese Beschreibung werden die begrenzen Kapazitäten von Mensch und Natur mit einbezogen. In der weiteren Befassung mit der Nachhaltigkeit muss also ein interdisziplinärer Ansatz stehen, unabhängig, ob es um Ökologie oder Ökonomie geht, immer geht es auch darum, dass der Verbrauch oder Nutzen im Einklang mit dem Fortbestehen eines ökologischen oder wirtschaftlichen Gutes steht.

Bei der Betrachtung weiterer Definitionsansätze können noch weitere Überschneidungen festgestellt werden. Am häufigsten fällt dabei auf, dass:

- Nachhaltigkeit stets auf die Gegenwart und Zukunft ausgerichtet ist und somit ein zeitlicher Bezug gegeben ist.
- Ressourcen, materielle/immaterielle Güter, ökonomische/ökologische Einheiten etc., geschützt werden sollen, insbesondere wenn diese nicht erneuerbar sind.
- der Fortbestand eines Bezugsobjektes kurz- und langfristig sichergestellt werden soll (Industrie- und Handelskammer Nürnberg 2017a).

Nachhaltigkeit ist eine Form des ökologischen und ökonomischen Handelns, das gegenwärtigen und zukünftigen Generationen vergleichbare oder bessere Lebensbedingungen sichern soll, indem das dazu notwendige Element sorgsame Anwendung findet und entsprechend geschützt wird.

Im Zentrum der Nachhaltigkeit stehen Umwelt, wirtschaftliche und soziale Aspekte.
Beim Konzept der Nachhaltigkeit geht es weniger darum, eine exakte Definition zu entwickeln, sondern vielmehr *„um die Bestimmung dessen, was Bestand haben soll und um die Verknüpfung der zeitlichen und räumlichen Ebene, die eine Nachhaltigkeitspolitik einzubeziehen hat. Die Grundidee basiert also auf der einfachen Einsicht, dass ein System dann nachhaltig ist, wenn es selber überlebt und langfristig Bestand hat. Wie es konkret auszusehen hat, muss im Einzelfall geklärt werden."* (Carnau 2011, S. 14).

Neuere Konzepte von Nachhaltigkeit betreffen nicht nur in erster Linie die Natur, sondern auch die soziale Substanz der Menschen. Nach Auffassung der Enquete-Kommission des Deutschen Bundestages (Enquete-Kommission zum Schutz des Menschen und der Umwelt 1998) muss der Prozess der nachhaltig zukunftsverträglichen Entwicklung auch sozialverträglich gestaltet werden. Er muss sich am Erhalt der solidarischen Grundordnung orientieren, die den Leistungsfähigen belohnt und dem Bedürftigen das Überleben sichert. Im Spannungsfeld von ökologischen und ökonomischen Prozessen darf das soziale Leistungspotential als Hypothek für die zukünftige Gesellschaft nicht vernachlässigt werden.
Thematische Aspekte sozialer Nachhaltigkeit gemäß der Kommission für nachhaltige Entwicklung (UNCSD) sind:

- Gleichheit mit den Unterthemen Armut und Geschlechtergleichheit
- Gesundheit mit den Unterthemen Ernährungsstatut, Mortalität, Kanalisation, Trinkwasser und Gesundheitsversorgung
- Bildung mit den Unterthemen Ausbildungsstand, Lese- und Schreibfähigkeit
- Wohnung mit dem Unterthema Lebensqualität
- Sicherheit mit dem Unterthema Kriminalität
- Bevölkerung mit dem Unterthema Bevölkerungsveränderungen

Zu den Unterthemen gibt es jeweils Indikatoren, die etwas über den Grad der Nachhaltigkeit aussagen. Unter sozialer Nachhaltigkeit werden in erster Linie international die Armutsbekämpfung und der Schuldenabbau genannt. Gesellschaftlich wird unter sozialer Nachhaltigkeit in der Regel die Gestaltungsaufgabe der Gesundheits-, Bildungs- und Sozialpolitik verstanden, in der die Funktionsfähigkeit, die kulturelle Vielfalt, die unterschiedlichen Lebensformen und der soziale Zusammenhalt in der Zukunft gesichert bleiben. Im Fokus steht auch die Erweiterung der Verwirklichungschancen, die Förderung des bürgerschaftlichen Engagements, soziale Teilhabe, Geschlechtergerechtigkeit und die Vereinbarkeit von Familie und Beruf (Wendt 2013, S. 681f.).

Einen weiteren theoriegestützten Vorschlag für soziale Nachhaltigkeit hat das Institut für sozial-ökonomische Forschung vorgelegt (Embacher/Wehling 2002, 38ff.). Empacher und Wehling gehen von sechs Leitorientierungen aus, auf deren Grundlage soziale Nachhaltigkeit begründet werden kann:

1. Menschenwürdige Existenz (materielle und immaterielle Grundbedürfnisse)
2. Existenzsicherung durch gerechte Arbeit (ganzheitlich aufgefasst)
3. Sozialressourcen als Handlungschancen und -potenziale
4. Chancengleichheit
5. Partizipation

Die ersten beiden Punkte werden unter der Überschrift ‚Grundbedürfnisse' zusammengefasst. Dann ergeben sich vier Schlüsselelemente sozialer Nachhaltigkeit:

1. Grundbedürfnisse
2. Sozialressourcen
3. Chancengleichheit
4. Partizipation

Somit zeigt die weite Fassung der ‚Grundbedürfnisse', dass der Begriff nicht nur für entwicklungspolitische Anwendungen geeignet ist, sondern darunter auch Sozialressourcen wie Human-, Wissens- und Sozialkapital verstanden werden.

Für die Diskussion um den Nachhaltigkeitsbegriff müssen zukünftig die drei Dimensionen *ökologisch, ökonomisch und sozial* betrachtet werden. Durch die UN-Konferenz für Umwelt und Entwicklung 1992 in Rio de Janeiro wurde die sog. Agenda 21 beschlossen. Die Agenda 21 ist ein weltweites Aktionsprogramm für eine weltweite nachhaltige Entwicklung. Nachhaltigkeit wurde durch den Agenda-Prozess formal zum Leitprinzip der politischen Konzepte. Globale Umweltpolitik ist nur möglich, wenn soziale, ökologische und ökonomische Aspekte gleichermaßen betrachtet werden. Die Europäische Union formulierte 1997 darauf fußend mit den Amsterdamer Verträgen drei Säulen der Nachhaltigkeit.

Daraus ergibt sich ein Dreiklang aus Ökologie, Soziales und Ökonomie. In der aktuellen Debatte um die Nachhaltigkeitsstrategie vertreten insbesondere Stefan Schaltegger, Professor für Nachhaltigkeitsmanagement und Leiter des Center for Sustainability Management (CSM) an der Leuphana Universität Lüneburg das Konzept der straken Nachhaltigkeit. Starke Nachhaltigkeit bedeutet, dass eine Minderung von Werten einer Art (z.B. ökologische Werte) nicht durch die Schaffung anderer (z.B. ökonomischer) Werte kompensiert werden kann.

Ein ‚unnachhaltiges' Unternehmen verursacht demnach mehr Schäden, als es Werte schafft. Bei dieser Aussage ist der Wertebegriff weit gefasst und beinhaltet gesellschaftliche, ökologische und ökonomische Werte. Ein nachhaltiges Unternehmen schafft demnach gesellschaftliche und ökonomische Werte, verursacht weder direkt noch indirekt negative Wirkungen, sein Geschäftsmodell dient als Vorbild für andere, und das Unternehmen trägt dazu bei, ‚unnachhalti-

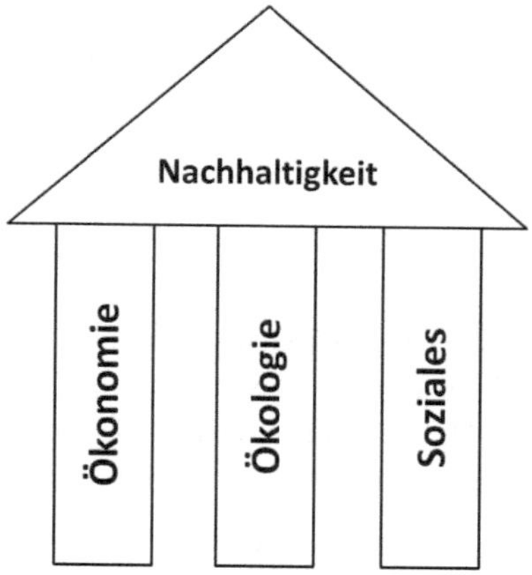

Abb. 1: Nachhaltigkeit (Spindler 2010)

ge' Wirtschafts- und Gesellschaftsstrukturen ,kreativ zu zerstören'. (siehe Industrie und Handelskammer Nürnberg 2017f)

Es bietet sich an, dass die Etablierung einer sozialwirtschaftlichen Nachhaltigkeitsstrategie eng an die Ziele des Agenda 21 Prozesses orientiert ist. Die Agenda 21 besteht aus insgesamt 40 Kapiteln, in denen alle relevanten Politikbereiche und Handlungsmaßnahmen angesprochen werden. Die für die Sozialwirtschaft wichtigen Aspekte sind die ökologischen, ökonomischen und sozialen Ziele der Agenda.

1.1 Die ökologischen Ziele

Die meisten Kapitel der Agenda 21 enthalten versteckt oder ausgesprochen ökologische Zielvorstellungen. So finden sich z.B. zum Komplex Energie/Luftverschmutzung/Klimaschutz Zielvorstellungen insbesondere in den Kapiteln 4, 6, 7, 9, 11, 12 und 14.

In Kapitel 9 „Schutz der Erdatmosphäre", sowie in der inzwischen von mehr als 150 Staaten unterzeichneten Klimarahmenkonvention ist als eines der wichtigsten ökologischen Ziele vorgegeben:

Stabilisierung der Treibhausgaskonzentrationen in der Atmosphäre auf einem Niveau, auf dem eine gefährliche anthropogene Störung des Klimasystems verhindert wird.

Die zum Erreichen dieser Ziele erforderlichen *Maßnahmen* im Energiebereich sind insbesondere:

- Energieeinsparung,
- Erhöhung der Energieeffizienz,
- verstärkter Einsatz erneuerbarer Energiequellen,
- die Schaffung geeigneter Rahmenbedingungen, wie
- eine integrierte Planung für die Energie-, Umwelt- und Wirtschaftspolitik,
- die Einbeziehung der entstehenden Umweltkosten in Planung und Preispolitik,

- die Etablierung ausreichender Anreize für den privaten Sektor, um Energieeffizienz bei der Erzeugung und dem Verbrauch zu erreichen (siehe Industrie und Handelskammer Nürnberg 2017b).

1.2 Die ökonomischen Ziele

Die Agenda 21 enthält in verschiedenen Kapiteln Formulierungen von ökonomischen Zielen. Handel und Industrie ist dabei ein eigenes Kapitel, das Kap. 30, gewidmet. Unter der Überschrift „Stärkung der Rolle von Handel und Industrie" wird die zentrale Rolle der Privatwirtschaft für die soziale und wirtschaftliche Entwicklung eines Landes ausführlich gewürdigt.

Die Privatwirtschaft und die sie vertretenden Verbände werden dabei als wichtige Akteure für die Umsetzung der Agenda 21 anerkannt. Als Ziele werden u.a. genannt:

- Förderung einer umweltverträglichen Produktion sowie
- die Förderung einer verantwortungsbewussten Unternehmerschaft

Maßnahmen, um diese Ziele zu erreichen, sind u.a.

- eine Partnerschaft zwischen Wirtschaft und Staat, u.a. zur Einführung geeigneter wirtschaftspolitischer Instrumente und ordnungsrechtlicher Maßnahmen oder zur Beratung und Unterstützung nachhaltig geführter Unternehmen,
- längerfristige Kooperationen und Partnerschaften zwischen Unternehmen und Institutionen der Privatwirtschaft aus Industrie- und Entwicklungsländern, um umweltverträgliche Produktionstechniken einzuführen und ihre Verbreitung zu fördern,
- Programme von Wirtschafts- und Industrieverbänden zur Stärkung von Umweltbewusstsein und Produktverantwortung,
- Gründung nationaler Räte für nachhaltige Entwicklung der Privatwirtschaft,
- Einrichtung von Risikokapitalfonds für Vorhaben der nachhaltigen Entwicklung,
- Ausbildungsmöglichkeiten in umweltrelevanten Aspekten der Unternehmensführung,
- Förderung des nachhaltigen Wirtschaftens, insbesondere von Klein- und Mittelunternehmen, seitens internationaler Geber,
- Förderung der technologischen Kapazität in Entwicklungsländern durch intensivere Forschung, Entwicklung und Anwendung umweltfreundlicher Technologien,
- Förderung des Zugangs zu umweltfreundlichen Technologien zu günstigen Bedingungen. (siehe Industrie und Handelskammer Nürnberg 2017c)

1.3. Die sozialen Ziele

Die Agenda 21 enthält in verschiedenen Kapiteln Formulierungen von sozialen Zielen. Eines der zentralen Ziele ist dabei der Kampf gegen die Armut (Kapitel 3: Nachhaltige Sicherung der Existenzgrundlagen armer Bevölkerungsgruppen, Armutsbekämpfung). Die Bekämpfung der Armut wird als die gemeinsame Verantwortung und eine Hauptaufgabe aller Länder, der Vereinten Nationen und der Nichtstaatlichen Organisationen angesehen. Die Agenda 21 macht zudem deutlich, dass die Bekämpfung der Armut einhergehen muss mit einer auf nachhaltige Bewirtschaftung der Ressourcen ausgerichteten Entwicklungspolitik.

Kap. 3 beschreibt die wichtigsten Ziele sowie Methoden und Instrumente der Armutsbekämpfung, sowie der nachhaltigen Sicherung der Existenzgrundlagen armer Bevölkerungsgruppen. Die Armut hat so viele Ursachen, dass es aber nicht eine Lösung allein für alle Probleme in allen betroffenen Ländern geben kann. Vielmehr müssen länderspezifische, integrierte Programme der Armutsbekämpfung erarbeitet und günstige internationale Rahmenbedingungen geschaffen werden.

Ziel der Armutsbekämpfung:
Allen Menschen soll mit besonderer Vordringlichkeit die Möglichkeit zur nachhaltigen Sicherung ihrer Existenz gegeben werden.
Unterziele sind dabei:

- die Befähigung aller Menschen, sich ihren Lebensunterhalt auf erträgliche Weise selbst zu verdienen,
- die Stärkung der Unabhängigkeit der Armen, keine Abhängigkeit von ausländischer Hilfe und Nahrungsmittellieferungen,
- Zugang zu Land, natürlichen Ressourcen und Geldmitteln,
- bessere Bildung und Ausbildung,
- Familienplanung,
- Gleichberechtigung von Mann und Frau.

Im Einzelnen sind nach der Agenda 21 folgende Maßnahmen vorgesehen, wobei zu deren Umsetzung, so die Agenda, auswärtige Hilfe auf finanzieller und wissenschaftlicher Ebene erforderlich ist:

- Voraussetzungen schaffen für eine armutsorientierte Entwicklung durch die Regierungen der Entwicklungsländer (z.B. durch Dezentralisierung, Delegation von Verantwortung, Regelung der Pachtverhältnisse, Zugang zu Landbesitz, Kreditsysteme, Infrastruktur, Gestaltung der nationalen Budgets),
- Bevölkerung auf lokaler Entscheidungsebene beteiligen,
- Nichtstaatliche Organisationen beteiligen,
- die kulturellen Identität und Rechte eingeborener Bevölkerungsgruppen berücksichtigen,
- nachhaltiges Wirtschaftswachstum fördern,
- Zielgruppen (z.B. Frauen, Flüchtlinge, Landlose, kleine Handwerker und Bauern) und besonders strukturschwache Gebiete identifizieren,
- Arbeitsplätze schaffen. (siehe Industrie und Handelskammer Nürnberg 2017e)

2. Ökologie

Die Ökologie kann als ein Teilgebiet der Biologie definiert werden. Sie befasst sich mit den Wechselbeziehungen zwischen der belebten und unbelebten Umwelt, also zwischen den Lebewesen und dem Klima, Boden, Wasser und der Luft. Ökologie ist eine Systemwissenschaft, in der die Erkenntnisse aus verschiedenen naturwissenschaftlichen Bereichen zusammenfließen. Hierbei fließt der Anpassung an die entsprechenden Gegebenheiten eines Standortes eine wichtige Bedeutung zu. Aufgrund der großen Variabilität des Begriffes gibt es jedoch zahlreiche weitere Definitionen. (siehe Industrie und Handelskammer Nürnberg 2017d)

Der erste Definitionsversuch wurde von Ernst Haeckel vorgenommen und stammt aus dem Jahre 1866: „Unter Oecologie verstehen wir die gesammte Wissenschaft von den Beziehungen des Organismus zur umgebenden Aussenwelt, wohin wir im weiteren Sinne alle ‚Existenz-Bedingungen' rechnen können. Diese sind theils organischer, theils anorganischer Natur; sowohl diese als jene sind, wie wir vorher gezeigt haben, von der grössten Bedeutung für die Form der Organismen, weil sie dieselbe zwingen, sich ihnen anzupassen." (Haeckel 1866). Unser enormes Wirtschaftswachstum bedeutet ebenso eine große Herausforderung für die Tragfähigkeit unseres Planeten wie das weltweite Bevölkerungswachstum. Immer mehr Menschen kritisieren unser Wachstum. Mittlerweile geht es zahlreichen Autoren wie Tim Jackson, Nico Paech oder Harald Welzer (Jackson 2014) gar nicht mehr um Wachstum, sie fordern für das Überleben auf diesem Planeten die Maxime des „bewusste[n] Schrumpfens". Sie sind die Propheten einer Postwachstumsökonomie, in der es schon längst nicht mehr darum geht, immer mehr zu konsumieren. Sie zielen dabei auf den Konsum ab, der in den Industrieländen als Maßstab für den angestrebten Lebensstil gilt. Paech resümiert: *„Insoweit die Konzeption der Postwachstumsökonomie bescheidenere und subsistentere Versorgungsmuster voraussetzt, verortet sie sich diametral zum Komfort-Code. Daraus ergeben sich anspruchsvolle Erfordernisse an ein Wandel von Lebensstilen und Alltagspraktiken" (*Elsen et al. 2015, S. 42). Doch unser zukünftiges Wirtschaften ist als Ideal nur bedingt geeignet, denn wir leben auf Kosten der Ressourcen unseres Planeten. Tim Jackson fordert in diesem Zusammenhang einen „Wohlstand ohne Wachstum" (Jackson 2012, S. 10f.) zwei zentrale Herausforderungen: *„Es bedarf einer breiten wissenschaftlichen Mobilisierung (...) hinter der Erforschung einer Wachstumswende steht letztlich der Anspruch eines umfassenden gesellschaftlichen Umbau."* US-Präsident Barack Obama hat das 2008 wie folgt zum Ausdruck gebracht: *„Wir alle hier, denke ich, werden einräumen, dass uns das Gespür für einen Wohlstand, an dem alle teilhaben, abhandengekommen ist"* (Jackson 2012, S. 15). Der ‚Fußabdruck' der in den Industrieländern lebenden Menschen ist um mehrere Nummern zu groß, um für bald sieben Milliarden Menschen als Vorbild zu dienen. Darum müssen angesichts zunehmender Probleme wie Klimawandel, Wasserknappheit oder Armut Lösungen gefunden und vor allem umgesetzt werden, die den Menschen heute und in Zukunft ein Leben auf der Erde ermöglichen können.

Das Ziel ist das Erreichen einer ökologischen Nachhaltigkeit, die darauf basiert, dass wir auf Dauer nur die Ressourcen verbrauchen, die im selben Zeitraum auch nachwachsen, d.h. nicht erneuerbare Güter dürfen nur auf Dauer und in dem Umfang genutzt werden, wie sie durch andere Materialien oder Energieträger ersetzt werden können.

Die Bundesregierung hat sich diese ökologische Formel zu eigen gemacht und sie gleich als Grundregel der Nachhaltigkeit akzeptiert:

„Jede Generation muss ihre Aufgaben selbst lösen und darf sie nicht den kommenden Generationen aufbürden. Sie muss zugleich Vorsorge für absehbare zukünftige Belastungen treffen. Das gilt für die Erhaltung der natürlichen Lebensgrundlagen, für die wirtschaftliche Entwicklung, den sozialen Zusammenhalt und den demografischen Wandel" (Zimmer 2015, S. 101f.).

3. Ökologie und Nachhaltigkeit in der Sozialwirtschaft

Die Frage einer zukunftsfähigen Sozialwirtschaft muss sich an den Prinzipien von Ökologie und Nachhaltigkeit orientieren. Es geht darum, zukünftig – besser – anders und mit weniger Ressourcen zu wirtschaften, auch und gerade in der Sozialwirtschaft. Es geht um einen Dreiklang aus Effizienz (aus weniger mehr machen), Konsistenz (wie verträgt sich unser Wirtschaften mit der Natur) und Suffizienz (Selbstbegrenzung). Viele Unternehmen der Sozialwirtschaft,

Krankenhäuser, Pflegeheime und Werkstätten haben einen hohen Energie- und Ressourcenbedarf. In den letzten Jahrzehnten hat sich die Sozialwirtschaft zunehmend mit betriebs- und volkswirtschaftlichen Konzepten, Effizienz und Effektivität, Controlling und Finanzierungsverantwortung befasst. Dennoch gibt es im Bereich des Ressourcen- und Umweltschutzes noch viel zu tun. Daher ist die Zeit reif, dass das Energie- und Immobilienmanagement in sozialwirtschaftlichen Unternehmen in den Fokus genommen wird.

In der Logik unserer derzeitigen Wirtschaftsform ist die Antwort auf eine Verknappung unserer Ressourcen, der Ausbau des Angebots. Gewinn- und Machstreben lassen uns eben nicht im Sinne der Ökologie handeln. Energieknappheit wird mit dem Bau von mehr Kraftwerken beantwortet, Wohnraumbedarf mit mehr Neubauten, Pflegekrise mit dem Bau von immer mehr stationären Pflegeheimen. Expansion, Raubbau an der Natur wird vielfach noch als Problemlöser betrachtet. Vielfach sind die Unternehmen und Organisationen bei der Frage nach Nachhaltigkeit und ökologischer Transformation eher Teil des Problems als Teil der Lösung. Die konventionelle Art zu wirtschaften dient dazu, Güter und Dienstleistungen bereitzustellen, die der Konsument gegen Geld in seinem Besitz überführt. Die Nutzung ist dann an das individuelle Eigentum gebunden. Die effiziente Nutzung, die Haltbarkeit oder ob ein Produkt wiederverwertet kann, spielt in der Regel eine untergeordnete Rolle. Zunehmend gibt es Geschäftsmodelle, in denen der Nutzen wichtiger wird als das Besitzen. Die Unternehmen der Sozialwirtschaft werden von dieser Entwicklung beeinflusst werden, z.B. werden Car-Sharing, Mitfahrzentralen, Couch-Surfing (individuelle Übernachtungsplattformen) auch in den sozialen Sektor eindringen und über die sozialen Netzwerke verbreitet.

Nutzung nicht Eigentum, Zugang und rationeller Umgang mit Ressourcen, darum wird es in der Zukunft verstärkt gehen (BUND 2008).

Ist die Sozialwirtschaft in der Lage, auf die neuen Herausforderungen zu reagieren? Wolf-Rainer Wendt schreibt dazu in seinem Buch: Das ökosoziale Prinzip – Soziale Arbeit ökologisch verstanden: *„Ich bin in den beiden Jahrzehnten nach 1990 mehr und mehr mit Sozialwirtschaft – auf der versorgungspolitischen und betrieblichen Ebene und managerial auf der personenbezogenen Ebene – befasst gewesen und mit Publikationen hervorgetreten. Sozialwirtschaftlich wird die helfende, unterstützende und fördernde Arbeit, die sozialprofessionell geleistet wird, der produktiven Weise zugerechnet, in der Menschen gemeinschaftlich und solidarisch ihren Bedarf an Versorgung decken. Hinter der Sozialwirtschaftslehre (Wendt 2002) verschwand der ökologische Beweggrund scheinbar“* (Wendt 2010, S. 6).

Diese stiefmütterliche Sichtweise der Sozialwirtschaft auf die Ökologie gilt es zu überwinden. Wendt fordert: *„[D]ie ökosoziale Orientierung legt zur Erledigung von Aufgaben ein manageriales Handeln nahe. Gemanagt werden Prozesse in einem System. Den komplexen Handlungs-erfordernissen in ihnen kommt ein Management nach, mit dem umsichtig, organisierend und arrangierend vorgegangen wird. Soziales Wirtschaften erfordert es. Sozialberuflich wird der managerial Modus in Sorge und Versorgung und in deren Verbindung gebraucht. Auf der Mikroebene sind der ökosoziale Ansatz und die ‚Philosophie' des humandienstlichen Case Managements einander affin“* (Wendt 2010, S. 10).

Was bedeutet Ökologie und Nachhaltigkeit in der Sozialwirtschaft? Der Nachhaltigkeitsgedanke ist sicherlich in den sozialen Unternehmen angekommen. Vielfach bleiben aber in den Zielen und Strategien der sozialwirtschaftlichen Unternehmen, aber auch die Definition von Nachhaltigkeit und Ökologie unkonkret und vage. Die Akteure der Sozialwirtschaft haben häufig unterschiedliche Vorstellungen, Maßnahmen, Methoden und Instrumente etabliert. Ziel einer sozialwirtschaftlichen Nachhaltigkeitsstrategie ist es, zu überprüfen, ob Ziele und Strategien eingehalten werden. Dies ist in erster Linie die Aufgabe von Sozialmanagement. Einen wichtigen Ansatz zur Etablierung von Nachhaltigkeit und Ökologie bietet das Konzept der Corporate-Social-Responsibility (CSR), welches auch in sozialwirtschaftlichen Unternehmen umgesetzt werden kann.

4. Corporate-Social-Responsibility (CSR) – ein Ansatz für die Sozialwirtschaft

Ein Weg im Management der Sozialwirtschaft ist es, vermehrt auf eine Coporate-Social-Responsibility (CSR) Strategie zu setzen. 1973 formulierten führende Wirtschaftsvertreter auf dem Europäischen Management-Symposium in Davos einen „*Kodex des ethischen Wohlverhaltens für die Unternehmensführung (Davoser Manifest)*" (Steinmann 1973, S. 473). Die Europäische Kommission griff die Gedanken der gesellschaftlichen Unternehmensverantwortung in einem Grünbuch: „Europäische Rahmenbedingungen für die soziale Verantwortung von Unternehmen" im Juni 2001 auf. Laut Definition der EU-Kommission handeln Unternehmen dann gesellschaftlich verantwortlich, wenn sie *„auf freiwilliger Basis soziale Belange und Umweltbelange in ihre Unternehmenstätigkeit und in die Wechselbeziehung mit ihren Stakeholdern.*[1]*.. integrieren. Sozial verantwortlich handeln heißt nicht nur, die gesetzlichen Bestimmungen einhalten, sondern über die bloße Gesetzeskonformität hinaus ‚mehr' investieren in Humankapital, in die Umwelt und in die Beziehung zu anderen Stakeholdern*" (Europäische Kommission 2001, S. 366).

Das Konzept der Corporate Social Responsibility (CSR) – der gesellschaftlichen Verantwortung von Unternehmen – gewinnt immer mehr an Bedeutung. Bei dem Konzept des CSR geht es um ein Unternehmenshandeln, bei dem zum Wohle der Mitarbeiter_innen, der Umwelt und der Gesellschaft als Ganzes gehandelt wird.

> „Der Grundgedanke von CSR besteht darin, Unternehmen als Teil der Gesellschaft zu verstehen. Da sie von der Gesellschaft in nennenswertem Umfang nicht-monetäre Leistungen beanspruchen, sollen sie sich auch als soziale Akteure verantwortlich zeigen. Sie werden also aus ethischen Gesichtspunkten für ihre Einwirkungen auf die Gesellschaft verantwortlich gemacht. Diese Überlegungen begründen die CSR-Idee und stellen die normative Basis dar" (Loew et al. 2004, S. 23).

Corporate Social Responsibility (CSR) umschreibt den freiwilligen Beitrag der Wirtschaft zu einer nachhaltigen Entwicklung, der über die gesetzlichen Forderungen hinausgeht. CSR steht für verantwortliches unternehmerisches Handeln in der eigentlichen Geschäftstätigkeit über ökologisch, nachhaltig relevante Aspekte bis hin zu den Beziehungen mit Mitarbeiter_innen und den Austausch mit relevanten Anspruchsgruppen. Eine allgemein anerkannte Definition von CSR gibt es auf internationaler Ebene so nicht. Während CSR insbesondere im angloamerikanischen Unternehmensraum eine bedeutsame Stellung erreicht, hat die Managementtheorie in Europa mit der Bereitstellung einer an ihrer Funkti-

1 Mit Stakeholdern werden diejenigen bezeichnet, die ein Interesse an den Aktivitäten eines Unternehmens haben, z.B. Eigen- und Fremdkapitalgeber, Arbeitnehmer_innen und Gewerkschaften, Kunden_innen und Lieferanten_innen Anwohner_innen, Verbraucher- und Umweltschutzverbände sowie die Medien oder die allgemeine Öffentlichkeit.

Verschiedene CRS-Modelle

Begriff	wichtige Vertreter	Inhalt	Merkmal
Corporate Social Responsibility	Bohen (1953) Davis (1960) McGuire (1963) Walton (1975) Johnson (1971)	Fokus auf der ethischen Verpflichtung des Unternehmens gegnüber Gesellschaft. Verantwortung geht über ökonomische und technische Interessen hinaus. Einbeziehung von Stakeholder-Interessen in die Unternehmenstätigkeit	**normative Ebene**
Corporate Social Responsiveness	Sethi (1975) Ackermann (1973) Frederick (1985)	Fokus auf der Anpassung von unternehmerischem Handeln an gesellschaftliche Bedürfnisse	**strategische Ebene**
Corporate Social Performance	Sethi (1975) Wood (1991)	Fokus auf der Gesamtheit unternehmerischer Handlungen zur Übernahme von gesellschaftlicher Verantwortung	**operative Ebene**

Abb. 2: CRS-Modelle, Zusammenstellung nach Loew et al. (2004, S. 19ff.)

onssystematik angepassten und anwendungsorientierten Definition des Begriffes einen großen Nachholbedarf.

Dennoch greift im Vorfeld der geführten Diskussion um CSR die Europäische Kommission ein und beschreibt CSR auf Grundlage einer gesellschaftliche Ebene wie folgt: „CSR kann beitragen zur Verwirklichung des in Lissabon vorgegebenen Ziels, die Union zum wettbewerbsfähigsten und dynamischsten wissensbasierten Wirtschaftsraum der Welt zu machen. Einen Wirtschaftsraum, der fähig ist, ein dauerhaftes Wirtschaftswachstum mit mehr und besseren Arbeitsplätzen und einem größeren sozialen Zusammenhalt zu erzielen“ (Europäische Kommission 2001, S. 3). Langfristig will CSR den Unternehmen als den eigentlichen Gestaltern im Sinne der Lissabon-Ziele Leitperspektiven für unternehmerisches Handeln anbieten. „CSR ist ein Konzept, das den Unternehmen als Grundlage dient, auf freiwilliger Basis soziale Belange und Umweltbelange in ihre Unternehmenstätigkeit und in die Wechselbeziehung mit den Stakeholdern zu integrieren“ (Europäische Kommission 2001, S. 7).

Die Gesellschaften der globalisierten Welt haben eine wachsende Sensibilität für soziale und ökologische Aspekte der Unternehmenstätigkeit entwickelt. Aufgrund der veränderten Umwelt- und Klimabedingungen ist der Druck, sich zunehmend mit dieser Thematik auseinanderzusetzen, auf die Unternehmen gestiegen. Insbesondere die Unternehmen der Sozialwirtschaft haben eine besondere Vorbildfunktion. Das Konzeptverständnis von CSR (Caroll 1999, S. 268ff.) unterscheidet vier Ebenen der gesellschaftlichen Verantwortung von Unternehmen, die ökonomische, die rechtliche, die ethische und die philanthropische. Die ökonomische und rechtliche Ebene stellen Ebenen dar, deren Einhaltung eine notwendige Bedingung der Übernahme von gesellschaftlicher Verantwortung ist. Ethisch geprägtes und somit wertegerechtes Handeln wird im Rahmen unternehmerischer Verantwortungsübernahme von der Gesellschaft erwartet, philanthropisch geprägtes Engagement in Form von Spenden oder Sponsoring erwünscht. Damit wird CSR als ein Konzept definiert, welches sich über alle vier genannten Ebenen erstreckt, gleichzeitig jedoch durch ökonomisch orientiertes Handeln und rechtliche Einhaltung von Vorschriften als notwendige Voraussetzung begründet ist (Caroll 1999, S. 268ff.).

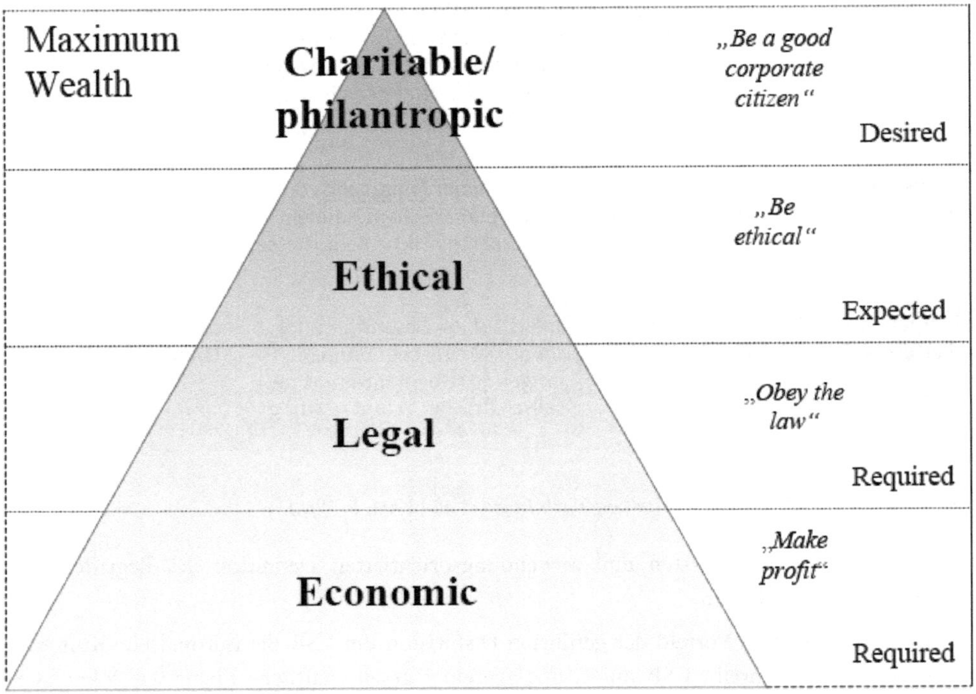

Abb. 3: Ebenen der CSR-Verantwortung nach Caroll (2004, S. 295)

Für das Management in der Sozialwirtschaft ist besonders das *Drei-Säulen-Modell (Tripple-Bottom-Line)* von hoher Bedeutung. Das Grünbuch der EUROPÄISCHEN KOMMISSION definiert das Drei-Säulen-Modell (Tripple-Bottom-Line) wie folgt: „*... Konzept, das davon ausgeht, dass die Gesamtperformance eines Unternehmens daran gemessen werden sollte, in welchem Maße sie beiträgt zu wirtschaftlichem Wohlstand, Umweltqualität und Sozialkapital. Auch beim übergeordneten Ziel der nachhaltigen Entwicklung werden diese 3 Dimensionen Ökonomie, Ökologie und Soziales berücksichtigt. Die ökonomische Dimension zielt dabei auf langfristige Erträge aus den vorhandenen Ressourcen, die ökologische Dimension auf den schonenden Umgang mit diesen Ressourcen und der Natur allgemein und die soziale Dimension auf die Verteilungsgerechtigkeit, das heißt eine intra- und intergenerative Gerechtigkeit*" (Europäische Kommission 2001, S. 30).

Typische Maßnahmen im Drei-Säulen-Modell sind beispielsweise das Engagement der Unternehmen für Gesellschaft und Wissenschaft (Stiftungen, Bildung etc.), das Engagement für Umwelt und Klimaschutz (Nachhaltigkeit, lebenswerte Architektur, Passivhausstandard, Energieeffizienz und -einsparung, CO2-Reduktionsziele, Nutzung regenerativer Energien (grüner Strom), Mülltrennung, Recycling etc.), Engagement für die Mitarbeiter_innen (Aus- und Weiterbildung, Vereinbarkeit von Familie und Beruf, Life Balance etc. und Chancengleichheit, Arbeitssicherheit und Gesundheit und den Bereich der Medien, Verhaltenskodex, Internetzugangsbeschränkungen etc.).

Kritiker_innen dieses Ansatzes führen an, dass soziale Belange und Umweltbelange nur auf freiwilliger Basis über bloße Gesetzeskonformität hinaus wirken. Sozial verantwortlich, ökologisch nachhaltig handeln, heißt nicht nur die gesetzlichen Bestimmungen einzuhalten, sondern auch die Einhaltung der gesetzlichen Bestimmungen mit der Dimension der sozialen und ökologischen Frage anzuerkennen – dies gilt besonders für Unternehmen der Sozialwirtschaft.

Welche sinnvollen ökonomischen, ökologischen und sozialen Instrumente können im Sinne des Tripple-Bottom-Ansatzes in der Sozialwirtschaft eingesetzt werden? Als ‚Bottom-Line' wird im anglo-amerikanischen Wirtschaftsleben der ‚rechnerische Strich' unter einer Bilanz bezeichnet. Das Konzept der Tripple-Bottom-Line zieht diesen Bilanzstrich unter die drei Themen: Wirtschaftlichkeit, Ökologie und Soziale Gerechtigkeit und weißt es auch in der Unternehmensbilanz aus. Erst wenn ein Unternehmen eine ‚Gewinnbilanz' in allen drei Themenbereichen nachweist, gilt es als ‚globalisierungstauglich'.

1. Ökonomische Maßnahmen und Instrumente
   - Auflagenerhöhung für Lieferant_innen
   - Auftragsvergabe an ökologische, nachhaltige und soziale Bedingungen knüpfen
   - Faire und nachhaltige Produkte einsetzen
   - Tripple-Bottom Controlling einführen
   - Innovationsmanagement
   - Nachhaltige Finanzierungsinstrumente (GLS-Bank etc.)
   - Regionale Produkte
   - Logistikmanagement (Flottenreduzierung, Umstellung auf Elektromobilität)
   - Ökologisches Personal- und Mobilitätsmanagement (E-Bikes, Dienstfahrräder)
   - Nachhaltiges Performancemanagement
   - Reputations-, Brandmanagement
   - Nachhaltigkeitsmarketing
2. Ökologische Maßnahmen und Instrumente
   - Strategische Allianzen und Kooperationen mit Umwelt- und Nicht-Regierungsorganisationen wie z.B. Greenpeace, Foodwatch etc.
   - Aus-, Fort- und Weiterbildung der Nachhaltigkeit
   - Emissionsreduktion (CO2 Budget)
   - Energiesparmaßnahmen
   - Einsatz regenerativer Energien (z.B. Photovoltaik etc.)
   - Internes ökologisches und nachhaltiges Audit (CO2-Bilanz)
   - Internes betriebliches Mobilitätsmanagement (E-Bikes, E-Mobilität, ÖPNV Tickets)
   - Ökologischer Fußabdruck
   - Produktgestaltung (Cradle-to-Cradle)
   - IT basierte Prozessoptimierung (Green IT)

- Recycling
- Ressourcen- und Rohstoffreduzierung (z.B. Aktion gegen Plastik)
- Stabsstelle Nachhaltigkeits- und Klimamanagement
- Umweltmanagementsysteme einführen (EMAS, ISO 14001)
- CSR (Corporate Social Responsibility) einführen

3. Soziale Maßnahmen und Instrumente
   - Betriebliches Vorschlagswesen: Maßnahmen zur Nachhaltigkeit einführen
   - Innovations- und Mentorenprogramme initiieren
   - Fahrgemeinschaften – betriebliches Mobilitätsmanagement fördern
   - Faire Entlohnung (Mindestlohn, Prämien für Nachhaltigkeit und besonders ökologisches Verhalten)
   - Nachhaltigkeitsgemeinschaft fördern (gemeinsames Biofrühstück, positive Verstärkung)
   - Gesundheitsförderung (gesunde Kantinen, vegane Gerichte, Biowochen, Regionale Waren, Rückenschule, Betriebliche Fitness fördern)
   - Gesundheitsschutz (Analyse von Arbeitsbelastungen, Unfallrisiken, Fehlzeiten)
   - Vereinbarkeit von Familie und Beruf (Betriebskindergärten, Sabbaticals, Homeoffice, Zeitmanagement, besondere Angebote für ältere Mitarbeiter_innen)
   - Gemeinsinn fördern
   - Social Lobbying (gemeinnütziges Arbeitgeberengagement für Flüchtlinge, Kinder, Sport, Kultur fördern)

Zu den vorgeschlagenen betrieblichen Maßnahmen und Instrumenten gehört auch die Teilnahme an Wettbewerben oder Ausschreibungen (z.B. Deutscher Nachhaltigkeitspreis, Green Place to Work) und die Kooperation mit wissenschaftlichen Einrichtungen, zivilgesellschaftlichen Initiativen und Vereinen. Sozialwirtschaftliche Unternehmen, die in ihrer Unternehmensstrategie Nachhaltigkeit und Ökologie verankert haben, müssen darüber auch regelmäßig berichten und veröffentlichen, frei nach dem Motto: Tue Gutes und rede darüber!

5. Fazit

Was kann die Sozialwirtschaft tun, damit das Thema Ökologie und Nachhaltigkeit stärker in den Unternehmensstrategien verankert wird? Zunächst ist festzuhalten, dass Unternehmen und Manager_innen der Sozialwirtschaft eine hohe ethische Vorbildfunktion haben (Tietze 2010, S. 4): „*Unternehmen der Sozialwirtschaft müssen eine besondere Achtsamkeit im Umgang mit den ökologischen Themen entwickeln. Achtsamkeit in der Sozialwirtschaft, welche sich auf einen ethischen Handlungsrahmen gründet, stellt einen Lösungsansatz dar, die sozialen und ökonomischen Folgen der gegenwärtigen Krise auszubalancieren und ganzheitlich zu bewältigen. Zu einer Kultur der Achtsamkeit gehört zu allererst eine hohe Reflexionsfähigkeit und Reflexionsbereitschaft, die sich im konkreten Handeln beweisen muss. Achtsamkeit ist ein besonderer Ausdruck von Aufmerksamkeit gegenüber Krisenverlierern und ein Alleinstellungsmerkmal für eine soziale und gerechte Gesellschaftsordnung.*“

Sozialwirtschaft muss zukünftig aktiv an einer klimagerechten, sozialen, und ökologischen Transformation teilnehmen. Sie muss in Leitbildern und in Zielvereinbarungen der Unternehmen konkret und verbindlich festschreiben, wie sie diese Transformation überprüfbar umsetzen wird. Es darf nicht sein, dass (wie im Bereich der For-Profit-Unternehmen), die meisten sich nur soweit engagieren, wie es ihnen aus Marketing- oder aus wirtschaftlichen Gründen notwendig und nützlich erscheint. Bei der Frage der Ökologie und Nachhaltigkeit in sozialwirtschaftlichen Unternehmen geht es um Glaubwürdigkeit und Haltung, es geht um Ausbalancierung von ökonomischen, ökologischen und sozialen Gerechtigkeitsstrukturen. Sozialwirtschaftliche Betriebe und Unternehmen müssen zukünftig an der Spitze der Bewegung stehen, gerade in Zeiten der finanziellen Knappheit ist es immer noch besser, sie sparen an der Energie, als an den ihnen anvertrauten Menschen, dies gilt gleichermaßen für Kunden_innen, wie für das eigene Personal. Die Erwartungshaltung ihrer Zielgruppen, ihrer Mitarbeiter_innen und auch der Öffentlichkeit ist ihnen gegenüber größer als gegenüber den For-Profit-Organisationen – insoweit bestehen dringende Handlungserfordernisse zu einer ökologischen Wende.

6. Literatur

Aus Politik und Zeitgeschichte (2014): Nachhaltigkeit. 64, H. 31-32, Beilage zur Wochenzeitung „Das Parlament".

Bund für Umwelt und Naturschutz (BUND) (Hrsg.) (2008): Zukunftsfähiges Deutschland in einer globalisierten Welt. Frankfurt a.M.: Fischer.

Campe, Joachim Heinrich (1807): Wörterbuch der deutschen Sprache. Braunschweig: Schulbuchhandlung.

Carnau, Peter (2011): Nachhaltigkeitsethik – Normativer Gestaltungsansatz für eine global zukunftsfähige Entwicklung in Theorie und Praxis. München: Rainer Hampe.

Caroll, Archie (1999): Corporate Social Responsibility – Evolution of a Definitional Construct. In: Business & Society, H. 38, S. 268-295.

Elsen, Susanne/Reifer, Günther/Wild, Andreas/Oberleiter, Evelyn (2015): Die Kunst des Wandels, Ansätze für die ökosoziale Transformation. München: Oekom.

Embacher, Claudia/Wehling, Peter (2002): Soziale Dimensionen der Nachhaltigkeit. Theoretische Grundlagen und Indikatoren, Studientexte des Instituts für sozial-ökologische Studien. Frankfurt a.M.: ISOE.

Enquete-Kommission des Deutschen Bundestages (Hrsg.) (1998): Bericht der Enquete-Kommission zum Schutz des Menschen und der Umwelt., Deutscher Bundestag 13. Wahlperiode – Drucksache 13/11200.

Europäische Kommission (Hrsg.) (2002): Grünbuch – Europäische Rahmenbedingungen für die soziale Verantwortung von Unternehmen. KOM (2002) 347, Brüssel: Eigenverlag.

Haeckel, Ernst (1866): Generelle Morphologie der Organismen. Allgemeine Grundzüge der organischen Formen-Wissenschaft, mechanisch begründet durch die von Charles Darwin reformierte Descendenz-Theorie. Norderstedt: Hansebooks.

Hardtke, Arnd/Prehn, Marco (2001): Perspektiven der Nachhaltigkeit – Vom Leitbild zur Erfolgsstrategie. Wiesbaden: Gabler.

Hauff, Volker (1987): Unsere gemeinsame Zukunft – Der Brundtland-Bericht der Weltkommission für Umwelt und Entwicklung. Greven: Eggenkamp.

Industrie- und Handelskammer Nürnberg für Mittelfranken (Hrsg.) (2017a): Lexikon der Nachhaltigkeit. www.nachhaltigkeit.info/artikel/definitionen_1382.htm, 21.1.2017.

Industrie- und Handelskammer Nürnberg für Mittelfranken (Hrsg.) (2017b): Lexikon der Nachhaltigkeit. www.nachhaltigkeit.info/artikel/kologische_ziele_692.htm, 15.11.2016.

Industrie- und Handelskammer Nürnberg für Mittelfranken (Hrsg.) (2017c): Lexikon der Nachhaltigkeit. www.nachhaltigkeit.info/artikel/konomische_ziele_808.htm, 15.11.2016.

Industrie- und Handelskammer Nürnberg für Mittelfranken (Hrsg.) (2017d): Lexikon der Nachhaltigkeit. www.nachhaltigkeit.info/artikel/oekologie_1744.htm, 15.11.2016.

Industrie- und Handelskammer Nürnberg für Mittelfranken (Hrsg.) (2017e): Lexikon der Nachhaltigkeit. www.nachhaltigkeit.info/artikel/soziale_ziele_807.htm, 15.11.2016.

Industrie- und Handelskammer Nürnberg für Mittelfranken (Hrsg.) (2017f): Lexikon der Nachhaltigkeit. www.nachhaltigkeit.info/artikel/1_3_a_drei_saeulen_modell_1531.htm, 15.11.2016.

Jackson, Tim (2013): Wohlstand ohne Wachstum – Leben und Wirtschaften in einer endlichen Welt. München: Oekom.

Loew, Thomas/Ankele, Kathrin/Braun, Sabine/Clausen, Jens (2004): Bedeutung der CSR-Diskussion für Nachhaltigkeit und die sich daraus ergebenden Anforderungen an Unternehmen mit Fokus Berichterstattung (Endbericht). Münster und Berlin: Institut für ökologische Wirtschaftsforschung im Auftrag des Bundesministeriums für Umwelt.

Spindler, Edmund A. (2010): Geschichte der Nachhaltigkeit Vom Werden und Wirken eines beliebten Begriffe. www.nachhaltigkeit.info/media/1326279587phpeJPyvC.pdf, 15.11.2016.

Steinmann, Horst (1973): Zur Lehre von der "Gesellschaftlichen Verantwortung der Unternehmensführung" – Zugleich eine Kritik des Davoser Manifestes. In: WiSt 2, H. 10, S. 467-473

Tietze, Andreas (2010): Wege aus der Krise – Achtsamkeit als ethischer Handlungsrahmen für das Management in der Sozialwirtschaft. Baden-Baden: Nomos.

Wendt, Wolf-Rainer (2013): Nachhaltigkeit. In: Grundwald, Klaus/Horcher, Georg/Maelicke, Bernd (Hrsg.): Lexikon der Sozialwirtschaft. 2. Aufl., Baden-Baden: Nomos.

Wendt, Wolf-Rainer (2010): Das ökosoziale Prinzip – Soziale Arbeit ökologisch verstanden. Freiburg i.Br.: Lambertus.

Zimmer, Matthias (2015): Nachhaltigkeit. Freiburg i.Br.: Herder.

Verzeichnis der Autorinnen und Autoren

Backhaus-Maul, Holger, Dr. phil., Dipl. Soz., Mag. rer. publ., verantwortlicher wissenschaftlicher Mitarbeiter für das Fachgebiet Recht, Verwaltung und Organisation der Phil. Fak. III – Erziehungswissenschaften der Martin-Luther-Universität Halle-Wittenberg; u.a. Mitglied im Vorstand der Stiftung Aktive Bürgerschaft (Berlin); Arbeitsschwerpunkte: Sozialpolitik und Sozialrecht, Organisationssoziologie (Nonprofit-Organisationen und Unternehmen) sowie Engagement und Gesellschaft.

Bellermann, Martin, Dr. phil., em. Professor für Sozialpolitik an der Evangelischen Hochschule Bochum; Fachbereich Soziale Arbeit, Bildung und Diakonie; Professor für Gesundheitswissenschaften an der Fliedner Fachhochschule Düsseldorf.

Boeßenecker, Karl-Heinz, Dr. phil., M.A., Studium der Sozialarbeit, Soziologie und Politikwissenschaft; 1991-2009 Professor für Verwaltungs- und Organisationswissenschaft an der FH Düsseldorf und Leiter des FSP Wohlfahrtsverbände/Sozialwirtschaft; bis zur Versetzung in den Ruhestand erster hauptamtlicher Dekan/Vizepräsident und Professor an der HAW Hamburg, Fakultät Wirtschaft und Soziales; seit SS 2010 Mitglied und Direktor im Institut für Zukunftsfragen der Gesundheits- und Sozialwirtschaft (IZGS) der Evangelischen Hochschule Darmstadt; Gesellschafter des Instituts für Sozialwirtschaft und Praxisberatung (ISP) Köln.

Brink, Alexander, Dr. rer. pol., Dr. phil., Dipl. Ökon., M.A., Professor für Wirtschafts- und Unternehmensethik an der Universität Bayreuth; Gründungspartner der concern GmbH mit Sitz in Köln und wissenschaftlicher Direktor des Zentrums für Wirtschaftsethik in Berlin. Arbeitsschwerpunkte: Corporate Governance und Corporate Responsibility.

Dahme, Heinz-Jürgen, Dipl. Soz., Professor i. R., vormals für Verwaltungswissenschaft am Fachbereich Sozial- und Gesundheitswesen der Hochschule Magdeburg-Stendal.

Deckert, Ronald, Dr. rer. pol., Executive M.B.A., Dipl.-Physiker; Professor für Wirtschaftsingenieurwesen und Dekan des Fachbereichs Technik an der Hamburger Fern-Hochschule (HFH); Mitglied im Aufsichtsrat der Initions AG; Arbeitsschwerpunkte: Digitalisierung/Industrie 4.0, Lernen.

Evers, Adalbert, Dr., em. Professor für Vergleichende Gesundheits- und Sozialpolitik am Institut für Wirtschaftslehre des Haushalts der Universität Gießen; derzeit Gastprofessor am Ersta Sköndal University College in Stockholm und Senior Fellow am Centrum für Soziale Investitionen und Innovationen (CSI) beim Max-Weber-Institut für Soziologie an der Universität Heidelberg.

Finis Siegler, Beate, Dr. rer. pol., Volkswirtin sozialwiss. Richtung, Professorin für Ökonomie und Sozialpolitik, Fachbereich Soziale Arbeit und Gesundheit an der Frankfurt University of Applied Sciences; Arbeitsschwerpunkte: Ökonomik Sozialer Arbeit, Sozialpolitik und Wohlfahrtsproduktion.

Franz, Daniel, Dr. phil., Dipl. Päd., Dozent und wissenschaftlicher Mitarbeiter am Fachbereich Gesundheit und Soziales der Hochschule Fresenius (Standort Hamburg); Arbeitsschwerpunkte: De-Institutionalisierung, Personenzentrierung, Sozialraumorientierung, professionelles Handeln.

Gerlach, Florian, Dr. jur., Professor und Prorektor an der Evangelischen Hochschule Rheinland-Westfalen-Lippe, Bochum; Arbeitsschwerpunkte: Recht der Sozialen Arbeit mit dem Schwerpunkt Recht der Sozialwirtschaft.

Grunwald, Klaus, Dr. rer. soc., Dipl. Päd., Professor an und Prodekan der Fakultät Sozialwesen der Dualen Hochschule Baden-Württemberg Stuttgart; Leiter des Studiengangs „Soziale Arbeit in Pflege und Rehabilitation"; Arbeitsschwerpunkte: Lebensweltorientierte Soziale Arbeit, Sozialwirtschaft, Sozial- und Qualitätsmanagement, Organisationsgestaltung, Organisationsentwicklung.

Güntner, Simon, Dr. phil, Dipl. Soz-Wiss., Msc, Professor für Sozialwissenschaften/Sozialpolitik an der Hochschule für Angewandte Wissenschaften Hamburg, Arbeitsschwerpunkte: Sozialpolitik, Migration, Stadtentwicklung.

Halberstadt, Jantje, Dr. rer. pol., B.A. in Business Administration (BScBA) und M.Sc. in Business Management (BScBM), Juniorprofessorin für Social Entrepreneurship der Fakultät Nachhaltigkeit der Leuphana Universität Lüneburg; Mitglied im Leuphana Forschungszentrum für Entrepreneurship, verantwortlich für das Social Change Hub (SCHub); Vorstandsmitglied der Leuphana Universitätsgesellschaft e.V.; Arbeitsschwerpunkte: Management und Unternehmertum unter besonderer Berücksichtigung von Sustainability bzw. Social und Eco Entrepreneurship.

Halfar, Bernd, Dr., Professor an der Katholischen Universität Eichstätt-Ingolstadt, Arbeitsstelle NPO-Controlling/SROI.

Heider, Katharina, Dipl. Soz., wiss. Mitarbeiterin in der Unternehmensberatungsfirma xit.forschen.planen.beraten GmbH, Büro Nürnberg.

Herold-Majumdar, Astrid, Dr. rer. medic., Professorin an der Hochschule München, Fakultät für Angewandte Sozialwissenschaften; Arbeitsschwerpunkte: Lebensqualitätsforschung, aktivierend-rehabilitative Pflege und restraint-free care, ko-kreative Entwicklung von sozialen und gesundheitsbezogenen Dienstleistungen, Qualitätssicherung und -entwicklung, nutzer_innenorientierte Technologie und Unterstützungssysteme in der Pflege, u.a. Pflegeplanungs- und Dokumentationssysteme.

Hinrichs, Knut, Dr. jur., Jurist, Professor an der Hochschule für angewandte Wissenschaften Hamburg, Fakultät Wirtschaft und Soziales, Department Soziale Arbeit; Arbeitsschwerpunkte: Familienrecht, Kinder- und Jugendhilferecht, Einrichtungssozialrecht.

Hölzner, Heike Marita, Dr. rer. pol., Dipl. Ökon., Professorin für Entrepreneurship und Mittelstand an der Fakultät Wirtschaft der Hochschule für Technik und Wirtschaft in Berlin; Wiss. Leiterin des An-Instituts Sirius Minds der Universität Oldenburg; Arbeitsschwerpunkte: Gründungsmanagement und -finanzierung, Deep Tech, Ed Tech, Digitale Transformation und Digitale Bildung.

Horcher, Georg, Dipl. Päd., Supervisor und Coach; Lehrbeauftragter; Sozial- und Jugendamtsleiter i. R.

Hungerland, Eva, Dr. med., Fachärztin für Arbeitsmedizin und Öffentliches Gesundheitswesen (Public Health), Professorin an der Fakultät Sozialwesen der Dualen Hochschule Baden-Württemberg Stuttgart; Arbeitsschwerpunkte: Sozialmedizin, Gesundheitswissenschaften.

Jüster, Markus, Dr. phil. habil., Dipl. Päd., Dipl. Supervisor, Professor und Leiter des Masterstudiengangs „Supervision, Organisationsberatung und Coaching“ der Hochschule Kempten; Arbeitsschwerpunkte: Organisationale Veränderungen, Innovation, Entrepreneurship.

Kehl, Konstantin, Dr. rer. pol., Politikwiss. und Soz. (MA), Dozent am Institut für Sozialmanagement der Zürcher Hochschule für Angewandte Wissenschaften (ZHAW), Leistungsbereich Forschung und Entwicklung; Studiengangsleitung MAS Sozialmanagement; Tätigkeiten im Bereich Lehre und Dienstleistungen; zuvor langjährige Mitarbeit an der Universität Heidelberg; Arbeitsschwerpunkte: Sozialpolitik, Non-Profit-Management/Soziale Investitionen, Wirkungs- und Evaluationsforschung.

Kolhoff, Ludger, Dr. phil, M.A., StudAss., Professor an der Fakultät Soziale Arbeit der Ostfalia-Hochschule für angewandte Wissenschaften; Professor an der Hochschule Braunschweig/Wolfenbüttel; Leiter des Masterstudienganges „Social Management“; Arbeitsschwerpunkte: Finanzierung, Organisationsgestaltung, Personalmanagement, Governance, Social Entrepreneurship.

Kriegsmann, Michael, Fachanwalt für Arbeitsrecht, Fachanwalt für Sozialrecht.

Krüger, Dietmar, 1997-2014 Mitglied des Vorstands der Bank für Sozialwirtschaft AG Köln, Berlin, zuständig für Kreditgeschäft, Rechnungswesen, Controlling, Revision, Compliance.

Langer, Andreas, Dr. rer. soc. habil., Dipl. Soz.Päd., Professor für Sozialwissenschaften/Sozialpolitik an der HAW Hamburg; geschäftsführender Direktor des Deutschen Instituts für Sozialwirtschaft (DISW); Arbeitsschwerpunkte: Professionstheorie, Management- und Organisationssoziologie, Soziologie sozialer Dienste, Wirkungsforschung kommunaler und regionaler Sozialpolitik, Unternehmens- und Wirtschaftsethik, Innovationsforschung.

Maier, Florentine, Dr. rer. soc. oec., Universitätsassistentin post doc am Institut für Nonprofit Management der WU (Wirtschaftsuniversität) Wien; Arbeitsschwerpunkte: das Vordringen betriebswirtschaftlicher Logiken in den Nonprofit-Sektor (z.B. Ökonomisierung, Managerialismus, Kommerzialisierung), hybride Organisationsformen (z.B. Social Entrepreneurship), alternative Formen des Organisierens (z.B. demokratische Governance von Organisationen).

Maucher, Mathias, Dipl. Verwaltungswiss., Politischer Sekretär in der European Federation of Public Service Unions (EPSU) mit Zuständigkeit für den Sektor "Gesundheit und Soziale Dienste"; Arbeitsschwerpunkte: Daseinsvorsorge, gute Arbeit, Arbeitssicherheit und Gesundheitsschutz, Berufsqualifikationen und Fort-/Weiterbildung, Personalausstattung, Sozialwirtschaft, Europäischer Sektoraler Sozialer Dialog Krankenhäuser/Gesundheitsdienstleistungen.

Merchel, Joachim, Dr. phil., Dipl. Päd., Professor an der Fachhochschule Münster, Fachbereich Sozialwesen; Lehrgebiet "Organisation und Management in der Sozialen Arbeit" und Leiter des weiterbildenden Master-Studiengangs „Sozialmanagement“; Arbeitsschwerpunkte: Sozialmanagement, Qualitätsmanagement/Evaluation, Jugendhilfe/Jugendhilfeplanung.

Meyer, Michael, Dr. rer. soc. oec., Professor für Betriebswirtschaft und Leiter des Institutes für Nonprofit Management an der WU (Wirtschaftsuniversität) Wien; wiss. Leiter des Kompetenzzentrums für Nonprofit-Organisationen und Social Entrepreneurship; Arbeitsschwerpunkte: Managerialismus in NPOs, Social Entrepreneurship, soziale Innovation, Organisationstheorie.

Moos, Gabriele, Dr. rer. pol., Dipl. Volkswirtin, Professorin für Sozialmanagement am RheinAhrCampus in Remagen; Leiterin des Studiengangs „Gesundheits- und Sozialwirtschaft“; 1.

Vorsitzende der Deutschen Gesellschaft für Management und Controlling in der Sozialwirtschaft e.V.; Mitglied in verschiedenen Aufsichtsgremien sozialwirtschaftlicher Unternehmen; Arbeitsschwerpunkte: Strategische Unternehmensführung, Controlling, Corporate Governance.

Noll, Sebastian, Dr. rer. pol., Dipl. Verwaltungswiss., Dipl. Verbands-/NPO-Manager, Professor für Sozialmanagement/Sozialwirtschaft an der Fakultät für Soziale Arbeit der Hochschule Mittweida; zuvor u.a. Managementberater bei einem Beratungsunternehmen für Nonprofit-Organisationen; Arbeitsschwerpunkte: Sozialmanagement, insb. Organisations- und Personalentwicklung, Finanzierung, Sozialwirtschaft, Kommunalpolitik und -verwaltung.

Paul, Franziska, M.A., Sozialwiss., wiss. Mitarbeiterin an der Universität Münster; Arbeitsschwerpunkte: Nonprofit-Organisationen, Sozialwirtschaft, Organisationssoziologie, Arbeitssoziologie, Geschlechtersoziologie.

Paulsen, Friedrich, Dr., Politikwiss., Koordinator der politischen Arbeit des Deutschen Sparkassen- und Giroverbandes in Berlin; Arbeitsschwerpunkte: Kommunalpolitik, Stadtentwicklung, Nonprofit-Organisationen.

Reutlinger, Christian, Dr. habil., Soz.Geogr. und Erziehungswiss., Professor und Leiter der Forschungsabteilung des Instituts für Soziale Arbeit (IFSA) an der FHS St. Gallen, Hochschule für Angewandte Wissenschaften; verantwortlich für das Kompetenzzentrum Soziale Räume; Arbeitsschwerpunkte: Sozialraumforschung und Sozialraumarbeit, Soziale Entwicklung, Wohnen und Nachbarschaften, Inter- und Transnationale Soziale Arbeit.

Rieger, Günter, Dr. phil., Dipl. Soz. Päd. (BA), Politikwiss. (MA), Professor an der Fakultät Sozialwesen der Dualen Hochschule Baden-Württemberg Stuttgart; Leiter des Studiengangs „Soziale Dienste in der Justiz“; Arbeitsschwerpunkte: Sozialarbeitspolitik, Gerechtigkeitstheorien, Bürgerengagement und Soziale Dienste in der Justiz.

Roß, Paul-Stefan, Dr. rer. soc., Dipl. Theol., Dipl.-Sozialarb. (FH), Professor für Theorien und Methoden der Sozialen Arbeit an der Dualen Hochschule Baden-Württemberg; Dekan des Fachbereichs Sozialwesen und Leiter des Masterstudiengangs „Governance Sozialer Arbeit“ am Center for Advanced Studies der DHBW; Leitung des Instituts für angewandte Sozialwissenschaften (IfaS) Stuttgart; Arbeitsschwerpunkte: Ehrenamt/bürgerschaftliches Engagement, Bürgerbeteiligung, Gemeinwesenarbeit/Sozialraumorientierung, Zivilgesellschaft, Governance und Wohlfahrtspluralismus.

Rothschuh, Michael, Politikwiss., Ev. Theol. und Päd., pensionierter Professor an der HAWK Hochschule Hildesheim/Holzminden/Göttingen; Arbeitsschwerpunkte: Gemeinwesenarbeit, Sozialpolitik, Soziale Arbeit.

Sagmeister, Monika, Dr. phil., M.A., Dipl. Soz.Betriebswirtin (NDS FH), Dipl. Soz. Päd. (FH), Professorin für Sozialökonomie an der Fakultät Sozialwesen der Dualen Hochschule Baden-Württemberg Stuttgart; Arbeitsschwerpunkte: Netzwerke, Führung, Organisationales Lernen, Finanzierung sozialer Dienstleistungen.

Schäfer-Walkmann, Susanne, Dr. rer. pol., Dipl. Polit., Dipl. Soz. Päd. (FH), Professorin für Sozialarbeitswissenschaft und Sozialforschung an der Dualen Hochschule Baden-Württemberg Stuttgart; Wiss. Leitung des Instituts für angewandte Sozialwissenschaften (IfaS) Stuttgart; Arbeitsschwerpunkte: angewandte Sozialforschung, wissenschaftliche Projektbegleitung und Begleitforschung, Evaluationen, interdisziplinäre Versorgungsforschung.

Schellberg, Klaus, Dr. rer. pol., Dipl. Kfm., Professor für Betriebswirtschaftslehre von Sozialunternehmen an der Evangelischen Hochschule Nürnberg; Leiter des Masterstudiengangs Sozialmanagement; Gesellschafter der xit GmbH forschen.planen.beraten, Nürnberg; Arbeitsschwerpunkte: Finanzierung, Unternehmensführung und Marketing, Social Return on Investment.

Schick, Stefan, Dr., Rechtsanwalt/Fachanwalt für Steuerrecht, 2004-2008 ordentl. Professor an der Fachhochschule Mainz, Studienschwerpunkt Sozialmanagement; Partner bei Schick und Schaudt Rechtsanwälte; Mitglied in Aufsichtsräten sozialwirtschaftlicher Unternehmen; Mitglied des Beirats der Zeitschrift „Sozialwirtschaft“.

Schröer, Andreas, Dr. phil., M.A., Professor für Organisationspädagogik im Fach Erziehungs- und Bildungswissenschaften der Universität Trier; Arbeitsschwerpunkte: Organisationspädagogik, Nonprofit Management, Förderung sozialer Innovationen, Intrapreneurship, Organisationales Lernen.

Schulz-Nieswandt, Frank, Dr. rer. soc., Professor an und erster Prodekan der Wirtschafts- und Sozialwissenschaftlichen Fakultät der Universität zu Köln; Leiter des Seminars für Sozialpolitik und Methoden der qualitativen Sozialforschung sowie des Seminars für Genossenschaftswesen; Honorarprofessor für Sozialökonomie der Pflege an der Philosophisch-Theologischen Hochschule Vallendar; Arbeitsschwerpunkte: Interdisziplinäre Alternsforschung im Schnittbereich zu Themen der Integrierten Medizin, der sozialraumorientierten Pflegestrukturplanung und der Wohnformen im Alter, im Europarecht und sozialen Dienstleistungen sowie öffentlicher Daseinsvorsorge, in der Anthropologie und Kulturgeschichte der Sozialpolitik der Gegenseitigkeitshilfe sowie im Dritten Sektor und den Formen bürgerschaftlichen Engagements sowie Gesundheitsselbsthilfegruppen.

Siegel, John, Dr. rer. publ., Dipl. Verw.wiss., Professor für Wirtschafts- und Verwaltungswissenschaften, insb. Public Management, an der HAW Hamburg; Vertretungsprofessor für Public und Nonprofit Management an der Universität Potsdam; Arbeitsschwerpunkte: Verwaltungsmodernisierung, strategisches und Performance Management, interkulturelle Öffnung.

Then, Volker, Dr. phil., Studium der Geschichte, Volkswirtschaftslehre und Soziologie, Geschäftsführender Direktor des Centrums für Soziale Investitionen und Innovationen am Max-Weber-Institut für Soziologie der Ruprecht-Karls-Universität, Heidelberg; 1994-2006 Mitarbeiter der Bertelsmann Stiftung, zuletzt als Leiter des Bereiches Stiftungswesen; seit 2014 Mitglied des Nationalen Beirates der G7-Social Impact Investment Task Force; Arbeitsschwerpunkte: Non-Profit-Organisationen, soziale Investitionen; soziale Innovation; Wirkungsmessung sozialer Investitionen.

Tietze, Andreas, Dr. phil., MBA und Dipl. Soz. Päd., Abgeordneter im Landtag von Schleswig-Holstein; Mitbegründer des Deutschen Instituts für Sozialwirtschaft (DISW); Lehrbeauftragter an der Hochschule für Soziale Arbeit und Diakonie beim Rauhen Haus in Hamburg; Arbeitsschwerpunkte: Sozialpolitik in Deutschland; Verbund- und Netzwerksysteme in der Gesundheits- und Sozialwirtschaft.

Vaudt, Susanne, Dr. rer. pol., Dipl. Kff., Professorin für Sozialwirtschaft an der HAW Hamburg, Department Soziale Arbeit; Arbeitsschwerpunkte: Sozialökonomie und Sozialmanagement.

Vilain, Michael, Dr. phil., Dipl. Kfm. und Politikwiss., Professor für Allgemeine BWL an der Evangelischen Hochschule Darmstadt; geschäftsführender Direktor des Instituts für Zukunftsfragen der Gesundheits- und Sozialwirtschaft (IZGS); Leitung der Masterstudiengänge Nonprofit Management an der Evangelischen Hochschule Darmstadt, MEINB (Universität Heidelberg) und NPM (Universität Münster); Mitglied verschiedener Expertenkommissionen und Beiräte; Arbeitsschwerpunkte: Technologischer Fortschritt in Zivilgesellschaft und Nonprofit Management (Zukunftsstrategien, Finanzierungsmodelle und Freiwilliges Engagement).

Wendt, Wolf Rainer, Dr. phil., Dipl. Psych., em. Professor der Dualen Hochschule Baden-Württemberg Stuttgart; Honorarprofessor der Universität Tübingen; Arbeitsschwerpunkte: Geschichte und Theorie der Sozialen Arbeit, Sozialwirtschaftslehre, Case Management.

Wohlfahrt, Norbert, Dipl. Soz., Professor für Sozialmanagement, Verwaltung und Organisation am Fachbereich Sozialarbeit der Evangelischen Fachhochschule Bochum.

Zimmer, Annette, Dr., Politikwiss., Professorin für Vergleichende Politikwissenschaft und Sozialpolitik am Institut für Politikwissenschaft der Universität Münster; Arbeitsschwerpunkte: Nonprofit-Organisationen, Sozialwirtschaft, Vereine, Verbände, Stiftungen, bürgerschaftliches Engagement und Zivilgesellschaft.

Stichwortverzeichnis